Z-163

JAHRBUCH FÜR FRÄNKISCHE LANDESFORSCHUNG

HERAUSGEGEBEN
VOM
ZENTRALINSTITUT FÜR REGIONALFORSCHUNG
AN DER UNIVERSITÄT ERLANGEN-NÜRNBERG
– SEKTION FRANKEN –
60

KOMMISSIONSVERLAG
DEGENER & CO., INH. MANFRED DREISS, NEUSTADT (AISCH)
2000

Gedruckt
mit Unterstützung
des Bayerischen Staatsministeriums für Wissenschaft, Forschung und Kunst
des Bezirkstages von Mittelfranken
des Bezirkstages von Oberfranken
der Dr. Lorenz-Tucher-Stiftung, Nürnberg
der Friedrich Freiherr von Hallerschen Forschungsstiftung, Nürnberg
der Industrie- und Handelskammer Nürnberg
der Stadt Bamberg
der Stadt Erlangen
der Stadtsparkasse Nürnberg
der Vereinigten Sparkassen Stadt und Landkreis Ansbach
und
von nicht genannten Privatpersonen

ISSN 0446 - 3943

ISBN 3-7686-9271-X

Schriftleitung: Werner K. Blessing, Wolfgang Wüst, Dieter J. Weiß
D-91054 Erlangen, Kochstr. 4/13

Für die Beiträge sind die Verfasser verantwortlich.

Gesamtherstellung:
VDS – Verlagsdruckerei Schmidt; Neustadt an der Aisch

Festschrift
Rudolf Endres

Zum 65. Geburtstag gewidmet
von Kollegen, Freunden und Schülern

HERAUSGEGEBEN
VON
CHARLOTTE BÜHL UND PETER FLEISCHMANN

KOMMISSISONSVERLAG
DEGENER & CO., INH. MANFRED DREISS, NEUSTADT (AISCH)
2000

IV

GELEITWORT

Kollegen, Freunde und Schüler tragen zu einer Festschrift bei, die dem Ordinarius für Fränkische und Bayerische Landesgeschichte an der Universität Bayreuth gewidmet ist. Die Themen und die Methoden sind weit gespannt; sie reichen vom Spätmittelalter bis in die jüngste Vergangenheit, sie sind sozial-, wirtschafts- und kulturgeschichtlich, prosopographisch oder didaktisch angelegt und durchweg aus den Quellen erarbeitet. In räumlicher Hinsicht sind fast alle Beiträge Franken, einer der großen Landschaften des Alten Reichs, sowie dem modernen Bayern gewidmet.
Diese Vielfalt der Aufsätze und ihre landesgeschichtliche Gebundenheit charakterisieren auf bezeichnende Weise den Geehrten. Rudolf Endres, in Altdorf bei Titting geboren, lebte also von Geburt an in Franken, dessen Raum, dessen Geschichte und dessen Menschen seine Identität geprägt haben. Er fühlt sich als Franke, mit besonderer Verbundenheit zu Nürnberg, und bekennt sich entschieden zu dieser Herkunft. Das Studium der Fächer Deutsch, Geschichte, Geographie und Sozialkunde in Erlangen und Würzburg beendete er 1962 mit der Promotion in Erlangen, wo er bis 1964 als Wissenschaftlicher Assistent am Institut für Geschichte tätig war. Nach den beiden Staatsexamina und gymnasialem Schuldienst wurde er 1973 in Erlangen habilitiert, ein Jahr später kehrte er an die Universität zurück. 1978 zum Professor berufen, hat er seit 1988 den Lehrstuhl in Bayreuth inne.
Bei seinem beruflichen Lebensweg blieb Rudolf Endres auf Franken orientiert, dessen Mentalität ihn für vieles aufgeschlossen machte. Als Schwerpunkte seiner zahlreichen Forschungen kristallisierten sich die Geschichte der Stadt, des Adels, des Bauernkriegs sowie des Schul- und Bildungswesens heraus. Er hat frühzeitig den Diskurs mit der Historiographie im kommunistischen Deutschland und den Kontakt mit den dortigen Fachkollegen gesucht. In jüngster Zeit hat er viele Untersuchungen über die Integration der Flüchtlinge in Bayern nach 1945 angestoßen. Über die wissenschaftliche Tätigkeit gibt im einzelnen das Schriftenverzeichnis Auskunft. Darin findet sich allerdings nicht gespiegelt, wie sehr man in zahlreichen Gremien auf seine Meinung großen Wert legte, welche Fülle an Vorträgen er gehalten hat oder daß ihm die Lehrerfortbildung ein wichtiges Anliegen gewesen ist. Mehrfache Ehrungen wurden ihm schließlich zuteil. Doch wer den Geehrten kennt, der weiß, daß sie dem Pflichtbewußten, dem lakonisch Trockenen und fränkisch Bescheidenen überflüssig erscheinen.
Rudolf Endres ist sowohl Wissenschaftler als auch Lehrer. Dies haben Generationen von Studenten dankbar angenommen, ein großer Schülerkreis hat sich deshalb bei ihm eingefunden. Er ist vielen Doktorvater im besten Sinne des Wortes geworden, der immer zum Dialog bereit war, der seinen Schülern großes Vertrauen entgegenbrachte, sie ideologisch offen, aber stets kritisch gefördert hat, und der ihren Lebensweg aufmunternd begleitet.

Das Zustandekommen dieser Festschrift ist in erster Linie allen Autoren zu verdanken. Daß die zuständigen Schriftleiter des Jahrbuchs für fränkische Landesforschung diesen Band als Forum zur Verfügung gestellt haben, wird als ein besonderes Entgegenkommen empfunden. Schließlich gilt der Dank allen Spendern, die erst durch ansehnliche Druckkostenzuschüsse zum Gelingen beigetragen haben.

Am 11. Januar 2001 vollendet Professor Dr. Rudolf Endres sein 65. Lebensjahr. Viele Gratulanten haben sich in die Tabula eingetragen, sie sprechen auf diesem Wege alle guten Wünsche aus.

Nürnberg, im Dezember des Jahres 2000

Die Herausgeber

TABULA GRATULATORIA

Helmut Altrichter, Erlangen
Klaus Frhr. von Andrian-Werburg, Nürnberg
Hans Angerer, Bayreuth
Brun Appel, Eichstätt
Helmut Baier, Nürnberg
Siegfried Balleis, Erlangen
Martina Bauernfeind, Nürnberg
Walter Bauernfeind, Nürnberg
Peter Baumgart, Würzburg
Hartmut Beck, Nürnberg
Josef Becker, Neusäß
Christina Beste, München
Karlheinz Blaschke, Friedewald
Werner K. Blessing, Erlangen
Peter Blickle, Bern
Karl Borchardt, Rothenburg ob der Tauber
Franz Bosbach, Bayreuth
Gerhard Bott, Bad Kleinkirchheim
Helmut Bräuer, Leipzig
Gabriele Brenner, Weiden
Thomas D. Bruder, München
Horst Brunner, Würzburg
Charlotte Bühl, Nürnberg
Enno Bünz, Würzburg
Sven-Uwe Bürger, Amlishagen
Herwig Buntz, Erlangen
Ingrid Burger-Segl, Bayreuth
Johannes Burkhardt, Augsburg
Horst Buszello, Denzlingen
Jens Christiansen, Buckenhof
Karl Czok, Leipzig
Marion Damaschke, Erkner
Walter Demel, München
Michael Diefenbacher, Heilsbronn
Günter Dippold, Bayreuth
Gustl Drechsler, Nürnberg
Heinz Duchhardt, Mainz
Bernhard Ebneth, München
Wolfgang Eckart, Nürnberg
Michael von Engelhardt, Erlangen
Heimo Ertl, Nürnberg
Christian Feja, Hirschau
Karl Filser, Augsburg
Hermann Fischer, Aschaffenburg
Helmut Flachenecker, Göttingen
Peter Fleischmann, Nürnberg/Augsburg
Georg Förster, Uttenreuth
Amalie Fössel, Bayreuth
Maximilian Forschner, Marloffstein
Jürgen Franzke, Nürnberg
Pankraz Fried, Heinrichshofen
Christoph Friederich, Erlangen
Hubert Glaser, Freising
Silvia Glaser, Nürnberg
Rainer Gömmel, Regensburg
Elke Goez, Herzogenaurach
Werner Goez, Herzogenaurach
Claus Grimm, Augsburg
G. Ulrich Grossmann, Nürnberg
Sylvia Habermann, Bayreuth
Gerd R. Hackenberg, Gießen
Dietmar Hahlweg, Erlangen
Bertold Frhr. von Haller, Nürnberg
Rainer Hambrecht, Bamberg
Berndt Hamm, Uttenreuth
Gerhard Hammer, Erlangen
Hermann Hanschel, Neunkirchen am Brand
Wieland Held, Leipzig
Diethard Hennig, Bräuningshof
Peter Herde, Alzenau
Axel Herrmann, Hof
Joachim Herrmann, Erlangen
Anette Hettinger, Osterburken-Bischofsheim
Günther Heydemann, Leipzig
Irmgard Höss, Nürnberg
Helmut Horneber, Erlangen
Andreas Jakob, Erlangen
Reinhard Jakob, München
Walter Jaroschka, München
Gotthard Jasper, Uttenreuth
Peter Johanek, Münster
Helene Jungkunz, Nürnberg
Christoph Kampmann, Bayreuth

Katrin Keller, Wien
Hans-Otto Keunecke, Erlangen
Rolf Kiessling, Augsburg
Cornelia Kirchner-Feyerabend, Roßtal
Karl Kitzmann, Erlangen
Karl-Engelhardt Klaar, Nürnberg
Mechthild Klaar (verw. Puchner), Nürnberg
Andrea Kluxen, Nürnberg
Kurt Kluxen, Erlangen
Kurt Köhler, Erlangen
Hans-Michael Körner, München
Ferdinand Kramer, Eichstätt
Andreas Kraus, München
Eberhard Krauss, Nürnberg
Ernst-Günter Krenig, Würzburg
Hans Kuen, Erlangen
Franz Kühnel, Nürnberg
Dierk Lange, Bayreuth
Mona Langen, Madrid
Maximilian Lanzinner, Passau
Dagmar Lawrence, Bayreuth
Julia Lehner, Nürnberg
Uta Lindgren, Bayreuth
Kurt Löcher, Köln
Gerd Lohwasser, Erlangen
Günther Lottes, Potsdam
Herbert Maas, Nürnberg
Franz Machilek, Bamberg
Hans Maier, München
Klaus Matthäus, Erlangen
Hermann Maué, Nürnberg
Matthias Mende, Nürnberg
Rainer Mertens, Nürnberg
Georg Metzger, Baiersdorf-Hagenau
Karl Möckl, Bamberg
Horst Möller, München
Gabriele Moritz, Erlangen
Heinrich von Mosch, Rottach-Egern
Dieter Mronz, Bayreuth
Wolfgang Mück, Neustadt a.d. Aisch
Karl Müssel, Bayreuth
Helmut Mulzer, Nürnberg
Helmut Neuhaus, Erlangen
Gerald Neumann, Marktredwitz

Reiner Niebauer, Nürnberg
Stefan Nöth, Coburg
Kinichi Ogura, Tokio
Uta von Pezold, Thurnau
Gabriele Pauli, Zirndorf
Claus Pese, Nürnberg
Heinrich von Pierer, Erlangen
Bernhard Piegsa, Trabitz
Manfred Pix, Neustadt a.d. Aisch
Harald Popp, Erlangen
Gerhard Rechter, Nürnberg
Wolfgang Reinhard, Freiburg
Esther Reinhart, Ansbach
Michael Reinhart, Ansbach
Helmut Richter, Fürth
Walter Rösner-Kraus, München
Günter Ross, Eckersdorf
Eyring Frhr. von Rotenhan, Rentweinsdorf
Manfred Rudersdorf, Leipzig
Hermann Rumschöttel, München
Hubert Rumpel, Erlangen
Helmut Ruppert, Bayreuth
Hironobu Sakuma, Tokio
Uwe Schaper, Potsdam
Elmar Schauer, Forchheim
Hermann Scherzer, Nürnberg
Jörg A. Schlumberger, Bayreuth
Alois Schmid, München
Peter Schmid, Regensburg
Christian Schmidt, Fürth
Hans Schmidt, Neustadt a.d. Aisch
Werner Wilhelm Schnabel, Nürnberg
Jürgen Schneider, Bamberg
Oscar Schneider, Nürnberg
Bernd Schneidmüller, Bamberg
Ludwig Schnurrer, Rothenburg o.d. Tauber
Thomas A. H. Schöck, Fürth
Ludwig Scholz, Nürnberg
Wolfgang Schramm, Sommerach
Erhard Schraudolph, Fürth
Ernst Schubert, Göttingen
Alois Schütz, Kirchheim
Robert Schuh, Nürnberg
Günther Schuhmann, Nürnberg

ERNST-FRIEDRICH SCHULTHEISS, Nürnberg
WINFRIED SCHULZE, München
HELMUT SCHWARZ, Nürnberg
GOTTFRIED SEEBASS, Heidelberg
PETER SEGL, Bayreuth
REINHARD H. SEITZ, Neuburg a.d. Donau
REINHARD SEYBOTH, Regensburg
ROBERT SIMON, Nürnberg
ERIK SODER VON GÜLDENSTUBBE, Würzburg
FRANZ SONNENBERGER, Nürnberg
THOMAS STAMM-KUHLMANN, Greifswald
WILHELM STÖRMER, Neubiberg
WOLFGANG FRHR. VON STROMER
MARGOT THYE, Erlangen
MICHAEL TOCH, Jerusalem
KURT TÖPNER, Ansbach
MANFRED TREML, Rosenheim
JOBST FRHR. VON TUCHER, Simmelsdorf
KARINA URBACH, Bayreuth
THOMAS VIEWEGH, Bayreuth
GÜNTER VOGLER, Erkner
WILHELM VOLKERT, München
GERMAN A. VOMENT, Hirschbach
WILHELM VORNDRAN, Erlangen
CLEMENS WACHTER, Erlangen
GÜNTER WAGNER, Bad Windsheim
ULRICH WAGNER, Würzburg
WERNER WAGNER, Münchberg
SABINE WEIGAND-KARG, Schwabach
HORST WEIGELT, Bamberg
HUBERT WEILER, Nürnberg
DIETER J. WEISS, Nürnberg
ALFRED WENDEHORST, Erlangen
JOACHIM WILD, München
DIETMAR WILLOWEIT, Würzburg
WOLFGANG WINKLER, Himmelkron
EUGEN WIRTH, Erlangen
THEODOR WOHNHAAS, Nürnberg
KLAUS D. WOLFF, Bayreuth
WOLFGANG WÜST, Erlangen
HANS JÜRGEN WUNSCHEL, Bamberg

STEVEN M. ZAHLAUS, Nürnberg
PETER ZAHN, München
PETER ZEITLER, Stadtsteinach
SIEGFRIED ZELNHEFER, Nürnberg
GERD ZIMMERMANN, Bamberg
ROBERT ZINK, Bamberg

Bezirk Oberfranken
Collegium Historicum Wirsbergense
Freunde Mainfränkischer Kunst und Geschichte, Würzburg
Gemeinde Buckenhof
Germanisches Nationalmuseum Nürnberg
Gesellschaft für Familienforschung in Franken, Nürnberg
Historischer Verein für Oberfranken
Industrie- und Handelskammer Nürnberg für Mittelfranken
Institut für vergleichende Städtegeschichte, Münster
Kreis- und Autobücherei Kronach
Landeskirchliches Archiv Nürnberg
Mittelfranken-Stiftung „Natur-Kultur-Struktur"
Schul- und Kulturreferat der Stadt Nürnberg
Staatsarchiv Bamberg
Staatsarchiv Coburg
Staatsarchiv Nürnberg
Staatsarchiv Würzburg
Stadt Erlangen
Stadt Nürnberg
Stadtarchiv und Stadtmuseum Erlangen
Stadtarchiv Fürth
Stadtarchiv Nürnberg
Stadtarchiv Schwabach
Verein für bayerische Kirchengeschichte Nürnberg
Verein für Geschichte der Stadt Nürnberg

INHALT

Geleitwort	V
Tabula Gratulatoria	VII
Inhalt	X
Mitarbeiter	XIII
Berichte über Arbeiten zur fränkischen Landesforschung an der Universität Erlangen-Nürnberg	XV
Charlotte Bühl, Schriftenverzeichnis Rudolf Endres	XXII

Abhandlungen

Peter S e g l und Ingrid B u r g e r - S e g l , Wo lag Ur-Bayreuth? Alt-Neues zum Stadtgründungsdiskurs	1
Amalie F ö ß e l , Eine Königin im politischen Aus? Zu den Auswirkungen der „Moselfehde" auf die Stellung Kunigundes	20
Enno B ü n z , WIRCIBVRG – zum ältesten Siegel der Stadt Würzburg von 1195	29
Wolfgang Frhr. v o n S t r o m e r , Nürnberg und die Erfindung der Typographie. Hensel Sigerstorfer als Typengraveur und sein Altärchen von circa 1430	47
Klaus Frhr. v o n A n d r i a n - W e r b u r g , Markgraf Albrecht Achilles von Brandenburg-Ansbach und das Kaiserliche Landgericht Burggraftums Nürnberg	56
Hermann F i s c h e r und Theodor W o h n h a a s , Orgelbaubeziehungen zwischen Thüringen und Franken (um 1500 bis ins ausgehende 20. Jahrhundert)	67
Reinhard J a k o b , Der Skandal um einen Nürnberger Imhoff-Faktor im Lissabon der Renaissance. Der Fall Calixtus Schüler und der Bericht Sebald Kneussels (1512)	83
Peter B l i c k l e , *Es sol der Schwanberg noch mitten in Schweitz ligen*. Schweizer Einflüsse auf den deutschen Bauernkrieg	113
Alfred W e n d e h o r s t , Coadjutor Johann von Henneberg und der Bauernkrieg im Hochstift Fulda (1525)	126
Alois S c h m i d , Humanismus im evangelischen Pfarrhaus. Kaspar Bruschius als Pfarrer zu Pettendorf	135
Bernhard E b n e t h , Inspektionsordnungen der Reichsstadt Nürnberg und des Markgraftums Brandenburg-Ansbach für Stipendiaten in Wittenberg im 16. Jahrhundert – Reglementierung und Kontrolle des Studiums in der Frühen Neuzeit	158
Wolfgang W ü s t , Die „gute Policey" im Fränkischen Reichskreis: Ansätze zu einer überterritorialen Ordnungspolitik in der Frühmoderne. Edition der „verainten und verglichnen Policey Ordnung" von 1572	177

Walter Bauernfeind, Die reichsten Nürnberger Bürger 1579 und ihre Stellung in der reichsstädtischen Gesellschaft 200

Michael Toch, Jewish Women Entrepreneurs in the 16th and 17th Century. Economics and Family Structure 254

Hironobu Sakuma, Zur Geschichte der Nürnberger Gesellschaft in der Frühneuzeit 263

Franz Bosbach, Zu den Kosten der Nürnberger Aufenthalte des kaiserlichen Friedensgesandten Trauttmansdorff in den Jahren 1645 und 1647 . 283

Helmut Neuhaus, Bilder vom Nürnberger Exekutionstag (1649/50) aus zwei Jahrhunderten 294

Gerhard Rechter, Zum Plan eines reichsritterschaftlichen Konsistoriums in Franken 318

Gerald Neumann, Die Rolle Kurbayerns im Spanischen Erbfolgekrieg im Blick der öffentlichen Meinung 333

Michael Diefenbacher, Ein Bruderzwist im Hause Tucher. Johann Georg Tucher von Simmelsdorf (1735-1805) und sein Familienprozeß . 384

Peter Fleischmann, Politik – Propaganda – Kommerz? Die umstrittene Karte des Nürnberger Gebiets von Matthäus Ferdinand Cnopf (1764/66) aus der Offizin Homanns Erben 361

Uwe Schaper, *Es jauchze hoch auf, wer das Glück hat, in Franken Fridrich Wilhelms Untertan zu heisen* – Anmerkungen zur Überlieferung der Herrschaft Neuhardenberg im Brandenburgischen Landeshauptarchiv . . 381

Uta Lindgren, Alexander von Humboldt und Bayern 392

Günter Dippold, *Nur mit Kraft und Gewalt kann gegen diese verstokte Nation gewirkt werden.* Die Haltung fränkischer „Polizeibehörden" zu Juden im frühen 19. Jahrhundert 404

Christoph Kampmann, Die Petition des Salomon Hirsch und die Würzburger „Hepp-Hepp"-Krawalle von 1819. Zur frühen Verwendung des Begriffs „Judenemanzipation" in der publizistischen Debatte 417

Erhard Schraudolph, Der Kinder Freud – Der Kinder Leid. Nürnberg-Fürther Zinnspielwarenherstellung im 19. Jahrhundert 435

Dieter J. Weiß, König Ludwig I. und Franken 451

Rainer Mertens, Vom „alten Eisen" zum Kultobjekt. Die Geschichte der Lokomotive „Adler" 461

Julia Lehner, Die Gründung und Entwicklung der Sparkasse Roth-Schwabach im 19. Jahrhundert als Beispiel bayerischer Sparkassengeschichtsforschung 486

Michael Reinhart, *Mit Sparen fängt Dein Wohlstand an.* Porträt der Sparkasse Feuchtwangen 1876-1976 500

Charlotte Bühl, Gottlieb von Merkel (1835-1921). Wegbereiter des modernen Gesundheitswesens in Nürnberg 527

Gabriele Moritz, Express-Werke Neumarkt – Oberpfälzer Pioniere der deutschen Zweiradindustrie 555

Werner K. Blessing, Unternehmer in Oberfranken. Zu einer industriellen Lebenswelt des frühen 20. Jahrhunderts 566

Günter Roß, Bayreuth um 1900. Ausgewählte Aspekte zum Unternehmertum und Arbeiterdasein	590
Martina Bauernfeind, Die Handwerkskammer für Mittelfranken in der Weimarer Republik und im Dritten Reich	608
Hans-Otto Keunecke, Die Universitätsbibliothek Erlangen und die Bücherverbrennung von 1933	634
Siegfried Zelnhefer, Willy Liebel, Oberbürgermeister der „Stadt der Reichsparteitage Nürnberg". Eine biographische Skizze	660
Esther Reinhart, Thingspielbewegung und Kino in der Stadt Wunsiedel während des Dritten Reiches	681
Georg Wolfgang Schramm, Das unterirdische Rüstungsprojekt bei Ebelsbach in Unterfranken 1944/45	693
Harald Popp, Zum Kriegsende 1945 in Franken (Erinnerungen eines deutschen Offiziers und eines amerikanischen Generals)	731
Bernhard Piegsa, „Zigeuner", „Neubürger", „Entwicklungshelfer". Schlaglichter auf Ankunft und Aufnahme der Heimatvertriebenen in Bayern 1945 bis 1950 am Beispiel der Oberpfalz	745
Peter Zeitler, Georg Hagen (1887-1958) – ein fränkischer Nachkriegspolitiker	786
Robert Simon, Strukturen der kirchlichen Siedlungswerke nach 1945. Zum Zusammenhang von Organisationsaufbau und ökonomischem Erfolg	798
Mona Langen, Die Verwendung von Historienbildern im Geschichtsunterricht, aufgezeigt an zwei Beispielen von Jacques-Louis David	816
Herwig Buntz, Heimatgeschichtliche Quellen im Geschichtsunterricht	830

MITARBEITER DER FESTSCHRIFT RUDOLF ENDRES

A n d r i a n - W e r b u r g , Klaus Freiherr von, Dr. phil., Ltd. Archivdirektor a.D., Nürnberg
B a u e r n f e i n d , Martina, Dr. phil., Historikerin, Nürnberg
B a u e r n f e i n d , Walter, Dr. phil., Archivrat, Nürnberg
B l e s s i n g , Werner K., Dr. phil., o. Univ.-Prof., Erlangen
B l i c k l e , Peter, Dr. phil., o. Univ.-Prof., Bern
B o s b a c h , Franz, Dr. phil., o. Univ.-Prof., Bayreuth
B ü h l , Charlotte, Studienrätin, Wiss. Ass., Nürnberg/Bayreuth
B ü n z , Enno, Dr. phil. habil., Priv.-Doz., Jena
B u n t z , Herwig, Dr. phil., Studiendirektor, Erlangen
B u r g e r - S e g l , Ingrid, Dr. phil., Archäologin und Museologin, Goldkronach
D i e f e n b a c h e r , Michael, Dr. phil., Ltd. Archivdirektor, Nürnberg
D i p p o l d , Günter, Dr. phil., Bezirksheimatpfleger, Lichtenfels
E b n e t h , Bernhard, Dr. phil., Wissenschaftlicher Angestellter, München
F i s c h e r , Hermann, Studiendirektor a.D., Aschaffenburg
F l e i s c h m a n n , Peter, Dr. phil., Archivdirektor, Nürnberg/Augsburg
F ö ß e l , Amalie, Dr. phil. habil., Priv.-Doz., Bayreuth
J a k o b , Reinhard, Dr. phil., Historiker, München
K a m p m a n n , Christoph, Dr. phil., Dr. phil. habil., Priv.-Doz., Bayreuth
K e u n e c k e , Hans-Otto, Dr. phil., Ltd. Bibliotheksdirektor, Erlangen
L a n g e n , Mona, Dr. phil., Studienrätin, Madrid
L e h n e r , Julia, Dr. phil., Prof., Leiterin für Öffentlichkeitsarbeit/Historikerin, Nürnberg
L i n d g r e n , Uta, Dr. phil., o. Univ.-Prof., Bayreuth
M e r t e n s , Rainer, Dr. phil., Historiker, Nürnberg
M o r i t z , Gabriele, Dr. phil., Kulturamtsleiterin, Neumarkt i.d. Oberpfalz
N e u h a u s , Helmut, Dr. phil., o. Univ.-Prof., Erlangen
N e u m a n n , Gerald, Dr. phil., Historiker, Marktredwitz
P i e g s a , Bernhard, M.A., Historiker, Trabitz
P o p p , Harald, Dr. phil., Honorarprof., Oberstudiendirektor a.D., Erlangen
R e c h t e r , Gerhard, Dr. phil., Archivdirektor, Nürnberg
R e i n h a r t , Esther, M.A., Historikerin, Ansbach
R e i n h a r t , Michael, M.A., Leiter für Öffentlichkeitsarbeit/Historiker, Ansbach
R o ß , Günter, Dr. phil., Rektor, Eckersdorf
S a k u m a , Hironobu, Dr. phil., Prof., Universität Waseda, Tokio
S c h a p e r , Uwe, Dr. phil., Archivdirektor, Potsdam
S c h m i d , Alois, Dr. phil., o. Univ.-Prof., München
S c h r a m m , Georg Wolfgang, Dr. phil., Redakteur, Würzburg
S c h r a u d o l p h , Erhard, Dr. phil., Historiker, Erlangen
S e g l , Peter, Dr. phil., o. Univ.-Prof., Bayreuth
S i m o n , Robert, Dr. phil., Teamleiter Produktmarketing, Nürnberg
S t r o m e r , Wolfgang Freiherr von †, Dr. phil., o. Univ.-Prof.

T o c h , Michael, Dr. phil., Univ.-Prof., Jerusalem
W e i ß , Dieter J., Dr. phil., Dr. phil. habil., Priv.-Doz., Nürnberg
W e n d e h o r s t , Alfred, Dr. phil., o. Univ.-Prof. (em.), Erlangen
W o h n h a a s , Theodor, Dr. phil., Akademischer Direktor a.D., Nürnberg
W ü s t , Wolfgang, Dr. phil., o. Univ.-Prof., Erlangen
Z e i t l e r , Peter, Dr. phil., Wiss. Ang., Untersteinach
Z e l n h e f e r , Siegfried, Dr. phil., Redakteur, Nürnberg

Berichte über Arbeiten zur fränkischen Landesforschung an der Universität Erlangen-Nürnberg

Allgemeines und Landesgeschichte

Folgende Vorträge wurden seit dem Wintersemester 1999/2000 am Zentralinstitut für Regionalforschung, Sektion Franken, und am Institut für Geschichte gehalten:
- 8. Dezember 1999, Prof. Dr. Alois Schütz, München: Andechser Herrschaft in staufischer Zeit.
- 16. Dezember 1999, Prof. Dr. Eberhard Schmitt, Bamberg: Von den großen Entdeckungen zur Globalisierung der Erde? Gedanken über einen Prozeß langer Dauer.
- 22. Dezember 1999, Prof. Dr. Dieter J. Weiß, Würzburg: Ritterorden in Franken.
- 3. Februar 2000, Priv.-Doz. Dr. Horst Carl, Tübingen: Abschied vom Religionskrieg? Krieg und Religion vom Dreißigjährigen Krieg bis zu napoleonischen Zeiten.
- 17. Februar 2000, Dr. Hermann Heidrich, Fränkisches Freilandmuseum Bad Windsheim: Das Bett. Bemerkungen zur ländlichen Schlafkultur.

Das Zentralinstitut, Sektion Franken, führte folgende Veranstaltungen, teilweise in Kooperation mit anderen Institutionen, durch:
Wintersemester 1999/2000, Ringvorlesung: Nürnberg eine europäische Stadt in Mittelalter und Neuzeit.
- 15.–17. Oktober 1999, Colloquium: Bäuerliche Landwirtschaft in Franken. Zukunft braucht Herkunft
- 11.–13. November 1999, Colloquium: Jüdisches Leben in Franken von der frühen Neuzeit bis zur Gegenwart.
- 22.–24. Juni 2000, Tagung: „Neue Heimat Deutschland". Aspekte der Zuwanderung, Standortbildung, Akkulturation und emotionale Bindung 1945–2000.

Folgende Dissertationen befinden sich in Arbeit:

B a r t h , Rüdiger: Historischer Atlas von Bayern: Landkreis Kulmbach. (Prof. Schmid)

B e r g m a n n, Detlev: Die mittelalterliche Herrschaftsentwicklung im Raum Coburg. (Prof. Wendehorst)

B e r t h o l d – H i l p e r t, Monika: Zwischen Assimilation und jüdischer Tradition: die Familie Ortenau aus Fürth. (Prof. Blessing)

B i e r n o t h, Alexander: Die jüdische Gemeinde zu Ansbach im 19. und frühen 20. Jahrhundert. (Prof. Wüst)

E d e l m a n n, Bernd: Die wirtschaftliche Entwicklung der Stadt Hof im Rahmen der staatlichen Wirtschaftspolitik und kommunalen Gewerbepolitik 1818–1914. (Prof. Blessing)

F e i l e r, Victor: Hochschulpolitik in Bayern 1970–1990. (Prof. Blessing)

H o f f m a n n, Ingeborg: Herrschaftsentwicklung im Raum Hof an der Saale. (Prof. Wendehorst)

H o r l i n g, Thomas: Historischer Atlas von Bayern: Landkreis Ochsenfurt. (Prof. Schmid)

H ü b n e r, Christoph: Rechtskatholizismus im Bayern der Weimarer Republik. (Prof. Blessing)

K a m p, Anne von: Coburger Adel (von Erffa) im ‚langen 19. Jahrhundert'. (Prof. Blessing)

K a s t l e r, Martin, Die Integration der Heimatvertriebenen in den fränkischen Diözesen. (Priv.-Doz. Weiß)

K e s s l e r, Manfred: Schritte zur dynastischen Territoriumsbildung in der Fränkischen Ritterschaft und das Bemühen um kommunale Selbstverwaltung am Beispiel des Rittermannslehens Neuendettelsau. (Prof. Wüst)

M e t z n e r, Helmut: Fränkischer Liberalismus im 19. Jahrhundert. (Prof. Blessing)

M o l k e t e l l e r, Claudia: Prostitution und öffentliche Ordnung vom Vormärz bis zum ‚Dritten Reich'. Nürnberg als Beispiel. (Prof. Blessing)

S c h i e b e r, Martin: Herrschaftsbildung im Raum Pegnitz. (Prof. Wendehorst)

S c h r a m l, Angelika: Land an der Grenze. Das ‚Stiftsland' im 19. und 20. Jahrhundert. (Prof. Blessing)

S p e r b e r, Christian: Dynastische Verbindungen und Kommunikation zwischen den fränkischen Hohenzollern-Staaten und der Mark Brandenburg. (Prof. Wüst)

U n g e r, Wolfram: Studien zur Typologie einer Städtelandschaft. Franken im Spätmittelalter. (Prof. Wüst)

W a h l, Monika: Historische Museen in Westdeutschland 1945–1987. (Prof. Blessing)

Z a h l a u s, Steven: Die Wahrnehmung des ‚Wirtschaftswunders' in der Bundesrepublik (unter besonderer Berücksichtigung Frankens). (Prof. Blessing)

Folgende Dissertation wurde abgeschlossen:

B e n z, Stefan: Wissenschaft im spätkonfessionellen Zeitalter. Katholische Landeskirchengeschichtsschreibung in der Barockzeit. (Prof. Wendehorst)

Folgende Zulassungs-/Magisterarbeiten wurden abgeschlossen:

B l o i e r, Mario: Sebastian Johann Graf von Pötting und Persing, Herr zu Aholming (1628–1689), Bischof von Lavant (1665–1673) und Fürstbischof von Passau (1673–1689). (Priv.-Doz. Weiß)

H a i n – G e r l a c h, Karin: Weibliche Protest- und Organisationsformen im Vormärz und in der Revolution 1848/49. (Prof. Blessing)

H ü b n e r, Christoph,: National-konservatives Denken im deutschen Katholizismus der Weimarer Zeit: die „Gelben Hefte" 1924 bis 1933. (Prof. Blessing)

Werner K. B l e s s i n g

Neuere Geschichte I

Folgende Dissertationen befinden sich in Arbeit:

D i r s c h, Monika: Die Landstände in den Markgraftümern Brandenburg-Ansbach und Brandenburg-Kulmbach-Bayreuth im 16. Jahrhundert.
M ü h l h o f e r, Stefan: Die Politik der fränkischen Reichsstände auf den Reichstagen von 1521 bis 1576.
S e u b e r t - K ü f n e r, Ursula: Die Hof- und Leibärzte der Markgrafen von Brandenburg-Ansbach im 18. Jahrhundert. Helmut N e u h a u s

Ur- und Frühgeschichte

Folgende Dissertationen befinden sich in Arbeit:

B ö h n e r, Utz: Untersuchungen an ausgewählten mittelpaläolithischen Inventaren des unteren Altmühltales.
G o h l i s c h, Torsten H.: Die Keramik der endneolithischen Siedlung Dietfurt a.d. Altmühl. Ludwig R e i s c h

Kunstgeschichte

Folgende Dissertationen befinden sich in Arbeit:

B e r n i n g e r, Ulrike: Der Maler und Kunsthandwerker Friedrich Wilhelm Wanderer (1840–1910). Zu Kunst und Kunstpolitik im Nürnberg der Wilhelminischen Zeit. (Prof. Möseneder)
C o l d i t z - H e u s l, Silke: Paul und Lorenz Ritter. Zwei Nürnberger Graphiker und Maler. (Prof. Möseneder)
K e l l e r, Bettina: Barocke Sakristeien in Süddeutschland und ihre Ikonologie. (Prof. Möseneder)
O r t u ñ o, Mila: Dürer in Spanien. (Prof. Möseneder)
S c h wa r z, Stefanie: Ausbau und Restaurierung der Veste Coburg im 19. und 20. Jahrhundert. Zur architektonischen Repräsentation der Herzöge von Sachsen-Coburg-Gotha. (Priv.-Doz. Appuhn-Radtke)
S t u c k e n b e r g e r, Peter: Der Kirchenbau im Erzbistum Bamberg während des Pontifikats des Jacobus von Hauck, 1912–1943 (AT). (Priv.-Doz. Dr. Appuhn-Radtke)

Folgende Dissertationen wurden abgeschlossen:

H e i s i g, Alexander: Der Bildhauer Joseph Matthias Götz (1696–1760). Studien zur Barockskultpur in Bayern und Österreich. (Prof. Möseneder)
K l a r, Alexander: Friedrich Bürklein – Studien zu Leben und Werk. (Prof. Möseneder)

Folgende Magisterarbeiten wurden abgeschlossen:

B e h n k e, Hannelore: Rudolf Schiestl (1878–1931): Studien zur Rezeption altdeutscher Kunst. (Prof. Möseneder)

G l a n z, Viviane: Albrecht Dürers gedruckte Wappen und heraldische Bilder. (Prof. Mösender)

L u x b a c h e r, Claudia: Das Markgrafendenkmal von Ludwig Schwanthaler – König Ludwig I. und die Universität Erlangen. (Prof. Möseneder)

S t i n z e n d ö r f e r, Heidi: Zum Werk des Nürnberger Goldschmieds Hans Kellner. Zwei „Tafelaufsätze" in München und Dresden. (Prof. Mösender)

Karl M ö s e n e d e r

Geographie

Folgende Dissertationen befinden sich in Arbeit:

E r m a n n, Ulrich: Gütertransporte und regionale Wirtschaftskreisläufe – eine empirische Analyse des Nahrungsmittelsektors in der Region Nürnberg.

H e r t w i g, Holger: Tagesausflugsverkehr. – Ein methodischer Versuch am Beispiel des mittelfränkischen Verdichtungsraumes.

H o c k, Sonja: „Regionalinitiativen" in der Region Nürnberg. – Akteurbezogene Untersuchungen von Zielen, Strategien und Kooperationsmöglichkeiten.

L u x, Andrea: Sukzessionsstadien der Krautschicht im Ausschlagwald unter verschiedenen abiotischen und biotischen Bedingungen im Gebiet des Vorderen Steigerwaldes.

Folgende Zulassungs-, Magister- und Diplomarbeiten wurden abgeschlossen:

A p e n b u r g, Sven: Lokale Agenda 21 in Herzogenaurach. Ein Indikatorsystem für eine nachhaltige Stadtentwicklung. (Prof. Bätzing)

F a l l e n b a c h e r, Tim: Struktur und Wirtschaftsverflechtungen im „türkischen Gastgewerbe" in Nürnberg: Eine Studie am Beispiel der Dönerkebap-Verkaufsstellen. (Prof. Bätzing)

F e u r e r, Jörg: Der König-Ludwig-Kanal. Ein Konzept für Tourismus und Naherholung unter dem Aspekt einer nachhaltigen Regionalentwicklung. (Prof. Bätzing)

G a b o r i e a u, François: Nachfragepotential für Nahrungsmittel regionaler Herkunft – eine Perspektive für die Intensivierung der Wirtschaftskreisläufe im Landkreis Forchheim. (Prof. Bätzing)

H e t t r i c h, Heike: Neue Unterkünfte braucht das Land? Der Wandel der Nachfragestrukturen im Beherbergungsbereich von Hotels und Pensionen zu Ferienwohnungen. Probleme, Potentiale und Perspektiven, dargestellt am Beispiel der Gemeinde Pottenstein/Fränkische Schweiz. (Prof. Bätzing)

M ü l l e r, Steffen: Regionalvermarktung von Streuobst in Westmittelfranken. Perspektiven für die Aufwertung eines regionalwirtschaftlichen Potentials in ländlichen Raum. (Prof. Bätzing)

W a l z, Stefanie: Der Event als innovatives Instrument des Stadtmarketings zur Vitalisierung der Innenstädte mit exemplarischer Darstellung eines Handlungskonzeptes für die Stadt Fürth. (Fred Krüger)

Werner B ä t z i n g / Fred K r ü g e r / Ingo K ü h n e

Deutsche Sprach- und Literaturwissenschaft

Folgende Dissertationen befinden sich in Arbeit:

B i s c h o f f, Johannes: Historisches Ortsnamensbuch von Bayern: Erlangen. (Prof. Munske)
G e o r g e, Dieter: Historisches Ortsnamensbuch von Bayern: Lichtenfels. (Prof. Munske)
K r ä n z l e i n, Eva: Johann Peter Uz. Ein Lyriker der Anakreontik und der Spätaufklärung. (Prof. Verweyen)
L o b e n w e i n, Willi: Sigmund von Birkens Dichterkrönungen. (Prof. Verweyen)
M e i ß n e r, Norbert: Historisches Ortsnamensbuch von Bayern: Bamberg. (Prof. Munske)
R e i t h, Antonius: Historisches Ortsnamensbuch von Bayern: Eichstätt. (Prof. Munske)
W i l l i n g, Antje: Literaturentstehung und -verbreitung im Kontext der Ordensreform des 15. Jahrhunderts am Beispiel des Klosters St. Katharina zu Nürnberg. (Prof. Kugler)

Folgende Dissertation wurde abgeschlossen:

P a u l, Markus: Reichsstadt und Schauspiel. Theatrale Kunst im Nürnberg des 17. Jahrhunderts. (Prof. Verweyen)

Folgende Zulassungs-, Magister- und Diplomarbeiten wurden abgeschlossen:

A m t m a n n, Tabea: Reformation in den Meisterliedern des Hans Sachs. Die Bibel als Vehikel für Kritik an der katholischen Kirche.
D ö r f l e r, Hans-Diether: Die Entwicklung der Straßennamen Erlangens bis 1949.
G r a s s e r, Birgit: Die Liviusrezeption in den Meisterliedern von Hans Sachs.
M a n g, Alexander: Studien zur Varianz in den Mundarten des Nürnberger Raumes.
S c h l i c h t e, Cosima: Studien zur Verbmorphologie der Dialekte Mittelfrankens.

Hartmut K u g l e r / Horst Haider M u n s k e / Theodor V e r w e y e n

Geologie und Mineralogie

Folgende Dissertationen befinden sich in Arbeit:

A l e i s, Peter: Bilanzierung der Nitratausträge aus landwirtschaftlichen Nutzflächen im Trinkwasser-Schutzgebiet Erlangen-West.
B a d u m, Werner: Sand-Kies-Vorkommen im Maintal Bamberg-Lichtenfels und deren Umweltverträglichkeit.
G e n t n e r, Günther: Die Farberden im Raum Pommelsbrunn – Sulzbach-Rosenberg.
H i e l s c h e r, Roland: Geotechnologie von historischen Sandsteinbauten in Mittelfranken.

H o c h s i e d e r, Thomas: Die Grundwasserverhältnisse im inhomogenen Festgesteins-/Lockergesteinsuntergrund der Stadt Erlangen.
M a k k i, Mohsen: Hydraulische Eigenschaften potentieller geologischer Deponiebarrieren und deren Verbreitung im Bereich nordbayerischer Ballungsgebiete.
R e n t s c h l e r, Klaus: Geotechnik der Tonhänge im fränkischen Raum.
R o t h e, Matthias: Die Fazies des Mittleren Muschelkalks in Franken.

Landes- und Volkskunde

(Erziehungswissenschaftliche Fakultät)

Folgende Dissertationen befinden sich in Arbeit:

H o f e r, Matthias: Der Abiturscherz. Herkunft und Variation eines jungen Schülerbrauches.
S c h m i t t – W a g n e r, Brigitte: Jüdisches Stifterwesen in Fürth/Bayern.

Folgende Zulassungsarbeiten wurden abgeschlossen:

F i c k e l, Christine: Schopfloch – ein eigentümliches Soziotop in Westmittelfranken
F r i e d r i c h, Ramona: Neuere Tendenzen im fränkischen Brauwesen.
K r a e t s c h, Susanne: Der Nürnberger Schembartlauf bis 1539 und die Nürnberger Schembart-Gesellschaft heute.
R e b e r, Dorothea: Der Stammtisch. Untersuchungen am Beispiel der fränkischen Kleinstadt Dinkelsbühl.
S c h n a b e l, Tanja Elisabeth: „Des worn nu andre Zeiten". Das Leben der Kinder und Jugendlichen auf dem Lande im Spannungsfeld zwischen Spiel und Arbeit. Lebens- und Kindheitserinnerungen der heutigen Groß- und Urgroßelterngeneration in Unterkrumbach bei Hersbruck (Lkr. Nürnberger Land).

Hartmut H e l l e r

Didaktik der Arbeitslehre

(Erziehungswissenschaftliche Fakultät)

Folgende Zulassungsarbeiten wurde abgeschlossen:

D e h l i n g, Andrea: Die Badeseen, Badeweiher, Natur- und Flußbäder der Oberpfalz – ein Überblick.
D ü l l, Christian: Umweltlernen im Freiland: Der Wengleinpark im Hirschbachtal im Nürnberger Land.
G u c k e l, Nicole: Kirschanbau in der Fränkischen Schweiz.
K a i s e r, Carolin: Musicalproduktionen und ihre Produktion für den Standort Deutschland.
K a s p e r, Margarethe: Hochhäuser in Nürnberg. Eine Bestandsaufnahme der Entwicklung nach dem 2. Weltkrieg.

N a w r a t i l, Tina: Die Firma Siemens. Ein Überblick über das Unternehmen unter besonderer Berücksichtigung der Bedeutung für die Region Nürnberg – Erlangen – Fürth – Forchheim.

P a w e l c z i g, Wolfgang: Schulbücher im Vergleich: Eine strukturelle Analyse neuer Schulbücher der 8. Jahrgangsstufe im Unterrichtsfach Arbeitslehre in Bayern.

P e c h t l, Matthias: Badeseen in Mittelfranken.

R o s t, Sabine: Die Touristenentwicklung der Stadt Nürnberg seit 1990.

S c h o w a n, Martin: Neumarkt i. d. Opf. – sozioökonomische Entwicklung eines Zentrums seit 1970.

S p e n g l e r, Oliver: Die sozioökonomische Entwicklung des Marktes Roßtal ab dem Jahr 1970.

W i t t i g, Sebastian: Schulbücher im Vergleich. Eine strukturelle Analyse der zugelassenen Schulbücher der 9. Jahrgangsstufe im Unterrichtsfach Arbeitslehre in Bayern.

Hartmut B e c k

Wirtschafts- und Sozialgeographie

Folgende Diplomarbeiten wurde abgeschlossen:

B a i e r, Robert: Das Einzelhandelszentrum Südstadt in Nürnberg: Eine wirtschaftsgeographische Analyse.

M ü l l e r, Margit: Folgenutzungen abgewanderter Betriebe des produzierenden Gewerbes aus Nürnberg.

T o r o, José: Die Computerindustrie der deutschen Großstädte München, Frankfurt a. M., Köln, Düsseldorf und Nürnberg im Vergleich.

Folgende Dissertation befindet sich in Arbeit:

G r a e f, Alexander: Umordnung und Recycling industrieller Altflächen in Nürnberg und Mittelfranken (Arbeitstitel).

Rasso R u p p e r t

Schriftenverzeichnis Rudolf Endres

zusammengestellt von Charlotte B ü h l

1962

1. Kapitalistische Organisationsformen im Ries in der zweiten Hälfte des 16. Jahrhunderts, in: JfL 22, 1962, S. 89–99.
2. Der Zehnt in Forchheim [bei Beilngries], ein Lehen der Grafen von Öttingen, in: MVGN 51, 1962, S. 70–77.

1963

3. Die Bedeutung des Reichsgutes und der Reichsrechte in der Territorialpolitik der Grafen von Öttingen, in: Jahrbuch des Historischen Vereins für Mittelfranken 80, 1962/63, S. 36–54.
4. Ein Verzeichnis der Geleitstraßen der Burggrafen von Nürnberg, in: JfL 23, 1963, S. 107–138.
5. Die Nürnberg-Nördlinger Wirtschaftsbeziehungen im Mittelalter bis zur Schlacht von Nördlingen. Ihre rechtlich-politischen Voraussetzungen und ihre tatsächlichen Auswirkungen (Schriften des Instituts für Fränkische Landesforschung 11), Neustadt/Aisch [1963] [Diss. Univ. Erlangen-Nürnberg 1962].
6. Zur Geschichte des Rangaues, in: Studienfahrt des Frankenbundes 1963, S. 5–9.

1964

7. Der Besuch der Zarin Sophie in Bayreuth im Jahre 1818, in: Frankenheimat 1964, S. 43f.
8. Der Nachdruck der „Erlanger Realzeitung" durch einen Wiener Buchdrucker 1786, in: Erlanger Bausteine zur fränkischen Heimatforschung 11, 1964, S. 27–31.
9. Die Messestreitigkeiten zwischen Nürnberg und Nördlingen, in: JfL 24, 1964, S. 1–19.
10. Die ungarischen Studenten in Erlangen, in: Erlanger Bausteine zur fränkischen Heimatforschung 11, 1964, S. 23f.

1965

11. Die Erbabreden zwischen Preußen und den fränkischen Markgrafen im 18. Jahrhundert, in: JfL 25, 1965, S. 43–87.

1967

12. Zur Geschichte des fränkischen Reichskreises, in: Würzburger Diözesangeschichtsblätter 29, 1967, S. 168–183.
13. Der Heimatbegriff der Jugend in der Gegenwart. Ergebnisse einer Umfrage an bayerischen Gymnasien, in: Geographische Rundschau 19, 1967, S. 25–32.

1968

14 Der Erwerb des Amtes Liebenau-Steppach durch das Haus Schönborn 1721–1724, in: Erlanger Bausteine zur fränkischen Heimatforschung 15, 1968, S. 21–27.
15 Fränkischer Reichskreis und fränkische Reichsstädte, in: 8. Heimatkundliches Seminar des Frankenbundes, Würzburg 1968, S. 6–12.
16 Markgraf Christian Ernst von Bayreuth, in: Fränkische Lebensbilder 2 (VGffG VIIa), hg. v. Gerhard Pfeiffer, Würzburg 1968, S. 260–289.
17 Zur wirtschaftlichen und sozialen Lage in Franken vor dem Dreißigjährigen Krieg, in: JfL 28, 1968, S. 5–52.

1969

18 Versuche Wiens zur Einflußnahme auf Kronprinz Friedrich von Preußen, in: JfL 29, 1969, S. 1–17.

1970

19 Zur Einwohnerzahl und Bevölkerungsstruktur Nürnbergs im 15. und 16. Jahrhundert, in: MVGN 57, 1970, S. 242–271.

1971

20 Probleme des Bauernkriegs im Hochstift Bamberg, in: JfL 31, 1971, S. 91–138.
21 Konrad von Schlüsselberg, in: Fränkische Lebensbilder 4 (VGFFG VIIa), hg. v. Gerhard Pfeiffer, Würzburg 1971, S. 27–48.
22 Sozialstruktur Nürnbergs, in: Nürnberg – Geschichte einer europäischen Stadt, hg. v. Gerhard Pfeiffer, München 1971, S. 194–199.
23 Vom Religionsfrieden zur protestantischen Union, in: ebd., S. 265–269.
24 Politische Haltung bis zum Eintritt Gustav Adolfs in den Dreißigjährigen Krieg, in: ebd., S. 269–273.
25 Endzeit des Dreißigjährigen Krieges, in: ebd., S. 273–279.
26 Von der Bildung des fränkischen Reichskreises und dem Beginn der Reformation bis zum Augsburger Religionsfrieden 1555, in: Handbuch der bayerischen Geschichte, hg. v. Max Spindler, III/I, München 1971, ²1979 (§§ 22–26), S. 193–211.
27 Vom Augsburger Religionsfrieden bis zum Dreißigjährigen Krieg, in: Handbuch der bayerischen Geschichte, hg. v. Max Spindler, III/I, München 1971, ²1979 (§§ 27–30), S. 212–230.
28 Franken in den Auseinandersetzungen der Großmächte bis zum Ende des Fränkischen Reichskreises, in: Handbuch der bayerischen Geschichte, hg. v. Max Spindler, III/I, München 1971, ²1979 (§§ 31–35), S. 231–248.
29 Territoriale Veränderungen, Neugestaltung und Eingliederung Frankens in Bayern, in: ebd. (§§ 36–38), S. 250–263.
30 Staat und Gesellschaft, Zweiter Teil: 1500–1800, in: ebd. (§§ 44–51), S. 349–415.
31 Die Juden in Wirtschaft und Handel, in: ebd. (§ 61), S. 530–532.

32 Die Bischöfe von Augsburg, Bamberg, Eichstätt, Freising, Passau, Regensburg und Würzburg bis zur Säkularisation, zus. mit Adolf Layer, Walter Ziegler, in: Handbuch der bayerischen Geschichte, hg. v. Max Spindler, III/II, München 1971, ²1979, S. 1447–1453.
33 Stammtafeln. Die Zollern, in: ebd, S. 1455.
34 Hilfsmittel, Quellen, Darstellungen, 1. Franken, in: ebd., S. 1457–1467.

1972

35 Die Rolle der Grafen von Schweinfurt in der Besiedlung Nordostbayerns, in: JfL 32, 1972, S. 1–43.

1973

36 Der Bauernkrieg in Franken, in: Blätter für deutsche Landesgeschichte 109, 1973, S. 31–68; wiederabgedruckt in: Peter Blickle (Hg.), Der deutsche Bauernkrieg von 1525 (Wege der Forschung 460), Darmstadt 1985, S. 127–183.
37 Das Slawenmotiv bei der Gründung des Bistums Bamberg, in: Berichte des Historischen Vereins Bamberg 109, 1973, S. 161–182.

1974

38 Adelige Lebensformen in Franken zur Zeit des Bauernkrieges (Neujahrsblätter der Gesellschaft für fränkische Geschichte 35), Würzburg 1974, S. 5–43.
39 Der Bauernkrieg in Franken, in: Festschrift für Gerd Wunder. Württembergisch Franken, Jahrbuch 58, 1974, S. 153–166.
40 Zum Problem der Landeshoheit in Franken. Der Übergang Eschenaus an Bayreuth, in: MVGN 61, 1974, S. 161–187.

1975

41 Das Armenproblem im Zeitalter des Absolutismus, in: JfL 34/35, 1974/75 (Festschrift für Gerhard Pfeiffer), S. 1003–1020; wiederabgedruckt unter dem Titel: Probleme des Bauernkriegs in Franken, in: Rainer Wohlfeil (Hg.), Der Bauernkrieg 1524–1526. Bauernkrieg und Reformation (nymphenburger texte zur wissenschaft. modelluniversität 21), München 1975, S. 90–115.
42 Der Bauernaufstand von 1525. Zwischen Forschung und Ideologie, in: Deutsche Studien, 13. Jg., H. 49, 1975, S. 51–68.
43 Die Ursachen des Bauernkrieges. Politik, Wirtschaft, Religion, in: 230 Jahre Humanistisches Gymnasium Erlangen, Festschrift, hg. v. Heinz Martius, [Gymnasium Fridericianum] 1975, S. 101–127.
44 Zünfte und Unterschichten als Elemente der Instabilität in den Städten, in: Peter Blickle (Hg.), Revolte und Revolution in Europa (Historische Zeitschrift, Beihefte, N. F. 4), München 1975, S. 151–170.
45 Zur sozialökonomischen Lage und sozialpsychischen Einstellung des „Gemeinen Mannes". Der Kloster- und Burgensturm in Franken 1525, in: Hans-Ulrich Wehler (Hg.), Der Deutsche Bauernkrieg 1524–1526 (Geschichte und Gesellschaft, Sonderheft 1), Göttingen 1975, S. 61–78.

1976

46 Zur Burgenverfassung in Franken, in: Die Burgen im deutschen Sprachraum. Ihre rechts- und verfassungsgeschichtliche Bedeutung, hg. v. Hans Patze, Teil II (Vorträge und Forschungen 19/2, hg. v. Konstanzer Arbeitskreis für mittelalterliche Geschichte), Sigmaringen 1976, S. 293–329.

47 Franken (1965–1975) [Sammelbericht], in: Blätter für deutsche Landesgeschichte 112, 1976, S. 441–487.

48 Die wirtschaftlichen Grundlagen des niederen Adels in der frühen Neuzeit, in: JfL 36, 1976, S. 215–237.

1977

49 Juden in Franken, Vortrag auf der Herbsttagung der Gesellschaften für christlich-jüdische Zusammenarbeit in Bayern 1977 in Würzburg, Würzburg 1977, S. 1–8.

50 Zur Lage der Nürnberger Handwerkerschaft zur Zeit von Hans Sachs, in: JfL 37, 1977, S. 107–123.

51 Ländliche Rechtsquellen als sozialgeschichtliche Quellen, in: Deutsche ländliche Rechtsquellen, Probleme und Wege der Weistumsforschung, hg. v. Peter Blickle, Stuttgart 1977, S. 161–184.

1978

52 Zur Frühgeschichte des landwirtschaftlichen Bildungswesens in Deutschland, in: Jürgen Schneider (Hg.), Wirtschaftskräfte und Wirtschaftswege III: Auf dem Weg zur Industrialisierung. Festschrift für Hermann Kellenbenz (Beiträge zur Wirtschaftsgeschichte 6), Stuttgart 1978, S. 187–202.

53 Jüdische Gemeinden in Franken 1100 bis 1975, in: Jüdische Gemeinden in Franken 1100 bis 1975. 16. Fränkisches Seminar des Frankenbundes vom 5. bis 7. November 1976 in der Heimvolkshochschule Schloß Schney bei Lichtenfels/Ofr. (Frankenland, Sondernummer), Würzburg 1978, S. 5.

54 Geschichte der jüdischen Gemeinde Nürnberg-Fürth im 19. und 20. Jahrhundert, in: ebd., S. 23–31.

55 Michael Alexander Lips, in: Fränkische Lebensbilder 8 (VGffG VIIa), hg. v. Gerhard Pfeiffer, Alfred Wendehorst, Neustadt/Aisch 1978, S. 257–276.

56 100 Jahre Nürnberger Geschichtsverein – 100 Jahre Nürnberger Geschichte, in: MVGN 65, 1978, S. 9–26.

1979

57 Christentum und Juden in Geschichte und Gegenwart, in: Hefte für den Freundeskreis der Evangelischen Akademie Tutzing 51, 1979, S. 10–23.

58 Erlangen – Stadt der Wissenschaften, in: Bayernland 81, 1979, S. 28–31.

59 The peasant war in Franconia, in: The peasant war 1525: new viewpoints, hg. v. Robert Scribner, Gerhard Benecke, London 1979, S. 63–83.

1980

60 Bauerntum I, in: Theologische Realenzyklopädie Bd. 5, hg. v. Gerhard Krause, Gerhard Müller in Gemeinschaft mit Horst Robert Balz u.a., Berlin (West) u.a. 1980, S. 338–345.
61 Die Eingliederung Frankens in den neuen bayerischen Staat, in: Krone und Verfassung. König Max I. Joseph und der neue Staat, hg. v. Hubert Glaser, München 1980, S. 83–94.
62 Nach Feierabend, in: Hermann Glaser, Wolfgang Ruppert, Norbert Neudecker (Hg.), Industriekultur in Nürnberg. Eine deutsche Stadt im Maschinenzeitalter, München 1980, S. 195–211.
63 Der „Fränkische Separatismus" – Franken und Bayern im 19. und 20. Jahrhundert, in: MVGN 67, 1980, S. 157–183.
64 Die deutschen Führungsschichten um 1600, in: Deutsche Führungsschichten in der Neuzeit. Eine Zwischenbilanz. Büdinger Vorträge 1978, hg. v. Hanns Hubert Hofmann, Günther Franz (Deutsche Führungsschichten in der Neuzeit 12), Boppard 1980, S. 79–109.

1981

65 Ein antijüdischer Bauernaufstand im Hochstift Bamberg im Jahre 1699, in: Berichte des Historischen Vereins Bamberg 117, 1981, S. 67–81.
66 Die Juden in Fürth, in: Fürther Heimatblätter Jg. 31, 1981, S. 73–85.
67 Mittelfranken und sein Historischer Verein, in: Jahrbuch des Historischen Vereins für Mittelfranken 89, 1977/81, S. 1–16.
68 Das „Strafarbeitshaus" St. Georgen bei Bayreuth, in: Chistoph Sachße, Florian Tennstedt (Hg.), Geschichte und Geschichten (Jahrbuch der Sozialarbeit 4), Hamburg 1981, S. 89–105.

1982

69 Die Umwelt der Caritas Pirckheimer – Nürnberg und seine Gesellschaft, in: Lotte Kurras, Franz Machilek (Hg.), Caritas Pirckheimer 1467–1532, Ausstellungskatalog der Katholischen Stadtkirche Nürnberg, München 1982, S. 35–46.
70 Die Folgen des 30jährigen Krieges in Franken, in: Wirtschaftsentwicklung und Umweltbeeinflussung (14.–20. Jahrhundert), hg. v. Hermann Kellenbenz (Beiträge zur Wirtschafts- und Sozialgeschichte 20), Wiesbaden 1982, S. 125–144.
71 Karl Theodor von Eheberg (1855–1941), in: Fränkische Lebensbilder 10 (VGffG VIIa), hg. v. Gerhard Pfeiffer, Alfred Wendehorst, Neustadt/Aisch 1982, S. 213–230.
72 Erlangen – Portrait einer fränkischen, bayerischen, deutschen, europäischen Stadt, zusammen mit Lajos Keresztes, Würzburg 1982.
73 Erlangen und seine verschiedenen Gesichter, Erlangen 1982.
74 Sozial- und Bildungsstrukturen fränkischer Reichsstädte im Spätmittelalter und in der Frühen Neuzeit, in: Literatur in der Stadt. Bedingungen und Bei-

spiele städtischer Literatur des 15. bis 17. Jahrhunderts, hg. v. Horst Brunner (Göppinger Arbeiten zur Germanistik 343), Göppingen 1982, S. 37–72.

75 Adelige Lebensformen in Franken im Spätmittelalter, in: Adelige Sachkultur des Spätmittelalters (Veröffentlichungen des Instituts für mittelalterliche Realienkunde Österreichs 5; zugl. Sitzungsberichte der Österreichischen Akademie der Wissenschaften, Philosophisch-historische Klasse, 400), Wien 1982, S. 73–104.

76 Der Kayserliche neunjährige Bund vom Jahr 1535 bis 1544, in: Bauer, Reich und Reformation. Festschrift für Günther Franz zum 80. Geburtstag, hg. v. Peter Blickle, Stuttgart 1982, S. 85–103.

77 Der Dreißigjährige Krieg in Franken: Anlaß – Ablauf – Schrecken – Schutzmaßnahmen – Auswirkungen – Wiederaufbau, in: Gustav Adolf, Wallenstein und der Dreißigjährige Krieg in Franken. Ausstellung des Staatsarchivs Nürnberg zum 350. Gedenkjahr (1632–1982), hg. v. Günther Schuhmann (Ausstellungskataloge der Staatlichen Archive Bayerns 14), Neustadt/Aisch 1982, S. 11–26.

78 Der Niederadel in Tirol und Süddeutschland zur Zeit des Bauernkrieges, in: Der Bauernkrieg und Michael Gaismair (Veröffentlichungen des Tiroler Landesarchivs 2), Innsbruck 1982, S. 55–66.

79 Der Landsberger Bund (1556–1598), in: Festschrift für Andreas Kraus zum 60. Geburtstag, hg. v. Pankraz Fried, Walter Ziegler (Münchener Historische Studien, Abteilung Bayerische Geschichte 10), Kallmünz/Oberpfalz 1982, S. 197–212.

80 Sozialer Wandel in Franken und Bayern auf der Grundlage der Dorfordnungen, in: Sozialer und kultureller Wandel in der ländlichen Welt des 18. Jahrhunderts, hg. v. Ernst Hinrichs (Wolfenbütteler Forschungen 19), 1982, S. 211–227.

81 Die Eingliederung Frankens in den neuen bayerischen Staat, in: Probleme der Integration Ostschwabens in den bayerischen Staat. Bayern und Wittelsbach in Ostschwaben, hg. v. Pankraz Fried (Augsburger Beiträge zur Landesgeschichte Bayerisch-Schwabens 2), Sigmaringen 1982, S. 93–113.

82 Erlangen, der Prinzregent und „seine" Schule, in: Jahresbericht des Christian-Ernst Gymnasiums 1982, S. 82–90; wiederabgedruckt in: Das neue Erlangen, Heft 65, 1984, S. 41–45.

1983

83 Brauchen wir noch einen Geschichtsverein? In: Fürther Heimatblätter Jg. 33, 1983, S. 73–82.

84 Castell, Grafen von, in: Lexikon des Mittelalters, hg. v. Robert-Henri Bautier, Bd. 2, München u.a. 1983, Sp. 1557.

85 Der Dreißigjährige Krieg in Franken, in: Jahrbuch des Historischen Vereins für Mittelfranken 91, 1982/83, S. 65–77.

86 Freizeit im biedermeierlichen Erlangen, in: Erlanger Bausteine zur fränkischen Heimatforschung 30, 1983, S. 101–111.

87 Der fränkische Reichskreis, in: Kurt G. A. Jeserich, Hans Pohl, Georg-Christoph v. Unruh (Hg.), Deutsche Verwaltungsgeschichte I: Vom Spätmittelalter bis zum Ende des Reiches, Stuttgart 1983, S. 599–615.

88 Fugger, in: Theologische Realenzyklopädie 11, hg. v. Gerhard Krause, Gerhard Müller in Gemeinschaft mit Horst Robert Balz u. a., Berlin (West) u. a. 1983, S. 720–723.

89 Das Schulwesen in Franken im ausgehenden Mittelalter, in: Bernd Moeller, Hans Patze, Karl Stackmann (Hg.), Studien zum städtischen Bildungswesen des späten Mittelalters und der frühen Neuzeit. Bericht über Kolloquien der Kommission zur Erforschung der Kultur des Spätmittelalters 1978 bis 1981 (Abhandlungen der Akademie der Wissenschaften in Göttingen, Phil.-hist. Klasse, 3. Folge 137), Göttingen 1983, S. 173–214.

90 Die Bedeutung des lateinischen und deutschen Schulwesens für die Entwicklung der fränkischen Reichsstädte des Spätmittelalters und der frühen Neuzeit, in: Lenz Kriss-Rettenbeck, Max Liedtke (Hg.), Schulgeschichte im Zusammenhang der Kulturentwicklung (Schriftenreihe zum Bayerischen Schulmuseum Ichenhausen 1), Bad Heilbrunn 1983, S. 144–165.

91 Der Dreißigjährige Krieg in Franken, in: Historischer Verein „Alt-Dinkelsbühl", Jahrbuch 1983/84, S. 42–72.

1984

92 Franken, in: Der deutsche Bauernkrieg, hg. v. Horst Buszello, Peter Blickle, Rudolf Endres, Paderborn, München, Wien, Zürich 1984, ²1991, ³1995, S. 134–153.

93 Thüringen, in: ebd., S. 154–176.

94 Ursachen, in: ebd., S. 217–253.

95 Der Bayerische Heimat- und Königsbund, in: Land und Reich, Stamm und Nation. Probleme und Perspektiven bayerischer Geschichte. Festgabe für Max Spindler zum 90. Geburtstag, hg. v. Andreas Kraus, Bd. 3, München 1984, S. 415–436.

96 Die preußische Ära (1791–1806) in Franken, in: Expansion und Integration. Zur Eingliederung neugewonnener Gebiete in den preußischen Staat, hg. v. Peter Baumgart (Neue Forschungen zur brandenburg-preußischen Geschichte 5), Köln, Wien 1984, S. 169–194.

97 Die Elisabeth Krauß'sche Studienstiftung in Nürnberg (1639–1923), in: Berichte des Historischen Vereins Bamberg 120, 1984 (Festschrift für Gerd Zimmermann), S. 601–614.

98 Die spätmittelalterliche Stadt unter den fränkischen Zollern (1402–1527), in: Alfred Wendehorst, Gerhard Pfeiffer (Hg.), Erlangen. Geschichte der Stadt in Darstellung und Bilddokumenten, München 1984, S. 31–34.

99 Bevölkerung und Wirtschaft vom Markgräfler- zum Dreißigjährigen Krieg, in: ebd., S. 39–43.

100 Die fränkische Freiheitsbewegung im 19. Jahrhundert, in: Archiv für Geschichte von Oberfranken 64, 1984, S. 331–340 [Rede im Markgräflichen Opernhaus Bayreuth am 28. November 1983 anläßlich der Verleihung des Kulturpreises der oberfränkischen Wirtschaft].

101 Nürnberger Bildungswesen zur Zeit der Reformation, in: MVGN 71, 1984, S. 109–128.

102 Erlangen, der Prinzregent und „seine" Schule, in: Das neue Erlangen, Heft 65, 1984, S. 41–45.

103 Hieronymus Baumgartner (Paumgartner), Diplomat, 1498–1565, in: Berühmte Nürnberger, hg. v. Christoph von Imhoff, Nürnberg 1984, ²1989, S. 120–122.

104 Johann Baptist Homann, Kartograph, 1644–1724, in: ebd., S. 212f.

105 Ignaz Bing, Industrieller, 1840–1918, in: ebd., S. 308f.

106 Der Handelsvorstand, in: ebd., S. 395–400, ²1989, S. 425–430.

107 Amberg – Nürnberg, in: Amberg Information, Amberg 1984, S. 5–17.

108 „Nürnbergisch gerecht geschaut Gut". Wie das Handwerk in Mittelfranken begann, in: Mittelfranken. Der Bezirk, hg. v. Bezirk Mittelfranken, Ansbach 1984, S. 281–284.

109 Der Funktionswandel der Messestadt Nördlingen und der Reichsstädte Dinkelsbühl und Rothenburg, in: Stadtstrukturen an alten Handelswegen im Funktionswandel bis zur Gegenwart, hg. v. Franz Tichy, Jürgen Schneider (Schriftenreihe des Zentralinstituts für Fränkische Landeskunde und allgemeine Regionalforschung an der Universität Erlangen-Nürnberg 25), Neustadt/Aisch 1984, S. 15–27.

1985

110 Neue Tore in den alten Mauern. Abseits der Politik suchte das Nürnberger Bürgertum um 1835 sein Heil in der Industrie, in: Nürnberger Zeitung am Wochenende Nr. 141, 22.6.1985, S. 10.

111 Warum wurde die erste Eisenbahn zwischen Nürnberg und Fürth gebaut? In: Mitteilungen der Fränkischen Geographischen Gesellschaft 31/32, 1984/85, S. 481–502.

112 Das „Moderne" bei den hugenottischen Städtegründungen, in: Heinz Duchhardt (Hg.), Der Exodus der Hugenotten, Köln, Wien 1985, S. 155–175.

113 Moderne Regional- und Lokalgeschichte, in: Streiflichter aus der Heimatgeschichte, hg. v. Geschichts- und Heimatverein Neustadt/Aisch, Neustadt/Aisch 1985, S. 5–10.

114 Die selbständig handelnde Kaufmannschaft. Nürnberger Handelsvorstand zwischen Renaissance und Biedermeier, in: Im Zeichen der Waage. 425 Jahre Nürnberger Handelsvorstand 1560–1985. Wirtschaft und Gesellschaft im Wandel. Begleitet von Organen der wirtschaftlichen Selbstverwaltung, hg. v. der Industrie- und Handelskammer Nürnberg mit Gerhard Pfeiffer, Nürnberg 1985, S. 35–44.

115 Die Rolle der Kaufmannschaft im Nürnberger Verfassungsstreit am Ende des Alten Reiches, in: JfL 45, 1985, S. 125–167.

116 Franken und Bayern im 19. und 20. Jahrhundert (Erlanger Geographische Arbeiten 45), hg. v. Vorstand der Fränkischen Geographischen Gesellschaft, Erlangen 1985.

117 Stadt und Umland im bildungspolitischen Bereich im Spätmittelalter und in der Frühneuzeit, in: Städtisches Um- und Hinterland in vorindustrieller Zeit (Städteforschung A/22), hg. v. Hans K. Schulze, Köln, Wien 1985, S. 157–182.

118 Die Stadt – der primäre Lebenszusammenhang der bürgerlichen Gesellschaft, in: Literatur und Volk im 17. Jahrhundert. Probleme populärer Kultur in Deutschland, hg. v. Wolfgang Brückner, Peter Blickle, Dieter Breuer, Teil I, Wiesbaden 1985, S. 89–109.

1986

119 Das Schulwesen in Franken zur Zeit der Reformation und in der Frühneuzeit, in: Geschichte am Obermain 15, 1985/86 (Jahrbuch Colloquium Historicum Wirsbergense), S. 119–129.

120 Die Hugenotten und ihre Bedeutung in Franken, in: Das neue Erlangen, Heft 70/71, 1986, S. 24–49.

121 Erlangen als Flüchtlingsstadt, in: Erlanger Bausteine zur fränkischen Heimatforschung 34, 1986, S. 7–15.

122 Markgraf Christian Ernst von Brandenburg-Bayreuth, der Gründer der Hugenottenstadt Erlangen, in: Erlanger Bausteine zur fränkischen Heimatforschung 34, 1986, S. 17–37.

123 Kaisertreue und Reichsbewußtsein in Nürnberg, in: Nürnberg – Kaiser und Reich (Ausstellungskatalog der Staatlichen Archive Bayerns 20), Nürnberg 1986, S. 141–145.

124 Franken und Bayern im Vormärz und in der Revolution von 1848/49, in: Johannes Erichsen, Michael Henker (Hg.), „Vorwärts, vorwärts sollst du schauen …" Geschichte, Politik und Kunst unter Ludwig I. (Veröffentlichungen zur Bayerischen Geschichte und Kultur 9), Nürnberg 1986, S. 199–217.

125 Preußens Griff nach Franken, in: Heinz Duchhardt (Hg.), Friedrich der Große, Franken und das Reich (Bayreuther Historische Kolloquien 1), Köln, Wien 1986, S. 57–79.

126 Franken und Bayern. Festvortrag zur 80-Jahr-Feier beim „Heimatverein Herzogenaurach" 26. September 1986, Herzogenaurach 1986, S. 3–22.

127 Ansbach-Bayreuth zwischen Preußen und Bayern, in: Franken unter einem Dach (Schriftenreihe des Vereins Fränkisches Freilandmuseum 9), Bad Windsheim 1986, S. 27–34.

128 Die Hugenotten in Franken und ihre Erben, in: Charivari 12, 1986, S. 8–14.

1987

129 Nürnberg und Amberg, in: Hochfinanz, Wirtschaftsräume, Innovationen. Festschrift für Wolfgang von Stromer, hg. v. Uwe Bestmann, Franz Irsigler, Jürgen Schneider, Bd. 2, Trier 1987, S. 679–699.

130 Johann Alexander Döderlein und die Schulgeschichte Frankens, in: Villa nostra H. 22, 1987, S. 205–216.

131 Die Reformation im fränkischen Wendelstein, in: Zugänge zur bäuerlichen Reformation, hg. v. Peter Blickle, Zürich 1987, S. 127–146.

132 Fränkische und bayerische Bischofsresidenzen, in: Blätter für deutsche Landesgeschichte 123, 1987, S. 51–65.

133 925 Jahre Langensendelbach, Langensendelbach 1987, S. 2–22.

134 Nürnberger Einflüsse auf das oberpfälzische Montangebiet, in: Die Oberpfalz, ein europäisches Eisenzentrum. 600 Jahre Große Hammereinung. Aufsatzband, hg. v. Bergbau- und Industriemuseum Ostbayern (Schriftenreihe des Bergbau- und Industriemuseums Ostbayern Bd. 12/1), Theuern 1987, S. 285–293.

135 Die soziale Problematik in den kleineren Reichsstädten, in: Reichsstädte in Franken, Aufsätze 2 (Veröffentlichungen zur Bayerischen Geschichte und Kultur 15/2), hg. v. Rainer A. Müller, München 1987, S. 70–83.

136 Spätantike und Völkerwanderungszeit, in: Zeiten und Menschen, Ausgabe K, Geschichte für Kollegstufe und Grundstudium 1, Politik, Gesellschaft, Wirtschaft bis 800 n. Chr., hg. v. Robert-Hermann Tenbrock, Kurt Kluxen, Erich Goerlitz, Paderborn 1987, S. 292–315; Die Franken, in: ebd., S. 316–341; Die Araber – Der Aufstieg zu einer neuen Weltmacht, in: ebd., S. 342–347; Von der Spätantike zum frühen Mittelalter: Kontinuität oder Kulturbruch?, in: ebd., S. 348–367.

137 Wirtschaftsraum Mittelfranken, hg. in Zusammenarbeit mit der Industrie- und Handelskammer Nürnberg (Monographien deutscher Wirtschaftsgebiete), Gesamtredaktion Rudolf Endres, Fritz Wunschel, 2. völlig neu bearb. Ausgabe Oldenburg 1987.

138 Die Entstehung des Verdichtungsraumes Nürnberg – Fürth – Erlangen, in: ebd., S. 12–17.

139 Die historischen Grundlagen Westmittelfrankens, in: ebd., S. 28–31.

140 Die Freien Reichsstädte als Anfang der Bürgerfreiheiten in Deutschland, in: Politische Studien 38, 1987, S. 576–584.

1988

141 Adel und Patriziat in Oberdeutschland, in: Ständische Gesellschaft und soziale Mobilität, hg. v. Winfried Schulze (Schriften des Historischen Kollegs, Kolloquien 12), München 1988, S. 221–238.

142 Das Bildungswesen und die Kulturpflege in den fränkischen Städten, in: La Ville, la Bourgeoisie et la Genèse de l'Etat Moderne (XIIe – XVIIIe siècles), hg. v. Neithard Bulst, J[ean]-P[hilippe] Genet, Paris 1988, S. 323–338.

143 Familie Bing. Fabrikanten in Nürnberg, in: Geschichte und Kultur der Juden in Bayern. Lebensläufe, hg. v. Manfred Treml, Wolf Weigand unter Mitarbeit v. Evamaria Brockhoff (Veröffentlichungen zur Bayerischen Geschichte und Kultur 18/88), München 1988, S. 173–177.

144 Franken und das Reich. Festvortrag zum 90. Geburtstag von Thomas Dehler am 14. Dezember 1987 in Nürnberg, in: Franken und das Reich, hg. v. der Thomas-Dehler-Stiftung, München 1988, S. 15–27.

145 Heinrich Institoris, sein Hexenhammer und der Nürnberger Rat, in: Peter Segl (Hg.), Der Hexenhammer. Entstehung und Umfeld des Malleus maleficarum von 1487 (Bayreuther Historische Kolloquien 2), Köln, Wien 1988, S. 195–216.

146 Aus der Geschichte von Marloffstein, in: Erlanger Bausteine zur fränkischen Heimatforschung 36, 1988, S. 5–42.

147 Nürnberg im 18. Jahrhundert, in: MVGN 75, 1988, S. 133–153.

148 Nürnberg in der Frühneuzeit, in: Europäische Städte im Zeitalter des Barock. Gestalt – Kultur – Sozialgefüge, hg. v. Kersten Krüger (Städteforschung A/28), Köln, Wien 1988, S. 141–167.

149 Die Verbreitung der Schreib- und Lesefähigkeit zur Zeit der Reformation, in: Festgabe Heinz Hürten zum 60. Geburtstag, hg. v. Harald Dickerhof, Frankfurt am Main u.a. 1988, S. 213–223.

150 Die Slawenfrage in Nordostbayern, in: Geschichte am Obermain 16, 1987/88 (Jahrbuch Colloquium Historicum Wirsbergense), S. 39–48.

1989

151 Stadt und Fürstentum Bayreuth, in: Jahres- und Tagungsbericht der Görres-Gesellschaft, Köln 1989, S. 5–21.

152 Bürgermeister Behr und der fränkische Liberalismus im Vormärz, Festvortrag anläßlich der Gedenkfeier zum 40. Gründungstag der F.D.P.-Unterfranken am 2. Juli 1988 in Gaibach bei Volkach, München 1988, S. 5–16.

153 Burgen und Burgenverfassung in der Fränkischen Alb, in: Franz Tichy, Rainer Gömmel, (Hg.), Die Fränkische Alb. Referate des 9. interdisziplinären Colloquiums des Zentralinstituts (Schriften des Zentralinstituts für Fränkische Landeskunde und allgemeine Regionalforschung an der Universität Erlangen-Nürnberg 28), Neustadt/Aisch 1989, S. 161–193.

154 Absolutistische Entwicklungen in fränkischen Territorien im Spiegel der Dorfordnungen, in: Jahrbuch für Regionalgeschichte 16/2, 1989, S. 81–93.

155 Die Folgen des Dreißigjährigen Krieges in Franken, in: Mitteilungen der Fränkischen Geographischen Gesellschaft 35/36, 1988/89, S. 351–367.

156 Erlangen und die Erlanger. Skizzen seiner Geschichte, in: Archiv für Geschichte von Oberfranken 69, 1989, S. 63–77.

157 Einige unbekannte Pläne zur Stadtgeschichte und Stadtentwicklung Erlangens, in: Erlanger Bausteine zur fränkischen Heimatforschung 37, 1989, S. 173–183.

158 Zur Geschichte der Juden in Franken, in: Archiv für Geschichte von Oberfranken 69, 1989, S. 49–61. [Antrittsvorlesung bei der Kulturwissenschaftlichen Fakultät der Universität Bayreuth am 15. Februar 1989].

159 Zur Geschichte der Juden in Franken, in: Kulturwarte 35, 1989, S. 20–29.

160 Nürnberg. „Carissima civitas". Kaiserstadt und Aufbewahrungsort der Reichsinsignien, in: Bodo-Michael Baumunk, Gerhard Brunn (Hg.), Hauptstadt. Zentren, Residenzen, Metropolen in der deutschen Geschichte, Köln 1989, S. 72–87.

161 Von der „heimlichen Hauptstadt des Reiches" zur modernen Industriemetropole, in: Stadtsparkasse Nürnberg, Geschäftsbericht 1989, S. 34–44.

162 Fürstliche Stadtgründungen aus der Sicht des Wirtschafts- und Sozialhistorikers, in: Deutsche Stadtgründungen der Neuzeit, hg. v. Wilhelm Wortmann (Wolfenbütteler Forschungen 44), Wiesbaden 1989, S. 31–43.

163 Das Einkommen eines freischaffenden Literaten der Barockzeit in Nürnberg, in: Quaestiones in musica. Festschrift für Franz Krautwurst zum 65. Geburtstag, hg. v. Friedhelm Brusniak, Tutzing 1989, S. 85–100.

164 Ausbildung und gesellschaftliche Stellung der Schreib- und Rechenmeister in den fränkischen Reichsstädten, in: Johann Georg Prinz von Hohenzollern, Max Liedtke (Hg.), Schreiber, Magister, Lehrer. Zur Geschichte und Funktion eines Berufsstandes (Schriftenreihe zum Bayerischen Schulmuseum Ichenhausen 8), Bad Heilbrunn 1989, S. 144–159.

1990

165 Probleme des Bauernkriegs im Hochstift Bamberg – Ursachen, Verlauf, Folgen, in: Archäologie und Geschichte (Schriften des Fränkische-Schweiz-Museums 3), Pottenstein 1990, S. 53–65.

166 Die Gesellschaft zur Beförderung vaterländischer Industrie in Nürnberg von 1792, in: Erich Braun, Franklin Kopitzsch (Hg.): Zwangsläufig oder abwendbar? 200 Jahre Hamburgische Allgemeine Armenanstalt. Symposion der Patriotischen Gesellschaft von 1765 (Schriften der Hamburgischen Gesellschaft zur Beförderung der Künste und nützlichen Gewerbe – Patriotische Gesellschaft von 1765, 3), [Hamburg] 1990, S. 189–202.

167 Die territoriale Entwicklung, in: Fränkische Schweiz (Führer zu archäologischen Denkmälern in Deutschland 20), Stuttgart 1990, S. 117–128.

168 Das Handwerk in Nürnberg im ausgehenden Mittelalter, in: Nürnberg und Bern. Zwei Reichsstädte und ihre Landgebiete (Erlanger Forschungen A 46), hg. v. Rudolf Endres, Erlangen 1990, S. 49–79.

169 Alexander von Humboldt und Franken, in: Uta Lindgren (Hg.), Alexander von Humboldt. Weltbild und Wirkung auf die Wissenschaften (Bayreuther Historische Kolloquien 4), Köln, Wien 1990, S. 39–59.

170 Schulen in Franken vom Hochmittelalter bis zur Neuzeit, in: Frankenland 42, 1990, S. 282–286.

1991

171 Der Bauernkrieg in Franken und Thüringen. Ursachen – Verlauf – Folgen, in: Methoden und Themen der Landes-, Regional- und Heimatgeschichte in Bayern, Sachsen und Thüringen, hg. v. Haus der Bayerischen Geschichte, München 1991, S. 67–76.

172 Franken und die Oberpfalz, in: Archiv für Geschichte von Oberfranken 71, 1991, S. 119–130.

173 Judenemanzipation in Ansbach, in: Tradition und Geschichte in Frankens Mitte. Festschrift für Günther Schuhmann (Jahrbuch des Historischen Vereins für Mittelfranken 95, 1990/91), Ansbach 1991, S. 313–324.

174 Wilhelm Leuschner (1890–1944), in: Fränkische Lebensbilder 14 (VGffG VIIa), hg. v. Alfred Wendehorst, Neustadt/Aisch 1991, S. 291–304.

175 Nordoberfranken als Wirtschaftsraum in der Geschichte, in: Festschrift zum 100jährigen Bestehen des Nordoberfränkischen Vereins für Natur-, Geschichts- und Landeskunde e. V. in Hof, Hof 1991, S. 7–26.

176 Bewährte Reichstreue: Preußens Fahne über der Nürnberger Burg. Die Beziehungen der Zollern zu Franken, in: Nürnberger Zeitung am Wochenende Nr. 190, 17. 8. 1991, S. 10.

177 Die voigtländische Ritterschaft, in: Rudolf Endres (Hg.), Adel in der Frühneuzeit. Ein regionaler Vergleich (Bayreuther Historische Kolloquien 5), Köln, Wien 1991, S. 55–72.

178 Das Schulwesen von ca. 1200 bis zur Reformation. Gesamtdarstellung, in: Handbuch der Geschichte des bayerischen Bildungswesens, hg. v. Max Liedtke, 1. Bd.: Geschichte der Schule in Bayern. Von den Anfängen bis 1800, Bad Heilbrunn 1991, S. 141–188.

179 Stadt- und Landgemeinde in Franken, in: Landgemeinde und Stadtgemeinde in Mitteleuropa. Ein struktureller Vergleich, hg. v. Peter Blickle (Historische Zeitschrift, Beihefte, N. F. 13), München 1991, S. 101–117.

1992

180 Armenstiftungen und Armenschulen in Nürnberg in der Frühneuzeit, in: JfL 53, 1993 (Festschrift für Alfred Wendehorst, hg. v. Jürgen Schneider, Gerhard Rechter), S. 55–64.

181 Die „Ära Hardenberg" in Franken, in: Bayreuth und die Hohenzollern vom ausgehenden Mittelalter bis zum Ende des Alten Reiches, hg. v. Roderich Schmidt, Ebsdorfergrund 1992, S. 177–200.

182 Reformpolitik in den Fürstentümern Ansbach-Bayreuth im Aufklärungszeitalter, in: Archiv für Geschichte von Oberfranken 72, 1992, S. 327–341.

183 Schulen, Universität und Bibliotheken, in: Peter Kolb, Ernst-Günter Krenig (Hg.), Unterfränkische Geschichte, Bd. 2: Vom hohen Mittelalter bis zum Beginn des konfessionellen Zeitalters, Würzburg 1992, S. 531–547.

1993

184 Oberschwäbischer Adel und absoluter Staat. Herrschaftsstil und Herrschaftstechnik in Oberschwaben, in: Peter Blickle (Hg.), Politische Kultur in Oberschwaben, Tübingen 1993, S. 147–173.

185 Adel in der frühen Neuzeit (Enzyklopädie deutscher Geschichte 18), München, Wien 1993.

186 Der Bauernkrieg in „Hessen und Thüringen", in: Fuldaer Geschichtsblätter 68, 1993, S. 130–143.

187 Bettler und fahrende Schüler, in: Anzeiger des Germanischen Nationalmuseums 1993, S. 225–230.

188 Die „Ära Hardenberg" in Franken, in: Archiv für Geschichte von Oberfranken 73, 1993, S. 115–127.

189 Kameralistik und altliberale Ökonomie an der Universität Erlangen, in: Die Friedrich-Alexander-Universität Erlangen-Nürnberg 1743–1993, hg. v. Stadtmuseum Erlangen (Veröffentlichungen des Stadtmuseums Erlangen 43), Erlangen 1993, S. 43–52.

190 Der Beitrag Nürnbergs an der Entdeckung Amerikas, in: Mitteilungen der Fränkischen Geographischen Gesellschaft 40, 1993, S. 19–39.

191 Raumerschließung und Industrialisierung in Nordostbayern, in: Frühe Eisenbahnbauten als Pionierleistungen, hg. v. Wolf-Dieter Hütteroth, Hans

Hopfinger (Schriften des Zentralinstituts für Fränkische Landeskunde und allgemeine Regionalforschung an der Universität Erlangen-Nürnberg 32), Neustadt/Aisch 1993, S. 31–51.

192 Nürnberg im 18. Jahrhundert, in: Stadt und Bürger im 18. Jahrhundert, hg. v. Gotthardt Frühsorge, Harm Klueting, Franklin Kopitzsch (Das Achtzehnte Jahrhundert 2), Marburg 1993, S. 40–55.

193 Die Politik der Fürstbistümer im Reich und im Reichskreis, in: Handbuch der bayerischen Kirchengeschichte 2, hg. v. Walter Brandmüller, St. Ottilien 1993, S. 391–406.

194 Staat, Wirtschaft und Gesellschaft, in: ebd., S. 406–417.

195 Hans Schemm (1891–1935), in: Fränkische Lebensbilder 15 (VGffG), hg. v. Alfred Wendehorst, Neustadt/Aisch 1993, S. 265–284.

1994

196 Wirtschaftspolitik in Ansbach-Bayreuth im Zeitalter des Absolutismus, in: Jahrbuch für Wirtschaftsgeschichte 1994/2, S. 97–117.

197 Auf- und Ausbau des Bayreuther Territoriums, in: Archiv für Geschichte von Oberfranken 74, 1994, S. 55–71.

198 Martin Behaim, in: Martin-Behaim-Gymnasium Nürnberg. Festschrift zum 75jährigen Bestehen, Nürnberg 1994, S. 85–95.

199 Hof und Gesellschaft in Erlangen. Festvortrag, gehalten am 3. Juli 1994 anläßlich des 75jährigen Jubiläums des Heimat- und Geschichtsvereins Erlangen, in: Erlanger Bausteine zur Fränkischen Heimatforschung 42, 1994, S. 11–20.

200 Alexander von Humboldt und Franken, Vorträge des Alexander-von-Humboldt-Kolloquiums in Freiberg vom 8. bis 10. 1991 aus Anlaß des 200. Jahrestages von A.v. Humboldts Studienbeginn an der Bergakademie Freiberg (Beiträge zur Alexander-von-Humboldt-Forschung 18), 1994, S. 31–38.

201 Nationalsozialismus und „christlicher Widerstand" in Kronach, in: Berichte des Historischen Vereins Bamberg 130, 1994, S. 281–293.

202 Grundzüge der Verfassung der Reichsstadt Nürnberg, in: Zeitschrift der Savigny-Stiftung für Rechtsgeschichte, Germanist. Abt. 111, 1994, S. 405–421.

203 Das Schulwesen in Franken zur Zeit der Reformation, in: Zeitschrift für bayerische Kirchengeschichte 63, 1994, S.13–29.

204 Der Fränkische Reichskreis im 16. und 17. Jahrhundert, zus. mit Bernhard Ebneth, in: Regionen in der Frühen Neuzeit. Reichskreise im deutschen Raum – Provinzen in Frankreich – Regionen unter polnischer Oberhoheit: Ein Vergleich ihrer Strukturen, Funktionen und ihrer Bedeutung, hg. v. Peter-Claus Hartmann (Zeitschrift für Historische Forschung, Beiheft 17), Berlin 1994, S. 41–59.

205 Verfassung und Verfassungswirklichkeit in Nürnberg im späten Mittelalter und in der Frühen Neuzeit, in: Wilfried Ehbrecht (Hg.), Verwaltung und Politik in Städten Mitteleuropas. Beiträge zu Verfassungsnorm und Verfassungswirklichkeit in altständischer Zeit (Städteforschung A/34), Köln, Weimar, Wien 1994, S. 207–219.

1995

206 Die wirtschaftlichen Beziehungen zwischen Erfurt und Nürnberg im Mittelalter, in: Ulman Weiß (Hg.), Erfurt – Geschichte und Gegenwart, Weimar 1995, S. 471–481.

207 Musikinstrumentenbau und Handel in Nürnberg im ausgehenden Mittelalter und in der Frühneuzeit, in: MVGN 82, 1995, S. 57–68.

208 Nürnbergs Stellung im Reich im 17. Jahrhundert, in: Der Franken Rom. Nürnbergs Blütezeit in der zweiten Hälfte des 17. Jahrhunderts, hg. v. John Roger Paas, Wiesbaden, 1995, S. 19–45.

209 Friedrich Puchta, in: Archiv für Geschichte von Oberfranken 75, 1995, S. 405–412.

210 Das Ende des Zweiten Weltkriegs in Franken, in: Archiv für Geschichte von Oberfranken 75, 1995, S. 413–425.

1996

211 Der Territorialaufbau und -ausbau in den Fürstentümern Ansbach und Bayreuth, in: Giorgio Chittolini, Dietmar Willoweit (Hg.), Hochmittelalterliche Territorialstrukturen in Deutschland und Italien. Schriften des Italienisch-Deutschen Historischen Instituts in Trient 8, Berlin 1996, S. 257–270 (auch in italienisch erschienen: Struttura e sviluppo territoriali nei principati di Ansbach e Bayreuth, in: Giorgio Chittolini, Dietmar Willoweit (Hg.), L'organizzazione del territorio in Italia e Germania: secoli XIII-XIV, Annali dell'Istituto storico italo-germanico Quaderno 37, Bologna 1994, S. 351–371.)

212 Franken und die Oberpfalz, in: Jahresbericht des Historischen Vereins für Neumarkt i. d. Opf. und Umgebung 21, 1996, S. 9–20.

213 Mittelfranken – Skizzen seiner Geschichte, in: Die Region Nürnberg, hg. in Zusammenarbeit mit der Industrie- und Handelskammer Nürnberg und Hofmann Druck Nürnberg (Monographien deutscher Wirtschaftsgebiete), 3. völlig neue Ausgabe, Oldenburg 1996, S. 36–41.

214 Nürnbergs Weg in die Moderne. Wirtschaft, Politik und Gesellschaft im 19. und 20. Jahrhundert, zus. mit Martina Fleischmann, hg. v. der Stadtsparkasse Nürnberg, Nürnberg 1996.

215 Geschichte Nürnbergs in Bilddokumenten, hg. v. Gerhard Pfeiffer. Vierte, erweiterte Auflage v. Rudolf Endres, Sonderausgabe für die Stadtsparkasse Nürnberg, München 1996.

216 Oberfranken – reich an geschichtlicher Vergangenheit, in: Oberfranken, München 1996, S. 14–38.

217 Wandel der Auftraggeber und seine technischen Folgen, in: Europäische Technik im Mittelalter 800 bis 1400. Tradition und Innovation. Ein Handbuch, hg. v. Uta Lindgren, Berlin 1996, S. 519–524.

1997

218 Das Zeitalter des Barock, in: Mitteilungen der Altnürnberger Landschaft 46, Sonderheft 1997/1 (lfd. Nr. 44), S. 9–28.

219 Johann Casimir, Herzog von Sachsen-Coburg, in: Ein Herzogtum und viele Kronen. Coburg in Bayern und Europa. Aufsätze zur Landesausstellung

1997 des Hauses der Bayerischen Geschichte und der Kunstsammlungen der Veste Coburg, hg. v. Michael Henker, Evamaria Brockhoff (Veröffentlichungen zur Bayerischen Geschichte und Kultur 35/97), Augsburg 1997, S. 35–39.

220 Oberfranken – reich an geschichtlicher Vergangenheit, in: Ritter, Burgen und Dörfer. Mittelalterliches Leben in Stadt und Land. Sonderausstellung [Red. Rainer Hofmann], Tüchersfeld 1997, S. 13f.

221 Handwerk – Berufsbildung, in: Handbuch der deutschen Bildungsgeschichte, Bd. I: 15. bis 17. Jahrhundert. Von der Renaissance und der Reformation bis zum Ende der Glaubenskämpfe, hg. v. Notker Hammerstein, München 1997, S. 375–424.

222 Armenwesen und Armenfürsorge, in ebd., S. 425–431.

223 Von der Bildung des Fränkischen Reichskreises und dem Beginn der Reformation bis zum Augsburger Religionsfrieden 1555, in: Handbuch der bayerischen Geschichte III/1: Geschichte Frankens bis zum Ausgang des 18. Jahrhunderts, neu hg. v. Andreas Kraus, München ³1997 (§§ 32–36), S. 451–472.

224 Vom Augsburger Religionsfrieden bis zum Dreißigjährigen Krieg, in: ebd. (§§ 37–40), S. 473–495.

225 Franken in den Auseinandersetzungen der Großmächte bis zum Ende des Fränkischen Reichskreises, in: ebd. (§§ 41–45), S. 496–517.

226 Territoriale Veränderungen, Neugestaltung und Eingliederung Frankens in Bayern, in: ebd. (§§ 46–48), S. 518–533.

227 Staat und Gesellschaft. Zweiter Teil: 1500–1800, in: ebd. (§§ 55–62), S. 702–782.

228 Die Juden in Wirtschaft und Handel, in: ebd. (§ 72), S. 956–959.

229 Stammtafeln, in: ebd., S. 1373.

230 Hilfsmittel, Quellen, Darstellungen, in: ebd., S. 1381–1400.

1998

231 Der Adel als Träger reichsstandschaftlicher Territorien, in Peter Kolb, Ernst-Günter Krenig (Hg.): Unterfränkische Geschichte, Bd. 4/1: Vom Ende des Dreißigjährigen Krieges bis zur Eingliederung in das Königreich Bayern, Würzburg 1998, S. 101–147.

232 Bäuerliche Altersvorsorge, in: Gemeinde, Reformation und Widerstand, Festschrift für Peter Blickle zum 60. Geburtstag, hg. v. Heinrich R. Schmidt, André Holenstein, Andreas Würgler, Tübingen 1998, S. 475–483.

233 Bauernkrieg und Untertanenschaft. Probleme des Bauernkriegs im Hochstift Bamberg. Ursachen, Verlauf, Folgen, in: Thomas Platz, Toni Eckert (Hg.), Ritter, Burgen und Dörfer. Mittelalterliches Leben in Franken, Forchheim 1998, S. 91–109.

234 Bayern um 1900. Festvortrag, gehalten am 17. Januar 1998 beim hundertjährigen Jubiläum des Vereins „Alt-Rothenburg", in: Jahrbuch 1998 des Vereins Alt-Rothenburg, S. 43–60.

235 Einleitung, in: Rudolf Endres (Hg.), Bayerns vierter Stamm. Die Integration der Flüchtlinge und Heimatvertriebenen nach 1945 (Bayreuther Historische Kolloquien 12), Köln, Weimar, Wien 1998, S. 1–3.

236 Preußens Weg nach Bayreuth, in: Galli Bibiena und der Musenhof der Wilhelmine von Bayreuth, hg. v. Peter O. Krückmann, München, New York 1998, S. 15–19.

237 Reformpolitik im 18. Jahrhundert. Die Markgraftümer Ansbach und Bayreuth, in: JfL 58, 1998, S. 279–298.

238 Die Friedensziele der Reichsritterschaft, in: Heinz Duchhardt (Hg.), Der Westfälische Friede. Diplomatie – politische Zäsur – kulturelles Umfeld – Rezeptionsgeschichte (Historische Zeitschrift, Beihefte, N. F. 26) München 1998, S. 565–578.

1999

239 Bayern und das Großherzogtum Würzburg, in: Ernst-Günter Krenig (Hg.), Wittelsbach und Unterfranken. Vorträge des Symposions: 50 Jahre Freunde Mainfränkischer Kunst und Geschichte (Mainfränkische Studien 65), Würzburg 1999, S. 85–93.

240 Handel, Handwerk und Gewerbe in Sulzbach, in: Eisenerz und Morgenglanz. Geschichte der Stadt Sulzbach-Rosenberg, hg. v. der Stadt Sulzbach-Rosenberg [Konzeption Johannes Hartmann], Bd. 2, Amberg 1999, S. 415–428.

241 Alexander von Humboldt in Franken, in: Mitteilungen der Fränkischen Geographischen Gesellschaft 46, 1999, S. 9–26.

242 Liberale Bewegungen in Oberfranken im Vormärz, in: Axel Herrmann, Arnd Kluge (Hg.), Johann Georg August Wirth (1789–1848). Ein Revolutionär aus Hof, Hof 1999, S. 7–17.

243 Neudörf(f)er, Johann d. Ä., Schreib- und Rechenmeister, in: NDB 19, 1999, S. 106.

244 Zum neuen Staat – die Reformen der Minister Hardenberg und Montgelas, in: Bayern & Preußen & Bayerns Preußen. Schlaglichter auf eine historische Beziehung, hg. v. Johannes Erichsen, Evamaria Brockhoff (Veröffentlichungen zur Bayerischen Geschichte und Kultur 41/99), Augsburg 1999, S. 53–62.

245 Die Städtelandschaft am Obermain während der Frühen Neuzeit, in: Helmut Flachenecker, Rolf Kiessling (Hg.), Städtelandschaften in Altbayern, Franken und Schwaben. Studien zum Phänomen der Kleinstädte während des Spätmittelalters und der Frühen Neuzeit (ZBLG Beihefte B, 15), München 1999, S. 221–242.

246 Bauernkrieg, in: Michael Diefenbacher, Rudolf Endres (Hg.), Stadtlexikon Nürnberg, Nürnberg 1999, ²2000, S. 104f.; Bevölkerungsentwicklung, in: ebd., S. 142; Eisenmann, Johann Gottfried, Dr. med., in: ebd., S. 239; Faber, Johann Lothar Frhr. von, in: ebd., S. 261; Separatismus, in: ebd., S. 973f. [Artikel]

247 Patriziat [Essay], in: ebd., S. 808.

248 Stadtverfassung (reichsstädtische Zeit) [Essay], in: ebd., S. 1028f.

249 Technik, Wissenschaft und Forschung [Essay], in: ebd., S. 1066f.

2000

250 Der deutsche Bauernkrieg, in: Stephan Diller (Hg.), Kaiser Karl V. und seine Zeit. Katalog zu den Ausstellungen der Bibliothek Otto Schäfer, Schweinfurt, des Stadtarchivs Schweinfurt sowie des Fördervereins und der Forschungsstiftung für vergleichende europäische Überseegeschichte, Bamberg 2000, S. 42–51.

251 Nürnberg – die „heimliche Hauptstadt des Reiches", in: Oscar Schneider (Hg.), Nürnbergs große Zeit. Reichsstädtische Renaissance, europäischer Humanismus, Cadolzburg 2000, S. 92–110.

252 Das Nürnberger Umfeld Albrecht Dürers, in: Matthias Mende, Albrecht Dürer – ein Künstler in seiner Stadt, hg. von den Museen der Stadt Nürnberg und der Albrecht-Dürer-Haus-Stiftung e.V. Nürnberg, Nürnberg 2000, S. 31–39.

253 Wirtschafts- und sozialpolitische Ansätze im Fränkischen Reichskreis, in: Wolfgang Wüst (Hg.), Reichskreis und Territorium: die Herrschaft über der Herrschaft? Supraterritoriale Tendenzen in Politik, Kultur, Wirtschaft und Gesellschaft. Ein Vergleich süddeutscher Reichskreise (Augsburger Beiträge zur Landesgeschichte Bayerisch-Schwabens 7), Sigmaringen 2000, S. 179–193.

im Druck

254 Turniere und Gesellenstechen in Nürnberg, in: Festschrift für Karl Czok.

255 Sammelbericht Franken, in: Blätter für deutsche Landesgeschichte.
Schulen und Hochschule, in: Geschichte der Stadt Würzburg 1, hg. v. Stadtarchiv Würzburg.

256 Die fränkischen Bischofsresidenzen Würzburg, Bamberg und Eichstätt, in: Hikaku Toschishi Kenkyu (The Comparativ Urban History Review), Jg. 19, Heft 2, 2000.

257 Anfänge evangelischer Kirche in Bayern bis zum Augsburger Religionsfrieden: Franken: Markgrafschaften; Ritterschaftlicher Adel in Franken, in: Handbuch der Geschichte der evangelischen Kirche in Bayern, hg. v. Gerhard Müller, Horst Weigelt, Wolfgang Zorn.

258 Wilhelmine von Bayreuth, in: Mainzer Studien zur Musikwissenschaft, hg. v. Reinhard Wiesend.

Als Herausgeber und Mitherausgeber

Nürnberger Werkstücke zur Stadt- und Landesgeschichte
Bd. 28–60, 1979 ff., zus. mit Gerhard Pfeiffer (bis Bd. 35), Kuno Ulshöfer (Bd. 36 bis Bd. 45), Gerhard Hirschmann (bis Bd. 57), Michael Diefenbacher (ab Bd. 46), Werner K. Blessing (ab Bd. 59).

Der deutsche Bauernkrieg, zus. mit Peter Blickle, Horst Buszello, Paderborn, München, Wien, Zürich 1984, ²1991, ³1995.

Nürnberg und Bern. Zwei Reichsstädte und ihre Landgebiete (Erlanger Forschungen A 46), Erlangen 1990.

Bayreuther Historische Kolloquien
Bd. 4–13, 1990 ff., zus. mit Adolf M. Birke (bis Bd. 9), Franz Bosbach, Wolfgang Hiery (ab Bd. 13), Dierk Lange (ab Bd. 13), Uta Lindgren, Jörg A. Schlumberger, Peter Segl.

Herausgeber Rudolf Endres:
Adel in der Frühneuzeit. Ein regionaler Vergleich (Bayreuther Historische Kolloquien 5), Köln, Wien 1991.

Bayreuth. Aus einer 800jährigen Geschichte (Bayreuther Historische Kolloquien 9), Köln, Weimar, Wien 1995.

Bayerns vierter Stamm. Die Integration der Flüchtlinge und Heimatvertriebenen nach 1945 (Bayreuther Historische Kolloquien 12), Köln, Weimar, Wien 1999.

Die Entwicklung Bayerns durch die Integration der Vertriebenen und Flüchtlinge, zus. mit Hermann-Joseph Busley, Otto Kimminich, Jörg Mayer, Klaus D. Wolff (1993, 1994, 1996) und Walter Ziegler (1999).

Stadtlexikon Nürnberg, zus. mit Michael Diefenbacher, Nürnberg 1999, ²2000.

Rezensionen

Archiv für Geschichte von Oberfranken
Blätter für deutsche Landesgeschichte
Das Historisch-Politische Buch
Historische Zeitschrift
Historisches Jahrbuch der Görres-Gesellschaft
Jahrbuch für Regionalgeschichte
Mainfränkisches Jahrbuch
Mitteilungen des Vereins für Geschichte der Stadt Nürnberg
Neues Archiv für Sächsische Geschichte
Vierteljahrschrift für Sozial- und Wirtschaftsgeschichte
Würzburger Diözesangeschichtsblätter
Zeitschrift der Savigny-Stiftung für Rechtsgeschichte
Zeitschrift für bayerische Kirchengeschichte
Zeitschrift für bayerische Landesgeschichte
Zeitschrift für Geschichtswissenschaft
Zeitschrift für historische Forschung

Peter Segl und Ingrid Burger-Segl

Wo lag Ur-Bayreuth?
Alt-Neues zum Stadtgründungsdiskurs

Trotz vielfältiger Bemühungen, nicht zuletzt auch solcher unseres Jubilars[1], bereiten die Anfänge Bayreuths dem Historiker noch immer erhebliches Kopfzerbrechen, ja im seit mehr als dreihundert Jahren üppig wuchernden „Gestrüpp der Bayreuther Stadtgründungstheorien"[2] droht neuerdings sogar der bereits erreichte Konsens über die Lage der „Bayreuth" genannten Siedlung wieder verloren zu gehen, und zwar zugunsten der längst überwunden geglaubten sogenannten Altenstadtthese, die man seit ein paar Jahren neu diskutiert und mit Hilfe der Archäologie verifizieren zu können glaubt. Da angesichts des Verlustes nahezu der gesamten älteren schriftlichen Überlieferung durch die sattsam bekannten *fata ignis horrida* und *fata item gladii*[3] für Bayreuths Frühgeschichte Aufschlüsse nur noch von der Archäologie zu erwarten sind, worauf schon 1994 anläßlich des Stadt-Jubiläums-Kolloquiums der Facheinheit Geschichte der Universität Bayreuth Rudolf Endres[4] und andere[5] nachdrücklich hingewiesen haben, darf jede sich auf archäologische Befunde stützende neue Darstellung der Frühgeschichte von Bayreuth, und somit auch die alt-neue Altenstadtvariante, mit dem größten Interesse sowohl der Bürger Bayreuths als auch der Landeshistoriker rechnen. Ein klein wenig von diesem Interesse mag dann vielleicht auch für einen zu diesem Thema von einem Historiker und einer Archäologin gemeinsam verfaßten Beitrag abfallen, mit dem diese Rudolf Endres ihre Reverenz erweisen wollen, wobei Einleitung und Kapitel I von ersterem, Folgendes von letzterer verfaßt worden sind.

Zunächst soll kurz der derzeitige Kenntnisstand über die Ersterwähnung von Bayreuth in Erinnerung gerufen und dazu eine bisher noch nicht angestellte Überlegung beigesteuert werden (I), worauf dann im Hauptteil die 1998 aktualisierte Altenstadt-

---

[1] Rudolf Endres (Hg.), Bayreuth. Aus einer 800jährigen Geschichte (Bayreuther Historische Kolloquien 9), Köln u.a. 1995.

[2] Peter Segl, Bayreuth im Mittelalter, in: Endres (Hg.), Bayreuth (wie Anm. 1), S. 65–97, das Zitat S. 75. Zu den verschiedenen Theorien vgl. Horst Fischer, Zur Entwicklung Bayreuths. Die Theorien zur präurbanen Siedlung, in: Archiv für Geschichte von Oberfranken (AO) 73, 1993, S. 233–250.

[3] Johann Fickenscher, De Fatis Baruthi, Superioris Burggraviatus Norici urbis Primariae Oratio, Bayreuth 1674, [S. 7]. Zu Fickenscher und seiner „Oratio", der ersten gedruckten Geschichte Bayreuths überhaupt, vgl. Rainer-Maria Kiel, Die Bibliothek des Historischen Vereins für Oberfranken. Ausstellung in der Universitätsbibliothek (Zentralbibliothek) Bayreuth 18. Juli bis 9. September 1994, Bayreuth 1994, S. 124f.

[4] Rudolf Endres im Gespräch mit Kurier-Redakteurin Dr. Susanne Stracke-Neumann: „Zur Stadtgründung ließe sich Definitives nur noch durch die Archäologie sagen. Von den schriftlichen Quellen ist nichts Wesentliches mehr zu erwarten", in: Nordbayerischer Kurier vom 24. Mai 1994, S. 12.

[5] Susanne Stracke-Neumann, Die wichtige Rolle der Archäologie. Zehntes Bayreuther Historisches Kolloquium: Forderung nach neuen Ansätzen und Methoden in der Stadtgeschichte, in: Nordbayerischer Kurier vom 4. Juni 1994, S. 12; Segl, Bayreuth (wie Anm. 2), S. 91–97; jetzt auch Ingo Toussaint, „Oft Unwiderbringlichem nachgetrauert". Historiker: Archäologen sollen Zeit bekommen, an der Stadtmauer zu graben – Verwaltung: Haben deshalb früh begonnen, in: Nordbayerischer Kurier vom 11. April 2000, S. 9.

these ausgebreitet und diskutiert wird, wobei die archäologischen Befunde und deren Interpretation besondere Aufmerksamkeit finden (II). Anschließend werden die archäologischen Befunde am Bayreuther Kirchplatz vorgestellt (III) und schließlich dann das Fazit gezogen, daß für eine Lokalisierung von Ur-Bayreuth im heutigen Ortsteil Altstadt derzeit archäologische Gründe nicht in Anspruch genommen werden können (IV).

I. Datum Baierrute. V. idvs. Nouembris.

Der im Mittelalter keineswegs singuläre und in der Form *Baierrewt* bereits 1126 im Hirschwald bei Amberg in der Oberpfalz nachweisbare Name „Bayreuth"[6] taucht am Roten Main und überhaupt im Fränkischen bekanntlich erstmals in einer Schenkungsurkunde vom 9. November 1194 auf, mit der Bischof Otto II. von Bamberg dem Kloster Prüfening bei Regensburg ein größeres Waldgebiet bei Kronach zu Rodungszwecken übertrug und in deren Datierungszeile als Ausstellungsort *Baierrute* genannt ist[7]. Diese gern als „Bayreuths Eintrittskarte in die Geschichte"[8] beziehungsweise dessen „Taufschein"[9] apostrophierte Urkunde ist verständlicherweise von der Stadtgeschichtsforschung bereits vielfach diskutiert worden und hat zu den unterschiedlichsten Spekulationen über die Frage geführt, was denn den damals schon betagten, vermutlich über siebzigjährigen Bischof[10], an diesem Spätherbsttag des Jahres 1194 nach *Baierrute* geführt haben könnte. In diesem Diskurs, der hier nicht ausgebreitet zu werden braucht, hat die vor mehr als siebzig Jahren von dem damaligen Bayreuther Stadtdekan Friedrich Lippert vorgetragene These viel Zustimmung gefunden, derzufolge der Bischof „nicht zum Vergnügen, sondern zu einem feierlichen Weihe-Akt nach Bayreuth … und zur Grundsteinlegung der großen … Pfarrkirche" gekommen sei[11].

Eine zentrale Rolle in Lipperts Argumentation spielte „die große und glänzende Gefolgschaft von Zeugen, welche sich am 9. November unterschrieben"[12], wogegen im Rahmen der im Zusammenhang mit dem Stadtjubiläum von 1994 angestellten verstärkten Bemühungen um Bayreuths Frühgeschichte Widerspruch erhoben worden ist

---

[6] Karl Müssel, Der Name Bayreuth im Wandel der Zeiten, in: AO 74, 1994, S. 33–54; der Hinweis auf *Baierrewt* in der Oberpfalz S. 35.

[7] Bayerisches Hauptstaatsarchiv, KU Prüfening Nr. 35. Guter Druck bei Erwin Herrmann, Zur Stadtentwicklung in Nordbayern, in: AO 53, 1973, S. 31–79; die Urkunde S. 74; neueste Edition bei Wilhelm Störmer, Franken von der Völkerwanderungszeit bis 1268 (Dokumente zur Geschichte von Staat und Gesellschaft in Bayern, Abt. II, Bd. 1), München 1999, Nr. 201, S. 345–347. Vorzügliche Abbildung bei Rainer Trübsbach, Geschichte der Stadt Bayreuth 1194–1994, Bayreuth 1993, S. 25. Zu Aussehen und Analyse der Urkunde vgl. Helmut Beisbart, Die Ersterwähnungsurkunde von Bayreuth aus dem Jahre 1194, in: Frankenland 46, 1994, S. 56–63 sowie Sigrid Horsch-Albert, Die Andechs-Meranier und ihre Nachfolger am Obermain (Schriftenreihe des Stadtmuseums Bayreuth 6), Bayreuth 1994, S. 10–13.

[8] Karl Müssel, Von der Taufe bis zur Reife, in: Stadtmagazin 1993, S. 6.

[9] Stadt Bayreuth (Hg.), 1194–1994. Bayreuth 800 Jahre. Das Jubiläumsjahr im Rückblick, Bayreuth 1995, S. 5.

[10] Karl Müssel, Bischof Otto II. von Bamberg. Ein Lebensbild zum Gedenken an seinen Todestag vor 800 Jahren, in: AO 76, 1996, S. 7–41; zum mutmaßlichen Geburtsdatum in den frühen zwanziger Jahren des 12. Jahrhunderts S. 10.

[11] [Friedrich] Lippert, Die Entstehung der Stadt Bayreuth 1194–1231 unter den Herzogen von Meranien (Beilage zum Archiv für Geschichte und Altertumskunde von Oberfranken 28, Heft 3, 1923), S. 14.

[12] Lippert, Entstehung (wie Anm. 11), S. 14.

mit dem Hinweis, *Actum* (Rechtsgeschäft) und *Datum* (Ausstellung) der Urkunde Bischof Ottos seien „gespalten" beziehungsweise „nicht einheitlich", wie der Diplomatiker sagt[13], weshalb „nur die Anwesenheit des Bischofs und eines Schreibers in Bayreuth ... für den 9. November 1194 als gesichert gelten" dürfe[14]. Eingeräumt wird erstaunlicherweise aber trotzdem, daß der Bischof „durchaus für einen kirchlichen Weiheakt eigens nach Bayreuth gekommen sein" könne, doch „wahrscheinlicher" sei es, „daß er Bayreuth auf dem Weg zu dem Kloster Michelfeld berührte, das er sehr schätzte und wo er vielleicht die Weihnachtszeit verbrachte"[15].

Es ist hier nicht der Ort, auf die Gründe für Bischof Ottos Vorliebe für das von seinem heiligen Vorgänger Otto I. errichtete Kloster Michelfeld näher einzugehen, auf die er selbst in seinem Todesjahr 1196 in seiner letzten Schenkung für Michelfeld noch hingewiesen hat[16], doch da einer dieser Gründe Ottos eigenem Bekunden nach in dessen Johannes-Patrozinium bestanden hat, erscheint es nicht unangebracht darauf hinzuweisen, daß der Aufenthalt des Bischofs am 9. November in Bayreuth auf einen ganz besonderen Johannes-Tag fiel und deshalb vermutlich nicht einfach durch die Erfordernisse einer Reise irgendwo andershin – nach Nemmersdorf oder nach Michelfeld – zustande gekommen, sondern bewußt geplant worden ist.

Zwar wird in der römischen Kirche das Fest des von Bischof Otto II. besonders geschätzten Apostels und Evangelisten Johannes, wie allgemein bekannt, seit alters am 27. Dezember[17] und nicht am 9. November gefeiert, doch unter den vielen diesem Heiligen geweihten Kirchen ragt die als *caput et mater omnium ecclesiarum* geltende „Basilica di San Giovanni in Laterano", die Kathedrale des Bischofs von Rom[18], in besonderer Weise hervor – und an die Weihe eben dieser Kirche wird im kirchlichen Festkalender noch heute am 9. November jeden Jahres erinnert[19]. Wenn auch im

---

[13] Vgl. Harry Bresslau, Handbuch der Urkundenlehre 2, Berlin ⁴1968, S. 461–465 über „Einheitliche und nicht einheitliche Datierung".

[14] Helmut Beisbart, Wer war am 9. November 1194 tatsächlich in Bayreuth? Fragen zur Ersterwähnungsurkunde von Bayreuth, in: AO 74, 1994, S. 7–14, das Zitat S. 13. Da Beisbarts Interpretation der Trennung von *Actum* und *Datum* (S. 10f.) nicht zwingend ist, und eine einheitliche Datierung der Urkunde vom 9. November 1194 keinesfalls ausgeschlossen werden kann, diese im Gegenteil exakt den seit Friedrich I. in der Reichskanzlei üblichen Gepflogenheiten entspricht, wird im folgenden weiter von einem kirchlichen Großereignis in *Baierrute* an diesem Tag ausgegangen und dafür auch ein bisher übersehenes Argument in die Diskussion eingebracht.

[15] Beisbart, Wer war (wie Anm. 14), S. 13.

[16] Erhalten in einem Vidimus des Bamberger Bischofs Lupold III. von Bebenburg (1353–1363) vom 13. Dezember 1360, Monumenta Boica 25, München 1823, S. 109–111. Vgl. dazu Müssel, Bischof Otto II. (wie Anm. 10), S. 35.

[17] Heinrich Kellner, Heortologie oder die geschichtliche Entwicklung des Kirchenjahres und der Heiligenfeste von den ältesten Zeiten bis zur Gegenwart, Freiburg im Breisgau ³1911, bes. S. 208–213 und S. 223f.

[18] Es braucht hier weder ein Abriß der einzelnen Titelkirchen Roms noch der verschiedenen Weihetitel der Lateranbasilika gegeben werden; verwiesen sei lediglich auf: Corpus Basilicarum Christianarum Romae I-V, hg. v. Richard Krautheimer, Spencer Corbett, Alfred K. Frazer, Vatikanstadt u.a. 1937–1977 sowie Hugo Brandenburg, Lateran. Basilika und Palast, in: Lexikon für Theologie und Kirche 7, ³1998, Sp. 663–666.

[19] Der Einfachheit halber und wegen seiner weiten Verbreitung sei dazu verwiesen auf Antonius-Kalender 2001 (Jahrbuch des Franziskaner Missions-Vereins in Bayern e.V., 79. Jg.), [München 2000], S. 26, wo sich zum 9. November, wie in all den Jahren davor auch, der Eintrag findet: „Weihe der Lateranbasilika".

Kalendarium des Bistums Bamberg im Mittelalter die *Dedicatio (ecclesiae) salvatoris (Romae)* sich erst in Handschriften seit der Mitte des 14. Jahrhunderts nachweisen läßt[20] und gerade dieser Festtag in dem unter Bischof Otto II. vom Domkantor Eberhard[21] zusammengestellten Handbuch mit den gottesdienstlichen Bräuchen der Bamberger Bischofskirche nicht auftaucht[22], so darf doch in Anbetracht der speziellen Beziehungen zwischen den Kirchen von Bamberg und Rom[23] vermutet werden, daß der Weihetag der römischen Bischofskirche im Bamberg des 12. Jahrhunderts bekannt gewesen ist. Diese Vermutung wird noch bestärkt durch die Bedeutung, die S. Giovanni in Laterano im Leben Ottos II. von Bamberg zukam, der 1179 nicht nur an dem dort vom 5. bis 9. März tagenden Dritten Laterankonzil teilgenommen hat[24], sondern aller Wahrscheinlichkeit nach in eben dieser Kirche am 18. März 1179 von Papst Alexander III. zum Bischof geweiht worden ist, wobei er entweder schon bei diesem Weiheakt oder wenig später als Zeichen der besonderen Verbundenheit zwischen ihm und dem römischen Pontifex auch das Pallium erhielt[25].

Die Lateranbasilika und ihr „Stellenwert" in der Christenheit sind 1194 dem Bischof vom Bamberg wohl deutlich bewußt gewesen, und wenn er am Dedikationstag gerade dieser Kirche, am 9. November also, zusammen mit dem Dompropst, dem Domdekan, dem Domkantor und weiteren Dignitaren seines Kapitels sowie nicht gerade kleinem geistlichen und weltlichen Gefolge in *Baierrute* nachweisbar ist[26], so liegt der Gedanke an eine dort vollzogene Kirchweihe jedenfalls nicht fern, wozu auch die vor einigen Jahren gemachte Entdeckung der alten Bayreuther Tradition einer „Kalte[n] Kirbey" in der zweiten Novemberwoche aufs trefflichste zu passen scheint[27].

---

[20] Adolf Lagemann, Der Festkalender des Bistums Bamberg im Mittelalter. Entwicklung und Anwendung, in: Berichte des Historischen Vereins Bamberg 103, 1967, S. 7–264, bes. S. 200.

[21] Grundlegend zu Domkantor Eberhard (1192–1196), der in der in *Baierrute* ausgestellten Urkunde Bischof Ottos II. vom 9. November 1194 unter den Zeugen erscheint, bleibt Otto Meyer, Breviarium Eberhardi cantoris. Zur Überlieferungsgeschichte der mittelalterlichen Gottesdienstordnung des Doms zu Bamberg, in: Monumentum Bambergense. Festgabe für Benedikt Kraft, hg. v. Hermann Nottarp (Bamberger Abhandlungen und Forschungen 3), München 1955, S. 413–429; wiederabgedruckt in: Otto Meyer, Varia Franconiae Historica. Aufsätze-Studien-Vorträge zur Geschichte Frankens, hg. v. Dieter Weber und Gerd Zimmermann, Bd. 2 (Mainfränkische Studien 24/II), Würzburg 1981, S. 480–496.

[22] Breviarum Eberhardi cantoris. Die mittelalterliche Gottesdienstordnung des Domes zu Bamberg, hg. v. Edmund Karl Farrendorf (phil. Diss. Würzburg 1962), Münster 1969; angeregt und betreut hatte diese Arbeit Otto Meyer.

[23] Erinnert sei neben dem Bamberger Papstgrab lediglich daran, daß Bambergs Bischöfe im Mittelalter seit Otto I. (1106) regelmäßig von den Päpsten geweiht worden sind.

[24] Im Protokoll der III. Lateransynode bei Ioannes Dominicus Mansi, Sacrorum conciliorum nova et amplissima collectio, Bd. 22, Paris 1903 (ND Graz 1961), Sp. 209–468, findet sich Sp. 217 zwischen *Christianus Maguntinus archiepiscopus* und *Arduicus Augustensis* auch *Odo Bambergensis episcopus*; so auch Sp. 466, allerdings dort in der Namensform *Otho Babebergensis episcopus*.

[25] Darauf hat bereits hingewiesen Erich Freiherr von Guttenberg, Das Bistum Bamberg. Erster Teil (Germania sacra, 2. Abt., Bd. 1), Berlin, Leipzig 1937, S. 157; vgl. auch Karl Müssel, Bischof Otto II. (wie Anm. 10), S. 17.

[26] Außer sechs geistlichen und 13 weltlichen namentlich genannten Zeugen erwähnt die Urkunde vom 9. November 1194 noch *alii quam plures canonici et ministeriales*, Störmer, Franken (wie Anm. 7), S. 346.

[27] Wilfried Engelbrecht, „Unsser libs goczhawss sant Marie magdalene". Anmerkungen zur Baugeschichte der Bayreuther Stadtkirche, in: AO 71, 1991, S. 131–272, bes. S. 257–261.

Wem freilich das Zusammenbringen der Kirche von Bayreuth mit dem „Haupt und der Mutter aller christlichen Kirchen" angesichts der dadurch möglicherweise ausgelösten Assoziationen über Anspruch und kirchen- wie territorialpolitische Konzeptionen des weihenden Bischofs – worüber hier bewußt nicht spekuliert werden soll – schaudern macht und deswegen in seinen Zweifeln an einer 1194 in Bayreuth versammelten festlichen Gemeinde nur noch bestärkt, dem sei immerhin zu bedenken gegeben, daß auch ohne Erinnerung an die Weihe der Lateranbasilika der 9. November im Bistum Bamberg zur Zeit des die *Baierrute*-Urkunde ausstellenden Bischofs Otto II. kein gewöhnlicher Tag war, sondern als Fest des heiligen Theodors begangen worden ist[28], für das schon hundert Jahre vorher ein Servitium gestiftet worden war[29] und in dessen Bamberger Kloster Ottos II. Vorgänger Hermann 1177 bestattet worden ist[30]. Der von Bischof Otto II. im Jahre 1194 in *Baierrute* verbrachte Tag war also auf jeden Fall nicht irgendein Tag, sondern ein ganz besonderer Tag. Wo aber lag *Baierrute*?

II. Wo lag „Baierrute"?

Seit der erste Stadtchronist von Bayreuth, Hans Wolf Heller, Ende des 16. Jahrhunderts wohl aufgrund des Eintrages im Landbuch B von 1421/24[31] *Baierrute* in dem heutigen Vorort Altstadt (1840 in die Stadt Bayreuth eingemeindet) vermutete, will die Diskussion darüber nicht abreißen, wo diese 1194 erstmals erwähnte „Rodung der Baiern"[32] wohl lag. Heller schreibt dazu: *Diese Altenstadt ist vor zeiten die rechte stadt gewesen, an der Mistelbach gelegen, ehe dann die newe stadt an den Rotmain hereiner gebauet worden. Welches wann es geschehen, ist ungewiß, ohne das Bayreuth alt und new von den herzogen zu Meran durch die burggrafen von Nürnberg erheyrathet worden. Gleichwohl aber ist zu gedencken, die Altenstadt sey in der*

---

[28] Lagemann, Festkalender (wie Anm. 20), S. 200. Zu der Bamberger Tradition, die aus dem am 9. November verehrten byzantinischen Ritterheiligen Theodor einen leiblichen Bruder des heiligen Georg machte, vgl. Renate Kroos, Liturgische Quellen zum Bamberger Dom, in: Dethard von Winterfeld, Der Dom zu Bamberg 1: Die Baugeschichte bis zur Vollendung im 13. Jahrhundert, Berlin 1979, S. 160–176 und S. 201–208, bes. S. 165 mit der dazugehörigen Anm. 120 auf S. 204.

[29] Erich Freiherr von Guttenberg (Hg.), Die Regesten der Bischöfe und des Domkapitels von Bamberg (VGffG VI/2), Würzburg 1932–1963, Nr. 492, S. 253, datiert die Stiftung eines Servitiums zum Theodorstag um 1076/86.

[30] Der am 12. Juni 1177 in Italien verstorbene Bischof Hermann II. (1170–1177) ist zunächst in der Johanneskapelle bei San Marco in Venedig bestattet und dann nach Bamberg überführt worden ins Kloster St. Theodor *ad altare maius,* von Guttenberg, Bistum Bamberg (wie Anm. 25), S. 156.

[31] Thomas Pöhlmann, Das Amt Bayreuth im frühen 15. Jahrhundert. Das Landbuch B von 1421/24 – eine spätmittelalterliche Quelle mit Erläuterungen (Bayreuther Arbeiten zur Landesgeschichte und Heimatkunde 9), Bayreuth 1992, S. 266: *Item die recht haubtkirche vnd pfarr zw peyrReute ist aus dem gotzhaws des heiligen Bischofs sand Nicklas entsprossen vnd wiewol dann die pfarr peyrReut genant ist, doch so ist die rechte pfarr Kirche da selbsten zw der alltenstat.*

[32] Ältere Theorien zur Namenserklärung werden hier nicht berücksichtigt. Neuerdings dazu Karl Müssel, Bayreuths vergessene Namensvettern, in: Heimatbote. Monatsbeilage „Nordbayerischer Kurier", Jg. 23, Nr. 9, 1990; ders., Bayreuth in acht Jahrhunderten. Geschichte der Stadt, Bindlach 1993, S. 24–26; ders., Von der Baiernrodung zur Kulturstadt, in: Unser Bayern – Heimatbeilage der Bayerischen Staatszeitung, Jg. 43, Nr. 5, 1994, S. 33; Siegfried Pokorny, Bayreuth: Landwirtschaftliche Rodesiedlung oder geplante Marktsiedlung?, in: Rüdiger Harnisch und Doris Wagner (Hg.), 800 Jahre Sprache in Bayreuth (Bayreuther Arbeiten zur Landesgeschichte und Heimatkunde 11), Bayreuth 1994, S. 35–58.

hußenrayse anno 1430 vollends meistentheils gar zu boden gegangen. Deß orts man noch die alten stadtgräben und andere merckzeichen augenscheinlich siehet. Doch ist die kirchen und theils wesen noch eine zeit lang blieben ...[33].

Auch Johann Sebastian König, der bis 1800 mehrere Arbeiten zur Geschichte von Bayreuth verfaßt hat[34], hielt die Altenstadt für das ursprüngliche Bayreuth: *Dieses jezige Dorf heißet um deswillen die Alte-Stadt, weil es die erste, ursprüngliche, wahre und einzige Stadt-Bayreut gewesen, zu welcher das Schloß, als die jezige Haupt-Stadt gehörte ... Sie stund zwar schon 1200. als ein ansehnlicher Ort, war aber nur klein, indem sie blos 800. Schritte in die Länge dann ohngefehr 50. in der Breite gehalten, jedoch auf 3. Seiten mit Wall u. Graben umgeben war, davon man außerhalb des Orts, bey beregter Rütlas-Mühle noch deutliche Spuren siehet*[35].

Diese „deutlichen Spuren" greift auch Johann Georg Heinritz 1823 auf, wenn er bemerkt: „Die noch zum Theil merkbaren Spuren von Mauern und Gräben sagen uns, daß das Dorf Altenstadt am Mistelbach ... ehehin diese Stadt ausmachte". Klar ist für ihn, „daß die alte und neue Stadt vom gleichen Alter seyn sollte, widerspricht sich von selbst"[36].

Während noch Johann Wilhelm Holle 1833 in seiner Geschichte der Stadt Bayreuth Altenstadt als das eigentliche Bayreuth bezeichnete[37] und meinte, daß „wohl die ältesten bekannten Urkunden über die Stadt Bayreuth auf die Altenstadt zu beziehen seyn werden"[38], kam sein Sohn, Gustav Holle, in einer überarbeiteten Neuauflage von 1901 zu der Überzeugung, daß die Altenstadt nicht das alte Bayreuth gewesen sein könne. Erstens sei die Altenstadt schon im 14. Jahrhundert ein bloßes Dorf gewesen und zweitens gäbe es keine Urkunde, die eine alte und eine neue Stadt Bayreuth bezeichne: „Daraus ist zu schliessen, dass die Altenstadt vielleicht in ein höheres Alterthum, als die Stadt Bayreuth hinaufreicht, aber den Namen Bayreuth niemals geführt hat"[39]. Die Beschreibung der noch deutlichen Spuren in der Altenstadt übernahm Gustav Holle unverändert von seinen Vater, der noch eine mit Erde aufgeworfene Stadtmauer bei der Rückleinsmühle und einen mitten durch die Altenstadt lau-

---

[33] Christian Meyer (Hg.), Quellen zur Geschichte der Stadt Bayreuth. II. Hellers Chronik der Stadt Baireuth, in: Hohenzollerische Forschungen 2, 1893, S. 129–224, das Zitat S. 158. Eine sog. breitere Fassung bei Karl Hartmann, Hans Wolf Heller. Altbayreuths Chronist und Gründer eines Stadtarchivs, in: AO 32, Heft 1, 1933, S. 1–43, abgedruckt auf S. 39.

[34] Über Königs Manuskriptbände vergleiche Karl Müssel, Der Bayreuther Justizrat und Chronist Johann Sebastian König (1741–1805), in: AO 67, 1987, S. 257–276, bes. S. 268.

[35] Johann Sebastian König, Beschreibung der Straßen und Häuser der Stadt, MS 128, Teil 2: „X. Capitel von der Alt=stadt Bayreut", § 20, S. 175. Der Universitätsbibliothek Bayreuth und insbesonders Herrn Bibliotheksamtsrat Detlev Gassong sei für die freundlich gewährte Einsichtnahme in Königs Manuskripte herzlich gedankt.

[36] Johann Georg Heinritz, Versuch einer Geschichte der k.b. Kreis-Haupt-Stadt Baireuth, Bayreuth 1823, S. 4.

[37] Johann Wilhelm Holle, Alte Geschichte der Stadt Bayreuth, von den ältesten Zeiten bis zur Abtretung derselben an die Krone Preußen im Jahre 1792, Bayreuth 1833, S. 40: „Höchst wahrscheinlich wurde sodann ... der Name: Bayreuth auf die neue Stadt übergetragen und jener der der Altenstadt beigelegt".

[38] Holle, Alte Geschichte (wie Anm. 37), S. 41f.

[39] Gustav Holle, Geschichte der Stadt Bayreuth von den ältesten Zeiten bis 1792 von Dr. phil. J. Wilh. Holle, 2. Auflage, durchgesehen und bis zum Jahre 1900 fortgeführt von seinem Sohne Dr. phil. Gustav Holle, Bayreuth 1901. Zit. nach dem Nachdruck Frankfurt 1981, S. 24.

fenden südlichen Stadtgraben, einen tiefen Fahrweg, der beständig Wasser enthalte, vorgefunden hatte[40].

Eine weitgehende Abkehr von der fast 300jährigen Anschauung, die Altenstadt sei Ur-Bayreuth gewesen, wie sie noch 1881 von Hermann Freiherr von Reitzenstein[41] vertreten wurde, trat ab 1893 mit Christian Meyer ein, der „für das uralte Nebeneinanderbestehen der Orte Altenstadt und Baireuth und die Unabhängigkeit des letztern vom ersteren" plädierte. Er vermutete, daß Altenstadt vielleicht eine uralte slawische Siedlung sei, denn „es deutet darauf die den Slavenstämmen eigenthümliche Befestigung ihrer Städte mittelst Erdmauern, von der bei Altenstadt noch jetzt deutliche Spuren sichtbar sind"[42].

Die Argumente Meyers, daß beide Orte nebeneinander bestanden, wurden in der Nachfolge von dem bereits erwähnten Gustav Holle[43] über Dekan Friedrich Lippert[44], der allerdings aus der Altenstadt ein armseliges Wendendorf[45] machte, bis Karl Hartmann[46], Wilhelm Müller[47] und Erwin Herrmann[48] übernommen. Herrmann brachte auch wieder das „Slawendorf" ins Spiel[49], unterstützt von Karl Bosl[50]. Und Horst Fischer hält in seinem vierbändigen Häuserbuch der Stadt Bayreuth von 1991 die „Altenstadt und Bayreuth von jeher [für] zwei verschiedene Orte mit ganz verschiedenem Werdegang"[51].

Genau 100 Jahre nach Meyer hat mit großer Resonanz Karl Müssel die Altenstadt-Theorie wieder in das wissenschaftliche Gespräch eingeschleust. Da in dem von

---

[40] Holle, Alte Geschichte (wie Anm. 37), S. 31f. und Holle, Geschichte (wie Anm. 39), S. 25.

[41] Hermann Freiherr von Reitzenstein, Die Burggüter und Freihäuser in der Stadt Bayreuth, in: AO 15, Heft 1, 1881, S. 61–117, bes. S. 65: „Indessen dürfen wir weder das 1194 beurkundete Baierriute, noch das später 1231 vorkommende Beierrute auf die heutige Regierungshauptstadt Bayreuth beziehen. Darunter ist vielmehr Altenbayreuth oder Altenstadt ... zu verstehen". So auch noch Friedrich H. Hofmann, Die Stadtkirche in Bayreuth, in: AO 21, 1901, S. 55–122, bes. S. 56; A[dam] Stuhlfauth, Die bairisch-fränkische Kolonisation gegen die Slawen auf dem Nord- und Radenzgau, in: AO 31, Heft 3, 1932, S. 1–185, bes. S. 135, 142f. und andere mehr, auf die hier nicht eingegangen werden kann, da ein kompletter Forschungsbericht den Rahmen dieses Festschrift-Beitrages sprengen müßte.

[42] Christian Meyer (Hg.), Quellen zur Geschichte der Stadt Baireuth, Bayreuth 1893, S. IV.

[43] Holle, Geschichte (wie Anm. 39).

[44] Lippert, Entstehung (wie Anm. 11), S. 3–5.

[45] Lippert, Entstehung (wie Anm. 11), S. 3; widerlegt durch Karl Müssel, Die deutsche Bayreuther Altenstadt im Spätmittelalter. Ein Beitrag zur Widerlegung der hundertjährigen „Wendendorf"-Legende, in: AO 73, 1993, S. 209–232.

[46] Karl Hartmann, Geschichte der Stadt Bayreuth in der Markgrafenzeit, Bayreuth 1949, S. 12–15.

[47] Wilhelm Müller, Bayreuther Vororte. I. Die Altenstadt, in: Heimatbote. Beilage zur Fränkischen Presse, Jg. 14, Nr. 9, 1963; ders., Das Stadtbild Bayreuths in alten Ansichten, in: AO 44, 1964, S. 161–200, bes. S. 161f.; ders., Bayreuth – Die Anfänge einer oberfränkischen Stadt, in: Heimatbeilage zum Amtlichen Schulanzeiger des Regierungsbezirks Oberfranken, Nr. 22, Mai 1966.

[48] Herrmann, Stadtentwicklung (wie Anm. 7), S. 46–49.

[49] Erwin Herrmann, Zur mittelalterlichen Siedlungsgeschichte Oberfrankens, in: JfL 39, 1979, S. 1–21, bes. S. 9–11. Widerlegt auch durch Pöhlmann, Landbuch B (wie Anm. 31), S. 48–52.

[50] Karl Bosl, Die bayerische Stadt in Mittelalter und Neuzeit. Altbayern – Franken – Schwaben, Regensburg 1988, S. 287.

[51] Horst Fischer, Häuserbuch der Stadt Bayreuth. Ein Beitrag zur städtischen Entwicklungsgeschichte, 4 Bde. (Bayreuther Arbeiten zur Landesgeschichte und Heimatkunde 6), Bayreuth 1991, bes. Bd. 4, S. 1725. Fischer erwägt allerdings auch, ob Altenstadt nicht doch Altenreuth hieß: Häuserbuch, Bd. 4, S. 1727. Zu diesem zeitgenössischen Schreibfehler im Landbuch A von 1398 siehe Pöhlmann, Landbuch B (wie Anm. 31), S. 49, Anm. 139.

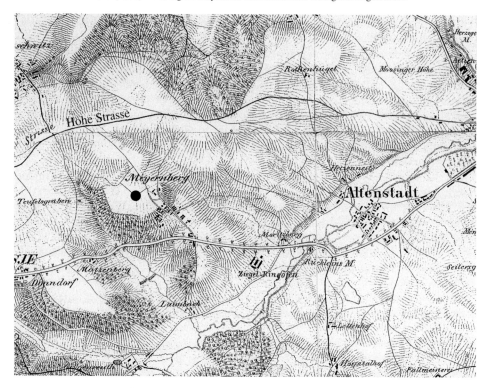

Abb. 1: Fundstelle Bayreuth-Meyernberg mit Keramik des 8. bis 12. Jahrhunderts. Auszug aus der Karte „Bayreuth mit Umgebung", entstanden nach 1863 und vor 1877 (Stadtarchiv Bayreuth).

Horst Fischer angenommenen ältesten Siedlungsbereich von Bayreuth[52], im Bereich des Markts, keine gesicherten Nachweise aus einer Zeit vor 1194 erbracht werden konnten, müsse Urbayreuth nicht dort gesucht werden. „Die Altenstadt aber kann als alte Siedelstätte Urbayreuth gewesen sein, ohne jemals „Stadt"-Eigenschaften besessen zu haben". Es erscheint ihm denkbar, daß die Gründung als kleine baierische Rodungsinsel im 11. oder frühen 12. Jahrhundert erfolgte und bereits eine zentrale Funktion bekam (Nikolauskirche, Furt an einer Altstraße). Zu einem noch ungewissen Zeitpunkt wäre dann die Siedlung auf das Sandsteinplateau am Roten Main verlegt worden[53].

Auch der Archäologe Hans Losert kam 1993 zu der Ansicht, daß eine ältere Siedlung im heutigen Ortsteil Altstadt bestand und das heutige Bayreuth Neu-Bayreuth

---

[52] Horst Fischer, Zur Entwicklung Bayreuths nach den Stadtsteuerregistern 1444–1800, in: AO 50, 1970, S. 107–182, bes. S. 148–153; ders., Häuserbuch (wie Anm. 51), Bd. 1, S. 29–32; ders., Entwicklung (wie Anm. 2).
[53] Müssel, Bayreuth (wie Anm. 32), S. 27f., das Zitat S. 27.

sei[54], da er zum einem Adam Stuhlfauths Verlegungstheorie[55] folgte, zum anderen die Altstadt in unmittelbarer Nähe zu der Fundstelle von Meyernberg mit Keramik des 8. bis 12. Jahrhunderts sah[56]. Diese Deutung vermag jedoch nicht zu überzeugen, da die schon 1932 in den Lehmgruben der Aktienziegelei entdeckte Fundstelle sich in einiger Entfernung von der am Mistelbach liegenden Altstadt befindet (Abb. 1), nämlich oben am Hang des Roten Hügels, nur 80 m südlich der „Hohen Straße" (der heutigen Preuschwitzer Straße)[57].

Fünf Jahre später ist dann 1998 trotz manchem konsequenten Verharren bei dem von Christian Meyer erarbeiteten Forschungsstand[58] bei Günter Dippold die Rückkehr zur Altstadt-Theorie vollzogen, denn für ihn stellt sich die Gründungsgeschichte von Bayreuth so dar: „In einiger Entfernung von einem älteren Bayreuth (dem nachmaligen Ort Altenstat/Altstadt), das im späten 12. oder frühen 13. Jahrhundert noch eine Fortifikation erhielt, entstand nicht allzu lange vor 1231 eine ‚Neustadt', deren Kristallisationspunkt ein schon länger bestehender, befestigter Ansitz auf einer Anhöhe über dem Roten Main, an der Stelle des späteren ‚Alten Schlosses', gewesen sein könnte"[59].

Dippold stützt sich dabei auf archäologische Untersuchungen von 1995, die außer in einer kurzen Anzeige in der Fundchronik des Bayerischen Landesamtes für Denkmalpflege[60] erst 1998 von Jochen Scherbaum[61] ausführlicher vorgestellt wurden. Aufgrund des Befundes eines Wall- und Grabensystems und wegen aufgefundener Scherben des 12. Jahrhunderts beziehungsweise um 1200 kommt dieser zu der Überzeugung, daß sich *Baierrute* auf die Altenstadt beziehe. „Das Einsetzen erster Siedlungsbefunde in der Bayreuther ‚Neustadt' ist archäologisch bisher nicht wesentlich vor Beginn des 13. Jahrhunderts belegt. Zu dieser Zeit besaß Altenstadt bereits eine Pfarrkirche und ein Gemeinwesen, das zum Bau einer Befestigung in der Lage war. Eine derart ausgestattete Siedlung eignete sich sicher besser zum beurkundeten Aufenthalt

---

[54] Hans Losert, Die früh- bis hochmittelalterliche Keramik in Oberfranken (Zeitschrift für Archäologie des Mittelalters, Beiheft 8), Bd. 1, Köln 1993, bes. S. 131.

[55] Stuhlfauth, Kolonisation (wie Anm. 41), bes. S. 142f.

[56] Losert, Keramik (wie Anm. 54), S. 129.

[57] Adam Stuhlfauth, Fundberichte zur Vor- und Frühgeschichte im Gebiet der Fränkischen Alb, in: AO 35, 1951, S. 121–159, bes. S. 152–154. Für Informationen über die genaue Lage der Lehmgruben sowie für die Kartenabbildungen danke ich Herrn Dr. Walter Bartl, Stadtarchiv Bayreuth. Die beim Neubau der Reha-Klinik 1995/96 im Bereich der alten Fundstelle durchgeführten großflächigen Suchschnitte erbrachten keinen Hinweis auf die vermutete frühmittelalterliche Siedlung, vgl. Ausgrabungen und Funde in Oberfranken 10 (1995/96), hg. v. Björn-Uwe Abels und Jochen Haberstroh (Kolloquium Historicum Wirsbergense. Geschichte am Obermain 21, 1997/98), Anhang S. 52. Im folgenden werden diese Mitteilungen des Bayerischen Landesamtes für Denkmalpflege unter der Sigle AuF mit Angabe der Bandzahl und des Berichtzeitraumes zitiert.

[58] Vgl. etwa Trübsbach, Geschichte (wie Anm. 7), bes. S. 28 und Richard Winkler, Bayreuth – Stadt und Altlandkreis (Historischer Atlas von Bayern. Teil Franken, Reihe I, Heft 30), München 1999, bes. S. 67.

[59] Günter Dippold, Die Städtegründungen der Andechs-Meranier in Franken, in: Die Andechs-Meranier in Franken. Ausstellung in Bamberg vom 19. 6. bis 30. 9. 1998, Mainz 1998, S. 183–195, bes. S. 186.

[60] Brigitte Brandt und Jochen Scherbaum, Bayreuth, in: AuF 10, 1995/96, S. 52.

[61] Jochen Scherbaum, Frühe Siedlungsbefestigungen in Lichtenfels und Bayreuth-Altenstadt, in: Andechs-Meranier (wie Anm. 59), S. 197–200.

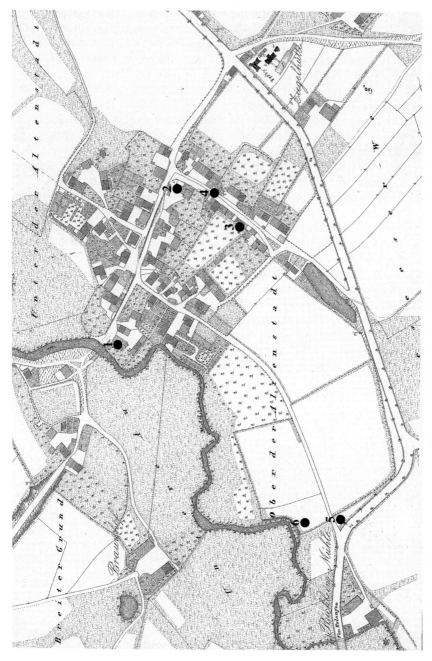

Abb. 2: Bayreuth-Altstadt. Auszug aus dem Urkataster 1854: 1 = Grabung 1992 Nikolausstraße 35; 2 = Grabung 1995 Ecke Wallstraße/Nikolausstraße; 3 = Grabung 1998 Wallstraße 12; 4 = Holles südlicher Stadtgraben; 5 = Holles Stadtmauer bei der Rückleinsmühle (Flur Stadtgraben); 6 = Holles nördliche Stadtmauer.

des Bamberger Bischofs im Jahre 1194 als die offenbar gerade erst angelegte Bayreuther „Neustadt"[62].

Soweit in kurzen Zügen und in Auswahl die Forschungsgeschichte zur „Altenstadt-Theorie", die aufgrund einiger Grabungen in den neunziger Jahren jetzt wieder in den Vordergrund gerückt worden ist. Zu fragen ist jedoch, ob der Archäologe nach dem heutigen Stand – bei den interessanten, jedoch „mageren" Ergebnissen – wirklich in der Lage ist, die schwierige Frage nach dem Ur-Bayreuth zu beantworten! Kann man die wenigen Scherben so genau datieren, daß sich daraus folgern ließe, daß die Altenstadt älter als Bayreuth sei? Und was hat es mit den vielen noch im vorigen Jahrhundert sichtbaren „Gräben" und „aus Erde aufgeworfenen Stadtmauern" auf sich?

Zur Beantwortung dieser Fragen wenden wir uns zunächst etwas genauer den in der Altstadt in den Jahren 1992, 1995 und 1998 unter Leitung des Bayerischen Landesamtes für Denkmalpflege, Außenstelle Seehof, durchgeführten Ausgrabungen zu. Von diesen erbrachte jene von 1995 auf dem Grundstück Ecke Wallstraße/Nikolausstraße (Abb. 2) das äußerst interessante Ergebnis von mindestens zwei Bebauungsphasen[63], worauf hier wenigstens kurz eingegangen werden muß.

Wie schon der Name der Wall-Straße andeutet und vor Ort auch noch deutlich zu sehen ist, befand sich an dieser Stelle eine Befestigung mit Wall und Graben. Der Wall wurde aus dem Aushub des vorgelagerten Sohlgrabens aufgeschüttet, der an der damaligen Oberfläche etwa 8 m breit und etwa 2 m tief war, bei einer 3 bis 4 m breiten Grabensohle. Für den Wallkörper ergibt sich aufgrund des Grabens ebenfalls eine Breite von 8 m bei einer Höhe, die laut Ausgräber bei 2 bis 3 m gelegen haben dürfte. Da der Wall nur noch 1 m hoch erhalten war, waren keine Spuren einer zu erwartenden Palisade auf der Wallkrone mehr erkennbar[64]. Auf der Innenseite wurde der Wall zur Abstützung mit Spaltbohlen verschalt, die in ein 50 cm tiefes Gräbchen eingesetzt und gegenseitig verankert waren. Ob diese Verschalung schon im Zuge der Wallaufschüttung oder erst später mit der Erhöhung des Laufhorizonts auf der Wallinnenseite erfolgte, konnte nicht mehr festgestellt werden.

Fast noch interessanter war jedoch der Befund einer Kulturschicht mit Holzkohlepartikeln, Knochen und Keramik unter dem Wall. Die wenigen Gefäßfragmente datieren die erste Siedlungstätigkeit in diesem Areal in das 12. Jahrhundert beziehungsweise in die Zeit um 1200. Einige in den anstehenden Boden eingetiefte Pfostenlöcher lassen sogar auf eine nicht näher rekonstruierbare Holzbebauung schließen. Bevor man den Wall errichtete, planierte man die aufgelassene Siedlung mit einer massiven Brandschicht, bestehend aus Schlacke, Holzkohle und verbrannten Steinen, die auf die Überreste einer Raseneisenerzverhüttung hindeuten, die in unmittelbarer Nähe stattgefunden haben muß.

[62] Scherbaum, Siedlungsbefestigungen (wie Anm. 61), S. 199.
[63] Brandt und Scherbaum, Bayreuth (wie Anm. 60); Brigitte Brandt, Grabungsbericht Bayreuth-Altstadt im Ortsakt des Bayerischen Landesamtes für Denkmalpflege Bamberg-Seehof; Scherbaum, Siedlungsbefestigungen (wie Anm. 61), S. 199f.; ders., Stadtbefestigungen im nördlichen Franken. Archäologische Untersuchungen in den Jahren 1992–1996 (ungedruckte Bamberger Magisterarbeit). Herrn Jochen Scherbaum M.A., Bamberg, sei hier ganz herzlich gedankt für die Bereitstellung des Bayreuth betreffenden Teiles seiner Arbeit.
[64] Allerdings gab es nach Scherbaum in der Grabenverfüllung keine Holzreste.

Beim Bau des Befestigungssystems wurde diese unterste Siedlungsschicht gestört, zum einen durch den Aushub des Grabens, zum andern bei der Eintiefung des Gräbchens für die Holzverschalung an der Wallinnenseite. Und genau an der Stelle, wo die Baugrube der Holzkonstruktion die Kulturschicht schnitt, fand sich ein Gefäß, das nach Scherbaum ursprünglich wohl unversehrt in den Boden kam[65].

Diesen noch von Hand aufgewülsteten und auf der langsam rotierenden Töpferscheibe nur nachgedrehten Topf datiert Scherbaum in die Zeit um 1200 oder Anfang des 13. Jahrhunderts – und damit auch die Errichtung des Walles! Aber könnte es nicht auch sein, daß dieses Gefäß, an der Schnittstelle der vielleicht sogar später errichteten Verschalung und der Siedlungsschicht aus dem 12. Jahrhundert zu letzterer gehört? Datiert es wirklich den Wall in die Zeit um 1194? Berücksichtigt man, daß diese Art Keramik schon im gesamten 12. Jahrhundert bis in die Anfänge des 13. Jahrhunderts hinein auftritt, dann könnte dieser Topf auch zur Siedlung des 12. Jahrhunderts gehört haben und die Befestigung erst etwas später errichtet worden sein. Der Graben enthielt jedenfalls nur Keramik des 14./15. Jahrhunderts und keine älteren Funde. Aufgrund des 50 cm starken Pakets von verschiedenen Schwemmschichten über der Grabensohle muß der Graben periodisch über einen längeren Zeitraum mit Wasser gefüllt gewesen sein[66], bevor er im 15. Jahrhundert zugeschüttet wurde.

Einen dem von der Wallstraße/Ecke Nikolausstraße entsprechenden Befund lieferte die 1998 durchgeführte Grabung in der Wallstraße 12[67]. Auch hier konnte eine hölzerne Befestigung in der Wallschüttung nachgewiesen werden. Dabei handelte es sich um eine Palisade mit Pfosten von 20 cm Durchmesser in einem Abstand von 4 bis 12 cm, die ebenfalls auf der rückwärtigen Seite des Walles und nicht auf der Wallkrone eingebracht wurde und wohl auch der Abstützung des Walles diente[68].

Mit beiden Untersuchungen ist eine Befestigung auf einer Länge von circa 100 m nachgewiesen. Johann Wilhelm Holle beschrieb 1833 die noch sichtbaren Gräben sehr genau: „Sie [die Altenstadt] erstreckte sich höchst wahrscheinlich von der Stelle, wo noch heut zu Tage auf der östlichen Seite deutliche Spuren einer, nach der ältesten Befestigungsweise, von Erde aufgeworfenen Stadtmauer sichtbar sind, bis zur Chaussee bei der Rückleinsmühle, wo noch gegenwärtig ein kleines zwischen der Straße und der Hecke befindliches Feld nebst einem schmalen, etwas tiefer liegenden Stückchen Wiese, die bis an den Mistelbach reicht, den Namen: der Stadtgraben führt. Am Ende dieser Wiese, am Ufer des Flüßchens, erhebt sich eine kleine Anhöhe,

---

[65] Abgebildet bei Scherbaum, Siedlungsbefestigungen (wie Anm. 61), Abb. 106 auf S. 199. Da dieser Topf fast vollständig erhalten war, interpretiert ihn Scherbaum, Magisterarbeit (wie Anm. 63), S. 43, als mögliches Bauopfer.

[66] Scherbaum, Magisterarbeit (wie Anm. 63), S. 39, nimmt an, daß der Graben nur bei Hochwasser, Schneeschmelze oder bei der Entwässerung des nahe gelegenen Weihers wirklich Wasser führte. „Die Ablagerungen sind aber auch ein Hinweis dafür, daß der Graben in der letzten Zeit vor der Verfüllung nicht mehr gereinigt wurde". Vgl. dazu auch Anm. 76.

[67] AuF 11, 1997/98, S. 56.

[68] Diese Information konnte ich den Grabungsberichten und -zeichnungen entnehmen, die ich im Bayerischen Landesamt für Denkmalpflege Bamberg-Seehof freundlicherweise einsehen durfte. Herrn Dr. Jochen Haberstroh möchte ich hier auch für die wissenschaftliche Diskussion der Funde und Befunde der Altstadt danken.

welche längs dem Mistelbache fortläuft und ehemals vermuthlich mit einer Mauer oder, wie es in jener Zeit üblich war, mit einem Erdwalle begränzt, die nördliche Gränze der Altenstadt gebildet haben mochte. Auf der entgegengesetzten Seite bemerkt man einen tiefen Fahrweg mitten durch die Altenstadt, der beständig Wasser enthält. Dieser scheint der südliche Stadtgraben gewesen zu seyn und sich in Südost an jene so eben erwähnten Ueberbleibsel der alten Stadtmauer angeschlossen zu haben" [69].

Ist damit wirklich eine Stadtbefestigung gemeint, die eine Fläche von 10 ha umfaßt hätte[70]? Der „südliche Stadtgraben" Holles kann eindeutig als die etwas eingetiefte Wallstraße identifiziert werden (Abb. 2), die westliche Seite ist heute überbaut. Bei der Wiese vor der Rückleinsmühle mit der Flurbezeichnung „Stadtgraben", die bis zum Mistelbach verläuft, dürfte es sich dagegen um einen Zufluß zu dem schon im Landbuch A von 1398 erwähnten Weihersystem (Pechhüttener und Bindlacher Weiher)[71] südöstlich der Altstadt gehandelt haben[72]. Und für eine nördliche Stadtmauer entlang des Mistelbaches, wie sie Holle nur vermutete, gibt es keinerlei Hinweise – trotz der 1992 erfolgten Ausgrabung in der Nikolausstraße 35 (Abb. 2). Zwar fand sich hier entlang der Hangkante zum Mistelbach, unmittelbar an der Furt, eine Palisadenreihe, die Jakob Müller gerne als ehemalige Dorfumfriedung sehen möchte, obwohl eindeutig mittelalterliche Siedlungsspuren nicht angetroffen wurden[73]. Die sparsam gesetzten Hölzer könnten jedoch auch einen anderen Zweck, vielleicht sogar zu einer anderen Zeit, erfüllt haben[74]. Interessant ist jedoch, daß auf diesem Grund-

---

[69] Holle, Alte Geschichte (wie Anm. 37), S. 31f.

[70] Fläche nach König, MS 128 (wie Anm. 35): 800 x 50 Schritte. Zum Vergleich: Die Befestigungsanlage in der Burgflur Laineck aus dem 10. Jahrhundert umfaßte nur 6 ha (nach Björn-Uwe Abels, Eine frühmittelalterliche Befestigungsanlage in Laineck, Stadt Bayreuth, in: AO 68, 1988, S. 13–40), die mittelalterliche Stadtanlage von Bayreuth 13 ha (nach Pokorny, Bayreuth, wie Anm. 32, bes. S. 36). Eine leichte Biegung der Wallstraße ist dem Katasterplan zu entnehmen. Außerdem beobachtete Herr Dr. Haberstroh, Bayerisches Landesamt für Denkmalpflege Bamberg-Seehof, vor dem Aushub des Neubaus an der Ecke Nikolausstraße eine Biegung des Walles. In dem Grundstück an der Ecke Wall-/Gartenstraße ist der Wall noch heute zu sehen. Würde man die Befestigung hier umbiegen lassen, dann ergäbe sich nur eine Fläche von 4–5 ha.

[71] Thomas Pöhlmann, Die älteste Beschreibung des Amtes Bayreuth. Das Landbuch A von 1398 (Bayreuther Arbeiten zur Landesgeschichte und Heimatkunde 14), Bayreuth 1998, S. 140 und ders., Landbuch B (wie Anm. 31), S. 267.

[72] Günther Höfer, Bayreuth, der mir freundlicherweise bei einem Spaziergang am 26. Februar 2000 die topographische Situation der Altstadt in Bezug auf die alten Quellen an Ort und Stelle erklärte, sei hier ganz herzlich gedankt. Außerdem hierzu: Rainer Trübsbach, Die Anfänge der Altstadt, in: Unsere Altstadt. 100 Jahre Evangelische Kirchengemeinde Bayreuth-Altstadt, hg. v. der Kirchengemeinde Bayreuth-Altstadt, Ruppertsgrün 1998, S. 27; Günther Höfer, Der Freiheitsplatz und seine Geschichte, in: ebd., S. 79–81 mit der Beschreibung der Kanäle zwischen den Weihern (S. 79) und einer Karte der heutigen Situation (Abb. auf S. 81).

[73] Jakob Müller, Bayreuth, in: AuF 9, 1993/94, S. 34 und Grabungsunterlagen im Bayerischen Landesamt für Denkmalpflege Bamberg-Seehof, die ich freundlicherweise einsehen durfte.

[74] Nach den Ausgrabungsplänen (wie Anm. 73) war der Verlauf der Palisade auf einer Länge von 18 m zu beobachten. Die 20 cm starken Pfosten, 1 m in den anstehenden Boden eingetieft, wurden allerdings nur in den Profilen der Baggersondagen erfaßt, weshalb eine Beurteilung, in welchem Abstand sie ursprünglich gesetzt waren, nicht möglich ist. Im Grabungsbericht erwähnt Jakob Müller für das gesamte Areal spätmittelalterlich-frühneuzeitliche Scherben direkt auf dem gewachsenen Boden, außerdem die verschleiften Reste eines Kachelofens aus dem 16. Jahrhundert.

stück eine Scherbe des 12. Jahrhunderts zutage kam, also die gleiche Zeitstellung wie bei der ältesten Besiedlung in der Wallstraße [75].

Die Beschreibung Holles, daß der südliche Stadtgraben = Wallstraße ständig mit Wasser gefüllt gewesen sei, erleichtert nicht gerade die Interpretation, ob es sich um eine Stadtbefestigung oder einen Wassergraben gehandelt hat. Denn die 1995 bei den Ausgrabungen gemachte Beobachtung, daß der Graben in seinen untersten Bereichen feine Schwemmschichten von 50 cm Mächtigkeit enthielt und demnach tatsächlich über einen längeren Zeitraum voll Wasser gestanden hat, betrifft nämlich die Zeit vor der Verfüllung des Grabens im 15. Jahrhundert. Ob die Wasserführung mit dem ehemaligen Hirtenweiher am westlichen Ende der Wallstraße, dessen Entstehungszeit nicht bekannt ist, zusammenhängt, muß leider offen bleiben[76]. Bei einer mittelalterlichen Stadtbefestigung des 12. Jahrhunderts würde man eine aufwendigere Bauart (mit einer Böschungssicherung) erwarten[77].

Festzuhalten gilt es, daß im 12. Jahrhundert in der Altenstadt eine kleine Ansiedlung mit Eisenverhüttung bestand, die etwas später, um oder nach 1200, zu einem nicht bekannten Zeitpunkt planiert und mit einem Wall-Graben-System überbaut wurde, das man im 15. Jahrhundert zuschüttete. Unbeantwortet bleiben muß aber – wenn man nicht von einer Befestigung anläßlich der Stadtgründung *Baierrute* ausgeht –, warum dieses Erdwerk errichtet wurde[78].

III. Archäologische Befunde am Bayreuther Kirchplatz

Geradezu sensationell waren die Befunde, die Jakob Müller bei den archäologischen Untersuchungen 1989 und 1990 im Bereich der Alten Lateinschule, die zum Historischen Museum umgebaut werden sollte, feststellen konnte, zumal es sich um die erste umfangreiche Ausgrabung im Stadtbereich von Bayreuth handelte. Müller fand nicht nur einen Bohlenweg und Flechtwerkzäune, die sich im feuchten Milieu sehr gut erhalten hatten, sondern auch Kulturschichten, die sich auf sechs Perioden vom 13. Jahrhundert bis zum Stadtbrand von 1430 verteilten[79].

Für den Bayreuther Stadtgründungsdiskurs sind dabei vor allem die untersten und ältesten Schichten von Bedeutung. Müller stellte nämlich direkt über dem gewachsenen Boden dünne humose Schichten fest, die er als Reste einer Humusdecke interpretierte, die älter sei, als die erste Besiedlung. An anderen Stellen waren sandige Bänder zu beobachten, die mit Holzkohle durchsetzt und/oder gerötet waren. Sie könnten nach Ansicht Müllers vielleicht durch eine Brandrodung entstanden sein, die vor der Bebauung des Areals erfolgte.

---

[75] Müller, Grabungsbericht (wie Anm. 73).

[76] Günther Höfer, Bayreuth, hält die Wallstraße für einen Löschwassergraben, der bei Bedarf mit dem Wasser des Hirtenweihers gefüllt wurde (mündliche Mitteilung vom 26. Februar 2000). Eigenartigerweise steigt die Wallstraße auch an ihrer südlichen Seite wallartig an.

[77] Vgl. etwa die Bauart der Befestigung von Bayreuth-Laineck des 10. Jahrhunderts: Abels, Bayreuth-Laineck (wie Anm. 70).

[78] Ende des 14. Jahrhunderts bestand das Dorf Altenstadt nur aus acht Höfen und 14 Selden: Pöhlmann, Landbuch A (wie Anm. 71), S. 140; dazu kamen außerhalb der „Befestigung" der Klebshof, der Meyerhof und die Rückleinsmühle.

[79] Jakob Müller, Schulmeister und Knochenschnitzer. Archäologische Ausgrabungen in Bayreuth (Kultur- und Lebensformen in Mittelalter und Neuzeit 2), Bamberg 1996.

Ein etwa nur 60 cm breiter Bohlenweg, der in einer Länge von 1,3 m erhalten war, lag direkt auf der Höhe des damaligen Oberflächenniveaus, wobei die Unterzüge in den gewachsenen Boden eingetieft waren. Nach Müller soll er zur Begehung und Erschließung des sumpfigen und morastischen Geländes gedient haben[80]. Leider verlief die dendrochronologische Untersuchung negativ, da das Material dafür nicht ausgereicht hat[81]. Müller datierte den Bohlenweg mit einem Randstück einer Keramik aus der Zeit um 1200, das sich in der Baugrube des Bohlenwegs befand. Erst darüber lag die Kulturschicht, die zur ersten Besiedlung am Kirchplatz gehörte.

Die in der Kulturschicht (Periode 1) enthaltene Keramik setzte der Ausgräber aufgrund vergleichbarer Keramikrandstücke aus Schichten unter dem Bamberger Dom, die dort in die Zeit zwischen dem Dombrand 1185 und dem anschließenden Wiederaufbau 1210/1237 gehören, „ins erste Drittel des 13. Jahrhunderts, vielleicht noch an das Ende des 12. Jahrhunderts"[82].

Gegen diese Datierung wandte allerdings Magnus Wintergerst ein, sie sei zu eng gefaßt, da mit der Ware A der Müllerschen Periode 1 vergleichbare Keramik das gesamte 13. Jahrhundert hindurch auftrete und gerade für dieses Jahrhundert typisch sei; er verweist dabei auf einen gut datierten Fundkomplex aus Regensburg vom Ende des 13. Jahrhunderts. Wintergerst fragt sich außerdem, wieso der Bohlenweg zur Periode 1 gehören soll, obwohl die Kulturschicht der Periode 1 darüberzieht. Zudem sei das einzige zur Datierung des Bohlenweges herangezogene Keramikrandstück nicht abgebildet[83]. Da diese Scherbe nicht sehr aussagekräftig ist, kann sie meines Erachtens zur Datierung nicht herangezogen werden. Aber der Bohlenweg gibt einen gewissen Hinweis auf eine Begehung des Geländes vor der ersten Bebauung, die um 1231, der Ersterwähnung einer *civitas Beirruth,* als wahrscheinlich gelten darf, wenn man nicht gerade Anhänger der Altenstadt-Theorie ist. Ein Einsetzen der Periode 1 in der ersten Hälfte des 13. Jahrhunderts widerspricht auch nicht Wintergersts Datierung, wenn die aufgefundene Keramik für das gesamte 13. Jahrhundert typisch sein soll.

In der zweiten Periode, die Müller Mitte des 13. Jahrhunderts ansetzt, entstanden an dieser Stelle die ersten Gebäude, die auf in die Erde eingegrabenen Pfosten ruhten.

---

[80] Fischer, Häuserbuch (wie Anm. 51), Bd. 2, S. 870, konnte für die hintere Sophienstraße (zum Kirchplatz hin) die Bezeichnung „Sutte" (= versumpfter Ort) nachweisen, die durch die Neigung der Burgsandsteinterrasse von Norden nach Süden (also von der Maxstraße zur Sophienstraße hin) zustandekam und zur Bildung von Sumpflinsen führte. Grundwasserprobleme gab es aber auch in der Kanzleistraße, Kirchgasse, Kotgasse, Kämmereigasse und Brautgasse. „Der Bauraum zwischen der südlichen Marktseite und der südlichen Felsterrassenstufe – einschließlich Stadtkirche – konnte erst genutzt werden, als die Abwasserprobleme einigermaßen gelöst waren", Fischer, Entwicklung (wie Anm. 2), S. 240.

[81] Briefliche Mitteilung von Prof. Dr. Björn-Uwe Abels, Bayerisches Landesamt für Denkmalpflege Bamberg-Seehof, vom 19. November 1999.

[82] Müller, Schulmeister (wie Anm. 79), S. 39.

[83] Magnus Wintergerst, Besprechung von Müller, Schulmeister (wie Anm. 79), in: Bayerische Vorgeschichtsblätter 63, 1998, S. 356–358. Nachdem sich die Suche nach dieser von Wintergerst diskutierten Scherbe in den Massen von Fundstücken, die sich im Stadtmuseum Bayreuth befinden, als eine Suche nach einer Stecknadel erwies, konnte ich wenigstens in dem von Müller erstellten und als Kopie im Museum vorhandenen Fundverzeichnis eine Profilzeichnung dieses sehr kleinen Stückes finden, der nicht einmal zu entnehmen ist, um was es sich dabei handelt. Herrn Wilfried Engelbrecht sei hier ganz herzlich für die freundliche Unterstützung der Suchaktion gedankt.

Zur gleichen Zeit wurden mehrere Flechtwerkzäune zur Abgrenzung verschiedener Hofgrundstücke erstellt. Die Keramik (Ware B) dieser Periode 2 sieht nun völlig anders aus als die vorhergehende. Es handelt sich dabei um eine weiße Drehscheibenware, die Müller aufgrund eines Münztopfes aus Bamberg mit Münzen (zwischen 1238 und 1258) und aufgrund von Archivalien vom Töpfereizentrum Lußberg bei Bamberg (aus der Zeit zwischen 1248 und 1308) datiert[84].

Aber auch hier setzt die Kritik Wintergersts ein, da die Bayreuther Keramikware B bei den Randausbildungen wesentlich weiter entwickelte Formen aufweise und daher ein zeitlicher Abstand zu dem Bamberger Münzgefäß vorhanden sein müsse. Er verweist wieder auf den Regensburger Fundkomplex, in dem sogar ein Übergangshorizont von mit Ware A und B vergleichbarer Keramik vorhanden war, und schlägt eine Datierung von Müllers Periode 2 in die Zeit um 1300 oder Anfang des 14. Jahrhunderts vor.

Setzt man nun eine etwas jüngere Zeitstellung der ältesten Schichten vom Kirchplatz in Bayreuth voraus, dann gibt es immer noch keine Probleme mit einer möglichen Kirchweihe um 1194. Denn die 1995 am Kirchplatz durchgeführten Notgrabungen erbrachten neben Gefäßresten des 13. und 14. Jahrhunderts auch einige Keramikbruchstücke, die noch in das 12. Jahrhundert gehören[85]. Nach einer dürftigen Besiedlung des Kirchplatz-Areals noch im 12. Jahrhundert, wohl zum Zwecke des Baus einer Kirche, könnte die Bebauung des Kirchplatzes (in einer sekundären Stadterweiterung) erst nach dem Kirchenbau zu Beginn des 13. Jahrhunderts in Angriff genommen worden sein. Auch in der Kämmereigasse fand man Spuren von Holzpfostenbauten sowie Eisenschlacken und Winddüsenfragmente, die in die erste Hälfte des 13. Jahrhunderts gehören sollen[86]. Jenes schon 1765 beim Anlegen eines Kellers im Hause des Schuhmachers Griesling in der Priestergasse 180 (= Sophienstraße, Ecke Kanzleistraße) entdeckte vollständige Gefäß[87], kann ebenfalls in das 13. Jahrhundert datiert werden[88].

Mit den verschiedenen Ausgrabungen im Bereich der Stadtpfarrkirche scheint sich die von Horst Fischer schon seit 1970 verfolgte Theorie einer sekundären Stadterweiterung von der Maximilianstraße in südliche Richtung zu bestätigen[89]. Um seine „präurbane" Siedlung als Straßenmarkt entlang der Altstraße, der heutigen Maximilianstraße, eines Tages beweisen zu können, bedarf es noch einiger archäologischer Untersuchungen[90].

---

[84] Müller, Schulmeister (wie Anm. 79), S. 40f.
[85] Rita Hannig, Bayreuth, in: AuF 10, 1995/96, S. 51f.; dies., Ausgrabungsbericht im Ortsakt des Bayerischen Landesamtes für Denkmalpflege Bamberg-Seehof: die Scherben des 12. Jahrhunderts befanden sich in einem Schnitt westlich der Kirche.
[86] Müller, Bayreuth, in: AuF 8, 1991/92, S. 30.
[87] Beschrieben von Heinritz, Baireuth (wie Anm. 36), in der Anmerkung S. 21f.; von Jakob Müller, Archäologische Quellen zur Stadtentwicklung Bayreuths, in: AO 73, 1993, S. 197–200, wird dieses Gefäß (Abb. S. 198, Nr. 11) noch in die Zeit um 1200 gesetzt.
[88] Losert, Keramik (wie Anm. 54), Bd. 1, S. 131f., datiert es typologisch noch vor das Bamberger Münzschatzgefäß mit Münzen von 1238–1258; für eine Datierung erst ins 13. Jahrhundert spricht außerdem, daß das Gefäß bereits auf der Drehscheibe hergestellt oder aber vollständig nachgedreht worden ist.
[89] Fischer, Häuserbuch (wie Anm. 51), Bd. 1, S. 29–32; ders., Entwicklung (wie Anm. 2), S. 246–248.
[90] Vielleicht demnächst bei der Gestaltung des Marktplatzes, wo an der Stelle des ersten Rathauses ein „Stadthaus" errichtet werden soll.

IV. Fazit

Archäologisch läßt sich für das 12. Jahrhundert sowohl eine Besiedlung in der Altstadt als auch im Bereich des Bayreuther Kirchplatzes belegen. Daß dabei die Altstadt ein wenig älter sein könnte[91], ist durchaus denkbar. Der Name[92], die Lage an einer alten Furt über den Mistelbach (Altstraße), die Errichtung einer Nikolauskirche[93] und die Zugehörigkeit zur Urpfarrei Bindlach[94], die schon vor 1007 nach Würzburg zinste[95], mögen dafür sprechen.

Von Anfang an erscheint die Siedlung eingebettet in ein fränkisch-slawisches Siedlungsgebiet, wie auch die zahlreichen slawischen Ortsnamen in der Umgebung von Bayreuth belegen[96]. Slawische Keramik ist inzwischen archäologisch in Mistelgau[97],

---

[91] Die Scherben sind nicht auf das Jahr genau zu datieren und könnten z.B. an den Anfang des 12. Jahrhunderts, aber auch in die Zeit um 1200 gehören.

[92] Erwähnt wird die Altenstadt erstmals im Landbuch A des Amtes Bayreuth von 1398 (Pöhlmann, Landbuch A, wie Anm. 71, S. 140f. und Anmerkungen), dem die Kopie eines älteren Ortsverzeichnisses (von ca. 1332) vorangestellt ist, in dem die Altenstadt zuerst als *alten rewt* bezeichnet wurde. Dabei handelt es sich nach Pöhlmann um einen zeitgenössisch in *alten stat* korrigierten Schreibfehler (Pöhlmann, Landbuch B, wie Anm. 31, S. 49, Anm. 139). Vgl. auch Horst Fischer, Bayreuth – weit älter als bislang angenommen? in: Heimatbote. Monatsbeilage „Nordbayerischer Kurier", Jg. 22, Nr. 7, 1989, S. 3f. Zur Diskussion um die Ortsnamen mit „Alt-" siehe zuletzt Dippold, Städtegründungen (wie Anm. 59), bes. S. 184 mit den dazugehörigen Anm. 29 und 30 auf S. 192f.

[93] Wilhelm Müller, Sankt Nikolaus im Lande, in: Heimatbote. Beilage zur Fränkischen Presse, Jg. 15, Nr. 12, 1964, S. 1f., glaubt, daß die Nikolauskirche nicht von Anfang an diesem Heiligen gewidmet war, sondern dem Würzburger Patron Kilian, da bis zur Reformation Prozessionen zu Ehren Kilians in der Altstadt stattfanden; Fischer, Häuserbuch (wie Anm. 51), Bd. 4, S. 1821–1823, hält ein Nikolauspatrozinium nicht vor Ende des 11. Jahrhunderts für möglich. Grundlegend Gerhard Zimmermann, Patrozinienwahl und Frömmigkeitswandel im Mittelater (Zweiter Teil), in: Würzburger Diözesangeschichtsblätter 21, 1959, S. 5–124, bes. S. 26–30.

[94] Auf eine enge Verbindung der Altenstadt zu Bindlach weist die Eintragung im Landbuch von 1398 hin (Pöhlmann, Landbuch A, wie Anm. 71, S. 140) mit der Erwähnung des Bindlacher Weihers; siehe auch Helmut Haas, Zur Geschichte von Bindlach, in: AO 57/58, 1978, S. 21–48, bes. S. 23. Außerdem konnte Fischer, Häuserbuch (wie Anm. 51), Bd. 4, S. 1728, für einige Häuser in der Altenstadt einen Bindlacher Pfarreizins feststellen. Auch der Flurname „Kirchsteig uff Bindlach" unter der Hohen Warte ist nach Fischer nur denkbar für eine Zeit, in der weder in der Altenstadt noch in Bayreuth eine Kirche existierte; vgl. auch Fischer, Häuserbuch (wie Anm. 51), Bd. 3, S. 1458. Dem widerspricht Thomas Pöhlmann, Die Pfarrei Bayreuth im Spätmittelalter, in: AO 74, 1994, S. 15–32, bes. S. 18f.

[95] Erich Freiherr von Guttenberg, Kirchenzehnten als Siedlungszeugnisse im oberen Maingebiet, in: JfL 6/7, 1941, S. 40–129, bes. S. 57–62, 119–122; Thomas Pöhlmann, Die Lehen des Hochstifts Würzburg um Bayreuth, in: AO 72, 1992, S. 25–98, bes. S. 41.

[96] Stuhlfauth, Kolonisation (wie Anm. 41), bes. S. 38f.; Herrmann, Stadtentwicklung (wie Anm. 7), S. 48, Anm. 54; ders., Siedlungsgeschichte (wie Anm. 49).

[97] Losert, Keramik (wie Anm. 54), S. 182. Bei dem Fundort Mistelgau handelt es sich um einen Lesefund, bei dem nicht klar ist, in welcher Beziehung er zu dem benachbarten Gräberfeld des frühen Mittelalters (Klaus Schwarz, Die vor- und frühgeschichtlichen Geländedenkmäler Oberfrankens, Materialhefte zur bayerischen Vorgeschichte 5, Kallmünz 1955, S. 343, Abb. 3;1) bzw. zu der Siedlung steht, aus der Scherben des 10. bis 12. Jahrhunderts vorliegen. Möglicherweise handelt es sich bei dieser Wüstung um Oppersdorf, das zu den Würzburger Lehen gehörte und somit schon vor 1007 bestanden haben müßte (Pöhlmann, Landbuch B, wie Anm. 31, S. 28–31 und S. 74f.).

Bayreuth-Laineck[98], Stockau[99] und in dem der Altstadt benachbarten Meyernberg[100] belegt. Letztere Fundstelle, kurz vor der Einmündung des von der Altstadt auf die Höhe des Roten Hügels heraufziehenden Meyernberger Weges in die „Hohe Straße" (Abb. 1), erbrachte aber nicht nur Funde des 8./9. Jahrhunderts (darunter auch grobgemagerte slawische Keramik), sondern auch nachgedrehte Ware des 10. bis 12. Jahrhunderts, woraus man auf eine längere Besiedlung an dieser anscheinend wichtigen Stelle schließen darf.

Ob die Befestigung der Altenstadt mit Wall und Graben schon im 12. Jahrhundert, um 1200 oder danach errichtet wurde, ist nicht mit einem einzigen Topf, dessen Typ noch dazu eine gewisse Langlebigkeit anhaftet und der zudem in einer Position gefunden wurde, die auch anders zu deuten ist, zu entscheiden.

Außerdem muß man sich die Frage stellen, wieso die Baiern für ihre Stadtanlage den Bereich einer alten und damit wohl kontrollierten und besiedelten Furt gewählt haben sollten, trotzdem aber noch roden mußten – wenn man den Namen dafür anführen mag –, und das auch noch in einer hochwassergefährdeten Niederung, auf einem Schwemm- und Schotterboden[101] und an einer fortifikatorisch ungünstigen Stelle. Und wieso sollte man noch 1194 in der Altenstadt (dem angeblichen *Baierrute*) eine Kirchweihe mit großem Gefolge vornehmen, um dann nur wenige Jahrzehnte danach umzuziehen?

Demgegenüber war die Bayreuther Sandsteinterrasse, die sich 10 m über der Aue des Roten Mains erhob, wesentlich besser geeignet für eine, wie anzunehmen ist,

---

[98] Abels, Bayreuth-Laineck (wie Anm. 70). Auf der Burgflur von Bayreuth-Laineck konnte durch Ausgrabungen eine dreiphasige Befestigung festgestellt werden, die Abels als Mittelpunktsburg der Schweinfurter Grafen interpretiert. Unter den wenigen Scherben, die allesamt älter als die früheste Umwehrung sind oder beim Bau der ersten Burg verlagert wurden, befinden sich auch Fragmente, die Losert, Keramik (wie Anm. 54), S. 129, mit gewissen Vorbehalten als slawische Ware bezeichnet. Aus dem im späten Mittelalter zugefüllten Graben stammen auch Scherben des 14. bis 16. Jahrhunderts, Abels, Bayreuth-Laineck (wie Anm. 70), S. 33 mit Abb. 7 und 8. Der Graben war also genauso lange offen gestanden wie jener von Bayreuth-Altstadt.

[99] Stockau, das nach Thomas Pöhlmann, Die Lehen des Hochstifts Würzburg um Bayreuth, in: AO 72, 1992, S. 25–98, bes. S. 46–47, zu den Würzburger Altzehnten gehört haben könnte, zeichnet sich durch eine große Zahl an slawischer Keramik aus, die in das 8. bis 9. Jahrhundert datiert werden kann und die Anwesenheit slawischer Siedler unterstreicht, Losert, Keramik (wie Anm. 54), S. 196f. Daneben kamen noch Gefäßfragmente des 10./11. und aus dem 12. Jahrhundert zutage. Solches gemeinsame Auftreten von slawischer Keramik zusammen mit germanischer Ware kann in Oberfranken des öfteren beobachtet werden und bestätigt das Zusammenwirken von „Deutschen" und Slawen, auf das wiederholt Rudolf Endres, Die Rolle der Grafen von Schweinfurt in der Besiedlung Nordostbayerns, in: JfL 32, 1972, S. 1–43; ders., Das Slawenmotiv bei der Gründung des Bistums Bamberg, in: Berichte des Historischen Vereins von Bamberg 109, 1973, S. 11–182 sowie ders., Die Slawenfrage in Nordostbayern, in: Geschichte am Obermain 16, 1987/88, S. 39–48, hingewiesen hat. Zur Kritik dazu vgl. Hans Losert, Die slawische Besiedlung Nordostbayerns aus archäologischer Sicht, in: Karl Schmotz (Hg.), Vorträge des 11. Niederbayerischen Archäologentages, Deggendorf 1993, S. 207–270, bes. S. 250 und Walter Sage, Frühgeschichte und Frühmittelalter, in: Fränkische Schweiz (Führer zu archäologischen Denkmälern in Deutschland 20), Stuttgart 1990, S. 87–107, bes. S. 101.

[100] Stuhlfauth, Fundberichte (wie Anm. 57); Losert, Keramik (wie Anm. 54), S. 129–131 und Verbreitungskarte der Fundorte mit slawischer Keramik: Abb. 23 auf S. 88.

[101] Scherbaum, Magisterarbeit (wie Anm. 63), S. 34.

geplante Stadtgründung. Hier, wohl im Bereich der Maxstraße, verlief auch die Hohe Straße, die von Bamberg kommend weiter nach Böhmen führte. Schon von der topographischen Situation her könnte sehr früh eine Besiedlung erfolgt sein, die leider archäologisch noch nicht erfaßt worden ist.

Die Brandschicht unter der ersten Bebauung des Bayreuther Kirchplatzes, die in der ersten Hälfte des 13. Jahrhunderts erfolgte, mag eine Rodung dieses Areals noch im 12. Jahrhundert andeuten, ebenso der Bohlenweg. Dieser scheint aufgrund seiner geringen Breite von 60 cm eher eine vorübergehende Maßnahme gewesen zu sein, um das sumpfige Gelände im Bereich der späteren Stadtpfarrkirche begehen zu können[102]. Um 1231, dem Jahr der ersten Erwähnung von Bayreuth als *civitas*, also befestigter Stadt, müßte die Bebauung um den Kirchplatz zumindest in Angriff genommen worden sein – was Jakob Müllers Periode 1 entspricht. Daß bereits im 13. Jahrhundert eine steinerne Stadtmauer errichtet wurde, dafür konnten archäologische Ausgrabungen im Frühjahr 2000 den Beweis erbringen[103].

Wenn auch vieles für die Gründung von *Baierrute* an der Stelle des heutigen Marktplatzes von Bayreuth spricht – wobei der Ortsteil Altstadt durchaus älter sein mag –, so wird man beim derzeitigen Diskussionsstand vielleicht aber doch gut daran tun, die Beantwortung der Frage „Wo lag Ur-Bayreuth" immer noch beziehungsweise wieder offen zu halten und sich nicht durch vorschnelle Übernahme oder einseitige Interpretation vereinzelter und zudem wenig aussagekräftiger archäologischer Befunde auf die alt-neue Altenstadtthese festlegen zu lassen.

---

[102] Ähnliche hölzerne Wege auf schlammigen Böden sind inzwischen in mehreren Städten freigelegt worden: z.B. in Bamberg ein mit Reisig mattenartig verlegter Weg (Rita Hannig, Bamberg-Sutte, in: AuF 10, 1995/96, S. 51; in Sindelfingen Knüppelstraßen und ein 2 m breiter Bohlenweg (Barbara Scholkmann, Sindelfingen/Obere Vorstadt, Forschungen und Berichte der Archäologie des Mittelalters in Baden-Württemberg 3, Stuttgart 1978, bes. S. 133 und S. 146). Demgegenüber erreichten Holzstraßen in mittelalterlichen Städten bis zu 10 m Breite, wie z.B. in Landshut, vgl. Bernd Engelhardt, Dendrochronologische Daten zur hochmittelalterlichen Stadtgeschichte Landshuts, in: Das Archäologische Jahr in Bayern 1985, Stuttgart 1986, S. 147–150, bes. Abb. 98 auf S. 149.

[103] Nordbayerischer Kurier vom 7. April 2000, S. 11.

Amalie F ö ß e l

Eine Königin im politischen Aus?
Zu den Auswirkungen der „Moselfehde" auf die Stellung Kunigundes

Die Einrichtung des Bistums Bamberg durch Heinrich II. 1007 ist in der Forschung schon oft behandelt worden. Neben den Motiven, zu denen der Jubilar einen wichtigen Beitrag geleistet hat[1], stehen die mit der Gründung verbundenen Probleme im Zentrum der Aufmerksamkeit. Denn trotz anfänglicher Bereitschaft des Würzburger Bischofs Heinrich zu einer dafür notwendigen territorialen Verkleinerung seiner Diözese verweigerte dieser zu gegebener Zeit seine Zustimmung und riskierte den Konflikt mit dem König. Die Bamberger Bistumsgründung konnte er freilich nicht verhindern. Aber auch sein ursprünglich gutes Verhältnis zum Herrscher blieb letztlich nicht sehr lange getrübt.

Einer weitverbreiteten und auf eine lange Tradition zurückblickenden Forschungsthese zufolge war Heinrich von Würzburg nicht der einzige, der sich gegen die Bistumspläne sperrte. Größte Verärgerung habe sich vielmehr in der Familie der Königin breitgemacht. Denn die strategisch überaus günstig gelegene „Babenburg" mit ihren ausgedehnten Besitzungen und Rechten im Radenzgau hatte Kunigunde bei ihrer Vermählung mit Heinrich als Heiratsgut erhalten[2]. Auf dieses mußte sie nun aber verzichten, was der Einschätzung Sigeberts von Gembloux zufolge den Widerstand eines ihrer Brüder, des Metzer Bischofs Dietrich, entfacht habe: Wegen anhaltender Kinderlosigkeit des Königspaares, die nach Auskunft Thietmars von Merseburg Heinrich II. selbst als Argument für die Bistumsgründung auf der entscheidenden Frankfurter Synode vom 1. November 1007 anführte[3], habe Dietrich bereits auf das Erbe Kunigundes spekuliert, sich darum betrogen gefühlt und sich deshalb gegen den König aufgelehnt[4]. Gestützt wird diese singuläre Nachricht des zudem erst am Ende des Jahrhunderts schreibenden lothringischen Chronisten durch die Tatsache, daß Dietrich nicht an der Frankfurter Synode teilgenommen hatte. Doch läßt sich auch nicht beurteilen, inwieweit dieses Fernbleiben von den Synodalen zur Kenntnis genommen wurde.

Zu diesen zählte auch die Königin. Sie war von den Gründungsplänen zweifellos am unmittelbarsten betroffen, wurde doch von ihr das Dotalgut zurückgefordert, das

---

[1] Rudolf Endres, Das Slawenmotiv bei der Gründung des Bistums Bamberg, in: Berichte des Historischen Vereins Bamberg 109, 1973, S. 161–180.

[2] *Rex a puero quandam suimet civitatem Bavanberg nomine, in orientali Francia sitam, unice dilectam pre caeteris excoluit et uxore ducta eandem ei in dotem dedit*, Thietmar von Merseburg, Chronicon, ed. Robert Holtzmann, MGH SS rer.Germ. N. S. 9, Berlin 1955, hier VI 30, S. 310.

[3] *Ob recompensationem futuram Christum heredem elegi, quia in sobole acquirenda nulla spes remanet mihi*, Anfang der Rede Heinrichs II. bei Thietmar von Merseburg, Chronicon VI 31 (wie Anm. 2), S. 310.

[4] *Heinricus imperator Babenbergensem aecclesiam episcopalis sedis honore sublimat, et quia liberis carebat, eam omnium suarum rerum heredem facit. Unde Deodericus Mettensium episcopus, dolens dotem et patrimonium sororis suae Cunigundis imperatricis delegari ab imperatore aecclesiae Babenbergensi, rebellat*, Sigebert von Gembloux, Chronicon a.1004, ed. Ludwig C. Bethmann, in: MGH SS 6, Hannover 1844, S. 300–374, hier S. 354.

ihr für die Jahre der Witwenschaft materielle Sicherheit bieten sollte. Welche Haltung wird sie wohl eingenommen haben, als sie davon erfuhr? Stand sie dem Projekt positiv gegenüber? Oder teilte sie vielleicht die Opposition in ihrer Familie, deren Dimension sich freilich nicht genauer konkretisieren läßt? Reagierte sie also eher skeptisch bis ablehnend, um dann ihre Meinung doch noch zu ändern und ihre Einwilligung zu geben? – Antworten auf diese Fragen zu finden, ist mehr als schwierig. Denn die Quellen liefern dazu kaum eindeutige Anhaltspunkte[5].

Festzuhalten ist somit allenfalls ihre Anwesenheit auf der Frankfurter Synode, wo sie zusammen mit Bischof Brun von Augsburg, dem Bruder und Miterben des Königs, öffentlich Verzicht auf alle Besitzansprüche leistete und ihr Einverständnis zu den Bistumsplänen in welcher Form auch immer kundtat. Im Gegenzug versprach Heinrich vermögensrechtlichen Ausgleich[6]. Dazu dürften die notwendigen Verhandlungen längst begonnen haben, wahrscheinlich aber noch nicht zum Abschluß gelangt sein. Denn die urkundliche Bestätigung erfolgte erst einige Monate später, am 24. Mai 1008. Sie verbriefte Kunigunde die Schenkung des reichen Königshofes Kassel[7]. Daß die Königin auch für dieses Diplom, gleichsam in eigener Sache, intervenierte, erscheint dabei keineswegs ungewöhnlich. Dies taten im hochmittelalterlichen Reich auch andere Königinnen. Ihre Intervention läßt vielmehr darauf schließen, daß sie sich selbst für den inmitten des ausgedehnten Kaufunger Waldes gelegenen Königshof entschieden hatte. Einige Jahre später begann sie damit, die Besitzungen nach ihren eigenen Vorstellungen neu zu organisieren und an einem dazugehörenden Ort namens *Capungun*, einen Nonnenkonvent einzurichten[8]. Dafür aber, daß Kunigunde die Bamberger Pläne nicht unterstützt haben sollte, lassen sich keine Beweise finden.

Angesichts dieser Fakten erscheint die schon ältere, in der Literatur nach wie vor einflußreiche These von Anna Gebser spekulativ. Denn ausgehend von der oben zitierten Quellenstelle bei Sigebert von Gembloux und unter Einbeziehung der Urkundeninterventionen Kunigundes, auf die noch zurückzukommen sein wird, sowie der sogenannten Moselfehde, vermutete sie eine negative Beeinflussung der Königin seitens ihrer Brüder und als Folgewirkung „ein Nachlassen ihres guten Einvernehmens mit dem Gemahl"[9].

[5] Vgl. im einzelnen dazu Amalie Fößel, Die Königin im mittelalterlichen Reich. Herrschaftsausübung, Herrschaftsrechte, Handlungsspielräume (Mittelalter-Forschungen 4), Sigmaringen 2000, S. 201–207.

[6] *Ad haec firmiter constituenda contectalis meae presentis et unici fratris et coheredis mei larga benignitas asspirat, et sibi placita adimplecione hiis me eadem restituere uterque pro certo sciat*, aus der Rede Heinrichs II. bei Thietmar von Merseburg, Chronicon VI 31 (wie Anm. 2), S. 312.

[7] MGH DHII. 182 (1008 Mai 24 Ingelheim): *... qualiter nos interventu atque peticione dilectissimae coniugis nostrae Cunigundae videlicet regine sibi quandam nostrae proprietatis cortem Cassellam dictam, sitam in pago Hessia in comitatu vero Friderici comitis, cum omnibus eius pertinentiis vel appendiciis areis aedificiis villis pratis pascuis silvis venationibus aquis aquarumque decursibus piscationibus molendinis viis inviis exitibus et reditibus quesitis sive inquirendis seu cum omnibus que quolibet modo dici vel scribi possunt utilitatibus (h)ac nostra preceptali regalique pagina concedimus atque largimur et de nostro iure ac dominio in eius ius et dominium omnino transfundimus ...*, in: Die Urkunden Heinrichs II. und Arduins, ed. Harry Bresslau u.a. (MGH Diplomata regum et imperatorum Germaniae 3), Hannover-Leipzig 1900–1903, S. 216.

[8] Fößel, Königin (wie Anm. 5), S. 245–249.

[9] Anna Gebser, Die Bedeutung der Kaiserin Kunigunde für die Regierung Heinrichs II., phil. Diss. Berlin 1897, S. 31–36, zit. S. 35.

Komplizierter und solchen weitreichenden geschichtswissenschaftlichen Schlußfolgerungen breiteren Raum gebend, wurde die Situation freilich einige Monate nach der Bistumsgründung durch den Ausbruch der „Moselfehde" zwischen dem König und seinen Schwägern, die über viele konfliktgeladene Jahre hinweg andauerte[10]. Der unmittelbare Anlaß hatte nichts mit Bamberg, vieles aber mit dem unaufhaltsamen Machtstreben der Luxemburger zu tun, die sich einst als treue Anhänger des ottonischen Königshauses bewährt hatten und in den ersten Jahren der Herrschaft Heinrichs II. in einflußreiche Machtpositionen gelangt waren. Zuerst war der als enger Freund Kaiser Ottos III. bekannte Heinrich im Frühjahr 1004 mit dem Herzogtum Bayern betraut worden, dann konnte sich der bereits erwähnte Dietrich ein Jahr später den Bischofsstuhl von Metz verschaffen. Dies vollzog sich kanonisch nicht korrekt, doch Heinrich II. tolerierte das Vorgehen und bestätigte ihn als Bischof.

1008 schließlich wurde ein weiterer Bruder Kunigundes, Adalbero, in Trier zum Erzbischof gewählt – *plus timore regis quam amore religionis,* so Thietmar von Merseburg. Diesmal entsprach die Wahl den kirchenrechtlichen Formen, doch Heinrich habe sich an die frühere unüberlegte Einsetzung seines Schwagers Dietrich erinnert und der Wahl Adalberos seine Zustimmung verweigert. Da meldete sich die Königin zu Wort, will dem Bruder zur Anerkennung seiner Wahl verhelfen. Nur für dieses eine Mal erhalten wir durch den über die Vorgänge am Hof zweifellos gut unterrichteten Merseburger Bischof Kenntnis davon, daß sich Kunigunde für einen ihrer Brüder stark machte. Eindringlich habe sie Heinrich gebeten und sie agierte nicht allein, sondern im Verbund mit weiteren Vertrauten des Königs. Dabei handelte es sich also um einen offiziellen Akt der Fürsprache, wie es die Königin auch sonst so oft zugunsten verschiedener Herrschaftsträger im Reich erfolgreich tat. Doch der König blieb bei seiner Entscheidung und bestimmte einen Gegenkandidaten, den Mainzer Dompropst Megingaud, zum Trierer Erzbischof[11].

Als sich Adalbero, unterstützt von Dietrich, weigerte, die königliche Anordnung zu akzeptieren, begann Heinrich II. mit einer mehrmonatigen Belagerung Triers, an der sich anfänglich auch Herzog Heinrich von Bayern mit einem Truppenkontingent beteiligte. Demzufolge ist nicht von vornherein von einer geschlossenen, in Opposition befindlichen Front der Familie Kunigundes gegen den König auszugehen. Doch das sollte sich bald ändern. Denn unter Vorspiegelung falscher Tatsachen bewog der bayerische Herzog den König zu einem ergebnislosen Abzug. Er selbst wechselte nun die Fronten und schloß sich dem Widerstand seiner Brüder an. Als er schließlich in Überschätzung seiner Macht versuchte, den bayerischen Adel auf seine Seite zu ziehen, setzte er sein Herzogtum aufs Spiel. Der König blieb der Stärkere in diesem „Kräftemessen" und entsetzte den Schwager seiner Herzogswürde[12].

---

[10] Quellen und Literatur bei Fößel, Königin (wie Anm. 5), S. 166–172.

[11] *Mortuo post pascha Treverensis aecclesiae archiepiscopo venerabili Liudolfo, cappellanus eiusdem Aethelbero, frater reginae et immaturus iuvenis, plus timore regis quam amore religionis communiter eligitur. Rex autem, ut hoc audivit, prioris non inmemor in germano eiusdem Thiedrico non premeditatae constitutionis, uxorem dilectam caeterosque suimet familiares de episcopatu eodem inpetrando sollicitos sprevit et Meingaudo, Willigisi archipresulis camerario, nobili secundum carnem viro, eundem dedit. Propter hoc subdolae generationis furor accenditur...*, Thietmar von Merseburg, Chronicon VI 35 (25) (wie Anm. 2), S. 316.

[12] Dazu jetzt Stefan Weinfurter, Heinrich II. (1002–1024). Herrscher am Ende der Zeiten, Regensburg 1999, S. 193–196.

Der hier nicht näher auszuführende Konflikt erstreckte sich über mehrere Runden, in denen militärische Aktionen und politische Verhandlungen einander ablösten. Erst 1017 fand man zu einem Ausgleich: Adalbero mußte auf Trier verzichten, doch Heinrich erhielt Bayern zurück. Dessen Inthronisation nahm im Sommer 1018 Kaiserin Kunigunde in Regensburg vor[13].

Die spannenden Fragen lauten nun aber: Wie verhielt sich Kunigunde, die ja mehr oder weniger zwischen den Fronten stand, im Verlauf dieser Fehde? Welche Auswirkungen hatten die Kämpfe auf ihr Verhältnis zu Heinrich II. und damit auch auf ihre Position als „regierende" Königin? Und schließlich zugespitzt formuliert: Können wir wirklich davon ausgehen, daß Kunigunde einen zeitweiligen Machtverlust erlitt? – Die historiographischen Quellen, allen voran Thietmar von Merseburg, den ein jahrelanger persönlicher Kontakt mit der Königin verband, schweigen dazu. Alles was wir in Erfahrung bringen können, wurde im wesentlichen bereits angeführt: Die Königin intervenierte 1008 zugunsten des *electus* der Trierer Kirche an der Spitze einer Gruppe namentlich nicht genannter, aber mit dem König vertrauter Persönlichkeiten. Das erscheint nicht weiter verwunderlich. Denn offizielle Vermittlungsaktionen zwischen dem König und Großen des Reiches, weltlichen wie geistlichen, seitens der Königin, oftmals zusammen mit anderen hochrangigen Personen, waren nichts Außergewöhnliches, wurden vielmehr häufig von ihr übernommen und endeten zumeist auch erfolgreich zugunsten der Bittsteller, für die sie sich einsetzte. 1008 aber scheiterte die Intervention für Adalbero, doch über weitere Konsequenzen geben die Quellen keine Aufschlüsse. Dies gilt auch für die folgenden Jahre: Kunigunde tritt als Handelnde in diesem Konflikt erst wieder im Zusammenhang mit der erneuten Einsetzung Heinrichs als Herzog in Bayern 1017/1018 in den Vordergrund.

Hypothetisch bleibt deshalb die Forschungsmeinung, sie habe für ihre Brüder gekämpft und alles versucht, um eine Versöhnung herbeizuführen[14]. Doch die Tatsache, daß ein Einfluß seitens der Königin nicht erkennbar wird und sich die Ausgleichsbemühungen über mehrere Jahre hin erstreckten, die Gespräche mehrmals ergebnislos abgebrochen wurden, ließe eher noch vermuten, daß Kunigunde die Rebellion ihrer Brüder gar nicht tolerierte, vielmehr die reichsrechtlich und machtpolitisch begründete Position ihres Gatten teilte, andererseits aber auch nicht offen gegen die Familie agieren wollte und sich deshalb mit diplomatischem Geschick aus den zwischen 1011 und 1015 stattfindenden offiziellen Gesprächen heraushielt, obwohl sie sicherlich am Hoftag im Juli 1011 in Mainz teilnahm, auf dem ein von Luxemburger Seite dann sehr schnell wieder gebrochener Waffenstillstand vereinbart wurde, und wahrscheinlich auch bei der Unterwerfung ihrer Brüder im Januar oder Februar 1015 zugegen war. Daß sie hinter verschlossenen Türen um einen Ausgleich bemüht gewesen sein dürfte, ist zu vermuten. Es gibt allerdings keinen Beleg dafür, daß sie öffentlich Position bezog, und als Konsequenz daraus ihr Einfluß als Königin und ihre Stellung am Hof geschwunden sei.

---

[13] *Imperatrix autem ad dilectam sibi Capungam veniens, monachicam ibi vitam ordinavit; indeque per orientalem Franciam profecta Bawariam peciit fratremque suum ducem Heinricum Ratisbonae inthronizavit*, Thietmar von Merseburg, Chronicon VIII 18 (wie Anm. 2), S. 514/516.

[14] So Gebser, Kaiserin Kunigunde (wie Anm. 9), S. 9–12 und noch Markus Twellenkamp, Das Haus der Luxemburger, in: Die Salier und das Reich, hg. v. Stefan Weinfurter, Bd. 1, Sigmaringen ²1992, S. 475–502, hier S. 479f.

Methodisch problematisch erscheint in diesem Zusammenhang ein argumentativ wichtiger Baustein für die Untermauerung dieser These, daß nämlich eine vergleichsweise geringe Interventionstätigkeit Kunigundes in diesen Jahren ihren Machtverlust beweise[15]. Die in der Forschungsliteratur herangezogenen Zahlen und ihre statistischen Hochrechnungen sowie vor allem die daraus abgeleiteten Schlußfolgerungen sind deshalb im folgenden zu überprüfen.

Auszugehen ist dabei von dem Bestand der echten Diplome Heinrichs II., die Schenkungen, Privilegien sowie Besitzbestätigungen enthalten. Sie galten üblicherweise vor allem Erzbistümern, Bistümern und Klöstern sowie deren Vorstehern in allen Teilen des Reiches und nur in einem sehr geringen Umfang einzelnen weltlichen Personen. Um ein solches Diplom zu erhalten, bedurfte es im hochmittelalterlichen Reich meist hochrangiger, dem König nahestehender Vermittler, sogenannter Fürsprecher oder Intervenienten, die sich für die Empfänger beim Herrscher verwandten, die gleichsam sein Ohr erreichten.

Bei der Durchsicht der Urkunden springt dabei der Name Kunigundes immer wieder ins Blickfeld. Insgesamt intervenierte sie für circa 28% der Königsurkunden. Damit war sie die wichtigste Fürsprecherin am Hof, denn keine Person in der Umgebung Heinrichs II., kein Bischof noch Herzog, intervenierte auch nur im entferntesten in diesem Ausmaß. Auch das war am Ende der ottonischen Ära nichts Ungewöhnliches. Denn seit der zweiten Hälfte des 10. Jahrhunderts war es üblich geworden, daß die jeweils „regierende" Königin dafür zuständig war. Diese intervenierte seitdem nicht mehr nur für wenige, ihr persönlich am Herzen liegende Institutionen und Personen, sondern für die breite Masse der Empfänger, die sich über das gesamte Reich hinweg verteilten: Die Interventionstätigkeit hatte sich also zu einem wichtigen Aufgabenbereich der Königin am Hof entwickelt. Durchschnittliche Größenordnungen lagen dabei zwischen einem Drittel, so Kaiserin Adelheid zwischen 952 und 973, und einem Viertel, so Kaiserin Theophanu während ihrer Ehe mit Otto II. Mit knapp 28% erreichte Kunigunde also einen dazwischen liegenden Wert[16].

Verknüpft waren die Interventionen mit ihrer Präsenz am Hof, der sich immer dort befand, wo sich der König aufhielt. Gerade Kunigunde aber nahm des öfteren „Auszeiten" und begleitete Heinrich II. nicht auf allen Wegen. Sie mied vor allem lange Strecken zu Zielpunkten, an denen ihre Anwesenheit politisch nicht unbedingt erforderlich war. Im Unterschied zu ihren Vorgängerinnen und Nachfolgerinnen überquerte sie zum Beispiel nur einmal die Alpen nach Italien und zwar 1014, um an der

---

[15] Gebser, Kaiserin Kunigunde (wie Anm. 9), S. 35; Heinz Renn, Das erste Luxemburger Grafenhaus (963–1136) (Rheinisches Archiv 39), Bonn 1941, S. 90; Johannes Fried, Der Weg in die Geschichte. Die Ursprünge Deutschlands bis 1024 (Propyläen Geschichte Deutschlands 1), Berlin 1994, S. 619; Sven Pflefka, Kunigunde und Heinrich II. Politische Wirkungsmöglichkeiten einer Kaiserin an der Schwelle eines neuen Jahrtausends, in: Berichte des Historischen Vereins Bamberg 135, 1999, S. 199–290, hier S. 248–250. Skeptisch hingegen Winfrid Glocker, Die Verwandten der Ottonen und ihre Bedeutung in der Politik. Studien zur Familienpolitik und zur Genealogie des sächsischen Kaiserhauses (Dissertationen zur mittelalterlichen Geschichte 5), Köln-Wien 1989, S. 230, und Ingrid Baumgärtner, Kunigunde. Politische Handlungsspielräume einer Kaiserin, in: dies. (Hg.), Kunigunde – eine Kaiserin an der Jahrtausendwende, Kassel 1997, S. 11–46, hier S. 19f., die S. 41 Anm. 19 auch eine Überprüfung der von Fried genannten Zahlen angemahnt hat.

[16] Vgl. dazu Fößel, Königin (wie Anm. 5), S. 123–150, zu den Zahlen S. 125.

Seite Heinrichs II. von Papst Benedikt VIII. in Rom zur Kaiserin gekrönt zu werden. Doch 1004 sowie 1021/1022 mußte Heinrich ohne sie in den Süden aufbrechen[17]. Für diese Monate des Getrenntseins des Herrscherpaares liegen dann auch keine Urkunden mit Interventionen Kunigundes vor. Gleiches gilt für die Jahre, in denen sich Heerfahrten und Belagerungen zum Teil über Monate hinweg erstreckten.

Insgesamt zeigen die Interventionen, daß die Königin mittlerweile eine wichtige Schaltstelle am Hof und in der Herrschaftsausübung besetzte. Andererseits ist aber nicht zu übersehen, daß eine weit größere Zahl an Urkunden durch andere Vermittler zustandekam beziehungsweise ohne Intervenienten durch die Vorlage früherer Diplome, die lediglich bestätigt werden sollten[18]. Die Reihenfolge erscheint dabei eher zufällig, so daß sich auch der Umfang der Interventionen der Königin für bestimmte Zeiträume höchst unterschiedlich gestalten konnte. Es ist deshalb wenig verwunderlich, daß immer wieder Interventionslücken auftreten, die zum Teil erhebliche jährliche Schwankungen verursachen können. So weisen nicht nur die durch den Konflikt mit den Luxemburgern geprägten frühen Jahre Lücken auf, sondern auch die späten Jahre: 1018 zum Beispiel intervenierte Kungunde in circa 20% aller Urkunden, während ihr Anteil 1019 auf 50% anstieg und 1020 wieder auf 20% zurückfiel. Schließlich relativieren sich die Aussagen statistisch hochgerechneter Zahlen weiterhin durch die Tatsache, daß sich die Urkundenproduktion der Königskanzlei nicht gleichmäßig über die einzelnen Herrscherjahre Heinrichs II. verteilt.

Das alles kann nun aber nicht bedeuten, daß die Interventionszahlen der Königin und ihre Verteilungsmodi keine wichtige Aussagekraft besitzen würden – ganz im Gegenteil. Der entscheidende Faktor aber liegt in deren adäquater methodischer Erfassung. Problematisch erscheint dabei im vorliegenden Fall, daß als Beweis für die Richtigkeit der These urkunden- und interventionsstarke Jahre mit Zeiträumen verglichen werden, in denen sowohl die Anzahl der Diplome und der Interventionen der Königin deutlich niedriger liegen, ohne daß weitere Ursachen dafür geprüft würden. So stellt Heinz Renn in seiner Monographie über das „Luxemburgische Grafenhaus" die ersten drei Jahre mit ungewöhnlich hohen Interventionszahlen zwischen 40% und 55% den folgenden vier Jahren von 1005 bis 1008 gegenüber, die starken Schwankungen unterliegen und zwischen 8% und 33% pendeln[19]. Wenig aussagekräftig erscheint auch ein dazu unternommener jüngster Versuch, der von drei zeitlichen Phasen ausgeht und die Jahre der Bistumsgründung und der Moselfehde, grob gefaßt also 1007 bis 1017, mit den Zeiträumen davor, also 1002 bis 1006, und danach, von 1018 bis 1024, vergleicht. Einer Interventionsrate von 39% zwischen 1002 und 1006 und 32% zwischen 1018 und 1024 steht dann ein Wert von 24% für die mittleren Jahre gegenüber[20].

Dabei wird jeweils ein Tiefstpunkt der Interventionstätigkeit der Königin in Folge eines angenommenen Machtverlustes suggeriert, der sich bei näherem Hinsehen so nicht aufrecht erhalten läßt. Das damit verknüpfte methodische Problem ist dabei ein doppeltes: Zum einen können die absoluten Zahlen der in ihrer Zielsetzung sehr unterschiedlichen Diplome nicht ohne Auseinandersetzung mit ihren Inhalten hoch-

---

[17] Zum Itinerar Kunigundes: Fößel, Königin (wie Anm. 5), S. 98–102.
[18] Tabellen dazu bei Pflefka, Kunigunde (wie Anm. 15), S. 231–233.
[19] Renn, Grafenhaus (wie Anm. 15), S. 90.
[20] Pflefka, Kunigunde (wie Anm. 15), S. 249f.

gerechnet werden, geht es doch nicht um einen pauschalen statistischen Wert, sondern um den Beweis einer These. Zum anderen ist es problematisch, dafür unterschiedlich lange Zeitphasen zu bündeln. Sofern man also überhaupt eine Überprüfung dieser These anhand der Interventionen vornehmen kann, dann erscheint dies nur für die jeweiligen konkreten Jahre und unter Berücksichtigung der Empfänger und Inhalte der Diplome möglich.

Eine wichtige Voraussetzung bildet dabei die Klärung der Bedeutung der Schenkungsurkunden für Bamberg für die als „Spiegelbild ihrer Macht" gewertete Interventionstätigkeit der Königin. Im Wortlaut überliefert sind 68 Urkunden für Bamberg[21] und zusätzlich weitere elf, mit denen jeweils ein Gütertausch zugunsten Bambergs schriftlich fixiert wurde[22]. Für diese 79 Urkunden intervenierte Kunigunde zwanzigmal[23], darunter zweimal zusammen mit dem zum ersten Bischof ernannten ehemaligen königlichen Kapellan Eberhard[24]. In Prozenten ausgedrückt gab die Königin damit in 25,3% der Bamberger Urkunden ihre Zustimmung, Billigung und Fürsprache. Das entspricht annähernd den oben zitierten Zahlen. Doch wie sind diese zu interpretieren? Belegen sie eine oppositionelle Haltung Kunigundes gegenüber dem Bistumsprojekt, zumal die Masse der Diplome eine solche nicht enthält? – Für das Jahr 1007 erscheint das Mißverhältnis besonders kraß: Von 29 Urkunden enthalten nur zwei ihre Zustimmung und Einwilligung[25]. Doch die übrigen 27 weisen überhaupt keine Interventionsformel auf[26]. Genau das aber ist der springende Punkt. Denn individuelle Fürsprachen waren für die Stiftungsurkunden zur materiellen Ausstattung des neuen Bistums, von denen 27 eine Datierung für den „Tag der Entscheidung", den 1. November 1007, tragen[27], nicht erforderlich. Denn Empfänger bedurften der Hilfe von Intervenienten, um durch diese ihrem Anliegen am Hof Erfolg zu verschaffen. Das war für Bamberg nicht notwendig. Denn für sein wichtigstes Projekt sorgte Heinrich II. schon selbst.

Wenn aber jede vierte Schenkung für Bamberg der Bitte und Fürsprache Kunigundes zugeschrieben wird, mehrmals auch ihre Zustimmung genannt wird, dann signalisiert das vielmehr ihre Unterstützung, zumal ihr Konsens ihr Miteigentum an den jeweiligen Gütern bedeutete, auf die zu verzichten sie sich bereit fand. Bezeichnenderweise gehören zwei Konsensurkunden Kunigundes in die Gruppe der auf den 1. November 1007 zu datierenden Urkunden. Neun weitere folgten in den Jahren 1010[28], 1011–1012[29], 1017[30] und 1021[31].

---

[21] MGH DHII. 134, 135, 144–167, 168, 169, 170, 181, 195, 196, 197, 200, 201, 202, 203, 204, 218, 219, 220, 233, 234, 239, 240, 241, 270, 283, 315, 318, 324, 334, 351, 364, 365, 382, 383, 384, 401, 408, 417, 432, 438, 453, 454, 456, 457, 506.
[22] MGH DHII. 174, 177, 178, 179, 180, 205, 206, 267 (mit Intervention Kunigundes), 332, 335, 372.
[23] MGH DHII. 168, 170, 195, 196, 203, 204, 219, 220, 234, 239, 240, 241, 267, 283, 324, 364, 401, 438, 456, 457.
[24] MGH DHII. 267, 438.
[25] MGH DHII. 168, 170.
[26] MGH DHII. 134, 135, 144–167, 169.
[27] MGH DHII. 144–170.
[28] MGH DHII. 219, 220.
[29] MGH DHII. 234, 239, 240, 241.
[30] MGH DHII. 364.
[31] MGH DHII. 456, 457.

Die Bedingungen aber, daß eine Bistumsgründung über einen gewissen Grundstock an Besitzungen verfügen mußte, die in Form vereinzelter Schenkungen übereignet wurden, und es im besonderen Interesse Heinrichs II. selbst lag, Bamberg so gut wie irgendmöglich auszustatten, weshalb es also der Intervenienten im üblichen Sinn nicht bedurfte, verändern auch die Zahlenverhältnisse im Hinblick auf die Interventionstätigkeit der Königin. Denn alle Bamberger Urkunden müssen notwendigerweise bei den Berechnungen ausgeschieden werden. Sie stellen einen Sonderfall dar, der für den Anteil der Königin an die Herrschaftsausübung und als Gradmesser für ihre „Macht" ohne Aussagekraft bleibt.

Damit ist eine neue Rechnung aufzumachen, die allerdings nicht nur zu erhöhten Interventionswerten der Königin führt. Gravierend erscheinen die Unterschiede nur in den Jahren 1007 und 1008 mit ihrer Fülle an Bamberger Urkunden für die Grundausstattung. Ziehen wir diese ab, dann beläuft sich die Interventionsrate Kunigundes auf 25% und nicht auf 13,3% für 1007, und für das Jahr 1008 liegt diese bei 33,3% und nicht bei 18,8%. Doch in den folgenden Jahren kehrt sich das Verhältnis um: Ihre Interventionsrate läge meist höher, würde man die Bamberger Urkunden einkalkulieren.

Weiterhin ließe sich ein temporärer Machtverlust allenfalls an jährlichen Schwankungen der Interventionen aufzeigen, die in ihrem Befund allerdings auf eindeutige Ursachen zurückgeführt werden müßten. Darin liegt das größte Problem. Denn das Zustandekommen von Urkunden unterliegt insgesamt sehr heterogenen Komponenten. Einmal variiert deren jährlicher Produktionsumfang von bis zu 48 Diplomen im Jahr 1014, wo sich Heinrich II. in Italien aufhielt und eine Fülle von Besitzbestätigungen vor allem für dortige Empfänger ausfertigen ließ, bis hin zu nur zehn Urkunden 1012. Zu vergessen ist auch nicht, daß viele Empfänger, vor allem Erzbischöfe und Bischöfe, dem Herrscher nahestanden, also oftmals nicht auf weitere Intervention angewiesen waren, und zudem viele Bestätigungen auf früheren Urkunden beruhten, die dann jeweils vorzulegen waren.

Darüber hinaus aber können wir davon ausgehen, daß sich die Bittsteller mit ihrem Wunsch nach Fürsprache zwar selbst an die Königin wandten, dies aber im zeitlichen Kontinuum in einer höchst unterschiedlichen Dichte geschah. Darin aber liegt für eine Bewertung wohl der größte Unsicherheitsfaktor, konnte die Zufälligkeit der Anfragen um Intervention bei der Königin doch zu einer manchmal recht krassen Kurvenbildung der entsprechenden jährlichen Rate führen.

Kommen wir zum Schluß auf diese zurück. Nach meinen Berechnungen bewegten sich die Interventionszahlen Kunigundes für die einzelnen Jahre in folgenden Größenordnungen:

1002 – 54,5%	1010 – 20,0%	1018 – 20,0%
1003 – 40,7%	1011 – 50,0%	1019 – 50,0%
1004 – 41,4%	1012 – 20,0%	1020 – 20,0%
1005 – 7,7%	1013 – 23,8%	1021 – 45,0%
1006 – 33,3%	1014 – 15,9%	1022 – 15,4%
1007 – 25,0%	1015 – 30,0%	1023 – 45,0%
1008 – 33,3%	1016 – 41,2%	1024 – 60,0%
1009 – 15,4%	1017 – 50,0%	

Insgesamt erscheinen die jährlichen Interventionsraten der Königin also sehr konträr. Die Unterschiede lassen dabei keine eindeutigen Trends erkennen. Niedrige Prozentzahlen beschränken sich nicht auf die Jahre der Moselfehde, sondern durchziehen die gesamte Regierungszeit des Herrscherpaares. Stand Kunigunde für einige Jahre im politischen Aus? Mußte sie einen Machtverlust in Folge der Bamberger Bistumsgründung und der rebellischen Aktivitäten ihrer Brüder hinnehmen? Die erzählenden Quellen wissen nichts davon. Und auch die Interventionen können diese Forschungsthese nicht untermauern.

Enno Bünz

WIRCIBVRC – zum ältesten Siegel der Stadt Würzburg von 1195

WIRCIBVRC lautet die einfache Umschrift des ältesten Stadtsiegels von Würzburg, das an einer Urkunde von 1195 hängt. Obwohl der Wortlaut nicht erkennen läßt, wer dieses Siegel geführt hat, steht außer Frage, daß es sich um das erste Stadtsiegel von Würzburg handelt. Der Bischofssitz am Main gehört damit zur kleinen Gruppe der frühen Städte im deutschsprachigen Raum, die bereits im 12. Jahrhundert ein eigenes Siegel geführt haben. Die Siegel selbst sind eine wichtige Quelle der Stadtgeschichte. Ihre Interpretation wirft freilich schon aus ikonographischer Sicht manche Probleme auf. Dies gilt auch für die Deutung des ältesten Würzburger Stadtsiegels, in die deshalb das jüngere Siegel einbezogen werden muß, welches spätestens 1237 das ältere Typar abgelöst hat. 1440 leicht modifiziert, ist dieses Stadtsiegel dann bis in das 16. Jahrhundert verwendet worden. Im Mittelpunkt der folgenden Ausführungen sollen die Anfänge der städtischen Siegelführung Würzburgs stehen, die bislang noch nicht eingehend untersucht worden sind[1].

Die Entstehung des Städtewesens im hochmittelalterlichen Europa geht einher mit dem Aufkommen von Stadtsiegeln. Den rheinischen Bischofsstädten kommt hierbei eine Vorreiterrolle zu[2]. Das Kölner Siegel, wohl zwischen 1114 und 1119 entstanden, ist das älteste Stadtsiegel überhaupt. Wenig später haben auch die Städte Mainz (bald nach 1118/19) und Trier (nach 1143) eigene Siegel eingeführt. Ab der Mitte des 12. Jahrhunderts folgen die oberitalienischen Kommunen und seit 1174 die Städte im flandrisch-nordfranzösischen Raum. Nicht zufällig handelt es sich bei diesen Landschaften mit frühen Stadtsiegeln um die wirtschaftlich florierenden Entwicklungszentren des hochmittelalterlichen Europa. Wie stark das frühe städtische Siegelwesen schon im 12. Jahrhundert von den rheinischen Metropolen ausstrahlte, zeigt die weitere Verbreitung der Siegel. Zwischen 1162 und 1170 kommt erstmals ein Stadtsiegel in Soest vor, 1180/81 in Metz, 1185 in Lüttich und wahrscheinlich noch im ausgehenden 12. Jahrhundert in Neuss. In dieser Zeit sind schließlich auch die Siegel von Utrecht (1196) und Koblenz (1198) sowie der Bischofsstädte Worms (1198) und Straßburg (1201) entstanden.

Wann genau die Siegel eingeführt worden sind, verraten die Quellen nicht. Dieser Zeitpunkt und die Ersterwähnung eines Siegels können unter Umständen erheblich differieren, weshalb auch gerade die Datierung der frühen Stadtsiegel – Köln, Mainz und Trier – kontrovers diskutiert wird. Während Toni Diederich und – mit gewissen

---

[1] Die bislang umfassendste Zusammenstellung der städtischen Siegel gibt Carl Heffner, Würzburgisch-Fränkische Siegel, in: Archiv des Historischen Vereins von Unterfranken und Aschaffenburg 21, 2, 1871, S. 73–262, hier S. 219–232. Die beiden ältesten Siegel wurden seitdem näher behandelt von Wilhelm Füßlein, Zwei Jahrzehnte würzburgischer Stifts-, Stadt- und Landesgeschichte 1254–1275 (Neue Beiträge zur Geschichte deutschen Altertums 32), Meiningen 1926, S. 66f. und knapp beschrieben von Heinrich Dunkhase, in: Würzburg. Geschichte in Bilddokumenten, hg. v. Alfred Wendehorst, München 1981, S. 134 mit Abb. 74 u. 75.

[2] Grundlegend und für das städtische Siegelwesen von allgemeiner Bedeutung ist Toni Diederich, Rheinische Städtesiegel (Rheinischer Verein für Denkmalpflege und Landschaftsschutz. Jahrbuch 1984/85), Neuss 1984, bes. S. 37–57 zur im folgenden skizzierten Frühzeit der Stadtsiegel.

Modifikationen – Manfred Groten eine Frühdatierung vertreten (Köln zwischen 1114 und 1119, Mainz bald nach 1118/19, Trier nach 1143), tritt Hermann Jakobs entschieden für die Spätdatierung der Siegel ein (Trier und Mainz 1148, Trier jedenfalls spätestens 1149, und Köln Ende 1149 bis Anfang 1151)[3]. An der Vorreiterrolle der rheinischen Bischofsstädte in der ersten Hälfte des 12. Jahrhunderts besteht aber grundsätzlich kein Zweifel. Sie sind in jedem Fall den übrigen Städten um einige Jahrzehnte vorausgegangen. Im Laufe der zweiten Hälfte des 12. Jahrhunderts breitete sich die Praxis der städtischen Siegelführung dann schnell über die genannten Städtelandschaften hinaus aus, wie etwa an den Stadtsiegeln von Regensburg (um 1190) und Lübeck (um 1200) ablesbar ist[4]. In diesen zeitlichen Kontext fügt sich das Würzburger Stadtsiegel ein, welches das bedeutendste urbane Zentrum des hochmittelalterlichen Franken präsentiert[5].

Siegel hatten im Mittelalter eine doppelte Funktion. Zum einen und vor allem waren sie Instrumente des Rechtslebens, dienten sie doch der Beglaubigung von Urkunden, von Dokumenten also, die ohne Besiegelung keine Gültigkeit besaßen. Das Aufkommen von Städtesiegeln ist ein Reflex gewandelter Schriftlichkeit im 12. Jahrhundert, nämlich des Siegeszugs der Siegelurkunde. Zum anderen waren die Siegel aber auch „Bedeutungsträger" (Günter Bandmann), da die bildliche Darstellung auf dem Siegelfeld nicht ästhetischer Selbstzweck war, sondern den jeweiligen Siegelführer repräsentierte. Ein mittelalterliches Stadtsiegel vermag deshalb, deutet man seinen Bildgehalt richtig, einiges über das Selbstverständnis der siegelführenden Gruppe oder Körperschaft zu verraten[6]. Doch kann ein Siegel nicht aus sich heraus

---

[3] Diederich, Rheinische Städtesiegel (wie Anm. 2), S. 39–45 u.ö.; Manfred Groten, Studien zur Frühgeschichte deutscher Stadtsiegel. Trier, Köln, Mainz, Aachen, Soest, in: Archiv für Diplomatik 31, 1985, S. 443–478; Hermann Jakobs, Eugen III. und die Anfänge europäischer Stadtsiegel nebst Anmerkungen zum Band IV der Germania Pontificia (Studien und Vorarbeiten zur Germania Pontificia 7), Köln u.a. 1980, S. 1–34; ders., Rom und Trier 1147. Der „adventus papae" als Ursprungszeugnis der rheinischen Stadtsiegel, in: Köln. Stadt und Bistum in Kirche und Reich des Mittelalters. Festschrift für Odilo Engels zum 65. Geburtstag, hg. v. Hanna Vollrath u.a., Köln u.a. 1993, S. 349–365; ders., Nochmals Eugen III. und die Anfänge europäischer Stadtsiegel, in: Archiv für Diplomatik 39, 1993, S. 85–148. Mit der Untersuchung der Siegelumschriften versucht Harald Drös, Siegelepigraphik im Umfeld des ältesten Kölner Stadtsiegels, in: Archiv für Diplomatik 39, 1993, S. 149–200, die Spätdatierung zu stützen. Dagegen nun Toni Diederich, Städtische Siegelführung im Mittelalter, in: Grundherrschaft und Stadtentstehung am Niederrhein, hg. v. Klaus Flink u.a. (Klever Archiv 9), Kleve 1989, S. 79–98, hier S. 81 Anm. 7 mit weiteren Hinweisen.

[4] Diederich, Rheinische Städtesiegel (wie Anm. 2), S. 50. Die ebd. erwähnte Datierung des Stadtsiegels von Brandenburg (Altstadt) auf 1196 (?) läßt sich allerdings nicht halten, vgl. dazu Winfried Schich, Neue Überlegungen zu den mittelalterlichen Stadtsiegeln von Brandenburg an der Havel, in: Festschrift zum 125jährigen Bestehen des Herold zu Berlin, 1869 – 1994, hg. v. Bernhart Jähnig u.a., Berlin 1994, S. 69–83.

[5] Grundlegend ist: Winfried Schich, Würzburg im Mittelalter. Studien zum Verhältnis von Topographie und Bevölkerungsstruktur (Städteforschung A/3), Köln u.a. 1977; vgl. künftig auch: Geschichte der Stadt Würzburg 1: Von den Anfängen bis zum Ausbruch des Bauernkriegs, hg. v. Ulrich Wagner, Stuttgart 2001 (im Druck).

[6] Vgl. z.B. Toni Diederich, Zum Quellenwert und Bedeutungsgehalt mittelalterlicher Städtesiegel, in: Archiv für Diplomatik 23, 1977, S. 269–285; ders., Siegel als Zeichen städtischen Selbstbewußtseins, in: Anzeiger des Germanischen Nationalmuseums 1993, S. 142–152; Rainer Kahsnitz, Städte- und Kaisersiegel. Das Bild des Königs und Kaisers auf Siegeln mittelrheinischer Städte im 13. Jahrhundert, in: Festschrift zum 125jährigen Bestehen des Herold zu Berlin, 1869 – 1994, hg. v. Bernhart Jähnig u.a., Berlin

gedeutet werden, sondern bedarf der Einbindung in den historischen Kontext, in dem es entstanden ist. Das Aufkommen der Stadtsiegel ist unstrittig mit dem Vorgang der Stadtwerdung, der bürgerlichen Emanzipation aus stadtherrlicher Abhängigkeit und der Herausbildung städtischer Selbstverwaltungsorgane verbunden. Wichtig ist deshalb vor allem die Frage nach dem Alter des Siegels und nach den Personengruppen oder Institutionen, die sich eines solchen Siegels bedient haben. Der älteren Forschung genügte ein Stadtsiegel noch als Beweis städtischer Autonomie[7]. Die neuere Stadtgeschichtsforschung hingegen sieht den Weg zur städtischen Selbstverwaltung wesentlich differenzierter. Man wird „gerade den ältesten Siegeln nicht gerecht", wenn man sie „ausschließlich als Schöpfungen des nach Autonomie strebenden Bürgertums" betrachtet[8]. Umso wichtiger ist es, nach dem jeweiligen historischen Kontext eines Stadtsiegels zu fragen.

Bevor die Siegel als Zeugnisse der Stadtgeschichte zum Sprechen gebracht werden können, ist es allerdings erforderlich, ihr Bildprogramm genau zu beschreiben, um es richtig deuten zu können. Da von den mittelalterlichen Würzburger Stadtsiegeln – anders als in der Neuzeit – die Siegelstempel (Typare) nicht mehr erhalten sind, müssen Siegelabdrucke herangezogen werden, die an den Urkunden erhalten sind[9]. Darüber hinaus können, wie im vorliegenden Fall, auch Abgüsse in Siegelsammlungen von Bedeutung sein, wenn diese von einstmals gut erhaltenen Siegelabdrucken genommen wurden, die durch ständige Benutzung zwischenzeitlich beschädigt worden sind[10]. Ausgezeichnete Abgüsse der beiden Würzburger Siegel sind in der Sammlung Trummer erhalten, die heute im Staatsarchiv Hamburg verwahrt wird (Abb. 1 und 2). Die Mahnung Erich Kittels – „ohne wirkungsvolle Maßnahmen schwindet unter unseren Händen ein uns zur Bewahrung anvertrauter wichtiger Bestand histori-

---

1994, S. 45–68, bes. S. 45f.; Brigitte Bedos-Rezak, Towns and Seals: Representation and Signification in Medieval France (zuerst 1990), wiederabgedruckt in: Dies., Form and Order in Medieval France. Studies in Social and Quantitative Sigillography, Aldershot 1993, Nr. XII, S. 35–47.

[7] „Die selbständige Gemeinde bedurfte eines Siegels, und infolgedessen setzt die Überlieferung der deutschen Städtesiegel auch bereits im 12. Jahrhundert ein", betont beispielsweise Erich Kittel, Siegel (Bibliothek für Kunst- und Antiquitätenfreunde 11), Braunschweig 1970, S. 294.

[8] Groten, Studien (wie Anm. 3), S. 477. Als ideen- und kenntnisreiche Zusammenfassung eines komplexen Forschungsstandes sei besonders verwiesen auf Knut Schulz, „Denn sie lieben die Freiheit so sehr …". Kommunale Aufstände und Entstehung des europäischen Bürgertums im Hochmittelalter, Darmstadt 1992, der freilich die siegelkundlichen Fragen nur am Rande berührt. Vgl. vertiefend vor allem die Anm. 3 zitierten Studien von Hermann Jakobs. Die stadtgeschichtliche Forschung in Franken wurde jüngst bilanziert von Wilhelm Störmer, Franken vom Zeitalter der Karolinger bis zum Interregnum (716/19–1257), II. Die innere Entwicklung: Staat, Gesellschaft, Kirche, Wirtschaft, in: Handbuch der bayerischen Geschichte III/1: Geschichte Frankens bis zum Ausgang des 18. Jahrhunderts. Begründet v. Max Spindler, neu hg. v. Andreas Kraus, München ³1997, S. 210–330, hier S. 321–326.

[9] Ich habe mich zunächst auf die Durchsicht der Stücke beschränkt, die in der Sieglerkartei des Bayerischen Hauptstaatsarchivs, München, nachgewiesen werden. Darin sind alle Urkunden bis 1400 verzeichnet, die sich im Hauptstaatsarchiv befinden oder die im Zuge der Beständebereinigung wieder an die zuständigen Staatsarchive zurückgegeben worden sind.

[10] Vgl. etwa das von Robert Steiner, Die Entwicklung der bayerischen Bischofssiegel von der Frühzeit bis zum Einsetzen des spitzovalen Throntyps, 2 Teile (Darstellung u. Abbildungen) (Quellen und Erörterungen zur bayerischen Geschichte, N.F. 40, 1–2), München 1998, S. 361, genannte Beispiel und grundsätzlich Diederich, Rheinische Städtesiegel (wie Anm. 2), S. 13 u. 130f.

scher Quellen unwiederbringlich dahin"[11] – ist von ungebrochener Aktualität und muß den Fachmann angesichts der vielen siegelkundlich noch kaum erforschten Landschaften, zu denen auch Franken gehört, mit großer Sorge erfüllen[12].

Das ältere Würzburger Stadtsiegel ist 1195 bis 1211 nachweisbar (Abb. 1)[13]: Das Siegelbild zeigt in der unteren Hälfte einen geraden, aus mehreren Quaderschichten bestehenden Mauerzug ohne Zinnen mit einem kleinen, rundbogigen Tor in der Mitte; die ganze obere Bildhälfte wird von einer perspektivischen Architekturdarstellung eingenommen; sie zeigt zwei mehrstöckige Vordertürme, die auf kleinen, halbbogenförmigen Öffnungen ruhen, und einen höher aufragenden Mittelturm. In einer Bogenöffnung zwischen den Türmen sind Kopf und Schultern einer Figur erkennbar, die als einziges Attribut eine breite Kopfbedeckung (Mitra) trägt. Der Rundbogen war mit kleinen Kreisen oder Perlen verziert, wovon auf den Siegelabdrucken aber nur noch schwache Spuren zeugen[14]. Die Umschrift des Rundsiegels, das einen Durchmesser von 8 cm aufweist, lautet: + WIRCIBVRC. Die Majuskelbuchstaben, die eine Höhe von 8 mm aufweisen, sind weit auseinandergezogen.

---

[11] Erich Kittel, Die Siegelsammlungen in den westdeutschen Archiven, in: Der Archivar 17, 1964, Sp. 225–238, Zitat Sp. 233f. Vgl. in diesem Zusammenhang auch die mahnenden Worte Diederichs, Rheinische Städtesiegel (wie Anm. 2), S. 13. Speziell zum Hamburger Bestand s. Hans Wilhelm Eckardt, Die Trummer-Sammlung des Staatsarchivs Hamburg, in: Der Archivar 35, 1982, Sp. 175–180.

[12] Die Arbeit von Heffner, Würzburgisch-Fränkische Siegel (wie Anm. 1), 1871 erschienen, behandelt S. 93–139 die Siegel der Würzburger Fürstbischöfe bis zu Julius Echter und S. 140–232 die Siegel der Städte im Regierungsbezirk Unterfranken. Lediglich für die hochmittelalterlichen Bischofssiegel liegt mittlerweile eine neuere Arbeit vor: Steiner, Entwicklung (wie Anm. 10). Umfangreichere siegelkundliche Arbeiten gibt es ansonsten nur für kleinere Teilgebiete, z.B. Wilhelm Engel, Würzburger Zunftsiegel aus fünf Jahrhunderten (Mainfränkische Hefte 7), Würzburg 1950, und Wolfhard Vahl, Fränkische Rittersiegel. Eine sphragistisch-prosopographische Studie über den fränkischen Niederadel zwischen Regnitz, Pegnitz und Obermain im 13. und 14. Jahrhundert, 2 Teile (VGffG IX/44), Neustadt/Aisch 1997. Ein Corpuswerk der würzburgisch-fränkischen Siegel wurde mehrfach gefordert, z.B. von Wilhelm Engel in: Urkundenregesten zur Geschichte der Stadt Würzburg (1201–1401), bearb. v. Wilhelm Engel (Quellen und Forschungen zur Geschichte des Bistums und Hochstifts Würzburg 5), Würzburg 1952, S. 13.

[13] Urkunde von 1195: Staatsarchiv Würzburg (StAW), WU 4832, gedruckt in: Monumenta Boica 37, München 1864, S. 148–150 Nr. 152; Urkunde von 1211: StAW, WU 110, gedruckt in: Monumenta Boica 37, S. 183–185 Nr. 179. Knappe Beschreibungen des Siegels von Heffner, Würzburgisch-Fränkische Siegelstudien (wie Anm. 1), S. 219f. und von Dunkhase in: Würzburg. Geschichte in Bilddokumenten (wie Anm. 1), S. 134 mit Abb. 74. Daß das Siegel bis 1237 vorkommt, wie Dunkhase meint, ist allerdings nicht richtig.

[14] Um Reste einer Inschrift handelt es sich jedenfalls nicht. Dies aber behauptet Füßlein, Zwei Jahrzehnte (wie Anm. 1), S. 66f., der das Siegel aufgrund des Abgusses im Staatsarchiv Hamburg (Abb. 1) behandelt. Die Figurendarstellung hält er „mit Bestimmtheit für die des heiligen Kilian, denn ich glaube auf dem Bogen noch den Namen S KYLIANVS lesen zu können". Herr Heino Rose (Staatsarchiv Hamburg) hat sich freundlicherweise nochmals der Mühe unterzogen und den Abguß der Sammlung Trummer näher betrachtet. Mit Schreiben vom 10. November 1999 teilt er mir mit, daß „weder auf der Vorlage noch auf dem Foto ... beim Siegel von 1195 eine Inschrift auch nur in Resten auszumachen" ist; man müsse wohl „die Spuren im Rundbogen für durch Abnutzung verwischte Ornamente halten". Auf dem Siegelabdruck von 1211 ist ebenfalls keine solche Inschrift im Rundbogen erkennbar, obwohl dies in: Franconia Sacra. Meisterwerke kirchlicher Kunst des Mittelalters in Franken (Katalog der Ausstellung im Mainfränkischen Museum Würzburg), München 1952, S. 30, behauptet worden ist. Übrigens weisen einige Würzburger Münzprägungen des 12. Jahrhunderts auf dem Rundbogen ähnliche Ornamente auf, vgl. die Nachweise Anm. 17–19.

Abb. 1 Das älteste Siegel der Stadt Würzburg, nachweisbar seit 1195. Abguß der Sammlung Trummer, Staatsarchiv Hamburg. – Photo: Staatsarchiv Hamburg.

Das Bildprogramm dieses Siegels weist zwei Elemente auf, deren Deutung Schwierigkeiten bereitet. Zum einen ist es die Identifikation der Figur im Rundbogen und zum anderen die Interpretation der Turmarchitektur hinter der Stadtmauer. Der Sinn dieser Bilddarstellung wird erst dann wirklich verständlich, wenn man das jüngere Würzburger Stadtsiegel in die Betrachtung mit einbezieht. Ohne Frage hat der Künstler, der das zweite Würzburger Siegeltypar im frühen 13. Jahrhundert angefertigt hat, das ältere Stadtsiegel als Vorlage verwendet und dessen Bildbestandteile übernommen, diese freilich auch präzisiert (Figur) und modernisiert (Architekturdarstellung). Vergleichbare Beispiele ließen sich aus vielen anderen Städten anführen; hier sei nur auf die älteren und jüngeren Stadtsiegel von Köln, Mainz und Aschaffenburg verwiesen[15]. Deutet man das Bildprogramm des älteren Würzburger Siegels mit Hilfe des jüngeren, steht es meines Erachtens außer Frage, daß es sich bei der im Rundbogen über der Mauer dargestellten Figur um den heiligen Kilian und bei der Architekturdarstellung um den Würzburger Dom handelt. Realitätsgehalt wird man diesem Dombild – im Gegensatz zum zweiten Stadtsiegel – nicht zumessen wollen, lehnt sich die Darstellung doch offenkundig an ältere ikonographische Muster an.

Damit stellt sich die Frage nach den Vorbildern des ältesten Würzburger Siegels. Parallelen zum Siegelwesen des Bischofs und der geistlichen Institutionen Würzburgs sind in ikonographischer, stilgeschichtlicher und epigraphischer Hinsicht nicht erkennbar[16]. Lohnender ist ein Vergleich mit dem Würzburger Münzwesen des 12. Jahrhunderts. Seit Bischof Embricho (1127–1146) zeigen die Münzprägungen fast durchgängig auf der Rückseite ein dreitürmiges Gebäude[17]. Erst die Münzen Bischof Reginhards von Abenberg (1171–1186) tragen außerdem die Umschrift VVIRCE-BVRCH[18]. Ikonographisches Muster und Umschrift sind von den nachfolgenden Bischöfen nur noch variiert worden[19]. Von den Münzen Bischof Gottfrieds von Spitzenberg-Helfenstein (1186–1190) weist eine Denarprägung durch ihre flächig-schematische Architekturdarstellung eine auffällige Nähe zum Siegelbild auf; die Umschrift lautet VVIRCEBVRGENSIS[20]. Eine Münzprägung Bischof Heinrichs von Berg (1191–1197) läßt anstelle der Dreiturmgruppe fünf Türme auf einem Dreipaß

---

[15] Enno Bünz, Die mittelalterlichen Siegel der Stadt Aschaffenburg, in: Aschaffenburger Jahrbuch für Geschichte, Landeskunde und Kunst des Untermaingebietes 11/12, 1988, S. 79–105.

[16] Die Würzburger Bischofssiegel bis 1265 wurden gründlich untersucht von Steiner, Entwicklung (wie Anm. 10), S. 223–314 u. Tafel 44–61. Die Siegel der geistlichen Gemeinschaften (außerdem Domkapitel) werden am Rande mitbehandelt von Brigitte Schröder, Mainfränkische Klosterheraldik. Die wappenführenden Mönchsklöster und Chorherrenstifte im alten Bistum Würzburg (Quellen und Abhandlungen zur Geschichte des Bistums und Hochstifts Würzburg 24), Würzburg 1971.

[17] Roland Ehwald, Die Mittelaltermünzen von Würzburg 899–1495, Nordheim/Rhön 1988, S. 26–47 mit Abbildungen. In der späten Salierzeit wurden in Würzburg hingegen Münzen mit einem viertürmigen Mauerring geprägt, s. Bernd Kluge, Deutsche Münzgeschichte von der späten Karolingerzeit bis zum Ende der Salier (ca. 900 bis 1125) (Römisch-Germanisches Zentralmuseum. Forschungsinstitut für Vor- und Frühgeschichte. Monographien 29), Sigmaringen 1991, S. 278f. Abb. 465.

[18] Die Zeit der Staufer. Geschichte – Kunst – Kultur (Katalog der Ausstellung Stuttgart 1977), hg. v. Rainer Haussherr u.a., 4 Bde., Stuttgart 1977, hier Bd. 1, S. 156f., u. Bd. 2, Abb. 115.4; Ehwald, Mittelaltermünzen (wie Anm. 17), S. 31f. mit Abbildungen.

[19] Zum folgenden Die Zeit der Staufer (wie Anm. 18), Bd. 1, S. 157, und Bd. 2, Abb. 115.5 bis 115.7; Ehwald, Mittelaltermünzen (wie Anm. 17), S. 33f. mit Abbildungen.

[20] Ehwald, Mittelaltermünzen (wie Anm. 17), S. 33 Nr. 3100 mit Abbildung.

Abb. 2 Das jüngere Siegel der Stadt Würzburg, nachweisbar seit 1237; 1440 um den Stern zwischen den Domtürmen ergänzt. Abguß der Sammlung Trummer, Staatsarchiv Hamburg. – Photo: Staatsarchiv Hamburg.

und darunter erstmals das Brustbild des heiligen Kilian mit Palmzweig und zum Segensgestus erhobener rechter Hand erkennen[21].

Bildprogramm und Umschrift – kein anderes deutsches Stadtsiegel nennt nur den Ortsnamen – deuten darauf hin, daß tatsächlich Würzburger Münzprägungen bei der Anfertigung des Siegeltypars als Vorbild gedient haben. Der Einfluß ist im einzelnen freilich schwer nachweisbar, und man wird wohl nicht davon ausgehen dürfen, daß alle ikonographischen Elemente zuerst im Würzburger Münzwesen ausgestaltet sein mußten, um dann in ein Siegelbild einfließen zu können; denn das Brustbild des heiligen Kilian erscheint erst seit Anfang der 90er Jahre in den Münzen, als das Stadtsiegel wohl schon fertiggestellt war. Neben diesen Einzelelementen spricht für den Einfluß des Münzwesens auf das Stadtsiegel übrigens auch die schablonenhafte Gestaltung des Bildfeldes, die dem Würzburger Siegel einen archaischen, fast primitiven Charakter verleiht. Vielleicht wird man den Künstler sogar unter den Würzburger Münzern zu suchen haben, was nicht überraschen würde, weil die *monetarii* in Würzburg seit dem späten 12. Jahrhundert eine bedeutende Stellung eingenommen haben[22].

Das jüngere Würzburger Stadtsiegel ist spätestens 1237, wahrscheinlich aber schon einige Jahre früher eingeführt worden (Abb. 2)[23]. Sein Bildprogramm erklärt sich aus der Weiterentwicklung des älteren Siegels. Wiederum wird der Vordergrund beherrscht von einer mächtigen, nun zinnenbekrönten und perspektivisch dargestellten Quadermauer mit Toranlage. Im Stadttor zeigt sich die Halbfigur eines Heiligen. Sie wird nicht nur durch Mitra, Gloriole, Bischofsstab und Palmzweig gekennzeichnet, sondern auf dem Torbogengewände durch eine Inschrift als S(ANCTVS) KYLI/ANVS bezeichnet. Beherrscht wird das Siegelbild durch die Architekturdarstellung hinter der Stadtmauer, bei der es sich zweifellos um den Würzburger Dom handelt. Deutlich sind die beiden hochaufragenden Westtürme und die Querschiffe mit den charakteristischen Osttürmen erkennbar. Die Umschrift des Rundsiegels, das einen Durchmesser von 9 cm aufweist, lautet: + SIGILLVM CIVITATIS HERBIPOLENSIS. Die Majuskelbuchstaben haben eine Höhe von 6 mm. Der Stern zwischen den beiden Domtürmen ist erst 1440 durch Nachgravur hinzugekommen[24]. In einer Würzburger städtischen Urkundensammlung aus der Mitte des 15. Jahrhunderts ist übrigens eine recht genaue Beschreibung des Siegels überliefert, auf die Wilhelm

---

[21] Ehwald, Mittelaltermünzen (wie Anm. 17), S. 35 Nr. 3303 mit Abbildung.

[22] Schich, Würzburg im Mittelalter (wie Anm. 5), S. 242–245. Seit Anfang des 13. Jahrhunderts sind mehrere Münzer namentlich bekannt: 1201 bezeugen u.a. *Bernolphus monetarius, Boppo monetarius, Ulrichus retro monetam* die Schenkung eines Würzburger Bürgers an Kloster Oberzell: Urkundenregesten zur Geschichte der Stadt Würzburg (wie Anm. 12), S. 17 Nr. 1.

[23] Ein Abdruck findet sich erstmals an einer Urkunde von 1237 September 6 (StAW, WU 4840). Ob sich das ältere oder das jüngere Stadtsiegel an der Urkunde von 1232 (StAW, WU 4838) befunden hat, läßt sich nicht mehr feststellen, da der Siegelabdruck verloren ist. Knappe Beschreibungen von Heffner, Würzburgisch-Fränkische Siegelstudien (wie Anm. 1), S. 220f., von Dunkhase in: Würzburg. Geschichte in Bilddokumenten (wie Anm. 1), S. 134 mit Abb. 75, und von Johannes Mötsch/Joachim Dollwet in: Propter culturam pacis ... um des Friedens willen. Der Rheinische Städtebund von 1254/56 (Katalog zur Ausstellung Worms 1986), Koblenz 1986, S. 48.

[24] Zu den Gründen Heffner, Würzburgisch-Fränkische Siegelstudien (wie Anm. 1), S. 221; vgl. auch Toni Diederich, Nachgravur, Umgravur, Nachschnitt und Neuschnitt. Beobachtungen an Dürener und anderen rheinischen Siegelstempeln, in: Dürener Geschichtsblätter 84, 1997, S. 185–215.

Füßlein hingewiesen hat: ... *in maiore sigillo civitatis ... desculpta est ipsa ecclesia Herbipolensis et in eius introitu beatus Kilianus sew eius ymago cum baculo pastorali et palma martirii* ...[25].

Im Vergleich mit dem älteren Typar fallen zwei signifikante Unterschiede auf: Zunächst hat der Siegelkünstler Mauertor und Rundbogen über der Mauer des älteren Siegels zu einer Toröffnung vereinigt, in der nun eindeutig der heilige Kilian zu erkennen und durch Beischrift bezeichnet ist. Des weiteren springt die Ausgestaltung der Siegellegende ins Auge. Bemerkenswert ist nicht nur, daß sich hier nun die Stadtgemeinde als Siegelführer selbst nennt, worauf zurückzukommen sein wird, sondern auch, daß der deutsche Ortsname nun in der latinisierten Form *Herbipolis* erscheint. In den Siegellegenden der Würzburger Bischöfe kommt diese Namensform erstmals unter Bischof Hermann von Lobdeburg in seinem Typar B vor, das 1225 in Gebrauch genommen worden ist[26]. Das zweite Würzburger Stadtsiegel wird deshalb schwerlich vor Mitte der 1220er Jahre eingeführt worden sein; 1211 ist noch das ältere Typar in Gebrauch gewesen[27].

Der Vergleich des Würzburger Stadtsiegels mit den Siegeln anderer hochmittelalterlicher Städte zeigt, daß es Elemente mehrerer gängiger Siegeltypen beinhaltet, die hier mit den von Toni Diederich vorgeschlagenen Begriffen bezeichnet seien[28]: das Stadtabbreviatursiegel, denn die Stadtmauer mit Tor symbolisiert in der denkbar einfachsten Form die Stadt an sich; das Heiligensiegel aufgrund der Darstellung des heiligen Kilian als des Bistums- und Stadtpatrons; das Stadtporträtsiegel, in dessen Mittelpunkt (nicht nur in Würzburg) die Domkirche gerückt wurde, die im älteren Stadtsiegel noch schematisch, im jüngeren Siegel dann aber fast baugetreu dargestellt worden ist.

Das erste nachweisbare Siegeltypar Würzburgs ist sicherlich das älteste Siegel der Stadt überhaupt gewesen. Einerseits fehlen trotz des relativ reichhaltigen Urkundenwesens im Bistum Würzburg im 12. Jahrhundert alle Anhaltspunkte für ein früheres Siegeltypar[29]. Andererseits ist dieses Typar aber wahrscheinlich nicht erst 1195 geschaffen oder eingeführt worden, sondern dürfte etwas älter sein. Dafür sprechen schon die recht altertümlichen Formen des Siegelbildes. Besonders eng ist die stili-

---

[25] Wilhelm Füßlein, Das Ringen um die bürgerliche Freiheit im mittelalterlichen Würzburg des 13. Jahrhunderts, in: Historische Zeitschrift 134, 1926, S. 267–318, hier S. 271 Anm. 1.

[26] Steiner, Entwicklung (wie Anm. 10), S. 242. Vgl. schon Alfred Wendehorst, Ist der Siegelstempel des Bischofs Rugger von Würzburg (1122–25) echt?, in: Würzburger Diözesangeschichtsblätter 21, 1959, S. 157–160 mit Zusammenstellung der Siegellegenden.

[27] Zur Urkunde von 1211 siehe oben Anm. 13. Das jüngere Siegel findet sich erstmals an einer Urkunde von 1237, siehe Anm. 23. Die Urkunden von 1212 und 1223, die laut Corroboratio mit dem Stadtsiegel versehen waren, sind nur kopial überliefert (siehe unten Anm. 65–66). Während *Herbipolis* in den Siegelumschriften erst ab 1225 vorkommt, verwenden die Würzburger Bischöfe diese Namensform in der Intitulatio ihrer Urkunden schon 1184 (zweimal), doch wird sie erst unter Bischof Otto von Lobdeburg (1207–1223) überwiegend verwendet, um dann unter Bischof Hermann von Lobdeburg ab 1225 die Regel zu werden, s. Steiner, Entwicklung (wie Anm. 10), S. 301 mit Anm. 144.

[28] Vgl. bes. Toni Diederich, Prolegomena zu einer neuen Siegel-Typologie, in: Archiv für Diplomatik 29, 1983, S. 242–284; ders., Reflexions sur la typologie des sceaux, in: Janus. Revue archivistique 1993, Heft 1, S. 48–68.

[29] Zum Siegelwesen grundlegend Peter Johanek, Die Frühzeit der Siegelurkunde im Bistum Würzburg (Quellen und Forschungen zur Geschichte des Bistums und Hochstifts Würzburg 20), Würzburg 1969.

stische Verwandtschaft zu einem unter Bischof Gottfried von Spitzenberg geprägten Denar. Sollte diese Münzprägung dem Siegelkünstler tatsächlich als Vorbild gedient haben, könnte das Siegel frühestens 1186 angefertigt worden sein. Ein weiteres ikonographisches Detail spricht ebenfalls für die Entstehung spätestens in den 80er Jahren: der heilige Kilian im Torbogen ist mit einer breiten Kopfbedeckung dargestellt, die in Analogie zu den Würzburger Bischofssiegeln des 12. Jahrhunderts als Mitra gedeutet werden muß. Die merkwürdige Darstellung ist mit der Tragweise der Mitra zu erklären, wie sie auf Würzburger Bischofssiegeln zuletzt unter Bischof Herold (1165–1171) begegnet[30]. Schließlich weist die Umschrift mit dem Namen *Wirciburc* auf ein höheres Alter des Stadtsiegels hin, handelt es sich doch um eine Ortsnamensform, die schon in der ersten Hälfte des 12. Jahrhunderts von der Form *Wirceburc* verdrängt, wenn auch nicht ganz ersetzt worden ist[31]. Es ist kaum vorstellbar, daß ein Goldschmied, wäre er erst im ausgehenden 12. Jahrhundert mit der Fertigung des Siegels beauftragt worden, die antiquierte Namensform noch verwendet hätte. Trotz dieser stilgeschichtlichen, ikonographischen und philologischen Beobachtungen läßt sich vorerst nicht mit Bestimmtheit sagen, ob das Würzburger Siegel wesentlich älter als 1195 ist. Eine Entstehung in den 80er Jahren des 12. Jahrhunderts ist aber gut vorstellbar. In diese Zeit gehört übrigens auch das älteste Wormser Siegel, das von allen frühen Stadtsiegeln die engste ikonographische Verwandtschaft zu dem Würzburgs aufweist[32].

Mit welchem Recht kann dieses Siegel nun als das älteste Würzburger Stadtsiegel angesprochen werden? Weder die Umschrift (der bloße Ortsname) noch das Siegelbild (von den Domtürmen beherrscht und von einer Heiligenfigur beschützt) lassen sich als eindeutig städtische Kennzeichen bewerten. Würzburg ist keineswegs ein Einzelfall. Gleiches läßt sich hinsichtlich Umschrift und Siegelbild beispielsweise auch für Köln, Mainz, Trier, Worms und andere hochmittelalterliche Städte feststellen. Die frühen Städte begriffen sich eben noch „als eine Stadtherrn und Bürger übergreifende Einheit im Schutz des himmlischen Stadtheiligen"[33]. Die skizzierte Siegelikonographie ist damit aber nicht etwa „unstädtisch", sondern sie ist ebenso Ausdruck eines zeitgebunden städtischen Selbstverständnisses wie das Bildprogramm jüngerer Siegel, welches die autonome Stadtgemeinde repräsentiert.

---

[30] Zur Darstellung der Mitra eingehend Steiner, Entwicklung (wie Anm. 10), S. 327f. Auf zahlreichen bayerischen Bischofssiegeln wird die Mitra im 12. Jahrhundert mehr breit als hoch dargestellt, was damit zusammenhängt, daß sich, wie diese Siegel erkennen lassen, erst zwischen 1167 und 1184/93 die neue Tragweise der Mitra durchsetzte, indem die Spitzen von den Schläfen nach vorne bzw. hinten gedreht wurden. Von den Würzburger Siegeln zeigt als letztes Typar A Bischof Herolds (1165–1171) die alte, sein Typar B dann schon die neue Tragweise, s. Steiner, Entwicklung, S. 267 und Tafel 56.

[31] Dies läßt sich schon aufgrund der in den Monumenta Boica 37, 45 u. 46 gedruckten Würzburger Urkunden des 12. Jahrhunderts festellen, doch ist der chronologische Befund aufgrund der Umschriften der Würzburger Bischofssiegel noch eindeutiger, vgl. Wendehorst, Siegelstempel (wie Anm. 26), S. 158f. Über den Ortsnamen noch immer grundlegend Joseph Schnetz, Herkunft des Namens Würzburg (Programm des Königlichen Gymnasiums Lohr 1915/16), Würzburg 1916.

[32] Siehe Diederich, Rheinische Städtesiegel (wie Anm. 2), S. 353–357.

[33] Edith Ennen, Die Forschungsproblematik Bürger und Stadt – von der Terminologie her gesehen, in: Über Bürger, Stadt und städtische Literatur im Spätmittelalter, hg. v. Josef Fleckenstein u.a. (Abhandlungen der Akademie der Wissenschaften in Göttingen. Phil.-Hist. Klasse, 3. Folge, 121), Göttingen 1980, S. 9–26, hier S. 25. In diese Richtung weisen auch die Anm. 3 zitierten Arbeiten von Jakobs und Groten.

Berücksichtigt man neben dem Würzburger noch die anderen Stadtsiegel aus dem deutschsprachigen Raum, die bis zum ausgehenden 12. Jahrhundert in Gebrauch waren, wird man generell einen eindeutigen Hinweis auf die Bürgerschaft in Umschrift und Bildprogramm vermissen, sieht man einmal davon ab, daß viele Siegel das ikonographische Muster der Stadtabbreviatur (Mauer mit Türmen) verwenden. Gleichwohl handelt es sich um Stadtsiegel, wie das Beispiel des Trierer Siegels zeigt; während es durch seine Umschrift – TREVERICAM PLEBEM DOMINUS BENEDICAT ET URBEM – nicht klar der städtischen Sphäre zugeordnet werden kann, wird es in der Siegelankündigung einer Urkunde von 1172 eindeutig als *sigillum civitatis* bezeichnet[34]. Wie bei anderen jüngeren Stadtsiegeln auch trägt das zweite Würzburger Typar diese Bezeichnung schon in der Umschrift.

Die Auftraggeber verstanden ihre Siegel „als Ort offizieller Symbolik", und mit den Methoden der modernen Siegelforschung gilt es, den zu postulierenden Symbolgehalt des Siegels als eines „Bedeutungsträgers" zu entschlüsseln[35]. Wer aber war Auftraggeber des Würzburger Siegels? Wer war der Siegelführer, der sich „mit dem von ihm geführten Siegel identifizierte"[36]? In jüngster Zeit ist wieder bezweifelt worden, daß es sich bei den frühen deutschen Stadtsiegeln um eigenständige Schöpfungen der Bürger gehandelt habe, seien diese Siegel doch vielmehr „von der Stadtherrschaft her konzipiert" worden[37]. Damit wird die bereits angesprochene Kernfrage nach der Entstehung der hochmittelalterlichen Kommune berührt, die nicht so geradlinig verlaufen ist, wie sich dies die ältere stadtgeschichtliche Forschung vorgestellt hat.

Für das jüngere Würzburger Stadtsiegel scheint die Antwort auf der Hand zu liegen: Auftraggeber war die *civitas*, die Stadtgemeinde, die sich in der Umschrift als Siegelführer nennt. Aber diese Erklärung läßt sich nicht einfach auf das ältere Stadtsiegel übertragen, da dessen Umschrift gar keinen Siegelführer nennt, sondern nur den Stadtnamen wie ein Programm führt: *Wirciburc* – Würzburg. Erst die Betrachtung der Urkunden, an denen das ältere Siegel angebracht worden ist, kann hier mehr Klarheit schaffen.

Die ältere Forschung hat mit dem Bildprogramm des ersten Stadtsiegels und seiner Deutung Probleme gehabt. In ein von den Bürgern selbst gewähltes Stadtsiegel (man konnte sich eine Stadtgemeinde gar nicht anders als völlig frei und selbständig agierend vorstellen)[38] mochten die Domkirche und der heilige Kilian nicht passen. So wurde die Kirche zum „Tor über der Stadtmauer" und deshalb als „Wahrzeichen der mittelalterlichen Stadt" gedeutet, und der (ohne Attribute dargestellte) heilige Kilian

---

[34] Diederich, Rheinische Städtesiegel (wie Anm. 2), S. 333–338.

[35] Toni Diederich, Prolegomena zu einer neuen Siegel-Typologie, in: Archiv für Diplomatik 29, 1983, S. 242–284, hier S. 261; vgl. auch die Anm. 6 zitierten Arbeiten Diederichs.

[36] Diederich, ebd., S. 261.

[37] Groten, Studien (wie Anm. 3), S. 444. In diesem Sinne bereits Jakobs, Eugen III. (wie Anm. 3), S. 30–32.

[38] Vgl. in diesem Zusammenhang Klaus Schreiner, Die Stadt des Mittelalters als Faktor bürgerlicher Identitätsbildung. Zur Gegenwärtigkeit des mittelalterlichen Stadtbürgertums im historisch-politischen Bewußtsein des 18., 19. und beginnenden 20. Jahrhunderts, in: Stadt im Wandel. Kunst und Kultur des Bürgertums in Norddeutschland 1150–1650, hg. v. Cord Meckseper, Bd. 4, Stuttgart-Bad Cannstatt 1985, S. 517–541.

wurde zu einer „stadtobrigkeitlichen Person" umgedeutet, mit deren vermeintlichem Rang man ihre Kopfbedeckung – ein „Barett", bei dem es sich tatsächlich aber um eine Mitra handeln dürfte[39] – in Verbindung brachte. Der damit bestehende krasse Gegensatz zwischen dem älteren und dem jüngeren Stadtsiegel konnte dann nur dadurch erklärt werden, daß der Bischof es mit Absicht im 13. Jahrhundert in seinem Sinne umgestalten ließ[40]. Aber wie sollte es dem Bischof überhaupt möglich gewesen sein, der Stadt ein ihm genehmes Siegel aufzuzwingen[41]?

Dieser willkürlichen Deutung des Würzburger Stadtsiegels ist bereits Wilhelm Füßlein mit guten Gründen entgegengetreten, indem er ganz zu Recht die ikonographischen Parallelen zwischen beiden Siegeln als Beleg der Bildkontinuität wertete. Mit seiner Auffassung, der heilige Kilian repräsentiere „weniger den Stifts- als den Stadtheiligen", mag er Recht haben[42], doch bleibt auch dann die Frage, wie sich die imposante Darstellung der Bischofskirche mit dem Selbstverständnis einer Bürgergemeinde verträgt? Allein mit der Annahme, in der ersten Hälfte der Amtszeit Bischof Hermanns I. von Lobdeburg (1225–1254) habe es noch keinen „tiefgehenden Zwiespalt zwischen Bischof und Bürgerschaft" gegeben, ist dies nicht erklärt[43].

Die Würzburger Domkirche, der dritte Kirchenbau an diesem Platz, hat ihre wesentliche Gestalt im 12. und frühen 13. Jahrhundert erhalten. Mit dem großangelegten Neubau der Kathedrale ist in den 1130er Jahren unter Bischof Embricho (1127–1146) begonnen worden; sie konnte erst im Pontifikat Bischof Hermanns von Lobdeburg abgeschlossen werden, der offenbar die charakteristischen Osttürme vollenden ließ, sind diese auf dem jüngeren Stadtsiegel von 1237 doch bereits zu erkennen[44]. Die Darstellung ist so detailliert, daß man das Siegelbild selbst als Quelle der

---

[39] Siehe dazu oben Anm. 30.

[40] Hans Ring, Historische Einleitung, in: Die Kunstdenkmäler von Unterfranken und Aschaffenburg, 12: Stadt Würzburg, bearb. v. Felix Mader, München 1915, S. 1–16, hier S. 7: „Erst nachdem der offene Kampf zwischen Bischof und Bürgertum bereits in Sicht war, hat der Bischof mit Absicht das alte Stadtsiegel in seinem Sinn umgestaltet, um den bischöflichen Charakter der Stadt zum Ausdruck zu bringen". Daß Helmut Schulze, Die Baugeschichte des Kiliansdomes und seiner Vorgänger, in: Ecclesia Cathedralis. Der Dom zu Würzburg, hg. v. Richard Schömig, Würzburg 1989, S. 67–90, hier S. 80, und ders., Der Dom zu Würzburg. Sein Werden bis zum späten Mittelalter. Eine Baugeschichte, 3 Teile (Quellen und Forschungen zur Geschichte des Bistums und Hochstifts Würzburg 39, 1–3), Würzburg 1991, Teil 1, S. 120 die in der Toröffnung dargestellte Person als den Würzburger Bischof Gottfried von Spitzenberg anspricht, ist abwegig. Auch seine Deutung der Mitra des hl. Kilian (siehe Anm. 30) als „Herzogshut" ist nicht haltbar.

[41] Dies ist dem Bischof selbst 1265 nicht gelungen, siehe unten Anm. 72.

[42] Füßlein, Zwei Jahrzehnte (wie Anm. 1), S. 68.

[43] So aber Füßlein, Zwei Jahrzehnte (wie Anm. 1), S. 69. Für die folgenden Ausführungen ist vor allem der Beitrag von Gerold Bönnen, Dom und Stadt – Zu den Beziehungen zwischen der Stadtgemeinde und der Bischofskirche im mittelalterlichen Worms, in: Der Wormsgau 17, 1998, S. 8–55, bes. S. 8–25 methodisch anregend gewesen.

[44] Zur Baugeschichte vgl. Schulze, Baugeschichte (wie Anm. 40), S. 67–90, bes. S. 77–82, und ders., Der Dom (wie Anm. 40), Teil 1, S. 70–131. Viele seiner dort ausgebreiteten Ergebnisse sind zwar fehlerhaft und hypothetisch, doch sind die o.a. Baudaten unstrittig. Die mittelalterliche Baugeschichte des Würzburger Domes müßte gleichwohl von Grund auf neu bearbeitet werden.

Baugeschichte heranziehen kann[45]. Für das Verhältnis der Stadtgemeinde zum Dom sind aber vor allem die Nachrichten über die Weihe der weitgehend fertiggestellten Kirche von Bedeutung. Bischof Gottfried von Spitzenberg hat am 23. Oktober 1187 die Heinrichskapelle (zwischen den Westtürmen) und am 24. Oktober einen Altar in der Dompfarrkirche (*in ecclesia parochyali*) geweiht. Die eigentliche Domkirche (*maior ecclesia*) hat er jedoch erst am 6. November 1188 eingeweiht[46]. Der scheinbare Widerspruch zwischen diesen Weihenachrichten, die sich auf das gleiche Kirchengebäude beziehen, erklärt sich dadurch, daß das Langhaus des Doms im Mittelalter als Stadtpfarrkirche gedient hat (ihr Bezirk war der älteste Teil Würzburgs innerhalb des Fünfecks, das Bischof Heinrich I. um 1000 ummauern ließ), der Domchor hingegen dem Bischof und dem Domkapitel vorbehalten war; beide Bereiche waren durch einen Lettner deutlich voneinander geschieden[47]. Noch auf Hans Ulrich Büelers Gemälde des Dominneren von 1627 ist der Lettner mit dem davor angeordneten Pfarraltar und dem Taufbecken inmitten des Langhauses zu erkennen[48].

Im Hochmittelalter war der Würzburger Dom nicht nur die Bischofs-, sondern auch die Bürgerkirche. Die einflußreichen Schichten der Ministerialen, Kaufleute und Münzer, die innerhalb des Fünfecks der Altstadt ansässig waren, besuchten im Dom den Pfarrgottesdienst und ließen sich dort die Sakramente spenden. Zur Gründung einer eigenständigen Bürger- oder Kaufleutekirche ist es im hochmittelalterlichen Würzburg nicht gekommen[49]. Auch das Patronat der Dom- und Stadtpfarrei blieb stets in der Hand des Bischofs. Solange die führenden Schichten des Würzburger Bürgertums nicht im Gegensatz zum Bischof standen, mochte das bischöfliche Recht freilich nicht viel bedeuten, da er die Pfarrei gemäß den Empfehlungen der maßgeblichen Leute seiner Umgebung, wozu die bischöflichen Ministerialen zweifellos gehörten, besetzt haben wird. 1211/12 hieß der Dompfarrer Billung – vielleicht ein Indiz für seine Herkunft aus der einflußreichen Ministerialenfamilie *de Foro* / von

---

[45] Wenn ich die Ausführungen von Schulze, Der Dom (wie Anm. 40), Teil 1, S. 111f. und S. 124f. recht verstehe, liefert das Stadtsiegel von 1237 das einzige baugeschichtliche Datum für die Osttürme. Die urkundlichen Zeugnisse über den Dombau in dieser Zeit – zwei Ablaßurkunden von 1237 und 1240 – geben selbstverständlich keine Auskunft über einzelne Bauteile. Schulze, ebd., S. 125 glaubt übrigens einen Zusammenhang zwischen der Domdarstellung auf dem Stadtsiegel und der Besiegelung der bischöflichen Ablaßurkunde von 1237 erkennen zu können.

[46] Das Handschriftfragment wurde entdeckt und publiziert von Otto Meyer, Eine Kapelle des hl. Kaisers Heinrich im Würzburger Dom. Eine neue Quelle zur Würzburger Domweihe (zuerst 1970), wiederabgedruckt in: ders., Varia Franconiae Historica. Aufsätze, Studien, Vorträge zur Geschichte Frankens (Mainfränkische Studien 24, 2), Würzburg 1981, S. 457–468 (mit Abbildung).

[47] Hanswernfried Muth, Stiftskirche und Pfarrkirche. Zu den Weihen des Würzburger Domes 1187/88, in: Würzburger Diözesangeschichtsblätter 37/38, 1975, S. 481–484, hier S. 481f. „Eine beklagenswerte Lücke der Würzburger kirchengeschichtlichen Forschung ist der Mangel einer Geschichte der Dompfarrei", bemerkt zurecht Wilhelm Engel, Zwei mittelalterliche Seelbücher der Würzburger Dompfarrei, in: Würzburger Diözesangeschichtsblätter 31, 1969, S. 27–63, hier S. 27.

[48] Farbreproduktion in: Ecclesia Cathedralis. Der Dom zu Würzburg, hg. v. Richard Schömig, Würzburg ²1989, S. 96. Zur Dompfarrei vgl. Alfred Wendehorst, Der Dom, das Reich, das Bistum und die Stadt, in: Ecclesia Cathedralis. Der Dom zu Würzburg, hg. v. Richard Schömig, Würzburg 1967, S. 83–93, hier S. 88f., zu den Pfarreigrenzen Schich, Würzburg im Mittelalter (wie Anm. 5), S. 106 u. 116.

[49] Schich, Würzburg im Mittelalter (wie Anm. 5), S. 108f. verweist in diesem Zusammenhang auf die Andreaskapelle, die offenbar von einiger Bedeutung für die Kaufleute im 12. Jahrhundert gewesen ist, gleichwohl nie Pfarrechte gewinnen konnte.

Würzburg, in welcher der Name im 12. Jahrhundert mehrfach vorkommt[50]. In der Dompfarrei hat man seiner noch im späten Mittelalter gedacht[51].

Die Verbundenheit der hochmittelalterlichen Bürgerschaft mit der Stadtpfarrei im Dom wird schlaglichtartig deutlich durch einen Vertrag, den sie 1211/12 mit Bischof und Domkapitel sowie dem Dompfarrer Billung geschlossen hat. Die *cives* konnten nämlich die Meßpfennige, die sie als Pfarrkinder regelmäßig zu zahlen schuldig waren, durch die einmalige Zahlung von 88 Mark Silber ablösen; für diese stattliche Summe wurden dann Weinberge in den Lagen Pfaffenberg, Schalkberg und Trebenklinge erworben, die der Dompfarrer künftig nutzen konnte. Welche Bedeutung diesem Vertrag von städtischer Seite zugemessen wurde, erhellt daraus, daß der Rechtsinhalt der Urkunde als Steininschrift über dem Nordportal der Kathedral- und Stadtpfarrkirche angebracht worden ist[52]. Eine solche dauerhafte Dokumentation über dem Kirchenportal war keineswegs unüblich, hatten die Bürger von Speyer und Worms doch sogar ein Privileg Kaiser Heinrichs V. an ihrem Dom inschriftlich festhalten lassen[53].

Die Beziehungen zwischen Stadt und Dom Würzburg waren eng, bedürfen freilich noch weiterer Erforschung. Wie nicht anders zu erwarten, hat sich die Verbundenheit der Bürger mit ihrer Stadtpfarrkirche auch in manchen Stiftungen niedergeschlagen, von denen hier nur ein besonders eindrucksvolles frühes Beispiel erwähnt werden soll. Der Würzburger Bürger (*civis Herbipolensis*) Wolfmar trieb Fernhandel bis Frankreich, wo er einen anerkannten kirchlichen Brauch (*consuetudinem approbatam*) kennenlernte: während der Wandlung und der Erhebung der Hostie hielten Ministranten eine wohlgestaltete Kerze zur Verehrung der Eucharistie in die Höhe. Dieser Ritus sprach Wolfmar so sehr an, daß er sich entschloß, eine entsprechende Stiftung „in seiner Pfarrei, nämlich der Würzburger Domkirche" (*in parrochia sua, videlicet in ecclesia maiori Herbipolensi*), einzurichten. Gemeinsam mit seiner Frau Luckardis hat Wolfmar die Würzburger Dompfarrei im Mai 1246 mit drei Morgen Weinbergen ausgestattet, um von den Erträgen eine schöne Kerze von drei Pfund Gewicht zu finanzieren, die entsprechend dem französischen Brauch verwendet werden sollte. Welches Gewicht dieser Stiftung beigemessen wurde, ist an der stattlichen Zeugenreihe der Urkunde ablesbar, die 21 namentlich genannte Ministerialen und Bürger *et plurimi cives Herbipolenses* umfaßt[54]. Vor diesem Hintergrund kann es wahrlich nicht

---

[50] Zur Familie eingehend Johanna Reimann, Die Ministerialen des Hochstifts Würzburg, in sozial-, rechts- und verfassungsgeschichtlicher Sicht, in: Mainfränkisches Jahrbuch für Kunst und Geschichte 16, 1964, S. 1–266, hier S. 262 (Register), und Schich, Würzburg im Mittelalter (wie Anm. 5), S. 125–127.

[51] Engel, Zwei mittelalterliche Seelbücher (wie Anm. 47), S. 31 Nr. 18.

[52] Zur mit dem Stadtsiegel beglaubigten Urkunde von 1211 siehe oben Anm. 13. Die Urkundeninschrift von 1212 (!), die heute an der Nordwand des Doms angebracht ist, publiziert in: Die Würzburger Inschriften bis 1525. Auf der Grundlage des Nachlasses von Theodor Kramer unter Mitarbeit von Franz X. Herrmann bearb. v. Karl Borchardt (Die Deutschen Inschriften 27; Münchner Reihe 7), Wiesbaden 1988, S. 19f. Nr. 25 (mit weiteren Hinweisen).

[53] Vgl. Wolfgang Müller, Urkundeninschriften des deutschen Mittelalters (Münchener Historische Studien. Abt. Geschichtliche Hilfswissenschaften 13), Kallmünz 1975.

[54] Urkunde Bischof Hermanns von Lobdeburg von Mai 1246, gedruckt in: Monumenta Boica 37, S. 323–325 Nr. 288; vgl. dazu Wilhelm Engel, Frankreich-Handel und Liturgie im Würzburger Dom, in: Die Mainlande 9, 1958, S. 99f.

verwundern, daß der Würzburger Domkirche auch auf dem zweiten Stadtsiegel ein so hervorragender Platz zugewiesen wurde.

Die hochmittelalterliche Stadt konstituierte sich nicht nur als Bürgergemeinde und Rechtsverband, sondern sie verstand sich auch als Sakralgemeinschaft. Dies konnte sich in Bischofsstädten in einer engen Beziehung zur Domkirche manifestieren und in der Wahl eines Stadtpatrons äußern[55]. In Würzburg lag dies ganz besonders nahe, weil die Domkirche zugleich als Stadtpfarrei diente, auch wenn noch unklar ist, ob der heilige Kilian tatsächlich den Rang eines mittelalterlichen Stadtpatrons erlangt hat[56]. Wie in den ältesten Stadtsiegeln von Köln, Trier und Mainz wurde aber auch in Würzburg der Patron der Bischofskirche als Schutzherr der ganzen Stadtgemeinde in Anspruch genommen. Dies zeigt schon die Plazierung des Heiligen im Stadttor des Siegels. In jedem Fall erweist sich das Würzburger Stadtsiegel „als überaus wichtiges Bindeglied zwischen Dombau und Stadtgemeinde"[57].

Wer waren die Würzburger Bürger (*cives*) des hohen Mittelalters, die sich dieses Siegels bedienten? Vor allem drei Gruppen werden in den Quellen als maßgebliche gesellschaftliche Kräfte erkennbar: die bischöflichen Dienstmannen (Ministerialen), die Kaufleute (Fernhändler) und die Münzer. Im 12. und frühen 13. Jahrhundert hat es noch keinen grundlegenden Dissens zwischen diesen Kreisen und dem Bischof gegeben, in dessen Hand sich die Stadtherrschaft befand. Die städtische Verfassungsentwicklung verlief im 12. Jahrhundert – ganz anders als in den meisten rheinischen Bischofsstädten – „ohne Beeinträchtigung der bischöflichen Stadtherrschaft". In Würzburg flossen, wie Winfried Schich betont hat, Herren- und Genossenschaftsrecht „zum Stadtrecht zusammen"[58].

Spätestens Ende des 12. Jahrhunderts hatten bischöfliche Ministeriale gewichtigen Anteil an der kommunalen Bewegung. Die Bürgerschaft strebte nach einer aktiven Beteiligung an der Stadtverwaltung. Ein grundlegender Dissens mit dem bischöflichen Stadtherrn war damit freilich nicht verbunden. Das erste Würzburger Stadtsiegel markiert diesen Anspruch[59]. Der älteste erhaltene Siegelabdruck hängt bezeichnenderweise an einer Schenkungsurkunde des Ministerialen Eckehard und seiner Frau für die Domkirche und die Johanniterkommende von 1195[60]. Dieser bischöfliche Dienstmann Eckehard de Foro (1164–1200) war *vicecomes* und *scultetus*, Stellvertreter des Burggrafen und Stadtschultheiß. Aufgrund dieser Machtstellung wurde er mit dem Beinamen *comes* bedacht, obschon Eckhard nicht den Rang eines Grafen hatte. Als repräsentativer Wohnbau und vielleicht auch als Amtssitz diente ihm ein

[55] Bönnen, Dom und Stadt (wie Anm. 43), S. 22f. mit weiteren Hinweisen.
[56] Zum wechselnden Dompatrozinium s. Wendehorst, Der Dom, das Reich (wie Anm. 48), S. 86f., zur Kiliansverehrung Karl Borchardt, Der hl. Kilian als Symbolfigur des Bistums Würzburg im Spätmittelalter, in: Kilian. Mönch aus Irland, aller Franken Patron. Aufsätze, hg. v. Johannes Erichsen (Veröffentlichungen zur Bayerischen Geschichte und Kultur 19), München 1989, S. 373–382. Die Frage des Würzburger Stadtpatrons ist noch nicht systematisch untersucht worden, vgl. bislang nur die knappen Bemerkungen von Friedrich Merzbacher, Zur Rechtsgeschichte und Volkskunde der Würzburger Kiliansverehrung, in: Würzburger Diözesangeschichtsblätter 14/15, 1952/53, S. 27–56, hier S. 51f.
[57] Bönnen, Dom und Stadt (wie Anm. 43), S. 24 im Hinblick auf das Wormser Stadtsiegel.
[58] Schich, Würzburg im Mittelalter (wie Anm. 5), S. 140.
[59] Schich, Würzburg im Mittelalter (wie Anm. 5), S. 174.
[60] Siehe oben Anm. 13.

zweistöckiges romanisches Haus (später „Grafeneckart" genannt) am mittelalterlichen Markt, der heutigen Domstraße, das 1316 vom Würzburger Stadtrat erworben wurde und seitdem als Rathaus dient[61].

An der Wende vom 12. zum 13. Jahrhundert erlangte die Würzburger Kommune eine gewisse Selbständigkeit, ohne freilich zunächst mit dem bischöflichen Stadtherrn zu brechen. Während die Urkunde von 1195 mit keinem Wort eine Stadtgemeinde oder einen Rat erwähnt und auch aus der Urkunde selbst nicht ersichtlich ist, wer dieses Siegel geführt hat[62], wird wenige Jahre später deutlich, daß sich ein Gremium der städtischen Selbstverwaltung herausgebildet hatte[63]. Den Ton gaben darin wohl die Ministerialen an, wie die bereits erwähnte Urkunde Bischof Ottos von Lobdeburg von 1211 über die Ablösung der Meßpfennige verdeutlicht, die unter anderem mit dem *sigillum civium nostrorum* versehen wurde. In der Zeugenliste stehen zwölf bekannte Ministeriale als Vertreter der Stadtgemeinde (*tota civitas Wirceburgensis*)[64]. Als das Würzburger Domkapitel 1212 einen Rechtsstreit des Würzburger Bürgers Leo beurkundet, wird in der Siegelankündigung ausdrücklich das Stadtsiegel (*civitatis Wirceb[urgensis] sigillum*) genannt[65]. 1223 regelt *magister Odo fisicus*, der die Tochter eines Würzburger Bürgers heiratet, die Verteilung seines Nachlasses und läßt diese Urkunde mit dem Siegel des Domkapitels und dem *sigillum burgensium* versehen[66]. Ein eigenständiges städtisches Urkundenwesen gab es in dieser Zeit natürlich noch nicht; die genannten Diplome wurden durchweg im Domkapitel mundiert oder diktiert[67]. Aufgrund der engen Verbindung von Dom- und Stadtpfarrkirche mag dies nicht weiter überraschen.

Die Frage, warum sich die Würzburger Bürger vielleicht schon in den 1180er Jahren, spätestens aber zu Beginn der 90er Jahre ein eigenes Siegel zugelegt haben, ist schwer zu beantworten. Neben der Vorbildfunktion anderer Städte, auf die eingangs hingewiesen worden ist, mag auch das praktische Erfordernis angesichts steigender Beurkundungspraxis (dies freilich an der Überlieferung nicht ablesbar) von Bedeu-

---

[61] Franz X. Wegele, Der Hof zum Grafen-Eckard zu Wirzburg und Graf Eckard, Würzburg 1860, S. 8–15; Schich, Würzburg im Mittelalter (wie Anm. 5), S. 102f.; Thomas Heiler, Der Grafeneckart. Zur Geschichte des Würzburger Rathauses (Schriften des Stadtarchivs Würzburg 1), Würzburg 1986, S. 9f. Gründliche Baudokumentation des eindrucksvollen Gebäudes nun bei Matthias Wieser, Baugeschichtliche Untersuchungen zu den romanischen Profanbauten im Regierungsbezirk Unterfranken. Mit einem Katalog der erhaltenen sowie der überlieferten Baudenkmale, 2 Bde. (VGffG VIII/11), Neustadt/Aisch 1999, S. 158–166.

[62] Daß das Siegel „eine Ratsverfassung voraussetzt", wird verschiedentlich irrig behauptet, s. etwa Füßlein, Ringen (wie Anm. 25), S. 271 u. 307 und Rita Haub, (Katalogartikel über das zweite Würzburger Stadtsiegel), in: Kilian. Mönch aus Irland – aller Franken Patron 689–1989 (Katalog der Ausstellung Würzburg 1989), Würzburg 1989, S. 221.

[63] Jakobs, Eugen III. (wie Anm. 3), S. 30 u.ö. möchte hinter der Veränderung im städtischen Siegelwesen einen verfassungs- und sozialgeschichtlichen Wandel erblicken: von der kirchlichen *plebs* (Kirchenvolk) zur städtischen *communitas* (Bürgergemeinde). Diese Überlegungen bedürfen eingehender Diskussion auf breiterer Grundlage als es das Würzburger Quellenmaterial zu bieten vermag.

[64] Siehe oben Anm. 13.

[65] StAW, WU 7735/1, gedruckt in: Monumenta Boica 37, S. 187–189 Nr. 182. Zur Bedeutung des Domkapitels als Beurkundungsinstanz für die Würzburger Ministerialen siehe Johanek, Frühzeit (wie Anm. 29), S. 86f.

[66] Diese Urkunde ist nur kopial überliefert, s. Johanek, Frühzeit (wie Anm. 29), S. 86.

[67] Vgl. Johanek, Frühzeit (wie Anm. 29), S. 86f.

tung gewesen sein. Daneben wird man – wie bei den frühen rheinischen Städtesiegeln – erwägen müssen, ob die städtische Siegelführung nicht auch vom geistlichen Siegelwesen mitbeeinflußt worden ist. In Würzburg führten bereits das Domkapitel, aber auch die Kapitel des Stiftes Neumünster und vielleicht auch des Stiftes Haug Korporationssiegel, bevor die Stadtgemeinde oder eine wie immer geartete frühe Körperschaft der Bürger dazu übergegangen ist[68].

Die weitere Entwicklung der Stadt Würzburg kann hier nur noch knapp skizziert werden. Erst nach 1200 konnten im größeren Maße auch nichtministerialische Bürger, vor allem die reichen Münzer- und Kaufmannsfamilien, die Geschicke der Stadt mitbestimmen. In dieser Zeit wird es zur Herausbildung des später sogenannten „Alten Rates" gekommen sein, in welchem Geistliche, Ministerialen und Bürger gemeinsam vertreten waren, wodurch der Bischof die Selbständigkeitsbestrebungen der Bürgerschaft aufzufangen versuchte. „Der Mehrheit der aufstrebenden Bürger, vornehmlich den – so dürfen wir vermuten – in der für Würzburg so bedeutsamen Stauferzeit wohlhabend gewordenen, reichte dieses Zugeständnis des Bischofs nicht. Sie erstrebten eine echte Selbstverwaltung"[69].

Als sich die Würzburger Bürgergemeinde spätestens in den 1230er Jahren ein neues, moderneres Stadtsiegel anfertigen ließ, war es nur konsequent, dieses nun auch in der Umschrift ausdrücklich als *sigillum civitatis* zu bezeichnen. Ein Siegelabdruck findet sich erstmals an einer Urkunde vom 6. September 1237; es ist übrigens die erste von Vertretern der Stadt Würzburg selbst ausgestellte Urkunde (*Herbordus Hako et Otto Wolveskele sculteti et universi cives Herbipolenses*), weshalb diese in der Siegelankündigung vom *sigillum nostre civitatis* sprechen[70].

In den 40er Jahren erfolgte dann der gewaltsame Bruch zwischen der Bürgerschaft, die immer mehr nach Selbständigkeit drängte, und dem bischöflichen Stadtherrn[71]. Welche Symbolkraft in diesem Zusammenhang dem Stadtsiegel zukam, wird schlaglichtartig daran deutlich, daß sich die Bürger 1265 verpflichten mußten, dem Bischof Siegel und Torschlüssel der Stadt *ad gratiam eius* auszuhändigen; gleichwohl haben sie es bereits 1271 wieder nachweislich geführt[72]. Das Ringen der Bürgerschaft um Selbstverwaltung und Befreiung von bischöflicher Stadtherrschaft sollte die Würzburger Stadtgeschichte bis ins frühe 15. Jahrhundert prägen. Die Ursache wird man nicht allein darin suchen können, daß zunehmend nichtministerialische Bürger und in

---

[68] Das Urkundenwesen des Domkapitels reicht bis 1169 zurück, vgl. Johanek, Frühzeit (wie Anm. 29), S. 83, und das Kapitelsiegel dürfte nur wenig älter sein. Ein Kapitelsiegel des Neumünsters ist seit 1160 nachweisbar, s. Alfred Wendehorst, Das Bistum Würzburg 4: Das Stift Neumünster in Würzburg (Germania Sacra, N.F. 26), Berlin u.a. 1989, S. 195. Das Siegel des Hauger Stiftskapitels läßt sich seit 1205 nachweisen, ist aber älter: Enno Bünz, Stift Haug in Würzburg. Untersuchungen zur Geschichte eines fränkischen Kollegiatstiftes im Mittelalter, 2 Teilbände (Veröffentlichungen des Max-Planck-Instituts für Geschichte 128 = Studien zur Germania Sacra 20), Göttingen 1998, Teil 1, S. 123.

[69] Schich, Würzburg im Mittelalter (wie Anm. 5), S. 213.

[70] StAW, WU 4840, ungedruckt. Als 1246 Graf Rudolf von Wertheim einen Streit zwischen den Bauern von Helmstadt und dem Kloster Oberzell beilegt, sind daran Würzburger Bürger beteiligt, die mit dem *sigillum civium Herbipolensium* siegeln (StAW, WU 6269, ungedruckt).

[71] Schich, Würzburg im Mittelalter (wie Anm. 5), S. 103 u. S. 212–214; Bünz, Stift Haug (wie Anm. 68) Teil 1, S. 379–381.

[72] Füßlein, Zwei Jahrzehnte (wie Anm. 1) S. 69; ders., Ringen (wie Anm. 25), S. 271f. Anm. 2 und S. 310 Anm. 3.

Zünften organisierte Handwerker und Gewerbetreibende nach politischer Teilhabe strebten. Die bürgerlichen Autonomiebestrebungen hingen eng mit anderen Problemen zusammen, die sich teils aus spezifischen Verhältnissen des von einem hohen geistlichen Bevölkerungsanteil geprägten Würzburg und teils aus den allgemeinen Bedingungen einer Stadt unter bischöflicher Herrschaft erklären.

Das Würzburger Stadtsiegel von 1237 ist bis in die zweite Hälfte des 16. Jahrhunderts verwendet worden. Erst 1560 wurde ein neues Typar bei dem Würzburger Goldschmied Wendel Walter in Auftrag gegeben. Dieses fiel zwar im Durchmesser etwas kleiner aus, doch diente als Vorbild wieder das zweite mittelalterliche Stadtsiegel[73]. Daneben war aber auch schon das bis heute gebräuchliche Stadtsiegel mit Darstellung der Sturmfahne in Verwendung. Das Würzburger Siegelwesen im späten Mittelalter und in der frühen Neuzeit muß jedoch einer künftigen Untersuchung vorbehalten bleiben.

Die Ergebnisse dieser Studie über die Entstehung des Würzburger Stadtsiegels lassen sich folgendermaßen zusammenfassen:

1) das ältere Würzburger Stadtsiegel, nachweisbar an Urkunden von 1195 und 1211, könnte bereits in den 1180er Jahren, kaum früher, geschaffen worden sein;
2) dieses Siegel wurde wohl schon in den 1220er Jahren oder wenig später durch ein jüngeres Stadtsiegel ersetzt, das erstmals 1237 an einer Urkunde erhalten ist;
3) beide Siegel weisen – bei ganz unterschiedlicher künstlerischer Qualität – das gleiche ikonographische Schema auf: Stadtmauer, Stadtkirche (Dom) und Stadtheiliger (St. Kilian);
4) bei der Gestaltung des ersten Stadtsiegels haben offenbar Würzburger Münzprägungen der Stauferzeit als Vorlagen gedient. Vielleicht ist der Siegelkünstler sogar im Kreis der Münzer zu suchen, die im Würzburg des späten 12. Jahrhunderts von Einfluß waren;
5) das ältere Siegel bestätigt die auch andernorts gemachte Beobachtung, daß die deutschen Stadtsiegel des 12. Jahrhunderts nicht einseitig als Zeugnisse kommunalen Autonomiestrebens interpretiert werden können. Ganz im Gegenteil dokumentieren sie in Bischofsstädten wie Würzburg Einheit und Symbiose von Stadt und Kirche, Bürgerschaft und Stadtherrn im hohen Mittelalter;
5) deshalb genügte für das ältere Stadtsiegel noch die schlichte Umschrift WIRCIBVRC. Die Umschrift des zweiten Stadtsiegels dokumentiert somit den Verfassungs- und Bewußtseinswandel der Stadtgemeinde, die im frühen 13. Jahrhundert zur CIVITAS HERBIPOLENSIS geworden war.

---

[73] Heffner, Würzburgisch-Fränkisches Siegelwesen (wie Anm. 1), S. 222 Nr. 6.

Wolfgang Frhr. von Stromer

Nürnberg und die Erfindung der Typographie
Hensel Sigerstorfer als Typengraveur und sein Altärchen von circa 1430

Die Stadt Nürnberg begeht im Jahr 2000 die 950-Jahrfeier ihrer ersten urkundlichen Erwähnung in der sogenannten Sigena-Urkunde vom 16. Juli 1050. Kaiser Heinrich IV. bestätigte damals, „XVII kalendas Augusti in Nürnberg die Freilassung der bisherig hörigen Sigena durch ihren Herrn, den nobilis vir Richolf"[1].

Wie hier üblich, gelten die Jubelfeiern weitgehend der bayerischen Zeit der Stadt und sind fixiert auf jene zweihundert Jahre. Die sechshundert Jahre Reichsstadt und die Stadt der Reichstage treten demgegenüber – bis auf den unvermeidlichen Albrecht Dürer – weit zurück. Dabei war es doch jene Epoche, in der Nürnberg ein Zentrum der europäischen Kultur und Brennpunkt der europäischen Wirtschaft und lange Zeit sogar „ungekrönte Hauptstadt" des Reiches war. Dank der politischen und wirtschaftlichen Leistung der regierenden Ratsgeschlechter und ihres Zusammenspiels mit den deutschen Kaisern seit den Staufern hatte die Stadt ein einzigartiges Netz mit wechselseitigen Handelsvorteilen mit über siebzig anderen Städten und sogar einigen Ländern über den ganzen Kontinent, von Meer zu Meer aufbauen können. Mit der Dynamik ihrer Unternehmer und der technischen Schöpferkraft der vielfältigen Gewerbe und Handwerke war sie an der Wende zur Neuzeit das europäische Zentrum für Erfindungen und Innovationen geworden, deren Prinzipien zum Teil bis heute noch gelten[2].

Aus der Überfülle der außerordentlichen Vorgänge will ich als Jubiläumsgabe einen Musterfall herausgreifen, der sich erst aufgrund jüngster Erkenntnisse darstellen läßt. Es galt bisher nämlich als eigentümlicher Widerspruch zu der Aufgeschlossenheit der Nürnberger für neueste Errungenschaften, daß hier erst 1469 – ein halbes Menschenalter nach Erscheinen des Drucks mit beweglichen Lettern mit Gutenbergs 42-zeiliger Bibel und den Cyprischen Ablaßbriefen im Herbst 1454 – der Buchdruck einsetzte. Bamberg, Straßburg, Eltville, Augsburg und Venedig waren der Noris vorausgegangen, bis der einstige Gutenbergmitarbeiter Heinrich Keffer mit dem aus einer Nürnberger Drahtverlegerfamilie stammenden Johannes Sensenschmidt „aus Eger" zu drucken begann. Mit dem im Jahr darauf einsetzenden Antoni Koberger, dessen Vorfahr im Aufruhr-Rat von 1348/49 als Vertreter der Handwerke gewirkt

---

[1] Regest in Nürnberger Urkundenbuch, hg. v. Stadtrat zu Nürnberg, bearb. v. Stadtarchiv Nürnberg (Quellen zur Geschichte und Kultur der Stadt Nürnberg 1), Nürnberg 1959, S. 5f., Nr. 9.

[2] Hektor Ammann, Die wirtschaftliche Stellung der Reichsstadt Nürnberg im Spätmittelalter (Nürnberger Forschungen 13), Nürnberg 1970, S. 20–44; Gerhard Hirschmann, Nürnbergs Handelsprivilegien, Zollfreiheiten und Zollverträge bis 1399, in: Beiträge zur Wirtschaftsgeschichte Nürnbergs, hg. v. Stadtarchiv Nürnberg, Bd. I (Beiträge zur Geschichte und Kultur der Stadt Nürnberg 11/I), Nürnberg 1967, S. 1–48; Wolfgang von Stromer, Nürnbergs Große Zollfreiheiten, ihre Symbole und ihre Monumente, in: MVGN 80, 1993, S. 117–135; ders., Nürnberg als Epizentrum von Erfindungen und Innovationen an der Wende vom Mittelalter zur Neuzeit, in: Wirtschaft, Gesellschaft und Staat im Umbruch. Festschrift der Wirtschafts- und Sozialwissenschaftlichen Fakultät in Nürnberg zur 75-Jahrfeier, hg. v. Karl Albrecht Schachtschneider, Berlin 1995, S. 668–687.

Abb. 1: Letternsatz A und B Konrad Forsters von 1433/38 und 1439/59.

hatte, erlangte Nürnberg bald eine europäische Spitzenstellung im Verlag, Druck und Vertrieb von Büchern. Dies spricht dafür, daß trotz der bisher unerklärten Verspätung des Beginns hier schon eine besondere Startposition gegeben war.

Wie eigentlich schon seit der Gutenberg-Festschrift des Jahres 1900 durch die Abhandlung von Franz Falk, „Stempeldruck vor Gutenberg", bekannt sein könnte, hatte der Mainzer Erfinder hier in dem aus Ansbach gebürtigen Sakristan des Predigerklosters Conrad Forster einen bemerkenswerten Vorläufer. Der Nürnberger Stadtbibliothekar Friedrich Bock und der große Buchforscher Ernst Kyriss wiesen in mehreren Veröffentlichungen seit 1928 nach, daß Forster mit zwei verschiedenen Typensätzen zwischen 1433 und 1438 und zwischen 1439 und 1459 ganze Textzeilen auf Bucheinbände gedruckt hatte, wovon bis heute 85 Zeugnisse, zumeist in der Nürnberger Stadtbibliothek, überdauerten (vergleiche Abbildung 1). Allerdings wurde Forsters Leistung bis jüngst ganz unterschätzt und verkannt. Er hatte nämlich mit einzelnen Lettern-Stempeln in einer Art Tiefdruck-Verfahren und in Blinddruck seine Texte dem Leder der Einbände eingeprägt, während die Typographie als Hochdruck mit ihrer kräftigen Druckerschwärze als etwas essentiell ganz anderes gilt. Zwar hielt Kyriss Forsters Technik für einen Vorläufer Gutenbergs, der die „Erfindung der Buchdruckerkunst (…) vorbereitete". Aber die Frühdruck-Forscher beriefen sich auf Kyriss verhängnisvolles Urteil, „für den Buchdruck nicht brauchbar".

Dabei war ihnen entgangen, daß der der führende Frühdruck-Forscher Paul Schwenke in seinem Lebenswerk „Die Gutenberg-Bibel", 1923, registriert hatte, daß der zeitgenössische Einband einer B 42, heute im Gutenberg Museum Mainz, eben solche Lettern-Einprägungen in Blind- und Tiefdruck aufwies[3].

Seither fanden sich solche Blindprägungen von Lettern nicht nur auf der erst 1966 neu entdeckten sogenannten Immenhäuser B 42, sondern auch auf mehreren weiteren zeitgenössischen Einbänden der Mainzer Werkstätten, die diese Bibeln gebunden hatten. Auch weitere Buchbinder in Mainz benutzten solche Einbandstempel in etwas unterschiedlichen Varianten. Ich konnte zeigen, daß der vermeintlich essentielle Unterschied zwischen dem Hochdruck der Typographie und den Lettern-Stempeln auf den Bucheinbänden in Wahrheit nicht existiert und für die Zeitgenossen belanglos war. Zwischen den dem Leder aufgeprägten Lettern stehen alternierend in gleicher Schriftgröße tief mit Hochdruckstempeln eingeprägte Asterisci. Sie finden sich nicht nur auf den Einbänden der Mainzer Werkstätten von 1454 und den folgenden Jahren, sondern auch schon auf denen Konrad Forsters in Nürnberg seit 1433. Dank des Berichts von Aeneas Silvio Piccolomini, dem späten Papst Pius II., an Kardinal Carvajal vom 12. März 1455 über den *vir mirabilis* (Gutenberg) und seinen Bibel-Druck und -Vertrieb ist der große Erfinder als äußerst geschäftstüchtiger Unternehmer erwiesen, der der Verpackung seines Erzeugnisses sicherlich große Aufmerksamkeit widmete. Der Stempeldruck auf den Bibeln ist damit ebenso sein Werk wie der typographische Textdruck auf ihren Seiten, Forster aber nicht nur Vorläufer, sondern Vorbild[4].

---

[3] Franz Falk, Der Stempeldruck vor Gutenberg und die Stempeldrucke in Deutschland, in: Festschrift zum 500-jährigen Geburtstage von Johann Gutenberg, Mainz 1900, S. 59–64; Friedrich Bock, Die Einbände des Nürnberger Dominikaners Forster, in: Jahrbuch der Einbandkunst 2, 1928, S. 14–32; Ernst Kyriss, Schriftdruck vor Gutenberg, in: Gutenberg-Jahrbuch (abgekürzt GJ) 1942, S. 40–48; ders., Schriftdruck auf Einbänden des 15. Jahrhunderts, in: GJ 1950, S. 88–96; Paul Schwenke, Johannes Gutenbergs 42-zeilige Bibel. Ergänzungsband zur Faksimileausgabe, Leipzig 1923, S. 5f.

[4] Kurt Hans Staub, Die Immenhäuser Gutenbergbibel, in: GJ 1976, S. 74–85; Otto Mazal, Die Bucheinbände der erhaltenen Exemplare der zweiundvierzigzeiligen Bibel, in: Johannes Gutenbergs zweiundvierzigzeilige Bibel. Faksimile-Ausgabe. Kommentarbuch, München 1979, S. 158–175; Erich Meuthen, Ein neues frühes Quellenzeugnis (zu Oktober 1454?) für den ältesten Bilddruck. Enea Silvio Piccolomini am 12. März 1455 aus Wiener Neustadt an Kardinal Juan de Carvajal, in: GJ 1982, S. 108–118; Wolfgang von Stromer, Vom Stempeldruck zum Hochdruck. Forster und Gutenberg, in: Johannes Gutenberg – Regionale Aspekte des frühen Buchdrucks, hg. v. Holger Nickel und Lothar Gillner, Berlin 1993, S. 47–92; ders., Fränkische Buchkultur zur Gutenberg-Zeit, Conrad Forster aus Ansbach und Hans Vorster, in: JfL 52 (Festschrift Alfred Wendehorst), 1992, S. 349–366.

Abb. 2: Rückseite des Bronzealtärchens von Hensel Sigerstorfer, circa 1430.

Einige Merkwürdigkeiten im Schriftbild der Lettern-Stempel, die von mir sogenannten *Gespornten Lettern,* lassen auch eine unmittelbare Vorbildfunktion der Nürnberger auf die Mainzer Stempel als sehr wahrscheinlich erscheinen. Dafür finden sich wie darzulegen noch weitere Indizien. Bei den *Gespornten Lettern* handelt es sich darum, daß aus den einfacheren Buchstaben c, b, l, r und langes s durch Anhängen eines Schweifs oder Sporns rechts am Corpus die neuen Zeichen für e, g, r, t, x und f gemacht wurden. Angesichts der sehr schwierigen Technik des Lettern-Gravierens erscheint damit ein Rationalisierungs-Vorhaben geplant worden zu sein. Zwar wurde anscheinend diese Absicht dann nicht weiterverfolgt, jedoch war die ästhetische Wirkung der neuen Zeichen so ansprechend, daß in vielen Goldschmiedearbeiten der Epoche und ähnlich auf Siegelumschriften und schließlich eben in den Lettern-Sätzen Forsters und der Mainzer Stempeldrucker die *Gespornten Lettern* Verwendung fanden. Sie kommen sogar in den Schriftsätzen einiger Frühdrucker vor, so bei Wendelin von Speyer in Venedig 1473 und 1477 und bei Johann Koelhoff in Köln 1477/78[5].

Es muß daher dafür Mustervorlagen gegeben haben. Eine Schlüsselfunktion kommt zwei Flügeln eines kleinen Altars aus vergoldeter Bronze zu, die sich seit dem Beginn des 20. Jahrhunderts im Musée Cluny in Paris als Leihgabe des Louvre-Museums befinden (vergleiche Abbildung 2, 3). Johann Michael Fritz hat in seiner Dissertation „Gestochene Bilder", 1966, beide Seiten der jeweils 12,7 x 4,7 cm mes-

---

[5] Wolfgang von Stromer, Gesporne Lettern. Leitfossilien des Stempeldrucks (ca. 1370–1490), in: GJ 1996, S. 23–64.

Abb. 3: Flügel des Bronzealtärchens von Hensel Sigerstorfer, Textseiten mit Verkündigung, circa 1430.

senden Flügel abgebildet, ebenso 1969 Heinrich Kohlhaussen. Die Altarflügel haben weder eine Spur von Scharnieren oder Ösen, dagegen zwei grob verunstaltete Löcher, die den Verdacht einer Fälschung erwecken. Vier Heilige – Klara, Katharina, Bernward und ein heiliger Bischof – zieren in Flachrelief die Schauseite (vergleiche Abbildung 4). Die Rückseiten zeigen in einer Ritzzeichnung eine Verkündigungsszene und darunter einen merkwürdigen Text, der allerdings den Fälschungsverdacht widerlegt. Die gotische Schrift läuft im Text über beide Flügel hinweg in drei Zeilen, deren Ende die Worte oft willkürlich unterbrechen, in circa 6 mm hohen Schriftzeichen im Schriftgrad Tertia und mit circa 1,2 mm dicken Schäften. Ihr Umgriff ist durch kleine Kreuzschraffuren in das dunklere Kupfer vertieft, so daß die Lettern auf der vergoldeten Oberfläche stehen blieben und damit herausgehoben erscheinen. Auf dem linken Flügel ist noch eine vierte Textzeile daruntergequetscht. Die Worte sind untereinander durch zeittypische Worttrennungszeichen abgesetzt, wie sie auch Forster verwandte, einmal ein §, meist jedoch durch Rauten in der Gestalt eines seitenverkehrten Paragraphen. Durch seine unsachgemäße Behandlung war der linke Flügel zunächst kaum lesbar und nur durch aufwendige Fototechnik aufzuklären. Der höchst merkwürdige Text lautet:

> *di # touffel # ho/t # gemachet # he*
> *nsel # goltschm/id # von # nuren*
> *berg # ein # siger/storfer # genant*
> *orate § pro # eo:*

Laut den Nürnberger Bürger-Büchern erwarb 1429 Hans Sigerstorfer als neunzehnter Neubürger des Jahres gegen die übliche Gebühr von zwei Gulden das Bürger- und Niederlassungsrecht in der – vornehmeren – Sebalder Stadthälfte. Aber er ist dabei weder als Goldschmied bezeichnet, noch ist ein sonstiger Beruf benannt. Die grundsätzlich lückenlos geführten Meister-Ämterverzeichnisse 1429 bis 1462 nennen ihn nicht als selbständigen Goldschmiedemeister. Dagegen sind in den Meisterverzeichnissen 1363 bis 1382 unter den Goldschmieden an sechster Stelle Jakob Sigerstorfer, an zehnter Stelle Fritz Sigerstorfer und an siebzehnter mit achtzehnter Stelle F. Wagner von Hochstaett und Mertel Sygerstorfer aufgeführt. Martin kehrte im folgenden Meisterverzeichnis von 1362 bis 1429 an dritter Stelle wieder und an siebter Stelle auch Jakob. Beide jedoch kommen in den Ämterbüchlein zwischen 1417 und 1463 unter den geschworenen Meistern der Goldschmiede nicht mehr vor, waren also vermutlich vor 1417 verstorben oder abgewandert. Hensel/Hans Sigerstorfer kann demnach in Nürnberg erst ab 1429 und nur in der Werkstatt eines anderen selbständigen Goldschmiedemeisters gearbeitet haben. Die grandiosen Metallurgen der Ratsfamilie Groland kämen dafür wohl in Betracht. Als Kunstwerke sind die Figuren der Altarflügelchen, auch gemessen an der in Nürnberg üblichen Qualität, so schwach und unbeholfen, daß die Selbstberühmung Sigerstorfers als *Goldschmied von Nürnberg* bei seinen Berufsgenossen nur Hohngelächter hätte auslösen können. Auch die Gestaltung der Schrift vor allem der vierten Zeile weist erhebliche Mängel auf. Gleichwohl ist sie äußerst bemerkenswert durch ihre Übereinstimmung mit den zur gleichen Zeit einsetzenden Lettern Forsters. Mit hoher Wahrscheinlichkeit war Sigerstorfer sein Letter-Graveur, der früheste in dieser Funktion zu fassende Kunsthandwerker.

Ein kleiner Kupferstich aus der Graphiksammlung des Nürnberger Humanisten und Stadtarztes Hartmann Schedel zeigt drei Alphabete, zu deren Eigentümlichkeiten ebenso wie zum Text von Sigerstorfers Altärchen die erwähnten *Gespornten Lettern* gehören. Dies liefert zugleich den sicheren Beweis, daß die Altarflügel mit ihrem Text keine Fälschung sein können, da jene Eigentümlichkeit bis jüngst unbekannt war. Das erste der Alphabete des Kupferstiches stimmt wiederum völlig mit jenem der Altarflügel überein. Das zweite Alphabet in Antiqua hat eine Parallele in einer handschriftlichen Sammlung unterschiedlicher Alphabete, die sich im Jahr 1436 der aus Südtirol stammende Münchner Stadtarzt Sigismund Gotzkircher anlegte. Damit handelt es sich um einen der frühesten Kupferstiche überhaupt. Seiner Gestaltung nach bildet er eine Werbedrucksache für die Werkstatt der Lettern-Graveure, wie wir sie ähnlich, wenn auch erst ein halbes Jahrhundert später, von Erhard Ratdolt kennen. Hier wie dort bekam der Interessent Vorschläge zur Auswahl, welche Drucklettern ihm zusagen könnten[6].

Ein eigentümlicher Glückszufall hilft uns weiter und steigert die kulturgeschichtliche Bedeutung von Sigerstorfers Altärchen. Das Musée Cluny konnte auf dem Londoner Kunstmarkt 1992 den Mittelteil des Altärchens erwerben. Wie den Flügeln fehlen ihm Scharniere oder Ösen, und es gibt wiederum üble Beschädigungen. Die Rückseite ist ohne Bild oder Text und nur grob aufgerauht, dagegen zeigt die Vorderseite in den oberen zwei Dritteln einen mit Figuren überladenen Marientod in Flachrelief entsprechend den vier Heiligenbildern der Flügel (vergleiche Abbildung 4). Darunter jedoch – von links nach rechts – ein Stehpult, in dem vielleicht Buchrücken angedeutet sind, davor eine Frau mit einer vornehmen Kopfbedeckung, einer Schaube. Im Mittelfeld zwei kleine Mädchen, jedes mit einem aufgeklappten Buch auf dem Schoß und rechts ein Mann, der mit einem Schwert gegürtet ist und einen sehr eigentümlichen erhöhten Stülphut trägt, wie wir ihn aus dieser Zeit in ähnlicher Gestalt vom postumen Portrait des Peter Stromair kennen. Hinter dem Mann ein Wappen mit Schild und Helmzier einer halben heraldischen Lilie, während die untere Schildhälfte nur gerauht ist. Ich suchte lange vergebens, wer ein solches Wappen führte. Jedoch die kürzlich erschienene Dissertation von Wolfhard Vahl bringt die Abbildung von Wappensiegeln, die laut ihrer Umschrift beide von einem Jacob Sigerstorfer geführt und von ihm am 23. Dezember 1388 und am 12. November 1400 benutzt wurden. Mit einem ganz ähnlichen Wappen siegelte schon am 4. Mai 1355 ein Konrad de Sigersdorf. Das Wappen auf dem Altärchen ist eindeutig jenes der beiden Siegler[7].

---

[6] Michael Fritz, Gestochene Bilder. Gravierungen auf deutschen Goldschmiedearbeiten der Spätgotik, Köln 1966, Kat. Nr. 556, Abb. 154, S. 178–180; Heinrich Kohlhaussen, Nürnberger Goldschmiedekunst des Mittelalters und der Dürezeit 1240 bis 1540, Berlin 1968, Kat. Nr. 221, Abb. 223–225, S. 130f., 133f.; Albert Gümbel, Die Goldschmiedefamilie Groland, in: Mitteilungen aus dem Germanischen Nationalmuseum 1921, S. 3–36; Die Graphiksammlung des Humanisten Hartmann Schedel, hg. v. Karl Dachs und Beatrice Hernad, München 1990, S. 64, Abb. 47; Carl Wehmer, Deutsche Buchdrucker des fünfzehnten Jahrhunderts, Wiesbaden 1971, Taf. 67, Einblattdruck von Erhard Ratdolt, Augsburg 1. April 1486, mit 14 verschiedenen Schriften.

[7] Musée Cluny, Paris, Inv. CL 23418, CL 23426 LOA 6288, Photocliché 94 CN 40186, 95 CN 19928; Wolfhard Vahl, Fränkische Rittersiegel. Eine sphragistisch-prosopographische Studie über den fränkischen Niederadel zwischen Regnitz, Pegnitz und Obermain im 13. und 14. Jahrhundert (VGffG IX/44), Neustadt/Aisch 1997, 2. Teilbd., S. 774f., 1. Teilbd., S. 347, Abb. Sie 1 und 3; Staatsarchiv Nürnberg, Urkunden Münchener Abgabe 1992, Nr. 2243; Orig.-Perg., mit Wappensiegel.

Abb. 4: Vorderseite des Bronzealtärchens von Hensel Sigerstorfer, Mittelteil des Altärchens mit Marientod, Stiftergruppe und -wappen, Flügel mit vier Heiligen.

Die von Jacob Sigerstorfer besiegelten Urkunden ergeben zusammen mit dem Altärchen eine ganz ungewöhnliche soziale und berufliche Laufbahn der Sigerstorfer. Jacob bestätigt nämlich dem Nürnberger Rat, daß er aus Soldvorauszahlungen fünfzehn Gulden schulde, die er bis Walpurgis 1389 tilgen wolle, wenn sein Solddienst auslaufe. Falls er nicht zahlen könne, werde er die Schuld unter den bisher gültigen Bedingungen abdienen. Im November 1400 urkundete und siegelte er als siebzehnter von achtunddreißig meist kleinadeligen Söldnern, daß ihnen ihr Sold und eventueller im Dienst erlittener Schaden vergütet worden sei und daß sie bis nächsten Martinstag unter gleichen Bedingungen gegen Sold dienen wollen.

Vor allem die erste Urkunde zeigt Jacob als Kleinadeligen, in geradezu erbärmlicher Situation. Er muß der Reichsstadt im eben ausgebrochenen Städtekrieg gegen die Partei der Fürsten und seiner adeligen Standesgenossen seiner Überschuldung wegen dienen. Vermutlich war sein Nürnberger Namensvetter, der Goldschmied Jacob Sigerstorfer, ein naher Verwandter und der Verfertiger seines Siegel-Typars. Die Zugehörigkeit des Soldritters und der Goldschmiede zur selben Familie wird durch das Wappenbild auf den Siegeln und auf dem Altärchen bestätigt, auf dem die kleine männliche Gestalt ihre adelige Abkunft mit dem umgürteten Schwert und der Kopfbedeckung herausstreicht. Durch das Stehpult und die aufgeschlagenen Bücher auf dem Schoß der Kinder aber hebt der Künstler hervor, daß sogar die weiblichen Angehörigen der Familie das Lesen und Schreiben beherrschten. Allen Umständen nach ist der Mann sowohl der Stifter als auch der Fertiger des kleinen Altars und damit das früheste Selbstportrait eines Künstlers und das einzige eines mittelalterlichen Goldschmieds, wenn auch en miniature.

Die Karriere der Familie setzte sich noch in der folgenden Generation fort. Im Dienst der bedeutenden Nürnberger Michael Haider mit den Brüdern Rainer und Claus Munter, deren Geschäfte sich weit über den Kontinent zwischen Prag, Venedig, Lübeck und Paris seit den 1440er Jahren erstreckten, war auch ein mit ihnen vergesellschafteter Pankraz Sigerstorff tätig. Unter anderem übernahm er 1470 dreimal den Silbereinkauf für die Lübecker Münze. Die dafür erforderlichen metallurgischen Sachkenntnisse rührten sicher von seiner Herkunft aus der Nürnberger Goldschmiedefamilie her. Der Weg vom armseligen, zum Solddienst genötigten Kleinadeligen zum anspruchsvollen städtischen Aufsteigerberuf eines Goldschmieds, schließlich zum Gesellschafter einer europäischen Fernhandelsfirma und Silberlieferanten, ist ein bisher einmaliges sozialgeschichtliches Phänomen[8].

Hensel Sigerstorfers Leistung als frühester nachweisbarer Drucklettern-Graveur aber verleiht ihm einen besonderen Rang in der abendländischen Kulturgeschichte[9].

---

[8] Claus Nordmann, Der Einfluß des oberdeutschen und italienischen Kapitals auf Lübeck und den Ostseeraum in der Zeit von 1370–1550, in: MVGN 35, 1937, S. 123–135, hier S. 127.

[9] Wolfgang von Stromer, Gutenbergs Geheimnis. Von Turfan zum Karlstein – die Seidenstraße als Mittler der Druckverfahren von Zentralasien nach Mitteleuropa, hg. v. Dirk Reitz, Genf 2000.

Klaus Frhr. v o n A n d r i a n - W e r b u r g

Markgraf Albrecht Achilles von Brandenburg-Ansbach und das Kaiserliche Landgericht Burggraftums Nürnberg

Im Jahre 1440 hatte der eichstättische Untertan Hans Hawbenporst beim Stadtgericht Eichstätt Ansprüche auf eine von seiner Frau herrührende Erbschaft an Fischwasser und Grundstücken in Wassermungenau im markgräflichen Oberamt Windsbach geltend gemacht. Als er wegen Unzuständigkeit kein Gehör fand, war Hawbenporst die Westfälische Feme (*das freye heimliche gericht des stuhls zu Freyenhagen*) um Hilfe angegangen, welche in seinem Sinn beim Eichstätter Gerichtsherrn, Bischof Albrecht (v. Rechberg), tätig wurde. Dagegen verwahrte sich der Bischof am 18. Januar 1441 vor dem Kaiserlichen Landgericht Burggraftums Nürnberg mit einer Klage gegen Hawbenporst, die damit begründet wurde, daß die infragestehenden Rechte und Liegenschaften *in einem redlichen, aufrechten lantgericht des burggraftums zu Nüremberg, das des heyligen römischen reichs freygericht eins ist, gelegen sein ...*, d.h. also dort als dem forum rei sitae zu beklagen seien; jedoch wird dem nun Beklagten die Wahl gelassen, daß er *durch reht mit seinem brief* [wohl ein Apostelbrief des Bischofs] *für den hochgeborn fürsten vnd herrn, herrn Albreht marggrauen zu Brannburg etc. wißend rete kumt* [gemeint ist das Hofgericht] *vnd die in recht zu erkennen laßen, an welchem ende oder vor welchem gericht ... der Hawbenporst seine Klage vorbringen soll*[1]. Es interessiert hier nicht der konkrete Anlaß, sondern die bei der Gelegenheit erkennbare Sicht von außen auf das Kaiserliche Landgericht Burggraftums Nürnberg und die Frage, ob diese sich mit der Sicht von innen, also vom Gerichtsherrn her, in eine sinnvolle Beziehung bringen läßt.

Der seit dem 20. September 1440 in Ansbach regierende Markgraf Albrecht Achilles hat sich wie schon sein Vater Kurfürst Friedrich I. als Gerichtsherr auf die später mehrfach erneuerte Belehnung des Burggrafen Friedrich III. zu Nürnberg mit dem *judicium provinciale in Nürenberg cui etiam vice imperatoris omne judicium judicans presidebit* durch König Rudolf vom 24. September 1273[2] berufen, deren Inhalt schon zu seiner Zeit nicht unstrittig war und auch später unterschiedliche Auslegung erfuhr, besonders hinsichtlich der Eignung als Mittel zur Territorienbildung[3]. Es ist die Frage, was Albrecht Achilles und seine Räte darunter verstanden haben – offenbar doch

---

[1] Staatsarchiv Nürnberg (im folgenden: StAN), Fsm. Ansbach, Kaiserliches Landgericht Burggraftums Nürnberg 115, fol. 348f.

[2] StAN, Fsm. Ansb., Ksl. Landgericht Burggraftums Nbg., Akten 1; das Privileg wurde auch zur Abwehr fremder Übergriffe mit Formulierungen genutzt wie *... vnd hat das alles getan vber solich freyhait, briefeleger vnd recht, die dann mein genediger herre marggraff hat ...*, ebd. 203, fol. 296'.

[3] Heinz Dannenbauer, Die Entstehung des Territoriums der Reichsstadt Nürnberg, Stuttgart 1928, S. 139f.: „... mehr als kühne Übersetzung der Lehensurkunde von 1273" [durch die Burg- bzw. Markgrafen], und: „Territorienbildend ... hat das Kaiserliche Landgericht Burggraftums Nürnberg so wenig gewirkt wie die anderen kaiserlichen Landgerichte"; Friedrich Merzbacher, Judicium provinciale ducatus Franconie, das kaiserliche Landgericht des Herzogtums Franken-Würzburg im Spätmittelalter (Schriftenreihe zur bayerischen Landesgeschichte 54), München 1956, S. 40: „Damit war dem Landgericht [dem Kaiserlichen Landgericht Burggraftums Nürnberg] theoretisch eine dominierende Stellung zuerkannt, die

nicht ganz das, was später gelegentlich hineininterpretiert wurde. Mit dem Statutum in favorem principum haben 1231 alle herzoglichen und herzogsgleichen Gewalten mit der Übertragung des Gerichtsbannes die Herrschaft über die Gerichte in ihren Territorien erworben, also die hohe Gerichtsbarkeit, die in Franken Zivilgerichtsbarkeit war[4]; für die Territorialisierung hat sie „keineswegs überall die entscheidende Rolle" gespielt[5]. Nun ist die Territorialisierung in Franken im späten Mittelalter abgeschlossen, die rechtmäßige Erwerbung fremder Gerichtsrechte (außer durch Kauf beziehungsweise Pfandnahme oder Erbschaft von Territorien) ebensowenig möglich wie die gewaltsame. Im Fall des Kaiserlichen Landgerichts Burggraftums Nürnberg und den ihm unterlegten Absichten ist dabei zu unterscheiden zwischen den anstoßenden baierischen Landgerichten im Süden[6] und Osten und den fränkischen[7].

Es seien zunächst die fränkischen betrachtet und ihr gegenseitiges Verhalten in der Zeit Albrecht Achilles'. Doch muß zuvor daran erinnert werden, daß es unmöglich war, mit einem Gericht auf Eroberung zu gehen. Das deutschrechtliche Verfahren des Mittelalters kennt im Gegensatz zum kanonischen Prozeß und mit Ausnahme bestimmter Strafrechtsfälle die Inquisition beziehungsweise Offizialklage nicht (das ändert sich mit dem langsamen Vordringen der Rezeption, vor allem durch das Reichskammergericht); ein Verfahren wird durch Akkusation, durch eine Privatklage eingeleitet („wo kein Kläger, da kein Richter"). Ganz in diesem Sinn wurde beim Kaiserlichen Landgericht Burggraftums Nürnberg 1448 eine Klage des markgräflichen Amtmanns in Baiersdorf, der in dieser Eigenschaft *in namen vnd vorweßen beider meiner gnedigen herren, der marggrauen von Branndemburg ... aufgetreten war, mit urteil aberkannt darumb, daz der cleger von der herren wegen geladen vnd nit gewalt von ine* [als Privatkläger] *beweist hat*[8]. Wenn also zwischen den Landgerich-

---

es freilich in der Rechtswirklichkeit nie ganz realisieren konnte"; Ernst Schubert, Albrecht Achilles, Markgraf und Kurfürst von Brandenburg 1414–1486, in: Fränkische Lebensbilder 4, hg. v. Gerhard Pfeiffer, Würzburg 1971, S. 146: „... es [das Kaiserliche Landgericht Burggraftums Nürnberg] war ... nicht zu einer aktiven Territorialisierung verwendbar"; Günther Schuhmann, Die Markgrafen von Brandenburg-Ansbach (Jahrbuch des Historischen Vereins für Mittelfranken 90), Ansbach 1980, S. 42: „Zurückgreifend auf die Rechtstheorie der Überterritorialität dieses Landgerichts ... wollte [Mkgf. Albrecht Achiles] mit der Ausweitung dieses kaiserlichen Gerichts seine Macht und seinen Einfluß in die benachbarten Territorien vorschieben" und (S. 338) habe erwartet, daß das Landgericht „als ein höchstes Reichsgericht von jedermann angerufen werden und jeden irgendwo anhängigen Prozeß an sich ziehen zu können"; Reinhard Seyboth, Art. „Albrecht Achilles", in: Stadtlexikon Nürnberg, hg. v. Michael Diefenbacher, Rudolf Endres, Nürnberg 1999, S. 56: Scheitern des Versuchs, „mit Hilfe des Kaiserlichen Landgerichts Burggraftums Nürnberg die Vorherrschaft in Franken zu erringen ...".

[4] Gerhard Theuerkauf, in: Handwörterbuch der deutschen Rechtsgeschichte (HRG), Bd. 2, Berlin 1978, Sp. 1375f.

[5] Elmar Wadle, in: HRG, Bd. 1, Berlin 1971, Sp. 1787.

[6] Dort erneuerte König Sigmund 1417 den Herzögen Ernst und Wilhelm III. von Baiern-München und Heinrich dem Reichen von Baiern-Landshut ein Evokationsprivileg Karls IV. gegenüber dem königlichen Hofgericht, kaiserlichen Landgerichten u.a. fremden Gerichten, ausgenommen bei Rechtsverzug; StAN, Fsm. Ansb., Gemeinbücher 4, fol. 41.

[7] Die Bischöfe Albrecht zu Bamberg und Johann zu Würzburg verglichen sich 1419 mit Burggraf Johann III. zu Nürnberg und Markgraf Friedrich I. zu Brandenburg über die gegenseitige Abweisung unzuständiger Klagen an ihre Landgerichte, es sei denn bei Rechtsverzug; StAN, Fsm. Ansb., Würzburger Bücher 1, fol. 13.

[8] StAN, Fsm. Ansb., Ksl. Landgericht Burggraftums Nbg. 117, fol. 363'.

ten des Hochstifts Bamberg beziehungsweise des Hochstifts Würzburg/Herzogtums Franken und Nürnberg Klagen aus dem jeweils jenseitigen in den jeweils diesseitigen Gerichtssprengel getragen wurden, dann geschah das nicht durch die beteiligten Gerichte, sondern durch Streitparteien. Die häufige Klage des diesseitigen Gerichtsherrn gegen das jenseitige Landgericht war offenbar nie eine Klage Erster Instanz, sondern die Gegenklage gegen die unzuständige Annahme einer Klage aus dem Gerichtssprengel des Klägers, wie sie zwischen allen Landgerichten andauernd vorkamen. Zulässig war die Mißachtung des forum domicilii (Recht des Beklagten, vor das für seinen Wohnsitz zuständige Gericht geladen zu werden) immer dann, wenn ein Kläger seine Ansprüche zwar vor Gericht gegen einen Beklagten durchsetzen konnte, seine Schäden aber dennoch nicht ersetzt bekam[9] (für die Durchsetzung ihrer Urteile fehlten vor allem den niederen Gerichten oft die verhältnismäßigen Zwangsmittel), und bei Rechtsverzug.

Gegenüber dem seit 1248 bambergischen Gericht auf dem Rotpach hat das Kaiserliche Landgericht Burggraftums Nürnberg in der Zeit der Bischöfe Albrecht (Graf von Wertheim) und Friedrich III. (von Aufseß) bis 1431 unterschiedlich agiert. Einerseits wird zeitweise eine fast beherrschende Stellung bemerkbar, wie an zahlreichen Klagen zu sehen ist, die aus dem Hochstiftsterritorium an das Kaiserliche Landgericht Burggraftums Nürnberg gebracht und da unbeanstandet verhandelt wurden[10]. Ein Anlaß war vermutlich die mehrfach zu beobachtende Unterbesetzung des Bamberger Landgerichts, das häufig zwar mit einem ritterbürtigen Richter, nicht aber mit ebenbürtigen Urteilern – diese durften keine Untergenossen sein (siehe unten) – besetzt war[11], was Burggraf Johann III. 1408 veranlaßte, abschätzig von dem Bamberger Gericht zu sprechen, *daz sie nennen ein lantgericht*[12]. Die Gerichtsbesetzung an sich wird in der Zeit von Albrecht Achilles noch eine Rolle spielen; unter Bischof Anton (von Rotenhan, 1431–1459) wurden die Formalien in Bamberg beachtet[13], was sich in der Abweisung zahlreicher Klagen aus dem Bamberger Landgerichtssprengel durch das Kaiserliche Landgericht Burggraftums Nürnberg spiegelt[14]. Dieser Bischof galt politisch als zollernfreundlich[15], was sich unter dem Druck des Domkapitels

---

[9] Z. B. 1447 VIII 21: Kläger hatte beim Landgericht Bamberg Recht erhalten, der Beklagte bleibt eine Schuld über Jahr und Tag weiter schuldig; StAN, Fsm. Ansb., Ksl. Landgericht Burggraftums Nbg., 117, fol. 147'.

[10] StAN, Fsm. Ansb., Ksl. Landgericht Burggraftums Nbg. 201–203; dagegen wurden geistliche, Diener- und Lehensachen immer an die zuständigen Bamberger Gerichte verwiesen, ebd. 203, fol. 11', 82, 238 u.a.; unzuständige Klagen vom Kaiserlichen Landgericht Burggraftums Nürnberg zum Bamberger Landgericht waren eher selten (z. B. StAN, Fsm. Ansb., Ksl. Landgericht Burggraftums Nbg. 201, fol. 53, 55', 151, 175'f).

[11] StAN, Fsm. Ansb., Ksl. Landgericht Burggraftums Nbg. 201, fol. 175', 246.

[12] StAN, Fsm. Ansb., Ksl. Landgericht Burggraftums Nbg. 111, fol. 128'.

[13] Z. B. ist das Bamberger Landgericht 1445 IV 26 mit Ritter Albrecht von Giech als Landrichter und den ritterbürtigen Urteilsprechern Hans von Wiesenthau zu Krügelstein, Hans Cristaner zu Waischenfeld, Ott von der Cappel u.a., nicht genannten, besetzt.

[14] StAN, Fsm. Ansb., Ksl. Landgericht Burggraftums Nbg. 116, fol. 273' (1444), 205, fol. 122', 380 (1444/45), 117, fol. 138 (1447), 209, fol. 103, 231' (1458/59) und weitere.

[15] Alois Gerlich, Hochstift Bamberg, in: Max Spindler (Hg.), Handbuch der Bayerischen Geschichte, Bd. 3, München 1971, S. 286.

beim Nachfolger, Bischof Georg I. (v. Schaumberg), grundlegend änderte, der sich 1460 auf die Seite von Würzburg stellte; mit dem Domkapitel mußten sich die markgräflichen Brüder 1464 auf die (ohnehin praktizierte) Rückverweisung beiderseits unzuständiger Klagen, vor allem das dompropsteiische Amt Fürth betreffend, förmlich einigen[16].

Im Verhältnis zum Landgericht Herzogtums Franken-Würzburg hielten sich die unzuständigen Ladungen und Abforderungen vom einen in den anderen Sprengel ungefähr die Waage[17]. 1439 vereinbarten die Gerichtsherren, daß kein Landrichter Leute aus dem fremden Landgericht laden solle, es sei denn bei offenkundigem Rechtsverzug über sechs Wochen und drei Tage (das war der Zeitraum von drei aufeinanderfolgenden Gerichtsterminen)[18]. Schwerwiegender als die sich ständig wiederholenden Parteiklagen über die Sprengelgrenzen hinaus, gegen die sich die Markgrafen gegenüber Würzburg auch in der Zeit des Ruhens des Kaiserlichen Landgerichts Burggraftums Nürnberg erfolgreich wehrten[19], waren die auf ein Herzogtum Franken gerichteten Jurisdiktionsansprüche Würzburgs, gegen die sich Markgraf Albrecht Achilles 1458 wehrt: *... als Ir furo schreibt, wie wir warlichen wissen mögen, das Ir vnd Ewr stifft das lanntgericht des herczogthumbs zu Francken habend, wissen wir warlich, das Ir oder Ewr stifft weder mit geistlichen oder werntlichen gerichten nicht auff halben teyl des herczogthumbs zu Francken zu richten noch herbracht habt ...*[20], was zusätzlich eine deutliche Anspielung auf die Würzburger Ansprüche gegenüber Bamberg war. Der Protest zeigt aber auch, daß der Markgraf die Bestätigung seiner landgerichtlichen Rechte durch Kaiser Friedrich III. und die einmalige Bezeichnung als „Herzog in Franken" durch Papst Pius II. 1456[21] nicht überbewertet haben kann. Vielmehr waren seine Absichten darauf gerichtet, sich mit Würzburg auf die Aisch und ihre Quellbäche als Trennmarke der Landgerichte zu verständigen; 1458 wird speziell *die Bergler steyg* genannt, um 1470 und 1483 wird allgemein von der Aisch als Sprengelgrenze gesprochen[22].

---

[16] StAN, Fsm. Ansb., Gemeinbücher 4, fol. 78'.

[17] Diese kamen häufig in Grenzgebieten vor wie um Münchaurach (z. B. StAN, Fsm. Ansb., Ksl. Landgericht Burggraftums Nbg. 112, fol. 323) oder Prichsenstadt (ebd. 115, fol. 145; Akten 44); vgl. auch Merzbacher, Judicium (wie Anm. 3).

[18] StAN, Fsm. Ansb., Würzburger Bücher 6, fol. 38'f.

[19] StAN, Fsm. Ansb., Ksl. Landgericht Burggraftums Nbg., Akten 44, mit mehreren Fällen. Als fora rei sitae dienten auf ansbachischer Seite die Ämter oder das Hofgericht, nachdem anfangs ein ritterbürtiger markgräflicher Schöffe zum Landgericht Würzburg abgeordnet wurde: 1464 VIII 22 ersucht Mkgf. Albrecht Achilles den Würzburger Bischof, anstelle des todkranken Hans Münch von Rosenberg beziehungsweise nach dessen Tod den Wolf Odenberger (ältere Genealogie bei Gustav Voit, Der Adel an der Pegnitz (Freie Schriftenreihe der Gesellschaft für Familienforschung in Franken 20), Neustadt a.d. Aisch 1979, S. 140–142) zum Würzburger Landgericht einzuberufen (StAN, Fsm. Ansb., Ksl. Landgericht Burggraftums Nbg., Akten 44).

[20] StAN, Fsm. Ansb., Ksl. Landgericht Burggraftums Nbg., Akten 44, fol. 3.

[21] Gerlich, Bamberg (wie Anm. 15), S. 302.

[22] StAN, Fsm. Ansb., Ksl. Landgericht Burggraftums Nbg., Akten 44 (gemeint ist Markt Bergel, LK Ansbach).

Ungeachtet anderweitiger politischer Querelen, von denen hier nicht die Rede ist, lassen sich auch gegenüber dem Nürnberger Stadtgericht Inkorrektheiten von seiten des Kaiserlichen Landgerichts Burggraftums Nürnberg unter Markgraf Albrecht Achilles nicht behaupten[23], die auch deswegen nur schwer hätten entstehen können, als gewohnheitsmäßig zu den Landgerichtsschöffen zwei Personen aus dem Nürnberger Rat beziehungsweise Patriziat gehörten[24], die das zu verhindern gewußt hätten.

Eine ganz andere Qualität hatte der Streit zwischen Markgraf Albrecht Achilles und den Herzögen Ludwig VII. von Baiern-Ingolstadt sowie Heinrich und Ludwig den Reichen von Baiern-Landshut beziehungsweise deren Landgerichten Graisbach und (weniger beziehungsweise gar nicht ins Gewicht fallend) Hirschberg und Sulzbach. Er hat eine lange Vorgeschichte, die für Albrecht Achilles 1472 in ungenauer Erinnerung so aussah, als habe König Sigmund auf dem Konstanzer Konzil dem Landgericht Graisbach Ewiges Schweigen auferlegt und es auf die Gerichtsbarkeit über die im Sprengel ansässigen Bauern beschränkt[25]. So war es allerdings nicht.

Das Landgericht Graisbach, das ein Reichslehen der Grafen von Lechsgemünd-Graisbach war, kam 1302/04 durch Kauf an Graf Gebhart von Hirschberg und nach dessen Tod im Vertrag von Gaimersheim 1305 samt dem Landgericht Hirschberg an Baiern[26]. 1307 erlangte Baiern auch für das Landgericht Hirschberg eine kaiserliche Belehnung[27], so daß das Kaiserliche Landgericht Burggraftums Nürnberg im Süden und Südosten seines Sprengels zwei Kaiserlichen Landgerichten in der Hand Baierns gegenüberstand. Mit dem Landgericht Graisbach, dessen Sprengel nach Norden bis Spalt und Schwabach reichte[28], begannen in der Zeit, als Herzog Ludwig VII. von Baiern-Ingolstadt (regiert 1413–1443, gest. 1447 in der Gefangenschaft von Baiern-Landshut) Gerichtsherr war, langjährige Auseinandersetzungen, in denen Herzog Ludwig versuchte, seine Herrschaft auszudehnen (was in diesem Zusammenhang im einzelnen nicht interessiert); dabei beabsichtigte er offenbar, das Graisbacher Landgericht politisch einzusetzen[29], doch gelang ihm das ebensowenig wie es später Albrecht Achilles hätte gelingen können, wenn die ihm nachgesagte Instrumentalisierung des Kaiserlichen Landgerichts Burggraftums Nürnberg zu ähnlichen

---

[23] Beispiele sind enthalten in StAN, Fsm. Ansb., Ksl. Landgericht Burggraftums Nbg. 117, fol. 10 (1447), 227, 232', 245 u. ö. (1448), 119, fol. 7' (1454); StAN, Fsm. Ansb., Bayeriche Bücher 6, fol. 193, 194, 222.

[24] StAN, Fsm. Ansb., Ksl. Landgericht Burggraftums Nbg., Akten 27.

[25] Felix Priebatsch (Hg.), Politische Correspondenz des Kurfürsten Albrecht Achilles I (1470–1474), Leipzig 1894, S. 364.

[26] Josef Heider, Art. „Graisbach", in: Handbuch der Historischen Stätten Deutschlands 7: Bayern, Stuttgart ³1961, S. 246 f.

[27] Heinrich Otto Müller, Das „Kaiserliche Landgericht der ehemaligen Grafschaft Hirschberg" – Geschichte, Verfassung und Verfahren (Deutschrechtliche Beiträge 7, Heft 3) 1911, S. 208 f.

[28] Heider, Art. „Graisbach" (wie Anm. 26).

[29] So wurden Klagen beim unzuständigen Landgericht Graisbach nicht an zuständige Gerichte verwiesen, wie 1419 eine Klage aus Dinkelsbühl zeigt (StAN, Fsm. Ansb., Ksl. Landgericht Burggraftums Nbg. 202, fol. 437'), Achtsprüche gegen Leute des Bischofs von Eichstätt, des Ansbacher Markgrafen, des Grafen zu Oettingen, des Abts von Kaisheim u.a. erlassen sowie in den aufgeführten Territorien unberechtigt Steuern (Hunde-, Jäger-, Vogelgeld u.a.) erhoben (StAN, Hst. Eichstätt, Urkunden 1420 IV 1).

Zwecken möglich gewesen wäre. Bei der Abwehr des Landgerichts Graisbach durch die Nürnberger Burg-, dann Ansbacher Markgrafen standen für diese nicht politische Ansprüche, sondern die Verfassung des Graisbacher Gerichts im Vordergrund.

An die Besetzung von Gerichten mit ziviler hoher Gerichtsbarkeit (Land-, Hofgerichte) waren wegen der ständischen Qualität von möglicherweise auftretenden Streitparteien strenge Anforderungen gestellt, weil im deutschen Recht niemand von einem Untergenossen (d. i. ihm ständisch nicht wenigstens Ebenbürtigen) gerichtet werden durfte, was sowohl für den Richter als Gerichtsvorsitzenden wie für die Schöffen als Rechtsprecher galt[30]. Das wird 1320 in einem Weistum für das Landgericht Hirschberg so präzisiert, daß der Gerichtsvorsitzende Angehöriger des Herrenstandes und zu seinen Tagen gekommen (d.i. nicht nur rechts-, sondern auch prozeßfähig) sein müsse und daß als Rechtsprecher sieben „Ritter oder des Reiches Erbbürger" (davon aber höchstens zwei, wie auch in Nürnberg[31]) anwesend sein müssen[32]. Diesem Anspruch genügte das Landgericht Graisbach schon zu Beginn des 15. Jahrhunderts nicht mehr, weil sich kein Graf oder Freiherr für den Gerichtsvorsitz und für die Bank der Urteiler nicht die genügende Zahl von (sieben) Rittern fand. König Rupprecht erlaubte daher den Herzögen Stephan III. und Ludwig dem Gebarteten von Baiern-Ingolstadt 1404, den Gerichtsvorsitz einem Ritter anzuvertrauen und anstelle von Rittern „ehrbare Knechte, die Wappengenossen wären" (also Ritterbürtige ohne Ritterschlag) zum Schöffenamt zu bestellen[33]. Als sich auch das nicht durchhalten ließ, wandten sich Rechtsuchende an das Kaiserliche Landgericht Burggraftums Nürnberg, welches die Klagen des offenkundigen Notstands halber auch annahm, woraufhin Herzog Ludwig VII. das Landgericht Graisbach mit dem Landgericht Hirschberg 1408 vorübergehend zusammenlegte[34]. Vermutlich wegen der fehlenden königlichen Bestätigung wurde das Graisbacher Landgericht bald wieder selbständig tätig, ungeachtet seiner Mängel, wie verschiedene Klagen aus dem Kaiserlichen Landgericht Burggraftums Nürnberg zeigen[35]. Es fand sich bald ein Anlaß,

---

[30] Schwabenspiegel, Landrecht 86 sagt: *ez mag mit rehte kein gebure rihter gesin*; Unfreie (bezieht sich auf die Ministerialität) mußten zuvor freigelassen werden (Freisinger Rechtsbuch von 1328 Art. 26a); Abweichungen bedurften der königlichen Privilegierung, wie 1405 von König Rupprecht für die oberpfälzischen Landgerichte Amberg, Burglengenfeld, Nabburg u. Neunburg v. W. (August Scherl, Verfassung und Verwaltung der Stadt Nabburg bis zum Ausgang des 16. Jahrhunderts, München 1954, S. 144) oder 1379 von König Wenzel für Herzog Leopold III. zu Österreich beziehungsweise dessen Landgerichte (Friedrich Merzbacher, Art. „Landgericht", in HRG 2, Sp. 1497).

[31] In Nürnberg war das Patriziat, „des reichs burger" (StAN, Reichsstadt Nürnberg, Landpflegamt, Urkunden 1396) zur Gerichtshilfe (Tätigkeit als Schöffe) am Landgericht befugt.

[32] Bayerisches Hauptstaatsarchiv (BayHStA), Neuburger Kopialbücher 5, fol. 101; Hans Kalisch, Die Grafschaft und das Landgericht Hirschberg, in: Zeitschrift für Rechtsgeschichte, Germanistische Abteilung 34, 1913, S. 164; Müller, Landgericht (wie Anm. 27), S. 234, 240; „Ritter" bezeichnet einen Ritterbürtigen (d.h. von Geburt Adeligen, der den Ritterschlag erhalten hat).

[33] BayHStA, Fsm. Pfalz-Neuburg Alte Landgerichte, Urkunden 52/1; die Erlaubnis wurde 1415 von König Sigmund bestätigt (ebd., Urkunden 64).

[34] BayHStA, Fsm. Pfalz-Neuburg, Kopialbücher 5, fol. 237f u. 327'.

[35] Z. B. StAN, Fsm. Ansb., Ksl. Landgericht Burggraftums Nbg. 202, fol. 281' f., 310' f. (1418 X 19 und XII 20); 1419 ließ sich Markgraf Friedrich I. deshalb sogar von seinem Kaiserlichen Landgericht Burggraftums Nürnberg mit Bestätigung durch das königliche Hofgericht Anleite auf Herzog Ludwigs Städte und Vesten Hilpoltstein, Freystadt, Höchstadt und Holnstein erteilen.

rechtlich gegen das Landgericht Graisbach vorzugehen; als es (unvorsichtigerweise) Anfang 1420 eine Klage auf die Eichstätter Domherrenpfründe des königlichen Sekretärs Mr. Peter von Heldburg annahm und verhandelte, wurde König Sigmund aktiv, bei dem sich gleichzeitig Markgraf Friedrich I. zu Brandenburg, Graf Ludwig zu Oettingen, Bischof Johann von Eichstätt und der Abt von Kaisheim *mit schryenden růffen* über Herzog Ludwigs Landgerichte Graisbach, Hirschberg und Höchstätt beklagt hatten, und hob die genannten drei Gerichte auf, *bis uf vnser oder vnserer nachkomen Rŏmischer keiser oder Kůng wolgeuallen ...*[36], das schon bald wiederhergestellt war. Dies sind die Vorgänge, die Markgraf Albrecht Achilles 1472 in nur vager Erinnerung hatte, doch sie hatten weder etwas mit dem Konstanzer Konzil zu tun noch das Ewige Schweigen des Landgerichts Graisbach bewirkt[37].

Die Querelen mit dem Landgericht Graisbach, vor allem dessen nicht dem Rechtsempfinden der Zeit entsprechende Mängel in der Gerichtsbesetzung haben, da sie nie zufriedenstellend behoben wurden, auf Markgraf Albrecht Achilles einen nachhaltigen Eindruck gemacht. Er selbst war sich nämlich seiner Pflichten als Gerichtsherr sehr bewußt und hat sein Landgericht dann, wenn die ordentliche Besetzung nicht gewährleistet war, ruhen lassen.

Der erste Fall, der sich feststellen läßt, trat im Juni 1449 ein. Der die Session in der Schranne Cadolzburg am 9. Juni betreffende Eintrag im Achtbuch schließt mit dem Vermerk *... et sic judicia cessaverunt propter gwerras*[38], und erst am 15. Januar 1451 kommt es zur *resumptio judiciorum post gwerras*[39]. Der zweite Fall vor der Jahrzehnte andauernden Einstellung des Kaiserlichen Landgerichts Burggraftums Nürnberg 1460 bis 1490 begab sich für sechs Wochen im Sommer 1458, wie ein Eintrag des Landschreibers Jorg Spengler im einschlägigen Gerichtsbuch[40] zeigt: *Hic aliqua vacarunt judicia, videlicet feria secunda ante Magdalene* [17. Juli] *et secunda post Bartholomei* [28. August] *ob discordiam dominii* [übergeschrieben: Joh. Horneck et] *et coheredum castri Widern quod per dominum Albertum marchionem Branndburgensis medio tempore propter certa forefacta et rapinas expugnatum est.* Beidemale, sowohl im Ersten Markgrafenkrieg (während dessen Dauer der Gerichtsort Nürnberg nicht zugänglich war[41]) wie bei dem gemeinsam mit Graf Ulrich V. von Württemberg unternommenen Feldzug gegen den mit Herzog Ludwig dem Reichen verbündeten Horneck von Hornberg dem Jüngeren nach Widdern[42] war die Unmöglichkeit, das

---

[36] StAN, Hst Eichstätt, Urkunden 1420 IV 1.

[37] Ungeachtet des Vertrags auf dem Feld bei Roth 1460 (StAN, Fsm. Ansb., Ksl. Landgericht Burggraftums Nbg., Akten 58) hörten die Graisbacher Übergriffe vor allem während des Ruhens des Landgerichts Burggraftums Nürnberg nicht auf, vgl. StAN, Fsm. Ansb., Bayerische Bücher 6, fol. 18' ff. (1472), 85' (1473). Zu einer relativen Beruhigung kam es erst 1474 (ebd. fol. 129).

[38] StAN, Fsm. Ansb., Ksl. Landgericht Burggraftums Nbg. 273, fol. 71'.

[39] StAN, Fsm. Ansb., Ksl. Landgericht Burggraftums Nbg. 273, fol. 71'.

[40] StAN, Fsm. Ansb., Ksl. Landgericht Burggraftums Nbg. 119, fol. 303.

[41] Über die zunehmenden Termine an anderen Schrannen siehe Schuhmann, Markgrafen (wie Anm. 3); 1447 (StAN, Fsm. Ansb., Ksl. Landgericht Burggraftums Nbg. 117) fand in Nürnberg kein einziger Termin statt.

[42] Zu Horneck von Hornberg d.J. vgl. Hermann Ehmer, Horneck von Hornberg – Raubritter oder Opfer fürstlicher Politik?, in: Kurt Andermann (Hg.), „Raubritter" oder „Rechtschaffene vom Adel"? – Aspekte von Politik, Friede und Recht im späten Mittelalter (Oberrheinische Studien 14), Sigmaringen 1997, S. 65–88; Zu dem Vorfall von 1458 vgl. Constantin Höfler (Hg.), Des Ritters Ludwig von Eyb Denkwür-

Kaiserliche Landgericht Burggraftums Nürnberg ordnungsgemäß (d.i. mit einem Ritter als Vorsitzenden, Ritterbürtigen und Erbbürgern als Rechtsprecher, Anleitern und Fürsprechen[43]) zu besetzen, weil die geeigneten Personen nicht zur Verfügung standen, der Anlaß für die Stillegung des Gerichts.

Es ist somit festzuhalten, daß, wenn Markgraf Albrecht Achilles an die Verfassung des eigenen Landgerichts sehr hohe Anforderungen stellte, er gute Gründe hatte, dies auch gegenüber notorisch mißbesetzten benachbarten Landgerichten wie vor allem Graisbach zu tun, noch dazu, wenn aus diesem heraus fortwährend Handlungen erfolgten, welche die Rechte des Kaiserlichen Landgerichts Burggraftums Nürnberg massiv beeinträchtigten.

Auf die andere, in die weite Ferne des Reiches (*vice imperatoris omne judicium judicans presidebit*) zielende Frage nach den Möglichkeiten des Markgrafen, mit Hilfe des Kaiserlichen Landgerichts Burggraftums Nürnberg Herzog in Franken zu werden oder seine Herrschaft, bevor er 1470 Kurfürst wurde, auf eine der Reichsverfassung zuwiderlaufende Art auszudehnen, kann mit der eingangs erwähnten Aussage des Eichstätter Bischofs, daß das Kaiserliche Landgericht Burggraftums Nürnberg *des heyligen römischen reichs freygericht eins ist*, vielleicht eine befriedigende Antwort gegeben werden. Die so formulierte Bezeichnung des Kaiserlichen Landgerichts Burggraftums Nürnberg war, wie zu sehen war, die direkte Folge einer Auseinandersetzung mit einem Freistuhl der Westfälischen Feme, wie sie um die Mitte des 15. Jahrhunderts agierte[44], und stellte Kaiserliches Landgericht Burggraftums Nürnberg und Feme gleich, soweit es den überterritorialen Anspruch betraf, der sich aus der königlichen Bannleihe (wie bei den anderen Kaiserlichen Landgerichten an den Gerichtsherrn, nicht an den Landrichter) ergab, mehr allerdings nicht. Die Art der Bannleihe allein hätte das Kaiserliche Landgericht Burggraftums Nürnberg nicht über die anderen Kaiserlichen Landgerichte herausgehoben, wenn nicht das Privileg König Rudolfs von 1273 wäre. Die Frage verengt sich darauf, welche sachliche Kompetenz das Kaiserliche Landgericht Burggraftums Nürnberg in der Praxis daraus ableiten konnte. Erkennbar sind zwei Aspekte, nämlich der Anspruch auf Entgegennahme aller (landgerichtlichen) Klagen in gewissermaßen zweiter Instanz bei Rechtsverzug[45], und die Verhängung von Acht und Aberacht.

---

digkeiten brandenburgischer (hohenzollerischer) Fürsten (Quellensammlung für Fränkische Geschichte, hg. v. Historischen Verein Bamberg), Bd. 1, Bayreuth 1849, S. 125f.; Werner Heim, Art. „Widdern" (Kr. Heilbronn), in: Handbuch der Historischen Stätten Deutschlands 6: Baden-Württemberg, Stuttgart 1965, S. 746.

[43] So auch in Markgraf Albrecht Achilles' „Erster reformacion über das landgericht" von 1447 (StAN, Fsm. Ansb., Herrschaftliche Bücher 17, fol. 13'–18', hier fol. 18).

[44] Richard Gimbel, Art. „Feme", „Femegerichte", in HRG 1, Sp. 1100–1103; in die Nähe der Feme wird das Kaiserliche Landgericht Burggraftums Nürnberg schon gerückt von Franz Ruf, Acht und Ortsverweis im alten Land- und Stadtgericht Nürnberg, in: MVGN 46, 1955, S. 22.

[45] Dafür enthalten die Gerichtsbücher und Akten des Kaiserlichen Landgerichts Burggraftums Nürnberg, ebenso StAN, Fsm. Ansb., Würzburger Bücher 1, fol. 3, 13 oder 6, fol. 38'f. zahlreiche Beispiele. Die jeweils jenseitigen Gerichtsherrschaften sind z. B. Stadt Zürich (1440), Hochstift Freising (1448), Grafschaft Oettingen (1440), Hochstift Mainz (1440), Grafschaft Henneberg (1446), Zisterze Heilsbronn (1446; das Kloster war samt seinen Hintersassen seit 1398 in persönlichen Sachen von Ladungen vor das Kaiserliche Landgericht Burggraftums Nürnberg befreit (StAN, Fsm. Ansb., Ksl. Landgericht Burggraftums Nbg. 202; Klagbuch, Innenseite des vorderen Einbandes)), Grafschaft Württemberg (1447), Herzogtum Baiern – Landgericht Sulzbach (1447), Hochstift Bamberg (1459) u.a.

Das Recht der Achtverhängung war die folgenreichste Kompetenz, die ein überterritoriales Landgericht haben konnte. Zwar konnte jedes Landgericht, sei es territorial wie die von Bamberg und Würzburg, oder Teil eines Territoriums wie die baierischen Landgerichte, Acht und Aberacht verhängen, doch galten die betreffenden Sprüche nur für den Gerichtssprengel und waren schon im benachbarten wirkungslos. In Franken hatte das Landgericht Rothenburg am Ende des 13. Jahrhunderts die Achtgerichtsbarkeit über ganz Franken beansprucht, die Möglichkeit der Durchsetzung aber schon 100 Jahre später verloren[46]. Dem Kaiserlichen Landgericht Burggraftums Nürnberg dagegen eröffnete das Privileg von 1273 den Weg, über die Achtgerichtsbarkeit in das ganze Reich zu wirken, und das war in der Praxis die einzige Wirksamkeit, die ihm vor anderen Landgerichten, die Feme ausgenommen, eröffnet war beziehungsweise die es sich selbst zuschrieb.

Die Folgen der unbegrenzten Achtgerichtsbarkeit konnten beträchtlich sein. So durfte der Achtkläger, wenn er mit Acht- und Vollbrief ausgestattet war[47], mit eigener Hand gegen einen Privatächter vorgehen, um ihn vor Gericht zu bringen, ohne daß ihm das als unerlaubte Fehde- oder Frevelhandlung ausgelegt werden konnte. Für den Fall der Ächtung einer ganzen Korporation (zum Beispiel einer Stadt) war das für jeden einzelnen ihrer Angehörigen fatal, weil er in der Regel mit Person und Gut für die Gemeinschaft haftete. Städte waren dann in der Wahrnehmung ihrer Rechte schwer behindert, weil auf Dauer der Ächtung etwa das Stadtgericht lahmgelegt war, da Ächter nicht richten durften[48]. Im Fall der Aberacht, die nach Mahnung eintrat, wenn die einfache Acht nicht binnen Jahr und Tag gelöst war, konnte bei Nichtlösung der Kirchenbann mit (für die Stadt peinlichem) Interdikt hinzukommen. Und schließlich waren die Kosten für die Aufhebung der Acht (Achtschatz) nicht unerheblich.

Vor diesem Hintergrund ist der Vertrag zu sehen, der auf Betreiben Kaiser Friedrichs III. zwischen 1456 und 1458 zwischen Markgraf Albrecht Achilles (mit Zustimmung seiner Brüder) und den Reichsstädten Augsburg, Ulm, Nördlingen, Schwäbisch Hall, Schwäbisch Gmünd, Memmingen, Donauwörth, Giengen, Aalen und Bopfingen zustandekam[49]. Er sah vor, daß das Kaiserliche Landgericht Burggraftums Nürnberg Klagen aus diesen Städten nur annehmen dürfe, wenn innerhalb sechs Wochen drei Tagen nicht dort über sie verhandelt würde, daß Kläger an das forum rei sitae oder an das forum domicilii des Beklagten zu weisen seien, und zwar, bevor es am Kaiserlichen Landgericht Burggraftums Nürnberg zu Anleit oder Acht kommen

---

[46] Merzbacher, Judicium (wie Anm. 3), S. 33, 36.

[47] Acht- und Vollbriefe wurden von dem Gericht, welches die Acht oder Aberacht verhängt hat, ausgestellt und dem Kläger ausgehändigt (StAN, Fsm. Ansb., Ksl. Landgericht Burggraftums Nbg., Achtbuch, fol. 87'). Kosten sind in der Reformation von 1447, vgl. StAN, Fsm. Ansb., Herrschaftliche Bücher 17, fol. 14' f., zusammengestellt. Die Differenz zum Gebrauch der Zeit um 1458 in der Abrechnung des Landschreibers Jorg Spengler bis 4. März 1460 erklärt sich daher, daß die Höhe der Taxe für die Ächtung von Städten und Gemeinden in das Belieben des Kaiserlichen Landgericht Burggraftums Nürnberg gestellt war (StAN, Fsm. Ansb., Ksl. Landgericht Burggraftums Nbg., Akten 100).

[48] StAN, Rst. Nbg., Kirchen und Ortschaften auf dem Land, Urkunden 124 (1454); 1469 mußte sich die Stadt Lübeck vor dem Kaiserlichen Kammergericht verantworten, weil sie – obwohl vom Landgericht Nürnberg in die Acht erklärt – ein Blutgerichtsurteil ausgesprochen hatte (StAN, Fsm. Ansb., Ksl. Landgericht Burggraftums Nbg., Urkunden 226).

[49] StAN, Fsm. Ansb., Herrschaftliche Bücher 17, fol. 22–26.

könne, und daß schließlich bestehende Ächtungen kassiert und die betreffenden Fälle an den Kaiser (Kammergericht) verwiesen werden sollten. Wie wichtig den Städten das gewesen zu sein scheint, zeigt sich daran, daß sie dafür die beträchtliche Summe von 12 000 Gulden an den Markgrafen gezahlt haben sollen[50]. Der Vertrag hat zunächst auch gewirkt, wie Jorg Spenglers Abrechnung zeigt[51], die für 1458 noch zwei Achtbriefe für Augsburg enthält, 1459 aber keine Ächtung einer schwäbischen Reichsstadt mehr erwähnt, dafür zum 14. Dezember 1458 eine Entlassung von Ulm aus Acht und Aberacht, wofür dieses 30 Gulden als Achtschatz zahlte[52].

Im übrigen aber erstreckten sich die Achterklärungen des Kaiserlichen Landgerichts Burggraftums Nürnberg über den ganzen deutschen Sprachraum (wobei ein gewisser Schwerpunkt im Südwesten lag, weil im Westen das Hofgericht Rottweil, nach Norden zu die Feme konkurrierte), wie zum Beispiel Ächtungen der Gemeinde Baden bei Zürich 1441 (nicht wirksam geworden, weil der Landbote Angst bekam, sie zuzustellen[53]), der Stadt Konstanz 1447 (nicht wirksam geworden, weil die Stadt vor der Rechtskraft an den Kaiser appelliert hatte[54]), von zwei Bürgern in Bern auf eine Klage aus Feldkirch 1452[55], der Hansestadt Lübeck zu unbekannter Zeit[56] zeigen; *in die höhsten, nemlich in die kampfacht* wurden zum Beispiel 1444 ein Einwohner in Thalerdorf bei Immenstadt im Allgäu, 1453 ein Bürger aus Amberg, 1459 ein Bürger von Kempten *geteilt vnd gesprochen*[57] – die Beispiele ließen sich vermehren.

Sehr lästig war es für einen Geächteten, daß seine Ächtung nur von demjenigen Richter (Gericht) aufgehoben werden konnte, der sie ausgesprochen hatte; das galt auch für Städte. Entgegen dem oben angeführten Vertrag von 1456/58 war 1465, also lange nach der Einstellung des Kaiserlichen Landgericht Burggraftums Nürnberg, noch eine von diesem gegen die Reichsstadt Ulm verhängte Ächtung in Kraft. Als Ulm im genannten Jahr eine Klage beim Hofgericht Rottweil einreichen wollte, verweigerte dieses wegen der Ächtung die Annahme und war auch nicht bereit, eine vom Kaiser, der wegen der Gerichtsruhe von Ansbach aus darum gebeten worden war, auszusprechende Absolution entgegenzunehmen, so daß diese dann doch in Ansbach, mangels des Kaiserlichen Landgerichts Burggraftums Nürnberg wohl qua Hofgericht, erteilt wurde[58]. Umgekehrt benötigte das Fürstentum Ansbach nun, um eine Ächtung zu erwirken, das Königliche Kammergericht[59].

---

[50] Überliefert bei Höfler, von Eyb (wie Anm. 42), S. 126f., und bei Wilhelm Vogel, Des Ritters Ludwig von Eyb d. Ä. Aufzeichnungen über das kaiserliche Landgericht des Burggraftums Nürnberg, Erlangen 1867, S. 44f.; in der Urkunde des kaiserlichen Kommissars Heinrich Marschall zu Pappenheim von 1458 I 15 (StAN, Fsm. Ansb., Herrschaftliche Bücher 5, fol. 81ff., hier fol. 83, ist nur von der *sum gelcz, wie abgeredet ist ...* die Rede.
[51] StAN, Fsm. Ansb., Ksl. Landgericht Burggraftums Nbg., Akten 100.
[52] StAN, Fsm. Ansb., Ksl. Landgericht Burggraftums Nbg., Akten 100, fol. 4'.
[53] StAN, Fsm. Ansb., Ksl. Landgericht Burggraftums Nbg. 273, Achtbuch, fol. 38.
[54] StAN, Fsm. Ansb., Ksl. Landgericht Burggraftums Nbg. 273, fol. 63'.
[55] StAN, Fsm. Ansb., Ksl. Landgericht Burggraftums Nbg. 273, fol. 76'.
[56] Wie Anm. 48.
[57] StAN, Fsm. Ansb., Ksl. Landgericht Burggraftums Nbg. 273, fol. 51, 84, 106.
[58] StAN, Fsm. Ansb., Ksl. Landgericht Burggraftums Nbg., Urkunden 225.
[59] StAN, Fsm. Ansb., Ksl. Landgericht Burggraftums Nbg., Urkunden 229.

Es sollte gezeigt werden und wurde wohl auch deutlich gemacht, daß das Kaiserliche Landgericht Burggraftums Nürnberg in keinem Fall, auch nicht als Achtgericht, dazu geeignet war, dem Gerichtsherrn zu einer Ausweitung seiner territorialen Hoheit zu verhelfen. Was jedenfalls die Handhabung seiner Gerichtsrechte angeht, war Markgraf Albrecht Achilles nicht der Reichsbösewicht, als den man ihn gelegentlich zu sehen geneigt war[60]. Seine politischen Absichten, Erwartungen und Wünsche darzustellen, war nicht die Absicht dieser Ausführungen und angesichts anderweitiger Untersuchungen in diesem Zusammenhang auch nicht nötig.

[60] Vgl. Anm. 3.

Hermann Fischer und Theodor Wohnhaas

Orgelbaubeziehungen zwischen Thüringen und Franken (um 1500 bis ins ausgehende 20. Jahrhundert)

Geographisch sind Thüringen und Franken zwei verschiedene Landschaften, die durch den herzynisch streichenden Thüringer Wald voneinander getrennt sind. Kernland Thüringens ist das Thüringer Becken nördlich von Erfurt, dessen Gewässer sich in der Unstrut sammeln, die sich nach Osten einen Weg in das Leipziger Becken zur Saale hin bahnt. Franken dagegen ist ein Teil der großen süddeutschen Schichtstufenlandschaft, durch die sich im Norden der Main mit seinen Nebenflüssen seinen charakteristischen Weg gesucht hat. Vom Fichtelgebirge ausgehend über den Franken- und Thüringer Wald verläuft über den Rennsteig bis zur Wartburg bei Eisenach die Wasserscheide zwischen den beiden Großlandschaften Franken und Thüringen. Aber der fränkische Teil wird durch eine zweite, kleinere Wasserscheide zwischen den Gleichbergen und der Vorderrhön nochmals in zwei Flußlandschaften zerlegt: in das Werraland, das nach Norden zur Weser entwässert, und das Mainland, das nach Westen zum Rhein entwässert. Das Werraland tendierte, wie die Geschichte zeigt, sprachlich und kulturell stärker nach Süden (Franken) und Westen (Hessen) und wurde erst seit der Reformation durch die stärkere politische Einbindung an die Zentrale in Weimar auch nach Osten hin orientiert.

Das Verbindungsglied zwischen dem Main- und Werraland ist das Grabfeld, das Zentrum der alten Grafschaft Henneberg zwischen Münnerstadt und Meiningen. Das Gebiet westlich davon stand weitgehend im Einzugsbereich der Fürstabtei Fulda, der Nordwesten auch im Bereich von Stift Hersfeld. Jenseits des Thüringer Waldes herrschte das Fürstengeschlecht der Wettiner zwischen Eisenach und Dresden in einem Territorium, das sich von der winkelförmigen Gebirgsgrenze von Thüringer Wald und Erzgebirge nach Norden in die Elbniederung erstreckte und als gemeinsamer Ursprung der Länder Thüringen und Sachsen gelten kann. Durch zahlreiche Erbteilungen im Laufe der Jahrhunderte entstand daraus schließlich bis zum Ende des Alten Reiches eine Gemengelage von kleinen Fürstentümern und Grafschaften im „ernestinischen" Westteil, von der nach der Flurbereinigung von 1815 immer noch neun Kleinstaaten übrig blieben, die sich erst 1920 ohne Coburg, das sich für den Anschluß an Bayern entschied, zu Thüringen zusammenschlossen.

Auch (Main-)Franken war kein einheitliches Staatengebilde, aber im Vergleich zu Thüringen weiträumiger gegliedert und vor allem durch die Jahrhunderte dank der vor Erbteilungen sicheren geistlichen Hochstifte Mainz, Würzburg, Bamberg und der Fürstentümer Kulmbach-Bayreuth und Ansbach auch territorial stabiler, in dem selbst die eingestreuten kleinen reichsritterschaftlichen und reichsstädtischen Gebiete kontinuierlich gedeihen konnten. Bis 1816 wurden alle diese Gebilde Bayern einverleibt (mit einigen Ausnahmen an Baden und Württemberg). Zwei thüringische Exklaven wurden erst später bayerisch: die coburgische um Königsberg in Franken 1920, und die weimar-eisenachische um Ostheim vor der Rhön 1945.

Die unterschiedlichen Herrschaftsstrukturen haben dann nach der Reformation zu ganz verschiedenen konfessionellen Entwicklungen geführt mit der Folge, daß sich sozusagen ein „geistiger Vorhang" zwischen beide Landschaften schob, der zwar die verschiedenen kulturellen Entwicklungen, vor allem im kirchlichen Bereich, deutlich machte, aber keineswegs (schon wegen der Gemengelage) so undurchlässig war etwa wie der spätere „eiserne Vorhang" zwischen 1945 und 1989. Auf diesem Hintergrund sind sowohl die Unterschiede als auch die Gemeinsamkeiten zwischen den beiden Orgelregionen Thüringen und Franken zu verstehen.

Die Beziehungen der beiden zueinander lassen sich auf drei verschiedene wirtschaftliche Austauschvorgänge zurückführen: 1. auf die Wanderungsbewegungen der Orgelbauer, in unserem Falle hauptsächlich von Nord nach Süd; 2. auf die im eigenen Herrschaftsbereich konzentrierte und privilegierte Orgelbautätigkeit, die infolge von Streulagen auch in eine andere Region als Exklave hineinragen kann; und 3. auf nachbarschaftliche oder überregionale Beziehungen, wenn ein Auftrag nach marktwirtschaftlichen Gesichtspunkten (Preis – Leistung – Nähe) oder an einen namhaften, wenn auch entfernten Meister vergeben wurde.

1. Wanderungsbewegungen von Orgelbauern

Schon in der vorreformatorischen Zeit sind Austauschbewegungen von Orgelbauern zwischen Franken und dem noch ungeteilten Kurstaat der Wettiner (Sachsen-Thüringen) festzustellen. Ein Beispiel wäre Linhard Lilgenweiß in Bamberg und später Bayreuth, der vor 1470 in Leipzig die Tochter eines ungenannten Orgelmachers geheiratet hat und dann ins Hochstift Bamberg übersiedelte[1]. Die umgekehrte Richtung ging Hieronymus Keilholz aus Nürnberg, der 1492 in Weimar und Torgau, dann 1498 in Langensalza tätig war, 1506 aber auch wieder in Nürnberg arbeitete[2]. Gehen wir zeitlich weiter zurück, so stoßen wir auf den Wanderorgelbauer Stephan Kaschendorff aus Breslau, der die Wege zwischen Schlesien, Sachsen (Dresden, Großenhain), Thüringen (Erfurt), Franken (Nürnberg) und Schwaben (Nördlingen, Augsburg) mehrfach zurücklegte[3]. Die großräumige Wirksamkeit einzelner Orgelbauer (Dinstlinger, Krebs, Mertz und andere) war zur damaligen Zeit keine Seltenheit. Es gab offenbar nur wenige Meister, die den Orgelbau vollständig beherrschten, aber sich der Zuarbeit von Schreinern und anderen Handwerkern bei der Herstellung bedienten, so daß sie verschiedene Orgelprojekte nahezu zeitgleich verwirklichen konnten. Soweit man es jetzt schon beurteilen kann, waren die Beziehungen zwischen unseren beiden benachbarten Landschaften vor der Reformation nicht nur durchgängig, sondern es gab auch noch keine landschaftlichen Unterschiede, was den Orgelbau betrifft[4].

---

[1] Karl Sitzmann, Künstler und Kunsthandwerker in Ostfranken, Kulmbach 1957, S. 346f.; Hans Hofner, Der ostfränkische Orgelbau. Geschichte und Ausstrahlungen auf andere Orgellandschaften, in: Archiv für Geschichte von Oberfranken 52, 1972, S. 5–116, hier S. 6f.; Hermann Fischer und Theodor Wohnhaas, Lexikon süddeutscher Orgelbauer (Taschenbücher zur Musikwissenschaft 116), Wilhelmshaven 1994, S. 234.

[2] Rudolf Wagner, Zur Geschichte der Orgeln in der Spitalkirche zu Nürnberg, in: Zeitschrift für evangelische Kirchenmusik 5, 1927, S. 251; Fischer und Wohnhaas, Lexikon (wie Anm. 1), S. 189.

[3] Friedrich Blume (Hg.), Die Musik in Geschichte und Gegenwart (künftig: MGG). Allgemeine Enzyklopädie der Musik, 17 Bde., Kassel u. a. 1949–1986, hier Bd. 16, Sp. 921f. (Franz Krautwurst); Fischer und Wohnhaas, Lexikon (wie Anm. 1), S. 187.

[4] Hermann Fischer, Der mainfränkische Orgelbau bis zur Säkularisation, in: Acta Organologica 2, 1968, S. 101–204, hier S. 110f., mit Dispositionsbeispielen Rothenburg, Schleiz, Weimar.

Der Fortschritt im Orgelbau setzte mit der Entwicklung der Schleiflade und der Registerscheidung nach etwa 1500 ein. Da die Orgel anfangs gleichsam als papistisches Überbleibsel galt, trat sie in den Gebieten, die die Reformation einführten, kurzzeitig in den Hintergrund, um dann in der zweiten Hälfte des 16. Jahrhunderts verstärkt in die evangelischen Hauptkirchen einzuziehen[5]. Für Thüringen seien einige Beispiele genannt: Langensalza 1535, Eisenberg 1538, Sondershausen und Neustadt/Orla 1544, Meiningen 1546, Ohrdruf 1559, Römhild vor 1563, Mühlhausen und Sömmerda 1564, Treffurt 1574, Schleiz 1580, Schmalkalden 1586, Heldburg 1587, Gotha 1588, Ilmenau und Treben 1594, Kindelbrück 1596, Lucka vor 1598, Nordhausen vor 1600. Im Laufe des 17. Jahrhunderts kamen auch die größeren Dorfkirchen in den Genuß einer Orgel, häufig beginnend mit der Aufstellung eines Positivs. Diese Entwicklung verlief in Thüringen und Franken parallel, in Thüringen wuchs die Orgeldichte jedoch schneller, weil hier die Orgel eine bedeutendere Funktion im evangelischen Gottesdienst hatte.

Eine erste Wanderungsbewegung von Norden nach Süden setzte in der zweiten Hälfte des 16. Jahrhunderts ein, allerdings weniger von Thüringen aus als vom angrenzenden sächsischen Vogtland-Erzgebirge-Raum ausgehend. Die Geschwister Matthias († 1587) und Kaspar Eckstein stammten aus Annaberg, gelangten nach Mainfranken, wo Matthias 1565 als Bürger in Heidingsfeld bei Würzburg aufgenommen wurde. 1584 heiratete er in dritter Ehe nach Kitzingen, das damals zum Fürstentum Ansbach gehörte, wo er auch als Organist tätig war. Er arbeitete hauptsächlich für die Klosterkirchen im Hochstift Würzburg: 1568 Amorbach, 1569 Ebrach, 1571 Heilbronn, vor 1576 Erfurt-Ursulinen, 1583 Würzburg, Hofkirche, und 1584 Ellwangen, um einige zu nennen, daneben in mehreren Stadtkirchen[6]. Sein Bruder Kaspar Eckstein zog um 1576 weiter nach Süden und ließ sich schließlich in Weil der Stadt nieder[7].

1546 transferierte der Orgelmacher Nickel Keppel aus Nürnberg die Meininger Klosterorgel in die Stadtkirche. Vermutlich ist er identisch mit dem Erfurter Nicolaus Kopff, der 1555 die Chororgel im dortigen Peterskloster vollendete und 1560 in Naumburg, St. Wenzel, die Orgel renovierte. Ob er oder ein gleichnamiger Sohn es war, der 1590 die Bälge der Erfurter Domorgel erneuerte, ist noch unklar. Mit Keppel/Kopff wird eine frühe Beziehung zwischen Erfurt und Nürnberg deutlich[8]. Von

---

[5] Hermann Fischer und Theodor Wohnhaas, Orgeln und Orgelbau in der evangelischen Kirche Bayerns, in: Zeitschrift für bayerische Kirchengeschichte 67, 1998, S. 81–119, bes. S. 84–87 (Orgelbau im Reformationszeitalter).

[6] Fischer, Mainfränkischer Orgelbau (wie Anm. 4), S. 115, sowie Fischer und Wohnhaas, Lexikon (wie Anm. 1), S. 76.

[7] Weitere Orgelmacher, die in dieser Zeit von Sachsen nach Nordostbayern zogen, waren Kaspar Sturm aus Schneeberg, der in Schwaben und Altbayern wirkte, und sein Landsmann Johannes Thech, der in Schwaben seinen Wirkungskreis fand.

[8] Johann Sebastian Güthen, Gründliche Nachrichten der ur-alten Stadt Meiningen, Gotha 1676, S. 242; Die Kunstdenkmale der Provinz Sachsen. Die Stadt Erfurt, Bd. 1, Burg 1929, S. 37, 564; Ulrich Dähnert, Der Orgel- und Instrumentenbauer Zacharias Hildebrandt, Leipzig 1960, S. 189.

Coburg kam Hans Hummel († 1630), der sich 1588 in Nürnberg einbürgern ließ und 1608 nach Krakau in Polen übersiedelte[9].

Von besonderer Bedeutung als Bindeglied zwischen Thüringen und Franken war Timotheus Compenius aus Königsberg in Franken, nachweisbar zwischen etwa 1590 und 1610. Er war der bei Praetorius[10] erwähnte Orgelmacher Timotheus, der „im Bisthumb Würtzburg in einem Münche Closter noch vor wenig Jahren eine solche Springladen ... aus einem sehr alten Werck, so ein Münch gemacht, genommen, vnd an deren statt hinwiderumb eine newe Lade mit Schleiffen darinn geleget". Er gehörte zu der berühmten Orgelbauerfamilie Compenius in Mitteldeutschland. Seine Tätigkeit reichte von Fritzlar bis Hof mit weiteren Orgelbauten in Bayreuth, Creußen und Kulmbach. Zuerst wohnte er bis etwa 1599 in Staffelstein, danach in Königsberg. Heute wird angenommen, daß der Umzug im Zusammenhang steht mit der in Staffelstein durchgeführten Gegenreformation. Heinrich Compenius der Ältere (um 1525–1611), mit dem er 1588/90 die Domorgel in Fritzlar baute, gilt als sein Bruder. Heinrich war schon 1546 bei der Leichenfeier für Martin Luther Organist im kursächsischen Eisleben, verzog dann nach 1572 in die Reichsstadt Nordhausen, wo er gestorben ist. Seine Söhne Heinrich II (circa 1565–1631) und Esaias (1560–1617) waren privilegierte magdeburgische beziehungsweise braunschweigische Orgelmacher in Halle und Wolfenbüttel. Des ersteren Sohn Ludwig Compenius (1603–1671) zog 1632 zuerst nach Naumburg und wurde 1652 Bürger in Erfurt[11]. Auch der aus der Steiermark gebürtige Orgelmacher Peter Grünewald (circa 1540–1609) gelangte während seiner Ausbildung erst über Böhmen und Sachsen nach Nürnberg, wo er dann Stadtorgelmacher wurde[12]. Nikolaus Monsamer († 1606) war 1575 Organist in Erfurt, zwei Jahre später Domorganist und Orgelbauer in Bamberg mit Arbeitsnachweisen zwischen Würzburg und Hof[13].

Auch im 17. Jahrhundert sind noch solche Zuzüge zu beobachten: Johann Matthesius (Mattschur), gebürtig aus Mücheln, gestorben 1640 in Kitzingen, wohnte von etwa 1620 bis 1627 in Coburg, übersiedelte dann in das bambergische Lichtenfels, wo er 1630 das Bürgerrecht erhielt, und um 1638 nach Kitzingen. Kleinere Werke von ihm sind nachgewiesen in Coburg (1621 und 1626), Theres (1625), Königshofen (1626), Ützing und Bad Kissingen (1636), Lichtenfels (1637) und Triefenstein (1640)[14]. Die umgekehrte Richtung schlug der Oberfranke Adam Dietrich (circa 1570–1640/50) ein. Von seinen wechselnden Wohnsitzen in Weismain, Thurnau und Bayreuth übersiedelte er schließlich in den 1630er Jahren nach Saalfeld und Alten-

---

[9] Otmar Gergelyi und Karol Wurm, Zur Geschichte der großen Orgel in der Stadtpfarrkirche St. Jacobi zu Leutschau, in: Acta Organologica 11, 1977, S. 9–46.

[10] Michael Praetorius, Syntagma musicum, Bd. II: De Organographia, hg. v. Wilibald Gurlitt (Documenta musicologica, Reihe 1: Druckschriften-Faksimiles, Bd. XIV), Wolfenbüttel 1619, Nachdruck: Kassel, Basel, London, New York 1958, S. 108.

[11] Thekla Schneider, Die Orgelbauerfamilie Compenius, in: Archiv für Musikforschung 2, 1937, S. 8–76; MGG, Bd. 2, Sp. 1590–1594 (Hans Klotz); Siegfried Orth, Ludwig Compenius, ein Erfurter Orgelbauer und Walperherr, in: Thüringer Heimatkalender 17, 1974, S. 49f.

[12] Hermann Fischer und Theodor Wohnhaas, Die Nürnberger Orgelbauer Grünewald, in: MVGN 76, 1989, S. 299–310.

[13] Fischer und Wohnhaas, Lexikon (wie Anm. 1), S. 267.

[14] Fischer und Wohnhaas, Lexikon (wie Anm. 1), S. 248.

burg in Thüringen. Dort setzte sein Sohn Johann (II) die Orgelbautätigkeit fort. Der Bruder von Adam Dietrich hieß auch Johann (I); sie stammten aus Kitzingen. Johann heiratete 1611 in Weismain und wohnte ab 1615 bis zu seinem Tod 1648 in Bamberg[15].

In diesen Zusammenhang wäre auch der Orgelmacher Andreas (Endres) Weiß aus Ostheim vor der Rhön zu stellen. Aus Hessen stammend, heiratete er 1625 in Ostheim die Pfarrerstochter, baute 1626 eine Orgel in Münnerstadt und ist dann über Themar bis nach Clausthal und Osterode im Harz mit Arbeiten nachzuweisen, wo er als Orgelmacher aus Meiningen bezeichnet wird. Hier wurde 1632 ein Johann Moritz Weiß geboren, der sich später in Gotha niederließ und dort Hoforgelbauer wurde († 1704 in Arnstadt). Er scheint der Sohn von Endres Weiß gewesen zu sein. Von ihm stammte die Orgel in Römhild, deren Gehäuse noch vorhanden ist. Ein Christoph Weiß ist ab 1636 in Eisenach nachweisbar, könnte demnach ein Bruder oder naher Verwandter von Endres gewesen sein. Er kommt im Bereich Kassel-Hannoversch Münden-Göttingen vor. Der vierte Träger dieses Namens, Johann Anton Weis (1672–1750), war der Sohn von Johann Moritz und setzte in Arnstadt dessen Werkstatt fort. Es ist wahrscheinlich, daß es sich bei den verschiedenen Namensträgern um Mitglieder derselben Orgelbauerfamilie handelte[16].

Als der Stammvater Endres Weiß 1625 in Ostheim heiratete, dürfte er gerade Meister geworden sein; vermutlich kam er im Zusammenhang mit dem Orgelbau in der Ostheimer Stadtkirche (1619) hierher, deren Erbauer bisher nicht festgestellt ist. Vielleicht war es Martin Schonat († 1627) aus Kitzingen, der aus Burgellern bei Scheßlitz stammte, ein Schüler von Timotheus Compenius war und von Coburg aus nach Kitzingen kam. Sein Wirkungsfeld zwischen Leutershausen bei Ansbach und Bildhausen im Grabfeld war ziemlich beachtlich[17].

Zu denken wäre freilich auch an den Erfurter Bürger und Orgelmacher Martin Sömmering, von dem bisher Orgelbauten erst zwischen 1590 und 1610 bekannt sind, zum Beispiel in Suhl (1592), Meiningen (1596), um 1605 eine Arbeit in Rothenburg ob der Tauber und wahrscheinlich auch im Kloster Banz, also im Raum Südwestthüringen-Mainfranken[18]. Aus Erfurt stammte auch der Stammvater der fränkischen Orgelbauerfamilie Schöpf, Johannes Schöpf, *reversus ad fidem catholicam*, der 1662 in Münnerstadt heiratete und ein Sohn des Johannes Lazari Schöpf, *civis Erfurtensis*, war[19]. Schöpf war wahrscheinlich ein Schüler von Johann Georg Künzinger aus Lohr, der seit 1650 in Neustadt an der Saale wohnte, oder von dessen Sohn Konrad (um 1626–1696), der in Münnerstadt wohnte und dort 1650 geheiratet hatte. Der Vater Johann Georg Künzinger war auch der Lehrherr von Caspar Lehmann († 1679) in Suhl, von dem es eine ganze Reihe von Baunachweisen westlich des Thüringer Wal-

---

[15] Hermann Fischer und Theodor Wohnhaas, Die Orgeln der Stadtpfarrkirche von Weismain, in: Weismain. Eine fränkische Stadt am nördlichen Jura, Bd. 2, hg. v. Günter Dippold, Weismain 1996, S. 215–222, hier S. 215.

[16] H. Peter Ernst, Die Gothaer Hof- und Landorgelmacher des 15. bis 18. Jahrhunderts, in: Gothaer Museumsheft. Abhandlungen und Berichte zur Regionalgeschichte, 1983, S. 11–24, bes. S. 12f.

[17] Hermann Fischer und Theodor Wohnhaas, Die Orgelbauer Schonat in Franken und den Niederlanden, in: Mainfränkisches Jahrbuch 20, 1968, S. 242–265.

[18] Fischer und Wohnhaas, Lexikon (wie Anm. 1), S. 393.

[19] Pfarrarchiv Münnerstadt, Ehematrikel, S. 562.

des zwischen Schmalkalden und Schleusingen gibt. Eine Lehmann-Orgel stand auch in Ohrdruf, St. Michaelis (1679, II/19 Register), wo der junge Johann Sebastian Bach 1695 nach dem Tode seiner Eltern beim ältesten Bruder untergekommen war. Künzinger hatte 1651 die Suhler Stadtkirchenorgel gebaut, wobei vielleicht das Lehrverhältnis mit Lehmann zustande kam[20].

Den stärksten Einfluß auf den fränkischen Orgelbau im 17. Jahrhundert hatte zweifellos Matthias Tretzscher (1626–1686) in Kulmbach. Er stammte aus Lichtenstadt in Böhmen, erlernte den Orgelbau bei seinem Stiefvater Jakob Schädlich (circa 1588–1669), verließ 1650 aus Glaubensgründen seine Heimat und gelangte über Sachsen 1653 nach Bayreuth wegen eines Orgelbaus, etablierte sich aber 1654 am Fuße der Plassenburg in Kulmbach. Tretzscher baute weit über 60 Orgeln im gesamten Maingebiet mit Aufträgen bis nach Nordschwaben und Straßburg und wirkte schulbildend durch zahlreiche Gesellen, die teils in Oberfranken blieben (Gruber, Purrucker, Streit) oder in das Grenzland Thüringen-Vogtland abwanderten, wie Tobias Dressel (1635–1717) nach Buchholz im Erzgebirge. Mit Christoph Donati (1625–1706) in Leipzig zusammen, den er von Marienberg her kannte, baute er die erste Orgel in Bayreuth[21].

Die verwandtschaftlichen Zusammenhänge der noch wenig bekannten Orgelbauerfamilie Crapp mit Vertretern in Südthüringen und Ansbach harren noch der Aufklärung. Folgende Vertreter sind bisher bekannt: 1. (Georg) Christoph Crapp (1650– nach 1721) aus Eisfeld, wohnhaft nacheinander in Hildburghausen, Ummerstadt und Streufdorf; 2. Johann Christoph Crapp, angeblich aus Erfurt stammend, war von Ansbach aus als Landorgelmacher tätig zwischen etwa 1710 und 1740. Zuletzt wohnte er in Nürnberg, wo er 1752 noch einmal heiratete, aber bald darauf gestorben sein muß. Die Witwe wurde dort 1761 „ohne Sang und Klang" begraben. Vermutlich war er ein Sohn von Christoph Crapp; 3. Zacharias Crapp (Lebensdaten unbekannt), Orgelmacher von Eisfeld, akkordierte am 24. Mai 1687 ein kleines Orgelwerk für die Kirche in Meuselbach. Er könnte ein Bruder von Christoph gewesen sein[22].

Die aus Nordthüringen stammenden Orgelbauer Dauphin wanderten nach Hessen beziehungsweise Kleinheubach am Main aus. Johann Christian I (1682–1730) war ein Schüler von Johann Friedrich Wender in Mühlhausen, wurde an dessen Orgel in Seligenstadt am Main (1695, II/31 Register) zur Wartung empfohlen und etablierte sich daraufhin ab etwa 1707 am Untermain. 1714 erhielt er die Aufsicht über die Orgeln der Grafschaft Erbach. Sein Bruder Johann Eberhard (circa 1670–1731) wurde 1713 Bürger in Mühlhausen und übersiedelte 1715 nach Iba bei Bebra in Nordhessen. Die Kleinheubacher Werkstatt bestand durch drei Generationen bis 1809[23]. In

---

[20] Fischer und Wohnhaas, Lexikon (wie Anm. 1), S. 222 (Künzinger) und S. 230 (Lehmann); Werner David, Johann Sebastian Bachs Orgeln, Berlin 1951, S. 12f.

[21] Hans Hofner, Matthias Tretzscher, ein Kulmbacher Orgelbauer der Barockzeit, in: Ars Organi 23, 1964, S. 655–678; Fischer und Wohnhaas, Lexikon (wie Anm. 1), S. 422.

[22] Fischer und Wohnhaas, Lexikon (wie Anm. 1), S. 57; frdl. Mitteilung von Torsten Sterzik, Oberweißbach; Pfarrarchiv Meuselbach.

[23] Dieter Großmann, Die Orgelbauer Dauphin, in: Beiträge zur Geschichte der evangelischen Kirchenmusik und Hymnologie in Kurhessen und Waldeck, hg. v. Landesverband der Evangelischen Kirchenchöre von Kurhessen-Waldeck, Kassel u. a. 1969, S. 91–105; Martin Balz, Orgeln und Orgelbauer im Gebiet der ehemaligen hessischen Provinz Starkenburg, Marburg 1969, S. 122–134.

diesem Zusammenhang ist es bemerkenswert, daß der berühmte Orgelbauer Wender (1655–1729) in Mühlhausen, der bedeutende Werke errichtete und mehrfach durch Johann Sebastian Bach direkt beeinflußt wurde, für einen Orgelbau in die Abtei Seligenstadt am Untermain berufen wurde. Neben Dauphin folgte 1686 an den Untermain auch der Wender-Schüler Valentin Marquard und etablierte sich in Hanau. Wenige Jahre zuvor, 1680, hatte sich der aus Oberschöblitz bei Königsee im Thüringer Wald gebürtige Nikolaus Oberländer (1651–1699) in Hanau verheiratet und im Bereich der Grafschaft einige Orgeln gebaut[24].

Eine kurze Gastrolle spielte der Orgelmacher Johann Heinrich Schmitt aus Schleusingen, der als „conversus" 1741 den ehrenvollen Auftrag der Abtei Amorbach erhielt, für die Klosterkirche eine neue Orgel zu bauen. Er starb nach wenigen Monaten überraschend, nur 36 Jahre alt[25].

Die Orgelbauer Johann Jakob Graichen (1701–1769) und Johann Nikolaus Ritter (1702–1782), seit 1739 in Hof selbständig, kamen aus Thüringen, nachdem sie bei verschiedenen Meistern (Trost in Altenburg, Silbermann in Freiberg/Sachsen, Schröter in Erfurt und Müller in Amsterdam) gearbeitet hatten. Als brandenburgisch-kulmbachische Hoforgelmacher mit dem Privileg über alle Orgelarbeiten in der Markgrafschaft Bayreuth gehörten sie mit ihren Orgelwerken zu den besten Meistern der Barockzeit in Oberfranken[26].

Weitere Zuwanderer im 18. Jahrhundert nach Ober- und Mittelfranken waren Johann Hieronymus Wiegleb (1664 – circa 1723) aus Pferdingsleben, der 1683 in Heldritt eine fränkische Adelige heiratete und dort Stammvater einer weitverzweigten Orgelbauersippe in Franken (Schney, Bayreuth, Erlangen), Heidelberg und Amsterdam wurde[27]; auch der Wiegleb-Nachfolger Caspar Moritz Noessler (um 1720–1777) in Heilsbronn stammte aus Steinbach-Hallenberg; ferner Adam Ernst Reichard (1670–1756), Lehrersohn aus Trichtelborn in Thüringen, der sich seit 1697 in Nürnberg aufhielt, 1703 eingebürgert und schließlich 1715 zum Stadtorgelmacher bestellt wurde[28]. Aus Crimmitschau in Sachsen, nahe an der Thüringer Grenze, stammte der bekannte Orgelbauer Elias Hößler (1663–1746), der 1695 zuerst in Hersbruck, dann in Lauf an der Pegnitz seßhaft und zum führenden Meister in der Altnürnberger Landschaft wurde, mit Aufträgen auch in der nahen Oberpfalz[29]. Einen wesentlichen Teil seiner Ausbildung hatte er bei Andreas Haß in Greiz 1690 bis 1693 genossen. Johann Erhard Gräf in Schwarzenbach an der Saale war aus Lobenstein zugewandert. Der

---

[24] Hermann Fischer, Der Hanauer Orgelmacher Nikolaus Oberländer, in: Mitteilungen der Arbeitsgemeinschaft für mittelrheinische Musikgeschichte 61, 1994, S. 469–473.

[25] Ernst Fritz Schmid und Franz Bösken, Die Orgeln von Amorbach, Mainz 1963, S. 73.

[26] Hofner, Ostfränkischer Orgelbau (wie Anm. 1), S. 69–79; MGG, Bd. 11, Sp. 570f. (Franz Krautwurst).

[27] Hans Hofner, Das Orgelbauergeschlecht der Wiegleb in Mittel- und Oberfranken, in: Kulturwarte. Nordostoberfränkische Monatsschrift für Kunst und Kultur, Bd. 11, 1965, S. 166–172; Willy Winter, Die Orgelbauerfamilie Wiegleb, in: Acta Organologica 11, 1977, S. 146–160; Hermann Fischer und Theodor Wohnhaas, Der Hof- und Landorgelmacher Johann Christoph Wiegleb, in: Jahrbuch des Historischen Vereins für Mittelfranken 95 (Festschrift Günther Schuhmann), 1990/91, S. 261–282.

[28] Hermann Fischer und Theodor Wohnhaas, Der Nürnberger Orgelmacher Adam Ernst Reichard und die Orgel in St. Bartholomäus zu Wöhrd, in: MVGN 81, 1994, S. 93–118.

[29] Hermann Fischer und Theodor Wohnhaas, Die Hersbrucker Orgel, ein Werk von Elias Hößler, in: Mitteilungen der Altnürnberger Landschaft 24, 1975, S. 60–65, und 25, 1976, S. 31–48.

Bamberger Domorgelmacher Johann Grebenstein († 1757) war ein Sohn des katholischen Obereichsfeldes und dort in Bodenroda geboren. Über Marienweiher im südlichen Frankenwald kam er ins Bambergische und schließlich in die Bischofsstadt an der Rednitz, um im Hochstift zu einem der bedeutenden Orgelbaumeister der Barockzeit aufzusteigen[30].

Den umgekehrten Weg von Süden nach Norden beschritten nur wenige Orgelbauer: Georg Lorenz Leube (1645–1678) von Hof nach Zwickau; Adam Heinrich Gruber kam aus Thurnau und verzog 1723 nach Adorf, von wo aus er das sächsische und fränkische Vogtland mit Orgeln versorgte. Sein Vater, der Tretzscher-Schüler Johann Gruber (circa 1641–1696), stammte allerdings aus Plauen und hatte sich in Hof selbständig gemacht. Ähnlich liegen die Verhältnisse bei Tobias Dressel (1635–1717), der über ein Jahrzehnt bei Tretzscher in Kulmbach gearbeitet hatte, ehe er in seine sächsische Heimat nach Buchholz zurückkehrte. Johann Caspar Haueis (circa 1753–1801) wanderte wahrscheinlich aus Bayreuth kommend ins Coburgische.

Die Beispiele zeigen, wie stark der thüringische Einfluß auf die fränkische Orgellandschaft gewesen ist. Es waren aus thüringischen Orten stammende Orgelmacher, meist noch Gesellen, die ihren Weg nach Süddeutschland nahmen und dabei in Franken offenbar gute Bedingungen zum Selbständigwerden vorfanden. Als besonders günstig erwiesen sich die liberalen evangelischen Fürstentümer Ansbach und Bayreuth für die thüringischen beziehungsweise sächsischen Einwanderer, während die katholischen Hochstifte Bamberg und Würzburg schon aus konfessionellen Gründen dafür weniger geeignet waren.

Auch im 19. Jahrhundert können wir noch einmal eine abgeschwächte Zuwanderung von Orgelbauern aus dem Norden beobachten: Anton Hasselbarth (circa 1837–1904) aus Großtabarz ließ sich in Coburg nieder; mit ihm auch sein Landsmann Franz Köllein (circa 1838–1905); Johann Michael Georgi aus Unterwirbach bei Saalfeld zog 1790 nach Ludwigsstadt im Frankenwald; Ludwig Weineck (1809–1884) aus Naumburg, zuerst selbständig in Eilenburg, wurde 1845 von der Witwe Heidenreich nach Bayreuth gerufen, um die Orgelbauwerkstatt weiterzuführen.

2. Regionale Orgelbauwerkstätten

Die auf einen Herrschaftsbereich konzentrierte und privilegierte Orgelbautätigkeit wirkt an und für sich nur wenig über die lokalen Begrenzungen hinaus, es sei denn, der Herrschaftsbereich ist durch seine Streulage und durch Exklaven oder Enklaven mit seinen benachbarten Territorien so vernetzt, daß gegenseitige Beziehungen gar nicht ausbleiben können. Zumindest wird so die Gemengelage der verschiedenen Werkstätten durch „Ableger" noch kleinteiliger, das „Orgelmosaik" einer Landschaft bunter. Vielfach stellen aber lokale Werkstätten auch stilistische Übergänge zwischen verschiedenen Orgellandschaften dar.

Typische Beispiele für solche Zwischenglieder waren die an der Grenze zwischen Thüringen und Franken im „Henneberger Land" gelegenen Werkstätten von Hart,

---

[30] Hermann Fischer und Theodor Wohnhaas, Bamberger Orgelbauer der Barockzeit, in: Bericht des Historischen Vereins Bamberg 117, 1981, S. 93–125, bes. S. 105–114.

Seeber und Döring. Johann Christoph Hart (1641–1718) in Kaltensondheim, dessen Bauweise sehr an die von Konrad Kitzinger (um 1626–1696) in Münnerstadt erinnert, ist noch als fränkisch einzuordnen. Johann Ernst Döring (1704–1787) in Ostheim vor der Rhön und Johann Nikolaus Seeber (1680–1739) in Römhild arbeiteten zeitweise zusammen. Seeber, der ältere von beiden, soll außer im Herzogtum Hildburghausen, wo er noch in Konkurrenz mit Johann Christian Dotzauer (1696–1778) stand, Orgeln im Würzburgischen, Bambergischen, Bayreuthischen und Fuldischen gebaut haben, was bis jetzt noch nicht bestätigt werden konnte, aber immerhin auf eine überregionale Bedeutung hinweist. Auch bei ihnen überwiegt bei den kleinen einmanualigen Instrumenten noch das „Fränkische" am äußeren Aussehen, das bereits durch die seitlich tiefer angesetzten Viertelkreis-Harfenfelder (Pedalfelder) mit den typischen durch einen Stanniolüberzug als imitierte Metallpfeifen „geschönten" Holzpfeifen im Prospekt eine eigene Note erhielt[31]. Der Prospekt in Krölpa (Saale-Orla-Kreis) von Christoph Crapp (1696) gehört zu den älteren Beispielen. Bei den zweimanualigen Orgeln zeigt sich das „Thüringische" an der zweigeschossigen Anlage des Prospekts (Bettenhausen, Ostheim, Stadtkirche). Auch bei Johann Kaspar Beck (1703–1774) in Herrenbreitungen finden wir noch den „Henneberger" Prospektstil (Dermbach, Zella-Mehlis). Das Hessen stärker zugewandte untere Werragebiet zeigt im übrigen statt der Viertelkreisharfen meist Harfenfelder mit geschweiftem S-förmigem Obergesims (Berka an der Werra, Diedorf, Oechsen), also ein mehr südliches Formelement.

Bei Christian Dotzauer in Hildburghausen ist der thüringische Einfluß wesentlich stärker. Er verwendete zum Beispiel „Spitzfelder" in Effelder und Hildburghausen, Christuskirche, wie sie auch bei den Orgelbauern Wiegleb vorkommen, oder „Halbsegmenttürme" (Behrungen, Effelder). Überhaupt sind die Ähnlichkeiten zwischen mittelfränkischen und thüringischen Orgeln größer als etwa zwischen mittel- und unterfränkischen. In Ostoberfranken sind neben den thüringischen Merkmalen vor allem sächsische festzustellen, da sich die Silbermann-Schule über Graichen und Ritter (zum Beispiel in Trebgast) sowie Heidenreich (zum Beispiel in Selbitz) deutlich bemerkbar macht. Die Orgelprospekte der Coburger Orgelbauer Daum variierten den Silbermann-Typ dadurch, daß sie die Zwischenfelder bis zur Höhe des Mittelturms hochzogen und dieser Mittelgruppe ein gemeinsames Obergesims gaben.

Den thüringischen Einfluß findet man auch noch bei den Kleinheubacher Orgelbauern Dauphin. Der erhaltene Prospekt ihres bedeutendsten Werkes in Walldürn (1723) kann durchaus neben den großen Prospekten in Thüringen, zum Beispiel dem Wender-Prospekt in Erfurt, St. Severi (1714), bestehen. Ganz spezifische Merkmale bei Dauphin haben es sogar ermöglicht, die anonyme Barockorgel in Sulzbach am Main, die so gar nicht dem mainfränkischen Umfeld entspricht, diesem Meister zuzuschreiben. Die Dauphin-Orgel in Sandbach/Odenwald (1788) könnte so auch in einer thüringischen oder markgräflich-fränkischen Kirche stehen.

Als Verbindungsglied zwischen Nord und Süd ist noch die Werkstatt Schöpf in Seßlach anzusehen. Obwohl die Orgelbauer stilistisch dem mainfränkischen Orgelbau zuzuordnen sind, weisen ihre Orgelprospekte in Memmelsdorf/Unterfranken und Watzendorf deutlich auf Einflüsse aus dem benachbarten Coburg hin. So sind die

---

[31] Hermann Fischer, Prospektpfeifen aus Holz, in: Acta Organologica 25, 1997, S. 267–274.

Zwischenfelder ähnlich wie bei Daum hochgezogen und durch kleine Zwischentürmchen abgesetzt. Auch der flammenförmige Blattdekor zwischen den Pfeifenfüßen ist sonst in Oberfranken selten. Einige anonyme Prospekte in der Umgebung (Oberbrunn, Eggenbach) besitzen außen Halbsegmenttürme wie Hafenpreppach (Schöpf 1748), könnten ihrer Anlage nach durchaus der Werkstatt Schöpf zugeschrieben werden. Interessant und für den Bamberger Orgelbau typisch, jedoch ganz anders als in Thüringen, ist die Art, wie man hier die Zweimanualigkeit ausführt. Die Register beider Manuale stehen auf einer Windlade (wie bei der durchschobenen Lade) als Haupt- und Hinterwerk unmittelbar hintereinander[32].

Der Johann Grebenstein († 1757) in Bamberg zugeschriebene Prospekt in der Kronacher Franziskanerkirche (1739) kann auch die thüringische Herkunft des Meisters nicht ganz verleugnen (doppelte Spitzfelder, geschnitzte Zungenblätter an den Pfeifenfüßen). In Bamberg ist Grebenstein zum „Meister der geteilten Gehäuse" geworden (Gößweinstein[33], Weismain, Bamberg, St. Gangolph, Tiefenstürmig), eine süddeutsche, mehr „katholische" Eigenart, für die es in Thüringen, aber auch in den evangelischen fränkischen Markgraftümern keine Beispiele gibt.

Das Territorium der ehemaligen Fürstabtei Fulda im Norden von Mainfranken reicht mit dem Dekanat Geisa in das Ulstertal, dessen nördlicher Teil 1815 Sachsen-Weimar angegliedert wurde und daher heute noch zu Thüringen gehört. Nachdem 1752 die Fürstabtei selbständiges Bistum geworden war, setzte auch eine eigene Orgelbautradition ein, die bis ins späte 19. Jahrhundert wesentlich von der Familie Oestreich in Oberbimbach bei Fulda getragen wurde[34]. So standen und stehen noch etliche Oestreich-Orgeln in diesem westlichen „Zipfel" Thüringens, die durchaus eine Sonderstellung einnehmen[35]. Von ihren thüringischen Schwestern im Werratal sind sie deutlich unterscheidbar. Man vergleiche die Prospekte von Dermbach, evangelische Kirche (Beck 1755), und Stadtlengsfeld (Oestreich 1790), um allein die architektonischen Unterschiede wahrzunehmen. Obwohl Johann Caspar Beck (1703–1774) in Herrenbreitungen nach Hessen orientiert war, sind seine Prospekte thüringisch konstruiert (zweigeschossige Mitte von Pedalharfen gerahmt), während Johann Markus Oestreich (1738–1833) mit dem breit gelagerten Nebeneinander von alternierenden Harfenfeldern einen ganz anderen Eindruck vermittelt, der wahrscheinlich von der Frankfurter Wegmann-Köhler-Werkstatt direkt beeinflußt ist. So stoßen auch hier im Übergangsbereich von Hessen und Thüringen wieder verschiedene Stilrichtungen zusammen, die zu einer komplizierten Gemengelage führten, die letztlich mit der konfessionellen Grundstruktur zusammenhängt.

Die Prospektgestaltung in Thüringen geht andere Wege als in Franken. Es gibt viel mehr Abweichungen vom mitteldeutschen Normaltyp (Spitzturm-Flachfeld-Mittelrundturm-Flachfeld-Spitzturm); die Turmfolge kann umgekehrt sein, oder es werden nur Rundtürme, seltener nur Spitztürme verwendet. Anstelle der im Süden gebräuchlichen Harfenfelder vor den seitlichen Pedalladen treten hier in der Regel die norddeutschen Pedaltürme auf Segmentgrundriß oder Halbsegmenttürme (halbierte

---

[32] So war der Befund in Eggenbach vor dem Ausbau des Werkes und in Watzendorf.
[33] Gemeinsamkeiten zwischen Kronach und Gößweinstein sind durchaus zu erkennen.
[34] Gottfried Rehm, Die Orgelbauerfamilie Oestreich, in: Acta Organologica 7, 1973, S. 37–66.
[35] Gottfried Rehm, Orgeln in der thüringischen Rhön, in: Acta Organologica 16, 1982, S. 9–34.

Rundtürme auf Segmentgrundriß) oder nur Rechtecktürme (gerade oder konkav) auf. Die Vielfalt der Turmfolge ist geradezu ein Charakteristikum. Ganz typisch ist aber (bei zweimanualigen Werken) das Übereinander von geteiltem Hauptwerk unten (hinter der Mittelfüllung oder dem Mittelfeld befindet sich die Traktur) und dem Positiv oben. Letzteres ist aufgesetzt, es wächst nicht (wie bei Silbermann) organisch aus dem unteren Geschoß heraus. Das Seitenpedal kann durch Zwischen- und zusätzliche Außenfelder verbreitert sein und sitzt häufig auf tieferem Niveau. Für Thüringen charakteristisch sind die geschnitzten „Zungen" zwischen den Füßen der Prospektpfeifen. Dafür fehlen die Sockelbretter wie in Mainfranken, hinter denen sich die Windkastenspunde befinden.

Die Trakturtechnik ist im Thüringer Orgelbau eine ganz andere als in Mainfranken. Da die Windkästen in der Regel von hinten zugänglich sind, wird auch die Traktur entsprechend hinten hochgeführt. Das Obermanual spielt über eine Hängetraktur mit Wellenbrett das Oberwerk beziehungsweise Positiv an. Das Untermanual betätigt meist über Stecher und unteres Wellenbrett oder einen Wellenrahmen die geteilten Hauptwerksladen, oder über doppelte Wippen nach hinten zur entsprechenden hängenden Wellenbretttraktur. Die Ladenanordnung kann auch umgekehrt sein: Hauptwerk oben (auf Obermanual) und Brustwerk unten. Die Registertraktur mit stehenden Wellen, Zugstangen und Schleifenwippen sind (von lokalen Besonderheiten abgesehen) in Thüringen und Franken im Prinzip gleich; im Osten, wo der Silbermannsche Einfluß beginnt, kann die Registertraktur eine Winkeltraktur sein[36].

In klanglicher Hinsicht sind die Thüringer Orgeldispositionen reicher noch als die fränkischen mit Klangfarben bestückt. Relativ groß ist die Zahl der gedeckten und der Flötenstimmen, ergänzt durch kultivierte Streicher- und Zungenstimmen, die in fränkischen Dispositionen eher fehlen. Der Principalchor ist komplett, die Terz in einer Sesquialter oder Sexte frei verfügbar, aber auch Bestandteil der Mixtur. Bei Wiegleb in Mittelfranken enthält die Mixtur ebenfalls immer eine Terz. Im Mainfränkischen gibt es die Mixturterz auch, aber meist nur auf den Pedalumfang beschränkt. An Nebenregistern gibt es in Thüringen Zimbelsterne, Glockenspiele und Tremulanten häufig, in Mainfranken sind sie selten. Das scheint eher eine konfessionelle Eigenart zu sein, so wie auch die Feststellung, daß zweimanualige Orgeln in evangelischen (Dorf-)Kirchen häufiger vorkommen als in katholischen Kirchen.

In den protestantischen Kirchen kommt der Orgel eine größere Bedeutung zu, die dazu geführt hat, daß man sie zu den Prinzipalstücken des Gotteshauses zählt. Altar, Kanzel und Orgel wurden in der Schloßkirche zu Schmalkalden (1590) erstmals übereinander angeordnet. In Thüringen und entsprechend in den fränkischen Markgrafschaften ist die Stellung der Orgel im Osten hinter dem Altar (mit oder ohne Kanzel) daher recht häufig anzutreffen (Eisenberg, Schloßkirche, Gebesee, Herpf, Rohr, Schleusingen, Suhl, Marien- und Kreuzkirche, Unterwellenborn, Waltershausen), im Westen mehr als im Osten. Eine ausgefallene, einmalige Anlage ist die Doppelorgel in Bedheim mit der Hauptorgel auf der Westempore (1711) und der Schwalbennestorgel über dem Chorbogen (1721), die als quasi Fernwerk von der Westorgel aus mechanisch gespielt werden kann.

---

[36] Entsprechende Publikationen sind noch selten; die technischen Details finden sich meist nur in den nicht veröffentlichten Sachverständigen-Gutachten.

3. Werkstätten von überregionaler Bedeutung

In der Vorbarockzeit waren es häufig weiträumig tätige Orgelbauer aus dem mitteldeutschen Raum, die man für bestimmte Aufträge heranzog. Für die Dome in Würzburg und Bamberg beriefen die Kapitel Orgelbauer aus dem Rheinland (Niehoff aus Köln, Flander aus Mainz), für seine Residenzstadt Bayreuth ließ der Markgraf den renommierten Orgelbauer Gottfried Fritzsche (1578–1638) aus Dresden bestellen, der 1618/19 für die Stadtkirche ein dreimanualiges Werk mit 34 Stimmen für 4000 Gulden errichtete, das leider schon nach wenigen Jahren einem Brand zum Opfer fiel. Von der Familie Compenius hörten wir schon, die im gesamten Raum zwischen Mainfranken und Niedersachsen tätig war mit einem Schwerpunkt in Thüringen durch Ludwig Compenius in Erfurt. Zu ihren großen dreimanualigen Orgeln (Altenburg, Fritzlar, Gera, Magdeburg und andere) gab es in Mainfranken nichts Gleichwertiges, sieht man einmal von der „Orgeltrias" in Rothenburg ob der Tauber (1638–1642) ab, die eigentlich nur eine Zusammenstellung von drei zweimanualigen Orgeln in einem Raum war. Selbst dem bedeutenden Matthias Tretzscher in Kulmbach war es nicht vergönnt, dreimanualige Orgeln zu bauen, außer in Straßburg (1660) und Kaisheim (1678).

Nach dem Dreißigjährigen Krieg bildeten sich überall lokale Orgelwerkstätten, die den wachsenden Bedarf an Orgeln decken konnten. Im fränkischen Bereich blieben die Ansprüche jedoch geringer als etwa in Thüringen, Mittel- und Norddeutschland, wo der Barockorgelbau Höchstleistungen vollbrachte. Infolgedessen gingen auch vom Süden her keine Fernwirkungen aus, wohl aber umgekehrt. Das Paradebeispiel ist die Orgel in Lahm an der Itz (Oberfranken), wo der Patronatsherr der Schloßkirche 1728 bis 1732 von dem Halberstadter Meister Heinrich Gottlieb Herbst (geboren 1689) eine Orgel bauen ließ, die in der fränkischen Orgellandschaft eine Besonderheit darstellt. Herbst hielt sich mit „Weib und Kind" mehrere Jahre in Lahm auf. Die Orgel steht nach evangelischem Brauch über Altar und Kanzel an der Ostseite der kreuzförmigen Kirche. Der fünfgliedrige Prospekt des Hauptgehäuses mit geschweiftem Gesims als Abschluß verdeckt Haupt- und Hinterwerk sowie das Rückpedal und enthält im Unterbau die Spielnische mit originalen Tastaturen und Registerstaffeln. Die Register des Seitenpedals sind nach norddeutschem (Hamburger) Muster in den Rechteckgehäusen an der Emporenbrüstung untergebracht. Die klangliche Grundlage des Instruments ist mitteldeutsch, der Prospekt wohl vom Architekten von Zocha entworfen, die räumliche Aufteilung der Werke ein Kompromiß aus norddeutschen (Seitenpedal) und fränkischen (Hinterwerk) Gepflogenheiten[37].

Auf einem anderen, indirekten Weg gelangten mitteldeutsche Einflüsse durch den Frankfurter Orgelbauer Johann Christian Köhler (1714–1761) nach Mainfranken. Er stammte aus Groß Rosenburg an der Saale (kurz vor ihrer Mündung in die Elbe) und landete nach einer unbekannten Ausbildungsphase bei Conrad Wegmann zuerst in Darmstadt, dann in Frankfurt am Main. Ihm verdankte Mainfranken beachtliche Instrumente von einigem Charme, wie die erhaltenen Chororgeln in Ebrach, die Käppele-Orgel in Würzburg oder die Orgel der Oberpfarrkirche in Bamberg. Der Reich-

---

[37] Hermann Fischer und Theodor Wohnhaas, Historische Orgeln in Oberfranken, München, Zürich 1985, S. 152.

tum seiner Dispositionen an Zungenstimmen muß nicht auf französische Vorbilder zurückgeführt, sondern kann durchaus durch seine mitteldeutsche Herkunft erklärt werden[38].

Auf eine Orgelbauwerkstatt mit weitreichender Bedeutung aus der Grenzregion zwischen Thüringen und Franken sei noch hingewiesen: die Werkstatt Wagner in Schmiedefeld. Johann Michael Wagner (1723–1801) gilt als Begründer, genoß seine Ausbildung bei Hofmann in Gotha und arbeitete dann mit dem schon genannten Kaspar Beck einige Jahre zusammen. Aus dieser Zeit stammt der Prospekt in Laubach/Hessen. 1750 eröffnete Johann Michael mit seinem Bruder Johannes (1733–1804) die Werkstatt in Schmiedefeld als Gebrüder Wagner. Mit Orgeln in Erfurt, Suhl, Hohenstein-Ernstthal, Gersfeld, Saalfeld, Dresden (Kreuzkirche, III/50 Register) und Arnheim (groote Kerk, III/47 Register) stellten sie ihren weitreichenden Ruf unter Beweis[39]. Durch Werke in Weißenbrunn bei Kronach und Sonnefeld waren sie auch in Oberfranken bekannt.

Eine neue Situation trat im 19. Jahrhundert ein, als die Industrialisierung auch den Orgelbau ergriff, was zum Rückgang oder Erlöschen von kleineren Handwerksbetrieben führte, andererseits einigen wenigen Orgelbaufirmen zu überregionaler Bedeutung verhalf. Die Schmiedefelder Werkstätten konnten so über die verschiedenen Nachfolger Holland und Kühn bis fast zum Ende des 19. Jahrhunderts fortbestehen und zählten zu den bedeutenderen in Thüringen. Ungleich bekannter und auch wesentlich bedeutender war die in fünf Generationen wirksame Orgelbauerfamilie Schulze in Milbitz und Paulinzella, von der Orgeln ab 1738 bis 1879 bekannt und auch zum Teil erhalten sind. Hauptsächlich die fünfte und letzte Generation mit den Brüdern Edmund (1824–1878), Oskar (1825–1878) und Eduard Schulze (1830–1880) hat ein großes Œuvre mit einem Arbeitsgebiet aufzuweisen, das sich zunächst über das gesamte Thüringen erstreckte, dann sich darüber hinaus nach Quedlinburg und Halberstadt, Wismar, Berlin, Schlesien, Riga, Lübeck, ins Rheinland und nach Westfalen, schließlich auch nach England ausdehnte. Bemerkenswert war ihre fruchtbare Zusammenarbeit mit dem Organologen Töpfer in Weimar, dessen Schriften und Theorien den gesamten mitteleuropäischen Orgelbau für ein Jahrhundert bestimmen sollten. Auf Schulze geht eine ganz bestimmte Orgelbautechnik zurück, die auch Schule machte (Knauf, Peternell und andere). Er verzichtete auf den sprechenden Prospekt und die damit zusammenhängenden Trakturprobleme, indem er die Tonfolge auf der Windlade chromatisch anlegte und die hinten liegenden Ventile mit einer strahlenförmigen Winkeltraktur betätigte[40].

Die ostthüringischen Orgelbauerfamilien Gerhard in Lindig und Poppe in Stadtroda waren im 19. Jahrhundert ausschließlich von lokaler Bedeutung[41]. Stärkere Beach-

---

[38] Wilhelm Strube, Johann Christian Köhler, ein unbekannter mitteldeutscher Orgelbauer in Hessen-Darmstadt, in: Ars Organi 26, 1965, S. 885f.; Balz, Starkenburg (wie Anm. 23), S. 180–190.

[39] Torsten Sterzik, Der Schmiedefelder Orgelbau, Teil 2: Zum 275. Geburtstag von Johann Michael Wagner, in: Thüringer Orgeljournal, 1978, S. 83–104.

[40] Näheres dazu vgl. Hans-Wolfgang Theobald, Der Ostheimer Orgelbauer Johann Georg Markert und sein Werk. Ein Beitrag zur Geschichte des Orgelbaus in Thüringen im 19. Jahrhundert (Würzburger musikhistorische Beiträge 12), Tutzing 1990, S. 34–38.

[41] Johann-Georg Geuther, Die Orgelbauerfamilie Poppe aus Roda, in: Thüringer Orgeljournal, 1995, S. 64–74, und Albrecht Dietl, Die Orgelbauerfamilie Gerhard in Ostthüringen, in: ebda., S. 75–86.

tung verdient hingegen die Orgelbauerfamilie Hofmann in Neustadt bei Coburg, die mit Werken in Südthüringen und Oberfranken wieder eine Mittlerrolle zwischen den beiden Kulturlandschaften einnimmt. Von den drei Generationen, die ab etwa 1777 bis 1867 tätig waren, sind gut 60 Neubauten nachgewiesen, davon noch 49 erhalten und in Gebrauch. Unsere frühere Einschätzung, daß ihre Instrumente nicht nur unverwechselbar, sondern auch überdurchschnittlich in der Machart und im Klang seien, die Werkstatt daher in die Spitzengruppe der fränkischen (damals noch coburgisch-sächsischen) Orgelbauer gehörte, wurde durch neuere Forschungen bestätigt[42]. Ihre Entwicklung war begünstigt durch das Aussterben mehrerer konkurrierender Werkstätten gegen Ende des 18. Jahrhunderts: Henne-Hildburghausen, Finke-Saalfeld, Haueisen-Coburg, Schöpf-Seßlach und etwas später auch Wiegleb in Bayreuth. Lediglich die Werkstatt Wagner-Holland in Schmiedefeld blieb Dauerkonkurrenz, schirmte das Hofmannsche Arbeitsgebiet nach Norden hin ab und überlebte auch den Hofmannschen Betrieb. Dadurch war es möglich, daß sich die Verbreitung der Hofmann-Orgeln auf einen breiten Gebietsstreifen von Hofheim in Unterfranken bis in die Gegend von Schleiz in Ostthüringen ausdehnen konnte, der Thüringen und Franken gleichermaßen umfaßt. Freilich sind es in Franken vorwiegend evangelische Auftraggeber, die Hofmann-Orgeln bestellten. Sehr charakteristisch sind einige ihrer spätklassizistischen Prospektmodelle, und durch ihre konservative Klangstruktur blieb die Barocktradition im evangelischen Nordbayern bis weit ins 19. Jahrhundert erhalten.

Eine ähnliche Zwischenstellung nahm die 1848 gegründete Werkstatt des Johann Georg Markert (1813–1891) in Ostheim vor der Rhön ein, das zu Sachsen-Weimar-Eisenach gehörte. So arbeitete er und die nachfolgende Generation hauptsächlich im Eisenacher Oberland und vereinzelt im angrenzenden Grabfeld. Als Folge der Grenzschließung nach dem Zweiten Weltkrieg mußte sich die Firma Hoffmann ganz auf fränkische und hessische Kunden umorientieren. Seit der Wiedervereinigung 1990 ist der Weg in das thüringische Arbeitsfeld wieder offen. Entsprechendes gilt für die benachbarte Firma Hey in Urspringen, die seit der Wende ebenfalls stark in Thüringen aktiv geworden ist. Beide fränkischen Firmen sind durch ihre Restaurierungserfahrung an der Wiederherstellung des durch jahrezehntelange Vernachlässigung desolaten Orgelbestands in Thüringen beteiligt.

Der Einfluß anderer fränkischer Orgelbaufirmen in Thüringen blieb vergleichsweise gering. Martin Schlimbach (1841–1914) aus Würzburg lieferte 1889 eine Orgel nach Meiningen in die erweiterte Stadtkirche. Johannes Strebel (1832–1909) aus Nürnberg und seinen Söhnen gelang in der Zeit vor dem Ersten Weltkrieg mit einigen Neubauten der „Einstieg" nach Süd- und Westthüringen (unter anderem Schweina 1909, Barchfeld 1910, Lauscha 1911, Rudolstadt 1914, Gräfenthal 1916). Die Firma Steinmeyer in Oettingen, die den zu Ende gehenden Strebel-Betrieb übernommen hat, setzte diese Bestrebungen fort, so daß heute auch mehrere Steinmeyer-Orgeln in Thüringen zu finden sind (unter anderem Rudolstadt 1906, Meiningen, sogenannte

---

[42] Hermann Fischer und Theodor Wohnhaas, Die Orgelbauerfamilie Hofmann in Neustadt bei Coburg, in: Jahrbuch der Coburger Landesstiftung 28, 1983, S. 1–52; ferner Ulrich Greiner und Michael Thein, Die Orgelbauerfamilie Hofmann aus Neustadt bei Coburg und ihre Orgeln, Neustadt bei Coburg ³1992, als Mskr. gedruckt.

Max-Reger-Orgel, und Arnstadt, sogenannte Bach-Orgel, 1913, Bücheloh 1920, Zeitz 1928 und Dorndorf 1930).

Zusammenfassung

Als Ergebnis dürfen wir festhalten: In der vorreformatorischen Zeit waren die Beziehungen zwischen den beiden Landschaften Franken und Thüringen ganz normal entsprechend ihrer Lage als Verbindung zwischen Mittel- und Süddeutschland. So wie die Orgeln punktuell noch sehr weiträumig verteilt waren, mußten auch die Orgelbauer und Organisten, beide oft in einer Person vereinigt, über weite Strecken reisen. Orgelbauschwerpunkte waren damals schon Nürnberg, Frankfurt, Erfurt und Leipzig.

Die verschiedenen politischen „Systeme" in Thüringen und Franken, im Norden die durch Erbteilungen zersplitterten wettinischen Lande, im Süden die kompakten geistlichen und markgräflichen Gebiete, wiesen der Reformation ihren Weg; die Hochstifte hielten ihr stand oder wurden in der Gegenreformation zurückerobert, die weltlichen Herrschaften ebneten ihr aus durchaus politischen Gründen den Weg. In den lutherischen Kirchen gewann die Orgel sodann eine bedeutsame Rolle in der Liturgie, so daß sich in den Ländern der Reformation ein hochstehender Orgelbau entwickeln konnte.

Es ist ein noch ungeklärtes Phänomen, daß sich in bestimmten Regionen (Thüringer Wald, Erzgebirge, Schwarzwald) bestimmte Handwerkszweige überdurchschnittlich entwickeln und dadurch in der Lage oder gezwungen sind, ihren handwerklichen Nachwuchs zu „exportieren". Wahrscheinlich erklären sich so einige Wanderungsbewegungen von Orgelbauern im 16. und 17. Jahrhundert. Die bekannte Musikalität der Thüringer mag im 18. Jahrhundert dazu beigetragen haben, daß es hier auch mehr Orgelbauer gab als in Franken, das dann nochmals bevorzugtes Einwanderungsland für Orgelbauer wurde. So stammten die bedeutenderen mittelfränkischen Orgelbauer Hößler, Reichard und Wiegleb aus Thüringen, so erklären sich auch die stilistischen Übereinstimmungen bestimmter Merkmale zwischen den beiden Landesteilen. Oberfranken zwischen Coburg und Hof war zweifellos die Schnittstelle zwischen dem thüringischen, sächsischen und markgräflichen Orgelbau. In Bamberg konnte sich auch der katholische Eichsfelder Grebenstein entfalten. In Würzburg sind außer dem ebenfalls aus dem Eichsfeld stammenden Domorgelmacher Otto keine durchgreifenden Einflüsse aus Thüringen festzustellen.

In West- und Südthüringen entstanden eigenständige Werkstätten, in denen sich beide Orgeltypen sozusagen überschneiden, das heißt sowohl thüringische als auch fränkische oder hessische Merkmale aufweisen können. In Thüringen gibt es prozentual mehr zweimanualige Orgeln, die Werke stehen übereinander, das untere geteilt, das Pedal teils seiten-, teils hinterständig. In Mainfranken sind zweimanualige Orgeln selten, die Werke stehen dann neben- oder hintereinander. Die mainfränkischen und thüringischen Prospekttypen sind deutlich zu unterscheiden.

In Franken haben einige auswärtige Orgelbauer bedeutende Werke „implantiert"; Amorbach (Stumm), Ebrach (Köhler) und Lahm (Herbst) sind solche Beispiele. Einige Thüringer Orgelbauer gelangten zu überregionaler Bedeutung, zum Beispiel Wender, die Gebrüder Wagner, die Orgelbauer Schulze und in anderer Hinsicht die Orgelbauer Hofmann in Neustadt bei Coburg.

So muß man aus fränkischer Sicht neidlos eingestehen, daß Thüringen, das grüne Herz Deutschlands, nicht nur ein Land vorzüglicher Orgeln ist, sondern auch der Ausgangspunkt einer hochentwickelten Orgelkultur, die Franken in verschiedenen Zeiten nachhaltig beeinflußt hat.

Reinhard J a k o b

Der Skandal um einen Nürnberger Imhoff-Faktor im Lissabon der Renaissance
Der Fall Calixtus Schüler und der Bericht Sebald Kneussels (1512)

Konrad Häbler war wohl der erste, der auf den Skandal um den Nürnberger Faktor Calixtus Schüler hinwies[1]. Dann berichteten Helga Jahnel und Hedwig Kömmerling-Fitzler von den Verhältnissen in der deutschen Kolonie in Portugal[2]. Götz von Pölnitz ging im Zusammenhang mit seiner Biographie Jakob Fuggers darauf ein[3]. Hermann Kellenbenz faßte die Forschungen zusammen und fügte neuere eigene Erkenntnisse hinzu[4]. Der Fall Calixtus Schüler hatte aber in den genannten Arbeiten nur beiläufige Beachtung gefunden; eine eingehendere Untersuchung existiert nicht. Dabei ist der mit dem Fall Schüler verbundene Bericht Sebald Kneussels ein seltenes Zeugnis über das Sozialverhalten der oberdeutschen Kaufleute im Lissabon der Renaissance[5]. Es läßt viele Einblicke hinter die Kulissen menschlicher Selbstdarstellung zu, ganz im Sinne des Soziologen Erving Goffmans: „Wir alle spielen Theater"[6]. Unter anderem mittels seiner Untersuchung von sozialen Interaktionen soll versucht werden, der Darstellungskunst von Kaufleuten auf die Spur zu kommen. Analytische Begriffe wie Gruppe, Rolle und Norm sollen zudem die historische Realität des oberdeutschen Kaufmannsmilieus in Lissabon entschlüsseln helfen.

I. Die Bühne
1. Lissabon und die Faktorei der Imhoffs

Ohne Zweifel war Lissabon durch die erfolgreiche Suche der Portugiesen nach dem Seeweg über Afrika nach Indien und – nicht zu vergessen – die Fahrten in die Neue Welt zu einem der großen Warenumschlagplätze geworden. Als Folge der

---

[1] Konrad Häbler, Die Geschichte der Fugger'schen Handlung in Spanien (Socialgeschichtliche Forschungen, Heft 1), Weimar 1897, S. 26–29.

[2] Helga Jahnel, Die Imhoff, eine Nürnberger Patrizier- und Großkaufmannsfamilie. Eine Studie zur reichsstädtischen Wirtschaftspolitik und Kulturgeschichte an der Wende vom Mittelalter zur Neuzeit (1351–1579), Phil. Diss. (masch.), Würzburg 1950, S. 111; Hedwig Kömmerling-Fitzler, Der Nürnberger Kaufmann Georg Pock († 1528/29) in Portugiesisch-Indien und im Edelsteinland Vijanyanagara, in: MVGN 55, 1967/68, S. 137–184, hier: S. 140f.

[3] Götz von Pölnitz, Jakob Fugger, 2 Bde., Tübingen 1949 u. 1951, hier: Bd. 2: Quellen und Erläuterungen, S. 133, 234.

[4] Erstmals ausführlich wohl in Hermann Kellenbenz, Die Beziehungen Nürnbergs zur Iberischen Halbinsel, besonders im 15. und in der ersten Hälfte des 16. Jahrhunderts, in: Beiträge zur Wirtschaftsgeschichte Nürnbergs, hg. v. Stadtarchiv Nürnberg, Bd. 1, Nürnberg 1967, S. 471f. Zuletzt ders., Die Fugger in Spanien und Portugal bis 1560. Ein Großunternehmen des 16. Jahrhunderts. Bd. 1, München 1990, S. 52 u. passim.

[5] Archiv des Germanischen Nationalmuseums Nürnberg (GNM), Geschlechter: Imhoff, Fasc. 28, Nr. 22 (2). Dieser von Kneussel eigenhändig unterschriebene drei Blätter umfassende Brief ist offensichtlich das Original, von dem auch noch eine in einigen Formulierungen abweichende Abschrift aus der Hand Kneussels existiert (ebd., Nr. 22 (1)). Das Dokument, aus dem im Folgenden ohne weiteren Nachweis zitiert wird, fiel umfangreichen Kürzungen des Textes zum Opfer. Verf. hofft, es andernorts publizieren zu können.

[6] Erving Goffman, Wir alle spielen Theater. Die Selbstdarstellung im Alltag, München ⁵1996.

europäischen Expansion[7] und seiner kräftezehrenden Auseinandersetzung mit den Osmanen hatte Venedig seinen Rang als „Hauptstadt" der Weltwirtschaft[8] verloren[9] und sich das Zentrum der Handelsbeziehungen vom Mittelmeer an die atlantische Seite Europas verlagert. Der Aufbau des portugiesischen Kolonialsystems veränderte die „Weltstadt"[10] Lissabon nachhaltig. Zählte Lissabon Ende des 15. Jahrhunderts ungefähr 40 000 Einwohner und befand sich damit im Mittelfeld der größten europäischen Städte, etwa vergleichbar mit London und Köln[11], dann waren es Mitte des 16. Jahrhunderts (1551) schon 100 000, um 1590 gar 120 000 Einwohner, womit Lissabon in die Spitzengruppe der Metropolen Europas aufgerückt war[12]. Die Hoffnung auf Broterwerb hatte einen breiten Strom unqualifizierter Arbeitskräfte hierher gelenkt. Lissabon, 1528 mit 70 000 Einwohnern fünfmal so groß wie Porto, der mit 14 000 Einwohnern zweitgrößten Stadt Portugals[13], und immerhin fast doppelt so groß wie Nürnberg[14], zog aus dem Umland die Handarbeiter an. Aus dem Ausland kamen die Sklaven, die innerhalb des Arbeitskräftereservoirs einen nicht unerheblichen Teil bildeten[15].

Verkörperten die Sklaven das nicht-europäische Ausland im „menschlichen Panorama" Lissabons, so repräsentierten die fremden Kaufleute das alte europäische Element, das dabei war, in neuen Grenzen weltläufig zu werden. Die großen italienischen und deutschen Handelsgesellschaften lockte der Handel in die „Stadt der

---

[7] In der neueren Forschung hat sich dieser Begriff für die vormals so genannte Entdeckungsgeschichte etabliert, siehe etwa die Definition bei Eberhard Schmitt, Die Anfänge der europäischen Expansion (Historisches Seminar, Neue Folge, Bd. 2), Idstein 1991, S. 13.

[8] Fernand Braudel, Aufbruch zur Weltwirtschaft (Sozialgeschichte des 15.–18. Jahrhunderts, Bd. 3), München 1986, S. 18, definiert Weltwirtschaft in Anlehnung an Simonde de Sismondi „als Markt des gesamten Erdkreises"; Weltwirtschaft kann aber auch einen Ausschnitt davon, „einen wirtschaftlich autonomen Sektor" mit „organischer Einheitlichkeit", meinen. Zum Terminus „Pol" oder „Hauptstadt", der im Zentrum einer Weltwirtschaft steht, Braudel, Aufbruch, S. 24–29.

[9] Eindrucksvoll veranschaulicht wird diese Veränderung durch das Schrumpfen des Handelsnetzes der venezianischen Kaufmannsgaleeren und Frachtschiffe zwischen 1495 und 1521, Braudel, Aufbruch (wie Anm. 8), S. 135.

[10] „Weltstädte" sind zu „internationaler Bedeutung berufene Städte", Braudel, Aufbruch (wie Anm. 8), S. 22.

[11] „Die Stadt Lißabon ist wohl so groß als Cölln oder London in Engelland." Mit dieser Einschätzung dürfte der Breslauer Kaufmann Niclas von Popplau, der auf seiner Rundreise 1485 alle drei Städte gesehen hatte, nicht falsch gelegen haben. Piotr Radzikowski, Reisebeschreibung Niclas von Popplau Ritters, bürtig von Breslau, Krakau 1998, S. 67.

[12] Zu den Zahlen für Lissabon siehe João José Alves Dias, A população, in: A. H. de Oliveira Marques, Joel Serrão (Hg.), Nova História de Portugal, Bd. 5: Portugal de Renascimento à crise dinástica, Lissabon 1999, S. 11–52, hier: S. 18–23. Zum gesamteuropäischen Vergleich siehe die Tabelle bei Roger Mols, Die Bevölkerung Europas 1500–1700, in: Carlo M. Cipolla, Knut Borchardt (Hg.), Europäische Wirtschaftsgeschichte, Bd. 2, Stuttgart, New York 1983, S. 3–49, hier: S. 22.

[13] Dias, População (wie Anm. 12), S. 18.

[14] Zuletzt Rudolf Endres, Bevölkerungsentwicklung, in: Stadtlexikon Nürnberg, hg. v. Michael Diefenbacher, Rudolf Endres, Nürnberg 1999, S. 142.

[15] Zwischen 1490 und 1530 kamen jährlich bis zu 1000 schwarze Sklaven nach Portugal. Während im nationalen Durchschnitt der Anteil der Sklaven 2,5 bis 3% im 16. Jahrhundert betrug, dürfte er in Lissabon bei bis zu 10% gelegen haben. A.C. de C.M. Saunders, A social history of black slaves and freedmen in Portugal 1441–1555 (Cambridge Iberian and Latin American studies), Cambridge u.a. 1982, S. 23, 55, 59.

Vielen und Verschiedenen"[16]. Hier war Bedarf, denn es fehlte in Portugal die Mittelschicht der Kaufleute und Unternehmer[17]. Die Übersee-Expansion war allerdings ein staatliches Unternehmen mit (nieder-)adliger Beteiligung. Die Krone erlaubte es Adel und Klerus, die Gewinne daraus zu eigenen Zwecken zu verwenden. Sie flossen in repräsentative Bauten und in (Luxus-)Konsum. So schuf das nach Lissabon fließende Vermögen die entsprechende Nachfrage nach spezialisierten ausländischen Handwerkern und ihren Produkten[18].

Kaufleute, Handwerker und die für die Seemacht Portugal außerordentlich bedeutsamen Militärfachleute prägten die deutsche Kolonie in Lissabon[19]. Die Deutschen in der Fremde suchten gegenseitige Hilfe, religiöse und caritative Betreuung in Bruderschaften, und zwar schon früh in der Bartholomäus-Bruderschaft[20]. Ihr religiöser Mittelpunkt war die Bartholomäuskapelle in der Kirche St. Julião[21].

Die Welser wandten sich als erste oberdeutsche Kaufleute dem profitablen Spezereihandel via Lissabon zu und begannen 1502 Verhandlungen mit König Manuel I. Sie führten zum großen Privilegienvertrag vom 13. Februar 1503[22]. „Wie ein Feuerbrand" habe sich die Nachricht davon bei den anderen Kaufleuten ausgebreitet[23]. Am

---

[16] Der Ausspruch des Chronisten Fernão Lopes „cidade das muitas e desvairadas gentes" wird zitiert bei A.H. de Oliveira Marques, Lisboa evoluçao: Séculos XII a XV (1147–1500), in: Francisco Santana, Eduardo Sucena (Hg.), Dicionário da História de Lisboa, Lissabon 1999, S. 511–515, hier: S. 515.

[17] A.H. de Oliveira Marques, História de Portugal, Bd. 2: Do Renascimento às Revoluções liberais, Lissabon [13]1998, S. 87f.; dort auch das Folgende.

[18] Oliveira Marques, Lisboa (wie Anm. 16), S. 515.

[19] Kömmerling-Fitzler, Kaufmann (wie Anm. 2), S. 140f. Zu den Militärs (Artilleristen, Büchsenmacher, Pulvermacher) siehe ihren Beitrag „Armaria" in: P.E. Pieris, Hedwig Fitzler, Ceylon and Portugal, Bd. 1: Kings and Christians, Leipzig 1927, S. 286–327.

[20] Vgl. dazu J. D. Hinsch, Die Bartholomäus-Bruderschaft der Deutschen in Lissabon, in: Hansische Geschichtsblätter 17, 1888, S. 3–27; Der evangelisch-lutherische Gottesdienst in Lissabon, in: Zeitschrift für hamburgische Geschichte 4, 1858, N.F. 1, S. 289–295; Paul-Wilhelm Gennrich, Geschichte der evangelischen Gemeinde deutscher Sprache zu Lissabon, Bad Rappenau-Obergimpern 1978. Eine befriedigende Studie fehlt, soweit ich sehe.

[21] Häbler, Fugger (wie Anm. 1), S. 27, behauptet, sich auf den Kneussel-Brief berufend, die Kapelle sei erst 1503 entstanden, ihm folgt auch Kellenbenz, Fugger (wie Anm. 4), S. 52. Im Brief Sebald Kneussels ist die Kapelle, die einige deutsche Kaufleute bauen wollten, keineswegs mit Namen genannt. Von daher besteht kein Grund, von der ursprünglichen Ansicht eines bis ins 13. Jahrhundert zurückreichenden Kapellenrechtes abzugehen.

[22] Wie Hermann Kellenbenz, Der Norden und die Iberische Halbinsel von der Wikingerzeit bis ins 16. Jh., in: Germanisch-Romanische Monatsschrift 12, 1962, N.F., S. 113–138, hier: S. 126, Anm. 46, bemerkte, fehlt eine neuere kritische Untersuchung und Edition der Privilegien für die Deutschen in Portugal; es muß immer noch zurückgegriffen werden auf die bei Johann Philipp Cassel (Privilegia und Handlungsfreiheiten, welche die Könige von Portugal ehedem den deutschen Kaufleuten zu Lissabon ertheilet haben. Bremen 1771 / Nachrichten von den Privilegien und Handlungsfreiheiten, welche die Könige von Portugal ehedem den deutschen Kaufleuten und Hansastädten ertheilet haben. Bremen 1776) versammelten deutschsprachigen Abschriften aus bremischen Archiven. Die portugiesischen Vergleichsstücke bringt Jean Denucé, Priviléges commerciaux accordés par les rois de Portugal aux Flamands et aux Allemands (XVe et XVIe siècles), in: Archivo Histórico Portuguez 7, 1909, S. 310–319 u. 377–392 (Urkundenanhang).

[23] V. Pölnitz, Fugger (wie Anm. 3), Bd. 1: Kaiser, Kirche und Kapital, S. 147.

6. Oktober 1503 erreichten die Ehinger aus Konstanz[24] die Zusicherung von Handelsprivilegien ähnlich den Welsern. Auch Jakob Fugger wandte sich – stets vorsichtig und abwartend – dem Handel über Lissabon zu[25]. Von den Nürnberger Firmen waren es die Hirschvogel und Imhoff, die sich nach Portugal umorientierten[26]. Allerdings versuchten die oberdeutschen Handelsgesellschaften vergeblich, sich direkt am Handel mit Ostindien zu beteiligen. Der Ausgang der Almeida-Expedition 1505/6, bei der die Welser, Fugger, Höchstetter, Gossembrot, Imhoff und Hirschvogel „ihre Vertreter und Waren für eigene Rechnung" mitführen durften[27], bewies eindringlich den staatsmonopolistischen Charakter des portugiesischen Indienhandels. Denn Manuel I. beschlagnahmte die Ladung und gab nur bestimmte Mengen zu festen Preisen sukzessive frei. So blieb den Oberdeutschen nichts anderes übrig, als sich in Lissabon auf den regulierten Handel einzulassen oder sich gleich nach Antwerpen zu verlegen, wo über den hier seit 1508 residierenden königlichen Faktor der Portugiesen, die Gewürze nach Europa verteilt wurden. Hier „pumpte nun [der Westen, d.V.] fast sein gesamtes Silber in den portugiesischen Handelskreislauf"[28]: Metalle gegen Gewürze. Und hier ließen sich auch die Fugger, Welser oder Imhoff nieder, um erhebliche Gewinne zu machen. Ihre Niederlassungen in der Stadt am Tejo behielten sie aber.

Hans (IV.) und Conrat (III.) Imhoff hatten zum einen durch eine Orientierung auf westeuropäische Handelsplätze sowie durch den Erwerb von Silberminen die Voraussetzung zur Teilnahme an der Weltwirtschaft des 16. Jahrhunderts geschaffen[29]. Damit wird verständlich, daß die Imhoff-Gesellschaft im ersten Jahrzehnt des 16. Jahrhunderts mit Niederlassungen in Venedig, Aquila, Messina, Neapel, Genua, Saragossa, Lyon, Leipzig, Augsburg, Antwerpen und eben Lissabon vertreten war[30]. In Lissabon dürfte es zwischen 1503, dem Jahr der ersten Handelskonzessionen für deutsche Kaufleute, und 1506, dem Jahr der Rückkehr der Almeida-Flotte, zur Ein-

---

[24] Hermann Kellenbenz, Fremde Kaufleute auf der Iberischen Halbinsel vom 15. Jahrhundert bis zum Ende des 16. Jahrhunderts, in: ders. (Hg.), Fremde Kaufleute auf der Iberischen Halbinsel (Kölner Kolloquien zur internationalen Sozial- und Wirtschaftsgeschichte, Bd. 1), Köln, Wien 1970, S. 265–376, hier: S. 319, stellt richtig, daß es sich bei „Rigo Inquer" nicht um Ulrich Fugger, sondern um Ulrich Ehinger handelte. Konrad Häbler, Die überseeischen Unternehmungen der Welser und ihrer Gesellschaft, Leipzig 1903, S. 14, Denucé, Priviléges (wie Anm. 22), S. 316, und Walter Grosshaupt, Comercial Relations between Portugal and the Merchants of Augsburg and Nuremberg, in: Jean Aubin (Hg.), La Découverte, le Portugal et l'Europe (Actes du Colloque Paris), Paris 1990, S. 359–397, hier: S. 370, vertreten die Meinung, Ulrich Fugger und sein Bruder hätten die Verhandlungen geführt und für sie sei das Dokument ausgestellt worden, während v. Pölnitz, Fugger II (wie Anm. 3), S. 133, davon ausging, Marcus Zimmermann habe die Urkunde zustande gebracht.

[25] V. Pölnitz, Fugger I (wie Anm. 3), S. 148.

[26] Beim ersten Vertreter der miteinander verschwägerten Familien wird an Ulrich Imhoff gedacht, vgl. Christa Schaper, Die Hirschvogel von Nürnberg und ihr Handelshaus (Nürnberger Forschungen 18), Nürnberg 1973, S. 219. Er soll sich schon 1496 in Lissabon aufgehalten haben. Vgl. Christoph v. Imhoff, Nürnbergs Indienpioniere. Reiseberichte von der ersten oberdeutschen Handelsfahrt nach Indien (1505/6), in: Pirckheimer-Jahrbuch 2, 1986, S. 11–44, hier: S. 19 (ohne Beleg).

[27] Kellenbenz, Fugger (wie Anm. 4), S. 50; Grosshaupt, Relations (wie Anm. 24), S. 372–375.

[28] Braudel, Aufbruch (wie Anm. 8), S. 160.

[29] Christoph v. Imhoff, Imhof(f), in: NDB. Bd. 10, Berlin 1974, S. 146–148, hier: S. 148.

[30] Jahnel, Imhoff (wie Anm. 2), S. 108.

richtung einer Faktorei mit fester Lokalität gekommen sein[31]. Pfeffer und Ingwer und andere Waren wurden von hier aus nach Antwerpen weiter verhandelt[32]. Im Gegenzug kamen Waren aus der brabantischen Weltstadt durch die Imhoff-Kaufleute nach Lissabon.

Zur Zeit der Almeida-Expedition sollen neben Paulus, dem Sohn Peter Imhoffs, auch Ulrich und Franz, die Söhne Conrads (IV.), und Michael, der Sohn des Hans (V.), anwesend gewesen sein[33]. Nicht nur, daß die geballte Präsenz aus der Gesellschafterfamilie überraschend wäre, für Michael etwa kann nachgewiesen werden, daß er zu diesem Zeitpunkt gerade erst geboren wurde[34]. Paulus Imhoff war jedenfalls, wenn die familiengeschichtliche Überlieferung zutrifft, der Kopf der neuen Faktorei. Er war viele Jahre *zu Liesbona vons handels wegen und pey dem konig von Portugal in grosen gnoden und ansehen gewest*[35]. Ulrich Imhoff dagegen, sein Cousin, handelte im Auftrage der Hirschvogel. Ihrer Tätigkeit für die Nürnberger Handelsfirmen setzte noch 1507 die Pest ein jähes Ende. Am 27. April läuteten die Sterbeglocken von St. Lorenz und St. Sebald für Ulrich Imhoff[36]. Ihm folgten ins Grab nicht nur Wolf Behaim, ebenfalls Faktor der Hirschvogel in Lissabon, und sein Bruder Martin (II.), der rätselhafte Seefahrer[37], sondern in der zweiten Jahreshälfte auch Paulus Imhoff. Beide Imhoff lassen sich mit der Pfarrei St. Johann, die wohl mit S. João da Praça identifiziert werden kann[38], in Verbindung bringen[39]. Der Schluß liegt nahe, daß sich die Hirschvogel- und Imhoffvertreter häuslich innerhalb dieses kleineren Pfarrsprengels, unterhalb der Kathedrale, nicht allzu weit von Königspalast, Hafen und der Rua Nova dos Mercadores entfernt, niedergelassen hatten[40]. Als Vertreter der Imhoff war nun Calixtus Schüler übrig geblieben. Von seiten der Familie kam Jörg Imhoff nach

---

[31] Mit Bestimmtheit, die leider unbelegt bleibt, Jahnel, Imhoff (wie Anm. 2), für 1504; für 1504 auch Hektor Ammann, Nürnbergs wirtschaftliche Stellung im Spätmittelalter (Nürnberger Forschungen 13), Nürnberg 1970, S. 121. König Manuel I. hatte den oberdeutschen Kaufleuten im Vertrag von 1503 freigestellt, wo sie ihre Wohnung und Faktorei einrichteten, siehe Cassel, Privilegia 1776 (wie Anm. 22), S. 5.

[32] Ammann, Stellung (wie Anm. 31), S. 121.

[33] [W.?] v. I[mhoff], „Wie der König von Portugall etlich schiff gen kalakut schickt, und liess etlich teutsch und walche ach dahin schiffen", in: MVGN 1, 1879, S. 100–102, hier: S. 101.

[34] Johann Gottfried Biedermann, Geschlechtsregister des Hochadeligen Patriciats zu Nürnberg, Bayreuth 1748, Tabula CCXXXV: Michael, geb. 1506, gest. 1574.

[35] Tagebuch des Endres Imhoff (1504–1569), fol. 25v, GNM (wie Anm. 5), Geschlechter: Imhoff, Fasc. 44, Nr. 1; danach auch bei Biedermann, Geschlechtsregister (wie Anm. 34), Tabula CCXXI.

[36] Helene Burger, Nürnberger Totengeläutbücher, I: St. Sebald (Freie Schriftenfolge der Gesellschaft für Familienforschung in Franken 13), Neustadt/Aisch 1961, S. 173, Nr. 5553.

[37] Vf. bereitet eine biographische Studie zu Martin Behaim vor, die von der Fritz Thyssen Stiftung, Köln, und dem Germanischen Nationalmuseum Nürnberg gefördert und initiiert wurde.

[38] Vgl. Augusto Vieria da Silva, As Freguesias de Lisboa, Lissabon 1943, S. 12, 43f.

[39] Ulrich Imhoff hatte testamentarisch verfügt, daß die *herren von sant Jhan, seiner pfarr* den Totengottesdienst abhalten sollten, sein Grab sollte in der Kirche Nossa Senhora da Concepcão sein, GNM (wie Anm. 5), Geschlechter: Imhoff, Fasc. 11, Nr. 15. Von Paulus heißt es: „... liegt in der Kirche zu St. Johannis mit einem ansehnlichen Monumento begraben.", Biedermann, Geschlechtsregister (wie Anm. 34), Tabula CCXXI.

[40] Aus dem Jahr 1519 liegt eine Inventarliste vor *von allem haus rot in Lisbono fur mich Hans Hausser in meiner hern haus vorhanden sol sein noch meinem abschied*. GNM (wie Anm. 5), Geschlechter: Imhoff, Fasc. 28, Nr. 28 (9).

Lissabon[41]. Wie weit vor 1511, das Jahr, in welchem Michael Imhoff Lissabon erreichte, Jörgs Ankunft gelegen hat, ist bisher nicht bekannt. Angesichts der skandalösen Zustände in Lissabon mag man annehmen, daß sein Aufenthalt nicht von Dauer gewesen war[42]. Schüler führte also offensichtlich über einige Jahre das hauptsächliche Regiment im Haus der Imhoff in Lissabon.

II. Die Darsteller

1. Der Dienstherr: Peter Imhoff

Nach dem Tod von Hans (IV.) Imhoff hatte sein ältester Sohn Peter die Führung der Gesellschaft übernommen[43]. Neben Peter traten die nächstältesten Conrad (IV.) und Hans (V.) in die Leitung der Gesellschaft ein, während die übrigen fünf Söhne, sobald sie verheiratet waren, volles Firmenmitglied werden konnten. Wenngleich Peter Imhoff schon von Jugend an viel Erfahrung im Handel sammeln konnte – er war in die Gesellschaft seines Onkels Conrad (III.) eingetreten, hatte außerdem mit Ulrich Haller eine eigene Gesellschaft gegründet –, so gilt er nicht als das große kaufmännische Talent, vielmehr war Hans (V.) der versiertere Kaufmann und wohl auch der führende Kopf der Gesellschaft[44]. Weil Peter nicht den großen wirtschaftlichen Erfolg hatte, führte ihn seine Karriere innerhalb der städtischen Selbstverwaltungsorgane Nürnbergs nur in das Gremium der Genannten, nicht in den Rat. Seine besondere soziale Verantwortung bewies er als jahrelanger Leiter des städtischen Fürsorgewesens, er errichtete aber auch selbst zahlreiche Stiftungen. Daß Peter Imhoff als einer der ersten sich der lutherischen Lehre zuwandte, und dies noch im hohen Alter von 84 Jahren, spricht für ein großes Maß an kritischer Religiosität.

Wie lange er dem Treiben Schülers zusah und wie oft er mahnend eingriff, wissen wir nicht, aber Peter Imhoff zögerte offensichtlich zu handeln: *Mit dem Spiel vernimm ich formolß sich geubet hab, daß euch furkumen ist. Von euch im verzichen sol sein doch nit mer zu thon* – wird Sebald Kneussel später in seinem Bericht schreiben. Irgendeine Nachricht über Schüler muß das Faß zum Überlaufen gebracht haben. Vielleicht stand ihm bis dato aber auch kein personeller Ersatz zur Verfügung.

Seinem zukünftigen Lissaboner Faktor gab er für dessen Nachforschungen einen Fragenkatalog an die Hand, um die Causa Calixtus Schüler zu klären. Imhoff instruierte Kneussel: *Lieber Kneussel, wes ir verschrieben seidt, mugt ir zu zeiten uberlessen, do mit es euch in gedenk sei und sunderlich als wir euch muntlich gesagt haben, euch nit mercken zu lossen, ob ir gen Lisbona wert, auch wie lang ir verpflicht seidt, alda zu pleiben und waß eur pelonung sei und so euch Got gen Lißbona hilft, mit fleis forsung zu haben und uns wissen lossen ...*[45] Der Arbeitgeber erwartete von seinem Angestellten Verschwiegenheit und Tarnung seiner Rolle.

---

[41] 1486 hatte Jörg Imhoff d.Ä. in Rothenburg ob der Tauber das Bürgerrecht erworben. Um 1490 wurde sein Sohn Jörg geboren. Schaper, Hirschvogel (wie Anm. 26), S. 167, Anm. 673.

[42] Da Michael ihn noch erlebt hatte, wie Kneussel berichtet, hat Jörg Imhoff die Faktorei nicht vor 1511 verlassen. Peter Imhoffs Fragenkatalog von 1511 enthält dann den Hinweis, daß Jörg nicht mehr zur Gesellschaft gehöre.

[43] Jahnel, Imhoff (wie Anm. 2), S. 106.

[44] Jahnel, Imhoff (wie Anm. 2), S. 123 u. 127. Zum Folgenden S. 123.

[45] GNM (wie Anm. 5), Geschlechter: Imhoff, Fasc. 28, Nr. 21.

Peter Imhoff wollte wissen, was für Summen Calixtus im Spiel eingesetzt hatte, wieviel Frauen und Kinder er habe (*Item waß und wievil anhetig der weiber er gehabt hott und noch hab und waß er in fur kinder gemacht hett und der noch hab ...*), insbesondere, ob und wieviel Kinder er mit Elena habe, wieviele davon noch am Leben seien. Außerdem sollte Kneussel eruieren, ob Schüler schon zu Lebzeiten Paulus Imhoffs mit Elena liiert war. Welchen Umgang Schüler pflegte, sollte nach Nürnberg berichtet werden – ob sie *uns erlich mag sein, auch nucz oder nit* ... Über die Führung der Bücher (*Item so geht auch in den puchern umb und seht wie die geschrieben sind ...*) und von Schuldnern sollte Kneussel ihm schreiben. Die Abrechnung sollte Calixtus nach Nürnberg mitbringen. Wieviel Dienstpersonal er auf Kosten der Imhoff-Gesellschaft habe, und ob sie auch notwendig wären, oder ob das nicht geändert werden könne, wollte Peter Imhoff wissen. Und wie sich Michael Imhoff verhalte, wie er sich im Handel mache? Daß er so wenig schreibe, gefiel Peter nicht. Schließlich ließ er Kneussel noch wissen, daß Jörg Imhoff nicht mehr länger für ihn und die Gesellschaft arbeite, deshalb solle er von den Imhoff'schen Niederlassungen in Antwerpen wie auch Lissabon ferngehalten werden.

Der Fragenkatalog Peter Imhoffs enthält noch keinen Hinweis auf die Auseinandersetzung zwischen dem neuen Fuggerfaktor Jan (oder Hans) von Schüren (*Jan von der Schuer*) und Calixtus Schüler. Der Brief, den von Schüren in dieser Angelegenheit nach Nürnberg richtete, hatte sich anscheinend mit der Abreise Kneussels überschnitten; er ging ihm dann in Abschrift zu.

Die Untersuchung des sozialen Verhaltens und der beruflichen Pflichterfüllung Calixtus Schülers war vorbereitet und zielgerichtet und hatte eine längere Laufzeit. Denn selbst wenn Kneussel die Reise den Winter über wegen der schwierigeren Bedingungen vermieden hätte und erst im Frühling, vielleicht im März, in Lissabon ankam, dann wäre bis zu seinem Bericht wenigstens ein halbes Jahr vergangen. Peter Imhoff setzte also eine aufwendige Aktion sozialer Kontrolle in Gang, bei der er sich seines Ergebnisses sicher sein wollte, um alle Informationen zu haben, Sanktionen erlassen zu können. Dieses planerische Vorgehen spricht für die Dimension des Skandals und ist beim gleichzeitigen Gedanken an fundierte Regreßansprüche gegenüber dem Angestellten Ausdruck kaufmännischen Sicherheitsdenkens.

2. Der Kontrolleur: Sebald Kneussel

Mit Sebald Kneussel wurde ein junger, aber nicht unerfahrener Kaufmann mit der Ermittlung gegen Calixtus Schüler beauftragt. Der Mann mit dem Vornamen des Nürnberger Stadtheiligen war ein Sohn des Hans Kneussel[46], der 1481 das Bürgerrecht in Nürnberg erworben hatte. Wohl bald darauf hat sich der selbst zu den reichen Nürnbergern zu zählende Hans mit Catharina, der Tochter des Nürnberger „Mil-

---

[46] Was Helmut Frhr. Haller von Hallerstein, Größe und Quellen des Vermögens von hundert Nürnberger Bürgern um 1500, in: Beiträge zur Wirtschaftsgeschichte Nürnbergs, hg. v. Stadtarchiv Nürnberg, Bd. 1, Nürnberg 1967, S. 117–176, hier: S. 160, noch vermutete, wird klar belegt durch Sebalds Dienstvertrag mit der Imhoff-Gesellschaft, wo er sich eingangs der Urkunde als: *Sebolt Chneussel, Hannsen Chneussel sun, purger zu Nuremberg* bezeichnet. GNM (wie Anm. 5), Geschlechter: Imhoff, Fasz. 28, Nr. 17.

lionärs" Stefan Kolb verheiratet⁴⁷. In den 1480er Jahren dürfte auch Sebald zur Welt gekommen sein. Wie sein Vater handelte Sebald nach Venedig. 1506, also im Alter von etwa 20 Jahren, übte er dort zusammen mit dem Regensburger Johann Musauer das Amt des „Cottimiero" aus⁴⁸. Interessenausgleich und Gruppenzusammenhalt bei Kaufleuten wurden ihm damit bald zur Erfahrung.

1511 verlegte Kneussel seinen beruflichen Schwerpunkt, dem Trend seit der Entdeckung des Seeweges nach Indien folgend, von Venedig nach Lissabon, vom Mittelmeer an den Atlantik. Am Montag nach St. Andreas, also am 1. Dezember 1511, unterschrieb er den Dienstvertrag mit den neuen Arbeitgebern, der Gesellschaft *Peter, Conradten und Hansen Im Hoff gepruder*⁴⁹. Wohin und wozu sie ihn zu *irem handel und dienst geprauchen und schicken werden, zu fus oder zu ros, zu wasser oder zu landt*, dorthin verpflichtete er sich zu gehen, ausgenommen Indien. Auch nach Lissabon wollte Sebald Kneussel nicht öfter als dreimal reisen müssen. Und der Aufenthalt dort sollte nicht länger als jeweils ein Dreivierteljahr am Stück sein. Kneussel scheint weder Abenteuerlust noch Fernweh hinausgezogen zu haben.

Sein Dienstvertrag enthält dann die üblichen Pflichten, denen sicher auch Calixtus Schüler unterworfen war: kein Geld verleihen, keine Bürgschaften übernehmen, nicht spielen, keine Frauenbekanntschaften, keine schlechte Gesellschaft, kein Handel ohne Einverständnis der Geschäftsherren. Der Angestellte hatte verschwiegen zu sein, sich des Luxus in Essen, Trinken und Kleidung (*nichts von seiden tragen*) zu enthalten, nicht auf eigene Kosten Geschäfte zu machen, so oft gewünscht, die Abrechnung vorzulegen und vor allem die Gesellschaft zu informieren, gerade auch über Schaden, wer immer ihn angerichtet hat, seien es Mitgesellschafter oder Angestellte. Falls sich Kneussel eines Fehlverhaltens schuldig machen würde, stand es seinen Herren frei, ihm zu kündigen – auch fristlos und ohne Widerspruchsrecht. Was *durch verwarlossung, ablesigkeit, auß uberflusiger kleidung, zerung, purgschaft, hinleihen, spill, ungepurlich an werden mit den frauen* oder sonstige Dinge bei der Abrechnung fehlte, hatte er zu bezahlen. Seinen redlichen Lebensunterhalt trug die Firma, an Lohn erhielt er für die sechsjährige Dienstzeit 400 fl, die zu Gewinn und Verlust als Gesellschaftsanteil eingebracht wurden.

Als Kneussel 1512 nach Lissabon kam, sah er sich spannungsgeladenen Interaktionen gegenüber, in deren Mittelpunkt die Auseinandersetzung zwischen dem Fuggerfaktor Jan von Schüren mit Calixtus Schüler und anderen oberdeutschen Faktoren stand. Interessant wäre es gewesen zu wissen, wie sich Kneussel, der Neue, im deut-

---

[47] Haller von Hallerstein, Größe (wie Anm. 46), S. 130f. u. 160. Stefan Kolb hat nach der Scheurl'schen Vermögensliste der zugezogenen, nicht-patrizischen Reichen (um 1500 entstanden) ein Vermögen von 12 000 fl, während Hans Kneussel auf 2000 fl angesetzt wurde. Kneussel wurde, wie die Mehrzahl der Vermögenden, in das Gremium der Genannten aufgenommen und war zudem in den Ämtern des Wechslers in der Losungstube und als Safranschauer für das Gemeinwesen tätig, Haller von Hallerstein, Größe (wie Anm. 46), S. 160, 170.

[48] Henry Simonsfeld, Der Fondaco dei Tedeschi in Venedig und die deutsch-venezianischen Handelsbeziehungen. Eine historische Skizze, Stuttgart 1887, S. 132, Anm. 6. Musauer und Kneussel übten ihr Amt just zu der Zeit aus, als Albrecht Dürers berühmtes „Rosenkranzfest" in Venedig entstand. Amtsvorgänger von Kneussel war 1499 übrigens Peter Imhoff; aus diesem Geschlecht nahmen weitere vier Vertreter diese Aufgabe in den 1490er Jahren wahr (S. 79).

[49] GNM (wie Anm. 5), Geschlechter: Imhoff, Fasc. 28, Nr. 17.

schen Kaufmannsmilieu eingeführt hatte. Denn gerade dieser erste Eindruck, den ein Einzelner bewußt hinterläßt, ist die Grundlage für die weiteren Handlungen seitens der anderen[50]. Zwar kann der einzelne im Verlauf der Interaktion Informationen zu seiner Position modifizieren, will er aber die Kontrolle über die Situation nicht verlieren, müssen diese Änderungen widerspruchsfrei sein. Wie hatte sich also Kneussel in Lissabon präsentiert? Und wem gegenüber hat er welche Informationen über sich zukommen lassen? Den oben bereits genannten Anweisungen seines Arbeitgebers Peter Imhoff entsprechend sollte Kneussel noch in Nürnberg Verschwiegenheit über seinen Auftrag, *mit fleis forsung zu haben*, bewahren. *Item so er* [Calixtus Schüler, d.V.] *aus dem landt kumpt als wir in den heruber fordern wern, so ir ein weil pei im gewest seidt, wie ir denn zu derselben zeit vernemen wert, was ir denn noch folgendt erfurt und sich erzeigen wurdt und vileicht mer, denn dieweil er im landt ist, lost auch alles wissen ...* Hat man diesen Satz aus der Imhoff'schen Instruktion an Kneussel so zu verstehen, daß erst nach einer gewissen Zeit seines Aufenthaltes der Brief aus Nürnberg eintreffen sollte, der Schüler zum Rapport in die fränkische Reichsstadt bestellte? Das bedeutet, daß Kneussel sich nicht schon als Nachfolger Schülers, sondern als weiterer Mitarbeiter der Faktorei eingeführt hätte. Und erst über eine Nachricht aus Nürnberg wäre dann die Modifikation dieser Anfangsprojektion erfolgt, was Kneussel erlaubt hätte, sein Gesicht im Hinblick auf den ersten Eindruck zu wahren[51]. Seine Rolle als Kontrolleur dürfte er wohl, auch um die Qualität der Ermittlungen zu steigern, verheimlicht haben. Manchen wird er mehr Informationen gewährt haben, etwa Michael Imhoff, dem Familienmitglied, möglicherweise auch Jan von Schüren, der ihm seine generelle Unterstützung anbot. Bei der immer wieder aufscheinenden Furcht vor dem aggressiven Calixtus Schüler scheint es unwahrscheinlich, daß Kneussel als offener Ermittler auftrat[52]. Schüler habe zu erkennen gegeben, daß er vermute, es seien Nachrichten über ihn nach Nürnberg gegangen, schrieb Kneussel. Wäre Kneussels Ermittlerrolle von vornherein bekannt gewesen, wäre eine solche Äußerung überflüssig. Geheimhaltung als Mittel der sozialen Kontrolle? Die Existenz einer solchen firmeninternen Strategie klingt in der durch Kneussel von Michael Imhoff überlieferten Entschuldigung für seine mangelnde Kommunikation nach Nürnberg an: Er habe vermutet, daß Schüler mehr Vollmachten als anderen zugestanden waren.

Wie auch immer die Anfangsprojektion seiner Darstellung ausgesehen haben mag, als Kneussel im September 1512 seinen Bericht verfaßte, war Schülers Rückkehr nach Deutschland und die Nachfolge durch Kneussel ein klare Sache. Nicht anders ist etwa die Tatsache der Rechnungslegung Schülers vor Kneussel zu verstehen oder Schülers Zorn, weil Kneussel den Haushalt der Niederlassung anders zu führen gedachte als er.

---

[50] Siehe Goffman, Theater (wie Anm. 6), S. 5–18. Dort auch zum Folgenden.
[51] Die andere mögliche Variante des ersten Eindrucks beinhaltet die klare Information an Schüler, daß Kneussel ihn in naher Zukunft ablösen werde. Ob sich Kneussel auf diese Weise erklärt hatte, muß dahingestellt bleiben, da uns eindeutige Hinweise fehlen.
[52] Die unbelegte Behauptung Fitzler-Kömmerlings, Kaufmann (wie Anm. 2), S. 143, Kneussel habe „vor der versammelten Bartholomäusbruderschaft" die Handlungen Jan von Schürens verteidigt, muß vor diesem Hintergrund stark bezweifelt werden.

Kneussel begann seinen Bericht mit einer Äußerung, die einerseits als Entlastung seines Gewissens, andererseits als Ausdruck seiner komplexen Rolle[53] gewertet werden kann: Seine Dienstherren hätten ihm auferlegt, nach dem Wesen des Calixtus Schüler sich zu erkundigen, *daß mir aber warlich lieber wer, solicheß entlast wer und ein ander von meint wegen thet.*

In dem, was Kneussel nun schrieb, folgte er dem Fragenkatalog des Peter Imhoff. Er begann also zunächst mit den unehelichen Kindern des Calixtus, lieferte dann Informationen zu Elena, Schülers Hausfrau und Geliebter. Hier wird er wertend: *selzam* sei die Angelegenheit mit Elenas nach Indien verschicktem Ehemann und – was sein Frauenbild reflektiert –, daß sie zaubern könne, sei nicht unwahrscheinlich, w*en solich weiber vil kunen.* Dann beschrieb er Schülers Spielleidenschaft und Haushaltsführung. Letzteres werde er ändern, verbessern, weil ohne Not zuviel ausgegeben worden sei. Über die Buchhaltung fällte er das Urteil, sie sei schlecht, aber wohl ohne finanziellen Nachteil für die Handelsgesellschaft. Er berichtete von den Entschuldigungen Michael Imhoffs und versuchte, einen für ihn schlüssigen Hergang der Auseinandersetzung zwischen Calixtus Schüler und Jan von Schüren zu konstruieren. Er sympathisierte dabei mit von Schürens Haltung. Und er fand für Schülers Wesen eine moralische Erklärung, die er ins Allgemeine wendete: *wer gut noch meim einfeltigen bedunken, zu zeiten unser stolcz und herisch kopf auf ein seiten gelegt heten, wer vil uneinikeit vermiten gewest. Aber mich dunckt, nit sein will, wen wir wollen uns mer wollen machen, den wir sein ...* Demut statt Stolz und Geltungssucht heißt sein moralischer Imperativ.

Damit hatte er die ersten Ergebnisse seiner Nachforschungen, deren Quellen er verschwieg, beendet (*weiter weiß ich euch nit zu schreiben auf dicz mol*), und er versprach, was ihm zu Ohren komme, nach Nürnberg zu melden. So fuhr er denn auch mit dem Bericht fort, als er von einer weiteren Liaison Schülers erfahren hatte. An dieser Stelle kommentierte er nochmal seine Rolle und legitimierte die Übermittlung der Nachricht durch Schülers „gemeines Wesen". Außerdem verhalte sich Schüler uneinsichtig, weil er trotz eines zweiten Schreibens von Peter Imhoff seinen kostspieligen Lebenswandel nicht geändert habe.

Kneussel kam dann auf Schülers „Abschiedsvorstellung" zu sprechen, urteilte über seine *conpadres und conmadreß,* daß sie unnütz wären und *der kostung nit werdt.* Dies seien alles Kosten, die nach der Rechnungslegung entstanden seien. Unerwarteterweise präsentierte Schüler auch noch den ausstehenden Lohn für Elena und den *dispensir* für die vergangenen zwei Jahre, während Kneussel angenommen hatte, dies sei schon abgegolten. Daß Kneussel dieses Verhalten nicht guthieß, ließ er sich nicht anmerken, sondern er, der gerechte Kaufmann, anerkannte die Ansprüche der Hausangestellten. Wie er schrieb, wollte er keinen Streit mit Schüler für die kurze Zeit, die dieser noch anwesend war. Seinem Herrn kündigte er schon vorsorglich an, daß

---

[53] Geht es schon im „normalen" Gegenüber des einzelnen und der anderen darum, die kommunikative Situation zu bestimmen, und dies wie in einem Informationsspiel mit Mitteln der Verheimlichung, Entdeckung, falscher Enthüllung und so weiter, dann erforderte die Kontrolleur-/Denunziantenrolle erst recht ein großes Geschick des Einzelnen, seine wahre Rolle zu verhüllen; siehe Goffmann, Theater (wie Anm. 6), S. 5–7.

die genannten außerordentlichen Ausgaben in Kneussels Jahresrechnung auftauchen werden.

Überhaupt: *eß wer mit der zeit waß andreß an tag komen und außbrechen, so er nun hinweg wirt sein.* Doch auch diese bislang noch verheimlichten Nachrichten wollte der treue Diener seinen Herren nach Nürnberg liefern. Nachdem Kneussel über Schülers Schuldner berichtet hatte, schloß er wieder seine Niederschrift, dieses Mal mit dem Resümee, daß er nicht mehr zu berichten wisse, daß weniger aber auch schon ausgereicht hätte. Außerdem vermute er, daß Imhoff wohl schon von anderen noch mehr erfahren habe. Eine kleine Unterwerfungsgeste Kneussels?

Am Ende des Briefes folgen einige eigene Absichtserklärungen, wie er das Schüler'sche Erbe bewältigen wolle. Michael Imhoff wolle er im Kaufmännischen unterrichten. Ob der Sklave in die Schule geschickt werden solle, überlasse er seinen Herren. Das Schüler'sche Roß brauche er nicht, es werde verkauft. Dann verweist wieder eine Bemerkung auf den prozessualen Charakter des Berichts: Kneussel hielt inne (*do pißher ich geschriben het, wurdt mir gesagt ...*), um Neuigkeiten über Schülers Verhältnis mit einer Nonne niederzuschreiben. Er schloß den Bericht damit, den Abschied Schülers als nahezu endgültig zu bezeichnen. Denn Calixtus wolle nicht mehr nach Portugal, nur die Nonne und Elena könnten ihn noch dazu bewegen.

Kneussel fällte Urteile, schlug Verbesserungen vor, bezog Stellung, analysierte Vorgänge, kommentierte seine Rolle und den Wert seiner Ermittlungen. Er versuchte dabei objektiv zu wirken (*also wol zu bruffen ist, waß daran sei gewest*), kennzeichnete Aussagen als seine eigenen Vermutungen (*dunckt mich*), überließ es dem Leser, sich selbst eine Meinung zu bilden (*mugt also darauß nemen, waß euch gut gedunckt*) oder bewertete seine Quelle (*hot mir eine person gesagt, gut wissen von hot*). In seinen Wertungen vermittelte Kneussel den Eindruck – der Dienstherr liest's gerne – des Sparsamen, des Rechtschaffenen, des Konformen. Das waren alles Eigenschaften, die Schüler nicht zukamen. Was Kneussel alles tat, um die kommunikative Situation des Briefes zu bestimmen und wieweit er manipulativ gegenüber seinen Lesern verfuhr, bleibt sein Geheimnis – und das gehört zu jedem Informationsspiel.

3. Der Abweichler: Calixtus Schüler

Viel berichtete Kneussel über das Wesen des Imhoff-Vertreters Schüler, über dessen Biographie sind wir aber nur wenig unterrichtet. Wie einem Offenbrief Schülers aus dem Jahr 1513 zu entnehmen ist, stammte er aus dem schwäbischen Hechingen[54]. 1507 läßt er sich als Mitarbeiter in der Lissaboner Imhoff-Niederlassung nachweisen[55]. Er führte die Geschäfte nach dem Tod von Paulus Imhoff (+1507); zeitweise war Jörg Imhoff sein machtloser Kontrolleur und Widerpart.

---

[54] GNM (wie Anm. 5), Geschlechter: Imhoff, Fasc. 28, Nr. 27 (1513 IV 26). Für die freundliche Klärung der Fragen in Zusammenhang mit diesem Brief danke ich Dr. Frfr. von Andrian-Werburg, GNM. Der Name „Schüler" ist in der zweiten Hälfte des 15. Jahrhunderts als Flurbezeichnung belegt (*Schuelers wissen*, Rodel des Gutleutehauses Hechingen). Herrn Thomas Jauch, Stadtarchiv Hechingen, sei für die freundliche Mitteilung gedankt.

[55] GNM (wie Anm. 5), Geschlechter: Imhoff, Fasc. 37, Nr 1a (1507 VI 25). Jahnel, Imhoff (wie Anm. 2), S. 109, nennt 1504 als Eintrittsjahr in die Lissaboner Faktorei, bleibt den Beleg dafür allerdings schuldig.

Was nun über sein Lissaboner Leben bekannt ist, wurde von Sebald Kneussel in Erfahrung gebracht und durch ihn vermittelt. Er zeigt uns das Bild eines Mannes, der sich normativen Verhaltensforderungen in hohem Maße verweigerte. Es beginnt bei seinem Sexualverhalten. Immerhin wurden ihm vier sexuelle Beziehungen mit Frauen nachgesagt, die in drei Fällen zu tot oder lebendig geborener Nachkommenschaft führte. Dabei war ihm durch den Dienstvertrag untersagt, der zweifelsohne ähnlich formuliert war wie jener des Sebald Kneussel, sich mit Frauen einzulassen. Dann ging er ausgiebig dem Spiel nach. Er setzte manchmal 13, 14 bis zu 20 Tausend Reais, also ungefähr 46 bis 70 Gulden[56], ein. Ob er dabei mehr verlor als gewann, konnte Kneussel nicht bestätigen. An Ulrich Ehinger habe er aber eine *guta sum* verloren.

Schüler schien auch gewalttätig gewesen zu sein. Er schlug Michael Imhoff genauso wie seinen schwarzen Sklaven. Vor seinem aufbrausenden Wesen wich auch Kneussel zurück. So verheimlichte er vor Schüler einen Brief, den Jan von Schüren an Schülers Arbeitgeber nach Nürnberg geschrieben hatte und der ihm in Abschrift zugegangen war. Oder: Als Schüler den Lohn für Elena und den *dispensir* für mehr als zwei Jahre Dienst Kneussel zur Bezahlung überließ, wollte ihm dieser nicht widersprechen, er ließ es über sich ergehen, denn Schüler sei auch rechthaberisch. Er erscheint zudem als risikobereit – die Liebschaft mit besagter Nonne wäre dafür ein Beleg –, und er scheute offensichtlich die Auseinandersetzung nicht, was der Streit mit dem Fuggerfaktor Jan von Schüren noch zeigen wird.

Seine Haushaltsführung wurde von Kneussel als verschwenderisch gekennzeichnet. Daß er der Geselligkeit sehr zugetan war, hielt Kneussel für einen kostspieligen Zeitvertreib. Seine freundschaftlichen Beziehungen zur portugiesischen Umwelt – *deß kunigs pfeiffer und vil conpadres und conmadreß* – sah er für nutzlos an.

Die schlechte Buchführung Schülers habe wohl den Imhoff keinen Schaden zugefügt. Ein Kassenkonto oder Kassenbuch, in dem Einnahmen und Ausgaben in bar zusammengefaßt wurden[57], habe er unterlassen zu führen. Ob er selbst Schulden hinterlasse, dies werde sich erst bei Abreise Schülers herausstellen, meinte Kneussel. Die Abrechnung, die er Kneussel übergeben hatte, enthielt etliche Schuldner.

Schüler versuchte, so der Bericht, den Eindruck zu erwecken, als habe er keine Furcht vor der Rechnungslegung in Nürnberg, da er sich gutes Wirtschaften zugute halte. Für Regreßforderungen habe er außerdem 1000 Cruzados[58] in der Gesellschaft liegen. Auch hier vermutete Kneussel Eindrucksmanipulation von seiten Schülers (*daß mir zu gehor hab außgeben*).

Auch als Schüler zum Rapport nach Nürnberg bestellt wurde, versuchte er noch, seine „soziale Identität"[59] zu bewahren und einer Diskreditierung seiner Person ent-

---

[56] Ein rheinischer Gulden wurde zu dieser Zeit mit 280 Reais gerechnet, Karl Otto Müller, Welthandelsbräuche (1480–1540) (Deutsche Handelsakten des Mittelalters und der Neuzeit 5), Stuttgart 1934, S. 95.

[57] Zu den Modalitäten der Buchhaltung siehe Kellenbenz, Fugger (wie Anm. 4), S. 179–181.

[58] Ein Cruzado wurde zu 390 Reais gerechnet, damit entsprach er etwa 1,3 fl rh., vgl. Müller, Welthandelsbräuche (wie Anm. 56), S. 95.

[59] Dieser Begriff umfaßt neben dem sozialen Status, persönliche Charaktereigenschaften ebenso wie strukturelle Merkmale. Siehe Erving Goffman, Stigma. Techniken der Bewältigung beschädigter Identität, Frankfurt/Main 1967, S. 10.

gegenzuwirken. Er feierte tagelang seinen Abschied von Lissabon und Portugal – so geht kein geschaßter Knecht, sondern ein kleiner Herr. Auf das Schiff, auf welchem er heimreisen sollte, ließ er reichlich Proviant schaffen. Außerdem wollte er den *dispensir* als seinen Diener mit nach Nürnberg nehmen. Kneussel urteilte, daß Schüler damit zeigen wolle, wer er sei, daß er nicht als Angeklagter oder Verarmter nach Hause reist, daß also die Attribute noch galten, die ihm die Gesellschaft bisher zugeschrieben hatte[60]. So gesehen träfe der Begriff der sekundären Devianz nicht auf ihn zu, da er eine Deviantenrolle ablehnte[61]. Schüler sah im strengen Sinne keine Devianz in seinem Verhalten. Er mag gegen moralische Werte verstoßen haben, den wohl von ihm als zentral eingestuften Ansprüchen als Kaufmann glaubte er gewiß genügt zu haben. Seine Reise zum bekannten kastilischen Marienheiligtum Santa María de Guadalupe, von dessen Kloster und Hospital sich schon der Nürnberger Wallfahrer Gabriel Tetzel sehr beeindruckt zeigte[62], könnte als Bußfahrt zu verstehen sein, aber keineswegs als das Eingeständnis eines beruflichen Versagens. Im Übrigen sah er seine fehlende Tugendhaftigkeit bestätigt in den gleichartigen Handlungen einiger seiner Faktorenkollegen. Aus Sicht Kneussels, und natürlich auch Peter Imhoffs, waren diese Normabweichungen wesentlich gravierender. Kneussel äußerte sich erstaunt und erschüttert über das *gemeine* Regiment Schülers. Für Kneussel dürfte die Rollenverteilung einigermaßen klar gewesen sein: Hier er, der Normale, dort Schüler, der zu Stigmatisierende[63]. Daß Stigmatisierung der Abweichler ein Mittel der sozialen Kontrolle war[64], deren sich gerade auch ein Arbeitgeber bediente, ist unmittelbar einsichtig.

4. Die Frauen

Elena: Der Name war bis nach Nürnberg vorgedrungen, nach ihr erkundigte sich Peter Imhoff gezielt. Sie ist wesentlicher Teil des Skandals und eine Hauptperson des Ensembles im Hause der Imhoff'schen Niederlassung[65]. Seit wann sie diese für die Nürnberger Dienstherren so unheilvolle Rolle als Haushälterin und Geliebte spielte, wollte Peter Imhoff wissen. Sollten seine Informanten Kneussel recht unterrichtet haben, so hatte das Verhältnis von Calixtus und Elena 1507 begonnen, als Paulus Imhoff noch am Leben war. Bevor Schüler damals – vermutlich zur Rechnungslegung – nach Nürnberg reisen mußte, versprach er Elena, sie gut zu versorgen, falls sie

---

[60] Gerade die Diskrepanz zwischen antizipierter (virtualer) und tatsächlich festgestellter (aktualer) Identität ist es, die zu gesellschaftlicher Stigmatisierung veranlaßt. Goffman, Stigma (wie Anm. 59), S. 10f.

[61] Zum Folgenden die entsprechenden Einträge in Werner Fuchs u.a. (Hg.), Lexikon der Soziologie, Opladen ²1978.

[62] Gabriel Tetzel, Des böhmischen Herrn Leo's von Rožmital Ritter-, Hof- und Pilger-Reise durch die Abendlande 1465–67, Teil 2, Stuttgart 1843, S. 143–196, hier: S. 185f.

[63] Siehe zum Begriffspaar „normal/abweichend" Goffman, Stigma (wie Anm. 59), S. 156–171.

[64] Goffman, Stigma (wie Anm. 59), S. 171.

[65] Goffman, Theater (wie Anm. 6), S. 96, verwendet den Ensemblebegriff für eine Gruppe von Individuen, die eng zusammenarbeiten mußten, um in Bezug auf eine Interaktion einen bestimmten Eindruck aufrechtzuerhalten. Gegenseitige Abhängigkeit und Vertraulichkeit sind die Grundelemente der Beziehung zwischen den Ensemblemitgliedern (S. 77).

auf ihn und seine Rückkehr wartete. Ob Elena zu diesem Zeitpunkt bereits dem Haushalt angehörte, geht daraus nicht hervor. Daß Schüler ihr darin eine materiell gesicherte Position versprechen konnte, lag in seiner Erwartung begründet, daß Paulus Imhoff noch vor Schülers Rückkunft Lissabon verlassen wollte. Wie erwähnt, verstarb Paulus dann unerwartet in der zweiten Hälfte des Jahres 1507. Kneussel zeigt sich wieder um Objektivität bemüht, wenn er darauf hinweist, daß diese Informationen über den Beginn der Verbindung von Elena und Calixtus noch geprüft werden sollten.

Elena führte also den aufwendigen und gastfreundlichen Haushalt in der Imhoff-Niederlassung in Lissabon. Und sie gebar ihrem Liebhaber Calixtus drei Kinder, wovon eines verstarb, zwei waren also noch am Leben. Eines davon wollte Schüler auf seine Heimreise nach Nürnberg mitnehmen.

Von Elena wissen wir weder Herkunft noch Alter. Kneussels mehrdeutige Charakterisierung – *die Elena im hauß gefunden alß ein frau, ich nit gemeint het* – gibt Raum für Spekulationen. Mit welcher Vorstellung von ihr war er nach Lissabon gereist? Hatte er die Hure erwartet und eine Herrin vorgefunden? Auf Letzteres deutet Kneussels Bemerkung über ihre einflußreiche Stellung im Schüler'schen Ensemble: Wer sie nicht zum Freund habe, habe Calixtus zum Feind. Den Einfluß läßt sich Kneussel gerne mit dem frauenfeindlichen Vorurteil erklären, sie müsse ihn verzaubert haben. Deshalb wäre es auch verständlich, weshalb Schüler so sehr an ihr hänge und so ungern von ihr weg nach Nürnberg zurückgehe.

Was konnte das Lissaboner Haus der Imhoffs alles verheimlichen und dem Blick der hauptstädtischen Öffentlichkeit entziehen? Wahrscheinlich nicht zuviel. Dann wäre zu vermuten, daß Elena entweder ohne engere Verwandten in Lissabon gelebt hatte oder daß sie von weit außerhalb stammte und von der Weltstadt angezogen worden war wie ihr Geliebter. Die Annahme über die Durchlässigkeit des Imhoff'schen Hauses erhält Nahrung durch eine für die Gesellschaft des portugiesischen „seaborn empire"[66] signifikante Nachricht. Elena war von Schüler zum Schein verheiratet worden, wohl für einen ordentlichen Betrag, an irgendeine arme Kreatur, die ihr Glück in Übersee, Indien, machen wollte. Ein gelungener Schachzug, denn Tausende von arbeitsfähigen, jungen, meist aber unverheirateten Männern verließen jedes Jahr Portugal mit dem Ziel „Golden Goa" oder noch weiter östlich. Nur wenige von ihnen kehrten jemals nach Europa zurück[67].

Jedenfalls stellte die Scheinehe Elenas, die sie Kneussel gegenüber zunächst allerdings bestritt, den Versuch dar, Schülers sexuelles Verhältnis hinter einer legalisierten Ehebeziehung zu verbergen, um in der portugiesischen Umwelt keinen Sittenskandal zu provozieren. Insofern sollte der Haushalt Schülers als Ensemble zusammenarbeiten, um den Anschein von Normalität aufrechtzuerhalten[68]. Elena ist nun wesentlicher Teil des Ensembles um Calixtus Schüler. Sie spielte neben ihrer Berufsrolle auch die

---

[66] Siehe Charles R. Boxer, The Portuguese Seaborn Empire 1415–1825, London 1977.

[67] Charles R. Boxer, Mary and Misogyny. Women in Iberian Expansion Overseas. Some Facts, Fancies and Personalities, London 1967, S. 67, spricht von 4000 emigrierenden Männern im Jahr, die Zahl 8000 nennt Walter G. Armando, Geschichte Portugals, Stuttgart u.a. 1966, S. 174.

[68] Jede erfolgreiche Vorstellung des Ensembles beruht auf Loyalität, Disziplin und Sorgfalt, Goffman, Theater (wie Anm. 6), S. 189–207.

der Mätresse, die auf Schülers Abenteuer mit anderen Frauen verärgert reagierte. Gegenüber Kneussel deutete sie an, die Loyalität zu Schüler aufkündigen zu wollen. Sie hätten sich gestritten. Zum einen würde er ihr zu wenig Geld geben, zum anderen habe er ihr gegen ihren Willen einen Ehemann aufgedrängt (diese Stelle widerspricht ihrem Leugnen eines Ehemanns am Anfang des Briefes). Doch Kneussel interpretierte ihre Aussagen als versuchte Eindrucksmanipulation. Schließlich würden sie immer noch das Lager miteinander teilen. Er vermutete, daß Elena ihn auf ihre Seite zu ziehen versuche. Kneussel wehrte ab: *In solichen haber leg ich mich nit, loß mich deß nit anfechten, hab gethon alß verste ichs nit*[69]. Sie wußte, daß seine Anwesenheit Konsequenzen für sie haben würde und versuchte, so stellt es Kneussel dar, sich ihm anzunähern, um vielleicht doch eine Chance auf Weiterbeschäftigung zu haben. Aus dieser Erfahrung mit Elena heraus zog er den Schluß, daß die Loyalität des Ensembles auseinanderbrechen werde. Dann würden seine Geheimnisse ans Tageslicht kommen, so hoffte er.

Elena war nun nicht die einzige Frau im Lissaboner Leben des Calixtus Schüler. Er hatte noch ein halbjähriges Kind mit einer anderen Frau. Das kam ihm aber teuer zu stehen. Schüler wurde von der Frau nicht nur auf Kranzgeld in Höhe von stolzen 50 000 Reais, also über 170 fl, verklagt, er mußte für das Kind eine Bleibe suchen und seinen Unterhalt übernehmen.

Schüler hatte außerdem ein Verhältnis mit einer „weißen Sklavin" in seinem Haushalt, die von ihm schwanger wurde. Sklavinnen waren ohne gesetzlichen Schutz vor sexueller Annäherung[70]. Weil sie ihrem Herrn auf Lebenszeit gehörten, bedeutete dies auch, daß sie ihm auch pyhsisch viel stärker unterworfen waren, als etwa freie Diener aus der Unterschicht, denen die Sklaven ansonsten in gesetzlicher, religiöser und moralischer Hinsicht sehr ähnlich gestellt waren. Obwohl Vergewaltigung in Portugal mit der Todesstrafe belegt war, wurde bei Sklavinnen und Prostituierten eine Ausnahme gemacht. Und obwohl das Gesetz den Verkehr zwischen Christen und Ungläubigen verbot, wurde die Beziehung zu den nicht-christlichen Sklavinnen toleriert. Dabei galten die schwarzen Frauen in der Männerwelt als nicht begehrenswert, anders als die Frauen aus dem arabischen Nordafrika, die so genannten weißen Sklavinnen. Sklaven wurden gehandelt wie eine Ware oder wie Pferde und anderes Vieh. Schüler verhielt sich deshalb, als er die schwangere Sklavin, auch auf Drängen Elenas, verkaufte, durchaus nach den üblichen Gepflogenheiten. Schließlich berichtete auch Gabriel Tetzel, der Begleiter des böhmischen Adligen Leo von Rožmital auf dessen Europareise, von verkauften schwangeren Sklavinnen in Portugal, deren Nachwuchs bis sechs Wochen nach der Geburt Eigentum des Erzeugers seien[71]. Schüler mußte sich darum keine Gedanken machen, denn sein Kind kam tot zur Welt.

Die vierte sexuelle Beziehung, von der Kneussel berichtete, hatte Schüler mit einer Nonne, die zwar auch zu der großen Gruppe der unverheirateten Frauen zählte, die sich im Gegensatz zur ihren Geschlechtsgenossinnen allerdings vor den Nachstellungen der Männer und den „Fesseln der Ehe" durch ihren Eintritt ins Kloster in Sicher-

---

[69] GNM (wie Anm. 5), Geschlechter: Imhoff, Fasc. 28, 22 (1) (zweite Fassung des Kneussel-Berichts).
[70] Zum Folgenden Saunders, History (wie Anm. 15), S. 89, 102–105.
[71] Tetzel, Pilgerreise (wie Anm. 62), S. 181.

heit gebracht hatte[72]. Andererseits ließ die „Familiarisierung" der spätmittelalterlichen Gesellschaft[73] gerade den Frauen aus der bürgerlichen Oberschicht und den Adelskreisen keine andere Wahl, als im gesellschaftlich geachteten Hort des Klosters ihr Auskommen zu finden. So leisteten viele Klosterfrauen ihr Gelübde nur unter dem Druck der Verhältnisse. Daß die Sitten auch in den Frauenklöstern nicht immer den Vorschriften der Orden entsprachen, daß die geforderte sexuelle Enthaltsamkeit mißachtet wurde, ist gerade für das 14./15. Jahrhundert eine oft beschriebene Tatsache[74]. Portugal machte beim Verfall der Klosterzucht keine Ausnahme.

Nach Kneussels Bericht stammte die Nonne aus Santarèm, *pej 13 meil* nordöstlich von Lissabon ebenfalls am Tejo gelegen. Der Name der Stadt geht auf die Schutzpatronin Irene zurück, die, was für unsere Geschichte eine besondere Pointe hat, 633 wegen der Bewahrung ihres Jungfräulichkeitsgelübdes sterben mußte[75]. Bei dem Kloster, dem die Nonne Schülers angehörte, dürfte es sich um St. Clara handeln. Aus welchem Grund sich Calixtus Schüler erstmals nach Santarém aufgemacht hatte, ist nicht überliefert. Natürlich steht die Vermutung eines geschäftlichen Interesses an erster Stelle. Denn am Schiffsanlegeplatz („ribeira dos barcos") Santaréms kamen die mit Luxusartikeln beladenen Boote aus Lissabon an, und sie nahmen im Gegenzug Kork, Getreide, Salz, Wein, Wachs, Leder und andere Landprodukte mit, die entweder den hauptstädtischen Markt versorgten oder weiter ins nördliche Europa exportiert wurden[76].

Nun beschränkte sich Calixtus offensichtlich nicht auf das Kaufmännische, sondern fand in dieser Stadt, in der viele Fratres, Kleriker und auch Nonnen der verschiedenen Kirchen und Konvente die Straßen bevölkerten[77], auch die Gelegenheit, seinen amourösen Abenteuern nachzugehen. Er schwängerte eine Nonne, doch das Kind kam tot zur Welt. Um die Beziehung zur ihr aufrecht erhalten zu können, um die räumliche Distanz und die soziale Kontrolle der Kleinstadt Santarém zu überwinden, motivierte er die Klosterfrau nach Lissabon zu kommen, wo er sie ein Jahr lang versorgte. Doch nun, schrieb Kneussel, habe sie wieder zurück gemußt. Die Beziehung zu dieser Nonne zählte für Schüler eher zu den „gefährlichen Liebschaften", denn auch in Portugal war es, wie Kneussel mitteilte, bei hoher Strafe verboten, das Kloster zu verlassen. Auf irgendeine Art und Weise – und Kneussel vermutete, daß eine hohe Geldsumme es möglich hat werden lassen – gelang es Schüler, für dieses lasterhafte

---

[72] Claudia Opitz, Frauenalltag im Spätmittelalter, in: Georges Duby, Michelle Perrot (Hg.), Geschichte der Frauen, Bd. 2: Mittelalter, hg. v. Christiane Klapisch-Zuber, Frankfurt/Main u.a. 1993, S. 283–339, hier: S. 324–333. Danach lag die Zahl der Unverheirateten in den spätmittelalterlichen Städten bei 30–40%.

[73] Opitz, Frauenalltag (wie Anm. 72), S. 333.

[74] Hans-Friedrich Rosenfeld, Helmut Rosenfeld, Deutsche Kultur im Spätmittelalter 1250–1500 (Handbuch der Kulturgeschichte. 1. Abt., Bd. 4), Wiesbaden 1978, S. 270–274.

[75] P. Feige, Santarèm, in: Lexikon des Mittelalters, Bd. 7, hg. v. Robert-Henri Bautier, Robert Auty, München 1995, Sp. 1369; Maria Angela V. da Rocha Beirante, Santarém medieval, Lissabon 1980, S. 29–32.

[76] Beirante, Santarém (wie Anm. 75), S. 116. Vgl. die Eintragungen im Buch über die Handelsbräuche aus dem Paumgartner-Nachlaß, Müller, Welthandelsbräuche (wie Anm. 56), S. 100; auch Kellenbenz, Norden (wie Anm. 22), S. 134, weist inbesondere hin auf die Salzfahrt der Nordländer nach Portugal und die Fahrt der Portugiesen nach Norden, um Getreide, Holz, Tuche u.a. zu holen

[77] Beirante, Santarém (wie Anm. 75), S. 204.

Jahr einen päpstlichen Dispens zu erwirken. Die Gefahr, in die sich Schüler mit seinem ungesetzlichen Verhältnis begeben und die Anstrengungen, die er zu seiner Aufrechterhaltung unternommen hatte, zeigen, wie wichtig ihm diese Beziehung gewesen war. Dazu fügt sich, was uns Kneussel als vorgefundene Meinung überliefert, daß nämlich Calixtus Portugal nur noch wegen zweier Frauen betreten würde, wegen Elena und der Nonne.

5. Die „Unpersonen"

Wer die Rolle der Unperson spielt, so Goffman, „ist während der Interaktion anwesend, übernimmt aber in gewissem Sinne weder die Rolle des Darstellers noch diejenige des Zuschauers, und gibt auch nicht (wie es Denunzianten, Claqueure und Kontrolleure tun) vor, etwas zu sein, was er nicht ist."[78] Nach ihm ist der Dienstbote der „klassische Typ der Unperson". Dienstboten aus dem Lissaboner Hause der Imhoffs haben wir schon kennengelernt: Elena und die weiße Sklavin. Mit beiden verband Schüler, wie erwähnt, eine sexuelle Beziehung, doch eine, Elena nämlich, darf keineswegs zu den Unpersonen gerechnet werden, spielte sie doch eine wichtige (Haupt-)Rolle im Ensemble um Schüler. Kneussel erwähnte in seinem Bericht als Dienstboten, die er bei seiner Ankunft in Lissabon vorgefunden hatte, eine schwarze Sklavin und einen schwarzen Sklaven. Der Mann gehöre den Imhoffs, die Frau der Elena – sie soll aber ein Geschenk von Calixtus an Elena sein. Da Kneussel weder Elena noch den *dispensir* – auf diese Person kommen wir noch zu sprechen – weiter beschäftigen will, verbliebe nur noch der Imhoff'sche Sklave im Haus. Aber auch er stand zur Disposition: Falls Kneussel ihn nicht mehr benötige, wollte er ihn verkaufen[79]. Wie Kneussel uns wissen läßt, hatte der schwarze Sklave im Hause Imhoff schwere körperliche Züchtigungen zu erleiden. Schüler habe ihn auch wegen nichtiger Dinge oft geschlagen, so daß er schon halb lahm sei. Damit handelte Schüler durchaus im Einklang mit den königlichen Verordnungen zu Zeiten Manuels I., denn der Hausherr durfte jeden in seinem Haushalt, angefangen von der Ehefrau bis zum Sklaven körperlich züchtigen, bis das Blut floß[80]. Nur der Totschlag als Konsequenz solcher Handlungen stand unter Strafe. Kneussel interpretierte das Verhalten Schülers dahin, daß es ihm darum ginge, die vermeintlichen Erwartungen (des Haushalts, der oberdeutschen Kaufleute, der Sklavenhalter?) an ihn in der sozialen Rolle des „Herrn" zu erfüllen. Schüler hatte diese Rollenerwartung immer wieder durch Prügeleien in extremster Weise interpretiert und dadurch auch seinem Drang genügt, seinen Part demonstrativ zu spielen – diesen Schluß läßt Kneussels Bericht zu (*hab den herrn mit im* [dem Sklaven, d.V.] *wollen erzeigen*). War es da eine Art Wiedergutmachung, das schlechte Gewissen wegen eines Rollenverhaltens, das wohl mit einigen

---

[78] Goffman, Theater (wie Anm. 6), S. 138.

[79] In Lissabon befand sich der öffentliche Sklavenmarkt um 1500 in der Alfama (Praça dos Escravos). Aber nicht alle Sklaven wurden auf den Markt gebracht, gerade diejenigen, die schon länger hier lebten und wiederverkauft werden sollten, handelte man im Rahmen privater Geschäfte. Dabei lag um 1510, also zu Zeiten Kneussels und Schülers, der Preis für einen Sklaven bei 7000 Reais oder 25 fl; siehe Saunders, History (wie Anm. 15), S. 17f.

[80] Saunders, History (wie Anm. 15), S. 108.

christlichen Normen konfligierte, wenn Schüler seinem Nachfolger Kneussel vorschlug, den Sklaven Lesen und Schreiben lernen zu lassen? Oder war es zur Wertsteigerung des Sklaven gedacht, der damit für qualifiziertere Arbeiten zu gebrauchen gewesen wäre? Jedenfalls klingt es stark nach nürnbergischem Bildungsethos, das die Bedeutung schulischer Erziehung hoch einschätzte[81]. Unter den portugiesischen Sklaven gab es schließlich nur wenige, die überhaupt ihren Namen schreiben konnten[82]. Zwar gab es kein Gesetz gegen die Ausbildung der Sklaven, nur: Für die meisten Arbeiten waren Schreib- und Lesefähigkeiten nicht nötig und wurden deshalb von seiten der Herren nicht gefördert und gefordert[83]. Kneussel legte schließlich die Entscheidung über den Schulbesuch „seines" Sklaven in die Hände von Peter Imhoff.

Wer sich hinter der Angestelltenfigur *dispensir* verbirgt, muß leider offen bleiben. Es drängt sich zwar zunächst die Vermutung auf, daß *dispensir* – falls die Lesung des Wortes stimmt – und eines der unehelichen Kinder von Calixtus und Elena eine Person sind[84]. Da aber das genannte Kind höchstens fünf Jahre alt sein konnte, so alt wie die Beziehung seiner Eltern, und damit als Dienstbote kaum gebraucht worden sein wird, scheint diese Annahme unwahrscheinlich[85].

6. Kumpane und Kollegen

Daß es doch manchmal besser wäre, sich aus den Geschäften anderer herauszuhalten, urteilte Sebald Kneussel, als er in seinem Bericht von den Streitigkeiten unter den oberdeutschen Faktoren berichtete. Demnach hatte sich Calixtus Schüler mit Marx Zimmermann, dem Fuggerfaktor, solidarisiert gegen den neuen Vertreter der Augsburger Jan von Schüren. Mit jenem Marx Zimmermann wird „Marcos Alemão" gleichgesetzt, der 1508 die oberdeutschen Kaufleute vor König Manuel vertrat und von ihm sich zwei Urkunden bestätigen ließ, welche den Deutschen die Rechtspre-

---

[81] Vgl. etwa den dafür geradezu idealtypischen Ausspruch Michael (VII.) Behaims „Wer nichtz kan, denn lost man fur einen essell stan", zit. bei Reinhard Jakob, Schulen in Franken und in der Kuroberpfalz 1250–1520. Verbreitung – Organisation – gesellschaftliche Bedeutung (Wissensliteratur im Mittelalter 16), Wiesbaden 1994, S. 387.

[82] Zum Folgenden Saunders, History (wie Anm. 15), S. 101f.

[83] Vom flämischen Humanisten und Theologen Clenardus ist aus den 1530er Jahren bekannt, daß er seine drei schwarzen Sklaven Latein lehrte, um sie in seiner Schule in Évora als Hilfspersonal einsetzen zu können. Und er berichtete, daß in der Lateinschule von Braga unter den Schülern – ihre Zahl gibt er mit 200 (!) an – einige Schwarze sich befunden hatten. Schulunterricht von Sklaven war also Anfang des 16. Jahrhunderts nicht ganz unrealistisch; siehe M. Gonçalves Cerejeira, O Humanismo em Portugal: Clenardo, Coimbra 1926, S. 309.

[84] Kneussel wollte *Elena und dem dispensir, so im hauß ist, urlaub sol geben, den ich ir nit bediderfen wir*. Deshalb wolle Calixtus den *dispensir* als seinen Diener mit aufs Schiff und hinaus nach Deutschland nehmen. Aus dem zweiten Brief, der uns von Sebald Kneussel in der Angelegenheit „Schüler" erhalten ist, erfahren wir, daß Calixtus *daß kindt, alß ihr in meim andren schreiben vernemt, mit im hinauß furt, hie lest pei der muter...*, GNM (wie Anm. 5), Imhoff-Archiv, Fasc. 28, Nr. 22 (3) (1512 X 23).

[85] Gedacht werden könnte bei dieser Dienstperson auch an die schwarze Sklavin, von der Kneussel gesprochen hatte und die zu Elena gehörte. Sollte dabei der Begriff *dispensir* andeuten, daß die Sklavin von Elena frei gelassen worden war? Hier ist dann an das Lexem „Dispensieren" (von Gesetzen, Gelübde, Steuern befreien) zu denken. Oder leitete sich dispensir von „Dispensator" (lat. für Schaffner) ab? Siehe Petrus Dasypodius, Dictionarium latinogermanicum, Straßburg 1536, fol. 308ra u. 171va. Für den Hinweis danke ich Herrn Manfred Lautenschlager, M.A., Erlangen.

chung des Lissaboner Oberrichters zusicherte[86]. In einem Brief des Paulus Imhoff vom 25. Juni 1507 an Peter Imhoff und seine Brüder wird Marx Zimmermann als Faktor der Fugger erwähnt[87]. Als solcher sprach er mit Lukas Rem, dem Welserfaktor, und dem Faktor der Höchstetter für die oberdeutschen Kaufleute, die an der Almeida-Expedition teilgenommen hatten, deren Erfolg ihnen der portugiesische König nun versagte. Dabei hätten aber Balthasar Springer und Hans Mayr die Interessen der Investoren wahrnehmen sollen[88]. Dem gebürtigen Augsburger Zimmermann[89], dem von Pölnitz „charakterliche Schwächen" attestiert, sei schließlich die Schuld an der wegen des Prozesses um die Almeida-Gewinne aufkommenden Uneinigkeit unter den deutschen Kaufleuten zugeschrieben worden. Ob sich Zimmermann damit schon der Kritik seines Arbeitgebers aussetzte, ist nicht zu belegen. Unruhestifter und Rabauke[90] – das klingt wie das Spiegelbild von Calixtus Schüler. Der Verdacht drängt sich auf, daß sich Häbler, von Pölnitz und andere wohl zunächst in ihren Urteilen von dem Licht, das Schüler auf Zimmermann warf, leiten ließen. Denn mehr als die Tatsache, daß Zimmermann sich gegen den neu eingesetzten Fuggerfaktor Jan von Schüren zur Wehr setzte, worin ihn Schüler unterstützte, erzählt uns Kneussel nicht.

Dieses ungewöhnliche Verhalten Zimmermanns, wenn wir es etwa mit Schülers Reaktion auf seine Ablösung vergleichen, spricht entweder für einen selbstbewußten Kaufmann, der sich nur ungern unterordnete, und/oder für eine recht fordernde Art des neuen Fuggerrepräsentanten. Es könnte auch belegen, wie wohl sich Zimmermann im oberdeutschen Faktorenmilieu Lissabons fühlte. Er hatte wahrscheinlich im Laufe des Jahres 1511 die Heimreise antreten müssen, denn in der Delegation der oberdeutschen Kaufleute, die Ende dieses Jahres bei König Manuel I. vorsprach, repräsentierten Jan von Schüren und Jörg Herwart die Fugger. Neben ihm finden wir Ulrich Ehinger, Calixtus Schüler, Gabriel Steudlein, Ulrich Menger und Hans Brassel[91].

Gabriel Steudlein oder Steudel, wie ihn Kneussel nannte, gehörte zur Welser-Niederlassung in Lissabon. Er war 1510 einer von sechs Mitarbeitern von Hans Rem,

---

[86] Leider wird bei der zeitlichen Einordnung des Vorganges immer wieder übersehen, daß diese Urkundenbestätigung 1508 erfolgte und „Marcos Alemão" somit nicht ins Jahr 1504 gesetzt werden kann, in jenes Jahr, aus dem eine der von ihm vorgelegten Urkunden stammte. So etwa Kellenbenz, Fugger (wie Anm. 4), S. 50, 167, so auch Häbler, Fugger (wie Anm. 1), S. 21. Grosshaupt, Relations (wie Anm. 24), S. 370, Anm. 78, setzt Zimmermanns Bitte um Privilegienbestätigung an den portugiesischen König ins Jahr 1503. Daß er schon 1503 für die Fugger einen Handelsvertrag mit König Manuel I. schloß, scheint nach den Forschungen von Hermann Kellenbenz unwahrscheinlich. V. Pölnitz, Fugger II (wie Anm. 3), S. 133, schreibt Zimmermann den Erfolg um das königliche Handelsprivileg vom 6. Oktober 1503 zu; Kellenbenz, Kaufleute (wie Anm. 24), S. 319; ders., A estadia de dois „Ulrich Ehinger", mercadores alemães, em Lisboa nos princípios do séc. XVI, in: Bracara Augusta 26/27, 1964 (Actas do Congresso histórico de Portugal medievo 2), S. 171–176, hier: S. 174, schreibt die Urkunde den Ehinger aus Konstanz zu.
[87] GNM (wie Anm. 5), Imhoff-Archiv, Fasc. 37, Nr. 1a.
[88] Häbler, Fugger (wie Anm. 1), S. 25, bleibt leider den Nachweis für diese Information schuldig.
[89] Kellenbenz, Fugger (wie Anm. 4), S. 167.
[90] Von seiner angeblich „robusten Art" ist bei Kellenbenz, Fugger (wie Anm. 4), S. 50, die Rede.
[91] Häbler, Fugger (wie Anm. 1), S. 26, Anm. 3. Für Dietrich Ehinger hat Kellenbenz, Estadia (wie Anm. 86), S. 175, Ulrich Ehinger. Außerdem täuschte sich Häbler auch bei Gabriel Rädtlein, es muß Steudlein heißen. Kellenbenz, Kaufleute (wie Anm. 24), S. 320, Anm. 336.

dem Leiter der Faktorei, den er im Herbst 1511 ablöste[92]. Wie Schüler lehnte er jeden sozialen Kontakt zu von Schüren ab. Steudel, Ehinger und Schüler einigte ihre Antipathie gegenüber von Schüren.

Bald zu Beginn seines Berichts erwähnte Kneussel Ulrich Ehinger zusammen mit den anderen *gesellen* Jörg Hämmerlein, Cristóbal de Haro und Jan Escalante, die im Imhoff'schen Haus ihrem Spieltrieb nachgingen. Sie würden besonders den Weggang von Schüler bedauern, denn die Imhoff'sche Niederlassung war unter ihm ein offenes Haus für alle Spieler. Wer waren sie, die wir im Goffman'schen Sinne als Clique[93] bezeichnen dürfen?

Nach den Forschungen von Kellenbenz können wir in Ulrich Ehinger, besser gesagt: in diesem Ulrich Ehinger, den Angehörigen der Ulmer Familie sehen, der als Faktor der Augsburger Kaufleute Jörg und Ambrosius Höchstetter in Lissabon weilte[94]. Ehinger hielt sich dann Ende der zweiten Dekade des 16. Jahrhunderts in Augsburg auf, trat 1520 in die Gesellschaft des Lukas Rem ein, kehrte auf die Iberische Halbinsel zurück und verstarb hier 1528 oder 1529[95]. Von seiner menschlichen Seite erfahren wir durch Kneussel, daß er gern spielte, was sicher nicht im Interesse seiner Herren, der Höchstetter, war, und daß er von Schüler eine schöne Summe Geldes gewonnen hatte, was den Imhoff gewiß nicht behagte. Ulrich Ehinger stand gegen den Fuggerfaktor Jan von Schüren, als dieser nach den Schlüsseln für die Privilegientruhe fragte. Ihn vereinte also mit Schüler nicht nur der Spieltrieb, sondern auch seine Opposition gegen den Berufskollegen von Schüren.

Ein oberdeutscher Kaufmann war sicher auch Jörg Hemmerlein, der zu den Spielkumpanen Schülers zählte. Wen er geschäftlich vertrat, ist nicht bekannt. Er war jedenfalls auch noch in den 1520er Jahren in Lissabon in Geldgeschäften tätig[96].

Besser informiert sind wir über Cristóbal de Haro: „De Haro gehörte zur Gruppe der Burgalesen, der Kaufleute aus Burgos, deren Hauptgeschäft zunächst im Warenaustausch zwischen Burgos und den Niederlanden bestand …"[97] Cristóbal hielt sich um 1500 zusammen mit seinem Bruder Diego zunächst in Antwerpen auf. Als der

---

[92] Grosshaupt, Relations (wie Anm. 24), S. 378. Waren Menger und Brassel ebenfalls Welserfaktoren?

[93] Goffman, Theater (wie Anm. 6), S. 79: Clique ist demnach eine „kleine Zahl von Personen (…), die zum Zweck zwangloser Vergnügungen zusammenkommen …"

[94] Kellenbenz, Estadia (wie Anm. 86), S. 174f. Als den Konstanzer Ulrich Ehinger identifiziert Kellenbenz jenen „Rigo Inquer", der zusammen mit seinen Brüdern von König Manuel 1503/4 Handelsprivilegien erhalten hatte (S. 172). Vgl. zu den Lebensläufen der beiden Ehinger auch Johannes Müller, Der Anteil der Familien Ehinger-Güttingen von Konstanz und der Österreicher Ehinger von Ulm an den überseeischen Unternehmungen der Welser, in: VSWG 22, 1929, S. 372–387, hier: S. 385 u. 386. Kellenbenz setzt auch Ulrich Ehinger mit dem bei Häbler, Fugger (wie Anm. 1), S. 26, Anm. 3, erwähnten „Dietrich Ehinger" gleich. Jörg Pock schrieb nach Nürnberg, daß Ulrich Ehinger aus Ulm, dem Wolfgang Behaim seinen Nachlaß übergeben hatte, 1519 in Augsburg bei den Höchstetter angestellt war. Vgl. Schaper, Hirschvogel (wie Anm. 26), S. 222, Anm. 875.

[95] Kellenbenz, Estadia (wie Anm. 86), S. 176, hat als Todesort Lissabon, Müller, Anteil (wie Anm. 94), S. 386, Sevilla.

[96] Kellenbenz, Kaufleute (wie Anm. 24), S. 321. Nichts spricht dagegen, hinter „Jorge Emberlin" eben jenen Jörg Hemmerlein zu vermuten (Anm. 344).

[97] Hermann Kellenbenz, Diego und Cristóbal de Haro, in: Aufsätze zur portugiesischen Kulturgeschichte 14, 1976/77, S. 303–315, hier: S. 303; dort auch das Folgende.

portugiesische König Manuel I. den Indienhandel in Lissabon bündelte, begab sich Cristóbal um 1505 nach Lissabon. Die zahlreichen Kaufleute aus dem nordspanischen Burgos, Hauptstadt der vereinigten Königreiche Kastilien und Léon, bemühten sich in Lissabon, Handelsvergünstigungen wie die Oberdeutschen zu erreichen. Am 27. April 1512, also in dem Jahr, in welchem Kneussel seinen Bericht schrieb, erhielten Cristóbal de Haro und Diogo de las Covas Rubias für die Burgalesen den entsprechenden königlichen Privilegienvertrag[98]. Daß de Haro das Spiel liebte, erfahren wir aus Kneussels Bericht, er riskierte aber auch geschäftlich Einiges, investierte er doch in die Entdeckung des westlichen Seeweges zu den Gewürzinseln. De Haro wurde schließlich eine der „maßgeblichen Persönlichkeiten", die Magalhães' spanisches Weltumseglungsunternehmen finanzierten[99].

Neben de Haro erwähnte Kneussel mit Namen noch Jan Escalante, der mit anderen Kaufleuten aus Burgos die Gastfreundschaft im Hause Imhoff genoß und dabei mit Schüler vehement gegen die Verhaltensregeln für oberdeutsche Faktoren verstieß. Wenn Kneussel schrieb, Schüler habe es den anderen Gesellen *geleich gethon*, dann mag dabei die Interpretation mitschwingen, daß Calixtus sich an ihnen ein Vorbild genommen hatte. Der Normbruch vereinigte eine Gruppe von deutschen und spanischen Kaufleuten, die auch beruflich miteinander zu tun hatten. Sie sympathisierten mit Schüler, weil er ihnen in ihrem abweichenden Verhalten ähnelte und weil er dem gemeinsamen Vergnügen im wirklichen Sinne des Wortes einen Raum verschaffte.

Das Imhoff'sche Haus sei im vergangenen Winter (1511/12) ein *trinck und spilstuben* gewesen, so gab Sebald Kneussel eine Äußerung von Michael Imhoff weiter. Dieser Michael Imhoff war, wie erwähnt, 1511 nach Lissabon gekommen. Er stammte aus der schwäbischen Imhoff-Linie, war ein Sohn des Georg Imhoff aus Lauingen und wurde nach dessen Tod von dem Donauwörther Bürgermeister Michael Imhoff 1510 adoptiert[100]. Dieser empfahl ihn noch im selben Jahr seinen Nürnberger Verwandten Peter und Hans Imhoff, die ihn dann auf zehn Jahre in ihren Dienst nahmen. Und darin mußte sich der junge Michael Imhoff schon bald in Lissabon bewähren. Dabei hatte der unerfahrene Imhoff es nicht leicht mit dem dominanten Calixtus Schüler, der vor körperlicher Züchtigung nicht zurückschreckte. Zweimal habe er ihn, Michael, geschlagen, weil er der Schüler-Geliebten Elena in Auseinandersetzungen (Positionskämpfe) nicht nachgeben wollte. Dann habe Michael sich ein- und untergeordnet, suchte Freundschaft und Frieden mit Elena. Was Michael Imhoff hier Kneussel schilderte, beweist nochmal die starke Stellung Elenas, die von Schüler eindeutig gefördert und legitimiert wurde. Kneussel vermutete, daß es Angst vor weiteren Konflikten, ja Handgreiflichkeiten war, die Michael dazu verleitete, die Vorfälle im Lissaboner Haus der Imhoff nicht nach Nürnberg zu melden. Nach der Darstellung Michael Imhoffs wurde er mehr oder weniger dazu gezwungen, seine Rolle im Kreis

---

[98] Der Vertrag ist wiedergegeben bei Kellenbenz, Diego (wie Anm. 97), S. 311–314.
[99] Kellenbenz, Diego (wie Anm. 97), S. 302.
[100] Staatsarchiv Nürnberg (StAN), Reichsstadt Nürnberg, Handschriften, Nr. 286, fol. 15r. Für die Übermittlung der Kopie der einschlägigen Stelle sei Herrn Dr. Fleischmann herzlich gedankt. Die Nachweise hat erstmals Schaper, Hirschvogel (wie Anm. 26), S. 226, Anm. 885, zu einer biographischen Skizze zusammengestellt; dort auch das Folgende zu Michael Imhoff.

um Calixtus Schüler zu spielen und wie die anderen die Informationskontrolle des Ensembles zu bewahren. Als Kneussel in Lissabon auftauchte, gab Michael Imhoff seine Rolle sicherlich auf und Gruppengeheimnisse preis, und zwar in dem Maße, in welchem Kneussel die erzwungene Loyalität zu Schüler – sei es durch den Druck des Kontrolleurs oder durch die Offenlegung der bevorstehenden Ablösung von Calixtus – lösen konnte. Sein bisheriges Verhalten sollte Michael Imhoff nicht unmittelbar schaden. Kneussel versprach sich seiner anzunehmen. Er wollte ihn in den wesentlichen kaufmännischen Aufgaben, Nachrichtenweitergabe und Buchhaltung, unterrichten, dann würde er – mit einem Diener an der Seite – seine Berufsrolle zur Zufriedenheit seines Arbeitgebers ausfüllen können. Noch 1519 befand sich Michael Imhoff im Lissaboner Dienst seiner Nürnberger Verwandten[101]. In den 1520er Jahren hat er sich schließlich *zu Venedig häußlich niedergelaßen*[102]; dort stand er zunächst in den Diensten der Herwart[103]. Sein Zehn-Jahres-Vertrag mit den Imhoff war demnach nicht mehr verlängert worden.

Während Michael Imhoff sich die Ensembleeigenschaften Loyalität und Disziplin zueigen machte, machen mußte, gab es wohl jemanden, der die Sonderrolle des Denunzianten spielte. Denn wer hatte Schülers Arbeitgeber in Nürnberg informiert? Wenn es jemand aus Lissabon war, und das ist bei dem die detaillierte Art von Kenntnissen widerspiegelnden Fragenkatalog Peter Imhoffs wahrscheinlich, so liegt die Vermutung nahe, daß er aus dem Kreis der oberdeutschen Faktoren stammte. Weil Kneussel in seinem Bericht hervorhob, daß der Faktor der Hirschvogel sich nicht den Feindseligkeiten gegen den Fuggervertreter Jan von Schüren angeschlossen hatte, könnte man an eben diesen Hirschvogel-Repäsentanten denken. Ob es Clas Humbrecht oder Ulrich Nenndinger gewesen sind, die solche für das Ensemble „destruktive Informationen"[104] nach Nürnberg meldeten, bleibt im dunkeln; einer von beiden war damals wohl der Vertreter der Hirschvogel in Lissabon[105].

7. Der Eindringling: Jan von Schüren

Weil Ende 1511 erstmals der Name Jan von Schüren in Lissabon sich nachweisen läßt, und zwar als Mitglied der schon erwähnten oberdeutschen Delegation, wird angenommen, daß er erst zu dieser Zeit in der dortigen Fuggerniederlassung eintraf[106]. Wenn man berücksichtigt, daß es wegen von Schüren einen Briefwechsel einiger Faktoren mit Jakob Fugger gegeben hatte, was bei den Entfernungen einige Zeit

---

[101] Stadtarchiv Nürnberg (StadtAN), E 11/II, Nr. 582, 5: Brief von Michael Imhoff an Friedrich Behaim, 1519 III 25.

[102] StAN (wie Anm. 141), Rst. Nbg., Handschriften, Nr. 286, fol. 15r.

[103] Schaper, Hirschvogel (wie Anm. 26), S. 226, Anm. 885.

[104] „Ein Ensemble muß in der Lage sein, seine Geheimnisse zu bewahren und bewahrt zu wissen.". Goffman, Theater (wie Anm. 6), S. 129. Informationen, die diese Geheimnisse enthüllen und damit die Darstellung des Ensembles stören, nennt er „destruktive Informationen".

[105] Schaper, Hirschvogel (wie Anm. 26), S. 223: Clas Humbrecht läßt sich für 1506/8 in Lissabon nachweisen; er heiratete allerdings 1510 in Frankfurt (S. 239); ob er dann nochmal nach Lissabon zurückkehrte? Daß Ulrich Nenndinger 1514 für die Hirschvogel-Niederlassung in Lissabon tätig war, kann dem Testament von Bernhard Hirschvogel entnommen werden, 1516 wurde er von Lazarus Nürnberger abgelöst (S. 243f.).

[106] Kellenbenz, Fugger (wie Anm. 4), S. 52; dort auch zum Folgenden.

dauerte, so müßte Schüren jedenfalls schon im Frühjahr 1511 in Lissabon angekommen sein. Schüren stammte vermutlich aus dem Rheinland und sammelte kaufmännische Erfahrungen unter anderem in Wien[107], bevor ihn die Fugger in ihre einzige Niederlassung auf der Iberischen Halbinsel schickten. Da von Schüren erst 1551 heiratete[108], liegt die Vermutung nahe, daß er das Alter von 20 Jahren noch nicht weit überschritten hatte, als er die Stadt am Tejo betrat. Hier hatte er offensichtlich den Auftrag, Marx Zimmermann abzulösen. Möglicherweise war ihm dazu Jörg Herwart zur Seite gestellt worden, denn dieser Augsburger wird ebenfalls erstmals 1511 in Lissabon erwähnt[109]. Zimmermann ließ es, wie vielleicht erwartet, auf eine Machtprobe ankommen und weigerte sich, die Buchführung offenzulegen. Doch von Schüren erwies sich als durchsetzungsfähig und kurzentschlossen, aber auch als machtbewußt. Denn wie Kneussel berichtete, lehnte von Schüren es ab, selber bei Ehinger und Steudel um die Schlüssel zur Truhe mit den Urkunden für die oberdeutsche Kaufmannschaft zu bitten, als er einmal ihrer bedurfte. Er widersprach auch der Politik der Korruption, denn er lehnte „Geschenke" seitens der Kaufleute an *Jaret* [?] *und der geleichen gesellen*[110] ab. Und schließlich brachte er das Vorhaben von Ehinger, Steudel und Schüler zum Stehen, eine eigene Kapelle samt Meßpriester für die oberdeutschen Kaufleute zu stiften. Kneussel folgerte sicher richtig, wenn er schrieb: *solicheß hot Utz Ehinger, Gabriel Steudel und C*[alixtus] *vertrossen, daß man in nit gefolgt hot und sein deß halben uneinß worden mit dem Jan von der Scheuer.* Der neue Fuggerfaktor anerkannte die Meinungsführerschaft der Genannten nicht, er mißachtete die Spielregeln und provozierte die etablierten Darsteller. Sie reagierten zum einen durch Ablehnung jeglichen sozialen Umgangs. Zum anderen versuchten sie, mit Briefen an seinen Arbeitgeber die Stellung des Angestellten von Schüren zu schwächen, ihm die Legitimation für sein Handeln zu entziehen. Doch Jakob Fugger stärkte ihm den Rücken. Einen entsprechenden Brief, in welchem Fugger seinen Faktor aufforderte, sich nicht von den Anfeindungen anfechten zu lassen, sich nicht um die anderen zu kümmern und sich nur mit dem Hirschvogel-Faktor anzufreunden, bekam Kneussel durch von Schüren zu lesen. Von Schüren wisse sich gut zu wehren, urteilte Kneussel. Calixtus dagegen habe geglaubt, ihm schaden zu können. Daß dies nicht gelang, habe seinen Zorn noch vermehrt, auch seine Neigung, ihn zu *kecken und* [zu] *puben.*

Kneussel stand ganz auf der Seite von Schürens, den er für einen verläßlichen Menschen hielt (*dunckt mich ein gut gesel sein*), mit dem fast jeder gut auskomme, die bereits genannte Opposition einmal ausgenommen. Von Schüren hatte ihm seine Dienste angeboten, und Kneussel sah keinen Grund, sich wegen Schüler mit dem

---

[107] Kellenbenz, Fugger (wie Anm. 4), S. 270.
[108] Kellenbenz, Fugger (wie Anm. 4), S. 318.
[109] Zu Herwart siehe Hermann Kellenbenz, Neues zum oberdeutschen Ostindienhandel, insbesondere der Herwart in der ersten Hälfte des 16. Jahrhunderts, in: Forschungen zur schwäbischen Geschichte (Augsburger Beiträge zur Landesgeschichte Bayerisch-Schwabens 4), hg. v. Pankraz Fried, Sigmaringen 1991, S. 81–98, hier: S. 90–93.
[110] Wer sich hinter diesem Namen verbirgt, ist nicht klar. Ähnlich klingt: Suares. Ein Träger dieses Namens ist 1546 als Faktor des portugiesischen Königs nachgewiesen. Kellenbenz, Fugger (wie Anm. 4), S. 195.

Fuggerfaktor zu verfeinden. Die Feindschaft zwischen Schüler und von Schüren sei grundlos, meinte Kneussel, *und pesser freuntschaft den dicz wessen wer, doch gefelt ein yeder sein mut* – über seinen Schatten kann also keiner springen. Es waren das stolze Wesen, die mangelnde Selbstkritik, die übersteigerte Selbstdarstellung, die nach Meinung Kneussels die Menschen zu solcherart Hader verleiteten.

Jan von Schüren überstand den Konflikt unbeschadet. Noch 1516 vertrat er die Fugger in Lissabon. Um 1519 scheint die Faktorei nicht besetzt gewesen zu sein – Jörg Herwart hatte sich wohl schon dem riskanten Juwelenhandel zugewandt –, und das Schwergewicht des Handels verlagerten die Augsburger nunmehr nach Sevilla, dem Zentrum des Amerikageschäftes[111]. 1538 wurde von Schüren Hauptvertreter der Fugger'schen Maestrazgopacht in Almagro, einer der bedeutendsten Posten, den die Fugger auf der Iberischen Halbinsel zu vergeben hatten[112]. Weil seine Arbeitgeber nicht mehr mit seiner Geschäftsführung zufrieden waren, schied von Schüren 1555 nach mehr als vier Jahrzehnten aus dem Dienst der Fugger aus[113].

III. Der Konfliktstoff

1. Gruppenkonflikt

Bildeten die oberdeutschen Kaufleute Lissabons überhaupt eine soziale Gruppe? Kriterien zur Beantwortung dieser Frage sind: regelmäßige und länger andauernde soziale Beziehung zwischen mehreren Menschen, dann das Vorhandensein gemeinsamer Ziele und schließlich ein gewisses Zusammengehörigkeitsgefühl[114].

Eingangs war auf zwei Formen hingewiesen worden, in denen die Kaufleute sich in die Gemeinschaft begaben oder als Kollektiv in Erscheinung traten: Da war zum einen ihr Anschluß an die religiös-caritative Bruderschaft St. Bartholomäus; als Handelsinteressengemeinschaft wurden die Kaufleute zum anderen erstmals mit dem Privileg vom 13. Februar 1503 manifest. Dieses Dokument hält ausdrücklich fest, daß Simon Seitz, der die Vorrechte erreicht hatte, sich nicht nur im Namen der Welser und Vöhlin, sondern auch wegen *der andern Edlen und berühmbten Kauffleutte der Kayserlichen Reichstadt Augspurgk und der ander Stette in Teutschlandt* an den portugiesischen König gewandt habe[115]. In den Urkunden zur Verbesserung ihrer rechtlichen Situation von 1504 und 1508 ist von den *companhias dos Alemãos* die Rede[116], in späteren Privilegienbriefen (1509, 1510, 1511) von den *mercadores Alemães*[117]. Damit waren die Kaufleute als eine rechtlich wie wirtschaftlich privilegierte Gruppe aus

---

[111] Kellenbenz, Fugger (wie Anm. 4), S. 54f., 60f.
[112] Kellenbenz, Fugger (wie Anm. 4), S. 270.
[113] Kellenbenz, Fugger (wie Anm. 4), S. 288.
[114] Die genannten Kriterien bilden bei den meisten Definitionen von „Gruppe" den Kernbestand, siehe Hans Paul Bahrdt, Schlüsselbegriffe der Soziologie, München ⁸2000, S. 90; Fuchs, Lexikon (wie Anm. 61), S. 291f.
[115] Cassel, Privilegia 1771 (wie Anm. 22), S. 5 (fälschlich auf 13.1.1503 datiert); Denucé, Priviléges (wie Anm. 22), S. 381 (portugiesische Fassung).
[116] Denucé, Priviléges (wie Anm. 22), S. 383f; in den deutschen Abschriften (17. Jh.?) erscheint dafür der Terminus „Teutsche Societät". Cassel, Privilegia 1771 (wie Anm. 22), S. 10.
[117] Denucé, Priviléges (wie Anm. 22), S. 386–88.

ihrer Umwelt abgehoben. Sie unterschieden sich darin nicht nur von anderen fremden Kaufleuten, etwa jenen aus Burgos, sondern auch von anderen deutschen, den Hanse- und Ostseekaufleuten, die erst 1517 dieselben Freiheiten erreichten[118]. Über Interessenvertreter hatten die oberdeutschen Kaufleute ihre Privilegien erlangt, gemeinsam versuchten sie, sie aufrechtzuerhalten und übten dazu Gruppenzwang aus. So trat 1511 die bereits erwähnte Delegation der Kaufleute vor den portugiesischen König, weil *etzliche derselben Freyheit wollen geniessen, aber ihre Quota und Angebüer zur Unkost nicht erlegen*, obwohl die Privilegierung den alteingesessenen Vertretern der Handelsgesellschaften damals doch einige Kosten verursacht hatte[119]. Auf ihr Bitten bestimmte Manuel I. am 10. November 1511, daß diejenigen, die für den Genuß der Vorrechte nicht an die Kaufleute kontribuierten, eben jene Freiheiten nicht in Anspruch nehmen durften.

Als gemeinsames Gruppenziel könnte man also für die oberdeutschen Kaufleute wenigstens die Erlangung und Bewahrung optimaler Handelsbedingungen formulieren. Wer dieses Ziel (auch materiell) unterstützte, wurde als Teil der Gruppe anerkannt. Das Verhandeln um Vorrechte oder die Teilnahme an Wirtschaftsunternehmungen (Stichwort: Almeida-Expedition) oder das Ringen mit der königlichen Monopolgesetzgebung verlangten nach Kommunikation, „situationsübergreifender Interaktion"[120] und Rollenzuweisung. Gerade durch die ökonomische Konkurrenzsituation, in welcher die hinter den Faktoren stehenden Gesellschaften mehr oder weniger standen, waren solche gemeinsamen Handlungen aber ständig in Gefahr. Der Konsens mußte dann unter dem Druck des gemeinsamen Zieles immer wieder neu gesucht werden. Dazu konnten die Versammlungen (*capitl*) dienen, die, wie Kneussel berichtete, von den oberdeutschen Kaufleuten in Lissabon abgehalten wurden[121]. Eine interne Rechtsprechung diente ebenfalls der Sicherung des Gruppenzusammenhalts und dem Schutz der gemeinsamen Interessen[122]. Aus Kneussels Bericht erfahren wir dann auch von „ihrem" *procurator*, der in Sachen „Schüler" ein Urteil das Kranzgeld betreffend fällte[123].

Wenn Kneussel schrieb, daß *wir unß brauchen in fremden landen*[124], dann gab er damit zum einen die gegenseitige Hilfsbedürftigkeit der Kaufleute in der Fremde zu

---

[118] Denucé, Privilèges (wie Anm. 22), S. 388f. (*os Esterlins de Alemanha*); Cassel, Privilegia 1776 (wie Anm. 22), S. 13.

[119] Cassel, Privilegia 1776 (wie Anm. 22), S. 11f.

[120] Bahrdt, Schlüsselbegriffe (wie Anm. 114), S. 90.

[121] Kneussels Bericht enthält die mißverständliche Formulierung *all pfinstag* bzw. *all pfinsten tag* als Datum des Versammlungstages. War damit der Pfingstsonntag gemeint oder der „Pfincztag" (= Donnerstag, siehe H. Grotefend, Zeitrechnung des deutschen Mittelalters und der Neuzeit 1, Hannover 1891, S. 156)? Wöchentliche Vollversammlungen der Kaufleute würden allerdings überraschen, so daß vermutlich ein alljährliches Treffen stattgefunden hat. Vgl. die jährliche Wahlversammlung der deutschen Kaufleute in Brügge. Hermann Leloux, Kirche und Caritas im Leben der Genossenschaft der deutschen Kaufleute zu Brügge, in: Hansische Geschichtsblätter 91, 1913, S. 34–45.

[122] Jean Favier, Gold und Gewürze. Der Aufstieg des Kaufmanns im Mittelalter, Hamburg 1992, S. 132.

[123] Vermutlich war der Prokurator zusammen mit einem Juiz Conservator auch für die Interessenwahrung der Bartholomäus-Bruderschaft zuständig. Siehe Gottesdienst (wie Anm. 20), S. 290.

[124] GNM (wie Anm. 5), Geschlechter: Imhoff, Fasc. 28, Nr. 22 (1) (zweite Fassung des Kneussel-Berichts).

erkennen, zum anderen wird ein gewisses „Wir"-Gefühl einer Gruppe gemeinsamer Herkunft manifest. Er verwandte für eben diese Gruppe einer mehr oder weniger gleichen landsmannschaftlichen Identität den Begriff der „Nation". Den Streit zwischen Schüler und dem Fuggerfaktor von Schüren sah er als schädliche Parteilichkeit an, die ihre Nation dem Spott der anderen Nationen aussetzte. Darin kommt nicht nur ein „grob vereinfachter Nationalismus"[125] zum Ausdruck, wie er aus der Welt der Universitätsangehörigen bekannt ist, sondern hier wird auch ein Teil des Publikums benannt, vor dem das Handeln der oberdeutschen Kaufleute stattfand: die ausländische Konkurrenz und die portugiesische Umwelt. Gegenüber beiden sollten die Kaufleute in ihren Einzel- oder Gesamtaktionen Entschlossenheit und Einigkeit demonstrieren. Wenn man so will, dann mußte das Ensemble[126] ein stimmiges Schauspiel bieten, um den gewünschten Eindruck, der ihrem gemeinsamen Gruppenziel diente, zu erreichen. Öffentlicher Streit, wie der Schüler-von-Schüren-Konflikt, behinderte diese Darstellung erheblich. Auch Schülers Sexualverhalten konnte den Gesamteindruck negativ beeinflussen. Nicht zuletzt deswegen wurde die Kranzgeld-Angelegenheit heimlich geregelt.

Hier ist also das Konfliktpotential offensichtlich: Calixtus Schülers extrovertiertes Verhalten setzte das Ziel der sozialen Gruppe und die Darstellung des Ensembles aufs Spiel. Dabei ist es paradoxerweise jene Absicht einer informellen Gruppe, die Außenwirkung der „Nation" zu verbessern, die Anlaß zum Streit bot. Schüler, Ehinger, Steudel und andere hatten die schon erwähnte Absicht, die Bartholomäus-Bruderschaft zu verlassen, eine eigene Kapelle zu errichten *und meß darein zu stiften*[127]. Denn diese Bruderschaft wurde von den deutschen Artilleristen dominiert, die von ihrer rauheren Lebensart her mit dem Verhaltensstil der Kaufleute wenig gemeinsam hatten[128]. Der repäsentative Akt, über eine eigene Kapelle die Gruppe der oberdeutschen Kaufleute als Kollektiv deutlich in Erscheinung zu treten zu lassen, scheiterte am Einspruch des Fuggerfaktors Jan von Schüren. Kneussel pflichtete ihm bei, ein solcher Aufwand übersteige die wirtschaftliche Leistungsfähigkeit der Kaufleute und spiegle den *handel* nicht wider. Auch die Art und Weise, wie Schüler und die anderen Kontakte zur portugiesischen Umwelt herstellten und unterhielten (Stichwort: Beziehungspflege durch Bestechung), wurde durch das neue Ensemblemitglied von Schüren torpediert.

Die Kollegengruppe um Schüler reagierte durch Informationsverweigerung und versuchte von Schüren daran zu hindern, seine Rolle im Ensemble der oberdeutschen

---

[125] Favier, Gold (wie Anm. 122), S. 130.

[126] Insofern, als die Gruppe der oberdeutschen Kaufleute in der fremden, konkurrierenden Umwelt Lissabons den Eindruck einer solidarischen Gemeinschaft aufrechterhalten will, scheint mir der Begriff „Ensemble" gerechtfertigt. Vgl. Goffmans strengere Kriterien (wie Anm. 6), S. 96, wonach insbesondere ein begrenzter Ort für die hinsichtlich ihrer Interaktion definierten Ensemble nötig ist (S. 217).

[127] GNM (wie Anm. 5), Geschlechter: Imhoff, Fasc. 28, 22 (1).

[128] Gennrich, Geschichte (wie Anm. 20), S. 13. Verwirrend ist die nur bei ihm, ebd., anzutreffende Behauptung, die deutschen Kaufleute hätten sich von der Bartholomäus-Bruderschaft abgespalten und zur Sebastian-Bruderschaft zusammengeschlossen. Beide Bruderschaften seien im 17. Jahrhundert wieder vereinigt worden. Weiter heißt es bei ihm, die oberdeutschen (!) Kaufleute hätten sich in der Hl.-Kreuz- und St.-Andreasbruderschaft organisiert.

Kaufleute einzunehmen[129]. Diese Haltung, aber auch die Machtfrage ist greifbar bei der Auseinandersetzung um die Privilegientruhe. Diese Truhe mit den Handelsfreiheiten für die oberdeutschen Kaufleute symbolisierte quasi das Herz der sozialen Gruppe. Sie befand sich zum Zeitpunkt der Auseinandersetzung im Haus der Fugger-Niederlassung[130], die Schlüsselgewalt darüber hatten aber Gabriel Steudel und Ulrich Ehinger. Daß Jan von Schüren sich bei ihnen nicht den Schlüssel holen wollte, sondern die Truhe lieber aufbrechen ließ, macht klar, wie wenig er interne Machtverhältnisse anerkannte[131]. Damit waren aber auch die für die Gruppe als Ganzes wichtigen Rollenzuweisungen ins Wanken gekommen. Der Boykott der Gruppenversammlung durch die beiden Fuggerfaktoren Herwart und von Schüren ist dann die konsequente Haltung in der Auseinandersetzung um die gruppeninterne Statussicherung. Das eröffnet uns den Blick auf die politische Dimension des Gruppenkonfliktes: Es scheint so, als ob Jakob Fugger mit dem Einfluß der Welser-, Höchstetter- und Imhoff-Faktoren, Steudel, Ehinger und Schüler, innerhalb der oberdeutschen Kaufleute nicht einverstanden war, sicherlich akzeptierte er auch deren Sozialverhalten nicht. Marx Zimmermann hatte sich wohl zu sehr mit ihnen gemein gemacht und zu wenig auf Fuggers Interessen geachtet, so daß er nicht länger tragbar war.

2. Rollen- und Normenkonflikt

Überblicken wir nochmals das Verhalten von Calixtus Schüler, so liegen seine Verstöße im Bereich der Verletzung von allgemeinen Normen und spezifischen Rollenvorschriften. Die besonderen Verhaltensanweisungen, die sich auf seine Rolle als Faktor bezogen und die aus den quasi standardisierten Dienstverträgen abzulesen sind, verschränkten sich mit allgemeingültigen Normen. Sie betrafen das Privatleben des Angestellten Calixtus Schüler. Promiske Sexualität, Spielleidenschaft und Verschwendung – so lauten die Vorwürfe gegen Schüler, die eigentlich allgemeine Normen berührten und unter das „Spannungsverhältnis von Triebstruktur und Gesellschaft"[132] zu subsummieren wären.

---

[129] Öffentlicher Streit, fehlende Rollenzuweisung, Unterdrücken von Fehlleistungen – das sind kennzeichnende Verhaltensmuster eines Ensembles. Goffman, Theater (wie Anm. 6), S. 80–84.

[130] Die bisherige andere Lesart war, daß sich die Privilegientruhe in der Sakristei der Bartholomäuskapelle befunden habe. Siehe z.B. Kömmerling-Fitzler, Kaufmann (wie Anm. 2), S. 142 oder Kellenbenz, Fugger (wie Anm. 4), S. 52, anders Kellenbenz, Beziehungen (wie Anm. 4), S. 472. Zum Inhalt der Privilegientruhe der Bartholomäus-Bruderschaft siehe Hinsch, Bruderschaft (wie Anm. 20), S. 6–8. Seiner Beschreibung ist nicht klar zu entnehmen, welche Urkunden der Kaufleute, außer der vom 30.8.1509, sich darin befunden haben. Damit kann letztendlich nicht geklärt werden, ob beide Truhen identisch waren.

[131] Die Behauptung von Kellenbenz, Fugger (wie Anm. 4), S. 52, daß zwei gewählte Vertreter der Bartholomäus-Bruderschaft die Schlüsselgewalt über die Privilegientruhe der Bruderschaft hatten, müßte nochmals geprüft werden. Kömmerling-Fitzler, Kaufmann (wie Anm. 2), S. 142, behauptet, Steudel und Ehinger seien die Vorsteher der Bruderschaft gewesen, die die Schlüssel bei sich aufbewahrten. Tatsächlich bestand wohl die Vorstandschaft der Bruderschaft aus zwei Majordomi, einem Konstabel und einem Schreiber. Gennrich, Geschichte (wie Anm. 20), S. 13. Die Verbindung von Schlüsselbewahrern, Majordomi und den beiden oberdeutschen Kaufleuten bedarf erst der weiteren Klärung.

[132] Hagen Bastian, Mummenschanz. Sinneslust und Gefühlsbeherrschung im Fastnachtspiel des 15. Jahrhunderts, Frankfurt/Main 1983, S. 19.

Die mittelalterliche Gesellschaft war eine Männergesellschaft[133], und Schüler spielte eine prononciert männliche Rolle. Dabei zeichnete diese Rollenvorschrift die gleiche Widersprüchlichkeit aus, wie sie aus den späten Nürnberger Fastnachtsspielen bekannt ist. Denn zum einen galten die sexualfeindlichen Normen der Kirche und der herrschenden Eliten[134]. Unzucht, fleischliche Begierde und Wollust gehörten zu den drei Sünden des Fleisches, letztere wurde Teil des Systems der sieben Hauptsünden. Der Verdammung der Sexualität gegenüber stand das Modell des asketischen Mönchslebens. Nur die Ehe wurde im Hinblick auf die gesellschaftliche Reproduktion zum Ort legitimer Sexualität, wobei dem Ehemann von der weltlichen Sexualethik mehr außereheliche Freiheiten eingeräumt wurden[135]. Das freizügige Verhalten von Calixtus Schüler, seine zahlreichen Liebschaften, unehelichen Kinder und das eheähnliche Verhältnis mit Elena konnten mit einer solchen Sexualethik nicht in Einklang gebracht werden. So wie aber das späte Nürnberger Fastnachtspiel auf der einen Seite Selbstdisziplin forderte und auf der anderen Seite genießerisch über das „erotische Vergnügen *im heu, in stauden und im koren*" berichtete[136], so sah auch die Kluft zwischen herrschender Norm und weit verbreiteter männlicher Wunschphantasie aus. Insofern setzte Schüler etwas in die Tat um, was andere wenigstens gerne dachten.

Dabei orientierten sich die männlichen Phantasien an dem ebenfalls durch die Kirche vermittelten Frauenbild des Mittelalters. Die proklamierte Minderwertigkeit der Frau, die sich daraus ableitende Unterordnung gegenüber dem Mann und die ihr unterstellte „perverse Verführungskraft"[137] rechtfertigte vieles im Verhalten des Mannes. Von daher ist das chauvinistische Auftreten des Nürnberger Imhoff-Faktors verständlich. Wenn er seiner Geliebten zum Schein einen Ehemann *mit gewalt* verschaffte oder die Nonne zum Verlassen des Klosters animierte, wird seine männliche Vorherrschaft offensichtlich.

Nun war Schülers Arbeitgeber ja auch ein Mann, der sicher nicht frei war von solchen männlichen Rollenvorstellungen. Doch aus ökonomisch-sozialen Gründen verpflichtete er seine Angestellten auf Triebverzicht und Affektregulierung „im Dienste der Kapitalakkumulation"[138]. Die „Prinzipien von Ökonomie und Effektivität"[139] waren die Basis für den wirtschaftlichen Erfolg einer Handelsgesellschaft wie die der Imhoffs ebenso wie für die frühkapitalistische Gesellschaft überhaupt. Das Funktionieren einer immer komplexer werdenden Wirtschaft verlangte Selbstdisziplin und Beherrschung der Sinne. Sozialregulierung und -disziplinierung betrieb in dieser

---

[133] Opitz, Frauenalltag (wie Anm. 72), S. 283.
[134] Zum Folgenden Jacques Le Goff, Die Verfemung der Lust, in: Philippe Ariès (Hg.), Liebe und Sexualität, o.O., 1995, S. 164–180, hier: S. 164, 166, 177.
[135] Optiz, Frauenalltag (wie Anm. 111), S. 294.
[136] Bastian, Mummenschanz (wie Anm. 72), S. 105.
[137] Chiara Frugoni, Frauenbilder, in: Duby, Perot, Geschichte (wie Anm. 72), S. 359–429, hier: S. 397.
[138] So Bastian, Mummenschanz (wie Anm. 132), S. 105, zur Funktion des späten Fastnachtspiels in Nürnberg. Mit den Begriffen der Affekt- und Triebregulierung verbindet sich natürlich die Elias'sche These vom Zivilisationsprozeß in „Richtung auf eine größere Festlegung und Differenzierung der Affektkontrollen, und damit auch ihres Erlebens – etwa in der Form des Vorrückens der Scham- und Peinlichkeitsschwelle – und ihres Verhaltens…". Norbert Elias, Über den Prozeß der Zivilisation, Bd. 1: Wandlungen des Verhaltens in den weltlichen Oberschichten des Abendlandes, Frankfurt/Main [16]1991, S. IX.
[139] Elias, Prozeß (wie Anm. 138), S. 40.

Richtung der Nürnberger Rat mit einer „virtuos-rabiaten Innenpolitik"[140], unterstützt etwa vom Fastnachtspiel eines Hans Sachs, der genau jene Verfehlungen anprangerte, die Calixtus Schüler vorgeworfen wurden. Ein Angestellter wie Calixtus Schüler, der seinen Rollenverpflichtungen nicht nachkam, und sei es auch „nur" in seiner Moralorientierung, war für ein funktionierendes Kaufmannsgeschäft nicht tragbar und gab nur ein schlechtes Vorbild für andere ab, die sich bis dahin zu disziplinieren wußten.

Sein Sexualverhalten wie auch sein ausgeprägter Spieltrieb oder seine demonstrative Geselligkeit gehörten zu Schülers Fassade[141] beziehungsweise Ausdrucksrepertoire, mit dem er offensichtlich Distanz gegenüber seinen eigentlichen Rollenverpflichtungen als Handelsfaktor ausdrücken wollte. Er verweigerte den „Verzicht auf Verhaltensmöglichkeiten"[142], die anscheinend Teil seiner Persönlichkeit sind, und verschloß sich den von außen herangetragenen Rollenzumutungen. Hier liegt das Konfliktpotential zwischen Publikum und dem Faktor-Darsteller: Denn seine „Erscheinung" verband Schüler mit dem durchaus respektablen sozialen Rang eines leitenden Angestellten (Faktor)[143], sein rollen- und normdistanziertes Verhalten allerdings konnte das Publikum damit nicht in Übereinstimmung bringen. Die Nichterfüllung von Rollennormen aber wirkt irritierend, weil sie die Orientierungsfunktion von sozialen Normen mißachtet[144]. Wie empfindlich muß dann erst der Vorgesetzte, der die Rolle zugewiesen hat, reagieren.

In der Fremde war die soziale Kontrollmöglichkeit durch den Arbeitgeber nicht ständig wirksam, in der Fremde konkurrierten womöglich mitgebrachte und vorgefundene Normen. Während in der Literatur die „leichten Sitten" in Portugal und das „heiße Klima" für Schülers Lebenswandel als Begründung angeführt wurden[145], liefert Sebald Kneussels Bericht für diese Annahmen keine Nahrung. Wenn etwa der flämische Humanist Clenardus 1535 eine große Freizügigkeit der Sitten in Portugal, insbesondere bei der Jugend, festzustellen glaubte[146], dann sagt dies grundsätzlich mehr aus über seine eigenen Projektionen, über die Verschiedenheit kultureller Codes und über die Varietät kultureller Konstrukte, als über die soziale Realität der frühneuzeitlichen Gesellschaft Portugals[147]. Gewiß kann ein anderer kultureller Kontext, wie

---

[140] Elias, Prozeß (wie Anm. 138), S. 24–33.

[141] Zur Definition von „Fassade" Goffman, Theater (wie Anm. 6), S. 23. „Fassade" trennt sich demnach in „Erscheinung" (= sozialer Status) und in „Verhalten" (= jeweilige Rollendefinition des Darstellers), Goffman, Theater (wie Anm. 6), S. 25.

[142] Bahrdt, Schlüsselbegriffe (wie Anm. 114), S. 79.

[143] Wenngleich nicht ohne Abstriche auf die Faktoren kleinerer Gesellschaften übertragbar, so kann doch im Großen und Ganzen das Urteil von Kellenbenz, Fugger (wie Anm. 4), S. 427, gelten, wonach hinsichtlich Gehalt, Vermögen und sozialem Prestige die Faktoren der oberen Mittelschicht zuzuordnen waren.

[144] Bahrdt, Schlüsselbegriffe (wie Anm. 114), S. 70f.

[145] So etwa Kömmerling-Fitzler, Kaufmann (wie Anm. 2), S. 143 u. Anm. 35. Sie beruft sich wie Jahnel, Imhoff (wie Anm. 2), S. 111, auf Briefe, die sich aber im Imhoff-Archiv nicht auffinden ließen.

[146] Cerejeira, Humanismo (wie Anm. 83), S. 274.

[147] Vgl. etwa dazu A. H. de Oliveira Marques, A sociedad medieval portuguesa, Lissabon 1964, insbes. Kap. V, S. 117–140; Maria João Lourenço Pereira, O afecto, in: Oliveira Marques, Serrão, Nova História (wie Anm. 12), S. 657–665. Zum Komplex „Wahrnehmung und Kommunikation" z.B. Peter Burke, Städtische Kultur in Italien zwischen Hochrenaissance und Barock. Eine historische Anthropologie, Berlin 1988, bes. S. 11–21.

falsch er auch immer verstanden wurde, eigenes Verhalten beeinflussen und ebenso wie die fehlende soziale Kontrolle der Heimatstadt die Anpassung an Rollenzumutungen erschweren. Doch bald werden auch in der fremden Umwelt des scheinbar freieren Umgangs Normen erkennbar, die wieder in Verhaltenserwartungen münden. Und gerade die Tatsache, daß Schüler eine Ehe seiner Geliebten vortäuschte, warnt vor dem schnellen Vorurteil eines Normenvakuums. Der Skandal hatte andere Ursachen, das sollte die Analyse der Einzeldarsteller und der sozialen Interaktionen gezeigt haben.

IV. Schluß

Einen Monat nachdem Kneussel seinen Bericht verfaßt hatte, richtete er erneut einen Brief an seinen Arbeitgeber nach Nürnberg[148]. Calixtus habe nun beschlossen, keines seiner Kinder mitzunehmen. Er warte schon seit vier Wochen auf günstiges Wetter für die Reise. Hans Rem, der Welser-Mitarbeiter, sei mit Schüler schon zu Schiff gewesen, sie seien wegen der Witterung aber wieder umgekehrt. Kneussel kam dann noch einmal auf die Ausgaben zu sprechen, die seit August im Haushalt angefallen waren und die sich wegen der vielen Schüler'schen Gäste auf 53$^{1}/_{2}$ Cruzados beliefen. An Lohn für die letzten beiden Jahre habe er Elena und dem *dispensir* 5000 Reais, ungefähr 19 fl, bezahlt, außerdem habe Calixtus noch 45 Cruzados für seinen Unterhalt verlangt. Er möge ihm in Nürnberg Rechenschaft dafür ablegen. Schließlich bat er, der konfliktscheue und harmoniebedürftige Angestellte, seine Herren, Schüler nichts von seinen Briefen aus Lissabon zu erzählen – *den ich mit yeder man gern in friden wer*.

Was Schüler nun in Nürnberg erwartete, ist nicht überliefert. Daß er weiter in Imhoff'schen Diensten blieb, ist unwahrscheinlich. Nach der letzten Nachricht hatte sich Calixtus Schüler 1513 in *Perga* aufgehalten[149]. Welches Berg, Bergen oder welcher ähnlich klingende Ort damit gemeint war, bleibt im Unklaren[150]. Sebald Kneussel diente der Imhoff-Gesellschaft nach seinem Aufenthalt in Lissabon noch in Antwerpen, wo er im Oktober 1518, leicht verbittert, seinen Abschied nahm[151].

---

[148] GNM (wie Anm. 5), Geschlechter: Imhoff, Fasc. 28, Nr. 22 (3) (1512 X 23).
[149] GNM (wie Anm. 5), Geschlechter: Imhoff, Fasc. 28, Nr. 27 (1513 IV 26).
[150] Berg bei Ehingen käme wenigstens Schülers alemannischer Herkunft am nächsten. Zu den Nachweisen für „Perga" siehe Hermann Osterley, Historisch-geographisches Wörterbuch des deutschen Mittelalters, Gotha 1883, S. 53, 518.
[151] GNM (wie Anm. 5), Geschlechter: Imhoff, Fasc. 28, Nr. 34 (3): Offenbrief über sein Ausscheiden, 1518 X 8. Zu seiner Verstimmung siehe Kneussels Briefe vom 27.12.1517 (GNM (wie Anm. 5), Nr. 34 (1)) u. 16.1.1518 (GNM (wie Anm. 5), Nr. 34 (2)). Wann Kneussel Lissabon verlassen hatte, ist nicht belegt. Nach seinem Dienstvertrag wäre es 1514, und vermutlich folgte Hans Hauser ihm nach. Vgl. Jahnel, Imhoff (wie Anm. 2), S. 109.

Peter B l i c k l e

Es sol der Schwanberg noch mitten in Schweitz ligen.
Schweizer Einflüsse auf den deutschen Bauernkrieg

Der Schwanberg liegt in Franken. Er ist im 16. Jahrhundert weit über die Region hinaus bekannt, ja berühmt und berüchtigt geworden, weil er zur geographischen Metapher für eine Drohgebärde wurde – die „Verschweizerung" des Reiches. *Es sol der Schwanberg noch mitten in Schweitz ligen*, gehört zu den geflügelten Worten des 16. Jahrhunderts. Johannes Agricola hat es in seine Sprichwörtersammlung unter der Rubrik *Eyn gemeyn gerücht ist selten erlogen* aufgenommen[1]. In seinem Kommentar interpretiert er es als eine Prophezeiung, an deren Erfüllung er offenbar glaubte, jedenfalls wählt er eine Rhetorik, die diese Interpretation duldet. Diejenigen, welche die Fürsten stürzen, *werden vnrecht thůn/ aber den lieben herren wirt recht geschehen.* Agricola verortet das Sprichwort zwischen „Aufruhr" und „Tyrannei", die er beide gleichermaßen verurteilt. Seine Sprichwörtersammlung ist 1534 erschienen, neun Jahre nach dem Bauernkrieg von 1525, dem mancher Chronist mit genau diesem Begriffspaar definitorisch beizukommen suchte. Der „Aufruhr" von 1525 sei durch „Tyrannei" entstanden und durch Tyrannei niedergeschlagen worden, meinte Johannes Stumpf, ein Beobachter der Ereignisse auf der Züricher Landschaft. *Tyranny und uffrur gehǒrend zusamen,* war seine Überzeugung, sie sind wie *deckel und haffen zǎmen*[2]. Im frühen 16. Jahrhundert konnte offenbar die Überzeugung sprichwörtlich werden, ein gewaltiger Umsturz werde sich vollziehen. Chiffriert wird sie in zwei topographischen Bildern: „Franken" als ein Kernland des Reiches wird eine Landschaft in der „Eidgenossenschaft".

Rudolf Endres gehört zu jenen Historikern, die als erste den Bauernkrieg als Thema der Landesgeschichte problematisiert haben, und das zu einem Zeitpunkt, als der Gegenstand noch keineswegs jene Prominenz erlangt hatte, die ihm im Zuge der Erforschung des Widerstands als einem der großen Themen der europäischen Geschichte zugewachsen ist[3]. Endres hat, gestützt auf seine Untersuchungen zu Franken, der herrschenden Interpretation, die den Bauernkrieg politisch als Abwehrkampf gegen Eingriffe des entstehenden Territorialstaats in gemeindliche Rechte interpretiert hatte, eine neue Wendung gegeben mit der Auffassung, die Bauern hätten sich

---

[1] Johannes Agricola, Sybenhundert und fünfftzig Teütscher Sprichwörter, vernüwert und gebesssert, hg. v. Mathilde Hain (Volkskundliche Quellen 7), Hildesheim, New York 1970, [laufende Nummer 389].

[2] Ernst Gagliardi, Hans Müller, Fritz Büsser, Johannes Stumpfs Schweizer- und Reformationschronik, 1. Teil (Quellen zur Schweizer Geschichte, Neue Folge: Chroniken 5), Basel 1952, S. 261f.

[3] Rudolf Endres, Probleme des Bauernkriegs im Hochstift Bamberg, in: JfL 31, 1971, S. 91–138; ders., Der Bauernkrieg in Franken, in: Blätter für deutsche Landesgeschichte 109, 1973, S. 31–38. Darüber hinaus erschließt die Arbeiten von Endres zum Bauernkrieg Peter Bierbrauer, Kommentierte Auswahlbibliographie, in: Horst Buszello, Peter Blickle, Rudolf Endres (Hg.), Der deutsche Bauernkrieg, Paderborn ³1995, S. 353–407.

nicht gegen die Fürsten, sondern gegen die adeligen und kirchlichen Grundherren gewandt[4]. Endres hat die Zugewinne an Interpretation aus den geschichtstheoretischen Prämissen gezogen, die kleinkammerig angesetzte und damit in der Perspektive umfassende Untersuchung könne ein Ereignis wie die Vorgänge von 1525 durch seine Kontextualisierung in die regionalen Strukturen erschließen. Die Analyse „von innen" ist ein erkenntnisförderndes methodisches Verfahren, ein anderes ist der Blick „von außen", der namentlich bei einem Ereigniskomplex wie dem Bauernkrieg, der Ausdruck einer umfassenden Krise und eines die ganze Gesellschaft umfassenden Reformwillens ist, berücksichtigt werden muß. Der Blick auf ein Ereignis ist bekanntermaßen „standortgebunden". Was der Standort Schweiz an interpretatorischen Zugewinnen für das Verständnis des Bauernkriegs abwerfen kann, soll hier systematisch zusammengefaßt werden. Der Beitrag versteht sich als Reverenz gegenüber einem Kollegen, mit dem ich über Jahrzehnte hinweg in einem nicht endenden wissenschaftlichen Gespräch über Bauern und ihre Bedeutung für die deutsche Geschichte gestanden habe und stehe.

Moderne politische Grenzen begrenzen nicht selten auch den Blick auf historische Zusammenhänge. Das gilt auch für den Bauernkrieg, der nicht so ausschließlich „deutsch" ist, wie bereits zahlreiche Titel suggerieren. Der Bodensee und der Rhein zwischen Konstanz und Basel markieren im 16. Jahrhundert keineswegs eine scharfe politische Grenze. Die Eidgenossen fühlten sich, unbeschadet ihrer Zurückhaltung gegenüber der institutionellen Entwicklung im Reich, wie sie durch Reichsregiment, Reichskammergericht, Reichskreise und Reichssteuer in Form des Gemeinen Pfennigs zum Ausdruck kam, dem Reich zugehörig. Zwar hatte der Schweizerkrieg, den Maximilian I. 1499 mit Hilfe des Schwäbischen Bundes gegen die Eidgenossen geführt hatte und den die Schweizer folglich in Schwabenkrieg umtauften, die politische Abgrenzung befördert, dennoch waren und blieben die wirtschaftlichen Kontakte eng und die kulturellen zu Süddeutschland hoch entwickelt. Um einen umständlichen Beweisgang zu vermeiden, mag der Hinweis genügen, daß an der Wende vom Mittelalter zur Neuzeit nach Einschätzung neuerer Forschungen eine politische Verbindung zwischen eidgenössischen Orten, süddeutschen Reichsstädten und dem Kaiser durchaus denkbar schien. „Turning Swiss" sind diese politischen Bemühungen genannt worden, in Anlehnung an die zeitgenössische Rhetorik vom „Schweizer werden" in Süddeutschland[5].

Auf den Bauernkrieg sind diese Grundkonstellationen nicht ganz ohne Einfluß geblieben, naturgemäß gilt das namentlich für Oberschwaben, die Region nördlich des Bodensees, in der mit den „Zwölf Artikeln" der Bauern und der „Bundesordnung der Christlichen Vereinigung" die revolutionären Programme von 1525 geschrieben wurden. Die Darstellung beschränkt sich auf diesen Raum wegen seiner herausragenden Bedeutung für die Programmatik der gesamten bäuerlichen Bewegung von

---

[4] Zusammenfassend Rudolf Endres, Franken, in: Buszello, Bauernkrieg (wie Anm. 3), S. 134–153, besonders S. 143.

[5] Thomas A. Brady, Jr., Turning Swiss. Cities and Empire, 1450–1550, Cambridge 1985.

1525. Das soll selbstverständlich nicht heißen, daß „Schweizer Einflüsse" anderwärts nicht nachweisbar wären. Das gilt namentlich für Tirol[6] und den Oberrhein[7].

Die Einflüsse lassen sich auf die Weise systematisieren, daß einerseits Räume (*I*), andererseits Personen (*II*) näher in den Blick genommen werden, wobei sich freilich vielfache Überschneidungen ergeben und die Trennung nur aus analytischen Zwecken und der darstellerischen Übersichtlichkeit wegen erfolgt[8]. Die Forschung hat solche Zusammenhänge kaum gesehen und wenig erörtert. Das dürfte nicht zuletzt einem der großen Bauernkriegsforscher geschuldet sein, Franz Ludwig Baumann[9], der in zwei Studien die reservierte Haltung der Tagsatzung der Eidgenossen (also ihres Parlaments, falls man Tagsatzung so salopp zur Verständigung übersetzen darf) und jene der Räte der eidgenössischen Orte, vornehmlich der Städte, aufgedeckt hat[10].

I.

Die Zentren des Bauernkriegs in Oberschwaben waren der Bodensee (1), das nördliche Oberschwaben um Baltringen (2) und das Allgäu (3), nicht umsonst wurden sie namengebend für die sogenannten „Haufen" der Bauern, wie sie sich in Anlehnung an die Sprache der Landsknechte und Söldner nannten – Bodenseehaufen, Baltringer Haufen, Allgäuer Haufen.

(1) Der Bodensee wirkte nicht nur trennend, sondern immer auch verbindend zwischen Süddeutschland und der Schweiz. Politisch gesteigert wurde diese Beziehung im Klettgau, der seit 1488 durch ein Burgrecht zwischen dem Landesherrn, Graf Allwig von Sulz, und Bürgermeister und Rat der Stadt Zürich, für Einflüsse aus der Eidgenossenschaft immer besonders offen war. Sicher hat dieser politische Rückhalt der Grafschaft an Zürich die Renitenz der Untertanen gegenüber ihren Herren gefördert; schon 1499 hatten die Bauern dem Grafen den Gehorsam förmlich gekündigt, weil er das Land im Krieg zwischen Eidgenossen und Schwaben nicht geschützt hatte[11]. Im Bauernkrieg überragte der Klettgau auf mindestens zweifache Weise die benachbarten Aufstandslandschaften. Thomas Müntzer hat nachweislich im zentralen Ort des Klettgaus, Griessen, in der hoch über dem Tal stehenden Pfarrkirche 1524 gepredigt

---

[6] Namentlich über Michael Gaismairs Verbindung zu Huldrich Zwingli wird dieser Zusammenhang hergestellt. Vgl. zuletzt Giorgio Politi, Gli statuti impossibili. La revoluzione tirolese del 1525 e il „programma" di Michael Gaismair, Turin 1995, S. 71–75, 86–89.

[7] Horst Buszello, Der deutsche Bauernkrieg von 1525 als politische Bewegung (Studien zur europäischen Geschichte 8), Berlin 1969, S. 67–91.

[8] Dabei stütze ich mich als Vorarbeit auf eine Studie, die ich unter dem Titel: Das göttliche Recht der Bauern und die göttliche Gerechtigkeit der Reformatoren, in: Archiv für Kulturgeschichte 68, 1986, S. 351–369, vorgelegt habe.

[9] Seine anhaltende Bedeutung liegt in der Edition bis heute unentbehrlicher Quellen zu Oberschwaben.

[10] Franz Ludwig Baumann, Die Eidgenossen und der deutsche Bauernkrieg seit dem Märze 1525, in: Sitzungsberichte der philosophisch-philologischen und der historischen Classe der königlich bayerischen Akademie der Wissenschaften zu München, Heft I, München 1899, S. 37–75. Ergänzend auch eine Vorstudie von Baumann für die Zeit 1524 bis März 1525: Die Eidgenossen und der deutsche Bauernkrieg bis März 1525, in: Sitzungsberichte der philosophisch-philologischen und der historischen Classe der königlich bayerischen Akademie der Wissenschaften zu München, Jg. 1896, München 1897, S. 113–141.

[11] Catherine Schorer, Herrschaft und Legitimität. Ein Huldigungskonflikt im Küssenbergertal, in: Zeitschrift für die Geschichte des Oberrheins 134, 1986, S. 99–117.

und nach einer nie ganz gesicherten Tradition in Süddeutschland den Bauernkrieg entfesselt[12]. Der Klettgau gehört aber darüber hinaus zu jenen Landschaften, in denen besonders früh das „Göttliche Recht" als Legitimationsfigur für bäuerliche Forderungen eingesetzt wurde[13]. Vermutlich an der Jahreswende zu 1525 brachten die Klettgauer ihre Beschwerden in 44 Artikeln vor. In der Präambel werden sie damit begründet, daß sie *nit mögen erliden werden von dem Evangelium und göttlichen Rechten, von keiner Billicheit noch Rechten; die wir auch nit thun wend ohn Berichtung des göttlichen Rechten und Unterrichtung eins ehrsamen Raths einer Stadt Zurich*[14]. Vom Züricher Rat wird gleich nochmals ausführlicher zu sprechen sein. Festgehalten zu werden verdient, daß hier wohl der zeitlich früheste Beleg für die göttlichrechtliche Begründung einer Beschwerdeschrift vorliegt. Gleichsam bekräftigend wird das Argument von den Klettgauern nochmals am Schluß ihrer Artikel aufgenommen. *Zum Letzten*, heißt es dort, *all ander neue Fünd und Uffsäz, so hierin nit begriffen wären, werden wir auch nit mehr thun, ohn Unterrichtung des göttlichen Rechten [...]. Item alles, das wir unserm Herrn, Herrn von Sulz pflichtig und schuldig sind nach göttlichen Rechten, entbieten wir uns, willig und gehorsam sein*[15].

Die Klettgauer standen, seit die Unruhen am Hochrhein im Sommer ausgebrochen waren und die benachbarten Stühlinger sie im Herbst zum Anschluß aufgefordert hatten, in Verbindung zum Züricher Rat. Im Oktober 1524 war dort eine bäuerliche Delegation eingetroffen, wohl um die sich aus dem Burgrecht ergebende Rechtslage abzuklären. Sie wurde von den Räten mit der Frage konfrontiert, ob sie die Religionsmandate Zürichs annehmen wollten, *also daß man das Gottswort und Evangelien heiter predigen, und was man mit der göttlichen Geschrifft der Bibly und des Nüwen Testaments berühren und bewisen mög, offnen und fry verkünden sölle, auch gehorsam, dem statt thun und dem rechten, wahren Gottswort (wie das jetzt wahrlich fürgelegt wird) anhangen wöllent oder nit, so lang bis daß man mit den wahren Geschrifften beider Testamenten eines Bessern bericht wird*[16]? Allem Anschein nach hat man auf einer anschließenden Landsgemeindeversammlung im Klettgau sich darauf verständigt, die Züricher Religionsmandate anzunehmen. Das freilich konnte und mußte der Vorstellung Vorschub leisten, die weltlichen Ordnungen seien normativ an das Alte und Neue Testament anzupassen, eine Auffassung, die der Reformator Zürichs, Huldrich Zwingli, unermüdlich predigte. Seit der Zürcher Disputation von 1523 gehört die Überzeugung von der Perfektibilität der Welt, sofern man entschieden die Heiligen Schriften als normative Grundlagen von Gesetz und Regiment mache, zu den festen Überzeugungen der reformatorischen Bewegung in der Schweiz. Das Göttliche Recht, so tief es auch im bäuerlichen Rechtsdenken in der Figur des „Alten

---

[12] Tom Scott, Thomas Müntzer. Theology and Revolution in the German Reformation, Houndmills, Basingstoke 1989.

[13] Die ereignisgeschichtlichen Zusammenhänge im Detail bei Peter Blickle und einer Berner Arbeitsgruppe, Zürichs Anteil am deutschen Bauernkrieg. Die Vorstellung des göttlichen Rechts im Klettgau, in: Zeitschrift für die Geschichte des Oberrheins 133, 1985, S. 81–101. Eigens belegt werden nur die Quellenzitate.

[14] Das Zitat bei Heinrich Schreiber, Der deutsche Bauernkrieg, gleichzeitige Urkunden [1. Teil], Freiburg 1863, S. 179.

[15] Schreiber, Bauernkrieg (wie Anm. 14), S. 184.

[16] Schreiber, Bauernkrieg (wie Anm. 14), S. 116.

Rechts" schon vorgeprägt gewesen sein mag, verdankt seine Vitalisierung auch der Zürcher Reformation, zumindest im Klettgau.

(2) Um Weihnachten 1524 kam es zu bäuerlichen Zusammenrottungen südlich von Ulm. In kurzer Zeit entstand ein auf wohl mehr als 10 000 Mann anschwellender *Haufe*, für den das Dorf Baltringen namengebend wurde. Er vereinigte Bauern des Biberacher Spitals und des Klosters Ochsenhausen, des Frauenklosters Heggbach und mehrerer adeliger Herren. Für die Konfliktbereinigung in der Region stand seit längerem in Form des Schwäbischen Bundes eine Institution zur Verfügung, die aufgrund ihrer revidierten Verfassung von 1500 Bauern und Herren schiedlich oder rechtlich zu vergleichen hatte. Der Schwäbische Bund konnte einige Erfolge vorweisen, erst 1502 hatte er in einem umfassenden Vertragswerk strittige Erbrechtsfragen zwischen dem Kloster Ochsenhausen und dessen Bauern gelöst. Folglich wählte man auch im Februar 1525 diesen Weg, was um so naheliegender war, als die Kanzlei des Schwäbischen Bundes im nahe gelegenen Ulm ihre Arbeit tat. So wurden zunächst auf Anraten der Räte, die mehrfach zu den Bauern hinausritten, Beschwerden erstellt. Insgesamt waren es 300, von denen heute noch 30 überliefert sind. Im Gegensatz zu den Klettgauer Artikeln spielt das Göttliche Recht keine erkennbare Rolle, lediglich 5% aller Beschwerden werden damit begründet, aber nicht weniger auskunftsreich ist die Beobachtung, daß 84% aller Artikel überhaupt nicht legitimiert werden[17]. Das war gewiß dem Umstand geschuldet, daß sie im herkömmlichen Rechtsrahmen schwer begründbar waren, denn es wurden weniger Rechtsverletzungen der Herren gerügt, als Tatbestände beschrieben oder Forderungen gestellt. Zweifellos ist die mit einer Legitimation ummantelte Beschwerde der nackten Forderung an Dignität überlegen. Am 27. Februar, rund zwei Wochen nachdem man die Beschwerden dem Schwäbischen Bund überantwortet hatte, war eine solche Begründung offenbar gefunden, denn in einem Schreiben des Baltringer Haufens nach Ulm wird jetzt gewissermaßen als Geschäftsgrundlage für die Behandlung der Beschwerden ausgegeben, was das *göttlich wort nymbt und gibt, dabey woll wir allzeit gerne beleyben*[18]. Es gibt gute Gründe anzunehmen, daß bei dieser Formulierung der Feldschreiber des Baltringer Haufens, Sebastian Lotzer, eine gewissermaßen mäeutische Rolle übernommen hat. Lotzer, ein Handwerker, kam aus Memmingen, dort hat er sich dem Prädikanten an der Pfarrkirche St. Martin, Christoph Schappeler, angeschlossen und ihn bei der Durchsetzung der Reformation in Memmingen, die endgültig zwischen dem 6. Dezember 1524 und dem 6. Januar 1525 erfolgte, unterstützt. Schappeler kam aus der Schweiz, stand Zwingli äußerst nahe und dürfte folglich dessen Auffassung von der Verbesserungsfähigkeit der Welt durch rechtliche Positivierung der Testamente geteilt haben.

Der Führer des Baltringer Haufens, Huldrich Schmid von Sulmingen, hat schließlich die eher ungefähre Redeweise vom göttlichen Wort auf den genaueren rechtstheoretischen Begriff gebracht. Als bei einer nochmaligen Unterredung im Baltringer Lager von den Gesandten des Schwäbischen Bundes in Vorschlag gebracht wurde, das Reichskammergericht als gerichtliche Instanz für die Beurteilung der Beschwer-

---

[17] Peter Blickle, Die Revolution von 1525, München ³1993, S. 146.
[18] Wilhelm Vogt, Die Correspondenz des schwäbischen Bundeshauptmannes Ulrich Artzt von Augsburg aus d. J. 1524–1527, Augsburg [1883], Nr. 83.

deschriften zu wählen und damit sinngemäß als Rechtsgrundlage das „gemeine Recht", schob Huldrich Schmid den Vorschlag mit einer großen rhetorischen Gebärde zur Seite. Die Szene gehört zu den eindrücklichsten und dramatischsten des ganzen Bauernkriegs. Überliefert ist sie durch den St. Galler Chronisten Johannes Kessler, einen gut und schlecht informierten Zeitgenossen gleichermaßen, denn er kannte einerseits die Führungsschicht der oberschwäbischen Bauern persönlich, aber er war andererseits kein Zeuge der Vorgänge selbst. Er verlange, so Huldrich Schmid zu den Bundesherren, *dass gottlich recht, so jedem stand ußspricht, was im geburt ze thůn oder ze lassenn.* Damit hatten auch die Baltringer das „Göttliche Recht" ins Spiel gebracht und damit einer alten europäischen rechtstheoretischen Norm in theologischem Gewande präsentiert, vermutlich unbewußt, die das Corpus Iuris Civilis in den Satz kleidete, „Gerechtigkeit ist der unwandelbare und dauerhafte Wille, jedem das Seine zu gewähren" (Iustitia est constans et perpetua voluntas ius suum cuique tribuens)[19]. Schmids origineller Anteil an der Definition des Göttlichen Rechts erschließt sich aus dem Fortgang des Disputs mit den Bundesherren. Denn diese *sprachend [...] mit spottlichen worten: lieber Huldrich, du fragest nach gottlichem recht, sag an, wer wirt sollich recht ussprechen. Gott wird ja langsam vom himel komen herab und uns ainen rechtstag anstellenn.* Huldrich Schmid umging diese Fangfrage, indem er sich seinerseits mit seiner Einfältigkeit entschuldigte, aber mit einem überraschenden Vorschlag herausrückte. Er wollte alle Priester aller Pfarreien ermahnen, *gemain bett zů Gott [zu] halten, das er uns gelerte fromer männer, die dißen span nach lut gottlicher gschrifft wissen urtailen und ze entschaiden, anzaigen und verordnen welle*[20]. Umgesetzt in die Praxis mußte das heißen, Theologen urteilen über die Rechtmäßigkeit der bäuerlichen Forderungen. Anfang März, als sich die Baltringer mit den Bodenseern und Allgäuern in Memmingen zur Beratung der Zwölf Artikel und der Bundesordnung trafen, wurden die „frommen Männer" benannt. Es sind mehr oder minder alle namhaften Reformatoren von Martin Luther in Wittenberg bis zu Huldrich Zwingli in Zürich[21]. Die Positivierung des Rechts sollte durch Theo-

---

[19] Corpus Iuris Civilis. Text und Übersetzung, Bd. I: Institutionen, übersetzt von Okko Behrends u.a., Heidelberg 1990, S. 1.

[20] Die vorgängigen Zitate nach Ernst Goetzinger (Hg.), Johannes Kesslers Sabbata. Chronik der Jahre 1523–1539, St. Gallen 1866, S. 325f. – Eine leichter zugängliche Edition neuerdings durch Willi Alter (Hg.), Die Berichte von Peter Harer und Johannes Keßler vom Bauernkrieg 1525 (Veröffentlichungen der Pfälzischen Gesellschaft zur Förderung der Wissenschaften in Speyer 88), Speyer 1995.

[21] Es sind mehrere sogenannter Richterlisten überliefert. Die von den Bauern autorisierte, erste Fassung findet sich im Anhang zu der als Memminger oder Oberschwäbische Bundesordnung bekannten *Handlung und Artickel so fürgenomen worden auff Afftermontag nach Inuocauit [...].* Bayerische Staatsbibliothek München, 4 Eur. 332 (32, unter dem Titel *hernach sein bestimpt die doctores so anzeygt sein zu außsprechung des Gőtlichen Rechten.* Meines Erachtens ist das Stück in der Druckerei der „Handlung" fälschlicherweise beigefügt worden, denn es muß für die Zwölf Artikel verfaßt worden sein, was sich schon aus dem Umstand ergibt, daß mehrere der genannten Theologen zu den Zwölf Artikeln Gutachten schreiben, keiner indessen zu der Bundesordnung. Der Sachverhalt hat in der Forschung zu viel Konfusion geführt, namentlich was den Stellenwert der Zwölf Artikel betrifft. Sie werden in der Literatur nach wie vor wie eine Privatarbeit behandelt, obschon sie wegen der zweifellos in Memmingen von den Bauern verabschiedeten Richterliste dort auch beraten und ratifiziert worden sein müssen. Zu der komplizierten Forschungsgeschichte Peter Blickle, Memmingen – ein Zentrum der Reformation, in: Joachim Jahn, Hans-Wolfgang Bayer (Hg.), Die Geschichte der Stadt Memmingen. Von den Anfängen bis zum Ende der Reichsstadt, Stuttgart 1997, S. 405–409.

logen erfolgen, Reformatoren rückten in den Rang von Verfassungsrichtern, um in institutionellen Analogien zu sprechen.

(3) Im Allgäu war Mitte Februar vom „Göttlichen Recht" noch nicht die Rede. Eine vermutlich Mitte Februar geschriebene Beschwerdeschrift des Tigens Rettenberg, ein bischöflich-augsburgisches Amt mit dem Mittelpunkt in Sonthofen, verzichtet auf jede Begründung bei ihren zwei zentralen Forderungen – Aufhebung der Leibeigenschaft und Reformierung des Priesterstandes. Die Rettenberger Artikel herauszuheben ist deswegen wichtig, weil sie – nicht jedoch die gedruckten Zwölf Artikel – am Hof Kaiser Karls V. als das verbindliche Programm der deutschen Bauern galten, wie eine englische Übersetzung nahelegt, die unter den Korrespondenzen und Depeschen des Kaisers und seiner Gesandten in den Staatspapieren Heinrichs VIII. in London liegt[22]. Als die Allgäuer Bauern sich als politischer Verband konstituiert hatten, schickten sie im Namen *gemainer lantschaft in Algew* an Erzherzog Ferdinand ein Schreiben, das ihn als Gubernator und Statthalter des Kaisers eindringlich an die königliche Pflicht erinnerte, als *Liebhaber der Gerechtigkeit, Grunt und Ursprung und Beschirmer des götlichen Rechten* dem *götlichen Recht* (der Begriff wird in dem kurzen Schreiben neunmal aufgerufen) Geltung zu verschaffen[23].

Als Besonderheit des Allgäus ist indessen nicht die appellative Verwendung des Göttlichen Rechts und seine enge Bindung an das Amt des Königs zu werten, sondern die Institution, die dahinter steht. Eine „Landschaft" wie die Allgäuer haben weder die Baltringer, noch die Bodenseer ausgebildet. Am 24. Februar hatten sich die Allgäuer zu einer *Eidgenossenschaft* zusammengeschlossen[24]. Ihr konnte jedermann beitreten, der *Aids Weis* die Ernsthaftigkeit seiner Zugehörigkeit zum Bund bekunden wollte, unbeschadet seiner herrschaftlichen Zugehörigkeit. Aber weder die Eidgenossenschaft selbst, noch ihre überterritoriale Zusammensetzung waren gänzlich neu.

Schon 1491 hatten sich die Untertanen des Fürststifts Kempten, wie der Abt berichtet, *haimlich versamelt und haben sich bj denn aiden, So sie in der ainung geschworen haben zusammenverbunden, Also was ain unnder Ine angang Solle den anderen auch angeen, und sollen ain annder hanndthaben schützen und schirmen*[25]. Der Vorgang in der detaillierten Beschreibung des Abtes erinnert an die mythenhafte Ausgestaltung der Entstehung der Schweizer Eidgenossenschaft durch das sogenannte „Weisse Buch von Sarnen", eine Arbeit des Landschreibers von Obwalden aus der Zeit um 1470, mit der die Coniuratio von Uri, Schwyz und Unterwalden von 1291 in eine erinnerungsfähige Erzählform gebracht wurde[26]. Zunächst hätten sich drei Männer, von der Tyrannei der habsburgischen Vögte besonders hart getroffen, heimlich und bei Nacht verschworen (*conspiratio*), dann hätten sie für ihre Sache geworben,

---

[22] Die Zusammenhänge herausgearbeitet bei Peter Blickle, Die Revolution des gemeinen Mannes als Gegenstand der europäischen Diplomatie, in: Uwe John, Josef Mazerath (Hg.), Landesgeschichte als Herausforderung und Programm. Karlheinz Blaschke zum 70. Geburtstag, Stuttgart 1997, S. 305–315.

[23] Gedruckt bei Günther Franz (Hg.), Quellen zur Geschichte des Bauernkriegs, München 1963, S. 191f., Nr. 49.

[24] Text bei Franz, Quellen (wie Anm. 23), S. 166f., Nr. 38.

[25] Zitiert bei Peter Blickle, Landschaften im Alten Reich. Die staatliche Funktion des gemeinen Mannes, München 1973, S. 322.

[26] Ediert bei Bruno Meyer, Weißes Buch und Wilhelm Tell, Weinfelden ³1985, S. 187–195.

bis sie über stattliche Anhängerschaften verfügten. *Dů swůren sie zu semmen vnd machten ein bůnd* (*coniuratio*). Nicht anders in Kempten. Zunächst hatten sich *haimlich* und *nättlicher weyle* 60 Bauern versammelt, dann in den Pfarreien des Fürststifts um Anhänger geworben und sich schließlich demonstrativ an der Malstätte des Kaiserlichen Landgerichts der Grafschaft Kempten *bi aides pflicht zu samen verbunden*. Der Bund von 1491 blieb auf die kemptische Untertanenschaft beschränkt und endete schließlich desaströs in einer Brandschatzung der kemptischen Dörfer durch den Schwäbischen Bund, nachdem Verhandlungen gescheitert waren.

Doch auch überterritoriale Eidgenossenschaften waren im Allgäu nicht unbekannt. 1406 war eine solche entstanden als Parallelbildung zum *Bund ob dem See*, mit dem sich das Appenzell definitiv aus der Herrschaft des Klosters St. Gallen herauslöste[27]. Der Bund ob dem See, wie der Name sagt eine Eidgenossenschaft um den Bodensee, ist weniger bekannt, als die Appenzellerkriege, die seiner Gründung vorausgingen. Der „Allgäuer Bund" entstand im Gefolge der weitausgreifenden Kriegszüge, welche die Appenzeller unternahmen. Er umfaßte 1406 Bauern des Bischofs von Augsburg, der Herren von Heimenhofen und Laubenberg und der Memminger Familie Kunzelmann. Der Allgäuer Bund brach in fehdeartiger Weise adelige Burgen, erst auf Druck der schwäbischen Reichsstädte wurde er gegen das Versprechen einer Generalamnestie aufgelöst[28]. So wie der Allgäuer Bund Vorläufer hatte, so hatte er auch Nachfolger. Sein prominentester wurde die „Christliche Vereinigung der oberschwäbischen Bauern" vom 7. März 1525, die als Alternative zu den implodierenden Herrschaften ein politisches System in Vorschlag brachte, das in einem dreistufigen Aufbau aus Gemeinden, Haufen und Landschaft bestand, der so auch in der Schweiz ohne Vorbild war[29].

Schweizer Einflüsse auf die Zentren des Bauernkriegs in Süddeutschland sind also auszumachen, wobei die Propagierung der Reformation durch Zürich im Klettgau, die Transformation der Predigten Schappelers in Memmingen über Sebastian Lotzer in den Baltringer Haufen und die nicht enden wollenden Experimente mit Eidgenossenschaften um den Vierwaldstättersee und im Appenzell für die Allgäuer oft eine durchaus katalytische Wirkung hatten. Aber es ist gleich hinzuzufügen, daß die Rezeptionsvorgänge eine neue Kreativität freisetzten. Die Redeweise der Klettgauer vom Göttlichen Recht war in der geprägten Form neu und eine Präzisierung der vagen Formulierungen der Zürcher vom reinen Evangelium, das es zu befördern gelte. Insbesondere war es eine Radikalisierung, wenn es als normativer Maßstab für weltliche Ordnungen gelten sollte. Die Lösung der Baltringer, das Göttliche Recht durch Theologen aus den Testamenten herausziehen zu lassen, ging weiter, als das selbst die Reformatoren für möglich gehalten haben mochten. Die Eidgenossenschaften im All-

---

[27] Zuletzt Karl Heinz Burmeister, Der Bund ob dem See, in: Peter Blickle, Peter Witschi (Hg.), Appenzell – Oberschwaben. Begegnungen zweier Regionen in sieben Jahrhunderten, Konstanz 1997, S. 65–83.

[28] Die Quelle gedruckt in Monumenta Boica, Bd. 34 (Teil I), München 1844, S. 173–175, Nr. 86.

[29] Quelle in kritischer Edition jetzt bei Gottfried Seebaß, Artikelbrief, Bundesordnung und Verfassungsentwurf. Studien zu drei zentralen Dokumenten des südwestdeutschen Bauernkriegs (Abhandlungen der Heidelberger Akademie der Wissenschaften. Philosophisch-historische Klasse, Jahrgang 1988, 1. Abhandlung), Heidelberg 1988, S. 77–87.

gäu wurden gewiß durch die realen Vorbilder in der Schweiz befördert, aber die Konkretisierung in ihrer ausgereifteren Form der Memminger Bundesordnung vom 7. März 1525 mit ihrem dreistufigen Aufbau von Gemeinde, Regiment und Räten war dann doch wieder ein die realen Verhältnisse transzendierender Entwurf.

II.

Das „Göttliche Recht" gehört zu den Begriffen, die zur Definition der Ereignisse von 1525 unentbehrlich sind. Es diente als Legitimationsgrundlage der bäuerlichen Forderungen und als rhetorische Figur für den revolutionären Aufbruch. Das Wort in der geprägten Form ist in der bäuerlichen Welt entstanden und verbindet die ältere und herkömmlichere Rechtsgrundlage für politische und soziale Ordnungen, in der Redeweise der Bauern das „Alte Recht" genannt, mit dem „Evangelium", dem „reinen Evangelium", dem „Evangelium ohne menschlichen Zusatz", das seit den frühen 1520er Jahren zum sprachlichen Erkennungszeichen echter reformatorischer Gesinnung aufrückte. Dem „reinen Evangelium" in der Welt Raum schaffen, heißt „Göttliches Recht" durchsetzen.

Das Göttliche Recht gehört nicht zum Vokabular der Reformatoren, jedenfalls findet es eher selten Verwendung und ist dann offenbar einer ungenauen Sprechweise geschuldet. Die Reformatoren reden vielmehr von der „göttlichen Gerechtigkeit", von der „iustitia Dei". Für Martin Luther steht sie im Zentrum seiner Theologie, nicht umsonst wird ihr Proprium in der „Rechtfertigungslehre" gesehen. Sie besagt, in einem Satz zusammengefaßt, daß Gott nur und allein durch seine Gnade den gläubigen Menschen gerecht macht, nicht aber der Mensch gerechtfertigt wird durch seine Werke. Die Gerechtigkeit Gottes besteht nicht in der Zumessung der immer berechtigten Strafen gegenüber dem Sünder *(peccator)*, sondern in der Zuwendung seiner Gnaden gegenüber dem Gläubigen, die diesen rechtfertigt *(iustus)*. Huldrich Zwinglis Begriff der göttlichen Gerechtigkeit weicht von dem Luthers erkennbar ab[30]. Für Luther ist die göttliche Gerechtigkeit ausschließlich ein Begriff im Referenzsystem des Erlösungswerks, bei Zwingli schließt sie das Gesetz Gottes ein, hat also legalistischen Charakter und muß folglich innerweltlich relevant werden. Obrigkeiten sind darum in ihr Amt eingesetzt, daß sie *by der götlichen grechtigkeit hinfarind*, sagt Zwingli in seiner Schrift *Von göttlicher und menschlicher Gerechtigkeit*[31]. Vielleicht ist es eine hilfreiche Analogie zu sagen, wie Karl Marx die Utopie verzeitlicht und sie zum Ziel des geschichtlichen Prozesses gemacht hat, so Huldrich Zwingli das Jenseits. Zwinglis Verständnis von göttlicher Gerechtigkeit ist getragen von der Überzeugung einer Perfektibilität der Menschheit durch die Anwendung der göttlichen Gerechtigkeit. Die Übergänge vom Diesseits zum Jenseits werden bei ihm fließend,

---

[30] Für die Ausarbeitung des Problems vgl. Peter Blickle, Gemeindereformation. Die Menschen des 16. Jahrhunderts auf dem Weg zum Heil, München 1985, S. 150–154. In die gleiche Richtung argumentiert Walter Ernst Meyer, Huldrych Zwinglis Eschatologie. Reformatorische Wende, Theologie und Geschichtsbild des Zürcher Reformators im Lichte seines eschatologischen Ansatzes, Zürich 1987, S. 203–211.

[31] Huldrich Zwingli, Sämtliche Werke, 14 Bde., Berlin, Zürich 1905–1983, hier Bd. II, S. 471–525; das Zitat S. 520, Zeile 11f.

die „Zwei Reiche", von Luther gelegentlich auch „geistliches Regiment" und „weltliches Regiment" genannt, stehen sich nicht so schroff gegenüber wie bei Luther[32].

Zwingli hatte seine theologischen und ethischen Grundüberzeugungen 1523 im wesentlichen ausgearbeitet und sie im selben Jahr vor großen Auditorien in zwei Disputationen gegen den Bischof von Konstanz in Zürich öffentlich vertreten. Selbstverständlich wurden sie umgehend gedruckt. Bis zu 900 Zuhörer saßen 1523 in seinem Bannkreis, als er diese Positionen entwickelte. Das waren naheliegenderweise seine Anhänger, die man mehr oder minder alle als Prädikanten in den Pfarrkirchen der Städte Süddeutschlands wiederfindet[33].

Zu den herausragenderen unter ihnen gehörte Christoph Schappeler in Memmingen. Er wirkte 1525 dort seit 12 Jahren als Prädikant der reich dotierten Predigerstelle an St. Martin. Schappelers enge Beziehung zu Zwingli erschließt nicht nur der Umstand, daß er die zweite Zürcher Disputation 1523 präsidierte, sondern auch aus der Thesenreihe, die er für die Memminger Disputation im Januar 1525 in Memmingen zusammenstellte. Das Abendmahl, als Kern der Thesen, wird als gemeindliche Gedächtnisfeier gedeutet, nicht als Wandlung von Brot und Wein in Leib und Blut Christi. Die Martinskirche konnte die Zuhörer kaum aufnehmen, die zu seinen Predigten strömten, die Zünfte mußten eigens einen Ordnungsdienst in der Kirche einrichten[34]. Die unerwarteten Kirchgänger kamen vom Land, denn St. Martin war groß genug, um die städtische Bevölkerung zu fassen. Schappeler muß eine charismatische Gestalt gewesen sein. Offenbar mühelos gelang es ihm, in beiden Kirchen der Stadt die Liturgie im Sinne der Reformation umzugestalten. Am Nikolausfest 1524 wurde erstmals in St. Martin das Abendmahl in beiderlei Gestalt gereicht, an Dreikönig 1525 entschieden sich Rat und Zünfte im Gefolge einer Disputation für die Einführung der Reformation in allen Kirchen der Stadt. Memmingen stand als erste Reichsstadt Oberschwabens im Lager der Reformation.

Zwei Monate später tagten die Vertreter der drei oberschwäbischen Bauernhaufen in Memmingen, vermutlich dank der Vermittlung von Sebastian Lotzer, und redigierten hier ihre „Zwölf Artikel" und ihre „Bundesordnung", die beide auf dem Göttlichen Recht ruhten. Daß Schappeler sich mit den Bauern auseinandersetzte, hat er schon früh durch seine Predigten gegen den Zehnten bewiesen, die im Sommer 1524 nicht nur zu Zehntverweigerungen führten, sondern die Stadt an den Rand einer Verfassungskrise brachten. Mehrfach hatte ihn der Rat herangezogen, um gutachterlich zu Forderungen der Bauern der Memminger Dörfer Stellung zu nehmen.

In dieser konkreten Situation hat Christoph Schappeler die politische Theorie zum revolutionären Programm der Bauern geschrieben[35], und zwar in Form der anonym

---

[32] Vgl. Wolfgang Lienemann, Zwei-Reiche-Lehre, in: Evangelisches Kirchenlexikon, Bd. 4, Göttingen ³1996, Sp. 1411–1413.

[33] Die nötigen Daten bei Gottfried W. Locher, Die Zwinglische Reformation im Rahmen der europäischen Kirchengeschichte, Göttingen, Zürich 1979, und Justus Maurer, Prediger im Bauernkrieg (Calwer Theologische Monographien 5), Stuttgart 1979.

[34] Barbara Kroemer, Die Einführung der Reformation in Memmingen. Über die Bedeutung ihrer sozialen, wirtschaftlichen und politischen Folgen (Memminger Geschichtsblätter 1980), Memmingen 1981.

[35] Für die Zuschreibung Peter Blickle, Republiktheorie aus revolutionärer Erfahrung (1525), in: ders. (Hg.), Verborgene republikanische Traditionen in Oberschwaben (Oberschwaben – Geschichte und Kultur 4), Tübingen 1998, S. 195–210 (Zuschreibung aufgrund inhaltlicher Kriterien). – Die folgenden Über-

erschienenen Flugschrift *An die versamlung gemayner Pawerschafft/so in Hochteütscher Nation/vnd vil anderer ort/mit empörung vnd auffrůr entstanden*[36]. Ihr Nürnberger Drucker, Hieronymus Höltzel, wurde deswegen ins Gefängnis geworfen und anschließend aus der Stadt gewiesen. Sie erschien zwei oder drei Tage nach den entscheidenden Schlachten von Frankenhausen in Thüringen und Zabern im Elsaß, zu spät, um den Gang der Ereignisse noch beeinflussen zu können. Es handelt sich, um das Ergebnis vorwegzunehmen, um einen Traktat, der das politische Selbstverständnis der Eidgenossen, die Theologie und Ethik Huldrich Zwinglis und die zentralen Forderungen der oberschwäbischen Bauern zu einer politischen Theorie verarbeitet, die in der konkreten Situation bäuerlichen Widerstand und damit die Revolution rechtfertigen sollte.

Obrigkeit legitimiert sich nicht nur dadurch, daß sie das Land schützt, sondern indem sie den „gemeinen Nutzen" fördert. Obrigkeit verliert ihre Legitimität, wenn sie tyrannisch entartet, und das tut sie, wenn sie die Gesetze Gottes mißachtet. *Du solt dir meine Gebot in der handt sein lassen, wie ein Winckelmeß*[37], verlange Gott vom Inhaber eines politischen Amtes, *darnach du dich richten sollest*. Huldrich Zwingli hatte vom Gesetz Gottes als der *Schnur* gesprochen, an der sich die Obrigkeit orientieren müsse. Gottes Gesetz als Schnur verhindert *Unruhe*, war Zwinglis Überzeugung. Unter einem so geführten Regiment *ist kain Empörung je entstanden*, heißt es bei Schappeler. Ob man die Obrigkeit absetzen dürfe, beantworte die Geschichte. Oft seien Könige, Kaiser, auch Päpste ihres Amtes enthoben worden. Nicht anders die Adeligen. Weil diese *mit unchristlicher tyrannischen Vergwaltigung den gemainen Man teglich unverschont wider alle Billigkait tringent und zwingent*, hätten sich die Eidgenossen von ihnen befreit. Die Tyrannei als Entartung nicht nur der Monarchie sondern auch der Aristokratie zu beschreiben, diente den Bauern, die sich ja keineswegs gegen König und Kaiser wandten. *Wann ain gemaine Landtschaft lang Zeit irs Herren Muotwillen und Verderben verduldet*, ohne jede Hoffnung auf Besserung, *so soll ein gemaine Landtschaft sich kecklich bewapnen mit dem Schwert*. Das verlange auch die Verantwortung gegenüber den kommenden Generationen, die anderenfalls fürchten müßten – Schappeler wählt ein drastisches Beispiel –, für Wildfrevel gepfählt zu werden. Über das Alte Testament wird dargetan, daß es Gott gefällt, wenn Tyrannen stürzen.

---

legungen dienen auch dazu, diese Zuordnung zu befestigen. – Formal ist hervorzuheben, daß Schappeler als Autor der Flugschrift bislang nicht in Frage kam, weil sich eine ihm zugeschriebene Schrift sprachlich mit dem vorliegenden Text nicht harmonisieren ließ (die Diskussion um die Autorschaft dargestellt ebd., S. 206f.). Mittlerweile dürfte dieses Hindernis beseitigt sein, weil der vermutete Schappeler-Text Lazarus Spengler zugeschrieben werden konnte. Vgl. Bernd Hamm, Wolfgang Huber (Hg.), Lazarus Spenglers Schriften, Bd. 1 (Quellen und Forschungen zur Reformationsgeschichte 61), Gütersloh 1995, S. 354. – Offen halten wird man noch eine mögliche Koautorschaft von Sebastian Lotzer, weil das Titelblatt von mehreren Autoren (*von Oberlendischen mitbrüdern*) spricht.

[36] Den Text edieren Buszello, Bauernkrieg von 1525 (wie Anm. 7), S. 152–192, und Siegfried Hoyer, Bernd Rüdiger, An die Versammlung gemeiner Bauernschaft. Eine revolutionäre Flugschrift aus dem Deutschen Bauernkrieg (1525), Leipzig 1975, S. 87–119 (darüber hinaus umfassende historische und sprachliche Einordnung).

[37] Die Belege nach Buszello, Bauernkrieg von 1525 (wie Anm. 7), S. 162, 165, 179, 188, 181 (in der Reihenfolge der Nennungen).

Wie muß die Regimentsform beschaffen sein, die Tyrannei verhindert? Republikanisch, antwortet Schappeler, wie viele Humanisten. *Da die Römer regierten mit Zunftmaistern und Rathe ains gemainen Regiments*, wuchsen ihre Macht und ihr Ansehen. Als sie davon abfielen, wurden sie zu Leibeigenen (*eigen Leut*). Gleiches belege die Geschichte der Israeliten. Solange sie *ain gemain Regiment fürten*, war Gott ihnen zugetan, als sie davon abfielen, kamen sie in die *Leibaigenschafft*. Naheliegenderweise rät die Schrift den Bauern, sich wie Städter dem Kaiser zu unterwerfen, aber auch *on alles Mittel*, als reichsunmittelbare Bauern folglich. Damit war adelige und geistliche Herrschaft obsolet geworden, kommunale Autonomie indessen wurde auf das Land hinaus geweitet. Unter solchen Bedingungen konnten Schneider, Schuster oder Bauern *zur Oberkait* bestellt werden, und sofern sie den Kategorien legitimer Herrschaft entsprechend amteten, sollte man sie *halten für König und Kaiser*, doch immer unter starker Kontrolle. *Haltend offt Gemaindt underainander*, das allein hält Menschen zusammen.

Stellenweise liest sich Schappelers Text wie eine Paraphrasierung von Niccolò Machiavellis „Discorsi". Denn die leitende Kategorie für das Gemeinwesen, republikanisch ausgestaltet, wie es bei ihm ist[38], muß die „Freiheit" sein. Tyrannen sind immer solche, die Menschen zu Leibeigenen machen. Vertreibt man sie nicht, wird die Zukunft zur Hölle. Seit ihr bisher *leib aigen gewesen, so müst ir fürterhin recht servi werden*.

Wie alle Republikaner kämpft auch Schappeler mit dem Problem, wie man zu guten Gesetzen kommt. Gesucht wird nach einem Lykurg, der Sparta seine gute Verfassung angemessen hatte. Das war bei Machiavelli so und ist bis Jean-Jacques Rousseau so geblieben. Um die politischen Ordnungen auf einen festen und sicheren Rechtsgrund zu stellen, gibt es *ain groß Mittel, nemlich und eben die götliche Schrift*. Was die Bauern Göttliches Recht genannt hatten, heißt in diesem Traktat *gotlich Juristrei*. Am Alten und Neuen Testament wird an konkreten Einzelbeispielen erläutert, was darunter zu verstehen sei. Kaiser und Papst sind gewählt, also kann man sie auch absetzen (Markus 9). Die Obrigkeit hat die Welt zu verbessern (2. Korinther 11), auf Amtsmißbrauch indessen folgt die Absetzung (1. Timotheus 5), und den mutwilligen Herrscher vertilgt man mit dem Schwert (Lukas 12, 17). Selbst die Freiheit wird als Göttlichem Recht kongenial konzipiert: wer Knecht ist und sich frei machen kann, soll sich befreien (1. Korinther 7). Das Göttliche Recht läßt sich, sollte das heißen, aus der Schrift herausziehen. Die Könige des Alten Testaments und die Evangelisten des Neuen Testaments sind die „göttlichen Juristen".

Mit einer kaum mehr erstaunlichen, dennoch abrupten Wendung gegen jede „Zwei-Regimenten-Lehre", die nur an Martin Luther adressiert sein konnte, der eine solche vertreten hatte, argumentiert der Autor nochmals dafür, das Evangelium als Heilsbotschaft und das Evangelium als Gesetz nicht zu trennen. *Von zwaien Gebotten* zu sprechen, *nemlich Divina, betreffent der Seel Hail, zum andern Politica, die den*

---

[38] So auch die Interpretation von Thomas A. Brady, Jr., German Civic Humanism? Critique of Monarchy and Refashioning of History in the Shadow of the German Peasants' War (1525), in: Michael Erbe u.a. (Hg.), Querdenken. Dissens und Toleranz im Wandel der Geschichte, Mannheim 1996, S. 41–55, der die Arbeit durchaus im Horizont europäischer, namentlich italienischer Politiktheorie würdigt, wenn er sie auch völlig zu Recht als intellektuell weniger gefällig einschätzt.

gemainen Nutz betreffent, ist theologischer Unfug. *Ach Got dise Gebot mögent sich nicht von ainander schaiden, dann die Politica Gebotte siend auch divinia, die den Gemainen Nutz trewlich fördern, ist nichts anders, dann die brüderliche Liebe trewlich zueerhalten, daz der Seligkait höchste Verdienung aine ist*. Das ist das Göttliche Recht der Bauern und es ist auch die göttliche Gerechtigkeit Zwinglis: die Bauern haben an diesem Parameter ihre Zwölf Artikel und die Bundesordnung ausgerichtet, die Züricher daran ihre großen Polizei- und Sittenmandate der 1530er Jahre.

Die Erfahrung im Umgang mit den Bauern und die Aneignung der Theologie und praktischen Philosophie Zwinglis haben bei der Revolutionstheorie Schappelers Pate gestanden. Aber auch die Schweizer Verhältnisse selbst beziehungsweise das, was zu Beginn des 16. Jahrhunderts im Deutungshorizont der Eidgenossen ihre Existenz rechtfertigte. *Wer meret Schwytz – Der herren gytz*, steht als Legende unter dem Titelholzschnitt der Flugschrift. Der Zweizeiler wird im Text selbst nochmals aufgenommen und als Bestätigung für *die Prophecey und das alt sprüchwortlein* genommen, *daß ayn küw auff dem Schwanberg imm land zů Francken gelegen sölle stan vnd da lůegen oder plarren, daß mans mitten in Schweytz höre*[39].

Die ängstliche Hoffnung des Sprichworts, *es sol der Schwanberg noch mitten in Schweitz ligen*, hat sich nicht erfüllt. Franken hat schließlich, allerdings erst im 19. Jahrhundert, Bayern den Vorzug gegeben. Doch gänzlich verfehlt war die Prophezeiung im frühen 16. Jahrhundert nicht, denn die Schweizer Einflüsse auf den Bauernkrieg pflanzten sich als große Welle über den oberschwäbischen Raum hinaus fort, auch nach Franken, vermittelt über die „Zwölf Artikel" und die „Bundesordnung". Die Franken haben in Form der „Amorbacher Erklärung" aus den Zwölf Artikeln eine praktikable Ordnung gemacht, auf die man Städte und Obrigkeiten verpflichten konnte.

---

[39] Buszello, Bauernkrieg von 1525 (wie Anm. 7), S. 191.

Alfred Wendehorst

Coadjutor Johann von Henneberg und der Bauernkrieg im Hochstift Fulda (1525)

Über den Verlauf des Bauernkrieges im Hochstift Fulda ist man durch mehrere Arbeiten[1] verhältnismäßig gut unterrichtet. Zum Teil lagen ihnen die wichtigsten Quellen, sowohl die erzählenden[2] als auch die dokumentarischen, in zuverlässigen Editionen bereits vor, letztere in den von Otto Merx begonnenen, inzwischen vielzitierten „Akten zur Geschichte des Bauernkrieges in Mitteldeutschland"[3]. Merkwürdigerweise fehlt darin ein (vermutlich übersehenes) Dokument, in welchem Bilanz über den Bauernkrieg in Fulda gezogen wurde, obwohl der Bestand „Gemeinschaftliches Hennebergisches Archiv" im Thüringischen Staatsarchiv Meiningen[4], in welchem es sich zusammen mit zwei Briefen des Philipp Schenk von Schweinsberg an Graf Wilhelm IV. von Henneberg (1480–1559) vom 21. November und vom 5. Dezember 1525 befindet (Sect. I Nr. 3645; alt: R 178), grundsätzlich aufgenommen wurde.

Charakteristisch für den Aufstand der Bauern und Bürger im Frühjahr 1525 war seine kurze Dauer von nur mehreren Wochen, sein blutiger Verlauf und das Fehlen der Koordination von Aktionen seitens der Aufständischen. Der Vorschlag von Walther Peter Fuchs, den Bauernaufstand als eine „Summe von Einzelaktionen" zu begreifen[5], ist allgemein akzeptiert worden, er löste aber auch die Frage aus, „ob mit der besonderen Betonung dieses Aspekts ein Weg zur Erklärung und zum Verständnis des Geschehens eröffnet wird"[6]. Die kurze Dauer und die uneinheitlichen und sich überstürzenden Verläufe, welche den Zeitgenossen genauere Wahrnehmungen erschwerten, einerseits und die Frage der Entschädigung andererseits führten dazu, daß die siegreichen Fürsten sich über den Ablauf der Ereignisse und die Art und Höhe der Schä-

---

[1] Otto Merx, Der Bauernkrieg in den Stiften Fulda und Hersfeld und Landgraf Philipp der Großmütige, in: Zeitschrift des Vereins für hessische Geschichte und Landeskunde NF. 28, 1904, S. 259–333; Gregor Richter, Zur Geschichte des Bauernkriegs im Hochstift Fulda, in: Fuldaer Geschichtsblätter 5, 1906, S. 113–122; Berthold Jäger, Das geistliche Fürstentum Fulda in der frühen Neuzeit (Schriften des Hessischen Landesamtes für geschichtliche Landeskunde 39), Marburg 1986, S. 177–179 mit weiteren Hinweisen auf ältere Literatur.

[2] Joseph Rübsam, Die Chronik des Apollo von Vilbel, in: Zeitschrift des Vereins für hessische Geschichte und Landeskunde 24, NF. 14, 1889, S. 257–266; Der Fuldaer Abtskatalog des Apollo von Vilbel, hg. v. Josef Leinweber (Quellen und Abhandlungen zur Geschichte der Abtei und der Diözese Fulda 25), Fulda 1986, S. 138–140.

[3] Akten zur Geschichte des Bauernkriegs in Mitteldeutschland I/1, hg. v. Otto Merx, Leipzig u.a. 1923; I/2, hg. v. Günther Franz, 1934; II, hg. v. Walther Peter Fuchs, 1942.

[4] Ernst Müller, Übersicht über die Bestände des Landesarchivs Meiningen (Veröffentlichungen des Thüringischen Landeshauptarchivs Weimar 4), Weimar 1960, S. 1–21.

[5] Das Zeitalter der Reformation, Bd. 8 der Taschenbuchausgabe von Gebhard, Handbuch der deutschen Geschichte, München [10]1999, S. 117.

[6] Peter Bierbrauer, Methodenfragen der gegenwärtigen Bauernkriegsforschung, in: Horst Buszello, Peter Blickle, Rudolf Endres (Hg.), Der Deutsche Bauernkrieg (UTB 1275), Paderborn 1984, S. 25.

den ein Bild machen, auch andere rechtliche Probleme, welche mit der Niederschlagung des Aufstandes in Zusammenhang standen, klären wollten[7].

Über den Verlauf des Bauernkrieges in Stadt und Hochstift Fulda, welcher durch den fuldisch-hessischen Gegensatz mit seinem sich rasch verändernden Beziehungsgeflecht wesentlich mitbestimmt wurde, unterrichten unter anderen drei rückblickende Dokumente, deren Verfasser Selbsterlebtes aus einem gewissen zeitlichen Abstand berichteten, nämlich Graf Wilhelm IV. von Henneberg-Schleusingen, der Coadjutor Johann von Henneberg selbst und der Fuldaer Kapitular und zeitweilige Dekan Apollo von Vilbel.

Im ersten Brief berichtete Graf Wilhelm IV. von Henneberg-Schleusingen unter dem 2. Februar 1526 seinem Schwager Herzog Albrecht von Preußen über die Ereignisse in seinem Umkreis, speziell in Fulda[8], wo sein Sohn Graf Johann von Henneberg seit 1521 Coadjutor des politisch gescheiterten Abtes Hartmann von Kirchberg war und später Abt wurde (1529–1541)[9]. Während er in der hennebergischen Genealogie die Ordnungszahl IV trägt, ist er in der Fuldaer Abtsreihe der dritte mit dem Namen Johannes. Auf die Rolle seines Sohnes geht Graf Wilhelm IV. nur kurz ein: Johann sei wie er selbst, von den Bauern zur Annahme der Zwölf Artikel gezwungen worden, dann aber habe Landgraf Philipp von Hessen die Bauern vertrieben.

Der zweite Text, in welchen mehrere Schriftstücke inseriert sind, ist ein öffentliches Ausschreiben des Coadjutors vom 18. Mai 1526, in welchem er seine Position, die er im Bauernkrieg gegenüber Landgraf Philipp von Hessen eingenommen hatte, zu rechtfertigen versuchte[10]. Es war seinerseits die Antwort auf ein ebenfalls gedrucktes öffentliches Ausschreiben Landgraf Philipps vom 8. April 1526, mit welchem dieser seinen Einfall in das Hochstift Fulda Ende Januar 1526 verteidigte[11].

Als Verfasser und Absender des dritten, hier genauer vorzustellenden Briefes ist mit sehr hoher Wahrscheinlichkeit der als Chronist bekannte Fuldaer Kapitular Apollo von Vilbel auszumachen, welcher zur Zeit des Bauernaufstandes auch Dekan war und in Fulda aushielt, als alle anderen Kapitulare entwichen[12]. Der Brief ist nicht

---

[7] So bat der Würzburger Bischof Konrad von Thüngen Ende des Jahres 1527 den Papst um Absolution, falls eine solche wegen der Umstände bei der Niederwerfung des Aufstandes erforderlich sei: Alfred Wendehorst, Mitteilungen aus der Gothaer Handschrift der Chart. A 185 zur Geschichte der Würzburger Bischöfe Konrad von Thüngen (1519–1540) und Melchior Zobel von Giebelstadt (1544–1558), in: Würzburger Diözesangeschichtsblätter 35/36 (Festschrift für Theobald Freudenberger), 1974, S. 154–158.

[8] Merx, Akten (wie Anm. 3) I/2, S. 651–654 Nr. 1049 aus der Empfängerüberlieferung; der Inhalt dieses Briefes ist indessen schon seit längerem aus der Meininger Konzeptüberlieferung bekannt: Ludwig Bechstein, Bericht über den Bauernkrieg im Hennebergischen aus der Feder des Fürst-Grafen Wilhelm von Henneberg, in: Beiträge zur Geschichte deutschen Alterthums 5, 1845, S. 64–73.

[9] Josef Leinweber, Die Fuldaer Äbte und Bischöfe, Fulda 1989, S. 100–106.

[10] Johann Friedrich Schannat, Historia Fuldensis, Frankfurt a. M. 1729, Cod. prob. S. 378–403 Nr. 262: Litterae solemnes apologeticae Coadjutoris Fuldensis, quibus titulum fecit Wahrhafftige / unwiedersprechenliche / und begrundt-feste Entschuldigung des Hochwürd. Hochgebohrnen Fürsten / und Herrn Joansen Coadjutoris des Stifts Fulda, Grafen und Herrn zu Henneberg etc. mit wahrer und bestendiger Vermeldung / Gelegenheit / und Gestalt ergangener Handelung wieder den Hochgebohrnen Fürsten Herrn Philipsen Landtgraffen von Hessen etc. jüngst offentlich ausgangene und angeschlagene Ausschreiben.

[11] Text des Ausschreibens: Wilhelm Falckenheiner, Philipp der Großmütige und der Bauernkrieg, Marburg 1887, S. 107–122 Nr. 21.

[12] Merx, Akten (wie Anm. 3) I/1, S. 107 Nr. 151.

datiert. Eingangs wird die Zeitstellung der Ereignisse des Bauernkrieges mit den Worten *vor wenig jaren* angegeben, gegen Ende ist jedoch zweimal vom *gegenwertigen* Reichstag die Rede, mit welchem nur der erste Speyerer gemeint sein kann, der im Sommer 1526 stattfand. Bei dem Schriftstück handelt es sich nicht um ein Autograph, sondern um eine Abschrift. Ein persönlicher Adressat ist nicht genannt, doch zwingt insbesondere der Überlieferungszusammenhang[13] zu der Annahme, daß der Bericht für den schon mehrfach erwähnten Grafen Wilhelm IV. von Henneberg-Schleusingen bestimmt war.

Bei der Vorstellung des neuen Textes kommt es uns nicht auf die wenigen Einzelfakten an, auf welche es auch dem Verfasser nicht ankam, da er sie beim Empfänger als bekannt voraussetzen konnte, als vielmehr auf die Charakteristik des Coadjutors Johann von Henneberg[14]. Inwiefern der Text in die Frage mündet, was von den Hauptbetroffenen vom Phänomen Bauernkrieg zur Kenntnis genommen wurde, ob nur die Abläufe in der Nähe oder auch grundsätzlich deren Ursachen, ob nur Einzelaktionen oder auch deren eventuelle Verflechtungen, soll wenigstens angedeutet werden.

Der spätere Coadjutor und Abt Johann von Henneberg wurde am 30. April 1503 geboren, benannt nach seinem Großoheim und Taufpaten, der von 1472 bis 1513 Abt von Fulda war und ein ausgezeichnetes Andenken hinterließ[15], von seinem Vater für den geistlichen Stand bestimmt und offenbar schon bald nach dem Beginn der desaströsen Regierung des Abtes Hartmann von Kirchberg als dessen möglicher Nachfolger ins Gespräch gebracht. Johann studierte in Mainz und Paris, erwarb währenddessen Domkanonikate in Straßburg, Mainz, Bamberg und Köln. Seine frühe Korrespondenz auswertend charakterisiert Hilde Liederwald den jungen Johann von Henneberg pointiert, doch grundsätzlich zutreffend als einen durch Zaghaftigkeit und mangelnde Entschlußkraft gehemmten und infolge seiner Kränklichkeit zum Phlegma neigenden Kleriker, dessen Sinn nicht nach einem verantwortungsreichen Amt an führender Stelle stand, und der fürchtete, durch die Fuldaer Pläne seines Vaters zwischen die Mühlsteine der Politik zu geraten. Er habe das sorgenfreie Leben eines Mainzer Domherrn angestrebt[16]. Als er erfuhr, daß die von seinem Vater beharrlich verfolgten Fuldaer Pläne Gestalt anzunehmen begannen, teilte der damals Achtzehnjährige ihm am 25. Februar 1521 aus Paris unverblümt seine Abneigung gegen das Ordensleben mit[17]: *Unterhandelt was ir wollt, allein, das ich der kutten noch ledig sei, denn weder sinn, noch lust, noch wille steht noch nach einer kutten...*

Apollo von Vilbel charakterisiert den Coadjutor und späteren Abt Johann von Henneberg sowohl in seiner Chronik als auch in seinem Abtskatalog als einen trotz seiner Jugend gelehrten und weisen Fürsten[18]. Die knappen Worte sind formelhaft und vielseitig verwendbar. Der neue, unten mitgeteilte Text ist zwar nur auf Johann von Hen-

---

[13] Müller (wie Anm. 4), S. 8.
[14] Eine eingehendere wissenschaftliche Untersuchung über ihn fehlt, wie bereits Berthold Jäger (wie Anm. 1), S. 5 Anm. 25 feststellte.
[15] Der Fuldaer Abtskatalog des Apollo von Vilbel (wie Anm. 2), S. 130–133.
[16] Die Studienjahre des Grafen Johannes von Henneberg (1516 bis 1521), in: Neue Beiträge zur Geschichte deutschen Altertums 33, 1928, S. 34f.
[17] Ebd., S. 36 Anm. 4.
[18] Rübsam (wie Anm. 2), S. 257 sowie Leinweber (wie Anm. 2), S. 136–139.

nebergs Position im Bauernkrieg bezogen, sieht diese aber differenziert. Wenn auch eine apologetische Absicht nicht zu verkennen ist, so zeigt diese sich nicht in einem defensiven oder offensiven Vokabular, sondern in den Weglassungen. So ist nicht die Rede davon, daß Johann, als die bereits in die Stadt eingedrungenen Aufständischen mit Verwüstungen und Plünderungen begonnen hatten, die Bedrohlichkeit der Situation nicht erkannt hatte, daß er in der Frühe des 18. April die brodelnde Stadt fluchtartig verlassen hatte[19], daß er im Vertrag mit den Bauern am 22. April 1525 deren Druck nachgebend keinen geistlichen Titel mehr führte, sondern sich nur noch *furst in Buchen, grave und herre zu Henneberg* nannte[20], daß es Landgraf Philipp von Hessen war, welcher am 3. Mai das Bauernheer beim ersten Angriff in die Flucht schlug und den Coadjutor zwei Tage später wieder in seine Herrschaft einsetzte[21], kein Wort von der Zusage bedeutender finanzieller und politischer Gegenleistungen an Hessen und deren Sabotierungen durch die fuldische Ritterschaft und das Kapitel[22]. Zwar wird berichtet, daß der Coadjutor nochmals aus Fulda vertrieben wurde, nicht jedoch, daß es Landgraf Philipp von Hessen war, der im Januar 1526 in das Stiftsgebiet einfiel, um seine Forderungen aus dem Vertrag vom 5. Mai 1525 durchzusetzen. Daß ein neuer Vertrag vom 27. Oktober 1526, welcher dem Coadjutor die Herrschaft in Fulda sicherte, mit Pfandsumme von 18 000 Gulden, zahlbar in drei Raten an den Landgrafen, erkauft werden mußte[23], wird immerhin angedeutet. Wollte der Verfasser seiner Werbung um Hilfe bei Johanns Restitution Nachdruck verleihen, so mußte er den Leidensweg eines untadeligen geistlichen Fürsten und Ordensmannes während apokalyptischer Tage kurz und eindringlich darstellen.

Zu viele Einzelheiten wären nicht zweckdienlich gewesen. War doch Johanns Stellung in den Tagen der Eroberung Fuldas bis zur Niederwerfung des Aufstandes uneindeutig gewesen. Wohl um Schlimmeres zu verhindern, blieb er sowohl mit den Bauern als auch mit Landgraf Philipp von Hessen in Kontakt. Er legte im Vertrag mit den Bauern vom 22. April 1525 seinen geistlichen Titel (Coadjutor) ab, wohl ebenfalls um eine Eskalation zu verhindern. Schließlich stimmte er der Rückberufung des lutherischen, wenn auch gemäßigten Adam Krafft[24] nach Fulda nicht nur zu, sondern unterstützte sie ausdrücklich „um fernerem Aufruhr zuvorzukommen"[25], wenn auch ohne Erfolg, da Landgraf Philipp ihn am 15. August 1525 zu seinem Hofprediger ernannte.

Worauf es dem Verfasser des Berichtes ankam, war die Darstellung des Leidensweges eines geistlichen Fürsten und seines Konventes in apokalyptischen Wochen. Hauptursache des Unglücks, welches den Bauernaufstand ausgelöst habe, sei die Verachtung gewesen, die dem Papst und dem Klosterleben, welches als Sodoma und Gomorrha bezeichnet worden sei, entgegengebracht worden wäre. Der Coadjutor und

---

[19] Schannat (wie Anm. 10), Cod. prob. S. 380.
[20] Merx, Akten (wie Anm. 3), I/1 S. 181 Nr. 236.
[21] Text des Vertrages vom 5. Mai: Falckenheiner (wie Anm. 11), S. 93–99 Nr. 16.
[22] Schannat (wie Anm. 10), Cod. prob. S. 380; Jäger (wie Anm. 1), S. 179.
[23] Text: Schannat (wie Anm. 10), Cod. prob. S. 403–406 Nr. 263.
[24] Winfried Zeller, NDB 12, 1980, S. 646f. sowie Wolf-Heino Struck, Der Bauernkrieg am Mittelrhein und in Hessen (Veröffentlichungen der Historischen Kommission für Nassau 21), Wiesbaden 1975, S. 20f., 67.
[25] Merx, Bauernkrieg (wie Anm. 1), S. 329–331.

die Kapitulare seien lange Flüchtlinge gewesen. Die Kapitulare hätten aus Angst um ihr Leben ihre Tonsur überwachsen lassen und ihren Habit abgelegt. Der Coadjutor habe sich zwar zum Orden und zu seiner Profeß bekannt[26], durch das Tragen des Habits hätte er sich nicht nur in Gefahr für Leib und Leben gebracht, es sei auch zu befürchten gewesen, daß die Nachbarn sein Land verkleinert hätten, er der Verachtung seiner Untertanen ausgesetzt gewesen und diese von ihm abgefallen wären. Er lege seine Geschicke vertrauensvoll in die Hände des Kaisers.

Mit dem Brief verfolgte sein Verfasser, höchstwahrscheinlich der Fuldaer Dekan Apollo von Vilbel, die Absicht, den damals der Reformation noch ablehnend gegenüberstehenden Grafen Wilhelm IV. von Henneberg-Schleusingen über das Verhalten seines Sohnes, des Fuldaer Coadjutors Johann von Henneberg, in den Wochen des Bauernkrieges zu unterrichten und denkbare Kritik sogleich zu entkräften, um die Restitution nicht zu gefährden. Waren doch die Ansprüche Fuldas gegenüber Landgraf Philipp von Hessen auf dem ersten Speyerer Reichstag noch nicht abschließend erledigt worden. Nur diese Zusammenhänge und das Licht, in welches sie gestellt wurden, waren für die Restitution wichtig. Die Einordnung der Geschehnisse in einen Gesamtzusammenhang war für diesen Zweck unwichtig, und das Vokabular, mit welchem der Verfasser des Briefes den Aufstand von 1525 allgemein beschrieb, war im Sommer 1526 bereits formelhaft geworden. Die Frage nach den eigentlichen Ursachen des Bauernkrieges wurde vom Verfasser nicht gestellt und brauchte nicht gestellt zu werden. Anders ging etwa der Würzburger Bischof Konrad von Thüngen mit diesem Problem um. Er bezeichnete die Lösung des Untertanengehorsams durch die Reformation als Ursache des Aufstandes[27], womit er zu den Begründern einer lange Zeit Geltung beanspruchenden Beurteilung wurde[28].

Auf den nun folgenden Text (Thür. Staatsarchiv Meiningen, Gemeinschaftl. Hennebergisches Archiv, Sect. I Nr. 3645 [alt: R 178], 4 Bll.) wurden die von Julius Weizsäcker für die Deutschen Reichstagsakten entwickelten Editionsregeln (1, 1867, S. LXIII–LXXXI) sinngemäß angewendet.

Anhenklich ist meniglich aus ergangner geschicht kunt, offenbar und unverholen, was irrung, unhelligkait und mißverstand vor wenig jaren erstlich in sachen die religion und ceremoniales, ritus und dergleich altherprachte gotesdinst und lobliche ordnung belangend in hohe teutscher nation eingerissen, nachvolgents wes unchristlicher, erschrecklicher und zuvor unerhorter conspiracion, aufflauft und emborung unter dem gemainen mann doraus ervolgt, dorunter beinahent nit allaintz aller gottesdinst, sonder alle closterleben und weß dem gaistlichen stand anhengig so elentlich und erbermlich verwust, verprennt, zerrissen, geplundert und der mehrerteil der eingehorigen ordensleude nach spolirung und plunderung des iren, zusampt der kirchen,

---

[26] Die Frage, ob Johann von Henneberg die Ordensprofeß abgelegt habe, ist nicht völlig geklärt, ganz unwahrscheinlich wäre jedoch ein so früher Zeitpunkt (1525). Jäger (wie Anm. 1), S. 149 Anm. 755 weist darauf hin, daß er sich dazu am 20.1.1531 gegenüber dem Dekan Philipp Schenk zu Schweinsberg für den 20.2.1531 verpflichtet hatte; ein Beleg für die Einlösung des Versprechens fehle allerdings. Leinweber (wie Anm. 9), S. 104 nimmt an, daß Johann vor seiner Wahl zum Abt (27.2.1531) Profeß abgelegt habe, ohne aber auf einen Beleg dafür hinweisen zu können.

[27] Wendehorst, Mitteilungen (wie Anm. 7), S. 151f.

[28] Volker Press, Der Bauernkrieg als Problem der deutschen Geschichte, in: Nassauische Annalen 86, 1975, S. 158–177, bes. S. 161.

schatz und klainoter nit wenigers dann unglaubige und Turken ins elend verjagt und vertriben worden sein, wie dan durch solche aufrurigsche bese menschen solichs nit allaintz gegen der gaistlichkeit, sondern also für und fuer wider weltliche obrigkait aufs unbilligst vorgenomen und dorunter alle ordnung, regiment, gehorsam und erbrigkait niderzulegen und zu dempfen unterstaden.

[1.] Unter welchen geferlichen und erschrecklichen zeiten es sich dieser landart auch begeben und zugetragen, das der mehrertail hochgemelts unsers gn(edigen) hern und stifts Fulda aigner stat, land und leut in solchen erbermlichen greuel und afterglauben und daraus in die eusserste durchechtung[29] und verfolgung aller gaistlichkait, ceremonien und ander altherprachter loblicher ordnung gemainer christlichen kirchen gefallen und es dorbei nit gelassen, sondern in der gemainen peurischen aufrur sich auch emport geradt und in die zehen oder funfzehen tausend stark[30], ohn alle rechtmessige ursach (zu erachten aus teufligscher emporung und verfurung) entgegen und wider hochgemelten u(nsern) g. h., ein erwirdig capitel, alle ire erbhern und sonsten entgegen alle gaistliche, ordensleut und pristerschaft, zusammengeloffen, alle des stiffts zugehorige gaistlich closter, mann- und junkfrawencloster[31], mit gewaltiger gewapneter hand angriffen, irer kirchen, schatz und klainoter jemerlich spolirt, die armen ordensleut erbermlich verjagt und also enlentlich die closter zum tail gar eingeprant, zerrissen, zerschlagen und gantz unwonhafft und wust gemacht. Bei welcher ungutiger unchristlicher bosen taten sie es auch deßmals nit haben pleiben lassen, sonder haben sein f. g. an dem iren in vergeß alter treu, aid und pflicht aigner person angegriffen, die grosser stiftkirchen sancti Bonifacii[32] verwust, die altaria und alle andere zirlgkait zerrissen, die herren des capitels und alle eingehorige pristerschaft geplundert und entlichen aus iren wonungen und behaußungen auch erbermlichen verjagt[33], nachvolgents die stat Fulda mit allen iren toren und weren zusampt gemainer stat geschütz gewaltiglich eingenomen[34] und iren aignen herren, dem sie gelobt und geschworen, zusampt seinen reten und dienern tag und nacht bewacht, verhut und dorunter allerhand schmahe, hoen und spot angelegt und bewisen als nuhr sich solchs durch gotliche almechtigkait und des loblichen bunds zu

---

[29] Das Wort hat die gleiche Bedeutung wie das folgende, nämlich Verfolgung (Eduard Brinckmeier, Glossarium diplomaticum 1, Gotha 1856, S. 648).

[30] Die Angaben über die Stärke des Bauernheeres schwanken wohl deshalb erheblich – vgl. Merx, Bauernkrieg (wie Anm. 1), S. 280, 282, 284f. –, weil es täglich größer wurde.

[31] Überblick: Stephan Hilpisch, Die fuldischen Propsteien, in: Fuldaer Geschichtsblätter 43, 1967, S. 109–117.

[32] Die karolingische Bonifatius-Basilika, deren Grundriß rekonstruierbar und deren Äußeres durch ältere Abbildungen bekannt ist, und welche 1705/12 durch Johann Dientzenhofers Neubau ersetzt wurde, s. Wolfgang Braunfels, Die Kunst im Heiligen Römischen Reich Deutscher Nation 2, München 1980, S. 383–392; 6, 1989, S. 42–44.

[33] Ausführlicher in der sog. Apologie, Schannat (wie Anm. 10), Cod. prob. S. 380.

[34] 18. April 1525. Am 22. April schließt der unter Geleitschutz nach Fulda gekommene Coadjutor Johann von Henneberg, als *furst in Buchen* einen Vertrag mit den Hauptleuten der Bauern, in welchem er die Zwölf Artikel anerkennt, s. Merx, Akten (wie Anm. 3), I/1 S. 181f. Nr. 236.

*Schwaben*³⁵ *und ander obrigkait gegenwer gedrennt*³⁶ *und gestillt, haben sich sein f. gn. zusampt den verjagten und irrigen schefflein, der herren des capitels und ordensleut, erwiderumb in die arme zerstorte und ausgereumpte geplunderten hutlein*³⁷ *und wonung gefugt und sich mit singen, beten, lesen und anderen gotsdinsten so vil moglich widerumb angericht.*

[2.] *Undterdes und nit lang darnach trug sichs aus unglucks zufellen und widerwertigkaiten mit seinen f. g. und ainem erwirdigen capitel dermaß zu, das sein f. g. irer hauptstat Fulda, Heunfellt*³⁸ *und ires stifts grosten herligkait vertriben und beinahend ein gantz jahre desselbigen entsetzt, in der irr hin und wider zihen musten, wie dan solchs alles koniglicher wird*³⁹ *zu Behem und Hungern, unserem gnedigsten herren*⁴⁰*, auch gemainlich allen churfursten, kaiserlich(em) regiment und loblichem bund zu Schwaben und sunsten allenthalb, do sein f. g. umb trost und hilf angesucht, bewist ist. Und wiewol nuhe hochgemelt(er) u(nser) g. h. und stift zu Fulda solche und andere merkliche widerwertigkait alle und noch meher entgegengeloffen (also das seinen f. gn. uber vilfallig gutlichs und rechtlichs erbiten nyt anderst hat wollen zu dem iren geholfen werden, dan das s(ein) f. g. uber alle erlittne scheden, kost, muhe und arbait noch 18 tausend gulden, wo sie anderst zu dem iren wider kommen wollten, haben mussen rausgeben und betzalen), nichts wenigers, sondern mitlerzeit und in seiner f. gn. elend und entzung der merhertail irer selbst aigen untertanen (vielleicht durch ufrurigsch und irrigsch lehrn) auf sein f. g. und gemaine gaistlichkait aufs eusserst verbittert worden, also das auch sein f. g. beinahend alle ire widerwertigkait und durchechtung (ires achtens allainz von ires namens, religion und stands wegen) haben tragen und dulden müssen, sovil und weit, das auch die herren des capitels und andere gaistlichkait ir tonsuras und ordensclaid haben ablegen mussen und offentlich zu feld und strassen, dorinnen nit waibern*⁴¹ *dorfen, wie dan solichs sonder zweifel K(a)y(serliche)r Ma(jeste)t, allen churfursten und fursten wol bewist.*

[3.] *Das nun hochgemelter u(nser) g. h. von Fulda in diesen zuvor unerhorten erbermblichen und erschrecklichen lauften (davon baptlicher hailigkait als dem obrigsten haupt gemainer christenhait und ir hailigkait macht und gewalt nit allain nichts gehalten, geacht oder geglaubt, sonder, das do erschrecklicher zu horen, allenthalb lesterlich und aufs eusserst geschmeht, geunert*⁴² *und deswegen alle ir hai-*

---

³⁵ Der Schwäbische Bund, die 1488 gegründete Vereinigung schwäbischer Reichsstände zur Sicherung des Landfriedens, der später auch andere Reichsstände beitraten. Sein Oberster Feldhauptmann Georg Truchseß von Waldburg († 1531) besiegte die Bauern bei Königshofen a. d. T. am 2.6. und bei Ingolstadt i. G. am 4. 6. 1525. Der Bund, der sich infolge der Reformation gelockert hatte, löste sich 1533 auf. Vgl. Thomas F. Sea, The Swabian League and Government in the Holy Roman Empire of the Early Sixteenth Century, in: Aspects of the late Medieval Government and Society, essays presented to J(ack) R(obert) Lander, ed. J. G. Rowe, Toronto/Buffalo/London 1986, S. 247–276.

³⁶ Von dem Verbum „trennen" i.S. v. „vernichten" (Jakob und Wilhelm Grimm, Deutsches Wörterbuch, künftig DW, 16 Bde., Leipzig 1854–1961, hier XI/1,2, 1952, Sp. 113).

³⁷ „hutlein" i. S. v. „geringes Wohnhaus" (Grimm, DW IV/2, 1877, Sp. 1994).

³⁸ Die stiftische Stadt Hünfeld (nö Fulda) trat am 22. 4. 1525 der neuen „Ordnung" der Stadt Fulda bei, s. Merx, Akten (wie Anm. 3), I/1, S. 183 Nr. 238.

³⁹ Würde i. S. v. hierarchischer Rang (Grimm, DW XIV/2, 1960, Sp. 6062).

⁴⁰ Ferdinand I., seit 1526 König von Böhmen und Ungarn.

⁴¹ Verbum „weibern" i. S. v. „sich hin- und herbewegen" (Grimm, DW XIV/1, 1, 1955, Sp. 402).

⁴² Von dem Verbum „unehren" (Grimm, DW IX/3, 1936, Sp. 453).

ligkait anhenger, liebhaber und gehorsame kinder schwerlich vervolgt worden seind, dartzu in solchen zeiten, do von gaistlichen stande allenthalb als dem soriglichsten, irrlichsten und verdaumptlichsten stand gepredigt, gelert, geschriben, ausgerufft und das closterleben ain wohnung Sodem und Gomorre genent[43]*, dortzu alle hoche und wichtige punct und apices der hailigen geschrift, daran unser selen hail und entlich selligkait henget, ruhet, und ist alls irrig, disputirlich und mißhellig gedadelt, impungnirt und geafterret*[44] *und sonst gemainiglich alle gute ordnung, pollicei, regiment auf der wage und soniglichem wesen gestanden, in diesen oberzelten erschrecklichen und mißlichen leuften und jaren, do ein ider ordensman, der sich zur profession verpflichtet und verbunden hett, des jogs*[45] *und profession mit eheren und gutem gewissen gern enthebt und ledig gewesen wer) den orden bekennet, profession getan und sein f. g. sich in orden und ordensclaid und in solche untzegliche ferligkait, durchechtung, verfolgung, muhe, sorig, angst noch auch ferligkait leibs und lebens und in solcher zeit, do bebstliche hailigkait und Kay(serliche) Ma(jeste)t als die obristen haupter gemainer christenhait gegeneinander in vehden, irrungen, zwitracht und vervolgung stunden*[46]*, und bei den gaistlichen armen haufen in Germanien hoffnung allaintz und der ainig trost ware, begeben haben solt, wer seinen f. g. zu itzertzelten zeiten verfolgung anderst und gewisers nichts daraus erwachsen und gedihen, dann bei etzlichen iren nachtparn verclainerung, von iren untertanen weiter verachtung und villeicht inen, den ungehorsamen untertanen, dodurch ursach geben, durch haimliche meuderei, practic und anschlege (welche dann beraidt angeschifft*[47] *und vorhanden waren und sonder zweifel, wo es durch gotliche allmachtigkait gnediglich nit verhut, gangen weren) seinen f. gn. als irem rechten erbherren abfellig zu werden und frembder herschaft zugeschlahen. Dorumb es auch sein f. gn. sovil desterweniger nach vleissigem gehabtem rate aller irer freund, auch der geschrift erfaren und gelerten vom mainsten bis auf den geringsten in rate gut sein, nit haben befinden mugen, sondern in dem kaiserlicher majestat ankunft in Germaniam oder bis zu ainem concilio zu verzihen oder aber andere wes furzunemen und zu versuchen, wie den beschehen, videlicet via translacionis.*

[4.] *Von solcher itzertzelten unvermeintlichen schweren ursachen und gar kainer verachtung oder ungehorsams halben seint sein f(ürstliche) g(naden) bis uf kaiserlich(er) M(ajeste)t zukunft und gegenwertigem loblichen reichstag*[48] *zu verharren*

---

[43] Die am Toten Meer gelegenen Städte Sodom und Gomorrha wurden nach Gen. 19,24 wegen des lasterhaften Lebens ihrer Bewohner von Gott zerstört. Später sprichwörtlich: Karl Friedrich Wilhelm Wander, Deutsches Sprichwörter-Lexikon 4, 1876, Sp. 592.

[44] Von dem Verbum „afterreden" i. S. v. „böswillig nachreden" (Grimm, DW I, 1854, Sp. 187).

[45] Joch, in Anlehnung an Matth. 11,29f. bildlich für klösterliche Profeß.

[46] Anspielung auf die Allianz Papst Clemens' VII. mit Frankreich, zu welcher ihn seine Furcht vor einer Ausdehnung der spanischen Herrschaft in Italien veranlaßte. Vgl. Karl Brandi, Reformation und Gegenreformation, 5. Aufl. (ND der 2. Aufl. von 1942), 1979, S. 178–180.

[47] Von dem Verbum „anschiften" i. S. v. „anstiften" (Grimm, DW I, 1854, Sp. 439).

[48] Der 1. Speyerer Reichstag, zu welchem Coadjutor Johann von Henneberg sich rechtzeitig zur Eröffnung, welche am 25. 6. 1526 stattfand, eingefunden hatte, vgl. Walter Friedensburg, Der Reichstag zu Speyer 1526 (Historische Untersuchungen 5), Berlin 1887, S. 203, 216. Am 26. 8. wurde ein vorläufiger Vergleich zwischen ihm und den Kommissaren des bereits abgereisten Landgrafen Philipp vermittelt (ebd. S. 452 mit Anm. 4).

bewegt worden mit freiwilligem erpiten, sich doselbsten und nuhe fur nach irer kay(serliche)n Ma(jeste)t wolgefallens und ferners bevehels gehorsamlich zu gehalten, inmassen dan sein f. g. sich idertzeit und in allem gegen irer kay(serliche)r Ma(jestet) alles untertenigen gehorsams bis doher hochlichen bevlissen, auch ider zeit dasjenig, so seinen f. gn. von irer May(este)t zu tun, zu erlegen und zu handeln gepoten und bevolen, gehorsamlich volnstreckt hat und nachmaln fuer und fur zu tun erputtig und willig ist. Ee widerumb in hochsten und untertenigstem vertrauen ire kay(serlich)e M(ajeste)t alls ain milder christlicher kaiser werden seiner f. gn. angezaigte merkliche widerwertigkait, unglucks zufell und vornemlich die itzige untreue, seltzame leuft, do alle ding in grosser unordnung und hochstem mißverstand stehen, gnediglich ermessen und daraus uf sein f. g. (umb das sie bis dohere allainz auf ir ka(yserliche) May(estet) und gemeiner stend beschaid und determinacion verzogen haben) kain ungenad noch ainich verdrisslich und nachtailigs mißfallen werfen. Desgleichen und vornemlichen, ob sein f. g. von etzlichen iren mißgonstigen (zu irem vortail) anderer gestalt dan hirinnen warhaftig erfindlichen und bestendiglichen angezaigt und in vall der notorft zu ertzeigen ist, anpracht, verpittert und verunglimpft were oder hirnegst angeben und ausgepraidt werden wollt, demselbigen ungeherter verantwortung kain stat oder glauben zuzestellen noch sich zu ungnaden bewegen lassen. Wie sich dan sein f. g. zu irer kay(serliche)r Ma(jeste)t ausgangen edict[49] und schriftlichen erfordern zu itzigem reichstag getrosten etc. und sich darnebent um alles, das seinen f. gn. unfugt und ungelimpfs auferlegt oder zugemessen wirden mocht, mit got, der warhait und eheren bestendigs grunds, wissen getrauen und verhoffen bei pabstlicher hailigkait, kay(serliche)r Ma(jeste)t und meniglich eherlibhabenden zu verantworten, zu entschuldigen und zu entwirken.

---

[49] Mit *edict* wird zu dieser Zeit das Wormser Edikt vom 8. Mai 1521 bezeichnet, mit welchem die Reichsacht über Luther verhängt und die Vernichtung seiner Schriften angeordnet wurde. Vgl. Brandi (wie Anm. 46), S. 108f.

Alois S c h m i d

Humanismus im evangelischen Pfarrhaus
Kaspar Bruschius als Pfarrer zu Pettendorf

Die deutsche Humanismusforschung konzentriert ihren Blick herkömmlicherweise auf die höheren Ebenen des gesellschaftlichen Lebens, auf denen die entscheidenden Weichenstellungen auch in kultureller Hinsicht erfolgten: den Kaiserhof, die landesherrlichen Residenzen, die Sitze der Fürstbischöfe und des Adels, die Universitäten sowie die Reichsstädte. Hier war der überwiegende Teil der Humanisten tätig. In diesen Bereichen fand die aus Italien kommende Kulturbewegung der neuen Zeit ihre wichtigsten Pflegestätten in Deutschland, wo sie immer eine Standeskultur und elitäre Bewegung blieb, die keine flächendeckende Breitenwirkung erlangte. Deswegen haben die von der Forschung gesetzten Akzente durchaus ihre Berechtigung. Doch sind für eine Kulturbewegung nicht nur die Spitzenleistungen kennzeichnend. Auch ihre Breite ist ein aussagekräftiger Indikator. Rezeption darf nicht nur auf die produktive Rezeption an wenigen Brennpunkten eingeengt werden, auch die passive Rezeption, die Aneignung allein der Lebensformen oder Inhalte in breiteren Kreisen, ist ein bezeichnendes Phänomen, das der Lebendigkeit einer Kulturbewegung Ausdruck verleiht.

In diesem Rahmen muß die Humanismusforschung ihren Blick verstärkt auf den Klerus richten. Er war auch im Renaissancezeitalter noch immer einer der entscheidenden Träger des Kulturbetriebes. Das ist auf katholischer Seite durchaus erkannt worden, wo seit Jahrzehnten die Rolle der Klöster mehrfach untersucht worden ist, so daß auf diesem Wege das Phänomen des Klosterhumanismus präzisiert werden konnte. Auf protestantischer Seite stellt der Pfarrklerus das entsprechende Pendant dar, der aber noch nicht die ihm zukommende Beachtung als Träger des kulturellen Lebens im Zeitalter des Humanismus gefunden hat. Die Betrachtung des evangelischen Pfarrhauses setzte die Akzente immer ins 18./19. Jahrhundert und wurde kaum auf die Frühzeit der Reformationsepoche ausgedehnt. Die Frage nach dem Humanismus im evangelischen Pfarrhaus stellt ein erst wenig betretenes Forschungsfeld dar, das es aus Gründen der Ausgewogenheit verstärkt in die Untersuchungen einzubeziehen gilt.

Dazu sei im folgenden am Beispiel des Kaspar Bruschius ein Schritt getan. Bruschius erweist sich als sehr bezeichnender Vertreter dieser Trägergruppe des deutschen Humanismus. Allerdings ist sein Lebensweg viel zu wechselhaft verlaufen und sind seine Werke zu umfangreich, als daß hier die fällige Neubearbeitung seiner Biographie in Angriff genommen werden könnte. Die folgenden Betrachtungen konzentrieren sich allein auf den für die angesprochene Fragestellung besonders ergiebigen letzten Lebensabschnitt des Humanisten, den er in den Jahren 1555 bis 1557 als Pfarrer zu Pettendorf (Landkreis Regensburg) verbrachte. Sie füllen zugleich eine Lücke in der Biographie des Humanisten, die vielfache Bezüge zum fränkischen Raum aufweist.

Adalbert Horawitz, der verdienstvolle Humanismusforscher, dem die gründliche und bis heute maßgebliche Biographie von Kaspar Bruschius zu danken ist, beklagt im Schlußkapitel dieses Werkes, daß er über die letzten Lebensjahre des Gelehrten kaum mehr Nachrichten habe auffinden können[1]. Dementsprechend mager ist dieser Abschnitt seines Buches ausgefallen. Horawitz vermochte für die Jahre 1555 bis zum Tode des Kaspar Bruschius 1557 nur anzugeben, daß der Literat eine Pfarrstelle in einem nicht bestimmbaren oberpfälzischen Dorf übernommen habe und daß er dort noch schriftstellerisch tätig gewesen sei, bis er schließlich auf einer Reise ins Fränkische von der Kugel eines Meuchelmörders niedergestreckt worden sei[2]. Die gleiche Feststellung hat Horawitz in seinen Artikel für die „Allgemeine Deutsche Biographie" eingebaut. Die neuere Literatur über Bruschius ist hier nicht mehr weitergekommen[3]. Das macht vor allem der Beitrag von Richard Newald für die „Neue Deutsche Biographie" deutlich, der die Aussagen des maßgeblichen Biographen nur wiederholen kann[4]. Ebenfalls mit dem Blick auf die späten Jahre hat zur gleichen Zeit Wilhelm Engel festgestellt, daß die Lebensgeschichte des Kaspar Bruschius „noch keineswegs völlig geklärt" sei[5]. In maßgeblichen Nachschlagewerken steht dement-

---

[1] Adalbert Horawitz, Caspar Bruschius. Ein Beitrag zur Geschichte des Humanismus und der Reformation, Prag-Wien 1874, S. 8, 195f.; ders., Bruschius, Kaspar, in: Allgemeine Deutsche Biographie III, Leipzig 1876, S. 453–455, hier 454. Es werden folgende Abkürzungen verwendet:
    BStB   Bayerische Staatsbibliothek, München
    MVGDB   Mitteilungen des Vereins für die Geschichte der Deutschen in Böhmen
    ÖNBW   Österreichische Nationalbibliothek, Wien
    StAAm   Staatsarchiv, Amberg.

[2] Horawitz, Bruschius (wie Anm. 1), S. 185–196. Die Ergänzungen, die in der wichtigen Rezension: [o.V.] Zwei Humanisten, in: Historisch-Politische Blätter für das katholische Deutschland 76, 1875, S. 370–379 geboten werden, betreffen nicht die letzten Lebensjahre.

[3] Zu Kaspar Bruschius: Christoph Fischbeck, Vita Gaspari Bruschii, Langensalza 1710; Johann Heinrich Zedler, Grosses und vollständiges Universal-Lexikon aller Wissenschaften und Künste IV, Halle, Leipzig 1733, Sp. 1655f.; Christian Gottlieb Jöcher, Allgemeines Gelehrten-Lexicon I, Leipzig 1750, Sp. 1435f.; Ludwig Schlesinger, Caspar Bruschius, Programm der deutschen Oberrealschule Prag 1867; Karl Goedeke, Grundriß zur Geschichte der deutschen Dichtung II, Dresden ²1886, S. 97; Sigmund von Riezler, Geschichte Baierns VI, Gotha 1903, S. 356, 364, 391, 400, 411f., 418; Johannes Janssen, Geschichte des deutschen Volkes VII, Freiburg i.Br. 13/141904, S. 246–250; Georg Ellinger, Geschichte der neulateinischen Literatur im sechzehnten Jahrhundert II, Berlin, Leipzig 1929 (ND 1969), S. 192–197; Karl Siegl, Zur Geschichte der Egerer Familie Brusch mit besonderer Berücksichtigung des Humanisten Kaspar Brusch und seines Vetters Balthasar Brusch, in: MVGDB 69, 1931, S. 196–211; Karl Winkler, Literaturgeschichte des oberpfälzisch-egerländischen Stammes I, Kallmünz 1939, S. 543–552; Heribert Sturm, Eger. Geschichte einer Stadt, Augsburg 1951, S. 402f.; Heribert Sturm, Kaspar Brusch, in: Sudetendeutscher Kulturalmanach III, hg. v. Josef Heinrich, München, Stuttgart 1959, S. 119–122, 198f.; Gert A. Zischka, Allgemeines Gelehrten-Lexikon. Biographisches Handwörterbuch zur Geschichte der Wissenschaften, Stuttgart 1961, S. 114; Deutsches Literatur-Lexikon. Biographisch-bibliographisches Handbuch II, begründet von Wilhelm Kosch, Bern, München ³1969, Sp. 190f.; Beat R. Jenny, Der Poeta laureatus Gaspar Bruschius in Basel, in: Acta conventus neolatini Turonensis 1976, Paris 1980, S. 1093–1104; Biographisches Lexikon zur Geschichte der böhmischen Länder I, hg. v. Heribert Sturm, München, Wien 1979, S. 157f.; Beat R. Jenny, (Hg.), Die Amerbachkorrespondenz IX, Basel 1982, S. 105–109; Irmgard Bezzel, Kaspar Brusch (1518–1557), Poeta laureatus. Seine Bibliothek, seine Schriften, in: Archiv für Geschichte des Buchwesens 23, 1982, Sp. 389–480; Josef Weinmann (Hg.), Egerländer Biografisches Lexikon I, Bayreuth 1985, S. 92; Literaturlexikon. Autoren und Werke deutscher Sprache II, hg. v. Walter Killy, Gütersloh, München 1989, S. 268f. [Hermann Wiegand].

[4] Richard Newald, Brusch(ius) Kaspar, in: Neue Deutsche Biographie II, Berlin 1955, S. 690.

[5] Wilhelm Engel, Die Würzburger Bischofschronik des Grafen Wilhelm Werner von Zimmern und die Würzburger Geschichtsschreibung des 16. Jahrhunderts, Würzburg 1952, S. 9–13; Zitat S. 9.

sprechend sogar ein falsches Todesdatum[6]. Quellenfunde und Hinweise in entlegener Literatur helfen nun, diese mehrmals beklagte Lücke zu schließen. Sie ermöglichen es, erstmals Licht in die letzten Lebensjahre des Kaspar Bruschius zu bringen und dadurch zugleich ein fast aufregend zu nennendes Kapitel der Humanismusrezeption in Süddeutschland weiter zu erhellen.

Biographischer Abriß

Kaspar Bruschius ist in der deutschen Kulturgeschichte des Reformationsjahrhunderts eine wohlbekannte Gestalt. Er hat einen Namen als Literat und als Geschichtsforscher. Seine Bibliographie umfaßt an die hundert Titel[7]. Wie andere Humanisten trieb auch ihn eine unbezähmbare Entdeckungssucht ein Leben lang unstet von Ort zu Ort, um nur möglichst viele Anregungen in sich aufzunehmen und neue Urkunden, Inschriften oder Münzen aufzuspüren. Er nahm an den geistigen Auseinandersetzungen der Zeit vollen Anteil, sammelte rastlos Material zu ihn interessierenden Themen. Trotz der wichtigen Schriften, die er zum Druck brachte, blieb er aber immer im Grunde ein mittelloser Gelehrter mit Zügen zum Vagantentum. Bruschius ist in mehrfacher Hinsicht ein bezeichnender Vertreter des deutschen Humanismus.

Kaspar Bruschius entstammte einer angesehenen Kaufmanns- und Handwerkerfamilie zu Eger, die Verbindungen ins Oberpfälzische hatte. Er war am 19. August 1518 zu Schlaggenwald im Egerland geboren. Sein Hauptinteresse während der Zeit an den Lateinschulen zu Eger und zu Hof galt, dem Geist der Zeit entsprechend, den klassischen Sprachen. Diese pflegte er auch während seiner Studienzeit zu Wittenberg (1531–1536)[8] und zu Tübingen (1536–1537)[9], wo er beim namhaftesten deutschen Gräzisten dieser Jahre, bei Joachim Camerarius, hörte. Von 1538 bis 1541 unternahm er eine erste große Rundreise durch Bayern und Mitteldeutschland. Dabei faßte er kurzfristig in der Reichsstadt Ulm Fuß, wo er 1539 als Kaufmann ins Bürgerbuch aufgenommen wurde und sich mit der Tochter Kunigunde des Arztes Johannes Sibenhar, die aus erster Ehe einen Sohn Nikolaus hatte, verehelichte. Einer breiteren Öffentlichkeit machte er sich dann während des Reichstages 1541 bekannt, als er mit einem

---

[6] Die Tagesangabe ist falsch bei: Biographisches Lexikon zur Geschichte der böhmischen Länder I, hg. v. Sturm (wie Anm. 3), S. 157f. Die Jahresangabe ist unzutreffend bei: Newald, Brusch(ius) (wie Anm. 4), S. 690; Lexikon für Theologie und Kirche II, Freiburg ²1958, Sp. 735f. (berichtigt II, ³1994, Sp. 736); [Maximilian] Weigel – [Joseph] Wopper – [Hans] Ammon, Neuburgisches Pfarrerbuch, Kallmünz 1967, S. 16, Nr. 115; S. 182; Otto Herding, Über einige Richtungen in der Erforschung des deutschen Humanismus seit etwa 1950, in: Humanismusforschung seit 1945. Ein Bericht aus interdisziplinärer Sicht (Mitteilungen der Kommission für Humanismusforschung der DFG 2), Boppard 1975, S. 95 Anm. 75. Tages- und Jahresangabe sind falsch bei: Horawitz, Bruschius (ADB, wie Anm. 1), S. 454; Zischka, Gelehrten-Lexikon (wie Anm.3), S. 114; Bayerische Biographie I, hg. v. Karl Bosl, Regensburg 1983, S. 99 [Liselotte Klemmer].

[7] Das maßgebliche Schriftenverzeichnis: Bezzel, Kaspar Brusch (wie Anm. 3), Sp. 413–480.

[8] Karl Eduard Foerstemann, Album academiae Vitebergensis I, Leipzig 1841, S. 142b (3.8.1531): *Caspar prusch Ratisbonensis*.

[9] Heinrich Hermelink, Die Matrikeln der Universität Tübingen I (1477–1600), Stuttgart 1906, S. 284 Nr. 33. Ein Korrespondenzfragment Bruschius – Camerarius: BStB clm 10 368 Nr. 98. – Zum Aufenthalt in Ulm: Stadtarchiv Ulm, A 3734 (Bürgerbuch 1499–1547), S. 424, 561. Vgl. Volker Pfeifer, Die Geschichtsschreibung der Reichsstadt Ulm von der Reformation bis zum Untergang des Alten Reiches (Forschungen zur Geschichte der Stadt Ulm 17), Ulm 1981, S. 211, 217.

Aufruf zu den Türkenkriegen hervortrat. Diesen widmete er Kaiser Karl V. und König Ferdinand I.; ersterer verlieh ihm daraufhin am 13. April 1541 die Würde eines *poeta laureatus*[10]. Bruschius erlebte hier auch das erste Religionsgespräch mit, dessen Verlauf er lebhaft verfolgte. Dieses veranlaßte ihn, sich auch in Zukunft viel mit religiösen Fragen zu beschäftigen. In den Jahren 1542 und 1543 widmete er sich abermals theologischen Studien an den Universitäten zu Leipzig und Wittenberg. Selbst bei Melanchthon hörte er. Eine eindeutige Position in den religiösen Auseinandersetzungen hat Bruschius aber auch hier nicht gewonnen. Wie viele seiner Zeitgenossen stand er ein Leben lang letztlich unentschieden zwischen den Fronten, auch wenn seine Sympathien für die Augsburger Konfession beständig wuchsen und schließlich unzweifelhaft dominierten.

Seit 1544 begegnet Bruschius für begrenzte Zeit dann in festen Anstellungen. Zunächst wirkte er als Gymnasialprofessor im thüringischen Arnstadt und in Schmalkalden[11]. 1546/47 war er in ähnlicher Funktion zu Lindau am Bodensee tätig. Hier faßte er den Entschluß, nach Rußland auszuwandern, den er dann aber doch nicht ausführte. Statt dessen begab er sich 1548 erneut auf Reisen, die ihn vor allem durch die Alpenländer führten. 1549 war er in Nürnberg, 1550 wieder in Bayern, Schwaben und Franken unterwegs. 1551 unternahm er eine Bildungsreise nach Italien, wo er unter anderem Padua und Genua aufsuchte. 1552 befand er sich dann wieder in Österreich.

Wissenschaftliches Ergebnis dieser unruhigen Wanderjahre waren seine beiden Hauptwerke, der erste Band eines umfassend angelegten Nachschlagewerkes über die deutschen Bistümer (1549), der Bruschius zu einem der Begründer der „Germania sacra" werden ließ[12]. Schon 1551 folgte dann die „Monasteriologia", ein ähnlich ausgerichtetes Kompendium über die Klöster in Deutschland[13]. Daneben trat Bruschius mit mehreren vielbeachteten Reiseberichten über seine nähere Umgebung hervor[14].

---

[10] Karl Schottenloher, Kaiserliche Dichterkrönungen im heiligen Römischen Reich Deutscher Nation, in: Papsttum und Kaisertum. Festschrift für Paul Kehr zum 65. Geburtstag, hg. v. Albert Brackmann, München 1926, S. 648–673 (Bruschius: 665).

[11] Wilhelm Dersch, Kaspar Brusch als Schulmeister im Stift zu Schmalkalden, in: Zeitschrift des Vereins für Hennebergische Geschichte und Landeskunde in Schmalkalden 18, 1923, S. 34–36. Zur Tätigkeit in Lindau: Stadtarchiv Lindau, Reichsstädtische Akten 68.6. Vgl. K[urt] Wolfart (Hg.), Geschichte der Stadt Lindau im Bodensee II, Lindau 1909, S. 330 Anm. 398.

[12] Kaspar Bruschius, Magni operis de omnibus Germaniae episcopatibus epitomes tomus primus, Nürnberg 1549; deutsche Ausgabe Frankfurt a.M. 1551. Vgl. Georg Pfeilschifter, Die St. Blasianische Germania Sacra. Ein Beitrag zur Historiographie des 18. Jahrhunderts, Kempten 1921, S. 4–8; Alois Schmid, Die Anfänge der Bistumshistoriographie in den süddeutschen Diözesen im Zeitalter des Humanismus, in: Römische Quartalschrift 91, 1996, S. 230–262, bes. 238–240.

[13] Kaspar Bruschius, Monasteriorum Germaniae praecipuorum ac maxime illustrium centuria prima, Ingolstadt 1551; 2. erweiterte Ausgabe Sulzbach 1682. Dieses Buch ist sehr selten in der ersten Auflage. Deswegen enthält das Exemplar der BStB (2° Hist. mon. 27) den berechtigten Eintrag eines Bibliothekars: *Est liber rarus*. Das Manuskript Bruschs: BStB, clm 1518. Vgl. Horawitz, Bruschius (wie Anm. 1), S. 140–163.

[14] Iter Gaspari Bruschii, in: Engelberti Abbatis Admuntensis de ortu et fine Romani Imperii liber, Basel 1553, S. 138–151. Vgl. Wolfgang Gerlach, Das „Iter Bavaricum" des Caspar Brusch 1553, in: Archiv für Reformationsgeschichte 32, 1935, S. 94–99. Zu anderen Reiseberichten: Florian Hintner, Kaspar Bruschius, der Ruhmesherold des Fichtelgebirgs, in: Der Siebenstern 3, 1929, S. 26–28, 38–46, 49–55; Georg Regler, Kaspar Bruschius erzählt vom Kloster Waldsassen, in: Der Siebenstern 4, 1930, S. 149–154; Wolfgang Gerlach, Die Mulden-Elegie des Caspar Brusch 1544, in: Neues Archiv für säch-

Die beiden großen kirchengeschichtlichen Arbeiten waren wohl der Hauptgrund, warum der humanistisch gebildete Bischof von Passau, Wolfgang von Salm[15], Bruschius 1552 in seine Dienste nahm. Bruschius wurde ein namhaftes Mitglied des Humanistenkreises, den dieser bedeutende Förderer zeitgemäßer Kunst und Wissenschaft um sich versammelte[16]. Tatsächlich erarbeitete ihm Bruschius eine umfassende historische Abhandlung über die Geschichte der Diözese Passau[17]. Dennoch konnte sich der Humanist nicht lange in der Bischofsstadt halten. Obwohl seit mehr als einem Jahrzehnt verheiratet, wurde sein Lebenswandel bald ein Stein des Anstoßes[18]. Er mußte deswegen die Stadt verlassen. 1553 ist er bei Johann Oporinus zu Basel, einem der führenden Buchdrucker der Zeit, nachzuweisen, wohl um Buchprojekte zu erörtern[19]. Seine Reiselust hielt ihn aber auch nicht lange in der Schweiz. Schon im Herbst 1554 begegnet er dann im Österreichischen[20]. Noch im gleichen Jahr erreichte ihn eine Einladung des Landgrafen von Leuchtenberg in seine Residenzstadt Pfreimd zur Bearbeitung der Geschichte der Landgrafschaft. Während dieser erneuten Reisen sammelte er beständig Material für seine beiden Hauptwerke über deutsche Bistümer und Klöster. Deren Fortsetzung war sein großes wissenschaftliches Ziel.

Das Pfarrdorf Pettendorf

Dieses suchte er ab dem Jahr 1555 in einem unscheinbaren Bauern- und Pfarrdorf vor den Toren der Reichsstadt Regensburg, in Pettendorf, zu verwirklichen. Kaspar Bruschius erhielt dort eine Pfarrstelle. Diese kleine, nach Visitationsberichten nicht mehr als 36 Herdstätten umfassende Pfarrei lag innerhalb des 1505 dem neugebildeten Fürstentum Pfalz-Neuburg zugeschlagenen oberpfälzischen Gebietes, in dem 1542 Pfalzgraf Ottheinrich das Augsburger Bekenntnis eingeführt hatte. Sämtliche Klöster wurden säkularisiert. Die Pfarreien erhielten für etwas mehr als ein halbes

---

sische Geschichte und Altertumskunde 56, 1935, S. 1–14; Lorenz Fischalek, Reiseberichte aus der Oberpfalz und aus Niederbayern aus der Zeit um 1550, in: Der Zwiebelturm 20, 1965, S. 179–182; Erwin Herrmann, Der Humanist Kaspar Brusch und sein Hodoeporikon Pfreymbdense, in: Bohemia 7, 1966, S. 110–127.

[15] Robert Reichenberger, Wolfgang von Salm. Bischof von Passau (1540–1555), Freiburg i.Br. 1902, S. 75.

[16] Karl Schrödl, Passavia sacra. Geschichte des Bisthums Passau, Passau 1879, S. 334; Karl Schottenloher, Jakob Ziegler aus Landau an der Isar. Ein Gelehrtenleben aus der Zeit des Humanismus und der Reformation, München 1910, S. 322–324; Ludwig Heinrich Krick, 33 alte Passauer. Kleine Bilder aus der Geschichte des Bistums Passau, Passau 1927, S. 25–27; Brigitte Kaff, Volksreligion und Landeskirche. Die evangelische Bewegung im bayerischen Teil der Diözese Passau, München 1977, S. 46f.; Alfred Eckert, „Freunde der Reformation" im einstigen Passau, in: Ostbairische Grenzmarken 21, 1979, S. 101f. Im Bistumsarchiv Passau finden sich keine Unterlagen mehr über diesen Aufenthalt.

[17] De Laureaco veteri admodumque celebri olim in Norico civitate et de Patavio Germanico ac utriusque loci archiepiscopis ac episcopis omnibus libri duo, Basel 1553; vgl. Horawitz, Bruschius (wie Anm. 1), S. 163–185.

[18] Staatliche Bibliothek Passau, HR 19, fol. 11 zum 16.1.1554.

[19] Horawitz, Bruschius (wie Anm. 1), S. 163.

[20] August von Jaksch, Caspar Brusch in Kärnten, in: MVGDB 22, 1884, S. 270–275. Illuminatus Wagner, Geschichte der Landgrafen von Leuchtenberg IV, Kallmünz 1953, S. 213f.

Jahrhundert evangelische Pastoren[21]. Von der Klosteraufhebung war der Pfarrort Pettendorf selber betroffen. Denn dort hatte seit der Mitte des 13. Jahrhunderts ein Dominikanerinnenkonvent gewirkt. Dieser wurde nach nicht ganz dreihundertjährigem Bestand, während dessen er nie in den Vordergrund getreten war, ohne jeden Widerstand aufgelöst. Seit dem Austritt und der Heirat der Priorin Katharina Sintzenhofer 1525 hatte sich die monastische Disziplin mehr und mehr verflüchtigt. Die Säkularisierung von 1542 setzte hier einen nahezu folgerichtigen Schlußpunkt hinter drei Jahrzehnte, in denen der Konvent, der zuletzt nicht mehr als vier Nonnen umfaßte[22], der Auflösung geradezu entgegentrieb.

Doch versank damit dieses unscheinbare Kloster keineswegs in gänzliche Vergessenheit. Im Gegenteil: An seine Auflösung knüpfte sich eine ungewöhnliche Nachgeschichte, die es in den fünfziger Jahren für kurze Zeit mehr als jemals während der Jahrhunderte seines Bestandes in den Vordergrund rückte. Denn das Kloster blieb als wirtschaftliche und rechtliche Einheit erhalten, um deren gewinnbringenden Verkauf sich die neuburgische Hofkammer mit Einsatz bemühte.

Aussichtsreicher Verhandlungspartner war die Reichsstadt Regensburg, für die Syndicus Johann Hiltner die Verhandlungen persönlich führte[23]. Aber sogar Kaiser Karl V. bekundete Interesse. Er wollte das aufgelassene Kloster für seinen Beichtvater Pedro de Soto erstehen, der wiederum das Ziel verfolgte, es zur Ausstattung der neugegründeten Universität Dillingen zu verwenden. Doch zerschlugen sich diese Verkaufsabsichten. Denn sie beschworen den erbitterten Widerstand des Diözesanbischofs zu Regensburg Georg Marschall zu Pappenheim herauf, der sich offensichtlich mit dem Gedanken der Revitalisierung des Klosters trug. Er schaltete in diese Angelegenheit sogar das Konzil zu Trient ein[24]. Auch dem Bischof gelang es jedoch nicht, die monastische Tradition an diesem Ort zu erneuern. Deswegen wandelte Otthein-

---

[21] Matthias Simon, Die evangelische Kirche (Historischer Atlas von Bayern, Kirchliche Organisation 1), München 1960, S. 520. Zum allgemeinen Rahmen: Johann Baptist Götz, Die religiöse Bewegung in der Oberpfalz von 1520 bis 1560, Freiburg i.Br. 1914; Johann Baptist Götz, Die religiösen Wirren in der Oberpfalz von 1576 bis 1620, Münster i.W. 1937; Ambros Weber – Josef Heider, Die Reformation im Fürstentum Pfalz-Neuburg unter Pfalzgraf und Kurfürst Ottheinrich 1542–1559, in: Neuburger Kollektaneenblatt 110, 1957, S. 5–95, 112–116, bes. 66f.

[22] Diese Zahl ergibt sich aus dem anläßlich der Aufhebung 1542 angefertigten Inventar: StAAm, Neuburger Abgabe (1911) Nr. 12 932. Zur Geschichte des Klosters Pettendorf liegt nur wenige brauchbare Literatur vor. Zuletzt: Gerhard Schwertl, Die Beziehungen der Herzöge von Bayern und Pfalzgrafen bei Rhein zur Kirche (1180–1294), München 1968, S. 401f.; Georg Brunner, Adlersberg und seine Geschichte, in: Verhandlungen des Historischen Vereins für Oberpfalz und Regensburg 113, 1973, S. 129–144; Marianne Popp, Die Dominikanerinnen im Bistum Regensburg, in: Beiträge zur Geschichte des Bistums Regensburg 12, 1978, S. 277–282; Alois Schmid, Das Dominikanerinnenkloster Pettendorf, in: Gemeinde Pettendorf. Geschichte und Gegenwart, hg. v. der Gemeindeverwaltung Pettendorf, Kallmünz 1991, S. 91–134.

[23] Stadtarchiv Regensburg, Archiv des Historischen Vereins AA O 73.

[24] Das ergibt sich aus der Instruktion für den bischöflichen Konzilsvertreter: Staatliche Bibliothek Regensburg, Rat. ep. 410; Druck: Thomas Ried, Codex chronologico-diplomaticus episcopatus Ratisbonensis II, Regensburg 1816, S. 1190–1194 Nr. MCCXLII. Vgl. Jürgen Sydow, Eine Instruktion für Laurentius Hochwart als bischöflichen Gesandten zum Konzil von Trient, in: Verhandlungen des Historischen Vereins für Oberpfalz und Regensburg 97, 1956, S. 415–420.

rich den Klosterkomplex in eine pfalzneuburgische Hofmark um, die bald in den Besitz des Landrichters zu Burglengenfeld, Johann Bernhard Rehlinger, gelangte[25].

Bruschius als Pfarrer zu Pettendorf

An diesem traditionsreichen Ort begegnet seit Pfingsten 1555 der weitgereiste, in vielen, zum Teil angesehenen Diensten erfahrene, nirgendwo aber heimisch gewordene, mit zahlreichen Geistesgrößen seiner Zeit in Verbindung stehende Kaspar Bruschius als Pfarrer[26]. Bruschius ist der zweite protestantische Inhaber der Pfarrerstelle in diesem Dorf geworden. Sein einziger bekannter Vorgänger war ein nicht weiter zu verfolgender Benedikt Günther[27]. Bruschius kannte den Ort. Er hatte ihn bereits während einer früheren Oberpfalzreise aufgesucht, als er, von Kallmünz und Pielenhofen kommend, der Reichsstadt Regensburg zustrebte. Diese erste Bekanntschaft fand in folgenden echt humanistischen Versen ihren Niederschlag:

> *Trajiciens Nabum Pettendorphensis ad aras*
> *Delubri sacras per nemora alta feror,*
> *Unde procul pulsis Monialibus, ipsa libido,*
> *Sola quibus studium, sola Venusque fuit,*
> *Cum nec ibi Annales essent, monumenta nec ulla,*
> *Quae poterant cursum detinuisse meum*
> *Celsa Ratisbonae contendi ad moenia velox*[28].

Der unscheinbare Ort hatte also damals den forschenden Besucher enttäuscht. Er fand hier nicht die erhofften historischen Quellen und machte sich über die vermeintlich üblen Zustände auch in diesem früheren Kloster geradezu lustig. Deswegen verweilte er nicht länger als erforderlich und eilte zügig dem Ziel Regensburg zu.

Dennoch kehrte er im Jahre 1555 gerade hierher als Pfarrer zurück. Dieser Vorgang ist zunächst kaum verständlich. Denn Bruschius besaß für ein geistliches Amt nur insofern eine hinreichende Vorbildung, als er überhaupt ein Universitätsstudium

---

[25] Schmid, Das Dominikanerinnenkloster Pettendorf (wie Anm. 22), S. 113.

[26] Es handelt sich mit Gewißheit um diesen Ort. Er konnte in der Literatur meist nicht zugewiesen werden; Horawitz, Bruschius (wie Anm. 1), S. 185 sprach von einem „jetzt verschollenen Ort in der Oberpfalz". Otto Braunsberger (Hg.), Beati Petri Canisii Societatis Jesu epistulae et acta I, Freiburg i.Br. 1896, S. 703 Nr. 54 Anm.1 suchte ihn „in Franconia media". Vgl. Weigel – Wopper – Ammon, Neuburgisches Pfarrerbuch (wie Anm. 6), S. 16 Nr. 115, S. 182; Brusch fehlt im Verzeichnis von Hanns Kuhn, Pfalz-Neuburger evangelische Geistliche 1550–1610, in: Blätter des Bayerischen Landesvereins für Familienkunde 3, 1925, S. 117–123; 4, 1926, S. 5–7; Horawitz, Bruschius, S. 185–195. Die Zweifel von Fischalek, Reiseberichte (wie Anm. 14), S. 179, ob Bruschius wirklich eine Pfarrerstelle versehen habe, sind somit unbegründet. Siehe auch: Siegl, Zur Geschichte der Egerer Familie Brusch (wie Anm. 3), S. 202.

[27] Weigel – Wopper – Ammon, Neuburgisches Pfarrerbuch (wie Anm. 6), S. 48f. Nr. 330; vgl. auch [Maximilian] Weigel – [Joseph] Wopper – [Hans] Ammon, Ambergisches Pfarrerbuch, Kallmünz 1967, S. 49 Nr. 323.

[28] Iter Gaspari Bruschii (wie Anm.14), S. 149. Weil ihm hier keine Funde glückten, behandelt er das Kloster nicht in der Monasteriologia (wie Anm.13). Es gibt aber einige bemerkenswerte Grabsteine, deren Wert Bruschius offensichtlich nicht erkannte. Vgl. Ludwig Brandl, Heimat Burglengenfeld. Geschichte einer Stadt, Burglengenfeld 1968, S. 83. – Zur Gattung: Hermann Wiegand, Hodoeporica. Studien zur neulateinischen Reisedichtung des deutschen Kulturraums im 16. Jahrhundert. Mit einer Bio-Bibliographie der Autoren und Drucke (Saecula spiritalia 12), Baden-Baden 1984, S. 321, 452–456 u. ö.

absolviert hatte, das trotz seines philologischen Schwerpunktes vielleicht auch theologische Veranstaltungen einschloß. Ein derartiger Studiengang genügte damals offensichtlich für ein Pfarramt. Dagegen fehlte Bruschius wohl die moralische Eignung, wie vornehmlich seine kurz vorher verfügte Ausweisung aus der Bischofsstadt Passau zeigt. Aber Pfarrstellen waren damals für Humanisten eine begehrte Altersversorgung. Für die im bayerischen Raum lebenden Sympathisanten des Protestantismus bot sich vor allem das Fürstentum Pfalz-Neuburg als derartiges Refugium an[29]. Obwohl die religiöse Haltung von Bruschius unentschieden blieb[30], vermochte er sich die Fürsprache des hochangesehenen Regensburger Superintendenten Nikolaus Gallus zu verschaffen, der sich für ihn einsetzte[31]. Er bewegte diesen seit 1553 in der Reichsstadt wirkenden einflußreichen hochrangigen Geistlichen zu einem Schreiben an den pfalz-neuburgischen Landesherrn Ottheinrich, in dem dieser Bruschius für die in Pettendorf zu besetzende Pfarrstelle empfahl. Sein Hauptziel dabei war, den geschätzten Gelehrten wirtschaftlich abzusichern und dessen wissenschaftliche Arbeiten endlich auf eine tragfähige Grundlage zu stellen. Denn Nikolaus Gallus begründete seine Fürsprache mit dem Anliegen, daß derselbe *neben dem Pfarrdienste etlicher Historien abwarten könne,* die er schon längst zu schreiben angefangen habe und nun zum Drucke zubereiten wolle[32].

Bruschius war für Ottheinrich, der auf seiner andauernden Suche nach fähigen Predigern auch andere Humanisten mit derartigen Stellen förderte[33], kein Unbekannter, nachdem der um Lobverse nie verlegene Poet der Familie des Pfalzgrafen bereits wiederholt Verse gewidmet hatte. Schon 1543 hatte er ein Trauergedicht auf Susanna, die soeben verstorbene Gemahlin Ottheinrichs, verfaßt[34], 1554 ein weiteres auf Dorothea,

---

[29] Auch der bayerische Landeshistoriograph Johannes Aventinus liebäugelte nach seinem Bruch mit den Herzögen von Bayern wegen seiner Sympathien für die Lehre Luthers mit einer Tätigkeit entweder in Sachsen oder aber in der Oberpfalz: von Riezler, Geschichte Baierns VI (wie Anm. 3), S. 393.

[30] Leonhard Theobald, Die Reformationsgeschichte der Reichsstadt Regensburg II, Nürnberg 1951, S. 180f. Brusch wird sicher zu Unrecht als „katholisch" eingestuft von Newald, Brusch(ius) (wie Anm. 4). Horawitz, Bruschius (wie Anm. 1), S. 43, 89, 94, 105, 107 spricht in Entschiedenheit von „evangelisch". Doch ist die religiöse Haltung differenzierter zu sehen. Jedenfalls kamen einzelne Werke auf den Index: Franz Heinrich Reusch, Der Index der verbotenen Bücher. Ein Beitrag zur Kirchen- und Literaturgeschichte I, Bonn 1883 (ND 1967), S. 366, 485.

[31] Hartmut Voit, Nikolaus Gallus. Ein Beitrag zur Reformationsgeschichte der nachlutherischen Zeit, Neustadt a.d. Aisch 1977 (ohne Hinweis auf diese Verbindungen zu Bruschius). Zu einer anderen Intervention von Gallus bei Ottheinrich: Leonhard Theobald, Einiges über die Lebensschicksale des Gallus während seiner Regensburger Superintendentenzeit, in: Zeitschrift für bayerische Kirchengeschichte 19, 1950, S. 69–77. Weitere Empfehlungsschreiben dieses einflußreichen Geistlichen: Stadtarchiv Regensburg Eccl. I.

[32] Carl August Böhaimb, Geschichte des Protestantismus im ehemaligen Herzogthume Pfalz-Neuburg, in: Neuburger Kollektaneenblatt 20, 1854, S. 70; Johann Michael Beitelrock, Geschichte des Herzogthums Neuburg oder der jungen Pfalz, Programm Aschaffenburg 1859, S. 29 Anm. (allerdings mit unhaltbaren Namenauflösungen).

[33] Karl Schottenloher, Ottheinrich und das Buch. Ein Beitrag zur Geschichte der evangelischen Publizistik, Münster i.W. 1927, S. 86f.; S. 50–52 über die Förderung von Johannes Sleidanus, Johannes Sturmius, Kaspar Hedio, Pietro Vergerio und der Magdeburger Centuriatoren (S. 44–50); Hans E. Valentin, Die Wittelsbacher und die Literatur, in: Hans E. Valentin – Erich Valentin – Eckehart Nölle – Horst H. Stierhof, Die Wittelsbacher und ihre Künstler in acht Jahrhunderten, München 1980, S. 53.

[34] Tumulus Illustrissimae Principis ac Dominae Susannae, 1543: Einblattdruck der BStB (4° L. impr. c. n. ms. 10 23/6). Vgl. Bezzel, Kaspar Brusch (wie Anm. 3), Sp. 442f. Nr. 69.

die Tochter Herzog Wolfgangs von Zweibrücken[35]. Wegen dieser älteren Verbindung ging Ottheinrich sofort auf den Vorschlag ein. Nicht zuletzt aufgrund des nachweislich erst seit 1553 geführten Titels *comes palatinus* durfte Bruschius als ein Literat von überdurchschnittlichem Rang gelten, der dem pfalz-neuburgischen Mäzenatentum vorzüglich anstand[36]. Schon am 11. April 1555 teilte Ottheinrich Gallus mit, daß mit dem Vorgeschlagenen bereits die erforderlichen Absprachen getroffen seien[37]. Natürlich hat Bruschius das Angebot sofort angenommen, da es ihn und seine Frau endlich von den bisherigen finanziellen Schwierigkeiten befreite. Schon zu Pfingsten 1555 wirkte er in der neuen Gemeinde. Ein überlieferter kurzer Bericht über seinen Amtsantritt besagt, daß er am Sonntag vor Pfingsten vom Pfarrer zu Burglengenfeld im Beisein des Pfarrers zu Pielenhofen der Kirchengemeinde zu Pettendorf als ihr neuer Seelsorger vorgestellt worden sei[38]. Die Pfarrerstelle in diesem kleinen, unbedeutenden Ort sollte es Bruschius ermöglichen, in gesicherter Position angesichts weniger anfallender pastoraler Verpflichtungen seinen literarischen und wissenschaftlichen Interessen künftig ohne wirtschaftliche Sorgen nachgehen zu können.

Bruschius enttäuschte die von seinem nunmehrigen Dienstherrn Ottheinrich und seinem Förderer Nikolaus Gallus in ihn gesetzten Erwartungen nicht. Er versah den ihm anvertrauten Pfarrersdienst, trotz seiner unzureichenden Vorbildung und fragwürdigen Eignung, offensichtlich mit Einsatz. Das ergibt sich vor allem aus seinen Briefen[39]. Wenn die landesherrlichen Visitatoren in den kommenden Jahren immer ein zufriedenstellendes Bild von den religiösen Verhältnissen in dieser Pfarrei zeichneten, ist das auch sein Verdienst[40]. Nirgends werden Klagen über seine Amtsführung vorgetragen.

Literarische Tätigkeit

Die Seelsorge füllte den nunmehrigen Pfarrer aber nicht voll aus. Sie ließ ihm wirklich Zeit, seinen literarischen und wissenschaftlichen Neigungen nachzugehen. Tatsächlich konnte er seine früheren Forschungen über die deutschen Bistümer und Klöster an der neuen Wirkungsstätte wieder aufnehmen und zielstrebig vorantreiben.

---

[35] Epitaphion illustrissimis puellis ac D. C. Dorotheae, 1554: Einblattdruck der BStB (Einblattdruck IV 10 d); vgl. Bezzel, Kaspar Brusch (wie Anm.3), Sp. 423 Nr. 17.

[36] Diesen Titel führt Bruschius zum ersten Mal auf dem Titelblatt der Passauer Bistumsgeschichte: De Laureaco veteri (wie Anm. 17). Über diese vom Kaiser verliehene seltene Auszeichnung: Otto Titan von Hefner, Altbayerische Heraldik, in: Oberbayerisches Archiv 29, 1869/70, S. 150f., 157f.; Richard Schröder, Lehrbuch der deutschen Rechtsgeschichte, Leipzig 1889, S. 486f.; Karl von Reinhardstöttner, Zur Geschichte des Humanismus und der Gelehrsamkeit in München unter Albrecht dem Fünften, in: Jahrbuch für Münchener Geschichte 4, 1890, S. 101.

[37] Zur Förderung Bruschs durch Ottheinrich: Schottenloher, Ottheinrich und das Buch (wie Anm. 33), S. 52. Vgl. Anm. 32.

[38] StAAm, Landrichteramt Burglengenfeld 483: Johann Faber (Pfarrer zu Burglengenfeld) an den Landrichter 20.6.1555: *Bruschius ist in der wochen vor Pfingsten zu Pettendorff ankomen. hadt ein eheliche Hausfraw bey sich, und ist am Sonntag Trinitatis von mir in beysein des Brobsts von Bulnhoven ordiniert und der gemein befohlen worden.*

[39] ÖNBW, cvp 9737 k Bruschius an Nydbruck o. D. (Druck: Horawitz, Bruschius, wie Anm. 1, S. 226 Nr. XVIII).

[40] StAAm, Sulzbacher Religionsakten Nr. 334, fol. 18^r–33^r. Vgl. Johann Nepomuk Hollweck, Geschichte des Volksschulwesens in der Oberpfalz, Regensburg 1895, S. 201.

Sie beschäftigten ihn in der Folgezeit andauernd, auch wenn er den Druck dieser Hauptwerke nicht, wie geplant, verwirklichen konnte. Es war ihm nicht möglich, den Einleitungsbänden eine Fortsetzung folgen zu lassen. Hauptursache dafür war, daß Bruschius gemächlich an die Aufgabe heranging, weil er glauben durfte, sich Zeit lassen zu können. Er nahm daneben eine Reihe kleinerer neuer Arbeiten in Angriff. Bruschius hat zu Pettendorf außerdem nachweislich noch an mehreren anderen Werken gearbeitet.

1) *Picturae cuiusdam universam christianorum doctrinam veriorem illam nostro saeculo iterum patefactam vere exprimentis delineatio et explicatio verissima.*

Diese Schrift wurde noch im Jahre 1555 zum Druck gebracht und ist dem Abt Michael Katzbeck des Benediktinerklosters Reichenbach am Regen gewidmet, also einem Katholiken. Das ist verwunderlich, nachdem sie eine in sehr scharfer Diktion abgefaßte Polemik gegen das Papsttum und die nun allmählich in den Vordergrund tretenden Jesuiten beinhaltet: Vor allem die Päpste verbauten den rechten Weg der Wahrheit und überschütteten die Kirche mit einem Meer von Irrtümern. Das hätten zahlreiche Dichter, Geschichtsschreiber und Künstler erkannt. Das zeige auch ein in der Kirche zu Göß bei Leoben in der Steiermark während der im Vorjahr gemachten Österreichreise[41] entdecktes Gemälde, auf dem die wahre Kirche bildlich dargestellt würde. Die Entstehung dieses Buches zu Pettendorf ist durch die Ortsangabe des Verfassers im Vorwort gesichert: *In docendo vero Christianismo humilis minister Petendorphi.* Das Buch wurde in der namhaften Regensburger Offizin des Hans Kohl gedruckt[42].

2) *In obitum Illustrissimi atque optimi principis et D.D. Friederichi Palatini Rheni ac utriusque Bauariae ducis principis Electoris ac sacri Rom. Imp. Archidapiferi.*

Es handelt sich um einen weiteren Nachruf auf ein Mitglied der Familie des nunmehrigen Dienstherrn: den am 26. Februar 1556 verstorbenen Kurfürsten Friedrich II. von der Pfalz. Die Schrift ist den Pfalzgrafen Wolfgang und Friedrich gewidmet. Daß sie in den Pettendorfer Jahren entstand, sichert abermals eine Angabe des Autors im Schlußteil. Er datiert das Schriftchen: *X. Martii apud novum forum faciebat in aurora G. Bruschius P.L. Pastor Pettendorphinus.* Der Nachruf wurde unverzüglich bei Hans Kohl in Regensburg im Druck veröffentlicht, ohne daß der Druckort genannt wurde[43].

3) *Ein alt schön gottselig vnnd Christenlich gemelt zu Göß in der Steyermarckt gefunden, sampt eyner christlichen außlegung.*

Diese Schrift ist eine wörtliche Verdeutschung des als Nr. 1 angeführten Büchleins und mehreren Gesandten am Regensburger Reichstag gewidmet. Den Entstehungsort

---

[41] Von Jaksch, Brusch in Kärnten (wie Anm. 20); Horawitz, Bruschius (wie Anm. 1), S. 184f.

[42] ÖNBW (Sign. 79 Y 101); eingebunden auch in den Band der BStB: H. ref. 58 (12 Blätter in 8°); Abdruck: Johann Wolf, Lectionum memorabilium et reconditarum tomus II, Lauingen 1600, S. 586–590; vgl. Horawitz, Bruschius (wie Anm. 1), S. 185f.; Karl Schottenloher, Das Regensburger Buchgewerbe im 15. und 16. Jahrhundert, Mainz 1920 (ND 1970), S. 205 Nr. 120; Bezzel, Kaspar Brusch (wie Anm.3), Sp. 437f. Nr. 54.

[43] Universitätsbibliothek Würzburg: 15 an L. rr. q. 49/1; vgl. Horawitz, Bruschius (wie Anm.1), S. 186f.; Schottenloher, Das Regensburger Buchgewerbe (wie Anm. 42), S. 210 Nr. 142; Bezzel, Kaspar Brusch (wie Anm. 3), Sp. 429 Nr. 34.

sichert abermals die Angabe des Verfassers im Impressum: *Geben zum Herlesberg in Peetendorffer Pfar, denn 18. Decemb[ris] Anno 1556.* Die Verdeutschung wurde wiederum von Hans Kohl gedruckt[44].

4) *Precatio contrahentis matrimonium.*

Zwei Hochzeitsgedichte für den Pfarrer zu Weiden, Hadrian Reinmann, der ebenfalls aus Eger stammte. Der Verfasser und der Geehrte kannten sich somit wohl bereits seit ihrer Jugend. Das Hochzeitsgedicht wurde im Juli 1556 gedruckt. Der Einblattdruck ist lediglich in einem Exemplar bekannt. Als Entstehungsort wird *Peetendorphi* ausdrücklich angegeben. Der Verfasser stellt sich als *pastor Peetendorphinus* vor; seine Beteiligung am Druck wird im Schlußimpressum vermerkt[45].

5) *De theologorum humili et contempta sorte; De medicis et jurisconsultis; De omnibus disciplinis ac professionibus; De theologis, jurisconsultis ac medicis.*

Lateinische Verse auf die gelehrten Berufe, die ebenfalls als Einblattdruck veröffentlicht wurden. Dieser ist dem Pfarrer zu Nabburg, Johann Kötnicus, gewidmet und ebenfalls nur in einem einzigen Exemplar bekannt. Der Entstehungsort wird auf dem Druck mit *Peetendorphi* angegeben, der Druckort ist nicht genannt[46].

6) *Praefatio.*

Sie gehört zu einem nicht genannten Werk und ist nicht in der Urschrift, sondern lediglich in einem Altdruck erhalten[47]. Der Inhalt legt aber nahe, daß es sich nur um das geplante Kompendium über die deutschen Diözesen handeln kann, das Bruschius fortzusetzen beabsichtigte. Dieses Vorwort gewährt einen schönen Einblick in die Gedankenwelt des Pfarrers. Er betont bereits einleitend, daß er nicht daran denke, in diesem Werk die katholische Kirche zu verherrlichen. Das Vorwort ist gefüllt mit scharfen Angriffen auf die Amtskirche und das Papsttum. Bruschius kündigte an, daß das Werk vielmehr die wahre Lehre Jesu Christi verdeutlichen werde. Dazu könne die Geschichte als Lehrmeisterin wertvolle Beiträge leisten. Außerdem wolle er mit dem geplanten Werk dem Ruhme des Vaterlandes dienen. Das Vorwort ist datiert: *Peetendorphi in Palatinatu 20. Maji Anno Domini 1556.*

---

[44] Herzog August-Bibliothek Wolfenbüttel: H 74. 4° Helmst. 10; Universitätsbibliothek Marburg: XIX d B 1140 m; Staatsbibliothek Berlin Dg 5695; vgl. Horawitz, Bruschius, S. 187f.; Schottenloher, Das Regensburger Buchgewerbe (wie Anm. 42), S. 210 Nr. 143; Bezzel, Kaspar Brusch (wie Anm. 3), Sp. 438 Nr. 55.

[45] BStB, Einbl. IV 10 df; Faksimile in: Gemeinde Pettendorf (wie Anm. 22), S. 142. Vgl. Bezzel, Kaspar Brusch (wie Anm. 3), Sp. 438f. Nr. 57. Zu Hadrian Reinmann: Weigel – Wopper – Ammon, Ambergisches Pfarrerbuch (wie Anm. 27), S. 125 Nr. 833; dies., Neuburgisches Pfarrerbuch (wie Anm. 6), S. 110 Nr. 760.

[46] Ratsschulbibliothek Zwickau, eingebunden am Schluß des Bandes: 20. 3. 9 (einziges bekanntes Exemplar). Nicht ganz wortgetreuer Abdruck bei: Otto Clemen, Zu Caspar Brusch, in: MVGDB 42, 1904, S. 103–107; ders., Alte Einblattdrucke, Bonn 1911, S. 26–30. Vgl. Schottenloher, Das Regensburger Buchgewerbe (wie Anm. 42), S. 280; Bezzel, Kaspar Brusch (wie Anm. 3), Sp. 442 Nr. 67. – Für Auskünfte bezüglich dieser Schrift danke ich sehr herzlich Herrn Wiss. Bibliothekar Joachim Werner von der Ratsschulbibliothek Zwickau.

[47] Praefatio. Druck: Wolf, Lectionum memorabilium et reconditarum tomus II (wie Anm. 42), S. 564–585; vgl. Horawitz, Bruschius (wie Anm. 1), S. 262–265.

Daneben dürfte Kaspar Bruschius in seinen Pettendorfer Jahren noch an einer Weltchronik gearbeitet haben. Wenngleich sie keine Anhaltspunkte für eine exakte Datierung und Lokalisierung bietet, ist sie am ehesten in die letzten Lebensjahre des Humanisten zu setzen, weil er sie nicht mehr gänzlich zum Abschluß bringen konnte[48]. Es handelt sich um einen der gerade im 16. Jahrhundert häufigen Versuche, ein Kompendium der Universalgeschichte vorzulegen. Er steht von der Konzeption her noch voll in der Tradition der mittelalterlichen Weltchronistik. Die Neuerungen des Humanismus fanden hier nur in begrenztem Ausmaß Anwendung, etwa in der Hinwendung zu guten Quellen und der an methodischen Prinzipien ausgerichteten Verwertung. Insgesamt gesehen weist das Werk nur wenige Spuren zeitgemäßer Historiographie auf, obwohl Bruschius deren Prinzipien alles andere als unbekannt waren. Das bezeugt am ehesten seine Edition eines kleinen Werkes des führenden bayerischen Humanisten Johannes Aventinus[49].

Außerdem plante Bruschius in Pettendorf noch eine Reihe weiterer literarischer und wissenschaftlicher Arbeiten: eine Dichtung über die Briefe des hl. Johannes, eine Dichtung über die bedeutendsten Städte und Flüsse in Deutschland, eine Prosadarstellung des Mons Piniferi und ein historisches Werk über die Stadt Trier[50].

Bruschius hat in seinen wenigen Pettendorfer Jahren also tatsächlich mit Eifer und Hingabe an seinen literarischen und historischen Werken gearbeitet, wie Ottheinrich und Nikolaus Gallus erhofft hatten. Dennoch gelang es ihm nicht, seine Hauptabsicht zu verwirklichen, nämlich die beiden großen Kompendien zur Kirchengeschichte zum Abschluß zu bringen. Das, was Bruschius hier vorgelegt hat, sind nicht mehr als Gelegenheitsschriften, die von aktuellen Anlässen meist persönlicher Art angeregt wurden und bereits von der Kontroverstheologie beeinflußt sind.

Die Korrespondenz

Obwohl Bruschius in Pettendorf abseits der wissenschaftlichen Brennpunkte der Zeit arbeitete, war er dennoch auf dem Laufenden, was sich in der großen Welt der Politik und der Wissenschaft abspielte. Die Verbindung dahin stellte sein reger Briefwechsel her. Diese von seinem Tusculum aus geführte Korrespondenz mußte Bruschius weithin Ersatz für den von allen Humanisten gesuchten persönlichen Aus-

---

[48] Herzog-August-Bibliothek Wolfenbüttel: Cod. Guelf. 60.23 Aug. 8°: Casp. Bruschii chronicon inde a prima mundi aetate usque ad saeculum XVI continuatum, scilicet ad tempora Julii III. papae et Maximiliani II. imperatoris. Praemissa sunt 1–5 notabilia de variis eris (Cod. Pap. 202 Bl. 15 1/2: 10 cm). Vgl. Horawitz, Bruschius (wie Anm. 1), S. 193f.; Otto von Heinemann, Die Handschriften der Herzoglichen Bibliothek zu Wolfenbüttel VIII, Wolfenbüttel 1903 (ND 1966), S. 102f. Nr. 3659. Der Band stammt aus der Bibliothek des Helmstedter Pädagogen Johann Joachim Mader (1626–1680) (zu diesem: Allgemeine Deutsche Biographie XX, Leipzig 1884, S. 31f.).

[49] Johannes Aventinus, Chronica von ursprung, herkomen und taten der uralten Teutschen, Nürnberg 1541; wieder in: Johannes Turmair's genannt Aventinus Sämmtliche Werke I, hg. v. der K. Akademie der Wissenschaften, München 1881, S. 298–372; Widmung der Ausgabe: Josef Pohl, Zwei unbekannte Briefe von Caspar Bruschius, in: MVGDB 52, 1912, S. 408f. Nr. 1. Vgl. Riezler, Geschichte Baierns VI (wie Anm. 3), S. 400.

[50] Dieses Arbeitsprogramm der späten Jahre ist bezeugt bei: Konrad Gesner, Appendix Bibliothecae, Zürich 1555 (neu hg. v. Hellmut Rosenfeld und Otto Zeller, Osnabrück 1966), S. 38ᵛ.

tausch bieten[51]. Sie wurde weit zerstreut und liegt nur mehr in Fragmenten vor, die von seiten der Adressaten auf uns gekommen sind. Wo der persönliche briefliche Nachlaß von Bruschius gelandet ist, konnte nicht ermittelt werden. Bekannt ist aus der Pettendorfer Zeit in der Empfängerüberlieferung nur der Briefwechsel mit Kaspar von Nydbruck, einem gebürtigen Lothringer, der seit 1553 in kaiserlichen Diensten am Wiener Hof stand und hier sofort in eine einflußreiche Position aufrückte. Er hatte wesentlichen Anteil an der kaiserlichen Religionspolitik und war Vorstand der Wiener Hofbibliothek. Nydbruck war einer der wenigen echten Humanistendiplomaten, die es nördlich der Alpen gab. Er nützte die Missionen, die er im Dienste des Kaiserhofes auszuführen hatte, immer auch zu Entdeckungsfahrten im Reiche der Wissenschaften, auf denen er zugleich Handschriften und Buchneuheiten nachspürte[52]. Nydbruck unterhielt eine gelehrte Korrespondenz mit vielen Geistesgrößen seiner Zeit, mit Erasmus, Melanchthon, Calvin, Vergerio, Sleidan, aber auch mit Ottheinrich[53].

Der Dienst am Kaiserhof führte Nydbruck anläßlich des Reichstages 1556 auch nach Regensburg, und bei dieser Gelegenheit trat er in persönliche Verbindung zum Pettendorfer Pfarrer Bruschius. Von wem die Initiative zu dieser Bekanntschaft ausging, auf welchem Wege sie angeknüpft wurde, ist nicht ersichtlich. Jedenfalls suchte Nydbruck Bruschius in seinem Tusculum auf[54]. Bruschius erwiderte diese Aufmerksamkeit durch seine Gegenbesuche in Regensburg[55]. Zahlreiche Briefe wurden zwischen Pettendorf und Regensburg gewechselt, wohin sie der Diener des Pfarrers überbrachte[56]. Doch setzte die Korrespondenz bereits ein, als der Diplomat noch in der Donaumetropole tätig war und Bruschius dessen genaue Adresse nicht kannte[57]. Der Inhalt dieser Korrespondenz ist bezeichnend für die humanistischen Neigungen beider Partner. Sie behandelt fast ausschließlich gelehrte Probleme. Nydbruck inter-

---

[51] Walter Rüegg, Christliche Brüderlichkeit und humanistische Freundschaft, in: Ethik im Humanismus, hg. von Walter Rüegg und Dieter Wuttke (Mitteilungen der Kommission für Humanismusforschung der DFG 6), Boppard 1979, S. 9–30. Vgl. auch Der Brief im Zeitalter der Renaissance, hg. v. Franz Josef Worstbrock (Mitteilungen der Kommission für Humanismusforschung der DFG 9), Weinheim 1983.

[52] Über Kaspar von Nydbruck (um 1525–1557): Robert Holtzmann, Kaspar von Niedbruck, in: Allgemeine Deutsche Biographie LII, Leipzig 1906, S. 621–629 (S. 622 Hinweis auf die Verbindung zu Bruschius); Otto Hartig, Die Gründung der Münchner Hofbibliothek durch Albert V. und Johann Fugger, München 1917, S. 12f.; Joachim Massner, Kirchliche Überlieferung und Autorität im Flaciuskreis. Studien zu den Magdeburger Zenturien, Berlin, Hamburg 1964, S. 77–82.

[53] Vgl. Adalbert Horawitz, Beiträge zu den Sammlungen von Briefen Philipp Melanchthons, Sitzungsberichte der Akademie der Wissenschaften, Phil.-Hist. Klasse 76/77, Wien 1874, S. 299–324; Viktor Bibl, Nidbruck und Tanner. Ein Beitrag zur Entstehungsgeschichte der Magdeburger Centurien und zur Charakteristik König Maximilians II., in: Archiv für österreichische Geschichte 85, 1898, S. 379–430, bes. 382.

[54] ÖNBW, cvp 9737 i Bruschius an Nydbruck 14.11.1555 (Druck: Horawitz, Bruschius, wie Anm. 1, S. 218): *Quod nuper discedentem te ex meis laribus ...* – Regensburg verdankt ihm eine bedeutende Bücherspende für das städtische Gymnasium (8.3.1555).

[55] ÖNBW, cvp 9737 k Bruschius an Nydbruck 21.3.[1557] (Druck: Horawitz, Bruschius, wie Anm. 1, S. 225); Bruschius an Nydbruck o.D. (Druck: Horawitz, Bruschius, S. 226).

[56] ÖNBW, cvp 9737 k Bruschius an Nydbruck o.D. (Druck: Horawitz, Bruschius, wie Anm. 1, S. 226).

[57] ÖNBW, cvp 9737 i Nydbruck an Bruschius 8.12.1555 (Druck: Horawitz, Bruschius, wie Anm. 1, S. 219f.); 19.3.1556 (Druck: Horawitz, Bruschius, wie Anm. 1, S. 221); Bruschius an Nydbruck 2.1.1556 (Druck: Horawitz, Bruschius, wie Anm. 1, S. 220f.): Die Anschrift auf dem Briefumschlag: *An Khunigs Maximiliani hove zu erfragen. Wien.*

essierte sich vor allem für die Geschichte der böhmischen Länder, die Bruschius natürlich besser kannte als jeder andere. Der Diplomat bemühte sich wiederholt, diesbezügliche Handschriften und Bücher aus der reichen Bibliothek des Pfarrers zur Einsicht zu erhalten[58].

Bruschius verschloß sich diesem Ansinnen nicht, obwohl er nicht wissen konnte, daß das gezielte Interesse Nydbrucks einen sehr aktuellen Anlaß hatte. Der Diplomat war nämlich seit 1554 ein sehr rühriger Mitarbeiter des Flacius Illyricus, der in eben diesen Jahren mit der Materialsammlung für die erste umfassende Darstellung der Geschichte der Kirche aus protestantischer Sicht begann, die dann wenige Jahre später als Magdeburger Zenturien erscheinen sollte. Nydbruck war der entscheidende Zuträger vor allem für die Geschichte der böhmischen Länder[59]. Und in diesem Zusammenhang ist wohl seine Korrespondenz mit Kaspar Bruschius zu sehen. Auf dem Umweg über Nydbruck wurde auch der Pettendorfer Pfarrer in das Netz von Informanten einbezogen, ohne die dieser Markstein europäischer Historiographie nicht möglich gewesen wäre[60]. Zu diesen gehörte weiterhin sein Förderer Nikolaus Gallus[61]. Diese Unterstützung wurde auch von Kurfürst Ottheinrich gewünscht, von dessen Seite das Projekt ebenfalls jede erdenkliche Hilfe erfuhr. Für einen unmittelbaren Kontakt zwischen Kaspar Bruschius und Flacius Illyricus finden sich allerdings keine Anhaltspunkte. Der Name Bruschius taucht in den Zenturien nicht auf[62].

Aber Bruschius wollte diese neue Bekanntschaft umgekehrt auch für seine wissenschaftlichen Pläne fruchtbar machen. Pausenlos bedrängte er den Diplomaten, ihm Informationen für sein Werk über die deutschen Bistümer zukommen zu lassen[63]. Er versprach sich ebenfalls von dieser neuen Freundschaft wertvolle Unterstützung, zumal Nydbruck noch im Sommer 1556 eine Reise in die Niederlande antrat, von der sich auch Bruschius wertvolle Nachrichten erhoffte. Wirklich erhielt er beständig bibliographische Informationen und sogar einige Bücher. Nydbruck versorgte den in

---

[58] ÖNBW, cvp 9737 i Nydbruck an Bruschius 8.12.1555 (Druck: Horawitz, Bruschius, wie Anm. 1, S. 219f.).

[59] Wilhelm Preger, Matthias Flacius Illyricus und seine Zeit II, Erlangen 1861, S. 418–422; Ernst Schaumkell, Beiträge zur Entstehungsgeschichte der Magdeburger Centurien, Ludwigslust 1898 (über Nydbruck: S. 20–44, bes. 41f.); Heinz Scheible, Die Entstehung der Magdeburger Zenturien. Ein Beitrag zur Geschichte der historiographischen Methode, Gütersloh 1966 (s. Register); vgl. auch: Victor Bibl, Der Briefwechsel zwischen Flacius und Nydbruck, in: Jahrbuch der Gesellschaft für die Geschichte des Protestantismus in Oesterreich 17, 1896, S. 1–24; 18, 1897, S. 201–238 (S. 203 Sammeltätigkeit bezüglich Böhmen); 19, 1898, S. 96–110; 20, 1899, S. 83–116.

[60] Das wird in den vorliegenden Quellen nirgends ausdrücklich angesprochen. In dem von Bibl (wie Anm. 59) veröffentlichten Brief Nr. 13 (Jahrbuch 18, S. 203) werden nur allgemein *amici* als Informanten erwähnt. Deswegen spielen die Kontakte zu Bruschius auch in der Literatur kaum eine Rolle. Erwähnung bei: Mijo Mirković, Matija Vlačić Ilirik, Zagreb 1960, S. 291.

[61] Karl Schottenloher, Handschriftenschätze zu Regensburg im Dienste der Zenturiatoren (1554–1562), in: Zentralblatt für Bibliothekswesen 34, 1917, S. 65–82.

[62] Ecclesiastica historia … congesta per aliquot studiosos et pios viros in urbe Magdeburgica, 13 Bände, Basel (Oporinus) 1559–1574. Bruschs Werke werden auch nicht genannt im Verzeichnis des Flacius Illyricus: Catalogus librorum ad scriptionem historiae necessariorum, [1554]. Druck: Schottenloher, Ottheinrich und das Buch (wie Anm. 33), S. 157–166 Nr. 14. Es gibt im Nachlaß des Flacius Illyricus (Herzog-August-Bibliothek Wolfenbüttel) keine Briefe des Kaspar Bruschius.

[63] ÖNBW, cvp 9737 i Bruschius an Horawitz 14.11.1555 (Druck, Horawitz, Bruschius, wie Anm. 1, S. 218); Nydbruck an Bruschius 8.12.1555 (Druck: Horawitz, Bruschius, wie Anm. 1, S. 219f.).

ländlicher Abgeschiedenheit arbeitenden Freund auch von Wien aus mit benötigter Literatur[64]. Nydbruck und Bruschius pflegten eine echte Humanistenfreundschaft, wie sie für das wissenschaftliche Leben der Zeit typisch ist[65].

Die Korrespondenz zwischen Bruschius und Nydbruck belegt weiterhin, daß den Pfarrer in seinem Tusculum auch andere bedeutende Persönlichkeiten des In- und Auslandes aufsuchten. Einmal wird von einem Elsässer gesprochen, der nach Pettendorf kam[66], ein andermal wird eine Visite Georg von Bergheims erwähnt, der ebenfalls zum diplomatischen Personal des Kaiserhofes gehörte[67]. Gerade von Bergheim hat sich der Pfarrer immer wieder über die politischen Vorgänge Bericht erstatten lassen, die ihn offensichtlich sehr interessierten. Darüber wurde er ein anderes Mal von einem gerade zufällig durchreisenden Soldaten informiert[68]. Wenn auch in einem stillen oberpfälzischen Dorf gelandet, ließ der weltoffene Humanist die Verbindungen nach außen nicht abreißen. Vor allem das zeigt sein Briefwechsel mit Nydbruck. Andere Korrespondenzen, die angenommen werden müssen, etwa zu Nikolaus Gallus, konnten nicht aufgefunden werden[69].

Der Briefwechsel des Kaspar Bruschius gewährt also Einblick in den Alltag eines gelehrten Landpfarrers. Dabei fällt auf, daß er zwar alle seine Schreiben nach Pettendorf lokalisiert, obwohl er allem Anschein nach nicht am Pfarrsitz gewohnt hat. Denn wiederholte Nebenbemerkungen verraten, daß er seinen Sitz im Gebäude des früheren Klosters genommen hat, im rund zwei Kilometer entfernten heutigen Ort Adlersberg. Bruschius gebrauchte Ortsangaben wie *monasterium (in quo habito)*[70], *in rure nostro Monastico aut Monasterio potius rustico*[71] oder ähnliche Formulierungen[72]. Diese Beobachtung wird durch die Hinweise einer im Stadtarchiv Eger überlieferten Geschichte der Familie Bruschius[73] oder durch die Ortsangabe *Geben zum Herles-*

---

[64] *Libri dati accomodato Gasparo Bruschio* 10.10.1555: ÖNBW cvp 9737 k mit Rückgabevermerk (Druck: Horawitz, Bruschius, wie Anm. 1, S. 227–229).

[65] Eine andere Humanistenfreundschaft stellt vor: Josef Oswald, Bayerische Humanistenfreundschaft. Die Äbte Angelus Rumpler von Formbach und Wolfgang Marius von Aldersbach, in: Festschrift für Max Spindler zum 75. Geburtstag, hg. v. Dieter Albrecht – Andreas Kraus – Kurt Reindel, München 1969, S. 401–420.

[66] ÖNBW, cvp 9737 i Bruschius an Nydbruck 21.2.1555 (Druck: Horawitz, Bruschius, wie Anm. 1, S. 217).

[67] ÖNBW, cvp 9737 k Bruschius an Nydbruck 22.10.1556 (Druck: Horawitz, Bruschius, wie Anm. 1, S. 222). Zu Georg von Bergheim: Eduard Böhl, Beiträge zur Geschichte der Reformation in Österreich, Jena 1902, S. 182f.

[68] ÖNBW, cvp 9737 k Bruschius an Nydbruck 2.11.1556 (Druck: Horawitz, Bruschius, wie Anm. 1, S. 223).

[69] Entsprechende Recherchen im Landeskirchlichen Archiv Nürnberg, im Archiv der Evangelischen Kirche zu Regensburg und im Stadtarchiv Regensburg waren erfolglos.

[70] ÖNBW, cvp 7937 k Bruschius an Nydbruck 2.11.1556 (Druck: Horawitz, Bruschius, wie Anm. 1, S. 223).

[71] ÖNBW, cvp 9737 k Bruschius an Nydbruck 19.1.1557 (Druck: Horawitz, Bruschius, wie Anm. 1, S. 224f.).

[72] ÖNBW, 9737 k Bruschius an Nydbruck 22.10.1556 (Druck: Horawitz, Bruschius, wie Anm. 1, S. 222): *Ex pago nostro oratorio*.

[73] Siegl, Zur Geschichte der Egerer Familie Brusch (wie Anm. 3), S. 202: *Zu Harlsberg in einem Closter gewohnet*.

berg in der Pettendorfer Pfar auf einem in dieser Zeit entstandenen Werk bestätigt[74]. Wenn Bruschius trotzdem den Ortsnamen des Pfarrdorfes gebrauchte, ist das nur für den heutigen Betrachter auffallend, für seine Zeit dagegen zutreffend. Den Ort Adlersberg gab es damals noch nicht, er ist eine sehr junge Bildung erst des 19. Jahrhunderts. Das Kloster hat deswegen in den Jahrhunderten seines Bestandes fast immer die Bezeichnung Pettendorf geführt[75].

Die Bibliothek

Bruschius war für Nydbruck vor allem wegen seiner Bibliothek ein gesuchter und geschätzter Korrespondenzpartner. Die vorzügliche Büchersammlung war die Grundlage seiner wissenschaftlichen und literarischen Arbeit, wurde wegen ihres Wertes aber auch von anderen Gelehrten gerne konsultiert. Um Bücher drehte sich das gesamte Leben des Pfarrers. Er war ein echt humanistischer Bibliophiler, mit dem in den Mauern des Klosters Pettendorf eine bedeutende Humanistenbibliothek Einzug hielt[76]. Sie war über Jahre hin planvoll aufgebaut worden und scheint 600 bis 800 Bände umfaßt zu haben. Damit gehörte sie zu den bedeutenderen privaten Büchersammlungen des süddeutschen Humanismus. Sie wurde jüngst von Irmgard Bezzel einer trefflichen Analyse unterzogen. Den Kernbestand machte die Literatur des deutschen und des italienischen Humanismus aus. An zweiter Stelle stehen die Theologica, gefolgt von den Historica, Naturwissenschaften und Mathematik. Es handelt sich also um eine universal ausgerichtete Gelehrtenbibliothek, die Bruschius mit großer Hingabe pflegte. Jeder Band weist einen Besitzvermerk auf, mancher zudem einen Erwerbshinweis; alle Bände sind sehr sorgsam gebunden. Offensichtlich hat Bruschius den Großteil seiner verfügbaren Finanzmittel in seine Bibliothek gesteckt. Seine Bücherliebe ging vorgeblich sogar so weit, daß er sich verschiedentlich Bände sogar zu Unrecht angeeignet haben soll. Jedenfalls wurde er später von einzelnen Klöstern beschuldigt, daß er entliehene Bände nicht mehr zurückgegeben habe[77].

Ausflug in die politische Publizistik

Den Grund, warum der protestantische Pfarrer nicht am Pfarrort Pettendorf wohnte, nennen die Visitationsprotokolle: Es gab keine passende Unterkunft am Pfarrort. Den beschwerlichen weiten Weg von der Unterkunft zur Pfarrkirche nahm Bruschius

---

[74] Die Schrift: *Ein alt schön gottselig vnnd Christenlich gemelt zu Göß* (wie Anm. 44). Vgl. zum baulichen Zustand des Pfarrhofes: StAAm, Neuburger Abgabe 1912 Nr. 1140.

[75] Bayerisches Hauptstaatsarchiv München, Klosterurkunden Pettendorf; Klosterliteralien Pettendorf.

[76] Heinrich Kramm, Deutsche Bibliotheken unter dem Einfluß von Humanismus und Reformation, Leipzig 1938 (ND 1968), S. 197; Bezzel, Kaspar Brusch (wie Anm. 3). Zum Verhältnis der Humanisten zum Buch: Das Verhältnis der Humanisten zum Buch, hg. v. Fritz Krafft und Dieter Wuttke (Mitteilungen der Kommission für Humanismusforschung der DFG 4), Boppard 1977. Zur evangelischen Pfarrerbibliothek: Iselin Gundermann, Die Anfänge der ländlichen evangelischen Pfarrbibliotheken im Herzogtum Preußen, in: Blätter für deutsche Landesgeschichte 110, 1974, S. 104–154.

[77] Bruschius wurde beschuldigt, wie Aventin mehrorts Handschriften entliehen und nicht mehr zurückgegeben zu haben: Ludwig Rockinger, Die Pflege der Geschichte durch die Wittelsbacher, München 1880, S. 43 Anm. (nach einem Bericht des Abtes Johann Benedikt von Benediktbeuern vom 11.6.1595). Vgl. Riezler, Geschichte Baierns VI (wie Anm. 3), S. 391.

aber gerne in Kauf, weil ihm das abseits gelegene Quartier den Vorteil bot, ungestört und unbeobachtet leben zu können. Und darauf legte er allem Anschein nach großen Wert. Denn Bruschius verfolgte Aktivitäten, die er der Öffentlichkeit vorenthalten wollte. Diese führten ihn gerade an diesem abgelegenen Ort durchaus an den Rand der großen Politik.

Ausgangspunkt dafür war der sogenannte Zweite Markgräflerkrieg[78]. Seit Beginn des Jahres 1553 lag Markgraf Albrecht Alcibiades von Brandenburg-Ansbach, die ruhelose Kämpfernatur, mit der Reichsstadt Nürnberg und den Bischöfen von Bamberg und Würzburg wieder einmal in Fehde. Sein Ziel war, die weltliche Herrschaft der fränkischen Bischöfe in ihren Hochstiften zu zerschlagen, um ein von ihm regiertes Herzogtum Franken zu schaffen[79]. Der Streit wurde in erster Linie mit Waffen ausgetragen. Doch bedienten sich beide Parteien auch des modernen Mittels der Publizistik. Haßerfüllte Pamphlete heizten die ohnehin sehr gereizte Stimmung weiter an. Die junge Buchdruckerkunst erhielt wieder einmal einen Kriegsschauplatz als Betätigungsfeld[80]. Freilich war bereits mit dem Reichsabschied von 1530 versucht worden, ihren allzu hemmungslosen Einsatz in die Schranken zu weisen. Er untersagte die Verbreitung von Schmähschriften und forderte von allen Druckern die zutreffende Angabe ihres Namens und Wirkungsortes auf jedem von ihnen hergestellten Druckwerk[81]. Die Reichspolizeiordnung von 1548 hatte diese Bestimmung noch einmal ausdrücklich bestätigt[82].

Als nun im Frühjahr des Jahres 1556 dem kampfbereiten Markgrafen ein gegen ihn gerichtetes, von den beiden bekämpften Bischöfen auf den Weg gebrachtes Pamphlet zugestellt wurde, antwortete dieser mit einer nicht minder scharf formulierten *Erklärung*[83], in der er, wie ein späterer Betrachter urteilte, „die ganze Fülle seines bittersten Hasses und glühenden Zorns aus seiner Seele gegen seine Widersacher entladen" wollte[84]. Als diese *Erklärung* während der Reichsversammlung zu Regensburg

---

[78] Johannes Voigt, Markgraf Albrecht Alcibiades von Brandenburg-Kulmbach, 2 Bände, Berlin 1852; Georg Thiel, Geschichte der Belagerung der Veste Plassenburg in den Jahren 1553 und 1554, in: Hohenzollersche Forschungen 3, 1894, S. 332–384; 4, 1896, S. 145–168; Anton Chroust, Quellen zur Markgrafenfehde in Bamberg (Chroniken der Stadt Bamberg, VGffG I, I/2), Würzburg 1910; Otto Kneitz, Albrecht Alcibiades, Markgraf von Kulmbach 1522–1557 (Die Plassenburg 2), Kulmbach 1951; Hellmut Rößler, Dämonische Kräfte: Albrecht Alcibiades von Brandenburg-Kulmbach, in: Hellmut Rößler, Fränkischer Geist – Deutsches Schicksal. Ideen – Kräfte – Gestalten in Franken 1500–1800 (Die Plassenburg 4), Kulmbach 1953, S. 139–147.

[79] Ernst Büttner, Der Krieg des Markgrafen Albrecht Alcibiades in Franken 1552–1555, in: Archiv für Geschichte und Altertumskunde von Oberfranken 23, 1908, S. 1–164.

[80] Zum Einsatz der Buchdruckerkunst in den Kriegen des früheren 16. Jahrhunderts: Helmut Claus, Der deutsche Bauernkrieg im Druckschaffen der Jahre 1524 bis 1526. Verzeichnis der Flugschriften und Dichtungen, Gotha 1975.

[81] Neue und vollständigere Sammlungen der Reichsabschiede II, Frankfurt a.M. 1747 (ND 1967), S. 314 § 58; 604 Titel XXXIV. Vgl. Ulrich Eisenhardt, Die kaiserliche Aufsicht über Buchdruck, Buchhandel und Presse im Heiligen Römischen Reich Deutscher Nation (1496–1806), Karlsruhe 1970, S. 29f.; Helmut Neumann, Staatliche Bücherzensur und -aufsicht in Bayern von der Reformation bis zum Ausgang des 17. Jahrhunderts, Karlsruhe 1977, S. 5.

[82] Neumann, Staatliche Bücherzensur (wie Anm. 81), S. 5.

[83] Albrechts des Jüngeren, Markgrafen zu Brandenburg, Erklärung und Bericht, welcher Gestalt sein fürstlich Gnaden von wegen erlaubter Defension in die vermeint Acht erkannt worden. Vgl. Schottenloher, Das Regensburger Buchgewerbe (wie Anm. 42), S. 210 Nr. 144.

[84] Voigt, Albrecht Alcibiades II (wie Anm. 78), S. 247.

verbreitet wurde, schlug sie deswegen hohe Wellen. Sofort wurden Erörterungen über den Drucker angestellt. Denn nach der Eroberung der Plassenburg im Juni 1554, auf der Albrecht Alcibiades seine früheren Streitschriften hergestellt hatte, durch die Gegenseite konnte die *Erklärung* unmöglich dort gedruckt worden sein. Das gemäß dem Reichsabschied von 1530 angebrachte Impressum nannte einen Georgius Barsalonius Sylacensis zu Frankfurt an der Oder als Drucker. Die Gegenseite wußte aber sehr rasch herauszufinden, daß hier eine fingierte Angabe vorlag[85]. Die unverzüglich eingeleiteten Nachforschungen ergaben bald, daß das Druckwerk aus der nächsten Umgebung Regensburgs kommen mußte. Ein noch im gleichen Jahr 1556 von den betroffenen Bischöfen und der Reichsstadt Nürnberg in Auftrag gegebener *Gegenbericht* wollte es dann noch genauer wissen und behauptete, daß die *Erklärung in höchster still und geheimbd an einem ungewonlichen ort, einem geweßnen frauenclösterlin ungeverlich ein meil wegs von der stat Regenspurg ... in truck gegeben* worden sei[86]. Gemeint war das frühere Dominikanerinnenkloster Pettendorf, der Wohn- und Wirkungsort des Kaspar Bruschius.

Daß dieser Verdacht in die zutreffende Richtung wies, stellte sich rasch heraus. Weil hier gegen eine reichsrechtliche Bestimmung verstoßen worden war, wurden von seiten der Reichsstadt Regensburg unverzüglich amtliche Ermittlungen eingeleitet. Diese konzentrierten sich von Anfang an auf einen Mann, der als einziger Buchdrucker der näheren Umgebung zuallererst in Frage kam, zumal er bereits wiederholt mit derartigen Bestimmungen in Konflikt gekommen war: Hans Kohl[87]. Er wurde am 19. Dezember 1556 von einer Abordnung des Rates, die aus Georg Baumkirchner, Paul Leonhard Tettenhauser und dem Stadtschreiber Johannes Linda bestand, einem scharfen Verhör unterworfen. Dabei mußte der Buchdrucker zugeben, daß die Streitschrift tatsächlich in den Räumen des aufgelassenen Klosters Pettendorf hergestellt worden und er daran beteiligt gewesen sei. Denn er habe für ihre Herstellung nicht mehr benötigte Lettern zur Verfügung gestellt. Der Drucker sei er aber nicht gewesen. Vielmehr sei sie von einem Diener des Markgrafen Albrecht Alcibiades zum Satz gebracht worden[88].

---

[85] Einen Drucker dieses Namens gab es nach dem Katalog von Josef Benzing, Die Buchdrucker des 16. und 17. Jahrhunderts im deutschen Sprachgebiet, Wiesbaden ²1982, nicht.

[86] Schottenloher, Das Regensburger Buchgewerbe (wie Anm. 42), S. 21. – Die Schrift und der Druckort sind nicht behandelt bei: Emil Weller, Die falschen und fingierten Druckorte. Repertorium der seit Erfindung der Buchdruckerkunst unter falscher Firma erschienenen deutschen, lateinischen und französischen Schriften, Leipzig 1864 (ND 1960/61). Zum Phänomen der Klosterdruckereien: Karl Schottenloher, Ehemalige Klosterdruckereien in Bayern, in: Das Bayerland 24, 1912/13, S. 132–140.

[87] Zum Vorgang: Schottenloher, Das Regensburger Buchgewerbe (wie Anm. 42), S. 20–27; Schottenloher, Ottheinrich und das Buch (wie Anm. 33), S. 86f.; Otto Clemen, Drei von Hans Kohl in Regensburg gedruckte Epithalamien, in: Zentralblatt für Bibliothekswesen 59, 1942, S. 484–489; Jürgen Sydow, Regensburger Buchdruckerkunst aus sechs Jahrhunderten, Regensburg 1956, S. 16; Jürgen Sydow, Die Frühzeit der Regensburger Buchdruckerkunst, in: Der Zwiebelturm 16, 1961, S. 211–213; Benzing, Die Buchdrucker des 16. und 17. Jahrhunderts (wie Anm. 85), S. 387; zu Hans Kohl zusammenfassend: Hans Lülfing, in: Neue Deutsche Biographie XII, Berlin 1980, S. 420f.

[88] Das Protokoll des Verhöres: Bayerisches Hauptstaatsarchiv München, Reichsstadt Regensburg Lit. 555, fol. 51: *Hansen Kholen buchtruckers bericht und anzeig etlicher schriften und tractatlein, welche er getruckt hab*. Druck: Schottenloher, Das Regensburger Buchgewerbe (wie Anm. 42), S. 112f. Nr. 40.

Das Verhör Kohls brachte weiterhin an den Tag, daß diese *Erklärung* nicht das erste und einzige im Kloster Pettendorf hergestellte Pamphlet in diesem Krieg war, daß hier vielmehr noch weitere Schmähschriften hergestellt worden waren, nämlich die *Klageschrift* Wilhelms von Grumbach, des wichtigsten Gefolgsmannes des Albrecht Alcibiades, die ebenfalls während der Reichsversammlung 1556 verteilt wurde[89]. Auch sie erregte sofort großes Aufsehen und wurde auf Anordnung König Ferdinands I. in gesamter Auflage unverzüglich konfisziert. Kohl gab zu, auch an deren Druck am Rande beteiligt gewesen zu sein. Damit stand fest, daß in den Gebäuden des aufgelassenen Klosters Pettendorf eine Winkeldruckerei arbeitete, die Schriften von höchster politischer Brisanz herstellte und sich nicht an die reichsrechtlichen Bestimmungen hielt.

Der Regensburger Rat nahm Hans Kohl die zugestandene geringe Beteiligung an den beiden Schmähschriften nicht ab. Er glaubte aufgrund der Kohl nachgewiesenen früheren Verstöße, daß dieser weit mehr in die Affäre verwickelt sei, als er zugab. Dementsprechend hart reagierte der Rat. Er war nicht bereit, erneut Nachsicht walten zu lassen und entzog der Offizin die Konzession. Kohl mußte seine namhafte Buchdruckerwerkstätte in der Reichsstadt Regensburg schließen, weil diese für sie eine Belastung geworden war. Kohl wurde zudem das Bürgerrecht abgesprochen, er mußte noch im Dezember 1556 die Stadt verlassen. Ein Gesuch seiner Frau um Milde wurde abschlägig beschieden[90]. Freilich brachte dieses Urteil den wendigen Geschäftsmann nicht in den Ruin. Sein Auftraggeber Albrecht Alcibiades ließ ihn nicht im Stich und sorgte dafür, daß er eine neue Wirkungsstätte erhielt. Albrecht Alcibiades stellte die Verbindung zu seinem Stiefonkel, dem nunmehrigen Kurfürsten Ottheinrich, her, der ihm die Übersiedlung nach Heidelberg ermöglichte. Kohl ist bereits im Juli 1557 als erster Heidelberger Buchdrucker nachzuweisen. Allerdings ist er an der neuen Wirkungsstätte schon nach kurzer Zeit am 12. Februar 1559 verstorben[91].

Daß Markgraf Albrecht Alcibiades nach dem Verlust der Plassenburg seine Streitschriften gerade in den Räumen des ehemaligen Klosters Pettendorf drucken lassen konnte, hängt mit Sicherheit mit dem Mann zusammen, der seit einigen Monaten dort als Pfarrer wirkte, eben mit Kaspar Bruschius. Es ist undenkbar, daß dieser von der im gleichen Gebäudekomplex untergebrachten Druckerwerkstätte nichts gewußt haben könnte. Vielmehr ergeben sich Anhaltspunkte dafür, daß auch der Pfarrer in begrenztem Umfang an der Arbeit der Druckerei beteiligt war.

---

[89] Keine Ortsangabe, nur Zeitangabe: 8.1.1556. Ein Exemplar beigebunden: BStB, 4° Ded. 147; Abdruck: Friedrich Hortleder, Der Römischen Keyser- und Königlichen Majesteten, auch deß Heiligen Römischen Reichs Geistlicher und Weltlicher Stende ... Handlungen und Außschreiben II, Gotha 1645, S. 1597–1640. Zu dieser Schrift und ihrer politischen Bedeutung, allerdings ohne Hinweis auf die Entstehung: Friedrich Ortloff, Geschichte der Grumbachschen Händel I, Jena 1868, S. 94–105; Johannes Voigt, Wilhelm von Grumbach und seine Händel, in: Friedrich von Raumer, Historisches Taschenbuch NF 7, Leipzig 1846, S. 145–151.

[90] Bayerisches Hauptstaatsarchiv München, Reichsstadt Regensburg Lit. 555, fol. 38 (mit unzutreffender Datierung); Druck: Schottenloher, Das Regensburger Buchgewerbe (wie Anm. 42), S. 114 Nr. 41.

[91] Gustav Toepke, Die Matrikel der Universität Heidelberg II, Heidelberg 1886, S. 11 zum 12.7.1557. Vgl. Schottenloher, Ottheinrich und das Buch (wie Anm. 33), S. 86f.; Benzing, Die Buchdrucker (wie Anm. 85), S. 387.

Dafür sprechen zunächst die alten Verbindungen, die Bruschius zum Markgrafen unterhielt. Schon im Jahre 1543 hatte der um Lobsprüche für jedermann nie verlegene Humanist in einem Trauergedicht auf die Pfalzgräfin Susanne auch ihres Sohnes rühmend gedacht, eben des Pfalzgrafen[92]. Und als Bruschius 1554 von der Rückkehr des Albrecht Alcibiades hörte, bastelte er sofort wiederum Lobverse auf diesen Fürsten, der seine Lande aus der Knechtschaft der Krämer (gemeint waren die Nürnberger Kaufleute) und der Bischöfe befreien wolle[93]. Die in der *Erklärung* ausgesprochenen politischen Grundgedanken entsprachen durchaus den Anschauungen des Pfarrers. Dafür, daß er sogar an der Abfassung des Textes beteiligt gewesen sein könnte, finden sich allerdings keine zwingenden Anhaltspunkte.

Bruschius stand aber nicht nur mit dem Markgrafen in alten Verbindungen, sondern auch zur anderen Hauptfigur in dieser Affäre, zu Hans Kohl. Beide kannten sich ebenfalls seit vielen Jahren. Bruschius hatte bei Kohl bereits in dessen Wiener Zeit Schriften zum Druck bringen lassen[94]. Und diese Zusammenarbeit dauerte während der Pettendorfer Jahre an. Die Offizin des Hans Kohl hat vor allem auch einzelne der oben angeführten zu Pettendorf angefertigten Schriften von Bruschius zur Veröffentlichung gebracht. In einer dieser von Kohl gedruckten Bruschius-Schriften findet sich nun aber eine zusätzliche Angabe, die hilft, die zunächst wenig durchschaubaren Zusammenhänge weiter zu erhellen. Hier wird gesagt, daß sie *Peetendorphi apud Nycalum Stumpfelium Bruschii nepotem* erschienen sei[95], und damit zum Ausdruck gebracht, wer der Hauptbetreiber der Winkeldruckerei an diesem Ort war: Nikolaus Stumpfel, der Stiefsohn des Pfarrers. Und jetzt runden sich die vorgelegten Bausteine zu einem geschlossenen Bild: Nikolaus Stumpfel war der Drucker der in Pettendorf hergestellten Streitschriften. Er ist mit hoher Wahrscheinlichkeit auch der Bedienstete des Markgrafen, von dem Kohl in seinem Verhör vor dem Regensburger Rat gesprochen hat. Er hatte nach der Eroberung der Plassenburg 1554 seine dortige Druckerei aufgeben und sich nach einem neuen Unterschlupf umsehen müssen; er fand ihn in den Gebäuden des verlassenen und abgelegenen Klosters Pettendorf, wo seit kurzem sein Stiefvater als Pfarrer amtete und wohnte. Dieser gewährte ihm Zugang zu den Konventsgebäuden, die sowohl hinreichend Raum als auch die gewünschte Deckung boten. Da Stumpfel seine Werkstatt wohl nicht mitbringen konnte, benötigte er neue Lettern. Diese verschaffte ihm ebenfalls der Stiefvater, der den Kontakt zu Kohl herstellte. Mit der Hilfe des Regensburger Druckers wurde rasch eine Behelfsdruckerei eingerichtet, die mit den zwei genannten Streitschriften sogar in die große Politik eingegriffen hat und damit politische Verwirrungen auslöste, die bis zum Kaiserhof Wellen schlugen. Auch diese Affäre trug dazu bei, daß der Reichsabschied von Speyer 1570 Winkeldruckereien noch einmal ausdrücklich untersagte und auch der Münchner Hof den Buchdruck verschärfter Aufsicht unterwarf[96]. Außer diesen beiden politischen Pamphleten sind in der Pettendorfer Druckerei noch ein-

---

[92] Tumulus Susannae (wie Anm. 34).
[93] In seinem Hodoeporikon Pfreymbdense schreibt er die bei Schottenloher, Das Regensburger Buchgewerbe (wie Anm. 42), S. 23 Anm. 6 abgedruckten Verse.
[94] Schottenloher, Das Regensburger Buchgewerbe (wie Anm. 42), S. 18, 23 Anm. 7, 8, 29, 195, 202f.
[95] S. Anm. 45. Vgl. Schottenloher, Das Regensburger Buchgewerbe (wie Anm. 42), S. 24.
[96] Bayerisches Hauptstaatsarchiv München, Staatsverwaltung 3019, fol. 158ᵛ–159ʳ (1558).

zelne weitere Druckwerke hergestellt worden, mit Sicherheit die Nummern 3 und 4 des obigen Werkkataloges von Bruschius. Allerdings fehlte diesen vergleichbare Brisanz. Es handelt sich um Schriften mehr privaten Inhalts des Stiefvaters des Druckers; vor allem sie belegen den engen Zusammenhang zwischen der Winkeldruckerei und dem Pfarrer. Durch diese wenigen in Pettendorf hergestellten Druckwerke erhält dieses Dorf Bedeutung für das frühe klösterliche Buchdruckgewerbe in Deutschland. Hier schaltete sich der protestantische Pfarrer Kaspar Bruschius in einem aufgelassenen Kloster in die Frühgeschichte des Buchdruckes ein.

Der Tod

Kaspar Bruschius hat also in Pettendorf nicht die ruhigen und besinnlichen Jahre verbracht, die er sich erhofft haben mag. Er suchte auch an diesem abgeschiedenen Ort Verbindungen zur Umwelt und bemühte sich, auf diese Einfluß zu nehmen, soweit es in seinen Kräften stand. Auch er wollte sich nicht mit der *vita contemplativa* begnügen, sondern schaltete sich in die *vita activa* ein, ganz in Übereinstimmung mit dem Lebensprogramm, wie es die großen italienischen Humanisten lehrten und nördlich der Alpen nur wenige verwirklichten. Gerade in den letzten beiden Lebensjahren wird der Versuch eines deutschen Humanisten greifbar, gestaltend ins politische Leben einzugreifen.

Diese Bemühungen verhinderten, daß Pfarrer Kaspar Bruschius in seinem neuen Wirkungskreis zufrieden sein konnte. Er mag selber gespürt haben, daß er sich hier in ein gefährliches Abenteuer eingelassen hatte, daß er auch in dieser Einsamkeit nicht mehr sicher sein konnte. Deswegen zog es ihn schon im Jahre nach der Affäre um Hans Kohl wieder hinaus in die Welt, die er während seines ganzen Lebens so gerne bereist hatte. Es hat den Anschein, als hätte er Umschau nach einem neuen Tätigkeitsort gehalten, der ihm mehr Sicherheit bieten konnte. Jedenfalls begab er sich am 15. November 1557 nach Rothenburg ob der Tauber. Er wollte auch die glanzvolle Geschichte dieser Reichsstadt bearbeiten. Er begann mit der Materialsammlung, studierte ihre Monumente. Unverzüglich wartete er mit einem Preislied auf die fränkische Reichsstadt auf, das ihm in der Historiographie Rothenburgs durchaus einen Ehrenplatz sichert[97]. Daß er damit die Absicht verfolgte, in deren Dienste genommen zu werden, legt sein Angebot an den Rat nahe, die Geschichte Rothenburgs im Stile der Zeit umfassend neu zu bearbeiten. Wirklich wurden Vorgespräche aufgenommen, deren Ergebnis allerdings nicht bekannt ist. Der Rat ließ ihm aber bereits für erste Arbeiten finanzielle Zuwendungen zukommen[98].

Von Rothenburg aus reiste der Humanist dann aber nicht zurück in sein Pfarrdorf, sondern wollte offensichtlich weiter nach Basel, am ehesten zu seinem alten Bekannten Oporinus[99]. Doch sollte er dieses Ziel nicht mehr erreichen. Kurz vor Bad Winds-

---

[97] Von der edlen und uralten Stadt Rotenburg uff der Tauber, [o.O. 1557]; Druck: August Merz, Rothenburg o.T. in alter und neuer Zeit, Ansbach 1873, S. 155–157. Vgl. Heide Weisshaar-Kiem, Lobschriften und Beschreibungen ehemaliger Reichs- und Residenzstädte in Bayern bis 1800. Die Geschichte der Texte und ihrer Bibliographie, Mittenwald 1982, S. 325 Nr. 449; Bezzel, Kaspar Brusch (wie Anm. 3), Sp. 425 Nr. 22.

[98] Stadtarchiv Rothenburg, Stadtrechnung B 525, fol. 189r, 189v.

[99] Das sichert die Familienchronik: Siegl, Zur Geschichte der Egerer Familie Brusch (wie Anm. 3), S. 209. Zur Begründung der Reise S. 202: *etlicher seiner gescheft halber*.

heim wurde Bruschius im Abendgrauen des 20. November 1557 von der Kugel eines Heckenschützen von seinem Pferd herab erschossen. Der Mord erfolgte ohne jeden Zeugen und wurde erst am folgenden Tag von Hirtenjungen entdeckt. Der Tote wurde auf dem nächsten Friedhof in Steinach an der Ens (im heutigen Landkreis Neustadt a. d. Aisch-Bad Windsheim) beigesetzt. Der Rothenburger Rat zeigte den Vorfall unverzüglich dem Amtmann des Klosters Pettendorf an und leitete Ermittlungen ein[100]. Diese blieben jedoch ergebnislos. Der Täter konnte nie festgestellt werden. Da dem Toten kein Stück der mitgeführten bescheidenen Habe entwendet wurde, scheidet Raubmord als Motiv aus[101]. Es liegt näher, den Täter in den Kreisen der politischen Gegner des Pfarrers zu suchen. Dazu gibt eine Instruktion für eine Gesandtschaft der Bischöfe zu Würzburg und Bamberg sowie der Reichsstadt Nürnberg an den Kaiser[102] begründeten Anlaß, mit der sie das Reichsoberhaupt ersuchten, in Zukunft dafür Sorge zu tragen, daß derartige Schmähschriften, wie sie in Pettendorf gedruckt worden waren, ohne Säumen, ehe sie verbreitet werden könnten, unterdrückt, die Helfer und Beförderer derselben in Haft genommen und bestraft würden. Dafür sollten dazu bestellte Personen sorgen, die die Gesandten kennten und über die nur mündlich gesprochen werden könne. Diese Instruktion verschafft mit ihren geheimnisvoll andeutenden Formulierungen gewiß keine Klarheit, gibt aber doch zu der Vermutung begründeten Anlaß, daß Bruschius, von dem noch weitere politische Schmähschriften erwartet wurden[103], einem politisch motivierten Meuchelmord zum Opfer fiel[104]. Auch der Pettendorfer Pfarrer ist eines der zahlreichen Opfer geworden, die der Zweite Markgräflerkrieg forderte. Sein Tod war wohl Folge des Ausfluges in die Politik, den der Humanist von seinem Pettendorfer Pfarrhof aus gewagt hatte. Er hat ihn letztlich das Leben gekostet.

Mit diesem Mord verschwindet der Name der Familie Bruschius nicht aus Pettendorf. Denn Nachfolger des kinderlos verstorbenen Pfarrers, der eine mittellose Witwe hinterließ[105], wurde dessen bei ihm wohnender Vater Johann, ein Greis von damals

---

[100] Aktenstükke die Ermordung des bekannten Historiographen Caspar Bruschius betreffend, in: [o.V.] Büttner, Materialien zur Ansbachischen Geschichte, Topographie und Rechts-Verfassung I, Ansbach 1807, S. 77–81 Nr. 1; Horawitz, Bruschius (wie Anm. 1), S. 250–252 Nr. XXIV. Ein Abdruck des Schreibens an den Amtmann auch bei: Des Geschichtsforschers Kaspar Brusch Ermordung, in: Das Bayerland 18, 1907, S. 60. Eine literarisierte Behandlung des ungewöhnlichen Vorfalles: Kaspar Brusch in Dichtung und Wirklichkeit, in: Die Linde 16, 1926, S. 34–40.

[101] Büttner, Materialien (wie Anm. 100), S. 81f. Nr. 2. Zur Regelung der Nachlaßangelegenheit: Stadtarchiv Rothenburg, B 309 (Stadtgerichtsbuch), fol. 277^r–278^v (Druck: Zum Tode des Kaspar Bruschius, in: Die Linde 62, 1980, S. 48); A 846 (Urfehdebuch), fol. 62^r–63^r.

[102] Voigt, Markgraf Albrecht Alcibiades II (wie Anm. 78), S. 265 (13.8.1556).

[103] Martin Crusius, Annales Suevici, Frankfurt 1595, S. 561: *insidiis exceptus, nescio quorum nobilium, in quos scriptum editurus erat. Sed id ei sic tunc ereptum fuit, ut ante multos annos ex amicis audivi.*

[104] So schon: Horawitz, Bruschius (wie Anm. 1), S. 196; Schottenloher, Das Regensburger Buchgewerbe (wie Anm. 42), S. 25f.; Winkler, Literaturgeschichte (wie Anm. 3), S. 551f. Zweifelnd: Engel, Die Würzburger Bischofschronik (wie Anm. 5), S. 10.

[105] Zu den Bittbriefen der Witwe um weitere Unterstützung: StAAm, Neuburger Abgabe (1911) Nr. 13 409: Johannes Faber an die Regierung zu Neuburg 15.10.1559.

bereits 61 Jahren[106]. Dieser hatte seinen früheren Beruf als Schuhmacher aufgegeben und wandte sich nun dem geistlichen Stand zu. Wie er dieses Amt erlangte, ist unbekannt, auch unverständlich, nachdem ihm noch mehr als dem Sohn die Vorbildung dafür fehlte. Nie hatte er eine Universität besucht; er konnte kein Latein. Diese Schwächen versuchte er durch eine besonders beflissene und strenge Amtsführung zu überdecken. Dennoch mußte er schon bei den ersten Kirchenvisitationen um sein Amt bangen[107]. Er konnte sich aber behaupten und bekleidete das Amt des dritten protestantischen Pfarrers zu Pettendorf bis zu seinem allerdings baldigen Tod am 6. Januar 1568. Er tat dies ohne den Glanz, den sein Sohn dem dortigen Pfarramt verliehen hatte, aber auch ohne das gewaltsame Ende, das dieser gefunden hatte.

In der Folgezeit verloren sich die Spuren der Familie Bruschius dann aber rasch aus dem Pfarrort Pettendorf. Die persönliche Habe des Erschossenen nahm für die Witwe der verwandte Pfarrer im nahen Duggendorf in Empfang. Weil diese mehr als bescheiden war[108], sah sie sich gezwungen, den einzigen Wert, den ihr der Gatte hinterlassen hatte, in Geld umzusetzen: die Bibliothek[109]. Sie wurde gegen eine finanzielle Ablöse 1559 von der pfalz-neuburgischen Landesregierung übernommen und 1618 an das neugegründete Jesuitenkolleg der Residenzstadt weitergegeben. Nach dessen Aufhebung 1773 gelangte sie 1783 an die Malteserkommende, die sie 1822 schließlich der neu eingerichteten Provinzialbibliothek Neuburg überlassen mußte. Von hier aus wurden 1912 die wertvollsten Titel in die Königliche Hof- und Staatsbibliothek nach München überführt, wo sie der Raritätensammlung einverleibt wurden. Dort sind heute immerhin noch 367 bibliographische Einheiten nachzuweisen und als geschlossener Bestand aufgestellt[110]. Er ist die gewichtigste Hinterlassenschaft dieses bemerkenswerten protestantischen Pfarrers. An seinem Sterbeort im fränkischen Steinach an der Ens erinnert weiterhin bis in unsere Gegenwart, für jedermann sichtbar, ein Gedenkstein an den gewaltsamen Tod des ungewöhnlich politischen Humanisten Kaspar Bruschius[111].

---

[106] StAAm, Neuburger Abgabe (1911) Nr. 13 535; Siegl, Zur Geschichte der Egerer Familie Brusch (wie Anm. 3), S. 201f.; vgl. Weigel – Wopper – Ammon, Neuburgisches Pfarrerbuch (wie Anm. 6), S. 16 Nr. 114 (mit unzutreffender Jahresangabe 1559); Kuhn, Pfalz-Neuburger evangelische Geistliche (wie Anm. 26), S. 118.
[107] StAAm, Sulzbacher Religionsakten 334.
[108] StAAm, Neuburger Abgabe (1911) Nr. 13 409: Superintendent Johannes Faber an die Regierung in Neuburg 15.10.1559: über die finanziellen Nöte der Witwe.
[109] StAAm, Sulzbacher Religionsakten 211, fol. 95^v–96^r; Neuburger Abgabe (1912) Nr. 1140.
[110] Karl Dachs, Die schriftlichen Nachlässe in der Bayerischen Staatsbibliothek München, Wiesbaden 1970, S. 38f.
[111] Hans Karlmann Ramisch, Landkreis Rothenburg ob der Tauber (Bayerische Kunstdenkmale 25), München 1967, S. 50.

Bernhard E b n e t h

Inspektionsordnungen der Reichsstadt Nürnberg und des Markgrafentums Brandenburg-Ansbach für Stipendiaten in Wittenberg im 16. Jahrhundert – Reglementierung und Kontrolle des Studiums in der Frühen Neuzeit

Weil die Nurmbergischen burgers suhne, studenten, und stipendiaten zu Wittenberg etwas frech, sicher, unfleisig und zum theil dermassen geschaffen, das sie ir geld und stipendia ubel anlegten[1], erließ der Nürnberger Rat 1569 eine eigene Inspektionsordnung[2] für seine Stipendiaten in Wittenberg. 1586 folgte Markgraf Georg Friedrich[3] von Brandenburg-Ansbach und -Bayreuth (1539–1603) mit einer ähnlichen Regelung[4]. Anhand dieser beiden normativen Texte soll im folgenden überprüft werden, ob beziehungsweise wie weit in Franken im 16. Jahrhundert Tendenzen zu einer verstärkten Sozialkontrolle und -disziplinierung der Studenten erkennbar sind.

Das Bildungswesen[5] eignet sich in herausragender Weise als Indikator für Veränderungen innerhalb der Gesellschaft. Eine zentrale Kategorie zur Erkenntnis lang-

---

[1] Ratsbuch in Staatsarchiv Nürnberg (StAN), Rep. 60 b (RB) Nr. 34, Bl. 11ʳ.
[2] Conceptum und Ordnung der Nurmbergischen Stipendiaten Inspection tzu Vitenberg. 1569. Losungamt Lade 68 Nr. 10 a, jetzt: Stadtarchiv Nürnberg (StadtAN), A 26 (Abg. StAN) Rep. 80 B Nr. 352 (früher: StAN, S. I L. 177 No 31.). Text der bisher nicht edierten Stipendiateninspektionsordnung im Anhang, S. 172–176.
[3] Waldemar Kampf, in: Neue Deutsche Biographie (NDB) 6, S. 205f.; Reinhard Seyboth, Georg Friedrich d. Ä., Markgraf von Brandenburg-Ansbach-Kulmbach, Herzog in Preußen (1539–1603), in: Fränkische Lebensbilder 14, hg. v. Alfred Wendehorst, Neustadt/Aisch 1991, S. 84–104.
[4] Concept-Ordnung Wie es mit denen Stipendiaten bey der Universitæt Wittenberg zu halten, vom 10. Febr. 1586 in: StAN, Ansbacher Oberamtsakten (AOA) Nr. 136 a; hierzu auch Hermann Jordan, Reformation und gelehrte Bildung in der Markgrafschaft Ansbach-Bayreuth. Eine Vorgeschichte der Universität Erlangen, 1. Tl. (bis gegen 1560) (Quellen und Forschungen zur bayerischen Kirchengeschichte I/1), Leipzig 1917, S. 331; 2. (Schluß-)Teil (1556–1742), bearb. u. hg. v. Christian Bürckstümmer, Leipzig, Erlangen 1922, S. 33.
[5] Rudolf Endres hat für die Untersuchung der Zusammenhänge zwischen Bildungswesen und Sozialstruktur speziell in Franken maßgebliche Erkenntnisse und Impulse gefördert und weitergegeben. Ganz konkret bildet das differenzierte Schulwesen in der Reichsstadt Nürnberg und in Franken dabei immer wieder einen der Forschungsschwerpunkte. Von den zahlreichen Arbeiten hierzu können hier nur wenige, grundlegende Studien genannt werden: Rudolf Endres, Sozial- und Bildungsstrukturen fränkischer Reichsstädte im Spätmittelalter und in der Frühen Neuzeit, in: Literatur in der Stadt. Bedingungen und Beispiele städtischer Literatur des 15. bis 17. Jahrhunderts, hg. v. Horst Brunner, Göppingen 1982 (Göppinger Arbeiten zur Germanistik 343), S. 37–72; ders., Das Schulwesen in Franken im ausgehenden Mittelalter, in: Studien zum städtischen Bildungswesen des späten Mittelalters und der frühen Neuzeit. Bericht über Kolloquien der Kommission zur Erforschung der Kultur des Spätmittelalters 1978 bis 1981, hg. v. Bernd Moeller, Hans Patze u. Karl Stackmann, Göttingen 1983 (Abhandlungen der Akademie der Wissenschaften in Göttingen, philologisch-historische Klasse, 3. F. 137), S. 173–213; ders., Das Bildungswesen in Nürnberg zur Zeit der Reformation, in: MVGN 71, 1984, S. 109–129; ders., Stadt und Umland im bildungspolitischen Bereich im Spätmittelalter und in der Frühneuzeit, in: Städtisches Um- und Hinterland in vorindustrieller Zeit, hg. v. Hans K. Schulze, Köln, Wien 1985, S. 157–182; ders., Städtische Kultur und Staat. Das Bildungswesen und die Kulturpflege in den fränkischen Städten, in: La Ville, la Bourgeoisie et la Genèse de l'État Moderne (XIIe-XVIIIe siècles), Actes du colloque de Bielefeld

dauernder sozialhistorischer Prozesse bildet dabei weiterhin der von Gerhard Oestreich (1910–1978) für die Frühneuzeitforschung entwickelte Begriff der „Sozialdisziplinierung"[6]. Doch wird dieses Konzept zunehmend auch einer kritischen Prüfung unterzogen und modifiziert. So begegnet die Klage über ungebührliches Betragen, mangelnden Fleiß und Geldverschwendung von Studenten nahezu überall und zu allen Zeiten[7], doch die Formulierung entsprechender „Ordnungen" kann wohl als ein für die Frühe Neuzeit typisches Phänomen gelten. Anhand einer auf Nürnberg und die fränkischen Markgrafentümer begrenzten Fallstudie soll dargestellt werden, wie die Obrigkeit reagierte, um die Studenten zu disziplinieren und dadurch letztlich auch Lebensweise und Denkformen einer gelehrten Elite[8] nachhaltig zu prägen.

(29.11.–1.12.1985), hg. v. Neithard Bulst u. J[ean]-Ph[ilippe] Genet, Paris 1988, S. 323–338; Handbuch der Geschichte des bayerischen Bildungswesens, hg. v. Max Liedtke (HGBB), 1. Bd.: Geschichte der Schule in Bayern. Von den Anfängen bis 1800, Bad Heilbrunn/Obb. 1991; ders., Das Schulwesen in Franken zur Zeit der Reformation, in: Zeitschrift für bayerische Kirchengeschichte 63, 1994, S. 13–29.

[6] Vgl. besonders Gerhard Oestreich, Strukturprobleme des europäischen Absolutismus, in: ders., Geist und Gestalt des frühmodernen Staates, Berlin 1969, S. 179–197 (international zahlreiche Übersetzungen); hierzu jetzt: Winfried Schulze, Gerhard Oestreichs Begriff „Sozialdisziplinierung in der frühen Neuzeit", in: Zeitschrift für historische Forschung 17, 1987, S. 265–302; Michael Prinz, Sozialdisziplinierung und Konfessionalisierung. Neuere Fragestellungen in der Sozialgeschichte der frühen Neuzeit, in: Westfälische Forschungen 42, 1992, S. 1–25; Institutionen, Instrumente und Akteure sozialer Kontrolle und Disziplinierung im frühneuzeitlichen Europa. Institutions, Instruments and Agents of Social Control and Discipline in Early Modern Europe, hg. v. Heinz Schilling unter redaktioneller Mitarbeit v. Lars Behrisch, Frankfurt/Main 1999 (Ius commune. Studien zur europäischen Rechtsgeschichte, Sonderheft 127); zuletzt: Ulrich Behrens, „Sozialdisziplinierung" als Konzeption der Frühneuzeitforschung. Genese, Weiterentwicklung und Kritik – Eine Zwischenbilanz, in: Historische Mitteilungen der Ranke-Gesellschaft 12, 1999, S. 35–68. Speziell zu Nürnberg vgl. Werner Buchholz, Anfänge der Sozialdisziplinierung im Mittelalter. Die Reichsstadt Nürnberg als Beispiel, in: Zeitschrift für historische Forschung 18, 1991, S. 129–147 (allerdings ohne Berücksichtigung der Armenfürsorge).

[7] Indirekt läßt sich den zu analysierenden Texten auch entnehmen, welche disziplinarischen Verfehlungen bei den Studenten in Wittenberg vorkamen oder ihnen zur Last gelegt wurden. Zum studentischen Leben im allgemeinen vgl. weiterhin Friedrich Schulze u. Paul Ssymank, Das deutsche Studententum von den ältesten Zeiten bis zur Gegenwart (Studentenhistorische Bibliothek 4), o.O. ⁴1932 (ND Schernfeld 1991).

[8] Die historische Elitenforschung hat in jüngeren Arbeiten neuen Auftrieb erfahren, allerdings setzt sie thematisch überwiegend in der zweiten Hälfte des 18. Jahrhunderts ein. Für aktuelle Information vgl. im Internet das Forschungsprojekt „Kontinuitäten oder revolutionärer Bruch? Eliten im Übergang vom Ancien Régime zur Moderne (1750–1850)" (Institut für Europäische Geschichte, Mainz, Heinz Duchhardt; vgl. http://www.inst-euro-history.uni-mainz.de/for/kontin.htm 29. 5. 2000 / 8. 6. 2000), „Elitenwandel in der gesellschaftlichen Modernisierung: Adel und bürgerliche Führungsschichten in Deutschland 1750–1933" (Technische Universität Berlin, Heinz Reif, Humboldt-Universität Berlin, Hartmut Harnisch; vgl. http://www.geschichte.hu-berlin.de/projekte/eliten/elite3.htm 15. 8. 1996 / 8. 6. 2000), „Die Wahrnehmung und Bewältigung der historischen Brüche um 1800 durch Funktionseliten des Alten Reiches. Eine prosopographisch angelegte Wahrnehmungsgeschichte" (Ludwig-Maximilians-Universität München, Winfried Schulze; vgl. http://www.ng.fak09.uni-muenchen.de/gfn/Wahrnehmung.html 6. 10. 1998 / 8. 6. 2000), jeweils mit weiterführenden Hinweisen. Die Formierung von Eliten im 16. Jahrhundert wurde bisher seltener untersucht, vgl. demnächst jedoch z. B. zu Nürnberger Juristen: Peter Fleischmann, „Kainen doctorn lest man zu Nuermberg in rath" (Dr. Christoph Scheurl, 1516). Professionalisierung oder Ausschluß von Führungseliten in Nürnberg?, in: Sozialer Aufstieg. Funktionseliten im Spätmittelalter und in der frühen Neuzeit, hg. v. Günther Schulz (Deutsche Führungsschichten in der Neuzeit 25); hierzu Tagungsbericht unter http://hsozkult.geschichte.hu-berlin.de/beitrag/tagber/spaetma.htm (15. 6. 2000 / 8. 7. 2000).

Die Universität Wittenberg⁹ hatte sich seit der Reformation als die maßgebliche Ausbildungsstätte besonders für evangelische Theologen aus dem Fränkischen Reichskreis¹⁰ etabliert. Infolge der engen Kontakte zwischen Philipp Melanchthon¹¹ (1497–1560) und der Reichsstadt Nürnberg seit der Gründung des reichsstädtischen Gymnasiums¹² 1526 zogen die meisten Nürnberger Studenten¹³ nach Wittenberg.

Indem die Hochschulen zunehmend als Ausbildungsstätten genutzt wurden, um für den Personalbedarf in Kirche und Verwaltung geeignete Absolventen zu rekrutieren¹⁴, führte dies zu Einschränkungen der für das mittelalterliche Universitätswesen charakteristischen Freizügigkeit des Studierens¹⁵. Sowohl die Lerninhalte und Prüfungen als auch die Verhaltensformen und die allgemeinen Lebensumstände wurden immer stärker reglementiert. Im Kurfürstentum Sachsen galt seit 1545 eine detaillierte Stipendienordnung¹⁶ für die Universität Wittenberg. Als Zugangsvoraussetzung

---

⁹ Erst im Zuge des Kryptocalvinismusstreits seit 1574 büßte Wittenberg seine dominierende Rolle als Ausbildungsstätte für die fränkischen Theologen ein. Zur Wittenberger Universitätsgeschichte im 16. Jahrhundert vgl. das umfassende Urkundenbuch der Universität Wittenberg, 1. Tl.: 1502–1611, bearb. v. Walter Friedensburg (Geschichtsquellen der Provinz Sachsen und des Freistaates Anhalt, N. R. 3), Magdeburg 1926; Walter Friedensburg, Geschichte der Universität Wittenberg, Halle a. S. 1917; Handbuch der deutschen Bildungsgeschichte, 1. Bd.: 15. bis 17. Jahrhundert: Von der Renaissance und der Reformation bis zum Ende der Glaubenskämpfe, hg. v. Christa Berg u. a., München 1996.

¹⁰ Bernhard Ebneth, Rudolf Endres, Der Fränkische Reichskreis im 16. und 17. Jahrhundert, in: Regionen in der Frühen Neuzeit. Reichskreise im deutschen Raum, Provinzen in Frankreich, Regionen unter polnischer Oberhoheit: Ein Vergleich ihrer Strukturen, ihrer Funktionen und ihrer Bedeutung, hg. v. Peter-Claus Hartmann (Zeitschrift für Historische Forschung, Beiheft 17), Berlin 1994, S. 41–59; Rudolf Endres, Von der Bildung des Fränkischen Reichskreises und dem Beginn der Reformation bis zum Augsburger Religionsfrieden 1555, in: Geschichte Frankens bis zum Ausgang des 18. Jahrhunderts. Handbuch der bayerischen Geschichte III/1, begründet v. Max Spindler, hg. v. Andreas Kraus, München ³1997, S. 473–495; ders., Wirtschafts- und sozialpolitische Ansätze im Fränkischen Reichskreis, in: Reichskreis und Territorium: Die Herrschaft über der Herrschaft? Supraterritoriale Tendenzen in Politik, Kultur, Wirtschaft und Gesellschaft. Ein Vergleich süddeutscher Reichskreise (Tagung der Schwäbischen Forschungsgemeinschaft und der Schwäbischen Forschungsstelle Augsburg der Kommission für bayerische Landesgeschichte in Kooperation mit dem Institut für Europäische Kulturgeschichte (Universität Augsburg) und dem Stadtarchiv Augsburg in Irsee, 5.–7.3.1998 (Augsburger Beiträge zur Landesgeschichte Bayerisch-Schwabens 7), hg. v. Wolfgang Wüst, Stuttgart 2000, S. 179–193; Winfried Dotzauer, Die deutschen Reichskreise (1383–1806). Geschichte und Aktenedition, Stuttgart 1999, bes. S. 81f.

¹¹ Vgl. Robert Stupperich, in: NDB 16, 1990, S. 741–745; Franz Machilek, in: Stadtlexikon Nürnberg, hg. v. Michael Diefenbacher und Rudolf Endres, Nürnberg ²2000, S. 652; Heinz Scheible, Melanchthon. Eine Biographie, München 1997; ders., Melanchthon in seinen Schülern, Wiesbaden 1997.

¹² Vgl. hierzu Endres, Bildungswesen in Nürnberg (wie Anm. 5), bes. S. 114–116; Gerhard Hirschmann, Die Errichtung des Gymnasiums 1526 im Spiegel der amtlichen Dokumente, in: 450 Jahre Melanchthon-Gymnasium. Festschrift und Jahresbericht 1975/76, S. 13–21.

¹³ Vgl. die ausführliche, aus den gedruckten Universitätsmatrikeln exzerpierte Studentenkartei von Karlheinz Goldmann im Stadtarchiv Nürnberg; einzelne Auswertungen publiziert in: ders., Nürnberger Studenten an deutschen und ausländischen Universitäten von 1300–1600, in: Mitteilungen aus der Stadtbibliothek Nürnberg 12/I, 1963, S. 1–10.

¹⁴ Vgl. Endres, Bildungswesen in Nürnberg (wie Anm. 5), S. 113.

¹⁵ Vgl. z. B. Hartmut Boockmann, Wissen und Widerstand. Geschichte der deutschen Universität, Berlin 1999.

¹⁶ Vgl. Urkundenbuch der Universität Wittenberg (wie Anm. 9), S. 249f., Nr. 266; Otto Kius, Das Stipendiatenwesen in Wittenberg und Jena unter den Ernestinern im 16. Jahrhundert. Nach archivalischen Quellen, in: Zeitschrift für historische Theologie 35, 1865, S. 96–159.

waren Empfehlungsschreiben der Pfarrer, Superintendenten, Räte und Schulmeister erforderlich, und an der Universität selbst mußten vermehrt Prüfungen absolviert werden. Wer *unvleissig oder untuchtig befunden wurde, also das keine hofnung zu haben, das er studiren und kunftig den leuthen nutz sein wurde*[17], dem drohte der Entzug des Stipendiums.

Aussagekräftige Quellen zur praktischen Durchführung der Aufsicht liegen ebenso für die Stipendiaten aus den fränkischen Markgrafentümern in Leipzig und Wittenberg vor. Seit 1546 wurden diese durch den Leipziger Professor der hebräischen Sprache Dr. theol. Bernhard Ziegler[18] (1496–1556) überwacht und examiniert. Dieser berichtete über die Prüfungsergebnisse nach Ansbach, wo auf dieser Basis über die weitere Verwendung und die berufliche Laufbahn der Studenten entschieden werden konnte. Unter Markgraf Georg Friedrich wurde die Aufgabe, *daß auf gedachte vorige und neue Stipendiaten gute Acht gegeben und sie zu fleißigem Schreiben und anderen nötigen Übungen angehalten und oftmals verhört und examinirt werden*[19], seit September 1563 dem renommierten Wittenberger Professor der Theologie Paul Eber[20] (1511–1569) übertragen. Als Gehilfe wurde ihm Johannes Baptist Lechelius[21] († 1577), später Stiftsprediger in Ansbach, zuletzt Pfarrer und Dekan in Crailsheim, beigeordnet. Eber selbst hatte zunächst die Lorenzer Lateinschule in Nürnberg und das dortige Gymnasium besucht, ehe er 1532 zum Studium nach Wittenberg ging, wo er seit 1541 zunächst eine Professur für lateinische Sprache innehatte.

Nachdem er jeden einzelnen Stipendiaten examiniert hatte, sandte Eber ausführliche Berichte[22] an Markgraf Georg Friedrich, in welchen er die Anwesenheit der Studenten bei den Prüfungen, ihre Studienfortschritte, ihren *stillen, züchtigen Wandel* und ihre finanzielle Situation darlegte. Bemerkenswert ist dabei die unmittelbare Ver-

---

[17] Urkundenbuch der Universität Wittenberg (wie Anm. 9), S. 253.

[18] Vgl. Christian Gottlieb Jöcher, Allgemeines Gelehrten-Lexicon, Darinne die Gelehrten aller Stände […] beschrieben werden, 4. Tl., Leipzig 1751 (ND Hildesheim 1961), Sp. 2198; Urkundenbuch der Universität Leipzig von 1409 bis 1555, i. A. d. Kgl. Sächs. Staatsregierung hg. v. Bruno Stübel (Codex Diplomaticus Saxoniae Regiae, 2. Haupttheil, XI. Bd.), Leipzig 1879, passim.

[19] Theodor Wotschke, Markgräflich ansbachische Stipendiaten in Wittenberg, in: Zeitschrift für bayerische Kirchengeschichte 2, 1927, S. 197–207, hier S. 197; Professor Eber schickte damals auch ein gedrucktes Exemplar der kursächsischen Konsistorialordnung an den Markgrafen. Zur parallelen Entwicklung der Aufsicht über die markgräflichen Stipendiaten vgl. Jordan, Reformation und gelehrte Bildung (wie Anm. 4), S. 331.

[20] Zur Biographie vgl. Theodor Pressel, Paul Eber. Nach gleichzeitigen Quellen (Leben und ausgewählte Schriften der Väter und Begründer der lutherischen Kirche), Elberfeld 1862; Robert Stupperich, in: NDB 4, 1959, S. 225; Rolf Häfele, Die Studenten der Städte Nördlingen, Kitzingen, Mindelheim und Wunsiedel bis 1580. Studium, Berufe und soziale Herkunft (Trierer Historische Forschungen 13), Trier 1988, 2. Tl., S. 458, Nr. 074; Biographisch-Bibliographisches Kirchenlexikon 1, bearb. u. hg. v. Friedrich Wilhelm Bautz (BBKL), ²1990, Sp. 1441f.

[21] Matthias Simon, Ansbachisches Pfarrerbuch. Die Evangelisch-Lutherische Geistlichkeit des Fürstentums Brandenburg-Ansbach 1528–1806 (Einzelarbeiten aus der Kirchengeschichte Bayerns 28), Nürnberg 1957, S. 277, Nr. 1686.

[22] In dem Briefband Ch. A. 125 der Herzoglichen Bibliothek Gotha hatten sich zwei Schreiben v. 19. 9.1563 und 19.3.1567 erhalten; ed. v. Wotschke, Markgräflich ansbachsche Stipendiaten (wie Anm. 19), S. 197–207; Tatsächlich sind in den Beurteilungen Stipendiaten aus beiden Landesteilen, also unterhalb wie oberhalb des Gebirgs, erwähnt. Georg Friedrich hatte ein Jahr nach seinem Regierungsantritt in Ansbach (1556) mit Kulmbach auch das Oberland erhalten (1557).

knüpfung theologischer, kognitiver und habitueller Kategorien. Das Votum des zuständigen Professors bildete die Entscheidungsgrundlage für die weitere Bewilligung der markgräflichen Stipendien. Die Entstehung differenzierter Prüfungsverfahren kann als ein zentrales Element frühneuzeitlicher Sozialkontrolle und -disziplinierung im Bildungssektor erfaßt werden.

Für die zahlreichen Studenten[23] aus Nürnberg entstand an der Universität in Wittenberg im 16. Jahrhundert offenbar eine eigene *Nürnbergische Nation*[24]. An deren Spitze standen *Vier Älteste*, die – analog zu entsprechenden Maßnahmen in Nürnberg selbst – unter anderem einen „Gemeinen Kasten"[25] als Einrichtung der sozialen Fürsorge für die Studenten verwalteten. Diese Vorsteher der *Nation* wurden eingebunden, als es in Nürnberg ebenfalls darum ging, ein wirksames Instrumentarium zur Kontrolle des Studiums aufzubauen.

1569 wandten sich die Prediger an den Nürnberger Hauptkirchen, insbesondere Magister Moritz Heling[26] (1522–1595), an den Alten Bürgermeister Joachim Haller, um die eingangs bezeichneten Defizite bei der Disziplin der Studenten abzustellen. Sie wiesen darauf hin, daß den Studenten anderer Territorien bereits seit längerem ein Inspektor verordnet worden war, *welchs dann nicht wenig fruchtet*[27]. Die bereits erwähnte Stipendienordnung von 1545 für das Kurfürstentum Sachsen[28] war offenbar ebenso bekannt wie die vergleichbaren disziplinarischen Maßnahmen bei den markgräflichen Stipendiaten in Wittenberg. Ein ähnliches Vorgehen war nach Auffassung

---

[23] Goldmann, Nürnberger Studenten (wie Anm. 13); laut Eintrag im Ratsbuch StAN, Rep. 60 b, Nr. 34, Bl. 11ʳ waren 1569 etwa 40 Studenten aus Nürnberg in Wittenberg immatrikuliert. Diese stellten dort die größte Gruppe aus einer einzelnen Stadt.

[24] Über die Organisation der *Nürnberger Nation* in Wittenberg ist bislang nur wenig bekannt. Weitere Erwähnungen in der Literatur und in Quellen wären zu suchen. Insofern kann die nicht uninteressante Frage, ob es sich zunächst um eine studentische Initiative entstandene Korporation handelt, die dann durch die reichsstädtische Obrigkeit instrumentalisiert wurde, hier nicht beantwortet werden.

[25] Der *Gemeine Kasten* der Stadt Nürnberg als eine Einrichtung der sozialen Fürsorge ging zurück auf eine 1484 eingerichtete Stiftung des Juristen Georg Keyper. Vgl. Horst-Dieter Beyerstedt, in: Stadtlexikon Nürnberg (wie Anm. 11), S. 532; Ausführlich hierzu vgl. Rudolf Endres, Armenstiftungen und Armenschulen in Nürnberg in der Frühneuzeit, in: Festschrift für Alfred Wendehorst, hg. v. Gerhard Rechter u. Jürgen Schneider (JfL 53), Neustadt/Aisch 1992, S. 55–64. Neben dem Bildungswesen können Maßnahmen der Sozialkontrolle und -disziplinierung besonders in der Armenfürsorge beobachtet werden. Vgl. Hermann Maué, Bettlerzeichen und Almosenzeichen im 15. und 16. Jahrhundert, in: Anzeiger des Germanischen Nationalmuseums 1999, S. 125–140.

[26] Zur Person vgl. Andreas Gößner, in: Stadtlexikon Nürnberg (wie Anm. 11), S. 436. Heling hatte maßgeblichen Anteil an der Nürnberger Kirchenvisitation 1560/61; vgl. Gerhard Hirschmann, Die Kirchenvisitation im Landgebiet der Reichsstadt Nürnberg 1560 und 1561. Quellenedition (Einzelarbeiten aus der Kirchengeschichte Bayerns 68), Neustadt/Aisch 1994, bes. S. 6–9; außerdem warb er im Sinne Luthers in der Nürnberger Bürgerschaft intensiv und erfolgreich für die testamentarische Errichtung von Stipendienstiftungen und gehörte zu den maßgeblichen Initiatoren der Akademie in Altdorf; vgl. Gustav Georg Zeltner, Historiae Noribergensis ecclesiasticae notabilior pericope in Mauritiii Helingi Antistis ad D. Sebald per XL annos Noriberg. vita et fatis […], Altdorf 1715 und Bernhard Ebneth, Stipendienstiftungen in Nürnberg. Eine historische Studie zum Funktionszusammenhang der Ausbildungsförderung für Studenten am Beispiel einer Großstadt (15.–20. Jahrhundert) (Nürnberger Werkstücke 52), Nürnberg 1994, bes. S. 123 u. 180.

[27] StAN, Rep. 60 b (RB) Nr. 34, Bl. 11ʳ (wie Anm. 1).

[28] Urkundenbuch der Universität Wittenberg (wie Anm. 9), Nr. 266.

der Prediger auch für die reichsstädtischen Stipendiaten notwendig. Im November 1569 formulierten sie zu diesem Zweck das Konzept einer ausführlichen Inspektionsordnung[29], welche nach Vorlage vor dem Größeren Rat am 16. Dezember desselben Jahres durch den Rat verabschiedet wurde.

Zu christlicher disciplin beforderung empfahlen die Prediger, der Rat solle hierbei eng mit dem *regiment* der Universität in Wittenberg zusammenarbeiten. Die wichtigste Maßnahme bildete die Bestellung einer geeigneten Aufsichtsperson *aus den furnemsten professoribus artium, und philosophicæ*. Hierfür nahm Moritz Heling Kontakt mit Magister Sebastian Dietrich in Wittenberg auf. Am 7. März 1570 konnte Haller dem Rat mitteilen, Professor Dietrich sei bereit, das Amt eines Inspektors zu übernehmen und *werde ein ernstes auffmercken auff der Iugend studia* haben[30]. Zu seiner Unterstützung bei den vierteljährlichen Prüfungen sollten ihm die beiden Magister Caspar Cruciger[31] (1525–1597) und Esromius Rudinger[32] (1523–1590) als „Examinatoren" beigeordnet werden[33].

Die Kosten für die Durchführung der Inspektionsordnung beliefen sich auf insgesamt 90 Gulden jährlich. Diese wurden überwiegend durch den Nürnberger Bürger und Messingbrenner Endres Beheim[34] (1530–1612) getragen, der sich anbot, nicht nur sein Leben lang jährlich 50 Gulden zu geben, *sonder auch [...] die verordnung in einem Testament zuthun, das nach seinem absterben, solches yederzeit solte geraicht werden*[35]. Die Stipendiateninspektion war somit als eine dauerhafte Maßnahme konzipiert und abgesichert.

Die Bestellung eines Inspektors mit weitgehenden Sanktionskompetenzen entspricht im Ansatz dem Vorgehen in den Markgrafentümern. Eine Neuerung und Erweiterung bildet dagegen in Nürnberg die Abfassung einer ausführlichen Ordnung, die detailliert die Aufgaben dieses Inspektors (3.1.1.–3.1.15.), der ihm zugeordneten

---

[29] Alle folgenden Zitate beziehen sich auf die im Anhang vollständig edierte Ordnung in StadtAN (wie Anm. 2). Die von B. E. eingefügten Gliederungspunkte (3.1.1. bis 3.3.15.) sollen der leichteren Orientierung und einem Vergleich mit der späteren markgräflichen Ordnung dienen. Die Transkription und die Zitate aus den archivalischen Quellen orientieren sich an den aktuellen „Empfehlungen zur Edition frühneuzeitlicher Texte" der Arbeitsgemeinschaft außeruniversitärer historischer Forschungseinrichtungen; vgl. im Internet unter: http://www.ahf-muenchen.de/Arbeitskreise/empfehlungen.htm (2000 / 8. 7. 2000).

[30] Als Aufwandsentschädigung waren für Dietrich jährlich 50 fl. vorgesehen. Dieses *Stipendium* im Sinne eines regelmäßigen Einkommens entsprach etwa der duchschnittlichen Höhe eines Stipendiums für Studenten.

[31] Theodor Pressel, Caspar Cruciger. Nach gleichzeitigen Quellen (Leben und ausgewählte Schriften der Väter und Begründer der lutherischen Kirche), Elberfeld 1862; Robert Stupperich, in: NDB 3, 1957, S. 428; BBKL 1 (wie Anm. 20), ²1990, Sp. 1171f. Auch Cruciger war stark von Melanchthon geprägt und mußte 1574 infolge des Kryptocalvinismusstreites die Universität Wittenberg verlassen. 1576 wurde er aus Sachsen verwiesen.

[32] C. Siegfried, in: ADB 29, 1889, S. 470. Franz Machilek, in: BBKL 8 (wie Anm. 20), 1994, Sp. 952–956; Wie Cruciger mußte auch Rudinger (Rüdinger) 1574 die Universität Wittenberg verlassen.

[33] Diese sollten hierfür jeweils 12 fl. erhalten. 16 fl. waren für die *vier Ältesten* aus der *Nürnberger Nation* bestimmt, wobei es diesen überlassen wurde, freiwillig *ein teil in den gemeinen casten* [zu] *legen* (2.).

[34] Andreas Beheim d. Ä. (auch Endres Behaim) gehört zu der bekannten Glockengießerfamilie; Christa Schaper, Die Beheim. Eine Geschütz- und Glockengießerfamilie in Nürnberg (1350–1600), in: MVGN 51, 1962, S. 199–206.

[35] StAN, Rep. 60 b (RB) Nr. 34, Bl. 11ʳ (wie Anm. 1).

Examinatoren und Assessoren (3.2.1.–3.2.2.) sowie die Pflichten der Stipendiaten (3.3.1.–3.3.15.) regelte. Hieraus ergibt sich ein näher zu betrachtender Codex, der gleichermaßen mentale und habituelle Richtlinien, theologische Normen und Verhaltensvorschriften aufstellt.

Am Beginn jeder Disziplinierung steht eine Erfassung und Registrierung[36]. Dementsprechend bestand die erste Aufgabe des Inspektors darin, die aus Nürnberg kommenden Stipendiaten bei ihrer Ankunft in Wittenberg sogleich zu verzeichnen und dafür Sorge zu tragen, daß sie sich auch korrekt in die Universitätsmatrikel eintrugen[37]. Jedem Neuankömmling mußten, wie auch bei anderen schulischen Einrichtungen üblich[38], die Statuten vorgelesen werden (3.1.1.). Nach der Registrierung folgte ein *Verhör*, also ein eingehendes Prüfungsgespräch, mit Ermahnung *zu gottes furcht und allen andern christlichen tugenden* (3.1.2.). Als verbindliche Doktrin galten selbstverständlich die Heilige Schrift, die *Symbola*, die *Confessio Augustana*[39] (1530), deren *Apologie* (1530) und das *Corpus Doctrina*. Die Studenten wurden davor gewarnt, sich auf *ergerliche, und schädliche disputationes* (3.1.2.) über theologische Fragen einzulassen. Dogmatische Kontroversen waren nicht im Sinne der Nürnberger Prediger und auch nicht des Rats.

Entsprechend dem bei der Prüfung festgestellten individuellen Kenntnisstand legte der Inspektor die für jeden Studenten am besten geeigneten Lektionen fest (3.1.3. sowie 3.1.11.). Er korrigierte die vierteljährlichen – nach der ursprünglichen Konzeption sogar monatlichen – *argumenta*, also Probeaufsätze[40] in Prosa oder in Versen (3.1.4.). Er sollte bei den Präzeptoren sowie bei den Lehrern, in den Herbergen, bei Verwandten und Freunden Erkundigungen einziehen, wie sich die Studenten *in den studiis, und auch im leben* (3.1.5.) verhielten, und wies sie zurecht, falls sie sich *bei böser geselschafft und in verdächtigen orten* (3.1.6.) aufhielten. Zumindest der Intention nach gab es also keinerlei unbeaufsichtigte Lebenssphäre.

---

[36] Zählungen der Bevölkerung, von Schülern sowie die Registrierung von Steuerpflichtigen gab es in Nürnberg bereits im 15. Jahrhundert; vgl. u. a. Rudolf Endres, Zur Einwohnerzahl und Bevölkerungsstruktur Nürnbergs im 15. und 16. Jahrhundert, in: MVGN 57, 1970, S. 242–271; als Beispiel außerdem: Das Reichssteuerregister von 1497 der Reichsstadt Nürnberg (und der Reichspflege Weißenburg), hg. v. Peter Fleischmann (Quellen und Forschungen zur Fränkischen Familiengeschichte 4), Nürnberg 1993. Zur Anlage von Schülerverzeichnissen vgl. Endres, Schulwesen, in: HGBB (wie Anm. 6), S. 161.

[37] Aufgrund dieser Bestimmung muß wohl eine gesonderte Matrikel der *Nürnberger Nation* an der Universität Wittenberg existiert haben. Diese konnte nicht mehr eruiert werden. Die Handschrift UB Halle, v. Ponickau'sche Bibl. Hist. 4° 133 a Bl. 1–33 (Kopie in der Stadtbibliothek Nürnberg) enthält von verschiedenen Händen einen Extrakt hauptsächlich der Nürnberger Studenten von 1502 bis 1558. Vgl. Album Academiae Vitebergensis. Ältere Reihe II, hg. v. O. Hartwig (1894), S. X sowie Goldmann, Nürnberger Studenten (wie Anm. 13).

[38] Reinhard Jakob, Schulen in Franken und in der Kuroberpfalz 1250–1520 (Wissensliteratur im Mittelalter 16), Wiesbaden 1994, S. 171.

[39] Wilhelm Maurer, Historischer Kommentar zur Confessio Augustana, 1. Bd.: Einleitung und Ordnungsfragen, Gütersloh 1976, bes. S. 16–48 zu den von Nürnberger Gesandten mitbestimmten Formulierungen; Vinzenz Pfnür, Augsburger Bekenntnis, in: Lexikon für Theologie und Kirche 1, ³1993, Sp. 1226–1229 u. Herbert Immenkötter, ebd., Sp. 1229f.

[40] *argumenta soluta, oder ligata oratione* gab es auch bei den Bewerbungen für die Spitalschule. Vgl. Friedhelm Brusniak, Nürnberger Schülerlisten des 16. Jahrhunderts als musik-, schul- und sozialgeschichtliche Quellen, in: MVGN 69, 1982, S. 8f.

Ebenso unterlagen die finanziellen Verhältnisse jedes einzelnen Studenten sowie der *Nürnberger Nation* insgesamt der genauen Kontrolle durch den Inspektor: Er achtete auf Essen, Kleidung und den sonstigen Konsum, damit niemand durch übermäßige Ausgaben in Schulden geraten sollte (3.1.7.). Für den Inhalt des *Gemeinen Kastens* waren die *Vier Ältesten* der *Nation* dem Inspektor rechenschaftspflichtig. Damit sollte verhindert werden, *das einem verschwender etwas draus furgestreckt werde* (3.1.14.). Ziel der Ausbildungsförderung war ein rationeller Einsatz der eingesetzten finanziellen Mittel. Auch das Studium wurde zunehmend durch eine Kosten-Nutzen-Rechnung geprägt.

Ob die Stipendien gut investiert wären, wurde außer in den erwähnten Hausaufsätzen vierteljährlich durch ein *gemein examen* (3.1.8.) getestet. Diese regelmäßigen Prüfungen[41] sorgten für eine permanente Überwachung der Studienleistungen und erinnern an schulische Verhältnisse. Viele der Wittenberger Studenten, besonders in der Theologie, hatten zuvor das Alumneum, die einstige sogenannte Chorschule am Heilig-Geist-Spital in Nürnberg[42], besucht. Unzureichende Prüfungsergebnisse konnten zunächst eindringliche Ermahnungen zur Folge haben (3.1.9.), blieb eine Besserung aus, mußten nachlässige Studenten dem Universitätsrektor gemeldet werden, zuletzt auch dem Nürnberger Rat, den Eltern oder Verwandten *und den ienigen, von welchen sie die beneficia entpfangen* (3.1.10.). Bei ordnungswidrigem Verhalten konnten als schärfste Sanktion seitens der Geldgeber die Subventionen gestrichen werden, was auch die Aussichten auf eine spätere Anstellung drastisch dezimierte.

Am Ende des Studiums, vor der Rückkehr nach Nürnberg, erteilte der Inspektor mit den Examinatoren und Assessoren jedem Studenten ein eigenhändig unterzeichnetes *testimonium* [...], *das man erßen kan, wie er sich gehalten und seinen abschied genommen hab* (3.1.13.). Die Aufsicht über den gesamten Studiengang und -verlauf war somit von Anfang bis Ende durch Statuten detailliert und präzise geregelt. Am Ende des umfassenden Aufgabenkatalogs wird der Inspektor aufgefordert, alle Beschwerden und Mängel dem Rat mitzuteilen, damit die Ordnung gegebenenfalls revidiert werden könnte. Die Pflichten der Examinatoren und Assessoren sind vergleichsweise knapp gefaßt: Sie sollten den Inspektor bei der Wahrnehmung aller seiner Aufgaben, insbesondere bei den regelmäßigen Prüfungen, unterstützen und ihren Rat dazu erteilen. Gleichzeitig sollten sie den Inspektor *seins ampts erinnern* (3.2.2.), falls er nachlässig wäre, fungierten sie diesem gegenüber also auch als Kontrollorgan.

---

[41] Zur Funktion von Prüfungen vgl. Schülerbeurteilungen und Schulzeugnisse. Historische und systematische Aspekte, hg. v. Johann Prinz von Hohenzollern u. Max Liedtke (Schriftenreihe zum Bayerischen Schulmuseum Ichenhausen 10), Bad Heilbrunn/Obb. 1991, hier u. a. S. 61–68 zu den ‚Chorales' am Heilig-Geist-Spital in Nürnberg. Beispielsweise mußten gemäß den Statuten der Universität Jena von 1569 auch die dortigen Beneficiaten halbjährliche Prüfungen ablegen. Vgl. Wilhelm Stieda, Eine Jenaische Studentenrechnung des 18. Jahrhunderts, in: Archiv für Kulturgeschichte 8, 1910, S. 72–85, hier S. 74.

[42] Auch für dieses in seiner Funktion für die Bildungs- und Sozialstruktur Nürnbergs zu wenig beachtete Alumneum fehlt eine moderne Darstellung. Am ausführlichsten weiterhin Georg Andreas Will, Die Geschichte des Alumnei zu Altdorf, Altdorf 1763. Zu Teilaspekten Brusniak, Nürnberger Schülerlisten (wie Anm. 40), S. 1–109; Endres, Bildungswesen in Nürnberg (wie Anm. 6), S. 119; ders., Stadt und Umland (wie Anm. 6), S. 160; ders., Schulwesen, in: HGBB (wie Anm. 6), S. 165f.

Detailliert legt die Ordnung die Pflichten der Stipendiaten aus Nürnberg fest[43]. Im wesentlichen entsprechen diese Vorschriften vice versa den beschriebenen Aufgaben des Inspektors, umfassen also sämtliche Lebensverhältnisse (sozialen Umgang, Finanzen, Wohnung, Kleidung, Nahrung) ebenso wie den genauen Studiengang (Lehrplan, Prüfungen). Die Studenten sollten dabei *aller christlichen tugenden sich befleißen* (3.3.4).

Bei ihrer Einschreibung mußten sie zunächst ein Gehorsamsgelöbnis[44] ablegen (3.3.1., hierzu auch 3.3.8.). Die Auswahl ihrer Präzeptoren, von Wohnung und *Tisch*, also der Koststelle (3.3.2.), sollte im Einvernehmen mit dem Inspektor und den *Vier Ältesten* getroffen werden. Dasselbe galt für den Besuch der empfohlenen Lektionen (3.3.3.). Grundsätzlich waren die Studenten dazu gehalten, *sich fleißig zu gotes wort [zu] halten* und *bei der einfeltigen christlichen lere wie dieselbige in der witebergischen kirch, und schul getrieben wird* zu bleiben (3.3.4.). In Konfliktsituationen sollten sie stets den Rat des Inspektors einholen (3.3.5., auch 3.3.14.). Weitere Vorschriften betrafen die Einhaltung der vorgeschriebenen Gesprächs- und Prüfungstermine (3.3.6. und 3.3.7.). Sie sollten *einen christlichen, löblichen, und unsträfflichen wandel* (3.3.9.) führen, also sich von Spielen, Eß- und Trinkgelagen sowie Unzucht fernhalten. Ebenso waren unbewillgte Eheschließungen verboten. Bei den Lektionen an der Universität galt Anwesenheitspflicht (3.3.10.). Nur mit ausdrücklicher Erlaubnis durften die Studenten sich aus Wittenberg entfernen (3.3.11.). Schulden aufzunehmen war allenfalls in beschränktem Umfang zulässig (3.3.12.). Auch für die Kleidung galten strenge Vorschriften[45] (3.3.13.). Besondere Gefahren für die moralische und finanzielle Lage der Studenten befürchtete man offenbar durch Hochzeiten, wo sie übermäßig Geld verbrauchen und in schlechte Gesellschaft geraten könnten. Daher wurde eine Teilnahme nur mit ausdrücklicher Genehmigung des Inspektors gestattet (zu 3.3.9.).

Ein weiteres Problem bildete der Transfer der Stipendienzahlungen von Nürnberg nach Wittenberg. Die Überweisungen wurden durch Nürnberger Kaufleute abgewickelt, welche die Messe in Leipzig besuchten. Jeweils zu den Messeterminen bestand, wie der Theologiestudent Lazarus Peuschel († 1562) 1548 berichtet[46], bei den Wittenberger Studenten die Neigung, jeweils an Philipp und Jakob (1. Mai) und an Michaelis (29. September) das Geld direkt in der sächsischen Wirtschaftsmetropole abzuholen. An der Universität mußten während dieser Zeit die Lektionen ausfal-

---

[43] In mehrfacher Hinsicht gleichen die Vorschriften den Regelungen zur *zucht* an Schulen (Anwesenheitspflicht, Gebrauch der lateinischen Sprache, Verbot von Spielen und Raufereien) schon im 15. Jahrhundert; hierzu Jakob, Schulen (wie Anm. 38), S. 344.

[44] Solche Gelöbnisse sind keine nachreformatorische Erscheinung, vielmehr wurden sie bereits in der Mitte des 14. Jahrhunderts von den *chorales* am Heilig-Geist-Spital in Nürnberg verlangt. Vgl. auch hierzu Jakob, Schulen (wie Anm. 38), S. 346.

[45] Einige Punkte wurden offenbar nachträglich eingefügt, nachdem der Text der Inspektionsordnung dem weiteren Rat in Nürnberg vorgelegt worden war. Diese Ergänzungen sind in StadtAN, A 26, Rep. 80 B, Nr. 352 durch griechische Buchstaben bezeichnet.

[46] Vgl. StadtAN, A 26, Rep. 80 B, Nr. 297 b; hierzu Kuno Ulshöfer, Das einfache Leben des Rothenburger Gymnasialrektors Abdias Wickner (1528–1564), in: Tradition und Geschichte in Frankens Mitte, Festschrift für Günther Schuhmann (Jahrbuch des Historischen Vereins für Mittelfranken 95), Ansbach 1991, S. 132.

len, damit die Studenten *nichts an dem studiren versaumen*[47]. Teilweise konnten sie in Leipzig gleichzeitig Bücher besorgen, vermutlich gaben sie einen Teil ihrer Zuwendungen aber auch für andere Zwecke aus. Um dies zu unterbinden, legte die Inspektionsordnung 1569 fest, daß aus der *Nürnberger Nation* ein Ausschuß gebildet werden sollte, der berechtigt war, die Stipendiengelder in Leipzig an den beiden üblichen Zahlungsterminen in Empfang zu nehmen und von dort nach Wittenberg zu überbringen. Erst hier sollte die Zuteilung an die einzelnen Studenten erfolgen.

Zumindest der Intention nach unterstanden die Nürnberger Studenten in Wittenberg also einer alle Lebensbereiche umfassenden Reglementierung und Kontrolle. Handelt es sich dabei nun um ein spezifisch frühneuzeitliches Phänomen? Einige Elemente wie Treueide, Gehorsamspflicht, Kleidungsvorschriften und so weiter finden sich in Nürnberg auch schon Mitte des 14. Jahrhunderts in Schulregeln[48]. Reinhard Jakob konstatiert bereits für die mittelalterlichen Schulen eine „disziplinarische Durchdringung des Lernens"[49]. Schriftliche Verpflichtungen von Studenten wurden regelmäßig auch bei der Konhofer'schen Stiftung in Nürnberg seit 1452 verlangt[50]. Allerdings zeigt sich in der vorliegenden Inspektionsordnung mit ihren detaillierten Vorschriften eine verstärkte Tendenz zu einer vollständigen Kontrolle und Disziplinierung des Studiums.

Wie der Vergleich zeigt, ist die Reichsstadt Nürnberg mit ihren Maßnahmen durchaus kein Einzelfall. So hatten sich die dortigen Prediger bei der Begründung für die von ihnen geforderte Disziplinierung der Studenten neben anderen Beispielen zwar auf die benachbarten markgräflichen Fürstentümer berufen, doch faktisch ging die Reichsstadt voraus.

Am 10. Februar 1586, also etwa 16 Jahre nach Nürnberg, erließ Markgraf Georg Friedrich in Königsberg für das Fürstentum Brandenburg-Ansbach eine ähnliche Stipendiaten-Ordnung[51]. Deren Vorschriftenkatalog legt die Schlußfolgerung nahe, daß Konzeption und Inhalt unmittelbar auf das Nürnberger Modell[52] von 1569 zugreifen. So enthält das erste Kapitel *Vom Ambt eines verordneten Inspectoris* die folgenden

---

[47] StadtAN, A 26, Rep. 80 B, Nr. 297 b.

[48] Vgl. z. B. für die Schule am Heilig-Geist-Spital in Nürnberg: Universitätsbibliothek Erlangen, Handschriftenabteilung Ms. B 24 (Ms. 1382; Steinmeyer 1389 b), hierzu: Otto Pültz, Die deutschen Handschriften der Universitätsbibliothek Erlangen (Katalog der Handschriften der Universitätsbibliothek Erlangen. Neubearbeitung, Bd. 4), Wiesbaden 1973.

[49] Jakob, Schulen (wie Anm. 38), S. 344; komprimiert ders., Schulwesen, in: Stadtlexikon Nürnberg (wie Anm. 11), S. 958f.

[50] Akten des Losungamts heute z. T. im StadtAN, A 26, Rep. 80 B, Nr. 175–205; hierzu u. a. Ebneth, Stipendienstiftungen (wie Anm. 26), S. 83, 103–107, 223 u. 232f.

[51] Wie Anm. 4.; vgl. auch weitere markgräfliche Verordnungen, die das Stipendienwesen betrafen, u. a. v. 21. 1.1595; Corpus Constitutionum Brandenburgico-Culmbacensium, Oder Vollständige Sammlung Der Vornehmsten so wohl allgemeinen als besondern in dem Marggrafthume Brandenburg-Culmbach […] Landes-Ordnungen und Gesetze, hg. v. Joh[ann] Casp[ar] Brunner, 1. Bd., Bayreuth 1746, C. II. S I. N. I.

[52] Ein synoptischer Vergleich zwischen den beiden Inspektionsordnungen könnte die Übereinstimmungen sowie einige Unterschiede deutlicher zeigen. Aus Raumgründen sollen hier nur die sich entsprechenden Vorschriften der markgräflich-ansbachischen Ordnung (M) und der Nürnberger Ordnung (N) bezeichnet werden. Die jeweils vom Vf. eingefügte Zählung der Abschnitte soll dabei einer besseren Orientierung dienen; wie Anm. 29.

Punkte: an erster Stelle einen Gehorsamseid der Stipendiaten gegenüber dem Inspektor und den Statuten (M 1.1. vgl. N 3.1.1.), die Sorge um Kost und Wohnung der Stipendiaten sowie Besuch geeigneter Lektionen (M 1.2. vgl. N 3.1.3. und N 3.1.7.), die Aufsicht über Studienfortschritte (M 1.3. vgl. N 3.1.4.), die Lerninhalte entsprechend der *Doctrina Catechetica* (M 1.4. vgl. N 3.1.2.), die Sprachkenntnisse (M 1.5. ohne Entsprechung), monatliche Stilübungen (M 1.6. vgl. N 3.1.4.), vierteljährliche Deklamationsübungen (M 1.7. ohne Entsprechung), geeignete theologische Lektionen (M 1.8. vgl. N 3.1.11.), eine spezielle Ausbildung zum Kirchen- und Schuldienst oder als Kantor (M 1.9 ohne Entsprechung), jährliche Examen in Katechetik, Philosophie, *artes* und Sprachen (M 1.10. vgl. N 3.1.8.), Probeschriften (M 1.11. vgl. auch N 3.1.4.), Berichte über die Stipendiaten mit Verwendungsvorschlägen und Einsendung der Probeschriften nach Ansbach (M 1.12. vgl. N 3.1.13. und 3.1.15.), also eine Fortführung der bereits seit 1546 bestehenden Praxis, die Aufsicht über eine ordnungsgemäße Lebensweise (M 1.13. vgl. N 3.1.5.), die Bestellung von Studenten zur Aufsicht über Kommilitonen (M 1.14. ohne Entsprechung), Ermahnungen bei Verstößen, gegebenenfalls Berichte an die Regierung (M 1.15. vgl. N 3.1.10.), die Abholung der Stipendiengelder an den Messeterminen in Leipzig (M 1.16. vgl. zu N 3.3.11.), die Verwendung der Gelder (M 1.17. vgl. zu N 3.1.11.), Maßnahmen gegen Verschwendung (M 1.18. vgl. N 3.1.14.), die Erlaubnis zur Abreise aus Wittenberg sowie Hilfe im Krankheitsfall (M 1.19. vgl. N 3.1.13.) und zuletzt die Bestellung des ältesten Magisters zur Unterstützung für den Inspektor bei den Prüfungen (M 1.20. vgl. N 3.1.8.).

Das zweite Kapitel *Vom Ambt der Stipendiaten* umfaßt analog Vorschriften über Gottesfurcht (M 2.1. vgl. N 3.3.4.), die Verpflichtung auf ein Theologiestudium (M 2.2. ohne Entsprechung), die Lerninhalte (M 2.3. vgl. N 3.3.4.), die Sprachkenntnisse (M 2.4. ohne Entsprechung), Stilübungen (M 2.5. ohne Entsprechung), Lektionen entsprechend der Empfehlung des Inspektors (M 2.6. vgl. N 3.3.3.), den Gebrauch der lateinischen Sprache (M 2.7. ohne Entsprechung), die Anwesenheitspflicht bei den Examensterminen (M 2.8. vgl. N 3.3.6), den Erwerb des Magistergrads nur mit Zustimmung des Inspektors (M 2.9. ohne Entsprechung), Koststelle und Wohnung (M 2.10. vgl. N 3.3.2.), keine Beteiligung an religiösen Auseinandersetzungen (M 2.11. vgl. N 3.1.2. und 3.3.4.), die Wiederholung der *Doctrina Catechetica* an Sonn- und Feiertagen (M 2.12. ohne Entsprechung), Gehorsam gegenüber den Universitätsstatuten, der vorliegenden Ordnung und dem Inspektor (M 2.13. vgl. N 3.3.8.), die Schlichtung von Konflikten durch den Inspektor (M 2.14. vgl. N 3.3.5.), das Verbot, Hochzeiten zu besuchen (M 2.15. vgl. Ergänzung zu N 3.3.9.), das Unzucht- und Heiratsverbot (M 2.16. vgl. N 3.3.9. mit Ergänzung), Kleidungsvorschriften (M 2.17. vgl. N 3.3.13.), das Verbot von Glücksspielen (M 2.18. vgl. N 3.3.9.), die Forderung nach Aufrichtigkeit (M 2.19.), eine Abreise von der Universität nur mit Erlaubnis des Inspektors (M 2.20. vgl. N 3.3.11.), das Verbot, Schulden aufzunehmen (M 2.21. vgl. N 3.3.12.), eine Offenlegung der finanziellen Verhältnisse (M 2.22), eine Anzeigepflicht von Verstößen gegen die Statuten (M 2.23. ohne Entsprechung) und schließlich die Verlesung der Statuten bei den halbjährlichen Examen (M 2.24. vgl. N 3.1.1.).

Die markgräflich-ansbachische Inspektionsordnung enthält mit ihrer Verknüpfung von theologischen Richtlinien und konkreten Verhaltensmaßregeln sehr deutliche Parallelen zu der vorangegangenen Nürnberger Ordnung. Diese inhaltliche Nähe der beiden Dokumente dürfte nicht nur durch für die Frühe Neuzeit typische Tendenzen, sondern auch durch ein unmittelbares personales Moment bedingt sein: Der 1586 für die markgräflichen Stipendiaten zum Inspektor bestellte Professor Salomon Albertus[53] (1540–1600) war in Nürnberg geboren und hatte als Alumne die dortige Spitalschule besucht. Seit 1560 studierte er in Wittenberg, wo er später Kenntnis der Nürnberger Statuten für Stipendiaten erlangt haben muß. Seit 1575 lehrte Albertus in Wittenberg Physik und seit 1577 Medizin. Nach seinem Gutachten wurde 1586 für das Markgrafentum eine eigene Inspektions-Ordnung abgefaßt, offensichtlich orientiert an dem reichsstädtischen Muster.

Zwischen der Reichsstadt Nürnberg und den benachbarten Markgrafentümern gab es also – ungeachtet der sonstigen territorialen Konflikte – ebenso wie in der Kirchenverfassung[54] auch bei der Disziplinierung der Studenten eine weitgehende Koordination und Übereinstimmung. Als wirksames Instrument zur Sanktionierung des gewünschten Sozialverhaltens konnten hierfür schon im 16. Jahrhundert die Stipendien genutzt werden.

Unter dem Aspekt der Territorialisierung ist es bemerkenswert, daß das Stadtregiment und ähnlich auch die markgräfliche Regierung durch ihre Vertreter an einer Universität außerhalb des eigenen Territoriums relativ weitreichende Kontrollfunktionen wahrnehmen ließen. Auf Dauer hat sich dieser Versuch allenfalls eingeschränkt bewährt.

Die nürnbergische Stipendiateninspektion von 1569 bildet nur eine Zwischenstation auf dem Weg dazu, daß der Nürnberger Rat aus mehreren Gründen mit der Akademie in Altdorf[55] seit 1578 für die gelehrte Ausbildung der aus seinem Territorium[56]

---

[53] Zuletzt war Albertus als kurfürstlich-sächsischer Leibarzt in Dresden tätig; vgl. Magnus Schmid, in: NDB 1, S. 141f. u. Brusniak, Schülerlisten (wie Anm. 40), S. 39; StAN, Rep. 165 a (AOA), Nr. 136 a.

[54] Quellen zur Nürnberger Reformationsgeschichte, hg. v. Gerhard Pfeiffer, Nürnberg 1968, u. a. zur brandenburg-nürnbergischen Kirchenordnung von 1533.

[55] Nach wie vor fehlt eine umfassende neue Darstellung zur Geschichte der Akademie bzw. späteren Universität in Altdorf. Am ausführlichsten weiterhin: Georg Andreas Will, Geschichte und Beschreibung der Nürnbergischen Universität Altdorf, mit Nachträgen von Christian Konrad Nopitsch, Altdorf ²1801 (ND Aalen 1975). Für Teilaspekte vgl. auch Klaus Leder, Universität Altdorf. Zur Theologie der Aufklärung in Franken. Die theologische Fakultät in Altdorf (Schriftenreihe der Altnürnberger Landschaft XIV), Nürnberg 1965, bes. S. 1f.; Horst Claus Recktenwald, Aufstieg und Niedergang der Universität Altdorf, in: ZBLG 30, 1967, S. 242–263; ders., Die fränkische Universität Altdorf, Nürnberg ²1990; Anton Schindling, Straßburg und Altdorf – Zwei humanistische Hochschulgründungen von evangelischen freien Reichsstädten, in: Beiträge zu Problemen deutscher Universitätsgründungen der frühen Neuzeit, hg. v. Peter Baumgart u. Notker Hammerstein (Wolfenbütteler Forschungen 4), Nendeln/Liechtenstein 1978, S. 149–189 mit Ankündigung einer eigenen Studie über die Anfänge der Altdorfer Hochschule, ebd. Anm. 4); Andreas Jakob, Universität Altdorf, in: Stadtlexikon Nürnberg (wie Anm. 11), S. 1103f.; Werner Goez, Erlangens Nachbar-Universität Altdorf im Jahre 1743, in: Aufbruch aus dem Ancien régime. Beiträge zur Geschichte des 18. Jahrhunderts, hg. v. Helmut Neuhaus, Köln 1993, S. 1–20; Alfred Wendehorst, Die fränkische Universitätslandschaft in der Mitte des 18. Jahrhunderts, ebd., S. 267–288; zuletzt, jedoch ohne Berücksichtigung des aktuellen Forschungsstands: Hans Recknagel, Die Nürnbergische Universität Altdorf und ihre großen Gelehrten, Feucht 1998; Altdorf wird im HGBB (wie Anm. 6) sowie im Handbuch der deutschen Bildungsgeschichte (wie Anm. 9) nur gestreift. Zur Einschätzung der Bedeutung unverzichtbar: Matrikel der Universität Altdorf, hg. v. Elias v. Steinmeyer, 3 Bde. (VGffG IV/1–2), Würzburg 1912–1918 (ND Nendeln/Liechtenstein 1980).

[56] Das Nürnberger Landgebiet zählte flächenmäßig und nach der Bevölkerungszahl zu den größten einer Stadt im Reich. Vgl. Nürnberg und Bern. Zwei Reichsstädte und ihre Landgebiete, hg. v. Rudolf Endres (Erlanger Forschungen A 46), Erlangen 1990.

stammenden Studenten eine eigenständige Lösung etablierte. Insofern wird auch eine Zäsur in der Territorialisierung des Bildungswesens markiert: die Inspektionsordnung kann zur Vorgeschichte der späteren Nürnbergischen Universität in Altdorf gezählt werden. Die Gründung einer Hochschule im eigenen Territorium erwies sich zumindest für die Reichsstadt Nürnberg auf längere Sicht als der besser geeignete Weg, um neben anderen Effekten auch die intendierte stärkere Kontrolle und Disziplinierung der Studenten zu erreichen.

Christliche Tugenden und *christliche disciplin* galten sowohl in den fränkischen Markgrafentümern als auch in der Reichsstadt Nürnberg im 16. Jahrhundert als zentrale Leitbilder. Dabei wird auch ein unmittelbarer konfessioneller Bezug erkennbar, denn die Initiative zur Normierung und Kontrolle des Studiums ging zumindest in Nürnberg, wie sich den Akten entnehmen läßt, eindeutig von der Geistlichkeit aus. Der Bürgermeister war 1569 *von den Herrn Predicanten etlich mal angeredt worden, das ein noturft [...], das Inen* [den Studenten] *ein Inspector verordent*[57] werde. Das städtische Regiment folgte in seiner Reaktion weitestgehend deren Vorschlägen und übernahm das von theologischen Prinzipien geprägte Konzept zur Disziplinierung der Studenten. Gerade in der herausragenden Wirksamkeit des Geistlichen Moritz Heling ist der Kontext einer stärkeren Konfessionalisierung der Hochschulausbildung unmittelbar faßbar.

Insgesamt diente die Ausbildung weniger der Entfaltung individueller Fähigkeiten, sondern war primär bedarfsorientiert auf die Besetzung bestimmter Ämter durch eine gelehrte Elite in Kirche und Verwaltung zugeschnitten. Damit rückte ein klar definiertes Qualifikationsprofil der Absolventen stärker in den Vordergrund. Für eine entsprechende zielorientierte Selektion wurde in den Markgrafentümern 1546 zunächst eine auf die Person eines Professors bezogene Studienaufsicht in Wittenberg eingerichtet. Demgegenüber markieren die Nürnberger Ordnung von 1569 und analog die markgräfliche von 1586 mit ihren detaillierten, formalisierten Vorschriften zu personalen, finanziellen und administrativen Aspekten sowie in ihrem rationalen, institutionellen Charakter eine höhere Stufe in dem Prozeß einer fortschreitenden Studienreglementierung und -kontrolle.

Allerdings steht zumindest das Nürnberger Beispiel dabei durchaus in einer längeren Reihe von Ordnungen seit dem 14. Jahrhundert, deren Absicht stets darin bestand, das Bildungswesen von der Bestallung der Lehrer über die Zulassung bestimmter Schüler bis zum Lernprogramm präzise zu regeln[58].

In den schriftlich fixierten Satzungen und Statuten, die – als ein konstitutives Element jeder städtischen Ordnung – spätestens seit dem 13. Jahrhundert die Aufgaben und Pflichten der Bürger sowie die meisten sozialen, politischen, rechtlichen und geschäftlichen Beziehungen regelten, zeigt sich sehr deutlich, daß der Ansatz umfassender reglementierender Eingriffe in die Lebensverhältnisse des einzelnen keines-

---

[57] StAN, Rep. 60 b (RB) Nr. 34, Bl. 11r (wie Anm. 1).

[58] In Nürnberg gab es z. T. schon im 14. Jahrhundert umfassende Regelungen der Schulordnung; Jakob, Schulen (wie Anm. 38), S. 171–181 konnte in Franken und in der Kuroberpfalz etwa ein Dutzend vorreformatorische Regelungen nachweisen, die teils schon zeitgenössisch als *Schulordnungen* bezeichnet wurden.

wegs erst mit der Ausbildung des frühmodernen, absolutistischen Staates zu beobachten ist. Die Landesherren der größeren Flächenstaaten lehnten sich teilweise an städtische Organisationsformen an[59]. Auch das Faktum von Inspektionsordnungen für Studenten bildet insofern kein spezifisch frühneuzeitliches Phänomen. Eine verschärfte Disziplinierung beginnt nicht erst nach der Reformation, vielmehr war – und ist – das gesamte Bildungswesen zumindest in den Städten als ein sensibler Bereich und Indikator[60] sozialer Prozesse von Beginn an durch dezidierte Vorschriften[61] geprägt. Die seit dem 15. Jahrhundert immer häufigeren Stipendien für Studenten wirken dabei als ein besonders geeignetes Instrument, um im Rahmen einer forcierten Sozialkontrolle und -disziplinierung die Wahrung habitueller und theologischer Normen zu sanktionieren.

---

[59] Vgl. bereits Gerhard Oestreich, Policey und Prudentia civilis in der barocken Gesellschaft von Stadt und Staat, in: ders., Strukturprobleme in der frühen Neuzeit. Ausgewählte Aufsätze, Berlin 1980, S. 369; Eberhard Isenmann, Die deutsche Stadt im späten Mittelalter 1250–1500. Stadtgestalt, Recht, Stadtregiment, Kirche, Gesellschaft, Wirtschaft, Stuttgart 1988; Hartmut Boockmann, Die Stadt im späten Mittelalter, München ³1994; zum Beispiel Nürnbergs besonders Buchholz, Anfänge (wie Anm. 6).

[60] Vgl. Jakob, Schulen (wie Anm. 38), erwähnt in dem Kapitel „Vorschreiben und Kontrollieren" zahlreiche Regelungen seit 1405; Methodisch weiterführend jetzt auch: Stefan Ehrenpreis, Sozialdisziplinierung durch Schulzucht? Bildungsnachfrage, konkurrierende Bildungssysteme und der „deutsche Schulstaat" des siebzehnten Jahrhunderts, in: Institutionen, Instrumente und Akteure sozialer Kontrolle und Disziplinierung im frühneuzeitlichen Europa, hg. v. Schilling (wie Anm. 6), S. 167f. zur grundsätzlichen Frage nach einer kirchlich-obrigkeitlichen Prägungen des Schulwesens. Insgesamt vgl. HGBB (wie Anm. 5) und Handbuch der deutschen Bildungsgeschichte (wie Anm. 9).

[61] Für zahlreiche Regelungen vgl. Vor- und frühreformatische Schulordnungen und Schulverträge in deutscher und niederländischer Sprache. 2. Abtlg.: Schulordnungen &c. aus den Jahren 1505–1523 nebst Nachträgen vom Jahre 1319 an, hg. v. Johannes Müller (Sammlung selten gewordener pädagogischer Schriften früherer Zeiten 13), Zschopau 1886 (ND Leipzig 1973); zu den mittelalterlichen Schulordnungen speziell in Nürnberg wie dem *Ratslag von ordnung der schůle* (StAN, Rep. 44e, S. I L. 132 Nr. 7, undatiert), der *Ordnung der vier lateinischen schul in Nurenberg* (StAN, Rep. 16 a, S. I L. 205 Nr. 20, nach Jakob um 1570) vgl. Jakob, Schulen (wie Anm. 38), S. 172f. Eine eingehendere Untersuchung dieser Regelungen unter dem Aspekt der Sozialkontrolle und -disziplinierung könnte ergiebig sein, setzt allerdings eine Übertragung von Fragestellungen und Methoden der Frühneuzeitforschung auf spätmittelalterliche Quellen voraus.

Anhang

Edition der Ordnung der Nürnberger Stipendiaten-Inspektion in Wittenberg[62]

Conceptum und Ordnung der Nurmbergischen Stipendiaten Inspection tzu Vitenberg. 1569.
[1ʳ] Ordnung der Inspection zu witeberg.

Weil ein Erbar Rat unsere gebitende herrn, glaubwirdig berichtet, und gute wißenschafft haben, das etliche aus irer burger kindern, und stipendiaten, zu witeberg, beide in iren studiis, und dann auch im leben, nicht zum besten [ras.] halten, und der privilegien, und freiheiten misbrauchen, Erkennen sie sich schuldig, nicht allein alhie, sondern auch an dem ort zu christlicher disciplin beforderung zuthun, und wollen hiemit dem Magnifico & Rectori, und der univerßitet regiment die hand raichen, auff das an inen kein mangel erscheine. zu dißer handraichung achten sie dreulich, den irigen einen Inspectorem zuverordnen, welchen sie auch sovil an dem ort geburt, etliche statuta, und gleichfals der Iugend ordnung, darnach sich ein ider zuerhalten, gegeben haben. [gestr.: solche sol alhie auffs kurtze gefast, nacheinander verzaichnet werden.] wie solches undterschiedlich hernach volget.

(1.) [1ᵛ] Das erste stuck von der person des Inspectoris, der Examinatorum und Assessorum.

Alhie siehet ein Erbar Rat für rattsam, und gut an, das zu dem ampt der Inspection, einer aus den furnemsten professoribus artium, und philosophicæ sol verordnet werden, der weil inen auch wol bewust, das der herr M: Sebastianus Dietrich zu christlicher disciplin geneigt, und ein ernstes auffmercken auff der Iugend studia hat, wollen sie in, so fern er seiner gelegenheit sein möchte, dartzu deputirt haben. Wolten auch gern das der herr M: Caspar Cruciger, und M: Esromius Rudinger zu den Examinibus, welche alle virteil iar sollen gehalten werden, sich brauchen ließen, zu den dreien sollen die vier eltisten des gemeinen castens, der Noriberger Nation, als beisitzer, alzeit gezogen werden.

(2.) Das ander stuck von dem stipendio, und vererhungen.

[2ʳ] der herr Inspector sol mit einem geburlichen stipendi, und darnach die Examinatores, und Assessores, von wegen irer tragenden muhe, mit einer benenten vererhung bedacht werden.

Und, sovil den Inspectorem belangt, sollen im ierlich 50 fl. gereicht werden, [gestr.: dartzu der Erbar Endres Beham, burger alhie, 30 fl. zugeben sich gernwilliglich erboten hat.]

---

[62] Losungamt L. 68 Nr. 10a, heute: StadtAN, A 26 (Abg. StAN), Rep. 80 B, Nr. 352 (vgl. Anm. 2); Das in der Forschung bislang weitgehend unbeachtete Dokument gehört zu den heute zersplitterten Beständen des einstigen Losungamts der Reichsstadt. Mit Ratsverlaß vom 4. November 1569 hatte der innere Rat angeordnet, daß die auf verschiedene Behörden verteilten Urkunden mit Bezug auf das Almosen und auf die Stiftungen in der Losungstube zusammengefaßt werden sollten. Zur Organisation und zum Aufgabenbereich dieser zentralen Finanzbehörde vgl. komprimiert Peter Fleischmann, in: Stadtlexikon Nürnberg (wie Anm. 11), S. 652 sowie Rudolf Endres, Grundzüge der Verfassung der Reichsstadt Nürnberg, in: Zeitschrift der Savigny-Stiftung für Rechtsgeschichte 111, 1994, S. 405–421; ders., Verfassung und Verfassungswirklichkeit in Nürnberg im späten Mittelalter und in der frühen Neuzeit, in: Verwaltung und Politik in Städten Mitteleuropas. Beiträge zu Verfassungsnorm und Verfassungswirklichkeit in altständischer Zeit, hg. v. Wilfried Ehebrecht (Städteforschung A 34), Köln u. a. 1994, S. 207–219.

Den beiden Examinatoribus, und Assessoribus sollen zur vererhung [marg.: 40; gestr.: 34] fl. gegeben werden, davon den beiden Examinatoribus [marg. 24; gestr. der halbe teil] gebüren, damit sie zuthun haben was sie wollen [marg.: die 16 fl.; gestr.: der ander halbe teil] gehöre, den vir Eltisten aus der Nation, denen sol frei gelaßen sein, das sie ir angebürnus entweder in iren nutz gar wenden, oder aber ein teil in den gemeinen casten legen. zu dißem [marg.: des Inspectoris stipendio, und dann] der Examinatorum, und Assessorum vererhung, wil [gestr.: obgemelter] Endres Beham [marg.: gestr.: ierlich zu ewigen zeiten] burger alhie, ierlich und zu ewigen zeitten 50 fl. raichen.

Und sol dis gelt auff zwei termin nemlich auff ostern der halbe teil, und dann auff Michaelis der ander halbe teil erlegt werden.

(3) [2ᵛ] Das dritte stuck von dem Ampt des Inspectoris, Assessorum, [gestr.: und] Examinatorum und studenten.

(3.1.) Vom Ampt des Inspectoris

(3.1.1.) Furs erste sol er alle Noriberger furnemlich aber eins Erbarn Rats, und gemeiner stad stipendiaten, wen sie gen witeberg gelangen, auffzaichnen, und sie in den gehorsam annemen, sie auch dahin halten, das sie sich von stund an, von dem Magnifico D: Rectore, in die matriculam laßen einschreiben, und einem iden die statuta und ordnung, darnach er sich zurichten hab, vorlesen.

(3.1.2.) Furs andre, das er einen ieden verhören, und nach gehaltenem Examine, in zu gottes furcht und allen andern christlichen tugenden vermanen, In auch trewlich dahin weisen, dies er bei der gesunden lere wie dieselbige in der heiligen schrifft gegründet, In die symbola zusammengezogen, und in die Augsburgische confeßion, und Apologia, und gantzen [3ʳ] Corpus Doctrina gefast, bleibe, sich in keine ergerliche, und schädliche disputationes einlaße, keinen [?] in der lere, und profanation in den sacramenten anneme, oder darein verwillige.

(3.1.3.) Furs dritte. sol er einem iden die Lectiones in specie anzeigen, die sie publice hören sollen, und dieselbige namhafftig machen.

(3.1.4.) Furs vierde. sol er sie mit fleis dartzu halten, und ernstlich von inen begeren, das im ein ider alle [marg.: virteil iar; gestr. monat] ein argument soluta, oder ligata oratione exhibine, die er inen auch corrigirn sol.

(3.1.5.) Furs Fünffte, sol er fleißig nach fragen, bei den primatis præceptoribus, in den herbergen, auch bei denen so inen verwand, und teglich mit inen umbgehen, wie sie sich beide in den studiis, und auch im leben verhalten.

(3.1.6.) Furs sechste. sol er keinem gestaten das er bei böser geselschafft, und in verdächtigen orten zu [?] gehe, und da er in erfarung kompt, das sich einer zu untüchtiger geselschafft geschlagen, mit ernst dran [3ᵛ] sein, das er zu rascher zeit, ehe dann er darinne verharret, widerumb zu recht gebracht werde.

(3.1.7.) Furs siebende. sol er keinem nachlassen das er mit essen, und [?] kleidung, und dergleichen, grossen uncosten treibe, sich in der zerung nicht veruffe, damit er in schulde nicht entrinne [marg.: sie auch darin halten] das [gestr.: auch] ein ieder seinen veter, der im nicht zuvil borgen sol, und wen er sonsten zuthun schuldig, zu rechter zeit zale, und zufriden stelle.

(3.1.8.) Furs achte. sol er alle virteil iar, auff dartzu bestimpte, und gewisse zeit, ein gemain examen anstellen, und die Examinatores, und Assessores dartzu beruffen. Er sol auch ein gelegen ort dartzu erwelen, und benennen.

(3.1.9.) Furs Neunde. wen sich es in gehaltenem examine befunden, das einer oder mer, in iren studiis hinlessig gewesen, und ein sträfflich leben gefüret, sol er sie zur besserung vermanen, mit bedrewung der gebürlichen straffe, so ferne keine besserung folgen wird.

(3.1.10.) [4ʳ] Furs zehende. wen sie muttwilliger weisse die bedrewung verachten, und keine besserung an inen zugewarten, sol er solchs an den Magnificum D: Rectorem gelangen laßen, so aber das alles unfruchtbar, einem Erbarn Rat, unßern gebittenden herrn vermelden, oder aber iren Eltern, freunden, und den ienigen, von welchen sie die beneficia entpfangen, und unterhalten werden, zu wißen thun, auff das die gebürliche wege mit inen mügen furgenomen werden.

(3.1.11.) Furs aillfte, sol auch, nach den gehaltenen examinibus, einem iden, in betrachtung seines verstans, und geschicklichkeit, weiter angezigt werden, was er für lectiones hören sol, mit richtiger anleitung, wie er nutz daraus schaffen, und sich derselben beßern möchte.

(3.1.12.) Furs zwolffte. sol er keinem gestatten [marg.: sich one vorwißen der eltern, freunde vormunde & heimlich zuverheiraten, auch nicht] on sein [erlaubnus], über land zureisen, und etliche tage außen zubleiben, durch welche unnötige reisen, sie ire studia versewmen, und das gelt unnützlich verzeren, so sol er auch sonsten durchaus nicht drauff geben, das sie nicht aus [marg.: andern] nichtigen und liederlichen ursachen, nie lectiones publicas, und primatas unter wegen laßen.

(3.1.13.) Furs dreizehende, wen einer abgefodert wird, oder aus erheblichen ursachen sich anderswohin, aus rat [der] eltern, oder freunde, oder aus günstiger bewilligung derer, von welchen sie verlegt werden, zubegeben willens, sol im der Inspector, mit der Examinatorum, und Assessorum händen underschrieben, guttwilliglich ein testimonium mitteilen, das man erßen kan, wie er sich gehalten, und seinen abschied genomen hab.

(3.1.14.) Furs vierzehende, sol er von den 4 Eltisten des gemeinen castens, in beiwißen der beiden herrn Examinatorum, ordentliche rechnung fodern, und sehen was fur barschafft im casten vorhanden, und nicht nachgeben, das einem verschwender etwas draus furgestreckt werde. Auch die ienigen, so etwas darin schuldig dahin halten [5ʳ] das sie zu rechten zeit haben, und verhütten das hinfort keinem, one vergwissung, etwas dargeliehen werde.

(3.1.15.) Furs funffzehende, sol er schuldig sein seine beschwerung, und mängel, zu ieder zeit alhieher gelangen zulaßen, auff das derfalsige geendert, und, durch zeitlichen rat [?] beßerung mögen gezogen werden.

(3.2.) Vom Ampt der Examinatorum, und Assessorum.

(3.2.1.) Furs erste sollen die Examinatores, und Assessores, dem Inspectori zu alle dem, was zu den Examinibus vonnöten, und [gestr.: zu] gutter zucht, der Iugend zum besten geraichen möchte, nach den vorgehenden statutis, trewlichen beistand geleisten, und im, zu ider zeit, so im die sachen zu schwer fallen wolten, ir ratsam bedencken mitteilen.

(3.2.2.) Furs ander, sollen [marg.: sie] auch befugt sein dem herrn Inspectori, so ferne an im ein mangel sein möchte, glimpflich ein zureden, und in seins ampts erinnern.

(3.3.) [5ᵛ] Vom Ampt der Studenten.

(3.3.1.) Furs erste sollen die scolaster schuldig sein, so bald sie gen witeberg komen, sich bei dem Inspectore anzuzeigen, sich einschreiben laßen, und im gehorsam zu sein angeloben.

(3.3.2.) Furs ander, sollen sie mit seinem und der Eltisten rat, einen præceptorem, so sie des notturfftig, eligirn, desgleichen auch ein wonung bestehen, und eine[n] tisch annemen.

(3.3.3.) Furs dritte, sollen sie auch nach gehaltenem examine, und erkendnus des Inspectoris, die lectiones hören, zu welchen sie tüchtig erkand werden.

(3.3.4.) Furs vierde, sollen sie fürnemlich sich fleißig zu gotes wort halten, bei der einfeltigen christlichen lere wie dieselbige in der witebergischen kirch, und schul getrieben wird, bleiben, allerlei irrige meinungen, in der lere, und sacramenten, fliehen, und aller christlichen tugenden sich befleißen.

(3.3.5.) Furs funffte. sollen sie inen selbst in schweren fürfallenden sachen nicht zuvil trawen, sondern sich bei dem Inspectore rats erholen.

(3.3.6.) Furs sechste, wen sie von dem Inspectore erfodert werden, zu ider zeit gehorsamlich, und mit guttem willen erscheinen, und sich auff sein ermanen nicht absentiren, auch die argumenta [marg.: so sie selbsten sollen gemacht, und mit iren henden geschriben haben, mit sich bringen; gestr.: zu rechter zeit offerirn].

(3.3.7.) Furs siebende. sich in den Examinibus, wen sie von dem Inspectore, und examinatoribus gefragt werden, bescheidenlich erzeigen, und vernünfftige antwort geben.

(3.3.8.) Furs Achte, da sie uberwiesen worden, das sie unrecht gethan, sich zur beßerung schicken, gehorsam sein, die wortstraffen gutwilliglich annemen, und folgen.

(3.3.9.) Furs Neunde, sollen sie sich alles spielens, freßens, sauffens, un[6ᵛ]zucht, und dergleichen untugend enthalten, und einen christlichen, [gestr.: und] löblichen, und unsträfflichen wandel füren. [marg.: sich auch one vorwißen der Eltern freunde vormundt, und patronen nicht verheiraten.]

(3.3.10.) Furs zehende. one erhebliche, und redliche ursachen von den lectionibus sich nicht absentirn.

[Nachträge]

(3.3.11.) Furs ailffte. Aus der stad, one erlawbnus des Inspectoris, sol keiner uber land reißen.

(3.3.12.) Furs zwelffte. Nicht zerhafftig sein, auch nichts, hinder vorwißen des Inspectoris aufborgen, und so sie etwas schuldig, ire creditores zu rechter zeit zu fride stellen.

(3.3.13.) Furs dreizehende. In der kleidung sich from aingezogen, und erlich erzeigen.

(3.3.14.) Furs vierzehende. So sich etwas irriges, und etwa eine uneinickeit zwischen inen zutrüge, solches an den Inspectorem zubringen, auff das er verhöret, und beigelegt möge werden.

(3.3.15.) Furs fünffzehende. Nach verfloßen ire zeit sol sich keiner von dannen hinweg begeben, one vorwißen, erlawbnus, und testimonium des Inspectoris.

Beschlus

Diese statuta sollen sich referiren auff das vorgehende, und so ferne etwas übersehen, das zu guter zucht dienlich, sol der Inspector macht haben, in specie die sachen zu erkleren, und der iugend zum besten, sie des zuerinnern befugt sein.

Alles auff beßerung

Decretum in Consilio Norimbergensi. 16 [subscr.: Decembris; gestr.: Novembris] 1569.

[8ʳ] [gestr.: Hæ parmentæ (si ita visum fuerit amplissimo senatui) adiiciantur prioribus statutis.]

(zu 3.3.9.) Ad 9 addatur hoc membrum. Weil auch wißentlich, das scolastici auff den höchzeiten vil gelt verzeren, in allerlei verderbte gesellschafft geraten, und eingeflochten werden, und [marg.: anleitung; gestr.: zuneigung] zusündigen bekomen, sol keiner one verwilligung des Inspectoris, auff die hochzeiten gehen, viel weniger das platzmeister ampt, wie esgenant wird, verwalten.

(zu 3.3.11.) Ad 11: Und sollen sie den uncosten einzuziehen, einen ausschus, aus der nation machen, und die dartzu erwelten gen leipzig, mit den handschrifften, abfertigen, das sie, in beiwisen des herrn Inspectoris, so ferne er selbst vorhanden, oder aber eines andern professoris, von den kauffleuten die stipendia einnemen, und dem Inspectori, oder professori, das empfangene gelt zustellen, das ers mit sich auff witeberg füre, und dasselbs einem iden sein anbebürnus uberantworte.

Wolfgang Wüst

Die "gute Policey" im Fränkischen Reichskreis:
Ansätze zu einer überterritorialen Ordnungspolitik in der Frühmoderne
Edition der "verainten und verglichnen Policey Ordnung" von 1572

Teil I: Einleitung

Rudolf Endres verwies in seinem überaus beeindruckenden Œuvre, trotz breiter thematischer und methodischer Fächerung, immer wieder auch auf die Bedeutung der Reichskreise für das Heilige Römische Reich Deutscher Nation im allgemeinen und die des Fränkischen Kreises im besonderen. Er interpretierte die Reichskreise – im Gegensatz zur engeren Sicht territorialer oder lokaler Ansätze – als eine wichtige gemeinsame politische, kulturelle und vor allem auch wirtschaftliche und soziale Klammer für die Landesgeschichte[1]. Die frühmoderne Ordnungspolitik spielte hierbei – im Blick auf andere Reichskreise war dies keineswegs von zwangsläufiger Kausalität – eine Schlüsselrolle, sollte doch der Fränkische Kreistag als einziger unter den zehn Reichskreisen auch eine eigene Kreispolizeiordnung[2] verabschieden. In anderen Reichskreisen wurde zwar darüber ausgiebig debattiert, doch entschloß man sich letztendlich entweder für eine Übernahme entsprechender Reichspolizeiordnungen oder für eine Anlehnung an territoriale Ausführungen[3]. In anderen Fällen verwies man auf die Gesetzgebungskompetenz des Reichstags oder anderer reichsständischer Beratungsformen[4]. Die Singularität der fränkischen Kreisinitiative von 1572 ist auch

---

[1] Rudolf Endres, Zur wirtschaftlichen und sozialen Lage in Franken vor dem Dreißigjährigen Krieg, in: JfL 28, 1968, S. 5–52, hier insbesondere S. 40–47; ders., Zur Geschichte des Fränkischen Reichskreises, in: Würzburger Diözesangeschichtsblätter 29, 1967, S. 168–183; ders., Der Fränkische Reichskreis, in: Kurt G. A. Jeserich, Hans Pohl, Georg Christoph von Unruh (Hg.), Deutsche Verwaltungsgeschichte I: Vom Spätmittelalter bis zum Ende des Reiches, Stuttgart 1983, S. 599–615; ders., Der Fränkische Reichskreis im 16. und 17. Jahrhundert, in: Peter Claus Hartmann (Hg.), Regionen in der Frühen Neuzeit. Reichskreise im deutschen Raum – Provinzen in Frankreich – Regionen unter polnischer Oberhoheit. Ein Vergleich ihrer Strukturen, Funktionen und ihrer Bedeutung (Zeitschrift für historische Forschung, Beiheft 17), Berlin 1994, S. 41–60. Zuletzt: ders., Wirtschafts- und sozialpolitische Ansätze im Fränkischen Reichskreis, in: Wolfgang Wüst (Hg.), Reichskreis und Territorium: die Herrschaft über die Herrschaft? Supraterritoriale Tendenzen in Politik, Kultur, Wirtschaft und Gesellschaft. Ein Vergleich süddeutscher Reichskreise (Augsburger Beiträge zur Landesgeschichte Bayerisch-Schwabens 7), Sigmaringen 2000, S. 179–193.

[2] Ihre Druckfassung ist Bestandteil der folgenden Edition. Die Aussagen zur Singularität der fränkischen Verhältnisse stehen unter Vorbehalt unserer heutigen Quellenkenntnis. Überraschende neue Quellenfunde sind angesichts der dichten Überlieferung zu den Reichskreisen in staatlichen und kommunalen Archiven und einer keineswegs abgeschlossenen Grundlagenforschung nicht ausgeschlossen.

[3] Udo Gittel, Die Aktivitäten des Niedersächsischen Reichskreises in den Sektoren „Friedenssicherung" und „Policey" (1555–1682) (Veröffentlichungen der Historischen Kommission für Niedersachsen und Bremen, Reihe XXXV: Quellen und Untersuchungen zur allgemeinen Geschichte Niedersachsens in der Neuzeit, Bd. 14), Hannover 1996, S. 241–252.

[4] Helmut Neuhaus, Von Reichstag(en) zu Reichstag. Reichsständische Beratungsformen von der Mitte des 16. bis zur Mitte des 17. Jahrhunderts, in: Heinz Duchhardt und Matthias Schnettger (Hg.), Reichsständische Libertät und habsburgisches Kaisertum (Veröffentlichungen des Instituts für Europäische Geschichte Mainz, Abteilung für Universalgeschichte, Beiheft 48), Mainz 1999, S. 135–149.

noch in einem weiteren Punkt bemerkenswert. Der Informationsaustausch unter den Reichskreisen basierte über die von 1554 bis 1577 einberufenen Reichskreistage und über die seit 1555 eingerichteten ordentlichen Reichsdeputationstage zur Zeit der Abfassung der Polizeiordnung auf einer breiten, wiederholten und institutionalisierten Grundlage. Wissenstransfer von Kreis zu Kreis war somit seit dem ersten Reichskreistag, der sich im Herbst 1554 zu Frankfurt als eine Art „General Craiß Versamblung", ja als ein „gemaine[r] Kraistag aller Krais" inszeniert hatte, vor allem auch in polizeilichen Angelegenheiten gegeben[5].

Für die Ordnung des Fränkischen Kreises scheint der Blick auf die älteren Reichspolizeigesetze jedenfalls zu einem deutlichen Themenschwerpunkt sozioökonomischer Ausrichtung geführt zu haben. Kapitelüberschriften wie *Von den hochzeiten – Von kindtauffen vnd kindschencken – Von kirchweihen – Von leickkauffen – Von gastungen – Von teurer zerung bey den wirten – Becken vnd mülordnung – Von den betlern vnd wie die haußarme leut zuerhalten – Gartierende landtsknecht vnd herrenloß gesind belangend* sprechen ihre eigene Sprache. Dagegen sind die Delikte des Gottes-, Kirchen- und Religionsfrevels oder die Warnungen vor Fluchen und Meineid relativ knapp gehalten, zierten sie doch die ausführlichen ersten Titelnummern in jeder Reichspolizeiordnung. Die Kreisordnung nimmt darauf direkten Bezug: *Als wie wissentlich/ zu förderst inn hailiger göttlicher schrifft/ vnd dann in gaistlichen ja auch in weltlichen rechten/ vnd auff denen biß dahero gehaltnen Reichstägen/ die gotslesterung vnd gottsschwür/ bey hohen peenen vnd straffen verpotten/ so erfindt sich doch jetzt leider/ wes gleich auff beschehne Reichsbeschluß von churfürsten vnd stenden deß Reichs sindhero/ derwegen/ in iren churfürstenthumben/ gepieten/ herrschafften/ angezognen gottslesterns halben/ für ernstliche mandata vnd befelch außgehen haben lassen*[6]. Wie eng der thematische Schulterschluß zwischen den Reichsinstitutionen sein konnte, zeigt auch die Tatsache, daß zeitgenössische Werkausgaben der „Reichsabschiede" neben die Reichstagsbeschlüsse auch die Abschiede der Kreise und Deputationen setzten[7]. Der Erlaß einer gesamtfränkischen Polizeiordnung[8] steht für die Entschlußkraft aller Kreismitglieder; in erster Linie aber für die Führungskompetenz der kreisausschreibenden Fürsten: der Bischöfe von Bamberg und der fränkischen Hohenzollern als Markgrafen von Ansbach und Kulmbach. Letztere vereinbarten über das Ausschreibeamt, das in einem dreijährigen Wechsel zwischen der Herrschaft „ob dem Gebirg" und „unter dem Gebirg" alternierte, auch einen dynastischen Ausgleich. Insgesamt steht die Funktion der Kreispolizei aber auch für den Erfolg gemeinschaftlichen Handelns. Noch im Jahr 1786 konstatierte ein höherer Offizier im Dienst des Reichskreises dieses Spezifikum für die diversifizierte frühmo-

---

[5] Helmut Neuhaus, Reichsständische Repräsentationsformen im 16. Jahrhundert. Reichstag – Reichskreistag – Reichsdeputationstag (Schriften zur Verfassungsgeschichte 33), Berlin 1982, S. 205f.; ders., Die Rolle der Mainzer Kurfürsten und Erzkanzler auf Reichsdeputations- und Reichskreistagen in der zweiten Hälfte des 16. Jahrhunderts, in: Peter Claus Hartmann (Hg.), Kurmainz, das Reichserzkanzleramt und das Reich. Am Ende des Mittelalters und im 16. und 17. Jahrhundert (Geschichtliche Landeskunde 47), Stuttgart 1998, S. 121–135.

[6] Vgl. hierzu den Editionsteil dieses Beitrags, S. 189–199.

[7] Helmut Neuhaus, Zwänge und Entwicklungsmöglichkeiten reichsständischer Beratungsformen in der zweiten Hälfte des 16. Jahrhunderts, in: Zeitschrift für historische Forschung 10, 1983, S. 279–298.

[8] Ihre Akzeptanz in den Gebieten der Reichsritterschaft stellt allerdings ein gesondertes Problem dar.

derne Herrschaftsstruktur in Franken: *Die Kreisverfassung begreift ... von einander unabhängige Staaten. Im ganzen genommen stellt der Convent den Souverain oder die gesätzgebende Macht dar. Bei den Versammlungen siegt die Mehrheit der Stimmen*[9]. Erläuternd fügte er hinsichtlich der Aufgaben und staatsrechtlichen Grundlagen dieser supraterritorialen Verbindung hinzu: *Solche independente Staaten treten zur Beförderung ihrer allseitigen sowohl einheimischen als auswärtigen politischen Angelegenheiten und Sicherheit in eine gesellschaftliche Vereinbarung*[10]. Verhaltene Zustimmung kam auch noch von anderer Seite. Selbst die fränkische Reichsritterschaft entzog sich dem Einfluß des Reichs- und Kreispolizeirechts keineswegs, wenn sie dort auch im Namen eigener und souveräner Dekretierungsmacht den Untertanen anbefohlen wurde. 1772 erneuerte die Korporation für alle sechs fränkischen Kantone in einer revidierten Ordnung die Grundlagen von 1659, die ihrerseits Anleihe an der Reichsgesetzgebung des 16. Jahrhunderts gesucht hatten. *Des Heiligen Römischen Reichs ohnmittelbar-freyer Ritterschaft, der sechs Ort in Franken erneuerte, vermehrte und confirmirte Ordnungen: samt deroselben von denen Römischen Kaisern und Königen, allerhöchst-löblichster Gedächtniß, erlangten renovirten und confirmirten Privilegien und Befreyungs-Briefen, auch Kaiserlichen Rescripten*[11] war ein legislativer Brückenschlag zwischen dem Reich, dem Fränkischen Reichskreis und den regionalen Kantonen[12] der Reichsritterschaft. Zurecht erkannte die Forschung in der Legislative des Fränkischen Kreises auch wirtschaftliche Leitungsfunktionen und kennzeichnete den Gesetzesakt als eine fortschrittliche Maßnahme. Die ökonomischen Maßnahmen in Richtung fränkischer Wirtschaftsunion – sie wurden nur mit Rücksicht auf die benachbarten Reichskreise nicht mit letzter Konsequenz umgesetzt – waren begleitet von einer sozialen Programmatik, die sich vom Konsumverzicht bei Taufen, Hochzeiten und Dorffesten (Kirchweih) bis zu Spekulationsverboten im Erntebereich und einer Preisbindung für den Binnenmarkt der Getreidehändler erstreckte[13].

Dies bedeutete nicht, daß die fränkischen Städte und Territorien künftig soziöökonomische Profilierungsprogramme dem Reichskreis überlassen hätten. So gelang es beispielsweise, ganz im Gegensatz zum Schwäbischen Kreis[14], bis zum 18. Jahrhundert nicht, in den Kreisvierteln eigene Zucht- und Arbeitshäuser zu errichten. Die

---

[9] Zitatennachweis: Staatsarchiv Bamberg, H 3, Nr. 245.

[10] Vgl. hierzu neuerdings Bernhard Sicken, Leitungsfunktionen des Fränkischen Kreises im Aufklärungszeitalter: Zwischen Standesvorzug und Sachkompetenz, in: Wüst, Reichskreis und Territorium (wie Anm. 1), S. 149–175.

[11] Der Druck umfaßt 346 und XLI Seiten mit zwei Kupferstichen.

[12] Es waren dies der Kanton Odenwald (bis 1764 Sitz in Heilbronn), Gebürg (Sitz in Bamberg), Rhön-Werra (Sitz in Schweinfurt mit je einem salischen, mainfränkischen und hennebergischem Quartier), Steigerwald (Sitz in Erlangen), Altmühl (Sitz in Esslingen) und Baunach (bis 1778 Sitz in Rügheim, anschließend in Nürnberg).

[13] Hans-Heinrich Kaufmann, Der Gedanke fränkischen Gemeinschaftsgefühls in Politik und Geschichte des fränkischen Reichskreises, in: Archiv des Historischen Vereins von Unterfranken und Aschaffenburg 69, 1931/34, S. 205.

[14] Karl Brauns, Das Zucht- und Arbeitshaus in Ravensburg 1725–1808, in: Zeitschrift für württembergische Landesgeschichte 10, 1951, S. 158–165; Beate Fuhl, Randgruppenpolitik des Schwäbischen Kreises im 18. Jahrhundert: Das Zucht- und Arbeitshaus zu Buchloe, in: Zeitschrift des Historischen Vereins für Schwaben 81, 1988, S. 63–115.

größeren Reichsstände in Franken – speziell die Reichsstadt Nürnberg[15] und das Markgraftum Brandenburg-Bayreuth[16] – hatten in diesem Sektor eigene Vorsorge betrieben. So erschien beispielsweise zeitgleich zur Kreispolizeiordnung für das Nürnberger Landgebiet eine *Vernewte Polliceyordnung, Mandata vnd Gesetz, Järlich am Ersten oder Andern Sontag in der Fasten, auff dem Lande zuuerkünden*, die ebenfalls bei Gerlatz (Nürnberg 1572) in Druck ging[17]. Das Haus Brandenburg zog nach, zuletzt 1672 mit einer ergänzten, über 100 Seiten umfassenden Ausgabe als *Erneuert- und vermehrte Policey-Ordnung, Deß Durchleuchtigsten Fürsten und Herrn, Herrn Christian Ernsten, Marggrafens zu Brandenburg …: Zu Dero Lande und Fürstenthume, Burggrafthums Nürnberg, Oberhalb Gebürgs, Wolfarth, Nutz und Besten, bey jetzigen sehr beschwehrlichen Leüfften und Zeiten verfasset und ausgefertiget*[18]. Für die Reichsstadt Schweinfurt edierte man im 19. Jahrhundert eine große *Sammlung der ortspolizeilichen Vorschriften für die Stadt Bamberg: nebst den einschlägigen Königlichen Allerhöchsten Verordnungen und oberpolizeilichen Vorschriften für Oberfranken zum Reichsstraf- und Polizeistrafgesetzbuche … mit Register und Querverweisen zu einschlägigen Reichspolizeigesetzen*[19]. Diese wenigen Beispiele waren nur die Spitze eines legislativen „Eisbergs". Die Gesetzeserneuerung des Reichskreises verhinderte so keineswegs, daß die fränkischen Reichs- und Landstände ihrerseits zahlreiche Initiativen zu Polizeigesetzen ergriffen. Auch wurden diese bereits im 18. Jahrhundert Gegenstand ortsübergreifender historischer Reflexion, wie es ein von Joseph Maria Schneidt[20] zusammengestellter *Thesaurus Juris Franconici* mit Schwerpunkt im Würzburger Fürstbistum exemplarisch dokumentierte.

Das Spätmittelalter und die beginnende Neuzeit markierten hierbei die Zeit des Übergangs von der offenen Verfassung zur gestalteten administrativen Verdichtung[21], zu zunehmender obrigkeitlicher Steuerung, und die Zeit des Beginns der staatlichen Fürsorge und Verwaltung – der *guten Policey* –, wie schon die Zeitgenossen feststellten. Es ist kein Zufall, daß gerade die Geschichte der Armenfürsorge unter dem

---

[15] Marlene Sothmann, Das Armen-, Arbeits-, Zucht- und Werkhaus in Nürnberg bis 1806 (Nürnberger Werkstücke zur Stadt- und Landesgeschichte 2), Nürnberg 1970.

[16] Rudolf Endres, Das „Straf-Arbeitshaus" St. Georgen bei Bayreuth, in: Jahrbuch der Sozialarbeit 4: Geschichte und Geschichten, 1981, S. 89–105.

[17] Universitätsbibliothek (UB) Würzburg, 50/Rp 26, 1058. Es handelt sich dort um ein Exemplar aus der ehemaligen Fürstlich Löwenstein-Wertheim-Freudenberg'schen Bibliothek. Dies spricht für den hohen Verbreitungsgrad des Drucks unter den fränkischen Kreisständen.

[18] UB Bayreuth, Zentralbibliothek, Historischer Verein, 108 Seiten, Signatur: 45/NS 5953 E1.

[19] Andreas Feulner, Sammlung der ortspolizeilichen Vorschriften für die Stadt Bamberg: nebst den einschlägigen Königlichen Allerhöchsten Verordnungen und oberpolizeilichen Vorschriften für Oberfranken zum Reichsstraf- und Polizeistrafgesetzbuche, der Reichsgewerbeordnung und Gemeindeordnung nebst dem Wortlaute der betreffenden Gesetzesstellen, Bamberg 1886; Hans-Jürgen Kaatsch, Polizeigesetzgebung in Schweinfurt: eine Darstellung anhand der reichsgesetzlichen Grundlagen und der reichsstädtischen Polizeiordnungen (Mainfränkische Studien 27), Schweinfurt 1982.

[20] Joseph Maria Schneidt, Thesaurus Juris Franconici oder: Sammlung theils gedruckter, theils ungedruckter Abhandlungen, Dissertationen, Programmen, Gutachten, Gesätze, Urkunden etc., welche das Fränkische und besonders Hochfürstlich-Wirzburgische Geistliche, Weltliche, Bürgerliche, Peinliche, Lehen-, Polizey- und Kameralrecht erläutern etc., Würzburg 1787–1794.

[21] Peter Moraw, Von offener Verfassung zu gestalteter Verdichtung: das Reich im späten Mittelalter 1250–1490 (Propyläen-Geschichte Deutschlands 3), Berlin 1985.

Aspekt der obrigkeitlichen sozialen Disziplinierung untersucht wurde[22] und daß von der Pädagogik und den Politikwissenschaften[23] ein Impuls zur Beschäftigung mit den frühen Polizeiordnungen des Spätmittelalters ausging. Auch in Franken sah der Kreis Handlungsbedarf. Im Vorspann begründete die Kreiskanzlei ihr Vorgehen mit fehlender regionaler Akzeptanz bei der Umsetzung älterer Reichspolizeiordnungen. Mit Blick auf die Interessen der einzelnen Territorien erklärte man zugleich bescheiden, daß weitergehende Initiativen der Landespolizei davon unberührt sein sollen: *Also der löblich Frenckische Reichs Kraiß/ sich inn allen deß Reichs kraiß beschlussen/ gehorsams fleiß/ sich vnderwürffig zu machen/ schuldig erkennet/ vnnd in berürtem als wol andern kraisen/ angemelte Reichs beschloßne Policey Ordnung vnd reformation wenig bißanhero/ vnd zum thail gar nicht/ wie sich wol zu thun gepürt hette/ angestellet noch gehalten/ vnd aber in etlichen eingerissnen mißbreuchen/ notturfftige fürsehung zuthun/ die höchliche notturfft erfordern will. Derowegen haben fürsten vnnd stende/ mehrgemelts Frenckischen Kraiß/ sich etlicher vnd diser zeit notweniger puncten/ auch also vnd mit ernst in jren fürstenthumben/ vnd gebieten darob zu halten/ Doch wo die von einem oder dem andern stande weiter/ dann hierinn gesetzt/ verbessert werden kan/, vnbenommen/ wie volgt, veraint vnd verglichen*[24]. Die Bemühungen des Kreises liefen zeitlich fast parallel zu den Initiativen des Reichstags, der wenige Jahre später 1577 zu Frankfurt (Main) *Der Röm. Keyserl. Maiest. reformirte und gebesserte Policey Ordnung zu beförderung gemeines guten bürgerlichen wesen und nutzen auf Anno MDLXXVII. zu Franckfort*[25] verfaßte und verabschiedete.

1. Das Policeywesen – ein Forschungsbericht

Das Policeywesen der frühen Neuzeit fand in den letzten Jahren wieder vermehrte Beachtung[26]. Konsens besteht meist darin, daß der Begriff gegen Ende des 15. Jahr-

---

[22] Martin Dinges: Frühneuzeitliche Armenfürsorge als Sozialdisziplinierung? Probleme mit einem Konzept, in: Geschichte und Gesellschaft 17, 1991, S. 5–29; Robert Jütte, Obrigkeitliche Armenfürsorge in deutschen Reichsstädten der Frühen Neuzeit. Städtisches Armenwesen in Frankfurt am Main und Köln (Kölner Historische Abhandlungen 31), Köln 1984; Ulrich Eisenbach, Zuchthäuser, Armenanstalten und Waisenhäuser in Nassau. Fürsorgewesen und Arbeitserziehung vom 17. bis zum Beginn des 19. Jahrhunderts (Veröffentlichungen der Historischen Kommission für Nassau 56), Wiesbaden 1994; Rudolf Endres, Das Armenproblem im Zeitalter des Absolutismus, in: JfL 34/35, 1975, S. 1003–1020; ders., Armenstiftungen und Armenschulen in Nürnberg in der Frühneuzeit, in: JfL 53 (Festschrift Alfred Wendehorst), 1992, S. 55–64.

[23] Vgl. Hans Maier, Die ältere deutsche Staats- und Verwaltungslehre (Polizeiwissenschaft). Ein Beitrag zur Geschichte der politischen Wissenschaft in Deutschland (Politica 13), Neuwied/Rhein 1966; ders., Artikel „Polizei", in: Handwörterbuch zur deutschen Rechtsgeschichte, Bd. 3, Berlin 1984, Sp. 1800–1803; Matthias Weber, Die Schlesischen Polizei- und Landesordnungen der Frühen Neuzeit (Neue Forschungen zur Schlesischen Geschichte 5), Wien 1996, S. 3–7; Michael Stolleis, Geschichte des öffentlichen Rechts in Deutschland, Bd. 1: Reichspublizistik und Policeywissenschaft 1600–1800, München 1988.

[24] Vgl. hierzu den Editionsteil dieses Beitrags, S. 189–199; UB Augsburg, Oettingen-Wallerstein-Bibliothek, 02/XII.6.2.16angeb.5.

[25] Einer der zahlreichen Standorte: UB Augsburg, Oettingen-Wallerstein-Bibliothek, 02/XII.5.2.1–2.

[26] Vgl. hierzu vor allem die letzten Tätigkeitsberichte des Max-Planck-Instituts für europäische Geschichte Frankfurt am Main (Eigenverlag) mit ausführlichen bibliographischen Nachweisen und Projektbeschreibungen der Mitarbeiter am Repertorium der Policeyordnungen im frühmodernen Europa.

hunderts auftaucht und bis in die Zeit der Industrialisierung obrigkeitliche Regulierungstätigkeit umschreibt. Die erste Erwähnung dieses Schlüsselbegriffs politischer, sozialer und wirtschaftlicher Neuorientierung ist für Franken – solange die Quellen zur Normensetzung nicht flächendeckend erfaßt sind – nicht genau zu bestimmen, doch schließt sich die Bezeichnung inhaltlich sicher an bestehende ältere Landes- und Stadtverordnungen für die jeweiligen örtlichen Gerichte, Ämter, Zünfte, Räte und Ständeversammlungen an. Einige Rechtssammlungen des hohen und späten Mittelalters wurden deshalb von ihren Editoren auch dem Polizeiwesen zugeordnet. So gab Joseph Baader[27] 1861 die Nürnberger Polizeiordnungen aus dem XIII. bis XV. Jahrhundert heraus und Hermann Hoffmann[28] titulierte seine Quellenauswahl des 12. bis 15. Jahrhunderts aus dem Würzburger Hochstift als „Würzburger Polizeisätze". Die Traditionen der Dorfordnungen, Ehehaften, Salbücher, Weistümer und Urbare flossen ebenfalls mit ein[29]. Im 16. und 17. Jahrhundert schreibt man polizeilichen Gesetzesinitiativen noch einen defensiven Charakter zu; ihre Initiativen resultierten aus der Reaktion. So verhielt es sich auch mit unserer Kreisordnung von 1572, die zeitlich begleitet wurde von Erntekrisen und Hungersnöten. Die Getreidepreise waren auch an den fränkischen Schrannenorten nach den schlechten Erntejahren 1769/70 in allen süddeutschen oder vorderen Reichskreisen empfindlich gestiegen und die Not der Bevölkerung wurde lauthals auch an die Kreisversammlungen herangetragen[30]. Im Fränkischen Kreis begnügte man sich – im Unterschied zu anderen Regionen im Reich – nicht mit dem Verweis auf die Legislative des Reichstags. Dort stellte man sich zumindest noch im 16. Jahrhundert durchaus der Herausforderung, obwohl verschiedene Reichstage das Polizeirecht zur Tagesordnung erklärt hatten. Im Januar 1530 hatte Kaiser Karl V. zu einem Reichstag nach Augsburg geladen, um mit den Reichsständen – neben der Behandlung der Türkengefahr und der Religionsproblematik – *gute ainigkait und frid, auch sunst gute muntz pollicey und wolfahrt des hailigen Reichs allenthalben in disen und andern desselben obligenden sachen: zu beschliessen: zumachen: aufzurichten und zuvnderhalten*[31]. Das herausragende und einzig konkretisierte Ergebnis dieser Reichsversammlung war schließlich die – erst

---

[27] Joseph Baader (Hg.), Nürnberger Polizeiordnungen aus dem XIII.-XV. Jahrhundert (Bibliothek des literarischen Vereins von Stuttgart 63), Stuttgart 1861, Neudruck: Amsterdam 1966.
[28] Hermann Hoffmann (Hg.), Würzburger Polizeisätze. Gebote und Ordnungen des Mittelalters 1125–1495. Ausgewählte Texte (VGffG X/5), Würzburg 1955.
[29] Als Beispiele für das große Interesse an fränkischen Weistümern: Hällische Dorfordnungen, bearb. v. Finanzamtmann Fromlet, Sonderabdruck (Württembergische Vierteljahrshefte für Landesgeschichte, NF, Bd. XIII Heft IV, 1904, S. 383–405), Stuttgart 1904; Hermann Knapp (Hg.), Die Zenten des Hochstifts Würzburg: ein Beitrag zur Geschichte des süddeutschen Gerichtswesens und Strafrechts (Die Weistümer und Ordnungen der Würzburger Zenten, Abt. 1, Bd. 1,1), Berlin 1907; Alfred Wendehorst (Hg.), Urbare und Wirtschaftsordnungen des Domstifts zu Bamberg, bearb. v. Erich Freiherr von Guttenberg (VGffG X/7, Teil 1), Neustadt a. d. Aisch 1969. Zuletzt: Enno Bünz, Dieter Rödel, Peter Rückert, Ekhard Schöffler (Hg.), Fränkische Urbare. Verzeichnis der mittelalterlichen urbariellen Quellen im Bereich des Hochstifts Würzburg (VGffG X/13), Neustadt a. d. Aisch 1998; spezieller: Walter M. Brod, Otto Meyer (Bearb.), Weistümer, Ordnungen und Satzungen der Fischer- und Schifferzunft zu Miltenberg: 1379–1919 (Mainfränkische Hefte 85), Würzburg 1988.
[30] Staatsarchiv Nürnberg, Rst. Nürnberg, Kreistagsakten, Bd. 6 und Fsm. Ansbach, Kreistagsakten, Bd. 16a.
[31] Zitat aus dem Anschreiben Karls V. zum Augsburger Reichstag.

später so bezeichnete – Reichspoliceyordnung[32]. Sie wurde 1548 und 1577 ergänzt – *reformirt vnd gebessert* – und blieb dann aber unverändert als ein „Grundgesetz" bis zum Ende des Reiches im Jahr 1806 in Kraft[33]. Die nach 1577 vermeintlich quantitativ und qualitativ wenig fruchtbare Tätigkeit der Reichsgesetzgebung auf dem weiten Feld der frühneuzeitlichen Policey wurde daher einmal mehr als Beleg gesehen, daß das Reich seit dem späten 16. Jahrhundert in dem zentralen Bereich der Gestaltung der öffentlichen Ordnung versagt habe[34]. Es schien sich die lange vorherrschende Bewertung, das Reich sei ein morsches, machtloses und orientierungsloses Gebilde, das den Weg zu moderner Staatlichkeit nicht fand, zu bestätigen. Die Forschung konstatierte dementsprechend „ein Versagen der Reichsgesetzgebung" seit dem 16. Jahrhundert und betonte die führende Rolle der Territorien im Bereich der Policeygesetzgebung. Ergänzende Initiativen zur Reichsgesetzgebung auf der Ebene der Kreise wurden erst gar nicht wahrgenommen. Stützt man sich auf den Befund der Polizeigesetzgebung, um die Aktivitäten der Reichskreise zu bilanzieren, scheint der Fränkische Kreis sich in dem Augenblick mit einer defensiven Ordnungspolitik abzufinden, als sich die Regulierungstätigkeit der Policey offensiv erweiterte. Unter Abkehr vom Herkommen und in bewußter Übertretung älterer normativer Traditionen stellten die Landesherren zu den zweckmäßigen ökonomischen Motiven vergangener Tage planerische und kreative Maßnahmen zur Wirtschaftsförderung. Inwieweit die Kreise überterritoriale Kooperationsaufgaben erfüllten oder vielleicht auch in den vielherrigen Kreisen, wie in Franken, eigentliche territoriale Funktion übernahmen, mußte sich zeigen. Wenn die Kreisagenda in Franken von Münzaufsicht und Wissenschaftspolitik, Gesundheitsschutz und Sozialproblemen bis hin zu Feiertagsregelungen, Wirtshausaufsicht, Straßen- und Zuchthausbau reichte, dann entsprach das grundsätzlich den Policeyordnungen der Territorien und berechtigt zu einer entsprechenden Einordnung der Kreise. Allerdings führte dies zu keinen Ergänzungen der Kreispolizeiordnung von 1572. In Norddeutschland war der Bedarf an supraterritorialer Polizeiaufsicht geringer und wurde stärker der Eigenregelung der Territorien überlassen, aber – wie die neue Monographie von Udo Gittel[35] am Niedersächsischen Reichskreis zeigt – gab es auch hier überterritoriale Kooperationsbereitschaft im Bereich der Polizei zum Beispiel gegen gartende Kriegsknechte und Straßenräuber und immobiles Gesinde, das dann auf Kreisebene geregelt wurde. Je weniger über die

---

[32] Zur Edition und Kommentierung vgl.: Gustaf Klemens Schmelzeisen, Polizeiordnungen und Privatrecht (Forschungen zur neueren Privatrechtsgeschichte 3), Münster, Köln 1955, S. 56–93; Johann Jakob Schmauss und Heinrich Christian Freiherr von Senckenberg (Hg.), Neue und vollständigere Sammlung der Reichs-Abschiede, Welche von den Zeiten Kayser Conrads des II. bis jetzo auf den Teutschen Reichs-Tägen abgefasset worden, sammt den wichtigsten Reichs-Schlüssen, so auf dem noch fürwährenden Reichs-Tage zur Richtigkeit gekommen sind, 4 Teile, 2 Bde., Frankfurt a. M. 1747. Vgl. außerdem aus dem großen Editionsprojekt der „Deutschen Reichstagsakten": die Mittlere (Bde. V und VI) bzw. Jüngere (Bde. I-X) Reihe, hg. v. der Historischen Kommission bei der Bayerischen Akademie der Wissenschaften, Gotha 1893ff.

[33] Karl Härter, Entwicklung und Funktion der Policeygesetzgebung des Heiligen Römischen Reiches Deutscher Nation im 16. Jahrhundert, in: Jus Commune 20, 1993, S. 61–141.

[34] Gegenüber den Landesverordnungen marginalisiert die Reichsgesetzgebung noch: Marc Raeff, The Well-Ordered Police State, New Haven, London 1983, S. 43–56. Die Einzelverweise auf die Reichspolizeiordnungen sind zum Teil ungenau, ja bisweilen unzutreffend.

[35] Gittel, Aktivitäten (wie Anm. 3).

Reichskreise und diese übergreifenden gesetzgeberischen Kompetenzen bekannt war, um so größer mußte die „Zersplitterung" aufscheinen und die herrschaftliche Vielgestaltigkeit als Chaos erscheinen. Der Fränkische Kreis paßte sich den veränderten Bedürfnissen des späten 17. und 18. Jahrhunderts an, wie neuere Forschungen zeigen. Dies traf auch für den noch kaum erhellten Bereich des Gesundheitswesens und der Seuchenbekämpfung zu. Carolin Porzelt zeigte, daß sich die Pestpolitik des Kreises in erster Linie an den Mandaten der großen Reichsstadt Nürnberg orientierte. Die Gesetzesinitiative ging so – im Gegensatz zu 1572 – wieder von den Territorien aus. Den Verantwortlichen war klar, daß die Pestpolitik der Reichsstadt Nürnberg nicht an den Stadtgrenzen enden durfte. Die Bevölkerung der Kreisstände wurde am wirkungsvollsten dann geschützt, wenn die Seuche möglichst weit im Vorfeld ihrer territorialen Grenzen zum Stehen gebracht werden konnte. Deswegen wurde das Problem auch auf der Ebene des Fränkischen Reichskreises angegangen, der damit eine neue gesundheitspolitische Kompetenz erhielt. Das Grundmuster der Behandlung des Themas war folgendes. Die Stadt nahm direkte Verbindung zu den Mitständen im Fränkischen Kreis auf und suchte, diese zur Übernahme der Nürnberger Präventivmaßnahmen zu bewegen. Die kleineren Stände holten sich ihrerseits in der „Großstadt" Rat in dieser Frage. Tatsächlich wurden daraufhin verschiedentlich gemeinsame Gegenmaßnahmen eingeleitet. Ein erster Beleg für die Zusammenarbeit in der Pestproblematik ist die Überlieferung der Nürnberger Sterbeordnung von 1562 auch in einer Abschrift aus Bamberg, wo man sich somit an diesem Muster zu orientieren begann. Doch gelang es erst nach dem Dreißigjährigen Krieg, die Zusammenarbeit auf eine breitere organisatorische Basis zu stellen. Ein Kreismandat vom 12. Oktober 1708 – *die Contagion betreffend* – faßte dann die diesbezüglichen Einzelvorschriften auf Kreisebene zusammen[36].

2. Die Reichskreise – ein Forschungsbericht

Die Ausgangslage war zunächst wenig ermutigend. In der bekannten Abwertung des Reiches im Rückblick des 19. und 20. Jahrhunderts als eines überholten, machtlosen und überflüssigen Gebildes hatte es unter allen seinen Einrichtungen mit den Kreisen eine ganz besondere Bewandtnis. Gewiß zeichnete man auch die anderen Reichsinstitutionen negativ. Das Reichsoberhaupt wurde in seinen Wirkungsmöglichkeiten unterschätzt und bedauert. Den Reichstagen wurde eine zumindest weit übertriebene Ineffektivität nachgesagt[37] und der Immerwährende Reichstag geradezu verunglimpft. Das Reichskammergericht wurde lächerlich gemacht. Die Reichskreise

---

[36] Vgl. Alois Schmid, Der Fränkische Reichskreis. Grundzüge seiner Geschichte – Struktur – Aspekte seiner Tätigkeit, in: Wüst, Reichskreis und Territorium (wie Anm. 1), S. 235–250, hier S. 243–245; Carolin Porzelt, Leben und Herrschen in Pestzeiten. Die Pest in Nürnberg während der Frühen Neuzeit 1562 bis 1713, ungedruckte Magisterarbeit bei Prof. Dr. Alois Schmid, Erlangen 1994; Johann Carl Sigmund Kiefhaber, Historisch-chronologisches Verzeichnis der seit dem Anfang dieses Jahrhunderts bis jetzt in der Reichsstadt Nürnberg und deren Gebiet herrschend gewesenen Epidemien unter den Menschen und Thieren, Nürnberg 1796.

[37] Vgl. hierzu jetzt Johannes Burkhardt, Verfassungsprofil und Leistungsbilanz des Immerwährenden Reichstags. Zur Evaluierung einer frühmodernen Institution, in: Duchhardt, Schnettger, Libertät (wie Anm. 4), S. 151–183.

aber wurden eigentlich nicht abgewertet, sondern sie kamen erst gar nicht vor. Die Reichskreise sind die einzige Reichsinstitution, die im Geschichtsbild des 19. Jahrhunderts nahezu vergessen wurde – mit Folgen im populären Bewußtsein bis heute. Denn das meiste, was man über das Reich zu wissen glaubt, ist falsch; von den Reichskreisen aber wußte man bis vor wenigen Jahrzehnten kaum etwas. Für Franken zeichnete sich aber früher als andernorts eine neue Orientierung ab, die sich nicht mehr an den Prämissen nationalstaatlicher Geschichtsschreibung des 19. Jahrhunderts beziehungsweise an dem landeshistorischen Raster des Königreichs Bayern orientierte. Daß in der Reichskreisforschung für Franken noch vor dem Ersten Weltkrieg bemerkenswerte Akzente gesetzt wurden, war zunächst das Verdienst des Würzburger Hochschulprofessors für neuere Geschichte und historische Hilfswissenschaften Anton Julius Chroust (1864–1945). Die von ihm 1904/05 gegründete Gesellschaft für fränkische Geschichte unterstützte insbesondere die Drucklegung von Forschungen mit gesamtfränkischer Relevanz. Der Reichskreis hatte dabei seinen festen Platz. Der Erlanger Historiker Richard Fester eröffnete mit seinem Beitrag „Franken und die Kreisverfassung" in den Neujahrsblättern der Gesellschaft 1906 den Reigen[38]. Er fokussierte die jüngere Entwicklung des Kreises seit 1680, die als besonderes Forschungsdesiderat galt. Fritz Hartung, dessen Arbeit von Fester und Chroust gemeinsam betreut wurde[39], setzte dann wenige Jahre später zu seiner umfassenden Geschichte des Fränkischen Kreises an, die als Monographie mit Darstellung und Akten[40] seit Beginn einen hohen Standard setzte, dem sich alle Folgearbeiten verpflichtet fühlten. Die Kreispolizeiordnung fand im Editionsteil Hartungs keine Aufnahme, endete doch die bearbeitete Chronologie mit dem 14. Juli des Jahres 1559. Schon deshalb kann der Fränkische Reichskreis heute unter den zehn Kreisen des Alten Reiches sicherlich als das am besten durch Forschungsliteratur aufgearbeitete Regionenmodell gelten. Über ihn liegt jetzt eine vergleichsweise breite Fülle von Untersuchungen vor, deren wichtigste nach Fritz Hartung die verdienstvollen Arbeiten von Bernhard Sicken[41], Rudolf Endres[42], Alois

---

[38] Richard Fester, Franken und die Kreisverfassung (Neujahrsblätter der Gesellschaft für fränkische Geschichte 1), Würzburg 1906.

[39] Vorwort von Anton Chroust, in: Fritz Hartung, Geschichte des Fränkischen Kreises. Darstellung und Akten I: Die Geschichte des Fränkischen Kreises von 1521–1559 (VGffG II/1), Leipzig 1910, Neudruck: Aalen 1973, S. V-XI.

[40] Hartung, Geschichte (wie Anm. 39); ders., Deutsche Verfassungsgeschichte vom 15. Jahrhundert bis zur Gegenwart, Stuttgart ^{8}1950, S. 58–60.

[41] Bernhard Sicken, Das Wehrwesen des Fränkischen Reichskreises. Aufbau und Struktur 1681–1714, 2 Bde., Nürnberg 1967; ders., Der Schweinfurter Kreistag 1744/45, in: Mainfränkisches Jahrbuch für Geschichte und Kunst 20, 1968, S. 226–329; ders., Der Fränkische Reichskreis. Seine Ämter und Einrichtungen im 18. Jahrhundert (VGffG, Fotodruckreihe 1), Würzburg 1970; ders., Würzburg, seine Territorialnachbarn, der Fränkische Reichskreis und das Reich, in: Peter Kolb, Ernst-Günter Krenig (Hg.), Unterfränkische Geschichte III: Vom Beginn des konfessionellen Zeitalters bis zum Ende des Dreißigjährigen Krieges, Würzburg 1995, S. 131–164.

[42] Weitere Titel in Ergänzung zu Anm. 1: Rudolf Endres, Die Erbabreden zwischen Preußen und den fränkischen Markgrafen im 18. Jahrhundert, in: JfL 25, 1965, S. 43–87; ders., Von der Bildung des Fränkischen Reichskreises und dem Beginn der Reformation bis zum Augsburger Religionsfrieden 1555; Vom Augsburger Religionsfrieden bis zum Dreißigjährigen Krieg; Franken in den Auseinandersetzungen der Großmächte bis zum Ende des Fränkischen Reichskreises, in: Max Spindler und Andreas Kraus (Hg.), Handbuch der bayerischen Geschichte III/1, München ^{3}1997, S. 451–516.

Schmid[43] und Erwin Riedenauer[44] waren. Sie konnten sicher auf vorzügliche, allerdings einseitig juristisch orientierte Abhandlungen und Quellenwerke noch aus der Zeit des 18. Jahrhunderts durch Johann Jacob Moser[45] und Friedrich Carl (von) Moser[46], dem Verfasser des „Neuen patriotischen Archivs für Deutschland"[47], aufgebaut werden. Die Kreispublizistik des 18. Jahrhunderts griff ihrerseits auf den reichen Schatz älterer Deduktionen, Beschlüsse und Abhandlungen zurück, die im Auftrag der Bamberger Kreiskanzlei gefertigt wurden. Ein *Unpartheyisches Bedencken, ob den hochlöblichen Fränckischen CraysStänden annehmlich unnd heilsamb seye, sich auff deß Hertzogen in Bayrn ... sub dato den 25. Octobris ... 1621 schrifftliches Ansuchen ... über die CraysAbschiede, in eine Correspondenz ... einzulassen*[48] zählte wie viele andere zu ihnen. Die Reichskreisforschung unserer Tage konnte auch in anderen Bereichen auf exzellente Grundlagenforschung aus dem Alten Reich zurückgreifen. Die Kartographie des 16. bis 18. Jahrhunderts erreichte speziell bei der Darstellung des Reichskreises eine Genauigkeit, die bis heute nicht übertroffen wurde. Die Stiche und Karten *Eigentliche Delineation Des Fränckischen Craises und Dessen angrentzenden Landschafften, darinnen Jetziger Zeit das Kriegswesen Vornemblich Seinen Lauff hat*[49] (1632), *Circulus Franconicus, in quo sunt Episcopatus Wurtzburg, Bamberg et Aichstetet ... et Territorum Norimbe[rgae]*[50] (um 1700), ein *Erster Und Gröster Theil Des Gantzen Hochlöbl[ichen] Franckischen Craisses*[51], der bei Johann Baptist Homann in Nürnberg 1707 gestochen wurde, oder der von F. L. Güssefeld gezeichnete *Fraenkische Kreis* oder die *Charte geographique du Cercle de Franconie*, die bei den Homann'schen Erben 1782 in Nürnberg in Druck gegangen war, sind nur wenige Beispiele aus dieser langen Tradition.

Einzelne Zeitabschnitte des Fränkischen Reichskreises sind nicht nur mit Blick auf die Beschlüsse, sondern unter Auswertung der Tagungsprotokolle der fränkischen

---

[43] Schmid, Reichskreis (wie Anm. 36), S. 235–250.

[44] Erwin Riedenauer, Gesandter des Kaisers am fränkischen Kreis. Aus der Korrespondenz des Grafen Schlick zwischen Fürstenbund und Reichskrieg, in: ZBLG 28, 1965, S. 259–367; ders., Reichsverfassung und Revolution. Zur Persönlichkeit und Politik des fränkischen Kreisgesandten Friedrich Adolph von Zwanziger, in: ZBLG 31, 1968, S. 124–196, 501–574.

[45] Johann Jacob Moser, Von der Teutschen Crays-Verfassung, Leipzig 1773. Zum Polizeiwesen: ders., Von der Landes-Hoheit in Policey-Sachen, nach denen Reichs-Gesezen und dem Reichs-Herkommen wie auch aus denen Teutschen Staats-Rechts-Lehren und eigener Erfahrung, 9 Bde., hier: Bd. VI: In Policey-Sachen, Franckfurt, Leipzig 1773.

[46] Bayerische Staatsbibliothek München, 4 J.publ.g. 766: Friedrich Carl Moser, Des hochlöblichen Fränkischen Crayses Abschide und Schlüsse vom Jahr 1600 biß 1748, 2 Bde., Nürnberg 1752.

[47] Erschienen: Mannheim, Leipzig 1792.

[48] Drucklegung 1623 mit 82 Seiten.

[49] Maßstab ca. 1:600 000 – 1:670 000.

[50] Circulus Franconicus, in quo sunt Episcopatus Wurtzburg, Bamberg et Aichstet, Status Equitum Teutonicor[um] Ducatus Coburgensis, Marchionatus Cullembach et Onspach, Comitatus Henneberg, Wertheim, Erpach, Reinec, Papenheim, Erpach, Schwartzenberg, et Castel, Baronatus Sensheim et Territorum Norimbe[rgae].

[51] Erster Und Gröster Theil Des Gantzen Hochlöbl[ichen] Franckischen Craisses: In Welchem Die Bisthumer Bamberg, Würtzburg Und Aichstett, die Marggr. Culmbach und Onoltzbach, das Herzogt. Coburg, Fürstenth. Schwartzenberg, Graffsch. Hohenloh, Castel, Limburg und Seinsheim, das Nürnbergische Gebiet und die Hälfte der angrenzenden Obern Pfaltz mit vorgestelt werden = Circuli Franconiae Pars Orientalis Et Potior novissime delineata, Maßstab 1:440 000.

Kreistage für das 16. Jahrhundert überraschend genau bearbeitet, so daß die Rückprojektion der Organisationsstruktur und der Arbeitsweise des Kreisorgane vom 18. Jahrhundert, wo Bernhard Sicken und Roger Wines[52] die Schwerpunkte setzten, für das 16. und 17. Jahrhundert zum Teil bereits geleistet ist. Rudolf Endres setzte seine Schwerpunkte in einem dieser Zeitabschnitte, für den, pars pro toto, die Kreispolizeiordnung von 1572 als ein singulärer normativer Gesetzesakt stehen kann. Im Vorfeld dieser Ordnung schlug Markgraf Georg Friedrich von Ansbach und Kulmbach dem Bamberger Bischof als Direktor des Fränkischen Kreises und mitausschreibenden Fürsten Maßnahmen vor, die Franken als einen einheitlichen Wirtschaftsraum betrachteten. Eine Kreisversammlung war auszuschreiben, die sich ausschließlich mit der Teuerung infolge wiederholt schlechter Ernteergebnisse befassen mußte[53]. Ziel war es, ein generelles Ausfuhrverbot für das gesamte Kreisgebiet durchzusetzen. Der Brandenburger übertrug also wieder die üblichen Maßnahmen der Territorialwirtschaft auf das Kreisgebiet. Bischof Veit von Bamberg war sofort einverstanden, erhob jedoch Bedenken gegen ein Exportverbot, da sich dies gegen benachbarte Kreise richte und diese mit Gegenmaßnahmen antworten könnten. Auf der Versammlung in Nürnberg schlug dann der Ansbacher Kreisgesandte Dr. Christoff Grösser eine enge Zusammenarbeit aller Kreisstände vor: der ganze Kreis solle einen einheitlichen Wirtschaftsraum mit freiem Markt innerhalb der Kreisgrenzen bilden. Diesem Binnenmarkt für Getreide, den man mit Fug und Rechts als erste fränkische Wirtschaftsunion bezeichnen kann, sollten sich auch die im Kreisgebiet „eingestreuten" reichsritterschaftlichen Gebiete anschließen[54]. Deren aktive Kooperation war bekanntlich dadurch belastet, daß die Reichsritter selbst an Sitz und Stimme auf den Reichs- und Kreistagen wegen befürchteter höherer Steuerbelastungen wenig Interesse zeigten[55]. Die ausgeschriebene Kreisversammlung kam ungewöhnlich schnell[56], schon nach zwei Tagen, zu wichtigen Beschlüssen. Dies verdeutlichte die Brisanz des Themas, nachdem in den Kreisversammlungen durchaus eine bisweilen zeitlich gedehnte, parlamentarische Streitkultur gepflegt wurde, und die Voten kleiner mindermächtiger Kreisstände sowohl im Plenum Gehör als auch im Tagungsprotokoll Berücksichtigung fanden. Claus Peter Hartmann setzte insbesondere am Beispiel des Bayerischen Reichskreises für diesen Bereich zurecht neue Akzente[57]. Die Beschlüsse sahen unter anderem im einzelnen vor:

---

[52] Roger Wines, The Franconian Reichskreis and the Holy Roman Empire in the War of Spanish Succession, Diss. phil. Ann Arbor 1961; ders., Die Entwicklung des Fränkischen Reichskreises im Spanischen Erbfolgekrieg, in: ZBLG 30, 1967, S. 337–354.
[53] Endres, Zur wirtschaftlichen und sozialen Lage (wie Anm. 1), S. 36–39; Staatsarchiv Nürnberg, Fsm. Ansbach, Kreistagsakten 1570/71, Nr. 67f.
[54] Vgl. Rudolf Endres, Adel in der Frühen Neuzeit (Enzyklopädie Deutscher Geschichte 18), München 1993, S. 68–72.
[55] Gerhard Pfeiffer, Studien zur Geschichte der fränkischen Reichsritterschaft, in: JfL 22, 1962, S. 173–280.
[56] Staatsarchiv Nürnberg, Fsm. Ansbach, Kreistagsakten 1570/71, Nr. 79. Zur Schnelligkeit parlamentarischer Gremien im Alten Reich jetzt auch: Burkhardt, Verfassungsprofil (wie Anm. 37), S. 161–176.
[57] Peter Claus Hartmann, Der Bayerische Reichskreis (1500 bis 1803). Strukturen, Geschichte und Bedeutung im Rahmen der Kreisverfassung und der allgemeinen Entwicklung des Heiligen Römischen Reiches, Berlin 1997; ders., Zur Bedeutung der Reichskreise für Kaiser und Reich im 18. Jahrhundert, in: Winfried Dotzauer u.a. (Hg.), Landesgeschichte und Reichsgeschichte. Festschrift für Alois Gerlich zum

1. Eine Einschränkung und strenge Überwachung des Verbrauchs bei Festlichkeiten, wie Taufen, Hochzeiten, Kirchweihen und so weiter. 2. Der Brauereiausstoß wird in Franken auf die Hälfte herabgesetzt. Die Herstellung von Weißbier wird sogar völlig verboten, da es besonders viel Getreide erforderte. 3. Verbot des *aigennützig fürkaufs* und des Anlegens von Vorräten, die über den Eigenbedarf für ein Jahr hinausgehen. 4. Außerhalb des fränkischen Kreises dürfen die Kreisstände unbeschränkt Getreide kaufen, doch müssen sie die Herkunft nachweisen, um Betrug vorzubeugen. 5. Die Reichsritterschaft wird von diesen Kreisbeschlüssen in Kenntnis gesetzt und zum Anschluß an den geschlossenen Markt aufgefordert. 7. Gartende Landsknechte und landfremde Bettler sollen aus dem Kreis ausgewiesen werden. In diesem letzten Punkt zeigten auch die übrigen Reichskreise den Willen, die Verordnungen mit eigenen Exekutivorganen durchzusetzen[58]. Der Einheit des Fränkischen Kreises war man jetzt einen entscheidenden Schritt näher gekommen; die Polizeiordnung nahm darauf in mehreren Abschnitten direkten Bezug. Insbesondere die Paragraphen zur Bäcker- und Mühlenordnung standen im direkten Zusammenhang. So monierte man mit der Hoffnung auf einen grenzüberschreitenden Wertekanon im Handwerk: *Als sich befindet/ das an etlichen orten im Kraiß woluermügende becken befunden/ die an weitz/ korn/ vnd andern getreidig/ mehr dann sie in iren werckstetten zuuerpachen bedörffen/ zu dem widerverkauffen/ fürkauffen/ vnd dardurch der nicht vermögend beck/ in kauffung des getraits verhindert/ vnd daneben im pachen/ das röckin melb vnd kleien/ vndereinander felschen/ das brot verwessern/ vnd nach dem gewicht zu vortheil verschwemmen*[59].

Gemeinsames Handeln hatte sich im Münz- und im Landfriedenswesen selbst über die Kreisgrenzen hinweg bewährt. Ein *Derer dreyen im Münz-Weesen correspondirenden hoch-löblichen Reichs-Creißen Franken, Bayern und Schwaben abgefaßtes Münz-Patent: wie solches bey dem in des H. Römischen Reichsstadt Augspurg fürgedauerten Münz-Probations-Convent beschlossen* legte davon Zeugnis ab[60]. Gemeinsames Agieren war mit den Bestimmungen zur Wollausfuhr oder zu den geschenkten Handwerken[61] als den kleinen Handwerken mit ausgesprochen städtischer Konzentration und entsprechend weiten Wanderwegen für die Gesellen, die man regional unterschiedlich durch *geschenke* unterstützte, auf den Weg gebracht, und es war gegen ein um sich greifendes Bettler- und Landstreicherunwesen[62] mit Erfolg vorbe-

---

70. Geburtstag (Geschichtliche Landeskunde 42), Stuttgart 1995, S. 305–319; ders., Der Bayerische Reichskreis im Zeichen konfessioneller Spannungen und türkischer Bedrohung. Die Zeit der letzten Regierungsjahre Herzog Wilhelms V. (1594–1598), in: ZBLG 60, 1997, S. 599–616.

[58] Wolfgang Wüst, Die gezüchtigte Armut. Sozialer Disziplinierungsanspruch in den Arbeits- und Armenanstalten der „vorderen" Reichskreise, in: Zeitschrift des Historischen Vereins für Schwaben 89, 1996, S. 95–124; ders., Grenzüberschreitende Landesfriedenspolitik: Maßnahmen gegen Bettler, Gauner und Vaganten, in: Wüst, Reichskreis und Territorium (wie Anm. 1), S. 153–178.

[59] Vgl. hierzu den anschließenden Editionsteil, S. 189–199.

[60] Zahlreiche Drucke des 16. bis 18. Jahrhunderts, hier: Augsburg 1761.

[61] Reinhold Reith, Lexikon des alten Handwerks. Vom späten Mittelalter bis ins 20. Jahrhundert, München ²1991, S. 12.

[62] Staatsarchiv Nürnberg, Fsm. Ansbach, Kreistagsakten, Bd. 16a, Nr. 7, 27–29 und 50. Vgl. als wichtige zusammenfassende Studie für die Armutspolitik der Territorien und des Kreises in Franken: Ernst Schubert, Arme Leute, Bettler und Gauner im Franken des 18. Jahrhunderts (VGffG IX/26), Neustadt a. d. Aisch ²1990; ders., Fahrendes Volk im Mittelalter, Bielefeld 1995.

reitet. Jetzt dehnte es sich vorübergehend auch auf den Korn-, Bier- und Brotmarkt und damit auf einen wesentlichen Teil der gesamten Ernährungspolitik im Franken des 16. Jahrhunderts aus. Der Fränkische Kreis setzte bereits um 1570 zu einer gemeinsamen Fruchthandelspolitik an, mit der sich die kreisausschreibenden Fürsten im Alten Reich bis ins späte 18. Jahrhundert immer wieder zu befassen hatten[63].

Teil II: Die Edition[64] der Polizeiordnung des Fränkischen Reichskreises von 1572[65]

Des löblichen Frenckischen Reichskraiß verainte vnd verglichne policey ordnung etlicher puncten vnd artickeln welche weilund[a] hochlöblichster gedechtnuß vnd die jetzig Röm[isch] Kay[serliche] May[estät] vnsere aller genedigste herren auff etlichen zu Augspurg vnd andern orten gehaltnen Reichstägen einem jeden stand vnd glied des Römischen Reichs in seinen oberkaiten vnd gepieten des vnd anderswegen fürsehung zuthon vnd darüber zu halten ernstlich befohlen haben, abgehandelt zu Nürmberg, den 12. Maij anno 72.//

Demnach weilund die abuerstorbnen Röm. Kaiserlich May. hochlöblichster vnd seligster gedechtnuß/ auff deren gehaltnen Reichstägen/ mit sonderlicher aller chur vnd fürsten/ auch stenden des Heiligen Römischen Reichs/ bewegung vorbetrachtung vnnd verabschiedung/ allergnedigst ein Policey Ordnung zu befürderung deß im gantzen Römischen Reich/ gemaines nutzs vffrichten vnd in truck außgehen/ auch die jetzig Röm. Kay. May. vnser allergnedigster herr/ hierüber zu halten/ ernstlich befelhen lassen/ vnd etliche churfürsten/ fürsten vnd stende in jren chur vnd fürstenthumben/ vnd gebieten darob/ so vil müglich gehalten haben. Also der löblich Frenckische Reichs Kraiß/ sich inn allen deß Reichs kraiß beschlussen/ gehorsams fleiß/ sich vnderwürfflig zu machen/ schuldig erkennet/ vnnd in berürtem als wol andern kraisen/ angemelte Reichs beschloßne Policey Ordnung vnd reformation wenig bißanhero/ vnd zum thail gar nicht/ wie sich wol zu thun gepürt hette/ angestellet noch gehalten/ vnd aber in etlichen eingerissnen mißbreuchen/ notdürfftige fürsehung zuthun/ die höchliche notturfft erfordern will. Derowegen haben fürsten vnnd stende/ mehrgemelts Frenckischen Kraiß/ sich etlicher vnd diser zeit notweniger puncten/ auch also vnd mit ernst in jren fürstenthumben/ vnd gebieten darob zu halten/ Doch wo die von einem oder dem andern stande weiter/ dann hierinn gesetzt/ verbessert werden kan/, vnbenommen/ wie volgt, veraint vnd verglichen.//

---

[63] Frank Göttmann, Der Bischof und die Fruchthandelspolitik des Schwäbischen Kreises im 18. Jahrhundert, in: Elmar L. Kuhn u.a. (Hg.), Die Bischöfe von Konstanz, Bd. 1, Konstanz 1988, S. 199–208.

[64] Zur Edition: Die originäre Zeichensetzung wurde grundsätzlich beibehalten. Die Groß- und Kleinschreibung erscheint dagegen, gemäß den Editionsregeln für frühmoderne Handschriften, vereinheitlicht. Courtoisiennennungen, Herrschertitel und die Nennung Gottes wurden ebenso wie die wichtigsten Reichsorganisationen groß geschrieben. Einzelne Worterläuterungen finden sich in den Fußnoten.

[65] Gedruckt im Verlagshaus Dietrich Gerlatz zu Nürnberg, 12. 5. 1572 (MDLXXII). Das Exemplar ist angebunden an den Druck der „Römischen Keyserlichen Maiestat reformirte vnd gebesserte Policey Ordnung/ zu befürderung gemeines guten bürgerlichen wesen vnd nutzen/ auff Anno MDLXXVII zu Franckfort gehaltenem Reichs Deputation tag verfast vnd auffgericht", Mainz (Franciscus Behem) 1578. Signatur: UB Augsburg, Oettingen-Wallerstein-Bibliothek, 02/XII.6.2.16angeb.5. Weitere Exemplare mit leicht abweichenden Textvarianten befinden sich in: UB Würzburg, 50/Franc. 1018; UB Eichstätt, 21/1 BO B IV 9 angeb. 2; Bayerische Staatsbibliothek München, 4 L.impr.c.teg.mss.8 und 4 J.publ.g.1174 Beibd. 3.

[a] weiland.

Abb. 1: Titelblatt der Reichspoliceyordnung von 1577. Die Initiativen des Reichstags zur Reform des Policeyrechts liefen parallel zu den Überlegungen in den Reichskreisen. Signatur: UB Augsburg, Oettingen-Wallerstein, 02/XII. G.2.16.

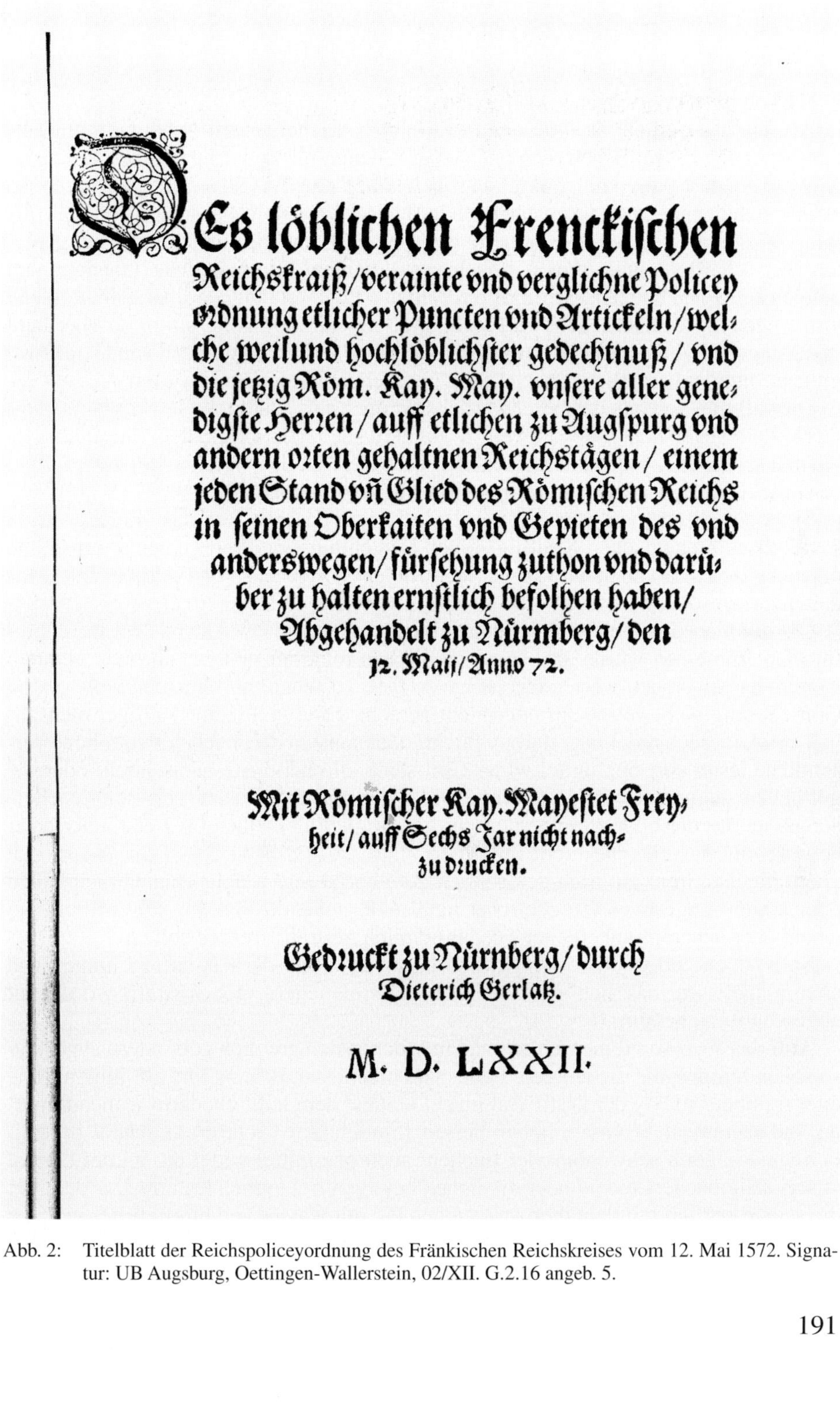

Des löblichen Fręncḱischen Reichskraiß/ verainte vnd verglichne Policey ordnung etlicher Puncten vnd Artickeln/ welche weilund hochlöblichster gedechtnuß/ vnd die jetzig Röm. Kay. May. vnsere aller genedigste Herren/ auff etlichen zu Augspurg vnd andern orten gehaltnen Reichstägen/ einem jeden Stand vñ Glied des Römischen Reichs in seinen Oberkaiten vnd Gepieten des vnd anderswegen/ fürsehung zuthon vnd darüber zu halten ernstlich befolhen haben/ Abgehandelt zu Nürmberg/ den 12. Maij/ Anno 72.

Mit Römischer Kay. Mayestet Freyheit/ auff Sechs Jar nicht nachzudrucken.

Gedruckt zu Nürmberg/ durch Dieterich Gerlatz.

M. D. LXXII.

Abb. 2: Titelblatt der Reichspoliceyordnung des Fränkischen Reichskreises vom 12. Mai 1572. Signatur: UB Augsburg, Oettingen-Wallerstein, 02/XII. G.2.16 angeb. 5.

Volgen die artickel, welche fürsten vnd stende deß Frenckischen Kraiß sich verglichen.//

[1] Von gottesschwüren vnd fluchen.

Als wie wissentlich/ zu förderst inn hailiger göttlicher schrifft/ vnd dann in gaistlichen ja auch in weltlichen rechten/ vnd auff denen biß dahero gehaltnen Reichstägen/ die gotslesterung vnd gottsschwür/ bey hohen peenen vnd straffen verpotten/ so erfindt sich doch jetzt leider/ wes gleich auff beschehne Reichsbeschluß von churfürsten vnd stenden deß Reichs sindhero/ derwegen/ in iren churfürstenthumben/ gepieten/ herrschafften/ angezognen gotslesterns halben/ für ernstliche mandata vnd befelch außgehen haben lassen. Das ein zeitlang/ doch nit lang/ darüber gehalten/ vnd also wegen dieses nachsehens vnd nicht straffens/ allerley gottesstraff/ so vber land vnd leut gehet/ vnd voraugen/ darauß gefolgt/ vnnd ferner Gottes zorn vnnd straff/ wo nit gepürlich vnd ernstliche abschaffung beschehen würdet/ zu gewarten.//

Dieweil nun solches der beschwerlichsten übel ains/ dadurch Gott der almechtig nicht allein gegen den gottesschwerern/ sondern auch den obrigkaiten/ die solches zu wehren schuldig/ vnnd also zu beschehen gedulden/ zu den wercken des zorns/ vnnd erschröcklicher zeitlicher vnd ewiger straff/ bewegt werden.//

Si ist bey disem/ vnd fürnembsten bedacht vnd beschlossen/ das ein jeder kraiß stand/ dises Frenckischen Kraiß in seinen fürstenthumben/ vnd gepieten/ ernstliche mandata/ deß vnd andershalb so hernach folgen/ außgehen/ vnnd darüber mit ernst halten lassen solle.//

Ob wol hiebeuon lautere fürsehung gethon/ wo jemands weß stands der were/ hinfüro Got zumessen würde/ das seiner göttlichen maiestet vnd gewalt nicht bequem were/ oder mit seinen worten das jenige so Gott zustehen/ abschneiden wolt/ als ob Gott ein ding nicht vermöcht/ oder nicht gerecht were/ von Gottes heiliger menschheit verkleinerlich redet oder darbey flucht/ oder sonsten dergleichen freuenliche verachtliche lesterwort one mittel wider Gott seine allerheiligiste menschheit/ oder die göttlichen sacrament/ vnd lesterwort/ wider die mutter christi vnsers seligmachers außgüsse/ das der oder dieselben durch die obrigkeit desselben orts/ erstlich viertzehen tag mit wasser vnnd brodt inn einem thurn gestrafft/ da aber zum andern mal vbertretten/ an irem gut nach gelegenheit der vberfarung/ welches haußarmen leuten oder armen jungfrawen/ zu ehelicher haußsteur gewendt/ vnd wo zum dritten/ am leben/ oder benemmung etlicher glieder peinlich gestrafft werden solte.//

So ist doch laider/ dits erschröcklich laster/ also vnd dermassen bey jungen vnd alten eingerissen/ das sich ainer weitern vnd ernstlichern Gottes straff/ wo das nit abgeschafft/ zu befahrn.//

Auff das aber/ so vil menschlich vnd müglich/ solch greulich gotslestern abgestelt/ so sollen hinfüro alle die jenigen/ hohes vnd niders stands/ jung vnd alt/ inhaimische oder frembde/ so bey der krafft vnd macht Gottes/ dem leib/ gliedern/ wunden/ marter vnd sacramenten/ vnsers lieben herren Jesu Christi/ leichtfertigklichen/ freuentlich vnnd bößlich schweren/ oder fluchen/ auch one mittel wider die mutter christi/ vnsers seligmachers reden/ oder die lieben heyligen freuentlich lestern/ Das der oder die selben erstlich mit dem thurn viertzehen tag mit wasser vnd brodt/ fürter wo zum andern die betretten/ mit offentlicher poenitentz/ in oder vor der kirchen/ oder aber mit einer geltbuß/ nach gestalt der verbrechung/ vnd da vber dits alles/ kein besserung bey solchen personen zuspürn/ als dann der obrigkait desselben orts/ die selben eintweder am leib peinlich/ oder mit verordnung vff die galeen/ zu straffen/ frey gelassen werden solle.//

Ein jeder pfarrherr solle auch vff den cantzeln/ sein pfarruolck von dem gottslestern vnd schweren abzustehen/ ernstlich vnnd zum treulichsten vormanen/ vnd mit gemainen gebeten/ Gott den allmechtigen bitten helffen/ solch groß vbel der gottslesterung/ vnd schwürn/ von dem christlichen volck abzuwenden.//

Die eltern vnd herrschafften sollen bey iren kindern vnd haußgesind/ solches gotslestern nicht gedulden/ sonder mit gepürendem ernst abschaffen. Würde sich aber erfinden/ das die eltern vnd herrschafft/ solchs nachsehen vnnd nit straffen/ vnnd dessen die obrigkeit/ in glaubliche erfarung brechten/ gegen denselben/ solle von dessen obrigkait/ ernstliche leibstraff fürgenomen werden.//

Item/ es sollen auch jede obrigkaiten für sich selbsten/ nit allein mit allem fleiß darob halten/ sonder auch derwegen zu inquiriren/ ire amptleut vnd diener zuuerpflichten/ schuldig sein.

[2] Von den hochzeiten.

Nach dem vill vnd vbrigs vnkostens/ welcher zu mercklichem nachtheil gemaines nutzs gereicht/ auff hochzeiten/ vnd was denselben anhengig/ gewendt würdet/ vnnd etliche stende des Kraiß/ wie zu sehen/ auß väterlichem guten wolmainen/ gute vnd nützliche ordnungen/ auch ernstliche gepot vnd verpot/ deßwegen haben publiciern vnnd außgehen lassen/ darüber auch gehalten/ vnd noch vestigklichen vnd steiff/ so vil menschlich vnd müglich/ halten wöllen.//

Aber bey diese Kraiß stenden/ auffgerichten ordnung nach gelegenhait der örter vnd lande/ ein grosse vngleichhait/ mit haltung der heyrat/ hochzeittäge/ malhochzeiten/ vor vnd nachhochzeiten/ ladung der personen/ des schenckens vnd anderm sich ereugend/ vnd in disen jetzterzelten puncten/ ein gleichmessige anstellung von einem jeden stand beschehen soll.//

Demnach inn krafft der stende in disem Kraiß habenden obrigkait/ auch auß schuldiger pflicht/ vnd tragenden ampts/ zu abschneidung eines solchen vbermessigen vnnottürfftigen vnkostens/ vnd vnordnung/ würdet bey disem punct/ der hochzeit/ zu abstellung/ solcher beschwerlichen köstlichkeit/ nachuolgende/ ehrliche/ vnd nützliche besserung geordnet/. Nemlichen.//

Das hinfüro an denen orten in den kraißstedten/ da handstraiche oder hingaben pflegen gehalten zu werden/ zu solchem mehr nit/ dann zwen tisch personen/ vnnd an einem tisch vber zwölff personen nit gesatzt/ darunter inwohnische vnnd frembde/ gefreundte vnd vngefreundte verstanden sein/ geladen werden sollen.//

Uff solchen haltenden handstraichen/ oder hingabstagen/ solle auch mehr nicht/ als ain malzeit/ vnd vber vier richt ainfach/ es sey von vischen oder flaisch/ nit gegeben noch auffgesetzt werden. Welcher darwider leth/ setzt/ vnd am essen mehrers gibt/ der sol der obrigkait desselben orts/ vnnachlessig straffbar sein.//

Vff dem land vnnd dörffern/ sollen die malzeiten/ der heyrats oder hingabs täge zu halten gar verpotten sein/ sondern so heyraten beschlossen vnd angestellet/ dieselbigen one ainige wirtschafft beschehen./ Doch keeß vnd brod/ des gleichen ein trunck/ den heurats leuten zu geben vngewehrt sein.//

[3] Vordinghochzeit.

Die jenigen so bey den wirten/ es sey in stetten oder auf dem land/ hochzeit halten vnnd die anuordingen wöllen/ die sollen mehr nicht/ dann zwo malzeit halten/ vnd zu solchen/ vber ain malzeit dreissig personen/ inhaimisch vnd außlendisch nit laden/ Doch sollen vnter benante anzal inn stetten/ breutigam/ braut/ vatter vnd mutter/ anherr vnd anfraw/ deßgleichen auch die geschwistergit nicht/ aber auff dem lande darein gerechnet werden.//

Vnd sollen auf solchen verding vnd malhochzeiten/ zu jeder malzeit vier gericht/ es sey an vischen oder flaisch/ vnd darüber nicht aufgesetzt werden/ vnd von einem geladnen hochzeit gast/ dem wirt/ mehr nit dann für ein malzeit/ in stetten/ zwen vnd sibentzig pfenning/ auff dem land ein ort ains güldins/ bezalt vnd gegeben/ vnd des schenckens enthalten werden.//

Die geladenen hochzeit gest in den stedten vnnd auff dem land/ sollen sich dessen/ das bißhero in mißbrauch gewest/ mit mitnemung irer kinder/ vnd ehehalten/ so zur hochzeit nit beruffen/ auch des abschickens an essen vnd anderm/ vnd sonst aller andern vngeschickligkaiten/ durch was schein das geschehen möchte/ mit fleiß enthalten.//

Welche aber nicht verdingte sonder verlaghochzeiten/ es sey in stedten oder uffm lande/ halten vnd anstellen/ so sollen die welche in stetten hochzeit halten/ zwo vnd viertzig/ auffm land zwo vnd dreissig personen/ darunter breutigam vnd braut/ vatter vnd muter/ anherr vnd anfraw/ auch deß breutigams vnd braut geschwistergit/ wo die deren hetten/ deßgleichen die jungfrawen vnnd frembde/ darunter begriffen sein/ nicht laden/ vnd solle es gleicher gestalt mit auffsetzen der essen/ wie oben bey den verdinghochzeiten geordnet/ gehalten werden.//

Nach dem aber bey solchen verlaghochzeiten an etlichen orten/ des breutigams vnd braut/ handwercken vnd andern/ etlich essen von der hochzeit zu geben gebreuchlich/ vnnd damit vil vnnützlich vertragen würdet/ So solle hinfüro an solchen orten/ dasselbig abgeschafft/ vnd nicht mehr gegeben werden.//

Vor vnd nachhochzeit/ sollen hinfüro vff den verlaghochzeiten/ hiedurch gar abgethan/ vnd abgeschafft vnnd nicht mehr dann drey malzeiten/ die zwen hochzeittag gehalten werden.//

Die frembden so zur hochzeit beruffen/ vnd abends vor der hochzeit einkommen/ die sollen allain/ entweder bey dem/ dabey sie einkern/ oder im hochzeithauß/ so lang sie bey der hochzeit verharren/ on ainig zu laden/ anderer personen/ mit nottürfftiger vnterhaltung/ vnd kainem vberfluß enthalten vnd bewürth werden.//

[4] Von kindtauffen vnd kindschencken.

Als ebner gestalt auffgehaltnen Reichstägen/ in den Reichs abschiden/ versehung geschehen ist/ das ein jeder in seinem fürstenthumb/ graue- vnd herrschafften/ obrigkaiten vnd gepieten/ den vnkosten der kindtauffen/ vnd kindbetten/ abstellen/ auch denselbigen ain zimliche gute ordnung machen/ vnd solchs mit darauff gesetzten bussen vnd straffen/ vnnachlessigs handhaben solle.//

Vnd sich erfindt/ das in dem Frenckischen Kraiß vnd bey dessen etlichen stenden/ derwegen gute ordnung angestellet/ hergegen bey andern/ grosser vnnottürfftiger vnkost vnd solcher mißbrauch/ der wol vnd billich/ viler vrsach willen abzuschaffen/ eingerissen.//

Derwegen ist im gantzen Frenckischen Kraiß/ dises puncten sich also verglichen/ das hinfüro in den steten/ vnnd vff dem lande/ wann ein schwangere fraw/ mit der gnaden Gottes/ irer bürde der geburt entladen/ vnd solchs geborn kindlein zu der tauff getragen werden/ Das zu der kindbetterin willen vnd gefallen stehen soll/ vil oder wenig frawen/ von gefreundten oder vngefreundten/ zu solcher christlicher tauff/ zu beruffen.//

Nach dem aber an etlichen orten/ nach gehaltner vnd volbrachter christenlicher tauff/ deßgleichen zu dem außbad dritten tags/ ain/ zwen oder mehr tisch/ von mannen vnd weibern geladen/ vnd grosser vergebenlicher vnkosten darmit vffgewendt/ daneben die kindbetterin/ so derselben zeit sonsten ire ruhe haben/ vnd one sorg sein soll/ mit sorg vnd vberlauffung/ aines vnd des andern/ auff das die geladenen/ nur wol tractirt werden möchten/ beschwert werden.//

So solen hiedurch solche malzeiten nach gehaltner kindtauff/ gentzlich vnd gar abgeschafft/ vnnd abgestellt sein/ vnd da das kind von der tauff/ zu hauß gebracht/ denen die mit der kindtauff gangen/ mehr nit dann keeß vnd brot/ obs vnd confect/ deßgleichen ain trunck gegeben/ vnd vber ein stund/ die kindbetterin vnd kinduatter/ nicht beschwert werden.//

Vnd das das kind vff dem land/ an ander ort zur tauff getragen/ so solen gleichsfals die ienigen/ so mit vnd bey solcher tauff seien/ vber ein stunde in dem wirtshauß nit verharren.//

Den jenigen aber/ so der kindbetterin/ in kindsnöten vnd geburt gewart/ vnd hilfflich gewest/ denselben (doch sollen andere darein nicht gemengt werden) mage deß tags der geburt/ oder andern tags hernacher/ welchs zu deß kindvatters oder kindbetterin willen gestellt/ ain zimliche malzeit/ doch vber drey richt/ nit gegeben werden.//

Da aber/ vnd sonderlich in steten/ vnd denen orten/ da es bißhero breuchlich gewest/ der kindsuatter/ nach verlauffnen sechswochen/ den geuatteren mit etlichen personen/ zu laden bedacht/ soll ime dasselbig/ doch vber zwölff person nicht zuberuffen/ vnbenommen/ Aber auff dem land/ solches durchauß verbotten sein.//

[5] Von kirchweihen.

Nach dem auff dem land/ wie sich befindet/ grosser vnd vergeblicher vnkosten/ dauon sich der gemaine man/ sonsten etliche wochen zu enthalten gehabt/ der kirchweyhen halb auffgegangen. Damit aber in solcher schweren vnd theuren zeit/ so vil müglich/ was zu des leibs notturfftiger erhaltung gehört/ nichts vnnützlich verschwendet/ vnd vergebens angelegt werde.//

So sollen hinfüro mit fleiß in der kirchen/ zu hörung Gottes worts/ vnd nicht gasthöfen oder heusern solche begangen/ vnd kein gemaine gastung/ wie bißhero geschehen/ gehalten vnd gebraucht werden.//

[6] Von leickkauffen[b].

Item/ wanne geringe keuffe vmb bewegliche gütere angestellt/ sollen von beiden/ kauffern vnd verkauffern/ darzu mehr nicht dann zwo person erfordert/ auch zu dem leickkauff für ein jede person/ vber ein maß wein nicht auffgesetzt noch bezalt. Wann

---

[b] leykaufen.

aber ansehenliche kauff vmb vnbewegliche güter angestelt/ sollen von baiden thailen/ vber sechs person/ darzu nit erfordert/ vnnd von ir jedem/ dem kauffer vnnd verkauffer/ vber ein gülden/ nicht zum leickkauff gegeben/ noch auffgewendet oder verzert werden.//

[7] Von gastungen.

Da jemandt inn stetten oder vffm land gastung zu halten willens/ der solle es sey morgens oder abends vber ain tisch/ darüber zwölff personen gepracht/ nicht laden/ vnnd denselben vier ziemlicher gemainer essen/ darunter nicht vber ain essen visch/ darzu keine andere/ dann gemaine wein speisen.//

Den inwohnern in stetten vnd vff dem land/ solle das teglich zehren/ schlemmen vnd spielen/ in den wirtsheusern/ nit gestattet/ sonder allenthalben abgestellet werden/ vnd durch die amptleute fleissig auffmercken beschehen/ were auch wes stands vnd vermögens die seyen/ so täglich in den wirtsheusern ligen/ zehren vnnd spielen/ vnnd da die amptleut ermessen können/ das der oder dieselbigen personen/ solch täglich zehren vnnd spielen/ von iren gütern vnd diensten/ rechter ordenlicher weiß nicht vermöchten/ also das ain vermutung/ das sie gemelt täglich zehren vnnd spielen/ mit rauberey/ diebstal oder vnzimlichen betriegerey/ ires nechsten eroberten/ sollen sie dasselbig mit gutem vnterricht/ an die obrigkait/ verner der gepür gegen solchen hetten zuuerhalten/ gelangen lassen.//

[8] Von teurer zerung bey den wirten.

Nach dem ein zeit hero/ hin vnnd wider bey den gastgeben vnd wirtschafften auff dem lande vnnd in den stetten/ die zehrung vntreglich/ nicht allein der victualien halben/ was die ordenliche malzeit belangt/ sonder auch für morgen/ abend/ vnd schlafftrunck/ ein vbermessigs/ da doch dergleichen nicht gebraucht würdet/ gerechent vnd genomen würdet/ vnnd in solchem gleich so wol als in andern sachen/ gepürend einsehen vnd ordnung zu machen/ Keyserlichem vfferlegtem beuelch nach sich gepürt.//

Dem zubegegnen/ solle hinfüro/ ain jeder stand vnd obrigkait im Kraiß/ auffs ehrst/ seines lands oder gepiets/ der theurung vnnd wolfeilung nach/ den wirten/ wie theur vnnd hoch sie die malzeiten/ den wein/ bier/ brot/ flaisch/ stalmuet vnd habern/ deßgleichen den gesten die morgensuppen/ mittags vnd schlafftrunck/ nach gelegenhait der zeit rechnen/ vnnd darüber sie bey einer namhafften vnnachlessigen straff/ nicht bezalt nemen sollen/ ordnung vnd maß setzen.//

Solche der obrigkeit ordnung vnd satzung/ sol nach wolfeilung vnd theurung der jar/ jedesmal gericht/ vnd mit ernst steiff darob gehalten werden.//

[9] Becken[c] vnd mülordnung.

Als sich befindet/ das an etlichen orten im Kraiß woluermügende becken befunden/ die an weitz/ korn/ vnd anderm getreidig/ mehr dann sie in iren werckstetten zuuerpachen bedörffen/ zu dem wideruerkauffen/ fürkauffen/ vnd dardurch der nicht vermögend beck/ in kauffung des getraits verhindert/ vnd daneben im pachen/ das

---

[c] Im Druck fehlerhaft als Hecken gesetzt.

röckin melb vnd kleien/ vndereinander felschen/ das brot verwessern/ vnd nach dem gewicht zu vortheil verschwemmen.//

Weil aber jedweder kraißstand dieses Kraiß/ vngezweiffelt/ wie vnnd welcher gestalt/ in wölflung vnd teurungs zeiten/ das brod dem einkauffen vnd gewicht nach/ vnnd wie solches in dem besichtigen vnnd schawen gefunden werden soll/ ordnung haben.//

So soll in alleweg/ sonders diser schweren vnd teuren zeit darob gehalten/ vnd jedes orts gelegenheit nach/ wie die gemainen nutz zu gutem geraichen/ die gebessert/ vnd dern würcklichen nachgesetzt werden.//

Vnd wo also die becken in dem fürkauffen des getraits/ in dem felschen des melbs/ vnd verwessern des brots befunden/ sollen die obrigkaiten dieselben ernstlich an leib vnd gut straffen.//

Gleicher gestalt solle das fürkauffen deß getraits/ den müllnern nit gestattet/ sonder mit ernst bey leib vnnd geltstraffe geboten werden/ das jedermeniglich so es begert/ sie vnwegerlich vnd fürderlich malen. Das melb das sie auß aines jeden korn gemalen/ dauon mehr nit/ dann ire geordnete mitz nemen/ die dauon gebürende kleien verfolgen/ auch den malgast wo er will/ dabey biß das korn herab gemalen/ bleiben lassen. Die mülstend iren mülen/ wo die mangelbar/ zurichten/ die stende auff vnd auff fleissig verwarn/ dieselben filtzen vnd gantz machen/ damit die stein vnd gossen/ alles verwarth seien/ vnnd sonderlichen die wende gegen dem wasser also fürsehen/ das kain wind noch lufft hinein komme. An denen orten aber sollen doch kleine fensterlein die verglasst werden/ zu dem gesicht vngewehrt sein. Deßgleichen sollen sie die brucken vnter dem kambrad/ zwischen den mülen auch filtzen vnnd gantz machen/ auff das von dem getraidig nichts dauon verrhört werde/ Besonders/ dise mülstende in gut acht haben/ darinn das semelmelb gemalen würdet/ vornen vnd an den seiten/ da man das grießmel pflegt einzuschütten/ mit tüchern fleissig zuerwahrn/ auff das dasselbig/ im malen ordenlich beyeinander behalten werde. Die müllner sollen auch schuldig sein/ in ire mülstende/ oder auff ire steigwerck/ guts gerechts steinwerck zuuerordnen/ vnd auffzuziehen/ vnnd ainige stain nit auffziehen/ sie seien dann zuuorn/ von der obrigkeit geordneten amptleuten oder befelchhabern/ besichtigt vnd für gerecht erkannt.//

Im fall dawider sich ein müllner in disem vngehorsam erweisen/ vnd nit rechte gute stain/ wie sich gebürt/ in sein mülwerck auffziehen/ vnd auff der verordneten mülschauer gebot/ dieselben stain auff die bestimbten zeit nit hinweg thun würde/ so soll der oder dieselben/ daruon zu jeder vberfarnen farth/ der obrigkait straffbar/ vnd nichts destoweniger schuldig vnd pflichtig sein/ auff derselben mül/ mitler weyl vnd biß er vermög der geschwornen schauer gebot/ guts gerechts stainwerck auff dieselben müll auffzeucht/ nichts zu malen.//

Vnd da ein beck oder jemand anderer einem müllner/ korn vnd kerrn zu malen schickt/ soll der müllner dasselbig alles vnd jedes/ getreulich vnd ordenlich fegen/ vnd als dann dem becken das fegig neben dem mehl/ widerumb ein zuantworten/ schuldig sein.//

Es sol auch der mülner bey seinen pflichten/ damit er seiner obrigkait zugethan/ dem becken ein jede sort/ so ime auß dem kerrn gemacht/ auff sein begern/ so darrauß worden/ erberlich/ getreulich/ vnd bey seinem der obrigkait geleistem ayd wider zustellen/ vnd hierzu verbunden sein.//

Die müllner vnd ire knecht/ sollen auch bey iren pflichten schuldig sein/ einem jeden/ der zu inen das getraid zu malen bringt/ mit dem malen/ geuerlichen wider seinen willen nit zuuerziehen/ sonder ainem jeden/ vnd die so mit irem getraid/ am ersten in die mül kommen (niemand vor dem andern angesehen) mit dem malen/ on ainig geschenck/ nach seinem vermögen fürdern.//

Vnd sollen in solchem/ die armen neben den reichen becken/ mit dem malen zugleich gefürdert/ vnd in dem geferlichen nit auffgezogen werden.//

Was verrers vnnd mehrers in disem von nöten/ soll ain jede obrigkeit anordnen/ vnd hierüber mit ernst halten.//

[10] Von den betlern vnd wie die haußarme leut zuerhalten.

Als bey den stenden deß Kraiß/ wegen der armen dürfftigen menschen/ vnzimlichen gebrauchs deß almusennemens/ hieuor uff etlichen gehaltnen Reichstägen/ aufgerichten ordnungen/ gesetz vnd gebot/ bey nemblichen bussen vnd straffen/ außgangen/ wie es damit gehalten werde. So erfindt sich doch/ das die gar in einen abgang vnnd mißbrauch kommen/ sonderlich das vil beschwerung vnd betrug eingerissen/ dardurch die/ so almusen zu geben geneigt/ vnnottürfftig belestigt/ vnnd die dessen nottürfftig/ dasselbe entzogen/ vnd also vil frembdes gesinds mit kindern vnd andern in disen Kraiß sich schlagen/ vnd des betrüglichen bettelns gebrauchen/ auch die eltern ire kinder zum betteln/ nicht allain ziehen/ sonder auch dieselben darzu betrangen/ vnnd ertzbettler damit auff ziehen/ vnnd die arbeit/ deren sie wol vor sein köndten/ fliehen.//

Auff das nun solchs künfftigklich fürkommen/ vnnd allerley beschwerung so darauß folgen/ abgestelt/ vnd den dürfftigen geholffen/ so haben sich die stende dahin verglichen.//

Nach dem vngezweiffelt/ bey einem jeden stand/ vil guthertziger leut gewesen/ vnd noch sein/ die zu spitäln vnnd erhaltung haußarmer leut/ nach irem vermögen/ verordnung vnd stifftung gethan/ vnnd künfftigklichen/ wo das almusen recht/ vnnd nicht nach gunst außgethailt/ zu erhaltung der haußarmen vnnd brechenhafftigen verordnen/ vnnd teglichen die handraichung denselben thun würden.//

Derowegen soll ein jeder stand dises Kraiß hinfüro/ in seinen obrigkaiten vnd gepieten dise erkündigung/ durch deren geordnete befelchhabere/ fürnemen lassen. Was jedes orts für mans vnd weibs personen/ so doch zu arbeiten täglich/ doch allain auff den bettel vnnd müssiggang sich legen/ welche deß almusen bedürfftig/ vnnd haußarme leut seien oder nicht. So nun wie zweiffels ohne/ darunter sein/ so menigklichen zu beschwerung/ sich an solchen orten enthalten/ denselben/ auch den jenigen/ so starck vnd zu arbeiten wol vermüglich/ sich auff den bettel allain legen wolten/ denselben in ainer benanten zeit hinweg zu ziehen/ ernstlichen vntersagen/ vnnd wo darüber sie bedretten/ am leib/ fürter mit verweisung der stat oder fleckens/ straffen.//

Denen aber/ so haußarme leut/ vnd zu arbeiten vnuermüglich/ vnnd mit andern kranckheiten behafft befunden/ soll die fürgesetzte obrigkait/ mit hilff/ der guthertzigen vnterthanen/ die darzu jedes mals auff den cantzeln vermant werden sollen/ selbsten ohne beschwerung/ deß nechstgesessenen Kraiß nachbawrn/ auß anstellenden almusen cässten/ oder zum theils außhabenden spitäln/ ao auch auff die armen gemaint/ erhalten/ vnd kaines wegs/ deren kinder auff den bettel zu legen gestattet/ sondern zu diensten vnd handwercken/ geweiset vnd gehalten werden.//

[11] Gartierende landtsknecht vnd herrenloß gesind belangend.

Obwol hiebeuorn zu etlichen maln/ der landsknecht halben/ so hin vnnd wider garten ziehen/ auff den armen leuten ligen/ vnd das ire abschatzen vnd abnemmen/ auff gehaltnen kreißtägen/ dauon geredt/ vnd etlicher mandaten sich verglichen. So erscheint doch/ das die vnterthanen auff dem land/ teglichen vnd je lenger je mehr/ merckliche beschwerung/ von denen herrenlosem gesind/ vnnd vmbstrainern/ Sonderlich die jenigen/ so auff den weylern/ aintzigen höfen vnnd ainöden wonen/ mancherley vnbilliche trangnuß gedulden vnd leiden müssen.//

Vnd aber solche beschwerungen vnd handlungen den kraißstenden nicht zugedulden/ sonder einsehens zu haben gebüren will/ vnnd also die irigen vor disen vnnd andern beschwerungen/ souil müglichen zu schützen/ vnnd iren schaden zu fürkommen schuldig vnnd pflichtig/ besonders weil die Reichs abschiede/ vnd des Heiligen Reichs auffgerichte Policey Ordnung/ solch der landsknecht garten gentzlich abschneidt vnd verpietet.//

Demnach fürsten vnd stende des Frenckischen Kraiß auch dits puncten wegen/ diser volgender ordnung sich nachgesetzter gestallt vergleichen haben.//

Das nun hinfüro den gartierenden vnd vmbstreunenden landsknechten/ vnd anderm herrenlosem gesind/ das gartiern in dem gantzen Kraiß/ weiters nit gestattet/ noch inen ichtes gegeben werden solle. Vnd ob deren einer oder mehr/ in einer statt/ marck/ flecken/ dörffer vnnd gepiet/ jedes lands verwaltungen/ zu garten keme/ dem oder denselben solle man gütlichen anzeigen/ sich darauß zuthun/ vnnd garttens zuenthalten. Wo aber das von ainem oder mehr nicht bescheen/ sonder weiter darüber betretten werden/ als dann der oder dieselben abermaln dauon abzustehen zu verpflichten/ mit dem vermelden/ wo deren ainer oder mehr darüber befunden/ das gegen ihnen leibsstraff fürgenommen werden/ vnd im fall sich etliche darwider setzen/ vnd die vnderthanen aines jeden amptsuerwaltung/ darinnen sich solche widersetzung/ oder ander mutwillige beschwerliche handlungen vnd thaten zu tragen vnnd begeben/ darzu zu schwach weren/ sollen andere am nechstgesessne amptleut/ mit iren amptsuerwandten/ inen zu hülff vnnd beystand kommen. Vnd solle inen durch dieselben alle mügliche vnd vuerzogenliche hilff vnnd beystand gethan vnd geleisst werden/ der gestalt/ vnd weniger nicht/ als ob es inen in iren selbst ampts verwaltungen begegnet were/ vnnd ermelte knecht/ vmbstreuner oder herrenloß gesind/ zu gefengnuß nemen/ woluerwart enthalten/ vnnd mit bericht der handlung der obrigkait ferrners beschaids zu erwarten/ gelangen lassen. Vnd da die amptleut vnd beuelchhabere oder andere im fall der not vnd auffmanung/ die hilff nicht thun vnd laisten würden/ die vnterthanen dardurch beschedigt/ vnd die theter entwerden solten/ gegen denselben solle mit ernstlicher straff gehandelt vnd verfaren werden.

Actum Nürmberg/ montags den 12.may. Nach Christi Geburt im fünfftzehenhundert vnd zwey vnd sibentzigisten jare.

Walter Bauernfeind

Die reichsten Nürnberger Bürger 1579 und ihre Stellung in der reichsstädtischen Gesellschaft

„... durch die eigenartige anonyme Selbstbesteuerung fehlen für Nürnberg die Steuerlisten, die in anderen Städten eine feste Grundlage für Aussagen über die Vermögens- und Einkommensstruktur geben"[1]. Diese Aussage von Rudolf Endres charakterisiert das zentrale Hindernis der Nürnberger Wirtschafts- und Sozialgeschichtsforschung: Einfach auswertbare Quellen, um die Nürnberger Bevölkerungsstruktur zu erschließen, sind nur punktuell vorhanden[2], die direkten Steuerleistungen der Nürnberger Bürger, ihre Losungzahlungen, wurden – zumindest offiziell – nie erfaßt. Ohne solche Zusammenstellungen sind aber konkrete Aussagen zur sozioökonomischen Stellung von einzelnen Personen und Familien, aber auch von bestimmten Gesellschaftsgruppen und Bevölkerungsschichten kaum zu treffen. Mit dieser Quellensituation ist auch zu erklären, daß die bekannte, nicht repräsentative Aufstellung von 100 reichen Nürnberger Bürgern um 1500 generell für entsprechende Vergleiche herangezogen wird[3]. Diese Liste kann wohl als die bisher einzige personenbezogene Quelle bezeichnet werden, die konkretere Vermögensangaben von einer größeren Bevölkerungsgruppe liefert.

Nun führte aber das Losungamt – die Nürnberger Finanzbehörde, die zugleich das Machtzentrum der Reichsstadt bildete – zur Finanz- und Steuerplanung Schätzungen der Vermögensverhältnisse der Bürger durch. Diese Untersuchungen sind zum Beispiel für die 1560er und 1570er Jahre überliefert, in denen man Steuerreformen beziehungsweise zusätzliche Finanzierungsmöglichkeiten des defizitären Haushalts diskutierte. Sie stammen überwiegend aus der Feder des Vordersten Losungers Endres Imhoff[4]. Aufgrund der ausgeklügelten Verwaltungsstruktur der Reichsstadt ist es kaum vorstellbar, daß diesen Schätzungen keine – zumindest punktuellen – Erhebungen zugrunde lagen. Von Interesse war dabei vor allem die tatsächliche Steuerleistung der reichen Bürger.

Nun konnte an entlegener Stelle genau eine solche Aufstellung entdeckt werden, in der 197 Namen aufgeführt sind[5]. Diese soll in der folgenden Untersuchung dargestellt

---

[1] Rudolf Endres, Zur Einwohnerzahl und Bevölkerungsstruktur Nürnbergs im 15./16. Jahrhundert, in: MVGN 57, 1970, S. 242–271, S. 251.

[2] Eine Übersicht von einschlägigen Quellen findet sich u.a. bei Endres, Einwohnerzahl (wie Anm. 1) sowie bei Michael Toch, Die Nürnberger Mittelschichten im 15. Jahrhundert (Nürnberger Werkstücke zur Stadt- und Landesgeschichte 26), Nürnberg 1978, v.a. S. 1–31; vgl. auch Peter Fleischmann (Bearb.), Das Reichssteuerregister von 1497 der Reichsstadt Nürnberg (Quellen und Forschungen zur fränkischen Familiengeschichte Bd. 4), Nürnberg 1993, S. XIII-XXXVI.

[3] Ediert und mit Personen- bzw. Familienuntersuchungen vermehrt durch: Helmut Haller v. Hallerstein, Größe und Quellen des Vermögens von hundert Nürnberger Bürgern um 1500, in: Beiträge zur Wirtschaftsgeschichte Nürnbergs, hg. v. Stadtarchiv Nürnberg, Nürnberg 1967, S. 117–176.

[4] Siehe z.B. Staatsarchiv Nürnberg (StAN), Rst. Nbg, Losungamt, Akten S.I.L. 115, Nr. 5, 6, 7 und 13; vgl. u.a. Johannes Müller, Die Finanzpolitik des Nürnberger Rates in der zweiten Hälfte des 16. Jahrhunderts, in: Vierteljahreszeitschrift für Sozial- und Wirtschaftsgeschichte 7, 1909, S. 1–63.

[5] StAN, Rst. Nbg., Losungamt, Stadtrechnungsbelege, Nr. II/297.

und ausgewertet werden. Um die Liste einordnen zu können, soll zuerst kurz auf die Nürnberger Losung eingegangen werden. In einem zweiten Schritt wird die Quelle kritisch untersucht. Anschließend erfolgt eine Kurzanalyse des Gesamtergebnisses der Losung 1579 in bezug auf unsere Aufstellung beziehungsweise die Nürnberger Gesellschaftsordnung. Zum Schluß wird eine nahezu vollständige Identifizierung der Personen beziehungsweise Familien geboten sowie die Zusammenstellung von Grundinformationen zu diesen für eine weitergehende Untersuchung. Eine tiefere statistische Auswertung und vor allem der Vergleich mit weiteren, einschlägigen Nürnberger Quellen sowie mit den Steuerlisten anderer Städte – etwa Augsburg – muß einer späteren Studie vorbehalten bleiben.

Die Losung[6]

Die (*einfache*) Losung war eine eingeschränkte Einkommensteuer von nominell 16,66%[7], die bei den Einkommen aus Handwerks- und Kaufmannstätigkeit allerdings als Vermögensteuer mit pauschal veranschlagtem, sechsprozentigem Gewinn berechnet wurde[8]. Der selbstgenutzte Hausbesitz, Hausrat sowie Schmuck oder auch Edelmetallgegenstände im Haushalt – die klassischen Silber- beziehungsweise Goldpokale, die als Kapitalrücklage dienten und bei Bedarf eingeschmolzen oder verkauft wurden – brauchten nicht versteuert zu werden. Auch ‚Löhne und Gehälter' sowie ähnliche Einkünfte waren von der Einkommensteuer ausgenommen, da diese – theoretisch – so gestaltet waren, daß sie allein zum täglichen Lebensunterhalt reichten. Jeder Bürger hatte aber noch eine bestimmte Kopfsteuer, den *Voraus* zu leisten.

Real konnten aufgrund der Berechnungs- und Zahlungsmodalitäten beträchtlich höhere Steuersätze als diese 16,66% anfallen. Einerseits wurde bei Bedarf der Steuersatz durch eine Vervielfachung der *einfachen Losung* erhöht (1¼-, 1½-, 1¾-fache oder auch doppelte Losung). Andererseits war aufgrund der vielen im Umlauf befind-

---

[6] Seit der Untersuchung von Paul Sander, Die reichsstädtische Haushaltung Nürnbergs, dargestellt aufgrund ihres Zustands von 1431 bis 1440, Leipzig 1902, hier v.a. S. 229–231, 337–342, 699–900, der sich allerdings auf das 15. Jh. konzentrierte, hat sich kaum jemand tiefergehend mit der Nürnberger Losung beschäftigt. Eine Untersuchung zum konkreten Ablauf der Selbstveranlagung, dann der Steuerleistung sowie der Entwicklung der Steuersätze etc. muß als Desiderat der Forschung bezeichnet werden. Vgl. auch Walter Bauernfeind, Losung, in: Stadtlexikon Nürnberg, hg. v. Michael Diefenbacher, Rudolf Endres, Nürnberg 1999, S. 652. Dieser Artikel ist aufgrund der Beschäftigung mit der folgenden Quelle in zumindest zwei Aspekten revisionsbedürftig, da er dort den Stand des 15. Jahrhunderts referiert.

[7] Zur Losung vgl. z.B. die umfangreichen, größtenteils historisch angelegten Untersuchungen des Genanntenkollegiums aus dem 18. Jh.: Stadtarchiv Nürnberg (StadtAN), B 3, Nr. 278–289 bzw. des Handelsvorstands: StadtAN, E 8, Nr. 4856–4914. Vom Einkommen aus vermietetem Immobilienbesitz und aus der Grundherrschaft war 1/6 des Einkommens, d.h. 16, 66% zu leisten. Naturaleinnahmen wurden nach dem aktuellen Marktwert angeschlagen, allerdings war die gewaltige Menge von 100 Sümmern Getreide für den Eigenverbrauch frei, was die Grundherren, v.a. auch das Patriziat begünstigte. Vom Kapitaleinkommen, das mit festgelegtem Zinssatz angelegt war (Kapital bei Handelsgesellschaften, Leibrenten, Gattergelder etc.), waren ebenfalls 16, 66% abzuliefern.

[8] Vom Vermögen aus Handwerks- und Kaufmannstätigkeit, zu dem auch die Lagerware gezählt wurde, sollte 1% als Steuer geleistet werden. Mit dieser Bestimmung ging man indirekt davon aus, daß sich das Vermögen mit 6% p/A verzinste, womit dieses Einkommen dann analog zu den anderen Einkommenssteuersätzen berechnet wurde: 1% von 1000 fl = 10 fl bzw. sechsprozentiger Zinsgewinn von 1000 fl = 60 fl, davon – analog zu den fest angelegten Geldern – 1/6 = 10 fl.

lichen Münzsorten spätestens im 15. Jahrhundert festgelegt worden, daß der als Buchgeld zu berechnende Losungbetrag zur Hälfte in Goldgulden und zur anderen Hälfte in der offiziell erlaubten Silberwährung gezahlt werden mußte. Da seit den 1520er Jahren Buchgeld (Rechengeld) und Goldgulden beziehungsweise bestimmte Silbermünzen im Wert immer weiter auseinanderdrifteten, mußte also zusätzlich noch ein beträchtlicher Agio gezahlt werden, so daß sich der reale Steuersatz bei *einfacher Losung* nicht bei 16,66%, sondern zum Beispiel 1579 bei circa 18,8% und 1610 bei circa 23% befand[9]. Wäre also zum Beispiel 1610 eine doppelte Losung ausgeschrieben worden, hätte der Einkommensteuersatz bei 46% gelegen!

Im Zusammenhang mit unserer Quelle ist nun die Regelung, daß die Losungzahlung *halb in Gold und halb in Silber* erfolgen sollte, von zentraler Bedeutung. Zumindest in der zweiten Hälfte des 16. Jahrhunderts bestand die Möglichkeit, die zur Losungleistung benötigten Goldgulden im reichsstädtischen Schauamt[10] einzuwechseln. In Inflationszeiten wie in diesem Zeitraum wurde das vollwertige Geld, also vor allem Goldgulden, als Wertaufbewahrungsmittel gehortet. Zudem waren damals – unter anderem damit zusammenhängend – kaum mehr Goldgulden im Umlauf. Daher gab man zur Steuerleistung nicht seine eigenen Goldgulden aus, sondern nutzte den Service des Schauamts. Als zu Beginn des 17. Jahrhunderts selbst das Schauamt nicht mehr über genügend Goldmünzen verfügte, stellte man die Prozedur auf das Einwechseln in *Losungsymbole* um, die eben nur noch die realen Münzen symbolisierten.

Quelle und Quellenkritik

1579 · Was für Goldt · den Personen · So die Losung gegeben aus der Schau ist · geraicht worden[11]. Dies ist die einzige Information zu 17 Papierzetteln unterschiedlichen Formats, beschrieben von demselben Schreiber, die unter einer Sammelnummer der reichsstädtischen Stadtrechnungsbelege zu den Jahren 1570 bis 1579 eingereiht sind. Sie sind unnumeriert sowie eng mit Namen und dazugehörigen Guldenbeträgen beschrieben. Die Bedeutung dieser unscheinbaren Zusammenstellung wurde bisher nicht erkannt. Ohne über das Procedere der Nürnberger Steuerleistung Bescheid zu wissen, ist dies allerdings auch nur schwer möglich.

Meines Erachtens handelt es sich um Aufstellungen des Schauamtmanns im Zusammenhang mit den oben geschilderten Wechselgeschäften für die Losungzahlung des Steuerjahres 1579. Die Zahl der Zettel entspricht dabei der Anzahl der 17 Werktage, während derer die Frist für die Steuerleistung der Nürnberger Bürger lief[12]. Auf den 17 Listen sind 197 Namen, das heißt 197 Wechselgeschäfte festgehalten.

---

[9] Hier wurde nur der Agio des Goldgulden berücksichtigt, d.h. der Satz für die Hälfte der Losungleistung. 1579 lag dieser bei 315/252 und 1610 bei 441/252. Zur (Rechen-)Geldentwertung vgl. Walter Bauernfeind, Materielle Grundstrukturen im Spätmittelalter und der Frühen Neuzeit (Nürnberger Werkstücke zur Stadt- und Landesgeschichte 50), Nürnberg 1993, S. 22–60.

[10] Walter Bauernfeind, Schauamt, in: Stadtlexikon (wie Anm. 5), S. 928.

[11] StAN, Rst. Nbg., Losungamt, Stadtrechnungsbelege Nr. II/297, auf Rückseite des Zettels [1], siehe Anhang. Die ‚Zwischenpunkte' sind auch im Original vorhanden, die Zettelnummern wurden vom Verf. vergeben (vgl. alphabetische Aufstellung im Anhang).

[12] Der Losungakt zum Jahr 1579 ist bisher nicht auffindbar, im Jahr 1607 lief aber z.B. die Losungfrist über 14 Werktage; vgl. StAN, Rst. Nbg., Losungamt, Akten, S.I.L. 124, Nr. 14.

Dabei fällt auf, daß die Beträge – bis auf drei Ausnahmen – nicht unter 20 Goldgulden absinken. Zwei Ausnahmen lassen sich wohl damit erklären, daß entweder die Grenze der Erfassung zuerst bei 15 fl in Gold lag und dann auf 20 fl hochgesetzt wurde oder aber die beiden geringeren Wechselgeschäfte versehentlich erfaßt wurden. Jedenfalls stellen die Beträge von 17 und 15 fl absolute Ausnahmen dar. Bei einem Namen – Anthoni Imhoff – ist keine Summe eingetragen; vielleicht erwartete man von ihm eine größere Summe und erfaßte seinen Namen schon beim Eintreten in das Schauamt, stellte aber dann fest, daß er unter der Grenze von 20 fl blieb. Eine zweite, durchaus denkbare Erklärung wäre, daß Endres Imhoff als Vorderster Losunger die Anweisung gegeben hatte, ihm nicht die Steuerleistung seines Verwandten mitzuteilen. Denn der Schauamtmann lieferte die Aufstellungen sicher nicht von sich aus, sondern handelte auf – wohl informelle – Weisung seiner Vorgesetzten, der beiden *Vordersten Losunger*, die zugleich die Stadtspitze repräsentierten.

Für dieses Verwaltungshandeln lassen sich zwei Beweggründe denken: Einerseits wollten die Losunger für ihre Finanzplanung eine Zusammenstellung der finanzkräftigsten Nürnberger Bürger erhalten. Andererseits überprüfte man, in welchem Umfang die Gelegenheit genutzt wurde, an Goldgulden zu gelangen, ohne diese bei der tatsächlichen Losungleistung abzuliefern. Beide Gründe dürften indes relevant gewesen sein, obgleich für die einleitend genannten Finanzierungsschätzungen des reichsstädtischen Haushaltsdefizits das erste Motiv wesentlich bedeutender war. Der letztere Punkt kennzeichnet indes eine erste mögliche Fehlerquelle dieser Auflistung.

Wie dargelegt, liegt das Sample der Liste bei 194 Steuerschuldnern mit einem Betrag von größer/gleich 20 Goldgulden im Jahr 1579. Aus der Bestimmung *halb in Gold und halb in Silber* der reichsstädtischen Steuerordnung läßt sich schließen, daß der tatsächlich, anonym berechnete Steuerbetrag der 194 Personen bei größer/gleich 40 Rechengulden lag. Dieser Betrag mußte jedoch – wie oben ausgeführt – halb in Goldgulden und halb in relevanter Silberwährung bezahlt werden. Nun kommen allerdings auf den 17 Listen acht Personen doppelt – und zwar auf verschiedenen Listen, das heißt an verschiedenen Tagen – vor. Diese dürften sowohl für sich selbst als auch im Auftrag eines Dritten gewechselt haben (Ehefrau mit eigenem Vermögen, Abwesenheit eines Verwandten bei der Losungfrist, bestehende Vormundschaft beziehungsweise Curation etc.). Nun wissen wir aber leider nicht, ob sich hinter einem bestimmten Einzelbetrag nicht noch die Steuerleistung von anderen potentiellen Losungzahlern verbirgt. Es kann lediglich festgehalten werden, daß die 194 Wechselgeschäfte von 186 Personen ausgeführt wurden. Ob sich unter den 194 Beträgen noch mehr Steuerpflichtige befinden, kann nur im Einzelfall gemutmaßt werden. Hier sind vor allem die Vormundschaften zu nennen. In einer undatierten Aufstellung nach 1580 sind insgesamt 8105 Losungzahler erfaßt worden[13]. Von diesen werden 7375 beziehungsweise 91% als Personen bezeichnet, dagegen 730 als Vormundschaften (9%). Ginge man von dem selben Verhältnis für unser Sample aus, so sollten bei 194 Zahlungen etwa 17 Vormundschaften darunter sein. Allerdings sind die 186 Personen der 17 Listen gerade nicht repräsentativ für die Nürnberger Steuerzahler. Insbesondere diese finanzstarken Personen, die überwiegend Genannte des Größeren

---

[13] StAN, Rst. Nbg., Losungamt, Akten, S.I.L.124, Nr. 13.

Rats waren, übernahmen häufig Vormundschaften. Es ist wohl davon auszugehen, daß sich hinter den 194 Wechselgeschäften mehr als 194 Losungleistungen verbergen. Wie viele, kann allerdings nicht festgestellt werden.

Gesamtergebnis der Losung 1579 und das Verhältnis zum untersuchten Sample

Die direkte Nürnberger Steuer des Jahres 1579 war als einfache Losung ausgeschrieben worden. Das Gesamtergebnis erbrachte 86 642 fl und zwar 39 411 fl in Gold und 47 231 fl in Silbermünzen[14]. Von *Losungrestanten*, das heißt von Personen, die nicht fristgerecht zahlen konnten und erst nachträglich ihre Steuerschuld beglichen, kamen lediglich noch 1327 fl zusammen (364 fl in Gold und 963 fl in Silber)[15]. Als erstes kann man also feststellen, daß die Vorschrift *halb in Gold und halb in Silber* nicht von jedem Nürnberger Bürger eingehalten wurde. Das tatsächliche Verhältnis lag bei 45,2 zu 54,8. Für eine Norm, die bei der Steuerleistung nicht überprüft wurde, ist dies trotzdem ein gutes Ergebnis. Insgesamt kamen 87 969 fl zusammen, legt man den nominellen Steuersatz von 16,66% zugrunde, dann entspricht dies einem jährlichen Gesamteinkommen der Bürger – zusätzlich zu ‚Löhnen und Gehältern' – von fast 530 000 fl.

In welchem Verhältnis befindet sich nun hierzu das Teilergebnis unserer Aufstellung? Die 194 berücksichtigten Wechselgeschäfte belaufen sich auf insgesamt 19 666 Goldgulden, das heißt insgesamt liegen der Steuerberechnung theoretisch 39 332 fl zugrunde[16]. Dies sind 44,7% des Gesamtergebnisses! Schätzt man die Zahl der Nürnberger Steuerzahler 1579 auf 7500[17], so ergibt sich, daß die circa 2,6% der reichsten Bürger fast 45% des direkten Steueraufkommens bestritten[18]. Dies ist zwar eine auf den ersten Blick überraschend schiefe Einkommensverteilung, die aber in etwa bei den aus Augsburg bekannten Werten liegt[19]. Zudem muß berücksichtigt werden, daß ‚Löhne und Gehälter' hierbei nicht versteuert wurden.

Die Namen der Aufstellung nach der Rangfolge ihres Losungbetrags

Bei der Identifizierung der einzelnen Personen war die Literaturrecherche nur wenig hilfreich. Wenn überhaupt, so waren in verschiedenen Monographien und Aufsätzen meist nur die Namen ohne nähere Informationen genannt[20]. Bestanden Han-

---

[14] StAN, Rst. Nbg., Losungamt, Stadtrechnungen, Nr. 604.
[15] StAN, Rst. Nbg., Losungamt, Stadtrechnungen, Nr. 31.
[16] Ausgehend von der Vorschrift halb in Gold und halb in Silber. Würde man die tatsächliche Relation Größe 45,2 zu Größe 54,8 auf unser Sample übertragen, so käme man auf einen Betrag von ca. 43 500 fl.
[17] Die genaue Zahl der Steuerzahler 1579 konnte bisher nicht ermittelt werden, 1571 belief sich jedoch ihre Zahl auf 7163 (StAN, Rst. Nbg., Losungamt, Akten, S.I.L. 115, Nr. 13) und 1590 auf ca. 7700 (StAN, Rst. Nbg., Amt-und Standbücher, Nr. 284a).
[18] Auch wenn unter den 2,6% überproportional viele Vormundschaften subsumiert sein sollten, würden sich keine gravierenden Veränderungen ergeben. Bei 20 % verborgener Vormundschaften wären dies immer noch erst 3,1% der Nürnberger Steuerzahler.
[19] Endres, Einwohnerzahl (wie Anm. 1), S. 254.
[20] Als Ausnahmen von dieser Einschätzung sind hier u.a. die zahlreichen Arbeiten von Christa Schaper sowie mehrere Arbeiten von Gerhard Seibold (v.a. Gerhard Seibold, Die Viatis und Peller, Köln/Wien 1977) zu nennen. Weiter war z.B. relevant: Johann Ferdinand Roth (Hg.), Verzeichniß aller Genannten des

delsgesellschaften unter einschlägigen Familiennamen noch im ersten Viertel des 17. Jahrhunderts, erwies sich die Arbeit von Lambert F. Peters als wichtigste Informationsquelle[21]. Da nach der reichsstädtischen Verfassung gerade die reichsten Bürger – neben patrizischen und gerichtsfähigen Familien – als Genannte im Größeren Rat repräsentiert sein sollten, waren vor allem die Genanntenlisten des 16. Jahrhunderts einschlägig[22]. Hilfreich waren außerdem zeitgenössische Listen der Nürnberger Kaufleute, so die bekannte Liste der 60 Kaufleute von 1560, auf deren Initiative die Marktglocke am Herrenmarkt installiert wurde[23] oder zwei Spendenlisten bei Sammlungen des Handelsvorstands[24]. Weiterhin war bei den in unserer Liste vorkommenden Personen davon auszugehen, daß sie entsprechend ihrer wirtschaftlichen Stellung privatrechtliche Verträge vor dem reichsstädtischen Stadt-, Bauern- und Untergericht abgeschlossen haben – speziell auch zu Immobiliengeschäften. Über die Findmittel zur Gerichtsbuchreihe der Libri Litterarum konnten daher auch nahezu alle Personen identifiziert werden[25]. Deren Rechtsinhalt ist in Kurzform bei den einzelnen Personen angegeben. Hingewiesen sei in diesem Zusammenhang auf die zahlreichen Neubauten von repräsentativen Häusern in Nürnberg gerade gegen Ende des 16. Jahrhundert[26]. Für eine weitere Identifizierung wurden außerdem die Nürnberger Kirchenbücher ausgewertet. Hier waren vor allem der Heiratszeitpunkt und die Familie der Ehegattin interessant. Zum einen war die Voraussetzung zur Genanntenwahl, daß man verheiratet war, zum anderen läßt sich über das Konnubium die Stellung der Familien in der Gesellschaft gut erschließen[27].

größern Rats, Nürnberg 1802 sowie ders. Geschichte des nürnbergischen Handels, 4 Teile, Leipzig 1800–1802. Monographien und Aufsätze zu Einzelthemen der deutschen und europäischen Wirtschaftsgeschichte konnten hier allerdings nicht ausgewertet werden, die Aussage beschränkt sich auf die Literatur mit explizitem ‚Nürnberg-Bezug'.

[21] Lambert F. Peters, Der Handel Nürnbergs am Anfang des Dreißigjährigen Krieges (Vierteljahreszeitschrift für Sozial- und Wirtschaftsgeschichte, Beiheft 112), Stuttgart 1994.

[22] Walter Bauernfeind, Genanntenkollegium, in: Stadtlexikon (wie Anm. 5), S. 330. Die Genannten wurden anhand einer Datenbank des Stadtarchivs Nürnberg identifiziert (StadtAN, GSI 152). Bei deren Erstellung erwies sich die Arbeit von Roth, Genannte (wie Anm. 20) als sehr unzuverlässig, da dort sehr viele Lese- und/oder (Druck-)Satzfehler – speziell bei den Jahresangaben – vorkommen.

[23] Veröffentlicht – mit Lesefehlern – von Richard Ehrenberg, Die alte Nürnberger Börse, in: MVGN 8, 1889, S. 69–86, S. 80.

[24] StadtAN, E 8, Nr. 573, F. 141f.: Sammlung für den Aufbau einer Bibliothek des Egidiengymnasiums (Liste mit 43 Namen vom 22. Dez. 1580); dsgl. F. 145v–147v: Anschaffung repräsentativer Kleidung für den Hochzeitslader, Pfeifer und Trommelschlager, und zwar nur, wenn sie zu Kaufleute-Hochzeiten laden. Sammlung bei den *Handtierenden*, allerdings *außer der Geschlechter* also nicht bei Patriziern und gerichtsfähigen Familien (Liste mit 68 Namen vom 8. Okt. 1584).

[25] Ausgewertet wurden die Findbücher B 14/I (11) bis B 14/I (19). Bei sehr reichen, in der Literatur jedoch nahezu unbekannten Personen wurde außerdem die Reihe der Libri Conservatorii (StadtAN, B 14/II) für den Zeitraum 1575–1585 herangezogen.

[26] Werner Schultheiß, Baukosten Nürnberger Gebäude in reichsstädtischer Zeit, in: MVGN 55, 1967/68, S. 290–299.

[27] Tauf-, Proklamations-, Heirats- und Bestattungsbücher der Nürnberger Pfarreien St. Sebald (Seb.) und St. Lorenz (Lor.) im Landeskirchlichen Archiv Nürnberg (LKAN). Bei den Belegstellen sind Heiraten nur mit 'Seb.' oder 'Lor.' gekennzeichnet. Die Bestattungsdaten – i.d. R. nicht später als fünf Tage nach dem Tod – sind mit 'Best.' versehen. An dieser Stelle möchte ich mich bei Frau Annemarie Müller für die kollegiale Mithilfe bei schwierigen Personenrecherchen bedanken.

In der Kopfzeile zu den einzelnen Personen ist zuerst die geläufige Namenform im 16. Jahrhundert angegeben (die Originalschreibweise der Quelle findet sich in der alphabetischen Liste im Anhang). Dann folgt der Losungbetrag sowie die Mitgliedschaft im Größeren Rat mit Angabe des Zeitraums: 300 fl – Genannter (Gen.) – 15xx–1xxx. Am Schluß findet sich die Berufsbezeichnung der Genanntenlisten beziehungsweise bei Nichtmitgliedschaft die Berufsbezeichnung anderer Quellen. Bei Patriziern (P) ist, falls sie Ratsangehörige waren, ihre Amtsstellung im Jahr 1579 angegeben: Alter Genannter (AG), Junger Bürgermeister (JB), Alter Bürgermeister (AB) oder Septemvir.

Losungleistung 600 – 1668 fl

Solche Beträge leisteten lediglich zehn Personen von insgesamt circa 7500 Nürnberger Losungzahlern 1579. Diese Zehn (0,13%) erbrachten aber mit gesamthaft 8568 fl nicht weniger als 9,74% der Nürnberger Steuerleistung. Alle Steuerzahler waren Großhändler beziehungsweise Bankiers und seit langem in der Stadtgesellschaft etabliert, indem sie zu den Genannten des Größeren Rats gehörten. In dieser Gruppe sind weder Angehörige des Patriziats noch sonstiger Geschlechter (G) / gerichtsfähiger Familien. Dagegen tauchen einige überraschende Namen auf (Kraus, Pechler, von Wertha).

Kraus, Joachim   1668 fl   Genannter 1567–1593   Weißer Bierbrauer
(†1593)[28] Ausgerechnet der größte Steuerzahler 1579 ist – soweit ersichtlich – in der einschlägigen Forschung nicht bekannt. Dessen Berufstätigkeit dürfte sich jedoch nicht auf das Weißbierbrauen beschränkt haben[29]. Die erste Ehefrau könnte Barbara Freytag gewesen sein, die er 1554 heiratete[30]. Seine wohl zweite Ehefrau wurde die Großhändlerswitwe Johanna Kray[31], die er 1567 heiratete[32] und die bereits 1569 verstarb[33]. Joachim K. scheint zumindest schon damals so bedeutend gewesen zu sein, daß er sofort

---

[28] LKAN, Lor. (1593 Feb. 25). *Joachim Kraus der Ältere auf der Seeg*.

[29] In StadtAN, E 5, Bierbrauer Nr. 10 wird er – wie in den Genanntenverzeichnissen (z.B. StadtAN, B 11, Nr. 74–75) – lediglich als Weißbierbrauer in St. Lorenz bei der Säge bezeichnet.

[30] Diese erste Heirat bzw. die Zeit von Joachim K. in Nürnberg vor 1566 muß noch genauer untersucht werden: LKAN, Proklamationsbuch, Lor. (1553 Dez. 17): *Joachim Kraus vonn an der Seeh Reuter, Barbara Freytag, des Schwazen Hannsen Tochter in der Kotgasse;* LKAN, Heiratsbuch, Lor. 225 (1554 Jan. 2) *von Hamburg Reutter.* Der Tod von Barbara ließ sich bisher ebensowenig nachweisen wie Kinder des Paares. Allerdings findet sich im Taufregister überraschenderweise die Tochter Margaretha von Joachim und Anna Kraus: LKAN, Lor. 512v (1561 Mai 16). Von diesem Paar läßt sich wiederum keine Heirat nachweisen.

[31] Heirat von Johann Kray und Johanna von der Bruck am 26. Juli 1547 (LKAN, Seb. 83).

[32] LKAN, Proklamationsbuch Lorenz (1567 Jan. 26): *Der erbar Joachim Kraus die erbar und tugendsam Frau Johanna, weiland des erbarn Hans Kray Witwe*; LKAN Heiratsbuch, Lor. 447 (1567 Feb. 10); vgl. auch StadtAN, B 14/I, Nr. 80, F. 208v: Johanna Kray, Witwe, kauft zwei Häuser in Gostenhof um 1200 fl; Niclas Pavi akzeptiert den Kauf, den seine Schwiegermutter tätigte (1566 März 7).

[33] LKAN, Totengeläutbuch Lor. 346 (1569 Aug. 13): *Johanna, Joachim Kraus Ehewirtin auf der Seg*. Vgl. auch StadtAN, B 14/II, Nr. 108, F. 67r: Testamentsexecutoren von Johanna Kraus sind deren Ehemann Joachim und Heinrich Walther. Sie zahlen viele mittlere Beträge bzw. Werte (ca. 10–25 fl) an verschiedene Begünstigte aus (28. Juli 1572). StadtAN, B 14/II, Nr. 126, F. 82v–83v: Kompliziertere Erbschaftsregelung; Joachim Kraus als Erbe von Johanna, die wiederum in erster Ehe mit Hans Kray,

nach dieser Heirat zum Genannten gewählt wurde. Seine dritte Ehefrau wurde 1570 die Nürnberger Bergbauunternehmerstochter Magdalena Erckel; diese verstarb 1576[34]. 1577 heiratete er in vierter Ehe die geborene Ochsenhändlerstochter Anna Engel, die Witwe von Caspar Nentwich[35]. Joachim K. war mehrfacher Hausbesitzer, unter anderem besaß er Mietshäuser in der hinteren Ledergasse; er hinterließ mindestens einen leiblichen, erwachsenen Sohn[36]. 1579 kommt er noch mit einem zweiten Betrag von 48 fl vor, der sich wohl auf seine Ehefrau Anna bezieht.

Scheurl, Albrecht   1000 fl   Genannter 1547–1580   Kaufmann
(*1525, †1580) Albrecht S., ein bekannter Vertreter der 1580 gerichtsfähig gewordenen Familie, die 1729 ins Patriziat kooptiert wurde, heiratete 1546 Magdalena Imhoff und wurde sofort zum Genannten gewählt. Wie sein Vater und Großvater war er vor allem Montanunternehmer in den böhmischen und sächsischen Bergbaurevieren[37].

Nürnberger Bürger, verheiratet war. Angehörige der Familie Kray sind Faktoren des Kaisers. StadtAN, B 14/II, Nr. 128, F. 13v–14v: Niclas Pavi vertritt die Interessen der Nachkommen des verstorbenen Jobst Kray (darunter auch seine Frau Johanna, die wohl die Tochter von Hans und Johanna Kray war, s.o.), Handelsmann am kaiserl. Hof in Wien, gegenüber Joachim und Johanna Kraus; es geht um einen Erbanteil von 1000 fl für diese (1579, Sep. 4).

[34] StadtAN, B 14/III, Nr. 2, F. 18v: Heiratsvertrag vom 5. Mai 1570. Sie war Tochter des verst. Michel Erckel (Genannter) und von Anna, einer geb. Haller, die danach mit Hans Arnstein verheiratet war. Ihr Heiratsschatz betrug 600 fl sowie die Hochzeitsausrichtung und ihre Aussteuer, er leistete Zuschatz und Heiratsgut von 800 fl. Zu Michel Erckel vgl. u.a. Marie Glockner, Lorenz Stauber (1486–1539), in: MVGN 52, 1963/64, S. 163–231; S. 190–193, zur Familie Erckel vgl. Christa Schaper, Die Hirschvogel von Nürnberg und ihr Handelshaus, Nürnberg 1973, S. 156–159; vgl. auch LKAN, Lor. 449 (1570 Mai 24); Best.: Lor. 484 (1576 Mai 17).

[35] LKAN, Lor. 453 (1577 Jun. 3). Best.: Lor. (1588 Jul. 15); vgl. auch StadtAN, B 14/II, Nr. 149, F. 83v: Balthasar Stockamer und der wegen Leibesschwachheit entschuldigte Joachim Kraus beantragen als Testamentsexecutoren der Anna Kraus, einen Stadel vor dem Frauentor verkaufen zu dürfen. Diesen hatte sie von ihrem Bruder, dem Ochsenhändler Hans Engel, geerbt. Diesen vererbt sie ihrem Stiefsohn bzw. Joachim Kraus leiblichen Sohn Joachim Friedrich (1590 Feb. 11); StadtAN, B 14/II, Nr. 157, F. 23r: Balthasar Stockamer löst als Testamentsexecutor der Anna Kraus (Joachim Kraus ist verst.) eine Kapitalanlage von 4000 fl bei der Losungstube auf. Davon erhält deren Stiefsohn Joachim Friedrich (s.u.) 3000 fl und Magdalena, Conrad Schmids Töchterlein, 1000 fl (1593 Aug. 18); StadtAN, B 14/II, Nr. 162, F. 72r: Joachim Friedrich Kraus und seine Schwiegermutter Apollonia Jacob Neff als Erben der Kunigunde Kraus geb. Neff quittieren dem Losungamt über den Empfang von 6500 fl (1596).

[36] Joachim Friedrich K., Sohn von Joachim und Magdalena K., geb. am 9. Dezember 1572 (LKAN, Lor. 198v), heiratete am 19. Mai 1595 Kunigunde Ammon, die Tochter des Wirts Lienhart Ammon (vgl. Lienhart A. 160 fl) (LKAN, Lor. 463). Diese starb am 15. Januar 1596 (LKAN, Lor.). Am 10. Januar 1597 heiratete er Felicitas Ebner, die Tochter von Lienhart Ebner aus Regensburg (LKAN, Lor. 464); vgl. auch StadtAN, B 14/I, Findbuch 15, S. 312. In den Taufregistern sind noch drei weitere Kinder des Paares belegt, von denen wohl höchstens noch eines (Magdalena II) das Erwachsenenalter erreichte: Joachim K., Lor. 184 (1571 Dez. 12); Magdalena (I) K., Lor. 230 (1574 Nov. 4); Magdalena (II) K., Lor. 252 (1576 Mai 15).

[37] Georg Frhr. v. Kreß, Briefe eines Nürnberger Studenten aus Leipzig und Bologna, in: MVGN 11, 1895, S. 97–172, hier v.a. S. 104, 106, 142–165. Siegfried Frhr. v. Scheurl, Die Scheurl von Defersdorf, in: MVGN 61, 1974, S. 283–191, S. 289f.; StadtAN, B 14/I, Findbuch 18, S. 318f., 325f.: Ehefrau Magdalena als Witwe (1581–1596); Albrecht Sch. legt Schuldbrief vor (1549); Schuldbriefabschrift (1573); Sohn Albrecht ist Gläubiger des Hans Wunderer (1582); mehrf. Haus- und Grundbesitz; StadtAN, B 14/III, Nr. 1, F. 137v: Sohn Albrecht Heiratsvertrag mit Sibilla Tetzel am 1. Oktober 1572.

Gewandschneider, [Fam.?] 960 fl Genannter 1568–1582 Kaufmann
In der Liste steht Hans G., der allerdings um 1576 starb. Möglicherweise handelt es sich bei dem Betrag um die Steuerleistung mehrerer Familienzweige, so unter anderem auch einer Vormundschaft für Hans d. J. G.[38]. Als Leiter des großen Handelsunternehmens vermißt man allerdings Heinrich G.[39], der 1582 eine Familienstiftung gründete, für die er der Firma 42 000 fl Kapital entzog. Zwischen 1599 und 1608 entnahmen die G. nochmals über 200 000 fl aus der Firma. Dies sind Größenordnungen, die man nach der Steuerleistung erwarten kann.

Fürnberger, Paulus d.Ä. 900 fl Genannter 1561–1586 Handelsmann n. Frankreich
(*1537, †1586) Paulus F., ein Vertreter der bekannten Großhändlerfamilie, hatte am 12. Februar 1561 die Witwe Anna Bosch (geborene Schlüsselberger) geheiratet und war sofort zum Genannten gewählt worden[40]. Aufgrund der engen privaten und geschäftlichen Verbindungen mit der Kaufmannsfamilie Bosch, die in unserer Liste nicht belegt ist, könnte auch eine Vormundschaft subsumiert sein[41]. So ist im Februar 1580 die Fima Paulus Fürnberger und Hans Bosch Gläubigerin des verstorbenen Tuchhändlers Cornelius Görtz mit 500 fl[42].

Schwab, Hans 800 fl Genannter 1557–1586 Kaufmann mit offenem Kram
Der fünfte Platz nach der Steuerleistung überrascht nicht für den Angehörigen der angesehenen, ursprünglich aus Windsheim stammenden Kaufmannsfamilie[43], die noch mit zwei weiteren Familienmitgliedern an vorderer Stelle in unserer Liste vertreten ist: Dies sind sein Bruder Heinrich d.Ä. mit 300 fl und sein Vetter Barthel d.J. mit 200 fl Hans S., der Sohn von Barthel Lorenz S., hatte 1556 Magdalena, die Tochter von Erasmus Schlumpf geheiratet und war daraufhin sofort zum Genannten gewählt worden[44].

Pechler, Georg 704 fl Genannter 1569–1595 Kaufmann (falliert)
Der aus Memmingen zugewanderte Georg P. heiratete 1557 Ursula Roch[45]. Er mußte elf Jahre auf seine Genanntenwahl warten. Georg P., über den in der Forschung nur wenig bekannt ist, müßte mit dem bei Klier erwähnten Ochsenhändler *Jorg Pechtler* identisch sein[46].

---

[38] StadtAN, B 14/I, Findbuch 13, S. 315: Hans G., wohl Sohn von Hans G., tritt nur 1578 und 79 auf, Gläubiger des Gg. Haas (1579); dann: 1579 auch Heinrich G., Gläubiger des o.g. StadtAN, B 14/III, Nr. 1, F. 139v: Heinrich G. Heiratsvertrag mit Magdalena Flösser (1567 Jul. 22); StadtAN, B 14/III, Nr. 2, F. 65r: Magdalena G., Witwe des Heinrich, Heiratsvertrag mit Wolf Flentz (1585 Dez. 22).
[39] Vgl. Peters, Handel (wie Anm. 21), S. 441f.
[40] LKAN, Seb. 243. Lebensdaten von Paulus: Taufe Lor. 1.77, Bestattung 6.855.
[41] Peters, Handel (wie Anm. 21), S. 233–239; vgl. auch Gerhard Pfeiffer, Die Privilegien der französischen Könige für die oberdeutschen Kaufleute in Lyon, in: MVGN 53, 1965, S. 150–194, S. 166; StadtAN, B 14/I, Findbuch 13, S. 147, 223f.: Ehefrau Anna [Bosch] F. ist Erbin des Linhart Schlüsselberger (1576); Paulus F. ist Gläubiger der Gebr. Neumair (1573), Erbe des Linhart Schlüsselberger (1577), Vormund der Eva Bosch (1578), Bevollmächtigter der Cecilia Ayrer (1581) sowie mehrf. Hausbesitzer.
[42] Siehe Anm. 159.
[43] Peters, Handel (wie Anm. 21), S. 415.
[44] LKAN, Seb. 100 (1556 Okt. 5); Best. von Hans: Seb. (1586 Aug. 19, *bei der Waag*); StadtAN, B 14/I, Findbuch 18, S. 614–616: Sohn von Barthel Lorenz Schwab, handelt in dessen Auftrag (1562–1566), Vetter von Barthel d.J. Schwab (1580–1582), Gläubiger des Conrad Schlauersbach (1592), mehrf. Haus- und Grundbesitz.
[45] LKAN, Lor. 205 (1557 Feb. 22, Vater: Thomas Roch). Verstirbt 1595 *am alten Roßmarkt*.
[46] Richard Klier, Der schlesische und polnische Transithandel durch Böhmen nach Nürnberg in den Jahren 1540 bis 1576, in: MVGN 53, 1965, S. 195–228, S. 214, 217; vgl. auch Hermann Kellenbenz, Nürnberger Handel um 1540, in: MVGN 50, 1960, S. 299–324, S. 314, 317; StadtAN, B 14/I, Findbuch 11, S. 127: Ehefrau Ursula (1593); Gläubiger (1562); kauft Haus am Alten Roßmarkt (1566); verkauft Güter in Steinbühl und vor der Stadtmauer (1577).

Fetzer, Mathes   680 fl   Genannter 1556–1583   Kaufmann

(*1525, †1583) Der in Ulm geboren Leinwandhändler kam 1551 nach Nürnberg, erwarb das Bürgerrecht und wurde ein reicher und angesehener Kaufmann[47]. Mathes F. hatte 1551 Elisabeth Hoffmann, 1553 Anna Dilherr und 1555 Katharina Sidelman geheiratet[48]. Er war in einer Handelsgesellschaft mit Paulus Sidelmann verbunden[49]. Für einen Neubürger wurde er relativ schnell – nach vier Jahren – Genannter.

Beheim, Endres   656 fl   Genannter 1567–1598   Messingherr

(*1530, †1612) Endres B. war einer der letzten Vertreter der bekannten Geschütz- und Glockengießerfamilie. Man wählte ihn erst nach zehn Jahren Wartezeit zum Genannten, nachdem er bereits 1556 Magdalena Ayrer – die Tochter von Gilg Ayrer – geheiratet hatte; seine zweite Ehefrau wurde 1568 Clara Heß[50]. Er war im Messinghandel tätig und besaß Bergwerksanteile im Erzgebirge. 1598 gab er sein Bürgerrecht auf; dabei zahlte er über 10 000 fl Nachsteuer[51]. Insofern kann man im Jahr 1598 sein Vermögen auf circa. 150 000 fl schätzen[52].

Furter, Wolff   600 fl   Genannter 1561–1594   Kaufmann

(*1538, †1594) Wolff F. entstammte der Ehe von Barbara Seldner mit Jobst Furter, der vor allem im Ochsenhandel tätig gewesen war. Er heiratete 1561 Susanna Steffan und wurde sofort darauf Genannter[53]. 1583 stiftete Wolff F. 12 000 fl für Stipendienstiftungen und hinterließ im Jahr 1594 netto über 29 000 fl. Vielleicht ist unter seiner Steuerleistung 1579 auch die Vormundschaft für die Kinder des Hans Staiber subsumiert[54].

---

[47] Roth, Handel (wie Anm. 20), S. 99.

[48] LKAN, Lor. 155 (1551 Mai 12); Seb. 148a (1553 Jan. 23, Vater: Mang Dilherr); Seb. 149 (1555 Dez. 17, Vater: Hans Sidelmann).

[49] StadtAN, B 14/III, Nr. 1, F. 55r: Heiratsvertrag vom 28. November 1555. Im Februar 1580 war Mathes Fetzer Gläubiger des verstorbenen Tuchhändlers Cornelius Görtz mit 1156 fl (siehe Anm. 159); StadtAN, B 14/I, Findbuch 13, S. 25f.: Vormund von Susanna, der Tochter des verst. Niclas Ayrer (1562–64), dsgl. der Kinder des verst. Balth. Neumair (1587); vertritt Adam Heugel von Breslau (1563); Gläubiger der Gebr. Neumair (1578).

[50] LKAN, Lor. 304 (1556 Apr. 28); Seb. 7 (1568 Mai 12). Vielleicht resultiert die lange Wartezeit daher, daß er auch schon 1556 – wie ca. 1577–1585 – im Rat unbeliebt war. Vgl. Karl Schornbaum, Nürnberg im Geistesleben des 16. Jahrhunderts, in: MVGN 40, S. 1–96, S. 6f., 57f. und v.a. 79.

[51] Christa Schaper, Die Beheim, eine Geschütz- und Glockengießerfamilie in Nürnberg (1350–1600), in: MVGN 51, 1962, S. 160–213, S. 199–206; vgl. auch Roth, Genannte (wie Anm. 20), S. 104; StadtAN, B 14/I, Findbuch 11, S. 143–145: Handelsbrief über Kupferhandel (1560); Vormund der Kinder des verst. Jorg Mullner (1570); Bevollmächtigter der Erben des verst. Gilg Ayrer (1580); Schwager des Hans Los (1584).

[52] Ausgehend von einem Nachsteuersatz von 7,5% auf das Gesamtvermögen (vgl. Junker 80 fl). Allerdings sollte man in dieser Zeit bzw. bei solchen Persönlichkeiten nicht zu sehr von den normativen Steuersätzen ausgehen, zumal Endres Beheim zuvor beim Losungamt noch ein Kapital von 5000 fl für eine Stipendienstiftung angelegt hatte.

[53] LKAN, Lor. 742 (1561 Jan. 14, Vater: Endres St.); Gerhard Seibold, Die Seldner, in: MVGN 75, 1988, S. 31–59, S. 54–59.

[54] Roth, Genannte (wie Anm. 20), S. 96; Seibold, Seldner (wie Anm. 53), S. 58; StadtAN, B 14/I, Findbuch 13, S. 154, 230: Ehevertrag mit Susanna, Tochter des verst. Endres Steffan (1560); Vormund des Hans Guteter (1573 bis mindestens 1575); dsgl. der Kinder des Peter Voit (1573–1577); dsgl. der Kinder des Hans Staiber (1578–1580); Gläubiger des Kürschners Hans Hagen (1582). Zur Familie Staiber (auch: *Stauber*) vgl. Haller, Größe (wie Anm. 3), S. 138f.

Wertha, Lienhard von   600 fl   Genannter 1564–1580   Handelsmann
Lienhart von W., der seit 1561 mit Anna Freydel verheiratet war und somit drei Jahre auf seine Wahl zum Genannten warten mußte, war im Vieh-, Leder- und Metallhandel tätig[55]. Nach Roth soll er 1580 spurlos verschwunden sein; allerdings ist er im Bestattungsregister von St. Sebald ohne Kommentar eingetragen[56]. Vielleicht ist in dem Betrag von 600 fl auch die Steuerschuld seines Bruders Lucas enthalten.

Losungleistung 400 – 588 fl

Solche Beträge leisteten 17 Personen oder circa 0,23% der gesamten Nürnberger Losungzahler 1579. Diese 17 – bis auf eine Ausnahme Großhändler und Bankiers – erbrachten aber mit insgesamt 8014 fl nicht weniger als 9,11% der gesamten Nürnberger Steuerleistung. Lediglich eine Person – der als Wirt bezeichnete Hans Weiß – gehörte nicht zu den Genannten des Größeren Rats, alle anderen waren dies seit Jahren. In dieser Gruppe ist immerhin ein Vertreter des Patriziats (Paulus Imhoff). Einige Namen kommen in der einschlägigen Forschung kaum vor (Schönborn, Peintner, Rehlein, Weiß, Keilhauer).

Schönborn, Valentin d.J.   588 fl   Genannter 1566–1594   Handelsmann
Über Valentin S., dessen Vater Valentin S. d.Ä. Bürger und Ratsmitglied in Bautzen war, scheint kaum etwas bekannt zu sein. Er war seit 1557 mit Maria, der Tochter des Großhändlers Barthel Lorenz Schwab verheiratet[57]. Auffallend ist, daß er erst nach neun Jahren Wartezeit zum Genannten gewählt wurde.

Peintner, Melchior   556 fl   Genannter 1569–1614   Kaufmann, markgr. Factor
Peintner, Melchior   528 fl
Auch Melchior P. kommt offensichtlich in der einschlägigen Literatur kaum vor. Mit den beiden sehr hohen Beträgen befindet er sich an 12. und 13. Stelle der Steuerzahler. Addiert man diese, so rangiert er sogar an zweiter Stelle. Vielleicht wurde jedoch eine Zahlung aus der Vormundschaft für die Gebrüder Lindner geleistet[58]. Da er bisher nicht in den Heiratsbüchern von St. Sebald und St. Lorenz nachgewiesen werden konnte, hat vielleicht nicht in Nürnberg geheiratet. Mit seiner wohl ersten Ehefrau Regina hatte er mindestens zwei Söhne, mit seiner wohl zweiten Frau Dorothea mindestens eine Tochter[59].

---

[55] LKAN, Lor. 487 (1561 Nov. 25, Vater Christof F.). Nach Peters, Handel (wie Anm. 21), S. 268f. heiratete sein Sohn Ludwig 1592 die Ochsenhändlerstochter Margaretha Aff, Lucas von Wertha heiratete 1594 Magdalena Holzschuher. Vgl. auch Richard Klier, Rezension von Janacek (Geschichte des Prager Handels), in: MVGN 47, 1956, S. 494–504, S. 500, wo er als Praghändler aufgeführt ist. StadtAN, B 14/I, Findbuch 19, S. 273f.: Vormund der Kinder des verst. Barthl Knör (1562–1569); Gläubiger der Gebr. Neumair (1573); Gläubiger des verst. Nestlers Hans Schlicht (1579); Wechsel-Gläubiger (mit seinem Bruder Lucas) von Hans Wunderer (1582).
[56] Roth, Genannte (wie Anm. 20), S. 87 berichtet: *Kam 1580 hinweg, wußte niemand wohin.* LKAN, Seb. 4927 (1580 Mai 16, *neben der Goldenen Gans*).
[57] StadtAN, B 14/III, Nr. 1, F. 57v: Heiratsvertrag vom 11. Dezember 1565. LKAN, (1557 Jan. 26). In StadtAN, B 14/I, Findbuch 18, S. 540f. ist er als Gläubiger des verst. Thomas Egerer (1579) bzw. als Gläubiger des Karl Unterholzer und des verst. Niclas Gößwein (1581) aufgeführt sowie als vielf. Haus- und Grundbesitzer.
[58] StadtAN, B 14/I, Findbuch 11, S. 217f.: Handel mit Polen (1567); Vormund der Kinder des verst. Christof Lindner (1568–1569); wohnt in Haus am Egidienplatz (1569); vertritt die Gebr. Lindner (1577); kauft Haus am Weinmarkt (1581); StadtAN, B 14/I, Findbuch 16, S. 86: Die Söhne von Christof Lindner, Christof und Gabriel, werden in den 1580er Jahren Genannte.
[59] Sohn Wolff: LKAN, Seb. 281v (1567 Jan. 28); Sohn Jörg Friedrich: LKAN, Seb. 283r (1568 Jun. 28); Tochter Sophia: LKAN, Seb. 165v (1587 Dez. 2).

Pilgram, Heinrich   520 fl   Genannter 1569–1581   Kaufmann
(*1533, †1581) Heinrich P., der noch mit einem zweiten Betrag von 100 fl vertreten ist, kennt man als Großkaufmann und Bankier. Er wurde in Herzogenbusch geboren, heiratete 1561 in Nürnberg Margaretha Merthen und erlangte 1562 das Nürnberger Bürgerrecht[60]. Man wählte ihn allerdings erst nach sieben Jahren zum Genannten.

Rottengatter, Ulrich   520 fl   Genannter 1549–1579   Kaufmann
Die Kaufmannsfamilie Rottengatter, die aus Ulm zugewandert war, ist noch mit Paulus R. (siehe 308 fl) in dieser Auflistung an vorderster Stelle vertreten. Die Familienmitglieder in der zweiten Hälfte des 16. Jahrhunderts scheinen jedoch kaum untersucht worden zu sein[61]. Ulrich R. heiratete 1548 Margaretha Genger und wurde sofort zum Genannten gewählt; seine Tochter heiratete 1573 den oben genannten Paulus R.[62].

Bair, Conrad   500 fl   Genannter 1548–1591   Handelsmann
Conrad B. war in einer Handelsfirma mit Hans Schäuffelein (siehe 440 fl) verbunden, die, nach den Steuerleistungen der beiden zu urteilen, zu den führenden Nürnberger Handelsgesellschaften um 1579 gehörte[63]. Er wurde sofort Genannter, nachdem er am 6. Februar 1548 Gertraud Kobold geheiratet hatte; in zweiter Ehe war er seit 1563 mit Anna Schmid verbunden[64].

Imhoff, Paulus   500 fl   Genannter 1576–1584   P, JB
(*1550, †1584) Paulus I. ist der erste Verteter des Patriziats in unserer Liste. Die Imhoff als bedeutende Handelsfamilie kommen hier nicht überraschend, allerdings würde man einen anderen Vertreter erwarten[65]. So war die Firma Endres I. 1580 Gläubigerin des verstorbenen Tuchhändlers Cornelius Görtz mit 2700 fl, die Firma Endres und Willibald I. mit 1545 fl[66]. Ob Paulus I. Geschäftsführer der Firmen war

---

[60] LKAN, Seb. 106 (1561 Nov. 17); Peters, Handel (wie Anm. 21), S. 295–300; Eike Eberhard Unger, Nürnbergs Handel mit Hamburg im 16. und 17. Jh., in: MVGN 54, 1966, S. 1–85, S. 43; vgl. auch Hans Neidiger, Die Entstehung der evangelisch-reformierten Gemeinde in Nürnberg als rechtsgeschichtliches Problem, in: MVGN 43, 1952, S. 225–340, S. 242; StadtAN, B 14/I, Findbuch 11, S. 267: Sohn des Gerhard P. und der Margaretha aus Herzogenbusch, Ehevertrag mit der Tochter des verst. Lorenz Merthen (1561); Auflösung einer Handelsgesellschaft, Eintreibung von Schulden (1570); Testamentsexecutor der Clara Maler (1580); 1581 verst., Vergleich zwischen Erben und dem Curator (Gerhard Koch) seines früheren Handelsmitgesellschafters in Köln; mehrf. Haus- und Grundbesitzer; Witwe heiratet Paulus Schenk (1584).

[61] Zur Handelsfirma vgl. Peters, Handel (wie Anm. 21), S. 364f.

[62] LKAN, Lor. 87 (1548 Apr. 9); StadtAN, B 14/I, Findbuch 17, S. 223f.: kauft Haus in der Egidiengasse (1549, Verkauf 1555, dafür Kauf am Alten Roßmarkt); Vormund des Sigmund Örtel (1561); Vormund der zwei Kinder des verst. Hans Rothenburger (1562/63); Vormund der Kinder des verst. Erwin Genger (1563); Vormund der Kinder des verst. Erasmus Ebner (1564); Vormund der Kinder des verst. Endres Örtel (1564); Vormund des Sohnes des verst. Sigmund Örtel (1566/69); Gläubiger des Hans Wunderer (1576/82); mehrf. Hausbesitz; StadtAN, B 14/III, Nr. 2, F. 26v: Tochter Magdalena, Heiratsvertrag mit Paulus Rottengatter (Sohn des Lienhart R., 1573 Apr. 21).

[63] Vgl. auch Pfeiffer, Privilegien (wie Anm. 41), S. 170, 187; StadtAN, B 14/I, Findbuch 11, S.169f.: Sohn des Stefan B. (1548); Kauft Sitz bei der Hadermühle (1563); Vormund der Kinder des verst. Dr. Justus Bair (1565); Curator der Magdalena Schürstab (1575); Gläubiger des Friedr. Prünsterer (1580), dsgl. von Hans, Paul und Hier. Schweicker (1582), dsgl. des Goldschmieds Hans Krieger, dessen Haus am Panierplatz er erhält (1584); Handelsfirma mit Hans Schäuffelein (1580).

[64] LKAN, Lor. 84 (1548); Lor. 90 (1563).

[65] Zu den Handelsfirmen vgl. Peters, Handel (wie Anm. 21), S. 406–423. Zur Familie vgl. Christoph. Frhr. v. Imhoff, Die Imhoff – Handelsherren und Kunstliebhaber, in: MVGN 62, 1975, S. 1–41.

[66] Siehe Anm. 159.

oder hier für mehrere Familienzweige aufgeführt ist, konnte nicht geklärt werden[67]. Sobald die Möglichkeit gekommen war, wurde er jedoch sofort in den Rat gewählt, in dem in dieser Zeit grundsätzlich zwei Imhoffs – in der Regel in den höchsten Machtpositionen – saßen[68]. Daß ein Angehöriger des Patriziats sofort nach seiner Heirat zum Genannten gewählt wurde – wie hier Paulus I. nach seiner Heirat 1575 mit Maria Magdalena Loeffelholz[69] – war eine Selbstverständlichkeit.

Viatis, Bartholomäus   500 fl   Genannter 1574–1624   Kaufmann
(*1538, †1624) Der bekannte Kaufmann[70] kommt noch mit einem zweiten Betrag von 52 fl vor. Nach seinen persönlichen Vermögensaufstellungen sind die Beträge auf ihn beziehungsweise seine Ehefrau Anna, die Witwe des Händlers und Gewandschneiders Georg Scheffer, zu beziehen[71]. Diese hatte er 1569 geheiratet; für einen Neuling in der Stadtgesellschaft mußte Viatis nur relativ kurz auf seine Genanntenwahl warten (fünf Jahre).

Unterholzer, Eustachius   460 fl   Genannter 1568–1615   Kaufmann
Für die Kaufmannsfamilie Unterholzer gilt ähnliches wie für die Rottengatter (siehe oben 520 fl). Sie ist noch mit einem zweiten Angehörigen in der Liste an vorderer Stelle vertreten (Hans U. mit 164 fl). Diese Familienmitglieder scheinen jedoch kaum erforscht zu sein. Eustachius U. war seit 1567 mit Apollonia Ayrer verheiratet und erreichte somit bei erster Gelegenheit den Genanntenstatus. Beide vermehrten 1614/16 die Stipendienstiftung von Hans Guteter (siehe Guteter 170 fl) um 1200 fl[72].

---

[67] 1579 gab es acht weitere (männliche) Imhoffhaushalte in Nürnberg: Anthoni I. (siehe am Schluß der Liste), Endres d.Ä. I. (Genannter 1519–1579), Endres d.J. I. (1557–1597), Hans I. (1563–1591), Jacob I. (1566–1599), Jeremias I. (1579–1580), Willibald d.Ä. I. (1545–1580) und Willibald d.J. I. (1571–1594).

[68] Von einer Familie konnten immer nur höchstens zwei Vertreter im kleinen Rat sitzen. 1579 waren zwei Imhoff seit Jahrzehnten im höchsten Machtzirkel vertreten: Der am 24. Oktober 1579 verstorbene Endres I. d.Ä. war seit 1545 Vorderster Losunger (1523 mit 32 Jahren zum JB gewählt, Alter: 1579: 88 Jahre). Endres I. d.J. war 1558 mit 29 Jahren in den Rat gekommen (JB), seit 1565 AB und wurde 1579 Septemvir (im Alter von 50 Jahren, 1586 Triumvir, gest. 1597). 1580 wurde mit Paulus I. – im Alter von 30 Jahren – sofort wieder ein zweiter Familienvertreter in den Rat gewählt (gest. 1584). Bald nach dessen Tod wurde 1586 mit Jacob I. erneut ein zweites Familienmitglied – im Alter von 49 Jahren – gewählt (JB 1587, AB 1590, Septemvir 1598, gest. 1599). Sofort nach dem Tod von Endres d.J. bzw. Jacob kamen erneut zwei Vertreter in den Rat: 1598 Endres I. im Alter von 29 Jahren als AG (1602 JB, 1613 AB, 1618 Septemvir, 1622 Triumvir, 1624 Duumvir, 1633 Vorderster Losunger, gest. 1637) und 1599 Wilhelm I. als JB im Alter von 41 Jahren (1613 AB, gest. 1630). Zur Person vgl. auch StadtAN, B 14/I, Findbuch 15, S. 25: Vertreter d. Wilhelm Schlüsselfelder (1577); dsgl. K. Loeffelholz (1578); dsgl. Jacob Imhoff (1579); Vormund der Kinder des verst. Chr. Balth. Gugel (1581); StadtAN, B 14/III, Nr. 2, F. 27v: Heiratsvertrag mit Maria Magdalena Loeffelholz am 19. Mai 1575; (Sohn des verst. Sebastian I.).

[69] LKAN, Seb. 246 (1575 Jun. 20, Vater: Dietrich Loeffelholz).

[70] Seibold, Viatis (wie Anm. 20); vgl. auch Peters, Handel (wie Anm. 21), S. 201, 352, 450 sowie StadtAN, B 14/I, Findbuch 13, S. 27–29.

[71] Seibold, Viatis (wie Anm. 20), S. 52–56, Vermögensaufstellungen 1579 (Steuer nicht exakt zu berechnen) und 1581: Nach der Aufstellung von 1581 waren auf der Grundlage des rst. Steuerfußes höchstens ca. 48 000 fl zu versteuern (1581). Nimmt man den Wert von 1581 zur Grundlage, dann versteuerte er 1579 korrekt ca. 1% seines Handelskapitals. Der zweite Betrag müßte das Vermögen seiner Frau betreffen, die bei ihm ca. 6000 fl (wohl zu 5%) angelegt hatte. Dies wären ca. 300 fl Zinsen p/A, d.h. 50 fl für Losung! Im Februar 1580 war er übrigens Gläubiger des verst. Tuchhändlers Cornelius Görtz mit 319 fl (siehe Anm. 159).

[72] LKAN, Lor. 158 (1567 Nov. 17, Väter: Sebastian U. und Gilg A.); StadtAN, B 14/III, Nr. 1, F. 102r: Heiratsvertrag vom 17. Oktober 1567, Sohn von Sebastian U. und dessen erster Frau Magdalena. Zur Stiftung vgl. Bernhard Ebneth Stipendienstiftungen in Nürnberg (Nürnberger Werkstücke zur Stadt- und Landesgeschichte 52), Nürnberg 1994, S. 168. Zur Handelsfirma vgl. Peters, Handel (wie Anm. 21), S. 257,

Finolt, Joachim d.Ä.   450 fl   Genannter 1555–1583   Spezereienhändler
Der bekannte Kaufmann, der als Spezereihändler mit offenem Kram bezeichnet wird, heiratete 1548 in
erster Ehe Magdalena Tichtel, seit 1565 war er dann mit Ursula Gewandschneider verheiratet[73]. Obgleich
er – ersichtlich auch durch seine Heiraten – zur wirtschaftlichen Elite zählte, mußte er sechs Jahre auf
seine Berufung zum Genannten warten.

Schäuffelein, Hans   440 fl   Genannter 1566–1588   Handelsmann n. Frankreich
Hans S. war in einer Handelsfirma mit Conrad Bair (siehe oben 500 fl) verbunden. 1565 hatte er Katharina von Thill geheiratet und war anschließend sofort Genannter geworden[74].

Rehlein, Wolff   428 fl   Genannter 1565–1601   Handelsmann
Wolff R. heiratete 1557 Felicitas König, wurde aber erst nach sieben Jahren Wartezeit Genannter. Der
1578 in zweiter Ehe mit der Witwe Margaretha Wernlein und 1589 in dritter Ehe mit der Witwe Barbara
Meringer verheiratete Kaufmann ist offensichtlich bisher kaum untersucht worden, obgleich er wohl
testamentarisch eine Stipendienstiftung errichten ließ[75].

Weiß, Hans   424 fl   Kein Genannter   Wirt
(†1575) Der Wirt Hans Weiß, der seit 1539 mit Agnes Rumpler verheiratet war, ist an dieser vorderen
Stelle in der Liste ungewöhnlich, obgleich man gerade bei Wirten auch mit Handels- und Speditionsgeschäften rechnen kann. Ein anderer zutreffender Vertreter dieses Namens ließ sich jedoch bisher nicht
nachweisen[76]. Hans W. starb bereits 1575, so daß es sich um eine Vormundschaft handeln müßte.

361f.; vgl. auch StadtAN, B 14/I, Findbuch 19, 152f., u.a.: Beauftragter seiner [Stief-]Mutter Justinia (1578); Miterbe des Gilg Ayrer (1579); Bevollmächtigter der Anna Meisinger [geborene Ayrer] (1582); Stellvertreter der Erben von Gilg Ayrer (1586/87); Schwager der Clara Guteter (1588); handelt i.A. des Hans Guteter (1594); mehrf. Hausbesitz, u.a. am Milchmarkt und Zinshaus in der Kartäusergasse.
[73] LKAN, Seb. 116 (1548 Nov. 19); Seb. 153 (1565 Feb. 13); StadtAN, B 14/III, Nr. 1, F. 80r: Heiratsvertrag vom 26. Januar 1565. Zur Person vgl. Seibold, Viatis (wie Anm. 20), S. 167f.; Gerhard Seibold, Die Gräfenthaler Saigerhandelsgesellschaft, in: Scripta Mercaturae 11/1, 1977, S. 32–40; Klier, Rezension (wie Anm. 55), S. 500; Peters, Handel (wie Anm. 21), S. 352, 419; vgl. auch StadtAN, B 14/I, Findbuch 13, S. 39f.
[74] LKAN, Lor. 292 (1565 Jul. 31, Vater: Wolff v. T.); StadtAN, B 14/III, Nr. 1, F. 49v: Heiratsvertrag vom 5. Juli 1565. Zur Person vgl. Haller, Größe (wie Anm. 3), S.162f.; Seibold, Viatis (wie Anm. 20), S. 66; Peters, Handel (wie Anm. 21), S. 415; Klier, Rezension (wie Anm. 55), S. 500; StadtAN, B 14/I, Findbuch 18, S. 327, u.a.: Hausverkauf am Alten Roßmarkt (1566); kauft Haus am Paniersplatz (1571); Gläubiger des Friedrich Prünsterer (1580); Erben sind Gläubiger des Wolf Albrecht (1598).
[75] LKAN, Seb. 324 (1557 Feb. 15, Vater: Gotthart K. verst.); Seb. (1578 Aug. 18, Witwe des Hieronymus W.); Seb. 359 (1589 Nov. 10, Witwe des Wolff M.[vgl. Wolff Meringer 224 fl]); StadtAN, B 14/III, Nr. 1, F. 164r: Heiratsvertrag vom 18. Juli 1578; StadtAN, B 14/I, Findbuch 17, S. 124, 179, u.a.: Vormund der Töchter des verst. Lorenz Spengler (1576); Gläubiger des Hans Wunderer (1582). Vgl. auch die wenigen Informationen bei Peters, Handel (wie Anm. 21), S. 315 sowie zu Dietrich Rehlein bei Klier, Rezension (wie Anm. 55), S. 501. Zur Stiftung vgl. Ebneth, Stipendienstiftungen (wie Anm. 72), S. 314.
[76] LKAN, Lor. 220 (1539 Jul. 15); Best. Hans: 465 (1575 Jul. 10, *Wirt beim Goldenen Roß auf dem Hefnersplatz*). Peters, Handel (wie Anm. 21), S. 358f. nennt die bedeutende Augsburger Familie bzw. Handelsfirma Weiß, von der Anfang des 17. Jh. Familienmitglieder auch das Nürnberger Bürgerrecht besaßen. Ein Zusammenhang ließ sich jedoch noch nicht nachweisen, zumal die Weiß mit Lienhart Strolunz (72 fl) zu dieser Zeit einen Faktor in Nürnberg hatten. In StadtAN, B 14/I, Findbuch 19, S. 242f. ist nur ein Hans Weiß, der hier angeführte, belegt, u.a.: Wirt, kauft mit Ehefrau Agnes Wiese beim Tafelhof (1568); Wirt zum Goldenen Ast, Ehefrau Agnes (1569); Vormund der Kinder des verst. Hans Müllner aus 1. Ehe (1573); verkauft o.g. Wirtshaus (1574); vielf. Haus- und Grundbesitzer.

Fürleger, Paulus d.Ä.   400 fl   Genannter 1560–1604   Handelsmann, Seidenhändler
(*1530, †1604) Die bekannte Kaufmannsfamilie war vor allem im Textilhandel sowie als Bank tätig. Paulus F. heiratete 1559 Maria Freydel und wurde sofort Genannter; seit 1563 war er in zweiter Ehe mit Clara Held verbunden[77]. Vielleicht leistete er die Losung für mehrere Familienmitglieder, da zum Beispiel Hans F. 1580 Gläubiger des Tuchhändlers Cornelius Görtz mit 2000 fl war[78].

Gamersfelder, Sigmund   400 fl   Genannter 1573–1603   Kaufmann mit offenem Kram
(*1547, †1603) Seit 1572 war Sigmund G. mit der Witwe Maria Peck, einer geborenen Harsdörffer verheiratet. Roth berichtet, daß er bei ihrem Mann, Jakob Peck, als Händler gearbeitet hatte, mit ihr acht Kinder zeugte und 482 000 fl hinterließ[79]. Schätzt man sein Vermögen 1579 mit Grundbesitz auf 60 000 bis 80 000 fl, so wäre dies eine enorme Entwicklung, die aber – wie das Beispiel der Firma beziehungsweise des Privatvermögens von Bartholomäus Viatis beziehungsweise Martin Peller zeigt – durchaus möglich war[80]. Offenbar seiner Bedeutung entsprechend, wurde er jedenfalls 1573 sofort zum Genannten gewählt.

Gößwein, Georg   400 fl   Genannter 1558–1582   Ochsenherr
Georg G. heiratete 1556 Anna Wegener und wurde bald Genannter; seine zweite Ehefrau war Magdalena, die Witwe von Hans Rothenburger. Der durch seinen umfangreichen Ochsen- und Textilhandel bekannte Großhändler war 1580 Gläubiger des verstorbenen Tuchhändlers Cornelius Görtz mit 1202 fl[81]. Die Familie G. ist in dieser Liste noch mit Niclas d.J. (224 fl) vertreten.

Keilhauer, Georg   400 fl   Genannter 1565–1585   Handelsmann (Saigerhandel)
Der aus Eger stammende Georg K. war seit 1564 mit Maria Magdalena Beheim verheiratet und wurde bei der ersten Gelegenheit zum Genannten erhoben. Er scheint ansonsten nur als Mitglied einer prominent besetzten Musikgesellschaft bekannt zu sein[82].

---

[77] LKAN, Lor. 622 (1559 Jun. 12, Vater: Christof); Lor. 625 (1563 Nov. 2, Vater: Bartholomäus). StadtAN, B 14/III, Nr. 1, F. 35v: Heiratsvertrag vom 20. September 1563. In der Literatur werden noch zwei weitere Ehen angeführt, die aber zu überprüfen sind: 1585 mit Sabine Örtel und 1596 mit Helena Koler, nach Christa Schaper, Die Fürleger von Nürnberg und ihre Niederlassung in Verona im 16./17. Jh., in: MVGN 73, 1986, S. 1–44, S. 31f.

[78] Siehe Anm. 159. Zur Familie vgl. Schaper, Fürleger (wie Anm. 77), S. 1–44 (zur Person: S. 30–32); Peters, Handel (wie Anm. 21), S. 448–455; StadtAN, B 14/I, Findbuch 13, S. 220f., u.a.: Gläubiger des Baretmachers Chr. Pucker (1583); Gläubiger von Hans Wunderer (1582); Schwester Ursula ist mit Chr. Rosenthaler verheiratet (1602).

[79] Peters, Handel (wie Anm. 21), S. 242f. (nach Roth). Heirat am 6. Dezember 1572; allerdings fand die Heirat am 6. Oktober. statt, vgl. LKAN, Seb. 285; StadtAN, B 14/III, Nr. 4, F. 3: Sohn des verst. Christof G., Heiratsvertrag vom 26. September 1572. In StadtAN, B 14/I, Findbuch 13, S. 244 und Findbuch 15, S. 46 kommt er nur als Hausbesitzer und Zeuge vor.

[80] Vgl. Seibold, Viatis (wie Anm. 20), S. 51–113, v.a. S. 112f.

[81] LKAN, Seb. 49 (1556 Sep. 14; Vater: Hans). Mit Magdalena Rothenburger konnte keine Heirat festgestellt werden, allerdings sind beide kurz nacheinander (*auf der vorderen Füll* wohnhaft) bestattet worden: Georg G. Seb. (1582 Dez. 4), Magdalenas G. Seb. (1583 Mai 21). Zur Person vgl. Klier, Transithandel (wie Anm. 46), S. 212–216; Unger, Handel (wie Anm. 60), S. 39 sowie Peters, Handel (wie Anm. 21), S. 487f. Zur Schuldforderung siehe Anm. 159; vgl. auch StadtAN, B 14/I, Findbuch 13, S. 343f., u.a.: Ehefrau Magdalena (1562/63/77, Witwe des Hans Rothenburger); verklagt L. Greussel (1577); Gläubiger des Hans Wunderer (1576/82).

[82] LKAN, Seb. 82 (1564 Aug. 30); StadtAN, B 14/I, Findbuch 15, S. 104: Vater: Hans Keilhau von Eger, Heiratsvertrag (1564); Verklagt Jacob Wolff (1578); StadtAN, B 14/III, Nr. 13, F. 167v; Nr. 12, F. 173r; Nr. 12, F. 184v: war Eigenherr in Kottendorf und Mailach (1580, 1582, 1586); Uwe Martin, Die Nürnberger Musikgesellschaften, in: MVGN 49, 1959, S. 185–225, S. 200, 212; Hermann Harrassowitz, Geschichte der Kirchenmusik an St. Lorenz in Nürnberg, in: MVGN 60, 1973, S. 1–151, S. 150.

Losungleistung 200 – 384 fl

Solche Beträge leisteten 42 Personen oder circa 0,56% der gesamten Nürnberger Losungzahler 1579. Diese 42 erbrachten mit insgesamt 10 780 fl nicht weniger als 12,25% der gesamten Nürnberger Steuerleistung. Von diesen 42 gehörten 37 (88%) zu den Genannten des Größeren Rats – in der Regel seit langem. Ein Bierbrauer (Hainfelder) war bereits verstorben, ein Kaufmann und ein Notar wurden später ernannt (Koch, Hofmann). Unter den beiden verbliebenen ‚Außenseitern' war ein Wirt (Kiener) sowie – überraschenderweise, da unverheiratet – ein Kaufmann (Irtenberger). In dieser Gruppe sind immerhin vier Angehörige des Patriziats (Fütterer, Löffelholz, Volckamer, Holzschuher) und zwei weitere Angehörige von gerichtsfähigen Familien / *Geschlechtern* (Schmidtmer, Voit).

Petz, Eitel   384 fl   Genannter 1577–1595   Kaufmann (falliert)
Die bekannte, im 18. Jahrhundert gerichtsfähig gewordene Familie ist noch mit Conrad P. (120 fl) vertreten. Eitel P. war seit 1576 mit Magdalena Rosenthaler verheiratet und wurde sofort zum Genannten gewählt. Nach seinem Falliment wurde ihm allerdings der Genanntenstatus aberkannt[83].

Gelnauer, Franz d.Ä. 360 fl   Genannter 1556–1589   Factorherr
Franz G. heiratete 1544 Elisabeth Heß, mußte jedoch über ein Jahrzehnt auf den Genanntenstatus warten; in zweiter Ehe war er seit 1578 mit Magdalena Elbs – der Witwe von Sebastian Elbs – verheiratet[84]. Er war Faktor der Augsburger Handelshäuser Rem und Ziegler. Neben seinem eigenen Vermögen als Tuchhändler könnte der Betrag auch die Vormundschaft für Caspar Neumair enthalten[85].

Schmidt, Michel   340 fl   Genannter 1568–1601   Händler und Krämer
Ein Name wie Michel S. ist nicht einfach zu identifizieren, zumal dieser in der Forschung weitgehend unbekannt zu sein scheint. Es handelt sich hier wahrscheinlich um Michel S. aus München, der 1559 Katharina Kolroß heiratete. Nach deren Tod dürfte er 1564 Margaretha Meulendörfer geheiratet haben[86]. Die Familien Kolroß und Meulendörfer hatten je einen Vertreter im Größeren Rat, die beide als Messerer geführt werden. Bei den Sammlungen der Kaufleute 1580 und 1584 spendete jeweils auch Michel S.[87].

---

[83] LKAN, Seb. 59 (1576 Jun. 18). Zur Familie und Handelsgesellschaft vgl. Peters, Handel (wie Anm. 21), S. 213–221 sowie Klier, Rezension (wie Anm. 55), S. 501; StadtAN, B 14/I, Findbuch 11, S. 222f., u.a.: Ehefrau Magdalena (1593/97); verklagt Hans Paur, bekommt dessen Haus auf der Kalkhütte (1578); Vormund des Pius Petz, verkauft Haus am Alten Roßmarkt (1578); läßt Haus spenen (1582); vielf. Hausbesitz.

[84] LKAN, Lor. 34 (1544 Okt. 6); Lor. (1578 Jul. 7); StadtAN, B 14/III, Nr. 2, F. 34: Heiratsvertrag 1578 Juni 13.

[85] Arno Kunze, Zur Geschichte des Nürnberger Textil- und Färbergewerbes vom Spätmittelalter bis zum Beginn der Neuzeit, in: Beiträge zur Wirtschaftsgeschichte Nürnbergs, hg. v. Stadtarchiv Nürnberg, Nürnberg 1967, Bd. 2, S. 669–699, S. 683; Hironobu Sakuma, Die Nürnberger Tuchmacher, Weber, Färber und Bereiter vom 14. bis 17. Jahrhundert (Nürnberger Werkstücke zur Stadt- und Landesgeschichte 51), Nürnberg 1993, S. 162; StadtAN, B 14/I, Findbuch 13, S. 266–268, u.a.: Faktor des Laux Rem aus Augsburg (1560); mehrf. Hausbesitz; Vormund der Kinder des Chr. Lindtner (1567 bis mind. 1572); dsgl. Caspar Neumair (bis mind. 1583); Gläubiger des Melchior Walbach aus Warschau (1581); Testamentsvollstrecker des Franz Renner (1581).

[86] LKAN, Seb. 198 (1559 Mai 16, Vater: Hans K. verst.). Best. Katharina: LKAN, Seb. (1564 Apr. 4, *auf der hinteren Füll*). LKAN, Seb. 200 (1564 Okt. 16). Best. Margaretha: LKAN, Seb. 1579 Mai 14, *bei der Barfüßerbrücke*); StadtAN, B 14/I, Findbuch 18, S. 481–485: Da mehrere Michel Schmidt vorkommen, ist nicht immer klar, welche Belegstellen sich auf den Gesuchten beziehen, eindeutig sind wohl folgende: Händler, Ehefrau Katharina verst., Tochter Katharina verkauft Halbteil von Haus am Weinmarkt (1568); Vormund der Kinder des verst. Philip Reuter (1568); bekommt Haus des Martin Grüner wegen dessen Schulden (1576); Pfandbesitz eines Hauses am Lorenzer Platz (1598); vielf. Haus- und Grundbesitz.

[87] Heinrich Meulendörfer, Messerer, 1571 sowie Hans Kolroß, Messerer, 1577–1600; vgl. Anm. 24.

Praun, Stefan II.   330 fl   Genannter 1541–1578   Handelsmann

(†1578) Da Stefan II. P. seinem Sohn Stefan III. P. noch zu seinen Lebzeiten die Führung der Familiengeschäfte entzogen hatte, dürfte die Losungzahlung die Handelsgesellschaft beziehungsweise Stiftung betreffen, die von den anderen, unverheirateten Söhnen gemeinsam geführt wurde. Stefan II. P. hatte 1540 Margaretha Schwarz geheiratet und wurde sofort Genannter; seit 1543 war er mit Ursula Eyserer verheiratet. Er hinterließ 1578 ein Vermögen von über 80 000 fl Die Relation vom Vermögen zur Einkommensteuer wäre demnach circa 80 000 fl zu 330 fl beziehungsweise 0,41%, was bei dem immensen Hausrat beziehungsweise Grundbesitz plausibel ist[88].

Irtenberger, Thoman   328 fl   Kein Genannter   Kaufmann

(†1589) Thoman I. stammte aus Würzburg. Es konnten bislang weder Heiraten noch Taufen nachgewiesen werden. Offenbar blieb er unverheiratet und konnte daher auch nicht zum Genannten gewählt werden. Seine Erben hatten 1589 ein Anrecht auf circa 96 000 fl[89].

Albrecht, Barthel   320 fl   Genannter 1569–1596   Wechselsensal, Handelsmann

(*1543, †1609) Der vor allem in Zusammenhang mit der Münzverschlechterung bekannte Barthel A. stammte aus einer Kaufmannsfamilie, die Viehhandel aus Böhmen betrieb, aber auch im Waffen- und Textilhandel tätig war[90]. In erster Ehe seit 1568 mit Magdalena Elzbach, in zweiter Ehe seit 1575 mit Ursula Öttinger verheiratet[91], wählte man ihn bei der ersten möglichen Gelegenheit zum Genannten; dieser Status wurde ihm aberkannt, da er wegen seiner teilweise illegalen Handels- und Wechselpraxis mit Edelmetall verurteilt wurde.

Thoma, Hans   320 fl   Genannter 1574–1587   Kaufmann

Über den erst sechs Jahre nach seiner Heirat mit Ursula Lochmeir (1568) zum Genannten gewählten Hans T. scheint kaum etwas bekannt zu sein[92].

---

[88] LKAN, Seb. 188r (1540 Jun. 7); Seb. 182 (1543 Mai 7). Zur Person vgl. Katrin Achilles-Syndram (Bearb.), Die Kunstsammlung des Paulus Praun. Die Inventare von 1616 und 1719, Nürnberg 1994, S. IX-XII. Zur Handelsgesellschaft vgl. Peters, Handel (wie Anm. 21), S. 494–497; StadtAN, B 14/I, Findbuch 11, S. 354–357, u.a.: Anwalt der Welser (1557); Vormund der Kinder des verst. Niclas Gößwein (1558–1560); dsgl. der Kinder des Christof Gammersfelder (1559–1561); dsgl. der Kinder des Christof Rosenthaler (1573); Handel in Bologna (1573). Zum Verhältnis Vermögen / Losungleistung vgl. auch: Junker, Franz 80 fl.

[89] Christa Schaper, Handelsprozesse Nürnberger Bürger vor dem Reichskammergericht, in: Beiträge zur Wirtschaftsgeschichte 8, Stuttgart 1981, S. 106, 126f.; Peters, Handel (wie Anm. 21), S. 176f.; LKAN, Best. Seb. 148 (1589 Sep. 25, *hinter dem Rathaus*). Begraben auf dem Johannisfriedhof in Grab Nr. 25 (vgl. Norischer Christen Fryedhöfe Gedächtnis, Nürnberg 1682, S. 8f.; StadtAN, B 14/I, Findbuch 15, S. 40: Gläubiger, Handel Nürnberg-Posen (1566); Gläubiger des Karl Unterholzer und des verst. Niclas Gößwein (1581).

[90] Zur Person vgl. NDB I, München 1953, S. 179f. Zur Handelsfirma vgl. Klier, Transithandel (wie Anm. 46), S. 212–216, 223; Rudolf Endres, Die Nürnberg-Nördlinger Wirtschaftsbeziehungen im Mittelalter bis zur Schlacht von Nördlingen (Schriften des Instituts für fränkische Landesforschung 11), 1964, S. 186; Peters, Handel (wie Anm. 21), S. 503f.; StadtAN, B 14/I, Findbuch 11, S. 22f., u.a.: Vater Hans verst. (1572); Schwager und Beauftragter der Magdalena Eschbacher (1576/77); Erbe des verst. Linhart Schlüsselberger (1577); Schwager und Beauftragter der N. Helmuth (1577); Verklagt L. Kreussel (1577).

[91] LKAN, Lor. 60 (1568); Seb. 19 (1575). 1575 wird Barthel A. als *Ochsenherr* geführt.

[92] LKAN, Seb. 113 (1568 März 16). StadtAN, B 14/III, Nr. 2, F. 5v: Heiratsvertrag vom 30. Januar 1568; StadtAN, B 14/I, Findbuch 12, S. 127f.: Vormund der Kinder des verst. Georg Pirnfelder (1566); dsgl. des verst. Hier. Rüger (1567); Gläubiger (1570); Vormund der Susanna Seckler (1578–1582); Gläubiger des Endres Werker verkauft zwei cedierte Kräme im Schulgäßlein (1584); Vormund der Katharina Rieter (1586); mehrf. Hausbesitz.

Meisinger, Hans   308 fl   Genannter 1569–1578   Kaufmann (falliert)
Dasselbe gilt für den aus Annaberg stammenden Hans M., der seit 1560 mit Anna Ayrer, der Tochter von Gilg Ayrer, verheiratet war und acht Jahre bis zum Genanntenstatus warten mußte. Nach Roth sei er falliert, habe sich 1576 wegen Schulden davongemacht und sei 1578 in Regensburg gestorben. Da er beziehungsweise seine Erben oder Nachlaßverwalter 1579 einen so beträchtlichen Betrag an Losung zahlten, ist diese Aussage jedoch zu überprüfen[93].

Rottengatter, Paulus   308 fl   Genannter 1574–1598   Kaufmann
Der Sohn des Lienhart R. heiratete 1573 Magdalena Rottengatter. Entsprechend der Stellung der Familie (vergleiche Ulrich R. 540 fl, dessen Tochter die oben Bezeichnete war) wurde er sofort darauf Genannter[94].

Schwab, Heinrich d.Ä.   300 fl   Genannter 1558–1604   Kaufmann
Der zweite Vertreter der Kaufmannsfamilie Schwab (vergleiche Hans S. 800 fl und Barthel S. 200 fl), ebenfalls Sohn von Barthel Lorenz S., hatte 1558 Gertraut Ayrer geheiratet und wurde sofort darauf Genannter. Nach deren Tod heiratete er 1573 die Witwe Katharina Holzschuher[95].

Bauer, Mathes   284 fl   Genannter 1570–1587   Kaufmann mit Rauher Ware
Der Pelzhändler Mathes B. wurde erst nach sieben Jahren Wartezeit Genannter, nachdem er 1562 Anna Volckart geheiratet hatte; seit 1584 war er mit Susanna Heber verheiratet[96]. 1585 stiftete er 3760 fl für karitative Zwecke[97].

Fütterer, Jacob   280 fl   Genannter 1560–1586   P, ehem. AB
(*1529, †1586) Jacob F. ist – ebenfalls wie bei den Imhoff nicht unerwartet – der zweite Patrizier in unserer Liste. Er starb ohne männliche Nachkommen, womit auch das Geschlecht ausstarb. Jacob F. bat bereits 1575 als Alter Bürgermeister im Rat darum, ihn nicht wieder zu wählen, da er sich nicht mehr leistungsstark genug fühle. 1559 hatte er Trusiana Tucher geheiratet, seit 1568 war er in zweiter Ehe mit Helena Tetzel verbunden[98].

---

[93] Heirat: LKAN, Lor. 275 (1560 Feb. 19). Roth, Genannte (wie Anm. 20), S. 90; StadtAN, B 14/I, Findbuch 16, S. 237.

[94] LKAN, Lor. 629 (1573 Jun. 23); StadtAN, B 14/III, Nr. 2, F. 26v: Heiratsvertrag vom 21. April 1573, wird als *Junger Geselle* und Sohn des Lienhart R. bezeichnet. Zur Person vgl. Peters, Handel (wie Anm. 21), S. 106, 364f.; Roth, Genannte (wie Anm. 20), S. 92, gibt ein abweichendes Todesdatum an. StadtAN, B 14/I, Findbuch 17, S. 221–223, u.a.: Vormund der Kinder des verst. Adam Tucher (1575–85); Beauftragter des Hans Wunderer (1581); Gläubiger des R. Ungleich (1585/87/88); kauft i.A. der Anna Tucher (1590).

[95] LKAN, Seb. 102 (1558 Feb. 17, Vater: Sebastian A.); Seb. 117 (1573 Feb. 4). Best. Katharina: LKAN, Seb. 2049 (1599 Dez. 24); StadtAN, B 14/I, Findbuch 18, S. 616–619, u.a.: Ehevertrag (1558); Ehefrau Katharina, mehrf. Eigenherrin (u.a. Brauerei in der Inneren Laufer Gasse, 1573); Sohn des Barthel Lorenz Schwab, handelt in dessen Auftrag (1559/65); vertritt Dietrich von Degier (1570); verkauft mit Bruder Hans Erbanteile an Kupferhammer zu Lauf (1571); Vormund seines Bruders, Barthel Lorenz d.J. Schwab (1574–1583); Gläubiger des verst. Wolf Albrecht (1598); sehr umfangreicher Haus- und Grundbesitz; StadtAN, B 14/III, Nr. 2, F. 91: Sohn Heinrich d.J., Heiratsvertrag mit Katharina Pfinzing (1595 Jul. 10). Zur Familie vgl. Hans S. 800 fl.

[96] LKAN, Lor. 537 (1562 Jun. 9); Seb. 311 (1584 Feb. 3).

[97] Zur Person vgl. Endres, Wirtschaftsbeziehungen (wie Anm. 90), S. 93, 178f. sowie Peters, Handel (wie Anm. 21), S. 356. Zur Stiftung vgl. Roth, Genannte (wie Anm. 20), S. 97 (angelegt zu 5% jährlich in der Losungstube); StadtAN, B 14/I, Findbuch 11, S. 97, u.a.: Vormund der Barbara Fürnhaber (1581); mehrf. Haus- und Grundbesitz.

[98] Zur Familie vgl. Christa Schaper, Die Familie Tracht – Kaufleute und Unternehmer, in: MVGN 64, 1977, S. 46–85, S. 81f. Zur Person vgl. u.a. Gerhard Pfeiffer, Die Bemühungen der oberdeutschen Kaufleute um die Privilegierung ihres Handels in Lyon, in: Beiträge zur Wirtschaftsgeschichte Nürnbergs, hg.

Schmidtmer, Endres   274 fl   Genannter 1566–1600   G
Endres S. hatte 1565 Margaretha Pfinzing geheiratet und wurde daraufhin sofort zum Genannten gewählt. Er stammte aus der bekannten, gerichtsfähigen Tuchhändlerfamilie, die unter anderem auch im Saigerhandel tätig war[99].

Ayrer, Dr. [Melchior]   272 fl   Genannter 1558–1579   Mediziner
(*1520, †1579) Melchior A. hatte 1548 Cecilia Fürnberger geheiratet, mußte allerdings neun Jahre auf seinen Genanntenstatus warten, obgleich er einer bekannten Nürnberger Kaufmannsfamilie entstammte. In zweiter Ehe war er seit 1561 mit Maria Hopfer verheiratet. Sein Einkommen als berühmter Stadtarzt mit Privatpraxis dürfte sein ererbtes Vermögen noch vergrößert haben[100].

Kern, Wolff   272 fl   Genannter 1546–1582   Kaufmann und Factor
(* wohl 1500, †1582) Der bekannte Kaufmann (Papier- und Waffenhandel), der ab 1566 das Amt eines Marktvorstehers versah, hatte 1534 als vermutlich erste Ehefrau die Witwe Anna Flentz, 1537 als zweite Ehefrau Anna Pucher und als dritte Ehefrau Dorothea Schnabel geheiratet[101]. Als Angehöriger einer zugereisten Familie noch nicht etabliert, wurde Wolff K. erst relativ spät Genannter[102].

Hainfelder, Margaretha   268 fl   Kein Genannter   Bierbrauerwitwe
(†1588) Der Weißbierbrauer Hans H., der seit 1547 mit Margaretha Schmid verheiratet war, dürfte um 1578 verstorben sein[103]. Auf einer Bierbrauerliste von 1579 findet sich nur ein Adam H. 1585 stiftete Margaretha Hainfelder 200 fl (wohl jährlichen Zins) für die vier Lateinschulen[104].

v. Stadtarchiv Nürnberg, Nürnberg 1967, S. 421: In den 1570er Jahren war Fütterer Gläubiger der französischen Krone mit 25 166 fl.; StadtAN, B 14/I, Findbuch 13, S. 234f.: vielf. Haus- und Grundbesitz; Heiratsvertrag mit Trusiana, der Tochter des verst. Wolf Tucher (1559); StadtAN, B 14/III, Nr. 2, F. 6v: Heiratsvertrag mit Helena Tetzel am 19. Februar 1568.

[99] StadtAN, B 14/III, Nr. 1, F. 45v: Sohn des Wilhelm Sch. und seiner Frau Barbara, geb. Welser, Heiratsvertrag mit Margaretha Pfinzing (1565, Jul. 10). Heirat: LKAN (1565 Sep. 17). Seibold, Saigerhandelsgesellschaft (wie Anm. 73), S. 32–40; StadtAN, B 14/I, Findbuch 18, S. 504–508, u.a.: Hausbesitz gegenüber der Lorenzkirche (1563/70/77); Kläger für seinen Prinzipal gegen Hans Bader (1585); vielf. Haus- und Grundbesitz, u.a. Zinshäuser und Garten beim Frauentor (1579).

[100] Zur Person vgl. D. Wolfangel, Dr. Melchior Ayrer, Würzburg 1957; Haller, Größe (wie Anm. 3), S. 145; Ursula Koenigs-Erffa, Das Tagebuch des Sebald Welser aus dem Jahre 1577, in: MVGN 46, 1955, S. 262–371, S. 271, 289f., 289–301. Zur Handelsfirma vgl. Peters, Handel (wie Anm. 21), S. 393; StadtAN, B 14/I, Findbuch 11, S. 17f.: Kurator der Helena Hopfer (1565); Testamentsexekutor des verst. Hans Zeileisen (1572); mehrf. Haus- und Grundbesitz; StadtAN, B 14/III, Nr. 1. F.71r: Heiratsvertrag mit Maria Hopfer vom 21. Februar 1561.

[101] LKAN, Seb. 199r (1534 Apr. 15); Lor. 200 1537 Dez. 24); Schaper, Handelsprozesse (wie Anm. 89), S. 107, 127f.

[102] StadtAN, B 14/I, Findbuch 15, S. 122f., u.a.: Ehefrau Anna, verw. Flentz (1552); Tochter Barbara heiratet Chr. Beheim (1564); Gläubiger des Hans Kellner (1558); kauft Messinghammer in Doos (1560).

[103] Bisher konnte nur die Bestattung eines Lois [sic!] H. nachgewiesen werden: LKAN, Seb. (1576 Dez. 21, *Weißbierbrauer beim Herrenschießgraben am Stelzenbach*). Evtl. ist dieser mit Hans H. identisch.

[104] LKAN, Seb. 83 (1547 Juli 27); Best. Margaretha: Seb. (1588 März 20, *Weißbierbrauerswitwe am Stelzenbach*); StadtAN, B 14/I, Findbuch 14, S. 154f., u.a.: Vormund der Kinder der Anna Linser (1554); Vormund der Kinder des verst. Chr. Rösner (1565–67); dsgl. des verst. Hans Linser (1566); StadtAN, E 8, Nr. 5034, F. 2v: Bierbrauerliste 1579. Zur Stiftung vgl. Roth, Genannte (wie Anm. 20), S. 96.

Löffelholz, Mathes   260 fl   Genannter 1559–1579   P, AB
(*1533, †1579) Mathes L. heiratete 1558 Barbara Welser, in zweiter Ehe war er seit 1572 mit Helena Rockenbach verheiratet. Seit 1566 im Rat (Alter Genannter) wurde er 1569 Junger und 1577 Alter Bürgermeister. Mathes L. war 1579 der einzige (männliche) Haushaltsvorstand der Familie[105].

Spörl, Lienhart   260 fl   Genannter 1567–1587   Eisenhändler
Lienhart S. scheint weitgehend unbekannt zu sein, obgleich er nach seiner Heirat mit Barbara Widmann 1566 sofort zum Genannten erwählt wurde. Nach ihrem frühen Tod heiratete er 1567 Susanna Ulherr[106].

Volckamer, Clement   254 fl   Genannter 1564–1586   P, JB
Clement V. war seit 1563 mit Rosina Geuder verheiratet. 1573 wurde er als Junger Bürgermeister in den Rat gewählt, 1580 stieg er zum Alten Bürgermeister auf. Allerdings entließ man ihn bereits 1586 – wohl wegen Krankheit – aus dem Rat; kurz darauf starb er. Wie bei den Löffelholz war auch Clement V. 1579 der einzige (männliche) Haushaltsvorstand der Familie V.[107].

Preuning, Paulus   252 fl   Genannter 1563–1593   Handelsmann und Factor
Paulus P., seit 1559 mit Barbara Gewandtschneider verheiratet, scheint kaum bekannt zu sein. Trotz seiner prominenten Heirat wurde er erst nach drei Jahren Wartezeit zum Genannten gewählt. Seine zweite Frau wurde 1563 Katharina Waldmann, seine dritte Frau 1578 Elisabeth Heß[108].

Hopfer, Hieronymus (III.)   250 fl   Genannter 1573–1600   Kaufmann
(*wohl 1548, †1600) Der bekannte Großhändler Hieronymus H. ist noch mit einem zweiten Betrag von 216 fl aufgeführt. Er hatte 1572 Maria *Spölin / Spelin* geheiratet und wurde anschließend sofort Genannter. In zweiter Ehe heiratete er 1598 Sybilla, die Witwe des Hieronymus Vischer[109]. Im Februar 1580 war er Gläubiger des verstorbenen Tuchhändlers Cornelius Görtz mit dem hohen Betrag von 3509 fl[110].

---

[105] LKAN, Seb. 198 (1558 Dez. 6); StadtAN, B 14/III, Nr. 2, F. 24v: Heiratsvertrag vom 6. März 1572; StadtAN, B 14/I, Findbuch 16, S. 120–122, u.a.: Vormund der Kinder des verst. Caspar Paumgartner (1573); dsgl. Joachim Pömer (1573); ist vornehmster „Kanlerischer Gläubiger", vertritt in der Sache den Rat, verkauft Haus des Georg Kanler am Spitzenberg, bzw. diversen Besitz der Gebr. Kanler etc. (1575–1578).

[106] LKAN, Lor. 490 (1566 Mai 19); Lor. 941 (1567 Jun. 16, Vater: Jacob U.); StadtAN, B 14/I, Findbuch 18, S. 764, 773f., u.a.: Besitzt Drahtmühle in Lauf (1579); Erben sind Gläubiger des verst. Wolf Albrecht (1598); mehrf. Hausbesitz.

[107] StadtAN, B 14/III, Nr. 1, F. 36v: Sohn von Georg V., Heiratsvertrag vom 4. Oktober 1563; LKAN, Seb. 31 (1563 Nov. 16). Best. von Rosina Volckamer: LKAN, Seb. (1577 Sep. 19); StadtAN, B 14/I, Findbuch 13, S. 133f., u.a.: Vormund der Kinder des verst. Conrad Volckamer (1571–1573); Gläubiger der Gebr. Kanler (1577/78); vom Rat zum Verkauf der Kanlerschen Güter deputiert (1578); Vormund der Kinder des verst. Mathes Löffelholz (1580); dsgl. seines verst. Bruders Paulus V.

[108] LKAN, Seb. 242 (1559 Jun. 12, Vater Hans G.); Seb. 243 (1563 März 5); Seb. 247 (1578 Jan. 27); StadtAN, B 14/III, Nr. 1, F. 67r: Heiratsvertrag vom 1. Juni 1559; StadtAN, B 14/I, Findbuch 11, S. 371, 397f.: Vormund der Tochter des verst. Niclas Ayrer (1564); Vormund der Kinder des Hans Gewandschneider (1576–1577); mehrf. Hausbesitz.

[109] LKAN, Taufe: Seb. 144v (1548); Heiraten: Seb. 117 (1572 Jun. 17 [der Familienname *Spölin* kommt in Nürnberg vor, evt. kann aber auch die weibliche Form von *Spörl* gemeint sein]), Seb. 217 (1598 Aug. 28); StadtAN, B 14/III, Nr. 1, F. 135r: Heiratsvertrag vom 23. Mai 1572.

[110] Zur Person und Handelsfirma vgl. Peters, Handel (wie Anm. 21), S. 330, 363f.; Koenigs-Erffa, Tagebuch (wie Anm. 100), S. 271; StadtAN, B 14/I, Findbuch 14, S. 397f., u.a.: vertritt Gilg Ayrer (1571) [Clara Ayrer, verheiratete Hopfer, Tochter Gilg Ayrers, war wohl seine Stiefmutter, vgl. LKAN, Heiratskartei]; kauft Eckhaus am Obstmarkt (1585/86); Testamentsexekutor sowie Vormund der Söhne des verst. Mathes Praun (1591–1599). Zur Gläubigersache 1580 siehe Anm. 159.

Scheel, Hans   248 fl   Genannter 1557–1591   Kaufmann
Erste Ehefrau Anna ? (vor 1549). Seine vermutlich zweite Ehefrau wurde 1557 Agnes Grebel, wobei er im Heiratseintrag als *Kürschner* bezeichnet wird. Im Februar 1580 war er Gläubiger des verstorbenen Tuchhändlers Cornelius Görtz mit dem hohen Betrag von 2278 fl[111]. Er ließ testamentarisch eine Stipendienstiftung errichten[112].

Koch, Caspar   240 fl   Gen. erst 1580–1582   Handelsmann
Der wohl aus München stammende Caspar K. war seit 1570 mit Anna Büttel verheiratet. Da er nicht zur Gruppe der Etablierten zählte, mußte er neun Jahre auf seine Genanntenwahl warten. Die Handelsfirma Koch/Büttel gehörte nach 1600 zu den bedeutendsten Gesellschaften im Leinenfernhandel[113].

Kiener, Endres   240 fl   Kein Genannter   Wirt
(*1554, †1610) Bei dieser Höhe der Steuerleistung würde man eigentlich andere Namen erwarten: Allen voran den Handelsmann Eberhard Kürn (Genannter 1559–1587), dann Clement Kuhn, Krämer mit Seidenwaren (Genannter 1573–1592) oder Martin Kuhn, einen *stattlichen Krämer* (Genannter 1563–1585). Allerdings bietet sich nach der Originalschreibweise *Endreß Kuner* bisher nur Endres K. an, der seit 1578 mit Ursula Krug verheiratet war. Sein bekannter, älterer Bruder Peter K. – ebenfalls Wirt – kommt auch in dieser Liste vor, allerdings deutlich hinter ihm (60 fl und 46 fl)[114].

Münsterer, Sebald   240 fl   Genannter 1557–1592   Handelsmann
Sebald M. heiratete 1556 Felicitas Pömer und wurde bei erster Gelegenheit Genannter. Er scheint vor allem als Lutheraner und Mitglied einer Nürnberger Musikgesellschaft bekannt zu sein[115].

Schnitter, Hieronymus 240 fl   Genannter 1548–1579   Kaufmann und Factor
Als Sohn des Hieronymus S. aus Görlitz entstammte Hieronimus S. vermutlich einer einflußreichen Familie. Als Indikator dafür steht seine Wahl zum Genannten, nachdem er 1547 Justina Nützel geheiratet hatte[116].

---

[111] LKAN, Lor. 267 (1557 Mai 17); Klier, Rezension (wie Anm. 55), S. 500 (Praghändler 1555–1580); StadtAN, B 14/I, Findbuch 18, S. 345f.: Ehefrau Anna (1549); Testamentsexekutor des Hans Ziner (1550); Vormund des Christof und Endres Beheim (1553); Handelsschuldeintreibung (1555); Anwalt des Sebald Wunderer (1557); Hausbesitz am Plattenmarkt neben Hieronymus Reich, gegenüber von Paulus Grundherr (1557); besitzt Haus am Milchmarkt (1563); Gläubiger (1590); mehrf. Hausbesitz. Zur Schuldsache siehe Anm. 8.

[112] Zur Stiftung vgl. Ebneth, Stipendienstiftungen (wie Anm. 72), S. 314.

[113] LKAN, Seb. 33 (1570, Aug. 8); Peters, Handel (wie Anm. 21), S. 394–396; vgl. auch Endres, Wirtschaftsbeziehungen (wie Anm. 90), S. 93; StadtAN, B 14/I, Findbuch 15, S. 222, u.a.: aus München, kauft Schenkstatt in Kraftshof (1577); Bürge (1579); Gläubiger des Georg Haas (1579); Bruder des Hans Koch, Gläubiger des Carl Unterholzer und Niclas Gößwein (1581).

[114] Albert Bartelmeß, Das Kienersche Wappenbuch von 1590 im Stadtarchiv Nürnberg, in: MVGN 65, 1978, S. 236–252, v.a. S. 238–246; LKAN, Lor. 24 (1578 Nov. 3, Väter: Peter K. und Gallus Krug); StadtAN, B 14/I, Findbuch 15, S. 152: Hausbesitzer, Wirt *Zum Roten Hahnen* (1589) [später *Zur Grünen Eiche*].

[115] Heirat: LKAN, Seb. 282 (1556 Jul. 21, Vater Hans P. gest.); Best. LKAN, Seb. 516 (1592 Jan. 6); Best. der Frau: LKAN, Seb. (1582 Dez. 20); Schornbaum, Nürnberg (wie Anm. 50), S. 6, 79. Martin, Musikgesellschaften (wie Anm. 82), S. 192, 198, 212, 215, 218; StadtAN, B 14/I, Findbuch 16, S. 346f., u.a.: Heiratsvertrag mit Felicitas Pömer (1556); Vormund der Kinder des verst. Georg Trainer (1563); dsgl. des verst. Bartl Lorenz Schwab (1571); Mitvormund des Heinrich Köler (1576); Vormund des Paulus Mülich (1587–1589), dsgl. des W. Trainers Kinder (1587); mehrf. Haus- und Grundbesitz.

[116] StadtAN, B 14/I Nr. 52 (61), F. 118: Ehevertrag vom 15. April 1547; LKAN, Seb. 83 (1547 Mai 17, Vater: Niclas Nützel); StadtAN, B 14/I, Findbuch 18, S. 531: vertritt Leonhard Christel (1574); StadtAN, B 14/III, Nr. 1, F. 111v: Tochter Helena, Heiratsvertrag mit Peter Beheim, Sohn Peter Beheims d.Ä. (1568, Jun. 18); F. 147v: Tochter Barbara, Heiratsvertrag mit Endres Tucher (1574 März 19).

Gugel, Dr. Christof Fabius   228 fl   Genannter 1558–1586   Jurist
(*1530, †1586) Der Ratskonsulent hatte 1557 Martha Imhoff geheiratet; er wurde bei der ersten Gelegenheit zum Genannten gewählt[117].

Gößwein, Niclas d.J.   224 fl   Genannter 1568–1579   Kaufmann
Wie Georg G. (400 fl) war Niclas G. unter anderem als Ochsenhändler tätig. 1567 heiratete er Susanna Freydel und wurde sofort darauf Genannter; seit 1575 war er mit Helena Hentz verheiratet[118].

Meringer, Wolff   224 fl   Genannter 1571–1587   Juwelier und Silberschmied
(*1539, †1587) Wolff M. war seit 1562 mit Barbara Hertz verheiratet, mußte allerdings sieben Jahre auf seine Genanntenwahl warten. Im Februar 1580 war er Gläubiger des verstorbenen Tuchhändlers Cornelius Görtz mit 1037 fl[119]. Seine Witwe heiratete Wolff Rehlein (vergleiche Rehlein 428 fl).

Burckart, Caspar   220 fl   Genannter 1575–1621   Kaufmann
(†1621) Der Ochsenhändler, der auch mit Spezereien, Seide und Farben handelte, war seit 1569 mit Ursula Hentz verheiratet, mußte aber fünf Jahre auf die Genanntenwahl warten. 1592 heiratete er in zweiter Ehe Maria Magdalena Stockamer[120]. Im Februar 1580 Gläubiger des verstorbenen Tuchhändlers Cornelius Görtz mit dem hohen Betrag von 3905 fl, investierte er von circa 1595 bis 1600 insgesamt 76 000 fl in Hausbauten[121]!

Hoffman, Sebald   216 fl   Gen. erst 1593–1614   kaiserlicher Notar
Der Betrag des Notars Sebald H. dürfte wohl aus der Vielzahl von Vormundschaften und Curationen zu erklären sein[122].

Hopfer, Hieronymus (III.)   216 fl   siehe Hopfer, Hieronymus   250 fl

Petzolt, Georg   208 fl   Genannter 1569–1590   Krämer
Georg P. heiratete 1562 Margaretha, die Witwe des Genannten Christof Beheim; nach sechs Jahren Wartezeit wurde auch er Genannter[123]. Die Berufsbezeichnung *Krämer* ist nicht zutreffend, da er 1584 bei den Kaufleuten aufgeführt ist und 1590 eine Handelsgesellschaft mit Andreas Funk besaß[124].

---

[117] LKAN, Lor. 85 (1557 Jul. 26, Vater: Endres I.); StadtAN, B 14/III, Nr. 1, F. 6r: Vater: Christof G. (Dr. der Rechte), Heiratsvertrag vom 11. Juni 1557; StadtAN, B 14/I, Findbuch 13, S. 417f.: vertritt [Schwiegervater] Endres Imhoff d.Ä. (1563/65); Beauftragter der Maria Salome Tucher (1579); Vormund der Töchter des verst. Marx Tucher (1583).

[118] LKAN, Lor. 596 (1567 Aug. 12, Vater: Christof F.); Seb. 223 (1575 Jun. 17); StadtAN, B 14/III, Nr. 1, F. 96r: Heiratsvertrag vom 14. Juli 1567. Zur Person vgl. auch Endres, Wirtschaftsbeziehungen (wie Anm. 90), S. 186 sowie Peters, Handel (wie Anm. 21), S. 488; StadtAN, B 14/I, Findbuch 13, S. 346, u.a.: Kauft Haus am Herrenmarkt, Schuldner des Wolf Cammerer (1578); gest., Schuldner des B. Viatis und Gerhard Reuter (1581); verstorbener Geschäftspartner des Carl Unterholzer versch. Gläubiger übertragen Schulden an die o.g. (1581).

[119] Taufe: LKAN, Seb. 270v (1539 Feb. 10, Vater: Veit). Heirat: LKAN, Lor. (1562 Jun. 22, Vater Georg H. verst.); StadtAN, B 14/I, Findbuch 16, S. 253, 298; StadtAN, B 14/I, Nr. 2, F. 54v: Sohn Wolf d.J., Heiratsvertrag mit Magdalena Heldt (1586 Feb. 17). Schuldsache: siehe Anm. 159.

[120] LKAN, Seb. 33 (1569 Feb. 8); Lor. 117 (1584 Feb. 28, Vater: Hans Stockamer).

[121] Zur Person bzw. Handelsfirma Peters, Handel (wie Anm. 21), S. 332f. sowie Klier, Rezension (wie Anm. 55), S. 500. Zur Schuldsache siehe Anm. 159. Zu den Hausbauten vgl. Schultheiß, Baukosten (wie Anm. 26), S. 292. Siehe auch StadtAN, B 14/I, Findbuch 11, S. 472.

[122] StadtAN, B 14/I, Findbuch 14, S. 356–358: V.a. als Nachlaßverwalter, Vormund und Kurator, u.a. 1575 Lorenz Höppl; 1577 Adam Diemair, Michl Mair; 1578: Endres Werherr; 1579: Endres Rösner; 1581: Heinrich Furnhaber. Vormund der Kinder des verst. Christof Klebsattel (1578–1587); Verwalter der Kreß-Landgüter (1585). Vgl. auch Pfeiffer, Privilegien (wie Anm. 41), S. 178.

[123] LKAN, Seb. 81 (1562 Mai 5).

[124] Vgl. Anm. 24 sowie Theodor Gustav Werner, Die große Fusion der Zechen um den Rappolt in Schneeberg unter Führung der Nürnberger von 1514, in: MVGN 56, 1969, S. 214–250, S. 236; Ernst Mummenhoff, Die Pillenreuther Weiher und die Dutzendteiche, in: MVGN 20, 1913, S. 175–233, S. 181–186; StadtAN, B 14/I, Findbuch 11, S. 229: Vormund der Kinder des verst. Balthasar Schweicker (1588); Erben sind Gläubiger des verst. Wolf Albrecht (1598).

Schweicker, Balthasar   208 fl   Genannter 1557–1581   Factor
Der vor allem durch seinen Wollhandel bekannte Balthasar S. hatte 1556 Katharina von Gyr (Degier) geheiratet und war sofort daraufhin zum Genannten gewählt worden. Seit 1568 war er mit Dorothea Gebhart verheiratet[125].

Weiermann, Joachim d.J.   204 fl   Genannter 1563–1589   Rentier
Der in den Genanntenlisten als *Weidmann und Zehrer* bezeichnete Joachim W. scheint weitgehend unbekannt zu sein, obgleich er nach seiner Heirat mit der Witwe Susanna Zollner (geborene Rieter, 1562) sofort zum Genannten aufstieg. In zweiter Ehe war er seit 1586 mit der Witwe Barbara von Gern [Degier?, von Gyr?] verheiratet.

Holzschuher(?), Veit(?)   200 fl   Genannter 1543–1580   P
Der Eintrag lautet auf *Urich Holtzsucher,* allerdings ist kein solcher Name nachzuweisen. Plausibel wäre Veit H., da er auch der Familiensenior (Vorschickung) war. Dieser hatte 1542 Anna Oelhafen, 1562 Clara Grundherr, 1564 Clara Tetzel und 1573 Katharina Rieter geheiratet. 1579 gab es mit Hieronymus H. nur noch einen weiteren (männlichen) Haushaltsvorstand der Familie in Nürnberg[126].

Meindel, Georg   200 fl   Genannter 1575–1583   reicher Krämer und Händler
Georg M. heiratete 1559 Clara Hesolt aus Dinkelsbühl. Nach 15 Jahren Wartezeit erhielt er den Genanntenstatus, der ihm allerdings 1583 wegen Ehebruchs aberkannt wurde[127].

Pavi, Niclas   200 fl   Genannter 1572–1590   Kaufmann
Der aus Brügge zugewanderte Niclas P. heiratete 1564 Otilia Öttinger, erwarb 1565 das Nürnberger Bürgerrecht und heiratete im selben Jahr die Witwe Johanna König, geborene Kray. Nach sechs Wartejahren erhielt er den Genanntenstatus[128].

---

[125] Endres, Wirtschaftsbeziehungen (wie Anm. 90), S. 151–154; Klier, Rezension (wie Anm. 55), S. 500: Praghändlcr 1568–1592; LKAN, Seb. 324 (1556 Sep. 29, Vater: Dietrich von Gyr); Lor. 60 (1568 Mai 31, Vater Willibald G. verst.); StadtAN, B 14/I, Findbuch 18, S. 637–639, u.a.: Gläubiger des Hans in der alten Ledergasse (1571); Gläubiger des J.B. de Francisca, verkauft Haus in der Inneren Laufer Gasse (1573); Vormund der Kinder des verst. Dietrich *Degler* [d.h. *Degier* bzw. *von Gyr*] (1573); mehrf. Hausbesitz.

[126] LKAN, Seb. 206r (1542 Dez. 27); Seb. 312 (1562 Jan. 13); Seb. 312 (1564 Jul. 31); Seb. 313 (1573 Feb. 12). Im Rat waren die H. 1579 nur mit Hieronymus H. als AG verteten (seit 1569, er blieb dies bis zu seinem Tod 1598). 1581 wurde mit Maximilian Veit H. ein zweites Familienmitglied im Alter von 30 Jahren zum JB gewählt (AB 1603, gest. 1604). Die o.g. lösten 1602 Veit Georg (1602 AG mit 29 Jahren, 1604 JB, gest. 1606) und 1605 Sigmund Gabriel ab, im Alter von 30 Jahren zum AG (JB 1606, AB 1618, Septemvir 1622, Triumvir 1633, Duumvir 1637, gest. 1642). Zur Person bzw. Handelsfirma vgl. Peters, Handel (wie Anm. 21), S. 243 f., 367; StadtAN, B 14/I, Findbuch 14, S. 392–395.

[127] Peters, Handel (wie Anm. 21), S.164f., 417; Käthe Dettling, Der Metallhandel Nürnbergs im 16. Jahrhundert, in: MVGN 27, 1928, S. 97–241, S. 200; Klier, Rezension (wie Anm. 55), S. 500, 503 (Praghändler 1565–1607); LKAN, Seb. 80v (1559 Apr. 17; Vater: Balthasar H.); StadtAN, B 14/I, Findbuch 16, S. 234f., u.a.: Gläubiger (1568); Ehefrau Clara (1570); in Geschäftsverbindung mit Carl Unterholzer und Niclas Gößwein (1579); Pfandbesitz von Landgütern, Spenbrief für Sitz und Häuser in Hirschbach (1581); Gläubiger der Ebnerschen Geschwister (1582); Gläubiger des verst. Wolf Albrecht (1598); mehrf. Hausbesitz. Zur Aberkennung des Genanntenstatus vgl. demgegenüber Roth, Genannte (wie Anm. 20), S. 92.

[128] Auch die Namenschreibweisen *Paffy, Paur, Bovi, Bave* kommen vor. 1. Heirat: LKAN, Lor. 595 (1564 Aug. 11, Väter: Jacob P. und Hans Ö.). Taufe von Sohn Hans: LKAN (1565 Jun. 16). Zweite Heirat: LKAN Lor. 596 (1565 Nov. 28). Zur Person vgl. auch Neidiger, Entstehung (wie Anm. 60), S. 241; StadtAN, B 14/I, Findbuch 11, S. 73, 75, 99, 126, 333, u.a.: Käufer i.A. seiner Schwiegermutter Johanna Kray (1566); Gläubiger des Georg Haas (1579); mehrf. Haubesitz, u.a. Am Alten Roßmarkt (1568), Egidiengasse (1569), am Kornmarkt (1573/80). Zur Familie seiner zweiten Ehefrau vgl. auch Anm. 31–33 sowie StadtAN, B 14/II, Nr. 128, F. 13v–14v: 1579 Sep. 4, Niclas Pavi vertritt die Interessen der Nachkommen des verst. Jobst Kray – darunter auch seine Frau Johanna –, Handelsmann am kaiserl. Hof in Wien, gegenüber Joachim und Johanna Kraus.

Reuter, Gerhart   200 fl   Genannter 1575–1630   Handelsmann
Gerhart R. heiratete 1574 Magdalena Hopfer und wurde daraufhin sofort Genannter. Bekannt ist vor allem seine Zusammenarbeit mit der Handelsfirma Viatis beziehungsweise Viatis/Peller. Für die Behauptung bei Roth, daß er im Jahr 1600 auf 30 000 fl fallierte, fand sich noch kein Beleg[129].

Schlüsselberger, Gabriel   200 fl   Genannter 1559–1595   Kupferherr
Gabriel S. heiratete 1558 Ursula Fürnberger und wurde sofort darauf Genannter. Seit 1563 war er mit Barbara Paumgartner verheiratet. Bekannt ist vor allem, daß man ihn als Calvinisten verdächtigte[130].

Schwab, Barthel d.J.   200 fl   Genannter 1562–1598   Handelsmann
(†1598) Barthel S. ist das dritte Mitglied der Familie Schwab in unserer Liste (vergleiche Hans S. 800 fl und Heinrich S. 300 fl). Er heiratete 1561 Ursula Beheim und wurde bei der ersten Gelegenheit zum Genannten gewählt; seit 1566 war er mit Barbara Geiger verheiratet[131].

Voit, Hans d.Ä.   200 fl   Genannter 1560–1599   G
Hans V. hatte 1560 Anna Koch geheiratet und war – der Bedeutung der gerichtsfähigen Familie entsprechend – sofort Genannter geworden. 1575 heiratete er Maria Haller[132].

Losungleistung 100 – 194 fl

Solche Beträge leisteten 54 Personen oder 0,72% der gesamten Nürnberger Losungzahler 1579. Diese 54 erbrachten mit insgesamt 7556 fl nur noch 8,59% der Nürnberger Steuerleistung. Von diesen 54 gehörten 37 (69%) zu den Genannten des Größeren Rats – mehrere davon erst seit wenigen Jahren. Weitere sechs wurden überwiegend wenig später ernannt. Zu den Außenseitern gehörten nicht weniger als fünf Wirte/Weinschenken, dann ein Goldschmied und ein Metzger sowie ein Ochsenhändler (Engel) und drei Kaufleute (Hauer, Pippler, Dietmair). In dieser Gruppe sind mit zehn Nennungen fast aller übrigen Angehörigen des Patriziats (Nützel, Pfinzing, Kreß, Muffel, Schlüsselfelder, Tucher, Harsdörffer, Paumgartner, Geuder, Haller) sowie zwei weitere *Geschlechter* (Stockamer, Kammerer) enthalten.

---

[129] LKAN, Seb. 85 (1574 Jan. 7); Seibold, Viatis (wie Anm. 20), S. 72–74; Peters, Handel (wie Anm. 21), S. 353; Roth, Genannte (wie Anm. 20), S. 92; StadtAN, B 14/I, Findbuch 17, S. 112: Gläubiger des Carl Unterholzer und des verst. Niclas Gößwein (1581); erhält Abschrift verschiedener Cessionen und Schuldscheine des Carl Unterholzer und des verst. Niclas Gößwein (1581); erhält Schuldforderungen übertragen von Wolf Cammerer, Abraham Pfreundt, Endres Kanler und Endres Waltz (1581); Wechsel-Gläubiger des Hans Wunderer (1576/82).

[130] LKAN, Lor. 206 (1558 Nov. 7, Vater: Augustin F.); StadtAN, B 14/III, Nr. 1, F.37v: Heiratsvertrag vom 9. November 1563; Neidiger, Entstehung (wie Anm. 60), S. 251; StadtAN, B 14/I, Findbuch 18, S. 413f.: *alias de la clef*, Sohn der Hester Schlüsselberger (1550); kauft Haus am Roßmarkt (1562); *alias de la cef*, Prokurator (1562); kauft Messinghammer Hadermühle (1565); Erbe des Linhart Schlüsselberger (1576); angeklagt als Besitzer des Hammerwerks zur Hammermühle (1587/88).

[131] LKAN, Seb. 17 (1561 Nov. 11, Vater: Sebald B.); Seb. 18 (1566 März 11); Best. von Barthel: LKAN, Seb. 1731 (1598 Jul. 6, *gegenüber der Waag*); StadtAN, B 14/I, Findbuch 18, S. 608f., u.a.: Vormund der Kinder des verst. Jorg Müllner (1570); Gläubiger des E. Werherr (1578/79); mehrf. Hausbesitz. Zur Familie vgl. Hans Schwab 800 fl.

[132] LKAN, Lor. 275 (1560 März 12, Vater: Thoman K.). Best. Anna: LKAN, Seb. 51v (1574); Heirat Maria: StadtAN, B 14/III, Nr. 1, F. 153r: Heiratsvertrag vom 22. April 1575; LKAN, Seb. 20 (1575 Mai 30, Vater: Jacob H.); StadtAN, B 14/I, Findbuch 13, S. 116–119: Bruder Peter (1558); Vormund der Erben des verst. Peter Voit (1573–1577); Kauft Sitz zu Erlenstegen sowie den dortigen Toplersberg (1580); Sohn und Bevollm. der Helena Voit (1584–1586); vielf. Haus- und Grundbesitz.

Nützel, Joachim   194 fl   Genannter 1568–1603   P, JB
(*1531, †1603) Joachim N. heiratete 1567 Magdalena Rotenburger und wurde 1568 sofort als Alter Genannter in den Rat gewählt (JB 1569, AB 1580, Septemvir 1589, Triumvir 1598, Duumvir 1601). Er war unter anderem im Bergbau und Zinnhandel aktiv. 1579 gab es noch zwei weitere (männliche) Haushaltsvorstände der Familie N. in Nürnberg: Bernhard (Genannter 1551–1580) und Niclas (1566–1585)[133].

Forstenhauser, Hans   192 fl   Gen. erst 1580–1605   Spezereihändler
Der Wein- und Gewürzhändler heiratete 1572 Helena Geiger, erwarb 1574 das Nürnberger Bürgerrecht, mußte aber noch sechs Jahre auf den Genanntenstatus warten[134].

Kronberger, Niclas   190 fl   Kein Genannter   Wirt, Weinschenk
(†1610) Niclas K. heiratete 1562 Dorothea Wernlein, wurde allerdings wie die meisten Weinschenken, Wirte oder auch Bierbrauer in dieser Liste nie Genannter[135].

Hueter, Hans   180 fl   Genannter 1550–1596   Handelsmann
Hans H. heiratete 1549 Ursula Stromer und wurde entsprechend seiner Stellung sofort zum Genannten gewählt. In den 1570er Jahren war er Gläubiger der französischen Krone mit 3825 fl[136].

Pfinzing, Hans   178 fl   Genannter 1574–1582   P, JB
(*1546, †1582) Hans P. heiratete 1573 die Witwe Magdalena Kreß (geborene Welser) und wurde sofort darauf als Alter Genannter in den Rat gewählt (JB seit 1575). 1579 gab es in Nürnberg mit Martin Seyfried P. nur noch einen weiteren (männlichen) Haushaltsvorstand der Familie[137].

---

[133] Helmut Frhr. v. Haller, Nürnberger Unternehmer im Bergbau und Zinnhandel zu Schlaggenwald im 16. und 17. Jh., in Scripta Mercaturae 1975/1, S. 41–70; Martin, Musikgesellschaften (wie Anm. 82), S. 199, 212; StadtAN, B 14/III, Nr. 1, F. 91r: Heiratsvertrag vom 22. Jan. 1567; StadtAN, B 14/I, Findbuch 16, S. 424–427: Vater Caspar Nützel d.Ä. (1563); Bevollmächtigter der Erben des Mathes Heß (1574–1575); Vormund der Kinder des verst. Carl Fürer (1580); Testamentsexekutor der Magdalena Heß (1581/82/90); Vormund des Mathes Heß (1583); Verwalter der Nützel-Stiftung (1586/87).

[134] Peters, Handel (wie Anm. 21), S. 250f.; Lore Sporhan-Krempel, Nürnberg als Nachrichtenzentrum zwischen 1400 und 1700 (Nürnberger Forschungen 10), Nürnberg 1968, S. 100; LKAN, Seb. 117 (1572 Nov. 3); StadtAN, B 14/I, Findbuch 13, S. 227. Zu seinem Sohn Georg F. vgl. Imhoff, Imhoff (wie Anm. 65), S. 173f.

[135] LKAN, Lor. 595 (1562 Nov. 17); Best. Niclas: Lor. 303 (1610 Sep. 20, *Unter den Hutern*); StadtAN, B 14/I, Findbuch 15, S. 352: Wirt/Weinschenk, Ehefrau Dorothea (1574); Hausbesitz.

[136] Pfeiffer, Privilegien (wie Anm. 41), S. 421. Zur Handelsfirma vgl. Peters, Handel (wie Anm. 21), S. 286f.; StadtAN, B 14/I, Findbuch 14, S. 433: Heiratsvertrag (1549); handelt in Vertretung seines Schwiegervaters Wolf Stromer (1551) bzw. i.A. seiner Schwiegermutter Ursula Stromer (1553); Vormund der Kinder des verst. Stefan Paumgartner (1562–64); Gläubiger (1570); Gläubiger des Wolf Albrecht (1598); StadtAN, B 14/III, Nr. 1, F. 187: Tochter Ursula, Heiratsvertrag mit Paulus Diether (1584 Feb. 19); dsgl. Nr. 3, F. 8v: Sohn Wolf, Vater verst., Mutter Ursula, geb. Stromer, Heiratsvertrag mit Sybilla Scheurl, Tochter des verst. Christof Scheurl und seiner Frau Sibilla, geb. Geuder (1598 Jan. 24).

[137] LKAN, Seb. 117 (1573 Jul. 15, Witwe des Friedrich Joachim K.); StadtAN, B 14/III, Nr. 1, F. 146v: Heiratsvertrag vom 19. Juni 1573; StadtAN, B 14/I, Findbuch 11, S. 246f.: Vormund des Hans Ebner (1578–1581). Martin, Musikgesellschaften (wie Anm. 82), S. 199, 205f., 212, 224.

Neudorfer, Johann d.J.   172 fl   Genannter 1570–1581   Schul- und Rechenmeister
(*1543, †1581) Die erste Heirat von Johann N., Sohn des bekannten Rechenmeisters, mit Susanna läßt sich nicht nachweisen, sie fand wohl 1565 auswärts statt. Das erste, im Februar 1566 in Nürnberg getaufte Kind hieß Johann. Nach dem Tod von Susanna 1581 ging er noch eine zweite Ehe mit Justina Hentz ein[138].

Guteter, Hans d.J.   170 fl   Genannter 1578–1605   Handelsmann
(*1555, †1605) Hans G., dessen Vater aus Krakau stammte (siehe auch Erasmus G. 120 fl), heiratete 1577 die Witwe Clara Maria Hopfer, geborene Ayrer, und wurde sofort darauf Genannter. Testamentarisch errichtete er eine Stipendienstiftung mit einem Kapital von 1100 fl, die noch durch seine Frau beziehungsweise Eustachius Unterholzer (460 fl) vermehrt wurde[139].

Unterholzer, Hans   168 fl   Genannter 1578–1580   Handelsmann
Hans U., wohnhaft am Herrenmarkt, heiratete 1577 die Witwe Ursula Hopfer[140].

Hönnig, Georg   162 fl   Kein Genannter   Wirt
(†1605) Georg H. heiratete 1576 Christina Krapf und 1577 Margaretha Vischer. Bei seiner Bestattung wird er als Wirt bei den sieben Türmen bezeichnet[141].

Ammon, Lienhart   160 fl   Kein Genannter   Wirt
(†1580) Lienhart A. heiratete 1530 in erster Ehe Barbara Bair, mit der er 1568 eine Stipendienstiftung von 50 fl jährlich (Kapital 1000 fl) errichtete. In zweiter Ehe war er seit 1574 mit Apollonia Hoffmann verheiratet. Da er bei seinem Tod als *gewesener Ochsenhändler und Wirt bei St. Lorenz* bezeichnet wird, ist er identisch mit dem bei Endres 1563 erwähnten Ochsenhändler[142].

---

[138] Koenigs-Erffa, Tagebuch (wie Anm. 100), S. 271, 281; Martin, Musikgesellschaften (wie Anm. 82), S. 200, 212, 224; LKAN, Seb. 137 (1581 Jul. 26); Taufe Johann: Seb. 175r (1566 Feb. 22, [offenbar bald verst.]); Taufe Johann: Seb. 180r (1567 Aug. 18); Best. Susanna: Seb. (1581 März 12); Best. Johann: Seb. (1581 Okt. 28); StadtAN, B 14/I, Findbuch 16, S. 385–387, u.a.: Kurator des Gabriel Hain (1579); verst., vier Kinder (1588); mehrf. Hausbesitz.

[139] Taufe: LKAN, Lor. 394v; Best.: Lor. 196; Heirat: Lor. 324 (Witwe des Hieronymus H., Vater Gilg Ayrer). Zur Handelsfirma vgl. Peters, Handel (wie Anm. 21), S. 368. Zur Stipendienstiftung vgl. Ebneth, Stipendienstiftungen (wie Anm. 72), S. 168; StadtAN, B 14/I, Findbuch 13, S. 433f.: Vater stammt aus Krakau (1549/54); Miterbe des Gilg Ayrer (1579); mehrf. Haus- und Grundbesitz.

[140] Martin, Musikgesellschaften (wie Anm. 82), S. 201, 224 (Tod dort 1586); LKAN, Seb. 127 (1577 Sep. 30, Witwe des David); Best. Hans: Seb. (1580 Aug. 9, *am Herrenmarkt*); StadtAN, B 14/I, Findbuch 19: nicht belegt.

[141] LKAN, Lor. 224 (1576 Feb. 21); Seb. 88 (1577 Juli 22, Vater: Friedrich V.); Best.: Seb. 269v. Vgl. auch Peters, Handel (wie Anm. 21), S. 185. Zum Wirtshaus vgl. Koenigs-Erffa, Tagebuch (wie Anm. 100), S. 272. In StadtAN, B 14/I, Findbuch ist kein Eintrag über ihn vorhanden.

[142] Endres, Wirtschaftsbeziehungen (wie Anm. 90), S. 187. Zur Stiftung vgl. Roth, Genannte (wie Anm. 20), S. 89; LKAN, Lor. 85 (1530 Jul. 15); Lor. 494 (1574 Okt. 5); Best.: Lor. (1580 Feb. 10). StadtAN, B 14/II, Nr. 127, F. 156v–157v (1580, März 4): Testamentsexekutoren des verst. Lienhart A. und seiner verst. ersten Ehefrau Barbara rufen zusammen mit der Witwe und zweiten Ehefrau Apollonia 7200 fl Kapital, das bei der Losungstube angelegt war, ab. (Zinsen davon 360 fl p.A., Losung davon wäre 60 fl). StadtAN, B 14/I, Findbuch 11, S. 38f.: Wirt, Ehefrau Barbara (1550–1570), mehrf. Hausbesitz.

Dörleder, Valentin   160 fl   Kein Genannter   Weinschenk

(†1583) Die erste Heirat von Valentin D., *Weinschenk gegenüber dem Barfüßerkloster,* mit Ursula (gestorben 1563) ließ sich bislang nicht nachweisen; 1563 heiratete er Walburga Hemler aus Dinkelsbühl[143].

Hauer, Hans d.Ä.   160 fl   Kein Genannter   Gewandschneider

(†1597) Hans H. heiratete 1550 Barbara Finsterer. Seit 1586 war er in zweiter Ehe mit Magdalena Störtzer aus Amberg verbunden[144].

Kreß, Hieronymus   160 fl   Genannter 1578–1596   P, JB

(*1546, †1596) Hieronymus K. heiratete 1577 Rosina Freydel, wurde sofort Genannter und 1579 als Junger Bürgermeister in den Rat gewählt (AB 1589). Mit Christof K. gab es 1579 in Nürnberg nur noch einen weiteren (männlichen) Haushaltsvorstand der Familie[145].

Leiderin, [Apollonia]   160 fl   (Genannter 1558–1571)   Handelsfrau/Gewandschneiderin

(†1583) Apollonia Dalckner hatte 1541 Hans d.Ä. L. geheiratet. Nach dessen Tod 1566 ging sie keine zweite Ehe mehr ein. Nach dem Tod ihres Sohnes Hans d.J. zahlte sie dessen Witwe 1578 aus und leitete das Handelsgeschäft offensichtlich wieder selbst. Die Tochter Margaretha L. hatte 1577 auch einen Tuchhändler geheiratet (siehe Paulus Geiger 40 fl)[146].

---

[143] LKAN, Lor. 721 (1563 Okt. 12); Best. Ursula: Lor. (1563 Apr. 2, *Wirtin bei den Barfüßern*); Best. Valentin: Lor. (1583 Aug. 23); StadtAN, B 14/I, Findbuch 12, S. 61: Ehefrau Ursula (1556/62); Weinschenk, mehrfacher Hausbesitzer; kauft abgebrannte Hofstätten in Gostenhof (1562); StadtAN, B 14/II, Nr. 126, F. 76r: Tochter Ursula, jetzt mit Martin Platzer (Lederer) verheiratet, bekommt von ihrem Vater Valentin D. das Erbteil von ihrer verstorbenen Mutter Ursula ausgehändigt: 597 fl (1579, Mai 12).

[144] LKAN, Seb. 89 (1550 Jun. 6); Seb. 151 (1586 Dez. 6); Best. Barbara: Seb. (1585 März 28, *auf dem Laufer Platz*); Best. Hans: Seb. (1597 Apr. 20, *Händler auf dem Laufer Platz*). Bei den Belegstellen in StadtAN, B 14/I, Findbuch 14, S. 108–112 ist er nicht immer eindeutig von seinem Sohn zu trennen: Vormund der Kinder des verst. Niclas Höfler (1571–1576); vertritt die Gläubiger des Engelhart Praun (1575); vielfacher Pfandbesitzer von Immobilien; Gläubiger des Michel Götz, verst. um 1580 (1578/80/81); dsgl. des verst. Friedrich Schmid (1577); dsgl. des Martin Dorsch (1584/96); dsgl. des Pfragners Friedrich Puchtler (1582–87/94); dsgl. des verst. Lucas Vollein (1585); dsgl. Hans Stiegler; kauft Schuldforderung (1595); Gläubiger des Hans Plettner (1597); vielf. Hausbesitz. Seinem Sohn, der von 1588–1610 Genannter war, wurde dieser Status aberkannt sowie um 10 000 fl gestraft, da er die Losung nicht ausreichend geleistet hatte; vgl. Roth, Genannte (wie Anm. 20), S. 98.

[145] StadtAN, B 14/III, Nr. 2, F. 29v: Heiratsvertrag vom 11. April 1577. Als zweiter Familienvertreter saß Christoph K. seit 1566 im Rat (1566 AG mit 25 Jahren, JB 1567, AB 1578, gest. 1583). Wilhelm Loose, Des Hieronymus Kreß Kriegstagebuch 1571–1576, in: MVGN 3, 1881, S. 37–72; Georg von Kreß, Bericht über den Tod des Hieronymus Kreß und die Verbringung seiner Leiche nach Nürnberg, in: MVGN 3, 1881, S. 239–248; Koenigs-Erffa, Tagebuch (wie Anm. 100), S. 269, 272, 281, 294, 320.

[146] LKAN, Lor. 244 (1541 Aug. 17); Best. Hans d.Ä.: Lor. 299 (1566 Mai 7); Best. Apollonia: Lor. (1583 Sep. 4); StadtAN, B 14/II, Nr. 123, F. 132r–134r: Vergleich zwischen Rosina L., der Witwe des verst. Hans L. d.J. und ihrer Schwiegermutter Apollonia L., der Frau des verst. Hans L. d.Ä.: Der Tuchhandel, der Rosina und Hans d.J. verkauft worden war, wird wieder der Apollonia übertragen, dafür bekommt Rosina 1800 fl sowie Heiratsschatz, Hausrat etc. mit gewissen Ausnahmen (1578, Apr. 29); dsgl. Nr. 128, F. 110r: Caspar Lederer, der Sohn des verst. Hans Lederer bekommt von seiner Mutter Apollonia bzw. den beiden Kuratoren 1076 fl am Erbteil seines Vaters ausbezahlt. Belegstellen in StadtAN, B 14/I, Findbuch 16, S. 36f., u.a.: Beruf Gewandschneider/Tuchgewandter, Ehefrau Apollonia (1559); vertritt Hans Dalckner (1557); Vormund der Kinder des verst. Mathes Gotz (1558); sein Bruder Franz verkauft mit ihm Haus am Alten Roßmarkt (1559); vielf. Hausbesitz. Siehe auch unten Paulus Geiger 40 fl.

Muffel, [Maria] 160 fl (Genannter 1543–1570) Patrizierwitwe
Maria Plödt hatte 1560 den Witwer Gabriel M. geheiratet. Nach seinem Tod (1570) heiratete sie erst wieder 1579 Christof Kreß. 1580 war sie Gläubigerin des Tuchhändlers Cornelius Görtz mit 515 fl[147]. Die Familie M. stellte in dieser Zeit keinen Ratsvertreter, 1579 gab es in Nürnberg lediglich noch Paulus M. (Genannter 1565–1580) als männlichen Haushaltsvorstand.

Nutsch, Hans 160 fl Genannter 1572–1585 Zuckermacher
Hans N. heiratete 1550 Ursula Arnold und 1575 Katharina Rumbler[148].

Schiller, Mathes 160 fl Genannter 1577–1602 Ratsschreiber (Magister)
Die Zahlung von Mathes S. – seit 1558 mit Anna Baldermann verheiratet und seit 1578 Ratsschreiber – könnte aus der Vormundschaft für die Kinder von Christof Lindner resultieren. In zweiter Ehe war er seit 1589 mit Maria Halbert verbunden[149].

Schlüsselfelder, Willibald 160 fl Genannter 1559–1589 P, Septemvir
(*1533, †1589) Willibald S. hatte 1559 die Witwe Anna Hoffmann geheiratet und war mit 26 Jahren sofort in den Rat als Junger Bürgermeister gewählt worden. Seit 1576 Septemvir (AB 1569), wurde er aufgrund des Todes von Endres Imhoff d.Ä. im laufenden Geschäftsjahr 1579/80 Duumvir (1586 Vorderster Losunger)[150]. Mit Lorenz S. (Genannter 1550–1582), der allerdings nicht im Rat saß, gab es 1579 nur einen weiteren Familienvertreter als (männlichen) Haushaltsvorstand in Nürnberg.

Schwender, Hans d.Ä. 160 fl Genannter 1566–1596 Krämer
Hans S. hatte 1566 Barbara Koler geheiratet und war sofort zum Genannten gewählt worden[151].

---

[147] StadtAN, B 14/I, Findbuch 16, S. 294f.: Ehevertrag von Gabriel Muffel (zumindest 2. Ehe) mit Maria, der Tochter des verst. Chr. Plödt (1560); StadtAN, B 14/III, Nr. 1, F. 162r: Witwe des Gabriel Muffel, geb. Plödt, Heiratsvertrag mit Christoff Kreß am 18. Dez. 1578. Zur Schuldsache siehe Anm. 159.

[148] LKAN, Seb. 89 (1550 Dez. 1); Lor. 316 (1575 Jun. 27, Vater: Caspar R.); Best. Ursula: Seb. (1573 Nov. 18); StadtAN, B 14/I, Findbuch 16, S. 404: Ehefrau Katharina (1578); Hausbesitz.

[149] Friedhelm Brusniak, Nürnberger Schülerlisten des 16. Jahrhunderts als musik-, schul- und sozialgeschichtliche Quellen, in: MVGN 69, 1982, S. 1–109, S. 26, 35, 75f., 89; LKAN, Seb. 198 (1558 Dez. 11, Vater: Erasmus B. verst.); Lor. 563 (1589 Dez. 9, Vater: Hans H. Ochsenhändler); Best. Anna: Seb. (1588 Jul. 2, *an dem Spitalkirchhof*); StadtAN, B 14/I, Findbuch 18, S. 362: Kanzleischreiber, Ehefrau Anna ist Tochter des Dr. Erasmus Baldermann (1562); vertritt Maria Pömer (1564); Magister, Befehlshaber des Martin Schaid (1564); Gläubiger der Barbara Rösner (1567); Vormund der Kinder des verst. Christof Lindner (1568–72); verkauft Papiermühle und Kohlhütte bei Stein (1569); Vormund der Kinder des verst. Georg Resch (1582–88); StAN, Rep. 60e Nr.1: Schwierige Vormundschaft für Christof Lindners Kinder (1578).

[150] LKAN, Seb. 324v (1559 Jan. 29); StadtAN, B 14/I, Findbuch 18, S. 426–433: Ehevertrag (Vater Wilhelm Sch. verst.) mit Anna, der Witwe von Georg Hoffmann (1558); Vormund der Kinder des verst. Joachim Haller (1568–1575); diverse Ämter als Ratsherr; Kurator der Sybille Holzschuher (1569); vertritt Sybille Ebner (1570); Kurator seines Bruders Paulus (1571–1579); Vormund der Kinder des verst. Sebastian Imhoff (1576); Gläubiger (1577); Vormund des Sohnes des verst. Hans Ebner (1578–1589); vielf. Haus- und Grundbesitz.

[151] Hannah S. M. Amburger, Die Familiengeschichte der Koeler, ein Beitrag zur Autobiographie des 16. Jahrhundert, in: MVGN 30, 1931, S. 153–288, S. 191, 274, 285: Heirat Seb. (1566 Jul. 22); Taufe Barbara (1545 Okt. 22); Best. Barbara Seb. (1607 Dez. 11); Best. Hans: (1596 Mai 2); StadtAN, B 14/III, Nr. 1, F. 87r: Heiratsvertrag mit Barbara Koler am 5. Juli 1566; StadtAN, B 14/I, Findbuch 18, S. 650–652: Ehefrau Barbara (1576); vertritt seine Frau sowie Brigitte Reuter beim Verkauf des Hauses von Hieronymus Koler in der Judengasse (1576); Gläubiger des verst. Lucas Vollein (1585); (nicht immer zu trennen von Sohn? d.J., desssen Ehefrau: Martha); mehrf. Haus- und Grundbesitz.

Tucher, Tobias   160 fl   Genannter 1567–1590   P, AG, Baumeister
(*1534, †1590) Tobias T. hatte 1566 die Witwe Katharina Kreß geheiratet[152] und war 1569 als Alter Genannter in den Rat gewählt worden[153]. In zweiter Ehe war er seit 1577 mit Katharina Imhoff verheiratet. Er amtierte auch als Verwalter der Tucherschen Vorschickung[154]. Es überrascht etwas, daß in unserer Liste – ähnlich wie bei den Imhoff – nicht mehr Familienvertreter vorkommen. 1579 gab es mindestens sechs weitere (männliche) Tucherhaushalte. So war zum Beispiel Herdegen Tucher 1580 Gläubiger des Tuchhändlers Cornelius Görtz mit 1030 fl. Offensichtlich verfügte aber von diesen keiner über ein höheres, jährlich zu versteuerndes Einkommen als 234 fl[155].

Volckart, Renier   160 fl   Kein Genannter   Goldschmied
(*um 1535, †1597) Renier V. stammte aus Brügge, lebte seit spätestens 1567 in Nürnberg und wurde 1571 Nürnberger Bürger. Seine erste Ehefrau Adriana hatte er wohl schon zuvor geheiratet, seit 1589 war er in zweiter Ehe mit Katharina Quickelberger verheiratet. 1572 hatte er ein Haus am Weinmarkt für 3000 fl gekauft. 1591 mußte er Nürnberg wegen Schulden verlassen[156].

Eißvogel, Gabriel   150 fl   Genannter 1566–1589   Weinschenk (Süßwein)
Der *Ratsschenk* Gabriel E. war seit 1555 mit Veronika Herbart verheiratet[157].

Schlaudersbach, Georg   150 fl   Genannter 1552–1580   G, Pfleger Augustinerkloster
Georg S., aus einer bekannten, gerichtsfähigen Kaufmannsfamilie stammend, heiratete 1551 Ursula Fels und wurde daraufhin sofort Genannter; seit 1553 war er in zweiter Ehe mit Margaretha Schlüsselfelder verbunden[158].

---

[152] LKAN, Seb. 301 (1566 Mai 28, Witwe des Christof K.).

[153] Mit Christof T. kam 1575 als JB mit 35 Jahren ein zweiter Familienvertreter in den Rat (AB 1585, Septemvir 1589, Triumvir 1603, Duumvir 1606, gest. 1610). Er hatte den verst. Marx T. ersetzt (AG 1563 mit 31 Jahren, JB 1565, AB 1573, gest. 1574). Auch 1590 kam mit Linhart T. sofort wieder ein zweites Familienmitglied in den Rat (AG mit 40 Jahren, gest. 1618).

[154] Koenigs-Erffa, Tagebuch (wie Anm. 100), S. 275, 341; LKAN, Seb. 302 (1577 Aug. 5, Vater: Willibald I.); StadtAN, B 14/III, Nr. 1, F. 161r: Heiratsvertrag vom 26. Juni 1577; StadtAN, B 14/I, Findbuch 12, S. 215–218: Vertritt Katharina Groland (1566); vertritt die Erben des verst. Christof Kreß, bzw. Vormund (1568–1574); Vormund der Kinder des verst. Christof Groland (1572); vertritt Maria Gugel (1574–1575); Verwalter der Tucherstiftung (1578–1588); Vormund der Kinder des verst. Christof Balthasar Gugel (1581).

[155] Caspar T. (Genannter 1565–1597), Christof T. (1568–1610), Endres T. (1575–1630), Franz T. (1566–1587), Franz d.J. T. (1574–1625), Herdegen T. (1565–1614). Zur Schuldsache siehe Anm. 159. Ein Einkommen von ca. 234 fl war mit 39 fl zu versteuern.

[156] Sporhan-Krempel, Nürnberg (wie Anm. 134), S. 113–115; Neidiger, Entstehung (wie Anm. 60), S. 241, 247; Kurt Pilz, Nürnberg und die Niederlande, in: MVGN 43, 1952, S. 1–153, S. 98f; StadtAN, B 14/I, Findbuch 13, S. 143f., u.a.: Vormund der Kinder der verst. Georg und Jakobina Maleprandt.

[157] LKAN, Seb. 72 (1555 Apr. 29, Vater Heinrich H. verst.); Best. Gabriel: Seb. 83 (1589 März 7, *Ratsschenk*); StadtAN, B 14/I, Findbuch 12, S. 295–297: Ehefrau Veronika (1572); mehrfacher Haus- und Grundbesitz.

[158] Haller, Größe (wie Anm. 3), S. 126; Peters, Handel (wie Anm. 21), S. 188f.; StadtAN, B 14/I, Findbuch 18, S. 380–382, u.a.: Eltern Georg und Helena S., Ehevertrag von Sohn Georg d.J. mit Ursula Fels (1551); Ehevertrag mit Margaretha Schlüsselfelder (1553); Ehefrau Margaretha (1563/78), als Witwe (1581–89); Bruder Christof Ehevertrag mit Barbara Kunker (1551); Schwester Katharina Ehevertrag mit Onofrius Hinterofen (1553); Bruder Sebastian Ehevertrag mit Anna Koberger (1554); handelt i.A. des Endres Imhoff (1555/70); handelt i.A. des Caspar Paumgartner (1561); Gläubiger (1566); Exekution von drei Häusern der Apollonia Wurm (1567); mehrf. Haus- und Grundbesitz; StadtAN, B 14/III, Nr. 1, F. 173v: Tochter Magdalena (Vater Georg verst., Mutter Margaretha, Mündel des Lorenz Schlüsselfelder), Heiratsvertrag mit Jacob Groland (1582, Feb. 8).

Görtz, Cornelius   148 fl   Genannter 1579   Handelsmann
Der aus *Mersen* stammende Tuchhändler Cornelius G. heiratete 1574 Helena Neudörfer. Bei seinem Tod hinterließ er Schulden von 39 443 fl, die allerdings zu zwei Dritteln sofort aus der Masse beglichen werden konnten. Die Angabe bei Roth, er habe 1620 auf 3000 fl falliert, ist entweder falsch datiert oder bezieht sich auf einen anderen[159].

Beheim, Peter d.J.   144 fl   Genannter 1569–1581   Kaufmann (falliert)
Peter B. heiratete 1568 Helena Schnitter – die Tochter des in dieser Liste vorkommenden Hieronymus Schnitter (240 fl) – und wurde sofort Genannter. Aufgrund seines Konkurses wurde ihm allerdings 1581 der Genanntenstatus wieder aberkannt[160].

Engel, Hans   144 fl   Kein Genannter   Ochsenhändler
(† circa 1588) Der bekannte Ochsenhändler Hans E., der 1570 zusammen mit Georg Stoffel (92 fl in dieser Liste) und Jacob Heugel in einer Handelsgesellschaft verbunden war, hatte 1567 Katharina Hanfstengel und 1571 in zweiter Ehe Eva Stettner geheiratet[161].

Mair, Lienhart d.Ä.   144 fl   Kein Genannter   Metzger
(†1570) Dieser Name kommt in Nürnberg häufiger vor. Am plausibelsten scheint der Metzger Lienhart M., der 1547 Anna Herdegen heiratete. Da er bereits 1570 starb, muß es sich um eine Vormundschaft für seinen gleichnamigen, 18jährigen Sohn beziehungsweise seine Kinder handeln[162].

[159] Zur Geschäftstätigkeit vgl. Sakuma, Tuchmacher (wie Anm. 85), S.162; LKAN, Seb. 34 (1574 Jun. 1); StadtAN, B 14/II, Nr 128, F. 181v–184r (1580 Feb. 29): Cornelius G. ist jüngst gestorben, hat aber bei Gläubigern Schulden von 39 443 fl. Gläubigerausschuß wird gewählt, dieser kann aus Masse gleich 2/3 der jeweiligen Forderungen bestreiten: Losungamt 1200 fl, Endres Imhoff 2700 fl, Endres und Willibald Imhoff 1545 fl, Christof Welser und Gesellschaft von Augsburg 1000 fl, Frau des Christof Kreß 515 fl, Herdegen Tucher 1030 fl, Erhart Kürn 1000 fl, Lucas Plödt 7050 fl, Laux Ulstatt von Augsburg 1000 fl, Georg Gößwein 1202 fl, Daniel und Georg Hopfer 3509 fl, Hans Conrad Deschler 1000 fl, Hans Fürleger 2000 fl, Paulus Fürnberger, Hans Posch 500 fl, Adrian Tacket 1950 fl, Caspar Burckart 3905 fl, Hans Scheel 2278 fl, Linhart Christel von Augsburg 2000 fl, Wolf Meringer 1037 fl, Helena, die Witwe von Cornelius Görtz 1000 fl, Mathes Fetzer 1156 fl, Wilhelm Boxberger 511 fl, Thomas von Nierhofen 29 fl, Conrad Petz 7 fl, Barthel Viatis 319 fl. Zu den Schulden vgl. auch Schaper, Handelsprozesse (wie Anm. 89), S. 101, 124; Roth, Genannte (wie Anm. 20), S. 94.
[160] StadtAN, B 14/III, Nr. 1, F. 111v: Heiratsvertrag vom 18. Juni 1568; StadtAN, B 14/I, Findbuch 11, S. 156f.: Gläubiger der Francisci (1573).
[161] Endres, Wirtschaftsbeziehungen (wie Anm. 90), S. 186; Klier, Transithandel (wie Anm. 46), S. 213–216; Peters, Handel (wie Anm. 21), S. 252f.; LKAN, Seb. 112 (1567 Apr. 20); Seb. 116 (1571 Okt. 21); StadtAN, B 14/I, Findbuch 12, S. 317: Ochsenhändler (1584), mehrf. Hausbesitzer; gest. ca. 1588/89, ehem. Schuldner des Lorenz Hell.
[162] LKAN, Lor. 68 (1547 Feb. 14); Best. Lienhart d.Ä. Lor. (1570 Mai 17, *Metzger in der Breiten Gasse*); Best. Anna: Lor. (1574 Sep. 13); Taufe Lienhart d.J.: Lor. (1561 Nov 6); Heirat Lienhart d.J. mit Dorothea Reuter, Witwe des Lienhart R.: Lor. 505 (1587 Jun. 12); StadtAN, B 14/I, Findbuch 16, S. 220f.: Metzger, Ehefrau Anna (1551); mehrf. Hausbesitz; Gewaltherr der Gebr. Wolf und Paulus Dürr zur Eintreibung von Schulden in Danzig (1553); mehrf. Vormund: der Wildenberger Kinder (1550), Sohn von Marg. Kaller (1550), Tochter des verst. Thomas Bernlein (1558–1560), Kinder des verst. Hans Fortlieb (1560), Kinder des verst. Peter Wernher (1567), der Tochter des verst. Thoma Bernlein aus erster Ehe (1568).

Stockamer, Alexander   144 fl   Genannter 1568–1610   G, Stadtrichter (seit 1592?)
Alexander S. heiratete 1567 Katharina Groland und wurde, der Stellung der gerichtsfähigen Familie entsprechend, sofort Genannter[163].

Harsdörffer, Paulus   140 fl   Genannter 1573–1613   P, JB
(*1546, †1613) Paulus H. heiratete 1575 Sabina Schwab und wurde sofort zum Alten Genannten gewählt (JB 1576, AB 1584, Septemvir 1589, Triumvir 1603, Duumvir 1603, Vorderster Losunger 1610)[164]. Die Harsdörffer, die 1579 noch zwei weitere (männliche) Haushaltsvorstände in Nürnberg aufweisen, waren vor allem als Montanunternehmer tätig[165].

Paumgartner, Balthasar   140 fl   Genannter 1547–1594   P, Pfleger Altdorf
Balthasar P. hatte 1546 Helena Scheurl geheiratet. 1550/51 war er im Rat als Junger Bürgermeister, schied dann allerdings aus und wurde Pfleger in Altdorf. In zweiter Ehe heiratete er 1575 die Witwe Sybilla Hoffmann, in dritter Ehe war er seit 1577 mit der Witwe Barbara Lang verheiratet[166]. Die Paumgartner waren im 16. Jahrhundert unter anderem als Montanunternehmer tätig[167]. 1579 gab es in Nürnberg noch zwei weitere Haushaltungsvorstände der Familie P.: Den in dieser Liste enthaltenen Gabriel P. (bei 78 fl) sowie Hieronymus P., der als Septemvir im engsten Machtzirkel saß[168].

Weiermann, Hans   140 fl   Gen. erst 1586–1589   Handelsmann
Hans W. heiratete 1578 Kunigunde Oswald. Er stiftete – offensichtlich testamentarisch – circa 1000 fl für die Findel[169].

[163] StadtAN, B 14/III, Nr. 1, F. 104r: Heiratsvertrag vom 22. Dez. 1567 (Sohn des Lienhardt S); StadtAN, B 14/I, Findbuch 19, S. 72–76: Bevollmächtigter seiner Schwiegermutter Katharina Groland, Ehefrau des verst. Christof Groland bzw. der Erben des Christof Groland [Groland-Familienstiftung] (1569 bis mindestens 1594); Bevollmächtigter des Jobst Friedrich Tetzel (1583); handelt i.A. Carl Schlüsselfelders (1592); mehrf. Haus- und Grundbesitz.

[164] StadtAN, B 14/III, Nr. 1, F. 144r: Sohn des Christof H., Heiratsvertrag vom 21. Jan. 1573. Als zweites Familienmitglied war Lazarus H. ebenfalls 1575 als JB in den Rat gewählt worden, der aber 1576 zum AG zurückgestuft wurde (gest. 1589). Ihn löste sofort David H. als zweites Familienmitglied ab (AG 1590, JB 1603, AB 1605, gest. 1615).

[165] Philip H. (Genannte 1571–1587) und Lazarus H. (1559–1589). Zur Person bzw. Handelsgesellschaft vgl. Peters, Handel (wie Anm. 21), S. 278, 418; StadtAN, B 14/I, Findbuch 14, S. 84f., u.a.: Vormund der Kinder des verst. Sigmund Fürer (1580); kauft Engelthaler Hof (1583); verkauft dem Rat die Dürrnmühle (1583); Ratsdeputation in Sachen Kanler (1585/92).

[166] LKAN, Seb. 18 (1546 Jun. 21, Vater: Albrecht S.); Seb. 19 (1575 Dez. 26, Witwe von Dr. Hieronymus H.); Seb. 63 (1577 Mai 14, Witwe von Sebald Lang, Pfleger in Engelthal); Best. Helena 1567 (Eintrag 8775).

[167] Zur Familie vgl. Christa Schaper, Peter Steinberger, Kaufmann und Finanzier, in: MVGN 62, 1975, S. 43–59; StadtAN, B 14/I, Findbuch 11, S. 106–108: Schwiegermutter Anna Scheurl (1547); diverse Vormundschaften; Sohn Balthasar d.J. ist Gläubiger des verst. Gerhard von Herff (1597) sowie des verst. Wolf Albrecht (1598); StadtAN, B 14/III, Nr. 1, F. 177v: Sohn Balthasar, Heiratsvertrag mit Magdalena Behaim am 20. Sept. 1582.

[168] JB 1565 mit 27 Jahren, AB 1575, Septemvir 1577, Triumvir 1584, Duumvir 1586, Vorderster Losunger 1589, gest. 1602. 1582 wurde mit Caspar P. ein zweiter Vertreter in den Rat gewählt: JB mit 34 Jahren, 1585 nicht wiedergewählt.

[169] Ernst Mummenhoff, Das Findel- und Waisenhaus zu Nürnberg, orts-, kultur- und wirtschaftsgeschichtlich, in: MVGN 22, 1918, S. 3–146, S. 128; LKAN, Seb. 130 (1578 Nov. 19); Best. Hans: Seb. (1589 Apr. 2, *in der Zistelgasse*); Best. Kunigunde: Seb. (1583 Okt. 25, dsgl.); StadtAN, B 14/I, Findbuch 19, S. 219f.: wohl Sohn von Joachim Weiermann d.J.; als Genannter ca. 1586–1589 aufgeführt [wobei er sonst in keiner Liste vorkommt]; Gläubiger (1586/87); Kläger, Gläubiger mit Pfandbesitz Haus (1590, gest.); Witwe als Gläubigerin (1592); Bruder (1594); mehrfacher Haus- und Grundbesitz.

Linder, Caspar   128 fl   Gen. erst 1580–1591   Handelsmann
Caspar L. heiratete 1570 Susanna Vogt, die Tochter des Genannten Rochius Vogt[170].

Steinhausser, Simon d.Ä.   128 fl   Genannter 1563–1587   Handelsmann
Simon S. heiratete 1558 Katharina Gruner[171].

Buchner, Georg   120 fl   Genannter 1572–1598   Händler, Spitalmeister
Georg B. heiratete 1566 die Witwe Apollonia Hartenstein. In zweiter Ehe war er seit 1580 mit der Witwe Katharina Reinhart und in dritter Ehe seit 1584 mit der Witwe Barbara Beheim verbunden. Dem erfahrenen Händler vertraute der Rat am 27. Januar 1580 das wichtige Amt des Spitalmeisters (Heilig-Geist-Spital) an, das er bis zu seinem Tod innehatte[172].

Dietmair, Georg d.Ä.[173]   120 fl   Kein Genannter   Handelsmann
(†1609) Der aus Würzburg stammende Georg D. heiratete 1559 die Witwe Margaretha Lang; in zweiter Ehe war er seit 1585 mit Katharina Hetzel und seit 1593 in dritter Ehe mit Helena Kaler verbunden[174].

Guteter, Erasmus   120 fl   Genannter 1566–1593   Handelsmann
Erasmus G. stammte aus einer bedeutenden Krakauer Großhändlerfamilie. Sein Vater Georg G. saß dort im Rat, sein Onkel Hans d.Ä. G. war nach Nürnberg gezogen (siehe Hans d.J. G. 170 fl, dessen Cousin er war). 1565 heiratete er Helene Hopfer und wurde sofort daraufhin Genannter[175].

Palm, Dr. Georg   120 fl   Genannter 1570–1591   Mediziner
(*1543, †1598) Der bekannte Nürnberger Stadtarzt (seit 1568) Georg P. heiratete 1569 Helena Paumgartner; bei der ersten Gelegenheit erfolgte seine Wahl zum Genannten[176].

---

[170] LKAN, Seb. 35 (1570 März 13); StadtAN, B 14/I, Findbuch 16, S. 85: vertritt Rochius Vogt (1566) [ansonsten nur Zeuge bzw. Genannter].

[171] Zur Handelsfirma vgl. Peters, Handel (wie Anm. 21), S. 193–196; LKAN, Seb. 282 (1558 Feb. 29); Best. Simon: Seb. (1587 Sep. 28, *in der Elenden Gasse*); Best. Katharina: Seb. 609 (1592 Aug. 20, *auf dem Spitalkirchhof*); StadtAN, B 14/I, Findbuch 19, S. 43f.: Vormund der drei Kinder des verst. Endres Ketzing (1563); kauft Haus auf dem Lorenzer Platz (1567/68); kauft Güter und Besitz in Nürnberg, Wöhrd, Augsburg etc. (1575); Sohn Simon, Vater Simon verst., Witwe (1588); vielf. Haus- und Grundbesitz.

[172] LKAN, Lor. 216 (1566 Jul. 17, Witwe des Hans H.); Seb. 91 (1580 Jul. 26, Witwe des Hans R.); Seb. 95 (1584 Okt. 13, Witwe des Hans B.); StadtAN, B 14/I, Findbuch 11, S. 440–442: Ehefrau Barbara (1589); Händler, vertritt Heinrich Leis (1572); Spitalmeister 1580–1596; Hausbesitzer.

[173] Im Original steht *Georg Dietmain*. Entweder wurde versehentlich ein *n* statt einem *r* geschrieben, oder seine Frau zahlte, da er abwesend war.

[174] LKAN, Seb. 80 (1559 Apr. 17, Witwe von Hans L.); Seb. 95 (1585 Feb. 1); Seb. 96v (1591 Okt. 4); Best. Margaretha: Seb. (1581 Aug. 23, *am Zotenberg*); Best. Katharina: Seb. (1588 Okt. 1, dsgl.); Best. Georg: Seb. (1609 Jun. 8, dsgl.); StadtAN, B 14/I, Findbuch 12, S. 112: Ehefrau Margaretha (1565/73); Vormund der Tochter von Margaretha Preu (1569); dsgl. der verst. Katharina Praun (1569–1570); Exekutionsklagen gegen Haus am Paniersplatz (1575) sowie in der Inneren Laufer Gasse (1576); Gläubiger des Schlossers Hans Pfaff (1580); Zeuge (1590–1593); Genannter (1591); vielfacher Hausbesitzer.

[175] Schaper, Handelsprozesse, (wie Anm. 89), S. 99, 122f.; Peters, Handel (wie Anm. 21), S. 368; LKAN, Seb. 58 (1565 Nov. 13); StadtAN, B 14/I, Findbuch 13, S. 430, 433: heiratet 1565 Helene Hopfer (Väter: Hieronymus [I.] Hopfer verst., Georg G. des Rats zu Krakau ist Bruder von Hans G. in Nürnberg [Hans d.Ä. G.]); Vormund des Hans G. (1573–75, [Sohn von Hans d.Ä. G. s.o.]); Sohn des Krakauer Bürgers Georg G., schenkt seinen Geschwistern in Krakau Grundbesitz und regelt ihre Schulden (1581).

[176] K. G. König, Der Nürnberger Stadtarzt Dr. Georg Palm (1543–1591), Stuttgart 1961; StadtAN, B 14/III, Nr. 1, F. 121v: Heiratsvertrag mit Helena Paumgartner am 21. Okt. 1569; StadtAN, B 14/I, Findbuch 11, S. 65f. u.a.: Vormund der Kinder des M. Berchner (1577); mehrf. Hausbesitz.

Petz, Conrad   120 fl   Gen. erst 1582–1600   Handelsmann
Der vor allem durch seinen Handlungsdiener beziehungsweise Geschäftspartner Georg Ayrmann bekannte Textilhändler heiratete 1571 Anna Götz, mußte aber über ein Jahrzehnt auf seine Genanntenwahl warten. 1574 heiratete er Margaretha Ubel, 1594 in dritter Ehe Elisabeth Meulein[177].

Pfister, Isaak   120 fl   Kein Genannter   Weinschenk
(†1593) Der zumindest auch im Weinhandel tätige Isaak P. stammte aus Landshut und heiratete 1564 Anna Leutzmann. In zweiter Ehe war er seit 1575 mit Barbara Peißer aus Nördlingen verbunden. Isaak P. kommt noch mit einem zweiten Betrag von 72 fl vor, der vielleicht seine Frau betrifft. Er wird als *Weinschenk bei dem Goldenen Löwen auf dem Steig* bezeichnet[178].

Pippler, Johann   120 fl   Kein Genannter   Kaufmann
(†1587) Johann P. stammte aus Antwerpen und war seit mindestens 1559 mit Johanna de Meere verheiratet[179].

Reuter, Christof   120 fl   Gen. erst 1580–1598   Buchhalter
Der auch als *gewesener Kriegsmann* bezeichnete Christof R. heiratete 1572 Maria Nützel. In zweiter Ehe war er seit 1573 mit Felicitas Stromer verbunden. Ob der Betrag seiner Losungleistung entspricht oder ob er vielleicht für die Patrizierfamilie Fürer geleistet wurde, deren Buchhalter er offensichtlich war, ließ sich nicht klären[180].

Schnabel, Georg   120 fl   Gen. erst 1586–1606   Handelsmann
Georg S. heiratete 1575 Dorothea Deinfelder[181].

---

[177] Peters, Handel (wie Anm. 21), S. S.215, 217f. Zur Familie vgl. auch Anm. 83; LKAN, Seb. 34 (1571 Mai 16); Seb. 34 (1574 Aug. 9); Lor. 119 (1594 Jul. 15, Vater: Rochus M. aus Schwäbisch Gmünd); Best. Margaretha: Seb. (1593 Nov. 9,); Best. Conrad: Seb. (1600 Feb. 18, *neben dem Plobenhof*); StadtAN, B 14/I, Findbuch 11, S. 227f.: Ehefrau Margaretha kauft Haus gegenüber der Barfüßerbrücke (1591/92); Vormund der Kinder des verst. Michel Paur (1594). 1580 ist Conrad P. Gläubiger des Tuchhändlers Cornelius Görtz mit 7 fl (siehe Anm. 159).

[178] Bartelmeß, Wappenbuch (wie Anm. 114), S. 240; LKAN, Lor. 446 (1564 Apr. 26, *von Landshut*); Lor. 452 (1575 Aug. 10); Best. Isaak: Lor. (1593 Apr. 4, *auf dem Steig*); StadtAN, B 14/I, Findbuch 11, S. 255f.: Wirt zum Gostenhof, Ehefrau Anna (1568); Weinschenk, Ehefrau Barbara (1577); mehrfacher Hausbesitzer, gest. ca. 1595.

[179] Peters, Handel (wie Anm. 21), S. 164f.; Klier, Rezension (wie Anm. 55), S. 500 (Praghändler 1568–1583); Pilz, Nürnberg (wie Anm. 156), S. 37; LKAN, Best. Seb. (1587 Jan. 17, in der Egidiengasse); StadtAN, B 14/I, Findbuch 11, S. 271f., u.a.: aus Antwerpen handelt i.A. des Johan Allabin (1559); Ehefrau Johanna de Meere (1559/62); Gläubiger des Friedrich Prünsterer (1580); mehrf. Hausbesitz.

[180] StadtAN, B 14/III, Nr. 2, F. 25v: Heiratsvertrag mit Maria Nützel am 22. Juli 1572. Sohn des Antoni R., der Pfleger zu Hilpoltstein war; LKAN, Lor. 98 (1573 Dez. 1, Vater: Johann S.); Best. Christof: Lor. 1598 Jan. 8, *an der Langen Brücke*); StadtAN, B 14/I, Findbuch 17, S. 108f.: handelt i.A. des Moritz Fürer (1561); dsgl. seines Herrn, Sigmund Fürer (1563/68/76/77); Handelsdiener des Moritz Fürer (1566); vertritt seinen Herrn, Carl Fürer (1569/71/77); Bevollmächtigter der Brüder Carl und Moritz Fürer (1579); Händler, besitzt Haus auf der Langen Brücke (1574/76); Vormund der Kinder des verst. Mathes Peßler (1575); Testamentsexekutor des verst. Johann Preil (1582); mehrf. Haus- und Grundbesitz.

[181] Peters, Handel (wie Anm. 21), S. 365; LKAN, Lor. 224 (1575 Okt. 31, Vater Thomas D.); StadtAN, B 14/I, Findbuch 18, S. 510: Händler, Hausbesitz in der Breiten Gasse (1578/81); Händler (1592); sonst als Zeuge.

Mülegg, Heinrich d.Ä.   112 fl   Genannter 1577–1604   Kaufmann
Heinrich M. war zusammen mit seinem Bruder Hans von Bregenz, wo sie einer bekannten Kaufmannsfamilie angehörten, nach Nürnberg gezogen. Heinrich M. hatte 1573 das Nürnberger Bürgerrecht erworben und heiratete in erster Ehe Magdalena Preuning. Nach 1590 baute er ein Haus für circa 11 000 fl[182].

Müllner, Sebastian   112 fl   Genannter 1577–1579   Kaufmann
Sebastian M. heiratete 1551 Maria Enzendorfer und 1577 Margaretha Wacker[183].

Huebner, Lienhart   110 fl   Genannter 1565–1585   Handelsmann und Factor
Lienhart H. heiratete 1558 Anna During, 1563 Cordula Igler und 1566 die Witwe Barbara Schlumpf. Er ist vor allem als Faktor von Daniel Rem aus Augsburg und als Schwager von Bartholomäus Viatis (siehe 500 fl) bekannt; gegenüber letzterem hatte er 1579 eine Schuldforderung von 5314 fl[184].

Eckart, Paulus   108 fl   Genannter 1577–1596   Kaufmann
Die beiden Heiraten von Paulus E. lassen sich bislang nicht nachweisen, seine erste Frau Felicitas starb 1570, seine zweite Frau Ottilia 1589[185].

Geuder, Anthoni   104 fl   Genannter 1564–1604   P, später Septemvir
(*1539, †1604) Anthoni G. heiratete 1564 Maria Imhoff und wurde sofort Genannter[186]. Im Rat kam er allerdings erst später zum Zug, da zwei andere Familienmitglieder dort seit langem vertreten waren[187]. 1579 finden sich insgesamt sechs Familienvertreter als (männliche) Haushaltsvorstände in Nürnberg, wobei keiner der fünf anderen mehr auf unserer Liste ist[188].

---

[182] Trotz der Originalschreibweise *Minlich* dürfte es sich mit größter Wahrscheinlichkeit um den Familiennamen *Mülich / Mülegg* handeln. Zur Familie vgl. Peters, Handel (wie Anm. 21), S. 339–347; Unger, Handel (wie Anm. 60), S. 41f. Zum Hausbau vgl. Schultheiß, Baukosten (wie Anm. 26), S. 293; StadtAN, B 14/I, Findbuch 16, S. 302, 312, u.a.: Hausbesitz am Milchmarkt (1584/89); kauft beim Goldenen Stern am Neutor (1585) und Hof in Erlenstegen (1598); Ehefrau Magdalena (1589); handelt i.A. der Erben des Seb. Elb (1595); Vormund des Chr. Elb (1597); Gläubiger des Gerhard von Herff (1597) sowie des Wolf Albrecht (1598); desgl. der Brüder Franco und Francisco di Franchi (1599).
[183] LKAN, Seb. 203 (1551 Okt. 26); Seb. 676 (1577 März 4); Best. Maria Seb. (1576 Dez. 4, *hinter dem Rathaus*); StadtAN, B 14/I, Findbuch 16, S. 336: Ehefrau Maria (1564); Eisenhändler (1579), Hausbesitz.
[184] Sakuma, Tuchmacher (wie Anm. 85), S. 162; Seibold, Viatis (wie Anm. 20), S. 54f.; Unger, Handel (wie Anm. 60), S. 52; LKAN, Seb. 183 (1558 Mai 24); Seb. 185 (1563 Nov. 15); Seb. 185 (1566 Aug. 12, Witwe von Gallus S.); Best. Anna: Seb. (1560 Jul. 14); Best. Cordula: Seb. (1565 Aug. 26); Best. Lienhart: Seb. (1585 Feb. 16, *Unter der Vesten*); StadtAN, B 14/I, Findbuch 14, S. 414: Zeuge; Kurator des verst. Lucas Weinmann (1573); Hausbesitz; Vormund der Kinder des verst. Gewandschneiders Georg Schäfer [Scheffer, verst. Ehemann von Barthel Viatis Frau Anna] (1580).
[185] LKAN, Best. Felicitas: Lor. 364 (1570 Okt. 23); Best. Ottilia: Lor. (1589 Sep. 6); Best. Paulus: Lor. (1596 Jul. 23); StadtAN, B 14/I, Findbuch 12, S. 300–302: Eigenherr (1565); Händler, Vormund der Kinder des verst. Balthasar Gscheidt (1574); Gläubiger des Hans Wunderer wegen Rollmessinglieferung (1582); mehrf. Hausbesitz.
[186] Martin, Musikgesellschaften (wie Anm. 82), S. 199, 205f., 212, 218; Koenigs-Erffa, Tagebuch (wie Anm. 100), S. 265, 279, 299; LKAN, Lor. 17 (1564 Feb. 12); StadtAN, B 14/I, Findbuch 13, S. 298–300: Beauftragter des Albrecht Scheurl (1575/76); Gläubiger des Georg Stadelmann (1580); Vormund der Töchter des verst. Marx Tucher (1583); desgl. vom Sohn des verst. Carl Pfinzing (1587); dsgl. des verst. Hans Imhoff (1590).
[187] Philip Geuder war 1579 Triumvir (1563 mit 25 Jahren zum AG gewählt, JB 1566, AB 1570, Septemvir 1575, Triumvir 1579, gest. 1581) und Julius Geuder AB (1563 mit 32 Jahren JB, AB 1571, Septemvir 1584, Triumvir 1590, gest. 1594). Nach dem Tod von Philipp wurde Anthoni G. 1582 sofort zum Jungen Bürgermeister gewählt (AB 1587, Septemvir 1601). Zweiter Familienvertreter: 1599 Alexander G. zum AG (58 Jahre, gest. 1601).
[188] Alexander (Genannter 1564–1601), Hans Christof (1575–1580), Julius (1562–1594), Philipp (1563–1581), Sigmund (1564–1583).

Trainer, Hans   104 fl   Genannter 1571–1606   Handelsmann
Hans T. heiratete 1571 Magdalena Örtel und wurde sofort zum Genannten gewählt[189].

Haller, Ernst   100 fl   Genannter 1574–1617   P, später Septemvir
(*1551, †1617) Ernst H. heiratete 1574 Dorothea Has. In zweiter Ehe war er seit 1603 mit der Witwe Clara Hueter (geborene Tetzel) verbunden[190]. In der reichsstädtischen Ämterlaufbahn kam Ernst H. erst spät zum Zug, da zwei andere Haller bereits im Rat saßen[191]. Wie bei den Geuder gab es in Nürnberg insgesamt sechs Hallersche Familienvertreter als (männliche) Haushaltsvorstände 1579, von denen Ernst H. der einzige in dieser Liste ist[192].

Kammerer, Wolff   100 fl   Genannter 1544–1592   G
Wolff K. heiratete 1543 Magdalena Holzschuher und wurde entsprechend seiner Herkunft sofort zum Genannten gewählt[193].

Lays/Loys, Melchior   100 fl   Genannter 1566–1579   Handelsmann
Der wohl vor allem im Leinwandhandel tätige Melchior L. heiratete 1545 Margaretha Zollner. In zweiter Ehe war er seit 1570 mit Katharina Preuss verbunden[194].

Pilgram, Heinrich   100 fl   siehe Pilgram, Heinrich   520 fl

Stamm, Hans   100 fl   Genannter 1567–1579   Eisenhändler
Hans S. heiratete 1551 Sybilla Han und 1562 Elisabeth Seng aus Nördlingen[195].

[189] LKAN, Seb. 116 (1571 Feb. 13); StadtAN, B 14/III, Nr. 2, f. 20v: Sohn des Georg T., Heiratsvertrag vom 8. Jan. 1571. Zur Familie vgl. Peters, Handel (wie Anm. 21), S. 420; Schaper, Fürleger (wie Anm. 77), S. 34; StadtAN, B 14/I, Findbuch 12, S. 162f., u.a.: vertritt Felicitas Ebner (1560–1569); Ehefrau Magdalena (1581).

[190] Heinz Zirnbauer, Helmut v. Haller, Die Haller von Hallerstein, Nürnberg 1961; LKAN, Seb. 58 (1574 Feb. 9, Vater: Niclas H. verst. Amtmann zu Freudenberg); StadtAN, B 14/III, Nr. 3, F. 24r: Heiratsvertrag vom 17. Nov. 1603. StadtAN, B 14/I, Findbuch 14, S. 23f.

[191] Bis 1578 Sebald Haller als Losunger (JB 1534 mit 34 Jahren, AB 1542, Septemvir 1549, 1565 Triumvir und Duumvir, gest. 1578) und Hans Jacob Haller als JB (1571 mit 24 Jahren, AB 1583, gest. 1587). 1580 wurde Martin Haller mit 28 Jahren neu in den Rat als JB gewählt (AB 1591, Septemvir 1601, Triumvir 1611, Duumvir 1612, Vorderster Losunger 1613, gest. 1617). Ernst Haller wurde nach dem Tod von Hans Jacob 1588 sofort Alter Genannter mit 37 Jahren (JB 1590, AB 1603, Septemvir 1617).

[192] Endres (Genannter 1572–1579), Hans Jacob (1569–1587), Hans Jacob auf dem Weiherhaus (1567–1604), Jacob (1545–1582), Sigmund (1559–1589).

[193] LKAN, Seb. 197 (1543 Jun. 6); StadtAN, B 14/I, Findbuch 15, S. 71–73: Gläubiger von Carl Unterholzer und Niclas Gößwein (1581); Überläßt Forderung an Unterholzer dem Barthel Viatis und Gerhard Reuter (1581); Pfandbesitz; Vormund der Kinder des verst. W. Trainer (1587); vielf. Haus- und Grundbesitz.

[194] Endres, Wirtschaftsbeziehungen (wie Anm. 90), S. 142; LKAN, Seb. 145 (1545 Mai 21); Seb. 201 (1570 Jul. 18); Best. Margaretha: Seb (1569, Eintrag 9386); StadtAN, B 14/I, Findbuch 16, S. 53, 134–136: Ehefrau Margaretha (1558), Ehefrau Katharina (1585, er verst., sie nun verheiratet mit Lienhart Wacker zu Castel); Diener des Wolf Kallinger aus Landau (1563); Vormund der Kinder des verst. Christof Rosenthaler (1571), dsgl. Stefan Rosenthaler (1573); mehrf. Haus- und Grundbesitz.

[195] Dettling, Metallhandel (wie Anm. 127), S. 151, 215; LKAN, Seb. 90 (1551 Mai 25, Vater: Lorenz H.); Seb. 107 (1562 Aug. 3); Best. Sybilla: Seb. (1560 Jul. 19, *Eisenkramerin neben dem Bitterholz*); Best. Hans: Seb. (1579 Jul. 16, *neben dem Bitterholz*); Best. Elisabeth: Seb. (1587 Okt. 28, *Eisenhändlerswitwe an der Dürren Brücke*); StadtAN, B 14/I, Findbuch 19, S. 6f.: Ehefrau Elisabeth (1568, 1585 als Witwe); kauft i.A. von Sigmund Ebner Haus im Mühlgäßlein (1552); Eisenkrämer, kauft Acker bzw. ist Vormund der Tochter Agnes des verst. Clement Hofman aus Lauf (1565); Vormund der Kinder des verst. Hans Büttel (1569); mehrf. Haus- und Grundbesitz.

Wolff, Dr. Heinrich   100 fl   Genannter 1565–1581   Mediziner
(*1520, †1581) Heinrich W., der seit 1553 als Stadtarzt in Nürnberg tätig war, heiratete 1554 die Witwe Rosina Rosenzweig (geborene Göringe), wurde aber erst nach langer Wartezeit Genannter[196].

Losungleistung 40 – 96 fl

Solche Beträge leisteten 71 Personen oder 0,95% der gesamten Nürnberger Losungzahler 1579. Diese 71 erbrachten mit insgesamt 4478 fl lediglich noch 5,09% der gesamten Nürnberger Steuerleistung. Von diesen 71 gehörten 36 (51%) zu den Genannten des Größeren Rats – viele davon erst seit wenigen Jahren; weitere 14 (20%) wurden später ernannt. Zu den Außenseitern gehörten nicht weniger als elf Wirte/Bierbrauer/Weinschenken sowie vier Personen, deren Beruf sich nicht klären ließ. Unter den sechs übrigen befand sich nur ein Kaufmann (Linck). In dieser Gruppe sind zwei Patrizier (Paumgartner, Tetzel) sowie vier weitere *Geschlechter* (Örtel, Stöckel, Dietherr, von Thill) enthalten.

Grüner, Martin d.Ä.   96 fl   Genannter 1563–1580   Handelsmann, Kandelgießer
Martin G., wohnhaft in der Judengasse, war seit 1547 mit Anna Prünsterer verheiratet[197].

Köchel, Jacob   96 fl   Genannter 1576–1604   Kaufmann
Jacob K. heiratete 1561 Anna Grüner, mußte aber 15 Jahre auf seine Wahl zum Genannten warten. Seit 1585 war er in zweiter Ehe mit Maria Küpf verbunden[198].

Pregel, Dr. Thomas   96 fl   Genannter 1568–1607   Jurist
Thomas P. heiratete 1568 Susanna Bayer und wurde sofort Genannter; in zweiter Ehe war er seit 1579 mit Clara Tetzel verbunden[199].

Kuefueß, Hans   92 fl   Kein Genannter   Bierbrauer
(†1571) Hans K. war seit 1554 mit Kunigunde Geißler verheiratet gewesen. Bei dem Betrag dürfte es sich um die Vormundschaft für die Kinder des 1571 verstorbenen Ehepaares handeln[200].

---

[196] W. Brechtold, Dr. Heinrich Wolff (1520–1581), Diss. Würzburg 1959; Haller, Größe (wie Anm. 3), S. 118; StadtAN, B 14/I, Findbuch 19, S. 347: Ehefrau Rosina, Witwe des Sebald Rosenzweig (1554/55/56/64); vielf. Haus- und Grundbesitz, u.a. am Alten Roßmarkt.

[197] LKAN, Seb. 146 (1547 Aug. 2); Best. Anna: Seb. (1577 Mai 15, *in der Judengasse*); Best. Martin: Seb. (1580 Jan 10, dsgl.); StadtAN, B 14/I, Findbuch 13, S. 399–403: Kandelgießer; Frau Anna; Vormund der Kinder des verst. Seb. Engelsberger (1568); vielf. Haus- und Grundbesitz.

[198] Peters, Handel (wie Anm. 21), S. 496 f.; LKAN, Seb. 153 (1561 Feb. 17); Seb. 159 (1585 Mai 17, Vater: Conrad K.); Best. Anna: Seb. (1584 Aug 7, *am Zotenberg*); Best. Jacob: Seb. (1604 Nov. 26, *beim Goldenen Mörser am Zotenberg*); StadtAN, B 14/I, Findbuch 15, S. 229: vertritt Georg Dietmair (1565); Handelsmann, Ehefrau Anna (1567); Hausbesitz.

[199] StadtAN, B 14/III, Nr. 1, F. 105r: Heiratsvertrag vom 7. Jan. 1568; dsgl. F. 165v: Heiratsvertrag vom 9. Jan. 1579; StadtAN, B 14/I, Findbuch 11, S. 368f.: Vertritt die Erben des Hans und Christof Keller (1575); Bevoll. der verst. Anna Grüner (1577–1578); Anwalt der Erben des Heinrich Pilgram (1584); Curator des Joachim Kleewein (1589); mehrf. Haus- und Grundbesitz.

[200] LKAN, Lor. (1554 Aug. 7); Best. Kunigunde Lor. 369 (1571 Feb. 15); Best. Hans Lor. 371 (1571 März 15); StadtAN, E 8, Nr. 5034, F. 2v: Bierbrauerliste 1579: Erben des verst. bei St. Lorenz; StadtAN, B 14/I, Findbuch 15, S. 142f.: Bierbrauer und Hafner, Ehefrau Kunigund (1568–1570); mehrf. Hausbesitz. Vgl. auch Peters, Handel (wie Anm. 21), S. 310.

Stoffel, Georg   92 fl   Gen. erst 1588–1591   Ochsenhändler
Der aus *Altstet* stammende Georg S. war zeitweise in einer Handelsgesellschaft mit Hans Engel (siehe 144 fl) sowie mit Jacob Heugel verbunden. Er heiratete 1558 Ursula Honauer[201].

Schmidt, Endres   90 fl   Genannter 1574–1586   Handelsmann
Endres S. heiratete 1555 Christina Pabst, 1562 Amaley Büttel und 1571 die Witwe Ursula Forster[202].

Dietrich, Hans   84 fl   Genannter 1579–1597   Handelsmann
Der Name Hans D. kommt um 1579 in Nürnberg häufig vor. Die Heirat(en) des Genannten und Handelsmannes, der 1597 *am Weinmarkt* starb, sind bisher nicht exakt zu bestimmen, da sich keine Todesfälle der Frau(en) nachweisen ließen. Relevant sind wohl nur zwei Ehen: 1564 heiratete ein Hans D. Barbara Mair, 1570 ein Hans D. aus Kitzingen Barbara Nöttelein[203].

Jacob, Paulus   84 fl   Genannter 1577–1593   Kaufmann
Paulus J. war seit 1574 mit Maria Arnstain verheiratet[204].

Örtel, Paulus   84 fl   Genannter 1559–1570   G
(†1593) Paulus Ö., Mitglied einer bekannten, gerichtsfähigen Familie, hatte 1558 Dorothea Kaltenhofer geheiratet und war sofort Genannter geworden. Der Genanntenstatus wurde ihm allerdings 1570 wieder aberkannt. 1580 heiratete er in zweiter Ehe Anna Tetzel[205].

Beheim, Erhart   80 fl   Genannter 1573–1582   Kaufmann
Der Textilhändler Erhart B. heiratete 1562 Magdalena Fick, mußte aber über ein Jahrzehnt auf seine Genanntenwahl warten. Seit 1580 war er in zweiter Ehe mit Helena Örtel verbunden[206].

---

[201] Peters, Handel (wie Anm. 21), S. 252f.; Klier, Transithandel (wie Anm. 46), S. 213, 215; LKAN, Seb. 80 (1558 Sep. 6); Best. Ursula: Lor. (1595 Mai 21, *hinter St. Lorenz*); StadtAN, B 14/I, Findbuch 19, S. 70: Ehefrau Ursula (1560 bei Hauskauf in der Neuen Gasse); kauft Haus in der Grasersgasse (1565); Gläubiger (1567, 1571); Hausbesitzer am Steig (1584).

[202] LKAN, Seb. 11 (1555 Okt. 23, Vater: Georg P.); Seb. 6 (1562 Apr. 14); Lor. 21 (1571 Okt. 1, Witwe von Peter F.); Best. Christina: Seb. (1561 Nov. 11, *hinter dem Tuchhaus*); Best. Amaley: Seb. (1571 Jul. 10, *in der Fröschau*); Best. Endres: Seb. (1586 Jan. 16, dsgl.); StadtAN, B 14/I, Findbuch 18, S. 443–445: nicht immer klar, welcher, eindeutig wohl: Bevollmächtigter der Felicitas Ebner (1563); Ehefrau Ursula ist Witwe des Peter Forster (1572); verkauft Erbgerechtigkeit ihrer Bäckersbehausung (1575–1578); Gläubiger von Brauerei am Fischbach (1573); Händler, besitzt Haus in der Fröschau (1574); verzichtet auf seine Rechte am Haus am Alten Roßmarkt (1575); Hans Herbarth beglich seine Schulden bei ihm (1579).

[203] LKAN, Seb. 110 (1564 Jul. 17); Seb. 115 (1570 Jun. 20); Best. Hans: Seb. (1597 Okt. 6); StadtAN, B 14/I, Findbuch 12, S. 115f.: Gläubiger des Endres Werker (1584); Vormund der Kinder des verst. Ehepaars Katharina und Caspar Kraus (1586); Ehefrau Barbara (1588/98, 4 Kinder); Gläubiger des verst. Wolf Albrecht (1596), dsgl. des verst. Gerhard von Herff.

[204] LKAN, Lor. 630 (1574 Jul. 28, Vater: Hans); StadtAN, B 14/III, Nr. 1, F. 148v: Heiratsvertrag vom 11. Juni 1574; StadtAN, B 14/I, Findbuch 15, S. 46: Vormünder seines Sohnes Paulus verkaufen 1593 den Sitz zum Sohler bei Hilpoltstein.

[205] Kurt Pilz, Egidius Arnold, seine Familie und seine Geldstiftungen für Nürnberger Handwerker, in: MVGN 62, 1975, S. 102–160, S. 121f.: Heirat 1558 Sep. 19 bzw. 1580 Dez. 28; Bestattung 1593 Jun. 14; StadtAN, B 14/III, Nr. 1, F. 8v: Heiratsvertrag vom 26. Aug. 1558; StadtAN, B 14/I, Findbuch 17, S. 34f.: Sohn des verst. Sebald, Bruder Christof (1555); Gläubiger anstatt des verst. Sebastian Hoffmann (1563). Zur Familie vgl. Haller, Größe (wie Anm. 3), S. 167f.

[206] Koenigs-Erffa, Tagebuch (wie Anm. 100), S. 271; Klier, Rezension (wie Anm. 55), S. 500f. (Praghändler 1574–1581); Kunze, Geschichte (wie Anm. 85), S. 683; LKAN, Seb. 57 (1562 Apr. 13); Seb. 61 (1580 Nov. 15); Best. Magdalena: Seb. *Unter der Vesten* (1580 März 25); StadtAN, B 14/III, Nr. 2, F. 42r: Heiratsvertrag vom 24. Okt. 1580; StadtAN, B 14/I, Findbuch 11, S. 145: Vormund der Kinder des verst. Hans Schnitzer (1579–1581); Hausbesitz.

Boxberger, Wilhelm   80 fl   Genannter 1579–1608   Handelsmann
Wilhelm B., der nach Roth *im Bergwerk* starb, stammte aus Königshofen und heiratete 1575 Katharina Lindner. 1580 war er Gläubiger des Tuchhändlers Cornelius Görtz mit 511 fl. 1592 heiratete er in zweiter Ehe Ursula Glockengießer[207].

Henn, Pankratz   80 fl   Gen. erst 1580–1592   Juwelier (falliert)
Pankratz H. heiratet 1564 Sybilla Bauch[208].

Hütteroth, Georg   80 fl   Genannter 1575–1594   Weinhändler
Der Wein- und Lederhändler Georg H., der 1566 Maria Körnlein heiratete, ist unter anderem als Gläubiger des Kurfürsten von Köln bekannt[209]. Offenbar aufgrund von Schulden wurde ihm 1594 der Genanntenstatus aberkannt.

Junker, Franz   80 fl   Genannter 1561–1580   Handelsmann
Franz J. war seit 1551 mit Margaretha Fridel verheiratet (gestorben 1565). Die zweite Ehe mit Barbara konnte bislang nicht nachgewiesen werden. Franz J. ist hier von großem Interesse, weil er relativ kurz nach der Steuerzahlung sein Bürgerrecht aufgab. Um die Nachsteuerpflicht zu erfüllen, mußte hierzu eine genaue Vermögensaufstellung erstellt werden. Am 6. Februar 1580 zahlte er für 16 000 fl Gesamtvermögen 1200 fl Nachsteuer (7,5%). Nimmt man die Relation vom Vermögen zur Losungzahlung bei Franz J. als Anhaltspunkt für die übrigen Losungzahler dieser Liste, so ergibt das ein Verhältnis von 200 : 1 (0,5%). Dies ist vielleicht nicht allzuweit vom – zugegebenermaßen nicht zu berechnenden – tatsächlichen Durchschnitt entfernt[210].

Lang, Georg   80 fl   Genannter 1577–1586   Kandelgießer
Georg L., wohnhaft *am Kornmarkt gegenüber der Rosen,* heiratete 1527 Barbara Pech[211].

Schmidt, Elias   80 fl   Kein Genannter   ?
Elias S. ist bislang weder in den Kirchenbüchern noch in den Stadtgerichtsbüchern nachweisbar.

Grebner, Hans   78 fl   Kein Genannter   Wirt
(† 1586) Die Heirat von Hans G., *Gastgeb beim Goldenen Löwen am Fischbach,* mit Apollonia ist bislang nicht nachweisbar, ein Sohn Hans wurde 1562 geboren[212].

---

[207] Roth, Genannte (wie Anm. 20), S. 94; LKAN, Seb. 327 (1575 Jul. 24, Vater Christof L. verst.); Lor. 754 (1592 Mai 22, Vater: Christof G.); StadtAN, B 14/I, Findbuch 11, S. 300, 334: Vormund des Christof Elbs (1597). Zur Schuldsache siehe Anm. 159.

[208] LKAN, Seb. 243 (1564 Jul. 16); StadtAN, B 14/I, Findbuch 14, S. 185: Ehefrau Sybille, er kauft Haus am Paniersplatz (1566); Beruf Kaufhändler (1568), Goldschmied (1569) [aber dieselbe Person]; Erbschaft (1573).

[209] Schaper, Handelsprozesse (wie Anm. 89), S. 98, 122; Peters, Handel (wie Anm. 21), S. 469; LKAN, Seb. (1566 Apr. 22, *am Alten Milchmarkt in der Unteren Schmiedsgasse*); StadtAN, B 14/I, Findbuch 14, S. 295, 435: v.a. Zeuge; Hausbesitz i.d.Schmiedsgasse.

[210] StAN, Rep. 54aII, Nr. 293; LKAN, Seb. 56 (1551 Jul. 20); Best. Margaretha, Seb. 1565 (Eintrag 8135); StadtAN, B 14/I, Findbuch 15, S. 54: Ehefrau Barbara, Erbschaftsangelegenheit (1569); Zeuge (1564/65); Hausbesitz, Judengasse (1568).

[211] LKAN, Lor. 32 (1527 Jan. 8); Best. Georg: Lor. (1586 Dez. 7); Best. Barbara: Lor. (1597 Feb. 13); StadtAN, B 14/I, Findbuch 16, S. 10f.: Kandelgießer, Ehefrau Barbara (1563–1565); mehrf. Haus- und Grundbesitz; Vormund der Kinder des verst. Sebald Wurm (1569–1570); dsgl. Niclas Höfler (1572–1576); dsgl. Jörg Schmidtlein (1582–1583); Sohn Hans (1588).

[212] LKAN, Taufe Hans: Lor. 14 (1562 Jun. 25); Best. Apollonia: Lor. (1584 Jan. 8, *beim Goldenen Löwen am Fischbach*); Best. Hans: Lor. (1586 Jan. 18, dsgl.); StadtAN, B 14/I, Findbuch 13, S. 364: Wirt zum Goldenen Löwen, Ehefrau Apollonia (1567–1573); mehrf. Hausbesitz; Vormund der Kinder der verst. Anna Schmidt (1577), dsgl. von L. Pfeiffers Kindern, dsgl. von Hans Pfeiffer (1585/86).

Paumgartner, Gabriel   78 fl   Genannter 1550–1596   P
Gabriel P. war seit 1549 mit Margaretha Löffelholz verheiratet[213].

Melfürer, Hans   76 fl   Kein Genannter   Wirt, Weinkieser
(†1592) Hans M. heiratete 1576 Katharina Rot und 1585 Dorothea Heml[214].

Sitzinger, Lucas d.J.   74 fl   Gen. erst 1587–1606   Kupferherr
(*1556) Lucas S., Angehöriger einer bekannten Bergwerksunternehmerfamilie, wurde in Nürnberg getauft, heiratete aber offensichtlich auswärts. Sein erstes, 1587 in Nürnberg getauftes Kind Johannes hatte er zusammen mit Judith[215]. Der Losungbetrag ist allerdings für diese Persönlichkeit beziehungsweise Familie recht gering[216]. Spätere Anhaltspunkte für seinen Reichtum sind, daß er nach 1590 in einen Hausbau circa 20 000 fl investierte und bei der Aufgabe seines Bürgerrechts 1606 insgesamt 6444 fl Nachsteuer zahlte, das heißt ein Vermögen von circa 85 000 fl hatte[217].

Hiltebrand, Georg   72 fl   Kein Genannter   Büchsenschäfter
Georg H. heiratete 1564 Anna Pfeilschmid und 1583 Margaretha Humrich[218].

Hoffman, [Ursula?]   72 fl   Kein Genannter   Kürschner [?]
Der Name Hoffman ist in Nürnberg um 1579 weit verbreitet. Vielleicht handelt es sich um die Kürschnerswitwe Ursula H., die 1551 Heinrich H. heiratete[219].

Pfister, Isaak   72 fl   siehe Pfister, Isaak   120 fl

---

[213] LKAN, Seb. 70 (1549 Nov. 5, Vater: Mathes L. verst.); StadtAN, B 14/I, Findbuch 11, S. 109–116: div. Vormundschaften, u.a. von Barbara Rockenbach (1577–1580) sowie der Kinder des verst. Thomas Löffelholz (1581). Zur Familie vgl. Paumgartner Balthasar 140 fl

[214] LKAN, Lor. 319 (1576 März 12); Seb. 146 (1585 März 16); Best. Hans: Lor. (1592 Sep. 22, *Wirt und Gastgeb zur Weißen Taube am Alten Roßmarkt*); StadtAN, B 14/I, Findbuch 16, S. 242f.: Weinkieser, Vormund der Kinder des verst. Georg Melfürer (1574); Wirt, Ehefrau Katharina, Hausbesitz am Roßmarkt (1589). Wohl Sohn Jacob M, vgl. Bartelmeß, Wappenbuch (wie Anm. 114), S. 240.

[215] Taufe Lukas: LKAN, Seb. 253v (1556 Sep. 19); Taufe Johannes: Seb. 149r (1587 Apr. 12); StadtAN, B 14/I, Findbuch 18, S. 727–729, u.a.: Lucas (=Vater), Sohn von Lucas (= Großvater) heiratet Ursula Rummel (1555); Gebr. Hans und Lucas (=Vater) besitzen Haus am Spitzenberg (1575); Vater gest., Lucas d.J. Kupferhandel in Tirol (1575); Bruder Wilhelm (1588); StadtAN, B 14/III, Nr. 2: Tochter Ursula (Vater Lucas d.Ä. verst., Witwe Ursula geb. Rummel), Heiratsvertrag mit Paulus Behaim (1583, Feb. 7); Sohn Wilhelm (Vater Lucas d.Ä. verst.), Heiratsvertrag mit Leonora Welser (1592, Jun 1).

[216] Die Erben von Lucas S. d.Ä. (gest. 1572), d.h. die Ehefrau Ursula und die vier Kinder Lucas, Wilhelm, Ursula und Maria hatten nach einem Privatvertrag von 1586 jeweils 15 000 fl bekommen (75 000 fl) sowie den Nutzungsgewinn am Tiroler Bergwerk, der in normalen Jahren bei 500 fl pro Erbe gelegen habe. Hiervon wären 1586 bzw. ja wohl auch 1579 pro Erbberechtigten ca. 230 fl Losung zu zahlen gewesen (insgesamt 1150 fl). Heinrich Kunnert, Nürnberger Montanunternehmer in der Steiermark, in: MVGN 53, 1965, S. 238–245.

[217] Zum Hausbau vgl. Schultheiß, Baukosten (wie Anm. 26), S. 292; Kunnert, Montanunternehmer (wie Anm. 216), S. 238–245.

[218] LKAN, Seb. 82 (1564 Apr. 4); Seb. 94 (1583 Mai 7); Best. Anna: Seb. (1583 Feb. 19, Büchsenschäfters Ehewirtin in der Äußeren Laufer Gasse in des Melchior Loysen Hof); StadtAN, B 14/I, Findbuch 14, S. 284: Vertrag 1588/89 Büchsenschäfter.

[219] LKAN, Seb. 90 (1551 Apr. 28); StadtAN, B 14/I, Findbuch 14, S. 339–341: Heinrich H. Kürschner/Pelzmacher, gest. ca. 1579, Ehefrau Ursula.

Resch, Georg   72 fl   Genannter 1578–1579   Händler, Schreiber
Georg R., wohnhaft in der Schustergasse, heiratete 1563 Anna Hernpeck[220].

Schweicker, Elias   72 fl   Kein Genannter   Wirt, Weinschenk
Elias S., aus Pfaffenhofen stammend, heiratete 1563 Margaretha Bullmann, 1565 Margaretha Reichel, 1582 Anna Ringsgewandt und 1593 die Witwe Ursula Zapf[221].

Strobel, Stefan   72 fl   Genannter 1571–1583   Handelsmann
Der aus Villach stammende Stefan S. heiratete 1566 Anna Hemer[222].

Strolunz, Lienhart   72 fl   Genannter 1539–1579   Kaufmann und Factor
Lienhart S., Faktor der bekannten Augsburger Firma Lienhart Weiß, heiratete 1538 Margaretha Lochmair (gestorben 1543). Seine zweite Heirat 1544 mit Afra fand in Ulm statt[223].

Tetzel, Sigmund   72 fl   Genannter 1549–1594   P
Sigmund T. war seit 1549 mit Magdalena Schleicher verheiratet[224], kam aber im Rat nicht zum Zug, da bereits zwei Familienvertreter bis 1575/76 im Rat saßen. Mitte der 1570er Jahre ließ er dann offensichtlich jüngeren Familienmitgliedern den Vortritt[225]. Insgesamt gab es 1579 in Nürnberg sieben (männliche) Haushaltsvorstände dieser Familie, wobei keiner der sechs anderen mehr auf unserer Liste ist[226].

[220] LKAN, Seb. 82 (1563 Mai 25); Best. Georg: Seb. (1579 März 7, *in der Schustergasse*); StadtAN, B 14/I, Findbuch 17, S. 129f., 185: Ehefrau Anna, kaufen Haus in der Schustergasse (1564), vertritt Ursula Ortung (1568–1569); Vormünder der Kinder verkaufen Erbgerechtigkeit an Haus beim Tiergärtner Tor (1582); Witwe Anna (Händler Georg verst.) heiratete Willibal Uhl, der 1591 auch schon verst. war (1591).

[221] LKAN, Seb. 109 (1563 Nov. 29); Seb. 121 (1565 Sep. 17); Seb. 139 (1582 Aug. 27); Seb. 65 (1593 Dez. 12); Best. Margaretha R.: Seb. (1582 Apr. 9, *Wirtin zum Hufeisen beim Hallertürlein*); Best. Anna: Seb. 82 (1593 Aug. 22, *am Neuen Bau beim Hallertürlein*); Best. Ursula: Seb. (1622 Jun. 2, *an der Vorderen Füll*); StadtAN, B 14/III, Nr. 1, F. 81r: Heiratsvertrag vom 30. Aug. 1565); StadtAN, B 14/I, Findbuch 18, S. 639f.: Ehefrau Anna, geb. Ringsgewandt (1584/88/93); Wirt, Weinschenk, Hausbesitzer auf dem Neuen Bau (1569); Vormund der Kinder des verst. Hans Siebmacher (1572–1583); Vormund der Ursula Horchheimer (1583–1596); Bevollmächtigter des Peter Schmidt (1585); Vormund der Kinder des verst. Peter Wagner (1600); mehrf. Hausbesitz.

[222] LKAN, Seb. 284 (1566 Okt. 29); Best. Stefan: Seb. (1583 Okt. 22, *in der Judengasse*); StadtAN, B 14/I, Findbuch 19, S. 111: Ehefrau Anna (1585 als Witwe); Erbe des verst. Martin Grüner [siehe Grüner, Martin 96 fl] (1580); sonst nur als Zeuge.

[223] Unger, Handel (wie Anm. 60), S. 24, 43, 52, 63, 67; Sakuma, Tuchmacher (wie Anm. 85), S.162; Theodor Hampe, Kunstfreunde im alten Nürnberg und ihre Sammlungen (nebst Beiträgen zur Nürnberger Handelsgeschichte), in: MVGN 16, 1904, S. 57–150, S. 81f., 87, 120–124; Christa Schaper, Studien zur Geschichte der Baumeisterfamilie Behaim, in: MVGN 48, 1958, S. 125–182, S. 162f., 177, 181; LKAN, Lor. 205 (1538 Mai 20); Best. Margaretha: Lor. 1543 (Eintrag 2854); Best. Lienhart: Seb. (1579 Feb. 10, *in der Alten Ledergasse*); Best. Afra: Seb. (1582 Apr. 7, dsgl.); StadtAN, B 14/I, Findbuch 19, S. 114f.: Gläubiger von Hof in Neunhof (1569); Haus- und Grundbesitz; StadtAN, B 14/III, Nr. 2, F. 11r: Tochter Margaretha, Heiratsvertrag mit Hieronymus Gewandtschneider (1568 Sep. 29).

[224] Kunnert, Monatsunternehmer (wie Anm. 216), S. 247; StadtAN, B 14/I, Findbuch 12, S. 87–89: Ehevertrag mit Magdalena Schleicher (1549); Gläubiger (1558); Vormund der Kinder des Hans Ölkarn (1559–1579); Pfändungsklage gegen Hans Binder (1559); Exekutionsklage gegen Contz Romsteck (1560); Vormund der Kinder des verst. Sigmund Örtel (1561–1567); dsgl. des verst. Endres Genger (1563).

[225] Jobst Tetzel (1539–1575, seit 1565 Triumvir) und Joachim T. (1545–1576, nur AG). Georg T. saß dann seit 1576 als AG im Rat (1587 wegen seines Alters und Leibsgebrechlichkeit erlassen). Als zweiter Familienvertreter wurde 1579 Jobst T. mit 23 Jahren zum JB gewählt (AB 1588, Septemvir 1601, Triumvir und Duumvir 1610, gest. 1612). Georg wurde 1587 sofort von Carl T. abgelöst (AG mit 38 Jahren, JB 1588, AB 1604, gest. 1611).

[226] Carl T. (Genannter 1579–1610), Gabriel T. (1536–1587), Georg T. (1557–1595), Hans Engelhardt T. (1562–1599), Jobst Friedrich T. (1579–1612) und Melchior T. (1551–1591).

Jamnitzer, Wenzel   70 fl   Genannter 1557–1585   Goldschmied, Handwerksherr
(*um 1507/08, †1585) Der bekannte, aus Wien stammende Goldschmied heiratete 1534 Anna Braunrauch und erwarb das Nürnberger Bürgerrecht. Nach 23jähriger Wartezeit wurde er zum Genannten gewählt, 1573 dann sogar als Handwerksherr in den kleineren Rat[227].

Barthel, Michel   64 fl   Kein Genannter   Händler
(†1584) Der bei seinem Tod als *Steyerischer Händler am Markt gegenüber dem Plobenhof* bezeichnete Michel B. hatte 1554 die Witwe Anna Enzendorfer geheiratet. Nach deren Tod 1582 heiratete er 1583 in zweiter Ehe Dorothea Schmid[228].

Fastart, Georg   64 fl   Gen. erst 1589–1622   Händler
Der aus Braunschweig stammende Georg F. hatte 1575 Barbara Stempel geheiratet[229].

Hoffman, Hans   64 fl   Gen. erst 1580–1592   Kürschner
Es kämen um 1579 mehrere Personen dieses Namens in Frage, zutreffend könnte der Kürschner und spätere Genannte Hans H. sein[230].

Mohr, Philipp   64 fl   Kein Genannter   Wirt
(†1585) Die erste Heirat von Philipp M. ist bisher nicht nachzuweisen, 1562 heiratete er Magdalena, die Witwe von Georg Koler, Wirt zum Goldenen Stern. In dritter Ehe war er seit 1574 mit Agnes, der Witwe von Hans Frumolt verheiratet[231].

Scherl, Philipp   64 fl   Genannter 1579–1615   Handelsmann, markgr. Faktor
Der Familienname *Schnell,* wie er im Original geschrieben ist, findet sich in Nürnberg um 1579 nicht. Insofern dürfte es sich um Philipp S. handeln, der 1574 *Merttha* Beheim heiratete. Bei seinem Tod hinterließ er ein Vermögen von über 50 000 fl[232].

Walther, Hans   64 fl   Genannter 1579–1594   Handelsmann
Hans W. dürfte 1570 Maria Leonhart aus Dinkelsbühl geheiratet haben[233].

---

[227] Klaus Pechstein (Bearb.), Wenzel Jamnitzer und die Nürnberger Goldschmiedekunst 1500–1700, München 1985. StadtAN, B 14/I, Findbuch 13, S. 245 u. Findbuch 15, S. 47.
[228] LKAN, Seb. 148b (1554 Apr. 30, Wite des Wolf E. am Markt [gest. 1552]); Seb. 210 (1583 Jun. 14); Best. Anna: Seb. (1582 Jun. 2); Best. Michel: Seb. (1584 Feb. 4); StadtAN, B 14/I, Findbuch 11, S. 72: Hausbesitzer beim Tucherschen Pfründhaus (1579).
[229] LKAN, Seb. 86 (1575 Jun. 13, Vater Barthel St.); StadtAN, B 14/I, Findbuch 13, S. 4: Händler, Ehefrau Barbara (1580); Vormund des Kindes des verst. Carl Farcket; Hausbesitz.
[230] StadtAN, B 14/I, Findbuch 14, S. 336–338. Zutreffend sind wohl: Kürschner, Ehefrau Katharina geb. Schernbein (1582/86); Ehefrau Elisabeth (1588); Mitvormund der Kinder der Margaretha Neuner (1580).
[231] LKAN, Seb. 243 (1562 Dez. 1); Lor. 630 (1574 Nov. 29); Best. Seb. 227 (*Wirt zum Goldenen Engel auf der Hinteren Füll*); StadtAN, B 14/I, Findbuch 16, S. 288, u.a.: Wirt zum goldenen Stern, Ehefrau Magdalena (1566); Vormund von Jacob und Philip Seyfried (1577); Gläubiger des Mercurius Plödt; Haus- und Grundbesitz.
[232] Peters, Handel (wie Anm. 21), S. 433f.; LKAN, Seb. 245 (1574 Jun. 25); StadtAN, B 14/I, Findbuch 18: S. 331f.: Gewalthaber der Witwe des Jacob von Hohenburg (1590); sonst nur als Zeuge.
[233] Martin, Musikgesellschaften (wie Anm. 82), S. 206; LKAN, Seb. 115 (1570 Okt. 24); Best. Hans: Seb. (1594 Mai 10, *unter der Vesten*); StadtAN, B 14/I, Findbuch 19, S. 354: nur einmal (1581) als Zeuge belegt.

Buchner, Hans d.J.   60 fl   Genannter 1560–1615   Bierbrauer
Hans B. war seit 1550 mit Ursula Gollner, der Tochter des 1544 verstorbenen Bierbrauers und Genannten Stefan Gollner verheiratet[234].

Fleischmann, Conrad   60 fl   Kein Genannter   Bierbrauer
Der Tod von Conrad F. ließ sich bislang – ebenso wie von seiner Ehefrau – nicht nachweisen. Daher ist auch nicht sicher, ob er jener Conrad F. ist, der 1534 Barbara Kezler heiratete. Auf einer Bierbrauerliste von 1579 kommt nur Ulrich F. vor[235].

Kautz, Jacob [Ursula]   60 fl   Kein Genannter   (Teutscher Schreiber)
(†1578) Die plausibelste Identifizierung der vornamenlosen Keutzin scheint Ursula K., geborene Kaufmann, Witwe des Jacob K. zu sein; sie hatten 1563 geheiratet. Der als *Buchstabensetzer, Teutscher Schreiber, Teutscher Schulmeister* sowie *Hochzeitslader* bezeichnete Jacob K. war in erster Ehe seit 1537 mit Anna Schuster verheiratet gewesen[236].

Kiener, Peter   60 fl   Kein Genannter   Wirt
(*1544, †1602) Peter K., der ältere Bruder von Endres K. (240 fl, dessen Identifikation in dieser Liste aber unsicher ist), heiratete 1565 Margaretha Mair, Tochter des Tuchverlegers und Genannten Hans Mair. 1601 heiratete er in zweiter Ehe Helena, die Witwe des Bortenhändlers Peter Wieß (in dieser Liste mit 48 fl). Peter K. kommt noch mit einem zweiten Betrag von 46 fl vor, der vielleicht seine Mutter Rachel oder aber seine Frau Margaretha betreffen könnte[237].

Pabst, Georg   60 fl   Genannter 1559–1582   Handelsmann
Georg P. heiratete 1558 Clara Marstaler und wurde ein Jahr später zum Genannten gewählt. Seit 1571 war er in zweiter Ehe mit Katharina Schenck verheiratet[238].

---

[234] LKAN, Lor. 135 (1550 Sep. 9); Best. Ursula: Seb. (1574 Aug. 14, *in der Laufer Gasse*); StadtAN, E 8, Nr. 5034, F. 2v: Bierbrauerliste 1579: *in der Inneren Laufer Gasse*; StadtAN, B 14/I, Findbuch 11, S. 443–446: Ehefrau Ursula (1562); Schwager des verst. Joachim Ochsenfelder (1583/1603); Gläubiger des Mathes Weiß (1585); vielfacher Hausbesitz.

[235] LKAN, Lor. 158 (1534 Aug. 31); StadtAN, B 14/I, Findbuch 13, S. 80: Bierbrauer (1579); vgl. dagegen StadtAN, E 8, Nr. 5034, F. 2v: Bierbrauerliste 1579: *Ulrich Fleischmann [Sohn?] am Spitzenberg*.

[236] LKAN, Seb. Seb. 125r (1537 Jul. 10); Seb. 153v (1563 Okt. 4); Best. Anna: Seb. (1563 Jul. 6, *Buchstabensetzerin und deutsche Schulmeisterin auf der Vorderen Füll*); Best. Jacob: Seb. (1578 Dez. 4, *Teutscher Schreiber und Hochzeitslader auf der Vorderen Füll*); StadtAN, B 14/I, Findbuch 15, S. 97f.: Jacob, Deutscher Schreiber, Kurator und Vormund: Vormund der Töchter des verst. Chr. Cammerer (1554–1556); Anwalt des Niclas Koch (1567); Kurator der Güter des Wolff Dietrich (1574); StadtAN, B 14/II, Nr. 126, F. 8f.: Vormünder der Erben von Peter Kautz bekommen von Ursula Kautz, der Frau des verst. Deutschen Schreibers Jacob Kautz, 9 1/2 fl ausbezahlt. LKAN, Best. Anna, Seb. 1563 (Eintrag 7673).

[237] Bartelmeß, Wappenbuch (wie Anm. 114), S. 236–252; StadtAN, B 14/I, Findbuch 15, S. 154: Wirt zum Goldenen Zirkel am Spitzenberg (1577–1591); mehrf. Hausbesitz; Pfandbesitz von Haus (1591); Testamentsexekutor der verst. Elisabeth Fuchs (1588/95); Best. der Mutter: LKAN, Lor. (1584 März 29).

[238] LKAN, Seb. 80 (1558 Feb. 7, Vater: Hieronymus M.); Seb. 84 (1571 Jun. 8); StadtAN, B 14/III, Nr. 1, F. 62v: Heiratsvertrag von 1558; StadtAN, B 14/I, Findbuch 11, S. 58f.: Vormund der Kinder des Rochius Vogt (1571); Witwe Katharina verheiratet sich mit Wolf Schwender (1586); Vormünder der Kinder verkaufen Anteil an Hof in Solar bei Hilpoltstein (1590); mehrf. Haus- und Grundbesitz; LKAN, Best. Clara 1568 (Eintrag 8993).

Prünsterer, Lienhart   60 fl   Gen. erst 1583–1607   Kandelgießer
Die Heirat von Lienhart P. mit Helena (gestorben 1592) konnte bislang nicht nachgewiesen werden. Seit 1594 war er mit Martha Beck, der Tochter des Händlers Georg Beck verheiratet[239].

Summerer, Georg d.Ä.   60 fl   Genannter 1562–1578   Handelsmann
Georg S., wohnhaft am Kornmarkt, heiratete 1541 Anna Martrar[240].

Stöckel, Wilhelm   56 fl   Gen. erst 1607–1612   G, Stadtpfänder
Wilhelm S., Mitglied einer bekannten, gerichtsfähigen Familie, war seit 1568 mit Katharina Ebner verheiratet, mußte aber erstaunlicherweise Jahrzehnte auf seine Genanntenwahl warten[241].

Lang, Hans   54 fl   Kein Genannter   ?
Personen dieses Namens sind in Nürnberg um 1579 leider so zahlreich, daß trotz der Einschränkung auf bestimmte Berufe noch drei verschiedene Hans L. in Frage kommen[242]. Allerdings gibt es in dieser Zeit eine gerichtsfähige Nürnberger Familie L. (siehe Paumgartner 140 fl).

Maler, Hans   54 fl   Genannter 1574–1591   Federmacher, Händler
(†1591) Hans M. heiratete 1562 Margaretha Ernst. In zweiter Ehe war er seit 1582 mit der Witwe Lucretia Richter verbunden. Hans M. kommt in der Liste noch mit einem zweiten Betrag von 52 fl vor, der vielleicht aus einer Vormundschaft resultiert[243].

Schmidtlein, Hans   54 fl   Gen. erst 1596–1600   Tuchhändler
Hans S. heiratete 1553 Katharina Apel; er unternahm 1600 offenbar einen Selbstmordversuch[244].

---

[239] Peters, Handel (wie Anm. 21), S. 238; LKAN, Best. Helena: Seb. (1592 Jul. 19, *beim Sonnenbad*); Lor. 510 (1594 Dez. 10); StadtAN, B 14/I, Findbuch 11, S. 427: Kandelgießer, vertritt Martin Grüner (1567–71); Vormund von Ursula, der Tochter des verst. Niclas Horchhamer (1583–1596); mehrf. Hausbesitz.

[240] LKAN, Lor. 245 (1541 Aug. 29); Best. Georg: Lor. (1578 Nov. 20, am Kornmarkt); Best. Anna: Seb. (1583 Aug. 22, *auf dem Neuen Bau beim Hallertürlein*); StadtAN, B 14/I, Findbuch 19, S. 128f.: Händler, Ehefrau Anna (1573), Sohn und Vertreter der Katharina Stubenfels (1567/68); Vormund der Kinder des verst. Hans Richthauser (1562); mehrf. Haus- und Grundbesitz; Sohn: Handelsbuchauszug über Schulden des Adrian Gillis und Hans Wunderer (1582); kauft mit Bruder Hans Erbgerechtigkeit an Eckhaus am Roßmarkt (1583/87); Vormund der Barbara Kranz (1583); Vetter und Beistand der Maria Kühfuß (1594); Erbe des Deocarus Winter (1595); Testamentsvollstrecker der Margaretha Kühfuß (1599/1601).

[241] Vgl. auch Schaper, Handelsprozesse (wie Anm. 89), S. 111; LKAN, Lor. 746 (1568 Sep. 22, Vater: Endres E.); Best. Wilhelm: Seb. (1612 Apr. 21); Best. Katharina: Seb. (1615 Sep. 10); StadtAN, B 14/III, Nr. 1, F. 114v: Heiratsvertrag vom 9. September 1568; StadtAN, B 14/I, Findbuch 19, S. 84f.: Sohn des Jacob S. (1563); Hausbesitz Unter den Hutern (1574).

[242] StadtAN, B 14/I, Findbuch 16, S. 12–15: Am wahrscheinlichsten ist vielleicht der Sohn von Georg Lang.

[243] LKAN, Seb. 107 (1562 Sep. 7); Seb. 139 (1582 Dez. 3, Witwe von Adam R.); Best. Martha: Seb. (1582 März 23, *auf St. Egidienhof*); Best. Hans: Seb. 442 (1591 Jul. 21, *Federmacher auf St. Egidienhof*); StadtAN, B 14/I, Findbuch 16, S. 171, 286 [wohl identisch mit einmal belegten *Möler* (1564)]: Ehefrau Martha (1562), Federmacher bzw. Händler; Gläubiger (1576); Vormund der Kinder des verst. Johann Ketzmann (1576), dsgl. Hans Saur (1579); mehrf. Hausbesitz.

[244] Jürgen Dieselhorst, Die Bestrafung der Selbstmörder im Territorium der Reichsstadt Nürnberg, in: MVGN 44, 1953, S. 58–230, S. 228; vgl. auch Peters, Handel (wie Anm. 21), S. 190; LKAN, Lor. 218 (1553 Okt. 10); Best. Hans: Lor. (1600 Sep. 25, *an der Langen Brücke*); StadtAN, B 14/I, Findbuch 18, S. 502f. [nicht immer klar welcher, eindeutig wohl]: Ehefrau Katharina, besitzt Haus beim Deutschen Hof (1556/65); Tuchmacher/Gewandschneider (1570/73/76); Händler und Brandenburgischer Hofdiener in *Hall in Sachsen* (1591/92/95).

Humbler, Heinrich   52 fl   Kein Genannter   Bierbrauer
(†1586) Heinrich H. heiratete 1556 Anna Nöpp und 1578 Barbara Kraus[245].

Maler, Hans   52 fl   siehe Maler, Hans   54 fl

Manger, Jacob   52 fl   Genannter 1572–1583   Handelsmann
Jacob M. heiratete 1557 die Witwe Ursula Zölcher und 1563 Clara Stöckel[246].

Viatis, Bartholomäus   52 fl   siehe Viatis, Barth.   500 fl

Rosenthaler, Hasdrubal   50 fl   Genannter 1555–1602   Kaufmann
Die Heirat von Hasdrubal R. mit Katharina Ebner ließ sich bislang nicht nachweisen. Da ihr erstes Kind im Juli 1556 getauft wurde, er allerdings bereits Ostern 1555 Genannter war, heirateten sie spätestens im Winter 1554/55[247].

Stoltz, Hans   50 fl   Genannter 1577–1595   Tuchhändler
Hans S. war seit 1549 mit Kunigunde Lön verheiratet[248].

Camerarius, Dr. Philipp   48 fl   Genannter 1571–1624   Jurist, Procancellarius
Philipp C. heiratete 1571 Helena Pfinzing und wurde sofort zum Genannten gewählt[249].

---

[245] LKAN, Lor. 298 (1556 Feb. 10); Lor. 326 (1578 Aug. 5, Witwe von Georg K. aus Ansbach); Best. Anna: Lor. (1577 Okt. 17); Best. Heinrich: Lor. (1586 Sep. 14, *Wirt bei der Blauen Glocke am Kornmarkt*); StadtAN, E 8, Nr. 5034, F. 2v: Bierbrauerliste 1579: *am Fischbach*; StadtAN, B 14/I, Findbuch 14, S. 421f.: Bierbrauer, Wirtshausbesitzer (1571/73); Gläubiger (1568); mehrf. Hausbesitz.

[246] Helfried Valentinitsch, Nürnberger Waffenhändler und Heereslieferanten in der Steiermark im 16. und 17. Jahrhundert, in: MVGN 64, 1977, S. 165–182, S.175; LKAN, Lor. 443 (1557 Feb. 17, Witwe von Barthel Z.); Lor. 445 (1563 März 2, Vater: Jacob S.); Best. Ursula 1561 (Eintrag 6895); StadtAN, B 14/I, Findbuch 16, S. 176, 251: Ehefrau Ursula, Witwe des verst. Barthel Zolcher (1557); Gewalthaber des Mathes Baur (1565); Gläubiger des verst. Thomas Egerer (1579); Vormund der Kinder des verst. Goldschmieds Michel Flindt (1583); mehrf. Haus- und Grundbesitz.

[247] Zur Familie, vgl. Haller, Größe (wie Anm. 3), S. 131f.; vgl. auch Schaper, Handelsprozesse (wie Anm. 89), S. 108; Karl v. Harsdorf, Der Kupferhammer zu Enzendorf bei Rupprechtstegen, in: MVGN 48, 1958, S. 26–50, S. 47; vgl. auch Schaper, Fürleger (wie Anm. 77), S. 22f. Taufe von Sohn Hasdrubal: LKAN, Seb. 139r (1556 Jul. 6); Best. Katharina: Seb. 268v (1587 Mai 21, *auf St. Egidienhof*); StadtAN, B 14/I, Findbuch 17, S. 191f.: Ehefrau Katharina, kaufen Haus am Egidienplatz (1563); vertritt Sigmund Ebner (1575); bekommt Geld von Hans Demminger, das Hans Fichtel ihm schuldete (1578); Curator der Güter des verst. Wolf Süß (1579/81); Kurator der Güter des verst. Erhard Erdinger (1590).

[248] Unger, Handel (wie Anm. 60), S. 26; LKAN, Lor. 98 (1549 Jun. 28); Best. Kunigunde: Seb. (1588 Okt 25, *Gewandtschneiders Ehewirtin am Weinmarkt*); Best. Hans: Seb. (1595 März 18, dsgl.); StadtAN, B 14/I, Findbuch 19, S. 86–88: Ehefrau Kunigunde, kaufen Haus am Weinmarkt (1556); Gewandschneider, verkauft Haus in der Engelhardsgasse (1557); Gläubiger (1563); Vormund der Kinder des verst. Sebastian Rottenberger (1569); Gewandschneider bzw. Tuchgewandter, schätzt Tuchstand, kauft Haus, verkauft Tuchladen (1570/72/73); vertritt Jacob Grundel (1577); Gläubiger des Georg Haas (1579); Gläubiger des verst. Schneiders David Seßler (1584); mehrf. Hausbesitz.

[249] LKAN, Seb. 245 (1571 Feb. 26); StadtAN, B 14/I, Findbuch 15, S. 74: Nur als Haus- und Grundbesitzer.

Diether, Paulus d.Ä.   48 fl   Genannter 1555–1604   G , Münzmeister
(*1531, †1604) Paulus D., einer bekannten, gerichtsfähigen Familie entstammend, heiratete 1554 Martha Harsdörffer und wurde sofort zum Genannten gewählt. 1579 heiratete er Magdalena Rieter, 1584 Ursula Hueter und 1596 Magdalena Helm[250].

Harscher, Martin   48 fl   Gen. erst 1598–1620   Pulvermacher
Martin H. heiratete 1563 Barbara Gscheid[251].

Kraus, Joachim   48 fl   siehe Kraus, Joachim   1.668 fl

Wieß, Peter   48 fl   Gen. erst 1588–1600   Bortenhändler, Krämer
(†1600) Peter W. heiratete 1565 die Witwe Barbara Rorer. Seit 1571 war er mit der Witwe Helena Meulendorfer verheiratet, die 1601 die Summe von 10 500 fl in ihre Ehe mit Peter Kiener (siehe 64 fl) einbrachte[252].

Camerarius, Dr. Joachim   46 fl   Genannter 1565–1598   Mediziner
(*1534, †1598) Der bekannte Arzt und Gründer des Collegium Medicum heiratete 1565 die Arztwitwe Justina Heß und wurde sofort zum Genannten gewählt. 1567 schloß er die zweite Ehe mit Maria Rummel, seit 1580 war er in dritter Ehe mit Ursula von Thill verbunden[253].

Kiener, Peter   46 fl   siehe Kiener, Peter   60 fl

Forstenhauer, Lienhart   44 fl   Gen. erst 1586–1588   Schachtelmacher
Lienhart F. heiratete 1556 Elisabeth Storr, 1563 Felicitas Bischof und 1575 Susanna Bernbeck[254].

Schlauersbach, Erasmus   44 fl   Genannter 1554–1578   Metzger, Handwerksherr
Erasmus S., Angehöriger der bekannten Metzger- und Viehhändlerdynastie, die im 16. Jahrhundert auch fast immer den Handwerksherren der Metzger im Rat stellte, war seit 1549 mit Sybilla Ulrich verheiratet[255].

---

[250] Zur Familie vgl. Imhoff, Imhoff (wie Anm. 65), S. 131f. Zur Person s.a. Koenigs-Erffa, Tagebuch (wie Anm. 100), S. 298; LKAN, Seb. 175 (1554 Mai 8, Vater: Wolf H.); Seb. 248 (1579 Mai 4); Seb. 250 (1584 Jun. 13); Seb. 252 (1586 Sep. 7); Best. Martha: Seb. (1576 Dez. 7, *in der Egidiengasse*); Best. Magdalena: Seb. (1583 Aug. 21, desgl.); Best. Ursula: Seb. (1584 Dez. 2, desgl.); Best. Paulus: Seb. (1604 Sep. 11), dsgl. StadtAN, B 14/III, Nr. 2, F. 38r: Heiratsvertrag vom 6. März 1579; StadtAN, B 14/I, Findbuch 12, S. 108–111: Heiratsvertrag mit Martha Harsdörffer (1554); Bruder der Anna Kötzler (1578); vielf. Haus- und Grundbesitz. Angabe Münzmeister: StadtAN, B 11, Nr. 125.

[251] LKAN, Seb. 199 (1563 Jul. 20); StadtAN, B 14/I, Findbuch 14, S. 79f.: Vormund der Kinder des verst. Balthasar Gscheidt (1567), dsgl. des Peter Losel (1588–1589); Haus- und Grundbesitz, u.a. Kauf der Pulvermühle in Wöhrd (1585).

[252] Bartelmeß, Wappenbuch (wie Anm. 114), S. 242; LKAN, Seb. 244 (1565 Jun. 9); Lor. 628 (1571 Okt. 3); Best. Barbara: Seb. (1570 Jul. 21, *in der Neuen Gasse*); Best. Peter: Lor. (1600 Apr. 19, *in der Obern Wehr bei der Almosmühle*); StadtAN, B 14/I, Findbuch 19, S. 335: Bortenhändler, Ehefrau Helena (1577); Hausbesitz.

[253] LKAN, Seb. 153 (1565 Feb. 28); Seb. 154 (1567 Aug. 4, Vater: Balthasar R.); Lor. 455 (1580 Mai 25, Vater: Wolf v. T.; Best. Justina 1565/66 (Eintrag 8317); StadtAN, B 14/I, Findbuch 15, S. 73f., u.a.: Ehefrau Maria (1570); Bevollmächtigter seiner Schwiegermutter Katharina Rummel (1581); vgl. auch Herbert J. Erlanger, Nürnberger Medaillen von 1782–1806, in: MVGN 73, 1986, S. 101–127, S. 118.

[254] LKAN, Seb. 183 (1556 Feb. 1); Seb. 184 (1563 Feb. 1); Seb. 186 (1575 Apr. 19); StadtAN, B 14/I, Findbuch 13, S. 227f.: Schachtelmacher, Ehefrau Felicitas (1573), Ehefrau Susanna (1577), heiratet nach seinem Tod den Hans Nürnberger; Vormund der Kinder des verst. Christof Bernkopf (1585); mehrf. Hausbesitzer.

[255] LKAN, Seb. 46r (1549 März 7, Vater: Wolf U.); Best. Erasmus: Lor. (1578 März 5, *in der Pfannenschmiedsgasse*); Best. Sybilla: Lor. (1579 Nov. 22, dsgl.); StadtAN, B 14/I, Findbuch 18, S. 379f.: Metzger, Ehefrau Sybille, kaufen verbranntes Gut zu Steinbühl (1554); zusammen mit Bruder Stefan Nachlaßverwalter des Jörg Rupp (1559); mehrf. Haus- und Grundbesitz.

Linck, Lorenz   42 fl   Kein Genannter   Handelsmann
(†1588) Lorenz L. heiratete 1555 Anna Löblein und 1578 die Witwe Gertraut Himler[256].

Geiger, Paulus   40 fl   Genannter 1578–1588   Tuchhändler (falliert)
(†1588) Paulus G. war seit 1577 mit Margaretha Lederer verheiratet und wurde sofort zum Genannten gewählt. Der Genanntenstatus wurde ihm 1588 wegen seines Konkurses aberkannt, kurz darauf starb er[257].

Hager, Erhart   40 fl   Kein Genannter   Händler
(†1590) Der sowohl als Buchführer wie auch als Baretthändler bezeichnete Erhart H. war seit 1548 mit Margaretha Fischer verheiratet[258].

Hahn, Heinrich   40 fl   Gen. erst 1596–1616   Goldschmied
Die Heiraten von Heinrich H. konnten bislang nicht nachgewiesen werden. Bei den Ehefrauen Magdalena (gestorben 1567) und Ursula (gestorben 1569) kann er sich um seine oder vielleicht auch die seines Vaters handeln[259].

Kinßecker, Georg   40 fl   Kein Genannter   kaiserlicher Notar
Georg K. heiratete 1566 Helena Munch. Er ging wohl noch eine zweite Ehe mit Elisabeth ein, deren Heirat bisher nicht nachgewiesen werden konnte. Der Betrag wurde vielleicht auch für eine Vormundschaft geleistet[260].

Kurtz, Engelhard   40 fl   Gen. erst 1580–1613   Buchhalter
Der aus dem Pustertal stammende Engelhart K. heiratete 1576 Ursula Zatzer. In zweiter Ehe war er seit 1585 mit Dorothea Strolunz verbunden. In den 1570er Jahren wird er als Diener des Veit Holzschuher bezeichnet, in den Genanntenregistern als Buchhalter der Fetzer und Finolt[261].

---

[256] LKAN, Lor. 288 (1555 Okt. 7); Lor. 497 (1578 Aug. 5, Witwe des Hans H.); Best. Anna: Lor. 442 (1574 Aug. 23); Best. Lorenz: Lor. (1588 Jul. 19, *in der Zisselgasse*); StadtAN, B 14/I, Findbuch 16, S. 81f.: prüft Tuchqualität (1555); Kaufhändler/Händler, Ehefrau Anna (1567), Ehefrau Gertraut, die zuvor mit (N.) Himler verheiratet war (1579/80); Testamentsexekutor des verst. Hans Gürner (1570); Vormund der Kinder des verst. Erhard Lösel (1571); als Genannter 1584 erwähnt, [evt. nur in diesem Jahr, da nirgends in Listen auftauchend]; Schulden, Haus wird von seinem Schwiegersohn Stefan Eppenbach gespänt (1584); unter Anklage (1586–1588); mehrf. Hausbesitz.

[257] LKAN, Lor. 631 (1577 Dez. 2, Väter: Stefan G. und Hans L., *Tuchgewandter*); Best. Paulus: Lor. (1588 Sep. 30); StadtAN, B 14/I, Findbuch 13, S. 259: Bevollmächtigter seiner Schwiegermutter Apollonia Lederer [siehe diese bei 160 fl] (1583).

[258] LKAN, Seb. 46 (1548 Nov. 13); Best. Erhart: Seb. 319 (1590 Sep. 23, *auf St. Egidienhof*); StadtAN, B 14/I, Findbuch 14, S. 12: Buchführer, Ehefrau Margaretha (1553–1570); Vormund von Barbara und Katharina Hern (1585/88); mehrf. Hausbesitz.

[259] LKAN, Best. Magdalena Seb. (1567 Nov. 28, *Goldschmiedin in der Neuen Gasse*); Best. Ursula Seb. (1569 Jan. 26, *Goldschmiedin hinter dem Rathaus*); StadtAN, B 14/I, Findbuch 14, S. 65: Miterbe eines Hauses in der Neuen Gasse (1576); sonst nur als Zeuge.

[260] LKAN, Seb. 83 (1566 Nov. 26); StadtAN, B 14/I, Findbuch 15, S. 155f.: kaiserl. Notar mit div. Vormundschaften, u.a. Testamentsexekutor des Wolf Grüneisen; Ehefrau Elisabeth kauft Ziegelhütte zum Schoppershof (1593); Hausbesitz.

[261] LKAN, Proklamationsbücher Lor. 46, F. 26 (der Erbar Engelhard K., Sohn des verst. Sebastian K. aus Niederndorf, Grafschaft Tirol im Pustertal); Lor. 160 (1576 Jun. 5, Vater: Sebastian Z.); Seb. 63 (1585 März 8); Best. Ursula: Lor. (1584 Mai 14, *gegenüber der Rosen*); Best. Engelhard: Seb. (1613 Mai 27, *am alten Milchmarkt*); Best. Dorothea: Seb. 25v (1625 Jul. 27); StadtAN, B 14/I, Findbuch 15, S. 377: Diener (Buchhalter?) des Veit Holzschuher (1572–1576); Hausbesitz i.d. Egidiengasse (1595).

Milchkögl, Frau des N.   40 fl   Kein Genannter   ?
Bislang ließ sich kein solcher Familienname nachweisen[262].

Sandreuther, Hans   40 fl   Gen. erst 1580–1598   Krämer
Der aus Windsheim stammende Hans S. heiratete 1567 Margaretha Stöberlein und 1583 Margaretha Höler[263].

Thill, Wolff von   40 fl   Genannter 1539–1590   G
Wolff von T., Mitglied einer bekannten, gerichtsfähigen Kaufmannsfamilie, heiratete 1538 Eufrosina Fütterer und wurde sofort zum Genannten gewählt[264].

Weller, Dr. Paulus   40 fl   Genannter 1564–1577   Mediziner
Der Arzt war seit 1563 mit Barbara Neuner verheiratet und wurde sofort Genannter. Diesen Status erkannte man ihm allerdings 1577 wieder ab[265].

Außerhalb des Samples

Gunler, Hans   34 fl   Kein Genannter   ?[266]

Klüpfel, Balthasar   30 fl   Genannter 1576–1587   Kramhändler
Balthasar K. heiratete 1553 Veronica Greber und 1557 Ursula Rausch[267].

Imhoff, Anthoni   –   Genannter 1576–1584   P
Anthoni I. wurde vielleicht vom Schauamtmann voreilig auf der Liste erfaßt. Er hatte 1575 Ursula Tucher geheiratet. Testamentarisch stiftete er 1584 zu dem von seinem Vater Hieronymus I. errichteten Stipendium von 20 fl noch 30 fl (Kapital circa 600 fl)[268].

---

[262] 1568 heiratete ein Paulus Milchvogl aus Amberg Sybilla Endres Preuss: LKAN, Seb. 244 (1568 Apr. 27).
[263] LKAN, Seb. 113 (1567 Sep. 22; Vater: Lienhart); Lor. 341 (1583 Aug. 7, Vater: Georg H.); Best. Margaretha: Lor. (1582 Dez. 26, *neben der Rose*); Best. Hans: Lor. (1598 Mai 24, *neben der Rosenau*); StadtAN, B 14/I, Findbuch 17, S. 275: Krämer, Ehefrau Margaretha, kaufen Haus am Kornmarkt (1573); Gläubiger des Lorenz Hippel (1575); Vormund der Katharina Wacker (1579–1582); Vormund der Kinder seines verst. Bruders Linhart S., Ursula, Barbara, Helena und Margaretha (1585); Vormund der Kinder des verst. Georg Haas aus zweiter Ehe (1590–1594). Zur Person vgl. auch Dieselhorst, Bestrafung (wie Anm. 244), S.107.
[264] Haller, Größe (wie Anm. 3), S. 162; LKAN, Seb. 204 (1538 Jul. 3); StadtAN, B 14/I, Findbuch 12, S. 94f.: Haus am Alten Roßmarkt (1551); Gläubiger (1573); vielf. Haus- und Grundbesitz; StadtAN, B 14/III, Nr. 1, F. 166r: Tochter Ursula, Heiratsvertrag mit Joachim Cammermeister (1580, Apr. 20); dsgl., F. 206: Sohn Jacob, Heiratsvertrag mit Martha Gugel (1588, Dez. 17).
[265] StadtAN, B 14/I, Findbuch 19, S. 259f.: Vater Alexander gest., Mutter Veronica, Schwester Susanna, mehrf. Verkauf von Grundbesitz (1558/59); Dr. med., Kurator des Jörg Plödt (1565); Vormund der Kinder des verst. C. Neuner (1580); verkauft Garten in Gostenhof (1597).
[266] Hans G. ist nicht in StadtAN, B 14 nachzuweisen.
[267] LKAN, Seb. 222 (1553 Mai 8); Seb. 324 (1557 Jul. 5); Best. Seb. 263v (1587); StadtAN, B 14/I, Findbuch 15, S. 189: Hausbesitz Waaggasse zusammen mit Anton Mühlholzer (1558), Hausbesitz Vordere Füll (1560, Verkauf 1568).
[268] StadtAN, B 14/III, Nr. 1, F. 155v: Sohn des verst. Hyronimus I., Heiratsvertrag vom 17. Okt 1575; StadtAN, B 14/I, Findbuch 15, S. 3. Zur Stiftung siehe Roth, Genannte (wie Anm. 20), S. 96.

Fehlende Namen?

Einige Kaufleute, die man beispielsweise mit Spenden bei Sammlungen des Handelsvorstands findet[269], und die zugleich Genannte waren, fehlen in unserer Liste: Paulus Angerer (Genannter 1568–1595), Conrad Baldinger[270] (1579–1609), Hans Brief (1571–1604), David Dilherr[271] (1565–1589), Lienhart Dilherr (1561-?), Mang Dilherr (1579–1627), Hans Flenz[272] (1560–1596), Georg Heen[273] (1563–1590), Tobias Hundertpfund (1560–1598), Esaias Kleewein[274] (1558–1586), Michel Keuzel[275] (1569–1599), Balthasar König[276] (1570–1588), Hans Körner (1580–1600), Endres Küchenmeister (1580–1592), Eberhard Kürn (1559–1587), Wolf Lanzinger[277] (1563–1584), Paulus Pülz (1577–1600), Sigmund Richter (1576–1587), Paulus Schenk[278] (1569–1596), Michel Schiller (1579–1602), Paulus Sidelmann[279] (1567–1615), Georg Soner[280] (1570–1587), Georg Täuber[281] (1576–1588) und Hans Zeidler (1565–1600).

Da es um 1579 zu einigen Konkursen kam, darf man aber auch eine schlechte Konjunkturlage für einzelne Handelsfirmen beziehungsweise einen geringen Umfang ihres Handelsvolumens nicht außer Acht lassen. Bei der Grenze von 40 fl handelte es sich – nach der reichsstädtischen Steuertheorie – um 4000 fl Handelsvermögen. Außerdem ist bei manchen von ihnen eine Steuerleistung durch Dritte oder auch eine nachträgliche Versteuerung des Handelsvermögens nicht auszuschließen (Abwesenheit in Handelsgeschäften). Auffällig ist außerdem das Fehlen von Teilen des Patriziats. Von den 390 Genannten im Jahr 1579 stammten 83 aus 28 patrizischen Familien. Von diesen waren 13 Familien mit 28 männlichen Haushaltsvorständen überhaupt nicht in unserer Liste vertreten[282]. Dabei muß man bedenken, daß das Einkommen aus

---

[269] Vgl. Anm. 24. Auf der Liste von 1580 fehlen sieben von 43 Spendern (16%). Auf beiden Aufstellungen zusammen – die zweite Liste ist allerdings von 1584 – fehlen 24 von 88, das heißt 27%.

[270] Zur Person vgl. Peters, Handel (wie Anm. 21), S. 358f.

[271] Zur Familie Dilherr bzw. den folgenden beiden Familienvertretern vgl. Peters, Handel (wie Anm. 21), S. 248–251.

[272] Zur Handelsfirma vgl. Peters, Handel (wie Anm. 21), S. 366.

[273] Der auch *Hey/Henn* Geschriebene wird in den Genanntenverzeichnissen als *Stattlicher Factor* bezeichnet. Der Name ist wohl auch identisch mit der bei Peters genannten Familie Hoen; Peters, Handel (wie Anm. 21), S. 451.

[274] Zur Person bzw. Handelsfirma vgl. Peters, Handel (wie Anm. 21), S. 426–429.

[275] Auch die Schreibweisen *Kneisl/Kneussel* sind gebräuchlich; vgl. auch Peters, Handel (wie Anm. 21), S. 313.

[276] Balthasar König, gest. ca. 1620, wurde wegen seines Falliments der Genanntenstatus 1588 aberteilt.

[277] Sein Sohn errichtete um 1600 einen Gebäudekomplex um 16 000 fl., vgl. Schultheiß, Baukosten (wie Anm. 26), S. 292. Siehe auch Peters, Handel (wie Anm. 21), S. 246f.

[278] Zur Person vgl. Peters, Handel (wie Anm. 21), S. 298.

[279] Um 1600 errichtete er ein Haus um 16 000 fl., vgl. Schultheiß, Baukosten (wie Anm. 26), S. 292.

[280] Auch die Schreibweise *Sauer* kommt vor; zur Handelsfirma vgl. Peters, Handel (wie Anm. 21), S. 266.

[281] Zur Handelsfirma vgl. Peters, Handel (wie Anm. 21), S. 419f.

[282] StadtAN, GSI 152. Maria Muffel (siehe 160 fl.) wurde hierbei nicht zur Familie Muffel gezählt; dementsprechend figurieren die Muffel bei den fehlenden Familien. In unserer Liste sind also lediglich 16 Personen aus 15 Familien vertreten. Diese 15 Familien stellten allerdings 55 männliche Haushaltsvorstände.

der Grundherrschaft nach der Losungordnung nur relativ gering versteuert wurde. Vor allem der Freibetrag von 100 Sümmern Gültgetreide – der wichtigsten Einnahmequelle aus grundherrschaftlichen Rechten – war enorm. Er entsprach 1579 über 550 Rechengulden, die, hätte man sie versteuern müssen, mit 92 fl Losung zu verrechnen gewesen wären! Zudem waren bestimmte grundherrschaftliche Einnahmen mit einem reduzierten Steuersatz von 8,33% veranlagt[283].

Schlußbetrachtung

Diese Aufstellung der reichsten Nürnberger Bürger bietet erstmals für ein Stichjahr einen konkreten Anhaltspunkt über Einkommen und Vermögen der wirtschaftlichen Elite Nürnbergs[284]. Die angeführten Steuerbeträge scheinen dabei – trotz der anonymen Selbstbesteuerung – von den Zeitgenossen einigermaßen korrekt berechnet worden zu sein[285]. Aufgrund einiger weniger Angaben des jeweiligen Gesamtvermögens nach 1579 kommt man auf ein Verhältnis Steuerleistung / Vermögen von mindestens 1 : 200[286]. Auffällig ist – wie bei der Zusammenstellung von Scheurl acht Jahrzehnte zuvor[287] – die große Zahl der von auswärts zugezogenen Personen unter den reichsten Nürnberger Bürgern. Dies zeigt die nach wie vor große Anziehungskraft der europäischen Metropole Nürnberg im späten 16. Jahrhundert.

Unter den 186 Personen unserer Liste waren im Jahr 1579 insgesamt 130 Genannte des Größeren Rats vertreten[288], dies sind etwa 70%. Im Jahr 1580 wurden bei 32 Neuernennungen acht Personen aus unserer Zusammenstellung berücksichtigt. Hierbei dürfte die vorangegangene Steuerleistung wohl auch eine Rolle gespielt haben. In den folgenden Jahren wurden weitere 14 Personen aus diesem Sample ernannt[289]. Da außerdem einer Person (Paulus Örtel) der Genanntenstatus vor 1579 aberkannt worden war, kann man feststellen, daß 23 weitere Personen aus unserer Liste Genannte wurden (beziehungsweise waren), das heißt insgesamt 82%. Umgekehrt ausgedrückt, lediglich 33 Personen sollten als reiche Außenseiter nie in den Größeren Rat aufrücken. Hierbei ist darüber hinaus in Rechnung zu stellen, daß bei vielen von diesen vermeintlichen Außenseitern ein früher Tod ihrer Genanntenwahl zuvor kam. Insgesamt kann man feststellen, daß Verfassungstheorie und Verfassungspraxis im späten 16. Jahrhundert übereinstimmten, indem im Größeren Rat gerade die reichen Bürger repräsentiert waren, die mit ihrer Steuerleistung den Staat fundierten. Deutlich überrepräsentiert war hingegen das Patriziat, das die politische Macht innehatte und qua

---

[283] Vgl. Anm. 7 sowie Bauernfeind, Grundstrukturen (wie Anm. 9), S. 247–252.
[284] Da wir uns allerdings bis 1623 in einer Phase mit starker Preisinflation befinden, sind die Werte für nominelle Vergleiche nur für einen begrenzten Zeitraum geeignet; vgl. Bauernfeind, Grundstrukturen (wie Anm. 9), S. 48–58, 246–265, 307–363.
[285] Vgl. etwa die Vermögensangaben sowie die Steuerleistung von Bartholomäus Viatis (500 fl).
[286] Vgl. die Angaben bei Beheim 656 fl, Praun 330 fl, Irtenberger 328 fl, Junker 80 fl.
[287] Wie Anm. 3.
[288] Zum Genanntenkollegium vgl. Anm. 22.
[289] Zwei von 1581 bis 1584, sechs von 1585 bis 1589, weitere fünf bis 1598 und ein Nachzügler noch 1607.

Geblütsrecht im Größeren Rat saß. Während es dort über 21% der Mitglieder stellte, kam es in unserer Zusammenstellung nur auf 9%.

Nimmt man allerdings die Verhältnisse im Kleineren Rat, dem eigentlichen reichsstädtischen Machtzentrum, als Kriterium, dann sieht das Bild für die wirtschaftliche (patrizische) Elite besser aus. Von den 26 Alten und Jungen Bürgermeistern des Kleinen Rats sind immerhin acht (31%) persönlich unter den reichsten Nürnberger Bürgern des Jahres 1579 vertreten. Berücksichtigt man nur die Familiennamen der 15 patrizischen Familien unserer Liste, so wird das Vertretungsverhältnis der reichen Patrizier im Rat immer eindeutiger, je höher man in der Ämterhierarchie steigt: Von 34 Patriziern im Rat (Bürgermeister und Alte Genannte) stellten die Familien unserer Liste 21 Vertreter (62%), von 26 Bürgermeistern 17 (65%), von 13 Alten Bürgermeistern neun (69%), von sieben Septemvirn fünf (71%) und von drei Triumvirn drei (100%). Es ist nur schwer vorstellbar, daß es sich dabei um einen Zufall handelt. Nimmt man die politischen Karrieren von Vertretern der reichsten Patrizierfamilie – der Imhoff – im 16. und frühen 17. Jahrhundert als Beispiel[290], so verstärkt sich der Eindruck, daß wirtschaftliche Macht auch im Kleineren Rat für die Ämterlaufbahn ein entscheidendes, wenn nicht das entscheidende Kriterium war.

---

[290] Siehe Anm. 68.

Anhang
Alphabetische Namenliste mit Quellennachweis[291]

Aufgelöster Name	Losung	Originalschreibweise	Originalbetrag	(Zettel)
Albrecht, Barthel	320	Bartell Albrecht	160	(4)
Ammon, Lienhart	160	Lenhart Amon	80	(10)
Ayrer, Dr. Melchior	272	Doctor Ayrer	136	(1)
Bair, Conrad	500	Cunradt Payr	250	(17)
Barthel, Michel	64	Michel Barttel	32	(5)
Bauer, Mathes	284	Mathes Bauer	142	(16)
Beheim, Endres	656	Endres Beham	328	(3)
Beheim, Erhart	80	Erhart Beham	40	(5)
Beheim, Peter d.J.	144	Peter Beham	72	(5)
Boxberger, Wilhelm	80	Wilhelm Poxxberger	40	(4)
Buchner, Georg	120	Georg Puchner	60	(3)
Buchner, Hans d.J.	60	Hans Puchner	30	(3)
Burckart, Caspar	220	Casper Burckart	110	(16)
Camerarius, Dr. Joachim	46	Dr. Joachim Camerarii	23	(4)
Camerarius, Dr. Philipp	48	Dr. Phillipp Cammerarii	24	(6)
Diether, Paulus d.Ä.	48	Paulus Diether	24	(6)
Dietmair, Georg	120	Georg Dietmain	60	(3)
Dietrich, Hans	84	Hans Dietrich	42	(1)
Dörleder, Valentin	160	Valtin Dörleder	80	(10)
Eckart, Paulus	108	Paulus Eckart	54	(6)
Eißvogel, Gabriel	150	Gabriel Eyßfogel	75	(14)
Engel, Hans	144	Hans Engell	72	(7)
Fastart, Georg	64	Georg Fastart	32	(4)
Fetzer, Mathes	680	Mathes Fetzer	340	(4)
Finolt, Joachim d.Ä.	450	Joachim Finolt	225	(1)
Fleischmann, Conrad	60	Cunradt Flaischman	30	(5)
Forstenhauer, Lienhart	44	Lenhart Forstenhauer	22	(9)
Forstenhauser, Hans	192	Hans Forstenhausser	96	(7)
Fürleger, Paulus d.Ä.	400	Paulus Furleger	200	(2)
Fürnberger, Paulus d.Ä.	900	Paulus Furnberger	450	(7)
Fütterer, Jacob	280	Herr Jacob Fütterer	140	(2)
Furter, Wolff	600	Wolff Fortter	300	(15)
Gamersfelder, Sigmund	400	Sigmundt Jamersfelder	200	(6)
Geiger, Paulus	40	Paulus Geiger	20	(4)
Gelnauer, Franz d.Ä.	360	Frantz Gelnauer	180	(7)
Geuder, Anthoni	104	Anthoni Geuder	52	(7)
Gewandschneider, [Familie?]	960	Hans Gwandtschneider	480	(14)
Görtz, Cornelius	148	Cornelius Gortz	74	(4)
Gößwein, Georg	400	Georg Goeßwein	200	(4)
Gößwein, Niclas d.J.	224	Niclas Goeßwein	112	(4)
Grebner, Hans	78	Hans Grebner	39	(9)
Grüner, Martin d.Ä.	96	Marthin Gruner	48	(3)
Gugel, Dr. Christof Fabius	228	Dr. Fabian Jugel	114	(3)

---

[291] Anhand der alphabetischen Aufstellung lassen sich die Namen leicht im Text finden. Die Anrede Herr im Original findet sich – bis auf die Ausnahme von Dr. Georg Palm – nur bei Ratsangehörigen bzw. ehem. Ratsangehörigen. Der Originalbetrag der Quelle wurde für die Losungleistung verdoppelt (Goldguldenbetrag in der Quelle, die Losung mußte aber *halb in Gold und halb in Silber* geleistet werden). Anhand der letzten Spalte (Zettel) kann man lediglich nachvollziehen, welche Einträge auf demselben Zettel sind. Die 17 Originalzettel wurden leider weder zeitgenössisch noch im Archiv foliiert.

Aufgelöster Name	Losung	Originalschreibweise	Originalbetrag	(Zettel)
Gunler, Hans	34	*Hans Gunler*	*17*	(2)
Guteter, Erasmus	120	*Ersinius Gutetter*	*60*	(15)
Guteter, Hans d.J.	170	*Hans Gueteter*	*85*	(9)
Hager, Erhart	40	*Erhart Hagen*	*20*	(4)
Hahn, Heinrich	*40*	*Hainrich Hun*	*20*	(4)
Hainfelder, Margaretha	268	*Hans Hainfelderin*	*134*	(1)
Haller, Ernst	100	*Ernnst Haller*	*50*	(5)
Harscher, Martin	48	*Marthin Harscher*	*24*	(9)
Harsdörffer, Paulus	140	*Herr Paulus Harstörffer*	*70*	(7)
Hauer, Hans	160	*Hans Hauer*	*80*	(5)
Henn, Pankratz	80	*Bangratz Hen*	*40*	(3)
Hiltebrand, Georg	72	*Georg Hilltebrandt*	*36*	(4)
Hönnig, Georg	162	*Georg Hönnig Wirth*	*81*	(11)
Hoffman, Hans	64	*Hans Hoffman*	*32*	(5)
Hoffman, Sebald	216	*Sebald Hoffman*	*108*	(1)
Hoffman, [Ursula?]	72	*N. Hoffmenin*	*36*	(1)
Holzschuher[?], Veit[?]	200	*Urich Holtzsucher*	*100*	(14)
Hopfer, Hieronymus [III.]	250	*Jeronimus Hopffer*	*125*	(14)
Hopfer, Hieronymus [III.]	216	*Jeronimus Hopffer*	*108*	(2)
Huebner, Lienhart	110	*Lenhart Huebner*	*55*	(6)
Hueter, Hans	180	*Hans Huetter*	*90*	(9)
Hütteroth, Georg	80	*Georg Hietroth*	*40*	(5)
Humbler, Heinrich	52	*Hainrich Humler*	*26*	(4)
Imhoff, Anthoni	-	*Anthoni Imhoff*	-	(11)
Imhoff, Paulus	500	*Paulus Imhoff*	*250*	(9)
Irtenberger, Thoman	328	*Thoman Ördenberger*	*164*	(8)
Jacob, Paulus	84	*Pauluß Jacob*	*42*	(8)
Jamnitzer, Wenzel	70	*Herr Wenzel Jamitzer*	*35*	(6)
Junker, Franz	80	*Franntz Junker*	*40*	(5)
Kammerer, Wolff	100	*Wolff Kammerer*	*50*	(2)
Kautz, Ursula	60	*N. Keutzin*	*30*	(8)
Keilhauer, Georg	400	*Georg Keilhauer*	*200*	(1)
Kern, Wolff	272	*Wolff Kern*	*136*	(4)
Kiener, Endres	240	*Endreß Kuner*	*120*	(3)
Kiener, Peter	60	*Peter Kuener*	*30*	(6)
Kiener, Peter	46	*Peter Kuener*	*23*	(12)
Kinßecker, Georg	40	*Georg Kinßecker*	*20*	(3)
Klüpfel, Balthasar	30	*Balthasar Glipffel*	*15*	(2)
Koch, Caspar	240	*Casper Koch*	*120*	(13)
Köchel, Jacob	92	*Jacob Köchell*	*48*	(9)
Kraus, Joachim	1668	*Joachim Krauß*	*834*	(12)
Kraus, Joachim	48	*Joachim Krauß*	*24*	(8)
Kreß, Hieronymus	160	*Jeronimus Kreß*	*80*	(7)
Kronberger, Niclas	190	*Niclas Gronberger*	*95*	(4)
Kuefueß, Hans	92	*Hans Kuefueß*	*46*	(6)
Kurtz, Engelhart	40	*Engelhart Kurtz*	*20*	(3)
Lang, Georg	80	*Georg Lang*	*40*	(17)
Lang, Hans	54	*Hans Lang*	*27*	(4)
Lays/Loys, Melchior	100	*Melchior Layß*	*50*	(6)
Lederer, Apollonia	160	*Hans Lederin*	*80*	(4)
Linck, Lorenz	42	*Lorenz Linckh*	*21*	(7)
Linder, Caspar	128	*Casper Linder*	*64*	(13)
Loeffelholz, Mathes	260	*Herr Mathes Loffelholtz*	*130*	(6)
Mair, Lienhart	144	*Lenhart Mayr*	*72*	(17)

Aufgelöster Name	Losung	Originalschreibweise	Originalbetrag	(Zettel)
Maler, Hans	52	*Hans Möler*	26	(2)
Maler, Hans	54	*Hans Maler*	27	(6)
Manger, Jacob	52	*Jacob Manger*	26	(2)
Meindel, Georg	200	*Georg Meindel*	100	(4)
Meisinger, Hans	308	*Hans Meysinger*	154	(8)
Melfurer, Hans	76	*Hans Melfurrer*	38	(7)
Meringer, Wolff	224	*Wolff Meringer*	112	(5)
Milchkögl, Frau des N.	40	*N. Milchköglin*	20	(8)
Mohr, Philipp	64	*Phillipp Mor*	32	(12)
Mülegg, Heinrich d.Ä.	112	*Heinrich Minlich*	56	(2)
Müllner, Sebastian	112	*Sebastian Mulner*	56	(12)
Münsterer, Sebald	240	*Sebaldt Munsterer*	120	(4)
Muffel, Maria	160	*Gabriel Mufflin*	80	(2)
Neudorfer, Johann d.J.	172	*Johan Neudorffer*	86	(4)
Nützel, Joachim	194	*Herr Joachim Nützel*	97	(4)
Nutsch, Hans	160	*Hans Nutsch*	80	(10)
Örtel, Paulus	84	*Paulus Örttel*	42	(6)
Pabst, Georg	60	*Georg Pabst*	30	(5)
Palm, Dr. Georg	120	*Herr Doctor Palm*	60	(11)
Paumgartner, Balthasar d.Ä.	140	*Balthasar Baumgarttner*	70	(15)
Paumgartner, Gabriel	78	*Gabriel Baumgartner*	39	(7)
Pavi, Niclas	200	*Niclas Paui*	100	(7)
Pechler, Georg	704	*Georg Pechler*	352	(8)
Peintner, Melchior	556	*Melchior Peintner*	278	(5)
Peintner, Melchior	528	*Melchior Peintner*	264	(13)
Petz, Conrad	120	*Connradt Petz*	60	(4)
Petz, Eitel	384	*Eyttel Petz*	192	(7)
Petzolt, Georg	208	*Georg Petzolt*	104	(5)
Pfinzing, Hans	178	*Herr Hans Pfinzing*	89	(7)
Pfister, Isaak	120	*Isackh Pfister*	60	(17)
Pfister, Isaak	72	*Isackh Pfister Wirth*	36	(11)
Pilgram, Heinrich	520	*Hainrich Bilgram*	260	(3)
Pilgram, Heinrich	100	*Hainrich Bilgram*	50	(5)
Pippler, Johann	120	*Johan Pippler*	60	(3)
Praun, Stefan II.	330	*Steffan Braun*	165	(6)
Pregel, Dr. Thomas	96	*Doctor Pregel*	48	(17)
Preuning, Paulus	252	*Paulus Preining*	126	(17)
Prünsterer, Lienhart	60	*Lenhart Prunsterer*	30	(17)
Rehlein, Wolff	428	*Wolff Rehla*	214	(8)
Resch, Georg	72	*Georg Resch*	36	(10)
Reuter, Christof	120	*Christoff Reiter*	60	(13)
Reuter, Gerhart	200	*Gerhart Reiter*	100	(5)
Rosenthaler, Hasdrubal	50	*Hastrobal Rosenthaler*	25	(6)
Rottengatter, Paulus	308	*Paulus Rotegatter*	154	(7)
Rottengatter, Ulrich	520	*Ulrich Rotegatter*	260	(1)
Sandreuther, Hans	40	*Hans Santreuter*	20	(4)
Schäuffelein, Hans	440	*Hans Scheuffele*	220	(6)
Scheel, Hans	248	*Hans Scheel*	124	(3)
Scherl, Philipp	64	*Phillip Schnell*	32	(4)
Scheurl, Albrecht	1000	*Albrecht Scheurll*	500	(11)
Schiller, [Mathes]	160	*Maigister Schiller*	80	(7)
Schlaudersbach, Georg	150	*Georg Schlauersbach*	75	(7)
Schlauersbach, Erasmus	44	*Ersinius Schlauerspach*	22	(5)
Schlüsselberger, Gabriel	200	*Gabriel Schliesselberger*	100	(3)

Aufgelöster Name	Losung	Originalschreibweise	Originalbetrag	(Zettel)
Schlüsselfelder, Willibald	160	Herr Wiliwaldt Schlüsselfelder	80	(1)
Schmidt, Elias	80	Elias Schmidt	40	(8)
Schmidt, Endres	90	Endreß Schmidt	45	(2)
Schmidt, Michel	340	Michel Schmidt	170	(5)
Schmidtlein, Hans	54	Hans Schmidtlein	27	(1)
Schmidtmer, Endres	274	Endreß Schmidtmer	137	(4)
Schnabel, Georg	120	Georg Schnabel	60	(1)
Schnitter, Hieronymus	240	Jeronimus Schinder	120	(14)
Schönborn, Valentin	588	Valtin Schonborn	294	(6)
Schwab, Barthel d.J.	200	Barttel Schwab	100	(15)
Schwab, Hans	800	Hans Schwab	400	(14)
Schwab, Heinrich d.Ä.	300	Hainrich Schwab	150	(15)
Schweicker, Balthasar	208	Balthasar Schweicker	104	(3)
Schweicker, Elias	72	Elias Schweicker	36	(12)
Schwender, Hans d.Ä.	160	Hans Schwender	80	(9)
Sitzinger, Lucas d.J.	74	Laux Sitzinger	37	(9)
Spörl, Lienhart	260	Lenhart Spörll	130	(5)
Stamm, Hans	100	Hans Stam	50	(4)
Steinhausser, Simon	128	Symon Stainhausser	64	(4)
Stockamer, Alexander	144	Alexander Stockamer	72	(7)
Stöckel, Wilhelm	56	Wilhelm Stöckell	28	(2)
Stoffel, Georg	92	Georg Stoffel	46	(5)
Stoltz, Hans	50	Hans Stoltz	25	(2)
Strobel, Stefan	72	Steffan Strobel	36	(4)
Strolunz, Lienhart	72	Lenhart Stroliz	36	(16)
Summerer, Georg	60	Georg Summerer	30	(1)
Tetzel, Sigmund	72	Sigmundt Detzel	36	(8)
Thill, Wolff von	40	Wolff von Dill	20	(3)
Thoma, Hans	320	Hans Thoman	160	(5)
Trainer, Hans	104	Hans Trainer	52	(16)
Tucher, Tobias	160	Herr Tobias Tucher	80	(6)
Unterholzer, Eustachius	460	Eystachius Underholtzer	230	(1)
Unterholzer, Hans	168	Hans Unnderholtzer	84	(14)
Viatis, Bartholomäus	500	Barthelme Viatis	250	(2)
Viatis, Bartholomäus	52	Bartelme Viatis	26	(9)
Voit, Hans d.Ä.	200	Hans Voytt	100	(16)
Volckamer, Clement	254	Herr Clemendt Volckamer	127	(4)
Volckart, Raynier	160	Raynier Volckart	80	(7)
Walther, Hans	64	Hans Walther	32	(3)
Weiermann, Hans	140	Hans Weyerman	70	(9)
Weiermann, Joachim d.J.	204	Joachim Weierman	102	(5)
Weiß, Hans	424	Hans Weiß	212	(1)
Weller, Dr. Paulus	40	Doctor Weller	20	(1)
Wertha, Lienhard von	600	Lenhart von Werda	300	(2)
Wieß, Peter	48	Peter Wieß	24	(5)
Wolff, Dr. Heinrich	100	Dr. Hainrich Wolff	50	(6)

Michael T o c h

Jewish Women Entrepreneurs in the 16th and 17th Century Economics and Family Structure

For economics as for so many other features of early modern Jewish life in central Europe, the memoirs of Glickel of Hameln bestow upon the reader insights rarely to be found in other types of sources. They present us with a part of Jewish society engaged in what can only be called „merchant-capitalism". Here there is an upper layer of wealthy Jews, whose trade and credit operations spread over all of central and large parts of western Europe. Theirs was a highly dynamic economic structure, highlighted by the quick spin of the wheel of fortune, as individuals and families rose and were ruined in turn. Even though a moralising Glickel preferred to present such dramatic twists of fate as divine retribution for private and collective sins, for us they can also be understood as birth pangs of economic modernisation. The same holds for other features mentioned in the passing by Glickel: the networks of trade and finance from Hamburg to London, Amsterdam, Berlin, Vienna and Paris, the sprinkling of colonial overseas concerns, and enterprises in manufacture. However, when asking for the economic pursuits of Jewish women in the plural, we are in a quandary. Here the very uniqueness of Glickel's memoirs poses grave problems. In what sense was Glickel with her plethora of economic pursuits a child of her time? Was it solely her forceful personality that enabled her to carve out a place in the sun?

Such questions ask for comparison, for the use of additional source material. Sadly, there is nothing in existence to match the sense of personal directness conveyed by the memoirs of Glickel. Apart from the halachic (normative religious) material used so admirably by Jacob Katz[1], there is yet precious little source information available for a systematic economic history of the Jews in the early modern centuries[2]. However, we have recently been blessed by two source editions that can be used with great profit, of Uta Löwenstein from the Marburg archive and of Friedrich Battenberg from the Darmstadt archive[3]. Further thanks go to Friedrich Battenberg who put at our dis-

---

[1] Jacob Katz, Marriage and Sexual Life among the Jews at the End of the Middle Ages, in: Zion 10, 1944/45, pp. 21–54 (Hebrew); idem, Tradition and Crisis. Jewish Society at the End of the Middle Ages, Jerusalem 1957/58 (Hebrew), English translation: New York 1961, new henceforth cited translation by Bernard Dov Cooperman, New York 1993, pp. 38–62.

[2] Indeed, there is nothing yet to compare with the wealth of material I had at my disposal when I asked similar questions on medieval Jewish women: Michael Toch, Die jüdische Frau im Erwerbsleben des Spätmittelalters, in: Julius Carlebach (ed.), Zur Geschichte der jüdischen Frau in Deutschland, Berlin 1993, pp. 37–48. It is to be hoped that the different projects associated with Germania Judaica IV, directed by Stefan Rohrbacher, Israel Yuval and the author, will remedy this situation.

[3] Uta Löwenstein (ed.), Quellen zur Geschichte der Juden im Hessischen Staatsarchiv Marburg 1267–1600, 3 vols., Wiesbaden 1989; Friedrich Battenberg (ed.), Quellen zur Geschichte der Juden im Hessischen Staatsarchiv Darmstadt 1080–1650, Wiesbaden 1995. I have already used these sources in a number of studies: Michael Toch, Aspects of Stratification of Early Modern German Jewry: Population History and Village Jews, in: Ronnie Po-chia Hsia and Hartmut Lehmann (eds.), In and Out of the Ghetto. Jewish-Gentile Relations in Late Medieval and Early Modern Germany, Cambridge 1995, pp. 77–89; idem, Die ländliche Wirtschaftstätigkeit der Juden im frühmodernen Deutschland, in: Monika Richarz and Rainer Rürup (eds.), Jüdisches Leben auf dem Lande. Studien zur deutsch-jüdischen Geschichte,

posal unpublished material from the Marburg archive. Unfortunately, the comparison will not be a full one: this material runs up to 1650 at the latest and covers only parts of Hessen, a region yet almost totally agricultural in its economic structure[4]. Apart from Frankfurt am Main, Jews lived there in villages and small towns only, under a very restrictive political regime. Turning a liability into an asset, we shall make this the methodological point of our argument. We will supplement the tip of the iceberg, one Glickel and her memoirs, her wealth, her ring of in-laws resident in the centres of European trade, by evidence on a much greater number of humble Jewish women of a longer period and a more unified region, 16th and 17th century Hessen. In a sense, this continues an argument with Professor Jonathan I. Israel, one of the foremost historians of early modern Jewish economic history, on the significance of modernising tendencies vis-a-vis the economic inertia of south-German „Landjudentum"[5]. To even out the disparity between Glickel's Hamburg and Amsterdam and the small towns of Hessen, we have included the material available, at the time of writing, from the metropolis Frankfurt am Main[6].

There are three parts to the paper:
1. The share of women in business and the question of widowhood.
2. The nature of economic pursuits.
3. The problem of mobility.

The conclusions will address the prevalent view of the early modern Jewish family.

1. The share of women in business: widows and spouses

To gain a sense of proportions, a first question concerns the significance of female entrepreneurship, or less pretentious, of Jewish women active in economic pursuits. In the region under consideration, Jews were allowed to trade only in exchange for special taxes. The authorities also undertook periodical checks on the debts of Christians to Jewish moneylenders[7]. Both provide us with data on women amongst tax-

---

Berlin 1997, pp. 59–67; idem, Wirtschaft und Geldwesen der Juden Frankfurts in Spätmittelalter und Frühneuzeit, in: Karl Grözinger (ed.), Jüdische Kultur in Frankfurt am Main von den Anfängen bis zur Gegenwart, Wiesbaden 1997, pp. 25–46.

[4] The territories covered by the Marburg sources are (following Löwenstein, Quellen I (above, note 3), p. X): the Landgrafschaft Hessen including the former counties Katzenelnbogen and Ziegenhain; after the division of Hessen in 1567 three of the four newly founded Landgrafschaften, namely Hessen-Kassel with Niederhessen (after 1583 including the territories Herrenbreitungen and Schmalkalden), Hessen-Marburg with Oberhessen, Hessen-Rheinfels; as well as the imperial abbeys Hersfeld and Fulda; the upper and lower Hessian monasteries; the Ballei of the Teutonic Order in Marburg; the county of Hanau (excluding the office Babenhausen); the county of Waldeck; the noble and town archives of the former Regierungsbezirk Kassel (including the town of Hanau). The material from the Darmstadt archive supplements the Marburg one for the territory of the former grand-duchy Hessen, especially the county Hessen-Lichtenberg, Katzenelnbogen and upper Hessen (Battenberg, Quellen (above, note 3), p. VIII).

[5] Toch, Aspects of Stratification (above, note 3); Jonathan I. Israel, Germany and Its Jews: A Changing Relationship (1300–1800), in: Hsia and Lehmann, Ghetto (above, note 3), pp. 295–304.

[6] More sources to throw light on the economic dealings of Frankfurt Jews within that town are now available in Dietrich Andernacht, Regesten zur Geschichte der Juden in der Reichsstadt Frankfurt am Main von 1401–1519, 3 vols., Hannover 1996. The sources pertinent for the early modern period have been prepared for edition by Andernacht and will hopefully be available soon.

[7] For the legal framework see Friedrich Battenberg, Judenverordnungen in Hessen-Darmstadt. Das Judenrecht eines Reichsfürstentums bis zum Ende des Alten Reiches, Wiesbaden 1987.

payers as well as amongst the moneylenders. In late medieval Germany the mean relation of female to male in these categories was 1:3, that is roughly a third of Jews independently active in business were female[8]. No such high rates are to be found anywhere in the early modern period. In the town of Windecken, from 1525 to 1583, the mean ratio between male and female taxpayers was 7:1, with fluctuations between 6:1 and 11:0[9]. Similar rates are found in Nauheim (1564), Münzenberg (1572), and Friedberg (1579)[10]. These female taxpayers were all widows, as was Glickel of Hameln in her heydays as successful entrepreneur[11]. Her grandmother set up in business only after she was widowed[12]. The widowed mother of a prospective bridegroom for one of Glickel's daughters was able to offer lavish conditions, *since she still owned the whole business*[13]. Thus widows appear as the prime group of female entrepreneurs.

This situation is but a logical outcome of both legal and demographic conditions. By the prevailing prescriptions of Jewish society, the husband had total power over the family's assets[14]. Thus only as widow and mother to minors could a woman gain legal access to capital. As for demographics: given the earlier marriage age of girls[15], the apparently higher survival rates of women[16], not infrequently also the abandonment of wives by their spouses[17], the normal life-cycle would normally produce a certain number of husbandless women with children. Part of them remarried, as evidenced by Glickel's life as well as by any number of references in our sources. Others remained independent. The choice to do so was not necessarily of personal inclination, but depended also on strong pressures applied by both the Christian authorities and Jewish society. However, Glickel herself did not begin her business life as a widow[18]. She also notes other married women that were independently active and successful in commerce[19]. In Hessen too, the rate of active women appears to have been higher than their share amongst taxpayers. In other words, female business activity can be calculated on two levels: a formal one accessible by our sources and represented by a small number of legally independent tax-paying widows, and an informal one, where many more women participated in their husbands' affairs on a day-to-day basis very difficult to penetrate.

---

[8] Toch, Die jüdische Frau (above, note 2), p. 40.
[9] Löwenstein, Quellen (above, note 3), nrs. 855, 1369, 1542, 1726, 2548, 2592–2603, 2860, 3020.
[10] Löwenstein, Quellen (above, note 3), nrs. N 200, 2179, 2684.
[11] Alfred Feilchenfeld (transl.), Denkwürdigkeiten der Glickel von Hameln, Berlin 1923 (reprint: Frankfurt/M. 1987), pp. 171–250.
[12] Denkwürdigkeiten (above, note 11), pp. 26, 29, 32, 148.
[13] Denkwürdigkeiten (above, note 11), p. 189.
[14] Katz, Tradition and Crisis (above, note 1), p. 113.
[15] Katz, Tradition and Crisis (above, note 1), p. 116.
[16] I cannot yet produce hard data for this fact, which appears to contradict general trends in the German population: Christian Pfister, Bevölkerungsgeschichte und historische Demographie 1500–1800, München 1994, pp. 43, 103.
[17] Löwenstein, Quellen (above, note 3), nrs. 1345, 1446; Hauptstaatsarchiv Marburg, Protokolle II Marburg A, Nr. 2, Bd. 36, pp. 588–592, 671–672.
[18] Denkwürdigkeiten (above, note 11), pp. 54, 85, 88, 176.
[19] Denkwürdigkeiten (above, note 11), pp. 24, 147.

Let us illustrate this complicated interplay between demography, economics, legal regime and personal temper by three examples which in passing also reveal some salient features of Jewish economics and family structure. The first story begins when one of the few houses available to Jews in Windecken was vacated in late 1572 by the death of a widow[20]. There were two candidates for the house, one of them Krönlein, a granddaughter of the deceased. This girl's case was argued by her father, the horse-dealer Meyer of Guntersblum. Let us note that he did not live in the same town as his mother and daughter. He told the authorities that the widow had raised the girl in her house that she had promised to the girl shortly before her death. Surely permission will be given to occupy the house, as parents and grandparents had lived before in the county of Hanau, an obvious hint to propriety. Meyer also managed to persuade the other aspirant, a glazier by profession, to waive his claim to the house. Still, the government was not that convinced of the professed respectability of the candidate and would only grant permission once the girl was properly married, for fear of more *Betteljuden*. One year later she was indeed wedded, to the relation of a local Jew, and the couple was allowed to set up house. We know little of the further life of Krönlein, sometimes also called Crela, her husband Mosche and their children, except for periodical grants of residence[21]. Despite the existence of servants in the household (another frequent feature), their fortune seems to have been a meagre one[22]. Anyway, ten years later, by 1582, Mosche was dead, Krönlein a widow, and her brother-in-law in charge of the inheritance[23]. Within five years, by 1587, she was remarried in another town, Friedberg, taking with her one of her small children. The other two went to her grandfather in Mainz, repeating her own fate as a child. Her late husband's estate, a hundred Gulden in outstanding debts with no great chance of recovery, was willed to the children of her first marriage. Krönlein herself inherited nothing, and had to be given a second dowry by her father to remarry[24]. At no stage does she appear to have taken the initiative. Krönlein thus presents as with the case of a young girl, later a woman twice married, totally dependent on relatives and husbands for her livelihood.

With our next story, which covers mother and daughter, we move up the economic ladder. We begin with Brendele, wife of Anselm, both residents in the house called *zum Hirsch* in the Judengasse of Frankfurt am Main. Anselm appears in 1537 as a successful moneylender to people in nearby villages and small towns of the county of Hanau[25]. As he also lent to the rulers of the county, he was the only Frankfurt Jew to enjoy official backing in his dealings with the subjects of that principality[26]. He also acted as a sort of small *Hofjude* to minor nobles in the countryside, whom he supplied with expensive textiles, garments, silver utensils and beer, as well as with considerable loans of money. Let us note in the passing this typical mixture of moneylending

---

[20] Löwenstein, Quellen (above, note 3), nrs. 2164, 2268.
[21] Löwenstein, Quellen (above, note 3), nrs. 2223 (1573), 2597 (1578), 2860 (1581).
[22] Löwenstein, Quellen (above, note 3), nrs. 2548, 2797a, 3043.
[23] Löwenstein, Quellen (above, note 3), nrs. 2931, 3043.
[24] Löwenstein, Quellen (above, note 3), nr. 3166.
[25] Löwenstein, Quellen (above, note 3), nrs. 1172, 1182, 1209, 1225, 1234, 1262, 1272, 1280, 1287, 1289, 1297, 1299, 1301, 1319, 1321, 1323, N 112.
[26] Löwenstein, Quellen (above, note 3), nrs. 1285a, 1172, 1182, 1209, 1225, 1267, 1277, 1283, 1286.

and trade still practised in Glickel's time a 150 years later[27]. By the end of 1541 Anselm is dead, and his widow Brendele starts claiming his outstanding debts, a task that is going to keep her and her children occupied for almost twenty years[28]. As part of this effort she writes a number of letters that allow us look at some tactics of rhetoric employed by the weak in such a hostile world. In a letter of September 1547 Brendlen, now resident in Deutz and thus a subject of the archbishop of Cologne, solicits the assistance of the councillors of Hanau to recover her debts. In return, she promises to commend them to her lord the Kurfürst, but also to pray to her God for their salvation and health[29]. For better measure, she also has a senior imperial commander resident in Frankfurt send in a letter of recommendation. When flattery and supplication failed, Brendele shifted to litigation. She threatens to turn to the town court of Frankfurt, thus playing upon the fear of the Hanau government who very much disliked its subjects being taken to foreign courts of law[30]. Before doing so, Brendele let her son Simon, himself a subject of Hanau, drive home the message. He told the Hanau councillors that until now he had been able to restrain his mother from filing her case in Frankfurt, but not anymore. However, he might be able to delay her for another month if a definite promise of final payment could be obtained. We have no direct information on the outcome of this move. Possibly, she failed again, for some years later Brendlen had moved to Windecken, thus becoming herself a subject of Hanau. When she wrote in 1551 another letter to the count, asking him to make yet another debtor (of 1538) to pay up, she again manages to slip in the same veiled threat. It took ten more years until she finally got her money back[31]. Brendele thus provides as with the case of a woman becoming active in business when she was widowed. During the long years of her widowhood she moved frequently, from Frankfurt to Deutz, Windecken and back to Frankfurt, and developed considerable skills of persuasion and negotiation.

Brendele's daughter Frommeth provides us with a last variation on the theme. She lived in Windecken and is first mentioned in 1559, when she and her husband Elias lend money to a number of people in and around the town[32]. By 1562 Frommeth is working alone, advancing quite substantial sums[33]. Now she does so as a widow, although not for long. That year she is married again, to Samuel from Neustadt/Saale, where she takes up residence after the sale of her house in Windecken[34]. Because of

---

[27] Toch, Wirtschaft und Geldwesen der Juden Frankfurts (above, note 3). For references see next note. For Glickel see Denkwürdigkeiten (above, note 11), pp. 26, 32, 263–4.

[28] For smaller outstanding debts collected by Brendele in 1546 in the county of Hanau see Löwenstein, Quellen (above, note 3), nr. 1347. For her litigation against Ritter Philip of Dorffelden and Zentgraf Peter Mor of Seckbach see Löwenstein, Quellen (above, note 3), nrs. N 107, N 112, two files running up to 1561 and 1550 respectively.

[29] Löwenstein, Quellen (above, note 3), nr. N 112, p. 283: *auch meinen himmelsfattar umb euwer gnaden selickeyt und gsondt bytten.*

[30] On the imperial court of Rottweil, a jurisdiction very much employed by Jews in order to circumvent hostile courts in this region, see Gerd Mentgen, Das kaiserliche Hofgericht Rottweil und seine Bedeutung für die Juden im Mittelalter am Beispiel des Elsaß, in: Zeitschrift der Savignystiftung für Rechtsgeschichte. Germanistische Abteilung 112, 1995, pp. 396–407.

[31] Löwenstein, Quellen (above, note 3), nr. 1478.

[32] Löwenstein, Quellen (above, note 3), nr. 1483.

[33] Löwenstein, Quellen (above, note 3), nrs. 1517, 1530, 1534, 1678, 1690, 1774.

[34] Löwenstein, Quellen (above, note 3), nr. 1557.

this move she became subject to a different lord, and lost direct access to her debtors in the county of Hanau. Therefore she turns over the collection of her substantial assets to her brother Gumprecht of Windecken. Despite a promising start[35], things do not go well, as we learn from a series of letters between Frommeth, her brothers Gumprecht and Simon, and their mother Brendele[36]. Basically, Gumprecht is thought not to be energetic enough in his efforts, but there are also allegations of debts recovered but not handed over. Things are complicated by Frommeth's son, presumably from her previous marriage, who is lodged for six whole years with her brother in Windecken. There are claims that the child is not properly educated and taken care of (at one point Frommeth begs her brother to clothe the boy properly in the winter cold). Against that there are counterclaims to unpaid expenses of the boy's upkeep. The divisive force between Frommeth and her family seems to have been the husband. At one point the brothers, in a fit of wishful thinking, relay to the mother of the family rumours that Frommeth her daughter is, thanks to God, single again. All this drags on for more than ten years, until 1576 when someone, most probably the husband, has had enough. Frommeth and her husband take the brothers to the court of Hanau for the still outstanding sum of 238 Gulden and 22 Schilling, and during litigation relations collapse[37]. By instigation of Frommeth's brother Gumprecht her husband is arrested at the Frankfurt fair and kept a month in prison, apparently to force this stubborn man to agree to arbitration. By now the authorities of Hanau and Frankfurt are involved in the argument and exchange angry notes. The whole affairs ends with a whimper when Frommeth's husband receives from her brother the proud sum of 70 Gulden. Frommeth thus provides us with yet a third variation on the theme of the resourceful business woman, but only as long as she was widowed. Like Glickel of Hameln, with her remarriage the husband takes over, in both cases with disastrous results[38].

2. The nature of economic pursuits

All our cases stress the tremendous energy invested to recover working capital tied up in moneylending, thus pointing to the most traditional of Jewish economic pursuits, which in our period is increasingly supplemented by trade. On the other hand, Glickel of Hameln mentions textile manufactures, one by her mother in lacemaking and another by herself in the production of socks[39]. Are such ventures to be viewed as a sign for modernising tendencies? The sheer fact of Jewish women active in textile production goes back at least to the 16th century. Sara, wife of Isaac of Alsfeld, is mentioned in 1529 as being used to *sew shirts and collars for her customers*. She also helps her husband in the business of moneylending and moneychanging. As such, she gets a beating when the theft of gold coins and silver left in her charge is discovered[40].

---

[35] Löwenstein, Quellen (above, note 3), nrs. 1538, 1565.
[36] All of which are appended to a later litigation file: Löwenstein, Quellen (above, note 3), nrs. 1532, 1590.
[37] Löwenstein, Quellen (above, note 3), nr. 2390.
[38] For Glickel's second marriage and the consequent catastrophe in her second husband's affairs see Denkwürdigkeiten (above, note 11), pp. 251–289.
[39] Denkwürdigkeiten (above, note 11), pp. 29, 191.
[40] Löwenstein, Quellen I (above, note 3), pp. 277–280, nr. 1041.

Other women in other small towns of Hessen make a living by producing veils and female underwear, as well as by laundry work[41]. An intriguing case is presented by Bela of Windecken, nicknamed from 1563 to 1582 as *Färberin, Schwarzfärberin, Kleinfärberin*, in any case someone engaged in dyeing cloth[42]. In a petition filed in 1572 to the Hanau government, she recommends herself by pointing out that she makes a clean living by clothdyeing[43]. Being old and feeble, she now wants her son, who works for her and lives in her house, to get official permission to settle in town. By *saubere arbeit* she means of course that she is not a moneylender but rather lives by the sweat of her brow. This is a moral distinction very much cherished by 16th century Christian authorities, even if Jews did not really subscribe to it[44]. However, all the evidence points to the fact that Bela was at least part-time the moneylender she professed not to be[45]. In the passing we might note that her husband was habitually absent. In the petition he is presented as earning a living by teaching *ausserwerts, do die jüden kinder haben*. Yet he too occasionally lent money[46].

Forays into crafts and manufacture thus appear as part of the traditional range of livelihoods since the late medieval period[47]. They should be viewed as modernising tendencies only when accompanied by significant changes in the methods and dimensions of production. Furthermore, in 16th and 17th century Hessen as well as in Glickel's life-story, such occupations were carried out as subsidiaries to selling goods and lending money. There are however significant variations within this range of trade and finance. In Hessen there was a complicated hierarchy ranging from high-powered moneylenders/traders, most of them resident in Frankfurt, to middling and small people living in townships and villages[48]. No one described this system better than the officials of Hanau and Windecken, when they pressured their lord in 1585 to expel the Jews: *The rich amongst the Jews make usurious loans or trade in goods. Poor Jews lacking money for loans take over goods from Frankfurt Jews and sell them in the countryside. They buy up grain, wine, hides, and other products and sell them when prices are high. In the spring they buy lean cattle and keep them for fattening until the fall*[49].

3. The problem of mobility

One outcome of this particular economic structure was geographical mobility, the full extent of which is still difficult for us to grasp. Despite any number of legal restrictions and blatant violence encountered again and again on the road, Jews travelled frequently in the course of business. They went to the countryside to seek out

---

[41] Löwenstein, Quellen (above, note 3), nrs. 2140, N 262, N 269, 3677.
[42] Löwenstein, Quellen (above, note 3), nrs. 1824, 2085, 2797, 2860, 2931.
[43] Löwenstein, Quellen (above, note 3), nr. 2144.
[44] Katz, Tradition and Crisis (above, note 1), pp. 47, 275–6.
[45] See the sources quoted in note 42.
[46] Löwenstein, Quellen (above, note 3), nrs. 1824, 2308a.
[47] Michael Toch, Geldleiher und sonst nichts? Zur wirtschaftlichen Tätigkeit der Juden im deutschen Sprachraum des Spätmittelalters, in: Tel Aviver Jahrbuch für deutsche Geschichte 22, 1993, pp. 117–126.
[48] Toch, Wirtschaft und Geldwesen der Juden Frankfurts (above, note 3).
[49] Löwenstein, Quellen II (above, note 3), nr. 3111, pp. 558–9.

debtors and receive payment in kind, that is grain, wine, cattle and hides. They went to Frankfurt and other fairs, where they bought and sold goods. They went to the different courts of the region, where they filed lawsuits and attended interminable series of court sessions. At the bottom end of the social ladder we find the peddler, for instance that young man I have written about, who walked about 400 miles during June 1571[50]. On the upper end one might mention one Michael of Biedenkopf, a resourceful merchant with regular visits to the fairs of Frankfurt and Wetter, as well as routine travels to Cologne and Herborn, where used to deliver hides[51].

How did women, widows as well as spouses, function in an environment that demanded such frequent movement? Not very well, as we learn from Glickel's complaints on the bother and danger of going to the fairs, in the summer heat and the winter cold[52]. Nevertheless, despite her laments, Glickel appears to have been quite unique in her untiring journeys. Mostly, women did not crowd the highways, indeed their share in the Leipzig fair registers[53] or in the Geleitsbücher of Hessen[54] is even lower than of the female taxpayers treated previously. The ones frequently to absent themselves were mainly men, but this too had a strong impact on the lives of women.

One of these men was Isaac, husband of Sara whom we have met in 1529 as seamstress, part-time moneylender and victim of her husband's violence when their house in Alsfeld was burglarised[55]. We shall only give the outline of her story. It begins with her husband's plan, foiled by the theft, to leave for an undetermined stretch of time. The small fortune stolen, we are told, had been set aside by Isaac for a merchant venture into Italy. In the months following the burglary Isaac is actually away, having gone to accompany an unnamed Jewish woman to the Frankfurt fair. Sara is left to fend for her seven children, carry on the business of tailoring, moneylending and exchange, as well as pressing the case against the suspected burglars. Amongst other hardships she falls under the suspicion of having an illicit affair with a Christian neighbour, indeed one of the customers of her tailoring and the one eventually found out to have engineered the burglary. In 1530, Sara's husband, unable to reclaim his stolen property, leaves for Augsburg to petition his lord, the Landgraf of Hessen, and then travel on to Italy. He is last seen passing through a nearby village and nothing more is heard of him. There are unconfirmed rumours that he was murdered on the road. Sara fades from our view still searching for her husband. Her battle to recover her stolen property, the *earnings of a lifetime* as we are told, still continues.

---

[50] Toch, Aspects of Stratification (above, note 3), pp. 86–88. See also Yacov Guggenheim, Meeting on the Road: Encounters between German Jews and Christians on the Margins of Society, in: Hsia and Lehmann, Ghetto (above, note 3), pp. 125–136.

[51] Material on Michael of Biedenkopf has been assembled and kindly put at my disposal by Friedrich Battenberg.

[52] Denkwürdigkeiten (above, note 11), pp. 191, 193, 205, 228, 230, 231, 236, 244, 248, 253, 260.

[53] Max Freudenthal, Leipziger Messgäste. Die jüdischen Besucher der Leipziger Messen in den Jahren 1675 bis 1764 (Schriften der Gesellschaft zur Förderung der Wissenschaft des Judentums 29) Frankfurt/M. 1928.

[54] Löwenstein, Quellen (above, note 3), nrs. 1041, 2098, 3260; Battenberg, Quellen (above, note 3), nr. 1638; as well as Battenberg's file on Michael of Biedenkopf, whose wife and daughter make three trips to Frankfurt in 1584 and 1588.

[55] The sources for the following are three lengthy litigation files: Löwenstein, Quellen (above, note 3), nrs. 905, 983, 1041.

Conclusions

Women did not have an advantage in the dispersed economic structure that developed in the early modern centuries and was still in place in Glickel's times. On the contrary, as compared to the medieval period, they became more limited in their freedom of action, by the very scattering of places of residence and through the heightened emphasis on itinerant trade rather than on stationary moneylending alone. The theme of the woman left alone to fend for herself remains a constant one, in the unfolding of Sara's tragedy as in any number of more trivial cases. It is something of an archetype intimately tied to the very structure of Jewish livelihood. Combine this with the overwhelming need for capital in a society totally dependent on trade and moneylending, the restrictive policy of authorities reluctant to permit settlement of relatives and in-laws, even the frequent fact of children farmed out for years to live with relatives. The outcome is a strong set of centrifugal forces acting on the Jewish family at precisely its weakest point, during situations of generational turnover. The economic independence of widowhood was a device to combat such disruptive forces, and so were the tremendous efforts at matchmaking invested by Glickel as well as by the humble Jews of Hessen. The extreme soberness noted by Jacob Katz in this society's approach to marriage, indeed its suppression of erotic considerations[56], is but another manifestation of the need to build institutional walls against the forces of disruption. Seen in this light, we are forced to question the historicity and thus the validity of the idea of a „cohesive Jewish family". We are also compelled to wonder at the resilience and energy exhibited by Glickel and her Hessian precursors at shoring up the family frameworks that determined both their livelihood and identity. In this sense as well as in the makeup of their economic pursuits they remained part of traditional society.

---

[56] See note 1.

Hironobu S a k u m a

Zur Geschichte der Nürnberger Gesellenschaft in der Frühneuzeit

Die Forschungen über die Gesellen in Mittelalter und Frühneuzeit bringen seit zwanzig Jahren viele neue Erkenntnisse[1]. Der Grund, weshalb die jüngeren Arbeitskräfte gegenüber den Meistern und den Obrigkeiten ihre Stellung behaupten konnten, liegt darin, daß die Gesellenschaften wegen ihrer Wandergewohnheiten über das Zuschicken (Arbeitsvermittlung) und über überlokale Kommunikationsnetze verfügten, aufgrund deren sie bei Streitigkeiten mit den Obrigkeiten mittels der Verrufe (Boykotte) und Streiks die Betroffenen unterstützten[2].

Am Beispiel Nürnbergs hat Bruno Schoenlank vor mehr als 110 Jahren das Gesellenwesen grundlegend erforscht. Er stellte fest, daß den Gesellen seit dem ausgehenden Mittelalter das Schenk- und Zuschickrecht sowie die Gerichtsbarkeit zur Verfügung standen und sie 1573 wegen der Eingriffe des Rates in die geschenkten Handwerke einen Kompromiß geschlossen hatten, so daß die Gesellen infolge der Abschaffung der Schenke nur eine eingeschränkte Gerichtsbarkeit ausüben konnten und die Meister bei den Gesellenversammlungen zugegen sein mußten. Dabei unterscheidet er zweierlei Art von Schenken: einerseits die Schenke als die Zusammenkunft in der Herberge, andererseits das Schenken für die zugewanderten und fortwandernden Gesellen. Er wies auch auf den Bedeutungswandel des Ausdrucks „geschenkte Handwerke" hin: Im Spätmittelalter bedeuteten sie Handwerke, die den Zugewanderten ein Einstandsgeschenk bereitstellten. Aber in der Zeit, in der sich der Wanderzwang bildete, trat die Darreichung des Viatikums, das die Gesellen der geschenkten Handwerke erhielten, in den Vordergrund[3].

Knut Schulz sieht den Kern der Gesellenproblematik des 16. Jahrhunderts in den geschenkten Handwerken, die die Einheit von Arbeitsvermittlung, Schenke und Gesellengerichtsbarkeit bewerkstelligten. Dabei leitet er die eigentliche Bedeutung der Schenke vom gemeinsamen Trinken der Gesellen ab. Außerdem seien die geschenkten Handwerke Exportgewerbe gewesen, die auf qualifizierte Arbeitskräfte und auf deren ständigen Zuzug von außen angewiesen waren. Er kommt zu dem

---

[1] Diese Untersuchung wurde im Rahmen der Grundlagenforschung ©(2) des Wissenschaftlichen Forschungsfonds beim Japanischen Kultusministerium, Nr. 10610383, „Die süddeutschen Gesellenschaften und -bewegungen in Spätmittelalter und Frühneuzeit", vorgenommen.

[2] Wilfried Reininghaus, Die Entstehung der Gesellengilden, Wiesbaden 1981, S. 55–59, 152–161, 177–187; Knut Schulz, Handwerksgesellen und Lohnarbeiter, Sigmaringen 1985, S. 139–149; Kurt Wesoly, Lehrlinge und Handwerksgesellen am Mittelrhein, Frankfurt/M. 1985, S. 375–379; Andreas Grießinger, Das symbolische Kapital der Ehre. Streikbewegungen und kollektives Bewußtwein deutscher Handwerksgesellen im 18. Jahrhundert, Berlin 1981, bes. S. 158–178, 181; ders. und Reinhold Reith, Obrigkeitliche Ordnungskonzeptionen und handwerkliches Konfliktverhalten im 18. Jahrhundert. Nürnberg und Würzburg im Vergleich, in: Rainer S. Elkar (Hg.), Deutsches Handwerk in Spätmittelalter und Früher Neuzeit, Göttingen 1983, S. 137–154, hier S. 153f.

[3] Bruno Schoenlank, Zur Geschichte altnürnbergischen Gesellenwesens, in: Jahrbücher für Nationalökonomie und Statistik, N. F., Bd. 19, 1889, S. 337–395, 588–615, hier S. 356f. Er führt das Beispiel des Zehrgeldes aus dem Jahre 1699 an.

Schluß, daß der Versuch der Obrigkeiten, die geschenkten Handwerke abzuschaffen, in den siebziger Jahren des 16. Jahrhunderts nur vorübergehend Erfolg hatte[4].

Helmut Bräuer ist der Meinung, daß in Sachsen die Schenke oder das Geschenk keineswegs verboten wurden, obwohl die Städte und Territorien in den Reichstagsabschieden und -polizeiordnungen die Abschaffung der Schenke befohlen hatten. Er beobachtet jedoch den Rückgang der Gesellenbewegung in der zweiten Hälfte des 16. Jahrhunderts, da sich gleichzeitig mit dem Territorialstaat eine effektivere Administration entwickelte[5].

Nun sollen zwei Fragen gestellt werden, die als Kernprobleme der geschichtlichen Entwicklung der Nürnberger Gesellschaften anzusehen sind. Zum einen geht es um das Schenkwesen. Ist es dem Rat wirklich nicht gelungen, die Schenke der Gesellen abzuschaffen? Es wird bei dieser Erörterung auch die Bedeutung der Schenke überprüft. Zum anderen wird festzustellen sein, wie es um das mit der Schenke zusammenhängende Zuschickwesen und um die Gerichtsbarkeit der Gesellen vor und nach 1573 stand.

Wir wollen mit einer bisher unerschlossenen Quelle beginnen. Das ist *Dye ordnung und gewohnheit der messerer gesellen alhie in Nürnberg begriffen*[6]. Sie beginnt mit den Worten: *zu wyssen sey allen gesellen und jungen der messerer, dy loblich alhie kommenn gewonheyt, und ordnung wy sich einnander haben soll, von hierinne noch urligennd ist*. Es handelt sich um eine Abschrift, die nicht mehr als ein Blatt umfaßt, wobei der achte Artikel fehlt, was wohl auf eine Nachlässigkeit beim Abschreiben zurückzuführen ist. Im ersten Artikel wird die Herberge erwähnt, wo sich die Gesellen nach der Predigt in der Lorenzkirche, also am Sonntag, versammeln durften, und wo sie *ir sachen, wy von alter des herkomenn*, erledigten. In der Herberge mußten sie dem Boten der Bruderschaft ihre Waffen aushändigen. Im zweiten Artikel werden die Zech- und Viergesellen, die die anderen Gesellen zu einem vierwöchigen *gebot* (Zusammenkunft) aufriefen, angesprochen. Beim Gebot wurden zwei Pfennige von allen Gesellen eingesammelt, damit der Bote und der Schreiber ihre Gebühren erhielten. Im dritten Artikel wird den Gesellen verboten, in der Herberge *hayßen ligen* (jemanden einen Lügner zu heißen). Auch durften Gesellen in der Öffentlichkeit weder Karten noch Würfel spielen, *und sich den weyn mehr lassen ubergeben und beladen, damit also das sich keyner der mas undawt, und widergeben*. Im vierten Artikel steht: *solt ir wyssen, wan der geselpot den geselln zusam sag in der herberg oder wan die gesellen eyn bot haben, oder eyn opffer, es sey gulden sontag oder st. barbara tag oder sunst eyn begengnus für bruder oder schwester und wan eyn bot personlich zur gesellen nicht kompt, oder in seyns maisters haws nit vindet, und sagt solchs seinem mayster, maysterin oder andern gsind im haus*. Kam ein Geselle nicht, mußte er Bußgeld bezahlen, es sei denn, daß er einen Notfall anführte und die Erlaubnis der Zech- und Viergesellen einholte. Im fünften Artikel forderten die Zech- und Viergesellen die anderen Gesellen zu *eyn ganze schenck* auf, wenn drei Gesellen nach Nürnberg zugewandert waren. Der Abwesende mußte sechs Pfennig bezahlen,

---

[4] Schulz (wie Anm. 2), S. 130–132, 162.
[5] Helmut Bräuer, Gesellen im sächsischen Zunfthandwerk des 15. und 16. Jahrhunderts, Weimar 1989, S. 34f., 192.
[6] Stadtarchiv Nürnberg (künftig: StadtAN), Handwerksarchive, Messerer, Nr. 46.

das sol halbs nemen zu der zech und halbs geben in dy bruderschaft. Im sechsten Artikel wurde bestimmt, daß ein Neuankömmling 35 Pfennig in die Kasse der Bruderschaft zahlen mußte, nachdem er zwei bis drei Wochen in Nürnberg gearbeitet hatte. Wer sich dem widersetzte, mußte vor den geschworenen Meistern erscheinen. Im siebten Artikel ist *ze mercken,* wenn ein Geselle gegen die Ordnung verstößt, *sol er von idem stuck in sunderheyt eyn viedungk wachs oder sovil schuldig sey, gelts darumb man es kauffen kan, und ob sich eyn gesell sollicher loblicher ordnung und erzehlte stuck widert und beschwernis davon ansagt, sol man fur dy geschworne maister des handwercks fordern, dy werden wol in underricht, domit er sich willig zu halten wird erzaigen.* Im neunten Artikel wird beschlossen, daß die Wahl der Zech- und Viergesellen, die den Gesellen Arbeit vermittelten, alle vier Wochen stattfindet. Dabei mußten sie *fragen, ob er* (der Arbeitssuchende) *schuldig sey oder nit.* Wenn er nicht vertrauenswürdig war, mußten sie den *schuldzettel, dar in dy namen der schuldiger vorzaichnet seynd,* einsehen. Hatte der Arbeitssuchende Schulden, durften sie ihn nicht vermitteln, *so lanng und vil bis er dy schult zal.*

Da der Messerer-Bruderschaft von 1474 bis 1524 die Ausübung ihrer Tätigkeit genehmigt worden war, muß diese Quelle in diesem Zeitraum verfaßt worden sein[7]. Sie könnte vor 1515 entstanden sein, weil den Messerermeistern 1515 versagt wurde, Gesellen zum Eintritt in die Bruderschaft zu zwingen[8]. Denn aus dieser Messerergesellenordnung ist ersichtlich, daß die Gesellen zusammen mit den Jungen – das sind diejenigen, die ihre Lehrzeit absolviert hatten, aber noch nicht zu Gesellen gemacht wurden – zur Bruderschaft der Meister gehörten. Aber sie könnte auch trotz dem Verbot danach zustandegekommen sein, weil die Laufbriefe fortgelaufener Messerergesellen, die in ihren Heimatorten Schulden hinterlassen hatten, in den Jahren 1517 bis 1519 in Nürnberg zugenommen hatten[9]. Aus dieser Gesellenordnung der Messerer geht die Existenz des Schuldzettels hervor. Die geschworenen Meister traten als letzte Entscheidungsinstanz auf, wenn es um den Mitgliedsbeitrag der Bruderschaft und um die Übertretung der einzelnen Bestimmungen ging. Innerhalb der Bruderschaft der Meister zeigt sich aber die Gesellenschaft als feste soziale Organisation. An ihrer Spitze standen die Zech- und Viergesellen, die das vierwöchige Gebot in ihrer Herberge abhielten und die Arbeitsvermittlung durchführten. Hier ist auch von einer „ganzen Schenke" die Rede, sofern drei Eingewanderte anwesend waren. Dies muß ein Einstandsgeschenk in Form von Essen und Trinken gewesen sein, an dem auch für die einheimischen Gesellen Teilnahmepflicht bestand. Bei den amtlichen Verlautbarungen und polizeilichen Bestimmungen – Waffen-, Trink- und Spielverbote –, die die späteren Gesellenordnungen auch immer vorschrieben, liegt es nahe, daß die

---

[7] Karl Schlemmer, Gottesdienst und Frömmigkeit in der Reichsstadt Nürnberg am Vorabend der Reformation, Würzburg 1980, S. 343f. - Staatsarchiv Nürnberg (künftig: StAN), Rst. Nbg., Ratsbücher, Nr. 12, fol. 227r, vom 16. 5. 1524, *...messerer maister und gesellen gutwillig nachgeben und zugelassen haben, daß in bruderschaft zu den frauen brüdern fallend absey und das geld so noch in der bruderschaft püchsen vorhanden und in den gemainen kasten des großen almusens hawßarmer leut gelegt werd.* Dazu Schoenlank (wie Anm. 3), S. 368.

[8] Schoenlank (wie Anm. 3), S. 368.

[9] StAN, Rst. Nbg., Briefbücher des inneren Rates, Nr. 77, fol. 104r, Nr. 78, fol. 133r, Nr. 79, fol. 86r.

Gesellenordnung der Messerer vom Rat genehmigt wurde. Die Meister und die Gesellen scheinen sich über den Inhalt vorher geeinigt zu haben.

Nach der Abschaffung der religiösen Bruderschaften entwickelten sich die Gesellenschaften immer mehr zu einer sozialen und wirtschaftlichen Organisation. Am 10. Dezember 1527 wurde ein Ratsdekret an die Messerergesellen adressiert: *Es ist beym rat erteilt, wann am negsten die messerer gesellen bey einander an eyner schenk oder zech sein werden, das der pfenter mit zweyen statknechten an inen sol gen, und denselben sagen sol, ein erber rat sey bericht, das sie schier zu allen malen, wann sy zusamkumen, hader, schlachten und gezanck unterynander wohl ir anfahen, das kann ein erber rat mit nichten zustehen oder gedullden, und darumb so laß ein erber rath, so alle warnen, züchtig zu sein, und sich dergleichen unfur zu enthallten, dann ein erber rat aufsehen zu haben bestellen, und will man mit ernstlicher und solcher straff gegen inen hanndlen, wur sie eynich unfur oder unzucht hinfur bey inen spuren, das sie eyns rat misfallen spüren sollen*[10]. Die Schenke der Messerergesellen, bei der sich die Gesellen zusammenfanden und Zeche hielten, lebte weiter. Hier spielten die geschworenen Meister keine Rolle mehr. Der Rat hingegen versuchte in die Angelegenheiten der Messerergesellen einzugreifen, um Auseinandersetzungen zu vermeiden. Was die Schenke eigentlich bedeutete, ist jedoch noch nicht ganz klar.

Nach Schoenlank waren zu Anfang des 16. Jahrhunderts Unehrlichkeit, Lohnfragen, Gerichtsbarkeit und Herbergswesen die zentralen Streitpunkte zwischen Meistern und Gesellen. Am interessantesten in bezug auf das Schenk- und Zuschickwesen ist der Fall der Ringmachergesellen von 1524. Wer der Schenke fernblieb, mußte ein Gröschlein (fünf Pfennig) Bußgeld bezahlen. Mit diesem Bußgeld bestritten *die vier verordnete gesellen* die Auslagen für die zugunsten der neu eingewanderten Gesellen abgehaltene Schenke und andere Unkosten. Wer die Bezahlung verweigerte, dem durften die Viergesellen keine Arbeit vermitteln[11]. Diese Bestimmungen wurden ohne Beanstandung in die Gesellenordnung von 1535 aufgenommen[12].

Die Beutlergesellenordnung von 1530 zeigt dann die wichtigsten Rechte der Gesellen: Die Abhaltung der Schenke, die Arbeitsvermittlung und die Gerichtsbarkeit bis zu einem Wert von einem Viertel Wein. Der eingetroffene Geselle und die Wirte (Gesellenvorstände) erhielten fünf Kreuzer für Wein und Brot, doch durften keine anderen Gesellen teilnehmen. Bei der fünfwöchigen Schenke wurde dem neugekommenen Gesellen „geschenkt"; dafür bezahlten die einheimischen Gesellen das Trinkgeld, während sie bei der Schenke bis zu 32 Pfennig vertrinken durften. Zur Schenke in der Herberge mußten alle Gesellen kommen. Falls einer nicht an der Schenke teilnahm, mußte er 16 Pfennig bezahlen. Der Anlaß der Schenke war eine Eintrittsfeier für die Ankömmlinge, bei der ihnen ein Einstandsgeschenk in Form von Getränken zukam. Diese Art von Schenke war in die regelmäßigen Zusammenkünfte integriert. Das wird anhand einer anderen Gesellenordnung, die Schoenlank als Vorlage für die Gesellenordnung von 1530 erkannte, noch deutlicher. Wenn nicht mehr als zwei eingewanderte Gesellen anwesend seien, solle man die Schenke auf den nächsten Termin

---

[10] StAN, Rst. Nbg., Ratsbücher, Nr. 14, fol. 118v.
[11] Schoenlank (wie Anm. 3), S. 357, 365.
[12] StAN, Rst. Nbg., Amts- und Standbücher, Nr. 259, fol. 523r (Par. 1, 2).

verschieben. In dieser Vorlage ist noch von *ausschenken* die Rede. Falls ein Eingewanderter zwischen den Schenken ausgewandert sei, solle demselben für sieben Kreuzer ausgeschenkt werden[13].

Nicht zu übersehen ist, daß mit der Schenke die Arbeitsvermittlung und die Gerichtsbarkeit verknüpft waren. Zwei Wirte hielten nämlich nicht nur die Schenke ab, sondern führten auch die Arbeitsvermittlung durch, wobei ein Einheimischer nur am Sonntag und ein Eingewanderter die ganze Woche vermittelt wurden. Die Gerichtsbarkeit der Beutlergesellen ist – abgesehen von der Strafbestimmung bis zum Wert von einem Viertel Wein – noch an folgendem Artikel ablesbar: bei der Schenke sollen die Wirte die Eingewanderten und die anderen einheimischen Gesellen fragen, ob sie zu klagen hätten[14].

Die Ordnung der Beutlergesellen von 1531, die die wichtigsten Bestandteile der Ordnung von 1530 – die Schenke, das Zuschicken und die innere organisatorische Autonomie – zum Inhalt hatte, wurde vom Rat genehmigt. Die Kontrollabsicht des Rates ist im Schlußparagraphen ersichtlich. Verstoße ein Geselle gegen eine der Bestimmungen, sollen die Gesellen dies den geschworenen Meistern mitteilen, von denen dann eine Anzeige vor den Rat gebracht würde, damit er eine Strafe verhängen könne. Den Gesellen wurde nun die Gerichtsbarkeit bis zum Wert von einem Viertel Wein genommen[15]. Aber man darf nicht das Gewohnheitsrecht der Gesellen übersehen. Denn wenn auch die Ausdrücke „klagen" und „Klage" verschwunden sind, wird 1531 wie schon in den Vorschriften von 1530 wiederholt: *Item es soll am anfang der schennckh nicht mehr dann zwei maß weins aufgetragen werden, dabei soll durch die gesellen furbracht und angezeigt werden, wie sich ein jeder gesell gehallten habe, deßgleichen soll man auch den frembden kein wein geben, es sei dann sollche hanndlung und fürbringen geörttert werden*[16]. Es handelt sich hier um die Schiedsgerichtsbarkeit innerhalb der Gesellschaft.

Bis zum Reichstagsabschied vom 24. Februar 1551, also vor dem Eingriff des Rates, erhielten 1534 die Scheibenzieher, 1535 die Ringmacher, zwischen 1535 und 1547 die Neberschmiede (vereinzelt bereits 1535), zwischen 1535 und 1542 die Messerer, 1536 die Kandelgießer, 1537 die Rotschmiede, 1537 die Salwirte (Sarwerker) oder Panzermacher, 1541 die Flaschner, 1549 die Heftleinmacher, 1551 die Feilenhauer und vor 1551 die Kammacher ihre Schenk-, das heißt ihre Gesellenordnungen[17]. Aus dieser Liste ist zu ersehen, daß diese Gesellschaften fast alle zum Metallhandwerk gehörten und den Gesellen der wichtigen Nürnberger Gewerbe bis dahin keine Schenkordnung erteilt worden war; dazu gehörten unter anderem die Bäcker, die Metzger, die Bierbrauer, die Kürschner, die Lederer, die Tuchmacher, die

---

[13] StadtAN, Rugamt, Nr. 261. – Schoenlank (wie Anm. 3), S. 358–362.
[14] StadtAN, Rugamt, Nr. 261. – Schoenlank (wie Anm. 3), S. 359f.
[15] Schoenlank (wie Anm. 3), S. 362. Diese Gesellenordnung ist 1535 in die Beutlerhandwerksordnung aufgenommen worden, StAN, Rst. Nbg., Amts- und Standbücher, Nr. 259, fol. 406r–407v.
[16] StadtAN, Handwerksarchive, Beutler, Nr. 2.
[17] StAN, Rst. Nbg., Amts- und Standbücher, Nr. 259, fol. 84r-v (Flaschner), 90v–91r (Feilenhauer), 181r–182r (Heftleinmacher), 245r-v (Kammacher), 260r–261v (Kandelgießer), 318r–321r (Messerer), 349r-v (Rotschmiede), 358r–359r (Neberschmiede), 523r-v (Ringmacher), 659r-v (Sarwerker), 682r-v (Scheibenzieher).

Schneider und die Goldschmiede (bis 1543 die Blechschmiede), die die Handwerksgenannten im kleinen Rat stellten[18].

Bis gegen 1550 hielten die Gesellen der Scheibenzieher, der Messerer, der Kandelgießer, der Rotschmiede und der Heftleinmacher vierwöchig eine Schenke ab, die der Neberschmiede, der Flaschner und der Kammacher achtwöchig, und die der Sarwerker und der Feilenhauer vierteljährlich. Von den Ringmachern wissen wir darüber nichts[19]. Offensichtlich hielten die Gesellenschaften, die eine große Mitgliederzahl und große Zugänge und Abgänge hatten, häufiger ihre Schenke ab. Bei den Messerergesellen wird zuerst festgeschrieben, daß die Viergesellen den Ankömmlingen *handwerks gewonheyt zu beweysen* hatten, *und eynem jeden gesellen besunder ein maß weins fursetzen und dabey umb arbeyt schawen*. Es ist vom Einschenken und vom darauffolgenden Arbeitsnachweis für den neuangekommenen Gesellen die Rede. Die Messerergesellen bestimmten weiter, wenn der Geselle Arbeit finde, solle der Meister, *darzu er gefurdert ist, sechzehen pfennig in die herberg fur das zuschicken zuvertrinken geben, zu sampt der vorigen maß weins*. Die Meister mußten also den Viergesellen und dem Vermittelten für die Arbeitsvermittlung Trinkgeld geben. Beim Zustandekommen eines Arbeitsverhältnisses sollte denjenigen, die innerhalb von vier Wochen angekommen waren, *mit ein ander ainem jeden ein viertel weins von den obgemelten sechs eingelegten pfenningen nach handwerks gewonheyt geschenkt werden*. Die *obgemelten* beziehen sich auf das Auflagegeld, das alle Gesellen bei der vierwöchigen Schenke leisten mußten, *damit solle ganze schenk und ausschenken* bereitgestellt werden. Konnte keine Arbeit vermittelt werden, *soll zu voriger maß noch zwo maß wein geschenkt werden, damit er nicht ungeschenkt abgewiesen werde*. Auch die Schenke und das Ausschenken werden also festgeschrieben. Den Schluß der Gesellenordnung der Messerer bildet ein Ratsdekret, das ihr am 29. Januar 1544 einverleibt wurde. Es lautet: *und ob der obgeschriben artikel ein gesell jung oder alt einen oder mer ubertreten und nit halten wurde, der selb solle zehen pfennig als fur ein gewonheyt geben, davon man den frembden gesellen schenken und zuschicken soll*[20].

Sowohl die Schenke als auch das Einschenken der eingetroffenen und das Ausschenken der fortwandernden Gesellen werden ebenfalls bei den Kandelgießergesellen und bei den Rotschmiedegesellen klar formuliert. Dort heißt es: *ein gesellen zugeschickt wirdet und arbeyt hat, soll ime uf die nachsten schenk geschenkt werde, hat er aber nit arbeit, so soll im wider ausgeschenkt werden mit einem pfund. So einem eingeschenkt wird und er in derselben wochen urlaub nympt, so soll im aus und eingeschenkt sein. Gibt im aber der meister urlaub, so soll im mit einem pfund ausgeschenkt werden*. Hier heißt es: *item welicher gesell nit mit zecht, desgleichen welicher nit kumpt, soll ir yeder seins aussenbleibens halb nicht mehr dann zehen pfening zugeben schuldig sein, mit solichem geld ain yeder frembder herkumender gesell zech frey gehalten, auch ainem yeden gesellen, der also herkumpt, oder ainer wandern*

---

[18] Rudolf Endres, Zur Lage der Nürnberger Handwerkerschaft zur Zeit von Hans Sachs, in: JfL 37, 1977, S. 107–123, hier S. 114.
[19] Scheibenzieher § 1, Neberschmiede § 1, Messerer § c, Kandelgießer § 1, Rotschmiede § a, Sarwerker § 1, Flaschner § a, Heftleinmacher § 1, Feilenhauer § a, Kammacher § 2.
[20] Messerer § g, h, l, k, t.

will, mit ainem viertail weins aus und eingeschenkt werden soll. Was die Zechfreiheit beim Einstand und das Ein- und Ausschenken betrifft, findet sich fast derselbe Wortlaut in der Gesellenordnung der Scheibenzieher in den Jahren 1534 beziehungsweise 1549. Selbst der Verwendungszweck des Geldes, das von den Mitgliedern, die auf der Schenke nicht erschienen waren, einkassiert worden war, wurde bei den Gesellen der Flaschner und der Feilenhauer geregelt. Bei den Neberschmiedegesellen *soll allen frembden gesellen, denen geschenkt wirdet, die irten geschenkt werden.* Irten heißt Trinken, wie man an der folgenden Regelung ablesen kann: *so ein gesell an der schenk die irten porgen wurde oder sonst gelt in die puchsen schuldig were, der soll all wegen solich hinterstellige schulden an der nechsten nachvolgenden schenk on allen verzug bezalen und entrichten*[21].

Aus den Quellen geht hervor, daß die Schenke und das Ein- und Ausschenken zwei verschiedene Einrichtungen gewesen sind, wie Schoenlank bereits erkannt hatte. Daß die Gesellen den Meistern gegenüber ihre Machtposition behaupten konnten, weil sie den Arbeitsmarkt regulierten, ist aus der folgenden Bestimmung zu entnehmen: Meister, die einen Gesellen vermittelt bekamen, mußten nämlich für die Mühe der Zuschickgesellen einen bestimmten Beitrag leisten, wie wir oben bei den Messerergesellen gesehen haben. Bei den Rotschmiedegesellen und bei den Feilenhauergesellen ein Viertel Maß Wein, Käse und Brot, bei den Heftleinmachergesellen Geld in Höhe von zwei Maß Wein[22].

Um das Zuschickrecht der Gesellenschaft sicherzustellen, wurde vorgeschrieben, daß kein Geselle einen Arbeitsplatz auf eigene Faust suchen dürfe[23]. Dabei sind drei Richtlinien zu erkennen: erstens dürfen die einheimischen Gesellen nicht an Wochentagen, sondern nur am Sonntag angeworben werden, während die eingewanderten Gesellen auch an Wochentagen vermittelt werden dürfen[24]. Es ist klar, daß den Gesellen die Arbeitsvermittlung an Werktagen und den Meistern die sonntägige zugute kam, weil die Gesellen einen Wochenlohn erhielten und den Meistern dadurch Arbeitszeit verlorenging. Deswegen hatten einige Gesellschaften den Urlaub (Kündigung) betreffend Zusatzregelungen eingeführt. Kündigt ein Flaschnermeister seinem Gesellen am Sonntag, sollten die Zuschickgesellen noch am selben Tag *um arbeit schauen.* Auch wenn ein Meister seinem Gesellen in der Arbeitswoche kündigte, oder wenn ein Eingewanderter ankam, sollten die Zuschickgesellen gleich Arbeit vermitteln. Sollte ein Geselle seinem Meister wochentags kündigen, mußte er bis zum kommenden Sonntag auf die Arbeitsvermittlung warten. Die einheimischen Gesellen der Neberschmiede durften nur am Sonntag und am Montag vermittelt werden, während die Eingewanderten jeden Tag vermittelt werden konnten. Die einheimischen Gesellen der Feilenhauer wurden am Sonntag und am Montagnachmittag vermittelt[25]. Einige Handwerkszweige machten also von einem „blauen Montag" Gebrauch.

---

[21] Scheibenzieher § 3 (1536) und § 6 (1549), Neberschmiede, § 5, 11, Kandelgießer § 8, 9, Rotschmiede § c, Flaschner § c, Feilenhauer § d.

[22] Rotschmiede § k, Heftleinmacher § 4, Feilenhauer § e.

[23] Ringmacher § 3, Kandelgießer § 3, Rotschmiede § n. Auch bei den Plattnergesellen, StAN, Rst. Nbg., Amts- und Standbücher, Nr. 259, fol. 378v.

[24] Ringmacher § 4, Scheibenzieher § 5, Rotschmiede § g, h, Sarwerker § 4.

[25] Flaschner § d, Heftleinmacher § 4, Neberschmiede § 7, Messerer § u, Feilenhauer § c. Bei den Ringmachern § 4 wird auch ein Passus *an keinem montag mehr* erwähnt.

Zweitens mußte der Eingewanderte, bevor die Arbeitsvermittlung beginnen konnte, eine *glaubliche Anzeigung* über seine bestandene Lehrzeit, das heißt einen Lehrbrief, vorweisen und angeben, wo er vorher gearbeitet hatte[26]. Drittens wurde er auch gefragt, ob er sich von seinem Meister redlich verabschiedet habe und ob er nichts, das heißt *weder Geld noch Zeit,* schuldig geblieben sei. Schulden gegenüber dem Meister mußten beglichen werden, bevor ein Anrecht auf Arbeitsvermittlung bestand[27]. Die Art und Weise der Arbeitsvermittlung wird bei den Neberschmieden 1535 und bei den Feilenhauern 1551 wie folgt bestimmt. Dem Meister, der am längsten ohne Gesellen war, solle ein Geselle vermittelt werden. Dieselbe Vorschrift galt ab 1554 für die Zuschickgesellen der Glötschlosser 1554 und ab 1564 für die Beutler, *damit der arm dem reichen (Meister) gleiche fuderung haben möchte*[28].

Die Gesellengerichtsbarkeit war jedoch streng eingeschränkt. Bei den Sarwerkern lautet es 1537: *das die gesellen vermeiden, hinfuro eynander weder schlahen noch rayfen, noch andere dergleichen ungepurliche handlungen nicht furnemen sollen. Wo sie aber das daruber teten und verprechen wurden, das doch die örten oder andere gesellen um solich schlahen, schmach oder anders halben, eynander zustrafen, in keinen weg nicht macht haben, sunder die örten gesellen solchs, so oft das zuschulden kompt, ufs furderlichst einem burgermeister anzeigen sollen. Also, das die straf bey einem erbern rate, und nicht bey ine, den gesellln, steen solle*[29]. Auch die Kandelgießergesellen durften ab 1536 weder mit Fäusten schlagen noch raufen, *bey eines erbern rats ernstliche straf*, und 1549 wurde berichtet, daß sie *was sie mit einannder zu thun haben, ire sachen hie vor unns alls der oberkait ausstragen, auch gebürlichen straf gewarrtten* mußten[30].

Nach 1551 wehrte sich der Nürnberger Rat hartnäckig gegen die Schenke. Am 24. Februar 1551 wurde auf dem Augsburger Reichstag beschlossen, die Schenke abzuschaffen. Nachdem die Fürsten und die Städte die Verordnungen von 1530 und 1548[31] ignoriert hatten, wurde 1551 neu festgesetzt, daß die Gesellen, die ihre Handwerke boykottierten, verhaftet und mit einer Gefängnisstrafe belegt werden müßten. Und die ins Gefängnis geworfenen Gesellen sollten zu dem Gelöbnis, die neue Regelung, das heißt die Abschaffung der Schenke und des Zuschickens, einzuhalten, gezwungen werden. Im Mai wurde zur Abschaffung der Schenke ein Städtevertrag, an dem Straßburg, Worms, Frankfurt, Ulm und Augsburg teilnahmen, geschlossen, dem sich aber Nürnberg erst im Oktober anschloß[32]. Der Nürnberger Rat teilte im Dezember 1551 den Räten von Nördlingen und Heilbronn mit, daß auch dort die Schenke und die Arbeitsvermittlung der Gesellen abgeschafft werden müßten[33]. Die Interventionen des Rates waren aber an den allgemein praktizierten Boykotten

---

[26] Ringmacher § 4, Scheibenzieher § 6, Kandelgießer § 4, Rotschmiede § 1, Sarwerker § 5, Feilenhauer § f.

[27] Ringmacher § 5, Scheibenzieher § 7, Kandelgießer § 5, Rotschmiede § i, Sarwerker § 6, Flaschner § e, Feilenhauer § d.

[28] Feilenhauer § g; StAN, Rst. Nbg., Amts- und Standbücher, Nr. 259, fol. 100v (Feilenhauer), 161v (Glötschlosser), 349v (Neberschmiede).

[29] Sarwerker § 9.

[30] Kandelgießer § 16; StAN, Rst. Nbg., Briefbücher des inneren Rates, Nr. 142, fol. 43v.

[31] Hans Proesler, Das gesamtdeutsche Handwerk im Spiegel der Reichsgesetzgebung von 1530 bis 1806, Berlin 1954, S. 2*, 11*f.

[32] Schulz (wie Anm. 2), S. 139.

[33] StAN, Rst. Nbg., Ratsverlässe, Nr. 1071, fol. 6r, 12r.

gegenüber den Nürnberger Gesellen und Handwerken gescheitert. Dadurch wurde der Zustrom der Gesellen nach Nürnberg und die Förderung der Nürnberger Gesellen in anderen Städten aufgehalten. Deswegen mußte der Rat im November 1553 die Schenke wieder genehmigen. Es wurde neben den obenangeführten 13 Gesellenschaften noch 13 anderen die Schenke erlaubt: den Fingerhütern, Messingschabern, Nadlern, Naglern, Schellenmachern, Spenglern, Zirkelschmieden, Taschnern, Sattlern, Hutmachern, Brillenmachern, Paternosterern und den Bürstenbindern[34]. Am 12. April 1557 teilte der Nürnberger Rat der Stadt München mit, daß er die Schenke *zu verhiettung allerlei unordnung und weitleuffigkeiten widerumb freylaßen und in den alten standt stellen* müsse, weil *man bei andern stenden deß reichs, auch in den römischen koniglichen inn erblanden, kein einhellige vergleichung fürgenomen noch damit gehalten worden, unnserntbalben auch nit beharren* könne[35].

Die Gesellenordnung der Messerer von 1555 tastet die alten Rechte der Gesellen nicht an und unterscheidet sich kaum von der früheren Gesellenordnung. Die Gesellen der Zirkelschmiede erhielten 1564 die Schenkordnung, welche fast identisch mit denen der anderen Gesellenschaften ist. Das Schenk- und Zuschickrecht der Gesellen ist unangetastet geblieben. Am Schluß der Zirkelschmiedegesellenordnung wurde jedoch festgeschrieben, daß der Rat für die Gerichtsbarkeit über *schlahen, schmach oder anders halben* zuständig sei und daß die Irtengesellen und die anderen kein Recht hätten, einander mit Strafen zu belegen. In der darauffolgenden Gesellenordnung der Plattschlosser von 1564 wurden die Schenke und das Ausschenken genehmigt, wobei aber die Arbeitsvermittlung nicht erwähnt wurde. Auf eine Supplikation hin erhielten die Gesellen der Kupferschmiede 1565 ihre Schenkordnung. Im ersten Artikel des Schenkrechts der Gesellen wird bestimmt: *Und sol inen hiemit verboten sein, kein gesellen für sich selbst zu strafen, noch etwas furzunemen, das ein erber rat als der oberkeit gebürt, sonder solche sachen, die für ir erbarkeiten gehörn, alweg an ein burgermeister gelangen lassen.* Bei der vierteljährlichen Schenke durften die Gesellen bis zu einer Viertel Maß Wein trinken, doch *weiter kein nachzech halten, das aus nachzechen oft viel ubels kombt.* Ansonsten waren bei den Kupferschmieden die Irtengesellen für die Arbeitsvermittlung tätig. In demselben Jahr bekamen die Schwarzfärbergesellen ihre Schenkordnung. Auch ihnen wurde erlaubt, eine vierteljährliche Schenke in ihrer Herberge abzuhalten, jedoch nicht *unter inen einiche buß oder straf für sich selbst gegen einander furzunemen, sonder alle furfallende irrung an ein erbar rate, als die oberkeit, weisen.* Die eingewanderten Gesellen durften nicht in die Herberge, sondern nur zum Meister gehen, um einen Arbeitsplatz zu bekommen. Hier fand keine Arbeitsvermittlung der Gesellen statt[36]. Die Forderung des Rates zeigt, daß er sich von 1531 bis 1565 ständig mit der Gesellengerichtsbarkeit beschäftigen mußte. Denn Schlägereien und Ehrverletzungen dürften unter den Gesellen an der Tagesordnung gewesen sein. Mit der Abschaffung der Schenke beabsichtigte der Rat, sich die Strafgerichtsbarkeit vorzubehalten, obwohl es die Pflicht der Gesellen-

---

[34] Schoenlank (wie Anm. 3), S. 378. Schulz (wie Anm. 2), S. 132f., zählt die geschenkten Handwerke in Straßburg.

[35] StAN, Rst. Nbg, Briefbücher des inneren Rates, Nr. 160, fol. 238v.

[36] StadtAN, Handwerksarchive, Messerer, Nr. 11b, Schlosser, Nr. 84a; StAN, Rst. Nbg., Amts- und Standbücher, Nr. 259, fol. 831r–832r (Zirkelschmiede), 859r-v (Kupferschmiede), 861r-v (Schwarzfärber).

schaft war, für inneren Frieden zu sorgen. In dieser Hinsicht berichtet das Meisterbuch der Sattler von 1645, daß der Rat am 21. Oktober 1551 die Schenke zum erstenmal aufgekündigt habe, aber *sich beschwert und für darumb noch lange zeit angehalten bis auff anno 1567*. Am 25. August 1567 sei vom Rat *nach vielem anhalten die letzte abschaffung der schenk* vorgenommen und *mit den handwercks streitten für das löblich rugsamt gewiesen* worden[37].

Nachdem die Reichsabschiede von 1559 und 1566 wieder das Verbot der Gesellenschenke eingeführt hatten[38], beschlossen die Fürsten und die Städte im Fränkischen, Schwäbischen, Bayerischen und Rheinischen Reichskreis, einheitlich gegen die Gesellen vorzugehen. Aber wie schon 1551 bis 1553 sah sich der Rat Boykotten gegenübergestellt. Gegen Nürnberger Kandelgießer wurden 1567 Boykotte organisiert, damit kein Geselle nach Nürnberg komme. Es wurde dabei beanstandet, daß in Olmütz in Mähren alle Gesellen, die einst in Nürnberg gearbeitet hätten, aus der Stadt verwiesen worden seien[39]. Hier ist ersichtlich, wie stark das Kommunikationsnetz der geschenkten Handwerke war. Es scheint jedoch, daß der Nürnberger Rat seine harte Linie beibehalten hat. 1568 und 1570 legten ihm die Meister der Kandelgießer Bittschriften vor. 1568 baten sie um die Wiederherstellung der Gesellenschenke, um Boykotte zu vermeiden, während sie 1570 vom Rat einheitliche Maßnahmen der Stadtobrigkeiten von Frankfurt, Straßburg, Augsburg und Ulm verlangten. Aufgrund des Widerstandes des Rates verzichteten die Meister schließlich darauf, das Schenkverbot aufheben zu lassen[40].

Im September 1571 hielten die Reichsstädte der vier Reichskreise den Städtetag in Esslingen ab. Dort wurde beschlossen, daß die Gesellen und die Jungen sowie die Meistersöhne über 18 Jahre keine Zusammenkünfte abhalten dürften, ohne daß die Räte oder die Deputierten aus den jeweiligen Handwerken oder Zünften anwesend seien, und daß die Gesellen die Abschaffung der Schenke geloben müßten. Vorsichtigerweise kamen die Vertreter der Städte im September 1572 beim Städtetag in Speyer wieder zusammen und wurden sich darüber einig, den Beschluß am 1. Januar 1573 in den betroffenen Städten an die Öffentlichkeit gelangen zu lassen[41].

Der Nürnberger Rat erließ am 18. Dezember 1573 eine allgemeine Gesellenordnung, die 15 Artikel umfaßte. Warum er sich soviel Zeit gelassen hatte, liegt daran, daß er das Vorgehen der anderen Städten beobachtet und sich sorgfältig dafür vorbereitet hatte, eventuell mit den jeweiligen geschenkten Handwerken Vorgespräche zu führen. Nun wurde die Schenke verboten, die Arbeitsvermittlung den Gesellen genommen und diese den „Zuschickmeistern", also den Meistern, überlassen, obwohl die Gesellen ihre Herberge zur Verfügung stellen konnten. Zwar war es den Gesellen erlaubt, dort ihre Zusammenkunft oder Umfrage abzuhalten, dies aber nur im Beisein der geschworenen Meister und der Zuschickmeister: Sie fragten den Zugewanderten, wo er zuletzt gearbeitet habe und ob ihm Vergehen anderer Gesellen bekannt seien.

---

[37] StadtAN, Handwerksarchive, Sattler, Nr. 1, fol. 79r-v.
[38] Proesler (wie Anm. 31), S. 13*–17*.
[39] Schoenlank (wie Anm. 3), S. 380f.
[40] StadtAN, Handwerksarchive, Zinngießer, Nr. 21.
[41] Schoenlank (wie Anm. 3), S. 383f.; Schulz (wie Anm. 2), S. 149f.; Proesler (wie Anm. 31), S. 18*–22*.

Wenn solche Vergehen ans Tageslicht kamen, mußte dies dem Rat mitgeteilt werden. Ein Geselle, der sich etwas zuschulden hatte kommen lassen, durfte so lange nicht vermittelt werden, bis er seine Schuld gesühnt hatte. Den Gesellen war verboten, sich heimlich außerhalb der genehmigten Zusammenkünfte zu treffen. Wer bei einer Umfrage fehlte, mußte eine *halbe zeche, als nemblich sovil ein halbe Maß Wein cost* in die Gesellenkasse einzahlen, die zur Unterstützung der armen und kranken Gesellen diente. Was die Gerichtsbarkeit betrifft, so durften die Geschworenen, die Zuschickmeister und die Gesellen bei *gar geringe sachen* Strafen bis zum Wert von einer Maß Wein verhängen. Jedoch mußten sie schwerere Vergehen dem Rat mitteilen. Weitere Bestimmungen regelten das Verhalten bei Zusammenkünften. Das Tragen von Waffen sowie Gotteslästerung, Zutrinken, Betrunkenheit, Glücksspiele (Karten- und Würfelspiele) und das Singen unzüchtiger Lieder waren verboten, dagegen wurde zum freundlichen und friedlichen Verhalten sowie sofortiger Bezahlung der Zeche ermahnt[42].

Es scheint also, daß der Rat die Schenke im Sinne einer Einstandsfeier verboten hatte, Zusammenkünfte und Zechen aber erlaubte. In der Schenke dürfte auch das Ein- und Ausschenken miteingeschlossen gewesen sein. Diese allgemeine Gesellenordnung wurde als Muster für die einzelnen Handwerke herangezogen. An demselben Tag erhielten insgesamt 24 Handwerke ihre Gesellenordnung: die Beutler, die Bürstenbinder, die Feilenhauer, die Flaschner, die Gürtler, die Glötschlosser, die Heftleinmacher, die Kammacher, die Kandelgießer, die Nadler, die Nagler, die Neberschmiede, die Nestler, die Plattschlosser, die Ringmacher, die Sattler, die Schermesserer, die Scheibenzieher, die Schleifer, die Schreiner, die Seiler, die Sporer und Striegelmacher, die Taschner und zuletzt die Zirkelschmiede[43]. Am 9. Dezember 1574 bekamen dann die Büttnergesellen ihre Gesellenordnung[44].

Bedeutete dies die Niederlage der Gesellen, da das bisherige Schenk- und Zuschickwesen aufgehoben wurde? Auf die Anfrage aus Augsburg, wie es in Nürnberg *mit den handwercks schenckhen gehalten werde*, schrieb der Nürnberger Rat am 8. Mai 1579, daß die Schenke schon seit längerem in Nürnberg abgeschafft worden sei. Und er hoffe, daß *dergleichen allenthalben im heiligen reich beschehen und ob der gleicheit, wie billich, ernstlich gehalten wurde*. Außerdem äußerte er seine Entschlossenheit, daß *unseres thails daran auch nit mangel erscheinen* solle[45]. 100 Jahre später, als das Rugamt 1673 aus verwaltungstechnischen Gründen die Gesellenordnungen der jeweiligen Handwerke in alphabetischer Reihenfolge kompilierte, wurde bei einigen Handwerken die Gesellenordnung von 1573 wieder eingeführt, wobei gelegentlich neue Zusätze auftauchen. Die Gürtler hatten aber eine völlig neue Gesellenordnung erhalten, obwohl sie in dieser Kompilation auf das Jahr 1573 datiert wird[46]. Es ist von besonderem Interesse, ob die Gesellen ihre alten Rechte zwischen 1573 und 1673 wieder zurückgewonnen haben oder ob der Rat an seiner aus dem obengenannten Schreiben hervorgehenden Grundlinie festgehalten hat, um die Gesellen zu disziplinieren.

---

[42] StAN, Rst. Nbg., Amts- und Standbücher, Nr. 259, fol. 36r–38r.
[43] Schoenlank (wie Anm. 3), S. 385–387.
[44] StAN, Rst. Nbg., Amts- und Standbücher, Nr. 259, fol. 890r–891r.
[45] StAN, Rst. Nbg., Briefbücher des inneren Rates, Nr. 195, fol. 126r.
[46] Hironobu Sakuma, Die Nürnberger Tuchmacher, Weber, Färber und Bereiter vom 14. bis 17. Jahrhundert (Nürnberger Werkstücke zur Stadt- und Landesgeschichte 51), Nürnberg 1993, S. 27f.

Zunächst werden wir uns mit zwei Quellen aus dem Jahre 1575 befassen. Die eine ist die 26 Artikel umfassende, geänderte Gesellenordnung der Messerer von 1575, die eine Kompilation früherer Gesellenordnungen und der allgemeinen Gesellenordnung von 1573 darstellt. Einerseits wurde den Gesellen das Schenk- und Zuschickrecht genommen und die Polizeibestimmungen von 1573 verankert, andererseits wurden die Vorschriften, die eine lange Tradition bei den Messerergesellen hatten, wieder eingeführt und neue hinzugefügt. Neben den Viergesellen wurden nämlich auch die Zechgesellen wieder erwähnt. Wie vormals oblag es den Zechgesellen, nicht den Meistern, die eingewanderten Gesellen zu befragen. Die anderen Gesellen hatten den Zech- und Viergesellen Gehorsam zu leisten und durften ihnen nicht widersprechen. Sie durften ohne Erlaubnis der Zechgesellen nicht an der *alten Gesellen Tisch* – das ist der Tisch, an dem der Vorstand der Gesellschaft Platz nahm und auf dem wahrscheinlich die Lade stand – vorbeigehen und hatten zu schweigen, wenn ein Zechgeselle die Büchse schlug[47].

Was die Arbeitsvermittlung anbetrifft, so durften Gesellen, wie frühere Gesellenordnungen bezeugen, vor der Tilgung ihrer Schulden und spät am Abend nicht vermittelt werden. Neu geregelt ist, daß keiner sich selbst einen Arbeitsplatz suchen durfte, was allerdings in der ersten Hälfte des 16. Jahrhunderts bereits bei einigen Gesellschaften eingeführt war. An den beiden Artikeln ist nicht ablesbar, ob die Zuschickmeister oder die Zuschickgesellen die Arbeitsvermittlung durchführten. Dagegen ist dem Artikel über die Kündigungen zu entnehmen, daß in Nürnberg ein auswandernder Geselle von den Viergesellen Abschied nehmen mußte und die Viergesellen dabei überprüften, ob der Auswanderer keine rückständigen Schulden bei dem Herbergsvater hatte. Wer sich weigerte, seine Schulden zu tilgen, wurde mit Bußgeldern belegt und in ein Buch eingetragen. Die Gerichtsbarkeit der Gesellen fußte weiterhin auf der allgemeinen Gesellenordnung von 1573. Wer den Vorschriften zuwiderhandelte, mußte jeweils zehn Pfennig bezahlen. Diese Strafgelder waren jedoch im Gegensatz zu den früheren Gesellenordnungen nicht für die *schenk oder zuschick* bestimmt[48].

Die andere Quelle trägt die Überschrift *Ordnung und Bericht der Irtenmaister, wie sie sich gegen den Gesellen verhalten sollen, von wegen deß Arbeitsschauens.* Aus dieser Ordnung der Gürtler geht hervor, daß die Meister die Arbeitsvermittlung durchführten. Die Irtenmeister mußten auf Verlangen des Herbergsvaters sofort in die Herberge kommen und durften keinen Gesellen drei oder vier Stunden warten lassen, geschweige denn den ganzen Tag. Sie brauchten jedoch keine Arbeit zu vermitteln, falls der Geselle ihnen keinen Gruß abstattete und falls er sich weigerte, allen anderen Meistern vorgestellt zu werden. Als Voraussetzung für die Arbeitsvermittlung fragten die Irtenmeister die Zugewanderten nach ihrem letzten Arbeitsplatz und der vorschriftsmäßigen Absolvierung der Lehrzeit. Also nicht die Gesellen, sondern die Meister nahmen die Umfrage vor. Wenn der Geselle Arbeit fand, wurde ihm aufgetragen, zum Meisterhaus zu gehen, und wenn nicht, sollten sie ihn *fleißig abdanken*. Falls ein Geselle sich im Streit von seinem Meister getrennt hatte, durfte er nicht vermittelt werden und mußte für ein Vierteljahr aus der Stadt verwiesen werden. Ein

---

[47] StadtAN, Handwerksarchive, Messerer, Nr. 11a.
[48] StadtAN, Handwerksarchive, Messerer, Nr. 11a.

wider das Stadtverbot in der Stadt faulenzender Geselle durfte nicht vermittelt werden. Aber wenn der Meister ihn entließ, mußten die Irtenmeister sich sofort an die Arbeitsvermittlung machen. Es war auch ihre Pflicht, den Meister, der den Gesellen entlassen hatte, zu fragen, wie sich der Geselle verhalten habe und ob er aufsässig gewesen sei. Im Fall der Nachlässigkeit bei der Arbeitsvermittlung wurden die Irtenmeister von den geschworenen Meistern bestraft. Die Amtsperiode der Irtenmeister betrug vier Wochen. Bei Amtswechsel mußten sie einen Rechnungsabschluß vorlegen. Ihnen oblag also auch die Verwaltung der Gelder, die aus der Gesellenkasse stammten[49].

Es darf nicht übersehen werden, daß den Irtenmeistern die Irtengesellen zur Seite standen. Dem betreffenden Artikel zufolge mußten die Irtenmeister auch am Sonntag zu bestimmten Stunden zu Hause sein, *wie der irtengesell bei der wexel warten muß.* Die Irtengesellen wurden außerdem vom Herbergsvater aufgefordert, mit den Irtenmeistern sofort zur Herberge zu kommen, um innerhalb einer oder eineinhalb Stunden Arbeit zu vermitteln. Weil die Meister sich häufig beklagten, daß die Irtenmeister einigen Meistern über drei bis zwölf Monate keinen Gesellen vermittelt hätten, sollten die Irtenmeister zusammen mit den Irtengesellen zu allen Meistern gehen und ihnen mitteilen, wer zur Zeit das Amt des Arbeitsvermittlers bekleide, und fragen, welcher Meister einen Gesellen anstellen wolle[50]. Bei den Gürtlern waren bei der Arbeitsvermittlung noch zusätzlich die Irtengesellen tätig. Hier kann man von einer Zusammenarbeit der Meister und Gesellen, also von einer gemeinsamen Regulierung des Arbeitsmarktes sprechen.

Untersuchen wir jetzt das Zuschickwesen. Walter Riedl hatte bereits erkannt, daß ab 1648 das Zuschickwesen je nach Amtsinhaber drei verschiedene Formen aufweisen konnte: 1. Die Amtsinhaber werden von den Zuschickmeistern gestellt. 2. Die Amtsinhaber werden von den Zuschickgesellen gestellt. 3. Die Amtsinhaber können ohne Ansehen der Stellung sowohl von den Zuschickmeistern als auch von den Zuschickgesellen gestellt werden[51]. Die Sachlage scheint aber in Wirklichkeit weitaus komplizierter gewesen zu sein, wie schon aus der obengenannten Irtenmeisterordnung hervorgeht.

Nachdem die Sattler 1573 eine vorbildhafte Gesellenordnung erhalten hatten, wurden 1581 mit Einführung der „Zuschicktafel" die Irtengesellen für die Arbeitsvermittlung zuständig. 1592 wurde dann die Arbeitsvermittlung wie folgt festgelegt. In seiner vierwöchigen Amtsperiode zog der zuständige Meister mit zwei Gesellen aus seiner Werkstatt ins „Zuschickamt" ein, um als Arbeitsvermittler zu wirken. Hatte der neue Zuschickmeister keine Gesellen in seiner Werkstatt, o mußte ein Geselle aus einer anderen Werkstatt eingesetzt werden. Ziel dieser Regelung war es, daß die Vermittlung ordnungsgemäß vonstatten ging, so daß *kein meister fürsetzlich übersehen, nach sonsten einer vor den andern gevortheilet werde.* Hier geht es um die Gleichheit unter den Meistern und den Gesellen bei der Amtsverteilung im Zuschickwesen und um die Gleichberechtigung der Meister bei der Gesellenvermittlung. Später, wohl in der ersten Hälfte des 17. Jahrhunderts,

---

[49] StadtAN, Handwerksarchive, Gürtler, Nr. 1. Vgl. Schoenlank (wie Anm. 3), S. 596f.
[50] StadtAN, Handwerksarchive, Gürtler, Nr. 1.
[51] Walter Riedl, Die rechtliche Stellung der Lehrjungen und Gesellen des Nürnberger Handwerks, Diss. jur. Erlangen 1948, S. 71f.

übernahmen jedoch entweder die Irtenmeister oder die Irtengesellen die Arbeitsvermittlung[52].

Die Ringmachergesellenordnung von 1573 bekam 1580 einen Zusatz, nach dem den Gesellen entweder durch die Meister oder durch die Gesellen Arbeit zu vermitteln sei, aber unter der Voraussetzung, daß sie sich zuvor formgemäß von ihrem früheren Meistern getrennt hätten[53]. Ähnliche alternative Bestimmungen findet man in den Gesellenordnungen der Altmacher von 1607, der Fingerhüter von 1614 und der Bortenwirker von 1614[54].

Aus der Kürschnergesellenordnung von 1581 wird ersichtlich, daß für die Arbeitsvermittlung nur die Zuschickgesellen zuständig waren, weil keine Zuschickmeister vorhanden waren. Dies ist umso merkwürdiger, da die anderen Bestimmungen der Kürschnergesellenordnung genau der allgemeinen Gesellenordnung von 1573 entsprechen. Obwohl die Meister 1619 Einwände gegen das Zuschickwesen der Gesellen erhoben hatten, behielten die Gesellen das Zuschickrecht[55]. Während die Gesellenordnung der Glaser von 1597 die Arbeitsvermittlung nicht erwähnt, geht ab 1598 aus dem Gesellenbuch und ab 1687 aus dem Irtenbuch hervor, daß die Arbeitsvermittlung den Irtengesellen oblag[56]. Auch bei den Drechslern (ab 1597) und bei den Buchbindern (ab 1687) waren allein die Gesellen für die Arbeitsvermittlung zuständig[57]. Bei den Neberschmieden wurde die Zuschickbestimmung von 1535 unverändert in die Handwerksordnung von 1629 übernommen. Die Gesellen durften vierteljährlich aus ihrer Mitte zwei Zuschickgesellen wählen, um *den hiesigen und fremb-den gesellen, die redtlich sein, umzuschicken und umb arbeit zu schauen und allzeit denjenigen meister, der keinen gesellen hat oder am lengsten keinen gehabt*[58]. Ab 1629 gab es auch bei den Glötschlossern nur Zuschickgesellen für die Arbeitsvermittlung. Sie wurden 1648 vom Rat ermahnt, keinen unredlichen Gesellen Arbeit zu beschaffen[59].

Die Gesellentätigkeit beim Zuschickwesen tritt bei den Gürtlergesellen ab 1651 noch deutlicher in den Vordergrund. Nachdem ein zugewanderter Geselle in der Herberge eingetroffen und bewirtet (eingeschenkt) worden war, stellten sich die Irtengesellen um zwei Uhr nachmittag in der Herberge ein, um ihn zu fragen, *woher er komme, an welchen orth und bey welchen meister er gelernet, wie sein lehrmeister haiße, und wo er am neulichsten gearbeit*. Und falls sie die Redlichkeit des Zugewanderten

---

[52] StAN, Rst. Nbg., Amts- und Standbücher, Nr. 259, fol. 611r-v; StadtAN, Rugamt, Nr. 58, fol. 330v, 423r. Ein anderes Exemplar der Sattlergesellenordnung (Rugamt, Nr. 58, fol. 423r–424v) ist auf den 18. 10. 1573 datiert. Aber sowohl die Erwähnung der Irtenmeister als auch das Verbot, beim Weinverschütten mehr zu verschütten, als mit Händen und Füßen bedeckt werden kann, welches zuerst 1631 bei den Schwarzfärbern belegbar ist, deuten auf ein späteres Zustandekommen hin.

[53] StadtAN, Rugamt, Nr. 58, fol. 247r–249v; StAN, Rst. Nbg., Amts- und Standbücher, Nr. 259, fol. 523v.

[54] StadtAN, Rugamt, Nr. 58, fol. lr-v, 31r-v, 229r.

[55] StAN, Rst. Nbg., Amts- und Standbücher, Nr. 259, fol. 235v, 523v; StadtAN, Rugamt, Nr. 58, fol. 114r.

[56] StadtAN, Rugamt, Nr. 58, fol. 44r–46v, Handwerksarchive, Glaser, Nr. 35, fol. 1r, Nr. 40, fol. lv–2r.

[57] StadtAN, Rugamt, Nr. 58, fol. k, 18r.

[58] StAN, Rst. Nbg., Amts- und Standbücher, Nr. 259, fol. 136r-v; StadtAN, Rugamt, Nr. 56, fol. 391v–392r.

[59] StadtAN, Rugamt, Nr. 55, fol. 198r.

einschließlich der Absolvierung der vierjährigen Lehrzeit feststellen konnten, mußte er als *einen ehrlichen gesellen umgeschickt werden*. Die Umfrage und die Überprüfung der Redlichkeit wurden also nicht mehr von den Irtenmeistern, sondern allein von den Irtengesellen vorgenommen. Noch wichtiger ist, daß die Meister bei der Arbeitsvermittlung der Zugewanderten überhaupt keine Rolle mehr spielten. Die Irtengesellen mußten zuerst bei den drei geschworenen Meistern, dann *von der eltisten leeren werckstatt biß zu der jüngsten* um einen Arbeitsplatz nachsuchen. Zwei Irtengesellen mußten außerdem sonntags um die Zeit, wenn die Gebetsglocke läutete, bei dem *gewöhnlichen stand* auf dem Markt erscheinen, damit sich ein gekündigter Geselle bei ihnen anmelden könne. Sodann hatten sie zu seinem Meister zu gehen und zu fragen, ob er sich in gutem Einvernehmen von ihm getrennt habe. Was einst die alleinige Aufgabe der Meister gewesen war, nämlich die Redlichkeit der gekündigten Gesellen zu überprüfen, wurde jetzt den Irtengesellen anvertraut. Daß die Arbeitsvermittlung allein bei den Irtengesellen lag, bestätigt auch noch die erweiterte Gesellenordnung von 1684[60]. Bei den Rotschmiedegesellen oblag die Arbeitsvermittlung schon vor 1653 und bei den Hutmachergesellen seit 1653/54 sogenannten *Führgesellen*[61]. Bei diesen drei geschenkten Handwerken finden sich fast keine Verweise auf die Gesellenordnung von 1573. Das legt die Vermutung nahe, daß die Gesellen in den geschenkten Handwerken ihren Alleinanspruch auf die Arbeitsvermittlung spätestens um 1650 wieder durchgesetzt hatten.

Die geschichtliche Entwicklung des Zuschickwesens verlief aber nicht so geradlinig. Denn bei den Kandelgießern ist anzunehmen, daß die Zuschickmeister zumindest ab 1659 wieder ihres Amtes walteten. Zuerst wurde 1608 die Gesellenordnung von 1573 wieder eingeführt. Das scheint darauf hinzuweisen, daß die Zuschickmeister immer noch in der Arbeitsvermittlung tätig waren[62]. Dann wurde 1659 das Irtenmeisterbüchlein, das beim Rugamt geführt worden sein dürfte, von den geschworenen Meister abgeschrieben. Den Irtenmeistern wurde jetzt vor Amtsantritt die Lektüre dieses Büchleins auferlegt. Die erhaltene Abschrift deckt sich mit der Gürtlerordnung aus dem Jahre 1575[63]. Dieser Tatsache ist zu entnehmen, daß der Verfall des Zuschickwesens seitens der Meister Anlaß zum Abschreiben des Irtenmeisterbuches gegeben hatte und daß das Kandelgießerhandwerk typisch für die Zusammenarbeit zwischen Meistern und Gesellen bei der Arbeitsvermittlung war. Undurchsichtiger wird die Situation bei den anderen geschenkten Handwerken, die keinen Aufschluß über die Arbeitsvermittlung durch Gesellen geben. Obwohl die Lobsprüche der Feilenhauer von 1591 und der Kammacher von 1657 auf die Tätigkeit der Gesellenvorstände hinweisen, läßt sich hier eine Arbeitsvermittlung durch Gesellen nicht belegen[64]. Im Handwerkslobspruch der Flaschner von 1691 wird ausdrücklich die Arbeitsvermittlung durch zwei Zuschickmeister erwähnt[65]. Ob dennoch angenommen

---

[60] StadtAN, Rugamt, Nr. 58, fol. 60r-v, 64v, Handwerksarchive, Gürtler, Nr. la, fol. 10v–11r.
[61] StadtAN, Rugamt, Nr. 58, fol. 81r, 243r-v.
[62] StadtAN, Handwerksarchive, Zinngießer, Nr. 14.
[63] StadtAN, Handwerksarchive, Zinngießer, Nr. 8, fol. lr–13r.
[64] StadtAN, Handwerksarchive, Feilenhauer, Nr. 1, Kammacher, Nr. 72.
[65] StadtAN, Handwerksarchive, Flaschner, Nr. 46, fol. 6r, *wann auch ein fremter gesell komt her/wird auch auff die herberg gewießen er/dan schildt der hl vatter bald aus/den zuschick meister in das haus/die in dem handwerck seyn erwehlt/zwei meister seynd darzu bestellt/dem fremden gesellen da auf trauen/müßen sie bald um arbeit schauen.*

werden kann, daß bei den geschenkten Handwerken hinter den Zuschickmeistern auch die Zuschickgesellen mitgewirkt haben, mag dahingestellt bleiben. Im übrigen muß noch klargestellt werden, daß die Gesellen der ungeschenkten Handwerke eigentlich kein Zuschickrecht besaßen[66].

Die Arbeitsvermittlung hatte aber feste Formen gefunden. Bei den Leinewebergesellen wurde ab 1576 die Arbeitsvermittlung in der Herberge durch den sogenannten „Werbzettel" reguliert. Der Meister, dessen Name an der obersten Stelle auf dem Werbzettel stand, war gezwungen, einen neu eingetroffenen Gesellen aufzunehmen[67]. Von einer Zuschicktafel machten die Sattlergesellen ab 1581 Gebrauch. Nach dieser Tafel richteten sich die Irtengesellen. Der Meister, dessen Name auf der Tafel an der obersten Stelle, die durch einen sogenannten „Zweck" kenntlich gemacht war, stand, wurde bei der Arbeitsvermittlung zuerst berücksichtigt. Wenn er den vermittelten Gesellen nicht annehmen wollte, gingen die Irtengesellen *alsdann zum andern, dritten, vierden oder fünften hernach*[68]. Auf diese Weise fand die Zuschicktafel 1598 auch unter den Bader- und Barbiergesellen Verbreitung. Ab 1615 führten dann die Leinewebergesellen die Zuschicktafel ein[69]. Bei den Kürschnern wurde 1619 die Zuschicktafel ebenfalls eingeführt, damit kein Meister bei der Arbeitsvermittlung übervorteilt wurde. Auf dieser Tafel waren die Namen aller Meister von den *obersten oder eltisten* verzeichnet, wobei die Namen der Meister, die eines Gesellen bedurften, durch ein „Zwecklein" kenntlich gemacht waren. Die Zuschickgesellen gingen bei der Arbeitsvermittlung nach der Zuschicktafel vor, wobei die oberen Zwecklein zuerst berücksichtigt wurden[70]. Die Zuschicktafel findet sich außerdem noch bei den Bortenwirkern (ab 1646), den Flaschnern (ab 1659), den Beutlern (ab 1662), den Wagnern (ab 1665) und den Drechslern (ab 1675)[71]. Die Zuschicktafel ist eine frühneuzeitliche Erfindung, die den gemeinschaftlichen Versuch der Meister und Gesellen darstellt, den Arbeitsmarkt zu regulieren, wobei zu erkennen ist, daß dies besonders im Interesse der Meister lag.

Was die Kürschner betrifft, so ist zu bemerken, daß sie nach dem damaligen Verständnis zu den ungeschenkten Handwerken gehörten, da ihre Gesellen vor und nach 1573 kein Anrecht auf die Schenke hatten, obwohl sie über das Zuschickrecht verfügten[72]. Der erste Beleg der Schenke, wenn auch das Wort „Schenke" nicht verwendet wird, ist 1579 bei den Schwarzfärbergesellen zu finden. Der Zugewanderte wurde nämlich nach dem Eintrag ins Gesellenbuch zechfrei. Das heißt, er bekam ein Eintrittsgeschenk. 1631 wurde die Schenke klar definiert: *wann ein frembder gesell herkombt, oder vorher hie ist, der sein handwerck bey einen redlichen meister gelernet, und dessen guethen urkund und zeugnus hette, den soll nach handwercks gewohnheit, alhie geschenkt werden, und vor beschehener schenck solle sich ein jeder in das buch*

---

[66] StadtAN, Handwerksarchive, Schneider, Nr. 25, Rugamt, Nr. 58, fol. 223r (Bäcker), 300r (Schuhmacher); über das Textil- und Färbergewerbe: Sakuma (wie Anm. 46), S. 269.
[67] Sakuma (wie Anm. 46), S. 269f.
[68] StAN, Rst. Nbg., Amts- und Standbücher, Nr. 259, fol. 610r-v.
[69] Schoenlank (wie Anm. 3), S. 597; Sakuma, Tuchmacher (wie Anm. 46), S. 270.
[70] StAN, Rst. Nbg., Amts- und Standbücher, Nr. 259, fol. 235v.
[71] StadtAN, Rugamt, Nr. 55, fol. 122v, Nr. 56, fol. 445v, Nr. 58, fol. 19r, 233r, 397r.
[72] Auflistung der geschenkten Handwerke um 1700: StadtAN, Rugamt, Nr. 169; auch Riedl (wie Anm. 51), S. 111f.

einschreiben laßen[73]. Bei den Kammachern hielten bereits 1596 zwei Gesellen die Umfrage ab, und 1667 wird zum erstenmal urkundlich bezeugt, daß bei den achtwöchigen Zusammenkünften dem neuangekommenen Gesellen *geschenkt* wurde, wobei die Kosten der Zeche einen halben Taler ausmachten[74].

Einen weiteren Beleg bietet die Gesellenordnung der Rotschmiede von 1653. Die Rotschmiedegesellen bestimmten, daß die jüngsten Führgesellen das Einschenken übernehmen sollten. Wer verspätet zur Schenke kam, mußte zehn Kreuzer bezahlen. Wenn ein Geselle sich während des Ausschenkens, das auch von den Führgesellen verrichtet wurde, sträflich verhielt und die andern Gesellen dies bei der Schenke nicht anzeigten, mußten sie ein doppelt so hohes Bußgeld entrichten[75].

Ein beredtes Zeugnis findet sich in der Gürtlergesellenordnung von 1651. Wenn ein eingewanderter Geselle Arbeit finde, *sollten die irden gesellen an der verzehrten sechs creutzer bevor und alßdann mit solchen frembden gesellen, gleichentheil bezahlen*. Falls er aber keine Arbeit finde, sollten ihm die Irtengesellen ausschenken. Beginnt er mit der Arbeit, *und der völligen schenck erwartten, biß noch zween frembde gesellen anherokommen*, sollte ihnen, *jedoch ehender nicht alß biß sie mit ihren meisters leykauff gemacht, mit vollen schenck geschenckt werden*. Und die Irtengesellen müssen die Schenke *den tag zuvorn, sowohln den geschwornen meistern alß gesellen, umb zwey uhr der kleinen nachmittag, sich zuversamlen, ordenlichen ansagen*. Die Irtengesellen und die anderen sollten dem Zugewanderten, *bey einer vollen schenck, mit wein, keß und brod schencken*. Die Kosten der sogenannten „Vollschenke" betrugen einen halben Gulden. Wenn der Geselle, der die Vollschenke bekommen hatte, in vier Wochen wieder weiterwandern wollte, mußte er 30 Kreuzer hinterlassen. Bei den Gürtlergesellen wurde dem Zugewanderten das Einschenken, dem Weiterwandernden das Ausschenken und dem neu in die Nürnberger Gesellschaft Eingetretenen die Vollschenke, die aus Wein, Brot und Käse bestand, gereicht. Im ersten Artikel wird auch das Einschenken von einer Maß Bier und Brot erwähnt. Alles unterlag der Aufsicht der Irtengesellen, selbst wenn die geschworenen Meister wie vorgeschrieben bei der wieder als Schenke bezeichneten Zusammenkunft zugegen waren[76].

Bei den Hutmachergesellen wurde 1653/54 folgendes vorgeschrieben. Erstens wurde dem zugewanderten Gesellen vom Herbergsvater eine Maß Bier und Brot für einen Kreuzer gegeben. Zweitens mußten die Führgesellen mitteilen, wie viele „Schenkgesellen" in den vier Wochen erschienen waren und ob sie vier Kreuzer bekommen hatten. Es handelt sich also um das Einschenken durch den Herbergsvater und durch die Gesellschaft. Drittens wurde dem Eingewanderten *die zech ins gemein bezahlt*, wenn er *unter der wehrenden vier wochen zech auff die schenkh käme*. Das bezieht sich auf das Einstandsgeschenk. Viertens erhielt der Geselle sechs Kreuzer als „Schenk" und 15 Kreuzer als „Vollschenk", wenn er *die schenk in peutel nimbt*. Auf welche Weise sich die Schenke von der Vollschenke unterschied, ist unbekannt. Ersichtlich wird dennoch, daß es sich hier um das Einstandsgeschenk in die

---

[73] StAN, Rst. Nbg., Amts- und Standbücher, Nr. 259, fol. 863; StadtAN, Handwerksarchive, Färber, Nr. 3, fol. 8r.
[74] StadtAN, Rugamt, Nr. 58, fol. 97r, 99v.
[75] StadtAN, Rugamt, Nr. 58, fol. 243r, 244v.
[76] StadtAN, Rugamt, Nr. 58, fol. 60r, 61v–62v.

Gesellschaft handelt, wobei gleichzeitig der Geldwert der Schenke angegeben wird[77].

Bei den Nestlergesellen wurde ebenfalls in der ersten Hälfte des 17. Jahrhunderts festgelegt, daß der eingewanderte Geselle oder der Junge, der in die Nürnberger Gesellschaft aufgenommen werden wollte, eine Maß Wein zum Geschenk erhalte. Zudem bekam er bei der Ankunft 32 Pfennig. Die Maß Wein stellte das Eintrittsgeschenk dar, während es sich bei den 32 Pfennigen um das Einschenken handelte. 1662 wurde den Beutler- und Nestlergesellen das Ausschenken verboten. Als Ausgleich wurden dem weiterwandernden Gesellen sechs Kreuzer *in seinen peutel geschenkt*. Hier haben wir ein Zeugnis dafür, wie die Form des Wandergeschenks von Lebensmitteln zum Zehrpfennig übergeht[78].

Der früheste Beleg für das Ein- und Ausschenken findet sich 1573 bei den ungeschenkten Handwerken. In einer Zusatzbestimmung der Gesellenordnung wird den Schneidergesellen 1617 das *ein- oder ausschenken auf ihrer herberg* gestattet, obwohl im ersten Artikel ihrer Gesellenordnung von 1586 noch gestanden hatte: *ohne schenk und zuschick*[79]. Schoenlank verkennt die Tatsache, daß das Ein- und Ausschenken für die zugewanderten und weiterwandernden Gesellen als „Nachtzehrung" bezeichnet wird[80]. Bei den Glasern wurden 1597 dem zugewanderten Gesellen sechs Kreuzer als „Nachtzehrung" überreicht. Bereits 1600 erhoben die geschworenen Meister gegen diese Nachtzehrung Einwand, weil sie für die Meister eine zu große finanzielle Belastung darstelle. Dieser Konflikt wurde beigelegt, nachdem Gesellen und Meister sich in der Herberge zusammengesetzt hatten und übereingekommen waren, daß die Gesellen acht Pfennig aus der Gesellenbüchse und die Meister 16 Pfennig aus der eigenen Tasche zahlen sollten. Ferner verpflichteten sich die Meister, bei Geldknappheit in der Gesellenkasse aufgrund großer Auslagen für Hilfeleistungen an arme und kranke Gesellen Zuschüsse zu leisten[81]. Zugewanderte Badergesellen erhielten ab 1598 in der ersten Nacht ihrer Ankunft zwölf Kreuzer aus der Gesellenkasse. Wer jedoch nicht die Absicht hatte, in Nürnberg zu arbeiten, mußte selbst bezahlen. Bei den Lebküchnern wurde 1645 bestimmt, daß die Meister für die Nachtzehrung zwei Kreuzer bezahlen mußten. Zur selben Zeit wurde den zuwandernden Sattlergesellen für das Ausschenken 16 Pfennig aus der Gesellenkasse bezahlt, und sollten sie spät abends eintreffen, bekamen sie sogar 24 Pfennig[82].

Daß dem Rat an einer strengen Überwachung der Zusammenkünfte der Gesellen gelegen war, versteht sich von selbst, da hierbei die Angelegenheiten der Gesellen zur Sprache kamen und außerdem die Umfrage stattfand. Dabei konnte es leicht geschehen, daß die Gesellen sich eine ihnen untersagte Gerichtsbarkeit anmaßten. Um der Überwachung der Meister zu entgehen, hielten die Gesellen trotz Verbot ihre Zusammenkünfte öfter heimlich ab. So führten 1576 die Kupferschmiedegesellen in ihrer

---

[77] StadtAN, Rugamt, Nr. 58, fol. 79v, 80r–81r, 82v.
[78] StadtAN, Rugamt, Nr. 57, fol. 445v, Nr. 58, fol. 210v–211r. Schoenlank (wie Anm. 3), S. 599, sieht im zweiten Fall der Nestlergesellen eine „Nachtzehrung".
[79] StadtAN, Handwerksarchive, Schneider, Nr. 25.
[80] Schoenlank (wie Anm. 3), S. 597f.
[81] StadtAN, Rugamt, Nr. 58, fol. 44r, Handwerksarchive, Glaser, Nr. 46.
[82] StadtAN, Rugamt, Nr. 58, fol. 211r, 214v–216r, 424r.

Herberge *one wissen und erlaubnus meiner herren* eine Umfrage durch. 1588 wurde den Barchentwebergesellen verboten, sich beim Froschturm zu versammeln[83].

In allen Gesellenordnungen wurde gefordert, daß bei der Umfrage die Redlichkeit des Gesellen festzustellen sei. Hatte der Betreffende sich etwas zuschulden kommen lassen, so durfte er nicht angestellt werden. Als Unredlichkeit wurden folgende Vergehen gewertet: das Weglaufen wegen Schulden, das Arbeiten bei den sogenannten Stümplern, eine nicht zu Ende geführte Lehrzeit und zuletzt Zuwiderhandlungen gegen die Gesellenordnung, vor allem wenn sie gegen die Kündigungsregelungen verstießen. Es war allgemein geübte Praxis, diese Vergehen mit einer ein- bis dreitägigen Gefängnisstrafe zu belegen, wonach der Geselle wieder in die Gesellenschaft aufgenommen wurde[84].

In bezug auf die Unredlichkeit wurde in der zweiten Hälfte des 17. Jahrhunderts ein „Schwarzbuch" oder eine „Schwarze Tafel" in der Herberge angelegt, deren Vorläufer auf das Buch der Messerergesellen von 1575 oder auf deren Schuldzettel von 1510 zurückzuführen sind. Die Bäcker beschlossen 1670, über diejenigen Gesellen, die ohne Grund ihrem Meister weggelaufen waren, einen halbjährigen Stadtverweis zu verhängen und die Namen derjenigen, die innerhalb dieser Frist in die Stadt zurückkämen, auf die schwarze Tafel zu schreiben. Auch bei den Metzgern wurden ab 1683 die Namen der unredlichen Gesellen auf die schwarze Tafel geschrieben. Die Zeugwirker trugen in derselben Zeit die Namen der unredlichen und gescholtenen Gesellen in ein Schwarzbuch ein. Den anderen Gesellen der Zeugwirker war es verboten, mit den Gesellen, die ins Schwarzbuch eingetragen waren, zusammenzuarbeiten[85].

Die Plattschlossergesellen legten ab 1666 das Schwarzbuch in der Herberge aus. Von 1666 bis 1693 finden wir im Schwarzbuch der Schlosser die Namen von 33 Gesellen mit Angabe der Vergehen. Zehn dieser Namen sind gestrichen. Der Grund der Eintragung war in 28 Fällen Schulden beim Herbergsvater oder Meister oder bei der Gesellenschaft (unbezahltes Auflagegeld), die den Gesellen häufig zur Flucht veranlaßten. Zum Beispiel findet sich am 21. April 1667 der Name eines gewissen Hans Gockhenberger, eines Frummwerkergesellen aus Bamberg, im Schwarzbuch. Als Grund wird angegeben, daß er bei seinem Meister Hans Fuchs, Plattschlosser in Altdorf, Schulden hatte: sieben Pfund drei Pfennig für Kleider, 48 Pfennig für eine viertel Maß Wein, die er aus Anlaß der Arbeitsvermittlung erhalten hatte (Umschickwein), zehn Pfennig für Waschgeld. Alles zusammengenommen beliefen sich seine Schulden auf acht Pfund einen Pfennig. Zu lesen ist, daß er *allenthalben auffgetrieben werden, biß er wider richtigkeit getracht haben*. Am 29. Juli 1678 wurde er rehabilitiert. Am 16. Februar 1673 wurde Andreas Schell von Ulm, Windenmacher-Junger, ins Schwarzbuch eingetragen, weil er sich nicht verhalten hatte, wie es sich für einen ehrlichen Jungen gehörte. Deswegen sollte er in allen Orten gesucht werden, bis er *sein verbrechen nach abgestrafft wird*. Nach einem Monat wurde er vor dem Rugamt bestraft und hatte wieder *sein ehrlichen Nahmen erlangt*[86]. Gemäß den Vor-

---

[83] StAN, Rst. Nbg., Ratsverlässe, Nr. 1394, fol. 1r; Sakuma (wie Anm. 46), S. 268.
[84] Sakuma, Tuchmacher (wie Anm. 46), S. 278.
[85] StadtAN, Rugamt, Nr. 58, fol. 225r, 450, 460v.
[86] StadtAN, Handwerksarchive, Schlosser, Nr. 18a, fol. 2r–7r.

schriften der allgemeinen Gesellenordnung von 1573 und der Plattschlossergesellenordnung von 1573, die noch 1673 gültig war, wurden die unredlichen Plattschlossergesellen vor dem Rat bestraft.

Zusammenfassend läßt sich folgendes festhalten. Der Begriff „Schenke" leitet sich aus dem Umtrunk bei den regelmäßig stattfindenden Gesellenversammlungen ab, bei denen über die Angelegenheiten der Gesellen diskutiert wurde und Beschlüsse gefaßt wurden. Außerdem wurden die Neuankömmlinge in einem feierlichen Akt in die Gesellenschaft aufgenommen, wobei ihnen ein Eintrittsgeschenk in Form von Getränken (und Essen) überreicht wurde. An dieser Feier nahmen auch die heimischen Gesellen teil. Sowohl für die neu eingetroffenen Gesellen als auch für die weiterwandernden Gesellen war jeweils ein Wandergeschenk vorgesehen: das Einschenken und das Ausschenken. Diese beiden Geschenke standen in enger Beziehung, da die Gesellenschaft verpflichtet war, einerseits den Neuankömmlingen bei der Arbeitssuche zu helfen und andererseits die Gesellen, die ihrem Meister gekündigt hatten, zu betreuen. 1573 hatte der Rat den geschenkten Handwerken verboten, während einer Schenke die verbotene Gesellengerichtsbarkeit auszuüben, da dies immer wieder zu Ausschreitungen, Gotteslästerung, Trinkgelagen und Glücksspielen geführt und der Schenke den Charakter einer freundschaftlichen und friedlichen Zusammenkunft genommen hatte. Dieses Verbot wird wahrscheinlich auch das Ein- und Ausschenken betroffen haben. Allein die Umfrage der Gesellen war 1573 nach der Aufhebung der Schenke unangetastet geblieben, weil der Rat durch sie der unredlichen Gesellen habhaft werden und sie vor der städtischen Gerichtsbarkeit zur Rechenschaft ziehen konnte. Daher war die Teilnahme der Meister an der Umfrage unerläßlich. Hervorzuheben ist die Tatsache, daß die Gesellengerichtsbarkeit vor und nach 1573, also das ganze 16. und 17. Jahrhundert hindurch, vom Rat ständig unterdrückt wurde.

Den Meistern war jedoch daran gelegen, daß die Gesellen ihnen Arbeitskräfte vermittelten, ohne daß ein Meister bevorzugt oder benachteiligt wurde. Deshalb wollten die Meister ihre eigenen Zuschickmeister haben. Aber der Rat war sich wohl bewußt, daß das Zuschickrecht ein Vorrecht der Gesellen war und ihre gesellschaftliche Stellung sicherte. Wie sich die Gesellenschaften nach 1573 gegen das Ansinnen der Meister und des Rates wehrten, war von Handwerk zu Handwerk verschieden. Den mächtigsten Gesellenschaften wie den Gürtlern, Rotschmieden und Hutmachern gelang es, die Schenke und die Arbeitsvermittlung wieder in ihre Hand zu bringen. Die Gesellenschaften der Feilenhauer und Flaschner dagegen mußten sich den Meistern und dem Rat fügen, weil bei ihnen allein die Zuschickmeister für die Arbeitsvermittlung zuständig waren. Die Mehrzahl der geschenkten Handwerke nahmen eine Zwischenstellung ein, da sie nur eines der Rechte wiedergewonnen hatten: entweder das Zuschickrecht oder das Schenkrecht (Neberschmiede, Glötschlosser, Kammacher, Glaser, Schwarzfärber, Nestler). Einige Gesellenschaften wie die der Messerer, Kandelgießer, Ringmacher oder Sattler übten einen starken Einfluß auf das Zuschickoder Schenkrecht aus. Es scheint daher, wie es auch die Einführung der Zuschicktafel und der Nachtzehrung zeigt, daß nach 1573 die Gesellen kompromißbereit wurden und somit die Zusammenarbeit der Gesellen und der Meister in den Vordergrund rückte.

Franz Bosbach

Zu den Kosten der Nürnberger Aufenthalte des kaiserlichen Friedensgesandten Trauttmansdorff in den Jahren 1645 und 1647

Der in Amsterdam erscheinende *Europische Saterdags Courant* meldete in seiner Ausgabe Nr. 46 vom 18. November 1645 aus Nürnberg, daß am 4. dieses Monats Maximilian Graf Trauttmansdorff auf seiner Reise zum Westfälischen Friedenskongreß in Begleitung seines Sohnes[1] und mehrerer Adeliger mit zehn Handpferden sowie einigen Kutschen und Lastfuhrwerken in der Reichsstadt Nürnberg eingetroffen sei. Er sei von der städtischen Reiterei eingeholt worden und habe im Haus des Christoph Agricola[2] gewohnt. Der Rat habe ihn bei der Überreichung von Ehrenwein und anderen Geschenken wie einen Kurfürsten behandelt. Außerdem habe er einen kostbaren Pokal bekommen und sei sehr aufwendig bewirtet worden[3].

Ein Leser dieser Meldung war der einst in kurpfälzischen und dann in schwedischen Diensten stehende Ludwig Camerarius, der seit seiner Verabschiedung als schwedischer Botschafter bei den Generalstaaten im Jahr 1641 in Groningen lebte[4]. Camerarius zeigte an dieser Meldung ein besonderes Interesse, das sich damit erklären läßt, daß einerseits sein Sohn Joachim als kurpfälzischer Gesandter auf dem Westfälischen Friedenskongreß weilte und andererseits er selbst in Nürnberg geboren war. Stets hatte er zu seiner Geburtsstadt Verbindung gehalten und so pflegte er auch einen engen brieflichen Kontakt zu dem dortigen Ratsherrn Lukas Friedrich Behaim. Die Meldung über Trauttmansdorff nahm Camerarius zum Anlaß, in einem Schreiben an Behaim die Chancen der kurpfälzischen Restitution auf dem Kongreß zu erwägen und ihm ein Exemplar des Amsterdamer Courant zuzusenden[5].

Die Zeitungsnachricht war bemerkenswert präzise, denn ihre Schilderung der äußeren Umstände des Aufenthaltes des kaiserlichen Friedensgesandten deckt sich mit der in einer zeitgenössischen Nürnberger Chronik, in der die Ehrengeschenke noch genauer beschrieben werden: Es handelte sich um vier Wannen verschiedener Fische, eine Fuhre Wein und zwei Fuhren Hafer. Der außerdem ausgehändigte Pokal war nach dieser Darstellung zwölf Mark schwer[6].

Im Unterschied zum Bericht der Chronik gab die Zeitungsmeldung darüber hinaus auch Auskunft über den Maßstab der Würdigung, die Trauttmansdorff widerfuhr,

---

[1] Johann Friedrich von Trauttmansdorff (1619–1696).
[2] Christoph Agricola (1589–1654) arbeitete in Nürnberg an einer Neuauflage von Hortleders Aktensammlung zu den „Ursachen des Teutschen Kriegs Kaiser Carls des Fünfften", mit der den Westfälischen Friedensgesandten die historische Problematik des Reichsreligionsrechts nahe gebracht werden sollte, vgl. seinen Briefwechsel mit Lukas Friedrich Behaim von Januar 1646 (Germanisches Nationalmuseum Nürnberg, Historisches Archiv, Behaimarchiv Fasz. 161, unfol.).
[3] Vgl. Anhang 1.
[4] Friedrich Hermann Schubert, Ludwig Camerarius. 1573–1651, Kallmünz 1955, S. 413.
[5] Ludwig Camerarius und Lukas Friedrich Behaim. Ein politischer Briefwechsel über den Verfall des Reiches 1636–1648, hg. v. Anton Ernstberger, München 1961, S. 203–204; Ernstberger hat die Beilage nicht verzeichnet; sie ist zusammen mit dem Brief zu finden im Behaimarchiv (vgl. Anlage 1). Zu Behaim vgl. auch NDB 2, 1955, S. 2.
[6] Vgl. Anhang 2.

indem darauf hingewiesen wurde, daß der kaiserliche Gesandte Ehrengeschenke erhalten habe *als een cheur-vorst*. Das entsprach ziemlich genau dem Wortlaut des Beschlusses des Nürnberger Rates im Vorfeld des Besuches. Trauttmansdorff sollte, wie es im Ratsprotokoll heißt, Wein und Fisch erhalten, *wie gegen churfürsten zu geschehen pflegt*, und es sollten Erkundigungen angestellt werden, was in einem solchen Fall Brauch sei. Als Grund wurde angegeben, daß Trauttmansdorff in seiner westfälischen Mission den Kaiser repräsentiere. Aus dem Ratsbeschluß geht auch hervor, daß dem Gesandten ein vergoldeter Silberpokal überreicht werden sollte, weil er zum ersten Mal als Friedensgesandter nach Nürnberg komme. Man rechnete damit, daß Trauttmansdorff von zwei Söhnen begleitet werde, die ebenfalls einen Pokal erhalten sollten. Und auch Trauttmansdorffs Sekretär Schröder sollte auf diese Weise geehrt werden, weil die Nürnberger Gesandten auf dem Kongreß mit ihm zu tun haben würden[7].

Trauttmansdorff, der selbst Reichsgraf war[8], wurde von der Reichsstadt Nürnberg also behandelt wie ein Angehöriger des ranghöchsten Fürstenstandes des Reiches. Der Empfang muß Trauttmansdorff gut gefallen haben, denn nach dem Bericht der Ratsherren Tetzel und Behaim, die ihm die Präsente der Stadt überbracht hatten, habe er sich entgegen seiner Gewohnheit als sehr umgänglich erwiesen und sei sehr zufrieden wieder abgereist, woraus die Hoffnung abzuleiten sei, daß die Stadt auf andere Weise Nutzen von den aufgewendeten Kosten haben werde[9].

Es sind keine Quellen bekannt, die über die finanziellen Belastungen informieren, die der Stadt Nürnberg im Jahr 1645 wegen des Besuches Trauttmansdorffs entstanden sind. Anders verhält es sich mit dessen zweitem Besuch, den er der Reichsstadt auf der Rückreise vom Kongreß vom 6. bis 8. August 1647 abgestattet hat, und über den ein Konvolut von Rechnungen im Staatsarchiv Nürnberg Aufschluß gibt[10]. Die Visite dürfte hinsichtlich des Bewirtungsaufwandes ähnliche Kosten verursacht haben wie die von 1645, wenn nicht sogar höhere. Der Stadt war nämlich von ihren Gesandten in Münster geraten worden, den kaiserlichen Vertreter nicht in einem Wirtshaus unterzubringen und *beßer als im obreisen geschehen* zu behandeln[11]. Vermutlich wegen dieser Mahnung hat sich der Rat Anfang August 1647 ausführlich mit dem Empfang befaßt, und es wird aus den Beratungen deutlich, daß drei Aspekte des Besuches von besonderem Interesse waren: die Einholung und Verabschiedung mit einem Ehrengeleit, die Unterbringung und Bewirtung sowie die Ehrengeschenke[12].

Diese drei Bereiche bilden zugleich die wesentlichen Teile der Gesamtkosten, die aus Skizze 1 zu entnehmen sind[13]: Nahezu die Hälfte aller Ausgaben (49 %) entfiel

---

[7] Vgl. Anhang 3.

[8] Henry Frederick Schwarz, The Imperial Privy Council in the Seventeenth Century, Cambridge (Mass.) 1943, S. 372–374.

[9] Staatsarchiv Nürnberg (StAN, Rst. Nbg., Ratsverlässe Nr. 2311, 1645 X 27/XI 6; die Abreise war am 6. November.

[10] StAN, Rst. Nbg., Stadtrechnungsbelege Nr. II/830, unfol.; die einzelnen Stücke werden im folgenden nach dem Dorsal oder nach der Überschrift zitiert, je nach dem, was eindeutiger ist; die meist in Gulden zu 60 Kreuzer aufgeführten Rechnungsbeträge werden zur Vereinheitlichung auf Reichstaler (Rt, gerechnet zu 90 Kreuzer) mit 2 Dezimalstellen umgerechnet.

[11] StAN, Rst. Nbg., Verlässe der Herren Älteren Nr. 47, 1647 VII 22/VIII 1.

[12] Vgl. Anhang 4.

[13] Vgl. StAN, Rst. Nbg., Stadtrechnungsbelege Nr. II/830, Rechnung *Verzeichnus aller Uncosten …*

auf die Bewirtung Trauttmansdorffs und seiner engsten Begleiter, fast ein Viertel (22 %) auf die Ehrengeschenke; dazu kamen noch die Ausgaben für den Konvoy (11 %), der ebenfalls zu den Ehrenerweisungen zu rechnen ist. Deutlich geringer fiel der Kostenanteil für die Versorgung der Dienerschaft des Gesandten aus (18 %).

Skizze 1: Gesamtkosten (in Rt)

1 Konvoy		107,43
2 Personal		186,00
3 Gesandter		496,35
4 Verehrung		225,90
Gesamtkosten		1015,68

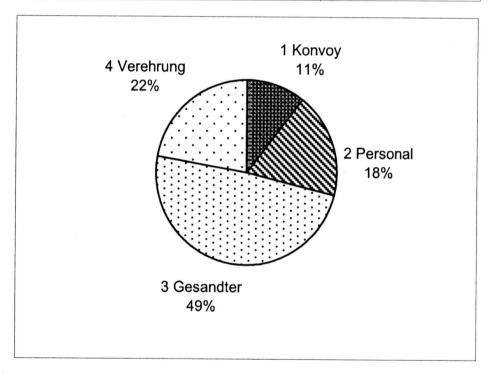

I

Zur Vorbereitung des Aufenthaltes hatte der Rat frühzeitig die erforderlichen Informationen über den Zeitplan und die Zahl der aufzunehmenden Gäste einholen lassen, indem er dem kaiserlichen Gesandten einen Trompeter nach Würzburg entgegengesandt und mit dem Gesandtschaftssekretär Wilhelm Schröder darüber korrespondiert hatte[14]. Von der Reichsstadt Windsheim ab geleitete *ein starcker convoy zu roß und fuß*[15] in der Stärke von fünf Offizieren und 80 Musketieren Trauttmansdorff nach Nürnberg[16].

Als dieser am 8. August 1647 von dort zurück nach Böhmen reiste, wurde er von den beiden Ratsherren Lukas Friedrich Behaim und Burkhart Löffelholz bis an die östliche Grenze des reichsstädtischen Territoriums begleitet. Militärisches Geleit schien diesmal weniger erforderlich zu sein. Trauttmansdorff stand in Kontakt mit dem in der Nähe der böhmischen Stadt Eger im Feldlager stehenden schwedischen General Wrangel und hatte wohl von den feindlichen Truppen ausreichende Garantien für seine Sicherheit erhalten[17]. Am Abend wurde in Hersbruck Station gemacht. Trauttmansdorff übernachtete im Haus des städtischen Pflegers. Im späteren Bericht der beiden Begleiter vor dem Rat hieß es, die Landschaft und das Haus hätten dem kaiserlichen Gesandten so gut gefallen, daß er fast noch besser gelaunt gewesen sei als in Nürnberg. Er habe gefragt, ob er in einem privaten Quartier logiere, und man habe ihn informiert, daß es das Amtshaus sei, dessen Besitz den Nürnbergern aber von Kurbayern streitig gemacht werde. Trauttmansdorff habe geantwortet, daß er diesen Sachverhalt kenne und daß er selbst einmal Maximilian von Bayern gesagt habe, daß dieselben Gründe, die für den Verbleib der Kurwürde und der Oberpfalz bei Bayern sprechen, auch für den Nürnberger Besitz des Amtshauses gegeben seien: Es handele sich in beiden Fällen um eine kaiserliche Verleihung[18].

Am nächsten Morgen ging die Reise demselben Bericht zufolge bereits in aller Frühe um fünf Uhr weiter. Offenbar konnte man sich doch nicht völlig sicher fühlen, denn Trauttmansdorff habe sich beim Aufbruch wegen der unsicheren Lage sehr vorsichtig verhalten. So durfte im Haus kein Licht gemacht werden. Vielleicht war dies der Grund, warum die Ratsherren später auf ihrer Rückreise für eine Teilstrecke Soldaten als Geleitschutz engagierten[19]. In Hartmannshof wurde Trauttmansdorff von den Nürnbergern verabschiedet. Hier erwartete ihn ein bayerischer Konvoy, um ihn nach Amberg zu begleiten. Dieser Konvoy sollte angeblich 100 Personen umfassen, doch ergab ein Nachzählen durch die Nürnberger, daß es nur 50 Reiter waren[20].

II

Die Größe der von Trauttmansdorff nach Nürnberg geführten Gesandtschaft läßt sich aus den Abrechnungen nur annäherungsweise erfassen. Während die Zahl der Dienerschaft detailliert nachzuweisen ist, bleibt die Zahl der Begleiter in der engsten Umgebung des Gesandten weitgehend unklar. So wird sein Sekretär Schröder in den

---

[14] StAN, Rst. Nbg., Verlässe der Herren Älteren Nr. 47, 1647 VII 22/VIII 1.
[15] StAN, Rst. Nbg., Stadtrechnungsbelege Nr. II/830, Rechnung *Verzeichnus aller Uncosten …*
[16] StAN, Rst. Nbg., Stadtrechnungsbelege Nr. II/830, Rechnung *Joh. Abr. Römers Windsheimbische reys …*
[17] Ein Nürnberger Feldtrompeter reiste 1647 VII 24/VIII 3 mit einem Schreiben Trauttmansdorffs zu Wrangel nach Eger, vgl. seine Abrechnung in: StAN, Rst. Nbg., Stadtrechnungsbelege Nr. II/830, Rechnung *1647 zehrungszettul …*
[18] StAN, Rst. Nbg., Ratsverlässe Nr. 2334, 1647 VIII 2/12.
[19] StAN, Rst. Nbg., Stadtrechnungsbelege Nr. II/830, Rechnung *Raißuncosten bey beglaitung …*
[20] StAN, Rst. Nbg., Ratsverlässe Nr. 2334, 1647 VIII 2/12.

Abrechnungen nur beiläufig erwähnt, denn er lebte im Haus des Gesandten und nicht wie seine beiden Schreiber in einer eigenen Unterkunft, deren Kosten deshalb in einer eigenen Abrechnung festgehalten sind. Die Rechnungen für solche Teile der Gesandtschaft, die separat von Trauttmansdorff untergebracht waren, führen insgesamt 75 Personen und 58 Pferde auf, die in Tabelle 1 aufgelistet sind[21]:

Tabelle 1: Mitglieder der Gesandtschaft Trauttmansdorffs
(* = beiläufig erwähnt)

Zahl und Name/Funktion des Gesandtschaftsmitglieds		Zahl und Funktion des Personals des Gesandtschaftsmitglieds	
1	Dr. Leonhard Richtersberger	8	5 Diener 3 Kutscher
3	Herr von Polheim Herr von Breiner Herr Patzer	6	5 Diener 1 Kutscher
1	Wilhelm Schröder*	2	Schreiber
1	Herr von Waldstein*	2	Kammerdiener Diener
1	Herr von [Schrau]*	1	Diener
1	Hofmaler*	1	Diener
1	Hofmeister*	1	Diener
1	Furier		
1	Reitschmied		
1	Hofbäcker		
2	Trompeter		
6	Leiblakaien		
2	Tafeldecker		
28	Diener		
2	Küchenjungen		
2	Hundejungen		
Summe: 54		**Summe: 21**	

Die Zusammenstellung zeigt eine für westfälische Friedensgesandtschaften übliche Gliederung. Lakaien, Kanzleipersonal, adelige Begleiter sowie Fach- und Hilfskräfte für den Gesandtschaftshaushalt und für den Fuhrpark kommen vor; hinzuzu-

---

[21] Angaben nach StAN, Rst. Nbg., Stadtrechnungsbelege Nr. II/830, Rechnungen der Wirte Zum Weißen Rößlein, Zum Goldenen Schwan und Zur Goldenen Gans sowie des Hans Sigmund Mustel.

rechnen ist das Personal, das für einzelne der Gesandtschaftsmitglieder arbeitete. Zu den Knechten zählten auch zwei Jungen, die sich um die Windspiele (Windhunde) des Gesandten kümmerten[22]. Es ist sehr gut möglich, daß die Gesandtschaft einschließlich der in Trauttmansdorffs Quartier selbst untergebrachten und nicht mit Hilfe der Rechnungen erfaßbaren Personen in etwa die Stärke erreichte, die sie bei der Anreise zum Kongreß hatte, als der kaiserliche Gesandte die Gesandtschaftsgröße mit 100 Personen und 56 Pferden angab[23].

Die Stadt Nürnberg scheint mit der Aufnahme einer Gesandtschaft dieses Umfangs keinesfalls überfordert gewesen zu sein. Es waren in der Stadt offenbar ausreichende Kapazitäten vorhanden, um allen Anforderungen an Essen und Unterkunft gerecht zu werden. Dazu teilte man die Gesandtschaft in kleinere Gruppen, um diese an verschiedenen Plätzen zu versorgen, wie aus Tabelle 2 hervorgeht[24]:

Tabelle 2: Zahl und Unterbringung der Mitglieder der Gesandtschaft

	Personenzahl	**Pferde**	**Unterbringung**
Dr. Richtersberger	9	8	Gasthof Goldene Gans
Adelige Begleiter Polheim, Breiner, Patzer	9		bei Hans Sigmund Mustel
Funktionsträger	20	18	Gasthof Weißes Rößlein
Diener	32	32	Gasthof Goldener Schwan
Summe	**70**	**58**	

Einen eigenständigen Teil der Reisegruppe bildete der österreichische Gesandte Dr. Leonhard Richtersberger, der zusammen mit Trauttmansdorff den Friedenskongreß verlassen hatte. Auch er war zusammen mit seinem Personal Gast der Stadt, erhielt vom Rat zur Begrüßung Wein verehrt[25] und wurde im Gasthof zur Goldenen Gans untergebracht. In seiner Begleitung waren acht Personen, fünf Diener und drei Kutscher, und er führte acht Pferde mit. Zahlenmäßig ebenso stark war eine Gruppe adeliger Begleiter, die offenbar nicht in einem Gasthaus, sondern in dem Privathaus des Hans Sigmund Mustel logierten, ohne daß die Rechnung Aussagen über den Pro-Kopf-Verbrauch zuläßt.

Für die Unterbringung der nicht-adeligen Mitglieder der Gesandtschaft waren mit dem Weißen Rößlein und dem Goldenen Schwan zwei auf dem Heumarkt gelegene Gasthäuser ausgewählt worden, wo auch die Pferde eingestellt werden sollten. Es

---

[22] StAN, Rst. Nbg., Stadtrechnungsbelege Nr. II/830, Rechnung des Wirtes Zum Goldenen Schwan.
[23] Franz Bosbach, Die Kosten des Westfälischen Friedenskongresses, Münster 1984, S. 91.
[24] Die Angaben finden sich in den in Anm. 21 aufgeführten Rechnungen.
[25] StAN, Rst. Nbg., Ratsverlässe Nr. 2334, 1647 VII 28/VIII 7.

wurde dabei unterschieden zwischen den 20 Funktionsträgern in der Gesandtschaft und den 32 einfachen Dienern und Knechten.

Mit den Wirten der beiden Gasthäuser waren Pauschalpreise ausgehandelt worden für die Beköstigung und für das Tierfutter[26]. Die Preise spiegeln eine Abstufung in der Qualität der Versorgung, die sich nach der Funktion des einzelnen in der Gesandtschaft richtete und sich auch in den bewilligten Getränken niederschlug. Die Funktionsträger sollten zwei Maß Wein und zwei Maß Bier pro Tag erhalten, die Diener ein Maß Wein und zwei Maß Bier.[27] Tabelle 3 führt die kostenmäßigen Unterschiede an:

Tabelle 3: Verpflegungspauschalen

	Rt pro Mahlzeit
Funktionsträger	0,80
Diener	0,53
Hunde- und Küchenjungen	0,18

Die Unterschiede entsprechen denen, die für das Gesandtschaftspersonal Richtersbergers festzustellen sind[28]. Auch hier wurde das Personal unterschiedlich versorgt: Während eine Mahlzeit eines Kutschers mit 0,33 Rt abgerechnet wurde und damit billiger war als die eines Dieners in der Gesandtschaft Trauttmansdorffs (0,53 Rt), erreichten die Kosten für das übrige Personal mit 0,8 Rt die Höhe der Pauschale für Funktionsträger bei Trauttmansdorff.

Überall gleich waren die Kosten für die Unterstellung eines Pferdes, denn hier wurde in allen Fällen pro Tag die Summe von 0,09 Rt berechnet.

III

Der Aufwand, der für die Versorgung Trauttmansdorffs und seiner engsten Begleiter betrieben wurde, war – wie bereits die Kostenverteilung in Skizze 1 gezeigt hat – unvergleichlich höher. Für diesen Personenkreis, der schätzungsweise 30 Personen umfaßte, wurden während des dreitägigen Aufenthaltes in Nürnberg pro Person im Durchschnitt 15,55 Rt (5,18 Rt pro Tag) aufgewendet, während für die Ernährung der 52 Funktionsträger und Diener in den beiden Wirtshäusern durchschnittlich lediglich 2,34 Rt (0,78 Rt pro Tag) anfielen.

Der Stadtrat hatte für den kaiserlichen Gesandten das Haus des Patriziers Sebastian Scheurl und angrenzende Gebäude als Unterkunft reserviert. Dorthin wurden auch die von der Stadt bezahlten Lebensmittel geliefert, und dort wurden am 6. August durch Behaim und Löffelholz als Ehrengeschenke Wein, Fisch und Hafer überreicht[29],

---

[26] StAN, Rst. Nbg., Stadtrechnungsbelege Nr. II/830, Rechnungen der Wirte Zum Weißen Rößlein und Zum Goldenen Schwan.
[27] StAN, Rst. Nbg., Stadtrechnungsbelege Nr. II/830, Kopie des Ratsverlasses 1647 VII 27/VIII 6.
[28] StAN, Rst. Nbg., Stadtrechnungsbelege Nr. II/830, Rechnung des Wirtes Zur Goldenen Gans.
[29] StAN, Rst. Nbg., Ratsverlässe Nr. 2334, 1647 VII 28/VIII 7.

die sich gemäß dem Beschluß der Herren Älteren[30] nach dem Vorbild derer richteten, die Trauttmansdorff auf der Hinreise erhalten hatte[31].

Die Qualität der Bewirtung des Gesandten durch die Stadt wird deutlich durch die Verteilung der Ernährungsausgaben[32], wie sie Skizze 2 zeigt:

Skizze 2: Verteilung der Ernährungsausgaben (in Rt)

1	2	3	4	5	6	7	8	
Wein	Bier	Fleisch	Fisch	Brot Getreide Mehl	Milch- produkte Eier	Gemüse Obst	Zutaten	Summe
166,66	3,76	116,42	10,42	18,44	17,17	11,99	51,44	396,3

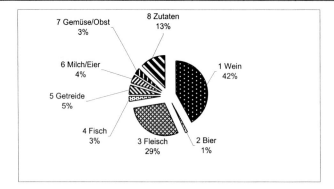

Die Ausgabengruppen bilden eine vergleichsweise vielfältige Palette und entsprechen denen, die sich bei Gesandtschaften des Westfälischen Friedenskongresses ermitteln lassen: Bei den Getränken sind dies Wein und Bier, bei den übrigen Nahrungsmitteln Fleisch, Fisch, Zerealien (Brot, Getreide, Mehl), Milchprodukte und Eier, Gemüse und Obst sowie die Zutaten (im wesentlichen Gewürze). Die Verteilung zeigt einen sehr hohen Wert für Weinausgaben (42 %), dem ein sehr niedriger für Bier (1 %) gegenübersteht. Ansonsten dominiert der Ausgabenanteil für Fleisch (29 %).

In Skizze 3 wird die prozentuale Verteilung der Ernährungsausgaben verglichen, wie sie sich einerseits für Trauttmansdorff in Nürnberg ergibt und andererseits für sechs Gesandtschaften des Westfälischen Friedenskongresses vorliegen[33].

---

[30] StAN, Rst. Nbg., Verlässe der Herren Älteren Nr. 47, 1647 VII 22/VIII 1.
[31] StAN, Rst. Nbg., Stadtrechnungsbelege Nr. II/830, Rechnung *Verzeichnus aller Uncosten ...*, Rechnung *Verzeichnuß was ... verehrte visch ...*, Rechnung *Verzaichnuß waß vor süße und andere wein ...*
[32] Ermittelt aus StAN, Rst. Nbg., Stadtrechnungsbelege Nr. II/830, Rechnung *Verzeichnus dessen, was für herrn graffen vor Trautmensdorf eingekaufft*; ausgelassen wurden die dort angeführten Ausgaben, die sich nicht auf die Ernährung beziehen; herangezogen wurden außerdem die Angaben der Weinkosten, soweit diese sich nicht auf den Ehrenwein beziehen in StAN, Rst. Nbg., Stadtrechnungsbelege Nr. II/830, Rechnung *Verzaichnuß waß vor süße und andere wein ...*
[33] Bosbach, Kosten (wie Anm. 23), S. 142–143; die Ausgabengruppen der sechs westfälischen Gesandtschaftshaushalte wurden für den Vergleich addiert.

Skizze 3: Vergleich der prozentualen Verteilung von Ernährungsausgaben

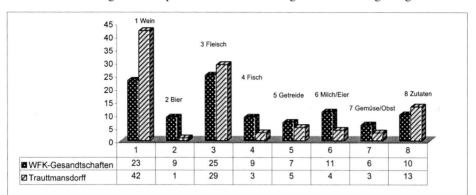

Es fällt auf, daß bei Trauttmansdorff noch höhere Anteile der Ausgaben für Wein und Fleisch festzustellen sind als bei den Friedensgesandtschaften. Als sehr gering erweist sich im Vergleich der Ausgabenanteil für Bier, was wahrscheinlich dadurch zu erklären ist, daß alle Mitglieder seiner Gesandtschaft, die Bier konsumierten, in den Gasthäusern untergebracht waren und nicht in dieser Rechnung erscheinen. Der vergleichsweise niedrige Anteil der Ausgaben für Fisch ist darauf zurückzuführen, daß Fisch auch zu den Ehrenpräsenten gehörte und als Frischprodukt konsumiert werden mußte, so daß der reguläre Ankauf gering blieb.

Da die Ernährung der Gesandten beim Westfälischen Friedenskongreß als typisch für eine patrizisch-kleinadelige Lebensweise gelten kann[34], läßt sich aus dem Vergleich schließen, daß die Stadt Nürnberg bei ihren Ausgaben für Trauttmansdorff über dieses Niveau hinausging und dem Vertreter des Kaisers offenbar einen Lebensstil zugemessen hat, wie er noch höheren adeligen Schichten entsprach. Klarer als dies bei den Abrechnungen der Westfälischen Friedensgesandtschaften der Fall ist, läßt der Nürnberger Aufenthalt Trauttmansdorffs deutlich werden, daß diese aufwendigere Lebensführung allein eine kleine Gruppe in der Gesandtschaft betraf, nämlich den Gesandten selbst und den engsten Personenkreis um ihn. Alle anderen Gesandtschaftsmitglieder lebten erheblich unter diesem Niveau und standen ihrerseits wiederum in der Ordnung eines hierarchischen Systems von Funktionen und daraus resultierenden Berechtigungen.

Anhang
1
EVROPISCHE SATERDAEGS COVRANT No. 46, *am Schluß:* t' Amsterdam, by Mathys van Meininga, Courantier / by den Dam achter de vuyrige colom, inde europische courant, den 18. November 1645
(Germanisches Nationalmuseum Nürnberg, Historisches Archiv, Behaimarchiv Fasz. 160, unfol.), 1 Blatt (Auszug):

---

[34] Ebd., S. 223.

Ut Neurenbergh den 7 dito. Eergisteren avondt is den Heere Grave van Trautmansdorf / met 10 Hant-paerden / eenighe Koetsen ende Bagagie-Wagens alhier aenghekomen / by des Stadts Ruyterije inghehaelt / ende by den Heere Christoffel Agricoli ghelogeert / hadde in sijn gheselschap sijnen Soone den Jonghen Grave van Trautmansdorf ende verscheyden andere Heeren ende Grooten / die inde naeste Huysen gelogeert sijn gheworden / is vanden Raet alhier ghetracteert worden / met Eeren-Wijn ende anders / als een Cheur-Vorst / ende daer-en-boven noch vereert geworden met een kostelijcken Bocael ende treffelijck getracteert: Is voorts van dage na Neustadt vertrocken en vande voorsz Ruyterije / een mijl weeghs geconvoyeert worden.

2
Staatsarchiv Nürnberg, Rst. Nürnberg, Handschriften Nr. 188, fol. 281 [1645]:

Sambstag den 25 October umb 3 der kleinen uhr ist ihr hoch gräfflich excellent herr graff von Trautmansdorff als kay. legatus mit einen starcken comitat alhier angelangt und bey herrn d. Agricola re. uff dem Roßmarckt ein furirt worden, deme noch selbigen abend e.e. rath alhier die schenk durch herrn Hanß Jacob Tetzel und herr Lucas Friderich Beheim beede des geheimen rats praesentirn laßen, nemblich vier wannen von allerley vischen, ein wagen mit wein und zween wagen mit habern, sambt einen pocal von 12 marcken, den nechst volgenden tag Montags frue ab er wider von hier und nach Munster zu dennen alda angestelten fridens tractaten verreist.

3
Staatsarchiv Nürnberg, Rst. Nürnberg, Ratsverlässe Nr. 2311, 1645 X 24/XI 3:

Anreichendt die praesenta ist ertheilt seiner Excellenz alß welche die kayserliche mayestät bey dieser legation repraesentirn thuet, den wein, habern und fisch wie gegen churfürsten zu geschehen pflegt, deßwegen noch zu sehen, was gebreuchlich, wie auch weiln sie vorhin niemahls in dergleichen qualitet alhier gewest auch ein silbern voll verguldt pocal, den wert auff der herrn Losungischen liebden belieben gestelt worden, wie nicht wenigers ihr excellenz beeden herrn sohnen iedem ein pocal und dann herrn secretario Schrödern alß deßen sich unsere herrn abgesande bey den friedenstractaten werden zu gebrauchen haben, damit sie einen freyen access haben mögen, auch ein pocal zu praesentiren.

4
Staatsarchiv Nürnberg, Rst. Nürnberg, Ratsverlässe Nr. 2334, 1647 VII 26/VIII 5:

Demnach referiert worden, daß herr Grav von Trautmansdorff morgen abends gewiß einlangen werde, deßwegen auch Joh. Abrah. Pömer seiner excellenz mit genugsamer information wie auch mit der begerte convoy entgegen geschickt worden, alß ist ertheilt seine excellenz ankunfft also zu erwarten, indeßen aber herrn Georg Paulus Im Hoff zu ersuchen, die benachbarte in der Dieling gaßen ... zuzusprechen die bey dem herrn graven sich befindente vornembste herrn nachtquartier in ihren heusern zu verstatten, zu solchem ende dann auch auffzeichen zu lassen wie viel in jedem hauß stuben, kammer und beth verschafft werden, alsdann mit ihrer excellenz furier sich zu underreden, was er nach beschaffenheit eines ieden haußes für herrn darin verweisen wolle. So dann auch weiln die geringde diener sambt denen kutsche und pferden in die wirthsheuser auff dem heumarkt gewiesen werden soll, als soll gedachter herr Im Hoff mit selbigen wirthen auf ein gewieses sich vergleichen, was sowohl für einen erbern diener als auch die stahlgnoß uber die mahlzeit bezahlt als auch was iedem an gedrencken gereicht werden soll, und obwohl dafür gehalten werden wollen, daß Christoff Wilhelm Scheurl zu verordnen welcher seiner excellenz bey der tafel auffwarte und daß vorschneiders ambt versehe, dieweiln aber solches nicht gebreuchlich, auch nicht zu zweiflen seine excellenz selbsten hierzu bestelte leuth haben werde, alß ist ertheilt, damit in ruhe zu stehen, auch die herrn deputirte zu ersuchen, soviel ehrenhalben nur immer sein kan, einzuziehen, damit dan im widrigen fall großer pracht gebraucht, hingegen hiesiger statt armuth solte geclagt werden, eß pro querela contra via facta nicht möchte gehalten werden. Im ubrigen aber soll man noch hochgedachter seiner Excellenz neben der freyhaltung auch den corn habern und fisch wie bey dero iüngsten durchzug alhier beschehen verehren laßen.

Helmut Neuhaus

Bilder vom Nürnberger Exekutionstag (1649/50) aus zwei Jahrhunderten

I.

Fast zwei Jahre nach der Unterzeichnung der für die Geschichte des Heiligen Römischen Reiches Deutscher Nation epochalen Westfälischen Friedensverträge am 24. Oktober 1648 in Münster, eineinhalb Jahre nach dem Austausch der Ratifikationsurkunden am 18. Februar 1649 gleichfalls in der Metropole Westfalens ging in der Mitte des Jahres 1650 der Nürnberger Exekutionstag zu Ende. Am 26. Juni 1650 kam es in der Stadt an der Pegnitz und auf ihrer Kaiserburg zur Unterzeichnung des schwedisch-kaiserlichen Hauptrezesses, eine Woche später, am 2. Juli 1650, zu der des zwischen kaiserlichen und französischen Gesandten ausgehandelten Schlußdokumentes. Damit fand das letzte reichsgeschichtlich bedeutsame Ereignis in der Reichsstadt Nürnberg, die zu Beginn des 16. Jahrhunderts immerhin zweimal Sitz der kurzzeitig eingerichteten Reichsregimenter, Sitz des Reichskammergerichts und bis 1543 wiederholt Tagungsort des Reichstages, der wichtigsten Verfassungsinstitution des frühneuzeitlichen Heiligen Römischen Reiches, gewesen war[1], seinen Abschluß. Ins öffentliche Bewußtsein, in dem historische Jubiläen seit längerem eine wichtige Rolle spielen, sind diese Ereignisse selbst in Nürnberg nicht getreten, wo man sich allerdings am 2. Juli 2000 der Gründung des Fränkischen Reichskreises von vor 500 Jahren erinnerte[2] und am 16. Juli 2000 als Höhepunkt eines ganzen Jubiläumsjahres die Tatsache feierte, daß erstmals in einer auf den 16. Juli 1050 datierten Urkunde Kaiser Heinrichs III. – also vor 950 Jahren – der Name *Nŏrenberc*

---

[1] Vgl. dazu zuletzt Helmut Neuhaus, Nürnberg – eine Reichsstadt im Herzen Europas in Früher Neuzeit, in: Nürnbergs große Zeit. Reichsstädtische Renaissance, europäischer Humanismus, hg. v. Oscar Schneider, Cadolzburg 2000, S. 192–213, 269–279.

[2] Diese erfolgte im Rahmen der Bestimmungen für ein mit Sitz in Nürnberg zu bildendes Reichsregiment: Neue und vollständigere Sammlung der Reichs-Abschiede, Welche von den Zeiten Kayser Conrads des II. bis jetzo, auf den Teutschen Reichs-Tägen abgefasset worden, Teil II, Frankfurt am Main 1747, S. 56–63, hier S. 58, §§ 6–11. Mit dem Fränkischen Reichskreis hat sich Rudolf Endres wiederholt in Gesamtüberblicken und Spezialstudien beschäftigt; hier sei lediglich verwiesen auf: Der Fränkische Reichskreis, in: Deutsche Verwaltungsgeschichte, hg. v. Kurt G.A. Jeserich, Hans Pohl, Georg-Christoph von Unruh, Bd. 1: Vom Spätmittelalter bis zum Ende des Reiches, Stuttgart 1983, S. 599–615, hier S. 600; Rudolf Endres, Von der Bildung des Fränkischen Reichskreises und dem Beginn der Reformation bis zum Augsburger Religionsfrieden 1555, in: Handbuch der bayerischen Geschichte III/1: Geschichte Frankens bis zum Ausgang des 18. Jahrhunderts, neu hg. v. Andreas Kraus, München 1997, S. 451–472; ders., Vom Augsburger Religionsfrieden bis zum Dreißigjährigen Krieg, in: ebd., S. 473–495; ders., Franken in den Auseinandersetzungen der Großmächte bis zum Ende des Fränkischen Reichskreises, in: ebd., S. 496–516; zuletzt: ders., Wirtschafts- und sozialpolitische Ansätze im Fränkischen Reichskreis, in: Reichskreis und Territorium: Die Herrschaft über der Herrschaft? Supraterritoriale Tendenzen in Politik, Kultur, Wirtschaft und Gesellschaft. Ein Vergleich süddeutscher Reichskreise, hg. v. Wolfgang Wüst (Augsburger Beiträge zur Landesgeschichte Bayerisch-Schwabens 7), Stuttgart 2000, S. 279–294.

begegnet³. Zwar stand am Anfang dieses Jubiläumsjahres die weit in die städtische Bevölkerung getragene Erinnerung an ein Ereignis zum Abschluß der ersten Phase des Anfang Mai 1649 begonnenen Nürnberger Exekutionstages, an das sogenannte „Friedensmahl" vom 5. Oktober 1649⁴, aber des Endes dieser Versammlung Anfang Juli 1650 mit reichsrechtlich bedeutsamen Vertragsunterzeichnungen und großen öffentlichen Festlichkeiten wurde im Jahre 2000 nicht gedacht.

Dieser Beobachtung entspricht, daß der Nürnberger Exekutionstag von 1649/50 stets im Schatten des von 1645 bis 1648 in Münster und Osnabrück abgehaltenen Friedenskongresses zur Beendigung des Dreißigjährigen Krieges gestanden hat. Dabei sind beider Ergebnisse – das *Instrumentum Pacis Monasteriensis* zwischen Kaiser Ferdinand III. (1608–1657), Heiligem Römischen Reich und französischem König Ludwig XIV. (1643–1715) und das *Instrumentum Pacis Osnabrugensis* zwischen Kaiser, Reich und schwedischer Königin Christine (1626–1689) einerseits⁵, der schwedisch-kaiserliche und der französisch-kaiserliche Hauptrezeß von Nürnberg andererseits⁶ – von Anfang an reichsrechtlich gleich behandelt worden. Im Abschied des ersten Reichstages nach dem Abschluß der Westfälischen Friedensverträge und der Beendigung des Nürnberger Exekutionstages, im sogenannten „Jüngsten Reichsabschied" des Regensburger Reichstages der Jahre 1653/54, wurden alle diese Texte ohne Unterschied *gegenwärtigem Reichsabschied von Worten zu Worten [...] inserier[t] und ein[ge]rück[t]*; sie sollten alle zusammen *vor ein gegebenes Fundamentalgesetz des Heil[igen] Reichs und immerwährende Richtschnur und ewige norma iudicandi stet, fest und unverbrüchlich gehalten* werden⁷. Zwar hatte Johann Gott-

---

³ Aus diesem Anlaß erschienen: Stadtlexikon Nürnberg, hg. v. Michael Diefenbacher, Rudolf Endres, Nürnberg 1999, ²2000; Nürnberg. Eine europäische Stadt in Mittelalter und Neuzeit, hg. v. Helmut Neuhaus (Nürnberger Forschungen 29), Nürnberg 2000; Nürnbergs große Zeit (wie Anm. 1).

⁴ Dazu siehe unten Teil III. – Die Datierung folgt hier wie im gesamten Beitrag dem Gregorianischen Kalender, der in Nürnberg erst im Jahre 1700 eingeführt wurde. Gleichwohl hat man in Nürnberg die Erinnerung an dieses Friedensmahl im Jahre 1999 am 25. September – also nach dem Julianischen Kalender – gefeiert, korrekt den meisten, vor allem lokalen historischen Quellen folgend und den Kalenderwechsel von vor 300 Jahren ignorierend.

⁵ Dazu jetzt die erste Edition der Friedensverträge nach 350 Jahren: Die Friedensverträge mit Frankreich und Schweden, Bd. 1: Urkunden, bearb. von Antje Oschmann (Acta Pacis Westphalicae, Serie III, Abt. B: Verhandlungsakten 1.1), Münster 1998, mit umfassender Einleitung, S. XLI-CXLIII; das *Instrumentum Pacis Monasteriensis* ebd., S. 1–49; das *Instrumentum Pacis Osnabrugensis* ebd., S. 95–170.

⁶ Die beiden mit Schweden abgeschlossenen Hauptrezesse als *Erster Friedens=Executions=Haupt= Receß, der zu Nürnberg im Jahr 1649. aufgerichtet ist*, datiert vom 21. September 1649, in: Neue und vollständigere Sammlung der Reichs-Abschiede (wie Anm. 2), Teil III, S. 625–628, als *Anderer Friedens=Executions=Haupt=Receß, vom Jahr 1650*, datiert vom 26. Juni 1650, in: ebd., S. 629–640. Siehe auch Johann Gottfried von Meiern, Acta Pacis Executionis Publica Oder Nürnbergische Friedens=Executions=Handlungen und Geschichte, in denen enthalten, wie und welcher gestalt die würckliche Vollziehung des Westphälischen Friedens [...] geschehen ist, [Bd. 1], Hannover-Tübingen 1736, Bd. 2, Leipzig-Göttingen 1737.

⁷ Der jüngste Reichsabschied von 1654. Abschied der Römisch Kaiserlichen Majestät und gemeiner Stände, welcher auf dem Reichstag zu Regensburg im Jahr Christi 1654 aufgerichtet ist, bearb. von Adolf Laufs (Quellen zur Neueren Geschichte 32), Bern 1975, hier S. 11, §§ 5 und 6; siehe auch Neue und vollständigere Sammlung der Reichs-Abschiede (wie Anm. 2), Teil III, S. 640–692. Zu den Zusammenhängen siehe Helmut Neuhaus, Das Heilige Römische Reich Deutscher Nation am Ende des Dreißigjährigen

fried von Meiern (1692–1745) nach seiner Veröffentlichung von sechs Bänden „Acta pacis Westphalicae publica oder Westphälische Friedens-Handlungen und Geschichte" in den Jahren 1734 bis 1736[8] sogleich (1736 und 1737) auch noch zwei Bände „Acta pacis Executionis publica. Oder Nürnbergische Friedens-Executions-Handlungen und Geschichte" herausgebracht[9], bevor er auch eine Aktenpublikation zum Regensburger Reichstag von 1653/54 vorlegte[10], zwar hatten die Nürnberger Exekutionsrezesse 1747 auch Aufnahme in die bis heute letzte Sammlung der Reichsabschiede, also der Fundamentalgesetze des Heiligen Römischen Reiches gefunden[11], aber eine umfassende geschichtswissenschaftliche Darstellung des Nürnberger Exekutionstages liegt erst seit knapp einem Jahrzehnt vor[12]. In Gesamtdarstellungen zur deutschen und europäischen Geschichte des 17. Jahrhunderts war und ist ihm meist kaum mehr als eine Fußnote gewidmet. In den den Dreißigjährigen Krieg zwischen 1618 und 1648 thematisierenden Monographien und Abhandlungen findet die Vorgeschichte des Prager Fenstersturzes zwar meistens breiten Raum, aber die Nachgeschichte des Westfälischen Friedens kaum Berücksichtigung[13]. Dabei war für die Zeitgenossen der Krieg erst dann wirklich zu Ende, wenn der letzte Soldat den eigenen Lebensbereich verlassen hatte und er folglich auch als „Zweiunddreißigjähriger Krieg" empfunden werden konnte[14]. Der Nürnberger Exekutionstag von 1649/50 fiel aus der schon früh als Epoche verstandenen Zeitspanne des Dreißigjährigen Krieges von 1618 bis 1648 heraus, obwohl er mit seinen beiden Hauptrezessen vom 26. Juni und 2. Juli 1650 wesentlich dazu beigetragen hat, daß aus dem beschlossenen Kriegsende auch tatsächlicher Frieden wurde.

Krieges (1648–1654), in: Nachkriegszeiten – Die Stunde Null als Realität und Mythos in der deutschen Geschichte. Acta Hohenschwangau 1995, hg. v. Stefan Krimm, Wieland Zirbs, München 1996, S. 10–33; siehe auch Arno Buschmann, Verfassung und Verfassungsrecht des Heiligen Römischen Reiches Deutscher Nation, in: Kaiser und Reich. Klassische Texte zur Verfassungsgeschichte des Heiligen Römischen Reiches Deutscher Nation vom Beginn des 12. Jahrhunderts bis zum Jahre 1806, hg., eingeleitet und übertragen von Arno Buschmann, München 1984, S. 9–56, hier S. 38f.

[8] Erschienen: Hannover 1734–1736; zu Meierns Werk vgl. Antje Oschmann, Johann Gottfried von Meiern und die „Acta pacis Westphalicae publica", in: Der Westfälische Friede. Diplomatie – politische Zäsur – kulturelles Umfeld – Rezeptionsgeschichte, hg. v. Heinz Duchhardt (Historische Zeitschrift, Beihefte NF 26), München 1998, S. 779–803.

[9] Erschienen: Hannover-Tübingen 1736, Leipzig-Göttingen 1737.

[10] Johann Gottfried von Meiern, Acta Comitialia Ratisbonensia publica oder Regenspurgische Reichstags-Handlungen und Geschichte von den Jahren 1653 und 1654, 2 Teile, Leipzig bzw. Göttingen 1738/1740.

[11] Neue und vollständigere Sammlung der Reichs-Abschiede (wie Anm. 6).

[12] Antje Oschmann, Der Nürnberger Exekutionstag 1649–1650. Das Ende des Dreißigjährigen Krieges in Deutschland (Schriftenreihe der Vereinigung zur Erforschung der Neueren Geschichte 17), Münster 1991.

[13] Auf Einzelnachweise kann hier verzichtet werden.

[14] Vgl. hierzu Katrin Keller, Das „eigentliche wahre und große Friedensfest … im ganzen Sachsenlande". Kursachsen von 1648 bis 1650, in: Der Westfälische Friede (wie Anm. 8), S. 661–677, hier S. 667.

II.

Dieser Abschluß des Nürnberger Exekutionstages von vor 350 Jahren hat aber nicht nur in schriftlichen, sondern auch in bildlichen Quellen einen breiten Niederschlag gefunden[15]. Dabei zeigt sich – was für die Überlieferungen der gesamten 14-monatigen Versammlung in der fränkischen Metropole gilt – ein eindeutiges Übergewicht hinsichtlich der schwedisch-kaiserlich-reichischen Angelegenheiten, während die französisch-kaiserlich-reichischen in den Hintergrund traten. Neben den Reichsständen und Kaiser Ferdinand III. waren es viel stärker die Schweden, die ein Interesse an einer Folgekonferenz zu den Friedensverhandlungen in Westfalen hatten, als die Franzosen, für die der Krieg gegen Spanien weiterging und erst im Pyrenäenfrieden von 1659 ein Ende fand. Mehr als einmal sahen sich die französischen Diplomaten in Nürnberg „an den Rand gedrängt"[16], während die Schweden das Geschehen in der Pegnitz-Stadt, mit der sich im Jahr 1632 Erfolge ihres in der Schlacht bei Lützen gefallenen Königs Gustav II. Adolf (1611–1632), des Vaters der amtierenden schwedischen Königin Christine, verbanden[17], zur Zeit der Exekutions-Beratungen prägten.

Dies gilt insbesondere auch vom Ende der Nürnberger Beratungen Mitte 1650, das durch eine erstaunlich dichte Bilderfolge dokumentiert ist, die die ausführlichen

---

[15] Auf eine Präsentation dieser Bilder kann im Rahmen dieses Beitrages verzichtet werden, da sie – zumal in zahlreichen neueren Veröffentlichungen – zum größten Teil in unterschiedlicher Auswahl oftmals publiziert wurden; Nachweise erfolgen jeweils am gegebenen Ort. – Zahlreiche Stiche wurden erstmals verwendet in: Johann Klai, Irene / das ist / Vollständige Außbildung Deß zu Nürnberg geschlossenen Friedens 1650. Mit vielen feyrlichen Begegnnissen / Gastmalen / Feuerwercken / Musicen / und andern denckwirdigen Begebenheiten / nach Poetischer Reimrichtigkeit / vorgestellet und mit nothwendigen Kupferstücken gezieret / Nürnberg [1650]; Johann Klai, Geburtstag Deß Friedens / Oder rein Reimteutsche Vorbildung / Wie der großmächtigste Kriegs= und Siegs=Fürst Mars auß dem längstbedrängten und höchstbezwängten Teutschland / seinen Abzug genommen / mit Trummeln / Pfeiffen / Trompeten / [...], Nürnberg 1650; [Sigismund von Birken], Die Fried-erfreuete Teutonie. Eine Geschichtschrifft von dem Teutschen Friedensvergleich / was bey Abhandlung dessen / in des H. Röm. Reichs Stadt Nürnberg / nachdem selbiger von Osnabrügg dahin gereiset / den[k]würdiges vorgelauffen; mit allerhand Staats- und Lebenslehren / Dichtereyen / auch darein gehörigen Kupffern gezieret / in vier Bücher abgetheilet, Nürnberg 1652; Theatri Europaei Sechster und letzter Theil / Das ist / Außführliche Beschreibung der Denckwürdigsten Geschichten, so sich hin und wieder durch Europam [...] Bevorab bey denen zwischen mehrern theils kriegenden Partheyen nach Münster und Oßnabrück angesetzten / biß auff das Jahr 1649. daselbst gepflogen auch geschlossen = endlich aber durch Göttliche Verleyung in des H. Reichs Statt Nürnberg Anno 1650: vollzogenen General Friedens-Tractaten / vom Jahr Christi 1647. biß 1651 allerseits begeben und zugetragen, Frankfurt am Main 1652 (zit. Theatrum Europaeum, Bd. 6).

[16] Oschmann, Nürnberger Exekutionstag (wie Anm. 12), S. 283; siehe dort auch insgesamt den Anteil der französisch-kaiserlichen Beratungen am Nürnberger Exekutionstag.

[17] Zu Gustav Adolfs Aufenthalt in Nürnberg vgl. Emil Reicke, Geschichte der Reichsstadt Nürnberg von dem ersten urkundlichen Nachweis ihres Bestehens bis zu ihrem Übergang an das Königreich Bayern (1806), Nürnberg 1896, S. 963–984; Rudolf Endres, Endzeit des Dreißigjährigen Krieges, in: Nürnberg – Geschichte einer europäischen Stadt, hg. v. Gerhard Pfeiffer, München 1971, S. 273–279, insbes. S. 274–276. Karl-Engelhardt Klaar, König Gustav II. Adolf von Schweden, in: Gustav Adolf, Wallenstein und der Dreißigjährige Krieg in Franken. Ausstellung des Staatsarchivs Nürnberg zum 350. Gedenkjahr (1632–1982) (Ausstellungskataloge der Staatlichen Archive Bayerns 14), München 1982, S. 27–43, insbes. S. 29, 34f. (Abb. 55 und 63).

Beschreibungen anschaulich ergänzt[18]. Nach einer Verhandlungskrise zu Beginn des Jahres 1650 leitete Mitte Juni ein von den Schweden gegebenes Gartenfest als vertrauensbildende Maßnahme, ein *Verträulichkeitsmahl*[19], den Abschluß der Verhandlungen mit der kaiserlichen Seite ein[20], gleichsam angekündigt von einem auf einem Kupferstich festgehaltenen Feuerwerk, das Schweden als Garanten des Friedens feierte[21]. Die Verhandlungen wurden dann zehn Tage später abgeschlossen, wie die von dem Nürnberger Verleger und „Bildermann" Paul Fürst (1608–1666) herausgebrachte *Abbildung / der / bey der völlig=geschlossenen Friedens=Unterschreibung gehaltenen Session, in Nürnberg den 26. 16. Junij 1650* – Kupferstich und Radierung von Leonhard Haeberlin und Andreas Kohl – zeigt, zu der ein zweispaltiges Gedicht von Johann Klaj (1616?–1656) sowie eine die Sitzordnung bei der Versammlung schwedischer, kaiserlicher und reichsständischer Gesandter beschreibende einspaltige Bildlegende gehört[22]. Ort des Geschehens war der Kaisersaal in der Kaiserburg, wohin die 42 Teilnehmer kurz zuvor aufgebrochen waren, wie ein zeitgenössischer Kupferstich mit der Auffahrt zur Burg vom Rathaus aus zeigt[23].

---

[18] Vgl. Klai, Irene (wie Anm. 15), zwischen S. 82 und 83; Klai, Geburtstag Deß Friedens (wie Anm. 15), zwischen S. 16 und 17, 20 und 21, 56 und 57, 64 und 65; Birken, Die Fried-erfreuete Teutonie (wie Anm. 15), zwischen S. 90 und 91, 92 und 93, 94 und 95, 116 und 117, 146 und 147; Theatrum Europaeum, Bd. 6 (wie Anm. 15), zwischen S. 1048 und 1049, 1052 und 1053, 1076 und 1077, 1078 und 1079. Siehe auch Hartmut Laufhütte, Das Friedensfest in Nürnberg 1650, in: 1648. Krieg und Frieden in Europa, hg. v. Klaus Bußmann, Heinz Schilling, Textbd. II: Kunst und Kultur, [Münster] 1998, S. 347–357, hier vor allem S. 351–356.

[19] Birken, Die Fried-erfreuete Teutonie (wie Anm. 15), S. 90, Nr. 84. Birken gab im Sinne der Schweden der *Hoffnung* Ausdruck, *es würden durch diese neue Freundbegehung die Feindlichkeiten in den Gemütern sich widerum verlieren und sich folgends die Handlungen zu gutem Ende schicken* (ebd.). – Vgl. zu den ereignisgeschichtlichen Zusammenhängen insgesamt: Anton Ernstberger, Ausklang des Westfälischen Friedens am Nürnberger Reichskonvent 1648–1650, in: ZBLG 31, 1968, S. 259–285, hier S. 272; siehe auch: Beytrage zur Geschichte des dreyßigjährigen Krieges, insonderheit des Zustandes der Reichsstadt Nürnberg, während desselben [...], hg. v. Christoph Gottlieb von Murr, Nürnberg 1790, S. 112f.

[20] Klai, Irene (wie Anm. 15), S. 83–88; Birken, Die Fried-erfreuete Teutonie (wie Anm. 15), S. 90–92; Theatrum Europaeum, Bd. 6 (wie Anm. 15), S. 1048.

[21] Abbildungen dieses Feuerwerks finden sich – außer in den in Anm. 15 und 20 genannten Quellen – in: Von teutscher Not zu höfischer Pracht 1648–1701, hg. v. G. Ulrich Großmann unter Mitarbeit von Franziska Bachner und Doris Gerstl (Ausstellungskataloge des Germanischen Nationalmuseums, Nürnberg), Köln 1998, S. 47, Abb. 17 (siehe dazu auch die Erläuterungen ebd., S. 48, Nr. 17); Günther Schuhmann, „Der liebe Fried": Friedensschlüsse 1648–1650, in: Gustav Adolf (wie Anm. 17), S. 102–116, hier S. 113, Abb. 250 (mit Gedicht Georg Philipp Harsdörfers).

[22] Abbildungen – außer in den in Anm. 15 genannten Titeln – in: Von teutscher Not (wie Anm. 21), S. 54 (siehe dazu auch die Erläuterungen ebd., S. 55, Nr. 22); Heinz Duchhardt, Der Westfälische Friede. Ein Schlüsseldokument der neueren Geschichte, in: Heinz Duchhardt, Gerd Dethlefs, Hermann Queckenstedt, „...zu einem stets währenden Gedächtnis". Die Friedenssäle in Münster und Osnabrück und ihre Gesandtenporträts, hg. v. Karl Georg Kaster, Gerd Steinwascher, Bramsche 1996, S. 11–38, hier S. 29; 1648. Krieg und Frieden in Europa, hg. v. Klaus Bußmann, Heinz Schilling, Ausstellungskatalog, [Münster] 1998, S. 417, Abb. 1194; siehe auch Die Sammlung der Herzog August Bibliothek in Wolfenbüttel. Kommentierte Ausgabe, Bd. 2: Historica, hg. v. Wolfgang Harms zusammen mit Michael Schilling und Andreas Wang (Deutsche illustrierte Flugblätter des 16. und 17. Jahrhunderts 2), München 1980, S. 570f., Nr. 327 (mit Gedicht Birkens).

[23] Abbildungen in: Schuhmann, „Der liebe Fried" (wie Anm. 21), S. 110, Abb. 247; Die Sammlung der Herzog August Bibliothek (wie Anm. 22), S. 568f., Nr. 326.

Was da auf der Kaiserburg am Abend des 26. Juni 1650 geschah, war allerdings nicht die die Verhandlungen abschließende Unterzeichnungszeremonie für den schwedisch-kaiserlichen Hauptrezeß – auch der im „Theatrum Europaeum" abgebildete Kupferstich ist mit *Geschlossenen Friedens=Unterschreibung in Nürnberg den 26. 16. Junij 1650.* nicht korrekt betitelt[24] –, kein „Staatsakt", sondern eine Sitzung des Exekutionstages, in der die Exemplare der Vertragstexte kollationiert wurden. Darauf deuten nicht nur die auf dem Tisch liegenden aufgeschlagenen sieben Urkundenlibelli für die schwedischen Unterhändler Alexander Erskein (1598–1656) und Bengt (Benedikt) Oxenstierna (1623–1702), die kaiserlichen Bevollmächtigten Isaak Volmar (1582–1662) und Johann Baptist Krane (1600–1672?), den kurmainzischen Kanzler Sebastian Wilhelm Meel sowie die schwedischen und kaiserlichen Legationssekretäre Bartholomäus von Wolfsberg und Erasmus Constantin Sattler hin, sondern ebenso die beiden leeren Stühle an der rechten Schmalseite des Tisches, den Sekretären gegenüber. Sie waren dort zum Rechtsakt der Kollationierung nur symbolisch für die Hauptunterhändler des Kaisers, Generalleutnant Ottavio Piccolomini, Herzog von Amalfi (1599–1656), und der Königin von Schweden, Pfalzgraf Karl Gustav von Pfalz-Zweibrücken-Kleeburg (1622–1660), aufgestellt worden, der als König Karl X. Gustav 1654 ihr Nachfolger werden sollte. Die Unterzeichnung des schwedisch-kaiserlichen Hauptrezesses durch den schwedischen Generalissimus erfolgte ebenso in dessen Quartier in der Stadt wie die durch Piccolomini in seiner Nürnberger Residenz. Sekretäre der vertragschließenden Partner waren für die getrennten Transporte der Urkunden verantwortlich und brachten sie nach Leistung der Unterschriften auf die Kaiserburg zurück, wo die schon bei der Kollationierung anwesenden reichsständischen Vertreter darauf warteten, ebenfalls die Rezesse zu unterschreiben[25].

Die Graphiken von der vermeintlichen *Friedens=Unterschreibung* am 26. Juni 1650 haben insgesamt 32 reichsständische Vertreter aufgenommen, von denen als Gesandter des Kurfürsten von Mainz und Reichserzkanzlers der kurmainzische Kanzler Sebastian Wilhelm Meel – mit einem zu kollationierenden Vertragsexemplar vor sich – am Tisch neben den kaiserlichen Bevollmächtigten und den schwedischen gegenüber sitzt. Vor dem rückwärtigen Fenster haben in der Mitte – hinter Meel, Krane und Volmar – die vier Vertreter der Kurfürsten von Köln, Bayern, Sachsen und Brandenburg Platz genommen: Graf Franz Egon von Fürstenberg, Dr. Johann Georg Ösel, Freiherr August Adolf von Trandorf und Matthäus Wesenbeck. An sie schließen sich rechts – vom Fenster aus die Wand entlang bis zum Kamin – die Gesandten des Hochmeisters des Deutschen Ordens, des Bischofs von Bamberg, Basels, Pfalz-Neuburgs (zwei Personen, eine vorgerückt in die Mitte hinter die beiden leeren Stühle),

---

[24] Theatrum Europaeum, Bd. 6 (wie Anm. 15), zwischen S. 1052 und 1053, mit fehlerhafter Erläuterung der arabischen Ziffern ebd., S. 1052. Weitere Abbildungen in: Schuhmann, „Der liebe Fried" (wie Anm. 21), S. 111, Abb. 248 (mit nicht zugehöriger und fehlerhafter Legende), S. 112, Nr. 248; Der Westfälische Frieden. Krieg und Frieden, [Ausstellungskatalog] Stadtmuseum Münster, 11. März – 30. Oktober 1988, hg. v. Hans Galen, Münster 1987, S. 233, Abb. 151, S. 232f.; Helmut Lahrkamp, Dreißigjähriger Krieg. Westfälischer Frieden. Eine Darstellung der Jahre 1618–1648 mit 326 Bildern und Dokumenten, Münster 1997, S. 322.

[25] Vgl. zu diesen Vorgängen Oschmann, Nürnberger Exekutionstag (wie Anm. 12), S. 408–410.

Sachsen-Altenburgs, Sachsen-Altenburg-Coburgs, Sachsen-Weimars und -Gothas, Brandenburg-Kulmbachs und -Ansbachs sowie Braunschweig-Wolfenbüttels direkt am Kamin an, während an der dem Fenster gegenüberliegenden Seite mit dem Rücken zum Betrachter die Vertreter Braunschweig-Celle-Grubenhagens und Calenbergs, Wartenbergs, Nassau-Saarbrückens, des Grafen von Lippe und des Grafen von Schwarzenberg Platz genommen haben. Links am rückwärtigen Fenster stehen von links nach rechts ein schwedischer Kanzlist sowie die Sekretäre des kaiserlichen Bevollmächtigten Volmar und des Kurmainzers. Dieser Gruppe schließen sich – an der linken Wand sitzend – bis zum Ofen die reichsstädtischen Vertreter von Nürnberg und Köln (je zwei Abgesandte), Frankfurts, Colmars (zwei Abgesandte), Rothenburgs, Heilbronns (zwei Abgesandte), Schweinfurts und Weißenburgs an. Am Ofen steht – mit Blick in den Raum – ein Sekretär der gastgebenden Reichsstadt Nürnberg[26].

Diese Sitzordnung der reichsständischen Vertreter war nicht zufällig, sondern entsprach der Rangordnung, wie sie sich für die reichsständischen Gruppen der Kurfürsten, Reichsfürsten, Reichsprälaten, Reichsgrafen und Reichsstädte sowie innerhalb dieser Gruppen – trotz wiederholter Sessionsstreitigkeiten – auf den Reichstagen seit der Wende vom 15. zum 16. Jahrhundert herausgebildet hatte[27] und an den Unterschriftenlisten unter den Reichsabschieden[28] ablesbar ist: Auf die geistlichen Kurfürsten, von denen neben dem eine Funktion ausübenden kurmainzischen Vertreter nur ein Gesandter des Kölners anwesend war, folgten die weltlichen, von denen Böhmen und Kurpfalz fehlten[29]. Die geistlichen Reichsfürsten, die stets den Rang gleich nach den weltlichen Kurfürsten und vor den weltlichen Reichsfürsten genossen, waren nur durch Gesandte des Hochmeisters des Deutschen Ordens und der Bischöfe von Bamberg und Basel vertreten. Die den weltlichen Reichsfürsten in der reichsständischen Rangordnung folgenden Reichsprälaten fehlten ganz, und auch aus der großen Gruppe der Reichsgrafen hatten nur Wenige Gesandte geschickt. Getrennt von den geistlichen und adeligen Reichsständen – auch in der Numerierung der reichsständischen

---

[26] Vgl. die Bildunterschriften z.B. der Abbildung in: Von teutscher Not (wie Anm. 21), S. 54.

[27] Vgl. dazu generell Barbara Stollberg-Rilinger, Zeremoniell als politisches Verfahren. Rangordnung und Rangstreit als Strukturmerkmale des frühneuzeitlichen Reichstags, in: Neue Studien zur frühneuzeitlichen Reichsgeschichte, hg. v. Johannes Kunisch (Zeitschrift für Historische Forschung, Beiheft 19), Berlin 1997, S. 91–132.

[28] Vgl. – außer Neue und vollständigere Sammlung der Reichs-Abschiede (wie Anm. 2) – die zuletzt im Rahmen der Reichstagsakten edierten Reichsabschiede von Regensburg vom 27. Juli 1532, in: Deutsche Reichstagsakten unter Kaiser Karl V., Bd. 10: Der Reichstag in Regensburg und die Verhandlungen über einen Friedstand mit den Protestanten in Schweinfurt und Nürnberg 1532, bearb. von Rosemarie Aulinger (Deutsche Reichstagsakten, Jüngere Reihe 10), Göttingen 1992, Nr. 303, S. 1056–1087, hier bes. S. 1082–1087, sowie von Augsburg vom 19. August 1559, in: Deutsche Reichstagsakten. Reichsversammlungen 1556–1662: Der Kurfürstentag zu Frankfurt 1558 und der Reichstag zu Augsburg 1559, bearb. von Josef Leeb, Göttingen 1999, Nr. 806, S. 2002–2047, hier bes. 2032–2047.

[29] Der Erzbischof und Kurfürst von Trier, Philipp Christoph Reichsritter von Sötern (1567–1652), war wegen der politischen Lage in seinem Hochstift und angesichts der Fortsetzung des Krieges Frankreichs gegen Spanien nicht vertreten; Kurfürst Karl I. Ludwig von der Pfalz, der erste Inhaber der neuen achten Kurwürde, war zwar Gast des sog. „Friedensmahles" am 5. Oktober 1649 (dazu siehe unten Teil III), reiste dann aber – aus London kommend – erst einmal zum Herrschaftsantritt nach Heidelberg. Kurfürst von Böhmen war Kaiser Ferdinand III. selber.

Gesandten in der Legende ans Ende gesetzt – saßen an der linken Seite des Raumes die reichsstädtischen Vertreter mit den Nürnbergern – nicht wegen ihrer Rolle als Gastgeber des Exekutionstages – an der Spitze[30] und im übrigen der unter den Reichsstädten üblichen Ordnung folgend.

Unter den reichsständischen Gesandten – auf dem Nürnberger Exekutionstag zum Teil für andere Herren tätig – befanden sich sieben Personen, die – wie der kaiserliche Bevollmächtigte Johann Krane – am 24. Oktober 1648 schon den Friedensvertrag mit Schweden unterzeichnet hatten: Sebastian Wilhelm Meel (für Johann Philipp von Schönborn als Bischof von Würzburg, der zugleich Erzbischof und Kurfürst von Mainz war), Matthäus Wesenbeck (1600–1659) (für Brandenburg-Kulmbach, Pommern-Stettin und die Wetterauer Reichsgrafen), Cornelius Göbel (für den Bischof von Bamberg), Wolfgang Konrad von Thumbshirn (1604–1667) (für Sachsen-Altenburg), August Carpzow (1612–1683) (ebenfalls für Sachsen-Altenburg), Valentin Heider (1605–1664) (für die Reichsstädte Eßlingen, Nördlingen, Schwäbisch Hall, Heilbronn, Lindau, Kempten, Weißenburg und Wimpfen) und Johann Balthasar Schneider (1612–1656) (für die elsässischen Reichsstädte)[31]. Ebenso hatten sie – wie der kaiserliche Bevollmächtigte Isaac Volmar – ihre Unterschrift unter den Friedensvertrag mit Frankreich gesetzt[32]. Aber auch Johann von Giffen, der Gesandte des Deutschen Ordens, der in Nürnberg geborene und dort lange tätige Georg Achatius Heher (1601–1667), Gesandter der Herzöge von Sachsen-Weimar und Sachsen-Gotha, Polycarp Heyland (1614–1662), Gesandter des Herzogs von Braunschweig-Wolfenbüttel, Tobias Oelhafen von Schöllenbach (1601–1666), Gesandter Nürnbergs neben Burkhardt Loeffelholz von Kolberg, und Zacharias Stenglin, Gesandter Frankfurts am Main, waren von 1645 bis 1648 an den Verhandlungen des Westfälischen Friedens beteiligt und brachten ihre Kompetenz in die Beratungen des Nürnberger Exekutionstages ein[33]. Auffallend ist an dem Kreis der vertretenen Reichsstände im übrigen, daß ganz offensichtlich in erster Linie solche anwesend waren, die am möglichst raschen Abzug der schwedischen Truppen interessiert waren. Das gilt für die zahlenmäßig starke Vertretung von Reichsständen aus Franken sowie aus den wettinischen und welfischen Landen. Und es hatten solche Reichsstände aus dem Westen des Reiches Gesandte geschickt, denen besonders an der Lösung der Friedensexekutionsprobleme mit Frankreich gelegen war.

Die nicht in Abbildungen überlieferten Unterzeichnungsakte vom 26. Juni 1650 ähneln denen vom Abschluß der Westfälischen Friedensverträge am 24. Oktober

---

[30] Auf Reichstagen folgte Nürnberg stets auf – das diesmal nicht anwesende – Regensburg an der Spitze der Reichsstädte der schwäbischen Städtebank; siehe im übrigen die in Anm. 28 genannten Reichsabschiede.

[31] Die Friedensverträge mit Frankreich und Schweden (wie Anm. 5), S. 164–170; zu den einzelnen Personen siehe Duchhardt, Dethlefs und Queckenstedt, „...zu einem stets währenden Gedächtnis" (wie Anm. 22), S. 173–301.

[32] Die Friedensverträge mit Frankreich und Schweden (wie Anm. 5), S. 43–49.

[33] Vgl. Duchhardt, Dethlefs und Queckenstedt, „...zu einem stets währenden Gedächtnis" (wie Anm. 22), S. 173–301.

1648 in Münster³⁴ und spiegeln die mit der Verfaßtheit des Heiligen Römischen Reiches Deutscher Nation im Nebeneinander von Kaiser und Reichsständen gegebene Kompliziertheit auch im völkerrechtlichen Verkehr wider. Weder von der Unterzeichnung der Verträge von Münster und Osnabrück oder dem Austausch der Ratifikationsurkunden in Münster, noch von den entsprechenden Akten in Nürnberg gibt es ein Gerard ter Borchs des Jüngeren (1617–1681) berühmtem Gemälde der Beschwörung der Ratifikation des Spanisch-Niederländischen Friedens am 15. Mai 1648 – also des ersten Westfälischen Friedens vom 30. Januar 1648 – in der Ratskammer des Rathauses zu Münster³⁵ vergleichbares Bild. Offensichtlich ist dies später als Defizit empfunden worden, denn Abbildungen von ter Borchs Gemälde sind irreführenderweise immer wieder auch solchen Publikationen zum Westfälischen Frieden zugeordnet und vorangestellt worden, die den spanisch-niederländischen „Frieden von Münster"³⁶ gar nicht oder nur am Rande zum Gegenstand haben, sondern sich ganz auf die Friedensverträge vom 24. Oktober 1648 konzentrieren: Das gilt für Friedrich Philippis „Gedenkbuch" von 1898³⁷ ebenso wie für Fritz Dickmanns Standardwerk „Der Westfälische Frieden" bis in die jüngste Auflage³⁸. Ebenso hat sich lange die falsche Vorstellung gehalten, die in Münster und Osnabrück zwischen Kaiser und Reichsständen sowie Frankreich einerseits, Schweden andererseits ausgehandelten Verträge, also der zweite und der dritte Westfälische Frieden aus dem Jahre 1648, seien in der Ratskammer des Rathauses zu Münster geschlossen worden³⁹.

---

³⁴ Vgl. dazu die Einleitung von Antje Oschmann in: Die Friedensverträge mit Frankreich und Schweden (wie Anm. 5), S. XLI-CXLIII, insbes. S. LVI-LXII; siehe auch Helmut Neuhaus, Der Westfälische Frieden und Franken, in: Der Westfälische Frieden 1648 und der deutsche Protestantismus, hg. v. Bernd Hey (Religion in der Geschichte. Kirche, Kultur und Gesellschaft 6; Studien zur deutschen Landeskirchengeschichte 3), Bielefeld 1998, S. 147–171, insbes. S. 149–153.
³⁵ Abbildung in: 1648. Krieg und Frieden, Ausstellungskatalog (wie Anm. 22), S. 213, Abb. 615; siehe auch Alison M. Kettering, Gerard ter Borchs „Beschwörung der Ratifikation des Friedens von Münster" als Historienbild, in: 1648. Krieg und Frieden, Textbd. II (wie Anm. 18), S. 605–614 (mit Abb. 1); S[turla] J. Gudlaugsson, Geraert Ter Borch, Den Haag 1959, S. 51–70; S[turla] J. Gudlaugsson, Katalog der Gemälde Gerard Ter Borchs sowie biographisches Material, Den Haag 1960, Nr. 57, S. 81–85; Gerard Ter Borch. Zwolle 1617, Deventer 1681. [Katalog der Ausstellung im Landesmuseum Münster, 12. Mai–23. Juni 1974], Münster 1974, insbes. S. 19–23, 84–87.
³⁶ Dazu jetzt grundlegend: Der Frieden von Münster. De Vrede van Munster 1648. Der Vertragstext nach einem zeitgenössischen Druck und die Beschreibungen der Ratifikationsfeiern, hg. v. Gerd Dethlefs mit Beiträgen von Johannes Arndt und Ralf Klötzer, Münster 1998.
³⁷ F[riedrich] Philippi, Der Westfälische Friede. Ein Gedenkbuch zur 250jähr[igen] Wiederkehr des Tages seines Abschlusses am 24. Oktober 1648, Münster 1898, Frontispiz.
³⁸ Fritz Dickmann, Der Westfälische Frieden, Münster ⁷1998, Frontispiz und Umschlagbild. – Kaum verwunderlich ist es da, daß 1998 auch Zeitungen und elektronische Medien immer wieder auf dieses Bild zurückgriffen, wenn es um die Ereignisse des 24. Oktobers 1648 ging; beispielhaft seien genannt: „Berliner Zeitung" vom 24./25. Oktober 1998, Magazin-Beilage (dem Beitrag von Johannes Burkhardt – „Die erste föderale Verfassung. Der Westfälische Friede zu Münster und Osnabrück vor 350 Jahren war ein Glücksfall für die deutsche Geschichte" – ist eine Abbildung von ter Borchs Gemälde vorangestellt), und „Der Spiegel" vom 19. Oktober 1998, S. 195, wo das Bild des Niederländers ebenfalls in einen falschen Kontext gerückt wurde.
³⁹ Bei seinem Besuch in Münster am 28. Februar 1940 – nach dem Erfolg über Polen und vor dem Frankreich-Feldzug – war Reichspropagandaminister Dr. Joseph Goebbels der Auffassung, in der Ratskammer des Rathauses am Prinzipalmarkt sei der Westfälische Frieden unterzeichnet worden. Er trug am folgenden Tag in sein Tagebuch ein: *Im Friedenssaal. Hier wurde der Westfälische Frieden unterzeichnet*;

Außer durch die bereits genannten drei Kupferstiche vom Abschluß des Nürnberger Exekutionstages ist dessen Ausklang durch eine Radierung von Lucas Schnitzer vom Armbrust-Schießen dokumentiert, zu dem Piccolomini im Juli/August 1650 geladen hatte: *Eigentliche Abbildung des wegen völlig geschlossenen ReichsFriedens in Nürnberg gehaltenen Armbrust-Schießens, welches den 29. Julij seinen Anfang genomen und den 28. des Augustmonats sich freüdig geendet. Darbeij Michäll Stoij das beste gewonnen. Anno 1650*[40]. Ferner markiert ein weiteres Feuerwerk-Bild diesen Ausklang, das Bezug nimmt auf ein Fest, das Piccolomini als kaiserlicher Chefunterhändler am 14. Juli 1650 gegeben hatte: *Eigentlicher Abrieß Deß Feuerwercks-Schlosses und der Barraquen, in welcher auß Röm. Kaiserl. Maj. allergnädigsten bevelch, dem Königlichen Schwedischen Generalissimo Herrn Pfaltzgraven Carl Gustaw. ec. Chur-Fürsten und Ständt anwesenden Herren Gesanden auch Fürstlichen Persohnen und Frauen Zimmer. vom Herrn General Leütenant Duca d'Amalfi, ec. daß Fried: und Freudenmahl, nechst bey Nürnberg auff Sanct Johannis Schüeßplatz den 14. July Anno. 1650. gehalten worden*[41]. Im Ablauf des Programmes dieses Feuerwerkes, das von Piccolomini selbst angezündet und geleitet wurde, vollzog sich symbolisch der Sieg des Friedens über den Krieg und ließ das ganze Fest zum abschließenden Höhepunkt des Nürnberger Exekutionstages werden, dessen Beratungen von Anfang an von einer dichten Folge kleinerer und größerer Festlichkeiten begleitet waren.

III.

Das erste große Fest während der Nürnberger Konferenz, die nicht nur „einfache Durchführungsvereinbarungen" treffen, sondern „Unklarheiten und Ungereimtheiten" des Westfälischen Friedens aufhellen sollte, um ihn „in einer bestimmten Weise" fortzuschreiben, „ohne ihn substantiell zu verändern"[42], war jenes bereits angesprochene sogenannte „Friedensmahl" vom 5. Oktober 1649[43]. Zu ihm hatte der schwedische Generalissimus Pfalzgraf Karl Gustav eingeladen, nachdem es am 21. September mit dem Abschluß eines Interimsrezesses zu einer ersten Einigung zwischen den

---

und er fuhr fort: *Wir werden das wieder einmal ausradieren* (vgl. Die Tagebücher von Joseph Goebbels. Sämtliche Fragmente, Teil I: Aufzeichnungen 1924–1941, Bd. 4: 1.1.1940–8.7.1941, München u.a. 1987, S. 57, zum 1. März 1940). – Aber auch der bedeutende Verfassungsrechtler und Verfassungshistoriker Ernst-Wolfgang Böckenförde leitete 1969 seinen Aufsatz über den „Westfälische[n] Frieden und das Bündnisrecht der Reichsstände" mit dem Satz ein: „Als am Abend des 24. Oktober 1648 im Rathaussaal zu Münster die beiden Friedensurkunden von Münster und Osnabrück endlich von den kaiserlichen, französischen und schwedischen Gesandten verlesen, verglichen, unterzeichnet und besiegelt worden waren …" (Ernst-Wolfgang Böckenförde, Der Westfälische Frieden und das Bündnisrecht der Reichsstände, in: Der Staat 8, 1969, S. 449–478, hier S. 449).

[40] Birken, Die Fried-erfreuete Teutonie (wie Anm. 15), zwischen S. 146 und 147; siehe auch Ernstberger, Ausklang (wie Anm. 19), S. 276, und Murr (Hg.), Beyträge (wie Anm. 19), S. 116f.; Abbildung in: Der Westfälische Frieden. Krieg und Frieden (wie Anm. 24), S. 252, Abb. 167; eine weitere Abbildung in: Die Sammlung der Herzog August Bibliothek (wie Anm. 22), S. 572f., Nr. 328 (mit Gedicht Birkens).

[41] Abbildungen – außer in den in Anm. 15 genannten Quellen – in: Von teutscher Not (wie Anm. 21), S. 49, Abb. 18a (siehe dazu auch die Erläuterungen ebd., S. 48f., Nr. 18); Gustav Adolf (wie Anm. 17), S. 114, Abb. 251, S. 112; Duchhardt, Der Westfälische Friede (wie Anm. 22), S. 31.

[42] Oschmann, Nürnberger Exekutionstag (wie Anm. 12), S. 497, bezogen auf Artikel XVI des Osnabrücker Vertragswerkes mit den Schweden.

[43] Zu den Zusammenhängen vgl. Ernstberger, Ausklang (wie Anm. 19), S. 268–270.

schwedischen und kaiserlichen Unterhändlern gekommen war⁴⁴. Dieses „Friedensmahl" gehört allein in den Kontext des reichsgeschichtlich bedeutsamen Nürnberger Exekutionstages von 1649/50 und nicht – wie immer wieder nahegelegt wird – in den Zusammenhang eines städtischen Freudenfestes aus Anlaß des verabschiedeten Westfälischen Friedens, wie es am 17. Februar 1649 (Aschermittwoch) als Buß-, Bet- und Fasttag und am darauf folgenden Sonntag (21. Februar) als Dankfest auch in der Stadt an der Pegnitz gefeiert wurde⁴⁵, seit November 1648 vielfach in Franken und in den Jahren 1648 bis 1650 in nicht bekannter Zahl im Heiligen Römischen Reich Deutscher Nation⁴⁶.

Wie um die Akte der Kollationierung und Unterzeichnung des schwedisch-kaiserlichen Hauptrezesses am 26. Juni 1650 ranken sich auch um das sogenannte „Friedensmahl" vom 5. Oktober 1649 mehrere auf die Ereignisse bezogene Bilder, von denen Joachim Sandrarts (1606–1688) *grosse[s] Friedens Banquet gemähls*, sein *Panquet Stuckh*, wie er es in einem Brief an Pfalzgraf Karl Gustav am 22. Januar 1651 bezeichnete⁴⁷, das wichtigste und bedeutendste ist. Es hat als monumentales Gemälde des nach Albrecht Dürer (1471–1528) bedeutendsten Nürnberger Malers nicht nur in der Kunstgeschichte große Beachtung gefunden, sondern auch in der allgemeinen Historiographie, wo es nicht selten – wie Gerard ter Borchs „Beschwörung des Spanisch-Niederländischen Friedens" für den gesamten Westfälischen Frieden – als bildliches Dokument des Nürnberger Exekutionstages verwendet wurde⁴⁸. Und wie ter Borchs Gemälde – zu dem es mit seiner „Allegorie auf den Spanisch-Niederländischen Frieden" noch ein „Pasticcio" des großen niederländischen Malers gibt⁴⁹ – über den von ihm selbst in Auftrag gegebenen Kupferstich Jonas Suyderhoefs (um 1613–1686) bekannt wurde⁵⁰, so wurde die Kenntnis von Sandrarts „Friedensmahl"-Gemälde als Schilderung des vom schwedischen Generalissimus gegebenen Festessens ebenfalls über Graphiken verbreitet.

---

⁴⁴ *Erster Friedens=Executions=Haupt=Receß, der zu Nürnberg im Jahr 1649. aufgerichtet ist* (wie Anm. 6).

⁴⁵ Vgl. Neuhaus, Der Westfälische Frieden (wie Anm. 34), S. 158–164.

⁴⁶ Ebd., S. 155–168; Claire Gantet, Friedensfeste aus Anlaß des Westfälischen Friedens in den süddeutschen Städten und die Erinnerung an den Dreißigjährigen Krieg (1648–1871), in: 1648. Krieg und Frieden, Textbd. II (wie Anm. 18), S. 649–656. Keller, Das „eigentliche wahre und große Friedensfest … im ganzen Sachsenlande" (wie Anm. 14).

⁴⁷ Der Brief ist abgedruckt bei Christian Klemm, Joachim von Sandrart. Kunst-Werke u. Lebens-Lauf, Berlin 1986, S. 188; siehe auch ebd., S. 177; ebd., S. 184, bezeichnet Klemm das Gemälde unter Nr. 85 mit „Königlich schwedisches, zur Feier der Unterzeichnung des Friedensexecutionspräliminarrezesses am 25. September 1649 im Nürnberger Rathaussaale gehaltenes Friedensmahl". Zu diesem Gemälde als historischer Quelle siehe auch Helmut Neuhaus, Zwischen Krieg und Frieden. Joachim Sandrarts Nürnberger Friedensmahl-Gemälde von 1649/50, in: Bilder erzählen Geschichte, hg. v. Helmut Altrichter (Rombach Wissenschaft. Reihe Historiae 6), Freiburg im Breisgau 1995, S. 167–199.

⁴⁸ Abbildung (Ausschnitt) z.B. bei Ernst Walter Zeeden, Hegemonialkriege und Glaubenskämpfe 1556–1648 (Propyläen Geschichte Europas 2), Frankfurt am Main, Berlin, Wien 1977, S. 335.

⁴⁹ Abbildung in: 1648. Krieg und Frieden, Ausstellungskatalog (wie Anm. 22), S. 217, Abb. 633.

⁵⁰ Abbildung des Kupferstichs „Die Beschwörung der Ratifikation des Friedens von Münster am 15. Mai 1648" in: 1648. Krieg und Frieden, Ausstellungskatalog (wie Anm. 22), S. 221, Abb. 647.

Als „qualitätvollste Reproduktionsgraphik nach Sandrarts Gemälde"[51] ist Wolfgang Kilians (1581–1662) Radierung und Kupferstich von 1650, verlegt bei Jeremias Dümler in Nürnberg, bezeichnet worden: *Aigentliche abbildung deß Fried- und Freüden-Mahls, welches der Durchleüchtigste Hochgeborne Fürst und Herr, Herr Carol Gustav Pfaltzgrav bey Rhein ec. nach abhandlung der Praeliminar tractaten, in deß Heiligen Reichs Statt Nürnberg auff dem Rahthaus Saal den 25 September, Anno 1649. gehalten*[52]. Dieser Bildunterschrift folgt der Hinweis auf die folgende Legende: *und seind die dabey Sich befundene Höchst-Hoch- und wohlansehenliche Herren Gäst in folgender Ordnung gesessen, alß; [...]*, aber die dann genannten und mit arabischen Ziffern – dreimal mit 1 beginnend: 1–3, 1–22, 1–22 – versehenen Namen lassen sich den Personen auf dem Bild nicht zuordnen, weil die Ziffern dort nicht wiederkehren. Über der Szene stehen vier Zweizeiler nebeneinander:

Dieses Fried: und Freüden=Mahl   *Carol Gustav wegen Schweden*
Hielt hie auf dem Rhathaus Saal   *als die Blutbethrenten Feden*

Anfangs wurden abgethan   *Das diew. ergrimmten Feinde*
und der Fried gefangen an.   *wurden Neü vertraute Freunde.*

Weite Verbreitung fand insbesondere auch die Matthäus Merian d. J. (1621–1687), einem ehemaligen Sandrart-Schüler, beziehungsweise der Frankfurter Werkstatt der Merians, zugeschriebene Radierung *Schwedischen Friedensmahls / in Nürnberg den 25. Herbstm: Anno 1649*, der im sechsten Band des „Theatrum europaeum" 1652 publiziert wurde[53]. Er unterscheidet sich – außer in der Gestaltung des Rathaussaales, im Fehlen des Hundes in der vorderen Bildmitte und in vielen Details – von Kilians (und folglich auch Sandrarts) Werk vor allem im Fehlen der Personengruppe im rechten Vordergrund vor dem Musikpodest mit dem Dirigenten der Festmusik, Sigmund Theophil Staden. Dabei handelt es sich um fünf stehende Nürnberger Patrizier (unter anderen Georg Imhoff, Johann Wilhelm Kress von Kressenstein und Georg Abraham Pömer) und – die Augenzeugenschaft und die historische Glaubwürdigkeit dokumentierend – den sitzenden Maler Joachim Sandrart im Selbstporträt. Dieses rechte Drit-

---

[51] So Doris Gerstl in ihrer Kommentierung von Kilians Graphik: Von teutscher Not (wie Anm. 21), S. 30; siehe auch Doris Gerstl, Wolfgang Kilian und die Zeichnungen nach Joachim Sandrarts „Friedensmahl", in: Anzeiger des Germanischen Nationalmuseums 1999, S. 7–23.

[52] Abbildungen in: ebd., S. 30, Abb. 11 (siehe dazu auch die Erläuterungen ebd., S. 30–32, Nr. 11); in kolorierter Fassung in: 1648. Krieg und Frieden, Ausstellungskatalog (wie Anm. 22), S. 419, Abb. 1198 (Erläuterungen ebd., S. 420); Lahrkamp, Dreißigjähriger Krieg (wie Anm. 25), S. 320. – Zu dem Augsburger Wolfgang Kilian vgl. Allgemeines Lexikon der Bildenden Künste von der Antike bis zur Gegenwart, begründet von Ulrich Thieme und Felix Becker (zit. Thieme/Becker, Allgemeines Lexikon), Bd. 20, Leipzig 1927, S. 302–305.

[53] Theatrum Europaeum, Bd. 6 (wie Anm. 15), zwischen S. 938 und 939; Abbildung in: Von teutscher Not (wie Anm. 21), S. 31, Abb. 12 (siehe dazu auch die Erläuterungen ebd., S. 32f., Nr. 12). Bei Heinrich Lutz, Das Ringen um deutsche Einheit und kirchliche Erneuerung. Von Maximilian I. bis zum Westfälischen Frieden 1490 bis 1648 (Propyläen Geschichte Deutschlands 4), Berlin 1983, vor S. 449, findet sich eine Abbildung ohne Legende mit dem Hinweis: „Kupferstich eines Unbekannten, 1649"; siehe auch: Die Sammlung der Herzog August Bibliothek (wie Anm. 22), S. 562f., Nr. 323 (mit Gedicht Birkens).

tel des Gemäldes wurde – wie der Zustand der Leinwand zeigt – ergänzt, und zwar noch vor seiner endgültigen Fertigstellung. Der Grund dafür lag in der Tatsache, daß außer Pfalzgraf Karl Gustav auch Nürnberger Patrizier zu den Auftraggebern gehörten, die im Bild zu berücksichtigen waren. Merian hat also ganz offensichtlich das „Friedensmahl"-Gemälde in einem früheren Zustand gekannt und als Vorlage benutzt[54].

Über eine Legende am unteren Rand der Radierung Merians lassen sich die Teilnehmer an der Haupttafel des Banketts identifizieren, denn sie sind mit lateinischen Großbuchstaben von A bis Y und mit arabischen Ziffern von 1 bis 17 gekennzeichnet. Eine solche Identifizierungsmöglichkeit bot bereits Sandrarts Gemälde, denn die kleinen arabischen Ziffern von 1 bis 47 über den Köpfen der Personen an der Haupttafel – beginnend bei dem ranghöchsten Gast, Octavio Piccolomini, und endend bei dem Obristen Johann Wolff von Wolffsthal – finden ihre Erläuterung auf den am linken und rechten Rand des Bildes angebrachten Holztafeln, den *Zwey grosse Columnen*[55]. Auch hier folgt die Sitzordnung der Rangordnung in der ständischen Gesellschaft, war allerdings nie unumstritten, wie zahllose Sessionsstreitigkeiten auf Reichstagen und anderen reichsständischen Versammlungen belegen[56]. Und auch in Nürnberg hatte man sich am 5. Oktober 1649 bis mittags gestritten. Die gefundenen Lösungen wie die, daß die Gesandten Österreichs vor denen Salzburgs sitzen durften, weil dessen Vertreter bei den letzten Beratungen den Vorrang vor denen der Habsburger genossen hatten, lassen die enge Verknüpfung des Bankettes mit den politischen Verhandlungen erkennen[57]. Das „Friedensmahl" war Teil von ihnen, ein „Arbeitsessen". Im übrigen waren 15 Gäste Karl Gustavs von Pfalz-Zweibrücken-Kleeburg von der Haupttafel auch am Kollationierungsakt am 26. Juni 1650 beteiligt[58].

Ziemlich in der Mitte der rückwärtigen Wand des Rathaussaales lassen Sandrart wie Kilian und Merian in einem Fenster die Holzfigur des sogenannten Schwedi-

---

[54] Vgl. dazu Klemm, Joachim von Sandrart (wie Anm. 47), S. 185, 188. Bürgermeister und Rat der Reichsstadt Nürnberg haben Sandrart für *dass Jenige grosse Friedens Banquet* am 25. Januar 1651 eine Urkunde ausgestellt, der auch zu entnehmen ist, daß das Gemälde *in unssern Obern Rath Hauss Saal* seinen Platz fand; ebd., S. 177f., Zitate S. 178. Siehe auch Doris Gerstl in ihrer Kommentierung von Merians Graphik: Von teutscher Not (wie Anm. 21), S. 32f.

[55] Vgl. Neuhaus, Krieg und Frieden (wie Anm. 47), S. 196–199. Ein Vergleich der *zwei grosse[n] Columnen* mit den Legenden zu den Graphiken von Kilian und Merian läßt erkennen, daß Kilian auch hier völlig seinem Vorbild Sandrart folgt, während bei Merian insgesamt sieben Gäste, die am hinteren Ende der Haupttafel sitzen, nicht bezeichnet und nicht identifiziert sind.

[56] Siehe dazu in Kürze: Helmut Neuhaus, Der Streit um den richtigen Platz. Ein Beitrag zu reichsständischen Verfahrensformen in der Frühen Neuzeit, in: Tagungsband des Münsteraner Kolloquiums „Vormoderne politische Verfahren zwischen symbolischer und technischer Form" vom 22. bis 24. September 1999, hg. v. Barbara Stollberg-Rilinger, Berlin 2001.

[57] Vgl. Neuhaus, Krieg und Frieden (wie Anm. 47), S. 190.

[58] Es waren dies: Sebastian Wilhelm Meel, Graf Franz Egon von Fürstenberg, Johann Georg Öxel, August Adolf von Trandorf, Matthäus Wesembeck, Johann von Giefen, Carl Röder von Thiersberg, Johann Adam Sengel, Wolff Michael Silbermann, Wolfgang Konrad von Thumshirn, August Carpzow, Georg Achatius Heher, Lorenz Eyselein, Polycarpus Heiland, Otto von Mauderode (vgl. Neuhaus, Krieg und Frieden, wie Anm. 47, S. 196–199, und die mit Anm. 26 nachgewiesenen Teilnehmer an der Kollationierung).

schen Löwen erkennen[59], der zugleich auf ein Geschehen außerhalb des Rathauses vor dem Chor der Sebalduskirche verweist. Dieses hat Bartholomäus Wittig (um 1613–1684) in einem Gemälde noch 1649 festgehalten, das eine große Menschenmenge vor der Rathausfassade zeigt, die auf ihre Weise an den Festlichkeiten teilnimmt und etwas von dem roten und weißen Wein zu erhaschen sucht, den der Löwe als Weinspender im mittleren der drei rechten Fenster im hochgelegenen Erdgeschoß austeilt[60]. Auch diese Begebenheit, die nicht in den Kontext eines städtischen Friedensfestes aus Anlaß des geschlossenen Westfälischen Friedens gehört, ist über einen Kupferstich bekannt gemacht worden: *Abbildung deß Schwedischen Löwens / Welcher den 25. deß Herbstmonats dieses lauffenden Jahrs bey Ihrer Hochf[ürstlichen] Durchl[aucht] deß Herrn Generalissimi Friedenmal rohten und weissen Wein in 6. St[u]nden häuffig auß dem Rachen fliessen lassen. 1649*[61]. Unter der Abbildung, die die Spendierfreudigkeit des Schwedischen Löwens überdeutlich zeigt, folgt ein zweispaltig gedrucktes Gedicht Johann Klajs mit insgesamt 16 Versen:

> *Der Stadt= und Landmann sich um diesen Löwen dringet /*
> *Auß dessen Rachen Wein von zweyen Farben springet /*
> *Sein Haubt ist Lorbeergrün / die Recht den Palmzweig trägt /*
> *Die Lincke hat das Schwert zerstückt zur Ruh gelegt.*
> *Das Laubwerck zeigt / das Land das werde wieder tragen /*
> *Das Gold zeigt / daß man werd vom güldnen Frieden sagen.*
> *Wie vormals jener Löw gab süssen Honig=Safft /*
> *So gibet dieser Wein / der Menschen gibet Krafft.*
>
> *Da siht man ein Geläuff / ein Hin= und Wiederreissen /*
> *Ein Aufstehn auf das Faß / ein Wiederrunterschmeissen /*
> *Der bringet ein Geschirr / der fängt Wein in den Hut /*
> *Und weil der Mann zu kurtz / so thut der Hut nicht gut /*
> *Man bindt ihn an was an / an Gabeln und an Stangen /*
> *So kan man desto baß hinlangen und Wein fangen /*
> *Den er denn in sich schluckt / und weil er feil und wol /*
> *So läst er nicht eh nach / biß sein Gehirne toll.*

Den Auftakt der ersten Bilderfolge zu Ereignissen des Nürnberger Exekutionstages bildet ein wenig bekannter Kupferstich mit dem Titel *Unterschreibung des Friedens zu Nürrenberg 1649*, der von Arendt Pieterß in Hamburg verlegt wurde, einem

---

[59] Zu dieser Holzplastik vgl. Von teutscher Not (wie Anm. 21), S. 34f., Nr. 14; 1648. Krieg und Frieden, Ausstellungskatalog (wie Anm. 22), S. 420f., Abb. 1200.

[60] Abbildung in: Von teutscher Not (wie Anm. 21), S. 33, Erläuterungen ebd., S. 33f., Nr. 13. – Zu Wittig vgl. Thieme/Becker, Allgemeines Lexikon (wie Anm. 52) 36, Leipzig 1947, S. 136f.

[61] Abbildung in: Duchhardt, Der Westfälische Friede (wie Anm. 22), S. 26, Abb. 14; siehe auch: Die Sammlung der Herzog August Bibliothek (wie Anm. 22), S. 564f., Nr. 324, S. 566f., Nr. 325; Die Sammlung der Hessischen Landes- und Hochschulbibliothek in Darmstadt. Kommentierte Ausgabe, hg. v. Wolfgang Harms, Cornelia Kemp (Deutsche illustrierte Flugblätter des 16. und 17. Jahrhunderts 4), Tübingen 1987, S. 335, Nr. 253.

niederländischen Buch- und Kunsthändler an der Börse[62]. Damit wird in einer offenbar fiktiven Szene Bezug genommen auf jenen Abschluß des schwedisch-kaiserlichen Interimsrezesses am 21. September 1649, der den schwedischen Generalissimus veranlaßte, zu seinem großen Bankett am 5. Oktober 1649 einzuladen. Über drei Stadtansichten – mit einer Straßenszene vor einer Häuserzeile am Hauptmarkt links, dem Rathaus in der Mitte (mit der Beschriftung *Daz Rath-Hauz wo das Bancket gehalten worden war 25 Sept*) und dem *Prediger closter* (Dominikanerkloster) rechts – sind um einen runden Tisch sitzende und stehende Personengruppen dargestellt, während drei Männer, eine Treppe heraufkommend, durch ein Portal schreiten. Zehn Personen sind mit arabischen Ziffern gekennzeichnet, die aber nicht erläutert werden. Offenbar handelt es sich um jene, deren Namen am Fuß dieser Szene in drei Kolumnen als Unterzeichner des Interimsrezesses genannt sind: die kaiserlichen Gesandten Dr. Isaak Volmar und Dr. Georg Ludwig Lindenspühr, die schwedischen Unterhändler Alexander Erskein und Benedikt Oxenstierna, sodann der kurmainzische Abgesandte Johann Philipp von Vorburg, der kurbayerische Franz Reijon und der bambergische Georg Heinrich von Künßberg sowie schließlich die Abgesandten von Sachsen-Altenburg, Wolfgang Konrad von Thumshirn, und den Reichsstädten Nürnberg und Frankfurt am Main, Tobias Oelhafen von Schöllenbach und Zacharias Stenglin. Zwei Gedichte *Was ist der Krieg?* und *Was ist der Friede?* schließen das im Riksarkivet Stockholm aufbewahrte Blatt ab.

IV.

Wie sehr der Nürnberger Exekutionstag der Jahre 1649/50 mit dem sogenannten „Friedensmahl" vom 5. Oktober 1649 identifiziert und diese Gleichsetzung weiter gepflegt wurde, verdeutlicht die Tatsache, daß noch im 18. Jahrhundert neue Graphiken von diesem Ereignis hergestellt wurden. Abgesehen davon, daß der Kupferstecher und Zeichner Johannes Wilhelm Stör – in Nürnberg in der Zeit von 1727 bis 1755 tätig – nach dem Vorbild des Wittigschen Gemäldes vom Volksfest, das sich zwischen Sebalduskirche und Rathaus während des Banketts entwickelte, einen Kupferstich geschaffen hat[63], stammt aus der Zeit um das Jahr 1735 ein weiterer Kupferstich, den Georg Daniel Heumann (1691–1759) nach dem vollendeten Gemälde Joachim Sandrarts – und dem Werk Kilians ähnelnd – geschaffen hat[64]. Er hat Eingang in Meierns Aktenpublikation gefunden, wo er zu Beginn des zweiten Teils eingefügt ist, während sich eine Darstellung der Straßenszene vor dem Rathaus im ersten Teil befindet, außerdem eine Feuerwerks-Darstellung ebenfalls im zweiten Teil[65].

Bisher weitgehend unbekannt geblieben ist allerdings ein Kupferstich aus dem Jahre 1848, von dem sich ein Exemplar im Germanischen Nationalmuseum, Nürn-

---

[62] Abbildung in: Duchhardt, Der Westfälische Friede (wie Anm. 22), S. 25; Erläuterungen ebd., S. 24, Nr. 14.

[63] Abbildung in: Schuhmann, „Der liebe Fried" (wie Anm. 21), S. 108, Nr. 242. – Zu Stör vgl. Ernst Sigismund, Stör, Johann Wilhelm, in: Thieme/Becker, Allgemeines Lexikon (wie Anm. 52) 32, Leipzig 1938, S. 91.

[64] Abbildungen in: Der Westfälische Frieden. Krieg und Frieden (wie Anm. 24), S. 231, Abb. 148.

[65] Meiern, Acta Pacis Executionis Publica, Bd. 2 (wie Anm. 6), vor S. 1, Bd. 1, zwischen S. 364 und 365, Bd. 2, zwischen S. 444 und 445.

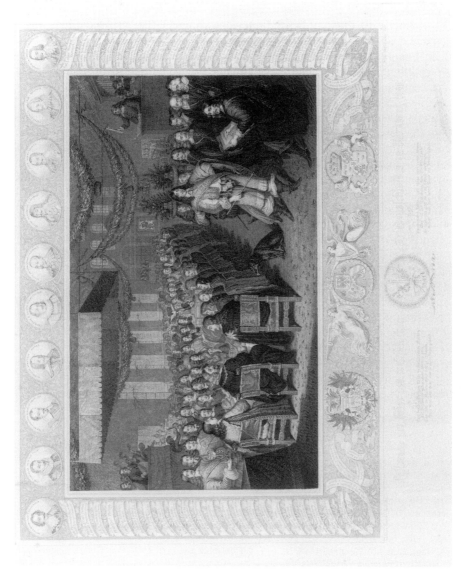

Kupferstich von Friedrich W. Wagner von 1848 nach Joachim Sandrart, Germanisches Nationalmuseum, Nürnberg: St.N. 4615, Kapsel 1030a.

berg, befindet. Er stammt von dem am 24. Mai 1803 in Nürnberg als Sohn eines Stadtgerichtssekretärs geborenen Friedrich W. Wagner[66], der Joachim Sandrarts damals fast 200 Jahre altes *Panquet Stuckh* noch einmal – in seiner Qualität sehr gelobt – reproduzierte, was er unten links auch vermerkte: *Joachim v. Sandrart pinxt. 1650*. Dazu gestaltete Wagner einen mit Blattwerk unterlegten, leichter gestochenen Rand als Rahmen, der Platz für beschriftete verschlungene Bänder, Medaillons sowie Wappen und Embleme bot[67].

Die linke und die rechte Seite dieses Rahmens sind mit den verschlungenen Bändern ausgefüllt, die die Namen derjenigen tragen, die – ohne daß sie dort über Ziffern oder Buchstaben zu identifizieren wären – an der Haupttafel des Bankettes sitzen: Links beginnt diese Folge von Namen mit dem kaiserlichen Vertreter Piccolomini und dem schwedischen Gastgeber Pfalzgraf Karl Gustav und endet im unteren Teil des Rahmens bei dem Schweinfurter Gesandten Johannes Höfel; rechts beginnt die Namenfolge mit Kurfürst Karl Ludwig von der Pfalz und dem kurmainzischen Gesandten Sebastian Wilhelm Meel und endet im unteren Teil des Rahmens beim Lindauer Gesandten Valentin Heider. Links bis zum Obristen Wolffsthal, rechts bis zum Generalmajor Goldstein folgen die Namenbänder in der Reihenfolge der beiden *Columnen*, die zum Sandrart-Gemälde gehören, aber Wagner ergänzte sie an beiden Seiten – das bürgerliche Element hervorhebend – um reichsstädtische Gesandte: links folgen auf Wolffsthal Johann Balthasar Schneider (Colmar), Nikolaus Lorenz Bremer (Speyer), Johann Jacob Frisch (Heilbronn), Elias Gumpelzheimer (Regensburg), Sebastian Otto (Ulm) und Johannes Höfel (Schweinfurt); rechts folgen auf Goldstein David Gloxin (Lübeck), Zacharias Stenglin (Frankfurt am Main), Christoph von Stetten (Augsburg), Wolf Jacob Sattler (Nördlingen), David Frisch (Rothenburg), Johann Philipp Schragmüller (Schwäbisch Hall), Johann Georg Maul (Dinkelsbühl), Johann Georg Roth (Weißenburg) und Valentin Heider (Lindau)[68]. Einige dieser Herren aus den Reichsstädten waren schon an der Unterzeichnung des Westfälischen Friedens, einige an der des Nürnberger Hauptrezesses vom 26. Juni 1650 beteiligt[69], aber es fällt auf, daß unter den zusätzlich zu den in den *Columnen* des Sandrartschen Gemäldes Genannten kein Nürnberger Vertreter ist.

---

[66] Vgl. zu ihm: Neues allgemeines Künstler-Lexicon oder Nachrichten von dem Leben und den Werken der Maler, Bildhauer, Baumeister, Kupferstecher [...], bearb. von G[eorg] C[aspar] Nagler, Bd. 21, München 1851, S. 55–59; Hyac. Holland, Wagner: Friedrich W., in: ADB 40, Leipzig 1896, S. 496f.; Thieme/Becker, Allgemeines Lexikon (wie Anm. 52) 35, Leipzig 1942, S. 33f.

[67] Germanisches Nationalmuseum, Nürnberg: St.N. 4615, Kapsel 1030a. – Zu Wagners Kupferstich siehe auch F[ranz] Kugler, Kupferstich. Festmahl zur Feier des westfälischen Friedensschlusses zu Nürnberg, 1649. – Joachim v. Sandrart pinxt. 1650. Friedrich Wagner sculpt. 1848, in: Kunstblatt, hg. v. Franz Kugler, 29. Jg., Stuttgart, Tübingen 1848, Nr. 61 (14. Dezember 1848), S. 243f.; Paul Kutter, Joachim von Sandrart als Künstler nebst Versuch eines Katalogs seiner noch vorhandenen Arbeiten (Studien zur deutschen Kunstgeschichte 83), Straßburg 1907, S. 101f.; Klemm, Joachim von Sandrart (wie Anm. 47), S. 191.

[68] Vgl. zu diesen Personen u.a. Duchhardt, Dethlefs und Queckenstedt, „...zu einem stets währenden Gedächtnis" (wie Anm. 22), S. 173–301.

[69] Vgl. das *Instrumentum Pacis Osnabrugensis* (wie Anm. 5), S. 163–170, und Neue und vollständigere Sammlung der Reichs-Abschiede (wie Anm. 2), Teil III, S. 635.

Die obere Seite des Rahmens gestaltete Wagner mit zehn runden Medaillons, auf denen unter Nennung ihrer Namen wichtige Persönlichkeiten aus Politik und Militär der Kriegszeit abgebildet sind. Die Mitte bilden – im Porträt einander zugewendet – Kaiser Ferdinand II. (1578–1637) und König Gustav II. Adolf von Schweden. Von diesem aus folgen nach rechts Herzog Bernhard von Weimar (1604–1639), Graf Axel Oxenstierna (1583–1654), Graf Peter Ernst von Mansfeld (1580–1626) und Leonhard Torstenson (1603–1651) sowie von Kaiser Ferdinand II. aus nach links Kurfürst Maximilian von Bayern (1573–1651), Albrecht von Wallenstein, Herzog von Friedland (1583–1634), Johann Tserclaes Graf von Tilly (1559–1632) und Gottfried Heinrich von Pappenheim (1594–1632). Sie alle, auch die drei im Jahre 1649 noch Lebenden, waren am Nürnberger Exekutionstag und am sogenannten „Friedensmahl" persönlich nicht beteiligt, auch nicht am Abschluß des Westfälischen Friedens, sieht man von der politischen Einflußnahme des bayerischen Kurfürsten ab. Aber alle zehn Herrscher, Politiker und Militärs haben das Geschehen des Dreißigjährigen Krieges zur Zeit ihres Wirkens maßgeblich geprägt und bilden somit auch einen Kontrast zu dem dem Frieden gewidmeten Zentrum des Kupferstichs.

Über die beiden Namenbänder wird auf der linken Seite die Verbindung von dem Medaillon Ferdinands II. als – was er nie war – *Kaiser der Deutschen* zum Wappen des – so zumindest mißverständlich bezeichneten – *Deutschen Reich[s]*, gehalten von zwei Adlern, auf dem unteren Rand des Kupferstichs hergestellt, bei dem es sich freilich nicht um das Wappen des erst 1871 gegründeten Deutschen Reiches handelt, sondern das des Heiligen Römischen Reiches Deutscher Nation. Über die rechte Seite verbindet das Namenband das Medaillon des Königs von Schweden mit seinem Wappen, präsentiert von zwei Löwen. Zwischen beiden Wappen halten zwei Engel, der eine mit Posaune, der andere mit Lorbeerkranz und Palmenzweig ausgestattet, ein von einem Eichenlaubkranz begrenztes Emblem mit dem Nürnberger Wappendreipaß bestehend aus dem Großen Stadtwappen mit Königskopfadler, dem Kleinen Stadtwappen mit gespaltenem Schild mit halbem Reichsadler und sich aus fünfmaliger Schrägrechtsstellung ergebenden sechs Feldern[70] sowie dem Reichswappen mit einköpfigem – statt dem doppelköpfigen – Adler; dazu ist die Jahreszahl *1648* gesetzt.

Nicht nur die Bezeichnung Ferdinands II. als *Kaiser der Deutschen* und des Heiligen Römischen Reiches als *Deutsches Reich*, sondern erst recht die unter dem aufwendig gestalteten Rahmen befindliche Bildunterschrift *Festmahl zur Feier des westfälischen Friedensschlusses zu Nürnberg 1649* rücken das Bild des sogenannten „Friedensmahles" in falsche historische Zusammenhänge. Denn das vom schwedischen Generalissimus gegebene Bankett war Ausdruck der Freude über den mühsam erreichten schwedisch-kaiserlichen Interimsrezeß vom 21. September 1649 und nicht vom Friedensschluß in Westfalen am 24. Oktober 1648 veranlaßt. Abgesehen davon war der frühneuzeitliche Kaiser – trotz ausbleibender Krönung durch den Papst von

---

[70] Siehe Artikel „Wappen und Siegel" in: Stadtlexikon Nürnberg (wie Anm. 3), S. 1157f.; siehe auch Günther Schuhmann, Nürnberger Wappen und Siegel, in: Nürnberg – Kaiser und Reich (Ausstellungskataloge der Staatlichen Archive Bayerns 20), München 1986, S. 155–162, nach S. 168.

Ferdinand I. (1503–1564) an[71] – stets der Römische Kaiser und das bis 1806 bestehende Alte Reich nie ein „Deutsches Reich" im nationalstaatlichen Verständnis. Wie in der Historiographie wird der Nürnberger Exekutionstag von 1649/50, dessen Bestandteil das sogenannte „Friedensmahl" war, ganz in den Schatten des Westfälischen Friedens gerückt und in seinem historischen Eigenwert ignoriert.

Diese in der Geschichtsschreibung bis in die zweite Hälfte des 20. Jahrhunderts vorherrschende Sichtweise, die frühneuzeitliche deutsche Geschichte als Nationalgeschichte mißzuverstehen, wird dann noch durch ein zweistrophiges Gedicht unterhalb der irreführenden Bildunterschrift bekräftigt:

Nach dreissigjähr'gem Krieg in Deutschlands Marken
Der Friede die geschlagnen Wunden heilt,
Doch statt im Innern Eins sich zu erstarken,
Ward mehr und mehr das deutsche Reich getheilt.

Zweihundert Jahre – und rings hört mans tönen:
Weg mit der Trennung! Nur Ein Vaterland!
So lasst uns jetzt die alte Schuld versöhnen,
Reicht euch zum neuen Bund die Bruderhand!

Diese Interpretation des Dreißigjährigen Krieges und des Westfälischen Friedens in Form politischer Lyrik entsprach zum Beispiel der August Friedrich Gfrörers (1803–1861), der 1845 in seiner Biographie Gustav Adolfs davon gesprochen hatte, daß der Krieg „zu Teutschlands" Verderben" endete und der Frieden von 1648 „Macht, Ehre, Einheit, Nationalität, Selbstbewußtseyn" gekostet habe: „Das Reich ward vom Kaiser losgetrennt, die Wechselwirkung zwischen Haupt und Gliedern in der Art unterbunden, daß kein allgemeines teutsches, sondern nur noch provinzielles Leben übrig blieb"[72]. Und Johann Gustav Droysen (1808–1886) verstand den Dreißigjährigen Krieg als „große deutsche Revolution", in der „das alte Deutschland für immer zu Grunde [ging]." Im Westfälischen Frieden sah er das Instrument, das dafür sorgte, „daß die deutschen Territorien zwischen Oestreich und Frankreich, Oestreich und Schweden lose, ohnmächtig, im Namen des Reichs formlos und unformbar blieben"[73].

---

[71] Vgl. dazu Helmut Neuhaus, Von Karl V. zu Ferdinand I. Herrschaftsübergang im Heiligen Römischen Reich 1555–1558, in: Recht und Reich im Zeitalter der Reformation. Festschrift für Horst Rabe, hg. v. Christine Roll unter Mitarbeit von Bettina Braun und Heide Stratenwerth, Frankfurt am Main 1996, S. 417–440.

[72] A[ugust] F[riedrich] Gfrörer, Gustav Adolph, König von Schweden und seine Zeit, Stuttgart ²1845, S. 1018f. (zuerst 1837); zu Gfrörer siehe: Thomas Brechenmacher, Großdeutsche Geschichtsschreibung im neunzehnten Jahrhundert. Die erste Generation (1830–48) (Berliner Historische Studien 22), Berlin 1996, S. 100–119 u.ö.

[73] Johann Gustav Droysen, Geschichte der Preußischen Politik, Teil 3: Der Staat des großen Kurfürsten, Abt. 1, Leipzig 1861, S. 3; Abt. 2, Leipzig 1863, S. 5. – In seinem 16. Vortrag vor König Maximilian II. Joseph von Bayern am 11. Oktober 1854 hat Leopold von Ranke (1795–1886) davon gesprochen, daß der Westfälische Frieden ein Tiefpunkt deutscher Geschichte gewesen sei, „das große Nationalunglück", das es mit sich brachte, „daß Deutschland blühende Provinzen verlor und dagegen verödete Landstriche zurückbehielt"; Leopold von Ranke, Über die Epochen der neueren Geschichte. Historisch-kritische Ausgabe, hg. v. Theodor Schieder, Helmut Berding (Leopold von Ranke, Aus Werk und Nachlaß 2), München, Wien 1971, S. 325 und 324. Siehe zum Gesamtzusammenhang auch: Bernd Schönemann, Die Rezeption des Westfälischen Friedens durch die deutsche Geschichtswissenschaft, in: Der Westfälische Friede (wie Anm. 8), S. 805–825.

Und von dem zweiten Vierzeiler aus wird die Brücke zur Gegenwart des Kupferstechers Friedrich Wagner geschlagen, die Brücke vom Jahr 1648 – nicht von 1649 oder 1650 aus – ins Jahr 1848, konkretisiert in einem direkt unter dem Nürnberger Wappendreipaß mit der Jahreszahl „1648" befindlichen Emblem, das in einem mit Strahlen hinterlegten Lorbeerkranz zwei aus seitlichen Wolken herausreichende Hände zeigt, die ein Passionskreuz mit davor gekreuzten Szepter und Lilie halten; über dem Kreuz schwebt ein Stern, zu seinen Füßen steht die Jahreszahl „1848".

Die sich verbindenden Hände symbolisieren nicht – wie es die Reproduktion des Sandrartschen Gemäldes und das Nebeneinander von kaiserlichen/reichischen und schwedischen „Helden" des Dreißigjährigen Krieges in den Medaillons nahelegen – eine deutsch-schwedische Aussöhnung, für die es 1848 keine Veranlassung gab[74]. Vielmehr unterstreichen sie das Verlangen nach deutscher Einheit, die der Kupferstecher in der sogenannten „Friedensmahl"-Szene im Nürnberger Rathaus am 5. Oktober 1649 verwirklicht sah.

Friedrich Wagner arbeitete nach Lehrjahren in Nürnberg, München und Paris seit den 1830er Jahren offensichtlich wieder in seiner Vaterstadt. In der Jahres-Chronik des Nürnberger Kunstvereins für das Jahr 1836 ist er als Mitglied aufgeführt[75], 1848/49 auch als Mitglied des Albrecht-Dürer-Vereins[76], von dem er verschiedene bedeutende Aufträge erhalten hat. Ob auch der Stich nach dem Sandrartschen *Friedens Banquet gemähl* eine solche Auftragsarbeit war, ist nicht zu klären, denn die Mitteilung im Rechenschaftsbericht für das Jahr 1848 führt unter den außerordentlichen Ausgaben zwar auf: *an Wagner, Kupferstecher, 400 fl[orin]*[77], aber es ist nicht festgehalten, wofür er diesen Betrag erhielt.

Wagners Kupferstich von 1848 ist eines der wenigen Dokumente, mit dem – wie problematisch auch immer – in Nürnberg (und in den Mitgliedsstaaten des Deutschen Bundes überhaupt) an den 200 Jahre alten Westfälischen Frieden erinnert wurde. Ganz offensichtlich verhinderten die in der Revolution von 1848/49 zusammengefaßten Ereignisse größere Erinnerungsaktivitäten[78]. Allerdings bildete die Stadt an der Pegnitz hier eine Ausnahme, die auch schon das einhundertjährige Bestehen des Westfälischen Friedens gefeiert hatte, indem sie am 8. Oktober 1748 aus damals noch gegebener reichsstädtischer Machtvollkommenheit für den 20. Oktober 1748 ein *Gedächtnus = und Dank = Fest in der Stadt und auf dem Land des Nürnbergischen*

---

[74] Der Malmöer Waffenstillstand vom 26. August 1848 betraf im Kontext der Schleswig-Holstein-Frage Dänemark und Preußen.

[75] Stadtarchiv Nürnberg (StadtAN), E6 / 132, Nr. 58: Jahres-Chronik des Nürnberger Kunstvereins für 1836, S. 42.

[76] StadtAN, E6 / 132, Nr. 58: Rechenschaftsbericht des Albrecht-Dürer-Vereins für das Jahr 1848, Nürnberg 1849, S. 15.

[77] Ebd., S. 7. Nach Karl Heideloff, Die Feier des westphälischen Friedensschlusses in Nürnberg, in: Der Korrespondent von und für Deutschland, Nr. 25, S. 147f., vom 25. Januar 1848, hatte Wagner schon 1845 die Zeichnung zu seinem Kupferstich vorgelegt, die im „Korrespondenten" *rühmende* Erwähnung fand; ebd., S. 148.

[78] Vgl. die Übersicht zur Jubiläumsliteratur zum Jahr 1848 in: Bibliographie zum Westfälischen Frieden, hg. v. Heinz Duchhardt, bearb. von Eva Ortlieb, Matthias Schnettger (Schriftenreihe der Vereinigung zur Erforschungen der Neueren Geschichte 26), Münster 1996, S. 185f.

Gebiets nebst dem Dank=Gebet angeordnet hatte[79]. Aus demselben Anlaß waren Erinnerungsmedaillen von Peter Paul Werner und – zugleich auf den Aachener Frieden vom 18. Oktober 1748 zur Beendigung des Österreichischen Erbfolgekrieges Bezug nehmend – von Andreas Vestner geprägt worden[80]. Mit Blick auf das zweihundertjährige Bestehen des Westfälischen Friedens hatte im Dezember 1847 der Hauptprediger an St. Sebald und lutherische Dekan in Nürnberg, Karl Christian Christoph Fikenscher (1798–1857), gegenüber dem Nürnberger Magistrat angeregt, im gesamten Königreich Bayern im Jahre 1848 *ein kirchlich bürgerliches Friedensfest* zu feiern und *einen Friedenscongreß der vornehmsten deutschen Nation zur Ausgleichung der gegenwärtigen religiösen und politischen Wirren in Deutschland* zu veranstalten. Fikenscher war geleitet von den Erkenntnissen, daß der Westfälische Frieden *seit zwei Jahrhunderten die kirchlichen und politischen Angelegenheiten in Deutschland bleibend geordnet* und daß *die Deutschen* erkannt hätten, *was aus Mangel an Eintracht und durch fremde Einmischung für das Ganze entsteht*, weswegen *die Stärkung des Nationalgefühls einer Wiederkehr des Friedensfestes* bedürfe. Zwar hat der Nürnberger Magistrat diesen Vorschlag am 30. Dezember 1847 befürwortend an König Ludwig I. (1786–1868) weitergeleitet, aber in München wurde er in höchst prekärer politischer Situation am 1. Februar 1848 abgelehnt; am 20. März 1848 dankte der Monarch zu Gunsten seines Sohnes Maximilian II. Joseph (1811–1864) ab[81].

Fikenschers Wunsch, daß sich bei Durchführung des von ihm vorgeschlagenen *Friedenscongre[sses] [...] die Blicke aller edlen deutschen Fürsten auf unsere ehrwürdige Friedensstadt* richten würden[82], erfüllte sich zwar nicht, aber am 29. Oktober 1848 fand in der Nürnberger Kapelle St. Peter „eine würdige Gedächtnißfeier der Reformation und des Westphälischen Friedens" statt, in der Pfarrer Konrad Rüdel auch anmerkte, daß eine größere 200-Jahr-Feier *durch die gewaltigen Bewegungen unserer Tage vereitelt* worden sei. Diese Predigt ist als Zeitdokument erhalten[83].

---

[79] Vgl. dazu Eines Hoch=Edlen und Hochweisen Raths der Stadt Nürnberg Verkündung des auf den 20. Octobr[is] dieses 1748ten Jahrs angeordneten Einhundert jährigen Westphälischen Friedens Gedächtnus= und Dank=Festes in der Stadt und auf dem Land des Nürnbergischen Gebiets nebst dem Dank=Gebet, in: StadtAN: Mandate, 1748 Oktober 8.

[80] Vgl. dazu: Der Westfälische Frieden. Die Friedensfreude auf Münzen und Medaillen. Vollständiger beschreibender Katalog, hg. v. Hans Galen, bearb. von Gerd Dethlefs, Karl Ordelheide, Greven 1987, Nr. 257 und 258, S. 246f.

[81] Charlotte Bühl, Revolution, Demokratie, Reichsbewußtsein – Nürnberg 1848/49, in: MVGN 85, 1998, S. 185–277; Zitate ebd., S. 185. Vgl. zum Gesamtzusammenhang: Werner K. Blessing, Der Schein der Provinzialität: Nürnberg im 19. Jahrhundert, in: Nürnberg, hg. v. Neuhaus (wie Anm. 3), S. 69–103, hier insbes. S. 80–90; siehe auch Rudolf Endres, Martina Fleischmann, Nürnbergs Weg in die Moderne. Wirtschaft, Politik und Gesellschaft im 19. und 20. Jahrhundert, hg. v. der Stadtsparkasse Nürnberg, Nürnberg 1996, S. 58–60; Heinz Gollwitzer, Ludwig I. von Bayern. Königtum im Vormärz. Eine politische Biographie, München ²1987, S. 706–720.

[82] Bühl, Revolution (wie Anm. 81), S. 185.

[83] Konrad Rüdel, Die würdige Gedächtnißfeier der Reformation und des Westphälischen Friedens. Predigt über Jesaias 45, 19–24 am Feste der Reformation und des Jubiläums des westphälischen Friedens, den 29. Okt. 1848 gehalten, Nürnberg 1848; ebd., S. 3, das Zitat. – Siehe auch Heinz Duchhardt, Das Feiern des Friedens. Der Westfälische Friede im kollektiven Gedächtnis der Friedensstadt Münster (Kleine Schriften aus dem Stadtarchiv Münster 1), Münster 1997, S. 51–53.

Vom Nürnberger Pfarrer bei St. Peter, Konrad Rüdel, der 1850 III. Pfarrer an St. Lorenz in Nürnberg wurde[84], stammt außerdem aus dem Jahr 1848 eine kurze, aus 14 Abschnitten und zwei Textanhängen (Augsburger Religionsfriede, Osnabrücker Friedensvertrag) bestehende Geschichte des Westfälischen Friedens[85], die sich Meierns Aktenpublikation von 1734 bis 1736 verpflichtet weiß und sich auf die Behandlung der *religiösen und kirchlichen Rechte* aus prononciert lutherischer Sicht beschränkt[86]. Darin bekannte sich der Verfasser dazu, daß es der Westfälische Frieden *wegen seiner hohen Bedeutung und fortdauernden Geltung wohl werth* sei, *daß wir dessen 200jähriges Gedächtniß festlich begehen*. Und er fuhr fort: *Zu einer gemeinsamen Feier, an der Einzelne aus allen Gauen Deutschlands theilnehmen sollten, würde sich nicht leicht ein anderer Ort so gut eignen als Nürnberg, diese altehrwürdige Stadt, fast in der Mitte des Gesammt=Vaterlandes gelegen, die in den großen Tagen der Reformation mit unter den Ersten vorangieng […]. Auch daß hier der Friedens=Vollzugs=Congreß abgehalten wurde, und die Feier in demselben Saal stattfinden könnte, in welchem die Gesandten über die Ausführung der Friedensbestimmungen verhandelten, dürfte Nürnberg zum Mittelpunkt der Friedens=Säcularfeier empfehlen*[87]. Und auch über den Termin einer solchen Feier hatte Rüdel klare Vorstellungen: *Als Haupttag des Freudenfestes müßte der 24. Oktober dieses Jahres genommen werden, da der Friede an diesem Tage […] unterzeichnet wurde.* Für die kirchliche Feier kam nach seiner Auffassung – zumal nahe am Reformationstag – auch der *nächstfolgende Sonntag der 29. Oktober* in Frage[88], an dem der Pfarrer dann in St. Peter predigte[89].

In diesem geistigen Umfeld ist Friedrich Wagners Kupferstich, „eine meisterliche Reproduction von Sandrart's ‚Friedensfeier 1649'"[90], im Jahre 1848 entstanden. Dazu gehörte auch Hans Freiherr von Aufseß (1801–1872), der mit der dann 1852 erfolgten Gründung des Germanischen Nationalmuseums in Nürnberg befaßt war[91] und die Pegnitz-Stadt auch als Hauptstadt eines geeinten Deutschlands favorisierte. In einer anonym erschienenen achtseitigen Schrift *Patriotische Fragen an Deutschlands Reichs- und Bundestag zu Frankfurt*, erschienen 1848 bei Georg Franz in München, erörterte er erstens die Frage, *Wer soll Kaiser seyn?*, und zweitens die Frage, *Wo soll der Deutschen Kaiser wohnen und Reichstag halten?*[92] Seine Antwort fiel ganz eindeutig zu Gunsten Nürnbergs – und gegen Frankfurt am Main, Regensburg und Bamberg – aus, nicht nur weil diese Stadt seit dem 11. Jahrhundert *Hauptsitz der Kaiser*

---

[84] Konrad Rüdel, Lasset euch versöhnen mit Gott. Antritts-Predigt über 2. Korinther 5, 19. u. 20. gehalten am Sonntag Rogate, den 5. Mai 1850. Nebst der Einführungsrede des Herrn Kirchenraths und Dekans Dr. Karl Fikenscher, Nürnberg 1850.
[85] Konrad Rüdel, Der Westphälische Friede. Eine Festgabe zur zweiten Säkularfeier desselben für das deutsche Volk evangelischen Bekenntnisses, Nürnberg 1848.
[86] So der Verfasser in seinem am 18. Februar 1848 geschriebenen Vorwort, ebd., S. III.
[87] Ebd., S. 50, 50f.
[88] Ebd., S. 51.
[89] Siehe Anm. 83.
[90] Holland, Wagner (wie Anm. 66), S. 497.
[91] Hier sei nur verwiesen auf: Das Germanische Nationalmuseum Nürnberg 1852–1977. Beiträge zu seiner Geschichte, hg. v. Bernward Deneke, Rainer Kahsnitz, München-Berlin 1978.
[92] [Hans Freiherr von Aufseß,] Patriotische Fragen an Deutschlands Reichs- und Bundestag zu Frankfurt, München 1848, S. 3–6, 7f.

war, sondern auch weil sie *die größte, volkreichste und in vieler Beziehung wichtigste Stadt Mitteldeutschlands* sei, *ausgezeichnet durch Kunstfleiß und Industrie einer wohlhabenden, ebenso freisinnigen als ordnungsliebenden Bürgerschaft*[93]. Und Aufseß wünschte sich *ein merkwürdig schönes Zusammentreffen, wenn die Reichskleinodien wieder an ihre alte Stelle zu Nürnberg, wo sie bis zur Auflösung des deutschen Reiches waren, kämen, und das große Friedensmahl des 19. Jahrhunderts da gefeiert würde, wo vor 200 Jahren das große Mahl zu Ehren des westfälischen Friedens gehalten worden sei*[94].

Und zu diesem Nürnberger Umfeld Friedrich Wagners gehörte der Denkmalpfleger, Maler, Radierer und Architekt Karl Alexander Heideloff (1788–1865)[95]. Er hatte – wohl angesichts eines *Probedrucks* von Wagners Graphik, *des Künstlers größte Lobeserhebung*[96] – sich am 25. Januar 1848 in gleicher Weise unter der Überschrift *Die Feier des westphälischen Friedensschlusses in Nürnberg* unter den *Nichtpolitische[n] Nachrichten* in „Der Korrespondent von und für Deutschland" geäußert: *Schon wird von vielen Seiten nah und ferne vernommen, daß dieses welthistorische Ereigniß durch eine Jubelfeier bezeichnet werden soll, bei der ein Vergleich jener unheilvollen Zeit mit der unsrigen an seiner Stelle seyn dürfte.* Und er meinte, daß *in ganz Deutschland Nürnberg der geeignetste Ort seyn [dürfte], an dem eine solche Feier würdig und wirkend begangen werden könnte, denn in dieser Stadt war es, wo ein Jahr später, am 25. Septbr. 1649, die Exekutions=Rezesse geschlossen wurden, wobei der vollständige Friedensschluß in einer Zusammenkunft vieler Fürsten und der Abgeordneten von mehr als fünfzig Ländern und Städten in einem gemeinschaftlichen Friedensmahle gleichsam die symbolische Weihe erhielt. Wie damals, sollten auch jetzt am 25. Septbr. 1848 alle diese Länder und Städte eingeladen werden, Abgeordnete zu senden, und hier in demselben Lokale, in dem sich vor zweihundert Jahren Männer des Schwertes und der Feder nach langem Zwist versöhnt umarmten, in dem großen Rathhaussaale, der unverändert geblieben ist, wie er vor zweihundert Jahren war, sollten diese Repräsentanten der Jetztzeit sich zu einem Erinnerungsfeste jener trüben Vergangenheit versammeln und in der freundlicheren Gegenwart beim frohen Mahle das erhebende Bild eines einigen starken Deutschlands vorführen*[97].

Für seine Reproduktion des Sandrartschen „Friedensmahl"-Gemäldes wurde Friedrich Wagner bezeichnenderweise vom preußischen König Friedrich Wilhelm IV. (1795–1861), der es am 3. April 1849 ablehnte, „Kaiser der Deutschen" – wie Kaiser Ferdinand II. im Wagnerschen Stich benannt wurde – zu werden[98], und vom schwedi-

---

[93] Ebd., S. 7, 7f.
[94] Ebd., S. 8. – Zu Aufseß vgl. Artikel in: Stadtlexikon Nürnberg (wie Anm. 3), S. 88f.
[95] Zu Heideloff vgl. Artikel in: Stadtlexikon Nürnberg (wie Anm. 3), S. 428.
[96] Heideloff, Feier (wie Anm. 77), S. 148.
[97] Ebd., S. 147.
[98] Vgl. zur Ablehnung der Kaiserkrone durch Friedrich Wilhelm IV.: Vom Deutschen Bund zum Kaiserreich 1815–1871, hg. v. Wolfgang Hardtwig, Helmut Hinze (Deutsche Geschichte in Quellen und Darstellung 7), Stuttgart 1997, Nr. 80, S. 332–334; insgesamt wichtig: Frank-Lothar Kroll, Friedrich Wilhelm IV. und das Staatsdenken der deutschen Romantik (Einzelveröffentlichung der Historischen Kommission zu Berlin 72), Berlin 1990, insbes. S. 108–142. Siehe auch z.B. die Abbildungen eines Doppelguldens mit der Aufschrift „Kaiser der Deutschen" und dem doppelköpfigen Reichsadler zur Wahl Friedrich

schen König Oscar I. (1799–1859)[99] sowie von Großherzog Karl Friedrich von Sachsen-Weimar (1783–1853) mit goldenen Medaillen geehrt[100]. Er hatte, indem er Nürnberger Exekutionstag von 1649/50 und Westfälischen Frieden aufs engste miteinander verband und im Sinne seines Verständnisses von deutscher Einheit und deutschem Nationalstaat in der Revolution von 1848/49 politisch instrumentalisierte, das Thema seiner Zeit erfaßt und gleichsam von der westfälischen Bischofsstadt über den Nürnberger Rathaussaal den Bogen in die Frankfurter Paulskirche gespannt. Aber die Revolution von 1848/49 brachte nicht die deutsche Einheit. Anders als Jonas Suyderhoefs Kupferstich nach dem Gemälde ter Borchs von der Beschwörung des ersten Westfälischen Friedens am 15. Mai 1648, der als Dokumentation der „Geburtsstunde" der niederländischen Republik eine breite Wirkung entfaltete[101], konnte Sandrarts Nürnberger „Friedensmahl"-Szene vom 5. Oktober 1649 – bei allen historischen Uminterpretationen und Mißverständnissen – über Wagners Graphik nicht zum Bilddokument der Geburtsstunde des deutschen Nationalstaates werden, auch nicht in Ermangelung eines Bildes von Unterzeichnung oder Ratifikation der westfälischen Friedensinstrumente vom 24. Oktober 1648 beziehungsweise 18. Februar 1649 in Münster.

Wilhelms IV. zum Kaiser der Deutschen von 1849, in: 1848. Aufbruch zur Freiheit. Eine Ausstellung des Deutschen Historischen Museums und der Schirn Kunsthalle Frankfurt zum 150jährigen Jubiläum der Revolution von 1848/49, hg. v. Lothar Gall, Berlin 1998, Nr. 581, S. 381.

[99] Hier sei lediglich verwiesen auf Walther Hubatsch, Die skandinavischen Staaten 1772–1864, in: Europa von der Französischen Revolution zu den nationalstaatlichen Bewegungen des 19. Jahrhunderts, hg. v. Walter Bußmann (Handbuch der europäischen Geschichte 5), Stuttgart 1981, S. 746–777, insbes. S. 764f.; Jörg-Peter Findeisen, Schweden. Von den Anfängen bis zur Gegenwart, Regensburg 1997, S. 192f.

[100] Holland, Wagner (wie Anm. 66), S. 497.

[101] Von teutscher Not (wie Anm. 21), S. 16, Abb. 2, S. 17; Gerd Dethlefs, Bilder zum Frieden von Münster, in: Der Frieden von Münster (wie Anm. 36), S. 50–70, hier vor allem S. 50–54; siehe auch Johannes Arndt, Der Frieden von Münster zwischen dem König von Spanien und der Republik der Vereinigten Niederlande 1648, in: ebd., S. 12–43; Mechthild Beilmann, Die Zurückhaltung des Genres. Der Krieg in der Kunst der Republik, in: Krieg und Kultur. Die Rezeption von Krieg und Frieden in der Niederländischen Republik und im Deutschen Reich 1568–1648, hg. v. Horst Lademacher, Simon Groenveld, Münster u.a. 1998, S. 257–303, hier S. 276f.

Gerhard Rechter

Zum Plan eines reichsritterschaftlichen Konsistoriums in Franken

Die konfessionelle Haltung der fränkischen Reichsritterschaft steht schon seit geraumer Zeit im Blickpunkt der Adelsforschung[1] und gehört mithin auch zum Arbeitsbereich von Rudolf Endres[2]. Der sich seit den 1520er Jahren in sechs Ritterkantonen formierende fränkische Adel schloß sich weitgehend der neuen Lehre Martin Luthers an und führte in seinen Patronatspfarreien die Reformation durch[3]. Damit entfiel aber der ehemals zuständige Diözesanbischof als Disziplinarstelle für die Geistlichkeit und als Instanz geistlicher Gerichtsbarkeit, weshalb in der Frage des Kirchenregiments quasi ein Vakuum entstanden war. Dieses konnte aber keineswegs durch das (mit mehreren Vorstufen) 1580 in Ansbach eingerichtete markgräfliche Konsistorium gefüllt werden[4], da dessen Eingreifen die reichsritterschaftliche Unabhängigkeit entgegenstand.

1648 hatte der Westfälische Friede erstmals in Art. V § 30 auch für die Reichsritter ausdrücklich das Jus Reformandi als „ein der Territorialhoheit anhängiges Recht" anerkannt[5]. Die damit eigentlich unstrittig ausübbare Kirchenherrschaft über die Patronatspfarreien mußte aber auch die Frage der Einrichtung einer entsprechenden „Fachbehörde" aufwerfen. Bei Zuständigkeit und Bedeutung traten neben die prakti-

---

[1] Vgl. Erwin Riedenauer, Reichsritterschaft und Konfession. Ein Diskussionsbeitrag zum Thema „Adel und Konfession", in: Deutscher Adel 1555–1740. Büdinger Vorträge 1964, hg. v. Hellmuth Rössler (Schriften zur Problematik der Deutschen Führungsschichten in der Neuzeit II), Darmstadt 1965, S. 1–63; Volker Press, Adel, Reich und Reformation, in: Stadtbürgertum und Adel in der Reformation in England und Deutschland, hg. v. Wolfgang J. Mommsen in Verbindung mit Peter Alter und Robert W. Scribner (Veröffentlichungen des Deutschen Historischen Instituts London 5), Stuttgart 1979, S. 330–383.

[2] Vgl. dazu Rudolf Endres, Die voigtländische Ritterschaft, in: Adel in der Frühneuzeit. Ein regionaler Vergleich, hg. v. Rudolf Endres (Bayreuther Historische Kolloquien 5), Bayreuth 1991, S. 55–72, hier S. 66; ders., Die Reichsritterschaft – die voigtländische Ritterschaft, in: Max Spindler (u. a.), Handbuch der Bayerischen Geschichte III/1, Franken, Schwaben, Oberpfalz bis zum Ausgang des 18. Jahrhunderts, 3., neu bearbeitete Auflage, hg. v. Andreas Kraus, München 1997, S. 739–750.

[3] Vgl. Peter Leisching, Patronat, in: Handwörterbuch zur deutschen Rechtsgeschichte (HRG) 3, Berlin 1984, Sp. 1558–1564; Alfons Väth, Patronat, in Lexikon für Theologie und Kirche 8, hg. v. Michael Buchberger, Freiburg -1936, S. 6–10; Christoph Bauer, Reichsritterschaft in Franken, in: Die Territorien des Reichs im Zeitalter der Reformation und Konfessionalisierung 4, hg. v. Anton Schindling und Walter Ziegler (Katholisches Leben und Kirchenreform im Zeitalter der Glaubensspaltung 52), Münster 1992, S. 182–213. Dazu demnächst auch: Dieter J. Weiß, Anspruch und Praxis von Pfarrei, Patronat und Kirchenhoheit in Franken. Diözese und Hochstift Bamberg. Herrn Dr. Dr. habil. Dieter J. Weiß sei hier herzlich für die Überlassung des Manuskripts gedankt.

[4] Bereits 1533 wurden in Brandenburg-Ansbach einige Geistliche als „Verordnete Examinatoren" zur Prüfung neu anzustellender Geistlicher und sonstiger Aufsicht über Lehre und Lebenswandel eingestellt, seit 1556 bestand ein Konsistorium als Ehegericht. Matthias Simon, Die evangelische Kirche (Historischer Atlas von Bayern. Kirchliche Organisation, 1. Teil), München 1960, S. 19–24, hier S. 22.

[5] Klaus Schlaich, Jus reformandi, in: HRG 2, Berlin 1978, Sp. 498–502, Zitat Sp. 500; Anton Schindling, Westfälischer Frieden, in: HRG 5, Berlin 1998, Sp. 1302–1307; vgl. Anton Schindling, Andersgläubige Nachbarn. Mehrkonfessionalität und Parität in Territorien und Städten des Reichs, in: 1648. Krieg und Frieden in Europa, Textband I: Politik, Religion, Recht und Gesellschaft, hg. v. Klaus Bußmann, Heinz Schilling, Münster 1998, S. 465–473.

schen Fragen der Abnahme des Pfarrerexamens und des Disziplinarrechtes für die Geistlichkeit sowie von Regelungen des Eherechts für die Pfarrkinder territorial- und standesrechtliche Gesichtspunkte. Dabei müssen die dann im 18. Jahrhundert in einzelnen Adelsherrschaften eingerichteten Konsistorien auch vor dem Hintergrund des ritterschaftlichen Selbstverständnisses gesehen werden[6].

Freilich mußte sich hinter der Bezeichnung Konsistorium nicht immer eine Behörde verbergen, denn zuweilen wurden auch die zur Examinierung eines anzustellenden Geistlichen ad hoc zusammengerufenen Kollegien so benannt[7]. Diese bestanden in der Regel nur aus dem herrschaftlichen Amtmann und einem oder mehreren Geistlichen aus einer anderen Patronatspfarrei oder einer Nachbarpfarrei. So wurden in das vom Patronatsherrn Christoph Friedrich von Seckendorff-Aberdar[8] zum Examen und zur Ordination des für Weingartsgreuth vorgesehenen Kandidaten Johann Ernst Meichsner[9] 1758 eingesetzte Kollegium neben dem Sugenheimer Amtmann Johann Friedrich Büttner noch die seckendorffischen Pfarrer von Deutenheim, Ezelheim, Langenfeld und Sugenheim berufen[10]. Das im Amtshaus zu Sugenheim abgehaltene (und von Meichsner mit *Zufriedenheit* bestandene) Examen wurde vom Patronatsherrn nicht allein mit Interesse begleitet. Der studierte, hochgebildete und fromme Seckendorff stellte auch vier vom Pfarrer Jakob Johann Christian Weth vorzutragende und vom Kandidaten abzuhandelnde Thesen[11], legte mithin die Meßlatte für die Qualitätsprüfung mit auf. Christoph Friedrich war eben einer, der die von seinem Vetter Veit Ludwig von Seckendorff-Gutend im „Christen-Staat" geforderte Verantwortung der Obrigkeit für die Verbesserung des geistlichen Standes, als Grundbedingung für eine christliche Lebensführung der Untertanen, ernst nahm[12].

Zuweilen ließ eine Herrschaft ihren neuangehenden Prediger auch vom Konsistorium einer benachbarten Reichsstadt examinieren, wie Wolf von Crailsheim zu Altenschönbach[13] 1697 den Kandidaten Adam Schuster[14] in Schweinfurt. Die dabei anfallenden Gebühren für Examination, Ordination und Erteilung des *Testimonii* waren

---

[6] Simon, Kirche (wie Anm. 4), S. 24. Vgl. dazu demnächst Gerhard Rechter, Schein und Sein niederadeliger Herrschaftsansprüche in Franken. Das Beispiel Seckendorff (im Druck).

[7] Vgl. dazu Staatsarchiv Nürnberg (StAN), Archive der Familienstiftung von Crailsheim, Zentralarchiv und Herrschaft Rügland, Bände, Nr. 137, Prod. 1.

[8] Gerhard Rechter, Die Seckendorff. Quellen und Studien zur Genealogie und Besitzgeschichte. Die Linien Aberdar und Hörauf (VGffG IX/36,3), Neustadt a. d. Aisch 1997, S. 189–200; ders., Christoph Friedrich von Seckendorff-Aberdar (1679–1759), in: Fränkische Lebensbilder XVIII (VGffG VIIA/18), Neustadt a. d. Aisch 2000, S. 137–153.

[9] Wilhelm Dannheimer, Wilhelm Zahn, Georg Kuhr (Bearb.), Ritterschaftliches Pfarrerbuch Franken (Einzelarbeiten aus der Kirchengeschichte Bayerns 15), Neustadt a. d. Aisch 1979, S. 211.

[10] StAN, Herrschaft Sugenheim, Akten, Nr. 173; zu den Pfarrern vgl. Ritterschaftliches Pfarrerbuch (wie Anm. 9), S. 396, 404f., 438 und 486.

[11] StAN, Herrschaft Sugenheim, Akten, Nr. 173: *1. Quae sint notae et characteres verae religionis? 2. Num Sacra Scripture instrumentum vel medium salutis diciqueat et quo sensu? 3. An notitia die revelata et naturalis inter se pugnent? 4. An bona opera ad salutem necessaria?*

[12] Herrn Veit Ludwigs von Seckendorff Christen-Stat, in drey Bücher abgetheilet, 1. Auflage Leipzig 1685, (eingesehen wurde die 1716 bei Thomas Fritsch, Leipzig, erschienene Ausgabe), 3. Buch.

[13] Vgl. Sigmund von Crailsheim, Die Reichsfreiherrn von Crailsheim, I. Band, München 1905, S. 151–158.

[14] Ritterschaftliches Pfarrerbuch (wie Anm. 9), S. 304; StAN, Archive der Familienstiftung von Crailsheim, Zentralarchiv und Herrschaft Rügland, Bände, Nr. 137, Prod. 1.

mit einer Höhe von 8 Reichstalern 9 Batzen wohl günstig[15]. Allerdings hatte sich die Kommission ihre Arbeit auch nicht allzu schwer gemacht, denn obwohl der Kandidat in *Latinitates schlecht, in Hebraicis et Graecis fast allerdings rohe zu seyn befunden* und vor der Ablegung der Probepredigt unter fadenscheinigen Entschuldigungen abgereist war, konnte er unter dem 13. August 1697 in Altenschönbach sein Zeugnis über das bestandene Examen vorlegen[16]. Ohne mit einem eigenen Vertreter im Prüfungsausschuß vertreten zu sein, hatte eine Gutsherrschaft eben kaum Möglichkeiten, die theologischen Qualitäten anzustellender Pfarrer mitzubestimmen.

Dagegen wurden disziplinarische Schwierigkeiten mit den Geistlichen wie auch Ehefragen der Untertanen in den crailsheimschen und seckendorffischen Herrschaften offenbar nie an Konsistorien anderer Herrschaften abgegeben, sondern von den zuständigen Amtleuten und Pfarrern intern geregelt[17]. Die Herren von Crailsheim stützten sich dabei vor allem auf ihren Familienkonsulenten in Ansbach, dem nicht zuletzt auf Grund der 1702 eingerichteten Crafft-von-Crailsheimschen-Stiftung mit ihrer fideikommissarischen Bindung verschiedener Familiengüter immer stärker die Stellung einer „Zentralverwaltung" zufiel[18]. Diese Möglichkeit war den der Tradition individuellen Güterbesitzes verhafteten anderen Familien der fränkischen Reichsritterschaft versperrt, der jeweilige Gutsinhaber mußte sich in der Regel allein um Problemlösungen kümmern. Im Gegensatz zu auftretenden Fragen des Familien- und Besitzrechts konnte ihm dabei mangels Kompetenz auch sein Ritterkanton nicht helfen[19].

Christoph Sigmund von Seckendorff-Aberdar, Herr auf Unternzenn, Egenhausen und Sugenheim[20], war schon in den 1680er Jahren, vielleicht auf Grund der Anregungen seines Vetters Veit Ludwig von Seckendorff-Gutend im „Christen-Staat"[21], offensichtlich bestrebt, das Kirchenregiment in seinen Patronatspfarreien Egenhausen und Sugenheim zu straffen[22]. In diesem Zusammenhang entstand wohl auch das *Projekt einer Consistorial Ordnung für etliche der Freyen Fränckischen Ritterschafft, welche*

---

[15] Ebd. Aufteilung: 2 Reichstaler für den Oberpfarrer, je 1 Reichstaler für die drei Geistlichen des Ministeriums, je $^1/_2$ Reichstaler für die beiden Geistlichen vom Lande, je 1 Reichstaler für jeden der beiden Scholarchen als Vertretern des Rates und 9 Batzen für das Zeugnis.

[16] Ebd.

[17] Herangezogen wurden: StAN, Archive der Familienstiftung von Crailsheim (Depot), Zentralarchiv und Herrschaft Rügland sowie die Herrschaften Fröhstockheim, Hornberg, Morstein, Neuhaus, Sommersdorf-Thann. Für von Seckendorff: StAN, Herrschaft Sugenheim; Archive der Grafen und Freiherren von Seckendorff, Obernzenn, Blaues Schloß: Herrschaft Obernzenn, Blaues Schloß; Herrschaft Obernzenn, Rotes Schloß sowie Reichsfreiherrliches Archiv Unternzenn, Herrschaft Unternzenn. Dem Grafen Rainer von Seckendorff-Aberdar sei hier stellvertretend für alle Archiveigner für die Erlaubnis zur Einsichtnahme herzlich gedankt.

[18] Vgl. dazu Gerhard Rechter, Die Freiherrlich von Crailsheimischen Archive im Staatsarchiv Nürnberg, in: Mitteilungen für die Archivpflege in Bayern 31, 1989, S. 9–24; von Crailsheim, Reichsfreiherrn (wie Anm. 13), S. 94f.

[19] So findet sich in der materialreichen Darstellung zum Ort Steigerwald kein Hinweis auf Überlegungen zur Einrichtung eines Konsistoriums; Hartmann von Mauchenheim genannt Bechtolsheim, Reichsritterschaft Ort Steigerwald (VGffG IX/31), Würzburg 1971, S. 456–474.

[20] Rechter, Seckendorff (wie Anm. 8), S. 160–168.

[21] Wie Anm. 12; vgl. Gerhard Rechter, Veit Ludwig von Seckendorff-Gutend (1626–1692), in: Fränkische Lebensbilder XV (VGffG VIIA), Neustadt a. d. Aisch 1986, S. 104–133, v. a. S. 120f.

[22] StAN, Herrschaft Sugenheim, Akten, Nr. 145 Prod. 48.

dißfalls sich zu vereinigen gemeinet sind, das im Juli 1688 niedergelegt wurde[23]. Die ausgearbeitete Ordnung zeugt von tiefergehenden Überlegungen, doch konnten weitere Quellen hierzu nicht ermittelt werden[24].

In einem umfangreichen Schriftsatz legte der unbekannte Verfasser, den wir wohl in den Reihen der steigerwaldschen Ortskonsulenten suchen müssen, seiner Herrschaft den Entwurf einer Konsistorialordnung vor, die im Sinne des Christenstaats die auf der Confessio Augustana begründete lutherische Haltung ebenso betont wie die Verpflichtung christlicher Regenten für die christliche Lebensführung der Untertanen und auch die praktischen Aufgaben der neuen Fachbehörde wie ihre personelle Ausstattung festlegte. Die Orientierung der neuen Ordnung an der im Fürstentum Brandenburg-Ansbach gültigen wurde nicht verleugnet, doch personell hielt man das Fürstentum lieber draußen: Konnte aus dem ritterschaftlichen Pfarrer- oder Beamtenstamm kein brauchbarer Kandidat gefunden werden, so sollte einer aus einer *nicht fern gelegenen* Reichsstadt genommen werden. Breiten Raum nahm ferner das im Plenum abzunehmende Prüfungsverfahren für die Pfarreramtsanwärter ein, wobei bereits amtierende Geistliche neben Nachweis von Vocation und Konfirmation gemäß dem evangelischen Brauch nicht erneut ordiniert wurden, sondern nur ein *Zeugnus de vita et moribus zu exhibieren* und Kenntnisse der Glaubensinhalte wie Predigtgeschick nachzuweisen hatten[25]. Bei Dienstanfängern nahm das Konsistorium nach Abschluß der Prüfung die Ordination vor, während die Bestallung (Konfirmation), wie bereits die Vocation, allein Sache der zuständigen Patronatsherrschaft war. Die Dienste der neuen Behörde, die (noch) keinen festen Sitz hatte, sondern ad hoc zusammengerufen werden mußte (dem im übrigen eigene Regelungen bei der Schriftgutverwaltung Rechnung trugen), waren für den Kirchenherrn nicht billig; so hatte er neben angemessener Unterkunft und guter Verpflegung die Reisekosten zu tragen und den Konsistorialen *Ergözlichkeiten* zukommen zu lassen.

Dem klug wirtschaftenden Reichsritter Christoph Sigmund von Seckendorff-Aberdar war dabei aber wohl außer den zu erwartenden Kosten die Anbindung an Brandenburg-Ansbach zu unsicher, waren die Markgrafen, wie die Zahl der eingezogenen oder aufgekauften Güter dem Kundigen auch schon damals zeigen mußte, für die Reichsritterschaft nicht ganz ungefährlich[26]. Das Projekt eines mit der Reichsstadt Windsheim gemeinsamen Konistoriums ist sicherlich hauptsächlich vor diesem Hintergrund zu sehen[27]: 1. Jeder Kirchenherr behielt seine bisherige Kirchen- und Schulordnung, *es wäre denn, daß man nach und nach umb besserer äuserlichen Harmonie willen, sich in den Ordnungen näher zusammen tun wolte und könte, wie es sich dann ohne dem umb des Gemeinen Manns willen sogleich anfänglich nicht weniger auf einmal tun läßet.* – 2. Behielten wir von der Ritterschaft unsere Capituls Ordnung,

---

[23] Ebd., Prod. 136 und 142; s. unten Anhang.

[24] Vgl. dazu Staatsarchiv Bamberg, Fränkische Adelsakten.

[25] Vgl. Vinzenz Fuchs, Ordo und Ordination, in: Lexikon für Theologie und Kirche 7, hg. v. Michael Buchberger, Freiburg ²1935, Sp. 763–767.

[26] Vgl. dazu Gerhard Rechter (Bearb.), Die Archive der Grafen und Freiherren von Seckendorff. Die Urkundenbestände der Schloßarchive Obernzenn, Sugenheim, Trautskirchen und Unternzenn (Bayerische Archivinventare 46), Nr. 1584 u. a.

[27] StAN, Herrschaft Sugenheim, Akten, Nr. 145 Prod. 145: *Projekt wie man sich wegen der Consistorialordnung mit der Stadt Windsheim vereinigen könnte.*

Inspectorn und Seniorn, wie wir uns über den entworffenen Project vergleichen werden, ohne daß die Statt etwas darinn zusprechen hätte, daß also allein das Consistorium von uns und der Statt gemeinschaftlich bestellt würde. – 3. *Als Direktor des Consistoriums solle allezeit ein Cavalier aus den Kirchenherrn genommen werden*, von den weltlichen Gelehrten immer ein in Windsheim sitzender Jurist. Die Zahl der zur Wahl nötigen Stimmen sollte sich auf Seiten der Ritterschaft nach den Patronatskirchen richten, für die jeweils eine Stimme gelten sollte. Windsheim erhielt zum Ausgleich mehrere Stimmen. – 4. Bei den Geistlichen kam die erste Stelle im Konsistorium dem Stadtpfarrer von Windsheim zu, weil er die *besten Qualitäten haben könne*. – 5. Nach diesem kommt der ritterschaftliche *Inspector*, nach dem *Inspector* dessen Kapitelsenior und dann ferner ein windsheimischer Geistlicher. Von den Geistlichen bestellen die von der Ritterschaft *die ihrigen nach der unter Ihnen aufgerichteten Capituls Ordnung und die Statt nach Gefallen auch die Ihrige jedoch mit vorheriger Einholung der Herrn consistorialrätlichen Gutachten und Bedenken wie in der Consistorial-Ordnung mit mehrern versehen.* Ein Windsheimer Kanzleibediensteter sollte als für jede Sitzung neu zu bestellender *Secretarius oder Protocollist* dienen. Zwei feste Tagungstermine in Windsheim (im Herbst und im Frühjahr) waren vorgesehen, andere unaufschiebbare Geschäfte sollten schriftlich erledigt werden, wobei aber Zusammenkünfte vereinbart werden konnten. Das Konsistorium hätte zu unterschreiben als *Der vereinbarten Herrschaften des Evangelischen Consistorii in Windsheim verordnete Director und Assessores*.

Von beiden Vorhaben ist aus den Quellen freilich Weiteres nicht zu ersehen. Sie sind wohl eingeschlafen wie etliche andere ähnliche Projekte dieser Art. Nach einer Notiz in einem undatierten Gutachten des altmühlschen Ortskonsulenten Johann Alexander Scheck[28] hatten die Doctores Dillherr und Gabler schon am 2. Oktober 1649 für den Sechs-Orte-Konvent in Nürnberg einen entsprechenden Vorschlag ausgearbeitet. Diesem war zu entnehmen, daß man an einem *in der Mitte* der sechs Kantone gelegenen Ort *quartaliter* zusammenkommen solle, um die Verbesserung der kirchlichen und schulischen Verhältnisse sowie der *Zuhörer Christentums* zu beratschlagen. Aus jedem Kanton sollten dazu ein *taugliches Mitglied* sowie je zwei Juristen und Geistliche entsandt werden, wobei der *vorderste Cavalier*, der zur Entlastung einen Sekretär erhielt, das Präsidium übernehmen würde. Die Kompetenz zur Errichtung eines ritterschaftlichen Konsistoriums aber habe schon Johann Friedrich von Lentersheim 1630 in seinen Auseinandersetzungen mit der Reichsritterschaft – über die freilich Genaueres nicht zu ermitteln war – nachgewiesen. 1665 und 1682 aber hätten die Sechs-Orte-Konvente beschlossen, daß jeder Kanton ein eigenes Konsistorium einrichten könne, wozu aber nur Baunach erste Anstalten gemacht habe. 1712 nennt Scheck die Gründe für die Ablehnung durch die Ritterschaft: Zum ersten waren es die ungewissen Kosten[29], zum anderen aber auch, *daß sich die Herren Cavalliers nicht gerne ihrer geistlichen Jurisdiction begeben wollen, welche viele Anfechtung vor dem Consistorio würde gehabt haben.* Diese Interessenlage sorgte

---

[28] StAN, Reichsritterschaft, Akten, Nr. 47; 1709 als Konsulent von Nürnberg nach Wilhermsdorf, dem Sitz der Kanzlei des Kantons Altmühl, *transloziert*; Gutachten ebenda, Nr. 1321.
[29] Wozu selbstverständlich die kalkulierbaren Kosten von 8 Reichstalern 9 Batzen für ein vor dem Konsistorium der Reichsstadt Schweinfurt in Beziehung zu setzen sind (vgl. Anm. 15).

wohl dann auch dafür, daß die im Sechs-Orte-Rezeß vom 15. Juni 1711 unter § 19 beschlossene Einrichtung eines eigenen ritterschaftlichen Konsistoriums mit fünf oder sechs geeigneten Personen ebenfalls nicht zur Durchführung gekommen ist[30].

Selbstbewußtsein und Selbstverständnis des (evangelischen) fränkischen Reichsritters speisten sich natürlich nicht allein aus dem Besitz der Kirchenherrschaft[31]. Es ist allerdings nicht zu übersehen, daß er hier dem Territorialfürsten am gleichrangigsten war, nahm er doch gleich diesem für seine Patronatspfarrer wie für die Untertanen auch die Funktion der früheren Diözesanbischöfe ein. Der lutherische Reichsritter, als Kirchenherr quasi Bischof seiner Patronatskirchen mit ihren zugehörigen Sprengeln, wird dann im 18. Jahrhundert Gesangbücher drucken lassen – Seckendorff erstmals 1707[32], wohl nicht zufällig nach dem Baronatsdiplom vom 5. September 1706[33] – und sich gleich dem Landesherrn der Fürbitte der Holden versichern. Das Selbstverständnis der Familien wird hier aber nicht haltmachen und sich im 18. Jahrhundert sehr deutlich auf eine Stufe mit den fürstlichen Lehens- oder Dienstherrn stellen[34]. 1754 wird der markgräfliche Minister Christoph Ludwig von Seckendorff-Aberdar auf die zur Geburtstagsfeier seines Dienstherrn Carl Wilhelm Friedrich in Nürnberg geprägte Medaille selbstbewußt schreiben lassen: *Ein freyer Frank feyert seines Fürsten Fest mit andern freyen Franken in einer freyen Stadt*[35]. Der Reichsritter aber ignorierte dabei wohlweislich, daß er nicht nur als Minister sondern auch als Lehensmann allein in den Schranken von Dienst- und Lehenrecht agieren konnte und Reichsunmittelbarkeit nicht ihm persönlich, sondern nur der Korporation der Ritterkantone zukam, von der sie freilich verwirrend spiegelnd auf ihre Mitglieder zurückstrahlte.

[30] StAN, Reichsritterschaft, Akten, Nr. 47.

[31] Vgl. dazu Rechter, Schein und Sein (wie Anm. 6). Zur Rolle der Herrschaftsträger als öffentliche Personen auch Karin Plodeck, Hofstruktur und Hofzeremoniell in Brandenburg-Ansbach vom 16. bis zum 18. Jahrhundert. Zur Rolle des Herrschaftskultes im absolutistischen Gesellschafts- und Herrschaftssystem, in: 86. Jahrbuch des Historischen Vereins für Mittelfranken 1971/1972, S. 1–260; Johannes Erichsen, Gerhard Rechter, Zwischen Glanz und Fluchtwelten: Fürstliche Repräsentation, in: Bayern & Preußen & Bayerns Preußen. Schlaglichter auf eine historische Beziehung, hg. v. Johannes Erichsen, Evamaria Brockhoff (Veröffentlichungen zur Bayerischen Geschichte und Kultur 41/99), Augsburg 1999, S. 256–286, hier S. 256f.; von Mauchenheim genannt Bechtolsheim, Reichsritterschaft (wie Anm. 19), S. 275–295. Die Bedeutung von Patronaten für das Selbstverständnis des Ritteradels zeigt sich wohl nicht zuletzt auch daran, daß diese trotz aller Belastungen als gute Tradition zuweilen noch heute wahrgenommen werden.

[32] StAN, Herrschaft Sugenheim, Akten, Nr. 279.

[33] Rechter, Urkunden (wie Anm. 26), Nr. 605; vgl. derselbe, Seckendorff III (wie Anm. 8), S. 50*–55*.

[34] Vgl. dazu etwa die Haltung des Philipp Albrecht von Seckendorff-Aberdar zu Obernzenn, der in der Auseinandersetzung mit dem Deutschen Orden wegen einer lutherischen Predigt in seinem Schloß Unteraltenbernheim neben der *superioritas territorialis* auch die *iura regalia* behauptete (Reichsfreiherrliches Archiv Unternzenn, Akten, Cl. XIX Tom. 7). Und selbstredend fühlte sich auch der Bruder Christoph Friedrich des Genannten als *eximirter immediater Reichs-Cavallier* (ebd., Peter Ludwig Vetter, Grund-Sal- und Lager-Buch über das dem Reichs Frey Hochwohlgebohrenen Herrn, Herrn Christoph Friedrich Freyherrn von Seckendorff, Herrn auf Untern- und Obernzenn etc. zugehörige Mannlehenbare Rittergut Unternzenn … 1712, pag. 17).

[35] Vgl. Gerhard Hirschmann, Das Gartenfest von 1754. Reichsritterschaft und Patriziat feiern gemeinsam in Nürnberg-St. Johannis, in: Tradition und Geschichte in Frankens Mitte. Festschrift für Günther Schuhmann (95. Jahrbuch des Historischen Vereins für Mittelfranken), Ansbach 1990–1991, S. 229–242.

Die mehrmals angestellten Überlegungen und Planungen zur Errichtung eines ritterschaftlichen Konsistoriums scheiterten, wie die Ausführungen Schecks deutlichmachen, nicht an etwaigen konfessionellen Gegensätzen der in den Kantonen vertretenen lutherischen und katholischen Familien[36]. Sie fielen der Furcht der Gutsinhaber vor zusätzlichen finanziellen Belastungen wie auch (und hauptsächlich) vor der Abtretung eigener, für das Herrschaftsverständnis als grundlegend angesehener Rechte an die Ritterkantone zum Opfer. Dieses ständisch geprägte Argument verhinderte vordergründig bloß das Entstehen einer mit übergeordneten Kompetenzen ausgestatteten ritterschaftlichen Einrichtung. Bei genauerem Hinsehen aber wird deutlich, daß damit auch ein erster Einstieg in eine Territorialisierung der fränkischen Ritterorte – die vielleicht etliche der Mitglieder als Stärkung der Kantone und damit der Reichsritterschaft als solche sogar gewollt hatten – gescheitert war. So kam eine zweifellos interessante Facette fränkischer Staatlichkeit im Spiel der Interessen und Mächte im Herzen des Reiches gar nicht zum Zuge und verschwand fast spurlos im Strom der Geschichte.

Anhang

Projekt einer Consistorial Ordnung für etliche der Freyen Fränckischen Ritterschaft, welche dißfalls sich zu vereinigen gemeinet sind, Mense Julio 1688 entworfen[37].

Im Namen Gottes Amen!

Wir N. N., allesambt Mitglieder der Freyen Reichs Ritterschaft Landes zu Franckhen tun hiermit kund und zu wissen, daß wir die Hohe Göttliche Wohltat je länger, je mehr in christliche Betrachtung gezogen, darbey unserer Vorfahren, nun länger als vor anderthalb hundert Jahren das Liecht des Heyligen Evangelii sich einer herfür getan und die viele und langwürige Mißbräuche und Irrtümer erkennet und abgeschafft, darauf auch zu Pfarrern und Seelsorgern solche Leute erwehlet und berufen worden, welche das Wort Gottes nach den Schriften des Alten und Neuen Testaments und nach der Anno 1530 zu Augsburg von etlichen Churfürsten, Fürsten und Reichsstädten übergebenen christlichen Bekandtnuß zu lehren und die Heyligen Sacramenta nach Christi Einsezung zu administriren gewust, auch daß solche christliche und gottselige Anstalt in großer Anfeindung und Verfolgung gleichwohl behaubtet. Und gedachte unsere Vorfahren in [fol. 1'] den Religionsfrieden von Zeiten zu Zeiten und bis auf diesen Tag, weniges nicht als die Höheren und mächtigern Stände des Reichs mit begreifen also aller Gerechtsambkeiten und Herrlichkeiten fähig worden, die einer christlichen Obrigkeiten in Sachen die Religion und Gottesdienst betreffende, nach der Regel göttlichen Worts und Craft ergangener Reichssazungen und allgemei-

---

[36] Vgl. dazu von Mauchenheim genannt Bechtolsheim, Reichsritterschaft (wie Anm. 19), S. 192–215; für den Kanton Baunach auch: StAN, Reichsritterschaft, Akten, Nr. 234: Religionsgravamina des Kantons Altmühl.

[37] StAN, Herrschaft Sugenheim, Akten, Nr. 145, Prod. 142; die in der Quelle angesprochenen Beilagen fehlen. Zu den Editionsgrundsätzen s. Johannes Schultze, Richtlinien für die äußere Textgestaltung bei Herausgabe von Quellen zur neueren deutschen Geschichte, in: Blätter für deutsche Landesgeschichte 102, 1966, S. 1–10.

ner Friedensschlüße zu kommen und gebühren. Wir danken auch Gottes Guete höchlich, daß solcher teuere und große Schaz bis uf unsere Zeiten erhalten worden und bitten inniglich, er wolle uns und unsere Nachkommen, sambst unsern Undertanen bis ans Ende der Welt und die Zukunft unseres Herrn und Heylands Jesu Christi dabei erhalten und uns Gnade verleyhen, daß wir uns, die unsrigen solche reine Göttliche Lehre mit einem gottseligem christlichen und tugendhaften Leben zieren und mit wiedrigem Bezeigungen der Heyligen Namen Gottes und seiner heilwertigen Lehre nicht verlästern machen, noch damit verschulden, daß wir dieser christlichen Evangelischen Religionsübung und Freyheit beraubete und wieter unter das Joch, daraus sich unsere Vorfahren durch Gottes sonderbarer Gnade losgewürcket, gezwungen würden. Solchem nur mit aller christlicher Sorgfalt fürzukommen, haben [fol. 2] wir erwogen, wie hoch und viel an ordentlicher und nuzlicher Bestellung, auch Direction, Schutz- und Erhaltung des heyligen Predigtamt und der anhängigen Versorgung der Seelen gelegen, dabey aber gleichwohl vermercket, daß um etlichen Umbständten ein Mangel gnugsamer Verfassung einige merckliche und gefährliche Mängel sich ereignen wollen und bey diesen lezten und bösen Zeiten noch weiter zu befürchten, denen wir dann mit Anrufung göttlichen Beystands durch eine christliche vertrauliche Zusamensetzung zu begegnen, schließig worden, inmaßen von Puncten zu Puncten hiernach folgt:

Zum E r s t e n bezeugen wir sambt und sonders, daß wir kein ander Fundament unsers christlichen Glaubens, Religion, Confession und Gottesdienst vor uns und die unsrigen und in denen unser jeder ganz, oder zum Teil angehörigen Gebieten und Kirchspielen zu sezen und einzuführen begehren, als wie solches vorgedachtermaßen in der Heyligen Göttlichen Schrift gegründet und darauf die Summa der Lehre wegen etlichen strittigen Articul und gegen underschiedliche Mißbräuche in der Augspurgischen Confession begriffen und öffendlich bekennet, auch in einer damals übergebenen Apologia [fol. 2'] oder Schutzschrift vertaidiget und nach und nach durch christliche Schriften, welche vor allen dieser Augspurgischen Cofession im Römischen Reiche verwandten Ständten angenommen sind, erleutert worden, darunter wie insonderheit den sogenannten Kleinen Catechismum Dr. Martini Lutheri seligen verstehen und denselben bey unserer Kirchen und Schulen allerdings erhalten wissen wollen. Nachdem auch anno 1580 durch christlichen Rat und Schluß der mehrern Stände Augspurgischer Confession wieder etliche zu der Zeit bestrittenen Religionsfragen zu Vorkomung [von] Irrtumber und Zweitung eine gewieße sogenate Formulæ Concordiæ abgefaßt und unter andern von dem Hohen Fürstlichen Hause Brandenburg, wegen des Burggraftumbs Nürnberg, angenommen worden, so haben wir nicht Ursach, in unsern Kirchen andere Formulas in denselbigen strittigen Puncten, die darinnen erörtert, als eben dieselbige gebrauchen zu lassen, zumahln unsere Dörfer und Gebiete hin und wieder mit denen brandenburgischen Landen umbgeben oder vermenget sind, und wir also gerne in Einigkeit der öffentlichen Lehre mit denselben, so lange man durch Gottes Gnade einerley Fundament haben und behalten wird, stehen und beharren wollen, aus gleichmäßigen Ansehen wolten, wie auch die Kirchenordnung, Agenden [fol. 3], Ritualia und Ceremonias, wie solche in der anno 1533 durch den weyland Löblichen Fürsten und Herrn Georgen, Markgraven zu Brandenburg, aufgerichtet und publicirt worden, nach der Zeit aber wieder von neuen getruckt und mehrerteils in unsere Kirchen, wie wohl aus keiner schuldigen Untertänigkeit, sondern freywilligen und weil man sie nicht anders als christlichen und wohlbefunden geübt worden, ferner behalten wißen und unsere Pfarrer auf dieses alles gewiesen haben, solte aber wegen etwan entstehender neuen Irrung (die Gott verhüte) ein und anders durch besondere Anstalten zu erleutern und sich darnach in der Lehre zu richten seyn, oder aus sonderbaren erheblichen Ursachen in der eußerlichen Formb des Gottesdiensts, Gebäh[r]ten, Gesängen und Ceremonien etwas zu ändern nüzlich ermeßen werden, dann wolten wir uns vorbehalten haben, die Beschaffenheit und Umbstände mit Rat und Zutun unserer Pfarrer, auch nach Ermeßung anderer hochgelehrter und erfahrener geistlicher Männer zu überlegen und uns darinnen dergestallt zu faßen, wie es ohne Zerrüttung der zur Seligkeit nötigen Haubtarticuln der Lehre zu Erbauung in Christentumb und desto eifriger und andächtigern Gottesdienst nützlich und er[fol. 3']sprießlich erachtet werden. Doch wollen wir hierunter in guter christlicher Correspondenz stehen und ohne gemeinsamblichen Schluß, ein jeder vor sich nichts versuchen oder vornehmen, dadurch diese unsere christliche wohlmeinende Zusammensetzung unterbrochen und Mißhelligkeiten unter den Geistlichen und Undertanen Anlaß geben werden mögte.

Viel weniger wollen wir gestatten, daß ein Pfarrer für sich selbst etwas besonders und neues nach seinen Gutachten einführe, so der gewöhnlichen Ordnung zuwider wäre: Sondern dann einer oder der ander etwas nach gutem Bedacht und mit christlichen Gewißen vorzuschlagen gedächte, so zur Beßerung dienet, das soll er zuförderst seinem Patrono und Kirchenherrn eröffnen, welcher sich sodann ferner, nach Anleytung dieser unserer Verfaßung zu erzeigen haben wird. Dieweil auch etliche Jahr her außerhalb christlichen Ursachen gwieße Betstunden, Bues- und Vasttäge, auch Catechismus Informationes, doch an einem Ort anderst als an andern, eingeführet worden, so haben wir dieselben Anstalten miteinander communicirt. Unserer Pfarrer von neuen darüber vernommen und unß einer durchgehenden Gleichheit vereiniget, wie Lit. A. verzeichnet zu befinden, [fol. 4], darbey wie es allerseits verbleiben laßen biß wir mit anderweiter gesambter Überlegung und Entschließung ein anders Gut finden und verordnen werden.

Zum A n d e r n. Weiln man bey den Freyen Reichsadel in solche Harmonie und Zusammentretung in Religionssachen noch nie gelangen können, daß derselben allesambt einerley Glaubensbekandtnus anhängig wäre, so hat man auch viel weniger zu einer gesambten oder gleichsinnigen geistlichen oder bischöfflichen Inspection (weiln die bischöfliche Jursidictio Dioecesana sambt der päpstlichen Oberbotmäßigkeit durch die Religions- und Reichsfriedenschlüße und -satzungen gegen die Evangelischen weggefallen) zu schreiten gewust, obwohl zu wünschen wäre, daß zum wenigsten diejenigen von der Reichsritterschaft, welche der Augspurgischen Confession zugetan seyn, und in einerley Landesart beysammen wohnen, auf dergleichen Anstalt ingesambt gedenken und dieselbe mit solcher Ansehen, Nachdruck und Nutzen treffen und bewerckstelligen könnten, daß darmit gute Ordnung und Inspection desto beßer und stattlicher zu behaupten. Gleichwohl haben wir so viel unß möglich geweden hierbey zu tun, nichts länger [fol. 4'] Aufschub nehmen wollen, vorbehaltlich jedoch wenn eine mehre und stärckere Verfaßung mit Herbeytrettung ander unserer religionsverwandten Mitglieder zu erreichen, daß wie derselben zu desto stattlicher Erhaltung dieses guten Zwecks uns gerne mit bequemen wollen. Indeßen wollen wir hiemit im Namen Gottes einen Anfang zu einen solchen christlichen und nützlichen Vorhaben gemachet und unserer Pfarren und Schulen unter einerley Inspection und Direction freywillig jedoch verbunden gesezet haben und dabey mit göttlicher Verheysung für uns und unser Nachkomen verharren, als lange wir nicht wie obstehet zu einer stärkern und verbeßerten Einrichtung uf anderweite christliche und wohlbedächtige Überlegung und Vergleuchung gelangen können.

D r i t t e n s. Solchem nach und obwohln unsere jeder und also auch unsere Nachkommen und Successores universales vel particulares das Jus Patronatus in Erwählung und Berufung der Pfarrer, Kirchen- und Schuldiener seinen habenden Recht nach zu üben hat und darunter keiner vor des andern Geheiß dependiret, so sind wir gleichwohl gemeinet und haben es bey Anfächtung dieser christlichen Vereinigung versproch[fol. 5]en und zugesaget, daß ein ieder bey fürfallender Vacanz einer Pfarrer und dergleichen Ambts, so Seelsorge auf sich hat, christliche und gewißenhafte Bedenken und eußerst bemühet sein wolle, daß er solche Pastorn darzu ersehe, welche in den Lehren wie sie oben beschrieben sein, dabey wie allerseits unsere Undertanen nach Inhalt des Westphalischen Friedenschlußes und der Observanz und Übung des Jahrs 1624 zu laßen schuldig sind, richtig und wohl fundirt darzu mit gnugsamen Gaben zu Lehren und zu Predigen von Gott ausgerüstet und eines erbarn christlichen und unbescholdenen Wandels seye. Und da (was bey Menschen, auch wohl bey großen Höfen und Herrschaften zu geschehen pfleget) unser einer mit ungleichen Bericht hindergangen wäre, oder sich sonst mit Erkühsung einer Persohn übereilet hätte, welche an der Lehre, Gaben oder Leben mit dergleichen Mangel behaftet, so soll unser keinen zuwider seyn, daß er deßen von den verordtneten unsers gemeinschaftlichen Kirchenconsistorii geziemendt errinert werde, sich auch darauf nach erwegung der Umbstände also erclären und erzeigen, daß er bey Gott und der Gemeine, die er mit einen Pfarrer, Kirchen- oder Schuldiener versorgen will, ohne Verwantwortung seyn möge. [fol. 5']

V i e r d t e n s. Zum Consistorio aber wollen wir Kraft dieser Kirchenverein[igung], hiemit bestellet und vereint haben, drey Pfarrer, die unter uns gehören, und deren wir uns jezo alsobalden, wie auch einer gewießer Formul ihrer Verpflichtung sub B vergleichen, und soll der erst benambte unter ihnen den Titul eines Inspectoris haben, ferner sollen darzu verordnet seyn, zwen von unsern Beambten, die wir ebnermaßen jezo einmütiglich auserlesen und benahmet haben. Bey welchen Persohnen allen und jeder, wie nur uff die Qualitäten der Gottesfurcht, Erudiction, Geschicklichkeit und Erfahrung und sonst uff keine andere Umbstände gesehen haben, da uff einen Vorzug unter unß zieleten, denn wir dergelichen in dießer Sache gegeneinander nicht begehren, sondern gleiches Recht an- und miteinander der freundtlichen christ- und brüderlich erkennen und gelten laßen, wann sich aber eine Vacanz der jezt Verordtneten begiebet, so wollen wir der ubrigen Consistorialn Gutachten und Vorschlag zuförderst vernehmen und darauf anderweite Vergleichung zu treffen nicht underlaßen, wo auch einer von denen zum Consistorio verordneten Geistlichen in gewißen Sachen interessiret oder mit ihm selbst etwas zu tun und fürzunehmen wäre, so soll einer aus denen andern qualificir[fol. 6]testen Pfarrern durch das Collegium ad interim darzu erfordert werden.

Zum F ü n f f t e n. Zur Direction des Consistorii. So viel nemblich der Vorsize umb Fragen und Formirung des Schlußes nach den mehrern Stimmen betrifft, mögten wir wohl einen vornehmen und geübten Mann, der in geist- und weltlichen, auch Religions-Sachen dapfer geübt und erfahren wäre, gebrauchen. Nachdem wir aber vorizo noch keinen Weg gefunden, sondern in Bedenken ziehen, ob in Zukunft ein solch Subjectum in einer nicht fern gelegenen Statt zu erlangen und von Haus aus zu gebrauchen seye: Indeßen aber haben wir uns entschloßen, daß einer unsers Mittes auf … [im Text frei gelassen] Jahr lang solche Mühe selbst übernehmen wolle, denn wie andere darzu bitten vermacht und er hiermit alle und jede darzu gehörige Authoritæt und Expedition gegeben haben wollen. Innmaßen auch ich, N. N., dieselbig Gott zu Ehren und der Lieben Kirchen zu Nutz, ohn Entgelt übernommen, doch mit Vorbehalten, da ich selbst interessirt wäre, daß ich abtreten wolte, allermaßen wie ingesambt in solche Fall wie auch anderer ehehaften Verhinderungen, die Direction per modum substitutionis N. N. bitte aufgetragen haben. [fol. 6']

Zum S e c h s t e n ist unsere Meinung nicht, läßet sich auch unsern Zustande und unßerer Schlößer, Size und Dörfer Situation nach nicht tun, daß alle und jede Fälle, die sonst etwan Fori Ecclesiastici, sonderlich nach dem Gebrauch der Evangelischen Ständte im Reich geachtet werden, für dieses von uns constituirte Consistorium zu ziehen; also sollten iezo nicht für daselbige Kraft dieses Vergleichs gewiesen ist oder künftig mit gesambter Bewilligung gewisen werden möchte, wie bisher also forthin von einen jedweden unter uns besonders vorgenommen und resolvirt worden, folgede Sachen aber sind mit unserer sambtlicher Bewilligung dahin ausgesezt und benahmet, welche für obgedachte Consistorial Priester gehören, und auf Mase wie ferner folgt, tractirt und expediret werden sollen:

Nemblich und zum S i b e n d t e n. Es soll ein ieder der zu einem Pfarrambt in Fürschlag ist, noch vor der Pfarrpredigt, ein Tentamen oder sumarisches Examen ausstehen und dasselbe soll in Beysein des Directoris und sambtlicher Assesorn, wan sie etwa sonsten anderer Sachen halber beysamen wären, zum wenigsten aber in zweyen Geistlichen und eines weltlichen Beysitzern vorgenommen werden, denenselben soll der Examinandus [fol. 7] Urkunden fürlegen, daraus zu ersehen, daß er ehrlicher Geburt seye, in der Theologia unserer Religion gemäs studirt, auch geprädigt haben und eines geistlichen unbescholdenen Wandels seye, worüber er denn des Superintentens des Orts, darunter er geboren, oder sich aufgehalten, oder da dergleichen Ambt in seinen Vaterland nicht wäre, zweyer Geistlichen glaubhaftiges Zeugnus produciren soll, wäre er aber schon im Pfarrambt oder dergleichen gewesen, so hat er seine Vocation oder Confirmation und doch da benebenst ein Zeugnus de Vita ex Moribus zu exhibiren, darauf soll er kurz auf etliche Fragen in Glaubenssachen erforschet werden, aus der Beantworttung zu vernehmen, das er den Grundt der Religion verstehe, auch solchen zu lehren düchtig seye und darauf einen Schein empfahen, darinnen er zur Probpredigt zuläßig erkandt wird und hat er sich damit bey denjenigen der ein Absehen auf ihn hat, sodan anzugeben, damit wir also ingesambt nebst unsern Gemeinen und Undertanen desto weniger hintergangen und mit Leuten beschwehret werden, die in religions aut moribus mangel[fol. 7']haft wären, obwohl auch keiner ordentlich angenommen werden solte, der anderer ortin abgeschaft worden wäre, sondern verstehen sich doch darunter diejenigen nicht, die von widriger Religionsobrigkeit licentirt oder vertreiben worden, deßgleichen auch nicht bloßer Dinge zu verstoßen sind, welche von einer Obrigkeit unserer Religion Abschied bekommen, wann der Dimissus das zu tun wüßte, daß ihm zu viel geschehen und er sonst zum Ambte tüchtig ist.

Zum A c h t e n. Das Examen ordinarium et Rigorosum derer, die noch nicht anderswo bey christlichen Ministeriis oder Consistoriis Augspurgischer Confession ordinirt sind, soll in Pleno vorgenommen und der Director dazu nebst allen Assessorn beschrieben, und darinnen procedirt werden, wie sonsten bey solchen examinibus sonderlich in dem benachbarten Marggravtumb bräuchlich und allhier der Länge nach zu beschreiben unnötig.

N e u n t e n s soll darauf alsobald die Ordination folgen, welche dann der Inspector mit denen andern beyden Geistlichen zu verrichten hat und darüber das Documentum Ordinationis nebst denselben unterschreiben und ausstellen [fol. 8] soll, darumb dann das vorhergeschehenen Examinie, wo es bey einen noch nicht ordinirten fürgegangen ausdrücklich zu gedenken, ohngefähr nach dem Formular, so unten sub C. angehängt, was aber die Vocation und einverleibte Confirmation oder Bestallung belanget, die bleibet den Patrono der Kirchenherren nach dem Stylo auszufertigen, desen wir uns izo uniformirten sub D verglichen.

Zum Z e h n t e n. Wenn ein Pfarrer sich in der Lehre von den Hauptarticuln oder in seiner Amts-Verrichtung oder Leben also irrete und pecoirte, daß, daß es mit keiner Erinnerung oder Verweis (von dem Patronus zuförderst für sich, oder durch eine andere ansehnliche christ- oder weltlich hierzu ersuchte Person, oder welches am füeglichsten wäre, den Inspectoren zu tun haben würdt), zu remediren, so soll und will der Patronus nach Gelegenheit auch mit Zuziehung ein paar redlicher Männer aus der Kirchengemeinde dem Directori und Beisizern seine habenden Erinnerungen oder Klagen punctenweise fürlegen, worauf der Beschuldigte zu vernehmen und mit ihm nach Gelegenheit der Sachen zu reden und zu handlen, wie es in solchen Fällen die vorhandtene gute und wohl gegründete Evangelische Kirchen- und Consistorial-Ord[fol. 8']nung und ausgegangene bewehrte Bücher (derer etliche aus unseren Mitteln erkauft und eine Inspectori pro inventario zugestellet werden sollen) mit sich bringen und wollen wir alle und iede in Betrachtung, daß das Predigtambt in seinem Hauptwesen von Gott dem Herrn unmittelbar dependire, hier unter uns dergestalt faßen, daß wir nicht wie mit anderen Dienern willkürlich und aus bloßer Abneigung gegen die Persohn, sondern nach christlichem Gewißen mit Recht und Bedachtnus allenhalben erweisen und finden laßen, also wo Beßerung zu hoffen und angelobt wird und die Fehler nicht zu stark sind, da soll durch unsere verordnete Consistoriales gelinde Bestrafung etwa mit Arrestierung der Person auf einige Zeit in ein verschloßen Gemach oder mit Suspension und Entziehung der Ambtsverrichtung und -besoldung auf etliche Wochen oder Monate, oder mit einer Geldstrafe (die doch allein auf pias causas zu werden) verfahren werden, ehe man zur Dimission schreite, wie wohln auch darinnen, daß des Directoris, Inspectorius und Beysizer Rat und Gutachte in Obacht ziehen und denselben nicht eigenmächtig fürschreiben, oder da wir jenem inter eines schärfern und härtern, als sie vorgeschlagen, befuegt zuseyn, wollen wir [fol. 9] (ein jeder nemblich, den der casus angehet) auf unsere Costen einen Ausspruch von einer berühmten Consistorio, Theologischen Facultät oder Ministerio einer ansehnlichen Reichsstatt, (da sich denn des Orts halben nach der Consistorialen Gutachten zu richten, oder ausschlagen von ihnen mit Zuziehung zweyer unparteyischer unsers Mittels zu treffen) einholen laßen, dabey aber die Acta und was so wohl der Patronus für Gravaminia hat, als was der Beschuldigte zu seinem Behülf anführet, unter des Directoris und Inspectoris Unterschrift und Sigel zu verschicken und das einlangende Urtel oder Bedencken in Beysein des Kirchenherrn und des Beschuldigten zu publiciren, dieses verstehet sich in Sonderheit von solchen Dingen, da die Pfarrer eines Irrtumbs in der Lehre, oder einen üblen Verhalten gegen den Patron oder die Pfarrgemein, oder einige aus derselben beschuldiget würden, welche mit den gedachten Gradibus der Animadversion nicht gnugsam zu bestraffen geschienen, sondern des Patrons oder der Gemeine Gedanken nach, auf eine Dimission auslaufen müste, desgleichen auf solche Gebrechten und Ungebühren, die in weltlichen Rechte aber keine hohe Leibes- oder Lebens-Strafe oder Relegation nach sich ziehen, gleich wohl bey [fol. 9'] einen Diener des Worts Gottes nicht zu leiden, als da ist beharrliches Vollsaufen und unehrbare, schändliche Sitten, unversöhnliche Zänkereyen, große Verschwendung, Fornication simplex und dergleichen. Wo aber ein Verbrechen auf ein crimen publicum hinausliefe, darauf in der Rechten und in Sonderheit Kayser Carl des Vten Peinlichen Halßgerichtsordnung Leib- und Lebensstraf oder ewige Verweisung gesezet, darinnen wollen wir nach vorhergehender Enturlaubung des Delinquenten von seinem geistlichen Ambte, der uns zukommenden weltlichen Jurisdiction oder wer solche befugt, zu richten haben. Wiewohl auch eine Art der Bestrafung der Geistlichen, in etlichen Fällen, die keine gänzlich Remotion nach sich ziehen, in Übung, daß die Delinquenten auf eine geringere Pfarr translocirt werden. So will sich doch dieser Modus bey unserern Kirchspielen nicht wohl practiren lassen, iedoch wo die Gelegenheit der Örter und anderer Umbständte litten, wollen wir einander nach Möglichkeit darinnen gratificiren, alles zu dem Ende, damit wir und unsere Nachkommen dasjenige desto mehr beobachten, was disfalls bey einem evangelischen Ministerii bräuchlich und den Vorwurf vermeiden, als ob mit all zu großer Schärfe oder mit Unbedachtsamkeit in dergleichen [fol. 10] Fällen verfahren würde, wie auch desto tauglicher Personen zu unsern Kirchen erlangen und behalten und diese sich keiner ungerechten und übereilten Procedur zu beclagen haben.

Zum E i l f t e n. Weil auch eingeführtem Gebrauch nach die Ehesachen, davon die Verbindlichkeit der Eheverlöbnus und dern Vollziehung, item von den Graditus der Verwandtschaft, welche zuläßig oder nicht, sodann vor S[ch]eidung der Eheleute entweder zu Tisch und Bette, oder ganz mit Loszehlung des ehelichen Bandes, Streit fürfallen, vor die geistliche Gerichte gehören, so wollen wir solche richtige Fälle gleicher Gestalt vor die verordnete Consistoriales ziehen, und durch dieselben, oder nach Gelegenheit mit Einholung theologischer und rechtlicher Bedenken decidiren laßen; daher denn ein ieder unter uns der dergleichen Casus bey den seinigen vorfällte, den Directoriem, Inspectorem und Assessores zu consultiren oder zu beschreiben hat, was aber geringe Irrungen in Ehesachen betrifft, oder wan sich ledige Personen außer der Ehe vermischet und dahero gütliche Handlung oder ein Decisum pro Matrimonio von Nöten, des halber hat ein ieder unter uns die Sache durch den Pfarrern des Orts und seine weltlichen Beambte [fol. 10'] expediren zu laßen, wäre aber gleichwohl ein wichtiger Umbstandt dabey und ein oder ander Part vermeinte, daß er beschwert würde und ein Decisum des Consistorii erlangte, so soll nach Vermeßung der Umbstände die Sache gleicher Gestalt vor dem Consistorio tractirt werden.

Zum Z w ö l f t e n. Demnach der Geistliche Bann insgemein zu dem Jura Consistoriale gehört und die Obrigkeiten, welche das Jus Episcopalis berechtigte, wie auch wegen des eußersten Nachdrucks, das ihre dabey zu tun haben, so wollen wir, da solche Casis sich ereigneten, daß beharrlicher, ruchloser Mensch aller gebrauchten

Graduum admonitionis ungeachtet, aus der christlichen Gemeine mit dem lezten und schärfsten Bann auszuschlüsen wäre, die Sache ebenmäßig vor den Consistorialn tractiren und erörtern laßen, so viel aber die Suspensiones vom Beichtstuhl und H. Abendmahl betrifft, da laßen wir zwar unsere Pfarrer auf ihr christliches Gewißen und raifen Verdacht verführen, wollen auch nicht hindern, sondern vielmehr darob halten, daß sie diejenigen, so Mängel haben, auch die Kirchen- und Schuldiener, für sich erfordern und sie auf Gottes Wort gebührlich vermahnen, auch öffentliche Uneinigkeiten zwischen [fol. 11] Eheleuten, Eltern, Kindern, oder andern im Streit lebenden, die zum Beichstuhl sich anmelden, christlich zu vergleichen bemühet seyn (ohnbeschadet deßen, was in die weltliche Jurisdiction gehöret), wann es aber zu einer offentliche Kirchencensur oder -buße kommen soll, wie solche in denen evangelischen Kirchenbräuchen, so soll der Pfarrer mit Bewußt des Kirchenpatroni solche anstellen und für sich allein nicht prociren; im Fall aber diejenigen, welchen die Censur aufgelegt wird, sich nit bescheiden laßen und submittiren, sondern etwa gegen den Pfarrer, daß er parteyisch sey und zu scharf verführe, beschwerung halten wolte, so soll die Ursache vor dem Consistorio tracirt und accidirt werden. Es sind auch gewieße Formularia deprocationis publicæ, welche erbaulich und christlich sein, zu gebrauchen, deren einige notuln sub E angehänget.

Zum D r e y z e h e n d e n. Was die Anrechnung und Enturlaubung, oder anderer Bestrafung der Kirchen- oder Schulmeister betrifft, will ein jeder unter uns hergebrachtem Gebrauch nach und mit der Pfarrer Bewust [fol. 11'] der Gestalt verfahren, daß dem Gottesdienste nit derjenige Aufwartung und Verrichtung, die solche Diener dabey zu tun haben, wohl fürgestanden, zu förderst aber die liebe Jugend im Lesen, Schreiben, den christlichen Catechismo und guter Sitten nutzlich unterwiesen werden. Gleichwohl sind wir auch gemeinet und erbötig, was zu allgemeiner guten Schulordnung und fruchtbarlicher Information gehöret auf eine gleichformige Weise, durch die verordneten Consistoriales bedenken und einrichten zu laßen, welches auch geschehen soll, wann es zugänglicher Enturlaubung der Schuldiener käme und ein solcher vermeinten, daß ihme zu viel geschehe.

Zum V i e r z e h e n d e n. Wollen wir auch etliche andere schwere Fälle, die den bishero erzehlten gleichzuachten, mit denen Consistorialn zu überlegen, oder uns auch weiter darüber zu vernehmen und zu vergleichen nicht unterlaßen.

Zum F ü n f z e h e n d e n. Weil sich nach Gelegenheit unsers Zustandes, noch zur Zeit nicht tun laßen will, daß die also von uns wohlmeinend [fol. 12] vorgenommene Verordnung an einer gewießen Orte beständig eingerichtet und was sonst zu einer solchen Expedition gehöret, in allen Umbständen, die anderstwo gebräuchlich verfaßet und behaubtet werden könte, so wollen wir uns bis obgedachter Maßen diese Anstalt verbeßert werde, es also halten, daß welchen unter uns eine solche Sache begegnete oder vorfiele, die in denen vorherstehenden Puncten vom VII. biß XIV. zu Consistorialexpedition ausgesezet ist, derselbe soll den Directorem, Inspectorem und Asessores schriftlich zu sich einladen und abholen laßen, ihnen eine bequeme Logirung und Gemach zu ihrer Expedition eingeben und Sie mit Speiß und Trank auch nach verrichteeter Sache mit einer Ergözung (die wir bis uf anders Vergleichung und Verfügung in der Beylage F determiniret) versehen. Bey ihrer Expedition soll der Beambte oder Vogt des Orts protocolliren auch copiren und weil keine gemeinschaftliche Registratur oder Repositur bey solcher Bewandnus zu halten, so sind die Acta, welche jeden Ort betreffend, daselbst zu laßen und bey eines ieden Ambt- und Gerichtsstube, so gut als andere Brief[fol. 12']schaften zu verwahren. Der Dirctor und Inspector aber hat vor sich, was von Zeiten zu Zeiten, und an welchen Orte auch wegen welcher Personen fürgangen, Sumarie in ein gewißes Buch zu verzeichnen, welches den Successoribus bey fürgehenden Änderungen auszuhändigen, was auch durch beschaide decidirt wird, das sollen die Consistoriales in Concept unterschreiben und also zu den Acten fuegen. Der Kirchenherr aber unter seiner Unterschrift und Siegel, doch mit Anführung, daß er nach deß Consistorii Gutachten verfahren, außfertigen und den Inspectorn mitunterzeichnen laßen, wo auch die Erforderung und Niedersezung der Consistorialn der blosen Parteyensachen und nicht der Patronorum und Gemeinden wegen geschiehet, da haben sie deßgleichen die Delinquenten auß den Geistlichen die Uncosten wie billig für Sie abzustatten und soll jeder der Kirchenherrn unsers Mittels darzu also fort behülflich seyn oder in deßen die Ausschlagen tun. Infall aber die Parteyen kundbarlich arm sind, solche verschonen und die Kosten und Gebühren bey F verzeichnet über sich gehen laßen, was auf Beystellung der Pfarrer und Schuldiener die Gemeinen oder Heyligen-Casten von alters [fol. 13] herbey zu tragen gepflogen, das wird billich von ihnen erforderte und zu der Entrichtung Lit. F eingewendet.

Dießes ist also die Verfaßung welche wir vor dißmahl ufgerichtet und mit göttlichem Bestande werkstellig zu machen und fortzusezen uns gänzlich entschloßen, maßen wie wir Eingangs gemeltet, darüber vestiglich miteinander zu halten vor uns und unser Nachkommen Versprechung getan und hirmit solche unter unserer Handsiegel wiederholen und becräftigen, behalten uns jedoch bevor, dieselbe zu vermehren, zu verbeßern oder in einen und andern Punct also ferner einzurichten, wie wir in weitern Nachdencken christlich ermeßen werden, daß es zu der Ehre Gottes und der Kirchen Wohlfart gereiche. Actum …

N o t a n d u m. Was die Beylagen betrifft, sind dieselben nur sonderlich L. A bis E. leichtlich nach den Stylo und Form, der etwa in marggräflichen Consistoriis üblich zu entwerfen und zu ver[fol. 13']gleichen, bey F würde zu vernehmen seyn, was sonsten bey Examination und Ordination der Pfarrer aufgewendet worden und also denen verordneten Examinatoribus et Ordinatibus auch so viel zu Attribuiren stehen, die andern Sportuln oder Gebühren, welche die Parteyen vor Vorhör und Beschaid geben solten, können gleicher Gestalt ad imitationem der Consistoriorum invicinia verfüget werden, was aber die Expeditiones, welche etwa blos ex officio nach Gutachten der Herrn vereinigten, bey fürfallenden Irrungen zwischen Patronis und Pfarrern fürfielen und da kein Teil füeglich in expensas zu condemniren, sondern gleich auf zu heben wäre, oder wo aus Armut der Parteyen nichts zu erlangen, da würde wohl am tunlichsten seyn, daß, in Ansehung keine Jahresbesoldung zu hoffen, eine gewieße tägliche Ergözung verordnet würde, nach Unterschied der Personen, und weil der Director außer Futter und Mahl nichts begehren wird, könnte etwan ohne Masgebung, den Inspectori täglich 12 bis 15 Batzen, den andern geistlichen und weltlichen Assessorn jeden 6 biß 8 Batzen, den aber, der protocolliret und secundiret, das Duplum nebenst der Cost und Logirung verordnet werden.

Alles Salvo melius sententium et consulentium judicio.

Gerald Neumann

Die Rolle Kurbayerns im Spanischen Erbfolgekrieg im Blick der öffentlichen Meinung

Im Zeitalter des Absolutismus und des Barocks verschmolz das Bestreben, alle Macht in der Person des Landesfürsten zu bündeln mit dem Verlangen nach Glanz und gottgleicher Erhöhung des Herrscherhauses zu einer Einheit von Staat und Dynastie. Dieses Bewußtsein bestimmte sowohl den Fürsten als auch das Volk und spiegelte sich in der öffentlichen Meinung wider. Im Falle Kurbayerns verkörperte Kurfürst Max(imilian) II. Emanuel (1662–1726) diesen Typus eines absoluten Barockherrschers, womit er zweifelsohne im Trend seiner Zeit lag. In dem sich herausbildenden „Konzert der Mächte" versuchten nahezu alle europäischen und deutschen Potentaten einen wichtigen Part zu besetzen, wovon sich jeder einen Prestigegewinn für die eigene Dynastie versprach. Kurfürst Max II. Emanuel glaubte in dem am meisten umkämpften Terrain in Europa dieser Epoche, in Spanien mit seiner ungeklärten Thronnachfolge nach dem Tod des letzten Habsburgers Karl II. (1665–1700), dem Aufstieg Bayerns zur Großmacht näherzukommen.

Ein Vergleich der verschiedenen Phasen Kurbayerns in der spanischen Erbfolgefrage zeigt die unterschiedliche Intensität der zeitgenössischen Berichterstattung. Im folgenden soll detailliert das Beziehungsgeflecht zwischen den politischen Ereignissen, der publizistischen Aufarbeitung und dem jeweiligen Kenntnisstand der Öffentlichkeit freigelegt werden. Zeitungen, Zeitschriften, Flugschriften und Flugblätter machten zusammen mit Volksliedern und Zeitgedichten das Wesen der öffentlichen Meinung in der Frühen Neuzeit aus. Es sind damit alle Erzeugnisse gemeint, die für eine breite Leserschaft – damals also überwiegend für das städtische Bürgertum – angefertigt wurden. Volkslieder und Zeitgedichte gingen zwar häufig von Hofbediensteten aus, jedoch sind sie als Propaganda zu verstehen. Dazu kamen noch Volksweisen, die in der Bevölkerung entstanden und dort Verbreitung fanden. Speziell für die Situation Kurbayerns in den Auseinandersetzungen um die spanische Erbfolge spielten letztere eine untergeordnete Rolle, ebenso wie Flugblätter, die sich mit dieser Problematik überhaupt nicht beschäftigten. Nahezu alle Aussagen, welche die Rolle Kurbayerns in der spanischen Erbfolgefrage skizzieren, entstammen einem Zeitraum von nur sieben Jahren (1699–1706), also genau der Zeitspanne vom Bekanntwerden des 1. Teilungsvertrages vom 24. September 1698 bis zur Kapitulation Kurbayerns am 7. November 1704 und der Verhängung der Reichsacht am 29. April 1706, in der Max II. Emanuel Kurbayern zur Großmacht machen wollte. Davor und danach erweckten die Belange des kleinen katholischen Kurfürstentums kein außergewöhnliches öffentliches Interesse.

Die Fülle der Kommentare zur bayerischen Politik der Jahre 1692 beziehungsweise 1699 bis 1704 dürfen nicht darüber hinwegtäuschen, daß Kurbayern nur einer von vielen Aspekten der damaligen Publizistik war. Die wenigen zeitgenössischen Aussagen davor und danach ergeben dennoch ein differenziertes Meinungsbild für den gesamten Zeitraum der Jahre 1685 bis 1714/15. Je häufiger und ausführlicher über Bayern und seinen Landesherrn in den verschiedenen Phasen berichtet wurde, desto bedeutender erschien seine politische Stellung in der öffentlichen Meinung.

Max II. Emanuels „Spanische Hochzeit" 1685 und seine Belehnung mit den Spanischen Niederlanden 1692

Die Ratifizierung der Hochzeitsurkunden am 12. April 1685 zwischen Kurfürst Max II. Emanuel und der spanischen Infantin, Erzherzogin Maria Antonia, der einzigen Tochter Kaiser Leopolds I. und der Schwester des spanischen Königs Karl II., Margareta Theresia, besiegelte die bayerisch-österreichische Annäherung, die bereits am 25. Januar 1683 zu einem Verteidigungspakt der beiden Staaten gegen das Osmanische Reich und Frankreich geführt hatte. Darin verzichteten beide Brautleute auf alle Sukzessionsrechte beim Tod Karls II. zugunsten des Kaisers. Lediglich die Spanischen Niederlande sollten als Erbgut dem Ehepaar und seinen Nachkommen sowie mit Unterstützung Leopolds I. noch zu Lebzeiten des spanischen Königs dem bayerischen Kurfürsten zur Verwaltung übertragen werden.

Den entscheidenden Schritt zur Erlangung der Spanischen Niederlande erzielte Max II. Emanuel 1691 mit Hilfe Wilhelms III. von England, als er Mitglied in der Großen Allianz wurde und dort sein Vorhaben durch den Oranier garantiert sah. Noch am Ende des Jahres erwirkte sein Verbündeter von Karl II., daß der bayerische Kurfürst am 12. Dezember 1691 zum „Generalstatthalter und Generalkapitän der Niederlande" ernannt wurde. Am 26. März 1692 zog Max II. Emanuel feierlich in die Hauptstadt Brüssel ein[1].

Die Vermählung des bayerischen Kurfürsten mit der Erzhogin Maria Antonia im Jahr 1685 läßt sich aufgrund der kontinuierlichen Berichterstattung der Nürnberger Zeitungen von Anfang April bis Ende Mai 1685 als „Hochzeit des Jahres" bezeichnen. Dagegen wurden andere Eheschließungen nur am Rande erwähnt[2]. Darüber hinaus „erreichten" den Münchener Hof zahlreiche in Latein verfaßte Glückwunschschreiben, die die Bedeutung der „Spanischen Hochzeit" für Kurbayern herausstellten. Diese wurden allerdings im Auftrag des Hofes von Angehörigen des Jesuitenordens verfaßt und waren nicht für die Öffentlichkeit bestimmt[3]. Bei aller Aufmerksamkeit, die die (Wochen-)Zeitungen dieser Eheverbindung und späteren Gerüchten schenkten, kam es zu keinem publizistischen Widerhall in den zeitgenössischen Flugschriften.

Auch die Ernennung Max II. Emanuel zum Generalstatthalter der Spanischen Niederlande im Jahr 1692 war der damals veröffentlichten Meinung nur eine Notiz am Rande wert: *Anietzo bekame man gewiese Nachricht daß Se. Catholische Majestät um die noch übrige Niederländische Provintzen desto nachtrücklicher zu beschützen ihro Chur=Fürstl. Durchl. auß Bäyern den 5. Decembr. zum stätigen Gouverneur derselben ernennet* ...[4].

---

[1] Max Spindler (Hg.), Handbuch der bayerischen Geschichte, Bd. II, München ²1988, S. 473–487.

[2] Wochentlicher Ordinari=Friedens= und Kriegs=Currier, Nürnberg 1685; Wochentlicher Extraordinari Friedens=und Kriegs=Currier, Nürnberg 1685; Wochentliche Ordinari Post=Zeitung von den vornehmsten Europaeischen Orten, Nürnberg 1685 (Stadtbibliothek Nürnberg).

[3] Karl von Reinhardstöttner, Die Nutz- und Lusterweckende Gesellschaft der Vertrauten Nachbarn am Isarstrom, in: Forschungen zur Geschichte Bayerns VIII, 1900, S. 253–291, hier S. 257f.

[4] Everhardus Guernerus Happelius, Deß Bäyerischen Max, oder so genannten Europaeischen Geschicht=Romans aus das 1691. Jahr Vierdtes Buch ..., Ulm 1692, S. 281f. (Ernst-August-Bibliothek Wolfenbüttel).

Erst mit dem Einsetzen der Diskussion um die Nachfolge Karls II. auf dem spanischen Thron sowie der späteren Berichterstattung vom Spanischen Erbfolgekrieg in Bayern wurden die Vorgänge der „Spanischen Hochzeit" und der Übertragung der Niederlande an Max II. Emanuel im Rückblick ausreichend kommentiert. Bis zu diesem Zeitpunkt war über die Hintergründe dieser beiden Ereignisse in der Öffentlichkeit fast nichts bekannt. Nur ein Autor räumte dem bayerischen Kurfürsten Chancen auf den spanischen Thron ein, falls Karl II. kinderlos sterben sollte: *wäre wol der Churfürst von Bayern der nächste Erbe zur Cron Spanien als der die Käiserl. Princessin von der Königl. Spanischen Princessin Margaretha im Ehebette hat wiewol sich noch viel Troublen deßfalls erheben dörfften*[5].

Die einzige erhaltene zeitgenössische Notiz zu Spekulationen über Max II. Emanuels kaiserliche Garantie für die Übertragung der Spanischen Niederlande findet sich in einer Nürnberger (Wochen-)Zeitung: *Amsterdam vom 8. dito ... daß man sich an Spanis. Seiten niemals dahin resolvirt hätte den Rest der Niederlanden an Chur=Bäyeren oder jemand anders abzuhalten*[6]. Noch 1699 vertrat eine Kölner Flugschrift die offizielle Version, als es um die spanischen Erbansprüche des bayerischen Kurprinzen in einer fiktiven Nachlaßverhandlung ging: *Die Spanische Niederlande gehören gleichfalls/ohne eintzige Widerrede dem Chur=Printzen von Bäyern und hat aus diesen Ursachen der Durchlauchtigste Churfürst sich allbereit bey Lebzeiten des Königes das immerwährende Gouvernement in gemeldten Burgundischen Ländern geben lassen damit man wenn etwan auff künfftig begebenden Fall Franckreich de facto etwas tentiren wollte allbereit in würcklicher Possession stünde und dem feindlichen Einfall desto baß begegnen könte*[7].

Zwei Jahre später allerdings – der Spanische Erbfolgekrieg hatte noch nicht begonnen – kam ein Autor dem Zusammenhang von Max II. Emanuels „Spanischer Hochzeit" und seiner Statthalterschaft in den Niederlanden sehr nahe, als er diese Provinz als *Morgengabe* bezeichnete, die erst 1692 eingelöst werden konnte[8].

Die vielen Veröffentlichungen während des Krieges verdrängten diesen Aspekt wieder zugunsten der Annahme, daß Max II. Emanuel für seine Verdienste in den Türkenkriegen vom Kaiser mit den Spanischen Niederlanden belohnt wurde und gleichzeitig der Bedrohung durch Frankreich am Niederrhein entgegenwirken sollte[9]. Erst 1706 kamen der Erbverzicht des bayerischen Kurfürsten und die Absprache zwi-

---

[5] Everhardus Guernerus Happelius, Der erneuerte Europaeische TOROAN ist eine kurtz-bündige Beschreibung aller Königreiche und Länder in ganz Europa ..., Frankfurt am Main 1689, S. 664 (Bayerische Staatsbibliothek München).

[6] Wochentlicher Extraordinari Friedens=und Kriegs=Currier, Nürnberg 1685, S. 814 (Stadtbibliothek Nürnberg).

[7] Curieuse Staats=Frage wer in dem grossen Monarchischen Königreich Spanien der rechtmäßige Successor seyn soll im Fall der ietztregierende König Carolus II. ohne rechtmäßigen Leibes=Erben nach des Höchsten Direction, dieses Zeitliche verlassen solte ..., Köln 1699, S. C3a (Bayerische Staatsbibliothek München).

[8] Bernhardt Christian Jäger, Europaeischer Historicus über das jüngst=hin beschlossene und höchst wunders=würdige 17te Seculum ..., Leipzig 1701, S. 1106f. (Ernst-August-Bibliothek Wolfenbüttel).

[9] Antwort auf das MANIFEST, so unter den nahmen Sr. Chur=Fürstl. Durchlaucht. von Bäyern herauskommen, Frankfurt am Main 1706, S. 23f. (Bayerische Staatsbibliothek München).

schen München und Wien zur Sprache, die Leopold I. zur raschen Übertragung der Spanischen Niederlande an Max II. Emanuel verpflichtete[10].

Kurprinz Joseph Ferdinand als spanischer Infant

Max II. Emanuels Hoffnungen, ganz Spanien für seine Dynastie zu gewinnen, erhielten eine reelle Grundlage, als sein Sohn Joseph Ferdinand (1692–1699) am 28. Oktober 1692 zur Welt kam. Sowohl juristisch als auch machtpolitisch erschien er als der aussichtsreichste Thronanwärter in der seit Jahrzehnten ungeklärten spanischen Erbfolgefrage, da der Heimfall Spaniens an Frankreich oder Österreich in den Augen der Seemächte das internationale Kräftegleichgewicht in Europa entscheidend gefährdet hätte. Neben machtpolitischen Erwägungen bestimmten letztendlich wirtschaftliche Überlegungen die Entscheidung Englands und der Generalstaaten, den bayerischen Kurprinzen Joseph Ferdinand im 1. Teilungsvertrag vom 24. September 1698, der mit Frankreich abgeschlossen wurde, als Haupterben der spanischen Monarchie anzusehen. Das Mutterland, die Kolonien sowie die Niederlande sollten ihm zufallen. Spanien fühlte sich nach dem Bekanntwerden des Vertrages in seiner Staatsidee – der Unteilbarkeit der Monarchie – öffentlich angegriffen und reagierte am 14. November 1698 mit einem neuen Testament Karls II., das den bayerischen Kurprinzen zum alleinigen Erben bestimmte.

Wenige Wochen später, als die Wiener Hofburg und Versailles dem bayerischen Kurfürsten versicherten, jene Vereinbarungen anzuerkennen, starb der spanische Infant am 6. Februar 1699 an den Folgen einer Magenkolik. Damit waren alle bayerischen Hoffnungen gegenstandslos geworden – Max II. Emanuel stand am Ende seiner Bemühungen um das spanische Erbe für seine Dynastie[11].

Zum Zeitpunkt der Geburt des von Max II. Emanuel lang ersehnten Stammhalters gab es noch keine Spekulationen in den zeitgenössischen Medien zu bayerischen Ansprüchen auf die spanische Monarchie. Erst als die überraschende Einigung der Seemächte mit Frankreich und das neue Testament Karls II. bekannt wurden, die den Kurprinzen Joseph Ferdinand als spanischen Infanten völkerrechtlich legitimierten, zeigte die öffentliche Meinung Interesse.

Da für diesen Zeitraum keine Zeitungen vorliegen, bleibt eine Flugschrift von 1699 die einzige Quelle, die zu Lebzeiten des bayerischen Kurprinzen verfaßt wurde und sich mit dessen Ansprüchen gegenüber den weiteren Thronanwärtern auf die spanische Krone beschäftigte[12].

Für wie pietätlos man die öffentlichen Diskussionen um das Spanische Erbe zu Lebzeiten Karls II. hielt, zeigt eine zeitgenössische Rezension zur oben angeführten Flugschrift von 1699, die mit folgendem Schlußwort endet: *Dem allen aber ungeachtet so scheinet daß der König in Spanien niemanden zu Gefallen sterben werde/und dürffte denen welche viel auf seinen Tod borgen die zeit ziemlich lang werden denn der jenige nicht stracks stirbet/der immer kränckelt gestalten nach dem*

---

[10] Sr. Churfl. Durchl. von Bäyern Manifest, samt dessen Beantwortung oder einigen anmerckungen über die darinnen angeführten ursachen wordurch man die gerechtigkeit seiner Waffen zu behaupten suchet, Frankfurt am Main 1706, S. 35–37 (Bayerische Staatsbibliothek München).
[11] Spindler, Handbuch II (wie Anm. 1), S. 487–497.
[12] Curieuse Staats=Frage (wie Anm. 7).

gemeinen Sprichwort die jenigen Wägen die am meisten knarren/am längsten halten ...[13].

Die Nachricht vom 1. Teilungsvertrag wurde in relativ kurzer Zeit der Öffentlichkeit bekannt, als in einer Flugschrift von 1700, die noch vor dem Tode Karls II. erschien, sowohl das Treffen als auch das Ergebnis der europäischen Mächtekonferenz im Zusammenhang mit den Erbansprüchen des bayerischen Kurprinzen erwähnt wurde[14].

Nach dem Tod des bayerischen Kurprinzen wuchs in der öffentlichen Meinung die Unsicherheit über eine friedvolle Zukunft Europas, da Joseph Ferdinand zuvor als Wunschkandidat der Großmächte eine friedliche Lösung der spanischen Erbfolge versprochen hatte: *Die Bekümmernis über diesen unvermutheten Todesfall betraff nicht nur das Durchleuchtige Chur=Hauß Bayer(n)/sondern auch das Röm. Reich und gantz Spanien; jawol gantz Europa hätte Ursach die Trauer über einen Printzen von ungemeiner Hoffnung anzulegen angesehen mit demselbigen die allgemeine Ruhe von europa bey nahe zu Grab getragen ward*[15]. Die nach dem Tod Karls II. einsetzenden publizistischen Kontroversen zwischen den Anhängern der französischen und der österreichischen Partei im Vorfeld des sich abzeichnenden Krieges führten zwischen 1699 und 1703 zu einer Fülle von Flugschriften, die sich mit der wieder offenen spanischen Erbfolge beschäftigten[16]. Nach dem Ableben des bayerischen Kurprinzen bezog man sich in diesen Veröffentlichungen immer weniger auf seine ehemaligen Ansprüche, da das öffentliche Interesse sich zunehmend mit Frankreichs und Österreichs Forderungen auf den spanischen Thron auseinandersetzte. In den Kriegsjahren benutzten Bayern und Frankreich in Flugschriften und anderen Veröffentlichungen Joseph Ferdinand nur noch zur Legitimation ihres Bündnisses und als Beispiel für die „ungerechte" Handlungsweise Österreichs. Das Engagement Kurbayerns in der spanischen Erbfolgefrage und die damit verbundenen finanziellen Aufwendungen, die das Land zu tragen hatte, erfuhren im *Klagliedl Zwayer Bayrischen Baurey, yber den laidig Todtfahl des Chur=Prinzens*[17] aus dem Jahr 1699 auch eine innerbayerische Kritik.

Hinter der vorgebrachten Trauer um das Ableben des Kurprinzen wurde im Verlauf des Liedes immer deutlicher, daß Bayern für die Ambitionen seines Landesfürsten, der mit Hilfe der Spanischen Niederlande ganz Spanien erwerben wollte, einen unverantwortlich hohen Preis zu bezahlen hatte:

---

[13] Aufgefangene Brieffe Welche zwischen etzlichen curieusen Personen über den ietzigen Zustand Der Staats und gelehrten Welt gewechselt worden. Erste Ravage, Wahrenberg 1700, S. 16 (Bayerische Staatsbibliothek München).

[14] Historische Relation spanischer Staats=Affairen das Successions-Werck der spanischen Königreiche und die von Frankreich Engel= und Holland gemachte Zertheilung selbiger Monarchie betreffend ..., o.O. 1700, S. 38 (Bayerische Staatsbibliothek München).

[15] Historische Relation (wie Anm. 14), S. 26.

[16] Carl Ringhoffer, Die Flugschriften-Literatur zu Beginn des spanischen Erbfolgekriegs, Berlin 1881. Ringhoffer sparte die Rolle Kurbayerns in der zeitgenössischen Publizistik völlig aus.

[17] August Hartmann, Historische Volkslieder und Zeitgedichte vom sechzehnten bis neunzehnten Jahrhundert, Bd. 2, München 1910, S. 126–134.

> *Was ma g'funda hat allhier,*
> *Mußte in das spanisch Flandern*
> *Zum Kurfüsten hina wandern;*
> *Kam bleibt etwas übrig schier*[18].

Die Folge des Zusammenbruchs aller bayerischen Träume war, daß Bayern nicht nur zum Gespött der Öffentlichkeit wurde,

> *Schau! was samma do für Lappen*
> *Trachten um a Königskappen*
> *Mit dem Prinzel auf den Thron!*[19]

sondern sich in völliger Abhängigkeit von Kreditgebern befand:

> *Wechsel muaß ma hina macha,*
> *Daß ei'm grad das Herz möchte kracha ...*
> *Tuat's da Fürst kam halb bekemma*
> *Wechsler dö tuan weckanemma ...*[20].

Diesem Lied war ferner eine deutliche Spitze gegen das luxuriöse Leben der einheimischen Landstände und gegen den Opportunismus des Hofes gegenüber Frankreich zu entnehmen.

Max II. Emanuels Motive für die Allianz mit Frankreich

Durch den Tod Karls II. am 1. November 1700 und durch die Verwirklichung seines letzten Willens – Philipp von Anjou als neuen spanischen König von Ludwig XIV. nach Madrid entsenden zu lassen – geriet die Position Max II. Emanuel in den Spanischen Niederlanden ins Wanken, denn Frankreich stellte daraufhin den 2. Teilungsvertrag vom 11. Juni 1699 in Frage. In dieser Situation bedeutete die französische Okkupation der bisher von holländischen Einheiten besetzten niederländischen Festungen im Februar 1701 ein erstes Zugeständnis des bayerischen Kurfürsten an den „Sonnenkönig". Er hielt in dem sich abzeichnenden Krieg den französischen König für den Stärkeren und wollte sich daher den Besitz der Spanischen Niederlande garantieren lassen. Nicht zuletzt die zögernde Haltung des Kaisers gegenüber dieser Statthalterschaft entfremdete den Wittelsbacher bereits vor dem Tod seines Sohnes dem Hause Österreich.

Dem Traum von einem Königreich und damit einer Rangerhöhung seiner Dynastie wollte der bayerische Kurfürst nach dem Ableben seines Sohnes eine neue Grundlage verschaffen, indem er sich für dieses Ziel den beiden rivalisierenden Parteien in der spanischen Erbfolgefrage als Bündnispartner anbot. Der Vertrag mit Frankreich vom 9. März 1701 war ein erster Erfolg, weil er ihm alle zukünftigen Eroberungen garantierte und ihn bei Verlusten mit den Spanischen Niederlanden und dem Hennegau entschädigen sollte. Als Gegenleistung anerkannte Max II. Emanuel Philipp von Anjou als König von Spanien und versprach, für die Neutralität des Reiches im Krieg einzutreten.

Trotz vorübergehender Neutralität gelang es dem Kaiser und der Großen Allianz, bestehend aus England und den Generalstaaten, das Reich auf ihre Seite zu ziehen.

---

[18] Hartmann, Volkslieder (wie Anm. 17), S. 128.
[19] Hartmann, Volkslieder (wie Anm. 17), S. 131.
[20] Hartmann, Volkslieder (wie Anm. 17), S. 128.

Als Reaktion darauf vereinbarten Frankreich und Bayern zum 1. August 1701 eine Erweiterung des Allianzvertrages mit dem Ziel, Max II. Emanuel ein oberdeutsches Königreich zu versprechen.

Auf österreichischer Seite kam man ihm nicht entgegen, obwohl er sogar sein Kurfürstentum zum Tausch gegen Neapel und Sizilien in die Waagschale warf. Die wenigen Zugeständnisse der Hofburg machte man noch dazu von der Zustimmung der Seemächte abhängig. Größere territoriale Erwerbungen und die Königswürde wurden ganz abgewiesen, weshalb es schließlich am 21. August 1702 zum Abschluß des Offensivbündnisses zwischen Bayern und Frankreich kam[21].

Ähnlich wie die Motive für den Bündniswechsel wurden auch Bayerns Gründe für den Kriegseintritt in den zahlreichen Stellungnahmen zum Spanischen Erbfolgekrieg artikuliert. Über Max II. Emanuels Motive, sich Frankreich anzuschließen, erzählten die zeitgenössischen Schriften bis 1702 fast nichts, weil diese Allianz bis dahin nicht wahrgenommen wurde. Die Öffentlichkeit wurde vom Bündniswechsel Bayerns, der im Überfall auf die Reichsstadt Ulm am 8. September 1702 zum Ausdruck kam, völlig überrascht. Ohne Einzelheiten der Geheimverhandlungen, die Bayern parallel mit Österreich und Frankreich führte, in Erfahrung zu bringen, gingen die Zeitschriften auf ihrer Suche nach den Motiven für den Umschwung hauptsächlich Gerüchten und Vermutungen nach. So wurde die zweite Frau Max II. Emanuel für den Wechsel verantwortlich gemacht. Aber auch dessen Bruder Joseph Clemens, Kurfürst von Köln, oder die französische Partei am Brüsseler Hof des Kurfürsten gerieten in den Verdacht, den Wittelsbacher von dem Bündnis mit dem Kaiser abgebracht zu haben. Man glaubte, daß Frankreich die Neidgefühle des bayerischen Kurfürsten gegenüber den brandenburgischen und sächsischen Königserhebungen benutzte, um ihn für ein *Schwäbisches Königreich zu erregen*[22].

Von Bayern aus unternahm man sowohl von landesherrlicher Seite als auch durch die „Isargesellschaft", die sich weitgehend aus loyalen Hofbeamten zusammensetzte, den Versuch, den politischen Kurswechsel als Antwort auf die angeblich friedensgefährdende Politik Österreichs im Zusammenhang mit der spanischen Erbfolge zu legitimieren. Als mit dem Tod Karls II. der Besitz der Spanischen Niederlande für Bayern gefährdet schien, meinte die „Isargesellschaft", es wäre gerechtfertigt, daß sich Bayern *gegen Spanien und Franckr. mit einer zulässigen Neutralität engagirte umb so vil mehr dardurch sie die Niderland noch ferner erblich behalten kundte*[23].

Max II. Emanuel wollte in seinem *Chur=Bäyerischen Manifest* von 1704 der Öffentlichkeit weismachen, er schlösse sich nur bereits vorhandenen Neutralitätsabsichten einiger Reichsstände an[24]. Den Einzug französischer Truppen in die Spanischen Niederlande interpretierte ein weiteres Manifest als Gehorsam gegenüber dem

---

[21] Spindler, Handbuch II (wie Anm. 1), S. 487–497.

[22] Aufgefangene Brieffe Von allerhand Ursachen warum der Churfürst zu Bäyern die Käyserl. Parthey verlassen und Franckreich zugethan, Der dritten Ravage Viertes Pacquet, Wahrenberg vom 21. Dezember 1702, S. 414f. (Bayerische Staatsbibliothek München).

[23] Für das Vatter=Land des Bayrischen Löwens Getreue Gefährtin zu der Isargesellschafft ..., München 1703, S. 38f. (Bayerische Staatsbibliothek München).

[24] Chur=Bäyerisches Manifest, In welchem die Ursachen Wodurch Ihro Churfl. Durchl. zu Bäyern den Krieg wider den Käyser vorzunehmen genöthiget umständlich erzehlet werden, Köln 1704, S. A3a (Ernst-August-Bibliothek Wolfenbüttel).

neuen spanischen König: *Wenn ich in die plätze meines Gouvernements worinne die Holländer garnison hatten Frantzösische truppen einnahm so gehorsamte ich hierinne dem befehl des Spanischen hoffs ...*[25]. Diese probayerischen Schriften enthielten jedoch keine Hinweise auf die vorhergehenden Geheimverhandlungen mit Frankreich und Österreich.

Letztlich hellten erst die kaiserfreundlichen und antifranzösischen Flugschriften gegen Ende der bayerischen Opposition im Reich die Hintergründe für Max II. Emanuels Abkehr von Leopold I. etwas auf. Sie identifizierten sämtliche Aktionen des Kurfürsten seit der Anerkennung Philipps von Anjou als neuen spanischen König über den Einmarsch französischer Truppen in die Niederlande bis zu den Neutralitätsabsichten mit den süddeutschen Reichskreisen als Teile eines gemeinsamen Vorgehens mit Frankreich. Bayerische Hausmachtinteressen und Neidgefühle hinsichtlich der brandenburgischen und sächsischen Königskronen waren ihrer Meinung nach die einzigen Motive für den Umschwung[26].

Eine antifranzösische Flugschrift förderte Einzelheiten aus den geheimen Bündnisverhandlungen zutage (etwa die bayerischen Subsidienforderungen an Österreich aufgrund des Einsatzes in den Türkenkriegen oder das Aussetzen einer Königskrone im Reich als Preis für die Hilfe im Erbfolgestreit durch Frankreich), die teilweise unzureichend gewesen seien (wie das Versprechen des Königreichs Böhmen für Max II. Emanuel)[27]. Das Gerücht vom versprochenen Königreich Böhmen wurde schon früher in die Welt gesetzt[28], da sich die damalige Öffentlichkeit bis dahin ein neues, bayerisches Königreich innerhalb des Reiches nicht vorstellen konnte. Erst mit Kriegsbeginn glaubte man daran, daß Max II. Emanuel und seine Verbündeten *nach nichts anders als einer königlichen Krone trachteten und daß sie sich von ihrem Lande und den nächstgelegenen Kreysen welche unter ihrer willkühre standen ein Königreich zusammen zu setzen suchten*[29]. Somit waren bis zur Verhängung der Reichsacht 1706 über Max II. Emanuel die Beweggründe für seinen Bündniswechsel der Öffentlichkeit weitgehend bekannt.

Bayern während des Spanischen Erbfolgekrieges bis zur Kapitulation 1704

Max II. Emanuel versuchte mit der überraschenden Einnahme Ulms am 8. September 1702 aus einer Position der Stärke doch noch mit Kaiser Leopold I. ins Geschäft zu kommen. Er wollte von Bayern aus keine endgültigen Schritte zur Niederlage Österreichs einleiten, sondern nur drohen, um seinen Zielen mit Gewalt

---

[25] Manifest (wie Anm. 10), S. 8.
[26] Caesar Aquilinius, Außführliche Historie des jetzigen Bayrischen Kriegs ..., Bd.1, Köln 1703, S. 104 (Bayerische Staatsbibliothek München).
[27] Die Aller-Christlichen Fragstücke oder Der neu=eröffnete CATECHISMUS Sr. Aller=Christlichsten Majestät Ludovici XIV Königs von Franckreich ..., Köln 1706, S. 30 (Bayerische Staatsbibliothek München).
[28] Geheime Brieffe so zwischen curieusen Personen über notable Sachen der Staats= und gelehrten Welt gewechselt worden nebst einigen Remarques uber die neuesten Begebenheiten so monatlich vorfallen, Des dritten Cabinets Siebende Post, o.O. 1703, S. 587 (Bayerische Staatsbibliothek München).
[29] Antwort (wie Anm. 9), S. 9. Auch: Das Unter Chur=Bayer= und Frantzösischer Gewalt Hart gedruckte aber nicht unterdruckte Schwaben Oder Außführlicher Bericht Deß Zwey=Jährigen im Schwabenlande geführten Krieges ..., Freiburg 1705, S. 32 (Bayerische Staatsbibliothek München).

Nachdruck zu verleihen. Daher versicherte sich der bayerische Kurfürst ganz gezielt strategischer Orte wie Neuburg an der Donau am 3. Februar und Regensburg am 8. April 1703, um mit weiteren Eroberungen sein Land als uneinnehmbaren Stützpunkt zu arrondieren. Einer Entscheidungsschlacht ging er nach der militärischen Vereinigung mit dem französischen General Villars am 11. Mai aus dem Weg, obwohl Wien zu der Zeit im Westen nahezu schutzlos war, da in Ungarn eine breite Adelsopposition auch auf die Erblande überzugreifen schien.

Vielmehr suchte der bayerische Kurfürst in Tirol mit dem General Vendôme, der in Oberitalien mit Österreich im Krieg stand, eine Verbindung herzustellen. Gleichzeitig konnte er damit alte Erbrechte auf die Grafschaft Tirol geltend machen und damit die Hofburg geschickter erpressen. Letztlich scheiterte diese Strategie an dem unerwartet zähen Widerstand der Tiroler Milizverbände, der rückblickend den Anfang vom Ende der bayerischen Königsträume einleitete. Durch die hohen Verluste beim Rückzug aus Tirol sah sich Max II. Emanuel in die Defensive versetzt und konnte, bis auf wenige Befreiungsakte, wie dem Gefecht von Höchstädt am 20. September, der Einnahme Augsburgs am 14. Dezember 1703 und Passaus am 9. Januar 1704 sowie dem Vordringen nach Oberösterreich im Januar, nur noch auf die Truppenbewegungen der Großen Allianz reagieren.

Obwohl er sich dem Ernst seiner Lage bewußt war, zeigte er sich in den seit Februar 1704 laufenden Geheimverhandlungen mit den Alliierten, die seinen Übertritt in ihr Lager vorbereiten sollten, zu keinen Zugeständnissen bereit, die Abstriche von seinen Kriegszielen erfordert hätten. Die Gespräche fanden ihr Ende, als der bayerische Kurfürst auf den Entsatz durch General Tallard hoffen konnte, mit dem er die Große Allianz schlagen wollte, deren Truppen nach der Schlacht vom Schellenberg am 2. Juli 1704 in das bayerische Hinterland eingefallen waren und ihn zu einer Entscheidungsschlacht nötigten. Diese traf am 13. August 1704 bei Höchstädt ein, als Tallard und Max II. Emanuel eine vernichtende Niederlage hinnehmen mußten, die für das Kurfürstentum das Ende als selbständiger Machtfaktor im Spanischen Erbfolgekrieg bedeutete. Am 7. November 1704 unterzeichnete die Kurfürstin Theresia Kunigunde, die vor der Flucht ihres Mannes in die Niederlande am 17. August 1704 von ihm zur Regentin erklärt worden war, im Ilbesheimer Vertrag die Kapitulation Bayerns[30].

Für die Jahre, in denen der Spanische Erbfolgekrieg in Deutschland und dort vor allem in Bayern stattfand, liegen zahlreiche Flugschriften und andere Veröffentlichungen vor, die zum Teil minutiös die einzelnen Aktionen der kriegführenden Parteien verfolgten und vielfach die Rolle Bayerns im Krieg kommentierten. Zusammen mit Volksliedern und Gedichten, von denen in dieser Phase sehr viele komponiert wurden, entsteht ein dichtes und lebendiges Bild dieser Zeit. Eine Ausnahme bildeten Christian Nigrinos *Curieuses DIARIUM*[31] und die *Continuatio I.*[32], da beide neutral über die Kriegsereignisse berichteten, ohne auf die Hintergründe einzugehen.

---

[30] Spindler, Handbuch II (wie Anm. 1), S. 498–509.

[31] Christian Nigrino, Curieuses DIARIUM oder Tag=Buch aller der jenigen denck= und merckwürdigsten Begebenheiten welche sich von An. 1700 biß 1704. und also von dem Anfang dieses noch fortwährenden Blutigen Krieges … ereignet und zugetragen, Köln 1704 (Bayerische Staatsbibliothek München).

[32] Continuatio I. der Zehn=Jährigen Historischen Relation …, Leipzig 1699–1704 (Ernst-August-Bibliothek Wolfenbüttel).

Die probayerischen Schriften beschäftigten sich sehr detailliert mit den vermeintlichen Ursachen des Spanischen Erbfolgekrieges, die den Kurfürsten schließlich gezwungen haben, in die Offensive zu gehen. So habe sich Bayern gegen Übergriffe Österreichs und der Allianz zur Wehr setzen müssen und daher bei Frankreich Unterstützung gesucht[33]. Man wollte Glauben machen, daß die Habsburger schon seit längerem die Existenz Bayerns als Ärgernis empfunden hätten und nun zur endgültigen Annexion des Kurfürstentums übergehen wollten, nachdem sie sich bereits in den vorigen Jahrhunderten verschiedene wittelsbachische Besitzungen einverleibt hatten[34]. Strategische Gesichtspunkte hätten für die Eroberung Ulms und Memmingens den Ausschlag gegeben. Einerseits, um sich besser verteidigen zu können, andererseits, um mit diesem Vorstoß zu beweisen, daß man für die *Teutsche Libertät und Reichs=Freyheit ... bis auf den letzten Mann ... zu stehen* bereit war, die durch *in dem Röm. Reich noch nie erhöhten Zwang und Monarchische Regierungs=Art* gefährdet erschien[35].

Den Ausschlag für die zu erwartenden Angriffe seiner Gegner auf Bayern gab Max II. Emanuels Entschluß, den Auseinandersetzungen um das spanische Erbe aus dem Weg zu gehen und sich deshalb mit seinen Nachbarn im fränkischen und schwäbischen Kreis einer bewaffneten Neutralität zu versichern. Die Einnahme Ulms diente daher nicht nur dem eigenen Schutz, sondern erwies sich auch als ein willkommenes Druckmittel Bayerns gegenüber seinen Nachbarn, um den Entschädigungsansprüchen für die beabsichtigte Neutralität Nachdruck zu verleihen[36].

Mit zum Teil ungewöhnlicher Schärfe verwahrten sich die prokaiserlichen Schriften gegen die Vorwürfe, am Ausbruch des Spanischen Erbfolgekrieges in Deutschland Schuld zu sein: *alwo mit unbeschreiblicher Unverschämdheit alles das jenige was Chur=Bäyern selbst gethan und verschuldet und also wider ihn zugebrauchen wäre wider besser Wissen und Kändnüß der gantzen Welt auff das Hauß Oestreich weltzen will ...*[37]. Die Einnahme Ulms wurde als erster Schritt Max II. Emanuel in Richtung Frankreichs gesehen[38].

Am ausführlichsten widerlegten die *Antwort auf das Churfürstliche MANIFEST* und die *Gründliche Vorstellung* die kurbayerische Propaganda für die „Notwendigkeit" des Krieges gegen Österreich. Die *Antwort* bezeichnete die bayerische „Neutralität" als Vorwand zur Vertuschung der strategischen Absichten Frankreichs[39] und der expansiven Hausmachtpolitik Max II. Emanuel, die mit Ulm das Fundament für ein zukünftiges bayerisches Königreich legen wollten[40]. Dagegen ging die *Gründliche Vorstellung* bei der Aufdeckung der bayerischen Schutzbehauptungen Schritt für Schritt vor und

---

[33] Chur=Bäyerisches Manifest (wie Anm. 24), S. A2a.
[34] Chur=Bäyerisches Manifest (wie Anm. 24), S. B2b.
[35] Chur=Bäyerisches Manifest (wie Anm. 24), S. Ba.
[36] Manifest (wie Anm. 10), S. 13f.
[37] Geheime Brieffe so zwischen curieusen Personen über notable Sachen der Staats= und gelehrten Welt gewechselt worden nebst einigen Remarques uber die neuesten Begebenheiten so monatlich vorfallen, Des dritten Cabinets Sechste Post, Freistadt 1703, S. 494 (Bayerische Staatsbibliothek München).
[38] Historische Anzeige des Chur=Bäyerischen von der Associations-Handlung mit dem Fränck= und Schwäbischen Creyß genommenen Vorwands und Dannenher wieder dieselbe exercirten Hostilitäten, Köln 1706, S. 94 (Bayerische Staatsbibliothek München).
[39] Antwort (wie Anm. 9), S. 158f.
[40] Antwort (wie Anm. 9), S. 88.

führte deren Haltlosigkeit der Öffentlichkeit vor Augen: So stieß ihrer Meinung nach die Fürstenfreiheit Max II. Emanuel an die Grenzen der Legitimität, wenn sich diese als „Neutralität" gegen Kaiser und Reich richtete[41]. Auch wer die bayerische Meinung teilte, daß es sich in der spanischen Erbfolgefrage um eine Angelegenheit des Hauses Habsburg und nicht des Reiches handelte, konnte keine Bündnisse mit Österreichs Hauptkontrahent unter dem Vorwand der Reichsfreiheit befürworten[42].

Am eindrucksvollsten verarbeiteten Volkslieder und Zeitgedichte die Rolle Kurbayerns im Spanischen Erbfolgekrieg. Sie spiegelten wie das publizistische Echo der Zeit Zustimmung, Besorgnis oder Ablehnung gegenüber der Politik Max II. Emanuel wider. Die positiven Stimmen befanden sich wohl aufgrund der kurzen „Erfolgsphase" in der Minderheit, während sowohl auf bayerischer als auch auf alliierter Seite die nachdenklichen bis feindseligen Äußerungen dominierten[43].

Bereits zu Beginn des Spanischen Erbfolgekrieges (1702/03) entstand ein bayerisches Spottlied auf die angrenzenden und zum Teil eroberten Reichsstände, das die Unbesiegbarkeit Max II. Emanuel hervorheben wollte:

Ulm wurd bayrisch durch die Witz'
Augsburg durch das scharpfe G'schütz.
Regensburg gab sich mit Accord,
Passau auf drei milde Wort', ...
Da sie sahen seinen Zorn,
Gaben sie sich auch verloren[44].

Von den Einbrüchen und der verheerenden Niederlage in Tirol wußte dieses Lied noch nichts zu berichten.

Die Vorahnung des unmittelbar bevorstehenden Unglücks durchzog das Lied *Bayerland an seinen Kurfürsten in der letzten Audienz* von 1703. Darin erfuhr Bayern mit Entsetzen vom Angriff auf Ulm. Mit dem Hinweis auf die Hoffnungslosigkeit seines Unternehmens wurde versucht, den Kurfürsten von seinen Plänen abzubringen:

Dem Kaiser und dem ganzen Reich
Bist du nit mächtig g'nug und gleich. ...
Ich sorg, ich sorg, du kommst in Noth,
Viel Hunde seind des Hasen Tod;
Ein' Löben, so ein starkes Thier,
Zwingen drei Jäger oder vier.
Der Hahn ist dein und mein Ruin;
Meidest du den nit, so seind wir hin. ...
Ich bitt, kehr um Emanuel!
Die Hoffnung ist vergebens; ...[45].

---

[41] Gründliche Vorstellung daß der wider die Röm. Kayserl. Majestät und dero höchstlöbl. ADMINISTRATION der Chur=Bayerischen Lande von den Unterthanen darinn vorgenommene Aufstand unrechtmäßig gewissen=loß und hochstraffbar sey, o.O. 1706, S. 53f. (Bayerische Staatsbibliothek München).

[42] Vorstellung (wie Anm. 41), S. 56f.

[43] Uwe Puschner, Kurfürst Max Emanuel im Spiegel historischer Volkslieder und Zeitgedichte (1683–1726), in: Oberbayerisches Archiv 106, 1981, S. 277–289, hier S. 283.

[44] Hartmann, Volkslieder (wie Anm. 17), S. 135.

[45] Franz Wilhelm Freiherr von Ditfurth, Deutsche Volks- und Gesellschaftslieder des 17. und 18. Jahrhunderts, Nördlingen 1872, Neudruck: Hildesheim 1965, S. 115–117.

Wenig später, als die Hoffnungen Max II. Emanuel mit dem Sieg der Alliierten bei Höchstädt gegenstandslos geworden waren, wies im *Klag=Gespräch zwischen einem Frantzosen, Bayern und Schwaben* der Bayer die Schuld am Krieg den Franzosen zu, die ihm den Erwerb Frankens und Schwabens nahegelegt hätten. Halb mitleidig, halb im Zorn dachte der Bayer an die Zukunft seines Landes ohne dessen Regenten:

Jetzt hat er d'Goschn verbrandt, laßt Land und Leut im Stich,
Lauft no dazu davon – o Gott, erbarme dich![46]

Im Vergleich zu den Volksliedern und Zeitgedichten kommentierten die Zeitschriften einzelne Stationen des Krieges und machten sich über deren Hintergründe Gedanken.

Beim Einfall Bayerns in Tirol erreichte die Sorge um die zukünftige Sicherheit Mitteleuropas ihren Höhepunkt in der öffentlichen Meinung. Man überlegte, ob dieser Schritt nur militärische oder auch dynastische Gesichtspunkte verfolgte:

Aber in Tyrol war nicht so da soll sich Mons. Vendome
von das ander Seit dring ein und die gantz Tyrol nehm
weg und soll sich daß Churfürst von die Bayer König
wird von die Tyrol und Stück von die Ital bekomm dazu[47].

Die Niederlage von Höchstädt wurde in der öffentlichen Meinung als große Erleichterung aufgenommen und ausführlich wiedergegeben: *Dadurch nicht allein der Feind bey Donauwerth aufn Schellenberge am 2. Julii geschlagen ... sondern auch darauf/ ... bey Höchstädt den 13ten Aug. dergestalt erleget worden daß dergleichen herrliche und vollkommene Victorie weder die Teutschen noch eine andere Nation in 200. Jahren wider die Frantzosen erhalten haben...*[48]. Ebenso wie Volkslieder und Zeitschriften beschäftigten sich von diesem Zeitpunkt an keine Flugschriften mit dem kaiserlich besetzten Bayern, da es keinen politischen Machtfaktor im Spanischen Erbfolgekrieg mehr darstellte.

Von der Verhängung der Reichsacht 1706 bis zur Restitution Max II. Emanuel in Bayern 1714

Obwohl Bayern nach der Niederlage von Höchstädt keine strategische Bedeutung mehr für den Kurfürsten besaß, verkörperten die Spanischen Niederlande noch bis 1706 einen militärischen Faktor, der weiterhin mit allen Mitteln von der Großen Allianz bekämpft wurde. Ein Schritt in diese Richtung bedeutete die Verhängung der Reichsacht vom 29. April 1706 durch Kaiser Joseph I. über Max II. Emanuel und seinen Bruder Joseph Clemens, Kurfürst von Köln. Endgültig geschlagen gab sich der bayerische Kurfürst nach der Schlacht von Ramilliés am 23. Mai 1706, nach der er

---

[46] Ditfurth, Volks- und Gesellschaftslieder (wie Anm. 45), S. 156.

[47] Der Hinten und forn wohlgepuckelter Hinckende Staats=Bote/ein Frantzmann/Hält ein Gespräche mit seinem Cousin, Mons. de la Kohlenbrenner, Die vierte Reise, o.O. 1703, S. 4b (Ernst-August-Bibliothek Wolfenbüttel).

[48] Geheime Brieffe so zwischen curieusen Personen über notable Sachen der Staats= und gelehrten Welt gewechselt worden nebst einigen Remarques uber die neuesten Begebenheiten so monatlich vorfallen, Des dritten Cabinets Eilfte Post, o.O. 1704, S. 869 (Bayerische Staatsbibliothek München).

Brüssel verlassen und sich nach Mons begeben mußte. Bis zu seiner Restitution im Frieden von Rastatt am 6. März und Baden vom 7. September 1714, der zwischen dem Reich und Frankreich geschlossen wurde, hielt sich Max II. Emanuel seit 1709 in Compiègne und ab 1711 in Namur auf.

In Geheimverhandlungen suchte der bayerische Kurfürst bereits seit 1706 Kontakt zu den Alliierten, vor allem zu den Generalstaaten, denen er signalisierte, sein Land für eine Königskrone in Italien aus der Erbmasse Spaniens eintauschen und einen Separatfrieden mit der Großen Allianz schließen zu wollen. In den offiziellen Friedensverhandlungen von Haag 1709, Gertruidenburg 1710, Utrecht 1712/13 sowie denen von Rastatt und Baden 1714 sah Max II. Emanuel seine Interessen durch Ludwig XIV. von Frankreich wahrgenommen, der allerdings über das doppelbödige Spiel seines bayerischen Verbündeten seit langem informiert war. Erst mit dem Tod Kaiser Joseph I. am 17. April 1711 und der befürchteten österreichischen Universalmonarchie durch die Wahl Karls VI. zum römischen Kaiser kam Bewegung in die zuvor festgefahrenen Friedensverhandlungen, die gleichzeitig eine Realisierung der bayerischen Interessen in Aussicht stellten. Am hartnäckigen Widerstand des Kaisers und des Reiches scheiterten jedoch letztlich alle Versuche eines Ländertausches oder einer anderen Form der Entschädigung für Max II. Emanuel. Nur die Restitution der ursprünglichen Ämter und Würden sowie des alten Kurfürstentums konnte Frankreich für seinen Verbündeten erwirken[49].

Bayern hatte seit der kaiserlichen Besetzung des Landes und der Emigration des Kurfürsten seine machtpolitische Bedeutung im Spanischen Erbfolgekrieg verloren und verschwand daher ebenso schnell aus dem öffentlichen Interesse wie es 1699 in die Schlagzeilen gekommen war.

Max II. Emanuels Versuche, nach der Schlacht von Höchstädt einen Separatfrieden mit der Großen Allianz zu schließen, wurden mit keiner Silbe in den zeitgenössischen Schriften erwähnt. Daß seine Geheimkontakte zu den Alliierten nicht bekannt waren, bestätigte die publizistische Diskussion auf die *Protestation wider die jetzt bevorstehende Römische Käyser=Wahl* von 1711 der beiden wittelsbachischen Kurfürsten gegen die Kaiserwahl Karls VI. Nachdem keine gedruckte Fassung der *Protestation* mehr vorhanden ist, ergibt sich deren Inhalt aus zwei erhalten gebliebenen Gegenflugschriften. Darin wiederholten die beiden Wittelsbacher den bayerischen Standpunkt und verlangten mit ihrer Einladung zur Kaiserwahl eine stillschweigende Aufhebung der Reichsacht. Dagegen wurde in den beiden antibayerischen Flugschriften die Reichsacht weiterhin gerechtfertigt[50] und einer Restitution Max II. Emanuel nur bedingt das Wort geredet: *Allein das andere alles was noch nicht andern in die Lehn würcklich gegeben möchte wol der Käyser und das Reich behalten biß so lange man siehet daß des gewesen Churfürstens von Bäyern Erben sich wol und beständig um*

---

[49] Spindler, Handbuch II (wie Anm. 1), S. 509–513.
[50] Des gewesen Chur=Fürstens von Bayern Maximilian Emanuel Protestation wider die jetzt bevorstehende Römische Käyser=Wahl Nebst kurz abgefaßten Histor=und Politischen Anmerckungen woraus derselben Protestation Nichtigkeit und Ohnmacht zu ersehen, o.O. 1711, S. 5 (Bayerische Staatsbibliothek München).

daß gemeine Wesen wie sonsten geschehen verdienen und dannenhero wiederum mit etwas mehrern Lande zu belohnen seyn[51].

Für die Zeit des Exils gibt es keine Flugschriften oder Zeitungsnotizen, die die laufenden Friedensverhandlungen und Max II. Emanuels spätere Restitution kritisch begleiteten. Auch die Ergebnisse des Friedens von Rastatt und Baden für Bayern und seinen Kurfürsten wurden in den Zeitungen und Flugschriften nicht eigens kommentiert, sondern nur im Zusammenhang mit dem gesamten Vertragswerk erwähnt.

Nur in einigen Volksliedern wurde befürchtet, daß Bayern unter Max II. Emanuel seinen Nachbarn wieder gefährlich werden könnte. So drohte Bayern seinen ehemaligen Feinden in dem antifranzösischen Gedicht *Derer Europäischen Mächte erneuertes Friedens=Interesse* von 1714:

Wird's noch allen den gedenken,
Die mich so geniedert schwer!
Mit der Zeit kann sich's wohl lenken,
Daß ich ihnen kömm' die Quer[52].

Allerdings entbehren diese Vermutungen jeglicher Grundlage und waren nur besorgte Unterstellungen von nichtbayerischer Seite.

Auf ganz andere Weise versuchte das Lied *Im Thon erstanden ist der heilige Christ* von 1715 Max II. Emanuels Restitution in seine Erblande zu feiern. Es verglich die Wiedereinsetzung des bayerischen Kurfürsten mit der Auferstehung Christi, wie sie die Bibel überliefert:

Nun seid All froh zu diesa Frist,
Daß unsa Kuefürst erstanda ist
Zu Alla unsa großa Freud,
Sonderlich aller bayrischen Leut![53]

Sehr deutlich tritt hier der Gedanke der sakralen Überhöhung des Landesherrn zutage. Max II. Emanuel wurde auch in weiteren panegyrischen Liedern und Gedichten weit über seine Untertanen gestellt[54].

Das Bild Max II. Emanuel in der öffentlichen Meinung vor, während und nach dem Spanischen Erbfolgekrieg

Selten unterlag ein Fürst innerhalb von nur wenigen Jahren (1699–1703) einem so tiefgreifenden Stimmungswandel in den Augen seiner Zeitgenossen wie der bayerische Kurfürst Max II. Emanuel, der sich vom strahlenden Helden zur „Natter am Busen des Reiches" wandelte. Als er durch die Übertragung der Spanischen Niederlande europaweit Aufsehen erregte, schrieb man zum Beispiel den Prestigegewinn

---

[51] Gottfried Rühlmann, Historische und Staats=mäßige Untersuchung obs dem H. Römischen Reich deutscher Nation zuträg= und rühmlich sey die beyden gewesenen Churfürsten von Cöln und Bäyern Ihren Verlangen nach Zu der instehenden Wahln eines neuen Römischen Käysers ordentlich zuberuffen und einfolglich zu vorigen Chur= und anderen Würden wiederum gelangen zu lassen?, o.O. 1711, S. 69 (Ernst-August-Bibliothek Wolfenbüttel).
[52] Ditfurth, Volks- und Gesellschaftslieder (wie Anm. 45), S. 122.
[53] Hartmann, Volkslieder (wie Anm. 17), S. 200.
[54] Puschner, Kurfürst (wie Anm. 43), S. 286.

seiner *Klug= und Tapferkeit* zu, die den Hof in Madrid veranlaßten, *diesem Helden die Beschütz= und Erhaltung der Spanischen Niederlanden ... anzuvertrauen*[55].

Nach dem überraschenden Tod des bayerischen Kurprinzen schien das kleine katholische Land allerdings wieder aus den Schlagzeilen zu geraten. Selbst als der Einmarsch französischer Truppen in die Spanischen Niederlanden das Reich beunruhigte und Zweifel an der Bündnistreue Bayerns gegenüber Österreichs aufkamen, wandelte sich noch nicht das Bild von Max II. Emanuel. Lediglich im *Klagliedl Zwayer Bayrischen Baurey* drang eine seit langem schwelende innerbayerische Unzufriedenheit mit der landesherrlichen Regierungsweise an die Oberfläche, die auch vor der Person des Kurfürsten nicht halt machte und ihn als *Franzosenknecht* hinstellte[56].

Erst der Bündniswechsel Max II. Emanuel zu Frankreich und der sich anschließende Krieg in Süddeutschland brachten wieder eine erhöhte Aufmerksamkeit der Medien mit sich. Die Ursachen für den Krieg in Deutschland lastete man hauptsächlich dem bayerischen Kurfürsten an, so daß die frühere Begeisterung für ihn in der öffentlichen Meinung sich schnell abkühlte. Nun traten „Eigennutz" und „Ehrgeiz" als neue Attribute des bayerischen Landesherrn in den Vordergrund, wie eine zeitgenössische Flugschrift bedauernd konstatierte: *So ists der Eigennütz der alles kann zerreisen was Treu und Freundschafft will der Ehrgeiz kommt dazu Da strebet man ohne Fug nach frembden Königs=Cronen störzt wider alle Pflicht des Vatterlandes Ruh ...*[57].

Die Versuche Max II. Emanuel, seiner „schlechten Presse" in Deutschland mit eigenen Propagandaschriften entgegenzuwirken, schlugen fehl. Die probayerischen Schriften verschlechterten sogar sein Bild in der Öffentlichkeit, da ihre haltlosen Behauptungen und Gegendarstellungen ihm seine letzten Sympathien im Reich kosteten. So stellte eine Zeitschrift fest, *daß das Römische Reich an ihm eine Natter in ihren Busen geheget welche der Mutter den Bauch aufreist und alles verrätherischer Weise in Frantzös. Hände spielet*[58]. Auch in den Flugschriften fanden die bayerischen Ereignisse und Aktionen ebenfalls eine schroffe Ablehnung, so daß sich Max II. Emanuel mit seiner französischen Allianz in den Augen seiner Zeitgenossen selbst ins Abseits stellte. Die vielen positiven Stimmen zu seiner Restitution und zu seiner Rückkehr nach Bayern dürfen nicht darüber hinweg täuschen, daß es sich bei diesen Erzeugnissen weitgehend um Propagandaschriften des Münchener Hofes handelte. Die Furcht und Sorge, gepaart mit Haß und Abneigung gegenüber Max II. Emanuel, bestimmten noch lange Zeit den Inhalt außerbayerischer Publikationen.

---

[55] Bernhardt Christian Jäger, Europaeischer Historicus über das jüngst=hin beschlossene und höchst wunders=würdige 17te Seculum ..., Leipzig 1701, S. 1156 (Ernst-August-Bibliothek Wolfenbüttel).

[56] Hartmann, Volkslieder (wie Anm. 17), S. 131.

[57] Des Alten Bayrischen Ruhms Grab=Mahl/und der aller Welt gegenwärtig: vor Augen liegenden Schande Eröffnete Schau=Bühne oder Zwey=jähriger Bayrisch=Schwäbischer Krieg Maximilians Hertzogs in Bayern ..., o.O. 1704, S. A2a (Bayerische Staatsbibliothek München).

[58] Aufgefangene Brieffe Welche zwischen etzlichen curieusen Personen über den ietzigen Zustand Der Staats und gelehrten Welt gewechselt worden, Der dritten Ravage Zwölfftes Pacquet, Wahrenberg 1703, S. 1131 (Bayerische Staatsbibliothek München).

Michael Diefenbacher

Ein Bruderzwist im Hause Tucher
Johann Georg Tucher von Simmelsdorf (1735–1805)
und sein Familienprozeß

In der zweiten Hälfte des 18. Jahrhunderts stürzte ein über zwei Jahrzehnte andauernder Rechtsstreit innerhalb der Nürnberger Patrizierfamilie Tucher von Simmelsdorf um die Nutzung von Gütern und Rechten der Tucher'schen Familienstiftungen die Reichsstadt Nürnberg in eine ernsthafte diplomatische Krise mit Kurbayern. Auslöser und Hauptakteur hierbei war Johann Georg Tucher von Simmelsdorf. Der folgende Beitrag möchte vor dem Hintergrund der Biographie Johann Georgs diesen Rechtsstreit beleuchten und bewerten.

Die Tucher zählen nicht zu den ältesten Geschlechtern Nürnbergs[1]. Die eigene Überlieferung im sogenannten Großen Tucherbuch[2] nennt als Stammvater den 1326 verstorbenen Konrad Tucher. Wahrscheinlich stammten die Tucher ähnlich wie andere Nürnberger Geschlechter aus dem Ministerialenstand[3]. Sie waren wohl Dienstmannen der Grafen Castell oder der Hohenlohe gewesen. 1309 nahm Berthold Tucher das Nürnberger Bürgerrecht an, und 1340 wurde erstmals ein Tucher Mitglied im Kleinen Rat der Reichsstadt Nürnberg[4]. Im Tanzstatut von 1521 zählen die Tucher zu den alten Geschlechtern, die angeblich bereits 1332 im Rat saßen[5]. Eheliche Verbindungen zu den vornehmsten Familien Nürnbergs, wie zum Beispiel den Pfinzing, belegen schon im 14. Jahrhundert das Ansehen der Tucher, im 15. Jahrhundert suchte man dann auch die Verbindung zu reichen Kaufmannsfamilien (Reich, Gundlach, Hirschvogel, Scheurl).

Obwohl die Tucher im Vergleich zu anderen Patrizierfamilien erst relativ spät eine eigene Handelsgesellschaft aufbauten, zählten sie doch zu den bedeutendsten Nürnberger Fernhandelsfamilien[6]. Ihre Gewinne investierten sie in Grundbesitz in der Stadt (zum Beispiel das Tucherschloß in der Hirschelgasse), seit dem 16. Jahrhundert aber auch verstärkt im Umland von Nürnberg (Maiach 1495, Behringersdorf 1514, St. Helena 1574, Feucht 1588/94). 1598 erwarben sie ihren namengebenden Sitz Simmelsdorf. Im 17./18. Jahrhundert kamen weitere Güter in der Oberpfalz, bei Erlangen

---

[1] Einen Gesamtüberblick über die Tucher bietet bis heute gültig, wenn auch ohne wissenschaftlichen Apparat, Ludwig Grote, Die Tucher. Bildnis einer Patrizierfamilie, München 1962.

[2] Stadtarchiv Nürnberg (StadtAN), E 29/III Nr. 258.

[3] Zum Folgenden vgl. Michael Diefenbacher, Rudolf Endres (Hg.), Stadtlexikon Nürnberg, 2. Aufl., Nürnberg 2000, S. 1089.

[4] StadtAN, B 11 Nr. 125.

[5] Michael Diefenbacher, Stadt und Adel – Das Beispiel Nürnberg, in: Zeitschrift für die Geschichte des Oberrheins 141, 1993, S. 51–69, hier S. 63; so auch in Johann Georg Tucher, Summarische Deduction von dem Alterthum, Thurnier-, Ritter- und Stifftsmäßigkeit auch Reichs-Immedietät des Geschlechts der Tucher von Simmelsdorf und Winterstein …, Schwabach 1764, S. XIX.

[6] Vgl. Michael Diefenbacher, Die Tucherisch Compagnia. Ein Nürnberger Handelshaus um 1500, in: Wirtschaft – Gesellschaft – Städte. Festschrift für Bernhard Kirchgässner, hg. v. Hans-Peter Becht, Jörg Schadt, Ubstadt-Weiher 1998, S. 79–93.

und im Nürnberger Landgebiet hinzu, unter anderen 1662 das Rittergut Winterstein[7].

1815 wurden die Tucher in die Freiherrenklasse des bayerischen Adels immatrikuliert. Die beiden in der vierten Generation gebildeten Linien – die ältere durch Hans II. (gestorben 1449), die jüngere durch Endres I. (gestorben 1440) – blühen noch heute. Bedeutende Vertreter der Familie waren der Jerusalemfahrer Hans VI. (1428–1491), der Baumeister Endres II. (1423–1507), die Pröpste bei St. Lorenz, Lorenz I. (1447–1503) und Sixt (1459–1507), die Losunger und Kaufherren Anton II. (1457–1524) und Linhart II. (1487–1568), der Generalfeldmarschall Paulus XII. (1656–1709), der Unternehmer Siegmund von Tucher (1794–1871) (Tucher-Brauerei) und die beiden bayerischen Diplomaten, der Gesandte Heinrich von Tucher (1853–1925) und sein Neffe gleichen Namens (1875–1962), Attaché und Ministerresident.

Der bereits genannte Lorenz I. Tucher[8], Mitglied der älteren Tucher-Linie, deren Mitglieder auch hauptsächlich den Tucher'schen Handel trugen, wurde nach dem Besuch der Schule am Nürnberger Egidienkloster in Leipzig und Basel für den geistlichen Stand ausgebildet. Von 1478 bis 1496 war er Propst an St. Lorenz und zugleich Domherr in Regensburg. Nachfolger als Propst der Lorenzkirche wurde sein Vetter Sixt, die Regensburger Stelle behielt er bis zu seinem Tod.

Testamentarisch teilte Lorenz sein Vermögen in zwei Hälften auf, die eine zur Unterstützung armer Leute, die andere als Grundstock einer Familienstiftung[9]. Seine Brüder Hans IX. (1452–1521) und Martin I. (1460–1528), beide Teilhaber an der Tucher'schen Handelsgesellschaft, legten diesen Teil der Erbschaft als Testamentsvollstrecker gegen Zinsen in das Familienunternehmen ein. Dadurch und durch weitere Kapitaltestate wuchs die Lorenz-Tucher-Stiftung ab den 1520er Jahren zu einer der größten Familienstiftungen Nürnberger Patrizier heran. Ab 1522 wurde das Tuchermahl eingerichtet, eine jährliche Zusammenkunft aller männlichen Familienmitglieder zur Rechenschaft über die Stiftungsgelder (erstmals abgehalten 1524). Ziel der Lorenz-Tucher-Stiftung war es, bedürftige Familienmitglieder zu unterstützen, gleichzeitig aber auch, das Kapital durch Rentenzuführungen zu mehren. Nach dem Vorbild der Tetzelschen Stiftung von 1612[10] wurden auch die Erträge der Lorenz-Tucher-Stiftung ab 1615 gedrittelt: Ein Drittel wurde in Höhe des Lebensalters als Altersgelder unter den männlichen Tuchern, so sie Nürnberger Bürger waren, verteilt, ein Drittel als Stipendien für Familienmitglieder verwendet und ein Drittel dem Kapitalstock zugeführt. Ab 1660 standen zwei Drittel den Familienmitgliedern als Altersgelder, ein Drittel der Kapitalmehrung zur Verfügung.

Neben der Handelsgesellschaft diente ab 1552 die Nürnberger Losungstube der Lorenz-Tucher-Stiftung als Bankinstitut[11]. Die Überschüsse wurden in Liegenschaften investiert (1574 Großengsee und St. Helena, 1598 Simmelsdorf, 1610 die Voitschen Lehen in der Oberpfalz, 1662 Winterstein) oder zur Verherrlichung der eigenen

---

[7] Hierzu und zum Folgenden vgl. Diefenbacher, Endres, Stadtlexikon (wie Anm. 3), S. 1089.
[8] Grote, Tucher (wie Anm. 1), S. 65–67; Wilhelm Schwemmer, Dr. Lorenz Tucher und seine Familienstiftung, in: MVGN 63, 1976, S. 131–144.
[9] Hierzu und zum Folgenden vgl. Diefenbacher, Endres, Stadtlexikon (wie Anm. 3), S. 1092.
[10] Diefenbacher, Endres, Stadtlexikon (wie Anm. 3), S. 1069.
[11] Hierzu und zum Folgenden vgl. Diefenbacher, Endres, Stadtlexikon (wie Anm. 3), S. 1092.

Familie verwendet (Großes Tucherbuch). 1713/14 finanzierte die Lorenz-Tucher-Stiftung den Wiederaufbau des Nordturms der Egidienkirche nach dem Brand von 1696. Ebenso trug sie zu Restaurierungen der Sebalduskirche im 17. und 19. Jahrhundert sowie der Tucher'schen Monumente bei. Seit 1818 als Familienfideikommiß anerkannt, konnte aus Erträgen der Lorenz-Tucher-Stiftung 1828 das städtische Anwesen der Tetzel, Egidienplatz 7, erworben werden. Es diente fortan unter dem Namen Tucher-Palais als Tucher'sches Stiftungshaus. 1855 übernahm die Familie Tucher aus Mitteln der Lorenz-Tucher-Stiftung die spätere Tucher-Brauerei vom bayerischen Staat, 1875 wurde aus dem Nachlaß der Peller das Gut Schoppershof gekauft, der heutige Verwaltungssitz der Lorenz-Tucher-Stiftung.

Neben der Lorenz-Tucher-Stiftung als Hauptstiftung besaßen die Tucher zahlreiche weitere Familienstiftungen, deren bedeutendste die Geistliche Stiftung von 1352 darstellte[12]. Von den sogenannten Tucher'schen Nebenstiftungen, die im Gegensatz zur Lorenz-Tucher-Stiftung hauptsächlich weibliche Familienmitglieder versorgen sollten, ist für den Streit Johann Georgs von Tucher mit seiner Familie vor allem die sogenannte Tobias Tucher'sche Stiftung relevant: Tobias V. Tucher (1627–1693), Mitglied der jüngeren Linie, verfügte testamentarisch am 7. April 1690, daß nach dem Tod seiner Ehefrau Helena Sabina Oelhafen 16 000 Gulden Kapital und zwei Gärten vor dem Laufer Tor in Form einer Stiftung zugunsten der Gesamtfamilie verwendet werden sollten; Helena Sabina starb am 5. Februar 1695[13].

Johann Georg – Mitglied der älteren Linie – wurde am 19. April 1735 als ältester Sohn des Georg Stephan Tucher (1709–1756) und der Helena Maria Löffelholz (1717–1752) geboren[14]. Am 20. April fand seine Taufe in der Lorenzkirche statt[15]. Der Vater Georg Stephan versah seit 1737 das Amt eines Assessors am Nürnberger Bauerngericht und wurde 1743 Alter Genannter im Kleinen Rat[16]. Ein Jahr vor Johann Georgs Geburt hatte er Helena Maria geheiratet; nach deren Tod 1752 vermählte er sich 1753 mit Eleonora Charlotta von Ölsnitz (1711–1783), der Witwe seines Vetters Karl Christoph Tucher (1681–1742)[17]. Dieser, ein Mitglied der jüngeren Tucher-Linie, war seit 1709 Rittmeister des Fränkischen Reichskreises und seit 1724 Rittmeister der Einspännigen und der Garde zu Pferd der Stadt Nürnberg[18].

Johann Georgs Vater Georg Stephan war 1752 nach einem schwierigen Auswahlprozeß[19] Administrator der Tucher'schen Familienstiftungen und somit Herr der

---

[12] Diefenbacher, Endres, Stadtlexikon (wie Anm. 3), S. 1091.

[13] StadtAN, E 29/II Nr. 1432.

[14] Nachträge zu Johann Gottfried Biedermanns Geschlechtsregister des Patriciats der vormaligen Reichsstadt Nürnberg, hg. v. Christoph Friedrich Wilhelm von Volckamer, Nürnberg 1854, S. 114.

[15] Bestätigung der Taufe durch den Lorenzer Schaffer Leonhard Rinder am 30.12.1793: StadtAN, E 29/II Nr. 428 und in: Bayerisches Hauptstaatsarchiv München (BayHStAM), Personenselekt Karton 469.

[16] StadtAN, B 11 Nr. 125.

[17] Biedermann-Volckamer, Nachträge (wie Anm. 14), S. 114.

[18] StadtAN, E 29/II Nr. 315–321. Zu seinem militärischen Werdegang vgl. auch Albert Bartelmeß, Die Patrizierfamilie Tucher im 17. und 18. Jahrhundert, in: MVGN 77, 1990, S. 223–243, hier S. 232f.

[19] StadtAN, E 29/III Nr. 137, S. 434–441.

[20] Vgl. auch die leider immer noch auf der Basis der aus der Zeit vor dem Zweiten Weltkrieg stammenden Schwemmerschen Archivsignaturen für die Tucher'schen Archive erstellte Arbeit von Volker Alberti, Die Herrschaft Simmelsdorf. Grundherren und Untertanen vom 14. bis 19. Jahrhundert, Lauf 1995, hier S. 126f.

Grundherrschaft Simmelsdorf geworden[20]. Das Amt des Administrators übertrug ihm als Familienältestem die Verwaltung der Familienstiftungen[21]. Mit Georg Stephan übernahm zudem erstmals nach dem Erwerb der Hofmark Simmelsdorf durch die Lorenz-Tucher-Stiftung ein Mitglied der älteren Linie die Verwaltung dieser bedeutendsten Grundherrschaft der Familie. Alle neun Vorgänger im Amt des Grundherrn seit 1607 von Endres VI. (1551–1630) bis Karl Benedikt (1701–1750) waren Mitglieder der jüngeren Linie gewesen. Von seinem Vater Johann Jakob Tucher (1674–1746) hatte Georg Stephan zuvor schon den Herrensitz Feucht geerbt[22].

Am 16. Februar 1753 immatrikulierte sich Johann Georg Tucher nicht ganz achtzehnjährig an der reichsstädtischen Universität in Altdorf[23]. Doch bereits ein Jahr später verließ er ganz entgegen der Gewohnheit Nürnberger Patriziersöhne die bevorzugte heimische Universität, um sich am 11. Juni 1754 an der neu errichteten markgräflich-bayreuthischen Universität Erlangen zu immatrikulieren[24]. Vielleicht kann man schon diesen Entschluß des jugendlichen Johann Georg als ein erstes Verlassen festgefügter reichsstädtisch-patrizischer Bahnen interpretieren. Jedenfalls blieben andere junge Tucher der Altdorfer Alma mater auch in der zweiten Hälfte des 18. Jahrhunderts treu, lediglich Jobst Wilhelm Karl (1762–1813), Mitglied der jüngeren Linie und 1802/03 Komitialgesandter der Reichsstadt Nürnberg beim Reichstag in Regensburg[25], hat sich 20 Jahre nach Johann Georg am 13. Oktober 1783 ebenfalls in Erlangen immatrikulieren lassen[26]. Ähnlich wie Johann Georg war auch er zuvor an der reichsstädtischen Universität in Altdorf eingeschrieben gewesen[27].

Beim Tod des Vaters Georg Stephan 1756 übernahm Johann Georg im Alter von 21 Jahren zunächst gemeinsam mit seinen jüngeren Vettern Friedrich Wilhelm Karl (1736–1817) und Jobst Christoph (1738–1791), beide aus der jüngeren Tucher-Linie stammend, die Administration der Familienstiftungen[28]. Diese drei Vettern sollen wenige Jahre später zu den Protagonisten des Bruderzwistes im Hause Tucher werden. Nach der Volljährigkeitserklärung durch den Prokanzler der Universität Altdorf und Ratskonsulenten der Reichsstadt Nürnberg Georg Christoph Erlabeck, am 20. April 1757[29], erfolgte im November desselben Jahres die Belehnung mit der Grundherrschaft Simmelsdorf – sie war Lehen der Krone Böhmen – durch Maria Theresia[30].

---

[21] Vgl. Diefenbacher, Endres, Stadtlexikon (wie Anm. 3), S. 275.
[22] Alberti, Simmelsdorf (wie Anm. 20), S. 127.
[23] Universitätsbibliothek Erlangen-Nürnberg, Altdorfer Universitätsarchiv (AUA), 5, fol. 16v (freundlicher Hinweis von Herrn Dr. Clemens Wachter, Archiv der Universität Erlangen-Nürnberg).
[24] Universitätsarchiv Erlangen-Nürnberg (UAE), A 3/2 Nr. 48, fol. 67v (freundlicher Hinweis von Herrn Dr. Clemens Wachter).
[25] StadtAN, E 29/II Nr. 351.
[26] UAE, A 3/2 Nr. 48, fol. 124r (freundlicher Hinweis von Herrn Dr. Clemens Wachter). Vgl. auch Bartelmeß, Patrizierfamilie (wie Anm. 18), S. 227.
[27] Seit 11.10.1781: Universitätsbibliothek Erlangen-Nürnberg, AUA, 5, fol. 46v (freundlicher Hinweis von Herrn Dr. Clemens Wachter).
[28] Alberti, Simmelsdorf (wie Anm. 20), S. 127.
[29] StadtAN, E 29/V Nr. 1.
[30] StadtAN, E 29/III Nr. 137, S. 442–447.

So reibungslos wie die Übertragung der Stiftungsadministration und die Belehnung mit Simmelsdorf zunächst vonstatten ging, so vehement waren die Auseinandersetzungen zwischen Johann Georg und seinen Brüdern Karl Gottfried (1743–1777), Georg Friedrich (1750–1785) und Christoph Friedrich Stephan (1752–1764) beziehungsweise deren Kuratoren um das väterliche Erbe der älteren Tucher-Linie. Hierbei ging es vor allem um die Nutzung der von Jobst I. Tucher (1572–1629) erworbenen bayreuthischen Lehen im Veilhof und in Tennenlohe[31]. Der Streit war nach dem Tod Jobsts I. entbrannt, mit dem eine im Jahr 1464 von Hans V. begründete Nebenlinie der älteren Tucher-Linie ausgestorben war. Verschärft wurde der Streit durch Erbansprüche einer Nebenlinie der jüngeren Hauptlinie, die mit dem Tod Bartholomäus' III. Tucher (1502–1552) begründet wurde und mit Hieronymus V. (1566–1643) erloschen war[32]. Ein Vergleich über die Nutzung der Jobst'schen Güter konnte am 10. März 1758 den Streit Johann Georgs mit seinen Brüdern beilegen[33].

Ebenfalls noch gütlich wurde 1761 ein Tausch der vom Vater Georg Stephan ererbten Vorschickungen der älteren Linie Maiach und Feucht arrangiert. Johann Georg kam fortan in den Genuß des Tucher'schen Stiftungsbesitzes in Feucht; Karl Gottfried, dem späteren Assessor am Nürnberger Land- und Bauerngericht (ab 1768), Untergericht (ab 1769) sowie Stadt- und Ehegericht (ab 1773)[34], fiel die Vorschickung Maiach zu[35].

Neben dem Tucher'schen Stiftungsbesitz in Simmelsdorf und den vorgenannten Gütern standen Johann Georg Tucher weitere umfangreiche Lehengüter zur Verwaltung zu. Es waren dies insbesondere:

– Reichslehen in Rückersdorf[36], Heuchling, Regelsbach, Thon, Geisreuth, Kleinreuth, Vach, Zirndorf, Leinburg[37], Hausen, Eltersdorf, Sack, Diepoltsdorf, Rampertshof[38], Häuser in der Hirschelgasse[39] sowie seitens der älteren Linie Reichslehen in Maiach[40].
– Markgräflich-bayreuthische Lehen in Lohe und im Veilhof[41].
– Ansbacher Reichslehen der älteren Linie in der Lohegasse, in Kleinreuth, Lohe und Almoshof[42].
– Eichstätter Lehen in Oberasbach, Niedersteinbach, Bischofsbach und Veltendorf[43].

---

[31] StadtAN, E 29/VI Nr. 21.
[32] StadtAN, E 29/VI Nr. 937.
[33] StadtAN, E 29/VI Nr. 21.
[34] StadtAN, B 11 Nr. 125.
[35] StadtAN, E 29/VI Nr. 1205.
[36] StadtAN, E 29/I Nr. 84.
[37] StadtAN, E 29/I Nr. 60, 72, 100.
[38] StadtAN, E 29/I Nr. 20, 118.
[39] StadtAN, E 29/VI Nr. 1935.
[40] StadtAN, E 29/V Nr. 60–68.
[41] StadtAN, E 29/I Nr. 179.
[42] StadtAN, E 29/V Nr. 80f.
[43] StadtAN, E 29/I Nr. 217–220, 693f.

– Bamberger Lehen in Winterstein, Oberndorf, Bernhof, Utzmannsbach[44] sowie von Seiten der älteren Linie in Ober- und Untermichelbach, Hüttendorf, Niederndorf[45] und in Höfen[46].
– Kurfürstlich bayerische (ehemals wolfsteinische) Lehen in Kasberg[47].
– Wertheimische Lehen in Demantsfürth[48].

Allein der Wert des böhmischen Lehens Simmelsdorf wurde 1759 mit 28600 Gulden veranschlagt[49].

1761 kam es dann zum großen Bruch in der Familie Tucher. Johann Georg trat unter Aufgabe seines Nürnberger Bürgerrechts als Hofrat in kurfürstlich bayerische Dienste und konvertierte zum Katholizismus[50], ohne auf die Verwaltung und insbesondere Nutznießung der Tucher'schen Familienstiftungen verzichten zu wollen. Dies führte zu einem bis 1786 andauernden Streit mit der Familie, deren Standpunkt seine Vettern Friedrich Wilhelm Karl und Jobst Christoph von der jüngeren Tucher-Linie als Protagonisten verfochten. Beide bekleideten reichsstädtische Ämter. Während Jobst Christoph 1768 Vorderster Ungeldamtmann wurde, durchlief Friedrich Wilhelm Karl als einer der letzten aus dem Geschlecht der Tucher nochmals die klassische Nürnberger Ämterlaufbahn: 1764 Mitglied des Kleinen Rats als Alter Genannter, 1767 Junger Bürgermeister, 1776 Alter Bürgermeister, 1781 Landpfleger, 1792 Septemvir, 1799 Rats-Direktor, 1804 Zweiter Losunger[51].

Die rechtlichen Grundlagen des Standpunktes der Familie im Streit mit Johann Georg bildeten die Tucher'sche Familienordnung vom 31. Januar 1660[52] sowie der Familienvertrag vom 14. Februar/13. Mai 1733[53]. Die Familienordnung von 1660 verlangt in einem ihrer Kernpunkte, daß nur männliche Familienmitglieder mit Nürnberger Bürgerrecht in den Genuß der Stiftungen kommen. Der neue Familienvertrag von 1733 bekräftigt diese Ordnung und bestätigt den Verlust aller Nutzungsrechte und Zusprüche aus den Stiftungen bei Aufgabe des Nürnberger Bürgerrechts ohne grundlegende, erhebliche Ursachen. Solche Gründe müssen von sämtlichen männlichen Familienmitgliedern einstimmig anerkannt werden. Ferner tritt ein solcher Verlust aller Nutzungsrechte und Zusprüche aus den Tucher'schen Stiftungen auch bei der Aufgabe der evangelischen Konfession ein. Für diese Bestimmung sieht der Familienvertrag keine Ausnahmen vor.

Nach Ansicht der Familie hatte also Johann Georg Tucher 1761 mit seinem Eintritt in kurbayerische Dienste durch die Aufgabe seines Nürnberger Bürgerrechts ohne allgemein akzeptierte Gründe und vor allem durch seinen Übertritt zum Katholizismus Zuwendungen aus den Stiftungen wie beispielsweise die Altersgelder verwirkt. Die

---

[44] StadtAN, E 29/I Nr. 238f., 322.
[45] StadtAN, E 29/V Nr. 20–25.
[46] StadtAN, E 29/V Nr. 34–38.
[47] StadtAN, E 29/I Nr. 839.
[48] StadtAN, E 29/VI Nr. 976f.
[49] StadtAN, E 29/II Nr. 967.
[50] StadtAN, E 29/II Nr. 429.
[51] StadtAN, B 11 Nr. 125; Biedermann-Volckamer, Nachträge (wie Anm. 14), S. 117.
[52] StadtAN, E 29/II Nr. 145.
[53] StadtAN, E 29/II Nr. 149.

Familie erklärte daraufhin folgerichtig ihren Familienältesten und Stiftungsadministrator aufgrund der zitierten Ordnungen aller Rechte und Nutzungen an den Fideikommiß- und Stiftungsgütern für verlustig[54].

Dieser ignorierte den Familienwillen, blieb auf der zur Lorenz-Tucher-Stiftung zählenden Grundherrschaft Simmelsdorf und suchte Schutz bei seinem kurfürstlichen Herrn[55]. Im daraufhin beginnenden Familienprozeß sprach Kurfürst Maximilian III. Joseph (1745–1777) beziehungsweise seine Oberpfälzer Regierung in Amberg Johann Georg zur Sicherung seines Unterhalts bis zu einem endgültigen Austrag des Streites den alleinigen Besitz und Genuß der Tucher'schen Stiftungsgüter in der Oberpfalz – also vor allem Simmelsdorf und Winterstein – zu und beanspruchte zugleich die Gerichtsbarkeit über diese oberpfälzischen Besitzungen. Kurbayern nahm also den Bruderzwist im Hause Tucher zum willkommenen Anlaß, seinen Gerichtsanspruch auf dessen Stiftungsgüter auszudehnen. Bei der von der Regierung in Amberg eingesetzten Kommission zur Klärung der Streitsache wurde Johann Georg Tucher vom Regierungsadvokaten und kurfürstlichen Rat Georg Jacob Pösenecker vertreten[56].

Gegenüber den bayerisch-oberpfälzischen Ansprüchen argumentierte die Familie mit dem Sitz der Lorenz-Tucher-Stiftung in der Reichsstadt Nürnberg, deren Stadtgericht somit auch die Gerichtsbarkeit in Sachen der Gesamtstiftung obliege[57]. Dieser Ansicht schloß sich selbstverständlich auch der Nürnberger Rat an und unterstützte die Familie im Entzug der Rechte Johann Georgs außerhalb der Herrschaft Simmelsdorf. Somit wuchs sich die Streitsache Tucher zur diplomatischen Krise zwischen Nürnberg und Kurbayern aus.

Zur Klärung der Argumente wurden um 1765 Gutachten der beiden führenden juristischen Fakultäten im Reich an der evangelisch-lutherischen Universität zu Tübingen und an der katholischen Universität in Wien angefordert, und beide Gutachten gaben der Position der Familie und des Nürnberger Rats Recht. Kurioserweise ist aber im Wiener Gutachten der Ausgangssachverhalt verdreht und geht von einem Konfessionswechsel vom Katholizismus zum Luthertum aus[58]. Vermutlich haben die Besteller des Gutachtens der katholischen Universität Wien bewußt diesen verdrehten Sachverhalt vorgelegt, um ein positives Gutachten zu erhalten.

Bereits zuvor hatte die Reichsstadt Nürnberg ihren und den Standpunkt der Familie Tucher vor dem Corpus Evangelicorum auf dem Regensburger Reichstag gegenüber Kurbayerns und Johann Georgs Position mit der 1764 gedruckten Deduktion *Rechtsgegründete Ausführung der ohnumstößlichen Gültigkeit der Familien-Anordnungen des altadelichen Geschlechts derer Tucher von Simmelsdorf* verteidigt[59].

Der Streit um den gegenseitigen Entzug von Nutzungsrechten sowie um die Gerichtszuständigkeit führte in der Folge zur Klage der Familie Tucher gegen Kur-

---

[54] StadtAN, E 29/VI Nr. 22.
[55] Hierzu und zum Folgenden vgl. in groben Zügen Alberti, Simmelsdorf (wie Anm. 20), S. 128–130; im Einzelnen: StadtAN, E 29/VI Nr. 22.
[56] StadtAN, E 29/VI Nr. 122.
[57] StadtAN, E 29/VI Nr. 22, 24.
[58] StadtAN, E 29/VI Nr. 23.
[59] StadtAN, E 29/II Nr. 153.

bayern vor dem Reichshofrat. Dieser erließ am 10. September 1765 ein salomonisches *Conclusum quoad possessorium*, einen vorläufigen Bescheid über den Besitzstand bis zu einem endgültigen Urteil[60]. Dieser regelte hauptsächlich vier Punkte:

1. Die Reichsstadt Nürnberg soll Johann Georg Tucher in die ihm vorenthaltenen Rechte und Nutzungen wieder einsetzen.
2. Kurbayern soll die Familie Tucher in die ihr vorenthaltenen Rechte und Nutzungen ebenfalls wieder einsetzen.
3. Die wechselseitig vorenthaltenen Rechte und Nutzungen sollen gegeneinander aufgerechnet werden.
4. Die endgültige Entscheidung im Prozeß *quoad petitorium*, also im Hauptverfahren, soll durch das Stadtgericht Nürnberg erfolgen. Der Reichshofrat unterstützte demnach bezüglich des Gerichtsstands in seinem vorläufigen Bescheid die Position der Reichsstadt und der Gesamtfamilie wie auch die der rechtlichen Gutachten.

Der Vollzug dieses Bescheids wurde sowohl von Johann Georg hintertrieben[61] als auch von Kurbayern aufgehalten. Die kurfürstliche Regierung opponierte vor allem gegen die gerichtliche Zuständigkeit des Nürnberger Stadtgerichts. Sie willigte erst 1783 in diesen Punkt ein[62]. Bereits 1761 hatte Kurbayern von Johann Friedrich Weber ein Rechtsgutachten zum Tucher'schen Familienvertrag von 1733 erarbeiten lassen, das in Ansbach gedruckt wurde[63]. Seine Position ließ München über seine Gesandten in Wien vertreten[64] – Christian Johann August Graf von Königsfeld (1718–1785) und Franz Graf von der Wahl (1723–1791) waren 1755 bis 1772 und 1773 bis 1776 kurbayerische Bevollmächtigte Minister, Philipp Ernst Mengwein 1771 bis 1776 kurbayerischer Resident in Wien, 1776/77 übernahm der seit 1758 amtierende bisherige kurpfälzische Resident Heinrich Joseph von Ritter bis zu seinem Tod 1783 die Geschäfte des bayerischen Bevollmächtigten Ministers[65].

Während der Zeit dieses diplomatischen Ringens um den Vollzug des vorläufigen Bescheids des Reichshofrats von 1765 und weiterer Verhandlungen vor diesem obersten Reichsgericht nahmen die gegenseitigen Anschuldigungen innerhalb der Familie Tucher an Schärfe zu. Die Vettern der jüngeren Linie schlossen Johann Georg konsequent aus der Nutzung der Stiftungsgelder aus, die nicht in der Oberpfalz erwirtschaftet wurden, und versuchten massiv, ihn mit dem Vorwurf, er veräußere Stiftungsbesitz, aus der Administration in Simmelsdorf zu verdrängen[66]. Im Gegenzug begann Johann Georg aus dem in seiner Verwaltung verbliebenen Stiftungsbesitz eine

---

[60] StadtAN, E 29/VI Nr. 22.
[61] StadtAN, E 29/VI Nr. 25, 27.
[62] StadtAN, E 29/VI Nr. 28.
[63] BayHStAM, Kasten Schwarz, Nr. 3893.
[64] BayHStAM, Gesandtschaft Wien, Nr. 412, enthält hierfür die Aktenüberlieferung der kurbayerischen, BayHStAM, Gesandtschaft Wien, Nr. 1021, die Aktenüberlieferung der kurpfälzischen Gesandtschaft.
[65] Freundliche Mitteilung von Dr. Bernhard Grau, München.
[66] StadtAN, E 29/II Nr. 154 und StadtAN, E 29/VI Nr. 24.

eigene Grundherrschaft zu formen, indem er in eigenem Namen die Verwaltung der Hofmark Simmelsdorf führte, Grundabgaben und Gebühren erhob, anstehende Gelder einnahm sowie Hand- und Spanndienste in Anspruch nahm[67].

Je länger sich der Familienstreit hinzog, umso höher wurden auch die Geldforderungen, die sich beide Seiten aufgrund ausgebliebener Nutzungsrechte stellten. Eine Auflistung für die Zeit vom Herbst 1761, als sich Johann Georg mit kurfürstlicher Hilfe in den alleinigen Genuß der Stiftungsgüter in der Oberpfalz gesetzt hatte, bis Walburgis (1. Mai) 1778 errechnet allein für die aus der sogenannten Tucher'schen Landstiftung erzielten Gelder, die Teil der Altersgelder waren, und den anderen männlichen Familienmitgliedern vorenthalten wurden, über 17 512 Gulden. Im Gegenzug waren im selben Zeitraum Johann Georg etwas mehr als 19 029 Gulden vorenthalten worden, die ihm als Stiftungsadministrator außerhalb der oberpfälzischen Güter zugestanden hätten[68].

Obwohl Kurbayern 1783 der im vorläufigen Bescheid des Reichshofrats von 1765 dezidierten gerichtlichen Zuständigkeit der Reichsstadt Nürnberg doch noch zugestimmt hatte, kam es schließlich nicht mehr zum daraus folgenden petitorischen Prozeß vor dem Stadtgericht. Aus Kostengründen hatte sich nämlich inzwischen am 28. Dezember 1786 Johann Georg mit seiner Familie gütlich verglichen[69]. Der Vergleich enthielt folgende zentrale Bestimmungen:

1. Johann Georg und die Familie setzen sich gegenseitig in die ihnen bislang vorenthaltenen Rechte und Nutzungen wieder ein.
2. Zur Vereinfachung wird auf die Aufrechnung der gegenseitigen Ansprüche, die zwischen 1761 und 1783 aufgelaufen sind, verzichtet.
3. Noch laufende Klagen werden zurückgezogen.
4. Die Gültigkeit der bestehenden Familienordnungen und ihrer Bestimmungen wird – soweit sie dem gegenwärtigen Vergleich nicht abträglich sind – ausdrücklich bestätigt.

Insgesamt kann man diesen Vergleich nur positiv bewerten: Nachdem die diplomatische Krise zwischen Nürnberg und Kurbayern um die gerichtliche Zuständigkeit bereits 1783 mit der bayerischen Anerkennung der Nürnberger Position beigelegt war, obsiegte aus Kostengründen auch innerhalb der Tucherschen Gesamtfamilie und in der Rivalität ihrer beiden Linien die Vernunft. Eine endgültige gerichtliche Entscheidung der strittigen Positionen wurde nicht gesucht. Das Stifterinteresse Lorenz Tuchers von 1503 konnte gewahrt werden, die oberpfälzischen Güter blieben Stiftungsbesitz der Gesamtfamilie. Der Austritt Johann Georgs aus dem Nürnberger Bürgerrecht wurde respektiert, zumal die Reichsstadt ihm bereits 1772 gestattete, wieder in Nürnberg zu wohnen[70]. Sein Abfall vom evangelischen Glauben wurde aufgrund

---

[67] Hauptrechnungen der Einnahmen und Ausgaben der Hofmark Simmelsdorf 1765–1783 (1780/81 fehlen) StadtAN, E 29/VI Nr. 2112–2128 mit Belegen 1763–1783 (mit Lücken) und Fronzetteln 1781–83 (StadtAN, E 29/VI Nr. 2130–2133).
[68] StadtAN, E 29/VI Nr. 22.
[69] Hierzu und zum Folgenden: StadtAN, E 29/VI Nr. 28.
[70] StadtAN, E 29/II Nr. 429.

der durch das kurbayerische Eingreifen entstandenen äußeren Zwangslage akzeptiert, aber zugleich als Ausnahme definiert und die Tucher'schen Familiengesetze so in ihrem Inhalt bestätigt. Diese sind in ihren revidierten Fassungen von 1852/59[71], in der Geschlechtsordnung der freiherrlich von Tucherschen Familie vom 21. August 1860[72] und deren Änderungen von 1912/13[73] in der Kernfrage der evangelisch-lutherischen Konfession bis heute nicht geändert worden.

Nach dem Vergleich von 1786 wurde Johann Georg als Stiftungsadministrator aller Tucher'schen Familienstiftungen restituiert[74]. 1795 übermittelte der kurpfälzische Gesandte in Wien quasi einen Abschlußbericht der Streitsache nach München[75].

Wenn der von Johann Georg angezettelte Familienstreit letztendlich nach 25 Jahren auch gütlich ausgegangen war, so deutet nicht nur die Tatsache an sich, sondern auch die Verbissenheit und teilweise auch Rücksichtslosigkeit, mit der er diesen Streit ausgefochten hatte, auf den Charakter des Tucher'schen Stiftungsadministrators hin. Und der Streit mit der Familie war kein singuläres Ereignis. Zeitgleich war Johann Georg in heftige Auseinandersetzungen mit seinen Simmelsdorfer Grunduntertanen verwickelt, die einerseits aus den Versuchen herrührten, aus Simmelsdorf eine eigene, ihm persönlich unterstehende Grundherrschaft zu formen, andererseits aber auch auf den streit- und herrschsüchtigen Charakter des Grundherrn zurückzuführen waren. Den Grund zu diesen Auseinandersetzungen allein in der Tatsache zu suchen, daß Johann Georg anders als frühere Stiftungsadministratoren und Grundherren direkt in Simmelsdorf residierte – wie dies Alberti sieht[76] –, greift meines Erachtens zu kurz.

Bereits 1764/65 werden erstmals Klagen Simmelsdorfer Grunduntertanen gegen ihren Herrn über Waldnutzungen und Holzabgaben aktenkundig[77]. Ab 1766 verweigerten die Simmelsdorfer Untertanen Fron- und Scharwerkdienste wie das Abmähen und Einheuen herrschaftlicher Wiesen[78]. Der hierüber entbrannte Streit gipfelte 1769 in der Verhaftung von Frondienstverweigerern. Die Gesamtheit der Tucher'schen Untertanen zu Simmelsdorf, vertreten durch Hans Raumer und Christoph Steiger, beschwerte sich daraufhin beim zuständigen Landrichter in Auerbach, und Johann Georg suchte wiederum Unterstützung bei der kurfürstlichen Regierung in Amberg. Sein Ansprechpartner auch in dieser Angelegenheit war der Amberger Regierungsadvokat und kurfürstliche Rat Georg Jacob Pösenecker. Regierung und Landgericht entschieden im November 1769 den Streit und verpflichteten die Grunduntertanen zu Fronleistungen oder einer Ersatzzahlung in Höhe von 35 Gulden 48 Kreuzer[79].

---

[71] StadtAN, E 29/II Nr. 166.
[72] StadtAN, E 29/II Nr. 168. Bestätigung seitens des bayerischen Staatsministeriums des Innern am 23.3./4.9. 1865: StadtAN, E 29/II Nr. 171.
[73] StadtAN, E 29/II Nr. 174.
[74] StadtAN, E 29/VI Nr. 1743.
[75] BayHStAM, Gesandtschaft Wien, Nr. 1021.
[76] Alberti, Simmelsdorf (wie Anm. 20), S. 130.
[77] StadtAN, E 29/VI Nr. 2103.
[78] Hierzu und zum Folgenden: StadtAN, E 29/VI Nr. 2107.
[79] Vgl. auch Alberti, Simmelsdorf (wie Anm. 20), S. 132.

Der Verweigerung von Fron- und Scharwerkdiensten seitens der Simmelsdorfer war damit aber kein Ende gesetzt. Aus den Jahren 1770, 1771, 1772, 1774 und 1775 sind erneute Verweigerungen von Mäh- und Heudiensten belegt[80], und in den Jahren 1784 bis 1787 loderten die alten Streitereien mit neuer Vehemenz wieder auf[81]. Auslösende Faktoren für diese neuerlichen Weigerungen waren in der Tatsache zu suchen, daß Johann Georg die Pachtzinsen seiner Grunduntertanen deutlich anhob und gleichzeitig die Ausgabe von Bau- und Brennholz an seine Hintersassen einschränkte. Bei der diesmal erhobenen Klage der Simmelsdorfer stand der Auerbacher Landrichter auf ihrer Seite, die Amberger Regierung deckte nach wie vor die Position Johann Georgs. 1787 schlichtete schließlich eine extra eingesetzte Kommission auch diesen Streit im Sinne der Regierung zugunsten Johann Georgs und gegen die Simmelsdorfer Grunduntertanen.

Während der langjährigen Auseinandersetzungen mit der Familie waren gemeinsame Geschäfte wie Liegenschaftsankäufe oder -verkäufe kaum denkbar, zumindest nicht, wenn es um Immobilien und Liegenschaften des Gesamtgeschlechts oder der Familienstiftungen ging. Lediglich bei Besitzungen der älteren Tucher-Linie läßt sich eine gemeinsame Transaktion während dieser Zeit belegen: Am 3. Mai 1777 verkauften Johann Georg und seine Brüder Karl Gottfried (1743–1777) und Georg Friedrich (1750–1785) das Anwesen Hirschelgasse 15 in Nürnberg an Johann Wolfgang und Appolonia Freißer[82]. 1879, etwas mehr als 100 Jahre später, erwarben Christoph (1841–1922) und Heinrich Tucher (1853–1925) das unweit des Tucherschlosses liegende Anwesen von der Schreinermeisterswitwe Margaretha Baldauf für die ältere Tucher-Linie zurück. Es ging 1895 in den Besitz des Gesamtgeschlechts über und wurde 1945 zerstört[83].

Das zwischen diesem und dem Tucherschloß liegende Anwesen Hirschelgssse 13, das ebenfalls der älteren Tucher-Linie gehörte, wurde 1785 von Johann Georg und seinem Bruder Georg Friedrich an den Orgelmacher Gottlieb Immanuel Hüfner und seine Frau veräußert[84]. Auch dieses Anwesen wurde nach 110 Jahren, 1895, von den Tucher zurückerworben, 1944/45 zerstört[85] und beim Wiederaufbau in den Komplex des Tucherschlosses als völlig veränderter Anbau integriert[86].

Erst nach 1786 trat Johann Georg wieder als Verantwortlicher der Tucher'schen Familienstiftungen in Erscheinung. So verkaufte er am 15. Dezember 1788 für die Lorenz-Tucher-Stiftung ein Haus *unter den Hutern* (Kaiserstraße) für 5000 Gulden an den Kaufmann Leonhard Krieger[87].

Für sich selbst erwarb der Stiftungsadministrator 1789 am heutigen Maxplatz 44 ein stattliches Anwesen, bestehend aus Vorder-, Mittel-, Seiten- und Hinterhaus mit zwei Sälen, zwölf Zimmern, sechzehn Kammern, vier Küchen, sechs Bädern, drei

---

[80] StadtAN, E 29/VI Nr. 2107.
[81] Hierzu und zum Folgenden: StadtAN, E 29/II Nr. 966; Alberti, Simmelsdorf (wie Anm. 20), S. 133f.
[82] Hierzu und zum Folgenden: StadtAN, E 29/VI Nr. 1999.
[83] StadtAN, E 29/VI Nr. 2003, 2005.
[84] StadtAN, E 29/VI Nr. 1996.
[85] StadtAN, E 29/VI Nr. 1998.
[86] Freundliche Mitteilung von Frau Ulrike Swoboda, Museen der Stadt Nürnberg.
[87] StadtAN, E 29/VI Nr. 2009.

Abtritten, Waschgelegenheit, Pferdestallung, zwei Kellern, einer Holzremise, einer Hofreite mit laufendem Wasser und einem Pumpbrunnen sowie einem kleinen Garten mit einem schönem Gartensaal; der Vorbesitzer war seit 1759 Christoph Wilhelm Stürmer[88]. In dieses fast fürstlich zu nennende städtische Anwesen unweit der Pegnitz zog Johann Georg 1798 selbst ein[89]. Nach Johann Georgs Tod fiel das Anwesen am 12. März 1805 als Erbe an seinen Neffen Jakob Gottlieb Friedrich (1780–1832), der in den Folgejahren 1806/07 allein 8000 Gulden in Reparaturen investieren mußte[90]. Nach dessen Tod 1832 wurde es zusammen mit den Feuchter Besitzungen der älteren Tucher-Linie veräußert[91].

Auch persönliche Ehrungen wurden Johann Georg nach der Beilegung des Bruderzwistes im Hause Tucher zuteil: Am 28. Februar 1793 ernannte ihn König Friedrich Wilhelm II. von Preußen (1786–1797) zum Kammerherrn[92]. Als solcher war Johann Georg Träger des Brandenburgischen Roten Adlerordens[93], weshalb noch heute sein Wappen in der Bayreuther Stadtkirche, der ehemaligen Hofkirche der Markgrafen von Brandenburg-Bayreuth zu finden ist[94]. Am 1. August 1799 bat Johann Georg zudem Zar Paul I. von Rußland (1796–1801) um Aufnahme in den Malteserorden[95].

Am 29. Januar 1805, also ungefähr eineinhalb Jahre, bevor die Reichsstadt Nürnberg vom Hause Wittelsbach annektiert wurde, verstarb der kurbayerische Hof- und Regierungsrat, königlich preußische Kammerherr und Tucher'sche Stiftungsadministrator Johann Georg Tucher von Simmelsdorf[96]. In den Tucher'schen Patronatskirchen zu St. Helena und Behringersdorf fanden Trauerfeierlichkeiten statt[97]. Zu seinem Nachfolger als Administrator der Familienstiftungen bestellten die Tucher – wohl aufgrund der negativen Erfahrungen mit den Eskapaden des Verstorbenen – mit Friedrich Wilhelm Karl (1736–1817), dem langjährigen Widersacher Johann Georgs im Familienzwist, und Jakob Gottlieb Friedrich (1780–1832) nun jeweils einen Vertreter der jüngeren und der älteren Linie[98].

Der persönliche Nachlaß Johann Georgs – das Anwesen Maxplatz 44, Brillantringe und Juwelen im Wert von 3453 Gulden, Hausrat, Bücher und Gemälde (darunter fünf Landschaften von Wilhelm Bemmel) – ging zu gleichen Teilen an seine Schwestern Maria Sabina Tucher (1747–1816) und Anna Susanna, verwitwete Ebenauer (1748–1815) sowie die Kinder seines 1785 verstorbenen Bruders Georg Friedrich, Wilhelmina (1787–1837), Marianne (1781–1846) und Jakob Gottlieb Friedrich, einer

---

[88] StadtAN, B 14/I Nr. 191, fol. 162v, und StadtAN, F 5 Nr. 317, Bd. IV/1.
[89] Bartelmeß, Patrizierfamilie (wie Anm. 18), S. 236.
[90] StadtAN E 29/VI Nr. 2557.
[91] StadtAN E 29/VI Nr. 219.
[92] StadtAN E 29/V Nr. 2.
[93] Bartelmeß, Patrizierfamilie (wie Anm. 18), S. 230. Die Statuten des Ordens von 1734, 1757 und 1777 finden sich im Nachlaß Johann Georgs, StadtAN, E 29/VI Nr. 117f.
[94] Bartelmeß, Patrizierfamilie (wie Anm. 18), S. 230.
[95] StadtAN, E 29/VI Nr. 119.
[96] Biedermann-Volckamer, Nachträge (wie Anm. 14), S. 114.
[97] StadtAN, E 29/II Nr. 430.
[98] Alberti, Simmelsdorf (wie Anm. 20), S. 135f.

der neuen Stiftungsadministratoren[99]. Wegen dieses Nachlasses kam es noch 1805 zu Streitigkeiten, die am Ober- und Appellationsgericht der untergehenden Reichsstadt anhängig waren; die deshalb entstandenen Auseinandersetzungen wurden bis 1821 ausgefochten[100].

Wenn auch Streit und Prozesse die 49 Jahre, in denen Johann Georg Tucher die Familienstiftungen verwaltete, dominierten, so darf man hierüber nicht die Verdienste übersehen, die diesem Administrator für die Familie und ihre Stiftungen zukamen. Als Grundherr von Simmelsdorf reorganisierte er die Verwaltung der Hofmark, ließ Inventare und Verzeichnisse der Grunduntertanen erstellen[101] und legte Wert auf penibelste Rechnungsführung[102]. Als Familienältester wurde er mit seiner *Summarischen Deduction von dem Althertum, Thurnier-, Ritter- und Stifftsmäßigkeit auch Reichs-Immedietät des Geschlechts der Tucher von Simmelsdorf und Winterstein*[103], die aufgrund der auf den Familienzwist zurückgehenden Streitigkeiten mit Nürnberg 1764 in Schwabach gedruckt wurde, zum bedeutendsten Familienchronisten des 18. Jahrhunderts.

Abschließend möchte ich nochmals auf den von Johann Georg verursachten Familienstreit eingehen. Die Auseinandersetzungen um Recht und Inhalt der Tucher'schen Familiengesetze und die aus der territorialen Lage erwachsene Krise um den Gerichtsstand des Rittergutes Simmelsdorf wurden meines Erachtens durch die Rivalität der beiden Linien Tucher erheblich verschärft. Diese war in der Familiengeschichte seit dem 15. Jahrhundert bis heute immer latent vorhanden, trat aber nie so deutlich zu Tage wie in der zweiten Hälfte des 18. Jahrhunderts. Der Bruderzwist im Hause Tucher brach vor allem auf, als sich mit Johann Georg nach seinem Vater die ältere Linie in der zweiten Generation in der Administration der Familienstiftungen zu etablieren schien, in einem Bereich, der bis dahin gewohnheitsmäßig zu den angestammten Privilegien der jüngeren Linie zu gehören schien. So war es auch nur konsequent, daß mit dem Tod Johann Georgs die Administration der Stiftungen zumindest vorübergehend auf beide Linien zu gleichen Teilen verlagert wurde.

---

[99] StadtAN, E 29/VI Nr. 132.
[100] StadtAN, E 29/VI Nr. 133–135.
[101] StadtAN, E 29/VI Nr. 2098, 2100; StadtAN, E 29/II Nr. 969.
[102] StadtAN, E 29/VI Nr. 2112–2133.
[103] StadtAN, E 29/VII Nr. 69; Walter Gebhardt, Erbauliches aus vier Jahrhunderten. Die Tucher-Bibliothek im Stadtarchiv Nürnberg, in: MVGN 82, 1995, S. 89–138, hier S. 121.

Peter Fleischmann

Politik – Propaganda – Kommerz?
Die umstrittene Karte des Nürnberger Gebiets
von Matthäus Ferdinand Cnopf (1764/66) aus der
Offizin Homanns Erben

„... vor den Augen von ganz Deutschland auf das empfindlichste Hohn zu sprechen"

Auf dem allmählich ansteigenden Weg vom Rathaus zur Nürnberger Burg springt nach kurzer Strecke linker Hand der prächtige Südgiebel eines vierstöckigen Renaissancegebäudes hervor. In dieser exponierten Lage ließ sich in den 1590er Jahren der aus den Niederlanden zugewanderte Seidenhändler Philipp von Oyrl ein großes, äußerst repräsentatives Haus errichten, das heute noch von einer in Kupfer getriebenen Fortuna bekrönt wird. Dieses stattliche Anwesen erwarben im Jahr 1733 die Erben der Offizin des 1724 verstorbenen Johann Baptist Homann. Bis zu ihrer Auflösung 1852 durch Christoph Melchior Fembo hatte die berühmte Landkartendruckerei dort ihren Sitz. Hunderte verschiedenster Karten Deutschlands, Europas und der ganzen Welt wurden hier konzipiert, graviert, gedruckt, koloriert. Einzeln oder je nach Wunsch der Käufer zu Atlanten zusammengebunden, da alle Blätter die gleiche Größe hatten, verließen sie zu Tausenden das Haus.

Auch im Jahr 1763, am Ende des Siebenjährigen Kriegs, konnten Homanns Erben wieder mit einigen neuen Ausgaben aufwarten und sie in Nürnberg, in Deutschland und auch in ganz Europa über die Agenten zum Verkauf anbieten. Im Januar erschien das Blatt ‚Markgraftum Kulmbach/Unterland', im Mai folgte eine Ausgabe des ‚Markgraftums Ansbach', und im August 1764 konnte endlich die lange ersehnte Landkarte des ‚Nürnberger Gebiets' offeriert werden.

Nur wenige Wochen später, am 5. Oktober 1764, lief im Nürnberger Rathaus ein Brief aus der benachbarten Residenzstadt Ansbach ein. Bürgermeister und Rat hatten ein geharnischtes Protestschreiben erhalten, das von der gesamten Regierungsspitze des Markgraftums, vom Hof- und Regierungsratspräsidenten, den Geheimen Hof-, Regierungs- und Justizräten, unterzeichnet war. Im Namen seiner Hochfürstlichen Durchlaucht, des Markgrafen Alexander (reg. 1757–1791), beschwerte man sich in aller Form über die *neu herausgegebene, geographisch illuminierte Landkarte über vermeintliches Territorium*[1]. Es wurde dem Nürnberger Rat vorgeworfen, absichtlich diese Landkarte publiziert zu haben, die in vielen Dingen falsch sei und nur den Zweck hätte, dem ganzen Kur- und Hochfürstlichen Haus Brandenburg *vor den Augen von ganz Deutschland auf das empfindlichste Hohn zu sprechen*. Gleichzeitig mit diesem Brief traf aus Bayreuth ein ähnlich lautendes Beschwerdeschreiben der markgräflichen Räte der dortigen Regierung (2. Oktober 1764) und einen Monat später ein Brief des akkreditierten Ministers Seiner Königlichen Majestät in Preußen

---

[1] Staatsarchiv Nürnberg (StAN), Reichsstadt Nürnberg (Rst. Nbg.), Ratskanzlei, C-Laden 52, Nr. 14(1) [alte Signatur: S II L 90, Nr. 22].

beim Fränkischen und Schwäbischen Kreis, Freiherr von Pfeil, in der Nürnberger Ratskanzlei ein (28. November 1764). Da aber eine Reaktion auf sich warten ließ, erinnerten mit Schreiben vom 13. Dezember 1764 die Räte aus Ansbach an ihr Schreiben und sprachen die Drohung aus, man könne auch andere Maßnahmen ergreifen. Prompt erschien zur Jahreswende 1764/65, ohne Angabe eines Verlagsorts, ein Oktavbändchen unter dem barocken Titel „Historische und rechtliche Beleuchtung der Knopfischen Landcharte von Nürnberg". Der Autor dieses 62 Seiten starken Büchleins, das zur „Belehrung des Publikums" auf die Nürnberger Karte aus der Offizin Homanns Erben zielte, verbarg sich unter dem Pseudonym Brennophilo[2].

Der Nürnberger Rat reagierte zunächst verhalten auf diese Attacken und verhängte schließlich am 31. Januar 1765 ein Verkaufsverbot. Die Offizin Homann durfte die Anstoß erregenden drei Landkarten, allen voran diejenige des Nürnberger Gebiets, nicht mehr verkaufen.

Wer ist Cnopf?

Der Urheber der umstrittenen Kartenwerke hieß Matthäus Ferdinand Cnopf. Da er ein reichsstädtischer Beamter war, lag selbstverständlich für die protestierenden Parteien die Vermutung nahe, er habe im Auftrag des Rates gewirkt[3].

Cnopf war der jüngste von drei Söhnen des Johann Jakob Cnopf, der von 1704 bis 1739 als Stadtarzt in Hersbruck am Schloßplatz wirkte. Sein älterer Sohn Christoph Maximilian (* 1705) folgte ihm 1740 in diesem Amt (bis 1755). Der mittlere Sohn Karl Ludwig (* 1712) wurde Pfarrer und hatte zuletzt die Stelle in Kraftshof inne.

Matthäus Ferdinand wurde am 11. September 1715 in Hersbruck geboren. Über ihn gibt es eine kurze biographische Skizze, auf die wir uns im folgenden stützen. Sie stammt von Georg Ernst Waldau, der sie in seiner Geschichte Hersbrucks 1788 lieferte und aus der hervorgeht, daß er den 1771 zu Nürnberg Verstorbenen gekannt hat[4].

Der Familie Cnopf fehlten offensichtlich die Mittel, auch den Jüngsten wie die beiden älteren Söhne in Altdorf studieren zu lassen. Deshalb sollte er auf Fürsprache des brandenburg-ansbachischen Kastners zu Windsbach, Karl Wilhelm Schnitzlein, zum Beamten ausgebildet werden. Matthäus Ferdinand ging nach Regensburg und verbrachte anschließend mehrere Jahre als Sekretär des Braunschweigischen Gesandten in Wien. Nach der Rückkehr in seine Heimat wurde er 1741 Verwalter der Tucherschen Familienstiftung, bis er im Alter von 32 Jahren als Beigeordneter beim Stadt- und Ehegericht angestellt wurde. Bis zu seinem Tod am 11. November 1771 bekleidete Cnopf im reichsstädtischen Ämterwesen verschiedene untergeordnete Posten (Forst- und Zeidelgericht). Eine leitende Funktion konnte er wegen seines Standes in Nürnberg nicht einnehmen, da er keiner ratsfähigen Familie angehörte.

Erst die feste Anstellung ermöglichte es Cnopf zu heiraten. Er ehelichte 1749 die Tochter des Pfarrers von St. Lorenz, Anna Rosina Weiß. Der überlebende Sohn aus

---

[2] Stadtarchiv Nürnberg (StadtAN), Amtsbücherei Av 2406.

[3] StAN, Rst. Nbg., C-Laden 52, Nr. 14(11, 14, 16a).

[4] Georg Ernst Waldau, Diplomatische Geschichte und ausführliche Beschreibung der Nürnbergischen Landstadt Hersbruck, Nürnberg 1788, ND Neustadt a.d. Aisch 1984, S. 71, 148–157. Unter Weglassung näherer biographischer Angaben erschien der Artikel Waldaus in: Georg Andreas Will, Christian Conrad Nopitsch, Nürnbergisches Gelehrten-Lexicon, Bd. 5, Nürnberg 1802, S. 167–170.

dieser Verbindung, Ernst Friedrich Andreas Cnopf, ist 1785 als evangelischer Prediger in Wien zum Kaiserlichen Konsistorialrat ernannt worden. Wie die verstorbene erste Frau stammte auch seine zweite Gemahlin nicht aus dem Handwerkerstand, sondern aus der gehobenen, akademischen Schicht. Anna Regina Sophia Schlözer war im Pfarrhaushalt zu Satteldorf bei Crailsheim aufgewachsen. Von acht Kindern aus dieser 1758 geschlossenen Ehe überlebten zwei Töchter und der Sohn Johann Andreas Ferdinand. Er wurde später Schreib- und Rechenmeister in Nürnberg.

Dieses nüchtern biographische Bild wäre unvollständig, würde man nicht auf die Lieblingsbeschäftigung des Matthäus Ferdinand Cnopf eingehen, die ihn über das bloße Beamtendasein hinaushob. Schon frühzeitig hatte er sich der Geschichte sowie insbesondere der Erdbeschreibung beziehungsweise der Kartographie zugewandt. Dieses „Hauptvergnügen" ist durch den Kontakt mit Johann Michael Franz († 1761) wesentlich gefördert worden und hatte duch ihn ganz neue Impulse erhalten. Daraus resultierte ein größerer, anhaltender, aber leider nicht erhaltener Briefwechsel mit angesehenen Geographen und Kartographen, was die Bedeutung dieses Nürnberger Beamten auf jenem Gebiet umso mehr unterstreicht. Sein Biograph Georg Ernst Waldau führt auch ein Werkverzeichnis Cnopfs auf, das einen stattlichen Umfang erkennen läßt. Allein 25 Landkarten der Offizin Homann gehen auf ihn zurück. Die große staatspolitische Affäre aus dem Jahr 1764 scheint Cnopf nicht weiter geschadet zu haben; denn vom späteren Lebenslauf bis zu seinem frühen Ende im Alter von 56 Jahren am 11. November 1771 als reichsstädtischer Beamter sind keine ungewöhnlichen Nachrichten überliefert.

Die Offizin Homann und ihre Nürnberger Landkarten

Der Begründer der berühmten Landkartendruckerei, Johann Baptist Homann (1664–1724), hatte schon eine wechselvolle Biographie hinter sich, als er sich 1702 ein zweites Mal in Nürnberg niederließ. Endlich konnte der talentierte Kupferstecher Fuß fassen und als Verleger einen Markt erschließen, den bislang niederländische Drucker beherrscht hatten. Homann kopierte französische, niederländische und italienische Vorlagen und brachte systematisch Landkarten heraus, die preisgünstiger waren als die Konkurrenzprodukte. Außerdem trugen alle Blätter das gleiche Format, so daß sich Interessenten, die schließlich aus ganz Europa kamen, in Nürnberg Kartenkonvolute ihres Bereichs individuell zusammenstellen lassen konnten. Wie rasch Homann auf diese enorme Nachfrage reagierte, belegt die Herausgabe eines Atlasses mit 40 Karten im Jahr 1707 und einer noch umfangreicheren Ausgabe mit 122 Karten neun Jahre später. Nach dem Tod Homanns führte dessen Sohn Johann Christoph (1703–1730), der in Halle Medizin studiert hatte, die Offizin für kurze Zeit weiter. Anschließend wurde die Firma unter „Homanns Erben" fortgeführt. Johann Christoph Homann hatte seinen Schwager, den Kupferstecher Johann Georg Ebersberger (1695–1760), und seinen Studienfreund aus Halle, den vielseitig interessierten Johann Michael Franz (1700–1761), zu Teilhabern eingesetzt. Ihre Erben, Jakob Heinrich und Georg Christoph Franz, führten die bedeutendste Landkartendruckerei Deutschlands anschließend weiter. Ein kaiserliches Druckprivileg für seine Erzeugnisse hatte Johann Christoph Homann im Jahr 1729 erhalten, das 1740 und erneut 1762 ausgestellt worden ist.

Selbstverständlich sind auch einige wenige der Verlagsprodukte aus dem Hause Homann Nürnberg und der näheren Umgebung gewidmet, die im Folgenden kurz vorgestellt werden. Schon aus der Zeit vor der Gründung der Offizin in Nürnberg gab es von Johann Baptist Homann ein Werk, das bereits hier entstanden ist. Nach der Vorlage von Christoph Scheurer, einem Registrator am Landpflegamt, stach Homann 1692 die Karte „Das nürnbergische Gebiet mit allen nürnbergischen Hauptmannschafften"[5]. Es handelt sich dabei um die erste, vom Rat zur Veröffentlichung freigegebene Darstellung der Stadt und der Umgebung im Umkreis von circa 50 Kilometern. Allerdings wurden darin bewußt keine Grenzlinien eingetragen, um den gleichsam vorprogrammierten Streit mit den benachbarten Herrschaften zu vermeiden.

Als Johann Baptist Homann um 1710 die Karte des Fränkischen Kreises herausgab, hat man sie *für eines seiner Meisterstücke* gehalten[6]. Dieses Verlagsprodukt fand offenbar nicht nur wegen der vorzüglichen Qualität allgemeine Zustimmung, sondern auch im Hinblick auf die Grenzlinien. Selbstverständlich war darin das reichsstädtisch nürnbergische Gebiet unter Einschluß der älteren und der jüngeren Landschaft auch enthalten.

Der Nürnberger Rat zeigte sich im Herbst des Jahres 1732 sehr überrascht, als von Homanns Erben der „Grundris der des Heil(igen) Röm(ischen) Reichs Freyen Stadt Nürnberg" vorgelegt wurde[7]. Erst nach seinem Erscheinen stellten sich die Ratsherren die Frage, ob die präzise Karte nebst ausführlicher Legende nicht vorher von der reichsstädtischen Zensur hätte begutachtet werden sollen, da man stets wegen der Preisgabe militärischer Geheimnisse Sorge trug. In einer internen Stellungnahme wurde zwar auf die genaue Wiedergabe der vor der Stadt gelegenen Befestigungswerke hingewiesen, doch mußte man pragmatisch wiederum einschränken, daß sie ja in natura *vor jedermanns Augen liegen*. Unverzüglich ließ man das Kriegsamt befragen, das die streng geheimen Originalgrundrisse Nürnbergs von Gottlieb Trost aus dem Jahr 1718 in Verwahrung hatte[8]. Von dort waren sie aber nicht herausgegeben worden und dienten folglich nicht als Vorlage der homännischen Edition. Auch beim untergeordneten Zeugamt wurden Erkundigungen eingezogen. Beim Vergleich der Homann-Karte mit der realen Situation konnte der Zeugmeister Leonhard Stefan Creuznach eine Fülle kleinerer Fehler auflisten (die übrigens bei späteren Auflagen auf der Kupferplatte korrigiert worden sind). Doch konnte er das anonyme Produkt aus dem Verlag Homann in seiner Qualität nicht herabwürdigen. Sein Verweis auf eine ältere Darstellung aus dem Jahr 1718 traf letztlich ins Schwarze, denn diese Karte ist von dem Kunsthändler und Kupferstecher Christoph Weigel (1654–1725) erst-

---

[5] Fritz Schnelbögl, Karte des nürnbergischen Gebietes von Christof Scheurer und Johann Baptist Homann 1691/92 (Mitteilungen der Altnürnberger Landschaft), Sonderheft 1976; Peter Fleischmann, Norenberc – Nürnberg 1050 bis 1806. Eine Ausstellung des Staatsarchivs Nürnberg zur Geschichte der Reichsstadt (Ausstellungskataloge der Staatlichen Archive Bayerns 41), München 2000, S. 318f. Die ältere Nürnberger Wald- und Fraischkarte von 1541, gedruckt 1559 bzw. 1563, kann an dieser Stelle übergangen werden, da sie nur für den internen Gebrauch vorgesehen war. Peter Fleischmann (Bearb.), Die handgezeichneten Karten des Staatsarchivs Nürnberg bis 1806 (Bayerische Archivinventare 49), München 1998, S. 66.

[6] StAN, Rst. Nbg., C-Laden 52, Nr. 14(65).

[7] StAN, Rst. Nbg., C-Laden 52, Nr. 14ad.

[8] Fleischmann, Handgezeichnete Karten (wie Anm. 5), S. 246f.

mals aufgelegt worden und erschien in dem Band von Johann David Köhler „Bequemer Schul- und Reisen-Atlas". Sie ging wiederum zurück auf eine handgezeichnete Vorlage von Hans Bien aus der Zeit zwischen 1628–32, womit die Angelegenheit als erledigt betrachtet wurde[9].

Einen Auftrag des Nürnberger Rats stellte dagegen die Zollkarte dar, die im Frühjahr 1763 erschienen ist. Diese für die Altstraßenforschung sehr bedeutende, aber kaum beachtete Karte trägt den beschreibenden Titel „Geographischer Entwurf der Hochfürstlich Brandenburg-Culm- und Onolzbachischen rings um die Reichs Stadt Nürnberg angelegten, theils berechtigten alten, aber widerrechtlich erhöheten, theils gar unberechtigten neuen, auch gleicher Weise immer steigernden Zoll-Staette ...". In der Gegend zwischen Coburg und Weißenburg im Süden sowie zwischen Rothenburg o.d. Tauber und Hof im Nordosten waren 153 brandenburgische Zollstätten hervorgehoben, die durch fünf verschiedene Siglen kenntlich gemacht worden sind. In einer Legende in Form einer Kartusche rechts unten wird zwischen markgräflich kulmbach-bayreuthischen und ansbachischen alten Haupt- und Wehrzöllen unterschieden. Neben diesen alten 37 Zollstellen wurden – nach offensichtlicher Darlegung in dieser Karte – allein 30 während des Dreißigjährigen Kriegs von den beiden markgräflichen Fürstentümern widerrechtlich eingeführt. Die Verärgerung vor allem der Nürnberger Kaufleute richtete sich aber insbesondere gegen 86 weitere, gegen altes Herkommen und bestehende Verträge gerichtete Zölle, weshalb man gleichsam rechtlich propagandistisch mit dieser Karte dagegen vorging.

Sie ist anonym erschienen, weder ein Jahr, ein Verlagsort oder ein Urheber werden genannt. Dank der erhaltenen Bände der Stadtrechnung im Staatsarchiv kann sie jedoch präzise datiert und als eine Auftragsarbeit des Nürnberger Rats identifiziert werden. Daß auch noch die originale Kupferplatte erhalten ist, belegt eindeutig die reichsstädtisch nürnbergische Provenienz. Der Offizin Homann zahlte man für das Stechen und Drucken der Karte 100 Gulden, der Urheber, Matthäus Ferdinand Cnopf, bekam als Honorar 25 Gulden.

Doch hatte man eine Zollstelle zu Georgensgmünd übersehen, weshalb ein Jahr später eine Änderung der Platte vorgenommen werden mußte. Der Rat zahlte für die zweite Auflage von 200 kolorierten Exemplaren neun Gulden. Außerdem mußte der Fertiger, Matthäus Ferdinand Cnopf, im September 1764 die in der Erstauflage fehlende Zollstätte in den noch vorhandenen 335 Exemplaren mit der Hand nachtragen, wofür er mit fünf Gulden honoriert wurde[10]. In allen Exemplaren der Erstausgabe findet sich deshalb die Anzahl der Zollstätten handschriftlich auf 87 verbessert und der Zoll bei *Georgens-Gemünd* nachgetragen[11].

---

[9] StAN, Rst. Nbg., C-Laden 52, Nr. 14ad. Fleischmann, Handgezeichnete Karten (wie Anm. 5), S. 248. Michael Bauer, Christoph Weigel (1654–1725), Kupferstecher und Kunsthändler in Augsburg und Nürnberg, in: Archiv für Geschichte des Buchwesens 23, 1983, Sp. 1094f., 1126f. Eine Abbildung findet sich als Beilage in dem Nachdruck des Büchleins von Christian Conrad Nopitsch, Wegweiser für Fremde in Nürnberg, Nürnberg 1801, Nachwort von Peter Fleischmann, Neustadt a.d. Aisch 1992.

[10] StAN, Rst. Nbg., Losungamt, Stadtrechnungen 139, Bl. 75'; 140, Bl. 76'; Cimelien 8 (= Kupferplatte der Zollkarte); Mandate II/49; Differentialakten 156; Regierung von Mittelfranken, Kammer der Finanzen, Abg. 1909, Nr. 6758.

[11] StAN, Rst. Nbg., Karten und Pläne 789–791.

Die Karte des Nürnberger Territoriums (1764) von Matthäus Ferdinand Cnopf

Im August 1764 erschienen unter Nennung des Jahres, des Verlags (Homannianis Heredibus), des Stechers (D.A. Hauer) und des Urhebers (Matthaeo Ferdinando Cnopfio) kolorierte Kupferstiche mit dem lateinischen Titel „Mappa Geographica Territorii Sacri Romani Imperii Liberae Civitatis Norimbergensis" (Abb. 1). Die Karte hatte ein Format von 47 mal 54,5 Zentimetern (Höhe mal Breite) und ein Papiermaß von 56 mal 65 Zentimetern[12]. Sie umfaßte das Gebiet zwischen Forchheim und Auerbach im Norden sowie Roth und Neumarkt im Süden. Das Kartenbild war durch die Verwendung mehrerer Siglen sehr übersichtlich gestaltet. Die Größe der Orte war durch neun unterschiedliche Signaturen differenziert, denen noch Mühlen (Mühlrad) und Poststationen (Posthorn) folgten. Im Gegensatz zu Gewässern und Flüssen waren nur die wichtigen Landstraßen ausgeworfen, Wälder sind durch Baumsignaturen, Erhebungen durch Aufrisse oder Hangstriche kenntlich gemacht worden. Die vielen Ortsnamen sowie topographische und politische Benennungen führen keineswegs zu einer graphischen Überfrachtung, auch nicht in dem Nebenkärtchen rechts unten über den „Districtus Criminalis Praefecturae Norimbergensis Lichtenau", also über das Pfleg- und Fraischamt Lichtenau vor den Toren von Ansbach. In den Randleisten waren die Längen- und Breitengrade angegeben, der angezeigte Längenmaßstab betrug „2 Milliaria Germanica quorum 15 in uno Gradu"; der aus der Karte berechnete Maßstab beläuft sich auf circa 1:135 000. In einer Kartusche links oben sind die Siglen von sieben verschiedenen Fraischdistrikten aufgelöst, mehrere Grenzlinien sind gestrichelt und koloriert, die Herrschaftszugehörigkeit ist in zahlreichen Schriftzügen wiedergegeben. Die Titelkartusche in Ohrmuschelform rechts oben wird auf dezente Weise vom Nürnberger Wappendreiverein geschmückt.

Was schreibt und wer ist Brennophilus?

Bereits vier Monate nach dem Erscheinen dieser kartographischen Darstellung des Nürnberger Territoriums und den Protestschreiben aus Ansbach, Bayreuth und Berlin erschien ein anonymes Oktavbändchen zu sehr günstigem Preis mit dem Titel „Historische und rechtliche Beleuchtung der Knopfischen Landcharte von Nürnberg". Der Inhalt ließ sofort auf die Urheber schließen, welche vehement markgräfliche Belange verteidigten. Die Brisanz der ganzen Angelegenheit, ausgelöst durch den Landkartendruck, wurde nur zwei Jahre später durch eine erweiterte Ausgabe der öffentlichen Druckschrift deutlich, die sogar auf dem Reichstag zu Regensburg unter allen Gesandten ausgeteilt wurde. Diesmal unter Angabe der Verlags-, besser: Urheberorte Bayreuth und Ansbach, kam 1766 im Folioformat mit einem Umfang von 37 Seiten die „Gründliche Anzeige wie fälschlich, zum gesuchten Nachtheile der Gerechtsamen der Hochfürstlichen Häuser Brandenburg in Francken und zu vermeyntlichen Gunsten der Reichsstadt Nürnberg, in den im Jahre 1764 an diesem Orte im Homännischen Verlag herausgekommenen, von einem Namens Knopf verfaßten, das Ge-

---

[12] StAN, Rst. Nbg., Karten und Pläne Nr. 279/9. Entnommen aus: StAN, Rst. Nbg., C-Laden 52, Nr. 14(9b). Fritz Schnelbögl, Dokumente zur Nürnberger Kartographie (Beiträge zur Geschichte und Kultur der Stadt Nürnberg 10), Nürnberg 1966, S. 134f.

Titelkartusche der umstrittenen ersten Ausgabe von Matthäus Ferdinands Cnopfs Ausgabe „Mappa Geographica Territorii Sacri Romani Imperii Liberae Civitatis Norimbergensis" aus dem Jahr 1764 (Staatsarchiv Nürnberg).

biete höchstgedachter Häuser und der gemeldeten Stadt betreffenden dreyen Land-Charten, die deßfallsigen Gränzen bemercket sind, auch wie sehr solche Bestimmung und die, den gedachten Land-Charten beygefügten Anmerckungen, demjenigen, was die Geschichte und die von den höchsten Reichsgerichten gefälleten Urtheile besagen, mithin der Wahrheit, zuwider laufen"[13].

Und ein drittes Mal, 1774, fühlten sich die markgräflichen Räte nach der Veröffentlichung eines gewissen Eisenhart mit dem Titel „De territorio Norico ..." genötigt, diesmal wieder ohne Ortsangabe, ein Oktavbändchen mit einem Umfang von 148 Seiten herauszugeben: „Brennophilii historische und rechtliche Beleuchtung der Cnopfischen Landcharte von Nürnberg. Zweyte vermehrte Ausgabe. Nebst einem Anhang"[14].

Selbstverständlich handelte es sich bei der Autorenangabe um ein Pseudonym. Die eigenartige Wortschöpfung „Brennophilus" ist nur durch eine Analogie erklärbar, die aller Wahrscheinlichkeit nach auf eine „spöttische, zuweilen gar gehässige" Schmähschrift aus dem Jahr 1733 zurückgeht. Dank der Untersuchung von Günther Schuhmann sind Anlaß, Urheber und Hintergrund der sogenannten „Deliciae topogeographicae Noribergenses" bekannt gemacht worden[15]. Diese Rechtfertigungsschrift der angeblichen brandenburgischen Landeshoheit außerhalb der Stadtmauern Nürnbergs wurde von Johann Heinrich von Falkenstein, der seit 1730 im Dienste des Markgrafen stand, verfaßt. Es handelt sich dabei um die erste gedruckte Beschreibung der Nürnberger Landschaft, der fünf Landkarten beigegeben waren. Diese Ausgabe wurde von vier kleinen Kupferstichen geschmückt, von denen einer einen leeren, von einem Leuchter erhellten Raum zeigt. Gegen die vermeintliche Überheblichkeit des nürnbergischen Anspruchs sollte mit diesem Motiv und einem anderen, in dem eine Kerze von einer Lichtputzschere gereinigt wird, darauf angespielt werden, daß die „brennenden Kerzen ... bißweilen des Putzens" brauchen; das heißt der falsche andere Standpunkt muß zurechtgerückt werden. So verbirgt sich hinter dem Pseudonym ein Freund der Erleuchtung, allerdings im markgräflichen Sinne.

Der Altdorfer Historiker Georg Andreas Will (1727–1798) führte in seiner Bibliotheca Norica die beiden Exemplare von 1764 und 1766 auf und bemerkte, der „versteckte Brennophilus ist nicht unbekannt geblieben. Seine Schrift ist zu Ansbach gedruckt ..."[16] Verfasser war der aus Leutershausen gebürtige Karl Wilhelm Schnitzlein (1719–1785). Im Jahr 1762 wurde er zum Geheimen Hof-, Regierungs- und Justizrat in Ansbach, später zum Konsistorialpräsidenten ernannt, er gehörte also zum engsten Kreis der Ratgeber des Markgrafen. Bestätigt wird diese Vermutung durch eine zeitgenössische Bleistiftanmerkung eines Nürnberger Konsulenten, in welcher

---

[13] StAN, Rst. Nbg., Druckschriften 642; Fsm. Ansbach, Deduktionen 48; StadtAN, Amtsbücherei 135.2°.

[14] StAN, Amtsbücherei 53.8°. Dabei handelt es sich um das signierte Privatexemplar von Gottfried Stieber vom 13. März 1774 mit dem späteren Vermerk: *Ex Bibliotheca Archivi Onoldini, ad Nr. 600.*

[15] Günther Schuhmann, Die Deliciae topogeographicae Noribergenses und ihre Verfasser, in: JfL 19, 1959, S. 485–505.

[16] Georg Andreas Will, Bibliotheca Norica Williana oder kritisches Verzeichnis aller Schriften, welche die Stadt Nürnberg angehen ..., Altdorf 1772, T. 1, S. 5 (Nr. 4), S. 7 (Nr. 8), S. 283 (Nr. 835, 836).

einmal der Name genannt wird, doch mit einem wenig schmeichelhaften Zusatz: *Schnizlein – ein Poltron* (= Feigling) *ohne Courage wie sein Vater*[17].

Am Rande sei darauf hingewiesen, daß sich Karl Wilhelm Schnitzlein (er war vier Jahre jünger) und der 1764 von ihm attackierte Cnopf seit frühen Jahren kannten. Schnitzlein stammte aus dem nur wenige Kilometer westlich von Hersbruck gelegenen Ort Hohenstadt, der dem Amt Osternohe des Fürstentums Brandenburg-Kulmbach unterstand. Er war es auch, der die Familie Cnopf überzeugen konnte, den jüngsten Sohn die Beamtenlaufbahn ergreifen zu lassen.

Die brandenburg-ansbachische Sicht

Die offizielle geographisch-politische Darstellung des Fürstentums Brandenburg-Ansbach hat der markgräfliche Kartograph Johann Georg Vetter (1681–1745), Bearbeiter der vierbändigen Landesbeschreibung, im Jahr 1717/19 geschaffen[18]. Bereits zeitgenössisch wurde die gedruckte Übersichtskarte in zwei verschiedenen Formaten (einmal in vier Blättern im Maßstab von circa 1:80 000, eine identische im kleineren Maßstab von circa 1:160 000) nach ihrem Urheber bezeichnet. Das markgräfliche Territorium reichte darin bis an die Stadtmauer von Nürnberg, was – abgesehen von der rein topographischen Information – selbstverständlich nur als politischer Anspruch gewertet worden ist. Die Vetter-Karte war unter anderem Vorbild für die dritte Beilage („Abtruck des vermeintlichen Nürnbergischen Bezircks") in der tendenziösen Veröffentlichung „Deliciae topogeographicae Noribergenses" von 1733. Nebenbei behauptete der Anonymus Brennophilus in der Verteidigungsschrift aus dem Jahr 1764, die Vetter-Karten seien in der homännischen Offizin in Nürnberg entstanden, was aber keineswegs der Wahrheit entsprach[19].

In dem ersten Protestschreiben gegen die Cnopfsche Karte aus Ansbach vom 20. September 1764, das in Nürnberg beim Rat einlief, wurde im Grunde der Vorwurf

---

[17] StAN, Rst. Nbg., C-Laden 52, Nr. 14(25). Ansbacher Beamtenkartei, Bd. 7, S. 79f.

[18] Fritz Baier, Das Markgraftum Brandenburg-Ansbach von Johann Georg Vetter 1717/19, Erläuterungen zu: Reproduktionen alter Karten, hg.v. Landesvermessungsamt Baden-Württemberg, (Stuttgart 1992).

[19] Zu ihrer Entstehungsgeschichte, die einen interessanten Aspekt des Schaffens von Johann Baptist Homanns offenlegt, kann aus dem bereits mehrfach herangezogenen Akt des Staatsarchivs Nürnberg, Rst. Nbg., C-Laden 52, Nr. 14, zitiert werden. Demzufolge ließ Homann fast alle Briefe, die er geschrieben und die er empfangen hatte, in ein *Copierbuch* eintragen (bedauerlicherweise sind sie höchstwahrscheinlich nach der Auflösung des Verlags durch Fembo 1852 bzw. 1870 untergegangen).

Dem nicht erhaltenen Briefbuch des Jahres 1717, S. 60, konnte dank einer Kopie von 1764 entnommen werden, daß Homann am 17. März 1717 an Johann Georg Vetter, hochfürstlichen Ingenieur, nach Ansbach Folgendes mitteilte: Er hatte sich an den Nürnberger Rat gewendet, ob er die *Hochfürstlich Anspachische Territorial-Charte* drucken dürfe, was ihm aber verwehrt worden ist. In seinem Schreiben aus Ansbach vom 23. März 1717 (Copierbuch, S. 62) bedauerte Vetter sehr, daß Johann Baptist Homann sein Werk, eine Auftragsarbeit des Markgrafen, nicht verlegen durfte. Bekanntlich ist es zwei Jahre später in Augsburg von dem Kupferstecher Michael Kaufer bearbeitet worden, wobei die Titelkartusche, ornamentaler und figürlicher Schmuck von dem Kupferstecher Winter aus Ansbach stammen. Von ihm hieß es in Homanns Copierbuch, S. 44: Er hatte am 9. August 1719 mitgeteilt, *daß er nun an der letzten Platte des Comperts arbeite und nach vollendeter Arbeit bald wiederum hier* (in Nürnberg) *sich einzufinden hoffe*, wo Homann bereits mit einer Arbeit auf ihn warte. Die beiden, vorzüglichen Vetter-Karten stießen jedoch auf dem Markt nur auf geringe Resonanz, da sie den geographisch Interessierten teilweise zu teuer, teilweise zu groß waren, um sie in ihre Atlanten binden zu können.

erhoben, es würde dadurch der Territorialanspruch des Hochfürstlichen Hauses verleugnet, weil der Nürnberger Einflußbereich *in einer übernatürlichen Größe* dargestellt sei. Bekanntlich stehe der Reichsstadt außerhalb der Stadtmauern kein Territorium, ja nicht einmal ein Fußbreit Land zu. Deshalb verlangte man eine empfindliche Bestrafung des Autors und des Verlegers[20].

Außerdem sind in der Offizin Homann im Jahr 1763 zwei Landkarten über die eigenen Territorien erschienen, die anmaßenderweise ebenfalls von Matthäus Ferdinand Cnopf konzipiert worden waren und deren Vertrieb untersagt werden sollte. Es handelte sich um die Darstellung des Bayreuther Unterlands vom Januar mit dem Titel „Principatus Brandenburgico-Culmbacensis vel Baruthini Tabula Geographica quoad partem inferiorem" sowie des Fürstentums Ansbach vom Mai mit der Überschrift „Mappa Geographica exhibens Principatum Brandenburgico Onolsbacensem"[21]. Beide Darstellungen aus dem Hause Homann erschienen u.a. deshalb so provokant, weil der kulmbach-bayreuthische Geometer Johann Adam Riediger bei dem Augsburger Verlag Seutter im Jahr 1747 selbst eine Karte des Fürstentums oberhalb Gebürgs herausgegeben hat.

Allerdings existierten vom Nürnberger Gebiet bis zu diesem Zeitpunkt schon mehrere Karten, die ausdrücklich „Territorium Norimbergense" betitelt waren, die bis dato aber keinerlei Anstoß erregt hatten: Verleger waren die Niederländer Joan Blaeu (1596–1673) und Johann Jansonius (um 1588–1664), die Nürnberger Johann Hofmann (1629–1689) und Johann Andreas Boener (1647–1720) sowie der Augsburger Albrecht Carl Seutter (1722–1762).

Erste Reaktionen aus Nürnberg

Die reichsstädtischen Juristen nahmen die markgräflich-ansbachischen Attacken recht gelassen auf, denn alle der geäußerten Argumente waren ihnen hinlänglich bekannt. Dann verwies man auf die von den brandenburgischen Häusern publizierte Vetter-Karte von 1719, in denen umgekehrt das Nürnberger Gebiet regelrecht desavouiert worden ist. Im Hinblick auf die Fraischdistrikte der Pflegämter der sogenannten Jüngeren Landschaft von 1505 war dies offensichtlich eine Rechtsverdrehung, denn hier hatte die Reichsstadt die unbestrittene Landeshoheit inne. Anders stand es jedoch mit den beiden Reichswäldern, in denen die Reichsstadt die fraischliche Obrigkeit behauptete. Damit war die zwischen Ansbach und Nürnberg schwärende Frage um das Recht auf Ausübung der Hochgerichtsbarkeit außerhalb der Stadtmauern angesprochen, aufgrund dessen das Haus Brandenburg die Landeshoheit ableitete. Die 1523 von den beiden Markgrafen eingereichte Klage vor dem Reichskammergericht in Esslingen wurde in einigen Punkten am 18. September 1583 entschieden. Darin bestätigten die Richter, daß bei Diebstahl, Mord, Raub, Meineid und Notzucht in 38 aufgeführten Orten die ansbachischen Richter zu Burgthann, Schwa-

---

[20] StAN, Rst. Nbg., C-Laden, Akten 52, Nr. 14(1). Archivalische Überlieferung der gegnerischen, brandenburg-ansbachischen Seite ließ sich leider nicht nachweisen, vgl. StAN, Fsm. Ansb., Differenzen mit Benachbarten.
[21] StAN, Rst. Nbg., Karten und Pläne 799, 799/1, 802/1, 802/2. Hans Vollet, Abriß der Kartographie des Fürstentums Kulmbach-Bayreuth (Die Plassenburg 38), Kulmbach 1977, S. 157f.

bach, Cadolzburg und Baiersdorf urteilen dürfen. Ausgenommen wurden lediglich zwei Orte im Pflegamt Altdorf, in denen Nürnberg die Fraisch zuerkannt worden ist. Neben diesem possessorischen Fraischprozeß von 1526 hatten die Markgrafen noch drei weitere Prozesse angestrengt. Gegen das ungünstige Urteil von 1583 legte die Reichsstadt Revision ein, die jedoch wenige Jahre später zugunsten der Markgrafen verworfen worden ist. Deshalb strengte der Nürnberger Rat 1591 den petitorischen Fraischprozeß an, in dem man behauptete, den Markgrafen stehe in dem Gebiet um Nürnberg keine hohe fraischliche Obrigkeit zu, und diese dürfe auch nicht ausgeübt werden. Im Hintergrund dieses mit großer Zähigkeit ausgeführten Rechtsstreits stand die Frage um die Landeshoheit, die Brandenburg-Ansbach aus dem Geleits-, Zoll- und Jagdrecht sowie der Hochgerichtsbarkeit ableitete. Dagegen bestritten die Nürnberger Juristen diesen Anspruch, da die Reichsstadt selbst landeshoheitliche Rechte ausübte. In ihrer Argumentatin führten die Ratskonsulenten zurecht an, in Franken gebe es keine „Territoria clausa" und man bediene sich des Wortes „Territorium" nur *subjektiv*, es sei damit vielmehr ein *complexum plurium et quidem eminentiorum regalium* gemeint. Die Ältere Landschaft mit den Reichswäldern umfaßte das Gebiet innerhalb der Grenzflüsse Erlanger Schwabach, Regnitz und Schwarzach, doch konnte hier nicht zwischen dem, was als Fraisch und als hohe Gerichtsbarkeit verstanden wurde, unterschieden werden[22]. Überdies – und so endeten die weit ausholenden Bemerkungen – enthielt die Karte aus dem Homann-Verlag einige Fehler, die man dem Graveur zuschrieb.

Das vom Rat am 31. Januar 1765 erlassene Verkaufsverbot für alle drei Karten (Nürnberger Territorium von 1764, Fürstentum Ansbach 1763, Fürstentum Bayreuth/Unterland) rief bei den Gesellschaftern der „Homännischen Geographischen Handlung", Georg Peter Monath und Jakob Heinrich Franz, große Bestürzung hervor. Bereits eine Woche später bemühten sie sich in einem ausführlichen Brief, um Rechtfertigung ihres Vorgehens. Dabei rückten sie zunächst das kaiserliche Privileg von 1762 in den Vordergrund, das ihnen erlaube, *das Publikum von Zeit zu Zeit mit neuen Karten zu versorgen*[23]. Man sei davon ausgegangen, daß der Urheber, Matthäus Ferdinand Cnopf, ein erfahrener und um seine Pflichten wissender Mann sei, dem man die jetzt leider strittige Landkarte zu konzipieren aufgegeben habe. Außerdem hätten die nun klagenden Fürstentümer Brandenburg-Ansbach und Brandenburg-Kulmbach seit dem Erscheinen der beiden Darstellungen ihrer Territorien 1763 keinerlei Einwände erhoben und bei all diesen Werken handele es sich nicht um *öffentliche Urkunden sondern* (um) *ein Privat-Unternehmen*. Jedenfalls gaben sie den Verlust, der ihnen durch das Verkaufsverbot entstanden sei, mit 600 Gulden an. Sie forderten deshalb den Rat auf, entweder diesen Betrag zu ersetzen oder das Verkaufsverbot zurückzunehmen.

---

[22] StAN, Rst. Nbg., C-Laden, Akten 52, Nr. 14(17). Grundsätzlich sei an dieser Stelle auf folgende Beiträge verwiesen: Werner Koch, Der possessorische Fraischprozeß und der Begriff Landeshoheit, Jur.Diss.masch. 1950. Dazu Rezension von Werner Schultheiß, in: MVGN, 45, 1954, S. 441–450. Hanns Hubert Hofmann, Nürnberg-Fürth (Historischer Atlas von Bayern, Teil Franken, H. 4), München 1954, S. 32–38. Robert Schuh, Das vertraglich geregelte Herrschaftsgemenge. Die territorialstaatlichen Verhältnisse in Franken im 18. Jahrhundert im Lichte von Verträgen des Fürstentums Brandenburg-Ansbach mit Benachbarten, in: JfL 55, 1995, S. 137–170.

[23] StAN, Rst. Nbg., C-Laden 52, Nr. 14(23).

Fast gleichzeitig traf aus Wetzlar ein Brief des Nürnberger Abgesandten beim Reichskammergericht, Gustav Georg König von Königsthal, vom 11. Februar 1765 in der Reichsstadt ein. Darin teilte er mit, er habe schon immer die Herausgabe einer Fraischkarte für erforderlich gehalten, wie sie vergleichbar anläßlich der Zollprozesse gegen Brandenburg-Ansbach 1763 auch gedruckt worden ist. Ein solches Vorhaben hätte ihm schon vor mehreren Jahren Matthäus Ferdinand Cnopf mitgeteilt, doch war König davon ausgegangen, daß dies nicht ohne Vorwissen des Rates geschehen sei. Dennoch müßten trotz einiger Fehler der Fleiß und die gute Absicht des Urhebers gewürdigt werden, die ansbachische Streitschrift aber bedürfe fast keiner Widerlegung, da längst bekannte Argumente darin enthalten seien.

Publizistische Äußerungen

Die verklausulierte Veröffentlichung der „Beleuchtung der Knopfischen Landcharte von Nürnberg" ließ bereits erkennen, daß der Streit zwischen Ansbach und Nürnberg nicht auf den Austausch von Klage- und Verteidigungsschriften beschränkt wurde. Denn andererseits war mit dem Medium der gedruckten Landkarte, noch dazu aus dem Hause Homann, von Anfang an eine große Breitenwirkung gegeben, der Entsprechendes entgegengesetzt werden sollte. So erschien am 5. Februar 1765 in den „Erlanger Gelehrten Anzeigen" ein kurzer, vernichtender Artikel über Cnopf, der die Dreistigkeit besessen habe, „in 3 Karten die hohe Rechts und Territorial Jurisdiktion der Hochfürstlichen Brandenburgischen Häuser zu kränken". Selbstverständlich war den zeitgenössischen Lesern die Urheberschaft und die Zielrichtung des lancierten Beitrags deutlich, der textidentisch am 15. Februar in der Leipziger Zeitung und am 19. Februar in der Hamburger Staats- und Gelehrten-Zeitung erschien[24].

Fast zur selben Zeit hatte sich der Magister und Rektor Hagen aus Chemnitz an die Inhaber von Homanns Erben gewendet. Ihm sei die Schrift von Brennophil zugeschickt worden mit dem Hinweis, sie in seinem Periodikum „Büchersaal" anzuzeigen. Da er aber nicht *wie der Blinde von der Farbe* urteilen wolle, bat er um Zusendung der strittigen Karte und um Aufklärung über die Hintergründe der ansbachischen Streitschrift[25]. Die darin vorgebrachten Argumente und die Reduzierung des Nürnberger Territoriums auf engste Grenzen bezeichnete er schlichtweg als *Hirngespinst*. Rektor Hagen nahm in dem Brief eindeutig Partei für den Verlag Homann und forderte sogar dazu auf, die Verleger sollten sich in seinem Periodikum selbst zur strittigen Sache äußern. In einem Antwortschreiben nahmen diese aber zwei Wochen später davon Abstand mit dem Hinweis, *unsere Handlung läßt sich in nichts einflechten*[26]. Noch im März des Jahres 1765 ließ der Rat nach Chemnitz schreiben, es werde an einer Widerlegung der ansbachischen Schmähschrift gearbeitet und man wolle sie noch zur Leipziger Messe dem Publikum offerieren. Es handelte sich hier um das Manuskript des Ratskonsulenten Winkler mit dem Arbeitstitel „Unpartheiische und actenmäßige Prüfung …"

---

[24] Erlanger Gelehrte Anzeigen, 6. Stück, S. 53; Leipziger Zeitung, 5. Stück, 7. Woche; Hamburger Staats- und Gelehrten-Zeitung, Nr. 29.
[25] StAN, Rst. Nbg., C-Laden 52, Nr. 14(29), Schreiben vom 7.2.1765.
[26] StAN, Rst. Nbg., C-Laden 52, Nr. 14(42), Schreiben vom 21.2.1765.

Abgesehen von einem späteren Bericht in der Bayreuther Zeitung vom 11. September 1766, in dem potentielle Käufer vor der „Unrichtigkeit" der Nürnberger Karte gewarnt wurden, folgten in der zeitgenössischen Publizistik keine weiteren Äußerungen mehr zu der gesamten Angelegenheit.

Der Königsweg

Im Februar und März des Jahres 1765 fanden im Nürnberger Rathaus mehrere Sitzungen statt, bei denen auch Matthäus Ferdinand Cnopf hinzugezogen wurde. Die Ratskonsulenten Hüls, Marperger und Winkler brüteten über der Karte und listeten kleinere geographische und territoriale Unstimmigkeiten auf. Schließlich bemerkte der Urheber resignierend, mit dem Wort „Territorium", einer modernen Wortschöpfung, würde die komplizierte rechtliche Gemengelage im Fränkischen Kreis nicht hinreichend beschrieben, weshalb der Kartentitel geändert werden sollte. Statt des anstößigen „Mappa Geographica Territorii Sacri Romani Imperii Liberae Civitatis Norimbergensis" solle es nun lauten: „Mappa geographica des Reichs Stadt Nürnbergischen Gebiets im Fränkischen Kreis gelegen und in seine Frais- und Cent-Distrikte eingeteilet ..."[27] Den wesentlichen und letztlich ausschlaggebenden Beitrag zum Ausweg aus diesem Dilemma leistete der Nürnberger Gesandte in Wetzlar, Gustav Georg König von Königsthal. Er stützte sich auf die Überlieferung des Fraischprozesses zwischen Ansbach und Nürnberg und befürwortete die Abkehr von dem gefährlichen Leitbegriff, da man bekanntlich vom „territorium non clausum" ausgehen müsse; besser sei die Bezeichnung „Nürnberger Obrigkeit und Gebiet"[28]. Er riet deshalb bei den strittigen Orten und Dörfern zu einer Unterscheidung nach folgenden Kategorien:
– diejenigen, in denen das Reichskammergericht am 13. Juli 1587 nach Klage des Hauses Brandenburg von 1526 die Fraisch der Stadt Nürnberg aberkannt worden ist,
– diejenigen, in denen vom Haus Brandenburg 1526 zwar die Fraisch eingeklagt worden ist, die aber in dem Urteil von 1587 nicht erwähnt wurden, somit der Stadt Nürnberg zuerkannt worden sind,
– diejenigen, in denen 1526 die Fraisch nicht eingeklagt worden ist, die in dem Urteil des Reichskammergerichtsurteil aber auch nicht erwähnt worden sind, somit der Reichsstadt zufallen,
– diejenigen, die beim possessorischen Fraischprozeß von der Reichsstadt 1535 ausgenommen worden sind und folglich außerhalb der Diskussion stehen.

Mit scharfen Worten und guten Gründen wandte sich noch der Ratskonsulent Winkler gegen ein grundsätzliches Nachgeben gegenüber dem Haus Brandenburg. Man habe beim Fraischprozeß um die Reichswälder diese stets Nürnberger Territorium genannt, und niemals habe das Haus Brandenburg innerhalb der drei Grenzflüsse

---

[27] StAN, Rst. Nbg., C-Laden 52, Nr. 14(33), Schreiben vom 27.2.1765.
[28] Bei den Ausführungen König von Königsthals geht an dieser Stelle nicht hervor, ob ihm der süffisante Bezug dieses Begriffspaars bewußt war. Denn im Titel der Brandenburg-Nürnbergischen Kirchenordnung von 1533 hieß es schon: „Kirchenordnung in meiner gnedigen Herrn der Marggraven zu Brandenburg und eins erbern Rats der Stat Nürnberg O b e r k e y t u n d g e p i e t e n, wie man sich bayde mit der Leer und Ceremonien halten solle" (Hervorhebung v. Verf.).

hierauf Anspruch gehabt, vielmehr hatte es hier nur Landgerichts-, Geleits-, Zoll- und Wildbannrechte. Da es aus dem 17. und 18. Jahrhundert mehrere Landkartendrucke gab, in denen ein Territorium Norimbergense benannt worden ist, so stelle auch die jetzige aus dem Verlag Homann nichts Neues dar. Ein Einlenken in dieser Frage bedeute vielmehr das Zugeständnis, es gebe kein nürnbergisches sondern nur ein brandenburgisches Territorium. Dieser pointierte Standpunkt wurde jedoch in der weiteren Diskussion verworfen, der Rat zielte eher auf ein Entgegenkommen und auf eine Entschärfung des Streits.

Im Januar des Jahres 1766 berichtete der Wetzlarer Gesandte König von Königsthal, er habe sein Exemplar der Cnopfschen Karte leider hergegeben, und mehrere Assessoren wünschten sie zu haben. Auf seine Bitte, man möge ihm vier illuminierte Exemplare *wohl zusammengerollt und nicht zusammengebogen* an ihn schicken, denn der Bedarf in Wetzlar sei sehr groß, ließ ihm der Nürnberger Rat sogleich sechs Karten übersenden[29]. In eben jener Zeit liefen wieder zwei Protestschreiben aus Bayreuth und Ansbach in der Nürnberger Kanzlei ein, mit denen an die Briefe vom Herbst 1764 erinnert und eine Bestrafung der Verleger gefordert wurde.

Die zweite Ausgabe der Cnopfschen Karte (1766)

Anfang Mai des Jahres 1766 Mai legte Matthäus Ferdinand Cnopf den Andruck der revidierten Landkarte beim Rat vor. Besonders augenfällig war die Gestaltung der Titelkartusche und die Änderung des Titels, der nun lautete: „Geographische Charte der Reichs-Stadt Nürnberg Obrigkeit und Gebiets herausgegeben von den Homännischen Erben", datiert 1766 (Abb. 2). Eine darunter gesetzte Rahmenkartusche in einer Größe von 10 mal 11 Zentimetern war mit einem „Nota!" überschrieben. Darin hatte man – genau nach den Vorgaben König von Königsthals – sehr differenzierend linksbündig vier Kreissignaturen, jeweils mit umfangreichen Erläuterungen, gesetzt, die durch verschiedenfarbiges Kolorit (Rot, Grasgrün, Blau, Gelb) hervorgehoben waren. In der Karte wurde damit auf jene circa 60 „Orte und Dörfer" hingewiesen, in denen die fraischliche Obrigkeit infolge der Reichskammergerichtsurteile von 1535 und 1583 einerseits dem Haus Brandenburg zugesprochen worden ist, und auf jene, die bei der gerichtlichen Regelung übergangen oder weiterhin strittig waren, die die Reichsstadt für sich reklamierte. Fast alle der in den beiden Reichswäldern rund um Nürnberg gelegenen Orte waren entsprechend dem schwebenden streitigen Verfahren markiert, so daß ein sehr präzises Abbild der verwickelten staatsrechtlichen Verhältnisse der „Obrigkeit und (des) Gebiets" gegeben war. Im Vergleich zur Erstausgabe der Karte von 1764 war in der zweiten Auflage ganz unten bei der Erläuterung der Zeichen eben jener Passus getilgt, durch den lediglich enpassant auf das Reichskammergerichtsurteil von 1583 hingewiesen wurde. In der unteren Randleiste war diesmal der Hinweis auf den Stecher (D.A. Hauer) entfallen. Bei beiden Ausgaben war das Verlagshaus genannt, doch verzichteten Homanns Erben 1766 auf die Hervorhebung des kaiserlichen Druckprivilegs, was ihnen allerdings vom Rat freigestellt worden war. Besonders wichtig erscheint jedoch die Anonymisierung der Landkarte,

---

[29] StAN, Rst. Nbg., C-Laden 52, Nr. 14(56), Schreiben vom 17.1.1766.

Titelkartusche der zweiten, revidierten Ausgabe „Geographische Carthe der Reichs-Stadt Nürnberg Obrigkeit und Gebiets herausgegeben von den Homännischen Erben" aus dem Jahr 1766 mit ausführlicher Legende aber Anonymisierung des Fertigers (Staatsarchiv Nürnberg).

denn der Name des Urhebers (vorher: Matthaeo Ferdinando Cnopfio) war nun getilgt; damit hatte man den städtischen Beamte gleichsam aus der Schußlinie genommen.

Den korrigierten Abdruck ließ der Rat sofort an den Gesandten König nach Wetzlar schicken, um ihn begutachten zu lassen. Dieser revidierte Abzug existierte offensichtlich in zwei Exemplaren, von denen eines Beilage des Akts aus der Nürnberger Ratskanzlei war. In diesem finden sich am Rande noch vereinzelte, handschriftliche Korrekturen, die sich auf einige falsche Schreibungen von Ortsnamen beziehen (Abb. 3 mit Hervorhebung der Errata). Die Kupferplatte ist daraufhin an sechs Stellen verändert worden, was schließlich an den freigegebenen Abzügen der zweiten Auflage kontrollierbar ist (Abb. 4 mit Hervorhebung der Corrigenda). Folgende Korrekturen sind durchgeführt worden: „Flaxdorf" zu „Flexdorf", „Unt. Weyhersbuch" zu „Ob. od. Unt. Weyhersbuch", „Nassbach" zu „Naschbach", „Schashof" zu „Schafhof", „Erigmühl" Korrektur der Lage zunächst nördlich dann südlich der Schwarzach, „Fichtenmühl" erhält Mühlradsignatur. Ein solcher Korrekturabzug, wie er bei vielen anderen Drucken auch entstanden ist, dürfte in der Geschichte des Druckwesens sicherlich äußerst selten sein.

Da es der Rat mit einer Entscheidung nicht eilig hatte, wandten sich die Inhaber der Homannschen Offizin, Georg Peter Monath und Jakob Heinrich Franz, am 15. Dezember 1766 wieder an ihre Obrigkeit. Die Korrekturen und die Kolorierung seien entsprechend den Vorgaben und Bedenken der Juristen ausgeführt worden, sie baten um Aufhebung des Verkaufsverbots vom 31. Januar 1765. Im Dezember des Jahres 1766 gab der Rat schließlich die zweite, revidierte Ausgabe der Karte des Nürnberger Gebiets und die beiden anderen des Fürstentums Brandenburg-Kulmbach/Unterland sowie des Fürstentums Brandenburg-Ansbach zum Verkauf frei. Trotz einiger, nur noch schwacher Reaktionen des Hauses Brandenburg war damit die Streitfrage für die Reichsstadt Nürnberg, für den städtischen Beamten Matthäus Ferdinand Cnopf und für die Offizin Homanns Erben zwar nicht erledigt, so doch langfristig entschärft.

Politik – Propaganda – Kommerz?

Die markgräflichen Räte in Ansbach hatten in ihrem ersten Schreiben an Bürgermeister und Rat zu Nürnberg vom 20. September 1764 unterstellt, die kolorierte Landkarte über *vermeintliches Territorium ... ist mit Approbation des Nürnberger Rats und allem Vermuten nach auf ihren Befehl* herausgegeben worden[30]. Dies entsprach aber keineswegs den Tatsachen, denn der Verlag hatte sie ohne Vorwissen der Ratsherren publiziert. Eben dieser Präzedenzfall führte zur internen Diskussion, ob die Veröffentlichung solcher Drucksachen nicht auch der reichsstädtischen Zensur, ausgeübt vom Vormundamt, unterworfen werden müsse.

Die Verleger begründeten die Edition der rasch strittigen Karte des Nürnberger Gebiets mit der starken Nachfrage, so vor allem von Offizieren. Bewußt wollte man als ein hier ansässiges Unternehmen *die höchst nachteiligen und boshaften* ansbachischen Darstellungen zu den „Deliciae topogeographicae Noribergenses" von 1733 nicht vertreiben. Als geeigneter Bearbeiter dieses Desiderats kam nur der Stadtaktuar Matthäus Ferdinand Cnopf in Frage, der schon mehrfach in älteren Landkarten und

---

[30] StAN, Rst. Nbg., C-Laden 52, Nr. 14(1).

bei Neuausgaben für die Offizin Homanns Erben Korrekturen ausgeführt hatte (Grafschaft Oettingen, Reichsstadt Schwäbisch Hall). Cnopf fühlte sich für eine solche Aufgabe umso mehr berufen, da er *in patriotischer Absicht* den anmaßenden ansbachischen Forderungen, wie sie ja auch von den reichsstädtischen Juristen bestritten wurden, entgegentreten wollte. Dabei glaubte er jedoch – aus Naivität oder aus Eitelkeit – gleichsam als Privatmann zu handeln. Hinsichtlich des Urhebeberrechts bezog er einen sehr vordergründigen Standpunkt, denn er habe nur etwas konzipiert und dem Verlag angeboten, der die Verantwortung zur Veröffentlichung alleine tragen sollte. Das Problem bestand schlichtweg in der Tatsache, daß *einem Geographen sich in Politica controversa einzulassen nicht zusteht*, wie später der Ratskonsulent Marperger zutreffend bemerkte[31]. Vor dem Hintergrund der zwar überzogenen, aber seit zweieinhalb Jahrhunderten verfochtenen Ansprüche mußte die Cnopf-Karte des Nürnberger Gebiets für die markgräflich-ansbachischen Räte selbstverständlich eine Provokation darstellen. Denn Urheber und Verlag saßen in Nürnberg, und Cnopf war überdies städtischer Beamter. Selbst wenn er einen anderen Beruf oder gar einen anderen Wohnsitz gehabt hätte, wäre die Reaktion aus Ansbach, Bayreuth und Berlin nicht viel anders ausgefallen. Da die Karte neben einigen Fehlern auch in staatsrechtlicher Hinsicht Ungenauigkeiten enthielt, lenkte der Nürnberger Rat ein. Zunächst erließ man ein Verkaufsverbot und setzte schließlich in langem Ringen mit den Sachverständigen einige Änderungen bei der Gestaltung der Karte durch. Neben einer „Entschärfung" des Titels (der Begriff Territorium wurde gemildert in: Obrigkeit und Gebiet) wurden zahlreiche textliche Erläuterungen beigefügt, mit denen der staatsrechtliche Aussagegehalt der Darstellung differenziert wurde. Als absolutes Rarum darf in diesem Zusammenhang der Andruck von der revidierten Kupferplatte von Mai 1766 bezeichnet werden, in dem später noch einige kleinere Korrekturen ausgeführt worden sind. Im Dezember 1766 kam schließlich die zweite Ausgabe der Landkarte auf den Markt.

Bei aller Geschäftstüchtigkeit war bei dem Verhalten der beiden Inhaber der Offizin Homanns Erben, Georg Peter Monath und Jakob Heinrich Franz, ein ausgeprägtes politisches Bewußtsein zu beobachten. Als Nürnberger Unternehmer fühlten sie sich der Reichsstadt sehr eng verbunden, sie handelten im Grunde pro domo. Die Herausgabe einer Karte des reichsstädtischen Gebiets berührte in diesem Einzelfall ganz unmittelbar die Monopolfrage, die ansonsten immer gegeben war. Denn durch das Verlegen von Landkarten mit politischen Grenzen wurde staatliche Souveränität interpretiert, bei der man keineswegs den Souverän oder Herrschaftsträger um Zustimmung angehen mußte. Daß es hin und wieder zu Konflikten um die Auslegung von Grenzen oder Rechten kam, war unvermeidbar. Der Streit um die Cnopfsche Karte von 1764/66 stellte in dieser Hinsicht zweifellos einen Höhepunkt der Eskalation dar. Allein aus wirtschaftlichen Gründen war deshalb stets Vorsicht geboten, doch entschloß sich die Offzin Homann, die sich darin von anderen Landkartenverlagen kaum unterschieden hat, manchmal auch zu rigidem Vorgehen. So hatte man 1759 eine Karte mit dem Titel „Windsheim und was zu dieser Reichsstadt gehört, nebst den übrigen angrenzenden Herrschaften" herausgebracht, ohne auf die territorialen

---

[31] StAN, Rst. Nbg., C-Laden 52, Nr. 14(35).

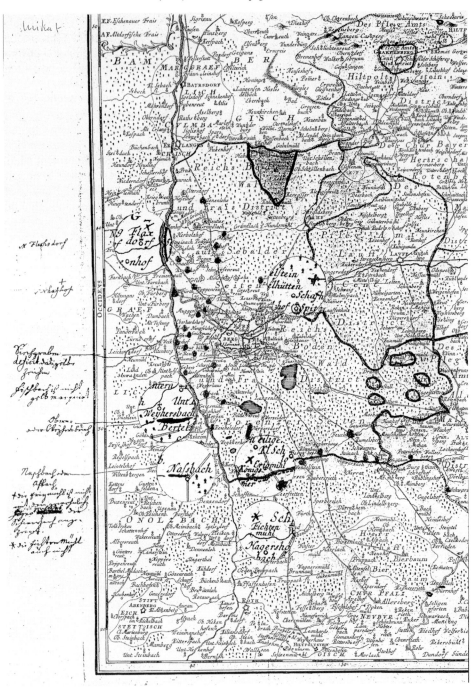

Ausschnitt des Probeabzugs der zweiten Ausgabe mit handschriftlichen Hinweisen auf Errata (hier vergrößert) in der zweiten Ausgabe der „Geographische(n) Carthe" von 1766 (Staatsarchiv Nürnberg).

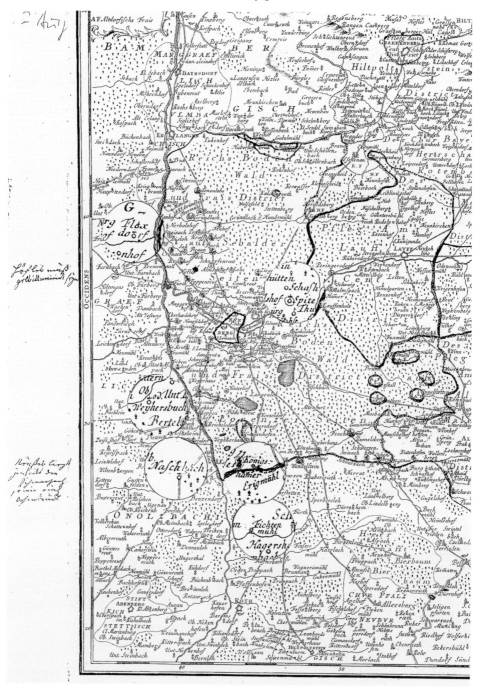

Ausschnitt des im Dezember 1766 freigegebenen Drucks der „Geographische(n) Carthe" nach entsprechenden Korrekturen (hier vergrößert) (Staatsarchiv Nürnberg).

Belange dieser kleinen Reichsstadt Rücksicht zu nehmen. Denn sie wurde – ohne Wissen des Rats von Windsheim – von dem brandenburg-kulmbachischen Ingenieur Johann Adam Riediger (1680–1756) entworfen, der die Untertanen *in den vermischten Orten großen Teils unrichtig angegeben* hat[32].

Ein Fazit der heftigen Auseinandersetzungen, die zeitweise unter den Augen der nationalen Öffentlichkeit ausgeführt wurden, ist schwierig zu ziehen. Im Gefüge des Alten Reichs konnte ein Ausgleich nicht herbeigeführt werden, denn selbst der juristische Streit zwischen der Reichsstadt Nürnberg und dem Fürstentum Brandenburg-Ansbach vor dem Reichskammergericht ist bis zu dessen Ende in der Schwebe geblieben. Das Einlenken des Rates und des Verlags ohne grundsätzliche Preisgabe des eigenen Standpunkts war letztlich ein Zeugnis des guten Willens. Umgekehrt beschränkten sich die Forderungen aus Ansbach auf Sanktionsmaßnahmen gegenüber Urheber und Verlag, womit erfolglos in eine Sphäre eingegriffen werden sollte, die jenseits des herrschaftlichen Zugriffs lag.

Wenige Jahre später, 1772, stellte der Altdorfer Historiker Georg Andreas Will bezüglich der Streitschrift des Brennophilus bedauernd fest: *Wir haben noch immer eine Widerlegung dieser Schrift zu erwarten. Sie ist im Druck nicht mehr erschienen*[33].

---

[32] StAN, Rst. Nbg., C-Laden 52, Nr. 14(108).
[33] Will, Bibliotheca (wie Anm. 16), T. 1, S. 7. Siehe Stadtbibliothek Nürnberg, Amb. 435.2°, 481.2°.

Uwe Schaper

Es jauchze hoch auf, wer das Glück hat, in Franken Fridrich Wilhelms Untertan zu heisen – Anmerkungen zur Überlieferung der Herrschaft Neuhardenberg im Brandenburgischen Landeshauptarchiv

Die Beschäftigung mit der Geschichte Frankens zur Zeit der Wende des 18. zum 19. Jahrhundert ist ohne eine Auseinandersetzung mit der Politik und der Person des späteren preußischen Staatskanzlers Karl August Fürst von Hardenberg nahezu unmöglich[1].

Die Rezeption Hardenbergs hat nach Jahren der Stille erst jüngst mit der Veröffentlichung der Tagebücher und biographischen Aufzeichnungen durch Thomas Stamm-Kuhlmann neuen Anschub erhalten[2]. Stamm-Kuhlmann verweist in seinem Buch auf das Fehlen einer neueren Hardenberg-Biographie von Rang und begründet dies nicht zuletzt mit der bisher nicht unproblematischen Zugänglichkeit der einschlägigen Quellen, soweit dies die Überlieferung der preußischen Zentralbehörden und den Nachlaß des Staatskanzlers betrifft. Tatsächlich wurden diese Archivalien nach der kriegsbedingten Auslagerung aus dem Geheimen Staatsarchiv in Berlin-Dahlem als eine der Folgen der deutschen Teilung in das Zentrale Staatsarchiv der DDR, Abteilung Merseburg, verbracht und erst vor wenigen Jahren in das Geheime Staatsarchiv Preußischer Kulturbesitz zurückgeführt[3]. Ohne hier die offensichtlich im Hintergrund stehende Kritik Stamm-Kuhlmanns an den zuletzt gefertigten Hardenberg-Biographien von Haussherr und Thielen[4] diskutieren oder nur aufgreifen zu wollen, ist ihm ohne weiteres zuzustimmen, daß eine problematische Quellenlage, sei es durch das Fehlen oder die eingeschränkte Zugänglichkeit oder die Zerstreuung der benötigten Unterlagen über mehrere Standorte, der historischen Forschung immer abträglich ist.

Stamm-Kuhlmann konnte bei dem biographischen Ansatz seiner zweifellos gelungenen Veröffentlichung besonders von der Zusammenführung des Hardenberg-Nach-

---

[1] Vgl. Rudolf Endres, Die „Ära Hardenberg" in Franken, in: Bayreuth und die Hohenzollern vom ausgehenden Mittelalter bis zum Ende des Alten Reichs. Jahrestagung des wissenschaftlichen Arbeitskreises für Mitteldeutschland 10.–12. Mai 1989 in Bayreuth, hg. v. Roderich Schmidt, Ebsdorfergrund 1992, S. 177–200.

[2] Thomas Stamm-Kuhlmann (Hg.), Karl August von Hardenberg 1750–1822. Tagebücher und autobiographische Aufzeichnungen (Deutsche Geschichtsquellen des 19. und 20. Jahrhunderts 59, hg. von der historischen Kommission bei der bayerischen Akademie der Wissenschaften), München 2000.

[3] Stamm-Kuhlmann, Hardenberg (wie Anm. 2), S. 13–15; vgl. Carl Ahlgrimm, Rückführung der Bestände des Geheimen Staatsarchivs nach Berlin, in: Der Archivar. Mitteilungsblatt für deutsches Archivwesen, hg. v. Nordrhein-Westfälischen Hauptstaatsarchiv, Düsseldorf 1995, Sp. 251–258.

[4] Stamm-Kuhlmann, Hardenberg (wie Anm. 2), S. 13f.; Hans Haussherr, Hardenberg. Eine politische Biographie, I. Teil, 1750–1800, hg. v. Karl Erich Born (Kölner Historische Abhandlungen 8), Köln-Graz 1963; ders., Hardenberg. Eine politische Biographie, III. Teil, Die Stunde Hardenbergs, 2. durchgesehene Auflage, Köln-Graz 1965; Peter Gerrit Thielen, Karl August von Hardenberg 1750–1822. Eine Biographie, Köln-Berlin 1967.

lasses im Geheimen Staatsarchiv profitieren[5]. Für den Teil „Kindheit, Jugend und Studium" griff Stamm-Kuhlmann auf Aufzeichnungen des Staatskanzlers zurück, die sich im Brandenburgischen Landeshauptarchiv in Potsdam befinden[6]. Daß im Landeshauptarchiv in Potsdam Unterlagen zur Herrschaft Neuhardenberg aufbewahrt werden, in denen sich auch ein Nachlaßsplitter zu Karl August von Hardenberg befindet, ist zwar kein Geheimnis[7], jedoch ist bis zum heutigen Tag eine systematische Auswertung dieser Archivalien unterblieben. Weitgehend unbeachtet geblieben ist aber auch die Tatsache, daß sich im Nachlaßsplitter des Staatskanzlers einige Archivalien mit Bezug zur fränkisch-bayerischen Geschichte befinden.

Ziel dieses Beitrags ist es nun, auf diese Archivalien aufmerksam zu machen. Da der amtliche und private Nachlaß des Staatskanzlers in seinen wesentlichen Teilen im Geheimen Staatsarchiv zusammengeführt ist, handelt es sich bei der ins Brandenburgische Landeshauptarchiv gelangten Überlieferung tatsächlich nur um mehr oder weniger zusammenhängende Reste privaten oder dienstlichen Inhalts zu unterschiedlichsten Bereichen. Noch augenfälliger wird diese Tatsache, betrachtet man die Archivalien mit fränkisch-bayerischen Bezügen. Eine tiefgreifende Auswertung dieser Unterlagen bot sich also nicht an. Andererseits liegt die Notwendigkeit auf der Hand, auf Archivalien zu verweisen, die in Archiven verwahrt werden, die jedoch der Historiker, der zur fränkisch-bayerischen Geschichte forscht, im Zweifelsfall eben nicht aufsuchen würde. Wenn nun hier derartige Archivalien vorgestellt werden, ist dies in erster Linie als Entgegenkommen des Brandenburgischen Landeshauptarchivs

---

[5] Der Nachlaß des Staatskanzlers und das Hardenbergsche Familienarchiv werden im Geheimen Staatsarchiv in drei Teilbeständen geführt. Vgl. Geheimes Staatsarchiv Preußischer Kulturbesitz (GStAPK), I. Hauptabteilung, Repositur (Rep.) 92, Nachlaß Karl August von Hardenberg. Dieser amtliche Teil des Nachlasses wurde schon kurz nach dem Tode Hardenbergs im Jahre 1822 in das Geheime Staatsarchiv verbracht; GStAPK, I. Hauptabteilung, Rep. 92, Hardenberg, Familie (Depositum). Das Familienarchiv enthält vor allen Dingen Unterlagen, die bei Kriegsende aus Neuhardenberg (heute Landkreis Märkisch-Oderland) in das Hardenbergsche Schloß bei Göttingen geflüchtet wurden. Dort wurden die Archivalien erst 1965 wieder aufgefunden und 1975 als Depositum ins GStAPK verbracht. Der Bestand weist Kriegsverluste auf; GStAPK, I. Hauptabteilung, Rep. 92, Hardenberg, Familie (Nachträge). Dieser Teilbestand enthält nur Dokumente aus dem Nachlaß von Friedrich Karl und Karl August von Hardenberg, die vom GStAPK zwischen 1949 und 1984 erworben worden sind. Vgl. Thielen, Hardenberg (wie Anm. 4), S. 413–416.

[6] Brandenburgisches Landeshauptarchiv (BLHA), Rep. 37, Herrschaft Neuhardenberg.

[7] Friedrich Beck, Lieselott Enders, Heinz Braun (Bearb.), Übersicht über die Bestände des Brandenburgischen Landeshauptarchivs Potsdam, Teil I: Behörden und Institutionen in den Territorien Kurmark, Neumark, Niederlausitz bis 1808/16 (Veröffentlichungen des Brandenburgischen Landeshauptarchivs 4), hg. v. Friedrich Beck, Weimar 1964, S. 363–368 und S. 501. Vgl. auch die zugehörige Bestandsakte im BLHA. Der Bestand besteht aus zwei Urkunden aus den Jahren 1478 und 1499, 2018 Archivalieneinheiten (Laufzeit 1517–1944), die z.T. erst bei der Erschließung im Archiv zusammengeführt worden sind, und 38 Karten (Laufzeit 1734–1849). Die ursprünglich zum Bestand gehörende (Rest-)Überlieferung der Johanniterordenskommende Lietzen wurde unter der Repositur 9 B gesondert aufgestellt. Der Bestand gelangte 1950 ins Brandenburgische Landeshauptarchiv. Carl Hans Graf von Hardenberg war wegen seiner Teilnahme am Hitler-Attentat vom 20. Juli 1944 enteignet worden, die übrigen Familienmitglieder verließen bei Kriegsende ihre Güter in Richtung Westen. Carl Hans Graf von Hardenberg überlebte im Konzentrationslager Sachsenhausen. Das Schloß Neuhardenberg wurde im Krieg beschädigt und später geplündert. Es konnten aber Teile der Bibliothek (heute in der Stadt- und Landesbibliothek Potsdam) und das Restarchiv gerettet werden. Vgl. dazu auch: BLHA, Rep. 205 A, Ministerium für Volksbildung des Landes Brandenburg, Nr. 802, S. 499–520 und Nr. 618, S. 5f.

zu sehen, um dem Forscher, der in der Regel das Geheime Staatsarchiv in Berlin aufsuchen muß, da sich dort neben dem Hardenberg-Nachlaß auch andere einschlägige Quellen zur „preußischen Zeit" in Franken befinden[8], den Weg nach Potsdam überhaupt zu öffnen oder auch ersparen zu können.

Anzumerken ist noch, daß aus den eben angeführten Gründen als Auswahlkriterium für die Aufnahme in diesen Beitrag einzig und allein der Bezug zum geographischen Raum Franken gewählt wurde, inhaltliche Kriterien also keine Rolle spielten. Die einschlägigen Unterlagen wurden nicht nur aus dem Nachlaß des Staatskanzlers, sondern aus dem Gesamtbestand der Herrschaft Neuhardenberg ausgewählt. Der Inhalt der Archivalien wird im genealogischen oder historischen Kontext kurz vorgestellt, die vollständige Auswertung soll den interessierten Historikern überlassen bleiben.

Die in unserem Zusammenhang einschlägigen Archivalien werden in zwei Hauptgruppen vorgestellt: 1. Privatangelegenheiten und 2. Unterlagen, die aus der dienstlichen Tätigkeit erwachsen sind.

1. Privatangelegenheiten

Karl August von Hardenberg, der sich seit Juli 1790 in Ansbach aufhielt, ging, als er in die Dienste des letzten Markgrafen Alexander eintrat, offenbar von einer längeren Tätigkeit in den vereinigten Fürstentümern, die dann an Preußen fallen sollten, aus[9]. Es war keineswegs verwunderlich, daß er im Laufe der Jahre versuchte, verschiedene Güter zu erwerben. Dies war offensichtlich auch allgemein bekannt. So versuchte Georg Christoph von Reitzenstein 1797 das in seinem Besitz befindliche Rittergut Hartungs an Hardenberg zu verkaufen und begann sein Schreiben mit dem Hinweis: *Ich habe in sichere Erfahrung gebracht, daß Euer Excellenz im Lande Güter zu kaufen gedencken. Dieses beweget mich, Euer Excellenz meine besitzende Güter zum Erkauf ganz gehorsamst anzutragen*[10]. Schon am 24. Januar 1797 hatten die Brüder Karl August, August Georg Ulrich (1761–1805) und Georg Adolf Gottlieb (1765–1816) einen Vertrag geschlossen, in dem im wesentlichen die Kaufmodalitäten und die Finanzierung des beabsichtigten Güterankaufs geregelt waren. Der Vertrag galt für *diejenigen Güter, welche in den fränkischen Fürstenthümern oder sonst in der Nachbarschaft feil werden, vor der Hand eben vorzüglich Schwarzenbach an der Saal, Brandenstein, Gottmannsgrün, Schnarchenreuth, Regnitzlosa, Hohen- und Nie-*

---

[8] Besonders einschlägig sind im GStAPK folgende Reposituren: I. Hauptabteilung, Rep. 44 B, Ansbach-Bayreuth in preußischer Zeit, I. Hauptabteilung 44 C, Immediatkommission zum Übergang Ansbach-Bayreuths an Bayern und II. Hauptabteilung, Rep. 36, Generaldirektorium, Ansbach-Bayreuth.

[9] Endres, „Ära Hardenberg" (wie Anm. 1), S. 177–180.

[10] BLHA, Rep. 37, Herrschaft Neuhardenberg, Nr. 1700. Schreiben Reitzensteins an Hardenberg vom 23. März 1797. Der Kauf scheiterte schließlich, wie aus einem weiteren Schreiben Reitzensteins vom 7. November 1797 hervorgeht: *Die sehr schätzbare Zuschrift womit Euer Hochfreyherrl*[iche] *Excellenz mich vor einigen Wochen zu beehren geruhet haben, giebt mir zu erkennen, daß der Besitz meines Ritterguths kein sonderliches Interesse für Hochdieselben habe.* In der Akte befindet sich auch ein umfangreicher Schriftwechsel mit Friedrich Ernst von Schirnding aus dem Jahre 1797, in dem Schirnding Hardenberg Besitzungen in Röthenbach und das Rittergut Neuhaus zum Kauf anbot, sowie das *Verzeichnis über die Gebäude, Güter, Gerechtigkeiten und Unterthanen des Ritterguts Hollach* von 1801.

dernberg, Falbenthal, Neidenfels etc. wann sie um einen annehmlichen Preis gekauft werden können[11].

Selbst als Hardenberg 1798 abberufen und nach Berlin „versetzt" wurde, setzte er seine diesbezüglichen Bemühungen fort. Mag nun auch der einzelne Erwerb oder versuchte Erwerb hier von nachgeordnetem Interesse sein, so geben die Verhandlungen im einzelnen doch einen guten Überblick über den Umfang, sei es in territorialer Hinsicht oder sei es in Bezug auf die Gebäude mit sämtlichen Zugehörungen oder die mit dem Eigentum verbundenen Gerechtigkeiten.

Den aktenmäßig umfangreichsten Niederschlag mit insgesamt vier Archivalieneinheiten haben die Verhandlungen über den Kauf und den Verkauf der Rittergüter Alten- und Neuenmuhr bei Gunzenhausen. Besonders zu erwähnen ist ein Hypothekenschein aus den Jahren 1803/1809, der Abschriften des Lehenbriefs vom 27. Juli 1799 und der Allodifikationsurkunde vom 30. März 1801 enthält[12].

Nach dem Übergang Frankens an Bayern trennte sich Hardenberg wieder von diesem Besitz und tauschte ihn mit dem Vertrag vom 25./26. April 1809 gegen das im Kreis Königsberg in der Neumark gelegene Gut Henseberg, vormals im Eigentum des königlichen Kammerherrn Heinrich Otto Freiherrn von Wülknitz ein. In den überlieferten Akten zu diesem Gütertausch befinden sich neben der Abschrift des Vertrags[13] eine Beschreibung und der Anschlag der Rittergüter Alten- und Neuenmuhr[14]. Darüber hinaus ist ein Aktenband mit Rechnungen aus den Jahren 1809/1810[15] und ein weiterer Band bezüglich *Die Abnahme der Rechnungen von der Guts Verwaltung zu Muhr bey dem Verkauf dieses Guts an den Herrn von Wülknitz*[16] erhalten.

Nicht unerwähnt bleiben sollte auch, daß sich Hardenbergs Bruder, der preußische Landjägermeister Georg Adolf Gottlieb, im Besitz des Landguts Karolinenreuth befand[17]. Offensichtlich setzte Hardenberg auch seine Verbindungen ein, für weitere Familienmitglieder, in diesem Fall seine Tochter Lucie, die seit 1796 mit dem Grafen Karl Theodor Friedrich zu Pappenheim (1771–1853) verheiratet war[18], den Erwerb von Gütern vorzubereiten. In den Akten befindet sich ein Vertragsentwurf über den Kauf des Klosters Neuenzell in der Nähe von Würzburg sowie eine Werteinschätzung des Klosters von Juli 1805 von Hardenbergs Mitarbeiter und späterem Finanzrat in Ansbach, Ulmer[19].

---

[11] BLHA, Rep. 37, Herrschaft Neuhardenberg, Nr. 1700, Vertrag vom 24. Januar 1797.
[12] BLHA, Rep. 37, Herrschaft Neuhardenberg, Nr. 1383.
[13] BLHA, Rep. 37, Herrschaft Neuhardenberg, Nr. 1322, fol. 97–105v.
[14] BLHA, Rep. 37, Herrschaft Neuhardenberg, Nr. 1322, fol. 231–252.
[15] BLHA, Rep. 37, Herrschaft Neuhardenberg, Nr. 1323.
[16] BLHA, Rep. 37, Herrschaft Neuhardenberg, Nr. 1382.
[17] BLHA, Rep. 37, Herrschaft Neuhardenberg, Nr. 1386 und 1387. Karolinenreuth blieb auch nach Georg Adolf Gottliebs Tod im April 1816 im Besitz der Familie.
[18] Anna Lucie Christiane Wilhelmine Gräfin von Hardenberg-Reventlow (1776–1854) entstammt der ersten Ehe Hardenbergs mit Christiane Juliane Friederike von Reventlow (1759–1793). Lucies Ehe mit Graf Pappenheim wurde 1817 geschieden. Im selben Jahre heiratete sie Hermann Fürst Pückler-Muskau (1785–1871).
[19] BLHA, Rep. 37, Herrschaft Neuhardenberg, Nr. 1702.

In der Überlieferung der privaten Angelegenheiten befinden sich auch zwei Archivalieneinheiten, die Aufschluß zu familiären Verbindungen geben[20]. Näher einzugehen ist hier auf die Heirat von Hardenbergs Tochter Lucie mit Graf Karl Theodor Friedrich zu Pappenheim (1796), in dessen Namen sein Vater mit dem Schreiben vom 29. März 1796 bei Hardenberg um die Hand seiner Tochter angehalten hatte[21]. Hardenberg stimmte zu, aber nicht ohne zuvor seinen Mitarbeiter, den Geheimen Regierungsrat Johann Wilhelm Donner beauftragt zu haben, einige offene Fragen zu klären. In vorauseilendem Gehorsam hatte Donner schon erste Erkundigungen eingezogen: *Ohne noch diesen Auftrag gehabt zu haben, besprach ich mich ... mit dem Herrn Geheimen Kriegsrathe Koch und theilte demselben, meine unzielsetz[enden] Gedanken über den, von dem Herrn Grafen Nachältesten so sehr wünschenden alsbaldigen Regierungs Abtritt seines Herrn Vatters, dahin mit, daß solcher zwar nach allen seinen Wirkungen, der Sache selbst nach geschehen, nur aber der Herr Vatter dem Namen und dem äußerlichen honorificio nach, regierender Herr bleiben, der Herr Sohn aber in dessen Namen Regierungsführer, Regente, unwiderruf[lich] seyn solle.*

Unter mehreren Gründen die mich auf diese Gedanken, nach meiner von der Pappenheimschen Verfassung habenden Kenntnis führten, waren vorzüg[lich] diese: a) Der Wunsch des Herrn Vatters und um Hochdenselben die unangenehme Empfindung einer totalen Regierungs Resignation b) dem hochgräf[lichen] Hause, die Kosten der neuen Belehnungen, zu Wien, Dresden, Ansbach, München, Eichstett, zu Regensburg bey St. Emeran, zu ersparen, die erst vor 2 Jahren aufgewendet worden sind. c) Die Möglichkeit, daß ein Sohn vor dem Vatter sterben könne und daß auf diesen Fall, weil die Lehensfolge nicht aufwärts gehet, ein überlebender Vatter seine Regierung in dritter Hand sehen müßte, der er noch selbst gerne vorstehen möchte und könnte und d) daß wenn der Herr Vatter den /:blosen:/ Namen eines regierenden Herrn behält, auch alle die Gläubiger, die Er von seinem verstorbenen Herrn Bruder auf sich genommen hat, seine Gläubiger bleiben, wenigstens hochdessen ansehn[liches] privat Vermögen den Creditoribus noch verhaftet bliebe und der neue Regent nicht so schlechterdings, um solche angepackt werden könnte. Auch dem Herrn Grafen Nachältesten gab ich diesen Rath, als Er mich eth[liche] male besuchte und Er schien ihn gutzuheißen. Ich höre aber, daß die hohen Herren Paciscenten, Vatter und Sohn, sich neuer[lich] auf totalen und öffent[lichen] Regierungsabtritt dennoch, nach einigem Kampfe einverstanden haben sollen. Das Gewisse und Zuverlässige davon, werde ich erfahren, wenn der Herr Bräutigam von München, wohin Er vor 9–10 Tagen gereißt ist, zurückekommt. Wenn dieser Regierungsabtritt nicht zugleich einen wesentlichen Einfluß auf die Sicherung des einbringenden Vermögens des gnädigen Fräulein Braut hätte, so würde ich mich weniger darum bekümmern. Damit der Verzicht des gnädigen Fräulein Tochter, auf Erbfolge zu Gunsten des Mannesstammes, ganz nach dem Herkommen der hohen Familie geleistet wurde, möchte es gut seyn, wenn Eure Hoch-

---

[20] BLHA, Rep. 37, Herrschaft Neuhardenberg, Nr. 1639. Hierin befinden sich fünf Briefe von Hardenbergs Schwager Adolf Franz Karl Graf von Seckendorff aus den Jahren 1807 und 1808 und vier Schuldverschreibungen seiner Frau Amalie Sophie Elisabeth (1767–1848), einer Schwester Hardenbergs.

[21] BLHA, Rep. 37, Herrschaft Neuhardenberg, Nr. 1633. Hier befindet sich auch der Entwurf von Hardenbergs Antwortschreiben vom 15. April 1796, der Entwurf von Hardenbergs Begleitschreiben zum Ehevertrag vom 22. Juni 1796 sowie das diesbezügliche Antwortschreiben Pappenheims vom 23. Juni 1796.

gebohrene Excellenz, Abschrift von einer, oder der anderen älteren Verzichtsurkunde, bey Hochdero Gott gebe! baldig glücklichen Zurückekunft, mitzubringen geruhen möchten ...[22]

Alle intensiven Vorbereitungen finanzieller und verfassungsrechtlicher Art halfen bekanntlich nicht, denn die Ehe wurde 1817 geschieden. Nicht von Dauer war auch Lucies zweite Ehe mit dem neun Jahre jüngeren Fürsten Heinrich Pückler-Muskau (Scheidung 1826), dessen ausschweifender Lebenswandel, auch dies ist hinreichend Thema der Literatur gewesen, nicht nur der Ehefrau, sondern auch dem Schwiegervater reichlich Kopfzerbrechen bereitet hat.

Kopfzerbrechen bereitete einer nicht unbeträchtlichen Anzahl seiner Zeitgenossen auch eine Person, die Rudolf Endres wegen seiner scharfzüngigen Veröffentlichungen als „gefürchtet"[23] bezeichnet hat: Karl Heinrich Ritter von Lang. Lang war, wie er in seinen Memoiren ausführlich beschrieben hat[24], vor seiner Zeit in Ansbach in den privaten Diensten Hardenbergs, um innerhalb von zwei Jahren das Familienarchiv zu ordnen und eine Familiengeschichte zu schreiben. Lang hatte diesbezüglich einen auf den 27. Oktober 1793 datierten Vertrag erhalten, fertigte auch eine Familiengeschichte, die aber ungedruckt blieb, da sie, so Lang, einigen Familienmitgliedern nicht gefiel[25]. Im Brandenburgischen Landeshauptarchiv sind von Langs Tätigkeit vier Begleitschreiben zu Zwischenberichten zur Ordnung des Hardenbergschen Familienarchiv erhalten geblieben[26]. Zum Projekt ist überdies noch der Entwurf eines Familienschlusses über die Einrichtung und Ordnung eines Familienarchivs von 1788 sowie ein nicht genau datierbares (nach 1809) Verzeichnis der vorhandenen Aktenstücke erhalten[27]. Die Begleitschreiben sagen über die tatsächlich geleistete Arbeit wenig aus[28], vielmehr wird auf besonders interessante Funde hingewiesen: *Bei Durchgehung der Personalia des Obersten Hans Christofs von Hardenberg ist es mir aufgefallen, wie viele Aehnlichkeit die damaligen Verhandlungen des Niedersächsischen Kreises bei Herannahung des Tilly und Wallenstein mit den itzigen Affairen am Rhein hatten*[29]. Insgesamt läßt der fragmentarisch erhaltene Briefwechsel darauf schließen, welch großes Interesse Hardenberg am Fortgang der Arbeit hatte, bestand

---

[22] BLHA, Rep. 37, Herrschaft Neuhardenberg, Nr. 1633, Schreiben Johann Wilhelm Donners an Hardenberg vom 23. April 1796. Inwieweit Hardenberg auf die verfassungsrechtlichen Probleme eingegangen ist, geht aus dem hier vorhandenen Briefwechsel nicht hervor, wichtig war ihm auf jeden Fall, daß die Ehe beiderseits schuldenfrei geschlossen werden würde: *Meine Tochter wird ohne Schulden die Ehe antreten und ihrerseits zu der ersten Einrichtung nicht unbeträchtlich beytragen; ich schmeichle mir aber, daß Ew* [etc.] *sich hochgeneigt entschliessen werden jene Schulden Ihres Herrn Sohns gleichfalls zu bezahlen und auch für die Einrichtung eine angemessene Summe auszusetzen.* Vgl. ebd., Schreiben Hardenbergs an Pappenheim vom 22. Juni 1796 (Konzept). Weiteren Aufschluß über die getroffenen Vereinbarungen könnten auch die Unterlagen zur Scheidung, die im Jahre 1817 vollzogen wurde, geben. Diese Unterlagen befinden sich im GStAPK, I. Hauptabteilung, Rep. 92, Hardenberg, Familie, Nr. 187 und 188.

[23] Endres, „Ära Hardenberg" (wie Anm. 1), S. 192.

[24] Karl Heinrich Ritter von Lang, Memoiren des Karl Heinrich Ritters von Lang. Skizzen aus meinem Leben und Wirken, meinen Reisen und meiner Zeit, 2 Bde., Braunschweig 1842.

[25] Von Lang, Memoiren (wie Anm. 24), Bd. 1, S. 253–267.

[26] BLHA, Rep. 37, Herrschaft Neuhardenberg, Nr. 2002.

[27] BLHA, Rep. 37, Herrschaft Neuhardenberg, Nrn. 2001, 2003–2007.

[28] Vgl. Thielen, Hardenberg (wie Anm. 4), S. 424–428.

[29] Ebd.

doch das Projekt, sämtliche Familienverträge des Vorderhauses Hardenberg in einem einzigen neuen Vertrag zusammenzufassen[30].

2. Unterlagen, die aus der dienstlichen Tätigkeit erwachsen sind

Die frühesten vorhandenen Archivalien stammen aus der Zeit nach dem 1. März 1791 und sind ein Nebenprodukt der später, dann unter preußischer Führung, vorgenommenen Versuche, aus den beiden (vereinigten) Fürstentümern *einen modernen, rationalen Staat*[31] aufzubauen. Dazu mußten zunächst alle Besitztitel in den Archiven ermittelt werden. Bei seinen Archivbesuchen hatte Hardenberg offensichtlich noch ausreichend Zeit, sich um andere Dinge zu kümmern: *Als Ew. Reichsfreyherr*[liche] *Excellenz das bayreuth*[ische] *Geheime Archiv mit Dero Gegenwart beehrten, geruheten hochdieselben zu erwähnen, wie Serenissimus sich geäußert, daß in diesem Archiv die Correspondenz des verstorbenen Grafen d'Adhémar mit des höchstseeligen Königs in Preußen Maj*[estät] *dann verschiedene Briefschaften der frau Marggräfin zu Brandenburg Culmbach, König*[liche] *Hoheit, ersten Gemahlin Herrn Marggrafens Friedrich, besonders mit Gelehrten vorhanden wären und solche Ew Reichsfryherr*[lichen] *Excellenz vorgelegt werden sollten*[32].

So wurden unverzüglich die Berichte über die Durchsicht der schriftlichen und auch mobilen Hinterlassenschaft des Marquis d'Adhémar[33] und dann noch weitere Berichte über die Durchsicht der Hinterlassenschaft der Gräfin Ellrodt, Witwe des bayreuthischen Ministers Philipp Andreas Graf von Ellrodt, an Hardenberg übersandt. Diese Berichte geben nicht nur einen ausgezeichneten Überblick über die schriftlichen Nachlässe der genannten Personen, sondern sie zeigen auch die Vorgehensweise, wie die Papiere von Beamten inventarisiert und zusammen mit Nachkommen, sofern vorhanden, nach privatem und dienstlichem Schriftverkehr getrennt wurden, wobei letztere Unterlagen *zum Geheimen Archiv sich qualifizirten*[34].

Tatsächlich wurden auch die von Hardenberg gesuchten Schreiben aufgefunden und hatten sich, neben weiteren Teilen der Privatkorrespondenz d'Adhémars, damit für den Verbleib in seinem Privatarchiv qualifiziert. Im Nachlaßsplitter Hardenbergs im Brandenburgischen Landeshauptarchiv können folgende summarisch aufgeführte Brief nachgewiesen werden:

---

[30] Von Lang, Memoiren (wie Anm. 24), Bd. 2, S. 17.

[31] Endres, „Ära Hardenberg" (wie Anm. 1), S. 182. Vgl. Rudolf Endres, Die preußische Ära (1791–1806), in: Handbuch der bayerischen Geschichte III/1, Geschichte Frankens bis zum Ausgang des 18. Jahrhunderts, neu hg. v. Andreas Kraus, München ³1997, S. 772–782.

[32] BLHA, Rep. 37 Neuhardenberg, Nr. 1716. Bericht von Christian Frank und Gottfried Buchta an Hardenberg vom 1.3.1791.

[33] Charlotte Pangels, Königskinder im Rokoko. Die Geschichte Friedrichs des Großen, München ²1978, S. 90: „Im Sommer 1752 erfuhr der Bayreuther Hof eine personelle Bereicherung durch die Ankunft des Marquis d'Adhémar. Voltaire hatte sich dafür eingesetzt, den französischen Edelmann zur Übersiedlung nach Bayreuth zu bewegen. Er fand günstige und relativ großzügige Bedingungen vor und man erbaute ihm ein Palais, das heute noch steht und für Bayreuth ein Begriff ist. D'Adhémar war geistreich und voller Einfälle, was dem geselligen Leben des Hofes neue Impulse verlieh".

[34] BLHA, Rep. 37, Herrschaft Neuhardenberg, Nr. 1716. Bericht über die Inventur des Nachlasses der Gräfin Ellrodt vom 5. September 1788.

1. Circa 80 Briefe verschiedener Korrespondenzpartner d'Adhémars, aus der Zeit von 1752–1782[35].
2. Circa 40 Briefe von Verwandten an d'Adhémar, aus der Zeit von 1746–1771[36].
3. Circa 60 Briefe Voltaires und seiner Nichte Denise an den Marquis d'Adhémar, aus der Zeit von 1753–1773. Darunter befinden sich die Abschriften von zwei Briefen Voltaires an den Markgrafen mit zu dessen Ehren verfaßten Gedichten[37].
4. Acht Briefe Friedrichs II. von Preußen an Marquis d'Adhémar, aus der Zeit von 1762–1770, und die Kopien zweier Briefe Friedrichs II. an seine Schwester, die Markgräfin Wilhelmine und ihren Mann, von 1758[38].
5. Sieben Kopien von Briefen mit verschiedenen Korrespondenzpartnern (darunter Friedrich II.) und Gedichten Voltaires (undatiert)[39].

Im Zuge der weiter oben angedeuteten Versuche, aus den Fürstentümern einen modernen Flächenstaat zu machen, mußte Hardenberg „vorrangig die vielen fremden Einsprengsel und Enklaven beseitigen und dann Grenzpurifikationen mit den Nachbarterritorien durchführen"[40]. Aus dieser Tätigkeit hat sich im Hardenbergschen Nachlaß die knapp 15seitige *Sammlung verschiedener Nachrichten von der Oettingischen Landgericht[lichen] Jurisdiktion als dem Hauptgrund der Ansprüche des fürstlichen Hauses Oettingen auf Territorial Gerechtsame in den Hochfürst[lich] Brandenburg-Onolzbachi[schen] Ober-Aemtern Wassertrüdingen, Hohentrüdingen, Gunzenhausen, Feuchtwang und Crailsheim, besonders in denen in diesen Ober-Aemtern gelegenen 160 Dörfern, worinnen sich Oetting[isch] Vogteyliche Unterthanen befinden*[41].

Von eher ortsgeschichtlichem Interesse dürfte eine 77seitige und auf 1792 datierte handschriftliche Ausarbeitung des Amtsrichters Heinrichsmaier über die Geschichte von Baiersdorf über die Zeit ab 1381 unter dem Titel *Nachrichten von dem Staedtlein Bayersdorf und dem ruinirten Schloß Scharfeneck* sein[42]. Besonders zu erwähnen ist noch die sich in dieser Schrift befindende handkolorierte Ansicht der Fassade der Schloßruine Scharfeneck. Ob diese Ausarbeitung eine Auftragsarbeit Hardenbergs ist, ließ sich nicht ermitteln. Bei der ebenfalls vorhandenen *Kurze[n] Übersicht eines Geschäfts Mann aus Fürth Über den Zustand des Orts um dessen Aufnahm zu befördern*, ebenfalls von 1792, läßt sich vermuten, daß sie unaufgefordert übergeben wurde, war doch bekannt, daß Hardenberg Maßnahmen zur Hebung der Wirtschaftskraft eingeleitet hatte und Fürth dabei eine entsprechende Rolle spielte. Der anonyme Autor mußte jedoch bekennen: *Unser Ort gleichet vorjezo einen Instrument, wovon die Seiten zwar wohlglang geben, zur höhern größern Mussic aber nicht tauglich, es fehlen noch will, aber wir werden bleiben, was wir bis dahero gewesen sind, die Herrn Nürnberger werden das Recht der Erstgeburt behallten, wir aber den Apana-*

---

[35] BLHA, Rep. 37, Herrschaft Neuhardenberg, Nr. 1717.
[36] BLHA, Rep. 37, Herrschaft Neuhardenberg, Nr. 1718.
[37] BLHA, Rep. 37, Herrschaft Neuhardenberg, Nr. 1719.
[38] BLHA, Rep. 37, Herrschaft Neuhardenberg, Nr. 1720.
[39] BLHA, Rep. 37, Herrschaft Neuhardenberg, Nr. 1721.
[40] Endres, „Ära Hardenberg" (wie Anm. 1), S. 182.
[41] BLHA, Rep. 37, Herrschaft Neuhardenberg, Nr. 1966.
[42] BLHA, Rep. 37, Herrschaft Neuhardenberg, Nr. 1985.

gierten Prinzen gleichen, die zwar Hofnung auf den Trohn haben, aber warten müssen bis jene Todt sind[43].

Besonderen Ärger bereitete Hardenberg, der fast eifersüchtig darauf bedacht war, eine Immediatstellung beim König zu erhalten und damit entsprechende Gegenreaktionen provozierte[44], die 1792 erfolgte Ernennung des Herzogs Friedrich Eugen von Württemberg, eines Bruders des regierenden Herzogs Karl Eugen, zum Gouverneur ohne wirkliche Machtbefugnisse. Für Friedrich Eugen, der durch die der französischen Revolution nachfolgenden Wirren und kriegerischen Auseinandersetzungen aus seiner Herrschaft in Mömpelgard vertrieben worden war und in Bayreuth Asyl erhalten hatte, bedeutete diese Ernennung eigentlich nur eine Versorgung. Hardenberg sah eine Gefährdung seiner Unabhängigkeit und intervenierte mehrfach in Berlin[45]. Schließlich sah sich der preußische König Friedrich Wilhelm II. genötigt, Hardenberg in einer Kabinettsorder vom 19. Dezember 1792, die sich im Nachlaß Hardenberg in einer Abschrift erhalten hat, die Verhältnisse deutlich darzulegen: *Je viens, dans une lettre au Prince de Wirtemberg à Bareuth de déterminer plus particulierement quelques points rélatifs à son existence en Franconie, et je vais vous en instruire pour cette direction*[46]. Friedrich Eugen erhielt 8000 Taler jährlich und freie Wohnung im Schloß in Bayreuth (*Je laisse à sa disposition la partie du chateau de Bareuth qui n'étoit point occupée …*). Außerdem schienen der Herzog und sein Gefolge mit einem nicht unerheblichen Durst ausgestattet zu sein, so daß die Garantie der unbegrenzten Versorgung mit Getränken und Wein gefährdet erschien: *Je l'ai déclaré tout uniment au Duc, en l'assurant de mon empressement à l'obliger, s'il se trouvoit quelque autre endroit qui pour le inoment lui convient; mais je n'ai repondu que d'une manière in decise à ses énormes prétentions sur les deux articles du bois et du vin, renvoyant mes résolutions á cet égard au moment où vous me présenterez le tableau des révenus des Margraviats et promettant de n'expliquer alors vis-à-vis de vous.* Ob die sich anschließenden Ausführungen und Ermahnungen Hardenberg beruhigt haben, scheint fraglich: *Enfin, en assurant en termes vagues le Prince de Wirtemberg du respect de mes sujets de Franconie j'ai écarté toutes les prétentions qu'il vouloit faire peutêtre à une part effective à l'administration, soit civile, soit militaire. Mes intentions ne sont pas qu'il se mêle aucunément de l'une ou l'autre, et sur ce point comme sur tous ceuse qui concernent l'éxistence du nouveau gouvernement, cette lettre ci vous servira de règle et d'instruction*[47]. Jedenfalls wachte Hardenberg aufmerksam über die Tätigkeiten des Gouverneurs, und als 1795 Friedrich Eugens Sohn Louis den Gouverneursposten einnahm und offensiver agierte, kam es unverzüglich zu neuen Auseinandersetzungen[48].

---

[43] BLHA, Rep. 37, Herrschaft Neuhardenberg, Nr. 1984, S. 30f.

[44] Endres, „Ära Hardenberg„ (wie Anm. 1), S. 180 und 194f.; Stamm-Kuhlmann, Hardenberg (wie Anm. 2), S. 32; Haussherr, Hardenberg, Teil I (wie Anm. 4), S. 122–131.

[45] Fritz Hartung, Hardenberg und die preußische Verwaltung in Ansbach-Bayreuth von 1792 bis 1806, Tübingen 1906, S. 65.

[46] BLHA, Rep. 37, Neuhardenberg, Nr. 1622. Kabinettsorder König Friedrich Wilhelms II. von Preußen vom 19. Dezember 1792 (Abschrift).

[47] Ebd.

[48] Hartung, Hardenberg (wie Anm. 45), S. 65f.

Von größerer politischer Bedeutung für Hardenberg, der im Sommer 1798 Franken verlassen mußte und seitdem in Berlin Provinzialminister im Generaldirektorium war, waren die erneuten kriegerischen Handlungen zwischen den Koalitionsmächten und Frankreich seit 1799[49], die die Ergebnisse des Friedens von Basel[50] endgültig über den Haufen warfen. In dieser Situation versuchten kleinere Territorien, in die Reihe der neutralen Staaten aufgenommen zu werden. In der Zeit zwischen dem Waffenstillstand von Parsberg vom 15. Juli 1800 und vor dem für die Franzosen entscheidenden Sieg bei Hohenlinden vom 3. Dezember 1800 war die Lage völlig unklar und die nicht neutralen Länder von kriegerischen Handlungen, Durchzügen und Kontributionsforderungen bedroht. So hatte auch Hardenberg für die Territorien seines Schwiegersohns Graf Pappenheim den französischen Divisionsgeneral Colaud um Schonung gebeten, erhielt aber nur eine ausweichende Antwort[51]: *... il me n'est pas possible de quitter ma position sans des ordres de mon Général en chef. Vous sentez parfaitement ... combien ma position est difficile.*

In dieser Situation hatten sich auch der regierende Fürst von Oettingen-Wallerstein und Baldern an Preußen mit der Bitte gewandt, die Bemühungen um Neutralität zu unterstützen[52]. In einer nicht datierten Denkschrift, die wahrscheinlich Hardenberg gefertigt hat, wird die Situation eindeutig beschrieben und das Interesse Preußens an der Unversehrtheit der oettingischen Territorien ausführlich dargelegt und die Unterstützung der oettingenschen Wünsche als vorteilhaft dargestellt[53]. Bekanntlich hat der weitere Verlauf der Geschichte alle diesbezüglichen Überlegungen sehr schnell Makulatur werden lassen.

Das letzte Aktenstück, das hier vorgestellt werden soll, bringt uns zurück an den Anfang dieses Beitrags. Erhalten hat sich die Beschreibung einer Medaille von 1795, die auf Hardenbergs Vorschlag gefertigt wurde[54] und die Wohltaten preisen sollte, die die Fürstentümer unter seiner Regierung erfahren hatten[55]. Anlaß, so läßt zumindest die Erläuterung vermuten, war der andauernde Widerstand gegen die „Hirschensteuer"[56]: *Insonderheit nährte sich Hoffnung das Herz des Landmanns, der sich bisher vergebens nach der Sicherheit seiner Fluren gesehnt hatte, welche er nicht so sehr sein, als dem Wild gehörig nennen konnte. Und nach einem kurzen Zeitraume sah der Landmann, Fridrich Wilhelm ganz in seiner majestätischen Glorie, denn mit dem Allmachtsworte des Schöpfers: Es werde! – beschloß er gnädigst, die Verminderung des Wilds, – und dankvoll neigen sich nun die Herzen Aller zu ihm, dem wolwollenden Vater des Vaterlands ... Es jauchze hoch auf, wer das Glück hat, in Franken Fridrich Wilhelms Untertan zu heisen!*[57]

---

[49] Endres, Territoriale Veränderungen, Neugestaltung und Eingliederung Frankens in Bayern, in: Handbuch der bayerischen Geschichte III/1 (wie Anm. 31), S. 518– 533, hier S. 520.
[50] Vgl. Haussherr, Hardenberg, Teil I (wie Anm. 4), S. 142–188.
[51] BLHA, Rep. 37, Herrschaft Neuhardenberg, Nr. 1722, Schreiben Colauds an Hardenberg vom 19. November 1800 (*le 28 brumaire l'an 9 de la République française*).
[52] BLHA Rep. 37, Herrschaft Neuhardenberg, Nr.1722, Schreiben des Fürsten vom 23. November 1800 an Girolamo Marchese Luccesini, seit 1800 preußischer Botschafter in Paris (Abschrift).
[53] BLHA, Rep. 37, Herrschaft Neuhardenberg, Nr. 1722, undatierte Denkschrift Hardenbergs (?).
[54] Karl Süssheim, Preußens Politik in Ansbach-Bayreuth 1791–1806, Berlin 1902, S. 101.
[55] BLHA, Rep. 37, Herrschaft Neuhardenberg, Nr. 1715.
[56] Vgl. Haussherr, Hardenberg, Teil I (wie Anm. 4), S. 140f.
[57] BLHA, Rep. 37, Herrschaft Neuhardenberg, Nr. 1715.

Ob es tatsächlich eine Wohltat war, in Franken Friedrich Wilhelms Untertan zu sein, mag dahingestellt bleiben. Sicher ist, daß Hardenberg versuchte, große Teile Frankens zu einem Territorialstaat moderner Prägung zu entwickeln. Die Zeit, in der die preußische Verwaltung in Franken wirkte, war geprägt durch Reformen und enorme Veränderungen, aber auch durch die Auswirkungen der französischen Revolution – und nur kurze Zeit später sollten die Franken die Wohltaten des bayerischen Königs genießen lernen.

Uta Lindgren

Alexander von Humboldt und Bayern

Alexander von Humboldt (* 1769 in Berlin, † 1859 in Berlin) verdankte Franken viel, wie man auf dem vom damaligen Präsidenten der Universität Bayreuth, Dr. Klaus Dieter Wolff, veranlaßten Humboldt-Kolloquium 1989 durch den Vortrag von Rudolf Endres[1] lernte. Darüber hinaus hatte er zu Bayern vielerlei Beziehungen. Am meisten geprägt hat ihn die Bergwerkspraxis im Fichtelgebirge und im Frankenwald im Anschluß an sein Studium an der Bergakademie in Freiberg. Denn als Humboldt vor 200 Jahren zu seiner großen Forschungsreise nach Amerika aufbrach, konnte er auf eine etwa fünfjährige Tätigkeit als Leiter des – damals für kurze Zeit preußischen – Oberbergamtes in Ansbach-Bayreuth mit Dienstsitz in Bad Steben zurückblicken. Dort hatte er im Sommer 1792 einen Bericht über die Lage des Bergbaus und seiner Perspektiven erarbeitet. Seit 1793 war er zunächst als Oberbergmeister, später als Bergrat und zuletzt als Oberbergrat zuständig für „Bergwerks-, Manufaktur- und Kommerzsachen". In dieser Position sollte er das nicht mehr recht florierende Wirtschaftsleben der Region reformieren. Trotz kurzfristiger Erfolge hat er dieses nationalökonomische Ziel auf längere Sicht nicht erreichen können, denn die Bodenschätze waren nicht mehr ergiebig. Der Goldbergbau in Goldkronach wurde 1861 endgültig eingestellt. Kupfer- und Eisenbergbau nebst Verhüttung wurden in den folgenden Jahrzehnten unrentabel.

Aber man erkennt in dieser fränkischen Zeit bereits deutlich die Grundzüge von Humboldts Charakter[2] und Aktivitäten. Die praktischen Erfahrungen in der geologisch sehr vielseitigen Region von Frankenwald und Fichtelgebirge haben ihn – trotz anderer Angebote – an die Gegend gefesselt. Auf diese Zeit durfte er später zu Recht stolz sein. Noch in Quito (Ecuador) und Mexico hat er sich in der Ansbach-Bayreuther Berguniform[3] portraitieren lassen.

Erfolg hatte Humboldt bei seiner Administration einerseits durch Verbesserung der Organisation, andererseits durch seine geologischen Kenntnisse. Das Studium der alten Bergakten[4] auf der Plassenburg führte ihn zu Einsichten in die Lage vor Ort. Auf

---

[1] Rudolf Endres, Alexander von Humboldt und Franken, in: Uta Lindgren (Hg.), Alexander von Humboldt. Weltbild und Wirkung auf die Wissenschaften (Bayreuther Historische Kolloquien Bd. 4), Köln 1990, S. 39–59.

[2] Die allgemeinen Informationen beruhen auf folgender Literatur: Hermann Klencke, Alexander von Humboldt, Leipzig 1859; Alfred Dove, Alexander von Humboldt, in: Allgemeine Deutsche Biographie (ADB) 13, 1881, S. 358–383; Herbert Scurla, Alexander von Humboldt, Berlin (Ost) 1955; Richard Bitterling, Alexander von Humboldt, Berlin 1959; Adolf Meyer-Abich, Alexander von Humboldt in Selbstzeugnissen und Bilddokumenten, Reinbek bei Hamburg 1967; Charles Minguet, Alexandre de Humboldt historien et géographe de l'Amérique espagnole 1799–1804, Paris 1969; Alexander von Humboldt 1769/1969, Bonn/Bad Godesberg 1969; Kurt-R. Biermann, Alexander von Humboldt, Leipzig 1983; Kurt-R. Biermann, Miscellanea Humboldtiana, Berlin 1990.

[3] Ölbild von Rafael Jimeno y Planes, veröffentlicht in: Halina Nelken, Alexander von Humboldt. Bildnisse und Künstler. Eine dokumentierte Ikonographie, Berlin 1980, S. 54.

[4] Alexander von Humboldt, Über den Zustand des Bergbaus und Hütten-Wesens in den Fürstentümern Bayreuth und Ansbach im Jahre 1792. Eingeleitet und bearbeitet von Herbert Kühnert in Verbindung mit O(scar) Oelsner (Freiberger Forschungshefte D 23), Berlin 1959.

Alexander Frhr. von Humboldt (Lithographie, Ch. Bazin 1832, Gérard pinx. 1832) (Photo Deutsches Museum München).

dieser Grundlage kam es sowohl zur erneuten Goldausbeute aus den Gruben von Goldkronach als auch zum Aufschwung des Kupferbergbaus im Bergrevier Naila.

Eine besondere Seite von Humboldts Wesen macht sich in seiner Verantwortung für die Bergleute und ihre Familien bemerkbar. Er reformierte die „Bergbau-Hülfskasse", aus der in Not geratene Bergleute und ihre Hinterbliebenen unterstützt werden sollten. Wichtiger noch war ihm, in der kargen Gegend ohne sonstige handwerkliche Traditionen, der Bevölkerung längerfristig zu helfen. So schrieb er: *Bei solchen Verhältnissen (… nämlich von der Natur stiefmütterlich behandelt …) habe ich es mir zur Pflicht gemacht, solange mir die Direktion des Bergbaus in hiesigen Fürstentümern anvertraut ist, wenigstens von meiner Seite alle Mittel aufzubieten, welche den Wohlstand der dürftigen, aber arbeitsamen hiesigen Volksklasse vermehren kann.*

Nach seiner Meinung müßte das Fachwissen des „gemeinen Bergvolkes" vermehrt werden, so daß Anreize zu eigenen Initiativen geweckt würden. Zu diesem Zweck begann er, Bergschulen zu gründen, in denen Schüler ab dem zwölften Lebensjahr neben kaufmännischen Fertigkeiten auch das eigentliche Bergwissen erwarben: Gebirgs- und Lagerstättenkunde, Bergrecht, Technik der Wasserhaltung, Verwendung von Kompaß, Wünschelrute und Meßgeräten, sowie eine Einführung in die Geschichte des Bergbaus im Fichtelgebirge. Als nächste Stufe sollten ausgewählte Bergleute zu Kursen auf die Bergakademie in Freiberg/Sachsen entsandt werden. 1793 wurde die erste „freie Königliche" Bergschule in Steben eingerichtet, zwei Jahre später weitere Schulen in Issigau, Goldkronach und Arzberg. In keinem deutschen Bergrevier[5] erhielten die jungen Leute zu Beginn des 19. Jahrhunderts eine vergleichsweise solide Ausbildung. Die Bergschule in Steben hatte bis nach 1850 Bestand. Die Zahl der Bergarbeiter stieg unter Humboldt von 355 auf 407, die der Hüttenarbeiter von 311 auf 404.

Humboldt hat sich in dieser Zeit auch technischen Problemen[6] gewidmet, damit der Bergbau sicherer würde. Daraus gingen Schriften hervor über Grubenwetter und unterirdische Gasarten sowie über ein Atemgerät und eine Lampe. Dies sollte das Überleben bei ermangelnder Atemluft ermöglichen. In diesen Jahren kamen auch Veröffentlichungen heraus, die Humboldt schon früher vorbereitet hatte und die die unterirdische Pflanzenwelt Freibergs[7] und seine galvanischen Versuche mit Muskel- und Nervenfasern[8] betrafen. Diese Schriften machten ihn in der naturforschenden Gelehrtenwelt bekannt. Bereits 1793 wurde er zum Mitglied[9] der „Leopoldinisch-Carolinischen Deutschen Akademie der Naturforscher" (genannt Leopoldina) in Halle ernannt. Er war damals noch keine 24 Jahre alt.

Einen beträchtlichen Teil seiner fränkischen Zeit verbrachte Humboldt auf Reisen. Von September 1792 bis Januar 1793 besuchte er Salzbergwerke in Bayern, Öster-

---

[5] Endres, Humboldt und Franken (wie Anm. 1), S. 54–57.

[6] Ernst H. Berninger, Humboldts technische Erfindungen und Neuerungen für den Bergbau, in: Lindgren (Hg.), Alexander von Humboldt (wie Anm. 1), S. 133–150.

[7] Flora Fribergensis specimen plantas cryptogamicas praesertim subterraneas exhibens, Berlin 1793.

[8] Versuche über die gereizte Muskel- und Nervenfaser nebst Vermuthungen über den chemischen Proceß des Lebens in der Thier- und Pflanzenwelt, Posen 1797.

[9] Meyer-Abich, Humboldt in Selbstzeugnissen (wie Anm. 2) S. 39, S. 168. – Kurt-R. Biermann, Alexander von Humboldt in seinem Verhältnis zur Leopoldina und zu anderen Akademien, in: Biermann, Humboldt (wie Anm. 2), 1990, S. 219–229.

reich, Schlesien und Polen. Von Juni bis Oktober 1794 begleitete er den für das Fürstentum Ansbach-Bayreuth zuständigen Minister Hardenberg an den Rhein und nach Brabant. Als er 1795 den Dienst quittieren wollte, wurde er zum Oberbergrat befördert und erhielt die Erlaubnis zu einer geologischen Studienreise nach Oberitalien und in die Schweiz. Im Juli 1796 wurde er zu einer diplomatischen Mission[10] zum Prinzen von Hohenlohe entsandt. Damit sehen wir in Franken drei wichtige Bereiche ausgebildet, die Humboldts gesamtes Leben durchziehen: die ebenso begeistert wie beharrlich betriebene Forschung, den durch Verantwortung geprägten Umgang mit anderen Menschen und die Tätigkeit als Berater und Diplomat. Nur die geistreiche Geselligkeit, die er in den Berliner Salons kennengelernt hatte, die er in Paris so sehr schätzte und die er in seinen letzten Lebensjahren in Berlin mitschuf, entbehrte er in Bayreuth, wo er übrigens immer eine Wohnung unterhalten hat und wo ihn jeder Straßenjunge kannte. Waren dies nun Leben und Karriere des typischen, adeligen Hofmannes?

Tatsächlich hat Humboldt die soziale Stellung seiner Familie in mancher Hinsicht nutzen können, aber er war in keiner Weise ein typisches Produkt seiner Gesellschaftsschicht. Humboldts Vater war nach einer Verwundung im Siebenjährigen Krieg in den Hofdienst eingetreten und Kammerherr der Kronprinzessin geworden. So verwundert es nicht besonders, wenn der Kronprinz bei der Taufe des kleinen Alexander zugegen war. Die wohlhabende Familie ermöglichte ihren beiden Söhnen Wilhelm und Alexander die bestmögliche Erziehung mit dem Ziel, daß diese in den zivilen Staatsdienst eintreten sollten. Daß beide später die größte Befriedigung in wissenschaftlicher Tätigkeit finden würden – der eine als Sprachforscher, der andere als Naturforscher – war dabei nicht beabsichtigt worden, wohl aber, daß sie dank ihrer umfassenden Bildung Verwendung fänden bei Hofe, wohin sie schon Zugang hatten. Der Lebensweg ist durch die Erziehung sicher gebahnt worden, wenn auch die Fähigkeit, zu den meisten interessanten und erfolgreichen Zeitgenossen Kontakte zu knüpfen und zu wahren, eine natürliche Gabe gewesen sein dürfte.

Ihren voruniversitären Unterricht erhielten die Brüder Humboldt durch Hauslehrer und Privatstunden von Berliner Gelehrten. So erfuhr Alexander die Einführung in die Botanik[11] durch den jungen Apotheker und Botaniker Karl Ludwig Wildenow, der ihm auch die geographische Bedingtheit der Pflanzenwelt nahe brachte. Beim Studium an der Universität in Göttingen hat er Anregungen in den beliebten und vielbesuchten Vorlesungen zur Naturkunde von Johann Friedrich Blumenbach[12] (1752–1840) erhalten, der auch Zoologie lehrte.

Das tief in ihm verwurzelte botanische Interesse führte dazu, daß er in dem Arzt und Botaniker Aimé Goujaud Bonpland seinen Reisegefährten für die Amerikareise fand und daß er auf dem Gebiet der Pflanzengeographie zu originellen Forschungsergebnissen kam. Hier fand er vermutlich die tiefste Befriedigung, die durch ihren ästhetischen Charakter alle Sinne ergreift. Auch die Anteilnahme seiner Zeitgenossen

---

[10] Meyer-Abich, Humboldt in Selbstzeugnissen (wie Anm. 2), S. 49.
[11] Meyer-Abich, Humboldt in Selbstzeugnissen (wie Anm. 2), S. 47; Biermann, Humboldt (wie Anm. 2), 1983, S. 16; Bitterling, Humboldt (wie Anm. 2) S. 11.
[12] Bitterling, Humboldt (wie Anm. 2), S. 14; Oskar Schmidt, Johann Friedrich Blumenbach, in: ADB 2, 1875, S. 748–751.

schätzte er in dieser Richtung ein: ... *schauen wollen die Leute, deshalb zeige ich ihnen einen Mikrokosmos auf einem Blatte.* Sein erstes Buch, das aus dem Schatz der amerikanischen Erfahrungen schöpft, erschien noch im Jahr seiner Rückkehr. Es war der „Essai sur la géographie des plantes". Humboldt und Bonpland haben eine große Menge bis dahin unbekannter Pflanzen in Amerika gesammelt, gezeichnet, bestimmt und beschrieben und brachten ein riesiges Herbarium mit zurück. In der dreißigbändigen Edition des Reisewerks nahm[13] die Botanik daher den größten Umfang ein. Sie wurde in den ersten Bänden von Bonpland bearbeitet, in den weiteren von Christian Sigmund Kunth, dem Sohn von Humboldts Erzieher Gottlob Johann Christian Kunth. In diesen Bänden lebte die ganze tropische und subtropische Pracht der Amerikareise in der Erinnerung weiter. Aber die Botanik war nicht das einzige Wissensgebiet, auf das Humboldt in Erziehung und Studium vorbereitet worden war.

In seiner fränkischen Zeit hat sich Humboldt in Briefen mehrmals selbst als Physiker[14] bezeichnet. Das weist in eine andere Richtung. In Göttingen hatte er neben Blumenbach[15] auch die ebenso geistreichen wie lehrreichen Vorlesungen über Experimentalphysik von Georg Christoph Lichtenberg[16] (1742–1799) besucht, die von Demonstrationen an ausgezeichneten Apparaten begleitet wurden. Schon in Berlin hatten Humboldt die physikalischen Demonstrationen[17] des Arztes Marcus Herz, die im Salon von dessen Frau Henriette dargeboten wurden, fasziniert. In diesen Salon hatte Humboldts Erzieher Kunth, den eine enge Freundschaft mit Herz verband, seine Zöglinge eingeführt. Sie lernten dort und im Salon der Rachel Varnhagen die Gesellschaft auch über den konkreten Anlaß der physikalischen Demonstrationen hinaus schätzen. Die entscheidende geowissenschaftliche Ausbildung erhielt Humboldt durch den neunmonatigen Kurs an der Bergakademie Freiberg in Sachsen[18] und mit der Vertiefung der geologischen und bergbaukundlichen Kenntnisse in der Praxis des Fichtelgebirges und des Frankenwaldes.

Humboldt integrierte die Physik, die sich damals anschickte, zur Leitwissenschaft der Moderne zu werden, in seine weitgespannten geographischen Interessen. Dies bildete seine lebenslange Forschungsbasis. Entscheidend für die Verfestigung dieser Interessen und für den Entschluß, eine große Forschungsreise zu unternehmen, war die Begegnung mit Georg Forster, zunächst flüchtig in Göttingen und 1790 auf einer viermonatigen gemeinsamen Reise[19] von Mainz zum Niederrhein, nach England und Paris. Georg Forster hatte zusammen mit seinem Vater Reinhold zu den wissen-

---

[13] Voyage aux régions équinoxiales du Nouveau Continent (Grande Edition), Paris 1805–1834.

[14] Brief an Vladimir Jurevic Sojmonov, Goldkronach, 11.7.1793, in: Die Jugendbriefe Alexander von Humboldts 1787–1799, Berlin (Ost) 1973, S. 254–257; Brief an Friedrich Wilhelm Graf von Reden, Bayreuth, 6.2.1796, in: Ebd., S. 489–490.

[15] Bitterling, Humboldt (wie Anm. 2), S. 14; Oskar Schmidt, Johann Friedrich Blumenbach, in: ADB 2, 1875, S. 748–751.

[16] W. Heß, Georg Christoph Lichtenberg, in: ADB 18, 1883, S. 537–538.

[17] Meyer-Abich, Humboldt in Selbstzeugnissen (wie Anm. 2), S. 21–23.

[18] Walter Schellhas, Alexander von Humboldt und Freiberg in Sachsen, in: Alexander von Humboldt 14.9.1769–6.5.1859. Gedenkschrift zur 100. Wiederkehr seines Todestages, Berlin (Ost) 1959, S. 337–422.

[19] Georg Forster, Ansichten vom Niederrhein, Frankfurt/Main 1969; Alfred Dove, Georg Forster, in: ADB 7, 1878, S. 172–181; Alfred Dove, Reinhold Forster, in: ADB 7, Leipzig 1878, S. 166–172.

schaftlichen Begleitern von James Cooks zweiter und wichtigster Weltumseglung[20] (1772–1775) gehört. Sie hatten systematisch diverse Messungen und Beobachtungen vorgenommen und in ihrem Bericht eine neuartige physikalisch-geographische Gesamtanschauung zur Darstellung gebracht. Dies war Humboldts lebendiges Vorbild.

Den Dienst in Bayreuth respective Steben quittierte Humboldt, nachdem seine Mutter Ende 1796 gestorben war (der Vater war schon seit 1779 tot) und ihm und seinem Bruder ein beträchtliches Vermögen hinterließ. Jetzt wollte er sich ganz seinen wissenschaftlichen Neigungen widmen.

Ein gutes Jahr lang war Humboldt nun mit Reisevorbereitungen beschäftigt. Zunächst ließ er sich in Jena von dem Astronomen Franz Xaver von Zach (1754–1832), dem Erbauer der Sternwarte auf dem Seeberg bei Gotha, in die astronomischen Grundlagen und die Praxis der exakten geographischen Ortsbestimmung einführen. Mit diesen Kenntnissen konnte er in Amerika die Daten für seine ausgezeichneten Landkarten sammeln. Den Winter 1797 bis zum Frühjahr 1798 verbrachte er mit geologischen Forschungen bei seinem Studienfreund und ehemaligen Freiberger Tutor, Leopold von Buch, im Salzburgischen. Während dieser Zeit und in den folgenden Monaten in Paris erwarb er Beobachtungs- und Meßinstrumente, in deren Bedienung er sich einweisen ließ. In Paris sammelte er weiter politische und geographische Informationen über die Reisebedingungen. Dort fand er auch, wie schon erwähnt, seinen Reisebegleiter Bonpland. Anfang 1799 brachen die beiden nach Spanien auf und nutzten die Reise zum Erlernen der kastilischen Sprache. In Madrid mußte Humboldt eine Bank finden, mit deren Hilfe er auch in Mittelamerika, das damals politisch noch zu Spanien gehörte, über seine Finanzen verfügen konnte. König Carlos IV., der ihn im März in einer Audienz empfing, nahm seinen Reiseplan mit größtem Wohlwollen auf und stellte ihm einen sehr großzügigen Reisepaß aus. Humboldt hatte darin ausdrücklich seine wissenschaftliche Tätigkeit genehmigen lassen. In einem Brief[21] schrieb er: *... ich sey ermächtigt, mich meiner physikalischen und geodätischen Instrumente in voller Freiheit zu bedienen; ich dürfe in allen spanischen Besitzungen astronomische Beobachtungen, die Höhen der Berge messen, die Erzeugnisse des Bodens sammeln und alle Operationen ausführen, die ich zur Förderung der Wissenschaft vorzunehmen gut finde.* Anfang Juni traten sie die Überfahrt in La Coruña an.

Der Paß enthält in groben Zügen Humboldts Arbeitsprogramm. Die geologischen Verhältnisse der Neuen Welt waren damals nur sehr vage bekannt, Gesteinsproben waren überhaupt noch nicht nach Europa gelangt. Seine physikalischen Instrumente bestanden im wesentlichen aus Barometern zur Bestimmung des Luftdrucks, Thermometern zum Temperaturmessen von Luft, Wasser und Erdboden, Hygrometern zur Bestimmung der Luftfeuchtigkeit sowie verschiedenen Geräten für die Bestimmung von Phänomenen des Erdmagnetismus, vor allem der magnetischen Deklination und Inklination. Auch die chemische Zusammensetzung von Luft und Wasser sollte bestimmt werden. Besonders sein Barometer, das er zur Höhenbestimmung einsetzte,

---

[20] Reinhold Forster, Beobachtungen während der Cookschen Weltumseglung 1772–1775. Gedanken eines deutschen Teilnehmers, Berlin 1783, ND Stuttgart 1981.
[21] Meyer-Abich, Humboldt in Selbstzeugnissen (wie Anm. 2), S. 64.

lag ihm am Herzen. Man kannte das damals nur in Form von Glasröhren mit Quecksilber. Er hatte es sich in großen Ausmaßen herstellen lassen und trug es wegen seiner Kostbarkeit selbst, vorsichtig wie ein Baby.

Eine besondere Vorliebe hatte Humboldt für Hochgebirge, weil man dort den geologischen Aufbau der Erdrinde gut studieren kann. Vor seiner Amerikareise war er daher mehrfach in den Alpen und hatte 1795 in Genf auch Horace Bénédict de Saussure, den Begründer der Gletscherforschung und der barometrischen Höhenbestimmung, kennengelernt. Auf der Überfahrt nach Amerika machte er in Teneriffa Station und bestieg den circa 3700 m hohen Pico de Teide. Am 23. Juni 1802 versuchte er den circa 6200 m hohen Chimborazo[22] in Ecuador zu besteigen, der ab 4700 m Höhe von ewigem Schnee und Eis bedeckt ist. Das hat Humboldt allgemein allergrößte Hochachtung eingebracht, auch wenn er „nur" bis etwa 5700 m Höhe kam. Weil seine Stiefel durchnäßten, trug er Erfrierungen an den Füßen davon. Auch seine Hände nahmen bleibenden Schaden. Seine Handschrift war von da an nur schwer lesbar. Der Bericht vom Auf- und Abstieg läßt den Leser heute noch erschauern.

Wir genossen mehrere Tage lang, auf der mit Bimsstein bedeckten Ebene, in der man ... die Stadt Riobamba zu gründen anfing, einer herrlichen Ansicht des glocken- oder domförmigen Gipfels des Chimborazo bei dem heitersten, eine trigonometrische Messung begünstigenden, Wetter. Durch ein grosses Fernrohr hatten wir den noch 15700 Toisen entfernten Schneemantel des Berges durchforscht und mehrere Felsgrathe entdeckt, die wie dürre schwarze Streifen aus dem ewigen Schnee hervorragend, dem Gipfel zuliefen und einige Hoffnung gaben, dass man auf ihnen in der Schneeregion festen Fuss würde fassen können. ... Ein hundert und fünfzig Toisen über dem kleinen Wasserbecken Yana-Coche, sahen wir endlich nacktes Gestein. ... Große Felsmauern, von Nordost nach Südwest streichend, zum Teil in unförmliche Säulen gespalten, erhoben sich aus der ewigen Schneedecke, ein bräunlich schwarzes Augitgestein, glänzend wie Pechstein-Porphyr.

Hier folgt eine geologische Erörterung über das Gestein und seine angemessene Benennung: *Die steilen Mauern führten uns, durch die Schneeregion, zu einem gegen den Gipfel gerichteten schmalen Grath, einem Felskamm, der es uns allein möglich machte, vorzudringen, denn der Schnee war damals so weich, dass man fast nicht wagen konnte, seine Oberfläche zu betreten. Der Kamm bestand aus sehr verwittertem bröckligen Gestein. Es war oft zellig, wie ein basaltartiger Mandelstein. ... Der Pfad wurde immer schmaler und steiler.*

An der Schneegrenze blieben die einheimischen Begleiter bis auf einen zurück. Sie litten ungleich stärker als die Europäer an den Symptomen der Höhenkrankheit. *Die Eingeborenen verliessen uns alle bis auf einen in der Höhe von 15 600 Fuss. Alle Bitten und Drohungen waren vergeblich. Die Indianer behaupteten von Atemlosigkeit mehr als wir zu leiden. ... Wir gelangten mit grosser Anstrengung und Geduld höher als wir hoffen durften, da wir meist ganz in Nebel gehüllt waren. Der Kamm... hatte oft nur die Breite von acht bis zehn Zoll; zur Linken war der Absturz mit Schnee bedeckt, dessen Oberfläche durch Frost wie verglaset erschien. Die dünneisige Spiegelfläche hatte gegen 30° Neigung. Zur Rechten senkte sich unser Blick schaurig in*

---

[22] Alexander von Humboldt, Ueber zwei Versuche den Chimborazo zu besteigen, in: Jahrbuch für 1837, hg. v. H.C. Schumacher, Stuttgart – Tübingen 1837, S. 179–198.

einen achthundert oder tausend Fuss tiefen Abgrund, aus dem schneelose Felsmassen senkrecht hervorragten. Wir hielten den Körper immer mehr nach dieser Seite hin geneigt, denn der Absturz zur linken schien noch gefahrdrohender, weil sich dort keine Gelegenheit darbot, sich mit dem Händen an zackig vorstehendem Gesteine festzuhalten und weil dazu die dünne Eisrinde nicht vor dem Untersinken im lockeren Schnee sichert. ... Bald fanden wir das weitere Steigen dadurch schwieriger, dass die Bröcklichkeit des Gesteins beträchtlich zunahm. An einzelnen sehr steilen Staffeln musste man die Hände und Füsse zugleich anwenden, wie dies bei allen Alpenreisen so gewöhnlich ist. ... Nach einer Stunde vorsichtigen Klimmens wurde der Felskamm weniger steil, aber leider! blieb der Nebel gleich dick.

Hier schiebt Humboldt eine eindringliche Beschreibung der Höhenkrankheit ein. *Wir fingen nun nach und nach an, alle an grosser Üblichkeit [Übelkeit] zu leiden. Der Drang zum Erbrechen war mit etwas Schwindel verbunden und weit lästiger als die Schwierigkeit zu athmen. Ein farbiger Mensch (Mestize aus San Juan) hatte uns bloss aus Gutmüthigkeit, keinesweges aber in eigennütziger Absicht, nicht verlassen wollen. Es war ein kräftiger, armer Landmann, der mehr litt, als wir. Wir bluteten aus dem Zahnfleisch und aus den Lippen. Die Bindehaut ... der Augen war bei allen ebenfalls mit Blut unterlaufen. Diese Symptome der Extravasate in den Augen, des Blutausschwitzens am Zahnfleisch und an den Lippen hatten für uns nichts Beunruhigendes, da wir aus mehrmaliger früherer Erfahrung damit bekannt waren. In Europa hat Herr Zumstein schon auf einer weit geringern Höhe am Monte Rosa zu bluten angefangen. ... Die Nebelschichten, die uns hinderten entfernte Gegenstände zu sehen, schienen plötzlich, trotz der totalen Windstille, vielleicht durch elektrische Processe, zu zerreissen. Wir erkannten einmal wieder, und zwar ganz nahe, den domförmigen Gipfel des Chimborazo. Es war ein ernster grossartiger Anblick. Die Hoffnung, diesen ersehnten Gipfel zu erreichen, belebte unsere Kräfte aufs neue. Der Felskamm, der nur hier und da mit dünnen Schneeflocken bedeckt war, wurde etwas breiter; wir eilten sicheren Schrittes vorwärts, als auf einmal eine Art Thalschlucht von etwa 400 Fuss Tiefe und 60 Fuss Durchmesser unserem Unternehmen eine unübersteigbare Grenze setzte. Wir sahen deutlich jenseits des Abgrundes unsern Felskamm in derselben Richtung fortsetzen, doch zweifle ich, dass er bis zum Gipfel selbst führt.* Offenbar führten Humboldt und seine Begleiter keinerlei Bergausrüstung mit sich. *Die Kluft war nicht zu umgehen. Am Antisana konnte freilich Herr Bonpland nach einer sehr kalten Nacht, eine beträchtliche Strecke des ihn tragenden Schnees durchlaufen. Hier war der Versuch nicht zu wagen, wegen Lockerheit der Masse; auch machte die Form des Absturzes das Herabklimmen unmöglich. Es war 1 Uhr Mittags.*

Trotz des gefahrvollen Aufstiegs hatte Humboldt sein Barometer mitgenommen. Der nicht nur ungünstige, sondern geradezu gefährliche Standort hinderte ihn nicht, an dieser höchsten Stelle ihres Aufstiegs den Luftdruck zu bestimmen, aus dem er später die Höhe errechnen konnte. *Wir stellten mit vieler Sorgfalt das Barometer auf. ... Wir hatten nach der La Place'schen Barometerformel, eine Höhe von 3016 Toisen, genauer von 18097 Pariser Fuss erreicht. Wäre La Condamine's Angabe der Höhe des Chimborazo ... die richtige, so fehlten uns noch bis zum Gipfel senkrecht 1224 Fuss oder die dreimalige Höhe der Peterskirche in Rom. ... Da das Wetter immer trüber und trüber wurde, so eilten wir auf demselben Felsgrade herab, der unser Auf-*

steigen begünstigt hatte. Vorsicht war indess wegen Unsicherheit des Trittes noch mehr nöthig als im Heraufklimmen. ... Als wir ungefähr in 17 400 Fuß Höhe waren, fing es an heftig zu hageln. ... Zwanzig Minuten ehe wir die untere Grenze des ewigen Schnees erreichten, wurde der Hagel durch Schnee ersetzt. Die Flocken waren so dicht, dass der Schnee bald viele Zoll tief den Felskamm bedeckte. Wir wären gewiss in grosse Gefahr gekommen, hätte uns der Schnee auf 18000 Fuss Höhe überrascht. Um 2 Uhr und einige Minuten erreichten wir den Punkt, wo unsere Maultiere standen. Die zurückgebliebenen Eingeborenen waren mehr als nötig um uns besorgt gewesen.

Überall, wo Humboldt hinkam, trugen ihm seine geologischen Kenntnisse Wohlwollen und Hochachtung ein. In Mexico[23] war sein Freiberger Studienfreund del Rio Leiter der Bergakademie. Humboldt schrieb ein Kapitel für dessen vielbenutztes Lehrbuch[24] der Geologie. Außerdem sammelte er Material für eine geographische Landeskunde von Mexico, die erste moderne Landeskunde überhaupt, die 1811 in zwei Bänden[25] mit einem Atlas, der 20 Karten enthält, erschien. Mit dem Präsidenten der Vereinigten Staaten von Amerika, Thomas Jefferson, besprach er Einzelheiten des Grenzverlaufs zu Mexico hin.

Während seiner Reise war Humboldt in die Preußische Akademie der Wissenschaften gewählt worden und erhielt nach seiner Rückkehr von König Friedrich Wilhelm III. von Preußen die Ernennung zum Kammerherrn und eine jährliche Pension von 2500 Thalern, ohne akademische Verpflichtungen und mit der Erlaubnis, sich in den nächsten Jahren um die Aufarbeitung der Forschungsnotizen und die Publikation der Ergebnisse in Paris zu kümmern. Erst 1827 fügte er sich der Forderung seines Königs und kehrte endgültig nach Berlin zurück.

Für Mitarbeiter und Druck setzte Humboldt sein Vermögen ein. Allein 50 Maler und Zeichner sind beteiligt gewesen. Abends nahm Humboldt regen Anteil am geistigen Leben in der französischen Metropole. Vormittags war er eine Art privater Konsul für die Deutschen. Bis an sein Lebensende war er nun eine wandelnde Informationszentrale. Besonders junge Wissenschaftler fanden stets ein offenes Ohr bei ihm. Humboldt wurde zum Mäzen. Der später nach München berufene Chemiker Justus Liebig, dem er zu einem Vortrag in der Académie des Sciences verhalf, war nur einer von Vielen. Auf ein Empfehlungsschreiben Humboldts an Liebigs hessischen Landesherrn hin erhielt dieser bei seiner Rückkehr den ersten chemischen Lehrstuhl mit einem Laboratorium in Gießen.

Humboldt hatte noch weitere Reisepläne für seine eigene Zukunft. Vor allem wollte er die asiatischen Hochgebirge kennenlernen als Ergänzung seiner amerikanischen Forschungen. Zwischen 1815 und 1823 begleitete Humboldt[26] König Friedrich Wilhelm III. mehrmals auf Reisen, zuerst durch die Stadt Paris, später nach England, zu

---

[23] Jenaro González-Reyna, Antonio García-Rojas, El Barón Alexander von Humboldt y su Influencia en el Desarollo Científico y Económico de México, in: Alexander von Humboldt (wie Anm. 18), S. 217–237.

[24] Andrés Manuel del Río, Elementos de Orictognosía, Mexico 1803.

[25] Essai politique sur le royaume de la Nouvelle Espagne, 2 Bde. und 1 Atlasband (Voyage aux régions équinoxiales du Nouveau Continent – Grande Edition – Bde. XIX, XXV und XXVI), Paris 1811.

[26] Dove, Alexander von Humboldt (wie Anm. 2), S. 369 passim.

den Kongressen in Aachen und Verona, sowie nach Rom und Neapel. Der König fand bei diesen Gelegenheiten an seinem liebenswürdigen und geistreichen Kammerherrn ungemeines Wohlgefallen, entschädigte ihn großzügig und bewilligte ihm die Kosten für eine fünfjährige ostindische Reise. Warum aus dieser Reise nichts wurde, ist unbekannt. Nur einen kleinen Zipfel von Hochasien sah Humboldt 1829 auf seiner Reise zu den Bergwerken im asiatischen Rußland, als ihm ein – an sich nicht vorgesehener – Ausflug in den Altai[27] gelang.

Um so hilfsbereiter war Humboldt gegenüber den Brüdern Hermann, Adolph und Robert Schlagintweit[28] aus München, für die sich die Möglichkeit eröffnete (oder sogar geschaffen wurde), 1854 an den Magnetismusuntersuchungen der Royal Society und der East Indian Company im damals englisch beherrschten Indien und im Himalaya teilzunehmen. Humboldt hatte die beiden älteren, die als ganz junge Burschen schon alpine Hochgebirgserfahrung gesammelt hatten – und die übrigens mit Bergschuhen, Seilen und dem sogenannten Alpenstock ausgerüstet waren – als Studenten in Berlin kennengelernt, noch ehe sie mit ihrer geologischen respective einer geodätischen Arbeit promoviert und wenige Jahre darauf in physikalischer Geographie habilitiert wurden. Der jüngere Bruder Robert war Photograph. Humboldt hatte bereits früher sowohl der Royal Society, als auch der Akademie in St. Petersburg und anderen ein Memorandum geschickt, in dem er darlegte, daß es notwendig sei, magnetische und meteorologische Meßstationen über die ganze Erde verteilt einzurichten, damit die Wissenschaft Aufschluß über das globale Klimageschehen und den Erdmagnetismus erhalten könne. Nur so würde man auch zu verläßlichen Vorhersagen gelangen. Den Brüdern Schlagintweit gab er nicht nur die entscheidende Empfehlung nach London mit. Er vermittelte auch, daß der preußische König ein Drittel der Reisekosten für drei Jahre übernahm, während die East Indian Company den Rest trug. Als Hermann und Robert 1857 zurückkamen – Adolph hatte noch länger bleiben wollen und war wegen eines irrtümlichen Spionageverdachts in Kashgar getötet worden – brachten sie ihre Sammlungen, Aufzeichnungen und Skizzen zunächst nach Berlin, wo Humboldt sie im Winter 1857–1858 besichtigen konnte. Dies war eine ganz besondere und anrührende Geste der Verehrung für den hochbetagten Gelehrten und Gönner. Später kam ein großer Teil des Reiseertrages nach München.

Humboldts Bemühen um die physische Geographie fand in Berlin seinen Höhepunkt. Die in ihrer Struktur von Plinius d. Ä. (23–79) in dessen „Historia naturalis" begründete Wissenschaft hatte er durch die Einführung moderner physikalischer und chemischer Methoden und Erkenntnisse erweitert und auch die Kartographie, die vorher selbständig neben der Geographie stand, endgültig integriert. Diese Wissenschaft stellte er in den Jahren 1827 und 1828 in seinen „Kosmosvorlesungen"[29] einem breiten Publikum, unter dem auch Damen gern gesehen waren, vor. Diese Vorlesungen blieben nicht in einem engen akademischen Rahmen, sondern erregten Aufsehen und wurden zu einem gesellschaftlichen Ereignis. Sie trugen nicht unwesentlich bei zu

---

[27] Alexander von Humboldt, Fragmens de Géologie et de Climatologie asiatiques, 2 Bde., Paris 1831.
[28] Wilhelm Kick, Alexander von Humboldt und die Brüder Schlagintweit, in: Claudius C. Müller / Walter Raunig (Hg.), Der Weg zum Dach der Welt, Innsbruck 1982, S. 75–77.
[29] Meyer-Abich, Humboldt in Selbstzeugnissen (wie Anm. 2), S. 126 passim; Biermann, Humboldt (wie Anm. 2), 1983, S. 70, 98f.

dem ungeheuren Aufschwung, den die physische Geographie im 19. Jahrhundert nahm.

Von 1834 bis zu seinem Tod schrieb Humboldt sein wissenschaftliches Konzept[30] nieder. Wie schon das große amerikanische Reisewerk, so blieb auch der „Kosmos" ein Torso. Es ist der letzte Versuch einer universellen Gesamtschau der naturwissenschaftlichen Zusammenhänge. Darin war ein wesentlicher Faktor der Universalität die Geschichte der Wissenschaften. So ist der Hinweis auf Albertus Magnus (* um 1200 in Lauingen/Donau, † 1280 in Köln) und die in dessen Schriften zu findenden Anfänge biogeographischen Denkens bezeichnend für seine Gründlichkeit. Schon zu Humboldts Lebzeiten hat man gefragt, ob dieser Universalismus zeitgemäß sei, und schon damals wurde diese Frage nicht selten verneint. Man hat aber Humboldt nicht vorwerfen können, daß er sich der Diversifizierung der Fächer und der Vertiefung der Einzelforschungen entgegengestellt hätte. Im Gegenteil, als die 1822 von dem Naturforscher Lorenz Oken gegründete „Gesellschaft deutscher Naturforscher und Ärzte" im Herbst 1828 in Berlin[31] tagen wollte, hat Humboldt, der dabei den Vorsitz führte, die Einführung der Fachsektionen vorgeschlagen, woraus sich im Folgenden zahlreiche Fachgesellschaften entwickelten. Oken, der 1819 seine Professur in Jena aus politischen Gründen aufgeben mußte, war übrigens 1828 bis 1832 Professor an der Universität München. Humboldts nach allen Seiten offene Sympathie für junge Wissenschaftler und ihre Förderung hat der neuen antiuniversalistischen Entwicklung Vorschub geleistet. Gegen diese Entwicklung setzte er den „Kosmos" als sein kulturpolitisches Credo, von dem das 20. Jahrhundert sich, selten mit Bedauern, immer weiter entfernt hat.

Humboldts aus der Verantwortung und Hilfsbereitschaft der jungen Jahre erwachsenes Mäzenatentum, das ihn nicht selten in die eigene, nicht gerade volle Tasche greifen ließ, ist bewundert, aber kaum, und nie in diesem Stile und Ausmaß, nachgeahmt worden. Zum Beispiel war Humboldt für seine Reise ins asiatische Rußland von Zar Nikolaus I., einem Schwiegersohn Friedrich Wilhelms III., der Betrag von 20 000 Rubeln zur Verfügung gestellt worden. Davon hatte er bei der Rückkehr in St. Petersburg noch 7050 Rubel übrig behalten, die er jedoch keinesfalls zurückgeben durfte und ebensowenig für sich behalten mochte. So schenkte er das Geld seinen russischen Reisebegleitern für weitere Forschungen.

Man hat oft spekuliert, ob Alexander von Humboldt die Nähe zu Monarchen politisch genutzt habe. Mit Sicherheit geht wohl nur die rechtliche Durchsetzung der Judenemanzipation[32] auf seinen Einfluß zurück. Im Allgemeinen hat er sich auf den kulturellen Bereich beschränkt, und speziell Natur- und Ingenieurwissenschaften lagen ihm am Herzen. Strikt geleugnet hat Humboldt eine Beteiligung an der Stiftung des bis heute bestehenden „Ordens Pour le mérite für Wissenschaften und Künste"

---

[30] Alexander von Humboldt, Kosmos. Entwurf einer physischen Weltbeschreibung, 4 Bde., Stuttgart 1845–1858. Bd. 5 erschien postum 1862 und enthält nach den letzten 123 Seiten von Humboldt das nach seinen Anweisungen von Eduard Buschmann angefertigte Register. Dazu erschien: Atlas zu Alex. v. Humboldt's Kosmos, hg. v. Traugott Bromme, Stuttgart 1851–1852.

[31] Biermann, Humboldt (wie Anm. 2), 1983, S. 71f.

[32] Biermann, Humboldt (wie Anm. 2), 1983, S. 104f.; Dove, Alexander von Humboldt (wie Anm. 2), S. 381.

durch König Friedrich Wilhelm IV., zu dem er bereits vor seiner Thronbesteigung 1840 eine enge Beziehung hatte. Aber als Kanzler des Ordens hat er von 1842 bis zu seinem Tode dafür gewirkt, der Institution hohes Ansehen im In- und Ausland zu verschaffen. Ein typischer Fall seines Einflusses war die Verordnung des ihm freundschaftlich[33] verbundenen bayerischen Königs Maximilian II. im Jahre 1850, *eine umfassende geognostische* [modern: geologische] *Durchforschung des Königreiches Bayern anzuordnen* und dafür jährlich 5000 Gulden zur Verfügung zu stellen. Das daraus entstandene monumentale Werk ist Carl Wilhelm Gümbels[34] „Geognostische Beschreibung des Königreichs Bayerns" in vier dicken Bänden und mit zahlreichen Einzelkarten, 1861–1891 in Gotha bei Justus Perthes erschienen. Es ist in seiner Detailliertheit einzigartig. Im vergangenen Jahr wurde es in München nachgedruckt.

Ebenfalls auf Humboldts Empfehlung geht die zweite Amerikareise von Moritz Wagner[35] (* 1813 in Bayreuth, † 1887 in München) zurück, nur zwei Jahre nachdem dieser von dort zurückgekehrt war. Während Wagner aber bis dahin seine Reisen durch journalistische Tätigkeit hatte finanzieren müssen, wurde er in den Jahren 1858 bis 1860 großzügig von König Maximilian II. finanziert. Akuter Anlaß dafür war die 1855 vollendete Eisenbahn über die Meerenge von Panama. Dort gab es noch frische Durchbrüche durch das Gestein zu sehen, an denen geologische Beobachtungen gemacht werden konnten, wie sie im tropischen Vegetationsgebiet sonst nicht möglich sind. Die erste und wohl wichtigste Station Wagners war also Panama, das Humboldt schon lange für einen Kanal zwischen den Ozeanen ausersehen und empfohlen hatte. Wagner skizzierte Bodenprofile und nahm Gesteinsproben mit. Er nahm auch geodätische Vermessungen vor und befürwortete in etwa die Trassenführung, auf der 50 Jahre später der Kanalbau realisiert wurde. Nach seiner Rückkehr wurde Wagner erster hauptamtlicher Konservator der ethnologischen Sammlungen in München, aus denen später das Völkerkundemuseum hervorging.

Hier konnten nur wenige Beispiele für Humboldts Beziehungen zu Bayern aufgeführt werden. Ist schon sein wissenschaftliches Werk kaum zu überschauen, so kann man den Gesamtumfang seiner Aktivitäten heute nicht mehr rekonstruieren. Mit Sicherheit ist aber Humboldts Wirken und Nachwirken nicht leicht zu überschätzen.

---

[33] Meyer-Abich, Humboldt in Selbstzeugnissen (wie Anm. 2), S. 142.

[34] Carl Wilhelm Gümbel, Geognostische Beschreibung des Königsreichs Bayern, Bde. 1–3, Gotha 1861–1879, Bd. 4, Kassel 1891.

[35] Karl von Scherzer, Moritz Wagner. Ein deutsches Forscherleben, München 1888; Wolfgang J. Smolka, Völkerkunde in München. Voraussetzungen, Möglichkeiten und Entwicklungslinien ihrer Institutionalisierung (ca. 1850–1933), Berlin 1994, S. 50–123.

Günter Dippold

Nur mit Kraft und Gewalt
kann gegen diese verstokte Nation gewirkt werden
Die Haltung fränkischer „Polizeibehörden" zu Juden im frühen 19. Jahrhundert

Der aufgeklärte bayerische Staat der Montgelas-Ära wollte seine Untertanen erziehen. Gemeinnützigkeit wurde zum Leitwort für alle Lebensbereiche; sie sollte die Maxime für das Tun und Lassen von Personen, Gruppen und der ganzen Gesellschaft bilden. An diesem Ziel, mehr also an utilitaristischen denn an rein humanistischen Absichten, richtete sich die bayerische Politik auch in der Frage der Judenemanzipation[1] aus. Formal war das Vorgehen vom erzieherischen Stil geprägt[2], vom Bestreben, die Untertanen notfalls zu ihrem Glück zu zwingen.

So erließ König Maximilian I. Joseph am 10. Juni 1813 das Judenedikt[3], um *den jüdischen Glaubensgenossen in Unserem Königreiche eine gleichförmige*[4] *und der Wohlfahrt des Staates angemessene Verfassung zu ertheilen.* Eine herausragende Absicht dieses Gesetzes war es, *die Juden von ihren bisherigen ebenso unzureichenden als gemeinschädlichen Erwerbsarten abzuleiten* (§ 15).

Das Gesetz gab zwar die Richtung vor, doch wurde es nicht unverzüglich und nicht überall auf die gleiche Weise in die Wirklichkeit umgesetzt. Die Vorschriften standen – zumindest mancherorts – geraume Zeit nur auf dem Papier. Mehrfach begannen Landgerichte erst 1823/24, nach einem Jahrzehnt, auf die Anstellung staatlich geprüfter Rabbiner und Vorsänger zu dringen oder diese einem Examen zu unterziehen. Um dieselbe Zeit hielten sie die Söhne jüdischer Familien zur Erlernung eines Handwerks oder anderer im Gesetz vorgesehener Gewerbe an, sonst würden die jungen Männer als Müßiggänger aus Bayern ausgewiesen[5].

---

[1] Manfred Treml, Von der „Judenmission" zur „Bürgerlichen Verbesserung". Zur Vorgeschichte und Frühphase der Judenemanzipation in Bayern, in: Geschichte und Kultur der Juden in Bayern. Aufsätze, hg. v. Manfred Treml, Josef Kirmeier (Veröffentlichungen zur Bayerischen Geschichte und Kultur 17), München 1988, S. 247–265. Allgemein Alex Bein, Die Judenfrage. Biographie eines Weltproblems, Stuttgart 1980.

[2] Die Verordnung über den *verbesserten Schulunterricht der Juden* vom 18. Juni 1804 galt der Präambel zufolge als Antwort auf die Frage, ob den Juden *eine solche bürgerliche Einrichtung gegeben werden könnte, durch welche sie allmählich zu nützlichen Staatsbürgern erzogen würden.* Zit. nach Stefan Schwarz, Die Juden in Bayern im Wandel der Zeiten, München, Wien 1980, S. 102.

[3] Der Text des *Edikts die Verhältnisse der jüdischen Glaubensgenossen im Königreiche Baiern betreffend* bei Schwarz, Juden (wie Anm. 2), S. 328–337; hier auch Grundlegendes zur Entstehung und Vorgeschichte des Edikts (bes. S. 118–170).

[4] Das Edikt wollte also die noch bestehenden Unterschiede bei der Organisation des jüdischen Lebens beseitigen, die aus den abweichenden gesetzlichen Vorgaben in den früheren Herrschaften resultierten.

[5] Günter Dippold, „… auch wohnen viele Juden im Orte". Die Mistelfelder Juden, in: 850 Jahre Mistelfeld, hg. v. Günter Dippold (Vom Main zum Jura, Sonderheft 1), Lichtenfels 1992, S. 108–126, hier S. 119f.; Gerhard Philipp Wolf, Ermreuth, in: Jüdisches Leben in der Fränkischen Schweiz (Die Fränkische Schweiz – Landschaft und Kultur 11), Erlangen 1997, S. 221–278, hier S. 235; Günter Dippold, Eine jüdische Gemeinde im ritterschaftlichen Dorf. Beiträge zur Geschichte der Juden in Redwitz, in: 750 Jahre Redwitz und Unterlangenstadt. Geschichte und Geschichten, Trainau 2000, S. 143–171, 415–421, hier S. 159, 164.

Den *unteren Polizeibehörden* – den Landgerichten und den Stadtkommissariaten – oblag es, das Edikt auszuführen. Die folgende Skizze geht anhand oberfränkischen Materials aus der Zeit um 1810/20 der Frage nach, mit welcher Haltung Landrichter und Stadtkommissare an der Aufgabe arbeiteten. Dazu werden Quellen ausgewertet, die in all jenen Behörden entstanden sind, und zwar nicht anläßlich eines Einzelfalls: Herangezogen werden die in etwa jährlichem Turnus verfaßten Tätigkeits- und Lageberichte der Landrichter und Stadtkommissare an das Generalkommissariat des Mainkreises, das bis 1810 seinen Sitz in Bamberg, dann in Bayreuth hatte. In diesen Jahresberichten bilanzierten die Behörden ihre Amtsführung und umrissen die Lage in ihrem Sprengel, gegliedert in folgende Kapitel: Sicherheit der Einwohner, Gesundheitspolizei, Nahrung und Kredit der Einwohner, Gewerbe, Kommunalverhältnisse, Gerichtspolizei, Sitten, Sorge für den Unterricht, Religions- und Kirchenverhältnisse, Militärangelegenheiten, staatswirtschaftliche Gegenstände. *Statistische Tabellen* – das Lieblingskind des aufgeklärten Staates – rundeten den Bericht ab.

Dabei kommen die Juden nicht im Abschnitt über Religion und Kirche vor. In anderem Zusammenhang wurden die von den jüdischen Gemeinden beschäftigten Vorsänger und Lehrer pauschal als *viel zu ungebildete Menschen* disqualifiziert[6], wobei der Ebermannstadter Landrichter Heinrich Joseph Stark, von dem diese Formulierung stammt, damit zum einen seinen aufklärerischen Horizont als die einzig wahre Bildung betrachtete[7] und zum anderen aufklärerische Tendenzen ignorierte, die auch innerhalb mancher Gemeinden zu beobachten waren.

Auch in den Betrachtungen über das Schulwesen erscheinen jüdische Lehranstalten im wesentlichen erst Jahre nach Erlaß des Judenedikts, obwohl die Schulpflicht seit 1804 auch für Juden galt[8]. Zwar bestand seit 1804 eine jüdische Elementarschule in Bamberg[9], doch wird sie in den Berichten des Stadtkommissars nicht erwähnt. Auch die vor 1810 gegründete, allein von der jüdischen Gemeinde getragene Schule in Altenkunstadt[10], für die man einen im staatlichen Schullehrerseminar ausgebildeten Lehrer erbat, fand erst Erwähnung, nachdem sie beinahe ein Jahrzehnt bestand.

---

[6] Staatsarchiv Bamberg (StABA), K 3 H, Nr. 322, Ebermannstadt.

[7] Diese Geringschätzung des traditionellen jüdischen Bildungskanons zeigte auch der in Bayreuth wirkende Theologe und Pädagoge Johann Baptist Graser in einem 1828 erschienenen Buch „Das Judenthum und seine Reform". Dazu Robert Ebner, Maßnahmen zur Verbesserung des jüdischen Schulwesens. Johann Baptist Grasers (1766–1841) Reformansätze, in: Frankenland 50, 1998, S. 276–281, hier S. 277.

[8] Schwarz, Juden (wie Anm. 2), S. 103; Falk Wiesemann, Rabbiner und jüdische Lehrer in Bayern während der ersten Hälfte des 19. Jahrhunderts. Staat – Reform – Orthodoxie, in: Geschichte und Kultur (wie Anm. 1), S. 277–286, hier S. 283; Claudia Prestel, Jüdisches Schul- und Erziehungswesen in Bayern 1804–1933. Tradition und Modernismus im Zeitalter der Emanzipation, München 1989.

[9] Adolf Eckstein, Festschrift zur Einweihung der neuen Synagoge in Bamberg, Bamberg 1910, S. 51f. Klaus Guth, Jüdisches Schulwesen auf dem Land. Religions-, Elementar- und Feiertagsschulen in Franken (1804–1870), in: Archiv für Geschichte von Oberfranken 70, 1990, S. 231–249, hier S. 239, bezeichnet die 1813 gegründete Schule im mittelfränkischen Uehlfeld als „erste jüdische Elementarschule in Franken", wohl nicht zu Recht.

[10] M. L. Kohn, Die Kultur im Dorfe oder die Israeliten zu Altenkunstadt und Burgkunstadt, in: Sulamith 3, 1810, S. 31–37, hier S. 35; kommentierter Abdruck bei Josef Motschmann, „Die Kultur im Dorfe". Jüdisches Vereinsleben in Altenkunstadt zu Beginn des 19. Jahrhunderts, in: Vom Main zum Jura, Heft 2, 1985, S. 35–44, hier S. 39.

Die Landrichter und Stadtkommissare befaßten sich mit Juden vornehmlich in den Kapiteln, in denen es um die ökonomische Situation des Amtsbezirks ging. Dabei erörterten die Beamten die Auswirkungen des Handels, den die Mehrzahl der Juden im beginnenden 19. Jahrhundert betrieb; daß es auch Ausnahmen, nämlich jüdische Handwerker, gab[11], blieb unerwähnt.

Der Pottensteiner Landrichter Johann Gotthard Förg (um 1765–1839) urteilte 1816: *Die Juden haben beynahe den ganzen Handel des hiesigen Bezirkes in ihrer Gewalt, bis auf den Getraidhandel.*[12] Als weit weniger bedeutend schätzte der Scheßlitzer Landrichter Gallus Heinrich Rinecker die Geschäfte der Juden in seinem Amtsbezirk ein. Er bemerkte 1813, *daß die Juden in Zeckendorf und Demelsdorf [!] mit Vieh und Schnittwaaren einigen Handel treiben; diese beziehen ihre Waaren von Bamberg, Baireuth, Fürth etc.* Doch setzte er gleich hinzu: *Das ganze ist aber sehr geringfügig und verdient kaum einer Erwähnung.*[13] In Zeckendorf lebten 1820 wenige Viehhändler und knapp 20 Hausierer, von denen der einzelne wohl nur einen sehr bescheidenen Geschäftsumfang hatte; in Demmelsdorf herrschte der Viehhandel vor[14]. War der Gesamtumsatz der zahlreichen Handelsleute tatsächlich so unbedeutend, wie Rinecker meinte? Grundsätzlich wird zu fragen sein, ob der Unterschied zwischen den Landgerichten Pottenstein und Scheßlitz tatsächlich bestand oder die einzelnen Beamten die Verhältnisse bloß unterschiedlich wahrnahmen.

Am ehesten traf wohl der Ebermannstadter Landrichter den Sachverhalt, indem er 1810 die nahezu monopolhafte Stellung der Juden einerseits dem bescheidenen Geschäftsumfang andererseits gegenüberstellte: *Der Handel mit Tuch und solchen seidenen Zeugen, die das Landvolk braucht, haben die ziemlich zahlreichen Juden des Landgerichts allein in den Händen. Allein [...] dieser Handel ist nicht von Wichtigkeit. Er erstrekt sich lediglich auf die geringsten Sorten von dergleichen Produkten, die der Händler aus den nächstgelegenen Städten bezieht, ohne selbst im Stande zu seyn, ein eigentliches Waarenlager zu etablieren.*[15]

Allgemein betont wurde die Dominanz der Juden im Viehhandel, wie sie im übrigen auch aus den erhaltenen Gebührenabrechnungen für die Viehmärkte in Marktgraitz (Landgericht Lichtenfels) zwischen 1816 und 1821 ersichtlich ist: Der Anteil von Juden lag bei rund zwei Fünftel; das von ihnen auf den Markt getriebene Vieh machte etwa 60 Prozent des Gesamtangebots aus[16].

---

[11] Bereits im 18. Jahrhundert sind, wenn auch vereinzelt, jüdische Handwerker nachzuweisen: je ein Buchbinder in Burgkunstadt und Ebneth, ein Glaser in Oberlangenstadt, ein jüdischer Siegel- und Wappenstecher in Pretzfeld. Archiv des Erzbistums Bamberg, Rep. 101, Nr. 316, fol. 35r; Nr. 320, fol. 41v; StABA, A 237, Nr. 9493, fol. 77v; Churfürstlich-Bamberger Intelligenzblatt 51, 1804, S. 29.

[12] StABA, K 3 H, Nr. 338, Pottenstein. Der Getreidehandel war den Juden im Hochstift Bamberg am 8. Mai 1700, im Gefolge des antijüdischen Aufstands von 1699, durch ein Mandat des Fürstbischofs Lothar Franz von Schönborn untersagt worden. Rudolf Endres, Ein antijüdischer Bauernaufstand im Hochstift Bamberg im Jahre 1699, in: Bericht des Historischen Vereins Bamberg 117, 1981, S. 67–81, hier S. 80.

[13] StABA, K 3 H, Nr. 324, Scheßlitz.

[14] Eva Groiss-Lau, Die jüdischen Landgemeinden Zeckendorf-Demmelsdorf, in: Jüdisches Leben auf dem Dorf. Annäherungen an die verlorene Heimat Franken, hg. v. Klaus Guth, Eva Groiss-Lau (Landjudentum in Oberfranken. Geschichte und Volkskultur 3), Petersberg 1999, S. 15–33, hier S. 21f.

[15] StABA, K 3 H, Nr. 312, Ebermannstadt.

[16] Günter Dippold, Die Besucher der Marktgraitzer Viehmärkte 1816–1821, in: Vom Main zum Jura, Heft 7, 1995, S. 77–96, hier S. 80f.

In den Jahresbilanzen der Landrichter erscheinen Juden rundwegs als die beherrschende Größe im Viehhandel. So schrieb Landrichter Karl Badum[17] von Pottenstein: *Man bezieht das Rindvieh, welches nicht in eigener Oekonomie erzogen wird, von den Märkten zu Bayreuth, Ebermannstadt, Hollfeld; das meiste wird jedoch von den Juden den Bauern vor die Thüre getrieben*[18], namentlich von den Viehhändlern aus Ermreuth, Wannbach, Hagenbach und Pretzfeld[19]. Badum betrachtete dies mit Argwohn, weil damit *sehr oft betrügliche Absicht verbunden ist, denn der Bauer wird gleichsam zum Kaufe durch Überredung genöthiget*[20].

Man wird zu fragen haben, inwieweit die Landrichter, sowohl für die allgemeine Verwaltung als auch für die Rechtssprechung verantwortlich, hier ein getreues Bild der Verhältnisse zeichneten, nahmen sie doch wohl vor allem die Fälle wahr, mit denen sie aufgrund von Rechtsstreitigkeiten befaßt waren. Problemlos verlaufene Viehkäufe und -verkäufe dürften, soweit sie nicht auf dem Viehmarkt am Amtssitz stattfanden, weniger in ihr Blickfeld getreten sein.

Jedenfalls begrüßten es die Beamten, wenn die Rolle der Juden im Viehhandel schrumpfte. Landrichter Heinrich Joseph Stark in Ebermannstadt sah in den bewußt auf den Sabbat gelegten Viehmärkten 1810 ein probates Mittel[21], die Juden zum Wohle der Bauern aus dem Geschäft zu drängen[22]: *Die Viehmärkte, welche im Frühjahre und Herbste im Orte Ebermannstadt gehalten werden, sind besucht und zahlreich. Sie liefern das schönste Vieh, welches einzig dem Umstande zuzuschreiben seyn mag, daß diese Märkte nur am Sonnabende Statt haben, wodurch den Juden der Zugang mit schlechten Viehe versagt ist. Diese Einrichtung hat die weitere für die Unterthanen erspriesliche Folge, daß alles Vieh auf baares Geld verkauft wird und über dergleichen Viehhandel das ganze Jahr über eine gerichtliche Klage nicht erhoben wird.*[23] Insbesondere werde *dem jüdischen Wucher* entgegengearbeitet[24].

Aus demselben Grund sei, so der Bamberger Stadtkommissar Johann Schauer, die Gründung von Leihanstalten nötig, wie es das königliche Edikt vom 24. September

---

[17] Über ihn: Joachim Heinrich Jäck, Wichtigste Lebensmomente aller königl. baierischen Civil- und Militär-Bediensten dieses Jahrhunderts, Heft 2, Augsburg 1819, S. 10.

[18] StABA, K 3 H, Nr. 324, Pottenstein.

[19] StABA, K 3 H, Nr. 319, Pottenstein.

[20] StABA, K 3 H, Nr. 324, Pottenstein.

[21] Auch der Landrichter von Pottenstein wollte zu diesem Mittel greifen, scheiterte freilich beim Versuch, Viehmärkte zu etablieren, wie er Ende 1813 nach Bayreuth berichtete: *Der Viehhandel wird hier durch Juden betrieben. Die Armen müssen sich diesem schädlichen Einflße überlassen. Die Wiedereinführung der hier außer Uebung gekommenen Viehmärkte hat das Hinderniß der Gebirgslage gegen sich.* StABA, K 3 H, Nr. 327, Pottenstein. Lediglich der erste in Pottenstein abgehaltene Viehmarkt war gut besucht, die nachfolgenden nicht mehr. Ebd., Nr. 330, Pottenstein.

[22] Andernorts sah man die Juden statt dessen gerne, weil sie die Viehmärkte belebten. So heißt es im Bericht des Mitwitzer Herrschaftsrichters Schraut aus dem Jahr 1818: *besonders aber zeichnen sich die Viehmärkte aus. Die Juden, welche meistens mit Viehe handeln, befördern den Handelsverkehr, so daß an Märkten immer gegen 100, 200 Stük Rindviehe vorhanden sind.* StABA, K 3 H, Nr. 352, Mitwitz. Der Handel scheint kleinräumig strukturiert gewesen zu sein; der Landrichter von Bamberg I (mit Sitz in Memmelsdorf) erwähnte 1810, daß *der ganze Verkehr der Handelschafft treibenden Schutzjuden sich blos auf innländische Viehmärkte beschränkt.*

[23] StABA, K 3 H, Nr. 312, Ebermannstadt.

[24] StABA, K 3 H, Nr. 322, Ebermannstadt.

1808 vorsehe. Auf diese Weise könne *dem Wucher Zügel angelegt* werden. *Man kann mit Gewießheit annehmen, daß ³/₄ Theil der hießigen Juden gröstentheils vom Wucher leben, Personen, welche sich in Verlegenheit befinden, müßen öfter wochentlich einen Groschen von Gulden, das ist jährlich 260 pro Cent zahlen*[25]. Doch nur selten könne ein Jude durchs Landgericht des Wuchers überführt werden, so der Banzer Landrichter Dr. Martin Aschenbrenner, *weil die meisten Juden in der Kunst treflich unterrichtet sind, solche Ueberführungen zu vereiteln*[26].

Die Kreditvergabe durch Juden wurde in den Berichten durchweg mit Wucher gleichgesetzt und daher verurteilt; lediglich Landrichter Karl Badum von Pottenstein sah 1811 die positive Seite der Medaille. Zwar kämen die Bauern aufgrund der wucherischen Darlehen oft um ihr Anwesen; *allein, wer soll dem Bauern Kredit geben, da der Güterwerth zur Sicherung nicht mehr hinreicht und nirgends mehr Anlehen zu erhalten sind? Wenn der Jude nicht dem Landmann ein paar Ochsen auf ein Jahr borgt, so muß mancher sein Gut unbebauet lassen*[27].

Stärker noch als der Vieh- erschien der Kleinhandel, meist in Form des Hausierens betrieben, den bayerischen Beamten schädlich für die Juden, denen er kein zureichendes Auskommen bot, wir für die ganze Gesellschaft; abweichende Ansichten[28] findet man in den behördlichen Jahresberichten nicht. Im Januar 1807 regelte die Landesdirektion zu Bamberg den Handel auswärtiger Juden in der *Provinz Bamberg*: Nichtbayerische Juden, die *ein beträchtliches Vermögen oder eine ausgebreitete Handlung besitzen*, konnten zwar die Erlaubnis erlangen, Märkte zu besuchen, *jedoch niemal einen Hausierhandel zu treiben*. Andere Juden durften, wenn sie Pässe vorweisen konnten, das Land passieren, sobald *sie sich aber auf irgend einen Handel betreten lassen, so sind sie mit der Konfiskation ihrer Waare zu bestrafen, und aus dem Lande zu weisen. […] Betteljuden sollen nirgend in das Land gelassen, sondern überall, wo sie betreten werden, über die Gränze geliefert werden*[29].

Ein generelles Verbot des Hausierens, wie es 1808 verkündet wurde, ließ sich freilich nicht aufrechterhalten – zu viele Menschen lebten, namentlich in fränkischen Dörfern, davon[30]. Doch schränkte das Judenedikt die Berechtigung zu hausieren auf die Familienväter ein, die bereits davon lebten; ihren Söhnen blieb sie verwehrt. Einzelne Behördenvertreter wie der Bamberger Stadtkommissar Johann Schauer

---

[25] StABA, K 3 H, Nr. 325, Stadtkommissariat Bamberg. Jedoch gelange dies, so Schauer, selten an die Öffentlichkeit: *Viele hundert Famillien versinken […] in das traurigste Elend, ohne daß man sich öfter erklären kann, wie dieses geschieht, da selbst die auf diese Weiße ruinirten Individuen sich schämen, öfentlich zu bekennen, daß sie auf eine so unverantwortliche Weiße geborgt haben.* Zur Einführung von Leihanstalten auch StABA, K 3 H, Nr. 333, Lichtenfels.

[26] StABA, K 3 H, Nr. 312, Banz.

[27] StABA, K 3 H, Nr. 319, Pottenstein. Ähnlich urteilte Badum wenige Jahre später: *Der Viehehandel ist in den Händen unzuverläßiger Juden aus der Nachbarschaft, welche zur Verminderung des Wohlstandes der armen Gebirgsbewohner nicht wenig beytragen. Doch würde mancher Bauer sein Gut nicht bebauen, wenn er nicht vom Juden hiezu das Zugeviehe – gleichwohl unter verderblichen Bedingungen erhielte.* StABA, K 3 H, Nr. 330, Pottenstein.

[28] Belege bei Ernst Schubert, Arme Leute, Bettler und Gauner im Franken des 18. Jahrhunderts (Veröffentlichungen der Gesellschaft für fränkische Geschichte IX, 26), Neustadt a. d. Aisch ²1990, S. 163.

[29] Bamberger Intelligenzblatt 54, 1807, S. 67.

[30] Schwarz, Juden (wie Anm. 2), S. 115f.

bekämpften das Hausieren; 1814 konnte er lakonisch nach Bayreuth berichten: *Wird der Schacherhandel der Juden gänzlich unterdrückt.*[31] Dies war aus seiner Sicht auch nötig, denn so lange es diesen *Schacherhandel* gebe, werde *sich der geregelte Handel der Christen nicht heben können.*[32]

Waren Verbote in einer Stadt durchaus zu überwachen, so entzogen sich die ausgedehnten Amtssprengel der Landrichter einer wirkungsvollen Kontrolle. Landrichter Badum in Pottenstein zeigte die Diskrepanz zwischen Anspruch und Wirklichkeit deutlich auf: *Der Hausierhandel der Juden sollte zwar nicht geduldet werden und ist dem Landmanne gewöhnlich sehr schädlich, denn da der Jud alles auf Borg giebt, so wird der Käufer gereitzet, ohne seine Zahlungsfähigkeit zu überlegen, und gewöhnlich muß er das Doppelte des Werthes bezahlen. Allein der Hausierhandel wird doch in allen benachbarten Gerichten und auch in Kreißstädten nachgesehen, und leichtlich kann man demselben auch nicht auf die Spur kommen, denn der Jude läßt sich zu allen Aufträgen brauchen und entschuldiget sich mit dem Auftrage.*

Doch sei eine genaue Überprüfung der Hausierer eigentlich dringend vonnöten, da die vehement verfolgten *Jauner [...], welche in offener Form der Polizey nicht mehr entgehen können*, als fahrende Händler getarnt umherzögen. *Es fällt auf, wenn in einer Woche hieher auf das abgelegene Gebürg 3–4 Juden als Brillenhändler mit gehörigen Pässen kommen, wie dieses im verfloßenen Sommer der Fall war. Es ist am Tage, daß eine andere Absicht als der Handel selbe daher führt, denn der Brillenhandel nährt gewiß keinen Menschen, am wenigsten lohnt es sich der Mühe, solche Gegenden zu besuchen.*[33]

Entzog sich der Hausierhandel weitgehend der obrigkeitlichen Aufsicht und war er schon dadurch suspekt, so verdroß es manchen Beamten auch, daß der jüdische Teil der Bevölkerung nicht ohne weiteres statistisch zu erfassen war. Namentlich der Landrichter Heinrich Joseph Stark in Ebermannstadt führte hierüber beredt Klage. Während die Geburten, Trauungen und Sterbefälle der Christen durch die Geistlichen erfaßt wurden, seit 1808 in normierten Matrikelbänden, die die Behörden problemlos einsehen konnten, fehlten ähnliche Übersichten auf seiten der Juden. *Da die jüdischen Schulmeister und Vorsinger viel zu ungebildete Menschen sind, um bei ihnen die richtige Führung der Geburts-Register voraussetzen zu koennen – da hierdurch Unordnung unsausbleiblich entsteht – da die oft noethige Einsicht dieser Bücher den Zivilbehoerden aus der Ursache erschwert, ja unmoeglich wird, da dieselben nicht in deutscher, sondern hebraischer Sprache geführt zu werden pflegen – da endlich auf diese Weise in vorkommenden Faellen irrige, vielleicht geflissendlich falsche Angaben nicht leicht zu beseitigen sind*, empfahl Stark 1813, die christlichen Pfarrämter anzuweisen, sie sollten eigene Register für die Juden führen[34].

---

[31] StABA, K 3 H, Nr. 325, Stadtkommissariat Bamberg.
[32] StABA, K 3 H, Nr. 328, Stadtkommissariat Bamberg.
[33] StABA, K 3 H, Nr. 319, Pottenstein.
[34] StABA, K 3 H, Nr. 322, Ebermannstadt. Ähnliche Forderungen in Nr. 326, Ebermannstadt. Zur Reaktion des Generalkommissariats vgl. Gerhard Philipp Wolf, Walter Tausendpfund, Obrigkeit und jüdische Untertanen in der Fränkischen Schweiz, in: Jüdisches Leben (wie Anm. 5), S. 79–149, hier S. 112f. Zur weiteren Entwicklung vgl. Josef Seitz, Hagenbach – zeitweise Bezirksrabbinat, in: ebd., S. 393–451, hier S. 416f.

Derartige Probleme hatte offenbar nicht jeder Landrichter. Starks Kollege Johann Benedikt Rascher in Höchstadt an der Aisch etwa konnte für 1812 genaue Zahlen vorlegen: 18 Juden seien zur Welt gekommen, drei verstorben. *Nach dem Maase der Bevölkerung sind weniger Juden als Christen geboren, die Differenz verhaelt sich beiläufig wie 7 zu 8 und scheint eine natürliche Folge der erschwerten Heyrathslizenzen zu seyn. [...] Die Sterblichkeit unter den Juden war geringer als bei den Christen und verhaelt sich beinahe wie 7 zu 2 überhaupt scheint diese Volksklasse vermög ihrer Lebensart weniger zu Krankheit als die Christen geneigt zu seyn, und besonders die Mannspersonen ein höheres Alter zu erreichen. [...] Ist unter den Juden keine Trauung vorgegangen als Folge der erschwerten Heyrathslicenz. [...] Ist keine ausserehliche Schwängerung unter den Juden geschehen, wie dergleichen Schwängerungen überhaupt wenigstens in hiesiger Gegend unter den Juden sehr selten sind.*[35]

Die meisten Beamten befaßten sich lediglich mit einzelnen Facetten des jüdischen Lebens, die sie beklagten und deren Bekämpfung sie anregten. Grundsätzliche Erwägungen, welche Bedeutung die Juden für die Gesellschaft hätten und wie sie zu „nützlichen" Staatsbürgern erzogen werden könnten, stellten, wie es scheint, die wenigsten an. Eine solche Ausnahme war der Banzer Landrichter Dr. Martin Aschenbrenner (1775–1824)[36], vormals Professor für juridische Enzyklopädie an der Universität Bamberg und Verfasser mehrerer Werke über juristische und gesellschaftliche Fragen[37]; er neigte in seinen Jahresberichten ohnedies dazu, prinzipielle Überlegungen vorzutragen[38].

Die Juden, in ein unnatürliches Verhältniß gedrängt, rächen sich an der übrigen Gesellschaft durch die Fehler, welches jenes Verhältniß entstehen macht, das dieselbe über sie verhängt hat[39] *und in der Hauptsache noch immer fortbestehen läßt. Durch die Zeitumstände in Verlegenheit gesezt, wird der Landmann wieder haeufiger den wucherlichen Speculationen der Juden entgegen geführt. Es ist so vieles wahr, was nicht auf juristische Gewißheit gebracht werden kan: Das allenfallsige Verlangen, die jüdischen Individuen zu bezeichnen, welche wucherlicher Handlungen gerichtlich überführt worden sind, um gegen diese zu würken, würde nicht zum Zwek führen [...].*

---

[35] StABA, K 3 H, Nr. 322, Höchstadt.
[36] Über ihn: Günter Dippold, Korbmacherei und Korbhandel am Obermain 1770–1850, in: Vom Main zum Jura, Heft 1, 1985, S. 23–77, hier S. 31; Jäck, Wichtigste Lebensmomente (wie Anm. 17), Heft 1, Augsburg ²1818, S. 34f. Nr. 179. Als Quelle zur geistigen Vorstellungswelt Aschenbrenners wäre der Katalog seiner Bibliothek auszuwerten: Katalog der Bibliothek des K. b. Stadtkommissärs in Landshut Dr. Martin Aschenbrenner, welche am 17. May und folgende Tage in dem Hause Nro. 465 an die Meistbiethenden versteigert werden wird. Landshut 1824.
[37] Zu seinem Werk über das Duell vgl. Ute Frevert, Ehrenmänner. Das Duell in der bürgerlichen Gesellschaft, München 1991, S. 40f.
[38] Ein Beispiel bei Günter Dippold, Die fränkischen Verordnungen gegen Fachwerk im frühen 19. Jahrhundert und ihre Rezeption durch die Landrichter, in: Festschrift Kurt Töpner zum 60. Geburtstag. Gewidmet von Kollegen, Freunden und Mitarbeitern, hg. v. Hartmut Schötz, Bergatreute 1997, S. 91–100, hier S. 93–95.
[39] Diesen Gedanken hatte bereits 1781 der preußische Beamte Christian Wilhelm von Dohm geäußert. Dazu Friedrich Battenberg, Das europäische Zeitalter der Juden. Zur Entwicklung einer Minderheit in der nichtjüdischen Umwelt Europas. Darmstadt 1990, Bd. 2, S. 91f. Die Folgerungen, die Dohm zog – nämlich die Juden den christlichen Staatsbürgern gleichzustellen –, teilte Aschenbrenner freilich nicht. Er meinte, daß der Emanzipation eine Erziehung der Juden vorangehen müsse.

Das Heilmittel muß gegen die ganze Claße gehen, weil die ganze Claße in einem Verhältniß lebt, welches ihre Fehler gebährt. Weit strenger, als es in der That geschieht, sollte in allen Landgerichten und überhaupt Policeibezirken das verderbliche Hausieren der Juden unterdrükt, zugleich aber auch denselben andere Nahrungsquellen geöfnet, sie respective zu ihrer ernstlichen Ergreifung angewiesen werden.[40]

Mit solchen Überlegungen aus dem Jahr 1810 nahm Aschenbrenner die Bestimmungen des Judenedikts vorweg. Diesem zufolge wurde *die Erlaubnis auf den Schacherhandel nicht mehr erteilt* (§ 14); statt dessen waren Juden fortan *zu allen bürgerlichen Nahrungszweigen […] zugelassen* (§ 15).[41] Indem der Landrichter vorschlug, einem jüdischen Paar die Eheschließung nur zu erlauben, wenn der Nachweis *eines angemessenen nutzbringenden Vermögens* geführt werde, wollte er einerseits die Juden zu ihrem und der Allgemeinheit Besten der Landwirtschaft als Broterwerb zuführen; andererseits beabsichtigte er, die Zahl der Juden im allgemeinen und der armen Juden im besonderen zu begrenzen; auch dies wurde dann erklärtes Ziel des Judenedikts (§ 11–13). Wörtlich führte Aschenbrenner aus: *Da es richtigen Grundsätzen der Nationaloeconomie nicht angemessen seyn kann, eine, noch dazu zahlreiche, Claße von gebohrnen und erblichen Handelsleuten fortbestehen zu lassen […], so erlaube ich mir mit Bescheidenheit die Frage: ob der Zwek der Regierung, welcher in der Beschränkung der Heirathen der Juden liegt, nicht noch vollständiger erreicht würde, wenn neben den bisherigen Bestimmungen noch festgesezt würde, daß das nachgewiesene Vermoegen in Grundstüken mit einem haeuslichen Ansitz zu bestehen, der Ehelichungscandidat seinen Erwerbszweig in der Ausübung der Feldwirthschaft gewählt und er sowohl als […] auch dessen Braut über hinlängliche Kenntniß und Fertigkeit in derselben sich auszuweisen haben. Ansäßigmachungen durch Handel sollten überhaupt nur bei bedeutenden Vermögensumständen und durch Gewerb, wie allenthalben, nur nach richtiger Erlernung und dem Verlauf von einigen Uebungs-(Gesellen-)Jahren den Juden erlaubt werden. Zum Kleinhandel sollten dieselben bei ihren Verehelichungen oder bei Ergreifung eines Nahrungszweiges überhaupt lange nicht mehr – bis zur Verbeßerung der Classe – zugelassen werden. Wie man es anfangen wolle, mit den ersten jüdischen Bauern und Handwerkern wird die übrige Gesellschaft Geduld tragen müssen; aber schon ihre Kinder, an andere Umgebungen und Beschäftigungen von Jugend auf gewöhnt, werden mehr Hofnung geben. Diese Staatseinwohner-Classe würde hiedurch selbst einen weit besseren Nahrungsstand im Gantzen erhalten, als er bisher bei der übergrosen Concurrenz der Kleinhändler aus ihrer Mitte möglich war, wodurch der gröste Theil derselben gewißermassen zum Betrug genöthiget wurde, um den Gewinn aus ihren Handelsgeschäften für ihr Fortkommen nur hinreichend zu machen*[42]. Aschenbrenner beließ es nicht bei Vorschlägen; im Rahmen seiner Möglichkeiten handelte er auch. So nahm 1812 die von ihm 1808 erneuerte, vom Landgericht überwachte Korbmacherzunft einen Meister jüdischen Glaubens auf[43].

Übrigens beschränkte Aschenbrenner seinen Vorschlag, die aus einem überbesetzten Gewerbe erwachsenen Probleme mit Hilfe von Ehehindernissen zu beheben, nicht

---

[40] StABA, K 3 H, Nr. 312, Banz.
[41] Zit. nach Schwarz, Juden (wie Anm. 2), S. 331.
[42] StABA, K 3 H, Nr. 312, Banz.
[43] Martin Aschenbrenner, Das Korbflechten im Dorfe Michelau, in: Wöchentlicher Anzeiger für Kunst- und Gewerbefleiß im Königreich Baiern 1815, Sp. 201–205.

auf jüdische Hausierer. In gleicher Weise wollte er die bei weitem überhöhte Zahl von Handwerkern in Kleinstädten und Marktflecken[44] verringern.

Sah Aschenbrenner bei aller Kritik an den Juden sie doch in letzter Konsequenz als Opfer der gesellschaftlichen Verhältnisse und hielt er sie deshalb für „erziehbar", so erschienen sie bei dem um dieselbe Zeit tätigen Bamberger Polizeidirektor und Stadtkommissar Johann Schauer in ganz anderem Licht. Schauer (1763–1835)[45], Sohn eines Bamberger Bürgermeisters, war, nachdem er die Rechte studiert und praktische Erfahrungen am Reichshofrat zu Wien und in der Obereinnahme, der obersten Finanz- und Militärbehörde des Bamberger Bischofs, gesammelt hatte, schon 1796 zum domkapitelischen Amtmann in Fürth aufgestiegen, wo mehr als ein Fünftel der Einwohner jüdischen Glaubens war[46]. 1802 zum fürstbischöflichen Hof- und Regierungsrat ernannt, setzte er seine Tätigkeit 1803 als kurbayerischer Landesdirektionsrat zu Bamberg fort, bis ihm 1805 das Amt des Polizeidirektors seiner Heimatstadt übertragen wurde, in dem er zehn Jahre lang energisch wirkte.

Schauer war ein blindwütiger, impulsiver Vorkämpfer der zur Staatsdoktrin erhobenen, auf Nützlichkeitsstreben verkürzten Aufklärung. Um einen Eindruck von seinem Denken und der rhetorisch wirkenden Sprache seiner Berichte zu geben, seien Äußerungen aus seiner Feder zu Fragen katholischer Glaubensformen zitiert. Aufgebracht informierte er 1814 das Generalkommissariat über seiner Meinung nach überkommene katholische Glaubensformen: *Wer sollte glauben, daß man noch in den Pfarrkirchen der Stadt unter ganz erbärmlichen Sudeleyen und schlechten Schnitzwerke wachsene Gliedmaßen, Kinder und Vieh angehängt antreffen, welche im Vertrauen auf die innere Kraft dieser Bildereyen ex voto dahin gebracht werden? [...] Kaum traut man seinen Ohren, wenn man in diesen Kirchen noch die veralteten geistlosen und abgeschmackten Lieder der finstersten Jahrhunderte noch ganz gedankenlos abschreyen hört. [...] Noch immer besteht der Unfug, daß ohne alle Tendenz und ohne Andacht an drey bis 4 Orten zu gleicher Zeit Messen von Priestern und zerlumpten Gassenjungen abgehalten werden.*[47]

Noch weit schärfer wurde der Ton Schauers, wenn die Sprache auf die Juden kam. 1811 schrieb er in dem Abschnitt seines Berichtes, der sich mit dem Thema *Reinlichkeit* befaßte: *Die Reinlichkeit machte seit einem Jahrzehnden sowohl im äusseren der Strassen als im Innern der Gebäude unverkennbare Vorschritte. Nur bey dem größeren Theile der Juden herscht noch in Häusern Gestank und Unflätigkeit trotz der vielen Waschungen, die ihre Religion vorschreibt. Nur mit Kraft und Gewalt kann gegen diese verstokte Nation gewirkt werden. Man zwinge dieselben gleich den Christen, ordentliche Bürger zu seyn, nehme ihnen ihren Schacherhandel und bestimme sie mit Nachdruck, sich in die Fugen der bürgerlichen Ordnung zu begeben, nur*

---

[44] Das Generalkommissariat des Mainkreises schrieb 1808 über Marktgraitz und Marktzeuln (Landgericht Banz): *Eine sich selbst lästige Ueberzahl von Bäckern, Schneidern, Schustern, Metzgern u.d.gl. drängt sich hier in schmutzigen und elenden Wohnungen zusammen.* StABA, K 3 H, Nr. 304, Generalkommissariat. Ein Beispiel aus Staffelstein: StABA, K 3 F VI a, Nr. 2853.

[45] Über ihn: Neuer Nekrolog der Deutschen. 13. Jg.: 1835. Weimar 1837, S. 1074f.

[46] Schubert, Arme Leute (wie Anm. 28), S. 153.

[47] StABA, K 3 H, Nr. 325, Stadtkommissariat Bamberg.

dadurch wird auch der Geist der Ordnung und Reinlichkeit bey ihnen eingeführt werden können.[48]

Klang in diesem Zitat noch klar die Möglichkeit an, man könne die Juden zu „gemeinnützlichen" Bürgern umformen, so zeigen die Berichte der folgenden Jahre, von welch tiefem Judenhaß Schauer beseelt war. Der Haß dürfte nicht nur von traditioneller kirchlicher Judenfeindschaft beeinflußt – die Verwendung des Adjektivs „verstockt" mag hierauf hindeuten –, sondern vor allem von aufklärerischem Gedankengut gespeist worden sein[49]. Die an ihren „unzeitgemäßen" religiösen Gebräuchen[50], an ihren „schädlichen" Erwerbsarten, an ihrer vermeintlichen Unbildung[51] gegen alle Strömung scheinbar stur festhaltenden Juden konnten den Zorn eines radikalen Aufklärers, wie Schauer einer war, erregen. Doch blieb es offenbar nicht beim bloßen Ärger. So wie es aufgeklärte Reiseschriftsteller liebten, „Volksstämme" zu charakterisieren, schrieb Schauer, ausgehend von seinen einseitigen Wahrnehmungen, den Juden ein ihnen eigenes, nämlich destruktives Wesen zu, das sie von anderen Gruppen, auch von der christlichen Umwelt unterscheide. Der Weg zu einer wertenden Rassenlehre war nicht mehr weit.

Schauer sah die *gröste Gefahr, welche der innern Sicherheit drohet,* in den Resten *des Volks Israels. Gleich dem Krebse frißt diese Nation in dem Geblüte der Nation um sich. [...] Schon als Räuber und Diebe sind die Juden der Sicherheit des Staates furchtbar, noch weit mehr sind sie es aber als Diebshehler. Man biethe zum Beweiße dessen auch reichen Juden Preziosen und Jubelen durch offenbar verdächtige Menschen zum Kaufe an, und nur sehr wenige werden der Versuchung, sie zu kaufen und dann den Kauf vor dem Richter zu läugnen, wiederstehen: Der minderbemittelte Theil derselben kauft ohnehin alles, was ihm unter die Hände kommt [...]. Man gestattete den Juden beynahe alle Vorrechte der Christen: trachtet man nicht, sie auch in ihrer Obliegenheit den Christen gleichzustellen, hält man sie nicht mit Ernst und Nachdruck zu redlichen Gewerben an, entwindet man ihnen nicht mit Gewalt den Schacher und Hausirhandel, so wird es nie gelingen, sie zu ruhigen und unschädlichen Bürgern umzuschaffen.*[52]

---

[48] StABA, K 3 H, Nr. 317, Stadtkommissariat Bamberg. Über mangelnde Reinlichkeit klagte 1810 auch Aschenbrenner. Die Redwitzer Viehhändler hatten das Recht, zu schächten und das Fleisch *gleich den Metzgern* zu verkaufen. Der Landrichter freilich gab zu bedenken, *ob nicht die Conzeßion, Fleisch zu verfeilschaften, in den Händen der schmutzigen [...] Juden [...] der Gesundheitspolicei zuwider laufe?* StABA, K 3 H, Nr. 312, Banz.

[49] Adolf Gaisbauer, Das antijüdische „Potential" der Aufklärung und des Josephinismus, in: Aschkenas. Zeitschrift für Geschichte und Kultur der Juden 6, 1996, S. 163–182; auch Wolfgang Häusler, Judenfeindliche Strömungen im deutschen Vormärz, in: Geschichte und Kultur (wie Anm. 1), S. 299–312, hier S. 300–304.

[50] Der evangelische Dekan von Bamberg, Dr. Ernst Anton Clarus (1776–1848), forderte 1819 in einer Rede vor der Kammer der Abgeordneten die Juden auf, die Speisegesetze aufzuheben, den Sabbat auf den Sonntag zu verlegen und das Deutsche als alleinige Kultsprache einzuführen. Treml, Von der „Judenmission" (wie Anm. 1), S. 257.

[51] Der Bibliothekar und vormalige Zisterziensermönch Joachim Heinrich Jäck (1777–1847) urteilte 1815, unter den Bamberger Juden sei *nicht ein Einziger, welcher auf einige Bildung in artistischer, literarischer oder politischer Hinsicht Anspruch machen kann.* Zit. nach Karl Klaus Walther, „Kolleg und vertrauter Freund des großen Mendelssohn" – Aspekte des jüdischen Lebens in Bamberg am Anfang des 19. Jahrhunderts, in: Menora. Jahrbuch für deutsch-jüdische Geschichte 1998, S. 349–360, hier S. 352.

[52] StABA, K 3 H, Nr. 321, Stadtkommissariat Bamberg.

Im letzten Satz äußerte Schauer, kaum verhohlen, Kritik an den an sich eher zurückhaltenden emanzipatorischen Maßnahmen der bayerischen Regierung – und das im Februar 1813, noch vor Erlaß des Judenedikts. Weitere grimmige Äußerungen schlossen sich an. Im März 1814 schrieb er: *Die jüdische Nation treibt noch immer in dem Königreiche Baiern ihr Unwesen; zwar besteht eine allerhöchste Landesverordnung, vermöge welcher der Schacherhandel gänzlich ausgerottet werden soll, allein wenn nicht mit vollster Kraft auf deren Anwendung bestanden wird, so wird diese arbeitsscheue nur auf Trug und List erschleichende Nation nie zu ordentlichen und friedlichen Bürgern umgeschaffen werden.*[53]

Noch deutlicher sprach er seine Ablehnung des Judenedikts im Dezember 1814 aus: *Eine allerhöchste Verordnung verfügte zwar, daß die jüdische Nation der christlichen gleichgestellt werden solle, dieses ist nun zwar vollzogen, allein nur rüksichtlich der Befugniß, nicht rüksichtlich der Obliegenheit. Unter allerlei nichtigen Vorwänden fahren dieselben fort, ihren Wucher und Schacherhandel zu treiben. Unter dem Vorwande, daß die Eltern unter ihnen diesen Handel selbst nicht betreiben, erwirken sie, daß ihnen ihre Kinder zur Unterstützung beigegeben werden. Diese veraltern auf gleiche Weiße in diesem Handel, und so geschieht es, daß dieser schändliche Handel perpetuirt wird. Auch nicht ein einziger Jude hat sich noch in der hießigen Stadt zu einem Handwerck eingefunden. Auch nicht ein einziger Jude ist in eine geregelte Handlung getretten. Auch nicht ein einziger Jude läßt sich als Taglöhner oder Handlanger gebrauchen. Auch nicht ein einziger Jude hat sich noch zur freiwilligen Arbeits-Anstalt gestellt, obgleich sehr viele Arme dahier sind, und so beharrt diese haltsstärrige [!] Nation in ihrem – schon vor mehr als 1000 Jahren bewießenen Starrsinn. Vergebens seufzen die Nationen, in deren Mitte derlei Individuen ihr Unwesen treiben, über diese Blutsauger […]. Wird nicht mit fester unerbittlicher Strenge gegen diese Nation eingeschritten, so ist kein Heil zu erwarten.*

Schauers Schärfe, nicht nur in der Frage der Juden, schadete offenbar seinem Fortkommen nicht: 1815 wurde er zum Regierungsrat beim Generalkommissariat des Oberdonaukreises in Augsburg berufen[54].

Positiv beurteilten andere Beamte das Judenedikt. Der 1817 in sein Amt gekommene Weismainer Landrichter Johann Maria Joseph Egner, der zuvor als Stadtgerichtsassessor in München tätig gewesen war[55], stellte die im Sinne des Edikts positive Entwicklung in seinem Bericht vom Oktober 1818 ausführlich dar: *Ueber die Verhältnisse der jüdischen Glaubensgenossen, die sehr zahlreich im Bezirke des Landgerichts angesiedelt sind, zu wachen, läßt sich das gehorsamst unterfertigte Landgericht dringend angelegen seyn. Der Zustand der beyden jüdischen Elementarschulen [in Burgkunstadt und Altenkunstadt] ist wirklich sehr gut, ungeachtet sich zwischen den Lehrern und den Gemeindegliedern mehrere Zwistigkeiten erhoben haben, die von Zeit zu Zeit wieder aufleben. Auch ist die Districts-Schulen-Inspection mit diesen Schulen sehr wohl zufrieden und sohin wird für die Grundlage der Verbesserung möglichst gesorgt*[56]. Tatsächlich sind rühmende Äußerungen des Distrikts-

---

[53] StABA, K 3 H, Nr. 325, Stadtkommissariat Bamberg.
[54] Neuer Nekrolog (wie Anm. 45), S. 1075.
[55] Über ihn: Jäck, Wichtigste Lebensmomente (wie Anm. 17), Heft 6, Augsburg 1819, S. 11f.
[56] StABA, K 3 H, Nr. 352, Weismain.

schulinspektors, eines katholischen Pfarrers, über die Altenkunstadter Schule überliefert[57].

Auch im wirtschaftlichen Leben sah Egner einen Wandel zum Besseren: *Nur wo die dringendste Nothwendigkeit eintritt, bleibt der Sohn bey dem Handelsgewerbe des Vaters; gegenwärtig stehen ungefähr 10 Jungen jüdischer Religion bey verschiedenen Handwerkern in der Lehre.* So seien im Jahr 1818 vier der 15 im Landgericht verliehenen Gewerbekonzessionen an Altenkunstadter Juden vergeben worden: Zwei Brüder betrieben eine Weinschenke und eine Weinhandlung, Salomon Mack hatte das Tuchmacher-, Wolfgang Lauterbach das Schuhmacherhandwerk erlernt und die strenge Meisterprüfung bestanden. *Zwey Familien, eine zu Burgkundstadt, die andere zu Altenkundstadt, machen auch den Versuch, sich mit Feldbau zu beschäftigen und sich von demselben zu ernähren. Der Hausierhandel mindert sich täglich, und auf diese Weise wird dem Vollzuge des allerhöchsten Edicts vom Jahre 1813 getreu nachgelebt.*[58]

Doch waren die Wandlungen, namentlich die Hinwendung zu neuen Erwerbszweigen und die Öffnung gegenüber den geistigen Strömungen der christlichen Umwelt, nicht allein durch das Judenedikt verursacht. Man mag sogar spekulieren, daß dieses Gesetz nur eine Entwicklung beschleunigte, die innerhalb mancher jüdischen Gemeinde Frankens schon eingesetzt hatte. Sie seien *von Ackerbau, von Handwerken und von allen anderen rechtmäßigen Erwerbsmitteln ausgeschlossen und blos auf den Handel eingeschränkt,* klagten 1792 Fürther Juden[59]. In Altenkunstadt entstand bald nach 1800 *eine Gesellschaft [...] junger Leute,* die *eine Bibliothek verschiedener, schöner und geistreicher Werke der neuesten Literatur* aufbauten, finanziert durch Mitgliedsbeiträge und den Ertrag eines Billards. Dieselbe *Gesellschaft* unterstützte junge Juden, die Militärdienst leisteten[60], finanziell, und einer der wohlhabendsten Einwohner des Ortes ließ als Zeichen seiner *patriotischen Gesinnung* seinen Sohn als Soldat dienen, obwohl er an seiner Stelle einen besoldeten Ersatzmann hätte stellen können[61]. In Bamberg provozierten junge Juden 1808 einen Skandal, indem sie am Samstag in der Synagoge mit Stiefeln und runden Hüten anstelle der traditionellen Kleidung erschienen; Polizeidirektor Schauer stellte sich dabei auf die Seite derer, die am Überkommenen festhalten wollten, während das Innenministerium schließlich zugunsten der Erneuerer entschied[62]. Zwei Bamberger Juden hatten vor 1813 in die dortige Lesegesellschaft, das Neue Museum, Aufnahme gefunden[63]. Diese – wenn

---

[57] Richard Winkler, „Wie der Lehrer, so die Schüler!" Das Volksschulwesen im Gebiet der Distriktschulinspektionen Lichtenfels, Staffelstein, Seßlach und Weismain, in: Im oberen Maintal, auf dem Jura, an Rodach und Itz, hg. v. Günter Dippold in Zusammenarbeit mit Josef Urban, Lichtenfels 1990, S. 389–420, hier S. 412.

[58] StABA, K 3 H, Nr. 352, Weismain. An anderer Stelle im selben Bericht heißt es: *Der Hausierhandel wird in möglichster Beschränkung erhalten und vermindert sich auch täglich, so daß er sich dem Erlöschen nähert.*

[59] Zit. nach Schubert, Arme Leute (wie Anm. 28), S. 178.

[60] Juden waren in Bayern seit 1808 zum Militärdienst verpflichtet. Schwarz, Juden (wie Anm. 2), S. 115.

[61] Kohn, Kultur (wie Anm. 10), S. 33f.; Motschmann, Kultur (wie Anm. 10), S. 38.

[62] Eckstein, Festschrift (wie Anm. 9), S. 21–23.

[63] Walther, Kolleg und vertrauter Freund (wie Anm. 50), S. 352.

auch spärlichen – Belege deuten darauf hin, daß die Halacha auch in den Gemeinden des heutigen Oberfranken ihre Protagonisten hatte; dies scheinen neben einigen wohlhabenden Großkaufleuten Lehrer wie der in Bamberg tätige Moses Lazarus Kohn gewesen zu sein, der mehrere Artikel für die Zeitschrift *Sulamith* lieferte[64], das erste jüdische Journal in deutscher Sprache.

Derartige Tendenzen freilich scheinen die Landrichter und Stadtkommissare kaum registriert zu haben. Sie paßten wohl nicht in das von der Regierung vorgezeichnete, durch die selektiv wahrgenommene Wirklichkeit oft bestätigte Bild. Der Beamten Sicht des Judentums war allein von der Haltung, dem Tun und der wirtschaftlichen Lage der konservativen Mehrheit in den Gemeinden bestimmt. Indem sie durch die Brille des Staatsaufklärers auf diese Mehrheit blickten, bot sich ihnen ein düsteres Bild, das ein erziehendes Eingreifen des Staates geradezu herausforderte.

---

[64] Eckstein, Festschrift (wie Anm. 9), S. 23 Anm. 24, über ihn auch S. 51f.

Christoph Kampmann

Die Petition des Salomon Hirsch und die Würzburger „Hepp-Hepp"-Krawalle von 1819: Zur frühen Verwendung des Begriffs „Judenemanzipation" in der publizistischen Debatte

I.

Seit August 1819 war Deutschland für mehrere Monate Schauplatz schwerer Ausschreitungen, die sich vor allem gegen die jüdischen Einwohner richteten. Ausgangspunkt dieser Krawalle war die Stadt Würzburg; hier war es seit dem 3. August 1819 zu massiven gewalttätigen Übergriffen auf die Häuser und Geschäfte der jüdischen Einwohner gekommen[1]. Die jüdischen Einwohner und zugereiste jüdische Händler hatten die Stadt fluchtartig verlassen müssen, und erst durch Einsatz des rasch verstärkten bayerischen Militärs hatten die Unruhen unterdrückt werden können[2]. In Würzburg war in diesem Zusammenhang auch erstmals jener bis heute nicht geklärte antijüdische Kampf- und Schmähruf „Hepp-Hepp" zu hören, der diesen Unruhen den Namen geben sollte[3]. Die Vorgänge in Würzburg wurden zum Fanal für ähnliche antijüdische Übergriffe, die in den folgenden Tagen in vielen Teilen Deutschlands stattfanden. Besondere Schwerpunkte der „Hepp-Hepp"-Krawalle waren dabei Franken, Baden, Württemberg, Hessen und Teile Norddeutschlands[4]. Dabei kam es sowohl in ländlichen Gebieten als auch in Städten zu judenfeindlichen Übergriffen. Die wohl schlimmsten Unruhen haben in zwei Großstädten stattgefunden, in Frankfurt am Main und in Hamburg. In Frankfurt, das seit der Errichtung des Deutschen

---

[1] Vgl. Stefan Rohrbacher, Gewalt im Biedermeier. Antijüdische Ausschreitungen in Vormärz und Revolution (1815–1848/49) (Schriftenreihe des Zentrums für Antisemitismusforschung Berlin 1), Frankfurt/Main, New York 1993, S. 99–102; Jakob Katz, Hep-Hep-Verfolgungen des Jahres 1819 (Reihe Dokumente, Texte, Materialien. Veröffentlicht vom Zentrum für Antisemitismusforschung der Technischen Universität Berlin 8), Berlin 1994; Ursula Gehring-Münzel, Vom Schutzjuden zum Staatsbürger. Die gesellschaftliche Integration der Würzburger Juden 1803–1871 (Veröffentlichungen des Stadtarchivs Würzburg 6), Würzburg 1992, S. 121–171.

[2] Vgl. Gehring-Münzel, Schutzjuden (wie Anm. 1), S. 133–144.

[3] Zu den mannigfachen, schon zeitgenössisch umstrittenen und oft tatsächlich reichlich konstruiert wirkenden Interpretationsversuchen des Hetz- und Spottrufes „Hepp-Hepp" vgl. zusammenfassend Rohrbacher (wie Anm. 1), S. 94–98. So wurde der Ruf „Hepp-Hepp" mit dem Kreuzfahrerruf „Hierosolyma est perdita" in Verbindung gebracht oder als Abkürzung für „Hebräer" gedeutet. Gehring-Münzel, Schutzjuden (wie Anm. 1), S. 135, vermutet, daß der Ruf überhaupt keine klare Bedeutung gehabt habe. Die Tatsache, daß sowohl die Obrigkeit als auch die zeitgenössische Bildungswelt dem Hetzruf „Hepp-Hepp" ratlos gegenüberstanden und über seine tiefere Bedeutung nur spekulieren konnten, ist bezeichnend für den besonderen Charakter der Unruhen: Neueste Forschungen haben deutlich zeigen können, daß die Träger der „Hepp-Hepp"-Unruhen nicht in akademisch geprägten Kreisen zu suchen waren, die vom Ausbruch der Unruhen völlig überrascht wurden. Entsprechend befanden sich unter den Teilnehmern in aller Regel keine Studenten, weder in Würzburg noch andernorts; vgl. für Würzburg Gehring-Münzel, Schutzjuden (wie Anm. 1), S. 134; generell zur Nicht-Beteiligung von Studenten Katz, Hep-Hep-Verfolgungen (wie Anm. 1), S. 77f.

[4] Vgl. aus der breiten Literatur die neuesten Gesamtdarstellungen zusammenfassend Rohrbacher, Gewalt (wie Anm. 1), S. 94–156; Katz, Hep-Hep-Verfolgungen (wie Anm. 1), passim.

Bundes Sitz der ständigen Bundesversammlung war, waren nach durchaus glaubwürdigen Berichten Tausende an den antijüdischen Krawallen beteiligt. Genauso wie zuvor in Würzburg sah sich die Regierung, also der Senat der Stadt, genötigt, Militär einzusetzen, um die Unruhen einzudämmen; für mehrere Tage scheint die Stadt geradezu einem Heerlager geglichen zu haben[5].

Antijüdische Unruhen dieses Ausmaßes hatte es seit dem späten Mittelalter nicht mehr gegeben. Zwar war es auch im frühneuzeitlichen römisch-deutschen Reich immer wieder zu gewalttätigen Übergriffen gegen die jüdische Bevölkerung gekommen, wie gerade die Forschungen von Rudolf Endres beispielhaft haben zeigen können[6]. Aber diese Ausschreitungen gegen Juden in der Frühen Neuzeit waren lokal oder regional begrenzte Ereignisse geblieben, die außerhalb ihrer meist entlegenen Schauplätze in der Regel kaum zur Kenntnis genommen worden sind[7]. Nun aber, im Sommer und Herbst 1819, ging eine regelrechte Welle antijüdischer Gewalt durch viele Staaten des Deutschen Bundes und erfaßte auch einzelne Nachbarstaaten Deutschlands, so Frankreich und Dänemark[8].

Für die Obrigkeit kamen die schweren antijüdischen Ausschreitungen im Sommer 1819 völlig überraschend – eine Tatsache, die wenigstens zum Teil die Verzögerung und die Hilflosigkeit der amtlichen Reaktionen in der ersten Phase der Krawalle im August 1819 erklären kann[9]. Dabei hatte es an Alarmzeichen, die auf eine verbreitete, sehr angespannte judenfeindliche Grundstimmung in der Bevölkerung hindeuteten, im Vorfeld der Unruhen nicht gefehlt, und zwar gerade an den Orten und in den Regionen, in denen sich dann im Sommer und Herbst 1819 die „Hepp-Hepp"-Unruhen mit besonderer Heftigkeit entluden. Ein besonders markantes Beispiel dafür ist die massive judenfeindliche Polemik in Würzburg im Frühjahr 1819, die die Stadt mehrere Wochen lang heftig erregte. Sie war durch eine Petition des Würzburger Kaufmanns Salomon Hirsch an die bayerische Ständeversammlung vom April 1819 ausgelöst worden, in der Hirsch um die bürgerliche Gleichberechtigung der bayerischen Juden nachgesucht hatte[10]. Dieser Vorgang bietet für die weiterhin umstritte-

---

[5] Vgl. Isidor Kracauer, Geschichte der Juden in Frankfurt am Main (1150–1824), Bd 2, Frankfurt/Main 1927, S. 492–495; Rohrbacher, Gewalt (wie Anm. 1), S. 105–107; Katz, Hep-Hep-Verfolgungen (wie Anm. 1), S. 41–44.

[6] Vgl. Rudolf Endres, Ein antijüdischer Bauernaufstand im Hochstift Bamberg im Jahre 1699, in: 117. Bericht des Historischen Vereins Bamberg, 1981, S. 67–81.

[7] Zur raschen Niederschlagung des recht umfangreichen Bauernaufstands in Bamberg, der bezeichnenderweise ohne Nachahmungseffekt blieb, vgl. Endres, Bauernaufstand (wie Anm. 6), S. 76–81.

[8] Vgl. Rohrbacher, Gewalt (wie Anm. 1), S. 122–124.

[9] So wurden in Würzburg nach der Niederschlagung der Krawalle (berechtigte) Vorwürfe gegen den Stadtkommandanten erhoben, da er die Gefahr, die von den Unruhen ausging, offensichtlich unterschätzt und seine Dienststelle trotz der Nachrichten von ersten judenfeindlichen Unruhen verlassen hatte; vgl. Gehring-Münzel, Schutzjuden (wie Anm. 1), S. 138f. Zu ähnlichen Vorgängen in anderen Städten, etwa Frankfurt/Main, Rohrbacher, Gewalt (wie Anm. 1), S. 105f.

[10] Unterthänigste Bitte des Salomon Hirsch um allergnädigste Revision derjenigen organischen Edikte und gesetzlichen Anordnungen, welche die staatsbürgerlichen Rechte der Bekenner der mosaischen Religion betreffen. Würzburg (Johann Stephan Richter) 1819 (Universitätsbibliothek Würzburg, Signatur: Rp 12,2). Vgl. als bislang ausführlichste Auseinandersetzung Gehring-Münzel, Schutzjuden (wie Anm. 1), S. 128f. Künftig wird die Schrift zitiert als Unterthänigste Bitte. Eine Edition dieser geistes- und politikgeschichtlich sehr bemerkenswerten Schrift findet sich im Anhang. Nach der Paginierung dieser Edition richten sich im folgenden die Seitenangaben der Belege.

ne[11] Deutung der „Hepp-Hepp"-Unruhen, wie zu Recht betont worden ist, wichtige Aufschlüsse[12]. Im folgenden möchte ich die Aufmerksamkeit auf einen Aspekt der Würzburger „Hepp-Hepp"-Unruhen richten, dem in der Literatur bislang kaum Beachtung geschenkt worden ist: In diesem öffentlichen Würzburger Streit nämlich spielte der Begriff *Emancipation der Juden* bereits eine wichtige Rolle – ein Befund, der vor dem Hintergrund der bisher vorherrschenden Sichtweise seiner Begriffsgeschichte durchaus Beachtung verdient.

II.

Indem ich zu gleicher Zeit aus Ueberzeugung alle übrigen Mittel gegen jene Gebrechen, welche noch den Zustand der Israeliten drücken, blos für PALLIATIV, *ihre* EMANCIPATION *aber* ALLEIN *für gründlich heilend, aus den angeführten Gründen erachte, wiederhole ich schließlich meine unterthänigste Bitte, deren endliche Gewährung nicht nur auf das Wohl meiner Glaubensgenossen, sondern auch des ganzen Staates von unverkennbarem Einfluß seyn wird*[13]. In diesem grundsätzlichen Bekenntnis, das alle voraufgehenden Überlegungen noch einmal zusammenfaßt, gipfelte die Petition, die Salomon Hirsch am 2. April 1819 an die bayerische Ständeversammlung richtete und in der er mit Vehemenz um *die wirkliche Gleichstellung der Israeliten vor Gesetz und Recht* nachsuchte[14].

Der Urheber dieser Petition, die schon bald im Druck verbreitet wurde, gehörte zu diesem Zeitpunkt zweifellos zu den bekanntesten Persönlichkeiten der damaligen jüdischen Glaubensgemeinschaft im Königreich Bayern. Er entstammte einer Hoffaktorenfamilie aus dem unterfränkischen Ort Gaukönigshofen[15], die es im späten 18. Jahrhundert zu einigem Wohlstand gebracht hatte[16]. Kurfürst Max Joseph von Bayern hatte ihr 1803 als erster jüdischer Familie über 150 Jahre nach der Ausweisung

---

[11] Nachdem das Interesse der Forschung an den Unruhen nach 1945 erwacht war, wurden sie zunächst als Ausdruck politisch-sozialen Protestes gedeutet, etwa durch die Historikerin Eleonore Sterling; vgl. dies., Anti-Jewish Riots in Germany in 1819. A Displacement of Social Protest, in: Historica Judaica 12, 1950, S. 105–142. Daneben sind Deutungsansätze getreten, die viel stärker den genuin antijüdischen Charakter der Unruhen betont haben. Danach sind die „Hepp-Hepp"-Unruhen nicht Ergebnis unspezifischen Protestverhaltens gewesen, sondern hätten sich gegen die Juden als Juden gerichtet; vgl. in diesem Sinne Katz, Hep-Hep-Verfolgungen (wie Anm. 1), passim, zusammenfassend S. 87f., und jetzt Klaus L. Berghahn, Grenzen der Toleranz. Juden und Christen im Zeitalter der Aufklärung, Köln, Weimar, Wien 2000, S. 292f. Zu der Diskussion um die Deutung auch Rohrbacher, Gewalt (wie Anm. 1), S. 11–34.

[12] Wichtige weiterführende Hinweise zur Deutung bei Rohrbacher, Gewalt (wie Anm. 1), S. 131–153, der (in sehr überzeugender Weise) den Zusammenhang mit der zeitgenössischen Emanzipationsdebatte herausarbeitet. Im Rahmen eines komparatistisch angelegten Forschungsprojektes plane ich, die „Hepp-Hepp"-Unruhen mit zeitgenössischen Unruhen gegen religiöse Minderheiten in anderen Ländern Europas zu vergleichen, um so einer Deutung der Unruhen in Deutschland näher zu kommen.

[13] Unterthänigste Bitte (wie Anm. 10), S. 434 [Hervorhebungen dort].

[14] Unterthänigste Bitte (wie Anm. 10), S. 434.

[15] Zur Geschichte der Hoffaktorenfamilie Hirsch vgl. Josef Prys, Die Familie von Hirsch auf Gereuth. Erste quellenmäßige Darstellung ihrer Geschichte, München 1931; Wolfgang Zorn, Jakob, Julius und Joseph von Hirsch, in: Gerhard Pfeiffer, Alfred Wendehorst (Hg.), Fränkische Lebensbilder 8 (VGffG VIIa/8), Neustadt/Aisch 1978, S. 214–227.

[16] Wie Zorn, Hirsch (wie Anm. 15), S. 214f. zu Recht betont, war dieser Wohlstand im Vergleich zu anderen ansässigen jüdischen Hoffaktorenfamilien eher bescheiden. Den Aufstieg in die ökonomische Führungsschicht vollzog die Familie Hirsch erst zu Beginn des 19. Jahrhunderts.

aller Juden aus Würzburg gestattet, wieder Wohnung in der ehemaligen fürstbischöflichen Residenzstadt zu nehmen[17]. In den folgenden Jahren der napoleonischen Kriege war Salomon Hirschs Bruder Jakob als Würzburger Bankier zu einem der wichtigsten Kreditgeber des bayerischen Staates aufgestiegen[18] und wurde nach dem endgültigen Übergang Würzburgs an das Königreich Bayern 1814/15 als erster Angehöriger der jüdischen Glaubensgemeinschaft in den erblichen bayerischen Adelsstand erhoben[19]. Auch Salomon Hirsch selbst war als Geschäftsmann erfolgreich und hatte in Würzburg mehrere äußerst repräsentative Anwesen erwerben können[20]. Insgesamt bildeten die Gebrüder Hirsch wegen ihrer bedeutenden unternehmerischen Tätigkeit und ihrer vorzüglichen Verbindungen zur bayerischen Regierung zum Zeitpunkt der Petition „eine Art jüdisches Patriziat" (Gehring-Münzel) ihrer Heimatstadt[21].

Als eigentlicher Verfasser der von Salomon Hirsch verantworteten Petition galt bereits unter den Zeitgenossen der Staatsrechtslehrer und Historiker Sebald Brendel[22]. Als „Judenkönig Brendel" geriet er nach Ausbruch der Unruhen in unmittelbare Gefahr und sah sich genötigt, vorübergehend Würzburg zu verlassen und in Bamberg Zuflucht zu suchen[23]. Brendel war 1812 an der Universität Landshut zum Doktor der Rechte promoviert worden und hatte sich 1813 in Heidelberg habilitiert. Seit 1817 hielt er als Vertreter des erkrankten Rechtsprofessors Ignaz von Rudhardt Vorlesungen an der Universität Würzburg und war dort im Januar 1818 zum außerordentlichen Professor für juridische Enzyklopädie und Methodologie, Rechtsgeschichte, Völkerrecht, deutsche Geschichte und Geschichte der europäischen Staaten ernannt worden[24]. Tatsächlich sprechen der geschickte Umgang des Verfassers der Petition mit Rechtsbegriffen sowie die fundierte Kenntnis des zeitgenössischen Rechts und der Rechtsphilosophie für einen juristisch geschulten Autor, der zudem brillant zu formulieren wußte.

In den Mittelpunkt ihrer Argumentation rückte die Petition zwei bedeutende rechtliche Regelungen, die König Maximilian I. in den Jahren zuvor erlassen hatte: das „Edikt über die Verhältnisse der jüdischen Glaubensgenossen im Königreich Baiern"

---

[17] Gehring-Münzel, Schutzjuden (wie Anm. 1), S. 78f.; Zorn, Hirsch (wie Anm. 16), S. 215.

[18] Zorn, Hirsch (wie Anm. 16), S. 215f.

[19] Ursula Gehring-Münzel, Emanzipation, in: Roland Flade, Die Würzburger Juden. Ihre Geschichte vom Mittelalter bis zur Gegenwart, 2. Aufl. Würzburg 1996, S. 61–141, hier S. 73.

[20] Gehring-Münzel, Schutzjuden (wie Anm. 1), S. 108–111. Zu den prachtvollen Anwesen gehörte der vormals domkapitelsche Hof „Rödelsee" in unmittelbarer Nähe des Domes; vgl. Gehring-Münzel, Emanzipation (wie Anm. 19), S. 69.

[21] Gehring-Münzel, Schutzjuden (wie Anm. 1), S. 108.

[22] So die Vermutung in: Hesperus. Ein Nationalblatt für gebildete Leser, Jg. 1819, Bd. 2, Beilage Nr. 37 von Oktober 1819, S. 247. Vgl. auch Leo Günther, Würzburger Chronik. Personen und Ereignisse von 1802–1848, Bd. 3, Würzburg 1925, S. 420. In der neueren Forschung ist die Verfasserschaft Brendels umstritten. Gehring-Münzel, Schutzjuden (wie Anm. 1), S. 128f., geht von der Autorenschaft Brendels aus, skeptisch ist dagegen Katz, Hep-Hep-Verfolgungen (wie Anm. 1), S. 19f.

[23] Vgl. Günther, Würzburger Chronik (wie Anm. 22), S. 420f. Zur Flucht Sebald Brendels nach Bamberg Gehring-Münzel, Schutzjuden (wie Anm. 1), S. 141f.

[24] Vgl. zu Brendel, der 1782 in Karlstadt am Main geboren worden ist, Georg Christoph Hamberger, Johann Georg Meusel, Das gelehrte Teutschland, Bd. 17, 5. Aufl, Lemgo 1820, S. 250f. und die Angaben bei Gehring-Münzel, Schutzjuden (wie Anm. 1), S. 166f., die sich auf das Personalblatt Brendels im Würzburger Universitätsarchiv stützt.

vom 10. Juni 1813 und die bayerische Verfassung vom 26. Mai 1818[25]. Die Petition bezog sich damit auf zwei grundsätzlich verschiedene Rechtstexte. Das Edikt von 1813 war Teil des Reformwerkes des Grafen Montgelas und konnte erst nach langen Auseinandersetzungen im Geheimen Rat erlassen werden[26]. Es beinhaltete eine Fülle einzelner verwaltungstechnischer Vorschriften, die darauf zielten, das jüdische Leben in Bayern im Detail gesetzlich zu regeln. Dies und die im Edikt ebenfalls ausgesprochene Erteilung des Indigenats an die Mitglieder der jüdischen Gemeinschaft in Bayern sollte den Rechtsstatus der Juden in Bayern vereinheitlichen und sowohl der staatlichen Verwaltung als auch den Juden selbst Rechtssicherheit geben. Dieses Ziel wurde in den Jahren nach 1813 freilich nur unvollkommen erreicht, zumal die Erteilung des Indigenats für die jüdischen Einwohner Bayerns von der Aufnahme in eine neu zu erstellende Matrikel abhängig gemacht wurde, deren Anfertigung sich dann über Jahre hinziehen sollte[27]. Handelte es sich bei dem Edikt von 1813 also um eine detaillierte (verwaltungs-) rechtliche Regelung, die sich ausschließlich den jüdischen Einwohnern widmete, so nahm die im Mai 1818 (also nach Montgelas' Sturz) erlassene Verfassung, die auf die grundsätzliche Regelung der Machtverhältnisse im Staat zielte[28], auf die Lage der jüdischen Bewohner Bayerns nur beiläufig und indirekt Bezug und bestätigte dabei ausdrücklich die Gültigkeit des Ediktes von 1813, ohne materiellrechtlich darüber hinauszugehen[29].

Aus Sicht des Verfassers der Petition gab es keinen Zweifel daran, daß sowohl das Edikt von 1813 als auch die Verfassung von 1818 grundsätzlich auf die *stufenweis fortschreitende Verbesserung* der Juden zielten, um so schließlich *die israelitischen Unterthanen des Reichs allmählig der vollen bürgerlichen Rechte theilhaftig zu machen*[30]. Die bayerischen Gesetzgeber hätten damit die Konsequenz aus der klaren Einsicht gezogen, daß nicht die Juden selbst für ihre niedergedrückte Lage verantwortlich seien, sondern die zahlreichen rechtlichen Einschränkungen und Bedrückungen, denen sie in vielerlei Hinsicht in den vergangenen Jahrhunderten unterworfen worden seien. Wie berechtigt diese Auffassung sei, stellt der Verfasser der Denkschrift in einem weit ausholenden historischen Exkurs dar[31], in dem Argumente der Gleichstellungsdebatte des späten 18. Jahrhunderts aufgegriffen und in

---

[25] Vgl. Unterthänigste Bitte (wie Anm. 10), S. 430–432.
[26] Vgl. ausführlich zur Entstehung des Ediktes vom 10. Juni 1813 Stefan Schwarz, Die Juden in Bayern im Wandel der Zeiten, München ²1980, S. 72–170.
[27] Vgl. zum Inhalt des Ediktes und zu den Problemen bei seiner Umsetzung Schwarz, Juden (wie Anm. 26), S. 171–200.
[28] Vgl. zur Verfassung vom 26. Mai 1818 Eberhard Weis, Die Begründung des modernen bayerischen Staates unter König Max I. (1799–1825), in: Max Spindler (Hg.), Handbuch der bayerischen Geschichte IV/1, München 1974, S. 1–86, hier S. 79–84. Eine Neuedition der Verfassungsurkunde mit einleitenden Darlegungen zur Entstehung bei Ernst Rudolf Huber, Dokumente zur deutschen Verfassungsgeschichte 1: Deutsche Verfassungsdokumente 1803–1850, Stuttgart 1961, S. 141–156.
[29] Unter Abschnitt IV, § 9, Satz 3, wurde allen „nicht-christlichen Glaubensgenossen" vollkommene Gewissensfreiheit zugesichert, hinsichtlich der Bewilligung der staatsbürgerlichen Rechte aber auf die einschlägigen Edikte verwiesen; vgl. die Verfassungsurkunde für das Königreich Bayern vom 26. Mai 1818, ed. Huber, Dokumente (wie Anm. 28), S. 147.
[30] Vgl. Unterthänigste Bitte (wie Anm. 10), S. 430.
[31] Vgl. die ausführlichen Darlegungen in Unterthänigste Bitte (wie Anm. 10), S. 427–429.

prägnanter Weise zusammengefaßt werden³². Recht breiten Raum widmet die Petition dabei dem Vergleich der Juden mit Völkern und Religionsgemeinschaften in ähnlich diskriminierter Lage, wie den *katholischen Irländern, die durch die drückenste Gesetzgebung [...] so weit herabgekommen* seien³³. Spätestens dann, wenn die rechtliche Gleichstellung der Juden vollzogen sei, werde man erkennen, daß deren beklagenswerter Sonderstatus nicht auf ihrer Religion oder charakterlichen Eigenarten, sondern allein auf den rechtlichen Zwängen beruht habe: *man gebe den Israeliten gesetzliche Achtung, den freien Gebrauch ihrer Kräfte, und sie werden auch zu nützlichen Bürgern und Menschen nach und nach umgebildet, und der mit Jud und Judenthum sonst verbundene gehäßige Begriff verschwindet*³⁴.

Gerade weil sich der Verfasser der Petition nach eigener Auffassung in dieser Hinsicht in völliger Übereinstimmung mit den Grundintentionen des bayerischen Gesetzgebers befand, sah er sich berechtigt, auf mancherlei Schwächen der genannten gesetzlichen Regelungen hinzuweisen. Denn sowohl das Edikt von 1813 als auch die Verfassung von 1818 enthielten nach seiner Auffassung Bestimmungen, die mit ihrer angeblichen Grundabsicht, der schrittweisen rechtlichen Gleichstellung der Juden, eindeutig unvereinbar waren. Die Petition nennt hier ausdrücklich Paragraph 12 des königlichen Ediktes, der die Zahl der jüdischen Familien an einem Ort begrenzte, Paragraph 13, nach dem an Orten, an denen keine Juden gelebt hatten, auch künftig keine aufgenommen werden sollten, sowie die Paragraphen 16 und 17, die das Recht zum Ankauf von Gütern, die zum Wiederverkauf bestimmt waren, auf Versteigerung und Konkursfälle beschränkten³⁵. Nach Auffassung der Petition kam es darauf an, solche Regelungen zu beseitigen, damit diese Gesetze ihrem ursprünglichen Zweck gerecht werden könnten: Erst dann nämlich sei der Weg endgültig frei für die vollständige Angleichung der Rechtsverhältnisse der jüdischen Bayern an die ihrer christlichen Mitbürger – ein Schritt, den die Petition in ihrem erwähnten programmatischen Schlußabsatz ausdrücklich als *Emancipation* bezeichnete³⁶.

Schon wenige Wochen nach der Publikation der Petition des Salomon Hirsch erschien in Würzburg eine Flugschrift, die unter dem Titel „Das Staatsbürgerrecht der Juden" dem Leser eine *unpartheiische Würdigung in Beziehung auf die von Salomon Hirsch zu Würzburg an die Ständeversammlung in Baiern eingereichte Vorstellung* zu bieten versprach³⁷. Verfasser war der sonst unbekannte Thomas August Scheuring, der nach divergierenden Berichten als Rechtspraktikant oder Gutsverwalter tätig war³⁸. Anders als der nüchterne Titel der Schrift vermuten ließ, handelte es sich nicht um eine Auseinandersetzung mit den Thesen der Petition Hirschs, sondern um eine wüste Schmähschrift, die die Bittschrift lediglich zum Anlaß nahm, auf 64 Seiten

---

³² Zur Debatte über die Emanzipation im späten 18. und frühen 19. Jahrhundert, die wesentlich mit dem Namen Christian Wilhelm von Dohms verbunden ist, jetzt die Darstellung von Berghahn, Grenzen (wie Anm. 11), passim.
³³ Vgl. Unterthänigste Bitte (wie Anm. 10), S. 429.
³⁴ Vgl. Unterthänigste Bitte (wie Anm. 10), S. 430.
³⁵ Vgl. Unterthänigste Bitte (wie Anm. 10), S. 431 f.
³⁶ Vgl. Unterthänigste Bitte (wie Anm. 10), S. 434.
³⁷ Thomas A. Scheuring, Das Staatsbürgerrecht der Juden, Würzburg (Joseph Dorbath) 1819. Der Standort der benutzten Ausgabe der Flugschrift ist Bayerische Staatsbibliothek München, Bav. 4054, 15.
³⁸ Vgl. Gehring-Münzel, Schutzjuden (wie Anm. 1), S. 129.

relativ willkürlich Anklagen gegen das historische und das zeitgenössische Judentum aneinanderzureihen. Entscheidendes Ziel des Autors war es offensichtlich, beim Leser eventuell vorhandene Ängste vor einer unmittelbar bevorstehenden „Überfremdung" zu schüren, die dem *eingebornen, einheimischen, dem nationalen Menschen* durch die Juden drohe[39].

Scheuring ging dabei von der – ständig wiederholten – Grundüberzeugung aus, daß die Juden wegen ihrer Religion, aber auch wegen ihres Volkscharakters den übrigen Völkern stets mit Verachtung und Feindseligkeit gegenüberstehen würden. Unabhängig von ihrem konkreten Wohnort und unabhängig von dem Volk, das ihnen jeweils gerade Gastrecht gewähre, aber auch unabhängig von der Dauer ihres Aufenthaltes blieben sie überall Fremde, weil sie dies aus ihrem Selbstverständnis heraus bleiben müßten.

Jede rechtliche Erleichterung, die man ihnen gewähre, werde daher zum Anlaß genommen, ihre Umgebung noch perfider auszubeuten und die eigenen Glaubensbrüder verstärkt in das Land zu holen. Gewähre man ihnen völlige Gleichberechtigung, so werde das Ergebnis nicht die Übernahme staatsbürgerlicher Pflichten sein, sondern die massive Zunahme der jüdischen Einwanderung und schließlich die Verdrängung der eingeborenen Bevölkerung durch diese *asiatischen Fremdlinge* und *Ausländer*[40].

Nach diesen langatmig und mit vielen Wiederholungen vor dem Leser ausgebreiteten Schmähungen, die traditionelle, religiös bedingte antijüdische Vorurteile mit frühantisemitischen Gedankengängen verband, kam Scheuring zum letzten Teil seiner Ausführungen, der Rechtsstellung der Juden in seiner bayerischen Heimat. Salomon Hirsch irre grundsätzlich, wenn er annehme, daß der bayerische Gesetzgeber jemals auf die Gewährung staatsbürgerlicher Rechte hingearbeitet habe: Vielmehr nenne *die Constitution* (die Verfassung des Königreichs Bayern von 1818) *die Juden nirgends Baiern, und eben so wenig ist von dem Namen Vaterland die Rede*[41]. Sowohl nach dem jüdischen Selbstverständnis als auch dem Verständnis des bayerischen Rechts blieben sie *auf baierischem Grund und Boden Fremdlinge, weil sie nicht nationalisirt sind*[42]. Damit sei auch Salomon Hirschs Deutung der Verfassung von 1818 und des Ediktes völlig verfehlt. Beide zielten lediglich darauf ab, den Juden als Fremden rechtliche Schranken aufzuerlegen und sie innerhalb dieser Schranken für den Staat nutzbar zu machen. Damit ist auch die entscheidende Schlußfolgerung für Scheuring klar: *So wenig nun das oben allegirte allerhöchste Edikt vom 10. Junius 1813 die Emancipation der Juden aussprach, eben so wenig wurde diese in der Constitution des Königreiches festgesetzt*[43]. Vielmehr sehe er sich in seiner strikten Ablehnung staatsbürgerlicher Gleichberechtigung der Juden in völligem Einklang mit dem bayerischen Gesetzgeber, den er aufforderte, diesen Weg weiterzugehen und von

---

[39] Zitat bei Scheuring, Staatsbürgerrecht (wie Anm. 37), S. 49.
[40] Ebd.
[41] Vgl. Scheuring, Staatsbürgerrecht (wie Anm. 37), S. 58.
[42] Ebd.
[43] Vgl. Scheuring, Staatsbürgerrecht (wie Anm. 37), S. 57. Ebd., S. 56: *Die Emancipation der Juden wird durch dieses allerhöchste Edikt nicht ausgesprochen, vielmehr gibt sie derselben nur eine gewisse Ausdehnung, und gewisse Schrancken.*

einer staatsbürgerlichen Gleichberechtigung der Juden abzusehen, die Bayern ins Verderben stürzen werde.

Nach dem Erscheinen der Flugschrift des Thomas Scheuring ging die öffentliche Debatte weiter, verlagerte sich jedoch nun verstärkt in die Würzburger Zeitungen. Dort kam es jetzt auch zu einem von persönlichen Invektiven begleiteten Schlagabtausch zwischen Sebald Brendel und Thomas Scheuring[44]. Während sich die Debatte in Würzburg weiter erhitzte, befaßte sich auch die Kammer der Abgeordneten in München mit der künftigen Rechtsstellung der Juden in Bayern. Das Ergebnis war ein Teilerfolg der Anhänger einer weiteren Emanzipation der jüdischen Bevölkerung. Nach längeren Verhandlungen zwischen der ersten und der zweiten Kammer sowie der Regierung[45] wurde in den Landtagsabschied vom Juli 1819 die Erklärung aufgenommen, daß bei der Regierung auf konkrete Schritte zu drängen sei, um die Lage der Juden in Bayern zu verbessern und jener der Christen anzunähern[46]. Unmittelbar nach Bekanntwerden dieses Landtagsbeschlusses schlug die scharfe öffentliche Auseinandersetzung in Würzburg in gewalttätigen Protest um. Ausgangspunkt war der feierliche Empfang des aus München heimgekehrten Landtagsabgeordneten Behr, eines prominenten Vertreters des liberalen Flügels in der Kammer durch die Honoratioren der Stadt[47]. Als er von antijüdischen Protesten gestört wurde, entglitt den Verantwortlichen die Kontrolle: Die „Hepp-Hepp"-Krawalle begannen.

III.

Zu Recht ist darauf hingewiesen worden, daß die Petition des Salomon Hirsch vom April 1819 und die ihr folgende Debatte nicht nur aus landeshistorischer Perspektive von Bedeutung sind, sondern auch allgemeinhistorisch wichtige Schlüsse zuläßt. Wird hier doch in einem konkreten Fall die enge Verbindung zwischen dem Ringen um die Judenemanzipation und dem Ausbruch der „Hepp-Hepp"-Unruhen in sehr eindrücklicher Weise greifbar[48]. Zudem zeigt die nähere Betrachtung der Petition des Salomon Hirsch und der Schmähschrift von Thomas Scheuring, daß die Judenemanzipation nicht nur der Sache, sondern auch schon dem Begriff nach in der publizistischen Diskussion des Jahres 1819 eine wichtige Rolle spielte – eine Tatsache, die vor dem Hintergrund der einschlägigen Literatur zweifellos überrascht. Denn nach dem jetzigen Stand der begriffshistorischen Forschung markierten erst die Jahre um 1830 den eigentlichen Aufstieg dieses Begriffs zu publizistischer Wirksamkeit. In seiner 1990 erschienenen großen Darstellung zur Geschichte der jüdischen Minderheit in Europa stellt Friedrich Battenberg zu Beginn seines Kapitels über die Geschichte der Juden im Zeitalter der Emanzipation dazu eindeutig fest: „Der *Begriff Emanzipation* im Zusammenhang mit der Befreiung der Juden taucht überhaupt erst in den 30er Jah-

---

[44] Vgl. Katz, Hep-Hep-Verfolgungen (wie Anm. 1), S. 20f. und S. 89–92.
[45] Vgl. zu den Verhandlungen, die dem Landtagsabschied vorausgingen, Schwarz, Juden (wie Anm. 26), S. 202f., und Gehring-Münzel, Schutzjuden (wie Anm. 1), S. 129, Anm. 42, die darauf hinweist, daß der Begriff *Emancipation* der Petition in den Landtagsverhandlungen keine Verwendung fand.
[46] Vgl. Schwarz, Juden (wie Anm. 26), S. 203f.
[47] Vgl. Günther, Würzburger Chronik (wie Anm. 22), S. 392–397.; Rohrbacher, Gewalt (wie Anm. 1), S. 98–100.
[48] Vgl. Rohrbacher, Gewalt (wie Anm. 1), S. 138–141.

ren des 19. Jahrhunderts auf"⁴⁹. Heinrich Heine sei der Initiator der Verwendung des Begriffs Emanzipation als politisch-publizistischen Schlagworts gewesen, als er 1828 die Emanzipation zur großen Aufgabe der Zeit erklärt und dabei an das Schicksal der unterdrückten Völker und eben auch der Juden erinnert habe⁵⁰. In der Tendenz ähnlich, wenn auch etwas vorsichtiger äußern sich die Autoren des großen Artikels über „Emanzipation" im begriffshistorischen Lexikon „Geschichtliche Grundbegriffe"⁵¹. Sie vertreten die Auffassung, daß der Begriff Emanzipation, auch in Hinblick auf die Befreiung der Juden von rechtlicher Diskriminierung, erst seit etwa 1830 zum politisch-publizistischen Schlagwort aufgestiegen sei, ein Vorgang, zu dem Heinrich Heine mit dem erwähnten Zitat zur Emanzipation der bedrückten Minderheiten das „Signal" gegeben habe⁵². Voraussetzung sei die Ideologisierung des Begriffs gewesen, die aus dem ursprünglichen Rechtsterminus einen „prozessualen Bewegungsbegriff" gemacht habe. Im Begriff der „Emanzipation" habe man seit den dreißiger Jahren des 19. Jahrhunderts die Forderung nach Beseitigung aller Formen von Ungleichheit bündeln können. Charakteristisch sei für die Befürworter der Judenemanzipation die politische und nicht rechtssprachliche Verwendung des Terminus „Emanzipation" gewesen⁵³.

Die Verwendung des Begriffs *Emanzipation der Israeliten* durch die Petition Salomon Hirschs und die Schmähschrift Scheurings ist mit dieser verbreiteten Sichtweise kaum in Einklang zu bringen. Denn beide Schriften verwenden den Begriff mit Selbstverständlichkeit und an hervorgehobener Stelle, wobei große inhaltliche Unterschiede im Begriffsverständnis zwischen beiden Autoren nicht festzustellen sind: Sowohl in der Petition Hirschs als auch in Scheurings Polemik wird darunter im Kern die Gewährung vollständiger staatsbürgerlicher Gleichberechtigung verstanden. War dies für Salomon Hirsch das letztlich erstrebenswerte Ziel, so stellte Theodor Scheuring es als die eigentliche Gefahr dar, weil auch die emanzipierten Juden „Fremdlinge" bleiben und ihre neue, hervorgehobene Stellung sofort zum Nachteil ihrer christlichen Umgebung mißbrauchen würden.

Zwei Schlußfolgerungen lassen sich aus dem Vorausgegangenen ableiten, wobei die eine als Tatsache, die andere eher als Vermutung zu formulieren ist.

(1) Eindeutig festzuhalten ist, daß der Begriff *Emanzipation der Juden* in der Sprache der politischen Publizistik schon zehn Jahre vor Heinrichs Heines Diktum von

---

⁴⁹ Vgl. Friedrich Battenberg, Das europäische Zeitalter der Juden. Zur Entwicklung einer Minderheit in der nichtjüdischen Umwelt Europas II: Von 1650 bis 1945, Darmstadt 1990, S. 85 (Hervorhebung dort).
⁵⁰ Ebd.
⁵¹ Karl Martin Grass, Reinhart Koselleck, Emanzipation, in: Otto Brunner, Werner Conze, Reinhart Koselleck (Hg.), Geschichtliche Grundbegriffe, Bd 2., Stuttgart 1975, S. 153–197.
⁵² Ebd., S. 167.
⁵³ Ebd., S. 167–169. Vgl. auch die einschlägigen Darlegungen von Harm-Hinrich Brandt, Vom aufgeklärten Absolutismus bis zur Reichsgründung: Der mühsame Weg der Emanzipation, in: Karlheinz Müller, Klaus Wittstadt (Hg.), Geschichte und Kultur des Judentums. Eine Vorlesungsreihe an der Julius-Maximilians-Universität Würzburg (Quellen und Forschungen zur Geschichte des Bistums und Hochstifts Würzburg 38), Würzburg 1988, S. 175–200. Gestützt auf den Artikel in den „Geschichtlichen Grundbegriffen" stellt Brandt hier fest, daß der Begriff der 'Juden-Emanzipation' „um 1830 zur Bezeichnung der rechtlichen Gleichstellung der Juden in Deutschland aufgekommen ist" (S. 175), auch wenn er einräumt, daß das Wort selbst bereits seit Ausgang der napoleonischen Zeit in Deutschland verwendet worden sei (ebd.).

1828 Verwendung fand, und zwar sowohl im positiven als auch im negativen Sinne. Eine ideologische Überhöhung des Begriffs ist dabei nicht festzustellen. Sowohl Hirsch als auch Scheuring verwendeten den Begriff als prägnante Umschreibung für die von ihnen angestrebte beziehungsweise bekämpfte vollständige staatsbürgerliche Gleichberechtigung der jüdischen Bewohner Bayerns.

(2) Die Selbstverständlichkeit, mit der der Begriff in den hier betrachteten Schriften von 1819 eingesetzt wurde, ohne daß die Autoren es für notwendig erachteten, ihn der nicht einschlägig vorgebildeten Würzburger Leserschaft zu erläutern, deutet auf einen zweiten Punkt hin: Der Begriff „Judenemanzipation" scheint als Begriff der politischen Publizistik schon 1819 nicht mehr neuartig gewesen zu sein. Vermutlich war „Emanzipation" in Verbindung mit der rechtlichen Gleichstellung bisher diskriminierter Minderheiten schon vor 1819 in Deutschland ein geläufiger Begriff der politischen Sprache, also lange, bevor er ideologisch in der Mitte des 19. Jahrhunderts zu einem „prozessualen Bewegungsbegriff" überhöht wurde.

Diese Ergebnisse haben – wie mir scheint – auch Konsequenzen für die weitere begriffshistorische Forschung zur „Emanzipation" als einem Schlüsselbegriff der politisch-sozialen Sprache Deutschlands im frühen 19. Jahrhundert[54]. Zum einen bedarf es hier noch gründlicher Untersuchungen, die viel stärker das zeitgenössische politische Tagesschrifttum in die Betrachtung einbeziehen müßten. Zum anderen sollten bei einer solchen Untersuchung auch die außerdeutschen Einflüsse auf die Ausprägung des Schlagwortes stärker in den Blick genommen werden. Denn es liegt der Verdacht nahe, daß für die frühe selbstverständliche Begriffsverwendung der Einfluß der außerdeutschen Publizistik ausschlaggebend gewesen ist. Ein besonderes Augenmerk ist dabei auf die englische Diskussion im ausgehenden 18. Jahrhundert zu richten. Denn dort wurde der Begriff *emancipation* in Hinblick auf die rechtliche Gleichstellung religiöser Minderheiten bekanntlich bereits Ende des 18. Jahrhunderts verwendet[55]. An dieser Stelle müßte eine begriffshistorische Untersuchung wohl ansetzen, die zu erklären sucht, warum der Begriff *Emanzipation der Israeliten* offensichtlich schon ein Jahrzehnt vor der Erwähnung durch Heinrich Heine in Deutschland geläufiger war, als man bislang gemeinhin angenommen hat.

Anhang

Die Petition des Salomon Hirsch an die bayerische Ständeversammlung vom 2. April 1819

Die Originalausfertigung der Petition des Salomon Hirsch ist weder im Archiv des Bayerischen Landtags noch im Bayerischen Hauptstaatsarchiv München überlie-

---

[54] Zur grundsätzlichen Bedeutung des Begriffs vgl. Grass, Koselleck, Emanzipation (wie Anm. 51), S. 153.

[55] Vgl. etwa die Verwendung durch Edmund Burke in seinem berühmten „Letter on Affairs of Ireland" von 1797, jetzt ediert durch R. B. McDowell, The Writings and Speeches of Edmund Burke, Vol. IX, Oxford 1991, S. 671–682, hier S. 674 (*emancipation of the Catholics*). Vgl. insgesamt zur Verwendung des Begriffs im angelsächsischen Raum seit dem Ende des 18. Jahrhunderts, die auch in Deutschland bekannt geworden ist, Grass, Koselleck, Emanzipation (wie Anm. 51), S. 177f.

fert[56]. *Für die freundliche Auskunft danke ich beiden Archiven. Der Edition liegt die unter Anm. 10 genannte, bei Johann Stephan Richter erschienene Druckfassung zugrunde. Hervorhebungen im Text der Vorlage werden durch Kursive gekennzeichnet, die Originalpaginierung ist in eckigen Klammern hinzugefügt.*

[1]   Unterthänigste Bitte des Salomon Hirsch, um *allergnädigste Revision* derjenigen organischen Edikte und gesetzlichen Anordnungen, welche die staatsbürgerlichen Rechte der Bekenner der mosaischen Religion betreffen
Gedruckt bei Johann Stephan Richter

[3]   Hohe Ständeversammlung!
   Die unermüdete Thätigkeit und wachsame Aufmerksamkeit, womit eine hohe Ständeversammlung die allgemeinen Angelegenheiten des Vaterlandes verfolgt, und sich den verfassungsmäßigen Bitten aller Eingebornen des Königreichs widmet, giebt auch dem unterthänigst Unterzeichneten den frohen Muth, eine, seinem Dafürhalten nach, sowohl für seine Religionsverwandte, als auch für den ganzen Staat hochwichtige Angelegenheit und Bitte der weisen Erwägung einer hohen Ständeversammlung zu unterwerfen; auch schmeichelt er sich, durch die vorliegende vertrauungsvolle Vorstellung nicht nur die Wünsche und Bitten seiner Glaubensbrüder im Untermainkreise, sondern auch in den verschiedenen ältern Kreisen des Königreichs ehrerbiethigst darzulegen.
Der nähere und eigentliche Gegenstand meiner unterthänigsten Bitte geht dahin:
Eine hohe Ständeversammlung möge in weise Ueberlegung ziehen, ob nicht eine auf Verfassungsmäßigem Wege einzuleitende Revision derjenigen Gesetze dringend nothwendig wäre, welche das bürgerliche Seyn und Leben der im Reiche wohnenden Israeliten bisher bestimmten?
[4]   Ohne indessen einer tiefern und umfassendern Einsicht der hohen Ständeversammlung vorgreifen zu wollen, so wage ich es doch, die Nothwendigkeit obenerwähnter Revision aus einigen *allgemeinen* und *besondern* Gründen zu unterstützen, vor allem aber einige geschichtliche Momente vorauszusenden.

A.
   Es ist allgemein bekannt, welches das Schicksal der Israeliten seit ihrer Zerstreuung durch Auflösung des jüdischen Staats geworden ist, wie sie in alle Erdtheile und Länder geflüchtet, sich ein neues Vaterland suchten; aber gewöhnlich blos unter harten Bedingungen aufgenommen, und nach jenem strengen Fremden- und Völkerrecht behandelt wurden, welches das Eigenthum der frühern noch ungebildeten Jahrhunderte war.
   In Deutschland standen schon nach der ältesten germanischen Verfassung die Fremden unter einer besondern Clientell, oder unter dem Schutze eines Patrons; die Könige und Kaiser übten in der Folge das oberste Schutzrecht über Fremde, sohin

---

[56] Die Petition des Salomon Hirsch an die bayerische Ständeversammlung vom 2. April 1819 wurde durch den Beschluß der Zweiten Kammer zum Hausier- und Schacherhandel der Juden vom 11. Mai 1819 (vgl. dazu Schwarz, Juden, wie Anm. 26, S. 203) als erledigt betrachtet und ad acta deponiert; vgl. Verhandlungen der zweiten Cammer der Ständeversammlung des Königreichs Baiern 14, München 1819, S. 367.

auch über die Juden aus. Dieses Schutzrecht der Juden erhielten auch höhere und niedere Glieder des Reichs. Im Ganzen aber wurden die Israeliten fast als Leibeigene, nemlich von eigner Art, angesehen, und bis auf die neueste Zeit, wo eine menschlichere und gerechtere Ansicht den Sieg davon trug, wie eine Sache mit einem Leibzolle belegt. Kamen gleichwohl in den neuern Staaten auch andere Klassen von Menschen in den Zustand der Erniedrigung und Leibeigenschaft, so ward doch ihr Loos bald günstiger, sie konnten sich unter verschiedenen günstigen Umständen durch Steigerung ihrer Rechte wieder zur bürgerlichen Freiheit erheben, und der frühere faktische Zustand ihrer Leibeigenschaft durfte und darf sofort nicht gegen sie angeführt werden, um zu behaupten, daß sie zur blosen Unterthänigkeit geschaffen wären.

[5] Aber den Israeliten gelang es nicht, ihre erhaltenen Schutzrechte und Privilegien bis zur Erlangung einer vollen gesetzlich bürgerlichen Freiheit zu steigern. Als Glieder einer fremden Nation, also wegen Abstammung, als Bekenner einer andern Religion wurde es ihnen nicht gestattet, sich mit den Eingebornen bürgerrechtlich zu verschmelzen.

Ein Mißbrauch, den ein einzelnes Individuum von seinem Rechte gemacht hatte, mußte gewöhnlich auch von allen übrigen gebüßt werden.

So blieben meistens die Israeliten ein höchstens geduldeter Menschenstamm; Verfolgungen aller Art aus mit der Zeit wechselnden Beweggründen erzeugt, wurden sehr oft ihr Loos; die vollen Menschen- und Bürgerrechte versagte man ihnen; so in den Augen der Welt herabgewürdigt, mußten nothwendig die Israeliten auch in der Bildung sinken, sie wurden ein Gegenstand der Geringschätzung; sie verloren viel von jenen edlen Momenten und Bestimmungsgründen, welche nothwendig sind dem Menschen mit der Achtung für sich selbst, auch eine Achtung für andere, und ein höheres sittliches Streben einzuflößen.

Betrachtet man demnach mit unpartheischem Blicke die Geschichte der Israeliten seit ihrer Zerstreuung, so dürfte man sich mehr wundern, daß sie nicht tiefer gesunken sind, als es wirklich der Fall gewesen ist; denn Menschen, welche man durch entehrende Strafgesetze wegen wirklicher oder erdichteter Verbrechen Einzelner, durch Versagung der Menschen- und Bürgerrechte, wenn auch ohne Absicht gewissermassen zu Barbaren macht, müßen nothwendig zu Barbaren werden.

Auf jeden Fall erzeugte diese drückende Lage der Israeliten eigenthümliche Erscheinungen, welche sich aber blos aus *ihr* erklären lassen.

Die Israeliten hielten desto *fester*, was ihr inneres Leben anbelangt, an ihre Religion, und hergebrachten Gebräuche, sie schlossen sich innig und fest an- [6] einander an; von den Staatsrechten und übrigen Bildungsmitteln abgeschnitten, bildeten sie unter sich eine Zunft, eine in sich verkettete Kaste im Gegensatze der sich von ihnen politisch trennenden Nebenmenschen. Und so erschienen sie auch als ein fremdes Gewächs, als eine fremdartige Pflanze.

Ohne daß sie mit festen Banden ein Vaterland umschlingen durften, mußten sie auf äußere Mittel denken, um nur ihre Existenz zu behaupten. *Geld*, der Repräsentant aller Dinge, wurde ein vorzüglicher Gegenstand ihres Strebens.

Was übrigens eine *unläugbare* Folge ihres halbmenschlichen oder höchstens halbbürgerlichen Zustandes gewesen ist, wurde bald so angesehen, *als wenn es unmittelbar der sittlichen Natur der Israeliten anhänge*; man schob die Ursache der Verschiedenheit der bürgerlichen Rechte auf ihre Religions- und Volksvorurtheile, und behauptete, die Folge für die Ursache ansehend die bisher faktische bürgerliche

Untauglichkeit der Bekenner des mosaischen Glaubens sey nicht das Werk eines Drucks, unter welchem sie lebten, sondern herbei geführt durch ihre hartnäckigen Vorurtheile; nur deswegen seyen sie unfähig zu gleichen Rechten mit christlichen Unterthanen zu gelangen; sie könnten und wollten mit Letzteren keine gleichen Lasten tragen.

Allein die Geschichte lehrt offenbar das Gegentheil. Durch theilweise oder ganze Entziehung der Menschen- und Staatsbürgerrechte entfernen sich der Erfahrung gemäß selbst die civilisirtesten Menschen und Völker von Bildung; das gehemmte Fortschreiten führt zu traurigen Rückschritten, und mit Recht mögen tiefe Denker den Verfall eines Theils des Menschengeschlechts von der Entfernung von der Urquelle aller Bildung herschreiben, welche letztere vorzüglich von dem Gefühle der *eigenen* Würde begleitet seyn muß.

Geschichtliche Beispiele mögen obige Ansicht bekräftigen.

[7] Insbesondere ist es bekannt, wie weit die ehemals so berühmten Griechen durch den Druck der türkischen Herrschaft herabsanken. Die Koptischen Christen, Nachfolger der alten Aegyptier, sind aus gleicher Ursache sehr ausgeartet. Dort, wo man einigen Menschenklassen gewisse, mit dem Wesen des Menschen verschwisterte Rechte nicht verstatten will, zeigt sich ein bejammernswerther Zustand derselben. Wodurch anders, als durch die drückenste Gesetzgebung sind die katholischen Irländer so weit herabgekommen? Wenn freie Menschen in Leibeigenschaft und Sclaverei versinken, so verlieren sie nach und nach all jene Würde und Eigenschaften, welche sie früherhin auszeichneten, sie werden untauglicher zur Erfüllung vielseitiger bürgerlicher Pflichten, sie bewaffnen sich zu ihrem Schutze mit Gebrechen und unerlaubter Gesinnung; *dieselbe Gewalt, welche sie niederdrückte, muß ihnen wieder emporhelfen.* Hatte man früher den Israeliten, was eine Folge der harten Beschränkungen war, die Untauglichkeit zum Vollgenuß der bürgerlichen Rechte selbst Schuld gegeben, so machte man ihnen auch nicht selten auf eine widersprechende Weise die Ausübung des *einzigen* Nahrungszweiges, welchen man ihnen bei der Verleihung des Schutzes ausschließend gestattete, auch zum Verbrechen. Bekanntlich war der Handel in den frühern Zeiten, besonders bei den deutschen Völkern nicht geachtet, man überließ denselben also den Fremden, so den Italienern, Lombarden und Israeliten. Anfangs wurden letztere, welche z.B. in Pohlen wegen Mangel eines Mittelstandes sich in die untere bürgerliche Gewerbe vertheilten, auf den Kleinhandel eingeschränkt, dessen vielfache Verzweigungen ergaben sich von selbst, so, das Umwechseln der Geldsorten, das Leihen auf Pfändern, ein Zwischenhandel und dergleichen. Diser kleine Handel wird von Vielen auch *Nothhandel* genannt, und wirklich führt auch das Bedürfniß des eigenen Lebensunterhaltes noch heute viele Israeliten darauf. Es war den Israeliten nicht erlaubt, liegende Gründe zu erwerben, ein Gewerb zu betreiben, einen offenen Laden zu halten, und selbst alle Gegenstände des Handels frei zu führen.

[8] Allein die Versagung einer sonstigen freien Wirksamkeit, die Beschränkung auf den Kleinhandel ward nothwendig die Mutter von mancherlei Gebrechen und Klagen, welche bis auf den heutigen Tag nicht verstummt, und selbst zu den Ohren einer hohen Ständeversammlung gelangt sind. Und nichts ist mehr zu wünschen, als daß diese Beschwerniße über den Haussir- und sogenannten Schacherhandel möglichst bald vollkommen gehoben werden könnten; dieß ist ein Umstand, welchen ich noch unten weiter zu berühren, mir unterthänigst erlauben werde.

B.

Nach diesen geschichtlichen Vorbemerkungen halte ich es für überflüssig, vor einer weisen Ständeversammlung weitläuftiger zu entwickeln, daß der Name *Jud* und *Judenthum* die Menschenrechte nicht nothwendig aufhebe, *daß die staatsbürgerlichen Rechte auch die allgemeinen Menschenrechte und Pflichten in sich fassen*, und nur unter dem Schutze der Obrigkeit und des Gesetzes, und unter bestimmten Verhältnissen, Wirklichkeit und Bedeutung erhalten.

Nur sey es gestattet, zu erwähnen, daß allenthalben, wo die Entfeßlung der Israeliten von den frühern Banden, und die Gestattung der staatsbürgerlichen Rechte eintrat, sich auch dieselben begierig in die verschiedenen Kreise der menschlichen und bürgerlichen Thätigkeit theilten, und ihre Rechtsfähigkeit beurkundeten; und gab es gleichwohl noch einzelne alte Ueberreste, so lag offenbar der Grund theils in dem Mangel an Hülfsmitteln, in entgegenstehenden Hindernissen, in der Unmöglichkeit, daß Menschen schon im Alter vorgerückt, *auf einmal* ihre gewohnte Beschäftigung mit einer andern, welche eine längere und künstlichere Vorbereitung erfordert, vertauschen können.

Auch erhebt sich eine so zahlreiche und unter dem lastenden Druck mehrerer Jahrhunderte darniedergehaltene Volksklasse nicht *auf einmal* zur Humanität. Nordamerika, Holland, Frankreich, Dänemark und andere Staaten könnte ich indeß
[9] als Beweis anführen, wie sehr der Satz schon erprobt sey, der aufstellt: *man gebe den Israeliten gesetzliche Achtung, den freien Gebrauch ihrer Kräfte, und sie werden auch zu nützlichen Bürgern und Menschen nach und nach umgebildet, und der mit Jud und Judenthum sonst verbundene gehäßige Begriff verschwindet*. Wer ferner die Gesetze freventlich übertritt, wird *nicht als Jude*, sondern als ungehorsamer und verbrecherischer Unterthan bestraft.

Durch das Gesagte glaube ich schon dem Wesen nach die Nothwendigkeit einer Revision der bisherigen Gesetzgebung, die Israeliten betreffend, angedeutet zu haben, und nur im *besondern*, vorzüglich mit Rücksicht auf das Königl. Edikt über die Verhältnisse der jüdischen Glaubensgenossen im Königreich vom 10. Jan. 1813 erlaube ich mir einige ehrfurchtsvolle Beisätze zu machen.

Dieses allerhöchste Edikt muß nothwendig alle Bekenner des mosaischen Glaubens mit dem allertiefsten Danke erfüllen, im Geiste jeder stufenweis fortschreitenden Verbesserung entworfen, bereitet es den Weg, die israelitischen Unterthanen des Reichs allmählig der vollen bürgerlichen Rechte theilhaftig zu machen, und sie für den Staat und sich zu nützlichen und ehrenvollen Mitgliedern umzubilden; nur die letzte Hand dürfte vielleicht noch angelegt werden, um noch einige übriggebliebene Mißverhältnisse und daraus hervorgehende Klagen mit *entscheidendem* Erfolge zu heben, und so endlich den Rechtszustand der Israeliten vorzüglich in Einklang mit der Verfassung und der übrigen Staatsverwaltung zu bringen. *Gerade dieser Punkt* ist es, den ich der weisen Prüfung einer hohen Ständeversammlung *vorzüglich* wiederholt zu unterwerfen mir unterthänigst bittend erlaube.

Daß das Bekenntniß des mosaischen Glaubens sich mit der Ausübung von Menschen- und Bürgerrechten und Pflichten vollkommen vertrage, ist mir ein unbe- [10] zweifelter, und selbst durch die Erfahrung und durch Beschlüsse der in unsern Tagen zu Paris gehaltenen jüdischen Kirchenversammlung, bestättigter Satz; auch wäre es ohne diese Annahme unmöglich, daß die Verfassungs-Urkunde für die Ausübung einer Religion Gewissensfreiheit gestattete, welche der Erfüllung der Bürgerpflichten im Wege stünde. Schon *hierause* scheint demnach zu folgen, daß eine theilweise Vorbehaltung des Bürgerrechts seinen Grund *nicht in der Religion*, sondern einzig und allein in Ermanglung der übrigen zum Bürgerthume nothwendigen Eigenschaften haben könne; oder der Israelit als *solcher* scheint, sobald er die übrigen Bedingungen erfüllt, zum vollen Genuße des Bürgerrechts nicht unfähig zu seyn.

Auch die Israeliten sind nach Tit. 4. §. 12. der Verfassungs-Urkunde *Baiern*; auch für sie wird endlich, nachdem ihre Ahnen seit vielen Jahrhunderten in diesen Ländern zwar geboren wurden und wohnten, aber in Hinsicht auf bürgerliche Rechte als fremd behandelt waren, der Name Vaterland gehört. Sie haben als *Baiern*, wie die übrigen Staatsbürger, *gleiche* Pflichtigkeit zu dem Kriegsdienste und zur Landwehr nach den dießfalls bestehenden Gesetzen.

Es ist übrigens bekannt, daß Fremde, und die das Indigenatsrecht nicht haben, auch zu dieser Pflicht nicht berufen sind, dafür aber auch die staatsbürgerlichen Rechte nicht in gleichem Maaße genießen. Die Pflicht, das Vaterland zu vertheidigen, und die Fähigkeit zu den übrigen Staatsbürgerrechten werden allenthalben als Wechselbegriffe angesehen; und ich glaube nicht, daß in Absicht auf Israeliten, welche die ehrenvolle Pflicht haben, die Waffen zu tragen, eine nachtheilige Ausnahme statt finden werde.

Gleiche Theilnahme an den Staats- und Kriegslasten, an Beherbergung der Truppen, von welcher letztern die frühern Schutzbriefe den Israeliten sogar Befreiungen zusagten, steht der Dienstpflichtigkeit zur Seite.

[11] Ja im Untermainkreise wird sogar noch das alte Schutzgeld 12 fl. für die Familie entrichtet; und obgleich die israelitischen Mitglieder der Gemeinden ein gewisses Bürgergeld entrichten mußten, so hat z.B. der nun aufgelößte Körper der ehemals unter hiesigem landesfürstlichen Schutz befindlichen Israeliten doch noch eine jährliche Aversalsumme von 2400 fl. zu entrichten, und dabei an den Gemeindelasten zu tragen. Ich führe diese Lasten nur an, um zu zeigen daß sie gerade im vollsten Maaße getragen werden; aber desto lebhafter muß auch der Wunsch entstehen, daß aus Rücksicht obiger Pflichten auch die allgemeine bürgerliche Rechtsfähigkeit der Israeliten ausgesprochen, und dasjenige möglichst ergänzt werde, was endlich zu dem erwünschten Ziele führt, damit der allgemeine Inhalt von S. 4. der Verfassungs-Urkunde, worin unter Anderm der Grundsatz *des gleichen Rechts der Eingebornen, gleiche Berufung zur Pflicht und zur Ehre der Waffen, Gleichheit der Gesetze und vor dem Gesetze, Gleichheit der Belegung und der Pflichtigkeit ihrer Leistung aufgestellt wird, in der That auch für die Israeliten* in Erfüllung gehe.

Aber sowohl in Tit. 4. §.9. der Verfassungs-Urkunde, so wie im organischen Edikte, scheint mir noch Einiges vielleicht näher bestimmt werden zu dürfen. Wird nämlich Letzteres, und seine gewöhnliche Auslegung, als Maaßstab für die staatsbürgerlichen Rechte der Israeliten gebraucht, so glaube ich, ohne Vorurtheil für meine Glaubensgenossen, mit den obenerwähnten allgemeinen Grundsätzen der Verfassungs-Urkunde schwerlich eine Harmonie entdecken zu können.

Nach §.12 des erwähnten königl. Edikts soll die Zahl der Juden-Familien an den Orten, wo sie dermalen bestehen, in der Regel nicht vermehrt, vielmehr wenn sie zu groß ist, vermindert werden.

Nach §.13 ist verordnet, daß an Orten, wo keine Juden bereits wohnen, auch keine Juden-Familien aufgenommen werden sollen.

[12]   Der §.16 bestimmt unter andern, daß Häuser und Güter zum Wiederverkaufe nur bei öffentlichen Versteigerungen, oder in Concurs-Fällen jure delendi erworben werden können. Ferner ist nach §.17 jedem Israeliten die Verpachtung der Feldgründe versagt, und des allergnädigst gestatteten Befugnisses ungeachtet, Gewerbe zu treiben, sind doch wieder drei derselben, die Bräu-, Schenk- und Gastwirths-Gerechtigkeit, ausgenommen.

Diese Ungleichheit vor Gesetz und Recht trifft offenbar die Juden als *solche, ob sie gleich Eingeborne und Baiern sind.* Die Nachweisung der zur Ansäßigmachung bei andern Unterthanen geforderten Eigenschaften reicht bei den Israeliten nicht hin. Es scheint bei den Juden als solchen ein verdorbener Charakter vorausgesetzt zu werden; und anstatt sie nach einer langen Erniedrigung empor zu heben, ihnen Achtung und Ehrgefühl einzuflößen, werden sie auf solche Weise immer noch angesehen, als ob ihnen ein unauslöschlicher Flecken anklebe.

Ich will keineswegs in Abrede stellen, daß z.B. einige Israeliten von dem Rechte, einen Zwischenhandel mit liegenden Gründen zu treiben, einen unerlaubten und strafbaren Gebrauch gemacht haben mögen; allein möchte nur überhaupt denjenigen, welche ihre Rechte mißbrauchten, die verdiente Strafe werden, dieß aber nicht Veranlassung zu einem Strafgesetze für andere Unschuldige werden. Ohne dieses müssen Käufe dieser Art *gerichtlich* geschehen; sie können unter öffentlicher Aufsicht der Obrigkeit, nach Gesetzen, welche für *alle* Unterthanen gleich verbindlich sind, geleitet werden; zu geschweigen, daß ein Zwang dieser Art bisweilen gerade zu künstlichen Umgehungen der Gesetze durch Hülfe anderer Unterthanen führt.

Durch Verpachtungen sollte ich übrigens meynen, daß gerade bei den Israeliten allmählig Kenntniß der Landwirthschaft verbreitet wird.

Was den *civilrechtlichen* Punkt anbelangt, so zeigen sich in der Erfahrung gleichfalls noch häufige Abweichungen, welche der Gleichheit vor Recht und Gesetz, und selbst dem Geiste des organischen Edikts nicht angemessen seyn mögen.

[13]   Hier und da hat noch der frühere mit Jud und Judenthum freilich durch die ehemaligen Gesetze gebildete Rechtsbegriff die Oberhand. Dieß mag schon aus der Anrede hervorgehen, deren man sich vor Gericht an die Israeliten, abweichend wie bei den übrigen Unterthanen, häufig bedient; wodurch Letztere in dem Glauben bestärkt werden können, als ob den Israeliten eine geringere öffentliche Achtung gebühre.

Obschon ferner jeder jüdische Familienvater durch gesetzliche Annahme eines Namens hinlänglich bezeichnet ist, so findet sich in den Erlaßen und Urtheilen an denselben freilich nach altem Herkommen immer noch der Zusatz Jude; als ob nicht derselbe als bloser Unterthan, sondern als Bekenner einer bestimmten Religion, vor Gericht erscheine. Freilig trägt zu diesem Umstande theils die Beibehaltung einiger den Israeliten nachtheiliger Gesetze, theils die besondere Auslegung des organischen Edikts selbst bei.

So wird das Zeugniß eines Israeliten unter gewissen Umständen immer noch als verwerflich vor den Gerichten angesehen, und obgleich sie einerseits zum Beweismittel des Eides zugelassen werden können, so wird doch obiger bürgerlicher Mißkredit beibehalten; und so dürfte noch manches im Geiste des durch die Verfassungs-Urkunde geheiligten Grundsatzes der *Gleichheit der Gesetze und vor dem Gesetze* auch bei den Gerichten noch näher bestimmt werden müßen.

Zu der erwähnten Ungleichheit trägt nun vorzüglich auch die Auslegung des §. 30 des Edikts bei; worin man eine Bestättigung der bereits früher erlassenen Verordnungen erkennen will.

Aber offenbar sind die frühern Verordnungen und Mandaten, auf welchen neben dem organischen Edikte noch bei den Gerichten häufig bestanden werden will, in einem ganz *andern* Geiste verfaßt, als das Edikt. Letzteres will offenbar die Israeliten zu Staatsbürgern umbilden; dieses war die Absicht der frühern Verord- [14] nungen keineswegs, welche blos den bürgerlich geduldeten Juden im Auge hatten. Wenn endlich ein späteres Gesetz, dessen Absicht klar vor Augen liegt, mit einem ältern, von entgegengesetzter Ansicht ausgegangen, in Widerspruch geräth, so dürfte nach meiner Meinung blos der Inhalt und der Geist des neuern entscheiden. Offenbar sind also die alten Mandaten aufgehoben; und wäre vielleicht eine Ausnahme anzunehmen, so mag sie die mit dem bisherigen häuslichen Leben durch Ritual-Gesetze der Israeliten genau verbundene besondere Ehe- und Erbrechte betreffen, aber nicht äussere politische Verhältniße.

Vom Rechte des Rückkaufs, z.B. von Häusern, in deren Besitz und Eigenthum Israeliten auf gesetzlichen Wegen gekommen sind, kann von Seite anderer Unterthanen keine Rede mehr seyn.

Dürfte nach dem Gesagten der Anerkennung der bürgerlichen gleichen Rechtsfähigkeit im Allgemeinen nichts im Wege stehen, so darf doch die Schwierigkeit nicht unberührt bleiben, welche der wirklichen Ausübung des vollen Bürgerrechts noch im Wege steht, und zu deren Entfernung ich vorzüglich auch um die mächtige Beihülfe des Staats, und gleichen Beistand einer hohen Ständeversammlung anflehe.

Offenbar sollen die Israeliten schon der Absicht des organischen Edikts gemäß zu nützlichen und achtbaren Staatsbürgern emporgehoben werden, besonders soll der Klein- und Nothhandel, die Hauptbeschäftigung der meisten Juden, mit Betreibung von nützlichen Gewerben und Beschäftigungen vertauscht, und dadurch laut geführte Klagen gehoben werden; in welcher Hinsicht auch bereits eben so ernste als weise Gesetze von der allerhöchsten Regierung erlassen worden sind.

Ich glaube hier in Wahrheit versichern zu können, daß besonders die heranwachsende Jugend das große Verlangen hat, den bisher von ihren Eltern ausschließend getriebenen Kleinhandel verlassen zu können.

[15] Zwar sind die ältern Hausväter leider oft nicht mehr im Stande den Kleinhandel ganz aufzugeben, ohne sich und ihre Familie in Dürftigkeit zu versetzen. Diesen Umstand haben auch die in Beziehung hierauf erlassenen Gesetze weislich erwogen. Zum Großhandel fehlt häufig Credit und Capitalien; ähnliches setzen Fabriken voraus, abgesehen von der Geschicklichkeit, welche vorher erst erworben werden muß.

Aber auch der heranwachsenden Jugend, welche sich mit Freuden einer Beschäftigung hingeben möchte, fehlt häufig Unterstützung; und abgesehen davon, so ist es oft mit Schwierigkeiten verbunden, einen Meister zur Erlernung eines Gewerbes zu finden, und endlich nach mühsamer Erlernung in eine Zunft aufgenommen zu werden. Nichts davon zu sagen, daß die wirkliche Ausübung eines Gewerbes an Orten, wo es vielleicht allein mit Erfolg geschehen könnte, durch den §. 13. des organischen Edicts wegen den Schranken der Niederlassung wieder erschwert, ja vielleicht nicht selten unmöglich wird. Belohnung für christliche Meister, Unterstützung durch obrigkeitliche Gesetze und Anordnungen werden wohl hier dringend nothwendig werden, besonders so lange, bis sich eine Anzahl Gewerbtreibender Israeliten gebildet hat.

Die Gewöhnung sich durch Ackerbau eine Nahrungsquelle zu eröffnen, die Beschäftigung eine große Handlung zu betreiben, Fabriken anzulegen, wird durch die Freiheit, Gewerbe unter den übrigen gesetzlichen Bedingungen *überall* ausüben zu dürfen, unter dem Schutze weiser Gesetze gewiß nach und nach gedeihen. Zwar hängt die Aufnahme von Gemeinde-Gliedern von der Zustimmung der Gemeinde selbst ab; aber gewiß wird in Zukunft den *Juden als solchen* die Zulassung nicht erschwert werden, wann sie die *gesetzlich* vorgeschriebenen Eigenschaften besitzen.

Durch diese Darstellung mag nun die anfangs gleich erwähnte Nothwendigkeit einer Revision der staatsbürgerlichen Rechte der Israeliten in einiges Licht [16] gesezt seyn; ja ich erlaube mir schlüßlich zu behaupten, *daß sie durch das allgemeine Staatswohl selbst gebothen sey, und daß die wirkliche Gleichstellung der Israeliten vor Gesetz und Recht nicht nur aus dem Grunde, daß die Israeliten Bayern sind, der Verfassung gemäß sey, sondern selbst einem längst gefühlten, und auf keine andere mehr entscheidendere Weise zu befriedigendem Bedürfniße entspreche*. Ich wähle zu diesem Zwecke den Standpunkt der Staatswirthschaft.

Daß eine möglichst freie und gesetzliche Bewegung der Kräfte der Staatsglieder, die Aufhebung der unnöthigen Schranken, dem Staate eine Menge oft unnütz verschwendeter Thätigkeiten gewinnen, ist meines Wissens ein unbestrittener Satz. Wenn ein für allemal den zahlreichen Israeliten die bisher, zum Theil noch verschlossenen, Schleußen geöffnet werden, dann wird sich jeder, besonders die heranwachsende Jugend beeifern, sich in die verschiedenen Beschäftigungen der menschlichen Gesellschaft zu theilen. Ackerbau, und der liegende Besitz wird gesucht, und ein Theil der sonst gebrauchten Capitalien, deren Erwerb nach den frühern Verhältnissen als zur Existenz nothwendig erachtet wurde, wird zu Erhöhung des Werths der liegenden Gründe angewendet. Auf der andern Seite werden Gewerbe ergriffen, Fabriken verbreitet, Künste und Wissenschaften erlernt.

Die Israeliten sind nicht mehr genöthigt, blos den Kleinhandel zu treiben. Ihr eigenes Interesse wird sie lehren, die ergriffene Thätigkeit bis zur möglichsten Vollendung zu führen, sich Credit, Zutrauen, bürgerliche Achtung zu verschaffen, da ihnen eine so häufige Conkurrenz im Wege steht. Die Israeliten werden sich immer fester an die übrigen Staatsglieder anschließen, und wie sie schon jetzt an öffentlichen Schulen Antheil nehmen, sich im stäten und vielseitigen Verkehre mit ihnen weiter fortbilden. Welcher Gewinn kann für den Staat größer seyn als dieser, wo endlich auch *Menschlichkeit und Gerechtigkeit miteinander versöhnt werden?*

[17] Indem ich zu gleicher Zeit aus Ueberzeugung alle übrigen Mittel gegen jene Gebrechen, welche noch den Zustand der Israeliten drücken, blos für *palliativ*, ihre *Emancipation* aber *allein* für gründlich heilend, aus den angeführten Gründen erachte, wiederhole ich schließlich meine unterthänigste Bitte, deren endliche Gewährung nicht nur auf das Wohl meiner Glaubensgenossen, sondern auch des ganzen Staates von unverkennbarem Einfluß seyn wird.

Würzburg den 2ten April 1819.

Einer Hohen Ständeversammlung unterthänigst gehorsamster Salomon Hirsch, aus Würzburg.

Erhard Schraudolph

Der Kinder Freud – der Kinder Leid
Nürnberg-Fürther Zinnspielwarenherstellung im 19. Jahrhundert

1. Vorbemerkung

„Immer schon gab es hier seriell gefertigte Waren, die als *Nürnberger Tand* weit gehandelt wurden. Handwerkliche Fertigkeiten, Rohmaterial, Vorstellungen von Mengenproduktion und Verlagswesen, sind als technische Voraussetzungen in Nürnberg für die Herstellung von Zinnfiguren vorhanden. So überrascht es nicht, daß sich für dieses Kleingewerbe die frühesten Nachrichten und Zeugnisse hier finden …"[1]

Von der eigentlichen Zinnspielwarenproduktion in Nürnberg und Fürth kann erst ab der zweiten Hälfte des 18. Jahrhunderts gesprochen werden, obwohl bereits vorher verschiedene Metallhandwerker, besonders Zinngießer, immer nebenbei sogenanntes „Kindeswerk" herstellten. Die Anfänge der Zinnspielwarenproduktion, die neben der Ausstattung von Puppenstuben, Devotionalien und dergleichen hauptsächlich figürliche Darstellungen in Zinn umfaßte, liegen weitgehend im Dunkeln und das gilt nicht nur für Nürnberg oder Fürth[2].

Bekannt ist lediglich, daß in der Werkstatt der Familie Hilpert in Nürnberg – wohl ab circa 1770 – neben dem traditionellen Gebrauchsgeschirr und anderen Gegenständen auch Zinnfiguren gefertigt wurden. Nur wenig später begann die Familie Lorenz in Fürth ebenfalls mit der Herstellung von Zinnfiguren. Die beiden Zinngießerfamilien gelten bislang als Begründer der Nürnberg-Fürther Zinnspielwarenproduktion. Interessanterweise stammte sowohl Johann Gottfried Hilpert als auch Johann Gottlob Lorenz aus dem kunstsinnigen Sachsen, ersterer kam aus Coburg, letzterer aus Zschorlau. Beide führte die Wanderpflicht unter anderem nach Nürnberg beziehungsweise Fürth – beide heirateten nach Ablegung der Meisterprüfung in angesehene Handwerkerfamilien[3].

---

[1] Klaus Maurice, Das Taschenweltchen – ein Essay über Zinnfiguren, München 1981, S. 34.

[2] Die Anfänge der Zinnspielwarenproduktion im Hochmittelalter oder Altertum, teilweise noch früher anzusetzen, wie dies manche Autoren machen, ist recht willkürlich und führt nicht viel weiter. Kleinplastiken aus Blei oder Kompositionsmetall in Form figürlicher Darstellungen, die höchstwahrscheinlich als Spielzeug fungierten und durch Bodenfunde bzw. Sachüberreste belegt sind, begleiten die gesamte Menschheitsgeschichte (vgl. dazu u.a. Erwin Ortmann, Zinnfiguren einst und jetzt, Leipzig 1973, S. 8–20). Die im 19. Jahrhundert florierende Zinnspielwarenproduktion begann im 18. Jahrhundert, wobei die Wurzeln weiter zurückreichen. So erlaubte man, nach einer Ratsentscheidung vom 6. 3. 1560, den Geschmeidegießern in Nürnberg, zinnernes „Kindswerk" herzustellen (vgl. Ordnung der Nürnberger Kandelgießer, siehe Theodor Hampe, Der Zinnsoldat – ein deutsches Spielzeug, Berlin 1924, S. 27). Das heißt, bereits zu diesem Zeitpunkt wurde in Nürnberg nachweisbar Kinderspielzeug aus Kompositionsmetall erzeugt. Eine intensivere Beschäftigung mit dieser Produktion – wobei die Übergänge sicherlich fließend verliefen – erfolgte erst im 18. Jahrhundert.

[3] Johann Gottfried Hilpert, am 4. 9. 1732 in Coburg geboren, kam als Zinngießergeselle um 1753 nach Nürnberg und heiratete am 20. 7. 1760, nach Ablegung der Meisterprüfung, eine Tochter des angesehenen Nürnberger Zinn- und Kannengießermeisters Johann Wolfgang Pinz (vgl. dazu Erhard Schraudolph, Hilpert – eine Nürnberger Zinngießerfamilie, in: MVGN 87, 2000). Peter Johann Gottlob Lorenz kam am

Was veranlaßte die beiden Familien, neben den bisherigen Produkten des Zinngießergewerbes noch Figuren zu fertigen? Inwieweit spielte das ausgeprägte und hochstehende sächsische Kunsthandwerk der damaligen Zeit eine Rolle? Die Familie Hilpert jedenfalls fertigte neben den Zinnfiguren, die einen Vergleich mit den zeitgenössischen Porzellanfiguren aus Meißen nicht scheuen müssen, künstlerisch vollendete Portraitmedaillons in Zinn[4]. Wahrscheinlich beeinflußte auch die heiter liebenswürdige Dekorationskunst des Rokoko das Entstehen einer Zinnfiguren- beziehungsweise Zinnspielwarenproduktion.

Häufig findet man den Hinweis, es bestehe ein Zusammenhang zwischen dem Erscheinen uniformierter stehender Heere und dem Beginn der Zinnspielwarenherstellung – diese schufen sozusagen die Voraussetzung für eine Massenproduktion von Zinnfiguren. Sicherlich mag dies eine Rolle gespielt haben, entscheidender jedoch war der Zeitgeist nach dem Ende des Siebenjährigen Krieges, der eine wachsende Begeisterung für Friedrich den Großen und die Preußen entfachte und mit den Zinnfiguren neben den Stichen ein geeignetes Medium fand[5]. Allerdings nahm die militärische Thematik damals bei den Zinnfiguren noch keinen so breiten Raum ein wie im 19. Jahrhundert, als diese längst Massenspielzeug waren.

Die von der Aufklärung angestoßene moderne Pädagogik, die das Spielbedürfnis des Kindes anmahnte und das spielende Lernen förderte, schuf indirekt die Voraussetzungen für das Entstehen einer Spielwarenindustrie. Gerade die Zinnfiguren entwickelten sich im 19. Jahrhundert weltweit zu einem heiß begehrten Spielzeug, vorwiegend für Knaben. Anfangs war dieses Spielzeug nur für eine adelig-bürgerliche Oberschicht erschwinglich, die ihre Kinder zumeist nur unter Aufsicht spielen ließ, weshalb die frühen Zinnfiguren auch als pädagogisches Anschauungsmaterial dienten, weil sie eine recht exakte und anschauliche Abbildung der Realität ermöglichten. So treten Themen des 18. Jahrhunderts wie Rokokofiguren, Schäfereien, Hof- und

---

9. 2. 1725 in Zschorlau zur Welt; als wandernder Zinngießergeselle führte ihn sein Weg auch nach Nürnberg. In Fürth heiratete er 1754 – inzwischen Zinngießermeister – die Schreinermeisterstochter Margaretha Catharina Schoen (vgl. Erhard Schraudolph, Die Fürther Zinngießerfamilie Lorenz, in: Fürther Heimatblätter, N. F., Bd. 46 Nr. 1, 1996, S. 13–20, hier S. 13).

[4] Schraudolph, Hilpert (wie Anm. 3). Auffällig ist, daß zwischen 1780 und etwa 1820 etliche sächsische Zinngießer sich im Nürnberg-Fürther Raum niederließen. Neben Lorenz waren dies in Fürth u.a. Zinngießermeister Brucky (U 1810), Johann Heinrich Jobin um 1790 (dessen Vorfahren bereits seit 1600 in Annaberg Zinngießer waren), Georg Friedrich Seybold um 1818 (aus einer bekannten Dresdner Zinngießerfamilie stammend) sowie der Medailleur Johann Christian Reich um 1755 (aus Eisenberg). Außer Hilpert erhielten in Nürnberg das Bürgerrecht u.a. der aus Marienberg stammende Carl Christian Freyer (U 1817) – seit 1785 Zinngießermeister – ebenso wie drei Jahre später Johann Christian Günther, der Sohn eines Zinngießermeisters aus Neustadt a. d. Orla und Jacob Friedrich Flach (U 1800), geboren in Eibenstock, erlangte das Meisterrecht in Nürnberg 1799 (vgl. dazu Erwin Hintze (Hg.), Die deutschen Zinngießer und ihre Marken, Bd. II: Nürnberger Zinngießer, Leipzig 1921; Stadtarchiv Fürth (abgekürzt StadtA Fü), Fach 18, S, Nr. 158, Fach 18, J, Nr. 11; Adolf Schwammberger, Fürth von A bis Z, Fürth 1968, S. 299). Lorenz, Hilpert, Jobin und Seybold fertigten nachweislich auch Zinnspielwaren, von den anderen wissen wir es nicht.

[5] Vgl. dazu u.a. Hampe (wie Anm. 2), S. 43f.

Gartengesellschaften, Lustbarkeiten, Bauernhöfe, exotische Menschen und Tiere sowie das preußische Militär bei frühen Zinnfiguren häufig auf[6].

Lange Zeit fand Zinn nicht nur Verwendung bei kulturellen oder sakralen Gegenständen, sondern auch bei alltäglichen Gebrauchsgegenständen wie Besteck, Teller, Töpfen, Humpen und so weiter. Das Aufkommen des Porzellangeschirrs beziehungsweise des irdenen Geschirrs ruinierte relativ schnell das traditionelle Zinngießergewerbe, da die Verbraucher sehr rasch die neuen billigen, leichter zu reinigenden und attraktiveren Produkte akzeptierten. Der Markt für das Gebrauchszinn fiel praktisch weg, die Zinngießer mußten sich also längerfristig neue Produktfelder erschließen, denn der Bedarf an Zier- und Kulturgegenständen nahm ebenfalls ab. Neue Produktfelder lagen unter anderem im medizinischen beziehungsweise militärischen Bereich und eben in der Herstellung von Zinnspielwaren. Letztere sicherte oder ermöglichte etlichen Zinngießern in Nürnberg und Fürth – und nicht nur dort – im 19. Jahrhundert ein Auskommen. Seit den Anfängen von Hilpert und Lorenz bis zum Beginn des Zweiten Weltkrieges lassen sich in Nürnberg und Fürth über 60 Hersteller von Zinnspielwaren nachweisen[7]. Die fast immer handwerklich organisierten Betriebe existierten teilweise über mehrere Generationen. In der zweiten Hälfte des 19. Jahrhunderts führten viele der mittleren bis größeren Zinnfigurenhersteller die Bezeichnung „Zinnfigurenfabrik" ein, was jedoch nicht bedeutet, daß diese nun zu den Industriebetrieben gehörten. Die Herstellung der Zinnspielwaren oder Zinnfiguren geschah damals wie heute in Handarbeit, ein Einsatz von Maschinen ist unmöglich beziehungsweise unrentabel[8].

2. Die Herstellung

Bei der Herstellung unterscheidet man drei Schritte: das Gravieren, das Gießen und das Bemalen, hinzu kommen noch das Verpacken und der Versand. Viele Her-

---

[6] Bereits damals wurden Zinnfiguren auch als pädagogisches Anschauungsobjekt verwandt. So verkaufte der Hallenser Kunsthändler Christoph Friedrich Dreyßig die von dem Zinngießer und Graveur Johann Ernst Fischer bezogenen Zinnfiguren in sogenannten Lieferungen, jeweils mit einem pädagogischen Beiheft versehen (zum Preis von einem halben Reichstaler). Diese Beihefte, z.B. „Beschreibung merkwürdiger Völker und Thiere des Erdbodens (1793)", zunächst von Pädagogen in Zusammenarbeit mit Naturwissenschaftlern verfaßt, richteten sich an die Eltern der Kinder mit dem Ziel, diesen pädagogische Erkenntnisse (in der Tradition der Aufklärung) zu vermitteln. Vgl. Walter Achilles, Alte Hildesheimer Zinnfiguren – Fischer oder Fleegel, Hildesheim 1980, S. 16f. Ähnliches gilt für die Figuren von Hilpert, ein Großteil taugt kaum als Spielzeug im eigentlichen Sinn, jedoch hervorragend als Anschauungsobjekt; so beispielsweise die berühmte Affenserie, die in 18 und 12 Teilen im Bayerischen Nationalmuseum in München bzw. im Germanischen Nationalmuseum Nürnberg vorhanden ist.

[7] Vgl. dazu Erhard Schraudolph, Zinnspielwarenhersteller in Nürnberg und Fürth, in: Paradestücke – Zinnfiguren aus Nürnberg und Fürth, hg. v. den Museen der Stadt Nürnberg/Spielzeugmuseum (Schriften des Spielzeugmuseums Nürnberg IV), Nürnberg 2000, S. 110–150.

[8] Zwar erfüllten die größeren Zinnspielwarenhersteller etliche Kriterien eines Industriebetriebes wie Arbeitsteilung, Spezialisierung und Rationalisierung der Produktion, teilweise eine Trennung von Produktion und Leitung. Andererseits fehlten fast gänzlich der Einsatz von Maschinen, ein hoher Energieverbrauch, zumeist eine eigene Vertriebsstruktur und ein großer Kapitalbedarf. Die großen und kleinen Zinnspielwarenhersteller waren zeit ihres Bestehens fast alle mehr oder minder große Handwerksbetriebe. Die großzügige Verwendung des Wortes Fabrik – auch für handwerkliche Kleinbetriebe – ist im 19. Jahrhundert allgemein gebräuchlich.

steller waren Familienbetriebe, die hauptsächlich die Familienmitglieder in den Arbeitsprozeß einbezogen und nur wenige zusätzliche Arbeitskräfte beschäftigten. Das Gravieren und Gießen machte der Eigentümer oft selbst, während die Ehefrau, eventuell mit einigen Hilfskräften, das Gießen unterstützte und das anschließende „Verputzen", das heißt das Entgraten der erkalteten Güsse und das Säubern, erledigte. Die Bemalung geschah dann durch Heimarbeiterinnen außerhalb des Betriebes, lediglich die Malmuster wurden in der Werkstatt angefertigt. Das Sortieren, Beschriften der Verpackungen und der Versand erfolgten zumeist wieder im Betrieb durch die Frau(en). Das Gravieren und häufig auch das Gießen besorgten vorwiegend die Männer, während die anderen Arbeitsschritte ausschließlich Frauen ausführten[9].

Die wohl anspruchsvollste Arbeit in einer Zinngießerei war das Gravieren der Formen. Größere Betriebe beschäftigten meist einen eigenen Graveur oder ließen die Formen als Auftragsarbeit anfertigen. Von der Nürnberger Zinnfigurenfabrik Heinrichsen beispielsweise wissen wir, daß seit den siebziger Jahren des 19. Jahrhunderts ein eigener Graveur beschäftigt wurde und mit dem Eintritt des Graveurs Albrecht Städtler 1881 der damalige Firmeninhaber Wilhelm Heinrichsen keine Gravurarbeiten mehr ausführte. Die Fürther Firma Gebrüder Heinrich verfügte um 1900 sogar über eine eigene Gravieranstalt[10].

Die Gußform entstand, indem der Graveur eine Zeichnung auf die beiden planen Formsteine – zumeist aus Tonschiefer – übertrug und mit Hilfe verschiedener Gravurstichel die Form herstellte. Neben den Schieferformen fanden auch Metallformen Verwendung, überwiegend für dreidimensionale Gegenstände wie beispielsweise vollplastische Figuren. Diese wurden hauptsächlich von Gravieranstalten oder Metallwarenherstellern bezogen[11]. Die Graveure und die Hersteller signierten einen Teil ihrer Schöpfungen, allerdings recht willkürlich; so gibt es Figuren von Hilpert oder Lorenz, die auf der Standplatte ein H. beziehungsweise Hilpert oder L. tragen, während andere Figuren keine Signatur aufweisen. Erst Wilhelm Heinrichsen signierte einige bedeutende Figuren mit E. H. oder E. Heinrichsen, sein Sohn hingegen kaum[12]. Ganz anders Allgeyer, der Fürther Konkurrent von Heinrichsen, der zur gleichen Zeit relativ einheitlich signierte. Die meisten Hersteller, unabhängig von der Größe des Betriebes, unterließen jedoch das Signieren. Während die Flachfiguren noch Signaturen aufweisen, fehlen diese bei den halb- und vollplastischen Figuren oder Puppenstubenartikeln fast immer. Beim Signieren der Zinnfiguren lebte wahr-

---

[9] Gegen Ende des 19. Jahrhunderts sind Frauen immer häufiger beim Gießen anzutreffen. Für das Gravieren fehlen zumeist Nachweise, lediglich Eleonora Maria Hilpert (* 1. 8. 1761; † 20. 3. 1816), die Tochter des Johann Gottfried Hilpert, wird in einer zeitgenössischen Quelle erstaunlicherweise als Graveurin bezeichnet; vgl. Landeskirchliches Archiv Nürnberg, Sterberegister Heilig Geist 1816, S. 44.

[10] Alfred R. Sulzer, 150 Jahre feinste Zinn-Compositions-Figuren Ernst Heinrichsen, Nürnberg, hg. v. Zinnfigurenmuseum Zürich und der Figurina Helvetica, Zürich 1989, S. 59; StadtA Fü, Fach 18a, H, Nr. 585, Brief vom 8. 1. 1903.

[11] Besonders kleinere Hersteller bezogen ihre Metallformen wohl von dort. Hersteller dieser Art von Formen waren in Nürnberg u.a. die Gravieranstalt Georg Leonhard Bischoff, die Zinnspielwarenfabrik Johann Andreas Bäselsöder, die Metall- und Zinnspielwarenfabrik Erhard und Hans Landgraf, die Zinnwarenfabrik Johann Georg Normann sowie die Gravieranstalt Paul Müller in Dresden. Von letzterer existiert noch ein umfangreicher Katalog, der mehr als 1000 Gußformen für Zinnspielwaren enthält.

[12] Sulzer (wie Anm. 10), S. 27.

scheinlich die alte Tradition der Meistermarken fort, die noch bei den Zier- und Gebrauchsgegenständen aus Zinn üblich war.

Zum Gießen verwandte man immer eine Legierung mit einem mehr oder minder hohen Anteil von Zinn und Blei sowie weiteren Beimengungen, die genaue Zusammensetzung galt als Betriebsgeheimnis. Das spröde, damals zeitweise recht teuere Zinn verleiht Stabilität – das weiche, wesentlich billigere Blei erhöht die Elastizität. Allerdings sollten die stark bleihaltigen Figuren vollständig bemalt sein, um eine Gefährdung der Kinder durch den direkten Kontakt mit dem giftigen Metall zu verhindern.

Der große Konkurrenzdruck, zumindest in der Zeit des Massenspielzeuges, zwang die Hersteller dazu, immer kostengünstiger zu produzieren, was bei einigen zu grob fahrlässigen bis kriminellen Machenschaften führte. So wurde statt des teuren Reinzinns das sehr viel billigere sogenannte Abzugszinn, ein Abfallprodukt der Quecksilberspiegelherstellung, benutzt[13]. Dieses stark quecksilberhaltige Zinn beeinträchtigte nicht nur die Gesundheit der mit solchen Figuren spielenden Kinder, sondern auch die der Gießer beziehungsweise Malerinnen[14].

Nach dem Gießen und der entsprechenden Bearbeitung konnte das Bemalen erfolgen, ausgeführt wahrscheinlich seit jeher in Heimarbeit durch Frauen und Kinder. Neben dem Gravieren neuer Formen war das Bemalen der zeitaufwendigste, arbeits- und personalintensivste Schritt, wobei hier vor allem angelernte Kräfte eine Beschäftigung fanden. Eine spezielle Ausstattung entfiel, verschiedene Farben und Pinsel, Lack, Öl sowie Holzleisten beziehungsweise Blechschienen reichten als Hilfsmittel. Zunächst reihte man die blanken Figuren nach Typen geordnet auf eine Leiste, dann begann die Bemalung, wobei die einfacheren Partien teilweise Kinder ausführten. Während bei der sogenannten ordinären Bemalung die Hautpartien frei blieben, berücksichtigte man diese bei der mittelfeinen Bemalung; bei der feinen oder extrafeinen Bemalung – einer Art Luxusausführung – kamen das „Wangenrot" und weitere Details hinzu. In der Regel wurden Zinnfiguren im 19. Jahrhundert nur bemalt verkauft, im Gegensatz zu Zinngeschirr für die Puppenstuben, das zumeist blank blieb (teilweise patiniert), ähnlich den Produkten der traditionellen Zinngießerei.

3. Vertrieb und Verkauf

Die bemalten Figuren gelangten in kompletten Sätzen, verpackt in Span-, später Pappschachteln beziehungsweise in Holz- oder Pappkartons zum Verkauf. Auf dem Deckel prangte fast immer ein mehr oder minder aufwendig gestaltetes Etikett, das

---

[13] Bruno Schoenlank, Die Fürther Quecksilberspiegelbelegen und ihre Arbeiter, Stuttgart 1888, S. 133, Fußnote 8.

[14] So berichtet Wilhelm Heinrichsen in seiner Chronik, daß im Sommer 1888 sämtliche Arbeitskräfte in der Gießerei an Quecksilbervergiftung erkrankten, ausgelöst durch die Verwendung von Abzugszinn. Dieses Zinn hatte Heinrichsen ein Händler wissentlich als englisches Markenzinn verkauft, in einem Vergleichsverfahren wurde dieser zu 6000 Mark Strafe verurteilt, wovon die Hälfte als Schmerzensgeld an die Betroffenen ging. Vgl. dazu Sulzer (wie Anm. 10), S. 64.

Angaben zu Art und Umfang des Inhaltes – teilweise über den Hersteller – lieferte[15]. Gegen Ende des 19. Jahrhunderts tauchten kunstvoll ausgeführte, manchmal sogar farbige Etiketten (nur bei Kartons mit halb- oder vollplastischen Figuren) auf, häufig mit Auszeichnungen und der Fabrik- oder Schutzmarke des Herstellers versehen. Dieser erscheint mit vollem Namen und Ortsangabe oder nur mit Firmenkürzel – genaue Vorgaben existierten wohl nicht[16]. In der Zeit um 1900 klebten große Spielwarengeschäfte teilweise ihre eigenen Werbeetiketten zusätzlich auf die Schachteln oder Kartons, manchmal ersetzten diese sogar die Herstelleretiketten. So lieferte Heinrichsen beispielsweise Figuren an das Dresdner Spielwarengeschäft Richard Zeumer und an das Pariser Spielwarengeschäft E. Lelong; beide verkauften die Heinrichsen-Packungen dann mit eigenen Etiketten[17]. Sicher beruhte diese Verfahrensweise auf Sonderabsprachen zwischen Hersteller und Verkäufer, in diesem Fall den Spielwarengeschäften.

„Mit Ausnahme der vier oder fünf größten Fabriken und einiger Zinnfigurengeschäfte, die den Vertrieb ihrer sämtlichen Produkte auf dem Kontinente selbst besorgen, überlassen alle Metallspielwaren- und Zinnfigurenfabrikanten, der hausindustrielle Meister sowohl als auch der Unternehmer, der 200 Arbeiter und mehr beschäftigt, den Vertrieb ihrer Erzeugnisse fast ausschließlich den Fürther und Nürnberger Exporteuren"[18]. Das in der gesamten Spielwarenbranche anzutreffende Verlagssystem, bei dem ein Großhändler oder Exporteur die Waren von einigen Herstellern bezog und diese auf eigenes Risiko vertrieb, wurde auch bei den Zinnspielwarenherstellern praktiziert. Kleinbetriebe blieben zeit ihres Bestehens in der totalen Abhängigkeit der Großhändler, da sie aufgrund ihrer Größe den Vertrieb nicht rentabel organisieren konnten – zudem fehlte zumeist das kaufmännische Know-how. Großbetriebe hingegen bevorzugten eher eine Mischform, das heißt Vertrieb in Eigenregie sowie über die inländischen Großhändler, je nach Rentabilität oder Geschäftsrisiko[19].

Wie gestaltet sich der Kontakt zwischen Hersteller und Großhändler? „Anfangs oder Mitte Dezember hat der Fabrikant seine neuen Muster fertiggestellt, der Kauf-

---

[15] Die Span- bzw. Pappschachteln verkaufte man als 1/8 Pfd. bis 2 Pfd. Packung, wobei die kleinste Größe anfänglich 30 Fußer oder 12–14 Reiter (Flachfiguren in der Standardgröße) enthielt. Größere Packungen umfaßten ein Vielfaches an Figuren einer 1/8 Pfd.-Schachtel, teilweise ergänzt um Gruppen. Frühe Etiketten waren recht einfach ausgeführt, manchmal sogar handgeschrieben, oft ohne Herstellerangabe. Später fanden nur noch gedruckte Etiketten Verwendung mit mehrsprachiger Inhaltsangabe (in Deutsch, Französisch und Englisch, seltener in Russisch oder Spanisch).

[16] Daneben waren auch einfach gestaltete namenlose Etiketten im Gebrauch mit lediglich einer knappen Inhaltsangabe. Inwieweit hier die Großhändler Vorgaben machten, ist heute nicht mehr nachvollziehbar.

[17] Beispiele im Besitz des Verfassers.

[18] Karl Rosenhaupt, Die Nürnberg-Fürther Metallspielwarenindustrie in geschichtlicher und sozialpolitischer Beleuchtung, Stuttgart, Berlin 1907, S. 92. Um die Jahrhundertwende dürften die Firmen Gebrüder Heinrich in Fürth sowie J. Haffners Nachfolger in Nürnberg ihre Produkte eigenständig vertrieben haben; ähnliches gilt wohl auch für C. Ammon und E. Heinrichsen, vgl. dazu C. Leuchs und Comp., Adreßbuch der Export-Geschäfte des Deutschen Reiches, Österreich-Ungarns und der Schweiz, Nürnberg 1887, S. 290; Erhard Schraudolph, Fürther Zinnfigur und Nürnberger Eisenbahn – von Haffner zu Trix, in: Fürther Heimatblätter, N. F., Bd. 43 Nr. 3, 1993, S. 72–86, hier S. 76; ders., Die traditionsreiche Nürnberger Offizin Ammon, in: MVGN 81, 1994, S. 219–231, hier S. 227, und Sulzer (wie Anm. 10), S. 69.

[19] Sulzer (wie Anm. 10), S. 69.

mann wird davon benachrichtigt und wandert nun der Reihe nach bei den verschiedensten Fabrikanten herum, besieht sich ihre Musterausstellungen und nimmt alle die Artikel, welche ihm der Preislage und dem Aussehen nach als gangbar erscheinen, in seine Musterkollektion auf. Jetzt werden auch die Preise und Lieferungsbedingungen genau vereinbart und diese dann regelmäßig im Verhältnis zwischen diesem Kaufmann und diesem Fabrikanten das ganze Jahr über, d.h. bis zur Ausstellung neuer Muster (wenigstens als Maximalpreise) bindend"[20]. Der Großhändler offerierte nun seinerseits die Waren durch Musterlager, Messen und reisende Vertreter, die Bestellungen gingen dann über ihn an die Hersteller. Die Spielwarenindustrie insgesamt galt damals als ausgesprochenes Saisongewerbe, die Aufträge kamen zwischen März und November und mußten rechtzeitig bis Weihnachten erledigt sein; die restliche Zeit herrschte überwiegend Flaute. Die Zinnspielwaren- beziehungsweise Zinnfigurenhersteller betraf dies scheinbar nicht so stark vor der Jahrhundertwende, da sie zumindest seit der zweiten Hälfte des 19. Jahrhunderts vor allem exportorientiert waren und somit laufend Aufträge erhielten[21]. Die Nürnberg-Fürther Zinnfiguren gehörten längst zu den international begehrten Spielwaren. Neben Europa, hier vor allem Frankreich, England und Rußland, belieferte man in großem Umfang Amerika. Von Heinrichsen ist bekannt, daß er unter anderem Bestellungen aus Mexiko, Teheran und Surabaja auf Java erhielt[22].

Durch die zunehmende Schutzzollpolitik jedoch brachen die ausländischen Märkte langsam weg oder wurden zumindest nicht mehr in dem Maß wie früher bedient, weshalb besonders dem deutschen Markt verstärkte Bedeutung zukam. „Infolgedessen ist die Hauptsaison jetzt auf vier Monate, die Zeit von Ende Juni bis Anfang November, zusammengedrängt, die übrige Zeit ist tot, während noch 1900 die Zinnfigurenfabrikanten ziemlich das ganze Jahr hindurch beschäftigt waren"[23]. Diese Entwicklung beeinträchtigte die Betriebe in erheblichem Umfang und hatte nicht zuletzt entscheidende Auswirkungen auf die Beschäftigten. Einige Betriebe stellten sogar ihre Produktion ein[24].

4. Die Betriebe

Seit den Tagen von Hilpert und Lorenz nahm die Zahl der Zinnspielwarenhersteller stetig zu, wobei ein erster Boom mit dem Krimkrieg, ein zweiter nach der Reichs-

---

[20] Rosenhaupt (wie Anm. 18), S. 94.
[21] Rosenhaupt (wie Anm. 18), S. 105–108.
[22] Sulzer (wie Anm. 10), S. 69.
[23] Rosenhaupt (wie Anm. 18), S. 108.
[24] Zwischen 1880 und 1900 gaben etliche Betriebe auf oder wurden von der Konkurrenz übernommen, nicht nur im Raum Nürnberg-Fürth. Verantwortlich dafür waren neben betriebsinternen, hauptsächlich wirtschaftliche Gründe. In Nürnberg übernahm Otto Bing 1898 den Betrieb von C. L. Besold sowie die Firma J. Haffners Nachfolger. Die Nürnberger Zinn-Compsitions-Figuren-Fabrik hörte 1880 auf bzw. wurde eventuell zum Teil von Spenkuch übernommen. Die Betriebe von Josef Bux, Ernst Lorenz Erdmannsdörfer, Johann Lehmann, Johann Andreas Schmidt und Christian Schweiger endeten in den achtziger bzw. neunziger Jahren. In Fürth waren es Allgeyer um 1897, Emil Rudolf Hering, Carl Heinrich Reiss und Friedrich August Schradin in den achtziger Jahren, während der Betrieb von Johann Philipp Meier um 1900 an Johann Balthasar Dörfler fiel; vgl. dazu Schraudolph, Verzeichnis (wie Anm. 7). Den Betrieb stellten ferner ein Du Bois in Hannover (1900), Wehrli in Aarau (1887), während J. C. Haselbach in Berlin an die Gebrüder Rieche in Hannover verkaufte (1890); vgl. dazu Sulzer (wie Anm. 10), S. 72.

gründung einsetzte. Die Betriebsgröße schwankte erheblich, neben einigen Großbetrieben existierten sehr viele Klein- beziehungsweise Familienbetriebe[25]. „Trotz Gleichheit der Technik haben nun die Großbetriebe einen großen Vorsprung, vor den Kleinbetrieben hinsichtlich des Materialieneinkaufs sowie hinsichtlich der Saison, die jene infolge größeren Kapitals leichter überstehen können; daher die Großbetriebe meist bestehen bleiben und sogar vergrößern, während die kleinen Betriebe in Größe und Menge ständig wechseln"[26]. Die Kleinbetriebe behaupteten durchaus ihre Marktnischen, solange der Markt expandierte und der Wettbewerb sich nicht durch äußere Faktoren wie die ab den achtziger Jahren einsetzende Schutzzollpolitik oder drastisch steigende Preise des Reinzinns zuspitzte. In einer verschärften Wettbewerbssituation machte sich natürlich die Abhängigkeit von dem oder den Großhändlern bemerkbar, die nun Preisermäßigungen und Erhöhung der Skonti relativ leicht durchsetzen konnten. Mancher Kleinbetrieb wirtschaftete deshalb am Rande des Existenzminimums, die Auswirkungen für die Familie oder die Beschäftigten liegen auf der Hand[27].

Mit dem Trend zum Massenspielzeug verbilligte sich die Ware, zumindest der Figuren in einfacher Bemalung, der sogenannten Bazarware, die für die unteren Schichten des Volkes erschwinglich sein sollte. Von 1898 ließ deshalb Heinrichsen – er wird wahrscheinlich nicht der einzige gewesen sein – Zinnfiguren auch im Nürnberger Gefängnis bemalen. „Alles schreit nach Billigkeit. Von der geringsten Ware, die ich produziere und die nur halbbemalt im Zellengefängnis beschmiert wird, kosten zwei Fußgänger, die Schachtel eingerechnet, nicht einmal einen Pfennig. Von diesem Schunde kann ich nicht genug liefern"[28]. Im Vergleich dazu kosteten feinbemalte Flachfiguren in der Standardgröße damals zwei bis drei Pfennig pro Stück, wesentlich teurer kamen allerdings vollplastische Figuren[29].

Nicht zuletzt bedingt durch die Betriebsgröße fehlen betriebsspezifische Daten, lediglich aus der zweiten Hälfte des 19. Jahrhunderts sind einige Angaben von größeren Firmen überliefert. So verbrauchte Ammon in Nürnberg um 1854 jährlich 160 Zentner an Rohmaterialien bei 20 Beschäftigten, 1871 waren es 360 Zentner bei

---

[25] Zu den Großbetrieben um 1880/90 zählten in Nürnberg Ammon, Heinrichsen, die Nürnberger Zinn-Compositions-Figuren-Fabrik, später Spenkuch, in Fürth Allgeyer, Haffner und die Gebrüder Heinrich.

[26] Rosenhaupt (wie Anm. 18), S. 85.

[27] Vgl. dazu Rosenhaupt (wie Anm. 18), S. 95–99. Der Hersteller erhielt jeweils bei Lieferung der Ware an die Großhändler den Gesamtbetrag seiner Forderung in bar bezahlt. Dafür mußte er diesem Skonto gewähren – üblicherweise 5% – da der Großhändler sein Geld vom Kunden erst in ein bis drei Monaten erhielt, somit also einen kurzfristigen Kredit der Bank aufnehmen mußte. Im Laufe der Jahre erhöhten die Großhändler die Skonti auf 10%, teilweise bis auf 20%, wobei die Summe nicht mehr in Relation zu dem Zinsverlust des Großhändlers stand. Rosenhaupt führt als Beispiel einen kleinen Fürther Zinnfigurenfabrikanten an, der einen Artikel zu 3,80 Mark mit 20% Skonto lieferte, diesen jedoch höchstens für 4,00 Mark und 12,5% Skonto hätte liefern dürfen, um nicht einen Verlust zu erleiden (ebd., S. 99).

[28] Sulzer (wie Anm. 10), S. 66.

[29] Die Fürther Firma Gebrüder Heinrich verlangte um 1910 für ihre mit 30 Figuren (52 mm halbplastisch), Gruppen und Zubehör bestückten Schlachtenpackungen 3 bis 5 Mark. Eine Spanschachtelpackung mit bis zu 30 Fußern (30 mm flach) oder 12 Reitern kostete damals bis zu 40 Pfennig (vgl. die jeweiligen Herstellerkataloge oder Preislisten). Für eine solche Spanschachtelpackung mußte eine Heimarbeiterin/Malerin sechs bis zehn Stunden arbeiten.

allein 75 Heimarbeiterinnen[30]. Jahrzehnte später lesen wir über Ammon: „Die Firma beschäftigt in der Hauptzeit der Fabrikation ca. 100 Personen, von denen 12 Giesserinnen täglich 25–26 000 Figuren herstellen."[31]

Bereits Anfang der achtziger Jahre des 19. Jahrhunderts bezifferte man den jährlichen Verbrauch der drei größten Nürnberger Zinnfigurenhersteller Ammon, Heinrichsen und der Nürnberger Zinn-Compositions-Figuren-Fabrik mit jeweils circa 600 Zentnern Zinn, während gleichzeitig rund 200 000 Schachteln mit Inhalt abgesetzt wurden, das heißt über vier Millionen Figuren pro Jahr[32]. Ähnliche Zahlen gelten für Fürth, wo die Firma Haffner um 1867 jährlich 500 Zentner Zinn und Blei verbrauchte und 90 bis 100 Personen beschäftigte[33]. Die großen Firmen stellten wahrscheinlich seit den siebziger Jahren jährlich zwischen drei und fünf Millionen (vorwiegend flache) Figuren her. Um die Jahrhundertwende produzierten die Zinnspielwarenhersteller in beiden Städten schätzungsweise jährlich Waren im Wert von einer Million Mark, wovon zwei Drittel in den Export gingen[34].

Wirft man einen Blick auf die Jahresumsätze der größeren Hersteller, so erreichte Johann Georg Lorenz Heinrich, der zusammen mit dem Zinngießermeister Johann Caspar Engert die Herstellung von Zinnfiguren betrieb, um 1860 einen Umsatz von 18 000 bis 20 000 fl. jährlich. Der Jahresumsatz von Wilhelm Heinrichsen betrug 1896 fast 70 000 Mark. Seine Eltern hatten in 26 Jahren für rund 510 000 Mark Waren abgesetzt, während er im gleichen Zeitraum (1870–1896) den Umsatz auf 1 373 000 Mark steigern konnte[35].

Recht bescheiden begannen die meisten Hersteller. So ließ sich der 22jährige Zinngießermeister Konrad Schildknecht mit Ersparnissen von 200 fl. – davon entfielen zwei Drittel auf Handwerkszeug und die notwendige Werkstattausstattung – im Herbst 1842 in Fürth nieder. Der Vater wollte weitere 200 fl. als Startkapital beisteu-

---

[30] Katalog der allgemeinen deutschen Industrie-Ausstellung zu München im Jahre 1854, hg. v. Friedrich Benedict Wilhelm von Hermann, München 1854, S. 112; Adreßbuch der deutschen produzierenden Firmen, Leipzig 1873, S. 393. Die Zahl der in dem Betrieb beschäftigten Menschen wurde leider nicht angegeben – schätzungsweise waren es circa 20.

[31] Festschrift zur 40. Haupt-Versammlung des Vereins deutscher Ingenieure in Nürnberg vom 11.–15. Juni 1899, hg. v. Fränkisch-oberpfälzischen Bezirks-Verein deutscher Ingenieure, Nürnberg 1899, S. 463.

[32] Max Amthor, Industriegeographie des Königreiches Bayern, Leitfaden für die höheren Klassen von Realschulen, Gewerbeschulen, Handelsschulen und polytechnischen Anstalten, insbesondere des Königreiches Bayern, Gera 1881, S. 26. Die geschätzte Zahl von über vier Millionen Figuren ergibt sich, wenn man eine Spanschachtel, gefüllt mit mindestens 12 Reitern oder 30 Fußern Flachfiguren, zugrunde legt. Diese Zahl wird durch eine zeitgenössische Aussage bestätigt: „nebenbei bemerkt, fertigt allein die Fabrik Heinrichsen vier bis fünf Millionen Stück Soldaten im Jahr …" (Hanns von Spielberg, Der standhafte Zinnsoldat, in: Velhagens und Klasings Monatshefte 13, 1898/99, S. 449–456, hier S. 455).

[33] Die Industrie- und Landwirtschaft Bayerns auf der internationalen Ausstellung zu Paris im Jahre 1867, München 1867, S. 79.

[34] Wilhelm Uhlfelder, Die Zinnmalerinnen in Nürnberg und Fürth – eine wirtschaftliche Studie über Heimarbeit, in: Hausindustrie und Heimarbeit in Deutschland und Österreich, Bd. I (Süddeutschland und Schlesien), Leipzig 1899, S. 164. In den einschlägigen Exporttabellen werden die Zinnfiguren nie extra ausgewiesen, sondern immer unter Manufaktur- und Kurzwaren bzw. (Metall-)Spielwaren eingerechnet, deshalb sind genaue Angaben unmöglich.

[35] StadtA Fü, Fach 123, Nr. 54; Sulzer (wie Anm. 10), S. 71. Weitere Angaben zu Umsätzen der Nürnberg-Fürther Hersteller von Zinnspielwaren gibt es leider nicht.

ern[36]. Eine Seltenheit ist die relativ detaillierte Aufstellung der Besitztümer des 25jährigen Zinngießermeisters Johann Andreas Bäselsöder anläßlich seiner Niederlassung in Nürnberg 1860. So verfügte er neben 85 fl. in bar über Sachwerte von insgesamt 506 fl.; dazu gehörte eine Drehbank mit Werkzeug (80 fl.), ein Gießofen mit vier eisernen Löffeln sowie vier kupfernen Lötkolben (15 fl.), fünf Großformen aus Messing und 20 kleinere Formen (26 fl.). Der Rest entfiel auf Wäsche, Bett, Kleidung und Schmuck[37]. Wesentlich bessere Ausgangsbedingungen hatten natürlich die Erben, welche die (väterliche) Werkstatt samt Inventar, eventuell mit eigenem Gebäude, übernahmen. Der junge Zinngießermeister Christoph Ammon besaß 1836 beim Eintritt in das Geschäft der Mutter ein Vermögen von 1000 fl., davon entfielen 700 fl. auf seinen Anteil am Geschäfts- und Wohnhaus in Nürnberg. Der fast gleichaltrige Zinngießermeister Johann Friedrich Allgeyer aus Fürth, der sich 1845 zunächst in Nürnberg niederlassen wollte, konnte Formen, Werkzeug und so weiter im Wert von 1000 fl. vorweisen – zudem versprach ihm sein Vater ein Startkapital von 4000 fl[38].

Mit lediglich 25 fl. in bar startete der Zinngießermeister Johann Haffner 1837 in Fürth; seine Braut allerdings brachte über 1612 fl. als Aussteuer ein. Als Haffner 1874 verstarb, vererbte er seinem Sohn einen der größten Betriebe, der in diesem Raum Zinnspielwaren fertigte, sowie seiner Frau zwei Immobilien im Gesamtwert von 64 000 fl.[39]. Die wenigen Beispiele machen deutlich, daß die Erzeugung von Zinnspielwaren damals durchaus lukrativ war, sofern es gelang, das kleingewerblich-familiäre Milieu zu überwinden. Im Zeitraum zwischen Krimkrieg und Reichsgründung hatten mittlere bis große Hersteller dieser Branche ein Betriebskapital von schätzungsweise 10 000 bis 40 000 fl. Bei der Beantragung der Fabrikkonzession 1857 konnte Wilhelm Langenbach beispielsweise für seinen seit drei Jahren bestehenden mittleren Handwerksbetrieb, die Nürnberger Zinn-Compositions-Figuren-Fabrik, zusammen mit seinem neuen Geschäftspartner, ein gemeinsames Betriebskapital von 13 000 fl. nachweisen[40].

Vergleichsweise spät kam es erst zur Gründung einer eigenen Interessenvertretung. Der von Wilhelm Schwarz, Inhaber und Leiter der Nürnberger Firma Georg Spenkuch, 1905 gegründete „Verband deutscher Zinnfigurenfabrikanten e.V. mit Sitz in Nürnberg", löste den erfolglosen Verband Fürther Zinnfigurenfabrikanten ab[41]. *Der Zweck des Verbandes ist die Wahrung und Förderung der gemeinsamen gewerblichen Interessen: 1. Die Förderung eines gedeihlichen Verhältnisses zwischen den Mitgliedern; 2. Die Ergreifung von Massnahmen zur Beseitigung bereits vorhandener oder künftig eintretender Missstände, die insbesondere durch gesetzliche oder behördliche*

---

[36] StadtA Fü, Fach 18a, S, Nr. 156.
[37] Stadtarchiv Nürnberg (abgekürzt StadtAN), C7/II, Nr. 16011.
[38] StadtA N, C7/II, Nr. 7717, Nr. 10628, Ansässigmachungsgesuch 1845. Damals hatten Bewerber um Handwerkskonzessionen nie mehr als 500 bis 800 fl., allerhöchstens 1000 fl. Betriebs- bzw. Startkapital zur Verfügung. So gesehen hatte Allgeyer eine glänzende Ausgangsposition.
[39] StadtA Fü, Fach 18a, H, Nr. 94, Fach 2, Nr. 10, Quartal 1874.
[40] StadtAN, C7/II, Nr. 10568, S. 20f.
[41] Rosenhaupt (wie Anm. 18), S. 147f.

Vorschriften oder sonstige die Gewerbeinteressen schädigende Vorgänge hervorgerufen werden[42].

Der ehrenamtlich tätige Vorstand, für ein Jahr von der Generalversammlung gewählt, bestand aus dem Vorsitzenden – bis 1933 blieb dies Wilhelm Schwarz –, dem Schriftführer und gleichzeitig stellvertretenden Vorsitzenden, dem Verbandskassier und zwei Beisitzern. Schriftführer war zunächst bis November 1911 Max Erlanger, Inhaber der Firma Johann Haffners Nachfolger, Nürnberg[43]. Die ordentlichen Mitgliederversammlungen fanden einmal jährlich in Nürnberg im Café „Plärrer" statt. Nach der Satzung von 1905 mußten Mitgliedsanträge schriftlich gestellt werden, über die Aufnahme entschied die Vorstandschaft. Die Aufnahmegebühr betrug 3 Mark (ab 1909 30 Mark), der Jahresbeitrag jeweils 10 Mark. *Mitglied kann nur derjenige werden, der Zinnfiguren fabriziert*[44]. Mitglieder wurden im Laufe der Zeit die wichtigsten deutschen Zinnfigurenhersteller.

Ein Hauptanliegen des Verbandes war, den schädlichen Konkurrenzkampf – verbunden mit einer allgemeinen Preisdrückerei – zu unterbinden. Deshalb legte man als höchstes Warenskonto 12,5% und als höchstes Musterskonto 20% fest. Verstöße dagegen sollten mit einer Geldstrafe in die Verbandskasse geahndet werden[45]. Einen Erfolg erzielte der Verband 1907/08, als es ihm gelang, daß Zinnfiguren nicht unter das Nahrungsmittelgesetz fielen. Bekanntlich enthielten Zinnfiguren damals zwischen 30 und 60% Blei und verstießen somit gegen das sogenannte Zinngesetz vom 25. Juni 1887. Im Rheinland kam es deshalb zur Beschlagnahme von entsprechender Ware durch die Polizeibehörde sowie zur Klage gegen ein Verbandsmitglied. Der Verband übernahm seinerseits die Klage und gewann in zweiter Instanz den Prozeß; bemalte Zinnfiguren unterlagen nicht dem Nahrungsmittelgesetz[46].

Dem Verband gehörten 1934 noch 28 Firmen, davon acht auswärtige an[47]. Der neue Vorsitzende Jean Schmidt, Teilhaber der Firma Spenkuch, konnte die sinkende

---

[42] StadtAN, C7/V, Nr. 3894, Satzung des Verbandes deutscher Zinnfigurenfabrikanten vom 21. 12. 1905, § 2.

[43] StadtAN, C7/V, Nr. 3894, § 9 und Niederschriften ab 1906. Schriftführer und Stellvertreter war ab 1911 Ludwig Hörauf (Eigentümer der Firma Schildknecht in Fürth), seit Juli 1933 hieß der Erste Vorsitzende Jean Schmidt; Schriftführer war der Kaufmann Hans Heider (Inhaber der Firma Josef Bischoff). Zu den Gründungsmitgliedern gehörten neben den eben genannten noch folgende Betriebe: Christoph Ammon, Friedrich Ammon, Ernst Heinrichsen, Christoph Herbst, Rudolf Lauter, Karl Metzger (alle aus Nürnberg), Hans Dörfler, Ursula Engert, Johann Georg Heinrich, Gebrüder Heinrich, Max Koch, Adolf König, Johann Georg Rupprecht, Margarethe Wabel, Gebrüder Zolles (alle aus Fürth), Theodor Krause (Gotha) und Carl Scheller (Kassel).

[44] Satzung des Verbandes (wie Anm. 42), § 3.

[45] Rosenhaupt (wie Anm. 18), S. 148.

[46] StadtAN, C7/V, Nr. 3894, Brief vom 18. 1. 1908. Bereits am 17. 9. 1899 hatte das Preußische Innenministerium per Erlaß bestätigt, daß vollständig bemalte Zinnfiguren unter Verwendung unschädlicher Öl- oder Lackfarbe keine Gefährdung für Kinder und Jugendliche darstellten.

[47] Vgl. dazu Otto Fischer, Der Nürnberger Zinnsoldat. Seit Jahrhunderten beliebtes Spielzeug und Sammlerobjekt/Wechselvolles Schicksal eines bodenständigen Gewerbes, in: Nürnberger Schau. Monatsschrift der Stadt der Reichsparteitage Nürnberg, Heft 10, 1939, S. 343–346, hier S. 346. Von den einstigen Gründungsmitgliedern existierten damals neun Firmen nicht mehr und der Nachfolgebetrieb der Firma Johann Haffner produzierte längst andere Spielwaren.

Bedeutung des Verbandes nicht mehr aufhalten; so löste sich der Verband am 6. Mai 1935 auf. Inwieweit der Verband während seines dreißigjährigen Bestehens wirkungsvoll in Erscheinung trat, läßt sich nicht mehr eindeutig belegen[48].

5. Die Beschäftigten

In der gesamten Spielwarenbranche erfolgte die Herstellung in der Fabrik oder Werkstatt und die Veredelung der Ware in Heimarbeit. Bei den Zinnspielwarenherstellern arbeiteten Graveure, Gießer und Gießerinnen sowie Packerinnen – damals Arbeitsmädchen genannt – im Betrieb, die Zinnmalerinnen in Heimarbeit. Für die Tätigkeiten im Betrieb genügte eine relativ kleine Anzahl an Beschäftigten, während für das Malen sehr viele Kräfte nötig waren. „Daher werden von jedem Fabrikanten mindestens zwei bis dreimal, von vielen aber auch vier bis fünfmal so viele Heimarbeiterinnen beschäftigt, als Personen in der Werkstatt arbeiten"[49].

In elf Fürther Betrieben der Zinnfigurenherstellung arbeiteten 1905 insgesamt 137 Personen, davon allein 121 Frauen, 24% unter 16 Jahre alt – auffällig ist der hohe Anteil an Frauen und Jugendlichen. Nicht allein die Heimarbeit, sondern auch die Fabrikarbeit erledigten überwiegend Frauen[50]. „In der Zinnfigurenindustrie bekommen die Gießerinnen als oberste Stufe 9 bis 12 Mark, die übrigen Arbeitsmädchen 6 bis 9 Mark wöchentlich"[51]. Zwanzig Jahre zuvor, das heißt 1885, betrug der Lohn einer Gießerin noch 6 bis 8 Mark, der einer normalen Arbeiterin in einem Zinnfigurenbetrieb 5 bis 7 Mark[52]. Der Lohnzuwachs in diesem Zeitraum entsprach in etwa der Preissteigerung – besonders bei den Fleischwaren –, so daß es kaum einen realen Lohnzuwachs und damit eine Verbesserung der Lebensbedingungen der Arbeiterinnen gab (vgl. dazu Tabelle über Lebensmittelpreise in Fürth).

Im Gegensatz zu den Gießerinnen und Packerinnen zählten die Graveure zu den Fachkräften, die recht gut verdienten. So kamen Friedrich Wilhelm Langenbach und Ernst Heinrichsen als freie Graveure in den dreißiger Jahren des 19. Jahrhunderts in Nürnberg auf einen Wochenverdienst von 10 bis 15 fl. – was damals ein guter Verdienst für einen Handwerksmeister war[53]. Mit Ausnahme der Großbetriebe gravierten die meisten Hersteller selbst, dies galt auch für die Zeit nach 1900.

---

[48] Satzung des Verbandes (wie Anm. 42), Niederschriften 1906–1935. Die Unterlagen des Verbandes sind nicht mehr auffindbar.

[49] Wilhelm Uhlfelder (wie Anm. 34), S. 164.

[50] Rosenhaupt (wie Anm. 18), S. 158. Die Jugendlichen arbeiteten hauptsächlich in den Klein- oder Familienbetrieben. Nach einer fast zeitgleichen Erhebung der Fürther Ortskrankenkasse arbeiteten 1904 in elf Zinnfigurenfabriken und drei Zinngießerein 346 Personen (ebd., S. 65). Der Unterschied rührt daher, daß hier die Heimarbeiterinnen (soweit sie in der Ortskrankenkasse waren) mitgezählt wurden. Da aber schätzungsweise sehr viele Heimarbeiterinnen ohne Versicherungsschutz arbeiteten, dürfte deren Anzahl wesentlich höher gewesen sein.

[51] Rosenhaupt (wie Anm. 18), S. 168. Nach der oben erwähnten Erhebung der Ortskrankenkasse von 1904 lag der Tageslohn der Frauen zwischen 75 Pfennig und 1,76 Mark (berücksichtigt sind dabei wahrscheinlich auch die versicherten Heimarbeiterinnen). Zum Vergleich, ein Fürther Metallspielwarenarbeiter erreichte damals einen Wochenlohn von bis zu 20 Mark.

[52] Rosenhaupt (wie Anm. 18), S. 168. Zahlenmaterial vor 1885 liegt leider nicht vor, ebensowenig für Nürnberg.

[53] Sulzer (wie Anm. 10), S. 12; StadtAN, C/II, Nr. 10568.

Lebensmittelpreise in Fürth (1885 und 1906)

Lebensmittel	Preis in Pfg. (1885)	Preis in Pfg. (1906)
1 Pfd. Roggenbrot	12	12–13
1 Pfd. Römisches Brot	13	15–16
1 Pfd. Roggenmehl	12–13	16–19
1 Pfd. Weizenmehl	17–19	16–19
1 Pfd. Rindfleisch	66	85–90
1 Pfd. Kuhfleisch	50	70–80
1 Pfd. Schaffleisch	56	70–80
1 Pfd. Schweinefleisch	64	75–90
1 Pfd. Butter	100	110–120
1 Ei	6	6–10
1 l Milch	18	18–20
1 l Bier	24	24–26
1 l Petroleum	22	20–24

Quelle: Verwaltungsberichte des Stadtmagistrats Fürth für 1884–1887 (S. 11f.) und 1906/1907 (S. 269).

Betrug in den achtziger Jahren die Arbeitszeit noch bis zu 72 Stunden, so reduzierte sich diese auf über 60 Stunden in den Neunzigern und erreichte um 1905 schließlich circa 59 Wochenstunden[54]. Bestehen blieb allerdings weiterhin der Wechsel von Überarbeit (in der Saison) zu Kurzarbeit beziehungsweise Entlassung in den flauen Monaten. Aufgrund der Weihnachtsbestellungen kam es häufig zu Überstunden. Beispielsweise stellte Christian Ammon im Oktober 1897 an die zuständige Behörde den Antrag, *daß ich 20 Arbeitsmädchen über 17 Jahre alt 30 Tage lang von morgens 7 Uhr bis abends 10 Uhr beschäftigen darf mit 1/2 Stunde Frühstücks- und 1 Stunde Mittags- und 1/2 Stunde Abendpause*[55]. Die Behörde genehmigte den Antrag prompt; für die betroffenen Frauen bedeutete dies einen Monat lang eine tägliche Arbeitszeit von 13 Stunden.

Über die soziale Lage der Zinnmalerinnen in Nürnberg und Fürth um 1900 wissen wir einigermaßen gut Bescheid. So beschäftigten 17 Hersteller in Nürnberg und Fürth damals circa 500 bis 600 Frauen in Heimarbeit als Malerinnen. Diese Frauen, zumeist Ehefrauen oder Witwen aus dem Arbeitermilieu, erhielten durch diese Tätigkeit einen notwendigen Nebenverdienst – nur für wenige bildete er das Haupteinkommen. Um

---

[54] Rosenhaupt (wie Anm. 18), S. 170f.
[55] Staatsarchiv Nürnberg, Reg. v. Mfr., KdI, Abg. 1952, Tit. IX, Nr. 1827, Gesuch des Christian Ammon vom 14. 10. 1897.

einen halbwegs ordentlichen Verdienst zu erreichen, arbeiteten die Frauen 10 bis 12 Stunden täglich, in Saisonzeiten bis zu 17 Stunden – ebenso sonntags[56].

„Eine geübte Arbeiterin gab ihren Verdienst bei einer Beschäftigungszeit von morgens 6 Uhr bis abends 10 Uhr auf 1 bis 2 Mark täglich an, und zwar für das Bemalen von 100 Pferden mit aufzusetzenden Reitern geringer Größe... Bei einer anderen, sehr fleißigen und geschickten Arbeiterin schwankt der Verdienst zwischen 15 und 39 M in 2 Wochen. Die gewöhnlichsten Artikel werden nach dem Gewichte bezahlt. Dabei ergibt sich ein Stundenlohn von etwa 6 Pfg."[57]. Die Entlohnung richtete sich neben dem Gewicht oder der Stückzahl der Figuren auch nach Qualität oder Umfang der Arbeit. Ein Stundenlohn von 4 bis 7 Pfennig, das heißt ein Wochenlohn von 4,50 bis 5,00 Mark brutto, wurde durchschnittlich erreicht, abzüglich circa 13% für die Aufwendungen an Arbeitsmaterialien (Pinsel, Farben und Lacke), die die Malerin zumeist selbst kaufen mußte[58]. Im Laufe der Zeit erhielten die Malerinnen einige Routine, die ihnen die Arbeit erleichterte. Einige Malerinnen erreichten einen überdurchschnittlichen Verdienst. So erhielt die Fürther Zinnfigurenmalerin Rosine Ritzler, die zehn Jahre lang für Konrad Koch und anschließend (ab Mai 1900) für Johann Georg Rupprecht tätig war, einen Wochenlohn von 5 bis 6 Mark – wie lange sie dafür arbeitete, ist nicht bekannt[59].

„Zwischen Fabrikant und Heimarbeiterin besteht kein fester Arbeitsvertrag, sondern ein tatsächlich dauerndes Arbeitsverhältnis. Die Arbeiterin ist nicht verpflichtet, Arbeit anzunehmen, ebenso wie es in dem Belieben des Fabrikanten steht, sie zu beschäftigen. Ihre Stellen wechseln die Arbeiterinnen nur, wenn besondere Gründe vorliegen, so daß oft dieses Verhältnis von langer Dauer ist. So wurde in Nürnberg eine Frau angetroffen, die bereits 40 Jahre für eine Nürnberger Firma arbeitet"[60]. Wilhelm Heinrichsen berichtet in seiner Hauschronik von zwei Schwestern Hopfengart und zwei Schwestern Hoffmann, die zusammen mit ihrer Mutter 30 bis 40 Jahre für die Firma Heinrichsen malten[61]. Eine jahrzehntelange Tätigkeit für den gleichen Hersteller war nicht ungewöhnlich und lag im Interesse des Herstellers, der gute und ordentliche Kräfte zu halten suchte.

Die karg entlohnten Frauen beschäftigten – soweit möglich – auch ihre Kinder mit dem Bemalen der Zinnfiguren, durchschnittlich acht bis zehn Stunden täglich. In Fürth mußten um 1898 schätzungsweise rund 10 bis 16% der Volksschüler beim Bemalen der Zinnfiguren mithelfen; allerdings machte das Zinnfigurenmalen lediglich 16% der von Kindern ausgeführten gewerblichen Arbeit aus. Das Alter der Kin-

---

[56] Uhlfelder (wie Anm. 34), S. 165, 187. Bei der Studie von Uhlfelder muß auf die schmale Erhebungsbasis hingewiesen werden. So erhielt Uhlfelder nur Auskünfte von sieben (von 17) Zinnfigurenherstellern und lediglich von 25 Zinnmalerinnen, alle weiteren Angaben stammen von nicht direkt Betroffenen wie Kaufleuten, Lehrern usw. (S. 161). Die Zahl der Heimarbeiterinnen wird bestätigt durch den Bericht des Bayerischen Fabrikinspektors von 1906, der für Mittelfranken 500 Personen – darunter zehn Männer – aufführt, die sich in Heimarbeit mit dem „Bemalen von Zinn- und Bleifiguren" befassen (vgl. Die Jahresberichte der königlich-bayerischen Fabrikinspektoren für das Jahr 1906, München 1907, Teil II, S. 7).
[57] Jahresberichte Fabrikinspektoren 1906 (wie Anm. 56), S. 16.
[58] Uhlfelder (wie Anm. 34), S. 175, 178.
[59] StadtA Fü, Fach 18a, R, Nr. 1067.
[60] Uhlfelder (wie Anm. 34), S. 171.
[61] Sulzer (wie Anm. 10), S. 64.

der lag zwischen sechs und dreizehn Jahren, wobei hauptsächlich die Sieben- bis Zehnjährigen eingesetzt wurden[62]. Die Folgen dieser Kinderarbeit waren Beeinträchtigung des Wachstums, Augenleiden, Übermüdung, Bewegungsmangel und Vernachlässigung der Hausaufgaben, außerdem ähnlich wie bei den Müttern Atemwegserkrankungen. Als Arbeitsraum diente nämlich fast immer die Wohnstube, in der tagsüber gelebt und nachts meistens geschlafen, jedoch kaum gelüftet wurde, besonders im Winter. Das Gesetz betreffend Kinderarbeit in gewerblichen Betrieben, das im Januar 1904 in Kraft trat, verbot nun die Beschäftigung von fremden und eigenen schulpflichtigen Kindern, unter anderem in Werkstätten der Zinnspielwarenherstellung[63].

Die Heimarbeit senkte die Produktionskosten enorm, sparte der Fabrikant doch die Kosten für den Arbeitsraum samt Beleuchtung und Heizung sowie die Beiträge zur Unfall- und Krankenversicherung. Nur deshalb konnte die Ware so billig angeboten werden und der Fabrikant zumeist einen guten Gewinn erzielen. Für die Heimarbeiterinnen bestand der Vorteil darin, bei den Kindern bleiben zu können, nicht arbeitslos zu sein sowie der Reglementierung in der Fabrik zu entgehen. Im Krankheitsfall allerdings blieben sie ohne Unterstützung, da sie oft keine Beiträge in die Krankenkasse zahlten, um ihren Verdienst nicht weiter zu schmälern. Neben Augenleiden und Rückenerkrankungen bedrohte vor allem die Tuberkulose die Heimarbeiterinnen in der Zinnfigurenindustrie[64].

Die eben angesprochenen Probleme traten in verschärfter Form bei den Kleinbetrieben zutage, da sich diese wirtschaftlich weit schlechter stellten als die Großbetriebe. Die Eigentümer und ihre Familien lebten häufig kaum besser als ihre Beschäftigten. Um einigermaßen mithalten zu können, mußten diese Kleinbetriebe verstärkt auf das selbstzerstörerische Mittel der extremen Überarbeit (Freinacht) zurückgreifen. „Besonders augenfällig tritt uns die Überarbeit in den kleinen Zinnfigurenwerkstätten entgegen: hier machen die Überstunden oft 20 bis 25% der regulären Arbeitszeit aus, während die Großbetriebe (die notgedrungen während der flauen Zeit auf Vorrat arbeiten) nur selten zu diesem Notbehelf greifen."[65] Die sozialen Verhältnisse waren – wie in der gesamten Spielwarenbranche – denkbar schlecht, entscheidende Verbesserungen erfolgten erst in den zwanziger Jahren.

6. Das Ende

Bezüglich der Vielfalt und Qualität des Angebotes an Zinnspielwaren erreichte man um die Jahrhundertwende den absoluten Höhepunkt. Der Inlandsmarkt hatte jetzt größere Bedeutung, da die ausländischen Märkte wegen der verschärften Schutzzollpolitik und eigener Produktion mehr und mehr verloren gingen. Der Ausbruch des Ersten Weltkrieges verschaffte den Zinnfigurenherstellern zunächst aufgrund der

---

[62] Uhlfelder (wie Anm. 34), S. 172–174. Nach der Erhebung vom Juni 1898 konnten insgesamt 151 Schulkinder in Fürth ermittelt werden, die Zinnfiguren bemalten.

[63] Uhlfelder (wie Anm. 34), S. 176; Rosenhaupt (wie Anm. 18), S. 210. Allerdings gab es 1904/05 immer noch 36 schulpflichtige Kinder in Fürth, die Zinnfiguren bemalen mußten.

[64] Rosenhaupt (wie Anm. 18), S. 193, 206f.

[65] Rosenhaupt (wie Anm. 18), S. 111. Diese Aussagen galten für die Zeit um die Jahrhundertwende.

nationalen Euphorie einen erneuten Aufschwung ungeahnter Art. Der enormen Inlandsnachfrage nach aktuellen Zinnsoldaten stand ein Wegfall der vorwiegend im feindlichen Ausland gelegenen Märkte gegenüber. Mit fortschreitendem Krieg sank die Qualität der Produkte – Rohstoffmangel und fehlende Arbeitskräfte zeigten Wirkung. Nach Ende des Krieges trat kaum Besserung ein, viele Betriebe mußten in den zwanziger Jahren schließen. Denn der verlorene Krieg mit seinen Millionen Toten und Kriegsversehrten führte auch beim Spielzeug in Deutschland zu einem gewissen Umdenken, was das Militärspielzeug – beziehungsweise was man dafür hielt – anbelangt. Die „Feldgrauen" und ihre Gegner verschwanden ebenso wie die wilhelminische Armee aus den Schaufenstern der Spielwarengeschäfte.

Ende der zwanziger Jahre belebte sich die Nachfrage nach Zinnfiguren wieder, jedoch kauften die Erwachsenen diese nicht mehr ausschließlich für ihre Kinder, sondern verstärkt zur eigenen Erbauung. Das einstige Kinderspielzeug mutierte zum Sammelobjekt der Erwachsenen. Gleichzeitig entstand die kulturhistorische Zinnfigur. Unter dieser versteht man generell die zumeist drei Zentimeter hohe, nach historisch korrekten Vorlagen gravierte (und bemalte) Flachfigur. Die bislang produzierten Spielzeugfiguren genügten den strengen Kriterien der Sammler zumeist nicht und eigneten sich deshalb kaum zur exakten Darstellung historischer Ereignisse; umgekehrt taugt die kulturhistorische Zinnfigur nur wenig als Spielzeug[66].

Trotz dieser Entwicklung produzierte der größte Teil der Zinnfigurenhersteller weiterhin hauptsächlich für den Spielzeugmarkt; von den verbliebenen neun Betrieben in Nürnberg und Fürth Anfang der dreißiger Jahre bediente allein die Firma Heinrichsen beide Kundenkreise[67]. Eine kaum zu überschätzende Konkurrenz der Zinnfiguren waren die sehr preisgünstigen, einfach herzustellenden Massefiguren, die erstmals 1912 die Firma Hausser offerierte. Die Marktführer hießen Elastolin (Hausser) und Lineol. Ende der zwanziger Jahre brachte auch Spenkuch unter dem Markennamen „Gloria" solche Figuren heraus[68]. Die Zeit des Zinnspielzeuges ging nun unwiderruflich zu Ende; seit dem Zweiten Weltkrieg beliefert nur mehr Heinrichsen vorwiegend die wachsende Sammlergemeinde mit ihren Zinnfiguren.

---

[66] Maßgeblich beeinflußte die Entwicklung der kulturhistorischen Zinnfigur die Gründung der „Fabrik für historische Zinnfiguren und Kulturbilder GmbH" durch Max Hahnemann 1924 in Kiel. Daneben begannen langsam auch Privatleute (Sammler) eigene Figuren herauszugeben – zunächst noch auf ein Themengebiet begrenzt. Diese Herausgeber, nicht oder nur halb kommerziell ausgerichtet, belieferten die Sammlerkreise fast ausschließlich mit Blankfiguren – das Bemalen war dem Sammler überlassen. Heute gibt es, nicht allein in Deutschland, eine Vielzahl von vorwiegend privaten Herausgebern, die alle Arten von Zinnfiguren – unbemalt oder bemalt – anbieten.

[67] In den dreißiger Jahren existierten als Zinnfigurenhersteller in Fürth Hans Dörfler, Johann Georg König, Conrad Koch und Conrad Schildknecht sowie in Nürnberg Josef Bischoff, Ernst Heinrichsen, Erhard Landgraf, Rudolf Lauter und Georg Spenkuch (vgl. Adreßbücher von Fürth und Nürnberg 1931ff.). Lediglich für die Firma Heinrichsen gewannen die Wünsche und Bedürfnisse der erwachsenen Sammler zunehmend an Bedeutung – so entstanden Serien auf deren Anregungen.

[68] Ulf Leinweber, Ernst Schnug, Hersteller von Aufstellfiguren aus plastischer Hartmasse und Kunststoff im deutschen Sprachraum in: Ulf Leinweber, Die kleine Figur – Geschichte in Masse und Zinn, in: Schriften zur Volkskunde 3, Staatliche Kunstsammlung, Kassel 1985, S. 218–238, hier S. 236. Leider ist nicht bekannt, in welchem Umfang Spenkuch diese Figuren hergestellt hat.

Dieter J. W e i ß

König Ludwig I. und Franken

Das Thema „König Ludwig I. und Franken" führt an einen Brennpunkt der deutschen, der bayerischen und der fränkischen Geschichte. Es soll in vier Komplexen untersucht werden: der Übergang der fränkischen Gebiete an Bayern, die Integration unter Ludwig I., die Betonung der fränkischen Traditionen sowie das Konstrukt eines fränkischen Stammes durch den König und die fränkische Opposition gegenüber dem Königreich Bayern.

I

Der Großteil der Territorien des Fränkischen Reichskreises wie der Gebiete der Reichsritterschaft war in den Jahren 1802 bis 1814 vom Kurfürstentum und Königreich Bayern besetzt, ertauscht oder gekauft worden. Die rechtliche Grundlage lieferten der Reichsdeputationshauptschluß, verschiedene Friedensverträge und ein Kaufvertrag[1]. Mit dem Wiener Kongreß und dem Münchener Vertrag von 1816[2] wurden die Grenzen endgültig festgelegt, das Großherzogtum Aschaffenburg und einige Ämter kamen noch dazu[3].

Die von Maximilian Joseph von Montgelas geschaffene bayerische Verwaltung behandelte neu- wie altbayerische Gebiete unterschiedslos. Ganz Bayern wurde 1808 mit einer Departement-Einteilung überzogen[4], in Jahrhunderten gewachsene Rechtszustände weggewischt. Das Ideal der an der Spätaufklärung orientierten Beamtenschaft bildete ein allein rationalen Grundsätzen unterworfener Zentralstaat[5].

---

[1] Rudolf Endres, Territoriale Veränderungen, Neugestaltung und Eingliederung Frankens in Bayern, in: Geschichte Frankens bis zum Ausgang des 18. Jahrhunderts. Handbuch der bayerischen Geschichte III/1, begründet von Max Spindler, hg. v. Andreas Kraus, München ³1997, S. 517–533.

[2] Münchener Vertrag vom 18. April 1816: das böhmische Amt Redwitz und die Ämter Hammelburg und Brückenau fallen an Bayern, von Hessen die Ämter Alzenau, Amorbach, Miltenberg und Kleinheubach.

[3] Vgl. Peter Herde, Alzenau 175 Jahre bayerisch. Ein historischer Rückblick, in: Sonderbeilage zum Amts- und Mitteilungsblatt Stadt Alzenau 28. Jg., Nr. 16 vom 9. August 1991, S. 7–13; Harm-Hinrich Brandt, Die Epoche der napoleonischen Hegemonie, in: Unterfränkische Geschichte IV/1, hg. v. Peter Kolb, Ernst-Günter Krenig, Würzburg 1998, S. 477–530.

[4] Regierungssystem und Finanzverfassung, unter Mitwirkung von Werner K. Blessing bearb. v. Rolf Kiessling und Anton Schmid (Dokumente zur Geschichte von Staat und Gesellschaft in Bayern III/3), München 1977, Nr. 54f., S. 118–123.

[5] Vgl. Walter Demel, Der bayerische Staatsabsolutismus 1806/08–1817. Staats- und gesellschaftspolitische Motivationen und Hintergründe der Reformära in der ersten Phase des Königreichs Bayern (Schriftenreihe zur bayerischen Landesgeschichte 76), München 1983, S. 124–132 (zur Vereinheitlichung der staatlichen Normen und Verbreitung einer offiziösen Reichsideologie). Die integrative Funktion der bayerischen Verfassung von 1808 betont Helmut Neuhaus, Auf dem Wege von „Unsern gesamten Staaten" zu „Unserm Reiche". Zur staatlichen Integration des Königreiches Bayern zu Beginn des 19. Jahrhunderts, in: Staatliche Vereinigung: Fördernde und hemmende Elemente in der deutschen Geschichte, hg. v. Wilhelm Brauneder („Der Staat", Beiheft 12), Berlin 1998, S. 107–135.

Dazu konstituierte man eine bayerische Staatsnation[6], für die man ein Reichsarchiv[7] und ein Nationaltheater[8] schuf und auch eine Reichsuniversität plante[9]. Nach dem Sturz von Montgelas wurde im Februar 1817 die Kreiseinteilung dem aktuellen Gebietsstand angepaßt, die Vorläufer der heutigen Regierungsbezirke entstanden[10].

Die neue bayerische Verwaltung beraubte die fränkische Territorienvielfalt, die sich in Jahrhunderten ausgebildet hatte, ihrer Freiheiten, Rechte und Traditionen. Manche Aufklärer begrüßten den Rationalismus der neuen Regierung wie der Würzburger Professor Franz Oberthür[11] (1745–1831), der 1804 das Buch „Die Bayern in Franken und die Franken in Bayern. Ein Parallelogramm"[12] verfaßte und in Erinnerung an Fürstbischof Adam Friedrich dem Geschlecht der Grafen von Seinsheim widmete. Er versuchte, die historischen Gemeinsamkeiten zwischen Bayern und Franken aufzuzeigen, um in der Gegenwart einen friedlichen Ausgleich herbeizuführen[13]. Zu den historischen Beispielen rechnet er die Zusammenarbeit der Wittelsbacher und der Würzburger Fürstbischöfe im Zeichen der Gegenreformation. Ausdrücklich begrüßt er den Beginn der Herrschaft des „Vaters Maximilian Joseph" als „Herzog der Franken"[14].

Widerstände bei der katholischen Bevölkerung in Franken lösten zunächst weniger die Zugehörigkeit zu einem anderen Staatswesen und die damit verbundene Verwaltungsneuorganisation als vielmehr die radikalen Säkularisationsmaßnahmen aus. Die Aufhebung der Klöster und die Unterdrückung des religiösen Brauchtums verletzten die Gefühle der Gläubigen. Kulturelle Werte und Kunstwerke gingen bei den teils barbarisch durchgeführten Aktionen zugrunde. Herausragende Kunstschätze wurden nach München transportiert, aus Bamberg etwa der Domschatz mit dem Kreuzreliquiar und der Heinrichs- und der Kunigundenkrone, aus Würzburg das fränkische

---

[6] Vgl. Karl Otmar Freiherr von Aretin, Kurfürst Karl Theodor und das bayerische Tauschprojekt. Ein Beitrag zur Geschichte des bayerischen Tauschgedankens der Montgelaszeit, in: ZBLG 25, 1963, S. 745–800; Viktoria Strohbach, Geschichtsbewußtsein und vermittelte Geschichtsbilder in Bayern an der Wende vom 18. zum 19. Jahrhundert, in: Johannes Erichsen u.a. (Hg.), »Vorwärts, vorwärts sollst du schauen …«. Geschichte, Politik und Kunst unter Ludwig I. Aufsätze (Veröffentlichungen zur Bayerischen Geschichte und Kultur 9), München 1986, S. 237–251, hier v.a. S. 242–246.

[7] Rudolf Fitz, Die Organisation der staatlichen Archive Bayerns von ihren Anfängen bis zur Gegenwart, in: Mitteilungen für die Archivpflege in Bayern 12, 1966, S. 1–10.

[8] König Max I. Joseph hatte die Absicht, „der bayerischen Nation ein neues würdiges Denkmal zu hinterlassen", zitiert nach Oswald Hederer, Karl von Fischers Nationaltheater in München, in: Krone und Verfassung. König Max I. Joseph und der neue Staat. Beiträge zur Bayerischen Geschichte und Kunst 1799–1825 (Wittelsbach und Bayern III/1), hg. v. Hubert Glaser, München – Zürich 1980, S. 395–402, hier S. 395.

[9] Bayerisches Hauptstaatsarchiv München, MInn 23925/I, fol. 66–68' (20. September 1811); BayHStA München, MInn 23925/II, fol. 166 (19. November 1812).

[10] 20. Februar 1817: Regierungssystem und Finanzverfassung (Dokumente zur Geschichte von Staat und Gesellschaft in Bayern III/3) (wie Anm. 4), Nr. 56, S. 123–125. Für Franken bedeutete dies die Errichtung von drei Kreisen, des Rezatkreises mit Sitz in Ansbach, des Obermainkreises mit Sitz in Bayreuth und des Untermainkreises mit Sitz in Würzburg.

[11] Professor Franz Oberthür. Persönlichkeit und Werk, hg. v. Otto Volk (Quellen und Beiträge zur Geschichte der Universität Würzburg 2), Neustadt a.d. Aisch 1966.

[12] Nürnberg 1804. Ein Exemplar: UB Würzburg, Rp 3,12.

[13] Oberthür, Die Bayern in Franken (wie Anm. 12), S. 178–185.

[14] Oberthür, Die Bayern in Franken (wie Anm. 12), S. 14, 16.

Herzogsschwert[15]. Auch in den Markgraftümern wurde der Übergang an die neuen Herren nicht mit Begeisterung aufgenommen. Die Einwohner Ansbachs hatten den König von Preußen noch 1806 beschworen, er möge „das heilige und ehrwürdige Band, welches die Vorsehung seit einem Jahrtausend zwischen den biederen Einwohnern von Anspach und Baireuth und den Brandenburgischen Beherrschern knüpfte", nicht lösen, und sich bereit erklärt, Gut und Blut für Preußen zu opfern[16]. Hier war es das konfessionelle Moment, das die Zugehörigkeit zu Bayern belastete. Ähnlich war die Stimmungslage in den Reichsstädten. In Nürnberg hatte das Patriziat 1806 ein Festmahl für den königlichen Generalkommissar Graf Thürheim (1763–1832) veranstaltet, doch litten manche Bürger unter dem Verlust der Reichsunmittelbarkeit[17]. Zur Deckung der gewaltigen Schulden Nürnbergs wurden hier Kunstwerke zerstört und verkauft. Auch in Schweinfurt stand man der Entwicklung mit Skepsis gegenüber, doch wurden hier die Vorteile einer vereinfachten und verbesserten Verwaltung erkannt[18]. Daß es unter der Decke der bayerischen Verwaltung nach 1806 noch durchaus gärte, beweisen die Ereignisse vom Juni 1809, als ein österreichisches Freikorps Nürnberg besetzte und die Bevölkerung die bayerischen Beamten verjagte. Verstärkend wirkten antifranzösische Gefühle gegen die zeitweilige Besatzungsmacht[19]. Die dabei geschlagenen Wunden vernarbten lange nicht, der Dichter Karl Immermann (1786–1840) mußte die andauernde Empörung bei seiner „Fränkischen Reise" noch 1837 feststellen[20].

Am einfachsten war die Übernahme der Beamtenschaft in den bayerischen Staatsdienst gelungen, die nun loyal dem bayerischen König wie zuvor ihren angestammten Herren diente[21]. Bei den von der Aufklärung geprägten Beamten hatte die Loyalität dem Staat gegenüber die zum Fürsten bereits überwogen. Das Bürgertum erhoff-

---

[15] Heute in der Residenzschatzkammer München: Schatzkammer der Residenz München. Katalog, hg. v. Hans Thoma und Herbert Brunner, München 1964, Nr. 9, S. 24–27, Nr. 10, S. 27f., Nr. 13, S. 29f., Nr. 232, S. 109f.; Heinrich Kreisel, Die Münchener Schatzkammer mit fränkischen Augen gesehen, in: Fränkische Kunstschätze in Bayerns Hauptstadt, hg. v. Frankenbund, Würzburg 1964, S. 28–33, hier S. 32; Johannes Erichsen, »… um unsere Sammlung dadurch zu bereichern«. Wege von Kunstwerken aus Unterfranken nach München, in: Wittelsbach und Unterfranken. Vorträge des Symposions 50 Jahre Freunde Mainfränkischer Kunst und Geschichte, hg. v. Ernst-Günter Krenig (Mainfränkische Studien 65), Würzburg 1999, S. 95–108.

[16] Zitiert nach Rudolf Endres, Franken und Bayern im Vormärz und in der Revolution 1848/49, in: Erichsen (Hg.), Vorwärts, vorwärts Bd. 9 (wie Anm. 6), S. 199–217, hier S. 202.

[17] Die Frau des Handelsvorstandes Paul Wolfgang Merkel erklärte ihren Kindern weinend: „Ihr armen Kinder. Jetzt seid ihr Fürstenknechte.", zitiert nach Gerhard Hirschmann, Fortleben reichsstädtischen Bewußtseins in Franken nach 1806?, in: JfL 34/35, 1975, S. 1041–1057, hier S. 1044.

[18] Uwe Müller (Hg.), „… und manche Leute hatten geweint." Schweinfurt wird bayerisch. Ausstellung des Stadtarchivs Schweinfurt aus Anlaß des 175. Jahrestages der zweiten bayerischen Besitzergreifung (Veröffentlichungen des Stadtarchivs Schweinfurt 3), Schweinfurt 1989.

[19] Ulrich Thürauf, Die öffentliche Meinung im Fürstentum Ansbach-Bayreuth zur Zeit der französischen Revolution und der Freiheitskriege, München 1918, S. 113–132.

[20] Karl Immermann's Fränkische Reise. Herbst 1837, Memorabilien. Dritter Theil, Hamburg 1843 (ND Bibliotheca Franconica 5, Erlangen 1980), S. 32.

[21] Zum Ordnungshandeln der Bürokratie vgl. Werner K. Blessing, Staatsintegration als soziale Integration. Zur Entstehung einer bayerischen Gesellschaft im frühen 19. Jahrhundert, in: ZBLG 41, 1978, S. 633–700, hier S. 660–681.

te sich von dem größeren Staatsgebiet und der Aufhebung der Beschränkungen im Zunftwesen einen wirtschaftlichen Aufschwung[22]. Das bisher in einer günstigen Zentrallage gelegene unterfränkische Gebiet war allerdings in eine Randlage geraten, alte Verkehrs- und Wirtschaftsbeziehungen wurden durch die neuen Grenzen unterbrochen[23]. Besonderen Unwillen erregten die Einführung des Salzmonopols und der Malzaufschlag, der das Bier verteuerte und damit den Umsatz senkte[24].

Die erste These lautet: Zum Zeitpunkt des Übergangs der fränkischen Territorien an Bayern gab es kein gesamtfränkisches Bewußtsein, sondern nur Reichspatriotismus, antibayerische, meist religiös motivierte Stimmungen und partikulare, teilweise preußenfreundliche[25] Traditionen und Interessen[26].

II

Die ehemaligen Residenzstadtbewohner bedauerten den Verlust der Hofhaltungen mit ihren Verdienstmöglichkeiten und ihrer kulturellen Ausstrahlung. Sie hofften darauf, daß sich Angehörige des Königshauses in den leerstehenden Schlössern niederlassen würden, was in einigen Fällen zeitweilig gelang[27]. König Max I. Joseph wies seinem Sohn Kronprinz Ludwig 1816 die Schlösser in Würzburg für den Winter und Aschaffenburg für den Sommer als Residenzen zu, dazu kamen Veitshöchheim und Schönbusch[28]. Dadurch sollte die Loyalität der fränkischen Untertanen zum neuen Königshaus gestärkt werden. Ludwigs Hof bildete zeitweise einen Sammelplatz für den fränkischen Adel, darunter sein Freund Heinrich Freiherr von der Tann († 1848) und Franz Erwein Graf von Schönborn[29] (1776–1840), und die Anhänger der nationalen und konstitutionellen Bewegung[30]. In Würzburg wurde der dritte Sohn des Kronprinzenpaares Luitpold geboren. Auch Vertreter der kirchlichen Erneuerung wie

---

[22] Blessing, Staatsintegration (wie Anm. 21), S. 657f.

[23] Harm-Hinrich Brandt, König Ludwig I. und das Würzburger Wirtschaftsbürgertum, in: Wittelsbach und Unterfranken, hg. v. Krenig (wie Anm. 15), S. 167–182.

[24] Erich Carell, Die bayerische Wirtschaftspolitik und ihre Auswirkungen auf die wirtschaftliche Entwicklung Unterfrankens von 1814 bis zur Gründung des Deutschen Reiches, in: Unterfranken im 19. Jahrhundert, S. 177–209, hier S. 179.

[25] Thürauf, Meinung (wie Anm. 19), S. 143.

[26] Zum Vergleich: Heinz Gollwitzer, Die politische Landschaft in der deutschen Geschichte des 19./20. Jahrhunderts. Eine Skizze zum deutschen Regionalismus, in: ZBLG 27, 1964, S. 523–555, hier S. 532.

[27] Gerhard Hirschmann, Das Haus Wittelsbach und Franken im 19. Jahrhundert (Neujahrsblätter der Gesellschaft für fränkische Geschichte 38), Neustadt a.d. Aisch 1984; Wittelsbach und Unterfranken, hg. v. Krenig (wie Anm. 15).

[28] Max H. von Freeden, König Ludwig I. und Unterfranken, in: Unterfranken im 19. Jahrhundert. Festschrift mit dem Festvortrag des bayerischen Ministerpräsidenten Alfons Goppel (Mainfränkische Heimatkunde 13), Würzburg 1965, S. 84–98, hier v.a. S. 88f. Zu den Beziehungen Ludwigs zu Aschaffenburg: Ludwig I. und Aschaffenburg. Ausstellung zum Ludwig-Gedenkjahr 1986 vom 31. Oktober bis 30. November, Aschaffenburg 1986. Vgl. auch Heinz Gollwitzer, Ludwig I. von Bayern. Königtum im Vormärz. Eine politische Biographie, München 1986, zu seinem Verhältnis zu Franken S. 355–358.

[29] Josef Friedrich Abert, Franz Erwein, Graf von Schönborn-Wiesentheid, Patriot und Förderer der Künste 1776–1840, in: Lebensläufe aus Franken 4 (VGffG VII/4), Würzburg 1930, S. 348–378; Katharina Bott, Franz Erwein Graf von Schönborn Kunstsammler zwischen Klassizismus und Romantik, in: Die Grafen von Schönborn. Kirchenfürsten Sammler Mäzene (Ausstellungskatalog des Germanischen Nationalmuseums Nürnberg), Nürnberg 1989, S. 173–179.

[30] Von Freeden, Ludwig I. und Unterfranken (wie Anm. 28), S. 90.

Weihbischof Gregor von Zirkel[31] (1762–1817) fanden hier Rückhalt gegenüber der Bürokratie. Als König half Ludwig, die Wunden, die die Säkularisation geschlagen hatte, zu schließen, und setzte sich für die Wiedererrichtung besonders zahlreicher Mendikantenklöster in Franken ein[32].

Auch Ludwig fühlte sich in Franken heimisch, wo er von den Zwängen des Münchener Hoflebens befreit war. Besonders häufig hielt er sich in Aschaffenburg auf. Landschaft, Klima und Mundart erinnerten ihn an die heimische Pfalz und seine Mutter, eine gebürtige Prinzessin von Hessen-Darmstadt. Weniger Liebe zu Franken, als dessen Bestandteil Ludwig Aschaffenburg ohnehin nicht betrachtete, als Sehnsucht nach der Pfalz bestimmten seine Vorliebe für diese Gegend. In einem Gedicht „An Aschaffenburg" bekannte er:

Fühle mich heimisch bei dir, obgleich du nicht Heimath mir warest, ...
Höre die Töne, die frühesten, welche das Kindchen vernommen;
Und sie rufen zurück viel in das liebende Herz.
Die der hiesigen Mundart habe zuerst ich gesprochen[33];

Zahlreiche Sommeraufenthalte (21) in der Stadt sind nachweisbar, wo Friedrich von Gärtner das Pompejanum als Nachbildung eines antiken Wohnhauses erbaute[34]. Noch häufiger besuchte er Bad Brückenau (zwischen 1818 und 1848 vierundzwanzigmal), wo er ebenfalls für die bauliche Entwicklung sorgte[35].

Es waren freilich weniger die sentimentalen Gefühle des Kronprinzen als die politische Entwicklung, die das Verhältnis der Franken zu Ludwig I. bestimmte. Die bayerische Konstitution vom 26. Mai 1818, an deren Vorbereitung er mitgewirkt hatte, wurde begeistert begrüßt. Der in Franken lebendige Reichspatriotismus sollte in die bayerische Verfassungsbewegung münden. Anselm von Feuerbach (1775–1833) schrieb: „erst mit der Verfassung hat sich unser König Ansbach, Bayreuth, Würzburg und Bamberg u.s.w. erobert"[36]. Der Würzburger Professor für Geschichte und Jurisprudenz Johann Adam von Seuffert[37] (1794–1857) sah nun die Unterschiede zwischen Alt- und Neubayern beseitigt[38]. Graf Schönborn feierte sie als die „Magna

---

[31] August F. Ludwig, Weihbischof Zirkel von Würzburg in seiner Stellung zur theologischen Aufklärung und zur kirchlichen Restauration. Ein Beitrag zur Geschichte der katholischen Kirche Deutschlands um die Wende des achtzehnten Jahrhunderts, 2 Bde., Paderborn 1904/06.

[32] Michael Dirrigl, Ludwig I. König von Bayern 1825–1848 (Das Kulturkönigtum der Wittelsbacher 1), München 1980, S. 397.

[33] „An Aschaffenburg", in: Gedichte Ludwigs des Ersten, Königs von Bayern, 3 Teile, München 1839, hier Teil. III, S. 91, Faksimile in: Ludwig I. und Aschaffenburg (wie Anm. 28), S. 7.

[34] Erich Seuffert, Ludwig I. in Aschaffenburg, [masch.] Zulassungsarbeit zur 1. Prüfung für das Lehramt an Volksschulen 1972/II, Würzburg 1972 (ein Exemplar: UB Würzburg Rp. 23, 4607) (mit Belegen zu den einzelnen Aufenthalten Ludwigs in Aschaffenburg).

[35] Kaspar Gartenhof †, Bad Brückenau in der Ludwigszeit (1818–1862) (Mainfränkische Hefte 34), Würzburg 1959. – Gedicht Ludwigs I. „Im Bade Brückenau 1841": Gedichte König Ludwigs I. von Bayern, hg. v. Rudolf Greinz, Leipzig 1899, S. 103f. Vgl. auch Katharina Weigand, Monarchische Reisepolitik im 19. Jahrhundert: die Tagebuchaufzeichnungen König Ludwigs I. von Bayern über seine Reisen nach Unterfranken, in: Wittelsbach und Unterfranken, hg. v. Krenig (wie Anm. 15), S. 183–197.

[36] Zitat nach Michael Doeberl, Ein Jahrhundert bayerischen Verfassungslebens, München 1918, S. 61.

[37] Uta von Weech, Johann Adam von Seuffert 1794–1857, in: Lebensläufe aus Franken 4 (VGffG VII/4), Würzburg 1930, S. 378–389.

[38] Doeberl, Jahrhundert (wie Anm. 36), S. 61f.

Charta, ... als größte und wirksamste Tat, welche die Geschichte Bayerns und seiner Regenten aufweisen kann"[39]. Er beauftragte Leo von Klenze zur Erinnerung auf dem Sonnenhügel über Gaibach die „Konstitutionssäule" zu errichten[40]. Am dritten Jahrestag der Verfassung 1821 fand die Grundsteinlegung in Anwesenheit des Kronprinzenpaares statt[41]. Das Gemälde von Peter von Hess (1792–1871) hält die Erinnerung daran fest[42].

Auch die Betonung des „teutschen" Nationalgefühls stärkte die Position Ludwigs in Franken[43]. Als Kronprinz trug er die sogenannte altdeutsche Tracht, obwohl sie in Bayern ab 1815 verboten war[44]. Er ließ sich mit seiner Gemahlin vor der Aschaffenburger Residenz in dieser Kleidung porträtieren[45]. Die Reichsstadt Nürnberg war für ihn der Inbegriff des deutschen Mittelalters[46]. In einem Gedicht sprach er sie „als des Mittelalters treues Bild" an, wo Poesie, Kunst und Religion sich wechselseitig durchdrangen und dem Höchsten dienten[47]. Auch die neuromanische Gestaltung des Bamberger Domes als Nationaldenkmal ist in diesem Zusammenhang zu sehen[48]. In diese Traditionskette ist der Anstoß zur Gründung des Germanischen Nationalmuseums einzuordnen. Ludwig unterstützte es mehrfach entscheidend durch finanzielle Zuwendungen, wollte sich aber nicht an die Spitze des Museumsvereins stellen, um es nicht in den Ruch des Partikularismus zu bringen[49].

---

[39] Zitat nach Endres, Franken und Bayern (wie Anm. 16), S. 204.

[40] Ausstellungskatalog: Die Gaibacher Konstitutionssäule zum 150. Jahrestag der Vollendung, Würzburg 1978.

[41] Festschrift: Das Königsfest zu Gaibach im Untermainkreis bei Gelegenheit der Durchreise König Ludwig's von Bayern von Brückenau nach München am 22. August 1828, Würzburg 1828 (ein Exemplar: UB Erlangen, Hist. B 1446).

[42] Die Grafen von Schönborn (wie Anm. 29), Nr. 423, S. 539f.

[43] Vgl. Hans-Michael Körner, Staat und Geschichte im Königreich Bayern 1806–1918 (Schriftenreihe zur bayerischen Landesgeschichte 96), München 1992, S. 252–258.

[44] Bernward Deneke, Kronprinz Ludwig und der altdeutsche Rock, in: Erichsen (Hg.), Vorwärts, vorwärts Bd. 9 (wie Anm. 6), S. 153–169; Gerhard Bott, Kronprinz Ludwig in altdeutscher Tracht, in: Erichsen (Hg.), Vorwärts, vorwärts Bd. 9 (wie Anm. 6), S. 171–184.

[45] Johannes Erichsen u.a. (Hg.), »Vorwärts, vorwärts sollst du schauen ...«. Geschichte, Politik und Kunst unter Ludwig I. Katalog (Veröffentlichungen zur Bayerischen Geschichte und Kultur 8), München 1986, Nr. 125, S. 93f.

[46] „Dich grüßen der Vorzeit gewaltige Geister." Ludwig I. und Nürnberg, in: Erichsen (Hg.), Vorwärts, vorwärts Bd. 8, Katalog (wie Anm. 45), S. 317–320. Vgl. auch Körner, Staat und Geschichte (wie Anm. 43), S. 172–188.

[47] An Nürnberg, in: Gedichte Ludwigs des Ersten, Königs von Bayern, 3 Teile, München 1839, hier Teil. 3, S. 49–51, Erstveröffentlichung 1834, zitiert bei Wolfgang Frühwald, Der König und die Literatur. Zu den Anfängen historischer Dichtung in Deutschland, in: Erichsen (Hg.), Vorwärts, vorwärts Bd. 9 (wie Anm. 6), S. 365–384, hier S. 366f.

[48] Romantik und Restauration. Architektur in Bayern zur Zeit Ludwigs I. 1825–1848, hg. v. Winfried Nerdinger (Ausstellungskataloge der Architektursammlung der Technischen Universität München und des Münchner Stadtmuseums 6), München 1987, S. 190–194; Matthias Stickler, Politische Sinnstiftung durch Denkmalpflege – die Purifizierung des Bamberger Domes unter König Ludwig I. von Bayern, in: Berichte des Historischen Vereins Bamberg 135, 1999, S. 307–317.

[49] Peter Burian, Das Germanische Nationalmuseum und die deutsche Nation, in: Bernward Deneke, Rainer Kahsnitz (Hgg.), Das Germanische Nationalmuseum Nürnberg 1852–1977. Beiträge zu seiner Geschichte, München 1978, S. 127–262; „Germanisches Museum. Eigenthum der deutschen Nation" Germanisches Nationalmuseum, in: Erichsen (Hg.), Vorwärts, vorwärts Bd. 8, Katalog (wie Anm. 45), S. 331–336.

Die Aufenthalte Ludwigs als Kronprinz wie als König in den fränkischen Provinzen wurden durch zahlreiche, noch ganz in barocker Tradition stehende Huldigungsgedichte und Lieder begleitet[50]. Die Universitätsbibliothek Würzburg wie die Bayerische Staatsbibliothek München verfügen über reiche Sammlungen, die noch näherer Untersuchung bedürfen. Nach einer ersten Durchsicht überwiegen gerade im mainfränkischen Raum konventionelle Formen des Herrscherlobes[51]. Während Bezüge auf Franken meist fehlen, wird die Treue der „Bayernherzen" gegenüber ihrem König betont[52]. Lediglich der Erlanger Gymnasialprofessor Johann Lorenz Richter[53] mischte in seine deutschen und lateinischen Gedichte anläßlich des Aufenthalts des Königs 1833 in Nürnberg politische Forderungen gegen Beamtentyrannei oder für die Bewahrung der Verfassung[54]. Die Abhaltung von Volks- und Nationalfesten sowie von Festumzügen wie ab 1826 in Nürnberg am Geburts- und Namenstag des Königs und nach diesem Vorbild in Ansbach und Bamberg bildete ein weiteres Element der Bürgerschaft, ihrer Loyalität zum König Ausdruck zu verleihen[55].

Auch technische Innovationen verbinden sich in Franken mit dem Namen des Königs. Während er für die nach ihm benannten und tatsächlich zukunftweisenden Eisenbahnstrecken – zwischen Nürnberg und Fürth, dann die Ludwigs-Süd-Nord–[56] und die Ludwigs-West-Bahn[57] – weniger Verständnis aufbrachte, war der Ludwig-Donau-Main-Kanal ein Lieblingsprojekt des Königs, der jedoch keine große wirtschaftliche Bedeutung gewinnen konnte[58].

---

[50] Anmerkungen dazu bei Elisabeth Droß, Vom Spottgedicht zum Attentat. Angriffe auf König Ludwig I. von Bayern (1825–1848) (Münchner Studien zur neueren und neuesten Geschichte 11), Frankfurt am Main u.a. 1994, S. 47f., Beispiele S. 189–193.

[51] Einige Beispiele: Cantate bey der erfreulichen Anwesenheit Allerhöchst Ihrer Königlichen Majestäten von Bayern, im Julius 1826 zu Würzburg, von Freyherrn Friedrich August von Zu-Rhein, mit Musik von Professor Fröhlich, gesungen von den Schülern der königl. musikalischen Anstalt dahier, Würzburg 1826 (ein Exemplar: UB Würzburg, Rp 6, 123b); Lied zum Empfange Ihrer Majestäten des Königs und der Königin von Bayern, bei dem vom Harmonie-Vereine zu Würzburg gegebenen Ballfeste am 7ten Julius 1827, Würzburg 1827 (ein Exemplar: UB Würzburg, Franc. 957); Festgedicht zur fünfzigjährigen Geburts- und Namensfeier Seiner Majestät unsers allgeliebten Königs Ludwig I. am 25. August 1836. Verfasst und in der Plenar-Versammlung des historischen Verines für den Untermainkreis des Königreichs Bayern am 26. August öffentlich vorgetragen von Dr. J. B. Gossmann, Würzburg 1836 (ein Exemplar: UB Würzburg, Rp 6, 123f); Würzburgisches Volkslied an Se. Majestät den König Ludwig I. von Bayern und das Königliche Haus, gedichtet von Dr. Keller, königlichem Professor an den lateinischen Schulen, in Musik gesetzt vom Professor Fröhlich, ein Blatt, 7 Strophen (ein Exemplar: Bayerische Staatsbibliothek München, 4 Don. Lud. IX, 34).

[52] Ode an Seine Majestät den König von Baiern Ludwig I., Würzburg 1826 (ein Exemplar: Bayerische Staatsbibliothek München, 4 Don.Lud. VIII, 36); Johann Lorenz Richter, Dem Vater des Vaterlandes Ludwig I. König der Baiern zur Feier seiner höchst erfreulichen Anwesenheit auf Nürnbergs Burg im August 1833, Erlangen 1833. (ein Exemplar: Bayerische Staatsbibliothek München, Bavar. 4061,7).

[53] Rektor des Gymnasiums Erlangen 1816–1819, vgl. Erlangen. Geschichte der Stadt in Darstellung und Bilddokumenten, unter Mitwirkung von Gerhard Pfeiffer hg. v. Alfred Wendehorst, München 1984, S. 163.

[54] Richter, Dem Vater des Vaterlandes (wie Anm. 52).

[55] Michael Henker, „Auf daß die Baiern recht oft an ihr Vaterland denken". Historische Elemente in Festzügen im Bayern König Ludwigs I., in: Erichsen (Hg.), Vorwärts, vorwärts Bd. 9 (wie Anm. 6), S. 497–519.

[56] Zunächst Nürnberg – Bamberg, dann bis Hof ausgebaut.

[57] Bamberg – Schweinfurt – Würzburg – Aschaffenburg.

[58] Manfred Bräunlein, Ludwigskanal und Eisenbahn, Nürnberg 1991.

Die zweite These besagt, daß Ludwig in der Phase des Verfassungsoptimismus bis etwa 1830 und durch die Betonung des „teutschen Nationalgefühls" in Franken besondere Sympathien für seine Person und damit für die bayerische Monarchie erwerben konnte. Begleitet wurde dies durch eine positive Wirtschaftsentwicklung besonders in Nürnberg, im katholischen Bereich durch die kirchliche Restauration.

III

König Ludwig I. bemühte sich nach seinem Regierungsantritt erfolgreich, die eigenständigen Traditionen der fränkischen Territorien zu beleben, auch, um seine eigene Legitimität zu betonen[59]. Dazu wollte er das historische Bewußtsein stärken, die Devise lautete „Vaterlandsliebe durch Vaterlandskunde"[60]. Als Geburtsurkunde der Denkmalpflege und der historischen Vereine gilt das in der Villa Colombella bei Perugia erlassene Dekret des Königs vom 29. Mai 1827, Nationalgeist und Vaterlandsliebe sollten belebt werden[61]. Noch in diesem Jahr entstand in Bayreuth ein historischer Verein für das frühere Markgraftum, 1830 wurden Kreisvereine in Ansbach[62], Bamberg und Bayreuth und 1831 in Würzburg gegründet[63]. Auch später bestärkte der König die Vereine in ihrer Arbeit.

Ein weiteres Element bildete die Denkmalpolitik des Königs. In mehreren fränkischen Städten ließ er Monumente für ihre früheren Regenten aufstellen: in Erlangen für Markgraf Friedrich[64] (1843), den Gründer der Universität, in Würzburg für Bischof Julius Echter von Mespelbrunn[65] vor dem von ihm gegründeten Spital

---

[59] Vgl. dazu die kritischen Ausführungen von Karl Borromäus Murr, Wittelsbachische Geschichtspolitik in Unterfranken im 19. Jahrhundert, in: Wittelsbach und Unterfranken, hg. v. Krenig (wie Anm. 15), S. 198–228, der den okkupativen und integrativen Zugriff auf die Geschichte durch Ludwig I. betont.

[60] Vgl. Siegfried Wenisch, König Ludwig I. und die historischen Vereine in Bayern, in: Erichsen (Hg.), Vorwärts, vorwärts Bd. 9 (wie Anm. 6), S. 323–339.

[61] Norbert Götz, Aspekte der Denkmalpflege unter Ludwig I. von Bayern, in: Romantik und Restauration, hg. v. Nerdinger (wie Anm. 48), S. 44–53. Zur Denkmalschutzpolitik und Inventarisation: Körner, Staat und Geschichte (wie Anm. 43), S. 329–365.

[62] Rudolf Endres, Mittelfranken und sein historischer Verein, in: Jahresbericht des historischen Vereins für Mittelfranken 89, 1979/81, S. 1–16.

[63] Siegfried Wenisch, Die Anfänge der historischen Vereine in Franken, in: Berichte des Historischen Vereins Bamberg 120, 1984, S. 655–669.

[64] Universitätsarchiv Erlangen, T. I, Pos. 3a, Nr. 402a. – Theodor Kolde, Die Universität Erlangen unter dem Hause Wittelsbach 1810–1910. Festschrift zur Jahrhundertfeier der Verbindung der Friderico-Alexandrina mit der Krone Bayern, Erlangen 1910 (ND Erlangen 1991), S. 348–352.

[65] Ansprachen und Festschriften (Auswahl): Programm über diejenigen Festlichkeiten welche bei der Enthüllung des von Seiner Königlichen Majestät dem Fürstbischofe Julius zu Würzburg errichteten Denkmales am 2. Juni 1847 statt finden werden (ein Exemplar: UB Würzburg, 59 Franc. 419c); Franz Philipp Horn, Rede bei der feierlichen Enthüllung des von Seiner Majestät Ludwig I. König von Bayern, Herzoge zu Franken etc., dem Fürstbischofe von Würzburg, Julius Echter von Mespelbrunn, Stifter des Julius-Hospitals, errichteten Denkmals am 2. Juni 1847 gehalten, Würzburg 1847 (ein Exemplar: UB Würzburg, Rp 6, 145a). Beschreibung: Euphemia. Blätter für religiöse Kunst und Unterhaltung. Beiblatt zum Allgemeinen Religions- und Kirchenfreund, Nr. 22, vom 8. Juni 1847 (ein Exemplar: UB Würzburg, 59 Franc. 1721 g.11). – Vgl. Murr, Wittelsbachische Geschichtspolitik (wie Anm. 59), S. 203–214.

(1847), in Bamberg für Bischof Franz Ludwig von Erthal[66] (1865); in der Aschaffenburger Stiftskirche sorgte er für die Vollendung des Grabmals von Kurfürst Friedrich Karl von Erthal. In Nürnberg regte der König bereits 1826 die Aufstellung einer Freiplastik für Albrecht Dürer an, das erste Denkmal für einen bildenden Künstler in Deutschland, die dann 1840 erfolgte[67]. Die meisten der 38 unter Ludwig I. geprägten Geschichtstaler berühren gesamtbayerische Themen, sieben davon fränkische Ereignisse, die Einweihung der Verfassungssäule in Gaibach (1828), die Fahrt der ersten deutschen Eisenbahn und die Aufstellung mehrerer der genannten Denkmäler[68]. Von den in der Münchener Ruhmeshalle über der Theresienwiese aufgestellten Büsten bedeutender Bayern stellt Franken ein Viertel, darunter meist Künstler und Gelehrte[69]. Auch in der für ganz Deutschland bestimmten Walhalla sind Franken angemessen vertreten[70]. Beim Aufbau seiner Kunstsammlungen stützte Ludwig sich auf einen Würzburger, Martin von Wagner (1777–1858), der über 50 Jahre als Agent für Kunstankäufe in Rom wirkte[71].

Der König selbst wollte die historisch gewachsene Vielfalt seiner Länder und ihre Zusammensetzung aus „vier Völkerstämmen" in dem neuen Titel dokumentieren, den er 1835 annahm: „Ludwig von Gottes Gnaden König von Bayern, Pfalzgraf bei

---

[66] Johann Rothlauf, Beschreibung der Festlichkeiten bei Enthüllung des Standbildes Franz Ludwigs, Fürstbischofs von Bamberg und Würzburg, Herzogs zu Franken, am 29. Mai 1865, – ein Beitrag zur Bamberger Chronik des benannten Jahres, in: Berichte des Historischen Vereins Bamberg 28, 1865, S. 84–99; Robert Zink, Das Nachwirken Franz Ludwig von Erthals, in: Renate Baumgärtel-Fleischmann (Hg.), Franz Ludwig von Erthal. Fürstbischof von Bamberg und Würzburg 1779–1795 (Veröffentlichungen des Diözesanmuseums Bamberg 7), Bamberg 1995, S. 347–361, hier S. 352–354.

[67] Matthias Mende, Das Dürer-Denkmal in Nürnberg, in: Hans-Ernst Mittig – Volker Plagemann (Hgg.), Denkmäler im 19. Jahrhundert. Deutung und Kritik, München 1972, S. 163–181; Matthias Mende, Ludwig I. und das Nürnberger Dürer-Denkmal, in: Erichsen (Hg.), Vorwärts, vorwärts Bd. 9 (wie Anm. 6), S. 521–533; Erichsen (Hg.), Vorwärts, vorwärts Bd. 8, Katalog (wie Anm. 45), Nr. 500, S. 319f.

[68] Die Einweihung der Verfassungssäule in Gaibach (1828), die erste Eisenbahn von Nürnberg nach Fürth (1835), die Einweihung des Albrecht-Dürer-Standbildes in Nürnberg (1840), die Enthüllung des Jean-Paul-Denkmals in Bayreuth (1841), die Hundert-Jahr-Feier der Universität Erlangen (1843), die Eröffnung des Ludwigskanals (1846), die Enthüllung des Standbildes von Fürstbischof Julius Echter in Würzburg (1847). Vgl. Walter Grasser, Bayerische Geschichtstaler von Ludwig I. und Maximilian II., Rosenheim 1982; Ders., Geschichtstaler aus der Zeit Ludwigs I., in: Erichsen (Hg.), Vorwärts, vorwärts Bd. 9 (wie Anm. 6), S. 341–351.

[69] Hans Carl Graf von Thüngen, Johann Baptist Homann, Nikolaus Hieronymus Gundling, Johann Christoph Gatterer, Martin Behaim, Adam Kraft, Conrad Celtis, Johann Trithemius, Michael Wolgemut, Willibald Pirckheimer, Veit Stoß, Lukas Cranach, Hans Sachs, Gottfried Graf von Pappenheim, Joachim Sandrart, Balthasar Neumann, Michael Ignaz Schmidt, Jean Paul, August Graf von Platen, Daniel Ohlmüller, Georg Simon Ohm. Angabe nach: Manfred F. Fischer, Ruhmeshalle und Bavaria. Amtlicher Führer, München 1972; Romantik und Restauration, hg. v. Nerdinger (wie Anm. 48), S. 172–177. – Vgl. auch Peter Mierau, Unterfranken und unterfränkische Geschichte in den bayerischen Nationaldenkmälern des 19. Jahrhunderts, in: Wittelsbach und Unterfranken, hg. v. Krenig (wie Anm. 15), S. 229–241.

[70] Johannes Müller gen. Regiomontanus, Albrecht Dürer, Peter Vischer, Julius Echter von Mespelbrunn, Johann Philipp von Schönborn, Jean Paul. Vgl. Walhalla. Amtlicher Führer, hg. v. Landbauamt Regensburg, Regensburg 1983; Körner, Staat und Geschichte (wie Anm. 43), S. 258–265; Jörg Traeger, Der Weg nach Walhalla. Denkmallandschaft und Bildungsreise im 19. Jahrhundert, Regensburg ²1991.

[71] P. Winfrid Freiherr von Pölnitz OSB, Ludwig I. von Bayern und Johann Martin von Wagner. Ein Beitrag zur Geschichte der Kunstbestrebungen König Ludwig I. (Schriftenreihe der Kommission für bayerische Landesgeschichte 2), München 1929.

Rhein, Herzog von Bayern, Franken und in Schwaben etc. etc."[72]. In diesen Bereich gehört die Historisierung des bayerischen Wappens. 1835 wurde durch Teilung des Schildes und Aufnahme von Wappen neubayerischer Territorien der historischen Vielfalt des Königreichs Rechnung getragen[73]. Als Symbol für Franken wählte der König persönlich den fränkischen Rechen, wie mehrere Signate belegen[74]. Er stand seit dem 16. Jahrhundert für das Herzogtum Franken der Würzburger Bischöfe, das aber nicht über das Hochstift hinausreichte[75]. Erst durch Ludwig I. erhielt Franken ein heraldisches Symbol. Ludwig befaßte sich in mehreren Signaten mit diesem Thema.

Ludwig I. bemühte sich, Bayern als Stämmestaat zu konstituieren. Er bezog die Regierungsbezirke in dieses Konzept ein, am 29. November 1837 ließ er die Flußnamen durch historisierende Bezeichnungen ersetzen[76]. Der Obermainkreis wurde zu Oberfranken, der Rezatkreis zu Mittelfranken und der Untermainkreis zu Unterfranken und Aschaffenburg. Dabei stützte er sich auf Gedanken des Ansbacher aufgeklärten Beamten Karl Heinrich Ritter von Lang (1764–1835)[77]. Auf Anregung des Königs erschien dessen Werk „Baierns Gauen nach den drei Volksstämmen der Alemannen, Franken und Bojoaren" 1830 in zweiter Auflage. Es lieferte die wissenschaftliche Untermauerung für die Ideen des Königs. Der einer vorkritischen Geschichtsschreibung verhaftete Erlanger Historiker Karl Wilhelm Böttiger[78] (1790–1862) folgte in seiner „Geschichte Baierns"[79] der Anregung Langs. Das Gerüst seines Werkes bildet die staatsbayerische Geschichte, doch berücksichtigte er auch, verstärkt ab dem Hochmittelalter, die fränkischen und schwäbischen Territorien. Die fränkische Eigenständigkeit in der historischen Entwicklung verfocht dagegen vehement in seiner

---

[72] 18. Oktober 1835. Signate König Ludwigs I., ausgewählt und eingeleitet von Max Spindler, hg. v. Andreas Kraus (Materialien zur bayerischen Landesgeschichte 1–6), 6 Bde., München 1987–1997 (Bd. 12 Register), hier Bd. 2, 1835, Nr. 360 (Juni 11), 578 (Oktober 18), 767.

[73] Regierungsblatt für das Königreich Bayern 1835, S. 889. – Wilhelm Volkert, Die Bilder in den Wappen der Wittelsbacher, in: Die Zeit der frühen Herzöge. Von Otto I. zu Ludwig dem Bayern. Beiträge zur Bayerischen Geschichte und Kunst 1180–1350 (Wittelsbach und Bayern I/1), hg. v. Hubert Glaser, München-Zürich 1980, S. 13–28.

[74] Signate König Ludwigs I. (wie Anm. 72), Bd. 2, 1834, Nr. 278 (Juni 12), 302.

[75] Peter Kolb, Die Wappen der Würzburger Fürstbischöfe, Würzburg 1974, S. 31–35. Bereits im kurpfalzbayerischen Wappen von 1804 fand der fränkische Rechen als Symbol für das Herzogtum Franken neben dem Rennfähnlein für das Fürstentum Würzburg Verwendung.

[76] 1837 November 29: Regierungssystem und Finanzverfassung (Dokumente zur Geschichte von Staat und Gesellschaft in Bayern III/3) (wie Anm. 4), Nr. 57, S. 125–127.

[77] Karl Heinrich Ritter von Lang, Die Vereinigung des Baierischen Staats aus seinen einzelnen Bestandtheilen der ältesten Stämme, Gauen und Gebiete, in: Denkschriften der Akademie 1811/12, 1811/12, S. 1–168, verbesserte und um Würzburg, Aschaffenburg und Speyer erweiterte Neuauflage auf Wunsch Königs Ludwigs I. mit Handschreiben vom 28. Jänner 1829 unter dem Titel: „Baierns Gauen nach den drei Volksstämmen der Alemannen, Franken und Bojoaren, aus den alten Bisthums Sprengeln nachgewiesen", Nürnberg 1830 (ein Exemplar: UB Würzburg, Bav. 69a). Auffälligerweise wird hier anders als in Würzburger Veröffentlichungen die Reihe der Herzöge von Franken nicht mit den Bischöfen von Würzburg, sondern den Staufern fortgesetzt, um dann zu erlöschen. Weiterführung: Ders., „Baierns alte Grafschaften und Gebiete als Fortsetzung von Baierns Gauen", Nürnberg 1831. Zur Biographie Langs: Adolf Bayer, Karl Heinrich Ritter von Lang (1764–1835), in: Lebensläufe aus Franken 3 (VGffG VII/3), Würzburg 1927, S. 329–351.

[78] Flathe: ADB 3, 1876, S. 207.

[79] Karl Wilhelm Böttiger, Geschichte Baierns nach seinen alten und neuen Bestandtheilen, Erlangen 1832.

mehrere Auflagen erlebenden Frankengeschichte der kämpferische Würzburger Publizist Georg Lommel[80].

Karl Bosl hat betont, wie sehr der traditionalistisch-romantische König seinem modernen, bürokratisch-zentralistischen Monopolstaat nicht in der Praxis, sondern in Mythos und Ideologie einen veralteten historischen Mantel übergestülpt habe[81]. Auch wenn der Stämmestaat nicht der historischen Realität entsprach, sondern ein vom König entwickeltes und mit vielen Mitteln propagiertes Konstrukt bildete, so erleichterte er doch den Neubayern die Identifikation mit dem Königreich. Schließlich war der Stammesgedanke so erfolgreich, daß noch nach 1945 die Vertriebenen aus dem Sudetenland dieses Modell übernehmen und sich selbst als vierter bayerischer Stamm konstituieren konnten[82].

Die dritte These besagt, daß es erst Ludwig I. war, der durch die Betonung der eigenständigen Traditionen der fränkischen Territorien wie durch das Konstrukt eines fränkischen Stammes zur Ausbildung eines fränkischen Regionalbewußtseins im 19. Jahrhundert beitrug.

IV

Freilich bildet die Integration der fränkischen Gebiete in das Königreich nur die eine Seite der Medaille[83]. Es gab durchaus Bruchlinien im Verhältnis Ludwigs I. zu Franken. Die Mitkämpfer der Befreiungskriege und die Burschenschafter waren so lange Anhänger des Kronprinzen, als sie ihn für einen der ihren hielten, als er altdeutsche Tracht trug und ihre Ideale verkündete. Sobald deutlich geworden war, daß sich die aus den Befreiungskriegen hervorgegangene Staatenvielfalt im Deutschen Bund auf Dauer konstituierte und nicht in einem Nationalstaat aufging, distanzierten sich viele vom Königreich Bayern. In Franken war die burschenschaftliche Bewegung schon deshalb stärker, weil sich hier mit Würzburg[84] und

---

[80] [Georg] Lommel, Frankengeschichte, Erster Band. Vom Urbeginn bis zum Jahre 1350, Würzburg 1842; Ders., Aeltere Franken-Geschichte. Vom Anbeginn bis zum vierzehnten Jahrhundert (Urfranken. Westfranken. Ostfranken. Frankonien.) Nach Geschichtsquellen fränkischer und französischer Archive bearbeitet. Würzburg ⁴1870. Im Vorwort zur vierten Auflage schreibt er: „Es gab eine Zeit, wo Franken gleichzeitig das Herz und das Haupt Deutschlands war, wo somit von ihm das meiste deutsche Leben aus- und einströmte, ...", er „bekennt sich offen als einen der geistigen oder wissenschaftlichen Rächer der dem fränkischen Volke seit Jahrhunderten widerfahrenen Unbilden, als Beerdiger gebannter und geächteter Ahnen." „Gegenüber dynastischen Schönfärbereien und reaktionären Fälschungen gibt es auch in der Geschichtsschreibung eine republikanische Solidarität ...". – Zu den Auseinandersetzungen um seine Veröffentlichungen vgl. Armin Huth, Preßfreyheit oder Censur. Staatliche Pressepolitik und politisches Schrifttum in Würzburg und Unterfranken zwischen Revolution und Reaktion (1847–1859), Würzburg 1975, S. 46–53.

[81] Karl Bosl, König Ludwig I. und die Stämme. Bayern ein Stämmestaat?, in: Erichsen (Hg.), Vorwärts, vorwärts Bd. 9 (wie Anm. 6), München 1986, S. 219–234, hier S. 220. Vgl. auch Karl Bosl, Fränkische Identität. Eine vergleichende Strukturanalyse, Nürnberg 1982.

[82] Rudolf Endres (Hg.), Bayerns vierter Stamm. Die Integration der Flüchtlinge und Heimatvertriebenen nach 1945, Köln u.a. 1998.

[83] Sehr pointiert listet die negativen Aspekte auf: Hanns Meinhart, Franken in Bayern – ein Problem! (Schriftenreihe der Fränkischen Arbeitsgemeinschaft (FAG) e.V. Nürnberg Heft 1), Nürnberg 1949.

[84] Werner Engelhorn, Der bayerische Staat und die Universität Würzburg im frühen 19. Jahrhundert (1802–1848), in: Vierhundert Jahre Universität Würzburg. Eine Festschrift, hg. v. Peter Baumgart (Quellen und Beiträge zur Geschichte der Universität Würzburg 6), Neustadt a.d. Aisch 1982, S. 129–178;

Erlangen[85] zwei Universitäten befanden, denen im übrigen Bayern nur Landshut zur Seite stand. Nach dem Wartburgfest wurden die erste allgemeine Erlanger[86] und die Würzburger[87] Burschenschaft gegründet. Aus diesem Umfeld entstand im Frühjahr 1821 in Franken der „Jünglingsbund" unter dem Einfluß französischer Liberaler und Republikaner[88]. Seine Ziele bildeten der „Umsturz der bestehenden Verfassungen, um einen Zustand herbeizuführen, worin das Volk durch selbstgewählte Vertreter sich eine Verfassung geben könne" und die deutsche Einheit. Zu den Mitgliedern gehörte der Würzburger Medizinstudent Eisenmann. 1823 flog der Bund durch Verrat auf, seine Mitglieder wurden verhaftet. Im Sommer 1826 reorganisierte sich die Würzburger Burschenschaft als Germania, wobei der Jurastudent Nikolaus Titus eine führende Rolle spielte, bald folgte Erlangen.

Die Wortführer der Liberalen beim ersten Landtag 1819 stammten aus Franken: der Bamberger Bürgermeister Franz Ludwig von Hornthal (1760–1833) und der Würzburger Professor Wilhelm Joseph Behr[89] (1775–1851), der selbst zeitlebens eher der Spätaufklärung[90] als dem vormärzlichen Liberalismus verpflichtet blieb[91]. 1821 wurde Behr Bürgermeister von Würzburg, worauf ihn der König vom Landtag ausschloß, obwohl er einen vertrauensvollen Umgang mit dem Kronprinzen Ludwig pflegte[92].

Nach der Julirevolution 1830 begann König Ludwig I., die Richtung seiner Politik zu ändern, die Pressefreiheit wurde eingeschränkt. Die Wortführer der fränkischen Liberalen Behr, Hornthal und der Nürnberger Bürgermeister Georg Bestelmeyer[93]

Ders., Die Universität Würzburg 1803–1848. Ein Beitrag zur Verfassungs- und Institutionengeschichte (Quellen und Beiträge zur Geschichte der Universität Würzburg 7), Neustadt a.d. Aisch 1987.

[85] Kolde, Universität Erlangen (wie Anm. 64); Alfred Wendehorst, Geschichte der Friedrich-Alexander-Universität Erlangen-Nürnberg 1743–1993, München 1993, S. 71–105.

[86] Ernst Deuerlein, Zur Geschichte des studentischen Progresses in Erlangen, in: Darstellungen und Quellen zur Geschichte der deutschen Einheitsbewegung im neunzehnten und zwanzigsten Jahrhundert 1, Heidelberg 1957, S. 157–203; Kolde, Universität Erlangen (wie Anm. 64), S. 164- 216.

[87] Georg Polster, Politische Studentenbewegung und bürgerliche Gesellschaft. Die Würzburger Burschenschaft im Kräftefeld von Staat, Universität und Staat 1814–1850 (Darstellungen und Quellen zur Geschichte der deutschen Einheitsbewegung im neunzehnten und zwanzigsten Jahrhundert 13), Heidelberg 1989; Matthias Stickler, Zwischen Anpassung und Aufbegehren – Studenten an der Universität Würzburg im 19. Jahrhundert, in: Bernhard Grün, Johannes Schellakowsky, Matthias Stickler, Peter A. Süß (Hgg.), Zwischen Korporation und Konfrontation. Beiträge zur Würzburger Universitäts- und Studentengeschichte, Köln 1999, S. 76–140.

[88] Vgl. Kolde, Universität Erlangen (wie Anm. 64), S. 275–278 (Zitat S. 276); Ludwig Zimmermann, Die Einheits- und Freiheitsbewegung und die Revolution von 1848 in Franken (VGffG IX/9), Würzburg 1951, S. 71–73; Hans Hoffmann, Johann Gottfried Eisenmann (1795–1867). Ein fränkischer Arzt und Freiheitskämpfer (Mainfränkische Hefte 49), Würzburg 1967, S. 12f.

[89] Rudolf Endres, Bürgermeister Behr und der fränkische Liberalismus im Vormärz (Thomas Dehler Stiftung), München 1989; Wilhelm Joseph Behr, Dokumentation zu Leben und Werk eines Würzburger Demokraten, hg. v. Ulrich Wagner (Veröffentlichungen des Stadtarchivs Würzburg Bd. 1), Würzburg 1985.

[90] Walter Ziegler, Ludwig I. und Behr, in: Wagner (Hg.), Behr (wie Anm. 89), S. 63–112, hier S. 71.

[91] Ulrich Wirz, Der deutsche Liberalismus und seine fränkischen Vorkämpfer. Franz Ludwig von Hornthal, Wilhelm Joseph Behr und Johann Georg August Wirth, in: Dippold – Wirz (Hgg.), Revolution (wie Anm. 109), S. 11–53.

[92] Von Freeden, Ludwig I. und Franken (wie Anm. 28), S. 90f., 96; Ziegler, Ludwig I. und Behr (wie Anm. 90), S. 74–90.

[93] Bosls Bayerische Biographie, Regensburg 1983, S. 69. Zweiter Bürgermeister 1838–1849.

(1785–1852) wurden erneut vom Landtag (1831) ausgeschlossen[94]. Die Stimmung wurde durch das Auftauchen einer anonymen Schrift angeheizt, mit der die Gründung einer bürgerlichen Sicherheitsgarde gefordert wurde, datiert unter dem „1. Oktober im 1. Jahr der Republik Franconia"[95].

Die latente Unruhe in Franken fand ihren Ausdruck beim Gaibacher Konstitutionsfest von 1832, zur Feier der bayerischen Verfassung angesetzt. Behr übte in einer improvisierten Rede scharfe Kritik an der Regierungspraxis und forderte eine Verfassungsreform. Das gestiftete Freibier floß an dem heißen Tag in Strömen. Würzburger Studenten setzten Behr auf ihre Schultern, trugen ihn im Triumph um die Säule und sollen dabei gerufen haben: „Dieser soll unser Frankenkönig sein", was Behr selbst später bestritt[96]. An eine ernstzunehmende Aktion mit dem Ziel der Loslösung Frankens von Bayern war jedenfalls nicht gedacht.

In München war man aber beunruhigt und reagierte scharf. Behr wurde zum Jahresanfang 1833 vor Gericht gestellt[97] und wegen Hochverrats und Majestätsbeleidigung[98] zu ungemessener Festungshaft verurteilt. Erst 1848 wurde er aus ihr befreit, nachdem er bereits ab 1839 eine eingeschränkte Bewegungsfreiheit in Passau erhalten hatte. Der nationalliberale Zeitungsverleger (Bayrisches Volksblatt, Würzburg) und Arzt Dr. Johann Gottfried Eisenmann (1795–1867) wurde vom September 1832 bis 1847 ebenfalls in Festungshaft gehalten, sein Prozeß fand erst 1836 statt. Ludwig billigte das harte Vorgehen. Die Demagogenverfolgung bekam auch die Universität Würzburg als Herd der Unruhen zu spüren. Die Schließung konnte zwar vermieden werden, doch wurden alle „schädlichen Professoren", darunter der Rektor Conrad von Cuccumus, suspendiert[99].

Problematisch war zeitweilig das Verhältnis Ludwigs I. zu den fränkischen Protestanten, obwohl er als deren Summepiscopus fungierte[100]. Noch 1829 beklagte er sich über die „fortwährend nicht anhänglichen Ansbachischen Bewohner"[101]. Die Konfessionspolitik in der Ära Abel brachte dann den staats- und königstreuen, konservativen Protestantismus gegen den König und Bayern auf[102]. In dieser Phase verweigerte Minister Abel 1844 den Erwerb des ehemaligen Zisterzienserklosters Heilsbronn mit der Zollerngrabstätte durch König Friedrich Wilhelm IV. von Preußen, um nicht den

---

[94] Vorstellungen der Bürger und Einwohner zu Würzburg und Bamberg an Seine Majestät den König Ludwig von Bayern über die Freiheit der Presse und der Landständewahl, Bamberg 1831 (ein Exemplar: Bayerische Staatsbibliothek München, Bav. 2764).

[95] Zitat nach Endres, Franken und Bayern (wie Anm. 16), S. 207.

[96] Wirz, Liberalismus (wie Anm. 91), S. 40. Der Ruf soll gelautet haben: „Nicht Republik! Reform!".

[97] Zu den Vorwürfen gegen Behr Ziegler, Ludwig I. und Behr (wie Anm. 90), S. 101f.

[98] Vgl. zu den rechtlichen Voraussetzungen Droß, Spottgedicht (wie Anm. 50), S. 59–98.

[99] Engelhorn, Universität Würzburg 1803–1848 (wie Anm. 84), S. 314–350.

[100] In einer protestantischen Leichenpredigt wird beispielsweise das Verhältnis des Königs zur evangelischen Kirche durchaus kritisch beleuchtet, doch seine Stellenbesetzungspolitik an der Theologischen Fakultät Erlangen positiv gewürdigt: Pfarrer Dr. J. Lichtenstein, Sr. Majestät König Ludwig I. von Bayern Erdenwallen u. selige Heimfahrt. Rede am Gedächtniß-Gottesdienste gehalten in der St. Petri-Kirche zu Kulmbach am 20. März 1868, Kulmbach 1868 (ein Exemplar: UB Würzburg, Rp 6, 123z).

[101] Zitiert nach Gollwitzer, Ludwig I. (wie Anm. 28), S. 357.

[102] Heinz Gollwitzer, Graf Carl Giech 1795–1863. Eine Studie zur politischen Geschichte des fränkischen Protestantismus in Bayern, in: ZBLG 24, 1961, S. 102–162, zur fränkischen Opposition v.a. S. 131–141; Gollwitzer, Politische Landschaft (wie Anm. 26), S. 535f.

evangelischen Untertanen einen Kristallisationspunkt zu schaffen. Abel fürchtete, die Klosterkirche würde zu einer „Stiftshütte des bayerischen Protestantismus werden und zum Mittel dienen, die alten markgräflichen Erinnerungen wieder aufzufrischen und nicht nur lebendig zu erhalten, sondern auch mit Hoffnungen auf eine noch vor dem jüngsten Tag zu erwartende Wiederauferstehung der Toten in Verbindung zu bringen"[103]. Dabei waren zum damaligen Zeitpunkt Äußerungen eines fränkisch-kleindeutschen Protestantismus eher selten, für den der Pfarrer Lorenz Kraußold stehen mag. Er verfaßte unter anderem die Schrift „Wider den Preußenhaß"[104]. Ihre Wortführer fanden die fränkischen Protestanten in Carl Graf von Giech (1795–1863) und dem Erlanger Theologieprofessor Adolph (von) Harleß[105] (1806–1879).

Weil er seine Vorstellungen von monarchischer Herrschaft nicht mehr umsetzen zu können glaubte, dankte Ludwig I. im Zusammenhang mit der Montez-Affäre am 20. März 1848 zugunsten seines Sohnes Maximilian ab. Damit ist unser Thema eigentlich beendet. Hier soll nur noch vermerkt werden, daß es in Franken während der Ereignisse 1848/49 zu charakteristisch anderen Entwicklungen kam als in Altbayern[106]. In Aschaffenburg, Schweinfurt, Nürnberg[107] und besonders Bamberg wurden die Märzfreiheiten stürmisch gefeiert[108]. Diese Städte bildeten die Zentren der Märzunruhen. Am 10. März arbeiteten die Bamberger weitere Artikel aus, mit denen die Verwirklichung von Freiheit und Gleichheit durch Abschaffung der Standesprivilegien, Beseitigung aller Feudallasten und wahre Selbstbestimmung und Selbstregierung gefordert wurden. Wirtschaftliche Schwierigkeiten mit dem Niedergang des Speditionshandels infolge technischer Neuerungen trafen in Bamberg mit einer radikalen Zeitschrift, dem „Fränkischen Merkur", zusammen, so daß sich hier die oppositionelle Bewegung am stärksten radikalisierte[109].

Von den Städten griff die Erregung noch im März 1848 auf das fränkische Land über. Bauern und Arbeiter am unteren Main zwischen Odenwald und Spessart und im Taubergau, Gebieten, wo schon der Bauernkrieg ausgebrochen war, schlossen sich zusammen und trugen die Bewegung in Richtung Schwarzwald und in die Rhön. Hanns Hubert Hofmann betont den sozialrevolutionären Charakter dieser Unruhen, die Bauern forderten ein Ende der Abgaben an die Grundherren, deren Sinn sie nicht mehr einsahen, waren die grundherrlichen Aufgaben doch weitgehend vom Staat

---

[103] Zitiert nach Gollwitzer, Ludwig I. (wie Anm. 28), S. 357f.; Günther Schuhmann, Die Hohenzollern-Grablegen von Heilsbronn und Ansbach (Große Kunstführer 159), München-Zürich 1989, S. 36f.

[104] Gollwitzer, Ludwig I. (wie Anm. 28), S. 358, doch ist diese Schrift nicht mehr auffindbar.

[105] Die Professoren und Dozenten der Friedrich-Alexander-Universität Erlangen 1743–1960, hg. v. Renate Wittern, bearb. v. Eva Wedel-Schaper u.a. (Erlanger Forschungen, Sonderreihe Bd. 5), Erlangen 1993, S. 28f.

[106] Werner K. Blessing, Gesichter einer Revolution – 1848/49 in Franken, in: Dippold – Wirz (Hg.), Revolution (wie Anm. 109), S. 55–75.

[107] Charlotte Bühl, Revolution, Demokratie, Reichsbewußtsein – Nürnberg 1848/49, in: MVGN 85, 1998, S. 185–277.

[108] Zur Entwicklung in Würzburg und in seiner Universität: Engelhorn, Universität Würzburg 1803–1848 (wie Anm. 84), S. 351–388.

[109] Günter Dippold – Ulrich Wirz (Hg.), Die Revolution von 1848/49 in Franken (Schriften zur Heimatpflege in Oberfranken I/2), Bayreuth 1998 (mehrere Beiträge).

übernommen worden[110]. Die Krawalle wurden dabei von Pogromen gegen jüdische Kreditgeber begleitet, die sich als Gläubiger verhaßt gemacht hatten. Vor den Schlössern und Amtssitzen erhoben die Unzufriedenen ihre Forderungen, manche bewaffneten sich und stellten Ultimaten, besonders nach Befreiung von Forstpolizei und grundherrlichen Abgaben und Entfernung mißliebiger Beamter. Noch radikaler war die Bewegung an den Rändern des Frankenwaldes, wo der Pauperismus bedenklich angestiegen war.

In dieser Atmosphäre fanden die Vorbereitungen zur Wahl der deutschen Nationalversammlung statt. Bamberg entsandte in das Frankfurter Vorparlament (Tagungsperiode 31. März bis 3. April) den radikalen Republikaner Nikolaus Titus (1808–1874)[111], Nürnberg Dr. Eisenmann[112]. Aus den Wahlen zur Paulskirche gingen im Frühjahr 1848 25 fränkische Vertreter hervor, die dem Besitz- und Bildungsbürgertum angehörten, zwei waren adelige Grundherren[113]. Außer zwei radikalen Demokraten traten aber alle für den Bestand des Königreichs Bayern ein[114]. Eisenmann wurde in Frankfurt als Märtyrer der fränkischen Freiheitsbewegung gefeiert. Im Parlament trug er seine „Ideen zur teutschen Reichsverfassung" vor, die einen Zusammenschluß der deutschen Staaten unter einem wechselnden Oberhaupt, auf je fünf Jahre der Kaiser von Österreich und die Könige von Preußen und Bayern, vorsahen. Für das deutsche Parlament schlug er eine Fürsten- und eine Volkskammer vor. Dieser Entwurf bildete ein typisches Zeugnis des fränkischen Frühliberalismus, wohl zu kompliziert für die politische Realität.

Beim bayerischen Landtag 1849 bildeten die fränkischen Demokraten eine eigene Fraktion, die vom König die Annahme der Grundrechte und die Anerkennung der Beschlüsse der Paulskirche forderte[115]. Bei Verweigerung drohte die Zeitung der „Freie Staatsbürger" in Nürnberg mit der Trennung Frankens von Bayern[116]. Sie rief offen zur Revolution auf, den Worten folgten aber keine Taten. Am 2. Mai 1849 versammelten sich 15 000 Nürnberger, die eine Adresse an den König verfaßten. Die größte Veranstaltung und den Höhepunkt der fränkischen Freiheits- und Separatistenbewegung bildete die Zusammenkunft auf dem Judenbühl (Maxfeld) am 13. Mai in Nürnberg mit 30 000 Teilnehmern. Das Bild wurde von schwarzrotgoldenen Fahnen beherrscht. Als Abgeordneter der Frankfurter Nationalversammlung rief hier Prof.

---

[110] Hanns Hubert Hofmann, Adelige Herrschaft und souveräner Staat. Studien über Staat und Gesellschaft in Franken und Bayern im 18. und 19. Jahrhundert (Studien zur bayerischen Verfassungs- und Sozialgeschichte 2), München 1962, S. 486f. Vgl. zu einem Einzelbeispiel aus Oberfranken: Günter Dippold, Die Revolution auf dem Lande – das Beispiel des Landgerichts Lichtenfels, in: Dippold – Wirz (Hg.), Revolution (wie Anm. 109), S. 193–247.

[111] Richard Winkler, Nikolaus Titus (1808–1874), in: Fränkische Lebensbilder 13 (VGffG VIIA), hg. v. Alfred Wendehorst, Neustadt a.d. Aisch 1990, S. 135–150.

[112] Zimmermann, Einheits- und Freiheitsbewegung (wie Anm. 88), S. 263.

[113] Namenverzeichnis bei Zimmermann, Einheits- und Freiheitsbewegung (wie Anm. 88), S. 453f.

[114] Hoffmann, Eisenmann (wie Anm. 88), S. 57.

[115] Namenverzeichnis bei Zimmermann, Einheits- und Freiheitsbewegung (wie Anm. 88), S. 454f.

[116] „Tausendmals eher wird Franken seine Blicke nach Norden wenden und an ein an und für sich gar nicht beliebtes nordisches Königtum sich anschließen, bevor es sich noch einmal unter die erniedrigende Herrschaft jener ekelhaften und verächtlichen Pfaffenpartei beugt …". – Zitiert nach Endres, Franken und Bayern (wie Anm. 16), S. 212.

Karl Vogt aus Gießen zur Steuerverweigerung auf. Der „Frankentag" legte dann den Eid auf die Reichsverfassung ab. In einer Adresse an den König drohte man mit dem Abfall Frankens, falls dieser den gewählten Landtag auflösen würde. Die Versammlung ging dann friedlich auseinander, die 17 000 Mann starken Truppen brauchten nicht einzugreifen. In Unterfranken fand auf dem Schwanberg ein ähnlicher „Frankentag" statt, den 10 000 Teilnehmer besuchten. Mit Gewalt hatten die Würzburger Studenten sich am 11. Mai, nachdem der Rektor die Aushändigung ihrer von der Universität verwahrten Gewehre verweigert hatte, in ihren Besitz gesetzt. Ein großer politischer Führer und Organisator, der die bei den Frankentagen deutlich gewordene Volksstimmung ausgenützt hätte, stand aber nicht zur Verfügung. In Würzburg und anderen unterfränkischen Orten wurde ein eventuell drohender bewaffneter Aufstand durch die Präsenz des Militärs im Keim erstickt. An der fränkischen Nordgrenze standen preußische Truppen einmarschbereit, um die Ordnung zu bewahren[117].

Im Juni 1849 hatte die nationalliberale und antibayerische Bewegung in Franken ihren Höhepunkt überschritten. Die wenigen Anhänger der radikalen Linken in Franken fanden beim Bürgertum keinen Anhang und blieben isoliert. Die Regierungspräsidenten, besonders Freiherr von Zu Rhein in Unterfranken, verschärften den Kurs und unterdrückten demokratische Regungen.

Die vierte These lautet, daß die Enttäuschung nationaler Hoffnungen und die verstärkt nach 1837 als autokratisch und konfessionell-katholisch empfundene Politik des Königs eine latente Oppositionshaltung in Franken erzeugte. Diese Stimmungen flossen, um soziale Motive ergänzt, in die revolutionäre Situation von 1848/49 ein. Die Opposition in Franken entzündete sich an liberalen, nationalen und konfessionellen Forderungen. Fallweise konnten sich diese mit einem fränkischen Bewußtsein verbinden, das aber nie alle in Franken vorhandenen oppositionellen Regungen vereinte.

V

Die Sehnsucht nach einem deutschen Reich blieb in Franken lebendiger als in Altbayern. 1866 aber brach die Trennlinie zwischen Altbayern und Franken nicht mehr auf, wirksam war nun nur noch der konfessionelle Gegensatz[118]. Die Integration Frankens in Bayern war geglückt[119], und dies war nicht zum geringsten Teil das Verdienst König Ludwigs I. Der Preis dafür war, daß ein gesamtfränkisches Bewußtsein in der Epoche des Kaiserreichs nur schwach ausgeprägt blieb, für das ein Kristallisationskern fehlte. Aufstiegsorientierte Franken fanden ihre Stellen im bayerischen Staatsdienst und in der Regierung, die sie mit 43 % der Staatsminister dominierten. Noch deutlicher wird das fränkische Übergewicht, wenn man nur den Vorsitz im Ministerrat betrachtet[120]. Dies belegt auch, daß Bismarcks Reichsgründung 1870 im

---

[117] Rudolf Endres, Der „Fränkische Separatismus" – Franken und Bayern im 19. und 20. Jahrhundert, in: MVGN 67, 1980, S. 157–183, hier S. 174.

[118] Ralf Ecke, Franken 1866. Versuch eines politischen Psychogramms (Nürnberger Werkstücke zur Stadt- und Landesgeschichte 9), Nürnberg 1972, S. 121–136.

[119] Vgl. Blessing, Staatsintegration (wie Anm. 21).

[120] Endres, Separatismus (wie Anm. 117), S. 177f.; sehr detailliert: Dirk Götschmann, Unterfranken in Regierung, Politik und Verwaltung des Königreichs Bayern, in: Wittelsbach und Unterfranken, hg. v. Krenig (wie Anm. 15), S. 118–140.

Reichsrat von zwei fränkischen und einem schwäbischen Standesherren abgelehnt wurde[121].

Die meisten fränkischen Territorien waren zu einem festen Teil des Königreichs Bayern geworden, das unter Ludwig I. den Rahmen für ein sich erst entwickelndes gesamtfränkisches Bewußtsein bot. Für die erfolgreiche Integration waren die bayerische Konstitution und die Betonung des teutschen Nationalgefühls wie fränkischer Traditionen durch Ludwig I. sowie der Wirtschaftsaufschwung in Franken maßgebend. Oppositionelle Regungen aus unterschiedlichen Motiven konnten nie Franken insgesamt erfassen und hatten nur begrenzte Wirksamkeit.

Diese Überlegungen lassen sich in ein Forschungsprojekt der Universitäten Erlangen und Bamberg zu Kultur und Region einordnen. In diesem Rahmen beschäftigen sich Werner K. Blessing[122] und der Verfasser[123] mit der Ausbildung und Entwicklung der Region Franken wie mit der Frage nach einer fränkischen Identität. Auch die vorgetragenen Thesen müssen an den Quellen überprüft werden.

---

[121] Clemens Graf von Schönborn, Georg Arbogast Freiherr von Franckenstein und Friedrich Fürst von Oettingen-Wallerstein, vgl. Hans Rall, Vom Schutz- und Trutzbündnis 1866 bis 1871, in: Handbuch der bayerischen Landesgeschichte IV/1, hg. v. Max Spindler, München 1974, S. 270–282, hier S. 281.

[122] Werner K. Blessing, Regionalisierung in Franken: zu Horizonten und Identitäten zwischen 18. und 20. Jahrhundert, in: Kultur und Region im Zeichen der Globalisierung. Wohin treiben die Regionalkulturen, hg. v. Sefik Alp Bahadir (Schriftenreihe des Zentralinstituts für Regionalforschung 36), Neustadt a.d. Aisch 2000, S. 369–390.

[123] Dieter J. Weiß, Franken – Die Ausbildung der Region im Früh- und die Entwicklung bis ins Hochmittelalter, in: Kultur und Region, hg. v. Bahadir (wie Anm. 122), S. 391–415.

Rainer Mertens

Vom „alten Eisen" zum Kultobjekt
Die Geschichte der Lokomotive „Adler"

1. Ein historisches Objekt und seine symbolische Bedeutung

Der „Adler", die Lokomotive der ersten deutschen Eisenbahn von 1835, besitzt für die Stadt Nürnberg und die deutsche Eisenbahn einen hohen historischen Symbolwert; beide sind am engsten mit seiner Existenz verbunden. Was Nürnberg betrifft, kann wohl ohne Übertreibung behauptet werden, daß der altertümliche Dampfwagen mit seinem charakteristischen Aussehen als eines der Markenzeichen der Stadt wie etwa der Dürerhase, der „Nürnberger Trichter" oder der Schöne Brunnen gelten kann. Die Grenzen zwischen der Würdigung seiner historischen Bedeutung, touristischer Vermarktung und bloßem Kitsch sind, wie bei den anderen genannten Beispielen, fließend: Auf zahllosen Postkarten, Andenken, Briefmarken und Münzen ist er abgebildet und in zwei U-Bahnhöfen entlang der ehemaligen Ludwigsbahnstrecke als dekoratives Element zu sehen. Ein mit Benzinmotor angetriebenes Modell im Maßstab 1:2 zieht die Kleinbahn im Nürnberger Tiergarten.

Auch die deutsche Eisenbahn, von der Reichsbahn über die Bundesbahn bis zur Deutschen Bahn AG, haben sich der Pionierlokomotive als sinn- und identitätsstiftendes Symbol bedient. Der Dampfwagen wird als Ausgangspunkt einer technischen Entwicklung „vom Adler zum TEE", später „zum ICE" genannt[1]. Bahn, Stadt und regionalen Unternehmen gemeinsam dient der symbolträchtige Dampfwagen als Namengeber der 1996 aus der Taufe gehobenen „Verkehrsinitiative Neuer Adler", von der sich die Beteiligten – Gewerkschaft, Industrie- und Handelskammer und Firmen der Verkehrs- und Logistikbranche – synergetische Effekte zur Förderung der mittelfränkischen Wirtschaft erhoffen. Entsprechend seiner Bewertung im historischen Allgemeinverständnis, wonach er – durchaus unzutreffend – den Beginn der Industrialisierung in Nürnberg markiert[2], steht der Adler hier als Symbol für den Aufbruch der Region in ein neues, von „High Tech" und unbeschränkter Mobilität gekennzeichnetes Zeitalter[3].

---

[1] Vom Adler zum TEE (zum 125-jährigen Jubiläum der Eisenbahn in Deutschland), in: Die Bundesbahn, 34, 1960, H. 21/22, S. 1001–1014; s. a. Prospekte des DB Museums Nürnberg 1998, 2000.

[2] So in neuester Zeit: Martin Schieber, Nürnberg. Eine illustrierte Geschichte der Stadt, München 2000, S. 99. Von ihren Initiatoren war die Eisenbahn als reines Transportmittel vorgesehen, die Entstehung einer Eisenbahnindustrie wurde aus wirtschaftsideologischen Gründen sogar abgelehnt und vollzog sich auch erst seit Mitte der 1840er Jahre mit dem Bau der großen Fernstrecken; vgl. Rainer Mertens, Johannes Scharrer. Profil eines Reformers zwischen Aufklärung und Romantik (Nürnberger Werkstücke zur Stadt- und Landesgeschichte 57), Nürnberg 1996, S. 325. Für Deutschland insgesamt wird die Eisenbahn als Impulsgeber der Industrialisierung erst nach 1850 wirksam; vgl. Lothar Gall, Eisenbahn in Deutschland: Von den Anfängen bis zum Ersten Weltkrieg, in: Lothar Gall, Manfred Pohl (Hg.), Die Eisenbahn in Deutschland. Von den Anfängen bis zur Gegenwart, München 1999, S. 29.

[3] Vgl. „Die Verkehrsinitiative Adler stellt sich vor…", in: http://www.neuer-adler.nuernberg.de, April 2000.

Bei all dieser Berühmtheit ist es erstaunlich, daß der originale Adler schon beinahe 150 Jahre nicht mehr existiert. Bereits 1857 wurde er nach seiner Außerdienststellung verkauft, sein weiteres Schicksal ist unbekannt. Doch seit der Jahrhundertwende vollzog sich die wundersame Wiedergeburt des Adler, die mit einem Modell begann und ihren Höhepunkt mit einem betriebsfähigen Nachbau erreichte, den die Reichsbahn zum hundertjährigen Jubiläum der deutschen Eisenbahn im Jahr 1935 anfertigte. Nach dem Zweiten Weltkrieg entstanden weitere Repliken in Originalgröße. Dabei wurde der Nachbau von 1935 stets als der „echteste" der diversen Adler angesehen; so wurde er als einziger dauerhaft der Öffentlichkeit zugänglich gemacht und erhielt hierfür einen eigens geschaffenen Saal im Nürnberger Verkehrsmuseum.

Im folgenden soll nun die eigentümliche Geschichte des Adler und seines Mythos nachgezeichnet und der Versuch unternommen werden, die dabei wirkenden äußeren Umstände und die Motive der jeweils handelnden Personen zu ergründen. Insbesondere soll untersucht werden, wie es zum Verschwinden der Lokomotive kam, warum der Adler überhaupt rekonstruiert wurde und wie „echt" diese Rekonstruktion ausgefallen ist. Hiervon abgeleitet sollen Möglichkeiten zu einem in historischer und musealer Beziehung sachgerechten Umgang mit dem Adler erörtert werden.

2. Der ursprüngliche Adler – Bedeutung und Betrachtung

Die Geschichte der Ludwigsbahn, Deutschlands erster Eisenbahn mit Dampfkraft zwischen Nürnberg und Fürth, ist gründlich erforscht und soll hier auch nicht weiter Gegenstand der Betrachtung sein[4]. Um den „Mythos Adler" zu verstehen, ist es jedoch notwendig, die Bedeutung des echten Adler in seiner Zeit zu bestimmen.

Zunächst einmal war der Adler die erste funktionsfähige Lokomotive in der deutschen Geschichte. Sie zog am 7. Dezember 1835 einen Zug mit acht angehängten Personenwagen von Nürnberg nach Fürth und leitete damit das (Dampf-) Eisenbahnzeitalter in Deutschland ein. Seinen Namen hatte der Dampfwagen auf Beschluß des Direktoriums der Eisenbahngesellschaft erhalten, wobei keine Begründung für die Wahl des Namens überliefert ist[5]. Vermutlich stand der Name schlicht für Kraft und Schnelligkeit. Viele der ersten Lokomotiven erhielten derartige Namen, man denke nur an Stephensons „Rocket" oder die zweite Lokomotive der Ludwigsbahn, die den Namen „Pfeil" trug.

Die Lokomotive war kein deutsches Erzeugnis, sondern kam aus England. Die Mitglieder der 1833 gegründeten Ludwigs-Eisenbahn-Gesellschaft hatten zunächst versucht, einen deutschen Hersteller zu finden, jedoch gleichzeitig Angebote in England eingeholt. Dort war die Entwicklung bereits erheblich weiter fortgeschritten als

---

[4] Grundlegend ist hier nach wie vor: Wolfgang Mück, Deutschlands erste Eisenbahn mit Dampfkraft. Die kgl. priv. Ludwigs-Eisenbahn zwischen Nürnberg und Fürth (Fürther Beiträge zur Geschichts- und Heimatkunde, Heft 3), Fürth ²1985. Als Grundlage dafür diente die gleichnamige, als Typoskript erschienene Dissertation (phil. Diss. Erlangen, Fürth 1968), die auf einige Aspekte ausführlicher eingeht. Materialreich, aber z.T. ungenau: Carl Asmus, Die Ludwigs-Eisenbahn. Die erste Eisenbahnlinie in Deutschland, Zürich, Schwäbisch Hall 1984.

[5] DB Museum, Akten der Ludwigseisenbahn-Gesellschaft 1/8, Protokoll der Direktorialsitzung 10.11.1839.

in Deutschland; seit Beginn des Jahrhunderts wurden in England Dampfwagen gebaut. Die erfolgreichsten Lokomotivenhersteller waren Robert Stephenson und sein Sohn George aus Newcastle, die mit der schon erwähnten „Rocket", der Siegerin des 1829 durchgeführten Lokomotivrennens von Rainhill, und den Maschinen für die Linie Manchester-Liverpool die Leistungsfähigkeit ihrer Werkstatt unter Beweis gestellt hatten. In Deutschland hatte es dagegen nur einige Versuche gegeben, die zu keinen brauchbaren Ergebnissen führten. Als nach kurzer Zeit absehbar war, daß sich hier kein geeigneter Hersteller finden würde, entschloß sich das Direktorium dazu, den Dampfwagen bei Stephenson zu kaufen. Bei dieser Entscheidung mag auch die wirtschaftspolitische Einstellung der Nürnberger Kaufmannschaft eine Rolle gespielt haben: Als Anhänger der Lehren von Adam Smith waren sie der Überzeugung, daß es „widernatürlich" sei, in einem von Landwirtschaft, Handwerk und Handel geprägten Deutschland Lokomotiven herzustellen. Das industrialisierte England sahen sie dagegen als die natürliche Heimat derartiger Maschinen an. Die Eisenbahn sollte nach ihren Vorstellungen vor allem die Kosten des Landverkehrs senken und so die Warenströme des europäischen Handels nach Bayern beziehungsweise Nürnberg umlenken[6]. In dieser Einstellung wird einmal mehr der Gegensatz der Nürnberger zu Friedrich List deutlich, der sich von der Eisenbahn neben der Beförderung der nationalen Einheit vor allem Impulse zur Entstehung einer deutschen Industrie erhoffte[7].

Was auch letztlich ausschlaggebend für die Entscheidung der Nürnberger Kaufleute gewesen sein mag: Im Mai 1835 ging der Auftrag zum Bau einer Lokomotive jedenfalls nach England. Binnen vier Monaten bauten die Engländer einen Dampfwagen, der den Vorstellungen ihrer fränkischen Auftraggeber entsprach: ein Exemplar des erfolgreichen „Patentee"-Typs mit der Achsfolge 1A1, also mit drei Achsen, deren mittlere angetrieben war, und einem Schlepptender. Ihr Preis betrug rund 12 000 Gulden, eine Summe, die immerhin dem Betrag entsprach, den die Stadt Nürnberg in dieser Zeit jährlich für die neuinstallierte Straßenbeleuchtung ausgab[8].

Die Lokomotive mit der Fabriknummer 118[9] wog – wegen des noch nicht sehr tragfähigen Gleiskörpers – nur sechs Tonnen und fiel damit leichter als andere Fahrzeuge dieses Typs aus. Sie war mit zwei Naßdampfzylindern ausgerüstet, die als Innenzylinder die Räder der mittleren Achse antrieben und eine Leistung von etwa 29 KW (41 PS) entwickelten[10]. Die Spurweite betrug das in England gesetzlich vorgeschriebene Maß von 4 Fuß 8$^1/_2$ Zoll, was der seitdem in den meisten Teilen Europas verwendeten „Normalspur" von 1435 mm entspricht. Um Kurven besser durchfahren zu können, besaßen die Räder der Treibachse keine Spurkränze. Bei normalen Fahrten erreichte die Lokomotive mit sechs bis neun angehängten Wagen 24 bis 30 km/h, bei Demonstrationsfahrten bis zu 60 km/h[11].

---

[6] Mertens, Scharrer (wie Anm. 2), S. 313.
[7] Zur Ablehnung der Industrialisierung durch die sog. „Altliberalen", denen auch die Nürnberger Kaufmannschaft zuneigte, siehe ebenda S. 260.
[8] Vergleichszahlen in: Stadtarchiv Nürnberg (StadtAN) C 7/VIII, Nr. 7419.
[9] DB Museum, Akten der Ludwigseisenbahn-Gesellschaft 9/224 a.
[10] Asmus, Ludwigs-Eisenbahn (wie Anm. 4), S. 42.
[11] Wolfgang Mück, Eine Idee und ihre Verwirklichung: Die Nürnberg-Fürther Ludwigseisenbahn von 1835, in: MVGN 72, 1985, S. 258.

Im Betrieb der Ludwigs-Eisenbahn erwies sich die Lokomotive als ein solides und technisch ausgereiftes Fahrzeug, das jedoch keineswegs einmalig war oder besondere technische Maßstäbe setzte. Der „Patentee"-Typ war zu dieser Zeit bereits dutzendfach verbreitet, und die dreistellige Fabriknummer des Adler zeigt, daß Lokomotiven zu dieser Zeit kaum mehr die vielbestaunten technischen Wunderwerke waren wie etwa noch beim berühmten Lokomotivrennen von Rainhill im Jahr 1829[12]. Zudem nahm sich die gerade einmal sechs Kilometer lange Ludwigsbahn im Vergleich zu den übrigen zur damaligen Zeit bestehenden Strecken in England und den Vereinigten Staaten sehr bescheiden aus. Und nicht zuletzt muß, vor allem in Hinblick auf die spätere Vereinnahmung des Dampfwagens für nationale beziehungsweise lokalpatriotische Zwecke betont werden, daß der Adler kein einheimisches, sondern ein aus England importiertes Produkt war und noch dazu von dem Briten William Wilson gesteuert wurde[13].

Immerhin war der Adler die erste in Deutschland eingesetzte funktionsfähige Lokomotive und nach dem ebenfalls aus dem Hause Stephenson stammenden Dampfwagen für die im Frühjahr 1835 eröffnete Bahnstrecke zwischen Brüssel und Mecheln die zweite des europäischen Festlandes. Dementsprechend bedeuteten die ersten Einsätze des Dampfwagens natürlich eine Sensation, die von der Öffentlichkeit im In- und Ausland mit großem Interesse verfolgt wurde[14].

3. Das Ende des echten Adler

Mit der stürmischen Entwicklung der Eisenbahn verblaßte der Ruhm des Adler. Bereits 1836 hatte die Ludwigs-Eisenbahn-Gesellschaft eine zweite Lokomotive aus England erhalten; als schließlich um das Jahr 1840 die ersten größeren Eisenbahnstrecken eröffnet wurden und überall in Deutschland Lokomotiven auf meist erheblich längeren Strecken dampften, war der Adler endgültig keine Sensation mehr. Hinzu kam, daß inzwischen auch in Deutschland Lokomotiven gebaut wurden, die in technischer Hinsicht ihren Vorbildern aus England nicht mehr nachstanden. Bereits zwölf Jahre nach der Eröffnung galten die beiden Lokomotiven der Ludwigsbahn als die kleinsten und schwächsten des Kontinents[15].

Immerhin erwies sich der Adler weiterhin als verläßliches und solides Zugpferd, das ohne nennenswerte Störungen über 20 Jahre seinen Dienst verrichtete. Doch die immer länger und schwerer werdenden Züge erforderten stärkere Maschinen als sie die zierlichen Lokomotiven der Gründerzeit besaßen; zudem verbrauchte der Adler, trotz mehrfacher technischer Änderungen, deutlich mehr Kohle als die neuesten

---

[12] Vgl. Kurt Mauel, Die ersten Lokomotiven, in: Zug der Zeit – Zeit der Züge, hg. von der Eisenbahnjahr-Ausstellungsgesellschaft Nürnberg, Berlin 1985, Bd. I, S. 60–68.

[13] Zu Wilson zuletzt Michael Diefenbacher, Rudolf Endres (Hg.), Stadtlexikon Nürnberg, Nürnberg 1999, S. 1182.

[14] Zur Reaktion der Öffentlichkeit auf die Ludwigseisenbahn siehe Wolfgang Mück, Deutschlands erste Eisenbahn mit Dampfkraft. Die kgl. priv. Ludwigs-Eisenbahn zwischen Nürnberg und Fürth (Fürther Beiträge zur Geschichts- und Heimatkunde, Heft 3), Fürth ²1985, S. 127–135.

[15] Ebd., S. 209.

Lokomotiven[16]. Daher schaffte die Gesellschaft 1852 und 1853 zwei stärkere Lokomotiven von Henschel und Maffei an. Nun war es nur noch eine Frage der Zeit, wie lange der Adler zwischen Nürnberg und Fürth hin- und herdampfen würde.

1857 schließlich kam das Ende des Adler: Die Generalversammlung der Gesellschaft beschloß die Außerdienststellung der Lokomotive. Die Räder und einige andere als Ersatzteile brauchbare Gegenstände wurden abmontiert, der Rest der Lok samt ihrem Tender für 1050 Gulden an den Augsburger Fabrikanten Ludwig August Riedinger verkauft[17].

Das weitere Schicksal des Adler ist bis heute nicht einwandfrei geklärt. Durch Quellen belegbar sind lediglich die Demontage und der Verkauf an Riedinger. Ob dieser, wie vielfach behauptet, die Maschine verschrottet[18] oder weiterverkauft hat oder der Adler in seiner Fabrik sogar „noch verschiedene Jahre gute Dienste" – wohl als stationäre Dampfmaschine – leistete[19], muß weiterhin offen bleiben.

4. Der Weg in das historische Bewußtsein

Für lange Zeit findet sich keine Stimme des Bedauerns über das Verschwinden des Adler. Bei der aufwendig gestalteten 25-Jahr-Feier der Ludwigseisenbahn-Gesellschaft spielte dieses Thema keine Rolle. Ein Vierteljahrhundert nach der ersten (Dampf-)Eisenbahnfahrt in Deutschland waren sich die Beteiligten wohl bewußt, daß dies ein bedeutendes Ereignis gewesen war. Der Gedanke, daß die technischen Einrichtungen der Pionierbahn als historische Zeugnisse jenes Anfangs für die Nachwelt erhaltenswert seien, war jedoch noch nicht vorhanden. Die Zeitgenossen sahen die Bahn vorerst als ein mit ungeheurer Dynamik sich entwickelndes Verkehrssystem an, das ständig neue Höchstleistungen vollbrachte und alle menschlichen Lebensbereiche revolutionierte. Aus diesem Blickwinkel konnten die technischen Leistungen der Eisenbahnpioniere nur als überholt und daher völlig uninteressant gelten. Diese Haltung bestand in der damaligen Zeit allenthalben in der eisenbahnfahrenden Welt. Abgesehen von der berühmten „Rocket" Stephensons wurden alle Pionierlokomotiven, von der „Saxonia" über die „Bayard" bis zur „Limmat", verschrottet oder anderweitig verwertet, nachdem der technische Fortschritt über sie hinweggegangen war[20].

Erst in den siebziger Jahren des 19. Jahrhunderts setzte, jedenfalls im Fall der Nürnberg-Fürther Eisenbahn, ein Wandel ein. 1877 wurde das letzte erhaltene Fahrzeug des Adlerzugs von 1835, der Personenwagen II. Klasse, nicht mit ungewissem Schicksal verkauft, sondern dem 1852 gegründeten Germanischen Nationalmuseum übergeben. Dies geschah auf Anregung und mit finanzieller Unterstützung durch zwei Angehörige der bürgerlichen Oberschicht Nürnbergs, den Privatier Friedrich

---

[16] Die wichtigsten Änderungen: Holzverkleidung des Stehkessels zur besseren Wärmeisolierung, Einbau einer neuen Steuerung, Austausch der eisernen gegen eine kupferne Feuerbüchse, Einbau einer neuen von Stephenson gelieferten Kropfachse. Nach: Asmus, Ludwigs-Eisenbahn (wie Anm. 4), S. 46.

[17] Akten der Ludwigseisenbahn-Gesellschaft 1/8, Protokoll der Direktorialsitzung 1857.

[18] Siehe u.a. Max Beckh, Deutschlands erste Eisenbahn Nürnberg-Fürth. Festschrift zur Jahrhundertfeier, Nürnberg 1935, S. 329.

[19] Fränkischer Kurier 27.9.1900.

[20] Eine gute Übersicht über das Schicksal der ersten europäischen Lokomotiven in: Verkehrshaus der Schweiz (Hg.), Europäisches Treffen von Pionier-Dampflokomotiven in Luzern, Luzern 1997.

Beckh und den Bankier Georg Cnopf[21]. Erstmals galt damit ein Eisenbahnfahrzeug als erhaltenswert für die Nachwelt. Bezeichnenderweise engagierten sich Beckh und Cnopf jedoch nicht, um den Wagen als verkehrs- und technikgeschichtliches Relikt zu bewahren; die beiden Initiatoren der Rettungsaktion beriefen sich vielmehr darauf, daß der Wagen einst den bayerischen König Ludwig I. bei seinem Besuch der Nürnberg-Fürther Eisenbahn im Jahr 1836 befördert habe[22]. Zwar konnte der königliche Transport nie bewiesen werden, außerdem hatte der Wagen im Jahr 1837/38 neue Räder und 1845 einen komplett neuen Aufbau erhalten, so daß von dem ursprünglichen Gefährt kaum etwas übrig geblieben war[23]. Dennoch ist auf diesem Weg ein Originalwagen der alten Ludwigsbahn erhalten geblieben, der heute im Nürnberger DB Museum zu sehen ist und eines der ältesten in Deutschland gebauten Eisenbahnfahrzeuge darstellt[24].

Der Schritt von der Bewahrung eines durch die königliche Nutzung „geadelten" Objekts zu einer historischen Betrachtung des gesamten Eisenbahnwesens erfolgte kurze Zeit später. Im Jahr 1882 fand auf dem Nürnberger Maxfeld, dem heutigen Stadtpark, die „I. Bayerische Landes-Industrie-Gewerbe- und Kunstausstellung" statt, auf der sich mit der bayerischen Staatseisenbahn erstmals eine deutsche Bahnverwaltung in umfassender Weise der Öffentlichkeit präsentierte. Die Zeitgenossen waren über diese Präsentation voll des Lobes: Die Entwicklung der Eisenbahn sei hier *in einer Vollständigkeit und Übersichtlichkeit zusammengestellt, wie solches bisher nirgends geboten wurde*[25]. Tatsächlich war das Aufgebot der „Königlich bayerischen Verkehrsanstalten" hinsichtlich der Eisenbahn beeindruckend: Vom Brücken-, Tunnel- und Bahnhofsbau über Fahrzeuge und Berufsbilder bis zu den Dienstleistungen der Bahn spannte sich der Bogen, veranschaulicht durch Karten und Pläne, Originalfahrzeuge und Modelle[26]. Besonders wurde vermerkt, daß die Exponate nicht nur aus der Gegenwart stammten, sondern, *zum Theil ... auch aus der früheren und frühesten Zeit des Eisenbahnwesens entnommen* seien[27]. Dies bezog sich ausschließlich auf Fahrzeugteile und Modelle; von den Originalfahrzeugen aus den Pioniertagen war auch bei der bayerischen Staatsbahn schon damals nichts mehr vorhanden. Die sorgsam zusammengetragenen Einzelteile und mit großem Aufwand hergestellten Modelle markierten jedoch den entscheidenden Schritt zur Historisierung der Eisenbahn: Erstmals beschäftigte sich hier die Bahn eingehend mit ihrer eigenen Geschichte. Auch in der Fachwelt hatte sich dieser Bewußtseinswandel anscheinend bereits vollzogen. Denn noch während die Ausstellung in Nürnberg lief, tauchte in verschiedenen Fachzeitschriften und Zeitungen die Anregung auf, diese dauerhaft zu

---

[21] DB Museum, Objektkartei Verkehrsmuseum, Ludwigsbahn Nr. 148.
[22] Rudolf Hagen, Die erste deutsche Eisenbahn mit Dampfbetrieb zwischen Nürnberg und Fürth. Gedenkschrift zu deren fünfzigjährigen Jubiläum am 7. Dezember 1885, Nürnberg 1885, S. 211.
[23] DB Museum, Akten der Ludwigseisenbahn-Gesellschaft 1/8, 15. Geschäftsbericht Januar 1846, S. 13.
[24] Nur der im Deutschen Technik-Museum Berlin ausgestellte offene Personenwagen der Breslau-Schweidnitz-Freiburger Eisenbahn ist zwei Jahre älter; vgl. Alfred Gottwaldt, Züge, Loks und Leute. Eisenbahngeschichte in 33 Stationen. Ein Katalog (Schriftenreihe des Museums für Verkehr und Technik Berlin II), Berlin 1990, S. 36.
[25] Organ für Fortschritte des Eisenbahnwesens (Neue Folge), 20, 1883, S. 25.
[26] Bayerische Verkehrsblätter 7, 1882, S. 3.
[27] Organ für Fortschritte des Eisenbahnwesens (Neue Folge), 20, 1883, S. 28.

erhalten. In der Zeitung des Vereins deutscher Eisenbahnverwaltungen wurde der Zweck einer solchen Maßnahme klar benannt: *Möge Bayern wie es auf deutschem Boden die erste Eisenbahn besessen, auch des Besitzes des ersten Eisenbahn-Museums in Deutschland sich dereinst rühmen können*[28].

Die bayerische Regierung machte sich diesen Wunsch umgehend zu eigen. Das Ministerium des königlichen Hauses und des Äußeren, dem die Bahn zu dieser Zeit unterstellt war, sorgte dafür, daß die Objekte nach dem Ende der Ausstellung in einem Raum der Münchner Centralwerkstätte untergebracht wurden, um sie *als Anfänge einer Sammlung* zu erhalten, *auf deren fortlaufende Ergänzung in Zukunft Bedacht zu nehmen wäre*[29].

Nun dauerte es nicht mehr lange, bis das Schicksal des historischen Adler erstmals einer näheren Betrachtung unterzogen wurde. In seiner zum fünfzigjährigen Bestehen der Ludwigs-Eisenbahn im Jahr 1885 verfaßten Gedenkschrift bedauerte Rudolf Hagen das Schicksal des Dampfwagens und zeigte zugleich die verpaßte Alternative auf: Die Verantwortlichen der Ludwigs-Eisenbahn-Gesellschaft hätten ihn doch, wie es 1877 mit dem erwähnten Personenwagen geschehen war, als „Reliquie" dem 1852 gegründeten Germanischen Nationalmuseum übergeben können[30]. Vom Bedauern des Verlustes bis zum Beginn der historischen Rekonstruktion verging ein weiteres Jahrzehnt. Im Jahr 1894 faßte der Erste Bürgermeister Nürnbergs, Georg von Schuh, gemeinsam mit dem Direktor der Ludwigs-Eisenbahn-Gesellschaft, Eduard Ley, den Entschluß, den Adler wenigstens im Modell wieder erstehen zu lassen und dieses dem Germanischen Nationalmuseum zu übergeben[31]. Eine Begründung für seinen Plan gab Schuh nicht; bemerkenswert ist jedoch, daß im selben Jahr die bayerische Eisenbahnverwaltung den Entschluß faßte, alle historischen, größtenteils bereits verschrotteten Lokomotiven und Wagen der bayerischen Staatsbahnen – zu denen die Fahrzeuge der nach wie vor privaten Ludwigsbahn nicht gehörten – als Modelle im Maßstab 1:10 nachzubauen[32]. Die Rekonstruktion eines historischen Objekts aus der Nürnberger Geschichte erscheint in diesem Zusammenhang als durchaus zeittypisch für die neunziger Jahre mit ihrer „Denkmalswut", mit ihrer Verehrung historischer Gestalten und Ereignisse. Gerade in Nürnberg stand der Historismus besonders in Blüte, und der Erste Bürgermeister war einer seiner eifrigsten Verfechter[33].

Die Firma Riedinger hatte sich als letzte Besitzerin und damit Verantwortliche für den Totalverlust des Dampfwagens dazu bereiterklärt, das Modell zu bauen. Als Schuh und Ley nun daran gingen, die für den Modellbau erforderlichen Unterlagen zu besorgen, stellten sie fest, daß keinerlei Pläne und Zeichnungen mehr vorhanden waren. Auch die in nicht gerade üppiger Zahl vorhandenen bildlichen Darstellungen

---

[28] Zeitung des Vereins Deutscher Eisenbahn-Verwaltungen, Nr. 71, 15.9.1882, S. 914.

[29] DB Museum, Archiv Verkehrsmuseum, Akt „Sammlungen des k. bay. Eisenbahnmuseums", ohne Signatur.

[30] Hagen, Eisenbahn (wie Anm. 22), S. 210.

[31] Schreiben v. Schuh an Ley 2.5.1894, in: DB Museum, Akten der Ludwigseisenbahn-Gesellschaft, 9/224.

[32] DB Museum, Archiv Verkehrsmuseum, Akt „Sammlungen des k. bay. Eisenbahnmuseums", ohne Signatur.

[33] Vgl. Alexander Schmidt, Feste feiern – Nürnbergs politische Festkultur und die Mentalität der Nürnberger im Kaiserreich, unveröff. Magisterarbeit Erlangen, Nürnberg 1991.

– Lithografien und Zeichnungen – gaben den Dampfwagen nur sehr ungenau wieder. Eine Anfrage bei der Firma Stephenson lieferte wenigstens einige Umrißzeichnungen, die jedoch der Firma Riedinger als Bauvorlage nicht ausreichten. Auch war der Adler nie fotografiert worden. Somit war um die Jahrhundertwende nicht nur die Originallokomotive, sondern beinahe die gesamte bildliche und textliche Überlieferung und damit die genaue Kenntnis ihres Aussehens und ihrer Konstruktionsweise verloren gegangen.

Insofern schien selbst der Bau eines Modells kaum realisierbar. Zwar bot die Firma Stephenson selbst, die vermutlich aufgrund ihrer Plansammlung von „Patentee"-Lokomotiven in der Lage gewesen wäre, ein Adler-Modell in etwa zu rekonstruieren, den Bau von zwei Modellen an. Schuh gelang es jedoch nicht, die dafür veranschlagten Gelder in Höhe von 155 britischen Pfund zu beschaffen. Hier zeigte sich, daß er mit seiner Idee der Rekonstruktion des historischen Adler noch ziemlich allein stand: Der Nürnberger Magistrat lehnte eine finanzielle Beteiligung der Stadt an einem derartigen Projekt ab. Die Bayerische Staatsbahn zeigte wenig Interesse, da sie zwar eine Modellsammlung älterer Lokomotiven aufbaute, diese jedoch nur Fahrzeuge der Bayerischen Staatsbahn umfassen sollte. Die Ludwigs-Eisenbahn-Gesellschaft schließlich wollte nicht die gesamten Kosten alleine tragen[34]. Damit war das Projekt zunächst gescheitert.

Drei Jahre später, im Jahr 1899, wurde in Nürnberg das „Königlich Bayerische Eisenbahnmuseum" mit den Beständen der Münchener Sammlung als erste Einrichtung dieser Art in Deutschland eröffnet[35]. Da es bis zur Eröffnung des Deutschen Museums 1904 in München auch das einzige verkehrstechnische Museum Deutschlands blieb, kam das Nürnberger Haus ganz von selbst zu nationaler Bedeutung. Der Träger des Museums, die bayerische Staatseisenbahn, verschloß sich dieser gesamtdeutschen Ausrichtung nicht: So ordnete die Generaldirektion mit der Museumseröffnung an, die seit 1894 systematisch aufgebaute Sammlung an Modellen bayerischer Lokomotiven und Wagen um die *ältesten, auf deutschen Eisenbahnen in Verwendung gewesenen Fahrzeuge* zu erweitern und deren Ausführung, wie zuvor, den bayerischen Centralwerkstätten zu übertragen[36]. Dadurch kamen auch Fahrzeuge von Privatbahnen wie der Ludwigsbahn in Betracht, und Schuhs Projekt, den Adler im Modell nachzubauen, konnte nun endlich verwirklicht werden. Die Ludwigs-Eisenbahn-Gesellschaft übergab die von Stephenson erhaltenen Pläne der Nürnberger Centralwerkstätte, die mit dem Modellbau betraut worden war. Von November 1899 bis September 1900 entstand nun nach den Stephensonschen Umrißzeichnungen der Adler im Maßstab 1:10 neu. Am 25. September präsentierte Schuh das Modell, zusammen mit dem ersten Katalog des Verkehrsmuseums, dem Stadtmagistrat. Die Präsentation rief ein großes Echo in der örtlichen Presse hervor. Sechs Blätter berichteten, daß der Adler nach jahrelangem Bemühen des Ersten Bürgermeisters nun end-

---

[34] DB Museum, Akten der Ludwigseisenbahn-Gesellschaft 9/224.

[35] Zur Eröffnung s. Rainer Mertens, Das DB Museum wird 100 Jahre alt. Ein Blick zurück auf die Anfänge des ältesten deutschen Eisenbahnmuseums, in: DB Museum, Die Zeitung, Ausgabe 3, März 1999.

[36] DB Museum, Akten der Ludwigseisenbahn-Gesellschaft 9/224.

lich als Modell wiedererstanden war³⁷. Der Verlust des echten Adler wurde hier durchwegs mit bissigen und hämischen Kommentaren bedacht: Die Ludwigsbahn habe, *pietätvoll, wie sie einmal gesinnt ist, das Original ... als altes Eisen verkauft*³⁸, der Adler sei *um schnödes Geld verkümmelt worden an irgend eine Alteisenhandlung*³⁹, die Gesellschaft habe ihn *ins alte Eisen geworfen* und *nach dem Gewichte um ein paar Pfennige* verkauft⁴⁰.

Da durch die Berichterstattung der Eindruck erweckt wurde, daß der Adler erst in jüngster Zeit in den Schrott gewandert sei, fühlte sich Ludwigsbahn-Direktor Ley zu einer öffentlichen Stellungnahme genötigt, die im „Fränkischen Kurier" am 27. September erschien. Hier wurde zunächst das Mißverständnis korrigiert, daß der Dampfwagen nicht in jüngster Zeit, sondern bereits vor über 40 Jahren verkauft worden war. Dann folgte die Rechtfertigung des damaligen Verkaufs, die in ihrer Argumentation sehr aufschlußreich ist. Zunächst betonte Ley, daß der Adler außer Dienst gestellt wurde, weil er technisch überholt war. Die Ludwigsbahn sei dann zum Verkauf gezwungen gewesen, da weder sie selbst noch das gerade gegründete Germanische Nationalmuseum über ausreichende Möglichkeiten zur Unterbringung verfügt hätten. Außerdem habe der Adler von 1857 infolge zahlreicher technischer Änderungen so große Abweichungen von seiner ursprünglichen Konstruktion aufgewiesen, daß er ohnehin nicht mehr als Original hätte gelten können⁴¹. In einer wenige Tage später abgegebenen Erklärung gegenüber der Generaldirektion der bayerischen Staatseisenbahn, die sich ebenfalls für Umstände des Adler-Verkaufs interessierte, schob Ley ein weiteres Argument nach: Über die öffentlich abgegebene Erklärung hinaus sei es fraglich, *...ob damals überhaupt ein besonderes Interesse für Erhaltung dieser Lokomotive vorhanden war. Jetzt ist dies allerdings anders*⁴². Damit hatte Ley den eigentlichen Grund für den Adler-Verlust vor vierzig Jahren und das nun vorhandene öffentliche Bedauern darüber genannt: den Wandel des öffentlichen Bewußtseins in bezug auf die Geschichte der Eisenbahn.

Das Modell, das ab dem 4. November 1900 im Nürnberger Verkehrsmuseum ausgestellt wurde, blieb nicht das einzige. Mit der nun überall einsetzenden Gründungswelle technischer Museen entstand ein großer Bedarf an Modellen der verloren gegangenen Originalfahrzeuge aus der Frühzeit der Eisenbahn. Im Jahr 1906 tauschten zwei neu gegründete Häuser, das Deutsche Museum in München und das Berliner Bau- und Verkehrsmuseum, der Vorläufer des heutigen Deutschen Technik-Museums, mehrere Modelle von Kesseln und Fahrzeugen aus. Dabei erhielt das Berliner Museum ein Modell des Adler im Maßstab 1:5, das ebenfalls von der Nürnberger Centralwerkstätte gefertigt worden war⁴³. Dieses Modell stellt heute die älteste erhaltene

---

³⁷ Fränkischer Kurier, Abendausgabe, 25.9.1900; Fürther Bürgerzeitung, 25.9.1900; Nürnberger Stadtzeitung, 26.9.1900; Fränkische Morgenzeitung, 26.9.1900; Nürnberger Anzeiger, 26.9.1900; Nürnberger Generalanzeiger, 26.9.1900.
³⁸ Fürther Bürgerzeitung, 25.9.1900.
³⁹ Nürnberger Stadtzeitung, 26.9.1900
⁴⁰ Fränkische Morgenzeitung, 26.9.1900.
⁴¹ Fränkischer Kurier, Vormittagsausgabe, 27.9.1900.
⁴² Schreiben vom 7.10.1900, in: DB Museum, Akten der Ludwigseisenbahn-Gesellschaft 9/224 a.
⁴³ Briefwechsel und Beschreibung der übrigen Modelle in: Geheimes Staatsarchiv Preußischer Kulturbesitz, Rep. 93E Nr. 2763.

Nachbildung des Adlers dar. Dagegen wurde das Nürnberger Exemplar im Jahr 1961 vom Vorstand der Deutschen Bundesbahn dem damaligen Bundeskanzler Adenauer zu seinem 85. Geburtstag geschenkt und muß heute als verschollen gelten[44].

Doch zurück zu Beginn des Jahrhunderts. Nachdem der Adler als Modell wieder in die Welt zurückgekehrt war, wuchs das historische Interesse an der verlorengegangenen Lokomotive. Nun mehrten sich auch Hinweise auf das weitere Schicksal des Adler. Dabei tauchten sogar angebliche Teile der Lok wieder auf: Als im Jahr 1903 ein am Münchener Englischen Garten gelegenes Kupferhammerwerk aufgelöst wurde, boten die Besitzer dessen Dampfmaschine dem Nürnberger Verkehrsmuseum zur Übernahme an. Hierbei stellte sich heraus, daß die zwei Dampfzylinder der Maschine von einer älteren Dampflok des Stephensonschen „Patentee"-Typ stammten. Weitere Nachforschungen ergaben, daß der Besitzer des Kupferhammers diese im Jahr 1874 von einem Augsburger Schrotthändler erwarb, der sie wiederum im Jahr 1866 von der Ludwigsbahn gekauft hatte. Obwohl dies offensichtlich der Tatsache widersprach, daß der Dampfmotor des Adler nachweislich im Jahr 1857 an die Firma Riedinger veräußert worden war, deklarierte das Verkehrsmuseum die beiden Zylinder aufgrund *eingehende(r) vergleichende(r) Studien mit vorhandenen Zeichnungen in der Stephensonschen Fabrik in Newcastle* durch den bayerischen Oberregierungsrat Höhn als Teile des Adler. So konnte sich das Haus rühmen, zumindest Teile des Dampfwagens zu besitzen[45].

5. Die Auferstehung: Nachbau des Adler von 1935

Trotz des Modells und der vermeintlich echten Zylinder bildete der verschrottete Adler fortan einen großen Verlust aus Nürnberger Sicht wie aus der Sicht der Eisenbahn. Dabei ist die Tatsache bemerkenswert, daß der bereits erwähnte, noch heute im Museum ausgestellte, um 1845 gebaute Personenwagen der Ludwigs-Eisenbahn zu keiner Zeit größere Beachtung gefunden hat, obwohl es sich hier um eines der ältesten erhaltenen Originalfahrzeuge der Eisenbahn in Deutschland handelt, noch dazu hierzulande gebaut und nicht aus England importiert. Der Wagen befand sich jedoch vorerst im Germanischen Nationalmuseum, da das alte Verkehrsmuseum am Nürnberger Marientorgraben über keinen Gleisanschluß verfügte und daher nur ein einziges Originalfahrzeug, den Salonwagen des verstorbenen Alt-Reichskanzlers Bismarck, beherbergte[46].

Mit der bis 1925 erfolgten Fertigstellung des neuen Museumsbaus an der Lessingstraße, der einen Gleisanschluß und eine eigens für Originalfahrzeuge eingerichtete Halle besaß, wurde nun die Möglichkeit zur Ausstellung von Fahrzeugen geschaffen. So konnte der Personenwagen aus dem Germanischen Nationalmuseum

---

[44] DB Museum, Objektkartei Verkehrsmuseum, Ludwigsbahn, o. Nr. Das heute ausgestellte Modell wurde als Ersatz für das ältere Modell 1961/62 in den Bahnbetriebswerken Nürnberg, Würzburg und Bamberg hergestellt.

[45] Bericht des Ministerialrates a.D. Eduard v. Weiß, 8.2.1926, in: DB Museum, Akten der Ludwigseisenbahn-Gesellschaft 9/224 b. Asmus erwähnt die Auffindung der Zylinder, weist aber nicht explizit auf diesen Widerspruch hin; s. ders., Ludwigseisenbahn (wie Anm. 4), S. 95.

[46] DB Museum, Archiv Verkehrsmuseum, Akt „Sammlungen des k. bay. Eisenbahnmuseums", ohne Signatur.

in das neue Haus überstellt werden[47]. Zudem war die Ludwigsbahn im neuen Verkehrsmuseum als fester Bestandteil der Dauerausstellung eingeplant[48]. Auf verschiedene Räume des Museums verteilt, wurden zahlreiche kleinere Exponate wie Münzen und Fahrkarten, das Modell von 1900 und die angeblichen Zylinder des Adler, mittlerweile als *wertvolle Reliquie des Lokomotivbaues*[49] bezeichnet, ausgestellt. Die Aufnahme des Themas Ludwigsbahn in das Ausstellungsprogramm des neuen Hauses wurde durch den Umstand gefördert, daß mittlerweile nicht nur der Adler selbst verschollen war, sondern die gesamte Ludwigs-Eisenbahn im Begriff war zu verschwinden: Die privat gebliebene Eisenbahngesellschaft hatte aufgrund wirtschaftlicher Schwierigkeiten 1922 den Betrieb eingestellt. Beim Abbau der Betriebsanlagen im Jahr 1925 versäumten es die Verantwortlichen des Museums jedoch nicht, einen historischen Kernbestand der Nachwelt zu sichern.

Zur selben Zeit wurde ein kühner Plan geboren: Der Adler sollte in Originalgröße rekonstruiert werden, wie in einem Schreiben der Reichsbahndirektion Nürnberg vom 2. Juli 1924 erstmals formuliert wird. Dies sollte ausdrücklich im Hinblick auf die Jahrhundertfeier der deutschen Bahn im Jahre 1935 geschehen, so daß noch elf Jahre Zeit blieben, um dieses Vorhaben zu verwirklichen[50].

Doch es bestand dasselbe Problem wie 25 Jahre zuvor: Es fehlten exakte Pläne. Auch erneute Nachfragen der Nürnberger Reichsbahndirektion bei der Firma Stephenson erbrachten keine weiterführenden Erkenntnisse. Daher begann nun eine systematische Suche nach Dokumenten über den Adler, deren Ergebnis zunächst eher ernüchternd denn erhellend war. So fand der Aschaffenburger Professor Gaiser heraus, daß die in der 1836 verfaßten Beschreibung Rebensteins erhaltene Zeichnung nicht den Adler sondern einen anderen, wesentlich größeren Dampfwagen des Stephensonschen „Patentee"-Typs zeigte; ebenso galt dies für eine Abbildung Hektor Rösslers, eines Dozenten der Höheren Gewerbeschule Darmstadt, aus dem Jahr 1836[51]. Beide Darstellungen hatten bis dahin als authentisch gegolten und waren in diesem Sinne mehrfach von der Literatur übernommen worden[52].

Aufgrund der unzureichenden Quellenlage verliefen die Bemühungen der Nürnberger Reichsbahndirektion und des Verkehrsmuseums zunächst im Sande. Einige Fachleute, neben dem genannten Gaiser der Leiter des Reichsbahnausbesserungswerkes Kaiserslautern, Carl Klensch, sowie der Brite I.G. Warren, gingen jedoch in den Jahren nach 1925 weiterhin der Frage nach, wie der ursprüngliche Adler beschaffen gewesen war. Dabei fand sich in den Beständen des Verkehrsmuseums ein zeit-

---

[47] Reichsbahndirektion und Reichspostdirektion Nürnberg, Die Sammlungen des Verkehrsmuseums Nürnberg (Ausstellungskatalog), Nürnberg 1935, S. 30.

[48] Schreiben 2.7.1924 in: DB Museum, Akten der Ludwigseisenbahn-Gesellschaft 9/224 a.

[49] Bericht des Ministerialrates a.D. Eduard v. Weiß, 8.2.1926, in: DB Museum, Akten der Ludwigseisenbahn-Gesellschaft 9/224 b.

[50] DB Museum, Akten der Ludwigseisenbahn-Gesellschaft 9/224 b.

[51] F. Gaiser, Einige Feststellungen zur älteren Lokomotivgeschichte, in: Hanomag-Nachrichten, H. 134, Dezzember 1924, passim; s. a. ausführlichen Brief Gaisers an die Reichsbahndirektion Nürnberg vom 9.10.1924, in: Akten der Ludwigseisenbahn-Gesellschaft 9/224 a.

[52] So Hagen, Eisenbahn (wie Anm. 22); Troske, Allgemeine Eisenbahnkunde für Studium und Praxis. Leipzig 1907, S. 197; Hanomag-Nachrichten, H. 5, 1918, S. 53; vgl. Brief F. Gaisers vom 9.10.1924 in: DB Museum, Akten der Ludwigseisenbahn-Gesellschaft 9/224 a.

genössischer Stich, der Einzelheiten über das Aussehen und die Steuerung der Lokomotive zeigte[53]. Im Austausch mit Warren, der sich 1925/26 mit den frühen Lokomotiven Stephensons beschäftigt hatte, konnten weitere wichtige Einzelheiten rekonstruiert werden[54]. Hierbei stand vor allem die Frage im Mittelpunkt, wie die bis dahin als kompliziert und primitiv geltende Steuerung des Dampftriebwerks[55] arbeitete und zu bedienen war. Klensch und Gaiser vertraten dagegen die Meinung, daß die Steuerung keineswegs als primitiv zu bezeichnen war, sondern insgesamt eine hohe technische Ingenieurleistung darstellte, die sich meisterhaft in das Gesamtwerk der Lokomotive einfügte[56].

Mit den Arbeiten Klenschs und seiner Kollegen erreichte die Suche nach dem historischen Adler erstmals wissenschaftliches Niveau. Da das Ziel nun der betriebsfähige Nachbau der Lokomotive war, ging es nicht mehr nur, wie 25 Jahre zuvor, um die äußerliche Wiederherstellung eines historischen Fahrzeugs, sondern um die funktionsfähige Rekonstruktion einer historischen Technologie.

Als das Eisenbahnjubiläum immer näher rückte und nun auch der Nürnberger Stadtrat den Wunsch äußerte, hierzu eine große Feier zu veranstalten, wurde die Idee eines Adler-Nachbaus wieder aktuell. Im März 1932 fragte der Direktor des Nürnberger Verkehrsmuseums erneut bei Klensch an, ob er sich eine Rekonstruktion vorstellen könne. Klensch, der den Nachbau der ursprünglich 1853 gebauten Crampton-Lokomotive „Die Pfalz" im Jahr 1925 geleitet hatte, bejahte dies im Grundsatz, da die meisten offenen Fragen bezüglich der Funktionsweise des Dampfwagens inzwischen geklärt seien. Er wies jedoch auf die größte Schwierigkeit hin, daß sämtliche Konstruktionszeichnungen nach den vorliegenden Forschungsergebnissen neu erstellt werden müßten. Denn es fehlten weiterhin detaillierte Konstruktionspläne von Rahmen, Feuerbüchse und Kessel. Für die Zylinder und die Steuerung boten allerdings die beiden bereits erwähnten originalen Stephensonschen Zylinder samt Steuerung, die im Verkehrsmuseum Nürnberg aufbewahrt wurden, wichtige Anhaltspunkte.

Doch nicht die fehlenden Pläne, sondern eine ganz andere Schwierigkeit stellte sich dem Vorhaben in den Weg: die finanzielle Situation der Reichsbahn. Die Weltwirtschaftskrise hatte das Unternehmen, das 1929 noch einen Überschuß von 860 Millionen Reichsmark (bei der Rekordeinnahme von 5,35 Milliarden RM) aufgewie-

---

[53] Schreiben Gaisers an das Verkehrsmuseum Nürnberg vom 3.11.1927, in: DB Museum, Akten der Ludwigseisenbahn-Gesellschaft 9/224 b.

[54] J.G. Warren, A century of locomotive building, London 1925, mit Berichtigungen aus The Engineer, 24.9.1926.

[55] Siehe hierzu R. v. Helmholtz, W. Staby, Die Entwicklung der Lokomotive im Gebiete des Vereins dt. Eisenbahnverwaltungen, Bd. I., München und Berlin 1930, S. 407f.

[56] Zu technischen Einzelheiten des Adler-Nachbaus s. Carl Klensch, Die Lokomotive „Adler" der ersten deutschen Eisenbahn und ihre Nachbildung im Reichsbahn-Ausbesserungswerk Kaiserslautern, in: Organ für die Fortschritte des Eisenbahnwesens (Neue Folge) 72, 1935, S. 486–491; Beschreibung der Steuerung S. 488–490. Die 1984 verfaßte Beschreibung des Adler-Nachbaus von Asmus, Ludwigs-Eisenbahn (wie Anm. 4), S. 95–145, übernimmt, größtenteils wörtlich, die Ausführungen Klenschs und enthält keine neuen Aspekte. Vgl. auch Briefwechsel Klenschs und Gaisers mit dem Verkehrsmuseum in: DB Museum, Akten der Ludwigseisenbahn-Gesellschaft 9/224 b.

sen hatte, regelrecht abstürzen lassen. Im Jahr 1932 wies das Betriebsergebnis erstmals einen ungedeckten Fehlbetrag von 67 Millionen RM auf[57]. So ist es kaum verwunderlich, daß Verkehrsmuseums-Direktor Übelacker im Januar 1933 resignierend berichtete, er sei bei den Verantwortlichen der Reichsbahn mit dem Adler-Projekt *auf wenig Gegenliebe* gestoßen. Überhaupt sei die Verwirklichung des Vorhabens wegen der ungünstigen Finanzlage der Reichsbahn-Gesellschaft sehr fraglich[58].

Die wenige Tage später erfolgte „Machtergreifung" durch die Nationalsozialisten schuf jedoch gänzlich neue Rahmenbedingungen für das Projekt. Von nun an standen im Hinblick auf die geplante Jahrhundertfeier weniger finanzielle als vielmehr propagandistische Erwägungen im Vordergrund. Hinzu kam, daß die Feier, die bisher eher im regionalen Rahmen geplant war, durch die Auflösung der für die Ausrichtung verantwortlichen Reichsbahn-Gruppenverwaltung Bayern im Oktober 1933 und durch die „Erhebung" Nürnbergs zur „Stadt der Reichsparteitage" nun den Stellenwert eines nationalen Großereignisses erlangte. Mit einem Millionenetat wurde nun geplant: In der gerade fertiggestellten Umladehalle Nürnberg-Süd, Europas größter Abfertigungshalle für Stückgut, sollte eine Jubiläumsausstellung stattfinden, um auf einer Fläche von 60 000 qm die Leistungen der Reichsbahn auf eindrucksvolle Weise zu präsentieren. Auch das Verkehrsmuseum wurde für das Jubiläum umfassend renoviert und erweitert.

Mit großem Aufwand wurde in ganz Europa und Nordamerika für die Ausstellung in Nürnberg geworben, die vom 13. Juli bis 13. Oktober stattfinden sollte[59]. Die Schau zielte in ihrer Wirkung, ähnlich wie die Reichsparteitage, nach innen wie nach außen: Einmal diente sie zur Einschwörung der Reichsbahn-Belegschaft, nun „Gefolgschaft" genannt, auf das NS-Regime. So bezeichnete Reichsbahnpräsident Dorpmüller die Nürnberger Feier als *Generalappell der deutschen Eisenbahner*[60]. Hitler, der an der Eröffnung nicht teilgenommen hatte, erschien als Überraschungsgast beim Festakt der Reichsbahn am 8. Dezember 1935 und legte ein vordergründig weitreichendes Bekenntnis zum Verkehrsmittel Eisenbahn ab. Hierbei bezeichnete er die Reichsbahn als *sozialistischen Musterbetrieb*[61], ein Prädikat, hinter dem sich die von den Nationalsozialisten der Bahn zugedachte Bestimmung als beliebig für ihre Zwecke verfügbarer Staatsbetrieb versteckte, der zunächst der Arbeitsbeschaffung, danach der Kriegsvorbereitung und Kriegsführung diente, der in seinen eigenen wirtschaftlichen Bedürfnissen jedoch weitgehend vernachlässigt wurde[62]. Zum anderen

---

[57] Eberhard Kolb, Die Reichsbahn vom Dawes-Plan bis zum Ende der Weimarer Republik, in: Lothar Gall, Manfred Pohl (Hg.), Die Eisenbahn in Deutschland. Von den Anfängen bis zur Gegenwart, München 1999, S. 144.

[58] Schreiben vom 9.1.1933 in: DB Museum, Akten der Ludwigseisenbahn-Gesellschaft 9/224 b.

[59] Die Reichsbahn. Amtliches Nachrichtenblatt der Deutschen Reichsbahn-Gesellschaft und der Gesellschaft „Reichsautobahnen", 11. Jg., H. 22, 29.5.1935, S. 648f.

[60] Julius Dorpmüller, Vom Sinn der Nürnberger Jahrhundertfeier, in: Die Reichsbahn. Amtliches Nachrichtenblatt der Deutschen Reichsbahn-Gesellschaft und der Gesellschaft „Reichsautobahnen", 11. Jg., H. 49, 4.12.1935, S. 1232.

[61] Die Reichsbahn. Amtliches Nachrichtenblatt der Deutschen Reichsbahn-Gesellschaft und der Gesellschaft „Reichsautobahnen" 11. Jg., H. 50/51, 11./18.12.1935, S. 1261.

[62] Siehe hierzu Klaus Hildebrand, Die Deutsche Reichsbahn in der nationalsozialistischen Diktatur, in: Lothar Gall, Manfred Pohl (Hg.), Die Eisenbahn in Deutschland. Von den Anfängen bis zur Gegenwart, München 1999, S. 165–250, insbes. S. 184–208.

zielte die Schau in ihrer Außenwirkung darauf, die Leistungen des NS-Staates am Beispiel der Reichsbahn dem In- und Ausland möglichst eindrucksvoll zu präsentieren. Dies geschah vor allem durch die geballte Präsentation moderner Eisenbahntechnik. So waren in der als *größter Eisenbahnausstellung der Welt* deklarierten Jubiläumsschau[63] auf dem Gelände der Güterabfertigung Nürnberg-Süd die modernsten Fahrzeuge der Reichsbahn zu sehen, von den neuen dieselelektrischen Schnelltriebwagen über die Stromliniendampflok der Baureihe 05, der *schnellsten Dampflok der Welt*, bis zur V 140, der ersten deutschen Diesellok für den Streckendienst[64].

Die Schau erlebte einen ungeheuren Andrang: Über eine halbe Million Besucher aus dem In- und Ausland wurde zwischen Juli und Oktober gezählt[65]. Die Verantwortlichen der Reichsbahn waren mit diesem Ergebnis höchst zufrieden: Die *Tage von Nürnberg* waren, so die offizielle Verlautbarung, *für die Deutsche Reichsbahn ein Triumph ohnegleichen*[66].

Bei dem großen Aufwand, der für die Jubiläumsschau getrieben wurde, fielen die Kosten für die Rekonstruktion des Adler – etwa 13 000 Reichsmark[67]– nicht weiter ins Gewicht: Im April 1934 fiel der endgültige Beschluß, die Lokomotive mit einigen Personenwagen neu erbauen zu lassen. Mit der Leitung des Vorhabens wurde, wie noch zu Weimarer Zeiten geplant, Klensch beauftragt. Der Bau der Lokomotive erfolgte in Kaiserslautern, die Herstellung der fünf Wagen im Reichsbahn-Ausbesserungswerk Nürnberg[68].

In mühsamer Kleinarbeit wurden jetzt Konstruktionspläne für die Lokomotive und ihren Tender angefertigt. Dabei kam den am Projekt Beteiligten ein Zufallsfund zu Hilfe: Im Mai 1934 tauchte eine Zeichnung des Adler aus den 1840er Jahren auf, die weitere Aufschlüsse über sein ursprüngliches Aussehen zuließ[69]. Dennoch gestaltete sich der Nachbau, der von Herbst 1934 bis Juni 1935 dauerte, als ein ständiges Experiment, wie wohl ein unbekannter, nach vagen Vorlagen gebauter Mechanismus in Wirklichkeit funktionieren würde. Am Ende gelang es den Kaiserslauterer Reichsbahnern tatsächlich, eine funktionierende Lokomotive zu schaffen. Dies war mit Sicherheit eine große Leistung; ein originalgetreuer Nachbau des Adler war damit jedoch nicht geschaffen, dies hatte die spärliche Überlieferung nicht zugelassen. Zudem mußten die Sicherheitsvorschriften des 20. Jahrhunderts beachtet werden. So wurden die Kesselwände dicker gebaut und mit zusätzlichen Querverstrebungen versehen, und bei den Speichenrädern verwendete man den hundert Jahre zuvor noch unbekannten Werkstoff Stahl. Auch arbeitete Klensch bei der Rekonstruktion der

---

[63] Hallische Nachrichten, 15.7.1935.

[64] Ausführliche Beschreibung der Ausstellung: Organ für die Fortschritte des Eisenbahnwesens (Neue Folge) 72, 1935, S. 264–270.

[65] Die Reichsbahn. Amtliches Nachrichtenblatt der Deutschen Reichsbahn-Gesellschaft und der Gesellschaft „Reichsautobahnen", 11. Jg., H. 43, 23.10.1935, S. 1108.

[66] Die Reichsbahn. Amtliches Nachrichtenblatt der Deutschen Reichsbahn-Gesellschaft und der Gesellschaft „Reichsautobahnen", 11. Jg., H. 50/51, 11./18.12.1935, S. 1262.

[67] Laut Kostenaufstellung in: DB Museum, Akten der Ludwigseisenbahn-Gesellschaft 9/224 b.

[68] Briefwechsel Klensch-Übelacker April 1934, in: DB Museum, Akten der Ludwigseisenbahn-Gesellschaft 9/224 b.

[69] Schreiben Klensch-Übelacker 15.6.1934, in: DB Museum, Akten der Ludwigseisenbahn-Gesellschaft 9/224 b.

Steuerung nach den erwähnten Umrißzeichnungen Stephensons, auf denen der Steuermechanismus nur unvollständig wiedergegeben ist[70]. Alles in allem stellte der Adler daher eher eine dem Original nachempfundene Neuschöpfung als eine originalgetreue Kopie dar. Dies soll das Werk der Erbauer des neuen Adler nicht schmälern, im Gegenteil: Die mühsame Neukonstruktion bedeutete eine weitaus größere technische Leistung als der bloße Nachbau nach detaillierten Originalplänen.

Nach sorgfältigen Probefahrten und der Schulung des für den Fahrbetrieb erforderlichen Personals wurde der Adler am 8. Juli 1935 nach Nürnberg überführt. Eine Woche später nahm er samt den fünf in Nürnberg hergestellten Wagen seine Fahrten auf dem Ausstellungsgelände auf. Von Beginn an bildete der Adlerzug, mit dem die Besucher gegen ein kleines Entgelt eine zwei Kilometer lange Strecke rund um das Ausstellungsgelände befahren konnten, eine der Hauptattraktionen, die in nahezu jedem Zeitungsbericht Erwähnung fand. Auch die Prominenz wie Reichsbahndirektor Dorpmüller und Gauleiter Julius Streicher ließen es sich nicht nehmen, auf dem Führerstand des Adler mitzufahren. Doch die große Aufmerksamkeit, die dem Adler und seinem Zug zuteil wurden, täuscht über die eigentliche Rolle bei dem Propagandaspektakel hinweg: Er diente als *Curiosum*[71], als wiederauferstandenes Relikt einer rückständigen Zeit, geschaffen, um die Fortschritte des deutschen Eisenbahnwesens in den vergangenen hundert Jahren hervorzuheben. Geradezu verächtlich fällt manche zeitgenössische Beschreibung des *Biedermeier-Bähnchens*[72] aus: *Der ‚Adler' zieht vier kleine Korbwägelchen; er hat einen hohen schwarzen Schornstein, wie etwa die Präriebahnen Argentiniens. Der Kessel sieht aus wie ein waagrecht liegendes Butterfaß in knalligem Grün*[73]. Dieses Vehikel umrundete nun zur Belustigung des Publikums das Ausstellungsgelände und führte die Leistungen der modernen deutschen Eisenbahn vor: *Von dem altertümlichen Zug aus fällt unser Blick auf die Lokomotivgiganten unserer Zeit, auf die wellenschlanken Triebwagen, auf Stromlinienlokomotiven*[74].

Zudem paßte die historische Wahrheit nicht in das von den Nationalsozialisten gewünschte Bild. So wurde die Ludwigsbahn in abenteuerlicher Verdrehung der Fakten als Werk deutsch-national gesinnter Männer dargestellt, die sich mit der Realisierung der Bahn tatkräftig über alle Bedenken der Zeitgenossen, vor allem der akademischen Welt, hinweggesetzt hätten[75]. In diesem Szenario patriotischer Willenskraft störte natürlich die englische Herkunft des Dampfwagens (und seines Lenkers). Dies

---

[70] Carl Klensch, Die Lokomotive „Adler" der ersten deutschen Eisenbahn und ihre Nachbildung im Reichsbahn-Ausbesserungswerk Kaiserslautern, in: Organ für die Fortschritte des Eisenbahnwesens (Neue Folge) 72, 1935, S. 486–491, hier S. 486, 489f.
[71] Berliner Börsenzeitung, 15.7.1935.
[72] Deutsche Allgemeine Zeitung, 17.7.1935.
[73] Der Angriff, 15.7.1935.
[74] Berliner Börsenzeitung, 15.7.1935.
[75] Diese Aussagen sind unisono in allen zeitgenössischen Publikationen zu finden. Stellvertretend seien genannt: Völkischer Beobachter, 3.1.1935; Deutsche Reichsbahn (Hg.), Hundert Jahre deutsche Eisenbahnen. Jubiläumsschrift zum hundertjährigen Bestehen der deutschen Eisenbahnen, Berlin 1935; differenzierter Max Beckh, Deutschlands erste Eisenbahn Nürnberg-Fürth. Festschrift zur Jahrhundertfeier. Nürnberg 1935, der v.a. die von Hitler verbreitete Legende vom Gutachten der Obermedizinalkollegiums offen anzweifelt.

wurde besonders deutlich beim Umgang der NS-Obrigkeit mit dem Film *Das Stahltier* von Willy Zielke. In diesem für die Reichsbahn produzierten Werk wurden das *stählerne Tier*, nämlich der Adler, und darüber hinaus die Entstehung des Eisenbahnwesens im Ganzen der Realität entsprechend als Leistungen der Engländer beschrieben. Die vom Reichspropagandaministerium kurzfristig verfügte Entfernung des Films aus dem Festprogramm der Jahrhundertfeier zeigt, daß ein derartiges Bild des Adler unerwünscht war[76]. So war die offizielle Geringschätzung des Adler gerade im Verhältnis zu den in Szene gesetzten Errungenschaften der modernen Reichsbahn nur folgerichtig. Niemand sah in dem mühsam neu geschaffenen Adler die ernsthafte Rekonstruktion eines technikgeschichtlichen Objekts, niemand würdigte die Leistung der Kaiserslauterer Lokomotivbauer, die das Fahrzeug wieder hatten erstehen lassen.

Auch in den Folgejahren spielten der Adler und sein Zug ihre Rolle als Jahrmarktsattraktion. So wurde der Zug, der eigentlich nun seinen Platz im Nürnberger Verkehrsmuseum finden sollte, auf Anordnung der Reichsbahndirektion und gegen den hartnäckigen Widerstand der Leitung des Museums 1936 beim Cannstädter Volksfest in Stuttgart eingesetzt[77]. Im selben Jahr wurde er bei einer Ausstellung des Rahmenprogramms der Olympischen Spiele im Berliner Sommergarten am Funkturm gezeigt, und 1938 dampfte er zum 100. Geburtstag der ersten preußischen Eisenbahn mangels eines originalen Fahrzeugs auf der historischen Strecke von Berlin nach Potsdam[78].

Der Ausbruch des Zweiten Weltkriegs beendete zunächst das ruhelose Dasein des Adler: Er wurde vermutlich, wie viele Exponate des Verkehrsmuseums, zum Schutz gegen Bombenschäden ausgelagert[79].

6. Zeit nach dem Krieg: Zwischen Sinnstiftung und Public Relation

Tatsächlich überstand der Adler weitgehend unversehrt die schweren Kriegszerstörungen Nürnbergs. Während das Museum nach 1945 infolge einiger Kriegsschäden zunächst noch geschlossen blieb, hatte die Lokomotive bereits wieder ihren ersten Auftritt. Bei der 900-Jahrfeier Nürnbergs im Jahr 1950 wurde sie samt zugehörigen Wagen im großen Festzug auf einem Culemeyer-Fahrzeug mitgeführt[80]. Inmitten historischer Spielmannszüge und Traditionsvereine wie Büttnertänzern und Schembartläufern verkörperte sie eines der Wahrzeichen der großen Geschichte Nürnbergs, die scheinbar unbelastet durch die jüngste Vergangenheit – hier schlug nun die englische Herkunft des Adler positiv zu Buche – die schlimmen Zerstörungen

---

[76] Franz Sonnenberger, Die neue Beweglichkeit. Das Auto, die Bahn und das Flugzeug, in: Centrum Industriekultur (Hg.), Unterm Hakenkreuz. Alltag in Nürnberg 1933–1945, München 1993, S. 88–97, hier S. 89f.

[77] Schriftwechsel in: DB Museum, Archiv Verkehrsmuseum, Akt „Ludwigsbahn-Ausstellungen", ohne Signatur.

[78] Alfred Gottwaldt, Das große Berliner Eisenbahn-Album, Stuttgart 1987, S. 223.

[79] Der Verbleib des Adler während des Krieges konnte anhand der zur Verfügung stehenden Unterlagen nicht geklärt werden. Der Verfasser ist daher für jeden aufhellenden Hinweis dankbar.

[80] StadtAN, C 51 Nr. 212.

des Zweiten Weltkriegs überstanden hatten und auf diese Weise wohl tröstend auf die Veranstalter wie auf das Publikum wirkten[81].

Mit der Teileröffnung des Verkehrsmuseums 1953 erfuhr der Adler-Nachbau endlich die ursprünglich beabsichtigte museale Wertschätzung, indem er in der Fahrzeughalle des Museums zur Besichtigung aufgestellt wurde. 1960 wurde schließlich der „Adlersaal" geschaffen, in dem die Lokomotive, der echte und zwei nachgebaute Wagen der Ludwigsbahn ihren festen Platz erhielten[82]. Von nun an wurde der Adler nur noch bei großen Jubiläen eingesetzt: 1960 dampfte er zur 125-Jahrfeier der ersten deutschen Eisenbahn auf den Straßenbahngleisen von Nürnberg nach Fürth, 1985 tourte er, im Vorfeld der großen 150-Jahre-Eisenbahnaustellung in Nürnberg, durch ganz Deutschland[83], und 1999 wurde er für das hundertjährige Jubiläum des Verkehrsmuseums wieder unter Dampf gesetzt[84]. Im Jahr 2000 fanden schließlich noch einige Publikumsfahrten auf einer Privatbahnstrecke in der Fränkischen Schweiz statt[85]. Vor jedem Auftritt mußte die Lokomotive mit erheblichem Aufwand in Stand gesetzt werden, so das letzte Mal 1999 im Dampflokwerk Meiningen, da die jeweils vorhergehenden Einsätze dem Fahrzeug erhebliche Schäden zugefügt hatten[86]. Dies mag ein Beleg dafür sein, daß den Erbauern von 1935 die historische Rekonstruktion des „Stephensonschen Meisterwerks" (Carl Klensch) nicht vollständig gelang, da der originale Adler immerhin 22 Jahre ununterbrochen und nahezu störungsfrei im Einsatz war.

Zusätzlich zu dem Nachbau von 1935 hatte das Werbeamt der Bundesbahn 1951 eine weitere, allerdings nicht betriebsfähige Replik des Adler im Ausbesserungswerk München-Freimann anfertigen lassen. Während der 1935er Adler von da an als museale Kostbarkeit behandelt wurde und dabei in der öffentlichen Wahrnehmung allmählich den Status eines Originals erreichte, kam dem „Werbeamts-Adler" die Aufgabe zu, auf Ausstellungen, Messen und anderen öffentlichen Großveranstaltungen als Sympathieträger für die Bahn zu werben. Doch auch andere Institutionen bedienten sich seiner Symbolkraft: So sollte er bei der 1963 abgehaltenen „Britischen Woche" in München im Auftrag von Staat und Wirtschaftsverbänden auf die engen Verbindungen hinweisen, *...die heute im Verkehr zwischen England und Deutschland bestehen und auf den in beiden Ländern bestehenden Wunsch, diese Beziehungen immer enger zu gestalten im Sinne friedlicher Zusammenarbeit der Völker*[87].

Die bis in die jüngste Vergangenheit reichende Arbeitsteilung der beiden Adler zwischen musealer und öffentlichkeitswirksamer Präsentation ist jedoch im Begriff, sich grundlegend zu verändern. Im Zeitalter des „Infotainment" verschwimmen im musealen Bereich die Grenzen zwischen „ernster" – oder auch „langweiliger" – Wis-

---

[81] Zum Festzug vgl. Clemens Wachter, Kultur in Nürnberg 1945–1950. Kulturpolitik, kulturelles Leben und Bild der Stadt zwischen dem Ende der NS-Diktatur und der Prosperität der fünfziger Jahre (Nürnberger Werkstücke zur Stadt- und Landesgeschichte 59), Nürnberg 1999, S. 353.

[82] Verkehrsmuseum Nürnberg (Hg.), 75 Jahre Verkehrsmuseum Nürnberg 1899–1974, S. 4.

[83] Einsatzplan für die Deutschlandtour im März und April 1985 in: DB Museum, Nachlaß Weigelt, Akte „Adler", ohne Signatur.

[84] Nürnberger Nachrichten/Nürnberger Zeitung, 18.9.1999.

[85] DB Museum (Hg.), Der historische [!] „Adler" dampft weiter! (Prospekt), Nürnberg 2000.

[86] Nürnberger Zeitung, 5.3.1999.

[87] Bundesbahn-Mitteilungen Nr. 22, 14.6.1963, S. 4.

sensvermittlung und Erlebnis, die Museen erfüllen mehr und mehr die Funktion von Freizeiteinrichtungen und Orten der Kommunikation. Zugleich ist in der Öffentlichkeit das Interesse an lebendigen Präsentationsformen gestiegen, die das klassische Museum mit ihren statischen und distanzierten Ausstellungen „toter" Objekte mehr und mehr verdrängen. Entsprechend dieser Entwicklung wurden die jüngsten Fahrten des Adlerzugs zum einen als nostalgisches Erlebnis präsentiert, zum anderen dem mitfahrenden Publikum jedoch die Geschichte und Technik der Lokomotive auf (be-)greifbare Art erläutert. Gleichzeitig wanderte der „Werbeamts-Adler" ins Museum. Ob sich diese neue Rollenverteilung angesichts der anfälligen Technik des betriebsfähigen Adler und der hohen Kosten für Betrieb und Instandsetzung in Zukunft bewähren wird, bleibt abzuwarten.

7. Epilog: Es bleibt die Sehnsucht nach dem Echten ...

Trotz aller vorhandenen, mehr oder weniger authentischen Repliken und kunstvoll gearbeiteten Modellen, trotz der inzwischen weitreichenden Kenntnis historischer Lokomotivtechnik bedeutet der verschwundene echte Adler für das interessierte Publikum weiterhin einen schmerzhaften Verlust. Wie stark das Verlangen nach Authentizität in der Öffentlichkeit vorhanden ist, zeigte sich bei einem 1996 zufällig aufgetauchten angeblichen Adlermodell. Im Frühjahr dieses Jahres stießen Arbeiter bei Bauarbeiten an der Tiefgarage des Münchener Maximilianeums auf einen ramponierten Metallbehälter. Beim Öffnen stellte sich heraus, daß es sich um den Grundstein dieses 1857 errichteten Gebäudes handelte. In dem Grundstein fand sich neben Gedenkmünzen, Porzellanbildern und Bauplänen des Gebäudes das metallene Modell einer Dampflokomotive, halb unter Wasser stehend, doch gut erhalten. Noch bevor Experten mit genaueren Untersuchungen beginnen konnten, wurde der Fund von den Medien als Sensation bezeichnet. Als sei gerade eine bedeutende archäologische Entdeckung gemacht worden, verkündeten TV-Stationen und Tageszeitungen, man habe das Modell des Adler gefunden, der Lokomotive, die 1835 mit der Fahrt von Nürnberg nach Fürth das Eisenbahnzeitalter in Deutschland einleitete[88]. Schon bald danach stellten Fachleute jedoch fest, daß es sich keineswegs um ein Modell des Adler, sondern einer anderen Stephensonschen Lokomotive handelte: Anhand einer Inschrift konnte ermittelt werden, daß die Lokomotive, die übrigens einen ursprünglich funktionierenden Mini-Dampfmotor besessen hatte, von dem Ingenieur Rudolf Blochmann (1784–1871) hergestellt wurde, der unter anderem an der Planung der Leipzig-Dresdener Eisenbahn beteiligt war[89].

Der Adler strahlt also nach wie vor seine ihm eigentümliche Faszination aus, dessen Glanz mit historischen Fakten zu durchdringen ein mühsames, aber notwendiges Geschäft bleibt. Denn genauso instruktiv wie das Wissen um den historischen Adler ist die Geschichte seines Mythos. Insofern sollte der Adler in Zukunft nicht nur als Rekonstruktion eines historischen Objektes betrachtet und begriffen werden, sondern als Träger einer Rezeptionsgeschichte und damit als Beispiel, wie sich im Umgang mit derartigen Objekten die ihnen in der jeweiligen Zeit zugedachten Funktionen in Wechselwirkung mit den Bedürfnissen der Zeitgenossen widerspiegeln.

---

[88] Vgl. Süddeutsche Zeitung, 4. 3. 1998, S. 52; Focus, 16.3.1998, S. 90.
[89] BahnZeit Nr. 6, Juni 1998; eisenbahn magazin 2/99, S. 30f.

Julia Lehner

Die Gründung und Entwicklung der Sparkasse Roth-Schwabach im 19. Jahrhundert als Beispiel bayerischer Sparkassengeschichtsforschung

Zur Sparkassengeschichtsforschung

Die Auseinandersetzung mit Sparkassengeschichte kann in Deutschland im Allgemeinen bis in das 19. Jahrhundert hinein zurückverfolgt werden. Bereits im Jahre 1864 erschien eine großangelegte Untersuchung des „Centralvereins für das Wohl der arbeitenden Klassen" über „Das Sparkassenwesen in Deutschland"[1], und zu Beginn des 20. Jahrhunderts folgte die Arbeit des „Vereins für Socialpolitik" über das „Volkssparwesen in Deutschland"[2].

Von wenigen Ausnahmen abgesehen[3], beschränkte sich allerdings die Beschäftigung mit dieser Thematik in der ersten Hälfte des 20. Jahrhunderts auf die Erstellung von Sparkassenfestschriften. Diese dienten in erster Linie werblichen Zwecken und wurden zumeist anläßlich eines Jubiläums des jeweiligen Instituts verfaßt[4]. Diese Gepflogenheit setzte sich auch nach dem Zweiten Weltkrieg fort. Abgesehen von den profunden Arbeiten von Adolf Trende und Bodo Spiethoff wurde der Sparkassenhistoriographie in den 1950er und 60er Jahren insgesamt nur geringe Bedeutung zuteil[5].

Dies änderte sich erst Anfang der 1970er Jahre. Bundesweit konnte ab diesem Zeitpunkt ein vermehrtes Interesse an sparkassenhistorischen Themen konstatiert werden, und im Rahmen eines Forschungsprojekts der „Gesellschaft zur Förderung der wissenschaftlichen Forschung über das Spar- und Girowesen" wurde erstmals der Versuch unternommen, das bei den Sparkassen noch vorhandene historische Material zu sichten und seine Erfassung auf den Weg zu bringen. So rief vor diesem Hintergrund 1977 der Deutsche Sparkassen- und Giroverband schließlich das „Sparkassenhistorische Informationszentrum" ins Leben, das seither eine historische Dokumentation für das deutsche Sparkassenwesen erstellt[6].

---

[1] Das Sparkassenwesen in Deutschland und den außerdeutschen Landestheilen Oestreichs und Preußens, hg. v. Centralverein in Preußen für das Wohl der arbeitenden Klassen, Vollständiger Nachdruck der Originalausgabe von 1864 mit einer Einführung von Hans Pohl, in: Sparkassen in der Geschichte, Abteilung 2: Reprint 1, Stuttgart 1989.

[2] Untersuchungen über das Volkssparwesen in Deutschland, hg. v. Verein für Socialpolitik, in: Schriften des Vereins für Socialpolitik 136/137, Leipzig 1912/1913.

[3] Einen regionalen Schwerpunkt auf Bayern legte bereits 1900 Robert Schachner, Das bayerische Sparkassenwesen (Wirtschafts- und Verwaltungsstudien mit besonderer Berücksichtigung Bayerns 6), Erlangen, Leipzig 1900.

[4] Vgl. Wilfried Feldenkirchen, Ingo Krüger, Zur Sparkassengeschichtsforschung in Deutschland, in: Standortbestimmung: Sparkassengeschichte, Festschrift für Manfred Pix, Zeitschrift für Bayerische Sparkassengeschichte 14, 2000, S. 9f.

[5] Vgl. Adolf Trende, Geschichte der deutschen Sparkassen bis zum Anfang des 20. Jahrhunderts, Stuttgart 1957; Bodo Spiethoff, Ungewollt zur Größe. Die Geschichte der bayerischen Sparkassen, München 1958.

[6] Jürgen Mura, Entwicklungslinien der deutschen Sparkassengeschichte, in: Sparkassen in der Geschichte, Abteilung 3: Forschung, Bd. 2, 1994; ders., Entwicklungslinien der Sparkassengeschichte II, in: Sparkassen in der Geschichte, Abteilung 3: Forschung, Bd. 9, 1995.

Besondere Intensität erfuhr die Sparkassengeschichtsforschung im Freistaat Bayern, speziell in Franken[7]. Hier wurde 1981 durch den Vizepräsidenten a. D. des Bayerischen Sparkassen- und Giroverbandes Manfred Pix in seiner damaligen Funktion als Vorstandsvorsitzender der Sparkasse im Landkreis Neustadt a. d. Aisch – Bad Windsheim und durch Josef Wysocki, Professor am Institut für Geschichte der Universität Salzburg, ein Arbeitskreis für Sparkassengeschichte ins Leben gerufen. Beide Initiatoren, Gründer und Träger dieses Arbeitskreises, arbeiteten zu diesem Zeitpunkt bereits mehrere Jahre mit dem Anspruch zusammen, das bis dorthin in Bayern „nur sporadisch und partikulär bearbeitete Feld der Sparkassengeschichtsforschung systematisch aufzuarbeiten"[8]. Im Vordergrund ihres Forschungsansatzes stand, Sparkassengeschichtsforschung in Abhängigkeit wirtschafts-, sozial- und kulturhistorischer Bedingungen zu betreiben. In regelmäßigen Abständen veranstaltete dieser Arbeitskreis Tagungen im mittelfränkischen Neuhof an der Zenn, die zum einen dem Gedanken- und Erfahrungsaustausch zwischen Vertretern aus Forschung und Lehre sowie Sparkassenpraktikern dienten und zum anderen sparkassenhistorische Themenfelder erschlossen.

Darüber hinaus sollte mit dieser Veranstaltungsreihe neben der reinen Sparkassengeschichtsforschung darauf hingewiesen werden, „dass Zukunft eben auch Herkunft braucht und dass Sparkassengeschichte und Sparkassenpraxis zusammengehören"[9].

Dabei waren die Verantwortlichen bemüht, nicht nur die Anfänge der bayerischen Sparkassen, sondern auch die Ursprünge der Sparkassenbewegung in Deutschland von der Mitte des 18. Jahrhunderts an bis zu den ersten Jahrzehnten des 19. Jahrhunderts hinein begreifbar zu machen und in gesamteuropäischen Zusammenhängen zu betrachten. Bayerische Sparkassengeschichtsforschung wurde auf diese Weise in einen größeren überregionalen Kontext gestellt. Gleichzeitig legten die Initiatoren des Arbeitskreises sehr großen Wert darauf, die zu behandelnden Themen interdisziplinär zu diskutieren, um auf diesem Wege möglichst breite Forschungsergebnisse zu erlangen. Deshalb fanden die sogenannten „Neuhofer Tagungen" weit über die fränkischen beziehungsweise bayerischen Grenzen hinaus Beachtung, und die zunächst als Arbeitskreistagungen verstandenen Begegnungen wurden seit 1985 zu im halbjährigen Turnus stattfindenden „Symposien für Bayerische Sparkassengeschichte" institutionalisiert. Mehr als 20 dieser Symposien zu politischen, geisteswissenschaftlichen, gesellschafts- und wirtschaftshistorischen Themen der Sparkassengeschichte fanden seither statt, und es war vor allem dem großen Engagement von Manfred Pix auf diesem Gebiet zu verdanken, daß bereits 1984 ein eigenes Referat für Sparkas-

---

[7] U.a. Walter Bauerfeind, Raum, Zeit und Menschen 1840–1990. 150 Jahre Sparkasse im Landkreis Bayreuth, hg. v. der Kreissparkasse Bayreuth – Stadtsparkasse Pegnitz, [Bayreuth] 1990; Frank Finzel, Michael Reinhart, Spuren. 175 Jahre Sparkasse Coburg, hg. v. d. Vereinigten Coburger Sparkassen, Stuttgart 1996; als jüngstes Beispiel für Mittelfranken Michael Reinhart, Peter Zeitler, Zwischen Tradition und Fortschritt. 175 Jahre Sparkasse Ansbach, Stuttgart 1998.

[8] Manfred Pix, Zur Einführung: Aufbruch zu moderner Sparkassenhistoriographie. in: Sparen – Investieren – Finanzieren. Gedenkschrift für Josef Wysocki, hg. v. Manfred Pix. Zeitschrift für bayerische Sparkassengeschichte 11, 1997, S. 5.

[9] Feldenkirchen, Krüger, Sparkassengeschichtsforschung (wie Anm. 4), S. 10.

sengeschichtsforschung beim Bayerischen Sparkassen- und Giroverband München eingerichtet werden konnte.

Mit diesen Unternehmungen ging sowohl der inhaltliche als auch institutionelle Ausbau der Sparkassenhistoriographie in Bayern einher. Die Ergebnisse aller Symposien wurden in einer Publikationsreihe dokumentiert und dadurch einem noch größeren Kreis von Interessierten zugänglich gemacht[10].

1985 konnte die Tätigkeit des Arbeitskreises für Sparkassengeschichte schließlich in die „Gesellschaft zur Förderung der wissenschaftlichen Forschung über das Spar- und Girowesen e. V." integriert werden. Auf diesem Wege wurde bei vielen Sparkassen in Bayern die Initiative angestoßen, sich auf wissenschaftlichem Wege der hauseigenen Geschichte zu nähern beziehungsweise diese profund aufarbeiten zu lassen. Zumeist gaben bevorstehende Jubiläen den notwendigen letzten Anstoß hierzu.

So auch bei der fränkischen Sparkasse Roth-Schwabach. Aus Anlaß ihres 150. Jubiläums im Jahre 1985 versuchte man hier erstmals, die Geschichte der einzelnen, seit 1977 fusionierten Niederlassungen näher zu erforschen und der Öffentlichkeit zu vermitteln. Dabei orientierte man sich bei der Festlegung des Jubiläumsdatums am Entstehungszeitpunkt der ältesten Hauptniederlassung der zusammengeführten und ehemals einzelnen existierenden Sparkassen Hilpoltstein, Roth, Schwabach und Spalt – der Sparkasse Roth – deren Gründung im August 1835 durch Beschluß der Königlichen Regierung des Rezatkreises genehmigt wurde. In diesem Zusammenhang entstanden vier kleine Festschriften zur Geschichte der Sparkassen Schwabach, Hilpoltstein, Spalt und Roth[11]. Darüber hinaus fanden historische Ausstellungen in den jeweiligen Sparkassen statt, um hier zugleich eine räumliche Verbindung zwischen Sparkassengeschichte und modernem Geschäftsleben öffentlichkeitswirksam umzusetzen.

Da das heute arrondierte Geschäftsgebiet der fusionierten Sparkassen sehr weiträumig und die Verwaltungsorganisation sowie die Wirtschafts- und Sozialstruktur der einzelnen Städte und ländlichen Gebiete unterschiedlich ist, erscheint es für die historische Forschung im Folgenden notwendig, die Entwicklungsgeschichte der einzelnen Geldinstitute getrennt aufzuzeigen und diese sodann miteinander zu vergleichen.

Die sozialhistorischen Voraussetzungen zur Gründung der Sparkassen Roth, Schwabach, Hilpoltstein und Spalt

In Roth und Schwabach wurden bereits 1835 und 1836 Sparkassen gegründet. Diese beiden Städte vor den Toren Nürnbergs zählten im 19. Jahrhundert zu den industriereichsten Kleinstädten Bayerns. Schon im Mittelalter waren hier metallverarbei-

---

[10] Manfred Pix, Vorwort, in: Zeitschrift für Bayerische Sparkassengeschichte 1, 1987, S. 5f.
[11] Julia Lehner, Die Sparkasse Hilpoltstein und ihre Geschichte, hg. v. den Vereinigten Sparkassen Roth-Schwabach, Hilpoltstein 1985; dies., Die Sparkasse Roth und ihre Geschichte, hg. v. den Vereinigten Sparkassen Roth-Schwabach, Roth 1986; dies., Die Sparkasse Schwabach und ihre Geschichte, hg. v. den Vereinigten Sparkassen Roth-Schwabach, Schwabach 1985; dies., Die Sparkasse Spalt und ihre Geschichte, hg. v. den Vereinigten Sparkassen Roth-Schwabach, Schwabach 1986.

tende Gewerbe ansässig, die meist durch Verlag an die ehemalige Reichsstadt Nürnberg gebunden waren. Beispielsweise ermöglichte die Lage der Stadt Roth an einer Vielzahl von Wasserläufen bereits im 14. und 15. Jahrhundert den Bau von Schleif- und Drahtmühlen sowie von Eisen-, Kupfer- und Messinghämmern. Von Nürnberg aus gelangte darüber hinaus die Leonische Drahtherstellung nach Roth, wo sie zum wichtigen Handwerkszweig avancierte[12]. Die Verleihung weitreichender Privilegien durch die Burggrafen von Nürnberg und späteren Markgrafen von Ansbach-Bayreuth wirkten sich zudem äußerst günstig auf die wirtschaftliche Entwicklung Roths aus. Ferner kam der Stadt ihre exponierte Lage an einer der großen transeuropäischen Handelsstraßen von Italien über Augsburg und Nürnberg nach Nord- und Osteuropa zugute[13]. Schließlich hatte die Stadt Roth vom 14. bis zum 18. Jahrhundert noch große Bedeutung als Zufluchtsort beziehungsweise als „kaiserliche Freyung". In unmittelbarer Nähe der Reichs- und Handelsstadt Nürnberg gelegen, bot sie dem Verfolgten samt seinem mitgebrachten Vermögen Schutz und Befreiung vor dem Zugriff anderer Gerichte. Viele, die hier Asyl fanden, brachten der Stadt reichen wirtschaftlichen Gewinn, und so manches Rother Gewerbe fußt auf der Gründung eines ehemaligen Asylanten[14].

In Schwabach waren seit dem Mittelalter neben metall- auch textilverarbeitende Betriebe ansässig, die wie in Erlangen nach 1686 mit der Aufnahme aus Frankreich vertriebener Hugenotten[15] ergänzt und vergrößert wurden und Schwabach bis zur Mitte des 18. Jahrhunderts zu einem Zentrum der Teppich-, Tapeten- und Gobelinfabrikation werden ließen; die Strumpfwirkerei wurde ab 1800 zu einem bedeutenden Handwerkszweig. In einem gut durchdachten System von Arbeitsteilung und in verschiedenen Fertigungsprozessen produzierten die Nadler, Messerschmiede und Goldschläger für einen überregionalen Absatzmarkt und für den Export. Speziell das Nadlerhandwerk erreichte am Ende des 18. Jahrhunderts einen wirtschaftlichen Höhepunkt, so daß die ansässigen Betriebe trotz dem Einsatz von Spezialmaschinen die Aufträge kaum bewältigen konnten. Jedoch zeichnete sich seit Beginn der dreißiger Jahre des 19. Jahrhunderts in Schwabach ein wirtschaftlicher Niedergang ab. Das Schwabacher Handwerk reagierte zu spät auf alle technischen Neuerungen und war deshalb nicht mehr wettbewerbsfähig, das Strumpfwirkerhandwerk verschwand um 1890 aus der Stadt[16]. Dagegen fand in den 1870er Jahren mit der Gründung der ersten Schwabacher Nadelfabrik durch Johann Caspar Beeg[17] die traditionsreiche Branche

---

[12] Martina Bauernfeind, 100 Jahre Handwerkskammer Mittelfranken, Nürnberg 2000, S. 35.

[13] Elisabeth Frank, Willi Ulsamer, Stadt Roth bei Nürnberg, in: 100 Jahre Landkreis Schwabach, hg. v. Willi Ulsamer, Schwabach 1964, S. 469f.; Wilhelm Kraft, Das mittelalterliche Metallgewerbe in und um Roth, in: 900 Jahre Roth, hg. v. Günther Rüger, Roth 1960, S. 155f.

[14] Günther Rüger, Beiträge zur Geschichte des Kaiserlichen Asyls zu Roth, in: Heimatblatt der Roth-Hilpoltsteiner Volkszeitung 1958, S. 354f.

[15] Rudolf Endres, Die Hugenotten und ihre Bedeutung in Franken, in: Das neue Erlangen, Heft 70/71, 1986, S. 24–49.

[16] Georg Schanz, Zur Geschichte der Colonisation und Industrie in Franken, Erlangen 1884, S. 188; Bauernfeind, Handwerkskammer (wie Anm. 12), S. 33f.

[17] Franz Sonnenberger, Helmut Schwarz, Johann Caspar Beeg 1809–1867, Nürnberg 1989, S. 152–157.

den entsprechenden Anschluß an den technischen Fortschritt, die Metallschlägerei stieg zum bedeutendsten Wirtschaftszweig der Stadt auf[18].

Ganz anders war hingegen die Wirtschafts- und Sozialstruktur in Hilpoltstein und Spalt. Beide Städte sind in erster Linie agrarisch strukturiert. Das ursprünglich pfalzneuburgische Hilpoltstein war seit 1803 Sitz eines bayerischen Landgerichts mit insgesamt 43 Landgerichtsgemeinden. Diese übernahmen auch die nötigen Garantien zur Gründung der „Spar-, Leih- und Hilfskassa" in Hilpoltstein im Jahre 1844. Seit 1837 gehörte Hilpoltstein zur Oberpfalz, bis es 1880 schließlich selbst den Sitz eines neugegründeten Bezirksamtes in Mittelfranken erhielt[19].

Die mittelfränkische Stadt Spalt ist nicht allein wegen ihres berühmten Sohnes Spalatin, ein Freund Martin Luthers, bekannt, sondern auch wegen des Hopfens. Die Spalter sind noch heute im Hopfengeschäft tätig[20]. Verständlicherweise stand und fiel deshalb das wirtschaftliche Leben in dieser Stadt mit der „Hopfenkonjunktur". Kaum eine zweite Kulturpflanze stellte an den Produzenten ähnlich hohe Anforderungen, war derart stark von Unregelmäßigkeiten im Witterungsverlauf betroffen und in ihrem Ertrag und der Preisbildung massiven Schwankungen unterworfen. So folgte im ersten Drittel des 19. Jahrhunderts auf das Rekordjahr 1820 ein Preisverfall, der in den Jahren 1827/28 seinen Höhepunkt erreichte und eine große Verschuldung der Hopfenbauern und -händler zur Folge hatte[21].

In dieser wirtschaftlichen und politischen Situation befanden sich die vier Städte, als man in der ersten Hälfte des 19. Jahrhunderts den Versuch unternahm, vor Ort eine Sparkasse einzurichten. Diesen Gründungen ging im Jahre 1833 der Wunsch König Ludwigs I. voraus, *die möglichste Ausdehnung des wohltätigen Institutes der Sparkassen, insbesondere die Einführung solcher Kassen in den kleineren Städten und Märkten*[22] voranzutreiben. Bereits 1816 hatte König Max I. Joseph früher als andere Landesherren im Artikel 57 der *Allgemeinen Verordnung das Armenwesen betreffend* den Kommunen neben der Gründung von Versicherungs- und Leihanstalten auch *die Bildung von Spar-Kassen für Zeiten des Alters und der Noth*[23] empfohlen. Zwar war

---

[18] Vgl. Johann Heinrich von Falckenstein, Chronik der Stadt Schwabach. Zweite, verbesserte und durch Nachträge von Johann Georg Maurer vermehrte Auflage, 1756; Petzoldtsche Chronik der Stadt Schwabach vom Jahre 1854, Schwabach 1922/23; Erich Hempel, Wirtschaft und Gesellschaft in Schwabach im 19. Jahrhundert, Dipl. Univ. Erlangen/Nürnberg 1976; Roland Gössnitzer, Das Schwabacher Goldschlägerhandwerk, Zulassungsarbeit Univ. Erlangen-Nürnberg 1984; Manfred Balbach, Alt-Schwabach, Erinnerungen an vergangene Zeiten, Schwabach 1989; Heinrich Schlüpfinger, Alte Schwabacher Gewerbe, der Eisenhandel und der Eisenhammer, in: Schwabacher Heimat 2, 1956, S. 14–16; ders., Schwabach. Zur Stadtgeschichte von 1648 bis zur Gegenwart, Schwabach 1986; ders., Die Stadt Schwabach und ihre Landesherren, Handwerk und Gewerbe, Handel und Industrie im Wandel der Zeiten, Schwabach 1994.

[19] Carl Sigert, Geschichte der Herrschaft, Burg und Stadt Hilpoltstein, Regensburg 1861; Wilhelm Wießner, Hilpoltstein, Historischer Atlas von Bayern, München 1978.

[20] Wilhelm Ulsamer, Spalt, die alte fränkische Stadt, hg. v. der Städtischen Sparkasse Spalt, Spalt 1956.

[21] Theodor Marx, Die wirtschaftlichen Verhältnisse in Spalt, in: Landwirtschaftliches Jahrbuch für Bayern, 11, 1921, S. 41–95, bes. S. 62, 65–68.

[22] Stadtarchiv Roth (StadtARH), Akt 2814, Abschied für den Landrath des Oberdonau-Kreises über dessen Verhandlungen vom Jahr 1833.

[23] Abgedruckt etwa bei Schachner, Sparkassenwesen (wie Anm. 3), S. 5.

damit erstmals in einer bayerischen Rechtsnorm der Begriff „Sparkasse" verwendet worden und die Förderung derartiger Einrichtungen als Teil des sozialpolitischen Aufgabenspektrums der Kommune zugewiesen worden, doch wurde erst durch das Gemeindeedikt vom 17. Mai 1818 mit der teilweisen Rückgabe der Selbstverwaltung den Gemeinden der erforderliche Handlungsspielraum eingeräumt[24].

Gründungsväter und Gründungsidee

Trotz diesen dringenden Empfehlungen und trotz allen Anstößen von offizieller Seite hing die Gründung der Sparkassen in den einzelnen Städten zumeist von der Initiative einer Einzelperson ab: Wie beispielsweise aus den ältesten Dokumenten der Sparkasse Roth hervorgeht, verdankt sie ihre Entstehung maßgeblich dem Engagement des ehemaligen Stadtschreibers Carl Pfeffer. In Schwabach war es der ehemalige Bürgermeister Carl Martini, der als „Gründungsvater der Sparkasse" bezeichnet werden kann. In Spalt setzte sich seit 1838 der Stadtpfarrer Fuchs für die Entstehung der dortigen „Spar- und Unterstützungsanstalt" ein. Dagegen betrieben in Hilpoltstein mehrere Personen, der Landrichter zusammen mit den Mitgliedern des Armenpflegschaftsrates, die Errichtung der „Spar-, Leih- und Hilfskassa".

Versucht man die Sparkassengründungen aus dem Geiste der Zeit zu verstehen, so muß man feststellen, daß sie aus der Intention heraus gegründet wurden, den weniger bemittelten Bevölkerungsschichten die Möglichkeit zu geben, in sogenannten „guten Zeiten" für „schlechte" vorzusorgen. Mit diesem gesellschaftspolitischen Ziel sollte der breiten Bevölkerung die Chance erteilt werden, wenn auch nur in bescheidenem Maße, Vermögen zu bilden, um sich somit vor einer völligen Verarmung in Zeiten von Arbeitslosigkeit und Krankheit sowie im Alter zu schützen. Diese Idee der Erziehung zur Selbstverantwortung und zur Vorsorge für das eigene Schicksal machte sich gerade in einer Zeit des sozialen Umbruchs zum Beginn des 19. Jahrhunderts – dem Zeitalter der Frühindustrialisierung – bemerkbar. Es war deshalb üblich, die Funktion der ersten Sparinstitute mit den Aufgaben von Hilfs- und Unterstützungskassen zu verbinden, ja, ihre Aufgabe sogar mit der von Leichenkassen zu vergleichen[25].

So verweigerte beispielsweise der Magistrat der Stadt Roth 1832 eine Sparkassengründung, da nach seiner Meinung die Existenz von insgesamt sechs Leichenkassen mit ihren knapp 200 Mitgliedern das Bestehen einer Sparkasse nicht notwendig erscheinen ließ. Außerdem war man der Ansicht, daß es speziell den Arbeitern nicht möglich wäre, weitere Ersparnisse zu erübrigen, da schon der Beitrag zu einer Leichenkasse bei drei Kreuzern lag und es zudem üblich war, drei bis vier Kassen anzugehören; Beiträge von neun bis zwölf Kreuzern pro Woche waren deshalb keine Seltenheit[26].

Erst zwei Jahre später, 1834, gelang es dem rührigen Stadtschreiber, die zögernden Ratsmitglieder von der Notwendigkeit einer Spar-Anstalt zu überzeugen. Er stützte

---

[24] Reinhart, Zeitler, Tradition (wie Anm. 7), S. 26.
[25] Heinrich von Mangold, Über die Aufgabe, Stellung und Errichtung von Sparkassen, Diss. Tübingen 1857, S. 15; Werner Schultheiß, Zwei unbekannte Vorschläge zur Errichtung von Sparkassen, Pensions- und Leihkassen in Nürnberg von 1810 und 1813, in: MVGN 49, 1959, S. 439f.
[26] StadtARH, Akt 2814.

sich dabei auf den Auszug eines Regierungsblatts für den „Landrat des Oberdonau-Kreises", der die Errichtung von Sparkassen nachdrücklich empfahl. Der Rother Stadtschreiber unterstrich dabei auch die Tatsache, daß die Leichenkassen keineswegs als Ersatz für eine „Spar-Anstalt" angesehen werden konnten und hob zudem hervor, daß die Spareinlagen auf längere Sicht sogar das Leichengeld ersetzen würden. Durch ein Rechenbeispiel bewies er dem skeptischen Rat, daß unter Berücksichtigung von Zinseszinsen am Ende neben dem Leichengeld noch ein zusätzlicher Notgroschen übrigbleiben würde[27].

Obwohl auch in den Städten Schwabach und Hilpoltstein schon vor den Sparkassen Leichenkassen existierten, wurde dort die Notwendigkeit eines Sparinstitutes nicht angezweifelt. Man hob vielmehr immer wieder den wohltätigen Sinn und Zweck einer derartigen Anstalt hervor und verwies zum Beispiel in Schwabach darauf, daß mit Hilfe eines Sparinstituts nicht zuletzt der Armenetat entlastet werden könne. Wie aus einem Ratsprotokoll hervorgeht, ging nämlich einer der Hauptinitiatoren der Schwabacher Sparkassengründung, der damalige Bürgermeister Carl Martini, davon aus, daß durch die Förderung des Sparwillens der Verarmung innerhalb der Bevölkerung entgegengewirkt werden könnte und somit die „Lokal-Armenkassa" geschont würde. Der früheste Werbeslogan der Sparkasse Schwabach lautete deshalb *Fleiß und Sparsamkeit schützet vor Armut!*[28]

In Spalt betrieb nicht ein Bürgermeister oder Stadtschreiber, wie in den Städten Schwabach und Roth, die Gründung einer Sparkasse, sondern hier setzte sich seit 1838 der Stadtpfarrer für die Entstehung einer „Spar- und Unterstützungsanstalt" ein. Auch er sah als gleichzeitiger Vorstand des Armenpflegschaftsrates in der Gründung eines solchen Instituts in erster Linie einen Akt der Wohltätigkeit und ging davon aus, daß *die Allgemeinheit solcher Unternehmungen an mehreren Orten von Mittelfranken für innern Gehalt bürgt, und läßt auch für Spalt das erwünschte Resultat hoffen*[29].

Der außerordentlich große moralische Nutzen einer Sparkasse für die Bevölkerung wurde auch andernorts immer wieder hervorgehoben. Der Stadtschreiber von Roth bemerkte beispielsweise, daß Sparsamkeit eine Tugend sei, die leider nicht jedem beschieden sei. Deshalb erschien es ihm notwendig, von obrigkeitlicher Seite aus darauf hinzuwirken, die Tugend des Sparens bei der Einwohnerschaft unmittelbar mit Hilfe einer Sparkasse zu fördern. Er stellte fest: *Sparsamkeit und Genügsamkeit sind Tugenden, die in das physische und moralische Wohl des Menschen tief eingreifen; beiden Tugenden ist durch eine Sparkassa die Hand geboten!*[30]

In Hilpoltstein unternahm 1839 das „Königliche Landgericht" den ersten Schritt, der 1844 schließlich zur Eröffnung der „Spar-, Leih- und Hilfskasse" führte. In einem Schreiben an die königliche Regierung der Oberpfalz bat das Landgericht um die unverzügliche Errichtung eines Sparinstitutes in Hilpoltstein. Nachdem auch hier,

---

[27] Ebd.
[28] Stadtarchiv Schwabach (StadtASC), Stadtratsprotokolle 1835/36. Emblem des Bienenkorbes mit Spruchband: *Fleiss und Sparsamkeit schützet vor Armuth* auf alten Sparbüchern des 19. Jahrhunderts, Staatsarchiv Nürnberg (StAN), Reg. v. Mfr., K.d.I., Abg. 1968, Nr. 75.
[29] StAN, Reg. v. Mfr., K.d.I., Abg. 1968, Nr. 138.
[30] StadtARH, Akt 2814.

wie dies sehr häufig vorkam, die Frage der Haftung anfangs nicht geklärt werden konnte, stellte 1841 der Ausschuß des Distriktsarmenpflegschaftsrates ebenfalls den Antrag, eine Sparkasse zu gründen. Er sah vor, sämtliche 43 Gemeinden des damaligen Landgerichtsbezirkes Hilpoltstein an der Haftung zu beteiligen und diese sogenannte „Gemeindeanstalt" unter seine Aufsicht zu stellen. Der königliche Landrichter, Ritter von Camerloher, nahm diese Anregung auf und ließ deshalb noch im gleichen Jahr sämtliche Gemeindevorsteher vorladen, um sie über den Sinn und Zweck einer Sparkasse zu unterrichten. Daraufhin erging ein Schreiben an alle Gemeinden, in dem diese aufgefordert wurden, mitzuteilen, ob sie ihre Ersparnisse bei jener Kasse anlegen und auch die Haftung dafür übernehmen wollten. Fast alle Gemeinden antworteten dem Landgericht, daß sie zwar bereit wären, ihre Ersparnisse bei der künftigen Sparanstalt zu hinterlegen, jedoch wollten nur wenige die Haftung für das Institut übernehmen.

Daraufhin beauftragte der Landrichter die Vorsteher der Lokalarmenpflege, in der Regel waren dies die Ortsgeistlichen, in ihren Gemeinden für die Gründung einer „Spar-, Leih- und Hilfskasse" zu werben. Den meisten gelang es auch, die Gemeindemitglieder vom Nutzen einer solchen, wie es hieß, „Gemeinde-Anstalt" zu überzeugen, und mit Hilfe von Gemeindevisitationen, also leichtem Druck von oben, konnten schließlich im Sommer 1842 auch die noch ausstehenden Einwilligungen zur Übernahme der Haftung eingeholt werden[31]. Mit der Ausarbeitung der Statuten wurde Pfarrer Mayerhöfer aus Mörsdorf, einer Nachbargemeinde, betraut. Es stellt sich nun die Frage, warum gerade jener Pfarrer zur Erstellung der Statuten ausgesucht wurde. Die Vermutung liegt nahe, daß Mayerhöfer bereits Erfahrung mit dem neuen Sparkassenwesen hatte. Er arbeitete nämlich in den Jahren 1837/38 als Erster Kooperator in der Stadt Spalt, zu einer Zeit, als der dortige Pfarrer Fuchs die Gründung der „Unterstützungs- und Sparcassa Spalt" vorantrieb[31a]. In diesem Fall ging die Errichtung der Sparkasse in der Hauptsache nicht auf die Initiative eines einzelnen zurück, sondern wurde von verschiedenen Personen und Interessengruppen betrieben.

Sparkassengründungen – eine Frage der Haftung und der Festlegung des Kundenkreises

Das Beispiel der Sparkassengründung in Hilpoltstein zeigt ferner, daß die Gründung im Vorfeld vor allem durch die Frage der Haftung gehemmt werden konnte. Obwohl aufgrund einer Verordnung des Jahres 1832 die Sparkassengelder in Bayern relativ sicher bei der Staatsschuldentilgungskasse angelegt werden konnten, weigerten sich die meisten Städte und Gemeinden in dem hier zu betrachtenden Untersuchungsgebiet zu Anfang dennoch, Haftungsverbindlichkeiten zu übernehmen.

So erklärte der Schwabacher Stadtrat seine Bereitschaft und Zustimmung zur Errichtung einer Sparkasse nur unter der Bedingung, daß *dabei die Communcaßa unangefochten bleibt*[32]. Der Bürgermeister konnte allerdings auch den Landrichter für

---

[31] StAN, LRA Hilpoltstein, Abg. 1832, Nr. 666.
[31a] Archiv der Sparkasse Roth-Schwabach, Beiträge und Skizzen zur Geschichte der Stadt Spalt, Nr. 41, Spalt, o. Autor, o. J.
[32] StadtASC, Stadtratsprotokolle, 1835/36.

die Sache der Sparkasse gewinnen. Diesem war es möglich, die Gemeinden seines Distrikts dazu zu bewegen, die Sparkasse unter voller Mithaftung gemeinsam mit der Stadt zu betreiben. Dies veranlaßte die Schwabacher Ratsherren schließlich, ihren Widerstand aufzugeben.

In Roth einigte man sich nach längeren Verhandlungen auf folgenden Modus: Die einzelnen Mitglieder des Magistrats, die zugleich die Verwaltung der Sparkasse übernahmen, hafteten mit ihrem Privatvermögen, falls sie, *erweislich Gelder unsicher ausgeliehen oder Vorschriften ... unbeachtet gelassen haben*[33]. Ansonsten haftete die Stadtkämmerei. Die Statuten der „Unterstützungs- und Sparcassa Spalt" enthalten nahezu wortgetreu den gleichen Passus. Auch hier gelang es, die Haftung auf die Ratsmitglieder und damit zugleich auf die Stadtkämmerei zu übertragen.

Unstimmigkeiten bereitete auch immer wieder die Diskussion um die Festlegung des Kundenkreises. Obgleich man in Schwabach von Anfang an den sozialen Nutzen einer Spar-Anstalt in den Vordergrund stellte, wollten die Stadtväter diese für alle Teile der Bevölkerung zugänglich machen. Vermutlich hatten sie dabei rein wirtschaftliche Vorteile im Auge. Die königliche Regierung des Rezatkreises wies jedoch 1836 dieses Ansinnen zurück und erteilte ihre Zustimmung nur unter der Bedingung, daß *Capitalisten* und *sonst bemittelte Personen* nicht zugelassen wurden. Die Schwabacher mußten sich schließlich diesem Beschluß beugen und legten den Kreis ihrer Einleger, gemäß den Nürnberger Sparkassenstatutenvon 1821[34], die auch für Roth, Hilpoltstein und Spalt als Vorbild galten, auf *Kinder, Dienstboten und sonst unbemittelte Personen* fest[35]. Dabei ist auffallend, daß in Schwabach gerade in den Gründungsjahren Kinder einen sehr großen Teil der Sparkassenkunden ausmachten. Meistens waren es Mädchen, für die ihre Eltern Einlagen in ganz beträchtlicher Höhe machten. Hier liegt allerdings die Vermutung nahe, daß wohlhabende Eltern nicht allein für die spätere Mitgift ihrer Töchter Vorsorge trafen, sondern auf diese Weise die sozialen Einschränkungen umgingen. Erst 1874 entfielen gemäß der bayerischen Sparkassenreform bei der Sparkasse Schwabach alle sozialen Beschränkungen hinsichtlich des Kundenkreises[36].

In der Industriestadt Roth hatte man ursprünglich das Bestreben, eine reine „Fabriksparkasse" zu errichten. Der Magistrat ließ deshalb von drei Fabrikbesitzern Gutachten erstellen, inwieweit sich dieses Vorhaben lohnen würde. Die Fabrikherren sicherten zwar „tätige Mithilfe" für die Errichtung eines solchen Institutes zu, doch erschien jedem der Firmeninhaber als Zeitpunkt der Herbst 1831 denkbar ungünstig. Man gab beispielsweise zu bedenken, daß aufgrund des flauen Geschäftsganges die Verdienste schlecht und dabei gleichzeitig die Preise der Lebensmittel gestiegen waren. Darüber hinaus stand mit dem Winter die teuerste Jahreszeit vor der Tür. Für

---

[33] StadtARH, Akt 2426.
[34] StadtAN, C6 Nr. 1786, Regierungsreskript vom 5.5.1821. Ausführlich zur Gründung der Sparkasse Nürnberg Rainer Mertens, Johannes Scharrer. Profil eines Reformers in Nürnberg zwischen Aufklärung und Romantik (Nürnberger Werkstücke zur Stadt- und Landesgeschichte 57), Nürnberg 1996.
[35] StadtASC, Intelligenzblatt Nr. 37, 1836.
[36] Josef Wysocki, Untersuchungen zur Wirtschafts- und Sozialgeschichte der deutschen Sparkassen im 19. Jahrhundert, hg. v. der Gesellschaft zur Förderung der wissenschaftlichen Forschung über das Spar- und Girowesen e. V., Forschungsberichte 11, Stuttgart 1980, S. 69f.

die Arbeitgeber war es deshalb kaum vorstellbar, daß es den Arbeitern möglich wäre, Sparrücklagen zu bilden. Außerdem, so meinte einer der Fabrikherren, könnte der Sparwille nur durch Zwang erreicht werden und keinesfalls auf freiwilliger Basis. Der Magistrat von Roth kam daraufhin von der Idee, eine reine „Fabriksparkasse" zu gründen, wieder ab. 1833 betonte allerdings der bereits erwähnte Stadtschreiber Pfeffer, der die Idee einer Sparkassengründung in Roth weiter verfolgte, in einer Ansprache vor dem Stadtrat wiederholt, daß speziell für die Fabrikarbeiter die Einrichtung eines Sparinstitutes besonders von Nutzen sei: *In der Stadt Roth sind manche Arbeiter, die wöchentlich 12 fl. und mehr verdienen, am Samstag das Geld erhalten, am folgenden Montag aber keinen Kreuzer mehr besitzen; so kommt dann ein Ungemach, so ist Jammer und Elend vor der Thüre, und die Armenpflege muß solche Menschen erhalten*[37]. Man hob deshalb auch in den ältesten Sparkassenstatuten von Roth besonders den Kreis der Fabrikarbeiter als potentielle Sparer hervor. Einige Jahre später mußte jedoch die Feststellung gemacht werden, daß gerade diese am wenigsten Gebrauch von der Sparkasse machten.

Erstaunlicherweise wurden in Roth und Hilpoltstein, anders als in Schwabach und Spalt, die sozialen Beschränkungen des Kundenkreises nach 1874 nicht sofort aufgehoben. Die Sparkasse Roth gab Ende Juli 1874, kurze Zeit nach den „Grundbestimmungen über die Sparkassen der Gemeinden und Distrikte" vom 20. Mai 1874, veränderte Statuten bekannt, die nach wie vor den Kundenkreis exakt festlegten[38]. Erst 1885 öffnete man sich auch hier der gesamten Bevölkerung. Drei Jahre später hob auch die Sparkasse Hilpoltstein alle sozialen Beschränkungen auf. Dort betonte man allerdings, daß es in der Hauptsache die Aufgabe des Instituts sei, *Sparanlagen von gering bemittelten Personen anzunehmen, zu verzinsen und mit Zinsen und Zinseszinsen zurückzubezahlen*[39].

Die Entwicklung in den ersten Jahrzehnten: Innovationen und Reformen

Die wirtschaftliche Entwicklung dieser vier hier zu betrachtenden Sparkassen verlief in den ersten Jahrzehnten keineswegs gleichmäßig. Zum einen war sie abhängig von den wirtschaftlichen Rahmenbedingungen in den einzelnen Städten und Gemeinden, zum anderen hemmten auch häufig die eigenen Geschäftsbedingungen ein konstantes Wachstum. So mußte beispielsweise der Rother Stadtschreiber 1885 dem Rat erklären, daß die Einlagensummen bei der Sparkasse stark rückläufig waren. Allein im Zeitraum von fünf Jahren, von 1879 bis 1884, machte dies einen Betrag von 21 070, 03 Mark aus. Er konstatierte, daß der Hauptgrund darin zu suchen war, daß die Einlagen nur mit drei Prozent verzinst wurden, während zu Kapitalanlagen gegen einen höheren Zinsfuß andernorts reichlich Gelegenheit geboten wurde. Zudem war das System der Sparscheine – in Schwabach hatte man diese bereits 1843 abgeschafft, und in Spalt wurden von Anfang an Einlagen auch auf Sparbücher gemacht – ein ausgesprochener Mißstand, da für diese pro Einlage und Abhebung eine Gebühr von

---

[37] StadtARH, Akt 2814.
[38] StadtARH, Akt 2885.
[39] StAN, LRA Hilpoltstein, Abg. 1932, Nr. 655.

zwölf Pfennigen erhoben wurde. Ferner sollten auch die Mindestbeträge von Einlagen niedriger festgesetzt werden. Der Stadtschreiber brachte dabei den Vorschlag, eine sogenannte „Pfennigsparkasse" einzuführen, wie dies auch in anderen Städten üblich war. Nach seiner Vorstellung sollten auch die Öffnungszeiten der Rother Sparkasse verlängert werden[40]. Die Sparkassenverwaltung reagierte prompt mit einer Änderung der Statuten: Der Zinsfuß wurde von drei auf dreieinhalb Prozent angehoben, die Einlagenmindestgrenze von drei Mark auf zwei Mark zurückgeschraubt. Anstelle von Sparscheinen gab man nun Sparbücher aus, und die Öffnungszeiten wurden von zwei halben Tagen pro Woche auf eine tägliche Öffnungszeit von fünf Stunden ausgedehnt. Der Vorschlag, eine „Pfennigsparkasse" einzuführen, kam schließlich nicht zur Durchführung. Die Sparkassenverwaltung mußte feststellen, daß die Herstellungskosten der Sparmarken und -karten zu hoch waren und entschied deshalb kurzerhand, *die Sache vorläufig zu vertagen*[41].

Genauso wie in Roth war man auch in Schwabach schon frühzeitig bemüht, Rückschläge durch gezielte Reformen und eine innovative Geschäftsführung wettzumachen. Seit den dreißiger Jahren des 19. Jahrhunderts befand sich die Industriestadt Schwabach in einer wirtschaftlich und sozial äußerst angespannten Lage. Dieser Zustand verschlimmerte sich zur Mitte des 19. Jahrhunderts, und die in den ersten Jahren nach ihrer Gründung recht positive Entwicklung der Sparkasse Schwabach verschlechterte sich zusehends. Im Zeitraum von 1847 bis 1867 erhöhte sich zwar die Summe der Sparscheine beziehungsweise Sparbücher um mehr als 800, jedoch sanken demgegenüber die durchschnittlichen Sparbeträge um beinahe neun Gulden pro Einleger. Hieraus kann geschlossen werden, daß zwar der Sparwille innerhalb der Bevölkerung nach wie vor vorhanden war, jedoch das nötige Kapital einfach fehlte[42].

Zudem setzte in dieser Zeit eine Flut von Auswanderungen ein. In den Jahren von 1847 bis 1854 wanderten insgesamt 94 Personen nach Nordamerika aus, und viele andere wanderten in die Industriezentren ab, allen voran Nürnberg. Die Auswanderer nach Amerika verließen Schwabach mit einem Vermögen von 19 039 Gulden, was für damalige Verhältnisse eine ganz beträchtliche Summe war, die auf diese Weise der heimischen Wirtschaft verlorenging[43].

Die Sparkassenverwalter suchten schon frühzeitig nach neuen Konzepten, um die Attraktivität des Sparens zu steigern. Sie beantragten beispielsweise die Bewilligung von Sparprämien für Fabrikarbeiter und Dienstboten als Anreiz zu mehr Sparsamkeit. Nach ihrer Vorstellung sollte am Jahresende die Summe von 25 Gulden für eine Verlosung zur Verfügung gestellt werden. An dieser Verlosung durften allerdings nur diejenigen Dienstboten und Fabrikarbeiter teilnehmen, deren Spareinlagen ein Jahr lang mindestens 25 Gulden betragen hatten. *Die Namen derjenigen, welche in das Glücksrad kommen, werden zuvor bekannt gemacht, um eines theils auch allen Vorwürfen zu begegnen, wenn eins oder das andere übersehen würde*[44], so der Vorschlag der Sparkassenverwalter. Er wurde allerdings nicht durchgeführt. Man beschloß, dieses wer-

---

[40] StadtARH, Akten 2845, 2837.
[41] StadtARH, Akt 2885.
[42] StadtASC, Rechnungen 1847 ff., Fasz. 142 ff.
[43] StadtASC, Intelligenzblätter 1848 ff.
[44] StadtASC, Akt III, 29a, 23.

bewirksame Projekt zu vertagen, da zu jenem Zeitpunkt die erwirtschafteten Überschüsse der Sparkasse noch nicht ausreichten, um diese Art von Werbungskosten zu tragen.

Im Gegensatz zu Roth stellte man in Schwabach keine nachweisbaren Überlegungen über eine eventuelle Anhebung der Zinsen an oder diskutierte gar die Senkung von Einlagenmindestbeträgen. Während des ganzen 19. Jahrhunderts blieb der Zinsfuß von drei Prozent auf Spareinlagen stabil, und man beharrte auf einer Mindesteinlage von 15 Kreuzern beziehungsweise einer Mark. Die Statuten von 1899 betonten sogar ausdrücklich, daß Pfennigbeträge sowie Einlagen, die kein ganzes Vierteljahr angelegt wurden, nicht verzinst werden konnten.

Der große Aufschwung stellte sich bei der Schwabacher Sparkasse um 1870 ein. Mit dem Wegfall der sozialen Einlegerbeschränkungen stieg die Zahl der Sparer und Spargutshaben bis zum Jahr der großen Währungsreform 1923 ständig an. 1882 waren rund 30 Prozent der Schwabacher Kunden bei ihrer Sparkasse, während sich die Sparkasse Roth zu diesem Zeitpunkt in einem absoluten Tief befand.

Weitgehend ungeklärt bleibt hierbei allerdings die Rolle der Schwabacher Sparkasse im Kreditgeschäft. Erst in den Statuten von 1899 wurden Aussagen über die Anlagetätigkeit gemacht. Hier wurde bestimmt, daß *die Anlage der Sparkassengelder ... nach Maßgabe der Kgl. Allerhöchsten Verordnung vom 31. Juli 1869, die Kapitalsausleihungen der Gemeinden und Stiftungen betreffend, zu geschehen*[45] hat.

Demgegenüber war der Aufgabenbereich der Sparkassen Roth, Hilpoltstein und Spalt von Anfang an anders konzipiert. Diese Sparkassen sollten sich nicht nur als reine Spar-Anstalten etablieren, sondern auch die Funktion von „Unterstützungskassen" übernehmen. Laut Dekret des bayerischen Innenministeriums an die Regierung des Rezatkreises vom 14. Januar 1836 sollten Spargelder nicht ausschließlich bei der Staatsschuldentilgungskasse angelegt werden. Den Sparkassenverwaltungen wurde vielmehr nahegelegt, aus „eigenen Kräften" Verwendung für die Anlage ihrer Kapitalien zu suchen. Das Ministerium empfahl dabei die Ausleihung der Gelder an bedürftige Gemeinden, Stiftungen oder Privatleute zu einem Zinssatz von vier bis fünf Prozent[46]. In Roth legte man einen Zinsfuß von vier Prozent auf „auszuleihende Kapitalien" fest. Falls man hierbei einen Überschuß erwirtschaftete, wollte man diesen zur Deckung von etwaigen Verlusten und zur allmählichen Erhöhung der Einlagezinsen verwenden[47].

Bei der Sparkasse in Spalt wurde 1839 und 1864 bestimmt, daß zwei Drittel der gesamten Kapitalsumme zur Unterstützung bei einem Zinssatz von fünf Prozent gegen sichere Bürgschaft ausgeliehen werden sollten. Diese Kredite standen allerdings nur ansässigen Einwohnern, die *im allgemeinen Rufe der Sittlichkeit, Rechtlichkeit, Häuslichkeit und Thätigkeit stehen ... und durch das darzuleihende Hilfskapital in den Stand gesetzt werden, sich in bürgerlichen Ehren und in Erwerbsfähigkeit zu erhalten*, zur Verfügung. Die Höhe des Zinssatzes begründete die Sparkassenverwaltung dabei folgendermaßen: *Der Umstand, daß die Geldbenöthigten bisher bei*

---

[45] Archiv der Sparkasse Roth-Schwabach, Sparkassenbuch, darin: Statuten 1899.
[46] Stadtarchiv Ansbach, AB 1850, Dekret vom 14.1.1836.
[47] StadtARH, Akt 2814.

Juden und Geldmäcklern bedeutend höhere Zinsen bezahlen mußten, rechtfertigt dieses Zinsverhältnis[48].

Die Sparkasse Hilpoltstein legte im gleichen Zeitraum den Zins ihrer sogenannten „Hilfskapitalien" dagegen nur auf zwei bis viereinhalb Prozent fest. Auch sie verlangte einen einwandfreien Leumund des Kapitalnehmers, der durch Zeugnisse seiner Gemeindeverwaltung und des Ortsgeistlichen zu belegen war. Gleichzeitig mußte jedes Darlehen von der königlichen Kreisregierung genehmigt werden, während beispielsweise in Spalt allein der Magistrat über die Kreditwürdigkeit zu befinden hatte. Die „Spar-, Leih- und Hiflskassa" Hilpoltstein stellte bei der königlichen Regierung der Oberpfalz deshalb den Antrag, in Zukunft allein über eine Darlehensgewährung entscheiden zu dürfen. Dieses Ersuchen wurde jedoch nicht genehmigt; die Sparkasse Hilpoltstein unterstand auch weiterhin der Aufsicht des Distriktsratsausschusses[49]. Interessant ist ferner die Rolle der Sparkasse Hilpoltstein als „Leih-Anstalt". Laut Satzung gab sie Darlehen auf Faustpfänder an Einheimische und Fremde. Als Pfänder eigneten sich alle beweglichen Gegenstände, die allerdings keinen zu großen Raum einnahmen oder einem baldigen Verderben unterworfen waren. Hierzu zählten beispielsweise metallene Gegenstände, Kleidungsstücke oder auch reinliche Betten. Alle Leihgegenstände wurden von einem Schätzmeister geschätzt, bevor die Höhe des Darlehens festgesetzt wurde. Auf Edelmetall lieh man dabei maximal drei Viertel des Wertes aus, auf Kleidungsstücke und Betten maximal die Hälfte des jeweiligen Wertes. Jedes Darlehen wurde nur auf ein Jahr gegeben, und zwar zu dem relativ hohen Zinssatz von zehn Prozent[50]. Um den Einwohnern den Gang zum Leihhaus zu erleichtern – sein Hab und Gut zu versetzen galt von jeher als lasterhaft –, bestellte die Leihkasse eine sogenannte Versetzerin. Sie war Vermittlerin, auf deren Name das Pfand schließlich eingetragen werden konnte, falls der Pfandgeber selbst nicht in Erscheinung treten wollte. Laut Hilpoltsteiner Sparkassensatzung war die Versetzerin zu strengstem Stillschweigen verpflichtet und gezwungen, das Darlehen sofort an den Pfandeigentümer auszuhändigen. Die Sparkasse Hilpoltstein konnte während des 19. Jahrhunderts im Leih- und Darlehensgeschäft allerdings keine allzu großen Gewinne erzielen. In der Hauptsache übte sie ihre Tätigkeit als Spar-Anstalt aus, wobei ihre Entwicklung im Vergleich zu den Sparkassen Roth, Schwabach und Spalt weniger sprunghaft und wechselvoll verlief. Die Summe der Spareinlagen stieg zwar langsam, dafür jedoch konstant, an. Obwohl Mißernten und Getreide-Teuerungsraten in dem agrarisch strukturierten Hilpoltsteiner Land auch bei den Sparkasseneinlagen zu Buche schlugen, machten sich diese jedoch niemals so stark bemerkbar wie bei der „Unterstützungs- und Sparkasse" in Spalt, deren wirtschaftlicher Gradmesser heute wie damals der Hopfenanbau war.

Im Gegensatz zu Hilpoltstein nahmen die Spalter Hopfenbauern die Sparkasse in ihrer Funktion als „Unterstützungsanstalt" schon früh in Anspruch[51]. Infolge der Not-

---

[48] StAN, Reg. v. Mfr., K.d.I., Abg. 1968, Nr. 138.
[49] StAN, LRA Hilpoltstein, Abg. 1932, Nr. 665.
[50] StAN, LRA Hilpoltstein, Abg. 1932, Nr. 665.
[51] Zur Funktionserweiterung der Sparkassen zum Kreditinstitut vgl. auch Werner K. Blessing, ‚Ökonom' und Geld. Zum bäuerlichen Kredit im Bayern des 19. Jahrhunderts, in: ZBLG 60, 1997, S. 886f.

standsjahre Ende der 1860er Jahre entstand ein enormer Kapitalbedarf, dem die Sparkasse in Spalt nicht zu entsprechen vermochte. Sie war gezwungen, bei der Königlichen Bank in Nürnberg selbst ein Darlehen von 20 000 Gulden aufzunehmen, um der Krisensituation zu begegnen. Der darauffolgende Wirtschaftsaufschwung ab 1876, der durch den Anschluß der Stadt Spalt an das Eisenbahnnetz und die damit einhergehende Erschließung neuer Absatzmärkte bedingt wurde, bescherte auch der dortigen Sparkasse große Gewinne. Bis zum Ende des 19. Jahrhunderts verdreifachte sich die Summe der Einlagen. Aus der ehemaligen „Spar- und Unterstützungsanstalt" war seit der Neufassung der Statuten von 1875 die „Sparkassa der Stadt Spalt" geworden[52].

Waren mit Nürnberg, Augsburg und Würzburg 1821/22 die ersten drei bayerischen Sparkassen in wichtigen bayerischen Wirtschafts- und Handelszentren entstanden, löste die Verordnung *Die Anlegung der Geldüberschüsse der Sparanstalten bei den Staats-Schuldentilgungs-Kassen betreffend*[53] vom 26. Februar 1823 in Bayern einen Diffusionsprozeß aus, der sukzessive auch die Kleinstädte erfaßte[54]. Da diese Verordnung der Staatsschuldentilgungskasse gestattete, überschüssige Gelder der Sparkassen zu einem Ausleihzins von fünf Prozent zu übernehmen, war es den Sparanstalten dadurch möglich geworden, die Spareinlagen bequem und zinsbringend anzulegen. Die Gründung der Sparkassen in Roth 1835, Schwabach 1836, Spalt 1839 sowie in Hilpoltstein 1844 dokumentieren damit einen Gründungsboom, an dem mittelfränkische Kleinstädte frühzeitig partizipierten.

[52] StAN, Reg. v. Mfr., K.d.I., Abg. 1968, Nr. 138.
[53] Bayerisches Hauptstaatsarchiv, MInn 52670.
[54] Das Sparkassenwesen in Deutschland (wie Anm. 1), S. 466; Martin H. Geyer, Zur Geschichte der bayerischen Sparkassen 1821–1875, in: ZBLG 48, 1985, S. 394–427; Reinhart, Zeitler, Tradition (wie Anm. 7), S. 26f.: Gab es bis 1825 mit Nürnberg (1821), Ansbach und Gunzenhausen (beide 1823) lediglich drei Sparkassen in Mittelfranken, war die Zahl 1850 auf 19 Einrichtungen angestiegen.

Michael Reinhart

Mit Sparen fängt Dein Wohlstand an
Porträt der Sparkasse Feuchtwangen 1876–1976

Inflation – Zäsur nach 50 Jahren

Als der Verwalter der Städtischen Sparkasse Feuchtwangen, Gottfried Huter, am 17. Januar 1927 seine schwungvolle Unterschrift unter den dreiseitigen Geschäftsbericht gesetzt hatte, dürfte er innerlich aufgeatmet und sich relativ entspannt in seinem Sessel zurückgelehnt haben, war doch das Jubiläumsjahr 1926 die erste Geschäftsperiode seit der großen Inflation gewesen, die sich wieder in einigermaßen normalen Bahnen bewegt hatte. In diesem Jahr konnte die Sparkasse der kleinen mittelfränkischen Stadt Feuchtwangen ihren 50. Geburtstag begehen, den allerdings in der Lokalpresse lediglich ein kurzer Artikel am 2. Februar, zu Lichtmeß, würdigte. Zum Feiern hatte es zu diesem Zeitpunkt auch keinen Anlaß gegeben. Die galoppierende Inflation des Jahres 1923 hatte der Feuchtwanger Sparkasse astronomische Zahlen in die Bilanz „geschrieben". Auf dem Höhepunkt im November 1923 bezifferten sich die Spareinlagen auf 173 Billionen Mark, während die Giroguthaben nahezu 468 Billionen Mark betrugen. Mit diesen Summen hätte man sich ehedem die ganze Welt kaufen können, wäre nicht an der Berliner Börse am 20. November 1923 der Wechselkurs 4 200 000 000 000 Mark zu einem US-Dollar berechnet worden[1]. Die deutsche Währung und mit ihr die gesamte Wirtschaft war am Ende nach einer Periode der Hyperinflation, in die die Weimarer Republik durch Reparationszahlungen und Ruhrbesetzung geraten war. Erst durch das Deflationsexperiment der auf 1 Billion Papiermark umgerechneten „Rentenmark" und die Einführung der neuen „Reichsmark" im Oktober 1924 begann eine bis etwa 1926 andauernde und nur langsam fortschreitende Stabilisierung der allgemeinen und vor allem wirtschaftlichen Verhältnisse in der jungen Republik[2]. Der gerne zur Charakterisierung dieses Jahrzehnts benutzte Begriff der „Golden Twenties" geht im Grunde ins Leere, schmelzen diese Jahre doch bei genauerer Betrachtung auf die kurze Periode zwischen 1926 und 1929 zusammen, als nicht zuletzt durch das Einströmen ausländischen Kapitals die deutsche Wirtschaft wieder zu florieren begann. Ein kurzer Konjunkturspuk, der mit dem „Schwarzen Freitag" an der New Yorker Börse am 25. Oktober 1929, spätestens aber mit den gewaltigen Bankenzusammenbrüchen des Jahres 1931 ein schnelles Ende nahm.

Vielen Menschen waren in der Inflationszeit ihre angesparten Vermögen, die Sicherheitsrücklagen für Notzeiten und Alter, buchstäblich zwischen den Fingern zerronnen – so auch den Kunden der Sparkasse Feuchtwangen. Die Zahlen für Bayern machen transparent, welches Ausmaß die Vernichtung der Kapitalvermögen annahm: Hatten im Jahre 1913 knapp 1,15 Millionen Kunden bei den Sparkassen 706 Millionen Mark deponiert, so blieben Ende 1924 nurmehr 33 Millionen in der neuen

---

[1] Günther Ashauer, Von der Ersparungscasse zur Sparkassen-Finanzgruppe. Die deutsche Sparkassenorganisation in Geschichte und Gegenwart, Stuttgart 1991, S. 190.

[2] Ashauer, Ersparungscasse (wie Anm.1), S. 230f.

Währung „Reichsmark" übrig[3]. Zwar versuchte der Staat durch das Aufwertungsgesetz vom Juli 1925[4] den Inhabern von Papiermarkkonten zumindest einen kleinen Teil ihrer Ersparnisse zurückzugeben, aber zunächst war das Vertrauen der Kunden in das Sparen an sich massiv gestört. Auf 3572 Sparbüchern der Sparkasse Feuchtwangen hatten sich vor dem Beginn des Ersten Weltkrieges, der bereits zu einer enormen, inflationsfördernden Vermehrung der Geldmenge führen sollte, im Jahre 1913 insgesamt 2 888 070 Mark befunden[5]. Am 31. Dezember 1924 – die Zahl der Sparer war auf wenige Hundert zusammengeschmolzen – bezifferte sich das gesparte Kapital auf nur noch 39 078 Reichsmark[6]. Die Führung der fast auf den geschäftlichen Nullpunkt zurückgeworfenen Sparkasse mußte deshalb versuchen, den verständlicherweise verschwundenen Sparsinn wieder schrittweise in den Köpfen der Einwohner zu verankern – nicht zuletzt mit Werbeparolen wie der des Jahres 1926: *Mit Sparen fängt Dein Wohlstand an.* Wie schwierig dieses Bestreben zu realisieren war, das machen nicht zuletzt die Worte des Sparkassenleiters Huter deutlich, der zwar die Wirkung der Werbung als positiv apostrophierte, aber in seinem Jahresbericht auch zugab, daß die Sparkasse noch 1926 *manchen Spott über sich ergehen lassen* mußte[7].

Die Gründungsphase der Sparkasse Feuchtwangen

Die sechs Wörter des zitierten Werbespruches kennzeichnen treffend jene Grundüberlegungen, die für die Gründung von Sparkassen in Bayern, aber auch in ganz Deutschland, im 19. Jahrhundert ausschlaggebend gewesen waren. Sparen als Grundlage für die Versorgung in schlechten Zeiten mit Hilfe einer wohltätigen Einrichtung, einer Sparkasse als Kapitalsammelbecken des kleinen Mannes. Diese oder ähnlich formulierte Worte, deren inhaltliche Ziele sich vornehmlich an die zwar sparfähigen, aber doch zu den unteren Bevölkerungsschichten zählenden Einwohner der bayerischen Städte und Gemeinden richteten, fielen immer wieder in den Versammlungen von sozialen Vereinen und Gemeindegremien im Königreich Bayern in den Jahren nach der großen Hungersnot der Jahre 1816/17. Dabei wurden solche philanthrop orientierten und auch auf eine Neuordnung des Armenwesens ausgerichteten Ideen nicht nur verbalisiert, sondern sie wurden ab dem Jahre 1821, beginnend mit Nürnberg[8], in verstärktem Umfang auch realisiert. Der sozial ausgerichtete Gedanke der „Hilfe zur Selbsthilfe", konkretisiert durch die Möglichkeit, in Sparkassen verzinslich Gelder zur Daseinsvorsorge anzulegen, trat seinen Siegeszug in ganz Deutschland und auch

---

[3] Oskar Schwarzer, Die Leistungen der Sparkassen bei den Währungsreformen, in: Zeitschrift für Bayerische Sparkassengeschichte 13, 1999, S. 197–271, hier S. 200–213.
[4] Zur Aufwertungsthematik z.B. Bodo Spiethoff, Ungewollt zur Größe. Die Geschichte der bayerischen Sparkassen. München 1953, S. 175f.
[5] 100 Jahre Sparkasse Feuchtwangen, hg. v. d. Stadt- u. Kreis-Sparkasse Feuchtwangen, Feuchtwangen 1976, S. 26; StAN (Staatsarchiv Nürnberg), Reg. v. Mfr., K.d.I., Abg. 1968, Tit. VI, Nr. 5.
[6] Archiv Sparkasse Feuchtwangen, Geschäftsbericht 1937.
[7] Archiv Sparkasse Feuchtwangen, Geschäftsbericht 1926.
[8] Rudolf Endres, Martina Fleischmann, Nürnbergs Weg in die Moderne. Wirtschaft, Politik und Gesellschaft im 19. und 20. Jahrhundert, hg. v. d. Stadtsparkasse Nürnberg, Nürnberg 1996; auch Rainer Mertens, Johannes Scharrer. Profil eines Reformers in Nürnberg zwischen Aufklärung und Romantik (Nürnberger Werkstücke zur Stadt- und Landesgeschichte 57), Nürnberg 1996, S. 110–133.

in Bayern an[9]. In einer ersten Welle von Gründungen wurden bis 1830 insgesamt 32 Sparinstitute ins Leben gerufen, unterstützt durch Maßnahmen des Staates, der eine mit fünf Prozent sehr lukrative verzinsliche Anlagemöglichkeit der eingezahlten Gelder bei der Königlich-Bayerischen Staatsschuldentilgungskasse gewährte[10]. Die Statuten der ältesten Sparkassen wie Nürnberg für die größeren Städte und Ansbach für die kleineren Gemeinden nahmen dabei Modellcharakter für weitere Gründungen an, spielten dabei gewissermaßen Multiplikatoren für den Sparkassengedanken auch oder gerade in Mittelfranken[11]. Dieser fränkische Regierungsbezirk wies schon im Jahre 1843 mit 2,37 Millionen Gulden den höchsten Sparbetrag in Bayern auf, was zeigt, auf welchen fruchtbaren Boden die Sparkassenidee fiel. 1850 existierten bereits 19 Sparkassen in Mittelfranken, eine Zahl, die sich bis 1869 auf 31 steigern sollte[12]. Zur Jahrhundertmitte konnte Mittelfranken die höchste Sparquote von 8,8% Anteil der Sparer an der Gesamtbevölkerung aufweisen[13].

Einen weiteren Superlativ unter den bayerischen Sparkassen zu erreichen, das gelang der mittelfränkischen Sparkasse Ansbach, die unter ihrem Vorsteher Johann Georg Brendel im Jahre 1865 mit mehr als 3,6 Mio. fl. den höchsten Einlagenbestand aller Sparinstitute im Königreich verwaltete[14]. Die Einleger stammten nicht nur aus der Stadt Ansbach und deren unmittelbaren Umgebung, sondern auch aus den Bezirken der umliegenden königlichen Landgerichte Ansbach, Leutershausen, Herrieden, Schillingsfürst, Windsheim, Markt Erlbach, Heilsbronn, Wassertrüdingen und Feuchtwangen, in denen es noch keine Sparkassen gab. In diese Gegenden flossen auch bis etwa Mitte der sechziger Jahre des 19. Jahrhunderts umfangreiche Hypothekarausleihungen der großen Ansbacher Sparkasse[15]. Freilich übte diese durch Brendel und den Ansbacher Magistrat forcierte, da in ihren Auswirkungen sehr ertragreiche Geschäftspolitik im Aktiv- und Passivbereich in den genannten Landgerichtsbezirken eine „Sogwirkung" auf die dortigen Einwohner aus, die zur Folge hatte, daß gerade in diesen Gegenden erst weit nach der Jahrhundertmitte überhaupt Sparkassen gegründet wurden. Als viel zu stark und übermächtig war wohl die Ansbacher Konkurrenz

---

[9] Zur Entwicklung der bayerischen Sparkassen bis 1875 vgl. exemplarisch Martin H. Geyer, Zur Geschichte der bayerischen Sparkassen 1821–1875, in: ZBLG 48, 1985, S. 393–427.

[10] Zu den traditionsreichsten Sparkassen in Bayern zählen Nürnberg (1821), Augsburg, Würzburg (beide 1822), Ansbach, Bayreuth, Regensburg, Schweinfurt und Weiden (alle 1823). Vgl. Michael Reinhart, Moderne Formen der Sparkassenhistoriographie in Bayern, in: Standortbestimmung: Sparkassengeschichte. Festschrift für Manfred Pix (Zeitschrift für bayerische Sparkassengeschichte 14, 2000 u. zugl. Sparkassen in der Geschichte, Abt. 1: Dokumentation 19). Stuttgart 2000, S. 349–364.

[11] Hierzu Michael Reinhart, Peter Zeitler, Zwischen Tradition und Fortschritt. 175 Jahre Sparkasse Ansbach, hg. v. d. Vereinigten Sparkassen Stadt und Landkreis Ansbach, Stuttgart 1998, S. 36.

[12] Georg Mayr, Statistik der Bayerischen Sparkassen (Beiträge zur Statistik des Königreichs Bayern 26). München 1873. In Bayern erhöhte sich die Sparkassenzahl zwischen 1850 und 1869 von 170 auf 253. Zum Ausleihegeschäft der Sparkassen vgl. Wilfried Feldenkirchen, Von der Sparanstalt zum Universalkreditinstitut. 175 Jahre Stadtsparkasse Weiden, München 1998, S. 34f.

[13] Andreas Otto Weber, Empirie in der Sparkassengeschichtsforschung, in: Standortbestimmung: Sparkassengeschichte. Festschrift für Manfred Pix (Zeitschrift für bayerische Sparkassengeschichte 14, 2000 u. zugl. Sparkassen in der Geschichte, Abt. 1: Dokumentation 19), Stuttgart 2000, S. 85–100.

[14] Reinhart, Zeitler, Ansbach (wie Anm. 11), S. 69f., 74.

[15] Stadtarchiv Ansbach (StadtAAN), AB 1850, Schreiben v. 28.3.1849; StAN, Reg. v. Mfr., K.d.I., Abg. 1932, Tit. VI, Nr. 58, Schreiben v. 10.6.1837; Reinhart, Zeitler, Ansbach (wie Anm. 11), S. 62.

eingestuft worden[16]. Die jeweiligen Gebiete und Kommunen hatten zugleich aber den großen Vorteil einer finanziellen Betreuung ihrer Einwohner, ohne – und das war das Hauptargument – eine eigene Kasse gründen, das hieß vor allem die schwierige Problematik der Haftungsfrage lösen zu müssen, was die Verantwortlichen der kleineren Städte abschreckte.

Gerade diese Gedanken sind sicher auch in dem Städtchen Feuchtwangen durch die Gemeindebevollmächtigten immer wieder verbalisiert worden. Deshalb dauerte der Vorbereitungsprozeß zur Gründung einer eigenen Sparkasse in der zweiten Hälfte des 19. Jahrhunderts mehr als zwanzig Jahre[17]. Die ersten Bestrebungen zur Installierung eines unter Garantie der Stadt stehenden Geldinstituts gehen bereits auf die Jahre 1853 und 1855 zurück. Immer wieder wurde jedoch das Projekt aus diversen Gründen aufgeschoben: ungünstige wirtschaftliche Verhältnisse, ein zeitweiliger Bevölkerungsrückgang und die Haftungsfrage. In der Diskussion tauchten jedoch auch immer wieder Zweifel am Erfolg einer Sparkasse in Feuchtwangen auf, wurde doch das örtliche Geldgeschäft durch den St. Johannisverein und dreißig jüdische Familien abgedeckt. Erst im Jahre 1873, nachdem sich der Gemeindeausschuß intensiv mit den Statuten bereits bestehender Nachbarsparkassen beschäftigt hatte, forciert durch die Bemühungen des Gemeindebevollmächtigten und Landtagsabgeordneten Dr. Aub, kam wieder Bewegung in die Angelegenheit. In einer öffentlichen Sitzung wurde am 22. April 1873 die Errichtung einer Sparkasse zu Feuchtwangen befürwortet. Da jedoch die Verantwortlichen um Bürgermeister Friedrich Schuppart (1856–1885) immer noch das Problem der Haftungsverbindlichkeit der Stadtgemeinde für die Einlagen als wichtig erachteten, sollte eine Abstimmung der Bürger durchgeführt werden. Und diese fiel mehr als eindeutig aus: 225 Feuchtwanger Einwohner hatten abgestimmt. Kein einziger votierte gegen die Fundierung einer Sparkasse. Vielleicht war manchem Bürger, der schon in Ansbach ein Sparbuch unterhielt und an den Zieltagen Lichtmeß (2. Februar), Walburgis (1. Mai), Laurenzi (10. August) oder Martini (11. November) Geld ansparen wollte, der Weg in die zwanzig Kilometer entfernte Kreishauptstadt doch mittlerweile zu beschwerlich geworden? Auch hatten sich in benachbarten Bezirksämtern wie Rothenburg, Dinkelsbühl, Wassertrüdingen oder auch in Gunzenhausen mittlerweile längst Sparkassen etabliert[18].

Endlich schien das Vorhaben in Feuchtwangen realisiert werden zu können. Es dauerte aber noch einmal fast drei Jahre, bis das Sitzungsprotokoll des Gemeindeausschusses am 3. Januar 1876 folgendes vermerkte: *Hierauf wurde die Errichtung einer Sparkassa vom 1. Februar an beschlossen, die bezüglichen Statuten beraten und festgesetzt und bestimmt, daß letztere unverzüglich dem königl. Bezirksamte zur*

---

[16] Die Sog-Theorie wird durch einen Blick auf die von Andreas Otto Weber mit Hilfe der Datenbank SPES des Sparkassenverbandes Bayern gestalteten Karten zur Sparkassenlandschaft in Mittelfranken in den Jahren 1853 und 1863 bestätigt. In den meisten an die Stadt Ansbach angrenzenden Landgerichtsbezirken existierten noch keine Sparkassen. Im Bezirksamt Ansbach sparte 1864 über 68% der Bevölkerung, die bei weitem höchste Sparquote in Mittelfranken. Weber, Empirie (wie Anm. 13), S. 90f. (Karten 3 u. 4), S. 96.

[17] 100 Jahre Sparkasse Feuchtwangen (wie Anm. 5), S. 17.

[18] StAN, Reg. v. Mfr., K.d.I., Abg. 1952, Tit. VI Nr. 4042: Viele Bezirke und Kommunen hatten in Mittelfranken bis 1875 eigene Sparkassen errichtet (insg. 29). Bis 1880 kamen weitere sechs Kassen, darunter 1876 auch Feuchtwangen, hinzu. Bis 1893 stieg die Zahl noch einmal leicht auf 43 an.

Genehmigung vorzulegen seien[19]. Tags darauf ging ein entsprechendes Schreiben an das Bezirksamt Feuchtwangen hinaus, in dem die sich an den Grundsätzen der Ministerialentschließung vom 20. Mai 1874 orientierenden Statuten zur Prüfung und Genehmigung übermittelt wurden. Das städtische Gremium gab zugleich seiner Hoffnung Ausdruck, die Sparkasse bereits mit dem Zieltage Lichtmeß, dem 1. Februar 1876, offiziell eröffnen zu dürfen. Nach kleineren Korrekturen an den statuarischen Grundsätzen gestattete das Bezirksamt am 13. Januar 1876 die Errichtung der Sparkasse, in deren *Journal über die Einnahmen und Ausgaben* daraufhin rechtzeitig Anfang Februar die ersten Einzahlungen verzeichnet werden konnten. Nach Paragraph 1 der Geschäftsordnung vom 15. Januar 1876 übernahmen der Bürgermeister sowie eine aus zwei Gemeindebevollmächtigten bestehende und vom Gemeindeausschuß zu wählende Kommission die Führung der Geschäfte, der ein Rechnungsführer beigegeben war. Während der Amtsvorstand oder dessen gesetzlicher Stellvertreter die Korrespondenz der Anstalt führen und den Geschäftsgang überwachen mußte, was eine ständige Überprüfung der Bücher mit einschloß (§ 2), hatte die Kommission die Kurrent- und die Reservekasse zu führen und die Einzahlungen und Auszahlungen vorzunehmen (§ 3 und 4). Ausleihungen aus dem Barbestand auf Hypotheken oder gegen Bürgschaften durften allerdings nur mit Genehmigung des Gemeindeausschusses vorgenommen werden (§ 5). In die Kommission wurden die beiden Gemeindebevollmächtigten Gebhard Graser (ehrenamtlicher Sparkassenverwalter von 1876–1900) und der jüdische Bankier Wolf Weihermann gewählt, der sein Amt bis 1908 ausübte. Die Analyse des ersten Geschäftsjournals und das unterschiedliche Schriftbild zeigen, daß sich beide Verwalter die Tätigkeit teilten. Geöffnet hatte die Sparkasse nur einmal wöchentlich am Dienstag Nachmittag von 14 bis 16 Uhr. Jeder Einzahler erhielt gegen die Zahlung von 20 Pfennigen ein kleines Sparbuch ausgehändigt. Als kleinste Einzeleinlage war – bei einer Verzinsung von $3^1/_2\%$ – der Betrag von drei Mark festgeschrieben, während im höchsten Falle 1500 Mark auf einmal eingezahlt werden durften, was jedoch den Spareifer nicht zu unterdrücken vermochte, unterlief doch der Sparer diese Restriktion, indem er am nächsten Öffnungstag der Kasse den gleichen Betrag nochmals problemlos in sein Sparkassenbuch eintragen ließ.

Das erste Geschäftsjahr 1876

Der anfängliche Erfolg war enorm, und er sollte es auf Dauer auch bleiben. Bis zum Jahresende 1876 konnte die Sparkasse 596 Sparbücher an einzahlungswillige Personen ausstellen, lediglich sieben davon wurden wieder aufgelöst. Leider ist es nicht möglich, den sozialen Status der Einleger zu verifizieren, da die Verwalter in den meisten Fällen nur den Wohnort, aber nicht den Beruf festhielten. Nachdem jedoch die Statuten der Sparkasse Feuchtwangen auf den staatlichen Grundbestimmungen des Jahres 1874, mit denen die Möglichkeiten im Anlagegeschäft erweitert und die seit 1843 gültigen Beschränkungen des Einlegerkreises aufgehoben worden waren, basierten, ist davon auszugehen, daß sich die Kunden des Instituts aus allen

---

[19] Zit. nach 100 Jahre Sparkasse Feuchtwangen (wie Anm. 5), S. 18 (Gründungsbeschluß). StAN, LRA Feuchtwangen, Abg. 1976, Nr. 3112.

sozialen Schichten der Bevölkerung rekrutierten. Dies ist um so wahrscheinlicher, als in Feuchtwangen selbst die Sparkasse über lange Jahre keine Konkurrenz durch andere Geldinstitute zu befürchten hatte, was eine gewisse Monopolstellung auf dem Kapitalmarkt nach sich zog. Daran konnten auch die kleinen, genossenschaftlich strukturierten Darlehenskassen, die sich im letzten Drittel des 19. Jahrhunderts in manchen Gemeinden des Bezirkes gebildet hatten, nur wenig ändern[20]. Die Sparkasse war fest in das wirtschaftliche Leben der Stadt und des gesamten Umlandes von Feuchtwangen verankert und konnte über lange Jahrzehnte hinweg ihre Geschäfte nahezu konkurrenzlos ausüben. Noch im Revisionsbericht des Bayerischen Sparkassen- und Giroverbandes aus dem Jahre 1951 wurde diese Tatsache betont und die damalige überaus große, kaum noch zu befriedigende Nachfrage nach Krediten aus Mitteln der Sparkasse damit begründet, daß im Geschäftsgebiet *als weiteres Kreditinstitut lediglich die Gewerbebank Dinkelsbühl mit Filialbetrieben in Feuchtwangen und Bechhofen vertreten* sei und *Darlehenskassenvereine lediglich in Herrieden und kleineren Orten des Landkreises* bestünden[21].

Im ersten Geschäftsjahr 1876 brachten 596 Sparer insgesamt 121 834 Mark (einschließlich 1262 Mark kapitalisierter Zinsen) während der wöchentlichen Öffnungszeiten zu den beiden Verwaltern, die das bare Geld in einem 1878 für 300 Mark angeschafften eisernen Kassenschrank deponierten, der wohl in einem Raum des Rathauses stand[22]. Ein eigentliches Sparkassenzimmer wurde jedoch erst im Jahre 1882 im oberen Stockwerk des Feuchtwanger Rathauses eingerichtet[23]. Bereits am 1. Februar 1876, dem ersten Geschäftstag, brachten 19 Personen, darunter zwölf Frauen, ihre Gelder in Höhe von 1318 Mark zu den Gemeindebevollmächtigen Graser und Weihermann. Als Einlage Nr. 1 verzeichnet das Rechnungsbuch eine Einzahlung von vier Mark der aus Feuchtwangen stammenden Maria Margarete Schüttler. Gleich am ersten Tag kamen jedoch auch Sparwillige aus den Ortschaften und Weilern der Umgebung, um ihr Kapital der dem Namen nach „Städtischen Sparkasse Feuchtwangen" anzuvertrauen. Dieser von Anfang an zu erkennende Trend der Ausweitung des Einzugsbereichs der Kasse setzte sich im gesamten ersten Geschäftsjahr fort. So stammten zwar 242 und damit über 40% der Sparer aus der Stadt Feuchtwangen selbst, die damals etwas mehr als 2000 Einwohner zählte. Fast 60% aller Kunden fanden jedoch aus mehreren Dutzend Gemeinden des Bezirksamtes – darunter z.B. Dentlein, Schopfloch, Steinbach, Weinberg und Wieseth – den Weg in die Stadt Feuchtwangen, um ihr gespartes Geld sicher und zinsbringend anzulegen. Aber auch die Stadtkämmereikasse Feuchtwangen, die Gemeinde Velberg, die Kirchenstiftung Dentlein, die Krankenanstalt für Eisenbahnarbeiter und die Verwaltung der Landwehr-Depositenkasse vertrauten Kapital der aufstrebenden Sparkasse an. Der Ansturm der Kunden muß anfänglich so stark gewesen sein, daß in der ersten Zeit von der einmaligen Öffnungszeit in der Woche Abstand genommen wurde. Binnen einer

---

[20] Im Winter 1880/81 wurden die ersten Darlehens- und Raiffeisenkassen in Mittelfranken gegründet. 1900 betrug ihre Zahl schon über 200. Reinhart, Zeitler, Ansbach (wie Anm. 11), S. 95.

[21] Archiv Sparkasse Feuchtwangen, Revisionsbericht April 1951.

[22] Die Einlagenzahl und alle anderen folgenden Detailinformationen zum Rechnungsjahr 1876 sind dem „Journal über die Einnahmen und Ausgaben bey der städtischen Sparkasse Feuchtwangen" entnommen, in: Archiv Sparkasse Feuchtwangen. Vgl. auch StAN, LRA Feuchtwangen, Abg. 1976, Nr. 3112.

[23] 100 Jahre Sparkasse Feuchtwangen (wie Anm. 5), S. 20.

Woche hatten 204 Personen insgesamt 20 877 Mark Einzahlungen getätigt, allein am 7. Februar 74 Sparwillige. Erst in den folgenden Monaten hielten die Verwalter an den ursprünglich festgelegten Öffnungszeiten fest, obgleich immer wieder Abweichungen von dieser Regel festgestellt werden können.

Der gute Kapitalzufluß führte dazu, daß bereits am 10. Februar 1876 die erste Ausleihung im Aktivgeschäft getätigt werden konnte, das entweder in der Kapitalvergabe gegen Schuldschein und Bürgschaft respektive in Hypotheken gegen eine zwischen 4 und 4^1/$_2$% schwankende Verzinsung bestand. Interessanterweise ging das erste mit 4% verzinste Darlehen in erstaunlicher Höhe von 20 800 Mark an den Sparkassenverwalter und Bankier Wolf Weihermann persönlich. Die Gründe, warum sich der jüdische Geschäftsmann diese große Summe entlieh, können in der Retrospektive nicht mehr eruiert werden. Wollte er mit seiner Familie, die nachweisbar sehr sozial eingestellt war[24], der Sparkasse die langwierige Suche nach Abnehmern für das eifrig eingezahlte Geld ersparen, war doch die Anlage des Kapitals sehr wichtig, um den versprochenen Zins auf die Einlagesummen zahlen zu können? Weiter ist auffallend, welche enge Geschäftsbeziehung die Sparkasse zu jener Bankiersfamilie unterhielt, explizit mit Jacob und Simon Weihermann, die bereits 1876 sich selbst auch kleinere Beträge aus dem Kassenbestand des Sparinstituts entliehen, aber auch als Vermittler für den Kauf von Bayerischen Eisenbahnanleihen und Obligationen der Pfälzischen Ludwigsbahn, zu Diensten standen. Tatsache ist jedenfalls, daß das bislang als erste Ausleihung der Sparkasse bezeichnete Bürgschaftsdarlehen an den Feuchtwanger Schlossermeister Ludwig Hezel vom 14. März 1876 im Betrag von 1900 Mark nicht mehr als erste Tätigkeit im Aktivgeschäft bezeichnet werden kann. Der Reinertrag der Sparkasse bis zum ersten Kassensturz am 31. Dezember 1876 bezifferte sich immerhin auf 1818 Mark und 70 Pfennig, der als Stock für einen zu errichtenden Reservefonds herangezogen wurde. Das Sparkassenvermögen betrug mehr als 120 000 Mark: 11 600 Mark waren in Hypotheken angelegt, 73 500 Mark gegen Privatschuldscheine mit Bürgschaft ausgeliehen und 33 000 Mark in Schuldverschreibungen des Staates, bayerischer Gesellschaften und Kreditinstitute investiert[25].

Gute Entwicklung der Sparkasse bis zum Ersten Weltkrieg

Die gute Geschäftsentwicklung der Sparkasse Feuchtwangen, die zunehmend mehr Geld verzinslich an die eigene Gemeinde auslieh (zum Beispiel 1877 schon 89 230 Mark), nahm auch in den nächsten Jahrzehnten ihren Fortgang. Ein kurzer Blick auf die Anlagestrategie zeigt, daß das eingezahlte Geld zwar mehrheitlich an städtische Einwohner ausgegeben wurde; aber auch im Umland fanden sich genü-

---

[24] Der damalige Vorsteher der israelitischen Kultusgemeinde, Joel Weihermann, wurde z.B. 1869 Mitglied des Armenpflegschaftsrats und darf als gutes Beispiel dafür herangezogen werden, daß die jüdischen Bürger Feuchtwangens im 19. Jahrhundert eifrig an der Gestaltung des öffentlichen Lebens mitwirkten. Seit jedoch im Jahre 1861 die Freizügigkeit für alle bayerischen Bürger eingeführt worden war, waren viele Feuchtwanger Juden nach Nürnberg und Fürth gezogen oder nach Amerika ausgewandert. Im Jahre 1890 hatte Feuchtwangen 2373 Einwohner, darunter 76 Juden. 1830 waren es noch 170 Juden von 2242 Einwohnern gewesen. Dietrich Weiß, Aus der Geschichte der jüdischen Gemeinde von Feuchtwangen 1274–1938, in: Feuchtwanger Heimatgeschichte 3, 1991, S. 9–107, hier S. 29–37.

[25] StAN, LRA Feuchtwangen, Abg. 1976, Nr. 3112, Geschäftsbericht 1876.

gend Kreditoren aus der Landwirtschaft und dem gewerblichen Stand, die sich gegen Bürgschaft Gelder entliehen. Zu den Schuldnern des Jahres 1895 zählten zum Beispiel ein Kaufmann, ein Posthalter, ein Maurer, ein Güterschaffner, mehrere Bauern und Gastwirte[26].

Die Tatsache, daß die Einrichtung der Städtischen Sparkasse Feuchtwangen für die Stadt und die Einwohner ein wirklicher Gewinn war, machen zwei Faktoren transparent. So stieg der Einlagenstand alljährlich beträchtlich an. 1880 waren bereits 401 463 Mark auf Sparkonten eingezahlt; zehn Jahre nach der Kassengründung wiesen die Einlagen schon den stattlichen Betrag von 886 410 Mark auf. Aber auch die Stadt partizipierte stark an dem unter ihrer Regie stehenden Geldinstitut. Denn alljährlich, so berichtete die Stadtverwaltung an das Bezirksamt Feuchtwangen am 11. Januar 1890, würden aus dem Reinertrag der Sparkasse 4000 Mark in die Kämmereikasse als Verwaltungskostenbeitrag fließen[27]. Der Rest des Gewinnes, immerhin pro Geschäftsjahr mehrere tausend Mark wurde in einen Reservefonds eingezahlt, der nach den Grundbestimmungen des Staates 10% des Einlagenstandes ausmachen mußte. Im Jahre 1892 konnte sogar ein Betrag von 2200 Mark aus dem Reinertrag für die Verbreiterung und Neupflasterung der Sulzachbrücke entnommen werden. Ein Jahr zuvor unterzog die Regierung in Ansbach die Verwaltung der Sparkasse einer Visitation mit einem laut Bescheid vom 29. November 1891 recht befriedigendem Ergebnis[28]. In diesem Jahr sollte der Stand an Einlagen schon die stattliche Summe von 1 299 886 Mark betragen, eingezahlt von 2792 Kunden bei gleichgebliebener Verzinsung des eingezahlten Geldes von $3^{1}/_{2}$%[29]. Der alljährlich aufgestockte Reservefonds erreichte jedoch nie ganz den geforderten zehnprozentigen Einlagenstand, eine Tatsache, die die Regierung von Mittelfranken beispielsweise im Jahre 1901 monierte, als die Sparkasse Feuchtwangen an den städtischen Gewährträger mehr als 6700 Mark ausschüttete, obgleich sich zu diesem Zeitpunkt die Geldreserve lediglich auf 139 500 Mark bezifferte und damit nur 7,85% der Gesamteinlagen ausmachte. Doch dies war beileibe kein Einzelfall unter den mittelfränkischen Sparkassen. Auch die Institute in Dinkelsbühl, Eichstätt, Nürnberg, Schwabach, Gunzenhausen und Neustadt an der Aisch wurden entsprechend gerügt[30].

Das beschauliche Städtchen Feuchtwangen, seit 1864 Sitz des Bezirksamtes, mit seinem überwiegend ländlich geprägten Umland machte in den letzten Jahrzehnten des 19. Jahrhunderts erste Schritte hin zur wirtschaftlichen Neuorientierung, zur modernen Zeit mit allen ihren technischen Innovationen. Die Post lehnte allerdings 1897 einen Anschluß an die zwei Jahre zuvor über Feuchtwangen eingerichtete Telefonlinie zwischen Nürnberg und Stuttgart ab, da die erforderlichen zehn Anträge auf Anschluß an das Leitungssystem nicht gestellt worden waren[31]. Im Jahre 1891 erfolg-

---

[26] StAN, LRA Feuchtwangen, Abg. 1976, Nr. 3112, Geschäftsbericht 1895.
[27] StAN, LRA Feuchtwangen, Abg. 1976, Nr. 3112, Schreiben v. 11.1.1890.
[28] 100 Jahre Sparkasse Feuchtwangen (wie Anm. 5), S. 22.
[29] StAN, LRA Feuchtwangen, Abg. 1976, Nr. 3112, Geschäftsbericht 1891.
[30] Entsprechende Aufstellung in: StAN, Reg. v. Mfr., K.d.I., Abg. 1968, Tit. VI, Nr. 4.
[31] Für Feuchtwangen liegt lediglich eine Stadtgeschichte aus dem Jahr 1927 vor. Zwar sind Dank der Initiative der Arbeitsgemeinschaft für Heimatgeschichte im Verein für Volkskunst und Volkskunde e.V. sowie des Stadtarchivs Feuchtwangen die klösterliche Frühgeschichte und einzelne historische Teilbereiche der frühneuzeitlichen Stadtentwicklung seit 1988 wissenschaftlich erforscht worden. Bei der Darstel-

te der Bau einer Kanalisation und die Pflasterung wichtiger städtischer Straßen, nicht zuletzt finanziert durch Zuschüsse aus den Erträgnissen der Sparkasse. Ein Jahr später, am 10. Mai 1892, wurde das Distriktkrankenhaus Feuchtwangen feierlich eröffnet. In der Stadt selbst arbeiteten um die Jahrhundertwende einige Handwerksbetriebe, vorwiegend Schuhmachermeister. Hinzu kamen noch fünf Brauereien, einige Gerbereien und Färbereien, wobei von einem realen wirtschaftlichen Aufstieg der kleinen Stadt wohl nicht gesprochen werden kann. Erst 1909 unter Bürgermeister Fückel wurde ein Elektrizitätswerk gebaut und die Stromversorgung eingeführt, was die Ansiedlung industrieller Betriebe erleichterte, die sich jedoch erst nach dem Zweiten Weltkrieg verstärkt auswirkte.

Nachdem im Jahre 1901 anläßlich einer Visitation der Regierung die mangelhaften Räumlichkeiten der Sparkasse kritisiert worden waren, bewilligte am 15. Juni 1902 das Königliche Bezirksamt Feuchtwangen einen Umbau und die Verlegung der Geschäftszimmer aus dem zweiten Stock in das Parterre des Rathauses. Dabei entstand auch ein diebstahl- und feuersicherer Raum zur Aufstellung der eisernen Kassenschränke und zur Aufbewahrung der städtischen Urkunden[32]. Diese Baumaßnahme war dringend notwendig geworden, überstieg doch bereits 1903 die Einlagenhöhe die Zweimillionengrenze. Zur Aufrechterhaltung der Ordnung beim Publikum, explizit für die Abgabe von Nummern an Sparer zum regelmäßigen und geordneten Eintritt in das Geschäftszimmer der Sparkasse an den immer noch gültigen Zielterminen, an denen der Zins entweder den Guthaben zugeschlagen oder ausgezahlt wurde, verpflichtete man im Jahre 1905 die Polizeidienerswitwe Babette Hartnagel. Sie avancierte damit sozusagen zur ersten „Angestellten" der immer noch ehrenamtlich von zwei Gemeindebevollmächtigten geführten Sparkasse und erhielt für ihre Tätigkeit eine jährliche „Remuneration" von 20 Mark[33]. Zu diesem Zeitpunkt stand noch immer Wolf Weihermann der Sparkasse vor, der, von Stadtschreiber Karl Wehner unterstützt, bis 1908 sein Ehrenamt versah. Ab 1906 stand ihm der verdienstvolle Gemeindebevollmächtigte Carl May zur Seite, der zusammen mit Stadtkassier Christian Rieß bis 1925 seinen Dienst ausübte und auch als Zweiter Bürgermeister der Stadt Feuchtwangen wirkte[34].

Unter dieser Leitung erlebte die Sparkasse Feuchtwangen eine wichtige Zäsur durch die vom bayerischen Innenminister Dr. von Brettreich am 1. Juni 1911 erlassenen „Grundbestimmungen für die Sparkassen der Gemeinden und Distrikte betr.", die zum 1. Januar 1912 in Kraft traten und die veralteten Regularien aus dem Jahr 1874 ersetzten[35]. In 38 Paragraphen wurden den bayerischen Sparkassen neue geschäftliche Felder eröffnet, die sie in Richtung modernes geschäftliches Arbeiten entwickeln sollten. Die wichtigsten Bestimmungen behandelten u.a. die Einführung des bargeld-

---

lung des 19. und 20. Jahrhundert jedoch betritt der historische Betrachter nahezu eine „terra incognita", deren Aufhellung zwar dringend geboten wäre, aber in dem vorliegenden Rahmen nicht geleistet werden kann. So kann hier bis dato lediglich auf die veraltete Darstellung von Wilhelm Schaudig, Geschichte der Stadt und des ehemaligen Stiftes Feuchtwangen, Feuchtwangen 1927, v.a. S. 164–177 verwiesen werden.

[32] 100 Jahre Sparkasse Feuchtwangen (wie Anm. 5), S. 25.
[33] Ebd., S. 25.
[34] Ebd., S. 72. Carl May wurde wegen seiner Verdienste 1926, anläßlich seines 70. Geburtstages, die Ehrenbürgerwürde der Stadt Feuchtwangen verliehen.
[35] Hierzu Spiethoff, Ungewollt zur Größe (wie Anm. 4), S. 110–117.

losen Zahlungs- und Überweisungsverkehrs und die Intensivierung des Kleinsparens, explizit des Heim- und Schulsparens. Die Sparkasse Feuchtwangen erhielt daraufhin am 30. November 1911 eine neue Satzung. Der höchste Einlagenbetrag wurde auf 10 000 Mark heraufgesetzt bei gleichbleibendem Zinsfuß von 3$^{1}/_{2}$%. Der Förderung des Kleinsparens trug z.B. der Paragraph 2 Rechnung, was sich im darauffolgenden Jahr zunächst in der Anschaffung von 50 Sparbüchsen für junge Kunden ausdrückte[36]. Dagegen blieb man bei den althergebrachten Öffnungszeiten des Institutes am Dienstag Nachmittag zwischen 14 und 16 Uhr und arbeitete noch mit den vier Zieltagen, alles Einrichtungen, an die die Bevölkerung gewöhnt war. Die Sparkasse, die 1915 auf 3776 Sparbüchern einen Einlagenstand von 3 245 189 Mark und 90 Pfennig verzeichnete und einen Gewinn von über 30 000 Mark erwirtschaften konnte, öffnete sich auch dem bargeldlosen Zahlungsverkehr, indem sie ein Scheck- bzw. Kontokorrentkonto bei der Königlichen Filialbank in Ansbach einrichtete[37].

In diese Periode der geschäftlichen Erweiterung fiel der überraschende Ausbruch des Ersten Weltkrieges. Der Feuchtwanger Stadtchronist Wilhelm Schaudig beschrieb die Auswirkungen des Krieges in dem ihm eigenen blumigen Schreibstil: *Wie betäubt standen wir am 1. August vor dem Unfaßbaren, daß der ... große europäische Krieg nun zur Tatsache geworden war. Aber bald loderte das Feuer vaterländischer Begeisterung empor und Opfermut und Opferfreudigkeit ließ die Herzen höher schlagen ... Wenn dann die Kunde von Siegen kam ... wie dröhnten da die Freudenschüsse über die Stadt hin und mischten sich mit dem Glockenklang von St. Johannis ..., während in den Gassen der Stadt die weiß-blauen Fahnen und die schwarz-weiß-roten des macht- und ehrenvollen kaiserlichen Deutschland wallten!* Der anfängliche Begeisterungstaumel sollte sich aber spätestens dann legen, als sich die Fronten im Stellungskrieg verhärteten: *Schwerer und schwerer legte sich von Monat zu Monat, von Jahr zu Jahr die Last des Krieges ... auf die Schultern und auf die Herzen der Einwohnerschaft ... wie draußen der Krieg immer gewaltiger sich auswuchs, so stieg daheim die Not höher und höher*[38].

Die Finanzierung des Krieges erfolgte unter anderem durch vermehrten Geldumlauf und die Zeichnung sogenannter Kriegsanleihen des Reiches, die auch bei der Sparkasse Feuchtwangen einsetzte und mit der, wenn man so will, der erste Schritt in das Wertpapiergeschäft gemacht wurde. Alleine bei den ersten drei Kriegsanleihen bis 1916 investierten die Feuchtwanger Sparkassenkunden in vaterländischer Euphorie die beachtliche Summe von 463 200 Mark aus ihren ersparten Guthaben[39]. Am Ende des Krieges sollten sich allerdings die Werte dieser Papiere bekanntlich in ein Nichts auflösen. Da half es den Kunden der Sparkasse Feuchtwangen auch wenig, daß ihrem Institut für die geleistete Arbeit im Ersten Weltkrieg mit einem Diplom

---

[36] 100 Jahre Sparkasse Feuchtwangen (wie Anm. 5), S. 26.

[37] StAN, LRA Feuchtwangen, Abg. 1976, Nr. 3112, Geschäftsbericht 1915. Die Einlagenhöhe auf den 3776 Sparbüchern staffelte sich auf wie folgt: bis 150 Mark: 1025 Sparbücher, 150–300 Mark: 522 Sparbücher, 300–600 Mark: 795 Sparbücher, 600–1500 Mark: 897 Sparbücher, über 1500 Mark: 577 Sparbücher.

[38] Schaudig, Feuchtwangen (wie Anm. 31), S. 171f.

[39] StAN, Reg. f. Mfr., K.d.I., Abg. 1968, Tit. VI, Nr. 5, Aufstellung aus dem Jahre 1916. Bei den ersten drei Kriegsanleihen erfolgten bei den mittelfränkischen Sparkassen Zeichnungen im Gegenwert von weit über 16 Millionen Mark.

allerhöchste Anerkennung ausgesprochen wurde. Nach der Abdankung des Kaisers, der einsetzenden Revolution und der Ausrufung der Republik durch Scheidemann und Liebknecht kam es in Feuchtwangen zur Bildung einer Bürgerwehr und eines Arbeiter-, Bauern- und Soldatenrates[40].

Schwieriger Wiederbeginn nach der Inflation

Die allgemeine Entwicklung Deutschlands in der ungewohnten republikanischen Staatsform, die durch wirtschaftliche Schwierigkeiten und die Auswirkungen des Versailler Friedensvertrages starke Belastungen erfuhr, wurde alsbald durch die schon skizzierten Auswüchse der Inflation erschwert. Die Sparkasse Feuchtwangen, deren Öffnungszeiten im Jahre 1919 wesentlich erweitert worden waren, mußte als wichtiger Faktor des örtlichen Wirtschaftslebens ebenso wie alle anderen Kreditinstitute und Wirtschaftsunternehmen unter der massiven Geldentwertung leiden, die einen fast völligen geschäftlichen Neuanfang im Jahre 1924 bedingte. Zu diesem Zeitpunkt beschloß der Stadtrat einen bankmäßigen Ausbau der Sparanstalt, um den gesteigerten Anforderungen der Kunden an „ihre" Sparkasse als wichtigstem Geldinstitut in Feuchtwangen Rechnung tragen zu können. So mußte beispielsweise im Kreditgeschäft speziell durch die Forcierung des Kontokorrentkredits die traditionell eher auf das Gewähren von langfristigen Darlehen und Hypotheken ausgelegte Anlagepolitik erweitert werden. Auch entsprach die bislang praktizierte kameralistische Buchführung nicht mehr dem Anspruch einer modernen und rationellen Kassenführung und wurde deshalb am 15. April 1925 durch die kaufmännische, die sogenannte „doppelt-amerikanische" Variante ersetzt. Am gleichen Tag übernahm mit Gottfried Huter der erste hauptamtliche und gelernte Sparkassenverwalter die Leitung des Instituts[41]. Nicht zuletzt deshalb und wegen der zum 1. Januar 1927 realisierten Umstellung auf den mechanischen Buchungsbetrieb durch den Einsatz einer mit neun Zählwerken versehenen Ankerregistrierkasse[42] nahm das Institut, in dem neben dem Verwalter noch ein Kassier und ein Lehrling arbeiteten, in den nächsten Jahren wieder eine positive Entwicklung, flankiert und gefördert durch die allgemeine wirtschaftliche Erholung, die sich auch auf das ortsansässige Handwerk und Gewerbe auswirkte. Hatten die Einlagen bei der Einstellung Huters auf 102 Konten nur etwas mehr als 27 000 Reichsmark betragen, so kletterten sie bis Ende 1926 bereits wieder auf fast 600 000 Reichsmark, wobei sich die Sparkasse erstmals in größerem Umfang werblich engagierte. Dadurch wurde sie in die Lage versetzt, die äußerst rege Kreditnachfrage im Geschäftsgebiet zu befriedigen, wobei Huter aber nach der Devise verfuhr, bei kleinen und mittleren Beträgen großzügig zu sein, dagegen bei größeren Beträgen eine gewisse Vorsicht walten zu lassen. Diese Zurückhaltung wurde jedoch im Falle eines Riesenkredites an den städtischen Gewährträger im Jahre 1927 aufgehoben, da die Stadt das Kapital von 216 000 Reichsmark dringend brauchte, um den unaufschiebbar gewordenen Ausbau des Wasserleitungssystems realisieren zu können. Dadurch wurde zwar der Sparkasse, die sich noch in der Wie-

---

[40] 100 Jahre Sparkasse Feuchtwangen (wie Anm. 5), S. 27.
[41] Archiv Sparkasse Feuchtwangen, Geschäftsbericht 1925.
[42] Archiv Sparkasse Feuchtwangen, Geschäftsbericht 1927 u. Revisionsbericht Januar 1928.

deraufbauphase befand, eine gewaltige Summe zur Erweiterung ihres Geschäftsbetriebes entzogen. Dennoch konnte auch das wichtige Hypothekengeschäft in diesen Jahren wieder aufgenommen und bereits bis Ende 1926 von nur 5100 am Jahresbeginn auf 105 850 Reichsmark gesteigert werden.

Bis 1929 setzte sich die positive Geschäftsentwicklung auf der Einlagen-, aber auch Ertragsseite der Sparkasse weiter fort, obgleich 1928 der ländlich strukturierte Bezirk Feuchtwangen durch große Hagelschäden heimgesucht worden war und die Bewohner mancher Ortschaften durch die kostspielige Installierung des elektrischen Lichtes überhaupt nicht in der Lage waren, auch nur kleinere Summen zu sparen[43]. Hier wirkte sich die Tatsache positiv aus, daß die Sparkasse an über 4700 Sparern die zu 12,5% aufgewerteten Reste ihrer Ersparnisse aus der Inflationszeit in Höhe von fast 450 000 Reichsmark auszahlen konnte, was jeweils in den Tagen des Feuchtwanger Mooswiesenfestes geschah[44].

Die Übernahme der Sparkasse Herrieden 1929

Ende des Jahres 1929, das ab Herbst wieder von konjunkturellen Rückschlägen, explizit den Vorgängen an der New Yorker Börse, geprägt war, hatte der Einlagenstand der Kasse auf 2477 Sparbüchern bereits wieder knapp 1,3 Millionen Reichsmark erreicht, von denen 1,1 Millionen ausgeliehen waren[45]. Als wichtigstes Ereignis dieses Jahres für die Sparkasse Feuchtwangen muß allerdings die Übernahme der 1892 gegründeten Sparkasse im benachbarten Ort Herrieden bezeichnet werden, die nur ein sehr bescheidenes, unrentierliches Schattendasein fristete und hinsichtlich ihres Einlagenstandes von nur wenigen tausend Mark mit an der letzten Stelle von allen bayerischen Sparkassen stand[46]. Zwischen 1924 und 1927 hatte sie sogar Verluste gemacht, die sich in der Folgezeit nur deshalb im Rahmen hielten, weil die Spareinlagen langsam zunahmen, was es dem als Leiter wirkenden Privatier Anton Kiefer erlaubte, mehr Geld auszuleihen, ohne daß sich zugleich die Unkosten für die Kassenführung wesentlich erhöhten. In allen geschäftlichen Bereichen war die Sparkasse Herrieden veraltet. So betrieb sie zum Beispiel mit Duldung des dortigen Stadtrates nur den klassischen Sparverkehr und die Ausgabe von Hypotheken- und Bürgschaftsdarlehen. Dagegen war die Nachbarsparkasse Feuchtwangen bei weitem moderner strukturiert und praktizierte schon längst etwa die Gewährung von kurzfristigen Betriebsmittelkrediten. Bereits anläßlich einer Revision im Februar 1928 gab deshalb Oberrechnungskommissär Dr. Wunder aus München die dringende Empfehlung, die Sparkasse Herrieden an benachbarte Institute anzuschließen[47]. Der Stadtrat, der vor einem Ausbau seiner Sparkasse aus finanziellen Gründen zurückschreckte, trat deshalb Anfang 1929 in Verhandlungen mit den Städtischen Sparkassen in

---

[43] Archiv Sparkasse Feuchtwangen, Geschäftsberichte 1926–1929.
[44] 100 Jahre Sparkasse Feuchtwangen (wie Anm. 5), S. 30. Insgesamt bezifferte sich der errechnete Betrag der durch staatliche Gesetze zu 12,5% aufzuwertenden Spareinlagen auf 3 511 544 Goldmark. StAN, Reg. f. Mfr., K.d.I., Abg. 1968, Tit. VI, Nr. 3.
[45] Archiv Sparkasse Feuchtwangen, Geschäftsbericht 1929.
[46] Zur Sparkasse Herrieden v.a. StAN, Reg. v. Mfr., K.d.I., Abg. 1968, Tit. VI, Nr. 107; StAN, LRA Feuchtwangen, Abg. 1976, Nr. 3146.
[47] StAN, Reg. v. Mfr., K.d.I., Abg. 1968, Tit. VI, Nr. 107, Revisionsbericht 1928.

Feuchtwangen und Ansbach ein, mit dem Ziel, eine Übernahme herbeizuführen. Bis Mai zogen sich die Verhandlungen hin, obgleich rascher Handlungsbedarf bestand, da die Gewerbe- und Landwirtschaftsbank Ansbach mit dem Gedanken spielte, im nahen Herrieden eine Filiale zu errichten, was die Konkurrenzsituation gerade für die Feuchtwanger Sparkasse erheblich verschärft hätte. Endlich entschied sich der Stadtrat für den Anschluß an das Feuchtwanger Institut, der zum 1. September 1929 zustande kam. Die eigene Sparkasse wurde aufgelöst und als erste selbständige Zweigstelle der Städtischen Sparkasse Feuchtwangen weitergeführt; gerade das macht diesen Vorgang so bemerkenswert. Die „Fränkische Zeitung" zerstreute die Bedenken der Einwohner von Herrieden, es wäre nun dem Stadtsäckel eine segensreiche Einnahmequelle entgangen, habe doch die Sparkasse seit ihrer Gründung *niemals einen auch nur geringen Verwaltungskostenbeitrag an die Stadtkasse abführen können*[48]. Zum Vergleich: allein im Geschäftsjahr 1929 konnte die Sparkasse Feuchtwangen einen Reingewinn von mehr als 12 700 Reichsmark erwirtschaften, wenngleich die staatlich geforderte Liquiditätsreserve von 10% noch nicht erreicht war[49].

Am Ende der Weimarer Republik – Weltwirtschaftskrise

Das Jahr 1930 brachte den endgültigen wirtschaftlichen Umschwung zum Negativen, nachdem sich bereits im Herbst 1929 eine weltweite Depression angekündigt hatte. 1931 brachen die ersten deutschen Großbanken zusammen. Die Arbeitslosenzahlen stiegen und die politische Szene in der Weimarer Republik radikalisierte sich, eine Tatsache, die erstmals bei der „Katastrophenwahl" zum Deutschen Reichstag im September 1930 durch den erdrutschartigen Sieg der NSDAP jedermann vor Augen geführt wurde. Die Zeit der Präsidialkabinette folgte. Auch in der kleinbürgerlich geprägten, vorwiegend protestantischen Stadt Feuchtwangen verschärfte sich das politische Umfeld. Hatte die „Weimarer Koalition" aus den republiktragenden Parteien SPD, Deutsche Demokratische Partei und Zentrum bei den Wahlen zur verfassunggebenden Nationalversammlung am 19. Januar 1919 noch 80% der Stimmen auf sich vereinigen können, so war die politische Stimmung der Menschen schon bald wieder umgeschlagen. Die der Republik abgeneigte Deutschnationale Volkspartei wurde in den zwanziger Jahren, besonders nach der Inflation von 1923, die dem kleinbürgerlichen Mittelstand seine Ersparnisse kostete, zur stärksten politischen Kraft, während die SPD bei den Wahlen zunehmend Stimmen einbüßte. Auch hinter der Politik des zu Weimar feindlich eingestellten „Völkischen Blocks" standen viele Feuchtwanger Einwohner, die ab 1928 verstärkt den Parolen der wiedererstarkten NSDAP Adolf Hitlers erlagen und zu den Parteikundgebungen in die Feuchtwanger Turnhalle strömten, auf denen auch der „Frankenführer" und berüchtigte Antisemit Julius Streicher als Redner auftrat. Bei den Juliwahlen des Jahres 1932 wählten 76,4% der Feuchtwanger Bürger die Partei jenes Mannes, der dann im Januar 1933 durch Hindenburg zum Reichskanzler bestellt wurde und sich bald zum „Führer" des Dritten Reiches aufschwingen sollte. Die Stadt Feuchtwangen ernannte Hitler am

---

[48] Fränkische Zeitung v. 7.9.1929.
[49] Archiv Sparkasse Feuchtwangen, Geschäftsbericht 1929; StAN, Reg. v. Mfr., K.d.I., Abg. 1968, Tit. VI, Nr. 7.

22. März 1933 zum Ehrenbürger. Bis 1938 verließen alle jüdischen Einwohner wegen der antisemitischen Stimmung Feuchtwangen; viele wanderten aus oder wurden später in die Vernichtungslager gebracht. Im August 1938 jubelte die Hetzschrift „Der Stürmer", Feuchtwangen sei „judenfrei"; am 10. November brannte die Synagoge[50].

Auch das Geschäft der Sparkasse Feuchtwangen blieb von den negativen Auswirkungen des wirtschaftlichen Niedergangs am Ende der Weimarer Republik nicht verschont. So standen während der Bankenkrise des Jahres 1931 an den Schaltern der Sparkasse aufgeregte Menschen Schlange und wollten ihr erspartes Geld abheben. Doch es gelang infolge der Anordnung des Leiters Huter an seine fünf Mitarbeiter, die Auszahlungswünsche der Kunden weitgehendst zu befriedigen, sehr schnell wieder, das Vertrauen der Sparer zurückzugewinnen und mehr als das. Verzeichneten in dieser Zeit viele Sparkassen radikale Einschnitte in ihrem Einlagenbestand, so wuchsen in Feuchtwangen die Einzahlungen wieder beträchtlich an[51]. Auch als die deflatorischen Erscheinungen in der Wirtschaft die Einkommensverhältnisse der Menschen verschlechterten und die Warenpreise erheblich reduzierten, konnte die Sparkasse Feuchtwangen ihren positiven geschäftlichen Kurs beibehalten. Und das, obwohl im Laufe des Jahres 1932 die Preise für landwirtschaftliche Erzeugnisse historische, weit unter den Erzeugerkosten liegende Tiefststände erreichten, was bei der starken Abhängigkeit der Region von der Landwirtschaft die Gewerbetreibenden und Handwerker sehr stark in Bedrängnis brachte. Die Sparkasse, die am 17. Oktober 1932 in der 900 Einwohner zählenden Gemeinde Bechhofen im Haus des Fotografen Evers sogar ihre zweite Zweigstelle errichtete, konnte durch die Herausgabe von neuen Hypotheken, Darlehen und Krediten viele Betriebe vor dem drohenden Ruin bewahren. Im gleichen Jahr kaufte die Stadt für sie das Konditoreianwesen Gruber am Marktplatz, da mit zunehmender Erweiterung des Geschäftsumfangs die bescheidenen Räumlichkeiten im Erdgeschoß des Rathauses zu eng wurden[52].

Die Sparkasse im Dritten Reich

Als sich dann im Jahre 1933 Adolf Hitler zum Reichskanzler aufschwang, fand dieser politische Wechsel auch seinen Wiederhall im Geschäftsbericht der Sparkasse Feuchtwangen: *Mit dem Regierungsantritt des Volkskanzlers Adolf Hitler wurde die deutsche Revolution, die größte und bedeutendste der Weltgeschichte eingeleitet und im Laufe des Jahres in mustergültiger und unblutiger Weise durchgeführt ... Das Volk, das allmählich den Glauben an eine bessere Zukunft verloren hatte, wurde aufgerüttelt und zu einer Volksgemeinschaft zusammengeschweißt, die Leistungen vollbrachte, wie sie nur das deutsche Volk in Stunden höchster Not vollbringen kann. Diese Leistungen waren nur möglich, weil im deutschen Lande neuer Glaube seinen Einzug hielt, der in einem grenzenlosen und blinden Vertrauen zu dem ... von Gott gesandten Führer Adolf Hitler seinen stärksten Ausdruck fand ... Die Wiederherstel-*

---

[50] Diese Passage orientiert sich an den Ergebnissen von Alexander Wahl (Facharbeit), Fränkische Landeszeitung v. 21.1.1988 u. Weiß, Jüdische Gemeinde (wie Anm. 24), S. 48–65.
[51] Archiv Sparkasse Feuchtwangen, Revisionsbericht März 1932 u. Geschäftsbericht 1931.
[52] Archiv Sparkasse Feuchtwangen, Geschäftsbericht 1932; 100 Jahre Sparkasse Feuchtwangen (wie Anm. 5), S. 32.

lung des Vertrauens kann nicht besser bewiesen werden, als durch die Einlagensteigerung unserer Kasse im Jahre 1933[53].

Der Geist des Dritten Reiches wehte auch durch die Sparkasse Feuchtwangen, die damit aber als öffentlich-rechtliches Institut beileibe kein Einzelfall war, wurden die Sparkassen doch erwiesenermaßen durch die nationalsozialistischen Machthaber mißbraucht und der Spargedanke pervertiert. Wurde bis dahin der Sinn des Sparens personal definiert, sollte das zurückgelegte Geld also einmal dem Wohl des Einzelnen dienen, so stand nun der Nutzen für die Volksgemeinschaft im Mittelpunkt des nationalsozialistischen Sparzwecks: Sparen als „nationale Pflicht", ab 1939 sogar „Kriegspflicht". Das Regime konnte dann durch geschicktes Einschränken der bisherigen Anlagemöglichkeiten des Kapitals und mittels der alternativ gebotenen liquiditätsfähigen Investitionsvariante in Reichsanleihen seiner Untertanen aus den Sparkassen abschöpfen und für seine Machtpolitik einsetzen, weshalb man auch von „verdeckter" Kriegsfinanzierung spricht[54]. Die Sparkassen stellten sich wohl eher unbewußt in den Dienst des Regimes. Wie sollte man auch in Feuchtwangen diese Politik durchschauen? Jedenfalls schnellten die Einlagen rasch nach oben, und dies um so stärker, je mehr ab 1939 die Kriegsbewirtschaftung von Verbrauchsgütern und Lebensmitteln um sich griff. Verzeichneten zunächst noch die Bilanzen auch auf der Aktivseite enorme Zuwächse, so wurden doch ab 1938 in verstärktem Maße Reichsanleihen erworben, da alternative Anlagemöglichkeiten des Kundenkapitals kaum mehr vorhanden waren (siehe Diagramm)[55].

[53] Archiv Sparkasse Feuchtwangen, Geschäftsbericht 1933.
[54] Paul Thomes, Sparen und Sparsamkeit im Nationalsozialismus, in: Zeitschrift für bayerische Sparkassengeschichte 10, 1996, S. 63–81; Reinhart, Zeitler, Ansbach (wie Anm. 11), S. 157f.
[55] Zur geschäftlichen Integration der deutschen Sparkassen in das NS-Wirtschaftssystem vgl. neuerdings die auf die wesentlichen Fakten konzentrierte Darstellung von Jürgen Mura, Die deutsche Sparkassenorganisation 1933–1945, in: Standortbestimmung: Sparkassengeschichte. Festschrift für Manfred Pix (Zeitschrift für bayerische Sparkassengeschichte 14, 2000 u. zugl. Sparkassen in der Geschichte, Abt. 1: Dokumentation 19). Stuttgart 2000, S. 197–215. Die Diagrammdaten basieren auf den Geschäftsberichten 1933 bis 1945, in: Archiv Sparkasse Feuchtwangen.

Im Zuge der Arbeitsbeschaffungsmaßnahmen, die das neue Regime durchführte, um die horrenden Zahlen an Erwerbslosen zu vermindern, realisierte man auch in Feuchtwangen nun den dringend notwendig gewordenen Bau eines neuen Sparkassengebäudes. Hierzu wurde das bereits 1932 erworbene Gruber'sche Anwesen am Marktplatz abgerissen und unter Verwendung des alten Riegelfachwerks ein neues repräsentatives Gebäude errichtet. Am 6. November 1933 konnte das Richtfest in einer – dem Stil der Zeit gemäß – sehr feierlichen Form begangen werden. Im Beisein des Vorsitzenden des Verwaltungsrates, Bürgermeister Ernst Fuchs, erfolgte am 14. September 1934 die Eröffnung der neuen Sparkassenhauptstelle, nachdem schon im Jahr zuvor in Weidenbach-Triesdorf am 25. Oktober im Haus des Kaufmanns Kehl eine weitere, bereits die dritte Zweigstelle eingerichtet worden war, um das Geschäftsgebiet besser betreuen zu können[56].

So verhängnisvoll die nationalsozialistische Herrschaft generell war, führte doch die traditionell enge Bindung zwischen Sparkasse und Gewährträger, der „öffentliche Auftrag", auch in diesen Jahren dazu, daß wichtige kommunale Arbeiten mittels Ausschüttungen aus dem erzielten Reinertrag entscheidend gefördert werden konnten. Hier sind als Beispiele etwa die Fertigstellung des Schleifweiherbades oder die Instandsetzung des romanischen Kreuzganges in den Jahren 1934 und 1935 anzuführen[57]. Die politischen Rahmenbedingungen für die Sparkasse hatten sich zwar nach 1933 geändert, nicht aber die enge Verflechtung mit den Menschen der Region und das Ziel, ihre Lebensqualität zu fördern.

Das Jahr 1935 sollte die nächste Zäsur in der Geschichte der Städtischen Sparkasse Feuchtwangen bedeuten, wurde sie doch nunmehr, wenn auch *schweren Herzens*[58], zum Zweckverband „Stadt- und Bezirks-Sparkasse Feuchtwangen" erweitert[59]. Der Vorstand bestand aus sechs Personen, von denen die Stadt vier und der Bezirk zwei stellen durfte. Auch hinsichtlich der Gewinnverteilung wurde der städtische Gewährträger mit zwei Dritteln bevorzugt. Den Vorsitz hatte Bürgermeister Fuchs inne. Gegen den Zusammenschluß hatte der Bayerische Landesverband landwirtschaftlicher Genossenschaften – Raiffeisen e.V. am 23. Oktober 1935 massiv Einspruch erhoben, da sich im Bezirk Feuchtwangen eine Anzahl gut geleiteter Darlehenskassen befände, was die Erweiterung der Städtischen Sparkasse – die aber ja schon früher über die Stadtgrenzen hinausgegriffen hatte und drei Zweigstellen im Bezirk unterhielt – unnötig machen würde. Der anfragenden Regierung von Mittelfranken gegenüber antwortete aber der bayerische Sparkassenverband Bayern am 4. November 1935 kurz und bündig: *Es handelt sich ... um eine viel geübte, aber durch nichts begründete Beschwerde, die jede Sachkenntnis vermissen läßt*[60]. Am 24. Januar 1936 genehmigte dann auch die Ansbacher Regierung den Zusammenschluß ohne Ein-

---

[56] 100 Jahre Sparkasse Feuchtwangen (wie Anm. 5), S. 33f.; Archiv Sparkasse Feuchtwangen, Geschäftsberichte 1933 u. 1934.
[57] Archiv Sparkasse Feuchtwangen, Geschäftsberichte 1934 u. 1935. 1935 fanden erstmals Freilichtspiele mit der Aufführung des Laienspiels „Der Totentanz" von Lippel im Kreuzgang statt. 100 Jahre Sparkasse Feuchtwangen (wie Anm. 5), S. 37.
[58] Archiv Sparkasse Feuchtwangen, Geschäftsbericht 1935.
[59] StAN, Reg. v. Mfr., K.d.I., Abg. 1978, Nr. 3257.
[60] StAN, Reg. v. Mfr., K.d.I., Abg. 1978, Nr. 3257, Schreiben v. 4.11.1935.

schränkung. Ohnedies erfolgte die offizielle Einbeziehung des Bezirks Feuchtwangen als zweitem Gewährträger im Zuge der staatlich gewünschten Reorganisation der Sparkassenlandschaft, aus der größere und wirtschaftlich potentere Institute durch Erweiterungen und Zusammenschlüsse entstehen sollten. In diesem Zusammenhang mußte an städtischen Sparkassen, die, wie im Falle Feuchtwangens, auch Zweigstellen im Umland unterhielten, der jeweilige Bezirk beteiligt werden. Zum 1. Januar 1936 trat der Zusammenschluß in Kraft, zu einem Zeitpunkt, als die Sparkasse bei einem Gesamtumsatz von nahezu 29,4 Millionen Reichsmark einen Einlagenbestand im Spar- und Kontokorrentverkehr von 5 206 000 Reichsmark verzeichnete, von denen mehr als 3,4 Millionen im Kreditgeschäft ausgeliehen waren[61]. Damit stand die Sparkasse Feuchtwangen als führende Geldanstalt im Bezirk, wie anläßlich der Revision im März 1935 ausdrücklich betont wurde, *dank der zielbewußten und intensiven Werbung durch die Kassenleitung, ihrer Entwicklung nach unter den bayerischen Sparkassen an führender Stelle ..., weil der größte Teil der Sparer im Kassenbezirk als Kunden* gewonnen werden konnte[62].

1936 schied der verdiente Direktor Gottfried Huter aus dem Amt und wechselte gegen bessere Bezahlung zur Bezirkssparkasse Kissingen-Münnerstadt. Zu seinem Nachfolger wurde der vorherige Leiter der Bezirks- und Gemeindesparkasse Emskirchen, der vierzigjährige Theodor Graf, berufen, dem zwölf Mitarbeiter unterstanden[63]. Unter seiner Führung nahm der Geschäftsumfang der Sparkasse weiter zu, nicht zuletzt durch großzügige Kreditvergaben an Gewerbetreibende und Landwirte im 27 000 Einwohner zählenden Bezirk, der 1938 von einer großen Pferde- und Viehseuche heimgesucht wurde. 1937 stellte der Geschäftsbericht in pathetischen Worten fest: *Hoffen wir, daß auch das Jahr 1938 unserer Kasse als einem kleinen Zahn am Rad der deutschen Wirtschaft die Möglichkeit gegeben wird, zu beweisen, daß die Stadt- und Bezirkssparkasse Feuchtwangen in ehrlicher und überall helfender Aufbauarbeit bereit ist, dem Führer und damit dem deutschen Volke zu dienen*[64]. Die Belegschaft, auf deren systemkonformen Zusammenhalt die Leitung sehr achtete, durfte sich während des „Dritten Reiches" alljährlich über Weihnachtsgratifikationen und Betriebsausflüge freuen – 1938 etwa zum Bodensee und 1939 sogar nach Innsbruck[65].

Nach dem Beginn des Zweiten Weltkriegs entwickelte sich die Wirtschaft, vor allem ab 1941, zu einer totalen Kriegswirtschaft und die Warenbewirtschaftung beschnitt die Möglichkeiten zum Geldverbrauch für die Bevölkerung immer mehr. Dies hatte zur Folge, daß die Einlagenstände auch bei der Sparkasse Feuchtwangen, die ab 1939 unter dem Namen „Stadt- und Kreis-Sparkasse" firmierte, förmlich explodierten und zwischen 1939 und 1945 von knapp 7,8 Millionen auf 31,5 Millionen Reichsmark an stiegen, wobei der Staat durch zielgruppenorientierte Sparaktionen wie dem „HJ-Sparen" oder dem „KdF-Sparen" diesen Trend noch erfolgreich zu

---

[61] Archiv Sparkasse Feuchtwangen, Geschäftsbericht 1936. Damals existierten 5910 Sparbücher und 806 Scheckkonten sowie 726 Hypothek- und 374 Darlehenskonten bei der Sparkasse.
[62] Archiv Sparkasse Feuchtwangen, Revisionsbericht März 1935.
[63] StAN, Reg. v. Mfr., K.d.I., Abg. 1978, Nr. 3257.
[64] Archiv Sparkasse Feuchtwangen, Geschäftsbericht 1937.
[65] Archiv Sparkasse Feuchtwangen, Geschäftsberichte 1938 u. 1939.

stärken suchte. Die außergewöhnliche monetäre Flüssigkeit, die den deutschen Geld- und Kapitalmarkt insgesamt prägte, schöpfte der Staat zunehmend mittels Kriegsanleihen ab[66]. Die alljährlich durch Gaudiplome der NSDAP für ihre Leistungen geehrte Sparkasse hatte aber bereits seit 1940 stark unter Einberufungen von Belegschaftsmitgliedern zur Wehrmacht zu leiden, die nur in unbefriedigender Weise durch den Einsatz ungelernter, zumeist weiblicher Hilfskräfte ihren sich immer mehr steigernden Geschäftsbetrieb aufrechterhalten konnte[67].

Jahr	Personalstand	davon eingezogen
1939	17	5
1940	20	6
1941	22	7
1942	23	9
1943	30	12
1944	28	11

Als in den letzten Kriegsjahren der Personalbedarf bei der Wehrmacht so groß wurde, daß am 2. Februar 1943 auch Sparkassendirektor Theodor Graf im Alter von 46 Jahren einrücken mußte, war mangels Fachkräften keine adäquate interne Nachfolge möglich. Doch sprang nun der Verwalter der benachbarten Stadt- und Kreissparkasse Rothenburg, Georg Küspert, in die Bresche und übernahm auf Bitten des Feuchtwanger Verwaltungsratsvorsitzenden, Bürgermeister Karl Ludwig, kommissarisch an zwei Tagen pro Woche die Leitung des Instituts, die er bis zu seiner Absetzung durch die Amerikaner am 9. Juni 1945 innehatte[68].

Beginn der „Ära" von Direktorin Els Kreiselmeyer

Am 20. April 1945 war mit dem Einmarsch von Truppen der amerikanischen Armee der Zweite Weltkrieg für die Kreuzgangstadt zu Ende, die durch den persönlichen Einsatz des Bürgermeisters Karl Ludwig unverteidigt blieb[69]. Die Militärregierung sorgte im Rahmen erster Entnazifizierungsmaßnahmen für eine rasche personelle Säuberung von Behörden und Unternehmen der mit mehr als 1000 Flüchtlingen und Evakuierten überfüllten Stadt. Auch die Sparkasse Feuchtwangen, der von den Amerikanern die Oberaufsicht über alle 29 Spar- und Darlehenskassen und zwei Volksbankfilialen im Landkreis für die Einhaltung der Militärregierungsgesetze übertragen wurde, war von der Entlassungswelle tangiert. Zunächst wurden sieben von 28

---

[66] Archiv Sparkasse Feuchtwangen, Geschäftsberichte 1939–1945.
[67] Archiv Sparkasse Feuchtwangen, Geschäftsberichte 1939–1944.
[68] StAN, Reg. v. Mfr., K.d.I., Abg. 1978, Nr. 3258.
[69] Exemplarisch zum Kriegsende in Mittelfranken Helmut Veeh, Die Kriegsfurie über Franken 1945 und das Ende in den Alpen. Aub ³1998, v.a. S. 491f. Noch Anfang April 1945 hatte es harte Kämpfe zwischen Waffen-SS-Einheiten und Truppenteilen der 7. US-Armee bei Crailsheim gegeben. Am 20.4.1945 besetzten Teile der 12. US-Panzerdivision Feuchtwangen. Zum Kriegsende in Feuchtwangen vgl. auch die Fränkische Landeszeitung v. 9.4. u. 5.5.1983.

Mitarbeitern wegen ihrer NSDAP-Mitgliedschaft ausgeschlossen, darunter auch Sparkassendirektor Graf, so daß sich der Personalbestand bis Ende 1945 auf 18 Mitarbeiter reduzierte[70]. Am 28. August 1945 erstattete das Landratsamt Feuchtwangen dem Regierungspräsidenten über die Säuberungsmaßnahmen Rapport[71]. In diesem Schreiben tauchte in Bezug auf die vorläufige Kassenleitung erstmals ein Name auf, der heute noch weit über die Stadt Feuchtwangen hinaus einen guten Klang besitzt: Else, nur genannt „Els", Kreiselmeyer, die „Grande Dame" der Sparkasse Feuchtwangen[72].

1914 in Feuchtwangen als Tochter eines Elektromeisters geboren, hatte sie 1930 mit Bestnote die Dr. Sabel´sche Handelsschule in Nürnberg absolviert, um dann die Buchführung im väterlichen Geschäft zu übernehmen. Nach einer zweimonatigen Aushilfe in der Stadtkanzlei trat Els Kreiselmeyer im März 1935 als Direktionssekretärin in die Dienste der Sparkasse ein, eine Position mit vielfältigen Aufgaben, die bis zur Durchführung der Innenrevisionen in der Haupt- und den drei Zweigstellen reichte. 1939 erhielt sie die Position einer Kreditsachbearbeiterin, um schließlich infolge der vielen Einberufungen alle Arbeitsgebiete in der Sparkasse zu durchlaufen. Am 31. August 1945 wurde Els Kreiselmeyer, die mit Bravour die Prüfung für den gehobenen Sparkassendienst ablegte, zunächst die kommissarische Leitung des Institutes übertragen, wofür die Ansbacher Regierung auch am 15. Dezember 1945 ihr Plazet mit folgendem Hinweis erteilte: *Da jedoch die Beauftragung einer weiblichen Kraft mit der Führung einer Sparkasse an sich nicht erwünscht ist, darf die Bestellung nur kommissarisch erfolgen, bis ein geeignetes Angebot an männlichen Kräften zur Verfügung steht*[73]. Els Kreiselmeyer blieb jedoch die Direktorin, nachdem der Verwaltungsrat der Stadt- und Kreis-Sparkasse am 9. April 1948 ihre Ernennung auf Dauer und mit gleichzeitiger Übernahme in das Beamtenverhältnis bestätigte. Sie leitete bis 1980 die Sparkasse mit straffer, aber sehr geschickter Hand und *großer Umsicht und Sachkenntnis*[74].

Zwischen Währungs- und Gebietsreform – die Sparkasse in der Wirtschaftswunderzeit

Wieder einmal hatten die Auswirkungen eines verlorenen Krieges die Geschäfte der Sparkasse Feuchtwangen fast auf den Nullpunkt zurückgeführt. In den wirtschaftlich schwierigen ersten Nachkriegsjahren, die von anormaler Geldflüssigkeit, Not und Elend, Kartenbewirtschaftung und Schwarzhandel geprägt waren, stiegen zwar die Gesamteinlagen zwischen 1945 und Mai 1948 von 31 547 996 auf 42 323 415 Reichsmark an, aber die Kreditnachfrage fiel nahezu völlig aus[75]. Darüber hinaus wurde, wie bei allen Instituten, mit dem Zusammenbruch des Reiches auch bei der Sparkasse Feuchtwangen ein großer Teil der überwiegend aus Anleihen und Schatzanweisungen des Reiches bestehenden Anlagen, nämlich 94%, ertraglos. Die kurze,

---

[70] StAN, Reg. v. Mfr., K.d.I., Abg. 1978, Nr. 3258.
[71] StAN, Reg. v. Mfr., K.d.I., Abg. 1978, Nr. 3258, Schreiben v. 28.8.1945.
[72] StAN, Reg. v. Mfr., K.d.I., Abg. 1978, Nr. 3258.
[73] StAN, Reg. v. Mfr., K.d.I., Abg. 1978, Nr. 3258, Bescheid v. 15.12.1945.
[74] StAN, Reg. v. Mfr., K.d.I., Abg. 1978, Nr. 2674, Beförderungsschreiben v. 21.5.1956.
[75] Archiv Sparkasse Feuchtwangen, Geschäftsberichte 1945–1947 u. Reichsmarkschlußbilanz 1948.

orientierungslose geschäftliche Phase der Stagnation fand erst mit der Währungsreform vom 20. Juni 1948 ihr Ende, als ein Autobus und zwei Pkws die neue „D-Mark" zu der Zahlstelle in die städtische Turnhalle brachten, wo das Kopfgeld von 40 DM an fünf Ausgabestellen ab 7 Uhr früh an die wartenden Einwohner verteilt wurde[76]. Langsam, aber stetig kehrte nach 1948 wieder Normalität in das Leben der Menschen ein, wenngleich es an Geld mangelte und viele der nun wieder in den Auslagen der Läden vorzufindenden Waren noch unerschwinglich waren. Dies nicht zuletzt deshalb, weil das 3. Gesetz zur Währungsreform vom 26. Juni 1948 nur einen Umtauschkurs von 1:10 für Altgeldguthaben vorsah[77]. Wieder hatten viele Kunden, die keine Sachwerte besaßen, von vorne anzufangen. Diese Aussage kann auch auf die Sparkasse Feuchtwangen übertragen werden, die nach der Währungsreform unter der Leitung von Els Kreiselmeyer – als Vorsitzender des Verwaltungsrates amtierte Bürgermeister Wilhelm Hornberger, als sein Stellvertreter fungierte Landrat Paul Keim – mit einem Gesamteinlagenstand von 2 451 947 DM beginnen mußte[78]. Nachdem die sog. „Erstaustattung" der Sparkasse nur etwas mehr als 170 000 DM betragen hatte, fiel es nicht leicht, die starke Nachfrage nach der neuen Währung zu decken. Erst 1949 kam es wieder zu einem Zuwachs der reinen Spareinlagen[79]:

Jahr	Einzahlungen	Rückzahlungen
1948 (ab Juni)	1 078 460	1 497 268
1949	1 162 424	677 133
1950	1 134 014	926 283
1951	1 286 084	1 056 193

Die Sparkasse mußte zunächst die Ausgleichsforderungen des Staates, die ihr als Ersatz für die bei der Währungsreform gestrichenen Aktivwerte zur Verfügung gestellt worden waren, als Pfand für bei der Bayerischen Gemeindebank aufgenommene Lombardkredite einsetzen, um ihre Liquidität herzustellen. Die Rentabilitätslage gestaltete sich anfangs trostlos. Denn für das einer sehr hohen Nachfrage nach Investitions- und Betriebsmitteln unterliegende Kreditgeschäft standen nahezu keine langfristigen, aber auch nur wenig kurzfristige Mittel zur Verfügung. Allerdings, und das ist ein Verdienst der Geschäftspolitik Kreiselmeyers, versuchte die Sparkasse alles, um den Geldwünschen ihrer Kunden möglichst entgegenzukommen, so daß bei einer Verbandsprüfung im April 1951 der Revisionsbeamte dringend von einer weiteren Ausweitung des Kreditvolumens *unter allen Umständen* abriet[80]. Nicht zuletzt

---

[76] StAN, LRA Feuchtwangen, Abg. 1992, Nr. 421.
[77] Reinhart, Zeitler, Ansbach (wie Anm. 11), S. 170f.
[78] 100 Jahre Sparkasse Feuchtwangen (wie Anm. 5), S. 41; Archiv Sparkasse Feuchtwangen, Sammelgeschäftsbericht für 1948–1951. Die 2,45 Millionen DM Gesamteinlagen gliederten sich auf in 1,69 Millionen Spareinlagen und 764 000 DM sonstige Einlagen. Die RM-Schlußbilanz hatte noch einen Gesamteinlagenstand von 42,3 Millionen Reichsmark aufgewiesen.
[79] Archiv Sparkasse Feuchtwangen, Sammelgeschäftsbericht für 1948–1951. Die Zahl der Girokonten hatte seit der Währungsreform bis Ende 1951 um 251 auf 2062 zugenommen. Die Einlagen vermehrten sich von 605 571 DM auf 1 286 981 DM.
[80] Archiv Sparkasse Feuchtwangen, Revisionsbericht April 1951.

wegen dieser mutigen, aber zugleich auf Verlustvermeidung ausgerichteten Kreditvergabepolitik – auch bei kurzfristigen Betriebsmittelkrediten – ging es aber wieder wirtschaftlich langsam aufwärts, in der Sparkasse, aber auch in der Stadt und ihrem Umland, wenngleich ein großes Hagelunwetter am 24. Juni 1951 bei vielen Landwirten die Ernte vernichtete und den hohen Schaden von mehr als sechs Millionen DM anrichtete. Wieder mußte allerdings auch eine Vertrauenskrise der Sparer überwunden werden, der die Sparkasse mit dem neuen Gedanken des zweckgebundenen und steuerbegünstigten Sparens zu begegnen suchte. Auch das Schulsparen forcierte sie. Schon damals wurden die Volksschulen in den Orten Feuchtwangen, Vorderbreitenthan, Weinberg, Westheim, Großohrenbronn, Haundorf, Herrieden und im Flüchtlingslager Voggendorf betreut. Die Sparkasse unterstützte auch – und das sollte eine Prämisse ihrer Geschäftspolitik bleiben – großzügig den einsetzenden Wohnungsbau mit Baudarlehen. Bis 1951 konnten dadurch schon 155 Wohnungen in Stadt und Landkreis Feuchtwangen errichtet werden. Im gleichen Jahr beging das Institut in sehr bescheidener Weise seinen 75. Geburtstag[81].

Im Jahre 1952 konnte die Stadt- und Kreis-Sparkasse Feuchtwangen erstmals nach der Währungsreform einen Gewinn von 43 000 DM erzielen und damit die bisherigen Verluste kompensieren. Sogleich wurde in das bestehende Zweigstellennetz investiert und in der Hauptstraße von Herrieden ein Neubau begonnen, der im August 1953 bezogen werden konnte. Ab dem Beginn der fünfziger Jahre begann sich auch im Geschäftsgebiet das Wirtschaftsleben zu stabilisieren und immer mehr zu einer Hochkonjunktur überzugehen, was auf die Einlagenstände der Spar- und Girokonten spürbar positive Auswirkungen zeitigte[82]. Gerade die Förderung des bargeldlose Zahlungsverkehrs stand ganz oben auf der Prioritätenliste des Institutes, dessen Mitarbeiterzahl sich ständig erhöhte. Im ländlich geprägten Landkreis, wo sich nun vermehrt auch neue Betriebe aus Flüchtlingskreisen ansiedelten, wurden mit Hilfe von Kommunaldarlehen aus der Sparkasse viele Gelder in den Wohnungsbau investiert, bäuerliche Hofstellen modernisiert, Ortswege und Kanalisationen gebaut und der Straßenbau mit Teerdecken forciert, da die Zahl der Kraftfahrzeuge von Jahr zu Jahr zunahm (1957: 5700; 1961: 7960)[83]. Auch die Stadt Feuchtwangen, der ab 1955 Bürgermeister Eduard Lorentz vorstand, investierte fleißig in den Ausbau der Infrastruktur. Sie begann z.B. 1955 mit dem Bau einer zentralen Kläranlage, 1957 folgte die Erschließung von neuem Siedlungsgelände in der Siegfried- und Konradstraße. 1959 wurde Feuchtwangen zudem Garnisonsstadt der Bundeswehr und Sitz einer Nach-

---

[81] Wie Anm. 80. Seit der Währungsreform war die Zahl der Mitarbeiter von 20 auf 26 wieder angewachsen.

[82] Archiv Sparkasse Feuchtwangen, Geschäftsberichte 1952–1959. Durch den Flüchtlingszuzug hatte sich die Bevölkerungszahl des Landkreises Feuchtwangen von 27 000 auf nahezu 34 000 Personen, die der Stadt Feuchtwangen von 2300 auf etwa 4200 gesteigert. 1955 arbeiteten 25 Industriebetriebe mit mehr als zehn Beschäftigten im Landkreis. Die Arbeitnehmerzahl im Jahr 1955 betrug z.B. 7344 mit steigender Tendenz.

[83] Der Landkreis Feuchtwangen war vorwiegend landwirtschaftlich orientiert. Dies berücksichtigte die Sparkasse und versorgte die bäuerliche Bevölkerung mit verbilligtem Geld aus staatlichen Sonderkreditaktionen (bis Sommer 1957 insg. 1,3 Millionen DM). Ferner wurde ab 1954 ein stark frequentierter Außendienst eingeführt. Die Eröffnung von Girokonten war bei den Landwirten besonders beliebt. Archiv Sparkasse Feuchtwangen, Heimatkalender der Stadt- und Kreis-Sparkasse Feuchtwangen 1958.

richtenschule. Bald erwies sich die bisherige Hauptstelle der Sparkasse Feuchtwangen am Marktplatz als viel zu klein, um den immens angestiegenen Geschäftsverkehr im beginnenden „Wirtschaftswunder" räumlich, personell und organisatorisch auf Dauer zu bewältigen[84]. Konnte die Zweigstelle in Bechhofen jedoch bereits 1955 in ein modernes Gebäude in der Bahnhofstraße umziehen, so sollte sich der angestrebte Neubau der Hauptstelle erst drei Jahre später realisieren lassen[85]. Bereits im Mai 1955 wurden in der Hindenburgstraße zwei Häuser gekauft, die einem neuen Gebäude Platz machen sollten, ließ sich doch der ursprünglich geplante Um- und Erweiterungsbau der alten Hauptstelle am Markt aus Denkmalschutzgründen nicht verwirklichen. Im März und April 1957 erfolgte der Abriß der Häuser Gaßner-Büchler und am 29. November 1957 feierte die Sparkasse das Richtfest der Hauptstelle. Am Bau waren 61 Firmen der Umgebung beteiligt und endlich konnte am 20. Oktober 1958 der Neubau bezogen werden. Das Interesse der Einwohner war enorm. Am „Tag der offenen Tür" strömten 3400 Menschen in die Hauptstelle, um sich „ihre" neue Sparkasse anzusehen. Das alte Gebäude am Markt wurde verkauft. Es diente fortan als beliebtes Kaffeehaus. Ein Jahr später eröffnete in Schnelldorf eine Nebenzweigstelle, mit der die Sparkasse die filialmäßige Erschließung ihres Geschäftsgebietes begann, die in den sechziger und siebziger Jahren intensiviert wurde, bei gleichzeitiger Modernisierung oder Neubau bestehender Zweigstellen:

Jahr	Zweigstelle
12.5.1961	Weidenbach-Triesdorf (Neubau)
27.8.1962	Burgoberbach (Neueröffnung)
17.12.1962	Herrieden (Erweiterungsbau)
8.3.1965	Wieseth (Neueröffnung)
3.5.1965	Schnelldorf (Erweiterungsbau)
5.4.1967	Aurach (Neueröffnung)
6.4.1972	Dentlein a. F. (Neueröffnung)
6.4.1972	Großohrenbronn (Neueröffnung)
1974	Feuchtwangen (Erweiterungsbau)
4.9.1975	Ornbau (Neueröffnung)

---

[84] Archiv Sparkasse Feuchtwangen, Geschäftsberichte 1952–1961. Zwischen 1952 und 1959 hatte sich der Gesamteinlagenstand von 4,7 Millionen auf 19,4 Millionen DM gesteigert. In der gleichen Zeitspanne erhöhten sich die Gesamtausleihungen von 5,2 Millionen auf 17 Millionen DM. Betrug die Zahl der Sparkonten 1952 noch 12 844, so verwaltete die Sparkasse 1959 bereits 16 874 Sparkonten. Die Girokontenzahl stieg sprunghaft von 2176 auf 3393. Die Mitarbeiterzahl erhöhte sich zwischen 1952 und 1959 von 39 auf 53, darunter 19 heimatvertriebene Neubürger. Zum Umbau auch StAN, Reg. v. Mfr., K.d.I., Abg. 1978, Nr. 3259.
[85] Archiv Sparkasse Feuchtwangen, Geschäftsberichte 1955–1958. Der Einzug in Bechhofen erfolgte am 10.12.1955.

Mit dem geschäftlichen Ausbau der Stadt- und Kreis-Sparkasse ging in den sechziger Jahren ein wirtschaftlicher Aufschwung der Stadt und des Landkreises Feuchtwangen einher. Die traditionell ländlich orientierte Region hatte allerdings auch hinsichtlich der Industrialisierung einen großen Aufholbedarf. Kamen in den Landkreisen Gunzenhausen und Dinkelsbühl im Sommer 1963 schon 89 bzw. 82 Industriebeschäftigte auf 1000 Einwohner, so lag der Wert für den 1963 zum Bundesausbaugebiet erklärten Landkreis Feuchtwangen nur bei 66 – aber mit steigender Tendenz[86]. In der Kreisstadt Feuchtwangen, deren Haushalt zwischen 1949 und 1964 von 438 000 DM auf nahezu 2 Millionen DM stieg, siedelten sich in dieser Zeit einige Industrieunternehmen an, darunter eine Teppichfabrik, ein Strickwarenunternehmen und mehrere Baufirmen, welche die von kleineren Gewerbe- und Handwerksbetrieben geprägte einheimische Wirtschaftsstruktur sinnvoll ergänzten. Parallel dazu erfolgte ein Ausbau der städtischen Infrastruktur. So entstand eine biologische Kläranlage, die Realschule wurde erweitert und ein Gymnasium eingeweiht. Darüber hinaus konnten Straßen- und Versorgungsleitungen verbessert und auch der Ausbau des Fremdenverkehrs vorangetrieben werden[87]. Die Sparkasse hatte an diesem Entwicklungsprozeß regen Anteil und schon bis 1964 Darlehen und Kredite im Wert von über 97,5 Millionen DM ausgeliehen, die sich auf neu angesiedelte Industriebetriebe, aber auch auf die Kommunen, die alteingesessenen Handwerksbetriebe und die Landwirtschaft verteilten[88]. Gerade der zu Technisierung und Rationalisierung gezwungenen bäuerlichen Bevölkerung, deren Situation in den Zeiten der Hochkonjunktur unter der großen Abwanderung der Arbeitskräfte in die Industriezentren litt, versuchte das Kreditinstitut durch die Errichtung des Maschinenrings Feuchtwangen im Jahre 1961 zu helfen, dem rasch 69 Bauern beitraten[89]. Arbeitskräftemangel hieß auch das Stichwort in der Sparkasse, die ihre Geschäftsfelder immer mehr ausbaute, aber zugleich zu Mechanisierung und Rationalisierung in ihrem organisatorischen Aufbau gezwungen war[90]. Inbesondere der Giroverkehr mit seinen bequemen Dauerauftrag- und Lastschriftverfahren intensivierte sich zunehmend. So konnte der Geschäftsbericht 1963 zufrieden vermelden: *Der bargeldlose Zahlungsverkehr ist zur allgemein gebräuchlichen Zahlungsweise für Jedermann geworden. Hat sich früher nur der Geschäftsmann, der Handwerksmeister und der Beamte des Spargiroverkehrs bedient, so wissen heute alle, der Landwirt, der Angestellte und der Arbeiter die Vorteile zu nützen,*

---

[86] Archiv Sparkasse Feuchtwangen, Geschäftsberichte 1960–1969; Fränkische Landeszeitung v. 27.7.1963, 23.4.1964 u. 15.8.1964. Die Industrialisierung machte in ganz Mittelfranken enorme Fortschritte, wobei aber das vielgestaltig strukturierte Gebiet auch unter der Abwanderung von Arbeitskräften zu leiden hatte. Unter insgesamt 1694 Betrieben über 10 Beschäftigten gab es nur 40 Großbetriebe (1963), während kleinere und mittlere Unternehmen dominierten. Als wichtigster Industriezweig kristallisierte sich die Elektrotechnik, gefolgt von der Bekleidungs-, Spielwaren- und holzverarbeitenden Industrie, heraus.
[87] Fränkische Landeszeitung v. 23.4.1964.
[88] Geschäftsbericht 1964, in: Archiv Sparkasse Feuchtwangen, Geschäftsbericht 1964.
[89] Fränkische Landeszeitung v. 25.1.1961.
[90] Archiv Sparkasse Feuchtwangen, Geschäftsberichte 1960–1969. Zwischen 1960 und 1969 stieg die Belegschaftszahl von 60 auf 83 an. Da Fachkräfte oftmals fehlten, setzte die Direktorin Kreiselmeyer auf interne Fortbildung des Personals.

auch Betriebe machen mit. Auf 1000 Einwohner des Landkreises treffen mittlerweile schon 170 Girokonten[91].

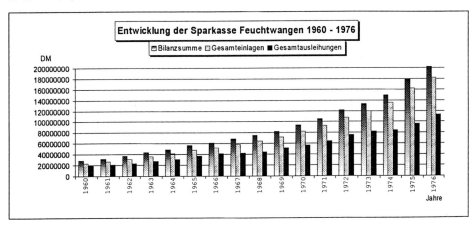

Alljährlich mehrten sich in den sechziger Jahren die Einlagen und Ausleihungen bei gleichzeitiger beträchtlicher Steigerung der Bilanzsummen (vgl. Diagramm)[92]. Als beliebteste Sparform kristallisierte sich zeitweise das prämienbegünstigte Sparen heraus, während auf der Aktivseite der Bilanz eine besondere geschäftliche Betonung auf dem Kreditgeschäft – auch bei kleinen Beträgen – lag. Buchungstechnisch setzte die Kontokorrentbuchhaltung schon ab 1965 auf den Einsatz von modernen Elektronenrechnern; der Computer hielt bald Einzug in allen Fachabteilungen. Dennoch blieb auch die Sparkasse ab etwa 1965 nicht von den Auswirkungen einer schwächelnden Konjunktur verschont. Die seit Jahren anhaltende Vollbeschäftigung und die damit einhergehenden Forderungen nach höheren Löhnen und kürzerer Arbeitszeit hatten zunehmend zu einer Instabilität der Preise geführt. Als logische Konsequenz ergab sich eine erste Steigerung der Arbeitslosenzahl in Feuchtwangen ab dem Herbst 1966. 1967 stagnierte die Konjunktur zusehends, was zu einem kräftigen Sparen der Bevölkerung führte – gerade beim Weltspartag 1965, der unter dem Motto stand „Die Zukunft sichern – sparen". Die gewerblichen Investitionen gingen ebenso wie der vorher so expandierende private Wohnungsbau auf ein Minimum zurück. Erst 1968 gewann der Wirtschaftsaufschwung wieder an Breite – in diesem Jahr kam es durch die Einführung des „Sparkassenbriefes" zu einer Erweiterung der Angebotspalette der Stadt- und Kreis-Sparkasse Feuchtwangen –, um schließlich wieder in einer Hochkonjunktur zu enden, die ab 1970 zu einer beachtlichen Geldentwertung führte. In diesem Jahr trat die Sparkasse der vier Jahre zuvor gegründeten Buchungsgemeinschaft Nürnberg der mittelfränkischen Sparkassen bei und sie konnte trotz allen währungspolitischen Turbulenzen immer noch recht erfreuliche geschäftliche Ergebnisse erzielen[93].

---

[91] Archiv Sparkasse Feuchtwangen, Geschäftsbericht 1963.
[92] Archiv Sparkasse Feuchtwangen, Geschäftsberichte 1960–1970.
[93] Archiv Sparkasse Feuchtwangen, Geschäftsbericht 1970.

Gebietsreform und Ölkrise

Im Sommer 1972 kam es zu einer personellen Veränderung an der Spitze der Sparkasse. Der Vorsitz im Verwaltungsrat ging von Eduard Lorentz auf den neuen Bürgermeister Feuchtwangens, Wolf Rüdiger Eckhardt, über; die Stellvertreterposition bekleidete seit dem 30. Juni der Ansbacher Landrat Georg Ehnes als Nachfolger des aus dem Amt scheidenden Feuchtwangener Landrates Paul Keim. Was war geschehen? Schon im Jahre zuvor hatte die Gebietsreform die Anzahl der selbständigen Gemeinden des Landkreises Feuchtwangen von 51 auf 15 reduziert, so daß die Einwohnerzahl der Kreuzgangstadt von etwa 5500 auf 10 500 Menschen rapide anstieg. Doch dies war nur der erste Schritt einer Umstrukturierung Bayerns, folgte doch 1972 die Gebietsreform, die die politische Landkarte des weißblauen Freistaates erheblich veränderte[94]. Am 30. Juni 1972 hörte der 1862 gegründete Landkreis Feuchtwangen zu bestehen auf. Zusammen mit den aufgelösten Kreisen Dinkelsbühl und Rothenburg gehörte er nun zum Landkreis Ansbach, der dadurch über 156 483 Einwohner verfügte und flächenmäßig zum größten bayerischen Kreis avancierte. Dieser Vorgang hatte den skizzierten Wechsel in der Gewährträgerschaft des Zweckverbandes zur Folge.

So neu strukturiert mußte das Institut das Jahr 1973 meistern, das, gekennzeichnet durch die „Ölkrise", zum wirtschaftlich schwersten Jahr der Nachkriegszeit werden sollte. Die Bundesbank übte eine strikte Deflationspolitik, die den Kapitalmarktzins auf das Rekordniveau von 10% trieb. Viele Branchen, insbesondere Bauträgergesellschaften, die Bauwirtschaft, die Auto- und Textilindustrie kamen in erhebliche Schwierigkeiten, die Arbeitslosigkeit nahm große Ausmaße an[95]. Die Belegschaft der Sparkasse konnte sich in dieser schwierigen Zeit trotzdem zweimal freuen, wurde doch der damals einzigen Direktorin einer Sparkasse in Bayern, Els Kreiselmeyer, das Verdienstkreuz am Band des Verdienstordens der Bundesrepublik Deutschland durch Landrat Ehnes überreicht. Damit erfuhren die Verdienste der Leiterin der Sparkasse Feuchtwangen und deren wichtige Leistungen der Sparkasse beim wirtschaftlichen Aufschwung ihres Geschäftsgebietes seit der Nachkriegszeit eine ehrenvolle Würdigung[96]. Der zweite Grund zur Freude bestand darin, daß die im Zuge der kommunalen Gebietsreform 1973 frei werdenden Räume im Hauptstellengebäude Feuchtwangen, die bis dato durch das Landwirtschafts- und Kreisschulamt genutzt worden waren, nun im Januar 1974 durch die Sparkasse belegt werden konnten, was manche organisatorische Erleichterung mit sich brachte. Als weit weniger erfreulich erwies sich allerdings der erste Banküberfall in der langen Institutsgeschichte, der am 20. Oktober 1974 die Zweigstelle Bechhofen traf und dem Räuber, der ein Jahr später gefaßt werden konnte, zunächst mehr als 50 000 DM einbrachte[97].

---

[94] Reinhart, Zeitler, Ansbach (wie Anm. 11), S. 203–205; auch Otto Reigl, Die kommunale Gebietsreform in Bayern im Jahre 1972 und ihre Auswirkungen auf die Sparkassen, in: Zeitschrift für bayerische Sparkassengeschichte 3, 1989, S. 173–202; Archiv Sparkasse Feuchtwangen, Geschäftsberichte 1971 u. 1972.
[95] Archiv Sparkasse Feuchtwangen, Geschäftsberichte 1973–1975.
[96] Fränkische Landeszeitung v. 7.7.1973.
[97] Archiv Sparkasse Feuchtwangen, Geschäftsbericht 1974.

Jubiläum und Fusion

Die Rezession in Deutschland wollte kein Ende nehmen und übertraf gerade im Jahr 1975 alle pessimistischen Erwartungen. Die Zahl der Arbeitslosen stieg auf über eine Million an. Auch das Geschäftsgebiet der Sparkasse Feuchtwangen wurde von den konjunkturellen Schwächen gezeichnet, die sich vor allem in Kurzarbeit in den Betrieben niederschlug. Viele Menschen sparten lieber ihr Geld zur Existenzsicherung, als es auszugeben, so daß die Sparkasse Feuchtwangen ein Volumen an Sparguthaben und Sparkassenbriefen von mehr als 132 Millionen DM verwalten und damit eine Steigerung von 20,4% im Vergleich zum Vorjahr verzeichnen konnte, während das Kreditgeschäft trotz eines abbröckelnden Zinsniveaus stagnierte. Alternativ mußte deshalb das Kapital der Kunden in Wertpapieren investiert werden[98]. Erst 1976 änderte sich langsam wieder das wirtschaftliche Gesamtbild. Obgleich die Landwirtschaft wegen einer verdorrten Ernte in Bedrängnis geriet und gerne die günstigen Kredite der Sparkasse in Anspruch nahm, zeichneten sich auch im Geschäftsbereich der Stadt- und Kreissparkasse Feuchtwangen eine leichte konjunkturelle Erholung und ein Rückgang der Arbeitslosenzahlen ab. So herrschten die richtigen Rahmenbedingungen für die Feierlichkeiten zum 100. Geburtstag der Sparkasse Feuchtwangen am 2. Februar 1976. In einer Feierstunde, an der neben geladenen Kunden und Vertretern der Staatsregierung auch viele andere hochrangige Personen des wirtschaftlichen und kirchlichen Lebens teilnahmen, wurden die Verdienste des Geburtstagskindes gewürdigt. 150 000 DM flossen in gemeinnützige Zwecke; am traditionellen Mooswiesenfestzug beteiligte sich die Sparkasse mit einem Festwagen. Alle Aktionen dieses Jahres waren Ausdruck des Zeichens der alten Verbundenheit zwischen der Sparkasse und der betreuten Region[99].

Doch damit neigte sich gleichzeitig die Zeit der Selbständigkeit der Stadt- und Kreis-Sparkasse Feuchtwangen ihrem Ende zu. Im Zuge der Gebietsreform ging auch eine zunehmende Bündelung der Kräfte der Sparkassenorganisation einher[100]. Der Staat strebte eine mögliche Deckungsgleichheit zwischen dem Geschäftsgebiet einer Sparkasse und dem jeweils neu strukturierten Landkreis an. Ein schwieriger Prozeß, der auch im Jahre 2000 noch nicht abgeschlossen ist, wobei es zu weit führen würde, an dieser Stelle den Sinn und Zweck von Fusionen zu diskutieren. 1977 arbeiteten im Landkreis Ansbach jedenfalls sechs selbständige Sparkassen – zu viele in den Augen der Staatsregierung. Am Ende der schwierigen Fusionsverhandlungen schlossen sich mit Ansbach, Wassertrüdingen und Feuchtwangen zumindest drei Institute zusammen, wenn auch schweren Herzens. Doch die eindeutig föderale, zukunftsorientierte und moderne Struktur der neuen, bis in die Gegenwart sehr leistungsfähigen Zweckverbandssparkasse, der „Vereinigten Sparkassen Stadt und Landkreis Ansbach" (Bilanzsumme 1999: 4,5 Mrd. DM), entsprach den Feuchtwanger Wünschen durchaus. Auch die Regierung von Mittelfranken zeigte sich mit dem Ergebnis der Fusionsverhandlungen sehr zufrieden, wie folgende Erklärung vom 16. August 1977 veranschaulichen kann: So lasse *die durch die Fusion entstehende größere Sparkas-*

---

[98] Archiv Sparkasse Feuchtwangen, Geschäftsbericht 1975.
[99] Archiv Sparkasse Feuchtwangen, Geschäftsbericht 1976.
[100] Reinhart, Zeitler, Ansbach (wie Anm. 11), S. 210–212.

seneinheit erwarten, daß die gesetzlichen Sparkassenaufgaben im Gebiet des Landkreises Ansbach und in der Stadt Ansbach verstärkt und noch erfolgreicher als bisher wahrgenommen werden können. Die Einrichtung örtlich wirkender Gebietsvorstände mit dezentralen Geschäftsleitungsfunktionen für den Marktbereich der bisherigen Hauptstellen der drei sich vereinigenden Sparkassen, deren eigenständige Firmierung sowie der juristische Mehrfachsitz ... dienen nicht allein der Aufrechterhaltung der Kundennähe. Vielmehr kommt dadurch in Verbindung mit der ausgewogenen Zusammensetzung der Sparkassen- und Gewährträgerorgane ... einschließlich der Regelung des Vorsitzes des Sparkassenvorstandes die angemessene Partnerschaft der Beteiligten und zugleich der notwendige Fortbestand einer vertieften kommunalen Verankerung des Fusionsinstituts ... nachhaltig zum Ausdruck[101].

Els Kreiselmeyer, die noch bis 1980 amtierte, blieb als Stellvertretende Vorstandsvorsitzende in Feuchtwangen, was sowohl die einheimische Bevölkerung als auch die verantwortlichen Politiker ausdrücklich befürworteten. In die „Sparkassenehe" brachte das Institut der Kreuzgangstadt bei einer Bilanzsumme von mehr als 228 Millionen DM und 109 Mitarbeitern insgesamt knapp 182 Millionen DM an Einlagen ein[102]. Und erhalten blieb bis heute, im Jahr 2000, eine tiefe Verwurzelung der Sparkasse Feuchtwangen in ihrem angestammten Geschäftsgebiet, die aus dem ernst genommenen öffentlichen Auftrag heraus entstanden ist. Das „Lebenswerk" der mittlerweile 86jährigen Els Kreiselmeyer hat 1980 Klaus Gräbner als Direktor übernommen, der noch heute für die Geschäfte im ehemaligen Landkreis Feuchtwangen federführend verantwortlich ist und zugleich im Vorstand der Vereinigten Sparkassen Stadt und Landkreis Ansbach eine erfolgreiche Geschäftspolitik mitgestaltet.

---

[101] Archiv Sparkasse Feuchtwangen, Schreiben der Regierung v. Mittelfranken v. 16.8.1977.
[102] Archiv Sparkasse Feuchtwangen, Geschäftsbericht 1976. Insgesamt hatte die neue Großsparkasse im Fusionsjahr ein Bilanzvolumen von mehr als 872 Millionen DM bei 439 Mitarbeitern. 1979 stießen die Vereinigten Sparkassen Heilsbronn-Windsbach-Neuendettelsau hinzu.

Charlotte B ü h l

Gottlieb von Merkel (1835–1921)
Wegbereiter des modernen Gesundheitswesens in Nürnberg

Von den 47 Persönlichkeiten, denen seit 1819 die Ehrenbürgerwürde der Stadt Nürnberg verliehen wurde, ist Gottlieb von Merkel nach Friedrich Wilhelm von Hoven (1759–1838) einer von zwei Ärzten, die bislang ob ihrer Verdienste um das Gesundheitswesen der Stadt 1830 beziehungsweise 1905 ausgezeichnet wurden. Hatte sich von Hoven für die Errichtung eines allgemeinen städtischen Krankenhauses und die Verbesserung der Haus-Armenkrankenpflege eingesetzt[1], war Gottlieb von Merkel nicht nur als Krankenhausdirektor maßgeblich an Konzeption und Bau des zweiten, modernen Maßstäben der Krankenpflege entsprechenden städtischen Krankenhauses beteiligt[2]. In seiner Biographie spiegeln sich zum einen der Aufstieg und die Professionalisierung der Ärzteschaft im Verlauf des 19. Jahrhunderts, die Medikalisierung der Bevölkerung und bahnbrechende Veränderungen innerhalb der medizinischen Wissenschaft. Zum andern zeigt sie die Herausbildung neuer kommunalpolitischer Handlungsfelder auf dem Gebiet der Gesundheits- und Sozialpolitik im Gefolge von Industrialisierung und Urbanisierung, die die Kooperation mit medizinischen Fachkräften bei der Assanierung der entstehenden Großstadt erforderlich machten.

Herkunft, Kindheit und Ausbildung

Gottlieb Merkel wurde am 29. Juni 1835 als neuntes von zehn Kindern von Johann Merkel und Anna Barbara Margaretha, geborene Held[3], in Nürnberg geboren. Die Familie Merkel war seit 1643 in Nürnberg ansässig. Der Großvater väterlicherseits, Paul Wolfgang Merkel, war eine der führenden Persönlichkeiten in der bürgerlichen Reformbewegung am Ende der reichsstädtischen Zeit und am Übergang Nürnbergs an das Königreich Bayern. Als Marktvorsteher und Vorstand in der „Gesellschaft zur Beförderung vaterländischer Industrie"[4] engagierte er sich im Geist der Aufklärung für wirtschaftliche und soziale Reformen. Das Handelshaus Lödel & Merkel avancierte unter seiner Führung ab 1788 zu einem der bedeutendsten Handelsunternehmen in der Stadt.

---

[1] Jürgen Geßner, Der Beitrag des Arztes Wilhelm von Hoven (1760–1838) zum Gesundheitswesen in Nürnberg, Neustadt/Aisch 1976.

[2] Bernd Windsheimer, 100 Jahre Klinikum Nürnberg. Die Geschichte des Nürnberger Gesundheitswesens im späten 19. und frühen 20. Jahrhundert, Nürnberg 1997.

[3] Anna Held, die ihre Mutter mit sieben Jahren verloren hatte, wurde 1805 in Haus und Familie Paul Wolfgang Merkels aufgenommen und heiratete 1818 den ältesten Sohn Johann. Stadtarchiv Nürnberg (StadtAN), E 18 Nr. 1259, Lebenslauf von Anna Barbara Margaretha Merkel, geborene Held, ohne Datum und Unterschrift.

[4] Rudolf Endres, Die Gesellschaft zur Beförderung vaterländischer Industrie in Nürnberg von 1792, in: Zwangsläufig oder abwendbar? 200 Jahre Hamburgische Allgemeine Armenanstalt, hg. v. Erich Braun, Franklin Kopitzsch (Schriften der Hamburgischen Gesellschaft zur Beförderung der Künste und nützlichen Gewerbe 3), Hamburg 1990, S. 189–202.

Gottlieb von Merkel (1835–1921), Fotografie 1885 (Landeskirchliches Archiv Nürnberg).

Mit Übernahme des väterlichen Geschäfts durch den ältesten Sohn Johann gehörte dieser zu den wohlhabendsten Kaufleuten Nürnbergs. Sein gesellschaftlicher Aufstieg begann 1818 mit der Wahl zum Marktadjunkt und in den Magistrat, aus dem er 1825 wegen seiner Ernennung zum Marktvorsteher ausscheiden mußte. Johann Merkel gehörte zu der kleinen Führungsgruppe der Großkaufleute, die im ersten Drittel des 19. Jahrhunderts in einem engmaschigen Beziehungsgeflecht von Heirat, Verwandtschaft, Vereinsmitgliedschaft und Geschäftsverbindungen das „dynamischste Element im Nürnberger Bürgertum"[5] darstellten. 1833 wurde er Mitglied und Vorstand des Gemeindebevollmächtigtenkollegiums und war im selben Jahr im ersten informellen Eisenbahnkomitee vertreten, mit dem die Planungen für die Ludwigs-Eisenbahn in ein konkretes Stadium traten. Im Geburtsjahr seines dritten Sohnes Gottlieb wurde Johann Merkel, mittlerweile fast fünfzig Jahre alt, einstimmig zum Zweiten Bürgermeister gewählt und trat sein Amt am 24. März 1836 an[6].

Von Hoven, der mit der Merkelschen Familie eng befreundet war – der Bruder Johann Merkels, der praktische Arzt Dr. Andreas Merkel, gab 1840 dessen Autobiographie heraus – setzte in den Amtsantritt Johann Merkels große Hoffnungen hinsichtlich der Fortführung des Krankenhausprojekts, das seit 1829 von dem Zweiten Bürgermeister Johannes Scharrer unterstützt worden war, in der Folgezeit jedoch vor allem an der Kostenfrage zu scheitern drohte: *Gleich nach dem Antritt seines Bürgermeisteramts hatte er* [Johann Merkel] *die Recherchierung der Mittel zur Ausführung des Unternehmens zu einem Hauptgegenstand seiner Thätigkeit gemacht, und das Ergebniß dieser Recherchen war, wie er mich versicherte, so befriedigend, daß an der wirklichen Ausführung um so weniger zu zweifeln war, da jetzt der größte Theil des Magistrats und der Gemeinde-Bevollmächtigten günstiger für die Sache gestimmt schien, als vormals*[7].

Weder von Hoven noch Johann Merkel erlebten allerdings die Eröffnung des allgemeinen Krankenhauses am 15. Oktober 1845. Beide starben 1838, kurz vor Beginn der konkreten Planungsphase[8].

Johann Merkel hinterließ bei seinem Tod seine Ehefrau und neun unmündige Kinder. Gottlieb Merkel wuchs als jüngstes Kind jedoch nicht nur ohne Vater auf, auch die Mutter starb früh, am 9. Juni 1843, so daß er mit nicht ganz acht Jahren bereits

---

[5] Hans-Walter Schmuhl, Die Herren der Stadt. Bürgerliche Eliten und städtische Selbstverwaltung in Nürnberg und Braunschweig vom 18. Jahrhundert bis 1918, Gießen 1998, S. 90; Rainer Mertens, Johannes Scharrer. Profil eines Reformers in Nürnberg zwischen Aufklärung und Romantik (Nürnberger Werkstücke zur Stadt- und Landesgeschichte 57), Nürnberg 1996; Rebekka Habermas, Frauen und Männer des Bürgertums. Eine Familiengeschichte (1750–1850), Habil. Bielefeld 1997.

[6] Zum Andenken Johann Merkels, Kaufmann und zweiten Bürgermeisters in Nürnberg, Nürnberg 1838 (ohne Verf.); ADB 21, 1885, S. 435f.; Ernst Mummenhoff, Merkel, Johann, in: Lebensläufe aus Franken 3 (VGffG VII/3), hg. v. Anton Chroust, Würzburg 1927, S. 370–379; Gerhard Hirschmann, Neue Quellen zur Biographie des Nürnberger Kaufmanns und Bürgermeisters Johann Merkel (1785–1838), in: Festschrift für Alfred Wendehorst, hg. v. Jürgen Schneider, Gerhard Rechter (JfL 53, 1992), S. 345–357.

[7] Biographie des Doctor Friedrich Wilhelm von Hoven, herausgegeben von einem seiner Freunde und Verehrer, Nürnberg 1840, S. 277.

[8] Johann Merkel starb am 25.1.1838, von Hoven am 6.2.1838. Der zweite Vortrag des Ersten Bürgermeisters Jakob Friedrich Binder am 25.2.1838 enthielt eingehende Vorschläge über Einrichtung, Betrieb und Finanzierung des Krankenhauses.

Vollwaise war. Zwar materiell stets abgesichert, waren Kindheit und Jugend von Ortswechseln und Aufenthalten bei verschiedenen Verwandten der weitverzweigten Merkelschen Familie geprägt. Nachdem Gottlieb zunächst für ein Jahr von seinem 16 Jahre älteren Bruder Johannes[9], der 1838 bis 1840 in Erlangen Jura studiert hatte und sich danach auf eine Italienreise begab, beaufsichtigt wurde, zog sein Onkel, der Appellationsaccessist Johann Kaspar Gottlieb Merkel (1812–1903) bis zu seiner Versetzung nach Schweinfurt für ein Jahr in das elterliche Haus in der Karlstraße. Ein Jahr später wurde Gottlieb von seinem Onkel Siegmund Merkel, dem Besitzer der Mohrenapotheke, aufgenommen. Schlechte schulische Leistungen in der Lateinschule sowie auffälliges und widerspenstiges Betragen führten zu der Überlegung, Gottlieb in eine Buchbinderlehre zu geben. Da er sich jedoch standhaft weigerte, brachte man ihn Ostern 1849 zur weiteren Erziehung und Beaufsichtigung zu Pfarrer Zorn nach Bayreuth, der mit der ältesten Tochter von Christoph Held, einem Bruder von Gottliebs Mutter verheiratet war. Zorn war Vorsteher der reformierten Gemeinde und Religionslehrer am Bayreuther Gymnasium Christian-Ernestinum, das unter der Leitung Helds, dem „geistigen Mittelpunkt der bayerischen Gymnasiallehrer", zwischen 1835 und 1867 zu einer Musteranstalt umgestaltet wurde[10]. Merkel beschreibt im Rückblick die Bayreuther Zeit als die glücklichste Phase seiner Jugend: *Alle nahmen mich freundlich auf in den großen Kreis der Familie, der so ganz anders geartet war als der in Nürnberg ... Onkel wohnte im Gymnasium, und die kleine Stadt, mehr Land- und Gebirgsstadt als meine alte rein städtische Heimat Nürnberg, bot reichlich Gelegenheit zum Austoben und Anregung zur Beobachtung der Natur ... Onkel Christoph ist aus meiner Jugend die Erscheinung, die den größten und hervorragendsten Eindruck mir hinterlassen hat*[11].

Seit 1850, als Zorn als Seminardirektor nach Kaiserslautern berufen wurde, wohnte Merkel bei dem Gymnasialassistenten Georg Grossmann, dem späteren Nachfolger Helds als Rektor des Bayreuther Gymnasiums. Nachdem Merkel die dritte und vierte Klasse des Gymnasiums unter den Lehrern Heinrich Wilhelm Heerwagen, dem späteren Direktor des Nürnberger Gymnasiums, und seinem Onkel, Christoph Held, erfolgreich absolviert hatte, begann er auf Wunsch seines Bruders 1853 sein Studium in Halle an der Saale, wo Johannes ein Jahr zuvor einen Ruf als ordentlicher Professor an die juristische Fakultät erhalten hatte. Ein Besuch bei seiner Schwester Elise in Langenzenn im Herbst 1853, die mit dem praktischen Arzt Heinrich Brunner verheiratet war, hatte ihn in dem Entschluß bestärkt, Medizin zu studieren. Mit der 1843 in Bayern erlassenen Studien- und Prüfungsordnung war das Medizinstudium neu geordnet und die universitäre Ausbildung von drei auf fünf Studienjahre verlängert worden: Nach einem zweijährigen Studium mußte eine sogenannte Admissions-

---

[9] Bernd-Rüdiger Kern: NDB 17, 1994, S. 145f.
[10] ADB 11, 1880, S. 680f.; Friedrich Bock, Held, Johann Christoph, Schulmann 1791–1873, in: Lebensläufe 3 (wie Anm. 6), S. 215–219; Karl Fries, Dr. Johann Christoph von Held. Ein Lebensbild, in: Programm der königlich bayerischen Studienanstalt zu Bayreuth am Schlusse des Studienjahres 1873/74, 1874/75, 1875/56, Bayreuth 1874–1876, S. 3–40, S. 3–57, S. 3–68.
[11] Stadtbibliothek Nürnberg (StBN), Amb. 5262 8°, Lebenserinnerungen (selbst verfaßt) von Gottlieb von Merkel, [1910, mit einem Nachtrag von 1919], S. 12, S. 23. Held wurde 1866 Taufpate von Merkels erstem Sohn Christoph Ludwig. Landeskirchliches Archiv Nürnberg (LKAN), Pfarrarchiv S. Sebald, Kirchenbücher, Jg. 1866, S. 161.

prüfung in den Fächern Botanik, Chemie, Mineralogie, Physik und Zoologie absolviert werden, die zur Aufnahme des Fachstudiums berechtigte, das nach drei Jahren mit einer praktischen anatomischen und einer mündlichen Prüfung abgeschlossen wurde[12].

1854 wechselte Merkel von Halle an die Universität Erlangen. Als im Herbst in Nürnberg das erste (und einzige) Mal die Cholera ausbrach, wurde die Kapazitätsgrenze des Nürnberger Krankenhauses mit 4089 verpflegten Personen im Verwaltungsjahr 1853/54 weit überschritten, so daß dezentrale Cholera-Hilfsstationen errichtet werden mußten[13]. Merkel erhielt über seinen Vetter Wilhelm (1833–1920), der ebenfalls Medizin studierte[14] und Assistent in der Cholerastation im Nürnberger Gasthof „Sächsischer Hof" war, die Gelegenheit, Sektionen von Cholerakranken beizuwohnen – sein erstes geringes Gehalt als Arzt in städtischen Diensten sollte er sich später mit Sektionen verdienen.

Nachdem er nach zwei Semestern in Erlangen 1855 das Admissionsexamen bestanden hatte, kehrte Merkel für zwei Semester nach Halle zurück und beendete sein Studium am 10. August 1857 mit dem Fakultätsexamen an der Universität Erlangen. Während der klinischen Semester in Erlangen hatte ihn als Lehrer vor allem Franz Dittrich beeindruckt und geprägt. Dittrich, ein bei den Studenten überaus beliebter und hochbegabter Lehrer[15], seit 1850 ordentlicher Professor für Innere Medizin und Direktor der Medizinischen Klinik in Erlangen, war Schüler des Wiener Professors Karl von Rokitansky, dem Hauptvertreter der neuen Wiener Schule und Mitbegründer der pathologischen Anatomie.

Entsprechend der Ausbildungsordnung folgte nach dem Examen das sogenannte Biennium practicum. Während dieses zweijährigen Praktikums, das an Krankenhäusern, auf ausländischen Universitäten oder unter Leitung eines renommierten praktischen Arztes absolviert werden konnte, hatte der Kandidat mindestens je drei Fälle aus den Bereichen Medizin, Chirurgie und Geburtshilfe zu behandeln und die Krankengeschichte abzufassen[16]. Allgemeinem Usus zufolge absolvierte Merkel im ersten Jahr Studienaufenthalte in Prag und Wien, damals die beiden führenden Universitäten

---

[12] Hans Günter Wenig, Medizinische Ausbildung im 19. Jahrhundert, Diss. Bonn, 1969, S. 104.

[13] Manfred Vasold, Cholera und Choleranotspitäler in Nürnberg, im 19. Jahrhundert, in: MVGN 82, 1995, S. 249–274.

[14] Wilhelm Merkel spezialisierte sich nach seinem Studium auf Gynäkologie und war der erste Frauenarzt Nürnbergs. StBN, Amb. 3908.8, Ärzte aus der Familie Merkel, zusammengestellt von Hans Kirste, 1937.

[15] In seinen Lebenserinnerungen (wie Anm. 11), S. 45, berichtet Merkel: *Die enorme Anziehungskraft des Mannes prägte sich in der Zahl seiner Schüler aus. Auf der kleinen Universität Erlangen, die sonst nur von Theologen besucht war, fanden sich in der medizinischen Klinik bis zu 40 Klinizisten zusammen. Die Verehrung für den Meister prägte sich darin aus, daß er täglich am Schlusse seiner Klinik von sämtlichen Klinizisten, an der Spitze seine Assistenten nach Hause begleitet wurde.* Vgl. auch Rainer Pittroff, Die Lehrer der Heilkunde der Universität Erlangen 1843–1943 und ihr Werdegang, Diss. Erlangen-Nürnberg 1964, S. 119–121; Claus Schwartz, Personalbibliographie der Lehrstuhlinhaber der Fächer Anatomie, Physiologie, Pharmakologie, Innere Medizin, Chirurgie, Frauenheilkunde, Augenheilkunde, Hals-, Nasen- und Ohrenheilkunde, Psychiatrie, Zahnheilkunde an der Medizinischen Fakultät der Universität Erlangen im Zeitraum von 1850 bis 1900, Diss. Erlangen-Nürnberg 1969, S. 59–61; Die Professoren und Dozenten der Friedrich-Alexander-Universität Erlangen 1743–1960, hg. v. Renate Wittern, Teil 2: Medizinische Fakultät, bearb. v. Astrid Ley, Erlangen 1999, S. 31f.

[16] Wenig, Ausbildung (wie Anm. 12), S. 104f.

für pathologische Anatomie und klinische Medizin[17]. Da seine Bewerbung um eine Assistentenstelle am Nürnberger Krankenhaus zunächst ohne Erfolg blieb – die Stellen dort waren sehr begehrt – verbrachte Merkel das Wintersemester 1858/59 an der Universität Würzburg und trat schließlich am 1. Mai 1859 für zwei Jahre als Assistent des Ordinarius der medizinischen Abteilung des Nürnberger Krankenhauses, Dr. Lorenz Geist, ein.

Das Nürnberger Krankenhaus war wenige Wochen vor seiner offiziellen Eröffnung 1845 als Tagungsort der verschiedenen Sektionen der 23. Versammlung deutscher Naturforscher und Ärzte einem breiten Fachpublikum präsentiert worden. Auch Rudolf Virchow, der in den 1850er Jahren das neue Krankenhaus besuchte, lobte es als eine Musteranstalt[18]. Die Anlage war nach dem Vorbild des Allgemeinen Krankenhauses in Bamberg (1787–1789) von dem städtischen Baurat Bernhard Solger als erster kommunaler Bau vor den Mauern der Stadt errichtet worden[19]. 250 Kranke fanden darin Platz, immerhin fünf mal soviel wie in den zehn Krankenzimmern, die 1813 auf Initiative von Hovens in einem Gebäudeteil des Heilig-Geist-Spitals als „Kranken-Institut" eingerichtet worden waren[20]. Das Bettenangebot im Verhältnis zur Bevölkerungszahl war damit von 18,7 pro 10 000 Einwohner auf 50,3 gestiegen und die räumliche Trennung vom Hospital alten Typs durch das neue „Behandlungskrankenhaus"[21] vollzogen. Den Abteilungen für Chirurgie und innere Medizin stand jeweils ein Ordinarius vor, den ein Assistenzarzt bei seiner Arbeit unterstützte; die beiden Abteilungen für Syphilis und Hautkrankheiten sowie für Geisteskranke leitete ein dritter Ordinarius.

Mit der Assistentenstelle, die stets eine zeitlich befristete Stelle war und der Niederlassung als Arzt vorausging, waren freie Verköstigung im Krankenhaus, eine Vergütung für eineinhalb Maß Bier pro Tag nach dem jeweiligen Bierpreis sowie das spärliche Gehalt von jährlich 100 Gulden verbunden. Die jungen Ärzte mußten laut Dienstvorschrift ledig sein und im Krankenhaus wohnen, um den Nachtdienst zu versehen. Im Erdgeschoß der beiden Seitenflügel waren für jeden Arzt zwei Zimmer eingerichtet[22]. Zwar fielen keine Kosten für Heizmaterial und Beleuchtung an, doch wurde von den jungen Ärzten äußerste Sparsamkeit gefordert: *Vor der Türe des Ofens im Schlafzimmer war ein Vorlegschloß angebracht, damit wir der Versuchung nicht*

---

[17] Vgl. dazu auch die Ausführungen bei Adolf Kußmaul, Jugenderinnerungen eines alten Arztes, Stuttgart 1899, S. 349–394; Walther Koerting, Die Deutsche Universität in Prag. Die letzten 100 Jahre ihrer Medizinischen Fakultät, München 1968.

[18] Gottlieb Merkel, Zwei Typen bayerischer Aerzte aus der Mitte des neunzehnten Jahrhunderts, in: Münchener Medizinische Wochenschrift (MMW), 1903, Nr. 1, S. 8.

[19] Dankwart Leistikow, Das deutsche Krankenhaus in der ersten Hälfte des 19. Jahrhunderts, in: Hans Schadewaldt (Red.), Studien zur Krankenhausgeschichte im 19. Jahrhundert im Hinblick auf die Entwicklung in Deutschland, Göttingen 1976, S. 11–37; Axel Hinrich Murken, Vom Armenhospital zum Großklinikum. Die Geschichte des Krankenhauses vom 18. Jahrhundert bis zur Gegenwart, Köln 1988, S. 43–46, 69–72.

[20] Ernst Mummenhoff, Die öffentliche Gesundheits- und Krankenpflege im alten Nürnberg, in: Festschrift zur Eröffnung des Neuen Krankenhauses der Stadt Nürnberg, hg. v. den städtischen Kollegien, Nürnberg 1898, S. 117.

[21] Leistikow, Krankenhaus (wie Anm. 19), S. 16.

[22] StadtAN, C 23/I, Nr. 83, Bd. 2, Ernennung Merkels zum Assistenzarzt am 19.5.1859. Vom 1.5.–19.5.1859 hatte er die Stelle vertretungsweise inne.

ausgesetzt waren, heizen zu lassen. Wenn wir Papier, Federn u.s.w. bedurften, erhielten wir von der Verwaltung 6 Stahlfedern und 6 Bogen Papier! Erstere mußten, wenn sie abgeschrieben waren, auf der Verwaltung abgeliefert werden, ebenso die Seifenreste und Lichtstümpflein![23]

Für die Erstellung der Krankengeschichten im medizinischen Fach wählte Merkel drei Typhusfälle aus, wobei er sich zur Beobachtung des Fieberverlaufs ein Thermometer auf eigene Kosten anschaffen mußte, da das Krankenhaus über kein derartiges Instrument verfügte. Nach Abschluß des schriftlichen Examens mit der Gesamtnote II wurde Merkel schließlich am 10. August 1859 promoviert[24] und kehrte danach wieder auf seine Assistenzarztstelle nach Nürnberg zurück.

Als Nachfolger von Georg Friedrich Lochner leitete Lorenz Geist seit 1855 die medizinische Abteilung des Krankenhauses. Geist hatte, nachdem 1845 auf der Versammlung der Naturforscher und Ärzte in Nürnberg die Frage der Phosphornekrose zur Diskussion gestellt worden war, zusammen mit Ernst von Bibra 1847 auf diesem Gebiet der Gewerbehygiene gearbeitet. In einer vielbeachteten Studie erbrachten sie den Nachweis der Phosphorvergiftungen als Ursache der häufig auftretenden Unterkieferkrankheit der Arbeiter in Zündholzfabriken[25]. Als Vertreter der naturphilosophischen Richtung der Medizin fand Geist jedoch keinen Zugang zur neueren Medizin mit ihren exakten Hilfswissenschaften. Geist erschien einmal am Tag, oft erst nach 12 Uhr im Krankenhaus. *Seine Diagnostik war nicht weit her*[26], weitaus stärker beschäftigte ihn die Abfassung seiner gerontologischen Arbeit „Klinik der Greisenkrankheiten", die er 1860 publizierte. *Es war eigentlich eine dürre Zeit für mich. Zu lernen war auf der Abteilung nicht viel, da Alles nach der Schablone ging*[27], resümierte Merkel rückblickend seine Zeit als Assistenzarzt. Er schaffte sich für Privatstudien auf eigene Kosten ein Mikroskop an, vertiefte seine pathologisch-anatomischen Kenntnisse und tauschte sich mit Adolf Kußmaul[28], dem Nachfolger Dittrichs an der Universität Erlangen, über die von ihm übersandten anatomischen Präparate aus.

Als zum 1. April 1861 Merkels Assistentenstelle auslief, war die berufliche Perspektive zunächst wenig aussichtsreich. Die Niederlassungsfreiheit der Ärzte wurde in Bayern erst durch die Verordnung vom 29. Januar 1865 eingeführt, so daß die Anstellung durch die Regierung nach Maßgabe der frei werdenden Stellen erfolgte[29]. Darüber hinaus hatte die Staatsregierung zur Deckung des Arztbedarfs auf dem Land das sogenannte triennium rusticum eingeführt, nach dem jeder Arzt, mit Ausnahme derer, die die Staatsexamensnote I vorweisen konnten, zunächst für drei Jahre

---

[23] Merkel, Lebenserinnerungen (wie Anm. 11), S. 80; vgl. auch StadtAN, C23/I Nr. 81, Beschwerde der Assistenzärzte gegen den Verwalter vom 15.11.1861.

[24] Universitätsarchiv Erlangen, C3/3, Nr. 1858/59–23. Das Dissertationsthema Merkels lautete: „Zur Anatomie, Physiologie und Pathologie der Thränenableitungsorgane".

[25] Merkel, Typen (wie Anm. 18), S. 4f.; Hans Kirste: NDB 6, 1964, S. 162. Zur Phosphornekrose und ihrer Entdeckung durch Geist vgl. Albert Gresser, Die Entstehung der Bayerischen Gewerbeaufsicht. „Arbeiterschutz" und „Arbeiterverhältnisse" bis 1914, Diss. Regensburg 1984, S. 190–213.

[26] Merkel, Lebenserinnerungen (wie Anm. 11), S. 79.

[27] Merkel, Lebenserinnerungen (wie Anm. 11), S. 81.

[28] Pittroff, Lehrer (wie Anm. 15), S. 121f.; Schwartz, Personalbibliographie (wie Anm. 15), S. 64–73; Wittern (Hg.), Professoren (wie Anm. 15), S. 111f.

[29] Wilhelm Kuby (Hg.), Die Medizinalgesetzgebung im Königreich Bayern, Augsburg 1883, Bd. 1, S. 14 Anm. 3.

eine Landarztstelle zu übernehmen hatte, bevor er sich in der Stadt niederlassen durfte.

Das Angebot seines Bruders Ludwig, in das väterliche Geschäft Lödel & Merkel einzutreten und ihn nach dem Verkauf des Spezerei-, Material- und Farbengeschäfts bei der Umstrukturierung des Unternehmens zu einer Privatbank zu unterstützen, schlug Merkel aus. Allen voran hatte sein Bruder Johannes in Halle, der Gottlieb in dieser Branche für ungeeignet hielt, ihm von diesem Schritt abgeraten. Er plädierte stattdessen für eine akademische Laufbahn an der Universität in Halle oder bei Rudolf Virchow in Berlin. Der plötzliche Tod des älteren Bruders am 19. Dezember 1861 machte die Habilitationspläne jedoch zunichte. Da Johannes einen neunjährigen Sohn hinterließ[30], sollte Gottlieb mit zwei seiner Schwestern und dem Neffen zusammenziehen und diesem den Vater ersetzen. Merkel wurde schließlich *auf wiederholtes Ansuchen auf den Grund besonderer Familienverhaeltnisse, welche dessen Aufenthalt in Nürnberg sehr wünschenswert machen, die Erlaubniß zur ärztlichen Praxis mit dem Wohnsitze in der Stadt Nürnberg ertheilt*[31]. Die Vereidigung erfolgte durch den Zweiten Bürgermeister Christoph Seiler, und am 1. Oktober 1862 konnte Merkel seine Praxis am Maximiliansplatz eröffnen.

Wohn- und Arbeitsplatz waren nicht getrennt, was kaum organisatorische Schwierigkeiten bereitete, da zwar einige Ärzte seit den 1840er Jahren die Sprechstundenpraxis in Nürnberg einführten, diese jedoch zumeist auf eine Stunde pro Woche beschränkten[32]. *Die reichen Leute hielten sich zu vornehm, als daß sie daran dachten, dem Arzt einen Gang zu sparen ... den kleinen Leuten erschien es unbequem, sich der lästigen Kontrolle des Arztes regelmäßig zu unterstellen und die Dummen fürchteten sich davor, den Arzt zu besuchen*[33], charakterisierte der Nürnberger Augenarzt August Kreitmair die unterschiedlichen Ressentiments, den Arzt in seinen Praxisräumen zu konsultieren. Noch bis in die 1890er Jahre war es in Nürnberg nicht üblich, Kinder in eine ärztliche Sprechstunde zu bringen, doch war der Wandel zur Sprechstundentätigkeit als Hauptarbeitsfeld des Arztes aufgrund der zunehmenden spezialärztlichen Untersuchungen mit Apparaten und Instrumenten und der niedrigeren Behandlungskosten zu diesem Zeitpunkt bereits in vollem Gange[34]. In Merkels Anfangsjahren war die ärztliche Berufsarbeit dagegen noch fast ausschließlich die Besuchspraxis. Sie war gleichzeitig Ausdruck eines Arzt-Patienten-Verhältnisses, das nach wie vor von einer subalternen Stellung des akademischen Arztes gegenüber seinem meist der begüterten Oberschicht entstammenden Kundenkreis geprägt war, der dessen Dienste in Anspruch nehmen konnte.

Wie viele junge Ärzte hatte auch Merkel als frisch approbierter Arzt größte Schwierigkeiten beim Aufbau eines Patientenstammes[35]: *Meine Praxis war*

---

[30] Johannes Merkel (1852–1909) studierte ebenfalls Jura, habilitierte sich in römischem Recht und war zunächst an der Universität Rostock, ab 1885 in Göttingen Professor für römisches, deutsches und bürgerliches Recht. Bernd-Rüdiger Kern: NDB 17, 1994, S. 147.

[31] StadtAN, C7/I Nr. 7244, Regierungsentschließung vom 9.9.1862.

[32] Hans Kirste, Der Tagesablauf eines Nürnberger praktischen Arztes um die Wende des 18. und 19. Jahrhunderts, in: MMW, 1910, Nr. 48, S. 1910–1912.

[33] Zit. bei Kirste, Tagesablauf (wie Anm. 32), S. 1911.

[34] Vgl. Gottlieb Merkel, Die ärztlichen Sprechstunden, in: MMW, 1906, Nr. 48, S. 2355–2357.

[35] Claudia Huerkamp, Der Aufstieg der Ärzte im 19. Jahrhundert, Göttingen 1985, S. 119–125.

beschränkt auf meine Geschwister und spärliche Leute, die sich zu mir verliefen. Der Verdienst im ersten Jahr erreichte nicht ganz 100 fl[36]. Zahlungskräftigere Patienten aus dem Bürgertum legten nach wie vor bei der Arztwahl größeres Gewicht auf die Erfahrungswerte eines Arztes als auf junge Mediziner, die mit dem neuesten Forschungsstand in Diagnostik und Therapie vertraut waren. Von der steigenden Zahl der approbierten Ärzte auf eine erhöhte Inanspruchnahme des medizinischen Leistungsangebots zu schließen, ist daher nicht möglich. So waren beispielsweise von den 25 praktischen Ärzten, die sich 1832 in Nürnberg niedergelassen hatten, durchschnittlich nur ein Drittel stark in Anspruch genommen. Zu diesen „anerkannten" Ärzten gehörte etwa Johann Carl Osterhausen, der 1791 bis 1839 in Nürnberg praktizierte und im Durchschnitt mehr als 37 Hausbesuche pro Tag absolvierte[37]. Die übrigen zwei Drittel dagegen ... *hatten zum Theil mit knappen financiellen Verhältnissen zu rechnen*[38].

Eine Möglichkeit zur Profilierung bot sich Merkel durch Praxisvertretungen für etablierte Kollegen. Auch Geist vertraute ihm seine Privatpraxis wie auch die Vertretung im städtischen Krankenhaus an. Die Kontakte zu den älteren Kollegen hatte Merkel durch den Beitritt in den 1852 gegründeten ärztlichen Lokalverein unmittelbar nach seiner Approbation hergestellt. Der Verein diente der wissenschaftlichen Weiterbildung durch Vorträge, dem Austausch praktischer Erfahrungen und bis zur Gründung des ärztlichen Bezirksvereins Nürnberg 1872 der Vertretung von Standesinteressen. Auf die Reglementierung des kollegialen Verhältnisses und die Einhaltung von Standesnormen legte der Nürnberger Verein in seinen Anfangsjahren großes Gewicht[39]. So wurden bereits nach einem Vereinsbeschluß vom 1. Juli 1853 sämtliche Zeitungsredaktionen ersucht, Annoncen, in denen Patienten einem Arzt für Hilfeleistung und Heilung öffentlich dankten, dem betreffenden Arzt zuzusenden, um durch Bezahlung der Inseratgebühren die Veröffentlichung dieser die Kollegialität gefährdende Werbung zu verhindern[40].

Neben seinem Vereinsengagement nutzte Merkel die Zeit für wissenschaftliche Publikationen zur pathologischen Anatomie in der „Wiener medicinischen Presse". Auf Anregung von Felix von Niemeyer luden Friedrich Albert von Zenker, 1862 bis 1895 Professor am neu geschaffenen Lehrstuhl für Pathologie und pathologische Anatomie in Erlangen, und Hugo von Ziemssen, als Nachfolger Kußmauls 1863 bis 1874 Professor am Lehrstuhl für Innere Medizin, Merkel zur wissenschaftlichen Mitarbeit in dem 1866 von ihnen gegründeten „Deutschen Archiv für klinische Medizin" ein. Darin veröffentlichte Merkel im ersten Band der Zeitschrift seine Beobachtungen über die Meningitis-Epidemie, die von Herbst 1864 bis Frühjahr 1865 in Nürnberg

---

[36] Merkel, Lebenserinnerungen (wie Anm. 11), S. 87f.
[37] Kirste, Tagesablauf (wie Anm. 32), S. 1911; ders., Johann Carl Osterhausen, Nürnberg 1931; Manfred Vasold, Johann Carl Osterhausen (1765–1839), in: Fränkische Lebensbilder 17 (VGffG VIIA/17), hg. v. Alfred Wendehorst, Neustadt a.d. Aisch 1998, S. 129–142. Eine Tochter Osterhausens war mit Sigmund Merkel, dem Besitzer der Mohrenapotheke verheiratet.
[38] Johann Simon von Dietz, Julius Cnopf, Zur Geschichte des ärztlichen Standes und des ärztlichen Vereinswesens in der Stadt Nürnberg. Denkschrift für die 25jährige Feier der Begründung des ärztlichen Lokalvereins daselbst am 5. März 1877, Nürnberg 1877.
[39] Huerkamp stellt dagegen eine verstärkte Aufmerksamkeit auf Einhaltung von Standesnormen erst für das späte 19. Jahrhundert fest. Vgl. Huerkamp, Aufstieg (wie Anm. 35), S. 129.
[40] Dietz, Cnopf, Geschichte (wie Anm. 38), S. 25f.

geherrscht hatte. Merkel hatte an allen vorgenommenen Sektionen in den Privatpraxen der Nürnberger Ärzte teilgenommen und als ausgewiesener Fachmann in der Sektionstechnik diese überwiegend selbst durchgeführt[41].

Eine Verbesserung seiner materiellen Situation erfolgte im Herbst 1865, als Merkel seine erste öffentliche Stelle als Leichenhausarzt am Johannisfriedhof erhielt. Die neue Position brachte ihm eine feste Einnahmequelle von jährlich 100 Gulden und Nebeneinnahmen für die Leichenschau in gleicher Höhe ein. Mit der Einrichtung von Leichenhäusern auf allen Friedhöfen der Stadt zwischen 1852 und 1868 leistete die Stadtverwaltung durch die Sicherstellung der Leichenschau aller Verstorbenen einen wichtigen Beitrag zur Verbesserung der öffentlichen Gesundheit und Hygiene im Begräbniswesen. Die Leichenhäuser wurden mit einem Raum zur Aufbahrung der Leichen, einem Sezierraum sowie einer Wohnung für den Leichenwärter ausgestattet; die Unterhaltung der Sektionslokale und Instrumente erfolgte ebenfalls durch die Kommune[42].

Wenige Monate zuvor, am 30. Mai 1865, hatte Merkel die aus Harzgerode stammende Emma Henriette Schwarz (geboren am 4. Mai 1840) nach über zweijähriger Verlobungszeit geheiratet[43]. *Meine Mittel waren knapp, der Verdienst schlecht, meine Braut war nicht begütert. So mußten wir warten, bis die Einnahme sich besserte und auch dann klein anfangen*[44], schildert Merkel die bescheidenen finanziellen Verhältnisse der Anfangsjahre. Kennengelernt hatten sie sich in der Loge „Zu den drei Pfeilen", in die Merkel, der Familientradition folgend – auch sein Großvater und sein Vater waren Logenmitglieder gewesen – bereits 1854 eingetreten war[45].

Als Sachverständiger für den Magistrat wurde Merkel erstmals 1865/66 tätig. Vor dem Hintergrund der schweren Trichinenepidemie in Hedersleben bei Magdeburg wurde er mit dem Auftrag betraut, dort Untersuchungen durchzuführen sowie in Braunschweig Informationen über die dort 1862 als Präventionsmaßnahme eingeführte obligatorische Trichinenschau einzuholen[46]. Für diese Aufgabe hatte Bezirksarzt Adalbert Küttlinger Merkel als kompetentesten Mikroskopiker der Stadt vorgeschlagen. Die Trichinose und ihre Übertragungswege, hauptsächlich rohes oder ungenügend erhitztes, geräuchertes, getrocknetes oder gepökeltes Schweinefleisch,

---

[41] Gottlieb Merkel, Sechs Fälle von protrahirter Meningitis cerebro spinalis epidemica nebst einigen Worten über die mögliche Entstehungsweise des Hydrocephalus in solchen Fällen, in: Deutsches Archiv für klinische Medizin 1, 1866, S. 519–522.

[42] 1852: Johannis- und Rochusfriedhof (1865/66 Vergrößerung der Halle auf dem Johannisfriedhof); 1864: Israelitischer Friedhof; 1866/68: Friedhöfe in Wöhrd und St. Peter.

[43] LKAN, Pfarrarchiv St. Sebald, Kirchenbücher, Jg. 1865, S. 141. Merkel wurde in der Heilig-Geist-Kirche von seinem Onkel Paul Karl Merkel, Sudenprediger am Heilig-Geist-Spital, getraut. Emma Schwarz war mit ihrer Schwester und ihrem Schwager, Alexander Gibsone, der am Germanischen Nationalmuseum Anstellung gefunden hatte, nach Nürnberg gekommen. Merkel, Lebenserinnerungen (wie Anm. 11), S. 91f.; LKAN, Nachlaß Georg Merkel Nr. 3/11, Worte, gesprochen bei der Beerdigung unserer Mutter in der St. Johanniskirche am 3.12.1921.

[44] Merkel, Lebenserinnerungen, (wie Anm. 11), S. 93.

[45] StadtAN, E 18 Nr. 1289, Abschrift eines Briefes von Ludwig Merkel an seinen Bruder Gottlieb vom 13.2.1854.

[46] Martina Bauernfeind, Bürgermeister Georg Ritter von Schuh. Stadtentwicklung in Erlangen und Nürnberg im Zeichen der Hochindustrialisierung 1878–1913 (Nürnberger Werkstücke zur Stadt- und Landesgeschichte 60), Nürnberg 2000, S. 28–34.

waren von Zenker 1859 entdeckt worden; in Nürnberg hatte dessen Forschungsergebnisse Merkels Vetter Wilhelm in der Naturhistorischen Gesellschaft vorgetragen[47]. Der Magistrat schloß sich Merkels Gutachten, in dem er die Einführung einer gebührenpflichtigen mikroskopischen Fleischbeschau vorschlug, an, die durch Erlaß einer ortspolizeilichen Vorschrift geregelt wurde[48]. Aufgrund der Rekursbeschwerde zahlreicher Metzger und Garköche setzte jedoch eine Regierungsentschließung diese ortspolizeiliche Vorschrift wieder außer Kraft. Erst 1879, nachdem ein Jahr zuvor ein an Trichinose erkrankter Bäckergeselle ins städtische Krankenhaus eingeliefert worden war und weitere Krankheitsfälle auftraten, wurde die obligatorische Trichinenschau auf Initiative von Magistratsrat Georg Schuh und Gottlieb Merkel als kommunale Aufgabe im Bereich der Lebensmittelkontrolle anerkannt und eingeführt. 32 Beschauer, Ärzte, Apotheker und in Unterrichtskursen geschulte Bader und Laien, wurden in den neu eingeteilten Untersuchungsbezirken tätig, bevor mit Eröffnung des kommunalen Schlachthofs 1891 in einem dort eingerichteten Trichinenschauamt die Fleischkontrolle zentralisiert werden konnte[49].

Für Merkels weiteren beruflichen Werdegang war das Jahr 1867 von entscheidender Bedeutung. Seine Wahl zum Vorsitzenden des ärztlichen Lokalvereins zeugt nicht nur von der Anerkennung und Sympathie in Kollegenkreisen, sondern ist auch Ausdruck des sich vollziehenden Generationenwechsels innerhalb der Nürnberger Ärzteschaft und des Vereins, dessen „spiritus rector" von Beginn an Johann Simon Jeremias Dietz[50], seit 1845 Ordinarius der chirurgischen Abteilung des städtischen Krankenhauses, gewesen war. Vor allem aber eröffneten sich Merkel ab 1867 zwei Tätigkeitsfelder, die in den folgenden Jahrzehnten die Schwerpunkte seiner beruflichen Arbeit und seines Engagements bildeten: das städtische Krankenhaus sowie die öffentliche Gesundheitspflege und -fürsorge.

Merkel als Krankenhausarzt und leitender Direktor

Nach dem Tod Geists am 20. Oktober 1867 konnte sich Merkel in der Nachfolgefrage für die Stelle am städtischen Krankenhaus gegen seine ebenfalls bestens qualifizierten Mitbewerber durchsetzen. Obwohl bereits gesellschaftlich etabliert, kamen Julius Cnopf, der Schwiegersohn von Dietz, und Eduard Baierlacher, ein anerkannter

---

[47] Wilhelm Merkel, Ueber Trichina spiralis, einen Fadenwurm, und dessen Einwanderung bei Menschen und Thieren, in: Abhandlungen der Naturhistorischen Gesellschaft zu Nürnberg, 2. Bd., Nürnberg 1861, S. 1–8.

[48] StadtAN, C11/I Nr. 190, Bericht Merkels vom 10.1.1866. Diese Empfehlung brachte Merkel den Zorn vieler Metzger ein, die ihm als „Erfinder der Trichinen" eine Zeitlang keine Fleisch- und Wurstwaren mehr verkauften. Merkel, Lebenserinnerungen (wie Anm. 11), S. 96; vgl. auch Rudolf Bandel, Zum Gedächtnis Gottlieb v. Merkels, Sonderdruck aus der MMW 1935, Nr. 30, S. 1206.

[49] Ortspolizeiliche Vorschriften und damit im Zusammenhang stehende Ortsstatuten der Stadt Nürnberg, hg. v. Stadtmagistrate Nürnberg, Nürnberg 1896, Ortspolizeiliche Vorschrift vom 15.8.1891. Die Trichinenschauer schlossen ihre Ausbildung mit einer Prüfung ab, die Merkel als von der Kreisregierung aufgestellter Prüfungskommissär für den Regierungsbezirk Mittelfranken durchführte. Vgl. Gottlieb Merkel, Behandlung der Trichinenkrankheit, in: F(ranz) Penzoldt, R(oderich) Stintzing, Handbuch der Therapie der Infektionskrankheiten, Bd. 1, Jena ²1897, S. 509–523.

[50] Hermann Beckh, Johann Simon Jeremias (von) Dietz, in: Fränkische Lebensbilder 2 (VGffG VIIA/2), hg. v. Gerhard Pfeiffer, Würzburg 1968, S. 442–458.

Arzt und Spezialist für Nervenkrankheiten[51], der sich im „Freisinn" politisch engagierte, nicht zum Zug. Durch Beschluß der städtischen Kollegien am 6. Dezember 1867 wurde Merkel zum Ordinarius der medizinischen Abteilung ernannt; der Amtsantritt erfolgte am 2. März 1868. Mit durchschnittlich 80 bis 100 Patienten hatte man ihm damit die Leitung der mit Abstand größten Abteilung des Krankenhauses übertragen. Dennoch war die Stelle als leitender Krankenhausarzt noch immer als nebenberufliche Tätigkeit mit anfangs 400 Gulden jährlich dotiert, so daß Merkel, wie es auch seine Amtskollegen tun mußten, weiterhin seine Privatpraxis betrieb, die nun wesentlich häufiger frequentiert wurde.

Die Verwaltung des Krankenhauses lag seit seiner Inbetriebnahme in Händen des Magistrats, der einen bürgerlichen Magistratsrat als „Commissarius" mit der Geschäftsführung beauftragte. Die Ärzteschaft hatte lediglich durch das sogenannte Turnariat eine Mitsprachemöglichkeit. Im jährlichen Wechsel versah einer der drei Ordinarien das Amt des Turnarius, der als Sprecher und Interessenvertreter der Krankenhausärzte im Krankenhausausschuß der städtischen Kollegien fungierte und die Redaktion des Jahresberichts leitete. *Gut war die Einrichtung nicht, an Collisionen hat es nie gefehlt*[52], stellte Merkel rückblickend fest. Als 1869 erstmals das Turnariat an ihn kam, fiel in seine Amtszeit die konkrete Planungsphase für die Erweiterung des Krankenhauses. Bereits 1865 war das Vorhaben beim Magistrat beantragt worden, und ein Jahr später hatte sich Geist in einer gedruckten Broschüre für einen Ausbau um 100 Betten eingesetzt; erste Erweiterungspläne waren von Dietz in Zusammenarbeit mit Baurat Solger erarbeitet worden[53].

Die Bevölkerung war seit Eröffnung des Krankenhauses um über 46 % bei gleichbleibender Anzahl der Betten gestiegen, so daß die Versorgung pro 10 000 Einwohner auf 34,3 Betten gesunken war. Eine 1865 errichtete Holzbaracke für die chirurgische Abteilung sollte dem Spitalbrand entgegenwirken, indem die seit 20 Jahren ununterbrochen belegten Zimmer der männlichen chirugischen Kranken entsprechend dem umgebungs- und lufthygienischen Ansatz für längere Zeit geräumt und gelüftet werden sollten[54]. Die ungeheizte Baracke konnte allerdings nur in den Sommermonaten genutzt werden, so daß eine echte Entlastung nicht erreicht wurde. Dringende anderweitige kommunale Investitionen, in erster Linie die Herstellung von Wasserleitungen, Kanälen und Straßenpflaster, erhielten von Seiten des Magistrats zunächst Priorität. Erst mit dem Übergang zu einer noch zurückhaltenden Anleihepolitik wurden zur Erweiterung des Krankenhauses 1868 die notwendigen Finanzmittel in einen Investitionsplan eingestellt[55].

Im Auftrag des Magistrats begaben sich daraufhin 1870 Merkel in seiner Funktion als Turnarius und Baurat Solger auf eine Informationsreise. Sie besichtigten in Leipzig das städtische Krankenhaus St. Jacob (erbaut 1869–1870) sowie das städtische

---

[51] Adolf Strümpell, Aus dem Leben eines deutschen Klinikers, Leipzig 1925, S. 180.
[52] Gottlieb Merkel, Aerztlicher Director? – Verwaltungsdirector? eine Krankenhausstudie, in: Zeitschrift für Krankenpflege, 20. Jg., 1898, S. 141.
[53] StadtAN, C7/VIII Nr. 7484, Antrag Dr. Johann Birkmeyers vom 10.10.1865; Lorenz Geist, Das Allgemeine Krankenhaus der Stadt Nürnberg in den ersten zwanzig Jahren seines Bestehens 1845/46 mit 1864/65. Vom statistischen Standpunkt dargestellt, Nürnberg 1866.
[54] Geist, Krankenhaus (wie Anm. 53), S. 5.
[55] Vgl. Christoph Seiler, Einblicke in den Stadthaushalt Nürnbergs vom Jahre 1818 an, Nürnberg 1868.

Krankenhaus „Im Friedrichshain" (erbaut 1868–1874) in Berlin, die beiden ersten deutschen Krankenhäuser, die im Zeichen der lufthygienischen Erwägungen anstelle der früheren Korridorkrankenhäuser im Pavillonsystem, also mit dezentraler Anordnung vieler Einzelgebäude, erbaut wurden[56]. *Die 1870er Krankenhausreise warf den Plan des früheren Turnarius* [Dietz]*, der nach altem französischen Muster bauen wollte, über den Haufen*[57]. In seinem Gutachten lobte Merkel die neuen Anstalten, wies aber gleichzeitig darauf hin, daß sich der Krankenhausbau in einer *Übergangsperiode* befinde und sich diese neuen Krankenhäuser in der Praxis erst zu bewähren hätten. Merkel erachtete es daher als *unklug, jetzt an eine Verlegung, an einen Neubau des hiesigen Krankenhauses zu gehen*[58] und plädierte für eine Erweiterung des bestehenden Krankenhauses an der Sandgasse durch Errichtung von Pavillons, die nach seiner Einschätzung für die nächsten zehn Jahre ausreichend Kapazitäten bieten würden. Der Magistrat schloß sich dem Gutachten an, so daß 1872/73 im südöstlichen Teil des Krankenhausgartens ein ein- und ein zweistöckiger steinerner Pavillonbau mit insgesamt drei Krankensälen für 72 Betten hergestellt wurden. Durch die Einstellung weiterer Assistenzärzte und die Einrichtung zusätzlicher Untersuchungszimmer und Verwaltungsräume mußten jedoch etliche Krankenzimmer im „Altbau" umgewidmet werden. Eine wesentliche Erhöhung der Kapazitäten konnte daher zwar nicht erreicht werden, doch war mit diesen Bauten unter Merkels Federführung *der Neuzeit im Krankenhaus der Einzug gestattet und mein Einfluß gesichert*[59].

Das während der Jahre 1870 bis 1881 im Sebastianspital eingerichtete Reservelazarett für Blatternkranke, dessen Funktion ab 1881 ein im Krankenhausgarten gebautes Isolierhaus übernahm, ein 1880 erbauter dritter Pavillon, ein neues, ab 1887 in Betrieb genommenes Reservelazarett in St. Johannis, eine im Krankenhausgarten 1889 errichtete Döcker'sche Baracke zur Isolierung von Tuberkulose-Kranken sowie das 1891 fertiggestellte Genesungshaus im Rohlederersgarten zeugen von den großen Anstrengungen der Kommune, die Aufnahmekapazitäten des Krankenhauses weiter zu steigern. Vor allem machten auch neue wissenschaftliche Erkenntnisse auf dem Gebiet der modernen Wundbehandlung nach dem Listerschen antiseptischen Verfahren und der Infektionskrankheiten durch Robert Kochs neue medizinische Methodik sowie die Einführung neuer technischer Geräte bauliche Veränderungen etwa zur Isolierung von Kranken notwendig, die erneut auf Kosten der Anzahl der Krankenzimmer gingen. Eine weitere Entlastung wurde 1885 durch die Einrichtung eines sogenannten Ambulatoriums geschaffen, wo leichter Erkrankte des Sicherungsverbandes und der Gemeindekrankenkasse ambulant versorgt wurden. Bis 1895 wurde zwar eine Erhöhung der Bettenzahl auf insgesamt 433 erreicht[60], doch war die Versorgungsleistung trotz diesen Anstrengungen aufgrund des rasanten Bevölkerungswachstums auf rund 27 Betten pro 10 000 Einwohner gesunken.

---

[56] Murken, Armenhospital (wie Anm. 19), S. 141–151.
[57] Gottlieb von Merkel, Krankenhausärzte und Krankenhausdirektoren. Rückblicke und Ausblicke, in: Ergebnisse und Fortschritte des Krankenhauswesens 2, 1913, S. 98.
[58] StadtAN, C 23/I Nr. 54, Bericht Merkels vom 4.2.1870.
[59] Merkel, Lebenserinnerungen (wie Anm. 11), S. 105.
[60] StadtAN, C23/I Nr. 87, Aufstellung zur Bettenzahl im städtischen Krankenhaus in den Jahren 1889–1899.

Um bei der Krankenhausleitung und -verwaltung die medizinischen und hygienischen Interessen stärker zu berücksichtigen, beauftragte 1872 der zuständige Kommissarius Merkel, einen Vorschlag zur Anstellung eines Krankenhausdirektors auszuarbeiten. Merkels Antrag zur Anstellung eines ärztlichen Direktors mit einer Dienstwohnung, einem pensionsfähigen Gehalt von 3000 Gulden im Jahr bei Aufgabe der Privatpraxis stieß jedoch beim Ersten Bürgermeister Otto Freiherr von Stromer auf harsche Ablehnung. 1877 wurde schließlich eine ärztliche Oberaufsicht durch Einstellung eines „leitenden Oberarztes" an Stelle des alten Turnariats etabliert und Merkel im Nebenamt dafür eingesetzt[61]. Damit war Merkels Führungsposition im Krankenhaus institutionell verankert. Sie fiel überdies mit dem Tod von Ordinarius Dietz zusammen, *was mir meine neue Stellung wesentlich erleichterte*[62].

Trotz der vielfältigen Mängel hinsichtlich Platzangebot und Ausstattung gelang es Merkel, noch im „alten" städtischen Krankenhaus verbesserte Standards in der medizinischen Versorgung und Pflege zu setzen. Da es immer schwieriger wurde, die Stellen für Krankenwärterinnen und -wärter – ungeschulte Lohnarbeiter aus dem Dienstbotenstand – zu besetzen und die Einrichtung einer Krankenpflegeschule im Krankenhaus aus Platzgründen nicht möglich war[63], wurde 1875 ein Vertrag mit dem Diakonissen-Mutterhaus Neuendettelsau abgeschlossen und den ausgebildeten Schwestern mit Ausnahme der „Irrenstation" die gesamte Krankenpflege und ein Jahr später auch die Koch- und Waschküche übertragen. 1890 folgte ein Vertrag mit der im gleichen Jahr gegründeten Diakonenanstalt, die das männliche Pflegepersonal, das im Krankenhaus ausgebildet wurde, stellte. Darüber hinaus profilierte sich das städtische Krankenhaus unter Merkel verstärkt als Institution der empirischen Forschung und Ausbildung. Merkel publizierte selbst regelmäßig über Beobachtungen und Ergebnisse aus seiner Arbeit im Krankenhaus. Seit 1872 war er Mitherausgeber des „Deutschen Archivs für klinische Medizin", seit 1889 der „Münchener Medizinischen Wochenschrift", die zum meistgelesenen Fachblatt innerhalb der deutschen Ärzteschaft und der Studenten avancierte[64]. Aufgrund der eigenen Erfahrungen mit der inhaltlich dürftigen Ausbildung während der Zeit als Assistenzarzt engagierte sich Merkel nachhaltig für die Verbesserung der wissenschaftlichen und praktischen Ausbildung der jungen Ärzte[65]. Seit 1893 führte er mit den Assistenzärzten *wöchentliche Referatsstunden durch, in welcher ... die wichtigeren Beobachtungen auf den Abtheilungen wissenschaftlich erörtert, pathologisch-antomische und mikroskopische Demonstrationen abgehalten und Referate über die wichtigeren Erscheinungen auf dem Gebiete der medicinischen hygienischen Literatur entgegen genommen werden*[66].

---

[61] Merkel, Lebenserinnerungen (wie Anm. 11), S. 113.
[62] Ebd.
[63] Bericht über die Gesundheitsverhältnisse und Gesundheitsanstalten in Nürnberg, hg. v. Verein für öffentliche Gesundheitspflege, Nürnberg 1900, S. 143f.
[64] Gottlieb Merkel, Vom ärztlichen Intelligenzblatt zur Münchener Medizinischen Wochenschrift. Festrede, gehalten von Medizinalrat Dr. Gottlieb Merkel, München 1903.
[65] Gerd Göckenjan, Kurieren und Staat machen. Gesundheit und Medizin in der bürgerlichen Welt, Frankfurt 1985, S. 219f.; Annette Drees, Die Ärzte auf dem Weg zu Prestige und Wohlstand, Münster 1988, S. 157f.
[66] StadtAN, C23/I Nr. 110.

Seine wissenschaftlichen Leistungen im Bereich der Inneren Medizin und vor allem auch seine praktische administrative Befähigung machten Merkel zum Wunschkandidaten des Krankenhausdirektors Heinrich Curschmann in der Frage um seine Nachfolge im 1884 bis 1888 errichteten städtischen Großkrankenhaus in Hamburg-Eppendorf[67]. Curschmann hatte die Konzeption der mit circa 1340 Klinikbetten und über 80 Gebäuden größten deutschen Pavillonanlage erarbeitet. Hinsichtlich der organisatorischen Gestaltung war es ihm aber auch – wie Merkel rückblickend feststellte – erstmals in Deutschland gelungen, *die gesamten Direktorialgeschäfte in ärztliche Hände zu legen, und dem Ärztlichen Leiter auch das gesamte Verwaltungspersonal unter eigener Verantwortlichkeit zu unterstellen*, so daß das Eppendorfer Modell zum *Ideal der Krankenhausärzte* wurde, allerdings dem Amtsinhaber mit einem derart erweiterten Aufgabenbereich eine *Gewaltleistung* abverlangte[68]. Die Zeit drängte, da in Hamburg der reguläre Betrieb unter neuer Leitung baldmöglichst beginnen sollte. Das Medizinalkollegium zog Merkel und auf Empfehlung Kußmauls den Freiburger Extraordinarius Alfred Kast in die engere Wahl. Die Oberärzte des Hamburger Krankenhauses favorisierten Merkel, der im August 1888 nach Hamburg reiste[69].

Die städtischen Kollegien in Nürnberg reagierten prompt und bemühten sich darum, Merkel in Nürnberg zu halten. Man bot ihm die neu zu schaffende, pensionsberechtigte Stelle eines „ärztlichen Direktors" an, und Obermedizinalrat Joseph von Kerschensteiner stellte Merkel per Depesche nach Hamburg neben einer Ordensdekoration mit dem Wegfall der zeitraubenden Apothekenvisitationen aus seinen Dienstpflichten als Bezirksarzt eine wesentliche Arbeitsentlastung in Aussicht.

Merkel lehnte daraufhin das Hamburger Angebot ab, zumal ihm vorort das personelle Umfeld des Krankenhauses wie auch die politischen Rahmenbedingungen im Hamburger Gesundheitswesen, die bereits für Curschmann ein Motiv seines Weggangs gewesen waren[70], wenig zusagten. Nach seiner Rückkehr erhielt Merkel den Michaelsorden IV. Klasse; seine neue Stelle als Krankenhausdirektor in Nürnberg brachte ihm eine Gehaltserhöhung um jährlich 5000 Mark.

In den beiden Gutachten, die im Juli 1889 Merkel und der zuständige Kommissarius, Magistratsrat Wilhelm Tauber, im Auftrag des Magistrats zur Krankenhausfrage vorlegten, erwies sich die Notwendigkeit eines Neubaus aufgrund der stets steigenden Belegzahlen als unabdingbar. Eine Raumaufteilung nach Funktionseinheiten war unmöglich geworden, so daß sich beispielsweise die Büros, die Wohnung des Verwalters und die Schlafzimmer der Hausknechte auf den selben Gängen mit den Krankenzimmern befanden. Ebenso fehlte ein abgetrennter Operationsbereich – im Zuge von Antiseptik und Aseptik eine Grundvoraussetzung in der modernen Chirurgie. Stattdessen mußte in drei verschiedenen Räumen operiert werden, die über keine Warm- und Kaltwasserzuleitung verfügten. *Die Wasserzuleitungen sind Flickwerk ... und Ueberschwemmungen des Hauses durch die Wasserleitungen gehören nicht zu*

---

[67] Curschmann hatte einen Ruf auf den Leipziger Lehrstuhl für Innere Medizin erhalten. Vgl. Ursula Weisser (Hg.), 100 Jahre Universitätskrankenhaus Eppendorf 1889–1989, Tübingen 1989, bes. S. 13–62.
[68] Merkel, Krankenhausärzte (wie Anm. 57), S. 99.
[69] Weisser, 100 Jahre (wie Anm. 67), S. 34.
[70] Weisser, 100 Jahre (wie Anm. 67), S. 30.

den Seltenheiten. Noch mehr im Argen liegen die Abortverhältnisse. Alte Gruben mit Ueberlauf haben Tonnen mit ungenügender Abfuhr und diese kleinen doppelten Gruben mit stinkenden Aborten Platz machen müssen[71], schilderte Merkel die unzumutbar gewordenen sanitären Verhältnisse. Aber auch die Lage des Krankenhauses war eine äußerst ungünstige geworden: Fabriklärm und Rauchbelästigung aus der angrenzenden Zeltnerschen Ultramarinfabrik waren infolge der Expansion des Unternehmens unzumutbar geworden; Verkehrsaufkommen und Verkehrslärm hatten aufgrund der Erweiterung des Staatsbahnhofs durch die Anlage eines Güterbahnhofs erheblich zugenommen. Durch den steigenden Zulieferverkehr auf den Straßen mußte die Sandgasse als Zufahrt zum 1871 eröffneten Tafelfeldtunnel verbreitert werden, und für den Bau einer Ringstraße zwischen Frauen- und Spittlertor stand die Rücksetzung der nördlichen Krankenhausmauer bevor. Der Vorort Tafelhof war durch diese neue „gute Lage" in der Nähe des Bahnhofs, dessen Anlage eine Verschiebung des Stadtgefüges nach sich gezogen hatte, von der städtischen Überbauung am schnellsten erfaßt worden[72], so daß aus neu errichteten Gebäuden Einblick in einige Stationszimmer möglich war. Eine Erweiterung des Krankenhauses auf dem selben Terrain schied daher auch aus diesem Grund aus.

Von dem rapiden Wachsthum der Stadt hatte Niemand eine Ahnung[73]. Mit dieser lapidaren Feststellung charakterisierte Merkel in seinem Gutachten zur Verlegung des Krankenhauses das Grundproblem, vor das sich die Kommunen durch die zeitliche Koinzidenz von unabsehbarem und ungebremstem städtischen Bevölkerungswachstum und Herausbildung des städtischen Leistungsangebots auf allen Gebieten der Daseinsvorsorge gestellt sahen. Nicht nur das städtische Krankenhaus, nahezu alle neuen infrastrukturellen Einrichtungen der ersten Industrialisierungsphase erwiesen sich daher nach relativ kurzer Zeit als Stückwerk und zu klein dimensioniert und wurden seit den 1880er Jahren im Zuge einer professionalisierten, vorausschauenden Stadtgestaltung durch zukunftsorientierte Großprojekte ersetzt. Eines dieser neuen Vorhaben war das städtische Krankenhaus an der Flurstraße.

Nachdem die städtischen Kollegien den Verlegungsantrag der großen Krankenhauskommission vom 29. Juli 1889 zum Beschluß erhoben hatten, begann die konkrete Planungsphase. 1892 wurde der Krankenhausbau in das neue „Unternehmungsprogramm" der Stadt aufgenommen. Der 1888 aufgestellte Finanz- und Anleiheplan bis ins Jahr 1900 hatte sich bereits innerhalb von vier Jahren als nicht mehr tragfähig erwiesen; zahlreiche Unternehmungen mußten schneller als geplant ausgeführt werden, die Schuldenaufnahme war daher rascher erfolgt. Darüber hinaus wurden neue Investitionen beziehungsweise die Erweiterung des Anleihevolumens für neue infrastrukturelle Maßnahmen unaufschiebbar, worunter der Krankenhausbau das größte Einzelprojekt darstellte[74].

---

[71] Gottlieb Merkel, Gutachten über die Verlegung des Allgemeinen Krankenhauses der Stadt Nürnberg, Nürnberg 1889 (StBN, Nor. 1619.8), S. 6.

[72] Georg Rusam, Untersuchung der alten Dorfkerne im städtisch überbauten Bereich Nürnbergs (Nürnberger Werkstücke zur Stadt- und Landesgeschichte 27), Nürnberg 1979, S. 51–57.

[73] Merkel, Gutachten (wie Anm. 71), S. 1.

[74] Christoph von Seiler, Die außerordentlichen in der Zeit bis 1900 auszuführenden Unternehmungen der Stadt Nürnberg, hier die Finanzgebahrung für solche betr. Denkschrift des II. Bürgermeisters von Seiler, Nürnberg 1892.

Im Auftrag der städtischen Kollegien hatten 1890 Merkel, Tauber sowie der Leiter des städtischen Hochbauamts, der Architekt Heinrich Wallraff, mehrere neue Krankenanstalten, darunter das Berliner Krankenhaus „Am Urban" (erbaut 1887–1889) und die Hamburg-Eppendorfer Klinik besichtigt. Merkels Urteil, *dass, wer heutzutage Krankenhäuser bauen oder einrichten will, gezwungen ist, die Anstalt in Hamburg und ihre in vielen Beziehungen einzig mustergiltigen Einrichtungen zu besichtigen und zu studieren*[75], entsprach auch dem Eindruck seiner beiden Reisebegleiter. Die Baupläne Wallraffs und Merkels für das Nürnberger Krankenhaus folgten daher noch streng der dezentralen Pavillonbautechnik; trotz Antisepsis, Asepsis und Bakteriologie behielten im Krankenhausbau bis 1914 die lufthygienischen Erwägungen die Oberhand[76]. Als geeigneter Standort wurde der Rohlederergarten in St. Johannis in der von der Urbanisierung noch wesentlich weniger erfaßten Nordstadt begutachtet und aus dem Besitz der städtischen Wohltätigkeitsstiftungen angekauft. Nach dem städtischen Zentralfriedhof und dem kommunalen Vieh- und Schlachthof war der Krankenhausbau das dritte Großprojekt, das aus Mangel an verfügbaren Plätzen im Zentrum der Stadt, vor allem jedoch aus hygienischen und gesundheitspolitischen Erwägungen heraus an den Stadtrand beziehungsweise – wie im Fall des Friedhofs – auf einem Platz außerhalb der städtischen Gemarkung zu liegen kam.

Der seit 1892 amtierende Erste Bürgermeister Georg von Schuh[77] forcierte die Planungsarbeiten, so daß die städtischen Kollegien schließlich am 3. beziehungsweise 9. Januar 1894 das Gesamtprogramm in Höhe von 3 167 000 Mark genehmigten und die Einweihung des neuen Krankenhauses am 6. September 1897 erfolgen konnte. Das auf dem Krankenhausgelände errichtete repräsentative Direktorenwohnhaus mit großem Garten zeugt von dem Bedeutungs- und Prestigezuwachs, die die Stelle des ärztlichen Leiters erfahren hatte. Die Anerkennung der Staatsregierung für Merkels Verdienste um die Errichtung des neuen Krankenhaus erfolgte durch die Verleihung des Michaelsordens III. Klasse am 1. Januar 1899[78].

Ein allgemeines Krankenhaus soll es werden, was zunächst bestimmt ist für Gesellen und Lehrlinge, für Dienstboten und Fabrikarbeiter, weil diese in der Regel keinen eigenen Heerd haben, aber zugänglich und annehmbar soll es seyn für Alle, weß Standes sie auch seyen, denen in Krankheiten die sorgfältige häusliche Pflege fehlt, auch wenn sie selbst die erforderlichen Mittel dafür besitzen[79].

Der Auszug aus der Rede bei der Grundsteinlegung zum ersten städtischen Krankenhaus von 1840 zeigt, daß die besonderen therapeutischen Möglichkeiten eines Krankenhauses durch medizinische Fachkenntnis und Spezialausrüstung noch kein entscheidendes Kriterium für einen Krankenhausaufenthalt gebildet hatten. Das neue Krankenhaus brachte aufgrund der verbesserten Raumsituation, der hochwertigen

---

[75] Gottlieb Merkel, Rezension zu den Jahrbüchern der Hamburgischen Staats-Krankenanstalten, hg. v. Alfred Kast, in: MMW, 1891, Nr. 35, S. 611.
[76] Murken, Armenhospital (wie Anm. 19), S. 143, 192–196.
[77] Bauernfeind, Schuh (wie Anm. 46), S. 282–287.
[78] Merkel, Lebenserinnerungen (wie Anm. 11), S. 143.
[79] StBN, Nor 745.4, Rede bei der feierlichen Legung des Grundsteins zum neuen allgemeinen Krankenhause zu Nürnberg am 15. October 1840 gehalten von Jakob Friedrich Binder, erstem Bürgermeister, Nürnberg 1840, S. 8.

Ausstattung mit modernen medizinischen Geräten im Zuge der fortschreitenden Apparatemedizin sowie einer detaillierten Betriebsplanung durch Merkel eine erhebliche qualitative Verbesserung der medizinischen Behandlung. Als erstes unter den städtischen Krankenhäusern besaß die Nürnberger Anstalt ein eigenes pathologisches Institut mit allen Einrichtungen für histologische und bakteriologische Untersuchungen, bei dessen Ausstattung Merkel von Robert Koch, den er auf der Hygieneausstellung 1883 in Berlin persönlich kennengelernt hatte, beraten wurde[80]. 1901 wurde mit der nebenberuflichen Anstellung von vier Spezialärzten für Augen-, Hals- und Nasen-, Frauen- sowie Nervenkrankheiten zur konsultativen Mitwirkung der weiteren Spezialisierung des Arztberufs Rechnung getragen[81]. Ein Jahr später wurden mit Zustimmung des Magistrats auf Veranlassung Merkels pathologisch-anatomische Demonstrationskurse für die Ärzte der Stadt eingeführt[82]. Der Wandel zu einer Stätte der medizinischen Wissenschaft und Forschung war vollzogen. Diesen wissenschaftlichen Anspruch der neuen Anstalt dokumentierte auch die Festschrift zur Eröffnung des Krankenhauses, in der neben Beiträgen zur Geschichte der Gesundheits- und Krankenpflege sowie zum alten und neuen Krankenhaus auch medizinische Fachbeiträge der Krankenhausärzte publiziert wurden. Zusammen mit den Festschriften anläßlich der 65. Versammlung der Gesellschaft Deutscher Naturforscher und Ärzte von 1893, die Merkel als erster Geschäftsführer organisiert hatte, sowie zur 24. Versammlung des Deutschen Vereins für öffentliche Gesundheitspflege von 1899 wurden in den 1890er Jahren drei umfassende Leistungsbilanzen auf dem Gebiet des Gesundheitswesens vorgelegt, das zu einem Paradigma städtischer Prosperität und kommunalen Selbstbewußtseins geworden war. Daß Merkel als praktischer Arzt 1904 mit der Leitung des Kongresses für Innere Medizin beauftragt wurde, bedeutete eine hohe akademische Anerkennung seiner wissenschaftlichen Arbeit[83].

Der Wandel in der Sozialstruktur der Krankenhauspatienten vollzog sich dagegen trotz der Konzeption des Krankenhauses als Angebot an die gesamte städtische Gesellschaft vergleichsweise langsam. Waren in den Jahren 1845/46 bis 1864/65 über 90% der Kranken Gesellen, Lehrlinge, weibliche und männliche Fabrikarbeiter, Dienstboten und Tagelöhner sowie Näherinnen, so lag deren Anteil im neuen Krankenhaus bei der Pensionierung Merkels 1908 noch immer bei über 75%[84]. Der Stamm der Krankenhauspatienten blieb demnach bis ins 20. Jahrhundert derselbe, doch wurden die Arbeiterschichten durch die Krankenversicherung zunehmend zu zahlenden Kassenpatienten[85].

In quantitativer Beziehung war die Versorgungsleistung mit 761 Betten in 17 Gebäuden wieder auf 44,7 Betten pro 10 000 Einwohner angewachsen. Aufgrund stetig

---

[80] Johannes Müller, Gottlieb v. Merkel †, in: MMW, 1921, Nr. 45, S. 1455–1457; Merkel, Lebenserinnerungen (wie Anm. 11), S. 135.

[81] StBN, Nor. J. B. 75, 1901, Statistischer Jahresbericht über das allgemeine Krankenhaus der Stadt Nürnberg für 1901, S. 4.

[82] Gesundheitsverhältnisse (wie Anm. 63), Nürnberg 1902, S. 223.

[83] Merkel, Lebenserinnerungen (wie Anm. 11), S. 169.

[84] Vgl. Geist, Krankenhaus (wie Anm. 53), S. 21 sowie Statistisches Jahrbuch der Stadt Nürnberg, hg. v. Statistischen Amt. Zweiter Jahrgang. Für 1910, Nürnberg 1911, Tab. 262.

[85] Vgl. Marianne Pagel, Gesundheit und Hygiene. Zur Sozialgeschichte Lüneburgs im 19. Jahrhundert, Hannover 1992, S. 133, 137; Göckenjan, Kurieren (wie Anm. 65), S. 231.

steigender Belegungszahlen vor allem auch infolge der Eingemeindungen von 1898/99 wurde die Anzahl der Krankenbetten weiter erhöht. Sie lag bei Merkels Pensionierung als Krankenhausdirektor 1908 bei 990 Betten, so daß die Versorgung dennoch auf 31,8 Betten pro 10 000 Einwohner gesunken war. Eine Entlastung wurde jedoch durch die Gründung beziehungsweise Erweiterung weiterer gemeinnütziger Krankenhäuser geschaffen, die 1909 über insgesamt 421 Betten verfügten[86].

Bis zum vorläufigen Abschluß des Ausbaus 1931 wurde auf der „Dauerbaustelle" Krankenhaus die Kapazität auf 1711 Betten erhöht[87]. Daß sich dabei die Grundkonzeption des Krankenhauses als trag- und erweiterungsfähig erwies, ist in erster Linie Merkels Verdienst.

Merkel als Schlüsselfigur der öffentlichen Gesundheitspflege und -fürsorge

Merkel wurde für Nürnberg der Motor der Gesundheitspflegebewegung, die sich Ende der 1860er Jahre in Deutschland formierte und zur Herausbildung neuer, von der Kommune getragener Gesundheitsleistungen führte. Auf Anraten von Ziemssens und Zenkers nahm er 1867 zusammen mit Julius Cnopf an der 41. Versammlung der Gesellschaft Deutscher Naturforscher und Ärzte in Frankfurt am Main teil, in deren Verlauf auf Initiative Max von Pettenkofers sowie der Frankfurter Ärzte Georg Varrentrapp und Gustav Spieß die Gründung der Sektion für öffentliche Gesundheitspflege erfolgte. Die Sektionsgründung stellte nicht nur einen wichtigen Schritt auf dem Weg zur Etablierung der Hygiene als medizinisches Spezialfach im wissenschaftlichen Lehr- und Forschungsbetrieb dar, sondern war Ausgangspunkt für die Gründung des Deutschen Vereins für öffentliche Gesundheitspflege 1873, mit dem ein interdisziplinäres Forum von Ärzten, Naturwissenschaftlern, Ingenieuren und Verwaltungsfachleuten für Fragen der praktischen Durchführbarkeit der Assanierung der Stadt installiert wurde[88]. Im Zentrum der Arbeit stand die Schaffung der Bedingungen für den Erhalt der Gesundheit, die durch den Aufbau einer hygienischen Infrastruktur geleistet werden sollte. Als Ideenträger und Kooperationsbasis diente der bürgerliche Verein.

---

[86] Es waren dies das Cnopf'sche Kinderspital, das Krankenhaus des Martha-Maria-Vereins, das Krankenhaus des Vereins für Krankenpflege, die Maximilians-Augenheilanstalt für arme Augenkranke, das Wöchnerinnenheim des Vereins Frauenwohl und weitere kleinere private Krankenanstalten. Vgl. Statistisches Jahrbuch der Stadt Nürnberg, hg. v. Statistischen Amt, Erster Jahrgang. Für 1909, Nürnberg 1910, Tab. 299.

[87] Vgl. Theodor Marx, Zum 50jährigen Bestehen des Allgemeinen Städtischen Krankenhauses, in: Denkschrift anläßlich des 50jährigen Bestehens des Allgemeinen Städtischen Krankenhauses Nürnberg, hg. v. Stadtrat Nürnberg, Nürnberg 1947, S. 5–24.

[88] Helmut Siefert, Hygiene, ein Thema in der Frühzeit der Gesellschaft Deutscher Naturforscher und Ärzte (1822–1867), in: Hans Querner, Heinrich Schipperges (Hg.), Wege der Naturforschung 1822–1972 im Spiegel der Versammlung Deutscher Naturforscher und Ärzte, Berlin u.a. 1972, S. 171–185; Alfons Labisch, Florian Tennstedt, Der Weg zum „Gesetz über die Vereinheitlichung des Gesundheitswesens" vom 3. Juli 1934, Düsseldorf 1985, Teil 1, bes. S. 27–32; Heinz-Jürgen Brand, Die "Deutsche Vierteljahrsschrift für Öffentliche Gesundheitspflege" in den ersten Jahren ihres Erscheinens (1869–1885) und ihre Bedeutung in der ärztlichen Hygienebewegung am Ende des 19. Jahrhunderts, Diss. Univ. Berlin 1986, S. 45–47; Thomas Bauer, Im Bauch der Stadt. Kanalisation und Hygiene in Frankfurt am Main 16.–19. Jahrhundert, Frankfurt a. M. 1998, S. 194–210.

Merkel lernte Pettenkofer auf einer Rheinfahrt im Anschluß an die Naturforscherversammlung persönlich kennen. Auf dessen Anregung hin wurde im ärztlichen Lokalverein unter der Führung von Merkel, Cnopf und Bezirksgerichtsarzt Hermann Reuter die Gründung einer „hygienischen Commission" für Nürnberg beschlossen, die am 14. November 1867 erstmals unter dem Vorsitz Cnopfs zusammentrat und der Ärzte, Chemiker, Vertreter aus dem Baufach sowie Verwaltungsfachleute angehörten. Bereits im ersten Jahr ihres Bestehens erarbeitete die Kommission im Auftrag des Magistrats ein umfangreiches Gutachten zu Fragen der Kanalisation, der Trinkwasserverunreinigung und Reinhaltung des Bodens. 1870 ging der Vorsitz an Merkel über; der Sachverständigenkreis wurde durch Kooptationen von Kaufleuten, Lehrern, Fabrikanten und weiteren Chemikern sowie Vertretern aus dem Baufach verstärkt. Als 1873 in Frankfurt die Gründungsversammlung des Deutschen Vereins für öffentliche Gesundheitspflege stattfand, waren auch Merkel und Bürgermeister von Stromer anwesend[89]. Kurze Zeit später, am 15. Juni 1874, konstituierte sich in Nürnberg der Verein auf lokaler Ebene[90]. Den Vorsitz übernahm der Arzt Karl Göschel, 1877 bis 1910 Oberarzt der chirurgischen Abteilung am städtischen Krankenhaus. Die Fachleute führten in der sogenannten technischen Kommission des Vereins die Arbeit der hygienischen Kommission fort. Durch die Vereinsmitgliedschaft und regelmäßig veranstaltete Vortragsabende sollte dagegen in einer breiteren Öffentlichkeit ein Problembewußtsein für die Assanierungsfragen und für die Notwendigkeit umfassender kommunaler Investitionen unter finanzieller Beteiligung des Bürgers[91] geschaffen werden. Ende 1874 zählte der Verein bereits über 400 Mitglieder, darunter auch viele Magistratsräte und Gemeindebevollmächtigte.

Den Vereinsvorsitz hatte Merkel wohl vor allem deshalb nicht selbst übernommen, da er auf seine Bewerbung hin seit Februar 1874 auch die Stelle des Bezirksarztes, also eines Medizinalbeamten, bekleidete[92]. Die Stelle des staatlichen Amtsarztes für die Stadt- und Landgerichte war bereits mit dem „Organischen Edikt über das Medizinalwesen im Königreich Bayern" vom 8. September 1808 eingerichtet worden[93]. Durch die Einführung der Bezirksgerichte wurde 1857 der gerichtsärztliche Dienst neu geregelt und die forensische Medizin neu bestallten Bezirksgerichtsärzten (seit 1879 Landgerichtsärzte) übertragen. Die Gerichts- und Verwaltungsorganisation von 1861/62 brachte dann eine Neuordnung der Amtsarzteinteilung: Bei den Bezirksämtern wurden Bezirksärzte I. Klasse für die Sanitätsverwaltung innerhalb des Distrikts und für den gerichtsärztlichen Dienst Ärzte bei den Einzelgerichten aufgestellt[94]. Das

---

[89] Merkel, Lebenserinnerungen (wie Anm. 11), S. 101.
[90] StadtAN, C7/I Nr. 7129; vgl. auch Eduard Stich, Thätigkeit des Vereins für öffentliche Gesundheitspflege, in: W(ilhelm) Beckh, F(erdinand) Goldschmidt, C(arl) Weber, Gesundheitspflege in Nürnberg an der Wende des 19. Jahrhunderts, Nürnberg 1899, S. 276–288.
[91] Etwa die einmalig zu leistenden Beiträge für den Straßenbau, für den Anschluß an die Kanalisation oder die regelmäßigen Gebühren für die Tonnenabfuhr oder die Müllbeseitigung.
[92] Staatsarchiv Nürnberg (StAN), Reg. v. Mfr., K.d.I., Abg. 1932, Tit. V, Nr. 577, Bewerbung Merkels vom 12.12.1873.
[93] Abgedruckt etwa bei Kuby, Medizinalgesetzgebung (wie Anm. 29), S. 11–21.
[94] Handbuch der bayerischen Ämter, Gemeinden und Gerichte 1799–1980, hg. v. Wilhelm Volkert, München 1983, S. 73. Veterinärpolizeiliche Aufgaben wurden 1872 mit der Aufstellung eigener Amtstierärzte als Berater der unteren Verwaltungsbehörde aus dem Zuständigkeitsbereich des Bezirksarztes ausgegliedert. Vgl. Wilhelm Volkert, Zur Geschichte des öffentlichen Gesundheitswesens, in: Zeitschrift für Allgemeinmedizin 55, 1979, S. 237–244.

Aufgabenspektrum des Bezirksarztes umfaßte die Aufsicht über die staatlich geordnete Leichenschau und die Schutzpockenimpfung, alle Krankenanstalten, Pfründnerhäuser, Gebäranstalten, Irrenhäuser, Schulhäuser, Begräbnisplätze, Waisen- und Badeanstalten. Darüber hinaus oblagen ihm die Beobachtung der meteorologischen Verhältnisse, epidemischer Krankheitsvorgänge, die Apothekenvisitationen sowie die sanitätspolizeiliche Kontrolle der Prostituierten, die wöchentlich im Polizeigebäude oder in ihren Wohnungen durch den Bezirksarzt untersucht wurden[95]. Darüber hinaus fungierte der Amtsarzt als Berater der unteren Verwaltungsbehörde und war seit 1869 Mitglied im Armenpflegschaftsrat.

Als aufgrund einer Verordnung des Staatsministeriums des Innern 1875 die Bildung von Gesundheitskommissionen zur Erforschung sanitärer Mißstände angeordnet wurde, beantragte der Verein für öffentliche Gesundheitspflege die offizielle Anerkennung der technischen Kommission als beratendes technisches Hilfsorgan des Magistrats. Merkel unterstützte den Antrag durch ein Gutachten in seiner Funktion als Bezirksarzt, dem sich das Magistratsplenum anschloß[96]. Die Kooperation des Vereins mit den städtischen Kollegien war damit institutionalisiert, und Merkel konnte in seiner Doppelfunktion als Bezirksarzt und aktives Mitglied in der technischen Kommission des Vereins als kommunaler Hygiene-Experte die gesundheitspolitischen und sozialreformerischen Maßnahmen der Stadtverwaltung wirkungsvoll mitgestalten. Als 1877 die fünfte Jahreshauptversammlung des Deutschen Vereins für öffentliche Gesundheitspflege in Nürnberg stattfand, legte der Nürnberger Verein in Zusammenarbeit mit dem städtischen Bauamt eine Festschrift vor, in der Merkel eine erste Bestandsaufnahme der Sterblichkeits- und allgemeinen sanitären Verhältnisse der Stadt publizierte[97]. Da die Festschrift auf große Resonanz stieß, wurde beschlossen, jährlich einen Mitteilungsband des Vereins zu veröffentlichen[98], der ab 1891 durch Aufnahme von Berichten über alle Sanitäts- und Wohltätigkeitsinstitute sowie über die wissenschaftlichen Vereine in einem umfassenden städtischen Gesundheitsbericht aufging[99]. Merkel lieferte hierfür bis Anfang der 1890er Jahre vor allem statistische Beiträge zu den Mortalitätsverhältnissen und sanitären Zuständen in Nürnberg[100]. Er nahm auch an der ersten bayerischen Landesausstellung 1882 in Nürnberg teil und präsentierte auf eigene Rechnung Tafeln und Diagramme zur Bevölkerungsbewegung

---

[95] Vgl. Gottlieb Merkel, Das ärztliche Personal, in: Nürnberg. Festschrift, dargeboten den Mitgliedern und Teilnehmern der 65. Versammlung der Gesellschaft deutscher Naturforscher und Ärzte, hg. v. W(ilhelm) Beckh, F(riedrich) Goldschmidt, E(mil) Hecht, Nürnberg 1892, S. 285–288; H(einrich) Wallraff, Sigmund Merkel, Überwachung der Prostitution, in: Beckh u.a., Gesundheitspflege (wie Anm. 90), S. 237f.

[96] StadtAN, C7/I Nr. 7129, Verordnung vom 15.6.1875; Gutachten Merkels vom 18.8.1875; Plenarbeschluß vom 8.10.1875.

[97] Gottlieb Merkel, Sterblichkeits- und allgemeine sanitäre Verhältnisse, in: Die sanitären Verhältnisse und Anstalten der Stadt Nürnberg, hg. v. Verein für öffentliche Gesundheitspflege, Nürnberg 1877, S. 26–41.

[98] Mittheilungen aus dem Verein für öffentliche Gesundheitspflege der Stadt Nürnberg, Nürnberg 1879–1890.

[99] StadtAN, C7/I Nr. 7186, Antrag vom 10.1.1891, Plenarbeschlüsse vom 6. und 24.3.1891; Berichte über die Gesundheitsverhältnisse und Gesundheitsanstalten in Nürnberg, hg. v. Verein für öffentliche Gesundheitspflege unter Mitwirkung des Stadtmagistrats, Nürnberg 1891–1914.

[100] Diese Tätigkeit übernahm in der Folgezeit der Physikatsassistent, der seit 1883 zur Entlastung des Bezirksarzts angestellt worden war.

sowie über die meteorologischen Verhältnisse der Stadt, wofür ihm eine silberne Medaille verliehen wurde. Die Ausstellungsbeteiligung trug nach seiner eigenen Einschätzung wesentlich dazu bei, *meinen Namen noch weiter bekannt zu machen*[101], so daß Merkel 1884 der Titel und Rang eines Medizinalrates verliehen wurde und schließlich seit 1886 wiederholt als Sachverständiger in die Farben-, Bier- und Branntweinkommission des 1876 errichteten Reichsgesundheitsamts berufen wurde. Ab 1888 gehörte er der Pharmakopöe-Kommission als ständiges Mitglied an[102].

Merkel erstellte für den Magistrat Gutachten zu Fragen der Kanalisation, Fäkalienabfuhr und Flußverunreinigung, zur Errichtung der 1885 eröffneten Ursprungswasserleitung, zur Standortfrage des kommunalen Friedhofs, des Vieh- und Schlachthofs sowie zu Fragen der Hygiene, Beheizung und Lüftung der Schulhaus-Neubauten, die infolge des Bevölkerungswachstums das wichtigste und umfangreichste Arbeitsgebiet im städtischen Hochbauwesen geworden waren[103]. Er machte auf die zunehmende Luftverschmutzung durch die giftigen Emissionen der Hopfenschwefeldörren aufmerksam, der Nürnberg als Welthandelsplatz für Hopfen in besonderem Maße ausgesetzt war. Die Zahl der Hopfenschwefeldörren war seit der Freigabe des Hopfenschwefelns 1858/62 von 34 auf über 140 im Jahr 1883 gestiegen, und Merkel forderte nachdrücklich die Umrüstung der alten Anlagen mit neu entwickelten Rauchfilteranlagen[104]. Auf Anraten Merkels erfolgte außerdem 1876 die Anstellung eines Stadtchemikers, der neben der Kontrolle von Nahrungs- und Genußmitteln auch im Bereich der Gesundheitstechnik gutachterlich tätig wurde. 1884 erhielt das chemische Laboratorium die Anerkennung als öffentliche Untersuchungsanstalt für Nahrungs- und Genußmittel für den Stadtbezirk Nürnberg[105].

Vor allem für das erste umfassende Kanalisationsprojekt, das aufgrund eines in den Jahren 1873 bis 1877 aufgestellten Generalentwässerungsplans für rund 750 ha des Stadtgebiets schrittweise zur Ausführung gelangte und eine Grundbedingung für die weitere Erschließung von Bauland war, engagierte sich Merkel nachdrücklich. Zusammen mit Baurat Franz Eickemeyer erläuterte er in einer Artikelserie in der Presse das Projekt und rechtfertigte damit in der breiten Öffentlichkeit die damit verbundenen hohen kommunalen Investitionen im Bereich der Entsorgung. Im Gegensatz zum kommunalen Engagement zur Einrichtung von Versorgungsbetrieben (Gas, Wasser, Strom) stieß die Gründung der Entsorgungsbetriebe in weiten Teilen der Bevölkerung auf Unverständnis und Kritik[106]. 1888, nachdem Merkel die Nachfolge Curschmanns in Hamburg abgelehnt hatte, verlieh man ihm in Anerkennung seiner Verdienste zusammen mit Pettenkofer die Ehrenmitgliedschaft des Vereins.

---

[101] StadtAN, C7/VIII Nr. 6577; Merkel, Lebenserinnerungen (wie Anm. 11), S. 117.

[102] Merkel, Lebenserinnerungen (wie Anm. 11), S. 121f.; Ferdinand Goldschmidt, Gottlieb Merkel, kgl. Bezirksarzt, Medicinalrath und Krankenhaus-Director in Nürnberg, in: MMW, 1893, Nr. 36, S. 678–680.

[103] Das städtische Verwaltungswesen. Bauwesen, hg. v. der Stadt Nürnberg, Nürnberg 1906, S. 11–14.

[104] Nürnberger Stadtzeitung Nr. 300, 21.12.1883, Vortrag Merkels im Verein für öffentliche Gesundheitspflege „Ueber das Hopfenschwefeln und die Hopfenschwefelanstalten in Nürnberg". Neue Rauchfilteranlagen hatten die beiden Nürnberger Chemiker Carl Puscher und Hermann Kämmerer, der erste Stadtchemiker und spätere Leiter der Untersuchungsanstalt für Nahrungs- und Genußmittel, entwickelt.

[105] Vgl. Bauernfeind, Schuh (wie Anm. 46), S. 157.

[106] Vgl. Nürnberger Stadtzeitung Nr. 288–290, 2.–4.12.1874; Nr. 16–18, 19.–21.1.1875; Nr. 21–23, 25.–27.1.1875.

Der maßgeblich durch Kochs Bakteriologie ausgelöste „Paradigmenwechsel in der öffentlichen Gesundheitspflege"[107] hin zur Gesundheitsfürsorge und ihrer gruppenbezogenen Intervention zugunsten besonders gefährdeter Adressatengruppen wie Säuglinge, Kleinkinder, Schüler und Schwangere wurde auch in der Nürnberger Gesundheitspolitik schrittweise vollzogen.

Knapp einen Monat nach der ersten öffentlichen Präsentation der Forschungsergebnisse vor der Berliner physiologischen Gesellschaft hatte Merkel Koch selbst gehört: *Hatten schon diese Publikationen* [über den Milzbrand] *das höchste Aufsehen in der gelehrten Welt erregt, so wurde die Sache doch erst recht – wenn ich so sagen darf – phänomenal, als Koch im Jahre 1882 mit seiner Entdeckung heraustrat, daß die Lungentuberkulose und Schwindsucht einen eigenen Pilz als Krankheitserreger habe: den nun so wohl bekannten Tuberkelbacillus ... Zu meinen schönsten Erinnerungen gehört die Sitzung des medizinischen Congresses vom 20. April 1882, als Robert Koch vor den versammelten klinischen Koryphäen Deutschlands in Wiesbaden eingehendere Mitteilung über seine Entdeckung erstattete. So groß der Beifall war, so mußte es mit Wehmut erfüllen, daß die Vorgänger Koch's, welche sich jahrelang um dieselbe Entdeckung ohne Erfolg abgemüht hatten, den Kranz zu Koch's Füßen niederlegen mußten*[108].

Wieder war Merkel Impulsgeber für Maßnahmen, nun im Bereich des Fürsorgewesens, die erneut zuerst durch Vereinsarbeit etabliert und in der Folgezeit Bestandteil des kommunalen Leistungsspektrums wurden. 1880 initiierte er im Anschluß an einen Vortrag im Verein die Bildung einer eigenen Kommission für Ferienkolonien armer kränklicher Schulkinder, die nach dem Vorbild der ersten Schweizer Ferienkolonien 1876 bereits 1881 die ersten bedürftigen Kinder zur Erholung in sogenannte Landferienkolonien ins mittelfränkische Umland schicken konnte[109]. Der von Merkel 1883 gegründete Verein zur Beaufsichtigung von Kostkindern kontrollierte, beriet und unterstützte Pflegeeltern, die Kostkinder gegen Bezahlung zur Pflege und Erziehung aufnahmen. Maßgeblich beteiligt war Merkel schließlich an der Etablierung der Schulgesundheitspflege, die 1894 mit der Einführung von Hilfsklassen für geistig zurückgebliebene Kinder und der Einstellung von Schulärzten 1898/99 weitere, wichtige Erfolge beim Ausbau der Kinder- und Jugendfürsorge erzielen konnte[110]. Merkel selbst ließ sich 1884 im pathologischen Institut in München, das seit 1880 von Otto von Bollinger geleitet wurde, in die Forschungsmethoden Kochs einführen.

---

[107] Labisch, Tennstedt, Weg (wie Anm. 88), S. 32; Michael Knorr, Das Jahr 1882 – Anfang und Folgen einer neuen medizinischen Methodik um und von Robert Koch, in: Zentralblatt für Bakteriologie, Mikrobiologie und Hygiene, I. Abteilung Originale B 176, 1982, S. 413–424. Aus zeitgenössischer Sicht vgl. Hugo von Ziemssen, Wissenschaft und Praxis in den letzten 50 Jahren (Klinische Vorträge 18), Leipzig 1890, S. 3–20; Otto von Bollinger, Wandlungen der Medizin und des Ärztestandes in den letzten 50 Jahren. Rede beim Antritt des Rektorats der Ludwig-Maximilians-Universität, München 1908.

[108] Gottlieb Merkel, Die neueren Anschauungen über das Wesen der Infektionskrankheiten; ihr Einfluß auf Haus und Gemeinwesen, Nürnberg 1887, S. 7.

[109] Nürnberger Stadtzeitung Nr. 267 u. 268, 12. u. 13.11.1880; StadtAN, F2 Nr. 10, S. 848; Beckh u.a. (Hg.), Gesundheitspflege (wie Anm. 90), S. 281–283; Thilo Rauch, Die Ferienkoloniebewegung. Zur Geschichte der privaten Fürsorge im Kaiserreich, Wiesbaden 1992.

[110] Bauernfeind, Schuh (wie Anm. 46), S. 299, 304f. Der erste internationale Kongreß für Schulhygiene fand 1904 in Nürnberg statt. Einen Vortrag über Reinigung der Schulzimmer hatte Merkel bereits 1887 im Verein für öffentliche Gesundheitspflege gehalten. Vgl. StadtAN, E 6/672 Nr. 2, Jahresbericht des Vereins am 1.1.1888.

Noch im selben Jahr wurde aus städtischen Mitteln ein kleines bakteriologisches Laboratorium im Sebastianspital errichtet, in dem er bis zur Einrichtung eines eigenen Instituts im neuen Krankenhaus neben wissenschaftlichen Studien auch regelmäßig Untersuchungen des Trinkwassers durchführte. 1890, nachdem Koch die Ergebnisse seiner ersten Tuberkulinbehandlungen veröffentlicht hatte, reiste Merkel nach Berlin und führte wenig später die Behandlungsmethode im städtischen Krankenhaus ein[111]. Als stellvertretender Vorsitzender des 1896 gegründeten „Heilstättenvereins Nürnberg" fungierte er als medizinischer Berater bei der Errichtung der Lungenheilstätte Engelthal, die 1900 ihren Betrieb aufnahm.

Mit der Lungenschwindsucht sowie mit Atemwegserkrankungen im Zusammenhang mit arbeitsmedizinischen Fragen, für die erst seit Mitte des 19. Jahrhunderts wissenschaftliches Interesse eingesetzt hatte, hatte sich Merkel schon seit Antritt der Krankenhausstelle intensiv beschäftigt[112]: *Meine Neugierde spannte sich hoch, als ich in den alten Krankengeschichten einen Bogen fand ... Der Bogen enthielt die Krankengeschichte einer phthisischen Arbeiterin und deren Sectionsbericht, der von einer rothen Lunge erzählte "die mehr einem Ziegelstein als einer Lunge glich" ... Dies meine erste Begegnung mit der Gewerbehygiene. Und welche Fülle von Beobachtungen entströmte dieser Anregung! Kaum eine Lunge eines Arbeiters, der im Staube zu arbeiten hatte, war frei von den Spuren der Arbeit ihres Trägers*[113]. Atemwegserkrankungen infolge von Staubinhalation gehörten in Nürnberg zu den endemischen Gewerbekrankheiten und rangierten in der Morbiditäts- und Mortalitätsstatistik an erster Stelle. Starke Staubentwicklung gab es vor allem in der Eisengießerei und in den Lackierwerkstätten der Klettschen Maschinenfabrik, in der Zeltnerschen Ultramarinfabrik sowie in den Goldschlägerwerkstätten, den Bronze- und Brokatfabriken, den Bleistift- und Holzspielwarenfabriken, den Holz- und Metalldrehereien, den Hornpressereien, Papierfärbereien und Tabakfabriken, die in Nürnberg zahlreich vertreten waren[114]. Merkel beobachtete den Krankheitsverlauf bei seinen Krankenhauspatienten, befragte sie über ihre Tätigkeit, führte Sektionen durch und kooperierte für die Erstellung der Befunde mit Eugen Franz Freiherr von Gorup-Besanez, seit 1855 ordentlicher Professor für Chemie, seit 1866 auch Vertreter des Faches Hygiene an der Erlanger Universität, der die Analyse der Lungen durchführte[115]. Dar-

---

[111] Alexander Frankenburger, Die Entwicklung und der Stand der Einrichtungen zur Bekämpfung der Tuberkulose in Nürnberg im Rahmen der deutschen und bayerischen Tuberkulosebekämpfung (Sonder-Abdruck aus den „Blättern für Gesundheitsfürsorge", 9. Jg., 5. Heft), Nürnberg 1931, S. 5f.

[112] Gottlieb Merkel, Zwei Fälle von Siderosis pulmonum, in: Deutsches Archiv für klinische Medizin 6, 1869, S. 616–622; ders., Zur Casuistik der Staubinhalationskrankheiten, in: Deutsches Archiv für klinische Medizin 8, 1871, S. 206–216; ders., Weitere Beiträge zur Casuistik der Staubinhalationskrankheiten, in: Deutsches Archiv für klinische Medizin 9, S. 66–77; ders., Staubinhalationskrankheiten, in: Alois Geigel, Ludwig Hirt, Gottlieb Merkel, Handbuch der öffentlichen Gesundheits-Pflege und der Gewerbe-Krankheiten, Leipzig 1874, S. 471–552.

[113] Gottlieb Merkel, Die Mitwirkung der Aerzte bei Handhabung der Gewerbehygiene, in: Deutsche Vierteljahrsschrift für öffentliche Gesundheitspflege, Braunschweig 1897, S. 140.

[114] Gottlieb Merkel, Sterblichkeits- und allgemeine sanitäre Verhältnisse, in: Die sanitären Verhältnisse und Anstalten der Stadt Nürnberg, hg. v. Verein für öffentliche Gesundheitspflege, Nürnberg 1877, S. 41.

[115] Wittern (Hg.), Professoren (wie Anm. 15), S. 55f.; Walter Gräf, Dagmar Braun, 120 Jahre Hygiene an der Friedrich-Alexander-Universität Erlangen-Nürnberg, Erlangen 1986, S. 8–13.

über hinaus suchte Merkel aber auch die Fabriken auf, um Arbeitsbedingungen und Fabrikationsabläufe kennenzulernen[116], statistisches Material über Morbidität und Mortalität in einzelnen Betrieben zu erhalten und auf der Grundlage seiner Sektionsbefunde Verbesserungen im Gesundheitsschutz anzuregen, die im günstigsten Fall auch umgesetzt wurden. So wurde etwa in der Klettschen Maschinenfabrik nach dem Tod eines Arbeiters und Merkels Leichenbefund – Lungenschwindsucht infolge fortgesetzter Inhalation von Eisenstaub – der Produktionsprozeß umgestellt: Der ursprünglich von Arbeitern mit großen Sandsteinstücken abzuschleifende Eisenoxyduloxyd-Überzug der aus dem Walzwerk kommenden Eisenbleche – sie wurden zur Verkleidung der Eisenbahnwagen gebraucht – wurde in der Folgezeit durch mehrstündiges Einlegen der Bleche in verdünnte Salzsäure entfernt[117]. Andere Unternehmer reagierten dagegen weit weniger kooperativ: *Es ist mir begegnet, dass mir in kleinen Fabriken aufs Bereitwilligste der ganze Betrieb gezeigt wurde mit dem bescheidenen Ersuchen, in den Arbeitsräumen keine Aeusserung über das Gesundheitsgefährliche des Geschäfts fallen zu lassen ... Es ist aber auch ... passirt, dass mir eine sehr eingehende Morbiditäts- und Mortalitätsstatistik aus einer der ersten Fabriken Nürnbergs, deren Fabrikationsweise bedeutenden Staub aufwirbelt, versprochen* [wurde]. *Und dies Versprechen wurde wieder zurückgezogen, weil ich im Feuilleton einer hiesigen Zeitung einen Artikel über Staubinhalationskrankheiten veröffentlicht hatte, in welchem die Rede war von einem von mir beobachteten tödlich verlaufenen Fall einer Pneumonokoniose aus jener Fabrik. Diese Publication wurde als ein Eingriff in die Interna der Fabrik, als eine "Aufwiegelung" der Arbeiter bezeichnet!*[118] Merkel engagierte sich mit seinen wissenschaftlichen Publikationen, seiner Vortragstätigkeit im Verein für öffentliche Gesundheitspflege und in seiner Funktion als Bezirksarzt nachhaltig für die Gewerbehygiene und den Gesundheitsschutz der Arbeiter, noch ehe 1879 durch die Einführung der Fabrikinspektion in Bayern mit dem Aufbau eines Aufsichtsorgans für den Arbeiterschutz begonnen wurde[119]. Da sich die Fabrik- beziehungsweise Gewerbeinspektoren[120] aus Absolventen der höheren technischen Lehranstalten rekrutierten, setzte sich Merkel in der Folgezeit nachdrücklich für die Mitwirkung von Ärzten bei der Aufsicht über die Fabrik- und Gewerbehygiene ein[121]. Mit der Bestallung eines Landesgewerbearztes wurde dieser Forderung schließlich 1909 in Bayern Rechnung getragen. Der Landesgewerbearzt fungierte als Berater der Gewerbeinspektoren, besichtigte gesundheitsgefährdende

---

[116] *Es gab in der aufstrebenden Industriestadt Nürnberg keinen Betrieb, den er nicht auf das eingehendste studiert und kennen gelernt hätte,* resümierte Ferdinand Goldschmidt in seiner Gedächtnisrede anläßlich der Trauerfeier für Gottlieb von Merkel. StadtAN, E 18 Nr. 473 c, Trauerfeier des ärztlichen Bezirksvereins Nürnberg und des ärztlichen Vereins für ihre Ehrenmitglieder Hofrat Dr. Wilhelm Beckh und Obermedizinalrat Dr. Gottlieb Ritter von Merkel am Sonntag, 13. November 1921 im Luitpoldhaus zu Nürnberg.

[117] Merkel, Casuistik (wie Anm. 112), S. 209f.

[118] Merkel, Staubinhalationskrankheiten (wie Anm. 112), S. 486.

[119] 1877 hielt Merkel im Verein für öffentliche Gesundheitspflege einen Vortrag „Über Fabrikhygiene". Vgl. StadtAN, E 6/672 Nr. 2, Jahresbericht am 1.1.1878; Nürnberger Stadtzeitung Nr. 278, 23.11.1877.

[120] Mit der Novelle der Reichsgewerbeordnung von 1891 wurde der Wirkungskreis der Fabrikinspektion auf alle gewerblichen Anlagen ausgedehnt.

[121] Merkel, Mitwirkung (wie Anm. 113), S. 135–151.

Industriebetriebe, hatte sich gutachterlich zu Gesundheitsgefahren durch Produktionsverfahren und Produktionsmittel zu äußern und Präventivmaßnahmen vorzuschlagen[122].

Nicht nur mit der Direktorenstelle des Hamburger Krankenhauses, sondern auch als Leiter des bayerischen Medizinalwesens in der Nachfolge Joseph von Kerschensteiners, der 1896 verstorben war, versuchte man Merkel aus Nürnberg abzuwerben. Merkel war bereits 1871 in den mittelfränkischen Kreismedizinalausschuß berufen worden[123], führte zwischen 1872 und 1898 den Vorsitz in der mittelfränkischen Ärztekammer[124] und vertrat mehrfach die Ärztekammer im Obermedizinalausschuß, so daß er *in der ganzen bayrischen Ärzteschaft damals eine unbestritten führende Stellung einnahm*[125] und auch aufgrund seines außergewöhnlich breiten Tätigkeitsspektrums für den Posten des Medizinalreferenten hervorragend qualifiziert war. Merkel lehnte das Angebot aus dem Bayerischen Staatsministerium des Innern ab, da es mit erheblichen finanziellen Einbußen verbunden gewesen wäre und fünf seiner Kinder ein Studium aufgenommen hatten beziehungsweise kurz vor Studienbeginn standen. Vor allem aber wollte er auf die Übernahme der Direktorenstelle in dem von ihm konzipierten neuen Krankenhaus, das sich bereits im Bau befand, nicht verzichten.

Gegen Ende seiner beruflichen Tätigkeit wurde Merkel mit Ehrungen überhäuft. Neben der Ehrenbürgerwürde, die ihm zu seinem 70. Geburtstag verliehen wurde, widmeten ihm Schüler und Kollegen eine Festschrift, die im „Deutschen Archiv für klinische Medizin" erschien[126]. 15 Patienten hatten eine Marmorbüste gestiftet, die von dem Bildhauer Fritz Zadow geschaffen wurde[127]. Anläßlich seiner vierzigjährigen Tätigkeit als Krankenhausarzt erhielt er 1907 die goldene Bürgermedaille der Stadt. Ein Jahr später wurde er mit seiner Pensionierung als Krankenhausdirektor auf Betreiben Oberbürgermeister von Schuhs mit dem Verdienstorden der bayerischen Krone ausgezeichnet, der mit dem persönlichen Adel verbunden war. *Für die Stadt Nürnberg war er auf dem Gebiete der öffentlichen Gesundheits- und Wohlfahrtspflege*

---

[122] Vgl. Gresser, Entstehung (wie Anm. 25), S. 145.

[123] Zuständigkeit und Zusammensetzung des Obermedizinalausschusses und der Kreismedizinalausschüsse wurden durch Verordnung vom 24.7.1871 neu geregelt. Der Obermedizinalausschuß, als sachverständiges Organ dem Staatsministerium des Innern unmittelbar untergeordnet, beriet und begutachtete alle Angelegenheiten des Medizinalwesens und der Medizinalpolizei inklusive der Pharmazie und des Veterinärwesens und konnte auch eigene Anträge zur Verbesserung des Gesundheitswesens stellen. Die Kreismedizinalausschüsse waren das beratende und begutachtende Organ bei den Kreisregierungen. Der Ausschuß bestand aus dem Kreismedizinalrat und sechs berufenen Mitgliedern. Vgl. Kuby, Medicinalgesetzgebung (wie Anm. 29), Bd. 1, S. 431f.

[124] Die Bildung von Ärztekammern und von ärztlichen Bezirksvereinen in Bayern regelte die Verordnung vom 10. August 1871. Die Ärztekammer, die sich aus gewählten Delegierten der Bezirksvereine zusammensetzte, beriet Fragen und Angelegenheiten, die die ärztliche Wissenschaft im Allgemeinen, die Wahrung und Vertretung der Standesinteressen oder die öffentliche Gesundheitspflege betrafen und konnte sich mit Initiativanträgen an die Kreisregierung oder auch unmittelbar an das Staatsministerium des Innern wenden. Vgl. Kuby, Medicinalgesetzgebung (wie Anm. 29), Bd. 1, S. 432f. Mit der staatlichen Anerkennung der Vereine und der Bildung von Ärztekammern nahmen Bayern und Sachsen eine Vorreiterrolle unter den deutschen Staaten ein. Vgl. Hugo von Ziemssen, Der Arzt und die Aufgaben des ärztlichen Berufes, in: Hugo v. Ziemssen, Klinische Vorträge Bd. 1, Leipzig 1887, S. 20f.

[125] Strümpell, Leben (wie Anm. 51), S. 179.

[126] Deutsches Archiv für klinische Medizin 24, Heft 1–4, 1905.

[127] StadtAN, E 18 Nr. 1297; Fränkischer Kurier, 29.6.1905.

was Pettenkofer für die Stadt München war[128], begründete Schuh seinen Antrag. Bereits 1903 war Merkel zum Obermedizinalrat ernannt worden. Die Stelle als Bezirksarzt hatte er im selben Jahr abgegeben, stand jedoch 1904 bei der Gründung des bayerischen Medizinalbeamtenvereins in Nürnberg beratend zur Seite und wurde dessen Ehrenmitglied[129]. 1909 erhielt er zum 50jährigen Jubiläum seiner Promotion ein Ehrendiplom der Universität Erlangen[130], 1911 den roten Adlerorden III. Klasse für seine Tätigkeit im Reichsgesundheitsamt sowie das Prinzregent-Luitpold-Kreuz für seine 40jährige Dienstzeit als Krankenhausarzt[131]. Seinen Lebensabend verbrachte Merkel mit seiner Frau Emma in Nürnberg. Von den zehn gemeinsamen Kindern waren drei Söhne noch im ersten Lebensjahr verstorben. 1903 und 1916 mußten die Eltern den Tod zweier erwachsener Kinder, der Tochter Emilie und des Sohnes Heinrich, verkraften. Zwei Söhne Merkels engagierten sich über lange Jahre in der Kommunalpolitik beziehungsweise im kirchlichen Leben der Stadt. Johannes Merkel (1875–1960), promovierter Jurist, war bereits vor dem Ersten Weltkrieg als rechtskundiger Magistratsrat und 1919 bis 1933 als berufsmäßiger Stadtrat tätig und leitete unter anderem das Finanzreferat, das Lebensmittelreferat sowie das technische Referat[132]. Georg Merkel (1882–1968) bekleidete von 1917 bis 1952 die Pfarrerstelle an der Heilig-Geist-Kirche und war von 1935 bis 1952 Prodekan sowie Schuldekan[133]. Die medizinische Laufbahn hatte sein Sohn Hermann (1873–1957) eingeschlagen. Er habilitierte sich 1903 für pathologische Anatomie und gerichtliche Medizin an der Universität Erlangen und lehrte von 1909 bis 1914 als Professor an der Universität Erlangen und danach bis 1939 an der Universität München[134]. Weitere Mitglieder der Familie Merkel waren ebenfalls in Nürnberg als Ärzte tätig: Merkels Vetter Johann (1836–1908) war Facharzt für Chirurgie und gründete 1878 die Nürnberger Medizinische Gesellschaft und die Poliklinik, in der seit 1879 un- und minderbemittelte Kranke kostenlose Behandlung erhielten[135]. Ein Neffe Merkels, der Frauenarzt Friedrich Merkel (1864–1927), spezialisierte sich als Gynäkologe und leitete in Nürnberg die von seinem Vater Wilhelm 1877 gegründete Privatfrauenklinik[136]. Ein

---

[128] StAN, Reg. v. Mfr., K.d.I., Abg. 1968, Titel 1b Nr. 119, Bericht vom 6.2.1908.

[129] StBN, Gen, M 27,8: Einäscherung des ... Obermedizinalrats Dr. Gottlieb von Merkel, Ehrenbürger der Stadt Nürnberg ... am 15. Okt. 1921; Rede des Geistlichen, Nachrufe. Maschinenschriftliche Vervielfältigung. Zur Gründungsversammlung in Nürnberg vgl. MMW, 1904, Nr. 16, S. 734.

[130] Universitätsarchiv Erlangen, C3/3, Nr. 1858/59–23, Ehrendiplom vom 10.8.1909.

[131] Die Auszeichnung mit dem König-Ludwig-Kreuz 1916 kommentierte Merkel mit Selbstironie: *Das König-Ludwig-Kreuz für Kriegsverdienste im Heimatland erhielt ich im Mai 1916, – wofür? weiß ich nicht.* Merkel, Lebenserinnerungen (wie Anm. 11), S. 200.

[132] StadtAN, E 18, Nr. 477c, Bericht des Stadtrates Dr. Johann Merkel über seine Tätigkeit bei der Stadt Nürnberg.

[133] Georg Merkel, Rückblick auf sieben Jahrzehnte kirchlichen Lebens in Nürnberg, [o.O.] 1958.

[134] Wittern (Hg.), Professoren (wie Anm. 15), S. 129f; StadtAN, E 18, Nr. 1315, Grabrede von Kirchenrat Georg Merkel am Sarg von Dr. med. Hermann Merkel, Universitätsprofessor in München.

[135] Hans Kirste, Zum Gedächtnis Johann Merkels (17.2.1836–14.7.1908) zugleich eine geschichtliche Betrachtung über die vor 100 Jahren geborene deutsche Ärztegeneration, Nürnberg 1936. Außerhalb Nürnbergs wirkte ferner Johann Merkels Bruder, Friedrich Merkel (1845–1919), als ordentlicher Professor für Anatomie an den Universitäten in Rostock, Königsberg und Göttingen. Vgl. Volker Zimmermann: NDB 17, 1994, S. 145f.

[136] Nachruf im Fränkischen Kurier, 31.1.1927.

weiterer Neffe, Sigmund Merkel (1865–1923), war in den Jahren 1893 bis 1902 Physikatsassistent des Bezirksarztes (Gottlieb Merkel) und von 1897 bis 1907 als Armenarzt tätig. 1908 übernahm er die Stelle des Bezirksarztes beim Bezirksamt Nürnberg, 1919 wurde er 1. Bezirksarzt der Stadt Nürnberg[137].

Nach dem Ersten Weltkrieg hatten sich die gesundheitlichen Lebensverhältnisse im Vergleich zur Vorkriegszeit erheblich verschlechtert. Als Gottlieb Merkel am 13. Oktober 1921, dem 100. Geburtstag Rudolf Virchows, starb, war ein Jahr zuvor mit der Eröffnung des städtischen Gesundheitsamtes am 1. Juli 1920 – dem ersten in Bayern – das staatliche und städtische Gesundheitswesen institutionell zusammengeführt worden, *wodurch nicht nur Reibungen vermieden, sondern auch weit größere Entwicklungsmöglichkeiten geschaffen wurden*[138]. Die Stelle des Gesundheitsamtsleiters wurde Sigmund Merkel als staatlichem Bezirksarzt im Nebenamt übertragen. Hatte Gottlieb von Merkel als Krankenhausdirektor, staatlicher Medizinalbeamter, führender Kopf des Vereins für öffentliche Gesundheitspflege, engagierter Vertreter der ärztlichen Standesinteressen und anerkannter Wissenschaftler in einer Person das Fundament für den Auf- und Ausbau eines modernen Gesundheits- und Fürsorgewesens in Nürnberg gelegt, folgte während der Weimarer Republik unter Oberbürgermeister Luppe eine personalintensive Ausdifferenzierung und Spezifizierung der kommunalen Gesundheits- und Wohlfahrtspflege, die auch für andere Städte beispielgebend werden sollte.

---

[137] Fritz Schwink, Sigmund Merkel †, in: MMW, 1924, Nr. 25, S. 838f. 1900 wurde ein zweiter Bezirksarzt aufgestellt, der u. a. das gesamte Impfwesen betreute.
[138] Hermann Luppe, Mein Leben, hg. v. Stadtarchiv Nürnberg, Nürnberg 1977, S. 80. Zur Gründung des Gesundheitsamtes vgl. Windsheimer, Klinikum Nürnberg (wie Anm. 2), S. 135f.

Gabriele Moritz

Express-Werke Neumarkt –
Oberpfälzer Pioniere der deutschen Zweiradindustrie

Als sich im Herbst 1959 die Werkstore der Express Fahrradfabrik für immer schlossen, ging ein bedeutendes Kapitel Neumarkter Industriegeschichte zu Ende. Die beispielhafte unternehmerische Initiative der Firmengründer Joseph und Adolf Goldschmidt hatte im letzten Drittel des 19. Jahrhunderts ein solides Fundament für einen zukunftsträchtigen Industriebetrieb gelegt. Dieser exportierte fast ein dreiviertel Jahrhundert lang Neumarkter Zweiräder in alle Welt.

Von den Express-Werken gingen um die Jahrhundertwende die wichtigsten Impulse für den zukunftsweisenden Schritt der bislang beschaulichen oberpfälzischen Landstadt ins Industriezeitalter aus. Gerade in dieser, von einem Unternehmen initiierten Aufbruchstimmung zeigt sich eindrucksvoll und exemplarisch, wie eng Stadt- und Industriegeschichte miteinander verwoben sind[1].

Die Neumarkter „Gründerzeit"

Der 1846 für den Schiffsverkehr freigegebene Ludwig-Donau-Main-Kanal löste entgegen allen hohen Erwartungen in der jungen Hafenstadt Neumarkt keinerlei Industrialisierungsimpulse aus. Außer einer Kunstmühle am Unteren Tor entwickelte sich um den neuen Kanalhafen im Nordwesten der Stadt kein einziger Gewerbebetrieb, und das umliegende Gelände blieb jahrzehntelang unbebaut. Entscheidend für die künftige industrielle Entwicklung der königlich bayerischen Land- und Garnisonsstadt Neumarkt wurde die Eröffnung der Eisenbahnstrecke Nürnberg-Regensburg. Anders als beim mehr als 20 Jahre zuvor fertiggestellten Kanal hinterließ dies deutliche Spuren im Stadtbild. Als am 1. Dezember 1871 die Teilstrecke Nürnberg-Neumarkt eröffnet wurde, hatte die Stadt unentgeltlich Gemeindegrund zur Verfügung gestellt und den zügigen Ausbau der Verbindungsstraße vom Bahnhof zur Stadt veranlaßt. Im Zuge dieser neuen städtebaulichen Entwicklung mußte auch das den Durchgangsverkehr zwischen Marktstraße und neuem Bahnhof behindernde sogenannte Obere Tor weichen. Der geschlossene mittelalterliche Mauerring wurde erstmals durchbrochen, und unübersehbar für alle Bürger öffnete sich Neumarkt der neuen Zeit[2].

Die infrastrukturellen Vorteile dieser neuen Stadterweiterung hin zur Eisenbahn erkannten vor allem die jüdischen Gewerbetreibenden der Stadt, indem sie sich als erste Bauplätze entlang der neuen repräsentativen Bahnhofstraße sicherten. 1884 erwarben auch die Brüder Joseph und Adolf Goldschmidt einen Sandacker an der Ingolstädter Straße, um hier eine Velocipedfabrik zu gründen.

---

[1] Die vorliegende Studie basiert auf den Forschungen von Werner Broda und Petra Wurst, ... auf den Hund gekommen... Express-Werke Neumarkt. Pioniere der Zweiradindustrie, Neumarkt 1998. Eine einmalige Sammlung zur Firmengeschichte sowie zahlreiche interessante Exponate sind im Stadtmuseum Neumarkt zu besichtigen.
[2] Broda, Wurst, Express-Werke (wie Anm. 1), S. 20f.

Bereits 1863 hatte die jüdische Familie aus dem nahegelegenen protestantischen Sulzbürg die neuen Rechte der Freizügigkeit und Gewerbefreiheit genutzt, um in Neumarkt eine Eisenwarenhandlung zu etablieren. In bester Wohn- und Geschäftslage, am Oberen Markt, erwarben Joseph und sein Vater Simon ein stattliches Anwesen. Nach dem Tod des Familienoberhauptes im Jahre 1872 beschlossen seine beiden ältesten Söhne Joseph und Adolf, neue unternehmerische Wege einzuschlagen. Im Hinterhaus am Oberen Markt wurde eine Schlosserei eingerichtet, und gemeinsam mit sechs Arbeitern lief hier 1874 die Fabrikation von Kochherden an. Diese Sparherde waren ein echter „Verkaufsschlager", zumal sie rationeller als das offene Feuer und zudem billiger als eine gemauerte Herdstelle waren. Um für Lagerung und Versand mehr Raum zur Verfügung zu haben, pachtete die Firma S. Goldschmidt & Sohn 1883 am Bahnhof ein Gelände von der königlich bayerischen Eisenbahngesellschaft und errichtete darauf ein hölzernes Lagerhaus mit Gleisanschluß[3]. Sieben Jahre später wurde die gesamte Produktion vom Oberen Markt auf das Areal um den Bahnhof verlegt. An die 1200 Kochherde wurden damals jährlich vom Neumarkter Bahnhof versandt.

Neben Kapital und optimaler Infrastruktur sichert immer auch unternehmerischer Weitblick, persönliches Engagement und nicht zuletzt die Fügung des Schicksals den Erfolg eines jungen Unternehmens. Als einmaliger Glücksfall für die beiden Jungunternehmer Goldschmidt erwies sich die Anstellung eines Lehrlings aus Burghaslach bei Fürth. Seit 1877 sollte Carl Marschütz, Sohn einer jüdischen Lehrerfamilie, in der Goldschmidtschen Eisenwarenhandlung und Kochherdfabrik zum Kaufmann ausgebildet werden. Doch die eisernen Kochherde interessierten ihn wenig; seine Leidenschaft galt dem Velociped, dem neuen, in Frankreich und England hergestellten Schnellfuß. Er verlieh seinem Fahrer ungeahnte Mobilität und Freiheit, sofern er nicht allzu sehr dem Geschwindigkeitsrausch verfiel und im Graben landete[4].

Im Jahre 1882 begleitete Carl Marschütz seinen Meister zur Bayerischen Landesausstellung nach Nürnberg und nutzte diese Gelegenheit, dort Kontakte zu gleichgesinnten Fahrradenthusiasten zu knüpfen. Als der junge Kaufmannslehrling am Stand des Nürnberger Mechanikers Eduard Pirzer ein aus englischen Originalteilen gefertigtes Hochrad bewundern konnte, war seine Begeisterung für das neue Fortbewegungsmittel nicht mehr zu bremsen. Mit einem Darlehen, das ihm Joseph Goldschmidt zur Verfügung gestellt hatte, erwarb Marschütz 1883 ein englisches Bicycle[5]. Es gehört zu dem unternehmerischen Weitblick der beiden Brüder Goldschmidt, daß sie die Marktchancen dieses neuen Gefährts erkannten und zusammen mit dem Nürnberger Mechaniker Pirzer 1884 eine Velocipedfabrik in Neumarkt gründeten. Carl Marschütz hingegen wurde die Leitung der Nürnberger Filiale übertragen, was dem ambitionierten jungen Mann aber dennoch nicht genügte. 1886 trennte er sich einvernehmlich von der Firma Goldschmidt & Pirzer und stieg als Gründer der Nürnberger Zweiradindustrie auf. Aus der Velociped-Fabrik Carl Marschütz & Co gingen die späteren Herkules-Werke hervor.

---

[3] Staatsarchiv Amberg (StAAm), Baupl. Neumarkt, Nr. 1883/171 und BA NM, Nr. 1663.
[4] Broda, Wurst, Express-Werke (wie Anm. 1), S. 24f.
[5] Ebd.

Hochkonjunktur mit Handicap

In Neumarkt lief die Fahrradproduktion schwungvoll an. Englische Facharbeiter wurden angeworben, und für die heimische Produktion verwendete man englische Originalteile. Im Nürnberger Anzeiger vom April 1887 war über die bereits an den Bahnhof expandierten Fahrradwerke folgendes zu lesen: *Welchen Aufschwung der Velozipedsport in neuerer Zeit nimmt, zeigt das vortreffliche Prosperieren der Velozipedfabrik der Herren Goldschmidt & Pirzer. Das genannte Etablissement ist z.Z. derart mit Aufträgen überhäuft, daß, um dieselben in dieser Zeit, wie verlangt, erledigen zu können, die derzeitigen Fabrikräume mindestens nochmals so groß sein und einige hundert Arbeiter mehr beschäftigt sein müßten.*[6]

Innovations- und Experimentierfreudigkeit kennzeichneten von Anfang an die Geschäftspolitik der Neumarkter Fahrradfabrik. Bereits 1887 verließ das erste „Nova-Sicherheits-Zweirad" mit zwei gleich großen Rädern die Werkstore. Im gleichen Jahr schied allerdings auch Kompagnon Eduard Pirzer aus der Gesellschaft. Zusammen mit seinem Bruder gründete er in München die Monachia Fahrradwerke.

Aber auch in Neumarkt standen wichtige geschäftliche Veränderungen bevor: In einem Teilungsvertrag vom Jahre 1892 wurde Joseph Goldschmidt der Besitz der Velocipedfabrik in Neumarkt übertragen, wogegen sein Bruder Adolf die Kochherdproduktion übernahm. Als Joseph Goldschmidt am 22. November 1896 starb, neigte sich eine bedeutende Phase der Neumarkter „Gründerzeit" unwiderruflich ihrem Ende. Adolf Goldschmidt verlegte die Produktionsstätte der Kochherdfabrik nach Schweinau bei Nürnberg. Diese blieb bis zur Arisierung im Jahre 1938 in Familienbesitz und wurde von der heute noch existierenden Firma Buderus übernommen.

Die Neumarkter Erben von Josef Goldschmidt hingegen entschlossen sich zur Umwandlung ihrer Firma in eine Aktiengesellschaft.

Mit Express in die Krise

Der Gang der vormaligen Velocipedfabrik Gebrüder Goldschmidt als Express Fahrradwerke A.G. an die Börse war zu Beginn ein erfolgreiches Unterfangen. Die Auftragslage der ersten Neumarkter Aktiengesellschaft gestaltete sich in ihrem Gründungsjahr 1897 recht gut, denn der Meldung einer Regensburger Zeitung zufolge, planten die „Expressfahrradwerke" nicht nur den *Bau einer gedeckten Fahrradhalle*, sondern teilten darüber hinaus mit, *ihre Fabrik nächstes Jahr auch noch bedeutend* (zu) *vergrößern*. Zu diesem Zeitpunkt verzeichnete das Werk auch einen Rekord im Belegschaftsstand. In diesem Jahre sollen 175 Arbeiter beschäftigt gewesen sein, die mit Hilfe von 76 Maschinen über 3500 Fahrzeuge hergestellt haben. Dies bedeutet, daß etwa 1% aller in Deutschland produzierten Fahrräder aus dem oberpfälzischen Neumarkt kamen. Selbstbewußt verkündete man, das beste Fahrrad auf dem Weltmarkt zu führen; Qualitätsfahrräder von Weltruf aus „Neumarkt bei Nürnberg" bräuchten die amerikanische Billigkonkurrenz nicht zu fürchten.

Mit der nahenden Jahrhundertwende verschlechterte sich allerdings die Lage auf dem Zweiradmarkt zunehmend. Der ständige Preisverfall durch die in Amerika und England offen ausgebrochene Zweiradkrise machte sich in Deutschland stark

---

[6] Zit. im Neumarkter Wochenblatt, Nr. 34, 27.4.1887.

bemerkbar. Auch bei der jungen Neumarkter Express Fahrradwerke A.G. mußte man mit Entlassungen auf die Rezession reagieren. Im Laufe von nur zwei Jahren verlor mehr als die Hälfte der Neumarkter Belegschaft ihren Arbeitsplatz, ebenso drastisch gingen die Produktionszahlen zurück. Wurden 1899 noch circa 3000 Fahrräder hergestellt, so verminderte sich ihre Anzahl Anfang des neuen Jahrhunderts um mehr als 60% und erreichte im folgenden Jahr 1901 einen Produktionsstand von gerade noch 600 Fahrzeugen[7].

Mit dem Motor aus der Krise

Mit dem Bau motorisierter Fahrzeuge wollte Express die ersten großen Turbulenzen in der deutschen Fahrradindustrie durchstehen. Ähnlich wie bei der Einführung des Fahrrades war die Neumarkter Fahrzeugindustrie auch zu Beginn der Motorisierung äußerst innovativ und risikofreundlich. Die Produktpalette umfaßte, wie dem bereits 1899 in Neumarkt erschienenen Sonderkatalog zu entnehmen ist, *als Spezialität die leichteren Motorfahrzeuge, nämlich Motor=Dreiräder nebst dem zugehörigen beliebten Vorspann= und Anhängerwagen, sowie kleine vierrädrige Motorwagen*[8].

Zur wirtschaftlichen Konsolidierung der Firma wollte man offensichtlich nicht nur Anteile am entstehenden Markt für Motorfahrzeuge erringen, sondern auch durch Gründung von Niederlassungen vor Ort präsent sein. 1901 richtete Express ein Zweitgeschäft in Nürnberg ein, wo *sämtliche Modelle ihrer Fahrräder und Motorfahrzeuge zur Ausstellung gebracht* wurden. Einen zusätzlichen Service bot die Firma den Fahrradhändlern mit der Möglichkeit, *ihren Bedarf in Nürnberg selbst zu Original-Fabrik-Preisen zu decken*[9]. Neben diesem marktstrategisch in der Fahrradstadt Nürnberg besonders wichtigen Kundendienst expandierte die Firma und erhielt mit dem Kauf der „Vulkan-Automobilgesellschaft" in Berlin das technische Know-how für die Herstellung elektrisch betriebener Fahrzeuge.

Die enorme Risikobereitschaft und die Arbeit an ständigen Neuerungen und Verbesserungen sowohl in der Zweirad- wie auch in der Motorwagenherstellung bescherte den Express-Werken in den Jahren um 1905 eine kurze Zeit wirtschaftlicher Blüte, die gemessen an der allgemeinen Depression eher atypisch verlief.

In der Fahrradproduktion waren in den Jahren vor dem ersten Weltkrieg bei den Express-Werken Stückzahlen erreicht worden, die mehr als 350% über denen der Jahre kurz vor der Jahrhundertwende gelegen haben sollen. Laut einer statistischen Erhebung[10] wurden im Jahre 1908 bei einer Belegschaft von 180 Personen 16 800 Räder hergestellt. Zum Einsatz kamen dabei 136 Maschinen. Ein Vergleich mit zwei anderen Herstellern zeigt, daß Express in Bezug auf die Bediensteten und den Ausstoß an Fahrzeugen eher zu den kleineren Produzenten gehörte. Beispielsweise kamen aus der Deutschen Triumph-Fahrrad-Werke A.G. in Nürnberg jährlich 20 500 Räder, die

---

[7] Rudolph Ritter von Praller, Die bayerische Fahrradindustrie. Eine geschichtlich-statistische Betrachtung, Nürnberg 1908, S. 15.

[8] Bayerische Ostmark (Neumarkter Tagblatt), Nr. 42, 18./19.2.1939, S. 7.

[9] Der Motorwagen, h XVI, 31.8.1901, S. 213.

[10] Praller, Fahrradindustrie (wie Anm. 7), S. 15.

von einer Belegschaft von 305 Personen mit Hilfe von 242 Werkzeugmaschinen gebaut wurden. In den größeren Nürnberger Victoria-Werken waren 390 Arbeiter und Angestellte beschäftigt. Im Vergleichsjahr 1908 brachten sie 26 000 Fahrräder auf den Markt. Der Maschinenpark der Fabrik bestand aus 251 Geräten. Setzt man allerdings diese absoluten Zahlen in Relation zueinander, kommt man zu dem verblüffenden Ergebnis, daß der „Kleine" im Grunde der „Große" war. In Neumarkt produzierte eine Person im Jahr über 93 Fahrräder, wogegen bei Triumph nur knapp 67 Stück fertiggestellt, bei Victoria nur 66 Zweiräder gebaut wurden. Vergleicht man die gewonnenen Werte mit den jeweils vorhandenen Maschinen, ergibt sich, daß bei Express mit den wenigsten Geräten die meisten Produkte hergestellt wurden. Ohne feststellen zu können, ob die zugrunde liegenden Zahlen exakt sind, scheint Express am effizientesten gearbeitet zu haben. Ein Blick auf die bayerische Fahrradfabrikation[11] in den Jahren vor dem Ersten Weltkrieg zeigt, daß ungefähr 10% aller Fahrräder aus Neumarkt kamen.

Mit Express an den Start

Geschickt verstand es die Geschäftsleitung, ihre Produkte zu vermarkten. Von Anfang an propagierte man den Slogan „Qualität und Zuverlässigkeit" aus „Neumarkt bei Nürnberg". Um die Kunden von der soliden Bauweise ihres neuen Rades zu überzeugen, demonstrierte bereits der Firmenkatalog von 1891 in mehr oder minder detailgetreuen Zeichnungen die verschiedenen Arbeitsprozesse bei der Herstellung von Hochrädern und Tricycles. Der Saisonüberblick von 1898 dokumentierte erstmals photographisch die verschiedenen Arbeitsabläufe vom Fahrrad-Rohbau über die Montage bis hin zum Packraum für den Versand fertiger Waren und gewährt somit einen eindrucksvollen Einblick in die Frühphase der Industrialisierung.

Gemäß der Express-Werbestrategie, durch Qualität zu überzeugen, enthielten die früheren Firmenkataloge auch Empfehlungsschreiben begeisterter Kunden, so etwa jenen Brief eines Radsportlers: *Unterzeichneter fühlt sich verpflichtet, Ihnen die beste Zufriedenheit für die im Vorjahr gekaufte Maschine, mit welcher ich sehr grosse Touren, sowie 2 Rennen mit 2 Preisen mitmachte, ohne dabei die geringste Reparatur daran gehabt zu haben, sowie über die jetzige (rosa Express II) Maschine, die sich durch leichten und raschen Gang, sowie durch die seltene Bauart und Farbe bei vielen Sportsfreunden und auch anderen Personen allgemeine Aufmerksamkeit erworben hat, auszusprechen*[12].

Schon zu Beginn der Zweiradgeschichte machte vor allem die Möglichkeit des spannenden Kräftemessens im Wettkampf das neue Fortbewegungsmittel beim Publikum bekannt. Die erste „Renn"-Fahrt auf dem Hochrad über eine Distanz von 4000 Metern fand in Neumarkt anläßlich des landwirtschaftlichen Volksfestes am 19. August 1884 statt. Die beiden Velociped-Fanatiker Carl Marschütz und Eduard Pirzer landeten hierbei auf den beachtlichen zweiten und dritten Plätzen. Die gutsituierten Mitglieder des Neumarkter Velociped-Clubs beteiligten sich auch an Veranstaltungen

---

[11] Ebd., S. 39.
[12] Illustrierter Katalog der Velociped-Fabrik Neumarkt Gebrüder Goldschmidt, Saison 1895, Vorwort der Gebrüder Goldschmidt, Neumarkt 1895, S. 4.

anderer Städte, und gegen Ende des 19. Jahrhunderts hatte sich der Radsport zu einer Art Massenbewegung entwickelt. Neben den sogenannten „Herrenfahrern", die zum Zeitvertreib im Rennen wetteiferten, hatte sich inzwischen auch der Typus des Berufsfahrers entwickelt. Dies waren in der Regel sportliche junge Männer aus der Arbeiterklasse, die ihren Lebensunterhalt durch die Preisgelder bestritten und Sachpreise oder Gutscheine schnell in bare Münze umwandelten.

Einer der Spitzenverdiener unter diesen ersten Radprofis der Jahrhundertwende war der Münchner Thaddäus Robl. Der Weltmeister hatte bei Dauerfahrten auf deutschen Rennbahnen in den Jahren 1895 bis 1904 Preisgelder in einer Gesamthöhe von 120 869 Mark eingefahren. Im Jahr darauf wechselte Robl das Fabrikat und feierte forthin auf Express seine Triumphe. Stolz konnten daher die Express-Werke verkünden, daß alle acht Siege des Jahres 1905 „ohne Defekt oder Maschinenwechsel", vom Weltmeister auf der Rennmaschine mit dem Windhund eingefahren wurden. Ob Thaddäus Robl von dem Neumarkter Hersteller seines Rades finanziell unterstützt oder ob ihm unentgeltlich Material aus dem Hause Express zur Verfügung gestellt wurde, bleibt ungewiß. Ein Werbeblatt des Jahres 1911 behauptet jedenfalls das Gegenteil: *Der bezahlte Rennfahrer ist an das Fabrikat gebunden, für welches er engagiert ist. ... Der Rennerfolg hängt nicht allein von der Rennmaschine, sondern in weit höherem Maße von der Leistungsfähigkeit des Fahrers ab. Das ist die schwache Seite der Berufsfahrer-Rennreklame und wir sind der Ansicht, dass die Erfolge auf gekauften und bezahlten Rennmaschinen höher zu werten sind, als die Siege bezahlter Berufffahrer. Der kaufende Rennfahrer wählt das Fabrikat, welches nach seiner Ansicht das beste, zuverlässigste und schnellste ist.*

Dem Trend der Zeit entsprechend warben die Express-Werke seit 1905 nun zwar mit Rennerfolgen, führten diese aber gemäß der Firmentradition auf die qualitative Hochwertigkeit ihrer Produkte zurück – man schien es gar nicht nötig zu haben, Berufsfahrer anzuheuern. Besonderes Gewicht maß man auch in den Annoncen den seit den 1910er Jahren immer beliebter werdenden Straßenrennen bei, denn die Bewältigung einer Distanz von mehreren hundert Kilometern sollte für die Zuverlässigkeit des Fabrikats bürgen. Ein bedeutender Coup gelang den Express Werken mit Erich Aberger aus Berlin, der 1916 – in jenem Jahr als er erstmals auf einem „Express-Straßenrenner" an den Start ging – als *der erfolgreichste deutsche Straßenfahrer* gefeiert wurde. Seine Erfolgsbilanz mit dem in Neumarkt produzierten Rennrad umfaßte bis 1923 insgesamt 18 erste und 13 zweite Plätze. Ihm war es vergönnt, Pate für ein Produkt der Express-Werke zu stehen. Das Modell „Aberger" war das einzige, das in der jahrzehntelangen Firmengeschichte mit dem Namen eines Rennfahrers ausgezeichnet wurde.

Die stählerne Kavallerie

Auch bei der Einführung der Fahrräder beim Militär waren die Produkte der Neumarkter Velocipedfabrik an „vorderster Front" zu finden. Mit „Dumpingpreisen" versuchten die Neumarkter ihre Nürnberger Konkurrenten um Großaufträge des preußischen Kriegsministeriums auszumanövrieren[13]. Während der Kriegsvorbereitungen

---

[13] Bayerisches Hauptstaatsarchiv München, Abt. IV, Kriegsarchiv, M Kr 1484.

stellten die Express Fahrradwerke eine größere Anzahl zusammenlegbarer, im Tornister transportabler Fahrräder her, die sich äußerst gut bewährten. In einer Zeitungsmeldung vom April 1914 wurde von der vollständigen Ausrüstung des Jägerbataillons in Aschaffenburg mit Express Militär-Klapprädern sowie von einem wiederholten Auftrag der bayerischen Feldzeugmeisterei für eine größere Lieferung berichtet. Trotz zahlreicher staatlicher Aufträge konnten die Produktionszahlen während und nach dem Ersten Weltkrieg bei Express nicht erheblich gesteigert werden. Permanenter Materialmangel und fehlende Arbeitskräfte ließen die Produktionsanlage vielfach zu lange stillstehen[14].

Mit Express aus dem Krieg

Über die Entwicklung der Fabrik nach dem Ersten Weltkrieg liegt nur wenig aussagekräftiges Quellenmaterial vor. Jegliche, vor allem linke politische Agitation, unterdrückte der Neumarkter Stadtrat vehement. Besonders die Express-Werke unterlagen kritischer Beobachtung, war doch der örtliche Gewerkschaftsführer hier als Radspanner tätig[15]. Enge politische und direkte persönliche Beziehungen bestanden zwischen den Express-Arbeitern und dem Radfahrverein „Solidarität", der 1921 in Neumarkt gegründet wurde. Hier war vielfach der Sportsgeist der sozialdemokratischen Agitation untergeordnet, was deutlich am scharfen Protest gegen die bestehenden politischen Verhältnisse anläßlich ihrer Standartenweihe zu Tage trat.

Die Bilanzen der Express-Werke in den 1920er Jahren weisen jedoch auf einen deutlichen Aufwärtstrend der Firma hin. Die teilweise recht hohen Reingewinne lassen auf einen guten Geschäftsgang und damit auf einen befriedigenden Umsatz schließen[16]. Dank der guten Geschäfte konnte auch der sogenannte „Wohlfahrtsfond"[17] des Unternehmens mit Einlagen versehen werden. Diese Einrichtung war ein betriebsinterner Sozialfond, durch den sowohl Angestellte wie auch Arbeiter und Arbeiterinnen in Krankheits- und Notfällen unterstützt wurden, aber auch anläßlich von Eheschließungen und Firmenjubiläen winkten kleine Geldbeträge. Diese patriarchalische Einrichtung hatte über Jahrzehnte Bestand und wurde bis in die 1950er Jahre beibehalten.

Die langjährige Konstruktions- und Fabrikationserfahrung der Express-Werke war die Grundlage für stetige technische Verbesserungen und Neuerungen. Die in ihrer Grundausführung über Jahrzehnte hinweg unverändert gebauten Räder erhielten eine immer bessere Ausstattung, teilweise mit patentiertem Zubehör. Darüber hinaus bot Express eine Fülle von verschiedenen Modellvarianten an, mit denen spezielle Käuferschichten erschlossen werden konnten[18]. Dieses flexible Reagieren auf die Bedürfnisse der Kunden verhalf Express schließlich auch zu Beginn der 1930er Jahre, als

---

[14] Broda, Wurst, Express-Werke (wie Anm. 1), S. 66–68.
[15] StAAm, Reg. d. Opf., Abg. 1949, Nr. 14186, Schreiben vom 7.3.1921.
[16] Handbuch der deutschen Aktiengesellschaften, Darmstadt u.a. 1929, S. 1794.
[17] Handbuch der deutschen Aktiengesellschaften, Darmstadt u.a. 1932, S. 440.
[18] Vgl. hierzu die zahlreichen Beispiele bei Broda, Wurst, Express-Werke Neumarkt (wie Anm.1), S. S.71f.

das Fahrrad zum Massenartikel wurde und weniger als 70 Reichsmark kostete, seinen Marktanteil zu behaupten[19].

Seit den 1930er Jahren nahmen die Express-Werke auch die 1907 eingestellte Produktion von Motorfahrzeugen wieder auf, um sich nicht ganz von dem benachbarten Nürnberg als Motorrad-Hochburg Deutschlands den Rang in dieser Branche ablaufen zu lassen. Kurz vor der kriegsbedingten Einstellung der Produktion von motorgetriebenen Fahrzeugen brachte Express zusammen mit Fichtel & Sachs ein Motorfahrzeug heraus, das über einen am Hinterrad eingespeichten Nabenmotor verfügte. Das mit einem gefederten Vorderrad und Satteltank ausgestattete Fahrzeug wurde von einem 60-ccm-Motor namens „Saxonette" angetrieben. Marktstrategisch war diese Maschine als „Umsteigerfahrzeug" für tretfaule Radler gedacht. Anhänger sowie verschiedene Größen und Ausführungen rundeten das Lieferprogramm ab. Bis zum Ausbruch des Zweiten Weltkrieges sollen bei der Neumarkter Firma an die 150 000 Leichtmotorräder hergestellt worden sein[20].

Vorauseilende Linientreue, ausgeprägter Geschäftssinn oder auch eine Mischung aus beidem mögen die Express-Werke veranlaßt haben, 1934, nur ein Jahr nach der Machtübernahme, das sogenannte „Braune Rad" auf den Markt zu bringen. Als Damen- und Herrenrad „für Jung und Alt, für Sport und Dienst" deklariert, zeigt die Modellbezeichnung „SA" die eigentliche Zielgruppe für dieses Fahrrad. Auch von der wiederaufgenommenen Produktion von Militärklapprädern profitierte die Firma.

Nach der systematischen Gleichschaltung aller gesellschaftlichen Kräfte durch die nationalsozialistische Machtübernahme erhielt die gesamte Schwer- und Metallindustrie eine Schlüsselposition. Die Express-Werke wurden zusammen mit anderen Neumarkter Firmen Rüstungsbetrieb. Im Gegensatz zu anderen Unternehmen vor Ort blieben der Fahrradfabrik jedoch die begehrten Auszeichnungen der Deutschen Arbeitsfront versagt, und sie galt auch nicht als nationalsozialistischer Musterbetrieb. Seit 1941 änderte sich die Produktpalette; auch bei Express stellte man sich in der Hauptsache in den Dienst der Rüstungsproduktion. Neben Zubehörteilen für das Fernmeldewesen wurden massenweise vor allem Einzelteile für die Granatwerfermunition wie Leitwerke oder Granathülsen hergestellt[21].

Schließlich wurde die Fabrik, die wie viele andere Betriebe die Maschinerie des Krieges mit ihren Produkten jahrelang am Laufen hielt, selbst von dessen grausamer Realität eingeholt. Ein Angriff der amerikanischen Luftwaffe am 23. Februar 1945 auf das Areal um den Neumarkter Bahnhof zog das Fabrikgelände stark in Mitleidenschaft. Nach Angaben von Zeitzeugen sollen die Fabrikanlagen bis zu 85% zerstört worden sein[22].

---

[19] Vgl. Rainer Schoch, Der Arbeitersport, in: Leben und Arbeiten im Industriezeitalter, Ausstellungskatalog des Germanischen Nationalmuseums Nürnberg 1985, Stuttgart 1985, S. 483.
[20] Vgl. Broda, Wurst, Express-Werke (wie Anm. 1), S. 73.
[21] Vgl. Broda, Wurst, Express-Werke (wie Anm. 1), S. 74f.
[22] Vgl. Werner Bradl, Gabriele Moritz, Petra Wurst, Aus Ruinen auferstanden. Zerstörung und Wiederaufbau der Stadt Neumarkt i. d. Opf. 1945–1995, Ausstellungskatalog Neumarkt, Neumarkt 1995, S. 9f.

Mit Express ins Wirtschaftswunder

Viele der ehemaligen Express-Arbeiter kehrten unmittelbar nach Kriegsende an ihre alte Arbeitsstätte zurück. Wenn auch noch keine geregelte Produktion anlaufen konnte, so waren für Aufräum- und Instandsetzungsarbeiten viele Kräfte nötig.

Schon im Sommer 1945 wurde Victor Lenz, dem damaligen Direktor, mitgeteilt, daß sich die Stadtverwaltung um den Erhalt der Fabrik stark bemühe, und man stellte die Zuweisung neuer Arbeitskräfte in Aussicht[23]. Da ein Großteil des Maschinenparks nicht zerstört war, konnte die Produktion schnell wieder anlaufen. Zunächst reagierte Express auf den Markt mit Notprodukten. Rohre des geretteten Warenbestandes und Spaten des Reichsarbeitsdienstes dienten zur Herstellung von Tabakschneidemaschinen und elektrischen Bügeleisen. Seit Frühjahr 1947 konnten auch in geringer Stückzahl wieder Fahrräder hergestellt werden. Ende des Jahres 1948 lief allmählich die Produktion von Krafträdern an, und der Fabrikationsbeginn von Motorrädern war in Vorbereitung. Ein Jahr später gelang es auch, auf die wachsende Nachfrage für stärkere und schwerere Maschinen zu reagieren. Die „Radex" entwickelte sich zum Verkaufsschlager, und stolz konnte die Geschäftsleitung den Beschäftigtenstand von über 300 Arbeitern und Arbeiterinnen verkünden[24].

Für die Unternehmenspolitik der Neumarkter Express-Werke war die Entscheidung für die Konstruktion und Produktion eines eigenen Motors sowie der Bau eines leichteren Mopeds, der sogenannten Radexi, zu Beginn der 1950er Jahr zunächst äußerst erfolgversprechend. Vor allem der Exportanteil der Neumarkter Firma stieg enorm, Oberpfälzer Mopeds wurden nach Norwegen und Schweden, aber auch bis nach Indonesien verschifft[25].

Während gerade der lukrative Absatz von Mopeds den Express-Werken im Jahre 1955 den größten Umsatz in der Firmengeschichte bescherte, machten sich dennoch auch in Neumarkt schon ein Jahr später die Auswirkungen der großen deutschen Zweiradkrise bemerkbar. So war nicht nur mit starker Konkurrenz zu kämpfen, sondern es dürfte zum damaligen Zeitpunkt auch eine gewisse Marktsättigung in der Zweiradbranche eingetreten sein, da der Kleinwagen zunehmend auf Vormarsch war[26].

Mit Express ins „Aus"

Die immer schwieriger werdenden Absatzbedingungen bei den Express-Werken wurden begleitet von zahlreichen innerbetrieblichen Problemen. Im November 1956 verkündete der jahrzehntelange im Dienste von Express tätige leitende Direktor seinen Rücktritt aus gesundheitlichen Gründen. Daß hierdurch eine Kündigung wegen unternehmerischer Fehlplanungen verschleiert werden sollte, ist anzunehmen. Denn in den vorausgegangenen Monaten waren bei Express Entlassungen und Kurzarbeit auf der Tagesordnung gewesen, und es häuften sich Hinweise auf mangelhafte technische Einrichtungen und die schlechte Betriebsorganisation, die „mit dem völligen

---

[23] Stadtarchiv Neumarkt, Ref. XI, Industrie, Schreiben vom 6.7.1945.
[24] Vgl. Neumarkter Tagblatt, Nr. 44, 12./13.4.1952, S. 9.
[25] Vgl. Broda, Wurst, Express-Werke (wie Anm. 1), S. 80f.
[26] Vgl. Broda, Wurst, Express-Werke (wie Anm. 1), S. 83.

Fehlen einer Neuproduktion" einhergegangen sein soll. Lediglich an den Mopeds wurden Verbesserungen vorgenommen. Von diesen persönlichen Bewertungen eines ehemaligen Express-Mitarbeiters abgesehen, ist dem auch ein gewisser Vertrauensmangel gegenüber der Geschäftsleitung zu entnehmen.

Mit einer Reihe von Rationalisierungsmaßnahmen im Bereich der Produktion und durch eine Steigerung der Effizienz der Verwaltung wollte die neue Geschäftsführung noch einmal eine solide Geschäftsbasis schaffen. Stolz verkündete der Aufsichtsrat Mitte des Jahres 1958, daß man einer positiven Entwicklung entgegensehe[27], und kaum waren diese günstigen Prognosen veröffentlicht, wurde Express endgültig in den Strudel der Zweiradkrise gerissen.

Zur Sicherung der Wettbewerbsfähigkeit sprach man weitere Entlassungen aus, und am 9. Juli 1958 war in den Nürnberger Nachrichten die Hiobsbotschaft zu lesen: *Express stellt die Zahlungen ein*[28]. Der Ernst der Lage wurde in Neumarkt spätestens dann offensichtlich, als die Lohnbuchhaltung bemerkte, daß inzwischen auch keine Schecks mehr gedeckt waren. Um ein Konkursverfahren abzuwenden, bemühten sich die Hauptaktionäre und die Hausbank bei den Victoria Werken in Nürnberg und bei der Auto-Union in Ingolstadt um die Veräußerung ihrer Firmenanteile[29].

Seit dem Frühjahr 1959 standen die Express-Werke schließlich ganz unter dem Einfluß der Zweirad-Union AG, die sofort die Fahrradfertigung in Nürnberg konzentrierte. Die Neumarkter Betriebsanlagen wurden an ein ortsansässiges Elektrounternehmen verkauft, das auch einen Teil der Belegschaft übernahm. Viele andere Neumarkter Arbeiterinnen und Arbeiter konnten bei der Zweirad-Union weiterbeschäftigt werden.

Auch wenn der seit 1956 einsetzende Niedergang des einstigen Neumarkter Renommierunternehmens in erster Linie ein innerbetriebliches wie auch gesamtwirtschaftliches Problem war, stellen sich die ehemals in der Fabrik Beschäftigten heute noch die Frage, ob nicht durch politische Intervention „ihre Express" zu retten gewesen wäre. Bei den Verhandlungen zu einer möglichen Sanierung der Fabrik versuchte der Betriebsrat, Kredite über das Wirtschaftsministerium zu erhalten. Die Hoffnung auf Unterstützung von Minister Otto Schedl, dem früheren Neumarkter Landrat, erfüllte sich nicht. Das Ministerium weigerte sich sogar, eine Bankbürgschaft zu übernehmen. Die Erkenntnis, daß die Zweiradindustrie zum damaligen Zeitpunkt nur durch ein „Gesundschrumpfen" Überlebenschancen hätte, mag ebenso der Grund gewesen sein, wie mögliche konservative Ressentiments gegen einen Betrieb, der auch als „Rote Express" bezeichnet wurde. Infolge eines günstigen Sozialplans für die Belegschaft war auch kein politischer Handlungsbedarf notwendig. Letztlich erhielt Express kurz vor der endgültigen Liquidierung durch die Vermittlung des bayerischen Wirtschaftsministeriums noch einige Aufträge im militärischen Bereich. Mit der Herstellung von Kleiderständern auf Rollen und blechernen Kartentischen mit zusammenklappbaren Untergestellen wurde die Fahrradfabrik zum dritten Mal in ihrer Geschichte Militärzulieferer[30].

---

[27] Vgl. Nürnberger Nachrichten, 4. 6. 1958, S. 18.
[28] Nürnberger Nachrichten, 9. 7. 1958, S. 13.
[29] Vgl. Der Spiegel, Nr. 49, 3. 12. 1958, S. 40.
[30] Vgl. Broda, Wurst, Express-Werke (wie Anm. 1), S. 87f.

Über 75 Jahre wurden in Neumarkt Fahrräder hergestellt. Das Ende der Express-Werke markierte nicht etwa den Untergang eines von vielen Unternehmen der Zweiradbranche, sondern das Aus für einen renommierten Hersteller von Markenfahrzeugen. Seit dem letzten Viertel des 19. Jahrhunderts war eine überaus lange Phase der Firmengeschichte geprägt von einer bemerkenswerten Bereitschaft zu unternehmerischem Risiko und zur stetigen technischen Innovation im Fahrrad- und Motorradbau. Die seit Mitte der 1950er Jahre äußerst negativ verlaufende Entwicklung der Express-Werke markiert nicht nur den Verlust des ersten Neumarkter Industriebetriebes und der wohl ältesten Fahrradfabrik Deutschlands[31]. Das Ende der Express-Werke Neumarkt bedeutet auch das Verschwinden einer Unternehmenskultur, die trotz der Größe des Betriebs noch von „familiären" Strukturen geprägt war.

---

[31] Die Express-Werke propagierten zunächst in ihren Werbeprospekten die „älteste Fahrradfabrik des Kontinents" zu sein. Doch verfügten allein schon die französischen Micheauxwerke 1869 über einen Beschäftigungsstand von 500 Arbeitern. Um 1870 wurden auch schon in München, Stuttgart, Frankfurt, Leipzig und Berlin Fahrräder hergestellt. Der seit der Jahrhundertwende von den Express-Werken erhobene Anspruch „älteste Fahrradfabrik Deutschlands" zu sein, trifft insofern zu, da sie zu diesem Zeitpunkt jene noch am Markt bestehende Firma war, die am frühesten mit der industriellen Eigenproduktion von Zweirädern begonnen hatte. Vgl. Broda, Wurst, Express-Werke (wie Anm. 1), S. 29.

Werner K. Blessing

Unternehmer in Oberfranken
Zu einer industriellen Lebenswelt des frühen 20. Jahrhunderts

Die Industrialisierung hat Franken seit der Mitte des 19. Jahrhunderts tiefgreifend verändert. Das galt neben dem alten Handels- und Gewerbezentrum Nürnberg, das, mit Fürth zusammenwachsend, zum größten Industrieplatz Süddeutschlands wurde, vor allem für den Regierungskreis Oberfranken. Dicht wie nirgends sonst in Bayern verbreitete sich hauptsächlich in dessen östlichem Teil industrielle Produktion in mittleren und kleineren Städten, ja bis in Dörfer. Hier waren Wirtschaft und Gesellschaft nicht nur punktuell, sondern flächig von den neuen Verhältnissen betroffen[1]. Das rechtfertigt, wenn mit dem Nahblick der Landesgeschichte der Wandel im Industriezeitalter erfaßt werden soll, Aufmerksamkeit für diesen Raum. Motor und zugleich Produkt der Industrie waren die Männer, die Fabriken gründeten und leiteten, auf Märkten im In- und Ausland agierten und durch ihr Verfügen über Produktionsmittel, ihr Geld und ihre persönliche Leistung eine kleine, aber potente Klasse bildeten, eine Hauptgruppe der bürgerlichen Oberschicht – die Unternehmer. Zu ihnen rechnet man nicht nur Eigentümer, sondern auch leitende Angestellte, Manager, die, je größer die Betriebe wurden, zunehmend strategische Unternehmerfunktionen übernahmen[2].

---

[1] Einen Überblick gibt Rainer Trübsbach, Sozial- und Wirtschaftsgeschichte, in: Elisabeth Roth (Hg.), Oberfranken im 19. und 20. Jahrhundert, Bayreuth 1990, S. 585–672; ferner Wolfgang Zorn, Probleme der Industrialisierung Oberfrankens im 19. Jahrhundert, in: JfL 19, 1969 S. 295–310; Karl Reitinger, Die industriellen Standortfaktoren Oberfrankens und ihre Beziehungen zu den Hauptindustrien des Regierungsbezirkes, phil. Diss. Erlangen 1927. Darstellungen zu Bayern insgesamt behandeln jeweils auch Oberfranken: das noch immer informative Sammelwerk von Alfred Kuhlo (Hg.), Geschichte der bayerischen Industrie München 1926; Wolfgang Zorn, Bayerns Gewerbe, Handel und Verkehr (1806–1970), in: Max Spindler (Hg.), Handbuch der bayerischen Geschichte, Bd. 4, Das neue Bayern 1800–1870, 2. Teilband, München 1975, S. 782–845; Ernst Moritz Spilker, Bayerns Gewerbe 1815–1965 (Volkswirtschaftliche Forschungsbeiträge 2), München 1985 (zu dem neben dem Nürnberger Raum „gewerblich stark entwickelten" Nordost-Oberfranken S. 199–209); Gerhard Bott (Hg.), Leben und Arbeiten im Industriezeitalter. Eine Ausstellung zur Wirtschafts- und Sozialgeschichte Bayerns seit 1850 (Germanisches Nationalmuseum), Stuttgart 1985; Hinweise zu Entwicklungsstand und Lage der Industrie auch in Gabriela Sperl, Wirtschaft und Staat in Bayern 1914–1924 (Schriften der Historischen Kommission zu Berlin 6), Berlin 1996.

[2] Vgl. vor allem Hartmut Kaelble, Berliner Unternehmer während der frühen Industrialisierung. Herkunft, sozialer Status und politischer Einfluß (Veröffentlichung der historischen Kommission zu Berlin 40), Berlin 1962; Jürgen Kocka, Unternehmer in der deutschen Industrialisierung, Göttingen 1975; ders. (Hg.), Bürger und Bürgerlichkeit im 19. Jahrhundert, Göttingen 1987; Lothar Gall, Bürgertum in Deutschland, Berlin 1989; ders. (Hg.), Stadt und Bürgertum im 19. Jahrhundert (Historische Zeitschrift, Beihefte, Bd. 12), München 1990; Utz Haltern, Die Gesellschaft der Bürger. Literaturbericht, in: Geschichte und Gesellschaft 19 (1993), S. 100–134; Karl Möckl (Hg.), Wirtschaftsbürgertum in den deutschen Staaten im 19. und beginnenden 20. Jahrhundert (Deutsche Führungsschichten der Neuzeit 21), München 1996. Zu Bayern grundlegend Dirk Schumann, Bayerns Unternehmer in Gesellschaft und Staat 1834–1914 (Kritische Studien zur Geschichtswissenschaft 98), Göttingen 1992; ferner Hans Hesselmann, Das Wirtschaftsbürgertum in Bayern 1890–1914. Ein Beitrag zur Analyse der Wechselbeziehungen zwischen Wirtschaft und Politik am Beispiel des Wirtschaftsbürgertums im Bayern der Prinzregentenzeit (Beiträge zur Wirtschafts- und Sozialgeschichte 32), Wiesbaden 1985; exemplarisch die dichte Studie von Rainer Gömmel, Das Nürnberger Wirtschaftsbürgertum im 19. Jahrhundert, in: Möckl, Wirtschaftsbürgertum (wie oben), S. 281–305.

Es geht uns also um Unternehmer in Oberfranken, wo sie die auf Bayern gerichtete Forschung, anders als in Nürnberg, Augsburg, München und der Pfalz, noch wenig beachtet hat. Dabei liegt der Schwerpunkt auf dem ersten Drittel des 20. Jahrhunderts; doch muß immer wieder auf die Entstehung der Gruppe im 19. Jahrhundert zurückgeblickt werden. Unsere Skizze kann allerdings nur in einer ersten Annäherung einzelne Aspekte hervorheben und sie anhand von Beispielen veranschaulichen – Beispiele meist aus der Schicht bedeutender Unternehmer, welche die Möglichkeiten der Rolle voll entfaltet zeigen. Sie sind, da dies nicht für die gesamte Unternehmerschaft der Region galt, nur bedingt repräsentativ, aber stellen doch Grundzüge und Haupttendenzen ausgeprägt vor. Ein umfassendes Bild muß einer systematischen Erfassung vorbehalten bleiben. Im folgenden blicken wir von Erlangen aus nach Oberfranken – als Reverenz vor dem Jubilar, den sein akademischer Weg von eben diesem Erlangen in die oberfränkische Regierungsstadt geführt hat.

1. Herkunftstypen und Aufstiegswege

Nach ihrer Herkunft gehörten die oberfränkischen Unternehmer des frühen 20. Jahrhunderts drei Gruppen an, in denen wir jeweils die drei wesentlichen Befähigungen zum Unternehmer finden, die Werner Sombart unterschieden hat: handwerkliches bzw. technisches Können, Kapital oder ein ererbter Betrieb[3]. Überwiegend stammten die Männer aus dem eingesessenen, vorindustriellen Gewerbe. Zu einem kleineren Teil, hauptsächlich in großen Betrieben, gehörten sie zu dem Kreis technischer oder kaufmännischer Pioniere, die mit der Industrialisierung von außen gekommen waren. Einzelne schließlich hatten sich noch seit dem endenden 19. Jahrhundert dazugesellt, indem sie in der entwickelten Industrie bereits bestehende Firmen übernahmen oder in sie eintraten.

Bei den Einheimischen überwog der ‚klassische' Schritt vom Handwerker, Verleger, Manufakturbesitzer zum Industriellen, oft am selben Ort. Er wurde in der Regel von *einer* Person geleistet, konnte jedoch mit Vorbereitung und Entwicklung bis zu drei Generationen dauern. Auch bei den Zugewanderten gab es solchen Aufstieg; häufig aber kamen sie bereits als Unternehmer mit industriellem Know-how, Kapital und Geschäftsbeziehungen aus entwickelteren Regionen, etwa von schwäbischen Textilstandorten, nach Franken. Ein derartiger Transfer von Kompetenz mit dem entsprechenden Status war dann bei denen, die während der Hochindustrialisierung kamen, nahezu die Regel.

Beispielhaft für den Aufstieg aus alter lokaler Wirtschaftspotenz ist die Hofer Familie Wunnerlich, die Ende des 19. Jahrhunderts in einer zweihundertjährigen Gewerbetradition stand. Seit dem späten 17. Jahrhundert besaß sie eine prosperierende Papiermühle in Moschendorf bei Hof, seit dem späten 18. Jahrhundert war ein anderer Zweig als Verleger und „Tüchleinmanufakturer" in Produktion und Vertrieb von Baumwollwaren so erfolgreich tätig, daß die Firma 1805 mit über 700 Beschäftigten an gut 140 Webstühlen in dieser Branche den zweiten Platz am Ort einnahm.

---

[3] Werner Sombart, Der kapitalistische Unternehmer, in: Archiv für Sozialwissenschaft und Sozialpolitik 29, 1909, S. 689–758; auf Sombarts Typen fußt Fritz Redlich, Der Unternehmer. Wirtschafts- und sozialgeschichtliche Studien, Göttingen 1964.

Man gehörte bereits zu den wenigen Hofer Familien mit beachtlichem Vermögen. Die Einheirat in eine weitere Webwarenfirma verstärkte das Kapital, das Bezugs- und Absatznetz, die Geltung in der Stadt. Von dieser Position aus gelang dann Hermann Ludolf Wunnerlich – er lebte von 1818 bis 1903 – der Einstieg in die Industrie. Zunächst beteiligte er sich im ‚take off' der 1860er Jahre an der Mech. Baumwollspinnerei Bayreuth, gab jedoch, als sie in die Krise geriet, dieses Engagement auf und gründete 1884 zusammen mit seinem Sohn Robert, drei sächsischen Textilkaufleuten aus dem nahen Plauen, dem Bankier Angelo Wassermann aus Bamberg sowie dem Augsburger Ingenieur Theodor Wilhelm Schmid die Vogtländische Baumwollspinnerei. Sie wurde Hofs zweitgrößtes Unternehmen[4].

Das geschah in einer für das späte 19. Jahrhundert typischen Konstellation. Vorindustrielles Kapital und Unternehmerwissen hatten sich durch die Erträge und Erfahrungen der frühen Industrie wesentlich vermehrt, das Bankwesen als Sammelbecken verstreuten Kapitals war inzwischen entwickelt, die Standorte einer Branche wurden nicht mehr nur durch einige Pioniere labil verbunden, sondern durch die etablierten Beziehungen in einer immer breiteren Gruppe von Fabrikanten und Hauptaktionären. Und Probleme der Technik konnten durch deren zunehmende wissenschaftliche Anleitung systematischer gelöst werden, was viele Anfangskrisen vermied. So wurde die Hauptschwierigkeit bei der Planung der Vogtländischen Spinnerei, die darin bestand, daß es auf dem hochgelegenen Terrain, dessen Freiwerden die Gründung veranlaßt hatte, kein Wasser gab, von dem erwähnten Schmid durch Kühlwasserkondensation bewältigt. Wirtschaftlich beherrschen seit dem Ausscheiden der Plauener Konsorten Hermann Wunnerlich und sein Sohn Robert – 1847 bis 1932 – die Firma, die sich 1895 durch eine Appreturanstalt, 1905/07 durch ein zweites Werk, die Spinnerei an der Saale, und schließlich 1929 durch den Kauf der Weberei Zschweigert erweiterte. Noch vor dem Ersten Weltkrieg trat auch H. Edgar, Roberts ältester Sohn, in das Unternehmen ein[5].

In einem anderen für Oberfranken kennzeichnenden Industriezweig stand – freilich in kleinerem Maßstab – die Kulmbacher Familie Meußdoerffer für industriellen Erfolg durch ererbten Wirtschaftsstatus und die neuen Chancen der Technik und des Marktes. Als sich in der Mitte des Jahrhunderts das Brauwesen der Stadt von lediglich lokaler Bedeutung stürmisch bis zur hoch exportorientierten Brauindustrie zu entfalten begann, hatte 1852 der brauberechtigte Bürger Johann Georg Meußdoerffer die Mälzerei als eine eigene Produktion begründet. Unter seinem Sohn Wilhelm – 1858 bis 1931 – wurde die in eine GmbH umgewandelte Firma, in die wiederum dessen Söhne (Dr.) Eduard und Wilhelm jun. eintraten, zu einer der größten Deutsch-

---

[4] Kuhlo, Industrie (wie Anm. 1), S. 41f.; Dietmar Trautmann, Die wirtschaftliche und soziale Entwicklung der Stadt Hof von Anbeginn bis zur Gegenwart, Teil 1, Hof 1979, S. 121, 229ff., 301ff.; Hans Schmid, Die Entwicklung der Hofer Baumwoll-Industrie 1832–1913, Leipzig und Erlangen 1923, passim; Stadtarchiv (StadtA) Hof, L/W 31; Unterlagen über Gründung und Entwicklung der Vogtländischen Baumwollspinnerei AG sowie Familienpapiere Wunnerlich, beides im Besitz von Herrn Direktor Hermann Wunnerlich (Hof), dem ich für die Überlassung von Kopien sehr danke. Detaillierte Angaben finden sich jetzt in der eindringlichen Familiengeschichte von Hermann Wunnerlich, Die Familie Wunnerlich. Geschichte und Geschichten, Hof 1998, S. 11–189.

[5] Unterlagen über Gründung (wie Anm. 4); StadtA Hof, L/Sch 17; Hofer Anzeiger 31.10.1925.

lands. Ihr Absatzmarkt reichte von Rußland bis Südamerika. Gleichfalls in Kulmbach baute Heinrich Sauermann, Gastwirt und Metzger, seit 1865 die erste deutsche Fleischkonservenfabrik auf. Ihre Produkte wurden durch das Militär, den wichtigsten Großabnehmer, rasch bekannt. Seit dem Ende des Jahrhunderts drangen sie so in den Export, daß der Sohn Hans als Generaldirektor die Firma vor und nach dem Ersten Weltkrieg noch einmal stark erweitern konnte. Er wurde 1923 Ehrenbürger Kulmbachs[6].

Den von auswärts zugewanderten Unternehmertyp, der innerhalb von ein oder zwei Generationen aufstieg, finden wir in der frühen Form noch vorindustriell etablierter, doch mit der Industrialisierung arrivierender Männer in der Familie Hutschenreuther. Sie begründete einen in Oberfranken neuen Gewerbezweig. Zunächst hatte Carl Magnus Hutschenreuther aus Thüringen zwischen 1814 und 1845 in Hohenburg an der Eger unter mannigfachen Schwierigkeiten eine Porzellanmanufaktur mittlerer Größe aufgebaut. Sein Sohn Lorenz – 1817 bis 1886 – gründete mit seinem Kapitalanteil, übernommenen Absatzbeziehungen und einem Teil der Fachkräfte eine größere und modernere Fabrik in Selb; sie wurde unter ihm und seinen Söhnen Viktor und Eugen zum industriellen Großbetrieb, dem zweitgrößten im weltweit bedeutendsten Gebiet der Porzellanproduktion. Anders jedoch als bei der noch größeren Konkurrenz, der Firma Rosenthal, und anders als bei den genannten Unternehmerfamilien in Hof und Kulmbach schied die Familie Hutschenreuther – eine Art ‚Buddenbrook-Effekt' – auf dem ersten Höhepunkt der Firma Anfang des 20. Jahrhunderts aus diesem Werk wie aus dem Stammwerk Hohenberg aus. Beide wurden zu Aktiengesellschaften[7].

Der erste Industrialisierungsschub, ein halbes Jahrhundert nach der Ankunft jenes Porzellan-Gründers, brachte eine Reihe von Männern mit Unternehmungsgeist, Marktkenntnissen, Kapital und/oder technischem Wissen nach Oberfranken. Manche wirkten hier nur vorübergehend wie der Pionier Ludwig August Riedinger aus Augsburg, der von Schwaben bis zum Niederrhein Fabriken und Versorgungsbetriebe ins

---

[6] Kuhlo, Industrie (wie Anm. 1); Gustav Popp, Die Kulmbacher Malzindustrie. Eine volkswirtschaftliche Studie (Wirtschafts- und Verwaltungsstudien mit besonderer Berücksichtigung Bayerns 66), Leipzig und Erlangen 1925, S. 56; StadtA Kulmbach, Pers. Meußdoerffer; (Wilhelm Meußdoerffer und Dr. Eduard Meußdoerffer), Dem Gedenken an unseren Vater Geheimrat Wilhelm Meußdoerffer, Kulmbach 1931. – StadtA Kulmbach, Pers. Sauermann; Kulmbacher Tagblatt 25.4.1918; Hundert Jahre H. & P. Sauermann AG. Kulmbach, 1865–1965, Kulmbach 1965. Vgl. Erwin Herrmann, Geschichte der Stadt Kulmbach (Die Plassenburg 45), Kulmbach 1985, S. 279–320.

[7] Kuhlo, Industrie (wie Anm. 1), S. 89–96; Renate Lotz, Entstehung und Entwicklung der Porzellanindustrie in Bayern, in: Bott, Industriezeitalter (wie Anm. 1), S. 210–216, 211; Wilhelm Vershofen, Tat und Vorbild. 125 Jahre C. M. Hutschenreuther Hohenberg 1814–1939, Bamberg 1939; Wilhelm Siemen, 175 Jahre Hutschenreuther. Ein Beitrag zum Firmenjubiläum 1814–1989 (Austellungskatalog), Hohenberg 1989, S. 11–70; Hans Gradl, Die Porzellanindustrie in Selb, phil. Diss. Erlangen 1919 (masch.); Helene Gerlach, Die Porzellanindustrie Oberfrankens, staatswiss. Diss. Greifswald 1924 (masch); Albrecht Bald, Porzellanarbeiterschaft und punktuelle Industrialisierung in Nordostoberfranken (Bayreuther Arbeiten zur Landesgeschichte und Heimatkunde 7), Bayreuth 1991, S. 8–13; mündl. Mitteilung der Fa. Hutschenreuther AG, Selb (Frau Strobel). Zum ‚Buddenbrook-Effekt' vgl. Wilhelm Stahl, Der Elitekreislauf in der Unternehmerschaft. Eine empirische Untersuchung für den deutschsprachigen Raum, Frankfurt/M. und Zürich 1973, S. 255f.

Leben rief⁸. Andere blieben. Sie wuchsen durch ihre Firma, durch Kapitalvernetzung, auch durch eine Tätigkeit in Wirtschaftsgremien in die ökonomische Führungsgruppe und durch Heirat, sozialen Umgang und Ehrenämter in die bürgerliche Oberschicht. Auch in den folgenden Jahrzehnten, bis in das 20. Jahrhundert, erweiterte sich auf solche Weise die Unternehmerschaft der Region, wenn neue Firmen gegründet, bestehende verkauft oder leitende Positionen neu besetzt wurden. Allerdings fällt, seitdem sich die Industriestruktur im wesentlichen herausgebildet hat, doch eine relativ hohe Ortsbindung auf, meist über mehrere Generationen und oft in Fortführung einer schon vorindustriellen Ansässigkeit. Unter denen, die von außen kamen, war einer der Erfolgreichsten der bei der Hofer Textilindustrie bereits genannte Theodor Wilhelm Schmid, der von 1849 bis 1925 lebte. Er stammte aus einer alten Augsburger Gewerbefamilie, hatte an der Technischen Hochschule München studiert sowie in englischen und schottischen Fabriken gearbeitet, vorübergehend am Polytechnikum Leipzig doziert und als Betriebsingenieur einer Spinnerei in seiner Vaterstadt gearbeitet. Durch die souveräne Lösung der Wasserversorgung qualifizierte er sich zum Mitbegründer der Vogtländischen Spinnerei und wurde für vier Jahrzehnte ihr technischer Leiter. Durch Erfindungen erwarb er mehrere Reichspatente, stieg zum Mitinhaber einer kleineren Firma auf, gelangte in die Aufsichtsräte auswärtiger Firmen von der Chemnitzer Aktienspinnerei über die Bayerische Disconto- und Wechselbank in München bis zur Zwirnerei und Nähseidenfabrik Göggingen, kam in regionale und nationale Verbände von Hofer Handelsgremium über den Verband süddeutscher Textilarbeitgeber bis zum Arbeitsausschuß der deutschen Industriellen und den Ausschuß für Textilindustrie im Reichswirtschaftsrat. Er wurde Kommerzienrat, erhielt den preußischen Roten Adler-Orden und heiratete die Tochter Theodor (von) Haßlers, der Generaldirektor der größten deutschen Baumwollspinnerei in Augsburg war und Reichsrat der Krone Bayern. So stieg Schmid in die höchsten Wirtschaftskreise auf⁹.

Bereits als ‚geborener' Unternehmer kam hingegen der Fürther Fabrikantensohn Fritz Hornschuch, der von 1874 bis 1955 lebte. Kaufmännisch und technisch zuerst im väterlichen Stammwerk, dann in Textilbetrieben Deutschlands, Österreichs, Englands und der USA ausgebildet, sanierte er die marode Kulmbacher Spinnerei, die sein Vater 1899 erworben hatte, in wenigen Jahren. Binnen eines Jahrzehnts, bis 1914, konnte er dann die Zahl der Spindeln auf das Vierfache, die Belegschaft auf das Dreifache steigern und bereits 1909 ein Zweigwerk in Mainleus errichten. Der Erfolg brachte Ehren: Hornschuch wurde Geheimer Kommerzienrat, Dr. Ing. e.h. der Technischen Hochschule Stuttgart und Ehrensenator der Universität Erlangen, Ehrenbürger von Kulmbach und mehrerer umliegender Gemeinden. Zuletzt, 1954, erhielt er, der nach zweijähriger Entfernung durch die amerikanische Besatzungsmacht 1948

---

⁸ Peter Fassl, Ludwig August von Riedinger (1809–1879). Techniker, Industriegründer und sozialer Unternehmer, in: Pankraz Fried (Hg.), Miscellanea Suevica Augustana. (Augsburger Beiträge zur Landesgeschichte Bayerisch-Schwabens 3), Sigmaringen 1985, S. 155–174; Schumann, Unternehmer (wie Anm. 2), passim.

⁹ StadtA Hof, L/Sch 17; Hesselmann, Wirtschaftsbürgertum (wie Anm. 2), S. 116, 133, 137, 144, 145. Zu Haßler vgl. Friedrich Haßler, Theodor Ritter von Haßler, in: Lebensbilder aus dem Bayerischen Schwaben, Bd. 9, München 1966, S. 352–383; Schumann, Unternehmer (wie Anm. 2), passim.

triumphal zurückgekehrt und in Firmenleitung und Vermögen wieder eingesetzt worden war, das Große Verdienstkreuz mit Stern der Bundesrepublik. In kurzer Zeit war er Kulmbachs wichtigster Unternehmer und größter Arbeitgeber geworden, dazu durch leutseliges Auftreten, soziales Engagement und Sportförderung eine populäre Figur. Eine ‚glänzende Partie' hatte dieser Mann nicht nötig; er heiratete mit gut 50 Jahren seine Prokuristin[10].

Seiteneinsteiger, das heißt Männer, die ihren Platz als Unternehmer nicht bereits geerbt hatten oder von jung an als Kapitalgeber, Techniker oder Kaufmann anstrebten, blieben selten. Am erfolgreichsten verlief eine solch unkonventionelle Karriere in der Zwischenkriegszeit bei Erich Köhler, einem 1890 geborenen Berufsoffizier. Nach dem Krieg als Hauptmann entlassen, trat er 1919 zur kaufmännischen Ausbildung in die Neue Spinnerei Bayreuth ein. Deren Gründer und Aufsichtsratsvorsitzender Carl Schüller, der Großvater seiner Frau, wurde sein Mentor. Dies, Ehrgeiz und die Führungs- und Organisationsfähigkeiten aus seinem früheren Beruf brachten Köhler innerhalb eines guten Jahrzehnts vom ‚Lehrling' an die Spitze des Unternehmens. 1933 wurde er schließlich Präsident der Industrie- und Handelskammer, also höchster Wirtschaftsrepräsentant Oberfrankens. Denn er hatte sich seit Jahren im Umkreis des Gauleiters Hans Schemm so offen für die Hitler-Bewegung engagiert, wie es unter den ‚geborenen' Wirtschaftsführern selten war[11].

2. Vernetzungen und Horizonte

Die Zuwanderung nicht weniger Unternehmer verknüpfte Einheimische mit Menschen anderer Gebiete. In stärkerem Maß aber entstanden überlokale und überregionale Verbindungen durch Ehen und vor allem durch das geschäftliche Leben. Die Heiratskreise verdichteten sich zwar, meist innerhalb einer Konfession, am Ort und in dem Raum zwischen benachbarten Städten, etwa Bayreuth, Hof, Plauen. Die Nähe gab, da sie mancherlei Kontakte schuf, der Neigung der Jungen Gelegenheit, und sie erleichterte durch genauere gegenseitige Kenntnis der familiären und besonders der wirtschaftlichen Verhältnisse die Entscheidung der Eltern. Aber die Ehen, angebahnt in Bädern, bei Verwandtenbesuchen, auf Geschäftsreisen, konnten auch weiter reichende Verbindungen knüpfen, wenn sie in Offiziers- oder (Staats- oder Privat-) Beamtenfamilien mit ihrer höheren Mobilität führten wie bei zwei Töchtern Hermann Wunnerlichs, die sächsische Offiziere heirateten, und bei H. Edgar Wunnerlich, der mit der Tochter eines Reichsbankdirektors in Hof eine württembergische Verwandtschaft anheiratete. Solche durch Besuche, Briefe, Telefonate lebendig gehaltenen Vernetzungen reichten etwa in Hof von Sachsen, das auch in dieser Beziehung näher

---

[10] StadtA Kulmbach, Pers. Hornschuch; Festschrift Fritz Hornschuch zum 60. Geburtstag, München 1934; Festschrift Fritz Hornschuch zum 80. Geburtstag, Kulmbach 1954; Hans Conrad, Aus der Geschichte der Kulmbacher Spinnerei, Kulmbach 1954. Zur Familie vgl. Hermann Ströle, 50 Jahre Konrad Hornschuch, Urbach 1956, S. 101–175; Hermann, Kulmbach (wie Anm. 6), passim.

[11] Friedrich Haßler, 50 Jahre Arbeit im Alltag. Die Geschichte der Aktiengesellschaft Neue Baumwoll-Spinnerei Bayreuth 1889 bis 1939, Bayreuth 1940, S. 26; Industrie- und Handelskammer für Oberfranken, Geschäftsbericht für 1933, S. 11. Zur Textilindustrie in Hof Axel Bauer, Die wirtschaftliche Entwicklung der Stadt Bayreuth im 19. Jahrhundert (1800–1907), wirtsch.- und sozialwiss. Diplomarbeit Erlangen-Nürnberg 1975 (masch.), S. 66–75.

lag als das katholische Mainfranken, bis Schlesien und Berlin. Sozial blieben die Heiratskreise, so weit das ausgewählte Beispiele erkennen lassen, vorwiegend in der eigenen Gruppe der Fabrikanten und Kaufleute. Dazu kamen manche Töchter von Offizieren, höheren Beamten und – vereinzelt – Geistlichen, zumal in der frühen Industrialisierung auch noch von Handwerkern wie bei Hermann Wunnerlich, dessen Schwiegervater Seilermeister war. In den arrivierten Familien des späten 19. und frühen 20. Jahrhunderts verband man sich teilweise mit dem Niederadel, der sozialen Aufstieg brachte und dafür, da er meist ohne bemerkenswertes Vermögen war, wirtschaftlich evident gewann. So heiraten unter anderem die beiden Schwestern H. Edgar Wunnerlichs Freiherrn von Waldenfels, die ihrerseits Brüder waren; deren Familie kam dadurch in die Textilindustrie, Mitglieder wurden selbst zu Unternehmern[12].

In erster Linie aber entstanden weitergreifende Vernetzungen durch die Geschäfte: Kapitalbedarf, der Bezug von Maschinen, Rohstoffen und Energie, der Warenabsatz, die Mittel der Interessenvertretung, oft aber auch schon die Qualifizierungswege verbanden die Unternehmer mit anderen Städten und Ländern. Der Warenverkehr und die Korrespondenzen, Reisen und mancherlei Erinnerungszeichen hielten einen Horizont gegenwärtig, der je nach der Branche und nach den speziellen Produkten in typischer Weise ausgerichtet war. Er konnte bis in andere Kontinente reichen.

Um Kapital zu erhalten, wandten sich selbst die Eigentümer-Unternehmer kleinerer Firmen nicht nur an Kreditgeber am Ort, sondern auch an auswärtige Banken. Vor allem bei Aktiengesellschaften aber war die räumliche Streuung des Kapitals die Regel und damit ein entsprechender Interessenverbund institutionalisiert. Die Anteilseigner erlebten sich auf ihren jährlichen Generalversammlungen direkt als eine überlokale Ertragsgemeinschaft, die Erfolge und Niederlagen teilen, über deren Konsequenzen entscheiden und Konflikte lösen mußte, in deren Verlauf sich nicht selten auch der Kreis veränderte. Auf der Generalversammlung 1923 der Mech. Spinnerei und Weberei Bayreuth etwa attackierte eine Gruppe norddeutscher Aktionäre Vorstand und Aufsichtsrat wegen der Bilanz und des Bezugs von Vorzugsaktien heftig und löste ihr Engagement bald darauf[13]. Im Aufsichtsrat der Neuen Baumwollspinnerei und Weberei Hof zum Beispiel waren zwischen 1914 und 1933 siebzehn Männer tätig, von denen neun – meist Fabrikanten oder Großhändler – aus Hof kamen, fünf – davon vier Bankdirektoren – aus München, 3 weitere aus Kronach beziehungs-

---

[12] Familienpapiere Wunnerlich (wie Anm. 4); Otto v. Waldenfels, Die Freiherrn von Waldenfels. Stammfolgen mit urkundlichen Belegen, 3. Teil, o. O o. J. (1959), S. 488f. Gruppentypische Heiratskreise ergeben sich aus den von Hesselmann, Wirtschaftsbürgertum (wie Anm. 2) erarbeiteten und in Tafeln dargestellten Verwandtschaftsbeziehungen zahlreicher bayerischer Unternehmerfamilien. Vgl. Schumann, Unternehmer (wie Anm. 2), S. 95–105, 186–194; anhand Nürnbergs Gerhard Hirschmann, Die Bedeutung des Konnubiums, aufgezeigt an Beispielen aus dem Nürnberger Wirtschaftsbürgertum im 19. Jahrhundert, in: Möckl, Wirtschaftsbürgertum (wie Anm. 2), S. 307–316.

[13] Mech. Baumwoll-Spinnerei und Weberei Bayreuth, Protokolle der Generalversammlungen 1913 bis 1935, passim, in: Firmenarchiv der Baumwoll-Spinnerei und Weberei Bayreuth (der Angriff am 15.3.1923 galt Gustav Wurster und Justizrat Dr. v. Langheinrich); Vogtländische Baumwollspinnerei Hof, Notarielle Generalversammlungsprotokolle und Geschäftsberichte 1913 bis 1934, passim, in: Firmenarchiv der Textilgruppe Hof. Vgl. Hermann Kellenbenz, Gerhard Kaiser und Jürgen Schneider, Kapitalbildung und Finanzierung von Aktiengesellschaften Oberfrankens in der zweiten Hälfte des 19. Jahrhunderts (1854–1914), in: JfL 38, 1978, S. 191– 218.

weise Rehau. Unter den 28 Personen oder Institutionen, die zwischen 1913 und 1935 größere Aktienpakete der Spinnerei und Weberei Bayreuth besaßen, waren fünfzehn aus dieser Stadt, sechs aus Augsburg, zwei aus dem württembergischen Heidenheim sowie je einer aus Bamberg, München, Hannover, Hamburg und Berlin. Am weitesten reichte der durch die Kapitalverflechtung an Bankplätze und andere Standorte der Branche gezogene Firmenhorizont, wie ihn Management und Aktionäre wahrnahmen, bei den Spitzenbetrieben der Porzellanindustrie. Sie wurde noch vor dem Ersten Weltkrieg in Konzernen großflächig über Thüringen, Sachsen, Böhmen bis Berlin organisiert. Aber etwa auch die Kulmbacher Aktienbrauereien, Firmen kleinerer Dimension, waren mit der Münchner und der Böhmischen Brauindustrie durch gegenseitige Kapitalengagements verbunden. Erst in der unteren industriellen Betriebsklasse, zum Beispiel bei der Bayreuther Bierbrauerei AG, konzentrierten sich die Aktionäre großenteils am Standort[14].

Die Maschinen kamen, da in Oberfranken selbst wenig Produktionsgüter hergestellt wurden, meist aus anderen Teilen Deutschlands oder vom Ausland. Vor allem die dominierende Textilindustrie arbeitete vorwiegend mit Spinnmaschinen und Webstühlen aus England. Nicht selten wurden diese auch von Engländern montiert. Erst nachdem der Krieg die Beziehungen unterbrochen hatte, traten in den zwanziger Jahren deutsche Lieferanten in den Vordergrund. Ihre Hauptenergie, die Kohle, erhielten Textil-, Porzellan-, Brauindustrie vorwiegend aus Sachsen und Böhmen. Auch dabei lösten Kriegs- und Nachkriegszeit zum Teil eine Verkürzung des Geschäftsradius aus: Weil großer Kohlenmangel die Elektrifizierung vorantrieb, kam für eine wachsende Zahl von Fabriken die Energie von den nächsten Kraftwerken. Rohstoffe und Halbfabrikate wurden je nach Branche aus ganz unterschiedlichen Entfernungen bezogen. Während sich die Brauereien vorwiegend mit der in der Region geernteten Gerste und auf den Hopfenmärkten Bamberg und Nürnberg eindeckten, doch auch in Böhmen kauften, bestellten Porzellan-, Granit-, Schieferindustrie ihr Material großenteils im Ausland. Und die Textilproduktion hing weitgehend von Baumwolle aus den USA ab. Deren Preise auf dem Weltmarkt, wie sie am Haupthandelsplatz Liverpool notiert wurden, schwankten je nach Ernte und Spekulation oft heftig; mittelbar schlug das auch über Halbfabrikate, meist Garne aus England, Österreich und Böhmen, durch. Deshalb mußten die Firmenleitungen die amerikanischen Anbaugebiete und die europäischen Textilreviere aufmerksam beobachten. Sie hielten englische Blätter wie den ‚Manchester Guardian' und standen ständig mit der deutschen Baumwollbörse Bremen in Kontakt. In deren Vorstand waren die oberfränkischen Produzenten unter anderen durch den Mann, der an der Spitze der Bamberger Spinnerei und Weberei stand, direkt vertreten. Umgekehrt ging die Produktion zu einem erheblichen, in man-

---

[14] Gerd v. Glaß, 100 Jahre Neue Baumwoll-Spinnerei und Weberei Hof 1853–1953, Darmstadt 1953, Liste o. S.; Gerlach, Porzellanindustrie (wie Anm. 7), S. 58–62; Gradl, Porzellanindustrie (wie Anm. 7), S. 52–57. Der Aufsichtsrat der Firma Lorenz Hutschenreuther AG in Selb bestand in den zwanziger Jahren, im Rahmen des Strupp- und Kahla-Konzerns, aus zwei Direktoren der Bank für Thüringen, einem Geheimen Kommerzienrat aus Dresden sowie drei Direktoren von Porzellanfabriken in Thüringen, Sachen und Schlesien, von den fünf Vorstandsmitgliedern kam einer aus Karlsbad in Böhmen (mündl. Mitteilung (wie Anm. 7)). Zur Kulmbacher Brauindustrie Zorn, Oberfranken (wie Anm. 1), S. 304; Firmenarchiv der Brauerei Maisel Bayreuth, Bayreuther Bierbrauerei Aktiengesellschaft, Geschäftsberichte 1913/14–1935/36, passim.

chen Branchen sogar zum größten Teil in das Ausland, das übrige meist in alle Teile des Reiches. Man war deshalb in den Spinnereien und Webereien, in den Porzellanfabriken, in den Großbrauereien, im Korbwarenverlag, aber selbst in der mittelständischen Granitschleiferei, Schieferbearbeitung und Glasherstellung nicht nur über den inländischen Markt unterrichtet, sondern auch über den – meist mehrerer, manchmal vieler – anderer Länder. Und nicht wenige Firmenleitungen standen, da der Absatz zum Teil direkt erfolgte, mit fernen Partnern selbst im Geschäftsverkehr[15].

Aus einem detaillierten Bericht, den die Industrie- und Handelskammer 1927 über Struktur, Außenverflechtung und aktuelle Lage der Wirtschaft Oberfrankens verfaßte, lassen sich Vorstellungsräume ablesen. Der Radius erfaßte, so sehr sich die Branchen im einzelnen unterschieden, offenbar durchweg Mitteleuropa, reichte aber meist weiter in andere Teile Europas und oft nach Übersee. Natürlich konzentrierte er sich auf bestimmte Gebiete, ja Orte, aus denen Material kam oder in die Produkte gingen. Was im Atlas fern war, konnte nahe liegen, das Nahe dagegen abgelegen sein wie bei Textilfabrikanten, für die England, und bei der Porzellanindustrie, für die die Vereinigten Staaten wichtiger waren als viele Teile Deutschlands[16].

Ein weiter Geschäftskreis war, zumindest auf einem spartenspezifischen Sektor, vor allem den Männern in den großen Firmen meist auch durch eigene Anschauung vertraut. Seit der Zeit der frühindustriellen Pioniere, die sich im Vorbild England grundlegende Kenntnisse und Fertigkeiten angeeignet und erste Beziehungen gewonnen hatten, war die Ausbildungsreise im Wirtschaftsbürgertum häufig geworden – als abschließende Qualifizierungsphase und Vorbereitung auf eine Führungsposition durch die ‚mitahmende' Beobachtung von Vorbildern unter den Bedingungen einer fremden Umwelt. Sie gewann für den Industriekapitalismus eine durchaus ähnliche Funktion wie die adelige Kavalierstour in der feudalen Herrschaftswelt. Man konnte dabei an zwei bürgerliche Traditionen beruflicher ‚Welterfahrung' anknüpfen. Junge Kaufleute gingen seit Jahrhunderten zur Praxis in fremde Handelsstädte und an Messeplätze. Und auf der Ebene des Handwerks war das Lehrwandern, zumal in hochentwickelten Gewerben, ein wichtiger Vorgang der weiträumigen Übertragung von Produktionswissen und rollengerechtem Verhalten gewesen. Nun gingen nicht wenige, die später als Unternehmer oder Manager Fabriken leiteten, nach ihrer Grundausbildung in der Heimatregion oder in anderen deutschen Städten auf einige

---

[15] U. a. Heinrich Semlinger, Beitrag zur Geschichte der Mech. Baumwollspinnerei und Weberei Bamberg. Aus Anlaß des fünfzigjährigen Bestehens am 12. Juni 1908, Bamberg 1908, S. 5–32; Schmid, Entwicklung (wie Anm. 4), S. 137–177; Und dennoch drehen sich wieder die Spindeln. Hundert Jahre Mech. Baumwollspinnerei & Weberei Bayreuth, Darmstadt 1953, S. 39f.; Friedrich Haßler, 50 Jahre Arbeit im Alltag. Die Geschichte der Aktiengesellschaft Neue Baumwollen-Spinnerei Bayreuth 1889–1939, Bayreuth 1940, S. 12–28; Otto Sandler, Die Kulmbacher Brauindustrie, Leipzig und Erlangen 1926; Gerlach, Porzellanindustrie (wie Anm. 7), S. 47–50; Reitinger, Standortfaktoren (wie Anm. 1), S. 47–146; Handelskammer (ab 1926 Industrie- und Handelskammer) für Oberfranken, Jahres- bzw. Geschäftsberichte 1913, 1919, 1920, 1923 bis 1930, 1933, 1934, passim.

[16] Industrie- und Handelskammer für Oberfranken an Regierung von Oberfranken 6.7.1927 (Berichtigungen 10.8.1927), Bericht auf Veranlassung des Deutschen Industrie- und Handelstages für die Zwecke des Enquete-Ausschusses über den wirtschaftlichen Charakter Oberfrankens, in: Staatsarchiv (StA) Bamberg K 3, F VI b, 5579.

Zeit ins Ausland; zum Teil unternahmen sie auch später noch mehrfach Reisen dorthin[17].

Aus der Gründergeneration in Oberfranken hatte zum Beispiel Carl Kolb – 1826 bis 1895 –, der bereits frühindustrielle Erfahrungen besaß, da sein Vater seit 1846 bei Bayreuth eine mechanische Flachsspinnerei betrieb, in den 1850er Jahren die Technik und Organisation der großen Spinnereien Mittelenglands studiert. Er wurde der erste Betriebsdirektor der Mech. Spinnerei und Weberei Bayreuth und gewann durch viele Ehrenämter, unter anderen den Vorsitz der Handelskammer, und als Mäzen eine hervorragende Rolle in der Bayreuther Gesellschaft. Der nächsten in England geschulten Generation gehörten der schon erwähnte Augsburger Theodor Wilhelm Schmid an, der zum leitenden Ingenieur der Vogtländischen Spinnerei in Hof wurde, sowie deren Mitbegründer und, ab 1903, Aufsichtsratsvorsitzender Robert Wunnerlich. Für die dritte Generation, die sich um die Jahrhundertwende in England weiterbildete, steht der spätere Kulmbacher Textilfabrikant Fritz Hornschuch. Doch um den Anbau der Baumwolle und den Handel mit ihr kennenzulernen, fuhr er auch in die USA, die nun an die Spitze der industriewirtschaftlichen Entwicklung rückte. Sein Altersgenosse Hans Sauermann, der Sohn des Kulmbacher Konservenfabrikgründers, sah die rationelle Fleischverarbeitung in den Großschlächtereien von Chicago und brachte neue Vertriebsmethoden, unter anderen die direkte Werbung beim Endverbraucher in der Presse und auf Plakatsäulen, nach Hause mit. Und kurz vor dem Ersten Weltkrieg unterrichtete sich schließlich ein weiterer künftiger Unternehmer jener Stadt, der etwas jüngere Wilhelm Meußdoerffer aus der Mälzerei- und Brauereifamilie, über die Betriebsorganisation amerikanischer Großbrauereien. Daß im ersten Drittel des 20. Jahrhunderts in den drei Exportgewerben des noch vor einem halben Jahrhundert an überlokalen Funktionen armen Kulmbach Männer führend wurden, die in Übersee Methoden gelernt und Maßstäbe gewonnen hatten, zeigt exemplarisch, welche Erfahrungsweite Wirtschaftsbürgern auch in der Provinz zu eigen sein konnte und wie dies Prosperität und Rang ihrer Stadt hob. Von denen, die seit dem ausgehenden 19. Jahrhundert nachrückten, erfuhren so manche bereits vor dem Auslandsaufenthalt eine geistige Erweiterung, die in den früheren Generationen noch sehr selten gewesen war: Sie studierten, meist Jura, Nationalökonomie oder ein Ingenieurfach entsprechend der fortschreitenden Ausdifferenzierung von kaufmännischen und technischen Funktionen[18].

Den vom Beruf vermittelten Horizont zog neben der Kapitalverflechtung, dem Geschäftsverkehr und Auslandsaufhalten auch die Mitgliedschaft in Gremien, die, ob für einen Gewerbezweig oder branchenübergreifend, der korporativen Selbstregelung der Wirtschaft dienten und ihre Interessen vertraten. Durch eine solche Funktion, in der einem Anliegen und Ansehen zugleich zuflossen, war man gemeinsam mit ande-

---

[17] Vgl. Martin Schumacher, Auslandsreisen deutscher Unternehmer 1750–1850 unter besonderer Berücksichtigung von Rheinland und Westfalen, Köln 1968; Hans-Joachim Braun, Technologische Beziehungen zwischen Deutschland und England Düsseldorf 1974; für Bayern Schumann, Unternehmer (wie Anm. 2), S. 75f., 158–160.

[18] Und dennoch drehen sich (wie Anm. 15), S. 35f., 40f.; StadtA Hof, L/Sch 17; Conrad, Kulmbacher Spinnerei (wie Anm. 10); Hundert Jahre Sauermann (wie Anm. 6); StadtA Kulmbach, Pers. Meußdoerffer; StadtA Bamberg, B.S. 483.

ren zuständig für einen bestimmten Wirtschaftsbereich oder für eine Gruppe von Firmen. Das begann mit den sogenannten Handlungsgremien – seit 1926 Industrie- und Handlungsgremien – für die wichtigeren Standorte und ihr Umfeld, das meist dem Haupteinzugsbereich der Arbeitskräfte ungefähr entsprach[19]. Unter ihren fünf bis zehn Mitgliedern befanden sich, in einer gewissen Rotation, alle wesentlichen Unternehmer: 1914 zum Beispiel in Bamberg der Direktor der Spinnerei und Weberei, Henrich Semlinger, sowie der führende Bankier, Albert Wassermann, in Kulmbach Wilhelm Meußdoerffer und Fritz Hornschuch, in Selb Philipp Rosenthal. Für kleinere Fabrikanten und Kaufleute, wie sie in Oberfranken mit seiner vorherrschenden Konsumgüterproduktion zahlreich waren, bezeichneten sie in der Regel den Haupthorizont[20]. Manche aus dieser Schicht sahen sich auch auf die nächste Stufe delegiert, in die Handelskammer – seit 1926 Industrie- und Handelskammer – für Oberfranken nach Bayreuth. Bestimmend waren in ihr jedoch die Aufsichtsratsvorsitzenden und Direktoren der großen Aktiengesellschaften, Großhändler und Bankiers. Zusammen mit einigen nicht (mehr) selbst geschäftlich aktiven Großaktionären bildeten sie die wirtschaftliche Elite der Region, von der ein Gutteil der Bevölkerung abhing. Zwar waren sie in dieser Region selten so wie deren historische Geburtselite, der Adel, verwurzelt, aber identifizierten sich mit ihr, deren jüngste Entwicklung sie mit am stärksten bestimmt hatten, gewiß nicht weniger als hohe Beamte, hoher Klerus oder Parteiführer, also die öffentlichen Funktionseliten[21].

Wie wichtig den Unternehmern als Rahmenbedingungen ihrer Tätigkeit ein günstiger materieller Zustand, sozialer Frieden und politische Stabilität in diesem Raum waren, zeigen nachdrücklich zum Beispiel zwei sehr unterschiedliche Kammerberichte „über die Lage, die Verhältnisse und Bedürfnisse des Handels und Gewerbes, der Industrie und des Bergbaues des Kreises Oberfranken": Der eine galt dem letzten Friedensjahr 1913, der andere dem ersten Nachkriegsjahr 1919. Beide entstanden unter dem Kammerpräsidenten Carl Schüller, der von 1847 bis 1823 lebte. Der Sohn einer schon vorindustriell erfolgreichen Bayreuther Kaufmannsfamilie hatte nach Gewerbeschule und kaufmännischer Lehre, unter anderem in einem Frankfurter Bankhaus, 1873 zu Hause eine Bank eröffnet und 1889 federführend die Neue Baumwoll-Spinnerei AG mitbegründet. Er wurde deren Aufsichtsratsvorsitzender, Geheimer Kommerzienrat und Träger mehrerer Orden[22].

Doch Unternehmer solchen Ranges wirkten auch in überregionalen Wirtschaftsgremien: Schüller im Hauptausschuß des Deutschen Industrie- und Handelstages, desgleichen sein Nachfolger bis 1933, der Direktor einer Zuckerwarenfabrik Wilhelm Koch. Heinrich Semlinger aus Bamberg gehörte dem Vorstand der deutschen Arbeitgeberverbände an, andere wie Gustav Wurster, der Vorstand der Mech. Spinnerei und

---

[19] (Industrie- und) Handelsgremien gab es in Bamberg, Forchheim, Helmbrechts, Hof, Kronach, Kulmbach, Lichtenfels, Marktredwitz/Wunsiedel, Münchberg, Naila, Schwarzenbach a. S., Selb/Rehau; Bayreuth als Sitz der Kammer für Oberfranken hatte kein eigenes Gremium.

[20] Z. B. Handelskammer für Oberfranken, Jahresbericht für 1913, Bayreuth 1914, S. 9 ff.

[21] Ebd., S. 5 ff.

[22] Ebd.; dass. für 1919, Bayreuth 1920. Zu Schöller vgl. Haßler, Arbeit (wie Anm. 11) und StA Bamberg, K3 Präs. 2580. Er blieb den Bayreuthern auch nach seinem Tod präsent, da die Straße vom Bahnhof zur Spinnerei seinen Namen erhielt.

Weberei Bayreuth, saßen in Ausschüssen des Reichswirtschaftsrates. In den jeweiligen Fachverbänden – Fachverband Süddeutscher Textilarbeitgeber, Verband deutscher Porzellangeschirrfabriken, Verband deutscher Granitwerke usw. – war man ohnedies. Gewiß stellte für diese Männer das Zuständigkeitsgebiet der Handelskammer, Oberfranken also, einen wichtigen Rahmen dar. Das galt nicht zuletzt im Verhältnis zur Staatsverwaltung, die diesen Rahmen Anfang des 19. Jahrhunderts als administrative Einheit geschaffen hatte und die, je dichter der Ordnungsstaat wurde und je mehr er sich zudem zum Leistungsstaat entwickelte, immer stärker auf die Wirtschaft einwirkte. Als der Regierungskreis unter Spardruck mit Mittelfranken zusammengelegt werden sollte, betonte die Kammer denn auch „Oberfranken als Wirtschaftsgebiet" spezifischer Art: Es „verkörpert das Ruhrgebiet für die Porzellanindustrie der Welt. Es ist in der Textilbranche, Korbindustrie, Steinindustrie führend." Und seine Industrie befinde sich in einer besonderen Situation, weil sie „allenthalben ... weniger südwärts als viel mehr nordwärts über die bayerischen Grenzen hinaus gravitiert".[23] Es war in der Tat ein wesentliches Kennzeichen dieses Wirtschaftsraumes, daß seine Hauptgewerbe aufgrund vorindustrieller Strukturverwandtschaften und durch industrielle Verknüpfungen im weiteren Gehäuse des Zollvereins und des Kaiserreichs in engem Zusammenhang mit außerbayerischen Lieferanten, Produzenten und Konsumenten standen. Hinzu kam, daß sie überdurchschnittlich stark auf Export angewiesen waren.

Folglich agierten die oberfränkischen Unternehmer, so sehr sie auch von Bedingungen abhingen, die Bayern setzte und innerhalb des Regierungskreises konkretisierte, doch primär – und das zumal unter der unitarischen Weimarer Verfassung – in einer entfalteten Nationalökonomie mit starker Außenverflechtung. Sie standen unter deutschem Wirtschaftsrecht, hingen von den Transportkonditionen der Reichsbahn ab, mußten mit den von nationalen Gewerkschaften mitbestimmten Arbeitskosten und ähnlichem rechnen. Und wo sie am Weltmarkt teilhatten, setzte das Reich wirtschaftspolitisch wesentliche Fakten, unter anderem die Zölle, und gab machtpolitischen Rückhalt. Verankert in einer Ländergrenzen übergreifenden Wirtschaftsregion, orientierte man sich hauptsächlich an nationalen Bedingungen und häufig darüber hinaus an globalen Möglichkeiten[24].

3. Interessen, Werte, Prestige

Ihren Mittelpunkt hatten alle Horizonte dieser Männer, seinen Zweck hatte ihr oft weit gespanntes Beziehungsnetz in der Arbeit für die Firma. Sie wurde davon geprägt, daß die Unternehmen Teil einer expansiven, vom Streben nach Gewinnmaximierung angetriebenen und von Konkurrenz bestimmten Marktwirtschaft

---

[23] Jahresbericht für 1913 (wie Anm. 20), S. 12f.; dass. für 1927, S. 21f. Vgl. Leo Gackstetter, Die Industrie- und Handelskammer für Oberfranken Bayreuth 1843–1968, in: Oberfränkische Wirtschaft. Sondernummer zum 125-jährigen Bestehen der Industrie- und Handelskammer für Oberfranken, Bayreuth 1968, S. 11–25; StA Bamberg, K 3 Präs. 2580 und F VI b, 5572 (Wahlen zu den Kammern Bayreuth und Coburg sowie zu den Gremien 1926–1933); Gerlach, Porzellanindustrie (wie Anm. 7), S. 63–76. Dem 1912 gegründeten Verband der Porzellangeschirrfabriken in Berlin gehörten 42 oberfränkische Firmen an, dem Verband bayerischer Porzellan-Industrieller 33, dem Verband Deutscher Granitwerke, Bezirk Bayern, 23 (StA Bamberg, K 3 Präs. 2580).

[24] Wie selbstverständlich Deutschland der primäre Horizont war, zeigen die einleitenden Erklärungen zur allgemeinen Wirtschaftslage in den Jahresberichten der (Industrie- und) Handelskammer.

waren. Anders als im alten, auf ‚Nahrungssicherung' gerichteten, korporativ geregelten und umhegten Gewerbe mit seinem weitgehend fixierten Ertrag waren sie grundsätzlich nicht beschränkt, aber auch nie gesichert. Das gab dem Leitprinzip bürgerlicher Arbeit, der individuellen Leistung, eine charakteristische Richtung. Von der bildungsbürgerlichen Form, wie sie am bündigsten die höheren Beamten lebten, unterschied sie sich in zweifacher Hinsicht[25].

Zum einen waren dem Unternehmer Maß und Ablauf seiner Arbeit so wenig vorgegeben, aber auch ihr Ertrag so offen, daß er einen Dispositionsspielraum wie kaum ein anderer Beruf besaß, freilich zwischen Chancen und Risiken scharf gespannt. Das machte überdurchschnittlich beweglich, vorteilsbewußt auf oft robuste Weise und ‚unternehmend' in einem wirklichkeitsnüchternen und gelegenheitsfindigen Sinn, der zu Organisationskraft und Entscheidungsfreude zwang. Zum anderen verfügte der Unternehmer, ohne selbst jemandem zu unterstehen, über Menschen, die von seinem erfolgreichen Handeln abhingen, auf deren Arbeitsleistung freilich auch er angewiesen war. Doch obgleich sich die Kräfteverteilung in dieser gegenseitigen Bindung durchaus mit der Konjunktur des Arbeitsmarktes veränderte, war doch der Unternehmer grundsätzlich stärker. Seine Verfügungsgewalt und das Interesse, vor allem Fachkräfte länger zu binden, hatten zum paternalistischen Modell der ‚Fabrikfamilie' geführt, das unbedingte Autorität mit umfassender Fürsorge zu verbinden suchte. Allerdings wurde es noch im späten 19. Jahrhundert durch staatlichen Arbeiterschutz, Sozialversicherung und den Massendruck der Arbeiterbewegung mittelbar beschränkt. Und vor dem Ersten Weltkrieg begannen Tarifverträge die Beziehung zwischen Fabrikherr und Arbeiter in Arbeitgeber-Arbeitnehmer-Verhältnis zu versachlichen. Dieses wurde dann im Krieg und verstärkt seit der Revolution von 1918 durch Staatseingriffe in die Betriebsverfassung zur politisch gesetzten Norm. Akzeptiert haben die Unternehmer der zwanziger Jahre eine solche Formalisierung, die ihre Rolle schmälerte, offenbar kaum. Vor allem die schon vor 1914 Tätigen lehnten sie als Ausdruck einer Staatsintervention ab, die der Wirtschaft prinzipiell schade. Aber auch die nachrückende Generation, für die der ‚Herr im Haus-Standpunkt' allmählich verblaßte, suchte die rechtliche Aufwertung der Arbeiter im Betriebsalltag zu dämpfen. Das gelang in den oberfränkischen Betrieben häufig besser als andernorts, weil Branchen mit einem hohen Anteil an Frauen und Anlernkräften – Textil, Porzellan – überwogen und außerdem viele Arbeiter noch mit der agrarisch-dörflichen Lebenswelt verbunden waren. Klassenbewußtsein und Selbstbehauptungswille blieben daher geringer als in Schwerindustrierevieren oder in Metallverarbeitungszentren wie Nürnberg. Dafür sprechen ein relativ niedriger Organisationsgrad ebenso wie Klagen aus den Gewerkschaften[26].

---

[25] Ein zeitgenössisches Leitbild findet sich bei Karl Weidenfeld, Das Persönliche im modernen Unternehmertum, Leipzig 1911.

[26] Familienpapiere Wunnerlich (wie Anm. 4); Wunnerlich, Familie (wie Anm. 4), passim; Und dennoch drehen sich (wie Anm. 15), passim; Conrad, Kulmbacher Spinnerei (wie Anm. 10); Festschrift Hornschuch 1934 (wie Anm. 10). Die Erfahrungen der zwanziger Jahre systematisiert hat Ludwig Heinrich Adolph Geck, Die sozialen Arbeitsverhältnisse im Wandel der Zeit, Berlin 1931 (Nachdruck Darmstadt 1977), S. 31–96, 106–152.

Welche Interessen die Unternehmer verfolgten – prinzipiell und je aktuell –, läßt sich vor allem in den jährlichen Kammerberichten verfolgen. Nach Vorstufen in Bamberg, Hof und Bayreuth war 1853 am Regierungssitz in Bayreuth eine Kreis-, Gewerbe- und Handelskammer für Oberfranken errichtet worden, aus der man 1900 aufgrund der inzwischen sehr divergierenden Interessen zwischen Fabrikanten und Kleingewerbe eine Handwerkskammer löste. Das Coburger Land hatte, als es sich 1920 Bayern anschloß und zu Oberfranken kam, eine eigene Kammer behalten, da München sein Eigenbewußtsein auch in diesem Bereich schonen wollte. Eine Hauptaufgabe der gewählten Mitglieder solch öffentlich-rechtlicher Repräsentanz – die 1926 in Industrie- und Handelskammer umbenannt wurde – bestand darin, zwischen Unternehmerinteressen und Staatsinteresse zu vermitteln. Das war gegenüber der Zeit vor 1914 bereits mit der Zwangswirtschaft im Ersten Weltkrieg schwieriger geworden und vollends dann seit den politischen Eingriffen in die Wirtschaftsverfassung zugunsten der Arbeiter in der Revolution von 1918. Allerdings wurde auch unter diesen Umständen eine pragmatische Verständigung dadurch erleichtert, daß sowohl in der Kammer als auch in der Bürokratie personelle Kontinuität herrschte. Jener stand von 1894 bis 1922 der erwähnte Carl Schüller vor, von den neun Mitgliedern aus Bayreuth, dem faktischen Kern, im Jahr 1914 gehörten ihr 1927 noch immer sechs an. Und als Regierungspräsident von Oberfranken – der unmittelbare Partner – amtierte von 1916 bis 1933 Otto von Strößenreuther. Außerdem verband Unternehmer und hohe Beamte eine bürgerlich-nationale Einstellung, der das Kaiserreich die Maßstäbe gab. Durch Gutachten, Anträge und die Stellungnahme zu Gesetzentwürfen suchte die Kammer auf Politik und Verwaltung, wo immer diese für die Wirtschaft relevant waren, Einfluß zu nehmen; umgekehrt warb sie bei den Unternehmern für staatliche Maßnahmen, wenn sie nützlich schienen und dies mehr Staatszwang vorbeugen konnte[27].

Zum ersten drang man auf eine Förderung von Produktion und Absatz durch bessere Belieferung mit Energie, das heißt mit Kohle, und einen günstigeren Bahntransport. Dieser – der noch völlig dominierte – sei in einer hafenfernen Region mit verstreuter Industrie, die sehr viel für den Fernabsatz produzierte, höchst dringend sei. Anträge auf dichtere Zugfolge, auf Tarifsenkungen, sogar auf neue Strecken, dazu Verbesserungsvorschläge für den Post-, Telegramm- und Telefonverkehr machten einen erheblichen Teil der Kammertätigkeit aus, vor allem in den Jahren nach 1918, als die Einschränkungen der Kriegszeit rückgängig gemacht werden sollten. Was das Verkehrswesen als die für Unternehmer wichtigste öffentliche Dienstleistung für deren Urteil über die Wirtschaftspolitik, ja für die Akzeptanz einer Regierung überhaupt bedeutete, brachte 1919 eine Denkschrift „Oberfranken im kommenden Friedensfahrplan" komprimiert zum Ausdruck. Aber auch der Geschäftsbericht für 1927 klagte noch über die Verschlechterung der Standortbedingungen in Oberfranken durch die

---

[27] Handelskammer (ab 1926 Industrie- und Handelskammer) für Oberfranken, Jahres- bzw. Geschäftsberichte für 1913, 1919, 1920 (1921 und 1922 nicht erschienen), 1923 bis 1930 (1931 nicht erschienen, 1932 ?), 1933, 1934; Mitteilungen der Handelskammer für Oberfranken, 7. bis 9. Jg. (1916 bis 1918) („Die oberfränkische Industrie im Rahmen der Kriegswirtschaft"); Handelskammer Coburg, 25 Jahre Handelskammer. Ein Rückblick, Coburg 1921; Bayerisches Hauptstaatsarchiv München, MWI 1008 und 5706.

hohen Frachtsätze der Reichsbahn[28]. Zweitens forderte die Kammer, zumal in der schwierigen Lage nach dem Krieg, günstigere Außenhandelsbeziehungen, das heißt Zollsätze, Handelsverträge und währungspolitische Maßnahmen. Bitter wurde etwa vermerkt, daß das deutsch-französische Handelsabkommen von 1927 aufgrund der politischen Schwäche des Reiches „deutsche Zugeständnisse" enthalte, welche die eigene Textilindustrie gegenüber der elsässischen benachteilige. Zum dritten suchte man auf die Normen und Abgaben, die der Staat der Wirtschaft setzte, Einfluß zu nehmen: auf Handels- und Gewerbegesetze, auf den Warenschutz durch Patente und ähnliches und vor allem auf die in der Weimarer Republik verschärfte Besteuerung. Sie hemme Investitionen und lähme die Produktion. Immer wieder mahnte man „Steuersenkung" an wie zum Beispiel 1927 in der Stellungnahme zu einem Rahmengesetzentwurf zur Regelung der Realsteuern und des Geldentwertungsausgleichs bei bebauten Grundsteuern. Unmittelbar wirkte die Kammer durch ehrenamtliche Vertreter beim Landesfinanzamt Nürnberg an der Steuerveranlagung sowie durch ihr Vorschlagsrecht bei der Ernennung von Handelsrichtern an den Landgerichten bei der Rechtspflege mit[29]. Ein viertes Hauptziel lag darin, die Arbeitskosten zu dämpfen und die Leistung der Arbeitskräfte durch Qualifizierung zu steigern. Für das erstere unterstützte man mittelbar, zum Teil auch offen die Position der Arbeitgeber gegenüber den Forderungen der Gewerkschaften. Für das zweite gab man Zuschüsse an die staatlichen Fachschulen für Weberei in Münchberg, für Porzellanindustrie in Selb sowie für Korbflechterei in Lichtenfels und betrieb selbst kaufmännische Fortbildung, unter anderem für Geschäftsstenographie und Maschinenschreiben[30].

Wie mit den Veränderungen und den erhöhten Schwierigkeiten nach dem Ersten Weltkrieg die Aktivität der Kammer zunahm, belegt der Geschäftsverkehr: Der Eingang war 1927 gegenüber 1913 fast auf das Dreifache, der Auslauf sogar auf mehr als das Fünffache gestiegen. Bei allen Klagen und Forderungen geschah diese Interessenvertretung doch durchaus selbstsicher im Bewußtsein von Unternehmerleistung und Wirtschaftskraft. Zwar beanspruchte die Industrie- und Handelskammer staatliche Begünstigung, aber anders als Handwerkskammer und Bauernkammer pochte sie auf weitgehende Freiheit vom Staat und rief weit weniger nach direkter Staatshilfe. Mit Selbstbewußtsein machte sie auch ihre Tätigkeit einer weltweiten Fachöffentlichkeit publik: Ab 1921 wurden die monatlichen ‚Mitteilungen' an „sämtliche deutsche Handelskammern des In- und Auslandes", an die deutschen Konsulate sowie an die ausländischen Konsulate im Reich verschickt[31].

Welche Werte standen hinter solchen Interessen, welchem Tugendkatalog folgte das Ideal eines Unternehmers? Eine rationelle Organisation, ein effizienter Betriebsablauf und der stete Kontakt zu Partnern und Verbrauchern, zu Banken und Behörden erforderten eine intensive und spezifisch qualifizierte Tätigkeit. Daher galten entschiedene Einsatzfreude, ein hohes Arbeitsmaß, Selbstdisziplin und genaue Zeiteinteilung als Voraussetzung für Führungskraft und Erfolgsfähigkeit. Unternehmersöhnen wurde dies meist schon durch die häusliche Erziehung vermittelt, andere, aus

---

[28] Mitteilungen, 9. Jg. (1918), Nr. 6, S. 31ff.; Geschäftsbericht für 1927, S. 7f.
[29] Jahres- bzw. Geschäftsberichte, passim (Zitate Geschäftsbericht für 1927, S. 6 und 15).
[30] Z. B. Mitteilungen, 12. Jg. (1921) Nr. 1, S. 4ff., Jahresbericht für 1913, Nr. 6, S. 17ff.
[31] Ebd., S. 127; Geschäftsbericht für 1927, S. 16; Mitteilungen, 11 Jg. (1920), Nr. 6, S. 2.

welchem Milieu sie auch kamen, haben es spätestens in ihrer praktischen Ausbildung gelernt. Für Robert Wunnerlich etwa war „Pünktlichkeit bis ins hohe Alter maßgebend". Bei seinen Untergebenen war er „sehr geachtet, mehr gefürchtet als beliebt wegen seiner hohen Anforderungen an sich selbst und seine Umgebung. Pflichtbewußt bis zum letzten". Diese Einstellung verband sich vor allem in den großen Betrieben zunehmend mit Methoden modernen Managments, welche die jüngere Generation aus den USA mitbrachte – zum Beispiel Roberts Sohn H. Edgar 1912 – und im allgemeinen Rationalisierungsschub nach der Inflationsbewältigung ab Mitte der 1920er Jahre nachdrücklich einsetzte[32].

Daß man ein Unternehmen führte, bedurfte nach dem herrschenden Selbstverständnis sinnfälliger Zeichen – nach innen und außen, vor der Belegschaft und vor der Gesellschaft. Repräsentation als Rangprätention war deshalb ein wesentliches Element des herrschenden Unternehmerstils. Von Forchheim bis Selb fielen neben den Zweckbauten für die Fabrikation die Verwaltungsgebäude durch ihren Gestaltungs- und Materialaufwand ins Auge. Von einer gepflegten kleinen Anlage gelangte man in ein Haus mit Fassadenschmuck, womöglich mit Freitreppe und Säulenvorhalle, über eine großzügige Treppe, vorbei an Dokumenten der Firmentradition, in das staatliche Direktionszimmer. Seine Möbel, Teppiche, Bilder kleideten die Unternehmerrolle wertvoll und stilvoll ein. Diese stellte sich, auch wenn sie von neuesten Effizienzregeln geleitet wurde, kaum funktionell dar, sondern in den Imponierformen, welche die Gründergeneration als Ausweis ihres Erfolges eingeführt hatte. Wie das staatlich verliehene Prestigezeichen ‚Kommerzienrat' in der Öffentlichkeit Würde gab, so der ‚herrschaftliche' Arbeitsplatz im Betrieb und vor Besuchern[33]. Erst mit der jüngsten Generation, die in den 1920er und 1930er Jahren aufrückte, begann der Repräsentationsgestus verhaltener, das Ambiente schlichter zu werden – etwa bei Dr. Erich Wurster und Dr. Eberhard Wurster, den Söhnen von Gustav Wurster, die 1921 beziehungsweise 1929 in den Vorstand der Mech. Spinnerei und Weberei Bayreuth eintraten. Das lag nicht nur an einem neuen Geschmack unter dem Eindruck der ‚klassischen Moderne'. Es folgte wohl auch aus den Reformvorstellungen, welche die Jugendbewegung seit den letzten Vorkriegsjahren unter Bürgersöhne trug, sowie aus den wirtschaftlichen Wechselfällen einer Zeit, von denen die frühere Erfolgsgewißheit arrivierender Industrieller untergraben wurde. Doch auch in der Zwischenkriegszeit dominierten noch die Patriarchen, die ihren Arbeitern mit Strenge wie mit Fürsorge nahe waren, gleichermaßen gefürchtet und geachtet. Das galt etwa für Generaldirektor Schmid von der Vogtländischen Spinnerei Hof, den die Arbeiter unter sich respektvoll ‚Theodor Wilhelm' nannten, ebenso wie für Fritz Hornschuch von der Kulmbacher Spinnerei, den ‚Geheimrat'. Erst in der Mitte des Jahrhunderts wurde dieser Typ weitgehend abgelöst[34].

---

[32] Schriftl. Mitteilung von Direktor Hermann Wunnerlich.

[33] Abbildungen u. a. in Bott, Industriezeitalter (wie Anm. 1), z. B. S. 343 (Weberei Forchheim von Heinrich Hornschuch); Und dennoch drehen sich (wie Anm. 15). Frühe Beispiele in der grundlegenden Untersuchung von Inez Florschütz, Architektur und Arbeit. Die Fabrik in der bayerischen Frühindustrialisierung 1840–1860, Frankfurt/M. 2000.

[34] StadtA Hof, L/Sch 17; schriftl. Mitteilungen von Prokurist Theodor Münck (Kulmbach) und Direktor Hermann Wunnerlich (Hof).

An Fritz Hornschuch sah man auch sehr ausgeprägt die soziale Komponente dieser Unternehmer und wie sie praktiziert wurde. Mehrere Gründe hatten in der Industrie früh eine betriebliche Fürsorge eingeleitet. Zum einen verband sich der Arbeitsplatz anders als im alten Handwerk nicht mehr mit der Versorgung in einem Haushalt. Doch in die gleiche Richtung wie der Bedarf unter den Arbeitern wiesen auch Unternehmerinteressen. Der dem Industriekapitalismus inhärente Konkurrenzdruck zwang zu steter Steigerung der Produktivität. Außerdem sollte die starke Fluktuation in vielen Belegschaften, die Betriebsabläufe erschwerte, vermindert werden. Schließlich legte das wachsende, zunehmend in Interessenorganisationen formierte Selbstbewußtsein der Arbeiter ein partielles Entgegenkommen nahe. Es galt daher, um die Arbeitsbereitschaft zu erhöhen, Kontinuität zu fördern und Konflikten vorzubeugen, neben dem Arbeitsentgelt, also dem Lohn, und kompensierend zur Disziplinierung durch die Fabrikordnung zusätzliche materielle Anreize zu bieten, damit Betriebsleistung, Betriebstreue und Betriebsfrieden gestärkt würden. Die Fürsorge zielte auf ein Verhältnis, wie es der Direktor der Bamberger Spinnerei und Weberei im verklärenden Rückblick bis zum Anfang des 20. Jahrhunderts herrschen sah: „Streik und Aussperrung waren Dinge, die bei uns nur dem Namen nach bekannt waren ... durften wir uns, abseits des sozialen Kriegsschauplatzes, der Fortdauer voller Eintracht in unseren Werken erfreuen."[35]

Hornschuch, um auf ihn zurückzukommen, hat mit einem starkem Impetus, zu dem sich Unternehmerkalkül und humanes Denken verbanden, nach Vorbildern wie Andrew Carnegie, Alfred Nobel und Ernst Abbé Arbeitsbedingungen und Lebensumstände seiner Beschäftigten verbessert. 1909 senkte er die Wochenarbeitszeit auf 60 Stunden, was bereits wenige Monate später dazu beitrug, daß eine Streikwelle an seinem Betrieb vorbeiging. Er richtete, um die Arbeiter zu sichern und zur Selbstvorsorge zu erziehen, Unterstützungskasse und Fabriksparkasse ein, dazu eine „gänzlich beitragfreie" Pensionskasse. Und er förderte durch Bäder, eine Sanitätsstation und Krankenpflegekurse Hygiene, Gesundheitspflege, Krankenversorgung, die zumal bei denen, die vom Land kamen, oft vernachlässigt waren. Außerdem warf er, wie auch andere Unternehmer, Gratifikationen aus, zum Beispiel 60 000 Reichsmark, als er 25 Jahre Direktor war, wodurch das Jubiläum zu einer Feier der gesamten ‚Werksfamilie' wurde. Allerdings zahlte er niedrige Löhne. Doch das gereichte ihm aufgrund der geringen Lebenshaltungskosten in Kulmbach und der gewohnt bescheidenen Bedürfnisse der Bevölkerung wenig zum Nachteil[36].

Hornschuchs Hauptleistung im Rahmen einer Fürsorge, die Arbeiter an das Werk binden und zugleich durch die Verbesserung ihrer Lage auch den Unternehmergewinn rechtfertigen sollte, war eine Wohnsiedlung beim Zweigwerk Mainleus. Sie wurde über den gewöhnlichen Typ von Arbeiterwohnhäusern größerer Fabriken, auch

---

[35] Semlinger, Baumwollspinnerei Bamberg (wie Anm. 15), S. 48. Vgl. Harald Zwirner, Industriell bestimmter Wandel von Bevölkerung und Siedlung in einer stadtnahen Landgemeinde. Gaustadt bei Bamberg und die ‚Mech. Baumwollspinnerei und Weberei A. G.', geogr. Diplomarbeit Bamberg 1984 (masch.).

[36] Festschrift Hornschuch 1954 (wie Anm. 10); Aussage von L. H. im Spruchkammerverfahren gegen Fritz Hornschuch o. D., in: Firmenarchiv Kulmbacher Spinnerei, Varia; StadtA Kulmbach, 005–20/3; Conrad, Kulmbacher Spinnerei (wie Anm. 10).

der Kulmbacher Spinnerei, hinaus als ein zwar auf das Werk bezogener, doch in seiner Vielfalt eigener Lebensraum in Form einer Gartenstadt konzipiert und überdurchschnittlich ausgestattet. Das machte sie zu einem weitbeachteten Vorbild zeitgemäßer Siedlung. Um Arbeiter von auswärts zu gewinnen, ließ der Fabrikant ab 1912, durch den Krieg nur unterbrochen, über hundert Wohnungen von gehobener Qualität errichten; jede hatte bereits ihren Wasser- und Elektrizitätsanschluß. Die Siedlung besaß eigene Versorgungseinrichtungen: Bäckerei, Metzgerei, Wirtshaus, Kirche, Bäder und Turnhalle. Gärten, Kleinviehställe sowie unentgeltlich überlassene Parzellen zum Feldbau dienten einer gewissen Selbstversorgung. Im Ersten Weltkrieg erwies sich das, ebenso wie die zeitweise erlassenen Mieten, als sehr hilfreich; hier gab es keine Hungerunruhen. Die Siedlung nutzte den Arbeitern, dem Werk – und dem Renommee des Gründers, für den sie mit ihrem Namen „Hornschuchhausen" schon zu Lebzeiten zum Denkmal wurde. So bestätigte ihm denn auch 1947 im Spruchkammerverfahren ein Sozialdemokrat „eine für Kapitalisten durchaus ungewöhnliche" soziale Aufgeschlossenheit[37].

Die Position eines größeren Unternehmers mit ihren überlegenen Mitteln – im mehrfachen Sinn – bedingte immer auch eine öffentliche Rolle. Sie ergab sich schon aus der lokalen Reputation des herausragenden Arbeitgebers, Gemeindebürgers und Steuerzahlers. Aber sie wurde auch aktiv betrieben. In einer großen Spannweite zwischen alltäglicher Leutseligkeit und festlichem Auftritt stellte sich eine bürgerliche Elite in Formen dar, die auf die Repräsentation des Adels zurückgingen. Das konnte einfache Munifizenz sein wie Fritz Hornschuchs Freigebigkeit gegen Kinder; an seinen vor 1914 gestifteten „Karussel-Billetts ... auf dem Gregorifest" erinnerte sich noch der erwähnte Zeuge vor der Spruchkammer. Es konnte bedeutende Kulturförderung sein wie bei Adolf von Groß, dem Aufsichtsratsvorsitzenden der Mech. Spinnerei und Weberei Bayreuth von 1894 bis 1931, der in der Tradition seines Vorgängers und Schwiegervaters Friedrich Feustel als Verwalter der Wagner-Festspiele jährlich im Rampenlicht stand. Und es konnte schließlich glanzvolle Selbstinszenierung sein wie 1929 bei Rudolf Weyermann in Bamberg. Er beging das fünfzigjährige Bestehen der von seinem Vater gegründeten Malzfabrik Michael Weyermann mit einem dreitägigen Fest, wie es die Bischofsstadt außerhalb des Kirchenkults seit langem nicht erlebt hatte. Das Werk wurde dazu wie der Sitz einer Herrscherdynastie, wie eine mächtige Burg geschmückt. Den Festgottesdienst zelebrierte der Erzbischof, Reden hielten der Regierungspräsident, der Oberbürgermeister sowie der Rektor der Universität Erlangen, deren Ehrendoktor und Ehrensenator Weyermann war. Und Stars der Frankfurter Oper und des Münchner Staatsschauspiels wirkten bei der künstlerischen Umrahmung des Festessens mit. Ein sehr erfolgreicher Unternehmer beging sein Firmenjubiläum vor Stadt und Region in quasi-feudalem Stil, wobei ihm deren Spitzen ‚die Ehre gaben'[38].

---

[37] Ebd.; Wilhelm Eule, Unsere Werksgemeinschaft. Eine Bildfolge aus der Kulmbacher Spinnerei, Kulmbach 1938; Die Deutsche Wohlfahrt im Weltkrieg. Gedenkstätten großer Zeiten, Bd. 1, Das Königreich Bayern, München 1916, o. S. (Geheimrat Fritz Hornschuch); Aussage L. H. (wie Anm. 36).

[38] Ebd.; Und dennoch drehen sich (wie Anm. 15); Einladung zur Feier des 50jährigen Bestehens der Firma Mich. Weyermann, Jubiläums-Festessen am 4.10.1929 und weitere Unterlagen in: StadtA Bamberg, B. S. 483; Bamberger Tagblatt 5.10.1929; Bamberger Jahrbuch 1930 (Fotos. „... noch kein internes Fest von der ganzen Bevölkerung Bambergs mit so viel Sympathie und Freude verfolgt wurde").

Die öffentliche Bedeutung herausragender Unternehmer zeigten häufig Orden an, von denen man aus der Presse oder auf mündlichem Weg erfuhr und die man bei festlichen Anlässen an den Trägern sah. In Hof etwa hatte Robert Wunnerlich den bayerischen Verdienstorden vom Hl. Michael, Theodor Wilhelm Schmid den preußischen Roten Adler-Orden, in Bamberg war Rudolf Weyermann Comptur des Ordens vom Hl. Gregor. Die Exklusivität solcher Ehre stieg, da die Republik keine Orden mehr verlieh. An einen größeren Kreis vergeben wurde – und zwar in Bayern auch nach 1918 – der Kommerzienratstitel, der, einem Beamtenrang nachgebildet, sich auf Briefköpfen und Visitenkarten, bei jeder Anrede und Nennung als staatliche Beglaubigung des Unternehmererfolgs mit der Person verband. Er war das Hauptmittel einer gewissen „sozialen Bürokratisierung" – die begehrte ‚Beförderung' von Wirtschaftsbürgern durch die Bürokratie nach deren Vorbild, die Loyalität auch gegenüber einem Staat stärken sollte, der sozialpolitisch den Unternehmern immer mehr Zugeständnisse abverlangte. Nur für große, teilweise mit dem Adel verwandte Unternehmer hatte diese Staatsgunst, so sehr man sie annahm, offenbar weniger Bedeutung. In der ordenslosen Republik gewannen auch akademische Auszeichnungen – Ehrendoktor, Ehrensenator – und Ehrenbürgerschaften an Prestigegewicht; Fritz Hornschuch etwa häufte beides[39]. Doch auch ohne derartige Rangzeichen waren Unternehmer nicht nur Bezugspersonen für ihre Beschäftigten sowie für Zulieferer, Handwerker und Dienstleistungspersonen, für direkt oder mittelbar Abhängige also. Sie stellten ganz allgemein lokale, vereinzelt auch regionale Leitfiguren dar, die sich nachgeahmt, respektiert oder auch, zumal in sozialdemokratischen Versammlungen und Zeitungen, angegriffen, stets aber besonders beachtet sahen. Wirtschaftsmacht gab Prominenz.

4. Lebensform und Leitbild

Die gesellschaftliche Stellung drückte sich – was hier vor allem an der Hofer Familie Wunnerlich skizziert wird – in einer gehobenen Lebensführung aus. Ihr Mittelpunkt, die Wohnung, bestand bis in das ausgehende 19. Jahrhundert aus fabrik- und/oder bahnhofsnahen, also geschäftsgünstig gelegenen Stadthäusern. Als im Kaiserreich die Expansion der Unternehmen mit einem prachtliebenden Zeitgeschmack zusammentraf, wurden sie Stätten eines ambitionierten Haushalts, die in Größe, Bauweise, Einrichtung patrizischer und adeliger Repräsentation nacheiferten. Das brachte in fränkische Mittel- und Kleinstädte ungewohnt großzügige Partien. Um die Jahrhundertwende begann sich jedoch diese für die Gründerzeit-Viertel zwischen historischer Stadt und Bahnhof typische Nähe von Wohnen und Geschäft zu lösen: Ein neuartiges Naturbedürfnis und veränderte Wohnansprüche trafen nun zusammen

---

[39] StadtA Hof, L/W 31 (Robert Wunnerlich) und L/Schm 17 (Theodor Wilhelm Schmid); Bamberger Volksblatt 8.9.1930 (zur Verleihung der Ehrenbürgerschaft pries der Bamberger Oberbürgermeister Rudolf Weyermann als „väterlichen Freund seiner Arbeiter ... warmherzigen Wohltäter unserer Armen, den großzügigen Förderer aller gemeinnützigen Bestrebungen"; er rage „turmhoch ... aus der Reihe der Mächtigen dieser Erde, von denen nicht wenige mit eisiger Gefühlskälte der Allgemeinheit sich verschließen". Angesichts „der unvergänglichen Verdienste und der ... selten hohen Gesinnung" habe ihm der Stadtrat einstimmig die höchste Auszeichnung verliehen, „die eine Stadt vergeben kann"); Bamberger Tagblatt 6.9.1930; Festschrift Hornschuch 1954 (wie Anm. 10). Zur „sozialen Bürokratisierung" Schumann, Unternehmer (wie Anm. 2), besonders S. 270–272.

mit neuen technischen Möglichkeiten der Distanzüberwindung, dem Telefon und dem Automobil. Man zog in Villen am Rande der Stadt, wo sich die Aura eines Herrensitzes auf dem Land mit den Bequemlichkeiten der Stadt verbinden ließen. Robert Wunnerlich ‚lebte' den Übergang unmittelbar, indem die Familie im Frühjahr und im Herbst regelmäßig zwischen dem Stadthaus bei Fabrik und Bahnhof und einer Anfang des 20. Jahrhunderts errichteten Jugendstilvilla mit Park wechselte. Gegen Ende des Ersten Weltkriegs, als die Zwangsbewirtschaftung von Wohnraum einsetzte, mußte man sich allerdings auf die Villa beschränken[40].

Daß der großzügige Stil der Vorkriegszeit auch später nicht mehr erreicht wurde, weil durch geringere Erträge der finanzielle Rahmen enger geworden war und auch die persönlichen Ansprüche abnahmen, zeigt das von Roberts Sohn H. Edgar, der zunächst Jahre in einem Direktionswohnhaus der Firma gewohnt hatte, anstelle des Palmenhauses erbaute kleinere, sachlich eingerichtete Haus. Nach dem Krieg mußte auch das Personal reduziert werden; Robert hatte noch über eine Köchin aus einem Münchner Spitzenhotel, Zimmermädchen, einen Kutscher mit Frau und einen Gärtner samt Gehilfen verfügt. Es wurde schwieriger, die kultivierte Küche – erlesene Fische, Schneehühner direkt aus Berlin – zu pflegen. Und Feste traten zurück hinter Herrenabenden mit Kaufleuten, Ärzten, Juristen. Die größere Geselligkeit verlagerte sich weitgehend aus dem Haus in den Jagdclub oder die exklusive Gartengesellschaft, wo sich die lokale Oberschicht aus Unternehmern, den renommierten Angehörigen der freien Berufe und hohen Beamten traf. Auch Reisen mit eigener, samt den Pferden vorausgeschickter Equipage, wie sie Robert noch Anfang des 20. Jahrhunderts in die Schweiz oder nach Italien unternommen hatte, gab es in den zwanziger Jahren nicht mehr. Doch noch immer fuhr er – den eine künstlerisch begabte, freilich früh verstorbene Frau stark beeinflußt hatte – mehrmals im Jahr zu den Leipziger Gewandhauskonzerten oder in die Oper nach Berlin, wo er in ersten Hotels abstieg. Dieser Mann, der 1865 bester Absolvent des Hofer Gymnasiums gewesen war, pflegte zeitlebens vielseitige Interessen von den Naturwissenschaften, in denen er als Liebhaber selbst manches betrieb, bis zur Lektüre von Kant, Hegel, Schopenhauer. Er hielt mehrere in- und ausländische Zeitungen, kannte einen Großteil Europas und war bis Indien gekommen. Und noch im Alter wanderte er, schwamm, ritt und lief Schlittschuh[41].

In der Generation seiner um 1880 geborenen Kinder trieb man vor allem die neuen Modesportarten: Ski, Tennis – auf eigenem Platz – und Motorsport wie Fritz Hornschuch, der erste Autobesitzer in Kulmbach. Der eben genannte H. Edgar Wunnerlich führte, obwohl ein Techniker, der in Dresden Maschinenbau studiert hatte, die Theater- und Musikliebe seines Vaters weiter, las englische und französische schöne Literatur. Und auch er, der zwei Jahre in den USA gelebt hatte, reiste viel, am liebsten nach England, dessen Lebensart die höheren Schichten im Deutsch-

---

[40] Schriftl. Mitteilungen von Erika Frfr. v. Schirnding und Direktor Hermann Wunnerlich. Allgemein zur Unternehmerwohnung im historischen Zusammenhang seit dem 16. Jahrhundert Reinhard Bentmann und Michael Müller, Die Villa als Herrschaftsarchitektur. Versuch einer kunst- und sozialgeschichtlichen Analyse, Frankfurt/M. 1992, S. 132–143.

[41] StadtA Hof, L/W 31; Wunnerlich, Familie (wie Anm. 4), S. 195–233, 273–307; Schriftl. Mitteilung von Direktor Hermann Wunnerlich.

land seiner Jugend, um die Jahrhundertwende, fasziniert hatte. Der Gentleman war lebenslang sein Leitbild. So lockerte denn eine gewisse sportive Noblesse die ernste Korrektheit auf, die um seinen sehr förmlich erzogenen Vater herrschte[42].

Doch bei allen Unterschieden, wie sie Zeit und individuelle Anlagen bedingten, blieben in den drei von der Mitte des 19. bis ins frühe 20. Jahrhundert geborenen Generationen, die während dessen erstem Drittel zusammenlebten, Grundwerte und wichtige Normen durchgängig in Geltung. Dazu verhalf oft eine ausgeprägte Familientradition, deren Kern das gemeinsame, in der Firma konzentrierte ökonomische Interesse war. Im Hause Wunnerlich verkörperte sie Robert, der 1932 85jährig starb, bis zuletzt mit starker Autorität in Familie und Firma. Er verwaltete das Familienvermögen, hielt die Aktienmehrheit der Vogtländischen Spinnerei, deren Aufsichtsrat er vorsaß, durch Sperrdepots für seine Kinder zusammen, gab den Töchtern reiche Mitgift – Aktien sowie Gut und Schloß Döhlau – und finanzierte die Ausbildung der Enkel großzügig. Das förderte und band die Nachkommen gleichermaßen. Richtschnur der Erziehung waren die schon genannten erfolgsorientierten Werte: Selbstbeherrschung, Pflichterfüllung, Zuverlässigkeit – und Sparsamkeit. Sie allein erlaube, materiell wie moralisch, repräsentativen Aufwand. Robert Wunnerlich „führte einen exklusiven, kultivierten Lebensstil bei großer persönlicher Bescheidenheit". Von den streng erzogenen Kindern wurde Erfolg in der Schule erwartet, aber auch durch Erzieherinnen gefördert, sie erlernten Instrumente, spielten Theater. In Hof verkehrten sie nur innerhalb der Oberschicht. Und die Sommerferien verbrachten sie unter anderem auf einem schlesischen Gut oder an der Ostsee, wobei diese und andere Fahrten stets zur Bildungsreise mit zahlreichen Besichtigungen wurde, deren Eindrücke in Tagebüchern festzuhalten man die Kinder ermunterte[43]. Vermögen erlaubte einen privilegierten Lebenszuschnitt – und erzwang zugleich, damit es gesichert bleibe, Anstrengung und Anpassung.

5. Meinungsführer im Nationalstaat

Die öffentliche Dimension der Unternehmerexistenz konnte sich zu einem Mandat verdichten. In ihm wurden dann Wirtschaftsmacht und sozialer Rang unmittelbar – und kontrollierbar – politisch wirksam. So vertrat Hermann Wunnerlich einige Jahre, 1887 bis 1890, den Wahlkreis Oberfranken im Reichstag für die Nationalliberalen, die Partei des Wirtschaftsbürgertums. Außerdem war er einflußreiches Mitglied des Magistrats der Stadt Hof. Dem Kollegium der Gemeindebevollmächtigten dieser Stadt gehörte sein Sohn Robert lange an, wobei er sich besonders um die Wasserversorgung der Stadt verdient machte. Und dessen Enkel schließlich wurde nach dem Zweiten Weltkrieg Stadtrat. Die kraft der ökonomischen Stellung beanspruchte Verantwortung für das Gemeinwesen übernahmen Robert und sein Sohn H. Edgar auch dadurch förmlich, daß beide viele Jahre das Amt eines Handels- beziehungsweise

---

[42] Ebd. H. Edgar wurde im Freundeskreis ‚der Lord' genannt.
[43] Wunnerlich, Familie (wie Anm. 4), passim; schriftl. Mitteilungen von Erika Frfr. v. Schirnding und Direktor Hermann Wunnerlich; Tagebuch Hermann Wunnerlich „Unsere Sommerferien 1937" (für einen Auszug danke ich Herrn Wunnerlich).

eines Arbeitsrichters ausübten[44]. Öffentlich wirksam, weil offenkundig gemeinnützig waren ebenso Funktionen in Vereinen oder deren regelmäßige Unterstützung: Mit dem Einfluß und den finanziellen Mitteln, über die man verfügte, diente man allgemeinen Bedürfnissen. Robert Wunnerlich zum Beispiel förderte Fichtelgebirgsverein, Frankenwaldverein und vor allem den Verschönerungsverein Hof, für den er eine Anlage im Stadtpark stiftete, die seinen Namen erhielt; sein Sohn führte all dies fort. Wohltätigkeit, die von bedeutenden Spenden für karitative Zwecke bis zum Freitisch für Gymnasiasten reichte, setzte gleichfalls ‚Vermögen' materieller wie sozialer Art in Gemeinnutz um. Das demonstrierten etwa die Engagements Fritz Hornschuchs, der hohe Beträge an das Rote Kreuz gab – welches ihm dafür 1953 seine höchste Auszeichnung verlieh –, sowie eine Stiftung für arme Studenten, notleidende Alte und Blinde errichtete. Und schließlich hatte auch großbürgerliches Mäzenatentum gegenüber Künstlern einen zumindest halböffentlichen Effekt[45].

Doch die Unternehmer besaßen, schon weil man sie aufgrund ihres Geschäftshorizonts für besonders gut informiert hielt, in bürgerlichen Kreisen generell ein Gewicht als Meinungsführer. Auch wo es um weltanschauliche Orientierung, politische Richtung und Staatsbürgerverhalten ging, waren sie exponiert. Dabei dominierte eine nationale Haltung, liberal oder – seit der Jahrhundertwende zunehmend – konservativ geprägt. Für Protestanten galt sie fast durchweg. Aber auch Katholiken folgten offenbar häufiger den Interessen und Werten ihrer Klasse als der Richtschnur ihrer Konfession, das heißt dem Geist einer ultramontanen Kirchenreligion, waren in erster Linie Bürger. Nur eine Minderheit dachte wie Rudolf Weyermann in Bamberg, der einen päpstlichen Orden trug und einer neuen Kirche eine Marmorkanzel stiftete. Der Weimarer Republik und den Parteien der ‚Weimarer Koalition', der Sozialdemokratie, dem Zentrum mit seinem starken Arbeiterflügel und auch der linksliberalen Deutschen Demokratischen Partei, standen die meisten reserviert gegenüber. Sie stimmten für die Deutschnationale Volkspartei oder, wenn sie bewußte Katholiken waren, für die Bayerische Volkspartei. Hauptsächlich diese Parteien wurden von Unternehmern – von einzelnen und von Verbänden – durch Spenden, öffentliche Sympathiewerbung und einige Mandate unterstützt.

Ein nationalkonservativer Geist herrschte auch in der Industrie- und Handelskammer, freilich mit der durch den überparteilichen Status gebotenen Zurückhaltung. So war sie zur Republik formal loyal, auch wenn sich einzelne Mitglieder persönlich scharf gegen die Regierung in Berlin wandten, als diese von Sozialdemokraten

---

[44] Zu Hermann Wunnerlich vgl. Max Schwarz, MdR. Biographisches Handbuch der Reichstage, Hannover 1965, S. 503; zu Robert Wunnerlich StadtA Hof, L/W 31; Hofer Anzeiger 3.7.1932; Bayerisches Jahrbuch 1927, S. 322 (Handelsrichter). Politisches Gewicht besaß in Oberfranken während der Bismarckzeit Friedrich Feustel, der Mitgründer der Mech. Baumwoll-Spinnerei und Weberei Bayreuth und große Förderer Richard Wagners, als Mitglied des Bayreuther Gemeindekollegiums – 40 Jahre –, des Landtags, des Zollvereins und des Reichstags; zu ihm Manfred Eger, Friedrich von Feustel. Wagners Wegbereiter in Bayreuth, Bayreuth 1985. Vgl. Schumann, Unternehmer (wie Anm. 2), S. 120–134, 230–250 und allgemein Hans Jaeger, Unternehmer in der deutschen Politik (1890–1918), (Bonner Historische Forschungen 30), Bonn 1967.

[45] Zu Robert Wunnerlich – der auch in Bad Nauheim, wo er häufig zur Kur weilte, eine Promenade stiftete – StadtA Hof, L/W 31und Hofer Anzeiger 3.7.1932; zu Fritz Hornschuch Frankenpost 3.6.1951, 24.12.1953 und Fränkische Presse 9.9.1950.

geführt wurde. Wenn die – wenigen – Juden vorwiegend zu den Demokraten neigten, lag das daran, daß unter den bürgerlichen Parteien nur diese nahezu frei von dem unter den krisenhaften Verhältnissen der Weimarer Zeit vordringenden Antisemitismus waren. Auch die sichtliche Parteinahme einiger weniger Unternehmer für die Völkischen beziehungsweise die Nationalsozialisten gefährdete nicht jene formale Loyalität zu Weimar bei der Gruppe insgesamt. In der Regel hielt man zur radikalen Rechten Distanz, obgleich so manche sich von ihr durchaus mehr innere Ordnung und äußere Macht erwarteten. Ausnahme blieb auch eine offene Ablehnung Hitlers, zumal nachdem dieser die Macht gewonnen hatte. Seine Anhänger gewannen jedoch 1933 schlagartig Bedeutung, als die Kammer in Präsidium und Geschäftsführendem Vorstand gleichgeschaltet wurde, wobei auch ein selbst innerhalb der Hitler-Bewegung als radikal geltender Ingenieur aus Bamberg zum Zuge kam. Die alte Führung, Männer von erheblichem wirtschaftlichen Gewicht, hat man scheinbar honorig mit Ehrenämtern und Ehrenbriefen verabschiedet. Die branchenbezogenen Fachausschüsse aber blieben meist nach dem wirtschaftlichen Status besetzt. Und die Tätigkeit ging überwiegend in gewohnten Bahnen weiter – doch unter dem bisher immer vermiedenen Vorzeichen entschiedener Parteilichkeit. Im Juli 1933 rief der neue Präsident die oberfränkische Wirtschaft auf, mit Spenden für den Reichsparteitag der NSDAP voranzugehen[46].

Um die Wandlungen der nationalen Gesinnung, des meist ausgeprägten Reichsgeistes vom Kaiserreich bis zum ‚Dritten Reich' zu sehen, blicken wir noch einmal auf die Familie Wunnerlich. Während Hermann die Gründung des Reiches mit gut fünfzig Jahren als Erfüllung der Sehnsucht seiner Generation erlebt und den Geist von 1871 sehr überzeugt vertreten hatte, sah Robert, damals eben erwachsen, auf der Höhe seines Lebens um die Jahrhundertwende nicht nur den Glanz der Industrie- und Militärmacht, sondern auch die wachsenden Gefahren von außen sowie die Spannungen im Innern und übte Kritik am Wilhelminismus. Er scheint sich denn auch leichter als manch andere seiner Schicht mit der Weimarer Republik abgefunden zu haben. Sein Sohn H. Edgar schließlich war national mit dem nüchternen Konservativismus der Frontsoldaten. Er schätzte Hindenburg und die von ihm verkörperten Werte, stand der Deutschnationalen Volkspartei nahe, litt unter der Demütigung Deutschlands durch Versailles, aber erwartete nichts von einer gewaltsamen Revision. So sehr er auch nach 1933 von seinen Söhnen ‚vaterländische' Pflichterfüllung, ob in Wehrmacht oder Hitlerjugend, erwartete, Hitlers Vorbereitung eines neuen Krieges lehnte er entschieden ab[47]. Das Dilemma eines am Kaiserreich orientierten Bürgertums, das zur Republik kein dauerhaftes Verhältnis fand, aber durch seine Kultur und zum Teil durch sein Ethos auch von den Nationalsozialisten abgehalten wurde, drückte Ende 1933 eine Tagebuchnotiz von Edgars Frau aus: Voll Trauer sah die Familie, wie

---

[46] Geschäftsberichte, passim. Zur Gleichschaltung ebd. für 1933, S. 9 ff. Vgl. zu den Unternehmern und ihren Verbänden in der NS-Zeit Fritz Blaich, Die bayerische Industrie 1933–1939. Elemente von Gleichschaltung, Konformismus und Selbstbehauptung, in: Martin Broszat und Elke Fröhlich (Hg.), Bayern in der NS-Zeit. Bd. II, Herrschaft und Gesellschaft im Konflikt, München und Wien 1979, S. 237–280, besonders 240–247.

[47] Schriftl. Mitteilung von Direktor Hermann Wunnerlich.

Anfang November unsere schwarz-weiß-rote Fahne durch die Hakenkreuzfahne ersetzt wurde ... alles Alte wird uns genommen und wenn wir auch willig sind mit der neuen Zeit zu gehen und in ihr das Gute zu sehen, so werden wir so oft vor den Kopf gestoßen, daß einem weh ums Herz wird. Auch wir lieben unser Deutschland ...[48].

Die nationalsozialistische Diktatur wurde für die Unternehmer zum tiefen Einschnitt. Ihre Tätigkeit, der ökonomische Kern ihrer Rolle, geriet im Rahmen der kriegsvorbereitenden Autarkiewirtschaft massiv unter staatliche Lenkung. Zudem sahen sie sich, indem der Loyalitätsanspruch des Regimes sie zur Anpassung drängte und sein Verfügungsdruck die Belegschaften erfaßte, einer ungewohnten politischen Fremdbestimmung ausgesetzt. Und der Krieg, in den Hitlers Herrschaft mündete, überlastete Menschen und Maschinen, zerstörte nicht wenige Fabriken und riß Lücken in die Familien. Vor allem aus der in den Jahren nach dem Ersten Weltkrieg geborenen Generation, die dann ab den Fünfzigern in verantwortliche Positionen nachrücken sollte, kamen viele um[49]. Die wirtschaftliche Belebung, die innere Ordnung, die Wiedergewinnung der nationalen Ehre, schließlich die militärische Liquidierung des ‚Versailler Diktats' – alles, was den Unternehmern, teilweise gegen anfängliche Skepsis, an Hitlers Regierung positiv erschienen war, ging in einer Weise unter, daß sich für diese Bürger Wirklichkeit und Einstellungen mehr veränderten als je seit ihrem Aufstieg mit der frühen Industrie.

---

[48] Tagebuch Margarete Wunnerlich (für einen Auszug danke ich Herrn Wunnerlich).
[49] Vgl. z. B. Wunnerlich, Familie (wie Anm. 4), S. 335–341.

Günter R o ß

Bayreuth um 1900: ausgewählte Aspekte zum Unternehmertum und Arbeiterdasein

1. Carl Schüller als Gründer der „Neuen Baumwollen-Spinnerei"

Als im Jahre 1889 mit der „Neuen Baumwollen-Spinnerei" das dritte größere Unternehmen der Textilindustrie neben den schon bestehenden zwei Fabriken, der „Mechanischen Baumwollspinnerei" und der „Baumwollspinnerei und Weberei F.C. Bayerlein", in Bayreuth gegründet wurde, erreichte die industrielle Entwicklung dieser Stadt einen gewissen Höhepunkt, war doch jetzt nicht nur ein weiteres Unternehmen im bisher schon wichtigsten Industriezweig der Stadt entstanden, sondern jene Fabrik, die sich 50 Jahre später zum größten Arbeitgeber am Ort entwickeln und im weiteren Verlauf zu einer der führenden bayerischen Baumwollspinnereien überhaupt werden sollte[1]. Daß Bayreuth damit zu einer bedeutenden Textilindustriestadt, nämlich zur drittgrößten in Bayern nach Augsburg und Hof avancieren konnte, ist aber kein Zufall. Oberfranken war von jeher schon Textilgebiet gewesen, wobei bereits im 15. Jahrhundert Tuchmacher und Weber, zunächst spezialisiert auf die Barchent-, später dann auf die Schleier- und Florweberei, in Bayreuth zu den wichtigsten Gewerben der Stadt zählten und bewirkten, daß hier früh schon ein Zentrum der fränkischen Wolltuchweberei entstehen konnte[2].

Es war vor allem Carl Schüller, ein Kaufmannssohn und Bankier, der gegen Ende der 1880er Jahre die Initiative zur Fabrikgründung dieser weiteren Baumwollspinnerei ergriff, weil er erkannt hatte, daß im Textilbereich nicht nur die Technik das bestehende Handwerk umformte, sondern daß sich langsam, jedoch stetig die Mechanisierung der Antriebsmaschinen und die Organisationsform Fabrik durchsetzten und im Bayreuther Raum ein großes Arbeitskräftepotential von hausgewerblichen Webern und Spinnern vorhanden war[3]. Begünstigt wurde die Entwicklung der aufstrebenden Baumwollindustrie seit Beginn der Industrialisierung durch nahegelegene Absatzgebiete auch in Nordostoberfranken, durch die günstige Kohlenversorgung mit der bil-

---

[1] Zur industriellen Entwicklung der Stadt Bayreuth im 19. Jahrhundert siehe Günter Roß, Struktur und Dynamik der industriellen Entwicklung Bayreuths im 19. Jahrhundert, Ein Beitrag zur Wirtschafts- und Sozialgeschichte der Stadt im Zeitalter der Industrialisierung, Teil I, in: Archiv für Geschichte von Oberfranken (AO) 70, 1990, S. 251–423; Teil II in AO 71, 1991, S. 311–397; ders., Aus den Anfängen der Industrialisierung Bayreuths, in: Frankenland, 2, 1994, S. 80–85. Zur Stellung der Neuen Baumwollspinnerei innerhalb der bayerischen Textilindustrie siehe vor allem Hugo Kuhlo (Hg.), Geschichte der bayerischen Industrie, München 1926, S. 296.

[2] Fritz Streit, Bayreuth als Industrie- und Handelsstadt, in: Jahresschauen deutscher Städte, Bayreuth. Ein Überblick über die Geschichte, das geistige Bild, die bauliche Entwicklung, die heutige Verwaltung und die landwirtschaftliche Umgebung der Stadt, Bayreuth 1924, S. 102.

[3] Nipperdey weist darauf hin, daß in den sogenannten „älteren" Industriezweigen, insbesondere der Textilindustrie, Heimarbeit und Verlagswesen noch bis gegen Ende des 19. Jahrhunderts eine große Rolle spielten und sich die Industrialisierung der Textilbranche etwa erst bis 1890 ganz durchgesetzt hat. Siehe dazu Thomas Nipperdey, Deutsche Geschichte 1866–1918, Bd. I: Arbeitswelt und Bürgergeist, München 1998, S. 232f.

ligen Braunkohle aus dem Falkenauer Revier und durch die Verkehrserschließung des Bayreuther Raumes mittels der Eisenbahn[4]. Da aber, so Schüllers weitere Überlegungen, ein solches Unterfangen eine größere Geldmenge erforderlich machte, die auch er als Bankier nicht allein aufbringen konnte, und weil dieses Vorhaben auch ein gewisses Risiko in sich barg, mußte sich Schüller finanzkräftige Partner suchen.

In Otto Rose, dem Vorsitzenden der Kreis-Gewerbs- und Handelskammer für Oberfranken, einem Sohn von Louis Rose, welcher von seinem Schwager Dr. Christian Schmidt die Zuckerfabrik in St. Georgen übernommen hatte, die nun aber nach dessen Tod in Händen von Otto Rose und seinem Bruder Emil lag, war schnell ein solcher finanzierungsfreudiger und unternehmerisch denkender Mitstreiter zur Umsetzung der Pläne gefunden[5]. Im Herbst 1888 besuchten Carl Schüller und Otto Rose etliche auswärtige Spinnereien, um sich insbesondere über technische und betriebswirtschaftliche Details kundig zu machen. Neben bautechnischen Fragen ging es vor allem auch um die Ausstattung mit Maschinen sowie um die Höhe des zum Betrieb der Spinnerei erforderlichen Kapitals.

Indem man weitere Partner hinzugewann, konnten zusätzliche Kapitalquellen für die Neue Baumwollspinnerei erschlossen werden. Es waren dies der Fabrikbesitzer Eduard Margerie, Kaufmann Johann August Bauer und der Magistratsrat Christoph Adam Schmidt. Nur wenige Wochen später erwarb Otto Rose mehrere Grundstücke, ein insgesamt 6,425 Hektar großes Areal – vornehmlich Wiesen an der Unteren Au –, außerhalb der Stadt und in unmittelbarer Nähe der Herzogsmühle gelegen, von wo aus sich Rose auch gleich für die neu zu gründende Gesellschaft die Zuleitungsmöglichkeiten des Mainwassers sicherte. Am 19. Januar 1889 war es dann soweit. Schüller, Rose, Margerie, Bauer und Schmidt konnten ihre Unterschriften unter den Gründungsvertrag der Neuen Baumwollspinnerei setzen und die Gesellschaftsstatuten sowie die Kapitaleinlage von je 120 000 Mark, also insgesamt 600 000 Mark Gründungskapital beglaubigen lassen[6]. Otto Rose wurde zum Vorstand, die übrigen Gründungsmitglieder zum Aufsichtsrat der Gesellschaft unter dem Vorsitz von Carl Schüller bestellt.

Wenn auch fünf Persönlichkeiten an der Gründung der später größten Bayreuther Fabrik beteiligt waren – übrigens alles Bayreuther – so war sie vor allem Carl Schüllers Werk, nicht nur weil von ihm die Initiative ausgegangen war. Geboren am 16. März 1847 in Bayreuth, entstammte Carl Schüller einer alteingesessenen Bayreuther Kaufmannsfamilie. Schon im Alter von zwölf Jahren verlor er seinen Vater. Etwa zu der Zeit trat er in die Kreisgewerbeschule, den Vorläufer der späteren Oberrealschule und des heutigen Graf-Münster-Gymnasiums ein, eine Schule, die sich zur Aufgabe gemacht hatte, innerhalb von drei Jahren eine gewisse berufliche Fach-

---

[4] Erich Wurster, Die Bayreuther Baumwollindustrie, in: Jahresschauen (wie Anm. 2), S. 106.
[5] Zur Geschichte der Zuckerfabrik Theodor Schmidt und seiner Besitzer siehe Winfried Gehlert, Im Zeichen der Kontinentalsperre Napoleons gegründet: Geschichte der Zuckerraffinerie Theodor Schmidt, in: Fränkischer Heimatbote 4, 1969; Staatsarchiv Bamberg (StABA), K3-F VI a 3421. Zur Familie Rose siehe auch Christoph Rabenstein, Ronald Werner, St. Georgen, Bilder und Geschichte(n), Bayreuth 1994, S. 101–104; Karl Müssel, Bayreuth in acht Jahrhunderten, Geschichte der Stadt, Bayreuth 1994, S. 158.
[6] Stadtarchiv Bayreuth (StadtABT), GB 109.

bildung zu vermitteln, um technisch geschulte Kräfte für die Industrie auszubilden[7]. Nach Absolvierung der Gewerbeschule, die damals noch im Gebäude Friedrichstraße 18 untergebracht war, begann Schüller 1861 eine kaufmännische Lehre in der Mechanischen Baumwollspinnerei, wo er bis 1866 eine gründliche Ausbildung erhielt[8]. Danach vertiefte er seine kaufmännischen Kenntnisse in der Brauerei Ehemann in Kitzingen, ging anschließend nach Frankfurt am Main, um hier im Bankhaus Kahn eine zweite Lehre als Bankkaufmann zu absolvieren, kehrte aber dann wieder in seine Heimatstadt zurück. In Bayreuth kaufte der inzwischen 26jährige junge Mann schließlich einen Flügel des Alten Schlosses und eröffnete zusammen mit Rittergutsbesitzer von Miedl, einem der Mitbegründer der Mechanischen Baumwollspinnerei, in dem Gebäudeteil am Marktplatz ein eigenes Bankgeschäft. Zehn Jahre später, als von Miedl wieder aus der Führung der Fabrik ausschied, nahm Schüller seinen Jugendfreund Georg Eydmann, mit dem er die gemeinsame Lehrzeit in der Mechanischen Baumwollspinnerei verbracht hatte und der schon seit einigen Jahren seine in Hof inzwischen aufgebaute Zweigstelle leitete, als neuen Teilhaber auf, so daß die Bank jetzt unter der Bezeichnung „Schüller & Co." firmierte[9].

Nachdem die Gründerväter der Neuen Baumwollspinnerei am 28. Januar 1889 offiziell beschlossen hatten, eine Spinnerei mit 20 000 Spindeln zu errichten und die Eintragung der Aktiengesellschaft in das Handelsregister am 24. Februar erfolgt war, konnten die Baupläne erstellt und die ersten Aufträge vergeben werden. Mit dem Bau des Spinnereigebäudes wurde der Bayreuther Baumeister Carl Wölfel betraut, der bereits am 11. April 1889 die Grundsteinlegung an der Unteren Au vornahm[10]. Überhaupt wurden alle nur möglichen Arbeiten an Bayreuther Handwerker vergeben, weil Schüller und Rose darauf bedacht waren, daß möglichst

---

[7] Die Schule wurde 1833 als Königliche Kreis-Landwirtschafts-und Gewerbsschule zu Bayreuth gegründet und berechtigte Schüler mit Abschlußzeugnis u. a. zunächst zum Besuch einer polytechnischen Schule oder einer Bau- und Ingenieurschule. 1877 erfolgte die Umwandlung zur Realschule und nach der Jahrhundertwende schließlich zur Oberrealschule. Die Schüler der Schule stammten aus allen sozialen Schichten, jedoch vornehmlich aus dem Handwerk oder Gewerbe. Viele spätere Unternehmer Bayreuths erhielten hier ihre schulische Ausbildung, unter ihnen so bekannte Persönlichkeiten wie Sophian Kolb, Otto Rose sowie Adolf und Fritz Bayerlein. Näheres dazu in Rainer Trübsbach, Geschichte der Stadt Bayreuth 1194–1994, Bayreuth 1994, S. 216–218.

[8] Siehe dazu Neue Baumwollen-Spinnerei Aktiengesellschaft (Hg.), 50 Jahre Arbeit im Alltag, Die Geschichte der Aktiengesellschaft Neue Baumwollen-Spinnerei Bayreuth 1889–1939, zusammengestellt von F. Haßler, Bayreuth 1940, S. 4f.

[9] Ebd., S. 5.

[10] Der Bau- und Maurermeister Carl Wölfel, schon vor Jahren von Helmbrechts nach Bayreuth gezogen, hatte bei der Kgl. Obersten Baubehörde in München die Prüfung um eine Maurermeisterkonzession mit „sehr befähigt" abgelegt. In Bayreuth war er seit den 1860er Jahren an der städtebaulichen Entwicklung der Stadt entscheidend beteiligt. So führte er die Bebauung der Dammallee durch, wo ein ganzes Ensemble von Gebäuden entstand, neben Fabriken auch moderne Villen und einfachere Wohnhäuser. Hier befand sich unter anderem die erste Bayreuther Stadtwohnung Richard Wagners. An Wagners Bauten war er zumindest mitbeteiligt, und zwar an der Errichtung des Hauses Wahnfried und am Bayreuther Festspielhaus. Wölfel war es auch, der auf der ehemaligen Herrenwiese an der unteren Opernstraße einen Wohn- und Geschäftsblock errichtete, die sogenannten „Wölfelsbauten". Siehe dazu Karl Hartmann, Geschichte der Stadt Bayreuth im 19. Jahrhundert, Bayreuth 1954, S. 73f., auch Müssel, Bayreuth (wie Anm. 5), S. 168f. u. S. 173f.

viele Bayreuther – Bauleute, Arbeiter und Handwerker – von der Spinnerei profitieren sollten[11].

Natürlich konnte nicht alles von Bayreuther Firmen bezogen werden. So entschied man sich schon aus naheliegenden Gründen für Textilmaschinen von auswärts, die man von der renommierten englischen Firma Platt & Brothers beziehen wollte. Zu diesem Zweck reiste Anfang Juni der Textiltechniker Roderich Degelmann, den der Aufsichtsrat für den Aufbau der Spinnerei engagiert hatte, eigens nach Manchester und Oldham, um sich dort verschiedene Maschinen vorführen zu lassen. Seine Recherchen und Beratungen mit den englischen Ingenieuren ergaben jedoch, daß aus ökonomischen Gründen eine Aufstockung der ursprünglichen Spindelzahl auf 28 224 Spindeln unbedingt erforderlich sei[12]. Dafür aber reichte das zur Verfügung stehende Aktienkapital von 600 000 Mark nicht aus, weshalb die Generalversammlung daraufhin am 20. August 1889 auf Anregung Carl Schüllers beschloß, das Grundkapital zu erhöhen und dafür zusätzlich weitere 1000 Aktien zu je 1000 Mark auszugeben. Damit stand dem Unternehmen insgesamt ein Kapital von 1 600 000 Mark zur Verfügung[13].

Auch andere Maschinenteile, die nicht in Bayreuth gefertigt werden konnten, bezog man von auswärts. So ließ man in der Augsburger Maschinenfabrik, der späteren MAN, eine Drei-Zylinder-Dampfmaschine zu 600 PS fertigen, die zur Erzeugung des nötigen Dampfes wiederum acht Kornwall-Kessel mit zehn Atmosphären Druck benötigte. Die Kessel wurden bei der Firma Ewald Berninghaus in Duisburg bestellt[14]. Ebenfalls aus Augsburg stammte die Heizungsanlage, nämlich von der dortigen Johannes Haag Aktiengesellschaft, der ältesten deutschen Zentralheizungsfabrik, die über große Erfahrung auf diesem Gebiet verfügte und unter anderem die ersten Dampfheizungen in Eisenbahnwagen eingebaut hatte[15]. Hinsichtlich der Beleuchtung der Fabrik ging der Aufsichtsrat andere Wege als sie beispielsweise die Mechanische Baumwollspinnerei Bayreuth noch gegangen war, und zwar wagte man es, bei Schuckert in Nürnberg eine elektrische Anlage zu bestellen. Das war damals noch mit einem gewissen Risiko verbunden, da bisher noch nicht viele elektrische Anlagen dieser Größenordnung gebaut worden waren.

---

[11] Getreu seinem Leitmotiv „Bayreuth braucht mehr Leben. Es gibt so viele anständige aber arme Menschen hier, die sich Arbeit und Brot wünschen – ich will Bayreuth helfen." Vgl. Haßler, 50 Jahre (wie Anm. 8), S. 4.

[12] Degelmann empfahl dem Aufsichtsrat, 17 024 Selfaktorspindeln und 11 200 Ringspindeln anzuschaffen. Haßler, 50 Jahre (wie Anm. 8), S. 9–11.

[13] Die Generalversammlung beschloß am 20.8.1889, das Grundkapital um 1 Million Mark zu erhöhen. Dazu wurden 1000 auf den Inhaber laufende Aktien zu je 1000 Mark ausgegeben sowie eine Anleihe in Höhe von 600 000 Mark aufgenommen. Damit wurde der Kreis der Aktionäre breiter. U. a. gehörten dazu jetzt auch sächsische Interessenten sowie der Bankier Georg Eydmann und der Kunstmühlenbesitzer Friedrich Schmidt aus Großzschocher bei Leipzig, der später zum Aufsichtsratsmitglied gewählt wurde. Vgl. Wurster, Baumwollindustrie (wie Anm. 4), S. 107; Haßler, 50 Jahre (wie Anm. 8), S. 12 u. S. 40.

[14] Jahresbericht der Kreis-Gewerbs- und Handelskammer für Oberfranken für 1890, Bayreuth 1891, S. 78.

[15] Kuhlo, Geschichte (wie Anm. 1), S. 280.

Alle Arbeiten an der Spinnerei schritten zügig voran. Schon am 12. Oktober 1889 konnte die Hebefeier für die rund 200 am Bau beteiligten Arbeiter stattfinden. Und ein gutes halbes Jahr später war es dann so weit: Nachdem die Dampfmaschine und die ersten Textilmaschinen aufgestellt waren und auch die Rohware eingetroffen war – 330 Ballen indische Baumwolle, die in Bombay geordert worden waren – konnte Anfang Mai 1890 erstmals mit der Produktion von Garnen begonnen werden. Jetzt kam es vor allem darauf an, auch die entsprechenden Käufer zu finden, weshalb man sich anschickte, eigens dafür Garnagenten in Hof, Münchberg, Stuttgart, Chemnitz und Zittau sowie in der näheren Umgebung zu verpflichten.

Schon Mitte Juli 1880 war etwa die Hälfte der Maschinen in Betrieb, an denen rund 200 Arbeiter bei einer täglichen Arbeitszeit von elf Stunden beschäftigt werden konnten; im August waren es dann 231 Arbeiter (91 männliche und 140 weibliche), im Oktober 294 (116 männliche und 178 weibliche) und im Dezember bereits 305 (116 männliche und 189 weibliche)[16].

Für den Betrieb der Neuen Baumwollspinnerei waren seit Ende April Gustav Hertle als kaufmännischer und Roderich Degelmann als technischer Direktor verantwortlich. Ihnen gelang es bis zum Herbst des folgenden Jahres, die Geschäftslage so günstig zu gestalten, daß bereits Aufträge für vier Monate im voraus vorhanden waren und die Produktion jetzt auf Bestellung erfolgen konnte. Allerdings ließen die inzwischen am Markt fallenden Baumwoll- und Garnpreise noch keine Zahlung einer Dividende oder gar die Bildung von Rücklagen zu.

Erst ab 1892 wurde Gewinn erwirtschaftet, zunächst 91 000 Mark (im Jahr 1892) und dann 82 000 Mark (im Jahr 1893), so daß nun jeweils eine Dividende von $4^{1}/_{2}$% ausbezahlt werden konnte[17]. Als schließlich die Dividenden eine Höhe von 8% (1894) und 10% (1895) erreichten und auch 1896 die Nachfrage nach Garnen weiter unverändert gut blieb, während gleichzeitig die Produkte zu recht lohnenden Preisen abgesetzt werden konnten, faßte der Aufsichtsrat angesichts dieser günstigen Entwicklung am 16. Juli 1896 den Beschluß, auf dem vorhandenen Werksgelände und einigen hinzugekauften benachbarten Grundstücken ein zweites Spinnereigebäude mit weiteren 32 000 Spindeln zu errichten[18].

Nur sieben Jahre seit Gründung der Neuen Baumwollspinnerei war die Spindelzahl auf 60 032 gestiegen und ein zweites Fabrikgebäude, der sogenannte „Bau B" entstanden. Damit hatte sich der Betrieb in etwa auf das Doppelte vergrößert. Allerdings konnte nicht gleich mit der vollen Produktion begonnen werden, da zum einen der Lieferant für die Spinnmaschinen in Verzug gekommen war und es zum anderen erstmals in Bayreuth an gelernten Arbeitskräften mangelte[19]. Es dauerte deshalb noch

---

[16] StadtABT, 13246; 4045.

[17] Vgl. Jahresberichte der Kreis-Gewerbs- und Handelskammer für Oberfranken für 1891, 1892, 1893.

[18] Vgl. Jahresbericht der Kreis-Gewerbs- und Handelskammer für Oberfranken für 1896, S. 154. Mit der Ausführung der Bauarbeiten für das neue Spinnereigebäude wurde wieder Carl Wölfel betraut. Die Spinnmaschinen, 18 216 Ringspindeln und 14 238 Selfaktorspindeln, bestellte man bei der schon bewährten Adresse, bei Platt & Brothers in Oldham, und eine Vier-Zylinder-Dampfmaschine mit 800 PS ließ man wieder bei MAN in Augsburg fertigen.

[19] Haßler, 50 Jahre (wie Anm. 8), S. 15. Ähnlich erging es der Mechanischen, die 1897 klagt, daß ein *Mangel an Arbeitskräften* (zu Tage) *trat trotz steigender Tendenz der Löhne.* Siehe dazu Jahresbericht der Kreis-Gewerbs- und Handelskammer für Oberfranken des Jahres 1897, S. 186.

bis 1899, bis die neu eingestellten Arbeiter alle angelernt waren und die beiden Spinnereien voll in Betrieb genommen werden konnten. Inzwischen hatte sich die Konjunktur in Deutschland jedoch derart abgeschwächt, daß sich bei sinkenden Garnpreisen und gleichzeitig steigenden Kohlepreisen der Geschäftsgang rückläufig entwickeln mußte[20]. Nur mit allergrößter Anstrengung gelang es den Verantwortlichen noch, den Betrieb so weit aufrecht zu erhalten, daß man nicht auf Lager produzieren mußte. Allerdings war man gezwungen, die Garnpreise zum Teil unter dem Herstellungspreis abzugeben, was wiederum zur Folge hatte, daß die stillen Reserven des Unternehmens in absehbarer Zeit fast völlig aufgebraucht waren[21].

Erst gegen Ende des Jahres 1903 kam es zur konjunkturellen Wende, die den langersehnten Aufschwung nach sich zog. Weitere bauliche und maschinelle Erweiterungen ließen nicht mehr lange auf sich warten. Bis Ausbruch des Ersten Weltkrigs verfügte die Spinnerei über die beachtliche Zahl von 157 908 Spindeln und war damit zu einer der größten Baumwollspinnereien Nordbayerns herangewachsen. Im selben Jahr wurde ein Gewinn von 438 000 Mark erwirtschaftet, der eine Dividende von 16% und Rücklagen in Höhe von 1 135 000 Mark zuließ[22].

Wie die Geschichte der Mechanischen Baumwollspinnerei Bayreuth (gegründet 1854) personell eng mit der Geschichte der Kolb'schen Flachsmaschinenspinnerei in Laineck (gegründet 1846) und der Zuckerfabrik St. Georgen (1834 von Wunsiedel nach hier verlegt) verbunden ist, so lassen sich auch Verflechtungen der Neuen Baumwollspinnerei mit der schon bestehenden Mechanischen Baumwollspinnerei nachweisen[23]. In der Mechanischen nämlich hatten fast alle Gründungsmitglieder der Neuen Baumwollspinnerei schon in früheren Zeiten Aktienbesitz in zum Teil beträchtlicher Höhe, den sie auch später hielten, ja teilweise sogar noch vermehrten[24]. Außerdem erwarb man hier die notwendigen kaufmännischen und auch technischen

---

[20] In Bayreuth hatten alle Textilfabriken unter der schlechten Konjunktur zu leiden. So berichtet etwa die Mechanische Baumwollspinnerei, daß das Jahr 1900 das *schwierigste Jahr und die unbefriedigsten Resultate seit zehn Jahren* (mit sich brachte), und machte dafür drei Faktoren verantwortlich, nämlich zum einen enorme und dauernde Preissteigerungen des Rohmaterials, zum anderen ein träges und schleppendes Geschäft für Tücher sowie eine wesentliche Verteuerung der Kohle durch den *Kohlenarbeiterstreik in Böhmen von Januar bis März 1899*. Siehe dazu Jahresbericht der Kreis-Gewerbs- und Handelskammer für Oberfranken für 1900, S. 180, zur F.C. Bayerlein Spinnerei S. 182 und zur Flachsmaschinenspinnerei Laineck S. 187. Letzterer Betrieb spricht außerdem noch von einer kleineren Ernte an Rohflachs als bisher, was *eine regere Nachfrage und eine Aufwärtsbewegung der Preise* zur Folge hatte, so daß die Preise in die Höhe getrieben wurden und das Jahr 1900 ein *noch größerer Ausfall* (war) *als das Vorjahr*.

[21] Betrug der Gewinn 1897 noch 180 000 Mark, so sank er in den Folgejahren stetig, und zwar 1898 auf 174 000 Mark, 1899 auf 105 000 Mark, 1900 auf 90 000 Mark und 1901 auf den Tiefstand von 32 000 Mark. Das brachte natürlich auch ein Sinken der Dividendenhöhe mit sich, die von 8% im Jahre 1897 über 5 % im Jahre 1899 bis auf 4% für 1900 fiel. 1901 wurde gar auf die Auszahlung einer Dividende gänzlich verzichtet. Siehe dazu vor allem Haßler, 50 Jahre (wie Anm. 8), S. 15f. u. S. 48.

[22] Ebd., S. 48.

[23] Siehe dazu Roß, Struktur, Teil I (wie Anm. 1), S. 336–338.

[24] Im Jahre 1881 besaßen C. Schüller 15 000 fl, I.A. Bauer 12 000 fl. und Ch. A. Schmidt 12 000 fl. Aktienkapital, 1882 C. Schüller 24 800 Mark, I. A. Bauer 19 200 Mark und Ch. A. Schmidt 19 200 Mark und 1883 hatte C. Schüller 30 400 Mark Aktienkapital an der Mechanischen Baumwollspinnerei Bayreuth. Außerdem saß Ch. A. Schmidt 1885 im Aufsichtsrat. Siehe dazu Archiv Mechanische Baumwollspinnerei Bayreuth, Geschäftsberichte des Aufsichtsrates (ab 1880), auch Berichte von den jährlichen Generalversammlungen der Aktionäre (mit Bilanzen ab 1885).

Kenntnisse, und nach dem Ausscheiden Theodor Schmidts aus dem Aufsichtsrat der Mechanischen Baumwollspinnerei im Jahre 1856 war dessen Verwandter Louis Rose zum Nachfolger als Aufsichtsratsvorsitzender bestimmt worden. Als dieser 1861 verstarb, übernahm für viele Jahre sein Sohn Emil, also der Bruder Otto Roses die Leitung der Mechanischen, in dessen Aufsichtsrat in den 1880er Jahren außerdem noch mit Christoph Adam Schmidt einer der Gründer der Neuen Spinnerei saß.

Soweit die Geschichte der Neuen Baumwollspinnerei, deren Gründungsgeschichte über weite Strecken auch die Geschichte ihrer Gründer, Carl Schüller und Otto Rose ist, die sich beide die Leitung der Spinnerei als Vorstand beziehungsweise Aufsichtsratsvorsitzender teilten. Nach dem frühen Tod Roses im Mai 1894 oblag die Leitungsfunktion bis nach dem Ersten Weltkrieg weitgehend Carl Schüller allein. Dessen Verdienste würdigte die Stadt Bayreuth, indem sie die vom Hauptbahnhof zur Fabrik führende Straße nach ihm benannte[25]. Weitere Ehren, Orden und Auszeichnungen waren dem schon vorausgegangen, etwa die Ernennung zum Kommerzienrat 1896 und zum Königlich Bayerischen Geheimen Kommerzienrat 1911. Außerdem hatte er von 1893 bis 1921 auch das Präsidium der Industrie- und Handelskammer inne[26].

2. Frauenarbeit und Arbeiterwohnungsfrage als besondere Probleme der Bayreuther Arbeiterschaft

Industriegeschichte ist aber nicht nur Geschichte ihrer Unternehmer, sondern selbstverständlich auch Geschichte der in den Fabriken Arbeitenden, der sogenannten kleinen Leute. Deren Arbeitsbedingungen waren anfangs hart und die Lebensumstände dürftig[27]. Sie ließen aber dennoch ein Leben über dem Existenzminimum zu und besserten sich im Zuge des Ausbaus von Wohnungs-, Gesundheits- und Sozialfürsorge zunehmend. Soweit Arbeiter verheiratet waren, arbeiteten auf Grund der wirtschaftlichen Verhältnisse die meisten Ehefrauen mit[28]. Nur in wenigen Fällen stellte

---

[25] Im April 1890 legte Otto Rose sein Amt als Vorstand nieder und übernahm den Vorsitz im Aufsichtsrat, während Carl Schüller sein Stellvertreter wurde. Den Vorstand bildeten nun Gustav Hertle als kaufmännischer und Roderich Degelmann als technischer Direktor. Als dann Degelmann anfangs 1891 ausschied, wurde Wilhelm Martini aus Augsburg als technischer Direktor verpflichtet. Nach dem Tod von Otto Rose am 27.5.1894 kam es zu weiteren Veränderungen bei der Leitung der Spinnerei. Schüller übernahm den Vorsitz im Aufsichtsrat, für Degelmann und Martini wurde ab dem 1.7.1894 der Emmendinger Kaufmann Rudolf Born zum alleinigen Vorstand bestellt, der Ergänzungen, Ausbauten und Verbesserungen im Spinnereibetrieb vornahm. Nach dessen Tod am 13.2.1905 wurde ein zweiköpfiger Vorstand aus langjährig leitenden Angestellten gebildet, und zwar bestehend aus dem Disponenten und Prokuristen Hans Feneberg und dem Betriebsingenieur Friedrich Steiner. Zusammen mit diesen Herren war Carl Schüller für den weiteren Ausbau und Werdegang der Spinnerei verantwortlich. Siehe dazu Haßler, 50 Jahre (wie Anm. 8), S. 13–17.
[26] Vgl. Haßler, 50 Jahre (wie Anm. 8), S. 4f.
[27] Vgl. Thomas Nipperdey, Deutsche Geschichte 1800–1866, Bürgerwelt und starker Staat, München 1983, S. 238.
[28] Dazu stellte Eduard Priem, der für Bayreuth zuständige Gewerbeaufsichtsbeamte, in seinem Bericht für 1899 fest, daß für Arbeiterfamilien ein Verdienstausfall von Frauen *unter den bestehenden Verhältnissen sehr fühlbar* (sein) *würde*. Er hatte 307 Frauen befragt, deren Wochenverdienst in der großen Mehrzahl weniger als 12 Mark betrug, während die Löhne ihrer Männer zu 75% auch nicht einmal die 18 Mark überstiegen. Die Frauen erklärten deshalb übereinstimmend, *dass sie nicht in die Fabrik gehen würden, wenn sie nicht ihren Verdienst als Zuschuss zum Lebensunterhalt, als Notpfennig in Krankheitsfällen usw. sehr notwendig bräuchten.* Siehe dazu Jahresbericht der Gewerbeaufsichtsbeamten für 1899, hg. v. Reichsamt des Inneren, S. 255.

das Arbeitseinkommen des Familienvaters zugleich auch die gesamte Einnahme der Arbeiterfamilie dar. Oft fand eine Ergänzung auch durch Mitverdienst der Kinder sowie durch Zimmervermietung und Kostgänger statt[29]. Von Anfang an war Fabrikarbeit zu einem erheblichen Teil Frauenarbeit. Und dort, wo die Industrie wie in Bayreuth besonders von der Textilindustrie geprägt war, war der Frauenanteil unter den Arbeitern hoch. Mit der Einführung der Fabrikinspektoren gemäß der Gewerbeordnungsnovelle vom 17. Juli 1878 kam es zu einer Verbesserung des Arbeitsschutzes nicht nur von jugendlichen Arbeitern in Fabriken, sondern auch von Fabrikarbeiterinnen, besonders aber nach Inkrafttreten des Gesetzes zur Änderung der Gewerbeordnung vom 1. Juni 1891, dem sogenannten Arbeiterschutzgesetz, als der Elf-Stunden-Tag zur Regel wurde. Dennoch wurden die Bestimmungen zur Frauenarbeit, vor allem hinsichtlich des Wochenendes verheirateter Arbeiterinnen weiter unterlaufen. So mußten 1894 rund 85% aller Frauen in Bayreuther Fabriken ständig an Vorabenden von Sonn- und Feiertagen länger als vorgeschrieben arbeiten[30]. Die Neue Baumwollspinnerei begründete dies beispielsweise mit der notwendigen Reinigungszeit der Maschinen. Angeblich wurde auch freiwillig länger gearbeitet, obwohl eigentlich die Reinigungszeit im Akkord mit eingerechnet sein sollte. Generell lag die Lohnhöhe für die Frauen weit unterhalb der der Männer und die der Jugendlichen wiederum unterhalb der der Frauen.

Das elementare Bedürfnis nach menschenwürdigen Wohnverhältnissen stellte sich im Gefolge der Industrialisierung in Bayreuth in besonderer Weise. Bürgermeister Dilchert beklagte schon in seinem Rechenschaftsbericht von 1863, daß sich die Neubauten der Stadt von Jahr zu Jahr vermindert hatten, so daß es bereits in der Frühphase der Industrialisierung zu einer förmlichen Wohnungsnot gekommen war[31]. Diese Zustände mußten sich zwangsläufig auf die Mietpreise auswirken. Wie nicht anders zu erwarten, waren sie in Bayreuth höher als in den Nachbarstädten[32].

Deshalb fanden die Werkswohnungen der Mechanischen Spinnerei, die auf dem Areal neben der Fabrik seit den 1860er Jahren entstanden waren und wo in der „Burg" bis um die Jahrhundertwende bis zu 1000 Personen ein Dach über dem Kopf besaßen, bei vielen Arbeiter einen nachhaltigen Anklang[33]. Hier waren für Betriebsangehörige und ihre Familien nach dem Vorbild der Augsburger Kammgarnspinnerei nicht Mietskasernen großstädtischen Zuschnitts entstanden, sondern Reihenhäuschen gebaut worden, denen noch kleine Gärtchen angegliedert waren, wo Gemüseanbau betrieben und Kleinvieh gehalten werden konnte. Ihren Bewohnern bot diese schon fast dörflich anmutende Siedlung vielfältige Vorteile, vom billigen Mietpreis über die räumliche Nähe zur Arbeitsstätte und die positiven hygienischen Verhältnisse bis hin zum engen Kontakt zu den Arbeitskollegen und dem ländlichen Charakter der Kolo-

---

[29] Das Aftervermieten war in Werkswohnungen in der Regel nur auf Fabrikangehörige beschränkt und von der Genehmigung des Arbeitgebers abhängig. Ein interessanter Fall, der der beiden Schwestern Maria und Barbara Vogel aus der Einöde Forst in der Gemeinde Eckersdorf, findet sich in den Akten. Siehe dazu StadtABT, 11569.
[30] StadtABT, 15902.
[31] Historischer Verein Oberfranken, Bayreuth, B 441, Rechenschaftsbericht des ehemaligen Bürgermeisters Dilchert in Bayreuth, S. 27.
[32] Stadtarchiv Hof (StadtAHO), F I, 92 Nr. 13.
[33] Vgl. dazu Roß, Struktur, Teil II (wie Anm. 1), S. 340–344.

nie mitten in der Stadt. Spinnereiarbeiter zogen diese Werkswohnungen trotz mancherlei negativer Begleiterscheinungen möglichen Privatwohnungen in der Stadt vor, da dort der Mietpreis dem freien Spiel von Angebot und Nachfrage unterlag und deshalb viel höher war. Hier aber konnte der Arbeiter mit stabilen Mietkosten rechnen.

Die Aktivitäten der Mechanischen Baumwollspinnerei auf dem Wohnungsbausektor waren beachtlich, nicht minder aber die der Neuen Baumwollspinnerei, die sofort mit Gründung der Fabrik im Jahre 1889 begonnen hatte, ein erstes Arbeiterwohnhaus bauen zu lassen. Im darauf folgenden Jahr wurde mit Beschluß des Aufsichtsrates vom 21. Februar 1890 ein zweites Gebäude für zwölf Familien in Angriff genommen. Eine Fortsetzung des Werkswohnungsbaus erfolgte gleichzeitig mit der Erweiterung der Fabrik 1897, als wieder ein Gebäude für 16 Familien errichtet wurde, sowie im Jahre 1907 mit dem Bau von vier weiteren Arbeiterhäusern und im Jahre 1908 mit nochmals drei Häusern, die Platz für je acht Wohnungen boten[34]. In den 1920er Jahren verfügte die Spinnerei schon über insgesamt 22 Mehrfamilienwohnhäuser, so daß die Arbeiterschaft größtenteils in gesunden, hellen und auch preisgünstigen Wohnräumen untergebracht werden konnte[35].

Doch reichten die Aktivitäten der Spinnereien allein aus, der steigenden Zahl von Fabrikarbeitern Herr zu werden?

Wie sehr sich bis zur Jahrhundertwende die Lage am Wohnungsmarkt für Arbeiter zugespitzt hatte, kann man der Studie von Ernst Cahn, einem gebürtigen Bayreuther, entnehmen, der auf der Basis von standardisierten Fragebögen durch die Polizeibehörde Erhebungen in den Wohnungen durchführen ließ[36]. Darin wurden Daten über Mietwohnungen zu einem der 18 Stadtdistrikte erhoben, und zwar zum 11. Distrikt, dem sogenannten Neuen Weg, wo in erster Linie Arbeiter und ihnen gleichstehende soziale Schichten wohnten. Dieser 11. Distrikt umfaßte folgende Straßen: die Blumenstraße, Mainstraße, Mittelstraße, Peuntgasse, Schulstraße, Wiesenstraße und Am Main, insgesamt ein Viertel mit 235 Mietswohnungen, in denen 1043 Personen lebten, in erster Linie Fabrikarbeiter, Tagelöhner, Dienstleute, Witwen und deren Angehörige. Dort konnte also angenommen werden, daß die Wohnungsverhältnisse im Vergleich zu anderen Stadtteilen am schlimmsten waren[37].

Zunächst fand Cahn heraus, daß ein erheblicher Teil der Wohnungen von viel zu vielen Menschen bewohnt war. Etwa ein Viertel der Wohnungen war im wahrsten Sinne des Wortes mit Menschen überfüllt. Neben vielen Einzimmerwohnungen, die sich oft vier, fünf oder gar sechs Personen teilen mußten, gab es besonders viele

---

[34] Haßler, 50 Jahre (wie Anm. 8), S. 10 und S. 40–42.

[35] Kuhlo, Geschichte (wie Anm. 1), S. 296.

[36] Im folgenden werden die wichtigsten Ergebnisse der Studie vorgestellt, die Ernst Cahn im Jahre 1902 veröffentlichte. Vgl. Ernst Cahn, Ein Arbeiterwohnviertel in einer süddeutschen Provinzstadt (= Bayreuth), in: Archiv für soziale Gesetzgebung und Statistik Bd. 17, 1902, S. 440–477.

[37] Dieser Stadtteil hatte auch ständig unter dem Hochwasser zu leiden. So wird berichtet: *Das Wasser drang im Neuen Weg oft bis Fensterbrüstungshöhe in die Erdgeschosswohnungen, die nie richtig austrockneten.* Hier wohnten auch schon deshalb die untersten Schichten, weil der Wert der Häuser durch die Überschwemmungen stark gemindert war und die Miete deshalb niedriger als in anderen Stadtbezirken war. Siehe dazu Philipp Hirschmann, Der „Neue Weg" in Bayreuth, in: Oberfränkische Heimat 8, 1933, S. 124f.

Zweizimmerwohnungen, insgesamt 117 – also mehr als die Hälfte aller Wohnungen –, in denen teilweise acht, neun und zehn Personen wohnten. In Dreizimmerwohnungen hausten manchmal sogar elf und zwölf Personen. Darüber hinaus konnte nur in 9% der Wohnungen mehr als ein Zimmer beheizt werden.

Aber erst der Vergleich mit den Wohnverhältnissen im Münchner Arbeiterbezirk Giesing, dem Bezirk mit den schlechtesten Wohnverhältnissen in München, ist für unsere Betrachtung aufschlußreich. Dort konnte bei immerhin noch über 20% der Wohnungen mehr als ein Zimmer beheizt werden. Nur 10% der Wohnungen galten nach den Kriterien der Untersuchung dort überhaupt als überfüllt, in Bayreuth dagegen waren es weit mehr, nämlich 23,8%.

Aus hygienewissenschaftlichen Untersuchungen von Pettenkofer wußte man damals, daß Menschen stündlich etwa 32 Liter Kohlensäure ausatmen. Diese Kohlensäure verdünnt dann die im Raum vorhandene und zum Leben notwendige Luft. Der stündliche Bedarf des Menschen an Luft beträgt nach Pettenkofer etwa 55 bis 60 Kubikmeter. Da jedoch die in der Wohnung vorhandene Luft infolge der zahlreichen kleinen Öffnungen in der Wohnung und infolge der Wärmeunterschiede auch ohne Ventilation zwei- bis dreimal in der Stunde erneuert wird, benötigt ein Erwachsener nur einen maximalen Luftraum von 20 bis 30 Kubikmeter.

Die Messung des in der Wohnung vorhandenen Luftraums pro Person war deshalb Ausgangspunkt weiterer Untersuchungen Cahns, die mit den Ergebnissen in anderen Städten verglichen wurden. Das Ergebnis zeigte, daß in Bayreuths Wohnungen im Neuen Weg in über einem Viertel der Wohnungen, nämlich in 27%, nicht einmal zehn Kubikmeter Luftraum für eine Person vorhanden waren. Im entsprechenden Arbeiterviertel Berlins waren es mit 2,5% vergleichsweise wesentlich weniger Wohnungen, die unter zehn Kubikmeter Luftraum pro Person aufwiesen.

Cahns Untersuchung zeigte also, daß Arbeiter in Bayreuth nicht nur schlechter als in München, sondern selbst noch schlechter als in Berlin wohnten, das für seine miserablen Wohnverhältnisse zur Zeit der Industrialisierung weithin bekannt war. Darüber hinaus waren die einzelnen Zimmer in Bayreuth in der Regel relativ klein und ließen dem Bewohner nur wenig Bewegungsfreiheit. Der oftmals einzige Raum mußte gleichzeitig als Schlaf- und Wohnraum herhalten, nicht einmal zwischen Schlafzimmer und Küche wurde hier getrennt.

Noch dramatischer stellen sich die Wohnverhältnisse dar, wenn man die in den einzelnen Wohnungen gezählten Personen mit der tatsächlich vorhandenen Bettenzahl vergleicht[38]. Erst dann wird das Wohnungselend in seinem ganzen Ausmaß

---

[38] In 232 untersuchten Wohnungen, deren jede je eine Haushaltung barg, wurden gezählt:
   a)   67 Haushaltungen, in denen für jede Person ein eigenes Bett vorhanden war,
   b) 103 Haushaltungen, in denen für je 2 Personen mehr als 1 Bett, aber nicht je 2 Betten vorhanden waren;
      von diesen 103 Haushaltungen waren wieder:
      30 Haushaltungen, in denen auf je 3 Personen je 2 Betten trafen,
      25 Haushaltungen, in denen auf je 4 Personen je 3 Betten trafen,
      15 Haushaltungen, in denen auf je 5 Personen je 4 Betten trafen,
      13 Haushaltungen, in denen auf je 5 Personen je 3 Betten trafen.

sichtbar[39]. Nur bei einem Viertel aller Wohnungen war auch wirklich für jede Person ein eigenes Bett vorhanden. Bei mehr als der Hälfte war dies nicht der Fall, in 41 der insgesamt 232 Wohnungen mußten sich sogar zwei oder mehr Personen je ein Bett teilen. Das hing vor allem auch mit der Tatsache zusammen, daß in die Familien Schlafgänger und teilweise auch Pflegekinder aufgenommen wurden – eine damals häufig wahrgenommene Möglichkeit, das meist recht karge Familieneinkommen etwas aufzubessern[40]. Im Gegenzug mußten die damit verbundenen Unannehmlichkeiten in Kauf genommen werden: Bei der Hälfte aller Fälle von Untervermietung schliefen die Aftermieter mit Mitgliedern der Familie nicht nur im selben Raum, sondern manchmal sogar im selben Bett. Die Wirklichkeit sah dann bisweilen so aus, wie es Adam Seeser, der spätere Bayreuther sozialdemokratische Politiker, in seinen Erinnerungen trefflich beschreibt: *In einer Wohnung mit zwei Räumen wohnten Arbeiterfamilien mit acht und mehr Personen. Um die Betten besser auszunützen, lagen die Kinder abwechselnd Kopf nach oben, Füße nach unten und Füße nach oben, Kopf nach unten*[41].

Für die Benutzung eines Bettes erhielt man zu Beginn der 1880er Jahre vier, für die Mitbenutzung zwei Mark vom Schlafgänger pro Monat. Verglichen mit der Wohnungsmiete war dieser Preis allerdings recht niedrig, denn für eine Zweizimmerwohnung, bestehend aus einem heizbaren und einem nichtheizbaren Raum, mußte man im Durchschnitt immerhin 20 Mark bezahlen[42]. Auf Aftermiete angewiesen waren Arbeiterfamilien insbesondere dann, wenn ihr Einkommen durch Krankheit, Unfall oder längere Arbeitslosigkeit des Vaters reduziert war, aber auch bei größerer Kinderzahl, da dann ein Mitarbeiten der Ehefrau in der Regel unmöglich war. Ging es der

---

   c) 41 Haushaltungen, in denen auf je 2 Personen je 1 Bett traf,
   16 Haushaltungen, in denen auf je 6 Personen mehr als je 2, aber weniger als je 3 Betten trafen,
   5 Haushaltungen, in denen auf je 3 Personen je 1 Bett vorhanden,
   1 Haushaltung, in der auf je 4 Personen je 1 Bett vorhanden war.
   Vgl. Cahn, Arbeiterwohnviertel (wie Anm. 36), S. 459.

[39] Die Studie von Cahn war auch den Sozialdemokraten bekannt, denn Fritz Görl, einer der führenden sozialdemokratischen Köpfe Bayreuths in jener Zeit, beklagt bei einer Wahlversammlung in der Zentralhalle am 30.11.1902, daß in Bayreuth nach *der Zusammenstellung des Dr. Cahn … im neuen Weg schlechtere Wohnungen wie in jeder anderen Stadt* (sind) und fordert deshalb eine *wirksame Beaufsichtigung der Wohnungen*. StadtABT, 15575.

[40] Von den 235 Wohnungen im 11. Bayreuther Distrikt gab es
   30 mit Haushaltungen mit Schlafgängern, davon
   2 mit Haushaltungen mit je 2 Schlafgängern,
   5 mit Haushaltungen mit je 3 Schlafgängern und
   1 mit einer Haushaltung mit 5 Schlafgängern;
   11 mit Haushaltungen mit 5 Pflegekindern, davon
   2 Wohnungen mit Haushaltungen mit je 2 Pflegekindern;
   9 mit Haushaltungen mit Schlafgängern und Pflegekindern, davon
      eine mit 1 Haushaltung mit 3,
      eine mit 1 Haushaltung mit 4 und
      eine mit 1 Haushaltung mit 5 Pflegekindern und Schlafgängern.
   Vgl. Cahn, Arbeiterwohnviertel (wie Anm. 36), S. 469.

[41] Siehe dazu unveröffentlichtes Manuskript des Konsumvereins St. Georgen, Nachlaß Seeser (Privatbesitz), S. 22.

[42] StadtAHO, F I, 92, Nr. 13.

Familie finanziell wieder besser oder waren die Kinder älter, so daß sie selbst Geld verdienen konnten, verzichtete man natürlich wieder auf solcherlei Einnahmen. Zwar können im Einzelfall die mit dem Schlafgängertum verbundenen Folgen sittlicher Art – man denke dabei an die Enge der Wohnung, an die mangelnden sanitären Bedingungen mit all den Auswirkungen auf Hygiene und Sauberkeit – nicht belegt werden, doch können unter Umständen erhöhter Wirtshausbesuch, die häufig zu beobachtenden Eheprobleme sowie die sehr hohe Zahl unehelicher Kinder in jenen Jahren wohl auch damit erklärt werden.

Was außerdem die Situation der im Neuen Weg Wohnenden überdies besonders schlimm werden ließ, war die Tatsache, daß – setzt man den Mietpreis pro Kubikmeter Luftraum in Beziehung –, gerade die Wohnungen, die am meisten überfüllt waren, im Verhältnis auch die teuersten waren. Allerdings waren sie in der Provinzstadt Bayreuth, verglichen mit den Großstädten München, Berlin, Heidelberg oder Basel, wo ähnliche Untersuchungen wie die von Cahn durchgeführt worden waren, wenigstens billiger.

Im Handwerk waren zwar die Gesellen bei ihren Meistern untergebracht, doch herrschten auch hier nicht immer zufriedenstellende Zustände, wie die Regierung von Oberfranken in ihrem Bericht vom 1. September 1897 zu beklagen weiß: *Es wurde die Wahrnehmung gemacht, daß die Gewährung von Nachtquartier an gewerbliche Arbeiter innerhalb der Betriebsstätten nicht immer den Anforderungen der Sittlichkeit und Gesundheit entspricht, daß insbesondere häufig zweien Gehilfen oder Lehrlingen nur eine Schlafstätte zugewiesen wird*[43]. Um diese Mißstände abzustellen oder wenigstens zu lindern, sah sich der Stadtmagistrat veranlaßt, einen Polizeiwachtmeister nähere Recherchen darüber einholen zu lassen. In der Tat fand jener heraus, daß solche miserablen Zustände nicht nur in einigen Maschinenfabriken, Schlossereien und Brauereien vorzufinden waren, sondern insbesondere bei den Gewerben der Metzger und Bäcker[44]. Ähnliches hatte auch Eduard Priem, der für Oberfranken zuständige Gewerbeaufsichtsbeamte in seinem Jahresbericht für 1899 zu beklagen, wenn er schreibt: *Die Unterbringung der Arbeiter unmittelbar in der Wohnung der Meister läßt, was Größe und Ausstattung des Schlafraumes anbelangt, häufig sehr zu wünschen übrig ... Ein kleiner, dumpfer Raum, der gerade ein Bett, ein wackeliges Tischchen und oft nicht einmal einen ordentlichen Stuhl enthält, ist nicht geeignet den Gesellen vom häufigen Wirtshausbesuch abzuhalten, wenn er nicht in der Familie des Meisters selbst freundliche Aufnahme findet*[45].

Um die Wohnungsnot der Arbeiter in Bayreuth etwas zu lindern, gründeten vor allem Schreiner und Fabrikarbeiter mit Heinrich Fickenscher an der Spitze am 31. August 1903 den genossenschaftlich organisierten Bauverein, der als Selbsthilfeeinrichtung der Arbeiter gedacht war[46]. Bereits im darauffolgenden Jahr konnte der Verein zwei Grundstücke erwerben und noch im selben Jahr mit dem Bau zweier größerer Genossenschaftsbauten im Neuen Weg unweit der Neuen Baumwoll-

---

[43] StadtABT, BZ 15902.
[44] Ebd.
[45] Priem, Jahresbericht (wie Anm. 28), S. 271.
[46] Heinrich Fickenscher stand nicht nur dem Bauverein vor, sondern auch von 1907 bis 1928 dem ebenfalls genossenschaftlich organisierten Bayreuther Konsumverein.

spinnerei beginnen[47]. 1909 setzte man die Bautätigkeit fort, und zwar entlang der Hammerstraße im heutigen Stadtteil Hammerstatt. Noch blieb es bei solchen Einzelmaßnahmen. Stadtbildprägend wurde die Tätigkeit des Bauvereins erst ab den 1920er Jahren, als zahlreiche weitere Häuser mit insgesamt 306 Wohnungen gebaut werden konnten.

Bei ärmeren und kinderreichen Familien war nicht nur das Wohnen bei gleichzeitig äußerst beengten Wohnverhältnissen teuer, sondern auch noch die Ernährung kärglich, oft beschränkt auf ganz wenige Produkte wie Roggenbrot, Kartoffeln, Käseränder und Wurstzipfel, Bier und Mehlsuppen[48]. Den Erinnerungen eines Bayreuther Arbeiters zufolge sah der tägliche Speiseplan in den 1880er und 1890er Jahren oft so aus: *Früh gab es Kaffee aus selbstgebranntem Korn oder aus Rüben, mittags Klöße, meist ohne Fleisch, abends Kartoffeln mit Salz, vielleicht einem Stückchen Pressack oder Hering. So ging es mit geringer Abwechslung die ganze Woche fort. Das Brot wurde im Hausback hergestellt*[49]. Um überhaupt die Kosten für Nahrung, Wohnung und Kleidung einigermaßen bestreiten zu können, mußte so manche Arbeiterfamilie alle Möglichkeiten für ein Zusatzeinkommen nutzen[50].

3. Umweltbelastungen und erstes Eintreten für den Umweltschutz

Die Bewohner des Neuen Weges hatten außer diesen Problemen noch ganz andere Sorgen. In ihrer unmittelbaren Nähe befanden sich auch Fabriken, neben der Eyßerschen Möbelfabrik die Neue Baumwollspinnerei und andere. Viele wurden mit Dampfkraft betrieben mit der Folge, daß ihre Schornsteine kräftig qualmten, was

---

[47] Siehe dazu Bernd Mayer, Werner Wirth, Wie der Bauverein das Stadtbild prägte, Vor 90 Jahren aus der Not geboren – Der Mangel an billigen Wohnungen war ein kommunales Jahrhundertproblem, in: Heimatbote Nr. 10, 1993.

[48] Siehe dazu Heinrich Hirschfelder, Löhne und Preise in Bayreuth vor hundert Jahren, in: Fränkischer Heimatbote 4, 1984. Daß das Leben in Bayreuth für den Arbeiter härter war als in den Nachbarstädten Hof und Bamberg macht auch ein Vergleich der Wochenlöhne deutlich: Ein gelernter Fabrikarbeiter verdiente 1882 bei einer täglichen Arbeitszeit von 11^1/$_2$ Stunden in der Woche hier zwischen 9 und 18 Mark, in Bamberg dagegen bei 10 Stunden zwischen 12 und 20 Mark, in Hof bei 11 Stunden zwischen 10 und 15 Mark, der Fabriktagelöhner verdiente in Bayreuth bei 11^1/$_2$ Stunden 7 Mark 80 (in Hof bei 11 Stunden 9 Mark, in Bamberg bei 10 Stunden 12 Mark 50). Alle Angaben entnommen der Zusammenstellung über die Preise der Wohnungen, Heizung und Beleuchtung der Stadt Bayreuth für die Jahre 1880–1882, StadtAHO, F I, 92, Nr. 13. Die Mitteilungen zu den Löhnen und Preisen wurden zu Beginn der 1880er Jahre in der in Mainz erschienen Zeitschrift Concordia als Sonderbeilage bis Januar 1884 veröffentlicht.

Nach Mitteilungen von Seeser, (wie Anm. 41), S. 22–24, verdiente damals ein Spinnereiarbeiter wöchentlich etwa 10 Mark, ein Arbeiter der Zuckerfabrik 9–12 und ein Handwerksgeselle 12–15 Mark, während zum Beispiel ein Pfund Butter zwischen 90 Pfennig und 1 Mark kostete und das Pfund Schweinefleisch zwischen 1 Mark 18 und 1 Mark 36 lag. Siehe auch Karl Schmidt, Die Entwicklung der Hofer Baumwoll-Industrie 1432–1913, Leipzig 1923, S. 87. Hier werden für die Städte Bayreuth, Bamberg, Forchheim und Hof die tägliche Arbeitszeit und die Wochenlöhne von Selfaktorspinnern und Ansetzern im Jahr 1906 miteinander verglichen.

[49] Nachlaß Seeser, unveröffentlichtes Manuskript (wie Anm. 41), S. 21.

[50] Über eine Möglichkeit wird im Nachlaß Seeser, (wie Anm. 41), S. 22 berichtet: *Während der Festspielzeit konnte man manchmal ein paar Pfennige nebenbei verdienen. Und noch aus einem anderen Grund freuten wir uns darauf. Im Restaurant am Festspielhügel konnte man von den Fleischresten der Gäste für zehn Pfennige ganze Teller voll kaufen.*

damals allerdings nur die direkt Betroffenen störte, wurden doch qualmende Schornsteine von vielen Bürgern noch ausschließlich als Symbol des Fortschritts und der Prosperität gesehen.

Rauch und auch Ruß und Abgase sind besonders im vorigen Jahrhundert untrennbar mit der industriellen Produktion verbunden, denn wo immer eine Fabrik mit Dampfbetrieb entstand, quoll auch dicker Rauch aus den Kaminen[51]. Rauch und Ruß riefen aber mitunter dann Protest hervor, wenn sie zur Plage für die angrenzenden Bürger wurden. So machten etwa die Anwohner der Neuen Baumwollspinnerei ihrem Ärger in einem Leserbrief in der „Volkstribüne" Luft: *Sind denn von den Riesengewinnen nicht ein paar Mark übrig, daß man der schrecklichen Rauchbelästigung, die infolge der Feuerung mit ganz billigen Kohlen entsteht, durch Anbringung einer rauchverzehrenden Feuerungsanlage abhilft, ... daß auch ferner an den Fabrikdächern, wo der Baumwollstaub und Dreck hinausgejagt wird, eine Vorrichtung angebracht wird, die diesen Staub aufhält? Durch den gegenwärtigen Zustand wird der Staub in alle angrenzenden Wohnungen getrieben, ganze Fetzen kommen geflogen, so daß man vor diesem die Gesundheit gefährdenden Dreck die Fenster schließen muss*[52].

Noch schlimmere Zustände müssen einem Leserbrief im Bayreuther Tagblatt zufolge aber in der Altstadt geherrscht haben: *Es wird vielen bekannt sein, daß der von der Försterschen Ziegelei ausströmende schwefelartige Geruch bei dem fast immer vorherrschenden Westwind das ganze Arbeiterviertel Altstadt sozusagen räuchert. Sieht man sich einen Neubau in der Altstadt oder gar in der Bamberger Straße nach einem Jahr an, so glaubt man, er müsste schon zehn Jahre stehen, so rauchgeschwärzt ist er. Daß dieser abscheulich riechende Rauch auch die Gesundheit angreift ... ist wohl leicht begreiflich ...*[53]. Und Oberlehrer Spindler, Lehrer an der dortigen Altstadtschule, ergänzt, daß *obwohl alle Fenster des Schulhauses geschlossen wurden, der Rauch und besonders Kohlenoxydgase in alle Räume des Hauses zogen und einen äußerst üblen Geruch verbreiteten.*[54]

Solche Beschwerden sind in Bayreuth durchaus recht zahlreich und auch aktenkundig, trotz der damals freilich noch relativ hohen Toleranzschwelle gegenüber jenen lästigen Zeiterscheinungen[55]. In der Mehrzahl jedoch stammen sie erst aus der

---

[51] Über Erkrankungen infolge mangelnder Umwelthygiene wird in folgenden Akten berichtet: StABA, K3 F VI a 105 (*Krankheiten der Atmungsorgane pflegen ausgesetzt zu sein die Arbeiterinnen in den Sälen der Baumwollspinnereien ... , Regierung von Oberfranken*); StadtABT, 13246 (*In der Mechanischen Baumwollspinnerei erhalten die Arbeiter wegen der gesundheitsschädigenden Staub- und Fabrikationsabfälle unentgeltlich Tee aus Eibisch und Süßholz.*); Jahresbericht der Gewerbeaufsichtsbeamten für 1899; Priem, Jahresbericht (wie Anm. 28), S. 267 (*Drei Erkrankungen an Bleikolik von Arbeitern einer Ofenfabrik, welche beim Glasurmischen und Glasurauftragen beschäftigt sind. Mangel an Reinlichkeit im Arbeitsraum und Fehlen ordentlicher Waschgelegenheiten müssen als Ursachen der Erkrankungen angesehen werden*).

[52] Leserbrief, unterzeichnet mit *Viele Hausbesitzer und Bewohner*, in: Fränkische Volkstribüne Nr. 26, 1914, in: StadtABT, 4569.

[53] Leserbrief im Bayreuther Tagblatt vom 18.8.1906, in: StadtABT, 4569.

[54] StadtABT, 4569.

[55] Zur Rauch- und Rußplage siehe StadtABT, 4567, 4569, 4570, 6773, 6770, 6772; zu Lärm- und Geruchsbelästigungen siehe StadtABT, 2903, 4568, 4572, 4573, 6768, 6769, 6771 und zur Abwasserproblematik StadtABT, BZ 23033, BZ 6726, BZ 6727, BZ 653.

Zeit um die Jahrhundertwende, als die Bürger inzwischen sensibler auf Umweltbelastungen reagierten als in früheren Jahrzehnten[56].

Ein recht umfangreicher Rechtsstreit zur Verhinderung größerer Umweltbelastungen ist allerdings schon aus den Jahren 1875 bis 1878 bekannt, als der Bayreuther Stadtmagistrat alles Erdenkliche unternahm, um die beabsichtigte Ansiedlung einer Maschinenfabrik mit einer dazugehörigen Gießerei an der Flußmulde im Neuen Weg zu verhindern[57]. Christian Heinrich Fraas hatte vor, seine in der Kulmbacher Straße befindliche Fabrik dorthin zu verlegen, und stellte dazu im Mai 1875 den erforderlichen Bauantrag. Der Stadtmagistrat lehnte jedoch wegen der zu erwartenden Rauch- und Rußplage, aber auch wegen des allzugroßen Fabriklärms ab. Das hatte vor allem damit zu tun, daß sich in unmittelbarer Nähe des beabsichtigten Fabrikbaus das neue Zentralschulhaus, die heutige Graserschule, befand. Die Stadtväter befürchteten, daß der Unterricht durch den Fabrikbetrieb nicht nur gestört, sondern *unmöglich gemacht werde, was zur Folge hätte, daß das soeben bezogene Schulhaus sofort wieder unbrauchbar würde*[58]. Doch Fraas ließ diese Gründe keineswegs gelten und legte gegen den Beschluß des Stadtmagistrats Widerspruch bei der Regierung von Oberfranken ein. Dadurch verlagerte sich nun die Auseinandersetzung auf Expertenebene. Von außergewöhnlichem Geräusch könne bei der Maschinenfabrik, so das von Fraas in Auftrag gegebene Gutachten, keineswegs die Rede sein, da nur einige Eisendrehmaschinen und Hobelbänke aufgestellt würden, wogegen die Fertigung landwirtschaftlicher Maschinen in ähnlicher Weise geschehe wie bisher schon in der Kulmbacher Straße. Und was Rauch und Ruß wie auch die besagten Geräusche aus der Fabrik betreffe, so werden diese doch vom Schulhaus hinweggetragen, da ja in Bayreuth überwiegend Nordostwind, so der Gutachter, vorherrsche. Zudem würde zwischen Schule und Fabrik außerdem noch ein Häuserkomplex stehen, und zwar der des Feilenhauergewerbes. Gänzlich unverständlich sei das Bauverbot gerade auch deshalb, weil sowohl die Eyßersche Möbelfabrik als auch die Bayerleinsche Weberei mit Dampf betrieben würden und auch in der Nähe des neuerbauten Schulhauses stünden[59].

Vor allem das letzte Argument des Fraas'schen Gutachtens durfte nicht unwidersprochen bleiben, weil Eyßer seinen Dampfkessel bereits 1872 und Bayerlein seine Dampfmaschine schon Mitte des Jahres 1873 aufstellen ließen, also zu Zeiten, als das

---

[56] Am 19.3.1884 beschwert sich ein Bürger über den Gipsstaub der Gipsbrennerei von Schiller. Siehe dazu StadtABT, 4572. Beschwerden der Nachbarschaft wegen erheblicher Rußbelästigung in der Richard-Wagner-Straße durch die Vereinsbrauerei im Jahre 1889. Siehe dazu StadtABT, 4569. Ein langer Rechtsstreit wegen der Belästigung der Nachbarschaft in der Schillerstraße verursacht durch das Sägewerk Loher ist aus den Jahren 1905–1912 bekannt. Siehe dazu StadtABT, 2903. Am 31.10.1906 richtet der Stadtmagistrat sogar eigens einen Ausschuß ein, der sich mit der Verminderung der Rauch- und Rußbelästigungen in der Stadt zu befassen hatte. Ihm gehörten zwei Magistratsräte sowie ein Rechts- und ein Baurat an. Absicht war es, einerseits die Rauchbelästigung am Bahnhofsplatz einzudämmen, andererseits aber auch an die Haushalte und die Industrie zu appellieren, in der Stadt die Verwendung der stark rauch- und rußbildenden böhmischen Braunkohle einzuschränken. Siehe dazu StadtABT, 4569.
[57] StABA, K3-F VI a 3418.
[58] Ebd.
[59] Die Beschwerdeschrift verfaßte der Bayreuther Advokat Kaefferlein. Siehe dazu StABA, K3-F VI a 3418.

Schulhaus noch nicht einmal geplant gewesen war[60]. Im September 1875 wurde schließlich der Beschluß der Kreisregierung Fraas und der Stadt Bayreuth mitgeteilt[61]. Danach war der Fabrikbau zu genehmigen, allerdings unter Auflagen. Fraas sollte sein Gebäude um gut 50 Fuß gegen Westen versetzen, den Fabrikschlot wesentlich höher als beabsichtigt bauen sowie Sorge dafür tragen, daß während der Schulstunden stets geräuschvolle Arbeiten zu unterbleiben hätten. Mit dieser Lösung war die Stadt Bayreuth ganz und gar nicht einverstanden und ließ es auch nicht dabei bewenden. Ihrer Ansicht nach hatten solche Auflagen nur einen *papierenen Wert*, da man fürchten müsse – hätte Fraas erst einmal mit dem Bau begonnen –, daß sich der Eigentümer nicht mehr daran halten würde. Auch sei mit späteren Fabrikerweiterungen zu rechnen, so daß Störungen und Belästigungen sogar noch zunehmen würden.

Die Stadt gab sofort ein Gegengutachten in Auftrag und legte ihrerseits Beschwerde beim zuständigen Staatsministerium in München ein. Eindringlich verwies man darin auf den zu erwartenden *ruhestörenden Lärm und die Befürchtungen von Nachteilen für die Gesundheit der Kinder durch den von der Fabrik ausgehenden Rauch und Ruß*[62]. In einer insgesamt 44 Seiten umfassenden Beschwerdebegründung, verfaßt von drei Bayreuther Bürgern und dem Advokaten Herding, hielt man Fraas insbesondere auch vor, daß er schon beim Kauf des Grundstückes im Neuen Weg gewußt habe, daß der Schulhausbau fast fertig sei.

Nachdem das Ministerium noch weitere Gutachten eingeholt hatte, erfolgte der endgültige Urteilsspruch. Darin folgte das Ministerium im wesentlichen der Argumentation der Stadt. Damit war der Fall zugunsten Bayreuths entschieden und ein sich fast drei Jahre hinziehender Rechtsstreit beendet. Für Fraas bedeutete dies, daß er seinen inzwischen bereits begonnenen Bau wieder einstellen und mit seinem Betrieb am ursprünglichen Standort in der Kulmbacher Straße bleiben mußte, wo er allerdings keine Möglichkeit mehr hatte, durch Erweiterungsbauten den Umfang seiner Produktion zu erhöhen[63]. Im Klartext bedeutete der Ausgang des Rechtsstreits zwischen Fraas und der Stadt Bayreuth, daß durch den enorm hohen Einsatz der Stadt im Zweifelsfall zum ersten Mal in Bayreuth, und das schon während der Industrialisierung, der Umweltschutz vor der Ökonomie obsiegt hat.

4. Protestdemonstrationen um bessere Lohn- und Arbeitsbedingungen

Zunächst waren es in Bayreuth wider Erwarten nicht Fabrikarbeiter, die unzufrieden waren, sondern sieben Dienstmänner des Packträger-Instituts von Paul Sammet, die im Mai 1871 wahrscheinlich als die Ersten in der Stadt ihre Arbeit nieder-

---

[60] Der Bauantrag von Fraas wurde am 24.5.1875 gestellt, der Beschluß des Stadtmagistrats erfolgte bereits am 26.5.1875. Die Stadt erklärt, daß Eyßer bereits am 7.5.1872 und Bayerlein am 27.8.1873 ihre Dampfmaschinen aufgestellt hätten. Siehe dazu StABA, K3-F Va 3418.
[61] Es war eine mündliche Verhandlung am 30.9.1875 vorausgegangen, bei der Fraas zwei Gutachten vorlegte. Siehe dazu StABA, K3-F VI a 3418.
[62] Das städtische Gutachten trägt die Unterschriften vom Ingenieur Kolb, vom Maschinenfabrikanten Hensel und von einem gewissen Schaerdel und wurde vom Advokaten Herding vorgelegt. Interessant ist, daß ausgerechnet Hensel, der ebenso wie Fraas landwirtschaftliche Maschinen herstellte, gutachterliche Stellungnahme abgibt. Ob er wohl einen örtlichen Konkurrenten damit auszuschalten gedachte? Siehe dazu StABA, K3-F VI a 3418.
[63] StABA, K3-F VI a 3418.

legten[64]. Als sie daraufhin fristlos entlassen wurden, gründeten sie kurzentschlossen ein eigenes Packträger-Institut und traten fortan erfolgreich in Konkurrenz zu ihrem früheren Arbeitgeber.

Von seiten des Handwerks kam es 1873 und 1874 zu ersten Arbeitsverweigerungen. Bereits 1857 hatte die Regierung von Oberfranken vor Arbeitseinstellungen von Fabrikarbeitern und Handwerkern *mit weitverzweigten politischen und sozialistischen Tendenzen*[65] gewarnt und damals ihrem Schreiben an die Distrikts-Polizeibehörden ein Verzeichnis von aus Mainz und Frankfurt stammenden aufwieglerischen Schneider- und Schuhmachergesellen beigelegt. Am 5. Mai 1873 stellten auch in Bayreuth 60 Schuhmachergesellen für einige Tage ihre Arbeit ein, um eine Verbesserung ihrer Lage zu erreichen[66]. Ihnen ging es vor allem darum, ihren täglichen Verdienst von 48 kr bis 1 fl 6 kr bei einer Arbeitszeit von fünf Uhr morgens bis zum Eintritt der Dämmerung zu verbessern, was schließlich geringfügig auch gelang. Insgesamt verlief der Streik ruhig und wurde von einem Teil der Schuhmacher nach drei Tagen wieder beendet, die anderen nahmen am 12. Mai die Arbeit wieder auf[67]. Als 1874 fünf streikende Schneider Ende März für einige Tage ihre Arbeit niederlegten, durften diese als organisierte Mitglieder des 1872 in Bayreuth gegründeten Zweigvereins der Schneidergewerksgenossenschaft schon mit 50 Kreuzern Streikgeld pro Tag aus der Gemeinschaftskasse rechnen[68].

Konnten Schreiner und Schuhmacher nach dem Streik bei ihren Meistern die gewohnte Arbeit wieder aufnehmen, so blieb dies einigen der 1886 bei dem Klavierfabrikanten Eduard Steingraeber erfolglos streikenden Tischler verwehrt. Wie ihre Kollegen in der Eyßerschen Möbelfabrik wollten auch sie unter anderem den Zehn-Stunden-Tag einführen, scheiterten aber trotz Hilfe von auswärts, als Karl Kloß, der Vorsitzende des Tischlerfachverbands eigens von Stuttgart nach Bayreuth kam. Im Gegenteil: Alle Arbeiter wurden daraufhin ausgesperrt. Erstmals war damit in Bayreuth ein Kampf um die Macht und Entscheidungsgewalt in der Fabrik entbrannt, bei dem es darum ging, ob die Arbeiter überhaupt das Recht hatten, Forderungen zu formulieren und ihrem Fabrikherrn zu stellen. Nicht einmal eine persönliche Unterredung des Gewerkschaftsführers mit Steingraeber zeigte Erfolg, weil jener auf seinem Standpunkt beharrte, daß es seinen Arbeitern doch gut gehe – immerhin bekämen sie bei ihm für eine wöchentliche Arbeitszeit von 70 Stunden eine Bezahlung von zwölf bis 20 Mark, bei Akkord könnten sie sogar bis zu 27 Mark in der Woche verdienen. Letztlich mußten die Tischler bedingungslos die Arbeit wieder aufnehmen; die Streikführer dagegen wurden nicht mehr eingestellt[69].

---

[64] Heinz Tischer, Die Bayreuther Sozialdemokratie von ihren Anfängen bis zum Ende des Ersten Weltkrieges, in: Festschrift zum 100jährigen Jubiläum der SPD Bayreuth, Bayreuth 1985, S. 15.

[65] Zit. bei Trübsbach, Geschichte (wie Anm. 2) , S. 213.

[66] StadtABT, 6810.

[67] Ebd.

[68] Ebd.; StABA, Präs. Reg. K3 883 II. Vorsitzender war Albert Schweitzer, der 1871 von Altenplos nach Bayreuth gezogen war und sich hier als Inhaber eines Kleider- und Mützenmachergeschäftes niedergelassen hatte. Nach Einschätzung der Behörden galt er als einer der führenden Sozialdemokraten in der Stadt, trat dabei vor allem als Einberufer von Versammlungen und Vermittler von auswärtigen „Agitatoren" auf. Er war Initiator des Streiks.

[69] Siehe dazu StadtABT, 6810; 15912; 16166, auch Fränkische Tagespost vom 25.3.1886.

Ähnlich negative Erfahrungen sammelten vier Jahre später Arbeiter der Weberei der Mechanischen Baumwollspinnerei, als sie versuchten, am 2. Mai 1890 in den Ausstand zu treten. Mehr als zwei Drittel der in der Weberei Beschäftigten legten im Anschluß an gescheiterte Verhandlungen mit der Direktion um 14 Uhr die Arbeit nieder, weil ihrer Forderung, die Aufhebung der Kündigung ihres Arbeitskollegen, des 32jährigen verheirateten Johann Höreth aus Bischofsgrün, nicht entsprochen worden war. Jener, *ein eifriger Sozialdemokrat*, hatte tags zuvor, es war der 1. Mai, öffentlich eine Verbesserung der Arbeitsverhältnisse in der Weberei gefordert, worauf ihn die Fabrikleitung mit einer 14tägigen Kündigungsfrist zu entlassen gedachte. Weil daraufhin jedoch seine Kollegen es wagten, ihm zur Seite zu stehen, und ihre Arbeit niederlegten, wollte die Fabrik ein für alle Mal ein Exempel statuieren und erklärte die fristlose Entlassung Höreths. Als daraufhin die Streikenden immer noch nicht einlenkten und der Arbeit weiter fernblieben, ließ man am nächsten Tag frühmorgens vor sechs Uhr schon Polizeimannschaften an den Werkstoren aufziehen, die dafür sorgen sollten, daß den restlichen etwa 50 nicht streikenden Arbeitern der Zugang zur Weberei nicht von den Streikenden verwehrt werden konnte. Das wiederum veranlaßte die Streikenden, protestierend durch Bayreuth zu ziehen, wobei sie unterwegs ihr Gemüt in verschiedenen Wirtshäusern der Stadt abkühlten. Am nächsten Tag allerdings nahmen dann alle Streikenden bis auf Höreth ihre Arbeit in der Fabrik wieder auf[70].

In der Folge aber dauerte es noch lange, bis die Textilarbeiter Bayreuths mit dem Kampfmittel Streik Erfolg hatten und Verbesserungen ihrer Arbeits- und Lohnverhältnisse durchsetzen konnten.

[70] StadtABT, 6810.

Martina Bauernfeind

Die Handwerkskammer für Mittelfranken in der Weimarer Republik und im Dritten Reich

1. Einleitung

Am 15. Mai 1945 beauftragte der von der Militärregierung als Wirtschaftsadministrator in Nürnberg eingesetzte Stadtrat Dr. Arthur Fey den Orthopädieschuhmachermeister Hans Dirscherl mit der Bildung einer vorläufigen Handwerkskammer für den Bezirk Mittelfranken. Im Rahmen seiner Aufbauarbeit ging Dirscherl nicht nur für seine Person in deutliche Distanz zum Dritten Reich, sondern entwarf auch von der gesamten Handwerksorganisation ein Bild politischer Unbedarftheit. Nachdrücklich bezeichnete er den Nationalsozialismus als Macht, ... *mit der wir als Handwerker nichts, oder nur sehr wenig zu tun hatten*[1]. Öffentlich appellierte er an seine Standesgenossen: ... *Wir heute als deutsche Handwerker müssen uns dagegen wehren, dass man uns mitschuldig macht*[2].

Dieses realitätsferne Urteil des späteren Kammerpräsidenten über die Rolle der Handwerkskammern im Dritten Reich dokumentiert zum einen die fehlende Bereitschaft zur kritischen Auseinandersetzung – eine Grundhaltung, die wie bei vielen anderen Institutionen auch, in den folgenden Jahren beibehalten wurde. Zum anderen verdeutlicht es das Dilemma der Handwerksfunktionäre, die jahrzehntelang geforderte und in der NS-Zeit erhaltene Organisationsstruktur zu verteidigen, sich aber gleichzeitig vom Nationalsozialismus zu distanzieren. Die Konsolidierung der Handwerksgesetzgebung in entscheidenden Punkten auf der einen Seite, die Ideologisierung, die Instrumentalisierung und schließlich der Verlust der Selbstverwaltungskompetenz auf der anderen Seite markieren die Determinanten in diesem Spannungsfeld. Den Weg in die Radikalisierung und die Positionierung des Spitzenverbandes im NS-Staat will der folgende Beitrag nachzeichnen.

2. Gründung und Erster Weltkrieg

Am 1. April 1900 wurde die Handwerkskammer für Mittelfranken als eine von insgesamt 71 Kammern in Deutschland gegründet. Die gesetzliche Verankerung einer umfassenden Pflichtorganisation hatte seit Mitte des 19. Jahrhunderts zu den zentralen Forderungen der Handwerksbewegung gehört. Die Auflösung alter Wirtschaftsstrukturen, die Einführung der Gewerbefreiheit 1868 in Bayern, die beginnende Industrialisierung, verschärfte Wettbewerbsbedingungen infolge des Einsatzes neuer Technologien und Produktionsmethoden und nicht zuletzt der radikale Niveauverlust der Handwerkerausbildung sowie der Zerfall alter Handwerkstraditionen als Folge der liberalen Gewerbeverfassung wirkten dabei katalytisch auf den Zusammenschluß im Mittelstand. Mit der Novelle der Gewerbeordnung vom 26. Juli 1897 wurde das gesetzliche Fundament für die Gründung von Handwerkskammern als Körperschaf-

---

[1] Archiv der Handwerkskammer für Mittelfranken, Redemanuskript Dirscherls am 12. 12. 1948.
[2] Ebd.

ten des öffentlichen Rechts mit weitgehender Selbstverwaltungsbefugnis geschaffen. Die Handwerkskammern boten nun den Rahmen für das Zusammenwirken der Innungen, Vereine und Verbände, der fachlichen und überfachlichen Korporationen. Darüber hinaus kam ihnen auf dem Gebiet des Berufsbildungswesens eine Schlüsselrolle zu. Als Zwangseinrichtungen für die Vertretung und Selbstverwaltung ihres Bezirks konnten sich die Kammern rasch gegen alle anderen beruflichen Interessenverbände durchsetzen[3].

Die ersten Jahre standen im Zeichen des organisatorischen Ausbaus. Der Bildungsauftrag rückte dabei ins Zentrum der Kammerarbeit, etwa mit der Regelung des Lehrlings- und Prüfungswesens und der Förderung von Fortbildungsangeboten. Einen wichtigen Teilerfolg verzeichneten die Handwerkskammern 1908 mit der Einführung des sogenannten Kleinen Befähigungsnachweises, der die Ausbildung von Lehrlingen an den Besitz der Meisterprüfung band.

Der Erste Weltkrieg bedeutete neben allem persönlichen Leid und den sozialen und strukturellen Konsequenzen vor allem einen tiefen Einschnitt in die wirtschaftliche Entwicklung des ganzen Landes. Bestanden laut einer Statistik der Handwerkskammer in Mittelfranken 1914 vor Kriegsbeginn insgesamt 28 272 selbständige Handwerksbetriebe, ergab eine Zählung vom 15. August 1917 formell nur mehr 25 955 Betriebe, von denen über 16% jedoch stillgelegt waren[4], und 1920 wurden 25 089[5] Handwerksbetriebe registriert. Mit einem breit angelegten Krisenmanagement reagierte die Handwerkskammer und organisierte die Verteilung von Heeresaufträgen sowie nach Kriegsende die Rohstoffbeschaffung und Vergabe öffentlicher Aufträge.

3. Weimarer Republik

Mit der Gründung der Weimarer Republik endete die sozialprotektionistische Politik des Kaiserreiches. Die Mittelstandsorganisationen büßten an Ansehen und Einfluß ein. Zudem stand mit der SPD eine Partei in der Regierungsverantwortung, die weltanschaulich und politisch den Interessen des Mittelstandes und Kleinbürgertums diametral gegenüberstand. Überdies verstärkten Kommunalisierungs- und Sozialisierungspläne die Ressentiments, und auch die Wahl Friedrich Eberts, eines gelernten Sattlers und Sohn eines Schneidermeisters, zum ersten Reichspräsidenten konnte die Gegensätze nicht überbrücken. Um sich im parlamentarischen System zu behaupten, mußte der gewerbliche Mittelstand seine organisatorische Zersplitterung überwinden und als Spitzenverband geschlossen auftreten.

Diese Überlegungen führten 1919 zur Gründung des „Reichsverbandes des Deutschen Handwerks", dem sich alle Handwerksorganisationen wie Kammern, Fachverbände und Gewerbevereine binnen kurzer Zeit anschlossen. Letztlich blieb sein Einfluß auf die Politik gering. Der parlamentarische Entscheidungsprozeß mit seinem Zwang zum politischen Kompromiß und die starke Stellung von Industrie und Gewerkschaften ließen einen Mittelstandsprotektionismus, wie er im Kaiserreich möglich war, nicht mehr zu. So scheiterte der Verband mit der Einführung einer

---

[3] Hans-Peter Ullmann, Interessenverbände in Deutschland, Frankfurt am Main 1988, S. 99.
[4] Geschäfts-Bericht der Handwerkskammer für Mittelfranken (GB HWK) 1914/19, S. 12.
[5] GB HWK 1920, S. 5.

Reichshandwerksordnung und seinem Ziel, dem Handwerk „inmitten der freiheitlichen, kapitalistischen Wirtschaftsentfaltung einen Bezirk berufsständisch gebundener Korporativwirtschaft zu bewahren"[6]. Die Niederlage bedeutete nicht allein einen erheblichen Imageverlust des Reichsverbandes. Vielmehr machte der Mittelstand die Erfahrung, daß seine Anliegen gegenüber Regierung, Parteien und konkurrierenden Interessenverbänden in der Weimarer Republik erheblich schwieriger durchzusetzen waren als noch im Kaiserreich. Vor dem Hintergrund mangelnder Berücksichtigung seiner Interessen im parlamentarischen System wuchs im gewerblichen Mittelstand die Aufgeschlossenheit gegenüber autoritären Staatsmodellen[7].

Nachkriegsnot

Trotz der wirtschaftlichen Unsicherheit stieg die Zahl der selbständigen Handwerksbetriebe nach dem Krieg zunächst leicht an. Das Gewerbekataster der Handwerkskammer registrierte 1920 bereits wieder 25 089 Werkstätten mit 35 347 Mitarbeitern, während im Krieg lediglich 21 736 Werkstätten unterhalten worden waren. Vermutlich schlugen hier die vielen Kriegsheimkehrer zu Buche. Jedoch ist bei der Bilanz in Rechnung zu stellen, daß mit etwa 60,5% aller Werkstätten über die Hälfte Einmannbetriebe waren[8]. Vor allem die vielen Kleinbetriebe trafen die sozialen und wirtschaftlichen Härten der Nachkriegszeit empfindlich. Infolge von Rohstoff- und Auftragsmangel sowie der beginnenden Inflation gaben allein in der zweiten Hälfte des Jahres 1923 1500 Betriebe auf. Besonders betroffen waren das Schneidergewerbe, Schreiner, Maler, Sattler und Tapezierer sowie Friseure. Der Großteil der arbeitslos Gemeldeten nahm Erwerbslosenunterstützung in Anspruch[9]. Eine Reihe von Handwerkern wanderte aber auch als Hilfsarbeiter in die Industrie ab oder arbeitete auf eigene Rechnung in ihren alten Berufen weiter. Die sogenannte Pfuscharbeit, die in der Regel nebenberuflich und zu billigen Preisen ausgeübt wurde, war vor allem im Bau-, Schreiner-, Schlosser-, Installations- und Schuhmachergewerbe weit verbreitet. Insbesondere auf dem Land machte der Hausierhandel dem etablierten Handwerk erfolgreich Konkurrenz.

Trotz der schlechten wirtschaftlichen Rahmenbedingungen gelang der Handwerkskammer der Ausbau ihrer Strukturen und Serviceleistungen. Aufgrund der wachsenden Komplexität der Steuergesetzgebung wurde 1920 eine Steuerauskunftsstelle eingerichtet[10]. 1924 kam eine Buchstelle hinzu. Das neue Serviceangebot der Kammer stellte mit der kompetenten Erledigung von Buchführungsarbeiten und steuerlichen Angelegenheiten eine erhebliche Entlastung der Handwerker dar[11]. Seit 1922 glich ein eigenes Schlichtungsamt bei geschäftlichen Streitigkeiten aus[12]. Als eigenes Kammerorgan erschienen 1923 erstmals die „Amtlichen Mitteilungen der

---

[6] Zit. nach Ullmann, Interessenverbände (wie Anm. 3), S. 160.
[7] Ullmann, Interessenverbände (wie Anm. 3), S. 154–163.
[8] GB HWK 1920, S. 5f.
[9] GB HWK 1922/23, S. 121.
[10] GB HWK 1920, S. 80.
[11] GB HWK 1920, S. 116.
[12] GB HWK 1920, S. 131.

Handwerkskammer"[13]. Mit der Gründung einer Betriebswirtschaftsstelle 1926 setzte die Handwerkskammer ihren organisatorischen Ausbau fort. Zweck dieser Abteilung war es, insbesondere Mittel- und Kleinbetriebe in der Umsetzung betriebswirtschaftlicher Erkenntnisse zu unterstützen. Neben der Rationalisierung etablierter Werkstätten bot die Handwerkskammer auch Betriebsgründern eine umfassende technische und kaufmännische Beratung an[14].

Inflation und Währungsreform

Letztendlich konnte die Kammer die wirtschaftlichen Folgen des Krieges für das Handwerk lediglich mildern. Die Inflation verhinderte eine schnelle Erholung. Während Industrie und Großhandel auf Preissteigerungen und wachsenden Geldbedarf mit einer Aufstockung des Aktienkapitals oder der Ausgabe von Schuldverschreibungen reagierten, versuchten Handwerk und Einzelhandel die Geldentwertung durch den Verkauf zu Tagespreisen zu kompensieren. Aufgrund des Kapitalmangels zur Anschaffung von Rohmaterial und der Höchstpreisfestsetzungen im Rahmen der Zwangswirtschaft konnten viele Handwerker bald nicht mehr kostendeckend produzieren. *Die sprunghaften Veränderungen der Papiermark machten alle Berechnungen und Kalkulationen zunichte und machte jede geordnete Wirtschaftsführung unmöglich. Jeder Einzelne glich in den Tagen des Währungsverfalles einem Ertrinkenden, der vergeblich mit den unablässig heranrollenden und sich immer höher türmenden Wogen kämpfte ... Wenn der Handwerker sich in der frühe erhob, mußte er gewahr werden, daß er über Nacht die Hälfte seines Vermögens verloren hatte*[15] – so der alarmierende Situationsbericht der Handwerkskammer. Vor allem Sparer trafen die sozialen Härten von Inflation und Währungsreform. Viele Menschen verloren ihre Altersversorgung, und Bevölkerungsschichten, die bislang in soliden materiellen Verhältnissen gelebt hatten, sanken durch den Verlust ihrer Ersparnisse in die Armut ab. Bildhaft vermerkte dazu die Chronik der Handwerkskammer: *Als sich dann auf eingeleitete Stabilisierungsmaßnahmen hin im November die schwarzen Wolken allmählich zu verziehen begannen, da fielen die sich langsam durchdringenden Sonnenstrahlen auf ein rauchendes Trümmerfeld. Das einst so stolze Gebäude der deutschen Wirtschaft lag zerschmettert am Boden. Der Handwerker vor allem, der nicht die Möglichkeit der wertbeständigen Anlage seiner Kapitalien hatte, mußte die traurige Erfahrung machen, daß die Arbeit eines Lebens umsonst war*[16]. Tatsächlich hatten zahlreiche Handwerker ihre Existenz während der Inflation verloren – in manchen Orten und Berufen sogar 20 bis 30% der Selbständigen. Unter dem Druck der Preisverordnungen waren kaum mehr Gewinne erzielt worden, die Betriebsmittel aufgebraucht und Kundenkontakte sowie Verbindungen zu Lieferanten weitgehend abgerissen[17].

[13] GB HWK 1920, S. 135.
[14] Stadtarchiv Nürnberg (StadtAN), F2, Bd. 40, 1926.
[15] GB HWK 1922/23, S. 112.
[16] Ebd.
[17] GB HWK 1924, S. 92.

Zeit der Erholung

Pionierarbeit leistete die Handwerkskammer für Mittelfranken hinsichtlich der sozialen Absicherung ihrer Mitglieder und deren Familien im Krankheitsfall, im Alter oder bei Invalidität. 1922 trat die „Versicherungsanstalt der Handwerkskammer für Mittelfranken" mit Sitz in Nürnberg als bayernweit erste Einrichtung dieser Art ins Leben[18]. Trotz Inflation und instabiler Wirtschaftslage entwickelte sich die Einrichtung gut. 1927 wurde die „Versorgungsanstalt der Handwerkskammer für Mittelfranken" gegründet. Nach mehreren Umgründungen firmierte die Einrichtung ab 1929 schließlich als „Lebens- und Altersversicherungsanstalt für das bayerische Handwerk und Gewerbe, Nürnberg"[19]. Auch die Versicherungsanstalt wurde vom Konzentrationsprozeß erfaßt und agierte nach dem Zusammenschluß mit der Versicherungsanstalt des Bayerischen Gewerbebundes, München, seit 1930 als „Krankenkasse des bayerischen Handwerks und Gewerbes" mit Sitz in München. Eine eigene Zweigstelle mit rund 18 000 Mitgliedern, das entsprach über 14% aller dort Versicherten, verblieb in Nürnberg.

Vor dem Hintergrund des gestiegenen Verwaltungsaufwandes und des breit gefächerten Beratungs- und Dienstleistungsangebots reichten die bisherigen Geschäftsräume in der Alten Hauptwache am Rathausplatz längst nicht mehr aus. 1926 erfolgte deshalb der Umzug in ein eigenes Anwesen an der Sulzbacher Straße 11. Der repräsentative Bau nach Plänen des Architekten Conradin Walther inmitten eines großbürgerlichen Wohnviertels war nach seinem ursprünglichen Besitzer Ernst Nister, Kommerzienrat und Inhaber der gleichnamigen Kunstanstalt, benannt[20].

Die Handwerksnovelle vom 11. Februar 1929 markiert eine wichtige Zäsur in der Geschichte der Handwerkskammern. Anstelle der Kreisregierung von Mittelfranken übte nun das Bayerische Staatsministerium die Aufsicht über die Handwerkskammer für Mittelfranken aus. Darüber hinaus wurde als amtliches Verzeichnis *derjenigen Gewerbetreibenden ..., die in dem Bezirk der Handwerkskammer selbständig ein Handwerk als stehendes Gewerbe ausüben*[21], die sogenannte Handwerksrolle eingeführt. Neben der auf diese Weise erkennbaren volkswirtschaftlichen Bedeutung des Handwerks beabsichtigte man mit Hilfe des Registers vor allem eine Trennung zwischen Industrie- und Handwerksbetrieb herbeizuführen. 1929 begann die Erfassung und ergab 1930 für Mittelfranken 30 060 selbständige Handwerksbetriebe mit 37 777 Mitarbeitern[22].

Nach der Währungsreform 1924 kennzeichnete zunächst verhaltener Optimismus die Lage im Handwerk. Erste Indikatoren für eine allmähliche Marktstabilisierung waren zum einen die gestiegene Zahl der Lehrlingsanmeldungen, die 1923 ihren Tiefststand erreicht hatte[23]. Am 1. Januar 1924 standen in Mittelfranken insgesamt 11 615 Jugendliche in einem Lehrverhältnis. Zum anderen verzeichneten Berufe,

---

[18] GB HWK 1921, S. 98.
[19] GB HWK 1930, S. 41.
[20] StadtAN, Personenkartei GSI 49 und C20/V, 10073, 10074.
[21] GB HWK 1929, S. 6.
[22] GB HWK 1930, S. 3.
[23] GB HWK 1924, S. 30.

deren Dienstleistung nicht wie Versorgungsgewerbe zur unmittelbaren Bewältigung des Alltags notwendig war, wieder eine Besserung der Auftragslage. Die Kammerstatistik von 1924 dämpfte jedoch allzuhohe Erwartungen an eine rasche wirtschaftliche Erholung: 2402 Gewerbeabmeldungen standen lediglich 3412 Neuanmeldungen gegenüber. Dazu kamen 1063 Arbeitslosenmeldungen, und 1061 Selbständige nahmen die Erwerbslosenfürsorge in Anspruch. Neben 53 Geschäftsaufgaben meldeten 30 Handwerksmeister Konkurs an, und 88 Meister wanderten sogar aus[24].

Weltwirtschaftskrise

Im Oktober 1929 beendete die Weltwirtschaftskrise die kurze Phase wirtschaftlicher Erholung und politischer Konsolidierung in Deutschland. Binnen Jahresfrist stieg die Zahl der Arbeitslosen von neun auf 16% und erreichte 1932 schließlich mit 30,8% ein erschreckendes Ausmaß[25]. Registrierte das Nürnberger Arbeitsamt 1928 noch 16 936 Arbeitslose, waren Ende 1930 schon 38 211 Arbeitssuchende gemeldet[26]. Damit bezog ein Fünftel der Einwohner Fürsorgegelder. Weite Teile des Handwerks waren von der dramatischen Entwicklung betroffen. Im Vergleich zu 1930 sank 1933 die Zahl derjenigen, die einen Arbeitsplatz hatten, mit 24 705 Betrieben und 26 086 Beschäftigten um mehr als ein Drittel[27]. Zudem verschärften Schwarzarbeit, subventionierte Notstandsarbeiten der Wohlfahrtsämter, sogenannte Schleuderkonkurrenz und schlechte Zahlungsmoral die Situation. Außerdem fehlte es wegen der angespannten Finanzlage und der gezielten Deflationspolitik an staatlichen Aufträgen[28]. Am 1. Juli 1932 wurden in Nürnberg 526 Handwerker und ihre Familien von der städtischen Wohlfahrt unterstützt, *da ihre Geschäfte nicht mehr den notwendigen Lebensbedarf abwerfen*[29]. In Mittelfranken waren es rund 750 Handwerksmeister[30].

Die Ernennung des Zentrumspolitikers und Finanzfachmanns Heinrich Brüning zum Reichskanzler im März 1930 leitete die Auflösung des parlamentarischen Systems und den Übergang zum autoritären Präsidialregime ein. Die große Unabhängigkeit der staatlichen Exekutive ermöglichte nun die Wiederbelebung der sozialprotektionistischen Mittelstandspolitik des Kaiserreiches. Brüning machte dem gewerblichen Mittelstand weitreichende Konzessionen. Zum einen zählte er auf politischen Rückhalt in der Reichspartei des deutschen Mittelstandes. Zum anderen wollte er eine Abwanderung der Wähler in das Lager der Nationalsozialisten verhindern. Mit einer Sondersteuer für Großbetriebe im Einzelhandel, einer Einrichtungssperre für Einheitspreisgeschäfte sowie der Einschränkung des Zugabe- und Ausverkaufswesens kam Brüning den Interessen des gewerblichen Mittelstandes entgegen. Angesichts der tiefen Depression blieben solche Maßnahmen jedoch nur Makulatur[31]. *Parlamente und Regierungen des letzten Jahres haben eine ausreichende Berücksichti-*

---

[24] GB HWK 1924, S. 93.
[25] Hagen Schulze, Weimar, Berlin u. a. 1982, S. 45.
[26] Rudolf Endres, Martina Fleischmann, Nürnbergs Weg in die Moderne, Nürnberg 1996, S. 202.
[27] GB HWK 1932/33, S. 1.
[28] Bernhard Keller, Das Handwerk im faschistischen Deutschland, Köln 1980, S. 32.
[29] StadtAN, C25/I, 646, Schreiben der Handwerkskammer für Mittelfranken am 27. 6. 1932.
[30] StadtAN, C25/I, 646, Nürnberger Bürgerzeitung No. 184.
[31] Ullmann, Interessenverbände (wie Anm. 3), S. 161.

gung des Handwerks vermissen lassen. Die gesamte Wirtschafts- und Sozialpolitik war befangen in den Gedankengängen des Liberalismus und des auf seinem Boden gewachsenen Sozialismus ... Seit Jahren erhebt das Handwerk die Forderung nach einer grundsätzlichen Wandlung der Wirtschaftspolitik, die das gegenwärtige Wirtschaftssystem ablösen muß durch eine berufsständisch aufgebaute und geordnete Wirtschaft ... Das Handwerk kann sich nur für solche Parteien entscheiden, die den Willen zur nationalen Einigung haben und auf dem Boden des Berufsgedankens stehen[32]. Anläßlich der Reichstagswahl am 5. März 1933 formulierte der Reichsverband des Deutschen Handwerks seine Fundamentalkritik am System – allerdings das letzte Mal unter demokratischen Vorzeichen.

Krisenbewußtsein und Radikalisierung im Handwerk

Der wirtschaftliche Strukturwandel und die Gefährdung mittelständischer Lebensformen durch den gesellschaftlichen Modernisierungsprozeß der Urbanisierung und Industrialisierung führten bereits um 1900 zu einem ausgeprägten Krisenbewußtsein im Handwerk. Vor dem Hintergrund der Inflation wuchs die Proletarisierungsfurcht, begleitet vom mangelnden Vertrauen in das parlamentarische System und die Handlungsfähigkeit der Regierung. Zu Beginn der Weimarer Republik hatte noch ein Großteil des Mittelstandes auf die liberale Deutsche Demokratische Partei gesetzt, wanderte dann zur Deutsche Volkspartei und schließlich zur Deutschnationalen Volkspartei ab, dem Sammelbecken konservativer bis rechtsradikaler Kräfte. Exemplarisch dafür steht die politische Laufbahn von Martin Gregorius, Inhaber der renommierten lithographischen Kunst- und Stahlstichprägeanstalt Leonhard Amersdörfer, Stadtrat in Nürnberg und seit 1922 Vorstandsmitglied der Handwerkskammer. Ursprünglich Mitglied der liberal-demokratischen DDP, wechselte er 1924 in das Lager der rechtsnationalen Volksgemeinschaft Schwarz-Weiß-Rot und wurde 1929 schließlich Mitglied der DNVP[33]. Gregorius, nach dem Urteil des Nürnberger Oberbürgermeisters Hermann Luppe *ein verständiger, ruhiger Mann*[34], zählte zu den moderaten Vertretern des Mittelstandes. Auch Franz Schuh, Baumeister und Vorstandsmitglied der Handwerkskammer, war in der Stadtratsfraktion Schwarz-Weiß-Rot vertreten[35]. Aus Protest gingen zahlreiche Mandatsträger des Mittelstandes innerhalb der politischen Gremien in scharfe Opposition zu den Vertretern der staatstragenden Parteien. Jedoch schoß ihre Obstruktionspolitik in vielen Fällen über das Ziel hinaus und verhinderte eine problem- und sachorientierte Zusammenarbeit über Parteigrenzen hinweg. Vernichtend urteilte Oberbürgermeister Luppe: *Diese engstirnigen Mittelständler waren ... überall ein Krebsschaden der Politik, skrupellose Interessenvertreter, persönlich meist unsauber, die mit ihrer Stimme Schacher trieben, da ihnen jede politische Überzeugung und Moral fehlte*[36]. Luppes Einschätzung wurde

---

[32] Archiv der Handwerkskammer, Ein Handwerk – Eine Stimme. 100 Jahre Handwerkspolitik. Manuskript, o.O., [1999], S. 19.

[33] Hermann Hanschel, Oberbürgermeister Hermann Luppe (Nürnberger Forschungen 21), Nürnberg 1977, S. 349.

[34] Hermann Luppe, Mein Leben (Quellen zur Geschichte und Kultur der Stadt Nürnberg 10), Nürnberg 1977, S. 159.

[35] Ebd.

[36] Zit. nach Hanschel, Luppe (wie Anm. 33), S. 348.

wesentlich mit geprägt durch das Wirken des Schuhmachermeisters Hans Dirscherl, seit 1924 Stadtrat und nach 1945 Präsident der Handwerkskammer. Mit gezielten Indiskretionen und Verleumdungen hatte Dirscherl versucht, das Ansehen des renommierten Nürnberger Stadtoberhauptes zu beschädigen. Darüber hinaus hatte sein eigener Ruf wegen persönlicher Verfehlungen bereits stark gelitten[37]. Dirscherl schreckte auch vor einer Zusammenarbeit mit den Nationalsozialisten nicht zurück und stärkte so deren kommunalpolitische Basis[38]. Je mehr sich die Wirtschaftskrise verschärfte, desto mehr gewann die NSDAP an Attraktivität, zumal sie bewußt Ängste des Mittelstandes schürte und plakativ gewerbepolitische Themen besetzte. Kampagnen gegen Warenhäuser und Großbetriebe gehörten dabei ebenso zur Propagandaklaviatur wie sozialromantisch verbrämte Wahlversprechen. Nicht zuletzt zählte die Stärkung der handwerklichen Berufsorganisation zum Themenkatalog der Nationalsozialisten[39].

In Mittelfranken übernahm allen voran Julius Streicher die Rolle des Demagogen, der sich sowohl im Stadtrat als auch als Herausgeber des antisemitischen Hetzblatts „Der Stürmer" als Fürsprecher des Handwerks präsentierte. So wurde zum Beispiel der Jude Salman Schocken, Gründer des gleichnamigen Kaufhauses in der Nürnberger Südstadt, Ziel seiner Diffamierungen und Anfeindungen. *Immer stärker wurden die rein demagogisch auf Wählerfang eingestellten Gruppen ..., vor allem die Nationalsozialisten ... Agitation mit unlautersten Mitteln, mit Terror und Verleumdung wurde von ihnen immer offener betrieben*[40], beschrieb Hermann Luppe den Verfall der politischen Kultur am Ende der Weimarer Republik.

Auch auf Verbandsebene gewannen die Nationalsozialisten Einfluß auf die Politik des gewerblichen Mittelstands. Vor allem die Handwerkerbünde im Norden Deutschlands und die Landhandwerker, die unter den Folgen der Agrarkrise litten, zeigten sich anfällig für die nationalsozialistischen Parolen. 1932 sprach sich etwa der „Nordwestdeutsche Handwerkerbund" offen für eine Zusammenarbeit mit der NSDAP aus, gefolgt vom „Verband selbständiger Handwerker in Ostpreußen". Auch der Reichsverband des Deutschen Handwerks wurde infiltriert und geriet zudem von außen erheblich unter Druck. 1932 wurde er Zielscheibe der Agitation des nationalsozialistischen „Kampfbundes des gewerblichen Mittelstandes" und seines Organs „Deutsches Handwerk – Kampfblatt des deutschen Handwerks, Gewerbes und Einzelhandels"[41]. Die Strategie der Nationalsozialisten hatte Erfolg. „Die Radikalisierung der Mitglieder, ein Ergebnis der Wirtschaftskrise und der nationalsozialistischen Agitation, ließ den offiziellen Organisationen letztlich nur die Wahl zwischen Anpassung und Auseinanderbrechen. Die Spitzenvertretungen des Handwerks zogen schließlich die erste Möglichkeit vor"[42]. Nicht nur auf Verbandsebene fand ein Kurswechsel statt, sondern auch die Mitgliederstruktur der NSDAP und Wahlanalysen belegen den Radikalisierungsschub im Mittelstand.

---

[37] Ebd.
[38] Luppe, Leben (wie Anm. 34), S. 251.
[39] Keller, Handwerk (wie Anm. 28), S. 38.
[40] Luppe, Leben (wie Anm. 34), S. 242.
[41] Ullmann, Interessenverbände (wie Anm. 3), S. 163.
[42] Heinrich August Winkler, Mittelstand, Demokratie und Nationalsozialismus. Die politische Entwicklung von Handwerk und Kleinhandel in der Weimarer Republik, Köln 1972, S. 169.

4. Die Handwerkskammer für Mittelfranken im Dritten Reich
Gleichschaltung

Auch nach der Ernennung Adolf Hitlers zum Reichskanzler am 30. Januar 1933 blieb der gewerbliche Mittelstand von den Nationalsozialisten intensiv umworben. Am 17. Februar empfing Hitler das Präsidium des Reichsverbands des Deutschen Handwerks, um die Handwerkerschaft in Hinblick auf die Reichstagswahl am 5. März 1933 auf den nationalsozialistischen Kurs einzuschwören. Mit 43,9% aller Stimmen im Reich gingen Hitler und die NSDAP als klare Sieger der Wahl hervor. Die Weimarer Republik war am Ende. Hatte sich der gewerbliche Mittelstand als Steigbügelhalter Hitlers instrumentalisieren lassen, erfolgte nun die systematische Gleichschaltung seiner Organisationen[43].

Die Gleichschaltung des Handwerks im Vollzug reichsgesetzlicher Vorgaben war im Juni 1933 im wesentlichen abgeschlossen. Sie erfolgte unter der Regie von Dr. Theodor Adrian von Renteln, dem Führer des Kampfbundes des gewerblichen Mittelstandes, der im August 1933 in „Nationalsozialistische Handwerks-, Handels- und Gewerbeorganisation" (NS-HAGO) umbenannt worden war. Ihm zur Seite standen der Referent für Handwerk und Gewerbe der NSDAP-Reichsleitung, Carl Zeleny, sowie Dr. Heinrich Schild, der als Generalsekretär des „Deutschen Handwerks- und Gewerbekammertages" fungierte. Als „Kommissare für Gleichschaltung in den Fachverbänden des Deutschen Handwerks" entwarfen Zeleny und Schild sogar eigene „Richtlinien für die Gleichschaltung in den Innungen des deutschen Handwerks"[44]. Die Neubesetzung der Spitzenämter durch zuverlässige Parteigenossen und die Ausschaltung unliebsamer Vorstands- und Präsidiumsmitglieder etwa durch Entlassung in den Ruhestand oder Ernennung zu Ehrenvorsitzenden waren bewährte Vorgehensweisen. In allen Fällen ersetzte ein autoritäres Ernennungsrecht den demokratischen Auswahlmodus. Das Protokollbuch der Steinmetz-Innung Nürnberg von 1934 gewährt einen Einblick in die neue totalitäre Organisationsstruktur: *Versammlungen in Zukunft kurz; Besuch Pflicht, Diskussionen unzulässig.*[45] Der nach 1933 einsetzende konjunkturelle Aufschwung, öffentliche Aufträge und steuerliche Entlastungen nahmen die Mehrheit der Handwerker für das neue Regime ein, so daß die Neubesetzung der Ämter in der Regel sogar begrüßt wurde[46].

Einen folgenreichen Schritt auf dem Weg zur Auflösung der Selbstverwaltungskompetenz des Handwerks markierte am 3. Mai 1933 die außerordentliche Vollversammlung des Reichsverbandes des Deutschen Handwerks. Der von Nationalsozialisten dominierte Vorstand beschloß die Gründung des „Reichsstandes des Deutschen Handwerks" und wählte zum ersten „Führer" der neuen Organisation Theodor Adrian von Renteln sowie Carl Zeleny zu seinem Stellvertreter. Mit der Auf-

---

[43] Ein Handwerk – Eine Stimme (wie Anm. 32), S. 22.

[44] Valentin Chesi, Struktur und Funktionen der Handwerksorganisation in Deutschland seit 1933, Berlin 1966, S. 33f.

[45] Zit. nach Cornelia Foerster, Gratwanderung, in: Leute vom Fach, hg. v. Centrum Industriekultur Nürnberg, Nürnberg 1988, S. 287–298, S. 294.

[46] Fritz Blaich, Staat und Verbände in Deutschland zwischen 1871 und 1945, Wiesbaden 1979, S. 101f.

lösung des Reichsverbandes am 1. Oktober 1933 blieb der Reichsstand als einziger Dachverband übrig.

Gleichschaltung der Handwerkskammer für Mittelfranken

Wie in vielen anderen Kammern ging auch die Gleichschaltung der Handwerkskammer für Mittelfranken ohne erkennbaren Widerstand vor sich. Hierbei unterlag sie den Zwängen der Reichsgesetzgebung, die von allen Handwerkskammern vollzogen werden mußte und keinen eigenen Spielraum mehr zuließ. Am 24. März 1933 enthob der Gauleiter des Kampfbundes des gewerblichen Mittelstandes, Max Lehr, das Präsidium seiner Ämter und übernahm bis zur Neukonstituierung des Vorstandes selbst kommissarisch die Leitung der Kammer. Am 9. Mai 1933 legte Präsident Jeremias Weinberger auch formal sein Amt nieder und trat am 1. Juni 1933 in den Ruhestand[47]. Der Großfleischermeister aus Wöhrd hatte seit 1906 der Kammer vorgestanden. Um den Schein des guten Einvernehmens zu wahren, wurde gleichzeitig Weinbergers Ernennung zum Ehrenpräsidenten der Handwerkskammer besprochen. Mit Weinberger trat auch Martin Gregorius von seinem Amt als Vizepräsident zurück. Als neues Vorstandsmitglied und designierten Nachfolger setzte Lehr schließlich den Fürther Schreinermeister und Parteigenossen Karl Friedrich Wirth durch.

Die offizielle Wahl des neuen Präsidiums fand am 4. August 1933 im großen Sitzungssaal des Rathauses statt. Die Choreographie der Veranstaltung stand ganz im Zeichen des Nationalsozialismus. Eine SA-Abteilung zog mit Fahnen ein, und die SS-Kapelle spielte den „Aufzug der Zünfte" auf der Festwiese aus Richard Wagners „Die Meistersinger von Nürnberg". Durch Zuruf wählte die Vollversammlung dann neben Karl Friedrich Wirth als ersten Präsidenten den Nürnberger Dachdeckermeister Hans Bauer zu dessen Stellvertreter. Kassier Martin Goll sowie die Beisitzer Martin Gregorius, Konrad Seifferth, Konrad Gröschel, Michael Stintzing, Friedrich Holzöder und Anton Jeßberger behielten zunächst ihren Sitz im Vorstand.

Mit einem eindeutigen Bekenntnis zu Hitler und der NSDAP ging Wirth in seiner Antrittsrede weit über eine pflichtmäßige Loyalitätsbekundung hinaus: *Das deutsche Handwerk ist trotz aller Widerwärtigkeiten der letzten Dutzend Jahre, trotz der Anfeindung, trotz des unerbittlichen Konkurrenzkampfes dennoch gesund geblieben und dieses Gesundgebliebensein, das legen wir dem neuen Staate auf den Altar des Handwerks ... In diesem Sinne die Straße frei und ein Sieg-Heil auf unseren Ehrenmeister des deutschen Handwerks, Generalfeldmarschall Hindenburg, sowie dem Reichsschmied des neuen Staates unsere tiefgefühlteste Verehrung*[48].

Neben seinen Aufgaben als Kammerpräsident widmete sich Wirth in den ersten Wochen nach seiner Ernennung vor allem der „staatspolitischen Schulung" der Handwerker in Mittelfranken. *Wir müssen auch im Verhältnis von Handwerker zu Handwerker den Nationalsozialismus praktisch pflegen*[49], definierte er seinen Arbeitsschwerpunkt. Mit dem Besuch zahlreicher Versammlungen und Werkstätten warb er nicht nur für die NSDAP und den neuen Kurs der Kammer, sondern erkundete auch

---

[47] StadtAN, F2, Bd. 46.
[48] GB HWK 1932/33, S. 160f.
[49] GB HWK 1932/33, S. 168.

die Stimmung an der Basis. Im Ergebnis mußte er feststellen: *Es gibt ... noch einzelne Köpfe, die den Geist eines Adolf Hitler noch nicht verstanden haben oder sich sträuben, in die gemeinsame Front eingereiht zu werden*[50].

1935 beseitigte die Einführung des Führerprinzips die letzten Kritiker in den Reihen der Handwerkskammer und stattete den Präsidenten mit außerordentlicher Machtfülle aus. Er vertrat die Kammer in allen Belangen, hatte die beschließende und vollziehende Gewalt und berief die Mitglieder des Vorstandes, die nur noch beratende Funktion hatten. Die Vollversammlung wurde ganz aufgelöst. Mit Ausnahme der beiden Kammerpräsidenten wechselte der gesamte Vorstand. Auch der langjährige Syndikus Gustav Grampp ging am 1. April 1935 in den Ruhestand, ihm folgte mit Rechtsanwalt Hans Fries als Hauptgeschäftsführer ein Parteigenosse im Amt. Mit der Einstellung der „Amtlichen Mitteilungen" am 1. Oktober 1935 mußte die Kammer wie alle anderen Handwerkskammern auch auf ein eigenes Presseorgan verzichten. Stattdessen erschien als amtliches Organ des Landeshandwerksmeisters Bayern und der bayerischen Handwerkskammer das Einheitsblatt „Das bayerische Handwerk". Damit war die Gleichschaltung der Handwerkskammer für Mittelfranken endgültig abgewickelt.

Die neue Handwerksgesetzgebung

Ein umfangreiches Gesetzeswerk begleitete die Anpassung der Spitzengremien im Handwerk an die realen Machtverhältnisse: Das Gesetz vom 29. November 1933 zum vorläufigen Aufbau des deutschen Handwerks, die in Nürnberg verkündete „Erste Verordnung über den vorläufigen Ausbau des deutschen Handwerks" vom 15. Juni 1934 sowie die Verordnungen Nr. 2 und 3 am 18. Januar 1935[51]. Nach und nach schuf das Reichswirtschaftsministerium eine lückenlose Einheitsorganisation. Auf der Basis der seit dem 19. Jahrhundert von der Handwerksbewegung geforderten Zwangsinnungen baute ein fachlicher und ein überfachlicher Organisationsstrang auf. 1936 gab es in Deutschland 14 954 Innungen; hier verlief der Strang über die Bezirksstellen der Innungsverbände zu den 59 Reichsinnungsverbänden, die in der „Reichsgruppe Handwerk" zusammengeschlossen waren. Der überfachliche Strang führte von den Innungen über 725 Kreishandwerkerschaften und 65 Handwerkskammern zum „Deutschen Handwerks- und Gewerbekammertag". Beide Organsiationszweige wurden vom „Reichsstand des Deutschen Handwerks" überwölbt, dem der Reichshandwerksmeister vorstand. Ihm waren 13 Landeshandwerksmeister untergeordnet. Alle Handwerkerbünde, Fach- und Gewerbevereine wurden nun von den Handwerkskammern aufgelöst und deren Vermögen den Pflichtinnungen übertragen. Darüber hinaus übten die Kammern über die Kreishandwerkerschaften und Innungen die Dienstaufsicht aus. Jetzt gehörten alle 1,6 Millionen selbständigen Handwerker der neuen Organisation an und traten mit beispielloser Geschlossenheit auf. Mit der lückenlosen Erfassung des Berufsstandes entsprachen die Nationalsozialisten einer alten Forderung der Handwerksbewegung[52].

---

[50] GB HWK 1932/33, S. 169.
[51] Franz Hatz (Hg.), Das Bayerische Handwerk, München 1935, S. 84–110; 144–151.
[52] Ullmann, Interessenverbände (wie Anm. 3), S. 214.

Auf dem Weg zur Konsolidierung der Handwerksgesetzgebung rückte Nürnberg in den Mittelpunkt, als am 19. Juni 1934 anläßlich der Handwerkertagung Reichshandwerksführer Klempnermeister Wilhelm Georg Schmidt die „Erste Verordnung über den vorläufigen Aufbau des deutschen Handwerks" verkündete. Die Handwerkskammer für Mittelfranken und die vereinigten Nürnberger Innungen hatten im Herculesvelodrom zu einer großen Kundgebung des Nürnberger und Fürther Handwerks eingeladen, die Stadtrat Hans Leuchner eröffnete. Zu den prominenten Gästen zählten der bayerische Landeshandwerksmeister Josef Roos sowie der Kammerpräsident von Oberbayern Franz Hatz. Die neue Verordnung regelte die Organisation der Pflichtinnungen sowie der Kreishandwerkerschaften.

Mit Einführung der Innungspflicht fiel der Kammer neben der Aufsicht über die Innungen deren Neuorganisation zu. Waren Ende 1933 mit 20 536 Handwerkern lediglich 64% aller selbständigen Handwerker in Mittelfranken in 312 Innungen organisiert, erfaßten 1934 324 Innungen alle Handwerker lückenlos. Bereits am 4. Oktober 1934 feierte das Nürnberger Handwerk im Festsaal des Deutschen Hofes die Einsetzung von 60 Innungsobermeistern und -meisterinnen. Die SA-Kapelle Lobenhofer begleitete den Festakt musikalisch, und neben Kammerpräsident Wirth und Kreishandwerksmeister Hans Leuchner sprach als Vertreter der Gauleitung auch Stadtrat Friedrich Fink. Nach einem Konzentrationsprozeß auf Kosten kleinerer Innungen blieben 1939 noch 292 Fachinnungen übrig. An die Stelle der Innungsausschüsse traten 1934 Kreishandwerkerschaften, geographisch orientiert an den Bezirken der Stadt- und Landkreise, deren Pflichtmitglieder die Innungen waren. Von anfänglich 19 Organisationen bestanden nach einer Konsolidierungsphase 1937 noch elf, nämlich die Kreishandwerkerschaften Ansbach-Feuchtwangen, Eichstätt, Erlangen, Fürth, Gunzenhausen-Dinkelsbühl, Hersbruck-Lauf, Neustadt-Scheinfeld-Windsheim, Nürnberg, Rothenburg-Uffenheim, Schwabach-Roth-Hilpoltstein und Weißenburg.

Auf der Grundlage der Ersten Verordnung erhielten die Handwerkskammern mit der sogenannten Ehrengerichtsbarkeit darüber hinaus eine eigene Rechtsprechung, die bei *Verletzung der Standesehre oder eines Verstoßes gegen den Gemeingeist*[53], wie etwa unlauteres Verhalten und Wettbewerb oder Übervorteilung von Kunden, tätig werden sollte. Als Sanktion konnte das Gericht Verweise, Geldstrafen bis zu 1000 Reichsmark, Entzug der Anlernerlaubnis und sogar die Aberkennung des Meistertitels verfügen. Letztlich ging die Praxis des Ehrengerichts weit über den gesteckten Rahmen hinaus. So wurde die Handwerkskammer für Mittelfranken seit 1. Januar 1935 nicht nur in Fällen unlauteren Wettbewerbs, Übervorteilung von Kunden, sittlicher Verfehlungen gegenüber Lehrlingen oder Mißbrauch des Züchtigungsrechts aktiv, sondern sah seine Aufgabe auch in der Ausschaltung politischer Gegner, etwa durch wiederholtes Befassen *mit den zahlreichen in der Systemzeit in das Handwerk eingedrungenen Schädlingen*[54]. Schon wer führende Persönlichkeiten der Handwerksorganisation kritisierte oder Anordnungen der Berufsorganisation nicht sofort

---

[53] Erste Verordnung über den vorläufigen Aufbau des deutschen Handwerks § 59, in: Hatz, Handwerk (wie Anm. 51), S. 96f.
[54] GB HWK 1934/35, S. 67.

nachkam, mußte mit einer empfindlichen Strafe rechnen. Auf diese Weise öffnete die neue Instanz dem Denunziantentum Tür und Tor, worauf die steigende Zahl der Anzeigen hinweist. Vom 1. April 1936 bis 1. April 1937 gingen bei der Handwerkskammer für Mittelfranken allein 36 Anzeigen ein. Insbesondere die Innungsobermeister übten in wachsendem Maße die Kontrolle über *Sauberkeit, Ordnung und Disziplin in den Reihen des Handwerks*[55] aus und ahndeten selbst unentschuldigtes Fernbleiben von Schulungskursen oder Innungsversammlungen mit Ordnungsstrafen. Auf diese Weise leisteten sie einen nicht unwesentlichen Beitrag zur totalitären Erfassung des Berufs- und Alltagslebens der Handwerkerschaft im Dritten Reich. Nicht zuletzt bei der Verdrängung jüdischer Geschäftsleute spielte das Ehrengericht der Handwerkskammer für Mittelfranken eine unrühmliche Rolle. In mindestens zwei Fällen mußten sich Handwerksmeister wegen ihrer Kontakte zu jüdischen Geschäftspartnern verantworten. *Es ist selbstverständlich, daß die Artvergessenheit von Handwerksangehörigen, die heute noch glauben, Darlehen von einem Juden annehmen oder Juden unterstützen zu können, als besonders schwere Verfehlung anzusehen und entsprechend zu sühnen war,*[56] begründete die Kammer ihr Vorgehen.

Eine Rechtsprechung im *Geist des Dritten Reiches*[57] gewährleistete allein schon die Zusammensetzung des Ehrengerichts, dem ein Richter und dessen Stellvertreter vorstanden. Die 15köpfige Gruppe der Beisitzer rekrutierte sich aus selbständigen Handwerksmeistern verschiedener Branchen aus dem ganzen Kammerbezirk. Nahezu alle waren Träger des goldenen Ehrenzeichens der Partei, und auch Spitzenvertreter der Handwerkskammer wie der spätere Präsident Hans Leuchner und Vizepräsident Hans Bauer waren Mitglied im Ehrengericht.

Die opportunistische Anpassung im gewerblichen Mittelstand erleichterte die Gleichschaltung der Interessenverbände ganz erheblich. Selbst als Boykotte und Terrormaßnahmen gegen jüdische und regimekritische Berufskollegen keinen Zweifel über den Stil der neuen Machthaber zuließen, kam es zu keiner Gegenwehr. Nachdem die Neubesetzung aller Führungsgremien die Auflösung demokratischer Strukturen eingeleitet hatte, wurde mit der Zweiten Verordnung über den vorläufigen Aufbau des Deutschen Handwerks vom 18. Januar 1935 das Führerprinzip in den Handwerkskammern eingeführt. Die beschließende und vollziehende Gewalt, die bisher beim Vorstand und bei der Vollversammlung gelegen war, ging auf den Vorsitzenden über, der vom Reichswirtschaftsminister ernannt und abberufen wurde.

Eine grundlegende Zäsur in der Geschichte der Handwerksgesetzgebung markierte die Einführung des sogenannten Großen Befähigungsnachweises im Rahmen der Dritten Verordnung über den vorläufigen Aufbau des Handwerks 1935. Die mit der Einführung der Gewerbefreiheit geforderte Meisterprüfung als Voraussetzung für die selbständige Betätigung im Handwerk und die Ausbildung von Lehrlingen wurde gesetzliche Wirklichkeit. Neben der Hebung der Qualität handwerklicher Produkte sollten vor allem die Marktchancen der verbleibenden Betriebe verbessert werden.

---

[55] Jahres-Bericht der Handwerkskammer für Mittelfranken zu Nürnberg (JB HWK), 1. Januar 1936 bis 31. März 1937, S. 89.
[56] GB HWK 1938/39, S. 110.
[57] JB HWK 1936/37, S. 87.

Ideologisierung

Neben ihrer mittelstandsfreundlichen Politik und dem vermeintlich hohen Stellenwert des Handwerks im nationalsozialistischen Gesellschaftsaufbau zeichneten ideologische Berührungspunkte für den Erfolg der Nationalsozialisten im Handwerk verantwortlich. Das Bild des Handwerkers als Kulturträger gewann unter den Nationalsozialisten deutlich an Profil. Handwerkerkünstler wie Veit Stoß, Adam Kraft oder Peter Henlein wurden zu Kultfiguren des Bodenständigen und Ehrsamen. Der Propagandaregisseur Veit Harlan widmete dem Nürnberger Uhrmacher den ideologisch verbrämten Spielfilm „Das unsterbliche Herz". Der Film wurde mit großem propagandistischem Aufwand unter der Schirmherrschaft Julius Streichers am 31. Januar 1939 – zum sechsten Jahrestag der Machtübernahme – im Nürnberger Ufa-Palast uraufgeführt. Als besondere Würdigung ihrer Arbeit überreichten Vertreter des Deutschen Uhrmacherhandwerks dem Regisseur sowie Heinrich George als Hauptdarsteller eine wertvolle Uhr[58]. Zur Ikone schlechthin avancierte Hans Sachs in Richard Wagners Oper „Die Meistersinger von Nürnberg". Neben der Hommage an den Handwerkerdichter und an mittelalterliche Handwerkstraditionen interpretierten die Nationalsozialisten Wagners Werk als Metapher des Führerprinzips und wahren Deutschtums neu. Gleichzeitig wurde die rassistische Ideologie vom Primat der Arier mit der Musik Richard Wagners und seinen mythologischen Opern-Stoffen in Zusammenhang gebracht[59], was pointiert etwa in der Passage „Verachtet mir die Meister nicht,/ und ehrt mir ihre Kunst!/ … Habt Acht! Uns dräuen üble Streich/ zerfällt erst deutsches Volk und Reich,/ in falscher welscher Majestät,/ kein Fürst bald mehr sein Volk versteht,/ und welschem Dunst mit welschem Tand/ sie pflanzen uns ins deutsche Land;/ was deutsch und echt, wüßt keiner mehr,/ lebt´s nicht in deutscher Meister Ehr./ Drum sag ich Euch:/ ehrt Eure deutschen Meister!" zum Ausdruck kommen sollte. Ein weiterer Indikator für den herausragenden Stellenwert der Oper war darüber hinaus ihre alljährliche Aufführung als Eröffnungsveranstaltung der Reichsparteitage in Nürnberg. 1935 ließ das Bühnenbild der Festwiesenszene mit einem großen, von pompösem Fahnenschmuck umgebenen Aufmarschplatz nach Vorbild des Reichsparteitagsgeländes keinen Zweifel an der ideologischen Vereinnahmung von Wagners Oper[60]. Auch die Handwerkskammer für Mittelfranken bediente sich der neuen Lesart und konstruierte Parallelen: *Hans Sachs – Adolf Hitler. In diesen beiden Männern* (blüht, Erg. Verf.) *deutsches Handwerk und deutsche Staatskunst*[61].

Selbstdarstellung unterm Hakenkreuz

Ganz im Zeichen des Dritten Reiches fand die Präsentation der Handwerkskammer nach außen statt. Neues berufsständisches Selbstbewußtsein, demonstrative

---

[58] Peter J. Bräunlein, Ritter, Seefahrer, Erfinder, Kosmograph, Globusmacher, Instrumentenbauer. Zum populären Behaim-Bild des 19. und 20. Jahrhunderts, in: Focus Behaim Globus, hg. v. Gerhard Bott, Nürnberg 1992, Teil 1, S. 189–208, S. 205.

[59] Rudolf Endres, Bayreuth in der NS-Zeit, in: Rudolf Endres (Hg.), Bayreuth. Aus einer 800jährigen Geschichte (Bayreuther Historische Kolloquien 9), Köln u. a. 1995, S. 175–194, S. 182.

[60] Siegfried Zelnhefer, Die Reichsparteitage der NSDAP (Nürnberger Werkstücke zur Stadt- und Landesgeschichte 46), Nürnberg 1991, S. 199.

[61] GB HWK 1932/33, S. 161.

Geschlossenheit sowie Einigkeit mit Partei und Staatsführung wurden mitunter aufwendig in Szene gesetzt. Die Inszenierung der Volksgemeinschaft und die pseudoreligiöse Erhöhung Adolf Hitlers als letzte Steigerung des Führerkultes blieben dabei nicht nur ranghohen Partei- und Staatsfeiern vorbehalten, sondern waren Bestandteile der politischen Choreographie auf allen Ebenen. Schon bei kleinsten Feiern dekorierten Fahnen den Kultraum, oder Bühnen und Podien wurden quasi als Altäre herausgehoben. Schematisch und eng orientiert an der christlichen Liturgie war der Feierablauf: Ein Lied, das das Gemeinschaftsgefühl stärken sollte, leitete die Feier ein; feste Komponente jeder Zeremonie war ein Führerzitat, danach folgten Ansprachen und Bekenntnisse. Ein Lied beziehungsweise ein Aufmarsch beendeten in der Regel das Ritual. Bewußt wurden auch Elemente handwerklicher Traditionen berücksichtigt[62].

Die Reichshandwerkerwoche vom 14. bis 22. Oktober 1933 markierte den Auftakt handwerklicher Festkultur unter nationalsozialistischem Vorzeichen. Nach Monaten der Gleichschaltung und der personellen Umstrukturierung stellte das Handwerk im Rahmen der Werbewoche reichsweit die neue Geschlossenheit zur Schau. Im Kammerbezirk organisierte die Betriebswirtschaftsstelle das Großereignis, das in Nürnberg unter der ranghohen Schirmherrschaft des Gauleiters Julius Streicher und des Oberbürgermeisters Willy Liebel stand. Mit der Eröffnung der „Braunen Handwerkerschau" im Herculesvelodrom und mit Ansprachen von Max Lehr, Gauführer der „Nationalsozialistischen Handwerks-, Handels- und Gewerbeorganisation" und des neuen Kammerpräsidenten Karl Friedrich Wirth startete die Veranstaltung reichsweit. *Wenn das Handwerk vor die Oeffentlichkeit tritt, um für sich zu werben, so wirbt es im Geiste Adolf Hitler´s*[63], umriß Wirth Charakter und Anliegen der Festwoche.

Öffentlichkeitswirksam versammelte sich das Nürnberger Handwerk zum Teil in historischen Kostümen am folgenden Tag auf der Deutschherrnwiese zum Festgottesdienst mit anschließender Weihe neuer Hakenkreuzfahnen. Ein Festzug mit rund hundert historisch gestalteten Fahrzeugen, allen Berufsgruppen und den geweihten Flaggen durch die Stadt wurde vom Präsidium der Handwerkskammer angeführt. Die Aufführung historischer Handwerkstänze am Abend auf dem Hans-Sachs-Platz schloß das Spektakel ab.

Auch in anderen fränkischen Städten wurde die nationale Handwerkerwoche aufwendig inszeniert. In Schwabach startete die Festwoche am Marktplatz mit dem Singen des Horst-Wessel-Liedes und einer Vorführung des Turnerbundes. Am folgenden Sonntag fanden ein Festgottesdienst und die Weihe von 15 Innungsfahnen und Sturmbannern der SA statt. Danach folgte ein Festzug, der mit zehn Gruppen und rund 40 Wagen zu den Großereignissen der Kleinstadt zählte. Neben dem örtlichen Handwerk beteiligten sich Gewerbegruppen aus Kammerstein, Wendelstein, Worzeldorf, Katzwang und Penzendorf am Zug, und auch die lokalen Parteichargen waren mit SA, dem SA-Reitersturm, Fahnenschwingern und der Sturmbannkapelle vertreten. Das Singen des Horst-Wessel-Liedes und des Deutschlandliedes beendete die Kundgebung. Zwei Handwerkerfestbälle rundeten das Festprogramm ab.

---

[62] Hans-Ulrich Thamer, Verführung und Gewalt. Deutschland 1933–1945, Berlin u. a. 1986, S. 417–419.

[63] GB HWK 1932/33, S. 163.

Im festlich geschmückten Hersbruck wurden die Fahnen der Bäcker-, Metzger-, Schneider-, Schuhmacher-, Friseur- und Schmiedeinnung am damaligen Hindenburgplatz geweiht. Den anschließenden Festzug, in dem nahezu das gesamte Handwerk im Bezirk vertreten war, führte ein Reitersturm der SS und NS-HAGO an, und drei Kapellen sorgten für den musikalischen Rahmen. Besonderes Aufsehen erregte der Mottowagen der Buchbinder mit einer Riesenausgabe von Hitlers „Mein Kampf". Mit einer Kundgebung am Marktplatz und der Übertragung der Rede Hitlers beging Treuchtlingen die Werbewoche. Ein Fackelzug der Meister, Gesellen und Lehrlinge durch die Stadt markierte am Abend den Höhepunkt der Kundgebung. In Lauf wurde ebenfalls ein Festzug organisiert und der Austritt Deutschlands aus dem Völkerbund am 14. Oktober 1933 gleich mitgefeiert[64].

Ausgedient hatten Veranstaltungen alten Stils wie die traditionellen Gesellenstückausstellungen. Neben rückläufigen Lehrlingszahlen zeichnete die *1933 begonnene Umstellung des ganzen handwerklichen Organisationswesens*[65] für diesen Trend verantwortlich. Stattdessen zeigte die Handwerkskammer vom 16. bis 23. Dezember 1934 im Rahmen eines Wettbewerbs Arbeiten des Holzbildhauerhandwerks in der Norishalle in Nürnberg. Laut Ausschreibung sollte in allen Arbeiten der *Geist der Gegenwart zum Ausdruck*[66] kommen. Bezeichnenderweise hatte Frankenführer Julius Streicher den Vorsitz im Preisgericht übernommen. Außerdem eröffnete er die Schau. Auch eine branchenübergreifende Präsentation von Meisterstücken aus ganz Mittelfranken, die die Handwerkskammer 1936 organisierte, eröffnete Streicher. Besonders festlich gestaltete die Kreishandwerkerschaft Nürnberg ihre alljährliche Ausstellung der Meister- und Gesellenstücke vom 3. bis 10. Juli 1938 im Herculesvelodrom. Vor ranghohem Publikum mit Vertretern aus Gauleitung, Partei und Wehrmacht eröffnete Kreishandwerksmeister und Vizepräsident der Kammer, Hans Bauer, die Leistungsschau. In gewohnt pathetischer Weise endete die Veranstaltung *mit dem Dank an den Führer und dem Gelöbnis der Handwerksmeister, in unermüdlichem Einsatz ihre Pflicht gegenüber Führer und Volk zu erfüllen*[67].

1938 erhielten die Präsentationen der Handwerkskammer eine neue Qualität. In Hinblick auf die große Öffentlichkeitswirksamkeit des Mediums erlangte das Ausstellungswesen unter dem Leitmotto *Handwerkliche Arbeit ist Wertarbeit!*[68] einen festen Platz im Werbekonzept der Kammer. Neben der professionellen Beschickung auswärtiger Veranstaltungen, allen voran der Leipziger Messe, sollte die Durchführung von Ausstellungen und Modeschauen im Kammerbezirk unter Leitung der Gewerbeförderungsstelle der Kammer neue Akzente setzen. Vom 30. April bis 8. Mai 1938 veranstaltete das „Institut für deutsche Kultur und Wirtschaftspropaganda" in der Norishalle in Nürnberg unter der Schirmherrschaft Streichers die Ausstellung „Deutsches Haus und Heim". In diesem Rahmen führte die Kammer die Ausstellung „Deutsche Werkstoffe" durch. Allein 23 Innungen beteiligten sich an dieser Sonderschau. Unter der Regie der Handwerkskammer fand am 9. und 10. Oktober 1938 eine

---

[64] Stadtarchiv Schwabach, III 24/851.
[65] GB HWK 1932/33, S. 95.
[66] GB HWK 1934/35, S. 78.
[67] Das bayerische Handwerk, Folge 14, 4. Jg., 15. 7. 1938.
[68] GB HWK 1938/39, S. 136.

Herbstmodenschau im Nürnberger Industrie- und Kulturverein statt, die von Präsident Leuchner vor zahlreichen Ehrengästen aus Partei und Wehrmacht eröffnet wurde. In seiner Ansprache wies er auf die Aufgabe des modeschaffenden Handwerks hin, *an einer sauberen und zu deutschem Wesen passenden Gestaltung der Kleidung und des Schmuckes zu arbeiten*[69]. Aufgrund der guten Resonanz wiederholte die Kammer die Veranstaltung am 6. und 7. März 1939 im Industrie- und Kulturverein als Frühjahrsmodenschau.

Auch die Freisprechungsfeiern erhielten ein neues Profil und wurden zum festen Bestandteil nationalsozialistischer Festkultur. Bislang wurden die Freisprechungsfeiern individuell gestaltet. Viele Innungen und Fachverbände verbanden sie mit Gesellenstückausstellungen, der Innungsausschuß Nürnberg veranstaltete eine gemeinsame Feier für alle ihm angeschlossenen Innungen, und größere Innungen hielten ihre eigenen Feiern ab. Schon 1933 durchbrach der Reichshandwerksmeister mit dem Erlaß einheitlicher Richtlinien für die Gestaltung der jährlichen Lossprechungsfeiern, *nötigenfalls unter Zusammenfassung mehrerer Innungen*[70], die Vielfalt. Neben dem zelebrierten Führerkult stellten Masse und Monumentalität wichtige Gestaltungselemente der Feiern neuen Stils dar. *Um die Veranstaltung eindrucksvoller Feiern sicherzustellen*[71], bestimmte die Handwerkskammer für Mittelfranken deshalb, die Organisation grundsätzlich den Kreishandwerkerschaften zu übertragen, und verordnete den Innungen Anwesenheitspflicht. Die bislang größte Feier fand am 15. Mai 1938 in Nürnberg statt. Rund 4000 Menschen kamen in die Frankenhalle der sogenannten KdF-Stadt an den Valznerweiher zur Frühjahrsfreisprechung von 1500 Lehrlingen und 400 Gesellen. Der Musikzug der SA-Standarte 14 unter der Leitung von Standartenführer Lobenhofer eröffnete das Massenspektakel mit dem „Gruß an Hans Sachs" aus den Meistersingern nach bekanntem Muster. Die weitere musikalische Umrahmung übernahm die Sängergesellschaft der Bäckerinnung. Kreishandwerksmeister Hans Bauer moderierte die Veranstaltung, während Kammerpräsident Hans Leuchner die eigentliche Freisprechung und die Verpflichtung der neuen Gesellen und Meister auf den Führer vornahm. Die Feier endete mit einem dreifachen „Sieg-Heil" auf Adolf Hitler. Vor der monumentalen Kulisse nationalsozialistischer Machtsymbolik fand am 7. Mai 1939 die Frühjahrsfreisprechung der Kreishandwerkerschaft im Nürnberger Ufa-Palast vor über 2100 Gästen statt. Ein überdimensionierter Reichsadler mit einem Hakenkreuz dominierte das Podium, auf dem ein Schmiedemeister, ein Geselle und ein Lehrling in Berufstracht Aufstellung genommen hatten. Unter einem Spalier der HJ erfolgte dann der Einmarsch mit Fahnen in den völlig überfüllten Theatersaal. 933 Lehrlinge wurden vom Kammerpräsidenten freigesprochen, und 264 Gesellen nahm Leuchner das Gelöbnis *unerschütterlicher Treue gegenüber dem Führer und Vaterland*[72] ab. Ein allgemeines Treuegelöbnis an den Führer beendete die Feier.

Auch jenseits großer Handwerksfeiern prägten politische Rituale wie Fahnenhissen, Betriebsappelle zum Jahreswechsel, zu Hitlers Geburtstag oder zum 30. Januar

---

[69] Das bayerische Handwerk, Folge 21, 4. Jg., 1. 11. 1938.
[70] GB HWK 1932/33, S. 95.
[71] GB HWK 1937/38, S. 80.
[72] Das bayerische Handwerk, Folge 11, 5. Jg., 1. 6. 1939.

oder auch Kameradschaftsfeiern, etwa zum 1. Mai, den Arbeitsalltag in den Handwerksorganisationen.

Innerer Ausbau

Mit der Einführung des Großen Befähigungsnachweises ging auch eine Veränderung der Berufsstruktur einher. Infolge der verschärften Zugangsvoraussetzung zur Betriebsführung verringerte sich die Zahl der eingetragenen Werkstätten. Registrierte die Handwerksrolle 1933 mit 31 995 Betrieben einen Höchststand, fiel die Zahl 1935 auf 31 689 zurück. Den Trend, der sich 1938 mit 30 119 Meisterwerkstätten fortsetzte, bewertete die Handwerkskammer im positiven Sinne als *Abschwächung des übermäßigen Zugangs zum Handwerk, das bisher in katastrophaler Weise unter Berufsüberfüllung zu leiden hatte*[73]. Ergänzend dazu hatte das Reichswirtschaftsministerium am 30. Juni 1934 mit dem Verzeichnis der Gewerbe, die handwerksmäßig betrieben werden können, die organisatorische Revision der Gewerbestruktur in Angriff genommen. Die Aufstellung umfaßte 72 Handwerke und 227 Gewerbearten. Eine Reihe von Betriebstypen, die bislang als Handwerk anerkannt waren, fielen nun der Strukturbereinigung zum Opfer. Dazu zählten etwa Gärtnereien, Molkereien und Käsereien. Dagegen wurden nun die bislang umstrittenen Berufe wie der des Autoelektrikers, Besenmachers oder Betonbauers definitiv als Handwerk eingestuft. Aufgrund einer Anordnung zur Vereinheitlichung der Organisation im graphischen Gewerbe wurden 1937 zudem Berufe wie Buchdrucker, Chemigraph oder Galvanoplastiker aus der Handwerksrolle gestrichen und in industrielle Organisationen überführt. 284 Betriebe mit 1011 Mitarbeitern waren von dieser Maßnahme betroffen[74].

Hinsichtlich ihrer Weiterentwicklung und der Erweiterung ihres Wirkungskreises gelang es der Handwerkskammer während des Dritten Reiches kaum, neue Akzente zu setzen. Mit der Gründung der Gewerbeförderungsstelle in München beim Landeshandwerksmeister Bayern 1935 wurde die Betriebswirtschaftsstelle der Handwerkskammer sogar zur Nürnberger Nebenstelle der neuen Einrichtung degradiert. An den Aufgaben der ehemaligen Betriebswirtschaftsstelle in Nürnberg, die jetzt als Gewerbeförderungsstelle firmierte, änderte sich wenig. Allerdings übte sie neben der Organisation des gewerblichen Bildungswesens der Kammer verstärkt die Kontrolle über privatgewerbliche Kurse aus und ging gegen *Auswüchse, sowie unerwünschte Veranstaltungen*[75] entschieden vor. Nach mehrjährigen Bemühungen erreichte 1939 die Handwerkskammer wieder die Aufwertung der Gewerbeförderungsstelle als unabhängige Abteilung in Nürnberg. Die Kammer hatte vor allem mit der großen Bedeutung der nordbayerischen Gewerberegion sowie dem Modellcharakter der 1926 gegründeten Stelle argumentiert. Unerfüllt blieb hingegen die Forderung nach einem eigenen Landeshandwerksmeister für Nordbayern. Als einzige Konsolidierungsmaßnahme ergänzte 1938 ein Arbeitsbeschaffungsreferat die Einrichtungen zur Gewerbeförderung.

Mit der Verordnung über die Führung eines Wareneingangsbuches 1935 und der Einführung der Buchführungspflicht durch eine Anordnung des Reichsstandes 1937

---

[73] GB HWK 1934/35, S. 14.
[74] GB HWK 1934/35, S. 15; JB HWK 1936/37, S. 11.
[75] JB HWK 1936/37, S. 100.

wurden Mißständen in der handwerklichen Betriebsverwaltung Rechnung getragen. Gleichzeitig bot die Handwerkskammer Buchführungskurse an, deren Besuch mit wenigen Ausnahmen verpflichtend war. Zurückhaltend reagierte die Mehrzahl der Handwerker auf die Neuerung, die zusätzlichen Arbeitsaufwand bedeutete. Insbesondere auf dem Land erfolgte der Kursbesuch aufgrund schlechter Wegverhältnisse und entfernt liegender Veranstaltungsorte nur sporadisch, und auch in der Stadt nahmen viele Handwerker nur widerwillig an der Schulung teil. Anläßlich des Nürnberger Faschingszuges 1938 avancierte die Einführung der Buchführungspflicht sogar zum Thema für die Mottowagen der Sattler- und Tapezierer-Innung sowie der Kreishandwerkerschaft Nürnberg.

Ausschaltung der jüdischen Handwerker

Die aktive und passive Beteiligung vieler Handwerker an der Judenverfolgung markiert das bedrückendste Kapitel in der Geschichte des deutschen Handwerks und ihrer Organisationen. Zum einen verschärfte bereits in den wirtschaftlich instabilen zwanziger Jahren das Konkurrenzmotiv im gewerblichen Mittelstand antisemitische Strömungen und begünstigte deren Ausweitung zum Massenphänomen[76]. Zum anderen fielen die Handwerkskammern jetzt nicht nur als berufsständische Interessenvertretung ihrer jüdischen Mitglieder aus, sondern ließen sich auch als Funktionsträger der sogenannten Entjudung der deutschen Wirtschaft instrumentalisieren.

Während jüdische Erwerbspersonen vor allem im Waren- und Produktenhandel, in kaufmännischen und den freien Berufen auf medizinischem und juristischem Gebiet eine starke Stellung innehatten, war ihr Anteil im Handwerk gering. Eine Zählung wies für das Jahr 1935 lediglich 8500 jüdische Handwerksbetriebe im Deutschen Reich aus. Davon waren 53% in der Bekleidungsbranche, wie dem Kürschner-, Schneider- oder Putzmachergewerbe, tätig und 17% auf dem Lebensmittelsektor[77]. In den anderen Sparten waren jüdische Meister deutlich unterrepräsentiert. So sprach selbst das Blatt „Das bayerische Handwerk" von großen Gebieten, *in denen der Anteil der jüdischen Betriebe weit unter einem halben Prozent der gesamten Betriebe liegt*[78]. Objektiver Sozialneid oder Überfremdungsängste können daher bei der *Ausschaltung des Judentums aus dem Handwerk*[79] gegenüber ideologischen Motiven nur eine untergeordnete Rolle gespielt haben.

Schon im März 1933 kam es zu breit angelegten Ausschreitungen gegen jüdische Geschäfte, die in vielen Fällen vom „Kampfbund für den gewerblichen Mittelstand" gesteuert wurden. Auch für die zentrale Boykottaktion am 1. April 1933 zeichneten in der Regel die Funktionäre des Kampfbundes verantwortlich. Die Einschüchterungsstrategie hatte Erfolg. Erhebliche Umsatzeinbußen und die alltäglichen Schikanen zwangen zahlreiche jüdische Betriebsinhaber zur Aufgabe ihres Geschäfts.

Den Auftakt zur Legalisierung des Terrors gegen die jüdische Bevölkerung und deren soziale, politische und wirtschaftliche Ausgrenzung bildete das „Gesetz zur

---

[76] Keller, Handwerk (wie Anm. 28), S. 123.
[77] Keller, Handwerk (wie Anm. 28), S. 125.
[78] Das bayerische Handwerk, Folge 22, 4. Jg., 15. 11. 1938.
[79] Ebd.

Wiederherstellung des Berufsbeamtentums" vom April 1933, das die Juden aus öffentlichen Ämtern ausschloß. Im gleichen Jahr zwang das „Gesetz über die Zulassung zur Rechtsanwaltschaft" jüdische Juristen zur Aufgabe ihrer Kanzleien. Eine neue Qualität der Judenverfolgung leiteten die „Nürnberger Gesetze" vom 15. September 1935 ein. Das „Reichsbürgergesetz" und das „Blutschutzgesetz" ebneten den Weg für die systematische Ausschaltung der Juden aus allen gesellschaftlichen und wirtschaftlichen Bereichen. Sie bildeten auch die formal-rechtliche Grundlage für die skrupellose Enteignung der Juden, die nun physisch und psychisch unter Druck gesetzt wurden, daß sie „freiwillig" zur Aufgabe ihrer Betriebe bereit waren. *Im Jahr 1934 betrug der jüdische Anteil am Export der Bekleidungsindustrie 73,3 v. H., der Anteil der arischen Fabrikanten 26,7 v. H.; im Jahre 1937 betrug dagegen der jüdische Anteil nur noch 50,3 v. H., während der Anteil der arischen Fabrikanten und Händler bereits auf 49,7 v. H. kletterte*[80], bilanzierte 1938 „Das bayerische Handwerk" stolz das Resultat der aggressiven Verdrängungsstrategie in der Textilbranche. Die Ausschaltung hatte System: So fanden etwa „judenfreie" Rauchwarenmessen in Leipzig und Berlin statt. Der Reichsinnungsverband des Putzmacherhandwerks bewarb in eigenen Modellhutschauen den „deutschen Hut", und die Schute, ein haubenartiger Frauenhut, wurde als Erkennungszeichen für arische Putzmacherbetriebe eingeführt.

1938 war die „Entjudung" der deutschen Wirtschaft eine beschlossene Sache. Die „Verordnung gegen die Unterstützung der Tarnung jüdischer Gewerbebetriebe"[81] vom 22. April 1938, die „Verordnung über die Anmeldung des Vermögens der Juden" vom 26. April 1938[82] und die Dritte Verordnung zum Reichsbürgergesetz über Definition und Kennzeichnungspflicht jüdischer Gewerbebetriebe vom 14. Juni 1938[83] stellten die Weichen für die „Ausschaltung der Juden aus dem deutschen Wirtschaftsleben" gemäß der Verordnung vom 12. November 1938. Das Gesetz untersagte Juden ab 1. Januar 1939 den Betrieb von Einzelhandelsverkaufsstellen, Versandgeschäften oder Bestellkontoren sowie den selbständigen Betrieb eines Handwerks. Gleichzeitig wurden jüdische Gewerbetreibende von der Teilnahme an Märkten aller Art, Messen oder Ausstellungen ausgeschlossen und so ihre Absatzmöglichkeiten erheblich eingeschränkt. Auch ihre Mitgliedschaft in einer Genossenschaft endete ohne formelle Kündigung zum 31. Dezember 1938 automatisch[84]. Eine Vielzahl der von der sogenannten Judengesetzgebung betroffenen Handwerksmeister setzte sich gegen den Eintrag ihrer Werkstatt in die Liste der jüdischen Gewerbebetriebe zur Wehr. Die Überprüfung der Beschwerden lag dabei in der Kompetenz der Handwerkskammern[85]. Ende 1938 war die staatlich gelenkte „Entjudung" des deutschen Handwerks praktisch vollzogen.

Besonders brutale Formen nahm das Vorgehen gegen die jüdischen Bürger in Nürnberg an. Hier hatte Frankenführer Julius Streicher durch seine Hetzkampagnen

---

[80] Das bayerische Handwerk, Folge 9, 4. Jg., 1. 5. 1938.
[81] Das bayerische Handwerk, Folge 9, 4. Jg., 1. 5. 1938, S. 151.
[82] Keller, Handwerk (wie Anm. 28), S. 127.
[83] Das bayerische Handwerk, Folge 13, 4. Jg., 1. 7. 1938.
[84] Das bayerische Handwerk, Folge 22, 4. Jg., 15. 11. 1938.
[85] Peter John, Handwerkskammern im Zwielicht. 700 Jahre Unternehmerinteressen im Gewande der Zunftidylle, Köln 1979, S. 156.

und seine Zeitung „Der Stürmer" das soziale Klima der Stadt schon vor der Machtübernahme vergiftet. Am 1. April 1933 organisierte er den von Goebbels reichsweit angeordneten Boykott jüdischer Geschäfte und Kaufhäuser[86]. Weitere Boykotte inszenierte er auf eigene Faust, wie etwa seit 1934 die sogenannten Weihnachtsboykotte. Im Vergleich zur reichsweiten „Entjudung" der Wirtschaft erfolgte in Nürnberg unter Streichers Leitung die Ausschaltung der Juden aus dem Wirtschaftsleben besonders früh, konsequent und gewalttätig. Bereits nach dem Weihnachtsboykott von 1937 begannen die Zwangsarisierungen, wobei insbesondere Großhandelsfirmen und Industriebetriebe lukrative Zielobjekte der Arisierung wurden[87]. Hier wurden der Gauleiter oder der Gauwirtschaftsberater sowie die Industrie- und Handelskammer beteiligt, während der Regierungspräsident die Arisierung genehmigen mußte. Im Gegensatz dazu unterlag die Übernahme der jüdischen Handwerksbetriebe und Einzelhandelsgeschäfte lediglich der Genehmigungspflicht durch die Kommunalbehörden[88]. Für die Arisierung des Handwerks zeichnete der stellvertretende Leiter des Deutschen Handwerks in der Gauverwaltung der Deutschen Arbeitsfront (DAF), Mörtel, verantwortlich. Unter seiner Regie verkaufte die DAF außerdem die Warenbestände der in der Pogromnacht vom 9./10. November 1938 verwüsteten Handwerksbetriebe, die liquidiert werden sollten[89]. Über Veräußerung oder Neueröffnung des jüdischen Betriebes entschied dann ein Gutachten der Handwerkskammer mit[90]. Die Abwicklung der Zwangsarisierungen erfolgte nach einem simplen Muster: Der jüdische Verkäufer wurde physisch bedroht, und der arische Käufer oder die Nürnberger Parteistellen bestimmten den Übergabepreis[91].

Auf ähnliche Weise organisierten die Nationalsozialisten die wirtschaftliche Verdrängung der Juden auch in anderen Teilen Mittelfrankens. So galt etwa die Schwabacher Wirtschaft, wo ein Großteil der jüdischen Bevölkerung ihren Lebensunterhalt mit gewerblicher Tätigkeit bestritt, 1938 als „judenfrei". Verschärfte Boykottmaßnahmen, Ausschluß jüdischer Unternehmen von werbewirksamen Ausstellungen, Verhinderung neuer Gewerbeanmeldungen und Einschüchterung der Geschäftspartner hatten jüdische Gewerbetreibende zunehmend isoliert. So mußte sich zum Beispiel 1935 ein Schwabacher Goldschläger gerichtlich verantworten, weil er seinen Betrieb angeblich mit jüdischem Kapital ausgebaut hatte[92]. Auch in Fürth, dem kulturellen Zentrum jüdischen Lebens in Bayern, setzten nach der Machtübernahme massive Hetzkampagnen gegen die jüdische Bevölkerung ein, wobei sich der „Fürther Anzeiger" zum Sprachrohr antisemitischer Propaganda entwickelte. So erging etwa neben Boykottaufrufen an alle Handwerker und Geschäftsleute der Appell, Inserate

---

[86] Martin Endres, Die „Entjudung" Nürnbergs 1933–1944, Zul.arbeit Univ. Erlangen-Nürnberg 1995, S. 44–47.
[87] Endres, „Entjudung" (wie Anm. 86), S. 66–68.
[88] Endres, Fleischmann, Nürnbergs Weg (wie Anm. 26), S. 277.
[89] Endres, „Entjudung" (wie Anm. 86), S. 91.
[90] Keller, Handwerk (wie Anm. 28), S. 127.
[91] Endres, Fleischmann, Nürnbergs Weg (wie Anm. 26), S. 277; Endres, „Entjudung" (wie Anm. 86), S. 72.
[92] Wolfgang Dippert, Schwabach und seine Juden, in: Sabine Weigand-Karg u. a. (Hg.), Vergessen und Verdrängt? Schwabach 1918–1945, Schwabach 1997, S. 106–112.

ausschließlich im „Fürther Anzeiger" zu schalten⁹³. Sammelanzeigen jüdischer Handwerker etwa im Jüdischen Gemeindeblatt der Stadt Fürth konnten den empfindlichen Einbußen nicht entgegen steuern⁹⁴. Insbesondere die einschlägigen Interessenverbände beteiligten sich in aggressiver Weise an der Ausgrenzung ihrer jüdischen Branchen- und Berufskollegen. In Erlangen, wo die meisten jüdischen Familien vom Groß- und Einzelhandel lebten, organisierte etwa die Kreisstelle des Kampfbundes am 29. Juni 1933 eine Veranstaltung mit Julius Streicher und Max Lehr zum Thema „Der Jude – der Totengräber des Mittelstandes".

Die Arisierung, verbunden mit der rücksichtslosen Bereicherung am Vermögen jüdischer Bürger, war eine tragende Säule in der NS-Mittelstandspolitik. Sie bot die Möglichkeit, mittellose Handwerker durch die Vergabe ehemals jüdischer Werkstätten an das System zu binden. So formulierte Rudolf Heß am 2. August 1938 in einem Erlaß an alle Gauleiter: *Ich weise besonders darauf hin, daß die Überführung jüdischer Betriebe in deutsche Hände der Partei die Möglichkeit gibt, eine gesunde Mittelstandspolitik zu betreiben und Volksgenossen, die politisch und fachlich geeignet sind, zu einer selbständigen Existenz zu verhelfen, auch wenn sie finanziell nicht über die entsprechenden Mittel verfügen*⁹⁵. Letztlich wurde nur ein geringer Teil des enteigneten jüdischen Besitzes arisiert. Vielmehr vermittelten die Nationalsozialisten glaubhaft, mit Schließung der Mehrzahl der jüdischen Handwerksbetriebe überbelegte Branchen zu entlasten und deren Absatzchancen durch die Konkurrenzminderung zu verbessern.

Hatte die Handwerkskammer für Mittelfranken seit ihrer Gründung an den Zusammenhalt und das Standesbewußtsein der Handwerkerschaft appelliert, versagte sie nun als berufsständische Interessenvertretung ihrer jüdischen Mitglieder. Denn lange bevor das umfangreiche Gesetzeswerk der Nationalsozialisten die Verdrängung jüdischer Gewerbetreibender reglementierte, begann die Kammer mit der wirtschaftlichen und sozialen Ausgrenzung jüdischer Handwerker. Schon unmittelbar nach der Machtübernahme wurden die Eintragung jüdischer Lehrlinge in die Lehrlingsstammrolle abgelehnt sowie jüdische Handwerker von den Gesellen- und Meisterprüfungen ausgeschlossen. Damit fehlten die maßgeblichen Voraussetzungen zur Ausübung eines Handwerks.

Lediglich 62 Betriebe jüdischer Meister hatten bis 4. Februar 1938 im Kammerbezirk den restriktiven Bestimmungen sowie dem physischen und psychischen Druck standgehalten. Ende des Jahres 1938 waren nur noch 31 jüdische Handwerksmeister und -meisterinnen in der Handwerksrolle registriert, nämlich je ein Buchbinder, Bürsten- und Besenmacher, Dachdecker, Färber, Schildermaler, Sticker und Korsettmacher, je zwei Glaser, Maler, Sattler und Tapezierer, Wäscher und Plätter sowie Wäscheschneider, je vier Herrenschneider und Putzmacher und fünf Damenschneiderinnen. Mit Wirkung vom 31. Dezember 1938 wurden auch diese Betriebe aus der Handwerksrolle gelöscht⁹⁶. Obwohl zahlreiche Handwerker ihr Interesse an der gün-

---

⁹³ Manfred Mümmler, Fürth 1933–1945, Emskirchen 1995, S. 137.
⁹⁴ Nürnberg-Fürther Israelitisches Gemeindeblatt, Nr. 6, 14. Jg., 1934.
⁹⁵ Zit. nach Helmut Genschel, Die Verdrängung der Juden aus der Wirtschaft im Dritten Reich, Göttingen 1966, S. 157.
⁹⁶ GB HWK 1938/39, S. 22.

stigen Übernahme jüdischer Werkstätten signalisierten, strebte die Handwerkskammer in der Regel jedoch die Auflösung *volkswirtschaftlich unerwünschter Betriebe, Schleuderbetriebe, Ramschgeschäfte usw.*[97] an. Nur drei Werkstätten wurden arisiert, so zum Beispiel die Herrenschneiderei von David Stiefel in Nürnberg. Stiefel wurde am 10. September 1942 nach Theresienstadt deportiert, wo er am 26. September 1942 ums Leben kam[98].

Zerschlagung der Kammerstrukturen

Ab 1936 wurden die Handwerkskammern zunehmend zum Instrument staatlicher Wirtschaftslenkung. Um im Rahmen des Vierjahresplanes die regionale Planwirtschaft zu erleichtern, wurden 1936/37 alle Industrie- und Handels- sowie Handwerkskammern eines Wirtschaftsbezirkes der zuständigen Bezirkswirtschaftskammer zugeteilt. Mit dem Zweiten Weltkrieg verdichtete sich der staatliche Zugriff auf das Handwerk in Hinblick auf dessen kriegswirtschaftliche Nutzung. Die Handwerksorganisationen wurden direkt dem Reichswirtschaftsministerium unterstellt[99]. Das Ende der überfachlichen Selbstverwaltung des Handwerks markierte schließlich die „Erste Verordnung zur Durchführung der Verordnung über die Vereinfachung der Organisation der gewerblichen Wirtschaft" vom 20. April 1942, die am 1. April 1943 in Kraft trat[100]. Die sogenannte Gauwirtschaftskammerverordnung faßte die Handwerkskammern mit den Industrie- und Handels- sowie den Bezirkswirtschaftskammern in Gauwirtschaftskammern zusammen. Die Handwerkskammer für Mittelfranken bestand als „Handwerksabteilung" innerhalb der Gauwirtschaftskammer organisatorisch unverändert fort, konnte aber in Hinblick auf die stark vertretene Industrie nur wenig Einfluß geltend machen. Zudem endete am 27. März 1943 die Tätigkeit des „Deutschen Handwerks- und Gewerbekammertages", der in der Reichswirtschaftskammer aufging. Auch alle überfachlichen Organisationen des Handwerks fielen dieser Entwicklung zum Opfer. Innungen und Kreishandwerkerschaften verloren ihren Status als Körperschaften des öffentlichen Rechts und auch der „Reichsstand des Deutschen Handwerks" existierte lediglich formal weiter. Mit der Zunahme des staatlichen Zugriffs auf die Handwerkskammern wurden die Funktionsverschiebungen deutlich. So mußte etwa auf Anordnung des Reichswirtschaftsministeriums 1936/37 die Meisterprüfungskommission Ansbach aufgegeben werden, obwohl sie insbesondere für den ländlich orientierten Raum im westlichen Kammerbezirk große Bedeutung besaß. Um Arbeitskräfte für die Rüstungsproduktion zu gewinnen, wurden darüber hinaus auf staatliche Anordnung Prüfungsanforderungen gesenkt und Lehrzeiten verkürzt.

Schon vor Kriegsbeginn waren die Handwerksorganisationen in die Rohstoffbewirtschaftung und Arbeitskräftebeschaffung eingebunden worden. Am 22. Februar 1939 leitete die Verordnung über die Durchführung des Vierjahresplanes auf dem

---

[97] Das bayerische Handwerk, Folge 22, 4. Jg., 15. 11. 1938.

[98] Gerhard Jochem, Ulrike Kettner, Gedenkbuch für die Nürnberger Opfer der Schoa (Quellen zur Geschichte und Kultur der Stadt Nürnberg 29), Nürnberg 1998, S. 342; Wolf-Kristian Schneider, Der Arisierungsskandal in Nürnberg und Fürth, Erlangen 1969, Anlagenverzeichnis S. 49.

[99] Ullmann, Interessenverbände (wie Anm. 3), S. 217.

[100] Keller, Handwerk (wie Anm. 28), S. 145.

Gebiet der Handwerkswirtschaft die rigorose Zwangsrekrutierung von Handwerkern als Arbeitskräfte für die Rüstungsproduktion ein. Die Handwerkskammern wurden zur Umsetzung der Verordnung verpflichtet. Vorgesehen für eine Löschung aus der Handwerksrolle wurden insbesondere leistungsschwache Betriebe sowie Werkstätten überbesetzter Branchen wie Bäcker, Metzger, Friseure, Herrenschneider und Schuhmacher. 1938 wurden allein 1321 Handwerker im Kammerbezirk für eine Löschung disponiert. Mit der Transferierung bislang selbständiger Handwerker als Facharbeiter in die Industrie stellte sich die Handwerkskammer nicht nur in den Dienst des staatlichen Rüstungsprogramms, sondern mußte letztlich auch eigene handwerkspolitische Interessen preisgeben. Mit der willkürlichen Stillegung von Betrieben und der Aushöhlung der Berufsausbildung standen jetzt handwerkspolitische Grundsätze auf dem Prüfstand. Hatte das Handwerk bislang als Stütze des NS-Regimes funktioniert, so führte nun die Mißachtung berufsständischer Mindestansprüche zu ersten Dissonanzen[101].

Totale Anpassung

Gleichwohl demonstrierte die Handwerkskammer große Geschlossenheit und stellte sich weiterhin in den Dienst der NSDAP. Systematisch waren altgediente Parteimitglieder in Spitzenpositionen berufen worden, so daß binnen weniger Jahre eine nahezu lückenlose Verzahnung zwischen NSDAP und Kammerführung erreicht worden war. Als am 30. September 1936 Karl Friedrich Wirth aus gesundheitlichen Gründen als Präsident aus dem Amt schied, trat mit dem Nürnberger Glasermeister Hans Leuchner erneut ein ausgewiesener Nationalsozialist die Nachfolge an. Bereits seit 1930 Mitglied der NSDAP, war Leuchner 1932 in die SA, Lehrsturm Franken, eingetreten. Im Zuge der Machtübernahme hatte er 1933 nach der Gleichschaltung des Stadtrats sogar als „Ratsherr" in das Nürnberger Rathaus einziehen können. Auch innerhalb der Handwerksorganisationen rückte er in Schlüsselpositionen vor. 1934 übernahm er einen Sitz im Ehrengericht der Handwerkskammer und wurde Kreishandwerksmeister. Außerdem wurde er Bezirksinnungsmeister Bayern des Reichsinnungsverbandes des Glaserhandwerks. In der Parteihierarchie stieg er sogar zum Gauhauptstellenleiter auf[102]. Auch alle weiteren Mitglieder des sogenannten Vorstands waren zuverlässige Parteigänger der Nationalsozialisten und zum großen Teil in den gleichgeschalteten Stadträten vertreten, so beispielsweise der Fürther Malermeister Alfons Bölian, der Erlanger Bäckermeister Georg Leibinger oder Christian Erhard, Malermeister und Ratsherr aus Rothenburg. Als Vizepräsident der Gauwirtschaftskammer Nürnberg, Gauhandwerksmeister, stellvertretender Reichsinnungsmeister und Ratsherr war der Nürnberger Flaschnermeister Hans Schmidt ganz besonders profiliert[103]. Er löste 1942 im Zuge der Eingliederung der Kammer in die Gauwirtschaftskammer Leuchner als Präsident ab. Am 1. April 1938 wurde dem eigentlichen Vorstand ein sogenannter Beirat angegliedert. Auch dieses 15köpfige Gremium setzte sich aus den *ältesten und bewährtesten Kämpfern der Bewegung des*

---

[101] Keller, Handwerk (wie Anm. 28), S. 144f.
[102] StadtAN, Stadt der Reichsparteitage Nürnberg. Verzeichnis der Fernsprechstellen der Stadtverwaltung. Februar 1944.
[103] StadtAN, E8, 63a.

mittelfränkischen Handwerks[104] – mit einer Ausnahme alle Träger des goldenen Ehrenzeichens der Partei – zusammen.

Selbst in der Handwerkerschaft hatten die Nationalsozialisten mit ihren weitverzweigten Parteistrukturen Fuß gefaßt. 1936/37 ermittelte die Handwerkskammer in 269 Innungen 103 Handwerksmeister als Träger des goldenen Ehrenzeichens. 2505 Meister waren Parteimitglied sowie 1576 ihrer Mitarbeiter. Immerhin 177 Obermeister besaßen das Parteibuch, und in den Jugendorganisationen HJ und BDM waren 2684 Handwerkslehrlinge aktiv. Über bloßen Opportunismus hinaus ging das Engagement von 101 Handwerkern als Politische Leiter. 1775 Handwerker gehörten der SA, SS und dem NSKK an, und 61 bekleideten dort sogar Dienstgrade vom Sturmführer aufwärts[105].

Im Krieg

Die aggressive Expansionspolitik, die mit dem Anschluß Österreichs, der Annexion des Sudetenlandes sowie der Zerschlagung der Tschechoslowakei begann, wurde als *geniale Tat des Führers*[106] hervorgehoben. Und noch am Vorabend des Zweiten Weltkrieges gelobte die Handwerkskammer, daß sie *auch weiterhin dem Führer auf seinem dornenvollen, schweren Wege stets treue Gefolgschaft leisten*[107] werde. Im Laufe des Krieges wurden nahezu alle Mitarbeiter der Handwerkskammer zum Wehrdienst einberufen. Wie schon während des Ersten Weltkrieges reduzierte sich auch jetzt die Verwaltungsarbeit deutlich. So kam etwa das Meisterprüfungswesen gegen Ende des Krieges fast zum Erliegen, das Serviceangebot wie etwa die Buchstellenarbeit konnte nicht mehr aufrecht erhalten werden, und wegen zunehmender Fliegerangriffe mußte die Unterrichtstätigkeit aufgegeben werden. Lediglich die Handwerksrolle wurde weiter gepflegt. Die kriegsbedingten Aufgaben wuchsen hingegen. So setzte sich die Gewerbeförderstelle – nun als wehrwirtschaftliche Abteilung – für den Fortbestand zahlreicher Handwerksbetriebe ein, die ihre Existenz als Zulieferfirmen der Rüstungsindustrie oder Direktlieferanten über Landeslieferungsgenossenschaften und Arbeitsgemeinschaften bewahren konnten. 1937 hatte die Handwerkskammer sogar mit Erfolg Beschwerde gegen die Einziehung von Lehrlingen zum Wehr- und Reichsarbeitsdienst vor dem Abschluß ihrer Berufsausbildung eingelegt. So konnten zur Sicherstellung des Arbeitskräftebedarfs mehrere tausend Handwerker im wehrpflichtigen Alter bis Jahrgang 1920 vor dem Einrücken bewahrt werden.

Als im August 1940 die Royal Air Force die ersten Bomben bei Nürnberg abwarf, erhielt der Krieg eine neue Qualität. Noch waren die Schäden vergleichsweise gering, so daß Handwerker aus Mittelfranken 1941/42 im Ruhrgebiet sowie in Köln, Berlin und anderen Städten Fliegerschäden mit behoben. Doch 1942 führten die Briten die ersten Flächenbombardements auf Industrieanlagen und Städte in Deutschland durch, und ein Jahr später beherrschten sie zusammen mit den US-Streitkräften weitgehend den deutschen Luftraum. Am 29. August 1942 flog die Royal Air Force den ersten fol-

---

[104] GB HWK 1938/39, S.5.
[105] JB HWK 1936/37, S. 16.
[106] GB HWK 1938/39, S. 3.
[107] GB HWK 1938/39, S. 4.

genschweren Großangriff auf Nürnberg, bei dem 136 Menschen ums Leben kamen. Über 23 000 Menschen wurden obdachlos. Neben historischer Bausubstanz waren auch zahlreiche Funktions- und Versorgungsbauten sowie technische Anlagen getroffen worden. Mit einem umfassenden Krisenmanagement trug die Handwerksabteilung maßgeblich zur Stabilisierung der Lage bei. Handwerker aus den Landbezirken wurden nach Nürnberg und in andere fliegergeschädigte Gebiete gebracht und die Ausbesserungsarbeiten vor Ort koordiniert. Insbesondere die Bau- und Nahrungsmittelhandwerke konnten durch ihren Einsatz die Grundversorgung der Bevölkerung zunächst noch gewährleisten. Aber schon ab Februar 1943 wurde Nürnberg verstärkt das Ziel schwerer Luftangriffe. Ein folgenschwerer Bombenangriff fand in der Nacht vom 10./11. August statt. Wöhrd wurde dem Erdboden gleichgemacht. Ein Flächenbrand von 1,5 Quadratkilometern verwüstete die einstige Industrievorstadt. Auch das Verwaltungsgebäude der Handwerkskammer, die sogenannte Nister-Villa, wurde von einer Bombe getroffen und total zerstört. 585 Menschen kamen in dieser Nacht im Bombenhagel ums Leben, 382 wurden in ihren Kellern verschüttet, fast 3000 Menschen wurden verletzt und 28 000 verloren ihre Wohnung.[108] Mehr schlecht als recht erhielt das Personal der Handwerksabteilung den Notbetrieb im Anwesen Sulzbacher Straße 15 aufrecht, bis auch dieses Gebäude bei einem Luftangriff am 16. März 1945 zerstört wurde. Das Kriegsende erlebte der verbliebene Personalstab unter primitivsten Verhältnissen in einer provisorischen Unterkunft im halbzerstörten Gebäude des Bauhofs Nürnberg.

5. Ausblick

Nach dem Zweiten Weltkrieg ergriff als erster Hans Dirscherl die Initiative zum Neuaufbau der Handwerkskammer. Obwohl er im Dunstkreis Streichers heftig gegen die Arbeit des liberal-sozialdemokratischen Stadtratsflügels unter Oberbürgermeister Hermann Luppe obstruiert hatte, galt er bei den Militärbehörden wegen seines Rückzugs 1933 aus allen öffentlichen und politischen Ämtern als unbelastet. Die Anordnung zur Wiedererrichtung von Handwerkskammern am 25. Oktober 1945 gab das Startsignal zur Reorganisation. Noch im gleichen Jahr billigten die Militärbehörden und die Regierung von Mittelfranken den Entwurf einer Kammersatzung, und im August 1946 milderte der Umzug vom Bauhof in die Emilienstraße das drängende Raumproblem. Nachdem am 19. Januar 1954 das Bayerische Staatsministerium für Wirtschaft und Verkehr auf Grundlage der neuen Handwerksordnung die Kammersatzung erlassen hatte, fand am 21. Juni 1954 nach zwanzig Jahren erstmals wieder eine Vollversammlung der Handwerkskammer statt. Die Handwerksvertreter trafen sich zu ihrer konstituierenden Sitzung bereits im neuen Verwaltungsgebäude an der Sulzbacher Straße. Gleichsam als äußeres Zeichen des Aufbruchs war der repräsentative Neubau nach Plänen Hans Buffs 1952 fertiggestellt worden und beendete den provisorischen Charakter der Kammerarbeit. Mit dem neuen Geschäftszentrum blieb die Handwerkskammer für Mittelfranken ihrem alten Standort verpflichtet. Hier konnte sie im Jahr 2000 auf ihr hundertjähriges Bestehen zurückblicken.

---

[108] Georg Wolfgang Schramm, Der zivile Luftschutz in Nürnberg 1933–1945 (Nürnberger Werkstücke zur Stadt- und Landesgeschichte 35), Nürnberg 1983, S. 490–493.

Hans-Otto Keunecke

Die Universitätsbibliothek Erlangen und die Bücherverbrennung von 1933

Die vorliegenden Darstellungen zur Geschichte der Erlanger Universitätsbibliothek decken die Zeit von ihrer Gründung im November 1743 bis zum Jahr 1924 ab[1]; die Untersuchung des sich anschließenden Zeitraumes ist im Augenblick noch ein Desiderat. Das Fehlen einer solchen Arbeit ist um so mehr zu beklagen, als nach 1924 mit dem Dienstbeginn von Bibliotheksdirektor Eugen Stollreither[2] in Erlangen die Verwaltung der Bibliothek gründlich modernisiert worden ist. Diese Phase ständiger Verbesserungen der Bibliotheksorganisation sowie der intensiveren Erschließung des Schriftgutes und der Sondersammlungen darf die Aufmerksamkeit des Bibliothekshistorikers in besonderer Weise beanspruchen. Da jener Zeitraum auch die zwölf Jahre nationalsozialistischer Herrschaft mit umfaßt, wäre eine gründliche Untersuchung der Geschichte der Erlanger Universitätsbibliothek in dieser Zeitspanne nicht nur unter institutionsgeschichtlichen, sondern auch unter allgemeineren Aspekten besonders wünschenswert. Der hier vorgelegte Aufsatz will auch auf diese Forschungslücke aufmerksam machen, sein Hauptziel ist es jedoch, ein besonders markantes Ereignis dieser Jahre näher zu beleuchten.

Im Anschluß an die Übertragung des Reichskanzleramtes auf Adolf Hitler am 30. Januar 1933 gingen die Nationalsozialisten daran, nach dem Erringen der politischen Macht auch Wissenschaft, Kunst und Kultur ihrem Herrschaftsanspruch zu unterwerfen. Das geschah zunächst in einer Weise, für die in der Literatur der Begriff „organisiertes Chaos"[3] verwendet wird. Das Nebeneinanderher verschiedenster

---

[1] Hier sind an allgemeinen Darstellungen vier Arbeiten zu nennen, von denen die neueste einer Schülerin des mit der hier vorliegenden Festschrift zu Ehrenden verdankt wird: Josef Amtmann, Die Bibliothek der Universität Erlangen von ihrer Gründung bis zum Ende der Markgrafenzeit 1743–1791, Erlangen 1941; Ilse Haeckel, Geschichte der Universitätsbibliothek Erlangen von 1792 bis 1844, Diss. phil. Erlangen 1953, Hektogr. – jetzt als Neuausgabe, überarbeitet und ergänzt von Thomas Hofmann (Schriften der Universitätsbibliothek Erlangen-Nürnberg 37), Erlangen 2000; Carl-Matthias Lehmann, Geschichte der Universitätsbibliothek Erlangen von 1844 bis 1924 (Schriften der Universitätsbibliothek Erlangen-Nürnberg 30), Erlangen 1996, zugl. Diss. phil. Erlangen 1996; Margot Thye, Elias von Steinmeyer (1848–1922). Germanist und Vorstand der Bibliothekskommission in Erlangen (Schriften der Universitätsbibliothek Erlangen-Nürnberg 32), Erlangen 1997, zugl. Diss. phil. Erlangen 1997. Weitere Einzeluntersuchungen bis zum Erscheinungsjahr 1993 sind nachgewiesen bei Hans-Otto Keunecke, Bibliographie zur Geschichte der Friedrich-Alexander-Universität Erlangen-Nürnberg (Erlanger Forschungen, Sonderreihe 6), Erlangen 1993, S. 212–247.

[2] Zu Person und Werk vgl. Eberhard Lutze, Prof. Dr. Eugen Stollreither 65 Jahre alt, in: Fränkischer Kurier v. 23. 12. 1939, S. 6; Fritz Redenbacher, E. Stollreither 75 Jahre alt, in: Nachrichten für wissenschaftliche Bibliotheken 3, 1950, S. 18f.; ders., Eugen Stollreither †, in: Mitteilungsblatt des Universitätsbundes Erlangen e.V., N. F. 13, 1956, S. 4–6; ders., Professor E. Stollreither 75 Jahre alt, in: Erlanger Tagblatt v. 24. 12. 1949, erweiterte Fassung des vorher zitierten Titels.

[3] So z.B. Walter Huder, Bücherverbrennung Deutschland 1933. Voraussetzungen und Folgen, in: „Das war ein Vorspiel nur …". Bücherverbrennung Deutschland 1933: Voraussetzungen und Folgen. Ausstellung der Akademie der Künste vom 8. Mai bis 3. Juli 1983 (Akademie-Katalog 137), Berlin, Wien 1983, S. 6–8, hier S. 8 sowie Klaus Siebenhaar, Buch und Schwert. Anmerkungen zur Indizierungspraxis und „Schrifttumspolitik" im Nationalsozialismus, in: ebenda, S. 81–96, hier S. 82 und Konrad Dussel, Der

Behörden, Dienststellen und nicht zuletzt einer Reihe von Parteigliederungen und Massenorganisationen, die zum Teil in Konkurrenz miteinander standen, führte in diesen Anfangsjahren zwar zu erheblichen Irritationen, verhinderte jedoch nicht massive Eingriffe in das kulturelle Leben. So wurde zum Beispiel bis zum 6. Dezember 1933 von 21 Stellen das Erscheinen von mehr als 1000 Buchtiteln untersagt[4], und 1934 waren es 4100 Bücher, an deren Verbot etwa 40 [!] verschiedene Dienststellen und Einrichtungen beteiligt waren[5].

Zu diesen sehr frühen staatlichen beziehungsweise auf andere Weise öffentlich verantworteten Zensurmaßnahmen im Bereich der Literatur gehört auch die Bücherverbrennung von 1933.

In Erlangen[6] war sie wie in den anderen Universitätsstädten Teil einer zentral vorbereiteten und gelenkten Aktion der Deutschen Studentenschaft (fortan: DSt)[7]. In der

---

NS-Staat und die „deutsche Kunst", in: Deutschland 1933–1945. Neue Studien zur nationalsozialistischen Herrschaft, hg. v. Karl Dietrich Bracher, Manfred Funke, Hans-Adolf Jacobsen (Bonner Schriften zur Politik und Zeitgeschichte 23), Düsseldorf 1992, S. 256–272, hier S. 265. Dabei wird offensichtlich der Begriff vom „gesteuerten Chaos" aufgenommen, den Karl Dietrich Bracher für den Dualismus von Staat und Partei geprägt hat. Dazu vgl. sein mittlerweile in der siebten Auflage zu benutzendes Standardwerk: Die deutsche Diktatur. Entstehung, Struktur, Folgen des Nationalsozialismus, Berlin 1997 (neueste Taschenbuchausgabe).

[4] Diese Zahlen beruhen nicht auf amtlichen Ermittlungen, sondern gehen aus dem Brief eines Schriftstellers und Verlagsdirektors hervor; sie sind aber im Kontext mit anderen entsprechenden Nachrichten durchaus glaubwürdig. Der Brief abgedruckt bei Joseph Wulf, Literatur und Dichtung im Dritten Reich. Eine Dokumentation, Berlin 1989, S. 188–190. Zur Frage unkoordinierter Zensurmaßnahmen vgl. Jan-Pieter Barbian, Literaturpolitik im „Dritten Reich". Institutionen, Kompetenzen, Betätigungsfelder, in: Archiv für Geschichte des Buchwesens 40, 1993, S. 1–394, zugl. Diss. phil. Trier 1991, hier S. 222–230.

[5] Diese Zahl nach Hildegard Brenner, Die Kunstpolitik des Nationalsozialismus (Rowohlts Deutsche Enzyklopädie 167/168), Reinbek b. Hamburg 1963, S. 51; zum Gesamten vgl. Dietrich Aigner, Die Indizierung „schädlichen und unerwünschten Schrifttums" im Dritten Reich, in: Archiv für Geschichte des Buchwesens 11, 1971, Sp. 933–1034.

[6] Eine wissenschaftlich befriedigende Untersuchung der Erlanger Ereignisse liegt nicht vor. Eine knappe, gleichwohl wichtige Quellen erschließende Schilderung bietet Manfred Franze, Die Erlanger Studentenschaft 1918–1945 (VGffG IX/30), Würzburg 1972, S. 189–192; eine kurze, teilweise allerdings schiefe und die vorliegende Literatur nicht ausschöpfende Darstellung findet sich in dem Ausstellungskatalog: Erlangen im Nationalsozialismus. Ausstellung im Stadtmuseum Erlangen, Martin-Luther-Platz, vom 16. 10. 83 bis 19. 2. 84, hg. v. Stadtmuseum Stadt Erlangen, Erlangen 1983, S. 49–52; den Charakter einer bloßen Erinnerungsschrift hat die Veröffentlichung, die anläßlich der Anbringung einer Gedenkplakette erschien: Hier wurden Bücher verbrannt. Zum Jahrestag 1987, hg. v. Deutschen Gewerkschaftsbund, Erlangen 1987; eine im Kern zutreffende, allerdings sehr knappe Darstellung bei Christa Schmitt, „Hier wurden 1933 Bücher verbrannt", in: Wider den deutschen Geist. Werke von Wolfgang Vincke (Aachen). Ausstellung des DGB Erlangen/Erlangen-Höchstadt vom 24. April bis 6. Mai 1995 im Ausstellungsraum der Bibliothek der Friedrich-Alexander-Universität, hg. v. DGB Erlangen/Erlangen-Höchstadt, Erlangen 1995, S. 7–14.

[7] Noch immer grundlegend die auf der Aktenüberlieferung der DSt fußende Darstellung von Hans-Wolfgang Strätz, Die studentische Aktion „Wider den undeutschen Geist" im Frühjahr 1933, in: Vierteljahrshefte für Zeitgeschichte 16, 1968, S. 347–372; ein redaktionell überarbeiteter Nachdruck ohne Berücksichtigung der neueren Forschungsliteratur und ohne Fußnoten in: 10. Mai 1933. Bücherverbrennung in Deutschland und die Folgen, hg. v. Ulrich Walberer, Frankfurt a. M. 1983, S. 84–114; eine hilfreiche Darstellung unter Berücksichtigung der seit Strätz erschienenen Literatur bei Barbian, Literaturpolitik (wie Anm. 4), S. 54–60; vgl. auch den Abriß und kritischen Literaturbericht unter Einbeziehung der marxistischen Forschung von J[ames] M[acpherson] Ritchie, The Nazi Book-Burning, in: The Modern Language Review 83, 1988, S. 627–643.

Forschung ist heute unbestritten, daß die Bücherverbrennung zwar den Charakter einer NS-offiziellen staatlichen Maßnahme trug; daß es aber eine studentische Initiative war, von der das Unternehmen ausging[8]. Bezeichnend dafür ist schon das Konzept der Bücherverbrennung als solcher, mit der gezielt an die Vorbilder der Verbrennung der Bannandrohungsbulle von 1520 durch Luther und dessen Wittenberger Studenten[9] und an die Verbrennung von Büchern durch Studenten beim Wartburgfest des Jahres 1817 angeknüpft wurde. Auch die Bezeichnung der Kernsätze der studentischen Forderungen an die Literatur als „Zwölf Thesen" und deren Publikation in einem großformatigen Plakatdruck[10] können kaum anders denn als Zitat des Lutherschen Thesenanschlags gedeutet werden.

Die Aktion wurde mit einem Rundschreiben vom 8. April in Gang gesetzt[11]. Darin war detailliert vorgegeben, wie an den einzelnen Orten zu verfahren war; auch Tag (10. Mai) und Stunde (18.00 Uhr) wurden bestimmt. Daß in Erlangen die Bücherverbrennung auf den 12. Mai gelegt wurde[12], war wohl darin begründet, daß hier am 10. Mai das neue Studentenrecht feierlich verkündet werden sollte[13] und man die Wirkung der geplanten Bücherverbrennung nicht dadurch beeinträchtigen wollte, daß zwei studentische Veranstaltungen mit nationalsozialistisch-propagandistischer Zielrichtung am selben Tage abgehalten wurden[14].

Der ideologischen Vorbereitung der Aussonderungsaktion dienten unter anderem die erwähnten *Zwölf Thesen wider den undeutschen Geist*, die von der Führung der

---

[8] So auch Barbian, Literaturpolitik (wie Anm. 4), S. 55 und Michael Grüttner, Studenten im Dritten Reich, Paderborn u.a. 1995, S. 76f.

[9] Dieser Zusammenhang wurde bisweilen auch ausdrücklich erwähnt. So z.B. in Nürnberg durch einen Redner bei der dortigen Bücherverbrennung am 10. Mai. Fränkischer Kurier v. 11. 5. 1933; abgedruckt bei Wulf, Literatur (wie Anm. 4), S. 60, dazu auch Aigner, Indizierung (wie Anm. 5), Sp. 934, Anm. 3; zustimmend auch Ritchie, Book-Burning (wie Anm. 7), hier S. 628f.

[10] Zum Plakat vgl. weiter unten Anm. 15.

[11] Abgedruckt bei Wulf, Literatur (wie Anm. 4), S. 44f. und wieder in: Die Bücherverbrennung. Zum 10. Mai 1933, hg. v. Gerhard Sauder, München, Wien 1983, S. 74–76.

[12] Zur Terminänderung vgl. Erlanger Neueste Nachrichten v. 8. 5. 1933, S. 6.

[13] Die „Bekanntmachung des Staatsministeriums für Unterricht und Kultus vom 28. April 1933, Nr. V 15.822, über die Bildung von Studentenschaften an den wissenschaftlichen Hochschulen" wurde den Studenten in einer aufwendig inszenierten Feier im Redoutensaal vom Rektor übergeben; vgl. Franze, Studentenschaft (wie Anm. 6), S. 195. Zusätzlich zu den dort genannten Quellen (Erlanger Tagblatt v. 11. 5. 1933 und Monatsschrift für akademisches Leben. Fränkische Hochschulzeitung. Erlanger Ausgabe, Nr. 8, 1932/33) ist heranzuziehen die Ausgabe der Erlanger Neuesten Nachrichten v. 11. 5. 1933 mit umfangreicherer Berichterstattung und Abbildungsmaterial, das im Erlanger Tagblatt fehlt.

[14] In Würzburg und München trug man solche Bedenken offensichtlich nicht; dort fanden beide Veranstaltungen am 10. 5. unmittelbar nacheinander statt. In Würzburg zogen die Studenten nach der offiziellen Verkündigung des neuen Studentenrechts im Platzschen Garten zur Bücherverbrennung auf den Residenzplatz, vgl. Strätz, Aktion (wie Anm. 7), S. 363. In München war die Verkündigung des Studentenrechts Gegenstand einer akademischen Feier in der Universität, von der aus man sich gegen 22.30 Uhr mit einem Fackelzug zum Königsplatz begab, um dort die Bücherverbrennung zu exekutieren, vgl. Anselm Faust, Die Hochschulen und der „undeutsche Geist". Die Bücherverbrennungen am 10. Mai 1933 und ihre Vorgeschichte, in: „Das war ein Vorspiel nur ..." (wie Anm. 3), S. 31–50, hier S. 46. Dasselbe gilt für Nürnberg. Hier wurde an der Handelshochschule das neue Studentenrecht ebenfalls am 10. 5. verkündet, wobei die Hochschule bei dieser Gelegenheit den Namen „Hindenburg-Hochschule" erhielt, und am selben Tag fand die Bücherverbrennung auf dem Hauptmarkt statt, vgl. den Bericht im Fränkischen Kurier v. 11. 5. 1933, S. 9; abgedruckt bei Wulf, Literatur (wie Anm. 4), S. 60f.

DSt verfaßt worden waren und in allen Universitätsstädten veröffentlicht werden sollten[15]. In Erlangen geschah das am 19. April im „Erlanger Tagblatt" und am selben Tag in den „Erlanger Neuesten Nachrichten" unter der Überschrift *Wider den undeutschen Geist! Aktion gegen das zersetzende jüdisch-marxistische Schrifttum durch die deutsche Studentenschaft*[16]. Unterzeichnet war die Veröffentlichung von Wilhelm Höfer[17], dem Leiter des Presseamtes der Erlanger Studentenschaft. Er hatte den Text der zentralen Aktionsleitung wörtlich übernommen und nur am Schluß noch zwei zur Mitarbeit aufrufende Sätze hinzugefügt. Für den 10. Mai wurde eine öffentliche Verbrennung der für „schädlich und zersetzend" erachteten Schriften angekündigt. Zur Vorbereitung hieß es: *Jeder deutsche Volksgenosse hat seine eigene Bücherei von allem Undeutschen, das durch die Gedankenlosigkeit hineingelangt ist, zu säubern; jeder deutsche Volksgenosse wird die Büchereien seiner Bekannten sichten und auf Beseitigung zersetzender, jüdischer Schriften dringen. Die Studentenschaften werden sich für die Reinigung öffentlicher Büchereien, die nicht lediglich der Sammlung jeglichen Schrifttums dienen, einsetzen.*

Von den zwölf Behauptungen beziehungsweise Forderungen ist die siebte[18] von direkter Bedeutung für die Erlanger Universitätsbibliothek, denn dort heißt es:

Wir wollen den Juden als Fremdling betrachten und wir wollen das Volkstum ernst nehmen.

Wir fordern deshalb von der Zensur:

a) Jüdische Werke erscheinen in hebräischer Sprache,
b) erscheinen sie deutsch, sind sie als Übersetzung zu kennzeichnen,
c) schärfstes Einschreiten gegen den Mißbrauch der deutschen Schrift.
d) Deutsche Schrift steht nur Deutschen zur Verfügung.
e) Der undeutsche Geist wird aus öffentlichen Büchereien ausgemerzt.

---

[15] Von diesem Aufruf gibt es einen Entwurf, der sich im Archiv der Reichsstudentenführung befindet. Dieses Konzept ist abgedruckt in: Die Bücherverbrennung, hg. v. Sauder (wie Anm. 11), S. 92f. Der tatsächlich publizierte Text, der vor allem in Punkt 7 erheblich verschärft worden war, findet sich ebenfalls dort, S. 93f. Von diesem Text, der Grundlage des Erlanger Zeitungsartikels war, existiert ein 76,0 cm x 47,5 cm großer Plakatdruck, der in vielen Städten angeschlagen wurde. Ob das auch in Erlangen geschah, ist nicht bekannt. Das Plakat wurde gezeigt in der Ausstellung zum 250. Jubiläum der Universität Erlangen. Vgl. den Ausstellungskatalog: Die Friedrich-Alexander-Universität Erlangen-Nürnberg 1743–1993. Geschichte einer deutschen Hochschule. Ausstellung im Stadtmuseum Erlangen, 24. 10. 1993–27. 2. 1994, hg. v. Stadtmuseum Erlangen (Veröffentlichungen des Stadtmuseums Erlangen 43), Erlangen 1993, S. 336, Nr. 3.3.3. Eine Abbildung findet sich in dem Ausstellungskatalog: „Das war ein Vorspiel nur …" (wie Anm. 3), S. 241. Der Text der „Zwölf Thesen" wurde vielfach publiziert, so auch im Völkischen Beobachter v. 14. 4. 1933, danach wiedergegeben bei Aigner, Indizierung (wie Anm. 5), Sp. 1017f.; der Aufruf findet sich mit leichten redaktionellen Änderungen auch in: Monatsschrift für akademisches Leben. Fränkische Hochschulzeitung. Erlanger Ausgabe, Nr. 7, 1932/33, S. 90f.

[16] Vgl. Quellenanhang Nr. I.

[17] Zu Höfer vgl. weiter unten Anm. 33.

[18] Dieser Punkt war im Entwurf der zwölf Thesen (vgl. Anm. 15) noch nicht ganz so aggressiv formuliert worden. Dort hieß es: *Wir fordern die Zensur. Undeutsches Gedankengut wird gekennzeichnet. Deutsche Schrift steht nur dem Deutschen zur Verfügung. Der undeutsche Geist wird aus den öffentlichen Büchereien ausgemerzt.*

Tatsächlich wurde in der Folgezeit zensiert, und mißliebige Literatur („jüdisch-marxistische" in der Sprache der Nationalsozialisten) wurde – wie weiter unten noch darzustellen sein wird – in Bibliotheken, auch in der Erlanger Universitätsbibliothek, separiert und nur noch in Einzelfällen bei Vorliegen einer besonderen Begründung ausgehändigt. Die deutsche Schrift (also „gebrochene Schriften" wie etwa Fraktur oder Schwabacher) wurde als Ausdruck des Deutschtums in Anspruch genommen, und man unterstrich diese Behauptung optisch durch die Wahl einer Fraktur für den Druck der Thesen in Plakatform. Juden sollten diese Schriften nicht verwenden dürfen. Das, was „undeutscher Geist" genannt wurde und dessen Ausmerzung man forderte, blieb als Druckerzeugnis freilich weiterhin in den wissenschaftlichen Bibliotheken vorhanden. Die Bücher wurden dort zwar gesondert aufbewahrt, aber keinesfalls vernichtet.

In der Frage der deutschen Schrift haben die Nationalsozialisten sich dann später, als sie deren Verwendung 1941 aufgrund einer einsamen Entscheidung Hitlers verboten, in besonderer Weise lächerlich gemacht[19]. Zuvor aber haben sie tatsächlich und massiv die Verwendung der deutschen Schrift gefördert und ihren Gebrauch durch jüdische Autoren zu unterbinden gesucht[20].

Die Führung der DSt hatte versucht die „Aktion wider den undeutschen Geist" noch auszuweiten und auf Professoren auszudehnen. Die Studentenschaften an den einzelnen Universitäten sollten die Namen mißliebiger, politisch unzuverlässiger oder sonst nach Einschätzung der Studenten für die Ausübung ihres Amtes ungeeigneter Hochschullehrer auflisten und nach Berlin melden. Auch eine „Positivliste" von ideologisch zuverlässigen Professoren sollte zusammengetragen werden. Zusätzlich sollten an den einzelnen Universitäten „Schandpfähle" errichtet werden, an denen die Namen und die Werke der mißliebigen Personen hätten angenagelt und so gewissermaßen an den Pranger gestellt werden sollen: *An den Schandpfahl werden wir die Erzeugnisse derer nageln, die nicht unseres Geistes sind. ... Und wir werden diesen Schandpfahl für alle Zeiten stehen lassen. Solange wir ihn brauchen. Heute für die Schriftsteller, morgen für die Professoren. ... Der Schandpfahl soll etwa am 3. Mai in den Hochschulen zur Aufstellung gelangen*[21].

Diese geplante Verknüpfung von Bücherverbrennung und Kampf gegen mißliebige Professoren stieß jedoch nicht auf großen Widerhall unter den Studentenschaften der einzelnen Universitäten und am 4. Mai wurde in einem Rundschreiben das Vorhaben abgesagt: *Infolge der augenblicklichen politischen Situation hat die Aufstellung des Schandpfahls nicht mehr die gleiche Dringlichkeit wie noch vor zwei Wochen. Sie ist deswegen, soweit nicht bereits geschehen, auf einen Zeitpunkt einst-*

---

[19] Vgl. Hans-Otto Keunecke, Die deutsche Schrift im Dritten Reich. Die Nationalsozialisten und das Schicksal der gebrochenen Lettern, in: Buchhandelsgeschichte, Heft 4, 1993. Beilage zum Börsenblatt für den deutschen Buchhandel v. 14. 12. 1993, S. B121-B129.

[20] Ein Erlaß von 1937 schrieb die Verwendung der Antiqua-Schrift nicht nur für jüdische Verlagserzeugnisse vor, sondern verlangte den Verzicht auf Frakturschriften auch bei Firmenschildern und Geschäftspapieren. Abgedruckt bei Volker Dahm, Das jüdische Buch im Dritten Reich. I. Die Ausschaltung der jüdischen Autoren, Verleger und Buchhändler, in: Archiv für Geschichte des Buchwesens 20, 1979, Sp. 1–300, hier Sp. 253–258.

[21] Vollständiger Abdruck des Textes bei Brenner, Kunstpolitik (wie Anm. 5), S. 185f. Im Auszug bei Strätz, Aktion (wie Anm. 7), S. 356f.

weilen zurückzustellen, der noch angegeben wird und in dem die Aufstellung als symbolischer Akt dringender benötigt wird als im Augenblick. Mit der nächsten Post erhalten Sie ein ausführliches Rundschreiben über Einzelheiten des Professorenboykotts. Vorher ist nichts zu unternehmen[22]. In Erlangen ist ein solcher Pranger ganz offensichtlich nicht errichtet worden, denn in den vorliegenden Quellen findet sich keine Spur davon[23]. In einigen Universitätsstädten allerdings kam es zu solchen Aktionen, zum Beispiel in Rostock, Münster, Königsberg[24] und in Dresden[25].

Die nächste Nachricht[26] über die Vorbereitungen zur Erlanger Bücherverbrennung stammt vom 27. April 1933 und unterrichtet über den Aufruf „Wider den undeutschen Geist". Er stammte von einem „Kampfausschuß", der sich gebildet hatte, um die reichsweite Aktion der DSt gegen das – wie man es nannte – „zersetzende jüdisch-marxistische Schrifttum" auch in Erlangen durchzuführen. Die Zusammensetzung dieser Gruppe orientierte sich dabei an den Vorgaben des Berliner Hauptamtes für Presse und Propaganda der DSt. In dem oben erwähnten Schreiben vom 8. April hatte es geheißen, daß dem lokalen Kampfbund angehören sollten: drei Studenten, ein Professor, ein Mitglied des Kampfbundes für deutsche Kultur und ein Schriftsteller. Dem Erlanger Komitee gehörten an[27]: Der NSDAP-Kreisleiter und Stadtkommissar Alfred Groß[28], Bezirkskommissar Dr. Dehnel, Professor D. Dr. Hans Preuß[29], Ordinarius für Kirchengeschichte, Symbolik und altchristliche Kunst, Studienprofessor Her-

---

[22] Abgedruckt bei Strätz, Aktion (wie Anm. 7), S. 358.

[23] Die gegenteilige Mitteilung in: Die Bücherverbrennung, hg. v. Sauder (wie Anm. 11), S. 239 ist nicht belegt und dürfte irrig sein.

[24] Die Bücherverbrennung, hg. v. Sauder (wie Anm. 11), S. 239. Abbildung des Schandpfahls in Münster in dem Ausstellungskatalog: „Das war ein Vorspiel nur ..." (wie Anm. 3), S. 213.

[25] Die Bücherverbrennung, hg. v. Sauder (wie Anm. 11), S. 239; Photos der Schandpfähle in Dresden und Münster: Abb. 15f.

[26] Die wichtigsten Quellen für unser Wissen über die Erlanger Bücherverbrennung sind Zeitungsartikel im Erlanger Tagblatt und in den Erlanger Neuesten Nachrichten. Wegen der starken Beteiligung von korporierten Studenten an der Bücherverbrennung war zu vermuten, daß die Mitteilungsblätter der einzelnen Verbindungen Nachrichten über die Aktion enthalten, etwa in den dort üblicherweise gedruckten Semesterberichten. Es fanden sich jedoch keine derartigen Mitteilungen. Nur wenige dieser Periodika sind öffentlich zugänglich; durchgesehen wurden die Zeitschriften der Corps Bavaria und Guestphalia, der Burschenschaften Germania und Frankonia und der Uttenruthia. Als unergiebig erwiesen sich auch die Selbstbiographien Erlanger Professoren jener Zeit, wie die von Robert Gradmann, Friedrich Jamin, Walther von Loewenich, Karl Mägdefrau, Hans Preuß, Helmut Thielicke und Wolfgang Trillhaas. Eine kurze Notiz findet sich in den Memoiren des Germanisten Benno von Wiese: Ich erzähle mein Leben. Erinnerungen, Frankfurt a. M. 1982. Vgl. weiter unten Anm. 41.

[27] Vgl. Quellenanhang Nr. II.

[28] Groß (1893–1949) war von Beruf Lehrer. Seit 1925 in der NSDAP, war er deren Kreisleiter seit 1932. Durch eine Verfügung des Innenministeriums vom 27. 3. 1933 wurde er politischer Beauftragter bei der Stadtverwaltung („Stadtkommissar") und am 11. 5. 1933 wurde er ehrenamtlicher 2. Bürgermeister, am 4. 7. 1933 schließlich Oberbürgermeister von Erlangen, in welchem Amt er bis 1944 blieb. Vgl. Siegfried Ziegler, Nationalsozialismus in Erlangen. Jahre der Entscheidung und Anpassung 1932–1934, in: Erlangen. Von der Strumpfer- zur Siemens-Stadt, hg. v. Jürgen Sandweg, Erlangen 1982, S. 541–632, hier S. 621, Anm. 2.

[29] Zu Preuß vgl.: Die Professoren und Dozenten der Friedrich-Alexander-Universität Erlangen 1743–1960, hg. v. Renate Wittern, Teil 1: Theologische Fakultät. Juristische Fakultät (Erlanger Forschungen, Sonderreihe 5), Erlangen 1993, S. 60f.

mann Hornung[30], Privatdozent Dr. Helmut Weigel[31], Referendar Werner Saling[32], der Jurastudent Wilhelm Höfer[33] und der Jurastudent Maier. Leiter war Wilhelm Höfer, die Geschäfte führte Maier.

Die Universitätsbibliothek war zunächst nicht von der Aktion betroffen; denn im entsprechenden Rundschreiben hatte es geheißen, daß Bibliotheken, die *als öffentliche Stellen der Sammlung jeglichen Schrifttums zu dienen haben*, von der Säuberungsaktion auszunehmen seien. Die Hitlerjugend des Gebietes Hochland hatte zwar weitergehende Absichten geäußert und wollte auch die wissenschaftlichen Bibliotheken von Schrifttum *bolschewistischen, marxistischen und pazifistischen Inhalts* gesäubert sehen. Doch erteilte der Bayerische Kultusminister Schemm diesem Vorhaben in seinem Antwortbrief vom 8. Mai eine Absage: *Eine Entfernung dieser Werke aus den öffentlichen Bibliotheken ist nicht angängig, da eine erfolgreiche wissenschaftliche Bekämpfung des bolschewistischen, marxistischen und pazifistischen Giftes die Kenntnis des einschlägigen Schrifttums voraussetzt. Dem Antrag dieses Schrifttum der Hitlerjugend zur Vernichtung zur Verfügung zu stellen, bedaure ich hiernach nicht entsprechen zu können*[34].

Diese Sonderstellung wissenschaftlicher Bibliotheken wurde im Juli 1933 noch einmal in einem Rundbrief des Preußischen Ministers für Wissenschaft, Kunst und Volksbildung betont, der darauf hinwies, *daß für die wissenschaftlichen Bibliotheken*

---

[30] Hornung (1885–1969) war schon seit den zwanziger Jahren Parteiaktivist und trat v.a. als Vorgeschichtsforscher in Erscheinung. Im Entnazifizierungsverfahren wurde er zunächst als Hauptschuldiger eingestuft und u.a. zu sechs Jahren Arbeitslager verurteilt. In einem Revisionsverfahren wurde die Strafe auf zwei Jahre Arbeitslager und 200 DM Geldbuße ermäßigt. Stadtarchiv Erlangen (fortan: StadtAE), III. 215. H.1.

[31] Weigel war seit 1931 Mitglied der NSDAP. Im November 1935 wurde er wieder ausgeschlossen, weil er sich weigerte, sich von seiner Frau, die jüdischer Abstammung war, scheiden zu lassen. Die Lehrbefugnis wurde ihm 1936 entzogen. Vgl. Waltraud Riesinger und Heidrun Marquardt-Rabiger, Die Vertretung des Faches Geschichte an der Universität Erlangen von deren Gründung (1743) bis zum Jahre 1933, in: JfL 40, 1980, S. 177–259, hier S. 251–254 und Alfred Wendehorst, Geschichte der Friedrich-Alexander-Universität Erlangen-Nürnberg 1743–1993, München 1993, S. 180.

[32] Saling war Ende 1932 in die Partei eingetreten und war ASTA-Vorsitzender und – nach Einführung des neuen Studentenrechtes am 10. 5. 1933 – Ältester der Erlanger Studentenschaft. Vgl. Franze, Studentenschaft (wie Anm. 6), S. 195. Zwischen Saling und Julius Doerfler, dem späteren Führer der Erlanger Studentenschaft, kam es 1934 zu einem Konflikt wegen des Vorwurfs, Saling habe Gelder des Studentenwerkes veruntreut. Vgl. den Artikel von Julius Doerfler, Aufklärung der Erlanger Studentenschaft über die Veruntreuung des Herrn Saling, ehemaliger Ältester der Erlanger Studentenschaft und ehemaliger Leiter des Studentenwerks, in: Erlanger Hochschulblätter, Nr. 4, 1934/35, S. 57f. Saling, der im Verlauf von Auseinandersetzungen 1934 auch den Geschäftsführer des Studentenwerkes, Julius Wrede, vorübergehend abgesetzt hatte, mußte nach einem Zivilprozeß 1935 1.440,– RM an das Studentenwerk zurückzahlen (Erlanger Hochschulblätter, Nr. 9, 1934/35, S. 130). Der Vorgang – weil wohl übergehbar – nicht erwähnt bei Clemens Wachter, 75 Jahre Studentenwerk Erlangen-Nürnberg. 1922–1997, Erlangen 1997. Zu Saling vgl. auch den entsprechenden Disziplinarakt im Universitätsarchiv Erlangen (fortan: UAE), A3/12, Nr. 262.

[33] Höfer (1912–1955), in Erlangen immatrikuliert im Sommersemester 1931. Mitglied im Corps Baruthia (vgl. Matrikel des Corps Baruthia. 1803–1963, hg. v. Heinrich Janz, Erlangen 1963, S. 224, Matrikel-Nr. 1107); promoviert 1937 in Erlangen zum Dr. jur.; später Mitinhaber der Erlanger Druckerei Höfer und Limmert, vgl. auch StadtAE, III. 105. H.1.

[34] Abdruck in Erlangen eingegangen am 12. 5. 1933, an die Bibliothek weitergeleitet am 15. 5. 1933. UAE, T. A 1, Pos. 15, Nr. 79.

die Beschlagnahme und Vernichtung jüdischer oder marxistischer Literatur nicht in Frage komme[35].

Am 26. April 1933 heißt es in einem Zwischenbericht der Erlanger Studentenschaft: *Sämtliche Bibliotheken werden von uns zur Zeit gesichtet und es sind bis jetzt ca. 1.000 Bücher beschlagnahmt worden*[36]. Hier können nur private Leihbibliotheken gemeint sein, in die Bestände der Universitätsbibliothek wurde nicht eingegriffen. Soweit zu sehen ist, wurde auch die Erlanger Volksbücherei zumindest weitgehend verschont[37]. Grundlage für die Aussonderungen war eine „Schwarze Liste" unerwünschter Literatur. Sie wurde auf Anweisung des Reichspropagandaleiters der NSDAP und Gauleiters von Berlin, Dr. Joseph Goebbels, von Dr. Wolfgang Herrmann, einem Bibliothekar, erstellt und an die Studentenschaften der verschiedenen Universitätsstädte verteilt. Diese Liste ist aus dem Archiv der Reichsstudentenführung überliefert und nennt 71 Autorennamen[38]. Die Aufstellung wurde dann auf 131 Autoren und vier Anthologien erweitert und am 16. Mai 1933, also erst nach der Verbrennungsaktion, publiziert[39].

Am 12. Mai kam es zur Verbrennung der eingesammelten Bücher auf dem Erlanger Schloßplatz[40]. Der Ablauf der Veranstaltung folgte weitgehend dem Muster, wie es durch die zitierten Rundschreiben und allgemeine Übungen bei solchen Anlässen vorgegeben war und auch in den anderen Universitätsstädten in dieser oder ganz ähnlicher Weise befolgt wurde. Am Anfang stand ein Fackelzug mit Musikbegleitung durch mehrere Straßen der Stadt. Nach dem Eintreffen auf dem Schloßplatz gegen 21.00 Uhr wurden verschiedene Ansprachen gehalten[41], so vom Leiter des „Kampf-

---

[35] Börsenblatt für den Deutschen Buchhandel v. 29. 7. 1933, S. 564. Zum Gesamten vgl. Aigner, Indizierung (wie Anm. 5), Sp. 1012–1016.

[36] Abgedruckt in: Die Bücherverbrennung, hg. v. Sauder (wie Anm. 11), S. 188.

[37] Harald Steiner, Die öffentlichen Büchereien in Erlangen im 19. und 20. Jahrhundert (Buchwissenschaftliche Beiträge aus dem Deutschen Bucharchiv München 39), Wiesbaden 1992, S. 108. Danach wurden zwar zwischen dem 1. 4. 1933 und dem 31. 3. 1934 900 Bände ausgesondert und der Benutzung entzogen; Nachweise aber über die Vernichtung auch nur einzelner Bücher davon am 12. 5. gibt es nicht.

[38] Abgedruckt bei Brenner, Kunstpolitik (wie Anm. 5), S. 187. Ebenda, S. 43–45 eine Darstellung der Entstehungsgeschichte der „Schwarzen Listen". Das dort erwähnte und als „undatierte maschinengeschriebene Erklärung" bezeichnete Manuskript mit dem Titel „Prinzipielles zur Säuberung der öffentlichen Büchereien" war die Vorlage für den Brenner offensichtlich nicht bekannten Druck im Börsenblatt (vgl. die folgende Anm.)

[39] Wolfgang Herrmann, Prinzipielles zur Säuberung der öffentlichen Büchereien, in: Börsenblatt für den deutschen Buchhandel v. 16. 5. 1933, S. 356–358.

[40] Die Darstellungen im Erlanger Tagblatt v. 13. 5. 1933 und in den Erlanger Neuesten Nachrichten vom selben Tage weichen leicht voneinander ab. Die von seiten der Universität beteiligten Personen werden in den Erlanger Neuesten Nachrichten genauer bezeichnet.

[41] Der – von der Sache her eigentlich zuständige – Vertreter des Faches „Neuere deutsche Literaturgeschichte", Benno von Wiese, beteiligte sich nicht, obwohl er seit April Mitglied der NSDAP war. In seinen Memoiren schreibt er: „Bei der Bücherverbrennung in Erlangen konnte ich es vermeiden, zu erscheinen oder gar aktiv daran teilzunehmen." (Von Wiese, Leben, wie Anm. 26, S. 141f.) Ob man ihn überhaupt dazu aufgefordert hatte, ist nicht bekannt, aber vermutbar. Benno von Wiese galt offensichtlich als NS-Parteigänger. So hatte ihn die DSt am 23. 4. brieflich eingeladen, auf einer antijüdischen Veranstaltung am 3. 5. zu sprechen. Der Brief ist abgedruckt im Ausstellungskatalog: „Das war ein Vorspiel nur …" (wie Anm. 3), S. 235. Wiese lehnte jedoch ab, wie er in seinen Erinnerungen (von Wiese, Leben, wie Anm. 26, S. 141) schreibt.

bundes für deutsche Kultur" (hier war das der im Gau Franken dafür eingesetzte Nürnberger Stadtrat Hans Hagemeyer[42]), vom Vorsitzenden des „Kampfausschusses" und Pressesprecher der Studentenschaft, cand. jur. Wilhelm Höfer und vom Kreisleiter der DSt, Wolfgang Donat[43]. Die Universität war vertreten durch den Rektor, Professor Locher[44], weiter durch die Professoren Preuß[45], Herrigel[46], Wenzel[47], Haußleiter[48] und Brandt[49] sowie durch den Privatdozenten Weigel[50]. Die Stadt repräsentierten der Zweite Bürgermeister Groß und Stadtbaumeister Georg Krauß[51]; das Militär vertrat ein Oberstleutnant mit mehreren Offizieren.

Die Bücher wurden den Flammen übergeben, und es wurden dabei – wenn man die stark verkürzende Berichterstattung der Tagespresse so interpretieren darf – jene Feuerlosungen gesprochen, die das Rundschreiben vom 9. Mai[52] vorgegeben hatte. Auf die Inhalte der Ansprachen näher einzugehen, erübrigt sich. Die Redner paraphrasierten die Behauptung von der „zersetzenden Wirkung der jüdisch-marxistischen Literatur" und strichen die mit der nationalsozialistischen Machtergreifung angebrochene „neue Zeit" heraus. Nach etwa zwei Stunden war die Veranstaltung beendet, und die Versammlung löste sich auf.

Bei der Bewertung dieser Vorgänge in der Literatur ist die moralische Empörung eine allgemeine, und niemand wird einer solchen Haltung widersprechen wollen. Zur vollständigen und nur dadurch korrekten Berichterstattung über die nationalsoziali-

---

[42] Hagemeyer (* 1899) wurde 1932 Gauwirtschaftsberater der NSDAP in Franken und war ab 1934 Leiter des Hauptamtes Schrifttumspflege im Amt Rosenberg, vgl. Wulf, Literatur (wie Anm. 4), S. 60, Anm. 1; Erich Stockhorst, 5000 Köpfe. Wer war was im Dritten Reich, Kiel ³1998, S. 172 und neuestens Barbian, Literaturpolitik (wie Anm. 4), S. 390. Stadtrat in Nürnberg war Hagemeyer von April bis Juli 1933. Stadtarchiv Nürnberg, Stadtchronik. Für frdl. Auskunft danke ich Herrn Dipl.-Bibl. Walter Gebhardt.

[43] In den Erlanger Neuesten Nachrichten als „Reichsführer des Nationalsozialistischen Studentenbundes Dr. Donath" bezeichnet. Es dürfte sich um Wolfgang Donat, Kreisleiter der DSt handeln, vgl. Grüttner, Studenten (wie Anm. 8), S. 255, wo er in dieser Funktion im Jahr 1934 in München begegnet. Knappe biographische Angaben in Donats Erlanger Dissertation von 1933, erschienen 1934 in Berlin: Die Anfänge der burschenschaftlichen Bewegung an der Universität Kiel (1813–1833).

[44] (1890–1946), seit 1926 o. Prof. für Bürgerliches Recht in Erlangen, vgl. Professoren, hg. v. Wittern (wie Anm. 29), S. 142f.

[45] Vgl. Anm. 29.

[46] Eugen Herrigel (1884–1955), war o. Prof. der Philosphie in Erlangen seit 1929 und 1938–1943 Prorektor, vgl. Erwin Vogel und Gertrud Endriß, 200 Jahre Universität Erlangen. Beiträge zur Geschichte der Universität, ihrer Lehrer und Forschungsstätten, sowie der Studentenschaft, Erlangen 1943, Masch.-Schr., S. 57.

[47] Max Wenzel (1882–1967), war o. Prof. für Staatsrecht in Erlangen seit 1928, vgl. Professoren, hg. v. Wittern (wie Anm. 29), S. 178f.

[48] Gottlob Haußleiter (1857–1934), em. o. Prof. für Missionswissenschaft an der Universität Halle, der seit seinem Ruhestand (1926) in Erlangen lebte und hier an der Universität Vorlesungen und Übungen aus seinem Fach abhielt, vgl. Otto Stählin, D. Gottlob Haußleiter, in: Universitätsbund Erlangen. Jahresbericht 1934/35, S. 14–21 und Erlanger Tagblatt v. 28. 10. 1934 und v. 30. 10. 1934.

[49] Otto Brandt (1892–1935), seit 1928 ao. und seit 1934 o. Prof. für mittelalterliche und neuere Geschichte in Erlangen, vgl. Riesinger und Marquardt-Rabiger, Vertretung (wie Anm. 31), S. 254–257.

[50] Vgl. Anm. 31.

[51] Krauß (1879–1950), seit 1919 Stadtbaumeister, wurde 1938 Stadtbaurat und trat 1948 in den Ruhestand. StadtAE, III. 49. K.1

[52] Vgl. Die Bücherverbrennung, hg. v. Sauder (wie Anm. 11), S. 77.

stische Zensur- und Publikationspolitik gehört es aber auch, darauf hinzuweisen, wie viele Zeitgenossen wie leicht den rechten Parolen verfielen und sich zum Sprachrohr reaktionärer Kulturpolitik machen ließen. Das gilt für zahlreiche Professoren ebenso wie beispielsweise für die im Buchgewerbe Tätigen. Deren Dachorganisation, der „Börsenverein der deutschen Buchhändler", publizierte am 3. Mai eine kulturpolitische Erklärung, in der er sich den neuen Machthabern als ideologisch zuverlässige Vereinigung empfahl: *Die Einstellung des Gesamtbuchhandels zu seinen Aufgaben führte von jeher zur Besetzung seiner Vorstandsämter mit nationalgesinnten Männern. Rassenfremde gehören seit einem halben Jahrhundert dem Vorstand nicht an.* Und weiter unten in derselben Veröffentlichung heißt es: *In der Judenfrage vertraut sich der Vorstand der Führung der Reichsregierung an. Ihre Anordnungen wird er für seinen Einflußbereich ohne Vorbehalt durchführen*[53].

Einen Tag nach der Bücherverbrennung, am 11. Mai, veröffentlichte der Börsenverein seine Zustimmung zur Ächtung der von den Nationalsozialisten als jüdischmarxistisch bezeichneten Schriftsteller: *Der Vorstand des Börsenvereins der deutschen Buchhändler ist sich mit der Reichsleitung des Kampfbundes für deutsche Kultur und der Zentralstelle für das deutsche Bibliothekswesen darin einig geworden, daß die zwölf Schriftsteller Lion Feuchtwanger, Ernst Glaeser, Arthur Holitscher, Alfred Kerr, Egon Erwin Kisch, Emil Ludwig, Heinrich Mann, Ernst Ottwaldt, Theodor Plivier, Erich Maria Remarque, Kurt Tucholsky (alias Theobald Tiger, Peter Panter, Ignaz Wrobel, Kaspar Hauser), Arnold Zweig für das deutsche Ansehen als schädigend zu erachten sind. Der Vorstand erwartet, daß der Buchhandel die Werke dieser Schriftsteller nicht weiter verbreitet*[54].

Eugen Stollreither, der Direktor der Erlanger Universitätsbibliothek, die – wie noch zu zeigen sein wird – stärker in die Säuberungsaktionen hineingezogen wurde, als es von den allgemeinen Richtlinien und Grundsätzen her eigentlich zu erwarten gewesen wäre, stand der NS-Ideologie allerdings völlig fern, und ein Beispiel mag dieses illustrieren. Stollreither veröffentlichte am 21. Mai einen Aufsatz über seine Bibliothek[55]. Darin skizziert er knapp die Bestandsgeschichte seines Hauses und hebt dabei besonders hervor, daß wesentliche Teile der historischen Bestände fränkischer Tradition entstammen. Er beschreibt kurz die Zusammensetzung der Bibliothek der Markgräfin Wilhelmine und charakterisiert sie als ein Zeugnis der Aufklärung. Bei der 1805/06 auf Anordnung des preußischen Königs als des damaligen Landesherrn nach Erlangen verbrachten Ansbacher Schloßbibliothek hebt er den darin enthaltenen Schatz an Handzeichnungen und druckgraphischen Blättern der ehemals markgräflichen Sammlung hervor. Er beschreibt Geschichte und inhaltliches Profil der Klosterbibliothek Heilsbronn, die 1748 und 1770 in zwei Teilen der Erlanger Universität überwiesen wurde, und betont bei der Altdorfer Universitätsbibliothek, die 1809 nach Erlangen kam, die Bedeutung der darin enthaltenen Büchersammlung des Nürnberger Arztes Christoph Jacob Trew. Als Hauptaufgabe der aktuellen Bibliotheksverwaltung nennt er die sachgerechte Erschließung der beschriebenen Bestände.

---

[53] Börsenblatt für den deutschen Buchhandel v. 3. 5. 1933, S. 321.
[54] Börsenblatt für den deutschen Buchhandel v. 13. 5. 1933, S. 1.
[55] E[ugen] Stollreither, Die Erlanger Universitätsbibliothek im fränkischen Kultur- und Geistesleben, in: Fränkischer Kurier, Jubiläumsausgabe v. 21. 5. 1933, S. 19.

Mit keinem Wort und keiner Wendung geht Stollreither dabei auf die kulturpolitischen Ziele des Nationalsozialismus ein. Er versagt sich jeden Anflug ideologisch getönter Schreibweise, und es findet sich keine Spur des Zeitgeistes in seinem Text. Das war für jene Jahre durchaus ungewöhnlich, und ein Beispiel für eben eine solche Verbeugung vor den neuen Machthabern findet sich in derselben Zeitung eine Seite vorher. Da hängt der Erlanger Ordinarius für Geschichte, Otto Brandt, seinem von nationalsozialistischen Ideologismen zunächst völlig freien Text am Schluß einen Absatz an, in dem er vom *Volksführer und Volkskanzler Adolf Hitler* schreibt und an ihm lobt, dieser habe *mit packendster Sprachgewalt gerade die Erlanger akademische Jugend für ein neues Reich der Kraft, der Ehre und der Freiheit begeistert und dadurch die Universität zu einem Vorort der nationalen Studentenbewegung gemacht*[56]. Einige weitere Zeilen ähnlicher Art folgen.

Diese Verbeugung des Autors vor den Machthabern könnte auch aus heutiger Sicht als ein gerade noch verständliches Zugeständnis an den Zeitgeist gewertet werden. Aber nicht einmal dazu hatte Stollreither sich bereit gefunden und erwies sich damit als resistent gegen die nationalsozialistische Ideologie.

Diese weltanschauliche Einstellung brachte ihn im Lauf des Sommers 1933 in erhebliche dienstliche Schwierigkeiten, die im Extremfall zu seiner Entlassung aus dem Amt hätten führen können. Sein Verhalten war dem Organisationskomitee der Aktion „Wider den undeutschen Geist" unangenehm aufgefallen und Wilhelm Höfer, der Pressesprecher der Erlanger Studentenschaft, hatte Stollreither Anfang Mai zu einem Gespräch aufgesucht, bei dem Stollreither sich, wie Höfer schreibt, *konstant weigerte, dem Verlangen der Erlanger Studentenschaft auf Anschaffung nationalsozialistischer Bücher Folge zu leisten und den seit Jahren dem akademischen Lesezimmer kostenlos zur Verfügung gestellten „Kampf" von Adolf Hitler in die Bibliothek des akademischen Lesezimmers einzufügen*[57]. Das Fehlen von Hitlers „Mein Kampf" im Akademischen Lesezimmer wird ebenfalls moniert in einem Brief vom 30. Juni an den Vorsitzenden des Bibliotheksausschusses, Professor Klotz[58]. In diesem Schreiben wird darüber hinaus das Fehlen von NS-Literatur im Monographienbestand des Akademischen Lesezimmers ganz allgemein beklagt, und die Studenten fordern Abhilfe. Zu diesem Zweck stellen sie eine Liste der aus ihrer Sicht dringend anzuschaffenden Werke auf.

Zweiter Kritikpunkt der nationalsozialistisch eingestellten Studenten war die Zusammensetzung des Zeitungs- und Zeitschriftenangebots im Akademischen Lesezimmer, in dem sie NS-orientierte Periodika vermißten. Den Versuch massiver Ein-

---

[56] Prof. Brandt spielte mit dieser Bemerkung auf eine Rede an, die Hitler 1930 in Erlangen gehalten hatte, vgl. W. K., Adolf Hitler in Erlangen, in: Monatsschrift für akademisches Leben. Fränkische Hochschulzeitung. Erlanger Ausgabe, Nr. 3, 1930/31, S. 36f. und Adolf Hitler, Rede vor Rektor, Professoren und Studentenschaft der Universität Erlangen am 13. November 1930, in: ebenda, S. 38–42.

[57] So steht es in dem weiter unten zu behandelnden Brief der Erlanger Studentenschaft v. 11. 7. 1933 an das Rektorat. UAE, Personalakte Stollreither; Quellenanhang Nr. VII.

[58] Quellenanhang Nr. VI. Die von den Studenten genannten Bücher wurden angeschafft und finden sich heute sämtlich im Bestand der Universitätsbibliothek, in den sie erst nach Ende des Krieges übernommen wurden. Das geht aus den entsprechenden Katalogkarten hervor, die alle mit Datierungen nach Mitte 1945 versehen sind. Fast alle Bücher tragen einen Stempel, der sie als ehemals dem Akademischen Lesezimmer zugehörig ausweist.

flußnahme dokumentiert ein Brief des Leiters des studentischen Presseamtes an Stollreither vom 9. Juni, in dem der Bibliotheksdirektor aufgefordert wird, eine Übersicht der von der Bibliothek für das Lesezimmer abonnierten Journale zu erstellen, die als Grundlage für Änderungsvorschläge dienen sollte[59]. Wohl während einer Abwesenheit Stollreithers[60] schrieb Höfer am 24. Juni 1933 an den stellvertretenden Bibliotheksdirektor Dr. Zucker und forderte die Abbestellung des „Bayerischen Kuriers" mit der Begründung, eine solche Zeitung zu halten sei *der ältesten nationalsozialistischen Universität Deutschlands unwürdig*[61].

Parallel zu diesen Angriffen, die per Brief gegen Stollreither und die von ihm geleitete Bibliothek, beziehungsweise das Akademische Lesezimmer gerichtet wurden, begann eine Kampagne in der Presse. Den Anfang machte ein Leserbrief[62] in der „Fränkischen Hochschulzeitung" vom Mai 1933, in dem jetzt auch Vorwürfe wegen Stollreithers katholischem Bekenntnis und seiner Mitgliedschaft in der Bayerischen Volkspartei erhoben wurden. Der Äußerung kam besonderes Gewicht zu, denn das für die Veröffentlichung gewählte Organ war laut Untertitel „Amtliches Nachrichtenblatt der Friedrich-Alexander-Universität Erlangen und der Studentenschaft":

... doch haben wir in Erlangen nach wie vor einen streng katholischen Bibliotheksdirektor. ... Wir würden es sehr begrüßen, wenn nun auch endlich berufene Instanzen Mittel und Wege fänden, die Forderung nach einem evangelischen Büchereidirektor in die Tat umzusetzen. Die evangelische Studentenschaft kann unter keinen Umständen zu einem einseitig eingestellten Bibliotheksdirektor Vertrauen haben, sie hält es deshalb für notwendig eindringlichst anzuregen, daß Schritte unternommen werden, die dem Übelstande abhelfen. In diesem Zusammenhang darf weiter darauf hingewiesen werden, daß die Erlanger Universitätsbibliothek bis zum heutigen Tag sich erschreckend wenig Mühe gab, sich mit nationalsozialistischer Literatur und mit Zeitschriften nationalsozialistischer Tendenz zu versehen. ... Zuletzt sei noch erwähnt, daß der Erlanger Bibliotheksdirektor sich noch nicht dazu verstehen konnte, das vom Großteil der Studenten verlangte Buch Hitler, Mein Kampf in die Bücherei der Akademischen Lesehalle aufzunehmen. Das Buch wurde vor etwa 1½ Jahresfrist dem Akademischen Lesezimmer kostenlos zur Verfügung gestellt, da die Erlaubnis zur Einreihung in die Bücherei trotz wiederholtem und hartnäckigem Ersuchen nicht erteilt wurde, schlummerte es – zum Buch zweiter Klasse degradiert – im Schrank des Aufsichtsbeamten und war somit öffentlich nicht zugänglich. Bei der im April vorgenommenen Säuberung der Bibliothek des Akademischen Lesezimmers

---

[59] Quellenanhang Nr. IV. Die damals im Akademischen Lesezimmer aufliegende Liste der dort einsehbaren 112 Zeitungen jetzt (mit der Datierung „1934") im Archiv der Universitätsbibliothek Erlangen-Nürnberg (fortan: AUBE), XIII, 3.

[60] Stollreither, der an einer heftigen Blütenstauballergie litt, pflegte ausweislich einer Reihe erhaltener entsprechender Gesuche seinen Jahresurlaub stets um diese Jahreszeit zu nehmen. Für 1933 allerdings fehlen Unterlagen. UAE, Personalakte Stollreither.

[61] Quellenanhang Nr. V.

[62] Monatsschrift für akademisches Leben. Fränkische Hochschulzeitung. Erlanger Ausgabe, Nr. 8, 1932/33, S. 115f. Ausweislich der Akten (UAE, Personalakte Stollreither) war Autor der cand. theol. Stephan. Daß es sich hierbei um einen Leserbrief und nicht um einen Artikel der Redaktion handelt, läßt sich einem Schreiben der Erlanger Studentenschaft v. 11. 7. 1933 entnehmen (Quellenanhang Nr. VII), in dem dieser Artikel als „eingesandt" bezeichnet wird. Abdruck des Textes bei Wendehorst, Geschichte (wie Anm. 31), S. 184f.

wurden bezeichnenderweise allein gegen 120 Bücher ausgeschieden und vorläufig der Universitätsbibliothek zur Aufbewahrung überlassen.

Auf eben diesen Artikel bezog sich Streichers berüchtigter „Stürmer", der das Thema im Juni unter der Überschrift *Der Nazifresser Dr. Stollreither von Erlangen* aufgriff[63]. Stollreither nennt er *ein ganz besonderes Schoßkind der Bayerischen Volkspartei.* Die Vorwürfe aus der „Fränkischen Hochschulzeitung" werden wiederholt und noch verschärft. Stollreither wird als *Vorkämpfer des politischen Katholizismus* bezeichnet, und es heißt über ihn: *Mit diesem Herrn begann nun eine neue Richtung. Es begann ein Zustrom marxistischer und sozialistischer, vor allem aber ultramontaner Literatur. Gegen die nationalsozialistische Literatur verhielt Stollreither sich schroff ablehnend und feindlich.* Es wird dann der Vorwurf wiederholt, Stollreither habe sich geweigert, Hitlers „Mein Kampf" in das Akademische Lesezimmer aufzunehmen, und der Artikel schließt: *Glaubst Du, lieber Leser, daß dieser Direktor mit Freuden und ehrlich am Neubau unseres Dritten Reiches unter Adolf Hitler mitarbeitet? Stollreither gehört weg!*

Dieselben Anschuldigungen werden in einer öffentlichen Stellungnahme vom Juli 1933 noch einmal vorgetragen. Dort heißt es unter anderem:

Wie jung die stürmische Liebe des Zentrums für die nationalsozialistische Bewegung ist, ersieht man z. B. auch daraus, daß die Bücherei der Universität Erlangen, die einen strammen Zentrumsmann zum Bibliotheksdirektor hat, sich nicht entschließen konnte, das Buch Hitlers ‚Mein Kampf' in die Bücherei der akademischen Lesehalle aufzunehmen. Das lag nicht etwa daran, daß keine Mittel vorhanden waren, um das Buch zu kaufen. Nein, schon vor 1½ Jahren ist der Bücherei ein Stück des Buches ‚Mein Kampf' kostenlos zur Verfügung gestellt worden. Trotz wiederholter Anmahnungen der Studenten ist es dem Herrn Zentrums-Bibliotheksdirektor aber gar nicht eingefallen, dieses Bekenntnisbuch eines deutschen Frontsoldaten in die Bücherei aufzunehmen. Dagegen war die Bücherei sehr reich bedacht mit marxistischer und jüdischer Literatur, so reich, daß, als eines Tages der Schund aus den Büchereien ausgemerzt wurde, sich in der Bibliothek des akademischen Lesezimmers nicht weniger als 120 Bücher vorfanden, die von rechts wegen öffentlich hätten verbrannt werden sollen, die aber, da Staatseigentum, irgendwo in eine Ecke gelegt wurden[64].

Hätte man diese Angriffe seitens der Universität noch übergehen können, so war das beim nächsten Vorstoß der Erlanger Studentenschaft nicht mehr möglich. Sie beschwerte sich am 11. Juli 1933 offiziell über Stollreither und machte eine Eingabe an die Universität mit der Bitte um Weiterleitung an das Kultusministerium[65]. Der

---

[63] Der Stürmer, Jg. 11 Nr. 25, 1933. Streichers Kampfblatt war in der Erlanger Universitätsbibliothek übrigens nur mit den Jahrgängen 1 (1923) bis 4 (1926) vertreten. Dieser Bestand war ausweislich einer Eintragung auf der Katalogkarte auf dem Wege der Pflichtabgabe ins Haus gekommen. Erst ab 1935 ist die Zeitung wieder kontinuierlich vorhanden. Dem entspricht, daß im maschinenschriftlichen Zeitungsverzeichnis des Akademischen Lesezimmers von 1934 (vgl. Anm. 59) „Der Stürmer" zunächst nicht mit aufgeführt, sondern in einem Anhang handschriftlich nachgetragen ist.

[64] Fridericus, Jg. 16 Nr. 28, 1933, S. 3. Der zitierte Text stellt keinen selbständigen Beitrag dar, sondern ist Teil des Artikels „Fahnenweihe" und dürfte vom Herausgeber der Zeitschrift, Friedrich Carl Holtz, stammen.

[65] Quellenanhang Nr. VII.

Rektor reichte das Schreiben an den Bibliotheksausschuß weiter, der Stollreither um eine Stellungnahme bat, die dieser am 27. Juli vorlegte.

Während noch die Stellungnahme des Erlanger Bibliotheksdirektors von der Universität gewürdigt und eine Untersuchung gegen ihn eingeleitet wurde, verstärkten Stollreithers Gegner ihre Angriffe noch einmal durch einen namentlich nicht gekennzeichneten Zeitungsartikel vom August mit der Überschrift: *Wie steht's mit Stollreither?*[66]

Bereits vor einigen Wochen wiesen wir auf die feindselige Einstellung des Erlanger Universitätsbibliotheksdirektors Dr. Stollreither gegen den Nationalsozialismus hin. Aber bis heute hörten wir noch nichts von dem Ergebnis der Untersuchung. Dagegen spricht man ganz offen in Erlangen davon, daß gewisse ultramontane Kreise der Erlanger Professorenschaft die ganze Sache verschleppen oder am liebsten vertuschen möchten. Die Erlanger nationalsozialistische Studentenschaft ist inzwischen zur Selbsthilfe geschritten und boykottiert die Universitätsbibliothek, indem sie ihre Bücher in Würzburg oder Nürnberg bestellt. Die Erlanger Studenten wollen mit Dr. Stollreither nichts mehr zu tun haben. Wie wenig Stollreither die Bedeutung des Nationalsozialismus erkannt hat, geht schon daraus hervor, daß er den Völkischen Beobachter erst ab 1. Juni 1933 für sein Institut abonniert hat! Oder wartete er vielleicht auf den Sturz des Nationalsozialismus durch die Bayerische Volkspartei seligen Angedenkens? Eine umgehende Lösung dieses Skandals ist daher unbedingt nötig. Wie steht's also mit Stollreither?

Im Kern ging es bei allen diesen Attacken um den Vorwurf der Studentenschaft, Stollreither habe die NS-Bewegung bei seinen Anschaffungen nicht in angemessener Weise berücksichtigt, wobei diese Kritik zwar zunächst von den Verhältnissen im Akademischen Lesezimmer ausging, aber dann auch auf die Bestandsbildung in der Bibliothek selbst ausgedehnt wurde. Da es das Akademische Lesezimmer heute weder dem Namen noch dem Sinne nach mehr gibt, ist eine kurze Darlegung der Geschichte und Funktionen dieser Einrichtung vonnöten, um die damaligen Auseinandersetzungen richtig verstehen zu können.

Das Akademische Lesezimmer wurde 1889 auf Betreiben des Germanisten und damaligen, ebenso langjährigen wie einflußreichen Vorsitzenden des Bibliotheksausschusses, Elias von Steinmeyer[67] eingerichtet. Es bestand aus einem Raum im Kollegienhaus mit 60 Sitzplätzen. Die Studenten sollten hier anhand der ausliegenden Zeitungen und Zeitschriften – und nur solche wurden angeboten – die Möglichkeit erhalten, sich weiterzubilden und sich über politische und andere aktuelle Ereignisse zu unterrichten. Publikationen von bloß lokaler Bedeutung und reine Unterhaltungsblätter waren aus pädagogischen Erwägungen nicht darunter[68].

Finanziert wurden die Abonnements durch regelmäßige Pflichtbeiträge aller Studenten und durch Gebühren, die andere Benutzungswillige, wie etwa Professoren oder Einwohner der Stadt Erlangen, zu entrichten hatten. Die Aufsicht über die Einrichtung oblag einer eigens gegründeten Lesezimmerkommission, deren Aufgaben ab 1930 die Bibliothekskommission mit übernahm. Die letztere war eine Institution, die

---

[66] Völkischer Herold v. 25. 8. 1933, S. 140.
[67] Vgl. Thye, Elias von Steinmeyer (wie Anm. 1).
[68] Vgl. Thye, Elias von Steinmeyer (wie Anm. 1), S. 119.

noch aus dem Anfang des 19. Jahrhunderts stammte[69] und im Auftrag des Senats die Geschäfte der Bibliothek kontrollieren sollte. Durch eine Verordnung von 1926 wurde die Leitung der Bibliothek zwar endgültig dem Bibliotheksdirektor übertragen[70], die Kommission bestand jedoch unter der Bezeichnung „Bibliotheksausschuß" fort und war als Bindeglied zwischen Senat und Bibliothek weiterhin wichtig.

Stollreither plante einen Um- und Ausbau des Akademischen Lesezimmers[71]. Da staatliche Mittel nicht zur Verfügung standen, suchte er einen finanzkräftigen Mäzen, den er in der Person des Bamberger Kommerzialrates Rudolf Weyermann[72] auch fand. Jetzt konnte ein großzügiger Umbau ins Werk gesetzt werden und ab 1929 war aus dem bislang recht bescheidenen Akademischen Lesezimmer eine Einrichtung geworden, die mehrere Räume umfaßte und im Ostflügel des Kollegienhauses das gesamte Hochparterre einnahm. Den so gewonnenen Platz nutzte Stollreither unter anderem dazu, eine Handbibliothek von 1200 Bänden[73] aufzustellen, in der die wichtigste deutsche Literatur von Goethe bis zur Moderne hin enthalten war; daneben lagen 112 Zeitungen und 150 Zeitschriften aus. Dieses war der Zustand des Lesezimmers, als im Frühjahr 1933 die Erlanger Studentenschaft zur „Säuberung" dieser Buchbestände schritt.

Auf diese Aktion bei der Vorbereitung der Bücherverbrennung nimmt der Beschwerdebrief der Erlanger Studentenschaft vom 11. Juli 1933 Bezug. Stollreither wird darin vorgeworfen, daß in den Räumen des Akademischen Lesezimmers überhaupt kein nationalsozialistisches Schrifttum vorhanden gewesen sei, hingegen über 120 Bücher aussortiert werden mußten. Das Aktionskomitee, das diese Bücher unter das „zersetzende jüdisch-marxistische Schrifttum" eingereiht hatte, bestand aus Professor Hans Preuß, Privatdozent Helmut Weigel und Studienprofessor Hermann Hornung. Diese aussortierten Bücher sind übrigens am 12. Mai nicht mit verbrannt worden, sondern wurden, wie einem Zeitschriftenartikel zu entnehmen ist, der Universitätsbibliothek übergeben[74]. Eine Liste dieser ausgesonderten Büchertitel existiert

---

[69] Mit Schreiben des Innenministeriums vom 7. 2. 1825 eingerichtet, vgl. Haeckel, Geschichte (wie Anm. 1), S. 149–152.

[70] Vgl. Lehmann, Geschichte (wie Anm. 1), S. 34.

[71] Vgl. Eugen Stollreither, Die akademischen Lesezimmer der Universität Erlangen in ihrer neuen Gestaltung, in: Erlanger Universitätskalender, Wintersemester 1929/30, S. 1–17 (mit Abb.!) und ausführlicher: Fritz Redenbacher, Die Akademischen Lesezimmer der Universität Erlangen, in: Zentralblatt für Bibliothekswesen 47, 1930, S. 232–236. Für eine eingehendere Untersuchung der Geschichte des Akademischen Lesezimmers sind neben der hier benutzten Literatur die entsprechenden Akten heranzuziehen: UAE, T. A 1, Pos. 20, Nr. 17–20.

[72] Weyermann hatte die Universitätsbibliothek mehrfach gefördert und erhielt mit Urkunde vom 20. 5. 1926 den Grad eines Dr. phil. h. c. der Universität Erlangen (UAE, C4–3c, Nr. 1925/26–73). Am 1. 10. 1929 wurde ihm die Würde eines Ehrensenators verliehen (UAE, T. A 1, Pos. 3a, Nr. 560a).

[73] Redenbacher, Lesezimmer (wie Anm. 71), S. 234. Lt. Stollreither und Redenbacher sollte dieser 1930 erreichte Bestand in Zukunft verdoppelt werden. Bis 1933 war er auf 1500 Bände angewachsen. Schreiben Stollreithers v. 27. 7. 1933, S. 3 (UAE, Personalakte Stollreither).

[74] Vgl. Anm. 62. In Erlangen ist es nicht – wie an einigen anderen Orten – zu Übergriffen gekommen, bei denen Schrifttum aus wissenschaftlichen Bibliotheken mit verbrannt wurde. In diesem Punkt ist zu korrigieren die Arbeit von Hans-Gerd Happel, Das wissenschaftliche Bibliothekswesen im Nationalsozialismus. Unter besonderer Berücksichtigung der Universitätsbibliotheken (Beiträge zur Bibliothekstheorie und Bibliotheksgeschichte 1), München, London, New York, Paris 1989, zugl. Diss. phil. Köln 1988. Dort (S. 80) wird Erlangen unter jene Städte eingereiht, in denen Bücher aus wissenschaftlichen Bibliotheken entfernt und vernichtet wurden.

nicht; doch dürften die Werke von Erich Maria Remarque, Thomas Mann und Max Brod darunter gewesen sein, und das sind eben jene Autoren, die seit der Einrichtung der neuen Akademischen Lesezimmer neben einigen konservativen Schriftstellern vom Lesepublikum, das doch vornehmlich aus Studenten bestand, besonders häufig nachgefragt worden waren[75].

Aus heutiger Sicht ist der Brief der Erlanger Studentenschaft schnell als eine böswillige Intrige erkannt und bewertet. Die Verfasser haben – selbst aus ihrer, der NS-Sicht – dem Bibliotheksdirektor in der Sache fast nichts vorzuwerfen, und sie reichern die dürftige Faktenlage mit persönlichen Vorwürfen an. Stollreither – so wird insinuiert – habe sich im Ersten Weltkrieg vor dem Dienst an der Front gedrückt, und weitere Anwürfe werden mit Hilfe von Aussagen konstruiert, für die sich die Briefschreiber Informationen von einem ehemaligen Erlanger Bibliothekar besorgt hatten, der schon seit vier Jahren nicht mehr in Erlangen war. Heute ist es nur schwer vorstellbar, daß ein solcher Brief überhaupt ernsthaft zur Kenntnis genommen worden ist. Damals aber konnte eine solche Denunziation überaus gefährlich werden, und tatsächlich war sie geeignet, die berufliche Existenz des Erlanger Bibliotheksdirektors zu bedrohen. Das neue „Gesetz zur Wiederherstellung des Berufsbeamtentums" vom 7. April 1933 bot mit dem § 4 eine Handhabe, Beamte, *die nach ihrer bisherigen politischen Betätigung nicht die Gewähr dafür bieten, daß sie jederzeit rückhaltlos für den nationalen Staat eintreten*, aus ihrem Amt zu entfernen, und diese Möglichkeit war für den Erlanger Bibliotheksdirektor durchaus eine reale Gefahr. Schon die Ausführlichkeit der Stollreitherschen Stellungnahme, die immerhin zwölf Seiten umfaßte, ist ein Indiz dafür, wie wichtig dem Beschuldigten eine Rechtfertigung gegenüber den erhobenen Vorwürfen sein mußte.

Stollreithers Einlassung[76] trägt das Datum des 27. Juli 1933 und ist an den Bibliotheksausschuß gerichtet. Zunächst stellt der Bibliotheksdirektor die Zweckbestimmung der Akademischen Lesezimmer im allgemeinen dar, die sich auf die Vermittlung schöngeistiger Literatur zur Ergänzung der rein fachlichen Lektüre aus den Beständen der Universitätsbibliothek gerichtet habe. Daher habe man die durchaus von Studenten gewünschten Werke von Remarque und Döblin unter diese Bestände eingereiht, nicht aber nationalsozialistisches Schrifttum. Daher habe es auch für Hitlers „Mein Kampf" keinen Platz unter den Buchbeständen des Akademischen Lesezimmers gegeben.

Stollreither geht dann gründlich auf das Verhältnis von Bibliothek zu Akademischem Lesezimmer ein und beschreibt die haushaltstechnischen und administrativen Zusammenhänge zwischen beiden Einrichtungen. Auch Einzelheiten der studentischen Kritik an seinen Kaufentscheidungen nimmt er auf und weist die entsprechenden Vorwürfe gut begründet zurück.

In einer längeren Passage befaßt er sich dann mit den Vorwürfen, die seine Person betreffen, und legt dar, warum er nicht am Ersten Weltkrieg habe teilnehmen können und in welchem Verhältnis er sich selber zur Bayerischen Volkspartei und zum Zentrum sieht.

---

[75] Redenbacher, Lesezimmer (wie Anm. 71), S. 235.
[76] UAE, Personalakte Stollreither. Dort auch alle anderen Schriftstücke, die sich auf die Ereignisse des Sommers 1933 beziehen und auf denen die folgende Darstellung fußt.

Der Bibliotheksausschuß nahm den Bericht bereits am folgenden Tag, also am 28. Juli, zur Kenntnis und empfahl eine Untersuchung des Vorgangs, die vom Ministerium am 16. August angeordnet wurde. Die vom Erlanger Senat vorgeschlagene Beurlaubung Stollreithers während der Untersuchung wurde vom Ministerium nicht verfügt, das sich darauf beschränkte, den Erlanger Bibliotheksdirektor für die Dauer der Untersuchung seiner Mitgliedschaft im Bibliotheksausschuß zu entheben.

Die Wiedergabe weiterer Einzelheiten erscheint im Rahmen des hier gestellten Themas nicht angezeigt, und es mag genügen, das Ergebnis des Verfahrens zu referieren. Trotz einer wenig freundlichen Stellungnahme, die Professor Preuß abgab und in der er noch einmal konfessionelle Vorbehalte gegen Stollreither artikulierte, empfahl der Rektor Professor Reinmöller in seinem Abschlußbericht lediglich eine Versetzung Stollreithers, nicht aber eine Entfernung aus dem Amt. Das Ministerium entschied daraufhin am 7. Dezember 1933: *Gegen den Direktor der Universitätsbibliothek Erlangen Honorarprofessor Dr. Eugen Stollreither wird im Vollzuge des Reichsgesetzes zur Wiederherstellung des Berufsbeamtentums vom 7. April 1933 – RGBl. I, S. 175 – weiteres nicht veranlaßt.* Damit war das Ereignis der Bücherverbrennung in Erlangen nicht nur für die Bestände der Universitätsbibliothek, sondern auch für den Bibliotheksdirektor im wesentlichen folgenlos geblieben[77].

---

[77] Dem politischen Druck der neuen Machthaber mußte die Universitätsbibliothek in der Folgezeit dann aber nachgeben, wie umfangreiche Anschaffungen nationalsozialistischer Literatur in den nächsten Jahren zeigen. Allein für den Zeitraum bis zum Mai 1934 werden 638 solcher Titel aufgelistet (AUBE, XX, 11, vgl. Anm. 80). Den Nationalsozialisten ist Stollreither später noch (mindestens) ein weiteres Mal unangenehm aufgefallen. Als es 1938 darum ging, die österreichischen Hochschulen mit einer Bücherspende zu unterstützen, schickte Stollreither u.a. ein Buch des verfemten Staatsrechtlers Gustav Radbruch und ein Propagandawerk der Heilsarmee mit, worüber der Reichssicherheitsdienst Klage führte, vgl. Happel, Bibliothekswesen (wie Anm. 74), S. 114. Stollreither führte das Amt des Bibliotheksdirektors in den nächsten Jahren erfolgreich weiter, und die Universität stellte im Sommer 1939 sogar den Antrag, ihn auch nach Erreichen der gesetzlichen Altersgrenze weiter zu beschäftigen. Dieses Ersuchen wurde gegenstandslos durch eine Verordnung vom 1. 9. 1939, mit der im Hinblick auf den Krieg Beamte nach Erreichen der Altersgrenze nicht mehr kraft Gesetzes in den Ruhestand traten. Stollreither erreichte so am 25. 12. 1939 zwar sein 65. Lebensjahr, blieb aber weiterhin im Dienst und wurde erst am 1. 5. 1948, bereits 74-jährig, von seinen Amtspflichten entbunden. Er lebte noch bis zu seinem 80. Geburtstag in Erlangen und siedelte dann nach München über, wo er am 31. 3. 1956 starb. (Vgl. Redenbacher, wie Anm. 2 und Personalakte Stollreither im UAE.) – Nach Fertigstellung des hier vorgelegten Aufsatzes und weitgehend abgeschlossener Einrichtung für den Druck erschien das Buch von Theodor Verweyen: Bücherverbrennungen. Eine Vorlesung aus Anlaß des 65. Jahrestages der „Aktion wider den undeutschen Geist". (Beihefte zum Euphorion. H. 37), Heidelberg 2000 mit einem Abschnitt (S. 16–64) über die Erlanger Ereignisse. Eine Berücksichtigung dieser gründlichen Untersuchung über die hier vorgenommene Nennung hinaus war nicht mehr möglich.

Quellenanhang[78]
I.
Wider den undeutschen Geist!

Aktion gegen das zersetzende jüdisch-marxistische Schrifttum durch die Deutsche Studentenschaft.

Das Presseamt der Erlanger Studentenschaft übergibt uns folgenden Aufruf:
Die Deutsche Studentenschaft veranstaltet vom 12. April bis 10. Mai 1933 einen Aufklärungsfeldzug „wider den undeutschen Geist". Der jüdische Geist, wie er sich in der Welthetze in seiner ganzen Hemmungslosigkeit offenbart und wie er bereits seit Jahrzehnten im deutschen Schrifttum seinen Niederschlag gefunden hat, muß ebenso, wie der gesamte Liberalismus ausgemerzt werden. Die deutschen Studenten wollen aber nicht allein Protest erheben, sie wollen bewußte Besinnung auf die volkseigenen Worte [!]. Das kommt in den zwölf Sätzen der Deutschen Studentenschaft, die ab 15. April zum öffentlichen Anschlag gelangen, klar zum Ausdruck:

1. Sprache und Schrifttum wurzeln im Volke. Das deutsche Volk trägt die Verantwortung dafür, daß seine Sprache und sein Schrifttum reiner und unverfälschter Ausdruck seines Volkstums sind.
2. Es klafft heute ein Widerspruch zwischen Schrifttum und deutschem Volkstum. Dieser Zustand ist eine Schmach.
3. Reinheit von Sprache und Schrifttum liegen an Dir! Dein Volk hat Dir die Sprache zur treuen Bewahrung übergeben.
4. Unser gefährlichster Widersacher ist der Jude und der, der ihm hörig ist.
5. Der Jude kann nur jüdisch denken. Schreibt er deutsch, dann lügt er. Der Deutsche, der deutsch schreibt, aber undeutsch denkt, ist ein Verräter. Der Student, der undeutsch spricht und schreibt, ist außerdem gedankenlos und wird seiner Aufgabe untreu.
6. Wir wollen die Lüge ausmerzen. Wir wollen den Verrat brandmarken. Wir wollen für den Studenten nicht Stätten der Gedankenlosigkeit, sondern der Zucht und der politischen Erziehung.
7. Wir wollen den Juden als Fremdling betrachten und wir wollen das Volkstum ernst nehmen. Wir fordern deshalb von der Zensur:
   a) Jüdische Werke erscheinen in hebräischer Sprache,
   b) erscheinen sie deutsch, sind sie als Übersetzungen zu kennzeichnen.
   c) Schärfstes Einschreiten gegen den Mißbrauch der deutschen Schrift.
   d) Deutsche Schrift steht nur Deutschen zur Verfügung.
   e) Der undeutsche Geist wird aus öffentlichen Büchereien ausgemerzt.
8. Wir fordern vom deutschen Studenten Wille und Fähigkeit zur selbständigen Erkenntnis und Entscheidung.
9. Wir fordern vom deutschen Studenten den Willen und die Fähigkeit zur Reinhaltung der deutschen Sprache.
10. Wir fordern vom deutschen Studenten den Willen und die Fähigkeit zur Überwindung des jüdischen Intellektualismus und der damit verbundenen liberalen Verfallserscheinungen im deutschen Geistesleben.
11. Wir fordern die Auslese von Studenten und Professoren nach der Sicherheit des Denkens im deutschen Geiste.
12. Wir fordern die deutsche Hochschule als Hort des deutschen Volkstums und als Kampfstätte aus der Kraft des deutschen Geistes.

---

[78] Bei der Wiedergabe wurden offensichtliche orthographische Versehen stillschweigend korrigiert und Ergänzungen in eckigen Klammern hinzugefügt. Hervorhebungen folgen der Vorlage.

Zu Beginn der 3. Woche der vierwöchentlichen Gesamtaktion wird eine öffentliche Sammlung zersetzenden Schrifttums gegen das sich der Kampf der Deutschen Studentenschaft zunächst richtet, einsetzen. Jeder deutsche Volksgenosse hat seine eigene Bücherei von allem Undeutschen, das durch Gedankenlosigkeit hineingelangt ist, zu säubern; jeder deutsche Volksgenosse wird die Büchereien seiner Bekannten sichten und auf Beseitigung zersetzender jüdischer Schriften dringen; die Studentenschaften werden sich für die Reinigung öffentlicher Büchereien, die nicht lediglich der Sammlung jeglichen Schrifttums dienen, einsetzen.

An allen Hochschulorten wird am 10. Mai 1933 das zersetzende Schrifttum den Flammen überantwortet. Die öffentliche Bekanntgabe von Sammelstellen für Erlangen wird zu Beginn der eigentlichen Sammlung erfolgen.

Deutscher Volksgenosse! Kämpfe auch Du gegen Schund und Schmutz jüdischen Zersetzungsgeistes, wie er sich im heutigen Schrifttum äußert. Kämpfe auch Du mit für volksbewußtes Denken und Fühlen, wie es sich in der Bejahung der deutschen Erneuerung äußert und sich in dieser Weise im Schrifttum offenbaren muß.

Quelle: Erlanger Neueste Nachrichten vom 19. April 1933, S. 5 und Erlanger Tagblatt vom 19. April 1933, S. 2.

II.

"Wider den undeutschen Geist!"

Aktion der Deutschen Studentenschaft gegen das zersetzende, jüdisch-marxistische Schrifttum

Zur Durchführung der Aktion der Deutschen Studentenschaft gegen das zersetzende jüdisch-marxistische Schrifttum wurde in Erlangen folgender Kampfausschuß gebildet:

1. Stadtkommissar, Kreisleiter der NSDAP, Hauptlehrer Groß, 3. [!] Bezirkskommissar Dr. Dehnel, 3. Universitätsprofessor D. Dr. Preuß, 4. Studienprofessor Hornung, 5. Privatdozent Dr. Weigel, 6. Referendar Saling, 7. cand. jur. Höfer und 8. stud. jur. Maier.

Mit der Leitung des Kampfausschusses wurde cand. jur. W. Höfer mit der Leitung der Geschäftsführung stud. jur. W. Maier beauftragt.

Aufruf!

Frühling ist es in deutschen Landen geworden. Ausgekehrt und gefegt wird das Deutsche Haus; aller Schmutz und Staub, aller Unrat und Moder, alles, was die Luft verunreinigt und vergiftet, wird entfernt. Gesäubert werden alle Ecken und Winkel; ausgeputzt die Schränke und Kästen. Großreinemachen in Haus und Hof. Endlich blinkt und blitzt wieder alles; überall ist es sauber und neu. Frische Luft und goldner Sonnenschein fluten durch das deutsche Haus und alles freut sich der neuen Zeit.

In unseren Bücherschränken breitet sich einzig und allein ein modriger, fauliger Geruch aus, der Verwesung, Zersetzung verkündet; nur hier will es nicht Frühling werden. Steht da nicht Remarques Schandbuch und ballen sich dort nicht Emil Ludwig Cohns „Historische Werke" zu scheußlichen Klumpen? Bildet dort nicht die „schöne Literatur" über das Berliner Nachtleben und ähnliche saubere Dinge einen faulen Haufen? Protzen sich dort nicht „wissenschaftliche" Bücher, die das Gemeine zur Grundlage haben und deutschen Geist zersetzen? Ist uns das alles in den Bücherschrank geflogen? Haben wir nicht in unserer Dummheit höchst eigenhändig diesen Schmutz und Schund zusammengetragen? Wollen wir denn unsere Seelen ganz vergiften lassen, unser Denken und Fühlen ganz verpesten?

N e i n! Sauber und rein sei unser Geist und unsere Bücherei. Fegt jede Ecke Eueres Bücherschrankes aus! Kehrt alle Kisten und Truhen um! Raus mit all dem gedruckten Zeug, das uns beschmutzt, das uns zersetzt, das unsere Seele und unser Geistesleben tötet! Raus aus dem Haus mit den jüdisch-marxistischen „Geistesgrößen", raus mit den bolschewistischen „Literatursternen". Raus mit allem, was undeutsch und ungermanisch, was niedrig und gemein ist, was im Schmutz und Sumpf versinkt! Ins Feuer mit all dem Gerümpel, daß es die heilige Flamme verzehre für immer!

Auf die freigewordenen Plätze aber stellt die Werke aus alter, neuer und neuester Zeit, die deutsches Wesen künden, die Deine Seele stärken und kräftigen zum Kampfe unserer heutigen Zeit.

gez.: Dr. Weigel

Sammelaktion!

Deutscher Volksgenosse!

Auch Du lieferst Deine zersetzenden Bücher jüdischen marxistischen Geistes und Ursprungs vom 3. Mai bis 9. Mai 1933 bei der Erlanger Studentenschaft Zimmer Nr. 7, Studentenhaus, Puchtaplatz 4 zwischen 9 und 14 Uhr ab, damit sie am 10. Mai dem Feuer überliefert werden. Auf Wunsch werden die Bücher abgeholt.

Macht Platz dem deutschen Geist!
Kampfausschuß wider den undeutschen Geist
gez.: W. Höfer
Quelle: Erlanger Tagblatt vom 27. April 1933, S. 3; ebenso Erlanger Neueste Nachrichten vom 27. April 1933, S. 5f.

III.

Wider den undeutschen Geist!

Große Kundgebung der Erlanger Studentenschaft
am Freitag, dem 12. Mai am Schloßplatz.
An die Erlanger Bevölkerung!

Der Kampfausschuß „Wider den undeutschen Geist" der Studentenschaft der Universität Erlangen hat im Rahmen des Kampfes gegen das zersetzende jüdisch-marxistische Schrifttum die Beschlagnahme von über 1800 minderwertigen Büchern und ca. 1000 Zeitschriften und Zeitungen vorgenommen. Diese werden am Freitag, dem 12. Mai um 21 Uhr auf dem Schloßplatz feierlich den Flammen überantwortet. Vorgenannter Kampfausschuß fordert die Erlanger Bevölkerung hiermit erneut auf, auch ihrerseits dazu beizutragen, daß das deutsche Schrifttum vom undeutschen Geist gesäubert wird. Der Bücherschrank soll nicht eine Kapitalanlage, sondern ein Schmuckstück eines jeden deutschen Eigenheimes sein.

Die Erlanger Universitätsbuchhandlungen Theodor Blaesing, Theodor Krische, Rudolf Merkel und Karl Wrede haben sich in dankenswerter und vorbildlicher Weise in den Dienst des Kampfes gegen das jüdisch-marxistische Schrifttum gestellt und in ihren Auslagen eine Sonderschau für das deutsche Schrifttum eröffnet. Volksgenossen beachtet diese vorbildliche Ausstellung über gute deutsche Literatur!

Der Kampfausschuß ruft im Namen der gesamten deutschen Studentenschaft der Universität Erlangen zu der am Freitag, dem 12. Mai, stattfindenden Kundgebung „Wider den undeutschen Geist" auf. An diesem Verbrennungsakt nimmt, neben der gesamten Erlanger Studentenschaft und des Studentensturms auch der Sturmbann 1/21 der SA. und SS. teil, als ein Zeichen für die Verbundenheit aller Kreise der Bevölkerung, des Arbeiters der Stirne und der Faust, des Kaufmannes und des Angestellten mit den Studenten in der deutschen Volksgemeinschaft.

Es sprechen der Gauleiter des Kampfbundes für deutsche Kultur, Stadtrat Hans Hagemeyer, Nürnberg, und cand. jur. W. Höfer als Vertreter der Studentenschaft der Universität Erlangen.

Wir fordern von jedem nationalen, anständigen Deutschen, daß er uns in unseren Bestrebungen, das deutsche Schrifttum von artfremden Einflüssen zu säubern, nachdrücklichst unterstützt. Darum Erlanger, nehmt an dieser Kundgebung teil und zeigt in der Öffentlichkeit eure Abkehr von allem Schmutz und Schund der letzten Jahrzehnte in der deutschen Kultur, im deutschen Schrifttum.

Das Programm ist folgendermaßen festgesetzt: 20 Uhr Abmarsch der Erlanger Studentenschaft, SA. und SS. mit 2 Kapellen von der Äußeren Nürnberger Straße. Die beschlagnahmten Bücher und Zeitschriften werden auf ausgeschmückten Wagen mitgeführt. Der Zug wird durch die Friedrich-, Luitpold-, Bismarck-, Neue-, Adolf-Hitler-Straße zum Schloßplatz geführt. Dort ca. um 21 Uhr Kundgebung mit vorgenannten Rednern und Verbrennung des jüdisch-marxistischen Schrifttums. Anschließend Abmarsch in aufgelösten Verbänden.

Die Ansprachen werden durch Lautsprecher der Fa. Karl Rinke übertragen. Der Fa. Karl Rinke sei an dieser Stelle für die uneigennützige Überlassung der Lautsprechergeräte auf das herzlichste gedankt.

Die Studentenschaft der Universität Erlangen.
Kampfausschuß wider den undeutschen Geist.
Gez. W. Höfer, Vorsitzender.
Quelle: Erlanger Neueste Nachrichten vom 12. Mai 1933, S. 5; ebenso Erlanger Tagblatt vom 12. Mai 1933, S. 4.

IV.

Herrn
Univ. Bibliotheksdirektor
Dr. Stollreither
Erlangen   Erlangen, 9. Juni 1933

Sehr geehrter Herr Direktor!

Bezugnehmend auf unsere Unterredung, zu Beginn des S.S. 1933 bitte ich Sie, sehr geehrter Herr Direktor, mir eine Aufstellung über die von der Univ.Bibliothek bezahlten Zeitungen und Zeitschriften im Akad. Lesezimmer zukommen lassen zu wollen, da von einer großen Anzahl Dozenten wie Kommilitonen um Abbestellung sowie Neubestellung verschiedener Zeitungen gebeten worden ist.

Weiterhin wäre ich Ihnen, sehr geehrter Herr Direktor, sehr dankbar, wenn Sie mir über die Neuanschaffungen der Universitätsbibliothek im neuen Semester eine Aufstellung zusenden könnten, sowie uns über weitere Neuanschaffungen auf dem Laufenden halten könnten, um diese in der Hochschulzeitung zu verwerten. Eine Veröffentlichung neuangeschaffter Werke liegt im Interesse sämtlicher Kommilitonen.

Ich wäre Ihnen auch sehr zu Dank verpflichtet, wenn Sie mir ministerielle Bekanntmachungen von öffentlichem Interesse überlassen würden.

Mit bestem Dank für Ihre Bemühungen und
in vorzüglicher Hochachtung!
Die Studentenschaft der Universität Erlangen
W. Höfer
Leiter des Presseamtes.
Quelle: UAE, Personalakte Stollreither; AUBE, XXIV, 4.1.

V.

An die
Universitäts-Bibliothek
z. H. ds. Herrn Oberbibliothekars
Dr. Zucker
Stellv. ds. Herrn Direktors   Erlangen, den 24. Juni 1933

Sehr geehrter Herr Oberbibliothekar!
Bezugnehmend auf die zu Beginn des Sommersemesters stattgefundene Unterredung mit Herrn Direktor Dr. Stollreither bitte ich den Bezug des Bayerischen Kuriers, München, für das akademische Lesezimmer sofort einstellen zu wollen. Es ist der ältesten nationalsozialistischen Universität Deutschlands unwürdig, ein Parteiorgan der Bayerischen Volkspartei, die schon einmal durch ihre landesverräterische Parteipolitik in legitimistischem Sinne Aufsehen erregte und seit neuestem in Verbindung mit der christlich sozialen Partei Österreichs, die im schärfsten Kampfe gegen die N.S.D.A.P. und das neue Deutschland steht, gebracht worden ist, zum Aushang gebracht wird. Um so mehr ist diese Zeitung entbehrlich als das akademische Lesezimmer eine große Anzahl Münchner Tageszeitungen besitzt.
   Mit deutschem Gruß!
   Die Studentenschaft der Universität Erlangen.
   W. Höfer
   Hauptamtsleiter des Presseamtes.
   Quelle: UAE, Personalakte Stollreither.

VI.

An den
Bibliotheksausschuß z. H. v.
Herrn Geheimrat Klotz
Erlangen   Abschrift!   Erlangen, den 30. Juni 1933

[Handschriftlich eingeschoben: an die Univ-Bibliothek, z. H. v. Herrn Oberbibliothekar Dr. Zucker. Anbei übersende ich Ihnen eine Abschrift eines an Herrn Geheimrat Klotz übersanden [!] Schreibens. W. Höfer.]
   Sehr geehrter Herr Geheimrat!
   Die Führung der Studentenschaft der Universität Erlangen sowie die einzelnen Kommilitonen bedauern es aufs tiefste, daß der Bibliotheksausschuß gemeinsam mit dem Bibliotheksdirektor dem die Neuanschaffungen für die Bücherei des akademischen Lesezimmers unterstehen, bis heute erschreckend wenig der politischen Einstellung unserer nationalsozialistischen Kommilitonen Genüge leistete. Obwohl die Bücherei einen Überblick über das deutsche Schrifttum der letzten 100 Jahre bieten soll, ist sie in hinreichend einseitiger Weise außer [mit] den Klassikern mit nur marxistisch-sozialistischer und jüdischer Literatur ausgestattet. Bezeichnend ist es, daß während der Aktion gegen das zersetzende jüdisch-marxistische Schrifttum über 120 Bände aus dieser Bibliothek entfernt werden mußten. Trotz wiederholter Vorstellung bei Herrn Univ-Bibliotheksdirektor Dr. Stollreither ist der kostenlos zur Verfügung gestellte „Mein Kampf" von Adolf Hitler bis heute noch nicht offiziell in die Bücherei eingereiht worden.
   Die Erlanger Studentenschaft ist nicht in der Lage, weiterhin zuzusehen, daß über ihre politische Einstellung achtlos hinweggegangen wird und bittet den Bibliotheksausschuß um Anschaffung folgender Bücher für das akademische Lesezimmer. Finanzielle Schwierigkeiten dürften wohl kaum in Frage kommen, da seit Januar 1933 keine Neuanschaffungen für das akademische Lesezimmer gemacht wurden und dem Ausschuß doch die Gelder einer Stiftung zur Verfügung stehen.

Wir bringen folgende Bücher zum Vorschlag[79]:

1.) Bangert, Otto: Gold oder Blut (Der Weg aus dem Chaos). *[Signatur: Hist. B 1463]*
2.) –: Deutsche Revolution (Ein Buch vom Kampfe um das Dritte Reich). *[Signatur: Hist. B 1462]*
3.) Eckart, Dietrich: Ein Vermächtnis. *[Signatur: Sch. L. A II, 5177]*
4.) Goebbels, [Josef] Dr. M.d.R.: Michael, Roman. Ein deutsches Schicksal in Tagebuchblättern. *[Signatur: Hist. A VIII, 851]*
5.) Adolf Hitler und seine Kämpfer (288 Braunhemden im Reichstag). *[Signatur: Hist. B 1478]*
6.) Kundt, Walther Dr.: Deutsche Westwanderung, eine kolonialpolitische Studie. *[Signatur: Hist. B 1469]*
7.) Meletti, Vincenzo Cav.: Die Revolution des Faschismus. *[Signatur: Hist. B 1477]*
8.) Schacht, [Horand Horsa] Dr.: Brennende deutsche Bevölkerungsfragen. *[Signatur: 1. Ex.: Cmr. B 3; 2. Ex.: Hist. A VIII, 346(44)]*
9.) Röhm, [Ernst] Oberstleutnant a.D.: Die Geschichte eines Hochverräters. *[Signatur: Ltg. A IV, 1409]*
10.) Rosenberg, Alfred: Houston Chamberlain als Verkünder und Begründer einer deutschen Zukunft. *[Signatur: Ltg. A IV, 3151]*
11.) –: Der Mythus [!] des 20. Jahrhunderts. *[Signatur: 1. Ex.: Phs. A III, 744; 2. Ex.: Phs. B 196; 3. Ex.: Phs. A III, 988; 4. Ex.: Phs. A III, 985]*
12.) –: Der Sumpf, Querschnitte durch das Geistesleben der November-Demokratie. *[Signatur: 1. Ex.: Ltg. B 3; 2. Ex.: Hist. A III, 990]*
13.) Zöberlein, Hans: Der Glaube an Deutschland. *[Signatur: Biogr. 2794]*

[*Von der Hand Höfers am Rand: sämtliche Bücher sind im Verlag Eher, München erschienen*]

Die Liste erhebt keinen Anspruch auf Vollständigkeit. Die Studentenschaft behält sich weitere Vorschläge vor.

Der Hauptamtsleiter des Presseamtes.

Mit deutschem Gruß!

W. Höfer

Quelle: UAE, Personalakte Stollreither; AUBE, XXIV, 4.1.

VII.

An das Direktorat der Universität Erlangen   Erlangen, den 11.7.1933
Zur Weiterleitung an das Bayr. Staatsministerium
für Unterricht und Kultus
Durchschlag an den Obmann der Fachschaft Hochschule im N.S.-Lehrerbund, Herrn Prof. Dr. Reinmöller, sowie an den Kreisführer des Kreises VII (Bay.) D. St. Gengenbach
Bericht
über Universitätsbibliotheksdirektor Prof. Dr. Stollreither.

Während der Durchführung der Aktion wider das zersetzende jüdisch marxistische Schrifttum mussten wir gemeinsam mit Herrn Univ. Prof. Dr. Preuss und Herrn Privatdozenten Dr. Weigel, sowie Herrn Studienprof. Dr. Hornung zu unser aller grösstem Bedauern feststellen,

---

[79] Die bibliographischen Angaben wurden nur insoweit ergänzt, als dieses zur Identifizierung der einzelnen Titel nötig ist; orthographische Fehler wurden stillschweigend korrigiert. Die aktuellen Signaturen der Bände sind in Kursivschrift hinzugefügt.

dass die Bibliothek des Akademischen Lesezimmers von zersetzendem jüdisch-marxistischem Schrifttum sehr stark durchsetzt war. Es mussten aus derselben über 120 Bücher ausgeschieden werden. Nationalsozialistisches Schrifttum war überhaupt nicht vorhanden, obwohl die Bibliothek einen Überblick über die Literatur der letzten hundert Jahre bieten sollte und die Erlanger Studentenschaft bereits seit Jahren einen unentwegten Kampf führt für Einfügung nationalsozialistischer Schriften. So konnte sich z.B. Herr Direktor Dr. Stollreither trotz wiederholter Anträge der letzten 5 Jahre nicht bereit erklären „Adolf Hitler, Mein Kampf" in die Bibliothek einzufügen. Gottfried Keller, Goethe und Schiller und andere deutsche Schriftsteller hatten die Ehre neben Remarque, Feuchtwanger, Döblin und anderen undeutschen Schriftstellern eingereiht zu werden.

Weiterhin mussten wir feststellen, dass überhaupt <u>keine einzige</u> nationalsozialistische Tages- oder Wochenzeitung <u>seitens der Universitätsbibliothek</u> bezw. des Bibliotheksausschusses im Akademischen Lesezimmer ausgelegt, noch in der Bibliothek gesammelt aufgehoben wurde. Sämtliche nationalsozialistischen Zeitungen mussten durch das Presseamt der Erlanger Studentenschaft selbständig bezogen und bezahlt werden. Erst seit Juni 1933 konnte Herr Direktor Dr. Stollreither durch wiederholte Aufforderungen gezwungen werden, eine Nummer des Völkischen Beobachters zu beziehen und dieselbe aufzubewahren. Bis heute ist noch keine weitere nationalsozialistische Zeitschrift in der Univ. Bibliothek vorhanden. Es ist natürlich nicht zu beanstanden, dass die Sozialistischen Monatshefte, seit langer Zeit das wissenschaftliche Organ der SPD, vollständig vorhanden sind, aber auch nicht zu verstehen, dass in einem zu unbedingter Objektivität verpflichteten Staatsinstitut die Nationalsozialistischen Monatshefte völlig fehlen. Dessen ungeachtet wurden ca. 20 Zeitungen gesammelt, aufbewahrt und in die Universitätsbibliothek eingereiht. Darunter bildeten marxistisch-jüdische und die Blätter der Zentrumspartei die überwiegende Mehrheit. Hervorzuheben sind hier die Frankfurter Zeitung, Berliner Tageblatt, Vossische Zeitung, Germania, Kölnische Volkszeitung, auch der „Vorwärts" solange er erschien. Der Bayerische Kurier wurde bis April 1933 gehalten, dann aber und zwar erst auf unser Verlangen hin, abbestellt, trotzdem aber als „kostenlos" eingegangen weiterhin zum Aushang gebracht. Auf abermalige und zwar etwas schroffe Vorstellung seitens der Studentenschaft wurde er endlich der Öffentlichkeit entzogen. Gegen die Aufbewahrung dieser Zeitungen haben wir nicht das Geringste einzuwenden, da sie eine wichtige Geschichtsquelle sind. Wir stellen aber fest, dass bis Juni 1933 keine einzige nationalsozialistische Zeitung bezogen oder aufgehoben wurde, während die genannten Blätter sämtlich aus dienstlichen Mitteln des Akademischen Lesezimmers gehalten wurden.

Von den örtlichen Zeitungen, die vollzählig aufbewahrt werden, wurde systematisch über die örtliche nationalsozialistische Presse (Kampf, Fränkisches Volk) hinweggegangen. Dagegen wurde die örtliche sozialdemokratische Presse bis zum letzten Tage des Erscheinens gesammelt.

Auf Beschwerde, dass seit Januar 1933 keine Neuanschaffungen für die Bibliothek des Akademischen Lesezimmers gemacht wurden, wurde uns seitens des Bibliotheksausschusses mitgeteilt, dass keine Mittel zur Neuanschaffung vorhanden seien. Auf Nachforschungen hin stellte uns das Univ.-Rentamt folgende Aufstellung der dem Akademischen Lesezimmer zustehenden Mittel zu Verfügung:

Kopfbeitrag der Dozentenschaft	RM 1.020,-
Kopfbeitrag der Studierenden	RM 2.420,-
Benützungsgebühren der der Univ. fernstehenden Personen	RM 264,-
Sonstige Einnahmen (Zinsen)	RM 137,-
Staatszuschuss	<u>RM 970,-</u>
	RM 4.811,-

Hiervon mussten vom Universitätsrentamt sofort RM 3.445,- an den Etat der Universitäts-Bibliothek abgeführt werden, während der Restbetrag von RM 1.366,- nur für Bezahlung der

Zeitungen und Zeitschriften verwandt wurde. Über die Verwendung des an die Universitätsbibliothek überwiesenen Betrages von RM 3.445,- kann seitens des Univ-Rentamtes keine Rechenschaft abgelegt werden. Daraus ist zu schliessen, dass die dem Akademischen Lesezimmer zur Verfügung gestellten Gelder nicht ihrem Zweck entsprechend verwendet werden. Obwohl die Universitätsbibliothek selbst einen staatlichen Etat von RM 36.450,- für das Jahr 1933, sowie ca. 12.000,- RM Einnahmen, nach Aussagen des Herrn Univ.-Rentamtmann besitzt, also über ca. RM 48.000,- verfügt.

Die Neubeschaffungen für die Univ.-Bibliothek selbst sind sehr stark nach dem Gesichtspunkte katholischer und jesuitischer Tendenz abgestimmt; obwohl die Ev. Theolog. Fakultät über die Grenzen Deutschlands geachtet ist und an der Universität Erlangen eine massgebende Stellung einnimmt. Im Zusammenhang zu diesen Feststellungen wurde der Erlanger Hochschulzeitung beiliegender Artikel: „Wie lange noch" eingesandt und zur Veröffentlichung gebracht, der den bestehenden Verhältnissen völlig entspricht und auf sicherer Grundlage aufgebaut ist.

Zu Beginn des S.S. 33 hatte ich mit Herrn Univ.-Bibliotheksdirektor Dr. Stollreither eine längere Besprechung, in welcher er sich konstant weigerte, dem Verlangen der Erlanger Studentenschaft auf Anschaffung nationalsozialistischer Bücher Folge zu leisten und den seit Jahren dem Akademischen Lesezimmer kostenlos zur Verfügung gestellten „Kampf" von Adolf Hitler in die Bibliothek des Akademischen Lesezimmers einzufügen. Trotz der damals so betonten finanziellen Einschränkung der Universitätsbibliothek wurden in der letzten Zeit eine grosse Anzahl Bücher angeschafft, die nicht die Bedeutung als die heute jedem Kommilitonen aktuellen nationalsozialistischen Schriften besitzen.

Auf Vorstellung gegenüber dem Vertreter des Herrn Direktor Dr. Stollreither, Herrn Oberbibliothekar Dr. Zucker, erklärte mir derselbe, dass Univ.-Bibliotheksdirektor Dr. Stollreither in Bezug auf Neuanschaffungen fast völlig allein gehandelt habe, wie weit der Bibliotheksausschuss damit befasst wurde, sei ihm unbekannt.

Auf Anfrage bei Herrn Staatsoberbibliothekar Dr. Wellnhofer, München, einem früheren Kollegen und Mitarbeiter des Direktor Dr. Stollreither wurde uns mitgeteilt, dass Direktor Stollreither der Bayerischen Volkspartei ausserordentlich nahe steht und, wie wir heute feststellen, deren Mitglied war. Er hat sich gegenüber Herrn Dr. Wellnhofer gebrüstet, dass sein Vetter der berüchtigte Dr. Pfeiffer sei. (Generalsekretär der Bayerischen Volkspartei). Sein Bruder soll in Bad Tölz Bürgermeister durch die Bayerische Volkspartei geworden sein. Dr. Stollreither ist durch sein unkameradschaftliches Verhalten gegenüber Kollegen und seine anmassende Tonart gegenüber den ihm untergebenen Beamten ausserordentlich unbeliebt. Es ist seine Art, durch Glossen und alberne Witze sich über Kollegen und Beamte lustig zu machen. Zu Herrn Dr. Wellnhofer äusserte sich Dr. Stollreither: „dass ich so gescheit bin, kommt daher, dass meine Grossmutter eine Französin ist und ich darum die Vorzüge dieser Rasse besitze".

Der Erlanger Studentenschaft kann nicht zugemutet werden, Vertrauen zu einem Manne zu haben, der das wichtigste allgemeine Institut der Universität leitet und über derartig grosse Geldbeträge verfügt, die nicht im Sinne der Studentenschaft gebraucht werden. Es steht fest, dass er nicht nur nach unseres Führers Ernennung zum Reichskanzler, sondern selbst nach der Machtergreifung durch die nationale Revolution keine Hand rührte, um unserer Literatur auch nur den Platz der Gleichberechtigung in seinem Institut zu geben. Wir müssen eine solche Haltung des Unterlassens und Zurückhaltung als weit gefährlicher ansehen, als irgendwelche offene Auflehnung.

Weiterhin mussten wir feststellen, dass Herr Direktor Stollreither niemals Soldat gewesen ist und auch während des Weltkrieges weder eingezogen, noch sonst irgendwie militärisch (bei einer Pressestelle usw.) verwendet oder tätig gewesen wäre.

Aus dem Jahrbuch Deutscher Bibliothekare entnehmen wir folgende Angabe des Lebenslaufes Prof. Dr. Stollreither:

Univ. Bibliotheksdirektor Dr. Stollreither, Eugen, Doktor phil. ist geboren am 25.XII.74 zu München, kath. stud. roman. u. engl. Phil. Vol. München SB 1.7.97 Praktikant 15.VI.98, Sekretär 1.9.02, Bibl. 1.1.09, im zeitlichen Ruhestand 1.6.21–30.4.24, SO-Bibl. u. Vorstand Erlangen U.B. 1.5.24, Dir. 1.11.24

Für die Richtigkeit vorhergehenden Berichts:
gez. W. Buchert.
Führer d. Erl. Studentenschaft.
Gez. W. Höfer
Presseamtsleiter.
Quelle: UAE, Personalakte Stollreither.

VIII.

Der Führer des SA-Hochschulamtes Erlangen   Erlangen, den 26. April 1934
Betrifft: Anforderung einer nationalsozialistischen Literaturliste[80]
An das Rektorat der Universität Erlangen

Das SA-Hochschulamt besteht auf Beantwortung der Frage, um so mehr da es den Eindruck hat, daß Stollreither, gegen den von nationalsozialistischer Seite sowieso schwere Bedenken geäußert werden, sich absichtlich eine Beantwortung der Frage ersparen will. Meines Erachtens hat Stollreither viel zu wenig nationalsozialistische Bücher angeschafft und ist es ihm peinlich, darüber Rechenschaft ablegen zu müssen. Jedenfalls weigerte er sich, noch kurz vor der nationalsozialistischen Revolution, die entsprechende Literatur anzuschaffen. Ich mache darauf aufmerksam, daß ich bei Nicht-Beantwortung des Schreibens den Briefwechsel bei meiner vorgesetzten Dienststelle in Berlin vorlegen muß. Dieses Schreiben bitte ich streng vertraulich zu behandeln.

Der Führer des SA-Hochschulamtes Erlangen
Klingsohr
Sturmführer
[*Handschriftlicher Vermerk des Syndikus*:]
I. Das gewünschte Verzeichnis wurde (fernmündlich von Bibliotheksdirektor Dr. St. eingefordert!) heute abgeliefert u. sofort an den Führer des S.A. Hochschulamtes weitergegeben.
II. Zu den Pers. Akten Stollreither
2.5.34   Rhomberg
Quelle: UAE, Personalakte Stollreither.

---

[80] Diese Liste (mit Datum des 7. 5. 1934) jetzt bei den Akten: AUBE, XX, 11 (vgl. Anm. 77).

Siegfried Zelnhefer

Willy Liebel, Oberbürgermeister der „Stadt der Reichsparteitage Nürnberg" Eine biographische Skizze

Am Ende ist Willy Liebel ganz unten. Im Palmenhofbunker des Nürnberger Polizeipräsidiums verbringt der Oberbürgermeister der „Stadt der Reichsparteitage Nürnberg" seine letzten Stunden. Er klagt, er wirkt wehleidig, er fühlt sich im Stich gelassen. Wo ist Karl Holz, der Reichsverteidigungskommissar und Gauleiter? Warum ging er auf Patrouille, ohne ihn mitzunehmen?

Es ist der 19. April 1945. Endkampf um Nürnberg[1]. Liebel sieht die aussichtslose Situation. Er weiß, daß der Krieg nur noch Stunden dauern kann. Er führt ein langes Gespräch mit dem Kampfkommandanten von Nürnberg, Oberst Richard Wolf. Liebel spricht *über Nürnberg, seine stolze Geschichte und den bevorstehenden Fall*[2]. Und davon, daß er sich nie in Gefangenschaft begeben wolle. Er möchte sich nicht als Angeklagter in einem Schauprozeß der Welt vorführen lassen, sagt er. Hat er Angst, sich der Verantwortung zu stellen? Plagen ihn Zweifel an seinem früheren Handeln?

Die Stadt, die er immer zu lieben vorgab, ist längst in Schutt und Asche versunken. Ergebnis des von den Nationalsozialisten angezettelten, verheerenden Weltkriegs. *Mein armes Nürnberg, mein armes Nürnberg*[3], stammelt Liebel in den letzten Kriegstagen immer wieder. Sieht er in diesen Augenblicken den Zusammenhang von Ursache und Wirkung? Der Mann ist 47 Jahre alt und verzweifelt. Er war einmal einer der wichtigsten Männer der Stadt. Er hatte Aussicht auf höhere Partei- und Staatsämter. Nun ist er ganz allein, seelisch gebrochen.

Nach dem letzten Wortwechsel mit Wolf zieht sich Liebel in einen Nebenraum zurück. Kurz danach fällt ein Schuß. Es muß zwischen vier und fünf Uhr am Morgen des 20. April 1945 gewesen sein, als sich der Oberbürgermeister der „Stadt der Reichsparteitage" das Leben nimmt[4].

Am Abend desselben Tages feiert die 3. US-Infanteriedivision ihre Siegesparade auf dem Hauptmarkt[5]. Auch in Nürnberg ist der Zweite Weltkrieg zu Ende. Der von den Nazis in die Emigration gezwungene Literat Alfred Kerr wird bald in einer Reportage für die „Neue Zeitung" schreiben: *Nürnberg – das war eine Stadt: und ist eine Schutthalde. Das war gemütlich-bürgerlich: und ist ein Grauen. Ein Grauen*

---

[1] Vgl. Karl Kunze, Kriegsende in Franken und der Kampf um Nürnberg im April 1945 (Nürnberger Forschungen 28), Nürnberg 1995. Über Willy Liebel ist bislang noch keine ausführliche biographische Darstellung erschienen.

[2] Zit. nach Bericht des Kampfkommandanten von Nürnberg, Oberst Richard Wolf, über die Kämpfe von Nürnberg, verfaßt etwa zehn Jahre nach den Ereignissen auf Bitte des damaligen Direktors des Stadtarchivs Nürnberg, Gerhard Pfeiffer, Stadtarchiv Nürnberg (StadtAN), C 36/I, 322.

[3] Zit. nach Tagebuchaufzeichnungen von Karl Hehl, im Jahr 1945 Vertreter des Nürnberger Schuldezernenten, StadtAN, C 36/I, 322.

[4] Rekonstruktion des Todeszeitpunkts nach mehreren Zeugenaussagen, StadtAN, C 36/I, 322.

[5] Es war eine der ersten Amtshandlungen Liebels als kommissarischer 1. Bürgermeister gewesen, den traditionellen Platz in der Mitte der Stadt am 21. März 1933 in „Adolf-Hitler-Platz" umzubenennen.

ohne Tragik: nur noch was Unangenehmes. Eine Ruppigkeit. Eine Häßlichkeit. Eine Trostlosigkeit[6].

Als Friedrich Wilhelm Liebel[7] am 31. August 1897 geboren wird, glänzt die Stadt. Die dichten Zeilen der Fachwerkhäuser in der Altstadt lassen das Mittelalter lebendig werden. Doch das ist nur die Fassade aus vergangener Zeit. Nürnberg ist längst auf dem Weg in die Moderne[8]. In der Südstadt zeugen die zahlreichen Schornsteine der Fabriken vom rasanten Aufstieg des „Deutschen Reiches Schatzkästlein" zu „der" bayerischen Industriemetropole. Die Bevölkerungszahl schnellt sprunghaft nach oben. 1881 liegt sie bei über 100 000. Um 1900 steht Nürnberg mit über 260 000 Einwohnern an neunter Stelle der Großstädte im Deutschen Reich. Die Zuwanderung sorgt für Wohnungsnot. Hinter der scheinbaren Idylle der altstädtischen Häuserzeilen leben die Menschen oft auf engstem Raum, herrschen prekäre hygienische Verhältnisse. Die Arbeiterschaft formiert sich. Gewerkschaften und Sozialdemokraten artikulieren die Interessen vieler. Der Nimbus der Stadt als „rote Hochburg" beginnt sich herauszukristallisieren.

Von all dem bekommt der junge Willy Liebel zunächst wenig mit. Die Altstadt ist seine Heimat. Hier liegt auch ein Stück seines geistigen Zuhauses. Das über Jahrhunderte hinweg wenig veränderte Stadtbild repräsentiert für viele das Erbe einer großen Vergangenheit: Nürnberg als Symbol verblichener Reichsherrlichkeit und romantisch verklärten Deutschtums.

Liebel stammt aus einer bürgerlichen, national-konservativen, „vaterländischen" Familie. Sein Großvater Friedrich Monninger, in einem Nördlinger Waisenhaus aufgewachsen, kommt als 16jähriger im Jahr 1855 nach Nürnberg[9]. Der Jugendliche arbeitet sich empor. Er besucht die polytechnische Schule, arbeitet in der Pocherschen Lithographie-Anstalt auf der Insel Schütt, wo er sich zwischen 1860 und 1865 *sowohl als Zeichner und Lithograph wie im Kontor und beim Warenversand nützlich machte*[10]. Seine hervorragende Kenntnis der Stenografie führt Monninger zu einem neuen Beruf: Er wird Journalist. Zunächst arbeitet er für verschiedene Tageszeitungen. 1865 wird er Redakteur beim „Nürnberger Anzeiger". 1872 gründet er sein eigenes Lokalblatt, die „Nürnberger Stadtzeitung". Sie wird recht erfolgreich. Ab 1874 liegt das Amtsblatt der Stadt Nürnberg bei. 1882 richtet Monninger eine eigene Buch- und Kunstdruckerei ein. 1883 erwirbt er das Anwesen am Maxplatz 42. Das Gebäude wird Sitz von Druckerei, Redaktion, Expedition, Verlag und Familie. Der Betrieb

---

[6] Zit. nach Erinnerungen 1935–1945–1995, Sonderdruck der „Nürnberger Nachrichten" v. 11. 11. 1994.

[7] Einziger Hinweis auf den vollständigen Vornamen im Liebel-Polizeiakt, Staatsarchiv Nürnberg (StAN), Polizeidirektion Nürnberg-Fürth 944; Liebel unterzeichnet Schreiben zwar noch Anfang der Zwanziger Jahre gelegentlich mit „Wilhelm Liebel"; doch überwiegend gebraucht er schon den kurzen Rufnamen „Willy". In seinen eigenen, später verfaßten Lebensläufen gibt er selbst als Vorname nur „Willy" an, vgl. verschiedene Lebensläufe und Angaben zur Person, StadtAN, C 29/Dir A, 65; auch im Schriftverkehr als Oberbürgermeister unterzeichnet er durchwegs mit „Willy Liebel".

[8] Vgl. Rudolf Endres, Martina Fleischmann, Nürnbergs Weg in die Moderne. Wirtschaft, Politik und Gesellschaft im 19. und 20. Jahrhundert, Nürnberg 1996.

[9] Zur Geschichte der Familie Monninger: Anna Liebel-Monninger, Friedrich Monninger und seine Zeit, Nürnberg 1932.

[10] Liebel-Monninger, Geschichte (wie Anm. 9), S. 19.

wächst und braucht mehr Mitarbeiter. Monninger stellt Stefan Liebel (geboren am 29. Januar 1867 in Wendelstein) ein[11]. Der Kaufmann wird ihm eine wichtige Stütze. Liebel heiratet Monningers Tochter Anna (geboren am 3. Juni 1869). 1909 übernimmt Stefan Liebel das Geschäft seines Schwiegervaters.

Als Sohn Willy am 31. August 1897 auf die Welt kommt, ist sein Vater bereits Prokurist im Familienbetrieb. Willy Liebel wächst in einer gesicherten Umgebung auf. Er besucht ab seinem sechsten Lebensjahr die Volksschule, danach sechs Klassen des Reformgymnasiums bis zur Einjährigenberechtigung[12]. Schon zu seiner Gymnasialzeit ist er Mitglied im „Wehrkraftverein", später in der Rolle eines Unterführers[13]. 1913/14 macht er im väterlichen Geschäft eine Ausbildung zum Fachkaufmann im Buchdruck- und Zeitungsgewerbe. In den Monaten August und September 1914, gerade 17 Jahre alt, fungiert er als Schriftleiter, ehe er begeistert ins Feld zieht.

Als Kriegsfreiwilliger tritt er am 2. Oktober 1914 beim Rekrutendepot des königlich-bayerischen Infanterie-Leibregiments in München ein. Ende 1914 beginnt der Frontdienst an mehreren Schauplätzen. Am 23. Juni 1916 wird Liebel durch einen Lungendurchschuß bei der Stürmung von Fleury bei Verdun schwer verwundet. Im Herbst wird er zum Leutnant der Reserve befördert. Er erhält zahlreiche Kriegsauszeichnungen[14]. Nicht mehr „kriegsverwendungsfähig", wird er vom Herbst 1917 bis zur Entlassung aus dem Militärdienst im November 1918 als Adjutant der Unteroffiziersschule in Fürstenfeldbruck eingesetzt. 1917 heiratet er Elisabeth Freiin Lochner von Hüttenbach aus Nördlingen (geboren am 6. Juni 1898). Zwei Mädchen gehen aus dieser Verbindung hervor[15]. Am 21. September 1926 stirbt die junge Mutter an den Folgen einer Blutvergiftung[16].

Im Gegensatz zu vielen anderen Männern seiner Generation muß sich Liebel keine Sorgen um die Zukunft machen. Er kann seine Tätigkeit im väterlichen Betrieb uneingeschränkt fortsetzen. Er lebt in gesicherten Verhältnissen, selbst wenn der Krieg das

---

[11] Stefan Liebel gibt bei einer polizeilichen Vernehmung im Zusammenhang mit Ermittlungen um den Arisierungsskandal in Nürnberg an, als Sohn der Bleistiftarbeiter *Christof Liebel und Marg.* geboren zu sein. StAN, Staatspolizeistelle Nürnberg-Fürth, Arisierungsakten 55.

[12] Vgl. Lebenslauf vom 25.10.1934, StadtAN, C 29/Dir A, 65; Bundesarchiv (BA) (ehemaliges BDC), Parteikorrespondenz Liebel.

[13] Liebels Mutter Anna Liebel-Monninger begleitet die Entwicklung des Sohnes mit Wohlwollen, vgl. Liebel-Monninger, Geschichte (wie Anm. 9).

[14] Liebel weist in Angaben zu seiner Person am 7.4.1942 auf folgende Auszeichnungen hin: *Bronzene und silberne Dienstauszeichnung der NSDAP; EK 2. Kl.; bayerisches Militärverdienstkreuz 2. Kl. mit Schwertern; bayer. Militärverdienstorden 4. Kl. mit Schw.; Verwundetenabzeichen schwarz; Frontkämpferkreuz mit Schw.; Feuerwehrehrenzeichen 1. Stufe; Luftschutzehrenzeichen 1. Klasse; Ehrenzeichen des Deutschen Roten Kreuzes 1. Klasse; Sudetenmedaille; Kriegsverdienstkreuz 2. Kl.; Großoffizierskreuz des italienischen Kronenordens.* BA (ehemaliges BDC), Parteikorrespondenz Liebel.

[15] Anneliese (geb. 13.8.1918) und Hildegard (geb. 23.1.1924), vgl. Personalfragebogen für die Anlegung einer SA-Personalakte, angefertigt und unterschrieben von Willy Liebel im Oktober 1937. BA Parteikorrespondenz (ehemaliges BDC), Liebel.

[16] Vgl. Nachruf in „Deutsche Wochenschau" Nr. 40 v. 3.10.1926: *Ende September verschied im Alter von nur 28 Jahren in Nürnberg Frau Liebel, die Lebensgefährtin eines unserer Bravsten und Besten, des Führers der Altreichsflagge, Willy Liebel. Alle diejenigen, die Gelegenheit hatten, mit ihr irgendwo zusammenzukommen, kennen das Deutsche Denken dieser kerndeutschen, wahrhaft völkischen Frau und wissen, was die Hinterbliebenen und ihre Freunde an ihr verloren haben.* Ausschnitt in: StAN, Polizeidirektion Nürnberg-Fürth 944.

Geschäft der Druckerei Monninger beeinträchtigt hat. Deshalb wird 1920 auch die „Stadtzeitung" an die Verlagsgesellschaft Noris verkauft. Dem Unternehmen geht es dennoch vergleichsweise gut. Immerhin kann Stefan Liebel das Nachbaranwesen Maxplatz 44 erwerben. Die Möglichkeiten zum Ausbau der Firma sind vorhanden. Die berufliche Karriere Willy Liebels geht kontinuierlich voran: kaufmännischer Angestellter, Verlagsleiter, Redakteur, Prokurist. Schon 1921 macht ihn der Vater zum Teilhaber, 1927 wird er Alleininhaber der Buch- und Kunstdruckerei Friedrich Monninger.

Schon bald nach der Entlassung aus dem Kriegsdienst engagiert sich Willy Liebel in rechten und rechtsradikalen Kreisen. Er scheint auf der Suche. Und er sucht nach Führungspositionen. Liebel will nicht mitlaufen, er will an die Spitze. *Der Krieg ließ die Führernatur in ihm wach werden*[17], heißt es in einer Lobeshymne auf den späteren Oberbürgermeister. Er schließt sich 1920 der Einwohnerwehr und völkischen Wehrverbänden wie der „Reichsflagge" (1921) an. Im Dezember 1923 gründet er in Franken mit den *hitlertreuen Reichsflaggenangehörigen den völkischen Bund Altreichsflagge, der als Auffangorganisation für die verbotene SA anzusehen war*[18]. Zunächst „Bundesführer", ist Liebel ab Mai 1924 nur noch zuständig für die Altreichsflagge in Nordbayern. Im Herbst 1924 führt er die Altreichsflagge in den „Völkischen Frontring" über, der als Rahmenorganisation für alle *auf dem Boden der nationalsozialistischen Weltanschauung stehenden Wehrverbände dient, soweit sie bedingungslos hinter Hitler, Ludendorff und Graefe stehen*[19].

Zu jener Zeit besteht bereits eine Aversion zu Julius Streicher, dem Gründer der ersten NSDAP-Ortsgruppe in Nürnberg[20]. Liebel drängt gezielt die Streicher-Gefolgsleute aus der Altreichsflagge. Und Liebel fungiert als persönlicher Adjutant Erich Ludendorffs, der in der völkischen Bewegung nicht erst seit seiner Teilnahme am Hitler-Putsch 1923 eine wichtige Rolle spielt. Schließlich wird Liebel auch Leiter von Erich Ludendorffs „Tannenbergbund" in Mittel- und Oberfranken.

In der rechten Szene ist Liebel in den frühen 20er Jahren im nordbayerischen Raum eine bekannte Figur. Am 5. November 1925 tritt er der NSDAP bei (Mitgliedsnummer 23 091). Doch schon am 27. März 1926 verläßt er die Partei Hitlers wieder. Damit zieht er die Konsequenz aus einer Anordnung des „Führers", wonach NSDAP-

---

[17] Karl A. Stauder in einem Beitrag über „Nürnbergs Aufbau", in: „Völkischer Beobachter" v. 15. 1. 1934.
[18] Lebenslauf v. 25.10.1934. StadtAN, C 29/Dir A, 65.
[19] Lagebericht No. 5614 II v. 19.9.1924, Seite 23. StAN, Polizeidirektion Nürnberg-Fürth 944.
[20] Julius Streicher (1885–1946) gründete am 20.10.1922 die erste NSDAP-Ortsgruppe in Nürnberg. Ab 1923 gab er das Hetzblatt „Der Stürmer" heraus. Nach der Teilnahme am gescheiterten Hitler-Putsch am 9.11.1923 wurde der Volksschullehrer Streicher vom Schuldienst suspendiert. Nach der Wiedergründung der NSDAP übertrug ihm Hitler am 2.4.1925 die Aufgabe, die NSDAP in Mittel-, Ober- und Unterfranken neu zu organisieren. Daraus leitete er das Recht ab, sich „Frankenführer" nennen zu dürfen. 1930 wurde er Gauleiter von Mittelfranken, 1936 von „Franken". Am 13.2.1940 stand Streicher wegen wachsender Korruptionsvorwürfe vor dem Obersten Parteigericht. Das Gremium befand Streicher „zur Menschenführung nicht geeignet". Er wurde aller Geschäfte enthoben und aus dem öffentlichen Leben verbannt. Wegen „Verbrechen gegen die Menschlichkeit" wurde Streicher beim NS-Hauptkriegsverbrecherprozeß am 1.10.1946 zum Tode durch den Strang verurteilt. Vgl. Michael Diefenbacher, Rudolf Endres, Stadtlexikon Nürnberg, Nürnberg 1999, S. 1052.

Mitglieder nicht gleichzeitig einem anderen Bund angehören dürfen. Noch ist Liebel das Engagement in anderen Organisationen wichtiger als das NS-Parteibuch. Mehr als zweieinhalb Jahre steht er außerhalb der Hitler-Partei, ehe er sich zur Rückkehr entschließt: Am 1. Oktober 1928 wird Liebel wieder in die NSDAP aufgenommen. Später macht ihm die Auszeit zu schaffen. Sie paßt nicht so recht zu einer makellosen Parteikarriere. Deshalb unterschlägt Liebel die „Partei-Pause" gerne[21].

An seiner national-völkischen Haltung gibt es jedoch nie einen Zweifel. Auch ohne NS-Mitgliedschaft ist er im rechten politischen Spektrum aktiv, fühlt er sich den Ideen des Nationalsozialismus verpflichtet. 1924 formuliert Liebel in einer Mitteilung an die Mitglieder der Altreichsflagge die Parole: *Hakenkreuz im Banner, Ludendorff voran – Hitlergeist im Herzen, stehn wir Mann zu Mann!*[22] Liebel nimmt am Deutschen Tag am 1./2. September 1923 und an den ersten beiden Reichsparteitagen der NSDAP in Nürnberg, 1927 und 1929, teil.

Willy Liebel verbindet sein politisches Wirken mit geschäftlichen Interessen. Er zieht nicht wenige Aufträge an Land, die auf seinen Verbindungen beruhen. Die Druckerei Monninger wird zum Begriff in der Szene. In dem Betrieb werden zahlreiche nationalistische, völkische und antisemitische Publikationen hergestellt, die zum Teil im ganzen Reich Verbreitung finden. In dem Verlag erscheinen unter anderem die „Panzerfaust", die monatliche Bundesschrift „Völkische Feldpost" der Altreichsflagge, „Die Faust", „Der Eisenhammer", „Der Hexenhammer", „Die Flamme", „Saardeutsche Volksstimme", „Fränkische Hakenkreuzzeitung", Handzettel, Wahlplakate und auch, zumindest in den Anfangsjahren, die antisemitische Hetzschrift „Der Stürmer" Julius Streichers. Geschäft ist Geschäft. Liebel dient sich dem „Stürmer" auch als Informant an[23]. Daneben ist er Leiter der süddeutschen Pressestelle der „Deutschen Wochenschau", *die einzigste Zeitung, in der Ludendorff schreibt*[24], wie es in einer Eigenwerbung heißt.

Als verantwortlicher Führer verbotener Organisationen, Agitator, Drucker, Verleger und Publizist gerät Liebel immer wieder mit dem Gesetz in Konflikt. Mehrfach laufen Strafverfahren gegen ihn. Er wird unter anderem zu Geldstrafen verurteilt wegen persönlicher Beleidigung oder wegen Beschimpfung und Verhöhnung der republikanischen Staatsform des Reiches[25]. Der Kampf für die Partei kostet ihn Zeit und Geld. Er vernachlässigt zunehmend seinen Betrieb. In einer Rede vor Mitarbeitern zu Beginn des Zweiten Weltkriegs verweist er auf jene Zeit: *Mir hat keiner gesagt, daß ich einmal Oberbürgermeister werde, der ich mein Geschäft kaputt gemacht habe, weil ich als „Rindviech" Nationalsozialist war. Daran muß immer*

---

[21] Im Lebenslauf v. 25.10.1934 macht Liebel über die „Auszeit" ebensowenig Angaben wie im Personalfragebogen v. Oktober 1937.

[22] Nachrichtenblatt Nr. 8 des Völkischen Bunds Altreichsflagge v. 20.9.1924. StAN, Polizeidirektion Nürnberg-Fürth 944.

[23] Liebel schickt am 4.9.1925 an Streicher Material „aus einwandfreier Quelle" für den „Stürmer". BA (ehemaliges BDC), Parteikorrespondenz Liebel.

[24] StAN, Polizeidirektion Nürnberg-Fürth 944.

[25] In seinem Personalfragebogen v. Oktober 1937 (wie Anm. 15) gibt Liebel unter der Rubrik „Strafen" an: *Von 1930–1933 versch. Geldstrafen wegen Vergehens gegen das Republikschutzgesetz, Pressevergehen, Beleidigung, Körperverletzung usw.* sämtlich politisch.

wieder gedacht werden und deswegen möchte ich auch in diesem Zusammenhang darauf hinweisen: Vor Ihnen steht ein alter Nationalsozialist, der sich bemüht, sein Amt auszufüllen[26].

Nach seinem Wiedereintritt in die NSDAP 1928 nimmt Willy Liebel einen rasanten Aufstieg. Er kandidiert bei der Stadtratswahl 1929. Bei Kundgebungen schlägt der getaufte Protestant Liebel[27] auch die antisemitische Trommel. Am 27. November 1929 erklärt er zum Beispiel bei einer Versammlung in Nürnberg vor 800 Zuhörern: *Der Todfeind des Mittelstandes ist nicht nur für ihn, sondern der Todfeind unseres ganzen Volkes der Jude*[28]. Liebel pflegt zwar nicht die polternden Hetz-Töne eines Julius Streicher, doch auch er vertritt ohne Einschränkungen das NS-Programm. Nicht nur in Nürnberg. Als Redner wird er vor allem in Nordbayern, aber auch im gesamten Reich eingesetzt. Der Mann weiß aufzutreten[29]. Ein Beobachter urteilt: *Liebel ist ein äusserst rühriger Agitationsredner der NSDAP. Er führt eine sehr kräftige Sprache und bewegt sich manchmal hart an der Grenze des Zulässigen*[30].

Die Stadtratswahl vom 8. Dezember 1929 beschert der NSDAP bei einem Stimmenanteil von 15,6 Prozent acht Sitze im Rathaus. Nach der SPD mit 21 Mandaten ist die Nazi-Partei damit zur zweitstärksten Gruppe im 50-köpfigen Stadtrat geworden. Liebel, auf Platz sieben der NSDAP-Liste nominiert, erhält erstmals ein Mandat. Bereits 1930 übernimmt er als Fraktionschef die Führung der NSDAP im Nürnberger Rathaus. Julius Streicher und auch sein Gefolgsmann Karl Holz, 1929 als NS-Spitzenkandidaten (Platz 1 und 3 der Liste) wiedergewählt, stehen den offenkundigen Ambitionen Liebels nicht im Wege. Umso weniger, als sie im April 1932 aus dem Stadtrat ausscheiden, nachdem sie beide in den bayerischen Landtag gewählt wurden. Streicher bekommt im Juli 1932 zudem ein Reichstagsmandat. Liebel wird der unumstrittene Chef der Nazis in der Nürnberger Kommunalpolitik.

Über Jahre ist die NS-Politik im Rathaus unter Streicher geprägt von Radau und purer Destruktion. Die Tätigkeit der Nationalsozialisten beschränkt sich vornehmlich auf Störungen und Angriffe gegen die von dem liberalen Oberbürgermeister Hermann Luppe (DDP) verkörperte Politik der Demokraten[31]. Für die NSDAP ist das Rathaus Spielfeld für Schauanträge. Es geht nicht um die Sache, sondern um die propagandi-

---

[26] Rede vor Gefolgschaftsmitgliedern der kriegswirtschaftlichen Ämter am 13.11.1939. StadtAN, C 29/Dir A, 65.

[27] Liebel tritt am 3.11.1936 aus der evangelisch-lutherischen Kirche aus; fortan bezeichnet er sich als „gottgläubig", vgl. Personalfragebogen v. Oktober 1937 (wie Anm. 15).

[28] Zit. nach Polizeiprotokoll. StAN, Polizeidirektion Nürnberg-Fürth 944.

[29] Liebel gilt als stattliche Erscheinung. In seinen späteren Lebensjahren nimmt er noch deutlich an Körpergewicht zu. In seinem Personalfragebogen vom Oktober 1937 macht Liebel folgende Angaben zu seiner äußeren Erscheinung: *178 cm, Augen grau, Kinn: gew., Nase: gew., Haar: dunkelbl.; Mund: gew., Bes. Kennzeichen: rechter kleiner Finger gekrümmt.* BA (ehemaliges BDC), Parteikorrespondenz Liebel.

[30] Polizeibericht für Pol. Dir. Regensburg v. 22.3.1932. StAN, Polizeidirektion Nürnberg-Fürth 944.

[31] Hermann Luppe (1874–1945) wurde am 18.1.1920 zum Oberbürgermeister der Stadt Nürnberg gewählt. Gestützt auf eine SPD-Mehrheit im Stadtrat, gelangen ihm während der Weimarer Republik trotz angespannter Haushaltslage beachtliche Fortschritte in der Wohlfahrtspolitik der Stadt. Als ausgewiesener Demokrat und reichsweit exponierter Vertreter der Deutschen Demokratischen Partei (DDP) sah er sich früh heftigen Angriffen der Nationalsozialisten in Nürnberg, insbesondere durch Streicher, ausgesetzt, vgl. Hermann Hanschel, Oberbürgermeister Hermann Luppe. Nürnberger Kommunalpolitik in der Weimarer Republik (Nürnberger Forschungen 21), Nürnberg 1977.

stische Wirkung. Mit Liebel verändert sich der Stil der NSDAP im Stadtrat ein wenig. Liebel läßt in Ansätzen erkennen, daß ihm an der Entwicklung der Stadt gelegen ist. Der aus eingesessener Nürnberger Familie stammende Buchdruckereibesitzer denkt durchaus daran, wie das Ansehen der Stadt zu mehren ist.

Doch auch wenn Liebel im Vergleich zu Streichers Auftreten zivilisierter erscheint, hält er an der Generallinie der NSDAP im Rathaus fest: Fundamental-Opposition und Kampf gegen das „System". Dabei wird den Beobachtern schon zu jener Zeit deutlich, daß Liebel zielstrebig ein hohes Amt der Stadt ansteuert – wenn er denn die Chance dazu hätte. Oberbürgermeister Hermann Luppe charakterisiert ihn so: *Liebel, ein nicht unfähiger Draufgänger, der oft genug sachlich sprechen wollte, bis ihm der Gaul durchging, er interessierte sich für die Dinge, da er hoffte, in absehbarer Zeit 2. Bürgermeister zu werden, aber er war doch nicht fleißig genug, um sich wirklich einzuarbeiten, er war ein geschickter Fechter, der schnell die Schwächen des Gegners entdeckte, aber er kam zu oft in pöbelhafte Angriffe, seine von Haus aus brutale Natur war durch den Verstand nicht genügend gezügelt*[32].

Willy Liebel hat viele Gesichter. Mal sanft, mal jähzornig, mal freundlich-verbindlich, dann wieder ungestüm und rüpelhaft. Er weiß seinen Verstand zu gebrauchen, dann schaltet er ihn wieder aus. Er ist ein gewiefter Taktiker und verheddert sich doch gelegentlich in den Fallstricken anderer Intriganten. Er fühlt sich seiner Geburts- und Heimatstadt verbunden, gleichwohl tut er ihr Gewalt an. Ein Wesenszug bestimmt ihn mit am meisten: sein Ehrgeiz. Er will immer weiter nach oben. Dafür tut er alles. Er paktiert, wo nötig, und ordnet sich unter, wo es klug erscheint. Denn auch dies ist kennzeichnend für ihn: Er erkennt rasch seine Grenzen. Er schlägt erst dann richtig zu, wenn der Gegner es zuläßt. So macht er zum Beispiel seinem Intimfeind Julius Streicher erst dann den politischen Garaus, als der Gauleiter bereits angeschlagen ist.

Viele Charakterzüge Liebels offenbaren sich schon während der „Kampfzeit". Noch lange vor der „Machtergreifung" lernt er das von Neid und gegenseitiger Kontrolle auch in den Führungsetagen mitbestimmte NS-System kennen und zieht daraus seine Schlüsse. Auch Liebel hat nicht nur Freunde. Gottfried Feder ist einer seiner parteiinternen Gegner. In einer „Denkschrift" beschäftigt er sich einmal vor allem mit Streicher und Holz[33]. Der führende NS-Ideologe schwärzt darin aber auch Liebel an: Er habe eine frühere Geliebte zur Abtreibung angestiftet. Ein Flugblatt greift die pikanten Vorwürfe vor der Reichstagswahl im November 1932 – Liebel kandidiert auf Rang 14 des Reichstagswahlkreises Franken – auf. Liebel wird polizeilich vernommen. Er räumt die Affäre ein, doch bestreitet er den Verstoß gegen den Paragraphen 218.

Die beschuldigte Frau, eine frühere Kontoristin der Druckerei Monninger, bestätigt die Liebesgeschichte ebenfalls, doch auch sie dementiert, schwanger gewesen zu sein. Es kommt zu keinem weiteren Verfahren. Der Fall wirft aber ein bezeichnendes Licht auf den „privaten" Liebel: Das intime Verhältnis zu dieser Mitarbeiterin besteht zwischen 1924 und 1927 – zu einer Zeit also, da die erste Ehefrau Liebels

---

[32] Luppe, zit. nach Hermann Hanschel, Luppe (wie Anm. 31), S. 350, Fn. 89.
[33] BA, NS/10, 143, Schreiben Liebels an Streicher v. 14.11.1932.

noch lebt. Offensichtlich ist die junge Frau aber nicht standesgemäß. Jedenfalls läßt sie Liebel fallen[34]. Nach dem plötzlichen Tod von Elisabeth Liebel im Jahr 1926 heiratet der Buchdruckereibesitzer 1928 Else Schmidt (geboren am 29. November 1898 in Gifhorn/Hannover). Aus dieser Verbindung stammen später vier Kinder[35].

Als kämpferischer Parteisoldat trommelt Liebel in der Endphase der Weimarer Republik für die „Bewegung". Er versucht mehrere Felder zu beackern: Er steigt intensiv in die Parteiarbeit ein. Er leitet mehrere Sektionen der NSDAP in Nürnberg, die er teilweise selbst erst gründete. Schließlich avanciert er zum Organisationsleiter der NSDAP in Nürnberg.

In den frühen Dreißiger Jahren ist auch er im propagandistischen Dauereinsatz. Er tritt in Würzburg, Altdorf, Roth oder Feuchtwangen auf. Er ist vielfältig verwendbar, spricht über *Zins und Tribut der jüdischen Hochfinanz, Steuern und Preiserhöhung fürs schaffende Volk, fort mit den Bankrotteuren aus dem Rathaus, Die Bonzen im Speck, das Volk im Dreck, Schönheit und Würde oder Freiheit und Brot* oder (vor 40 Zuhörern der Hochschulgruppe Erlangen des Nationalsozialistischen Deutschen Studentenbundes) über *Die vaterländische Erziehung und militärische Schulung der Jugend im Ausland*[36].

Im Mittelpunkt der Liebelschen Reden stehen sehr häufig Attacken gegen den SPD- und Luppe-dominierten Stadtrat. Und der Druckereibesitzer Liebel müht sich gezielt um den Mittelstand. Auch die direkte Auseinandersetzung scheut er nicht. Am 13. Juni 1930 wird er in einer Saalschlacht im Herkulesvelodrom bei einer KPD-Wahlversammlung am Kopf verletzt: *Schwere Hiebverletzung (Kopfwunde 5 Nadeln)*[37], vermerkt er später nicht ohne Stolz. Das liest sich gut in der Parteibiographie.

Liebels große Chance naht nach Hitlers „Machtergreifung". Die fränkische NSDAP, gerade in ihrer größten Zerreißprobe wegen eines über Monate schwelenden Konflikts zwischen „Frankenführer" Julius Streicher und dem fränkischen SA-Führer Wilhelm Stegmann, wird durch die Machtübernahme wieder stabilisiert. Der Sturm auf das Nürnberger Rathaus beginnt. Nach der Reichstagswahl am 5. März 1933, bei der die NSDAP in Nürnberg mit 41,7 Prozent Stimmenanteil unter dem Reichsdurchschnitt von 43,9 Prozent bleibt, vollzieht sich die lokale „Machtergreifung" ähnlich wie in anderen Kommunen. Streicher inszeniert die „Massenerregung" zum – später

---

[34] Bei der polizeilichen Vernehmung am 10.11.1932 gibt die Frau (namens Babette Gast, geb. am 9.2.1902) unter anderem an: *Es ist richtig, dass ich in der Zeit, in welcher ich als Kontoristin bei Herrn Liebel, Maxplatz 44, beschäftigt war, es war dies vom Jahre 1924 bis 1927, nach und nach dessen Geliebte wurde und als solche wiederholt geschlechtlichen Verkehr mit Liebel gehabt habe, mit dem ich einverstanden war. (...) Herr Liebel hat sich dann, als er mich abgeschüttelt hatte, sich rasch wieder verlobt und verheiratet. Die Eltern des Liebel wollten auch das Verhältnis mit mir nicht dulden und ich wurde sodann aus meiner Stelle bei Liebel entlassen. Seitdem sei sie körperlich und seelisch heruntergekommen und auf Liebel nicht mehr gut zu sprechen.* Liebel gab am 14.11.1932 zu Protokoll, daß es zu Eifersuchtsszenen gekommen sei, die Entlassung jedoch wegen *Unregelmäßigkeiten* erfolgt sei. StAN, Polizeidirektion Nürnberg-Fürth 944.

[35] Ilse (geb. 30.1.1929), Wilfried (geb. 20.10.1931), Elisabeth Veronika (geb. 18.2.1936), Rosemarie (geb. 15.3.1942). Personalblatt o.J., BA (ehemaliges BDC), Parteikorrespondenz Liebel.

[36] StAN, Polizeidirektion Nürnberg-Fürth 944.

[37] BA (ehemaliges BDC), Parteikorrespondenz Liebel, Personalfragebogen.

pathetisch so genannten – „Tag der nationalen Revolution" am 9. März. Nach Aufmärschen von SA- und SS-Stürmen hißt Streicher erst am Gebäude der Polizeidirektion, später am Rathaus Hakenkreuzfahnen als Zeichen der örtlichen Machtübernahme. Liebel überläßt das Feld nach außen Gauleiter Streicher. Derweil bereitet er sich auf seine neue Rolle vor.

Mit Gewalt und Terror gehen die Braunhemden gegen ihre politischen Gegner vor, nehmen mit Unterstützung der Polizei Sozialdemokraten, Kommunisten und Juden in „Schutzhaft". Oberbürgermeister Hermann Luppe und Bürgermeister Martin Treu (SPD) legen unter Druck ihre Ämter nieder. Noch am 1. März hat Luppe den NS-Fraktionsführer Willy Liebel nach mehreren beleidigenden Reden unter Polizeigewalt aus dem Stadtrat entfernen lassen. Keine drei Wochen später kann der Nationalsozialist triumphieren: Am 16. März 1933 wird er vom Staatskommissar für das bayerische Innenministerium mit den „Geschäften des 1. Bürgermeisters der Stadt Nürnberg" beauftragt. Julius Streicher interessiert das Amt nicht. Er gefällt sich stattdessen in der Rolle, Liebel ins höchste Amt der Stadt zu hieven.

Der rechtmäßige Oberbürgermeister Luppe wird am 18. März verhaftet. Erst als er am 22. März offiziell seinen Rücktritt erklärt, kommt er andertags wieder frei. Nun steht auch einer offiziellen Einsetzung Liebels ins Amt des Stadtoberhaupts nichts mehr entgegen. Zuvor wird der Stadtrat entsprechend den Gleichschaltungsgesetzen noch auf NSDAP-Kurs getrimmt. Die Kommunisten werden ausgeschlossen. Bei insgesamt nur noch 44 Sitzen hat die NSDAP jetzt 21 Mandate und mit den drei Sitzen der „Kampffront Schwarz-Weiß-Rot" auch die Mehrheit.

Die konstituierende Sitzung des gleichgeschalteten Stadtrats am 27. April 1933 hat nur einen Zweck: die Wahl der neuen Stadtspitze. Die Aufgabenteilung zwischen Liebel und Streicher bei diesem Akt wird zur Schablone, nach der die spannungsreiche Zusammenarbeit auch künftig kaschiert wird. Liebel spielt die Rolle des Stadtoberhaupts, das sich in der Tradition der ruhmreichen Stadt fühlt und das Wohl und Wehe Nürnbergs im Blick hat; Streicher ist der politische Einpeitscher, der das Regiment der Partei über den Verwaltungsapparat verkörpert. Nicht zuletzt das persönliche Miß-Verhältnis zwischen Liebel und Streicher trägt jedoch dazu bei, daß sich Liebel immer wieder gegen die Einflußnahme Streichers und seiner Paladine auf Vorgänge innerhalb der Stadtverwaltung wendet. Gleichwohl bleibt es ein ambivalentes Verhältnis zwischen dem Repräsentanten der Partei und dem Repräsentanten der Stadt in Parteiuniform. Trotz der Spannungen mit Streicher und seinen Adlaten hält Liebel auch wieder engen Kontakt zu ihnen und trifft sich zu geselligen Anlässen, etwa mit Karl Holz und „Stürmer"-Schriftleitern in der Kegelbahn des Gauleiters[38].

Nach außen hält sich Liebel an die Regeln. Als „kommissarischer 1. Bürgermeister" ergeht er sich in Lobhudeleien über Streicher: *Wir wissen, dass wir ihm zuvörderst das zu danken haben, was geworden ist; auch hier in unserer alten deutschen Stadt. Namens der Stadt Nürnberg und im Auftrag der Mehrheit der Bevölkerung dieser Stadt grüße ich den Freiheitskämpfer und Frankenführer Julius Streicher. Heil! Heil! Heil!*[39]

---

[38] Zum Beispiel am 5.6.1938. StadtAN, C 29/Dir A, 43.
[39] Zit. nach: Bericht über die Arbeit der Stadtverwaltung Nürnberg im ersten Jahr des nationalsozialistischen Deutschlands März 1933 – März 1934, hg. v. Stadtrat Nürnberg, Nürnberg o.J., S. 11.

Der Wahlakt findet im historischen Rathaussaal statt. Mit Stolz nimmt Liebel sofort die Geschichte der Stadt in den Dienst der NSDAP. *Die Einsetzung der Stadtspitze soll gegen die bisherige Gepflogenheit in feierlichster Form, in würdiger Weise und an geweihter Stelle erfolgen, entsprechend der Größe und Bedeutung dieser Stunde*[40]. Liebel nimmt Bezug zum Ort: *Die Zeugen des versunkenen Heiligen Römischen Reiches Deutscher Nation leuchten uns hier entgegen, die Zeugen einer ruhmreichen Vergangenheit, die nur möglich war durch die Beherzigung des Gesetzes, das hier im Saale in lateinischer Schrift zu lesen steht: „Des Volkes Wohl ist das oberste Gesetz" oder, wie es im neuen Deutschland im gleichen Sinne heißt: „Gemeinnutz geht vor Eigennutz"*[41]. So erklärt Liebel in knappen Worten sein „Regierungsprogramm". Er möchte die Stadt wieder an die goldenen Zeiten der Vergangenheit heranführen. Das Ziel ist ohne Zweifel mehrheitsfähig. Damit trifft er auch eine weit verbreitete Gefühlslage. Und wie eine Stadt zu führen ist, ist für Liebel auch klar: *Wer ein leitendes Amt im Staate Adolf Hitlers versieht, muß es zuerst und vor allem bewußt als Nationalsozialist führen können und führen, alles übrige ergibt sich dann von selbst*[42].

Die Mehrheit des Rumpf-Stadtrates wählt schließlich Willy Liebel zum 1. Bürgermeister mit der Amtsbezeichnung Oberbürgermeister. Die 16 SPD-Vertreter stimmen dagegen. Als kluger Schachzug erweist sich der NSDAP-Vorschlag, Dr. Walter Eickemeyer, bereits unter Luppe Finanzreferent, nun zum 2. Bürgermeister zu machen. So versichert sich die Partei eines wichtigen Verwaltungsfachmanns an der Stadtspitze, und sie gibt sich den Schein vermeintlicher Toleranz gegenüber Personen aus der „Systemzeit". Auch die Sozialdemokraten verweigern Eickemeyer ihre Zustimmung nicht. Einstimmig wird das frühere DDP-Mitglied gewählt[43]. Als 3. Bürgermeister kommt mit dem Rechtsanwalt Dr. Christian Kühn ein alter Parteigenosse zu Ehren. Nach dem Verbot und der Selbstauflösung der demokratischen Parteien sitzen Ende August 1933 nur noch Nationalsozialisten im Nürnberger Stadtrat.

Am 19. März 1935 tagt der Stadtrat zum letzten Mal. Nach der ab 1. April 1935 gültigen Gemeindeordnung ist das Führerprinzip auch in der Kommune fest verankert. Der jetzt auch hauptamtlich bestellte Oberbürgermeister hat die Gemeinde allein zu leiten. Die Stadträte haben ausschließlich beratende Funktion; dafür tragen sie den Ehrentitel „Ratsherren". Ganz unabhängig ist Liebel jedoch nicht. Dafür sorgt das polykratische System im NS-Staat. Bei allen Berufungen des Bürgermeisters, der Beigeordneten oder Ratsherren ist der „Beauftragte der NSDAP" – Gauleiter Julius Streicher – zur „Sicherung des Einklangs der Gemeindeverwaltung mit der Partei" beteiligt. Ein Konfliktfeld erster Ordnung zwischen Liebel und Streicher tut sich auf.

---

[40] Ebd.

[41] Ebd.; über einem Fenster des Alten Rathaussaales stand der Spruch: „Salus Populi Suprema Lex Esto". Vgl. Stadt Nürnberg (Hg.), Das alte Nürnberger Rathaus. Baugeschichte und Ausstattung des großen Saales und der Ratsstube, bearbeitet von Matthias Mende, Nürnberg 1979, S. 299.

[42] StadtAN, C 29/Dir A, 57, Vortrag Liebels „Die Gemeinde im neuen Staat" vor der Verwaltungsakademie Nürnberg am 30.10.1934.

[43] Der Jurist und Finanzexperte Dr. Walter Eickemeyer (1886–1959) stand schon seit 1920 in den Diensten der Stadt. Als berufsmäßiger Stadtrat war er unter Luppe mit dem Finanzreferat betraut. Ursprünglich war er Mitglied der Deutschen Demokratischen Partei, hatte sich aber Ende der Weimarer Republik der NSDAP genähert. Im Sommer 1932 trat er aus der DDP aus und später in die NSDAP ein.

Dabei reizt Liebel seine Möglichkeiten immer weiter aus. Eine Kleinigkeit macht er zur Affäre – um des Prinzips wegen. So weigert er sich im Herbst 1939, den SA-Obergruppenführer Günther von Obernitz von seinem Ehrenamt als Ratsherr wieder freizustellen. Hinter Liebels sturer Haltung steht vor allem, daß die Entbindung vom Amt ausgerechnet ein Wunsch Streichers ist[44].

So moderat und jovial sich Liebel in der Öffentlichkeit auch immer gibt: Zuallererst ist er Nationalsozialist, der die Ziele der Partei vertritt. Die *Säuberung der Stadtverwaltung von national unzuverlässigen Elementen und Juden*[45] beginnt gleich nach der lokalen „Machtergreifung". Das „Gesetz zur Wiederherstellung des Berufsbeamtentums" bildet die scheinlegale Grundlage. In öffentlicher Sitzung erklärt Liebel am 16. August 1933: *Ich stelle fest, daß zur Durchführung dieses Gesetzes auch unter Umständen eine gewisse Brutalität gehört, die wir Nationalsozialisten auch besitzen*[46]. Allein bis August 1933 entlassen die Nationalsozialisten 108 städtische Beamte, Angestellte und Arbeiter. Bis 1935 sind 262 Personen betroffen, zugleich werden bei Neueinstellungen 315 „Altkämpfer" bevorzugt berücksichtigt. Im Frühjahr 1939 gehören der Verwaltung 1871 „Altkämpfer und Parteigenossen" an, die seit 1933 neu eingestellt werden. 1938 hat nahezu jeder dritte von insgesamt rund 9 000 städtischen „Gefolgschaftsmitgliedern" das NS-Parteibuch in der Tasche[47].

Liebel ist klug genug, nicht auf das Wissen und die Erfahrung der langjährig bei der Stadt Beschäftigten zu verzichten. Mit Ausnahme der drei sozialdemokratischen berufsmäßigen Stadträte werden alle anderen Mitglieder des elfköpfigen Referentenkollegiums übernommen. Liebel geht sogar so weit, daß er ehemalige DDP-Mitglieder in ihren Ämtern beläßt, die er noch 1931 nicht zuletzt wegen ihrer Zugehörigkeit zur Luppe-Partei heftig attackiert hatte. Die Stadtverwaltung arbeitet nach 1933 nahezu ohne Brüche weiter. Viele Beamte verstehen sich ohnedies als Mitglieder einer fachorientierten, „unpolitischen" Verwaltung, so daß einige den Weg vom Magistrat vor 1918 über die Weimarer Republik bis ins „Dritte Reich" ohne weiteres mitgehen können. Vor allem die Beschäftigten des höheren und gehobenen Dienstes zeichnen sich durch eine besondere Anpassungsfähigkeit aus. Man richtet sich ein. Trotz Pressionen und beruflicher Nachteile wie Beförderungsstop oder Versetzung bei weniger willfährigem Verhalten in Einzelfällen gelingt es Liebel nicht, den Verwaltungsapparat ganz auf Parteilinie einzuschwören. Noch 1942 mahnt er die Belegschaft, *daß der Beamte, Angestellte und Arbeiter im öffentlichen Dienst aktiv (politisch) mitzuarbeiten hat; nur dann bietet er Gewähr dafür, daß er jederzeit rückhaltlos für den natio-*

---

[44] BA, NS/10, 143, Schreiben Streichers an den Reichsverteidigungskommissar Staatsminister Adolf Wagner v. 14.9.1939: *Aus der Ablehnung ist zu ersehen, dass es dem Oberbürgermeister Parteigenossen Willy Liebel dabei nicht um sachliche Gründe, sondern lediglich darum ging, gegen den Gauleiter zu opponieren.*

[45] Bericht 1933/34 (wie Anm. 39), S. 34.

[46] StadtAN, C 7/IX SRP, 424; in einem Rundfunkinterview sagte Liebel später im Rückblick auf die Machtübernahme: *Eine der vordringlichsten Aufgaben war auch die Reinigung des Verwaltungskörpers von Juden, Judenknechten, Marxisten und sonstigen ungeeigneten Elementen, die ich bereits in den ersten Tagen nach meinem Amtsantritt durchgeführt habe.* Manuskript o.J., StadtAN, C 29/Dir A, 65.

[47] Vgl. Siegfried Zelnhefer, Von Weimar ins Dritte Reich. Zur Nürnberger Stadtpolitik, in: Centrum Industriekultur (Hg.), Unterm Hakenkreuz. Alltag in Nürnberg 1933–1945, München 1993, S. 26.

nalsozialistischen Staat eintritt. ... Einzelne Gefolgschaftsmitglieder stehen noch immer abseits von dem politischen Geschehen[48].

Liebel vermeidet es, als Stadtoberhaupt allzu sehr in die alltäglichen Geschäfte einzugreifen. Der Oberbürgermeister versteht es in seiner Amtsführung, seinen leitenden Mitarbeitern weitgehend freie Hand zu lassen. Er fördert eine gewisse Modernisierung der Verwaltung. So beginnt schon 1933 die Zusammenfassung der städtischen Versorgungs- und Verkehrsbetriebe zu den „Städtischen Werken Nürnberg"[49].

Liebel ist vor allem politischer Repräsentant und Multifunktionsträger. Seine Ämter und Ehrenämter füllen mehrere Seiten[50]. Er achtet darauf, daß er innerhalb des NS-Staats- und Parteisystems entsprechend gewürdigt wird. Als administrativer Kopf der Verwaltung wirkt der 2. Bürgermeister Walter Eickemeyer. Die eigentliche Arbeit im Rathaus und hinter den Kulissen ist sein Geschäft, das ihm Liebel auch voll und ganz überläßt. Dies fällt ihm umso leichter, als sich Eickemeyer als überaus loyal erweist[51].

Liebel läßt der Verwaltungsspitze aber auch aus taktischen Gründen viel Spielraum. Als Mann ohne Hausmacht in der Partei sucht er in seinem Personalapparat Rückhalt. Dies gelingt ihm bereits nach kurzer Zeit. *Und es darf mit innerer Freude festgestellt werden, daß sich die gesamte städtische Arbeitnehmerschaft durch ein starkes Band unbegrenzten Vertrauens mit ihrem Oberbürgermeister verbunden fühlt*[52], bilanziert Personalreferent und Stadtrat Julius Rühm 1935. Das „unbegrenzte Vertrauen" mag sich auch dadurch festigen, wenn sich in der Verwaltung herumspricht, daß Liebel Streicher immer wieder Paroli bietet. Zu einem gehörigen Teil steckt hinter Liebels Verhalten Eigennutz. Er achtet peinlich genau darauf, daß ihm seine Kompetenzen nicht beschnitten werden. Am wenigsten von Streicher. Dabei ist Liebel stets auf Erhalt und Mehrung seiner Macht aus. Immer häufiger kommt es zum Konflikt, wenn die Nürnberger Parteileitung und ihre Protagonisten direkt in Liebels Zuständigkeit hineinregieren wollen.

In einem Fall wehrt sich Liebel gegen das Vorgehen des stellvertretenden Gauleiters Karl Holz im Jahr 1937. Holz eröffnet dem Generaldirektor der Großkraftwerk Franken AG (GFA), Henftling, bei einer Vorladung in der Gauleitung vor leitenden städtischen Mitarbeitern, er habe bei der Gauleitung kein Vertrauen, unter anderem deshalb, weil er vor 1933 einvernehmlich mit Luppe zusammengearbeitet habe und

---

[48] Zit. nach Wolfgang Eckart, Amerikanische Reformpolitik und deutsche Tradition 1945–1949, Nürnberg 1988 (Nürnberger Werkstücke zur Stadt- und Landesgeschichte 42), S. 113.
[49] Vgl. Paul Bayer, Die Zusammenfassung der städtischen Versorgungs- und Verkehrsbetriebe zu dem Unternehmen „Städtische Werke Nürnberg", in: Bericht über die Arbeit der Stadtverwaltung Nürnberg im zweiten Jahr des nationalsozialistischen Deutschlands März 1934-März 1935, Nürnberg o.J., S. 15.
[50] StadtAN, C 29/Dir A, 43, Angaben Liebels für den Reichsminister für Volksaufklärung und Propaganda v. 30.4.1938.
[51] Eckart, Reformpolitik (wie Anm. 48), S. 109, über Eickemeyer: Der Finanzexperte repräsentierte „in geradezu idealer Weise den Typus des bürgerlich-konservativen Verwaltungsfachmanns. (…) Anpassungsfähig genug, um traditionelles Berufsbeamtentum und politische Loyalität gegenüber dem neuen Regime miteinander zu verbinden, blieb Eickemeyer bis zu seiner Verhaftung durch die Amerikaner im April 1945 im Amt".
[52] Bericht über die Arbeit der Stadtverwaltung Nürnberg im zweiten Jahr des nationalsozialistischen Deutschlands März 1934 – März 1935, Nürnberg o.J., S. 61.

nun versuche, sich bei der Partei durch Geldgeschenke anzubiedern. Liebel stellt sich in einem Schreiben an Streicher vor Henftling und läßt den Gauleiter weiter wissen, daß die von Henftling überbrachte Spende von 20 000 Reichsmark für das Gauhaus durch den GFA-Aufsichtsratsvorsitzenden Bürgermeister Eickemeyer veranlaßt sei.

Ausdrücklich teilt Liebel Streicher mit: *Ich habe mich bisher, sehr verehrter Herr Streicher, vor alle meine Mitarbeiter gestellt, die ich als tüchtig und arbeitsfreudig erkannt habe und von denen ich überzeugt bin, daß sie in nationalsozialistischem Geist arbeiten. ... Wie soll ich einen geordneten Dienstbetrieb und Disziplin und Autorität in der Stadtverwaltung aufrecht erhalten, wenn einem Mann, von dem meine gesamte Verwaltung weiß, daß er mein vollstes Vertrauen genießt, in Gegenwart eines meiner leitenden Beamten von dem stellv. Gauleiter eröffnet wird, daß derselbe Mann bei der Gauleitung keinerlei Vertrauen genießt! ... Ich bitte Sie neuerdings inständig, hochverehrter Herr Streicher, doch auch den Pg. Holz zu veranlassen, daß er sich in solchen Dingen zuerst mit den schließlich und letzten Endes verantwortlichen Parteigenossen in Verbindung setzt, bevor er derartige Dinge aufzieht. ... Sie haben wiederholt auch in meiner Gegenwart Weisung gegeben, daß von der Gauleitung Angelegenheiten m e i n e s Geschäftsbereiches nur besprochen und geregelt werden sollen, wenn ich vorher damit befaßt war. Diese Anordnung ist im vorliegenden Fall nicht befolgt worden*[53].

Ein anderer Fall: Dem „verdienten" Parteigenossen Dr. Richard Stock, der auf Veranlassung der Parteiführung im Juni 1933 in der städtischen Nachrichtenstelle als Stadtamtmann angestellt wird, eröffnet Liebel zu Beginn seiner Tätigkeit im Rathaus: *Sie sind jetzt Angestellter des Rathauses und nicht mehr irgendeiner Parteidienststelle. Sie sind einzig und allein nur mir verantwortlich und haben von dem, was Sie hier arbeiten oder sehen, keiner außenstehenden Stelle, auch keiner Parteidienststelle, etwas mitzuteilen*[54]. Liebel vermutet, daß der Parteigenosse als Spitzel der Gauleitung eingeschleust ist. Gerade mit diesem Mitarbeiter führt Liebel über Jahre hinweg schwere persönliche Auseinandersetzungen. 1939 wirft er „Pg. Richard Stock", zugleich Gauamtsleiter, ein Verhalten *von niedrigster Gesinnung zeugend und beamtenunwürdig*[55] vor. Liebel strengt ein Dienststrafverfahren gegen ihn an. Stock kontert mit einem Parteigerichtsverfahren gegen Liebel. Das Oberste Parteigericht stellt Anfang 1940 die Voruntersuchung ein. Es macht aber deutlich, daß es Liebels Vorwürfe für überzogen hält. Vordergründig handelt es sich um eine persönliche Auseinandersetzung zwischen Liebel und Stock. Im Hintergrund schwingt das Machtspiel zwischen Liebel und Streicher mit. Der aktenfüllende Konflikt ist auch in München nicht nachvollziehbar. Der bayerische Innenminister läßt den Streithähnen mitteilen: *Sollen sich aussprechen! Weniger Briefe schreiben!*[56]

Diese hartnäckig geführte Auseinandersetzung bringt Liebel bei der Parteiführung wenig Punkte ein. Doch er erweist sich als unnachgiebig. Dabei geht es ihm nicht um

---

[53] StadtAN, C 29/Dir A, 43, Schreiben Liebels v. 27.4.1937 an Gauleiter Streicher.
[54] BA, NS/10, 143, zit. nach Gedächtnisprotokoll Dr. Stock v. 15.8.1939.
[55] BA, NS/10, 143, Einstellung der Voruntersuchung erfolgte am 23.1.1940.
[56] BA, NS/10, 143, Schreiben des Staatssekretärs im Bayerischen Staatsministerium des Innern an den Stabsleiter der Gauleitung Franken der NSDAP v. 14.10.1939.

übergeordnete Prinzipien; es geht ihm um sein Prestige, um persönliche Macht. Der Oberste Parteirichter Walther Buch urteilt: Beim Fall Liebel/Stock *handelt es sich letzten Endes um die Auswirkung einer nicht guten charakterlichen Veranlagung des Pg. W. Liebel, die sich auch in anderen ... Fällen in geradezu auffallender Weise geoffenbart hat*[57].

Als Oberbürgermeister setzt sich Liebel selbst vornehmlich zwei Ziele, die er zu seiner Chefsache macht: die Wiederherstellung des „alten Nürnberg" und die Profilierung Nürnbergs als „Stadt der Reichsparteitage", zu der sie Hitler mit seiner Erklärung, immer hier die Parteitage abhalten zu wollen, spätestens 1933 macht[58].

Der Schutz und der Erhalt historischer Bauwerke im Herzen der Stadt wird schon vor 1933 als wichtige kommunale Aufgabe verstanden. Die nationalsozialistische Führungsriege knüpft nahtlos an das Konzept von Sanierung und Renovierung aus der „Systemzeit" an. Die Notwendigkeit, die historische Bausubstanz zu schützen, ist längst allgemein anerkannt. Wer diesen Bürgerwillen verstärkt in die Tat umsetzt, kann sich einer breiten Zustimmung sicher sein.

Die Nationalsozialisten schlüpfen in die Rolle, die wahren Hüter der Tradition zu sein. Liebel fühlt sich als Bewahrer des „Altdeutschen" in „seiner" Stadt. Zur „Verschönerung" der Stadt gehört die Wiederherstellung zahlreicher historischer Gebäude, aber auch die rücksichtslose Beseitigung „undeutscher" Bauten. Unter anderem werden das Heilig-Geist-Spital, das Pellerhaus, das Fembohaus, der Weinstadel und das Dominikanerkloster erneuert.

Die Denkmalpfleger sind hochzufrieden: *Vor allen Dingen haben wir hier in Nürnberg das Glück, einen Oberbürgermeister zu haben, der sich mit aller Wucht für die Erhaltung seines Nürnberg einsetzt*[59], berichtet Baurat Julius Lincke, Leiter der Abteilung Denkmalpflege des städtischen Hochbauamts, im Jahr 1941. Nürnbergs „gute Stube", der Hauptmarkt, bekommt als Adolf-Hitler-Platz eine neue Rolle. Am Schauplatz der Vorbeimärsche werden „störende Elemente" beseitigt. So muß der Neptunbrunnen weichen, weil er die Sicht der Besucher behindert.

In das einheitliche Bild paßt auch nicht das im neugotischen Stil in den siebziger Jahren des 19. Jahrhunderts errichtete Telegraphenamt neben der Frauenkirche. Schon 1933 wird das Backsteingebäude vollkommen umgestaltet. Es erhält ein spitzgiebeliges Dach, die Fassade wird verputzt, und an der Stirnseite entsteht die größte antisemitische Propagandawand in der Stadt: Eine großflächige Malerei stellt einen jüdischen Händler dar, der – mit einem Geldsack in der Hand – einem „arischen" Waidmann anscheinend die Beute abkaufen will. Darunter ist in großen Lettern zu lesen: *Trau keinem Fuchs auf grüner Heid und keinem Jud bei seinem Eid!*[60]

---

[57] Vgl. Notiz o.D. BA (ehemaliges BDC), Parteikorrespondenz Liebel.
[58] Zum Auftakt des „Parteitags des Sieges" erklärte Hitler: *Ich habe mich entschlossen zu bestimmen daß unsere Parteitage jetzt und für immer in dieser Stadt stattfinden*. Zit. nach Max Domarus, Hitler. Reden und Proklamationen, Bd.1, Würzburg 1962, S. 297.
[59] Julius Lincke, Die Erneuerung der Altstadt, zweite Folge, in: Nürnberg, die Stadt der Reichsparteitage und seine Verwaltung, Heft 4, hg. v. Oberbürgermeister der Stadt der Reichsparteitage Nürnberg, Nürnberg 1941, S. 11.
[60] Vgl. Hermann Froschauer, Renate Geyer, Quellen des Hasses. Aus dem Archiv des „Stürmer" 1933–1945, Ausstellungskatalog des Stadtarchivs Nürnberg, Nürnberg 1988, S. 51.

Das Bauprogramm geht einher mit der Pflege traditioneller Veranstaltungen. So läßt Liebel schon 1933 den Christkindlesmarkt am Hauptmarkt wieder aufleben. Dieser Akt hat für Liebel eine besondere Bedeutung. Der *alte, wunderschöne und einzigartige Nürnberger Christkindlesmarkt in neuer Pracht* ist auf dem *altehrwürdigen Hauptmarkt* als *ein Symbol der neuen Zeit und ein Zeichen der wiedergefundenen deutschen Seele* erstanden[61]. Mit dem Schembartlauf wird der Fasching 1933 wieder mit Leben erfüllt. Bei den Faschingsumzügen späterer Jahre führt Liebel selbst Regie, so etwa 1938.

Liebel arbeitet daran, die Verbindung von Tradition und Nationalsozialismus in der Stadt Nürnberg deutlich zu machen. *Nürnberg, die deutsche Stadt – Von der Stadt der Reichstage zur Stadt der Reichsparteitage*[62] ist für ihn nicht nur der Titel einer repräsentativen Ausstellung 1937 im Germanischen Nationalmuseum. An diesem Image feilt er mit aller Macht. Im Liebel-Porträt des Parteiblatts „Völkischer Beobachter" hält der Autor blumig fest: *Sein Arbeitszimmer ist das Symbol seines Wollens: Raumgestaltung, Holztäfelung und eine schwere Altnürnberger Decke repräsentieren die Tradition*[63]. Und was ist Liebel am wichtigsten? *Die Arbeitsparole lautet in erster Linie: Nürnberg, die Stadt der Reichsparteitage!*[64]

Der Oberbürgermeister empfindet den Ausbau Nürnbergs zur „Stadt der Reichsparteitage" als ganz besondere Auszeichnung, der er alles unterordnet. Liebel ist zutiefst überzeugt, daß Nürnberg als „Führerstadt" und Schauplatz der jährlichen Parteifeiern eine Wiedergeburt erlebt und somit seine alte Herrlichkeit erlangt. Völkische Kreise fordern schon zu Beginn des 20. Jahrhunderts, die seit 1796 in Wien gesicherten Reichskleinodien wieder nach Nürnberg zu holen. Liebel greift das lokalpatriotische Thema früh auf und läßt keine Gelegenheit verstreichen, immer wieder auf die „geschichtlichen Ansprüche" Nürnbergs hinzuweisen.

Nach dem „Anschluß" Österreichs ist Liebel am Ziel. Zum Reichsparteitag 1938 werden die Insignien des alten Deutschen Reiches auf Dauer nach Nürnberg geholt und ausgestellt[65]. Adolf Hitler erklärt zu Beginn des Parteitages 1938 beim Empfang der Stadt im Rathaus: *In keiner anderen deutschen Stadt verbinden sich Vergangenheit und Gegenwart des Großdeutschen Reiches zu solch symbolischer Einheit und Ausdruckskraft wie in Nürnberg, der alten und zugleich der neuen Reichsstadt. Diese Stadt, die das alte Deutsche Reich für würdig befand, die Reichskleinodien in ihren Mauern zu bergen, hat die Symbole, die von der Macht und Größe des alten Reiches zeugen, nun aufs neue in ihren Besitz genommen. Heute ist Nürnberg, die Stadt der Reichsparteitage, der steingewordene Ausdruck deutscher Kraft und deutscher Größe in einem Deutschen Reiche!*[66]

---

[61] StadtAN, C 29/Dir A, 57, Liebel-Manuskript für Rundfunkvortrag am 10.12.1933, auffallend: Liebel spricht vom „altehrwürdigen Hauptmarkt", nicht vom „Adolf-Hitler-Platz".

[62] Vgl. Parteitagsprogramm 1937. BA, NS/26, 429.

[63] Vgl. „Nürnbergs Aufbau", in: „Völkischer Beobachter" v. 15.1.1934.

[64] Ebd.

[65] Nach dem Zweiten Weltkrieg werden sie wieder nach Wien zurückgebracht; vgl. Wilhelm Schwemmer, Die Reichskleinodien in Nürnberg 1938–1945, in: MVGN 65, 1978, S. 397–413; Michael Diefenbacher, Rudolf Endres (Hg.), Stadtlexikon Nürnberg, Nürnberg 1999, S. 874.

[66] Zit. nach Der Parteitag Großdeutschland vom 5. bis 12. September 1938. Offizieller Bericht über den Verlauf des Reichsparteitages mit sämtlichen Kongreßreden, München 1938, S. 32f.

Liebel erkennt rasch, welchen Symbolwert die Stadt für die nationalsozialistische Propaganda hat – und wie wichtig auch dem „Führer" Adolf Hitler das Erscheinungsbild Nürnbergs ist. Voller Überzeugung setzt er auf die Karte Hitler. Mit ihm werde Nürnberg seinen Aufstieg nehmen. Und so dichtet Liebel zum Jahreswechsel 1934/35 für das „8-Uhr-Blatt": *Der schönste Augenblick des Jahr´s? / Im Rathaussaal zu Nürnberg war´s: / Des Führers Gruss und Dankesblick! / Daran denk ich voll Stolz zurück, / Als Bürgermeister unsrer Stadt, / Die er ins Herz geschlossen hat! / Für ihn wolln wir stets schaffen, streben, / Dann wird mit Nürnberg Deutschland leben!*[67]

Die Reichsparteitage der NSDAP und der Ausbau des Reichsparteitagsgeländes werden zu den Hauptthemen Liebels. Er sieht die Entwicklung nicht nur positiv für die Stadt, sondern auch für sich persönlich. Als Oberbürgermeister der „Stadt der Reichsparteitage" ragt er auch aus der Masse der Parteibonzen heraus. Der Oberbürgermeister der Stadt der Reichsparteitage genießt seine Stellung. Während der alljährlichen Parteifeiern achtet er darauf, daß er „wichtige" Gäste beherbergt. In Liebels Wohnung am Neutorgraben 1 logieren unter anderem Reichsminister Hanns Kerrl mit Frau, Ministerpräsident Ludwig Siebert mit Frau und die Ehefrauen des SA-Stabschefs Viktor Lutze, des Reichsleiters Philipp Bouhler und des Generalbauinspektors Albert Speer[68].

Geschickt versteht er es, Schlüsselpositionen zu besetzen. Er wird mit der Führung der laufenden Geschäfte des Zweckverbands Reichsparteitage Nürnberg beauftragt. So ist er immer im Bilde, was die Entwicklung eines der größten Bauprojekte des Reiches betrifft. Fühlt sich Liebel übergangen, fordert er mit Nachdruck seine Beteiligung ein. Mit dem Bauprojekt steigt auch das Prestige des Oberbürgermeisters. Er setzt sich in Szene, gibt staatsmännische Interviews. Die Parteispitze kommt an ihm nicht vorbei. Er wird an der Organisationsleitung der Reichsparteitage beteiligt. Am wichtigsten: Er dringt in den engeren Dunstkreis von Adolf Hitler vor. Kommt der „Führer" nach Nürnberg, um den Fortgang der Arbeiten am Reichsparteitagsgelände zu verfolgen, ist Liebel an seiner Seite. Immer wieder wird er zu persönlichen Treffen bei Hitler geladen, findet einen Zugang, der anderen, auch ranghöheren Parteigenossen verwehrt ist. Dabei hilft ihm gewiß seine zunehmend gute Bekanntschaft mit Albert Speer. Zwischen dem Architekten der meisten Bauten für das Reichsparteitagsgelände und Liebel kommt es zu einer engen Verbindung. Speer nennt Liebel später sogar seinen „Freund"[69].

Liebel klettert gezielt die Karriereleiter nach oben. Doch der Weg ist nicht einfach. Als Opportunist weiß er, in welche Richtung er sein Fähnchen zu drehen hat. Erst spät, im Jahr 1932, tritt er in die SA ein. Doch schnell wird er Standartenführer zur besonderen Verwendung, Oberführer und Mitglied der Obersten SA-Führung und Ehrenführer[70]. Er steht in enger Verbindung mit SA-Führer Ernst

---

[67] StadtAN, C 29/Dir A, 65, Entwurf für das „8-Uhr-Blatt" zum 31.12.1934.
[68] StadtAN, C 29/Dir A, 43, Schreiben Liebels an das Amt für Ehrengäste am 2.8.1937.
[69] Albert Speer, Spandauer Tagebücher, Frankfurt/M., Berlin, Wien 1975, S. 172, schreibt dort von „meinem Freunde Willy Liebel".
[70] Vgl. Personalfragebogen, Oktober 1937 (wie Anm. 15). Am 9.11.1935 wird Liebel dem Stab der Gruppe Franken zugeordnet, am 9.11.1937 wird er SA-Gruppenführer, am 31.1.1941 SA-Obergruppenführer. Vgl. BA (ehemaliges BDC), Parteikorrespondenz Liebel.

Röhm[71]. Als Hitler diesen 1934 ermorden läßt, befürchtet auch Liebel das Schlimmste. Liebel ist zu jener Zeit Angehöriger des Stabes der Obersten SA-Führung. Als er am 30. Juni 1934 von den Ereignissen erfährt, leitet er – in SA-Uniform – als Vorsitzender die Hauptversammlung des Fremdenverkehrsverbandes Nordbayern im Kurhaus von Bad Steben. Er unterbricht die Tagung, um sich sofort umzuziehen. Er hat Angst. Später setzt er die Veranstaltung in ziviler Kleidung fort. Einen engen Mitarbeiter weist er an, es ihm gleich zu tun, *da wir sonst verhaftet würden*[72]. Liebel weiß sich anzupassen.

Innerhalb der NSDAP ist er von 1930 bis 1932 Organisationsleiter der Ortsgruppe Nürnberg, nach der „Machtübernahme" Kreisleiter zur besonderen Verwendung. 1936 bekommt er auch einen Sitz im Reichstag. Als „alter Kämpfer" verfügt er über das Goldene Ehrenzeichen der Partei[73]. Die meisten Posten wachsen ihm in seiner Eigenschaft als Oberbürgermeister zu. Er ist unter anderem Präsident des Kreistages von Mittel- und Oberfranken, Vorsitzender der Landesdienststelle Bayern des Deutschen Gemeindetages, Vorsitzender des Landesfremdenverkehrsverbandes Nürnberg mit Nordbayern und „bayerischer Ostmark", Vorsitzender des Vereins zur Wahrung der Main-Donauschiffahrtsinteressen in Nürnberg, stellvertretender Vorsitzender des Verwaltungsrates des Germanischen Nationalmuseums, Mitglied des Ehrenausschusses des Hauses der Deutschen Kunst und Mitglied des „Gauausschusses des Gaues Franken für den Berufswettkampf aller schaffenden Deutschen"[74].

Auch wenn Liebel durch seinen Habitus des „alten Nürnbergers" für manche „Volksgenossen" weniger als „typischer", ja sogar „gemäßigter" Parteimann erscheinen mag, so besteht doch kein Zweifel an seiner tatsächlichen Haltung: Der Nationalsozialist vertritt die Parteilinie ohne Wenn und Aber. Er steht auch hinter dem menschenverachtenden antisemitischen Programm der NSDAP. Sogar der Faschingszug 1938 dient der Judenhetze. Auf zwei Wagen werden die Juden nicht nur verhöhnt und als „Volksschädlinge" geziehen, sondern auch symbolisch – dargestellt mit Puppen – aufgehängt. Als am 6. Januar 1938 in der Reihe der zahlreichen Schikanen, Demütigungen und Entehrungen Juden auch der Besuch der städtischen Brause- und Wannenbäder verboten wird, erklärt Liebel dazu in der „Fränkischen Tageszeitung", man könne *keinem Volksgenossen zumuten, in die Wanne zu steigen, in der soeben ein Jude gebadet habe*[75]. Beim Beginn des Abbruchs der Hauptsynagoge am 10. August 1938 steht Liebel in erster Reihe neben Julius Streicher, um das Startsignal zu geben. Schon eine Woche vorher erklärt er in einer Ratsherrenberatung: *Die schlimmste Bausünde aus vergangenen Jahrzehnten ist ohne Zweifel die in einem der schönsten Teile der Nürnberger Altstadt ... gelegene Synagoge. Eine von demokratischem Judengeist umnebelte Vertretung der Nürnberger Bürgerschaft* hätte sie einst ermöglicht. Nun würde das Gotteshaus abgebrochen. Doch zuvor – Liebel gibt sich generös

---

[71] BA, NS/10, 143, Erinnerungsprotokoll eines Parteigenossen v. 15.8.1939, gegenüber anderen SA-Leuten spricht Liebel 1934 von „meinem Freunde, dem Stabschef Röhm".

[72] Ebd.

[73] BA (ehemaliges BDC), Parteikorrespondenz Liebel; Personal-Blatt vom 7.4.1942, StadtAN, C 29/Dir A, 43.

[74] Ebd.

[75] „Fränkische Tageszeitung" vom 6.1.1938.

– dürften „Kultusgeräte" mitgenommen werden. Allerdings: *Am liebsten wäre es uns, wenn die gesamte Judenschaft in Nürnberg mit ihnen einen feierlichen, möglichst endgültigen Auszug aus der Stadt der Reichsparteitage nach Palästina unternehmen würde!*[76]

In der „Reichskristallnacht" am 9./10. November 1938 ist Liebel nicht unmittelbar beteiligt. Der Pogrom nimmt in der Stadt Streichers besonders schlimme Formen an. Die massive und jahrelange Judenhetze zeitigt ihre Wirkung in den Ausschreitungen der SA-Horden. Die Synagoge in der Essenweinstraße wird in Brand gesteckt und zerstört. Nach der Vernichtung des Gotteshauses macht sich der Nazi-Mob über Häuser, Wohnungen und Menschen her. Neun Nürnberger Juden werden in der Schreckensnacht umgebracht. Zehn Frauen und Männer nehmen sich verzweifelt das Leben[77]. In einem Bericht vor den Ratsherren brüstet sich Oberbürgermeister Liebel damit, daß in der „Stadt der Reichsparteitage" 26 Juden den Pogrom nicht überlebt haben[78].

Im „Dritten Reich" verwenden auch in Nürnberg die leitenden Figuren viel Mühe auf das politische Kräftespiel. Immer wieder loten die wichtigsten Akteure ihre Kompetenzen aus. Gauleiter Julius Streicher versucht allerorten Einfluß zu nehmen. Liebel pocht stets auf seine Zuständigkeiten als Oberbürgermeister und Chef der Stadtverwaltung. Als dritter Machtfaktor wird dabei in den Dreißiger Jahren Polizeipräsident Benno Martin immer wichtiger[79]. Dabei kommen Liebel und Martin als Pragmatiker anscheinend sehr gut miteinander aus. Zu Beginn des Jahres 1938 hält Martin in einem Schreiben an Liebel fest, in dem er sich für Geburtstagswünsche bedankt: *Ich gehe in das neue Lebensjahr mit der sicheren Gewissheit, dass das harmonische und erspriessliche Verhältnis zwischen uns beiden und den von uns geleiteten Behörden eines der besten Fundamente für die weitere Arbeit im Gau Franken bilden wird.*[80]

Das „erspriessliche Verhältnis" wird mitbestimmt von der Abneigung Liebels und Martins gegenüber Streicher. So ist es kein Wunder, daß diese beiden Spitzen des nationalsozialistischen Nürnberg maßgeblich an der Absetzung des Gauleiters mitwirken. Liebel informiert höchste Stellen laufend über Streichers Untaten[81]. Zum Auslöser für weitere Schritte werden die von der Streicher-Clique betriebenen „wilden" Arisierungen, die vor allem die Taschen des „Frankenführers" und seiner Gefolgsleute füllen. Das Vorgehen kann die Partei nicht hinnehmen. Martin drängt darauf, daß der Arisierungsskandal in Nürnberg untersucht wird. Unter Leitung Hermann Görings wird eine Kommission eingesetzt. Sie tritt erstmals am 6. Februar 1939 in Berlin zusammen.

---

[76] StadtAN, C 29/Dir A, 65, Ratsherrenberatung v. 3.8.1938.

[77] Vgl. Siegfried Zelnhefer, Der innere Feind. Enteignung, Vertreibung und Vernichtung der Juden, in: Centrum Industriekultur (Hg.), Unterm Hakenkreuz. Alltag in Nürnberg 1933–1945, München 1993, S. 58.

[78] Vgl. Froschauer, Geyer, Quellen (wie Anm. 60), S. 65.

[79] Vgl. Utho Grieser, Himmlers Mann in Nürnberg. Der Fall Benno Martin: Eine Studie zur Struktur des Dritten Reiches in der „Stadt der Reichsparteitage" (Nürnberger Werkstücke zur Stadt- und Landesgeschichte 13), Nürnberg 1974.

[80] Vgl. Schreiben des Polizeipräsidenten v. 12.2.1938, StadtAN, C 29/Dir A, 44.

Streicher selbst macht Martin und Liebel als Verbündete gegen ihn aus[82]. Streicher ist sich der Feindschaft Liebels auch früher schon bewußt – und zeigt dies auch: *Im Jahr 1938 hatte er ihm durch seinen persönlichen Adjutanten zum Geburtstag demonstrativ einen großen Distelstrauß überreichen lassen*[83]. Anfang 1940 sind der Polizeipräsident und der Oberbürgermeister am Ziel. Am 13. Februar muß sich Streicher vor dem Obersten Parteigericht in München verantworten. Das Gremium erklärt den „Frankenführer" *zur Menschenführung nicht geeignet*[84]. Er behält zwar seinen offiziellen Rang als Gauleiter, wird jedoch aus dem öffentlichen Leben entfernt. Er muß sich auf sein Gut Pleikershof bei Cadolzburg zurückziehen. Streicher ist im nationalsozialistischen Deutschland politisch erledigt. Liebel muß dies als einen seiner größten Siege empfunden haben.

Kreisleiter Hans Zimmermann ist vorübergehend der ranghöchste NSDAP-Funktionär in der Stadt, da Streicher-Stellvertreter Karl Holz 1940/41 im Kriegseinsatz ist. Nach seiner Rückkehr von der Front löst er als kommissarischer Gauleiter Zimmermann ab. Damit steht Liebel auf Parteiseite erneut eine ihm verhaßte Figur gegenüber[85]. Möglicherweise hat sich Liebel aber auch selbst Hoffnungen gemacht, zum Gauleiter berufen zu werden. Jedenfalls beschwert er sich bei Bormann über die Holz'sche Ernennung. Doch er handelt sich nur eine kühle Antwort ein. Demonstrativ bleibt Liebel der ersten Massenkundgebung von Holz fern. Es ist nicht auszuschließen, daß Liebel unter dem Einruck der von ihm als Niederlage empfundenen Holz-Ernennung besonders gern ein überraschendes Angebot seines „Freundes" Albert Speer annimmt: Liebel erhält eine Führungsaufgabe in Berlin. Im April 1942 wird er ins Speer'sche Reichsministerium für Bewaffnung und Munition abgeordnet. Er ist dort Chef des Zentralamtes[86]. Liebel verfügt offensichtlich über Verwaltungsfähigkeiten, die Speer hoch einschätzt. Sein Amt als Oberbürgermeister gibt Liebel nicht auf. Doch in Nürnberg ist er nicht mehr präsent. Während der Kriegsjahre zwischen 1942 und 1945 hält er sich überwiegend in Berlin auf.

Noch einmal winkt ihm eine weitere, scheinbar reizvolle Aufgabe. Am 17. August 1943 bietet der Sekretär des „Führers", Martin Bormann, dem Nürnberger Oberbürgermeister an, den Posten des Gauleiters von Wien zu übernehmen. Er ist auch geneigt, das Angebot anzunehmen, sagt schon zu. Doch Speer rät ihm dringend davon ab. Anderntags macht Liebel einen Rückzieher. Er begründet seine Absage vordergründig damit, daß er schon lange nicht mehr in der Parteiarbeit stehe und deshalb der Aufgabe nicht gewachsen sei. Doch die eigentlichen Gründe nennt Speer am 19. August 1943, wie Bormann festhält: *Heute Mittag traf ich die Pg. Speer und Liebel vor dem Bunker des Führers; Pg. Speer sagte mir sofort, als Stabschef der SA*

---

[81] Vgl. Grieser, Himmlers Mann (wie Anm. 79), S. 167.

[82] Streicher bezichtigt Martin, gemeinsam mit Liebel, „einen mit niedrigsten Mitteln geführten Vernichtungskampf" zu betreiben. Zit. nach Grieser, Himmlers Mann (wie Anm. 79), S. 188.

[83] Speer, Spandauer Tagebücher (wie Anm. 69), 1975, S.173.

[84] Zit. nach Froschauer, Geyer, Quellen (wie Anm. 60), S. 72.

[85] Polizeipräsident Martin berichtete davon, daß zu jenem Zeitpunkt zwischen Liebel und Holz „seit mehr als 10 Jahren eine erbitterte persönliche Abneigung" bestand. Zit. nach Grieser, Himmlers Mann (wie Anm. 79), S. 226.

[86] BA (ehemaliges BDC), Parteikorrespondenz Liebel, Personal-Blatt o.J.

würde er Pg. Liebel freigegeben haben, für den Posten eines Gauleiters sei dies nicht möglich; der Posten des Zentralamtes sei wichtiger als der Posten des Gauleiters in X. Auch Pg. Liebel äußerte keinerlei Neigung mehr zur Übernahme dieses Gauleiter-Postens; er betonte, er glaube nicht, daß er die Aufgabe, an der schon zwei Männer gescheitert seien, würde meistern können. Nach dem gemeinsamen Mittagessen trug ich dem Führer die Stellungnahme der Parteigenossen Liebel und Speer vor und der Führer erklärte sofort, von dem Projekt, die Gauleitung mit Liebel zu besetzen, solle Abstand genommen werden[87].

In diesem Fall folgt Liebel noch einmal dem Ratschlag Speers. Am Ende des Krieges, im März 1945, kehrt er – gegen den ausdrücklichen Rat seines Mentors – in seine Heimatstadt zurück, *um als Oberbürgermeister in diesen Tagen an Ort und Stelle zu sein*[88]. Das Stadtoberhaupt spürt Verantwortungsgefühl und Pflichtbewußtsein. Im Gegensatz etwa zu Streicher, der sich nach Oberbayern absetzt, fühlt sich Liebel „seiner" Stadt, die längst einer Trümmerlandschaft gleicht, verbunden. Das Kommando führen andere: Reichsverteidigungskommissar Karl Holz und Oberst Richard Wolf. Liebel wendet sich gegen eine Verteidigung Nürnbergs. Doch sein Wort hat kein Gewicht mehr in den letzten Tagen des Krieges. Immerhin gelingt es dem Oberbürgermeister zu verhindern, daß weder Hallertor- noch Steubenbrücke, weder Gas- noch Wasserwerke gesprengt werden[89]. Karl Holz sendet am Abend des 18. April an Hitler ein begeistertes Telegramm, wohl wissend, daß die Stadt bald fallen wird: *Mein Führer! Der Endkampf um die Stadt der Reichsparteitage beginnt. Die Soldaten schlagen sich tapfer und die Bevölkerung ist stolz und standhaft. Ich werde in dieser deutschesten aller Städte bleiben, kämpfen und fallen. In diesen Stunden schlägt mein Herz mehr denn je in Liebe und Treue für Sie und für das herrliche deutsche Reich und Volk. Die nationalsozialistische Idee wird siegen und alle Teufelei überwinden. Es grüßen Sie die Nationalsozialisten des Gaues Franken in deutscher Treue*[90].

Liebel hält sich an der Seite des ihm einst verhaßten Holz auf. Es kommt zu sentimentalen Szenen. Holz bietet Liebel das Du an. *Es ist schade, daß wir so oft durch Mißverständnisse aneinander vorbeigegangen sind*[91], sagt Holz. Am Abend des 19. April macht sich Holz mit einem Stoßtrupp zu den letzten sinnlosen Gefechten auf. Liebel wird nicht mitgenommen. Schon bei der vorausgegangenen Besprechung ist Liebel völlig apathisch und uninteressiert, als ob er unter einem gewissen Zwang stünde[92]. Als er feststellt, daß er im Palmenhofbunker zurückgelassen wird, fühlt er sich gänzlich alleingelassen. Er schließt mit seinem Leben ab. Nach der letzten Unterredung mit Oberst Wolf zieht er sich in einen Nebenraum zurück und richtet sich mit

---

[87] Aktenvermerk Bormanns im Führerhauptquartier vom 19.8.1943. BA (ehemaliges BDC), Parteikorrespondenz Liebel. Josef Bürckel und Baldur von Schirach hatten vorher den Wiener Gauleiter-Posten inne. „Nach Meinung Speers wollte Bormann den Nürnberger OB in Wien ‚kaputt machen' und für ihn einen von Bormann abhängigen Mann in Speers Ministerium bringen", schreibt Grieser, Himmlers Mann (wie Anm. 69) S. 226, Fn. 18.

[88] Speer, Spandauer Tagebücher (wie Anm. 79), S.173.

[89] Vgl. Bericht von Major Dörrwald vom Februar 1948. StadtAN, C 36/I Nr. 322.

[90] Zit. nach Kunze, Kriegsende (wie Anm. 1), S. 243f.

[91] StadtAN, C 36/I, 322, zit. nach Zeugenaussage Georg Emmert, früher Gauobmann der DAF.

[92] Vgl. Kunze, Kriegsende (wie Anm. 1), S. 163.

einem gezielten Kopfschuß in den frühen Morgenstunden des 20. April 1945 selbst. *Kaum war Liebel gegangen, da hörte ich einen peitschenden Knall. Von einer trüben Ahnung erfaßt, eilte ich in den vom Gauleiter mit seinem Stabe belegten Raum des Bunkers. Liebel lag mit einem Kopfschuß tot auf seiner Pritsche. Der Revolver war seiner Hand entfallen. Als etwa 1$^1/_2$ Stunden später sich der Gauleiter vom Stoßtrupp zurückmeldete, teilte ich ihm den Tod Liebels mit*[93], hält Oberst Wolf später fest.

Karl Holz fällt im Endkampf um Nürnberg. Am 20. April ist in der „Stadt der Reichsparteitage" der Zweite Weltkrieg zu Ende. Liebels Leichnam wird erst am 25. April am Ort seines Selbstmordes entdeckt. Mitarbeiter der Bauverwaltung identifizieren den Mann als die sterblichen Überreste des Oberbürgermeisters. Der Leichnam ist schwer. Zu sechst tragen sie ihn zum Rochusfriedhof, wo Liebel am 26. April 1945 in der Nähe des südwestlichen Eingangs bestattet wird[94]. Wenige Monate später, am 3. August 1945, wird die Leiche exhumiert und auf den Johannisfriedhof in das Familiengrab überführt[95].

Am Selbstmord Liebels besteht kein Zweifel. Elf Jahre nach Kriegsende klagt die Ehefrau Liebels auf eine Witwenrente. Sie behauptet, ihr Mann sei im Kampf um Nürnberg gefallen. Die 13. Kammer des Nürnberger Sozialgerichts rekonstruiert mit Hilfe zahlreicher Zeugen die letzten Lebensstunden Liebels. Die Klage wird abgewiesen. Else Liebel erhält keine Witwenrente. Die „Nürnberger Nachrichten" berichten über den Prozeßausgang: *Liebel war wie jeder andere Mann in Nürnberg erst am 13. April 1945 zum Volkssturm aufgerufen worden. Sein militärischer Dienst als Volkssturmangehöriger war nach Überzeugung des Gerichts nicht Ursache für seinen Tatentschluß. Nach Meinung des Gerichts war sein krankhafter Zustand, in dem er zur Pistole griff, in erster Linie auf seine Stellung als Oberbürgermeister der vor dem Untergang stehenden Stadt zurückzuführen*[96]. Das Gericht sieht die *Kurzschlußhandlung* als einen *Bilanzselbstmord* an[97].

---

[93] StadtAN, C36/I, 322, Wolf-Bericht.
[94] Tagebuchaufzeichnungen von Dr. Friedrich Seegy, in: Kunze, Kriegsende (wie Anm. 1), S. 355.
[95] StadtAN, C 36/I, 322, Zeugenaussage Georg Lanzet v. 11.5.1956.
[96] „Nürnberger Nachrichten" v. 15.5.1956, S. 7.
[97] StadtAN, C 36/I, 322, Urteilsbegründung.

Esther Reinhart

Thingspielbewegung und Kino in der Stadt Wunsiedel während des Dritten Reiches

Als die Nationalsozialisten im Januar 1933 die Regierungsgewalt in Deutschland übernommen hatten, versuchten sie mit allen Mitteln ihre Machtposition zu festigen – mit Gewalt und Terror, aber auch durch Propaganda und Beeinflussung der Menschen. Als Ziel wurde die Schaffung einer NS-orientierten „inszenierten Volksgemeinschaft" definiert, wie der Titel des Standardwerkes über die Thingspielbewegung von Rainer Stommer lautet[1]. Das Wort „Inszenierung" schlägt den Bogen zu der hier vorliegenden Studie, die als historische Mikroanalyse das Theater- und Kinowesen in der Fichtelgebirgsstadt Wunsiedel am Beispiel nationalsozialistischer Theaterpolitik nachzeichnen möchte. Hierbei soll das bekannte Freilichttheater der Luisenburg ganz bewußt ausgeklammert werden[2]. Anhand von zwei inhaltlich begrenzten Beispielen aus dem umfangreichen Themenkomplex des NS-Theaters ist der Versuch der Nationalsozialisten herauszumodellieren, durch Bild und Wort die Menschen auf ihre politischen Ideen einzuschwören – und das in der Bayerischen Ostmark.

I. Die Thingspielbewegung

1. Begriffsbestimmung

Der Terminus „Thing" ist hinsichtlich seiner Bedeutung schwer faßbar, weshalb verschiedene Ansätze über Herkunft und Inhalt des Begriffes existieren. Auch die Nationalsozialisten beschäftigten sich mit dem Ursprung und dem Sinngehalt des Wortes und stützten sich hierbei auf eine altgermanische Überlieferung. In einem Artikel vom 10. März 1934 im „Völkischen Beobachter" wurde das „Thing" als der Beratungs- und Gerichtstag der Germanen definiert.

Diese Veranstaltungen fanden auf den sogenannten „Thingplätzen" statt, die sich meist an einem markanten Ort befanden, der landschaftliche, kulturelle, politische oder auch wirtschaftliche Bedeutung besaß. Oft wurden solche Bauten im Umkreis hoher Bäume oder steil aufragender Felsen, auch neben alten Hünengräbern und immer unter freiem Himmel angelegt[3]. Nach den Bauplänen der nationalsozialistischen Architekten – organisiert im „Akademischen Arbeitskreis für Architekten" – sollten die großen Zuschauerarenen mit mehreren tausend Plätzen die Form eines Ovals oder eines Kreises haben, um die Einheit der Volksgemeinschaft zu demonstrieren und eine Trennung von Zuschauer und Darsteller zu

---

[1] Rainer Stommer, Die inszenierte Volksgemeinschaft. Die Thing-Bewegung im Dritten Reich, Marburg 1985.
[2] Esther Traßl, Freizeit und Kultur in Wunsiedel während der Zeit des Nationalsozialismus (1933–1945), in: Archiv für Geschichte von Oberfranken 78, 1998, S. 381–401.
[3] „Völkischer Beobachter" 10.3.1934.

vermeiden[4]. Äußeres Zeichen für die Einführung des Begriffes „Thing" war dessen erste Verwendung in einer offiziellen Verlautbarung vom 27. Juli 1933[5]. Die von den Nationalsozialisten vereinnahmte Bezeichnung durfte nach einer Verordnung des Nachrichtendienstes des Deutschen Gemeindetages vom 21. Oktober 1934 nur für solche Anlagen verwendet werden, deren Errichtung entweder der Reichsminister für Volksaufklärung und Propaganda Joseph Goebbels oder eine entsprechende Landesstelle des RMVP mit dem Reichsbund der deutschen Freilicht- und Volksschauspiele vor dem 15. Oktober 1934 genehmigt hatten. Als Thingspiele waren somit nur diejenigen Aktivitäten zu bezeichnen, die ausdrücklich als solche definiert waren[6]. Es ging den Ideologen der NS-Bewegung dabei um die Darstellung des nationalsozialistischen Staates als das einzige Ideal politischen und gesellschaftlichen Handelns und Denkens schlechthin. Eine andere Intention stand dagegen hinter der Veranstaltung von großen Aufmärschen zu NS-Gedenktagen wie etwa zum „Tag der Machtergreifung" oder dem „Marsch auf Coburg", an denen jeweils mehrere Tausend Menschen teilnahmen. Dies waren Feierstunden der Nationalsozialisten, an denen sie sich selbst und ihr Regime hoch leben ließen, ein System, auf das die Teilnehmer nicht mehr eingeschworen werden mußten, sondern mit dem sie sich schon längst identifiziert hatten.

2. Der Beginn der Thingspielbewegung

Nach der Machtübernahme durch die Nationalsozialisten begannen diese konsequent, das öffentliche Leben im Deutschen Reich nach ihren Vorstellungen zu verändern. Dazu gehörte vor allem auch die Umgestaltung der nationalen Feiertage und Gedenktage wie des 1. Mai, der Sonnenwende, des Erntedankfestes oder der Volkstrauertage, um nur einige exemplarisch anzuführen. Jene Feiern wurden zu Ereignissen, an denen die Nationalsozialisten sich selbst und ihr Regime mittels großer Aufmärsche und Kundgebungen in pompösem Stile inszenierten. Doch neben diesen traditionellen Veranstaltungen schufen die Nationalsozialisten neue Feste, mit deren Hilfe es ihnen gelang, die Öffentlichkeit immer mehr in ihren Bann zu ziehen. Als bestes Beispiel für die aufwendig organisierten Feiern dürften die Reichsparteitage in Nürnberg gelten, an denen Hunderttausende teilnahmen und die zu einer Demonstration nationalsozialistischer Machtfülle avancierten[7].

---

[4] Sonderdruck aus der Bauzeitschrift „Bauamt und Gemeindebau", 16. Jg., Hannover. o. J. Diese Orte sollten keine Stätten für Volksbelustigungen sein und auch nicht für das traditionelle Theater „mißbraucht" werden. *Sie sollten Weihestätten, Kultstätten unseres völkischen Lebens sein, auf ihnen haben nur kultische Spiele, die aus dem völkischen, politischen und sozialen Leben stammen, Platz. Hier wird unser Volk bei seinen großen festlichen Kundgebungen, zu denen auf diesen Plätzen der künstlerische Rahmen, die künstlerische Gestaltung gefunden werden soll, zum Erlebnis seiner großen Aufgaben geführt.* Stadtarchiv Wunsiedel (StadtAWUN), Akt 411/II.
[5] „Theater-Tageblatt" 27.7.1933, Berlin 1933.
[6] Nachrichtendienst des Deutschen Gemeindetages, Nr. 31 vom 21.10.1934; StadtAWUN, Akt 411/II.
[7] Stommer, Volksgemeinschaft (wie Anm. 1), S. 44f . Zu den Reichsparteitagen siehe ausführlich Siegfried Zelnhefer, Die Reichsparteitage in Nürnberg. Geschichte, Struktur und Bedeutung der größten Propagandafeste im nationalsozialistischen Feierjahr (Nürnberger Werkstücke zur Stadt- und Landesgeschichte 46), Nürnberg 1991.

Im Gegensatz zu den Reichsparteitagen, die schon vor 1933 enorme Ausmaße angenommen hatten, gestalteten sich die Anfänge der Thingspielbewegung eher zögerlich. Das Reichsministerium für Volksaufklärung und Propaganda protegierte sie jedoch als Träger nationalsozialistischen Gedankengutes und wies ihr damit eine bedeutende Rolle im Kulturleben des Reiches zu. Das Ministerium schloß mit dem Reichsarbeitsdienst ein Abkommen, nach dem dieser den Bau der Stätten in Zusammenarbeit mit den jeweiligen Städten und Gemeinden[8] mit möglichst geringem Kostenaufwand durchführen sollte. Unterstützung bei der Errichtung solcher Stätten sagten auch zahlreiche andere Verbände und politische Einrichtungen zu; dazu gehörten zum Beispiel der Reichsjugendführer Baldur von Schirach, die nationalsozialistische Gemeinschaft „Kraft durch Freude" sowie zahlreiche Gau- und Kreisleiter. Viele Orte – unter ihnen auch die kleine Fichtelgebirgsstadt Wunsiedel – wollten sich mit einer derartigen kultischen Stätte schmücken, und es kam überall im Reich zu einer regen Planungstätigkeit. Man strebte danach, möglichst schnell sichtbare Erfolge nachzuweisen und begann oftmals euphorisch mit den Arbeiten, ehe noch irgendwelche Baupläne oder Abkommen zwischen den Städten und Gemeinden, dem Reichsarbeitsdienst und dem Reichsbund der deutschen Freilicht- und Volksschauspiele beziehungsweise dem Propagandaministerium vorlagen. Der braunschweigische Ministerpräsident Klagges bekundete: *Ich will im Lande Braunschweig 6 solcher Thingplätze errichtet haben, denn diese festlichen Plätze, auf denen alle großen Veranstaltungen und Spiele der Erwachsenen und der Jugend stattfinden können, fehlen uns. Sie sind die Voraussetzung für die Weiterführung unserer nationalpolitischen Erziehungsarbeit.*[9]

Insgesamt war die Errichtung von 400 Thingplätzen vorgesehen (einer pro 150 000 Einwohner), von denen fünf bis sieben in Bayern liegen sollten, zum Beispiel in München, Regensburg, Würzburg, Bad Tölz und Rosenheim[10].

3. Die hochfliegenden Pläne der Stadt Wunsiedel

Die Anfänge der Thingspielbewegung vollzogen sich spontan und verliefen keineswegs nach einem vorgefertigten Planungsschema. Auch die Stadtverwaltung von Wunsiedel wollte nicht hinter den anderen Städten und Gemeinden des Reiches zurückstehen und strebte den Bau einer eigenen Thingstätte an. In einem ausführlichen Bericht des Bürgermeisters Schippel an den Ortsgruppenleiter Wabel vom 9. Februar 1934 führte dieser in euphorischer Weise aus, daß Wunsiedel sich um eine Thingstätte bewerbe, und er hoffe, ein solches Vorhaben werde bei ihm auf offene Ohren stoßen. Gerade für die Bayerische Ostmark als Grenzland sei es eminent wichtig, neben der Luisenburg ein weiteres „Bollwerk gegen den Osten" zu besitzen. Vorteile für die Stadt bestünden vor allem in der Mehrung ihres Ansehens und der

---

[8] Die Städte und Gemeinden müßten – gestaffelt nach ihrer Einwohnerzahl – finanzielle Beiträge zur Errichtung der Thingstätten leisten in einer Höhe von 10 bis 200 RM. Bei einer Gemeinde wie Wunsiedel mit weniger als 10 000 Einwohnern läge dieser Beitrag bei 10 RM. Schreiben Laubingers an die deutschen Gemeinden und Gemeindeverbände 3.2.1934; StadtAWUN, Akt 411/II.
[9] StadtAWUN, Akt 411/II.
[10] „Völkischer Beobachter" 10. 2. 1934.

Hebung ihrer kulturellen Bedeutung. Daneben würde sich natürlich auch die wirtschaftliche Lage verbessern und eine Erholung auf dem angespannten Arbeitsmarkt der Region, eines traditionellen Notstandsgebietes, könne erreicht werden[11]. Abgesehen von diesen wirtschaftspolitischen Faktoren dürfe man sich durch die Schaffung eines Thingplatzes in der nahen Zukunft eine Verbesserung besonders auf *geistigem und kulturellem Gebiet* erhoffen[12]. Die Angelegenheit sei energisch und beschleunigt voranzutreiben, da sich sicher noch viele andere Städte und Gemeinden in der Bayerischen Ostmark für ein solches bedeutendes Unternehmen interessieren würden. Bürgermeister Schippel führte in seinem Schreiben an den Ortsgruppenleiter, der zu den führenden Nationalsozialisten der Stadt zählte, noch weitere Gründe aus, welche für eine Wahl Wunsiedels sprächen. Zunächst beschrieb er die historische Komponente. Die Hauptstadt der Sechsämter sei von jeher die Zentrale des Fichtelgebirges gewesen und damit gleichsam der wirtschaftliche, kulturelle und geistige Mittelpunkt[13]. Dem Gebiet würde damit wieder seine alte historische Bedeutung zuteil und die Beziehungen zum nahen Deutsch-Böhmen könnten sich verstärken[14]. Darüber hinaus existiere in Wunsiedel mit der herrlichen Königswiese ein idealer Ort für eine solche Stätte. Wegen seiner vorzüglichen Lage inmitten der idyllischen Landschaft des Fichtelgebirges, fernab von Verkehrslärm, sei dieser Platz dennoch gut zu erreichen und seine Erschließung wäre somit auch nicht allzu teuer. Die Größe von rund 57 000 qm ermögliche zudem ein Fassungsvermögen von 3000 bis 10 000 Besuchern beim Thingspiel oder sogar 5000 bis 20 000 bei anderen Kundgebungen. Des weiteren wäre das Einzugsgebiet mit etwa 158 500 Einwohnern genügend groß, um eine ausreichende Auslastung zu garantieren, was ein solches Bauvorhaben problemlos rechtfertige[15]. Die Stadt würde sich trotz ihrer angespannten finanziellen Lage bereit erklären, sich an den Kosten zu beteiligen, führte Schippel weiter aus. Der Beitrag der Stadt bestünde aus der Abtretung der Königswiese und auch – falls dieser Platz nicht ausreichen sollte – von weiteren Arealen für die Anlage von Parkplätzen oder

---

[11] Am 2.7.1935 lebten in der Stadt Wunsiedel 6479 Einwohner, davon waren 8,8% arbeitslos. StadtAWUN, Akt II/407.
[12] Schippel hat sich schon 1928 dahingehend geäußert, daß *Wunsiedel ... künftig vielleicht noch mehr als bisher, seine Bestimmung erblicken* [soll] *auf kulturellem und geistigem Gebiete, in der Pflege und im Ausbau der Schönheiten der Natur, die uns der Himmel geschenkt, in der Kultivierung der idealen Güter, die uns ein gütiges Geschick in den Schloß gelegt. Wenn mit diesen Pfunden richtig gewuchert wird, dann bleibt sicherlich auch der materielle Segen auf die Dauer nicht aus.* StadtAWUN, Akt II/411.
[13] Zusammen mit Hohenberg, Selb, Arzberg, Thiersheim und Thierstein, Weißenstadt und Kirchenlamitz bildete Wunsiedel das Sechsämterland. Daneben gehörte die Fichtelgebirgsstadt neben Hof, Bayreuth und Kulmbach zu den vier wichtigsten Städten des ehemaligen Fürstentums Bayreuth. Schippel machte daher den Vorschlag, in diesen anderen Städten ebenfalls solche Weihestätten zu errichten, um die kulturelle Einheit dieses Gebietes auch auf diesem Gebiet zu demonstrieren; StadtAWUN, Akt II/411.
[14] Zu diesem Gebiet unterhielt Wunsiedel seit jeher enge persönliche, wirtschaftliche, politische und kulturelle Beziehungen und bezeichnete sich selbst als ein „Bollwerk gegen den Osten"; StadtAWUN, Akt II/411.
[15] Zum Einzugsgebiet für ein solches Unternehmen gehörten neben den Bezirken Wunsiedel (45 000 Bewohner) und Rehau (21 000 Bewohner) auch Kemnath (8000 Bewohner) und Tirschenreuth (23 000 Bewohner) je zur Hälfte, daneben die Städte Selb (14 000 Bewohner) und Marktredwitz (8500 Bewohner) und Asch (12 000 Bewohner) und Eger (17 000 Bewohner) je zur Hälfte. Zusätzlich noch einige kleinere Gemeinden (10 000 Bewohner); StadtAWUN, Akt II/411.

Straßen. In diesem Zusammenhang könne auch die Trockenlegung des teilweise feuchten Geländes und dessen Kultivierung vorgenommen werden. Schließlich wäre, so Bürgermeister Schippel, eine Thingstätte auch als eine sinnvolle Ergänzung zu den überregional bekannten Luisenburg-Festspielen zu betrachten. Eine Konkurrenz sei absolut nicht zu befürchten, da der Charakter der Aufführungen sehr unterschiedlich wäre und die Thingspiele die bisherigen Darbietungen auf der Luisenburg sicher noch inhaltlich erweitern würden. Auf dem Thingplatz sollten kultische Spiele stattfinden, daneben Kundgebungen, Aufmärsche und Großveranstaltungen der NS-Bewegung. Auf Grund dieser zahlreichen Ausführungen müßte es der Gauleitung leichtfallen, diesen Plan zu unterstützten und beim Reichsbund vorstellig zu werden, um dort für die Erbauung eines solchen Platzes zu werben[16].

So weit der ausführliche Bericht des begeisterten Bürgermeisters, der jedoch mit seiner Idee bei der örtlichen Parteileitung ins Leere lief, denn Ortsgruppenleiter Wabel beantwortete seine Anfrage am 7. März 1934 abschlägig. Er verwies darauf, daß Marktredwitz ebenfalls eine solche Thingstätte plane und dort auch schon Mittel zur Verwirklichung dieses Unternehmens bereit stünden. In Wunsiedel würden bislang diese Voraussetzungen fehlen, es sei denn, die Stadt erschließe potente private Geldgeber oder es fände sich ein Platz, der mit weniger Aufwand ausgebaut werden könnte als die besagte Königswiese. Nach Wabels Überzeugung dürfte dieses Areal sicherlich für große Vorhaben in Frage kommen, doch habe er selbst keine Hoffnung, daß an diesem Ort aufgrund der gegebenen schlechten finanziellen Lage ein solches Projekt zu verwirklichen sei. Er werde dennoch in dieser Angelegenheit bei der Gauleitung in Bayreuth vorstellig werden und auch die Idee einer großen Thingstätte für den gesamten nordöstlichen Teil Oberfrankens auf der Königswiese ansprechen, doch habe er kaum Hoffnung auf einen positiven Bescheid der dortigen NS-Funktionäre um Gauleiter Hans Schemm[17]. Eine Möglichkeit, so Wabel, wäre es nun noch gewesen, dieses Projekt auf eigene Initiative hin zu verwirklichen und die Finanzierung mittels privater Geldgeber zu sichern[18]. Jedoch benötigte man dazu die Zustimmung des Reichsbundes, und diese ließ noch auf sich warten[19].

---

[16] StadtAWUN, Akt II/411.

[17] In einem Schreiben der Gauleitung an Bürgermeister Schippel vom 28. Februar 1934 heißt es zu der Anfrage, daß nach einer Unterredung mit Kultusminister Hans Schemm gegenwärtig wenig Aussicht bestehe, den Bau einer Thingstätte in Wunsiedel zu verwirklichen. Es seien zur Zeit lediglich drei solche Unternehmungen geplant, nämlich in München, Nürnberg und Regensburg. Zusätzlich habe Passau einen Plan eingereicht. StadtAWUN, Akt II/411.

[18] Die Finanzierung der Thingspielbewegung blieb Sache der Städte und Gemeinden. Im Jahr 1934 unterstützte das RMVP das Theaterwesen mit 9,7 Mio. RM, 300 000 RM davon entfielen auf die Freilichttheater. Dieser Etat wurde zum großen Teil für Werbemaßnahmen und das Prestigeprojekt in Heidelberg verwandt. Hier plante man für 1934 große Spiele mit klassischen Dramen, einer zentralen Kundgebung mit 18 000 Teilnehmern, einer Sternenwallfahrt der HJ, einer Ausstellung und einer Tagung des Reichsbundes und des Dichterkreises. Man wollte hiermit auch dem Ausland die Stärke des Reiches auf kulturellem Gebiet demonstrieren. Der Bau wurde jedoch nicht rechtzeitig fertig, die Kosten stiegen enorm an, und schließlich mußten die Spiele in einem deutlich abgespeckten Rahmen präsentiert werden. Stommer, Volksgemeinschaft (wie Anm. 1), S. 74.

[19] Man versuchte immer wieder vom Reich, der Partei oder durch Patenschaften von Parteiorganisationen für solche Projekte Gelder zu sammeln. Es entstand die Idee, Thingplätze im Rahmen von Notstandsarbeiten zu errichten und ein Abkommen mit dem FAD über den Bau dieser Anlagen zu schließen. Stommer, Volksgemeinschaft (wie Anm. 1), S. 57.

Trotzdem das Placet noch fehlte, hatte der Wunsiedler Stadtrat die Pläne für den Bau einer Thingstätte allerdings schon – wie andere Städte auch – in Auftrag gegeben. Jäh enttäuscht zeigte sich Bürgermeister Heinrich Schippel, als von der Gauleitung aus Bayreuth die Nachricht kam, daß Regensburg, München und Nürnberg als geeignete Städte für Thingplätze ausgewählt worden seien und Wunsiedel die Unterstützung für ein solches Vorhaben nicht erhalten werde. An eine Finanzierung aus eigenen Mitteln war in der kleinen Fichtelgebirgsstadt nicht zu denken, und so mußte man die hochfliegenden Pläne aufgeben[20]. Die Thingspielbewegung in Wunsiedel wurde damit nur zu einer kurzen Episode im „Tausendjährigen Reich", doch nicht nur hier.

4. Das Ende der Thingspielbewegung

Nach einer gründlich verpatzten Premiere in Heidelberg[21], bei der die nationalsozialistische Kultur auch dem ausländischen Publikum vorgeführt werden sollte, veranlaßte Goebbels einen Stop für weitere Bauvorhaben und ordnete eine Bestandsaufnahme der bisherigen Arbeiten an. Ende Juli 1934 lag das Ergebnis vor: sechs Thingplätze waren fertig, 20 weitere in Bau. Das Interesse an weiteren Genehmigungen blieb jedoch ungebremst. Man sprach von 500, im Mai 1935 gar von 600 Anträgen. Das Propagandaministerium beantwortete aber immer mehr Anfragen negativ, auch weil eine große Finanzierungslücke zu klaffen begann. Die schon genehmigten Thingplätze drohten immer größere Dimensionen anzunehmen, und weil der Reichsarbeitsdienst sich nicht mehr im Stande sah, diese Bauvorhaben allein zu bewältigen, beschäftigte man normale Arbeiter auf den Baustellen. Dadurch entspannte sich zwar die Arbeitsmarktlage im Reich, aber die Kosten explodierten und von der Partei oder dem Staat waren keine finanziellen Hilfen zu erwarten[22].

Doch bevor das rasche Ende der Thingspielbewegung skizziert werden soll, sei noch ein kurzer Blick auf deren Inhalte geworfen. In einem für das Behördensystem des Dritten Reiches typischen Konkurrentenkampf um die Vorherrschaft der Gestaltung kulturellen Lebens war es dem Reichspropagandaminister gelungen, seinen schärfsten Konkurrenten Alfred Rosenberg hinter sich zu lassen und eine unanfechtbare Position innerhalb der Partei und des Staates zu erlangen. Am 2. Oktober 1934 erließ die Reichskulturkammer den sogenannten „Thingerlaß", danach waren die Bezeichnungen ‚Thing‘, ‚Thingstätte‘ oder ‚Thingplatz‘ ... *nur zulässig für bauliche Anlagen, deren Errichtung durch den Reichsminister für Volksaufklärung und Propaganda für die Zeit nach dem 15. 9. 1934 oder von einer Landesstelle des Reichsministerium für Volksaufklärung und Propaganda in Verbindung mit dem Reichsbund der deutschen Freilicht- und Volksschauspiele vor dem 15. 9. 1934 genehmigt und beur-*

---

[20] StadtAWUN, Akt II/411.

[21] In Heidelberg hatte man im März 1934 mit den Planungen für eine Thingstätte begonnen. Man plante darauf große Spiele, die Aufführung von Dramen, Kundgebungen und wollte es als Tagungsort nutzen. Als sich der Bau jedoch immer mehr verzögerte und die Kosten explodierten, konnten die geplanten Spiele im Sommer 1934 nicht wie vorgehabt abgehalten werden; Stommer, Volksgemeinschaft (wie Anm. 1), S. 74.

[22] Jutta Wardetzky, Theaterpolitik im faschistischen Deutschland, Berlin (Ost), 1983, S. 96.

kundet worden ist[23]. Als Thingspiele durften nur solche Werke aufgeführt werden, *welche vom Reichsdramaturgen auch als Thingspiel zugelassen*[24] wurden. Ende 1934 begann damit innerhalb der rasch „aufgeblühten" Thingspielbewegung eine Art von Konsolidierungsphase. Einen Rückschlag erlitt man allerdings nach der Entlassung des Leiters des Reichsbundes am 8. Februar 1935, womit der Thingspielbewegung der bis dato führende Kopf fehlte. Kurz nach dessen Weggang genehmigte Joseph Goebbels den letzten Thingplatz des Reiches mit der Begründung, daß die Kapazitäten des Reichsarbeitsdienstes ausgereizt wären und solch aufwendige Unternehmungen nicht länger zu finanzieren seien. Dies war aber nicht gleichbedeutend mit einem generellen Verbot. In einigen Städten und Gemeinden gelang es jedoch durch großzügige Unterstützung örtlicher Parteistellen und engagierter Bürgermeister, weitere Plätze zu errichten. Im Mai 1935 existierten aber lediglich neun spielbereite Plätze, zehn sollten im Sommer folgen. Es lassen sich zu diesem Zeitpunkt mindestens zwölf aktive Spielgemeinschaften nachweisen, und ein halbes Jahr später meldete der Reichsbund 17 Thingplätze und 14 genehmigte Thingspiele, die zur Aufführung kommen durften.

Die Nationalsozialisten erkannten allerdings recht schnell, daß eine nationalsozialistische Volkskultur, ein nationales Theater, auf diesem Wege nicht zu schaffen war. Daraufhin sollte sich die Kultur- und Theaterpolitik im Dritten Reich grundlegend ändern[25]. Das Propagandaministerium rückte zunehmend von der Thingspielidee ab, betrieb die Auflösung der Spielgemeinschaften – wodurch viele Schauspieler und Theaterangestellte ihre Arbeit verloren – und die Beendigung der Thingspielbewegung nun mit der gleichen Konsequenz und ähnlichem Elan wie zuvor deren Aufbau. Am 23. Oktober 1935 erfolgte aus dem Propagandaministerium die Anweisung: *Vom Reichspropagandaministerium wird ... angeordnet, daß mit dem heutigen Tage keinerlei Begriffe wie Thing oder Thingstätte in Verbindung mit Partei, parteipolitischen Veranstaltungen oder staatlichen Unternehmungen verwandt werden dürfen. Auch ist die nationalsozialistische Weltanschauung künftig nicht mehr mit Begriffen wie Kult, kultisch u. a. in Verbindung zu bringen ... Die bekannten Thingstätten ... sind als Freilichtbühnen zu bezeichnen*[26].

1935 war die Thingspielbewegung offiziell kein Thema mehr, und es wurde still um sie, wenn sie auch nicht vollständig von der Oberfläche verschwand. Schließlich lebte sie in ihren Bauten und ihren Spielen weiter. Es existierten zahlreiche fertiggestellte Thingstätten und weitere, die sich noch im Bau befanden. Erstere nutzte man schon wegen ihrer Größe und faszinierenden Atmosphäre für zahllose Kundgebun-

---

[23] Meldung des Nachrichtendienstes des Deutschen Gemeindetages 26.10.1934; StadtAWUN, Akt 411/II.
[24] Ebd.
[25] Goebbels selbst äußerte sich dazu auf dem Reichsparteitag 1935 und sprach von „falschem Übereifer". Kultische Handlungen könnten nicht ohne grundlegende Voraussetzungen initiiert werden, ohne unglaubwürdig zu wirken. Einer Überbeanspruchung der Begriffe „Kult" oder „Thing" müsse entgegengesteuert werden; Klaus Vondung, Magie und Manipulation, Göttingen 1971, S. 42.
[26] Zit. nach Wolfgang Kloss, Die nationalsozialistischen Thingspiele. Die Menschen des Faschismus 1933–1935 in seinem trivialen Theater. Eine parataktische Darstellung, Diss. Wien 1981, S. 75. Später bezeichnete man Thingstätten im Gegenzug zu Freilichtbühnen als „Feierstätten" und Thingspiele als „anerkannte chorische Dramen"; Stommer, Volksgemeinschaft (wie Anm. 1), S. 124.

gen, für Sonnwendfeiern oder Fahnenweihen[27]. Letztere sollten nicht unvollendet bleiben, um von diesem „gescheiteren" Versuch nationalsozialistischer Kulturpolitik abzulenken. Die Last der Vollendung beließ man bei den Städten und Gemeinden, die von der Partei oder dem Reichsbund auch weiterhin keine Unterstützung erwarten konnten. Die Thingspielbewegung hatte jedoch im Laufe ihres Bestehens zahlreiche Anhänger gefunden, die tatkräftig bei der Erstellung der Plätze mitwirkten. Hierin zeigt sich auch eine gewisse Gleichgültigkeit des Propagandaministeriums: Auf der einen Seite entzog man der Thingspielbewegung jegliche Unterstützung, löste die Spielgemeinschaften auf und verbot den Begriff „Thing" in Verbindung mit der nationalsozialistischen Weltanschauung, und auf der anderen Seite erlaubte man die Fertigstellung solcher Bauten. Ein weiterer Schritt hin zum Ende der Thingspielbewegung war das von Goebbels im Mai 1936 erlassene Sprechchorverbot[28]. Daß trotz dieses Erlasses die Freilichtbühnen-Bewegung auch weiterhin fortgesetzt werden konnte, lag vor allem an der Beliebtheit jener Theaterform bei der Bevölkerung, so daß die Zahl der Freilichtbühnen stetig anwuchs.

Zu dieser Zeit blickten die Wunsiedler aufmerksam in die Nachbarstadt Marktredwitz, die 1937/38 mit dem Bau eines Thingplatzes am „Zwölf-Örter-Stein" begann. Dort versuchte man, das Projekt aus eigenen Mitteln zu finanzieren. Der Bau kam jedoch wegen finanzieller Engpässe nie zur Vollendung, und die Marktredwitzer NSDAP hielt dort niemals auch nur eine Veranstaltung ab[29]. Die einzige bespielte Thingstätte der Bayerischen Ostmark entstand 1935 in Passau. Sie war für maximal 18 000 Menschen ausgerichtet und bei der Einweihung agierten etwa 1600 Schauspieler vor 10 000 Zuschauern. Selbst während des Krieges 1940 fanden hier Theateraufführungen statt und nach 1945 nutzte man die Stätte weiterhin für verschiedene Veranstaltungen[30].

II. Die „Paläste der Zerstreuung"

1. Das Kino unter dem Hakenkreuz

Ganz im Gegensatz zu den großen Thingstätten, die vor allem unter dem fehlenden unterhaltsamen, da ideologisch schwer „verdaulichen" Repertoire, der Wetterabhängigkeit und der oftmals schlechten Erreichbarkeit der Plätze litten, erlebten die Innentheater im Dritten Reich eine regelrechte Blütezeit. Die Nationalsozialisten erkannten explizit im Kino ein neues und effektives Medium der politischen Einfluß-

---

[27] Die Thingplätze – auch wenn sie diesen Namen nicht länger führten – dienten den Nationalsozialisten als Feierstätten für Kundgebungen aller Art. An der Einweihung der Segebergs am 10.10.1937 nahm auch Goebbels teil und bezeichnete diesen Ort als eine „politische Kirche des Nationalsozialismus"; Stommer (wie Anm. 1), S. 153f.
[28] Hierin betont er nochmals den übermäßigen Gebrauch des Sprechchores und damit verbunden die Herausbildung einer „Gebrauchslyrik" in der lediglich Platitüden und Allgemeinplätze enthalten waren. „Die geschwollene und bombastische Ausdrucksweise ... steht in scharfem Gegensatz zu dem schlichten Kämpferleben und dem schweigenden Opfer unserer Parteigenossen ..." Deshalb verbot Goebbels „für alle Veranstaltungen der Partei und ihrer Gliederungen die Verwendung des Sprechchors". Zit. nach Stommer (wie Anm. 1), S. 131.
[29] StadtAWUN, Akt 411/II.
[30] Stommer (wie Anm. 1), S. 216.

nahme und Unterhaltung, wo besonders die Wochenschauen mit den zunächst erfolgreichen, und von Fanfarenstößen begleiteten Meldungen dazu beitrugen, das Nationalgefühl zu stärken und mit unterhaltsamen Filmen und Wunschkonzerten die Menschen vom oftmals tristen Kriegsalltag abzulenken.

Propagandaminister Joseph Goebbels, der „Volkstribun" Adolf Hitlers, maß dementsprechend dem Kino als Medium zur Selbstinszenierung und Indoktrination[31] große Bedeutung zu und förderte dieses „Erziehungsmittel" des Volkes mit massivem Aufwand. Auf einer Jahrestagung der Reichskulturkammer und der nationalsozialistischen Gemeinschaft „Kraft durch Freude" thematisierte Goebbels am 27. November 1939 seine ideologischen Ziele folgendermaßen: *Je dunkler die Straßen sind, desto heller unsere Theater und Kinosäle ... Je schwerer die Zeit ist, desto leuchtender muß sich über ihr die Kunst als Trösterin der Menschenseele erheben.*[32]

Die Nationalsozialisten verwandten deshalb enorme Summen zur Unterstützung dieses Unterhaltungsmediums, und auf Grund dieser großen Expansion existierten im Jahr 1938 bereits 5446 Lichtspielhäuser im Deutschen Reich mit mehr als zwei Millionen Sitzplätzen, während 1936 lediglich 109 Kinos mit 119 126 Plätzen bestanden hatten. Dazu kamen in den nächsten Jahren die Kinos in den besetzten Gebieten, die über 300 Wanderkinos zur Versorgung des flachen Landes und eine Vielzahl von mobilen Filmtrupps, welche den Soldaten an der Front ein wenig Unterhaltung bereiten sollten.

2. Die Anfänge des Kinos in der Fichtelgebirgsstadt Wunsiedel

In den Quellen ist als erstes Lichtspielunternehmen in Wunsiedel das Kinematographentheater P. Lindner aus Nürnberg überliefert, das im Juni 1914 und in den Folgejahren immer wieder erfolgreiche Gastspiele in der Fichtelgebirgsstadt abhielt[33]. Als stationäres Kino etablierte sich im November 1918 das Kino des örtlichen Schuhmachermeisters Arno Groschwitz und dessen Frau Margareta im Saal des Hotels „Kronprinz" mit immerhin 220 Sitzplätzen[34]. Im März 1921 wurde es in „Lichtspielhaus Wunsiedel"[35] umbenannt, und am 9. Februar 1925 erhielt das „Lichtspielhaus M. Groschwitz Wunsiedel" ein eigenes Gebäude mit 370 Sitzplätzen[36]. Konkurrenz erwuchs Margareta Groschwitz im März 1926, als ein neues Lichtspieltheater unter dem Namen „Apollo-Theater Wunsiedel" seine Pforten öffnete[37]; jedoch schloß

---

[31] *Er (der Film) ist keine Kunst für ein paar tausend Gebildete, sondern eine Kunst für das Volk, und zwar für das Volk bis hin zu seinen primitivsten Regungen. Er appelliert nicht an den Verstand, nicht an die Vernunft, sondern an den Instinkt ... er hat die Möglichkeit, in die Breite zu wirken und bis zum letzten Mann im letzten Dorf vorzudringen.* Zit. nach Gerd Albrecht, Film im Dritten Reich, Karlsruhe 1979, S. 77.

[32] Zit. nach Joseph Goebbels, Die Zeit ohne Beispiel. Reden und Aufsätze aus den Jahren 1939–1941, München 1941, S. 220, in: Peter Reichel, Der schöne Schein des Dritten Reiches. Faszination und Gewalt des Faschismus, München, Wien 1991.

[33] StadtAWUN, Akt XXXVI/71, Auszüge aus dem Beschlußbuch der Stadt Wunsiedel 13.10.1917, 18.2.1918, 4.5.1918, 2.11.1918.

[34] StadtAWUN, Akt XXXVI/71, Auszug aus dem Beschlußbuch der Stadt Wunsiedel 10.10.1919.

[35] StadtAWUN, Akt XXXVI/71, Auszug aus dem Beschlußbuch der Stadt Wunsiedel 1.3.1921.

[36] StadtAWUN, Akt XXXVI/72, Auszug aus dem Beschlußbuch der Stadt Wunsiedel 27.11.1925.

[37] StadtAWUN, Akt XXXVI/72, Auszug aus dem Beschlußbuch der Stadt Wunsiedel 5.3.1926.

dieses Kino nach immer wiederkehrenden Verstößen gegen das Jugendgesetz, und ab dem 15. Oktober 1929 stand Margareta Groschwitz wieder als alleinige Kinounternehmerin da[38]. Die Besucherzahlen waren beachtlich, und die Bevölkerung nahm auch das angebotene Filmprogramm schon während der Weimarer Republik gerne an.

3. Das Wunsiedler Kino im Dritten Reich

Nicht allein in den Metropolen des Reiches erlebten die Kinos nach 1933 einen regelrechten Boom, auch auf dem flachen Land standen die Menschen Schlange an den Kassen. Die Sitzplätze im „Lichtspielhaus M. Groschwitz Wunsiedel" reichten bei weitem nicht mehr aus, weshalb die Besitzerin weitere 15 hinzufügte. Ende 1939 resümierte Margareta Groschwitz, daß sich der Kinobesuch während der letzten Jahre hervorragend entwickelt habe. Auch ein weiterer Ausbau des Platzangebotes wäre problemlos möglich gewesen, wenn das Gebäude größere Kapazitäten zur Verfügung gehabt hätte[39]. Das Kinoprogramm, das während der Zeit zwischen 1933 und 1939 gezeigt wurde, hatte überwiegend unterhaltsamen Charakter (Lustspiele, Heimatfilme, Komödien, Musikfilme oder Volksstücke). Dazu kamen zahlreiche Dokumentationen, Erziehungsfilme der Partei und auf das Jahr 1939 hin mehr und mehr Kriegsfilme. Eindeutig politisch-propagandistischen Inhalt hatte der Film „Jud Süß", der vom 25. bis 27. Dezember 1939 in fünf Vorstellungen zu sehen war[40]. Auch nach Ausbruch des Krieges sollte sich an diesem Spielplan wenig ändern. Gerne setzten die Nationalsozialisten auf den ideologischen Hintergedanken in Form der Propagierung deutschen Heldentums mit Unterhaltung und Humor. Der wohl bekannteste Vertreter aus diesem Metier war der Volksschauspieler Heinz Rühmann, der mit Filmen wie „Quax, der Bruchpilot", „Die Feuerzangenbowle" oder „Heimkehr ins Glück" die Kinosäle füllte. Gegen Ende des Krieges konnten die Besucher im Wunsiedler Lichtspielhaus ausschließlich Komödien, Heimat-, Liebes-, Musik- oder Zirkusfilme sehen[41]. Ziel war es, die Menschen zum Durchhalten zu bewegen und ihnen einige Stunden der Ablenkung vom Alltag zu gewähren. Den Filmen ging immer die aktuelle „Wochenschau"[42] voraus, in der die Menschen über die Geschehnisse im Reich, den Führer und die Partei sowie nach 1939 hauptsächlich über die großen Siege der Deutschen an allen Kriegsfronten unterrichtet wurden[43].

Gerade bei den Buben und Mädchen in der Stadt erfreute sich das Kino einer großen Begeisterung, und immer wieder kam es dazu, daß Jugendliche Vorstellungen besuchten, die nicht für sie geeignet waren. Wegen Überfüllung des Saales bei zu

---

[38] StadtAWUN, Akt XXXVI/72, Auszug aus dem Beschlußbuch der Stadt Wunsiedel 15.10.1929.

[39] Als sich die Geschäfte weiter gut entwickelten, plante Margareta Groschwitz ein weiteres Kino in der Stadt. Doch sollte dies an der Intervention der Stadtverwaltung und auch an finanziellen Engpässen scheitern. StadtAWUN, Akt XXXVI/72, Protokoll der Stadtratssitzung 29.12.1939.

[40] StadtAWUN, Akt 73, Spielplan 1939.

[41] Sechsämterbote, Programmankündigungen 1933 bis 1945.

[42] Die „Wochenschau" bezeichnete Goebbels als *das beste Volksverführungsmittel, das wir besitzen*. Zit. nach Hilmar Hoffmann, „Und die Fahne führt uns in die Ewigkeit". Propaganda im NS-Film, Bd. 1, Frankfurt a.M. 1988, S. 108f.

[43] Traßl (wie Anm. 2), S. 138f.

starkem Besucherandrang wurden deshalb immer wieder Verwarnungen und Geldstrafen gegenüber der Kinobesitzerin verhängt, was allerdings zu keiner Zeit eine Schließung des Kinos nach sich zog[44]. Zu einer solchen kam es erst, als der Vorführer Arno Groschwitz am 22. Oktober 1940 zur Wehrmacht eingezogen wurde. Seine Frau Margareta erwartete zu dieser Zeit ein Kind, und weil kein Ersatz für ihren Mann gefunden werden konnte, mußte sie am 30.12.1940 ihren Betrieb einstellen. Auf strikte Anordnung der Stadtverwaltung revidierte sie jedoch ihre Entscheidung und am 24. Januar 1941 nahm das Kino seinen regulären Betrieb wieder auf. Als die Niederkunft anstand, wurde Arno Groschwitz am 21. Februar 1941 vom Wehrdienst beurlaubt. Im Mai erhielt er jedoch erneut seine Einberufung und aus Protest folgte eine weitere Schließung. Seinem Einsatz konnte er aber damit nicht entgehen und der Bürgermeister und die NSDAP-Gauleitung der Bayerischen Ostmark beschlossen, das Kino nun unter eigener Regie weiterzuführen. Margareta Groschwitz wollte diese Entscheidung allerdings nicht hinnehmen und bemühte sich um die Erlaubnis, das Kino wieder eigenverantwortlich führen zu dürfen, was ihr schließlich am 20. Juli 1942 genehmigt wurde[45]. All diese Entwicklungen der Stadt und der Partei machen transparent, welch große Bedeutung dem Unterhaltungsmedium Kino gerade im Krieg beigemessen wurde.

Die Besucherzahlen sollten sich mit den Jahren stetig erhöhen. Waren es von 1933 ab drei reguläre Spieltage gewesen, verlangten die Zuschauer im Jahr 1941 weitere Vorstellungen, was zu einem vierten Spieltag (insgesamt fünf Vorstellungen) führte, zu dem ein Jahr später noch ein weiterer kommen sollte (insgesamt neun Vorstellungen)[46]. Als interessante Entwicklung während des Krieges ist die Ausbildung eines eigenen Schwarzmarktes für Kinokarten anzuführen, auf dem das häufigste Tauschmittel die begehrten Zigaretten waren. Denn die große Zahl von Evakuierten, von Verwundeten im Reservelazarett in Alexandersbad und Wehrmachtsangehörigen in Wunsiedel, führte dazu, daß die einheimische Bevölkerung nicht mehr so oft in den Genuß des Kinobesuchs kommen konnte, wie noch in den Jahren zuvor. Die 500 in Wunsiedel stationierten Soldaten erhielten deshalb eine eigene Sondervorstellung pro Woche, was dann den Andrang zu den regulären Vorstellungen deutlich verminderte[47]. Während des Krieges mußte allerdings auch das Kino Einschränkungen hinsichtlich der Öffnungszeiten hinnehmen, denn wegen der Verdunkelungsvorschriften hatte das Lichtspieltheater um 22 Uhr zu schließen. Bei Luftalarm war die Vorstellung auf jeden Fall zu unterbrechen. Doch selbst diese Einschränkungen vermochten den Besucheransturm bis zuletzt nicht zu mindern. Zu sehr verlangte die Bevölkerung nach der willkommenen Abwechslung vom Kriegsalltag. Ob allerdings jedem Besucher immer bewußt war, daß in allen Programmen unterschwellig immer das Regime eine „Inszenierung" seiner Ideale versuchte?

---

[44] StadtAWUN, Akt XXXVI/72, Protokoll der Stadtratssitzung 29.12.1939.
[45] StadtAWUN, Akt XXXVI/72, Aktenvermerk 21.2.1941.
[46] StadtAWUN, Akt XXXVI/73, Spielplan 1942.
[47] StadtAWUN, Akt XXXVI/73, Schreiben Bürgermeister Dreschers an den Oberstabsarzt des Reservelazaretts in Alexandersbad 12.2.1945.

III. Fazit

Das totalitäre Regime der Nationalsozialisten erstreckte sich auf alle Bereiche des Lebens und hatte die Schaffung einer Hitler-treuen „Volksgemeinschaft" zum Ziel. Die in diesem Beitrag skizzierten Beispiele der episodenhaften Thingspielbewegung und des Kinowesens können aufzeigen, daß die braunen Machthaber glaubten, durch eine offene, aber auch verdeckte Indoktrination nationalsozialistischen Gedankengutes mittels Bühne und Film die Menschen für sich und ihre Ideologie gewinnen, ja von ihren Zielen überzeugen zu können. Diese nahmen das kulturelle Angebot auch gerne an – was sich an den Besucherzahlen ablesen läßt –, bereiteten Filme und Theater doch vergnügliche Stunden und Abwechslung vom Alltag. Rein propagandistische Stücke oder Filme zeigten jedoch kaum Wirkung und verschwanden schnell wieder von den Spielplänen. Auf dem direkten Wege war es den Nationalsozialisten also nicht gelungen, die angestrebte „Volksgemeinschaft" zu verwirklichen, nicht in den großen Metropolen des Reiches und auch nicht in den kleinen Städten und Gemeinden wie in Wunsiedel. Die angedachte neue Gesellschaft und die originäre nationalsozialistische Kultur blieben Utopie, obgleich sich, genau das zeigt das Kinowesen, die NS-Ideologen als Meister unterschwelliger Suggestion der Massen zeigten. Doch reichte das alleine nicht aus.

Nach Kriegsende und der berühmten „Stunde Null", die für Wunsiedel in der Nacht zum 20. April 1945 kam, setzte auch in der Geburtsstadt Jean Pauls bei der Bevölkerung jener innerliche Verdrängungseffekt der Vergangenheit ein, der allerorten in Deutschland zu verzeichnen war. Die vermittelten „Werte" des NS-Regimes lösten sich rasch auf, was angesichts der Not und des Hungers der unmittelbaren Nachkriegszeit auch verständlich war, und erneut diente das Kinoprogramm zur Ablenkung vom tristen Dasein. Bereits am 27. Oktober 1945 zeigte das „Lichtspielhaus Capitol" mit Genehmigung der amerikanischen Militärregierung unter Major Douglas H. Alexander in Wunsiedel die ersten Filme[48].

---

[48] Sitzungsbuch der Stadt Wunsiedel 2.11.1945; StadtAWUN, 313/2.

Georg Wolfgang S c h r a m m

Das unterirdische Rüstungsprojekt bei Ebelsbach in Unterfranken 1944/45

1. Einleitung

„97 500 Ebelsbach. Kriegsmäßige Kugellagerfabrik, Kugelfischer Zweigwerk Eltmann; Stollenanlage zwischen den Gemeinden Ebelsbach und Eltmann; Ausführung 1944/45. Größere, unterirdische Produktionsanlage mit sieben fertiggestellten Stollen. Kurz vor dem Bauabschluß der Werke wurden die Stollenanlagen durch einen Bombenangriff teilweise zerstört. Die Produktion wurde nicht aufgenommen. Erhalten; vermietet an Pilzzuchtunternehmen. Qu.: Schreiben Gemeinde Ebelsbach, 3.5.1991"[1].

Diese knappen – und sachlich teilweise unrichtigen – Zeilen sind der einzig bedeutende Hinweis auf das größte unterirdische Verlagerungsvorhaben der NS-Kriegswirtschaft in Unterfranken. „Kies" hat nie Schlagzeilen produziert, wurde stets nur am Rande erwähnt – oft unter dem Schleier des Geheimnisvollen: *Über allem erhebt sich der buckelige, von unterirdischen Gängen durchzogene Ebelsberg, dessen dichte Wälder zu ausgedehnten Spaziergängen verlocken*[2]. Kein Wunder, daß die Stollen auch in Ebelsbach und Umgebung so gut wie unbekannt sind.

Ein Grund dafür, daß dem Kapitel „Verlagerungen" bislang so wenig Aufmerksamkeit zuteil wurde, dürfte neben der Nähe zu Kriegswirtschaft und Zwangsarbeit auch die schlechte Quellenlage sein. Die Ursachen dafür sind vielfältig. So gab zum Beispiel am 7. November 1944 General Weisenberger, der Befehlshaber des Wehrkreiskommandos XIII Order, alle nicht unbedingt benötigten Akten und Papiere der Altpapiersammlung zu überantworten: *... Entscheidend muß sein, möglichst viel Altmaterial zu erfassen, eingedenk dessen, daß in Notzeiten übertriebene Aufbewahrungsfristen fehl sind und auch dem Luftkrieg nicht trotzen. ... Wer nicht bereit ist, innerhalb seines Bereiches sofort daraus die notwendigen Folgerungen zu ziehen, begeht Sabotage an Volkskraft und Volksvermögen und kann keinen weiteren Führungsanspruch in dieser harten und ernsten Zeit erheben*[3]. Das Oberbergamt München – unter anderem Fachaufsichtsbehörde auch für den Bau beziehungsweise Ausbau von Stollen und Höhlen – meldete Anfang Dezember 1945 den Verlust aller Unterlagen durch Fliegerschaden[4], und wenig später klagte der Wehrwirtschaftsoffizier im Wehrkreis XIII: *... Schriftliche Unterlagen sind immer weniger zu erhalten, da die in Betracht kommenden Stellen wegen Personalmangels und aus Arbeitsvereinfachungsgründen die Berichterstattung einstellen oder sich auf Vierteljahresberichte beschränken. Verschiedene Berichterstatter lehnen die Berichterstattung mit*

---

[1] Winfried Nerdinger (Hg.), Bauen im Nationalsozialismus, Bayern 1933–1945, München 1993, S. 435.
[2] Fränkischer Tag vom 13.10.1962.
[3] Bundesarchiv (BA), Militärarchiv, Freiburg (MA) RW 46/466.
[4] Staatsarchiv Bamberg (StABA), K 600, Nr. 16, Schreiben des Oberbergamtes vom 3.12.1945.

Abb. 1: Luftbild der Gegend um Ebelsbach der amerikanischen Flugaufklärung vom 9. April 1945.

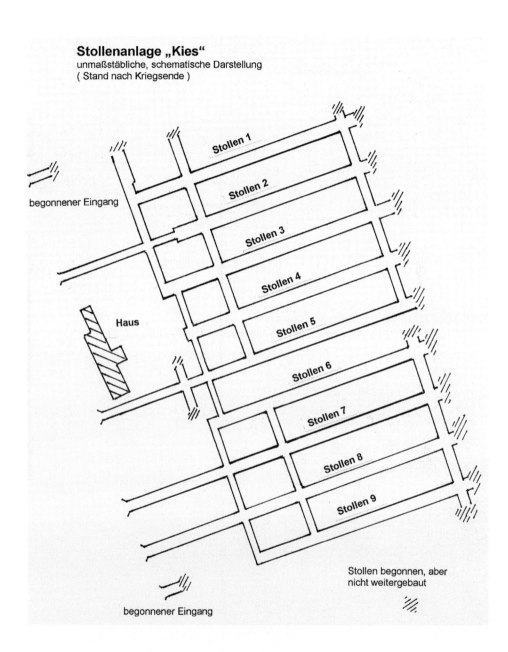

Abb. 2: Grundriß der Stollenanlage.

Abb. 3: Unterirdische Rüstungsproduktion (Ort unbekannt).

Abb. 4: Die Stollenanlage bei Ebelsbach im heutigen Zustand.

dem Hinweis ab, daß sie diese bei der augenblicklichen Situation für zeitraubend, nicht notwendig oder unzweckmäßig halten, da an den geschilderten Mängeln kaum etwas geändert werden könne. ... Fernmündliche Auskünfte können wegen Geheimhaltung nicht erteilt werden ...[5] Spätestens mit dem Näherrücken der Front begann auch in Unterfranken das Verbrennen von Akten[6]. Ein großer Teil des Werksarchivs von Kugelfischer soll unmittelbar nach Kriegsende in Gerolzhofen vernichtet worden sein[7]. Verschiedene Anfragen bei Verbänden und Firmen (so auch FAG Kugelfischer) blieben ergebnislos[8]. Das Befragen von Zeitzeugen ist ebenfalls problematisch, die meisten damals Verantwortlichen sind längst verstorben oder nicht mehr in der Lage Auskunft zu geben. Ähnlich ist es bei den Anwohnern. Die wenigen, die aussagebereit sind, waren seinerzeit noch Kinder oder Heranwachsende, entsprechend eingeschränkt sind ihre Erinnerungen.

Ein nicht zu unterschätzendes Hilfsmittel bei der Datierung, der Bewertung von Schäden sowie bei der Feststellung und Lokalisierung von Baumaßnahmen beziehungsweise Gebäuden waren daher verschiedene amerikanische Kriegsluftbilder aus dem Bestand der LuftbildDatenbank Würzburg[9].

2. Vorgeschichte

2.1. Entwicklung des Luftkriegs

Als am 22. April 1942 die ersten Soldaten der 8. amerikanischen Luftflotte noch per Schiff auf den Weg nach Großbritannien gebracht wurden[10], begann auch im Luftkrieg die Wende, zunächst unmerklich, denn erst am 27. Januar 1943 flog die 8. U.S.A.A.F. ihren ersten Tagangriff auf das Reichsgebiet[11]. Das von den Deutschen besetzte Europa wurde zu einer „Festung ohne Dach". Mit Beginn der „Combined

---

[5] BA/MA, RW 46/466, Monatsbericht Dezember 1944 über die allgemeine wehrwirtschaftliche Lage im Wehrkreis XIII vom 8.1.1945.

[6] Herbert Schott, „Das Verbrennen von Akten muß unauffällig geschehen". Beobachtungen zur Vernichtung, Beschlagnahme und Auswertung von Akten aus der Zeit des Dritten Reiches, in: Mainfränkisches Jahrbuch für Geschichte und Kunst 49, 1997, S. 256–288.

[7] Angeblich zündeten dort Fremdarbeiter hochexplosive Nitrofilme an, bei dem folgenden Brand sei ein Teil der Akten verbrannt. Andere sollen von der Gerolzhöfer Bevölkerung als Brennmaterial verfeuert worden sein. Auskunft Dipl.-Ing. Georg Schäfer vom 13.4.1999.

[8] Siehe dazu weiter unten Einzelheiten über den Stollenbau in Ebelsbach (Kap. 4.1). Lediglich die Witwe des seinerzeit für die Bauausführung verantwortlichen Unternehmers konnte sich an Erzählungen ihres Mannes erinnern, daß „eine Firma unterirdisch gebaut werden sollte". (Auskunft Frau Anneliese Buchner vom 18.3.1999). Keine der im Stadtarchiv Würzburg befindlichen Buchner-Akten gibt jedoch Auskunft zum Thema „Kies".

[9] Angesichts der dürftigen Quellenlage dankt der Verfasser ganz besonders den Herren Becker (Bergamt Bayreuth), Dipl.-Ing. Hans-Georg Carls (LuftbildDatenbank Würzburg), Altbürgermeister Emil Däschner (Ebelsbach), Dr. Friedhelm Golücke (Paderborn), Dipl.-Ing. Reiner Göbel (Staßfurt), Rabe (Oberfinanzdirektion Karlsruhe, Dienststelle Mosbach/Neckar), Dr. Herbert Schott (Staatsarchiv Würzburg) sowie Frau Hanusch (Bundesarchiv Berlin).

[10] Roger A. Freeman, The Mighty Eighth. Units, Men and Machines. A History of the US 8th Air Force, London 1986, S. 5.

[11] Detaillierte Auflistung aller Angriffe und Verluste der 8. U.S.A.A.F. in: Roger A Freeman, Mighty Eighth War Diary, London, New York 1981.

Bomber Offensive" (10. Juni 1943) erreichte die alliierte Luftkriegsführung eine neue Stufe: in der Nacht flogen britische Bomber Flächenbombardements überwiegend gegen zivile Ziele, am Tag versuchten die Amerikaner mit Präzisionsbombardements strategisch wichtige Einrichtungen wie Verkehrs- oder Industrieanlagen auszuschalten. Erste, für Deutsche wie Amerikaner, dramatische Höhepunkte dieser Strategie waren die verlustreichen Tagangriffe auf die Schweinfurter Kugellagerfabriken und die Regensburger Messerschmittwerke vom 17. August 1943 sowie der zweite „Schweinfurt Raid" am 14. Oktober 1943, dem „Black Thursday"[12]. Trotz beachtlicher Abwehrerfolge (bei beiden Angriffen verloren die Amerikaner 96 Flugzeuge und 954 Mann Besatzung) verschlechterte sich die Lage der deutschen Luftwaffe zusehends. Bereits im Herbst 1943 überflogen amerikanische Begleitjäger die Reichsgrenze. Als es der Luftwaffe endlich gelang, bei Aachen einige davon abzuschießen, weigerte sich Reichsmarschall Hermann Göring dies zur Kenntnis zu nehmen und gab dem General der Jagdflieger, Adolf Galland, den dienstlichen Befehl festzustellen, daß diese Jäger *nicht da waren*[13]. Ende 1943 erhielten die amerikanischen P 47 Thunderbolt Begleitjäger abwerfbare Zusatztanks. Nun konnten sie von Südostengland aus etwa die Linie Hamburg – Hannover – Kassel – Frankfurt erreichen und in diesem Bereich die deutschen Jäger in verlustreiche Kämpfe verwickeln. Die Luftwaffenführung wurde wegen der zu hohen Verluste gezwungen, ihre mit zweimotorigen Maschinen der Typen Me 110 / 410 ausgerüsteten Zerstörerverbände aus dem Einsatz zurückzuziehen[14].

Ab 20. Februar 1944 begann mit der schwerpunktmäßig gegen die Flugzeugindustrie gerichteten „Big Week" ein weiterer, einschneidender Abschnitt im strategischen Luftkrieg gegen das Deutsche Reich. Bereits am ersten Tag wurden Braunschweig, Bernburg und Gotha bombardiert, am 24. Februar 1944 die Kugellagerfabriken in Schweinfurt sowie Flugzeugwerke in Gotha, Gnesen und Rostock-Marienehe. Als am 25. Februar 1944 amerikanische Bomber, die von Großbritannien und Italien aus gestartet waren, zeitgleich die Regensburger Messerschmittwerke angriffen, notierte der I c des Luftflottenkommando 3 ... *Bei diesen Angriffen flogen Mustang-Verbände aus England bis zum Ziel mit. Der Feind ist nunmehr in der Lage, seinen Kampfverbänden über das gesamte Reichsgebiet einen Jagdschutz mitzugeben*[15].

---

[12] Thomas M. Coffey, Entscheidung über Schweinfurt, Berlin, Frankfurt 1978 sowie Eduard Jablonski, Doppelschlag gegen Regensburg und Schweinfurt. Schulbeispiel oder Fehlschlag eines großen Bombenangriffs, 1943, Stuttgart 1975; George C. Kuhl, Wrong Place, Wrong time: The 305th Bomb Group & the 2nd Schweinfurt Raid. Atglen, PA (USA) o.J.; Peter Schmoll, Luftangriff: Regensburg und die Messerschmittwerke im Fadenkreuz 1939 – 1945, Regensburg 1995 sowie ders., Die Messerschmitt-Werke im Zweiten Weltkrieg. Die Flugzeugproduktion der Messerschmitt GmbH Regensburg von 1938 bis 1945, Regensburg 1998.

[13] Albert Speer, Erinnerungen, Frankfurt, Berlin, Wien 1976, S. 302f.

[14] Adolf Galland, Die Ersten und die Letzten. Jagdflieger im zweiten Weltkrieg, München 1972, S. 262, 279–280; Klaus Häberlen, Erzählung eines Lebens in vier Epochen. Friedrichshafen 1998, S. 122–132.

[15] Lfl.Kdo. 3 1c, 3271/44 g.Kdos. v. 8.3.1944 zit. nach Anlage: Betrachtung der von den Alliierten im Luftkrieg angewandten Technik der Durchführung der Angriffe, in: K.G. Jacob, Der deutsche Luftschutz, Teil II, Unveröffentlichtes Manuskript, Historical Division Air Force USA, Maxwell AFB, Montgomery, Alabama. 1957, Mikrofilm K 113.106–185.

P–51 „Mustang" mit Zusatztanks ersetzten immer häufiger die P–47 und flogen im März 1944 schließlich auch über Berlin[16]. Damit war nicht nur der Schutz der amerikanischen Tagbomber wesentlich verstärkt worden, deren Begleitjäger begannen nun auch mit Bordwaffen Flugplätze entlang ihrer An- und Abflugrouten anzugreifen. Als die Alliierten nach der Invasion vom 6. Juni 1944 im Westen immer mehr Flugplätze zurückeroberten, schnellte die Zahl der Tieffliegerangriffe auch auf Züge und Lastwagen in die Höhe. Damit verschärften sich auf deutscher Seite die Transportprobleme erheblich.

Parallel dazu zerschlugen die alliierten Bomber bei Tag und Nacht Verkehrseinrichtungen und die Treibstoffproduktion des Reiches. Die deutsche Luftwaffe, personell ausgezehrt, mit zunehmend veraltendem Fluggerät ausgerüstet und immer häufiger wegen Kraftstoffmangels an den Boden gefesselt, wurde schließlich im Zusammenspiel von 8. und 15. U.S.A.A.F. sowie RAF in einem planmäßigen Abnutzungskrieg zerrieben[17].

2.2. Die Verlagerung der Rüstungsindustrie im Reich

2.2.1. Oberirdische Verlagerungen

Beim raschen Aufbau der (Rüstungs-)Industrie in den dreißiger Jahren waren die Gesichtspunkte des Luftschutzes meistens nicht oder nur beiläufig beachtet worden[18]. Zwar hatte der Arbeitsstab Luftschutz beim Reichsluftfahrtministerium (RLM) immer wieder gefordert, anstelle weniger Werke mit großer Kapazität eine größere Anzahl kleinerer Werke in wenig luftgefährdeten Gebieten zu errichten, doch diese Warnungen wurden nicht hinreichend beachtet. Neue Werke entstanden meist an bereits vorhandenen Standorten. Dort waren unter anderem Arbeitskräfte, Rohstoffe und Verkehrsanbindungen vorhanden. Mit schweren, weitreichenden Luftangriffen, wie sie ab 1942/43 erfolgten, hatten die Verantwortlichen nicht gerechnet. Die Reichweite der französischen und englischen Bomber war seinerzeit auf die Linie Friedrichshafen – Stuttgart – Kassel – Rostock beschränkt. Schon Dessau, Augsburg und München galten als „weniger gefährdet". Nach Kriegsbeginn konnte der Werkluftschutz auf die Versäumnisse der Vorkriegsjahre meist nur mit Behelfsmaßnahmen wie Splitterschutzmauern, Löschwasserteichen oder dem Aufstellen eigener Löschkräfte reagieren.

Erst als die alliierten Bomber gezielt Engpaßindustrien wie Flugzeug-, Kugellager- und Panzerfabriken sowie Hydrierwerke und Verkehrsanlagen angriffen, begannen gezielte Verlagerungen. Betroffen waren auch Schlüsselwerke der Ausrüstungs- und Zulieferindustrie. Die Führung der deutschen Luftrüstung suchte deshalb ab Herbst

---

[16] William Newby Grant, P–51 Mustang, London 1980, S. 26–39.
[17] Dazu auch: Werner Girbig, … mit Kurs auf Leuna. Die Luftoffensive gegen die Treibstoffindustrie und der deutsche Abwehreinsatz 1944–1945, Stuttgart 1980. Zum Zusammenbruch der Luftwaffe u.a. Alfred Price, Das letzte Jahr der deutschen Luftwaffe. Mai 1944-Mai 1945, Wölfersheim 1998.
[18] Soweit nicht anders angeführt, orientiert sich dieses Kapitel an Oberstleutnant a.D. Greffrath, „Luftschutz und Luftwaffenrüstung", Anlage A 38 zu Jacob, Luftschutz (wie Anm. 15), Teil I.

1942 nach Ausweichmöglichkeiten in *luftgeschützten Räumen*[19]. Mit Beginn der schweren Fliegerangriffe ab Sommer 1943 waren bei der Luftrüstung 30% der Gesamtproduktion verlagert, hauptsächlich hinter die Linie Stettin – Berlin – München, einige Betriebe sogar bis Polen und noch weiter ostwärts. Mit einer weitgehenden Dezentralisierung sollten der Wert der Angriffsziele verkleinert, deren Zahl erhöht und damit eine Zersplitterung der angreifenden Kräfte erreicht werden. So war die Fertigung des Jägers Focke-Wulf Fw 190 auf elf Teilwerke verteilt, der Messerschmitt-Zweigbetrieb „WNF" in Wiener-Neustadt auf 20, Messerschmitt Leipzig auf zehn und Messerschmitt Regensburg auf zwölf (im Dezember 1944 sogar auf 19) Fertigungsstandorte[20].

Die Verlagerungen brachten jedoch auch erhebliche Probleme und Produktionsausfälle mit sich. So entstand im Herbst 1943 allein durch die Verlegung der Vereinigten Deutschen Metallwerke (VDM) von Hamburg zu mehreren Standorten in Schlesien ein Rückstand von 13 000 Luftschrauben. Hunderte von bereits fertig gebauten Flugzeugen der Typen Me 410 und Junkers 188 mußten deshalb am Boden bleiben.

Ein weiteres Problem war der mit den Verlagerungen verbundene höhere Bedarf an Arbeits- und Führungskräften. Teilweise war von einer Verdoppelung die Rede. An den neuen Standorten gab es häufig Probleme mit der Unterbringung der Belegschaft. Kein Wunder, daß ein Teil der Industrie zögerte. Teilweise wollte man auch die Betriebe für die Nachkriegszeit an den alten Standorten erhalten. In manchen Fällen konnten erst *drastische Maßnahmen* die Verlagerungen in Gang bringen. Noch im Juni 1944 gab es anscheinend erhebliche Widerstände gegen – nun unterirdische – Verlagerungen. So verlangte Speers Amtschef Karl Otto Saur, in seiner Funktion als Stabschef des Jägerstabs, daß *die Bande von der Industrie* nun endlich auf Trab gebracht werden müsse[21].

Trotzdem entwickelten sich die Verlagerungen – besonders bei der Luftrüstung – zu einem Wettrennen um Raum und Zeit. Die Erfolgsaussichten für Deutschland verschlechterten sich dabei von Monat zu Monat. Durch den Vormarsch der Roten Armee gingen im Osten immer mehr Gebiete verloren, die für Auslagerungen vorgesehen waren. In der Folge kam es zu ersten Rückverlagerungen. Auch die alliierten Bomber erreichten immer mehr der neuen Produktionsstätten. 1943 überflogen sie – zunächst noch ohne Begleitschutz – die bereits genannte Linie Stettin – Berlin – München: am 9. Oktober 1943 wurden Flugzeugwerke in Anklam, Danzig und Marienburg schwer getroffen, die B–17 waren von Großbritannien aus bis zu zehn Stunden unterwegs. Der erste vom italienischen Foggia geflogene US-Angriff auf Wiener Neustadt am 2. November 1943 verursachte im Messerschmitt-Zweigwerk WNF schwere Schäden. Wohl auch unter dem Eindruck dieser Langstreckenbombardements wurde im Herbst 1943 ernsthaft darüber nachgedacht, zunächst die Luftrüstung unter die Erde zu verlagern.

---

[19] Dazu auch: Rainer Fröbe, Der Arbeitseinsatz von KZ-Häftlingen und die Perspektive der Industrie, 1943–1945, in: Ulrich Herbert (Hg.), Europa und der „Reichseinsatz". Ausländische Zivilarbeiter, Kriegsgefangene und KZ-Häftlinge in Deutschland 1938–1945, Essen 1991, S. 353–354.
[20] Schmoll, Messerschmitt-Werke (wie Anm. 12), S. 203.
[21] Fröbe, Arbeitseinsatz (wie Anm. 19), S. 355.

2.2.2. Unterirdische Verlagerungen.

Eine umfassende Darstellung der Untertage-Verlagerungen fehlt bislang. Es waren die verschiedensten Rüstungsdienststellen, die von sich aus ab Mitte 1943 nach bombensicheren Unterbringungsmöglichkeiten suchten[22]. Nach dem britischen Luftangriff auf das Raketenforschungszentrum Peenemünde in der Nacht vom 17. auf den 18. August 1943 war der Sonderausschuß A4 bei seiner Suche nach einem geeigneten Verlagerungsobjekt für die Produktion der Rakete auf das unterirdische Stollensystem bei Nordhausen / Harz aufmerksam geworden[23]. Diese Verlagerung wurde zum Vorbild für eine Reihe ähnlicher Projekte, auch was die Einbeziehung der SS in Bau und Produktion anging. Eines der ersten davon war ab Ende 1943 die geplante Verlagerung der Heeresversuchsanstalt Peenemünde in neu einzurichtende Stollen bei Ebensee im oberösterreichischen Salzkammergut[24].

Auf der Suche nach geeigneten Unterbringungsmöglichkeiten brachte Reichsmarschall Hermann Göring am 9. Oktober 1943 in einem Gespräch mit Generalluftzeugmeister Milch die Nutzung von Höhlen für die Luftrüstung ins Gespräch: *Ich kenne sie als Mitglied der „Höhlenforscher". Sie werden staunen, was in solche Höhlen hineingeht. Sie können den ganzen Junkersladen hineinstellen. Die Luft ist ein bißchen kalt, und Sie müssen heizen. Das ist aber auch die ganze Schwierigkeit. Gehen Sie in die Salzhöhlen, oder in Kalibergwerke, das ist das Trockenste, was es gibt. Es muß gehen. Wir werden es schon hinkriegen*[25]. Neu war die Idee nicht, die Luftwaffe hatte schon ab dem 1. Mai 1937 in der stillgelegten Schachtanlage „Marie" östlich von Helmstedt eine Luftwaffenmunitionsanstalt eingerichtet. Auf der 360-m-Sohle wurden etwa 150 Kammern für die Lagerung von Bordmunition aufgefahren[26].

Am 10. Oktober 1943 schlug Göring dann Speer den Bau bombensicherer Produktionsstätten *mindestens für die Motorenerzeugung und besondere Engpassteile* vor. Zu verwenden seien Höhlen, Kellereianlagen, Bergwerke und Festungsanlagen. Fallweise müßten *Fabriken unter Betonschutz gestellt werden*. Zunächst dachte der Reichsmarschall an sechs bis acht derartiger Anlagen. Trotzdem geschah zunächst wohl nichts, denn im Frühjahr 1944 reklamierte Hitler die ausbleibende Umsetzung der Göring-Vorschläge[27].

Aber auch Messerschmitt und Junkers sollen schon zu einem frühen Zeitpunkt konzerninterne Planungen für eine teilweise Untertageverlagerung wichtiger Produktionszweige angestellt haben[28]. So standen die Messerschmitt Fabrik in St.

---

[22] Fröbe, Arbeitseinsatz (wie Anm. 19), S. 356.
[23] Manfred Bornemann, Geheimprojekt Mittelbau. Vom zentralen Öllager des Deutschen Reiches zur größten Raketenfabrik im Zweiten Weltkrieg, Bonn 1994, S. 38–39.
[24] Florian Freund, Arbeitslager Zement. Das Konzentrationslager Ebensee und die Raketenrüstung, Wien 1989, S. 11–117.
[25] Greffrath, Luftschutz (wie Anm. 18), S. 17f.
[26] Björn Kooger, Rüstungsproduktion im II. Weltkrieg. Die Untertageverlagerungen und der Einsatz von KZ-Häftlingen, 1943–1945, in: Knappenverein „Oberes Allertal" Morsleben 1990 e.V. (Hg.), 100 Jahre Schacht Marie, Salzbergbau im Oberen Allertal, Wefensleben 1997, S. 84–105.
[27] Albert Speer. Der Sklavenstaat. Meine Auseinandersetzung mit der SS, Gütersloh (o.J.), S. 308.
[28] Fröbe, Arbeitseinsatz (wie Anm. 19), S. 356.

Georgen (Österreich), die Fahrwerksproduktion von Junkers in der Heimkehle Höhle bei Rottleberode, das Daimler-Benz Werk bei Geislingen und die Anlagen in Kahla nicht auf der Liste der zum Reichsministerium für Rüstung und Kriegsproduktion gehörenden Industriekontor GmbH[29].

Die schweren Schäden, die der deutschen Rüstungsindustrie durch die Bombenangriffe 1943 und vermehrt ab Frühjahr 1944 zugefügt wurden, machten den Verantwortlichen rasch klar, daß die Zukunft des Reiches nur durch eine sofortige Verstärkung der Jagdverteidigung sichergestellt werden konnte. So bemerkte Albert Speer später: *Big week war ein Erfolg*[30]. Auf Anregung des Generalluftzeugmeisters Feldmarschall Erhard Milch wurde dazu am 1. März 1944 der interministerielle „Jägerstab" gegründet. Alle Mitglieder hatten dessen Weisungen Folge zu leisten, auch wenn sie nicht zum Ministerium Speer gehörten. Faktisch unter der Leitung seines Stabschefs Karl Otto Saur (zugleich Chef des Technischen Amtes im Ministerium Speer) hatte er nur ein Ziel: die Steigerung der Produktion von Jagdflugzeugen. Dazu organisierte er nicht nur die Beseitigung der schlimmsten Bombenschäden sowie die Wiederankurbelung der Produktion von Jagdflugzeugen und Ersatzteilen, sondern auch die Dezentralisierung und die Verlagerung der wichtigsten Betriebe in bombensichere Höhlen, Tunnels und Bergwerke[31]. Insgesamt ging man von einem Raumbedarf von circa 5 000 000 m^2 – nach späteren Veröffentlichungen von 4 000 000 m^2 aus, davon 1 700 000 m^2 für die Triebwerksproduktion und 2 300 000 m^2 für den Flugzeugbau. Hierbei sollte auf die vorhandenen Hohlräume im Bergbau zurückgegriffen werden (1 900 000 m^2), auf Eisenbahn- und Straßentunnels (295 000 m^2), Forts und Befestigungsanlagen (78 000 m^2) sowie auf natürliche Höhlen (58 000 m^2). Neuaufzufahrende Stollen sollten weitere 1 600 000 m^2 erbringen. Im März 1944 tauchten dann die Pläne für zwei zentrale Bunkerfabriken mit 600 000 bis 800 000 m^2 Produktionsfläche wieder auf.

Neu war auch diese Idee nicht, denn bereits seit 1939 war dem Bau bombensicherer Liegeplätze für U-Boote hohe Priorität eingeräumt worden. An der Atlantikküste in Norwegen, Kiel, Hamburg sowie auf Helgoland entstanden U-Boot-Bunker mit Deckenstärken von zunächst 3 bis 3,5 m Stahlbeton. Im November 1942 forderten Hitler beziehungsweise das OKM schließlich den Bau von Werftbunkern, im Frühjahr 1943 wurde mit dem Bau je eines Werftbunkers in Kiel („Konrad") und Bremen-Farge („Valentin") begonnen. Dort sollten U-Boote gewissermaßen am Fließband gebaut werden[32]. Schon beim Bau des 426 m langen, 97 m breiten und

---

[29] Combined Intelligence Objectives Sub-Committee. File No. XXXII – 17. Underground Factories in Central Germany, London (1945), S. 17. (= CIOS XXXII – 17).

[30] Speer, Sklavenstaat (wie Anm. 27), S. 331.

[31] Das Bestehen des Jägerstabs war von vorne herein auf ein halbes Jahr beschränkt. Am 1.8.1944 wurde er durch den Rüstungsstab ersetzt. Auch dieser stand unter Saurs Leitung, war nun aber für die gesamte Luftfahrtindustrie sowie die Produktion von V-Waffen, Panzern und U-Booten zuständig. Detaillierte Ausführungen zur Arbeit des Jägerstabes u.a. in: Speer, Erinnerungen (wie Anm. 13), S. 343f.; Edith Raim, Rüstungsbauten. Die Dachauer KZ-Außenkommandos Kaufering und Mühldorf. Rüstungsbauten und Zwangsarbeit im letzten Kriegsjahr 1944/45, Landsberg am Lech 1992; David Irving, Die Tragödie der deutschen Luftwaffe. Aus den Akten und Erinnerungen von Feldmarschall Milch, Frankfurt/M., Berlin 1970, S. 347–351.

[32] Sönke Neitzel, Die deutschen Ubootbunker und Bunkerwerften. Bau, Verwendung und Bedeutung verbunkerter Ubootstützpunkte in beiden Weltkriegen, Koblenz 1991, S. 15f., S. 110–119.

42 m hohen „Valentin" wurden im großen Stil Zwangsarbeiter, Kriegsgefangene und KZ-Häftlinge eingesetzt[33].

Oben auf der Prioritätenliste standen jedoch die Nutzung der bereits vorhandenen Hohlräume, da sie mit dem geringsten Aufwand und in der kürzesten Zeit realisierbar erschienen. An zweiter Stelle folgten die Bunkerfabriken, an der letzten die neu aufzufahrenden Stollen. Sie hätten den größten Aufwand an Bauvolumen und *am Engpaßpersonal der Mineure* erfordert.

In erster Linie sollten Maschinen der Flugzeugindustrie unter die Erde gebracht werden, da Verlust oder Beschädigung gerade der Werkzeugmaschinen kaum mehr zu ersetzen waren. Bei der Triebwerkindustrie waren dies 50 000 Maschinen samt Zubehör, beim Bau von Flugzeugzellen und Tragflächen 20 000 und bei der Waffenfertigung weitere 10 000. Pro Maschine wurde ein Platzbedarf von 10 bis 12 m² angenommen. Im Mai 1944 wurden der Luftwaffe 1 500 000 m² versprochen, die bis Ende Dezember 1944 ausgebaut sein sollten, weitere 2 500 000 m² waren bis Mitte 1945 fertigzustellen[34]. Erschwerend kam hinzu, daß vermeintlich sicher untergebrachte Werke vor den anrückenden Russen und Amerikanern wieder verlagert werden mußten. So waren die bereits seit ihrer Gründung im Januar 1941 wenig erfolgreichen Flugmotorenwerke „Ostmark" GmbH von Wiener Neudorf (Niederösterreich)[35] ab Mitte Januar 1944 teilweise, dann im August 1944 komplett in einen mehrgeschossigen, 320 m langen und 125 m breiten Bunker in der Nähe von Dubnica / Slowakei verlegt worden, der ursprünglich für die Waffenfertigung der Skoda-Werke vorgesehen war. Nach dem Beginn des slowakischen Aufstandes Ende August 1944 zeichnete sich aber klar ab, daß dieses Werk (Tarnbezeichnung „Rochen") nur noch kurze Zeit produzieren würde. Der einzige Ausweg war eine „Rückverlegung" der Produktion ins „Altreich" – diese wurde denn auch Mitte Oktober 1944 beschlossen. Am 15. Dezember 1944 verließ der letzte Zug mit Maschinen Dubnica, sein Ziel war Obrigheim am Neckar. 64 000 m² bombensicherer Produktionsfläche mußten aufgegeben werden[36].

Probleme gab es auch mit der Nutzung der Salz- und Kaliwerke im „Altreich". Zwar hatte Milch schon im Herbst 1943 vor Korrosionsschäden an Maschinen und Aluminiumteile gewarnt, war aber von Göring zurechtgewiesen worden: *Sie kennen die Höhlen nicht und dürfen nicht so losschmettern, als wenn Sie alles könnten*[37]. Doch nach dem Einzug der Betriebe in die Gruben machten Salzdämpfe und aggres-

---

[33] Ein Umstand, auf den in der Marineliteratur nur ganz am Rand hingewiesen wird, so in Neitzel, Ubootbunker (wie Anm. 32), S. 116f. Im Fall „Valentin" war es eine Fernsehdokumentation, die den Anstoß zu intensiveren Forschungen gab: Barbara Johr, Hartmut Roder, Der Bunker. Ein Beispiel nationalsozialistischen Wahns – Bremen-Farge 1943–45, Bremen 1989.

[34] Greffrath, Luftschutz (wie Anm. 18), S. 21–23.

[35] Zu den Flugmotorenwerken Ostmark auch: Helmut Weichsmann, Bauen unterm Hakenkreuz. Architektur des Untergangs, Wien 1998, S. 1060f. Bei Weichsmann findet sich auch eine gute Zusammenstellung der wichtigsten, von den Nationalsozialisten in Österreich gebauten Rüstungswerke.

[36] Rainer Fröbe, „Wie bei den alten Äyptern", in: Hamburger Stiftung für Sozialgeschichte des 20. Jahrhunderts (Hg.), Das Daimler-Benz-Buch. Ein Rüstungskonzern im „Tausendjährigen Reich", Nördlingen 1987, S. 447–453. Fröbe stellt auch eindringlich die katastrophalen Arbeitsbedingungen in der Obrigheimer Untertagefabrik „Goldfisch" dar.

[37] Greffrath, Luftschutz (wie Anm. 18), S. 17.

sive Laugen besonders den Flugzeugbauern zu schaffen. Am 28. März 1944 meldete im Jägerstab der Leiter des Ausschusses Flugzeugausrüstung: *Es hat sich herausgestellt, daß der Kalistaub mit der Feuchtigkeit der Luft usw. die feinmechanischen Instrumente so aggressiv angreift, daß wir von der Feinmechanik von Kalibergwerken absehen müssen.* Um Abhilfe zu schaffen, gab der Chef der technischen Luftrüstung bereits am 18. April 1944 „Vorläufige Richtlinien zur Verhütung von Korrosionsschäden bei der Fertigung in Untertage-Betrieben" heraus. Trotzdem gab es weiterhin Probleme, so ging bis zu ein Viertel der verschossenen V-1-Flugbomben aus technischen Gründen verloren, unter anderem wegen korrodierter Steuerungen, die zu sogenannten „Kreisläufern" führten[38].

Dazu kam die von Maschinen und Menschen entwickelte Abwärme, die die Produktion fallweise lahmzulegen drohte. Gelang es nicht, sie schnell abzuführen, wurde es in den unterirdischen Fabriken unerträglich heiß. In Obrigheim wurde von vorneherein mit einer Raumtemperatur von 30 Grad, in der Härterei sogar von 35 Grad, gerechnet. Darunter litt nicht nur die Produktivität der Arbeiter, sondern auch die Grubensicherheit. So brachen im September 1944 in Obrigheim dreimal große Mengen des Deckgebirges herunter. Mehr als 20 Tote waren zu verzeichnen, dazu kamen Produktionsausfälle durch zerstörte Stromleitungen und der Verlust *wertvoller Werkzeugmaschinen*, die zum Teil schwer zu ersetzen waren. Anscheinend gab es häufiger Unfälle dieser Art, denn schon am 24. Juni 1944 war das Thema auf der Tagesordnung des Jägerstabes gestanden. Dabei kommentierte der zuständige Vertreter des SS-Sonderstabs Kammler einen ähnlichen Unfall im Junkers-Motorenwerk im Mittelwerk so: *Von den gesamten 60 000 m² ... sind 16 m² also ein Viertel Promille heruntergefallen. Das ist genau so, als wenn von einer Wand ein Stück Putz abfällt*[39].

Bei den Verlagerungen in Bergwerke waren Klimaprobleme nicht die einzigen Planungsfehler. In einem Fall stellte sich erst im Verlauf der Verlagerung heraus, daß in einem Kalischacht montierte Flugzeugtragflächen nur unter enormem Aufwand durch den Förderschacht nach oben gefahren werden konnten[40]. Überhaupt war bei den Bergwerken der Zugang das Hauptproblem. Die wenigen Förderschächte bildeten einen engen Flaschenhals, der den Betriebsablauf behinderte. So produzierten die AGO Flugzeugwerke in Oschersleben auf der 510-m-Sohle. Da es nur einen einzigen Förderschacht gab, dauerte der Wechsel einer kompletten 12 Stunden-Schicht von 2000 Mann drei Stunden. Im Salzbergwerk Bartensleben wurden von der Askania-Werke AG Kreiselkompasse und die automatischen Steuerungen für die V-1-Flugbombe und für Torpedos gefertigt. Für einen Schichtwechsel benötigte man dort sogar vier Stunden[41]. Alleine der unterirdische Anmarschweg vom Förderschacht zu den Werkhallen betrug drei Kilometer[42].

---

[38] Kooger, Rüstungsproduktion (wie Anm. 26), S. 95.
[39] Fröbe, „Wie bei den alten Ägyptern" (wie Anm. 36), S. 416f., S. 425 und S. 433f.
[40] Fröbe, Arbeitseinsatz (wie Anm. 19), S. 359.
[41] CIOS XXXII – 17 (wie Anm. 29), S. 115–120.
[42] Kooger, Rüstungsproduktion (wie Anm. 26), S. 98. Dort auch mehr zu den Arbeits- und Lebensbedingungen der eingesetzten Häftlinge (S. 95–104). Zu den üblichen Quälereien und Schikanen kam ein ständiges Durstgefühl als Folge der salzhaltigen Luft, der hohen Temperatur von bis zu 26 Grad und der unzureichenden Wasserversorgung. Wie auch im Mittelwerk und in Obrigheim gab es trotz Tausender von Menschen kaum sanitäre Einrichtungen, die hygienischen Verhältnisse unter Tage werden als „katastrophal" bezeichnet.

Nicht zu unterschätzen waren auch Brandschutzprobleme in untertägigen Fertigungen. So forderte der Reichswirtschaftsminister aus *Anlass eines größeren Brandunglücks in einem Verlagerungsvorhaben, bei dem eine große Anzahl von Personen zu Tode gekommen ist* die Oberbergämter mit Schreiben vom 15. Februar 1945 zu einer Überprüfung der Anlagen auf, insbesondere sollte bergmännisch erfahrenes Personal für die Brandbekämpfung und die Überwachung verschärfter Brandschutzvorschriften bereitstehen[43].

Kein Wunder, daß die Industrie über Verbesserungen beziehungsweise Alternativen zu den Kalischächten nachdachte. In Oschersleben plante man einen langen Tunnel mit leichtem Gefälle, um die Produktionsstätten besser erreichen zu können. Der Plan wurde jedoch nicht umgesetzt[44]. Vielmehr zielten Industrie und Rüstungsministerium nun auf den Bau von Großbunkern übertage und den Neubau von Stollenanlagen, die ebenerdig in Berghänge hineinführen sollten. Dazu gehörten die Bunkerfabriken in Kaufering und Mühldorf sowie die Stollenanlagen „Zement" (Ebensee, Österreich), „Quarz" (Melk / Donau), die neuen Stollen im Bereich des Mittelwerks und vermutlich auch das Doggerwerk bei Hersbruck. Aus Sicht der Rüstungsproduktion war dieser neue Weg besonders vorteilhaft, bot er doch den Schutz der bisherigen Untertage-Betriebe, nicht jedoch deren gravierende Nachteile. Außerdem konnten wieder größere Teile der Produktion zusammengefaßt werden. Damit wurde eine Reihe von Transport- und Koordinierungsproblemen aus der Welt geschafft[45].

Die Forderung nach fünf Millionen Quadratmetern unterirdischer, bombensicherer Produktionsfläche für die Luftrüstung sollte aber nur der Auftakt einer großzügigen Verlagerung der gesamten deutschen Industriewerke unter die Erde sein, *da nur auf diesem Wege auf weite Sicht die Voraussetzungen für die Erhaltung der Fabrikationsstätten für einen Krieg geschaffen werden können*[46]. Zu den ersten dieser zusätzlichen Projekte gehörte der Bau einer unterirdischen Raffinerie bei Bad Harzburg / Osterrode („Dachs IV",) und von zwei Werken bei Niedersachsenwerfen zur Erzeugung von Flüssigsauerstoff („Eber") und synthetischem Öl („Kuckuck I"). Insgesamt waren bei Kriegsende mindestens 34 unterirdische Anlagen zur Öl- und Kraftstoffproduktion vorgesehen und teilweise schon im Bau[47] – und das zu einer Zeit, als das militärische und das wirtschaftliche Schicksal des „Dritten Reiches" schon längst besiegelt war.

Allein für die Luftrüstung waren 130 000 bis 160 000 KZ-Häftlinge eingesetzt, nicht genug. Karl Otto Saur – Leiter des Jägerstabes – klagt im Frühjahr 1944: *Wir*

---

[43] StABA, K 600, Nr. 904. In CIOS XXXII – 17 (wie Anm. 29), S. 116, wird ohne Datumsangabe eine Explosion in einer ausgebauten Mine in Wolkramshausen bei Nordhausen/Harz erwähnt, bei der viele Menschen getötet worden seien. Eventuell bezieht sich die o.a. Anweisung auf diesen Unfall.

[44] CIOS XXXII – 17 (wie Anm. 29), S. 117.

[45] Fröbe, Arbeitseinsatz (wie Anm. 19), S. 359 und S. 377.

[46] Irving, Tragödie (wie Anm. 31), S. 346–355; Dagmar Dietrich, Rüstungsprojekte Mühldorf und Landsberg, in: Werner Durth, Winfried Nerdinger. Architektur und Städtebau der 30er/40er Jahre, Bonn 1994 (Schriftenreihe des Deutschen Nationalkomitees für Denkmalschutz Bd. 48).

[47] CIOS XXXII – 17 (wie Anm. 29). Detaillierte Pläne einiger Anlagen dort und auch in: J.I.O.A. Final Report No. 1. German underground installations. Part one of three. „Unique Desing an Construction Methods", London 1945.

müssen uns über eines im Klaren sein: Im Jahr 1944 können wir nicht mehr mit wesentlich mehr Menschen rechnen, als wir haben. Die Kraftquellen der Verbündeten und der besetzten Gebiete sind zu einem großen Teil erschöpft. Ähnlich liegt es bei der Neuerzeugung der Maschinen, bei den Erweiterungen durch Bauten, bei der zusätzlichen Gestellung von Energie und Transportmitteln. So ist es an der Zeit zu prüfen, wo wir durch Rationalisierungsmaßnahmen das Vorhandene in einem wesentlich höheren Prozentsatz und mit größerem Wirkungsgrad ausnutzen können[48]. Ein wohl aussichtsloses Unterfangen, denn der Mangel an Zwangsarbeitern blieb bestehen: *soviel kann man gar nicht einfangen, wie gebraucht werden,* so der Jägerstab am 13. Juli 1944[49].

Mit den Plänen zur Untertageverlagerung waren die Ressourcen des Dritten Reichs überfordert. Es gelang weder dem SS Gruppenführer und Generalleutnant der Waffen SS, Dr.-Ing. Hans Kammler und seinem „Sonderstab Kammler" (ihm war im Mai 1944 der Ausbau der vorhandenen Stollen, Höhlen, Bergwerke und die Erstellung neuer Stollenanlagen übertragen worden[50]), noch dem „Amt Bau-OT" der Organisation Todt unter Xaver Dorsch ein Programm derart gigantischen Ausmaßes zu realisieren[51] – und das trotz des rücksichtslosesten Einsatzes von Menschenleben. Für KZ-Häftlinge war die Zuweisung zu einem Baukommando in jedem Fall gleichbedeutend mit einem baldigen Tod. Durch schwerste körperliche Arbeit, oft bei Eis und Schnee, war die Todesrate im Baubereich fünf- bis zehnmal so hoch wie die Sterblichkeit beim Fabrikeinsatz am gleichen Ort[52].

Die wohl bekannteste unterirdische NS-Rüstungsfabrik ist das bereits erwähnte „Mittelwerk" bei Nordhausen / Harz. Es wurde ab 1943 in einer zunächst knapp 100 000 m² großen Stollenanlage der Wirtschaftlichen Forschungsgesellschaft (Wifo) eingerichtet. Diese war bereits ab 1936/37 als zentrales Öllager des Reiches aufgefahren worden. Unter mörderischen Umständen – die Zahl der Toten liegt bei circa 10 000 – erweiterten Häftlinge aus dem eigens eingerichteten Konzentrationslager „Dora" die Grundfläche des „Mittelwerks" auf 110 000 m², bauten Fabrikationsanlagen ein und produzierten bis Kriegsende an die 5000 Flugbomben Fi 103 und fast 6000 A4 Raketen – beide besser bekannt unter ihren Propagandanamen „V1" beziehungsweise „V2"[53]. Selbst NS-Größen, die das Mittelwerk besuchten, waren von den

---

[48] Greffrath, Luftschutz (wie Anm. 18), S. 24.
[49] Raim, Rüstungsbauten (wie Anm. 31), S. 36.
[50] Greffrath, Luftschutz (wie Anm. 18), S. 26.
[51] Franz W. Seidler, Die Organisation Todt. Bauen für Staat und Wehrmacht 1938–1945, Koblenz 1987, S. 238–254. Zu Vernichtung durch Arbeit bei den Rüstungsbaustellen der SS ausführlich: Fröbe, Arbeitseinsatz (wie Anm. 19) sowie ders., „Wie bei den alten Ägyptern" (wie Anm. 36) und Raim, Rüstungsbauten (wie Anm. 31).
[52] Fröbe, Arbeitseinsatz (wie Anm. 19), S. 365–367.
[53] Dazu u.a. Manfred Bornemann, Geheimprojekt Mittelbau. Die Geschichte der deutschen V-Waffen-Werke, München 1971; Ders., Geheimprojekt Mittelbau. Vom zentralen Öllager zur größen Raketenfabrik im Zweiten Weltkrieg, Bonn 1994; Volkhard Bode, Gerhard Kaiser, Raketenspuren. Peenemünde 1936 bis 1996, Augsburg 1997. Neben den bei Bornemann abgedruckten Zeichnungen von Werner Brähne sind es die im Stern 26/1998 erstmals veröffentlichten Farbfotografien des Kriegsberichters Walter Frentz, die erahnen lassen, unter welchen Bedingungen damals gearbeitet und gestorben wurde. Wichtige Zulieferteile für die V1 Flugbombe wurden u.a. in Nürnberg hergestellt, so bei TeKaDe in der Nornenstraße der zur Ortung ihrer Einschlagstelle benötigte Peilsender FuG23 (dazu: Wilhelm Hellmold, Die V1. Eine

Zuständen dort erschüttert. Der Chefarzt der OT, Dr. Poschmann, verglich es Anfang Dezember 1943 mit *Dantes Inferno*. Albert Speer erinnerte sich an seinen Besuch vom 10. Dezember 1943. *Was sah ich: ausdruckslose Gesichter, stumpfe Augen, in denen noch nicht einmal Haß zu erkennen war, ermüdete Körper in schmutzig-blaugrauen Hosen ... Die Häftlinge waren unterernährt und übermüdet; die Höhlenluft kühl-feucht, nach Fäkalien stinkend und verbraucht. Der Mangel an Sauerstoff machte auch mich schwindelig; ... Wahrscheinlich kannten die SS-Führer bereits die Reaktionen ihrer Besucher auf dieses grausige Bild. Denn sie boten mir sogleich einen Korn an, den ich – gegen meine Gewohnheit – rasch hinunterstürzte*[54].

Auch in Süddeutschland wurde ab 1944 eine Reihe unterirdischer Fabriken gebaut, so das Flugmotorenwerk „Goldfisch" bei Obrigheim am Neckar. Erst durch das „Daimler-Benz-Buch" (1987) wurde es einer breiteren Öffentlichkeit bekannt. In diesem Verlagerungsbetrieb waren ebenfalls KZ-Häftlinge unter unmenschlichen Bedingungen eingesetzt, hier aber zur Produktion von Flugmotoren der Typen DB 603 und DB 605. Mit rund 50 000 m^2 war „Goldfisch" jedoch nur gut halb so groß wie die Raketenproduktion im „Mittelwerk"[55].

Die unterirdischen Verlagerungen nutzten gegen Kriegsende fast alle Flugzeughersteller. So entstand ab Frühjahr 1944 in der Hinterbühl bei Mödling (Wienerwald) das Werk „Languste" zur Produktion des Heinkel „Volksjägers" He 162[56]. Für Junkers wurde unter anderen in der Heimkehle-Höhle bei Rottleberrode ein Werk zur Herstellung von Fahrwerken für die Typen Ju 88 und 188 ausgebaut („Heller")[57]. An einer weiteren bombensicheren Flugzeugfabrik zur Montage des Düsenjägers Me 262 („Lachs") und einer unmittelbar über dem Werk liegenden Landebahn wurde 1944/45 auch im thüringischen Kahla gearbeitet. Die Produktion konnte nur noch in geringem Umfang aufgenommen werden[58]. Ein weiteres unterirdisches Messerschmittwerk

---

Dokumentation, Esslingen, München 1988, S. 214, 220–226). Neumeyer entwickelte und lieferte im Kaltfließpressverfahren „... kleine Serien von Zubehörteilen, die gegenüber Schmiedeteilen wesentliche Verbesserungen und Einsparungen aufweisen". (Günther Wülbers, Geschichte der Kabel- und Metallwerke Gutehoffnungshütte Aktiengesellschaft und ihrer Ursprungsunternehmen, Teil III, Manuskript (o.O.), (o.J.), S. 361f.

[54] Speer, Sklavenstaat (wie Anm. 27), S. 299f.

[55] Hamburger Stiftung für Sozialgeschichte des 20. Jahrhunderts (Hg.), Das Daimler-Benz-Buch. Ein Rüstungskonzern im „Tausendjährigen Reich", Nördlingen 1987. Dort besonders Teil II, Zwangs- und Häftlingsarbeit unter dem Dreizack (S. 392–513). Eher am Rand gestreift wird die Obrigheimer KZ-Fabrik in der offiziösen Darstellung der DB Werksgeschichte: Hans Pohl, Stephanie Habeth, Beate Brüninghaus, Die Daimler Benz AG in den Jahren 1933 bis 1945, Stuttgart 1986 (= Zeitschrift für Unternehmensgeschichte, Beiheft 47), S. 163f.

[56] Alfred Hiller, Heinkel He162 „Volksjäger". Entwicklung, Produktion, Einsatz, Wien 1984.

[57] CIOS XXXII – 17 (wie Anm. 29), S. 109–113.

[58] In der neueren Luftfahrtliteratur wird auch das Thema Auslagerungen beziehungsweise Einsatz von KZ-Häftlingen nicht mehr verdrängt. Zur Fertigung der Me 262 in Verlagerungs- und Untertagebetrieben u.a.: Manfred Jurleit, Strahljäger Me 262. Die Technikgeschichte, Berlin 1992. S. 93–97 (Bunker Kaufering) und S. 129–151 (Bunkerfabrik der REIMAHG in Kahla, Thüringen); Hugh Morgan, Me 262 „Sturmvogel / Schwalbe". Stuttgart 1996, S. 46–55 (Kapitel „Aufgelockerte Fertigungsstätten" ausführlich zum Bau des Kauferinger Bunkers); Klaus W. Müller, Willy Schilling, Deckname Lachs. Die Geschichte der unterirdischen Fertigung der Me 262 im Walpersberg bei Kahla 1944/45, Zella-Mehlis, Meiningen 1995; Willy Radinger, Walter Schick, Me 262. Entwicklung, Erprobung und Fertigung des ersten einsatzfähigen Düsenjägers der Welt, Oberhaching 1992, S. 104–105 (Bunker Kaufering); J. Richard Smith, Eddie J. Creek, Me 262. Volume 2, Burgess Hill 1998, S. 380–394. Dort auch Bilder der behelfsmäßigen „Waldfabriken" Obertraubling und Eger, in denen die Me 262 1945 endmontiert wurden.

("Bergkristall") wurde bei St. Georgen (Österreich) von Häftlingen des KZ Mauthausen in den Fels getrieben[59]. Auch MAN in Mainz Gustavsburg bekam unterirdischen Stollenraum ("Smaragd") für die Panzerfertigung. Die genaue Zahl aller derartigen Verlagerungsbetriebe läßt sich nicht mit Sicherheit bestimmen. Das alphabetische Decknamenverzeichnis unterirdischer Bauwerke des Reichsministers für Rüstung und Kriegsproduktion, Amt Bau-OT, Arbeitsgruppe Technik vom 10. November 1944 führt 786 Positionen auf, von "Achat" bei Wernigerode bis "Zope" in der Nähe von Turin[60].

2.3. Bayern

Der Bau unterirdischer "Verlagerungsbetriebe" in Bayern gehörte bis vor wenigen Jahren zu den eher unbekannteren, oft ungeliebten Kapiteln der NS-Geschichte[61]. Nach anfänglichen Verzögerungen entstanden ab Mai 1944 bei Mühldorf/Inn und Kaufering/Lech gigantische, bombensichere Fabriken[62]. Hier war es besonders die Verlagerung der Messerschmittwerke, die mit großem Nachdruck betrieben wurde[63]. Schließlich produzierten diese mit dem Düsenjäger Me 262 eine vermeintlich kriegsentscheidende Waffe. KZ-Häftlinge mußten im wahrsten Sinn des Wortes gigantische Bunker aus dem Boden stampfen. Bis Kriegsende konnte nur einer der in Kaufering geplanten drei Bunker ("Weingut II") sowie der bei Mühldorf ("Weingut I") teilweise vollendet werden[64]. Die Produktion wurde an beiden Standorten nicht mehr aufgenommen.

Bei Hersbruck wurde unter dem Decknamen "Doggerwerk" beziehungsweise SS-Bauvorhaben "B7"[65] ab Mai 1944 ein Flugmotorenwerk für BMW in den Sandstein der Houbirg geschlagen. KZ-Häftlinge bauten bis Kriegsende eine 3,5 km lange Stollenanlage mit ca. 60 000 m^2 Nutzfläche. In der Zeit von Juli 1944 bis März 1945 kamen allein im Lager Hersbruck 2640 Menschen um. Zusammen mit den Kranken,

---

[59] Schmoll, Messerschmitt-Werke (wie Anm. 12), S. 186–192.

[60] BA R3/443.

[61] Umfangreichere Arbeiten über die Verlagerung der bayerischen Rüstungsindustrie entstanden meist erst Anfang der achtziger Jahre und dann fast immer nur im örtlichen Rahmen, so zu den Mühldorfer Bunkern Peter Müller, Die Konzentrationslager im Kreis Mühldorf, in: "Das Mühlrad", Bd. XXIII, 1981 und Ders., Georg Blindeneder. Das Bunkergelände im Mühldorfer Hart, in: "Das Mühlrad", Bd. XXVI, 1984. Die Rüstungsbauten im Raum Landsberg fanden zunächst in den Dachauer Heften breitere Berücksichtigung: Ladislaus Ervin-Deutsch, Nachtschicht im Arbeitslager III in Kaufering, in: Dachauer Hefte 2, 1986, S. 79–122; Edith Raim, "Unternehmen Ringeltaube". Dachaus Außenlagerkomplex Kaufering, in: Dachauer Hefte 5, 1989, S. 193–213. Die Geschichte und vorgesehene Rolle des Hersbrucker "Doggerwerkes" ist bislang nur in knappem Rahmen behandelt: Gerd Vanselow, KZ Hersbruck. Größtes Außenlager von Flossenbürg (o.O.), 1983.

[62] Irving, Tragödie (wie Anm. 31), S. 352f.

[63] Friedhelm Golücke, Die Auswirkungen der strategischen Luftkriegsführung der Alliierten auf die Kugellagerindustrie Golücke, Schweinfurt und der strategische Luftkrieg 1943. Der Angriff der US Air Force vom 14. Oktober 1943 auf die Schweinfurter Kugellagerindustrie, Paderborn 1980, S. 66–71 sowie The United States Strategic Bombing Survey. The German Anti-friction Bearings Industry (o.O.), January 1947 (= USSBS).

[64] Über den Bau der Bunkerfabriken bei Landsberg und Mühldorf ausführlich: Raim, Rüstungsbauten (wie Anm. 31).

[65] Daimler-Benz-Buch (wie Anm. 55), S. 456, Anm. 458.

die in andere Lager gebracht worden waren und erst dort starben, sowie den Toten der Evakuierungsmärsche ergibt sich eine Zahl von mindestens 4000 Opfern. In der BMW-Werksgeschichte wird das „Doggerwerk" nicht erwähnt[66].

Die Kostenfrage scheint bei der Untertageverlagerung – wie auch bei vielen anderen Projekten – nie eine Rolle gespielt zu haben. In diesem Zusammenhang erscheint es erwähnenswert, daß Rüstungsminister Speer bei Kriegsende von sich sagte, daß „er über keinerlei Kenntnisse auf dem Gebiet der Geldwirtschaft, des Kredits und der Währung verfüge"[67].

3. Kugelfischer – Ein Konzern soll unter die Erde

3.1. Die Schweinfurter Kugellagerindustrie im Luftkrieg

Die Wälzlagerindustrie war eine der wichtigsten Schlüsselindustrien überhaupt. Auch vom Umsatz her betrachtet, gehörten die beiden Schweinfurter Hersteller Vereinigte Kugellagerfabriken AG (VKF) und Kugelfischer 1942 mit 108,7 Millionen Reichsmark beziehungsweise 83,2 Millionen Reichsmark zu den zehn größten Maschinenbauunternehmen des Reiches. Den Spitzenplatz behauptete die Friedrich Krupp AG mit 225,9 Millionen, die Daimler-Benz AG erreichte mit 67,7 Millionen Reichsmark nur Platz elf[68]. Die Bedeutung der Wälzlagerindustrie für die deutsche Rüstungsindustrie und die strategische Luftkriegsführung der Amerikaner sind von Friedhelm Golücke bereits 1977 ausführlich untersucht worden[69]. Ohne Wälzlager war ein moderner Krieg unvorstellbar. Sie steckten fast überall – ob Elektromotor, Flakscheinwerfer, Lastwagen, Kanone oder Panzer, ohne die Lager funktionierte nichts. In den Standardjägern der Luftwaffe, die Messerschmitt Me 109, waren 50 Wälzlager eingebaut, weitere 45 in ihrem Motor, dem auch in Obrigheim („Goldfisch") gebauten DB 605. Auch im Düsenjäger Me 262 waren trotz konstruktiver Einsparungen noch immer 43 Wälzlager eingebaut und das ohne die beiden Triebwerke[70].

Die Amerikaner räumten daher ab dem Frühjahr 1943 der Zerstörung der deutschen Wälzlagerindustrie höchste Priorität ein. Neben U-Boot-Werften und -stützpunkten, der Luftfahrt- und der Ölindustrie gehörte sie bis Kriegsende immer in die Gruppe der erstrangigen Ziele. In Schweinfurt waren zwischen 42 und 48% der gesamten, von den Deutschen kontrollierten Kugellagerindustrie konzentriert, in Stuttgart-Bad Cannstatt, dem zweiten großen Kugellagerzentrum 15%, in Paris und Annecy 9%, in Leipzig und Berlin 7%.

---

[66] Vanselow, KZ Hersbruck (wie Anm. 61). Zu BMW: Horst Mönnich, Vor der Schallmauer. BMW, Eine Jahrhundertgeschichte, Bd. I, 1916–1945, Düsseldorf, Wien 1983.

[67] Willi A. Boelcke, Die Kosten von Hitlers Krieg, Paderborn 1985, S. 145. Boelcke beziffert die reinen Kriegskosten auf mindestens 716 Milliarden RM. Ebd., S. 8.

[68] Dietrich Eichholtz, Geschichte der deutschen Kriegswirtschaft 1939–1945, Bd. II: 1941–1943, Berlin 1985, S. 372.

[69] Golücke, Schweinfurt, (wie Anm. 63).

[70] Golücke, Schweinfurt (wie Anm. 63), S. 378.

Schweinfurt wurde im April 1943 in die Zielliste aufgenommen. Dafür sprachen neben dem hohen Anteil an der Gesamtproduktion auch der Umstand, daß die Wälzlagerindustrie auch innerhalb der Stadt sehr konzentriert war. Verfehlte eine Bombe ihr Ziel, mußte sie fast zwangsläufig ein anderes Werk beziehungsweise die Bahnanlagen treffen. Außerdem kalkulierten die Amerikaner nicht mit einem schnellen Wiederaufbau der Werke beziehungsweise mit einer raschen Erholung der Produktionszahlen[71]. Auch die Deutschen rechneten mit Luftangriffen auf die Stadt. Sie erhielt einen der bestausgebauten Flakgürtel jener Jahre[72] – kein Wunder, war doch die Kugellagerindustrie *für unsere Bemühungen einer Rüstungssteigerung ohnehin zum Engpaß geworden* – so Rüstungsminister Albert Speer[73].

Bei den beiden amerikanischen Tagangriffen vom 17. August und 14. Oktober 1943[74] starben nicht nur 203 beziehungsweise 304 Menschen im Bombenhagel, auch die Kugellagerproduktion war schwer getroffen. Nach dem zweiten Angriff meldeten Fichtel & Sachs Totalschaden, FAG Kugellager und VKF I, II und III schwere Schäden. Von der verfügbaren Kugellagerproduktion (6,3 bis 24 cm Durchmesser) waren 67% ausgefallen[75]. Bei FAG wurden, gemessen am Monatsdurchschnitt des 2. Quartals 1943, im Dezember 1943 nur 43% des Bezugswerts erreicht[76].

Für die deutsche Rüstungsindustrie galt es nun, die Wälzlagerversorgung um jeden Preis wiederherzustellen. Hitler erteilte seinem Rüstungsminister Albert Speer einen entsprechenden Auftrag. Unter dem Eindruck einer Inspektionsreise nach Schweinfurt setzte dieser bereits am 19. Oktober 1943 einen Generalbevollmächtigten für die Wiederingangbringung der Kugellagerproduktion ein. „Generalkommissar" wurde Phillip Kessler, Generaldirektor der Bergmann-Elektrizitätswerke in Berlin und Mitglied des Rüstungsrates. Der ausgewiesene Wirtschaftsfachmann gehörte zu den Vätern des Systems der Speerschen Ringe und Ausschüsse und hatte sich bereits mit den Sonderaktionen „Handgranaten" und „Versorgungsabwurfbehälter" für Stalingrad einen Namen gemacht. Speer bezeichnete ihn als *einen meiner energischsten Mitarbeiter*[77]. Kesslers ständiger Vertreter mit dem Sitz in Schweinfurt wurde Dr.-Ing. Gert Seuffert, bisher Wehrkreisbeauftragter für den Gau Mainfranken der Rüstungsinspektion XIII (Nürnberg).

Ausgestattet mit nahezu unbegrenzten Vollmachten, waren die Hauptaufgaben des Generalkommissars: Aufräumung, Kontingentierung, Wiederaufbau, Maschinenergänzung, Fertigungsfragen und Verlagerung. Kessler stellte die ganze Angelegenheit unter das einprägsame und zugkräftige Schlagwort „Kugellager-Schnellaktion", oberster Leitsatz war: *Keinen Jäger, keinen Panzer weniger aus Mangel an Kugella-*

---

[71] Golücke, Schweinfurt (wie Anm. 63), S. 25–37 und S. 73- 94.

[72] Dazu auch: Frank Dülk, Fritz Fickentscher, Feuerglocke. Luftwaffenhelfer-Schicksale. Schüler-Soldaten aus Würzburg und Kitzingen beim Einsatz in Leuna und Brüx und vor allem in Schweinfurt, Kitzingen 1993; Golücke, Schweinfurt (wie Anm. 63), S. 99–218.

[73] Speer, Erinnerungen (wie Anm. 13), S. 297.

[74] Zu den beiden Angriffen vgl. oben Anmerkung 12.

[75] Speer, Erinnerungen (wie Anm. 13), S. 298.

[76] Claude R. Ellner, Die Entwicklung der Firma Kugelfischer, Georg Schäfer & Co. unter besonderer Berücksichtigung der Kontinuität als Familienunternehmen und die regionalen Auswirkungen ihrer Entwicklung aus betriebs- und industriebezogener Sicht, Würzburg 1988, S. 134.

[77] Speer, Erinnerungen (wie Anm. 143), S. 298.

gern! Durch die verschiedensten Maßnahmen – auch durch Verlagerungen – gelang es Kessler und seinem Sonderring bis Kriegsende, die Wälzlagerauslieferung nie soweit abfallen zu lassen, daß die Produktionseinbrüche auf die insgesamt steigenden Endfertigungszahlen von Rüstungsgütern durchschlugen[78].

3.2. Verlagerungen

Da die Stollenanlage „Kies" für FAG Kugelfischer gedacht war, soll im Folgenden versucht werden, die Schutz- und Verlagerungsmaßnahmen der Firma nach dem Sommer 1943 zu skizzieren. Wie auch bei der Luftfahrtindustrie, wurde zunächst der Werkluftschutz für die zu erwartenden weiteren Luftangriffe verstärkt. Neben der Beschaffung von Motorspritzen sowie Schläuchen und Lanninger-Rohren zur Löschwasserförderung wurden auf dem FAG Gelände Löschwasserbecken, Deckungsgräben und ein Hochbunker gebaut. Nachdem die ausgebrannten Fabriksäle mit Notdächern versehen worden waren, begann auch die Überbunkerung von rund 9000 m^2 Kellerfläche der Flachbauten mit einer 2,5 m starken Stahlbetondecke. Sie hielt bei den späteren Angriffen mehreren Volltreffern stand[79]. Unklar ist, ob diese Decke identisch ist mit den in einem Gespräch zwischen Kessler und dem Gauwirtschaftsberater Dr. Vogel am 15. März 1944 geforderten „Fertigungsbunkern in Schweinfurt"[80].

Gleichzeitig begannen von Seiten des Reichsministeriums für Bewaffnung und Munition wieder verstärkte Bemühungen um eine Verlagerung der Wälzlagerproduktion in weniger luftgefährdete Gebiete. Schon am 19. Dezember 1942 hatte Speer per Erlaß gefordert, beschleunigt Vorkehrungen für die Verlagerung rüstungswirtschaftlich wichtiger Fertigungen zu treffen – doch es gab Widerstände von allen Seiten: *Die Gauleiter sträubten sich, neue Fabrikationsstätten in ihren Gauen aufzunehmen, da sie die Störung der fast friedensmäßigen Ruhe ihrer Landstädtchen befürchteten, die Verantwortlichen meiner wichtigsten Fertigungen wiederum wollten sich keinen politischen Unbequemlichkeiten aussetzen. So geschah nahezu nichts*[81]. Nach dem Angriff vom 14. Oktober 1943 wurde erneut eine Verlagerung der Kugellagerindustrie angestrebt, so sollten die wiederaufzubauenden Teile der Produktion in die umliegenden Dörfer oder in noch ungefährdete Städte im Osten Deutschlands zerstreut werden. Doch auch diesmal mußte Speer wieder feststellen, daß die Widerstände *unerwartet groß* waren. Anfang Januar 1944 wurde schließlich die Verlegung der Kugellagerfertigung in Höhlen besprochen. Doch noch im August 1944 klagte der Beauftragte des Rüstungsministers, daß *er Schwierigkeiten habe, die Bauten für die Verlagerung der Kugellagererzeugung durchzuziehen!* Speer, der der Meinung war, daß in dieser Angelegenheit *noch mehr reingehauen werden* müsse, legte mit Erlaß vom 2. August 1944 fest: *Die unterirdische Verlagerungen der Kugellagerfertigung sind von höchster Dringlichkeit. Die hierzu notwendigen Arbeitskräfte konnten bisher*

---

[78] Ausführlich dazu: Golücke, Schweinfurt (wie Anm. 63), S. 351–380.
[79] Ellner, Entwicklung (wie Anm. 76), S. 134. Bei Golücke, Schweinfurt (wie Anm. 63), S. 399, wird von nur 2000 m^2 einer 2,00 m starken Decke gesprochen.
[80] BA/MA, RW 21–65/6, Kriegstagebuch des Rüstungskommandos Würzburg.
[81] Speer, Erinnerungen (wie Anm. 13), S. 299.

noch nicht gestellt werden, da die abzugebenden Dienststellen den Befehlen nicht nachgekommen sind. Ob es, wie von Speer behauptet, unzureichende Befehlsgebung selbst in Kriegszeiten und fehlende Bereitschaft der Beteiligten waren, die hier verzögerten oder die Überforderung der Bauwirtschaft durch den oben bereits dargestellten allgemeinen Verbunkerungsprozeß der Rüstungswirtschaft, läßt sich an dieser Stelle nicht klären[82].

Zumindest Unterfrankens Gauleiter Dr. Otto Hellmuth war hier eine Ausnahme. Seit 1936 versuchte er, die unterfränkische Industrie aufzulockern, war dabei aber am Veto des Reichsarbeitsministeriums gescheitert. Von ursprünglich zehn vorgesehenen kleineren Trabantenwerken im 50 km Umkreis von Schweinfurt baute Kugelfischer nur zwei[83].

Immerhin hatten mit den beiden Luftangriffen vom Sommer 1943 auch bei Kugelfischer die oberirdischen Verlagerungen nach Landeshut/Schlesien (unter anderen Wälzlagerringe) und Kirchheim/Teck (Großlagerherstellung) begonnen[84]. Später wurden weitere Produktionszweige aus Schweinfurt verlagert, die jeweilige Zuordnung zu genauen Orten war dem Verfasser nicht möglich. Genannt werden unter anderem Bamberg, Hirschaid, Erlangen, Forchheim, Schwarzenbach/Saale, Fraureuth bei Zwickau, Yarresbeck und Grunsfeld. Bei Koenig & Bauer in Zell bei Würzburg wurden beschädigte Maschinen repariert, zum Teil mit Fachkräften aus Schweinfurt. Fast überall scheint das Hauptproblem darin gelegen zu haben, qualifiziertes Personal zu bekommen. Teilweise half wohl die Deutsche Arbeitsfront (DAF). In anderen Verlagerungsbetrieben waren die Böden nicht fest genug, um die schweren Pressen aufzustellen. Bis massive Fundamente eingebaut waren, mußten die entsprechenden Arbeitsschritte wieder in Schweinfurt durchgeführt werden[85].

Zunächst wurde jedoch auf die eigenen Kapazitäten in der nächsten Umgebung zurückgegriffen. Für die zentrale Fertigung von Schleifscheiben und Kugeln waren nach Kriegsbeginn, aber noch vor den beiden Großangriffen auf Schweinfurt die beiden kleineren Zweigwerke in Ebern und Eltmann (Ebelsbach) geplant worden. Zumindest ein Motiv für die Werksgründungen war die Schaffung von Arbeitsplätzen in Räumen, die über keine nennenswerte Industrie verfügten. Große Pendlerbewegungen sollten so vermieden werden. Ein weiteres Motiv: die Zusammenfassung von Produktionskomponenten in jeweils gesonderten, überschaubaren Werkseinheiten. Wieweit der Dislozierungserlaß Speers vom 19. Dezember 1942 die Werksgründung beschleunigte, kann an Hand der Quellenlage nicht beantwortet werden. Es ist jedoch zu vermuten, daß es besonders Platzprobleme in Schweinfurt sowie die Pendlerproblematik waren, die Georg Schäfer veranlaßten, das Werk in Eltmann (häufig auch als Werk Ebelsbach bezeichnet) zu gründen[86]. Für den Standort Eltmann sprachen auch die verkehrsgünstige Lage und die Arbeitskräftereserven im Steigerwald und den Haßbergen. Mit der Verlegung der Industrie auf das Land sollte wohl zu allererst auch

---

[82] Speer, Erinnerungen (wie Anm. 13), S. 300, S. 559.
[83] Golücke, Schweinfurt (wie Anm. 63), S. 94f.
[84] Golücke, Schweinfurt (wie Anm. 63), S. 96.
[85] USSBS (wie Anm. 63), S. 96.
[86] Ellner, Entwicklung (wie Anm. 76), S. 127, S. 188f.

ein soziales Problem gelöst werden[87]. Vermutlich um die Zugehörigkeit des Werks zu Kufi zu verschleiern, wurde es unter dem Decknamen „Industriegesellschaft Steigerwald und Hassberge, Eltmann" geführt[88]. Mit dem Bau des Werkes wurde am 24. Juni 1943 begonnen. Sobald die Werkshallen fertiggestellt waren, lief die Arbeit an[89]. Trotz der hohen Priorität ging der Aufbau des Werks anscheinend nicht so voran wie geplant. So klagte am 14. Oktober 1943 das Rüstungskommando Würzburg: *Neubauten: Fa. Kufi, Eltmann: Infolge Mangels an Baufacharbeitern behindert. Einsatz der lazarettkranken Kriegsgefangenen wegen mangelnder Arbeitsdisziplin und unregelmäßigen Einsatzes abgebrochen.* Gemeint waren Männer aus dem Kriegsgefangenen-Reservelazarett im ehemaligen RAD Arbeitslager Ebelsbach. Von den circa 400 dort befindlichen russischen Kriegsgefangenen waren mindestens 100 als „Arbeitsfähige" eingestuft worden[90].

In Eltmann wurden zunächst nur ungehärtete Kugeln hergestellt und zur Weiterverarbeitung nach Schweinfurt geschickt. Nach dem ersten Angriff vom 17. August 1943, durch den das Hauptwerk erstmals schwer beschädigt worden war, verlagerte die Konzernleitung besonders die Abteilungen nach Eltmann, die am härtesten getroffen waren. In der Folge wurden hier nun komplette Kugeln gefertigt, Ende Februar 1944 war die gesamte Kugelfertigung von Kugelfischer dorthin ausgelagert[91].

Auch kleinere Ortschaften in der Nähe des Eltmanner Werkes sind nach dem Oktoberangriff von 1943 für Verlagerungen genutzt worden, der genauere Umfang läßt sich aber nicht feststellen. So wurden im Ebelsbacher Wirtshaus „ganz kleine Kugeln" hergestellt, sechs oder acht Maschinen aus dem Schweinfurter Werk waren dort aufgestellt: in einem Keller ein Härteofen, in einem anderen eine Schleifmaschine. Oben im Haus wurden die Kugeln poliert, von Frauen aussortiert und schließlich abgeholt[92]. Auch im wenige Kilometer entfernten Schönbrunn wurde produziert, so war im Eiskeller des Brauhauses ebenfalls ein Härteofen aufgestellt worden. Der Transport der fertigen Lager erfolgte auch hier mit Pferdewagen[93]. Neben diesen kleineren Produktionseinheiten verlagerte FAG auch größere Abteilungen, so den Fertigwarenversand nach Ebern. Um den gestiegenen Energiebedarf des dortigen Werkes zu decken, wurde im Winter 1943/44 von zwei Arbeitstrupps eine Hochspannungs-

---

[87] Zur Entstehung und Funktion des Eltmanner Werkes: August Trunk, Kugelfischer Georg Schäfer & Co. Werk Eltmann. Heimatbogen des Bezirksschulamts Haßfurt 7, 1963 (Masch.), S. 7. Er spiegelt besonders augenfällig den Zeitgeist der frühen sechziger Jahre: „Der Mann fährt in aller Morgenfrühe in die meist nicht zu weite Fabrik und kommt im Sommer am Abend noch so zeitig nach Hause, daß er seinen Garten bestellen, die Obstbäume pflegen und notfalls noch die schwere Feldarbeit verrichten kann. So ist der Arbeiter weitgehend bodenständig und krisenfest geworden. Eine vorübergehende Arbeitslosigkeit kann ihm wenig anhaben, weil er sich auf seinem Eigentum zum guten Teil ernähren kann". Nach einer fernmündlichen Auskunft von FAG vom 8.6.1999 begann der Bau des Werks Eltmann allerdings schon 1940.
[88] BA/MA, RW 21.65/6, Anlage zum Kriegstagebuch des Rüstungskommandos Würzburg, September 1944.
[89] Trunk, Werk Eltmann (wie Anm. 87), S. 9.
[90] BA/MA, RW 21–65/5, Kriegstagebuch des Rüstungskommandos Würzburg.
[91] USSBS (wie Anm. 63), S. 96.
[92] Aussage von Heinrich Zehendner (Ebelsbach) vom 23.3.1999.
[93] Aussage von Fritz Thein (Ebelsbach) vom 23.3.1999.

leitung in Primitivbauweise vom Umspannwerk in Ebelsbach nach Ebern gebaut. Auch dieses Vorhaben lief im Rahmen der „Kugelfischer-Schnellaktion"[94].

Diese oberirdischen Verlagerungen verursachten zusätzlich zu den Angriffsschäden erhebliche Kosten in Höhe von 11,1 Millionen Reichsmark, von denen FAG 6,2 Millionen, das Reich 4,9 Millionen Reichsmark trug. Außerdem waren erhebliche Kapazitäten für längere Zeit nicht genutzt. Trotzdem war Kessler im Mai 1944 der Meinung, das Verlagerungsprogramm soweit vorangetrieben zu haben, daß eine ausgesprochene Luftgefährdung nicht mehr bestünde und wollte sich wieder der Produktionsausweitung zuwenden[95].

3.3. Beginn der Untertageverlagerung

Zu einem nicht feststellbaren Zeitpunkt, vermutlich aber spätestens nach dem Luftangriff vom 24./25. Februar 1944, begannen auch die Schweinfurter Kugellagerhersteller mit der Untertageverlagerung. Gedacht war nicht an die Verlegung einzelner Abteilungen, sondern vollständiger Fertigungen. Anscheinend lief dies aber nicht freiwillig, sondern auf Anordnung[96]. Bereits am 29. Februar 1944 stellte der Generalkommissar im Rahmen einer Sitzung beim Reichsverteidigungskommissar Mittelfranken klar, daß neben *weiteren Verlagerungen in vorhandene Fertigungsräume* nun auch die *Ingangsetzung der Untertage-Fertigung* höchste Priorität habe[97]. Schon am 24. März meldete das Rüstungskommando Würzburg: *Erkundung von Untertageräumen, Kellern u. dgl. durchgeführt. Weitere Erkundung derartiger Räume ist durch Rü-In. XIII angeordnet*[98]. Die Wehrmacht machte der Industrie Druck: *Die besonders starken Luftangriffe vom 24. auf 25.2.44 haben weitere Verlagerungen erforderlich gemacht. Hierbei hat das RüKdo entsprechend seinem früheren Standpunkt immer wieder auf die Notwendigkeit der Verlagerung unter Tage hingewiesen und auch sehr geeignete Fertigungsstätten dieser Art im Neckartal nachweisen können. Die Verlagerungen müssen im Interesse der Sache unbedingt intensiviert werden, trotz der bei der Größe der Objekte verständlichen Schwierigkeiten in der Umsetzung der Arbeitskräfte*[99]. Für VKF bedeutete dies Verlagerung in die unterirdische Heeresmunitionsanstalt Neckarzimmern. Die Arbeiten begannen dort im April 1944. Der ehemalige Gipsbruch wurde verputzt, Licht, Strom und eine starke Belüftungsanlage eingebaut[100].

Die Situation bei Kugelfischer verschärfte sich durch den amerikanischen Tagangriff vom 13. April 1944: *Gesamtschaden so groß, daß Wiederaufnahme der Fertigung im Hinblick auf den außerordentlich großen Bauaufwand nicht möglich erscheint,* so die erste Einschätzung des Rüstungskommandos Würzburg[101].

---

[94] Aussage Friedrich Angres (Ebelsbach) vom 23.3.1999.
[95] Golücke, Schweinfurt (wie Anm. 63), S. 371–373.
[96] USSBS (wie Anm. 63), S. 96f.
[97] BA/MA, RW 21–65/6, Kriegstagebuch des Rüstungskommandos Würzburg.
[98] Ebd.
[99] BA/MA, RW21–65/6, Rüstungskommando Würzburg, Darstellung der rüstungswirtschaftlichen Entwicklung vom 1.1.44–31.3.44.
[100] Golücke, Schweinfurt (wie Anm. 63), S. 371.
[101] BA/MA, RW 21–65/6, Kriegstagebuch des Rüstungskommandos Würzburg.

Spätestens im Mai 1944 schien die Untertageverlagerung der wichtigsten Kugellagerwerke dann aber zumindest organisatorisch voll am Laufen gewesen zu sein. Bei einer Sitzung mit dem Reichsverteidigungskommissar Mainfranken vom 16. Mai 1944 berichtete Dr. Seuffert, Kesslers ständiger Vertreter in Schweinfurt: *Wenn angenommen wird, daß die z.Zt. in Bau befindlichen Untertage-Fertigungsstätten in den vorgesehenen Fristen fertiggestellt werden, ist mit einer Entlastung bis Herbst 1944 zu rechnen ... Die zum Teil, insbesondere gegen Kugelfischer, erhobenen Vorwürfe einer schleppenden Verlagerung in Untertage-Werkstätten werden als unbegründet zurückgewiesen. Die technischen Schwierigkeiten bei derartig umfangreichen Untertagebetrieben mit großer Wärmeentwicklung sind nur nach sorgfältiger Vorbereitung mit Sicherheit auszuschließen (Klima-Anlagen, Belüftungsanlagen)*[102].

Nachdruck erhielten die Untertageverlagerungen auch mit „Führerbefehl" vom 10. Mai 1944, der wenige Tage später auf der Tagesordnung der Rüstungskommission XIII stand. *Die Wälzlagerindustrie wurde inzwischen innerhalb der Vorrangstufen in der Dringlichkeit noch vor die Jägerfertigung gesetzt.* Aber auch dieser Führerbefehl allein konnte anscheinend nicht alle Probleme aus dem Weg räumen. Wie bereits wenige Tage vorher wurden wieder überwiegend technische Probleme ins Feld geführt: *Die Betriebe sind je nach Dringlichkeit ihrer Fertigung gehalten, in unterirdische Räume zu verlagern, wenn es sich um einmalige oder einzigartige Fertigungen handelt. Die Aufwendungen energiemäßiger Art, Installation und Heranführung von Strom, die Aufstellung von Transformatoren, der Einbau von Be- und Entlüftungsanlagen belasten die Industrie so stark, daß derartige Verlagerungen nur für die wichtigsten Fertigungen durchgeführt werden können*, so Kommissionsvorsitzender Baudirektor Dipl.-Ing. Klinger. Auch der Vertreter des Generalkommissars, Dr. Seuffert, gab *ein Beispiel der auftretenden Schwierigkeiten bei unterirdischen Verlagerungen und ist der Meinung, daß U-Fertigungen nur in den dringendsten Fällen vorgenommen werden sollten*[103]. Damit hatten die Kugellagerhersteller wieder einmal mit den bereits von den Verlagerungen der Luftfahrtindustrie bekannten Problemen zu kämpfen. In der Literatur wird ein weiterer „Führer-Erlaß" vom 30. Mai 1944 erwähnt, demnach sollte grundsätzlich die gesamte Kugellagerfertigung unter Tage gebracht werden[104].

Trotzdem liefen die Arbeiten bereits: für Kugelfischer war als Verlagerungsort ein großes Stollensystem in Wellen an der Mosel (Nähe Konz) vorgesehen. In einem ehemaligen Kalkabbau sollten 120 000 m² bombensicherer Produktionsfläche geschaffen werden, das entsprach fast der Gesamtfläche der Schweinfurter Werke vom Sommer 1943 (121 000 m²)[105]. Im März 1944 hatten dort die Arbeiten begonnen, die völlige Fertigstellung war für Juli 1945 vorgesehen. 3000 Arbeiter der Organisation Todt begannen die bis vier Meter breiten und ebenso hohen Stollen zum Teil zu erweitern und in ein Werk umzubauen, in dem komplette Lager hergestellt werden sollten.

---

[102] BA/MA, RW 21–65/6.
[103] BA/MA, RW 20–13/6, Besprechungsergebnis der 14. Sitzung der Rüstungskommission XIII vom 19.5.1944.
[104] Willi A. Boelcke (Hg.), Deutsche Rüstung im Zweiten Weltkrieg. Hitlers Konferenzen mit Albert Speer 1942–1945, Frankfurt a. Main 1969, S. 352.
[105] Golücke, Schweinfurt (wie Anm. 63), S. 371.

Geplant waren drei Ebenen: auf der obersten sollten Aufenthaltsräume und Kantinen für die Belegschaft, Lager für Rohmaterial sowie Heizung und Klimaanlage eingerichtet werden. Die zweite war für Maschinen zur Herstellung der Ringe vorgesehen, auf der untersten, dritten Ebene sollten alle anderen Teile wie Kugeln, Rollen und Käfige produziert werden. Die vom Reich zu tragenden Gesamtbaukosten für das Werk wurden mit 15 Millionen Reichsmark kalkuliert. Gerechnet wurde mit Kosten von 190 RM/m^2, verglichen mit 100 RM/m^2 bei oberirdischen Bauten. FAG sollte für die Nutzung Pacht bezahlen und alle notwendigen Maschinen selbst beschaffen. Zeitgleich wurde eine unterirdische Trafostation eingebaut. Zur Sicherstellung der Wasserversorgungen entstand ein Pumpwerk an der nahegelegenen Mosel. Außerdem wurden ein Gleisanschluß und Baracken für die Arbeiter angelegt[106]. Im Juli 1944 waren auch die Rüstungsdienststellen mit dem Verlauf der Dinge zufrieden: *Die verstärkte Verlagerung außerhalb des Bereichs des Rü-Kdo ist im Gange*, allerdings zeigten sich die bekannten Probleme: *In vielen Fällen ist die Unterbringung von mitgebrachten Arbeitskräften nur durch Gestellung von Behelfsheimen möglich. Zusätzliche Anforderungen von Arbeitskräften steigend*[107].

Der Bedarf nach zusätzlichen, bombensicheren Fertigungsstätten verschärfte sich im Sommer/Herbst 1944 dramatisch: auf amerikanischen Druck hin wurden die Kugellagerlieferungen aus Schweden zunächst drastisch gekürzt und dann völlig ausgesetzt. Der gesamte Bedarf mußte nun unter ständiger „Luftgefahr" im Reich produziert werden[108].

Den Amerikanern war außerdem nicht verborgen geblieben, daß Kugelfischer nach den beiden schweren Angriffen des Vorjahres Lager und anderes in das bei ihnen unter „Ebelsbach" geführte Werk Eltmann ausgelagert hatte. Am 24. Mai 1944 gemachte Aufklärerphotos zeigten, daß die Bauarbeiten dort weiter voranschritten. Zielplaner vermuteten ferner, daß das Werk nun in Zusammenarbeit mit dem Mutterwerk in Schweinfurt 8% der gesamten Kugellagerproduktion herstellen würde. Außerdem sei es inzwischen ein wichtiger Teil der verzahnten deutschen Fertigung geworden. Nach Berichten vom Februar 1944 gingen sie außerdem davon aus, daß in Ebelsbach rund 800 Menschen arbeiten würden[109].

Am 19. und 21. Juli 1944 wurde Ebelsbach daher von 83 beziehungsweise 54-B-17-Bombern der 8. USAAF angegriffen. Beim ersten Angriff warfen sie 122,5 to Spreng- und 69,7 to Brandbomben, beim zweiten 130 to Sprengbomben. Dank intensiver Vernebelung entstanden bei dem ersten Angriff *nur unwesentliche Schäden*. Beim zweiten kurvten die Bomber solange, bis sich der künstliche Nebel verzogen hatte, dann trafen die Bomben das Werk allerdings voll: *Gebäudemäßig sehr großer Schaden, fast als Totalschaden anzusprechen. Maschinen völlig verschüttet, deren Beschädigung erst nach Trümmerbeseitigung übersehbar. Ausfalldauer des gesamten Werkes noch nicht zu überblicken* – so die erste Bilanz des

---

[106] USSBS (wie Anm. 63), S. 97.
[107] BA/MA, RW 21–65/6, Rüstungskommando Würzburg, Rückblick Juli 1944. Eine Darstellung weitere Probleme bei Golücke, Schweinfurt (wie Anm. 63), S. 398–400.
[108] Golücke, Schweinfurt (wie Anm. 63), S. 359–360.
[109] LuftbildDatenbank Würzburg; Kopie des Target Information Sheet „Ebelsbach near Bamberg" vom 11.5.1944.

Rüstungskommandos Würzburg[110]. Tatsächlich war es gelungen, das Werk total zu zerstören[111]. In der Fabrik starb wie durch ein Wunder nur ein Arbeiter, insgesamt kosteten die beiden Angriffe sechs Menschen das Leben. Die Gebäudeschäden in Ebelsbach waren beträchtlich[112]. Die Angriffe zeigten auch hier wieder, daß oberirdische Verlagerungen nur eine begrenzte Zeit vor Luftangriffen sicher waren.

Kugelfischer stand nun vor dem Problem, auch für Eltmann einen Ersatz suchen zu müssen. Dafür bot sich das Werk Ebern an, in dem bereits kleinere Zulieferarbeiten für Eltmann erledigt worden waren. Die Kapazitäten wurden wiederum erweitert, und viele Maschinen zur Kugelherstellung wurden aus dem zerstörten Werk dorthin transportiert.

Ein genauer zeitlicher Ablauf der Ereignisse läßt sich aus den vorliegenden Quellen nicht rekonstruieren. Soweit nicht anders angemerkt, orientiert sich die folgende Darstellung an dem bereits zitierten amerikanischen Nachkriegsbericht über die Kriegführung gegen die Kugellagerindustrie (USSBS) aus dem Jahr 1947.

Die Ausbauarbeiten in Wellen/Mosel gingen rasch voran, und einige Maschinen hatten bereits die Produktion aufgenommen, als der rasche Vormarsch der Westalliierten alle weiteren Pläne über den Haufen warf[113]. Schon am 10. September 1944 marschierten die Amerikaner in die Stadt Luxemburg ein. Am 13. September eröffnete amerikanische Artillerie das Feuer auf Trier, die Alliierten marschierten auf Metz zu. Die Region wurde geräumt, die Zivilbevölkerung evakuiert. Auch Kugelfischer mußte sich nach einem guten halben Jahr bereits wieder zurückziehen, doch der rasche Vorstoß im Westen hatte auch erhebliche Auswirkungen auf die Transportlage: *Verkehrsbeziehung nach Westmark, Rheinland und Ruhrgebiet durch Überlastung und Fliegereinwirkung ganz besonders betroffen. Heranholen von Material und Gerät aus diesen Gebieten teilweise trotz Blitzverfahren nicht mehr möglich. Erhebliche Rückwirkungen auf Fertigungsbetriebe zu befürchten,* notierte das Rüstungskommando Würzburg im Rückblick für den Monat September 1944[114]. So verblieb zumindest ein Teil der Maschinen in den Wellener Stollen. Noch 1945 sollen dort „Drehbänke und solche Sachen" gestanden haben, die schließlich von den Franzosen demontiert wurden. Augenzeugen erinnern sich daran, daß damit „größere Kugellager" für Drehkränze von Panzern oder Geschützen gefertigt werden sollten[115].

Wie schon im Fall des Eltmanner Werks mußte Kugelfischer nun nach einem Verlagerungsort für eine Verlagerung suchen. In Franken war die Raumfrage im September 1944 gespannt: *20 – 25 Firmen, Dienststellen usw. aus Frankreich, dem gefährdeten Westen und zum Teil aus dem Osten waren bei der VL-Stelle im Lauf des*

---

[110] BA/MA, RW 21–65/6, Kriegstagebuch des Rüstungskommandos Würzburg.
[111] Golücke, Schweinfurt (wie Anm. 63), S. 95, S. 406.
[112] Trunk, Werk Eltmann (wie Anm. 87), S. 9f.
[113] USSBS (wie Anm. 63), S. 97. Im geheimen amerikanischen „Fatherland"-Report wird Wellen im September 1944 als Munitionswerk von Krupp geführt. Laut einer Kriegsgefangenenaussage waren dort Höhlen mit einer Grundfläche von 40.000 Quadratmetern und Raumhöhen von ca. 5 Metern ausgebaut worden. Als der Informant Anfang September 1944 die Fabrik besucht hatte, waren dort schon alle Maschinen aufgestellt. Der Mann glaubte, daß fast alle zur Munitionsfertigung dienten. LuftbildDatenbank, Kopie „Fatherland", Seite D5, Wehrkreis XII, Lfd. Nr. 121.
[114] BA/MA, RW 21–65/6.
[115] Auskunft Bürgermeister Walter Conzem (Wellen/Mosel) vom 20.4.1999.

Berichtsmonats vorstellig und beantragten Räume für Fertigung oder Lagerung in der Größe von 500 – 6000 m². Wegen Mangels an geeigneten Räumen mußten sie abgewiesen werden. Außerdem machen sich militärische Einheiten durch Beschlagnahme von Objekten bemerkbar. Sie verlangen in einzelnen Fällen sogar Räumung von Verlagerungsbetrieben. Beauftragte von Firmen und Dienststellen durchstreifen den Bereich nach Verlagerungsobjekten[116].

Nach der Darstellung im USSBS versuchte Kugelfischer erst im Herbst 1944 in Neustaßfurt, südlich von Magdeburg, in einem stillgelegten Salzbergwerk unterzukommen. Dem widersprechen die Berichte des Salzbergwerkes Neustaßfurt an das Bergamt Magdeburg [117]. Im Auftrag des Jägerstabes wurde dort bereits seit dem 23. April 1944 an einer untertägigen Fertigung für das nördlich von Berlin gelegene BMW Flugmotorenwerk Basdorf-Zühlsdorf gearbeitet[118]. Später war auch die Verlagerung der Triebwerksentwicklung aus dem Werk Berlin Spandau vorgesehen worden. Das BMW-Projekt trug den Decknamen „KALAG", abgeleitet aus Kaliwerk Löderburg AG. Eingesetzt für den Um- und Ausbau der beiden Schächte VI und VII (Deckname „Reh") waren hauptsächlich Häftlinge des KZ Buchenwald. Für dieses rund 500 Mann starke Außenkommando war 500 m östlich des Schachtes VI ein eigenes Lager, ebenfalls mit dem Decknamen „Reh", eingerichtet worden. Außer ihnen waren auch Fremdarbeiter aus einem Lager in der Nähe von Wolmirsleben eingeplant. Für die Ausbauarbeiten war die OT-Einsatzgruppe 200 „Kyffhäuser" zuständig, Planung und Bauüberwachung lagen bei dem Berliner Ingenieurbüro Schlempp, dessen verantwortlicher Bauleiter mit Sitz in Bernburg war Heinrich Lübke, der spätere Bundespräsident.

Gearbeitet werden sollte in beim Salzabbau entstandenen Kammern, sogenannten Firsten. Ihre Maße waren beachtlich, so hatten auf der 430-m-Sohle sieben von ihnen eine Größe von 46 x 25 m bei 10 m Höhe, fünf weitere 63 x 25 x 18 m, die durchschnittliche Grundfläche lag bei 1100 beziehungsweise 1600 m². Entsprechende Verhältnisse herrschten auch auf der 460-m-Sohle. In dem gesamten Steinsalzfeld war es völlig trocken, die mittlere Raumtemperatur lag bei 18 Grad Celsius – zumindest in den Konstruktionsbüros. Zeitzeugen berichteten, daß man dort die Mäntel nie ablegen konnte. Die KZ-Häftlinge betonierten die Böden der Firste, die zugehörigen Förderstrecken und fuhren einen Querschlag sowie vier vertikale Verbindungsschächte auf. Zur Energieversorgung wurde ein 15-kV-Kabel nach unten verlegt, außerdem Frisch- und Abwasserleitungen. Schon am 19. Juli 1944 stand für BMW eine nutz-

---

[116] BA/MA, RW 21–65/6, Rüstungskommando Würzburg, Monatsrückblick September 1944.

[117] Alle Angaben zu Neustaßfurt soweit nicht anders angemerkt aus dem Vortrag von Dipl.-Ing. Reiner Göbel „Die KALAG und das BMW-Werk in Neustaßfurt. Letzte Entwicklungs- und Fertigungsstätten der BMW 003 und 018 in Deutschland", gehalten bei einer Veranstaltung der DGLR in den Elbe-Flugzeugwerken GmbH Dresden am 26./27.9.1996 sowie eine Reihe schriftlichen Mitteilungen von Herrn Göbel an den Verfasser vom Frühjahr 1999. Staßfurt wurde am 12.4.1945 von den Amerikanern eingenommen, ihnen fielen alle Experten, Unterlagen und Geräte unversehrt in die Hände. Die nachrückenden Sowjets nahmen im November 1945 die Untertageproduktion des BMW-003-Triebwerks wieder auf. Am 22.10.1946 wurden alle Ingenieure und Facharbeiter sowie die Maschinen zwangsweise in die Sowjetunion verbracht. Die Schachtanlage ist in den Jahren 1970/71 geflutet worden und später eingebrochen. Heute erinnern nur noch riesige Trichter an der Erdoberfläche an diese unterirdische Fabrik.

[118] Mönnich, Schallmauer (wie Anm. 66), S. 246–247, S. 292 und S. 293.

bare Gesamtfläche von 18 000 m² zur Verfügung, geplant war der Einsatz von 2000 Mitarbeitern. Bereits mit dieser Belegschaft war die ausreichende Bewetterung der Schachtanlage ein Problem, ebenso die große Zahl der einfahrenden Personen. Mit 540 Personen pro Stunde hatte die Förderanlage von Schacht VII ihre Leistungsgrenze erreicht. Im Oktober 1944 kamen die ersten Facharbeiter von Berlin Spandau nach Neustaßfurt, die ersten BMW Ingenieure folgten im März 1945. In diesem Monat wurde auch eine gemeinsame Härterei für BMW und Kugelfischer in Betrieb genommen. Wieviele Strahltriebwerke des Typs BMW 003 in der KALAG montiert wurden, ist unbekannt, bestimmt waren sie für den Düsenjäger Heinkel 162 „Volksjäger" sowie den leichten Strahlbomber Arado 234.

Spätestens mit Stand vom 4. September 1944 sollten unter dem BMW-Werk auf der 460-m-Sohle für Kugelfischer (Deckname in Neustaßfurt: „Georg Wälzer AG") 23 000 m² Produktionsfläche bereitgestellt werden[119]. Neben einer zentralen Härterei war auch eine gemeinsame Preßluftversorgung mit BMW vorgesehen. Aus bergbautechnischen Gründen mußten die Ausbauvorhaben für FAG und BMW parallel durchgeführt werden. So wurden Anfang Juni 1944 der Bau eines Blindschachtes zwischen der 430-m- und 460-m-Sohle begonnen, am 22. Juni 1944 war dieser fertiggestellt. Ende August meldete das Bergwerk den Abschluß der Ausschußarbeiten des Wetterkanals am vierten First der 460-m-Sohle und den der Klosettanlagen am siebten First. Auch die Abwässergrube am 14. First auf der Kugelfischer-Ebene waren zu diesem Zeitpunkt ausbetoniert.

Maschinen und Ausrüstungen der beiden Firmen kamen per Bahn mit sogenannten Ganzzügen, wegen der Tieffliegergefahr in der Regel nachts. Allerdings scheint es zwischen BMW und Kugelfischer zu Reibereien gekommen sein, unter anderem darüber, wessen Maschinen zuerst unter Tage gebracht werden sollten. BMW soll dabei die höhere Prioritätsstufe eingeräumt worden sein. Überhaupt war das Einfahren der Maschinen ein zentrales Problem. Leichte Teile wurden über beide Schächte eingefahren, die Maschinenanlage des als Wetter- und Fluchtschachtes ausgelegten Schachtes VII war auf eine Hubkraft von 3,5 to begrenzt. Um schwere Maschinen einbringen zu können, mußten die Förderkörbe demontiert werden. Anschließend wurden dann Lastenbühnen mit Elektrohaspeln installiert. Über den eigentlichen Förderschacht VI konnten dann Lasten bis 30 to, über Schacht VII solche bis 12 to in die Tiefe gelassen werden. Die Umrüstarbeiten an den Fördereinrichtungen dauerten jeweils 14 Tage. Wenn in Abständen von vier bis sechs Wochen neue Züge mit Maschinen anrollten, mußte dies wiederholt werden.

Problematisch war außerdem, daß die oberirdischen Förderanlagen und -türme gegen Luftangriffe nicht geschützt waren, auch deshalb waren sie die Achillesverse des ganzen Projektes. Mit dem Bau einer bombengeschützten, leistungsfähigeren Anlage wurde zwar noch begonnen, sie wurde aber nicht mehr fertiggestellt. Obwohl den Amerikanern gegen Kriegsende zahlreiche Berichte über Produktionsanlagen in Kaligruben vorlagen, gehörte der Bereich Staßfurt zu den wenigen, wo sie dies anhand von Luftaufnahmen auch verifizieren konnten. Wohl aus Sorglosigkeit direkt

---

[119] BA, R3 /3010, Rüstungsamt, Verzeichnis „Unterirdische Räume, III. Kalischächte", Stand 4.9.1944.

an Förderschächten abgestellte Kesselwagenzüge lieferten den US-Auswertern die nötigen Anhaltspunkte für ein unterirdisches Tanklager in diesem Raum. Noch am 6. April 1945 – sechs Tage vor ihrem Einmarsch – bombardierten die Amerikaner daher „an oil depot at Stassfurt"[120]. Es darf vermutet werden, daß die Luftbildauswerter auch alle anderen Schachtanlagen der Region sorgfältig unter die Lupe nahmen.

Wie die Pläne für die Bewetterungsanlagen belegen, sah Kugelfischer den Einsatz von 870 Menschen vor. Nach USSBS hatte FAG die Verlagerung nach Neustaßfurt frühzeitig wieder abgebrochen. Die Grube habe sich angeblich als wenig geeignet gezeigt, einer der Hauptgründe soll das Problem mit dem Einfahren der Maschinen gewesen sein. Die Produktion wäre nie aufgenommen worden[121]. Weitere Punkte, die gegen Neustaßfurt sprachen, waren Probleme mit der Unterbringung der Arbeiter, die durch große Entfernung von 230 km Luftlinie bedingten Koordinierungsschwierigkeiten auf der Führungsebene sowie die zunehmenden Verkehrsprobleme. Tatsächlich machte sich hier die alliierte Luftüberlegenheit immer stärker bemerkbar[122].

Jedoch stehen auch in diesem Punkt die Ausführungen im USSBS mit anderen Berichten nicht unbedingt im Einklang. So wurden die größeren Maschinen für BMW und FAG, selbst Transformatoren und Härteöfen, bei Bedarf „hochkant", mittels der Lastenbühne problemlos in die Schächte abgesenkt. Mit zunächst nur 27 Mann wurde am 7. Februar 1945 auf der 460 m-Sohle in der 17. First eine nicht näher bezeichnete Produktion aufgenommen. Außerdem meldete das Bergwerk Neustaßfurt noch am 6. April 1945 nach Magdeburg: *VIII.: „Wälzer & Co.": Das Einhängen der Maschinen ist zu 20 % durchgeführt. Die Aufstellung zu 30 % abgeschlossen (241 Maschinen). Die noch fehlenden Maschinen einzuhängen wird noch etwa 5 Monate dauern. Die Fertigung läuft in den Firsten 14 – 17, 5 und 4 auf der 460m – Sohle mit 355 Mann*[123]. Von einer völligen Aufgabe des Verlagerungsobjektes Neustaßfurt durch Kugelfischer kann somit wohl keine Rede sein.

Nach amerikanischen Angaben entschloß man sich bei Kugelfischer gegen Kriegsende, zumindest einen Teil der noch immer herumwandernden, von der Vernichtung durch Luftangriffe bedrohten und dabei völlig unproduktiven Maschinen wieder in den Raum Schweinfurt zurückzuführen. Ob dies auch im Hinblick auf eine anstehende Nachkriegsplanung geschah, so wie es Rainer Fröbe am Beispiel der Luftfahrtindustrie und der Mühldorfer Bunkerbauten beziehungsweise des Daimler-Benz Werkes in Obrigheim glaubt nachweisen zu können, soll hier – auch mit Hinblick auf die Quellenlage – nicht erörtert werden[124]. Auch wenn es so gewesen sein sollte, die alliierte Demontagepolitik sowie die damit verbundenen Reparationsleistungen hätten solche Pläne auf jeden Fall zunichte gemacht. 50% aller Maschinen und Einrichtungen von Kugelfischer wurden ab 1946 in die Sowjetunion geschickt, insgesamt 520

---

[120] CIOS XXXII – 17 (wie Anm. 41), S. 117; Freeman, War Diary (wie Anm. 11), S. 481. Luftbild dazu in: Hans Leiwig, Deutschland Stunde Null, Bd II, Stuttgart 1991, S. 154f.
[121] USSBS (wie Anm. 63), S. 97.
[122] Golücke, Schweinfurt (wie Anm. 63), S. 398–400.
[123] Zitiert nach einem Schreiben von Dipl.-Ing. Reiner Göbel (Staßfurt) an den Verfasser vom 4.6.1999.
[124] Fröbe, Arbeitseinsatz (wie Anm. 19), S. 369–374.

Waggons mit 2063 Maschinen, weitere 1785 Maschinen erhielten im Spätsommer 1947 die Westalliierten, unter ihnen Länder wie Australien und Indien[125].

4. „KIES" – der Stollenbau in Ebelsbach

4.1. Konzept und Bau

Um die seit dem Verlust der Untertageverlagerung Wellen nutzlosen Maschinen unterbringen zu können, erhielt die OT vom Generalbevollmächtigten den Auftrag ein neues unterirdisches Werk mit dem Decknamen „Kies"[126] vorzubereiten – so der bereits mehrfach erwähnte USSBS. Dort sollten die Ringe für die mittelgroßen Lager gehärtet werden. Der Neubau unterschied sich grundsätzlich von den vorherigen Verlagerungen. In Wellen und Neustaßfurt waren die Hohlräume bereits vorhanden, nun mußten sie erst neu aufgefahren werden. Entsprechend hoch wurden die Kosten kalkuliert, 350 RM/m^2 statt 190 RM/m^2 in Wellen und 100 RM/m^2 bei den konventionellen, oberirdischen Werken. Für den Bau, dessen ursprünglich geplantes Ausmaß bislang nicht geklärt werden kann, wurden 90 000 Manntage, 115 to Eisen, 4200 to Zement und 3,2 Millionen Backsteine veranschlagt.

Vom betrieblichen Ablauf her war vorgesehen, „Kies" zum Teil eines Produktionsprozesses zu machen, der in Schweinfurt begann und mehrere Verlagerungsstandorte einschloß. Stufe eins war, alle Maschinen, die im Hauptwerk zurückblieben, zu verbunkern. In Schweinfurt sollten die Ringrohlinge nach dem Schmieden in einer anderen Abteilung weiterbearbeitet und schließlich per Bahn zum Werk „Kies" gebracht werden. Nach Durchlaufen der dortigen Härtereien war geplant, die komplett fertiggestellten Ringe wieder auf die Bahn zu verladen und nach Bamberg zur Endmontage zu bringen. Vorläufig letzte Station der dann fertig montierten Lager wäre schließlich der Fertigwarenversand in Ebern gewesen[127].

Allerdings gibt es auch hier wieder Unterlagen, die mit der amerikanische Darstellung, nach der der Entschluß zum Bau des Werkes „Kies" erst fiel, nachdem sich die Unterbringungsprobleme in Neustaßfurt zu groß geworden waren, nicht in Einklang zu bringen sind. Das erste noch auffindbare Dokument zur Ebelsbacher Stollenanlage ist eine Übersichtszeichnung vom 28. Juli 1944[128]. Da dort bereits eine „Erweiterung" in Form eines Flucht- oder Wetterstollens vorgesehen wird, darf vermutet werden, daß die Planungen schon einige Zeit liefen. Auch der gewählte Ort, nur 1,5 km Luftlinie vom Werk Eltmann entfernt, spricht dafür, daß „Kies" schon vor dem Ver-

---

[125] Ellner, Entwicklung (wie Anm. 76), S. 140–156; Birgit Peterson. Die amerikanische Reparationspolitik in Deutschland 1945–1949 im Spannungsfeld der deutschlandpolitischen Zielsetzung der vier Mächte, Würzburg 1993. Dort zu Kugelfischer: S.188–219 und S. 321–345.

[126] Mit dem Mineralnamen „Kies" war nach den Bestimmungen des RMfRuK klar, daß es sich um einen Stollen-Neubau handelt. Zur Systematik der Decknamen: BA R 3, 3010. Demnach bezeichneten Münznamen: natürliche Höhlen, Tiernamen: Bergwerke, Fischnamen: alte Stollenanlagen, Blumennamen: Festungsanlagen, Mädchennamen: tiefe Keller, Jungennamen: Bunkerbauten und Vogelnamen: Verkehrstunnels. Allerdings wurde diese Einteilung nicht immer konsequent angewandt. So wurden die Bunker/-baustellen in Landsberg und Mühldorf als „Weingut", „Diana" und „Walnuß" bezeichnet.

[127] USSBS 53 (wie Anm. 63), S. 97f.

[128] Gemeinde Ebelsbach, Ordner Bunker am Schützenplatz.

lust der Untertageanlage in Wellen in die künftige Produktionsplanung einbezogen war. Die Rüstungsinspektion XIII meldete mit Stand 31. März 1944 erstmals drei unterirdische Verlagerungen in ihrem Kommandobereich[129]. Sie gehören damit zu den fünf „unterirdische Fertigungen", die nach einer – allerdings erst im Dezember 1944 erstellten – Zusammenfassung im Bereich des für Nordbayern zuständigen Bergamtes Bayreuth in Arbeit waren. Für den „Generalkommissar Keßler (OT)" waren dies neben Ebelsbach („Kies") Baustellen in Kronungen („Aland" = alte Stollenanlage), Rentweinsdorf („Flora" = tiefer Keller) und Bamberg („Forelle" = alte Stollenanlage). Außerdem gab es noch ein Objekt ohne Decknamen in Fichtelberg/Oberfranken für die Messerschmitt AG, Werk Straubing[130]. Angesichts der hohen Dringlichkeit, die der UT-Verlagerung der Wälzlagerindustrie zugeordnet war, ist zu vermuten, daß „Kies" zu einem der ersten drei Projekte im Wehrkreis gehörte und zumindest planerisch schon im März 1944 in Auftrag gegeben worden ist. Es ist sogar vorstellbar, daß alle drei Untertage-Verlagerungsprojekte von Kugelfischer gleichzeitig auf den Weg gebracht wurden. Zumindest die Werke in Wellen und Neustaßfurt sollten nahezu zeitgleich im Sommer 1945 fertiggestellt werden. Allerdings läßt sich diese Vermutung auf Grund der schlechten Quellenlage nicht zweifelsfrei belegen.

Als Standort für „Kies" war der Südwesthang des 336 m hohen Ebelsberges, unmittelbar nordöstlich der Ortschaft Ebelsbach (228 m NN) gewählt worden. Das Gelände steigt dort mit einer Neigung von 25 Grad an, in den Berg sind im Abstand von 20 bis 30 m neun horizontale Längsröhren mit circa 100 m Länge hineingetrieben worden. Sie sind durch unregelmäßig angeordnete, im rechten Winkel verlaufende Querschläge verbunden. Drei durchgehende Querstollen verbinden fast alle Längsstollen: einer circa zehn Meter hinter den Portalen, einer etwa im Mittelbereich und der dritte gegen Ende der Längsstollen. Die Längsstollen sind circa 4 m breit und 3,50 m hoch, die Querstollen 3 m breit und ebenfalls 3,50 m hoch. Alle Stollen haben ein hufeisenförmiges Querprofil. Ausgebaut sind sie teilweise mit Stampfbeton, teilweise mit einer Ziegelausmauerung, stellenweise sind beide Bauweisen anzutreffen. Die Sohlen sind teilweise mit Beton versiegelt, in einigen Längsstollen sind in der Sohlenmitte Entwässerungsrinnen oder Kabelgräben angeordnet. Im südwestlichsten Längsstollen finden sich Reste von Fundamenten und elektrischen Installationsanlagen. Ein Wetterschacht oder Hinweise auf eine vorgesehene Belüftungsanlage finden sich nicht mehr. Es gibt jedoch Gerüchte, daß nach dem Krieg auf dem Ebelsberg noch Reste eines Abluftbauwerks zu sehen gewesen seien[131]. Geplant war auf jeden Fall, „Kies" über einen Flucht- oder Wetterstollen mit einer weiteren Luftschutzanlage zu verbinden, die ebenfalls im Herbst 1944 an der gegenüberliegenden Südseite des Ebelsberges gebaut wurde. Allerdings wurde die Verbindung nicht ausgeführt. Direkt an der Stettfelder Straße waren zwei 15 m lange Stollen in den Berg geschlagen und mit einem 40 m langen Quergang verbunden worden[132]. Dort wurden im

---

[129] BA/MA, RW20–13/5, Kriegstagebuch.
[130] StABA, K 600, Nr. 904, Übersicht, Stand 1.12.1944.
[131] Aussage Herr Fischer (Ebelsbach) vom September 1998. Mit ihm hat der Autor das gesamte Stollensystem mehrfach begangen.

Alarmfall Arbeitskräfte aus dem Werk Eltmann in Sicherheit gebracht[133], die trotz der Bombenschäden geschickt getarnt unter den Trümmern der zerstörten Fabrik weiterarbeiteten[134].

Die Einstellung der Arbeiten an „Kies" erfolgte 1945 anscheinend recht plötzlich, denn die Enden der Längs- und einiger Querstollen sind nicht gesichert. Das Gestein ist dort inzwischen heruntergebrochen. Die begonnen Portale und Querstollen lassen vermuten, daß die Anlage noch umfangreicher geplant war. „Kies" konnte über vier Eingangsportale betreten werden, zwei weitere waren im Bau, sind aber nicht mehr mit den dahinter liegenden Längsstollen verbunden worden.

Der Beginn der Bauarbeiten läßt sich nicht genau datieren. Nach sorgfältiger Auswertung der amerikanischen Aufklärerphotos, die unmittelbar nach den Angriffen vom 19. beziehungsweise 21. Juli 1944 auf das Werk Eltmann gemacht wurden, läßt sich mit Bestimmtheit sagen, daß zu diesem Zeitpunkt keinerlei Bauarbeiten im Gange waren[135]. Doch spätestens am 10. Oktober 1944 wurden in den Stollen Querschläge ausgemauert, wie eine Unfallanzeige der ausführenden Baufirma Friedrich Buchner an die Tiefbau-Berufsgenossenschaft belegt. An diesem Tag brach im ersten Querschlag Gestein von der Decke und tötete einen Arbeiter, der dabei war, das Gewölbe auszumauern[136]. Ursache war, daß man die geologischen Probleme im mittleren Keuper und die damit verbundenen Gefahren zunächst unterschätzt hatte[137].

Die Arbeiten erfolgten im Auftrag des Generalkommissars Kessler[138], die Bauleitung lag bei der Organisation Todt. Diese hatte zumindest im November 1944 in Schweinfurt und Umgebung einen eher angeschlagenen Ruf: *Ebenso wird nach einem Bericht des Oberbürgermeisters von Schweinfurt in der Öffentlichkeit und besonders in Fachkreisen die Organisation Todt sehr hart kritisiert. Es fällt auf, daß von dem Zeitpunkt an, zu welchem der OT. die Leitung der gesamten Baumaßnahmen im Reich übertragen wurde, die Bauaufsichtsbehörden eine unbegreifliche Personalvermehrung erfuhren. ... Bezeichnend für die Gesamtsituation ist das hier umlaufende geflügelte Wort: „Die Alten greifen zur Wehr, die Jungen sind beim Speer"*[139].

Anscheinend ging der Stollenbau auch später nicht recht voran: *Das Bauvorhaben „Kies" liegt in den bunten Mergeln des mittleren Keupers und hat wegen des Tones mit großen Schwierigkeiten zu kämpfen. Es wird ein vorläufiger Ausbau eingebracht, der hinterher durch Betonausbau ersetzt wird. Schwierigkeiten macht die Sohle, da die Gefahr des Quellens besteht. Auf eine Ausbetonierung in Gewölbeform wird verzichtet. Es ist aber anzunehmen, daß auch ein nicht gewölbeförmiger Betonausbau genügt, wenn sicher gestellt ist, daß den tonigen Schichten keine Feuchtigkeit zuge-*

---

[132] StABA, K 600, Nr. 899, Bergamt Bayreuth, Befahrungsbericht vom 11.10.1944.
[133] Auskunft Baum vom 23.3.1999.
[134] Roy M. Stanley II. To fool a glass-eye, Shrewsbury 1998, S. 168.
[135] LuftbildDatenbank Würzburg, US-Aufklärerbild vom 6.8.1944.
[136] StABA, K 600, Nr. 686, Unfallanzeige der Firma Buchner vom 11.10.1944.
[137] Richard Neumann, Geologie für Bauingenieure, Berlin, München 1964, S. 318, S. 347.
[138] StABA, K 600, Nr. 904, Übersicht über die im Bezirk des Bergamtes Bayreuth vorhandenen Luftschutzstollen – Stand vom 1. Dezember 1944.
[139] Staatsarchiv Würzburg (StAWÜ), RP Berichte 46, Bericht des Regierungspräsidenten für November 1944.

führt wird. Schießarbeiten finden nicht statt[140]. In der Praxis bedeutete das, daß die Stollen ohne Sprengungen nur mit Pickel und Schaufel in den Berg getrieben wurden, angeblich waren auch keine Preßluftwerkzeuge im Einsatz.

Gearbeitet wurde Tag und Nacht, anfänglich waren die Stolleneingänge nachts mit Gummivorhängen verdunkelt. Das Baumaterial soll Tag und Nacht mit Lastwagen angefahren und gleich im Berg verarbeitet worden sein. Außerhalb der Stollen wäre so gut wie nichts gelagert gewesen[141]. Das ausgebrochene Gestein wurde mit Loren aus dem Berg gefahren und ohne jede Fliegertarnung direkt vor den Stollen abgekippt. Die umfangreichen Erdarbeiten blieben daher später auch der amerikanischen Luftaufklärung nicht verborgen[142]. Am 19. Februar 1945 berichtete das Bergamt Bayreuth über den Stand der Arbeiten: *50 % der Gesamtplanung sind fertig gestellt. Mit der Aufnahme des Fertigungsbetriebes in etwa 14 Tagen wird gerechnet*[143]. Ausgehend von diesem Bericht ist zu vermuten, daß auch „Kies" erst im Sommer 1945 hätte fertiggestellt sein sollen. Wieweit die Arbeiten tatsächlich gekommen sind, bleibt unklar, da deren ursprünglich geplanter Umfang unbekannt ist. Nach Kriegsende wird die fertig ausgebaute Fläche mit *ca. 2800 m²* angegeben[144].

Ausgeführt wurden die Arbeiten durch einige deutsche Arbeiter, hauptsächlich aber von ehemaligen italienischen Kriegsgefangenen, die in den Status von Zivilinternierten überführt worden waren[145]. Italiener waren wohl schon länger in der Schweinfurter Kugellagerindustrie eingesetzt, denn bereits am 29. März 1944 stand das Thema „Arbeitsdisziplin der Kriegsgefangenen" auf der Tagesordnung einer Besprechung im Stalag XIIIc in Hammelburg, an der auch der Generalkommissar Schweinfurt und Vertreter der Wälzlagerindustrie teilnahmen: *Beschwerden wegen übermäßiger Krankmeldungen, mangelnder Arbeitsfreudigkeit, zu nachsichtiger Behandlung durch die Wachmannschaften. Gründe: bei Italienern Unterernährung, allgemeine Unwilligkeit infolge der politischen Verhältnisse. Beschlüsse: Betriebe werden gebeten vor überflüssigen Mißhandlungen zurückzuhalten, Belohnungen durch Zusatznahrungsmittel zu gewähren. Stalag XIIIc wird Wachmannschaften darüber belehren, daß Arbeitswilligkeit durch körperliche Züchtigung (Kolbenschläge) ohne eine Gefahr der Bestrafung der Wachmannschaften erzwungen werden kann*[146]. Gelöst wurden die Probleme anscheinend nicht, denn ein Vierteljahr später notierte das Rüstungskommando Würzburg: *Die Arbeitsmoral der Ausländer erfordert die sofortige Schaffung menschenwürdiger Unterkünfte, die Verbesserung der z.T. unzu-*

---

[140] StABA, K 600, Nr. 898, Befahrungsbericht des Bergamtes Bayreuth vom 19.2.1945.

[141] Auskunft Herr Baum (Ebelsbach) vom 23.3.1999.

[142] Klar erkennbar ist dies auf einem US-Luftbild vom 9. April 1945 (LuftbildDatenbank Würzburg). Die Tarnung beziehungsweise der unauffällige Abtransport des ausgebrochenen Materials war bei allen Stollenneubauten ein großes Problem, das die Deutschen nie befriedigend lösen konnten. Dazu: CIOS XXXII – 17 (wie Anm. 41), S. 146–150.

[143] StABA, K 600, Nr. 898, Befahrungsbericht vom 19.2.1945.

[144] StABA, K 600, Nr. 904, Bergamt Bayreuth, Aktennotiz Natürliche Höhlen, unterirdische Brüche und Luftschutzkeller v. 15.10.1948.

[145] Allgemeine Informationen dazu in: Gerhard Schreiber, Die italienischen Militärinternierten im deutschen Machtbereich 1943 bis 1945. Verraten-Verachtet-Vergessen, München 1990, S. 339–543.

[146] BA/MA, RW 21–65/6.

reichenden Verpflegung und ausreichende Luftschutzmaßnahmen[147]. Die im Spätsommer 1944 erfolgte Überführung der Italiener *in Zivilarbeitsverhältnis wurde von der Bevölkerung sehr ungünstig aufgenommen, zumal viele Militärinternierte aus gegnerischer Einstellung zum Reich keinen Hehl machen*[148]. An den Arbeitsbedingungen der Männer schien sich zumindest teilweise nicht viel geändert zu haben. So notierte der Würzburger Regierungspräsident in seinem Monatsbericht für Oktober 1944 unter *Staatsfeindliche Bestrebungen: Am 24. Oktober Arbeitsverweigerung durch 35 Italiener der Firma Buchner in Eltmann (Lk. Haßfurt) auf die Dauer von 2 Stunden, weil ihnen die 68. Versorgungsperiode eine Kürzung der Brotration von 200 g in der Woche brachte*[149].

Das Thema Schwerarbeit und Verpflegung beschäftigte die Behörden noch länger. So berichtete der Gendarmerieposten Eltmann am 7. Dezember 1944 der Gestapo Außenstelle Würzburg von einer erneuten Arbeitsverweigerung: *Beim Bauvorhaben „Kies" in Ebelsbach, sind in Anlehnung an die Rüstung Fa. Franz Kügeler und Co. in Eltmann, die Firmen Buchner-Würzburg und Riedel-Schweinfurt im Tiefbau beschäftigt. Die Oberleitung hat die OT. Oberinsp. Meyer. Beschäftigt werden bei den Firmen ca. 200 italienische Zivilarbeiter, die in Gemeinschafts-Unterkunft und Gemeinschafts-Verpflegung im Lager Gleisenau untergebracht sind. Die Italiener bedürfen um vollwertige Arbeit zu erzielen, besonderer Aufsicht und Strenge.*

Am Montag, den 4.12. teilte der Oberinsp. Meyer – OT – fernmündl. anher mit, daß am Sonntag, den 3.12. früh bei Beginn der Tagschicht 11 Italiener die Arbeit nicht aufgenommen haben. Diese sind im Lager verblieben und haben sich statt an den Arbeitsplatz zu gehen in die Umgebung entfernt und sind erst abends wieder zurückgekehrt. Sie gehen wie öfters zu Bauern und arbeiten um etwas Lebensmittel zusätzlich zu bekommen. Wo sie sich vereinzelt herumgetrieben haben sagen sie nicht. Die Sonntagsarbeit kommt öfters vor. Teilweise haben sie auch frei. Alle Italiener bekommen Schwer- und Schwerstarbeiterzulagen und sie haben in der Verpflegung nichts zu wenig. Wegen ungenügender Leistung in der Vorwoche wurde allgemein ab 3.12.44 die Schwerstarbeiterzulage entzogen. Darüber waren die 11 Italiener erbost und haben sich statt zu arbeiten eigenmächtig aus dem Lager entfernt. 4 Mann entfernten sich aus dem Lager um angeblich in die Kirche zu gehen. Diese sind aber auch erst abends wieder zurückgekommen. Es folgen die Namen von elf Männern der Jahrgänge 1911 bis 1923. Die Firma Buchner will die 11 Italiener je 3 Tage in Polizeihaft haben. Die Verbüßung der Polizeihaft ist hier in Eltmann möglich ... Die Verpflegung und Betreuung geschieht von der Arbeitgeberfirma.

Bezugnehmend auf das Ferngespräch bitte ich um Entscheidung. Mit Polizeihaftverhängung kann der Zweck erreicht werden. gez.: S. Meister der Gendarmerie. Der zuständige Würzburger Gestapo-Beamte zeigte sich mit der dreitägigen Polizeihaft einverstanden, bat jedoch, vor der Entlassung *sie jeweils schriftlich zu verwarnen und darauf hinzuweisen, daß sie bei einer nochmaligen Beanstandung dieser und ähnlicher Art mit schärferen staatspolizeilichen Maßnahmen zu rechnen haben*[150].

---

[147] BA/MA, RW 21–65/6, Rückblick Juni 1944.
[148] StAWÜ, RP Berichte 46, Monatsbericht September 44 vom 10.10.1944.
[149] StAWÜ, RP Berichte 46.
[150] StAWÜ, Gestapo 14589.

Tatsächlich waren die Italiener mit Schwerst- und Schwerarbeiterzulagen besser gestellt als die meisten anderen Arbeiter. Nach einer Regelung des Bergamts Bayreuth vom 15. Juli 1944 gab es Schwerstarbeiterzulagen nur für Preßluftarbeiter, Hauer oder Gesteinsbohrer vor Ort. Mauerer, Zimmerleute sowie Förderleute für Abtransport des Haufwerks erhielten die Schwerarbeiterzulage, Elektriker und Mechaniker im wöchentlichen Wechsel Schwer- und Langarbeiterzulagen, Aufsichtspersonen in der Regel nur Langarbeiterzulage[151]. Auch Einheimische erinnern sich, daß die Verpflegung der Italiener weit besser war als das, was die Normalbürger auf ihre Lebensmittelkarten erhalten hätten. Es habe Komißbrote und Marmelade gegeben, jedoch keine Zigaretten oder Tabak[152].

Untergebracht waren die Italiener in einem Barackenlager, das unmittelbar nördlich an die Mauer des Schlosses Gleisenau gebaut worden war. Nach Zeugenaussagen war es nicht eingezäunt, die Bewachungsmannschaften seien nach wenigen Wochen abgezogen[153]. Eingesetzt waren in Ebelsbach 60, ab August 1944 dann 195 Mann, alle vom Arbeitsamt Schweinfurt zugewiesen. Bei Kriegsende setzten sie sich „selbständig" zu Fuß Richtung Bamberg – Nürnberg ab[154].

Es gibt keine Hinweise darauf, daß in den Stollen noch etwas produziert wurde[155]. Wie weit auf den bereits angesprochenen Fundamenten noch Maschinen aufgebaut wurden, bleibt Spekulation. Entsprechende Spuren von Öl oder Verfärbungen an den Stollenwänden lassen sich nicht finden. Ein Luftangriff auf die Stollenanlage erfolgte nicht, es gibt daher auch keine teilweisen Zerstörungen. Die eingangs zitierte Textstelle führt auch in diesem Punkt in die Irre.

Nach ausführlichen Recherchen verdichtet sich aber der Eindruck, daß „Kies", zumindest was die schriftlichen Quellen angeht, ein dunkles Stück Geschichte bleiben wird. Vielleicht war es unmittelbar nach dem Krieg (und 1998/99 wieder) das Thema Fremd- beziehungsweise Zwangsarbeiter in der NS-Kriegswirtschaft, das auch dazu beitrug, daß die einen oder anderen nach Kriegsende noch erhaltenen Quellen nicht überliefert beziehungsweise offengelegt wurden[156].

4.2. Nachkriegszeit

Bereits einige Tage vor dem Einmarsch der US-Truppen flüchtete der größte Teil der Ebelsbacher Bevölkerung in die Stollen. Mitgenommen wurden Hausrat, Betten, Möbel, gelegentlich auch Vieh[157].

---

[151] StABA, K 600, Nr. 904.
[152] Auskunft Herr Baum (Ebelsbach) vom 23.3.1999
[153] Auskunft Herr Baum vom 23.3.1999.
[154] Internationaler Suchdienst Bad Arolsen, ISD-Sachdokumenten-Ordner Einsatz fremdvölkische Arbeitskräfte 69, S. 470 (1999). Bericht des Bürgermeisters Gleisenau vom 10.8.1946.
[155] Auskunft des ehemaligen Werksleiters von Ebelsbach, Wilhelm Stenger, vom August 1998.
[156] Nach Nachkriegserhebungen dürften in Schweinfurt knapp 10 000 Fremd-/Zwangsarbeiter eingesetzt gewesen sein („... CWC's: 9750 pers., were working with „Ruestungsbetriebe" ..."). Martin Weihmann (Hg.), Das nationalsozialistische Lagersystem, Frankfurt/M, ²1990, S. 189. Zum Vergleich: die Einwohnerzahl von Schweinfurt betrug am 31.12.1941 49.916, wegen der Evakuierungen war sie im Dezember 1944 auf 24 055 gesunken. Irene Handfest-Müller (Hg.) „Es kommen auch wieder einmal andere Zeiten...", Schweinfurt 1994, S. 113.
[157] Auskünfte von Herrn Baum und Josef Ulrich (beide Ebelsbach) vom 24.3.1999.

Anscheinend war die unterirdische Kugellagerfabrik auch den einmarschierenden Amerikanern rasch bekannt geworden, denn General John J. McCloy erwähnt in seinem Tagebuch unter dem 9. April 1945 eine unterirdische Fabrik in der Nähe von Schweinfurt, in der 60% aller deutschen Kugellager hergestellt würden, ein Prozentsatz, der wohl viel zu hoch angesetzt war[158].

Gerüchte über Waffen und Munition der Wehrmacht, die die Amerikaner 1945 in den Stollen gebracht und dann durch Sprengung vernichtet haben sollen, gehören sicher ebenso in das Reich der Fabel, wie Berichte über eine große, mit Lkw befahrbaren Felshalle, deren Zugang ebenfalls gesprengt worden sein soll. Vielmehr dürfte der schon 1944 als bergmännisch schwierig eingestufte Fels durch Luft und Feuchtigkeit rasch entfestigt worden und schließlich nachgebrochen sein[159].

In den Berichten der amerikanischen Militäradministration für den Landkreis Haßfurt werden die Stollen nicht erwähnt[160]. Mit Kriegsende begann eine nur bruchstückhaft nachvollziehbare Reihe der verschiedensten Versuche, die nun im Eigentum der Gemeinde befindlichen „Kies"-Stollen zu nutzen. Einheimische erinnern sich daran, in der Nachkriegszeit als „Ratschenbuben" dort geübt zu haben[161], auch die Werkskantine des Ebelsbacher KuFi-Werkes hat zeitweise Teile des mit acht bis neun Grad gleichmäßig kühlen Stollens als Lebensmittellager genutzt[162].

1949 hatte Maria Zwienk aus Breslau, eine der vielen Heimatvertriebenen, die nach Ebelsbach gekommen waren, die Idee in den Stollen Champignons zu züchten, da sie *den Willen* [hatte,] *kein Unterstützungsempfänger zu bleiben*. Der damalige Bürgermeister Hartmann half ihr und nach längeren Vorbereitungen begann sie mit dem Anlegen von Beeten. Die erste Ernte erfolgte im Juni 1950. Allerdings wurde schon damals angemerkt, daß *die Temperatur von neun Grad* für die Champignons *etwas zu niedrig* war[163]. Dies war vermutlich auch die Ursache dafür, daß die Zucht schon bald wieder aufgegeben wurde.

Hinweise auf eine geplante militärische Nutzung der Ebelsbacher Stollen etwa als Depot – wie durch die Bundeswehr in Kaufering (Luftwaffenwerft) und Neckarzimmern (Depot), die Amerikaner in Wellen (Tanklager) oder durch die NVA beziehungsweise später Bundeswehr in Kahla (Depot) erfolgt – lassen sich nicht finden. Allerdings soll (eventuell im Zusammenhang mit dem Bau der Kernkraftwerks Grafenrheinfeld), eine Begehung stattgefunden haben, bei der über eine eventuelle Nutzung als Zivilschutzanlage oder Lazarett diskutiert worden ist[164].

---

[158] Hans Peter Mensing, Das Tagebuch John J. McCloys zu seiner Europa- und Deutschlandreise im April 1945 (II), in: Geschichte im Westen 13, 1998, S. 84–110. Das dort ebenfalls angesprochene unterirdische Flugzeugmotorenwerk war mit Sicherheit nicht die Muna bei Maßbach/Rottershausen, sondern das Daimler-Benz Werk „Goldfisch" in der Nähe von Mosbach am Neckar. Dafür spricht auch die von McCloy angegebene Flugroute.

[159] Dazu der bereits erwähnte Unfallbericht und die Stellungnahme des Bergamtes Bayreuth zu dem tödlichen Unfall vom 10.10.1944 und das Gutachten der LGA von 1988.

[160] StAWÜ, OMGBy 10/82 – 3/3.

[161] Auskunft Bürgermeister Werner Mantel (VG Ebelsbach) vom Sommer 1998.

[162] Auskunft Altbürgermeister Emil Däschner vom Sommer 1998.

[163] Fränkischer Tag vom 10.6.1950.

[164] Auskunft Däschner vom September 1998.

Im Oktober 1960 wurden die Stollen für eine Nutzung als Weinkeller hergerichtet, die Gemeinde Ebelsbach verlegte dazu Wasserleitung und Kanal[165]. Auch dies war nur eine Episode, denn als der Pächter aus Altersgründen seinen Betrieb aufgab, fand er für Kellerei und Weinberge keinen Nachfolger[166].

Anfang der achziger Jahre versuchte der damalige Bürgermeister Emil Däschner die nun wieder leerstehenden Stollen im Rahmen eines angedachten Vergnügungsparks als Geisterbahn zu nutzen. Der Verband Deutscher Freizeitunternehmen lehnte jedoch ab, unter anderem aufgrund der ungünstigen Standortlage, verwies aber wieder auf die klassischen Nutzungsmöglichkeiten: Champignonzucht beziehungsweise Wein- oder Sektkellerei[167].

Im April 1988 untersuchte die Landesgewerbeanstalt Bayern die Stollen auf Standsicherheit und die Eignung als Champignonzucht. Über 40 Jahre nach der abrupten Einstellung der Baumaßnahmen attestierten die Gutachter der Anlage in weiten Bereichen einen befriedigenden Zustand, der eine Nutzung nicht ausschließt. Lediglich die 1945 nicht mehr ausbetonierten beziehungsweise später gerissenen Betongewölbe im hintersten Teil wurden als *mittelfristig einsturzgefährdet* eingestuft. Ursache dafür war (und ist), daß der Fels *bei Zutritt von Luft und Wasser zu einem bindigen Boden geringer Scherfestigkeit* zerfällt[168]. Ein gutes Jahr später vermietete die Verwaltungsgemeinschaft Ebelsbach die Stollen 1 bis 5 an einen Pilzzüchter. Doch schon im Februar 1992 sah sich dieser gezwungen, den Zuchtbetrieb wegen *Unrentabilität* wieder aufzugeben. Anfang September waren die Gewölbe wieder geräumt[169]. Als im Dezember 1994 der Arbeitskreis Fledermausschutz der Kreisgruppe Haßberge des Bund Naturschutz in Bayern den „Kufi-Bunker" beging, zeigte sich, daß aus dem Rüstungsprojekt „Kies" ein bedeutender Überwinterungsraum für Fledermäuse, ja sogar „der bedeutendste im Landkreis" geworden war. 32 Große Mausohren, zwei Bechstein-, eine Wasser- sowie eine unbestimmbare Fledermaus wurden gezählt. Ein Jahr später überwinterten sogar 46 Tiere in den Stollen, darunter neun der in Bayern als „stark gefährdet" auf der Roten Liste verzeichneten Fransenfledermaus. Kein Wunder, daß die Naturschützer, die im Dezember 1996 begonenen Umbauarbeiten des Stollens 2 in eine Sektkellerei kritisierten, stets ein wachsames Auge auf die Gänge werfen[170].

Die abgemauerten Eingangsstollen 2 und 3 dienen derzeit (1999) einem Anwohner beziehungsweise dem Bauhof der Verwaltungsgemeinschaft Ebelsbach als Lager. In Stollen 2 und kleinen Teilen des zweiten Querstollens wird heute im klassischen Champagnerverfahren Frankensekt ausgebaut.

Nur die mit Kopierstift am hinteren Ende von Stollen 9 an die Wand geschriebenen Worte „ V W L Italia 19–2–1945" erinnern heute noch an die italienischen Zivilinternierten, die seinerzeit die Stollen in den Berg getrieben haben.

---

[165] Fränkischer Tag, Ebelsbacher Rundschau, 19.10.1960.
[166] Auskunft Däschner vom März 1999.
[167] Gemeinde Ebelsbach, Ordner Bunker am Schützenplatz, Schreiben vom 28.9.1983.
[168] Gemeinde Ebelsbach, Ordner Bunker am Schützenplatz, Stellungnahme der LGA vom 13.6.1988.
[169] Gemeinde Ebelsbach, Ordner Bunker am Schützenplatz, Firma Förster-Pilze vom 7.2.1992 und 5.9.1992.
[170] Gemeinde Ebelsbach, Ordner Bunker am Schützenplatz, Bund Naturschutz vom 12.12.1994 beziehungsweise 12.1.1996. Immerhin gebührt den Fledermausforschern das Verdienst, den ersten, der Realität entsprechenden Grundriß der Stollen angefertigt zu haben. In einem 1991 von einem Ingenieurbüro angefertigten Lageplan fehlten die Stollen 8 und 9. Und das, obwohl sie ebenso gut ausgebaut und zugänglich sind, wie die Stollen 1–7 (Lageplan Bunkeranlage vom 7.5.1991).

5. Abschlußbemerkung

Letztendlich waren alle drei Maßnahmen, die zur unterirdischen Verlagerung der Firma Kugelfischer eingeleitet wurden – Wellen, Neustaßfurt und Ebelsbach – vergebens. Keines der drei Verlagerungswerke nahm in nennenswertem Umfang die Produktion auf. Und kein Panzer, kein Flugzeug wurde aus Mangel an Kugellagern weniger gebaut – genauso wie es Kessler 1943 gefordert hatte. Die Gründe dafür waren vielfältig: oberirdische Verlagerungen, Abbau von Lagerbeständen, Einsparungen durch Umkonstruktion und Fehler in der alliierten Luftkriegsführung[171]. Die Untertagefertigungen spielten keine Rolle. Auch hier war „Kies" ein Spiegelbild der Entwicklung im Reich.

Weder die Verbunkerung der deutschen Rüstungsindustrie noch die 1944/45 produzierten Wunderwaffen wie Raketen und Düsenjäger samt der überall eingebauten Millionen von Kugellagern konnten den Zusammenbruch des NS-Reiches verhindern. Zu mächtig waren die alliierten Luftflotten mit ihren Bombergeschwadern und Jagdbombern geworden. Speer hatte recht gehabt, als er die Verbunkerungen kritisierte: *Bomber können nicht durch Beton, sondern nur durch Jäger bekämpft werden*[172].

Die als „Königin der Panzerbomben" berüchtigte, sechs Tonnen schwere, raketenbeschleunigte AP 13.500 lb. durchschlug 1944 bereits mühelos drei Meter kubisch bewehrten Eisenbetons, britische Sprengbomben des Typs S.B 12.000 lb. drangen durch 25 bis 30 m starke Deckgebirge. Die Folge: immer utopischere Forderungen, wie die nach nun 10 m starken Stahlbetondecken, wurden gestellt. Die technische Entwicklung lief den Bunkerbauern ebenso davon, wie die politisch-militärische[173]. Nicht anders die Lage auf dem Verkehrssektor: die immer umfangreicheren Zerstörungen der Reichsbahnanlagen brachten letztendlich die gesamte Wirtschaft zum Erliegen. Transporte von Kohle, Rohstoffen, Fertig- oder Halbfertigprodukten wären früher oder später trotz bombensicherer Produktionsanlagen unmöglich gewesen. Schon Anfang 1945 führte das Transportchaos auch bei Kugelfischer zu dramatischen Produktionseinbrüchen[174]. Im Osten, Westen und Süden nahmen die Alliierten eine Fabrik nach der anderen ein.

Militärisch war der Krieg bereits verloren gewesen, als mit dem Bau der meisten Bunker und Stollen für Luftrüstung und Kugellagererzeugung gerade erst begonnen wurde[175]. Mit dem Erfolg der von den Westalliierten ab dem 12. Mai 1944 begon-

---

[171] Golücke, Schweinfurt (wie Anm. 63), S. 403–408.

[172] Seidler, Organisation Todt (wie Anm. 51), S. 244.

[173] Walter Merz, Bombenentwicklung, Blindgänger-Räumung und Langzeitzünderentschärfung im Zweiten Weltkrieg, in: Jacob, Luftschutz (wie Anm. 18), Anlage 38, S. 26; Neitzel, U-Boot-Bunker (wie Anm. 32), S. 138–140.

[174] Ellner, Entwicklung (wie Anm. 76), S. 138. Zu den Auswirkungen der Offensive gegen die Verkehrsanlagen der Reichsbahn exemplarisch: Friedhelm Golücke, Der Zusammenbruch Deutschlands – eine Transportfrage? Der Altenbekener Eisenbahnviadukt im Bombenkrieg 1944/45, Schernfeld 1993.

[175] Vergleiche dazu nochmals Fröbe, Arbeitseinsatz (wie Anm. 19), S. 369–374. Er vertritt dort die These, daß mit den Verbunkerungen Industrie und SS Hand in Hand gearbeitet hätten. Während bei der Industrie der Erhalt von Ressourcen für die Nachkriegszeit erste Priorität gehabt hätte, habe die SS bei den Bauarbeiten versucht, ihr Programm einer „Vernichtung durch Arbeit" möglichst erfolgreich zu Ende zu bringen.

nenen Offensive gegen die Treibstofferzeugung des Reiches gab Albert Speer den Krieg auch produktionstechnisch verloren: *sie bedeutete das Ende der deutschen Rüstung*[176]. Mit Stadtgas- oder Holzvergasern konnten vielleicht noch Lastwagen fahren, aber keine Panzer oder Düsenjäger betrieben werden. Auch der Menschenbedarf der Wehrmacht war nicht mehr ausreichend zu decken, die Produktionszahlen der Wehrwirtschaft gingen unter den Luftangriffen zu Boden. Mitte 1944 war die Lage so schlimm, daß *der Krieg als endgültig verloren angesehen werden musste*. Nur das Datum der Schlußkatastrophe stand noch aus[177].

Erschütternd in diesem Zusammenhang auch, daß während des Krieges nur für ein bis zwei Prozent der Zivilbevölkerung Luftschutzbunker vorhanden waren. Wegen der Rüstungsbauten wurde der Bau ziviler Bunker ab 1941 wieder gestoppt, auch in schon früh als gefährdet eingestuften Städten wie Nürnberg. Dort wurde von einem zweiten Kontingent mit 13 großen Luftschutzbunkern zu je 1100 beziehungsweise 650 Schutzplätzen und einem Eisenbetonbedarf von 8000 beziehungsweise 6000 m^3 nur noch einer in der Landgrabenstraße gebaut. Allein in diesen einzigen Bunker drängten sich bei den Angriffen von 1944/45 bis zu 4000 Menschen[178]. Das Führerhauptquartier „Riese" bei Bad Charlottenburg verschlang mit 213 000 m^3 Stahlbeton mehr Material, als 1944 der gesamten Bevölkerung für Luftschutzbauten zugestanden werden konnte[179]. Angesichts der Stahlbetonmengen, die allein für die bombensicheren Jägerfabriken und U-Boot-Bunker (zum Beispiel Valentin mit allein rund einer halben Million Kubikmeter Beton) verbaut wurden[180], zeigt dies wieder einmal mehr, wie wenig Hitler und seinen obersten Parteigenossen Leben und Gesundheit ihrer deutschen „Volksgenossen" wert waren. In den Erinnerungen von Erhard Milch wird erwähnt, daß jener Hitler am 6. April 1944 auf dieses Mißverhältnis angesprochen habe: „Es könnte doch passieren, daß sich das Volk das eines Tages nicht mehr gefallen läßt und einen Aufstand macht". Darauf hatte Hitler geantwortet: „Dann lasse ich eine SS-Division einmarschieren und die ganze Bande von denen niederschießen"[181].

Auch nach 1945 spiegelten die „Kies"-Stollen – wie schon während des Krieges – im Kleinen die Probleme wieder, die auch andernorts Bund, Länder und Kommunen mit Rüstungs- und Luftschutzbauten aus dem Zweiten Weltkrieg haben. Dies beginnt mit mangelnden Nutzungsmöglichkeiten und Problemen mit der Zugangssicherung und endet bei der Frage nach der Kostenübernahme für Sicherungsmaßnahmen jeder Art[182].

---

[176] Speer, Erinnerungen (wie Anm. 13), S. 357.
[177] Percy E. Schramm (Hg.), Kriegstagebuch des Oberkommandos der Wehrmacht (Wehrmachtführungsstab). Januar 1944–22. Mai 1945. Erster Halbband, Bd. 4, Bonn (o.J.), S. 21–29.
[178] Georg Wolfgang Schramm, Der bauliche Luftschutz in Nürnberg während des Zweiten Weltkrieges. ZA, Erlangen (1980), S. 75–95; Fritz Nadler, Ich sah wie Nürnberg unterging, Nürnberg 1973, S. 299–304.
[179] Speer, Erinnerungen (wie Anm. 13), S. 547.
[180] Johr, Roder, Bunker (wie Anm. 33), S. 16.
[181] Irving, Tragödie (wie Anm. 46), S. 354.
[182] So die Süddeutsche Zeitung, die sich am 19.5.1999 wieder einmal mit der Frage beschäftigte, was mit den Resten des 1947 gesprengten Mühldorfer Bunkers zu geschehen habe.

Harald P o p p

Zum Kriegsende 1945 in Franken
(Erinnerungen eines deutschen Offiziers und eines amerikanischen Generals)

Rudolf Endres hat das Ende des Zweiten Weltkrieges als neunjähriger Junge in seiner Heimatgemeinde Marloffstein bei Erlangen erlebt. Mit wachen Sinnen verfolgte er, wie er im Freundes- und Kollegenkreis erzählte, den Zusammenbruch des Dritten Reiches und den Einmarsch der amerikanischen Truppen. Als Historiker hat er die damaligen Ereignisse in einem Aufsatz aufgegriffen[1].

Auszüge aus zwei Berichten, die nicht unmittelbar miteinander zu tun haben, sollen das damalige Geschehen beleuchten:

a) Unveröffentlicht sind die maschinenschriftlichen Aufzeichnungen des damaligen Leutnants der Deutschen Wehrmacht, Helmut Gudden, die er freundlicherweise zur Verfügung gestellt hat[2].

b) Demgegenüber sind die Erinnerungen des legendären amerikanischen Generals George S. Patton bereits 1950 in deutscher Sprache erschienen[3]. Sie sind allerdings für Interessenten nur schwer greifbar.

Die Zusammenstellung zweier so unterschiedlicher Berichte (deutscher Offizier auf dem Rückzug – amerikanischer siegreicher Armeeführer) trägt ihren Reiz in sich. Gemeinsam ist beiden unter anderem, daß die hier vorgelegten Auszüge im mittelfränkisch-oberfränkischen Raum spielen, der Heimat von Rudolf Endres.

I.

Leutnant Helmut Gudden war am 15. Januar 1945 an der Ostfront (im großen Weichselbogen) zum vierten Mal verwundet worden. Nach seiner Genesung meldete er sich am 23. Februar 1945 beim Grenadier-Ersatzbataillon 21 in Fürth zurück. Er schreibt in dem Kapitel *Fürth, Erlangen, Rückzug vom Spessart bis Erlangen, Gefangennahme; 23. Februar bis 16. April 1945* folgendes[4]:

---

[1] Rudolf Endres, Das Ende des Zweiten Weltkrieges in Franken, in: Archiv für Geschichte von Oberfranken 75, 1995, S. 413–425.

[2] Dr. Helmut Gudden, geb. 1924 in Göttingen, seit 1927 in Erlangen; dort Abitur 1942 am humanistischen Gymnasium. Anschließend Kriegsfreiwilliger beim 21. Infanterieregiment (später Grenadierregiment 21) in Fürth. Nach der Ausbildung Einsatz beim Küstenschutz am Atlantik. Seit 1943 – mit Unterbrechungen durch Lazarettaufenthalte (viermal verwundet) und Kriegsschule – als Leutnant d.R. und Kompanieführer an der Ostfront. Von 1950 bis 1989 bayerischer Landesgeologe. Seine Erinnerungen an seine Soldatenzeit (zitiert: Gudden) schrieb er anfangs 1990 nieder, ... *fast 44 volle Jahre nach meiner Entlassung aus Kriegsgefangenschaft, gestützt eigentlich nur auf mein noch vorhandenes Soldbuch, auf ein paar Bilder und Briefe, auf meine Entlassungspapiere und etliche Aufzeichnungen aus Gefangenschaft sowie auf mein Gedächtnis, dem sich die Erlebnisse der vier Jahre, über die ich berichten will, sicher – wie sich noch zeigen wird – in unterschiedlicher Schärfe eingeprägt haben.* (S. 1f.).

[3] George S. Patton, Krieg, wie ich ihn erlebte, Bern 1950.

[4] Gudden, S. 244–246.

Ich nehme an, daß es Anfang März war, als ich mich [in Erlangen] in der Rheinland-Kaserne südlich der Oberst-Drausnick-Straße beim dortigen Bataillons-Kommandeur meldete. Es war ein älterer Hauptmann d. R. namens S., im Zivilberuf Volksschullehrer aus Bamberg oder Umgebung. Flankiert und gesteuert wurde er von einem Oberleutnant R., der aussah und sich gerierte wie ein Filmstar, der einen Oberleutnant spielt.

Der große Kasernenkomplex stand weitgehend leer, die zwei oder drei Ausbildungskompanien lagen in selbstgebauten Bunkern und Feldstellungen auf dem Exerzierplatz. Sie haben mir herzlich leid getan, diese armen Kerle. Da gab es Magenkranke, Ohrenkranke, Gallenkranke, jeweils in Gruppen zusammengefaßt, natürlich auch „normale" Rekruten, 17jährige Bürschchen, und all die armen Kerle mußten im Anblick der schönen, komfortablen Kasernen – Baujahr 1934–1936 – „draußen bei Frost und Hunger" hausen. Tagsüber wurden sie geschunden und nachts mußten sie Posten stehen und in Erdbunkern auf Nadelstreu schlafen. Begründet wurde das mit „kriegsnaher Ausbildung". Ich hab es für einen Riesenunsinn gehalten und hab dies auch ungefragt im Kasino beim Mittagessen ungeschminkt zum Ausdruck gebracht. Als würden diese armen Kerle die „kriegsnahen" Lebensverhältnisse nicht noch früh genug kennenlernen, die brauchte man nicht zu üben!

Mag sein, daß meine unerbetene Meinungsäußerung dem Hauptmann und seinem Oberleutnant mißfallen hat. Jedenfalls bekam ich keinerlei Ausbildungsaufträge, sondern wurde nur noch zur Beaufsichtigung des Scharfschießbetriebes im Waldschießhaus eingeteilt. Allerdings haben sich ein paar junge Leutnants stillschweigend mit mir solidarisiert oder zumindest Sympathie signalisiert. Ein Reserveoffiziersbewerberlehrgang wurde angesichts der Kriegslage nicht mehr aufgestellt.

Meine ganze Tätigkeit erschöpfte sich darin, daß ich mir frühmorgens die zum Schießen befohlene Einheit melden ließ, dann mit ihr ins Waldschießhaus marschierte, dort den Schießbetrieb überwachte und mittags oder abends wieder zurückmarschierte. Bei einem dieser Rückmärsche, die über die Schleifmühlbrücke führten, begegnete mir Dorle L., die mit ihrer Mutter zusammen einen Leiterwagen in den Wald zog, um Fallholz zu sammeln. Natürlich hab ich sie schneidig gegrüßt, die Damen dankten durch Kopfnicken.

Im Kasernengelände erhielt auch der „Volkssturm" seine Ausbildung. Eines Morgens trat ich aus der Kasernentür und sah mich einer Kompanie des Erlanger Volkssturmes gegenüber, die da angetreten stand. Es waren lauter „alte" Männer, größtenteils in Zivil, d.h. in Arbeits- oder Gartenkleidung, manche in der Uniform irgendeiner Organisation, aber alle durch eine Armbinde als Kombattanten gekennzeichnet. Bevor ich verschwinden konnte, machte der ausbildende Feldwebel Anstalten, mir Meldung zu machen, doch noch bevor dies geschehen konnte, schallten aus dem Haufen die Rufe „Helmut! Helmut!". Von der starken Hand des Dreizentnermannes August C. wurde ich in den Haufen hineingezerrt. Er drückte mich an seinen dicken Bauch, daß ich kaum Luft bekam, und unsere Burgbergnachbarn K. und F. schüttelten an meinen Händen, während Herr B. mit funkelnder Brille daneben wartete, bis er drankäme. Der ganze Haufen war durcheinander geraten und der brave Feldwebel stand machtlos davor. Nur mit einiger Mühe konnte ich meine Brille retten und meine Kopfbedeckung und mich selber befreien.

Da das Wetter im März 1945 ausgesprochen schön, sonnig und warm war, verbrachte ich viele Stunden auf einer Bank sitzend an der „Riviera" und las Bücher aus der Kasernenbücherei. Manchmal hörte man Kanonen- oder Bombendonner aus dem Westen. Den Rhein hatten die Amerikaner schon am 7. März bei Remagen überschritten. Im letzten Märzdrittel überquerten sie ihn auch an zahlreichen andern Stellen im Raum Germersheim, Ludwigshafen, Worms und Darmstadt. *Ich war gerade in meine Lektüre vertieft, da stellte sich jemand vor mich hin, knallte mit den Hacken und schrie: „Melde gehorsamst, Herr Leutnant! Volkssturmmann Bihrle[5] auf dem Weg von der Kaserne zu seinem Haus!" Ich sprang auf, schüttelte ihm die Hand, bat ihn, doch eine Weile in der schönen Sonne Platz zu nehmen.* Im ersten Weltkrieg hat er als Leutnant beim selben Münchner Infanterie-Regiment wie Hitler an der Westfront gestanden.

Wann das Bataillon nach dem Westen gekarrt wurde, kann ich genau sagen, denn über die folgenden Wochen besitze ich stichwortartige Aufzeichnungen, die ich in den ersten Tagen der Gefangenschaft, also noch mit frischen Erinnerungen gemacht habe. Am 25. März wurde das Bataillon in Erlangen verladen. Die Fahrt führte durch das am 16. März total zerstörte Würzburg. ...

Vor Gemünden geriet der Transportzug des Bataillons am 26. März in einen Bombenangriff; anschließend marschierte die Truppe durch die brennende Stadt. Vom Bataillonsstab wurde Leutnant Gudden in den Spessart zur Aufklärung geschickt. Danach übernahm er die Führung einer ihm unbekannten Kompanie, die er (1. – 4. April) nach Karlstadt zurückführte. Durch weitere Aufklärungsaktionen verlor er den Kontakt mit seinem Bataillon.

... Von jetzt ab war ich mein eigener Feldherr, der mit einer Soldatengruppe von täglich wechselnder Stärke zwischen 50 und 20 Mann durch den fränkischen Frühling nach Osten zog[6]. ... Kurz darauf schreibt er (zum 11. April): *Als ich am nächsten Morgen meine Soldaten antreten ließ, zeigte sich, daß ich eine inzwischen auf 70 Mann angewachsene Heerschar kommandierte. Das konnte man schon eine Kompanie nennen. Schwierigkeiten machte die Verpflegung ...*

Wir zogen hübsch unter Ausnützung der Wälder auf die Altenburg bei Bamberg, wo wir am frühen Nachmittag rasteten. Es war ein leuchtend schöner Frühlingstag. Die klare Luft bot uns gute Fernsicht von hier oben. Wir sahen im nördlichen Umkreis um das zu unseren Füßen liegende unzerstörte Bamberg den Aufmarsch der Amerikaner. Im weiten Bogen von Gaustadt im Westen über das offene Land südlich von Hallstadt bis zum Hauptmoorwald im Osten waren überall amerikanische Militärkolonnen zu sehen, Artillerie, Panzer, Halbkettenfahrzeuge, Trucks, Jeeps und Sattelschlepper – kein Bollerwagen. Zwar gestattete das Gelände nach Süden keinen Überblick, aber daß die Amis im Aurach- und im Ebrach-Tal auch schon herangekommen sein mußten, konnten wir uns denken. Ich beurteilte die Lage: Bamberg steht unmittelbar vor

---

[5] OStR Dr. Fritz Bihrle leitete als stellvertretender Schulleiter damals das humanistische Gymnasium Erlangen an der Oberen Karlstraße (heute Neubau der Universitätsbibliothek), da der Schulleiter Militärdienst leistete. – Oft wurde erzählt, daß junge Offiziere, im militärischen Rang höher stehend, mit Genugtuung ihre alten Lehrer stramm stehen ließen. Nicht so in diesem Falle bei dem allseits beliebten, humanen Dr. Fritz Bihrle.

[6] Gudden, S. 257, 259–266.

der Einschließung. Es wird entweder kampflos übergeben oder es wird zerstört – binnen Stunden. An beiden denkbaren Abläufen ist unsere Teilnahme weder nützlich noch erhebend. Ich faßte den Entschluß: Ausweichen nach Süden! Und setzte diesen Entschluß in den Befehl um: Auf, Männer! Weiter geht`s in dieser Richtung – nach Süden.

Wir zogen in Schützenreihe von der Altenburg hinunter durch das Bruderholz nach Pettstadt, in dem die Amis mit weißen Fahnen erwartet wurden. Die dortige Eisenbahnbrücke war nicht mehr passierbar. Wir zogen weiter zur nächsten Brücke bei Hirschaid. Inzwischen war es bald Abend geworden und in Sassanfarth angekommen, versuchten wir eine Rast einzulegen. Aber die Bewohner rieten uns aufgeregt zum schleunigsten Abzug, die Brücke sei schon gesperrt, sie könne jeden Moment in die Luft fliegen. Ich sandte einen Melder zur Brücke mit der Bitte, das Sprengkommando möge warten bis wir drüben wären. So geschah es und der Führer des Sprengkommandos, ein Leutnant, entpuppte sich als mein Schulkamerad Friedrich H. aus Erlangen. Er ist, wie er mir nach dem Krieg erzählte, $1^1/_2$ Jahre später, als er nach einem Gepäckstück fahndete, das er damals in Hirschaid deponiert hatte, von den Bauern wieder erkannt und beinahe verprügelt worden wegen dieser Brückensprengung.

Wir zogen unverzüglich weiter nach Buttenheim, wo uns die Bauern Quartier in den Scheunen boten und sogar ein wenig Brot und Milch überließen mit der Bitte, morgen früh so rasch wie möglich abzuziehen. Ich hab in dieser Nacht ausnehmend gut geschlafen. Zwar hatte die reine Wegstrecke wohl nur 35 km betragen, aber mit chronisch leerem Magen und ständig übermüdet, war ich nicht mehr so marschtüchtig wie als Rekrut.

Wie versprochen brachen wir bei Tagesbeginn auf und zogen in das nur vier Kilometer entfernte Eggolsheim, wo ich die Rast fortsetzen wollte. Kaum hatten wir es uns in der Morgensonne ein wenig gemütlich gemacht, kam der Bürgermeister an und sagte, er habe uns den Befehl von Oberleutnant S. zu überbringen, wir sollten sofort abziehen. Ich fragte, wo der Oblt. S. sich denn befinde, ob er etwa Erlanger Gymnasiast und später bei den 21ern gewesen sei? Ich sei der Lt. Gudden und würde mich sehr freuen, ihn zu sehen. Der Bürgermeister ging und wenige Minuten später stand S. vor mir, breit grinsend und manibus prorectis. Wir begrüßten uns herzlichst.

Nun muß ich einflechten: Ich hab ihn von der Schule her gar nicht gekannt, nur einen seiner jüngeren Brüder. Aber ich hatte ihn schon bei der Truppe gesehen, irgendwo in Russland, Rumänien oder Polen, und er wußte auch über mich Bescheid. Wir wurden rasch einig. Er sei der höchste Offizier im Ort und er wolle den Ort, aus dem er ja stamme und in dem seine elterliche Familie lebte (sein Vater war dort Lehrer), kampflos und unzerstört übergeben und deswegen sitze er auf dem Kirchturm und halte Ausschau. Wir dürften selbstverständlich so lange bleiben, bis die Amis in Sicht kämen. Dann schicke er uns einen Melder und wir sollten schleunigst abhauen. So verblieben wir und genossen noch 2 Stunden der besonnten Ruhe und der Körperpflege am Brunnen. Auch die Bauern ließen sich nicht lumpen, wir bekamen sogar Malzkaffee und Butterbrote! Als der Melder kam und uns mitteilte, daß die Amis in Sicht und in wohl längstens 8 Minuten hier seien, zogen wir mit Dank und den besten Wünschen ab in Richtung Kauernhofen.

Warum ich der Langen Meile[7] und dem Wiesenttal zustrebte, weiß ich nicht mehr. Vielleicht war es einfach das schöne, warme Frühlingswetter, das an diesem 14. April 1945 herrschte, vielleicht waren es auch die singenden Lerchen und die weißen Schlehenhecken, die Schlüsselblumen auf den Wiesen und die Leberblümchen im Wald, die mich an die vielen wunderschönen Wanderungen, Ausflüge und Picknicks mit Eltern und Geschwistern in der Fränkischen Schweiz erinnerten, die ich jetzt nochmal erleben wollte. Jedenfalls vermag ich keinen rationalen Grund zu erkennen, warum ich quer über die Lange Meile gezogen bin, zumal wir dann im Wiesenttal in ein – allerdings nicht voraussehbares – Schlamassel geraten sind. Genauso gut oder besser hätte ich gleich Regnitz-aufwärts nach Erlangen ziehen können. Andererseits war es völlig egal, ich wußte sowieso nicht, wohin ich eigentlich ziehen sollte. Tägliches Ziel war eigentlich nur noch: Nicht gefangen nehmen lassen!

Der Weg über die Lange Meile glich einem Frühlingsspaziergang. Rechts lag die Vexier-Kapelle, drüben sah man Walberla und Wichsenstein. Dazwischen öffnete sich das Trubachtal, wo mein Vater für uns Kinder Forellen mit der Hand gefangen hatte.

Unten im Wiesenttal schien alles friedlich. Doch zwischen Rüssenbach und Ebermannstadt ging es los: Tiefflieger! Wir waren doch nur 30 Hansl, die da weit auseinandergezogen links neben der Straße Ebermannstadt zustrebten. Aber sie versuchten uns in Grund und Boden zu nageln. Sie verstanden ihr Handwerk, flogen Karussell, so daß immer mindestens einer im Anflug war. Wir preßten uns in die Ackerfurchen, hinter die Steinriegel, versteckten uns hinter Büschen und Hecken. Aus einem kleinen Feldgehölz faßte ich das Gewehrfeuer von sechs oder sieben Schützen zusammen und wir schossen diesen tosenden, knatternden, feuerspuckenden Vögeln vermeintlich mitten in die Schnauze, aber sie zeigten nicht die geringste Wirkung, während wir nach zwei Kilometern Wegstrecke tropfnaß geschwitzt waren. Doch kaum hatten wir in Ebermannstadt die Wiesentbrücke überquert und den Ortsausgang in Richtung Pretzfeld erreicht, da kehrten sie schon wieder vollmunitioniert und aufgetankt zurück und stürzten sich in bewährter Karusselltaktik auf alles, was sich da bewegte. Und es bewegte sich einiges, wie wir jetzt feststellen konnten:

In Ebermannstadt hatte ein höherer Stab gelegen, ausgestattet mit den mannigfachsten Spezialfahrzeugen der Wehrmacht[8]. Ich hatte eine so gut ausgerüstete, voll intakte Mot-Kolonne seit den Nürnberger Reichsparteitagen nicht mehr gesehen. Da gab es Kübelwägen, Nachrichten- und Funkwägen, Schreibstuben- und Fourierwägen, Kommando- und Stabswägen und ganz „normale" Mannschaftstransport-LkW. Diese ganze Kolonne hatte sich im hellichten Sonnenschein aus dem Schutz ihrer Stallungen, Garagen, Scheunen und Hinterhöfe in Ebermannstadt herausgewagt, wahrscheinlich aus der durchaus zutreffenden Überlegung heraus, daß sie sonst im Lauf des Tages von den Amis in Ebermannstadt ausgehoben und gekascht werden würden, und suchte nun in wilder Hast auf der Straße nach Pretzfeld dem Untergang zu entkommen, der sie aber gerade dabei unerbittlich ereilte. Wir 30 Infanteristen waren da hineingeraten, doch wir wußten, wie man in Ackerfurchen, Drainagegräben, hinter Bäumen und in flachen Mulden Deckung nimmt. Wir konnten es uns auch

---

[7] Höhenzug nordöstlich von Forchheim.
[8] Anmerkung bei Gudden, S. 262: *Möglicherweise die Spezialistentruppe für den auf dem Feuerstein stehenden hochgeheimen U-Boot-Sender.*

leisten, die Straße zu verlassen, rechts und links auszuschwärmen. Aber dieses arme bedauernswerte Stabs- und Kolonnenpersonal, das sich nicht von seinen schönen Fahrzeugen trennen wollte oder durfte, es wurde in, auf, neben oder unter den Fahrzeugen, die z.T. brannten und explodierten, zusammengeschossen wie eine Ameisenstraße unter der Lötlampe. Es war ein Bild des Jammers, diese systematische Vernichtung einer vor zehn Minuten noch voll intakten und gepflegten Mot-Kolonne, deren vorderste Fahrzeuge nur knapp drei Straßenkilometer bis Pretzfeld zurückgelegt hatten, bevor sie zerschossen liegen blieben und als brennende Hindernisse die ganze Kolonne zum Stehen brachten. ...

In der Haut des Kommandeurs dieser Kolonne oder dieses Stabes hätte ich nicht stecken wollen. Er hätte damit rechnen müssen, daß die Amerikaner, die gestern Abend bereits die Regnitz überschritten hatten, heute am Tag Ebermannstadt erreichen könnten. Er hätte spätestens in der zweiten Nachthälfte abziehen müssen, um bei Tageslicht im Wald zu sein.

Wir hatten keine Verluste und zogen unbehelligt durch das übel davongekommene Pretzfeld. Viele Häuser brannten oder waren zerschossen worden. Arme Pretzfelder!

Vom weiteren Marsch hab ich keine Erinnerung. Nach meinen Aufzeichnungen haben wir in Effeltrich geschlafen. Meine nächste Erinnerung ist, daß wir am nächsten Nachmittag, 15. April, Rast in Marloffstein gemacht und den Blick auf Erlangen, Cadolzburg und Nürnberg genossen haben.

Die Gerüchte und schwer nachprüfbaren Nachrichten besagten, daß die Russen Wien und Magdeburg genommen hätten, daß die Amerikaner Erlangen und Nürnberg erreicht hätten und im Vorgehen durch Thüringen auf Leipzig seien. Über das Protektorat und Prag hörte ich nichts.

Während ich überlegte, wohin wir uns eigentlich wenden sollten, fuhr ein Beiwagen-Krad heran. Im Beiwagen saß ein Leutnant. Es war Erich St., ein Nachbarsbub aus der Burgbergstraße. Früher hatten wir uns nie so recht gemocht, einmal auch geprügelt, aber jetzt war die Begegnung willkommen. Wir tauschten unsere Informationen aus und redeten noch eine Weile über dies und jenes, dann trennten wir uns wieder. In Erlangen sei alles intakt, hatte er berichtet[9]. Auf der westlichen Regnitzseite seien schon die Amerikaner. Ich hatte ihm von Pretzfeld erzählt, und daß nach meiner Einschätzung die Amis von Eggolsheim her auch schon leicht in Forchheim, Baiersdorf oder Pinzberg sein könnten. Wie ich später von Herrn Duntze hörte, kamen sie am Abend dieses 15. April schon auf den Rathsberg, wo er ihnen in die Hände gefallen ist.

Angesichts der Gesamtlage entschloß ich mich, nach Erlangen zu gehen, um dort irgendeinen militärischen Anschluß zu finden und um endlich mal wieder Verpflegung zu fassen. Also zogen wir über Spardorf direkt in die Rheinlandkaserne[10]. Unterwegs ist uns ein baumlanger Amerikaner zugelaufen, den wir mitgenommen haben. Militärischen Anschluß fanden wir in der Kaserne zwar nicht, wohl aber einen freundlichen Zahlmeister, der uns mit Kommißbrot und Marmelade versorgte. Den

---

[9] Zur Situation in der Stadt zu diesem Zeitpunkt vgl. Harald Popp, Erlangen in den letzten Wochen des Zweiten Weltkrieges – Die Einnahme der Stadt durch amerikanische Truppen. Erlanger Bausteine zur Fränkischen Heimatforschung 43, 1995, S. 36–40 (erschienen auch als Sonderdruck im Buchhandel).

[10] Sog. neue Artilleriekaserne an der Artilleriestraße.

gefangenen Ami, mit dem sich niemand von uns verständigen konnte, boten wir von unserem Brot an, aber er lehnte ab und zog aus einer seiner unglaublich vielen Taschen eine Diner-Ration, die ich hier zum ersten Male sah, und verzehrte sie vor unseren Augen, daß uns das Wasser im Munde zusammenlief. Dann rauchte er und merkte gar nicht, wie die Landser nach seinen Zigaretten schielten. An diesem Abend hab ich ausgiebig gebadet und dann in einem Einzelzimmer in einem Bett mit saube- rer, karierter Wehrmachtsbettwäsche herrlich geschlafen. Die Landser hatten sich in dieser leeren Kaserne auch die besten Quartiere gesucht. Am nächsten Morgen[11] frühstückten wir ohne Hast und unternahmen alles mögliche, um unseren Ami, der brav bei uns geblieben war, obwohl ihn niemand bewacht hatte, Kommißbrot mit Marmelade schmackhaft zu machen – ohne Erfolg. Dann setzte ich mich in der Schreibstube an ein Telephon und versuchte, militärische Kontakte zu bekommen. Ich probierte alle mir plausibel erscheinenden Nummern aus dem Wehrmachtsfern- sprechverzeichnis durch: Standortkommandantur – ja, der Kommandeur ist nicht da, wir wissen auch nichts –. Rathaus – wir wissen nichts. In der Panzerkaserne südlich von uns gab es mehrere laute Detonationen. Ich fragte dort an – ja, wir sprengen unsere letzten Panzer, wir haben keinen Sprit mehr. Kurze Zeit danach stieg eine rie- sige, schwarze Rauchwolke auf der anderen Seite des Exerzierplatzes bei der Geflü- gelzuchtanstalt auf. Anruf dort, was ist los? Ja, wir haben unser Treibstofflager ange- zündet, damit es nicht den Amis in die Hände fällt. Und so ging das weiter. Neuer Anruf im Rathaus – ja, es wird verhandelt, aber wir wissen noch nichts. Totale Des- information.

Um 13.30 Uhr etwa, genau weiß ich die Uhrzeit nicht mehr, kam unser lieber Zahl- meister ganz aufgeregt gerannt und rief: Die Stadt ist seit eineinhalb Stunden kampf- los übergeben.[12] In der Drausnickstraße stehen schon die Ami-Panzer!

Nun gut: Ich rief meine „Truppe" zusammen, ohne Ami, der noch immer brav in seinem unverschlossenen Zimmer saß, und es kamen etwa 20 Mann, dazu ein junger Leutnant, der bat, sich uns anschließen zu dürfen. Dann zogen wir los, Richtung Geflügelzuchtanstalt – Reichswald, dort würden wir erst mal in Sicherheit sein. Als wir das Kasernengelände hinten durch den Zaun verließen, hörten wir die Panzer zum Nordtor hereinrasseln. Wir erreichten ungestört den Wald. Dort zogen wir als lockerer Haufen ohne besondere Vorsichtsmaßnahmen weiter nach Osten. Wir wür- den schon sehen, wo wir herauskämen. Pfeifendeckel!

Irgendwo zwischen Kreuzeiche und Kreuzweiher wichen wir sorglos einer Dickung aus, traten ins Stangenholz über und – wurden von Maschinengewehren beschossen. Natürlich lagen wir sofort flach, aber an ein Wegkommen war da nicht mehr zu den- ken. Wir waren mitten in eine amerikanische Sperrtruppe hineingetappt. Da kamen sie auch schon mit angeschlagenen Gewehren von beiden Seiten heran. „Hands up! Have you watch?", das war alles, was ich hörte. Wir standen langsam auf. Sie brach- ten uns mit Kolbenstößen bei, wer jetzt das Sagen hatte. Noch bevor er mir das Kop- pel mit der Pistole abriß, betastete dieser Bursche mein Handgelenk: „Have you watch? Have you watch?" Ich verstand kein Wort. Meine Armbanduhr war ein wenig hochgerutscht, der Ärmel des langen, schweren Holzfaserfahrermantels (der später

---

[11] Es war der für Erlangen schicksalhafte Tag des 16. April; vgl. Popp, Erlangen (wie Anm. 9), S. 41–45.

[12] Zu den Vorgängen vgl. Popp, Erlangen (wie Anm. 9), S. 44–52.

noch Jahrzehnte in Omis Keller hing) ein wenig lang, der Kerl fand die Uhr nicht. Er wandte sich an den nächsten, fingerte nach dessen Uhr – und ich Trottel glaubte, er wolle wissen, wie viel Uhr es ist. Aus höflichem Reflex und weil ich auch die Uhrzeit wissen wollte, schob ich meinen Ärmel hoch, um nachzusehen. Schnapp, war meine Uhr weg! Ich glaube, es war so um 15 Uhr gewesen.

Über alles Mögliche war ich in der Großdeutschen Wehrmacht belehrt worden, aber darüber, daß einem die Amerikaner alles, was irgendeinen Wert haben könnte, stehlen würden, darüber hatte ich nie ein Wort gehört. Jede Art von Schmuck, Eheringe, Brieftaschen, Amulette, Orden, Ehrenzeichen, alles rissen sie an sich. Mein Sparkassenbuch, das ich bei mir trug, wurde ich auch los. Es wurde Tage später von einem deutschen Holzsammler oder Spaziergänger gefunden und gelangte auf allerlei Umwegen im Sommer in die Hände meiner Mutter, die es mir nach meiner Heimkehr aus Gefangenschaft freudestrahlend zurückgab. ...

Soweit der Bericht des Leutnants Helmut Gudden. Von den dramatischen Stunden und dem Ringen zwischen Oberbürgermeister Dr. Ohly und dem Kampfkommandanten Oberstleutnant Lorleberg hat Gudden in der Rheinlandkaserne nichts erfahren. Den Namen des Kampfkommandanten kannte er nicht, wußte wohl auch nicht, daß dessen Befehlsstand nur ein paar hundert Meter entfernt im Wehrmeldeamt Schillerstraße 1 lag. Das wirft ein Schlaglicht auf die verworrene Lage in einer geschlagenen, zurückweichenden Armee. Mit zurückweichenden Truppen aber hatte Lorleberg wenige Tage vorher noch gehofft, die Stadt verteidigen zu können![13]

II.

Sehr deutlich wird der Sachverhalt in dem Kriegstagebuch der 3. amerikanischen Infanteriedivision der 7. Armee, die von Bamberg her vorstoßend am 16. April Erlangen einnahm. Unter dem 12. April ist dort eingetragen[14]: *Die Kräfte des Feindes waren vollständig in Unordnung und gelegentliches Feuer aus Handfeuerwaffen stellte den einzigen Widerstand gegen das Regiment dar, als es fast ohne Pause eilig nach Bamberg zog. ... Der Rückzug der Deutschen war so hastig, daß es jeden Tag schwieriger für die Division wurde, den Kontakt mit dem Feind aufrechtzuerhalten.*

Schon wenige Tage nach der Einnahme der Stadt Erlangen durch die 7. amerikanische Armee verlegte der Kommandeur der benachbarten 3. Armee, George S. Patton[15], sein Hauptquartier nach Erlangen. Patton, der legendäre Befehlshaber der 3. US-Armee, operierte in den letzten Wochen des Krieges mit seinen Truppen auch

---

[13] Vgl. Popp, Erlangen (wie Anm. 9), S. 31.
[14] Vgl. Popp, Erlangen (wie Anm. 9), S. 30.
[15] Kurzbiographie nach: Das große Lexikon des Zweiten Weltkriegs, hg. v. Christian Zentner und Friedemann Bedürftig, München 1988: geboren 1885 in Kalifornien. Besuch der Militärakademie West Point. 1917 Kommandeur einer Tank-Brigade in Frankreich. Danach verschiedene Kommandos und Lehraufträge. November 1942 Landung in Marokko; dort Oberbefehlshaber des II. US-Korps. Führt bei der Landung auf Sizilien (Juli 1943) die 7. US-Armee, seit der Invasion in der Normandie (August 1944) die 3. US-Armee. Patton erreicht mit seinen Truppen am 17.3.1945 den Rhein bei Koblenz. Über die letzten Kriegswochen bis zur deutschen Kapitulation vgl. Text oben. Nach dem Krieg Militärgouverneur in Bayern. Patton verunglückte bei einem Autounfall tödlich (21.12.1945, Mannheim). Zu seinen Fähigkeiten und den Schwierigkeiten seiner Persönlichkeit vgl. u. a. das Urteil von Klaus-Dietmar Henke, Die amerikanische Besetzung Deutschlands, München 1995, S. 42f.

im fränkischen Gebiet. Seine Beobachtungen, die hier wiedergegeben werden, beziehen sich im wesentlichen nur auf den Operationsbereich seiner 3. Armee, also auf Teile Unter-, Mittel- und Oberfrankens. Der Vier-Sterne-General, einer der fähigsten militärischen Führer der Vereinigten Staaten im Zweiten Weltkrieg unter dem Oberbefehlshaber Dwight D. Eisenhower, hatte mit seiner 3. Armee im April 1945 bei Frankfurt den Main überschritten und hatte (bis Kassel vorstoßend) anschließend Thüringen und Teile Sachsens, die später wieder von den Amerikanern geräumt wurden, bis Erfurt, Chemnitz und Plauen besetzt[16]. Dann schwenkte in der Schlußphase des Krieges seine 3. Armee nach Südosten ein und stieß östlich an Bamberg, Erlangen und Nürnberg vorbei über Regensburg donauabwärts nach Linz vor.

Nach Erlangen selbst kam mit den Kampftruppen der 7. US-Armee am 16. April eine erste Einheit des Militärregierungsregiments unter dem Befehl des Captain Stout[17]. Abgelöst und zunächst der 3. US-Armee unterstellt wurde dieses erste Detachment am 23. April vom Detachment H3B unter dem Befehl des Majors Robert C. Adair. Bemerkenswert ist, daß diese Abteilung der Militärregierung in Erlangen ihre Befehle direkt von General Patton erhielt, wie 1971 Adair bei einem Besuch der Stadt Erlangen in einem aufschlußreichen Gespräch im Rathaus mit Vertretern des Ältestenrates (Leitung Bürgermeister Dr. Sponsel) ausführte. Aus dem Text der Tonbandaufzeichnung[18] seien einige Passagen der Erinnerungen Adairs wiedergegeben, interessant auch für die Stellung von Dr. Herbert Ohly, der als komissarischer Oberbürgermeister sein Leben riskiert und hartnäckig den Kampfkommandanten W. Lorleberg zur kampflosen Übergabe der Stadt Erlangen gedrängt hatte:

Mr. Adair: ... *Ich hatte die Order, so bald wie möglich, nachdem Erlangen eingenommen war, dort zu sein. Von Eutin aus kam ich durch mehrere deutsche Städte hindurch nach Remagen, wo ich den Rhein überquerte. Dort sollte die Brücke gesprengt werden; wir jedoch kamen noch `rüber. Weiter ging es nach Iserlohn. Dort habe ich dann im April erfahren, daß Erlangen eingenommen wurde. Ich bekam den Auftrag, sofort nach Erlangen zu kommen.*

Nach zwei Tagen war ich in Erlangen, vier Tage nachdem die Stadt übergeben worden war. Ich habe mich sofort zum alten Rathaus begeben, um ins Bürgermeisterbüro zu gehen, aber ich traf niemanden an. Am nächsten Tag habe ich jemanden beauftragt, Bürgermeister Dr. Ohly zu holen. Ich habe mich dann mit Dr. Ohly zusammengesetzt und er erklärte mir, wie die Übergabe stattgefunden hat. Durch die Gespräche, die ich mit ihm geführt habe, bekam ich den Eindruck, daß Dr. Ohly der Mann sein könnte, der für die Stadt am meisten erreichen kann. Ich habe ihn dann als Militärgouverneur zum Oberbürgermeister der Stadt Erlangen gemacht. Nicht ich, sondern jemand anderes hat dann dafür gesorgt, daß Dr. Ohly abgesetzt und durch jemand anderen ersetzt wurde. Bis dahin habe ich sehr gut mit ihm zusammengearbeitet.

---

[16] Zur Besetzung Mitteldeutschlands vgl. die Darstellung von Henke, Besetzung (wie Anm. 15), S. 657–674; zum Abzug aus Sachsen und Thüringen, S. 714–742.
[17] Vgl. Jürgen Sandweg, Die amerikanische Militärregierung, in: Hinter unzerstörten Fassaden – Erlangen 1945–1955, hg. v. Jürgen Sandweg und Gertraud Lehmann, Erlangen 1996, S. 91–119.
[18] Stadtarchiv Erlangen III.64.A.1, vgl. Popp, Erlangen (wie Anm. 9), S. 31–47.

Meine Befehle habe ich direkt von General Patton erhalten und nicht von irgendwelchen anderen Dienststellen. Auch Kampftruppen hatten nicht das Recht mir reinzureden. Als ich hier eintraf, waren diese noch in Erlangen. Ich habe mich dann eingesetzt, daß bei manchen – wie soll ich es ausdrücken – Unmenschlichkeiten, die von den noch anwesenden Kampftruppen begangen wurden oder schon geplant waren, Abhilfe geschaffen wurde.

Dr. Sponsel: *War zwischen den Truppen und Ihnen nicht ein gewisser Zwiespalt? Haben Sie damals die Macht gehabt, Ordnung zu schaffen?*

Mr. Adair: *Es gab sehr wohl Schwierigkeiten, auch zwischen mir und den kommandierenden Offizieren der Kampftruppen. Der Kommandeur dieser Panzertruppen, die in Erlangen eingerückt waren, ein Oberst, war eben ein Berufssoldat und ein sehr harter Mann...*

Im Hinblick auf die angedrohte Bombardierung Erlangens sind die Bemerkungen Pattons über das Vorgehen seiner Armee bei der Einnahme von deutschen Städten von Interesse. Er notiert in seinem Kriegstagebuch unter dem 11. April nach der Einnahme Weimars und des Konzentrationslagers Buchenwald: *Von hier fuhren wir zur 80. Division, wo uns General Mc Bride eine von ihm neu entwickelte Taktik schilderte. Er feuerte einige Geschosse mit Proklamationen ab, in denen er die Stadt zur Übergabe bis zu einer bestimmten Stunde aufforderte, sonst würde sie bombardiert. Falls sie sich ergeben wolle, müsse der Bürgermeister mit einer weißen Fahne in die amerikanischen Linien kommen und dafür bürgen, daß keine deutsche Truppen in der Stadt seien. Während der Bedenkzeit ließ er einige Maschinen des XIX. Taktischen Luftgeschwaders die Stadt überfliegen, die, je näher das Ende der Bedenkzeit kam, tiefer und tiefer gingen. Unternahmen die Deutschen bis Ablauf der Frist nichts, wurden Jagdbomber herbeigerufen, die Bomben abwarfen, während Artillerie die Stadt gleichzeitig beschoß. Durch diese Taktik habe er in vielen Plätzen ohne Schwierigkeiten einrücken können. Später entwickelten wir eine unter dem Namen „Third Army War Memorial Project" bekannt gewordene Methode. Jede Stadt, der wir uns näherten, belegten wir, noch bevor wir sie zur Übergabe aufforderten, mit ein paar Granaten. Wir wollten damit den Einwohnern Gelegenheit geben, künftigen deutschen Generationen den Beweis zu hinterlassen, daß die Dritte Armee durch die Stadt gezogen ist.*

Es muß allerdings beachtet werden, daß es sich hier um Angaben über das Vorgehen der 3. US-Armee handelt, während Erlangen von der benachbarten 7. US-Armee eingenommen wurde. Deren 3. Infanteriedivision stieß nach der Einnahme Erlangens sofort weiter nach Nürnberg vor und war dort entscheidend an der Eroberung der „Stadt der Reichsparteitage" beteiligt. Nürnberg war nach schweren Kämpfen wie geplant am 20. April („Führers Geburtstag") in den Händen der amerikanischen Streitkräfte[19].

---

[19] Vgl. Popp, Erlangen (wie Anm. 9), S. 56. Zu den amerikanischen Siegesfeiern in Nürnberg s. Karl Kunze, Kriegsende in Franken und der Kampf um Nürnberg im April 1945 (Nürnberger Forschungen 28), Nürnberg 1995, S. 296–298.

Vom 22. April bis 2. Mai lag Pattons Hauptquartier in Erlangen auf dem Burgberg in der Villa des bekannten Mediziners Prof. Dr. Wintz[20].

Patton berichtet in seinen Aufzeichnungen im letzten Kapitel *Der große Kehraus* über die denkwürdigen Ereignisse jener Wochen, die vielen Angehörigen der älteren Generation noch lebendig in Erinnerung sind:

22. April: *Am 22. April wurde mir klar, daß das Kriegsende in Sicht war, obwohl es immer noch Leute gab, die behaupteten, im sogenannten „Reduit"[21] im Süden existiere ein großes deutsches Widerstandsnest.*

Unseren Befehlsstand verlegten wir von Hersfeld nach Erlangen. In Regen und Schneegestöber fuhr ich mit Codman hin. Von Bamberg bis Erlangen fanden wir eine entsetzlich schlechte Verkehrslage vor, da uns nur Eisenbahnbrücken zur Verfügung standen, und außer General Maddox und mir entwickelte kein Offizier soviel Initiative, um das Chaos an Ort und Stelle zu regeln.

Erlangen ist eine zur Zeit der Hugenottenverfolgungen erbaute Universitätsstadt. Zu meiner Überraschung entdeckte ich, daß Mansardendächer aus jener Zeit stammen, da ich aus irgendeinem Grund geglaubt hatte, ihr Ursprungsjahr sei 1870. ...

Aus seinen „Erlanger Tagen" seien aus dem Kriegstagebuch Pattons einige Abschnitte zitiert:

23. April: *Am dreiundzwanzigsten fuhr ich in die Hauptquartiere des XII. und XX. Korps. Die Fahrt auf der Autobahn von Erlangen nach Bayreuth, dem Hauptquartier des XII. Korps, war sehr schön, ebenso die Überlandfahrt von Bayreuth nach Bamberg, obwohl diese Straße militärisch gesprochen zu kurvenreich und schwer zu befahren war. ...*

25. April: *Ein recht interessanter Tag wurde der 25. April. Wie erfuhren, daß fünftausend feindliche Soldaten, die der 26. Division angezeigt hatten, daß sie sich zu ergeben wünschten, Weißrussen seien, die auf deutscher Seite gegen die Russen gekämpft hatten[22]. Es erhob sich die Frage, ob sie als Kriegsgefangene oder als Verbündete zu behandeln seien. Schließlich wurde entschieden, daß sie Kriegsgefangene seien, und das sind sie heute noch. Meiner Meinung nach befinden sie sich in einer scheußlichen Lage, denn falls die Russen sie bekommen, ist es zweifellos mit ihnen aus.*

Das XIX. Taktische Luftgeschwader meldete große Verbände unbekannter Herkunft, die zu beiden Seiten der Donau flußaufwärts marschierten, darunter einige Panzer, sehr viele Pferdegespanne und Geschütze. Wir konnten uns nicht schlüssig

---

[20] Heute „Landesanstalt für Bienenzucht", Burgbergstraße 70. Die Gründe für die Wahl Erlangens sind uns nicht bekannt. Vielleicht spielte die Unzerstörtheit der Stadt eine Rolle. – Zur Baugeschichte und Verwendung des Gebäudes s. Heinz Martius, Der Erlanger Burgberg im Wandel der Zeit, Erlangen 1988, S. 96–99. – Zu Wintz, dem langjährigen Rektor der Erlanger Universität (1938–1944) vgl. Alfred Wendehorst, Geschichte der Friedrich-Alexander-Universität Erlangen – Nürnberg 1743–1993, München 1993, S. 160, 197f., 215f. Zu den Bemühungen von Prof. Wintz um die Nicht-Verteidigung der Stadt s. auch Popp, Erlangen (wie Anm. 9), S. 13–35.

[21] Gemeint ist die sog. Alpenfestung, die in der deutschen Propaganda als letztes Bollwerk eine große Rolle spielte, sich aber als reines Phantom entpuppte. Vgl. Henke, Besetzung (wie Anm. 15), S. 937–943.

[22] Vielleicht gehörten die Soldaten zu jener Division der sog. Wlassow-Armee, die Ende März durch Erlangen gezogen war. Vgl. Popp, Erlangen (wie Anm. 9), S. 18.

werden, ob es sich um Russen oder um vor den Russen fliehende Deutsche handle, nahmen aber an, das Problem durch einen energischen Vormarsch schnell lösen zu können.

Gegen Mittag schlug Bradley telephonisch die Ausbreitung der Ersten Armee gegen Süden vor; sie solle die tschechoslowakische Grenze bis nahe der österreichischen übernehmen und ihre Korps nach Maßgabe der Klärung der Situation im Norden staffelweise einrücken lassen. Da unsere Flanke längs der Grenze lang und offen war, befriedigte uns das sehr.

Im Mittelabschnitt des III. Korps gelangte die 14. Panzerdivision an die Altmühl, während das führende Regiment der 86. Division des gleichen Korps sie an dessen rechter Demarkationslinie bei Eichstätt erreichte. Van Fleet versicherte, er würde noch in der Nacht hinüber und bis an die Donau gehen. Ein wahrhaft großer und immer williger Soldat. ...

Die Kampfverluste der Dritten Armee machten in den beiden letzten Tagen kaum mehr hundert Mann pro Tag aus, und die sonstigen Abgänge blieben ebenso gering.

Berücksichtigt man, daß die Dritte Armee vierzehn Divisionen und entsprechend viele Korps- und Armeetruppen in Aktion hatte, dann ergibt sich, wie wenig scharf die Kämpfe waren. Wenn man, um einen Überschlag zu machen, die Zahl der Divisionen mit dreißigtausend multipliziert, erhält man den ungefähren Bestand der einschließlich Divisions-, Korps- und Armeeeinheiten eingesetzten Truppen.

26. April: Am sechsundzwanzigsten verlieh ich Van Fleet in Schwabach das Verdienstkreuz und besuchte anschließend die 14. Panzer- und die 99. Infanteriedivision. Die Hauptquartiere der beiden Verbände vermochten weder mich, noch Van Fleet zu beeindrucken.

Die 86. Division des III. Korps hatte Ingolstadt erreicht und kämpfte in dessen Außenbezirken. ...

An diesem Tag besuchte ich zum erstenmal die Nürnberger Innenstadt, die einen wirklich erschreckenden Anblick bot. Die alte mauerumringte Stadt, die so schön gewesen war, bestand nicht mehr. Es war die vollkommenste Zerstörung, die wir bisher gesehen hatten. Sie war freilich nicht allein den Fliegern zuzuschreiben, da sich das XV. Korps der Siebten Armee genötigt gesehen hatte, die Deutschen durch eine heftige Beschießung zum Abzug zu zwingen.

Unter dem 27. April bemerkt Patton unter anderem: .... Der britische Rundfunk meldete, Himmler hätte den Vereinigten Staaten und Großbritannien die bedingungslose Kapitulation Deutschlands angeboten, aber die Antwort erhalten, er müsse auch vor Rußland bedingungslos kapitulieren.

Am 29. April notiert er in seinem Bericht unter anderem: .... Wie sehr jedermann den Krieg für beendet hielt, ging daraus hervor, daß ich aufgefordert wurde, eine Zweiminutenansprache auf Stahlband für den V-Tag[23] zu halten.

Dann war Pattons Zeit in Franken beendet. Sein Hauptquartier wurde nach Regensburg verlegt. Patton bemerkt, historisch versiert und leicht ironisch:

---

[23] Victory day, Tag des Sieges.

Am zweiten sollten wir unseren Befehlsstand von Erlangen nach Regensburg verlegen, wo Napoleon seine berühmte Schlacht schlug, bei der, gemäß einem französischen Gedicht, Napoleon etwa anderthalb Kilometer von der Schlachtlinie entfernt auf einem Hügel stand. Anscheinend begaben sich damals Feldherren nicht so nahe an die Front wie heutzutage. ...

Im Verlauf dieser letzten Operationen hatte sich noch jedes Mal, wenn wir unseren Befehlsstand dislozierten, eine ominöse Wendung ergeben. Bei beinahe jeder Verlegung mußten wir entweder die Richtung ändern oder eine neue Aufgabe übernehmen.

General Patton bemerkt zum Schluß dieses letzten Kapitels seines Kriegstagebuches:

Am siebten erwarteten wir das Kriegsende auf Mitternacht vom 8. bis 9. Mai. Bradley sandte einen russischen General durch die Linien des V. Korps nach Prag, der dem dortigen deutschen Heeresgruppenkommandanten, General Stoerner[24]*, die Kapitulationsbedingungen mitteilen sollte. ...*

Mit dem achten Mai waren genau zweieinhalb Jahre seit der Landung in Afrika vergangen. Seither waren wir bis zur Mitternacht vom achten auf den neunten Mai praktisch ununterbrochen im Kampf gestanden; und wenn wir gelegentlich nicht fochten, standen wir unter ständiger Kritik, die meines Erachtens noch schwerer zu ertragen ist.

Um 11.30 verabschiedete ich mich nach einer letzten Konferenz von den Kriegsberichterstattern. Einer fragte: „Warum, Herr General, sind wir nicht nach Prag gegangen?" – „Das kann ich Ihnen genau sagen", antwortete ich, worauf alle ihre Notizbücher zückten und erwartungsvoll dreinsahen. „Weil wir Befehl erhielten, es nicht zu tun", fuhr ich fort, worauf sie trotz ihrer Enttäuschung lachen mußten. Dann unterzeichnete ich einen Haufen kurzer Autogramme und posierte für zahllose Aufnahmen. Die der Dritten Armee zugeteilten Berichterstatter hatten im großen und ganzen tüchtige und loyale Arbeit geleistet und den Leuten daheim ein ausgezeichnetes, lebenswahres Bild des Krieges vermittelt. ...

Ich wage zu behaupten, daß ich während des ganzen Feldzuges in Europa nur einen einzigen Fehler begangen habe, als ich unterließ, einen Kampfverband nach Hammelburg zu dirigieren[25]*. Im übrigen schienen mir alle meine Operationen durchaus befriedigend. Doch immer, sozusagen während des ganzen Feldzuges, unterlag*

---

[24] Gemeint ist wohl Generalfeldmarschall Schörner, seit 18.1.1945 Oberbefehlshaber der Heeresgruppe Mitte, die zuletzt in der Tschechoslowakei stand. Zur Kurzbiographie Schörners, der als fanatischer Anhänger Hitlers galt, vgl. Zentner, Bedürftig, Lexikon (wie Anm. 15).

[25] Am 26. März war ein kleiner Kampfverband (knapp 300 Mann mit ca. 50 Panzern und Fahrzeugen) zusammengestellt worden, der das alliierte Gefangenenlager Oflag XIII B bei Hammelburg befreien sollte, in dem sich auch Pattons Schwiegersohn, Oberstleutnant Waters, befand. Die amerikanische Kampfgruppe erreichte zwar – 80 km hinter den deutschen Linien – den Raum Hammelburg, wurde dann aber vollständig aufgerieben. Dies führte im deutschen Wehrmachtsbericht vom 29.3.1945 zu einer der letzten „Siegesmeldungen". Vgl. Kunze, Kriegsende (wie Anm. 19) S. 30f. und 65. Zu dem Unternehmen vgl. u. a. M. Greger, Die letzten Kriegstage in Hammelburg, Hammelburg 1965 und Heinrich Ullrich, Hammelburg: Bilder aus der Geschichte einer uralten Frankensiedlung (Chronik der Stadt Hammelburg), Forchheim ²1975, S. 173–178. Dort auch der Bericht des amerikanischen Kommandeurs, Captain Abraham Baum, aus „The Saturday Evening Post" vom 1.5.1948.

ich der Zügelung durch übergeordnete Befehle. Vielleicht war das gut, denn möglicherweise bin ich zu ungestüm. Ich persönlich glaube es zwar nicht, und hätte man mir es erlaubt, aufs Ganze zu gehen, wäre der Krieg früher zu Ende gewesen, und viele Menschenleben wären erspart worden. ...

Eines der schlimmsten Kapitel deutscher Geschichte war zu Ende gegangen. Die Wunden, die der Krieg schlug, sind heute, nach mehr als 50 Jahren, noch nicht alle vernarbt. Die politisch-historischen Folgen, die sich für Europa ergaben, werden auch im begonnenen 21. Jahrhundert noch sichtbar sein.

Bernhard Piegsa

„Zigeuner", „Neubürger", „Entwicklungshelfer" – Schlaglichter auf Ankunft und Aufnahme der Heimatvertriebenen in Bayern 1945 bis 1950 am Beispiel der Oberpfalz

1. Die Oberpfalz am Vorabend der Vertreibung

Der „Zusammenbruch" des Jahres 1945, der wie wohl nur wenige andere Zeitpunkte der deutschen Geschichte als „Peripetie", End- und Wendepunkt der deutschen Geschichte empfunden wurde, zwang jene über elf Millionen Deutsche, die als Flüchtlinge und Vertriebene aus Ostmittel- und Südosteuropa vor allem in das nachkriegsdeutsche Restgebiet und nach Österreich kamen[1], zu einem Neuanfang. Aber auch für die angestammte Bevölkerung der „Aufnahmegebiete" bedeutete der Zustrom von Millionen fremder und nahezu besitzloser Menschen einen tiefgreifenden Einschnitt. Brachte er doch auch für sie nicht nur materielle Belastungen mit sich, sondern verwandelte gewohnte Strukturen und Gepflogenheiten teils von Grund auf und stellte somit Staat und Gesellschaft Nachkriegsdeutschlands in ihrer Gesamtheit vor „die größte Herausforderung und Bewährung ... nach der Katastrophe des Jahres 1945"[2]. Auch in der ostbayerischen Region der *Oberpfalz*, deren Umgang mit den „Neubürgern" hier schlaglichtartig betrachtet werden soll, war dies nicht anders.

Warum nun kann eine Betrachtung der Flüchtlings- und Vertriebenenansiedlung in der Oberpfalz von Interesse sein? Den östlichen Teilen Bayerns, und insbesondere der

---

[1] An Literatur zum Thema „Vertreibung" sei hier beispielhaft genannt: Dokumentation der Vertreibung der Deutschen aus Ost-Mitteleuropa. I. V. m. Werner Conze u. a., bearb. v. Theodor Schieder. 8 Bde., 3 Beihefte, Ortsregister, o. O., 1954–1963 (NDD: München 1984; Augsburg 1992–1994); Die Vertreibung der Deutschen aus dem Osten. Ursachen, Ereignisse, Folgen, hg. v. Wolfgang Benz (Fischer TB 12784), Frankfurt (Main) 1995; Alfred Maurice de Zayas, Die Anglo-Amerikaner und die Vertreibung der Deutschen (Ullstein Buch 33206), Berlin ⁴1999; Die deutschen Vertreibungsverluste, hg. v. Statistischen Bundesamt, Stuttgart 1958, insbes. S. 37f. u. 44–46 (hinsichtlich der Zahl der aus der CSR ausgewiesenen Deutschen zu korrigieren: Fritz Peter Habel, Vertreibungsverluste der Sudetendeutschen 1945/46: Neuester Forschungsstand und politische Schätzungen, in: Odsun. Die Vertreibung der Sudetendeutschen. Begleitband zur Ausstellung, München 1995, S. 175–192, insbes. 175–183, 186); Rudolf Grulich, „Ethnische Säuberung" und Vertreibung als Mittel der Politik im 20. Jahrhundert, o. O. 1998; Theodor Veiter, Nationalitätenkonflikt und Volksgruppenrecht im ausgehenden 20. Jahrhundert. Bd. I: Entwicklungen, Rechtsprobleme, Schlußfolgerungen (Bayerische Landeszentrale für politische Bildungsarbeit, Schriftenreihe A 55), München ²1984, S. 56–89, 184–207. Zu erinnern ist in diesem Zusammenhang daran, daß mehr als zwei Millionen Deutsche aus den Vertreibungsgebieten Flucht, Ausweisung, Deportation und Ausschreitungen nicht überlebt haben.

[2] Rudolf Endres, Einleitung, in: Bayerns vierter Stamm. Die Integration der Flüchtlinge und Heimatvertriebenen nach 1945, hg. v. Rudolf Endres (Bayreuther Historische Kolloquien 12), Köln, Weimar, Wien 1998, S. 1–3, hier: S. 1.

bäuerlichen³, weithin von kleinen Dörfern und Ackerbürgerstädten geprägten⁴, fast rein katholischen⁵ Oberpfalz, haftete bis in die jüngste Zeit hinein der Ruf der Rückständigkeit und Abgeschiedenheit an⁶ . Unter den Bedingungen des „totalen Krieges" jedoch wurde dieser „abgelegene" Landstrich zu einem der „Reichsluftschutzbunker"⁷ für Evakuierte aus den von britischen und US-amerikanischen Bombenangriffen betroffenen deutschen Großstädten und Industriegebieten. In Sulzbach-Rosenberg zum Beispiel wurden im Zuge der „gelenkten Umquartierung" ab 1943 zunächst Menschen aus Hamburg und (in geringer Zahl) Wien aufgenommen, 1944 kamen dann auch Zuwanderer aus dem Rheinland und dem Saarland hinzu. Auch auswärtige Angehörige von Sulzbach-Rosenberger Familien sowie Belegschaftsmitglieder zweier Berliner Betriebe, die in die Stadt verlegt wurden, fanden dort Aufnahme⁸ . Selbst Teile des preußischen „Großen Militärwaisenhauses" aus Potsdam wurden zwischen 1942 und 1945 in mehreren Schritten nach Sulzbach-Rosenberg verlegt⁹.

---

   ³ Am 17.5.1939 wurden 35,5 % der erwerbstätigen Oberpfälzer Bevölkerung der Land- und Forstwirtschaft (Bayern rechts des Rheins: 28,3 %; deutsches Reichsgebiet von 1937: 26,1 %) zugerechnet. Siehe Statistisches Handbuch für Bayern, hg. v. Bayer. Statist. Landesamt, München 1946 (künftig: Statist. HB Bayern), S. 25; Statistisches Handbuch von Deutschland 1928–1944, hg. v. Länderrat des Amerikanischen Besatzungsgebiets, München 1949 (künftig: Statist. HB Dtld.), S. 31.

   ⁴ Am 17.5.1939 lebten 5,1% der Oberpfälzer Bevölkerung (Bayern rechts des Rheins: 2,8%) in Gemeinden unter 200, 54,4% in Gemeinden mit 200 bis unter 2 000 Einwohnern (rechtsrhein. Bayern: 44,1%). Im Reichsgebiet von 1937 wohnten zu diesem Zeitpunkt 30,1% der Bevölkerung in Gemeinden unter 2 000 Einwohnern. Siehe Statist. HB Bayern (wie Anm. 3), S. 11; Statist. HB Dtld. (wie Anm. 3), S. 19.

   ⁵ Am 16.6.1933 gehörten 92,2% der oberpfälzischen Bevölkerung der Römisch-Katholischen Kirche an (Bayern rechts des Rheins: 74%; Reichsgebiet 1933: 32,5%). In vierzehn von vierundzwanzig Bezirksämtern (Landkreisen) und kreisunmittelbaren Städten (Stadtkreisen) lag der katholische Anteil über 95, in zehn Bezirksämtern sogar über 98%. Eine evangelische Mehrheit hatte nur das Bezirksamt Sulzbach (66,5%). Siehe Volkszählung. Die Bevölkerung des Deutschen Reichs nach den Ergebnissen der Volkszählung 1933. Heft 3: Die Bevölkerung des Deutschen Reichs nach der Religionszugehörigkeit. Bearb. im Statistischen Reichsamt (Statistik des Deutschen Reichs 451,3), Berlin 1935, S. 7, 10, 56f.

   ⁶ Siehe etwa Hans Scherzer, Gau Bayerische Ostmark. Land, Volk und Geschichte, München 1940, S. 134–156; Bayern im ersten Vierjahresplan. Denkschrift der Bayerischen Landesregierung zum 9. März 1937, München 1937, S. 401–405; für die Nachkriegsjahre: Industrie- und Handelskammer Regensburg, Lage und Entwicklung von Handel und Industrie im Bezirk Oberpfalz-Kelheim unter Berücksichtigung der Staatshilfe. Denkschrift, o. O. u. J. (1955); Reinhold Brenneisen, Die gewerbliche Entwicklung im Bezirk der Industrie- und Handelskammer Regensburg, in: Auf neuen Wegen. Die Wirtschaft in Bayern, München 1956, S. 245–271; Oberpfalz. Textheft zur Wandzeitung Gesellschaft und Staat, hg. v. der Bayerischen Landeszentrale für politische Bildungsarbeit (WZ 2/94), München 1994, S. 8.

   ⁷ Ausdruck zit. nach Toni Siegert, Kriegsende '45 in Nordostbayern. Das Drama der letzten Tage (Heimat Landkreis Tirschenreuth, Sonderbd. 3), Pressath 1995, S. 13.

   ⁸ Siehe die Evakuiertenmeldungen und Übersichten über den Stand der Umquartierungen in: Stadtarchiv Sulzbach-Rosenberg (künftig: SdtA SuRo), A 4912. Die Zahl der Evakuierten stieg bis Ende 1944 nicht über 922 Personen.

   ⁹ Siehe Frithjof von Holst, Helmut Dietz, Das Große Militär-Waisenhaus Potsdam (1724–1945), in: Deutsches Soldatenjahrbuch 38, 1990, S. 73–91, hier: S. 84f. Zur Evakuiertenaufnahme in Regensburg siehe Peter Heigl, Die Integration der Flüchtlinge und Vertriebenen in der Stadt Regensburg 1945 bis 1949. Eine stadtgeschichtliche Untersuchung, Regensburg 1987, S. 72–74. Zu Evakuierten in Schwandorf siehe Helga Klitta, Kriegsende in der Oberpfalz – Januar bis Mai 1945, in: Heimaterzähler 21, 1970, S. 3f. (u. d. T.: Das Ende eines ideologischen Krieges, dargestellt an den Ereignissen in der Oberpfalz Januar bis Mai 1945), 7f., 11f., 15f., 19f., 23f., 27f., 31f., 35f., 39f., 43f., 47f., 51f., 55f., 59f., 63f., 67f., hier: S. 7f.

Als dann im Winter 1944/45 die Ostfront auch die deutschen Vorkriegsgrenzen nicht mehr zu halten vermochte[10], mußte Ostbayern auch Evakuierte und Flüchtlinge aus Schlesien und anderen Teilen der deutschen Ostprovinzen aufnehmen[11]. War für die Evakuierten aus dem Norden und Westen Deutschlands zumeist noch eine Unterbringung in Privatwohnungen möglich gewesen, so mußten nun schon Behelfsquartiere in *Schulgebäuden, Turnhallen, sonstigen Hallen, leerstehenden Fabrikgebäuden, Malztennen und Brauereien, Scheunen, Städel*(n), *Kornböden und soweit nicht ausreichend auch Gasthaussäle*(n)[12] eingerichtet werden. So bewahrheitete sich das lakonisch-ahnungsvolle Wort des stellvertretenden Bürgermeisters von Sulzbach-Rosenberg vom 6. Oktober 1944 an einen Bürger, der sich gegen die Einquartierung von Evakuierten in seine Wohnung zu verwahren suchte: *Bei der ungemein großen Zahl von Flüchtlingen, die zugeteilt werden, heißt es nun enger zusammenzurücken*[13].

2. Die „ethnische Säuberung" beginnt

Noch unter dem frischen Eindruck der drohenden kulturellen oder gar physischen Vernichtung, die den „Ostvölkern" nach dem Willen der nationalsozialistischen deutschen Machthaber zugedacht war, gingen die Regierungen Polens und der Tschechoslowakei schon bald nach dem „Zusammenbruch" des „Dritten Reiches" daran, die „Deutschenfrage" in ihren Herrschaftsbereichen[14] einer „Lösung" zuzuführen, die

---

[10] Die Vorkriegsgrenzen Ostpreußens und des Memelgebietes wurden von der sowjetischen Armee im Oktober 1944, die Vorkriegsgrenzen Schlesiens und Pommerns im Januar 1945 überschritten. Siehe Einleitende Darstellung, in: Die Vertreibung der deutschen Bevölkerung aus den Gebieten östlich der Oder-Neisse. I. V. m. Adolf Diestelkamp u. a., bearb. v. Theodor Schieder, hg. v. Bundesministerium für Vertriebene (= Dokumentation der Vertreibung [wie Anm. 1], Bd. I/1), o. O. 1954, S. 1E–160E, hier: S. 12E–26E.

[11] Siehe Franz J. Bauer, Flüchtlinge und Flüchtlingspolitik in Bayern 1945–1950 (Forschungen und Quellen zur Zeitgeschichte 3), Stuttgart 1982, S. 22; Siegert, Kriegsende (wie Anm. 7), S. 13–16, 18f.; Klitta, Kriegsende Oberpfalz (wie Anm. 9), S. 7f.

[12] So etwa: Der Landrat des Landkreises Sulzbach-Rosenberg an die Bürgermeister im Kreis, 5.3.1945, in: SdtA SuRo, A 3245.

[13] Der Bürgermeister der Stadt Sulzbach-Rosenberg an G. v. S., 6.10.1944, in: SdtA SuRo, A 3246. Am 14.4.1945 hielten sich in der Stadt Sulzbach-Rosenberg, die im Mai 1939 11 501 Einwohner gezählt hatte, bereits 3 190 Evakuierte auf (siehe Übersicht über die am 15. [14.] April 1945 in der Gemeinde untergebrachten umquartierten Personen, 14.4.1945, in: SdtA SuRo, A 4912).

[14] Die Sowjetunion hatte bereits ab Februar 1945 damit begonnen, die von ihrer Armee besetzten vorkriegsdeutschen Gebiete östlich von Oder und Lausitzer Neiße – mit Ausnahme Nord-Ostpreußens, das sie für sich in Anspruch nahm – der *polnischen* Verwaltung zu übergeben. Auf der sowjetisch-amerikanisch-britischen Gipfelkonferenz in Potsdam (17.7.–2.8.1945) wurde dies sanktioniert. Siehe Schieder, Vertreibung (wie Anm. 10), S. 88E, 96E, 104E–110E; Klaus Dietmar Henke, Der Weg nach Potsdam – Die Alliierten und die Vertreibung, in: Benz, Vertreibung (wie Anm. 1), S. 58–85, hier: S. 62–65; Josef Foschepoth, Potsdam und danach: Die Westmächte, Adenauer und die Vertriebenen, in: Benz, Vertreibung (wie Anm. 1), S. 86–113, insbes. S. 88–103; Eckart Klein, Deutschlands Rechtslage, in: Handbuch zur deutschen Einheit. 1949 – 1989 – 1999, hg. v. Werner Weidenfeld u. Karl Rudolf Korte (Schriftenreihe der Bundeszentrale für Politische Bildung 363), Bonn 1999, S. 282–291; Dieter Blumenwitz, Oder-Neiße-Linie, ebd., S. 586–596. Zu Zerschlagung und Wiederherstellung der *Tschechoslowakei* 1938–1945 und zu den während des Krieges gepflogenen Überlegungen, den Umgang mit den dort beheimateten Deutschen betreffend, siehe Einleitende Darstellung, in: Die Vertreibung der deutschen Bevölkerung aus der Tschechoslowakei, hg. v. Bundesministerium für Vertriebene, Flüchtlinge und Kriegsgeschädigte (= Dokumentation der Vertreibung [wie Anm. 1], Bd. IV/I), o. O. 1957, S. 1–178, hier: S. 28f., 38–51; de Zayas, Anglo-Amerikaner (wie Anm. 1), S. 48–73; Henke, Weg (wie vor), S. 71–79.

angesichts des Vorausgegangenen – wie man glaubte – nicht anders denn als „Schluß-strich" denkbar war. Der nationalsozialistischen Gewaltpolitik mit ihrem Bestreben, ganze „Rassen" und Völker in einer als beispiellos empfundenen Totalität und Konsequenz kollektiv zu entwürdigen oder zu vernichten, folgte eine zumindest in ihrer Pauschalität kaum weniger radikale Reaktion, in deren Gefolge die Deutschen jenseits von Oder, Lausitzer Neiße, Erzgebirge und Böhmerwald nahezu ohne Rücksicht auf tatsächliche Schuld oder Unschuld für die „in deutschem Namen" begangenen Verbrechen des NS-Regimes mit Heimat und Eigentum, wenn nicht gar mit ihrem Leben in Haftung genommen wurden[15]. Zugleich wurden Jahrhunderte deutscher Kultur und Geschichte in den angestammten Heimatgebieten der Vertriebenen Vergangenheit[16]. Wie die von den Nationalsozialisten unternommene Helotisierung und Exterminierung ganzer Völkerschaften zählten auch diese darauf folgenden, das Volk und seine selbstherrlichen „Führer" in einen „nationalen" Topf werfenden Akte „kollektiver Vergeltung" zu den zugespitztesten Manifestationen nationalistischen und etatistischen Ungeistes, jener charakteristischen Ausgeburt des neunzehnten und zwanzigsten Jahrhunderts[17].

Bereits Ende Mai 1945 strömten die ersten sudetendeutschen „Abgeschobenen"[18] über die Erzgebirgs- und Böhmerwaldgrenze nach Bayern und Sachsen – zu Fuß oder in Zügen, oft nur mit wenig mehr als dem, was sie auf dem Leibe trugen. Denn selbst die den Ausgewiesenen offiziell zugestandenen 25 oder 30 kg Gepäck wurden regelmäßig noch von den Ausreisekontrollorganen geplündert. Mit den Sudetendeutschen kamen auch zahlreiche Schlesier in das deutsche Restgebiet, die im Winter 1944/45 vor der Front in die für „sicher" gehaltenen böhmischen Länder evakuiert worden oder geflohen waren[19]. Es ergab sich zwangsläufig, daß viele Flüchtlingstrecks in dem „Bewußtsein, nach wochenlanger Flucht endlich sicheres Gebiet erreicht zu haben, ... sehr bald nach der Grenze in Oberfranken, Niederbayern und der Oberpfalz" Halt machten[20]. Nicht wenige strebten dabei auch ganz bewußt nach einem möglichst grenznahen – was auch bedeutete: heimatnahen – vorläufigen Aufenthalt:

---

[15] Siehe de Zayas, Anglo-Amerikaner (wie Anm. 1), S. 43–47, aber auch S. 235f.

[16] Einen informativen Abriß der Geschichte der deutschen Siedlungsgebiete in Ostmittel- und Südosteuropa bietet Marion Frantzioch, Die Vertriebenen. Hemmnisse, Antriebskräfte und Wege ihrer Integration in der Bundesrepublik Deutschland (Schriften zur Kultursoziologie 9), Berlin (West) 1987, S. 19–39.

[17] Siehe Veiter, Nationalitätenkonflikt (wie Anm. 1), S. 184–192; Eugen Lemberg, Zur Vorgeschichte: Das Nationalitätenproblem, in: Die Vertriebenen in Westdeutschland. Ihre Eingliederung und ihr Einfluß auf Gesellschaft, Wirtschaft, Politik und Geistesleben, hg. v. Eugen Lemberg, Friedrich Edding, Bd. I, Kiel 1959, S. 10–16; Gotthold Rhode, Phasen und Formen der Massenzwangswanderung in Europa, ebd., S. 17–36.

[18] „Odsun" (Abschiebung, Ausschub, Verdrängung) war der in der Tschechoslowakei verwendete Begriff für die Umsiedlung/Vertreibung der Deutschen. Siehe Eva Schmidt-Hartmann, Menschen oder Nationen? Die Vertreibung der Deutschen aus tschechischer Sicht, in: Benz, Vertreibung (wie Anm. 1), S. 178–198.

[19] Siehe Einleitende Darstellung/ CSR (wie Anm. 14), S. 105–115; Bauer, Flüchtlinge (wie Anm. 11), S. 28f.; Wolfgang Fruhmann, Geographische Untersuchungen zur Eingliederung der Heimatvertriebenen und deren wirtschaftliche und kulturelle Aufbauleistung im Raum Amberg-Sulzbach, in: Regensburger Beiträge zur Regionalgeographie und Raumplanung 4/1996, S. 1–198, hier: S. 36f.

[20] Fruhmann, Untersuchungen (wie Anm. 19), S. 36.

Für die hinreichend bekannte und oft diskutierte Überbelegung der Oberpfalz mit Ostvertriebenen ist der Landkreis Eschenbach ein besonders krasses Beispiel.

Es hat dies zum Teil seinen Grund darin, daß im Jahre 1945 alle Ostvertriebenen versuchten, über Hof in ihre Heimat zurückzukehren. Die russischen Besatzungsbehörden jedoch sperrten damals bereits die Zonengrenze und somit suchten sich diese Menschen in den nächstgelegenen Gebieten eine Unterkunft um bei der erwarteten Rückkehrmöglichkeit in der Nähe der Zonengrenze zu bleiben. Bei dieser Gelegenheit hatte der Landkreis Eschenbach ebenfalls eine starke Belastung auszuhalten. Die ratlosen Menschen quartierten sich in die Ortschaften des Truppenübungsplatzes ein, ohne eine Berechtigung dazu zu haben. Auf diese Vorbelastung wurde bei der Verteilung der in organisierten Transporten eintreffenden Vertriebenen nicht genügend Rücksicht genommen und somit der Landkreis Eschenbach sehr stark überbelegt. Dies wirkte sich um so stärker aus, als der Truppenübungsplatz Grafenwöhr auf Unmengen arbeitssuchende Personen eine starke Anziehungskraft ausübte und heute noch ausübt und dadurch der Andrang immer fürchterlicher wurde[21].

Von den amerikanischen und deutschen Behörden gehegte und bis zur Vorplanung von Treckrouten gediehene Hoffnungen, die Flüchtlinge könnten wieder in ihre Heimat zurückgeführt werden, erledigten sich freilich frühzeitig von selbst[22].

Für viele, deren Heimat nahe der böhmisch-bayerischen Grenze lag, hatte die Niederlassung in Grenznähe auch ganz „handfeste" Gründe: Über die Grenze hinweg bestanden verwandtschaftliche Beziehungen, und mancher Landwirt aus dem böhmischen Grenzgebiet verfügte sogar über Besitzungen auf der bayerischen Seite der Grenze[23].

Ihre überdurchschnittlich hohe Belastung durch Flüchtlinge und Ausgewiesene hat die Oberpfalz jedoch außer ihrer Grenzlage noch zwei weiteren Umständen zu verdanken. Da in dem führungslosen, wirtschaftlich am Boden liegenden „Rest-Deutschland" für eingehende wirtschafts-, bevölkerungs- und sozialstrukturelle Untersuchungen und Planungen Zeit und Datenmaterial fehlten, war an eine systematische Verteilung des nicht abreißen wollenden Menschenzustromes auf der Grundlage détaillierter Tragfähigkeitsanalysen nicht zu denken. Im wesentlichen wurden die Umsiedler eher oberflächlich nach zwei Kriterien auf das Land verteilt: dem „alle anderen Erwägungen beiseitedrängende(n) Primat der wie auch immer vorläufigen Unterkunftsbeschaffung", und der Erwägung, daß in ländlich-bäuerlichen Gebieten die „Ernährungsbasis auf Grund der Nähe zu den Nahrungsquellen deutlich

---

[21] Landratsamt Eschenbach an Staatssekretariat für das Flüchtlingswesen, 20.5.1949, in: Bayerisches Hauptstaatsarchiv, Bestand Landesflüchtlingsverwaltung (MArb) (künftig: BayHStA, LFV) 1181.

[22] Siehe die vom 6. und 16.6.1945 datierenden Entwürfe einer vom Landrat des Landkreises Sulzbach-Rosenberg zu erlassenden Weisung zur Rückführung von Flüchtlingen per Treck bis 30.6.1945, in: Staatsarchiv Amberg, Bestand Bezirksamt Sulzbach (künftig: StA AM, BA SUL) 1956.

[23] Siehe Gustav Flögel, Sudetendeutsche Landsmannschaft, Kreisgruppe Neustadt an der Waldnaab, in: Dokumentation 40 Jahre Vertreibung 1945–1985. Landkreis Neustadt a. d. Waldnaab/Weiden i. d. OPf., Weiden, Neustadt (Waldnaab) o. J. (1985), S. 84–110, hier: S. 91f.; Herbert u. Gunthild Houswitschka, Die Integration der Heimatvertriebenen und Flüchtlinge nach dem Zweiten Weltkrieg. Dokumentation für den Landkreis Tirschenreuth, Tirschenreuth 1995, S. 179.

günstiger" war[24]. Unter beiden Blickwinkeln schien sich die Oberpfalz als Hauptaufnahmegebiet anzubieten. Die Kriegszerstörungen – und damit die Wohnraumverluste – hielten sich hier vergleichsweise in Grenzen[25]. Zwar waren Verkehrsknotenpunkte wie Neumarkt oder Schwandorf noch wenige Wochen vor Kriegsende durch Bombenangriffe schwer in Mitleidenschaft gezogen worden, und ganz von Kriegsschäden verschont geblieben war keine der größeren Städte des Gebietes. Auch einige Kleinstädte und Dörfer waren wegen tatsächlicher oder irrtümlich vermuteter Widerstandsnester deutscher Truppenteile von der US-Armee durch Granatwerfer und Bomben verwüstet worden[26]. Aber im großen und ganzen gehörte die Oberpfalz zu den weniger zerstörten Regionen Bayerns und Deutschlands. Zudem war das landwirtschaftlich geprägte Gebiet dünn besiedelt, was durch eine jahrzehntelange Landflucht sogar noch verstärkt worden war[27].

Indes prädestinierte alles dies Ostbayern nur scheinbar zu einem Aufnahmegebiet ersten Ranges. Die Region war wirtschaftlich strukturschwach, und es schien kaum möglich, den Zuwanderern dort eine Erwerbsgrundlage zu bieten[28]. Auch war die Wohnraumsituation trotz der niedrigen Bevölkerungsdichte schon zu „Friedenszei-

---

[24] Zur Verteilungsproblematik siehe Wolfgang Jaenicke, Vier Jahre Betreuung der Vertriebenen in Bayern 1945–1949. Ein Bericht über den Stand der bisherigen Eingliederung und über ungelöste Probleme, anläßlich des vierten Jahrestages der Errichtung der bayerischen Flüchtlingsverwaltung, München 1950, S. 11f.; Bauer, Flüchtlinge (wie Anm. 11), S. 161–182 (insbes. S. 166 [Zitat], 174–182), 341–343 (Zitat: S. 343); Georg Müller, Heinz Simon, Aufnahme und Unterbringung, in: Lemberg, Vertriebene Westdeutschland I (wie Anm. 17), S. 300–446, hier: S. 315; Theodor Oberländer, Bayern und sein Flüchtlingsproblem, München 1953, S. 6f.

[25] Siehe Jutta Neupert, Vom Heimatvertriebenen zum Neubürger. Flüchtlingspolitik und Selbsthilfe auf dem Weg zur Integration, in: Neuanfang in Bayern. Politik und Gesellschaft in der Nachkriegszeit, hg. v. Wolfgang Benz, München 1988, S. 103–120, hier: S. 112; Bauer, Flüchtlinge (wie Anm. 11), S. 161, 164. Bei der Wohnraumzählung vom 10. Dezember 1945 wurde ermittelt, daß sich die Quote der Wohnraumverluste (im Verhältnis zum Vorkriegs-Wohnungsbestand) in der Oberpfalz auf 4,7 und in Niederbayern auf 3,0 % belief. Dem standen Oberbayern mit 17,5, Unterfranken mit 18,0 und Mittelfranken mit 24,8 % gegenüber. Siehe Statist. HB Bayern (wie Anm. 3), S. 103; kreisweise Zahlen vom 25. Juli 1945 zum Wohnraum-Zerstörungsgrad: ebd. S. 155, 161.

[26] Zu nennen sind hier etwa Achtel bei Sulzbach-Rosenberg, die Städte und Dörfer Neustadt am Kulm, Vorbach, Oberbibrach, Troschenreuth und Grafenwöhr (Garnisonsstadt) im Kreis Eschenbach, Wondreb, Rosall und Wernersreuth im Stiftland sowie das zu etwa 80 % zerstörte Kemnath am Buchberg im Kreis Nabburg, das als schwerstzerstörte Gemeinde Bayerns galt (siehe ll., Ein Dorf mit 100 000-DM-Straßenprojekt, in: Sulzbach-Rosenberger Zeitung [künftig: SRZ], 17.8.1956, S. 4). Zum Kriegsgeschehen in der Oberpfalz 1945 siehe Siegert, Kriegsende in der Oberpfalz (wie Anm. 7); Klitta, Kriegsende Oberpfalz (wie Anm. 9); Rainer Ostermann, Kriegsende in der Oberpfalz. Ein historisches Tagebuch, Regensburg 1995.

[27] Siehe Ernst Emmerig, Verwaltungs- und Sozialstruktur der Oberpfalz 1838–1972, in: Die Oberpfalz, hg. v. Bezirkstag Oberpfalz, Regensburg 1984, S. 129–145, hier: S. 136–139. Die Bevölkerungsdichte der Oberpfalz hatte 1939 71,1 Einwohner pro Quadratkilometer betragen; die Oberpfalz war damit der am dünnsten besiedelte der sieben Landesteile des rechtsrheinischen Bayerns (am dichtesten besiedelt: Mittelfranken mit 141,4 Einw./km^2). Vergleichszahlen 1939: Bayern (Gebietsstand 1947) 100,2 Einw./km^2 (Statist. HB Bayern [wie Anm. 3], S. 9); Deutsches Reich (Gebietsstand 1937) 147,3 Einw./km^2 (Statist. HB Dtld. [wie Anm. 3], S. 8f.).

[28] Siehe Bauer, Flüchtlinge (wie Anm. 11), S. 165–172; Müller, Simon, Aufnahme (wie Anm. 24), S. 333; Neupert, Neubürger (wie Anm. 25), S. 112. Auch die Steuerkraftmeßzahlen von 1936/38 (Statist. HB Bayern [wie Anm. 3], S. 155, 161) zeugen von der wirtschaftsstrukturellen Schwäche der Oberpfalz im Vergleich zu den anderen bayerischen Regionen.

ten" angespannt gewesen²⁹. Doch ließ, wie gesagt, die die Verwaltung in Zugzwang setzende Notlage keine Zeit zu differenzierten Strukturanalysen, die allein eine gerechtere Verteilung der Vertriebenen hätten herbeiführen können. Immerhin wurde der Doppelbezirk Niederbayern-Oberpfalz bis Mitte April 1946 von der *planmäßigen* Zuweisung von Vertriebenentransporten nahezu ausgenommen, weil sich schon eine große Zahl Ausgewiesener seit den ersten „wilden" Wochen und Monaten der Vertreibung dort aufhielt. Andere bayerische Gebiete, insbesondere Schwaben, wurden zur Entlastung Ostbayerns als Aufnahmegebiete herangezogen³⁰.

Im Jahre 1947 blickte der bayerische Staatskommissar für das Flüchtlingswesen, der Schlesier Wolfgang Jaenicke, auf den Vertriebenenzustrom und die unzulänglichen Versuche, ihn zu kanalisieren, zurück:

Ich wies (in einem 1946 vor den Landräten und Oberbürgermeistern des Regierungsbezirkes Niederbayern-Oberpfalz erstatteten Bericht) *nach, in welch starkem Maße ich Ihren Regierungsbezirk geschont habe. Die Verteilung der Flüchtlinge, Evakuierten und Ausländer vor dem 15. Dezember 1945 lag nicht in unserem Einflussbereich und ging unkontrolliert und ungesteuert vor sich. Die Einschleusung im Jahre 1946 erreichte zeitweise ein so ungeheuerliches Tempo, dass es technisch gar nicht möglich war, alle hereinrollenden Züge in die anderen Bezirke zu bringen. ... Sie dürfen nicht vergessen, dass unter den heutigen Umständen ein Gebiet, das seit einem Jahrhundert so starke Abwanderung zeigte wie Ihr Regierungsbezirk, ... sich mehr auffüllen muss, als etwa dies in Oberbayern mit seinem starken Zuzug seit 50 Jahren, insbesondere seit 1933, oder in dem dichtbevölkerten Industriegebiet Oberfrankens der Fall sein wird. Selbstverständlich wird niemand bestreiten, dass in anderen Gegenden Bayerns, vor allem in Oberbayern, die Wohnungsverhältnisse günstiger sind oder waren, als in der Oberpfalz. Aber es war ein auf Fremdenverkehr aufgebauter Aufschwung, ein Zuzug (auch von Nichtbayern) in die schönen Gebirgslandschaften des Südens. Diese Gegenden mit Flüchtlingen, die als schaffende Bevölkerung dauernd in Bayern bleiben wollen, noch weiter aufzublähen, ist für das Land ein großes Wagnis. Gerade die leergewanderten Bezirke um Regensburg, die einmal blühende gewerbliche Betriebe beheimateten, sollen wieder stärker aufgefüllt werden. Die Lage ist doch so, dass wir die Wohnraumverhältnisse jetzt bei der Verteilung und ersten Unterbringung hinnehmen müssen, wie sie sind. Für die Wohnungs-Neubauplanung aber müssen wir nicht notwendig da neue Wohnungen errichten, wo schon immer gute waren, und schlecht entwickelte Teile weiterhin vernachlässigen³¹.*

---

²⁹ Hierzu siehe unten Tabelle 4.
³⁰ Siehe Bauer, Flüchtlinge (wie Anm. 11), S. 164f.; Martin Kornrumpf, In Bayern angekommen. Die Eingliederung der Vertriebenen. Zahlen – Daten – Namen (Dokumente unserer Zeit 3), München, Wien 1979, S. 30–32; Fruhmann, Untersuchungen (wie Anm. 19), S. 37; Müller, Simon, Aufnahme (wie Anm. 24), S. 333. Siehe auch Abschnitt 3.1.
³¹ Wolfgang Jaenicke an Eduard Lang, Regierungskommissar für das Flüchtlingswesen Niederbayern-Oberpfalz, 10.3.1947, in: Bundesarchiv Koblenz (künftig: BArch KO), NL 1135/31. Siehe auch Bauer, Flüchtlinge (wie Anm. 11), S. 168–173.

3. Die Zustrom von Heimatvertriebenen nach Ostbayern im Spiegel der Statistik

3.1. Die Oberpfalz im Vergleich mit den anderen bayerischen Regionen

Das Zahlenmaterial der bayerischen Vertriebenenstatistik spricht über die Belastung gerade der ostbayerischen Gebiete durch den Zustrom von Evakuierten, Flüchtlingen und Ausgewiesenen eine deutliche Sprache. Für eine ausführliche statistische Darstellung ist hier nicht der Raum, doch mögen zumindest einige ausgewählte Grunddaten hier wiedergegeben werden.

Tabelle 1: Bevölkerungsentwicklung in Bayern und Deutschland 1939–1946[32]

	1 Wohnbevölkerung 17.5.1939 (Bevölkerungsdichte in Einwohnern/km²)	2 Nährmittelbevölkerung Juli 1944 (Bevölkerungsdichte in Einwohnern/km²)	3 Vergleichsindex 1944 zu 1939 (1939=100)	4 Nährmittelbevölkerung 10.12.1945 (Bevölkerungsdichte in Einwohnern/km²)	5 Vergleichsindex 1945 zu 1939 (1939=100)	6 Wohnbevölkerung 29.10.1946 (Bevölkerungsdichte in Einwohnern/km²)	7 Vergleichsindex 1946 zu 1939 (1939=100)
Oberpfalz	685 683 (71,1)	698 585 (72,3)	101,9	849 727 (88,0)	123,9	888 522 (92,0)	129,6
Niederbayern	786 409 (73,1)	787 219 (73,3)	100,1	1 072 451 (99,8)	136,4	1 084 450 (100,8)	137,9
Oberbayern	1 935 186 (118,4)	1 895 189 (116,0)	97,9	2 062 493 (126,2)	106,6	2 349 727 (143,8)	121,4
Oberfranken	808 234 (107,7)	771 834 (102,9)	95,5	1 013 651 (135,1)	125,4	1 076 438 (143,5)	133,2
Mittelfranken	1 077 216 (141,4)	988 793 (129,8)	91,8	1 059 434 (139,1)	98,3	1 209 844 (158,8)	112,3
Unterfranken	844 299 (99,7)	826 652 (98,0)	97,9	909 874 (107,9)	107,8	984 395 (116,0)	116,6
Schwaben	900 565 (91,1)	893 718 (90,4)	99,2	1 009 133 (102,0)	112,1	1 196 274 (121,0)	132,8
Bayern[33]	7 037 592 (100,2)	6 861 990 (97,8)	97,5	7 976 763 (113,7)	113,3	8 789 650 (125,1)	124,9
Westdeutschland[34]	40 260 922 (162,4)					44 799 562 (180,7)	111,3
Deutschland 1945[35]	59 756 801 (167,9)					65 300 766 (184,3)	109,3

---

[32] Quellen: Statist. HB Bayern (wie Anm. 3), S. 12; Statistisches Jahrbuch für Bayern (künftig: Statist. JB Bayern) 1947. 23. Jg., hg. v. Bayer. Statist. Landesamt, München 1948, S. 370f.; Statist. HB Dtld. (wie Anm. 3), S. 8–17.

[33] Hier wie im folgenden das bayerische Gebiet von 1946, d. h. ohne die in die französische Besatzungszone Deutschlands einbezogenen Gebiete Pfalz und Lindau, aber unter Einschluß der ehemaligen thüringischen Enklave Ostheim bei Mellrichstadt (Unterfranken), die seit 1945 zu Bayern gehört. Für die Regierungsbezirke ist gleichfalls das Gebiet von 1946/48 maßgeblich. Zur Abgrenzung Bayerns und seiner Regierungsbezirke nach 1945 siehe Handbuch der bayerischen Ämter, Gemeinden und Gerichte 1799–1980, hg. v. Wilhelm Volkert, München 1983, S. 39, 409, 512f., 519f.

[34] Gebiet der US-, der britischen und der französischen Besatzungszone einschließlich des 1946–1956 unter Sonderstatus stehenden Saarlandes, ohne Westsektoren Berlins; entspricht dem Gebiet der Bundesrepublik Deutschland (BRD) 1957–1990.

[35] Gebiet der vier Besatzungszonen und Berlins nach 1945.

Tabelle 2a: Evakuierte, Flüchtlinge, Vertriebene u. a. nach 1.9. 1939 „Zugezogene"[36] in Bayern, 10. Dezember 1945[37]

	1 Nährmittelbevölkerung 10.12.1945 (Vergleichsindex 1945 zu 1939; 1939=100)	2 „Zugezogene" Inländer[38] (Anteil an Nährmittelbevölkerung in %)	3 Deutsche aus dem Ausland[39] (Anteil an Nährmittelbevölkerung in %)	4 Summe aus Sp. 2 u. 3: „Zugezogene" Deutsche (Anteil an Nährmittelbevölkerung in %)
Oberpfalz	849 727 (123,9)	125 929 (14,8)	34 408 (4,0)	160 337 (18,9)
Niederbayern	1 072 451 (136,4)	191 114 (17,8)	52 436 (4,9)	243 550 (22,7)
Oberbayern	2 062 493 (106,6)	177 205 (8,6)	40 907 (2,0)	218 112 (10,6)
Oberfranken	1 013 651 (125,4)	193 316 (19,1)	31 307 (3,1)	224 623 (22,2)
Mittelfranken	1 059 434 (98,3)	73 409 (6,9)	21 616 (2,0)	95 025 (9,0)
Unterfranken	(107,8) (108,2)	101 574 (11,2)	10 533 (1,2)	112 107 (12,3)
Schwaben	1 009 133 (112,1)	110 342 (10,9)	15 259 (1,5)	125 601 (12,4)
Bayern	7 976 763 (113,3)	972 889 (12,2)	206 466 (2,6)	1 179 355 (14,8)

[36] Der Begriff „Zugezogene" umfaßt im folgenden alle Personen, die am 1.9.1939 ihren Wohnsitz nicht in Bayern hatten (Umgezogene, Evakuierte, Flüchtlinge und Vertriebene). Die Verwendung dieses euphemistisch klingenden terminologischen Notbehelfs – der zeitweilig der Terminologie der amtlichen Statistik entsprach (siehe Statist. HB Bayern [wie Anm. 3], S. 17f., 145, 151 u. ö.; Statist. JB Bayern 1947 [wie Anm. 32], S. 21) – soll nicht als Versuch einer Verschleierung und Verharmlosung von Flucht und Vertreibung verstanden werden.

[37] Quelle: Statist. HB Bayern (wie Anm. 3), S. 12, 18. Bei den „Zugezogenen" aus dem außerbayerischen Reichsgebiet von 1937 (in der Tabelle „Inländer" genannt) wird hier leider noch nicht zwischen Personen aus dem nachkriegsdeutschen Restgebiet (vier Besatzungszonen und Berlin) und solchen aus den abgetrennten Oder-Neiße-Gebieten getrennt.

[38] Gemeint sind Personen (in der Regel deutsche Staatsangehörige), die am 1.9.1939 im Reichsgebiet von 1937 ihren Wohnsitz hatten.

[39] D. h.: mit Wohnsitz am 1.9.1939 in Gebieten außerhalb des Reichsgebietes von 1937.

Tabelle 2b: Evakuierte, Flüchtlinge, Vertriebene u. a. nach 1. 9. 1939 „Zugezogene" in Bayern sowie Flüchtlinge und Vertriebene in Deutschland, 29. Oktober 1946[40]

	1 Wohnbevölkerung (Vergleichsindex 1946 zu 1939; 1939=100)	2 Binnendeutsche[41] (Anteil an Wohnbevölkerung in %)	3 Schlesier (Anteil an Wohnbevölkerung in %)	4 Andere Ostdeutsche[42] (Anteil an Wohnbevölkerung in %)	5 Sudeten- und Karpatendeutsche[43] (Anteil an Wohnbevölkerung in %)	6 Andere Deutsche aus dem Ausland (Anteil an Wohnbevölkerung in %)	7 Summe aus Sp. 2 bis 6: „Zugezogene" Binnen- und Ostdeutsche sowie Deutsche aus dem Ausland (Anteil an Wohnbevölkerung in %)	8 Summe aus Sp. 3 bis 6: Deutsche aus Vertreibungsgebieten und sonstigem Ausland (Anteil an Wohnbevölkerung in %)
Oberpfalz	888 522 (129,6)	31 510 (3,5)	60 765 (6,8)	10 905 (1,2)	87 093 (9,8)	17 115 (1,9)	207 388 (23,3)	175 878 (19,8)
Niederbayern	1 084 450 (137,9)	35 599 (3,3)	97 919 (9,0)	15 197 (1,4)	100 059 (9,2)	45 581 (4,2)	294 355 (27,1)	258 756 (23,9)
Oberbayern	2 349 727 (121,4)	128 456 (5,5)	72 880 (3,1)	23 536 (1,0)	210 372 (9,0)	81 634 (3,5)	516 878 (22,0)	388 422 (16,5)
Oberfranken	1 076 438 (133,2)	57 055 (5,3)	100 088 (9,3)	17 450 (1,6)	92 771 (8,6)	25 193 (2,3)	292 557 (27,2)	235 502 (21,9)
Mittelfranken	1 209 844 (112,3)	45 881 (3,8)	39 723 (3,3)	11 972 (1,0)	105 159 (8,7)	28 346 (2,3)	231 081 (19,1)	185 200 (15,3)
Unterfranken	984 395 (116,6)	61 499 (6,2)	28 312 (2,9)	9 792 (1,0)	83 363 (8,5)	18 904 (1,9)	201 870 (20,5)	140 371 (14,3)
Schwaben	1 196 274 (132,8)	57 657 (4,8)	34 594 (2,9)	14 982 (1,3)	196 057 (16,4)	26 557 (2,2)	329 847 (27,6)	272 190 (22,8)
Bayern	8 789 650 (124,9)	417 657 (4,8)	434 281 (4,9)	103 834 (1,2)	874 874 (10,0)	243 330 (2,8)	2 073 976 (23,6)	1 656 319 (18,8)
Westdeutschland[44]	44 799 562 (111,3)		1 622 907	3 280 710	1 574 370	1 253 278		6 107 808
- davon: US-Zone[45]	16 878 146 (118,1)		561 355	197 706	1 480 620	643 712		2 883 393
Sowjet. Zone[46]	17 313 734 (114,2)		1 048 678	1 224 792	840 843	486 398		3 564 711
Berlin	3 187 470 (73,5)		27 318	64 226	3 760	24 403		119 707
Deutschland 1945[47]	65 300 766 (109,3)		2 698 903	2 946 821	2 418 963	1 764 079		9 828 766

[40] Quellen: Statist. JB Bayern 1947 (wie Anm. 32), S. 20; Ausschuß der Deutschen Statistiker für die Volks- und Berufszählung 1946, Volks- und Berufszählung vom 29. Oktober 1946 in den vier Besatzungszonen und Groß-Berlin. Volkszählung. Tabellenteil, Berlin/München o. J., S. 150–160; Statist. HB Dtld. (wie Anm. 3), S. 8–17.
[41] Hier Bezeichnung für Deutsche aus Gebieten innerhalb der deutschen Grenzen von 1945.
[42] Deutsche aus den „Oder-Neiße-Gebieten" (siehe Anm. 14 und 48).
[43] „Sudetendeutsche": Sammelbegriff für die deutschstämmige Bevölkerung in bzw. aus den tschechischen Landesteilen der Tschechoslowakischen Republik (Böhmen, Mähren, Sudeten-Schlesien). Analog hierzu: „Karpatendeutsche", bezeichnend die deutschstämmige Bevölkerung in bzw. aus der Slowakei und der bis 1939/45 tschechoslowakischen Karpato-Ukraine.
[44] Spalte 1: mit Saarland; Spalte 3–6 und 8: ohne Saarland.
[45] Bayern, Württemberg-Baden, Hessen, Bremen.
[46] Brandenburg, Sachsen-Anhalt, Mecklenburg, Sachsen, Thüringen.
[47] Spalte 1: mit Saarland; Spalte 3–6 und 8: ohne Saarland.

Auch wenn die in den vorstehenden Tabellen wiedergegebenen Bevölkerungszahlen wegen unterschiedlicher Erhebungsgrundlagen (1939, 1946: Wohnbevölkerung, ermittelt auf Grund von Volkszählungen; 1944, 1945: ortsanwesende Lebensmittelkartenempfänger und Gemeinschaftsverpflegte in Anstalten und dergleichen) nicht ohne weiteres vergleichbar sind, so läßt sich doch tendenziell ersehen, daß Ostbayern zeit- und zahlenmäßig vorrangig durch Zuweisungen und Zuzüge während der Kriegszeit und danach belastet wurde. In den drei östlichen Regionen Niederbayern, Oberpfalz und Oberfranken, in denen 1939 32,4% der bayerischen Bevölkerung gewohnt hatten, lebten im Dezember 1945 53,3% der während des Krieges und danach nach Bayern „Zugezogenen", im Oktober 1946 immer noch 40,5% der aus den Oder-Neiße-Gebieten[48] und dem Ausland nach Bayern gekommenen Deutschen. In der Oberpfalz allein, die 1939 9,7% der bayerischen Bevölkerung stellte, lebten im Dezember 1945 13,6% der nach Bayern „Zugezogenen", im Oktober 1946 10,6% der aus den Oder-Neiße-Gebieten und dem Ausland nach Bayern gekommenen Deutschen. Erst die von der Flüchtlingsverwaltung unternommene Verteilung der in Transporten nach Bayern kommenden Vertriebenen ab 1946 führte zu einer weniger „ostlastigen" Verteilung, was insbesondere bei den aus der wiederhergestellten Tschechoslowakei ausgewiesenen Deutschen auffällt, deren größtes Kontingent sich im Oktober 1946 in Schwaben befindet[49]. Gleichwohl lagen die drei östlichen Regionen – gemeinsam mit Schwaben – auch jetzt in bezug auf den Anteil an „Zugezogenen" noch immer erheblich über dem Landesdurchschnitt.

Als größte Vertriebenenvolksgruppe in der Oberpfalz wie in ganz Bayern erscheinen die Sudetendeutschen, was sich aus der geographischen Nähe zu Böhmen erklärt, aber auch daraus, daß die Länder der US-amerikanischen Besatzungszone, zu denen auch Bayern gehörte, von den Alliierten als Hauptaufnahmegebiet der Sudetendeutschen vorgesehen waren und die Vertriebenentransporte aus der Tschechoslowakei dementsprechend in diese Länder gelenkt wurden[50]. Allerdings gab es in der Oberpfalz auch Kreise, in denen die Schlesier die relative oder sogar die absolute Mehrheit der Flüchtlinge und Ausgewiesenen stellten. Dies war bei den Volkszählungen von 1946 und 1950, die die Bevölkerung auch nach dem Wohnort am 1.9.1939 erfaßten, der Fall in den Stadtkreisen Amberg und Weiden und den Landkreisen Amberg und Kemnath, 1946 auch in den Kreisen Burglengenfeld und Roding[51].

[48] D. h.: den 1945 Polen und der Sowjetunion (Rußland) zugesprochenen Teilen des deutschen Reichsgebietes von 1937. Dies sind die östlich der Oder-Neiße-Grenze gelegene Gebiete Schlesiens, Brandenburgs, Pommerns und Sachsens (Reichenau/Bogatynia), die zu Polen kamen, sowie das zwischen Polen und Sowjetunion/Rußland aufgeteilte Ostpreußen. Siehe auch Anm. 14.
[49] Vgl. Anm. 30.
[50] Siehe Plan zur Überführung der deutschen Bevölkerung aus Österreich, der Tschechoslowakei, Ungarn und Polen in die vier Besatzungszonen Deutschlands, 17.11.1945, in: Europa-Archiv 2, 1947, S. 823; Alfred Bohmann, Das Sudetendeutschtum in Zahlen. Handbuch über den Bestand und die Entwicklung der sudetendeutschen Volksgruppe in den Jahren von 1910 bis 1950, München 1959, S. 200f., 253–272. Zahlen zur Verteilung der Sudeten- und Karpatendeutschen in „Rest-Deutschland" siehe Bohmann (wie vor), S. 226; Gerhard Reichling, Die deutschen Vertriebenen in Zahlen. Teil II. 40 Jahre Eingliederung in der Bundesrepublik Deutschland, Bonn 1989, S. 30–33; Habel, Vertreibungsverluste (wie Anm. 1); sowie Tabelle 2b.
[51] Siehe: Bayer. Statist. Landesamt, Die Flüchtlinge in Bayern. Ergebnisse einer Sonderauszählung aus der Volks- und Berufszählung vom 29. Oktober 1946 (Beiträge zur Statistik Bayerns 142), München 1948, S. 33; dass., Volks- und Berufszählung am 13. September 1950 in Bayern. Volkszählung. I. Teil: Gliederung der Wohnbevölkerung (Beiträge zur Statistik Bayerns 171), München 1952, S. 154f.; Fruhmann, Untersuchungen (wie Anm. 19), S. 36f.

Nicht in vorstehende Übersichten aufgenommen sind Zahlen über die seit Kriegsbeginn nach Bayern Gekommenen aus dem Ausland (außerhalb der deutschen Reichsgrenzen von 1937), die *nicht* als deutsche Staatsangehörige oder Volkszugehörige galten. Von den herangezogenen Statistiken nicht erfaßt sind außerdem die seit Kriegsbeginn *innerhalb Bayerns* Evakuierten oder Umgezogenen. Auch diese Gruppen haben zeitweilig ihr Teil zum Bevölkerungszuwachs beigetragen; so machten nach dem 1.9.1939 in die Oberpfalz gekommene Ausländer – in erster Linie ehemalige Fremdarbeiter und Kriegsgefangene – am 10.12.1945 2,8 %, am 29. Oktober 1946 1,2 % der Bevölkerung in der Oberpfalz aus[52].

Daß die Vertriebenen vorzugsweise in ländlich strukturierten Gebieten unterkamen, zeigt sich an einem Vergleich der Quoten der in kleinen Gemeinden (bis 2 000 Einwohner) lebenden Vertriebenen mit den entsprechenden Quoten der Gesamtbevölkerung.

Tabelle 3: Gesamtbevölkerung und Vertriebene nach Gemeindegrößenklassen 13.9.1950 (Anteile an Gesamtbevölkerung beziehungsweise Gesamtflüchtlings-/vertriebenenbevölkerung in %)[53]

	1 unter 5 000	3 5 000 bis unter 10 000	4 10 000 bis unter 20 000	5 20 000 bis unter 50 000	6 50 000 bis unter 100 000	7 100 000 und darüber
Oberpfalz Gesamtbevölkerung	68,3	5,2	4,9	8,5	-	13,1
Oberpfalz Flüchtlinge/Vertriebene	71,1	6,1	4,3	8,1	-	10,4
Bayern Gesamtbevölkerung	58,7	8,6	5,1	6,5	3,6	17,5
Bayern Flüchtlinge/Vertriebene	68,1	8,9	5,1	5,9	3,0	8,6

---

[52] 10.12.1945: 23 799 „Ausländer", die nicht „Reichs- und Volksdeutsche" waren; 29.10.1946: 11 062 Personen von außerhalb des Reichsgebietes von 1937 mit nichtdeutscher Muttersprache. Siehe Statist. HB Bayern (wie Anm. 3), S. 18; Statist. JB Bayern 1947 (wie Anm. 32), S. 20. Siehe ferner Jörg Maier, Germano Tullio, Die soziale und wirtschaftliche Eingliederung von Flüchtlingen und Heimatvertriebenen in Bayern (Die Integration Bayerns durch die Integration der Vertriebenen und Flüchtlinge), München 1996, S. 18f.

[53] Quellen: Statistisches Jahrbuch für Bayern 1952. 24. Jg., hg. v. Bayer. Statist. Landesamt, München 1952, S. 14; Die Vertriebenen und Flüchtlinge in der Bundesrepublik Deutschland in den Jahren 1946 bis 1953. Hg.: Statistisches Bundesamt (Statistik der Bundesrepublik Deutschland 114), Wiesbaden 1955, S. 21. Siehe auch Fruhmann, Untersuchungen (wie Anm. 19), S. 47–49; Jaenicke, Betreuung (wie Anm. 24), S. 11f.

Der Anteil der in kleineren Gemeinden untergekommenen Vertriebenen an der Gesamtheit der Vertriebenen liegt in der Oberpfalz wie in ganz Bayern über dem Durchschnitt.

Werfen wir nun noch einen Blick auf die Wohnraumverhältnisse.

Tabelle 4: Wohnraumbelegung 1939–1950[54]

	1 Einwohner je *Wohnung* 17.5.1939	2 Einwohner je *Wohnung* 10.12.1945	3 Einwohner je *Wohnraum* 10.12.1945	4 Einwohner je *Wohnraum* 1.11.1947	5 Einwohner je *Wohnraum* 13.9.1950 Gesamtbevölkerung (Vertriebenenbevölkerung)
Oberpfalz	4,2	5,2	1,38	2,31	1,45 (1,9)
Niederbayern	4,3	6,3	1,35	2,11	1,44 (2,0)
Oberbayern	3,8	4,4	1,13	2,12	1,29 (1,8)
Oberfranken	3,8	4,9	1,17	1,88	1,35 (1,8)
Mittelfranken	3,6	4,4	1,11	1,80	1,27 (1,8)
Unterfranken	4,1	5,2	1,15	1,86	1,32 (1,7)
Schwaben	3,9	5,1	1,01	1,79	1,29 (1,8)
Bayern	3,9	4,9	1,16	1,98	1,33 (1,8)

Gehörte die Oberpfalz – trotz unterdurchschnittlicher Bevölkerungsdichte – schon vor dem Kriege zu den bayerischen Regionen mit den beengtesten Wohnraumverhältnissen, so wurde dieser Zustand durch den kriegsbedingten Menschenzustrom sichtlich noch verschärft[55].

---

[54] Quellen: Statist. HB Bayern (wie Anm. 3), S. 102, 106; Statist. JB Bayern 1947 (wie Anm. 32), S. 227; Statist. JB Bayern 1952 (wie Anm. 53), S. 526; Vertriebene BRD 1946–1953 (wie Anm. 53), S. 152–159.
[55] Siehe auch Bauer, Flüchtlinge (wie Anm. 11), S. 164–166; Siegert, Kriegsende (wie Anm. 7), S. 16f.

3.2. Die Kreise der Oberpfalz

Abschließend sei noch ein statistischer Blick auf die Verteilung der Vertriebenen und Flüchtlinge *innerhalb* der Oberpfalz geworfen.

Tabelle 5: Evakuierte, Flüchtlinge, Vertriebene u. a. nach 1.9.1939 „Zugezogene" in den Kreisen der Oberpfalz, 10. Dezember 1945 und 29. Oktober 1946[56]

	1 Wohnbevölkerung 17.5.1939 (Bevölkerungsdichte in Einwohnern/km²)	2 Nährmittelbevölkerung 10. Dezember 1945 (Bevölkerungsdichte in Einwohnern/km²)	3 Vergleichsindex 1945 zu 1939 (1939=100)	4 „Zugezogene" Inländer und Deutsche aus dem Ausland am 10.12.1945 (Bevölkerungsanteil in %)	5 Wohnbevölkerung 29.10.1946 ohne Insassen von Kriegsgef.- und Internierungslagern (Bevölkerungsdichte in Einwohnern/km²)	6 Vergleichsindex 1946 zu 1939 (1939=100)	7 „Zugezogene" Inländer und Deutsche aus dem Ausland am 29.10.1946 (Bevölkerungsanteil in %)	8 Davon: **Ostdeutsche und Deutsche aus dem Ausland** (Bevölkerungsanteil in %)	9 Einwohner je Wohnraum 10.12.1945	10 Einwohner je Wohnraum 1.11.1947
Stadtkreise	156 778 (1 487,7)	180 520 (1 713,0)	115,6	38 107 (21,1)	182 368 (1 730,6)	116,8	34 552 (18,9)	26 725 (14,7)	k. A.	2,57
Amberg	31 775 (1 637,9)	39 730 (2 047,9)	125,0	9 839 (24,8)	36 795 (1 896,6)	115,8	8 342 (22,7)	6 411 (17,4)	1,30	2,51
Regensburg	95 631 (1 830,3)	104 849 (2 006,7)	109,6	20 300 (19,4)	108 604 (2 078,5)	113,6	17 967 (16,5)	13 513 (12,4)	1,26	2,61
Weiden	29 372 (870,8)	35 941 (1 065,6)	122,4	7 968 (22,2)	36 969 (1 096,0)	125,9	8 243 (22,3)	6 801 (18,4)	1,34	2,53
Landkreise	528 905 (55,4)	669 207 (70,1)	126,5	122 230 (18,3)	697 803 (73,2)	131,9	169 803 (24,3)	149 639 (21,4)	k. A.	2,20
Amberg	33 530 (43,1)	41 571 (54,6)	124,0	8 655 (20,8)	45 272 (58,2)	135,0	11 853 (26,2)	10 419 (23,0)	1,36	2,20
Beilngries	14 072 (51,2)	20 990 (76,2)	149,2	2 920 (13,9)	20 455 (74,4)	145,4	5 918 (28,9)	5 320 (26,0)	1,22	1,93
Burglengenfeld	41 211 (97,4)	55 709 (133,9)	135,2	9 059 (16,3)	52 551 (124,3)	127,5	10 074 (19,2)	8 386 (16,0)	1,48	2,38
Cham	31 111 (83,4)	41 244 (108,8)	132,6	9 840 (23,9)	43 066 (115,4)	138,4	11 561 (26,8)	10 375 (24,1)	1,58	2,50
Eschenbach	26 098 (51,5)	31 633 (62,3)	121,2	6 167 (19,5)	34 971 (69,0)	134,0	10 028 (28,7)	8 867 (25,4)	1,39	2,20
Kemnath	16 483 (51,7)	24 176 (75,1)	146,7	6 434 (26,6)	23 095 (72,5)	140,1	6 608 (28,6)	5 882 (25,5)	1,56	2,31
Nabburg	20 638 (50,3)	27 428 (66,8)	132,9	6 047 (22,0)	28 950 (70,6)	140,3	7 524 (26,0)	6 611 (22,8)	1,47	2,32
Neumarkt	37 948 (58,2)	39 720 (60,6)	104,7	4 000 (10,1)	46 590 (71,5)	122,8	8 556 (18,4)	7 598 (16,3)	k. A.	2,18
Neunburg	14 601 (44,0)	18 872 (55,6)	129,3	3 294 (17,5)	19 730 (59,5)	135,1	4 937 (25,0)	4 367 (22,1)	1,42	2,21
Neustadt (Waldnaab)	38 987 (59,5)	49 081 (73,5)	125,9	10 213 (20,8)	50 144 (76,5)	128,6	12 359 (24,6)	10 621 (21,2)	1,40	2,16

---

[56] Quellen: Statist. HB Bayern (wie Anm. 3), S. 150f., 155–157, 161, 174f., 179; Statist. JB Bayern 1947 (wie Anm. 32), S. 370, 373, 377, 378, 381, 385, 386, 389, 393. Zu Spalte 4 vgl. Anm. 36 und 37.

Fortsetzung der Tabelle 5

	1 Wohnbevölkerung 17.5.1939 (Bevölkerungsdichte in Einwohnern/km²)	2 Nährmittelbevölkerung 10. Dezember 1945 (Bevölkerungsdichte in Einwohnern/km²)	3 Vergleichsindex 1945 zu 1939 (1939=100)	4 „Zugezogene" Inländer und Deutsche aus dem Ausland am 10.12.1945 (Bevölkerungsanteil in %)	5 Wohnbevölkerung 29.10.1946 ohne Insassen von Kriegsgef.- und Internierungslagern (Bevölkerungsdichte in Einwohnern/km²)	6 Vergleichsindex 1946 zu 1939 (1939=100)	7 „Zugezogene" Inländer und Deutsche aus dem Ausland am 29.10.1946 (Bevölkerungsanteil in %)	8 Davon: Ostdeutsche und Deutsche aus dem Ausland (Bevölkerungsanteil in %)	9 Einwohner je Wohnraum 10.12.1945	10 Einwohner je Wohnraum 1.11.1947
Oberviechtach	14 212 (48,7)	15 530 (56,3)	109,3	1 642 (10,6)	17 178 (58,9)	120,9	3 200 (18,6)	2 779 (16,2)	1,34	2,01
Parsberg	32 291 (40,0)	36 737 (45,5)	113,8	3 971 (10,8)	40 189 (49,7)	124,5	8 051 (20,0)	7 127 (17,7)	1,35	2,37
Regensburg	63 931 (59,4)	80 013 (73,9)	125,2	10 193 (12,7)	80 684 (75,0)	126,2	18 216 (22,6)	16 155 (20,0)	1,33	2,22
Riedenburg	15 015 (44,1)	18 820 (55,8)	125,3	3 360 (17,9)	21 847 (64,1)	145,5	6 697 (30,7)	6 191 (28,3)	1,28	2,08
Roding	25 150 (48,9)	31 279 (59,8)	124,4	5 442 (17,4)	33 473 (65,0)	133,1	8 036 (24,0)	7 042 (21,0)	1,41	2,31
Sulzbach-Rosenberg	22 333 (65,8)	29 784 (87,7)	133,4	5 643 (18,9)	32 795 (96,6)	146,8	9 629 (29,4)	8 495 (25,9)	1,28	2,05
Tirschenreuth	44 303 (58,4)	60 614 (79,9)	136,8	15 688 (25,9)	58 250 (76,7)	131,5	14 047 (24,1)	12 284 (21,1)	1,51	2,27
Vohenstrauß	22 243 (52,7)	26 786 (64,1)	120,4	5 303 (19,8)	28 191 (66,8)	126,7	6 728 (23,9)	5 992 (21,3)	1,66	2,55
Waldmünchen	14 748 (55,8)	19 220 (70,1)	130,3	4 359 (22,7)	20 372 (77,1)	138,1	5 781 (28,4)	5 128 (25,2)	1,45	2,30
Oberpfalz	685 683 (71,1)	849 727 (88,0)	123,9	160 337 (18,9)	880 171 (92,1)	128,4	204 355 (23,2)	176 364 (20,0)	1,38	2,31
Bayern	7 037 592 (100,2)	7 976 763 (113,7)	113,3	1 179 355 (14,8)	8 738 412	124,2	2 051 974 (23,5)	1 657 765 (19,0)	1,16	1,98

Die Zahlen veranschaulichen die anfängliche schwerpunktmäßige Belastung der Grenzkreise: Fünf der zehn Landkreise, deren Anteil an „Zugezogenen" am 10. Dezember 1945 über dem Durchschnitt aller oberpfälzischen Landkreise lag, befanden sich an der Grenze zur Tschechoslowakei; drei weitere grenzten an solche Grenzkreise. Diese acht grenznahen Landkreise hatten zusammen 39,9% der Evakuierten, Flüchtlinge und Ausgewiesenen (und anderen nichtbayerischen „Zugezogenen") in ihren Grenzen; im Jahre 1939 hatte ihr Anteil an der Gesamtbevölkerung der Oberpfalz 31,3% betragen. Auch am 29. Oktober 1946 stellten die Grenzkreise der „ersten und zweiten Reihe" die Mehrzahl der überdurchschnittlich mit Flüchtlingen und Vertriebenen belegten Kreise – von zehn Landkreisen, deren Flüchtlings- und Vertriebenenanteil über dem Durchschnitt aller Oberpfälzer Landkreise lag, waren zwei Grenzkreise, vier weitere lagen in unmittelbarer Nachbarschaft zu Grenzkreisen. In diesen sechs Landkreisen, in denen 1939 18,0% der oberpfälzischen Bevölkerung wohnten, hatten nun 23,4% der in der Oberpfalz untergekommenen Flüchtlinge und

Vertriebenen Aufnahme gefunden. Alle elf grenznahen Landkreise zusammen, in denen 1939 39,2% der Oberpfälzer Bevölkerung wohnhaft war, hatten am 10. Dezember 1945 46,4, am 29. Oktober 1946 45,3% aller in die Oberpfalz „zugewanderten" (1945) bzw. vertriebenen (1946) Deutschen aufgenommen. Doch hatten mittlerweile alle Teile der Oberpfalz ihren Anteil an der „Flüchtlingsnot" zu tragen. Kreise von unterdurchschnittlicher Bevölkerungsdichte wie Riedenburg und Beilngries sowie die stärker industrialisierte Region Amberg/Sulzbach-Rosenberg gehörten nun, wiewohl weitab von der Grenze gelegen, zu den überdurchschnittlich mit Vertriebenen belegten Gebieten.

4. Die Vertriebenen zwischen Verachtung, Neid und Hilfsbereitschaft

Die bayerische Staatsregierung maß der Unterbringung der einströmenden Ausgewiesenen bei der „Wohnraumbewirtschaftung" absolute Priorität zu, was sich daran zeigte, daß der am 2. November 1945 ins Leben gerufenen Landesflüchtlingsverwaltung – das heißt, den „Flüchtlingskommissaren" auf Landes-, Regierungsbezirks- und Kreisebene – auch die Wohnungsämter (Siedlungsämter) unterstellt wurden. Dies lag nahe, weil der Flüchtlingsverwaltung ja auch schon die regionale „Grobverteilung" der eintreffenden Vertriebenen oblag und es durchaus sinnvoll war, auch die daran anschließende „Feinverteilung" auf Wohnungen in die Hände derselben Dienststellen zu legen. Leider wurde die von dem ursprünglich für die „Wohnraumbewirtschaftung" zuständigen Staatsministerium für Arbeit und soziale Fürsorge konterkariert; durch die hieraus erwachsenden Kompetenzkollisionen wurde die an sich schon schwierige Aufgabe, die Ausgewiesenen unterzubringen, zusätzlich erschwert. Erst im April 1947, als der Vertriebenenzustrom bereits weitgehend abgeflaut war, konnte die Zusammenfassung von Flüchtlings- und Wohnungsverwaltung vollzogen werden[57].

Die Unterbringung der Ausgewiesenen in Lagern konnte nicht mehr sein als ein notwendiges Übel. Deshalb bemühten sich die Wohnungsbehörden so weit als möglich um eine Einweisung in Privathaushalten. Um jeden irgendwie verfügbaren Raum für die Unterbringung von Vertriebenen nutzbar zu machen, wurden Wohnungskommissionen in Städte und Dörfer geschickt[58]. Dabei stießen sie mitunter auf heftigen Widerstand der Einheimischen: Mitglieder der Kommissionen wurden tätlich angegriffen, die Beschlagnahmeverfügungen zerrissen. Die Gerichte griffen aber in solchen Fällen durch. So war etwa im „Mitteilungsblatt für die Stadt und den Landkreis Sulzbach-Rosenberg" vom 14. Dezember 1946 zu lesen:

---

[57] Zur bayerischen Flüchtlingsverwaltung siehe Bauer, Flüchtlinge (wie Anm. 11), S. 29–160; Gerald Neumann, Die Medien und die Flüchtlingsfrage in Bayern von 1945 bis 1953 (Die Integration Bayerns durch die Integration der Vertriebenen und Flüchtlinge), München 1994, S. 71–77; Kornrumpf, Bayern (wie Anm. 30), S. 113–119; Fruhmann, Untersuchungen (wie Anm. 19), S. 33–36.

[58] Siehe Fruhmann, Untersuchungen (wie Anm. 19), S. 41; Neumann, Medien (wie Anm. 57), S. 101. Siehe auch Unterlagen zur Erhebung von Wohnraum in der Stadt Sulzbach-Rosenberg 1945 mit détaillierten Hinweisen zur möglichen Nutzung in: SdtA SuRo A 3243; sowie Burghardt (Landpolizeiposten Königstein), Monatsbericht an Landrat des Landkreises Sulzbach-Rosenberg, 23.7.1946, in: StA AM, BA SUL 5069.

Durch das Militär-Gericht Sulzbach-Rosenberg wurden am 11.12.46 verurteilt:
1. A... Z... zu einem halben Jahr Gefängnis, ersatzweise Einweisung in ein Flüchtlingslager für die Dauer von einem halben Jahr,
2. K... A... zu einem Jahr Gefängnis, ersatzweise Einweisung in ein Flüchtlingslager für die Dauer eines halben Jahres,
weil sie sich der Beschlagnahme von Wohnraum durch eine Wohnungskommission tätlich widersetzten. Bei guter Führung wird der Rest der Strafe erlassen.
Die Verurteilten wurden am 13.12.46 einem Flüchtlingslager in Niederbayern mit 50 Pfund Gepäck überwiesen, wo sie unter den harten Bedingungen, wie sie die Flüchtlinge im allgemeinen zu ertragen haben, leben müssen.[59]

Obwohl der Sulzbach-Rosenberger Landrat, der Leiter des Regierungsflüchtlingslagers Regensburg-Messerschmitt, der Regierungsflüchtlingskommissar und sogar ein am Orte wohnender sudetendeutscher Antifaschist sich bei deutschen und US-Dienststellen für eine vorzeitige Entlassung der beiden ansonsten unbescholtenen Männer verwendeten, mußten die Verurteilten ihre Zeit in dem Regensburger Lager bis zum Schluß „absitzen"[60].

Man darf nun freilich nicht glauben, daß die Abneigung gegen die Neuankömmlinge nur auf – wie man heute sagen würde – „Fremdenfeindlichkeit" zurückzuführen war. Gewiß, auch in Ostbayern äußerten sich nicht selten Vorbehalte gegen „Zugereiste" im allgemeinen und nun namentlich gegen diese „halbslawischen" „Störenfriede", „Zigeuner" und „Schmarotzer", die da als „Landplage" verarmt und zerlumpt das ohnedies arme Land überschwemmten, in gewachsene Strukturen „einbrachen" und, soweit als nicht landwirtschaftlich „Vorbelastete" in ein bäuerliches Umfeld verschlagen, oft zu landwirtschaftlicher Arbeit ungeeignet waren[61]. Hierbei ist auch zu bedenken, daß viele Einheimische in einer Zeit, in der die dünnen, zensierten Zeitungen nur in kleiner Auflage zwei- oder dreimal pro Woche erschienen und sich ebenso wie der zensierte Hörfunk nur vorsichtig an die Behandlung der „Flüchtlingsfrage" heranwagen konnten[62], oft nur eine unklare Vorstellung davon gehabt haben mochten,

---

[59] N. N., Militärregierung, in: Mitteilungsblatt für die Stadt und den Landkreis Sulzbach-Rosenberg (künftig: MBl SuRo) 2, 1946, Nr. 50 (14.12.1946), S. 1.

[60] Material hierzu in: StA AM, BA SUL 5062; ferner: Rudolf Deku (Landrat des Landkreises Sulzbach-Rosenberg), Bericht über die Stimmung der Bevölkerung an Militärregierung Sulzbach-Rosenberg, 14.12.1946, in: StA AM, BA SUL 5068. In letzterem Bericht wird auch darauf hingewiesen, daß die betreffende Kommission oft allzu rigide vorgegangen und die Bevölkerung ihr deshalb allgemein nicht wohlgesonnen gewesen sei. Zu Wohnraumrequirierungen und Widerstand hiergegen in Regensburg siehe Heigl, Integration (wie Anm. 9), S. 59–68, 74–77; im Landkreis Tirschenreuth: Houswitschka, Integration (wie Anm. 23), S. 104–111.

[61] Ein Stimmungsbild aus Weiden zeichnete der Schüler Andres Falkert in seiner Arbeit Die Integration von Flüchtlingen in Weiden in der Oberpfalz am Beispiel meiner Familie (Oberschlesier). Schülerwettbewerb Deutsche Geschichte um den Preis des Bundespräsidenten 1988/89 „Unser Ort – Heimat für Fremde", Weiden o. J. (unveröffentl.), S. 68–97. Siehe auch Bauer, Flüchtlinge (wie Anm. 11), S. 263f., 347–349, 352–371, 380; Fruhmann, Untersuchungen (wie Anm. 19), S. 100; Neumann, Medien (wie Anm. 57), S. 45–47, 52, 97–101.

[62] Die bayerischen Medien widmeten sich zwar schon frühzeitig der „Flüchtlingsproblematik". Doch mußten sie gewärtigen, unter Umständen wegen verbotener Kritik an Maßnahmen der Siegermächte – wozu ja auch die von den Siegern sanktionierte Umsiedlung resp. Vertreibung gehörte – belangt zu werden. Siehe Neumann, Medien (wie Anm. 57), S. 28–40, 223–226, 247–291.

warum diese Menschen eigentlich auf einmal da waren. An die „freundliche" Aufforderung, die „Sudetengauner" – wie eine bösartige Ableitung der Gebietsbezeichnung „Sudetengau" lautete – mögen sich doch gefälligst dorthin zurückscheren, wo sie hergekommen seien, wissen sich manche Zeitzeugen noch zu erinnern. Dabei hatten es jene, die aus dem westlichen Sudetenland, namentlich dem Egerland, kamen, etwas leichter: ihre oberdeutschen Dialekte ähnelten denen der Oberpfalz, weshalb diesen Menschen oft freundlicher begegnet wurde[63].

Kurioserweise wurden die doch in vielerlei Hinsicht zurückgesetzten Vertriebenen aber durchaus auch zu Objekten von Neid der Einheimischen. Manches wurde als vermeintliche „Bevorzugung" moniert: So galten für die in der Nachkriegszeit unabdingbare Lizenzierung von Gewerbebetrieben gewisse Erleichterungen, derart, daß das „volkswirtschaftliche Bedürfnis" bei Vertriebenenbetrieben „mit dem Hinweis darauf, daß die Flüchtlinge ja gewissermaßen ihren eigenen Absatzmarkt mitgebracht hätten, generell für gegeben erklärt"[64] wurde. Dem stand allerdings die Tatsache gegenüber, daß die „Bedürfnisprüfung" nur ein Teil des Lizenzierungsverfahrens war. Wirtschaftsverbände, berufsständische Vertretungen, Industrie- und Handelskammern, Handwerkskammern und Verwaltungsstellen, die oft „protektionistisch" gesonnen waren und das Aufkommen neuer Konkurrenz zu verhindern suchten, konnten etwa durch Anzweifeln einer ausreichenden Rohstoff- beziehungsweise Produktionsmittelversorgung des zu gründenden Betriebes hemmend eingreifen[65]. Im Bereich der Landwirtschaft wiederum kam es vor, daß Bauern solchen Vertriebenen, die sich ein Stück Land für ein Haus oder einen Betrieb erwerben wollten, den Verkauf oder die Verpachtung verweigerten, woraufhin so mancher den Ort verließ[66]. Man störte sich auch daran, daß Vertriebene scheinbar in der Verwaltung überrepräsentiert waren – in Sulzbach-Rosenberg etwa wurden drei Jahre nach Kriegsende die meisten Dienststellen von Schlesiern geleitet[67]. Tatsächlich täuschten solche „Bevorzugungen" aber darüber hinweg, daß die Vertriebenen in fast allen Zweigen der Verwaltung nur allmählich Fuß faßten; insbesondere die vertriebenen Lehrer mußten hart

---

[63] Siehe Houswitschka, Integration (wie Anm. 23), S. 179.

[64] Bauer, Flüchtlinge (wie Anm. 11), S. 334.

[65] Siehe Bauer, Flüchtlinge (wie Anm. 11), S. 327–339; Fruhmann, Untersuchungen (wie Anm. 19), S. 78; NT, Handwerkskammer und Flüchtlinge, in: Der neue Tag (Ausgabe Amberg) (künftig: DnT/AM), 24.4.1948, S. 5; os., Aussprache über Flüchtlingssorgen, in: DnT/AM, 12.6.1948, S. 5; ders., 185 Lizenzerteilungen seit 1945, in: SRZ, 20.1.1949, S. 8.

[66] Derartige Erinnerungen von Zeitzeugen aus dem Westen des (heutigen) Landkreises Neustadt (Waldnaab) sind dem Verfasser bekannt.

[67] Siehe M. v. G., Eine halbe Million Flüchtlinge im Regierungsbezirk, in: DnT/AM, 24.7.1948, S. 4; Rudolf Deku, Weekly Report on Public Opinion an Militärregierung Sulzbach-Rosenberg, 25.10.1946, in: StA AM, OMGUS 9 73–2 22 (*Part of the indigenous people believe that the refugees from Silesia have been preferred in getting all or nearly all positions of influence and importance. They think that this discrimination even had been intended by the Silesians. In fact, the leading positions, for instance District Court, Public Prosecutor, Labor Office, Economics Office and Refugee Office – except Landrat's and Bürgermeister's – are held by Silesians. In my opinion the fears and surprises of those indigenous people are unjustified. The fact that several Silesians had been appointed to leading positions results from the lack of apt personnel showing sufficient knowledge and clear political reports. It is true, that with regard to these conditions discordances were sounded among the population. Therefore I think it absolutely necessary to take regard of these circumstances when appointing new officials.*)

um ihre Wiedereinsetzung im Schuldienst kämpfen[68]. Daß bei den Kindern der Mittellosen weniger strenge Maßstäbe angelegt wurden, wenn es um die Befreiung von Schulgeldern für weiterführende Schulen ging, so daß in Realschulen und Gymnasien die Vertriebenenkinder einen weit überdurchschnittlichen Anteil der Schüler, örtlich sogar – wie etwa 1949 in der Sulzbacher Realschule mit 222 von 349 Schülern – die Mehrheit ausmachten, war ein weiterer Anlaß zu Mißgunst[69]. Dementsprechend ambivalent war die Reaktion der Einheimischen auf Hilfsaufrufe der Flüchtlingsverwaltung, der Städte und Kreise sowie der Wohlfahrtsorganisationen. Einerseits konnte man in der zeitgenössischen Presse Erfolgsmeldungen wie diese lesen:

Die durch den Staatskommissar für das Flüchtlingswesen in München angeordnete Weihnachtssammlung hatte in Amberg einen außerordentlichen Erfolg ... Wir bringen nachfolgend das Sammelergebnis, wovon die erste Zahl jeweils das Ergebnis in der Stadt selbst darstellt, die zweite das Ergebnis im Landkreis bezeichnet. An Lebensmitteln wurden gesammelt: 331 bzw. 2537 kg, Kohlen 440 bzw. 2 Zentner, Holz 10 Ster. An Spielsachen 1250 bzw. 296 Stück, Haus- und Straßenschuhe 620 bzw. 68 Paar, Kleider und Wäsche 950 bezw. 986 Stück, Federkissen 18 bzw. 16 Stück, Hausgeräte 1278 bezw. 481 Stück. Der Landkreis spendete noch 214 Eier und 15 Feiertagsfreitische wurden in der Stadt Amberg angemeldet. Die vorstehend aufgezählten Sachspenden wurden restlos an bedürftige Flüchtlinge verteilt, wobei die in den einzelnen Gemeinden gesammelten Gegenstände wieder in derselben Gemeinde zur Ausgabe gelangten. Bei der großen Zahl der Flüchtlinge im Stadt- und Landkreis Amberg konnte bedauerlicherweise nicht jede Familie bedacht werden sondern nur die bedürftigsten Fälle berücksichtigt werden. Außer diesen Sachspenden wurden im Stadtkreis 47 581 Mark und im Landkreis 44 385 Mark, zusammen also 91 966 Mark gesammelt. Die Verteilung wurde durch den Flüchtlingskommissar, die karitativen Verbände und die Parteien vorgenommen. Der Flüchtlingskommissar stellte Zuschüsse zur Verfügung, wenn in den einzelnen Landgemeinden die Beträge nicht zur Befriedigung der dringendsten Fälle ausreichten. In den Altersheimen und Krankenhäusern sprach der Flüchtlingskommissar die Weihnachtsgrüße selbst aus. Jeder einzelne bekam einen ansehnlichen Geldbetrag und es wurde dafür gesorgt, daß in allen Heimen Christbäume aufgestellt wurden. Der Flüchtlingskommissar dankt auf diesem Wege der Amberger Bevölkerung, auch der spendenfreudigen Kaufmannschaft für alle Gaben. Er dankt auch im Namen aller Beschenkten den aufopfernden Sammlern, die in der Kälte von Tür zu Tür gingen. Ganz besonders sei den Mitarbeitern des Flüchtlingsamtes und der

---

[68] Siehe os., Flüchtlingslehrer fordern gleichberechtigte Uebernahme in den Schuldienst, in: SRZ, 23.10.1948, S. 4; ders., Flüchtlingslehrer übergangen, in: SRZ, 21.12.1948, S. 6; ders., Flüchtlingslehrer kämpfen um ihre Existenz, in: SRZ, 25.1.1949, S. 6; SRZ, Erfolgreiche Vorstöße der Flü-Lehrer, in: SRZ, 5.5.1949, S. 8; os., Flüchtlingsbeamte verlangen das gleiche Recht, in: SRZ, 12.7.1949, S. 8; Fruhmann, Untersuchungen (wie Anm. 19), S. 97–99; Neumann, Medien (wie Anm. 57), S. 26.

[69] Siehe B. Sch., 435 Schüler besuchen das Amberger Gymnasium, in: SRZ, 12.2.1949, S. 6 (bei Vertriebenenkindern wurde nur nach „Bedürftigkeit", bei Einheimischen auch nach „Würdigkeit" entschieden); ders., Die Oberrealschule – Ambergs moderne Bildungsstätte, in: SRZ, 19.2.1949, S. 7; os., „Stellt unsere Geduld nicht zu lange auf die Probe!", in: SRZ, 15.6.1949, S. 8; Protokoll über die Sitzung des Stadtrates, 3.5.1949, in: SdtA SuRo, Niederschriften über die Stadtrats-Sitzungen vom 31.1.46 bis 31.12.49 (Schülerzahlen der Sulzbacher Realschule).

Fürsorge gedankt, die wochenlang bis in die Nacht hinein an diesem Weihnachtswerk gearbeitet haben[70].

Doch liest man auch von Fällen, in denen bei einer Sammlung Möbelstücke abgegeben wurden, die allenfalls noch *kv. – kleinholzverwendungsfähig* gewesen sein sollen[71]. Derlei „unchristliche Herzenshärte" gab Anlaß zu bitteren Kommentaren:

Die … Möbelsammlung zugunsten der Flüchtlinge endete mit einem wahrhaft erschreckenden Mißerfolg. Es wurden gespendet: Ein Tisch, ein Stuhl, ein Kleiderschrank und ein Federbett. … Die Frage ist berechtigt, ob wir in unserer Herzenshärte wirklich noch den Sinn der Bergpredigt verstehen und ob uns das erste und wichtigste Gebot des Christentums noch eine Lebensmacht bedeutet. … Das Versagen der Bevölkerung vor der Not der Flüchtlinge deutet zweifelsohne auf eine Krise des christlichen Bewußtseins weiter Kreise hin, noch dazu in einer Stadt, die vor den Schrecken des Krieges bewahrt geblieben ist.[72]

Charakteristisch ist: In einer Zeit, da das Geld nur noch wenig Kaufkraft besaß, flossen bei solchen Gelegenheiten eher Geld- als Sachspenden. Aber angesichts von Armut und Mangel kann man es kaum jemandem zum Vorwurf machen, wenn er sich nur schwer von dem Hausrat, den der Krieg ihm gelassen hatte, zu trennen vermochte, und sei es auch zu Gunsten von Menschen, die noch weniger besaßen[73]. In diesem Lichte müssen auch die Mißerfolgsmeldungen gelesen und gedeutet werden, um den als so „hartherzig" Gescholtenen nicht über Gebühr Unrecht zu tun.

Zudem muß daran erinnert werden, daß weite Teile der Oberpfalz Notstandsgebiete waren, deren ohnedies schon Not leidende Bevölkerung die Verschärfung der Lage durch den Vertriebenenzustrom doppelt schwer empfand. Auch hier sei beispielhaft auf die Verhältnisse in Sulzbach-Rosenberg hingewiesen. In dieser Kreis- und Industriestadt gab es noch längst kein flächendeckendes Trinkwasserleitungs- und Kanalisationssystem, dafür aber ganze Stadtviertel, die ihr Trinkwasser aus keineswegs immer unbedenklichen Quellen und Brunnen bezogen, während die Abwässer über offene Gräben und Rinnen längs der Straßen oder in offene Fäkaliengruben in den Höfen der Häuser „entsorgt" wurden[74]. Anders als die Einheimischen waren die „Neubürger" an diese Verhältnisse nicht gewöhnt und gegen etwaige Krankheits-

---

[70] ak., Nochmaliger Rückblick in: DnT/AM, 29.1.1947, S. 6. Siehe auch Die Eingliederung der Heimatvertriebenen im Landkreis Cham. Eine Dokumentation des Landkreises Cham 1944–1986, Cham 1988, S. 48f.

[71] N. N., Kleinholz, in: DnT/AM, 21.6.1947, S. 2.

[72] N. N., Das ist kein Tatchristentum, in: DnT/AM, 21.5.1947, S. 6. Immerhin gingen nach diesem bitteren Fazit doch noch weitere Möbelspenden ein; siehe p., Die Guten waren nicht gemeint, in: DnT/AM, 24.5.1947, S. 6.

[73] Zur Resonanz auf Sammlungen für die Ausgewiesenen siehe auch Neumann, Medien (wie Anm. 57), S. 64–68.

[74] Hierzu Pabstmann, Betr. Kanalisation u. Abwasserbeseitigung in Sulzbach-Rosenberg (Örtl. Erhebungen 22.–25.10.47), 26.2.1948, in: SdtA SuRo, A 5452; Guido Gerhard, Amtsärztliches Gutachten, 23.11.1948, in: SdtA SuRo, A 5462; Konrad Paulus (Erster Bürgermeister von Sulzbach-Rosenberg) an Bayer. Staatsministerium für Arbeit und soziale Fürsorge, 30.11.1948, in: SdtA SuRo, A 5461; sowie L. Scheuring, Gutachten über die Verschmutzung des Rosenbaches von der Flurgrenze von Röckenricht bis Altmannshof, 14.10.1949, in: SdtA SuRo, A 5462. Siehe auch Protokoll über die Sitzung des Stadtrates, 6.12.1946, in: SdtA SuRo, Niederschriften (wie Anm. 69); Rudolf Deku, Intelligence Report an Militärregierung Sulzbach-Rosenberg, 11.6.1947, in: StA AM, OMGUS 9 73–2 22; Herbert Seyschab (Erster Bürgermeister von Sulzbach-Rosenberg) an Kreisbeauftragten für das Flüchtlingswesen, 23.12.1947, in: StA AM, BA SUL 7799.

erreger noch nicht immunisiert. Dies und die beengten Wohnraumverhältnisse der Nachkriegsjahre – Sulzbach-Rosenberg mit seinen 11 488 Einwohnern im Jahre 1939[75] zählte im September 1947 17 684 Einwohner, davon 5 486 Flüchtlinge und Evakuierte[76] – führte dazu, daß in Sulzbach-Rosenberg 1947/48 eine Typhusepidemie ausbrach, die nur mit Mühe niedergerungen werden konnte, da obendrein die vorhandenen Krankenhäuser in Sulzbach-Rosenberg und Amberg schon für „Friedenszeiten" unzureichend waren[77]. Nachdem der Sulzbach-Rosenberger Stadtverwaltung die unhaltbaren hygienischen Verhältnisse dank des Vertriebenenzustromes so drastisch vor Augen geführt worden waren, ging man im Rahmen des irgend Möglichen noch vor der Währungsreform daran, nach jahrzehntelanger Trägheit diese Zustände zu bereinigen[78].

Doch nicht nur die „Provinz", auch die Bezirkshaupt- und Großstadt Regensburg hatte mit ähnlich schwerwiegenden Problemen zu kämpfen. So nannte Oberbürgermeister Georg Zitzler seine Stadt, die mit 2,76 Einwohnern je Wohnraum die dichteste Wohnraumbelegung Bayerns aufwies, im September 1948 einen *Seuchenherd*[79].

Im Birgland, dem verkarsteten Oberpfälzer Juragebiet südwestlich von Sulzbach-Rosenberg, das trotz traditioneller Armut gleichwohl seinen Anteil an der Vertreibungsnot tragen mußte[80], brach 1947, 1948 und 1949 während langer Dürreperioden wiederholt die seit jeher unzulängliche „Wasserversorgung" vollends zusammen: Die Regenwasser-Zisternen, die wochen- und monatelang kaum durch Niederschläge aufgefüllt wurden, reichten für eine in manchen Orten verdoppelte Bevölkerung nicht mehr aus, und es bedurfte einer Gemeinschaftsaktion deutscher und amerikanischer Stellen, um in einer Zeit des Fahrzeug-, Ersatzteil- und Treibstoffmangels mittels Tankwägen die Dörfer mit Trinkwasser zu versorgen und so vor der vollständigen Evakuierung zu bewahren. Auch hier hatte diese Erfahrung den Effekt, daß nach Jahren und Jahrzehnten der Gleichgültigkeit endlich etwas getan wurde: ab 1949 wurde zügig eine zeitgemäße sichere Wasserversorgung für die Birglanddörfer aufgebaut[81].

---

[75] Siehe Statist. JB Bayern 1947 (wie Anm. 32), S. 23.

[76] Siehe Stadtrat Sulzbach-Rosenberg, Meldung über die ... Evakuierten usw. (refugees) und ... ausgewiesenen Flüchtlinge, Deutsche aus dem Ausland und die ehemals östlich der Oder und Neisse auf damaligem Reichsgebiet Ansässigen (expellees) an Regierungskommissar für das Flüchtlingswesen Niederbayern-Oberpfalz, 23.9.1947, in: SdtA SuRo, A 4912.

[77] Siehe Herbert Seyschab, Beilage zu dem Bericht der Stadt Sulzbach-Rosenberg über dringende städtische Fragen. 4.) Erweiterung des Städtischen Krankenhauses durch Verlegung des Flüchtlingslagers „Kreishaus", (1.12.1947), in: SdtA SuRo, A 5320; Aktenvermerke in: SdtA SuRo, A 5398; August Kalb (stellv. Landrat), Monatsbericht für September 1947 an Regierung von Niederbayern und der Oberpfalz, 23.9.1947, in: StA AM, BA Sulzbach 5070.

[78] Siehe SdtA SuRo, A 5452, A 5461, A 5462; Wochenberichte der Stadtverwaltung 1948–1949 an Militärregierung Sulzbach-Rosenberg, in: StA AM, OMGUS 9 73-1 38; os., Trotz Geldmangel wird gebaut und geplant, in: DnT/AM, 25.9.1948, S. 7.

[79] N. N., Als den Seuchenherd von Bayern, in: DnT/AM, 18.9.1948, S. 10.

[80] Siehe Fruhmann, Untersuchungen (wie Anm. 19), S. 25f., 43–45; Leonhard Meidenbauer (Landpolizeiposten Fürnried), Monatsbericht für Juli 1946, in: StA AM, BA SUL 5069.

[81] Siehe os., Die Wasserversorgung im Landkreis droht zusammenzubrechen, in: SRZ, 2.12.1948, S. 6; ders., Verlegung des Tbc-Krankenhauses stößt auf Widerstände, in: SRZ, 30.12.1948, S. 5; rb., Große Aufgaben im neuen Jahre, in: SRZ, 4.1.1949, S. 6; os., Haushaltsplan vom Kreistag angenommen, in: SRZ, 12.4.1949, S. 8; ders., Wassermangel wird zur Katastrophe, in: SRZ, 15.10.1949, S. 7; Alwin Müller, Intelligence-Berichte an Militärregierung Sulzbach-Rosenberg, 22.11.1948, 6.12.1948, in: StA AM, OMGUS 9 73-1 39; ders., Intelligence-Berichte an Militärregierung Sulzbach-Rosenberg, 6.10.1949, 1.11.1949, 22.12.1949, in: StA AM, BA SUL 5063; Fruhmann, Untersuchungen (wie Anm. 19), S. 38.

5. Ein „schwarzes" Land erhält einen „violetten Schimmer"

Mit Schwierigkeiten besonderer Art hatten mitunter evangelische Flüchtlinge in dem katholischen Land zu kämpfen. Zwar hatte der Zustrom der Vertriebenen die konfessionelle Struktur der traditionell weit überwiegend katholischen Oberpfalz, aufs Ganze gesehen, nicht grundlegend verändert; das Verhältnis der beiden großen Konfessionen hatte sich von 89,7 (katholisch) zu 9,6 (protestantisch) im Jahre 1939 auf 85,6 zu 13,7 im Jahre 1950 verschoben[82]. Die in Bayern größte Vertriebenengruppe der Sudeten- und Karpatendeutschen war ja von Haus aus auch zu rund 91% katholisch; unter den weniger stark vertretenen Deutschen aus den Oder-Neiße-Gebieten – mit Ausnahme der zu gut 88 % katholischen Oberschlesier – überwog das evangelische Bekenntnis[83]. Alles in allem waren 70,8 % der im Jahre 1950 in der Oberpfalz lebenden Vertriebenen katholisch[84]. Doch gab es nach 1945, anders als vor dem Kriege, in der Oberpfalz alsbald keine Gemeinde mehr, die nur noch Einwohner eines Religionsbekenntnisses zählte[85]. Den Umgang mit „andersgläubigen" Minderheiten zu lernen, taten sich viele Katholiken schwer, die man noch dazu erzogen hatte, den Kontakt mit „Andersgläubigen oder Ungläubigen" auf das absolut unumgängliche Minimum zu beschränken[86].

Die zeitweilige Wiedereinführung der Bekenntnisschulen in Bayern hatte zur Folge, daß in den beiden ostbayerischen Bezirken bis 1951 im Vergleich zu 1937 mehr als doppelt so viele evangelische Volksschulen eingerichtet wurden[87]. Auch Gottesdienststätten mußten für die evangelischen Flüchtlinge eingerichtet werden, wobei sich die katholischen Gemeindepriester vielerorts geschwisterlich verhielten, den Protestanten Kapellen und Säle überließen oder die Mitbenutzung der katholischen Gotteshäuser in der Art eines Simultaneums ermöglichten, bis die neugegründeten

---

[82] Siehe Statist. JB Bayern 1952 (wie Anm. 53), S. 25.

[83] Siehe Gerhard Reichling, Die deutschen Vertriebenen in Zahlen. Teil I. Umsiedler, Verschleppte, Vertriebene, Aussiedler 1940–1985, Bonn 1995, S. 19f.; Quote für die „Oberschlesier" errechnet aus den separaten Angaben für die zum Deutschen Reich und zu Polen (Gebiete von 1937) gehörenden Teile „Oberschlesien(s)".

[84] Von den 1950 in Bayern lebenden Vertriebenen waren 70,7% katholisch. Siehe Statist. JB Bayern 1952 (wie Anm. 53), S. 27.

[85] 1939 hatten 392 Oberpfälzer Gemeinden eine rein katholische Bevölkerung, 1946 keine einzige mehr. In Bayern insgesamt waren 1939 1 475 Gemeinden rein katholisch, 140 rein evangelisch; bis 1946 gab es im ganzen Land nur mehr neun einkonfessionelle (katholische) Gemeinden. Siehe N. N., Gemeinden einheitlichen Religionsbekenntnisses, in: Bayern in Zahlen 3, 1949, S. 28.

[86] Siehe etwa Franz Anzenberger, Streiter Christi, gesalbt vom Heiligen Geiste. Gebet-, Belehrungs- und Erbauungsbuch für Firmlinge, Kevelaer o. J. (Imprimatur v. 23.8.1910), S. 35f.

[87] Volksschulstatistik: 1951 gab es in der Oberpfalz (evangelischer Bevölkerungsanteil 1950: 13,7%) 76 evangelische (9,7 % aller Volksschulen), 703 katholische und 8 Gemeinschaftsschulen, in Niederbayern (evangelischer Bevölkerungsanteil 1950: 10,9%) 65 evangelische, 821 katholische und 19 Gemeinschaftsschulen (alle Zahlen bezogen auf Volksschulen). Vergleichszahlen 25.5.1937: Oberpfalz (evang. Bevölkerungsanteil 1933: 7,5%): 59 ev. (7,9 % aller Volksschulen), 668 kath., 2 israelit., 21 Gemeinschaftsschulen; Niederbayern (ev. Bevölkerungsanteil 1933: 1,1%): 4 ev. (0,5% aller Volksschulen), 771 kath., 24 Gemeinschaftsschulen. (Errechnet nach: Statistisches Jahrbuch für Bayern 1938. 22. Jg., hg. v. Bayer. Statist. Landesamt, München 1939, S. 8 u. 358; Statist. JB Bayern 1952 [wie Anm. 53], S. 25 u. 394.)

oder gewachsenen evangelischen Gemeinden neue eigene Kirchen bauen oder bestehende vergrößern konnten[88].

Dem standen andererseits Ereignisse gegenüber wie die Auseinandersetzung um das im Sulzbacher Schloß eingerichtete „Große Evangelische Waisenhaus" – das bereits erwähnte vormalige „Große Militärwaisenhaus", dessen Verwaltung 1946 die evangelische „Innere Mission" übernommen hatte[89]. Dieses Heim sollte ab 1947 in einer „konzertierten Aktion" katholischer Kreis-, Staats- und Kirchenstellen gegen den Willen der großenteils evangelischen Stadtbevölkerung[90] und der Stadtführung zu Gunsten eines Klosters für vertriebene sudetendeutsche Schulschwestern („Barmherzige Schwestern vom Heiligen Kreuz" aus Eger) aufgelöst oder doch massiv verkleinert werden. Dies geschah, indem man eine eigentumsrechtliche Besonderheit ausnutzte: Der Sulzbacher Schloßkomplex war teils Eigentum des Landes Bayern, teils Reichs-(Heeres-)eigentum, das 1945 unter Vermögensverwaltung gestellt worden war. Da auch die landeseigenen Teile vom Reichsfiskus Heer gemietet oder gepachtet worden waren, hatte das (Militär-)Waisenhaus auf Veranlassung der Wehrmachtsverwaltung Quartier in beiden Teilen des Schlosses genommen. Für den landeseigenen Teil hatte der „Landesverein für Innere Mission" nach Übernahme des Waisenhauses einen Mietvertrag mit dem Land Bayern geschlossen; für den reichseigenen Teil fehlte eine solche mit dem „Landesamt für Vermögensverwaltung und Wiedergutmachung" zu schließende rechtliche Nutzungsgrundlage noch. Während sich die Innere Mission noch hierum bemühte, erfolgte Anfang 1947 der Vorstoß der Schulschwestern und der Caritas zur Verdrängung der Protestanten aus dem wertvolleren reichseigenen Trakt mit Unterstützung maßgeblicher Stellen – zu nennen sind hier vor allem Kultusminister Hundhammer und der Regensburger Bischof Buchberger. Die katholische Seite stützte sich vor allem auf zwei Argumente: Zum einen gewähre ihr das in Sulzbach seit 1652 geltende Prinzip der Parität („Halbscheid")[91] einen

---

[88] Siehe Eingliederung Cham (wie Anm. 70), S. 85f.; Houswitschka, Integration (wie Anm. 23), S. 279–282; Fruhmann, Untersuchungen (wie Anm. 19), S. 158–160; ferner: Michael Buchberger (Bischof von Regensburg) an Hans Kraus (bayer. Finanzminister), 11.7.1948 und 2.11.1948, in: Bischöfliches Zentralarchiv Regensburg (künftig: BZA Rgsb), Sulzbach-Rosenberg St. Marien 27.

[89] Die hier gegebene Darstellung stützt sich auf folgende Archivalien: BZA Rgsb, Sulzbach-Rosenberg St. Marien 27; Katholisches Pfarrarchiv Sulzbach (künftig: KathPfA Su), 620 II; Evangelisch-lutherisches Landeskirchenarchiv Nürnberg (künftig: LKA Nbg), Diakonisches Werk 1977; Evangelisch-lutherisches Dekanatsarchiv Sulzbach (künfig: EvDekA Su), 44/1.

[90] Am 17.5.1939 waren 48,5 % der ständigen Bevölkerung der Stadt und 63,3 % der Kreisbevölkerung evangelisch (siehe Bayer. Statist. Landesamt, Bayerische Gemeinde- und Kreisstatistik. Bd. 3: Oberpfalz [Beiträge zur Statistik Bayerns 132,3], München 1942, S. 115, 123). Nachkriegszahlen: Stadt Sulzbach-Rosenberg 7.1.1948: 48,7 % der Einheimischen und 46,3 % der Gesamtbevölkerung evangelisch, dabei Sulzbach mit Großalbershof: 53,9 % der einheimischen und 52,0 % der Gesamtbevölkerung, Rosenberg (S.-R.-Hütte): 39,4 % der Einheimischen und 36,8 % der Gesamtbevölkerung (siehe Aufteilung der Bevölkerung von Sulzbach-Rosenberg in die einzelnen Religionsgemeinschaften [v. 7.1.48], in: KathPfA Su, 620 II); Landkreis Sulzbach-Rosenberg 29.10.1946: 54,5 % evangelisch (siehe Statist. JB Bayern 1947 [wie Anm. 32], S, 386f.)

[91] Zu den besonderen konfessionellen Verhältnissen in Pfalz-Sulzbach, namentlich zu dem ab 1652 geltenden, im Römisch-Deutschen Kaiserreich einzigartigen evangelisch-katholischen Simultaneum siehe Alois Schmid, Sulzbach im Konfessionellen Zeitalter, in: Eisenerz und Morgenglanz. Geschichte der Stadt Sulzbach-Rosenberg, Amberg 1999, S. 537–553; Volker Wappmann, Die evangelische Kirche zwischen Gegenreformation und Religionsedikt, ebd. S. 555–569; Karl Hausberger, Die katholische Kirche zwischen Gegenreformation und Religionsedikt, ebd. S. 571–584.

Anspruch, die Schwestern in Sulzbach zu sehen, da auch der Orden ja in seinem geplanten neuen Sulzbacher Provinzhaus Kinder- und Jugendbetreuungseinrichtungen zu schaffen beabsichtige. Käme das Projekt nicht zustande, so bedeute dies eine *„weitere"* Benachteiligung der katholischen Minderheit im Sulzbacher Land. Und zum anderen habe die katholische Kirche einen *„moralischen Anspruch"* auf *„Wiedergutmachung"* eines alten *„Unrechtes"* – der umstrittene reichseigene Teil des Schlosses hatte von 1755 bis zur Säkularisation 1802 ein kleines Salesianerinnenkloster beherbergt[92]. Die evangelische Seite hinwiederum sprach angesichts der nicht immer fairen Mittel, zu denen die Gegenseite griff, offen von einer versuchten *Gegenreformation* und von Absichten, ein *Einfallstor* in das evangelische Gebiet der Westoberpfalz und Frankens zu errichten. Zudem machte sie geltend, daß die Existenz des Heimes umso notwendiger sei, als die evangelische Bevölkerung der Oberpfalz von 1939 bis 1946 vor allem durch den Zustrom verarmter Heimatloser um 96,9 % angestiegen war[93], katholische Heime nur ungern evangelische Kinder aufnahmen und dann auch dazu neigten, diese zu „bekehren". Angebote, die Schwestern in anderen geeigneten Gebäuden in oder außerhalb Ostbayerns unterzubringen, wurden vom Orden und von der Caritas konsequent verworfen. Über drei Jahre dauerte die Auseinandersetzung, in der beide Seiten mit harten Bandagen kämpften und auf dem Rücken vertriebener katholischer Ordensschwestern und vertriebener oder evakuierter evangelischer Waisenkinder konfessionelle Prestigekämpfe und Eifersüchteleien austrugen. Dabei handelte es sich nicht nur um einen Konflikt zwischen evangelischer Mehrheit und katholischer Minderheit im Sulzbacher Land mit seinem eigentümlichen labilen Gleichgewicht der Bekenntnisse, sondern eben auch zwischen dominanzwilliger katholischer Mehrheit und traditionell in der Defensive stehender evangelischer Minderheit im Land Bayern. Dies zeigte, wie labil und spannungsgeladen das gern als „vorbildlich" gerühmte[94] konfessionelle Nebeneinander in dem seit 1652 bikonfessionellen Sulzbach in Wirklichkeit war, und wie leicht diese eigenartige Situation auch von außen zu instrumentalisieren war. Erst als der sudetendeutsche

---

[92] Siehe Hausberger, Kirche (wie Anm. 91), S. 578, 580f.; Elisabeth Vogl, Das Sulzbacher Schloß, in: Eisenerz und Morgenglanz (wie Anm. 91), S. 755–776, hier: S. 770f.; N. N., Schloßkomplex Sulzbach-Rosenberg (Historischer Abriß), und Hermann Erhard (?), Entwurf (zu einer Geschichte des Schlosses), in: EvDekA Su, 44/1. Das Kloster beherbergte nie mehr als dreizehn Nonnen; der Klosterbau wurde im neunzehnten Jahrhundert gänzlich umgebaut und aufgestockt, so daß von der ursprünglichen Bausubstanz nur wenig geblieben ist.

[93] Von 65 564 auf 129 110; siehe Statist. JB Bayern 1947 (wie Anm. 32), S. 25.

[94] So etwa Schmid, Sulzbach (wie Anm. 91), S. 550: „Mit dem Simultaneum wurde ... ein Weg des Zusammenlebens unterschiedlicher Konfessionen gefunden, dem die Zukunft gehörte. Damit leistet das Kleinterritorium (Pfalz-Sulzbach) einen Beitrag zur Kulturentwicklung, dem durchaus europäischer Rang zugewiesen werden kann." Dieser allzu sehr von modernen Ökumene-Vorstellungen und Regionalstolz geprägten Einschätzung setzt Wilhelm Baumgärtner (Die Auflösung des Simultaneums, in: 450 Jahre Reformation im Fürstentum Sulzbach. Stadtmuseum Sulzbach-Rosenberg, Amberg 1992, S. 111–128, hier: S. 111) ein realistischeres Urteil entgegen: Das weniger aus konfessioneller Toleranz als vielmehr aus machtpolitischem Kalkül und Renomméestreben eingeführte Simultaneum war „keineswegs eine verheißungsvoll erscheinende Lösung der konfessionellen Probleme, vielmehr Ursache für viele Konflikte, die ... den 300 Jahre langen ‚gemeinsamen' Weg der Konfessionen erschwerten, bis endlich in erster Linie Sachzwänge die Zeit für eine friedliche Auflösung des Simultaneums auf vertraglichem Wege (in den Jahren 1954 bis 1966) heranreifen ließen."

Orden 1952 beschloß, ein neues Mutterhaus in Werneck (Unterfranken) zu errichten, fand der erbitterte Kampf der Stadt und der evangelischen Kirche um dieses Kinderheim sein Ende.

Welch einen Einschnitt der Zuzug evangelischer Vertriebener bedeutete, zeigt das Beispiel Roding bei Cham: Hier, wo die Zahl der Protestanten nach dem Krieg von etwa 20 auf zeitweilig über 1 000 anstieg, wurde am 13. Oktober 1945 nach mehr als 300 Jahren der erste evangelische Gottesdienst gefeiert[95] – und dies war kein Einzelfall. Die bayerische Landeskirche trug den veränderten Gegebenheiten in dem durch die evangelischen Vertriebenen gestärkten Diasporagebiet Ostbayern Rechnung, indem sie für den oberpfälzisch-niederbayerischen Raum 1951 einen besonderen Kirchenkreis Regensburg einrichtete[96]; zugleich wurde das Gebiet um Cham, Kötzting, Neunburg, Roding, Viechtach, Waldmünchen und Zwiesel, in dem die Zahl der evangelischen Gläubigen von 598 auf 24 000 angestiegen war und das zuvor zu den Dekanaten Sulzbach und Regensburg gehört hatte, zum eigenständigen Dekanat Cham erhoben[97].

6. Privilegierte ohne Privilegien: die vertriebenen Antifaschisten

Ein Problem besonderer Art stellten die Angehörigen der sogenannten „A-Transporte" dar. Hierbei handelte es sich um von den tschechoslowakischen Behörden anerkannte sudetendeutsche Antifaschisten, die zunächst noch in ihrer Heimat bleiben durften. Letztlich aber wurden sie entweder als Deutsche auch den allgemeinen Abschiebungsmaßnahmen unterworfen – galt doch für viele Tschechen der Grundsatz *Nemec jako nemec*: ein Deutscher ist wie der andere –, oder aber sie entschieden sich freiwillig für die Abwanderung aus der fremd gewordenen Heimat[98]. Diesen Menschen sollten nach dem Willen der Besatzungsmacht und auch der bayerischen Antifaschisten bessere Wohn- und Lebensbedingungen – etwa durch Unterbringung in Privatwohnungen anstatt in Lagern – zuteil werden. Angesichts der allgemeinen Not und Enge gelang dies aber nur selten, und die Antifaschisten mußten oft mit Unterkünften in freilich, gemessen an ihren nicht „privilegierten" Schicksalsgenossen, zumeist besseren Lagerquartieren vorliebnehmen. So waren letztlich alle unzufrieden: die nicht „privilegierten" Einheimischen und Vertriebenen, weil sie den Menschen aus den „A-Transporten" die etwas besseren Lebensbedingungen neideten; und die Antifaschisten selbst, weil sie kaum einmal so gut untergebracht wurden, wie sie erwarten zu dürfen glaubten[99].

---

[95] Siehe Eingliederung, Cham (wie Anm. 70), S. 85.
[96] Siehe Verhandlungen der Landessynode der Evangelisch-Lutherischen Kirche in Bayern. Synodalperiode 1947–1953. 4. ordentliche Tagung Ansbach 13.–18. September 1951, S. 56–62, 93–95; Matthias Simon, Die evangelische Kirche (Historischer Atlas von Bayern. Kirchliche Organisation. Erster Teil), München 1960, S. 33, 233, mit Karte 4 (nördlicher Teil) und 4 (südlicher Teil).
[97] Siehe Verhandlungen der Landessynode 1951 (wie Anm. 96), S. 58, 95; Simon, Kirche (wie Anm. 96), S. 239, 598.
[98] Siehe Einleitende Darstellung/CSR (wie Anm. 14), S. 97–99, 103–105, 127–131, 133.
[99] Siehe das Protokoll über die Sitzung des Stadtrates Sulzbach-Rosenberg, 4.10.1946 in: SdtA SuRo, Niederschriften (wie Anm. 69) die Monthly Historical Reports der Militärregierung Sulzbach-Rosenberg für September, Oktober, November und Dezember 1946 in StA AM, OMGUS 9 73–1 31; oder Rudolf Deku, Berichte über die Stimmung der Bevölkerung an Militärregierung Sulzbach-Rosenberg, 15.11.1946 und 14.12.1946, in: StA AM, BA SUL 5068.

7. Aus dem Flüchtlingslager in eine „neue Heimat"

Es wurde erwähnt, daß nach Kräften versucht wurde, die Vertriebenen und Flüchtlinge in vorhandenen Haushalten unterzubringen. Dies war freilich auch bei strengster Durchführung der „Wohnraumerfassung" nicht zu bewerkstelligen. Somit mußte auf andere Weise Behelfswohnraum geschaffen werden, und zwar durch Einrichtung von Lagern. Geeignete Baulichkeiten waren vielerorts bereits vorhanden: in Gestalt von Reichsarbeitsdienst- und Kriegsgefangenenlagern, Kasernen und Lazaretten. Darüber hinaus wurden Schulen und Turnhallen, Hotels und Gaststätten als Flüchtlingslager zweckentfremdet; in Amberg mußten sogar Befestigungstürme der mittelalterlichen Stadtmauer mehr schlecht als recht zu Notbehausungen umgebaut werden[100]. Ein Zeitungsbericht gibt einen Eindruck von den Lebensbedingungen in einem Amberger Stadtturm im Jahre 1947:

In einem Raum mit unzulänglicher Beleuchtung und Beheizung wohnen bei uns 160 bis 200 Personen. Die Erwachsenen sind durch alle Höllen der letzten Zeit gegangen und kostbares junges Leben steht vor der Demoralisierung, wenn nicht schon vor dem Abgrund. In den Stadttorbögen von Amberg wohnen eng zusammengepfercht in zugigen Räumen ohne Licht kinderreiche Familien, deren Gesichter grau von den ewig rauchenden Oefen und deren Hände blau vor Kälte sind. Von den Wänden kann man den Frost abkratzen[101].

Und ein weiterer Zeitungsbericht vom Dezember 1946 beschreibt die Lebensbedingungen in einem Lager, das in einem Gebäude der Firma Witt in Weiden eingerichtet worden war:

Das Flüchtlingslager ‚Witt', in dem etwa 250 Personen untergebracht sind, ist schon seit mehreren Wochen ohne Koks und Kohle. ... Das Elendsbild, das sich hier bietet, erschüttert uns zutiefst. Die Luft ist zum Zerschneiden dick, und ein widerwärtiger, stickiger Brodem schlägt uns entgegen. An den wenigen Tischen sitzen mit verfrorenen Gliedern einige in armselige Kleidung gehüllte Gestalten und reiben sich ihre blauen, starren Hände. Seit drei Wochen schon sind die großen Säle nicht geheizt worden. ... Da kein warmer Raum vorhanden ist, müssen die Wäschestücke in der kalten, modrigen Luft getrocknet werden. Die Folge ist, daß der größte Teil der Kleider stockt und zerfällt[102].

Immerhin hatte nur eine Minderheit unter den Vertriebenen ihr Dasein in Lagern zu fristen. 1950 wurden in der Oberpfalz 11 453, in ganz Bayern 89 059 Bewohner von Flüchtlings- und Umsiedlerlagern gezählt, was bei einer Vertriebenenbevölkerung von 186 499 beziehungsweise 1 924 332 Personen einem Anteil von 6,1 beziehungsweise 4,6 % entsprach. Diese Zahl ist freilich zu ergänzen um jene 4 398 Vertriebenen-Wohn*parteien* in der Oberpfalz und 34 704 Vertriebenen-Wohnparteien in Bayern, die zu dieser Zeit noch in Notwohnungen hausten. Zusammen mit 3 719 beziehungsweise 34 138 Vertriebenen-Wohnparteien, die in Lager und andere Unterkünfte

---

[100] Siehe Fruhmann, Untersuchungen (wie Anm. 19), S. 38–41; Heigl, Integration (wie Anm. 9), S. 53–68; Neumann, Medien (wie Anm. 57), S. 101; Kornrumpf, Bayern (wie Anm. 30), S. 44–48.
[101] ak., Wer kann da vorübergehen? in: DnT/AM, 1.3.1947, S. 6.
[102] Zit. nach Frank Wohl, Zur Eingliederung der Heimatvertriebenen in der Stadt Weiden i. d. OPf., in: Dokumentation Weiden/Neustadt (wie Anm. 23), S. 20–35, hier: S. 26f.

außerhalb von Wohnungen eingewiesen worden waren, entsprach dies einem Anteil von 13,8 beziehungsweise 11,2 % aller Vertriebenen-Wohnparteien – und 63,9 beziehungsweise 51,1 % *aller* Wohnparteien, die in der Oberpfalz respektive in Bayern in Notwohnungen oder außerhalb von Wohnungen untergebracht waren[103].

Durchaus nicht ohne Schuld an dieser Notlage war die US-Militärverwaltung, die etwa in Amberg und Regensburg beschlagnahmte ehemalige Kasernen der deutschen Streitkräfte nicht zur Unterbringung deutscher Ausgewiesener freigab. Soweit die U.S. Army diese winterfesten und vergleichsweise geräumigen Baulichkeiten nicht für eigene Zwecke nutzte, wurden sie für die Unterbringung von „Displaced Persons" (D.P.) vorgesehen, also von Menschen, die als Fremdarbeiter aus den von Hitlerdeutschland besetzten Gebieten oder als Kriegsgefangene ins Reich gekommen oder verbracht worden waren und denen die Siegermächte eine gewisse privilegierte Behandlung angedeihen ließen. Es erregte den Unmut der Deutschen, wenn sie zusehen mußten, wie die ihnen entzogenen Gebäude nur teilweise belegt wurden oder sogar leerstanden – wie das etwa bei den Kasernen in Amberg oder Regensburg der Fall war –, während für Einheimische und Vertriebene allerlei Behelfslösungen ersonnen werden mußten[104]. Verschärft wurde die Wohnungsnot durch Beschlagnahmungen privater Wohnungen; ein Extremfall war die Räumung der Regensburger „Ganghofersiedlung" von ihren 10 000 Einwohnern im Oktober 1945 zwecks Unterbringung von D.P. (bis November 1949)[105].

Zu erwähnen ist in diesem Zusammenhang, daß in der Oberpfalz auch zwei Durchgangslager für Vertriebenentransporte eingerichtet worden waren, deren eines von Februar bis Oktober 1946 (und danach als reines Wohnlager bis 1957) am Eisenbahnknotenpunkt Wiesau bei Tirschenreuth bestand, wohingegen das zweite zwischen Januar 1946 und 1953 (als Wohnlager bis 1957) im Grenzort Furth im Wald gelegen war. Im Ausweisungsjahr 1946 durchliefen rund 1,2 Millionen Ausgewiesene diese beiden Lager[106].

---

[103] Siehe Statist. JB Bayern 1952 (wie Anm. 53), S. 365, 367.

[104] Siehe ak., Siedlungsantrag der Flüchtlinge vorläufig zurückgestellt, in: DnT/AM, 30.4.1947, S. 6; kl., Wohin mit dem Flüchtlingsaltersheim? Kaserne als bestmögliche Lösung, in: DnT/AM, 2.8.1947, S. 6; N. N., Trotz größter Anstrengungen, in: DnT/AM, 3.12.1947, S. 4; N. N., Freigabe der Leopoldkaserne oder Zuzugssperre, in: DnT/AM, 20.12.1947, S. 4; Christian Endemann, Die Wasserversorgung der Stadt Amberg, in: DnT/AM, 17.1.1948, S. 4; Brick/Klohn, Wie lange sollen sie noch so leben? in: SRZ, 19.3.1949, S. 6; N. N., Für Freigabe der Kaiser-Wilhelm-Kaserne, ebd. S. 7; kl., Umorganisation der örtlichen Militärregierung, ebd. S. 10; ws., Auflösung des IRO-HQ Amberg, in: SRZ, 8.9.1949, S. 6; WD Civ., Welfare-Refugee Officer, Overall picture of refugees and movements within Regierungsbezirk Niederbayern/Oberpfalz, 1.10.47, in: StA AM, OMGUS 9 73–1 45; Fruhmann, Untersuchungen (wie Anm. 19), S. 41; ferner Edgar Pscheidt, Die Flüchtlingslager, in: Integration und Neubeginn. Dokumentation. Hg. v. Friedrich Prinz i. A. des Bayer. Staatsministeriums für Arbeit und Sozialordnung, Bd. 1: Texte und Anmerkungen, München 1984, S. 197–270, hier: S. 217–220. In Amberg wurden auch nach der Auflösung der D.P.-Lager die ehemals beschlagnahmten Kasernen nicht für Vertriebene freigegeben, sondern umgehend an den neu geschaffenen Bundesgrenzschutz übertragen; siehe Staatsarchiv Amberg, BA AM 16313; Fruhmann, Untersuchungen (wie Anm. 19), S. 41.

[105] Siehe Heigl, Integration (wie Anm. 9), S. 70.

[106] Auf die seit Mai 1945 laufenden „wilden" Abschiebungen folgten zwischen Januar und November 1946 die „organisierten", d. h. im Zusammenwirken von tschechoslowakischen und alliierten Dienststellen durchgeführten Vertriebenentransporte aus der Tschechoslowakei, für die diese Lager eingerichtet

Eine regionale Besonderheit stellt die Einquartierung von Vertriebenen in abgesiedelten Ortschaften der beiden Truppenübungsplätze Grafenwöhr und Hohenfels dar. Nach Kriegsende war die Zukunft der beiden Heeresübungsgelände zunächst ungewiß; die US-Armee hatte sie unter ihre Verwaltung genommen, doch war eine zivile Nutzung durchaus im Gespräch. So wurden im westlichen Teil des Übungsplatzes Grafenwöhr, der erst 1938/39 abgesiedelt worden war, mehrere aufgelassene Ortschaften wiederbelebt. Ähnliches geschah in dem gleichfalls erst 1938 errichteten Übungsplatz Hohenfels. Der süddeutsche Vorkämpfer des „biologisch-dynamischen Anbaues", Adalbert von Keyserlingk, plante mit Billigung hoher bayerischer Regierungsstellen 1946 sogar die Errichtung landwirtschaftlicher Vertriebenen-Mustersiedlungen in dem Gebiet. Und in Nainhof auf dem Hohenfelser Gelände liefen ab 1946 unter Federführung der Bayerischen Landessiedlung Vorbereitungen zur Errichtung der größten Siedlung für heimatvertriebene Landwirte in ganz Deutschland: 146 Vollbauernstellen sollten dort geschaffen werden, und auch an eine vollständige gewerbliche Infrastruktur – Handwerker, Geschäfte – war gedacht. 1948 fiel jedoch unter dem Eindruck der heraufziehenden Ost-West-Konfrontation die Entscheidung, die beiden Flächen wieder militärischer Nutzung zuzuführen, und so mußten zwischen 1948 und 1950 die auf Übungsplatzgelände angesiedelten Ost- und Sudetendeutschen ihre neuerliche „Vertreibung" hinnehmen. Lediglich das Lager Bernreuth bei Auerbach am Westrand des Grafenwöhrer Geländes, ein ehemaliges Reichsarbeitsdienst- und Internierungslager, das sich zu einer Flüchtlingsgemeinde mit etwa 1000 Einwohnern und ausgebildeter gewerblicher Infrastruktur „gemausert" hatte und Ende 1949 die drittgrößte Flüchtlingssiedlung Bayerns darstellte, fiel erst zwischen 1954 und 1960 der schrittweisen Absiedlung anheim. Bereits aufgebaute Existenzen als Bauern oder Handwerker wurden durch die Ausweisung aus den Truppenübungsplätzen zunichte gemacht, und viele fanden hernach nicht mehr die Kraft zu einem zweiten Neubeginn[107].

Kaum besser als in städtischen Notunterkünften war die Situation in den Barackenlagern. Hier gelang es zwar manchem Vertriebenen sogar, sich einen eigenen Gewer-

---

wurden. Der erste Ausgewiesenentransport traf am 25. Januar 1946 in Furth ein. Nach Abschluß dieser Umsiedlungsaktion, die in Verbindung mit Flucht, „wilder" Austreibung und opferreichen Ausschreitungen von der vor Kriegsausbruch etwa 3,48 Millionen Menschen starken deutschen Bevölkerung der CSR (siehe Vertreibungsverluste [wie Anm. 1], S. 322, 328–334) nur mehr etwa 350 000 im Lande belassen hatte, sperrte die US-Militärregierung ihre Zone für Ausgewiesene mit der Begründung, es mangele an Unterbringungsmöglichkeiten. Von 1947 bis 1952 durchliefen nur mehr etwa 55 000 Menschen – illegale Grenzgänger sowie Angehörige kleinerer gleichwohl noch vereinbarter Transporte – das Lager Furth. Siehe Houswitschka, Integration (wie Anm. 23), S. 83–103; Eingliederung Cham (wie Anm. 70), S. 26–31; Einleitende Darstellung/CSR (wie Anm. 14), S. 105–136; Bohmann, Sudetendeutschtum (wie Anm. 50), S. 198–201; de Zayas, Anglo-Amerikaner (wie Anm. 1), S. 130–178.

[107] Siehe Fruhmann, Untersuchungen (wie Anm. 19), S. 38, 69–76, 142; Jaenicke, Betreuung (wie Anm. 24), S. 29; Bayer. Ministerium der Finanzen an Staatskommissar Jaenicke, 14.3.1946, in: BArch KO, NL 1135/32 (betr. das Keyserlingk-Projekt); zur Räumung des Geländes 1948/49 auch: N. N., Auf Anordnung der Besatzungsmacht, in: DnT/AM, 28.4.1948, S. 4; kl., Keine Zwangsausweisungen, in: DnT/AM, 12.5.1948, S. 4; kl., Am Rande des Truppenübungsplatzes. Langenbruck wird geräumt, in: SRZ, 5.10.1948, S. 11; hj., Ebersberg termingemäß geräumt, in: Amberger Zeitung (künftig: AZ), 5.5.1949, S. 6; os., Die Pommershofer müssen räumen, in: SRZ, 7.5.1949, S. 6; sc., 1200 Zivilisten mußten Soldaten weichen, in: AZ, 9.6.1949, S. 6.

bebetrieb aufzubauen, da in den vergleichsweise großen Lagergeländen eher Platz für Werkstattbaracken geschaffen werden konnte als in den engen, überfüllten Städten, in denen jeder irgendwie geeignet erscheinende Raum zu Wohnzwecken erfaßt wurde. In fast allen Lagern herrschten jedoch in den ersten Jahren Lebensverhältnisse, die von heutigen Vorstellungen „menschenwürdigen Wohnens" eher mehr als weniger weit entfernt waren. Mit 18 Personen belegte Einzelräume, wenige Blechdosen als Tassen oder Suppengeschirre – dergleichen war keine Ausnahme. Zudem waren die Baracken zumeist nur eingeschränkt oder gar nicht winterfest, was in Verbindung mit dem konstanten Mangel an Brennholz und Kohle in der kalten Jahreszeit zu ebenso untragbaren wie unabänderlichen Zuständen führte[108]. Die Menschen, die gezwungen waren, unter solchen Bedingungen zu hausen, hatten zu dem materiellen und psychischen Schaden oft genug noch Spott und Verachtung zu erdulden: ein „Lagerer" zu sein, galt unter den Einheimischen weithin als Stigma, als Synonym für Asozialität[109]. Der Um- und Ausbau der Barackenlager zu wintertauglichen Wohnlagern sorgte ab 1948 für menschenwürdigere Lebensverhältnisse[110].

Zu der Verbesserung der Verhältnisse in den Lagern trug freilich auch entscheidend bei, daß immer mehr Vertriebene die überfüllten Lager und sonstige Notwohnungen verlassen konnten, um in neuen Wohnhäusern Quartier zu nehmen. Davon profitierten auch jene, die einstweilen noch in den nun weniger beengten Notunterkünften verblieben[111]. Schon seit 1947/48 lief der Wohnungsbau für Vertriebene und zeitigte alsbald unübersehbare Erfolge. Von 1950 bis 1956 halbierte sich die Zahl der „außerhalb von Normalwohnungen" untergebrachten Wohnparteien in der Oberpfalz annähernd (von 8117 auf 4577, entsprechend einem Rückgang um 43,6 %)[112]. Mit staatlicher Förderung entstanden von 1952 bis 1957 29 082 neue Wohnräume in der Oberpfalz beziehungsweise 313 698 Wohnräume in Bayern für Vertriebene, was 57,8

---

[108] Siehe kl., Drei Flüchtlingslager im Landkreis, in: DnT/AM, 8.5.1948, S. 6; kl., 18 Personen leben in einem Raum, in: DnT/AM, 4.9.1948, S. 8; os., Das Massenlager Loderhof ist wohnlich geworden, in: SRZ, 8.2.1949, S. 8; Walter Titze (Kreisbeauftragter für das Flüchtlingswesen) an Militärregierung Sulzbach-Rosenberg, 28.6.1948, in: StA AM, OMGUS 9 73–1 37; Wohl, Eingliederung (wie Anm. 102), S. 23–29; Heigl, Integration (wie Anm. 9), S. 57–59; Bauer, Flüchtlinge (wie Anm. 11), S. 185–190; Johannes Hartmann, Flüchtlinge in Sulzbach-Rosenberg. Erste Stationen, in: Flucht und Vertreibung. Neue Heimat Sulzbach-Rosenberg. Stadtmuseum Sulzbach-Rosenberg. Sonderausstellung 20. Oktober 1996 bis 9. März 1997 (Schriftenreihe des Stadtmuseums und Stadtarchivs Sulzbach-Rosenberg 8), Sulzbach-Rosenberg 1996, S. 17–29, hier: S. 21–25.

[109] Siehe Houswitschka, Integration (wie Anm. 23), S. 92, 94; Neumann, Medien (wie Anm. 57), S. 102–106.

[110] Siehe os., Flüchtlingslager Loderhof wird winterfest gemacht, in: SRZ, 7.10.1948, S. 6; B. Sch., Zur Lage der Amberger Flüchtlinge, in: AZ, 18.12.1948, S. 12; os., Das Massenlager Loderhof ist wohnlich geworden (wie Anm. 108); ders., Ein Ort der Geselligkeit, in: SRZ, 5.3.1949, S. 8; Heigl, Integration (wie Anm. 9), S. 52, 54.

[111] Manche Vertriebene verstanden den Verbleib in der provisorischen Lagerbehausung auch als „Demonstration", daß sie ihren Aufenthalt fern der Heimat nur als vorläufig betrachteten, auf die Rückkehr in die Heimat warteten und den Einzug in eine feste Wohnung als Verzicht aufgefaßt hätten. Siehe Houswitschka, Integration (wie Anm. 23), S. 94.

[112] Der Rückgang lag sogar erheblich über dem Landesdurchschnitt von 31,2 % (von 68 842 auf 47 368 Wohnparteien). Vgl. Anm. 103 und Statistisches Jahrbuch für Bayern 1958. 26 Jg., hg. v. Bayer. Statist. Landesamt, München 1958, S. 190.

beziehungsweise 47,5% des staatlicherseits vergebenen Neuwohnraumbestandes entsprach[113]. Als Ergebnis dieser Bautätigkeit spielten die Flüchtlingslager in Bayern bereits Mitte der fünfziger Jahre nur mehr eine untergeordnete Rolle; die Auflösung aller bayerischen Flüchtlingslager zog sich freilich bis 1963 hin[114].

Getragen wurde der Vertriebenenwohnungsbau vorrangig von kirchlichen Bauträgern, aber auch von Unternehmen – genannt seien hier beispielhaft die großen Siedlungen, die die Eisenwerksgesellschaft Maximilianshütte in Sulzbach-Rosenberg, im Burglengenfeld-Schwandorfer Raum und in Auerbach errichten ließ[115] –, von Städten und Gemeinden, und nicht zuletzt von Flüchtlingssiedlergenossenschaften[116]. Denn als klar wurde, daß eine Rückkehr in die Heimat „auf absehbare Zeit" nicht möglich sein würde, gingen viele Vertriebene daran, sich in eigener Arbeit eine „neue Heimat" aufzubauen. Als schon im März 1947 in Amberg eine Flüchtlingsbaugenossenschaft ins Leben gerufen wurde, hieß es über deren Bauvorhaben:

Dieser Siedlungsplan soll den Neubürger zu inniger Verbundenheit mit der Scholle führen und ihn eine neue Heimat finden lassen. Niemand hat mehr das Bedürfnis, sich nach den zahllosen Erschütterungen der Vergangenheit in die Geborgenheit eines Heims hinüberzuretten als der entwurzelte und aller Heillosigkeit preisgegebene Flüchtling[117].

Und eine im April 1948 in Amberg gegründete Flüchtlingsbaugemeinschaft ging daran, eine Siedlung zu errichten, für die als Bekenntnis zum Willen, in die neue Umgebung hineinzuwachsen, der Name „Heimat" gewählt wurde[118].

Diese realistische Sicht der Dinge entsprach auch dem Kurs der amerikanischen Besatzungsmacht, die sich bewußt war, daß die von ihr mit zu verantwortenden neuen

---

[113] Siehe Statistisches Jahrbuch für Bayern 1955. 25. Jg., hg. v. Bayer. Statist. Landesamt, München 1955, S. 194; Statist. JB Bayern 1958 (wie Anm. 112), S. 253.

[114] Siehe Kornrumpf, Bayern (wie Anm. 30), S. 48f., 262f.; N. N., Flüchtlingslager in Bayern, in: Arbeit und Wirtschaft in Bayern 29, 1974, Nr. 3/74, S. 35f.; siehe auch Fruhmann, Untersuchungen (wie Anm. 19), S. 41.

[115] Siehe Fruhmann, Untersuchungen (wie Anm. 19), S. 63; ders., Die Eingliederung der Heimatvertriebenen in den Raum Sulzbach-Rosenberg, in: Flucht und Vertreibung Sulzbach-Rosenberg (wie Anm. 108), S. 31–56, hier: S. 35–37.

[116] Bekanntestes oberpfälzisches Beispiel einer Vertriebenensiedlung ist die auf einem ehemaligen Militärflugplatzgelände errichtete Ortschaft Neutraubling; siehe Maier, Tullio, Eingliederung (wie Anm. 52), S. 93–98, 161–169. Zum Vertriebenenwohnungsbau in der Oberpfalz siehe auch Fruhmann, Untersuchungen (wie Anm. 19), S. 54–69; ders., Eingliederung (wie Anm. 115), S. 35–38; Houswitschka, Integration (wie Anm. 23), S. 145–151; Heigl, Integration (wie Anm. 9), S. 56f.; Eingliederung Cham (wie Anm. 70), S. 58–61; Hans Pietsch, Wohnungsbau und Wohnungselend in Weiden/Opf., in: Dokumentation Weiden/Neustadt (wie Anm. 23), S. 36f.; Richard Schober, Zur Eingliederung der Heimatvertriebenen im Alt-Landkreis Neustadt a. d. Waldnaab, ebd. S. 38–43, hier: S. 39–41; Walter Pleyer, Zur Eingliederung der Heimatvertriebenen im Alt-Landkreis Eschenbach i. d. Oberpfalz, ebd. S. 57–59. Siehe ferner Jaenicke, Betreuung (wie Anm. 24), S. 26–31. Zum kirchlichen Wohnungsbau in Bayern nach 1945 siehe Robert Ernst Simon, Wohnungsbau ist heute in Wahrheit Dombau. Katholische Kirche und Wohnungsbau in Bayern 1945–1955 (Einzelarbeiten aus der Kirchengeschichte Bayerns 70), Neustadt (Aisch) 1995, insbes. S. 174–198; Mona Langen, Evangelischer Wohnungsbau in Bayern. Innerkirchliche Diskussion und Durchführung bis 1957 (Einzelarbeiten aus der Kirchengeschichte Bayerns 72), Neustadt (Aisch) 1997, insbes. S. 213–219, 265.

[117] ak., Flüchtlinge helfen sich selbst, in: DnT/AM, 26.3.1947, S. 4.

[118] kl., Ausgewiesene werden bodenständig, in: DnT/AM, 1.5.1948, S. 6.

Grenzen und ethnischen Verhältnisse in einer Zeit, als die einstigen Partner der antideutschen Ost-West-Kriegskoalition längst zu Gegnern geworden waren, von ihr so wenig wie von den Vertriebenen rückgängig gemacht werden konnten. Deshalb drängte sie darauf, die Ausgewiesenen möglichst zügig in ihrer neuen Umgebung zu verwurzeln, und wandte sich gegen jedwede Neigung zu Nabelschau, Abkapselung und Irredentismus bei den Vertriebenen, aber auch gegen Ausgrenzungstendenzen von seiten der Einheimischen[119]. Eigene Vereine der Vertriebenen wurden von den Besatzungsmächten und den ihren Weisungen unterworfenen deutschen Behörden allenfalls insoweit zugelassen, als es sich um religiöse[120] oder sich dezidiert „unpolitisch" gebende Vereinigungen handelte[121]. Die Bildung von Flüchtlingsparteien wurde infolgedessen rigoros unterbunden[122].

Presse und Politik machten sich diese Tendenz zu eigen und lancierten Losungen wie *Richtet Euer Leben so ein, als gäbe es kein Zurück mehr*[123], *Den Gedanken an eine Rückführung möge man sich als aussichtslos ... aus dem Kopf schlagen*[124] oder

---

[119] Siehe etwa Cumulative Quarterly Historical Reports der Militärregierung Sulzbach-Rosenberg vom 10.10.1947 und 20.4.1948 sowie Annual Report derselben Dienststelle vom 4.8.1948, in: StA AM, OMGUS 9 73–1 31. Im Zusammenhang mit „Eingewöhnungsproblemen" sei hier der kuriose Vermerk im Cumulative Quarterly Historical Report derselben Dienststelle vom 1.6.1947 (ebd.) zitiert, der sich auf Klagen von Flüchtlingen, das Programm von Radio München betreffend, bezieht: *Refugee Germans complain there is too much Bavarian Yodler music on station*. Siehe außerdem Henke, Weg (wie Anm. 14); Foschepoth, Potsdam (wie Anm. 14); Everhard Holtmann, Jutta Beyer, Gebremste Radikalität, verspätete Politisierung. Protesthaltung und neue Bodenständigkeit der Ostvertriebenen 1945–1950. Nordrhein-Westfalen und Bayern im lokalen Vergleich, Erlangen, Nürnberg 1988, S. 4f.; Bauer, Flüchtlinge (wie Anm. 11), S. 74–76.

[120] Ein bekanntes Beispiel ist die im Januar 1946 gegründete sudetendeutsche Ackermann-Gemeinde; siehe Bernhard Piegsa, Auf der Gratwanderung zwischen „Verzichtlertum" und „Revanchismus". Die Geschichte der katholischen „Sudetendeutschen Ackermann-Gemeinde", in: Endres, vierter Stamm (wie Anm. 2), S. 119–168; Heigl, Integration (wie Anm. 9), S. 112.

[121] Um sich gegen Verbote zu wappnen, wurde der „unpolitische" Charakter von manchen der frühen Vertriebenenvereinigungen und -wahllisten oft reichlich verkrampft betont; siehe Förderungsverband für Eingliederung der Flüchtlinge, Oeffentliche Flüchtlingsversammlung, in: MBl SuRo 4, 1948, Nr. 37 (11.9.1948), S. 2; os., Flüchtlinge wollen ihre Interessen selbst vertreten, in: DnT/AM, 23.9.1948, S. 5. Auch die ab 1948 entstehenden Landsmannschaften bekräftigten zunächst die „rein kulturelle Aufgabe" unter Hintansetzung politischer Ziele; siehe lm., Die Sudetendeutschen trafen sich, in: DnT/AM, 21.9.1948, S. 6; os., Ziel: Eingliederung der Flüchtlinge, in: SRZ, 14.10.1948, S. 6. Recht schnell gab man aber auch dort diese äußerliche politische Abstinenz auf; siehe os., Pflege und Erhaltung der sudetendeutschen Kultur- und Volkstumswerte, in: SRZ, 26.10.1948, S. 8. – Siehe ferner Fruhmann, Untersuchungen (wie Anm. 19), S. 34, 36, 149–154; Bauer, Flüchtlinge (wie Anm. 11), S. 266–280; Neumann, Medien (wie Anm. 57), S. 84–95; vgl. außerdem Holtmann, Beyer, Radikalität (wie Anm. 119), S. 42–66.

[122] In Sulzbach-Rosenberg wurde im Juni 1946 ein Versuch, eine Flüchtlingspartei zu gründen, von Militärregierung und Landrat abgeblockt (Rudolf Deku an Militärregierung Sulzbach-Rosenberg, 21.6.1946, in: StA AM, BA SUL 8033; ders., Monatsbericht an Regierung von Niederbayern und der Oberpfalz, 25.6.1946, in: StA AM, BA SUL 5069: *Den Versuch der Flüchtlinge, eine eigene Flüchtlingspartei zu gründen, habe ich im Einvernehmen mit der Militärregierung abgelehnt, da ich glaube, daß es unsere Aufgabe ist die Flüchtlinge in die Volksgemeinschaft einzugliedern und nicht durch Gründung einer eigenen Partei den Zustand zu verewigen*.) Wahrscheinlich stand diese Initiative in Verbindung mit dem zu gleicher Zeit im niederbayerischen Mainburg unternommenen und ebenfalls unterbundenen Versuch, eine „Wirtschaftliche Flüchtlingspartei" für Ostbayern zu gründen; siehe Wolfgang Benz, Parteigründungen und erste Wahlen, in: Benz, Neuanfang (wie Anm. 25), S. 9–35, hier: 21f.

[123] Watsché Abeghian, Große Flüchtlings-Hilfsaktion, in: DnT/AM, 24.5.1947, S. 1.

[124] os., Finanzministerium vergab das „Schloß", in: DnT/AM, 14.8.1948, S. 7.

Ihr seid Amberger und Ihr bleibt es auch![125]. Damit traten sie zugleich den schon frühzeitig von den Ausgewiesenen erhobenen – aussichtslosen – Forderungen nach Rückkehr in die Heimat und Wiederherstellung der deutschen Staatsgrenzen von 1937[126] entgegen.

Aber vielleicht hatte es auch sein Gutes, daß die Vertriebenen in der Zeit der allergrößten Not vor 1949 ihre verständliche Verbitterung nur mit großen Einschränkungen in die Politik hineintragen konnten. Die durchaus auch in der Oberpfalz zu beobachtenden Ausbrüche von Unmut und Wut unter den des Hungerns, Frierens und Bettelns in einer nur zu oft abweisenden Fremde Überdrüssigen sprechen für sich. Ein Zeitungsbericht vom 4. September 1948 zitiert die drohende Äußerung eines Vertriebenen: *Wir haben nichts mehr zu verlieren, höchstens noch zu gewinnen. Warum soll es den anderen besser gehen als uns? Sie sollen es auch spüren, was es heißt, nichts mehr zu besitzen*, und den Kommentar des bekannten schlesischen Jesuitenpaters und Predigers Johannes Leppich von einem Besuch in Amberg: *Es wird eine Revolution kommen aus Bunkern und Baracken, wenn nicht geholfen wird*[127]. Auch lassen einige durchaus nicht mehr „unpolitisch" klingende Namen von Listen zur Wahl von Flüchtlingsvertrauensleuten im Dezember 1947 die „Glut" unter der „Asche" des erzwungenen „Unpolitischseins" erahnen[128].

Nachdem sich ab 1948/49 die Lage langsam, aber doch erkennbar zu bessern begann, konnte es gewagt werden, die „Neubürger" aus der weitgehenden politischen „Entmündigung" zu entlassen. Eine denkbare politische Radikalisierung und „Ghettobildung" der Vertriebenen blieb in der Folgezeit aus – Gruppierungen, die sich dezidiert und mitunter radikal als „Vertriebenenparteien" gerierten, wie die populistische „Wirtschaftliche Aufbauvereinigung" (WAV) oder der „Block der Heimatvertriebenen und Entrechteten" (BHE), kamen in der Oberpfalz wie in ganz Bayern nicht über ephemere Achtungserfolge in den späten vierziger und den fünfziger Jahren hinaus[129]. Wie viel es zum politischen und sozialen Frieden in Nachkriegsdeutschland beitrug, daß den entwurzelten, gedemütigten und beraubten Menschen aus dem Osten in einem guten Jahrzehnt weithin ordentliche Lebensbedingungen geschaffen werden konnten, mag der direkte Vergleich mit dem Schicksal der Araber zeigen, die nach 1949 Israel in Richtung Syrien, Jordanien, Ägypten oder Irak verließen. Jahrzehnte-

---

[125] ak., „Ihr seid Amberger und bleibt es!", in: DnT/AM, 27.8.1947, S. 4.
[126] ak., Volkstum ist kein Hemd, das man wechseln kann, in: DnT/AM, 8.3.1947, S. 6.
[127] kl., 18 Personen leben in einem Raum (wie Anm. 108). Siehe auch os., „Stellt unsere Geduld nicht zu lange auf die Probe!" (wie Anm. 69), wo ebenfalls von Drohungen die Rede ist, daß der Tag kommen werde, *wo wir nicht mehr bitten*. Vgl. auch Pscheidt, Flüchtlingslager (wie Anm. 104), S. 264–270 (zur „Lagerrevolte" in Dachau 1948).
[128] Siehe etwa N. N., Geringe Wahlbeteiligung, in: DnT/AM, 10.12.1947, S. 4 (in Amberg: „Heimatland", „Heimat und Recht"); Herbert Seyschab, Wahl der Flüchtlingsvertrauensleute, in: MBl SuRo 3, 1947, Nr. 51 (20.12.1947), S. 2 (in Sulzbach-Rosenberg: „Heimatrecht", „Menschenwürde", „Gleichberechtigung").
[129] Siehe Fruhmann, Untersuchungen (wie Anm. 19), S. 149–154; Houswitschka, Integration (wie Anm. 23), S. 207–218; Bauer, Flüchtlinge (wie Anm. 11), S. 269f., 279f. Zu den beiden genannten Parteien: Hans Woller, Die Wirtschaftliche Aufbau-Vereinigung, in: Parteien-Handbuch. Die Parteien der Bundesrepublik Deutschland 1945–1980, hg. v. Richard Stöss, Bd. II: FDP bis WAV, Opladen 1984, S. 2458–2481; Richard Stöss, Der Gesamtdeutsche Block/BHE, ebd. S. 1424–1459.

lang blieben sie nicht zuletzt aus politischem Kalkül der Regierungen ihrer Gastgeberländer großenteils in notdürftigen Lagern untergebracht – wodurch die palästinensische Irredenta am Leben erhalten wurde, die entscheidend zu der bis in die jüngste Zeit andauernden Bedrohung Israels beigetragen hat[130].

Im Zusammenhang mit dem Vertriebenenwohnungsbau in der Oberpfalz ist noch zu erwähnen, daß Amberg hier zeitweilig eine Modellfunktion innehatte. Ein im November 1948 gegründeter Verein „Bauhilfe" bildete eine Solidargemeinschaft von Mietern, Bauherren und der Stadt Amberg, die sich als überaus leistungsfähig und erfolgreich erwies, so daß die „Amberger Lösung" zeitweilig zu einem überregional geläufigen Schlagwort wurde[131].

8. Der Anteil der Neubürger am wirtschaftlichen und kulturellen Fortschritt in der Oberpfalz

In der Anfangszeit schienen sich die Einheimischen von den verarmten, geschwächten, großenteils aus Städten und aus „qualifizierten Berufen" kommenden Flüchtlingen wenig zu erhoffen, die zu schwerer Arbeit, sei es in der Landwirtschaft, im westoberpfälzischen Bergbau oder in den großen Eisenhüttenwerken, oft kaum taugten[132]. Umgekehrt kamen sich viele Vertriebene um Jahre zurückversetzt vor, denn in Industrie, Handwerk, Landwirtschaft und Lebensstandard wies die Oberpfalz gegenüber dem deutschen Osten manches Defizit auf, was der angestammten Bevölkerung dieser *steinige(n) Gegend* durchaus auch bewußt war[133]. Die auf dem Lande untergebrachten Vertriebenen – vor allem jene, die vor der Ausweisung nicht in der Landwirtschaft tätig waren und möglichst in ihre alten Berufe zurückkehren wollten – drängten in die Städte oder zumindest in Orte, die verkehrsgünstig zur nächstgelegenen Stadt mit angemesseneren Arbeitsmöglichkeiten lagen. Dabei nahmen sie in Kauf, eine ordentliche Wohnung auf dem Lande einstweilen gegen eine Lagerwohnung in der Stadt einzutauschen[134]. Wer es verstand, Raum und Kapital zusammenzutragen und sich gegen widerspenstige einheimische Handwerks- oder Handelskam-

---

[130] Siehe Rolf Tophoven, Die Entstehung des Palästinenser-Problems, in: ders., Der israelisch-arabische Konflikt (Kontrovers), Bonn ⁵1991, S. 59, 61; Wolfgang Benz, Fünfzig Jahre nach der Vertreibung. Einleitende Bemerkungen, in: Benz, Vertreibung (wie Anm. 1), S. 8–13, hier: S. 12.

[131] Siehe Fruhmann, Untersuchungen (wie Anm. 19), S. 62.

[132] Siehe os., „Stellt unsere Geduld nicht zu lange auf die Probe!" (wie Anm. 69); Lee A. Proper (Direktor der Militärregierung Sulzbach-Rosenberg) an Militärregierung für Bayern (OMGB), 16.9.1947, in: StA AM, OMGUS 9 73–1 37; Bauer, Flüchtlinge (wie Anm. 1), S. 353f.

[133] Siehe os., „Stellt unsere Geduld nicht zu lange auf die Probe!" (wie Anm. 69); siehe auch Fruhmann, Untersuchungen (wie Anm. 19), 32f.; Maier, Tullio, Eingliederung (wie Anm. 52), S. 23–35; de Zayas, Anglo-Amerikaner (wie Anm. 1), S. 190. Erwähnenswert ist in diesem Zusammenhang, daß in dem vergleichsweise wenig „industrieerfahrenen" Bayern bis Ende 1947 31,9 % der neuzugelassenen Industriebetriebe – und 23,7 % der neuzugelassenen Betriebe insgesamt – von Flüchtlingen gegründet worden sind. Zu erinnern ist daran, daß der Vertriebenenanteil in Bayern bei der Volkszählung 1946 19 % betragen hatte. Siehe O. Tolveth, Neuzugelassene Betriebe in Industrie und Handel, in: Bayern in Zahlen 2, 1948, S. 53f.

[134] Siehe os., 33 % der Bevölkerung sind Flüchtlinge, in: SRZ, 8.1.1949, S. 8; Kornrumpf, Bayern (wie Anm. 30), S. 45f.; ferner Walter Titze an Landrat des Landkreises Sulzbach-Rosenberg, Besondere Verhältnisse der Flüchtlinge und Evakuierten, 23.3.1949, in: StA AM, BA SUL 5072.

mern und Behörden zu behaupten, ging daran, sich im eigenen Interesse und zum Nutzen des Gastgeberlandes eine neue Existenz aufzubauen. Durch ihre Arbeit erwarben sich viele Vertriebene die Achtung der Einheimischen, die ihnen zunächst vorenthalten worden war[135].

So erfuhr auch die oberpfälzische Wirtschaft eine nicht unbeachtliche Bereicherung durch neue Gewerbszweige und Unternehmen. Genannt seien hier die Haida-Steinschönauer Glasindustrie in Vohenstrauß[136], die Königsberger Möbeltischler (aus Königsberg im Egerland!) in Eschenbach[137] sowie die Kristallglasfabrik Amberg. Letztere war der einzige Erfolg einer 1946 vom Bayerischen Staatsministerium für Arbeit und Wirtschaft gestarteten Initiative, die deutschböhmische Glasindustrie im Raum Amberg mit seinen reichen Quarzsandvorkommen (namentlich bei Hirschau) zusammenzuziehen. Die Wohnungs- und Raumnot in Stadt und Kreis Amberg vereitelte das ehrgeizige Unternehmen[138]. Ebenfalls zu den Vorzeigeexemplaren der Vertriebenenarbeit in der Oberpfalz gehören die Firma „Müllers Karlsbader" in Neutraubling[139], das Bauunternehmen Markgraf in Immenreuth bei Kemnath[140], die Großbäckerei Erich Brunner (heute „Brunner Bäcker") in Weiden[141] oder ALPA in Cham[142]. Darüber hinaus waren es vor allem eine große Zahl mittelständischer Unternehmen der unterschiedlichsten Art, die die Oberpfalz wirtschaftlich bereicherten und modernisierten[143]. Eine Episode blieb indes der 1946/47 unternommene Versuch,

---

[135] Siehe Falkert, Integration (wie Anm. 61), S. 91. Siehe außerdem os., 185 Lizenzerteilungen seit 1945 (wie Anm. 65). Hiernach wurden allein in Sulzbach-Rosenberg seit 1945 80 der insgesamt 185 Gewerbelizenzen an Flüchtlinge und Vertriebene vergeben; im Einzelhandel standen sogar 18 Lizenzen an Einheimische 23 an Neubürger gegenüber. Und nach NT, Handwerkskammer (wie Anm. 65) gingen von 1945 bis Frühjahr 1948 1100 der 2000 Gewerbegenehmigungen in der Oberpfalz an Umsiedler. Viele dieser Unternehmen waren allerdings nur kurzlebig (siehe etwa Fruhmann, Untersuchungen [wie Anm. 19], S. 133f.; ders., Eingliederung [wie Anm. 115], S. 40–44). Dies erklärt auch, daß (bayernweit) 1950 nur (mehr) 9,1 % aller Unternehmen ganz oder überwiegend in der Hand von Vertriebenen waren; in diesen Betrieben waren 7,4 % aller Beschäftigten tätig (errechnet nach Vertriebene BRD 1946–1953 [wie Anm. 53], S. 109). Von jenen, die in ihrer Heimat selbständig waren (auch im land- und forstwirtschaftlichen Bereich), hatten bis Anfang 1955 nur 32,1 %, von den einst land- und forstwirtschaftlich Tätigen gar nur 8,2 % diesen Status wieder erreicht (siehe Maier, Tullio, Eingliederung [wie Anm. 52], S. 27).

[136] Siehe Bärbel Dusik, Die Haida-Steinschönauer Glasindustrie, in: Prinz, Integration (wie Anm. 104), S. 464–481; Josef Steiner, Die Haida-Steinschönauer Glasindustrie im Kreis Vohenstrauß, in: Dokumentation Weiden/Neustadt (wie Anm. 23), S. 54–56.

[137] Siehe Thomas Schmidt, Die Ankunft der Heimatvertriebenen sowie deren erste Jahre in Eschenbach/OPf., unveröff. Facharbeit, Gymnasium Eschenbach 1980.

[138] Siehe Fruhmann, Untersuchungen (wie Anm. 19), S. 138–140.

[139] Siehe Johann Schellerer, Die Aufbauarbeit der Heimatvertriebenen im Landkreis Regensburg, Diss. phil. Univ. Regensburg 1990, S. 148–158; Maier, Tullio, Eingliederung (wie Anm. 52), S. 95f.

[140] Siehe Houswitschka, Integration (wie Anm. 23), S. 191f.; Maier, Tullio, Eingliederung (wie Anm. 52), S. 76f. Seit 1967 befindet sich der Sitz der Firma in Bayreuth.

[141] Siehe August Steinfeld, Sudetendeutsche Landsmannschaft – Kreisgruppe Weiden i. d. OPf., in: Dokumentation Weiden/Neustadt (wie Anm. 23), S. 65–80, hier: S. 76.

[142] Siehe Eingliederung Cham (wie Anm. 70), S. 71.

[143] Siehe Fruhmann, Untersuchungen (wie Anm. 19), S. 124–147; ders., Eingliederung (wie Anm. 115), S. 40–44; Schellerer, Aufbauarbeit (wie Anm. 139), S. 111–147; Houswitschka, Integration (wie Anm. 23), S. 183–191; Eingliederung Cham (wie Anm. 70), S. 67–71; Heigl, Integration (wie Anm. 9), S. 83–89; Steinfeld, Landsmannschaft (wie Anm. 141), S. 76–78.

im Raum Sulzbach-Rosenberg ein Zentrum der Spitzenklöppelei und Handschuhmacherei zu schaffen[144].

In anderer Hinsicht bereichert wurde die Stadt Eschenbach, die dank der Initiative von Vertriebenen erst zu einem Sitz angesehener weiterführender Schulen wurde. Hier war es das sudetendeutsche Studienratsehepaar Langhans, das im Juli 1948 gemeinsam mit dem einheimischen Steuerberater Otto Bogendörfer die Gründung einer privaten Realschule in die Wege leitete. Ein Bedarf hierfür war durchaus vorhanden. Denn der Landkreis Eschenbach war verkehrsmäßig schlecht erschlossen; Zug- und Busverbindungen waren mangelhaft. Plätze in den Schülerwohnheimen der höheren Schulen wiederum waren knapp und teuer, die Aufnahmefähigkeit der Schulen selbst begrenzt. Eine weiterführende Schule vor Ort würde begabten Kindern in Eschenbach und Umgebung den Zugang zu einer höheren Schulbildung erleichtern, ja in vielen Fällen überhaupt erst eröffnen. Anfänglichen Vorbehalten konservativer Honoratioren der kleinen Stadt konnten die Initiatoren mit der positiven Resonanz begegnen, die das Vorhaben in der Bevölkerung fand. So setzten sie schließlich mit Unterstützung von Bürgermeister, Landrat und Kultusministerium ihr Projekt durch. Nachdem Kultusminister Alois Hundhammer „grünes Licht" gegeben hatte – „Da fangt's halt an!" soll er den damaligen Eschenbacher Landrat Josef Prüschenk lapidar verbeschieden haben –, konnte die „Private Realschule" bereits am 20. September 1948 ihren Unterrichtsbetrieb aufnehmen. Anfangs allein von einem Schulverein und durch das von den Eltern zu entrichtende Schulgeld getragen, ab 1949 jedoch in wachsendem Maße auch staatlicherseits unterstützt, wurde sie 1958 zur Oberrealschule erhoben, 1960 verstaatlicht und besteht als „Staatliches Gymnasium" (seit 1965) bis heute[145]. Ein Jahr nach der Gründung der Realschule, im September 1949, erhielt Eschenbach seine „private zweijährige Handelsschule" – die heutige (seit 1975) „Staatliche Wirtschaftsschule". Gründerväter auch hier: zwei Vertriebene – Studienrat Erhard Engel und Dr. Viktor Kuntschik[146]. Auch die 1950 gegründete Realschule in Neustadt (Waldnaab) verdankt ihr Dasein der Initiative von Heimatvertriebenen[147].

---

[144] Rudolf Deku, Bericht über allgemeine Verwaltungsfragen an den Regierungspräsidenten von Niederbayern und Oberpfalz, 21.8.1946, in: StA AM, OMGUS 9 73–2 22; ders., Report covering the period from 1 June 1946 to 1 June 1947 an Militärregierung Sulzbach-Rosenberg, ebd. Nach Landrat Dekus Amtsenthebung im September 1947 finden sich keine Hinweise mehr darauf, daß das Projekt noch weiter betrieben worden sei.
[145] Zur Geschichte des Gymnasiums siehe die Festschrift 50 Jahre Gymnasium Eschenbach 1948–1998, Eschenbach o. J. (1998); sowie unveröffentlichte Aufzeichnungen und mündliche Auskünfte von Herrn Edmund Langhans, Eschenbach.
[146] Siehe Rudolf Strempel, Wirtschaftsschule Eschenbach, in: Heimat Landkreis Neustadt an der Waldnaab, hg. v. Landkreis Neustadt an der Waldnaab, Neustadt (WN) o. J. (1993), S. 231f.
[147] Siehe Gerhard Hecht, Wichtige Bildungsstätte mit fürstlichem Namen: Die Lobkowitz-Realschule, in: Heimat Landkreis Neustadt an der Waldnaab (wie Anm. 146), S. 226f.; Flögel, Landsmannschaft (wie Anm. 23), S. 96.

9. Schlußbetrachtung

Werfen wir abschließend noch einen Blick auf die weitere Entwicklung. Die Zahl der Ausgewiesenen und Flüchtlinge war in der Oberpfalz bis zur Volkszählung vom 13. September 1950 noch auf 186 499 angestiegen – davon 98 205 Sudeten- und Karpatendeutsche sowie 56 869 Schlesier –, was einem Bevölkerungsanteil von 20,8 % entsprach. Damit lag die Oberpfalz hinsichtlich des Vertriebenenanteils an vierter Stelle der bayerischen Regierungsbezirke.

In den fünfziger Jahren verminderte sich die Vertriebenenbevölkerung in der Oberpfalz dann infolge innerbayerischer und innerbundesrepublikanischer Wanderungen und Umsiedlungen[148]. In der Oberpfalz lebten Ende 1960 noch 156 953 Heimatvertriebene gleich 17,8 % der Bevölkerung; damit war die Vertriebenenbevölkerung gegenüber 1950 um 15,8 % zurückgegangen und die Oberpfalz hinsichtlich der Vertriebenenquote auf den fünften Platz zurückgefallen.

Tabelle 6: Vertriebenenanteile in den bayerischen Regierungsbezirken und in der BRD 1950 und 1960[149]

	1 Vertriebene 13.9.1950 (Anteil an Gesamtbevölkerung in %)	2 Vertriebene 31.12.1960 (Anteil an Gesamtbevölkerung in %)	3 Anteil der Vertriebenenbevölkerung des Regierungsbezirkes an der Gesamt-Vertriebenenbevölkerung Bayerns 1950 in %	4 Anteil der Vertriebenenbevölkerung des Regierungsbezirkes an der Gesamt-Vertriebenenbevölkerung Bayerns 1960 in %	5 Anteil der Gesamtbevölkerung des Regierungsbezirkes an der Gesamtbevölkerung Bayerns 1950 in %	6 Anteil der Gesamtbevölkerung des Regierungsbezirkes an der Gesamtbevölkerung Bayerns 1960 in %	7 Rückgang (-) oder Wachstum (+) der Vertriebenenbevölkerung von 1950 bis 1960 in %
Oberpfalz	186 499 (20,8)	156 953 (17,8)	9,7	8,7	9,8	9,3	-15,8
Niederbayern	264 186 (24,4)	168 461 (17,5)	13,7	9,4	11,8	10,1	-36,2
Oberbayern	489 757 (19,9)	530 213 (19,2)	25,3	29,5	26,7	29,2	+8,3
Oberfranken	262 021 (23,5)	221 555 (20,6)	13,6	12,3	12,1	11,3	-15,4
Mittelfranken	230 373 (17,9)	250 706 (18,3)	11,9	13,9	14,0	14,4	+8,8
Unterfranken	173 024 (16,7)	163 348 (15,1)	9,0	9,1	11,3	11,4	-5,6
Schwaben (mit Lindau)	326 465 (24,9)	308 461 (22,8)	16,8	17,1	14,3	14,3	-5,5
Bayern (mit Lindau)	1 932 325 (21,0)	1 799 697 (19,0)					-6,9
BRD[150]	7 829 609 (16,4)	9 697 300 (18,4)					+23,9
Westsektoren Berlins	148 017 (6,9)	175 000 (8,0)					+18,2

Das östliche Bayern, und mit ihm die Oberpfalz, war damit kein „überbelegtes" Hauptaufnahmegebiet mehr; Wanderung und Umsiedlung hatten eine Nivellierung der Verhältnisse in Bayern bewirkt.

Überdurchschnittlich stark von der Vertriebenenabwanderung betroffen – einer Wanderung nicht nur über die oberpfälzischen und bayerischen Grenzen hinaus, sondern auch, dem arbeitsmarktbedingten allgemeinen Trend folgend, vom „Land" in die Städte – war der karge, grenznahe Osten und Norden der Oberpfalz (Oberpfälzer Wald, Steinwald)[151]. Ein Gleiches gilt für die zeitweilig weit überdurchschnittlich belegten, strukturschwachen Kreise Beilngries und Riedenburg[152] sowie für den Kreis Parsberg, wo sich ja Ansiedlungsprojekte auf dem Truppenübungsplatzgelände Hohenfels zerschlagen hatten. Von zehn Landkreisen, deren Vertriebenenanteil 1960 über dem Durchschnitt aller Oberpfälzer Landkreise lag, waren noch fünf Grenzkreise oder Anrainer von Grenzkreisen (1950 waren sieben der elf überdurchschnittlich mit Vertriebenen besiedelten Kreise „grenznah").

---

[148] Zwischen 1949 und 1969 wurden in vier Umsiedlungsprogrammen aus Schleswig-Holstein, Niedersachsen und Bayern – den drei Ländern mit einem über dem Durchschnitt aller Bundesländer liegenden Vertriebenenanteil – rund 1,03 Millionen Vertriebene in andere Bundesländer umgesiedelt, davon 265 077 aus Bayern, um eine ausgeglichenere Verteilung der Vertriebenen innerhalb der BRD zu erreichen. Hinzu kam in wachsendem Maße die freie Wanderung innerhalb Bayerns und über die Landesgrenzen hinaus. Siehe Bundesministerium für Vertriebene, Flüchtlinge und Kriegsgeschädigte, Geschäftsstatistik über die Umsiedlung. Stand: 30. Juni 1969, in: BArch KO, B 150/6252; Statistisches Bundesamt, Statistische Berichte VIII/6/1–40, 1949–1960; Müller, Simon, Aufnahme (wie Anm. 24), S. 391–410; Werner Nellner, Die Wanderungen der Vertriebenen im Bundesgebiet – Voraussetzung für ihre wirtschaftliche Eingliederung, in: Aus Trümmern wurden Fundamente. Vertriebene/Flüchtlinge/Aussiedler. Drei Jahrzehnte Integration, hg. v. Hans Joachim von Merkatz, Düsseldorf 1979, S. 35–68; Fruhmann, Untersuchungen (wie Anm. 19), S. 52f.; Houswitschka, Integration (wie Anm. 23), S. 138f.

[149] Quellen: Bayer. Statist. Landesamt, Volks- und Berufszählung 1950 (wie Anm. 51), S. 140, 150f.; Vertriebene BRD 1946–1953 (wie Anm. 53), S. 14–19; Statistisches Jahrbuch für die Bundesrepublik Deutschland 1952, Stuttgart/Köln 1952, S. 24; jeweils Zahlen der Volkszählung vom 13.9.1950 (unter „Heimatvertriebene" gerechnete Zahlen für Zuwanderer aus dem Saarland – vgl. Statistisches Jahrbuch für die Bundesrepublik Deutschland 1962, Stuttgart/Mainz 1962, S. 51 [Anm. 1 zu Tab. 17] – wurden subtrahiert); Vertriebene in Bayern. Stand: 31. Dezember 1960 (= Statistische Berichte des Bayer. Statist. Landesamts A I 1/S – vj. 4/60, 21.3.1961), S. 1. Auf eine Wiedergabe der nicht unmittelbar vergleichbaren Zahlen der DDR-Umsiedlerstatistik zur Volkszählung vom 31.8.1950 wurde verzichtet.

[150] Auch 1960 ohne Berücksichtigung des 1957 an die BRD angegliederten Saarlandes, da es sich bei den Zahlen von 1960 um Fortschreibungen der Ergebnisse der BRD-Volkszählung vom 13.9.1950 handelt, die im damaligen autonomen Saarland nicht durchgeführt worden war.

[151] So weist etwa ein Aktenvermerk des Bayerischen Landeszuzugsamtes vom 11.7.1952 (in: BayHStA, LFV 1168) darauf hin, daß allein von 1949 bis zum 30.6.1952 aus den Kreisen Tirschenreuth, Neustadt (Waldnaab), Vohenstrauß, Oberviechtach, Waldmünchen und Cham im Rahmen der sogenannten „äußeren" (d. h. länderübergreifenden) Umsiedlung 781 Vertriebene nach Nordrhein-Westfalen, 4155 in andere Länder umgesiedelt wurden und weitere 430 Umsiedlungswillige noch auf ihre Abberufung nach Nordrhein-Westfalen warteten. Damit hatten bereits damals etwa 11,4% der am 29.10.1946 gezählten Vertriebenen dieser Grenzkreise die Gelegenheit genutzt, durch die Teilnahme an der staatlich geförderten „Bundesumsiedlung" dieses Gebiet zu verlassen.

[152] Der Hauptausschuß der Flüchtlinge und Ausgewiesenen wies in einem Schreiben an das Bayerische Landeszuzugsamt vom 19.7.1950 (in: BayHStA, LFV 1164) darauf hin, daß im Landkreis Riedenburg keinerlei Industrie vorhanden sei und die Arbeitslosenquote unter den Vertriebenen mithin 70 bis 75% betrage.

Tabelle 7: Vertriebene in den Kreisen der Oberpfalz 1950 und 1960[153]

	1 Vertriebene 13.9.1950 (Anteil an Gesamtbevölkerung in %)	2 Vertriebene 31.12.1960 (Anteil an Gesamtbevölkerung in %)	3 Rückgang (-) oder Wachstum (+) der Vertriebenenbevölkerung seit 1950 in %	4 Einwohner je Wohnraum 13.9.1950 Gesamtbevölkerung (Vertriebenen- bevölkerung)
Stadtkreise	37 795 (17,3)	48 935 (20,6)	+29,5	*1,34 (1,6)*
Amberg	7 343 (19,4)	9 692 (23,2)	+32,0	1,38 (1,7)
Neumarkt	1 216 (10,0)	2 504 (16,3)	+105,9	1,32 (1,4)
Regensburg	19 369 (16,5)	23 997 (19,4)	+23,9	1,32 (1,5)
Schwandorf	2 145 (16,0)	3 433 (21,6)	+60,0	1,38 (1,5)
Weiden	7 722 (20,5)	9 309 (23,0)	+20,6	1,35 (1,6)
Landkreise	148 704 (21,9)	108 018 (16,8)	-27,4	*1,49 (1,9)*
Amberg	10 414 (23,1)	7 694 (17,1)	-26,1	1,51 (2,0)
Beilngries	5 064 (25,9)	2 857 (17,9)	-43,6	1,39 (2,1)
Burglengenfeld	8 471 (20,2)	8 518 (18,7)	+0,6	1,49 (1,8)
*Kreis Burglengenfeld und Stadt Schwandorf	*10 616 (19,2)	*11 951 (19,4)	*+12,6	
Cham	9 775 (22,9)	5 929 (15,6)	-39,3	1,54 (2,0)
Eschenbach	8 710 (24,6)	6 794 (19,7)	-22,0	1,43 (1,8)
Kemnath	5 433 (23,4)	3 097 (14,7)	-43,0	1,58 (2,1)
Nabburg	6 735 (23,1)	4 811 (17,1)	-28,6	1,58 (2,0)
Neumarkt	6 843 (19,4)	5 719 (16,0)	-16,4	1,39 (2,0)
*Kreis und Stadt Neumarkt	*8 059 (17,0)	*8 223 (16,1)	*+2,0	
Neunburg	3 483 (18,4)	1 903 (11,7)	-45,4	1,50 (1,9)
Neustadt (Waldnaab)	11 450 (22,2)	10 123 (19,3)	-11,6	1,51 (1,9)
Oberviechtach	2 504 (15,3)	1 603 (11,2)	-36,0	1,46 (1,8)
Parsberg	7 625 (18,8)	4 164 (11,8)	-45,4	1,43 (1,9)
Regensburg	17 663 (21,0)	15 157 (18,1)	-14,2	1,48 (1,9)
Riedenburg	5 436 (26,3)	2 751 (16,5)	-49,4	1,48 (2,1)
Roding	6 407 (19,7)	3 773 (12,5)	-41,1	1,51 (2,0)
Sulzbach-Rosenberg	8 301 (25,4)	6 634 (20,4)	-20,1	1,39 (1,9)
Tirschenreuth	14 065 (23,2)	10 057 (17,8)	-28,5	1,49 (1,8)
Vohenstrauß	5 839 (20,7)	3 683 (15,0)	-36,9	1,63 (2,0)
Waldmünchen	4 486 (22,9)	2 751 (17,4)	-38,7	1,48 (1,9)
Oberpfalz	186 499 (20,8)	156 953 (17,8)	-15,8	1,45 (1,9)
Bayern (mit Lindau)	1 932 325 (21,0)	1 799 697 (19,0)	-6,9	1,33 (1,8)

Vor allem Vertriebene aus Schlesien und den anderen Oder-Neiße-Gebieten wanderten aus der Oberpfalz ab, insbesondere in das nordwestliche Deutschland. Neben der Aussicht auf Arbeit in den dortigen Industriegebieten mag hierbei auch eine Rolle gespielt haben, daß diese Menschen dort viele ihrer Landsleute wiederfanden, die entsprechend den alliierten Umsiedlungsplanungen in die britische Zone – das westdeutsche Hauptaufnahmegebiet für Vertriebene aus den Oder-Neiße-Gebieten – gelenkt worden waren[154]. Diese Abwanderung schwächte naturgemäß wiederum das evangelische Element in der Oberpfalz. Waren bei der Volkszählung 1950 28,2 % der in der Oberpfalz lebenden Vertriebenen evangelisch gewesen, so sank der protestantische Anteil an der Oberpfälzer Vertriebenenbevölkerung bis 1961 auf 25,1 %, bis 1970 auf 23,4 %. In absoluten Zahlen liest sich dieser Rückgang noch dramatischer: von 52 700 (1950) auf 39 520 (1970), was einem Rückgang um 25 % entspricht[155]. Zugleich sank der evangelische Anteil an der Gesamtbevölkerung der Oberpfalz: von 13,7 % (1950) über 12,5 % (1961) auf 12,0 % (1970)[156].

Die Sudetendeutschen, für die die Länder der amerikanischen Zone von Anfang an als „neue Heimat" vorgesehen waren[157], wurden 1962 zum „vierten Stamm Bayerns" – neben den alteingesessenen „Stämmen" der Baiern (Altbayern), Franken und Schwaben – erhoben[158]. Zwölf oberpfälzische Städte und Märkte übernahmen Patenschaften für Orte und Kreise im ehemaligen Sudetenland; die Stadt Regensburg 1951

---

[153] 1948/49 wurden die beiden Stadtkreise Schwandorf und Neumarkt wiederhergestellt (siehe Volkert, Handbuch [wie Anm. 33], S. 437, 532). Um den Vergleich mit den Zahlen für 1945/1946 (Tabelle 5) für die damaligen Kreise Burglengenfeld und Neumarkt zu ermöglichen, wurden in dieser Tabelle – soweit möglich – gemeinsame Zahlen für Kreis Burglengenfeld/Stadt Schwandorf und Kreis/Stadt Neumarkt hinzugefügt (mit * gekennzeichnet und *kursiv* gesetzt). – Quellen: Bayer. Statist. Landesamt, Volks- und Berufszählung 1950 (wie Anm. 51), S. 140, 143, 150f., 154f.; Vertriebene in Bayern (wie Anm. 149), S. 1, 3; Statist. JB Bayern 1952 (wie Anm. 53), S. 526, 530; Vertriebene BRD 1946–1953 (wie Anm. 53), S. 154.

[154] Siehe Fruhmann, Untersuchungen (wie Anm. 19), S. 157f.; Eingliederung Cham (wie Anm. 70), S. 85f. Zur Verteilung der Ostdeutschen auf die Besatzungszonen (mit Schwerpunkten auf der sowjetischen und der britischen Zone) siehe Plan zur Überführung (wie Anm. 50); Vertriebene BRD 1946–1953 (wie Anm. 53), S. 14–17; Reichling, Zahlen, II (wie Anm. 50), S. 30–33; Statistisches Jahrbuch der Deutschen Demokratischen Republik 1956. 2. Jahrgang, hg. v. d. Staatlichen Zentralverwaltung für Statistik, Berlin (Ost) 1957, S. 36.

[155] Siehe Statist. JB Bayern 1952 (wie Anm. 53), S. 27; Statistisches Bundesamt, Volkszählung vom 6. Juni 1961. Vorbericht 14. Vertriebene und Deutsche aus der sowjetischen Besatzungszone und dem Sowjetsektor von Berlin in den kreisfreien Städten und Landkreisen nach der Religionszugehörigkeit (Fachserie A: Bevölkerung und Kultur), Stuttgart/Mainz 1964, S. 36f.; Bayer. Statist. Landesamt, Stand und Gliederung der Bevölkerung in Bayern. Volkszählung am 27. Mai 1970. Teil 2. Ergebnisse aus dem Repräsentativteil der Zählung (Beiträge zur Statistik Bayerns 327b), München 1974, S. 12–14, S. 17.

[156] Siehe Statist. JB Bayern 1952 (wie Anm. 53), S. 25; Statistisches Jahrbuch für Bayern 1964. 28. Jg., hg. v. Bayer. Statist. Landesamt, München 1964, S. 15; Fruhmann, Untersuchungen (wie Anm. 19), S. 156; Bayer. Statist. Landesamt, Stand und Gliederung der Bevölkerung in Bayern (wie Anm. 155), S. 17. Dabei ist noch zu bemerken, daß 1961 17 945 bzw. 1970 19 850 Flüchtlinge und Zuwanderer aus der DDR und dem sowjetischen Sektor Berlins in der Oberpfalz ermittelt wurden, von denen 56,3 % bzw. 49,3 % evangelisch waren, wodurch die Verminderung des evangelischen Bevölkerungsanteiles abgemildert wurde; siehe Statist. Bundesamt, Volkszählung 1961. Vorbericht 14 (wie Anm. 155), S. 36f.; Bayer. Statist. Landesamt, Stand und Gliederung (wie Anm. 155), S. 17.

[157] Siehe Anm. 50.

[158] Siehe Houswitschka, Integration (wie Anm. 23), S. 296–298.

sogar für die gesamte sudetendeutsche Volksgruppe[159]. Mit diesen Patenschaften verpflichteten sich die Gemeinden, die Pflege des geschichtlichen und kulturellen Erbes der Gemeinden, Gebiete oder Volksgruppen, für die die Patenschaft übernommen wurde, in besonderer Weise zu fördern[160]. Die „Stadt der Sudetendeutschen"[161] Regensburg beherbergt eine Reihe von Einrichtungen zur Pflege deutschen Kulturgutes der Vertreibungsgebiete: so das 1970 eröffnete „Museum Ostdeutsche Galerie", das von einer Stiftung des Bundes, der Länder und der Stadt Regensburg getragen wird und schwerpunktmäßig Werke von Künstlern aus den Vertreibungsgebieten ausstellt[162]; ferner das 1958 gegründete, der katholischen Kirche nahestehende „Institut für ostdeutsche Kirchen- und Kulturgeschichte"[163] und das 1991 eröffnete, als Einrichtung des Bezirkes Oberpfalz betriebene „Sudetendeutsche Musikinstitut"[164]; und schließlich die „Sudetendeutsche Heimatortskartei"[165] sowie das „Sudetendeutsche Genealogische Archiv"[166].

Halten wir zum Schluß dieser tour d'horizon durch die Geschichte der Vertriebenenintegration in der Oberpfalz fest: Wenn die einstige Notstandsregion Oberpfalz in den letzten gut fünf Jahrzehnten ihren Weg „vom Armenhaus zur Aufsteigerregion"[167] zurückgelegt hat, so verdankt sie dies nicht zuletzt der Aufbauarbeit der Heimatvertriebenen, die aus der ihnen aufgezwungenen Situation das Beste für sich und für ihr Gastland zu machen verstanden. Wenngleich die Modernisierung der oberpfälzischen und bayerischen Wirtschaft selbstverständlich nicht allein den Vertriebenen zuzuschreiben ist, sondern dem allgemeinen Innovations- und Industrialisierungsschub folgte, der sich aus der Wieder- und Neuaufbausituation der Nachkriegszeit ergab, so ist doch die „stimulierende Funktion", die von den Vertriebenen ausging, nicht zu

---

[159] Dokumentiert in: In der Obhut Bayerns. Sudeten- und ostdeutsche Patenschaften im Freistaat Bayern, hg. v. Bayer. Staatsministerium für Arbeit und Sozialordnung, München 1989, S. 42f., 50f., 98–101, 134f., 166f., 170f., 188–192, 202f., 208–213, 222–225.

[160] Obhut (wie Anm. 159), S. 28–33.

[161] Seit 1951 von der Stadt geführte Bezeichnung; siehe Stiftung Ostdeutscher Kulturrat, Ostdeutsches Kulturgut in der Bundesrepublik Deutschland, bearb. v. Wolfgang Kessler, München (u. a.) 1989, S. 342 (Gl.-Nr. 10.0130).

[162] Diese Einrichtung ging ihrerseits aus der ab 1957 in Regensburg von der Stadt, der Sudetendeutschen Landsmannschaft und dem sudetendeutschen Kulturwerk „Adalbert-Stifter-Verein" aufgebauten „Sudetendeutschen Galerie" hervor. Siehe Betrifft: Eingliederung der Vertriebenen, Flüchtlinge und Kriegsgeschädigten in der Bundesrepublik Deutschland, Hg.: Der Bundesminister des Innern, Bonn 1982, S. 141, 150, 153f., 158; Kessler, Kulturgut (wie Anm. 161), S. 69f. (Gl.-Nr. 0.0515); Heigl, Integration (wie Anm. 9), S. 117; A. Fe., Museum Ostdeutsche Galerie, in: Museen in Bayern. Das bayerische Museumshandbuch, hg. v. d. Landesstelle für die nichtstaatlichen Museen in Bayern, München/Berlin ³2000, S. 363f.

[163] Siehe Kessler, Kulturgut (wie Anm. 162), S. 60f. (Gl.-Nr. 0.0440); N. N., Institut für ostdeutsche Kirchen- und Kulturgeschichte, Internet-URL: http://www.ahf-muenchen.de/Mitglieder/Institutionen/InstOstdeutKirchenKulturGesch.htm.

[164] Siehe N. N., Sudetendeutsches Musikinstitut, Internet-URL: http://www.bezirk-oberpfalz.de/htmls/einrichtungen/einrichtg_sudetenmusik.htm.

[165] Siehe Kessler, Kulturgut (wie Anm. 162), S. 379 (Gl.-Nr. 10.0820).

[166] Siehe Kessler, Kulturgut (wie Anm. 162), S. 356 (Gl.-Nr. 10.0480).

[167] Formulierung aus: Stephanie Schober, Girisch wettert: Politik nach Gutsherrenart, in: Mittelbayerische Zeitung, 7.1.2000 (zit. nach Mittelbayerische Zeitung, Online-Archiv im Onlinedienst donau.zet.net [http://www.donau.zet.net]).

übersehen[168]. Auch in anderer Hinsicht bewirkte der Zuzug der Ausgewiesenen eine „Auffrischung"; denn durch die Ehen, die manchen anfänglichen Vorbehalten auf beiden Seiten zum Trotz zwischen „Alteingesessenen" und „Zugereisten" geschlossen wurden, wurde dem in manchen Dörfern und Kleinstädten anzutreffenden Zustand generationenlangen „Heiratens untereinander" ein Ende bereitet. Es bleibt somit das Fazit, daß auch in der Oberpfalz, unter den erschwerenden Bedingungen eines Notstandsgebietes, die Vertriebenen das Gelöbnis aus der „Charta der deutschen Heimatvertriebenen" vom 5. August 1950 erfüllt haben: *in harter, unermüdlicher Arbeit teil(zu)nehmen am Wiederaufbau Deutschlands und Europas*[169].

---

[168] Siehe Franz J. Bauer, Aufnahme und Eingliederung der Flüchtlinge und Vertriebenen. Das Beispiel Bayern 1945–1950, in: Benz, Vertreibung (wie Anm. 1), S. 199–217, hier: S. 214f. (Zitat: S. 215); de Zayas, Anglo-Amerikaner (wie Anm. 1), S. 190.
[169] Charta der deutschen Heimatvertriebenen, 5.8.1950, in: Dokumente zur Sudetendeutschen Frage, hg. im Auftrag der Ackermann-Gemeinde von Ernst Nittner, München 1967, S. 358.

Peter Zeitler

Georg Hagen (1887–1958) – ein fränkischer Nachkriegspolitiker

I.

Eiserne, bis an die physische Belastbarkeitsgrenze reichende Disziplin, preußisch-wilhelminische Pflichterfüllung sowie das Streben nach Gerechtigkeit – das waren die unverrückbaren Konstanten im Leben Georg Hagens, eines fast in Vergessenheit geratenen fränkischen Sozialdemokraten der Nachkriegszeit[1]. Diese drei Tugenden beziehungsweise Wesensmerkmale, die Georg Hagen beinahe zu kultivieren pflegte, was Zeitgenossen teilweise als Arroganz und Snobismus abqualifizierten, wurzelten in seiner kleinbürgerlichen Herkunft. Als Sohn des protestantischen Lohgerbers Johann Hagen erblickte er am 12. September 1887 in der damals knapp 10 000 Einwohner zählenden oberfränkischen Kreisstadt Kulmbach das Licht der Welt. Sein Vater, ein gebürtiger Rehauer, hatte nach dem Deutsch-Französischen Krieg 1870/71 in Wirsberg, einem idyllischen Ackerbürgerstädtchen auf halber Strecke zwischen Bad Berneck und Stadtsteinach gelegen, Barbara Heerdegen, die Tochter eines ortsansässigen Gerbereibesitzers, geheiratet[2]. Wenig später übersiedelte das junge Paar in das zwölf Kilometer entfernte Kulmbach, wo Johann Hagen, auf Vermittlung seines Schwiegervaters, in der traditionsreichen Großgerberei Müller eine Facharbeiterstelle annahm. Über seine berufliche Betätigung hinaus setzte er sich in der boomenden Bier- und Textilstadt am Zusammenfluß von Rotem und Weißen Main für den liberalen Arbeiterverband ein, der in den 1880er Jahren zu einer der tonangebenden politischen Gruppierungen in Kulmbach avancierte[3]. Neun Jahre lang vertrat er dessen Interessen im Gemeindekollegium – beredtes Indiz für das politische Bewußtsein Johann Hagens.

Die materiellen Verhältnisse der vierköpfigen Familie waren bescheiden, reichten jedoch aus, um ein kleines Tropfhaus am Röhrenplatz, am Fuße der Plassenburg, zu erwerben, wo *im Winter der Schnee durch die Ziegel auf unsere Betten wehte*, wie sich der Filius später – fast schon romantisch verklärend – erinnerte[4]. Gemeinsam mit seinem jüngeren Bruder Friedrich verlebte Georg Hagen im Kulmbach der Jahrhundertwende eine normale, unauffällige Kindheit. Der aufgeweckte Bub, der in der Volks- und dann in der Königlichen Realschule durch sehr gute Zensuren brillierte, sollte, so der Wunsch der Eltern, Lehrer werden; in jenen Zeitläuften gleichbedeutend mit sozialem Aufstieg. *Dank des Fleisses meiner Eltern*, so Originalton Georg Hagen, *war es mir vergönnt zu studieren*[5]. Mit „studieren" meinte der spätere SPD-Spitzen-

---

[1] Eine Monographie über Georg Hagen ist ein Desiderat der fränkischen Zeitgeschichtsforschung. Biographische Splitter finden sich bei Peter Zeitler, Neubeginn in Oberfranken 1945–1949. Die Landkreise Kronach und Kulmbach, Kronach 1997, insbesondere S. 146–149 sowie Bayerische Rundschau v. 18. 11. 1998.

[2] Vgl. Stadtarchiv Kulmbach (künftig: StadtA KU), 062–59/II.

[3] Vgl. hierzu v.a. Robert F. Hopwood, Mobilization of a Nationalist Community 1919–1923, in: German History, Vol. 10 No. 2, 1992, S. 149–176.

[4] StadtA KU, 024–92/5e.

[5] StadtA KU, 062–59/21-I.

politiker und Vizepräsident des Bayerischen Landtags den Besuch der Lehrerbildungsanstalt in Bayreuth, einer beliebten, gut frequentierten Institution für viele begabte Handwerkersöhne am Obermain, deren Familien ein Universitätsstudium nicht zu finanzieren vermochten. Schon während der zweijährigen Ausbildung zeigte sich Hagens Faible für gesellschaftspolitische Themen. So glänzte er unter anderem in den Fächern Gemeinschafts- und Gesetzeskunde mit der Bestnote.

Mit dem Seminarabschlußzeugnis in der Tasche trat Georg Hagen, 19jährig, am 1. September 1906 an der Volksschule Ebneth im Landkreis Lichtenfels seine erste Stelle als sogenannter Aushilfslehrer an. Außerhalb der Dienstzeit fungierte er zudem als Gemeinde- beziehungsweise Kanzleischreiber; auch dies nichts Außergewöhnliches für einen schlechtbezahlten Dorfschulmeister. Damals habe er *die Kommunalarbeit von der untersten Keimzelle an kennengelernt*[6]. Der 1. Mai 1910 bedeutete für Hagen eine wichtige, weil lang herbeigesehnte Zäsur. Er wechselte in seine Geburtsstadt zurück, wo er zunächst an der Oberen Schule, danach an der Berufsschule und seit dem 16. November 1919 als Oberlehrer am städtischen Mädchenlyzeum unterrichtete. Im Kollegium galt Hagen als strenger, aber gerechter Pädagoge. Sein Unterricht wurde als *ausgesprochen lebensnah und anschaulich* eingestuft[7]. Im Sommer 1911 hatte er mit Wilhelmine Röthel (1889–1963) den Bund fürs Leben geschlossen. Aus der Ehe gingen drei Söhne hervor: Theodor (Jahrgang 1915), Siegfried (Jahrgang 1918) und Friedrich (Jahrgang 1920). Die Hochzeitsreise verbrachte das Brautpaar in der Schweiz und an den oberitalienischen Seen.

II.

Geprägt durch das Elternhaus fand Georg Hagen seine politische Heimat bei der SPD, die sich in Kulmbach 1902 mit einem Ortsverein etabliert hatte. In enger Kooperation mit dem populären rechtskundigen Bürgermeister Wilhelm Flessa sowie den beiden sozialdemokratischen Stadträten Matthäus Schneider und Hans Herold, die als seine Mentoren anzusehen sind, verhinderte er in den Revolutionswirren 1918/19 kommunistische Ausschreitungen. Sein in diesem Kontext bewiesenes Engagement wurde mit der Wahl in den Kulmbacher Stadtrat honoriert. Innerhalb der SPD-Fraktion genoß der politische Neuling den Ruf eines vielversprechenden Talents, ungeachtet seines spröden und steifen Auftretens, das wohltemperierte Langeweile versprühte. Seit 1919 gehörte Hagen auch dem Kreis- und dem Bezirkstag von Oberfranken an – für einen 32jährigen, der sich erst vor dem Hintergrund der Katastrophe Erster Weltkrieg zur politischen Mitgestaltung und Verantwortung verpflichtet fühlte, eine Bilderbuchkarriere. Daß ihm hierbei das Renommee seines allseits respektierten Vaters zugute kam, steht außer Frage. Innerhalb des rund 600 Mitglieder zählenden SPD-Bezirksverbands schaffte Hagen, zielstrebig wie er war, binnen weniger Jahre den Sprung vom Schriftführer zum Ersten Vorsitzenden (1920). Seit diesem Zeitpunkt galt Hagen als einer der strategischen Strippenzieher der oberfränkischen SPD. Den Höhepunkt in seinem ersten politischen Lebensabschnitt markierte schließlich der Einzug in den Bayerischen Landtag im April 1932 als Abge-

---

[6] StadtA KU, 024–92/5a.
[7] Ebd.

ordneter des Wahlkreises Kulmbach-Stadtsteinach-Kronach-Teuschnitz-Sonnefeld. In Kulmbach bemühte sich Hagen besonders um das festgefahrene Flutmuldenprojekt, das er – dank seiner Beharrlichkeit – wieder auf das Diskussionstableau im zunehmend von der NSDAP dominierten Stadtrat hievte. Immerhin konnte er erreichen, daß der erste Spatenstich am 27. September 1932 erfolgte. Den politischen Ruhm indes hefteten sich die Nationalsozialisten auf ihr Panier.

Vor der nationalsozialistischen Heilslehre, wie sie für jedermann in der Werken Rosenbergs und Hitlers nachzulesen war, hatte Georg Hagen schon in den frühen zwanziger Jahren mit Nachdruck gewarnt. Slogans wie *Wer Hitler wählt, wählt den Tod!* dokumentieren überaus plakativ seine Zivilcourage und seinen politischen Weitblick[8]. Er scheute sich auch nicht, die Hakenkreuzfahne öffentlich als *Mörder- und Schurkenfahne* zu apostrophieren[9]. Um so tragischer mutet es an, daß Hagen, der das NS-Regime von Grund auf verabscheute, seine Söhne just an dieses Unrechtssystem verlor. Alle drei fielen im Zweiten Weltkrieg, der zweitälteste, Siegfried, noch wenige Wochen vor der Kapitulation.

Als stadtbekannter *Roter* und lautstarker *Kritikaster* stand Hagen nach der nationalsozialistischen Machtübernahme, die in Kulmbach schon am 9. März 1933 mit dem Sturm auf das Rathaus Realität wurde, oben an auf der NS-Säuberungsliste[10]. Mehrtägige Inschutzhaftnahme, persönliche Verunglimpfungen sowie Polizei- und Gestapo-Observation waren nur einige Schikanen, die der SPD-Parlamentarier zu erdulden hatte. Damit stand er in einer Reihe mit dem Grandseigneur der Kulmbacher Sozialdemokraten Matthäus Schneider[11], dem politischen Urgestein Hans Herold[12] und dem rebellischen Friedrich Schönauer[13]. Schon am 6. April 1933 wurde Hagen von Kreisleiter Fritz Schuberth[14] dazu genötigt, eine Beteuerung zu unterschreiben, wonach er sich verpflichtete, *gegen die nunmehr bestehende Ordnung in keinster Weise politisch tätig* zu werden[15]. Doch mit dem Mundtotmachen allein war es nicht getan. Eine Woche später erfolgte die zweite, auf Hagens Existenz gerichtete Attacke.

---

[8] Ebd.
[9] Staatsarchiv Bamberg, K 3/1981, Nr. 105.
[10] StadtA KU, 024–92/5b.
[11] Matthäus Schneider, geb. 1877, gest. 1944, Dienstknecht und Brauer, Mitglied der SPD, Gemeindekollegium 1911–1919, Stadtrat 1919–1933, Geschäftsführer der Fränkischen Volkstribüne in Kulmbach, 1932/33 MdL, Schutzhaft 1933, nach dem 20. 7. 1944 nach Dachau überführt, wo er am 29. 9. verstarb.
[12] Hans Herold, geb. 1883, gest. 1964, Bäckermeister und Bierwirt, Mitglied der SPD, Gemeindekollegium 1911–1919, Stadtrat 1919–1933, Vorsitzender des SPD-Ortsvereins 1919/20, Zweiter bzw. Dritter Bürgermeister 1924–1933, Schutzhaft 1933, Stadtrat 1945/46–1956 und März/April 1960, Gründer der Arbeiterwohlfahrt in Kulmbach nach 1945, Ehrenbürger Kulmbachs 1959.
[13] Friedrich Schönauer, geb. 1904, gest. 1950, Installateur, Mitglied der SPD, Aufmarschleiter des Reichsbanners Schwarz-Rot-Gold, Schutzhaft 1933, Überstellung nach Dachau, Flucht in die Tschechoslowakei 1935, Odyssee durch halb Europa (Frankreich, Spanien), Freiwilliger in der US-Armee 1944, nach 1945 Treuhänder, Vorsitzender des SPD-Orts- und Kreisverbands Kulmbach, Stadtrat 1946–1950, Erster Vorsitzender der Spruchkammer Kulmbach-Stadt 1946/47, Zweiter Bürgermeister 1946–1950, MdB 1949/50.
[14] Fritz Schuberth, geb. 1897, gest. 1977, Landwirt und Obstzüchter, Mitglied der NSDAP ab 1923 bzw. 1925, Ortsgruppenleiter 1926–1938, Bezirksleiter und Gauredner 1928, Stadtrat 1929–1933, Kreisleiter 1932–1945, MdL 1932–1945, MdR 1932–1945, Bürgermeister 1933–1944, NS-Landesbauernführer 1934/35, Staatssekretär im Bayerischen Landwirtschaftsministerium 1934–1940.
[15] StadtA KU, 024–92/5b.

Mit sofortiger Wirkung wurde der Hauptlehrer am 13. April 1933 aus dem Schuldienst entfernt. All seiner politischen Ämter beraubt, stand Georg Hagen, 46jährig, vor dem Nichts. Doch die NS-Vergeltungspolitik verfehlte ihr Ziel. Hagen ließ sich nicht unterkriegen; daran hinderte ihn nicht zuletzt sein ausgeprägter Stolz.

Im Oktober 1934 übernahm Georg Hagen eine Generalagentur der Allianz-Versicherung; die Büroräume richtete er in seinem Haus in der Gabelsbergerstraße ein. Aufgrund seines Bekanntheitsgrades und *weil ihm seine früheren sozialdemokratischen Genossen und alle mit der NSDAP unzufriedenen Leute demonstrativ ihre Versicherungsaufträge zukommen ließen, entwickelte sich das Geschäft sehr günstig*[16]. Der berufliche Wandel, seine gesellschaftliche Reputation und politische Enthaltsamkeit bewahrten Hagen und seine Familie vor noch massiveren Maßnahmen seitens der neuen braun- beziehungsweise schwarzuniformierten Führungsclique. Das Los Konzentrationslager blieb ihm – im Gegensatz zu vielen anderen SPD-Funktionären – erspart. Kraft Anweisung der Ansbacher Bezirksregierung, die im Falle der Verweigerung mit Pensionsentzug und Dienstverpflichtung drohte, mußte Hagen von 1942 bis 1945 an der Kulmbacher Berufsschule aushilfsweise kaufmännische Fächer unterrichten. In Verkennung der Umstände sollte ihm dies bei der Entnazifizierung („Affäre Hagen") 1946 angekreidet werden.

III.

Trotz seiner lädierten Physis (Augenleiden, Magenbeschwerden) entzog sich Georg Hagen nicht der großen Bürde, als es im Frühjahr 1945 galt, den Scherbenhaufen des NS-Systems beiseite zu kehren und das stabile Fundament für den demokratischen Wiederaufbau zu zementieren. Hagen, seiner Heimatstadt verpflichtet, schob nicht das in jenen Wochen und Monaten oft zu hörende „Ohne-mich-Argument" vor. Statt dessen ließ er sich vor den Karren spannen, als ihm der Kommandant der Kulmbacher US-Militärregierung, Major Perry B. Lamson, das Amt des Bürgermeisters antrug.

Dennoch hatte Hagen sich für diese Schlüsselfunktion nicht selbst ins Spiel gebracht. *Nach all den Opfern, die ich und meine Familie dem Dritten Reich hatten bringen müssen, schien es mir persönlich fast unträglich, auch noch das letzte, meinen persönlichen Ruf und meine Ehre, zur Liquidation eines Zustandes einzusetzen, den das Dritte Reich herbeigeführt hatte. Wenn ich mich endlich doch entschloß, das mir angetragene Amt zu übernehmen, so geschah dies allein aus der Erkenntnis heraus, daß in einer Zeit allgemeinen Niederbruchs keine Rücksicht auf Popularität und auf ein persönliches Ruhebedürfnis genommen werden kann*[17]. In einem Interview, das der Bayerische Rundfunk anläßlich seines 70. Geburtstages am 12. September 1957 mit Oberbürgermeister Georg Hagen führte, beschrieb er die näheren Umstände seiner Bestallung: *Ende April 1945 wurde ich zum Gouverneur berufen und er sagte mir, ich soll als Bürgermeister in Kulmbach tätig sein. Ich lehnte das ab. Und da drohte*

---

[16] Detachment Kulmbach, Correspondence 1945; Staatsarchiv Bamberg, OMGBY 9/111–2/28.
[17] Amtsblatt für die Stadt und den Landkreis Kulmbach v. 21. 5. 1946.

mir der Gouverneur mit schärferen Maßnahmen. Ich ließ mich aber in keiner Weise einschüchtern, sondern sagte zu ihm: ‚Ich bin bereit den Bürgermeister zu machen, wenn Sie mir nachweisen, daß die ganze Bevölkerung der Stadt Kulmbach, Handel, Industrie, Arbeiter, daß die das wünschen'. Ich wurde dann wenig angenehm aus dem Arbeitszimmer des Gouverneurs befördert. Nach acht Tagen wurde ich erneut zu ihm gerufen. Und nun sagte er mir: ‚Ich habe Industriekreise zu mir kommen lassen, Gewerkschaften, Arbeiter, Handel und Gewerbe und alle sagten, Georg Hagen wäre der richtige Mann'. Und da nahm ich dann, es war der 7. Mai 1945, die Berufung an[18].

Die Suche nach einem neuen Bürgermeister war nötig geworden, nachdem Friedrich Merkel, ein 48jähriger Verwaltungsbeamter des gehobenen Dienstes, der seit Freitag, dem 13. April 1945, an der Spitze der Stadtverwaltung stand, aufgrund seiner politischen Belastung und mangelnder Führungsqualitäten bei der Militärregierung in Ungnade gefallen war. Oberinspektor Merkel, mit Glatze und Hitler-Bärtchen, dem Frankenführer Julius Streicher wie aus dem Gesicht geschnitten, war eine Verlegenheitslösung der Stunde Null gewesen. Diese, noch von den Kampftruppen der 11th Armored Divison zu verantwortende Personalentscheidung gedachte Major Lamson, der mit seinem Team am 17. April 1945 in Kulmbach Einzug gehalten hatte, möglichst schnell zu revidieren. Bei der Auswahl eines probaten Bürgermeisterkandidaten ging dem US-Militärregierungsoffizier aus San Francisco ein Zirkel einflußreicher Lokalhonoratioren zur Hand. Diese veritable Berufungskommission, der neben Kirchenvertretern und alten Funktionären der ab 1933 verbotenen Weimarer Parteien unter anderem auch Dr. Eduard Meußdoerffer, Seniorchef der gleichnamigen Malzfabrik, angehörte, hatte mit Georg Hagen einen Mann in Vorschlag gebracht, *dessen Leben, dessen Charakter, dessen Kenntnisse und Erfahrungen in unserer Stadt klar vor Augen all derer lagen, welche die letzten Jahrzehnte hier verbrachten*[19].

Bei der Besetzung des Landratssessels nahm Major Lamson ebenfalls die Dienste des elitären Männerzirkels in Anspruch. Mit dem 51jährigen Karl Röder, bis 1932 Mitglied der DDP, fiel die Wahl abermals auf einen stadtbekannten Pädagogen. Der von den Nationalsozialisten als *Erzdemokrat Kulmbachs*[20] und *Haupt einer Clique von Meckerern und Verschwörern*[21] titulierte Hauptlehrer wurde am 28. Mai 1945 zum Landrat des Landkreises Kulmbach ernannt. Nach der Abkommandierung Lamsons im Frühjahr 1946 verlor Röder aber rasch seinen Rückhalt bei den Besatzern, wobei auch sein aus Karriere-Erwägung heraus vollzogener Parteiwechsel (von der FDP zur CSU) negativ zu Buche schlug. In den Augen der Amerikaner desavouiert, zog sich Karl Röder, sichtlich vergrämt, von der – ohnehin SPD-dominierten – politischen Bühne in Kulmbach zurück und ging nach Münchberg, wo er von 1948 bis zu seinem Tod 1953 abermals als Landrat amtierte.

---

[18] Ein Mitschnitt des Interviews, freundlicherweise von der Enkelin Georg Hagens, Frau Gudrun Hagen, zur Verfügung gestellt, befindet sich im Besitz des Verfassers.
[19] Detachment Kulmbach, Correspondence 1945; Staatsarchiv Bamberg, OMGBY 9/111–2/28.
[20] Ebd.
[21] Ebd.

IV.

Der durch den Weggang Major Lamsons eingetretene Bruch in der Kontinuität der Politik der amerikanischen Militärregierung hatte letztlich auch ernsthafte Konsequenzen für Georg Hagen; Konsequenzen, die in ganz Bayern für Furore sorgten. Wegen angeblich „nicht einwandfreier und unzureichender Ausfüllung" seines Entnazifizierungs-Fragebogens wurde Oberbürgermeister Hagen am Vormittag des 15. Juli 1946 überraschend vom Dienst suspendiert[22]. Für Militärgouverneur Kauffmann und Major Meszar, einen Hardliner, der als Chef des örtlichen Counter Intelligence Corps (CIC) die Entnazifizierung im Landkreis Kulmbach koordinierte und hinter jedem Deutschen einen potentiellen Kriegsverbrecher vermutete, gab es keinen Zweifel. Oberbürgermeister Hagen hatte mehr zu verbergen als seine aushilfsweise Funktion als Berufsschullehrer, die er den Spruchkammer-Ermittlern vorenthielt – versehentlich, wie Hagen bedauerte, da *er damals [bei der Ausfüllung des Fragebogens] dienstlich überlastet und körperlich leidend war, da er dicht vor einer lebensgefährlichen Operation stand*[23].

Die sogenannte „Affäre Hagen" erhielt weiteren Zündstoff, als Gerüchte lanciert wurden, mit denen der SPD-Oberbürgermeister scharf attackiert wurde. So soll er zum Beispiel an NS-Veranstaltungen teilgenommen, sich mehrfach aktiv um die Aufnahme in die NSDAP bemüht sowie die Bombardierung der englischen Industriestadt Coventry 1940 öffentlich gutgeheißen haben[24]. Die Denunziation fruchtete. Trotz energischer Fürsprache des Stadtrats wurde dem zwei Monate zuvor zum Oberbürgermeister gewählten Hagen der Prozeß gemacht. Am 12. August 1946 befaßte sich das mittlere US-Militärgericht mit den Anschuldigungen. Das Amtsgerichtsgebäude platzte aus allen Nähten – und das, obwohl man Billetts ausgegeben hatte. Unter Anerkennung seiner Meriten als Bürgermeister wurde Hagen lediglich zu 18 Monaten Gefängnis verurteilt, die Hälfte des üblichen Strafmaßes. Georg Hagen brach nach der Urteilsverlesung zusammen, was ihn jedoch nicht vor der Einweisung in das Bayreuther Gefängnislazarett St. Georgen bewahrte. Die Kulmbacher Bevölkerung, über die eklatante Fehlentscheidung tief bestürzt, bereitete Hagen einen ergreifenden Abschied. Erst der Intervention von Ministerpräsident Wilhelm Hoegner (SPD) war es zu verdanken, daß das Verfahren wieder aufgenommen und das Urteil am 30. August 1946 durch die Rechtsabteilung der amerikanischen Militärregierung in Bayern revidiert wurde[25]. Vollständig rehabilitiert konnte Georg Hagen am 9. September 1946 sein Büro im Kulmbacher Rathaus wieder betreten.

---

[22] Frankenpost v. 14. 8. 1946.
[23] Frankenpost v. 14. 8. 1946.
[24] Vgl. Frankenpost v. 13. 7. 1946.
[25] Die „Affäre Hagen" fand selbst in der Autobiographie Hoegners Eingang. Dort heißt es: „Im April 1946 ließ der amerikanische Befehlshaber in Kulmbach den sozialdemokratischen Bürgermeister Georg Hagen, der seine Söhne im Felde verloren hatte, auf eine gemeine Angeberei hin ins Gefängnis werfen. Ich erklärte daraufhin dem Major Schweizer, wenn Recht und Gerechtigkeit nichts mehr gälten, hätte ich im amerikanischen Besatzungsgebiet nichts mehr zu suchen, ich könnte jederzeit in die Schweiz zurück. Daraufhin wurde Hagen nach kurzer Untersuchung des Falles sofort wieder freigelassen und von der Bevölkerung Kulmbachs stürmisch begrüßt." Wilhelm Hoegner, Der schwierige Außenseiter. Erinnerungen eines bayerischen Sozialdemokraten, Hof 1975, S. 261f.

Die Verirrungen der an formalen Kriterien orientierten US-Säuberungspolitik am eigenen Leib verspürend, war es Hagen ab Spätsommer 1946 ein inniges Anliegen, die Ineffizienz der Entnazifizierung und Internierung anzuprangern. Es war vor allem die mechanische Handhabung des Befreiungsgesetzes, das er ohnehin als sonderbare Ehe von demokratischen und totalitären Elementen ansah, die Hagen zuwider war. Ein Besuch im Arbeits- und Internierungslager Moosburg hatte Hagen in seiner Meinung bestätigt[26]. Für überregionales Aufsehen sorgte seine geharnischte Rede im Bayerischen Landtag am 23. April 1947[27]. Nach Hagens Dafürhalten gäbe es zwei grundverschiedene Wege für die Reinigung des öffentlichen Lebens vom Übel des Nationalsozialismus und des Militarismus. So, wie die Amerikaner und die deutschen Spruchkammern die politische Säuberung bis dato angepackt hatten, ließe sich ein derart gigantisches Unterfangen freilich nicht bewerkstelligen. *Dieses Verfahren*, so der Oberbürgermeister unverblümt, *hat uns der Nationalsozialismus an einzelnen Bevölkerungsgruppen schon einmal vorexerziert. Man brauchte es nur umzukehren und gegen die Nazi selbst anzuwenden. ... Zahlreiche unschuldige oder gutgläubige und anständige Menschen werden damit wirtschaftlich, moralisch und physisch vernichtet. Wer dieses mechanische Verfahren billigt, bekennt sich unausgesprochen zu Terrormaßnahmen, für deren Beseitigung die ganze zivilisierte Welt ungeheure Opfer erbracht hat. ... Solange wir also eine Entnazifizierung mit nazistischen Methoden betreiben oder schweigend dulden, drehen wir uns im Kreise.*

Als Alternative zur vorherrschenden Praxis, *Nazis mit Nazi-Methoden zu behandeln*, propagierte Hagen den Modus *einer Säuberung auf der Grundlage eines allgemein gültigen ... und nach seinem Erlaß von keiner Seite mehr antastbaren Gesetzes, das von Deutschen gegen Deutsche durchgeführt, die wirklich Schuldigen vom großen Heer der Mitläufer scheiden sollte*. Damit das praktizierte Säuberungsverfahren mit seinen mannigfachen Gefahrenmomenten dennoch seinen originären Zweck erfüllen könne, gab Hagen, ganz Pragmatiker, der Militärregierung und dem Münchener Sonderministerium für Entnazifizierung abschließend 14 Hinweise an die Hand. Erwähnenswert sind hiervon die Punkte sechs, elf und dreizehn. So plädierte Hagen vor dem Plenum des Landtags unter anderem für verkürzte Verfahren, deren Urteilsentscheidungen durch keine Berufungskammer in Frage gestellt werden dürften. Zweitens sprach er sich dafür aus, daß dem öffentlichen Kläger unbedingt das Recht einzuräumen sei, *in jedem Fall und ohne Begrenzung auf irgendeine Gruppe seinen Strafantrag zurückzuziehen und die Einstellung des Verfahrens von sich aus anzuordnen*. Und drittens forderte Hagen, daß in allen Besatzungszonen der Säuberungsprozeß *gleichmäßig durchgeführt* werde.

Das durch die Philippika verfolgte Ziel Hagens, nämlich die Mängel und eklatanten Ungerechtigkeiten, die das Befreiungsgesetz in sich barg, offenzulegen, verkehrte sich allerdings ins Gegenteil. Gleichsam über Nacht avancierte Hagen ungewollt zum Anwalt zahlreicher Internierter, zumeist tatsächlich in das NS-System Verstrick-

---

[26] Zum Thema Internierungslager vgl. v.a. Christa Horn, Die Internierungs- und Arbeitslager in Bayern 1945–1952, Frankfurt/M. 1992 und Peter Zeitler, Lageralltag in amerikanischen Internierungscamps 1945–1948, in: Archiv für Geschichte von Oberfranken 76, 1996, S. 371–392.

[27] Vgl. Rede Oberbürgermeister Hagens vor dem Bayerischen Landtag v. 23. 4. 1947, in: StadtA KU, 192–01/13. Dort finden sich auch die nachfolgenden Zitate.

ter. Kritik seitens der SPD-Basis ließ nicht lange auf sich warten. In unzweideutigen Briefen warf man dem Vizepräsidenten des Bayerischen Landtags vor, *Kriegsverbrecher und Nazibanditen* zu Unrecht in Schutz zu nehmen und somit die SPD zu diskreditieren – ein Skandal sondergleichen[28]. Die Vorstandschaft des SPD-Ortsverbands von Unterrodach im Landkreis Kronach, der die Äußerungen Hagens *auf die Nerven ging*, ermahnte den Kulmbacher Genossen am 1. Mai 1947 eindringlich: *Herr Hagen, sorgen Sie für das Wohl der Hinterbliebenen, der Waisen und tragen Sie Sorge dafür, daß unsere armen Kriegsgefangenen endlich einmal befreit werden und zurück zu ihren Angehörigen können.* In einem zweiten Schriftstück stand zu lesen: *Ihre jetzige Stellungnahme zur Entnazifizierung hat mich endgültig davon überzeugt (hoffentlich recht viele andere Sozialdemokraten auch), daß Sie ideologisch nicht zu der Partei gehören, in der Sie sich betätigen. Warum treten Männer Ihres Schlages nicht der Partei bei, zu der Sie Ihrer inneren Einstellung nach gehören? Und die Bayerische Sozialdemokratie ist überfüllt von solchen Leuten! Zu bedauern sind nur die dummen werktätigen Menschen, die eine solche Partei noch unterstützen.* Unmißverständliche Worte, denen an Deutlichkeit nichts hinzuzufügen war.

Den Tadel aus den eigenen Reihen nahm sich Oberbürgermeister Hagen, ganz Parteisoldat der alten Schule, zu Herzen – zumindest in der Form, daß er selbst nicht mehr in der Öffentlichkeit gegen die Entnazifizierung Front machte. Diese Aufgabe delegierte er an den 15 Jahre jüngeren Friedrich Schönauer, „eine Kämpfernatur vom Scheitel bis zur Sohle", Zweiter Bürgermeister von Kulmbach[29]. Der spätere Bundestagsabgeordnete (1949/50), undiplomatisch, derb aber volkstümlich, schien sich in der Funktion des Kettenhundes sichtlich wohl zu fühlen. Schönauer nahm kein Blatt vor den Mund, wenn es darum ging, die Fehlentscheidungen der Militärregierung im allgemeinen und die Entnazifizierung im besonderen anzuprangern. In seiner Rede „Der Tag des Friedens", gehalten am 8. September 1947, wies er ungeschminkt darauf hin, daß die politische Säuberung zwar die conditio sine qua non für die innere wie äußere Befriedung Deutschlands sei. „Aber das kann nicht dadurch geschehen, daß wir das gesunde Fleisch wegoperieren und das kranke lassen. Dahin ist aber das Säuberungsverfahren allmählich gekommen, daß es nämlich die wirklichen, großen Gauner durchschlüpfen läßt und die kleinen Pgs und Amtswalterchen hängt oder dauernd unter Furcht und Druck hält, auch wenn sie ihre Sühne längst hinter sich haben"[30]. Indes wäre es zweckmäßiger gewesen, so das Urteil des vormaligen Vorsitzenden der Spruchkammer Kulmbach-Stadt, „die Amerikaner hätten den Deutschen nach dem Einmarsch vierzehn Tage frei Hand gelassen", dann gäbe es heute nicht derart erdrückende Probleme. Schönauer abschließend: „Wir hätten die Verbrecher gehängt und die weniger Gefährlichen in die Schutthaufen unserer Städte zur Aufräumung verfrachtet und alle anderen, die trotz ihrer Parteizugehörigkeit anständige Leute geblieben sind, laufen gelassen."

Der schwergewichtige SPD-Funktionär – *about 5 ft 10`tall, weights over 240 pounds (…) and looks like a tackle on a college football team*[31] –, der auch vor Hand-

---

[28] StadtA KU, 192–01/31. Dort finden sich auch die nachfolgenden Zitate.
[29] Zitiert nach Zeitler, Neubeginn (wie Anm. 1), S. 252.
[30] Zeitler, Neubeginn (wie Anm. 1), S. 225f. Dort finden sich auch die nachfolgenden Zitate.
[31] Detachment Kulmbach, Essential Elements of Information v. 22. 8. 1949; Staatsarchiv Bamberg, OMGBY 9/110–1/32.

greiflichkeiten nicht zurückschreckte, genoß bei der amerikanischen Militärregierung anfangs einen Sonderstatus, hatte Schönauer doch in der Uniform eines Oberleutnants der US-Armee die Besetzung Kulmbachs miterlebt. Seinen Bonus als Verfolgter des NS-Regimes hatte Schönauer, der mit seiner Kritik an der verfehlten Okkupationspolitik nicht hinter dem Berg hielt, aber rasch verspielt. Den Vorwand für einen Denkzettel, so jedenfalls die Auffassung der örtlichen Sozialdemokraten, lieferte ein unbedeutender Beinahe-Unfall am 30. Juni 1948 im Kulmbacher Stadtgebiet. Der von der Militärregierung erhobene Vorwurf lautete: Bürgermeister Schönauer habe sich mit seinem Langholzfuhrwerk verkehrswidrig verhalten und somit weitere Verkehrsteilnehmer leichtfertig in Gefahr gebracht. Dieses Delikt ahndete das Militärgericht mit zehn Tagen Haft.

Wie schon zwei Jahre zuvor bei Georg Hagen, reagierte auch jetzt die Öffentlichkeit mit heftigem Protest. Am 2. Juli 1948 lud der SPD-Ortsverband in die Gaststätte Frankenheim zu einer Versammlung, die unter dem Motto stand: *Schönauers Abschiedsrede, bevor er nach 34 politischen Haftstrafen zum 35. Male in den Bunker geht*[32]. Andertags fand in Kulmbach die erste Demonstration der Nachkriegszeit statt. Wohl inszeniert, mit einer Musikkapelle und Plakaten, zogen Friedrich Schönauer und seine Gefolgsleute durch die Innenstadt. Vor der SPD-Geschäftsstelle in der Langgasse hatten Freunde ein Schild postiert, auf dem geschrieben stand: *Ich [Friedrich Schönauer] wurde von Faschisten verfolgt und war in vier Konzentrationslagern. Weil ich für die Freiheit und Gerechtigkeit eintrete, werde ich von den Amerikanern eingesperrt*[33]. Letztgenannte begleiteten den Zug mit Jeeps und entsicherten Maschinenpistolen. Schönauer, ins rechte Licht gesetzt, mit einer Wolldecke und einem Laib Brot in der Hand, hielt vor dem Fronfesten-Gefängnis eine zündende Rede und trat im Anschluß daran seine Zuchthausstrafe an. In den kommenden Tagen zog jeweils abends Punkt 18 Uhr eine Kapelle vor der Zelle des Zweiten Bürgermeisters auf und brachte ein Ständchen dar[34]. Der gelernte Installateur bedankte sich im Gegenzug mit anti-amerikanischem Spott. Diese oberfränkische Posse fand in zahlreichen deutschen und amerikanischen Gazetten ihren Niederschlag. In Washington wurde sie sogar Gegenstand einer Anfrage im Senat bezüglich der Praktiken im besetzten Deutschland. Auch die bayerische Landespolitik mußte sich nolens volens mit dem Fall Schönauer beschäftigen. Der Vorsitzende der Bayern-SPD, Waldemar von Knoeringen, sowie Militärgouverneur Murray D. van Wagner bemühten sich mit Erfolg um eine Lösung. Friedrich Schönauer wurde am 6. Juli 1948, nach drei Tagen Haft, wieder auf freien Fuß gesetzt.

V.

Nein! Kulmbach läßt sich nicht unterkriegen[35]. Mit dieser optimistischen Grundeinstellung hatte Georg Hagen, Paradebeispiel für den Politiker-Typ der Adenauer-Ära, am 7. Mai 1945 sein Büro im ersten Stock des Kulmbacher Rathauses bezogen. Mit schonungsloser Disziplin, die ihre Entsprechung in einem nach hierarchischen

---

[32] StadtA KU, Sammlung Friedrich Schönauer.
[33] Ebd.
[34] Vgl. Bayerische Rundschau v. 4. 4. 1950.
[35] StadtA KU, 024–92/5.

Maßstäben ausgerichteten Management fand, ging Hagen, 16 Stunden pro Tag, sieben Tage in der Woche, daran, seinem Kulmbach die wirtschaftlichen und demokratischen Rahmenbedingungen angedeihen zu lassen, die für den Neubeginn unabdingbar waren. Problemfelder gab es in Hülle und Fülle. Von der kollabierten Energieversorgung, der zerstörten Verkehrsinfrastruktur und der beispiellosen Wohnungsnot über die desolate Administration, die wie das gesamte institutionelle Leben nahezu gänzlich zum Stillstand gekommen war, bis hin zu den über 10 000 Heimatvertriebenen und Flüchtlingen, die in Kulmbach eine neue, eine zweite Heimat suchten, sowie dem – bereits angesprochenen – Thema der Entnazifizierung. Ganz zu schweigen von den verzweifelten Menschen, dem Ausbruch niedrigster Denunziationsinstinkte, von Haß, Bosheit und rücksichtslosem Schiebertum.

Hagens zupackendem, autoritären Führungsstil, der in den Berichten des Militärregierungsdetachments H4B3 mehrfach Erwähnung findet, war es zuzuschreiben, daß sich Kulmbach relativ unbeschadet aus dem Würgegriff der allgegenwärtigen Not- und Mangellage befreien konnte. Hierbei kam ihm der Umstand zugute, daß Major Lamson, die brüske Direktheit Hagens schätzend, dem Bürgermeister keine Eisenschuhe anlegte, getreu dem Motto: der Erfolg heiligt die Mittel. Der Einsatz, den die Kulmbacher Bevölkerung beizusteuern hatte, war ebenfalls beträchtlich. *Rückschauend kann gesagt werden*, so brachte es Oberbürgermeister Hagen auf den Punkt, *daß es, mit Ausnahme der Zeit von 1555 bis 1567 nach der Totalzerstörung der Stadt im Bundesständischen Krieg, seither keine Generation von Bürgern gegeben hat, die in der gleichen Zeit auch nur ähnliche Leistungen aufzubringen imstande oder willens gewesen wären*[36].

Dank seinem Gespür für das Machbare, gepaart mit seinen bis in die politischen Spitzen der bayerischen Ministerialbürokratie reichenden persönlichen Kontakten, läutete Georg Hagen in Kulmbach eine neue Zeit ein, die durch das Wirtschaftswunder der 1950er Jahre noch an Dynamik gewann und heute seinen Namen trägt: die Ära Hagen. Er reorganisierte die Kommunalverwaltung und focht beharrlich für die Kreisunmittelbarkeit Kulmbachs, die ihr als erste Stadt Bayerns nach dem Krieg am 20. Oktober 1945 verliehen wurde. Ferner gab er den Anstoß, daß durch die Eingemeindungen von Mangersreuth, Metzdorf und Kauernburg (1946) ein arrondiertes, leistungsfähiges Stadtgebiet geschaffen wurde. Darüber hinaus profilierte er sich als lautstarker Anwalt der sozial Schwachen, der Kranken und der Jugend. Sein diesbezügliches Engagement wurde unter anderem mit der Wahl zum Vizepräsidenten des Bayerischen Roten Kreuzes und zum Ersten Vorsitzenden des Sportvereins ATS Kulmbach gewürdigt.

Eine der zentralen Visionen Hagens, Kulmbach zu einem überregional bedeutsamen Wirtschafts- und Industriestandort zu entwickeln, stieß – und hier zeigen sich die Grenzen seiner Einflußmöglichkeiten und Machtkompetenz –, gelinde gesagt, auf verhaltene Resonanz. Speziell die Kulmbach seit Generationen beherrschenden Industriebetriebe, allen voran die Spinnerei und die Brauereien, stemmten sich erfolgreich gegen die Pläne des Oberbürgermeisters, neue Wirtschaftsbranchen und Fabriken in und um Kulmbach anzusiedeln. Paradebeispiel hierfür sind die Südwerke[37]. Wäre es

---

[36] StadtA KU, 024–92/5a.
[37] Zu den Südwerken vgl. v.a. Zeitler, Neubeginn (wie Anm. 1), S. 439–451.

nach Hagen gegangen, so hätte dieser Zweigbetrieb des Stahlriesen Krupp in seinem Ausweichquartier Kulmbach, wo seit 1944 im großen Stil Lokomotiven und Waggons repariert und Lastkraftwagen produziert wurden, bleiben sollen. Doch die einheimischen Wirtschaftsvertreter, tunlichst darauf bedacht, keine Konkurrenz im eigenen Umfeld aufkeimen zu lassen, konterkarierten die dauerhaften Niederlassungsbestrebungen der Südwerke, die mit ihrem hohen Lohnniveau den ortsansässigen Betrieben die Arbeiter abspenstig machten. Der Druck, den die Wirtschaftslobby auf Hagen ausübte, war so nachhaltig, daß dieser ein den Südwerken bereits vertraglich zugesichertes Baugelände in der Mittelau anderweitig vergeben mußte. Damit war der Verlust von circa 600 Arbeitsplätzen in Kulmbach vorprogrammiert. Die Südwerke gingen 1952 zurück nach Essen.

VI.

Neben seiner Tätigkeit als Oberbürgermeister – offiziell 1946 gewählt und dann 1952 sowie 1958 im Amt bestätigt – avancierte Georg Hagen zu einem der ranghöchsten Sozialdemokraten Bayerns. Zwar waren es primär repräsentative Funktionen, doch zeigen sie dennoch, welche überregionale Wertschätzung Hagen genoß: Mitglied der Bayerischen Beratenden Landesversammlung (1946), der Verfassunggebenden Landesversammlung (1946), des Bayerischen Landtags (1946–1958) und des Länderrats der US-Zone (1947). Man könnte auch sagen, Hagen saß während der Genese des Freistaates Bayern in der ersten Reihe. Und in dieser moderierenden Taufpaten-Funktion hat er, wie es Ministerpräsident Seidel bei der Verleihung des Bayerischen Verdienstordens am 2. Juli 1958 in der Münchener Schackgalerie in seiner Laudatio betonte, *maßgeblich am Wiederaufbau des Staates mitgearbeitet*[38]. Die Krönung seiner zweiten politischen Karriere markierte gewiß die Wahl zum Ersten Vizepräsidenten des Bayerischen Landtags (1946–1958). In all den genannten Ämtern zeichnete er sich, wie es der vormalige Ministerpräsident Ehard in seinem Nachruf auf den Träger des Großen Verdienstkreuzes des Verdienstordens der Bundesrepublik umschrieb, *durch strenge Unparteilichkeit, Gewissenhaftigkeit und gewandte Geschäftsführung aus. Mit ihm verlor der Bayerische Landtag einen der besten und erfahrensten Politiker, der erfüllt war von dem Geiste einer wirklichen Demokratie*[39].

Durch den überraschenden Tod Georg Hagens am 18. November 1958 in der Münchener Universitätsklinik trat zum erstenmal in der parlamentarischen Geschichte Bayerns der Fall ein, daß bei den fünf Tage später anberaumten Landtagswahlen ein Verstorbener kandidierte. Die SPD hatte nämlich aufgrund der im Wahlgesetz fixierten Bestimmungen keine Möglichkeit mehr, anstelle Hagens einen neuen Stimmkreisbewerber zu nominieren. Doch die Kulmbacher Wähler, so vermerkte es die Bayerische Rundschau damals, *hielten selbst dem toten Georg Hagen die Treue und verhalfen der SPD zu einem klaren Wahlsieg*[40].

---

[38] StadtA KU, 062–59/21-II.
[39] Bayerische Rundschau v. 20. 11. 1958.
[40] Zitiert nach Bayerische Rundschau v. 18. 11. 1958.

VII.

Georg Hagen war mit Leib und Seele Pädagoge, Demokrat – und Kulmbacher. Nach Höherem hat er zeitlebens nie gestrebt. Abgesehen von seiner Entnazifizierungsrede haftete ihm der Ruf eines stillen, aber stetigen Arbeiters in der Weinbergen der fränkischen Sozialdemokratie an. Hagen war mehr pragmatischer Verwalter als kühner Visionär, Kulmbach seine einzige Leidenschaft. Die Funktion des bayerischen Landtags-Vizepräsidenten spiegelt die Rolle, aber auch das Selbstverständnis Georg Hagens wider. Eine Rolle, die er mit all seiner Kraft ausfüllte und die symptomatisch für sein ganzes politisches Leben steht: Immer im Bild, selten im Vordergrund.

Robert Simon

Strukturen der kirchlichen Siedlungswerke nach 1945
Zum Zusammenhang von Organisationsaufbau und ökonomischem Erfolg

Nach 1945 entstanden in den bayerischen Diözesen der katholischen Kirche Siedlungswerke, die im ersten Nachkriegsjahrzehnt wichtigen Einfluß auf die schnelle Wohnraum-Versorgung der Bevölkerung hatten. Als Motive des kirchlichen Engagements wirkten dabei neben einer Verpflichtung durch die katholische Soziallehre (insbesondere bei der Integration der Heimatvertriebenen und Flüchtlinge) der Schutz der christlichen Familie und die Abwehr politischer Radikalismen. Einen weiteren konstituierenden Grund für die Wohnungsbauaktivitäten stellte die Bedrohung des kirchlichen Grundbesitzes durch die auch in Bayern beabsichtigte Bodenreform dar. Insgesamt schufen die bayerischen Siedlungswerke im Zeitraum bis 1955 9989 neue Wohnungen.

In den einzelnen Diözesen lassen sich dabei stark unterschiedliche Organisationsmodelle beobachten, die sich den örtlichen Gegebenheiten und vor allem auch der Gründungssituation anpaßten. Die Bandbreite reicht dabei von einer kirchlichen Stiftung wie in der Erzdiözese Bamberg über eine Genossenschaft in Würzburg, eingetragenen Vereinen in München-Freising und Eichstätt bis hin zu Gesellschaften mit beschränkter Haftung (GmbH) in Passau und Regensburg und den jeweils aus Vereinen hervorgegangenen Wohnungsunternehmen St.-Gundekar-Werk in Eichstätt und St.-Ulrich-Werk in Augsburg.

Abhängig davon entwickelten sich unterschiedliche Formen der Entscheidungsstrukturen. Im Würzburger und Bamberger Modell hatte die „kirchliche Basis" größere Beteiligung: so waren in Würzburg mehrere tausend Einzelmitglieder des St.-Bruno-Werks direkt beziehungsweise ab 1951 durch gewählte Vertreter in die Entscheidungen mit einbezogen. In der Erzdiözese Bamberg leitete zwar die vom Bischof berufene, nach außen abgeschlossene Administration die Stiftung. Über hundert örtliche Siedler- und Baugemeinschaften in den einzelnen Pfarreien verankerten aber die kirchliche Wohnungsbauidee vor Ort. Ähnliches läßt sich in der Organisationsstruktur in der Diözese Eichstätt vor der Errichtung des St.-Gundekar-Werks beobachten. Die regionalen Mitglieder des Diözesansiedlungswerks auf Dekanats- oder Pfarreiebene gewährleisteten eine ständige Präsenz vor Ort. Die zahlreichen örtlichen Bauwilligen sammelten Gelder bei diözesanweiten Kollekten mit dem besonderen Ziel, sich auch für ihr eigenes Projekt zu engagieren.

Im folgenden wird versucht – nach einer Beschreibung der strukturellen Komponenten der einzelnen Siedlungswerke – die Organisationsformen der einzelnen Diözesen zu typisieren und eine Verbindung zwischen den beschriebenen Organisationstypen und dem wirtschaftlichen Erfolg der Organisationen herzustellen. Ziel der Untersuchung ist es herauszufinden, inwieweit die gewählte Organisationsstruktur zum späteren Erfolg des Unternehmens beitragen konnte. Als Kenngröße für den ökonomischen Erfolg wird dabei die Pro-Kopf-Bauleistung[1] der einzelnen Organisationen herangezogen. Zusätzlich wird der „Mobilisierungsgrad" der kirchlichen Institutionen ausgewiesen über die Pro-Kopf-Land-Verfügungsstellung[2].

St.-Ulrich-Werk (Diözese Augsburg)

Bereits im Sommer 1945 entstand als erster Vorläufer des St.-Ulrich-Werks als Gründung katholischer Bürger der Stadt Augsburg die „Christliche Wohnungshilfe" als lokales Wohnungsbauwerk. Der Augsburger Bischof Joseph Kumpfmüller (1930–1949) unterstützte die Inititative mit einem eigenen Hirtenwort[3]. Ende 1948 entstand als diözesanweit aktiver Bauträger aus einem Zusammenschluß der Katholischen Aktion, der Caritas und der „Christlichen Wohnungshilfe" das Familienhilfswerk „Christenvolk baut auf". Diese Doppelexistenz der „Christlichen Wohnungshilfe" und des Familienhilfswerks brachte aber zunehmend Probleme mit sich. So sorgte die parallele Zielsetzung für Verunsicherung in der Öffentlichkeit.

Am 8. Februar 1951 wurde deshalb eine Arbeitsgemeinschaft zwischen Familienhilfswerk und „Christlicher Wohnungshilfe" vereinbart. Laut Vertragsentwurf wollten beide Einrichtungen gemeinsam dem Ziel dienen, *den kirchlichen Beitrag zum sozialen Wohnungsbau unter dem Protektorat des Diözesanbischofs in der zeitgebotenen Form zu verwirklichen*[4]. Beide Partner sollten selbständig bleiben, wollten aber in der Planvertretung vor der Behörde und bei Sammlungen oder der Beantragung von Zuschüssen gemeinsam auftreten. Immer mehr kristallisierte sich aber heraus, daß nur ein fester institutionalisierter Zusammenschluß beider Unternehmen Erfolg versprach. Angestrebt wurde die Gründung einer GmbH. Eine Besprechung der Diözesanspitze mit Bischof Joseph Freundorfer (1894–1963), Generalvikar Robert Domm (1885–1956), dem bischöflichen Finanzreferenten Rammp, dem Caritasdirektor Johannes Nepomuk Nar und dem Vorsitzenden der Katholischen Aktion Ulrich Müller am 18. Oktober 1952 regelte weitere Details wie die Besetzung der Geschäftsführung. Ulrich Müller sollte Geschäftsführer und Johannes Nar sein Stellvertreter sein. Den Vorsitz im Aufsichtsrat sollte der bischöfliche Finanzreferent übernehmen. Die bestehenden Werke sollten die restlichen Mitglieder des Aufsichtsrates vorschlagen. Am 22. Dezember 1952 erfolgte dann die endgültige Gründung und die notarielle Unterzeichnung der Gesellschaftsurkunde des St.-Ulrich-Werks als gemeinnütziges Wohnungsunternehmen. Das Gesellschaftskapital von 50 000 DM brachten zu gleichen Teilen von je 24 500 DM die „Christliche Wohnungshilfe" und das Familienhilfswerk auf. 1000 DM steuerte die Diözese selbst bei. 1957 erfolgte eine umfassende Kapitalerhöhung auf eine Million DM durch den Beitrag der Diözese von

---

[1] Pro-Kopf-Bauleistung ist definiert als Quotient aus Anzahl erstellter Wohneinheiten und Anzahl der Katholiken der jeweiligen Diözese.

[2] Pro-Kopf-Land-Verfügungsstellung ist definiert als Quotient aus dem für den Wohnungsbau zur Verfügung gestellten Land und der Anzahl der Katholiken der jeweiligen Diözese.

[3] Amtsblatt der Diözese Augsburg, Nr. 4 vom 3. 8. 1945, S. 39–41.

[4] Archiv des Bistums Augsburg, Akten des Bischöflichen Ordinariates Augsburg: Allgemeine Wohnungshilfe, Durchschlag des Vertragsentwurfs vom 8. 2. 1951.

950 000 DM⁵. 1960 fusionierte die Gesellschaft dann abschließend mit den beiden Vorgängerwerken.

St.-Joseph-Stiftung (Erzdiözese Bamberg)

Vorläufer der St.-Joseph-Stiftung waren die lokalen Bamberger Bauten der St.-Joseph-Siedlung für Flüchtlinge⁶ und weitere Initiativen in der Diözese (besonders im Süden des Nürnberger Stadtgebietes). Dies ermutigte Erzbischof Joseph Otto Kolb (1881–1955) und den an der Bamberger Initiative beteiligten kirchlichen Verband Werkvolk, das örtlich bestehende Unternehmen zu einem diözesanweiten Wohnungs- und Siedlungswerk auszubauen. Diese Zentralstelle sollte die zahlreichen Aktivitäten bündeln und so helfen, Irr- und Umwege zu vermeiden. So „kam der Vorstand des Kath. Werkvolkes Bamberg auf den Gedanken einer kirchlichen Wohnungs- und Siedlungs-Stiftung, welche für die gesamte Erzdiözese den gemeinnützigen Rechtsträger abgeben und alle Einzelunternehmen dieser oder jener Art, der Wohnungs- oder der Siedlungstätigkeit unter ihre Obhut nehmen soll. In Anlehnung an die erste Wohnungsstiftung Deutschlands, die Fuggerei in Augsburg, entwarf Oberbaurat Deyerl in Nürnberg auf die Bitte des Katholischen Werkvolkes Bamberg hin die Stiftungsurkunde, die Geschäftsordnung und das Verwaltungsstatut der Stiftung. Der kirchliche Stiftungsgedanke feierte in moderner Form als Wohnungs- und Siedlungsstiftung Auferstehung. Den gewaltigen caritativen, kirchlichen Stiftungen des Mittelalters, die auch heute noch einen reichen Segen über Stadt und Erzdiözese bringen, tritt nun eine rein soziale Stiftung zur Seite, eine Wohnungs- und Siedlungsstiftung für das Territorium der gesamten Erzdiözese."⁷

Am 28. Oktober 1948 unterzeichnete der Bischof am Wallfahrtsort Vierzehnheiligen die Gründungsurkunde. Im November des Jahres genehmigte das Staatsministerium für Unterricht und Kultus unter Staatsminister Alois Hundhammer die Errichtung der kirchlichen Stiftung. Am 6. Juni 1949 erfolgte dann die Anerkennung als gemeinnütziges Unternehmen durch die Regierung von Oberfranken. Bereits bestehende Einrichtungen wie die „St.-Joseph-Siedlung für Flüchtlinge" in Bamberg schlossen sich der neuen Stiftung an und gingen darin organisatorisch auf.

Durch die gewählte Rechtsform einer Stiftung bürgerlichen Rechts sollte das neue Unternehmen, nach der Einschätzung der Gründer, möglichst dauerhaft und aktionsfähig sein. Gleichzeitig entschied man sich bewußt dafür, keine herkömmliche, rein kirchliche Stiftung einzurichten, sondern sich rechtlich abzusichern. Die Erfahrungen mit dem Nationalsozialismus zeigten Wirkung. *Anderenfalls liefe sie erhöhte Gefahr, ein Opfer immerhin möglicher kirchenfeindlicher Staatsregierungen zu werden, wie*

---

⁵ 25 Jahre St.-Ulrichs-Werk der Diözese Augsburg GmbH. Gemeinnütziges Wohnungsunternehmen 1952–1977, Augsburg 1977, S. 10.

⁶ Gegründet 1947 durch Initiative des Katholischen Werkvolks Bamberg (unterstützt von weiteren kirchlichen Verbänden wie dem Katholischen Gesellenverein, der St.-Michaels-Vereinigung, dem St.-Notburga-Verein, dem Katholischen Fürsorgeverein, dem Katholischen Frauenbund, dem Caritasverband, dem Katholischen Männerbund „Casino" und der Katholischen Jugend).

⁷ St.-Heinrichsblatt, Nr. 5 vom 30. 1. 1949, S. 5.

dies – Gott sei es geklagt – im Laufe der deutschen Geschichte wiederholt schon der Fall gewesen ist[8].

Im Auftrag des Erzbischofs nahm die zwölfköpfige Stiftungs-Administration mit Prälat Georg Meixner an der Spitze am 8. Januar 1949 die Arbeit auf. Zu Vorsitzenden wurden der damalige Diözesanvorstand des Werkvolkes Bamberg, der Versicherungsoberinspektor Joseph Sieben und der Präses Hans Birkmayr, gewählt. Als Geschäftsführer wurde der Nürnberger Oberpostbaurat im Ruhestand Fritz Deyerl berufen. Die Administration sollte sich aus Fachleuten „auf kirchlichem, bautechnischem, sozialpolitischem, rechtlichem, wirtschaftlichem und banktechnischem Gebiete"[9] zusammensetzen.

Diese ehrenamtlich tätigen, hochqualifizierten Experten stellten die Leitung für die zahlreichen örtlichen Wohnungs- und Siedlungsgemeinschaften dar[10]. Die St.-Joseph-Stiftung war Bau- und Rechtsträger sowie Bauherr, die örtlichen Gemeinschaften fungierten als Exekutive vor Ort, aktiv bei der Mieter- und Siedlerauswahl, bei der Beilegung von Streitigkeiten, der Organisation der Hausverwaltung und so weiter. Jedes der örtlichen Gremien setzte sich aus einem Leiter, seinem Stellvertreter, einem Schriftführer und einem Kassier sowie mehreren Beisitzern zusammen. Der Ortspfarrer gehörte satzungsgemäß zum Vorstand. Über tausend ehrenamtlich Tätige verankerten so die Bauarbeit in der gesamten Diözese. Diese aktiven Mitglieder kamen vorrangig aus den kirchlichen Verbänden. Das Katholische Werkvolk stellte etwa 75% der örtlichen Vorstände[11]. Bereits 1949 beschäftigte die Stiftung in Bamberg einen hauptamtlichen Angestellten. Zu Jahresbeginn 1953 unterstützte eine leistungsfähige Verwaltung die Ehrenamtlichen mit immerhin 38 Angestellten (1955 bereits 50 Mitarbeiter). Bei den Angestellten bedachte man auch die Flüchtlinge, rund die Hälfte der Beschäftigten stammte aus den Ostgebieten.

Am 18. März 1955 folgte eine Aufteilung der bisherigen Administration in einen geschäftsführenden Vorstand und einen kontrollierenden Aufsichtsrat. Alle Geistlichen, die bisher Mitglied der Adminstration waren, wechselten – bis auf Hans Birkmayr – in den Aufsichtsrat. Der Einführung eines Aufsichtsorgans ging die Rüge des Verbandes bayerischer Wohnungsunternehmen vom November 1953 voraus, der die Stiftung auf die gesetzliche Notwendigkeit eines solchen Aufsichtsorgans hingewiesen hatte. Gemeinsame Sitzungen des Vorstandes und des Aufsichtsrats sollten die Arbeit koordinieren. Der bisher ehrenamtliche Vorstand sollte durch kontinuierliche Arbeit ständig präsent sein. Diese Umstrukturierung änderte auch den Verwaltungs-

---

[8] Diözesanarchiv Eichstätt (künftig: DA EI), Bestand Siedlungswerk, Karton 2, Akt Drucksachen, Bericht über das Diözesan-Wohnungs- und Siedlungswerk „St.-Joseph-Stiftung für die Erzdiözese Bamberg", S. 5.

[9] Wohnungsbau ist Familienbau. 1949–1952, hg. v. der St.-Joseph-Stiftung für die Erzdiözese Bamberg, Bamberg 1953, S. 4.

[10] Im ersten Jahr des Siedlungswerks gab es bereits 27 aktive und weitere elf im Planungsstadium befindliche Zusammenschlüsse (vgl. 25 Jahre St.-Joseph-Stiftung Bamberg, in: Beilage des St.-Heinrichsblattes, Nr. 44, 1973, S. 7). Bis 1955 bestanden dann 139 örtliche Siedlerzusammenschlüsse (vgl.: Der soziale Wohnungsbau mit dem Rechenstift, hg. v. der St.-Joseph-Stiftung Bamberg, o.O. (Bamberg?) 1957, S. 6).

[11] Angaben nach: Wohnungsbau ist Familienbau (wie Anm. 9), S. 5.

aufbau der Stiftung. Der Vorsitzende Hans Birkmayr hatte jetzt die Gesamtleitung inne und bearbeitete anfallende „sozialpolitsche und weltanschauliche Fragen"; der erste stellvertretende Vorsitzende leitete die technische und architektonische, der zweite stellvertretende Vorsitzende die kaufmännische und finanztechnische Arbeit. Geringen Umfang hatte die technische Abteilung, da Planung, Entwurf, Baulandbeschaffung und Bauleitung im Regelfall in den Händen der etwa 30 Vertragsarchitekten lagen, die örtlich tätig waren[12].

Siedlungswerk der Diözese Eichstätt/St.-Gundekar-Werk

Parallel und teilweise auch vor der Gründung der diözesanen Wohnungsbauorganisation Siedlungswerk der Diözese Eichstätt entstanden in den Dekanaten und Pfarreien der Diözese Eichstätt lokale Siedlergenossenschaften und -zusammenschlüsse, die meist aus lokalen Bauvorhaben heraus motiviert waren: Baugenossenschaft Kolping Eichstätt; Wohnungsbau- und Siedlungsbaugenossenschaft „Werkvolk" – Dekanat Schwabach; Baugenossenschaft Caritas Neumarkt; Baugenossenschaft Heilsbronn; Katholischer Wohnungsbau Ingolstadt; Baugenossenschaft Werkvolk Nürnberg-Eibach; Siedlungswerk der katholischen Kirchenstiftung Neukirchen. Weitere Anläufe gab es in Weißenburg, Bechhofen und Wolframs-Eschenbach.

Anfang April 1949 wurde das Eichstätter Siedlungswerk als „ideelles Dach von sieben auf Dekanats- bzw. Pfarrebene gegründeten gemeinnützigen Bau- und Siedlungsgemeinschaften" gegründet[13]. Vor der Etablierung ließen sich die Verantwortlichen in München beim Katholischen Wohnungsbau- und Siedlungswerk e.V., dem bayernweiten Zusammenschluß, beraten. In einem ausführlichen Schreiben wogen der dortige Geschäftsführer Fieger und der Caritas-Direktor Franz Müller im Februar 1949 nochmals die Rechtsformen der anderen Diözesen gegeneinander ab: *Nach sorgfältiger Überprüfung der verschiedenen möglichen juristischen Formen halten wir es nach wie vor für zweckmäßig, daß die entweder bereits bestehenden oder sich bildenden einzelnen örtlichen Siedlergemeinschaften und Siedlergenossenschaften selbständige Rechts- und Bauträger bleiben sollen und die Diözese ihrerseits durch ihr Diözesan-Siedlungswerk die organisatorische Zusammenfassung dieser einzelnen örtlichen Gemeinschaften darstellt und deren Interessenvertretung bildet. Hierzu dürfte sich die Rechtsform des e.V. gerade auch für die kleineren Diözesanbereiche eignen, da diese Rechtsform notwendig ist und größeren Spielraum gibt*[14]. Eichstätt folgte diesem Rat, die Vereinssatzung vom 4. April 1949 regelte die Aufgaben: *Dem Verein obliegt die Beratung und Förderung der katholischen Wohnungsbau- und Siedlungsunternehmen, insbesondere die Führung von Verhandlungen mit staatlichen, gemeindlichen und kirchlichen Dienststellen, die Beratung in bautechnischen und rechtlichen Fragen, die Mithilfe bei Beschaffung erforderlicher Geldmittel und*

---

[12] So in Nürnberg 1955 u.a. Franz Ruff, der die Kongreßhalle des Nürnberger Reichparteitagsgeländes geplant hatte (sein Vater Ludwig Ruff war der Architekt des Priesterseminars in Bamberg).

[13] Die Stadt greift ins Land. Siedlungspolitik in der Diözese Eichstätt, in: Heim und Familie. 10 Jahre Katholische Siedlungsarbeit, hg. v. Katholischen Siedlungsdienst e.V. Köln, Köln 1956, S. 50.

[14] DA EI, Bestand Siedlungswerk, Karton 2, Akt Katholisches Wohnungsbau- und Siedlungswerk München, Schreiben der Münchner Zentralstelle vom 10. 2. 1949 an die Diözese Eichstätt.

verbilligter Baustoffe, sowie die einheitliche Werbung für den gemeinnützigen Wohnungsbau[15]. Es war eine Unterscheidung von ordentlichen Mitgliedern und Fördermitgliedern vorgesehen. Ordentliche Mitglieder waren die lokalen Wohnungsbau- und Siedlergemeinschaften sowie Einzelsiedler; Fördermitglieder waren Darlehensgeber und Spender beim Pfennigsparen. Als Begründung für den in Eichstätt nur schwach ausgeprägten Zentralismus des Siedlungswerks läßt sich sicher die Lage der Diözese zwischen den Regierungsbezirken Mittelfranken, Oberpfalz, Schwaben und Oberbayern anführen. An den Grenzen liegen die wichtigen Städte Nürnberg, Ansbach, Neumarkt und Ingolstadt, dazwischen befanden sich vorrangig bäuerliche Siedlungen. Bei der Gründung war deshalb auch der weitere Aufbau lokaler Vereine und Genossenschaften vorgesehen worden. Der damalige Vereinsvorsitzende Kißmann sah dabei aber große Schwierigkeiten: *Für uns Katholiken ist es nicht so einfach, eine neue Genossenschaft ins Leben zu rufen, da der Verband Bayerischer Wohnungsunternehmen rein sozialistisch eingestellt ist, und er auf dem Standpunkt steht, daß genügend Genossenschaften vorhanden seien. Diese Genossenschaften lehnen wir selbstverständlich ab, da sie eine rote Angelegenheit sind*[16].

1953 wurden die Überlegungen intensiviert, die Struktur des katholischen Wohnungsbaus in der Diözese zu verändern. Die Überlastung des bisherigen Vorsitzenden und des Geschäftsführes ließen die Verantwortlichen zunehmend an eine organisatorische Umgestaltung des Siedlungswerks denken. Schwierigkeiten durch die Struktur des Siedlungswerks ergaben sich vor allem bei der Beschaffung finanzieller Mittel für die Verwirklichung der katholischen Interessen: *In Konkurrenz stehen hierbei private Bauträger und Genossenschaften. Letztere tendieren entweder politisch oder konfessionell mit uns in gegensätzliche Richtung oder sind landkreiseigene Unternehmen, welche sämtlich ihre Vertrauensleute und Mittelmänner an maßgebenden Stellen sitzen haben ... Diese Tatsache allein erfordert höchste Aktivität auf unserer Seite, die nur durch straffe Organisation wie auch Zentralisierung erreicht werden kann*[17]. Auch konnte das Siedlungswerk nur betreuend tätig sein, aber keinen direkten Einfluß auf die Bauprojekte nehmen.

Der Dachverein in München, das Katholische Wohnungsbau- und Siedlungswerk in Bayern e.V., riet in einer gutachterlichen Stellungnahme vom Dezember 1953 auch, den Eichstätter Sonderweg zahlreicher lokaler Organisationen zu beenden: *Es besteht auch bei Ihnen mit einer an Sicherheit grenzenden Wahrscheinlichkeit immer wieder die Gefahr der Verwässerung einheitlicher Zusammenschau und Überrundung durch lokalkolorierten, im Endergebnis der Sache insgesamt schädlichen Ego-Zentralismus = Superföderalismus. Die Diözese müßte mithin die kleinste föderative Einheit sein*[18]!

---

[15] DA EI, Bestand Siedlungswerk, Karton 3, Akt Diözesan-Siedlungswerk Eichstätt e.V.

[16] DA EI, Bestand Siedlungswerk, Karton 2, Akt 1. Vorsitzender, H. Kißmann, H. Walz, Siedlungswerk Hauptgeschäftsstelle, Schreiben Kißmann vom 18. 7. 1949.

[17] DA EI, Bestand Siedlungswerk, Karton 2, Akt (blau), Schreiben Josef Walz' an Domkapitular Klebl vom 13. 1. 1954.

[18] DA EI, Bestand Siedlungswerk, Karton 2, Akt (blau), Schreiben des Katholischen Wohnungsbau- und Siedlungswerks in Bayern e.V. an den Vorsitzenden des Siedlungswerks Eichstätt Josef Walz vom 21. 12. 1953.

Am 4. März 1954 fand im Bischöflichen Ordinariat eine Vorstandssitzung des bisherigen Siedlungswerks unter Teilnahme Bischof Joseph Schröffers (1903–1983) statt. Einziger Punkt der Tagesordnung war die „Neu-Organisation des Diözesan-Siedlungswerks". Die anwesenden Baugenossenschaften stimmten einer Umstellung und Übergabe der Bauvorhaben an die zentrale Organisation ab 1954 zu. Am 22. März 1954 erhielt der Geschäftsführer des Siedlungswerks die Vollmacht des Ordinariats, die zur Vorbereitung der Gründung nötigen Schritte einzuleiten. Als Namengeber wählte man den im Eichstätter Dom begrabenen Bischof Gundekar II. (1057–1075).

Die Gründung des St.-Gundekar-Werks als GmbH erfolgte dann am 17. Mai 1954 mit drei Gesellschaftern: der Diözese, dem Diözesan-Caritas-Verband und dem bisherigen Siedlungswerk. Der Aufsichtsrat bestand aus neun Mitgliedern. *Es sind hierin alle für den kirchlich sozialen Wohnungsbau einschlägigen Fachrichtungen vertreten*[19], unter anderem ein Jurist, ein Baurat, ein Bankdirektor und Vertreter kirchlicher Einrichtungen.

Bis zum Jahresanfang 1956 stellten die lokalen Siedlungswerke in Schwabach, Heilsbronn, Neumarkt, Eichstätt und Ingolstadt ihre Neubautätigkeiten ein und vereinbarten eine Vermögensübergabe an das St.-Gundekar-Werk. Die endgültige Übertragung des Eigentums dauerte jedoch Jahre. So wurde das Vermögen der Einrichtungen in Neumarkt, die als Außenstelle Neumarkt des St.-Gundekar-Werks firmierte, erst 1963 nach dem Ableben des dortigen Geschäftsführers endgültig übertragen.

Der Verein „Siedlungswerk der Diözese Eichstätt" existierte auch nach Gründung des St.-Gundekar-Werks weiter. Eine Notiz aus dem Jahr 1960 verzeichnete noch die Organisationen in Schwabach, Neumarkt, Neukirchen und Ingolstadt als Mitglieder[20]. Als Aufgaben waren die Unterstützung von Selbstsiedlern und die Förderung des St.-Gundekar-Werks als allein autorisiertem Diözesanbauträger vermerkt.

St.-Bruno-Werk Würzburg

Das St.-Bruno-Werk der Diözese Würzburg war organisatorisch in das eigentliche gemeinnützige Wohnungsunternehmen, das „St.-Bruno-Werk, Fränkische Wohnungsgenossenschaft eGmbH" und den St.-Bruno-Fonds zur Sammlung von Spenden unterteilt.

Nach den Absichten der Gründer sollten sich in der Genossenschaft eigentlich nicht die Wohnungssuchenden – die den gesetzlichen Bestimmungen nach aber Mitglied sein mußten – sammeln, sondern „vor allem jene Angehörigen der Diözese Würzburg ..., denen noch Heim, Habe und Gut erhalten geblieben ist. Sie wollen für ihre Mitmenschen, die infolge des Krieges in menschenunwürdigen Behausungen leben und sich selbst nicht helfen können, gesunde und zweckmäßg eingerichtete Wohnungen zu erschwinglichen Preisen schaffen."[21]

---

[19] DA EI, Bestand Siedlungswerk, Karton 1, Akt St.-Gundekar-Werk, Schreiben des St.-Gundekar-Werks an den Vorsitzenden der St.-Joseph-Stiftung Birkmayr vom 22. 6. 1959.
[20] DA EI, Bestand Siedlungswerk, Karton 3, lose Blätter im Umschlag, bezeichnet Siedlungswerk Generalversammlung.
[21] Katechismus des St.-Bruno-Werks, hg. v. der Vorstandschaft und dem Aufsichtsrat des St.-Bruno-Werks, Fränkische Wohnungsgenossenschaft eGmbH, o.O. (Würzburg) 1950, S. 6.

Durch Beitrittserklärung und den folgenden formalen Aufnahmebeschluß des Vorstandes wurde man Mitglied der Genossenschaft. Der Mindestanteil betrug 100 DM. Die Höchstmenge an Anteilen war auf 50 begrenzt, Wohnungsbewerber mußten mindestens drei Anteile zeichnen. Die Zahlung konnte auch in Raten erfolgen. Spätestens bei Bezug einer Wohnung mußten allerdings alle drei Anteile abgezahlt sein. Die Anteilscheine konnten gekündigt, verkauft, vererbt oder verschenkt werden – nach Zustimmung der Genossenschaftsleitung. Selbst die Ausschüttung einer Dividende war theoretisch vorgesehen. „Es liegt aber im Sinne der Sache, wenigstens in den ersten Baujahren, möglichst keine Dividende auszuschütten, um das flüssige Geld der Bautätigkeit zu erhalten."[22]

Der St.-Bruno-Fonds sollte als Stiftung, die direkt der persönlichen Verfügung des Bischofs unterstand, die Bauvorhaben finanziell fördern und Einzelspenden sammeln. Alle Diözesanmitglieder, die nicht Anteile zeichnen wollten, sollten auch Kleinbeträge zur Verfügung stellen. Haussammlungen, auch regional begrenzt, sollten ebenfalls Mittel beschaffen.

An der Spitze der Genossenschaft standen der Vorstand – erster Vorsitzender war der Würzburger CSU-Stadtrat und Bischöfliche Rechnungsrat Dr. Kaspar Dürr – und der Aufsichtsrat mit dem Heidingsfelder Stadtpfarrer Otto Fritz als Vorsitzenden. In diesen Organen versuchte man verschiedene Bedürfnisse eines Wohnungsbauwerks abzubilden. So sollten im Vorstand neben einem Finanzsachverständigen zwei Kaufleute und zwei Baufachleute sitzen. Im Aufsichtsrat sollten neben einem Bau- und Bankfachmann mit je einem Vertreter anwesend sein: der Diözesanklerus, die Caritas, die Flüchtlinge, die „Ausgebombten" und die Jugend. Nachdem die Mitgliederzahl der Genossenschaft auf über 4000 gestiegen war, wandelte man 1951 die Generalversammlung in eine Vertreterversammlung um.

Sechs Hilfsmöglichkeiten sahen die Verantwortlichen des St.-Bruno-Werks für die Würzburger Diözesanen. Man konnte einen oder mehrere Anteilsscheine für 100 DM zeichnen. Durch Genehmigung der unterfränkischen Bezirksregierung war die Höhe eines Genossenschaftsanteils von 300 DM auf 100 DM gesenkt worden. Nur Wohnungsbezieher mußten die volle Summe einzahlen[23]. Die Zeichnung von Genossenschaftsanteilen bezeichnete der Vorstand als wirksamste Art der Hilfe. Einen Anspruch auf eine Wohnung erwarb man durch den Kauf eines Anteils allerdings nicht. Im Gegenteil, das Werk forderte, daß „es dringend nötig [sei], daß sich die Genossen aus möglichst vielen zusammensetzen, welche keine Wohnung benötigen."[24] Die Genossenschaftsanteile zählten als bilanzmäßige Kapitalunterlage des Wirtschaftsunternehmens, grundlegend für die Kreditwürdigkeit. Dafür ebenso wich-

---

[22] Katechismus (wie Anm. 21), S. 7. Rückläufige Sammelergebnisse führten erstmals 1954, nach fünf Jahren, zu dem Beschluß der Vertreterversammlung, eine dreiprozentige Dividende auszuzahlen, um dadurch die Spendenmoral zu heben (Würzburger Katholisches Sonntagsblatt, Nr. 27 vom 4. 7. 1954). 1955 entfiel trotz rechnerischer Gewinne die Dividende wieder, wegen der „umfangreichen Zukunftsaufgaben" und u.a. der steigenden Baukosten sowie der hohen Zinsen (Fränkisches Volksblatt, Nr. 143 vom 27. 5. 1955).

[23] 40 Jahre St.-Bruno-Werk – Ein Rückblick (= Teil des Geschäftsberichtes des St.-Bruno-Werks 1989), S. 35.

[24] Katechismus (wie Anm. 21), S. 11.

tig war die Haftung der Genossen mit ihrem Anteilswert, das heißt jeder Anteil für 100 DM sicherte die doppelte Summe, nämlich das bereitgestellte Grundkapital von 100 DM und die Haftungssumme von 100 DM. Für Verhandlungen mit Behörden und Darstellungen in der Presse waren sowohl die Genossenzahl als auch die Höhe des Genossenschaftskapitals bedeutsam. So stiegen die Anteile in den Jahren nach 1950 wesentlich schneller als die Mitgliederzahlen. Hielt 1950 jeder Genosse im Durchschnitt 1,30 Anteile, betrug die Quote am Jahresende 1955 schon 2,07 Anteile[25].

Zweitens sollten Geldspenden für den St.-Bruno-Fonds die Arbeit unterstützen. Dabei wollte man keine Quelle auslassen. Die in den Werbeschriften genannten Möglichkeiten reichten vom gesparten Eisgeld über Theaterabende, gesparten Kosten für Alkohol bei Hochzeitsfeiern bis zum „bewußt trockenen Kneipabend der Studentenverbindung"[26].

Weiter sollten die Diözesanen durch Eigenarbeit – vom Verlegen des Fußbodens bis zum Bepflanzen des Gartens – und durch Materialspenden helfen. All denjenigen, die auf die angeführten Möglichkeiten nicht zurückgreifen konnten, wurde die Unterstützung durch das Gebet ans Herz gelegt. „Der Bischof hofft auf das alte Mütterchen mit dem Rosenkranz, die Klosterfrau im Saal der Schwerkranken, den stillen Dulder auf seinem Lager …"[27]. Schließlich wurde auch zur Zeichnung von Schuldscheinen und Obligationen (bei vierprozentiger Verzinsung und Mindestlaufzeit von fünf Jahren) des St.-Bruno-Werks und von Pfandbriefen aufgefordert.

Die Wohnungsvergabe erfolgte durch einen anonym bleibenden – vom Vorstand eingesetzten – Wohnungsverteilungsausschuß. Die Verteilung sollte nach der Bedürftigkeit erfolgen. Als Kriterien wurden genannt: die derzeitige Unterbringung, die wirtschaftliche Lage, die Kinderzahl, die Berufstätigkeit, die Dauer der Mitgliedschaft beim St.-Bruno-Werk und die soziale Einstellung. Die Berücksichtigung der diversen Kriterien, die Auflagen bei staatlich geförderten Wohnungen Geschädigte oder Flüchtlinge aufzunehmen, führte bei abgelehnten Bewerbern zu Frustrationen. So wurden zum Beispiel 1953 die Bewerbungen eines Lehrers des Würzburger Vizentinums, der Anteile für immerhin 800 DM gezeichnet hatte, wiederholt abgelehnt, worauf sich dieser sich beim Ordinariat über die Auswahlpraxis des St.-Bruno-Werks bitter beklagte: *Ich bin bitter enttäuscht, wenn ich sehe, wie in Brunowerkhäusern aus Briefkästen lauter Mainpostzeitungen herausschauen, wie Kommunisten und schlimmstens beleumundete Personen eine Wohnung bekommen*[28].

Katholisches Wohnungsbau- und Siedlungswerk der Diözese Regensburg

Die Überlegungen, in der Diözese Regensburg das Katholische Wohnungsbau- und Siedlungswerk zu gründen, gehen neben der Caritas vor allem auf die Katholi-

---

[25] Eine Entwicklung, die sich fortsetzte: So betrug z.B. 1965 die Quote 2,97 und 1973 4,45 Anteile (Zahlenangaben nach: Geschäftsbericht für das Geschäftsjahr 1973, hg. v. St.-Bruno-Werk, Würzburg 1973, zum 25jährigen Jubiläum, o.S.).

[26] Wohnungsbau ist heute in Wahrheit Dombau. Undatierte Broschüre (1949?) in: Archiv des Deutschen Caritasverbandes, Akt 125.93, Fasz. 2. Die Kosten für einen Kneipabend wurden in dieser Broschüre immerhin mit 200 DM veranschlagt.

[27] Wohnungsbau (wie Anm. 26).

[28] Registratur des bischöflichen Ordinariates Würzburg, BV Brunowerk, Allgemeines 1953–1980.

sche Liga-Bank[29] in Regensburg zurück, wie man einem Schreiben des Leiters der Regensburger Pfründepachtstelle Dr. Zenglein an den Klerusverband entnehmen kann: *Schon im vorigen Jahre wollte die Liga eine größere Siedlungsgemeinschaft aufziehen. Die Bestrebungen des Herrn Liga-Direktors Wirth waren an der kirchlichen Oberbehörde bekannt und wurden wärmstens begrüßt, wurden aber wohl mit Rücksicht auf die damals unsicheren Währungsverhältnisse abgebogen*[30]. Im November 1948 präsentierten dann die beiden Bankdirektoren Anton Wirth und Georg Thallmayr, der Caritasdirektor Michael Prem und ein weiterer Unterzeichner[31] erneut dem Regensburger Bischof ihre Vorschläge. Als Rechtfertigung ihrer Aktion führten sie neben den zahlreichen bischöflichen Hirtenworten zur Wohnungsnot besonders die im Oktober 1948 stattgefundene Siedlertagung des Deutschen Caritasverbandes in München an. Dort hatten die Flüchtlinge schwere Vorwürfe gegen die katholische Kirche vorgebracht, wie die Initiatoren Bischof Buchberger (1927–1961) mitteilten: *Es konnte eine Radikalisierung der Flüchtlinge festgestellt werden, die deutlich die Wirkung der Schlagworte der linksgerichteten Kreise erkennen ließen, die Kirche denke nur an den Bau von Kirchen, sehe aber die furchtbare Not der verzweifelten Menschen nicht. Wenn ein Flüchtlingsvertreter einer Diözese die Forderung stellte und an seinen Bischof weitergab, daß alle Pfarrhöfe zur Bereitstellung von Baugeldern mit Hypotheken belastet werden sollen, dann ist dies eine Mahnung, der Lösung dieser Frage ernsteste Beachtung zu schenken*[32].

Die Initiatoren schlugen in ihrem Plan vor, ein Katholisches Wohnungsbau- und Siedlungswerk der Diözese Regensburg, Gesellschaft mit beschränkter Haftung, Regensburg, zu gründen, dessen Zweck es sein sollte, geeignete Wohnungsbau- und Siedlungsunternehmen in der Diözese zu beraten, Einzelunternehmen in Pfarreien zu betreuen, sie finanziell zu unterstützen und später selbst Wohnungen für Flüchtlinge, Ausgebombte und so weiter zu erbauen.

Die verschiedenen Gesellschafter – ursprünglich vorgesehen waren das Bistum, der Caritasverband, Stiftungen, Klöster und verschiedene katholische Vereine – sollten 20 000 DM in 20 gleich großen Anteilen aufbringen. Die Geschäftsführung würden am Anfang die Vorstandsmitglieder der Liga Spar- und Kreditgenossenschaft ehrenamtlich übernehmen. Wie professionell die katholischen Bankiers an ihre Aufgabe herangingen, zeigten ihre weiteren, bereits sehr detaillierten Vorschläge: *Die*

---

[29] Die Liga Spar- und Kreditgenossenschaft ist die Bank des katholischen Klerus in Bayern und der Pfalz. Gründungsort und Hauptsitz ist Regensburg.

[30] Bischöfliches Zentralarchiv Regensburg (künftig: BZAR), OA, Nr. 2919, Siedlungswesen 1946–1957, Schreiben Dr. Zenglein vom 7. 12. 1948.

[31] Der nicht sicher lesbare Name dürfte Hermann oder Hörmann lauten. Es läßt sich aber nicht mit Sicherheit feststellen, ob es sich dabei um den damaligen Bischöflichen Finanzdirektor Domkapitular Hörmann oder um das spätere Aufsichtsratsmitglied, den Regensburger Bürgermeister Hans Hermann, handelte. Die Gründergruppe zeichnete auf dem Entwurf als „Arbeitsgemeinschaft zur Gründung einer Gesellschaft zur Förderung des sozialen Wohnungbaues und des Siedlungswesens durch kirchliche Stellen der Diözese Regensburg". Dieser Titel wurde aber noch im Konzept gestrichen (so belegt in: BZAR, Archiv des Diözesan-Caritasverbandes, Abgabe 1974, Nr. II/23, Katholisches Wohnungs- und Siedlungswerk der Diözese Regensburg ab 1948 bis 1955).

[32] BZAR, OA, Nr. 2919, Schreiben von Wirth, Thallmayr und Prem an Bischof Buchberger vom 25. 11. 1948.

G.m.b.H. müßte die Eigenschaft eines gemeinnützigen Unternehmens haben, damit sie die steuerlichen Vorteile, Staatszuschüsse, Staatsdarlehen usw. erhalten kann. Sie müßte weiter die Siedlungsträgereigenschaft nach Artikel VIII des Bodenreformgesetzes zu erreichen suchen, damit die Abgabe von Grundstücken aus kirchlichem Besitz an die G.m.b.H. auf die Pflichtabgabe angerechnet wird. ... Bei einem Bauindex von nahezu 300% und Kreditzinsen, die zwischen 7 und 9% liegen, können Siedlerstellen und Wohnungen zu tragbaren Mieten nicht erbaut werden. Es müssen also in erster Linie caritative Mittel und zinslose oder zinsverbilligte langfristige Darlehen beschafft werden[33].

Als Gesellschafter traten – nach der Gründung im Januar 1949 – neben dem Bischöflichen Stuhl der Caritas-Verband mit einem Gesellschaftskapital von 5000 DM und die Bischöfliche Knabenseminarstiftung bei. Die Geschäftsführung übernahmen, wie vorgeschlagen, die Vertreter der Liga-Bank. Im Aufsichtsrat saßen der Regensburger Oberbürgermeister Hans Hermann, der Verwaltungsdirektor Heinrich Roderer, der bischöfliche Finanzdirektor Johann Hörmann, der Regensburger Caritasdirektor Michael Prem und der Fabrikdirektor Lehner. Im abgeschlossenen Gesellschaftsvertrag war die Aufgabe nochmals umrissen: *Die Gesellschaft hat den Zweck, Kleinwohnungen, insbesondere Kleinsiedlungen und Eigenheime in eigenem Namen zu errichten, zu bewirtschaften oder zu betreuen, sowie das Kleingartenwesen und die Heimstättenbewegung in jeder Weise zu fördern*[34].

Bereits am 20. Januar 1949 versandte das neugegründete Katholische Wohnungsbau- und Siedlungswerk der Diözese Regensburg seinen ersten Rundbrief an die Geistlichen der Diözese, begleitet von einem Aufruf des Bischofs, in dem er seine Pläne über die Aufgaben des Siedlungswerks seinen Diözesanen mitteilte und sie zu „reichen Gaben" an die Pfarrämter und die Geschäftsstelle des Siedlungswerks aufforderte. Im Rundbrief des Siedlungswerks wurde auf die dringende Notwendigkeit verwiesen, für Bauzuschüsse Geld zu sammeln. Dem Brief wurden erste „Bausteine"[35] zu einer Mark, die in den Gemeinden verkauft werden sollten, und Formblätter für Darlehensangebote beigelegt.

Nach dem Wunsch Bischof Buchbergers sollte in jedem Dekanat mit dem Bau einer Siedlerstelle begonnen werden. Frühzeitig wiesen Regensburger Geistliche aber darauf hin, daß es wenig Sinn habe, an Orten zu bauen, an denen es keine Industrie und damit keine Arbeitsmöglichkeiten gebe. Eine Zersplitterung der Bauaktivitäten sei unproduktiv. Darin äußerte sich die Kritik am Plan des Bischofs, nach dem Gießkannenprinzip in jedem Dekanat eine Siedlerstelle zu errichten. So mißbilligte auch der Hebertsfeldener Pfarrer Erhard Buchner 1949 die seiner Meinung nach zu kurz greifende Bauaktion der Diözese: *Und ich kann nicht viel Hilfe heraussehen, wenn einer oder zwei bauen können und wohnen und die vielen anderen in gleicher Not sitzen bleiben. Ebensowenig seh' ich eine spürbare Hilfe darin, daß Wohnungen*

---

[33] BZAR, OA, Nr. 2919.

[34] BZAR, OA, Nr. 2919.

[35] Die Bausteine hatten die Form eines Einlagebildes für das Gebetbuch. Die Vorderseite schmückte ein Drachen tötender Erzengel Michael; ein Exemplar findet sich in: BZAR, OA, Nr. 2920, Siedlung, Material-Konferenzen 1948–1949.

geschaffen werden. Man müßte den Leuten zugleich auch Arbeit verschaffen. Beides könnte bei diesem Plan geschehen. Wir haben in unserer Pfarrei so viel solche Leute – Einheimische und Flüchtlinge, die sowas brauchen. Allerdings müßte es ein Betrieb sein, der auch für Frauen und weniger Leistungsfähige Arbeit hätte. Ich denke z.B. an Witt in Weiden. Unseren Leuten wäre damit ganz viel geholfen in jeder Weise. Und es wäre vor allem eine spürbare Leistung der Kirche auf dem Gebiete der Bodenreform und Flüchtlingsaktion. Und es wäre halt eine Hilfe auf breiter Grundlage, nicht nur für einige wenige. Die Pfarrpfründe ginge daran nicht zugrunde. Wo so vielen geholfen wäre, müßte man selbst etwas opfern. Das Ansehen der Kirche würde bestimmt gefördert[36]. Die tatsächlich ausgeführten Bauten des Siedlungswerks zeigen dann auch, daß vermehrt in Gebieten des Bedarfes und nicht stur nach dem „Gießkannenprinzip" gebaut wurde.

Katholisches Siedlungs- und Wohnungsbauwerk der Erzdiözese München-Freising

In der Erzdiözese München-Freising war man in den ersten Nachkriegsjahren skeptisch, ob Wohnungsbau zu den diözesanen Aufgaben gehören sollte. Noch im Artikel der Münchner Kirchenzeitung, der im März 1949 die offizielle Gründung des Katholischen Siedlungs- und Wohnungsbauwerks der Erzdiözese München-Freising bekanntgab, war die Skepsis der Diözesanspitze gegenüber dem kirchlichen Wohnungsbau einleitend angemerkt: „In unseren Tagen hat sich der Wohnungsbau in die leiblichen Werke der Barmherzigkeit eingeschlichen. Die Schrift hat ihn nicht in diese ehrwürdige Liste hineingesetzt."[37] Man sah den Wohnungsbau auch nicht als originäre Aufgabe der Kirche: „Früher war der Wohnungsbau ein Lieblingskind des Kapitalismus. ... Heute stürzt sich der Kapitalismus viel lieber auf Geschäftshäuser, Cafes, Nachtlokale, Kinos und Kioske, ... Heute heißt die Lösung nicht mehr: ‚Baut Wohnungen, ihr verdient Geld dabei!' Sondern: ‚Baut Wohnungen – um der Liebe Christi willen – auch wenn ihr dabei Geld verliert!'"[38]

Nur aufgrund der umfassenden Not sah sich die Kirche aus Barmherzigkeit gezwungen, auf diesem ungewohnten Gebiet tätig zu werden. Sie wollte dabei nicht Aufgaben des Staates übernehmen, sondern mit ihm zusammenarbeiten: „Die Kirche ist sich wohl bewußt, daß sie die ungeheuerliche Wohnungsnot nicht mit ihren spärlichen Mitteln beheben kann ... Und die Kassen der Kirche sind genauso leer wie die des Staates. Die kirchlichen Finanzorgane sind seit der Währungsreform schwer verschuldet wegen der vielen Ausgaben für Klerus, Kirchenangestellte und für die Wiederherstellung der Kirchen. ... Ein kirchliches Siedlungswerk kann und darf nicht mit kirchlichen Steuergeldern gefördert werden und kann und darf auch nicht mit den bisherigen Caritasmitteln unterstützt werden; denn darauf warten bereits unzählige Arme, Kranke und Waisenkinder"[39]. Die Lösung sah man in der Erzdiözese München-Freising in der Organisation einer örtlichen Selbsthilfe in den Pfarrgemeinden.

---

[36] BZAR, OA, Nr. 2919, Schreiben Erhard Buchner vom 2. 1. 1949. Wie allerdings der Pfarrer aus Hebertsfelden im Rottal auf das Beispiel Weiden kam – am nördlichen entgegengesetzten Rand der Diözese gelegen – ist nicht nachzuvollziehen. Eventuell bestehende Pläne der Firma Witt, den Betrieb nach Niederbayern zu verlegen, konnten nicht überprüft werden.

[37] Münchner Katholische Kirchenzeitung, Nr. 13 vom 27. 3. 1949, S. 105.

[38] Ebd.

[39] Ebd.

Kirchliche Landabgabe sollte diese Aktion unterstützen. Offensichtlich wollte man auch die mögliche Heranziehung kirchlichen Grundes zur Bodenreform abwehren. Das „Gesetz von Beschaffung von Siedlungsland und Bodenreform" von 1946 sah für kirchliches Eigentum eine Kann-Bestimmung vor. Um die öffentliche Stimmung vor härteren Forderungen abzuhalten, sollte diese Kann-Bestimmung auch durch freiwilligen kirchlichen Wohnungsbau abgesichert werden. Am 26. Januar 1948 fand eine Besprechung zwischen dem Katholischen Volksbüro und dem bayerischen Flüchtlingsstaatssekretariat statt. Danach wurde empfohlen, um Ansprüche von Politikern auf kirchliches Land abzuwehren, auch *eine Einrichtung für die Betreuung und Beratung, Aufstellung einheitlicher Richtlinien in den Siedlungsvorhaben in der Form eines Siedlungswerks zu schaffen*[40].

Bereits 1946 hatte Kardinal von Faulhaber (1917–1952), in Furcht, den Kirchenbesitz Abgeordneten ausliefern zu müssen, Überlegungen angestellt, wie man durch freiwillige Leistungen Zwangsforderungen abwehren könne: *Wichtig schiene mir allerdings, daß wir freiwillig von uns aus, besonders in der Nähe von Städten und Industrieanlagen, Baugrund für Barackenbauten zur Verfügung stellen würden, wie es in München zunächst mit 8 Tagwerken im Rahmen der Sammlung zugunsten der Flüchtlinge geschehen wird, aber so, daß eine kirchliche Baugenossenschaft über die Vermietung dieser Baubaracken zu entscheiden hat*[41].

Im Gründungsaufruf vom März 1949, in dem in der Kirchenzeitung die Errichtung des Siedlungswerks und die Übernahme des Protektorates durch Kardinal von Faulhaber bekanntgegeben wurde, nannte der Münchener Generalvikar Ferdinand Buchwieser (1874–1964) drei Hauptaufgaben der neuen Einrichtung: erstens die Beratung aller von bewußt kirchlichem Geist getragenen Siedlungsbestrebungen, zweitens die Anregung und Förderung des Wohn- und Siedlungsbaus und drittens die Beschaffung von Land sowie von Sach- und Finanzmitteln. Zum Vorsitzenden des Siedlungswerks wurde der damalige Verbandspräses des Katholischen Werkvolkes und Münchner Stadtrat Anton Maier ernannt. Zweiter Vorsitzender wurde Werkvolk-Diözesansekretär Siegfried Nießl. Prälat Josef Thalhamer begleitete als Referent und Vertreter des Erzbischöflichen Ordinariates im Aufsichtsrat das Werk. Vorsitzender des Aufsichtsrates wurde der Caritasdirektor Oskar Jandl. Weitere Mitglieder waren der Landespräses Roman Friesinger, der Gemeinderat Adam Fritsch und der Kaufmann Willi Hollemann.

Die ursprünglich gedachte, rein beratende und unterstützende Tätigkeit des neuen Vereins wurde bald erweitert. „Da aber die bestehenden Trägergesellschaften das besondere Anliegen katholischer Siedlungsbestrebungen ablehnten, nämlich, soweit es wirtschaftlich tragbar ist, auch unbemittelte Siedlungswillige in die geplanten Objekte mit hineinzunehmen, war der Weg zu einer eigenen Trägerfunktion zwangsläufig gegeben"[42], erklärte der Vorsitzende Anton Maier 1950. Das Siedlungswerk wurde von der Regierung von Oberbayern am 1. September 1949 als gemeinnütziges

---

[40] Bayerisches Hauptstaatsarchiv, MArb, Landesflüchtlingsverwaltung, vorl. Nr. 235, Schreiben des Oberregierungsrats Dr. Alfons Gawlik an das Katholische Volksbüro München vom 28. 1. 1948.
[41] BZAR, OA, Nr. 2922, Bodenreform, Schreiben Faulhabers vom 2. 12. 1946.
[42] Anton Maier, Das Diözesan-Siedlungswerk, in: Bericht der Diözesansynode München 1950, München 1950, S. 114.

Wohnungsunternehmen anerkannt[43]. Die Anerkennung als Kleinsiedlungsträger erfolgte erst nachträglich zum 1. September 1953. Der Verein selbst zählte nur sieben Mitglieder: das erzbischöfliche Ordinariat, den Caritasverband, das Katholische Werkvolk, die Katholische Zentralgesellenhausstiftung „Adolf Kolping", die kirchliche Hilfsstelle, den Katholischen Frauenbund und die Katholische Junge Mannschaft. Weitere Fördermitglieder, vor allem Firmen, wurden erst ab dem Jahr 1954 angeworben. Dem Diözesansiedlungswerk schlossen sich die lokalen Siedlergenossenschaften an: so bereits kurz nach der Gründung die Genossenschaften aus Kirchtrudering, Johanniskirchen, Ottobrunn, Törring bei Tittmoning, Grassau, Ampfing, St. Georgen bei Traunstein, Falling, Schleching, Übersee und Siedler aus Mammendorf[44].

Wohnbau- und Siedlungswerk Passau

Am 9. Januar 1949 findet sich im Passauer Bistumsblatt ein erster Hinweis auf die bevorstehende Gründung des diözesanen Wohnbau- und Siedlungswerks Passau. Nach einer Aufzählung der bisherigen Aktivitäten in der Diözese, wie der Freigabe eines Grundstücks der Bischöflichen Brauerei Hacklberg in Passau für den Siedlungsbau, der Gründung einer Siedlungsgenossenschaft durch die katholische Flüchtlingsjugend, der Wohnbauaktion und einer Sammelaktion im Januar 1949 durch die Junge Mannschaft in Passau sowie der Ankündigung, alle freiwerdenden Pachtstellen zuerst Flüchtlingen anzubieten, folgte die Mitteilung: „Der Zusammenschluß aller aufbauwilligen Kräfte innerhalb der Diözese mit dem Zweck der systematischen Förderung des Wohnungsausbaus und der Schaffung von Wohnungen in Form einer gemeinnützigen GmbH ist im Entstehen begriffen."[45]

Auf die Meldung, Flüchtlingen Pachtland zur Verfügung zu stellen, trafen im Ordinariat natürlich Anfragen interessierter Heimatvertriebener ein. Doch scheint gar kein Land zur Verteilung angestanden zu haben, denn auch dringende Anfragen mit Empfehlungen des Ortspfarrers erhielten nur lapidare Antworten: *Auf ihre Zuschrift in obigem Betreff möchten wir Ihnen mitteilen, dass z.Zt. kein Pfründegrund zur Verpachtung steht. Wann dies wieder einmal der Fall sein wird, ist jetzt noch nicht ersichtlich*[46].

Am 8. März 1949 erfolgte unter dem Vorsitz des Bischofs Simon Konrad Landersdorfer (1936–1968) die Gründung des „Katholischen Wohnbau- und Siedlungswerks für die Diözese Passau" als eingetragener Verein. Domkapitular Dr. Johann Baumgärtler als Vorsitzender des Vereins erklärte in seiner einleitenden Rede, daß die „Balkanisierung des Wohnens" zwangsläufig eine „Balkanisierung" der Moral mit sich bringe[47]. Der neue Verein sah in seinen Satzungen den Bau von Kleinwohnungen und Eigenheimen sowie den Erwerb bestehender Gebäude zum Ausbau vor. Ferner wollte er bevorzugt an Flüchtlinge und kinderreiche Familien Kredite gewähren. „Die

---

[43] Katholisches Siedlungs- und Wohnungsbauwerk München, Firmenarchiv, Akt „Bilanzen, Inventare, Geschäftsberichte 1949–1966", Geschäftsberichte zum Jahresabschluß 1949.

[44] Archiv des Deutschen Caritasverbandes, Nr. 374 + 237.0, Fasz. 1, Das Problem der Wohnungsbeschaffung für Flüchtlinge in katholischer Sicht, S. 11f.

[45] Passauer Bistumsblatt (künftig: PBB), Nr. 2 vom 9. 1. 1949, S. 7.

[46] Archiv des Bistums Passau, OA, Varia III., 11: Kirchenland und Siedlungswerke 1935–1955.

[47] PBB, Nr. 12 vom 20. 3. 1949, S. 3.

Mittel sollen durch Mitgliedsbeiträge (jährlicher Mindestbeitrag 2,- DM), Bausteine in Form unverzinslicher Schuldverschreibungen, eine Wohnbaulotterie und kirchliche Sammlungen aufgebracht werden."[48]

Auch eine Pfandbriefaktion wurde in Passau zur Hypotheken-Finanzierung gestartet. So warb die Bayerische Vereinsbank in ganzseitigen Anzeigen im Bistumsblatt in Zusammenarbeit mit dem Bischöflichen Ordinariat für den Kauf von Pfandbriefen ihres Instituts. Im Gegenzug verpflichtete sich die Bayerische Vereinsbank, das mit entsprechenden Vermerken gesammelte Sparkapital ausschließlich den Bauvorhaben des Wohnbau- und Siedlungswerks zukommen zu lassen[49].

Mit einem Hirtenbrief am Ostermontag 1949 wandte sich der Passauer Oberhirte an die Katholiken seiner Diözese. „In diesen Bauten [des Wohnungsbauwerks; R. S.] wollen wir einen herrlichen Dom katholischer Bruderliebe bauen!"[50], forderte der Bischof. Als Begründung führte er die große Zahl der Heimatvertriebenen in der Diözese an[51]. „Zehn Prozent von diesen hausen noch immer in primitiv eingerichteten Lagern, nicht selten mehrere Familien in einem einzigen Raume, so daß ein menschenwürdiges Familienleben ein Ding der Unmöglichkeit ist."[52] Mit dem Beitrag aller soll den neuen Mitbürgern aus dem Osten eine Heimat in Passau geschaffen werden. „Alle Katholiken der Diözese sollen sich zu einem großen Werke zusammenschließen, sollen opferbereit und beharrlich Pfennig um Pfennig, Mark um Mark als Baustein zusammentragen, um damit unseren heimatlosen Brüdern und Schwestern wohnliche Heimstätten zu schaffen."[53] Große Opfer forderte Landersdorfer von den Vermögenden seiner Diözese, damit die Ziele des Katholischen Wohnbau- und Siedlungsvereins (wie er die neu gegründete Einrichtung in diesem Hirtenwort nannte) durchgesetzt werden konnten. „Ihr werdet Euren Bischof in einem der schwersten Anliegen, das ihm gegenwärtig auf der Seele brennt, nicht im Stiche lassen"[54], hoffte er dabei. „Wohnungsbau ist Dammbau gegen den Kommunismus; hilf auch du, ihn zu besiegen"[55], lautete das Motto, das die Diözese Passau ihren ersten Sammlungen für das neue Wohnungsbauwerk voranstellte. Nach der Errichtung des Wohnbau- und Siedlungswerks unterstützte die Katholische Aktion nach Kräften dessen Ziele. Sie forderte die Pfarrausschüsse zu Werbeaktionen auf und zur Unterstützung der Vorhaben des Vereins[56]. Dem Zusammenschluß auf Diözesanebene folgten auch lokale Aktivitäten, wo dann in Zusammenarbeit von politischer und kirchlicher Gemeinde Bauprojekte begonnen wurden. So beschloß der Gemeinderat von Seebach, „in engster Zusammenarbeit von Kirche und Gemeinde ein Wohngebäude für mehrere

---

[48] Ebd.
[49] Anzeige der Bayerischen Vereinsbank in: PBB, Nr. 39 vom 25. 9. 1949, S. 8.
[50] PBB, Nr. 16 vom 17. 4. 1949, S. 5. Der vollständige Text des Hirtenwortes in: Amtsblatt für das Bistum Passau, Folge 7 vom 1. 4. 1949, S. 1.
[51] Diözesanflüchtlingsseelsorger Thiersch nannte 1949 (nach PBB, Nr. 25 vom 5. 6. 1949, S. 8) 130 573 Heimatvertriebene innerhalb der Diözese, davon waren 65,8% katholische und 33% evangelische Christen.
[52] PBB, Nr. 16 vom 17. 4. 1949, S. 5.
[53] Amtsblatt für das Bistum Passau, Folge 7 vom 1. 4. 1949.
[54] Ebd.
[55] PBB, Nr. 17 vom 24. 4. 1949, S. 2.
[56] Josef Meier, Die Katholische Aktion im Bistum Passau von 1929 bis 1968, Passau 1980, S. 193.

Familien auf kirchlichem Baugrund zu errichten, um so die furchtbare Wohnraumnot aufzulockern. Baumaterialspenden und kostenfreie Fuhrleistungen der Gemeindebürger sowie Geldspenden, die in Raten bezahlt werden können, werden helfen, dieses ‚kirchlich-gemeindliche Wohnbauwerk' durchzuführen."[57]

Vergleich und Typisierung der diözesanen Siedlungswerke

Bei der Betrachtung der unterschiedlichen Organisationsformen der Diözesen lassen sich sechs verschiedene Strukturmerkmale analysieren: Aktivierung der kirchlichen Basis; Einbindung kirchlicher Verbände; Einbindung der Betroffenen (zum Beispiel Siedler oder Heimatvertriebene); Führungsrolle der kirchlichen Hierarchie; führende Rolle „wirtschaftlicher Experten"; enge/geschlossene Führung der Organisation.

	Augsburg	Bamberg	Eichstätt	München-Freising	Passau	Regensburg	Würzburg
Aktivierung der kirchlichen Basis	nur in Frühphase	ja	teilweise	nein	nein	nein	ja
Einbindung kirchlicher Verbände	ja	ja	ja	ja	ja	nur Caritas	im Aufsichtsrat
Einbindung Betroffener (zum Beispiel Siedler oder Heimatvertriebene)	nein	ja	ja	nein	nein	nein	ja
Führungsrolle der kirchlichen Hierarchie	ja	teilweise	teilweise	teilweise	ja	ja	telweise
Führende Rolle „wirtschaftlicher Experten"	nein	teilweise	teilweise	nein	nein	ja	teilweise
Enge/geschlossene Führung	ja	ja	ja	ja	nein	ja	nein

Aus der Gegenüberstellung der Diözesen hinsichtlich der ausgewählten Strukturmerkmale ihrer Diözesan-Siedlungswerke lassen sich folgende Typen unterscheiden:

– Organisationen mit Aktivierung/Einbindung der kirchlichen Basis: Würzburg und Bamberg, abgeschwächt Augsburg und Eichstätt (Typ: „Basis-Aktivierung").
– Organisationen mit Einbindung Betroffener (Siedler, Flüchtlinge): Bamberg, Eichstätt, Würzburg (Typ: „Hilfe für Betroffene").
– Organisation mit stark ausgeprägter Führung durch „Wirtschaftliche Experten": Regensburg (Typ: „Wirtschaftliche Führung").
– Organisationen ohne oder mit geringer Einbindung von Betroffenen-Verbänden und kirchlicher Basis: München-Freising, Passau, Regensburg (Typ: „Ohne Basisverankerung").

In allen Diözesen hatten die kirchliche Hierarchie und die katholischen Verbände ähnlich starken Einfluß auf die Siedlungswerke. Die Führung war (bis auf die Ausnahme des genossenschaftlich organisierten St.-Bruno-Werks in Würzburg) in allen Diözesen eng geschlossen und abgegrenzt.

---

[57] PBB, Nr. 26 vom 26. 6. 1949, S. 8.

Die Bauleistung und die Unterstützung der Bauwilligen durch die Siedlungswerke variieren stark über die Diözesen.

	Augsburg	Bamberg	Eichstätt	München-Freising	Passau	Regensburg	Würzburg	Bayern
Katholiken 195.[58]	1 389 132	778 096	330 633	1 878 759	488 832	1 232 659	868 345	6 966 456
Fertiggestellte Wohneinheiten bis 1955	1 104	3 882	2 085	642	234	369	1 673	9 989
Für Wohnungsbau zur Verfügung gestelltes Land der bayerischen Diözesen 1945-1959 in qm[59]	40 000	224 795	23 350	499 279	80 793	157 293	176 536	1 202 046
Pro-Kopf-Bauleistung	0,79	4,99	6,31	0,34	0,48	0,30	1,93	1,43
Pro-Kopf-Land-Verfügungsstellung	28,79	288,90	70,62	265,75	165,28	127,60	203,30	172,55

Pro-Kopf-Bauleistungen und Pro-Kopf-Land-Verfügungsstellung, die über dem bayerischen Landesdurchschnitt liegen, sind in der Tabelle grau hinterlegt. Die Diözesen Bamberg und Würzburg zeigen sich in beiden Kategorien als besonders leistungsstark, Eichstätt und München-Freising in jeweils einer.

Vergleicht man die Leistungsquotienten der gebildeten Organisationstypen mit dem Landesdurchschnitt, ergibt sich ein deutliches Bild.

	Organisationstyp „Basis-Aktivierung"	Organisationstyp „Hilfe für Betroffene"	Organisationstyp „Wirtschaftliche Führung"	Organisationstyp „Ohne Basisverankerung"	Bayern
Katholiken 1954	3 366 206	1 977 074	1 232 659	3 600 250	6 966 456
Fertiggestellte Wohneinheiten bis 1955	8 744	7 640	369	1 245	9 989
Für Wohnungsbau zur Verfügung gestelltes Land der bayerischen Diözesen 1945-1959 in qm	464 681	424 681	157 293	737 365	1 202 046
Pro-Kopf-Bauleistung	2,60	3,86	0,30	0,35	1,43
Pro-Kopf-Land-Verfügungsstellung	138,04	214,80	127,60	204,81	172,55

---

[58] Kirchliches Handbuch. Amtliches Statistisches Jahrbuch der katholischen Kirche Deutschlands, Bd. XXIV: 1952–1956, Köln 1956, S. 434.
[59] Angaben nach: Josef Thalhamer (Hg.), Der soziale Wohnungsbau der katholischen Kirche in Bayern seit 1945. Katholisches Wohnungsbau- und Siedlungswerk in Bayern, bearb. v. Hans Birkmayr, München o.J. (1960), S. 19.

Als Ergebnisse können daher festgehalten werden:

Eine deutlich überdurchschnittliche Leistung der kirchlichen Siedlungswerke sowohl bei der Erstellung neuer Wohneinheiten als auch bei der zur Verfügungstellung kirchlicher Grundstücke läßt sich in den Diözesen beobachten, in denen es gelungen war, Betroffene, wie Heimatvertriebene, Bombengeschädigte oder Siedlungswillige, strukturell in die Organisation beziehungsweise deren Gremien einzubinden. Der wirtschaftliche Erfolg der Siedlungswerke hing also davon ab, ob es gelungen war, die Betroffenen und ihre hohe Eigenmotivation in die Strukturen der Werke einzubinden.

In Diözesen, in denen besonders die kirchliche Basis eingebunden wurde (sei es über nachgelagerte Strukturen in den Pfarreien oder durch genossenschaftliche Organisation) gelang es, überdurchschnittlich viele Wohnungen zu erstellen. In den Siedlungswerken, die einen hohen Grad an Basisintegration schafften, wurde die Wohnungsnot tatkräftig angegangen. Allerdings führte dies nicht dazu, verstärkt kirchliches Land zur Bebauung freizugeben.

Dagegen waren die Diözesen, die auf eine intensive Beteiligung der kirchlichen Basis oder von Betroffenen verzichteten, besonders erfolgreich in der Bereitstellung kirchlicher Grundstücke für Bauzwecke. Dies deutet daraufhin, daß es diesen – eher in der kirchlichen Hierarchie verankerten – Organisationen leichter fiel, auf dem „Dienstweg" Grundstücke der kirchlichen Pfründeverwaltungen zu mobilisieren. Die Bauleistung an Wohneinheiten lag dafür eher niedrig.

Die starke Einbindung/Führung durch vorrangig wirtschaftliche Experten scheint sich – zumindest im Regensburger Beispiel – in den ersten Nachkriegsjahren eher negativ auf die wirtschaftliche Erfolgsbilanz ausgewirkt zu haben.

Spitzenpositionen in beiden Kategorien erreichten die beiden Diözesen, in denen eine Mischung zweier Typen („Basisaktivierung" und „Hilfe für Betroffene") verwirklicht wurde. Hier gelang so offensichtlich auch die Mobilisierung der kirchlichen Hierarchien zugunsten einer hohen Land-Bereitsstellung für Siedlungswillige.

Mona L a n g e n

Die Verwendung von Historienbildern im Geschichtsunterricht, aufgezeigt an zwei Beispielen von Jacques-Louis David

Das Bild als Quelle ist der schriftlichen Quelle – als ehemals zentraler historischer Fundstelle in den Geschichtsbüchern – fachdidaktisch spätestens seit den 90er Jahren zur starken Konkurrenz erwachsen. Die Didaktiker greifen zu dieser exemplarischen Methode nicht nur wegen der zunehmenden Stofffülle, sondern weil der ästhetische Gewinn der Malerei auch noch didaktischen Nutzen für den Schüler bietet[1]. Ebenso wie die theoretische Fundierung wächst auch die Anzahl der praxisnahen Darstellungen zu jenen Bildern, die in den Geschichtsbüchern zum festen Bildkanon gehören. Überlegungen zu den beiden Historienbildern von Jacques-Louis David, „Der Schwur im Ballhaus" und „Die Weihe des Kaisers Napoleon und die Krönung der Kaiserin Josephine in der Kathedrale Notre-Dame zu Paris am 2. Dezember 1804", sollen dazu einen Beitrag leisten.

Zum Begriff der Historienmalerei

Unter Historienmalerei begreift man die Darstellung narrativer Szenen aus der Geschichte[2]. Diese Szenen betreffen weit zurückliegende Ereignisse, das heißt, man versteht darunter die Darstellung von „Helden" in den Situationen, die ihre nachahmenswerten Tugenden oder verachtenswerten Laster repräsentieren. Eine „historia magistra vitae" spricht hier ihre wohlgekannten Zeichen aus, eine Anzahl von Wertevorstellungen wird so repräsentiert. Die Sagenwelt wie die biblischen Geschichten werden als historische Welten miteinbezogen. Damit ist ein idealisierender, parteiergreifender Habitus der Historienmalerei noch stärker eigen als anderen bildlichen Darstellungen.

---

[1] Zu solchen Standardwerken zählen in den letzten Jahren: Klaus Bergmann, Gerhard Schneider, Das Bild, in: Hans-Jürgen Pandel, Gerhard Schneider (Hg.), Handbuch Medien im Geschichtsunterricht, Neuausgabe Schwalbach/Ts. 1999, S. 211–254; Herwig Buntz, Harald Popp, Das Bild als Quelle, in: Helmut Altrichter (Hg.), Bilder erzählen Geschichte, Freiburg 1995, S. 223–248, hier S. 233–236; Klaus Lampe, Das Bild im Geschichtsunterricht, in: Hans Süssmuth (Hg.), Historisch-politischer Unterricht, Medien, Stuttgart 1973; Irmgard Wilharm (Hg.), Geschichte in Bildern. Von der Miniatur bis zum Film als historische Quelle, Pfaffenweiler 1995; Brigitte Tolkemitt, Rainer Wohlfeil (Hg.), Historische Bildkunde – Probleme, Wege, Beispiele, Berlin 1991; Michael Sauer, Bilder im Geschichtsunterricht, Seelze-Velber 2000.

[2] Vgl. Lexikon der Kunst, hg. v. Harald Olbrich u. a., Bd. 3, Leipzig 1991, S. 271: „Historienbild, Darstellung geschichtl. Lebens und Geschehens in einem Werk der Tafel- oder Wandmalerei, der Graphik, gelegentlich auch im Relief (z. T. an Bau- oder an Monumentalplastik gebunden, als Sockelrelief eines Denkmals bes. im 19. Jh.). Als Historienmalerei bildet das H. eine selbständige Gattung der Malerei ... " Eine Kurzfassung der Entwicklung der Historienmalerei bei Traute Petersen, Historienmalerei – Programm und Probleme, in: Geschichte in Wissenschaft und Unterricht (GWU) 36, 1985, S. 569–576. Grundlegend zudem: Werner Hager, Geschichte in Bildern. Studien zur Historienmalerei des 19. Jahrhunderts, Hildesheim, Zürich, New York 1989; Ekkehard Mai (Hg.), Historienmalerei in Europa. Paradigmen in Form, Funktion und Ideologie, Mainz 1990; Peter Paret, Kunst als Geschichte. Kultur und Politik von Menzel bis Fontane, München 1990.

In diesem Sinne ist „Der Schwur der Horatier" von Jacques-Louis David ein Historienbild. Die drei Horatier sind mit ihren erhobenen Schwertern ein Symbol für den Willen zum Freiheitskampf. „Über der ganzen Szene schwebt der Tenor des ‚Jetzt oder nie'. Es ist nicht die kunstvolle Inszenierung eines historischen Geschehens, sondern der Prototyp eines Appells ... Diese Malerei ist zum ‚Agitationsplakat' geworden, das nicht mehr nur ästhetischen Normen unterworfen, sich nicht bloß an den einzelnen gebildeten Betrachter wendet, sondern das Mitreißen des Volkes zum Ziel hat."[3]

So wird der „Schwur der Horatier" zur Präfiguration des Bildes „Der Schwur im Ballhaus" von 1790, und damit steht die Historienmalerei an der Schwelle zum zeitgeschichtlichen Ereignisbild, das ein Kind der Französischen Revolution ist[4]. So betont auch Traute Petersen, daß die Historienmalerei ihren innovativen Impuls weniger aus dem Historismus des 19. Jahrhunderts bekommen habe als aus der Französischen Revolution[5]. Deutlich wird dies an einem Zitat Jacques-Louis Davids, wenn er sagt: *Oh mein Vaterland, mein geliebtes Vaterland! So müssen wir nicht mehr die Themen für unseren Pinsel in der Geschichte der antiken Völker suchen. Den Künstlern früherer Zeiten mangelte es an Themen, sie mußten sich wiederholen*[6]. Die historische Bedeutung des Moments verdrängt die weit zurückliegenden Ereignisse zugunsten zeitgeschichtlicher Sujets in der Malerei. Diese Ereignisbilder versteht man als Historienmalerei im engeren Sinn[7].

Für die deutsche Historienmalerei kann in diesem Sinne 1871 als Wendepunkt begriffen werden. Und parallel zu dem David-Zitat steht der Ausspruch Anton von Werners gegenüber Kaiser Wilhelm, wenn er sagt, vor der Reichsgründung habe er nur *Bilder aus der Vergangenheit, wie z. B.: ... Heinrich IV., Luther, Götz von Berlichingen u.a.m. gemalt ... , neuere deutsche Geschichte habe ja erst seine Majestät gemacht*[8]. Daran wird deutlich, daß Historienmalerei der politischen und nationalen Stärkung und Sinnstiftung dient[9]. Die Funktionen der Historienmalerei bleiben beim zeitgeschichtlichen Ereignisbild in ihren Grundzügen die gleichen: pädagogisch-idealisierend für den Betrachter einerseits, der Wunsch nach historisch-politischer Legitimierung und Selbstdarstellung für den Auftraggeber andererseits.

---

[3] Eckart Vansca, Überlegungen zur politischen Rolle der Historienmalerei des 19. Jahrhunderts, in: Wiener Jahrbuch für Kunstgeschichte 28, 1975, S. 145–159, hier S. 148.

[4] Hier ist Rainer Schoch zu widersprechen, der die Wende der Historienmalerei erst bei Napoleon sieht. Nicht erst Napoleon, sondern bereits die Nationalversammlung stellt die Historienmalerei in den Dienst der politischen Propaganda bzw. einer Staatsidee. Vgl. Rainer Schoch, Das Herrscherbild in der Malerei des 19. Jahrhunderts, Reutlingen 1975.

[5] Petersen, Historienmalerei (wie Anm. 2), S. 571.

[6] Zitat bei Philippe Bordes, Zur Sinngebung der Historien bei Jacques-Louis David, in: Triumph und Tod des Helden. Europäische Historienmalerei von Rubens bis Manet. Katalog zu einer Ausstellung des Wallraf-Richartz-Museums der Stadt Köln, hg. v. Ekkehard Mai, Anke Rapp, Köln 1988, S. 105–114, hier S. 106.

[7] Werner Hager, Das geschichtliche Ereignisbild. Beitrag zu einer Typologie des weltlichen Geschichtsbildes bis zur Aufklärung, München 1939.

[8] Anton von Werner, Erlebnisse und Eindrücke, Berlin 1913, S. 171.

[9] Als Beispiel aus dem 20. Jahrhundert fügt Herwig Buntz Werner Tübkes Rundbild in Frankenhausen an, das in der ehemaligen DDR zwischen 1973 und 1989 entstanden ist und als „Zitatbild" einen besonderen Platz einnimmt. Vgl. Buntz, Popp, Bild (wie Anm. 1).

Bei der Fülle der historischen Sujets in der Malerei des 19. Jahrhunderts ist die Historienmalerei beziehungsweise das zeitgeschichtliche Ereignisbild abzugrenzen vom historischen Genrebild wie zum Beispiel Adolf von Menzels „Flötenkonzert Friedrichs des Großen in Sanssouci"[10], insbesondere jedoch von dem militärischen Genrebild, das sich zunehmender Beliebtheit erfreute. Auch die Schlachtenbilder werden als eigenes Genre verstanden, das sogar einen eigenen Berufsstand, den Schlachtenmaler, hervorgebracht hat.

Ebenfalls abzugrenzen ist das Historienbild vom Herrscherporträt, das seit der Aufklärung, um dem moralischen Anspruch und dem realen Milieu zu genügen, zunehmend mit der Darstellung von exemplarischen Handlungen – etwa im Gespräch mit Berühmtheiten seiner Zeit, lesend, auf der Jagd, im Kampf, mit Familie – erweitert wird[11]. Damit werden auch das Stilleben und die Landschaftsmalerei, seien sie auch noch so realistisch, vom Historienbild abgegrenzt.

Abschließend soll noch bemerkt werden, daß die Historienmalerei, insbesondere das zeitgeschichtliche Ereignisbild, sich zwar zunehmenden Interesses erfreut[12] und seine Bedeutung und Aussage sozusagen „wiederentdeckt" werden, jedoch in der Kunstgeschichte wie in der Geschichtswissenschaft erst nach und nach Aufarbeitung erfährt. Das liegt nicht zuletzt daran, daß es weitgehend an einer Methodik fehlte, die Maßstäbe zur kritischen Auswertung der historischen Ikongraphie an die Hand gab. „Die Geschichtswissenschaft, geboren aus dem Geiste der philologischen Textkritik, ist noch heute weithin bildfremd", stellte 1964 Peter Thielen fest[13]. Dies hat sich, wie eingangs erwähnt, in den letzten zehn Jahren erfreulicherweise geändert[14]. Gerade diese Methodik kann die Geschichtsdidaktik leisten. Sie muß es sogar, seitdem das Geschichtsbuch die Entwicklung vom Lese- zum Arbeitsbuch vollzogen hat und der Kanon der Historienbilder dort ständig erweitert wird.

Das Historienbild im Unterricht

Die Bedeutung der Bildquelle für den Geschichtsunterricht ist hinlänglich in der fachdidaktischen Literatur bekannt, so daß sie hier nicht im einzelnen wiederholt werden muß[15]. Ansprechen sollte man aber den Einsatz des Historienbildes. Gerold

---

[10] Vgl. den Beitrag von Donat de Chapeaurouge, Menzels Friedrichbilder im „Historischen Genre", in: Historienmalerei, hg. v. Mai (wie Anm. 2), S. 213–227.

[11] Schoch, Herrscherbild (wie Anm. 4), S. 34f. Hierunter fällt z. B. auch das Bild: „Bonaparte auf dem großen St. Bernhard" von Jacques-Louis David. Interessant ist in diesem Zusammenhang auch die Abgrenzung, die Petersen, Historienmalerei (wie Anm. 2), S. 567, vorschlägt: Sie zählt historische Darstellungen, die zeitloser Symbolik dienen und wiederkehrende Strukturen abbilden, nicht zur Historienmalerei.

[12] Vgl. 1988 die Ausstellung in Köln: Triumph und Tod des Helden. Europäische Historienmalerei von Rubens bis Manet (wie Anm. 6).

[13] Peter Thielen, Zur Historienmalerei der Bismarckzeit, in: Spiegel der Geschichte. Festgabe für Max Braubach zum 10. April 1964, hg. v. Konrad Repgen, Münster 1964, S. 816–827, hier S. 817. Von der kunsthistorischen Seite her wird beklagt, daß man nicht in der Lage oder willens sei, die Domäne des Ästhetischen zugunsten des Historischen zu verlassen. Vgl. dazu auch Vansca, Überlegungen (wie Anm. 3), S. 153.

[14] Einen umfassenden Überblick zur Methodik und der neuesten Literatur gibt Michael Sauer in seinem Aufsatz, Bild, in: GWU, 51, 2000, S. 114–125.

[15] So etwa bei Buntz, Popp, Bild (wie Anm. 1), S. 243f.

Niemetz betont in diesem Zusammenhang: „Am Kunstwerk lernt der Schüler, Geschichte mit den Augen des Künstlers zu sehen, er erhält den Eindruck von dem bei der Entstehung des Werkes herrschenden Zeitgeist, er übt Perspektivenwechsel, weil er die Wirkung auf die Betrachter von damals mit seinen eigenen Eindrücken vergleicht"[16]. Dies gilt in verstärktem Maße für die zeitgenössischen Ereignisbilder. Da Geschichtsbewußtsein und Geschichtsbild zu schaffen die zentrale Absicht der Historienmaler ist, bedarf es der Quellenanalyse im Unterricht. „Geschichte aus zweiter Hand"[17] kann hier dem Schüler jedoch nur über das Hindernis der Analyse geboten werden. So resümiert Eberhard Schwalm zum Beispiel zu der „Kaiserproklamation" von Anton von Werner, „wie wenig ein Bild, ein Historienbild, aus sich heraus allein verstanden werden kann. Bei jeder Betrachtung muß man den Kontext und die Situation kennen, in der sich die Handlung abspielt, die abgebildet wird und in der dann das Bild selbst entstanden ist. Jedes Bild ist nicht Ab-Bild der Wirklichkeit, sondern Interpretation"[18].

Das Historienbild als Ergänzung zur verbalen Quelle oder als Illustration eines geschichtlichen Ereignisses schließt sich damit von selbst aus. Das heißt, unterstützende Quellenarbeit, Information zur Entstehungsgeschichte, zusätzliche Sachinformationen und die Rezeptionsgeschichte bilden außer dem historischen Kontext das Gerüst für die Art des „entdeckenden Lernens" am Bild. Bereits damit ist jedoch gleichzeitig die Problematik der Bildanalyse im Unterricht aufgezeigt. Sie liegt nicht primär in der Qual der Wahl, in den inzwischen reichhaltig bunt bebilderten Geschichtsbüchern[19], sondern es fehlt meist an dem Hintergrundwissen, das die Genese des Bildes betrifft. Zurecht weist Hinkel darauf hin, daß dadurch dann das Bild als Dekoration unkritisch konsumiert wird und daß dies zu falschen Vorstellungen von Geschichte beziehungsweise zu einem verfälschten Geschichtsbild führe[20]. Der Einsatz des Bildes wird da allzu oft zu jenem illustrativen Beiwerk, das zwar seine veranschaulichende Funktion erfüllt, die Bildoberfläche jedoch nur selten durchstößt[21]. Die Selbstverständlichkeit der Quellenkritik, die man der schriftlichen Quelle zollt, wird bei der Arbeit mit dem Bild häufig aus den oben genannten Gründen vernachlässigt, obwohl die Notwendigkeit von Quellenkritik bei einem Historienbild dem Schüler um vieles leichter erfahrbar zu machen ist. Die beabsichtigte Perspektive auf das historische Ereignis ist nämlich der Blickwinkel des Betrachters.

Das Historienbild leistet aber noch mehr. Da es zumeist einen Dreh- und Angelpunkt der Geschichte thematisiert[22], transportiert es den Bedeutungsgehalt dieses

---

[16] Gerold Niemetz, Praxis Geschichtsunterricht. Methoden – Inhalte – Beispiele, Stuttgart 1983, S. 51.
[17] Ebd.
[18] Eberhard Schwalm, Entdeckendes Lernen durch Arbeit an Historienbildern und politischen Graphiken, in: Geschichte: Denk- und Arbeitsfach. Festschrift für Heinz Dieter Schmid zum 65. Geburtstag, hg. v. Eberhard Wilms, Frankfurt a. M. 1986, S. 78–98, hier S. 90.
[19] Auf die oft fehlerhafte Bildpräsentation in Schulgeschichtsbüchern weist Günter Kaufmann in seinem neuesten Aufsatz hin: Neue Bücher – alte Fehler, in: GWU, 51, 2000, S. 68–87.
[20] Hermann Hinkel, Bilder vermitteln Geschichte? Illustrationen und Bilder in Geschichtsbüchern, in: Geschichtsdidaktik 3, 1978, S. 6–129, hier S. 117.
[21] Zur Kunst des Betrachtens aus philosophischer Sicht vgl. John Berger, Das Leben der Bilder oder Die Kunst des Sehens, Berlin 1989.
[22] Petersen, Historienmalerei (wie Anm. 2), S. 572.

Ereignisses für die historische Entwicklung in sehr konzentrierter Form. Symbol-, Struktur- und Ereignisgeschichte gehen hier eine ästhetische Synthese ein. Darüber hinaus kann man „sogar zur Erkenntnis historischer Kategorien wie Kausalität oder Finalität führen"[23]. Wie nun aber diese ‚ästhetische Synthese' auflösen?

Rohlfes unterscheidet allgemein für die Quellenkritik die Phase der immanenten Interpretation bezüglich des Bedeutungsgehaltes und eine zweite Phase der „pragmatischen Interpretation" (nach Droysen), betreffend das Bezugssystem der Quelle. Aus diesen beiden Phasen ergibt sich dann die Problem- und Fragestellung im Unterricht[24].

Diese erweitert Niemetz zu einem, wie mir scheint, sehr praxisnahen und einfachen, vierstufigen Erarbeitungsschema für die Bildinterpretation[25]:
– Die Reproduktion (nennen, aufzählen, beschreiben) leistet die Wiedergabe des Bildinhalts ohne Deutung. Die Reverbalisierung ist dabei eine nicht zu vernachlässigende Fähigkeit und Fertigkeit, die der Schüler als Arbeitstechnik erwerben und üben muß. Die Erkenntnis, daß die Wahrnehmung dem Denken vorausgeht, rechtfertigt und drängt den Lehrer zwar zur Arbeit mit Bildern, sie löst aber noch nicht das Problem der Reorganisation des Gesehenen in eine klare Begrifflichkeit[26]. Die Umsetzung in Sprache – ohne Interpretation! – ist so gesehen eine zu übende Leistung an sich.
– Das Einordnen (erklären, abgrenzen, unterscheiden) vertieft das Verständnis für den Bildgehalt. Das geschichtliche Ereignis wird (wieder) erkannt.
– In einem dritten Schritt kommt das Zusatzmaterial zur Anwendung (übertragen, vergleichen, ergänzen) und leistet den Transfer. Hier endet vorzeitig meist die Bildanalyse, da dem Lehrer das Material nur schwer oder gar nicht zugänglich ist. Hier öffnet sich aber zugleich eine Fülle an didaktischen Möglichkeiten durch das Heranziehen von schriftlichen Quellen oder durch die Gegenüberstellung eines weiteren Bildes zur gleichen Thematik oder der Thematik zu einem anderen Zeitpunkt. Die Methodik der „Doppelbilder"[27] ermöglicht dem Schüler zudem durch Abgrenzen und Unterscheiden einen leichteren Zugang zum letzten Schritt, der Bewertung.
– Am Ende steht die Bewertung (beurteilen, einschätzen, Stellung nehmen), die zur Problemlösung führt.

Zur Methodik stellt sich abschließend die Frage nach der „passenden" Jahrgangsstufe für die Bildinterpretation. Quellenkritik ist vor allem in der gesamten Oberstufe als Lernverfahren Unterrichtsalltag. Da das auch für Bilder gilt, stellt sich eher die Frage, wie man damit in der Mittelstufe umgeht. Zweifellos ist die Bildanalyse der Motor

---

[23] Ebd., S. 573.
[24] Joachim Rohlfes, Umrisse einer Didaktik der Geschichte, Göttingen ⁵1979, S. 56f. Diese Phasen der Quellenkritik beziehen sich zwar auf schriftliche Quellen; wie bereits oben erwähnt, sollten sie jedoch auch für die Bildquelle zur Selbstverständlichkeit werden.
[25] Niemetz, Praxis (wie Anm. 16), S. 43f.
[26] Zur Psychologie der Wahrnehmung und dem Verständnis von Bildern in den verschiedenen Entwicklungsstufen vgl. Kurt Fina, Geschichtsmethodik. Die Praxis des Lehrens und des Lernens, München 1973, S. 174f.
[27] Zur Methodik der „Doppelbilder" Günter Kaufmann, Doppelbilder – Anregungen zum Umgang mit historischen Bildquellen, in: GWU 43, 1992, S. 659–680.

zu einem produktiven Lernvorgang. Die Spontaneität gegenüber dem Unterrichtsgegenstand ist jedoch in der Mittelstufe nicht mehr so vorhanden wie in der Unterstufe. Das kritische Interesse am Unterrichtsgegenstand erwacht hingegen bei den meisten Schülern erst in der Oberstufe, oft in der 10. Klasse. Das heißt jedoch nicht, daß der Geschichtsunterricht in der Mittelstufe einer Fahrt durch einen dunklen Tunnel gleicht. Es bedeutet vielmehr, daß das produktive Arbeiten einen breiten Raum in dieser Jahrgangsstufe einnehmen muß und der Lehrer die Quellen beziehungsweise Bilder ganz gezielt mit einem affektiven Lernziel verbinden sollte und die Wirkungsmöglichkeiten von Betroffenheit, Einprägsamkeit und Verwunderung genutzt werden sollten.

Unter diesem Aspekt werden im folgenden zur Veranschaulichung drei Historien- beziehungsweise Ereignisbilder genauer vorgestellt: Jacques-Louis Davids „Der Schwur im Ballhaus" (1790) in der Gegenüberstellung zur „Eröffnung der Generalstände" (1789) von Auguste Couder sowie das Gemälde „Die Weihe des Kaisers Napoleon und die Krönung der Kaiserin Josephine in der Kathedrale Notre-Dame zu Paris am 2. Dezember 1804" (1808). Sie passen thematisch in den Geschichtsunterricht der Mittel- wie der Oberstufe an bayerischen Gymnasien[28]. Bei der Auswahl geht es nicht um die kunsthistorische Bedeutsamkeit und auch nicht primär um die abgebildete Authentizität des historischen Ereignisses, sondern um den quellenkritischen Wert für den Geschichtsunterricht und seine möglichen affektiven Ziele[29].

Konkret heißt das für die hier ausgewählten Bilder, daß „Der Schwur im Ballhaus" in einen Gegensatz zu dem Gemälde „Die Eröffnung der Generalstände am 5. Mai 1789" gestellt wird. Durch den starken Kontrast zwischen beiden auf der Inhaltsebene – zwischen beiden liegen die turbulenten Entwicklungen von Mai bis Juni des Jahres 1789 – öffnet sich dem Betrachter die Interpretation. „Die Kaiserkrönung Napoleons" kann so eingesetzt werden, daß sie Empörung nach der Revolutionsgeschichte auslöst, das heißt zu einem Zeitpunkt, an welchem dem Betrachter eine Kaiserkrönung als unvorstellbarer Akt erscheint.

Zu den Bildbeispielen

Wie bereits erläutert, ist es sinnvoll, bei der Quellenanalyse des Bildes zum „Schwur im Ballhaus"[30] von Jacques-Louis David ein „Kontrastbild" voranzustellen:

---

[28] Amtsblatt des Bayerischen Staatsministeriums für Unterricht, Kultus, Wissenschaft und Kunst, KWMBl I Sondernummer 8 vom Februar 1992: S. 386, für die 8. Jahrgangsstufe, Thema 3: „Die Französische Revolution und Napoleon", sowie S. 401f. in der 11. Jahrgangsstufe, Thema 5: „Aufklärung und Zeitalter der Revolutionen". Im Grundkurs und Leistungskurs sind die Kenntnisse der Errungenschaften der Französischen Revolution sowie der Werdegang Napoleons Voraussetzung, ebd., S. 402, 411.

[29] Eine kunsthistorische Aufarbeitung kann und soll hier nicht geleistet werden. Dazu vgl. etwa, Jacques-Louis David, 1748–1825, 26. octobre 1989 – 12. février 1990, hg. v. der Réunion des Musées Nationaux, Paris 1989; Régis Michel, David. L´art et la politique, hg. v. der Réunion des Musées Nationaux und Gallimard/Découvertes, Paris 1989.

[30] Vorhandene Vorlagen:
– Federzeichnung mit Bister laviert, 65x105 cm, sign. und dat. 1791, Paris, Musée National du Louvre, als Leihgabe im Musée National du Chateau de Versailles.
– Kupferstich von Jean Pierre Maria Jazet nach Jacques-Louis David um 1795, Staatl. Museen zu Berlin, Kupferstichkabinett.
– Farbige Fassung nach einer Vorlage der Zeichnung Jacques-Louis Davids, nicht sign., Paris, Musée Carnavalet.

„Die Eröffnung der Generalstände am 5. Mai. 1789"[31] von Auguste Couder (1790 – 1873), einem Schüler Jacques-Louis Davids[32]. Dieses Sitzungsbild ist ein Abbild der Gesellschaftsordnung des Ancien régime. Es zeigt den historischen Moment der Eröffnung der Generalstände. Da es sich, im Gegensatz zu den zahlreichen zeitgenössischen Kupferstichen zu diesem Thema, um ein farbiges Ölgemälde handelt, fällt die unterschiedliche Kleidung der Stände sofort auf. Dies ist unter anderem ein Grund gewesen, warum dieses Bild in zahlreiche Geschichtsschulbücher Eingang gefunden hat[33]. Der Dritte Stand hatte bewußt die „englische Kleidung"[34] in schlichtem Schwarz gewählt, um sich von den prunkvollen Farben der beiden anderen Stände abzusetzen.

Interessant ist das Bild auch dadurch, daß die Perspektive aus den Sitzreihen des Dritten Standes heraus gewählt wurde und daher einen Rückschluß auf die Sympathie des Malers nahe legt. Der Dritte Stand bildet das Zentrum des Bildes, hier sind Details zu erkennen, die ersten beiden Stände werden dagegen an den Bildrand gedrängt. Nur im Dritten Stand lassen sich Personen erkennen, so zum Beispiel Robespierre als Zweiter von links in der vierten Reihe, Graf Mirabeau steht zwischen der vierten und fünften Reihe vor einem Geistlichen. Dadurch wird auch deutlich, daß als Vertreter für den Dritten Stand auch einige aus den ersten beiden Ständen gewählt worden waren, weil sie die aufklärerischen Forderungen unterstützt hatten. Auffallend ist auch der aus der Menge des gehobenen Bürgertums herausfallende Bauer am Rande der dritten Reihe in einem schlichten blauen Anzug.

Über der Versammlung, jenseits der Stände, thront der König, umgeben von seiner Frau und weiteren Familienmitgliedern. Vor ihm an einem Tisch sitzen seine Minister, unter ihnen auch der zurückberufene Finanzminister Necker. Auf der Galerie nimmt der Hofstaat und nicht das Volk als Publikum an der Eröffnungssitzung teil. Diese Sitzung ist ein außerordentliches Ereignis, da es die erste Generalständeversammlung seit 1614 in Frankreich ist. Der Staatsbankrott zwang den König, seine absolute Stellung aufzugeben und die Generalstände zu einer Steuerreform einzuberufen. Mit der Einberufung der Generalstände war jedoch nicht nur die Finanzmisere Tagesordnungspunkt, sondern es stand die gesamte Gesellschaftsordnung mit ihrer Verteilung von Rechten und Pflichten zur Disposition. Die Sitzordnung zeigt noch einmal die alte Ordnung, sie wird lediglich durch den Standort des Betrachters – aus dem Dritten Stand heraus, der als größte Gruppe mit 600 Sitzen im Gegensatz zu den je 300 Sitzen der anderen Stände – aufgebrochen. Die ungelöste Grundfrage nach dem Abstimmungsmodus im Mai 1789 sowie die Tatsache, daß der König und die Privilegierten nicht dem Wunsch des Dritten Standes nach gemeinsamer Beratung

---

[31] Musée National du Chateau de Versailles (ohne näheren Angaben).

[32] Hier handelt es sich um ein „echtes" Historienbild, da der Maler zur Zeit des Ereignisses noch nicht geboren war und es aus der verklärten Rückschau gemalt hat. Damit bekommt das Bild einen anderen Stellenwert als die Bilder von David.

[33] Z. B.: Geschichte 3, hg. v. Bernhard Heinloth, München 1985, S. 67; Oldenbourg Geschichte für Gymnasien 8, hg. v. Bernhard Heinloth., München 1993, S. 90 (hier wird auf der gegenüberliegenden Seite ebenfalls der Ballhausschwur in Kontrast gesetzt); Fragen an die Geschichte, Bd. 3, hg. v. Heinz Dieter Schmid, Frankfurt a. M. 1981, S. 141.

[34] Vgl. Weltgeschichte der abendländischen Kultur, hg. v. Hermann Boekhoff u. a., Braunschweig 1963, S. 463.

nachkamen, führten einen Monat nach der Eröffnung der Generalstände zu einem revolutionären Akt, dessen Höhepunkt der Eid im Ballspielhaus – dem Jeu de Paume – am 20. Juni 1789 war. Die Assemblée nationale war entstanden[35].

Daß die Zeitgenossen die Tragweite dieses Augenblicks erkannt haben, wird in der Genese des Bildes von Jacques-Louis David (1748–1825) deutlich: Im Oktober 1790 brachte Dubois-Crancé, ein Mitglied der verfassunggebenden Nationalversammlung, im Jakobinerklub den Vorschlag ein: *Um unseren Ideen auf der Leinwand Leben zu verleihen, haben wir den Schöpfer des ‚Brutus' und der ‚Horatier' gewählt, diesen französischen Patrioten, dessen Genie der Revolution vorausgeeilt ist*[36]. Es wurde also ein Bild mit dem Schwur im Ballhaus bei Jacques-Louis David in den Ausmaßen 30 x 20 Fuß bestellt. Denn die Tennishalle (Ballhaus) soll historische Gedenkstätte werden, der Schwur wiederholbares Zeremoniell; der Eides-Text wird auch als bronzene Gedenktafel in die Außenwand des Ballhauses eingelassen. Der 20. Juli 1789 soll als die Geburt der französischen Nation darstellt werden.

Wie sehr hier Kunst beziehungsweise die Historienmalerei als Propaganda einer Staatsidee und zur Stärkung des Nationalgefühls dient, wird daran deutlich, daß 3000 Kupferstiche à 24 Livres Verbreitung in der Öffentlichkeit finden sollten, auch um damit das Gemälde zu finanzieren. Im Mai 1791 ist die Federzeichnung, nach der gestochen werden sollte, fertig. Von den 3000 Aktien werden aber nur 652 verkauft – 100 davon hat der Maler selbst abgenommen – das heißt, das Bild muß auf Staatskosten fertiggestellt werden.

David ist zu dieser Zeit nicht nur der berühmte „Maler der Horatier", sondern auch ein bekannter homo politicus[37]. So engagierte er sich als Mitglied im Comité de l'Institution Publique (Erziehungsausschuß) und ist damit nicht nur durch seine Bilder ein Pädagoge der Massen. 1790 registriert man ihn als Mitglied im Jakobinerklub, 1792 wird er in den Nationalkonvent gewählt. Damit ist die Arbeit am „Ballhausschwur" unterbrochen. Erst 1799 kommt vom Rat der Alten der Vorschlag, das Bild fertigzustellen. David meint dazu*: Heute, da ich die Personen, die damals die Verfassungsgebende Versammlung bildeten und die, unter uns gesagt, größtenteils für die Nachwelt recht bedeutungslos sind, nicht mehr vor Augen habe, ist es meine Absicht, sie durch all jene zu ersetzen, die sich seitdem ausgezeichnet haben und die aus diesem Grund unsere Nachfahren viel mehr interessieren. Das ist ein Anachronismus, den berühmte Maler bereits verwendet haben, ohne sich um die Einheit des Ortes und der Zeit zu kümmern; zumindest diesen Vorwurf wird man mir zweifellos nicht machen können*[38]. Drei Jahre veranschlagt David für die Arbeit an dem Bild. 1803 wird es unfertig zusammengerollt im Louvre deponiert; 1820 nimmt er das Bild zurück und überläßt Daniel Isoard de Martouret die Rechte zur Vervielfältigung. Die-

---

[35] Eine knappe Zusammenfassung der Ereignisse für den Lehrer gibt: Jürgen Voss, Geschichte Frankreichs 2. Von der frühneuzeitlichen Monarchie zur Ersten Republik 1500–1800, München 1980. S.129–136, 168–175.

[36] Zitat bei Katharina Scheinfuß (Hg.), Von Brutus zu Marat, Kunst im Nationalkonvent 1789–1795. Reden und Dekrete Bd. 1, Dresden 1973, S. 57, aus der Rede vom 28.10. 1790.

[37] Zu David: Antoine Schnapper, Jacques-Louis David und seine Zeit, Würzburg 1981; Jochen Traeger, Der Tod des Marat. Revolution des Menschenbildes, München 1986 (vgl. auch die Literatur in Anm. 29).

[38] Zitat bei Schnapper, David (wie Anm. 37), S. 122 .

ser beschäftigt den Kupferstecher Jazet, und so wird erst über einen illegalen Vertrieb die Darstellung des Ballhausschwurs in der Öffentlichkeit bekannt[39]. Zur Identifizierung einiger Abgeordneter hat David eine Namenstafel erstellt.

Die Geschichte ist jedoch längst über das Bild hinweggegangen, und David hat ein anderes Schwurbild[40] – ein monarchistisches Gegenbild – gemalt: „Die Verteilung der Adler auf dem Marsfeld"[41]. Hier schwören die Truppen dem Kaiser Napoleon den Eid. Der Ballhausschwur wird zusammengeschnitten und 1835 als verstümmeltes Gemälde vom Museum in Versailles auf einer Auktion erworben.

Ohne Zweifel ist, trotz dieser wechselhaften, fragmentarischen Bildentstehung, unsere Vorstellung von dieser Geburtsstunde der modernen französischen Nation durch das Bild Davids geprägt – und das nicht nur, weil die dargestellten Personen alle möglichen Ausdrucksformen der Emphase so eindrücklich an uns herantragen und die revolutionären Begriffe Freiheit, Gleichheit, Brüderlichkeit in den Gesten so leicht verständlich erscheinen[42]. Im Gegensatz zum ersten Versammlungsbild sitzen die Stände nicht mehr getrennt voneinander, die stehende Masse der Menschen symbolisiert die Nation, man hört nicht mehr still zu, sondern handelt in euphorischen Gesten. Hier führt nicht der König den Vorsitz, sondern einer aus den eigenen Reihen ist der Schriftführer, und als Publikum drängt das Volk stürmisch an die Fenstergalerie. Stürmischen Aufbruch zeigt auch das Wetter, das von der anderen Seite hereinbricht.

Die Intensität der Bewegung kommt letztlich auch dadurch zustande, daß zu fast allen Gestalten im Vordergrund ausführliche Nacktstudien von Jacques-Louis David vorliegen[43]. Obwohl nicht ausdrücklich gefordert, sind einige der Abgeordneten zu identifizieren. Da ist die Dreier-Gruppe der Geistlichen, die wie nachträglich hinzugefügt wirkt. Der Vertreter der Ordensgeistlichen ist Dom Gerle, der zu diesem Zeitpunkt eigentlich nicht anwesend war, im Gewand eines Kartäusers, der Weltgeistliche ist Abbé Grégoire, und der Protestant ist Pfarrer Rabaut-Saint-Étienne. Auch auf der rechten Bildhälfte sind einige bekannte Abgeordnete zu sehen (von links nach rechts): Die Person, die beide Hände an die Brust drückt, gilt als Robespierre, der Abgeordnete, der hinter ihm auf dem Stuhl steht, ist Dubois-Crancé, der den Vorschlag zu diesem Bild im Jakobinerklub einbracht hatte: Die flehende Gestalt vor ihm ist Pater Gérard, neben dem heroisch Mirabeau steht, und der jugendliche Mann hinter diesem ist Barnave. Die Mehrzahl der zuletzt Genannten wurde als Kinder der Revolution auch gleichzeitig ihre Opfer. Martin d'Auche, in sich zusammengesunken, verweigert den Eid.

---

[39] Es war geplant gewesen, nur eine festgesetzte Anzahl an Abdrücken herzustellen und dann die Druckplatte zu vernichten. Vgl. Scheinfuß, Brutus (wie Anm. 36), S. 57.

[40] David hat die emotionale Dynamik einer Schwurszene mehrfach umgesetzt, etwa in den Gemälden „Schwur der Horatier", „Schwur im Ballhaus", „Die Verteilung der Adler auf dem Marsfeld" (1810) „Leonidas an den Thermopylen" (1814).

[41] Jacques-Louis David, „Die Verteilung der Adler auf dem Marsfeld" (1810), Musée National du Chateau de Versailles.

[42] Skizzenblätter (46x56 cm), von Jacques-Louis David zu den einzelnen Personengruppen (Zweier- und Dreiergruppen), Kreide und Feder, mit Tusche laviert, befinden sich in Versailles im Musée National du Chateau.

[43] Ebd., weitere Studien im Skizzenbuch MV 7124.

Die vielen verschiedenen dynamischen Gesten vereinigen sich in den erhobenen Händen zum Schwur, den der neu ernannte Präsident der Assemblée nationale Bailly, auf einem Tisch stehend, am 20. Juni 1789 verliest: *Die Nationalversammlung ... beschließt, daß alle Mitglieder dieser Versammlung augenblicklich den feierlichen Schwur leisten, nicht auseinander zu gehen und überall zusammenzutreten, wie es die Umstände erfordern werden, bis die Verfassung des Königreichs geschaffen und auf sichere Grundlagen befestigt sein wird; und daß nachdem dieser Schwur geleistet worden ist, alle Mitglieder, und zwar jeder einzelne, durch ihre Unterschrift diese unerschütterliche Entschlossenheit bekräftigen*[44]. Alle Mitglieder mit einer Gegenstimme – Martin d'Auche – schwören den Eid.

Die politische Intention wird durch die sorgfältige Komposition des Bildes ausgedrückt: Bailly dreht den Dargestellten den Rücken zu. Denn nicht sie sind die Hauptpersonen des Schwures, sondern die Abgeordneten der Nationalversammlung, in deren Sitzungssaal das Bild hängen sollte, beziehungsweise dessen Betrachter. „Und tatsächlich hört das Drama des Eids nicht auf für uns gespielt zu werden"[45]. Es wird vom Betrachter Anteilnahme am revolutionären Akt und politisches Engagement gefordert. Im Gegensatz zum Bild der Eröffnungssitzung, wo er aus den hinteren Reihen des Dritten Standes vorsichtiger Zuschauer ist, wird er hier ins Zentrum des Geschehens gezogen.

Der Sturm auf die Bastille einen Monat später am 14. Juli 1789 ist das andere Bild, das in seinen vielfältigen Abbildungen unsere Vorstellung von der Französischen Revolution prägt. Weder das Ereignis noch seine Darstellungen enthalten jedoch den politischen revolutionären Gehalt der Systemveränderungen im Jahre 1789. Die beiden Versammlungsbilder mit ihren eigenwilligen Perspektiven verdeutlichen weit mehr die revolutionäre Entwicklung von der Standesgesellschaft zur Nation als die Darstellung von Barrikadenkämpfen. Dem Betrachter wird das Ende einer tausendjährigen Gesellschaftsordnung bildlich vorgeführt. Auf dieser Grundlage läßt sich dann auch die Erklärung der Menschen- und Bürgerrechte aus der Nachtsitzung vom 4./5. August 1789 verstehen.

Hat der Schüler von der Beschreibung der Bilder ausgehend die Veränderung der historischen Situation im Frühsommer 1789 nachvollzogen, die sich in diesen beiden Bildern kristallisieren, so kann er über die Analyse der pädagogischen Absicht Davids im Ballhausschwur die Problematik des Beginns der Französischen Revolution konkret nachvollziehen. Das Geschichtsbild von der Französischen Revolution bleibt damit zum einen nicht am Sturm auf die Bastille haften, und zum anderen wird es differenziert durch die Problematik der gesellschaftlichen Systemveränderung.

Das zweite Bild Jacques-Louis Davids, das hier für den Unterricht besprochen werden soll, ist „Die Weihe des Kaisers Napoleon und die Krönung der Kaiserin Josephine in der Kathedrale Notre-Dame zu Paris am 2. Dezember 1804"[46]. Jacques-

---

[44] Zitat bei François Furet, Denis Richet, Die Französische Revolution, Frankfurt a. M. 1968, S. 93f.
[45] Schnapper, David (wie Anm. 37), S. 117.
[46] Das Bild von Jacques-Louis David ist Öl auf Leinwand, sign. und dat. 1805 und 1807 (610 x 930 cm), Paris, Musée National du Louvre. Vgl. dazu den Aufsatz von Richard Schult: „ ... das Schiff der Revolution in den von ihm bestimmten Hafen zu bringen." Jacques-Louis David und die Krönung Napoleons, in: GWU 43, 1992, S. 728–743.

Louis David wird 1804 der Hofmaler Napoleons, er bekommt den Titel „Premier Peintre de l'Empereur" verliehen. 1808 wird er von Napoleon zum Offizier der Ehrenlegion ernannt. Dazwischen liegt der Auftrag, die Krönungsfeierlichkeiten zu malen. Damit steht seine Malerei wieder ganz im Dienste der politischen Propaganda. Die Frage, ob David bereit war, jedes politische Programm durch seine Malerei zu unterstützen, kann verneint werden. Antoine Schnapper betont in diesem Zusammenhang zurecht: „Wie hätte David bezweifeln sollen, daß Bonaparte der Erbe der Revolution war, nachdem dieser sich im Jahr 1800 an ihn gewandt hatte, um die Büste des Brutus in sein Arbeitskabinett in den Tuilerien bringen zu lassen"[47].

Historienmalerei steht hier ganz in der oben genannten Funktion der Herrschaftslegitimierung, die fehlende gottgegebene Stabilisierung bei der Krönung beziehungsweise der Weihe zur Krönung soll durch die Kraft des Bildes ausgeglichen werden. Wie sehr Napoleon es verstand, die Errungenschaften der Revolution zu beerben, zeigt sich nicht zuletzt darin, daß er auch die Historienmalerei für sich nutzt. So konstatiert Rainer Schoch: „Die Schilderung zeitgeschichtlicher Ereignisse war gleichbedeutend mit der Verherrlichung der Taten Napoleons ... Die aus der Sammlung von Versailles und des Louvres zusammengetragenen Ereignisbilder illustrieren fast lückenlos den ‚Lebensroman' des Kaisers"[48]. Durch die Instrumentalisierung von Kunst zum Zwecke der Manipulation zeigt Napoleon, daß er mit dem Werkzeug des modernen Diktators umzugehen versteht. Seine ursprüngliche Abneigung gegenüber der Historienmalerei, die die Tugenden des Altertums bemühte, wird in seinem Ausspruch „Pourquoi peindre de vaincus" gegenüber Davids „Thermopylen" deutlich[49]. Der Auftrag für einen Zyklus von vier Bildern zu den Krönungsfeierlichkeiten an Jacques-Louis David muß vor diesem Hintergrund gesehen werden. Die ersten Unstimmigkeiten zwischen Künstler und Imperator betrafen den Preis: David forderte – auf eine mündliche Zusage Napoleons hin – 100 000 Francs je Bild. Die kaiserliche Verwaltung gestattete aber dem Maler nur 40 000 Francs[50].

Einen fest bestimmten Ort wie beim „Ballhausschwur" gab es für das Krönungsbild nicht. Es hängt heute im Musée National du Louvre und gleicht mit seinen über neun Metern Länge einer Realinszenierung, bei der der Betrachter Beteiligter der Szene ist.

Folgende vier Bilder sollten einen Herrschaftszyklus ergeben und wurden bei Jacques-Louis David bestellt:
1. „Die Ankunft des Kaisers im Hotel de Ville". Hierzu gibt es nur einige Studien und gezeichnete Vorlagen.
2. „Die Weihe des Kaisers Napoleon und die Krönung der Kaiserin Josephine in der Kathedrale Notre-Dame zu Paris am 2. Dezember 1804". Es wurde 1805 begonnen und 1807 fertiggestellt.
3. „Die Verteilung der Adler auf dem Champ de Mars am 5. Dezember 1805". Es wurde 1810 fertiggestellt.

---

[47] Schnapper, David (wie Anm. 37), S. 293.
[48] Schoch, Herrscherbild (wie Anm. 4), S. 69.
[49] Ebd.
[50] Ein Briefwechsel mit dem Oberschatzmeister Lebrun und dem Generalintendanten des kaiserlichen Hauses belegt die Streitereien. Vgl. Schnapper, David (wie Anm. 37), S. 203–206.

4. „Die Einsetzung", ein Gemälde, das den Verfassungseid vor der Kathedrale darstellen sollte. Außer einigen Studien zur Rückseite der Kathedrale ist jedoch nichts vorhanden.

Zur Genese des „Krönungsbildes", das im Unterricht zum Abschluß der Revolutionsvorgänge in Frankreich herangezogen werden kann, ist Folgendes für den Lehrer kurz zusammenzufassen. Wie beim „Ballhausschwur" gab es für David auch hier ein Vorbild[51]: „Die Krönung der Maria von Medici" von Peter Paul Rubens. Die Problematik der historischen Herrschaftslegitimierung Napoleons spiegelt sich auch in den Änderungen während der Entstehungszeit des Bildes wider. Dargestellt ist letztlich die Krönung Josephines durch ihren Gatten Napoleon, geplant war jedoch der Akt der Selbstkrönung Napoleons. Napoleon steht in diesen ersten Skizzen in einem dynamischen Ausfallschritt vor dem Papst, dem er den Rücken zukehrt (!), hat die rechte Hand ans Schwert gedrückt und setzt sich mit der linken Hand die Krone selbst aufs Haupt[52]. David schreibt dazu: *Diese großartige Geste ruft dem staunenden Betrachter jene so allgemein anerkannte Wahrheit ins Gedächtnis: Daß jener, der sie* [die Krone] *zu erringen verstand, sie auch zu verteidigen verstehen wird*[53]. Philippe Bordes bemerkt dazu: „Der Künstler konzipiert in völliger Freiheit eine getreue Darstellung des Ereignisses und scheut sich nicht davor, die Fragilität und die Isolierung der durch einen Staatsstreich erlangten Macht durchscheinen zu lassen"[54].

Auf Anraten seines Schülers François Gérard veränderte David die diktatorische Haltung Napoleons. Mit den Schülern kann hier die Wirkungsweise der beiden Darstellungen herausgearbeitet werden, aus der sich die Argumentation Davids und seines Schülers ergibt. Eine zweite Änderung betraf die Handhaltung des Papstes, auf die Napoleon selbst bestanden hatte. Den Papst, der auf den Skizzen Davids beide Hände im Schoß liegen hat und die Szene mehr als Statist betrachtet, sieht man auf dem fertigen Gemälde mit einer segnenden Gebärde[55]. Diese Zusatzinformationen sowie die Präsentation dieser Skizzen Davids sollen dem Schüler erst nach der Betrachtung gegeben werden.

Der Blick des Betrachters kommt aus der ersten Sitzreihe der Kardinäle. Er findet sich so durch den Maler mitten in das Geschehen plaziert. Dies ist nicht die ursprüngliche Perspektive des Malers gewesen, der auf dem Balkon hinter Napoleons Mutter – die jedoch gar nicht anwesend war – auf dem Bild zu erkennen ist. Dort hat er mit seinem Skizzenblock der zehnstündigen Feierlichkeit beigewohnt. Die Bezeichnung „Reportagebild" ist daher, trotz einiger personeller Manipulationen, durchaus angebracht. Der große Realismus der Personengestaltung wird auch dadurch belegt, daß David die Anwesenden immer wieder zum Posieren in sein Atelier bat und ihre Fest-

---

[51] Schnapper, David (wie Anm. 37), S. 107, nimmt Füßlis „Rütli-Schwur" als Vorbild für den „Ballhausschwur" an, das 1779–1781 für das Stadthaus in Zürich gemalt wurde. Der „Rütli-Schwur" war möglicherweise Vorbild für den „Schwur der Horatier" und wurde dann im „Ballhausschwur" erneut zitiert.

[52] Jacques-Louis David, „Napoleon sich selbst krönend", Zeichnung mit schwarzer Kreide (29x25 cm), Paris, Musée National du Louvre, Cabinet des Dessins (RF 4377).

[53] Zitat bei Schnapper, David (wie Anm. 37), S. 222.

[54] Bordes, Sinngebung (wie Anm. 5), S. 111.

[55] *Ich habe ihn nicht von so weit herkommen lassen, damit er nichts tut,* soll Napoleon zu den Entwürfen gesagt haben. Zit. nach Schnapper, David (wie Anm. 37), S. 226.

robe anforderte. Philippe Bordes interpretiert dies folgendermaßen: „Die Sinngebung des ‚Schwures im Ballhaus' erschien David derart wesentlich, daß die historische Genauigkeit dahinter zurücktrat. Im Gegenzug sollte die bildliche Wiedergabe der Krönungszeremonie durch die wahrheitsgetreue Schilderung der Ereignisse legitimiert sein"[56].

Diese Legitimierungsabsicht ist auch für den Schüler der eigentliche Anknüpfungspunkt. Das Krönungsbild und seine Analyse sollen die Frage aufwerfen, ob dieser Akt in Notre-Dame 13 Revolutionsjahre für wirkungslos erklärt hat und darum am Ende der Revolutionsgeschichte stand. Daher bemüht sich diese Bildinterpretation, die Personengruppen (Familie und Adel), die Situation in der Kirche und die Requisiten des Zeremoniells als Kontrast zu den revolutionären Werten herauszuarbeiten. Dieses kontrastive Verfahren bietet sich wie auch schon beim „Ballhausschwur" deshalb an, weil dem Schüler oft das Abstraktionsvermögen fehlt, um über Ideengeschichte und Symbolstruktur zu sprechen. Die Tatsache einer kirchlichen Krönung zur Zeit einer Republik soll den Schüler in die Betrachtung einführen. Dadurch werden Prunk, adelige Kleidung, Orden, die Anwesenheit des Klerus und des Papstes selbst differenziert wahrgenommen.

Woher kommen nach 13 Jahren Revolution so viel Prunk und die Präsenz des Adels? Die erste Gruppe, die auf dem Bild erkannt werden kann, ist die Familie Napoleons, die durch die Krönung selbst adelig wird: Die ersten drei Damen von links sind Napoleons Schwestern Caroline, Pauline und Elisa; es folgt seine Stieftochter Hortense de Beauharnais, verheiratet mit seinem Bruder Louis. Sie hält den kleinen Napoleon Charles an der Hand, der als Nachfolger Napoleons bestimmt ist. Die letzte Dame in dieser Reihe ist Julie Clary, die Gattin seines Bruders Joseph. Napoleons Brüder stehen neben dem Erzbischof von Paris. Die Mutter Napoleons in der Loge wurde bereits erwähnt. Eine zweite Gruppe des neuen Adels rekrutiert sich aus den „Waffenbrüdern" Napoleons, also „ein revolutionärer Adel". Zu erkennen ist etwa in der rechten Bildhälfte der Marschall Berthier, der hier den Reichsapfel für Napoleon hält. Eine dritte Gruppe bilden Angehörige des alten Adels, die sich dem neuen System angepaßt haben und in ihm Karriere machen. Ein Hauptvertreter ist Talleyrand, hier als kaiserlicher Oberkämmerer zu erkennen. Er diente Napoleon als Außenminister und steht rechts neben Berthier[57].

Die Betrachtung der Schüler wird dann weitergeleitet auf die Requisiten, zum Teil Anleihen aus anderen Epochen. Sie stammen einmal aus der Antike: Napoleon trägt den goldenen Lorbeerkranz der Cäsaren, der Kaisermantel ist in der Form der Toga gebunden. Der antike Kleidungsstil des Empire der Damen mit dem griechischen Haarknoten gibt nicht nur den damaligen Modestil wieder, sondern ist Teil des politischen Programms, das sich auf das römische Reich bezieht. Zum anderen gibt es Anleihen aus dem Kaisertum des Mittelalters: Krönungsornat selbst und die stilisierte Papstweihe verweisen auf diese Zeit zurück. Hinzu kommt ein Zepter, das in einer Weltkugel endet, auf der – dies ist für den Betrachter kaum zu erkennen – Karl der

---

[56] Bordes, Sinngebung (wie Anm. 6), S. 110.
[57] Weitere Details zu den Personen vgl. Schnapper, David (wie Anm. 37), S. 256f. sowie Rose-Marie u. Rainer Hagen, Großer Auftritt in der Kathedrale. Jacques-Louis David: Die Krönungsfeierlichkeiten Napoleons, in: ART 6, 1983, S. 95–99.

Große sitzt. Das Bienensymbol auf dem Königsmantel verweist möglicherweise auf die Merowinger. Napoleon stellt sich hier also mit einer Fülle von Symbolen in eine Traditionslinie des Reichsgedankens, der auch seine Herrschaft legitimieren soll. In einem zweiten Schritt soll der historische Kontext für die Schüler hergestellt werden. Die militärischen Erfolge, die zerrüttete wirtschaftliche Lage im Land, das daraus resultierende Bedürfnis nach Ruhe und Ordnung und die Hoffnung auf die Kraft eines „starken" Mannes, der sich mit 3 573 329 Stimmen seine Krönung in einer Volksabstimmung bestätigen läßt, bilden diesen Hintergrund. 2579 Neinstimmen und circa vier Millionen Enthaltungen in dieser Volksabstimmung, die ihm den Titel „Kaiser der Franzosen" überlassen, relativieren freilich diesen Titel.

Das Krönungsbild Napoleons soll eine Problematisierung provozieren: Sind die Franzosen mit der Kaiserkrönung Napoleons dort angekommen, wo sie bei Ludwig XIV. aufgehört haben? Die Analyse all der rückwärtsgewandten Requisiten und das antirevolutionäre Zeremoniell zwingen die Frage auf: Gibt es überhaupt bleibende Errungenschaften aus der Französischen Revolution – gesellschaftlich, politisch, ideengeschichtlich –, und warum wird Napoleon von so vielen Franzosen, einschließlich des Malers Jacques-Louis David, als Vollender der Revolution gesehen[58]? Die wandelnden Herrschaftsformen seit dem Absolutismus, die bleibenden Werte der Revolution für Europa und der Aufstieg Napoleons lassen sich als Problematisierung an diesem Bild besprechen. Die Gefahr des personalisierten Geschichtsbildes[59], die vor allem bei historischen Gestalten wie Napoleon leicht vorhanden ist, ist durch die Verwendung des Krönungsbildes als Illustration gegeben. Durch die gelenkte Bildanalyse im Unterricht wird sie jedoch gerade vermieden, weil die einzelnen Bildelemente weit über die Person hinausdeuten und dem Schüler ein Stück Ideengeschichte und Herrschaftsstruktur auf konkrete Weise näher bringen.

"Etwa vier gründliche Interpretationen geschichtsdidaktisch relevanter Bilder im Schuljahr ... und das Bild wird in Wesen und Wert erfaßt sein. Es wird sich in unserem Bewußtsein von der Illustration zur Repräsentation erheben"[60]. Beherzigt man dieses Diktum von Kurt Fina, das er schon in den 60er Jahren forderte, so wird die Bildanalyse ihren festen Platz im Geschichtsunterricht erhalten.

---

[58] Hier bietet sich unterstützend zur Bildanalyse die Rede des Bürgers Jaubert an, der am 2. Mai 1804 offiziell im Parlament Napoleon das Kaisertum anträgt. Jaubert war 1789 ein begeisterter Anhänger der Revolution gewesen und später Mitglied des Tribunats, des von Napoleon weitgehend entmachteten Parlaments. Die Lobrede dieses ehemaligen Revolutionärs auf den zukünftigen Kaiser faßt alle wesentlichen Argumente zusammen, die Napoleon als „Vollender" der Revolution sehen wollen. Vgl. Martial Chaulanges, Textes Historiques Bd. 2 : L'époque de Napoléon, Paris 1979, S. 56, zit. in: Heinz Dieter Schmid, Fragen an die Geschichte, 1981, Bd. 3, S. 166, 167.

[59] Erstmals haben darauf hingewiesen Ludwig von Friedeburg und Peter Hübner, Das Geschichtsbild der Jugend, München 1964. Die neueste empirische Untersuchung, die auch das Geschichtsbild der ostdeutschen Jugendlichen mit einbezieht, stammt von Bodo von Borries, Das Geschichtsbewußtsein Jugendlicher, München 1995.

[60] Kurt Fina, Das Bild als Quelle im exemplarischen Geschichtsunterricht. Kaisermosaik und Römerstein, in: GWU 16, 1965, S. 623–634, hier S. 634.

Herwig B u n t z

Heimatgeschichtliche Quellen im Geschichtsunterricht

Ein wesentlicher Bestandteil des heutigen Geschichtsunterrichts ist die Quellenarbeit. Seit den 1970er Jahren wurde sie verstärkt von Didaktikern gefordert, vor allem von Heinz Dieter Schmid in seinem neu konzipierten Unterrichtswerk „Fragen an die Geschichte"[1]. Andere Didaktiker, Verlage und Schulbuchautoren gingen weniger radikal vor und entwickelten die derzeit üblichen Lehrbücher, in denen Darstellungs- und Quellenteil etwa gleich umfangreich und aufeinander bezogen sind. Nach einer kontroversen Diskussion um den Sinn von Quellenarbeit im Geschichtsunterricht, die 1983 in der Zeitschrift „Geschichte in Wissenschaft und Unterricht" ihren Höhepunkt fand[2], gab es kaum neue Beiträge zu diesem Thema[3]. Man wird das als ein Zeichen werten dürfen, daß der Einsatz von Quellen im Fach Geschichte allgemein akzeptiert und praktiziert wird[4]. Dazu gehört auch die Einsicht, daß die Quellenarbeit im Unterricht nicht mit wissenschaftlicher Quellenarbeit gleichgesetzt werden darf. Im Geschichtsunterricht ist die Quelle zum einen ein Medium, das – meistens schon aufbereitet – der Vermittlung von Inhalten dient, und an dem andererseits die Schüler etwas über das „Zustandekommen der historischen Erkenntnisse"[5] lernen. Quellenanalyse oder -kritik, die wissenschaftliche Maßstäbe erfüllen, werden nur selten und in Ansätzen möglich sein[6].

Etwas anders verlief die Wiederentdeckung der Heimatgeschichte für den Geschichtsunterricht im Gymnasium. Während in der Grundschule Geschichte ein Bestandteil des Faches „Heimat- und Sachkunde" war, mußten für das Gymnasium erst neue Begriffe wie „Lokalgeschichte" oder „Regionalgeschichte" gefunden werden, da man das Wort „Heimat" vermeiden wollte. Denn das Wort hatte seine positive Bedeutung verloren, hauptsächlich durch den Mißbrauch während der NS-Herrschaft, aber auch durch die unehrlichen Idyllen und den Kitsch der Heimatfilme in den fünfziger Jahren. Inzwischen ist es wieder möglich den Begriff zu verwenden im Sinne des persönlichen Umfelds, zu dem man auch eine emotionale Bindung besitzt[7].

---

[1] Die erste Ausgabe dieses Werkes, das inzwischen zahlreiche Bearbeitungen und Neuauflagen erlebt hat, erschien im Hirschgraben-Verlag, Frankfurt am Main 1974.

[2] Heft 5 mit den Beiträgen von Gerhard Schoebe, Margarete Dörr und Joachim Rohlfes.

[3] Zu den wenigen Aufsätzen, die seitdem zur Quellenarbeit im Geschichtsunterricht publiziert wurden, gehört Gerhard Schneider, Über den Umgang mit Quellen im Geschichtsunterricht, in: Geschichte in Wissenschaft und Unterricht (GWU) 45, 1994, S. 73–90.

[4] Vgl. dazu auch Bernd Lohse, Geschichtsinteresse von Jugendlichen. Eine empirische Untersuchung an bayerischen Gymnasien, Hamburg 1992. Auf die Frage „Welche Arbeitsweisen im Geschichtsunterricht hast Du erlebt?" nannten mehr als 80% „Quellenarbeit an Texten".

[5] Waltraud Schreiber, Perspektiven für den Geschichtsunterricht aus der Sicht der Geschichtsdidaktik. Vortrag am 7. April 2000 in Würzburg (Manuskript, S. 8).

[6] Vgl. dazu Joachim Rohlfes, Arbeit mit Textquellen. Stichpunkte zur Geschichtsdidaktik, in: GWU 46, 1995, S. 583–590; Gerhard Schneider, Die Arbeit mit schriftlichen Quellen, in: Handbuch Medien im Geschichtsunterricht, hg. v. Hans-Jürgen Pandel, Gerhard Schneider, Schwalbach/Ts. 1999, S. 15–44; Ulrich Baumgärtner, Textquellen, in: Erste Begegnungen mit Geschichte. Grundlagen historischen Lernens, hg. v. Waltraud Schreiber, Bd. 1, Neuried 1999, S. 357–364.

Dieses Umfeld besitzt eine historische Dimension, aus der sich Inhalte besonders anschaulich und schülernah vermitteln lassen[8]. Daß die Heimat nur ein historischer Raum neben anderen sein kann, sollte sich von selbst verstehen. Heimatgeschichte kann Landes- und Nationalgeschichte, europäische Geschichte und Weltgeschichte nicht ersetzen, wohl aber sinnvoll ergänzen.

Eine Verbindung von Quellenarbeit und Heimatgeschichte ist der Einsatz von Quellen, die aus der Geschichte des eigenen Dorfes, der Stadt oder deren unmittelbarer Umgebung stammen. Sie sind als authentische Zeugnisse in dem Raum angesiedelt, der den Schülern aus ihrer eigenen Erfahrung vertraut ist. Er kennt Orts- oder Straßennamen und in einigen Fällen auch Überreste wie Denkmäler oder Gedenktafeln, die an historische Ereignisse erinnern. In den Lehrbüchern fehlen solche Quellen meistens, da diese Werke für ein Bundesland, oft sogar für ganz Deutschland gelten sollen. Eine Ausnahme bilden dabei historische Stätten mit herausragender überregionaler Bedeutung wie das römische Weißenburg oder das mittelalterliche Nürnberg.

Damit wird bereits eine Schwierigkeit deutlich. Heimatgeschichtliche Quellen muß der Lehrer meistens selbst beschaffen und bearbeiten, um sie in geeigneter Form den Schülern zu präsentieren. Dies dürfte in einzelnen Städten unterschiedlich schwer sein. In Augsburg, Würzburg oder Rothenburg gibt es publizierte Quellensammlungen zur Stadtgeschichte, aus denen er auswählen kann, in Bamberg wurde sogar eine Quellensammlung für den Geschichtsunterricht herausgegeben[9]. In anderen Städten ist es mühsamer, geeignetes Material zu finden. Hier müssen heimatgeschichtliche Publikationen und die Bestände des Archivs durchforstet werden – eine zeitraubende Arbeit.

Trotzdem sollten die vielfältigen Lernchancen, die solche Quellen besitzen, genutzt werden. Ein Lehrer, der selbst „zugereist" ist, wird bei der Suche nach lokalen oder regionalen Quellen schneller mit seiner neuen Umgebung vertraut. Schüler erfahren am konkreten Beispiel, daß Geschichte sich nicht nur an entfernten Plätzen abgespielt hat, sondern auch an dem Ort, an dem sie leben. Eine genaue Kenntnis der geschichtlichen Entwicklung wird dabei eher einen kritischen Umgang mit der Heimat als ihre idyllische Verklärung zur Folge haben. Vielleicht führt die Beschäftigung mit Heimatgeschichte zur Teilnahme an einem Wettbewerb[10] und zu einer Facharbeit oder wenigstens zu einem besseren Verständnis für Traditionen, historische Feste und den Erhalt historischer Bauwerke. Heimatgeschichtliche Quellen erweitern schließ-

---

[7] Vgl. Siegfried Münchenbach, Heimatnaher Geschichtsunterricht. Unterrichtsbeispiele für die Sekundarstufe I, München 1983 (manz unterrichtshilfen geschichte 3); Heimat oder Region? Grundzüge einer Didaktik der Regionalgeschichte, hg. v. Peter Knoch, Thomas Leeb, Frankfurt, Berlin, München 1984; Gerhard Schneider, Heimat und Region in Geschichtsdidaktik und Geschichtsunterricht, in: Landesgeschichte heute, hg. v. Carl-Hans Hauptmeyer, Göttingen 1987, S. 97–123.

[8] Das von Waltraud Schreiber herausgegebene Werk „Erste Begegnungen mit Geschichte" (wie Anm. 6) bringt dazu vor allem im 2. Band in dem Kapitel „Konkretionen" zahlreiche Beispiele.

[9] Darstellungen und Quellen zur Geschichte Bambergs, hg. v. Stadtarchiv der Stadt Bamberg, 4 Bde., Bamberg 1988–1992.

[10] Hier ist vor allem der Schülerwettbewerb „Erinnerungszeichen" zu nennen, den das Bayerische Staatsministerium für Unterricht und Kultus in Verbindung mit dem Haus der Bayerischen Geschichte veranstaltet und bei dem Schüler die „Geschichte und Kultur ihrer Heimat" erforschen sollen.

lich auch den Quellenbegriff, wenn außer Texten auch Bilder, Gegenstände oder Bauwerke herangezogen werden, und sie können einen Einblick geben, wie anspruchsvoll die Quellenarbeit sein kann – angefangen von der Schrift, deren Entziffern oft Mühe bereitet.

Die folgenden Beispiele stammen aus Erlangen und Umgebung, der Heimat des Verfassers und der Heimat von Rudolf Endres. Sie wurden wiederholt im Geschichtsunterricht erprobt. Auf die „großen Dokumente" zur Erlanger Stadtgeschichte wie die Urkunde mit der ersten Erwähnung (1002), den Kaufvertrag Karls IV. von 1361 oder die Privilegien für die französischen Glaubensflüchtlinge (1685) wurde dabei bewußt verzichtet, weil sie in anderen Publikationen leicht zugänglich sind[11]. Die meisten der hier vorgestellten Quellen lassen sich auch außerhalb Erlangens einsetzen. Sie sollen aber vor allem dazu anregen, andernorts ebenfalls heimatgeschichtliche Zeugnisse für den Geschichtsunterricht zu erschließen.

Der Beitrag ist Rudolf Endres gewidmet. Er hat sich als Ordinarius für Landesgeschichte mit vielen der hier behandelten Themen beschäftigt. Daß er dabei auch zahlreiche neue Quellen erschlossen und ausgewertet hat, versteht sich von selbst[12]. Um so mehr würde sich der Verfasser freuen, wenn der Jubilar noch etwas Neues findet.

Der Dreißigjährige Krieg in Franken – ein Sterberegister berichtet (1633/34)

Zum historischen Hintergrund

Franken war zwischen 1618 und 1648 in sehr unterschiedlicher Weise vom Krieg betroffen[13]. Bereits nach der ersten größeren Schlacht am Weißen Berg marschierte ein Teil des Unionsheeres unter Ernst von Mansfeld durch Franken, gefolgt von den Truppen der Liga unter Führung Tillys. Auch in den folgenden Jahren war Franken wegen seiner zentralen Lage immer wieder Durchzugsgebiet oder Musterungs- oder Sammelplatz für die Heere. Den Höhepunkt des Krieges in Franken bildeten die Herbstfeldzüge Tillys und Gustav Adolfs 1631, die Frühjahrsfeldzüge Wallensteins und der Schweden 1632 und schließlich die Schlacht an der Alten Feste im September 1632. Aber auch danach kam Franken nicht zur Ruhe. Kleinere Heere oder Gruppen von Soldaten durchstreiften das Land, und manche Landesherren nutzten den großen Krieg für einen kleinen Rachefeldzug gegen ihren Nachbarn. Für die ländliche Bevölkerung bedeutete dies eine andauernde Bedrohung durch Überfälle, Mord, Vergewaltigung, Raub und Brandstiftung.

Davon war auch die evangelische Pfarrei Kalchreuth betroffen. Am 20. November 1631 kamen Soldaten der Liga in das Dorf und plünderten es[14]. Wenige Wochen spä-

---

[11] Erlangen. Geschichte einer Stadt in Darstellung und Bilddokumenten, hg. v. Alfred Wendehorst unter Mitwirkung v. Günther Pfeifer, München 1984; Herwig Buntz, Heinrich Hirschfelder, Stadt Erlangen. Geschichte, Zeugnisse, Informationen. Manz heimatgeschichtliche Hefte, hg. v. Hans-Uwe Rump, Manfred Treml, München 1986.

[12] Ein Beispiel dafür ist sein Aufsatz: Einige unbekannte Pläne zur Stadtgeschichte und Stadtentwicklung Erlangens, in: Erlanger Bausteine zur fränkischen Heimatforschung 37, 1989, S. 173–183.

[13] Vgl. Rudolf Endres, Der Dreißigjährige Krieg in Franken, in: Jahrbuch des Historischen Vereins für Mittelfranken 91, 1982/83, S. 65–77.

[14] Friedrich Müller, Pfarrbuch oder allgemeine Beschreibung des gesamten Kirchenwesens in der evangelisch-lutherischen Pfarrei Kalchreuth, Ms. 1914, S. 138–141 (Pfarramt Kalchreuth).

ter mußte der Pfarrer Leonhard Fröer[15] nach Nürnberg fliehen, weil 50 Dragoner aus Forchheim das Dorf überfielen und ihn festnehmen wollten. Die folgende Jahren verbrachte er hauptsächlich in Nürnberg, weil er dort sicherer war. In dieser Zeit mußte er 42 mal fliehen und wurde 34 mal ausgeraubt[16].

Zur Quelle

Das Register *derer Personen, so hie in der Kalchreuther Pfarr gestorben und begraben worden sind* ist ein handschriftliches Verzeichnis, das vom jeweiligen Pfarrer geführt wurde und im Pfarramt Kalchreuth aufbewahrt wird. In dem Band, der die Sterbefälle zwischen 1628 und 1696 enthält, enden die kontinuierlichen Eintragungen mit dem Datum vom 21. Juni 1632. Anschließend heißt es[17]:

Ehe denn wir vor dem Schweedischen Volck haben entfliehen musen/ so ist die Kalchreuther Pfarr noch starck gewesen, / 550 Personen, alss:/ 422, in Kalchreuth, / 63, zu Käßwasser, /56, zu Reckenhoff, / 9, Aufm Wolfsfeldt. / Von diesen 550 Personen seind Ao. 1633&1634 etc. gestorben 392, als 292. Kalchreuter. / 49. Käßwässerer. / 46. Reckenhöfer. 6 Wolffelder./ weggezogen 28, vnd weggezogen seind / 17. Kalchr: / 7. Käßw: / 1. Reckenh: / 3. Wolffelder. / leben noch 130. Alß / zu Kalchr: 114./ zu Käßw: 7. / zu Reckenhof 9./ Aufm Wolffeldt seinds Alle hinweg[gezogen].
NB
Von disen Leuten seind der meinste theil ausser der / Pfarr gestorben, vnd ganze haushalten abgangen / ausgestorben v. [vnd] öd worden, sie seind auch hin v. wieder / zerstreuet, ohne Clang v. gesang begraben, v. ettliche / von den hunden gefressen v. sonsten vmbbracht worden.

Die folgenden sechs Seiten im Buch sind freigelassen, offensichtlich wollte der Pfarrer ursprünglich die Namen der Toten nachtragen. Die regelmäßigen Einträge beginnen erst wieder mit dem 8. August 1634.

Zum Einsatz im Unterricht (8. Jahrgangsstufe)

Die Schüler erhalten die Quelle im Faksimilie (Kopie und Folie). Nach einer Reaktion, die zwischen Unverständnis und Neugier schwankt, werden einige Schüler spontan versuchen, den Text zu entziffern. Die tabellarische Anordnung von Zahlen und Ortsnamen erleichtert diese Arbeit Die weitere Entzifferung kann als (freiwillige) Hausaufgabe gestellt werden[18] oder mit Hilfe des Lehrers im Unterricht durch Vorlesen oder Transkription erfolgen.

Die Quelle enthält knapp und sachlich mehrere Aussagen zur Auswirkung des Krieges auf die Zivilbevölkerung. Sie bietet die genauen Zahlen über die Bevöl-

---

[15] Leonhard Fröer (oder Fröerer) wurde um 1594 in Nürnberg geboren und starb 1667. Er war Pfarrer in Kalchreuth von 1628 bis 1651.
[16] Nach Müller Pfarrbuch (wie Anm. 14).
[17] Ebd., S. 41.
[18] In diesem Fall werden oft die Eltern oder Großeltern in die Arbeit einbezogen.

Sterberegister der Pfarrei Kalchreuth, S. 41.

kerungsverluste in der zur Pfarrei gehörigen Dörfer, die mehr als 70% betragen. Die Zahlen der fortgezogenen Bewohner machen deutlich, daß eine Stadt – hier vor allem das nahe Nürnberg – mehr Schutz bot als das unbefestigte Dorf. Am Ende des Jahres 1634 waren die Dörfer Käswasser und Röckenhof fast menschenleer, der Weiler Wolfsfelden zur Wüstung geworden[19].

Aufschlußreich ist die Quelle aber noch in anderer Hinsicht. Der summarische Eintrag und die folgenden leeren Seiten zeigen, daß in diesen Jahren in der Pfarrei kein geregeltes Leben mehr stattgefunden hat. Dies wird durch die Bemerkung verstärkt, daß viele Menschen „sang- und klanglos", also ohne kirchliche Feier begraben wurden. Viele waren in die umliegenden Wälder geflohen und dort umgekommen. Die verwilderten Hunde, von denen Pfarrer Fröer schreibt, werden auch in anderen zeitgenössischen Berichten als Plage erwähnt. Am Schluß sollte noch auf den Einleitungssatz hingewiesen werden, dessen Aussage leicht überlesen wird. Ursache des Leidens ist „das schwedische Volk", also das Heer, das zur Rettung der evangelischen Konfession nach Deutschland gekommen war. Der Satz zeigt, daß in diesem Krieg nicht mehr die Konfession die Ursache von Feindschaft war, sondern die Front zwischen der Zivilbevölkerung und den Soldaten verlief.

Das erste deutsche Nationalfest in Erlangen, Frauenaurach und Kriegenbrunn (1814)

Zum historischen Hintergrund

Die „Völkerschlacht" bei Leipzig vom 16. bis zum 19. Oktober 1813 war für Deutschland das wichtigste militärische Ereignis im Kampf gegen Napoleon. Hier hatten die verbündeten Preußen, Russen, Österreicher und Schweden dem französischen Kaiser die entscheidende Niederlage zugefügt und ihn zum Rückzug über den Rhein gezwungen. Diese Vorgänge, für die Zeitgenossen „ein Geschehen von säkularer Bedeutung"[20], waren Anlaß für Karikaturen und Lieder, für Denkmäler und Gedenkfeiern. Besonders festlich wurde der erste Jahrestag der Schlacht am 18. und 19. Oktober 1814 begangen. Die Anregung dazu stammte von deutschen Patrioten, die in Zeitungsartikeln zu einem deutschen Nationalfest aufforderten. Auch Ernst Moritz Arndt hatte sich mit der Flugschrift „Ein Wort über die Feier der Leipziger Schlacht" im September 1814 dafür eingesetzt. Die Idee wurde an vielen Orten von den Bürgern begeistert aufgegriffen. Denn sie erfüllte den lange gehegten Wunsch der Deutschen nach einem eigenen Nationalfest und sollte gleichzeitig die Einheit der deutschen Nation demonstrieren, deren politische Verwirklichung man sich erhoffte. Der Jahrestag wurde als „national-religiöses Dank- und Opferfest, [...] nationales Freudenfest und [...] nationales Integrationsfest"[21] in weiten Teilen Deutschlands gefeiert und zum Vorbild für andere Nationalfeste im 19. Jahrhundert.

---

[19] Zur weiteren Geschichte von Wolfsfelden, an das heute nur noch die Wolfsfelder Wiese erinnert, vgl. Helmut Horneber, Der abgegangene Weiler Wolfsfelden im Sebalder Reichswald. Die letzten hundert Jahre seiner Geschichte, in: Erlanger Bausteine zur fränkischen Heimatforschung 47, 1999, S. 353–372.
[20] Dieter Düding, Das deutsche Nationalfest von 1814: Matrix deutscher Nationalfeste im 19. Jahrhundert, in: Öffentliche Festkultur. Politische Feste in Deutschland von der Aufklärung bis zum Ersten Weltkrieg, hg. v. Dieter Düding, Peter Friedemann, Paul Münch, Reinbek b. Hamburg 1988, S. 68.
[21] Ebd., S. 74.

Zur Quelle

Karl Hoffmann, Justizrat im hessischen Rödelheim bei Frankfurt und einer der Initiatoren des Festes, sammelte die Berichte von mehr als 400 Städten und Dörfern und publizierte sie auf eigene Kosten unter dem Titel „Des Teutschen Volkes feuriger Dank- und Ehrentempel oder Beschreibung wie das aus zwanzigjähriger Sklaverei durch Fürsten-Eintracht und Volkskraft gerettete Teutsche Volk die Tage der entscheidenden Völker- und Rettungsschlacht bei Leipzig am 18. und 19. Oktober 1814 zum erstenmale gefeiert hat, Offenbach, gedruckt mit Brede'schen Schriften 1815." Das 1146 Seiten starke Werk enthält einen knappen Bericht über das Erlanger Fest[22], bei dem sich der anonyme Verfasser auf die Wiedergabe des Festverlaufs beschränkt (Quelle 1). Im Gegensatz dazu wird die Feier der Nachbarorte Frauenaurach und Kriegenbrunn – heute zwei Stadtteile Erlangens – auf acht Seiten detailliert beschrieben[23]. Da die Ansprache des Pfarrers Dr. Philipp Theodor Kümeth[24] ausführlich zitiert ist, dürfte der Geistliche auch der Verfasser des Berichtes sein. Seine Rede endet in der Aufforderung zu einem gemeinsamen Schwur der Anwesenden (Quelle 2).

Einsatz im Unterricht (8. oder 11. Jahrgangsstufe)

Auch wenn das Lesen der Schrift etwas Mühe macht, können die Quellen als Faksimile eingesetzt werden.

Der Bericht über Erlangen gibt Auskunft über den Ablauf des Festes, das vom Abend des 18. bis zum Abend des 19. Oktobers dauerte und aus fünf Einzelveranstaltungen bestand (Freudenfeuer auf dem Burgberg, Gottesdienst, Feier und Speisung der Schuljugend auf dem Holzmarkt [heute: Hugenottenplatz], Mittagessen im Welsischen Garten am Burgberg, Abendessen im Bayerischen Hof). Die Beschreibung macht deutlich, daß nur das Feuer auf dem Burgberg ein Volksfest war. Bei den Festessen blieben die bürgerlichen Honoratioren unter sich[25], während man die Armen mit Spenden zufrieden stellte. Wichtig war auch die Teilnahme der Jugend, die unter Führung der Pfarrer und ihrer Lehrer geschlossen auf den Holzmarkt marschierte, um im patriotischen Geist unterwiesen zu werden.

Eine Analyse des Textes sollte sich aber nicht auf den Inhalt beschränken, sondern auch die Sprache berücksichtigen. Sie ist gekennzeichnet durch Pathos (zum Beispiel Formulierungen wie „hohe Veranlassung", „herzerschütternd", „hohe Rührung", „hohe Gefühle"), mit dem die nationalen und religiösen Gefühlen ausgedrückt werden („ein teutscher freier Mann", „unserer teutschen Brüder", „ächtteutschen Stimmungen", „heilige Flamme", „heiliger Schwur", „heilige Zeit").

Zur Ergänzung kann als weitere Quelle ein Lied eingesetzt werden, bei dem es sich wahrscheinlich um *eines der eigends verfaßten Lieder* gehandelt hat, die bei der Feier gesungen wurden.

---

[22] Des Teutschen Volkes feuriger Dank- und Ehrentempel […], S. 150f.
[23] Ebd., S. 152–159.
[24] Bei dem Namen liegt wahrscheinlich ein Druckfehler vor und der Pfarrer gehörte zu der bekannten Theologenfamilie Künneth.
[25] Erlangen hatte 1812 8577 Einwohner, so daß also nur etwa ein Prozent an dem Essen teilnahm.

Erlangen.

Auch wir in Erlangen feierten diese Tage, und zwar mit einem Gefühle, wie vielleicht noch kein Fest begangen worden ist. Abends sieben Uhr loderte unsere heilige Flamme, von freiwilligen Geld- und Naturalbeiträgen reichlichst unterstützt, hoch auf unserm Burgberge. Bei Absingung einiger auf diese hohe Veranlassung eigends verfaßten Lieder, bei Kanonendonner und Raketenglanz, fühlte die große Versammlung tief, was es heiße, ein teutscher freier Mann zu seyn. Rings um uns herum sahen wir auf einem benachbarten höhern Berge 36 Feuer in der Nähe und Ferne aufflodern, die uns verkündeten, daß nur ein Geist Millionen unserer teutschen Brüder beseele zum heiligen Schwur: frei zu seyn von jedem fremden Joche oder mit der Unabhängigkeit des Vaterlandes zugleich in Ein Grab zu sinken. Herzerschütternd war dies große, in Teutschlands Geschichte noch nie aufgezeichnete Schauspiel. Am 19. Morgens wurden wir durch eine gottesdienstliche Feier, so stark besucht, wie vielleicht noch nie, zu hohen Gefühlen des Dankes gegen den Allmächtigen gestimmt. Von der Kirche aus begab sich die ganze Schuljugend, von ihren Lehrern angeführt, und die Herren Geistlichen nach dem Holzmarkt, wo von zwei Musikchören, von denen sich der eine auf der Gallerie des französischen Kirchthurms befand, Hymnen aufgeführt und dann das feierlichste *Herr Gott dich loben wir*, mit Begleitung der großen Versammlung, unter hoher Rührung abgesungen und hierauf unter die Schulkinder weißes Brod ausgetheilt wurde. Ueber hundert Personen speisten dann im Welsischen Garten, wo die passendsten Toasts, von Kanonendonner begleitet, den frohen Sinn der teutschen Gesellschaft aussprachen. Zum Abendessen versammelte sich eine Gesellschaft im baierischen Hofe, die unter heitern, ächtteutschen Stimmungen frohe Stunden verlebte. Auch die Armen wurden durch freiwillige Beiträge reichlich gelabt. Mit wohlwollendem Auge sah der Himmel auf unsern Dank und unsre patriotischen Feste herab, indem er uns das schönste Wetter schenkte. Mit dem Ende dieser heiligen Zeit endigte sich auch die schöne Jahreszeit.

Karl Hoffmann: Des Teutschen Volkes feuriger Dank- und Ehrentempel [...], Offenbach 1815, S. 150f.

Tretet nun näher zusammen, teutsche Männer! Schließt ihn enger, den heiligen Kreis der Eintracht, theuerste und verehrteste Brüder? Nehmt sie an eure Seite, ihr Väter! eure jüngern Söhne, die Hoffnung der kommenden Geschlechter! Reicht einander mit herzlicher Inbrunst die teutschen Hände und gelobt und schwöret in dieser feierlichen Stunde, hier bei dem Lodern dieser Flamme, bei dem Leuchten der Sterne über uns, hier unter freiem Gotteshimmel, diesem ältesten und schönsten Tempel einer allgemeinen Anbetung, hier gelobt und schwöret:

Den Gott, der uns alle so wunderbarlich errettet hat, dem Gott, der den Stolzen leicht zu Boden stürzen und den bescheidenen Tugendhaften erhöhen kann, dem Gott, dem nur Recht und Gerechtigkeit lieb und angenehm ist, unter allen Abwechslungen menschlicher Schicksale fest zu vertrauen und nach dem beglückenden Glauben unserer Väter kindlich und treu zu dienen.

Gelobt und schwöret:

Nie zu beugen den teutschen freien Nacken unter ein empörendes Joch! nie zu dulden, daß Teutschlands tausendjährige Freiheit, Teutschlands Nationalruhm, Teutschlands Selbstständigkeit, Teutschlands wiedererkämpfte alte Gränzen von irgend einer fremden Hand entehrend angetastet werden!

Gelobt und schwöret:

Dem Könige, den wir alle im Herzen tragen, dem heiligen Vaterlande, dessen schönster Altar in unserm Innersten errichtet ist, dem alten teutschen Fürstenhause, dem wir mit Gut und Blut ergeben sind, mit unwandelbarer Treue anzuhangen, und für König und Vaterland Gut und Blut, Leib und Leben muthig zu wagen.

Gelobt und schwöret:

Mit teutscher Redlichkeit Jedem zu begegnen und bei aller Verschiedenheit in unseren Wohnplätzen und Provinzen, bei aller Verschiedenheit in unsern Geschäften und Nahrungszweigen, bei aller Verschiedenheit in den Gesinnungen, bei aller Verschiedenheit in den Glaubensmeinungen, als teutsche Brüder in ungestörter Eintracht zu leben.

Gelobt und schwöret:

Teutsche Sprache, teutsche Sitten, teutsche Gewohnheiten, teutsche Rechte wieder überall in verdiente Aufnahme zu bringen und alles dazu beizutragen, daß Teutschland frei, groß, mächtig und berühmt werde!

Ist das Euer Aller feste und ernstliche Gesinnung; so betheuert dies durch ein aus teutscher redlicher Brust kräftig gesprochenes: Ja!

(Allgemein erschallte der Ruf:

Ja! wir schwören!)

Karl Hoffmann: Des Teutschen Volkes feuriger Dank- und Ehrentempel […], Offenbach 1815, S. 158f.

Leipzig

Nun danket alle Gott!
Der Feind ist überwunden.
Von Knechtschaft, Weh und Spott
Ist unser Volk entbunden.
Es weckte Gott, dein Hauch
Den alten deutschen Muth,
Und schnell verflog, wie Rauch
Die fremde Würgerbrut.

Du gabst uns reiche Kraft,
Das Vaterland zu schützen.
Nun soll gewissenhaft
Dein deutsches Volk sie nützen.

Drum kommen wir hierher,
Dir heissen Dank zu sagen.
Es müsse keiner mehr
An deiner Huld verzagen.
Wer feig das Unrecht litt
Den lässest du vergeh'n.
Wer kühn sein Recht vertritt,
Dem pflegst du beizustehn.

Dein Segen blüht allein,
Wo hell die Freiheit lacht.
Uns adle stets ihr Schein
Von dir, du Gott der Macht!"[26]

Der Text ist besonders aufschlußreich, wie hier die christliche Botschaft politisch instrumentalisiert wird. Die erste Zeile stammt von dem berühmten Kirchenlied von Martin Rinckart (1636)[27], aber im weiteren Verlauf preist der Verfasser Gott als den Herrn des militärischen Sieges und als „Gott der Macht". Dadurch ist die Botschaft der Bergpredigt von der Feindesliebe in ihr Gegenteil gekehrt.

Der Festverlauf in Frauenaurach und Kriegenbrunn und die Rede des Pfarrers können vom Lehrer oder von einem Schüler zusammengefaßt werden. Das Gelöbnis (Quelle 2) wird eingeleitet durch den Hinweis, daß in diesem Augenblick *mehr als drei Millionen hochherziger Männer und vom Muthe brennender tapferer Jünglinge*[28] einen ähnlichen Schwur leisteten.

Der Schwur besteht aus fünf Einzelgelöbnissen: (Vertrauen auf Gott und Verpflichtung zu treuem Dienst; entschiedener Kampf für Deutschlands Freiheit; Treue gegenüber König und Vaterland; Leben in Redlichkeit und Eintracht; Einsatz für die deutsche Sprache und Sitte und für Deutschlands Größe). An diesem Schwur läßt sich die politische Zielsetzung des Festes besonders deutlich zeigen. Freiheit wird als Unabhängigkeit gegenüber äußeren Feinden – hauptsächlich Frankreich – verstanden, nicht aber als politische Freiheit im Inneren. Forderungen nach Menschen- oder Bürgerrechten, nach Verfassung oder Volksvertretung fehlen. Stattdessen wird die Treue gegenüber dem Monarchen feierlich gelobt. Hier soll die Versammlung auf die „Kulturnation" eingeschworen werden, die aus der Gemeinsamkeit von Sprache, Sitte, Religion, Kultur und Geschichte entsteht.

Die Behandlung der beiden Quellen läßt sich weiterführen durch den Vergleich des Nationalfestes von 1814 mit anderen politischen Festen des Vormärz (Wartburgfest, Hambacher Fest). Mit dem Wartburgfest gibt es viele Gemeinsamkeiten (Festzug,

---

[26] Intelligenzblatt der Stadt Erlangen auf das Jahr 1814, Nr. 42 vom 17.10.1814, S. 358. Der Festbericht von Frauenaurach und Kriegenbrunn nennt als Verfasser einen Dr. Richter aus Erlangen, bei dem es sich vielleicht um Dr. Johann Lorenz Friedrich Richter, einen Lehrer des Gymnasiums, handelt.
[27] Evangelisches Kirchengesangbuch. Ausgabe für die Evangelisch-Lutherische Kirche in Bayern und Thüringen, München o.J., S. 598.
[28] Des Teutschen Volkes feuriger Dank- und Ehrentempel (wie Anm. 22), S. 157.

Feuer, Gottesdienst, Lieder und Reden, gemeinsames Essen), doch begnügten sich die Teilnehmer 1817 nicht mit der Beschwörung der nationalen Einheit und der Freiheit nach außen, sondern forderten konkrete politische Rechte. Schließlich kann man das Nationalfest von 1814 mit den Feiern des Kaiserreiches vergleichen, vor allem mit dem Sedanstag und dem Geburtstag des Kaisers. Hier lassen sich zahlreiche formale und inhaltliche Übereinstimmungen aufzeigen, in denen Kontinuitäten des 19. Jahrhunderts sichtbar werden. Ein abschließender Hinweis sollte nicht fehlen: Viele der 1814 vorhandenen Denk- und Sprachmuster wurden von Hitler aufgegriffen und bildeten einen wichtigen Bestandteil der NS-Herrschaft.

Industrialisierung in Erlangen: Eine Aktie des Gaswerks (1858)

Zum historischen Hintergrund

Die erste Hälfte des 19. Jahrhunderts bedeutete für Erlangen einen schweren wirtschaftlichen Rückschlag[29]. Exportorientierte Gewerbe wie die Strumpfwirker oder Handschuhmacher litten unter der Napoleonischen Kriegen. Noch deutlicher zeigten die folgenden Jahrzehnte, daß viele Erlanger Erwerbszweige auf Grund veränderter Produktionsmethoden nicht mehr konkurrenz- und marktfähig waren. Die Folge war der wirtschaftliche und soziale Niedergang, der in einer stagnierenden Einwohnerzahl und in einem wachsenden Armenproblem sichtbar wurde. Eine Verbesserung brachte erst der Anschluß an die neu geschaffenen Verkehrswege (Ludwigskanal und Eisenbahnstrecke Nürnberg-Bamberg) im Jahre 1844. Aber es dauerte noch länger als ein Jahrzehnt, bis in Erlangen mit dem Gaswerk (1858)[30] und der Mechanischen Baumwollspinnerei (1862/63) die Industrialisierung einsetzte.

Initiator des Erlanger Gaswerks war der Unternehmer Johann Leonhard Hertlein[31], der im Jahre 1856 im „Intelligenzblatt" erstmals für seine Idee warb. 1858 wurde die Erlanger Gasgesellschaft mit einem Stammkapital von 640 Aktien gegründet, von denen die Stadt die Hälfte erwarb. Den Bau, der an der Brucker Straße gegenüber dem Neustädter Friedhof entstand – der Standort der heutigen Stadtwerke –, führte die Augsburger Firma L.A. Riedinger aus. Er bestand aus einem Wohnhaus, dem Retortenhaus mit zwei Öfen für 2000 Flammen und zwei Gasbehältern. Die Gasgewinnung erfolgte anfangs aus Holz, ab 1874 wurde Steinkohle verwendet. Das Gas diente für die städtische Beleuchtung, später auch zum Kochen. Nach einer Probebeleuchtung am 28. Oktober 1858 erstrahlte Erlangen zwei Tage später im Schein von 158 Laternen, deren brillantes Licht vor allem beim Rathaus eine *magische Wirkung* hervorrief[32]. Das Gaswerk wurde 1910/11 durch einen Neubau ersetzt und am 1. August 1963 stillgelegt, nachdem Erlangen an das Ferngas der EWAG Nürnberg angeschlossen worden war.

---

[29] Vgl. Herwig Buntz, Erlangen und das Jahr 1848. Vereine, Wahlen, Petitionen, in: Erlangen. Von der Strumpfer- zur Siemensstadt, hg. v. Jürgen Sandweg, Erlangen 1982, S. 177–218, bes. S. 177–187.

[30] Vgl. Ernst Deuerlein, 1858 – 30. Oktober – 1928. Der Bau und die Eröffnung des Erlanger Gaswerks, in: Erlanger Heimatblätter 11, 1928, S. 165f. und 169f.; Jutta Thamer, Industriearchitektur in Erlangen, in: Erlangen. Von der Strumpfer- zur Siemensstadt (wie Anm. 29), S. 375; Stadtarchiv Erlangen (StadtAE), XIV.593. P.10.

[31] Hertlein besaß anfangs ein Schnittwarengeschäft, übernahm 1838 die Vertretung der Bayerischen Hypotheken- und Wechselbank und war anschließend vor allem im Bankgeschäft tätig.

[32] Erlanger Tagblatt vom 2.11. 1858.

Zur Quelle

Aktie der Erlanger Gasgesellschaft. StadtAE, XIV.593.P.10.

Die Aktie der Gasgesellschaft[33] ist kunstvoll gestaltet. Für den Text wurden verschiedene Schriftarten verwendet, wobei die Wörter „Erlangen", „Gasgesellschaft" und „Actie" besonders auffällig gedruckt sind. Der Name „Gasgesellschaft" steht außerdem auf einem Spruchband, das quer über das Blatt zwischen zwei Gaslampen gespannt ist. Diese beiden Lampen gehören zu einem Geflecht von Rankenornamenten, die einen seitlichen Rahmen bilden und gleichzeitig fünf kleinere Bilder umrahmen. Aus den Ranken wachsen auf beiden Seiten sechs verschiedene Gaslaternen und -lampen.

Die drei Bilder der unteren Bildleiste zeigen in der Mitte das Gaswerk (Wohn- und Retortenhaus, Gasbehälter, Schuppen mit Holzvorrat) und auf beiden Seiten Arbeiten bei der Herstellung des Gases: Ein Arbeiter schiebt einen Wagen mit Holz (rechts), ein weiterer Arbeiter holt die nach der Vergasung übriggebliebenen Holzreste aus der Retorte[34] und läßt sie in einen eisernen Wagen fallen (links). Auf den beiden Bildern darüber lernt der Betrachter den Nutzen des Gases kennen. Zwei gut gekleidete Her-

[33] StadtAE, XIV.593.P.10.
[34] Retorten nannte man die Behälter aus Gußeisen oder Chamotte, in denen das Holz oder die Kohle zur Gasherstellung erhitzt wurden.

ren studieren auf der Straße im Schein der Gaslaterne ein Blatt (wahrscheinlich einen Stadtplan), während zwei andere Männer in einem kleinen Raum beim Schein von zwei Gaslampen an einem Doppelpult in ihre Lektüre vertieft sind.

Einsatz im Unterricht (8. Jahrgangsstufe)

Die Aktie ist eine Sachquelle, die im Unterricht als Reproduktion (Kopie und Folie) eingesetzt werden kann. Der Text informiert über den Vorgang (Gründung einer Gasgesellschaft, Ausgabe von Aktien mit dem Nennwert 200 Gulden). Der Schmuck durch Ornamente und Bilder zeigt den Stolz auf die Gründung, die auch in ihrer technischen Seite dargestellt wird. Der rauchende Schornstein ist ein Symbol für den Fortschritt, nicht für die Umweltbelastung. Der Stolz wird durch die beiden oberen Bilder verstärkt. Die Gasbeleuchtung bringt Licht in das Dunkel einer Stadt und schafft die Voraussetzung für intensiveres geistiges Arbeiten. Die Bilder der Aktie lassen sich vergleichen mit dem sehr viel aufwendigeren dreiteiligen Glasfenster, das Hermann Kellner von 1864 bis 1867 für die Villa von Emil Spreng, dem Direktor und Mitbesitzer des Nürnberger Gaswerkes, schuf[35].

Die Reaktion der Erlanger Bevölkerung auf das Gaslicht läßt sich auch an zwei sehr unterschiedlichen Gedichten veranschaulichen, die als zusätzliche Quellen verwendet werden können. Johann Fleischmann feiert das neue Licht pathetisch in seinem Gedicht „Die Gasbeleuchtung in Erlangen, eröffnet den 30. November 1858":

> *So ist hier feierlich eröffnet worden*
> *Die Gasbeleuchtung, die an vielen Orten*
> *Schon lange Zeit das Grau'n der Nacht verscheucht. –*
> *In Straßen, Gassen, Läden und in Zimmern*
> *Ein herrliches, ein wunderschönes Flimmern!*
> *Ein Wandeln Nachts auch froh und leicht.*
> *Drum sei gegrüßt, du schönes Licht, von Allen,*
> *Die auf Erlangen's ebnen Wegen wallen –*
> *Durchziehen diese graden Häuserreih'n: –*
> *So oft des Mondes Silberlicht, das treue,*
> *Sich wendet ab – erfreu'st du uns auf's Neue*
> *Mit deinem lieblich holden Schein.*[36]

Ein anonymer Dichter sieht die neue Beleuchtung sehr viel praktischer: Jetzt können sich die Handwerker nicht mehr auf das schlechte Licht hinausreden, wenn sie sich beim Wiegen auf Kosten ihrer Kunden irren:

> *Etz für die Beck'n is scho recht,*
> *Wenn die a Flamma kriegn,*
> *Do is der Master wie der Knecht,*
> *Weil's oft die Wog verschiem;*
>
> *Do is doch gor ka Wunder net,*
> *wenn's Brod net hot sei G'wicht;*
> *Die ham die Aung ner halmi off'n*
> *Bei ihrm Totenlicht!*[37]

---

[35] Das Glasfenster befindet sich heute im Germanischen Nationalmuseum Nürnberg.
[36] Erlanger Tagblatt vom 2.11.1958; zit. nach Deuerlein, Gaswerk (wie Anm. 30), S. 169.
[37] Ebd., S. 170.

Die nationalsozialistische Herrschaft in einer „normalen Stadt" – ein Stadtrundgang (1933-1945)

Didaktische Vorbemerkung

Das Thema „NS-Herrschaft" ist im Geschichtsunterricht nicht leicht zu vermitteln. Es verlangt das richtige Verhältnis zwischen Sachinformation und dem Angebot für emotionales Lernen, ohne daß der Lehrer gezielt versuchen sollte, bei den Schülern Betroffenheit auszulösen. Da sich andere Fächer wie Religion/Ethik oder Deutsch mit dem Thema bereits beschäftigt haben, kann es leicht zu einer Übersättigung und einer daraus resultierenden Überdrußreaktion kommen.

Auch hier bietet die Heimatgeschichte didaktische Möglichkeiten. Ein kurzer Stadtrundgang zeigt historische Stätten, die an die Zeit zwischen 1933 und 1945 erinnern, und gleichzeitig eine neue Art von Quellen: Straßennamen, Gebäude, Denkmäler und Gedenktafeln, aber auch die Standorte verschwundener oder nicht verwirklichter Bauwerke. Auf diese Weise kann den Schülern deutlich gemacht werden, wie sich der Nationalsozialismus in ihrer Heimatstadt abgespielt und vielfältige Spuren hinterlassen hat.

Zum historischen Hintergrund[38]

Am Ende der Weimarer Republik war Erlangen eine Mittelstadt, in der ein national gesinntes Bürgertum politisch und gesellschaftlich den Ton angab. Dies wird auch in den Wahlergebnissen des Jahres 1932 sichtbar. Hier lag die NSDAP mit 39,6% (Juli 1932) und 36,6% (November 1936) über dem Reichsdurchschnitt (37,3%, beziehungsweise 33,1%). Gleichzeitig war die SPD in der Stadt, vor allem aber in den eingemeindeten Vororten, sehr stark und erreichte noch im März 1933 34,8%, während die NSDAP mit 42,6% sogar etwas unter dem Reichsdurchschnitt lag. Anhänger fand Hitler vor allem bei den Professoren und Studenten[39]. Seit den ASTA-Wahlen 1929/30 hatte die Hochschulgruppe der NSDAP mit 51% die Mehrheit, und ein Jahr später erreichte sie mit 76% den Spitzenplatz unter den deutschen Universitäten. Hitler besuchte Erlangen in dieser Zeit drei Mal kurz nacheinander. Am 13. November 1930, dem Vorabend der Astawahlen, sprach er im „Kolosseum" auf Einladung der NS-Hochschulgruppe vor Studenten und besonders geladenen Gästen[40], am 25. Juni 1931 ebenfalls im „Kolosseum" vor 1500 bis 1600 Zuhörern. Bei dieser Versammlung, die von der Hochschulgruppe Erlangen im NS-Studentenbund veranstaltet wurde, war auch der Rektor anwesend[41].

---

[38] Grundlegende Darstellungen zu diesem Thema sind: Siegfried Ziegler, Nationalsozialismus in Erlangen. Jahre der Entscheidung, in: Erlangen. Von der Strumpfer- zur Siemensstadt (wie Anm. 29), S. 541–632; ders., Erlangen und der Aufstieg des Nationalsozialismus. Gedenkvortrag am 27. April 1983 aus Anlaß des 50. Jahrestages der Gleichschaltung des Erlanger Stadtrats, Erlanger Materialien 5, hg. v. der Stadt Erlangen, Erlangen 1984; Erlangen im Nationalsozialismus. Katalog der Ausstellung im Stadtmuseum Erlangen vom 16.10.83–19.2.84, Erlangen 1983.

[39] Vgl. Erlangen im Nationalsozialismus (wie Anm. 38) S. 35–52.

[40] Ausführlicher Bericht im Erlanger Tagblatt vom 16.11.1930, S. 4f.

[41] Hitlers dritter Besuch fand bereits am 3.7.1931 statt, allerdings vor einem anderen Publikum; vgl. die Berichte im Erlanger Tagblatt am 26.6.1931, S. 4f. und am 4.7.1931, S. 5.

Zur Durchführung des Rundgangs (9. oder 12. Jahrgangsstufe)

Der Rundgang ist in etwa 90 Minuten durchführbar. An Stationen, bei denen es keine Überreste gibt, sollte Bildmaterial eingesetzt werden. Auch in einigen anderen Fällen empfiehlt sich die zusätzliche Verwendung von Bildern. Weitere Informationen können vom Lehrer oder von Schülern (vorbereitete Kurzreferate) gegeben werden[42].

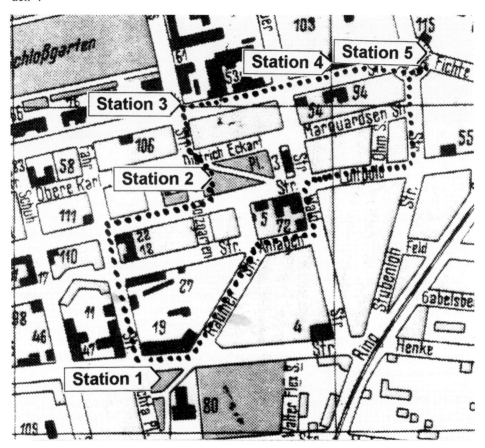

Ausschnitt aus einem Stadtplan von 1933.

Station 1: Langemarckplatz – Name und Gedenkstein[43]

Der Langemarckplatz erhielt auf Beschluß des Stadtrates vom 10. November 1937 anläßlich des „Langemarcktages"[44] am darauffolgenden Tag seinen heutigen Namen.

---

[42] Ausschnitt aus einem Stadtplan von 1933; vgl. Rudolf Endres, Erlangen und seine verschiedenen Gesichter, Erlangen 1982, Karte 6.
[43] Zum Langemarckplatz vgl. StadtAE, II.Nr.7. L.1 und XIV.4.Q.3.
[44] Zum Langemarckmythos und seiner Instrumentalisierung vgl. Karl Unruh, Langemarck. Legende und Wirklichkeit, Koblenz 1986.

Damit sollte er an den Ort in Flandern erinnern, an dem junge deutsche Freiwillige, unter ihnen viele Studenten, im November 1914 voller Begeisterung und singend in den Tod gestürmt waren:

> *Der stürmische Siegeslauf unserer Heere war durch das 'Wunder an der Marne' zum Stehen gekommen. Jetzt winkte der Sieg dem Schnelleren, der atemberaubende Wettlauf nordwärts zum Meer begann. Aber weder den Alliierten noch den Deutschen gelang die Ueberflügelung des Gegners. Schon drohte die Front zu erstarren. Da brachen junge deutsche Freiwilligenregimenter gegen die erstarrende feindliche Stellung vor. Das Deutschlandlied auf den Lippen stürmte die deutsche Jugend. Ihre grenzenlose Begeisterung hieß sie sich für das Vaterland opfern, der Krieg mußte entschieden werden. Ewig leuchtet ihre Tat aus den Tagen des großen Krieges herüber.*[45]

In den Jahren 1981 und 1983 stellten Stadträte der SPD den Antrag, den Platz umzubennen. Dies löste eine breite Diskussion aus, wie zahlreiche Leserbriefe zeigen. Dabei wurden Namen wie „Ludwig-Feuerbach-Platz" oder „Platz der Weißen Rose" genannt. Der Stadtrat folgte sinngemäß dem Vorschlag eines Lesers, den Namen beizubehalten, aber einen Gedenkstein zu setzen mit der Inschrift: „Langemarck: Flandrischer Ort sinnlosen Massensterbens deutscher Studenten. November 1914"[46]. Im Jahre 1984 wurde ein Gedenkstein aufgestellt, den der Erlanger Künstler Helmut Lederer entworfen hatte. Der Stein aus grobkörnigem rotem Granit ist etwa 1,50 x 1,20 m groß und trägt folgende Inschrift:

> *Der Langemarckplatz hieß von 1887 bis 1937 Puchtaplatz nach dem Rechtswissenschaftler Georg Friedrich Puchta. Von den Nationalsozialisten wurde der Platz zur Verherrlichung von Heldentum und Opfertod nach der flandrischen Ortschaft umbenannt. In der Schlacht bei Langemarck starben zu Beginn des ersten Weltkrieges im November 1914 tausende junger Menschen in nationaler Verblendung. In unserer Zeit soll das Gedenken an ihren Tod die Sinnlosigkeit von Krieg bewußt machen.*

Damit war der Streit um den Namen des Platzes vorerst beendet. In der Folgezeit wurde der Gedenkstein zwei Mal beschädigt. 1994 beschmierten ihn Unbekannte mit einem Hakenkreuz. Im Oktober 1996 meißelte ein 69jähriger Erlanger die Zeile *in nationaler Verblendung* heraus. In der Gerichtsverhandlung argumentierte er, die Inschrift sei eine Geschichtsklitterung, denn auch viele deutsche Juden hätten im Ersten Weltkrieg mitgekämpft und für sie sei dieser Satz eine Beleidigung. Doch diese Argumentation konnte den Richter nicht überzeugen. Der Rentner wurde zu einer Geldstrafe und zu den Kosten für die Instandsetzung des Gedenksteins verurteilt[47].

---

[45] Erlanger Tagblatt vom 13.11.1936, S. 3.
[46] Der Vorschlag stammt von dem Kirchenmusiker Georg Schmidt-Arzberg (Leserbrief im Erlanger Tagblatt am 11.3.1983).
[47] Erlanger Nachrichten vom 14.5.1997, S. 2.

Station 2: Bohlenplatz – Nicht verwirklichte Kriegerdenkmäler

Dem idyllischen Bohlenplatz mit Gemeindehaus, Blumenbeeten, Bänken und Spielplatz sieht man nicht an, daß dort beinahe ein monumentales Kriegerdenkmal entstanden wäre[48]. Zwei mögliche Standorte wurden seit April 1933 für ein repräsentatives Denkmal diskutiert: der Eichenwald am Fuß des Burgbergs und der Dietrich-Eckart-Platz, wie der Bohlenplatz zwischen 1933 und 1945 hieß[49]. An einem ersten Wettbewerb 1933/34 nahmen sieben Künstler teil, unter ihnen auch der Münchner Bildhauer Ferdinand Liebermann und die Brüder Walter und Adalbert Bischoff[50] aus Erlangen. Das Ergebnis des Wettbewerbs löste eine lebhafte Diskussion aus[51], nachdem der Entwurf des Münchners Christian Wrede für ein Denkmal im Eichenwald den ersten Preis bekommen hatte. Die Bevölkerung bevorzugte nämlich den Dietrich-Eckart-Platz wegen seiner zentralen Lage und der Möglichkeit, ihn für Feiern und Aufmärsche umzugestalten. Deshalb favorisierte man Entwürfe, die für diesen Standort gedacht waren.

Liebermanns Denkmal sah eine sechs Meter hohe Kolossalgestalt vor („Der getreue Ekkehart"), einen nackten Jüngling, der in der rechten Hand ein Schwert hielt, während auf seinem linken Unterarm ein Adler saß. Die Figur sollte von zwei etwa vier Meter hohen Pylonen flankiert werden. Die Brüder Bischoff hatten mehrere Entwürfe eingereicht, das Denkmal auf dem Dietrich-Eckart-Platz sollte aus einem neun Meter langen rechteckigen Stein bestehen, der an seiner Südseite einen endlosen Zug überlebensgroßer Soldaten im Relief zeigte. An den vier Ecken sollten vier Steinkreuze an die vier Kriegsjahre erinnern. Eine Kombination dieser beiden Entwürfe schlug ein Erlanger Gärtner vor[52]. Nach dem Motto „Durch Tod zum Licht" sollte Walter Bischoffs Relief an den beiden Seiten einer vertieften Ehrenhalle angebracht werden und die Jünglingsfigur Liebermanns ohne die Pylone vor einer immergrünen Eibenhecke den Platz in Westen abschließen[53].

Ein Blumenbeet in Form des Eisernen Kreuzes sollte die Ehrenhalle in der Mitte überqueren, an seinen Ecken vier eiserne Säulen zur Erinnerung an die vier Kriegsjahre. Zusätzlich war an eine Ausschmückung des Platzes mit Blumenbeeten, Staudenrabatten und Baumreihen als äußere Abgrenzung gedacht.

Im Jahre 1934 kam es zu keinem endgültigen Beschluß, nachdem der Hauptausschuß des Stadtrates eine Verwirklichung des Entwurfs von Wrede abgelehnt hatte[54].

---

[48] StadtAE, XIV.4. Q.1 („Denkmäler bis April 1945"); Rainer Wich: Ein Platz zur Heroisierung des Opfertodes, in: Erlanger Nachrichten vom 20.7.1995, Stadt Erlangen, S. 1f.

[49] Der Schriftsteller und Journalist Dietrich Eckart (1868–1923) war ein früher Förderer Hitlers und der erste Hauptschriftleiter des „Völkischen Beobachters".

[50] Walter Bischoff (1885–1945) war als Bildhauer einer der gefragtesten Künstler in Erlangen (vgl. Erlangen im Nationalsozialismus (wie Anm. 38), S. 68–71), sein Bruder Adalbert war Architekt.

[51] Vgl. Erlanger Tagblatt vom 17.2.1934, S. 3 und vom 20.2.1934, S. 3 („Das Erlanger Kriegsdenkmal. Eine Würdigung seiner Entwürfe"); Fränkische Tageszeitung vom 19.2.1934 („Um das Kriegerdenkmal. Eine Kritik der im Wettbewerb für das Erlanger Kriegerdenkmal vorgelegten Entwürfe"); Erlanger Neueste Zeitung vom 19.2.1934 („Die Entwürfe zum Gefallenen-Denkmal. Eine Würdigung").

[52] Das Erlanger Kriegsehrenmal. Darf ein Gärtner seine Meinung äußern? Erlanger Tagblatt vom 28.2.1934. Der Beitrag ist mit W.B. unterzeichnet.

[53] Ebd.

[54] Wich, Platz (wie Anm. 48), S. 2.

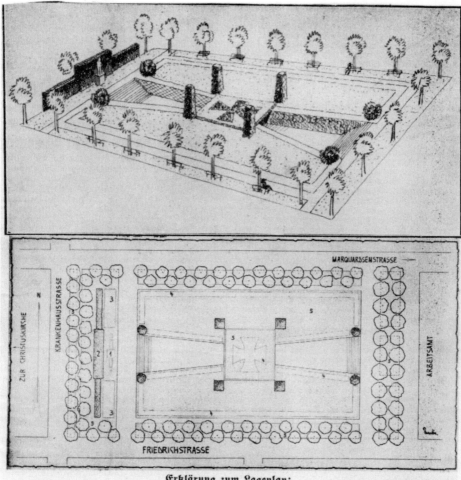

Entwurf eines Erlanger Gärtners für das Kriegsehrenmal auf dem Bohlenplatz.
Erlanger Tagblatt vom 29. 2.1934.

Ein Jahr später wurde die Frage des Denkmals erneut diskutiert. Walter Bischoff hatte inzwischen drei neue Entwürfe eingereicht, von denen einer in Erlangen favorisiert wurde[55].

[55] StadtAE, VI.N.b.157.

Entwurf von Walter Bischoff für das Erlanger Kriegerdenkmal auf dem Bohlenplatz (1934). StadtAE, VI.N. b.157.

Vorgesehen war ein eingetiefter rechteckiger Platz, an dessen einer Längsseite vier Figuren vor 7,5 Meter hohen Steinpfeilern und gegenüber eine eherne Flammenschale auf einem Steinpostament stehen sollten. Davor war ein Aufmarschplatz für 3000 Mann geplant. Aber Bischoff hatte inzwischen Konkurrenz bekommen, und zwar durch einen Entwurf des Nürnberger Künstlers Alois Mitterecker-Wünsche[56], dessen Entwurf dem Gauleiter Julius Streicher besonders gut gefiel[57]. Er sah ebenfalls vier Soldatenfiguren vor etwa 7,5 m hohen Säulen aus Eichenholz vor. Von diesem Denkmal fertigte der Künstler 1936 ein Modell in Originalgröße und ließ es auf dem Bohlenplatz aufstellen, wo es bis 1946 stand[58]. Eine endgültige Entscheidung fand auch diesmal nicht statt, so daß dem Platz eine Umgestaltung erspart blieb.

An dieser Stelle bietet sich auch der Hinweis auf ein weiteres umstrittenes Denkmal an: das Gefallenendenkmal der Universität von Eduard Beyrer im Schloßgarten, dessen Geschichte gut dokumentiert ist[59]. Eine weiterführende Diskussion kann sich allgemein auf Denkmäler beziehen, aber auch der Frage nach der Funktion der Kunst im Nationalsozialismus nachgehen.

[56] Von diesem Künstler stammt auch das Figurenfeld im Hessental bei Eichstätt, ein eindrucksvolles Mahnmal gegen den Krieg.

[57] Das Erlanger Tagblatt vom 24.11.1936 zitierte anläßlich der Aufstellung des Modells Julius Streicher, der *seine lebhafte Genugtuung über die Idee des Denkmals und die vorgesehene Verwirklichung des Projekts* ausdrückte (S. 3).

[58] StadtAE, VI.N.b.158.

[59] Vgl. Manfred Hanisch, Gefallen für das Vaterland, Erlangen 1994 (Erlanger Forschungen, Sonderreihe, Bd. 7).

Entwurf von Alois Mitterecker-Wünsche für das Erlanger Kriegerdenkmal auf dem Bohlenplatz (1936). StadtAE, VI.N.b.158.

Die Geschichte der nicht gebauten oder verschwundenen Denkmäler auf dem Bohlenplatz war 1945 aber noch nicht zu Ende. 1953 schuf der Frauenauracher Bildhauer Hans Gügel ein Mahnmal, das an die noch immer in Kriegsgefangenschaft befindlichen deutschen Soldaten erinnern sollte.

Das Denkmal, das am 17. Mai 1953 enthüllt wurde, besteht aus zwei zusammengebundenen Fäusten. Sie sind aus einem aufrecht stehenden Baumstamm herausgearbeitet, der die Inschrift trägt: „Laßt unsere Kriegsgefangenen frei"[60]. Nach drei Jahrzehnten war das Mahnmal durch die Witterung so beschädigt, daß man es vom Bohlenplatz entfernte. Es wurde restauriert und steht heute auf einem Gedenkstättenareal in Alterlangen[61].

Station 3: Ecke Universitäts- und Krankenhausstraße
– ein Denkmal für ein Denkmal

Jakob Herz (1816-1871) war ein bedeutender Erlanger Arzt und Universitätsprofessor für Medizin. 1867 wurde er Ehrenbürger der Stadt, und schon vier Jahre nach seinem Tod setzten ihm die Erlanger Bürger ein repräsentatives Denkmal, das am 5. Mai 1875 enthüllt wurde. Es sollte ursprünglich im Schloßgarten stehen, wurde aber dann auf dem Holzmarkt (heute Hugenottenplatz) errichtet. Die überlebensgroße Bronzestatue stammte von dem Bildhauer Caspar von Zumbusch. Der Beschluß des

---

[60] StadtAE, VI.N.b.217.
[61] Das Gedenkstättenareal befindet sich in der Nähe der Kreuzung von Siedler- und Damaschkestraße.

Mahnmal von Hans Gügel für die deutschen Kriegsgefangenen auf dem Bohlenplatz (1953). StadtAE, VI.N.b.217.

Abbruch des Denkmals für Jakob Herz auf dem Holzmarkt (heute Hugenottenplatz) 1933. StadtAE, VI.N.b.271/3.

Stadtrates vom 14. September 1933, das Denkmal abzubrechen, wurde bereits einen Tag später in die Tat umgesetzt. Um die Figur lächerlich zu machen, hatte man ihr vorher einen weißen Bart umgehängt. Der Abbruch wurde durch mehrere Fotos dokumentiert. Eines der Bilder[62] zeigt einen Arbeiter, der gerade versucht, die Figur mitsamt der Standplatte von dem Sockel herunterzuhebeln.

Beim Herz-Denkmal gab es zu Beginn der 1980er Jahre eine Diskussion um die Wiederherstellung. Die Stadt entschied sich schließlich für eine bisher einmalige Lösung. Zur Erinnerung an das Denkmal wurde eine Gedenksäule errichtet und am 5. Mai 1983 – am Jahrestag der Enthüllung des Herz-Denkmals – seiner Bestimmung übergeben[63]. Auf der etwa 2,50 m hohen Granitsäule sind die Lebensdaten von Jakob Herz und der Grund für die Errichtung (*Wir denken an Jakob Herz, dem Bürger dieser Stadt ein Denkmal errichteten und zerstörten*) verzeichnet. Der neue Standort war bewußt in der Nähe der Anatomie, der Wirkungsstätte des Arztes, gewählt worden.

Bei einer Besichtigung des „Denkmals für ein Denkmal" kann ein Hinweis auf weitere Erinnerungszeichen für Jakob Herz erfolgen (Gedenktafel an seinem Wohnhaus Heuwaagstraße 18 von 1967, Benennung einer Straße 1988 und eines Weges im Röthelheimgelände)[64]. Vor allem die von Karin Dähler gestaltete und am ursprünglichen Standort des Denkmals eingelassene Bronzeplatte ist eine wichtige Ergänzung zum Denkmal[65]. Die Inschrift, die von einem geborstenen Davidstern durchkreuzt ist, lautet:

Jakob Herz 1816-1871 / Professor der Medizin / Ehrenbürger unserer Stadt / Hier stand sein Denkmal / Bürger setzten es 1871 / Bürger zerstörten es 1933 / Bürger erinnern daran

Es bietet sich auch an, an dieser Stelle über das Schicksal der Erlanger Juden zu sprechen[66].

Station 4: Universitätsstraße 25 – vom Logenhaus zum Anti-Freimaurermuseum

Die Erlanger Freimaurerloge „Libanon zu den 3 Cedern" wurde 1757 gegründet. Am Ende des 19. Jahrhunderts war das Logenhaus in der Dreikönigsstraße 3 für die mehr als 200 Mitglieder zu klein, so daß man 1889/90 mit einem repräsentativen Neubau in der Universitätsstraße begann[67]. Das zweistöckige Haus ist wie die an-

---

[62] StadtAE, VI.N.b.271/3; vgl. auch Ilse Sponsel, Das Schicksal der Erlanger Juden in der NS-Zeit, in: Erlangen. Von der Strumpfer- zur Siemensstadt (wie Anm. 29), S. 651. Das Bild im Stadtarchiv ist offensichtlich nur ein Ausschnitt.

[63] Erlanger Nachrichten vom 7./8.5.1983.

[64] Erlanger Nachrichten vom 21.10.1988, S. 4, vom 15.9.1998, S. 5 und vom 16./17.9.2000, S. 1.

[65] Die Platte wurde am 15. September 2000, genau 67 Jahre nach der Zerstörung des Denkmals, enthüllt; vgl. Ilse Sponsel: Späte Genugtuung für eine Kulturschande, in: Erlanger Nachrichten vom 14.9.2000, S. 3.

[66] Vgl. Sponsel, Schicksal (wie Anm. 62).

[67] Vgl. StadtAE, 32.18.T.2; Georg Batz, Das Anti-Freimaurermuseum, in: Erlangen im Nationalsozialismus (wie Anm. 38), S. 84–87; Bernd Nürmberger, 100 Jahre Erlanger Logenhaus, Universitätsstraße 25. Festschrift anläßlich der Feier des 100jährigen Bestehens des Logenhauses 1990; Eva-Maria Meyer, Wiederbelebung der Erlanger Freimaurerloge „Libanon zu den drei Cedern", hg. v. der Erlanger Freimaurerloge, Erlangen 1999. Diese Schrift ist die Facharbeit einer Kollegiatin des Emmy-Noether-Gymnasiums Erlangen und ein gelungenes Beispiel für die Bearbeitung heimatgeschichtlicher Themen durch Schüler im Rahmen der Facharbeit.

deren Gebäude in der Straße um einige Meter zurückversetzt und weist viele typische Stilmerkmale des Klassizismus auf (Mittelrisalit mit Portikus und Giebel, verschiedene Formen von Mauerwerk, Pilastern und Fenstern)[68]. Auf die Bestimmung des Hauses verweisen die Goldschrift auf dem Dachgesims („Wahrheit – Recht – Menschenliebe") und die Freimaurersymbole Winkelmaß und Zirkel, die das vergoldete Zeichen der Loge, die drei Zedern, einrahmen (Mittelfeld des Dachgiebels).

Am 13. Juli 1933 wurde die Loge verboten und ihr Vermögen beschlagnahmt. Die Stadt Erlangen überließ das Gebäude der NSDAP, die darin ein Anti-Freimaurermuseum einrichtete als *einzige Loge der Welt, die in ihrer Einrichtung vollkommen erhalten ist und besichtigt werden kann*[69]. Durch entsprechende Werbung sollten vor allem auswärtige Besucher, die zur Bergkirchweih oder zu den Reichsparteitagen nach Nürnberg kamen, angesprochen werden[70]. Zwischen 1933 und 1938 zählte das „Museum" etwa 500 000 Besucher, darunter auch so prominente Gäste wie Gauleiter Julius Streicher und Reichsschatzmeister Franz Xaver Schwarz, die sich vor dem Gebäude fotografieren ließen[71].

Für das „Museum" gab es verschiedene Führer. Ein vierseitiger Kurzführer „Ein Rundgang durch die ‚Loge Libanon zu den drei Cedern in Erlangen'" entstand wohl schon 1933 und wurde im August 1934 in zweiter und dritter Auflage etwas verändert nachgedruckt. 1936 erschien eine Broschüre „Die Freimaurerloge ‚Libanon zu den drei Cedern' in Erlangen. Einzige Freimaurerloge der Welt, die öffentlich zu besichtigen ist" (15 Seiten), ein Jahr später ein Heft mit dem Titel „Vortrag und Führer durch die Freimaurerloge in Erlangen" (20 Seiten). In diesen Führern wurde über das „Unwesen" der Freimaurerei, aber auch über ihre erfolgreiche Bekämpfung durch den NS-Staat informiert:

Dem neuen Reiche ist es gelungen, den Schleier der stets getarnten Macht zu zerreißen, ihr verderbliches Wirken seiner ganzen Schaurigkeit nach dem Volke aufzuzeigen und damit für immer auszulöschen[72].

Das dazugehörige Bild[73] zeigt eine große Faust mit dem Hakenkreuz am Ärmel, das auf Freimaurergegenstände schlägt und sie damit zerstört. Besonders auffällig ist der Steinwürfel, der von der Faust gespalten wird. Er trägt den Davidstern, der auf die enge Verbindung zwischen Freimaurerei und Judentum aufmerksam machen soll.

Das Anti-Freimaurermuseum der NSDAP hatte aber eine unbeabsichtigte positive Wirkung. Die gesamte Einrichtung überlebte die NS-Herrschaft und den Zweiten Weltkrieg und konnte 1946 der wiedergegründeten Loge zurückgegeben werden.

---

[68] Eine detaillierte kunstgeschichtliche Würdigung des Gebäudes würde hier zu weit führen. Bei einem Rundgang bietet sich eine Zusammenarbeit mit dem Fach Kunsterziehung an.
[69] So ein Werbeprospekt von 1938; zit. nach Meyer, Wiederbelebung (wie Anm. 67), S. 62.
[70] Auch das Deutschland-Bildheft Nr. 222 „Erlangen und Umgebung" (ca. 1934) enthält zwei Bilder des „Museums" (S. 32f.). Im Vorwort verweist Oberbürgermeister Groß ausdrücklich auf diese Einrichtung: *Wesen und Unwesen, Geheimnisse und Rituale der Weltfreimaurerei kann man in der Erlanger Freimaurer-Loge studieren, die einzige in der ganzen Welt, die, in ihrer Einrichtung vollkommen erhalten, für die Besichtigung von der Regierung freigegeben wurde.* (S. 3).
[71] Vgl. Ziegler, Nationalsozialismus (wie Anm. 38), S. 562 und 613.
[72] Vortrag und Führer (1937), S. 7.
[73] Ebd., S. 1.

> Der Jude hat in der ihm vollständig verfallenen Freimaurerei ein vorzügliches Instrument zur Verfechtung wie auch zur Erringung seiner Ziele. Die Kreise der Regierenden sowie die höheren Schichten des politischen und wirtschaftlichen Bürgertums gelangen durch maurerische Fäden in seine Schlingen, ohne daß sie es auch nur zu ahnen brauchen.   Adolf Hitler: „Mein Kampf".

Titelseite der Schrift „Vortrag und Führer durch die Freimaurerloge in Erlangen" (1937).

5. Station: Lorlebergplatz – Name und Gedenktafel

Der heutige Lorlebergplatz – früher Kaiser-Wilhelm-Platz oder „Rondell" – war im Zuge der gründerzeitlichen Stadterweiterung angelegt worden und setzte sich in seiner Form bewußt gegen die rechten Winkel der Hugenottenstadt ab. Im Jahre 1897 erhielt der Platz ein Kaiser-Wilhelm-Denkmal[74] in Form eines Obelisken, der 1942 und 1946 in zwei Schritten demontiert wurde. Die Medaillons und Inschriften aus Bronze fielen während des Krieges einer Metallsammlung zum Opfer, und 1946 wurde der nackte „Zahnstocher" abgebrochen, nachdem der Platz zuvor umbenannt worden war. Die Entstehung, der Abbruch und die Diskussion um eine Wiederrichtung des Obelisken[75] können hier angesprochen werden.

Der heutige Name und eine Gedenktafel vom 15. Dezember 1983 erinnern an den Oberstleutnent Werner Lorleberg, den Erlanger Stadtkommandanten im April 1945[76]. Er hatte am 16. April 1945 zugestimmt, die Stadt kampflos zu übergeben. Diese Entscheidung, die Lorleberg mit dem Leben bezahlte, verhinderte die Zerstörung der Stadt und ersparte der Bevölkerung zahllose Opfer. An Lorlebergs Tod erinnert außerdem ein drei Meter hohes Sandsteinkreuz von Hans Neumüller, das am 16. April 1955 enthüllt wurde. Es stand ursprünglich an der Thalermühle und wurde 1962 an seinem heutigen Standort an der Thalermühlstraße, an dem Ort, an dem Lorleberg starb, neu aufgestellt.

Auf dem Rückweg kann der Lehrer auf die Hausfassade der Hauses in der Luitpoldstraße 6 aufmerksam machen. Die Sandsteinmauer enthält immer noch die Inschriften LSR (Luftschutzraum) und NA (Notausstieg) mit den dazugehörigen Pfeilen, die auf die Kellerfenster zeigen – ein Überrest aus der Zeit der Bombenangriffe während des Zweiten Weltkriegs.

---

[74] StadtAE, XIV.4.Q.1; Gabriele Kluy, Entstehung und Abriß des Kaiser-Wilhelm-Denkmals in Erlangen. Facharbeit am Christian-Ernst-Gymnasium 1981.
[75] Eine Bürgerinitiative bemüht sich seit 1991 um die Wiedererrichtung eines entsprechenden Denkmals, ein Vorhaben, das aber umstritten ist; vgl. Erlanger Nachrichten vom 21.5.1991, S. 1; 15./16.6.1997, S. 1f.; 29.10.1999, S. 8.
[76] Zu der Übergabe Erlangens und zu Lorlebergs Schicksal vgl. Harald Popp, Erlangen in den letzten Wochen des Zweiten Weltkrieges, in: Erlanger Bausteine zur fränkischen Heimatforschung 43, 1995, S. 9–72.

SCHRIFTEN DES ZENTRALINSTITUTS FÜR FRÄNKISCHE LANDESKUNDE UND ALLGEMEINE REGIONALFORSCHUNG AN DER UNIVERSITÄT ERLANGEN-NÜRNBERG

20. Rechter, Gerhard: Das Land zwischen Aisch und Rezat. Die Kommende Virnsberg Deutschen Ordens und die Rittergüter im oberen Zenngrund. 1981. XVI und 912 Seiten, 36 Karten, 25 Skizzen und Abbildungen, 18 Stammtafeln. vergriffen
21. Wendehorst, Alfred, und Schneider, Jürgen [Herausgeber]: Begegnungsstätte von Kulturen. Referate des 4. interdisziplinären Colloquiums des Zentralinstituts. 1982. VIII und 147 Seiten. DM 27,50
22. Fischer, Wolfdietrich, und Schneider, Jürgen [Herausgeber]: Das Heilige Land im Mittelalter. Begegnungsraum zwischen Orient und Okzident. Referate des 5. interdisziplinären Colloquiums des Zentralinstituts. 1982. X und 162 Seiten, 1 Karte, 4 Abbildungen. DM 33,50
23. Die Nürnberger Ratsverlässe 1: 1449–1450, herausgegeben von Irene Stahl. 1983. XVI und 444 Seiten. DM 56,–
24. Müller, Uwe: Die ständische Vertretung in den fränkischen Markgraftümer in der ersten Hälfte des 16. Jahrhunderts. 1984. XV und 351 Seiten. DM 58,–
25. Tichy, Franz, und Schneider, Jürgen [Herausgeber]: Stadtstrukturen an alten Handelswegen im Funktionswandel bis zur Gegenwart. Referate des 6. interdisziplinären Colloquiums des Zentralinstituts. 1984. IX und 105 Seiten, 23 Abbildungen. DM 18,–
26. Schützeichel, Rudolf, und Wendehorst, Alfred, [Herausgeber]: Erlanger Familiennamen-Colloquium. Referate des 7. interdisziplinären Colloquiums des Zentralinstituts. 1985. 166 Seiten. DM 24,–
27. Besold-Backmund, Marlene: Stiftungen und Stiftungswirklichkeit. Studien zur Sozialgeschichte der beiden oberfränkischen Kleinstädte Forchheim und Weismain. 1986. 566 Seiten. DM 52,–
28. Tichy, Franz, und Gömmel Rainer [Herausgeber]: Die Fränkische Alb. Referate des 8. interdisziplinären Colloquiums des Zentralinstituts. IX und 245 Seiten. DM 48,–
29. Fischer, Wolfdietrich, und Gömmel, Rainer [Herausgeber]: Friedrich Rückert, Dichter und Sprachgelehrter in Erlangen. Referate des 9. interdisziplinären Colloquiums des Zentralinstituts, 1990. VIII und 224 Seiten. DM 48,–
30. Steger, Hanns-Albert [Herausgeber]: Die Auswirkungen der Französischen Revolution außerhalb Frankreichs. Referate des 10. interdisziplinären Colloquiums des Zentralinstituts. 1991. X und 294 Seiten. DM 64,–
31. Werzinger, Dieter R.: Die zollerischen Markgrafen von Ansbach. Ihr Staat, ihre Finanzen und ihre Politik zur Zeit des Absolutismus. 1993. XII und 557 Seiten. DM 88,–
32. Hütteroth, Wolf-Dieter, und Hopfinger, Hans [Herausgeber]: Frühe Eisenbahnbauten als Pionierleistungen. Referate des 11. interdisziplinären Colloquiums des Zentralinstituts. 1993. IV und 271 Seiten, 4 Karten. DM 58,–
33. Steger, Hanns-Albert, und Hopfinger, Hans [Herausgeber]: Die Universität in der Welt – die Welt in der Universität. Referate des 12. interdisziplinären Colloquiums des Zentralinstituts. 1994. V und 72 Seiten. DM 25,–
34. Hopfinger, Hans, und Kopp, Horst [Herausgeber]: Wirkungen von Migrationen auf aufnehmende Gesellschaften, Referate des 13. interdisziplinären Colloquiums im Zentralinstitut. 1996. IV und 270 Seiten. DM 58,–
35. Wendehorst, Alfred, und Benz, Stefan: Verzeichnis der Säkularkanonikerstifte der Reichskirche, 2. verbesserte Auflage. 1997. VII und 216 Seiten. DM 38,–
36. Bahadir, Sefik Alp [Herausgeber]: Kultur und Region im Zeichen der Globalisierung. 1999. 548 Seiten.

Bände 1, 7, 8 und 10: Verlag Michael Laßleben, 93183 Kallmünz.
Bände 2 und 11 ff: Verlag Degener und Co., 91413 Neustadt a. d. Aisch
Band 9: Heimatverein Spalt, 91174 Spalt.

ISBN 3-7686-9271-X